Der Kleine Pauly

Lexikon der Antike

Auf der Grundlage von
Pauly's Realencyclopädie
der classischen Altertumswissenschaft
unter Mitwirkung zahlreicher Fachgelehrter
bearbeitet und herausgegeben von
Konrat Ziegler
und
Walther Sontheimer

Band 4
Nasidius – Scaurus

Deutscher Taschenbuch Verlag

März 1979
Deutscher Taschenbuch Verlag GmbH & Co. KG,
München

Umschlaggestaltung: Celestino Piatti
Gesamtherstellung: C. H. Beck'sche Buchdruckerei,
Nördlingen
Printed in Germany · ISBN 3-423-05963-X

N

FORTSETZUNG

Nasidius. Personenname (von Naso, vgl. SCHULZE Eigenn. 278. RE III A 1828). **1.** L. N., Flottenführer (*praefectus classis?*, BROUGHTON Mag. 2,271) des Cn. Pompeius. 49 fuhr er mit 16 Schiffen von Dyrrhachion nach Massalia (wobei er unterwegs in Messana ein weiteres Schiff kaperte), stärkte den Abwehrwillen der Massalioten, entwich aber während eines Seegefechtes gegen D. Brutus vor Tauroentum mit seinen Schiffen nach Spanien, Caes. civ. 2,3f. Im J. 47 operierte er im Raum Sizilien (Bell. Afr. 98,1) und fand wohl 46 seinen Untergang. **2.** Q. N., wohl Sohn von Nr. 1, Flottenführer unter S. Pompeius 38–35 und dann unter Antonius. Dienststellung unklar (BROUGHTON Mag. 2,394. 423), wurde im Frühjahr 31 von Agrippa vor dem Golf v. Korinth geschlagen (Cass. Dio 50,18,5), so daß anschließend die Flotte des Antonius bei Ambrakia blockiert wurde. SYME Rom. Rev. 228. 269. 350. Vgl. TARN-CHARLESWORTH, Oktavian, Antonius und Kleopatra, 1967, 151. Mz.: GRUEBER Coins 2,564f. H. G. G.

Nasika (*Νασίκα*), Stadt im W. Vorderindiens (Maharashtra), nach Ptol. 7,1,63 ö. des → Namades, h. Nasik am Oberlauf der Godāvarī, einer der heiligsten Orte der Hindus, bekannt durch eine Anzahl von Inschr., vor allem aber durch die Reste der in der Nähe befindlichen buddhist. Felsentempel. F. F. S.

A.K. Coomaraswamy Hist. of Ind. and Indonesian Art^2, New York 1965, 28f. 69f. 76. 98. *K.A. Nilakanta Sastri* Hist. of South Ind.^{3}, Oxf. 1966, 98. 443. 445. *B.N. Puri* Cities of Anc. Ind., Meerut 1966, 57–60.

Nasium, Stadt der Leuci in Gallia Belgica, zwischen Mosel und Marne, Ptol. 2,9,7 (h. Naix-aux-Forges am Ornain). Station der Straße von Durocortorum (Reims) nach Tullium (Toul) und Divodurum (Metz), Itinerarium Antonini 365,3. Tab. Peut.

Nach L. BRAYE Le véritable Nasium, Bar-le-Duc, 1926, muß man drei Lagen unterscheiden: das kelt. *oppidum* von Boviolles auf einem Hügel, der das Tal beherrscht; die gall.-röm. Stadt im Tal an der Kreuzung der Straßen, wo Privathäuser, ein Amphitheater, mehrere Tempel, Gräber und ein spätant. Wall gefunden wurden; ferner ein *castrum* auf einer Hochebene, die die Stadt beherrscht, mit der Weihung eines *beneficiarius* an Epona und den Genius der Leuci (CIL XIII 4630) u.a. Inschr. (4631–44). E. ESPÉR. Rec. 6,75. 9,385. Im J. 612 wurde N. durch den Frankenkönig Theuderich II. erobert. M. L.

A. Grenier, REA 39, 1937, 363.

Naskos ([*N*]*ασκα* Strab. 16,782. *Nascus* Plin. nat. 6,154, *Nesca* ebd. 160), Stadt im südarab. Ǧōf, inschr. NŠQ^{m} (Našq, → Minaioi). Die Stadtmauer (CIS IV 634) umspannte ein Areal von ca. 9,3 ha. Unter Kariba'īl Watar II. von Saba (um 410 v. Chr.) wurde N. nach dreitägiger Belagerung zerstört, jedoch von neuem ummauert und den Sabäern übergeben. 24 v. Chr. wurde N. von Aelius Gallus zerstört. A. D.

Naso. Individualcognomen (»großnasig« bzw. *εὔρινος* vgl. WALDE-HOF. 2^3,146), sehr häufig bezeugt, z. B. bei Actorius, Antonius, Axius, Iulius, Octavius, Otacilius, Salluvius, Sextius, Valerius, Voconius, bes. aber bei dem Dichter P. Ovidius N., vgl. RE III A 1828. I. KAJANTO The Lat. Cognomina, Soc. Scient. Fenn. 1965, 237. Mehrere Nasones sind einer bestimmten Gens nicht zuzuordnen, z. B. der Naso bei Catull. 112., ein Quaestor (P.?) N. in Sicilien, ein Praetor (?) P. N. im J. 44 (Belege bei BROUGHTON Mag. 2,594), ein N., Praetor in Aesernia, CIL I^2 1753. H. G. G.

Nasoi (*Νᾶσοι*). **1.** Niederung im Gebiet von → Kaphyai in Arkadien, s. unterhalb des h. Dorfes Dara, mit üppiger Vegetation, da hier das Wasser der oberen orchomen. Ebene in mehreren Quellen wieder austritt, die den in den → Ladon (2) mündenden Bach Tragos bilden, Paus. 8,23,2. 8.

1. *E. Meyer*, RE XVI 1793 Art. Nasoi (1). 2. *Ders.* Peloponnes. Wanderungen 31f. 34. Taf. XI.

2. Örtlichkeit am oberen Ladon in Arkadien, Paus. 8,25,2, wohl die Talmulde von Kokova. E. M.

1. *E. Meyer*, RE XVI 1793 Art. Nasoi (2). 2. *Ders.* Peloponn. Wanderungen 73f.

Nassa (*κύρτος*). Das Fischen mit Reusen (*κυρτεία*) wird seit dem 5. Jh. v. Chr. häufig erwähnt. Die N. war (ähnlich h.) ein länglicher Korb aus Binsen oder Weiden mit nach innen sich verengender Mündung, in deren Inneres ein Köder gelegt werden konnte. Die N. wurde im Wasser gern mit Steinen beschwert, um festeren Halt zu sichern; den Standort zeigte ein Korkstück an einer Schnur an. W. H. G.

Nastes (*Νάστης*) und sein Bruder → Amphimachos (3) kamen von Milet her mit ihren Karern den Troern zu Hilfe, Hom. Il. 2,867ff. Apollod. 3, 35. Der Zusatz *χρυσὸν ἔχων* Il. 2,872 wurde von

Aristarch auf den Kopfschmuck des Amphimachos, von Simonides auf die Waffen des N. bezogen. Achilleus tötet den Träger des Goldes im Skamandros Il. 2,874f. (in B. 21 kommen beide nicht vor). Nach Diktys 4,12 und Dares 18 fallen beide von der Hand des Aias. W. KULLMANN, H (ES 14) 175. H. v. G.

Nasturtium (nach Cic. Tusc. 5,99 = *κάρδαμον*) eine Art Kresse, am ehesten wohl die aus dem Orient in die Mittelmeerländer gelangte Gartenkresse, von Xen. Kyr. 1,1,8. 11 als Zukost der einfach lebenden Perser zum Brot oder auch als Ersatz dafür bezeichnet, wobei wohl eher an die Samen als an die Blätter zu denken ist, die jetzt in Griechenland und Italien als Salat gegessen werden. Den scharfen Geschmack ähnlich dem Senf und das schnelle Keimen betonen Theophr. h. plant. 1,12,1 und Plin. nat. 19,117. 154. 186. Anweisungen für den Anbau gibt letzterer und die landwirtschaftl. Schriftsteller, Angaben über den vielfältigen medizin. Gebrauch die Ärzte. K. Z.
Steier, RE XVI 1795–98.

Nasua war im J. 58 mit seinem Bruder Cimberius nach Meldung der Treverer Führer von angeblich 100 Gauen der Sueben. Sie waren an den Rhein (möglicherweise im Raum Mainz oder stromabwärts) vorgerückt, gaben aber ihre Absicht eines Rheinübergangs auf, als sie die Nachricht von der Niederlage → Ariovists erhielten. Caes. bell. Gall. 1,37,3, vgl. 54,1. E. A. THOMPSON, The Early Germans (Oxford 1965) 14. H. G. G.

Natalis Templi. Tag der Tempelweihung, bei den Römern als hoher Festtag (Serv. Aen. 8, 601) jährlich mit einem *sacrificium publicum* begangen, allerdings ohne den sakralrechtlichen Charakter des Tages zu beeinflussen. Die Tempelopfer waren in den Fasten vermerkt (LATTE RRel 432ff.), meist durch Angabe des Gottes und der Örtlichkeit (z. B. CIL I, 1^{2} S. 221: *MENTI IN CAPITOL*). Die erneute Dedikation eines Tempels bei völliger Restauration konnte auf einen neuen Stiftungstag fallen, der fortan als *n. t.* gefeiert wurde. – Im griech. Bereich spielt der *n. t.* keine Rolle, da die Tempelgründung nicht als hist. Ereignis interessierte. A. W.
G. *Wissowa* Religion u. Kultus... ^{2}1912, 56f. 474f. *G. Rohde* Die Bedeutung der Tempelgründungen..., 1932. *K. Keyßner*, RE XVI 1800–1802.

Natio, nur von Cic. nat. 3,18,47 bezeugte altital. Geburtsgöttin mit einem Heiligtum in Ardea, *cui, cum fana circumimus in agro Ardeati, rem divinam facere solemus; quae quia partus matronarum tueatur, a nascentibus Natio nominata est.* K. Z.
Usener Götternamen 373. *Latte* RRel. 52.

Natiso. Fluß Venetiens (Ptol. 3,1,26), der von O. her (Iord. Get. 42 *Natissa*) die Mauern von Aquileia deckte (Amm. 21,12,8. Plin. nat. 3,126. Mela 2,4. Herodian. 8,2,5) und bis dorthin für Lastschiffe befahrbar war (Strab. 5,214). Der h. Natisone stimmt nur z. T. mit dem N. überein; die orograph. Verhältnisse haben sich geändert. G. R.
Forbiger HB d. alt. Geogr. 3,372. *Nissen* It. Ldk. 2,229.

Natta. Cognomen unklarer Herkunft (vgl. SCHULZE Eigenn. 286,3. WALDE-HOF.^{3} 2,52), erblich in der Gens Pinaria, bezeugt schon für patriz. Namensträger, RE XX 1401ff. I. KAJANTO The Lat. Cogn. Soc. Scient. Fenn. 1965, 322. H. G. G.

Naturales liberi. Der Ausdruck dient der Hervorhebung der biolog. Kindschaft als Gegensatz zur nur jurist. der Adoptivkinder (Dig. 1,7,31. 37,7,1, pr.) oder zur nicht zugleich jurist. der Kinder, die nicht einem *iustum* → *matrimonium* entstammen, bes. der Sklavenkinder (Dig. 31,88,12). Die klass. Juristen nennen uneheliche Kinder freier Eltern → *spurii* (dort zur Behandlung der Unehelichen im klass. Recht) oder *vulgo quaesiti*. Seit Konstantin ist n. l. techn. Ausdruck für Kinder aus einem → *concubinatus*. Die chr. beeinflußte Haltung des spätant. Gesetzgebers zum unehelichen Kind ist zwiespältig. Einerseits werden außereheliche Verbindungen als sündhaft mißbilligt, was einer Verbesserung der Rechtsstellung der Unehelichen im Wege steht, andererseits versucht man, den *concubinatus*, wenn er den kirchlichen Erfordernissen einer Ehe entspricht, auch privatrechtlich der Ehe anzugleichen. Iustinian gestattet, wie schon frühere Kaiser, dem Erzeuger, die n. l. und ihre Mutter bis zu einer bestimmten Vermögensquote schenkweise oder durch Testament zu bedenken (Cod. 5,27,2. Nov. 89,12,2). Iustinian. Neuerungen sind das Intestaterbrecht der n. l. nach dem Erzeuger (Nov. 18,5. 89,12,4. 89,13) und ihr Unterhaltsanspruch gegen ihn und seine legitimen Kinder (Nov. 89,12,6). Im Gegensatz zu anderen Unehelichen konnten n. l. durch *legitimatio* die Rechtsstellung ehelicher Kinder erlangen. Die Legitimation durch spätere Eheschließung des Erzeugers mit der Mutter *(legitimatio per subsequens matrimonium)*, von Iustinian (Cod. 5,17, 10. 11) abschließend geregelt, geht auf Konstantin (Cod. 5,27,5, pr.) zurück. War eine nachträgliche Eheschließung nicht möglich, so konnte das Kind unter bestimmten Voraussetzungen durch kaiserliche Verfügung ehelich werden *(legitimatio per rescriptum principis*, Iustinus Cod. 5,27,7, Neuordnung durch Iustinian Nov. 74,3. 89,7. 89,11,2). Gründe, die außerhalb der Familienrechtspolitik liegen, führten im 5. Jh. zu der Regelung, daß der Vater einen *filius naturalis* mit Vermögen ausstatten und zum *decurio* bestimmen konnte. Hierdurch wurde der Sohn ehelich, konnte aber das Amt nicht ablehnen (*legitimatio per oblationem curiae*, Cod. 5,27,3).
M. Kaser Das röm. Privatrecht 2, 1959, 126f. 156ff. *A. Steinwenter*, RE XVI 1810f. *E. Sachers*, RE Suppl. X 357ff. *H. J. Wolff* The background of the postclass. legislation on illegitimacy, Seminar 3, 1945, 21ff. E. Bu.

Naturgefühl in der bildenden Kunst. Im minoischen Kreta gestalten die Künstler ein Bild der Natur, dessen Intensität und Intimität in der späteren Ant. nicht mehr erreicht wurde. Dies Bild ist keineswegs »naturalistisch«. Liebevoll beobachtete Einzelheiten von Pflanzen z. B. werden so kombiniert, daß neue, lebendige Gebilde entstehen (vgl. M. Möbius, JDAI 48, 1933, 1 ff.). Die Darstellungen von Tier und Mensch leben aus dem Kontur, ohne daß anatomische oder organische Stimmigkeit erstrebt wird; ein laufender Stier z. B. wird mit gleichzeitig nach vorn gestreckten Vorderbeinen und rückwärts gestreckten Hinterbeinen gegeben. Alle Naturbilder werden von der farbigen Erscheinung, dem Wechsel und der Bewegung her erlebt (W. Schiering, Ant. Kunst 8, 1965, 3 ff.) und erzeugen im modernen Betrachter den Eindruck des Märchen- oder Traumhaften. Das Verhältnis zur Natur ist zugleich ganz naiv (bunte Steine, hübsche Muscheln sind beliebt, »Raum« ist noch keine Kategorie) und bewußt (dekorativ im Garten verteilte Töpfe mit Blumen!). Dieses N. lebt in myken. Z. nur äußerlich fort, in der gleichen Beschränkung auf engste Raumausschnitte, aber ohne die bisherige Intimität. Doch haben auch myken. Künstler Beobachtungen noch mehr oder weniger unmittelbar visuell umgesetzt, etwa den verschiedenen Helligkeitsgrad von Zentrum und Rand einer Baumkrone (Tiryns II T. 12). Spätmyken. Vasenmaler verbinden genaue Beobachtung mit zeichenhafter Darstellung von Tages- (und Jahres?-) Z., vgl. J. Wiesner, JDAI 74, 1959, 35 ff.

Vom N. des frühen 1. Jt. v. Chr. wissen wir aus der bildenden Kunst noch sehr wenig, die mögliche gegenständliche Bedeutung des »Ornaments« ist noch weitgehend unerforscht (N. Himmelmann-Wildschütz, AAMz 1968/7). Auch für die folgende Z. der griech. Kunst steht es wenig besser: einzelne Bäume, Tiere, Blüten ergeben noch kein Bild des N., das moderne Verständnis hat es schwer mit der Umsetzung von Nymphen, Satyrn, Mänaden, Nereiden, Seekentauren, Seepferden und anderen Personifikationen in Stimmungswerte und unmittelbares N. Deutlicher kündet die Lage der Kultstätten und Heiligtümer vom N. der Hellenen (etwa Delphoi, Bassai, Nymphengrotte in Vari, Poseidonaltar auf Kap Monodendri). In der archaischen Kunst ist wohl der bedeutendste erhaltene Ausdruck griech. N. das Bild der Totenklage der Morgenröte im Walde um den erschlagenen Sohn (J. D. Beazley The Development of Attic Black-Figure 1951 T. 33). Für die klass. Z. müssen wir uns mit den Notizen über Bilder des → Apelles, → Zeuxis oder → Pausias begnügen, für den Hellenismus mit der Landschaftsandeutung auf dem Telephosfries in Pergamon oder dem Relief des → Archelaos (8) (D. Pinkwart Ant. Plastik, hsg. v. W.-H. Schuchhardt 4, 1965, 55 ff. T. 28 ff.), solange über den Anteil der griech. Vorbilder an den Landschaftsdarstellungen röm. Wandbilder keine Sicherheit besteht (→ Landschaftsmalerei).

In den Wandgemälden etr. Gräber wird das etr. N. deutlich: satte, unnaturalistische Farben, üppiges Wachstum, pralle Sinnlichkeit, vollendet erfaßte Seetiere lassen uns angesichts der Abhängigkeit dieser Kunst von griech. Werken erst voll erfassen, was uns mit den griech. Naturbildern verloren ist.

Wandgemälde aus Rom und den campan. Städten zeigen das starke, sehr selbständig anmutende N. der Römer. Der Odysseefries vom Esquilin (P. H. v. Blanckenhagen, MDAI(R) 70, 1963, 100 ff. T. 44 ff.) läßt Odysseus, seine Gefährten und Gegner in einer stark übersteigerten, »heroischen« Landschaft agieren, wobei die Proportionen auf ein vorstellbares Maß gebracht sind. Die Gartenlandschaft aus der Villa der Livia in Prima Porta (Rom Mus. Naz.) ist ohne menschliche Figuren (unter den großformatigen Bildern das einzige der Ant.!). In Malerei und Relief zeigt sich, daß die Römer Natur wesentlich unter zwei Aspekten erfassen konnten: als von Menschen gestaltete, meist mit Bauwerken durchsetzte »Kulturlandschaft« oder als Gegensatz zum Menschen und seinem Umkreis. In letzterem Fall ist Landschaft entweder Kulisse für menschliches Handeln (mytholog. Landschaften, histor. Reliefs, Basis der »Farnesischen« Stiergruppe in Neapel) oder bewußt gewählter Ausschnitt, der von einem architektonisch gestalteten Punkt (Villa, Terrasse usw.) aus genossen wird; auf einen solchen Ausschnitt hin, der nicht im Spaziergang, sondern ruhend (liegend, sitzend) erfaßt wird, ist die Architektur ausgerichtet (H. Drerup, MDAI(R) 66, 1959, 147 ff. Marburger Winckelmann Pr. 1959, 1 ff.). Das N. paßt sich dem Zusammenhang an: zur Mythologie stellt sich eine romantische, symbolische, in den Details oft wenig präcise Naturdarstellung (hierher gehören auch die sog. Sakrallandschaften, → Landschaftsmalerei), während auf den histor. Reliefs nüchterne Description vorherrscht (Traianssäule. Traiansbogen in Beneventum), bis in antonin. Z. auch hier zeichenhafte Darstellung die Überhand gewinnt (Marcussäule. Severusbogen in Rom). Soweit die röm. Kunst zur Darstellung der Natur Personifikationen benützt (Reliefs, Mosaiken), handelt es sich um eine rein formale, des urspr. Gehalts entleerte Verwendung griech. Vorbilder; im allg. sieht röm. Kunst die Natur dinglicher, unmittelbarer. Die frühchr. Kunst scheint dem nichts grundsätzlich Neues hinzugefügt zu haben. Ob den Landschaftsdarstellungen und Stilleben der röm. Kunst Stimmungswerte eigneten, ob es also überhaupt ein N. im h. Wortsinn in der röm. Kunst gegeben hat, bleibt noch zu untersuchen. W. H. G.

Nauarchos, Nauarchia (*ναύαρχος, ναυαρχία*), Bezeichnung des Kommandanten einer Flotte, mitunter des Chefs eines Flottengeschwaders oder des Kapitäns eines einzelnen Schiffes und deren Ämter. Aristot. Pol. 6,1322 b, 1 ff. Der

Sprachgebrauch deckt sich nicht immer mit dem Titel des Amtsträgers, Xen. hell. 1,6,29 nennt athen. Strategen, Diod. 13,61,3 Strategen der syrakus. Demokratie N. Zu N. in Athen um 100 v. Chr. IG II^2 2336. W. S. Ferguson, Klio 9, 1909, 314ff. In Sparta wurde seit etwa 430 jährlich ein N. gewählt, der, den Königen nicht unterstellt, das Amt im Herbst antrat. Da Iteration dieses »nahezu zweiten Königtums« verboten war, erhielt → Lysandros 405 der Form nach als Epistoleus (Stellvertreter) des N. Arakos den Flottenbefehl. Aristot. Pol. 2,1271a 37ff. Xen. hell. 2,1,7. Beloch, GG 2,2,269ff. 288 (Liste der N., 406/05 und 405/404 sind Eteonikos, bzw. Arakos einzusetzen). Busolt GStk. 714f. In Syrakus war die 389 von Dionysios I. eingeführte, nur seinen Verwandten zugängliche N. das zweitwichtigste Amt. K. F. Stroheker Dionysios I., 1958, 158. Zur Z. Alexanders d. Gr. und der Diadochen begegnen gelegentlich N. als Flotten- oder Geschwaderchefs. Arr. an. 1,18,5. Diod. 18,15,8. 19,62,4. 20,50,1. Ein wohl nicht ständiges Amt war die N. bei den Ptolemaiern (seit 146 kumuliert mit der Strategie von Kypros, OGIS 140. 143. 145. 151), Seleukiden (Pol. 5,43,1), Antigoniden (Pol. 16,3,6) und Attaliden (Pol. 16,3,7). H. Bengtson Die Strategie 3, 1952, 143f. W. Peremans-E. van 't Dack, Studia Hellenistica 13, 1963, 121ff. E. Bikerman Institutions des Séleucides 1938, 100. Der N. des achaiischen Bundes und der des Magnetenbundes waren die dritthöchsten Bundesbeamten. Pol. 5, 94,7. $Sylloge^3$ 490. IG IX 1103,6. In Rhodos konnte der bei Bedarf zum Flottenführer gewählte N. als Gesandter verbindliche Verträge abschließen. Pol. 30,5,5. Liv. 45,25. Der frühest bekannte ist → Demaratos (4). FGrH 156 F 11,39. IG XII 3,103, 12. H. van Gelder Gesch. d. alten Rhodier 1900, 249ff. Inschr. werden ferner N. in Kos ($Sylloge^3$ 567,10. 1000,24), Hephaistia auf Lemnos und Abydos (IG XII 8,16. 183), Pantikapaion (IG Rom 1,874. 884), Lykien (IG Rom 3,495. 524. 603) und Xanthos (OGIS 554) genannt. In der Flotte der röm. Kaiserz. steht der *nauarchus* als Flottillenchef über dem *trierarchus*, dem Kapitän, und kann zum *n. princeps* befördert werden. Antoninus Pius stellte die n. den Legionscenturionen gleich, der *n. princeps* konnte zum *primus pilus legionis* aufrücken. DessILS 2842. 2846. 2852. Im 3. Jh. wurden die Schiffskapitäne als n. geführt, die 10 n., die jede der 3 ital. Flotten urspr. hatte, wurden durch 10 *tribuni* ersetzt. D. Kienast Unt. zu den Kriegsflotten der röm. Kaiserz. 1966, 11,13. 20. 40. C. G. Starr The Roman imperial $navy^2$ 1960, 38ff. Zu N. im Kult beim *navigium Isidis* Nilsson GgrR 2,128. 625. Zu N. im spätröm. Äg. F. Preisigke WB griech. Papyrusurkd. 3, 1931, 215. H. V.

Naubolos (*Ναύβολος*). **1.** Phoker, König von Tanagra, Sohn des Ornytos, Vater des → Iphitos (2), Großvater des Schedios und → Epistrophos (1). Il. 2,517ff. mit Sch. Apollod. 1,113. Apoll. Rhod. 1,207f. Val. Fl. 1,362f. Nach Stat. Theb. 7, 354ff. wurde er mit Laios beim Zusammentreffen mit Oidipus erschlagen. **2.** Argeier, Sohn des Lernos (2), Enkel des Proitos, Urenkel des Nauplios, Vater des Klytoneos. Apoll. Rhod. 1,135. **3.** Phaiake, Vater des → Euryalos (2). Hom. Od. 8,116. H. v. G.

Naucellius, ein Freund des → Symmachus, aus dessen 7 an N. gerichteten Briefen (3,10–16) man nur wußte, daß er u. a. eine Sammlung von *carmina* an S. geschickt hat, bis die Entdeckung der sog. Epigrammata Bobiensia (ed. *Munari*, Roma 1955, u. *Speyer*, Lpz. 1963) uns eine Anzahl Epigramme des N. lieferte, die in einfacher, an den Klassikern (bes. Horaz) geschulter, doch zuweilen an → Ausonius anklingender Sprache die eigene Person betreffende Dinge, zumal sein Leben in seinem Landhaus bei Spoletium, zum Gegenstand haben. Aus ihnen und einigen Stellen bei Symm. ergibt sich, daß N. dem Senat angehörte, sich aber von der Politik fernhielt und ganz der Literatur widmete, Heide war (wie Symm.) und ein Alter von 95 J. erreicht hat. Er hat also etwa 305–400 gelebt. K. Z.

Mariotti, RE Suppl. IX 37–64 (Epigrammata Bobiensia) und 411–415 (Naucellius). *W. Speyer*, Naucellius und sein Kreis, 1959 (Zetemata 21).

Naufragium, der Schiffbruch, hat im röm. Recht an zwei Stellen Bedeutung: Einmal gehörte eine Hinterlegung aus Anlaß eines n. zu den Fällen, in denen nach dem Edikt (Ulp. Dig. 16,3, 1,1, dazu O. Lenel Ed. Perp. 1927^3, 228) die *actio depositi* gegen den Verwahrer auf den doppelten Wert des hinterlegten Gutes gewährt wurde (unröm. *depositum miserabile*). Und zum anderen war das *rapere vel recipere dolo malo* aus einem n. (ebenso wie bei *incendium* oder *ruina*) mit einer praetor. Strafklage sogar auf den vierfachen Wert der Beute bedroht (Ulp. Dig. 47,9,1 pr., dazu Lenel a. O. 396). D. M.

Naukleidas (*Ναυκλείδας*). Sohn des Polybiades, spartan. Ephore im J. 404/03. Er gehörte zu den Begleitern des Königs → Pausanias gegen Athen (Xen. hell. 2,4,36). Nach → Agatharchides (FGrH 86 F 10.11 = Athen. 12,550 d) wurde er von → Lysandros wegen allzu üppiger Lebensweise verklagt. H. Gä.

Naukleros (*ναύκληρος*). **1.** Griechenland. a) Der Schiffseigentümer oder Kapitän eines eigenen oder gepachteten Schiffes, mit dem er im Binnen- oder Überseeverkehr im eigenen Namen Handel trieb ([1]). Die N. waren häufig in landsmannschaftlichen Kultvereinen (RE XVI 1900ff.) – also nicht in Berufsvereinigungen – zusammengefaßt. Sie genossen Rechtsschutz ohne Rücksicht auf ihren Status (RE IX A 1462. [1]). b) In übertragener Bedeutung: »Hauswirt« und »Verwalter eines Mietshauses« (Hesych. s. v. Poll. 1,74f.). **2.** Äg. Mit N. wurden Schiffsfrachtunternehmer bezeichnet, die in Körperschaften mit Zwangsmitgliedschaft organisiert waren und Schiffstransporte für den Staat ausführten (RE XVI 1937f.). E.B.

1. *U.E. Paoli*, Nov. Dig. Ital. 11, 1965, 76. 2. *Busolt* GStk. 185. 193.

Naukraria, Naukraros (*ναυκραρία, ναύκραρος*), etym. Schiffshaupt, -kapitän, F. SOLMSEN, RhM 53, 1898, 151ff.). Ob die N. ein att. lokaler Bezirk oder ein Personalverband war oder personal-lokalen Doppelcharakter hatte (V. EHRENBERG Neugründer des Staates 1925, 63f.), ist umstritten. R. THOMSEN Eisphora 1964, 119ff. Im 7. Jh. v. Chr. zerfielen die 4 altatt. Stammesphylen in 12 Trittyes und 48 N. Aristot. Ath. pol. 8,3. Phot. s. *ναυκραρία*. Anecd. Bekk. 1,275, 20f. *Κωλιάς. τόπος Ἀττικός .. ἦν δὲ καὶ ναυκραρία*. Den hier bezeugten lokalen Charakter der N. bezweifeln BELOCH GG 1,2,323f. und THOMSEN 127. Jede N. hatte unter einem oder mehreren Naukraren ein Schiff und zwei Reiter zu stellen, Umlagen (*εἰσφοραί*) einzuziehen und Zahlungen z.B. für die Festgesandtschaften nach Delphi durch die → *κωλακρέται* zu leisten, wohl auch Grundkataster anzulegen und Gemeindeeigentum zu verpachten. Poll. 8,108. Sch. Aristoph. Av. 1541. Phot. s. *ναύκραροι*. Diese fiskal. Befugnisse des N.-Amtes sprechen gegen die Ansicht U. KAHRSTEDTS Staatsgebiet und Staatsangehörige in Athen 1934, 245ff., daß die N. als private Schiffsbesitzer dem Staat ihre Schiffe im Kriege zur Verfügung stellen mußten. Die N. unterstanden dem Polemarchos, Anecd. Bekk. 1,283,21. Die Prytanen der N., denen Hdt. 5,71 im Gegensatz zu Thuk. 1,126,8 z. Z. des Kylon. Frevels die Führerstellung im Staat gibt, waren wohl der geschäftsführende Ausschuß der 48 N. und sind kaum, wie Harpokr. Suda s. *ναυκραρία* behaupten, als altertümliche Bezeichnung der Archonten zu verstehen. F. R. WÜST, Hist. 6, 1957, 176ff. Mehrere Gesetze Solons erwähnen die Finanzverwaltung der N. und lassen an einer Art Antidosis die urspr. Leiturgiepflicht der N. erkennen. Aristot. a. O. Phot. s. *ναυκραρία*. Unter der Tyrannis leiteten die N. den Festzug der Panathenaien. Sch. Aristoph. Nub. 37. Bei der Umgliederung des athen. Staates in 10 lokale Phylen setzte Kleisthenes an Stelle der N.-ai und der N.-oi die → Demoi (1) und → Demarchoi (1). Aristot. Ath. pol. 21,5. Nach Kleidemos FGrH 323 F 8 erhöhte Kleisthenes die Zahl der N. auf 50 (je Phyle 5 N.). Der Widerspruch zu Aristot. erklärt sich wohl daraus, daß Kleisthenes die Finanzaufgaben der N. den Demoi übertrug, ihre militär. Funktion aber erst 483 mit dem Flottenbau des Themistokles erlosch. BUSOLT GStk. 599,1. 771. 818. 881. H. V.

Naukrates. 1. Vielleicht ein Beamter des lyk. Bundes, der 42 den Widerstand der Lykier gegen M. → Brutus Nr. 9, den Caesarmörder, veranlaßte. Plut. Brut. 30,4. H. G. G.

2. N. von Erythrai, * kurz nach 380 v. Chr., gehörte zu den bedeutenden Schülern des Isokr. Da er sich auf demselben Gebiet wie sein großer Lehrer betätigte und als Redner weit hinter jenem zurückstand, wußte man schon z. Z. Ciceros nicht mehr von ihm als wir. Frg.e seiner Reden sind nicht erhalten. Wie Isokr. widmete er sich bes. der epideikt. Rede. So beteiligte er sich an dem Redekampf zu Ehren des verstorbenen karischen Satrapen Mausolos. Erwähnt wird ein Epitaphios in der Art des thuk. N. scheint sich auch mit der Theorie der Beredsamkeit eingehender beschäftigt zu haben.

L. Radermacher Artium script. 193f.

3. N., griech. Gramm., den Zenodotos von Mallos in einem Dialog über die Frage, ob Paian und Apollon ein und dieselbe Person seien, als Vertreter der Meinung von Aristarchos einführt (Sch. Veron. Verg. Aen. 10,738). O. Dr.

Naukratis. »Stadt (*nw.t*) des Krates«, ca. 650 v. Chr. von Milesiern am w. Nilarm s. Hermupolis parva (Damanhur) als Stapelplatz gegründet, an der bald auch andere griech. Händler Fuß faßten, h. Kom Geif b. Nobêre. König Amasis der 26. Dyn. machte N. ca. 560 v. Chr. zum Konzessionshafen für den griech. Handel: nur hier durften griech. Schiffe ihre Waren löschen. Die 10%ige Einfuhrsteuer auf alle Waren wurde durch König Nektanebos (378–361 v. Chr.) dem Neith-Tempel von Sais überwiesen, ebenso die 10%ige Gewerbesteuer von N., die von den Töpfereien und Fayence-Fabriken der Stadt einkam. Topogr. ist ein äg. Stadtteil mit Tempel des Amun und des Thot nachgewiesen (*Pr-mrjj.t* »Hafenhaus« genannt); er bildete den S.-Teil von N. Im N. lag der Tempel des miles. Apollon und s. davon der der sam. Hera; n. des Apollontempels war ein Tempel der Dioskuren. Ö. der Apollon- und Dioskurentempel stand das Hellenion, eine Gründung von 8 griech. Städten (Hdt. 2,178 Chios, Teos, Phokaia, Klazomenai, Rhodos, Knidos, Halikarnassos, Phaselis, Mytilene). Der von Hdt. erwähnte Zeustempel der Aigineten ist nicht aufgefunden worden, dagegen in der S.-Stadt ein Aphrodite-Heiligtum; ein Athenaheiligtum nennen Inschr. In ptol. Z. behielt N. trotz der Gründung Alexandreias seine Rolle als Umschlaghafen auf dem Wege nach Memphis; z. Z. Alexanders schlug es eigene Münzen; auch später hatte es eine autonome Verfassung (von Hadrian auf Antinoupolis übertragen). Die Stadt bestand bis in die byzant. Z. Strab. 17, 801 (Gründung). Hdt. 2,171 (Neugründung). W. H.

Petrie N. I. *Gardner-Griffith* N. II. *Prinz*, Klio Beih. 7 (1908).

Naukydes, Sohn des Patrokles (?), von Argos (?), Bildhauer. N. wird Bruder des jüngeren Polykleitos (? Paus. 2,22,7) genannt; er war etwa 430–370 v. Chr. (≃ Plin. nat. 34,50) tätig (anders [1]). N. schuf Götterbilder (Goldelfenbein: Paus. 2,17,5. Erz: Paus. 2,22,7. Plin. nat. 34,80), Siegerbilder (Paus. 6,6,2; 8,4; 9,3), ein Bild der Erinna

(? Tatian. c. Graec. 52), eine Gruppe Phrixos beim Widderopfer (Paus. 1,24,2 = Plin. nat. 34,80? = IG II/III^2 4272??), einen Diskobolen (Plin. nat. 34,80). Diesen glaubt man in Kopien zu besitzen ([3], Abb. 489/90. Optimistischer: [4]). N. gehört in die Nachfolge des Polykleitos. W. H. G.

1. *Lippold*, HBArch III/1, 199. 2. *F. Willemsen*, AA 1957, 25ff. 3. *B. Conticello*, Enc. Arte Ant. V (1963) 362ff. 4. *E. Berger* Lex. d. A. W. 2067.

Naulochoi (*Ναύλοχοι*, *Naulochus*), Ankerplatz an der N. küste Siziliens zwischen → Mylai und → Messene, bekannt durch die Seeschlacht vom Aug. 36 v. Chr., in der Agrippa die Flotte des Sex. Pompeius vernichtete (Suet. Aug. 16,1. App. civ. 5,116–122). Nach dem Fund von Mz. wird die genauere Lage von N. etwas ö. von Spadaforo San Martino vermutet. Kl. M.

Ziegler, RE XVI 1968.

Naulochos (*Ναύλοχος*), Landeplatz an der w. Pontosküste n. von → Mesambria, nach diesem in den spätgriech. Quellen *πολίχνιον Μεσημβριανόν* bezeichnet. Seiner Lage nach entsprach N. der h. Kurortstation Obzor, errichtet wahrscheinlich um die Wende des 4. zum 3. Jh. Strab. 7,319. 9,440. Plin. nat. 4,45. Chr. D.

Danoff, RE Suppl. IX 1073, Z. 25ff. (mit Lit.).

Naumachie (*ναυμαχία*). Schaukämpfe zu Schiff sind zwar nur für die Römer überliefert, doch muß man aus der ersten Erwähnung Lucil. fr. 457 f. wohl schließen, daß es hellenist. Vorbilder gab. Unter N. ist auch der Ort einer N. zu verstehen, d. h. der meist künstlich hergestellte See, auf dem die Schiffe gegeneinander auffahren konnten. Die Kämpfer, *naumacharii*, waren meist Gladiatoren oder zum Tod verurteilte Verbrecher, offenbar häufig in hist. Kostümen, da die N. vielfach berühmten Seeschlachten nachempfunden waren. Die erste bekannte N. gab Caesar 46 v. Chr. (»Tyrer«–»Aigypter«), Suet. Caes. 39,4. App. civ. 2,423. Cass. Dio 43,23,4f. Er hatte, wie später Augustus, einen eigenen See dafür graben lassen. Weitere N. sind bekannt von Sex. Pompeius (Cass. Dio 48,19,1), Augustus (Vell. 2,100. Suet. Aug. 43, 1. Mon. Anc. IV 43ff.), Claudius (Tac. ann. 12, 56. Suet. Claud. 21,6. Cass. Dio 60,33,3f. »Sizilier«–»Rhodier«), Nero (Suet. Nero 12,1. Cass. Dio 61,9,5. 62,15,1ff. »Athener«–»Perser« = Salamis), Titus zweimal, davon einmal anläßlich der Einweihung seiner Thermen und des Colosseums (Suet. Tit. 7,3. Martial. spect. 24–26. 28. Cass. Dio 66,25,2ff. »Korinther« – »Korkyraier«, »Athener«–»Syrakusaner«, wobei die Athener siegten), auch Domitianus zweimal, davon einmal im Colosseum (Suet. Dom. 4,1 f. Cass. Dio 67,8,2f.). Danach hören wir von N. erst wieder aus dem 3. Jh. (H. A. Heliog. 23,1. Aur. Vict. Caes. 28). Von den N. als Baulichkeiten wissen wir fast nichts. W. H. G.

Naumachios (*Ναυμάχιος*). Vf. eines paränetischen Gedichts in Hexametern guter Technik,

das das Verhalten der Frau in der Ehe behandelte, nur unvollständig erhalten. Die Frg. (Stob. 4,22, 32. 23,7. 31,76 Hense) bilden ein zusammenhängendes Ganzes. Nach E. ROHDE, Kl. Schr. 2,182 ident. mit dem von Prokl. in Remp. 2,115. 329 genannten Epiroten N., der 2 Generationen vor Prokl. lebte. R. K.

Naupaktia epe (*Ναυπάκτια ἔπη*). Der richtige Titel dürfte (gegen Paus. 4,2,1 u. a.) *Ναυπακτικὰ ἔπη* lauten. Der Vf. soll → Karkinos aus Naupaktos gewesen sein. Über den Inhalt, der vermutlich doch irgendwie im Zusammenhang mit der »Geschichte« dieser Stadt (vgl. Korinthiaka) steht (→ Epos), wissen wir wenig. Aus Sch. Apoll. Rhod. ist bekannt, daß einiges über den Argonautenzug berichtet wurde. Man hat an hes. Einfluß zu denken (A. LESKY GgrL 126). W. P.

Naupaktos (*Ναύπακτος*), die wichtigste Stadt der W.-Lokrer an der N.-Seite des korinth. Golfs mit kleinem guten Hafen in natürlich fester Lage; Name in MA. und Neuzeit über ähnliche griech. Zwischenformen Lepanto. Die Stadt mit ihrer steilen, 201 m hohen Akropolis besaß zwar vor allem in der Küstenebene des Mornos reichlich Siedlungsland, war aber sonst sehr isoliert gelegen infolge der dahinter ansteigenden Gebirge. Ant. Reste sind sehr gering, vor allem Stücke der Akropolismauer unter der venezian. Festungsmauer, die auch den Hafen einschließt. Schon ant. stark befestigt, Thuk. 3,102,2. 4. Liv. 36,30,6. Auf einem Hügel zehn Minuten ö. außerhalb der Stadt das von Pausanias genannte Asklepiosheiligtum.

N. spielte als Hafen und Festung durch seine Lage in Alt., MA und Neuzeit eine große Rolle, ist aber h. ohne Bedeutung. Den Namen leitete man im Alt. von dem Bau der Schiffe der Herakliden für die Überfahrt zur Peloponnes ab; zu den → *Ναυπάκτια ἔπη* eines angeblichen Karkinos aus N., Paus 10,38,11 s. DIEHL RE XVI 1975ff. Älteste gesch. Nachricht die lokr. Kolonieinschr., SCHWYZER 362. Syll.^{3} 47. SEG 15,353. [6], 2,29ff. IG IX 1,3^2 Nr. 718. Zugehörigkeit des neugefundenen Siedlungsgesetzes *Ἐφ.ἀρχ.* 1924, 119ff. SEG 15,355. 16,363. 18,259. [1], 1986, 1ff. ist unsicher, [6], 2,9f. Die Inschr. jetzt IG IX 1, 3^2 Nr. 609–656. Das Siedlungsgesetz a. O. Nr. 718. Etwa 459 v. Chr. siedelten die Athener die aus Ithome vertriebenen Messenier in N. an, die nach dem E. des peloponnes. Krieges vertrieben wurden. Aus der Z. stammt die Nike des → Paionios in Olympia, Paus. 5,26,1. Inschr. Olympia 256. Syll.^{3} 80, und zwei Weihungen in Delphi, Syll.^{3} 81 A = SEG 3,383. EDelph III, IV, 1 = SEG 19,392. Im peloponnes. Krieg spielte N. eine große Rolle und wird oft erwähnt. Nach dem Krieg wurde N. wieder lokr., war aber von den Aitolern begehrt, Xen. hell. 4,6,14. [6], 44f. Vorübergehende Besetzung durch die Achaier durch Epameinondas rückgängig gemacht (367 v. Chr.), Diod. 15,75,2. 341 v. Chr. ist N. wieder achaiisch, Demosth. 9,34. [6], 49.

Dazwischen bei Skyl. 35 bereits aitol., dagegen [6], 49 Anm. 2. 338 von Philipp II. den Aitolern übergeben, bei denen N. nun dauernd verblieb und als zweite Hauptstadt des Bundes eine große Rolle spielte; Naupaktier erscheinen daher sehr oft in den aitol. Inschr. und waren auch mehrfach Strategen des Bundes. Auch in den hellenist. Kriegen wird N. vielfach genannt; Friedenskongreß von 217 v. Chr. Pol. 5,103,2ff. Vergebl. Belagerung durch die Römer 191 v. Chr., Liv. 36,30,4f. 34f. Nach Paus. 10,38,9 schlug Augustus ganz W.-Lokris zum Gebiet der röm. Kolonie Patrai. N. bestand aber weiter, wird in allen späteren geograph. Quellen erwähnt und besaß schon im 2. Jh. n. Chr. Bischöfe, LE QUIEN 2,197ff. S. auch EDelph III, I, 576. [6], 109. [7]. KAHRSTEDT, Hist. 1, 1950, 553ff. 551 n. Chr. zerstörendes Erdbeben, Prok. b. Goth. 4,25,17. Sonst zur späteren Gesch. [1] 1994f. [4] pass. (s. Ind.). Die Seeschlacht von Lepanto 1571 n. Chr. fand nicht bei N., sondern draußen im Eingang zum Golf von Patras statt. – Beschreibung Paus. 10,38,9–13. Inschr.: IG IX 1,3², 609–656. CIL III 570. [1], 2001,36ff. [6], 91ff. SEG 12,291–300. 14,469. 15,354, 16,363. E. M.

1. *M.L. Trowbridge–W.A. Oldfather*, RE XVI 1979ff. 2. *Erzherzog Ludwig Salvator* Eine Spazierfahrt im Golfe von Korinth, Prag 1876, 7ff. 3. *W.J. Woodhouse* Aetolia 47. 311ff. 4. *Philipps.-Kirst.* 2,320f. 5. Enc. Arte Ant. 5,366. 6. *L.Lerat* Les Locriens de l'ouest 1,38ff. 86ff. mit T. III–VI. Bd. 2 oft (s. Ind.). 7. *G.Klaffenbach*, SDAW 1935, 693f. 8. *Kahrstedt* Das wirtschaftliche Gesicht Griechenlands in der Kaiserzeit 34f.

Nauplia, im Alt. stets *Ναυπλία*, Ethnikon *Ναυπλιεύς*, byzant. und neugriech. *Ναύπλιον*, italien. Napoli di Romania. Hafenstadt am gleichnamigen Golf der Argolis am N.-Abhang des 85 m hohen Itsch-kale mit größeren Teilen der hellenist. Akropolismauer unter der späteren byzantin.-türk. Festung und des 215 m hohen steilen Palamidi mit der 1711–1714 von den Venezianern erbauten mächtigen Festung. Ärmliche Felskammergräber myken. Z. am Palamidi, wohl schon genannt in äg. Ortsliste der Z. Amenophis III., BASO 181, 1966, 23f. In archaischer Z. Mitglied der Amphiktyonie von Kalaureia, Strab. 8, 6,14 p. 374, aber bereits früh von Argos erobert und seitdem nur noch als Hafen von Argos genannt. Ansiedlung der vertriebenen Bewohner im messen. Methone, Strab. 8,6,11 p. 373 = Theop. FGrH 115 F. 383. Paus. 4,24,4. 27,8. 35,2. *Ναυπλιάδας* erscheint als Demotikon in Argos. Zu Pausanias' Z. war N. verlassen, ant. Reste sind außer der Akropolismauer gering. Im Namen Palamidi lebt ein ant. *Παλαμήδειον* weiter, → Palamedes galt als Sohn des Eponymen → Nauplios. Die Hauptbedeutung von N. liegt durchaus in MA. und Neuzeit, wo es bes. wichtiger Hafen und starke Festung war. Skyl. 49. Strab. 8,6,2 p. 368. 6,11 p. 373. Paus. 2,38,2f. Ptol. 3,14,33. E. M.

1. *E.Meyer*, RE XVI 2002ff. Suppl. IX 415. 2. *Helen Wace* Nauplia, Athen 1964 (kurzer Führer). 3. *Kirsten-Kraiker* Griechenlandkunde⁵, 1967, 350ff. 4. *H. Wace*, Enc. Arte Ant. 5,366ff. (mit Bibliogr.). 5. *K.Andrews* Castles of the Morea 90ff. 6. *G.Gerola* Le fortificazioni di Napoli di Romania, ASAA 13/14, 1933, 347ff. 7. *Wulf Schaefer* Baugesch. der Stadt N. als venezian. Festung, Diss. Danzig 1944. 8. *Ders.* Das Stadttor von Akronauplia, Neue Ausgrabungen im Nahen O., Mittelmeerraum und in Deutschland, Bonn 1959, 18ff. 9. *Ders.* Neue Unt. über die Baugesch. N.s im MA, AA 76, 1961, 156ff. 10. Ausgrabungen: AA 1936, 136f. *Πρακτ.* 1953, 191ff. 1954, 232ff. 1955, 233ff.

Nauplios (*Ναύπλιος*). Der Held mehrerer argiv. und euboi. Sagen, urspr. wohl nur *eine* Gestalt; da sich aber die Sagen um ihn von der Z. des Herakles bis zum E. des tro. Krieges erstrecken, wurde er entweder als bes. langlebig hingestellt (Apollod. 2,23), oder man schied einen älteren und einen jüngeren N. und schob zwischen sie 4 Zwischenglieder ein: N. I – Proitos – Lernos – Naubolos – Klytoneos – N. II.

N. I ist ein Sohn Poseidons und → Amymone's und Gründer von Nauplia (Paus. 2,38,2. 4,35,2), N. II Vater von → Palamedes, Oiax und Nausimedon (Apollod. a. O.). Auch N. II wird als Sohn Amymone's bezeichnet, z. B. Eur. Iph. Aul. 198. N. galt als erfahrener Seemann, Alkid. Od. 13ff. (Antiph. ed. F. Blaß, 179f.), als Entdecker des großen Bären, Sch. Arat. Phain. 27, als Seeräuber und dämon. Unhold, Dio Chrys. 7,32. Vielleicht ist er ein alter Meerdämon, dem man Menschen opferte. → Katreus (1) gab ihm seine Töchter → Aërope und → Klymene (5), die 1. bekam → Pleisthenes zur Frau, die 2. heiratete er selbst. → Aleos gab ihm seine Tochter Auge zum Ertränken (oder Verkaufen); sie wurde Gemahlin des Teuthras von Mysien, Apollod. 2,146f. 3,102f. – Als Argonaut strebt er erfolglos die Stelle des Steuermanns an, Apoll. Rhod. 1,134. 2,896. Um die Hinrichtung seines Sohnes → Palamedes zu rächen, reizt er durch Ausstreuen von Gerüchten die Frauen der vor Troia kämpfenden Helden zu ehelicher Untreue, bes. Klytaimestra. Am Kap Kaphereus (Euboia) bringt er durch falsche Feuersignale die heimkehrende Griechenflotte zum Scheitern, Apollod. ep. 6,7ff. Hyg. fab. 116. (Konstitutives Element für die *Νόστοι*, W. KULLMANN H (ES 14) 301f.) Seine Rache war in der ant. Lit. ein beliebtes Motiv. H. v. G.

Nauportus. 1. Station in Pannonien zwischen → Aquileia und → Emona (Tac. ann. 1,20. Vell. 2, 110. Plin. nat. 3,128. Tab. Peut. V 1. Strab. IV 207. VII 314), von Emona 12 mp., von Longaticum 6 mp. entfernt, h. Vrhnika. Die von Aquileia ausgehende Bernsteinstraße erreichte hier den Sumpf von Ljubljana, der damals noch ein See war. Strab. hält sie für eine Siedlung der Taurisci. Nach der röm. Eroberung wurde N. Illyrien angeschlossen. Als Augustus starb, standen hier die Manipel der *legiones VIII Aug.*, *IX Hisp.* und *XV Apoll.*, die es mit den aufständischen Legionen hielten. N. wurde zerstört. Tac. nennt N. *municipii instar;* es war aber nur *vicus.* Die Namen von zwei *magistri vici* sind uns bekannt (CIL III 3776), beide waren Freigelassene. Als Emona zur Kolonie erhoben wurde, verlor N. seine Bedeutung. E. 2. Jh. wurde N. mit Emona Italien angeschlossen. In der Spätrömerzeit wurde in Hrib ein fünfeckiges Kastell errichtet, an den Ecken waren runde, dazwischen viereckige Türme. Das 2,76 ha große Gelände ermöglichte die Stationierung einer Kohorte. Am Rande des Karstplateaus oberhalb des Lagers wurde in der 2. H. 3. Jh. ein mächtiges Wehrsystem ausgebaut, in Not. dign. occ. 24,5 als *tractus Italiae circa Alpes* erwähnt, bei Amm. 21,11,3 als *claustra Alpium Iuliarum* bezeichnet. **2.** Name des Ljubljanica Flusses im Alt. (Plin. nat. 3,128). Der letzte Abschnitt des teils unterird. Flusses war von der Station gleichen Namens ab schiffbar. Vermutlich hatten die Römer den Fluß reguliert. In → Emona war ein *collegium naviculariorum.* In N. werden Tempel von Aequorna (CIL III 3776) und → Neptunus (CIL III 3778) erwähnt. J. F.

Naura (*Νάουρα*), nach dem Peripl. m. r. 53 (GGM 296) neben Tyndis der erste Hafen in → Limyrike. Man hat N. mit *Νιτραῖαι ἐμπόριον* bei Ptol. 7,1,7 und mit *Nitriae* bei Plin. nat. 6,104 gleichzusetzen gesucht. N. dürfte Cannanore s. von Mangalore sein. F. F. S.

O. Stein, RE XVI 2014f. *K. A. Nilakanta Sastri* A Hist. of South India^3, Oxf. 1966, 139. *D.C. Sircar* Cosmography and Geography in Early Ind. Lit., Calcutta 1967, 116.

Nausikaa (*Ναυσικάα*). Tochter des Phaiakenkönigs → Alkinoos und der → Arete. Sie entdeckte beim Ballspiel anläßlich des Waschens am Strande den schiffbrüchigen Odysseus, hielt seinen Anblick aus, kleidete ihn und wies ihn auf den Weg zum Königspalast, wo er gastlich aufgenommen wurde. Od. 6. 7. Schlichter Abschied 8,461. Die Begegnung wurde von Alkman, dann von Soph. im Satyrspiel *N. ἢ Πλύντριαι,* wo er selbst die Rolle N.s spielte, auch in *Φαίακες* und *Νίπτρα* behandelt. Hyg. fab. 125f. Apollod. epit. 7,25. Gell. 9,9,12ff. – Aus den Od. 6,244f. *αἲ γὰρ ἐμοὶ τοιόσδε πόσις κεκλημένος εἴη* und 7,311ff. ausgesprochenen Wünschen ist wohl in den Nostoi die Ehe zwischen → Telemachos und N. herausgesponnen worden, zuerst belegt bei Hellan. FGrH 323a F 156 und Aristot. frg. 506 R. Ihr Sohn Persep(t)olis oder Ptoliporthos, Hes. frg. 17 Rz. Diktys 6,6. Der Redner Andokides führte sein Geschlecht auf diese Ehe zurück, Hellan. 170. Darstellungen auf einem Gemälde Polygnots (Paus. 1,22,6) und auf Vasen. H. v. G.

Wörner, Myth. Lex. 3,28ff. *L. Radermacher,* SAWW 1916, 46. *F. Müller* Ant. Od.-Illustrat., 1913. *Furtwängler-Reichhold* Griech. Vasenmal. III (1931).

Nausikaamaler. Att. Vasenmaler, genannt nach der Halsamphora München 2322 mit Odysseus vor Nausikaa. Manierist um 460–450 v. Chr. BEAZLEY schreibt ihm 52 Vasen bzw. ihre Frg. zu, darunter eine Amphora, die → Polygnotos als Maler signiert hat. Nicht ohne Originalität, bedient er sich meist gängiger Bildschemata, während die Einzelfigur durch Längung, die Einzelform durch Schematik manieriert erscheinen. H. Ma.

J.D. Beazley ARV^2 1963, 1106–1110. 1683.

Nausikles (*Ναυσικλῆς*). Sohn des Klearchos aus dem Demos Oa, att. Politiker des 4. Jh. v. Chr. 352 wurde er als Stratege gegen Philipp II. nach den Thermopylen geschickt (Diod. 16,37,3), 346 gehörte er der athen. Friedensgesandtschaft an (Aischin. 2,18). Später wird er als Parteigänger des Demosthenes genannt (Aischin. 3,159. Ps.-Plut. mor. 844 F). Ehrungen für seine selbstlose Tätigkeit im Dienste der Stadt erwähnt Demosth. 18, 114 (vgl. IG II/III^2 1496 col. II 40. 49). Stratege war N. noch einmal 334/33 (IG a. O. 1623), als Trierarch wird er IG a. O. 1628,71 aufgeführt. Er starb vor 325/24 (IG a. O. 1629,707). H. Gä.

Nausikrates (*Ναυσικράτης*). Dichter der Mittleren Komödie, IG II^2 2325,148 mit 3 Lenäensiegen verzeichnet (vgl. WILHELM Urk. 42), wohl ident. mit dem ebd. 196 genannten kom. Schauspieler; von Aischin. 1,98. 100 (357 v. Chr.) als Käufer eines Hauses und Zeuge erwähnt (*τῷ κωμικῷ*, die Zusätze *ποιητῇ* oder *ὑποκριτῇ* erweisen einander als Glossen). 2 Titel, 4 Frg. W. K.

Nausikydes (*Ναυσικύδης*) wird Xen. mem. 2,7,6 als vermögender Hersteller von Gerstenmehl (-produkten) genannt (vgl. Aristoph. Eccl. 426). Ob er mit dem N. aus dem att. Demos Cholargos, dem Freund des Sophisten Kallikles (s. Plat. Gorg. 487c) ident. ist, läßt sich nicht entscheiden. O. Dr.

Nausinikos (*Ναυσίνικος*). Athener aus dem Demos Kephale, Archon des J. 378/77 (IG II^2 43ff. u. ö.; Diod. 15,25). In seinem Amtsjahr wurde das Verfahren zur Erhebung der → *εἰσφορά* neu geregelt (vgl. Demosth. 22,44). H. Gä.

Nausiphanes von Teos, * um 360 v. Chr., Atomist und Physiologe aus der Nachfolge des → Demokritos von Abdera. Er wurde um 324 der erste Lehrer des → Epikuros; dieser hat also durch N.' Vermittlung Verbindung mit der Lehre des Demokritos erhalten, vgl. Diog. Laert. 1,15 und Cic. nat. deor 1,73. Aber Epikur war auf diesen seinen Lehrer gar nicht gut zu sprechen; bei Diog. Laert. 10,7 sind mehrere Briefstellen voll bitteren Tadels zitiert (vor allem frg. 93 und 113 Usener, dazu Pap. Herc. 1005 frg. 24). Es scheint nur eine Lehrschrift des N. bekannt gewesen zu sein, die den Titel »Der Dreifuß« hatte; aus ihr hat → Philodemos in starker Raffung Gedanken des N. zum Verhältnis der Philosophie zur Rhetorik und zur Naturwissenschaft zitiert. Gut gesichert ist durch Sext. Emp. adv. math. 1,2 das Faktum, daß N. auch Schüler des → Pyrrhon von Elis war; vgl. Diog. Laert. 9.64. Die weitere Konsequenz, Epikur sei zum Gegner des N. geworden, weil dieser Mathematik im Sinne Pyrrhons gelehrt habe, ist vermutlich erdichtet. Test. und Frg.: DIELS Vorsokr. 2,246–250. H. D.

Nausithoos (*Ναυσίθοος*). **1.** König der Phaiaken, Sohn Poseidons und → Periboias, Vater von Rhexenor und → Alkinoos. Er führte die von den Kyklopen bedrängten Phaiaken von Hypereia auf Thrinakia nach Scheria. Hom. Od. 6,7ff. 7,56ff. mit Sch. 8,565. **2.** N. und Nausinoos sind Söhne von Odysseus und → Kalypso, Hes. theog. 1017f., N. und Telegonos Söhne von Odysseus und → Kirke, Hyg. fab. 125 (Telegonie). **3.** N. und Phaiax, Schiffsoffiziere des Theseus, den noch seefremden Athenern von Skiros aus Salamis geliehen, hatten Heroa beim Heiligtum des Skiros im Phaleron. Ihnen galt das Kybernesienfest. Plut. Thes. 17 (Philoch.). Clem. Al. protr. 2,40,2 (S. 30, 20 St.). Die Namen erinnern an das myth. Seevolk der Phaiaken, das Fest wurde erst sekundär auf Theseus bezogen. H. v. G.

L. Deubner Att. Feste 225. *A. Lesky* Thalatta 25.

Naustathmos. 1. In ihren Überresten noch nicht faßbare ant. Hafenstadt im SO. Siziliens an dem Küstenstreifen zwischen Syrakus und der Mündung des Helorus (h. Tellaro): Plin. nat. 3, 89. **2.** Hafenstation im NO. von Kyrene am O.-Ufer des in der Ant. mit N. gleichnamigen (Mela 1,40), h. Ras el–Hilal gen. Vorgebirges (vgl. Strab. 17,838. Ptol. 4,4,3 M. Ps. Skyl. peripl. 108 = GGM I 83. An. stad. mar. magn. 51f. = GGM I 446). **3.** Ant. Hafenstadt an der Schwarzmeerküste Kleinasiens zwischen der Mündung des Halys (h. Kizil Irmak) und Amisos (beim h. Samsun) nahe dem h. Balik Gölü gen. Strandsee (früheste lit. Erwähnung bei Arr. per. p. E. 15,2). E. O.

K. Ziegler, Windberg, W. Ruge, RE XVI 2028.

Nautaka (*τὰ Ναύτακα*; Arr. an. 3,28,9. 4,18,1. 2. Curt. 8,2,19, wo in den codd. *Nauta*), Ort oder Gegend (vgl. Curt. a.O.) in der Sogdiana, im Zusammenhang mit den Feldzügen Alexanders des Großen 329 und 328/27 v. Chr. überliefert (Arr. a.O. Curt. a.O.), allg. beim h. Karshi oder Schachrisabs vermutet. E. O.

J. Sturm, RE XVI 2033.

Nautes (*Ναύτης*). Greiser Troer, der Aeneas auf Sizilien mit klugem Rat beistand, Verg. Aen. 5,704. 728. Nach Serv. Aen. 2,166 (aus Varro *De familiis Troianis*) war er in Troia Priester der Pallas gewesen, die ihm Sehergabe schenkte. In Apulien nahm er für Aeneas aus den Händen des → Diomedes (2) das tro. → Palladion entgegen. Aition für die bes. Verehrung Minervas durch die röm. gens Nautia, als deren Stammvater er galt, → Nautii. Dion. Hal. ant. 6,69. Fest. p. 166. PRELL.-JORD. 1,298f. 2,333. H. v. G.

Nautikos tokos (*ναυτικὸς τόκος*). I. Athen. **1.** In einem engeren Sinn der Seezins. Dieser war wegen der in ihm enthaltenen Risikoprämie höher als der übliche. Er unterlag der Parteivereinbarung, soweit sich nicht für gewisse Schiffsrouten feste Sätze im Verkehr herausgebildet hatten ([4]). **2.** Im weiteren Sinn das Seedarlehen ([1]). Dieses hat sich in Athen aus den praktischen Bedürfnissen in der Z. der Perserkriege entwickelt und wurde erst später auch von der Gesetzgebung teilweise anerkannt. Es erlangte als günstige Kapitalsanlage große wirtschaftliche Bedeutung. Der n. t. wurde auf ein Schiff oder seine Ladung, die dem Gläubiger als Ersatzpfand, → Hypotheke, dienten, für einfache Fahrt oder für Hin- und Rückfahrt gegeben. Darlehensgeber und Darlehensnehmer, → Naukleroi und Emporoi, waren in der Regel mehrere Personen als Gesamtgläubiger und Gesamtschuldner. Die Gläubiger trugen die Gefahr des Unterganges des Schiffes, während es mit der Ladung unterwegs war, die Schuldner hafteten in realvertragsähnlicher Weise auf Rückgabe ([5]). Wenn auch gesetzlich keine Form vorgeschrieben war, so wurden die Verträge in der Praxis zum Zweck der Beweisführung doch stets schriftlich abgefaßt. Im Rahmen der Vertragsfreiheit konnten Vertragsstrafen für Verletzungen des Bodmereivertrages durch die Schuldner und Bestimmungen über das Eigentum am Geretteten und über die Schadensverteilung bei Verlusten hinzugefügt werden s. 1. Rhodia (Art. Iactus o. Bd. II 1297) ([2]). II. Äg. Das Seedarlehen begegnet hier nur unter der Bezeichnung *δάνειον ναυτικόν* ([3]). E. B.

1. *U. E. Paoli* Studi di diritto attico, 1930, 9ff. 2. *F. M. De Robertis*, Studi Arangio-Ruiz 3, 1953, 155ff. 3. *R. Taubenschlag* The Law of Greco-Roman Egypt, 1955, 343f. 4. *A. Biscardi* Profilo di diritto greco antico, 1961, 155ff. 5. *H. J. Wolff*, E. Berneker Zur griech. R.-Gesch., 1968, 508.

Nautius. Name eines röm. Patriziergeschlechtes (Ableitung von *nauta*, vgl. J. REICHMUTH D. lat. Gentilicia, Diss. Zürich 1956, 108). Die Herkunft der Gens ist unbekannt; in den Fasten tritt sie zwischen 488 und 287 auf und starb dann aus (inschr. nichtpatriz. Namensträger z. B. bei SCHULZE Eigenn. 197). Später nahm man troian. Ursprung des Geschlechts an, Varro (HRR 2,9) bei Serv. Aen. 2,166. 3,407. 5,703 (ebenso Dion. Hal. 6,69. Fest. 166 M. 284 L.), und wußte von einem der Gens eigenen Minervakult, der auf Nautes, den erdichteten Gefährten des Aeneas, zurückgeführt wurde, vgl. zuletzt LATTE RRel 164.

1. N., Kriegstribun, der 256 dem M. Atilius Regulus aus Angst vor der Seefahrt den Gehorsam zu verweigern versuchte, Flor. 1,18,17. Der letzte bekannte Namensträger. Vgl. A. LIPPOLD Consules, 1963, 378. **2.** Sp. Nautius, 293 Legat des cos. L. Papirius Cursor, trug bei Aquilonia durch eine Kriegslist zum röm. Sieg bei, Liv. 10,40,8. 41, 5ff. Frontin. strat. 2,4,1. **3.** C. Nautius Rutilus, Sp. f., Sp. n., Consul 475 (mit P. Valerius Poplicola) und II im J. 458 (mit Carventus? und dann L. Minucius Esquilinus Augurinus), vgl. BROUGHTON Mag. 1,27. 39; nach der späteren Tradition haben ihn seine jeweiligen Collegen überragt; 458 ernannte er den Dictator L. Quinctius Cincinnatus, Liv. 3,26,6. **4.** C. N. Rutilus, Consul 287. **5.** Sp. N. Rutilus, Consul 488 (mit Sex. Furius) als erster Gentile. Die Tradition berichtet von Maßnahmen der Consuln gegen den anrückenden Coriolan, Dion. Hal. ant. 8,16,1. 37,3 u. ö. **6.** Sp. N. Rutilus, Consulartribun 424. **7.** Sp. N. Rutilus, Sohn von Nr. 6, Sp. n., Consulartribun 419, II 416, Consul 411 (bei Liv. 4,52,4 mit Praenomen C.), trib. mil. cons. pot. III 404, ein wohl nicht unbedeutender Mann. **8.** Sp. N. Rutilus, Consul 316 (mit M. Popillius Laenas, der allein gegen die Samniten ausrückte). Broughton Mag. 1,155.

H. G. G.

Nautodikai (*ναυτοδίκαι*). 1. Begriff. Eine Behörde, der die Einführung der Klagen der Schiffsherren, *ναύκληροι*, und Großhändler, *ἔμποροι*, sowie der Vorsitz in den einschlägigen Gerichtsverhandlungen zustand ([1]. [3]). 2. Zuständigkeit ([4]): a) Örtliche: wenn der Beklagte als Bürger oder Metoikos seinen Wohnsitz in Attika oder in den att. Kleruchien hatte und Athen der Erfüllungsort war (IG I^2 16). b) Sachliche: *α*) für vermögenswerte Streitigkeiten mit einem Mindestwert von 10 Minen (IG I^2 41,22f.) aus Rechtsgeschäften über die Ein- und Ausfuhr von und nach Athen. *β*) für Strafklagen gegen Personen, die sich rechtswidrig in die Phratrien eingeschlichen hatten, obwohl sie weder von Vaters noch von Mutters Seite Athener waren (Harpokr. s. v. [2]). Diese Kompetenz wurde um die Mitte 5. Jh. für eine Reihe von J. den → Xenodikai übertragen ([4]). 3. Organisation. Die Anzahl der Mitglieder und ihre Bestellung ist nicht überliefert. 4. Zeit. Die N. haben wohl vom 6. bis zur Mitte 4. Jh. bestanden. 5. Verfahren. Die Klagen wurden dem → Polemarchos eingereicht, der sie durch das Los den Phylenrichtern zuwies. Derselbe Beamte nahm auch die Berufungsklagen, für die ein fester Termin vorgeschrieben war, entgegen und leitete sie den N. zu ([1]). Noch im gleichen Monat fand nach einer Voruntersuchung die Hauptverhandlung vor den Geschworenen unter der Leitung der N. statt. Die Sommermonate waren seit der Mitte 4. Jh. von Handelsprozessen freizulassen.

E. B.

1. *J. H. Lipsius* Das att. Recht und Rechtsverf., 1905–1915, 86ff. 2. *Busolt* GStk. 948. 1094. 1114f. 3. *Ziebarth* Beiträge zur Gesch. des Seeraubs, 1929, 44. 4. *Körte*, H 68, 1933, 238ff.

Nava, bei Bingen einmündender l. Nebenfluß des Rheins, h. die Nahe. Nach Tac. hist. 4,70 wurde Iulius Tutor am n. Ufer der N. geschlagen, nachdem er die Flußbrücke abgebrochen hatte. Ausonius beginnt mit dem Naheübergang seine Reisebeschreibung und das Lob der Mosel (Mosella 1). Im Grenzgebiet der Treverer und Vangionen war das sehr enge Tal der N. dicht besiedelt (zahlreiche Villen und befestigte Plätze, wie Kreuznach und Bingen), während die waldreichen Hunsrückhöhen seit vorröm. Z. mit Ringwällen besetzt waren (Hunnenring b. Otzenhausen). Im unteren N.-Tal wird seit röm. Z. Weinbau vermutet, ebenfalls Kupferbergbau und Salinennutzung.

H. C.

K. Schumacher Siedelungs- und Kulturgesch. der Rheinlande. – Kataloge w.- und s.-deutscher Altertumsslg. III *Baldes-Behrens*, Birkenfeld; IV *Behrens*, Bingen; *W. Dehn*, Katalog Kreuznach 1.

Navalia. Die Römer verstanden unter N. sowohl Werften (Docks) wie Schiffshäuser; bei den Griechen war die terminologische Scheidung klarer. **1.** N., *textrina*, *ναυπήγια*. Von ant. Werften wissen wir wenig. In Griechenland gab es sie wesentlich für Handelsschiffe; der Staat vergibt den Bau von Kriegsschiffen an solche N. Das kann sich im Hellenismus geändert haben. Rom hatte mindestens zeitweise eigene staatliche Kriegsschiffswerften (z. B. Flottenbau des Agrippa, 37 v. Chr., in → Portus Iulius), später muß es sie in den Kriegshäfen → Misenum und → Ravenna-Classis gegeben haben. N. bestanden meist aus hölzernen Helgen und Stapelanlagen am Ufer. **2.** N., *νεώρια*. Schiffshäuser, zu denen schon früh eigene Zeughäuser (→ Skeuothek. [5]) gehörten, dienten der Unterbringung von Kriegsschiffen im Heimathafen. Sie werden zuerst erwähnt Hdt. 3,45,4 (Samos). Aus Resten und lit. Nachrichten sind diese N. gut bekannt. Sie bestanden in älterer Z. aus einzelnen Schuppen, seit dem 5. Jh. meist aus zellenartigen, nebeneinander aufgereihten, oft unter gemeinsamem Dach zusammengefaßten Einzelgelassen. Ein solches Gelaß (*νεώσοικος*) faßt meist ein, seltener zwei Schiffe (nebeneinander. Lage von zwei Schiffen hintereinander ist nirgends nachgewiesen); die Abmessungen richten sich nach den größeren Schiffseinheiten (Breite etwa 6,25–6,50 m. Länge in Athen 37 bzw. 40 m, in Oiniadai 47 m. in Pyrrha [Lesbos] 20 m). Die Schiffe werden hier mittels eines sanft aus dem Wasser aufsteigenden steinernen Mittelstreifens mit dem Bug wasserwärts aufs Trockene gesetzt (Breite des Mittelstreifens in Athen etwa 3 m). Einmal wird ein eigener Trockenplatz beim N. erwähnt (*ψύκτρα* IG II^2 1035,43). Bis in den Hellenismus hinein werden solche N. zunehmend sicher und kostspielig erbaut (Stein statt Holz; gelegentlich in den gewachsenen Felsen getieft). Hier konnten Kriegsschiffe in Ruhezeiten gesichert lagern, manchmal so lange, daß sie im Ernstfall erst repariert werden mußten (Liv. 35,2,15). Zur Aufsichtsbehörde der griech. N. → Neorion. N. muß es in allen größeren Häfen gegeben haben, in denen Kriegsschiffe beheimatet waren. Von N. für die Handelsschiffahrt hören wir nichts. Im Prinzip haben die Römer an der Anlage der N. offenbar nichts mehr geändert, wie neben Resten vor allem Darstellungen von N. auf Mosaiks, Wandgemälden und Münzen zeigen ([7]).

W. H. G.

1. *K. Lehmann-Hartleben* D. ant. Hafenanlagen 1923 (Ndr. 1963). 2. *A. Köster* D. ant. Seewesen (1923) 132ff. 3. *F. Milt-*

ner, RE XVI 2471ff. 4. *H. Kähler-G. Guidi* Enc. Arte Ant. 1 (1958) 683ff. 5. *V. Marstrand* Arsenalet i Piraeus 1922. *K. Jeppesen* Paradeigmata (1960) 69ff. 6. *Nash* II 117ff. 7. *F. Coarelli*, in: Studi di Topografia Romana (Quaderni dell'ist. di Topogr. ant. dell'univ. di Roma V, 1968) 27ff.

Navia (auch *Nabia*). **1.** Göttin mit verbreiteter Verehrung in Spanien, inschr. bezeugt CIL II 756 (Alcantara am Tajo), II 2378 (Bracaraugusta in Galaecia). II 2601. 2602 (in Galaecia). II 5622f. (in Roqueiro, Portugal). Die Zurückführung des Namens auf eine kelt. Wurzel *nav* und damit die Deutung als Wassergöttin erscheint zweifelhaft, da keine der Inschr. an fließendem oder stehendem Wasser gefunden worden ist.

Heichelheim, RE XVI 147. *Holder*, 2,694. *Toutain* Cult. 3,138ff.

2. Grenzfluß zwischen Kallaikern und Asturern (Plin. nat. 4,111. Ptol. 2,6,4) an der NW.-Küste von Spanien, der bis h. seinen Namen behalten hat. An seiner Mündung lag Flavionavia, an seinem Oberlauf Pons Naviae (Itin. Ant. 4,25,2. 430, 10). W. S.

A. Schulten Iber. Landeskde. 1,360.

Navicularii sind die Frachtschiffer, Reeder, Schiffseigentümer, ferner Personen, die ihr Vermögen oder Teile davon in Schiffsunternehmen investiert haben. In der älteren Fachliteratur werden sie vielfach mit dem *nauclerus* (*ναύκληρος*) verwechselt, doch geht aus Tert. adv. Marcionem 4,9 und aus anderen Quellen klar hervor, daß diese mit den *n.* nicht ident. sein können, jedenfalls nicht seit dem 2. Jh. n. Chr. ([5],239ff.). Im späten 4. und bes. im 5. Jh. bedeutet *n.* auch den Großgrundbesitzer, der in besonderer Weise der *annona* verpflichtet ist. Wir kennen *n. marini* und *N. amnici*, doch wird der Binnenschiffer eher *nauta* genannt.

Die Haupttätigkeit der *n.* besteht in Waren- und Gütertransport, bes. zur Versorgung Roms – und seit dem 4. Jh. Konstantinopels – mit Lebensmitteln. Ob dies von Anf. an ein *munus publicum* war, ist unsicher; etwa seit dem 2. oder 3. Jh. n. Chr. scheint es eine Liturgie gewesen zu sein (ROSTOVČEV GuW 2,330,4. 367,44.). Einträglicher waren offenbar die Privatgeschäfte, die den *n.* auch in der Spätantike, z. Z. der Zwangswirtschaft, gestattet waren. Die vielen Stiftungen durch *n.* zeigen ihren allg. Wohlstand. Um die *n.* für den weniger gewinnbringenden Dienst in der Lebensmittelversorgung der Hauptstadt zu gewinnen, hat ihnen bereits Kaiser Claudius Privilegien zugestanden (Suet. Claud. 18f. Gai. 1,32c. Ulp. Frg. 3,6); diese wurden später auf die *collegia* beschränkt.

Die *n.* sind in der frühen Kaiserzeit unabhängige Einzelunternehmer, vielfach sind sie innerhalb einer Stadt oder einer Provinz Mitglieder einer oder weniger Familien. Sie können spezialisiert sein, wie etwa die *n. lignarii* (CIL XIV 279), oder lose Vereinigungen bilden, wie die *quinque corpora naviculariorum* in Arles (CIL XII 672), unter denen eher *societates* als *collegia* zu verstehen sind (so [5], 465ff.); ähnlich *corpus n. Afrorum* usw. Seit wann gibt es *collegia n.*? Gai. Dig. 3,4,1 spricht schon von ihnen; beginnen sie etwa in der Z. Traians ([2], 454) oder später ([5], 465ff.)? In der Spätantike werden sie jedenfalls zu Zwangsverbänden, seit dem späten 3. Jh. wird der Austritt aus den *collegia n.* verboten, spätestens ab 314 n. Chr. muß der Sohn den Beruf des Vaters fortsetzen (Cod. Theod. 13,5,1). Eine große Zahl von strengen Bestimmungen und Regelungen ist in Cod. Theod. 13,5 auf uns gekommen, was sich aus der zunehmenden Wichtigkeit von Transport und Lebensmittelversorgung erklärt (vgl. im allg. H. P. KOHNS Versorgungskrisen und Hungerrevolten im spätantiken Rom, 1961). So werden Mitgliederlisten verlangt, die *collegia* werden für die einzelnen Mitglieder haftbar gemacht, Reisezeiten und Hafenaufenthalte werden geregelt. Im Falle von Schiffbruch besteht strengste Anmeldepflicht, es folgt eine staatliche Untersuchung: wenn sie die Schuld des *n.* feststellt, zahlt sein *collegium*, das die Summe wohl vom Schuldigen einzieht. Auf Unterschlagung der Fracht durch den n. stand in der späten Z. die Kapitalstrafe (Cod. Theod. 13,5,33 = Cod. Iust. 11,2,5, a. 409). Der *n.* ist nicht verpflichtet, innerhalb von 2 J. mehr als e i n e Fahrt im Dienste des Staates zu machen; in der Zwischenzeit darf er sich um seine eigenen Geschäfte kümmern (Cod. Theod. 13,5, 6. 5,21. 5,26.). Er untersteht dem *praefectus praetorio* und dem *praefectus annonae*, in letzter Instanz jedoch dem *praefectus urbi* (A. CHASTAGNOL La préfecture urbaine à Rome sous le Bas-Empire 1960, 301ff.).

Der *n.* ist in der Spätantike finanziell und persönlich an den Staat gebunden. Sein Vermögen steht im staatlichen Dienst – allerdings konnte er über einen Teil frei verfügen –; diese *res naviculariae* sind unveräußerlich, bzw. der Käufer übernimmt die Verpflichtungen. Der *n.* bezahlt wohl die Mannschaft der Schiffe und muß selber Schiffe bauen, deren Größe durch Gesetz bestimmt wird. Weder er noch sein Sohn darf den Beruf wechseln, auch nicht durch Übertritt zum Militär oder in den Beamtenstand. Ausnahmen sind nur durch kaiserliche Privilegien möglich. Trotz aller dieser Zwangsmaßnahmen ist im späten 4. und im 5. Jh. ein Rückgang in der Mitgliederzahl der *collegia n.* zu verzeichnen, doch sind durch den Verlust einiger Kornprovinzen die Aufgaben auch beschränkter geworden.

Die *n.* besaßen verschiedene Privilegien, wohl schon in der Republik (Liv. 23,48f. a. 215 v. Chr.), dann bes. unter Kaiser Claudius (vgl. o.), Nero (Tac. ann. 13,51), Hadrian (Dig. 50,6,6,5) usw. (Vgl. Cod. Theod. 13,5,5). Dies sind: Befreiung von der lex Papia Poppaea, von Steuern, munizipalen Lasten, u. a. Diese Privilegien wurden zunächst an einzelne n. verliehen und waren nicht übertragbar. In der Spätantike wurden frühere Privilegien bestätigt und ergänzt, wobei die Zugehörigkeit zu einem *collegium* Bedingung war (vgl. [1], 2,408ff. [2], 466ff. [3], 1929ff.). Diese sind u.a. Befreiung von den städt. *munera*, von der Grundsteuer und von Sondersteuern, von den *munera sordida* und *extraordinaria*, von der Bezahlung der Zölle, auch für private Waren; Verleihung der Ritterwürde; verschiedene Sicherungen gegen Übergriffe der Behörden.

Die *n.* können ihre Schiffe vermieten ([5], 332ff.). Ob Schiffe auch in Staatseigentum waren, ist unsicher. In der Spätantike werden sie jedenfalls z.T. vom Staat, z.T. von den *n.* ausgebessert; im Notfall werden Privatschiffe requiriert. Bei Getreidelieferungen an die Hauptstädte bezahlt der Staat, indem er in der Frühkaiserzeit mit den n. Einzelverträge schließt; im 4. Jh. werden feste Entschädigungen für bestimmte Frachtsätze bezahlt, so 1 Solidus für den Transport von je 1000 *modii* von Äg. nach Konstantinopel (Cod. Theod. 13,5, 7, a. 334). Th. P.

1. *J.P.Waltzing* Étude historique sur les corporations professionelles chez les Romains 1895–1900 (bes. Bd.2). 2. *E.Kornemann*, RE IV 380ff., bes. 454f., 464ff. 3. *Stoeckle*, RE XVI 1899ff. (unzuverlässig). 4. *A.H.M.Jones* The Later Rom. Empire 284–602, 1964, 2,827ff. und 3,272ff. 5. *J.Rougé* Recherches sur l'organisation du commerce maritime en méditerranée sous l'Empire Rom. 1966.

Navigium Isidis s. Ploiaphesia

Navius. Personenname, auch inschr. bezeugt, vgl. SCHULZE Eigenn. 197.

Q.N., kämpfte als Centurio im J. 211 im Heer des Proconsuls Q. Fulvius Flaccus mit Auszeichnung. Er gab den Rat, Leichtbewaffnete mit Reitern zu einer takt. Einheit zu vereinigen. Liv. 26, 4,4–10. 5,12–17. H. G. G.

Navius Attus, nach der Legende der große Augur der Königszeit (Cic. Att. 10,8,6) während der Regierung des Tarquinius Priscus (Dion. Hal. 30,70,1, der ihn auch den capitolin. Tempel weihen läßt). Er widersetzt sich einer Änderung der Centurienverfassung (Cic. rep. 2,36 *Titiensium et Ramnensium et Lucerum mutare nomina*). Damit verbinden Liv. 1,36,4. Dion. Hal. 3,71,2ff. die Erzählung, daß Tarquinius, erzürnt über den Einspruch des N., diesem, um seine Wahrsagekunst zu diskriminieren, aufgetragen habe, mit Hilfe der Vögel festzustellen, ob die Absicht des Königs durchführbar sei. Als N. dies bejaht, heißt ihn der König einen Schleifstein mit einem Messer durchschneiden, was ihm gelingt und das hohe Ansehen des N. als Augur begründet. Diese Geschichte in verkürzter Form auch bei Cic. div. 1, 32. W. S.

Pais Stor. Rom. 1,2,480ff. *Bardt* Die Legende von dem Augur A.N., 1883. *W.Kroll*, RE XVI 1933ff.

Naxos (*Νάξος*) Myth. **1.** Kar. Eponymos der Insel, Sohn des Polemon (Diod. 5,51) oder des Endymion (Steph. Byz.). **2.** Sohn Apollons von der Minostochter Akakallis, nach einer Sagenform, die die Herrschaft Kretas mit dem alten Namen des Karerführers verknüpfte. J. WIESNER Olympos, 1960, 232. H. v. G.

3. N., die größte Kykladeninsel (442 qkm) von einfachen, etwa fünfeckigen Umrißformen ohne tiefer eingreifende Buchten, in n.s. Richtung 33 km lang und 24 km breit. N. ist von N. nach S. von einem Gebirgskamm durchzogen, der in 1004 m gipfelt und nach O. steil abfällt. Im W. ist ein wasserreiches Hügel- und Ebenenland vorgelagert. Gesteine sind überwiegend Granit und Gneis mit aufgelagerten Marmor- und Schieferdecken. Wirtschaftlich wichtig und Ausfuhrartikel sind als Schleifmittel verwandter Schmirgel und der grobkörnige Marmor. Das Klima ist ausgezeichnet durch milde Winter und gemäßigte Sommer bei geringen Regenmengen. Der Wasserreichtum führt zu üppiger Vegetation, und N. galt schon im Alt. als bes. fruchtbar; der Wein war berühmt und Dionysos Hauptgott der Insel. Die ant. und moderne gleichnamige Hauptstadt liegen an einer Hafenbucht an der Mitte der W.-Seite.

Ant. Reste in der Stadt sind gering, imposant die nur aus marmornen Monolithen erbaute, fast 6 m hohe Opisthodomtür eines unvollendet gebliebenen Tempels des 6. Jh. v. Chr., der später zu einer chr. Kirche umgebaut wurde, auf der kleinen, durch Damm mit der Hauptinsel verbundenen Insel Palati vor der Stadt, [10]. AA 45, 1930, 132ff. In der Stadt ausgegraben hellenist. Hofanlage, AA 45, 1930, 135. *Πρακτ.* 1965, 176ff. Reste anderer Heiligtümer bei der Stadt und auf der Insel, *Πρακτ.* 1937, 119ff. 1939, 119ff. *Ἀρχ. Δελτ.* 14, 1931/32, *παρά.* 50. 16, 1960 B 250f. 18, 1963 B 275. BCH 75, 1951, 124. *Πρακτ.* 1954, 330ff. Sonst bekannt mehrere ant. Wachttürme und die Marmorbrüche mit liegengebliebenen Blöcken und der angefangenen, 10½ m hohen Statue im Steinbruch »Apollona« im N. der Insel, MDAI(A) 21, 1896, 224ff. AA 47, 1932, 264ff. ABSA 37, 1940, 21ff. Mehrere Namen ant. Örtlichkeiten literar. und inschr. bekannt.

N. war bereits seit neolith. Z. sehr dicht besiedelt, Fundorte: [2], 2084. 2093,49ff. RE XXII 1399,1ff. 1413,45ff. Neuere Grabungsberichte regelmäßig *Πρακτ.* seit 1937. *Ἐφ. ἀρχ.* 1945–47, 1ff. 1965, *Χρον.* 1ff. *Ἀρχ. Δελτ.* seit 16, 1960. BCH seit 1951. In gesch. Z. war die Insel ionisch und bildete polit. stets eine Einheit. Glanzzeit war die archaische Z. Naxier gründeten 735 die erste griech. Kolonie in Sizilien, N. 2. Literar. sind Kämpfe mit Milet und Erythrai belegt, Tod des → Archilochos in einer Fehde mit N., RE II 495, 36ff. IG XII 5,445 A I 54. SEG 15,517 B I 4f. 20. Nach inneren Kämpfen Tyrannis des → Lygdamis, der 524 v. Chr. von den Spartanern gestürzt wurde. Ausdruck der Vormachtstellung der Insel in dieser Z. ist die hocharchaische Naxierhalle in Delos mit der etwa 9 m hohen Apollonstatue daneben, Bruneau-Ducat Guide de Délos 1965, 77 ff. 80 f. IG XII 5 S. XXV. Schwyzer Nr. 760. BCH 48, 1924, 217 ff. Auch in späterer Z. bleiben die Beziehungen von N. zu Delos sehr lebhaft. Naxiersäule in Delphi, RE Suppl. IV 1346 ff. Nr. 83. P. Amandry La colonne des Naxiens, EDelph II, 1953. EDelph IV, I. 41 ff. Ein Naxier stiftete im 4. Jh. in Olympia das große Unterkunftshaus des Leonidaion, Paus. 5,15,2. RE XVIII 134 ff. Nr. 17. Im 7. und 6. Jh. v. Chr. bestand auf N. eine bedeutende Bildhauerschule [9].

Vergebliche Belagerung durch → Aristagoras, Hdt. 5,30–34. 490 v. Chr. wurde N. von den Persern kampflos genommen und verbrannt, womit die einstige große Bedeutung zu Ende ging. Im Perserkrieg gingen die naxischen Schiffe bald zu den Griechen über, und ein Kontingent von N. war bei Plataiai beteiligt. N. ist daher auf der Schlangensäule und dem entsprechenden Weihgeschenk in Olympia mit genannt, Syll.^{3} 31,23. Paus. 5,23,2. N. gehörte dann zum att. Seebund, fiel aber schon um 470 ab, verlor die Autonomie und hatte att. Kleruchen aufzunehmen. Die Tributsumme ist daher mit 6⅔ Talenten zunächst gering, später 15 Talente und seit 421 anscheinend 9 Talente, Meritt Tribute lists 1,350 f. 2,81. 3,65 f.

Nach dem peloponnes. Krieg neue eigene Münzprägung. Dem 2. Seebund trat N. erst nach dem Seesieg des → Chabrias bei N. 376 v. Chr. bei (neues Zeugnis SEG 19,204 A 3). Mit der Gründung des Bundes der Nesioten gehörte auch N. dazu und teilte dessen Schicksale, Syll.^{3} 390,60. OGIS 43,18. Naxier in Arkesine auf Amorgos IG XII 7,50. 54. Steph. Byz. s. Ἀμοργός. Sch. Dion. Per. 525. Nach der Schlacht bei Philippi kam N. für kurze Z. unter die Herrschaft von Rhodos, App. civ. 5,7,29. IG XII 5,38. In der Kaiserzeit war es bisweilen Verbannungsort, Tac. ann. 16,9. Plut. mor. 602 D. Münzen gibt es bis in die Severerzeit. In MA. und früher Neuzeit erlebte N. eine neue Glanzzeit mit reicher Bautätigkeit unter Marco Sanudo und seinen Nachfolgern, den della Carceri (1362–1383) und Crispi (1383–1566).

Hauptgott der Insel war Dionysos, dessen Priester auch eponym war, daneben die urspr. Vegetationsgöttin Ariadne. Ebenso ist Zeuskult reichlich belegt, ferner bes. Apollon und Demeter. Im geistigen Leben Griechenlands spielte N. keine große Rolle, nax. Lokalhistoriker bei Jacoby FGrH III B Nr. 497–501. Inschr.: IG XII 5 Nr. 35 bis 104. Suppl. Nr. 192–199. SEG 2,500. 3,748 f. 15,524. 16,477–480. 17,374. 19,554. Schwyzer Nr. 757–762. [2], 2095,22 ff. L. H. Jeffery The local scripts of archaic Greece 291 ff. Mz.: Head HN^2 488 f. [2], 2095,33 ff. E. M.

1. IG XII 5 S. XXIII mit Kartenskizze. 2. *R. Herbst*, RE XVI 2079 ff. Nr. 5. 3. *Philipps.-Kirst.* 4,124 ff. 4. *Kirsten-Kraiker* Griechenlandkunde^5 1967, 510 ff. 833 f. 889 f. (Lit.). 5. *G. Colonna* Enc. Arte Ant. 5,354 f. 6. *L. Roß* Reisen auf den griech. Inseln 1,37 ff. 7. *E. Curtius* Naxos, Bln. 1846 (mit Gesch. in MA. und Neuzeit). 8. *Ernest Dugit* De insula Naxo, Thèse Par. 1867. 9. *Br. Sauer* Altnax. Marmorkunst, MDAI(A) 17, 1882, 37 ff. 10. *G. Welter* Altion. Tempel. 1. Der Hekatompedos von N., MDAI(A) 49, 1924, 17 ff. 11. *W. Miller* The duchy of N. Essays on the Latin orient, 1921 (1964), 161 ff.

4. N., Stadt an der O.-Küste Siziliens unterhalb von → Tauromenion (Taormina), ca. 735 v. Chr. (nach [3] bereits 757/56) als älteste Griechenkolonie Siziliens von Chalkidiern und Naxiern unter dem Oikisten Thukles gegründet (Hellanik. FGrH 4 F 82. Thuk. 6,3,1. Ephor. FGrH 70 F 137. Diod. 14,88,1 = Timaios). Dem Apollon Archegetes errichteten die Siedler einen Altar, der fortan bes. Verehrung genoß (Thuk. 6,3,1. App. civ. 5,109). Bereits 5 J. nach der Gründung legte Thukles → Leontinoi und → Katane an (Thuk. 6, 3,3); auch die Gründung von → Kallipolis (5) erfolgte von N. aus (Strab. 6,272. Ps.-Skymn. 286). Um 495 v. Chr. wurde N. von → Hippokrates (4) erobert (Hdt. 7,154,2). 476 v. Chr. verpflanzte → Hieron I. anläßlich der Gründung Aitnes die Naxier und Katanaier nach Leontinoi (Diod. 11, 49,1 f.), doch kehrten sie nach dem Sturz der → Deinomeniden (466 v. Chr.) zurück (Diod. 11,76, 3 f.). Während der athen. Expeditionen 427–424 v. Chr. und 415–413 v. Chr. kämpften die Naxier bereitwillig auf seiten der Athener (Thuk. 4,25, 7–9, bzw. 6,50,2–3. Diod. 13,4). 403 v. Chr. eroberte → Dionysios (1) N. Aus Rache für ihr Verhalten im Athenerkrieg wurde die Stadt versklavt, die Mauern geschleift, das Land den Sikelern geschenkt (Diod. 14,14,1–3. 15,1–3. Polyain. 5,2,5). Nach Ausweis der Münzen und nach dem archäolog. Befund bestand nur eine kleine Siedlung weiter (Münzlegende *ΝΕΟΠΟΛ* = *Νεοπολιτῶν*). 358 v. Chr. gab Andromachos, der Vater des Historikers Timaios, den Überlebenden von N. in Tauromenion eine neue Heimat (Diod. 16,7,1). Die Tradition von N. lebte vor allem in den Münzen Tauromenions fort.

Topographie: 2 km n. des → Akesines (1: Alcantara), dessen Mündungsgebiet eine fruchtbare Ebene bildet, springt eine viereckige Halbinsel, heute Capo Schisò, ostwärts ins Meer vor. Hier lag N., das sich im W. fast bis zum Torrente S. Venera erstreckte. Durch neuere Grabungen (seit 1953) konnte der Verlauf der Stadtmauern genau bestimmt werden. Außer beträchtlichen Teilen der Mauern (7./6. Jh.) wurde ein größeres Temenos (E. 6. Jh. v. Chr.) freigelegt. Vielleicht handelt es sich hierbei um das von App. civ. 5,109 erwähnte Aphroditeheiligtum. Von großem künstlerischen Wert sind die Münzen von N. (seit ca. 550 v. Chr.), auf denen meistens der bärtige Dionysos mit Weintraube oder Weinrebe dargestellt ist.

Neuere Grabungen: G. V. Gentili, Boll. d'Arte 1956, 326 ff. Enc. Arte Ant. 5, 1963, 383 f.

P. Pelagatti, Boll. d'Arte 1964, 149ff. 1966, 105. M. Guido Sicily, 1967, 206f. Münzen: H. A. Cahn Die Münzen der sizil. Stadt N., 1944. P. R. Franke – M. Hirmer Die griech. Münze, 1964, Abb. 1–4 u. S. 35–37. Kl. M.

1. *K. Ziegler*, RE XVI 2064. 2. *R. van Compernolle*, Bull. Inst. hist. belge de Rome, 1950/51, 163ff. 3. *G. Vallet – F. Villard*, BCH 1952, 289ff. *J. Bérard* La colonisation grecque², 1957, 90ff. 4. *A. Schenk Graf v. Stauffenberg*, Trinakria, 1963, 351ff. 5. *N. M. Kontoleou*, in Europa, Festschr. f. E. Grümach, 1967, 180ff.

Nazares, Illyrier, wahrscheinl. *dux* einer der illyr. Provinzen, kämpfte 544 unter Vitalius tapfer bei Bononia, war 550 im Kampf gegen die Slaven bei Adrianopel eingesetzt (Prok. 7,11,12ff. 40,34). A. L.

Nazareth (*naṣ^e ra[t]*, *Ναζαρέϑ*, *Ναζαρέτ*, *Ναζαρά*). Dorf im s. Bergland Galiläas. Erstmals im NT. (Mk. 1,9; Mt. 2,23; Lk. 1,26; Joh. 1,46 u. ö.) erwähnt als Heimat → Jesu von N., außerchr. erst in einer jüd. Inschr. des 3./4. Jh. n. Chr. als Sitz der Priesterklasse Ha-Piṣṣeṣ (vgl. Israel Exploration Journ. 12, 1962, 137ff.). Vermutlich bereits in der MB I Z. besiedelt (ZDPV 79, 1963, 177. 82, 1966, 286). Jüd. Bevölkerung, sicher seit 2./1. Jh. v. Chr. ([4],87), bis Anf. 4. Jh. n. Chr. vorherrschend (Epiphanios, Panarion 30,11,9f. [GCS 25,347]), erst im 7. Jh. verdrängt. Seit Konstantin allmählich christianisiert, in byz. und ma. Z. chr. Wallfahrtsort ([1]). B. Sch.

1. *D. Baldi* Enchirid. Loc. Sanct., 1955², 1–51. 2. *G. Dalman* Orte und Wege Jesu, 1924³, 68–88. 3. *Alt* 2,441–445. 4. *C. Kopp* Die hl. Stätten der Evangelien, 1959, 86–129. 5. *B. Bagatti*, Gli scavi di Nazaret, Vol. 1, 1967.

Nazarius, lat. Rhetor des frühen 4. Jh. n. Chr. Erhalten ist sein Panegyricus zu den Quinquennalia Konstantins (321 n. Chr.) an 4. Stelle der lat. Slg. der Panegyrici; in diese wurde N. durch den Redaktor der theodosian. Z. unter anderen berühmten Rhetoren des 4. Jh. aufgenommen (vgl. Hier. chron. ad. a. 2340; Auson. prof. Burd. 14, 7ff.). R. He.

Ta. *R. Mynors*, 1964. TÜK *E. Galletier*, 1952. Lit.: *W. Kroll*, RE XVI 2097ff.

Nazianzos (urspr. *Ναδιανδός*, vgl. Philostorg. 8,11), ab dem 3. Jh. n. Chr. nachweisbare (vgl. Itin. Ant. 144,5) Stadt in Kappadokien, deren genauere Lokalisierung an der Straße zwischen Archelais und Tyana noch nicht gesichert ist. Durch ihre beiden Bischöfe → Gregorioi, den Vater und den Sohn, erlangte sie im 4. Jh. n. Chr. bes. Berühmtheit. E. O.

W. Ruge, RE XVI 2099ff.

Nea. Nach Plin. nat. 2,202 kleine Insel zwischen Lemnos und dem Hellespont, nach Plin. nat. 4,72 zum Thermaischen Golf, nach Anth. Pal. 15,25,25 zu Thrakien gehörend. Mit der s. von Lemnos gelegenen Insel Aijostrati identifiziert, oder auch mit der ausgedehnten Bank Charos, dicht ö. von Lemnos. N. war der Athene heilig. Nach Steph. Byz. s. v. wurde auf N. Philoktet von der Wasserschlange gebissen, was Paus. 8,33,4 auf die Insel Chryse verlegt. Chr. D.

Herbst, RE XVI 2101ff.

Nēaethus (*ē*: Theokr. 4,24; *ĕ*: Strab. 6,262). Fluß n. von → Kroton (Plin. nat. 3,97), angeblich so benannt (* *nāụ-aidhŏ-*), weil dort die gefangenen Troerinnen die Schiffe verbrannten (Sch. Theokr. a. O. Lykophr. 921 m. Sch. Euphorion b. Steph. Byz. s. *Ἀσκανία*. Etym. m. 542,38: *Ναύαιϑος*. Strab.); h. Neto. G. R.

Forbiger HB d. alt. Geogr. 3,375. *Nissen* It. Ldk. 2,935.

Neai (*Νέαι*), laut Diod. 11,88,6 (alle Hss. außer P) die Heimatstadt des Sikulerführers → Duketios im SO. Siziliens, die dieser 453 v. Chr. von der Höhe herab in die Ebene (nahe einem Palikerheiligtum) umsiedelte und in Palike umbenannte. Es bleibt zweifelhaft, ob die Namensform N. bei Diod. a. O. korrekt (vgl. [1]) oder in *Μέναινον* (vgl. Diod. 11,78,5; h. Mineo, dazu etwa [2]), in Neton (h. Noto antico) oder *Νόαι* (Steph. Byz. s. v., genaue Lage unbekannt) zu ändern ist. E. O.

1. *K. Ziegler*, RE XVI 2103f. 2. *H. Wentker* Sizilien und Athen, Heidelberg 1956, 70.

Neaira (*Νέαιρα*, »jung«; »Neumond« deutet K. Kerényi Die Myth. der Griechen 189; Die Heroen d. Gr. 284). **1.** Geliebte des → Helios (o. II 1000,42), Mutter von Lampetie und Phaethusa, die die Herden ihres Vaters auf Thrinakie hüten. Hom. Od. 12,133. **2.** Geliebte des Strymon, Mutter der Euadne, der Gemahlin des → Argos (1). Apollod. 2,3. **3.** Arkad. Heroine, Tochter des → Pereus, Gattin des → Aleos (Autolykos), Mutter der Auge u. a. Apollod. 3,102. **4.** Gemahlin des → Aietes, = → Idyia. Sch. Apoll. Rhod. 3,240. **5.** Tochter des Amphion und der Niobe, Apollod. 3,45. H. v. G.

6. N., Hetäre des 4. Jh. v. Chr. in Korinth, nachmals mit dem athen. Redner → Stephanos verheiratet. Da dieser gegen die Gesetze verstoßen hatte, indem er N.s uneheliche Kinder als seine eigenen aus früherer Ehe ausgegeben, die Tochter sogar zweimal mit att. Bürgern verheiratet hatte, benutzte → Apollodoros (1) um das J. 340 die Gelegenheit, seinen alten Widersacher Stephanos durch eine Klage gegen N. zu treffen. Die Rede, ein etwas trübes Sittenbild von kulturgeschichtlichem Wert, geriet unter die Werke des Demosthenes (or. 59); vgl. auch Athen. 13,593 f g. H. Gä.

Blass AttBereds. 3,1,535ff. *U. E. Paoli* Die Gesch. der Neaira, Bern 1953, 65ff.

Nea kome. Die Identität der bei Strab. 12,552 (*Ἐνέα κώμη*), 13,603 (*Νέα κώμη*), ebd. (*Αἰνέα*), Steph. Byz. s. *Νέαι* (*Νέα κώμη φρούριον Μυσίας*), Plin. nat. 2,210 *(Nea)*, 5,124 *(Nee)* genannten Orte in der Troas ist nicht zu sichern und je nach dem betr. Kontext mehr oder weniger wahrscheinlich. Die von Strab. a. O. erwähnten Städte jedenfalls sind am Oberlauf des Aisepos (h. Gönen Çayi) zu suchen. E. O.

W. Ruge, RE XVI 2102f. Nr. 1.

Nealkes, Maler. Unter den *primis proximi* nennt Plin. nat. 35,142 eine Aphrodite sowie eine Seeschlacht auf dem Nil zwischen Persern und Aigyptern eines Malers N., von dem 35,104 eine Wander-Anekdote erzählt wird. Wenn der Plut. Arat. 13 erwähnte N. mit diesem Maler ident. ist, fällt seine Lebenszeit in die Mitte 3. Jh. v. Chr. Erhalten hat sich, auch in Kopien, nichts von ihm. W. H. G.

Neandreia (*Νεάνδρεια*), Stadt in der Troas nicht am Meer (Xen. hell. 3,1,16), sondern oberhalb von Hamaxitos, 130 Stadien von Ilion entfernt, auf dem h. Tschigri Dagh, ö. von → Alexandreia Troas, aiol. Siedlung. Während der 2. H. 5. Jh. erscheint N. mit einem geringen Beitrag auf den att. Tributlisten, 399 ergab es sich dem spartan. Heerführer Derkylidas, E. 4. Jh. wurde es mit Alexandreia durch Synoikismos vereinigt. Xen. hell. 3,1,16. Skyl. 96. Strab. 13,604. 606. Plin. nat. 5,122. Chr. D.

Leaf Strabon on the Troas, 229ff. *Ruge*, RE XVI 2106 bis 2108.

Neanthes, Rhetor aus Kyzikos, Schüler des → Philiskos von Milet, möglicherweise der in Delphi mit seinem Bruder Polykles Geehrte (Fouilles de Delphes 3,1, 1929, 429; G. Daux Chronol. delph., 1943, 28 f.), kann aus Zeitgründen nicht N., Vf. der Gesch. des → Attalos (I.?), sein. Die Zuweisung der übrigen Titel (*Ἑλληνικά*, mind. 6 B.; kyziken. *Ὧροι*; *Κατὰ πόλιν μυθικά*; *Π. τελετῶν*; *Π. ἐνδόξων ἀνδρῶν*) ist umstritten. In *π. ἐνδ. ἀνδρ.*, das man gern dem jüngeren N. (ca. 200 v. Chr.) gibt, mögen auch Pythagoras und die Pythagoreer vorgekommen sein, für deren Lebensschicksale N. sich sehr interessierte. Polemon von Ilion schrieb *Πρὸς N. ἀντιγραφαί* (RE XXI 1311); Demetrios (23) polemisierte gegen N. (Argonautenzug). W. Sp.

Susemihl 1,617ff. *Christ*^{6}-*Schmid* II 1,211 f. FGrH 84. 171. *R. Laqueur*, RE XVI 2108ff. *T. S. Brown* Timaeus of Taur., 1958, 5.

Neapolis (*Νέα πόλις*, *Νεάπολις*). **1.** N., Stadt in Thrakien gegenüber Thasos (h. Kavala) an der n. w. Seite des Golfes von Kavala, in vorzüglicher Lage an dem natürlichen Verbindungsweg nach dem goldreichen Pangaion im W. und der fruchtbaren Ebene von Daton (Datos) im O.

Die Gründungszeit ist unbekannt; jedenfalls begann E. 6. Jh. die selbständige Silberprägung von N. (Head HN^2 192,228). Nach der Niederwerfung des Aufstandes gegen Athen (465–463) mußte Thasos auf das Festland verzichten (Thuk. 1,101,3). N. wurde Mitglied des att.-del. Bundes. Seine Bundesquote schwankte zwischen 1000 und 500 Drachmen. Im Peloponnes. Krieg schlossen die Thasier und die Neapoliten ein Bündnis mit Paros gegen Athen (IG XII, 5,109). Z. Z. der Oligarchen in Athen (412–411) belagerten die von neuem von Athen abgefallenen Thasier zusammen mit den Lakedaimoniern das Athen treu gebliebe N. (Syll.^{3} 107, IG I^2 108), das von Thrasybul befreit wurde. Wegen seiner Treue zu Athen wurde N. 410/409 v. Chr. belobt (IG I^2 108 I). 378/377 trat N. dem 2. Attischen Seebund bei. Angesichts der Bedrohung durch Philipp II. schloß es mit Athen ein neues Bündnis (355). Kurz nachher war aber Philipp II. Herr von Thrakien. An Stelle von Daton (n. w. von N.) trat die ansehnliche Neugründung Philippoi. Von nun an war N. das dazu gegebene *ἐπίνειον*.

Während der Kämpfe bei Philippoi 42 v. Chr. war N. Flottenstation des Brutus u. Cassius. Nach der Schlacht entstand hier die *Colonia Augusta Iul. Philippensis*. Auf seiner 2. Missionsreise um 50 n. Chr. betrat der Apostel Paulus, zur See von Troas kommend, in N. zuerst den Boden Europas, um sogleich nach Philippoi weiter zu reisen (Apg. 16, 11). Hiernach wird N. nur mehr in geograph. Verzeichnissen genannt. Als Suffraganbistum des Metropoliten von Philippoi kommt N. viel später unter dem Namen Christopolis vor.

Hdt. 9,75 (Daton); Skyl. 67. Skymn. 685. Strab. 7,330, frg. 36. Plin. nat. 4,42. Ptol. 3,13,9; Polyain. 4,2,22. App. 6. c. 4,106. Cass. Dio 47,35 und die Itin. Chr. D.

P. Collart Philippes ville de Macéd. 102ff. 110ff. 131. *Gschnitzer* Abhängige Orte im griech. Alt. Ältere Lit. bei *v. Hiller*, RE XVI 2212 u. *Oberhummer*, ebd. 2125ff. *Bengtson* Die Staatsverträge im Alt. 204. 312.

2. N., eine der beiden griechischen Kolonien (Skyl. 10) Kampaniens (Ptol. 3,1,6. Mela 2,4,9), am N.-Rand des h. nach der Stadt benannten Golfs w. der Sebetomündung. Sie heißt Phaleron bei Steph. Byz. s. v., »Turm des Phaleros« bei Lykophr. 717 (Verwechslung mit Phalaris i. Sch. z. St.), was auf *ager Falernus* weisen kann. Von einer rhod. (Strab. 14,654. Steph. Byz. s. *Παρθενόπη*) oder aus dem Namen der dem Hafen vorgelagerten Insel *Megalia* (Stat. silv. 2,2,80) bzw. *Megaris* (Plin. nat. 3,82), h. Castel dell'Ovo, erschlossenen phoinik. Gründung keine Spur. Der alte Name der von Kyme (die Phratrien gleichen denen von Kyme und stammen wie diese aus Chalkis; vgl. Beloch Kampanien ^{2}41ff.) aus gegründeten (Skymn. 242f. Strab. 5,246. Lutat. frg. 7 P. Liv. 8,22,6. Vell. 1,4,2) Kolonie war vielleicht mit dem der Sirene Parthenope (Dion. Per. 358. Sil. 12,34) gleich (Steph. Byz. s. v.: rhod. Gründung; Plin. nat. 3,62: *N. Chalcidensium* – d. h. *Cumanorum – et ipsa Parthenope a tumulo ⟨Parthenopae⟩ – sirenis appellata;* Ergänzung nach Solin. 2,9), die in N. ein Denkmal (Strab.) und ihr Grab (Eustath. Dion. Per. a. O. Plin. Solin.) hatte; der Name Parthenope wird h. als hist. angesehen (L. Pareti Storia di Roma 1, 1952, 468. M. Napoli, Par. Pass. 7, 1952, 269ff.). Der Name *Palaepolis* (Liv. 8,22,5) gilt als ant. Erfindung (Beloch a. O. 62; RG 392f.). Die Überlieferung kennt zwei Fassungen einer Neugründung, die den Namen N. (»Neustadt«; vgl. Varro l. l. 6,58 *Novapolis*) verursachte: 1. Kyme zerstört N., wird von Pest heimgesucht und gründet auf Orakel (vgl. Skymn. a.O.) hin N. neu mit Parthenopekult (Lutat.). 2. Es kommen neue Kolonisten aus Chalkis, Pithekussai, Athen; att. Einfluß kann aus den Mz. angenommen werden, die seit Mitte 5. Jh. v. Chr. (HEAD HN^{2} 38) wie die von Thurii (ebd. 86) das Haupt der Athena mit ölbekränztem Helm und den Namen N. zeigen, und wird durch Besuch des Diotimos bestätigt, der der Parthenope opfert und den Fackellauf einführt (Tim. FGrHist 566 F 98). Die schachbrettartige Anlage der Innenstadt (BELOCH Kampanien^{2} 66ff.) spricht für Erbauung Mitte 5. Jh. v. Chr. 421 nimmt N. kymaiische Flüchtlinge auf (Dion. Hal. ant. 15,6). Bald danach soll N. sich (noch vor dem Galliersturm) Rom angeschlossen haben (ebd. 15,8), was aus Schutzbedürfnis gegen Dionysios von Syrakus (Tim. FGrHist 566 F 32) oder gegen die Samniten verständlich ist, die N. bald (nach den Mz. etwa 400; vgl. VETTER, HB. Nr. 200 A 6) aufnehmen mußte, so daß Griechen und Samniten nebeneinander lebten (Strab.), was ital. Namen unter den Beamten bestätigen; Nypsios (= *Numisius)* aus N. unterstützt 356 den jüngeren Dionysios (Diod. 16,18). Aufgehetzt von Tarent und dem Grenznachbarn (Cic. off. 1,33) Nola, beginnt N. 328 Krieg mit Rom (Liv. 8,22,7. Dion. Hal. ant. 15, 6ff.), unterliegt aber durch Verrat zweier Ratsherren Charilaos und Nymphios (Liv. 8,25,9; BELOCH RG 394 sagt besser: Nympsios, d.h. *Numisius*), erlangt jedoch günstiges *foedus* (Liv. 8,26,6; nach BELOCH a.O. durch Vermittlung der beiden) und hält sich erfolgreich gegen Pyrrhos (Zon. 8,4). 264 stellt N. Schiffe für röm. Truppentransporte nach Sizilien (Pol. 1,20,14) und schickt 217 Geldmittel nach Rom (Liv. 22,32,4). Hannibal verwüstet 216 zwar das Gebiet von N., kann die Stadt aber nicht einnehmen (Liv. 23,1,5ff. 14,5. 15, 1f. 24,13,7). N. bewahrt im Bündnis (Liv. 35,16,3. Cic. Balb. 55) mit Rom Sprache und Verfassung (Strab. 5,246; vgl. auch die Inschr.), seine Flotte (Pol. 1,20,14. Liv. 35,16,3. 36,42,1. App. civ. 1,89), sein Asylrecht (Pol. 6,14,8), sein Münzrecht (BELOCH, Kamp. 38f.), bleibt eine griech. Stadt (Cic. Tusc. 1,86. Tac. ann. 15,33,2). 89 erhält N. das röm. Bürgerrecht (Cic. fam. 13,30,1) als *municipium* in der *tribus Maecia* (Cic. Balb. 21. CIL X 1 p. 171), wird 82 von Sullanern erobert (App.), von Augustus gefördert (Plin. nat. 18,114), später zur Kolonie erhoben (BELOCH a.O. 34). Neben röm. Magistraturen bleiben alte Beamtennamen erhalten. Nach Wiederherstellung der Mauern 440 n. Chr. (CIL X 1485) blühende Stadt (Cassiod. var. 6,23). Nach mutiger Verteidigung durch jüd. Bürger (Prok. a.O. 1,10,24) Einnahme durch Belisar (ebd. 1,8,43ff. 9,8ff.) und später Totila (ebd. 3,8,1). Von N. führen Straßen nach Puteoli, Capua, Nuceria. Produkte: Ackergüter (Dion. Per. a.O. Serv. Verg. georg. 4,564), Wein (Plin. nat. 14,69), Kastanien (15,94), Quitten (15,37), Rosenöl (13,5), Schwefel (18,114), Korallenarbeiten (32, 21). Kulte: Apollon, Demeter (Cic. Balb. 55: Cerespriesterinnen in Rom kommen aus N.), Dioskuren (ihr Tempel h. S. Paolo Maggiore) als *di patrii* (Stat. silv. 4,8,45), Athena auf Mz. Aus den Spielen für Parthenope (Strab. 5,246) entstanden auf Veranlassung des Augustus (Cass. Dio 56,29,2) seit 2 n. Chr. die Ἰταλικὰ Ῥωμαῖα Σεβαστὰ Ἰσολύμπια (BELOCH a.O. 57f. Suet. Aug. 98). N. diente als Erholungsort (Hor. epod. 5,43. Verg. georg. 4,564. Ov. met. 15, 712. Cic. Sulla 17) mit regem geistigen Leben (Colum. 10,134 *docta N.*); Heimat des Statius (silv. 3,5,78. 5,3, 112) und Silius (Plin. ep. 3,7). Man zeigte das Grab Vergils (Donat. v. Verg. 36) beim 2. Meilenstein. In der Umgebung viele Villen, deren berühmteste das *Pausilypon* des Vedius Pollio (Plin. nat. 9,167) und das *Neapolitanum* des Lucullus (Cic. Acad. pr. 2,9) waren. Bewundert wurde auch der Tunnel unter dem Posilipp (Strab. a.O. Sen. ep. 57). N. hat seinen Namen bewahrt: Napoli. G. R.

Forbiger HB. d. alten Geogr. 3,488. *Nissen* It. Ldk. 2,746ff. *Beloch* Kampanien ^{2}26ff. *Bérard* La colonisation Grecque de l'Italie mérid. etc. ^{2}55ff. *De Petra* Le origini di N. 1905. *A. Pirro* Le origini di N. 1906. *Ciaceri* Storia della Magna Grecia I (1924) 328ff.

3. N., Stadtteil von Syrakus, der Achradina w. vorgelagert und bis zum Großen Hafen reichend (Beschreibung bei Cic. Verr. 4,118f.). 404 v. Chr. besiegte Dionysios dort im Kampf um die Tyrannis die Syrakusier (Diod. 14,9,5). Die N. wird ferner anläßlich der Auseinandersetzung zwischen Hiketas, Dionysios II. und Timoleon 344 v. Chr. (Diod. 16,69,3) sowie bei der Belagerung von Syrakus durch Marcellus 213 v. Chr. (Liv. 25,5. 6) erwähnt. **4.** N., Stadtteil von Leontinoi, den Timoleon im Kampf gegen Hiketas 343 v. Chr. vergeblich angriff (Diod. 16,72,3). **5.** N., Stadt im Gebiet von Akragas, wo Dion 356 v. Chr. von Pharax besiegt wurde (Plut. Dion 49,1). **6.** N., Stadtteil von Panormos, der von den Römern 254 v. Chr. zuerst erobert wurde (Polyb. 1,38,9); zur Lage s. den Artikel Panormos. Kl. M.

K. Ziegler, RE XVI 2122. *H. P. Drögemüller*, Syrakus, 1969, 105ff.

7. Stadt im NO. Kariens, deren Überreste am r. Ufer des Harpasos (h. Akçay) bei Ineboli (nahe Arpaş Kalesi) zu sehen sind. Ihr Bestand ist durch Primärquellen für die Z. vom 1. Jh. v. Chr. bis ins 3. Jh. n. Chr. bezeugt (Belege bei [1]). **8.** Stadt im Grenzgebiet zwischen Phrygien und Pisidien, deren Ansatz beim h. Şarki Karaağaç zwar durchaus möglich, aber noch immer nicht gesichert ist. Die Ursprünge von N. konnte L. ROBERT [3] anhand einer rhod. Epitaphaufschrift mit Sicherheit in hellenist. Z. verweisen. Im 4. und 5. Jh. n. Chr. war die Stadt Bischofssitz (Belege bei [2]). E. O.

1. *W. Ruge*, RE XVI 2126 Nr. 12; 2. *Ders.*, ebd. Nr. 15.

3. *L. Robert* Etudes épigraph. et philol., Paris 1938, 260 bis 265.

9. N., Stadtteil Alexandreias, am großen Hafen, etwa gleich Brucheion, an der N.-Seite des Dromos. In der Kaiserzeit ein Speicherviertel mit Schiffswerften und Getreidemagazinen. W. H.

10. N., Stadt der Africa procons. (Zeugitana), an der Küste ö. des Cap Bon (h. Nabeul). Alte pun. Seestadt, von Thuk. 7,50,2 erwähnt, von → Agathokles im J. 310 (Diod. 20,17,1), von → Calpurnius Piso (I 19) im J. 148 (App. Lib. 519. Zon. 9,29) erobert. *Civitas libera* (Plin. nat. 5,3), dann *colonia Iulia Neapolis*, wenn nicht von Caesar, spätestens von Octavian gegründet (Ptol. 4,3, 8. CIL VIII 968). L. Teutsch Das röm. Städtewesen in Nordafrika, 1962, 88. 160. Tab. Peut. 6,2 *Neapoli*. Itin. Anton. 952. Spuren eines Hafendamms, Atl. arch. Tun. f^{e} Nabeul. 183. Tissot Géogr. comp. prov. rom. Afr. 1,177. Bischöfe im J. 258. 411. 419. 484. 525. 649. **11.** N., Beiname der Stadt → Leptis Magna. M. L.

12. N., als *Φλαυία Ν.* unter Vespasian (Ära ab 72) 1,5 km n.w. des verfallenen → Sichem gegründet (→ Mabartha) und rasch aufgeblüht (Mz. bis Mitte 3. Jh., seit 244 *colonia;* Amm. 14,8,11 *civitas egregia*), h. Nablus. Von heidn., jüd., chr., samarit., islam. Vf. oft beschrieben (meist für Sichem oder → Samaria erklärt; richtig noch Eus. onom. 150,1 f. → Madebakarte). Zunächst rein heidn. (hadrian. Zeustempel auf dem → Garizim, oft auf Mz.; Spiele; Heimat → Iustins [3]), später Bischofssitz, daneben bis h. Zentrum der → Samaritaner (Synagoge von 362, h. Moschee). Chr. B.

D. Baldi Enchiridion locorum sanctorum^{2}, 1955, 218ff. (Quellenslg.). *Abel* Géogr. 2^{3}, 1967, 396f. *R. J. Bull* Tell er-Ras (Garizim), Rev. Bibl. 75, 1968, 238–243.

13. N., Ortschaft in Babylonien, von → Isidoros von Charax (5) genannt (Stathmoi Parth. 1). Es handelte sich dabei um eine Station der parth. Königsstraße am w. Ufer des Euphrat. Sie führte von dort über den Fluß und den Narmalcha, der bei N. abzweigte, nach Seleukeia. Noch nicht mit einem Ruinenhügel identifiziert. W. Rö.

Neapolitanum Talentum s. Talentum Neap.

Neapolitanus. Tribunus militum, den C. Cestius Gallus, der Statthalter von Syrien, im J. 66 zu Erkundigungszwecken nach Jerusalem schickte; durch Agrippa II. soll er sich von der Schuldlosigkeit der Juden haben überzeugen lassen, Ios. bell. Iud. 2,335. 338–341; bald darauf säuberte er als Alenpräfekt die Gegend von Tiberias, Ios. vit. 120f. R. H.

Nearchos. 1. N., Sohn des Androtimos, aus Kreta (Lato? RE Suppl. VII 355); in Amphipolis ansässig. Mit anderen Freunden des jungen Alexander (→ Harpalos, → Ptolemaios I. etc.) wurde N. infolge eines Zwistes Al.s mit Philipp (Arr. an. 3,6,5: bei Philipps Hochzeit mit → Kleopatra (2); Plut. Al. 10: in der Pixodarosaffäre) von diesem verbannt (337/36). Nach Philipps Tod (336)

zurückgekehrt, nahm N. als einer der Vertrauten Al.s am Asienzug teil. Wohl seit 334/33 Satrap von Lykien und Pamphylien (RE XVIII 2. H., 365). 329/28 führten N. und → Asandros (1) Al. hellenische Söldner nach Baktrien zu. Dann begegnet N. an der Spitze der Agrianen und als Chiliarch der Hypaspisten. Bes. trat N. als Admiral hervor. Er befehligte die im Spätj. 326 aufbrechende Stromflotte, die den → Hydaspes, → Akesines (2) und → Indos (1) hinabfuhr, und die im Herbst 325 startende See-Expedition, die unter Gefahren und Schwierigkeiten am Land der Oreiten (RE XVIII 1. H., 942ff.) u. → Ichthyophagen entlang für Al. den Seeweg vom Indos zum Pers. Golf erkundete (vgl. → Androsthenes (4), → Hieron (6), → Orthagoras, Archias, → Onesikritos). Bei Harmozeia (→ Karmania) konnte N. die Verbindung mit Al. wiederherstellen (um Dez. 325), der in Küstennähe durch → Gedrosia gezogen war. Nach Weiterfahrt traf N. in den ersten Monaten von 324 kurz vor Susa, im Pasitigris, wiederum mit Al. zusammen. Er wurde durch einen goldenen Kranz geehrt; bei der Massenhochzeit zu Susa (324) heiratete er eine Tochter → Mentors und der → Barsine. Der Arabienzug, für den N. auch zum Admiral bestimmt worden war, wurde mit Al.s Tod (323) zunichte. Später war N. bei → Antigonos (1). Im Lauf des Krieges gegen → Eumenes (1) hatte er ein Kommando beim Zug durch das Land der → Kossaioi; vergebens trat er für Schonung des Eumenes ein. Als Antigonos nach Kleinasien gegen die Koalisierten zog (314/13), stellte er dem jungen, zum Schutz Syriens gegen → Ptolemaios zurückgelassenen → Demetrios (2) u.a. N. zur Seite. Ehrung N.' in Delphi (Fouilles de Delphes 3,1, 1929, 412; undatiert). N.' Schrift über Indien und die Flottenfahrt – auch der Parallelzug des Landheers war berücksichtigt – ist bes. durch → Arrian (Ind., an.) und auch Strabon (B. 15. 16. 11; z.T. über → Eratosth.) kenntlich (andere, mögliche Benutzer N.': Theophr. [RE Suppl. VII 1462ff.], → Iuba (2) [Plin. nat.: RE XXI 307. 321 f.]). Nach F. Jacoby u.a. schrieb N. vor → Kleitarchos, → Aristobulos (7) und nach → Onesikritos. Dem lebendigen, freimütigen Bericht fehlte es bei aller Natürlichkeit und Einfachheit (Peripluslit.!) nicht an plastischen, wirkungsvollen Schilderungen. Das von echter ionischer *ἱστορίη* wohl nicht unberührte naturkundliche Interesse N.' (auch Ethn., Geogr., Astron., Kulturgesch.) wird h. oft überbetont. W. Sp.

FGrH 133. *Berve* Alex. 2,269ff. 1,6. 30f. 84. 127. 165ff. 199. 256. *Berve-Capelle*, RE XVI 2132ff. *J. O. Thomson*, Hist. of Anc. Geogr., 1948, 132f. 402. *M. Launey*, Recherches sur les armées hellénist. 2, 1950, 1155. *H. Strasburger*, H 80, 1952, 456ff. 82, 1954, 251ff. *L. Pearson*, The lost histories of Al. the Gr., 1960, 112ff. *Bengtson* GG^{2} 342f. *Lesky* GGrL^{2} 625 (Lit.). *H. Treidler*, RE IX A 2164ff.

2. N. aus Tarent, 2. Hälfte 3. Jh. v. Chr. Er blieb den Römern auch treu, als Tarent im 2. Pun. Krieg zu Hannibal abfiel (213/12–209; vgl. W. HOFFMANN, Hannibal, 1962, 86); 209 war → Cato (4) Gast bei N. Cic. Cato 41. H. G. G.

3. N., bedeutender att. sf. Vasenmaler und Töpfer um 550 v. Chr., dem nur 5–8 meist fragmentierte Gefäße zugeschrieben werden können. Schuf die für uns älteste sf. Anschirrscene Achills; benutzte mit als erster Weiß für Frauen, Pferde, Haare. Unabhängig vom Format, ist er stets von großer Gesinnung und bei aller Originalität zugleich außerordentlich subtil im einzelnen. H. Ma.

J.D. Beazley, ABV. 82f. 347. 682. *Ders.* The Development of Attic Black-Figure, 1964, 40f.

Nebridai. Mehr oder weniger fiktives koisches Geschlecht, das in den genealog. Spekulationen um den Arzt Hippokrates (z. B. bei Steph. Byz.) eine Rolle spielt. Es leitet sich ab von einem myth. Asklepiaden Nebros, an dessen Namen in der üblichen etymologisierenden Weise eine Legende (Weihung eines goldenen Hirschkalbes zur Rettung in Pest und Krieg) geknüpft war (vgl. Ps. Hippokr. »Briefe« Nr. 27, offenbar aus koischer Lokalgeschichte). F. K.

Nebridius. 1. N., aus Etrurien (Amm. 21,5, 12) war 354 bis 358 comes Orientis und hatte dabei u. a. das von Räubern bedrohte Seleukeia (Isaurien) zu entsetzen (Liban. epist. 400. 1315. Amm. 14,2,20). Constantius II. schickte N. 358 als *quaestor sacri palatii* nach Gallien und ernannte ihn 360 zum *praefectus praetorio per Gallias*. 361 verweigerte er Kaiser Iulian den Dienst (Amm. 20,9,5. 8,21,5,11f. Liban. or. 18. 110). Bald nachdem ihn dann Valens zum *praefectus praetorio per Orientem* ernannt hatte (365), geriet er in Gefangenschaft des Usurpators Procopius (Amm. 26, 7,4f. Themist. or. 7,91f.). **2.** N., *comes rerum privatarum* (382–385) und Stadtpräfekt von Constantinopel (386–388 ?) unter Theodosius I. (Cod. Theod. 10,10,16. 18. 16,12,1. Cod. Iust. 1,43,1. 11, 62,6). 389 heiratete er Olympias (Hochzeitsgedicht → Gregors v. Nazianz, MIGNE PG 37,1542ff. † 390 (Pallad. Hist. Laus. 144, MIGNE PG 34, 1244 D). **3.** N., aus der Nähe von Karthago, Freund Augustins, dem er nach Mailand folgte. N., zeitweise als *grammaticus* tätig, bekämpfte Augustins Manichäertum und Glauben an die Astrologie. Bald nach Augustin ließ er sich taufen (387/88) und kehrte nach Afrika zurück; † um 390 (Aug. conf. 4,3. 6,10. 16. 7,2. 6. 8,6. 9,3). Briefwechsel mit Augustin Aug. ep. 5–14. A. L.

Nebris s. Dionysos. Mainades

Nebrodes mons (*Νεβρῶδη ὄρη*). Gebirge im N. Siziliens »gegenüber dem Aetna« (Strab. 6,2,9); nach Sil. 14,236 entspringen dort die beiden → Himerasflüsse. Demnach umfaßte N. die h. M. Nebrodi und Madonie. Sil. 14,237 nennt N. das waldreichste Gebirge Siziliens, Solin. 5,12 erläutert den Namen wohl richtig als »Hirschgebirge« (*νεβρός*). Kl. M.

Ziegler, RE XVI 2157.

Nebukadnezar. Akkad. *Nabû-kudurrī-uṣur*, Name zweier babylon. Könige. **1.** N. I. (ca. 1128–1106), der 4. und bedeutendste König der 2. Dyn. von Isin. Er verlieh in Kämpfen gegen innere und äußere Feinde (Elamier, Assyrer unter Aššur-rēš-iši) dem Reich wieder Festigkeit. **2.** N. II. (605–562), bedeutendster König der Chaldäerdyn., Sohn → Nabopolassars. Schon als Kronprinz war er als Heerführer maßgeblich an der Festigung des Reiches beteiligt und kämpfte 607 bei Karkemiš gegen die Ägypter. Nach anfänglichen Rückschlägen konnte er sie 605 entscheidend schlagen, mußte aber die Verfolgung aufgeben, da sein Vater starb. Am 7. Sept. 605 bestieg er unangefochten den Thron und zog in den folgenden J. regelmäßig nach Syrien. 601 suchte er die Entscheidung gegen Äg. in offener, für beide Seiten verlustreicher Feldschlacht. Der Abfall Judas zu Äg. wurde am 15./16. März 597 mit einer ersten, im Juli 587 mit einer 2. Eroberung Jerusalems und mit Deportation bestraft. Darauf war ganz Syrien in babylon. Hand, nur Tyros wurde 13 J. (bis 575) belagert. Von kleineren Revolten abgesehen, blieb die weitere Regierung N.s ruhig. Er nutzte sie zu gewaltiger Bautätigkeit, bes. in Babylon (Ištartor mit Prozessionsstraße, Stadtschloß mit hängenden Gärten). Spätere Legenden von Hybris und Wahnsinn N.s (Dan. 1–4, Abydenos, Iosephos) übertragen anscheinend Erzählungen um Nabonid auf Nebukadnezar. W. Rö.

Nebutosualeth (*Νεβουτοσουαληθ*), Name einer als Lichtbringerin (*φαεσφόρος θεά* PGM XIV a 3 wahrscheinlich die Mondgöttin) vorgestellten Gottheit. Oft zusammen genannt mit *Ἀχθιῶφιφ* und *Ἐρεσχιγάλ* (PGM IV 2484. 2749. VII 317) oder *Ἐρβήθ* und *Πακερβήθ* (PGM IV 2213). Im Zauber bezeichnet N. die Hekate-Selene-Persephone (PGM IV 2524. 2743), vertritt auch Isis-Hekate (PGM III 46f.) und Aphrodite (PGM IV 2913). Auf Seth-Typhon vermag sie einen Zwang auszuüben (PGM XIV c 23). Der Name ist wahrscheinlich babylon. zu erklären (HOPFNER, Arch. Or. 3, 1931, 333). C. Z.

Nechepso und → **Petosiris,** oft *οἱ παλαιοὶ Αἰγύπτιοι* genannt, sind die wohl fingierten Vf. eines um 150–120 v. Chr. entstandenen Werkes, das in mystisch-religiöser Einkleidung zahlreiche Lehren des astrolog. Systems enthält. N. wird als König, P. als Priester bezeichnet. Vielleicht ist es nur *ein* Vf., der mit diesen Namen seinem Werk mehr Ansehen geben wollte. Nur Frg.e davon sind erhalten. Darin werden behandelt: die Größe der Planetenbahnen, die Bezirke, die Aufgangszeiten der Tierkreiszeichen für Alexandreia, die Anordnung der Planeten nach den Aufgangszeiten (*ἑπτάζωνος*), Finsternisse und Kometen, der Sothisaufgang, die Dekane, Beziehung der Mondstellung zu *σπορά* und *γέννησις*, der *κλῆρος τῆς Τύχης*, die *καταρχαί*, die Prognose des günstigen Zeitpunktes für jedes Beginnen, die Aspekte, σχηματισμοί, Gefahrenjahre, κλιμακτῆρες, die Planeten-Hausherren, οἰκοδεσπόται, die Jatromathematik, d. i. die Lehre von den Erkrankungen und Heilmitteln auf astrolog. Grundlage, und die Zwölf-Ortelehre für die Horoskopstellung nach dem Gestirnstand in der Geburtsstunde. E. Bo.

Nechepsonis et Petosiridis frg. magica ed. *E. Riess* (Philol. Suppl. 6, 1891–1893). *W. Gundel* u. *H. G. Gundel*, Astrologumena (Sudhoffs Archiv, Bh. 6, 1966) 27–35

Necho. Äg. *Wḥm-ib-R^{c} Nkȝw*, assyr. *Nikū*, 610–595 v. Chr., 2. König der 26. (sait.) Dyn. Zu Beginn seiner Regierung übernahm N. die Politik seines Vaters Psammetich I., das sterbende Assyrerreich (König Assuruballiṭ) zu unterstützen. Auf dem Zug nach N. schlug er Josia von Juda bei Megiddo (2. Kg 23,29 ff.) 609 v. Chr. Zunächst verliefen die Kämpfe der Ägypter gegen Nabopolassar von Babylon an der Euphratfront, gestützt auf Karkemisch, günstig, doch 605 v. Chr. erstürmte der Kronprinz Nebukadnezzar Karkemisch und vernichtete die zurückweichenden Ägypter bei Hama (Wiseman Chronicles of Babylonian Kings). Ein Angriff Nebukadnezzars 601 auf Äg. wurde von N. unter schweren Verlusten abgewiesen. Zur Sicherung von Äg. baute N. die Flotte aus und versuchte vergeblich, den Rotenmeer-Kanal zu vollenden. Auch ließ er phoinik. Seeleute Afrika umfahren (Hdt. 2,158). Seine Bautätigkeit war gering. Ihm folgte *Nfr-ib-R^{c}*, d. i. Psammetich II. W. H.

Neda (*Νέδα*), in der Neuzeit Buzi, Fluß in der Peloponnes, der in gesch. Z. die Grenze zwischen Triphylien (später Elis) und Messenien bildete. Entspringt am → Lykaion, Hauptquelle beim h. Hg. Sostis. Im Gebirgsland der oberen Quellflüsse lag die Bergfestung → Hira, über dem r. Ufer des Mittellaufs → Phigaleia. Strab. 8,3,22 p. 348. Paus. 4,20,1 ff. 36,7. 5,6,3. 8,41,2 ff. Nach der Sage bei der Geburt des Zeus von Rhea geschaffen und nach der Nymphe N. benannt, Strab. Paus. a. O. Kallim. h. 1,10 ff. Die N. ist ein reißender Gebirgsfluß mit vielen Wasserfällen in einem engen, wilden, großenteils unzugänglichen Tal. Falsch ist die Angabe bei Paus. 4,20,1. 8,41,3 über den bes. stark gewundenen Lauf der N. und unwahrscheinlich die weitere Angabe, die N. sei an der Küste schiffbar gewesen. E. M.

1. *E. Meyer*, RE XVI 2170 f. 2. *Philipps.-Kirst.* 3,350 f. 358.

Nedinum *(Nedinon, Nedisso, Edino, Neclinum)*. Ortschaft in Liburnia, h. Nadin, an der Straße Iader–Burnum in der Römerzeit über der Schicht einer früheren einheim. Siedlung auf einer Anhöhe in den Ravni kotari gebaut. Der Name klingt illyr. Aus der einstigen Hochstadt der Neditae schon vor 14 n. Chr. zur röm. Kolonie erhoben, gehörte N. zur *tribus Claudia*. Ackerbau und Viehzucht blühten. Das System der Großfamilie war eine Erbschaft der vorröm. Gesellschaftsordnung. Der Jurist C. Oct. → Iavolenus ist in N. geboren. An Beamten lernen wir in Inschr. kennen: *duumviri, aediles, officialis Naeditarum*. Altarsteine bezeugen Kult für Iuppiter, Fortuna, divus Nerva, Antoninus, Licinius Valerianus. Für das starke Fortleben der einheim. Traditionen sprechen die Spuren der Lokalkulte. J. Sz.

M. Fluss, RE XVI 2175. *G. Alföldy* Bevölkerung der röm. Provinz Dalmatien, 1935, 82 f.

Nedon (*Νέδων*), zweitgrößter Fluß Messeniens, am Taygetoskamm entspringend und bei → Pherai, h. Kalamata, in den messen. Golf mündend, daran ein Heiligtum der Athena Nedusia, Strab. 8,3,29 p. 353. 4,4 p. 360. Steph. Byz. E. M.

1. RE XVI 2175 f. 2. *Philipps.-Kirst.* 3,406.

Negade. Ort in Äg. auf dem w. Nilufer, n. Luxor, bekannt als Fundort vorgesch. Nekropolen, nach denen die Epochen der ausgehenden Vorgesch. als N. I und II benannt werden. Dort lag auch ein Beamtengrab der Frühzeit (früher als Grab des Menes angesehen). W. H.

Negotiator. In der Z. der Republik ist *n.* (seltener *negotians*, Cic. Att. 5,21,10) der Großkaufmann bzw. Bankier, somit meist auch röm. Ritter, vgl. etwa Cic. off. 3,58; fam. 13,17. *n.* ist zu unterscheiden von *mercator* und *publicanus* (Cic. ad Q. fr. 1,1,1,6–2,7; Verr. 2,2,188; Planc. 64). In der Kaiser-Z. ist jeder Kaufmann *n.* (Gai. 4,74a. Vell. 2,110,6. Vitr. 9,5,4. Sen. epist. 119,5. Quint. inst. 1,12,17. Suet. Aug. 42,3. Nero 32,3), u. U. mit Angabe des Geschäftszweiges *(n. mancipiorum* Quint. inst. 5,12,17. *n. frumentarius* Dig. 50,5,9. *n. vestiarius* Dig. 38,1,45. Vielfach inschr.). In der Republik und frühen Kaiser-Z. ist das Geschäftslokal der *n.* die → Basilica, Vitr. 5,1,4. 5. 8. Zu den rechtl. Aspekten der Geschäftsführung → *negotiorum gestio*. W. H. G.

Nehalennia, germ. Göttin, die in einem Kultbezirk bei Domburg auf Walcheren (Holland) im Wattengebiet der Nordsee verehrt wurde. Auf Weihaltären h. in Domburg und aus Köln-Deutz ist die N. mit Symbolen der Fruchtbarkeit (Pflanzen und Tiere) ausgestattet, denen die Opfergaben entsprochen haben werden. Andere Darstellungen zeigen die Göttin in Verbindung mit Neptunus oder Schiffsteilen als Beschützerin des Handels und mit Hercules, die eine männlich-weibliche Göttertrias epichorisch german. Gottheiten erschließen lassen. Die Wiedergabe des Hundes als Tier des Hades läßt chthon. Bedeutung des Numens vermuten. Mit dem Schiffs- und Handelsverkehr ist der Kult der N. rheinaufwärts gelangt. H. C.

F. Heichelheim, RE XVI 2177. – *A. Hondius-Crone* The Temple of Nehalennia at Domburg (Amsterdam 1955).

Nehemia (*n^{e}hemjah* »Jahve tröstet«), Angehöriger des babylon. Diasporajudentums (david. Abstammung? [5],156 ff.) im Dienst Artaxerxes I., Mundschenk am Hof zu Susa, seit 445 v. Chr. der erste (anders [2]) Statthalter der Provinz Judaea (Neh. 5,14). Er ließ die Mauern Jerusalems wieder instand setzen (Neh. 2,11 ff. 6,15. 12,27) und leitete die polit. (Neuordnung der jüd. Bevölkerung, Neh. 7,4. 5a. 11,1 f.), wirtschaftlich-soziale (allg. Schuldenerlaß, Neh. 5,1 ff.) sowie religiöse (Ordnung von Tempelkult und -verwaltung, Durchsetzung der Tora, Neh. 13) Konsolidierung des nachexil. Judentums in Judaea ein. Den Intrigen samaritan. und jerusalemit. Kreise mußte er 433/32 weichen (Neh. 5,14, nach 13,6 nur Unterbrechung der Statthalterschaft, s. aber [5],49 f.). Über sein Ende ist nichts bekannt. Umstritten ist zeitlich wie sachlich das Verhältnis N.–Esra (vgl. [4]. [6]). B. Sch.

1. *S. Mowinkel*, Stadtholderen N., 1916. 2. *H. H. Grosheide*, Geref. Theol. Tijdschrift 54, 1954, 65–76. 3. *H. H. Rowley*, Bull. John Ryl. Libr. 37, 1955, 328–361. 4. *Ders.* The Servant of the Lord, 1965², 135–168. 5. *U. Kellermann* N., Quellen, Überlief. und Gesch., BZAW 102, 1967 (Lit.). 6. *Ders.* ZAW 80, 1968, 55–87.

Neikos (*Νεῖκος*) Personifikation von Haß und Streit bei Hes. theog., wo Eris, die Tochter der Nyx, außer anderen Kräften des Bösen *Νείκεά τε Ψευδέας τε Λόγους* usw. gebiert. Zur Schwester und Dienerin der Eris macht N. → Timon frg. 14. Das Prinzip der Abstoßung und Trennung, die Gegenkraft der *Φιλότης*, ist das N. des → Empedokles. K. Z.

Neileos (*Νείλεως*, auch *Νειλεύς*, *Νηλεύς*). Jüngerer Sohn des → Kodros, der nach einem Streit mit dem älteren Bruder → Medon, zu dessen Gunsten das Delph. Orakel über die Nachfolge entschied, mit mehreren Brüdern und mit vielen in Athen lebenden Ionern (aus Pylos), auch mit Athenern auswanderte und die ion. Dodekapolis in Kleinasien besiedelte. N. gründete Milet und stiftete dem Poseidon einen Altar (auf Mykale). Sein (oder seines Ahnherrn → Neleus (1) Grab wurde bei Didyma gezeigt. Auf ihn führte sich das Herrschergeschlecht Milets zurück. Sein Sohn Aipytos gründete Priene. Hellan. FGrH 125 F 10. Hdt. 9,97. Kall. iamb. 191,76. Strab. 14,633. Paus. 7,2,1 ff. Ail. var. 8,5. Im Zusammenhang mit der neueren Auffassung von der → ion. Wanderung möchte F. SCHACHERMEYR N. für eine hist. Persönlichkeit halten, o. II 1437,35. H. v. G.

Wilam. GldH. 1,312. *R. Hampe* Nestor, in: Vermächtnis der ant. Kunst, hg. von R. Herbig 1950. *T. B. L. Webster* Die Nachfahren Nestors, dt. 1961.

Neileus. Hellenist. Arzt, Erfinder eines *πλίνθιον*, d.h. einer komplizierten Winde zur Einrenkung von Luxationen (s. Oreibasios CMG VI 2,2 p. 13,20 ff.). Ob er ident. mit dem von Celsus, Galen u.a. erwähnten Pharmakologen N. war, erscheint fraglich. Über die Lebenszeit ist nichts Genaueres auszumachen. F. K.

Neilos, der Asket genannt, * um 430, verfaßte mehrere Schriften zu Fragen des Mönchslebens. Die Überlieferung, die Werke des → Euagrios Pontikos umfaßt, enthält außerdem eine umfangreiche Slg. von Briefen, deren Echtheit und Briefcharakter umstritten sind. B. R. V.

Ta. *Migne* PG 79.

Lit.: *Christ-Schmid* 2,2, 1470/73. *Altaner*⁷ 334 (Bibl.). *U. Riedinger*, ByzZ 57, 1964, 18/9.

Neion (*Νήιον*), nur bei Hom. Od. 1,186. 3,81 und danach bei den Lexikographen genannter waldiger Berg → Ithakas, den schon die ant. Homererklärer nicht identifizieren konnten, Strab. 10, 2,11 p. 454; am ehesten das Kavallaresgebirge in der NW.-Spitze der Insel. RE XVI 2187 f. E. M.

Neith. Göttin in Sais im w. Nildelta (4./5. Gau), verehrt in über einem Schild gekreuzten Pfeilen, geschrieben mit 2 in einem Futteral steckenden Bogen, also eine Waffengöttin; ihr Name bedeutet die »Schreckliche« (*Nr.t*). Dargestellt wird sie mit roter (u.ä.) Krone auf dem Kopf und den Pfeilen in der Hand. Sie ist bes. Schutzgöttin des Königs, aber auch zusammen mit Isis, Nephthys und Selkis des Toten, dessen Schrein sie umstehen. Im A. R. lag ihr wichtigster Tempel in Memphis »n. der Mauer«; an ihm hatten die Frauen der Würdenträger Priesterstellen. Sie galt hier als »Wegöffnerin«, d.h. Vorkämpferin des Königs gegen die Feinde. Daraus entwickelte sich ihre Rolle als Bekämpferin der Dämonen. In ihrem Heimatort Sais wurde sie als Urgöttin angesehen, verbunden mit der Urflut Methyer, sowie als Mutter des Krokodilgottes Suchos. Von U. Ä. übertrug man den Kult nach Esneh, wohin sie der Sage nach als Kuh geschwommen sein sollte, mit dem Sonnengott Re auf ihrem Rücken. In Sais galt sie auch von alters als Göttin der Weberei. Die Griechen identifizierten sie mit Athena. Zum Tempel vgl. Inschr. des *Wdȝ-Ḥr-rśn.t* z. Z. des Kambyses (POSENER Première Domination Perse 1 ff.) und Hdt. 2,171. 175 f. W. H.

Nekromantie s. Mantik

Nekropolis (*Νεκρόπολις*). Nach Strab. 17, 795 Vorstadt Alexandreias im W. am Eunostos-Hafen und s.w. davon, h. die Vorstadt Gabbari. Hier waren in der Ptolemäerzeit meist Ägypter beigesetzt (Nichtägypter im O. unter dem h. Sidi-Gabr), erst nach den Ptolemäern begrub man auch Nichtägypter auf dem W.-Friedhof. W. H.

Nektanebos. 1. N. I., (*Nḫt-nb.f*), äg. König der 30. Dyn., 380–363 v. Chr., Thronname *Ḫpr-kȝ-Rᶜ*, war zunächst General des Königs Nepherites II., des letzten Königs der 29. Dyn., den er nach 4 Monaten stürzte. Er stammte aus Sebennytos. Unter ihm versuchte → Artaxerxes II., Äg. wieder zu erobern, nachdem er die Athener gezwungen hatte, den Feldherrn → Chabrias aus Äg. zurückzurufen und ihm selbst → Iphikrates zur Verfügung zu stellen. Die Landung am mendes. Nilarm mußte jedoch bei Eintritt der Überschwemmung abgebrochen werden, und weitere Unternehmen der Perser verhinderte ein Aufstand der kleinasiat. Satrapien. Mit diesen wie mit den Griechen unterhielt N. enge Beziehungen. Im Inneren unterstützte er die Priesterschaft und errichtete zahlreiche Tempel (Philae, Hermupolis) und Naoi

(Saft el-Henne, Mendes, Sais, Abydos, Koptos), stiftete nach Edfu Felder und dem Neith-Tempel von Sais die Steuereinkünfte der griech. Handelssiedlung → Naukratis. Ihm folgte sein Sohn → Tachos (Ḏd-ḥr).

Lit.: Zur Anordnung beider Könige *Clère*, Rev. d'Egypt. 8,25; zur Familie *de Meulenaere*, ÄZ 90,90ff.; Naukratisdekret, ÄZ 38,127ff.; zur Chronologie *Kienitz* Pol. Gesch. Äg.s 173.

2. N. II. *(Nḫt-ḥr-ḥb.f)*, letzter König der 30. äg. Dynastie und somit letzter selbständiger Herrscher Altäg., Sohn des → Tachos, wurde während des Feldzugs seines Vaters gegen Persien von einem rebellierenden General auf den Thron gehoben (360v. Chr.) – Thronname *Śnḏm-ib-Rᶜ-śtp-n-Inḥr.t.* Er schlug einen aus Mendes stammenden Prätendenten und herrschte zunächst 10 J. friedlich. Aus dieser Z. liegen Reste zahlreicher Bauten im ganzen Lande bis in die Oasen vor. → Artaxerxes III. Ochos, der 358 v. Chr. auf den pers. Thron gekommen war, griff 350 v. Chr. Äg. an, wurde aber abgeschlagen. Der dadurch ausbrechende phoinik. Aufstand unter Sidon und Zypern verzögerte neue Unternehmen, bis 343 v. Chr., der Aufstand durch Verrat des sidon. Königs → Tennes zusammenbrach. Der pers. Angriff an 3 Stellen (zu Land bei → Pelusion, sowie 2 Landungen) hatte Erfolg, so daß N. II. nach Nubien fliehen mußte (341 v. Chr.), wo er verschollen ist. Die spätere griech. Überlieferung machte ihn zum wahren Vater Alexanders. N. spielte auch in der griech. Lit. eine Rolle (sog. »Traum des N.«). W. H.

Nektar s. Ambrosia

Nekydaimon (*νεκυ(ο)δαίμων; manes; umbrae; exsangues* Verg. Aen. 6,401; *infernae* Tac. ann. 2,28; auch → *larvae*). Der Name N. findet sich vor allem in den Zauberpapyri (PGM I/II); Grundlage der Vorstellung vom N. ist der Glaube an das Nachleben der Seele, die bei unnatürlichem Tod von sich aus als Gespenst in schädliche Beziehung zum Menschen tritt oder aber in der Zauberpraxis zitiert werden kann. Zu unterscheiden sind die Seelen der vorzeitig Gestorbenen (*ἄωροι*), der gewaltsam zu Tode Gekommenen (*βιαιοθάνατοι*) und der Unbegrabenen (*ἄταφοι*). Die *ἄωροι* und *βιαιοθάνατοι* schweifen solange umher, bis sie ihre natürliche Altersgrenze erreicht haben (Macr. somn. 1,13,11. Tert. de an. 56f.). Plat. rep. 615 C räumt ihnen eine Sonderstellung ein; Verg. Aen. 6,426f. läßt sie zwischen Acheron und Hadesinnerem verweilen (NORDEN z. St. u. S. 10ff.). Die gewaltsam Gestorbenen (Ermordete und Selbstmörder) halten sich vor allem in der Nähe ihrer früheren Wohnsitze, Gräber oder Leichname auf (Belege bei [2], I § 351). Sie suchen Rache an den Lebenden (Beispiele bei [1], I 192f. 260f. [2], I § 343f.). So wurde Nero vom Totengeist seiner Mutter (Suet. Nero 34), Otho von dem des ermordeten Galba (Suet. Otho 7) geplagt; vgl. auch Hor. epod. 5,91f. Ähnlich schweifen die Seelen der im Kampf Gefallenen umher: Paus. 1,32. Damask. vit. Isid. § 63; Ps. Kallisth. Hist. Alex. 1,1 wird ein solches Heer durch Lekanomantie wiederbelebt. Die *ἄταφοι* schweifen umher, bis sie ein Grab gefunden haben (Hom. Il. 23,71f. Patroklos; Od. 11,51f. Elpenor). Nach orph.-pyth. Lehren müssen sie mindestens 3 Generationen (100 J.) umherirren (Verg. Aen. 6, 325f. dazu NORDEN). Verschollenen errichtete man daher Kenotaphien, um sie durch symb. Bestattung zur Ruhe zu bringen (Plut. mor. 870 E. Stat. Theb. 12,61).

Der N. trägt meist die Züge des ihm früher zugehörenden Körpers im Zeitpunkt des Todes (Apul. met. 8,8,3); als *εἴδωλον* ist er nicht zu greifen (Hom. Od. 11,204f.); spricht nur mit leiser, zischender Stimme (Hom. Il. 23,101; Verg. Aen. 6,492f.). Auch als Schlange wird der N. vorgestellt (Porph. vit. Plot. 2; vgl. [2], I § 367). Im 3. B. der verlorenen *παράδοξα* handelte Damaskios in 63 Kap. über Erscheinungen von Totenseelen (Phot. Bibl. cod. 130). – Rachsucht und Schädlichkeit der N. versuchte man durch Opfer und Gebete zu beschwichtigen (Porph. de abst. 2, 37); allem Licht abgewandt und mit überirdischen Kräften begabt wurden sie vor allem zu Zauberzwecken (Liebeszauber, Schadenszauber vgl. [2], I § 787f.; [3]) und zur Wahrsagung (Heliod. Aethiop. 6,14; Lucan. 6,533f. → Mantik: Nekromantie) in Anspruch genommen. C. Z.

1. *Rohde* Psyche 2. *Hopfner* Offenbarungszauber s. Totenseelen. 3. *A. Abt* Apologie d. Apul., RVV IV 2, 1908, S. 129. 194. 231. 4. *Ed. Stemplinger* Ant. Volksglaube, Stuttg. 1948, 15ff. 5. *W. F. Otto* Die Manen³ 1962.

Neleia (*Νήλεια*), Ortschaft der Landschaft → Magnesia, in deren spätere Hauptstadt → Demetrias eingemeindet, Strab. 9,5,15 p. 436, danach Beiname einer Aphrodite, IG IX 2 Nr. 1125. Mz. Genaue Lage nicht bekannt, etwa im NO. des Stadtgebiets von Demetrias wohl auf dem kleinen Kap Pefkakia. E. M.

1. *Fr. Stählin*, RE XVI 2268f. 2. *Ders.* und *E. Meyer* Pagasai und Demetrias 23. 124. 166f. 171. 3. BCH 82, 1958, 749ff.

Neleus (*Νηλεύς*). **1.** Myth. König des messen. Pylos, Sohn von Poseidon und Tyro, der späteren Gattin des → Kretheus. Über seine märchenhaft anmutende Geburt und Jugend → Tyro. Nach einem Zwist mit seinem Zwillingsbruder → Pelias geht er von Thessalien nach Messenien, wo er → Pylos erobert (Paus. 4,36,1) oder gründet (Apollod. 1,93. Diod. 4,68). Nach WILAM., SDAW 1925, 52,2 gehört er urspr. nach Pylos. Von seiner Gemahlin → Chloris (4) hat er 12 Söhne (Hom. Il. 11, 692; nach Od. 11,281f. nur 3), darunter → Chromios (1), → Periklymenos (3) als jüngsten → Nestor, und 1 Tochter, → Pero (2). In den Kämpfen der Pylier mit den Epeiern (Eleiern), Hom. Il. 11,670ff., den Arkadern, Il. 7,133ff. und mit Herakles, Il. 11, 690ff. spielt N. selbst nur eine Nebenrolle. Herakles rächte die Weigerung des N., ihn von der Blutschuld an → Iphitos (1) zu entsühnen, Hes. frg. 33. Apollod. 2,129 f. Er eroberte Pylos und tötete alle Söhne des N. bis auf Nestor, nach Apollod. 2,142 auch N., verwundete Hades, der den Pyliern zu Hilfe kam, Il. 5,395 ff. (*ἐν πύλῳ ἐν νεκύεσσι βαλών*, nach WILAM. GldH 1,331 f. irrtümlich auf eine fiktive Stadt Pylos bezogen). Diese Stelle, die etym. Deutung von N. als *νηλεής*, *νηλής* und seine Verehrung mit Basile (die mit Persephone gleichgesetzt wurde) in Athen, IG[2] I 94, Syll.[3] 93, führten dazu, in N. einen urspr. Unterweltsgott zu sehen. Infolge der Aufdeckung eines mächtigen myken. Herrensitzes in Ano Englianos, dem alten Pylos, wird N. heute mehr als eine myth.-gesch. Figur aufgefaßt. R. HAMPE setzt seine Geburt in die 2. H. des 14. Jh. H. v. G.

E. Bölte Ein pyl. Epos, RhM 83, 1934, 319 ff. *E. Walter*, EE 1937, 113. *R. Hampe* Nestor, in: Vermächtnis der ant. Kunst, hg. von R. Herbig 1950. *K. Kerényi* Die Heroen der Griechen 180.

2. s. Neileos

3. N., Freund und Schüler des Aristoteles, in dessen Testament er viermal erwähnt wird, vgl. Diog. Laert. 5,52–56; er wird mit unter den Testamentsvollstreckern genannt, vor allem sollte er alle Bücher erben. Diese Notiz wird bestätigt durch Athen. 1,3 a. Danach habe Neleus diesen ganzen Besitz an Büchern an den König → Ptolemaios Philadelphos verkauft, der ihn nach Alexandreia habe überführen lassen. H. D.

Nelke. Wahrscheinlich war diese Pflanze auch im Alt. im Mittelmeergebiet verbreitet, doch ist ihr ant. Name nicht bekannt. Daß *Διὸς ἄνθος* ∼ *Iovis flos*, deren Zucht als Kranzblume empfohlen wird – der mod. botan. Name Dianthus ist daher genommen –, eine N.-Art sei, ist nur eine, wenn auch nicht unwahrscheinliche, Vermutung. Aber die spärlichen und unpräzisen Angaben (bei Theophr. Plin. und Athen. 15,680 a. 684 b) gestatten keine sichere Identifizierung. K. Z.

Orth, RE V 1082 f.

Nelkynda (*Νέλκυνδα*, *Ninciidae* [Tab. Peut.], *Nilcinna* [Geogr. Rav.]), für den → Pfeffer- und → Malabathronhandel wichtiger Hafen in der Landschaft → Limyrike (Peripl. m. r. 53 [GGM 296]) nahezu 500 Stad. von → Muziris und 125 Stad. vom Meer entfernt (Peripl. m. r. 54). N. gehörte zum Reich des Pandion (ai. Pāṇḍya). Hinter N. steht wohl ai. Nīlakaṇṭha, d. h. Blauhals, ein Beiname des Śiva. In der Nähe des h. Kōṭṭayam lokalisiert. F. F. S.

O. Stein, RE XVI 2281–2285. *R. K. Mookerji* Ind. Shipping[2], Allahabad 1962, 87. 92. *M. Wheeler* Der Fernhandel des röm. Reiches, Münch. 1965, 127 f. 144 f. *K. A. Nilakanta Sastri* Hist. of South Ind.[3], Oxf. 1966, 139. *M. Cary–E. H. Warmington* Die Entdeckungen der Ant., Zürich 1966, 155.

Nemanūs (oder Nemanūn?). Bei Plut. de Is. 15 Name der Königin von Byblos, bei deren Sohn die den Osiris suchende Isis Amme war. Während der Name des Königs Malkandros auf den Gottesnamen Malqart (»Stadtkönig«) zurückgeht, ist N. nicht sicher zu erklären; es muß sich aber um einen Göttinnennamen handeln, da daneben für sie auch die Bezeichnungen Astarte und Saōsis (d. h. äg. Iw.ś-ᶜ3.ś, heliopol. Beigöttin des Atum) sowie Athenais »bei den Griechen« von Plut. genannt werden. Es dürfte also ein außerphoinik. Göttinnenname dahinterstecken. W. H.

Nemausus. 1. Quellgott, dessen heilige Wasser am Fuß des von der Tour Magne beherrschten Mont Cavalier entspringen. Er hat seinen Namen der Stadt N. (heute Nîmes) gegeben. Die Weihinschr. verbinden N. mit Iuppiter (CIL XII 3070), mit I. O. M. Heliopolitanus (3072), mit Minerva und den Lares (3077. 3244), mit Silvanus und Liber pater (3132). Andere Inschr. 3093–3102. 5953. Sein einheim. Tempel blieb in neuer Gestalt bis in die röm. Z. erhalten (A. GRENIER, Man. arch. gallo-rom. 4,2 [1960], 493). **2.** Vorort der gall. *civitas* der Volcae Arecomici, Strab. 4,186 *Νέμαυσον*. Ausgangspunkt der Besiedlung war die heilige Quelle an der Straße (späteren *via Domitia*). Als röm. Kolonie durch Augustus (*col. Augusta N. tribu Voltinia)* unter Beteiligung von Ägyptern oder wahrscheinl. von Griechen (Soldaten?) aus Äg. angelegt, daher eine Münzprägung mit Krokodil und Palmzweig. HIRSCHFELD Die Krokodilmünzen von N., Kl. Schr., 1913, 40. Ptol. 2, 10,6. 8,5,7 *Νέμαυσον κολ.* Plin. nat. 3,4 *Nemausum.*

Die Verwaltung der Kol.: *IIIIviri* CIL XII 3175. 3179. 3180. 3208. 3233. 3247. 3252; *XIviri* 3179; *quaestores* 3094. 3206. 3272 u. a. Der Gemeinderat bildete den *splendidissimus ordo decurionum* 3311 f. 3185.

Die Stadt blühte z. Z. des Augustus, der sie im J. 16 v. Chr. mit einem Mauerring umgab (CIL XII 3151. A. GRENIER, Man. Arch. gallo-rom. 1 [1931] 314). Aus der gleichen Z. stammen die Tour Magne (neue Ausgrabungen Gallia 20, 1962, 632), die Maison Carrée (J. CH. BALTY Étud. sur la M. C. de Nîmes, Brux., 1960), die dem Gaius und Lucius Caesar geweiht wurde (CIL XII 3156). Gaius war *patronus coloniae* gewesen (CIL 3155). Ehreninschr. für andere Mitglieder der kaiserl. Familie: CIL 3158. 3159.

Unter Hadrian und Antoninus Pius erlebte N. seine glanzvollste Z.; Antoninus stammte väterlicherseits aus N. (Capit. A. P. 1,1). Zu den Hauptbauten des 1. u. 2. Jh. gehören: die Wasserleitung von Uzès nach N. (49 km) mit dem techn. Meisterwerk des Pont du Gard (275 m Länge, 49 m Höhe) und einem *castellum divisorium* (A. GRENIER Man. 4,1 [1960], 88), das Forum, nicht weit von der Maison Carrée (A. GRENIER, Man. 3,1 [1958], 147), die von Kaiser Hadrian im J. 122 errichtete *basilica Plotina* (Spartian. Vit. Hadr. 12, 2), Thermen, Nymphaeum, Tempel des Quellgottes (A. GRENIER Man. 4,2 [1960], 493), das z.Z. der Flavier erbaute Amphitheater (A. GRENIER, Man. 3,2 [1958], 613. R. ETIENNE, Mél. Piganiol 2 [1966] 985) ein Theater für Gesang, Musik und Poesie (A. GRENIER, Man. 3,2,732), ein Zirkus (A. GRENIER, Man. 3,2,988), Tempel.

Man verehrte, außer Nemausus, Ialon(us) oder Ialona (CIL XII 3057); die Proxumae (CIL 3112 bis 3128. Espér. Inscr. 409–412); die Nymphae (CIL 3103–3109); die Matres (CIL 3085); fast alle Götter des griech.-röm. Pantheons: Iuppiter, Iuno, Minerva, Aesculapius, Apollo, Mars, Liber pater, Mercurius, Silvanus, Venus, Victoria, Vulcanus; die oriental. Götter Isis und Serapis (CIL 3058–3061. 3224), Iuppiter Heliopolitanus (3072); auch die Kaiser: die *seviri Augustales* sind erwähnt CIL XII p. 936, die *flamines* CIL 3180. 3207. 3305, die *flaminicae* 3175. 3260. 3302.

Die gewerbliche Tätigkeit war vielseitig, ebenso der Handel: die Inschr. erwähnen *coll(egia) utriclariorum Nemausensium* CIL 3351, *centonariorum* 2754. 3232, die *fabri tignuarii* 3165, die *nautae Rhodanici et Ararici* 3316f. u.a. N. war eine wichtige Station an der via Domitia. Über die Anfänge des Christentums ist wenig bekannt; ein *episcopus* von N. wird erstmalig im J. 506 genannt. M. L.

FOR Carte arch. Gaule rom. VIII dépt. du Gard (M. Louis) Paris, 1941, 32. Inschr.: CIL XII 3042–4059. 5890–5944. *Espér.* Inscr. lat. Gaule 1929, 406–511; *Ders.* Rec. 1,427 bis 496. *H. Bazin* Nîmes gallo-rom. 1892. *A. Grenier*, Man. arch. gallo-rom. bes. 3,1,143, mit Plan p. 146.

Nemea (*Νεμέα*). **1.** Nymphe, Eponymin der argiv. Festspielstätte, Tochter des sikyon. → Asopos und der Metope (Paus. 2,15,3. Sch. Pind. O. 6, 144) oder des Zeus und der Selene (hyoth. c zu Pind. Nem.). Bei Aischyl. TGF² p. 49 nennt sie sich Mutter des → Opheltes (Archemoros). Dargestellt in mehreren nicht erhaltenen ant. Werken (Paus. Athen. Plut. Plin.). Erhalten ist die Archemorosamphora aus Ruvo, h. Neapel, BAUM. Denkm. Abb. 120. H. v. G.

2. N., Landschaft und Tal in der n. Peloponnes, Strab. 8,6,19 p. 377. Paus. 2,15,2f. Steph. Byz. s.v. u.s. *Ἀπέσας* und *Βέμβινα*. Plin. nat. 4,6 (10), 20. Der Name bedeutet »Weideland«, bei Dichtern wird N. und das Heiligtum oft als Wald bezeichnet. Als Eponymin galt eine Nymphe oder Göttin N., daneben andere Etymologien. N. ist ein kleiner, gut bewässerter und fruchtbarer Talkessel, ca. 360 m hoch, von 1 km Breite und etwa einer Stunde n.s. Ausdehnung, wichtig durch seine Lage an einer der wichtigsten Straßen aus der Peloponnes nach Mittelgriechenland. In neolith. Z. lag in der Nähe des späteren Heiligtums eine kleine Siedlung; aus dem Alt. ist nur ein Ortsname Bembina unbekannter Lage erwähnt, und auch in MA. und Neuzeit war das Tal bis vor etwa einem Jh. unbewohnt. Im Gebiet von N. erwürgte Herakles den Nemeischen Löwen, die → Nemeischen Spiele sind nach der gewöhnlichen Sagenversion von den »Sieben gegen Theben« gegründet.

Das Gebiet gehörte zu → Kleonai und seit der Einverleibung von Kleonai in Argos seit dem 5. Jh. zu diesem, das damit auch die Leitung der Spiele hatte und den Ausbau des Heiligtums besorgte. In Kriegszeiten wurden die Spiele gelegentlich in Argos veranstaltet. Das Heiligtum des Zeus geht nach den Funden bis mindestens ins 7. Jh. v. Chr. zurück. Ein einfacher Tempel dieser Z. wurde zwischen 330 und 320 v. Chr. durch einen dor. Peripteros von 44½:22 m mit 6:13 Säulen ersetzt, von dem noch die beiden Säulen des Pronaos und eine Peristasissäule aufrecht stehen. Der Tempel besaß einen Pronaos, aber keinen Opisthodom, im vorderen Teil der Cella je eine zweistökkige Reihe von 6 unten korinth., oben ion. Säulen, während der hintere Teil der Cella abgesondert war und 2 m tiefer lag. Material ist lokaler Kalkstein mit Stuck verkleidet, einzelne Teile aus anderem Stein und nur die Sima aus Marmor. Sonstige bauliche Ausgestaltung des Heiligtums gering, 40½ m langer Hauptaltar vor dem Tempel, weitere Altäre und Weihgeschenke, s. des Tempels mehrere größere Gebäude nicht sicherer Bestimmung. 500 m s.ö. ein Stadion, in der Nähe ein Theater erkennbar. Dabei die Quelle Adrasteia. Funde und Spuren von Bautätigkeit röm. Z. sehr gering, Pausanias sah das Heiligtum ganz verfallen und den Tempel ohne Dach und Kultbild. Spätant. Scholiasten wissen nicht mehr, wo N. lag, und versetzen es sogar nach Thessalien (Etym. m. 119.43f.). Ganz zerstört wurde das Heiligtum E. des Alt., die Reste großenteils verbaut in eine chr. Basilika des 6.–8. Jh. Inschr.: IG IV 479 bis 488. SEG 9,290–295. add. 291a. 14,314. 15,196. 22,259.

1. *E. Meyer*, RE XVI 2311ff. (2). Suppl. IX 416. 2. *Philipps.-Kirst.* 3,159. 3. *G. Roux* Pausanias en Corinthie, Par. 1958, 173ff. (Plan Abb. 47). 4. *E. Kirsten–W. Kraiker* Griechenlandkunde⁵ 1967, 339ff. (mit Plan). 5. *F. Coarelli* Enc. Arte Ant. 5.403f. 6. *M. Clemmensen–R. Vallois* Le temple de Zeus à Némée, BCH 49, 1925, 1ff. 7. *C. Blegen* The Amer. excavat. at N., Art and archaeology 19, 1925, 175ff. 22, 1916, 127ff. 24, 1927, 189. AJA 31, 1927, 421ff. JHS 71, 1951, 239. 8. *B. Hodge Hill* The temple of Zeus at Nemea, Princ. 1966. 9. *H. Berve–G. Gruben* Griech. Tempel 156f. = *G. Gruben* Die Tempel der Griechen, 1966, 128f. 10. Neuere Grabungen: AJA 68, 1964, 201f. 69, 1965, 178f. BCH 89, 1965, 703ff. (Plan). *Ἀρχ. Δελτ.* 18, 1963 (1965) B 81f.

3. N. hieß auch der Bach, der aus dem Tal von N. nach N. fließt und im Unterlauf die Grenze zwischen Korinth und Sikyon bildete, Strab. 8,6, 25 p. 382. Liv. 33,15,1. Harpokr. Suda. Phot.; h. Bach von Kutsomodi. Am Unterlauf fanden mehrere Schlachten statt, am bekanntesten die Schlacht 394 v. Chr. zwischen Spartanern und Boiotern, Xen. hell. 4,2,13–23. Diod. 14,83,1f. E. M.

E. Meyer, RE XVI 2322 (3).

4. N. Die Nemeischen Spiele (*τὰ Νέμεια*), standen in der Reihe der Panhellenischen Festspiele an vierter Stelle (IG I^2 77,12. 606. 829. II^2 3128). Sie wurden in dem Tal zwischen Kleonai und Phleius zum erstenmal im J. 537/36 abgehalten (Sch. Pind. Nem. 7. Hier. 101 Helm). Allerdings berichtet die Überlieferung von Spielen, die hier schon viel früher gefeiert wurden. Herr der Spiele war Zeus (IG IV 602. 606), dem in der 1. Hälfte des 4. Jh. ein Tempel errichtet wurde (Pind. Nem. 2,5. Thuk. 3,96. Strab. 8,377. Paus. 2,15,2). Sie fanden im Sommer des 2. und 4. Olympiadenjahres statt (Bakchyl. 8,23. Sch. Pind. Hyp. d. e) und dauerten mehrere Tage (Liv. 27,31,3f.). Ein heiliger Friede herrschte in dieser Z. (Pind. Nem. 3,2). Die gymn. Wettkämpfe hatten in den drei üblichen Kategorien den Vorrang. Bezeugt sind: *στάδιον, δολιχός, δίαυλος, πάλη, πυγμή, παγκράτιον, πένταθλον*, sowie *δρόμος ἵππιος, ὁπλιτῶν δρόμος* und *ἅρμα*. Musische und andere Wettkämpfe wurden in der hellenist. Z. und in der Kaiserzeit hinzugefügt. Die Sage verknüpft ihren Ursprung mit den Spielen für die »Sieben gegen Theben« (Bakchyl. 8 [9], 10ff. Paus. 2,15,2. Stat. Theb. 4,646. 7,104. Apollod. 3,64–66) und bes. für Adrastos (Pind. Nem. 8,52. 10,28) und Amphiaraos (Eur. Hypsile frg. 60,2,99ff.). Eine andere Überlieferung macht Herakles zum Gründer (Sch. Pind. Nem. Hyp. d. e). Das Marmor Parium setzt den Beginn der Spiele in das J. 987/86. Die Festfeier wurde zuerst von den Einwohnern von Kleonai veranstaltet (Pind. Nem. 10,42. 4,17) und später von den Städten, die Herren des Heiligtums wurden, hauptsächlich von Argos mit Beginn um 460/59 (Paus. 11, 15,2). O. W. R.

Nemertes (*Νημερτής*). Tochter des Nereus und der Doris, → Nereiden. Hom. Il. 18,46 (neben *Ἀψευδής*). Hes. theog. 262 (*ἡ πατρὸς ἔχει νόον ἀθανάτοιο*), nicht mit Sch. als Attr. zu *Προνόη* zu ziehen. Apollod. 1,12 ist *Νεόμηρις* wohl für N. verschrieben. H. v. G.

Nemesianus. 1. M. Aurelius Olympius N., lat. Dichter des ausgehenden 3. Jh. n. Chr., stammte nach einer hsl. Notiz aus Karthago und war nach Auskunft der H.A. vit. Car. 11,2 um 284 durch seine *Halieutica, Cynegetica* und *Nautica* berühmt. Erhalten sind nur der Anfang der Cyneg., deren Widmung an Carinus (→ Aurelius II 7) und Numerianus (→ Aurelius II 25, 63ff.) das Werk in die gleiche Z. datiert, sowie 4 *Eklogen*, die es HAUPT 1854 aus der Überlieferung des → Calpurnius Siculus als Eigentum des N. zu vindizieren gelang. Die Echtheit zweier Frg. *de aucupio*, 1544 unter dem Namen des N. publiziert (Gybertus v. Longeuil, de avibus), ist umstritten. N. hat die bukol. Tradition erfolgreich variiert, z. T. durch neue Motive bereichert; vgl. [3], 107ff. Als eines der wenigen Zeugnisse der lat. ep. Tradition zwischen flav. und theodos. Z. weist das Frg. der Cyneg. eine Spätphase der Proömienform auf: außergewöhnlich lange recusatio mytholog. Stoffe (15–62) und eine mit dem Werk nur lose verbundene Ankündigung des panegyr. maius opus (63–85). R. He.

Ta. *E. Baehrens*, PLM 3,174–204. *D. Martin*, 1917 (Cyneg., TK). *C. Giarratano*, ^{3}1943 (Ekl.). Lit.: 1. *M. Haupt* Opusc. 1, 1875, 358–406. 2. *F. Lenz*, RE XVI 2229–2237. 3. *W. Schmid* Tityrus Christianus, RhM 96, 1953, 101–165. 4. *B. Luiselli* Il promeio d. Cyneg. d. Ol. N., SIFC 30, 1958, 73–95.

2. N., in den Jahren 340 und 342 als *comes Orientis* (Cod. Theod. 12,1,30. 33), 345 als *comes sacrarum larg.* (Cod. Theod. 11,7,5) bezeugt. Vor 340 dürfte er → Katholikos in Äg. gewesen sein (PREISIGKE Sammelb. 1005). A. L.

Nemesios (*Νεμέσιος*), Bischof von Emesa. Er schrieb E. 4. Jh. *Περὶ φύσεως ἀνθρώπου*, die erste chr.-philos. Anthropologie. Das anscheinend unvollendete Werk entlehnt seinen Titel einer Schrift des C. Hippocr. Es baut weniger auf chr. Grundlagen als auf griech. Wissenschaft auf. Hauptquellen sind → Poseidonios und → Galenos, daneben Aristoteles mit neuplaton. Komm. und die *Συμμικτὰ ζητήματα* des → Porphyrios. Als weitere Neuplatoniker werden Ammonios, Plotinos und Iamblichos angeführt, als Neupythagoreer Numenios. Philon von Alexandreia wirkt indirekt ein über den von N. benutzten Genesis-Komm. des Origenes. N. ist nicht bloßer Kompilator, sondern wählt geschickt die Argumente, mit denen er heidnische Leser durch die heidnischen Autoritäten zu einer chr. Auffassung von Mensch und Seele hinführt, in der das ant. Geistesgut integriert wird. O. H.

Ta.: *Chr. Fr. Matthaei*, Halle 1802, Nachdr. 1967. *B. Einarson*, im Druck. Komm. mit engl. Übers.: *W. Telfer*, Cyril of Jerusalem and N. of E., 1955.

Lit.: *Dietr. Bender* Unt. zu N., 1898. *Werner Jaeger* N. von E., 1914. *Heinr. A. Koch* Quellenunt. zu N., 1921. *Eiliv Skard*, Symb. Osl. 15/16, 1936, 23–43. 17, 1937, 9–25. 18, 1938, 31–41. 19, 1939, 46–56. 22, 1942, 40–48. *W. Telfer* Journ. of Theol. Stud. 13, 1962, 347–354.

Nemesis (*Νέμεσις*). »Zuweiserin, Vergelterin« (P. KRETSCHMER, Glotta 13, 1924, 106. [7], 69f.), »Zuteilung, Verhängnis« (H. HERTER, Lexis 3, 1952, 229ff. Vgl. J. IRMSCHER Götterzorn bei Homer, 1950, 21ff.), das zur Augenblicksgottheit anthropomorphisierte dämon. Schicksalswalten (Soph. El. 792. [6], 177), als Straferin und Rächerin (Aischyl. frg. 266 N.^{2} Pind. P. 10,66f. Paus. 1,33,2. EpGr 119. 367. [1], 29ff.) der kleinasiat. → Adrasteia geglichen (Nikostr. frg. 37 K. Hesych. s. *Ἀδράστεια* [9], 100ff.). Mythol. Tochter der → Nyx und des → Okeanos (Hes. theog. 223. Paus. 7,5,3), gebiert N., von Zeus verfolgt, nach einer Gans-Schwanenhochzeit in Rhamnus (Kypr. frg. 8 Ki. Eratosth. catast. 25. Apollod. 3,10,7), das von → Leda (zur Doppelgestalt N.-Leda Paus. 1,33,7. Sch. Eur. Or. 1371. K. SCHEFOLD Stud. D. M. Robinson 2, 1951, 1101f.) gehütete Ei, aus dem die → Helena hervorgeht (Eustath. in Il. 23,638. R KEKULÉ, SPrAW 1908, 691ff.). Chthon. Natur der N. (Tim. Lokr. 12. [1], 27ff. [9], 106; Nemeseia in Athen Anecd. Bekk. 1,382,32f. [6], 195); Kultfusion mit der → Themis-Gaia von Rhamnus (Sch. Demosth. 18,38. Phot. Suda s. ῾Ραμνουσία [6], 196. [7], 64ff. – Zum Kult und Heiligtum von Rhamnus A.C. Orlandos, BCH 48, 1924, 305ff. J. Pouilloux La Forteresse de Rhamnonte, 1954, 82. [9], 104f.); Verwandtschaft mit Artemis und Aphrodite ([1], 6ff. 23ff. [8], 16ff.); Syzygie N. → Aidos (Hes. erg. 200. W. Schultz Or. Stud. C.E. Pavry, 1933, 431. [7], 71), N.-→ Elpis (Anth. Pal. 9,146. F.H. Marshall, JHS 33, 1913, 84ff.); Annäherung an → Tyche-Fortuna ([1],92ff.); Attribute Rad und Greif ([3], 95 Abb. 3. E. Riefstahl, Brookl. Mus. Bull. 17, 1956, 1ff. J. Leibovitch, Isr. Expl. Journ. 8, 1958, 141ff.); Herrin der Agone (K. von Premerstein, Phil. 53, 1894, 400ff. L. Curtius Festschr. J. Loeb, 1930, 58. [4], 320ff. [5], 73f.); als Gestirngöttin (Macr. sat. 1,22) und kosm. Schicksalswalterin (Amm. 14,11,25) hymnisch gepriesen (Hymn. Orph. 61. Mesomedes-Hymnos: E. Heitsch Die Dichterfrg.e der röm. Kaiserzeit, 1962, 26); Titel Θεὰ Μεγάλη, Κυρία Μεγίστη, *Dea Nemesis Regina* (F.J. Doelger Sol Salutis, 1920, 64. [6], 178f. – CIL III 827. [6], 183ff. T.3. K. Kerényi Die Rel. der Griechen und Römer, 1964, Abb. 82 [Relief von Brindisi]). – Kultausbreitung und Denkmäler ([6], 175ff. 194ff.): Thessaloniki (mit Zeus Hypsistos: [3], 89ff. Abb. 1); Patrai (J. Herbillon Les Cultes de Patras, 1929, 153ff.); Philippi (N. ἀνείκητος und Nike: F. Chapouthier, BCH 48, 1924, 287ff. 49, 1925, 239ff.); Donauraum (Apulum, Viza, Stobi: [5], 57ff.; Aquincum: F. Kadar Die kleinasiat.-syr. Kulte zur Römerzeit in Ungarn, 1962, 16f.); Noricum (R. Egger Teurnia, 1926², 46 Abb. 20. E. Swoboda Carnuntum, 1958, 163. 165 T. XLV 1. A. Betz, JOEAI 33, 1941, 78f. Abb. 31 [Ovilava]); Kleinasien (Smyrna: Paus. 7,3,2. 5,3. [1], 61ff. [5], 74ff. Vgl. J. Coman L'Idée de la N. chez Eschyle, 1931, 73); Ägypten ([4], 297ff. – → Isis-N.: G. Michailides, Bull. Inst. Ég. 37, 1954/55, 191ff.); Syrien-Arabien (Gerasa: C.C. McCown, AASO 13, 1933, 157ff.; Palmyra: Mesnil du Buisson Tessères et Monnaies de Palmyre, 1962, 387ff.; Altäre von Maḳam ar-Rabb: H. Seyrig, Mél. Univ. St. Joseph 37, 1961, 261ff. F. Altheim-R. Stiehl Die Araber in der Alten Welt 2, 1965, 254; Bas-Reliefs von Homs und Ḫirbet es-Sâne: Seyrig, Syria 13, 1932, 50ff. 14, 1933, 14ff. T. IV 2. S. Ronzevalle, Orientalia N.S. 3, 1934, 121ff. T. I. → Seimios). W. F.

1. *H. Posnanski* N. und Adrasteia, 1890 (Belege). 2. *P. Perdrizet*, BCH 36, 1912, 248ff. 3. *Ders.*, BCH 38, 1914, 89ff. 4. *H. Volkmann*, ARW 26, 1928, 296ff. 5. *Ders.*, ARW 31, 1934, 57ff. 6. *B. Schweitzer*, JDAI 46, 1931, 175ff. 7. *P. Philippson*, Symb. Osl. Suppl. 9, 1939. 8. *K. Kerényi* Albae Vig. N.F. 3, 1945. 9. *E. Laroche* Histoire de la Racine NEM- en Grèce Ancien, 1949. 10. *F. W. Hamdorf* Griech. Kultpersonifikationen, 1964, 35f.

2. s. Tibullus

Nemetacum, Hauptstadt der Atrebaten in Gallia Belgica. H. Arras (Las-de-Calais) (Itin. Ant. 377. 379. Tab. Peut. *Nemetaco.* Ptol. 2,9,4 ⟨Νε⟩μέτακον. Not. dign. occ. 42,40 *praefectus... Nemetacentium Atrabatis* ... Caes. Gall. 8,46,6. 52,1 *Nemetocenna*, Caesars letztes Winterquartier. CIL XIII 806 *Nemetocen*[...]), an der Kreuzung mehrerer Straßen von Samarobriva (Amiens) und Aug. Suessionum (Soissons) bis nach Tarvanna (Thérouanne) und Turnacum (h. Tournai). A. Derolez La cité des Atrébates, Rev. du Nord 11, 1958, 505. Inschr. CIL XIII 3531. M. L.

Nemetes, germ. Volk am Mittelrhein, → Tribokern und → Vangionen benachbart (Caes. Gall. 1,52,2. Tac. Germ. 28), Hauptort → Noviomagus N., h. Speyer. Mit den Sueben aus Mitteldeutschland nach W. gewandert, erscheinen die N. unter → Ariovist am l. Rheinufer und verdrängen die → Mediomatriker. Nach der Niederlage des Ariovist beteiligen sich die N. an der Unterdrükkung des Chattenaufstandes. Im Bataverkrieg zunächst auf seiten des → Tutor, kehren sie unter röm. Botmäßigkeit zurück und haben Teil an dem wirtschaftl. und kulturellen Aufschwung der folgenden Friedenszeit (Ausbau von Speyer, größere Siedlungen in Rheinzabern – Tabernae mit bedeutenden Töpfereien). Seit dem Alamanneneinfall mehrfach verwüstet (Errichtung von Befestigungen am l. Rheinufer, Alta ripa-Altrip), wird das Gebiet der N. seit Mitte 5. Jh. von Alamannen, später von den Franken besetzt. H. C.

Neminia (Plin. nat. 3,230 *fons Neminiae*), Quelle im Gebiet von Reate, die den Platz ihres Ausflusses ständig veränderte. G. R.

Nissen It. Ldk. 2,474,2.

Nemorensis lacus, ein Kratersee (verschieden von dem Plin. nat. 19,141 genannten See in der *vallis Aricina*) neben dem Albanersee (Prop. 3, 22,25), heißt nach dem heiligen Hain (zu dessen polit. Bedeutung: Cato frg. 58 P. Fest. 128,15 L.) der Diana (Ov. met. 14,331 *stagnum nemorale Dianae*) auch *speculum Dianae* (Serv. Aen. 7, 515f.). Das Heiligtum der Diana (Vitr. 4,8,4. Plin. nat. 35,52. Ov. ars 1,259) von Aricia (Cato a. O. Tac. hist. 3,36. Stat. silv. 3,1,56), auch nur *nemus* (danach h. Nemi) genannt (Strab. 5,239. App. civ. 5,24. Philostr. Ap. Thyan. 4,36), eins der reichsten Latiums (App.); mit der Sage von → Virbius, der taurischen Diana und Orestes verbunden (Verg. Aen. 7,763ff. Ov. fast. 3,263ff., met. 15,490. Serv. Aen. 6,136. Strab.) bewahrte es den altertümlichen Brauch eines Hainkönigs (Serv. Aen. 6,136. Ov. fast. 3,271; ars. 1,259f. Val. Flacc. 2,304f. Stat. silv. 3,1,56. Suet. Cal. 35,3. Strab. Paus. 2,27, 4; vgl. Frazer GB 1³,1,11. Altheim Griech. Götter i. alten Rom 144 u.a.). Zu den beiden durch Wasserspiegelsenkung am NW.-Rand des N. l. freigelegten flachkieligen Schiffen ca. aus dem Jahre 40 n. Chr. vgl. G. Ucelli, Le navi di Nemi 1940. L. Mariani, Le navi di Nemi nella bibliografia 1941. G. Lugli, Enciclop. dell'Arte ant. V 1963, 406ff. Später gab es am N. viele Villen (Cic. Att. 6,1,25. 15,1,5. Suet. Caes. 46). Zufluß: Quelle der → Egeria, Abfluß durch Tunnel (Strab. 5,240). G. R.

Forbiger HB. d. alten Georg. 3,380. *Nissen* It. Ldk. 2,588f. *Deubner* b. Chantepie 2,452. *Rose*, JRSt 19, 1928, 237.

Nenia. Totenklage mit Flötenbegleitung, über deren Namen, Form, Herkunft wir kaum unterrichtet sind (Paul. Fest. 155,27f. L. Non. 145,24 M. Cic. leg. 2,62. Quint. inst. 8,2,8); nach Cic. stammt das Wort aus dem Griechischen; vgl. Poll. 4,79. Hesych. s. νινήατος. N. für Augustus: Suet. Aug. 100,2; parodierte n. für Claudius: Sen. apocol. 12. Bedeutungsentwicklungen: n. = *finis* (Paul. Fest. 155,28ff. L. Plaut. Pseud. 1278; Truc. 213), = *nugae* (Phaedr. 4,2,3. Petron. 47), = Kinderlied (Hor. epist. 1,1,63), = Zauberlied (Hor. epod. 17,29. Ov. fast. 6,142). Im Schutz der Göttin N. stehen, *quibus extrema sunt tempora* (Arnob. 4, 7; vgl. Aug. civ. 6,9); sie besaß ein *sacellum extra portam Viminalem* (Paul. Fest. 157,5 L.). G. R.

Peter, Myth.Lex. 2,207. *Stoll*, Myth.Lex. 3,2. *Goldberger*, Glotta 18, 1929, 40. *Wissowa* RRel^2 245. *Radke* Götter Altitaliens 227. *Latte* RRel 52. *Walde-Hof.*^{3} 2,159.

Neocaesarea (*Νεοκαισάρεια*), **1.** Stadt in Pontus Polemoniacus (Ptol. 5,6,9. Steph. Byz. Amm. 27,12,9), an der Straße von Amaseia nach dem Lykostal (h. Niksar). Nur wenig Reste sind erhalten. Unter Hadrian erhielt N. noch den Namen *Ἁδριανόπολις* und erscheint zum ersten Mal als *μητρόπολις Πόντου*. Als Metropolis war N. Sitz des *Κοινὸν Πόντου*. In den J. 345 und 499 wurde N. von Erdbeben heimgesucht. N. spielte eine bedeutende Rolle in der Kirchengeschichte. Greg. Thaumaturgos hat im 3.Jh. als erster Bischof von N. die Bewohner der Stadt u. der Umgebung zum Christentum bekehrt. Unter der Christenverfolgung des Decius hatte N. viel zu leiden. Zahlreiche andere Bischöfe von N. sind bekannt, die sich an den Konzilien in Kleinasien und auch in Thrakien (Serdika-Philippopolis) beteiligten. Chr. D.

Ruge, RE XVI 2409ff. *D. Magie* Roman Rule in Asia Min. Ind. s. Cabeira – Diospolis – Neocaesareia u. bes. S. 1071.

2. Die Lage dieses in den Konzilsakten erwähnten Ortes ist noch nicht bekannt. Die Anordnung der Bischofslisten deutet jedoch auf einen Ansatzpunkt im w. Bithynien hin. Der Ort dürfte seinen Namen zu Ehren eines röm. Herrschers tragen. Über die bisherigen Zuweisungen vgl. Schultze Kleinasien 1,343. F. K. D.

3. N. (vgl. u.a. Prok. de aedif. 2,9,10.18, weitere übliche Namensform *Καισάρεια*, vgl. u.a. Georg. Kypr. 882 G. Zu derartigen Abkürzungen von Städtenamen s. [2]), Stadt am Oberlauf des Euphrat in N.-Syrien. Im 4. Jh. n.Chr. als Limeskastell bereits Teil des röm. Verteidigungssystems im O. (Not. dign. or. 33,4. 26), wurde N. von Kaiser Iustinianus erneut befestigt (Prok. de aedif. 2,9, 10. 18). Seit 325 war N. der Sitz eines Bischofs (Belege bei [3]). Die genaue Lokalisierung der Stadt zwischen Barbalissos (h. Balis) und Sura (h. Suriya) ist noch nicht gelungen (Lit. bei [1]). E. O.

1. *J. Sturm*, RE XVI 2413 Nr. 3. 2. *L. Robert* Villes d'Asie Min., Paris ^{2}/1962, 120,4. 3. *E. Honigmann*, RE XVI 2414.

Neodamodeis (*νεοδαμώδεις*, nicht Neubürger, sondern die »dem Damos neu angeglichenen«, da *δαμώδης* der ist, der »nach dem Damos riecht, zu ihm paßt«. A. Debrunner Griech. Wortbildungslehre 1917, 194ff.), spartan. Bezeichnung einer Sondergruppe freigelassener Heloten, Thuk. 7,58,3. Myron FGrH 106 F 1. Poll. 3,83. Hesych. Suda s.v., erstmals 421, zuletzt 370/69 erwähnt. Thuk. 5,34,1. Xen. hell. 6,5,24. Während dieser Zeit wurden, da die Spartiaten für den Truppenbedarf im peloponn. Kriege und in den kleinasiat. Feldzügen nicht ausreichten, N. in eigenen Formationen (Thuk. 5,67) zum Kriegsdienst auch in entlegenen Gebieten, in Sizilien 413 (Thuk. 7,18,3. 58,3), Byzanz 409 (Xen. 1,3,15), Kleinasien 400 und 397 (Xen. 3,1,4. 4,2. Diod. 14, 36,1) und Olynth (Xen. 5,2,24) herangezogen. Ihre Rechtstellung ist unbekannt. Trotz des Namens und Diod. 14,36,1 (N. als *πολῖται*) waren sie schwerlich Vollspartiaten, wie U. Kahrstedt Griech. Staatsrecht 1, 1922, 46f. meint. Als solche hätten sie sich nicht mit den Heloten, *ὑπομείονες* und Perioiken an der Verschwörung des Kinadon 398 beteiligt. Xen. 3,3,6. Woher hätte Sparta die nötigen *κλᾶροι* für mehrere Tausend neuer Bürger nehmen sollen? Der Rückgang von über 2000 waffenfähigen Spartiaten im J. 418 auf rund 1000 im J. 371 spricht gegen ein volles Bürgerrecht der N. Ihre militär. Qualität war nicht immer bedeutend. Polydamas von Pharsalos lehnte 374 ein Hilfskorps nur aus N. ab. Xen. 6,1,14. Busolt GStk. 668. H. V.

Neogenes (*Νεογένης*). Euboier des 5./4. Jh. v.Chr., Parteigänger des → Iason (2) von Pherai, zeitweise (379/78?) durch dessen Hilfe Tyrann von Oreos. Unter Beteiligung der Spartaner wurde er von den Bewohnern vertrieben (Diod. 15,30, 3f.). H. Gä.

Neoi (*νέοι*, junge Leute), eine Altersgruppe, die nach Sylloge^3 959,5 auf die *παῖδες* und *ἔφηβοι* folgt und mit 18 J. (obere Altersgrenze unbekannt) beginnt. In der gleichen Inschr. werden N. synonym *ἄνδρες* genannt. Xen. mem. 1,2,35. M. P. Nilsson Die hellenist. Schule 1955, 34ff. 41. In der Lit. wenig erwähnt (Diod. 29,18. Plut. Timol. 39. Strab. 14,650C. Aristeid. 51,29. Dion Chrys. 17,21. 20,8 Budé) sind N. als Vereine inschr. vom späten 4. Jh. v. Chr. (IG IV 749) bis zum 3. Jh. n. Chr. in vielen griech. Gemeinden des ö. Mittelmeerraumes, bes. in Kleinasien bezeugt. C. A. Forbes Neoi 1933, 6ff. (Liste von 70 N., dazu E. Ziebarth Gn 11, 1935, 281. D. Magie Roman rule in Asia min. 1950, 854,37.). Die N. beaufsichtigte ein Gymnasiarch, der mitunter Lehrer für Leibesübungen auf eigene Kosten anstellte, in Eretria sogar einen *ὁμηρικὸς φιλόλογος*. MDAIA 33, 1908, 376f. IG XII 9,235,9f. Manche N. hatten ein nur für sie bestimmtes Gymnasion, so in Milet, Halikarnaß und in Pergamon. FORBES 47ff. NILSSON 31. Abb. 1. Einige N., z.B. in Smyrna, Nikaia und Pergamon, nannten sich *σύνοδος*, Hadrian dankte 117 n. Chr. der Synodos der N. in Pergamon für ihre Glückwünsche zum Regierungsantritt. Sylloge³ 831. FORBES 40f. Das Sc. de postulatione Cyzicenorum bestätigte unter Antoninus Pius das *corpus quod appellatur neon*. DESS ILS 7190. An Funktionären der N. begegnen Sekretäre (*γραμματεύς*) und Schatzmeister (*ταμίας, ἀργυροταμίας* IG Rom 4,657). FORBES 34ff. Aus eigenem Vermögen unterstützten N. ihre Gemeinde, z.B. in Methymna beim Getreideankauf (SEG 3,710) oder ehrten Gymnasiarchen durch Statuen, *προεδρία* und den Ehrentitel *υἱὸς τῶν νέων*. IG Rom 4,445. O. LIERMANN Diss. philolog. Halenses 10, 1889, 101f., n. 19. W. LIEBENAM Städteverwaltung im röm. Kaiserreich 1900, 131ff. In Kyme verfügten N. durch Stiftung des L. Vaccius Labeo über Landbesitz und Bäder. IG Rom 4, 1302. Die Übers. des → *princeps iuventutis* mit *νέων ἡγεμών* (IG Rom 3,871) weist auf die den N. ähnliche Organisation der *iuvenes* hin. N. auf Mz. F. IMHOOF-BLUMER Kleinas. Mz. 1901, 132f. Wie sich die für einige Städte Griechenlands, Äg. und Kleinasiens bezeugten *νεανίσκοι* (Liste FORBES 63) zu den N. verhalten, ist unklar. NILSSON 38 versteht unter den *νεανίσκοι* die Epheben, da in dem makedon. Beroia nur *παῖδες* und *νεανίσκοι* unterschieden werden und die N. ihnen gegenüber dort eine höhere Stellung einnehmen. In Delos freilich, wo als Altersgruppen *παῖδες, ἔφηβοι, νεανίσκοι* aufgezählt werden, entsprechen die letzteren den N., P. ROUSSEL-M. LAUNEY Inscr. de Délos 1937, 1501. Die Bezeichnung *νεανίσκοι* wurde wohl in verschiedenen Orten verschieden gebraucht. Geführt wurde diese Gruppe von dem *νεανισκάρχης*. FORBES 62f. 65. H. V.

Neoklaudiopolis (*Νεοκλαυδιόπολις*, vgl. Ptol. 5,4,4 M.). Vorbehaltlich der Unsicherheit, die von der Problematik der bei D. MAGIE [2] dargestellten Identitätsverhältnisse verursacht ist, läßt sich die Entwicklung dieser Stadt folgendermaßen schildern: Bei der *Φαζημῶν κώμη*, nach der die Region zwischen Amisos (beim h. Samsun) und dem Unterlauf des Halys (h. Kizil Irmak) die Bezeichnung Phazonitis führte, gründete Pompeius im Rahmen seiner Neuordnung des O. 65 bis 63 v.Chr. an der durch Pontos nach Armenien führenden Straße Neapolis (Strab. 12,560), und zwar auf dem Areal einer Siedlung Andrapa. Die aktive Ostpolitik des Kaisers Claudius hat dann in der 1. Hälfte 1. Jh. n. Chr. offensichtlich auch in die Verhältnisse dieser Stadt eingegriffen; denn seither führte Neapolis den Namen N. (vgl. u.a. IGRom III 139,9f.). Spätestens zu Beginn 5. Jh. wurde N. Bischofssitz (Belege bei [1]). Verschiedene Inschriftenfunde legen den Ansatz von N. beim h. Vezirköprü an einem r. Zufluß zum Halys (Kizil Irmak) nahe. E. O.

1. *W. Ruge*, RE XVI 2394ff. 2. *D. Magie* Roman rule in Asia Min., Princ. N.J. 1950, 1067f.

Neokles (*Νεοκλῆς*). **1.** Vielleicht ältester, nach seinem Großvater benannter Sohn des → Themistokles; er starb im Kindesalter an den Folgen eines Pferdebisses (Plut. Them. 32,2). H. Gä.

2. N., Vater des → Epikuros, Athener aus dem Demos Gargettos. 352/51 v. Chr. ging er als einer von 2000 athen. Kolonisten nach Samos. Als er mit ihnen im J. 322 vertrieben wurde, fand er Zuflucht in Kolophon. Von seiner Frau Chairestrate hatte er außer E. noch 3 weitere Söhne. (Diog. Laert. 10,1.) Daß er Lehrer gewesen sei, wird mehrfach berichtet, aber nur von Epikur-Gegnern, vgl. Timon frg. 51 Diels (Poet. philos. frg.). Cic. nat. 1,72. **3.** N., einer der 3 Brüder des → Epikuros (Diog. Laert. 10,1. Suda s. N.). Er war Mitglied seiner Schule und stand E. besonders nahe (Plut. non posse suav. 1097e. 1100a). G. Schm.

4. N., Vf. einer rhetor. Techne, lebte vor Hermog., wahrscheinlich schon in der 1. Hälfte 1. Jh. n. Chr., da Quint. ihn zu benutzen scheint ([1. 2. 3]). Er ist eine der Hauptquellen des Anon. Seguerianus, einer Epitome eines rhetor. Schulbuches, das in der 2. Hälfte des 2. Jh. n. Chr. zusammengestellt wurde. Da N. nach Angaben dieses Auszuges sehr häufig auf die Differenzen der beiden attizist. Schulen der Apollodoreer und Theodoreer Bezug nahm, wobei er fast immer die weniger starren Lehren der letzteren vorgezogen zu haben scheint, ist er bes. wichtig für unsere Kenntnis der Auseinandersetzungen innerhalb der attizist. Richtung. Soweit wir aus den sicheren und weniger sicheren Frg. (s. [1]) N.' schließen können, befaßte er sich in seiner Schrift zunächst mit der Definition der Rhetorik und den Redearten, dann hauptsächlich mit den Redeteilen. Wahrscheinlich geht auf ihn die Unterscheidung von 4 Redearten zurück (*δικανικόν, συμβουλευτικόν, ἐγκωμιαστικόν, ἱστορικόν*). Bei der Behandlung der Ausführungsarten der einzelnen Redeteile hat er nur den *λόγος πολιτικός* berücksichtigt, also die beiden erstgenannten Redearten. Als Quellen N.' hat man bisher u.a. Aristot., Caecilius von Kale Akte und die Lehren der Stoiker erkannt. Indirekte Benutzer N.' sind wahrscheinlich Rufus von Perinthos, Apsines, Iulius Victor, Nikolaos von Myra und mehrere Kommentatoren des Hermog. und des Aphthonios. O. Dr.

1. *W. Stegemann*, RE XVI 2416–2422. 2. *K. Aulitzky*, WS 31, 1917, 45. 3. *H. Graeven* Cornuti art. rhet. epitome, Bln. 1891. 4. *G. M. A. Grube*, AJPh 80, 1959, 337–365.

Neokoroi (*Νεωκόροι*). »Küster«, priesterlicher Beamte (an sich niederen Ranges). Ihre Stellung war aber doch recht angesehen. Die Aufgaben der N. scheinen von Ort zu Ort verschieden gewesen zu sein; in Delos hatten sie sogar die Funktion von *ἄρχοντες*. Bes. Wichtigkeit kommt für die Erkenntnis der Aufgaben der N. Eur. Ion 102ff. und 794f. und den delph. Inschr. zu. Zur Rangordnung der N. vgl. man z.B. die Bezeichnung *ἀρχινεωκόρος*, *ἀρχιζάκορος* oder die bei Hdt. 6,134f. genannte *ὑποζάκορος τῶν χθονίων θεῶν*. Weibliche N. gab es z.B. im Aphrodite-Kult (Paus. 2,10,4). Die Dienstzeit der N. war ebenfalls von Ort zu Ort sehr verschieden lang, in Delphi sogar lebenslänglich. – In späterer Z. wurde N. auch als Ehrentitel verwendet; in der Kaiserzeit konnten sogar Städte diesen Ehrentitel erhalten (CIG 3148). Es handelt sich dabei um provinzialen Kaiserkult (so z.B. in Pergamon, Nikomedeia, Ephesos, Smyrna, Ankyra u.v.a.). N. wurde auch zur Bezeichnung von »Tempeldienern« in nicht-griech. und nicht-röm. Religionen (z.B. der jüd. Leviten) verwendet. W. P.

Neolaos (*Νεόλαος*). Bruder des Satrapen → Molon von Medien, der sich 222 v.Chr. gegen → Antiochos III. (3) empörte, führte 220 in der Schlacht gegen Antiochos in der Apolloniatis ö. vom Tigris den l. Flügel des Heeres, rettete sich zu seinem Bruder Alexandros in der Persis und tötete die Mutter, die Kinder Molons und sich selbst. Pol. 5,53,11. 54,5. H.H. Schmitt Unt. zur Gesch. Antiochos' d.Gr., 1964, 147. H. V.

Neon (*Νέων*). **1.** Lakedaimonier aus Asine, im Zuge des jüngeren Kyros Unterführer des → Cheirisophos. Nach dessen Tode befehligte N., entschiedener Gegner Xenophons, obwohl Perioike, das laked. Kontingent. Xen. an. 5,3,4. 6,36. 7,1. 7,1,40. 2,29.3,2. 7. **2.** Sohn des Philiades, Messenier, Haupt der maked. Partei in Messenien z.Z. Philipps II., nach dessen Tod vertrieben, um 333 durch → Antipatros (1) zurückgeführt, wohl durch Alexanders d.Gr. Erlaß gegen Tyrannen um 331 ausgeschaltet. Theop. FGrH 115 F 41. Demosth. 17,4. 7. 18,295. Pol. 17,14. Plut. Alex. 34. **3.** Sohn des Askondas aus Theben, Haupt der maked. Partei in Boiotien, half als Hipparch dem König → Antigonos (3) Doson, der später → Brachylles, den Sohn des N., in Sparta als Regenten einsetzte. Pol. 20,5,5ff. W. Bettingen König Antigonos Doson 1912, 22f. **4.** Enkel von Nr. 3 aus Theben, Führer der maked. Partei, bot 172/71 durch → Ismenias (3) den Römern Unterwerfung Boiotiens an. Pol. 27,1,2. In Chalkis von Römerfreunden angeklagt floh N. zu Perseus nach Makedonien, blieb bei ihm nach der Schlacht bei Pydna und wurde 167 von den Römern in Amphipolis hingerichtet. Pol. 27,1,11. 2,1,8. Liv. 44,43,6. 45, 31,15. Plut. Aem. Paul. 23. H. V.

5. N., (*Νέων*, *Νεών*, *Νέωνες*, *Νεῶνες*). Stadt in Phokis, Paus. 10,3,2. Hdt. 8,32f. Demosth. 19,148. Strab. 9,5,18 p. 439. Harpokr. s. v. Suda s. *Νεῶσι* = Androt. FGrH III B Nr. 324 F 23. 480 v.Chr. zerstört, aber wieder erstanden; nach Paus. 10,32,9 = → Tithorea. Tod des → Philomelos bei N., Paus. 10,2,4. Archaische Mz. Head HN² 343. E. M.

Fr. Schober Phokis 37.

Neon Teichos (*Νέον Τεῖχος*). **1.** Kastell an der N.-Küste der Propontis, s. von Bisanthe (Rhaidestos), E. 5. Jh. im Machtbereich der thrak. Fürsten, aber auch des Alkibiades, errichtet wahrscheinl. von Bisanthe oder unmittelbar von Samos. Xen. an. 7,5,8. Skyl. 67. Nep. Alcib. 7,4. Chr. D.

Kiepert, FOA IX. *Oberhummer*, RE XVI 2431.

2. N. (Hdt. 1,149. Strab. 13,621. Ps. Hdt. v. Hom. 9–11. Steph. Byz. s.v. Plin. 5,121), von den Einwohnern von Kyme 8 J. nach der Gründung ihrer eigenen Stadt zur Wehr gegen die Bewohner des pelasg. Larisa angelegte befestigte Siedlung in der Aiolis. Die traditionelle Lokalisierung von N. bei Yanik Köy [1] steht und fällt mit dem Ansatz von Larisa bei Buruncuk, der kürzlich mit guten Gründen angezweifelt worden ist [2]; da bei Yanik Köy noch keine system. Grabungen durchgeführt wurden, muß die Frage nach der geogr. Zuweisung von N. offenbleiben [3]. E. O.

1. *J. Keil*, RE XVI 2431 Nr. 2. 2. *J. M. Cook*, ABSA 53/54, 1958/59, 20,47; 3. *G.E. Bean* Aegean Turkey, Lond. 1966, 98ff.

Neophron (*Νεόφρων*), Tragiker, 120 Tragödien (Suda), kenntlich nur Medea. Daraus 3 Frg. (Sch. Eur. Med. 666. 1387. Stob. 3,20,33); Zuweisung von P. Lit. Lond. Nr. 77, Inv. 186 (aus einem Medeadrama 4. Jh.) unsicher. Die Frg.e – Stil 4. Jh. – suchen Eur. Medea im Sinne aristotel. Kritik (Poet. 1461 b 21. 1454 b 1) zu verbessern. Angehörigkeit des N. zum Peripatetikerkreis? Kette von Mißverständnissen geht von Dikaiarchos aus: a) N. Vorläufer des Eurip. in Behandlung des Medeastoffs (Hyp. I. Eur. Med. = Dik. Frg. 63 W. Arist. Frg. 635 R, Arist. Pseudep. 583 R); b) N. Autor der euripid. Medea (Diog. Laert. 2, 134. Suda). N. im Gefolge Alexanders d. Gr. zusammen mit Kallisthenes 327 hingerichtet (Suda s. *N.*; s. *Καλλισθένης* steht wohl irrtümlich, statt dessen *Νέαρχος*). F. St.

Neuere Lit.:
D. Giordano, Neofrone di Sicione poeta tragico del IV. sec. a.C., Dioniso 35, 1961, 73–88. *T.B.L. Webster* Fourth Century Tragedy and the Poetics, H. 82, 1954, 301. *M. Pohlenz* Die griech. Tragödie 2², 109 (1954). *A. Colonna*, Testimonianza Aristotelica su Neofrone?, Dioniso 24, 1950, 36–41. *Christ-Schmid*, 1,3,370f. (1940). *D.L. Page* Euripides Medea, Oxf. 1938, p. XXXff. *E. Diehl*, RE XVI 2432f.

Neopoioi (*νεωποιοί*[-*ποῖαι*] und *ναο*-). Beamtete »Tempelbauer« begegnen vielerorts in Griechenland, auf den Inseln der Ägäis und in Kleinasien (Liste: G. P. Oikonomos *Ἀρχ. Δελτ.* 7,

1921/22, 260–329, zu ergänzen durch D. MAGIE Roman Rule in Asia Min. 2, 1950, 847f.), u.z. sowohl in Poleis (nicht in Athen, doch s. Aristot. rhet. 1,14, OIKONOMOS a.O. 275–277) als auch Koina (Boiotien: Syll.^{4} 972, Delphoi s. u.). Ihr Kollegium heißt in Magnesia *συνέδριον* (Inschr. v. Magn. 362,5f.). Der Vorsteher der N. wird in Kos durch den Zusatz *ἐν ἀρχᾷ* gekennzeichnet (Syll.^{4} 793); in Aphrodisias heißt er *ἀρχινεωποιός* (CIG II 2811,15). Eponymität kommt dem Apollopriester im Kollegium der N. in Halikarnaß zu (Syll.^{4} 1015,45, vgl. A. WILHELM, JOEAI 11, 1908, 57f.). In Priene gilt die *νεωποΐα* als Leiturgie (Inschr. v. Priene 174 = Syll.^{4} 1003). Für das Amtslokal der N. findet sich die Bezeichnung *νεωποιεῖον* (SEG II 568) bzw. *ναοποίιον* (Syll.^{4} 479). In Wahrnehmung ihrer eigentl. Funktion erscheinen die N. bes. in Delphoi (E. BOURGUET L'administration financière du sanctuaire pythique, 1915, 66ff.). Andernorts treten sie als Tempelverwalter auf. So verkaufen sie in Halikarnaß Haus- und Grundbesitz der Götter (Syll.^{4} 46); in Arkesine auf Amorgos verpachten sie Liegenschaften des Tempels (Syll.^{4} 963). Mit der Kassenführung der N. in Priene hängt ihre Verantwortlichkeit für die Aufstellung der Volksbeschlüsse zusammen (Inschr. v. Priene 8 u.ö.). H. B.

Busolt, GStk. 1,502. *O. Schultheß*, RE XVI 2433–2439.

Neoptolemos (*Νεοπτόλεμος*). **1.** N. oder Pyrrhos, S. des Achilleus, Eroberer Troias. Den Namen »junger Krieger«, kennt Hom. Il. und Od., nicht den Namen Pyrrhos, der zwar in den Kyprien erscheint, danach aber erst vom 4. Jh. ab den epeirot. Pyrrhiaden zuliebe dem Namen N. gleichberechtigt zur Seite tritt. Die Mutter ist → Deidamaia, Tochter des → Lykomedes von Skyros, in dessen Hause Achilleus als Mädchen aufgezogen wurde und sich heimlich mit der vermeintlichen Schwester verband. (Seltene Varianten: Pyrrha und Iphigeneia). Nach dem Tode des Achilleus weissagt der von Odysseus gefangene → Helenos, daß die Mitwirkung des N. Vorbedingung für den Fall Troias sei. Die Herbeiholung gelingt Odysseus durch das Versprechen der Waffen des Achilleus und der Hand der → Hermione, der Tochter des Menelaos. Vor Troia vollbringt N. große Taten und hat als einer der in das hölzerne Pferd steigenden Helden den Hauptanteil an der Eroberung der Stadt, tötet → Priamos, → Agenor (2) und Hektors kleinen Sohn → Astyanax und opfert → Polyxena am Grabe des Achilleus. Daß N., gemeinsam mit Odysseus, den → Philoktetes mit dem Bogen des Herakles nach Troia gebracht habe, war erst Erfindung des Sophokles. Bei der Verteilung der Beute erhält N. die → Andromache. Auf der Heimfahrt trennt sich N. vom Gros und kommt auf dem Landwege durch Thrakien nach → Epeiros, wo er die → Molosser besiegt und die Dynastie der Pyrrhiaden gründet, aus der dann → Olympias, die Mutter Alexanders d. Gr., hervorgeht. – Sehr widersprüchlich sind die Überlieferungen über Gattinnen und Nachkommenschaft des N. In der Od. 4,1ff. findet Telemachos, nach Sparta kommend, Menelaos damit beschäftigt, in Erfüllung seines Versprechens seine Tochter Hermione als Gattin für N. in die Stadt der → Myrmidonen zu senden. Andererseits galt Hermione als Gattin des → Orestes und von ihm als Mutter des → Teisamenos. Der Streit zwischen N. und Orestes – Fortsetzung des Streites der Väter Achilleus und Agamemnon – ist von Dichtern und Mythographen sehr verschiedenartig behandelt worden. Am Ende steht die Ermordung und Beisetzung des N. in Delphi, wo Paus. 10,24,6 sein Grab sah. Über den Hergang des Todes aber lauten die Berichte sehr verschieden. Älter als diejenigen, in denen Orestes den Mord selbst vollzieht oder vollziehen läßt, ist die delph. Überlieferung, daß N. als Feind nach Delphi kam – um den Gott wegen der Tötung des Vaters zur Verantwortung zu ziehen oder den Tempel zu berauben – und auf Geheiß der Pythia auf dem Altar Apollons getötet wurde, wie er Priamos auf dem Altar des Zeus getötet hatte. Hier ist viel in der Überlieferung undeutlich. Sicher scheint, daß in Delphi nach der Galaterschlacht von 278, in der N. gleich anderen Heroen den Griechen zu Hilfe gekommen war, ein Heroenkult für N. eingerichtet worden ist, der vorher nicht bestanden hatte (Paus. 1,4,4). Zwiespältig wie diese Berichte ist das ant. Urteil über N. Neben dem Idealbild des ritterlichen jungen Helden, das Sophokles im Philokt. gibt, und den ebenfalls sympathisierenden Darstellungen in Andr., Hek. und Troerinnen des Euripides steht das Bild des grausamen Schlächters, das uns bes. im B. 2 der Aeneis vorliegt. – Späte Erfindung ist die Ableitung des Waffentanzes der → Pyrrhiche von N.-Pyrrhos. – Groß war die Zahl der Darstellungen von Szenen aus dem Leben des N., teils nach ant. Berichten, teils auf erhaltenen Reliefs und Vasenbildern. Statuarische Darstellungen fehlen. K. Z.

C. Robert Die griech. Heldensage 1218ff. 1255ff. 1275ff. 1453ff. *Weizsäcker* in *Roschers* Myth. Lex. III 167ff. *K. Ziegler*, RE 2440–62.

2. N. I., Sohn des → Alketas (3), des Königs der Molosser, der Vater des → Alexandros (5), der Troas und Olympias, Mutter Alexanders d. Gr., als Mitregent des Vaters 377 Mitglied des 2. att. Seebundes, seit 370 König der Molosser, bald von → Arybbas zur Samtherrschaft gezwungen. Paus. 1,11,3. Iust. 7,6,10. 17,3,14. Sylloge^3 147,109f. SEG 15,384. P. R. FRANKE Die ant. Mz. von Epirus 1, 1961, 86. 286. N. G. L. HAMMOND Epirus 1967, 524f. **3.** II., Sohn des → Alexandros (5) und der → Kleopatra (3), König der Molosser unter Vormundschaft der Olympias 331–317, dann unter dem von → Kassandros (2) eingesetzten Lykiskos, 312 von → Alketas II. (4) und 307 von Pyrrhos verdrängt, von 302 Alleinherrscher bis 298. Pyrrhos nahm, zurückgekehrt, N. zum Mitregenten, ließ ihn aber 295 töten. Diod. 19,36,4f. 89,1. Plut. Pyrrh. 2ff. SGDI 1336. SEG 12,340. Hammond 558f. 567f. **4.** Sohn des Lynkesten → Arrabaios (2), ging 336 zu den Persern und fiel für sie bei Halikarnaß. Arr. an. 1,20,10. Diod. 17,25,5 (fälschlich). **5.** Aiakide (Arr. an. 2, 27,6) aus einer Seitenlinie der epeirot. Dynastie, Hetairos Alexanders d. Gr., bei dessen Feldzug erster auf der Mauer von Gaza, seit 330 *ἀρχιυπασπιστής*, nach Alexanders Tod Satrap in Armenien, unterstellt dem → Eumenes (1), floh 321, von ihm besiegt, zu → Antipatros (1) und → Krateros und fiel in der Entscheidungsschlacht im Zweikampf mit Eumenes. Arr. succ. 26f. Diod. 18,29,6. 31. Plut. Eum. 1. 5. 7. Iust. 13,8,5f. **6.** Grieche, Feldherr Mithradates' VI. von Pontos, Bruder des → Archelaos (3), drang im Kampf gegen die Skythen bis zum Tyras (Dniestr) vor. Strab. 2,73. 7, 306f. (*Πύργος N.*). 88 zersprengte er das Heer des bithyn. Königs Nikomedes IV. am Amnias, wurde 87 bei Chalkis auf Euboia von Sulla und 85 bei Tenedos von Lucullus geschlagen. App. Mithr. 17. 18. 34. Plut. Luc. 3. **7.** Athen. trag. Schauspieler von der Insel Skyros, siegte vor 348/47 und im J. 342/41, IG II[2] 2318,303. 2320,15. 2325,266, Freund Philipps II., riet Athen zum Frieden mit ihm, trat bei der Hochzeit der → Kleopatra (3) und im Theater von Aigai auf, als Philipp ermordet wurde. Demosth. 19 Argum. p. 335. 12,315. Sch. Demosth. 5,6 p. 58,15 Dind. Diod. 16,92,3. Suet. Cal. 57,4. Sein Enkel N. war trag. Schauspieler. IG II[2] 1132,38 (278/77 v. Chr.). H. V.

8. N., vermögender Athener, der wegen seiner Freigebigkeit zugunsten der Stadt auf Antrag des Redners → Lykurgos mit einer Bildsäule und einem Kranz geehrt worden ist (s. u. a. [Plut.] mor. 843 F). PA 10652. **9.** N., athen. Schauspieler, 2. Hälfte 4. Jh. v. Chr., * auf Skyros. Berühmt wurde er am Hofe Philipps II. von Maked. Demosth. tadelte ihn, weil er den Athenern zum Frieden mit Philipp riet. Zweifelhaft ist, ob er Demosth. in der Vortragskunst unterrichtet hat (so [Plut.] mor. 844 F). PA 10647. O. Dr.

A. Schäfer Demosth. und seine Zeit, 1[2],245ff.

10. N. von Parion (zu den von mir RE XVI 2465–70 angeführten Texten treten: Sch. Apoll. Rhod. 2,299 [F 2 A]; Anon. Rhetor. *Π. τρόπων* codd. Athen. 1083, Voss. Q 20 ed. C. Fredrich [M. L. West], GGN 1896 p. 339, 18 [F 11 A: zu Hom. Il. 12,177f.]; Sch. Tb Hom. Il. 22,425 [F 12 A]; Sch. Tb Hom. Il. 23,481 [F 12 B]); Dichter einer Dionysias (F 1) und einer Trichthonia (F 2), Vf. einer Poetik (F 4f.), von Schriften *Π. ἐπιγραμμάτων* (F 6) und *Π. ἀστεϊσμῶν* (F 7), eines Werkes *Π. γλωσσῶν Ὁμήρου* in mindestens 3 B. (F 8–11. 11 A [?]. 12. 12 A/B. 13–15) sowie von *Φρύγιαι φωναί* (F 16). Seine Zeit ist in etwa dadurch bestimmt, daß Aristophanes von Byz. ihn zitiert (F 15 a): wohl nicht sehr viel früher.

Das Hauptinteresse beansprucht die Bemerkung des Porfyrio zum Anfang der epistula ad Pisones des Horaz (F 4), dieser verdanke seine *praecepta eminentissima* der Schrift *Π. ποιητικῆς* des N. Eine Polemik des Philodem gegen das poetische System des N. entdeckte Chr. Jensen 1918 (1923) in den Papyrusresten von dessen 5. B. *Π. ποιημάτων* (F 5 a): hierzu neben anderen (wie H. Dahlmann Varros Schrift De poematis und die hellenist.-röm. Poetik, AAMz 1953 Nr. 3 [13–53 = 99–139]) neuerdings (mit Lit.-Angaben) Ch. O. Brink, Horace on poetry, Cambr. 1963 (pass., bes. 43–150).

N. unterschied im System seiner Poetik, d. h. seiner *κριτικὴ τέχνη*, drei *εἴδη*: das *ποίημα* (Schwerpunkt die *σύνθεσις τῆς λέξεως*), die *ποίησις* (Schwerpunkt die *ὑπόθεσις* = *σύστασις τῶν πραγμάτων*) und den *ποιητής* (*ὁ τὴν τέχνην καὶ τὴν δύναμιν ἔχων τὴν ποιητικήν*: Schwerpunkt die *διανοήματα*, die *πράξεις*, die *προσωποποιΐαι* [*ἤθη*], während *ὑπόθεσις* und *σύνθεσις τῆς λέξεως*, an sich auch hier wichtig, nicht zur Beurteilung der Fehler eines Dichters herangezogen werden). Aufgabe des Dichters sei nicht allein die *ψυχαγωγία* (Eratosthenes von Kyrene, I A 20f. Berger), sondern zugleich die *ὠφέλεια* (*χρησιμολογία*). Die Forderung von *ars* und *ingenium* für den Dichter wiederholt Horaz a. O. 408–415, die von *prodesse et delectare* 333–346. Für weitere Einzelheiten läßt sich Abhängigkeit des Horaz von N. bisher nicht beweisen. H. M.

Neorion s. Navalia

Neoroi (*νεωροί*). Die Mitglieder der staatl. Behörde oder Kommission, der die Aufsicht über den im Neorion beschlossenen öffentl. Besitz anvertraut war, kennen wir aus Messana (? IG XIV 401), Rhodos und genauer aus Athen. Hier bilden sie eine Kommission des Rates (Xen. Ath. pol. 3,2. Aristot. Ath. pol. 46,1). Der Name dieser Kommission lautet nicht immer gleich (RE XVI 2476). Von den N. zu unterscheiden ist der *νεωριοφύλαξ*, offenbar ein untergeordneter Wächter, obwohl Hesych. s. *νεωρεῖν* und *νεωρός* die Begriffe gleichsetzt. W. H. G.

Neoteles (*Νεοτέλης*). Griech. Grammatiker wahrscheinlich des 2./1. Jh. v. Chr., Schüler des → Aristarchos (4). Reste seines Ilias-Komm. haben sich durch Vermittlung des → Didymos (1), → Nikanor und → Porphyrios in den Hom.-Sch. erhalten (A-Sch. Il. 24,110. 8,325; B-Sch. 8,328); die beiden letztgenannten Stellen entstammen einer ausführlichen Abh. *Περὶ τῆς κατὰ τοὺς ἥρωας τοξείας*, die aber wohl nur einen Exkurs innerhalb des Komm. bildete. H. Gä.

Susemihl 2,168. *A. Blau* De Aristarchi discipulis, Diss. Jena 1883, 78.

Neoterius, aus stadtröm. Familie (Symm. ep. 5,46), als *notarius* 366 von Valentinian I. von Gallien nach Afrika entsandt, wo man eine Invasion des Usurpators Procopius befürchtete (Amm. 26, 5,14). 380 war er *praefectus praetorio per Orientem* (Cod. Theod. 3,11,1. 7,22,1. 9,27,1). Da N., 390 Consul (Symm. ep. 5,38), 385 als *praef. praet. per Italiam* und 390 als *praef. praet. per Gallias* erscheint (Cod. Theod. 6,29,7. 8,5,43. 46. 10,18,3. 12,1,110), darf man dies mit Ensslin (RE XVI 2479) als Zeichen dafür ansehen, daß er ein wichtiger Vertrauter des Kaisers Theodosius im W. war. Zuletzt wird N. 398 erwähnt (Symm. ep. 6,36). A. L.

Nepet (Charis. GrL 1,15. Prisc. 5,40. 6,22. Plin. nat. 3,52; andere Formen *Nepete:* Liv.; *Nepe:* Vell. 1,14,2. Tab. Peut. 5,3; *Νέπετα*: Ptol. 3,1,50; *Νεπῆτα*: Strab. 5,226; *Νέπετος*: Steph. Byz. s. v.; *Νέπα*: Prok. Got. 4,34; Ethnikon *Nepesinus:* Sil. 8,491. Liv. 5,19,7. 6,10,1. 26,34,10; *Nepensis:* Feldm. 217). Sicher gelegene Stadt Etruriens (Plin. Ptol.) ö. Sutrium, dessen Geschichte ähnlich verläuft (Liv. 6,9,3. 10,14,3. 27,9,7. 29,15,5). Obwohl 383 v. Chr. eine Kolonie beschlossen wird (Liv. 6, 21,4), wird N. erst 370 (Vell.) – 13 Jahre nach Sutrium – Latinerkolonie. Später in der tribus Stellatina; Lage an der via Amerina (Tab. Peut.); h. Nepi. G. R.

Forbiger HB d. alt. Geogr. 3,433. *Nissen* It. Ldk. 2,366f. *Beloch* RG 563. 607. *Bormann* CIL XI p. 481.

Nephele (*Νεφέλη*). Die personifizierte, göttliche Wolke: **1.** Gattin des → Athamas, Mutter von → Phrixos und → Helle. Sie verließ Athamas im Wahn oder wurde von ihm verstoßen. Ihre Kinder hatten unter dem Haß ihrer Stiefmutter Ino (→ Leukothea) zu leiden, die durch ein gefälschtes Orakel Phrixos bei einer Dürre als Sühnopfer schlachten lassen wollte. Urheberin der Dürre war Ino, die die Saatfrüchte im Lande dörren ließ, nach Soph. »Athamas« aber N. selbst, die sich für ihre Zurücksetzung rächte. N. rettete ihre Kinder, indem sie sie auf dem Widder mit dem goldenen Vlies entrückte. Apollod. 1,80ff. Hyg. fab. 1–3. **2.** Das von Zeus geschaffene Trugbild der Hera, das von → Ixion umarmt wurde. Diod. 4,12. 70. → Kentauros, Kentauroi. **3.** In Aristoph. Nub. treten die Wolken als Chor himml. Göttinnen (Okeaniden) auf: *δέσποιναι, παμβασίλειαι* (v. 355ff.) Prell.-Rob. 1,474f. H. v. G.

Nepheris, Stadt in Africa procons., s. vom Cap Bon, in der Ebene Khanguet el-Hadjaj, wo auf einem Hügel die *civitas Neferitana* (h. Hr. Bou-Beker) war. Atl. arch. Tun. f^{e} 31 Grombalia, nr. 39. Liv. Per. 1,51. Strab. 17,834. Im 3. pun. Krieg spielte N. eine wichtige Rolle: App. Lib. 479. 507. 523. 596f. 602. S. Gsell Hist. Anc. Af. du N. 2,109. 3,360. Man verehrte dort Saturnus (M. Leglay Saturne afr. Mon. 1,84. Inschr. CIL VIII 12388. 24031). M. L.

Nephthys. Äg. Göttin, die ihrer Herkunft nach eine theolog. Neubildung ist, was auch ihr Name *Nb.t-ḥw.t* »Gutsherrin« anzeigt. Sie entstand, als man bei Ausdeutung der → Isis als Klagefrau des → Osiris aus rituellen Gründen eine zweite Beklagende benötigte. In der systemat. Theologie von Heliopolis wurde sie dann an → Seth als Gattin angeschlossen, doch fehlen mytholog. Erzählungen. Plutarch (de Is. 14) läßt N. Mutter des → Anubis sein, den Osiris gezeugt habe; eine solche Verknüpfung von N. und Anubis ist bereits im N. R. nachweisbar. N. spielt zusammen mit Isis, → Neith und → Selkis eine Rolle im Totenkult als Schützerin des Toten. N. hat ihrer Herkunft wegen kaum einen Kult; sie tritt nur zusammen mit Seth in Antaiopolis, *Śpr-mrw*, *Św* auf. Ihr war der letzte Tag der Epagomenen heilig. Die griech. Schriftsteller (Diod. 1,13. Plut. de Is. 12) setzen sie – wie die Hathor – mit Aphrodite gleich. W. H.

Nepos. 1. Cognomen (»Enkel«, Walde-Hof.[3] 2,161f.) in der Familie der Caecilii Metelli zur Unterscheidung eines Knaben von dem gleichnamigen Vater und Großvater, → Metellus Nr. 19f. Degrassi FCap. 146. H. G. G.

2. N. Cornelius, aus dem transpadan. Gallien stammend (Plin. nat. 3,127), war nach Plin. 2,169; 9,137 Augenzeuge der Ereignisse seit 80 und stand um 40 in hohem Ansehen in Rom (Hier. chron. ad. 1977). Freundschaft mit Catull (c. 1), Atticus (Biogr. 25,13) und Cicero (Att. 16,4; 16,5; an 2 B. Korrespondenz ist nach Suet. Caes. 55, Lact. 3,15, 10 nicht zu zweifeln, Mitarbeit an Herausgabe der Werke nach dessen Tod gilt als gesichert) sagen über seine soziale Stellung wenig aus. Sein Tod fällt in die Z. nach 27 (Plin. nat. 9, 137). Die Zahl seiner Werke war groß: 1. Chronik. Chronolog. Abriß der Weltgeschichte seit myth. Z. und unter Berücksichtigung der Kulturgeschichte, wohl in Anlehnung an → Apollodor (5). Ereignisse griech. und röm. Geschichte müssen parallel angeordnet gewesen sein. 2. Exempla: Anekdoten- und Kuriositätenslg. mit eigenen Reflexionen. Zeugnisse stammen fast ausschließlich aus Plin. nat. 3. Wohl damit verbunden Erdbeschreibung ähnlichen Charakters (vgl. Plin. epist. 5,3,1).

Bedeutend scheint er als Biograph. gewesen zu sein. Bekannt sind: 1. Cicerobiographie (Gell. 15,28,1). 2. Catobiographie (vgl. 24,3). 3. De viris illustribus (16 B., Charis. p. 141,13 K; 220, 12 K; Gell. 11,3,5): Biographienslg. in Sachgruppen (bekannt *reges, duces, historici, poetae, philosophi, grammatici*) geordnet, wobei je 1 B. Griechen 1 B. Römern gegenüberstand. Erhalten sind aus den *duces* 20 Feldherrnbiographien, ein Abriß über pers. und hellenist. Könige (21), Biographien Hamilkars (22), Hannibals (23), Catos d. Ä. (24) und des Atticus (25). Diese bezüglich Herkunft ihrer Bestandteile unklare Auswahl (zus. mit Reden der Cornelia, Mutter der Gracchen) geht auf den von einem Aemilius Probus hergestellten (vgl. L. Traube, SBAW 1891, 409ff.) und mit Widmungsgedicht an einen Kaiser Theodosius versehenen Archetyp zurück. Von ihm leiten sich 2 Hss. klassen ab (1. P, D, Bat – Codd. nicht mehr vorhanden, doch Lesarten durch frühere Ausgaben gesichert, und 2. cod. Gud. 166 A).

Der Stil des C. N. ist schlicht und ohne sprachliche oder darstellerische Raffinesse, mitunter salopp und trivial. Sentenzen, die sein ganzes Lebenswerk zu charakterisieren scheinen, gehen über einfache, praktische Lebensphilos. nicht hinaus. Obwohl nicht ohne Kenntnis hist. Lit. betont er öfters, kein Historiker zu sein; in der Tat zwingt seine Verwendung hist. Materials zur Vorsicht (s. dazu F. G. Unger, ABAW 16/1, 1881, 146 ff.). Ebensowenig läßt sich ein Gestaltungsprinzip für die Anlage der Biographien feststellen (vgl. Norden AKpr 1,205 ff., vgl. Färber 356). Eine Ausnahme macht die von starken persönlichen Emotionen bestimmte Atticusbiographie. G. W.

Ta.: *Nipperdey* (11. Aufl. *Witte*, Bn. 1913); *Malcovati*^{2}, Torino 1945.

Fragmente ed. *Peter*, HRR, Bn. 1906. Übers.: *H. Färber*, München 1952 (mit Frg.). *G. Wirth*, München 1962. Lit.: Zusammenstellung wichtigster Arbeiten bei *Wirth* 165 ff., dazu bes. *H. Rahn* Die Atticusbiographie und die Frage der 2. Aufl. der Biographienslg. des C.N., H. 70, 1957, 205 ff. *Groag*, RE III 1408 ff.

3. N., Iulius, röm. Kaiser 474–475 bzw. 480. N., Sohn des → Nepotianus (2) wurde nach dem Tode seines Onkels → Marcellinus (4) im J. 468 *magister mil. Dalmatiae* (Cod. Iust. 6,61,5 von 473). 473 beorderte Kaiser Leo den zum *patricius* erhobenen und mit einer Nichte der Kaiserin Verina vermählten N. nach Italien (Malch. frg. 10. Ioh. Antioch. frg. 209 = FHG 4,119. 613. Anon. Vales. 36). N. landete wahrscheinl. in Ravenna, nahm dann bei Rom → Glycerius gefangen und wurde um den 20. Juni 474 zum Augustus ausgerufen (Chr. min. 1,307. 2,91. 158). N., der in Ravenna residierte, konnte auch in Gallien Fuß fassen, wohin er den *quaestor sacri palatii* Licinianus entsandte und wo er den → Ecdicius zum *magister mil.* ernannte (Sidon. ep. 5,6,2; 7,1; 12,2; 16,1 f.). Unter Abtretung des Arvernerlandes konnte im Frühjahr 475 mit → Euricus Frieden geschlossen werden (Ennod. v. Epiphan. 80 ff. Sidon. ep. 7,6 f.). Bald darauf erhob sich der von N. selbst geförderte → Orestes, und N. floh E. August 475 kampflos aus Italien (Iord. Get. 241. Rom. 344. Anon. Vales. 36). Noch 476 bezeichnet Kaiser Zeno den in Dalmatien weilenden N. gegenüber Odoacer als rechtsmäßigen Kaier des W. Bis zu seiner Ermordung im Mai 480 bemühte sich N. auch weiterhin um Rückkehr nach Italien (Malch. frg. 10.18. Chr. min 1,308. 311). K. F. Stroheker Der senat. Adel im spätant. Gallien 1948. M. A. Wees Das Ende des Kaisertums im W. des spätröm. Reiches 1967, 142 f. A. L.

Nepotianus. 1. N., Flavius Popilius Virius, Sohn des Nep. (cos. 336) und der → Eutropia (2).

N. sammelte 350 vor Rom ein Heer, besiegte das Bürgeraufgebot des dem Magnentius anhängenden *praefectus praetorio* Anicius und ließ sich am 3. Mai in Rom zum Kaiser ausrufen. Seiner Schreckensherrschaft bereitete Marcellinus, mag. off. des Magnentius ein Ende. N. und seine Mutter wurden am 30. Juni 350 getötet (Aur. Vict. 42,6 f. Zos. 2,43. Hieron. a. 2366. Sokr. 2,25,10). **2.** N., Vater des Nepos, *comes et magister* 459, kam mit Kaiser → Maiorianus nach Gallien und wurde von dort nach Spanien geschickt, wo er 460 unter dem Oberbefehl des Westgotenkönigs Theoderich II. die Sueben in Galaecien bekämpfte (Sidon. c. 5,559. Hydat., Chr. min. 2,31). 462 wurde N. durch Theoderich abgesetzt, 464 starb er (Hydat.). **3.** N. aus Sicca Veneria, *decurio*, gehört nach der Ehreninschr. DessILS 9020 in das 3. Jh. und kann daher nur dann mit dem Epitomator → Ianuarius N. identifiziert werden, wenn dessen Werk in das 3. Jh. gehört (für nach 337 jedoch überzeugend Buecheler RhM. 61,142 f.). A. L.

Neptunius mons, Gebirgszug in der NO.-Ecke Siziliens, h. M. Peloritani (Solin. 5,12). Der Name leitet sich von dem Poseidontempel her, den → Orion nach dem Mythos auf → Pelorias errichtete (Hes. frg. 183 R. bei Diod. 4,85,5). Kl. M.

Ziegler, RE XVI 2514.

Neptunus, der röm. Gott der Gewässer, kann wegen des späten Aufkommens der röm. Seefahrt urspr. kein Gott des Meeres gewesen sein (Jordan, Wissowa gegen Preller u. a.). Vielmehr war er zuerst ein Gott der Quellen und Flüsse, dann auch der Seen, also ein Landwassergott (v. Domaszewski, Toutain). Zum Meeresgott wurde er erst durch Gleichsetzung mit dem griech. Poseidon.

Der Name ist vermutlich analog zu Silvanus (»Herr des Waldes«), Portunus (»Herr des *portus*«) u. a. von einem hypothet. * *neptus* (»Feuchtigkeit, Nässe«, < * *nebh-tu-s*, vgl. *νέφος*, *nebula*, *imber*) gebildet und bedeutet dann »Herr des feuchten Elements« (Walde-Hof.^{3}, W. Meid, BN 8, 1957, 88 f. 103 f. Radke 18 f. 227 f.). Weniger wahrscheinlich ist die Ableitung vom etr. Äquivalent *neϑun(u)s* (C. Thulin, RVV 3, 1906–07, 26,3), da der Kult N.' in Etrurien wenig verbreitet war; hingegen kann *neϑun(u)s* durchaus Entlehnung aus dem Lat. sein.

Etym. ungeklärt sind auch die Namen der *Salacia* und *Venilia*, die Späteren als Gemahlinnen N.' galten (Serv. Aen. 10,76. Aug. civ. 7,22, nach Varro). Jedenfalls ist *Salacia* urspr. nicht die personifizierte Salzflut (so Preller), wenn sie auch später mit Tethys und Amphitrite gleichgesetzt wurde. Der Gedanke an Götterehen ist fernzuhalten bei einer Liste alter Gebetsanrufungen, in der *Salacia* in Verbindung mit N. genannt ist (Gell. 13,23 *Luam Saturni, Salaciam Neptuni, Horam Quirini, Virites Quirini, Maiam Volcani* ...); vielleicht ist sie hier die »Springkraft« des alten

Quellgottes, sein Vermögen zum *salire* (LATTE RRel 55).

Das Fest N.', die Neptunalia, fand am 23. Juli statt (Belegmaterial, bes. inschr., bei ST. WEINSTOCK, RE XVI 2520ff.). »Es lag im Hochsommer in der Z. der größten Dürre und sollte wohl ein Versiegen der Wasseradern abwenden« (LATTE 131). Ob die Laubhütten, die man dabei baute *(umbrae* Fest. 377 M.), nur zum Schutz gegen die Sonne gedacht waren, ist unsicher. Immerhin könnten sie wie Jahrmarktsbuden zur Bewirtung und Belustigung des Volkes gedient haben, ähnlich wie beim Fest der → Anna Perenna. Denn die Neptunalia waren ein echtes Volksfest, so populär, daß sie selbst in die Bauernkalender aufgenommen waren und den Untergang der meisten alten Feste in den ersten Jh.-en n. Chr. überdauerten. Für ihren heiteren Charakter spricht auch die Art, wie Horaz sie zu begehen gedenkt: bei Wein will er mit seiner Lyde in (sakralem) Wechselgesang N. und die Nereiden besingen (c. 3,28). – Seit dem 3. Jh. n. Chr. sind auch *ludi (Neptunales* oder *Neptunalici)* bezeugt, die wohl mit dem Fest verschmolzen und und ihm großenteils seinen urspr. Charakter nahmen. In dieser Form war es ein Freudenfest, an dem man ein Gastmahl abhielt, spielte, sang und trank. – Bei den Neptunalia wie auch vor Beginn von Reisen wurden N. durchweg Stiere geopfert. (Für *N. equester* → Consus).

Der Poseidon-Kult muß in Rom bereits sehr früh amtlich eingeführt worden sein, bestimmt schon vor 399 v. Chr. In diesem J. wurde nämlich anläßlich einer Viehseuche auf Geheiß der sibyllin. Bücher zum ersten Mal in Rom ein → Lectisternium abgehalten, für Apollo und Latona, Hercules und Diana, Mercurius und N. (Liv. 5, 13,6; vgl. R. M. OGILVIE, Kommentar zu der St.). Auswahl und Gruppierung sind unröm.; wie Apollo, der Heilgott, und Mercurius, der Schützer des Handels, rein griech. sind, ist N. hier nicht der altröm. Gott, sondern steht für Poseidon, den Schirmherrn der Schiffahrt. Aus seiner Verbindung mit Mercurius hat WISSOWA geschlossen, daß sein Kult »durch den überseeischen Handel nach Rom gebracht wurde« (Religion² 227), wahrscheinl. aus Tarent (WEINSTOCK 2523: Vell. 1, 15,4. Hor. c. 1,28,29). – Beim Lectisternium von 217 v. Chr. war N. im Kreise der griech.-röm. Zwölfgötter mit Minerva-Athene verbunden.

Einen Tempel in Rom wird N. vielleicht schon z. Z. des ersten Lectisterniums besessen haben; nachweisbar ist er erst für 206 v. Chr. (Liv. 28,11,4 *ara Neptuni ... in circo Flaminio ...* Cass. Dio 17, Frg. 57,60 spricht von Altar *und* Tempel). Der Tempel wurde gegen E. 2. Jh. v. Chr. mit einer Statuengruppe von → Skopas ausgestattet, bestehend aus N., Thetis und Achilleus im Kreise von Nereiden, Tritonen und anderen Meerwesen (Plin. nat. 36,26). Von alledem ist nichts erhalten. – Einen anderen N.-Tempel errichtete 25 v. Chr. Agrippa zur Erinnerung an seine Seesiege (Cass. Dio 53,27,1) über Antonius und Sex. Pompeius, welch letzterer sich als Sohn N.' ausgegeben hatte (Hor. epod. 9,7f., dazu die ant. Komm.; WEINSTOCK 2528ff.). Von dem Tempel wissen wir wenig; er scheint mit der berühmten »Säulenhalle der Argonauten« (Hor. epist. 1,6,26 *porticus Agrippae*) einen baulichen Komplex in der Gegend des Hadrianeums gebildet zu haben.

Außerhalb Roms begegnet N. in Inschr. einerseits an Meeresküsten (Ostia, Antium, Capua usw.; Dalmatien, Spanien, S.-Frankreich), andererseits an großen Flüssen und Binnenseen, wo er z. T. mit einheimischen Wassergottheiten gleichgesetzt wurde (Donau, Rhein; Genfer See und die oberital. Seen); der *uterque N.* Catulls (31,3; KROLL z. St.) enthält vielleicht eine Reminiszenz an die Vereinigung des kelt.-röm. Binnensee-Gottes mit dem griech. Gott der Meere. K. S.

St. Weinstock, RE XVI 2514–2535 (grundlegend). *Prell.-Jord.* 2,120ff. *G. Wissowa* Religion 1912², 225ff. *A. v. Domaszhewski* Abh. z. röm. Rel., Lpz. 1909, 19ff. (N.-Inschr.). *Toutain* Cult., 1,372ff. *G. Radke* Die Götter Altitaliens, Münster 1965, 18f. 227f.

Nepualios. Sonst unbekannter Vf. einer Schrift *περὶ τῶν κατὰ ἀντιπάθειαν καὶ συμπάθειαν*, vielleicht aus dem 2. Jh. n. Chr. Die Schrift gehört in den geistigen Umkreis jener »Physica«- oder auch »Physiologus«-Literatur, für welche etwa Bolos-Demokritos und Pamphilos typisch sind (die Begriffe »Sympathie« und »Antipathie« werden von der kaiserzeitlichen Medizin und Naturwissenschaft sowohl im magischen wie im rationalen Sinne verwendet). Für die Hss. dieses Traktats s. H. DIELS Die Hss. d. ant. Ärzte II, ADAW, 1906, 68. F. K.

Nequinum s. Narnia

Nerabos (*Νήραβος*). Stadt in Syrien (Nikol. Damask. FGrH 90 F 17), vermutlich ident. mit dem h. *nairab* bei Aleppo (vgl. Nikol. Damask. frg. 16 [Konjektur]). Der Name, bereits in der Städteliste Thutmosis III. (189 *ni-ra-b*) erwähnt, im MA. auch für Orte bei Damaskus und Sermin nachweisbar. B. Sch.

R. Dussaud Topogr. histor. de la Syrie Ant. et Médiév., 1927.

Nerate, Kastell in Dalmatien, an der Straßenstrecke Salona–Narona. Sein Name lautet bei Rav. 4,16 *Netrate*, 5,14 *Nerente*. Nach Plin. nat. 3,142 bestand *Nerataeoneum* aus zwei Ortschaften: Nerate und Oneum. Der Name ist illyr. Abstammung (KRAHE Balkanillyr. geogr. Namen 7,7. 9,79. 143). H. heißt die Ortschaft Zeljevice di Jesenice. J. F.

Neratius Der aus Saepinum in Samnium stammende Zweig der gens erreichte durch Angehörige in der Zeit Traians und Hadrians hohe Bedeutung, dann wieder im 4. Jh. **1.** L. N. Marcellus. Bruder des Juristen N. Priscus, wohl Sohn von Nr. 2. Nach CIL IX 2456 war er *IIIvir a.a.a.f.f.*, von Vespasian ca. 73/74 unter die Patrizier und

Salii Palatini aufgenommen. Nach Quaestur und Praetur war er, nicht sein Bruder, *legat. Aug. pr. pr. Lyciae et Pamphyliae* ca. 92–94, IGRom III 1511. Cos suff. 13. Jan.–Mai 95, Inscr. It. XIII 1, p. 194f. Statthalter von Britannien 101/103, CIL XVI 48. Plin. epist. 3,8,1, s. SYME, H 85, 1957, 483. Er war mit Traian befreundet wie sein Bruder. *Cos. II ord.* 129, Inscr. It. XIII 1, p. 335. CIL VI 527 u. a. Möglicherweise zwang ihn Hadrian trotzdem zum Selbstmord, vit. Hadr. 15,4. **2.** M. Hirrius Fronto N. Pansa. Cos. suff. ca. 74, CIL XIII 1675. *Legat. Aug. pr. pr.* von *Galatia-Cappadocia* 78–80, IGRom III 125. 223. Coins Brit. Mus. Galatia p. 47 Nr. 18. **3.** L. N. Proculus. Nach CIL IX 2457 stieg er zu Beginn der Regierung des Antoninus Pius zum *cos. suff.* empor. R. H.

4. Ein hervorragender Jurist aus einer patrizischen Familie der samnit. Stadt Saepinum. Sein voller Name (L. Neratius Priscus) ergibt sich bes. aus CIL IX 2454. Er ist sowohl vom namensgleichen Vater wie von anderen bei den Juristen zitierten Prisci (Iavolenus, Fulcinius) zu unterscheiden. Im J. 87 n. Chr. war er Suffektkonsul, unter Hadrian und wohl auch schon unter Traian wirkte er als Konsiliumsmitglied. SHA Hadr. 4 legt nahe, daß er zu den Kandidaten für die Nachfolge Traians zählte.

Als Jurist war er Schulhaupt der Proculianer (Dig. I 2,2,53). In seinen Werken dominiert die Kasuistik. Die *epistulae* sind uns nur indirekt bezeugt. Die 7 *libri membranarum*, deren Bezeichnung mit dem Pergament als Beschreibstoff zusammenhängt, bieten viele feinsinnige Fallentscheidungen – daneben aber auch kühne Konzeptionen wie die Lehre vom *ius finitum* in Dig. XXII 6,2. Von einem *liber singularis de nuptiis* erfahren wir durch Gell. 4,4. Die 15 *libri regularum*, von denen wir nur 7 Frg. haben, dürften vielen späteren Zusammenfassungen von *regulae inris* als Modell gedient haben. Die kasuistische Note des Gesamtwerks wird auch von den 3 *libri responsorum* unterstrichen. Sehr auffällig ist das Interesse an hermeneutischen Aspekten (vgl. *quod tamen ita interpretandum est* in Dig. XLI 10,5). Th. M.-M.

Kunkel Herkunft und soziale Stellung der röm. Juristen ²(1967) 144f. *Syme*, H 85 (1957) 480ff.

Nereïden (*Νηρηίδες, Νηρεΐδες*, Sing. *Νηρηίς, Νηρεΐς*, lat. *Nērēis, Nērĕis*, auch *Nērēīnē, Nērīnē*). Meernymphen, die 50 (100 Plat. Ov. Prop.) Töchter des → Nereus und der → Doris, Hom. Il. 18,39ff. zählt 33 namentlich auf, Hes. theog. 243ff. 51, Apollod. 1,11f. 45, von denen 34 mit Hes. übereinstimmen, Hyg. fab. praef. p. 10 Schm. ergänzt die hom. Liste aus der Liste der Quell-, Fluß- und Waldnymphen (Verg. georg. 4, 336ff.) auf 50. Die Katalognamen allein ergeben erheblich mehr als 50, dazu kommen weitere Namen bei Schriftstellern und auf Vasenbildern. Im Lauf der Zeit wurden die N. vielfach mit Fluß-, Quell- und anderen Nymphen vermengt. Ihre Individualnamen, die mehr dichter. Phantasie als dem Volksgemüt entstammen, verkörpern die Kräfte, den Zauber, die Gaben des Meeres. Glanz und Farbe, Stille und Bewegtheit des Meeres spiegeln sich z. B. in den Namen → Glauke, → Galene, Kymo, → Kymodoke, Kymothoe, die Küsten, Inseln und Grotten in Aktaie, → Psamathe, Eulimene, → Nesaie, → Neso, Speio, die Gewalt der Wogen in Dynamene, → Ianeira, Ianassa, → Hippothoe, Hipponoe; → Doto, Eudore, auch wohl → Doris weisen auf die Gaben des Meeres, auf das Wesen ihres Vaters Apseudes, → Nemertes, Pronoe, Themisto; allgemeineren Charakter tragen Namen wie → Agaue, → Erato → Klymene (2), Thaleia. Eigenen Mythos und Kult haben nur wenige, die wohl erst später den N. zugezählt wurden: → Amphitrite, Gattin Poseidons, → Thetis, Gattin des Peleus und Mutter Achills, → Galateia, Geliebte des Kyklopen Polyphemos, Psamathe, die des Aiakos. – In den Tiefen des Meeres, der silbernen Grotte ihrer Eltern wohnend (Il. 1, 358. 18,36. 56ff. 24,78ff. Bakchyl. 17. Verg. georg. 4,334ff.), führen die N. ein heiteres Leben, singen, tanzen Reigen und spielen mit den andern Bewohnern der See. Eur. Ion 1079ff. Iph. T. 427ff. Iph. Aul. 1054ff. Sie haben menschliche Gestalt und tragen lange, helle Gewänder; seit dem 4. Jh. stellt man sie leichtbekleidet, auch nackt dar. Sie nehmen innigen Anteil am Schicksal ihrer Schwestern (Thetis, Amphitrite, Galateia), begleiten die entführte Europa übers Meer (Mosch.), bestaunen die Argo (Catull. 64,12) und retten sie durch die Plankten (Apoll. Rhod. 4,930ff.), retten Dionysos und Hephaistos (Hom. Il. 6,136. 18,398), lassen → Kassiepeia (3) bestrafen (Ov. 4,662ff.).

Ihr Kult war verbreitet; sie wurden meist mit Poseidon oder Aphrodite verehrt. Eur. Hel. 1603ff. Aristoph. Thesm. 303ff. Die N. leben weiter in den neugriech. Neraiden, die jedoch sämtliche Nymphenarten umfassen. – Darstellungen von N., später gern von N.kavalkaden übers Meer, waren in der bildenden Kunst sehr beliebt. Berühmt war eine Gruppe des Skopas, Plin. nat. 36,26. Erhalten ist die Marmorbasis eines Neptunaltars von Cn. Domitius Ahenobarbus (c. 35 v. Chr., SCHEFOLD, s. u.) mit einem Hochzeitszuge der N. Aus der Kaiserz. stammen viele N.sarkophage (Symbol der Unsterblichkeit). H. v. G.

Prell.-Rob. 1,554ff. *Nilsson* GgrR ²1,246. *O. Kern* Die Rel. der Griechen 1, 1926, 258. *A. Lesky* Thalatta 88ff. *F. Fischer* N. und Okeaniden in Hes. theog., Diss. Halle 1934. *E. Buschor* Meermänner, SBAW 1941. *B. Schmidt* Volksleben der Neugriechen, 1, 871, 198ff. *K. Schefold*, in: Essays in Memory of K. Lehmann, 1964, 279ff. *Ders.* Röm. Kunst als rel. Phänomen, rowohlts dt. Encycl. 200, 1964, 45.

Nereis (*Νηρηίς*), Tochter des Molosserkönigs Pyrrhos II., von → Hieron (2) mit seinem Sohn → Gelon (2) 232 vermählt, gebar 3 Söhne, darunter → Hieronymos (4) und die Tochter Harmonia. Die Königin stellte Statuen ihrer moloss.

Familie in Delphi und Olympia auf. Sylloge^{3} 429. 453. Pol. 7,4,5. Liv. 24,6,8. Paus. 6,12,3. Iust. 28,3, 4. P. R. FRANKE Die ant. Mz. von Epirus 1, 1961, 279 ff. H. V.

Nereus (*Νηρεύς*). Meergott, bei Hom. als Vater der Thetis noch nicht mit Namen genannt (*γέρων*, → *ἅλιος γέρων* Il. 1,358. 18,36. 141. Od. 2 4,58). Hes. theog. 233 ff. nennt ihn Sohn des Pontos und (indirekt) der Ge, gibt ihm die Okeanine → Doris zur Frau und 50 Töchter, die → Nereiden, mit denen er idyll. in der Meerestiefe lebt; den Ehrennamen *γέρων* führt er wegen seiner Weisheit und Gerechtigkeit. Sein einziger Sohn ist → Nerites. – Weise Sprüche schreibt Pind. P. 9, 94 dem N. zu. Wie andere Meeresgötter (Proteus, Glaukos) besitzt N. die Gabe der Weissagung und Verwandlung. Herakles entreißt ihm trotz seiner Verwandlungen das Geheimnis des Weges zu den → Hesperiden, Sch. Apoll. Rhod. 4,1396 (Pherekyd.). Apollod. 2,114 f. Hor. c. 1,15,5 legt ihm eine Weissagung an Paris in den Mund. Ausnahmsweise übt er die Funktion Poseidons aus, mit dem Dreizack das Meer aufzuwühlen, Verg. Aen. 2,417. Kult des N. (mit den Nereiden) wird nur Ov. met. 11,359 ff. erwähnt. – N. metonym. = Wasser, Meer Verg. ecl. 6,35. Tib. 4,1,58. Ov. met. 1,187 u.s. – Etym. zu Wz. *snā* »fließen, Feuchtigkeit«, vgl. Nais, Naias; nicht zu ngr. *νερό* »Wasser«, das auf *νεαρόν* »frisches (W.)« zurückgeht. Danach wäre N. urspr. ganz allg. ein »Wassermann«, erst später auf das Meer spezialisiert. Bildlich wurde er erst fisch- oder schlangenleibig, später rein menschlich dargestellt. H. v. G.

Prell.-Rob. 1,554 ff. *E. Buschor* Meermänner, SBAW 1941. *A. Lesky* Thalatta 1947, 107. 112 f., bes. 123 ff. *Nilsson* GgrR^{2} 1,240 ff. *K. Schefold* Frühgriech. Sagenbilder, 1964, Bild 56 b.

Nergilos. Nach Abydenos (bei Eus. chron. arm., s. P. SCHNABEL Berossos 720 Frg. 44) angeblich Nachfolger Sanheribs von Assyrien, soll von seinem Sohne (wohl: Bruder) beseitigt worden sein. In Originalquellen ist er bisher nicht nachweisbar; vermutlich liegt Verwechslung mit den (unbekannten) Mördern Sanheribs vor. W. Rö.

Neriglissar. Babylon. König (560–556 v. Chr.), bei Berossos *Νηριγλίσαρος* u.ä. genannt, eigentlich *Nergal-šar-uṣur*. Er entstammte einer großbürgerlichen Familie und spielte bereits am Hofe Nebukadnezars II. eine bedeutende Rolle, war auch dessen Schwiegersohn. Als hoher Militär ist er wahrscheinlich mit dem rab-mag Sarezer vor Jerusalem (Jer. 39,3.13) ident. Nach Ermordung des Amēl-Marduk wurde er als schon älterer Mann auf den Thron erhoben. 557 führte er in Kilikien einen Feldzug, da das babylonfreundliche Ḫumê bedroht war und drang ins trachäische Kilikien bis an die Grenze Lydiens und nach Pitusu → (Pityussai) vor (D. J. WISEMAN Chronicles of Chaldaean Kings, 1956, 74–77). W. Rö.

Nerikos (*Νήρικος*), nicht genauer lokalisierbare Ortschaft auf Leukas, angeblich von den Korinthern nach der Stadt Leukas verlegt, Hom. Od. 24,377. Thuk. 3,7,5. Strab. 1,3,18 p. 59. 10,2,8 p. 452. Plin. nat. 4,5 (*Neritum*). Steph. Byz. (→ Neriton). E. M.

1. *R. Herbst*, RE XVII 30 ff. 2. *Robert B. Lloyd*, AJPh 75, 1954, 288 ff.

Nĕriō. Namensformen, bezeugte Quantitäten: *N.*, *Nĕrĭēnem*, *Neirio*, *Neria*, *Nḗrĭĕnes*, *Nērienem* bzw. *Nḗrĭĕnem*, *Nḗrĭĕnem*, *Neriēn*[*e*] oder *Neriĕne*⟨*s*⟩ *Nerienis Nerinae* *Νηρίνης*. N. ist ein sabin. Wort: *virtus et fortidudo* (Gell. 7). *νερίκη ... ἡ ἀνδρία* (Lyd. p. 113,19 W.); vgl. *Nĕrō = fortis ac strenuus* (Suet. Tib. 1,2. Lyd. p. 113,20 W.). Latein. Übersetzung für N. daher *Fortis* (Varro l. l. 5,74. Ov. fast. 3,850). N. wird zusammen mit Mars angerufen (Gell. 2. Enn. Cn. Gell.), erhält am 23. März mit ihm ein Opfer (Lyd. p. 113,17 W. Ov. fast. 3, 850) und gilt deshalb als seine Partnerin (Plaut. Cn. Gell. Mart. Cap.). Richtiger Gell. 10 *N. igitur Martis vis et potentia et maiestas quaedam ... Martis*, d.h. N. ist die *virtus*, die sich im Bereiche des Mars auswirkt. N. wird mit Minerva im Doppelnamen (Varro Men.) und sachlich (Porph.; vgl. Ov. fast. 3,675 ff.) verbunden; vielleicht hat sie Kult seit 233 als Virtus (WISSOWA RRel^{2} 149) oder seit 241 als Capta Minerva (RADKE, Romanitas 6/7, 1965, 302). – G. R.

Wissowa, Myth. Lex. 3,271; RRel^{2} 148 f. *Latte*, ARW 24, 1926, 252 f.; RRel 55. *Dumézil*, REL 31, 1953, 175 ff.; Rel. Rom. arch. 210. *Meister* Eigenn. 1,10 ff. *Brugmann* Grdr. ^{1}2,338. 2^{2},191. *Radke* Götter Altitaliens 229 ff. *Walde-Hof.*^{3} 2,164. *Sommer*, HB 360. *Vetter*, HB 371.

Neriomagienses, Einwohner von Neriomagus (oder Aquae Neri) in Gallia Celtica, später Aquitania, bei den Bituriges Cubi (h. Néris, dépt. Allier). *Nereensis (vicus)* Greg. Tur. vit. pat. 9,2. Bedeutender *vicus*, Thermalstation (CIL XIII 1376. L. BONNARD La Gaule thermale 431), Straßenknotenpunkt von Augustonemetum (Clermont-Ferrand) nach Avaricum (Bourges) und von Augustoritum (Limoges) an die Loire, strateg. Posten (Spuren von 2 Lagern): A. GRENIER Man. arch. gallo-rom. 1,234. Inschr. CIL XIII 1370. Bildwerke: Espér. Rec. 2,1561. M. L.

Neris (*Νηρίς*), Ortschaft der Landschaft → Kynuria der Peloponnes, nicht sicher zu identifizieren, Paus. 2,38,6. Stat. Theb. 4,46. E. M.

1. *E. Meyer*, RE XVII 36 f. 2. *Kahrstedt*, RhM 93, 1950, 231 f. 3. *K. J. Kalitsis* Ἐφ. ἀρχ., 1965 (1967) Χρον. 10 ff.

Nerites (*Νηρίτης*). Sohn des Meergottes → Nereus, in die gleichnamige Muschel verwandelt, weil er der ihn liebenden Aphrodite nicht in den Olymp folgen wollte; sie nahm statt seiner den Eros. Ail. nat. 14,28 (mit einer Variante). PRELL.-ROB. 1,558. H. v. G.

Neriton (*Νήριτον*), epische Bezeichnung für Bergwald, Hom. Od. 9,22. Hes. erg. 511 und Spätere, als Name eines Berges auf Ithaka aufgefaßt bei Hom. Od. 13, 351, im Schiffskatalog Hom. Il. 2,632 eine besondere Örtlichkeit (Insel oder Stadt) neben Ithaka, so auch aufgefaßt bei Verg. Aen. 3,271. Ov. met. 13,712. Sen. Troad. 856. Mela 2, 110. Mit Leukas, also → Nerikos, gleichgesetzt, Plin. nat. 4,1 (2),5 und die ant. Homererklärer. Bei ant. Autoren und in den Hss. gehen daher die Formen Nerikos und Neritos durcheinander. Bei Dichtern wird N. und das zugehörige Ethnikon für Ithaka gebraucht. E. M.

1. *R.Herbst*, RE XVII 38f. 2. *V.Burr* Νεῶν καταλόγος, Klio Bh. 49,77ff. 3. *M.Leumann* Homerische Wörter 243 ff. 330. 331.

Nerius. Name, der inschr. (vgl. auch SCHULZE Eigenn. 363 u.ö.) auftritt als Praenomen, Nomen, Cognomen und Bezeichnung des Gottes der warmen Quellen von Néris-les-Bains. **1.** N., Geldverleiher mit jurist. Kenntnissen, Hor. sat. 2,3,69. **2.** Cn. N. klagte 56 den P.Sestius *de ambitu* an, Cic. ad Q. fr. 2,3,5. 49 schlug er als Quaestor urbanus Münzen (GRUEBER Coins 1,504), BROUGHTON Mag. 2,259. (Das von MÜNZER, RE XVII 40f. für 36 v.Chr. angenommene Suffectconsulat des N. läßt sich wohl nicht halten, BROUGHTON Mag. 2,399). H. G. G.

Nero. 1. Cognomen in der Gens Claudia seit d. 2. H. des 3.Jh. v.Chr. (o. Bd.I 1208 Nr.20–23; 1215ff. Nr.39, Kaiser Claudius). Bedeutung: Suet. Tib. 1,2 *quo significatur lingua Sabina fortis ac strenuus*, vgl. WALDE-HOF.[3] 2,164. I.KAJANTO The Lat. Cognomina, Soc. scient. Fenn. 1965, 176. Vielleicht auf ein etr. Praenomen zurückgehend (SCHULZE Eigenn. 67. 315), wird N. in Augusteischer Zeit Praenomen, zuerst bei N. Claudius Drusus, o. Bd.I 1212 Nr.20. Letzter Namensträger war Kaiser N. H. G. G.

2. L. Domitius Ahenobarbus Nero Claudius Caesar Augustus Germanicus. Kaiser vom 13.Okt. 54–9.Juni 68. * in Antium am 15.Dez. 37 (SNYDER, Hist. 13, 1964, 503ff.) als Sohn des Cn. Domitius Ahenobarbus († Ende 40) und der Iulia Agrippina d. Jüngeren, Ios. ant. 20,148f. Suet. Ner. 6,1. Cass.Dio 61,2,1. Tac. ann. 15,23,1. Bei der Saekularfeier des J.47 nahm er am Troiaspiel teil, Suet. 7,1. Nach der Eheschließung zwischen Claudius und Agrippina Anf. 49 wurde N. mit Octavia, der Tochter des Claudius verlobt, Tac. ann. 12,9,1. Seneca wurde zu seinem Erzieher bestellt, Tac. ann. 12,8,2. Suet. 7,1. Am 25.Febr. 50 wurde er von Claudius adoptiert, Tac. ann. 12,25,1f. CIL VI 2041,58f. Im J. 51 erhielt er die *toga virilis*, Tac. ann. 12,41,1; er wurde *cos. des.* mit prokonsular. *imperium extra urbem* und *princeps iuventutis*, Tac. ann. 13,21,3. CIL VI 921. MATTINGLY, Coins Brit. Mus. I 175–177. RIC I 134,91. 135, 93–97; er wurde in die höheren Priesterämter *supra numerum* durch Senatsbeschluß kooptiert, RIC I 135,98f. Im J. 52 war er *praefectus urbi feriarum Latin.*, Suet. 7,2. Im J. 53 heiratete er die Octavia, Tac. ann. 12,58,1. Bei jeder Gelegenheit wurde er Britannicus, dem Sohn des Claudius, vorgezogen. Bevor dieser großjährig wurde, ließ Agrippina den Claudius ermorden, wovon N. wußte; am 13.Okt. 54 wurde N. von den Praetorianern unter Sex. Afranius Burrus als Imperator akklamiert und vom Senat als Kaiser bestätigt, Tac. ann. 12,69,1f., CIL VI 1,2041. Cass.Dio 60,34,3. Er hielt dem Claudius die Leichenrede, die Seneca verfaßt hatte, Tac. ann. 13,3,1. Unter seinem Einfluß legte er sich in seiner Thronrede nach dem Vorbild des Augustus auf eine gemeinsame Herrschaft von Princeps und Senat fest, Suet. 10,1. Tac. ann. 13,4,2. Freilich kam N. bald mit Agrippina in Konflikt, Tac. ann. 13,1,2, gegen die er Stützen in Seneca und Burrus hatte. Über das glückliche erste Quinquennium der Regierung (Lucan. 1,33ff.) s.O. MURRAY, Hist. 14, 1965, 41–61. Als sofort nach N.s Thronbesteigung mit dem Partherkönig Vologaeses der Kampf um Armenien begann, wurde durch diese beiden Cn. Domitius Corbulo zum Feldherrn ernannt. Die Parther mußten sich durch innere Schwierigkeiten mit diesem einigen, und N. erhielt im J. 55 die *ovatio* und eine Statue im Tempel des Mars Ultor, Tac. ann. 13,8,1. Im J. 55, in dem er cos. war, verschärfte sich durch N.s Liebschaft mit Claudia Acte die Kluft zwischen ihm und Agrippina, Tac. ann. 13,13,1. Er nahm ihrem Günstling Pallas das Amt *a rationibus*, Tac. ann. 13,14,1. Als Agrippina mit den Ansprüchen des Britannicus drohte, ließ N. ihn im Febr. 55 vergiften, Tac. ann. 13,17,1. N.s Hang zum Dilletantismus und zügellosen Leben brach immer mehr hervor, Tac. ann. 13,25,1. Suet. 26,1f. Im J. 57 war er *cos.* II., im J. 58 *cos. III.* Damals beanspruchte Vologaeses Armenien für seinen Bruder Tiridates. Vor Artaxata schlug ihn Corbulo, N. erhielt die 4.Imperatorenakklamation, Tac. ann. 13,41,4. Doch geriet er zu dieser Zeit in die Netze der Poppaea Sabina, Tac. ann. 13,45,1ff.; hist. 1,13. Plut. Galba 19f. Cass. Dio 61,11. Agrippina suchte mit allen Mitteln das Verhältnis zu verhindern, Tac. ann. 14,2, bis Nero sie im J. 59 durch Anicetus beseitigen ließ, Tac. ann. 14,3–8. Suet. 34,2ff. Cass. Dio 61,12f. Aus seiner Sucht nach Künstlerruhm entstanden im J. 60 die → Neronia, Tac. ann. 14,20,1. Wirklichen Ruhm erwarb Corbulo, der Armenien besetzen und als König Tigranes V. einsetzen konnte, Tac. ann. 14,23–26. Im J. 61 konnte in Britannien Suetonius Paulinus den Aufstand der → Boudicca niederschlagen, Tac. ann. 14,29–39. Cass.Dio 62, 1–12. Der Tod des Burrus im J. 62 und die Nachfolge durch Tigellinus untergrub die Stellung Senecas, Tac. ann. 14,51–56. Octavia erduldete Scheidung, Verbannung und Tod. N. heiratete Poppaea Sabina, Suet. 35,1–3. Tac. ann. 14,63, 1–64,3. SCHÖNBERGER, Hist. 12, 1963, 500–509. Eine Anf. 63 geborene Tochter starb bald, Tac. ann. 15,23,1–3. In Armenien wurde statt Tigranes der Bruder des Vologaeses, Tiridates, als König eingesetzt, Tac. ann. 15,29,1 f. Im J. 64 trat N. in Neapel als Kitharöde auf, Tac. ann. 15,33. Suet. 20,2. Der Brand Roms (18./19. Juli 64) zog die Christenverfolgung nach sich, Tac. ann. 15,38–44, Hanslik, WS. 76, 1963, 93 ff. N. erbaute die *domus aurea*, andere Projekte s. A. Balland, MEFR 77, 1965, 349–393, Tac. ann. 15,45. Suet. 31,1 f. s. A. Boethius The golden house of Nero, Jerome Lect. 5th Ser., Ann. Arbor Univ. of Mich. Pr. 1960. Die Aufdeckung der pison. Verschwörung, die Reaktion der Senatorenaristokratie gegen N.s hellenist. Herrschertum kostete vielen Vornehmen, auch Seneca, das Leben, Tac. ann. 15,48–63. Im J. 65 verschuldete N. durch einen Roheitsakt den Tod der schwangeren Poppaea Sabina, Tac. ann. 16,6; er heiratete im J. 66 die Statilia Messalina, Suet. 35,1, dann begab er sich auf eine einjährige Künstlertournee nach Griechenland (obwohl damals in Iudaea der Krieg ausbrach, der im J. 70 zur Zerstörung Jerusalems führte), Suet. 22, 3. Cass. Dio 63,12,3–21,1. Im Zug einer Verschwörung des Annius Vinicianus wurden hohe Generäle zu Tode gebracht, darunter Domitius Corbulo, Cass. Dio 63,17,2. 5. 6. Als N. (als *cos. V*) Anf. 68 heimkehrte, erhob sich trotzdem in Gallien C. Iulius Vindex, Cass. Dio 63,22–26 (M. Raoss, Epigraphica 22, 37–151), dem sich Galba in Spanien anschloß, Suet. Galb. 9,2. Als nach anderen Statthaltern auch die Praetorianer abfielen, floh Nero aus Rom, wurde zum Staatsfeind erklärt und endete am 9. Juni 68 durch Selbstmord, Suet. Ner. 50. Abbild.: R. West, Röm. Porträt-Plastik (1933) I p. 228 ff. H. P. L'Orange Le Néron constitutionnel et le Néron apothéosé; Colbet, Ny Carlsberg Glypt. III (1942) 227 ff. Apotheosis in Anc. Portraiture (1947) 77 ff. Münzen: H. Mattingly Coins Brit. Mus. I p. 200 ff. tabb. 38–48. A. S. Robertson, Rom. imp. coins in the Hunter Coin Cab. I (1962).

E. Radius La vita di N., Milano 1963. *J. Bishop*, N., The man and the legend, Lond. 1964. *G. Ch. Picard*, Auguste et N., Paris 1962. *K. Heinz* Das Bild Kaiser N.s bei Seneca, Tac. und Cass. Dio (1948). *M. A. Levi*, N. e i suoi tempi (1949).

3. S. auch Claudius o. Bd. I. I 21. 22. 23. II 20. 39. R. H.

Neronia. Im J. 60 richtete Nero unter diesem Namen alle 5 J. mehrtägig unter dem Vorsitz von Konsularen zu feiernde mus., gymnast. und hipp. Wettspiele mit Kränzen als Siegespreis (Suet. Ner. 12,3. Mattingly RIC I 171) in Gesang, Musik, Dichtkunst und Redekunst ein. Damals gewann → Lucanus einen Preis für *laudes Neronis*. Sie fanden im Theater des Pompeius, den Saepta (Suet. Nero 12,4) und in den vatik. Gärten statt. (Plin. nat. 36,74); sie wurden im J. 65 wiederholt, Suet. 21,1, wobei Nero selbst mit einem Gedicht über den Troian. Krieg (Cass. Dio 62,29,1) und als Kitharöde auftrat (Suet. Ner. 21,1. Tac. ann. 16,4). R. H.

Neronias (*Νερωνιάς*), Stadt im O. des Rauhen → Kilikien (vgl. Hierokl. 705,8. Not. episc. 1, 822). Seit dem 4. Jh. n. Chr. als Bischofsitz bezeugt (Belege bei [1]). Ob sie nach Nero oder Claudius so benannt wurde, ist nicht zu erweisen. N. führte in der 1. Hälfte 4. Jh. n. Chr. auch den Namen *Εἰρηνούπολις*, von dem N. späterhin ganz abgelöst wurde (vgl. Theodoret. hist. eccl. 1,7,14). Die Lokalisierung der Stadt bei Buğdacik (Litl bei [2]) ist nicht zu sichern. E. O.

1. *W. Ruge*, RE XVII 48 f. 2. *L. Robert* Villes d'Asie Min., Paris ^{2}/1962, 320,5.

Nersae (Verg. Aen. 7,744; CIL IX p. 388) im bergigen Land der Aequiculi wird meist mit dem *vicus Nervesiae* (Plin. nat. 25,86; cod. P: *Vernesiae*, cod. V: *Nernesiae* < **nersnersia*) gleichgesetzt; h. vielleicht Nesce (M. G. Bruno J. Sabini e la loro lingua 585) im Saltotal. Ribezzo, Riv. Ind. Gr. Ital. 1930, 64 vergleicht mit Recht (**nḗrs-ā:*nr̥s-i̯ā́*) den Namen der Stadt Nursia. G. R.

Nerthus, germ. Göttin, deren Kult Tac. Germ. 40 beschreibt. In einer Kultgemeinschaft verehren sie die Reudigni, Aviones, Anglii, Varini, Eudoses, Suarines und Nuithones, Stämme, die n. von den Langobarden bis nach Nordjütland siedeln (Nerthusvölker). Die lautliche Verwandtschaft zu Njördr (Grimm 1,179) wird mit griech. *νέρτερος* = unterirdisch zusammengebracht und weist auf eine Fruchtbarkeits- und Vegetationsgöttin, die der Terra Mater (Interpret. rom.) gleichgesetzt wird. An ihrem Frühlingsfest in ihrem Kultbezirk auf einer nicht bekannten Insel sind die Völker durch Abgesandte beteiligt. Der Priester, der allein den mit einem Tuche bedeckten Wagen berühren durfte, geleitet die Göttin mit dem Gefährt, das von Kühen gezogen wird, zu den Völkern und festlich geschmückten Orten der Gemeinschaft. In der Zeit der Besuchsfahrt herrscht Waffenruhe. Darauf führt der Priester die Göttin zurück in ihren Tempel. Nach der anschließenden Lustration von Göttin (Kultbild?) und Wagen in einem abgelegenen See werden die dabei beschäftigten Sklaven ertränkt (Menschenopfer verbunden mit Regenzauber). Für die Anwohner der N.- und O.-See ist das Frühlingsfest mit dem Erwachen der Natur zugleich verbunden mit der Wiederaufnahme der Seefahrt und von großer Bedeutung. H. C.

A. Franke, RE XVII 50.

Nertobriga. Kelt. Name, aus *narto* Kraft und *briga* Burg.

1. N. = h. Calatorao im Jalóntale 30 km n.ö. von Bilbilis (über erhaltene Reste s. Sentenack N., Memorias de la Junta de Escav., 1920). Der Consul M. Claudius Marcellus eroberte 152 v. Chr. N., das 143 endgültig unterworfen wurde (Font. Hisp. Ant. 4, 18. 21. 36. App. Ib. 48. 50. Flor. 1,33,10). Itin. Anton. 437,4. 439,2. Mz.

Holder 1,533. 2,723. *Ad. Schulten* Numantia 1,345,3. *Ant. Vives* La moneda hisp. 2, Madrid 1924, 123.

2. N. Concordia Iulia (Plin. nat. 3,14. Ptol. 2,4,10), ebenfalls von M. Marcellus 152 v.Chr. erobert (Pol. 35,2,2. AD. SCHULTEN Numantia 1,345,3. Font. Hisp. Ant. 4, 19. 100). Lage in der Prov. Badajoz bei Frejenal de la Sierra durch Inschr. gesichert (CIL II p. 125f.). S. auch H. SIMON Roms Kriege in Spanien, Frankf. M. 1962, 202 s.v. R. G.

Nerva. 1. Cogn. (*-a* Suffix als etr. angesehen von SCHULZE Eigenn. 363 u.ö.), wohl zur Bezeichnung der Kraft (vgl. WALDE-HOF.[3] 2,165), I. KAJANTO The Lat. Cognomina, Soc. scient. Fenn. 1965, 105. 247. In den Fasten (DEGRASSI FCap.) bei den Coceeiern (Kaiser N.), Liciniern, Siliern; sonst noch bei → Acutius Nr. 3. H. G. G.

2. N. M. Cocceius N. = Imp. N. Augustus. * 8. Nov. 30 (CIL VI 10050) in Narnia als Sohn eines gleichnamigen Juristen und der Servia Plautilla. Nach CIL XI 5743 war er *Salius Palatinus, VIvir turmae equit. Rom.*, beim Latinerfest *praef. urbi, quaestor urbanus*. Nach der Aufdeckung der pison. Verschwörung *praetor design.*, erhielt er die *triumph. ornamenta* und eine Statue am Forum und im Kaiserpalst, Tac. ann. 15,72,1. Praetor 66 wurde er Augur und *Sodalis Augustalis. Cos. I ord.* 71, CIL VI 1984. Frontin, aq. 2,102. *Cos. II ord.* 90, CIL VI 621. Plin. paneg. 90,6. Trotz seiner Freundschaft mit Nero und den Flaviern wurde N. im J. 93 von Domitian kurzfristig nach Tarent verbannt, Philostr. vit. Apollon. 7. 8. 11. Cass. Dio 67,15,5f. Im gleichen J. war er wieder in Rom, Plin. epist. 7,33,9. Mart. 8,70. Der Gardepraefekt T. Petronius Secundus und Parthenius, die die Ermordung Domitians veranlaßt hatten, erhoben den 66jährigen, kranken, aber bescheidenen und leutseligen N. am 18. Sept. 96 auf den Thron, Cass. Dio-Xiph. 68,1,1. Eutr. 8,1,1; Domitian verfiel der *damnatio memoriae*, Plin. paneg. 52,4f. Suet. Dom. 23,1, doch den berüchtigten Delatoren gegenüber zeigte sich N. versöhnlich, Plin. epist. 4,22,4–6. Die Verbannten wurden zurückberufen, Plin. epist. 1,5,10, Zurückgesetze ausgezeichnet: so wurde der 80jährige L. Verginius Rufus *cos. III ord.* im J. 97, Plin. epist. 2,1. Trotzdem erhoben sich einflußreiche Männer in den Provinzen und in Rom gegen ihn, wie C. Calpurnius Crassus (PIR II[2] p. 50 Nr. 259), Cass. Dio-Xiph. 68,3,2. Als der praef. praetorio Casperius Aelianus im J. 97 die Praetorianer zur Rache an den Mördern Domitians aufwiegelte (Cass. Dio-Xiph. 68,3,3), sah N. die Rettung seiner Herrschaft in der Adoption des Statthalters von Germania sup., M. Ulpius Traianus am 27. Okt. 97, den N. zum Mitregenten erhob (s. RE Suppl. X 1042), Cass. Dio-Xiph. 68, 3,4; zu diesem Schritt hatten N. maßgebliche Ratgeber in Rom, vor allem L. Licinius Sura, geraten, Epit. Caes. 13,6. Siegesnachrichten aus Pannonien (Plin. paneg. 8,16), durch die N. den Beinamen *Germanicus* annahm (CIL V 7425. 4314) und als *imperator II* akklamiert wurde (CIL VI 952), kamen ihm gelegen. Durch große Sparsamkeit versuchte er, der zerrütteten Finanzlage Herr zu werden, Plin. paneg. 51,1f., wofür Kommissionen von *Vviri minuendis publicis sumptibus* gebildet wurden, ebd. 62,2, epist. 2,1,9; bald konnte die Erbschaftssteuer gemildert, Plin. paneg. 37–39, die Gemeindeverpflichtung zur → *vehiculatio* abgeschafft, COHEN 143f., die Alimentarinstitutionen gefestigt werden, Plin. ad Tr. 58. An die Armen wurde vom Staat gekauftes Land verteilt, Cass. Dio 67,2,1. CIL VI 1548, während Roms Plebs Getreide erhielt, COHEN 127 *(plebei urbanae frumento constituto)*. Kolonien in Italien und in den Provinzen erhielten Vergünstigungen (CIL X 103. III 216), Rom sein → Nervae forum, Wasserleitungen (Frontin. aq. 2,87–89) und Straßen (CIL IX 5963) wurden gebaut. *Cos. IV* mit Traian. Im J. 98 starb N. am 27. Jänner in Rom, Cass. Dio 68,4,2. Epit. Caes. 12,12. AE 1930, 58. – Mz.: RIC II p. 220–233. Inschr.: E. M. SMALLWOOD, Documentations ... Nerva-Hadrian (1966). Bildnisse: BERNOULLI II p. 67–73. WEST Röm. Porträt-Plastik II, 55–59. R. H.

A. Gerzetti Nerva (1950).

3. S. a. Acutius. Cocceius. Licinius. Silius.

Nervae forum. Von Domitian begonnen (Suet. Dom. 5,1), wurde es von Nerva 98 vollendet, CIL VI 953. 31213; langgestreckt, aber schmal zwischen dem Augustusforum und dem Templum Pacis gelegen. Das Argiletum ging durch das N.-forum hindurch, daher auch sein Name *forum transitorium*, Eutr. 7,23; es reichte bis an die *basilica Aemilia*. Trotzdem war an der gegenüberliegenden Stirnseite Platz für einen Minervatempel, in der Mitte für ein Heiligtum des Ianus quadrifrons, Martial. 10,28. R. H.

Nervii, Völkerschaft in Gallia Belgica zwischen Aduatici, Remi, Vermandui und Atrebati. Ihre Grenzen bilden ein unwirtliches Gebiet: im S. von Scaldis (Escaut) bis Isara (Oise) mit dem Thiérachewald; im O. der Hantes und Piéton, Nebenflüsse der Sambre, dann der Köhlerwald; im N. die Umgegend von Anvers (G. FAIDER-FEYTMANS Les limites de la cité des N., AC 21, 1952, 338). Die N. rühmten sich ihrer german. Abstammung (Tac. Germ. 28. Strab. 4,194 γερμανικὸν ἔθνος), waren aber keltisiert. Sie hatten einen »Senat« (Caes. Gall. 2,28,2. Liv. ep. 104). Sie lebten bes. von Ackerbau und Viehzucht (Caes. 3,29,2. 6,3,2. 7,25,6. Strab. 4,197). Caes. erwähnt keinen Vorort; nur Refugien boten in Notzeiten Herden und Menschen Unterschlupf (Plut. Caes. 15).

Die Kämpfe mit Caesar spielten sich in zwei Abschnitten ab. Im Winter 58/57 bildete sich eine Koalition der belg. Völkerschaften: 300000 Mann unter dem Suessionenkönig Galba, davon 50000 N. (Caes. Gall. 2,4,5. Oros. 6,7,12). Die schwere Schlacht schildert Caesar 2,17–27. Vgl. M. RAMBAUD L'art de la déformation hist. dans les Comment. de César, 1966[2], 165. Die N. unterwarfen sich (Gall. 2,28. Cass. Dio 39,3,2), beteiligten sich aber an dem Aufstand im Winter 54/53 (Caes. Gall. 5,38f. 6,2,3), worauf ihr Gebiet zur Plünderung freigegeben wurde (Gall. 6,34,8. M. RAMBAUD a. O. 100) und auch am Befreiungskrieg des J. 52 unter Vercingetorix bei Alesia mit einem Kontingent von 6000 Mann (Gall. 7,75,3).

Caesar ließ das Gebiet der N. unangetastet. In der Kaiserz. bildete es die *civitas Nerviorum* mit der Hauptstadt Bagacum (h. Bavai). Plin. nat. 4, 106 nennt die N. *liberi*. Tiberius besuchte Bagacum wahrscheinlich im J. 4 n. Chr. (CIL XIII 3570). Vitellius bewaffnete die N. als Hilfstruppen (Tac. hist. 4,15). Im Bataveraufstand des J. 70 zwang sie Civilis zum Anschluß; der Legat Fabius Priscus unterwarf sie (Tac. hist. 4,79).

Die N. spielten im röm. Heere unter den Auxiliaren eine bedeutende Rolle: *cohortes Nerviorum* im Bataverkrieg (Tac. hist. 4,33); in Britannien (s. CICHORIUS, RE IV 38) eine *ala II Nerviana Augusta Fidelis milliaria* und ein *n(umerus) sagit(t)ariorum Ner(viorum)* (Not. dign. occ. 40,23. 42,39).

In der Kaiserz. blühte das Wirtschaftsleben, bes. Ackerbau und Viehzucht, Flachs- und Tuchgewerbe (*sagae*, *βίρρος Νερβικός* Ed. Diocl. 19, 32), Metallurgie und Keramik. Zahlreiche Straßen erleichterten den Handel: Bagacum war ein bedeutender Straßenknotenpunkt, von dem 7 *stratae calciatae* ausstrahlten: A. GRENIER, Man. arch. gallo-rom. 2,298. 453 (Karte). Ptol. 2,9,6 *Βάγακον*. Itin. Ant. Tab. Peut. Bagacum war eine ansehnliche Stadt, von der ein großes Gebäude mit *cryptoporticus* ausgegraben wird: *horrea*? Thermen? oder Forum? E. WILL Bavai cité gallo-rom. 1957, Gallia 1947–1968. Am E. 3. Jh. wurde ein Mauerring um eine kleine Cittadelle von 5 ha gebaut. Im 4. Jh. wurde Bagacum von Cameracum (h. Cambrai) zurückgedrängt (Not. Gall. [Belg. sec.] 6,6 *civitas Camaracensium*. Das Christentum hat früh Fuß gefaßt. Beim Kölner Konzil vom J. 346 war ein *episcopus Nerviorum* (Paulin. ep. 18,4). M. L.

Desjardins Géogr. 2,435. 501. 631. 660. *Jullian* HG 2,191. 279. 465. 3,256. 385. *Grenier*, Man. arch. gallo-rom. 1,384. 2,453. 3,315. Espér. Rec. 3979f. 7530f. *H. Biévelet, E. Will* Art. in Gallia u. Pro Nervia.

Nervus bedeutet die gegen den Verhafteten angewendete Fessel. So steht n. insbesondere in XII T. 3,3 (nach Gell. 20,1,44) neben *compedes* in Bezug auf den Schuldner, der seine Schuld 30 Tage nach Verurteilung oder Anerkenntnis nicht bezahlt hat. Nach Fest. 165 M. kann n. speziell auch eine eiserne Fußfessel sein. D. M.

Nesactium (*Nesatium, Nessatio, Nesacium, Nissacium, Νέσακτον*), Ortschaft in Istrien, h. Visazzi, an der Straße Tarsatica–Pola. Um 1000 v. Chr. wurde hier auf der Hochburg ein Heiligtum errichtet (s. GNIRS Istria Praeromana 115f.). Im 2. Jh. v. Chr. war N. der Vorort der Histrer (Liv. 41, 11,1) und wurde durch die Römer 177 v. Chr. erobert. Ruinenfeld bei Altura. Über Kleinfunde s. WEISSHÄUPL, JOEAI 4, Beibl. 9f. Eine Ehrenbasis für den Kaiser Gordian III. durch die *r(es) p(ublica) Nes.* gestiftet s. STICOFF Atti e memiore 18,403: In den Wirren der Völkerwanderungen wurde N. endgültig zerstört. J. Sz.

M. Fluss, RE XVII 67.

Nesaie, Nesaia (*Νησαίη, Νησαία*). → Nereide, in allen Katalogen vertreten, ferner Lykophr. 399. Verg. georg. 4,338 = Aen. 5,826 (*Nisaee*). Prop. 2,26,16. Bei Hes. theog. 261 erscheint noch eine Nereide verwandten Namens, Neso. Beziehung zur Inselwelt ist für die Nereiden wesentlich. H. v. G.

Nesennius Apollinaris wird von dem spätklass. röm. Juristen Iulius Paulus in den *quaestiones* mehrfach (z. B. Dig. 3,5,33. 35,2,22 pr.) als dessen Schüler erwähnt, der Fragen gestellt hat. D. M.

Nesiotai (*Νησιῶται*). **1.** → Hekatonnesoi. **2.** Steuerbezirk (*Νησιωτικὸς φόρος*) des ersten att. Seebundes, in den älteren Listen an 5., nachher zumeist an 2., dann an 1. Stelle stehend; seit der Einteilung des Bundes in diese Bezirke im J. 443/42 v. Chr. Der Bezirk umfaßte die Kykladen, Euboia, Aigina und Belbina, Lemnos und Imbros, während die Inseln vor der thrak. Küste zum thrak., Tenedos zum hellespont. und die sonstigen Inseln vor der kleinasiat. Küste zum ion. und kar. Bezirk gehörten. Die Tributlisten: IG I² 202ff. SEG 5,12ff. B. D. MERITT u. a., The Athen. tribute lists, Cambr. (Mass.) 1939–1953, 1,138ff. Nr. 12ff. 2,18ff.; dazu bes. 1,526. 3,68. E. M.

3. N., s. Sympoliteia

Nesiotes s. Kritios

Nesis. Insel im Golf von Pozzuoli (Cic. Att. 16, 1,1. 3,6. 4,1. Sen. epist. 53,1), früher mit Fumarolen (Lucan. 6,90. Stat. silv. 2,2,78) und Spargelbau (Plin. nat. 19,146); h. Nisida (nach Akk. sg. *νησίδα* gebildet). G. R.

Neso (*Νησώ*). **1.** → Nereide, s. → Nesaie. **2.** Tochter des Königs der Troas, Teukros, die den → Dardanos (1) heiratete und ihm die (marpess. oder hellespont.) Sibylla (Lykophr. 1465 nennt sie *Μελαγκραίρα*) gebar. Ihre Schwester Bateia gebar ihm Erichthonios und Ilos. Arr. frg. 64 (= Eustath. Il. 2,814). Apollod. 3,139. H. v. G.

Nessonis (*Νεσσωνίς*), großer, flacher, h. im Sommer trockener Sumpfsee im NO. der pelasgiot. Ebene Thessaliens, zum Gebiet von Larissa gehörend, Strab. 9,5,2 p. 430. 5,19 p. 440. 5,20 p. 441. Sch. Eur. Alc. 588. Theophr. c. plant. 5,14,2f. E. M.

1. *Fr. Stählin* Das hellen. Thessalien 93. 2. *Ders.*, RE XVII 79f. 3. *Philipps.-Kirst.* 1,119.

Nessos (*Νέσσος*, auch *Νέσος*). Kentaur, Sohn des Ixion und der → Nephele (2), der am Fluß Lykormas (= → Euenos 4) Fährmannsdienste tat. Er trug → Deianeira (1) über den Strom, während ihr Gatte Herakles hinüberging (Soph. Apollod.)

oder hinüberschwamm (Ov.). Als er sich an ihr vergriff, rief sie Herakles zu Hilfe, der ihn durch einen Giftpfeil niederschoß. Die Einzelheiten der Erzählung variieren stark. Auf bildl. Darstellungen wird N. mit Schwert oder Keule erschlagen. Um sich zu rächen, gibt N. der Deianeira von seinem Blut (urspr. von seinem Samen, W. A. OLDFATHER, RE XVII 84,60) als angebl. Liebeszauber. Sie verwendet es später und führt so unbewußt Herakles' Tod herbei. Archil. frg. 100 D (M. TREU S. 94. 238 f.). 147 Bergk (M. TREU S. 108 ff. 246). Bakchyl. 15,33 ff. Soph. Trach. Ov. met. 9,101 ff.; her. 9,141 ff. Sen. Herc. Oet. 491 ff. Apollod. 2,86. 151 f. 157. Hyg. fab. 34. 36. H. v. G.

Wilam. GldH 1,192. *K. Schefold* Frühgriech. Sagenbilder, 1964, Bild 23.

Nestane (*Νεστάνη*), befestigtes Dorf im Gebiet von → Mantineia in Arkadien, am O.-Rand der Hochebene an der Straße nach Argos über den Prinospaß gelegen, zu Pausanias' Z. in Trümmern, beim h. Tsipiana, das amtlich wieder N. heißt. Reste der Burgmauer erhalten. Paus. 8,7,4 ff. Steph. Byz. s. *Νοστία* = Theop. FGrH 115 F. 175. Ephor. FGrH 70 F. 234. E. M.

E. Meyer, RE XVII 87 f.

Nesti (*Νέστοι, Νεσταῖοι*), vermutlich thrak. oder auch illyr. Stamm, im Küstengebiet der n. ö. Adria. Ihr Siedlungsgebiet dehnte sich zwischen dem Nestos (Unterlauf der Cetina) und dem Naron (Narenta) aus. Ps. Skyl. 23. 24. Apoll. Rhod. 4,1214 ff. Chr. D.

Fluss, RE XVII 107 ff. *Detschew* Thrak. Sprachreste 330 ff.

Nestor (*Νέστωρ*). **1.** Myth. Herrscher von → Pylos, greiser Berater der Achaier vor Troia. Schon im Alt. schwankte man, ob das triphyl. oder das messen. Pylos seine Residenz war. Für das triphyl. (s. vom → Alpheios) sprach sich Strab. 8, 350 ff. (nach Apollonios) aus, ebenso DÖRPFELD, der dort bei Kakovato 1897 bescheidene myken. Reste ausgrub. Meist galt aber im Alt. das südmessen. Pylos bei Navarino als N.s Heimat (Hellan. Pherek. Isokr.), wo man N.s Haus, Viehhöhle und Grab zeigte (Paus.). Neu aufgerollt wurde die Frage durch die Aufdeckung eines weiträumigen, luxuriös ausgestatteten myken. Palastes bei Ano Englianos unweit des messen. → Pylos (seit 1952), der sich an Bedeutung nur mit Tiryns und Mykenai messen läßt. Es besteht h. Neigung, hier das Zentrum des pyl. Reiches zu suchen, das wohl das triphyl. Pylos mit einschloß. Auf dieses letztere passen zweifellos die Angaben sowohl der Il. wie der Od. besser. Vor allem läßt sich das messen. Pylos nicht als *ἠμαθόεις* (sandig) bezeichnen. Beide Burgen wurden im 12. Jh. zerstört und sind nie wieder aufgebaut worden. WILAM. spricht dem Dichter der Telemachie alle geogr. Kenntnis der Peloponnes ab, und weder in der Aufzählung der 9 Städte des N.reiches im Schiffskatalog Il. 2, 591 ff. noch in Agamemnons Angebot von 7 messen. Städten an Achilleus 9,149 ff. verrät sich eine Ahnung von den machtpolit. Verhältnissen des 2. Jt. v. Chr. G. JACHMANN Der hom. Schiffskatalog 1958, 47 ff. 103 ff.

N. ist Sohn des → Neleus und der → Chloris (4). Seine Gemahlin ist Eurydike (Hom. Od. 3,452) oder Anaxibia (Apollod. 1,94). Er hat 2 Töchter, Peisidike und Polykaste (Od. 3,464), und 7 Söhne, darunter Peisistratos, Antilochos und Thrasymedes, von denen die beiden letzten mit dem Vater in den tro. Krieg zogen (Il. 16,317 ff.). – Beim Kampf des Herakles gegen Pylos blieb N. als einziger der 12 Neleussöhne am Leben (Il. 11,692 f.), da er bei den Gereniern aufwuchs (Hes. frg. 16. Apollod. 1,93. 2,142). Dieser Grund wurde aber vielleicht aus seinem Beinamen *Γερήνιος* herausgesponnen, der jedoch auch als »alt, ehrwürdig« oder als ein altes Patronymikon gedeutet wird, → Gerenia. N. stand in den siebziger Jahren, als er mit 90 Schiffen gen Troia fuhr (*μετὰ δὲ τριτάτοισιν ἄνασσε* Il. 1, 252; *trisaeclisenex* Laev. bei Gell. 19,7,13; mißverstanden Ov. met. 12,188 *annos bis centum*). Hier gedachte er mit Wehmut und Stolz seiner Jugendtaten. Im Kampf mit den Arkadern habe er Ereuthalion (→ Areïthoos), Il. 7,133 ff., im Kampf mit den Epeiern (Eleiern), deren König → Augeias den durch Herakles geschwächten Pyliern aus Übermut das nach Olympia gesandte Viergespann wegnahm, u. a. → Mulios (1) getötet und die → Molionen bedrängt, die Poseidon rettete, Il. 11,670 ff. Mit den Lapithen hatte er gegen die Kentauren gekämpft, Il. 1,260. Bei den Leichenspielen für den Epeierkönig → Amarynkeus überwand er namhafte Gegner, Il. 23,629 ff. Noch vor dem tro. Kriege nahm er an den Spielen des Priamos für den totgeglaubten Paris teil, Hyg. 91. 237. Nach Helenes Entführung beriet er Menelaos und tröstete ihn durch myth. Leidensgeschichten (Epopeus, Oidipus, Herakles, Ariadne) und einladenden Hinweis auf den Wein als Sorgenbrecher (Kyprien). Dann übernahm er es, Achilleus und Patroklos für den tro. Krieg zu gewinnen, Il. 11, 766 ff. Nach der Eroberung von Tenedos bekam er → Hekamede als Ehrengabe, Il. 11,624 ff.

In der Il. sucht er den Streit zwischen Agamemnon und Achilleus zu schlichten (B. 1), unterstützt Agamemnons Versuch, das Heer auch ohne Achilleus zum Kampfe zu bewegen (B. 2), bewährt seine prakt. und takt. Erfahrung bei der Aufstellung seiner Truppen (B. 4). In B. 6, wie auch sonst, hält er Ansprachen an die Achaier und lenkt selbst sein Gespann auf dem Blachfeld, in B. 7 ruft er zum Kampf gegen Hektor auf und läßt die sich meldenden Krieger losen, auch schlägt er vor, Wall und Graben zu errichten, in B. 8 stürmt er selbst mit Diomedes gegen Hektor und wird von Diomedes gerettet, in B. 9 regt er die Bittgesandtschaft an Achilleus an, in B. 11 bringt er den verwundeten → Machaon in sein Zelt und veranlaßt Patroklos, Achilleus umzustimmen oder wenigstens selbst in dessen Waffen mitzukämpfen. Bei den Leichenspielen für Patroklos (B. 23) gibt er seinem Sohn Antilochos Ratschläge (gewürdigt von Xen. symp. 4,6. Plat. Ion 537 a) und erhält von Achilleus einen Ehrenpreis. So ist N. in der Il. keine Nebenfigur; durch geistige Überlegenheit und glänzende Beredsamkeit – die freilich an Redseligkeit grenzt und von Selbstlob nicht frei ist – nimmt er Einfluß auf die Entwicklung der Handlung; er erscheint als Ideal des Greises. W. Schadewaldt Il.-Stud. 19.152 wendet sich gegen die »übliche Verharmlosung« N.s. – Die Aithiopis erzählte, wie er durch Memnon den Lieblingssohn Antilochos verlor, der sich für seinen Vater opferte. Od. 3,111 f. 4, 187 ff. Pind. P. 6,27 ff. – breit ausgeführt von Quint. Smyrn. –, die Kleine Il., wie er das Schiedsgericht in dem Streit um Aias' Waffen leitet und dabei seltsame Vorschläge macht (Sch. Aristoph. Eq. 1056), die Nostoi beschrieben seine glückliche Heimkehr (Od. 3,130 ff.). Die Telemachie schildert sodann das fröhlichem Genuß zugewandte Leben des Greises in Pylos und die gastliche Aufnahme Telemachs. Über N.s Tod verlautet nichts.

N. ist zweifellos eine voriliad. Gestalt, erst von Homer mit der Troja-Handlung verbunden. Über Motivparallelen in Kyprien und Aithiopis W. Kullmann, H (ES 14) 96 f. (»Motivverallgemeinerung«), auch 31 f. 257. 314. Ein pyl. Epos postuliert F. Bölte, RhM 83, 1934, 319 ff., eine eigene Nestoris R. Cantieni Die N. erzählung im 11. Ges. der Il., Diss. Zürich 1942 (dazu Kullmann 96,4). R. Hampe, N. in: Vermächtnis der ant. Kunst, hg. v. R. Herbig, 1950, 28,79.

Der Il. 11,632 ff. beschriebene Nestorbecher war von je berühmt. Die Inschr. eines spätgeometr. Napfes aus Ischia (8. Jh.) nahm scherzhaft auf ihn Bezug; kannte der Besitzer die Il. oder die Kyprien? Athen. 11,487 ff. berichtet von einer umfangreichen Lit. über den hom. N.becher. Dionys. Thrax ließ ihn in Silber nachbilden. Im Artemistempel in Capua wurde ein »N. becher« verwahrt. Ein im 4. Schachtgrab in Mykene gefundener goldener Becher wird in der Arch. wegen seiner Ähnlichkeit mit dem hom. »N. becher« genannt, unterscheidet sich aber von diesem in mehreren Punkten. H. v. G.

W. Schadewaldt Von Homers Welt und Werk ³1959, 413 ff. *E. Howald* Der Mythos als Dichtung 102 ff. *R. v. Scheliha* Patroklos, 1943, 204. 384 f. *R. Hampe* (s. o) 20 ff. – *A. Furumark* N.s Cup and the Mycen. Dove Goblet, Eranos 44, 1946, 41 ff. *W. den Boer* Le rôle de l'art et de l'hist., A.C. 17, 1948, 25 ff. *J.L. Myres* Hom. Art., ABSA 45, 1950, 229 ff. *Sp. Marinatos* Der N.-becher, N.-Beitr. zur Alt.-Wissenschaft 1954, 11 ff. *R. Hampe*, G 63. 1956, 36 ff. *A. Heubeck*, G 71. 1964, 64.

2. N. *ὁ Κρώπιος*, Epeirote aus Phanote, Gastfreund des röm. Konsuls A. Hostilius, rettete ihn 170 v. Chr. vor einem Anschlag der romfeindlichen Epeirotenpartei. Pol. 27,16,4 ff. P. Meloni Perseo 1953, 256. H. V.

3. N., nach Verleihung des röm. Bürgerrechts [L.] Septimius N., ep. Dichter, Vater des Dichters → Peisandros, aus Laranda in Lykaonien (*Νικαεύς* Anth. Pal. 9,537 deutet auf Aufenthalt in Nikaia), unter Septimius Severus (Suda). Ehreninschr. (meist zu Büste oder Standbild gehörig) in Paphos, Ephesos, Kyzikos, Ostia, wo er sich von den Dioskuren 3 Orakel geben ließ (*Σεπτιμίωι Νέστορι*), Rom (Nachweise: L. Robert, REG 57, 1944, 239 ff. Barbieri, Ath. 41, 1953, 158 ff.; Guarducci, RFIC 89, 1961, 180 ff.). Werke: *Ἰλιὰς λιπογράμματος*, in der in jedem Buch je ein Buchstabe fehlen mußte, *Μεταμορφώσεις*, von Menandros Spengel Rhet. 3,393 empfohlen, *Ἀλεξανδρειάς* (1. B. zit. Steph. Byz. *Ὑστάσπαι*), wohl unter Alexander Severus geschrieben, *Ἀλεξίκηπος* (angebaute Heilpflanzen, Geop. 12,16, 1. 12,17,16), *Πανάκεια* (Geop. 15,1,11. 32), ein Hymnos auf die Dioskuren, aus Orakel 1 zu erschließen. Frg., wohl der Metamorphosen: Anth. Pal. 9,128 (?). 129. 364. 536. 537, daktylenreiche, wohllautende Hexameter. R. K.

Nestorios (*Νεστόριος*). **1.** Bischof von Konstantinopel 428–431, aus Germanikeia am Euphrat. N. studierte in Antiocheia die Theologie des → Diodoros (17) von Tarsos und des → Theodoros von Mopsuestia. Als berühmten Prediger rief ihn Kaiser Theodosios II. aus dem Euprepios-Kloster von Antiocheia auf den Bischofsstuhl der Hauptstadt. Bald entzündete sich ein Dogmenstreit darum, ob der Mutter Christi das Beiwort *θεοτόκος* gebühre. N. sah darin einen Rückfall in die Irrlehre des → Apollinaris von Laodikeia; dagegen warfen die Gegner, vor allem → Proklos und → Eusebios (13), dem N. vor, er verfalle in die Häresie des → Paulos von Samosata. Es bereitete sich der erst 451 im Konzil von Chalkedon rein ausformulierte Gegensatz zwischen der Lehre von den 2 Naturen Christi, die N. mit den antiochen. Theologen vertrat, und der Lehre der → Monophysiten vor. Während N. sich bald bereit fand, *θεοτόκος* bei richtiger Interpretation, d. h. wenn die volle Menschwerdung Christi unangezweifelt bleibe, zu dulden, eröffnete der Patriarch → Kyrillos von Alexandreia den kirchenpolit. Kampf. In 2 Briefen forderte er N. zum Widerruf auf und sandte eine Anklage nach Rom an Papst Coelestinus. N. hatte Rom verstimmt, indem er aus dem W. geflohene Anhänger des → Pelagius aufgenommen hatte. Ein Gutachten des → Cassianus, der N. mißverstand, trug mit zur Verurteilung durch die röm. Synode bei. Kyrillos legte jetzt N. 12 Anathematismen zur Unterzeichnung binnen 10 Tagen vor, die weit über die Forderung Roms hinausgingen und die Anerkennung einer einzigen Natur Christi (*κατὰ φύσιν ἕνωσις*) einschlossen. Sie brachten die antiochen. Theologen, geführt von → Iohannes (8) von Antiocheia und → Theodoretos von Kyros, in Front gegen Kyrillos. Der Kaiser berief ein allg. Konzil 431 nach

Ephesos, welches Kyrillos, ohne die Ankunft der Antiochener abzuwarten, gegen den Protest des kaiserl. Comes und der Bischöfe um N. eigenmächtig eröffnete. Es beschloß am 1. Tage die Absetzung des N. Die ausgeschlossenen Bischöfe setzten in einer Gegenversammlung Kyrillos ab. Der Kaiser bestätigte beide Beschlüsse. N. wurde in sein Kloster nach Antiocheia verbracht, Kyrillos floh und blieb in Alexandreia unangefochten. Erst 433 kam ein Kompromiß zustande: Kyrillos gab dogmat. nach, die Antiochener polit., indem sie die Person des N. opferten. N. wurde in die Wüste verbannt, seine Schriften verboten und verbrannt. Die Schrift des Papstes → Leo I. gegen → Eutyches las N. im J. 450 kurz vor seinem Tode und sah sie als seine späte dogmat. Rechtfertigung an. Die Sekte der Nestorianer wurde um 485 zur anerkannten chr. Kirche im Perserreich und trug das Christentum im 7. Jh. bis nach China (Syr.-chines. Inschr. von Siangfu). O. H.

Ta.: Fr. Loofs Nestoriana, 1905. Liber Heraclidis ed. P. Bedjan, 1910 (Selbstdarstellung des N. in syr. Übers.; französ. von F. Nau, 1910). Ed. Schwartz Acta concil. oecumen. 1, 1922–1930. Vita: Barhadbešabba (Patrol. orient. 9,5), 1913, 517–587.

Lit.: *Martin Jugie* N. et la controverse nestorienne, 1912. *Ed. Schwartz* Konzilstudien 1, 1914. *Ders.*, SABW 1, 1922. *Aloys Grillmeier* Scholastik 36, 1961, 321–356. *Luise Abramowski* Unt. zum Liber Heraclidis, 1963, *Altaner*[6] 302 f.

Nestos (*Νέστος*), h. Nesta, einer der Hauptflüsse Altthrakiens (und des h. Bulgarien), nach den ant. Nachrichten vom Skomios (Skombros, h. Witoscha) kommend, in Wirklichkeit aber am S. Abhang des h. Rila (des ant. Donaxgebirges) entspringend. Er erreicht das Meer Thasos gegenüber. Die häufigen Überschwemmungen des N. schildert schon Theophr. h. pl. 3,1,5 (Strab. 7,331, frg. 44). Seit der röm. Herrschaft in Makedonien ist der N. Grenzfluß gegen Thrakien. Hes. theog. 341 (*Νέσσον*). Skyl. 67. Skymn. 672 ff. Mela 2,2, 17. Plin. nat. 4,40,42. 8,45. Chr. D.

Oberhummer, RE XVII 138 ff. *Carson* Macedonia, Thrace and Illyria, s. v. und bes. *F. Papazoglu* Mazedon. Städte in röm. Z., serb., Skopije, 1957, pass., bes. 78–80. *Danov* Altthrakien, 113–129. 229 ff. 239, 246 ff., 393.

Nestus (*Νέστος*). Fluß in Dalmatien, wahrscheinlich h. der Unterlauf der Cetina, sein Mittellauf wurde im Alt. *Tilurius* und *Hippus* genannt. Der Name N. ist thrak., *Tilurius* klingt illyr. Eine Inschr. von 37 n. Chr. CIL III 8472 (Fundort Greben bei Krug di Jesenice), nennt die *Onastini*, durch deren Gebiet der N. floß. Ein Volksstamm *Νέστιοι* (Steph. Byz. s. v.) wohnte ö. von Salona. J. Sz.

M. Fluss, RE XVII 139. *Patsch*, JOEAI 5 Beibl. 75. 10, 170.

Neton (*Νέητον*, *Netum*), Siculerstadt im S. Siziliens, h. Noto antica. N., schon früh von Syrakus abhängig, wurde 263 v. Chr. im Vertrag zwischen → Hieron II. und Rom Hieron zugesprochen (Diod. 23,4,1). Innerhalb der röm. Provinz gehörte es zu der bevorzugtesten Klasse von Gemeinden, den *civitates foederatae*, und war ausdrücklich von jeder Getreidelieferung befreit. Gegen diese Bestimmung verstieß Verres, weshalb sich die Bewohner an der Klage gegen ihn beteiligten (Cic. Verr. 5,56). Danach wird N. in den Quellen nicht mehr genannt.

N. lag auf herzförmiger, steil abfallender Klippe im Quellgebiet des → Asinaros 9 km n. w. des h. Noto. Die Ausgrabungen brachten sicul. Nekropolen, hellenist. Gräber und Katakomben zu Tage. Inschr. IG XIV 240–42. Kl. M.

Ziegler, RE XVII 143. *N. Bonacasa*, Enc. Arte Ant. 5,563 f.

Netos-Maler, so benannt nach der Amphora in Athen NM. 1002, auf der Herakles den »Netos« tötet. Att. Vasenmaler gegen 600 v. Chr. 12 Vasen und Frg. darunter das einer Tontafel schreibt Beazley ihm sicher, 5 als fraglich zu. Er malte Mythen, Tiere und Fabelwesen, dazwischen Ornament und Ornamentbäume, alles so mächtig und gehaltvoll, daß »horror vacui« nichts erklärt. H. Ma.

Beazley ABV. S. 4–7. *F. Brommer* Jb. Berl. Mus. 4, 1962, 1–16.

Neuplatoniker, richtig: Platoniker, Benennung von Philosophen, d. h. Philos.-Lehrern der Kaiserzeit, die sich der Schultradition Platons zurechnen (davon ist wohl zu scheiden die Benennung *Ἀκαδημαϊκοί* = *academici*, womit ausschließlich die skeptische Richtung der → Akademie und ihre Vertreter gemeint sind). Durchweg sind die Platoniker der Kaiserz. davon überzeugt, bruchlos in der authent. Lehrtradition Platons zu stehen. Vom Bruch der Tradition in den zwei letzten Jh. des Hellenismus und von der fast gewaltsamen, arg vergröbernden Wiederaufnahme platon. Lehrens hat sich kaum eine Erinnerung erhalten. Kein N. hat eine hist.-krit. Rekonstruktion von Platons Lehre unternommen. Manchmal verhalten sich N. zu Platon im Sinne des kaiserzeitl. Klassizismus: Danach hat die Vorzeit ein großes Vorbild gegeben, mit dem es zu wetteifern gilt, d. h. er kann als Archeget philos. Bildung verstanden werden. Weit intensiver war aber ein Platonverständnis, geknüpft an die Bezeichnung *θεῖος Πλάτων*, wonach Platon, als letzter in der Reihe göttlicher Weiser (→ Musaios, → Orpheus), im vollen Besitz des Logos gewesen sei – *θεόπνευστος*. Damit gewinnt Platon nahezu den Rang eines prophet. Religions-Stifters; seine Schriften enthalten alle Weisheit, die dem Menschen zugänglich ist; andere Philosophen geben nur spezifizierte Ausschnitte (so Aristoteles die Logik, die Stoa die Ethik). Sie vermögen nur weiterzuführen, was Platon bereits ausgesprochen hatte. Eigene Forschungsergebnisse jüngerer Philosophen bedürfen der Nachprüfung, ob sie mit Platon in Einklang gebracht werden können; dieser method. Vorbehalt jedes N. ist trefflich ausgedrückt von

Plot., Enn. 6,2,1,1 τί ποτε ἡμῖν... φαίνεται τὰ δοκοῦντα ἡμῖν πειρωμένοις εἰς τὴν Πλάτωνος ἀνάγειν δόξαν. In der älteren Literatur werden alle Platoniker der Kaiserzeit als N. bezeichnet. Seit etwa 1900 greift eine terminolog. Unterscheidung Platz, wonach die Mittelplatoniker (etwa 50 v. Chr. – 250) von den N. gesondert werden; letztere läßt man mit → Ammonios Sakkas oder mit → Plotinos beginnen.

Die wichtigsten Mittelplatoniker:
Albinos von Smyrna
Apuleius von Madaura
Attikos
Derkylides
Eudoros von Alexandreia
Favorinos
Gaios
Harpokration von Argos
Hierax
Kalvisios Tauros
Kelsos von Alexandreia
Longinos
Maximos von Tyros
Nikostratos
Plutarchos von Chaironeia
Severos
Theon von Smyrna
Thrasyllos

Die wichtigsten Neuplatoniker:
Aidesios
Amelios Gentilianus
Ammonios Sakkas
Ammonios, Sohn des Hermeias
Chrysanthios
Damaskios
Domninos
Hypatia
Hierokles
Iamblichos
Johannes Philoponos
Marinos
Olympiodoros
Origenes der Platoniker
Plotinos
Plutarchos von Athen
Porphyrios von Tyros
Proklos
Sallustios der Platoniker
Simplikios
Sopatros von Apameia
Syrianos
Theodoros von Asine

Ich habe mir die Aufgabe gestellt, Wesen und Entwicklung des Mittel- und Neuplatonismus, und darin den Beitrag der einzelnen N., in ausführlicher Monographie darzustellen. H. D.

Neupythagoreer. Die Rückwendung zu den »Alten«, die sich in Ciceros Generation ankündigte, rief auch eine Neubelebung des Pythagoreertums hervor. Aber im Unterschied zu den Platonikern gelang es den N. nicht, zur Geschlossenheit einer Schule oder einer als verbindlich angesehenen Tradition zu gelangen. Zwar lehnen sich die meisten N. an platon. Lehrmeinungen an, aber in der Art und Weise, wie der Πυθαγόρειος βίος nachvollzogen wird, klaffen tiefe Unterschiede. Das Ansehen der N. litt vor allem darunter, daß viele von ihnen mag. oder theurg. Praktiken betrieben; so wurde Πυθαγόρειος zum Scheltwort für »Charlatan«. Indes darf nicht unterschätzt werden, wie nachhaltig die N. wirkten; die Einslehre, fundamentales Axiom der → Neuplatoniker seit → Plotin (oder → Ammonios Sakkas), ist von den N. konzipiert und ausgebildet worden. Im 4. Jh. n. Chr. treten keine N. mehr auf. Was sie gewollt und geboten hatten, wurde im wesentlichen von den Neuplatonikern (vgl. Iamblichos, Aidesios u. a.) erfüllt.

Die wichtigsten N. sind:
Apollonios von Tyana
Kronios
Moderatos von Gades
Nigidius Figulus
Nikomachos von Gerasa
Numenios aus Apameia
Okellos Lucanus H. D.

Neurobates (νευροβάτης). Eine Art Seiltänzer (σχοινοβάτης, *funambulus*, Hor. epist. 2, 1,110. Iuv. 3,77. 14,265. 272. Ter. Hec. 4,34), den als eine Neuigkeit Carinus im J. 284/85 auftreten ließ: *nam et neurobaten, qui velut in ventis cothurnatus ferretur, exhibuit* H. A. Car. 19,2. Charakteristisch war das dünne Seil, das den Anschein erweckte, daß er in der Luft ging, und die Bekleidung mit dem Kothurn, die ihn als Mercurius erscheinen ließ. O. W. R.

Neuroi (Νεῦροι, Νευροί), starker Volksstamm (eher Stammverband), nach Hdt. 4,17 n. von den Pflugbau treibenden Skythen; die Grenze soll der Quellsee des Tyras (Dnjestr) bilden (Hdt. 4,51). Vermutlich saßen die N. am Oberlauf des Tyras, am s. Bug (Hypanis) und im Sammelbecken des h. Pripjet. Teilweise werden sie in der Forschung als die Urväter der Slawen und der Balten in Anspruch genommen. Chr. D.

Herrmann, RE XVII 158–161. Sov. Istor. Enciklop. 10, 1967, 91.

Neurospasta (νευρόσπαστα). Puppen mit Gliedmaßen, die an Schnüren bewegt wurden (Hdt. 2,48. Hor. sat. 2,7,82), vorgeführt als Marionetten zur Unterhaltung (Plat. leg. 1,644 E. Ps. Aristot. mund. 6,398 B, 16. Apul. mund. 27. Xen. symp. 4,55). Die Kunst war volkstümlich (Athen. 1,35, p. 19 E), aber die sie Ausübenden, wie andere, die sich den *artes ludicrae* widmeten, wenig geachtet (Cic. de or. 2,34. Sen. epist. 88,22. Eust. Il. p. 457,38). N. (wie Kinderpuppen, die oft mit beweglichen Gliedern gemacht wurden) waren aus Ton, Wachs, Bein und Holz. S. K. M. Elderkin, AJA 34, 1930, 455ff. über Material und Herstellung.

Moralisten und Satiriker verglichen gern den durch seine Leidenschaften hin- und hergerissenen Menschen mit der an Fäden gelenkten Puppe, während der Weise Selbstkontrolle übe (Pers. 5,129 ff. Gell. 14,123. M. Aurelius 3,16. 4,16). O. W. R.

Neusis, eine geometrische Operation, die mit den klass. Mitteln der Geometrie, Zirkel u. Lineal, nicht durchführbar ist. Eine N. ist dann notwendig, wenn gefordert ist, daß eine durch einen gegebenen Punkt laufende Gerade zwei gegebene Linien so schneiden soll, daß der Abstand der Schnittpunkte mit den beiden Linien einer gegebenen Länge gleich ist. Eine mech. Vorrichtung zur Konstruktion des geometrischen Ortes für solche N. gibt → Nikomedes. J. M.

R. Boeker, RE Suppl. IX 415 ff.

Neviodunum (*Nomidunum*, *Νοουίδουνον*), Stadt in Pannonia sup., h. Drnovo, im Draubanat, Vorort der → Latobici, zwischen der Save und der Gurk, Name kelt. = Neustadt. Unter den Flaviern wurde N. *municipium Latobicorum*. Als röm. Stadt gehörte N. in die *tribus Quirina* (CIL III 3919). Beamte in Inschr.: *duumvir iure dicundo*, *patronus*, *decuriones*. Die »*Aelii Carn*[*i*] *cives Romani*« (CIL III 3915, vermutlich ortsansässige Kelten), erhielten unter Hadrian das Bürgerrecht. Steinaltäre für Iuppiter, Neptunus, Silvanus, Sedatus, dea Coryphea sive Caelestis Aug. Genauer untersucht wurde die Wasserleitung. Berühmt ein Münzfund aus N. mit ca. 4000 St., aus dem 4. Jh. n. Chr. Bei Vel. Malenca eine Lagerfestung E. 3. Jh. gebaut, vielleicht ident. mit Praetorium Latobicorum? J. Sz.

B. Saria, RE XVII 156.

Nevitta, Flavius, Germane, zeichnete sich 357 gegen die Alamannen aus, wurde 361 von Iulianus zum *mag. equitum per Gallias* ernannt (Amm. 17, 6. 21,8, Ensslin, Klio 24,117). Auf dem Marsch nach O. befehligte N. eine Hauptabteilung der Armee Iulians (Amm. 21,8. 10). E. 361 wurde der zum Consul für 362 (Mamert. Paneg. 28 CIL IX 3921) designierte N. Mitglied des Sondergerichtshofes von Chalcedon (Amm. 22,3). 363 nahm er als *mag. equitum praesentalis* am Perserfeldzug teil (Amm. 24,1. 4). Nach Iulians Tod suchte er die Kaiserwahl zu beeinflussen (Amm. 25,2), Iovianus entließ ihn dann vermutlich. M. Waas Die Germanen im röm. Dienst 1965, 117 f. A. L.

Nexum (von *nectere* = knüpfen, verpflichten) bezeichnet im weiteren Sinn alle Rechtsgeschäfte *per aes et libram* und bei Cic. auch bloß die *mancipatio*. Speziell ist n. ein altröm. Kreditgeschäft mit Selbstverpfändung des Darlehensnehmers: Diesem wurde in libraler Form, also durch den Waagehalter *(libripens)* und vor Zeugen, die kreditierte Summe zugewogen. Anders als beim entwickelten Darlehen, dem *mutuum*, erwarb der Kreditgeber dadurch keinen klagbaren Anspruch auf Rückzahlung, sondern ein Zugriffsrecht auf die Person des Schuldners: Ist dieser nicht zum vereinbarten Rückzahlungstermin gelöst worden, so kann der Gläubiger ohne Urteil mit der *manus iniectio* auf ihn greifen. Für den Zins im Zusammenhang mit dem n. ist als Höchstmaß das *fenus uniciarium* überliefert (XII T. 8,18). Das wird h. überwiegend als ein Zwölftel vom Kapital monatlich (nicht jährlich) verstanden. Angesichts dieses hohen Zinses und der Strenge der Personalvollstreckung war das n. ein scharfes Instrument bes. gegen die Plebejer. Die lex Poetelia (wohl 326 v. Chr.) hat zunächst die Fesselung des säumigen Schuldners verboten. Wenig später dürfte das n. ganz außer Übung gekommen sein. In den klass. Quellen erscheint es nicht mehr. D. M.

Umfangreiche Lit. bei *Max Kaser* Das röm. Privatrecht 1, 1955, 148 f.

Nias (*Νίας* Ptol. 4,6,2 M.), Strom im NW. Afrikas, allg. identifiziert mit dem h. Senegal, der bei St. Louis in den Atlantik mündet; seine Gleichsetzung mit dem *Χρέτης* des Karthagers Hanno (peripl. 9 = GGM I 8), dem *Χρεμέτης* des Aristot. (meteor. 350 b 12) und dem *Bambotus* des Plin. (nat. 5,10) wird mit guten Argumenten verfochten [1]. Zur Erschließung der afrikan. Atlantikküste für die ant. Mittelmeerwelt vgl. [2.3.]. E. O.

1. *Windberg*, RE XVII 165 ff. 2. *M. Cary*, *E. H. Warmington* The anc. explorers, London ²1963, 61 ff. 3. *M. Besnier* La géographie économique du Maroc (Arch. Maroc. 1906).

Nicaea s. Nikaia

Nicasio. Gesandter aus Henna (Sicilien) und Zeuge im Verresprozeß 70 v. Chr., Cic. Verr. 4,113. *Nicasiones* als Bankiers erwähnt Cic. Att. 12,5 c im J. 46 v. Chr. H. G. G.

Nicentius. 1. N., 358 *consularis Syriae*, 360 durch seinen Freund → Modestus (Nr. 2) vermutlich erneut in ein Amt berufen (Liban. or. 1, 138; epist. 21,122. 193,200). **2.** N., *tribunus et notarius*, 397 von Ambrosius wunderbar geheilt (Ambros. ep. 5; vita Ambros. 44), vielleicht ident. mit N., der 377 von Gratian in kirchl. Angelegenheiten nach Afrika entsandt wurde (Cod. Theod. 16,6,2,1). A. L.

Nicer (Niger), h. Neckar, r. Nebenfluß des Rheins (Etymol. nicht geklärt). Seit frühester Z. besiedelt (Kiefer von Mauer, Neolith. Siedl. Großgartach b. Heilbronn), ist das N. gebiet in der Latènez. von den kelt. → Helvetiern und Gruppen der → Triboker und Boier bewohnt, denen nach der Niederlage des Ariovist 58 v. Chr. Sueben folgen. Seit E. 1. Jh. n. Chr. von den Römern besetzt, wird der N. z. T. Grenzfluß des Limes und an seinen Ufern mit Befestigungsanlagen ausgestattet (Obergerm.-rät. Limes), im Unterlauf als Schiffahrtsstraße genutzt. Bis zur Eroberung durch die Alamannen 260 n. Chr. romanisiert (Einrichtung der *civitas Sumelocennensis* – Rottenburg, *civ. Alisinensis* – Wimpfen, *civ. Sueborum Nicretum*-Lopodunum-Ladenburg). W. Veeck Die Alamannen in Württbg. 1931. H. C.

Alfred Franke, RE XVII 173–178.

Nicetas. Bischof von Remesiana (Dacien), † nach 414, Freund des → Paulinus von Nola, der ihm carm. 17 als Propemptikon nach dem 1. Besuch (398) widmete und ihn in carm. 27 ein zweites Mal (402) in Nola begrüßte, wovon er epist. 29, 14 an → Sulpicius Severus berichtete. Gennadius 22 nennt N. als Vf. von: **1.** 6 B. zur Unterweisung für Taufbewerber. Erhalten sind Frg. vor allem des 3. (Trinitätslehre) und 5. B. (apost. Credo). **2.** Einer Bußpredigt an eine verführte Nonne, vielleicht erhalten in Ps. Ambr. *de lapsu Susannae* (hsl. Titel auch *de lapsu virginis consecratae* u. ä.). Weiter sind N. zuzuschreiben 2 Predigten über den Nutzen der Vigilfeiern *(De vigiliis* = Ps. Hier. epist. 31) und des Kirchengesangs *(De psalmodiae bono)*, kaum dagegen das *Te deum*. O. H.

Ta.: *A.E.Burn* N. of R., 1905. *I. Cazzaniga* Incerti auctoris De lapsu Susannae, 1948 (ergänzend *ders.* La tradizione manoscritta del De lapsu S., 1950). *Migne* PL Suppl. 3, 189–202. – Bibliogr.: *Altaner*^{7} 391. Clavis patrum lat.^{2} 646–652.

Nicives, Volk der prov. Africa Plin. nat. 5,30. Ptol. 4,3,21 setzt die *Νίσιβες* nahe bei den *Νατταβοῦτες*, unter den *Μισούλαμοι*. Ein Grenzstein der Z. Vespasians erwähnt die N. im *ager publicus* von Cirta (Constantine). S. LANCEL Libyca 3, 1955, 289. Später sind sie in der Gegend von M'sila, w. von dem oued Barika, mit *Nicivibus* (h. N'Gaous) als Hauptort S. GSELL Atl. arch. Alg. f^{e} 26 Bou-Taleb, nr 161. Im J. 411 ist ein Bischof *Nicivensis* PL 11,1338 bezeugt und im J. 581/82 ein Bischof *ec(c)l(e)s(ia)e Nicivensi(s)* MEFR 23,1903, 12. M. L.

J. Desanges Cat. trib. afr. Ant. class. 1962, 124.

Nicotera. Station an der Straße des Popilius in Bruttium (It. Ant. 106,2. 111,3), kaum mit Emporion (Strab. 6,256) ident.; h. Nicotera. G. R.

Nissen It. Ldk. 2,959f.

Nida (h. Heddernheim–Frankfurt), an der Nidda, einem Nebenfluß des Mains (CIL XIII 7263 und 64). Mit dem Chattenkrieg Domitians 83/84 n. Chr. wird die Wetterau durch eine Befestigungslinie gesichert und bei N. ein Erdlager (11 ha Fläche) angelegt (ORL 27,33). Reste von 7 Erdlagern wurden ausgegraben. Ein Steinkastell von rechteckiger Grundform (5 ha Fläche) mit Graben, Berme und 2 m starker Mauer wird nach dem Aufstand des L. Antonius Saturninus 88 n. Chr. an der O.-Seite um die Hälfte (2,10 ha) vergrößert. N. war Standort der *ala I Flavia Gemina*, nach der Erweiterung zusätzlich der *cohors IIII Vindelicorum* und der *cohors XXXII Voluntariorum*. Ziegel lieferten die örtlichen Zentralziegeleien und Rheinzabern. Nach Vorverlegung des Limes auf den Taunuskamm wurde die Garnison abgezogen *(ala I* verlegt nach Echzell*)*, das Lager aufgelassen.

Lagerdorf und Stadt. Ein *vicus canabarum* ist entlang der W.-Straße nachgewiesen (ein Teil der Siedlung als *novus vicus* benannt). Das Dorf mit Holzhäusern beherbergte große Töpfereien, die das Main-Wetteraugebiet belieferten. Eine Brandzerstörung suchte die Siedlung in hadrian. Z. heim.

Nach Auflassung des Lagers wird N. zum Vorort der *Civitas Taunensium*. Steinhäuser ersetzen unter Beibehaltung der Straßenführung die Holz- und Lehmbauten. Entlang den Hauptstraßen stehen 7 bis 10 m breite Häuser mit Laubengängen. Ein Forum, eine Badeanlage (W.-Thermen) sowie an der Nidda ein Theater, Hafen und Lagerhallen sind nachgewiesen. Einer ersten Befestigung der 2. Hälfte 2. Jh. (Graben und Holzpallisade) folgt eine Steinbefestigung des frühen 3. Jh. (8 Tore mit Flankierungstürmen). Sitz der Verwaltung der *Civitas* ist N. wichtiger Handels- und Kultort. Neben den röm. Göttern sind oriental. Kulte sehr verbreitet (4 Mithräen, Iuppiter Dolichenus, Deus Cosius und Isis). Mit dem Verlust des Limes wurde N. um 250 aufgelassen und zerfiel. H. C.

E. Linckenheld, RE XVII 183. – ORL B. II 3 Nr. 27.

Nieswurz s. Helleborus

Niger. 1. Cognomen (Spitzname, vgl. RE III A 1827), weitverbreitet, entweder als alleiniger Beiname (Q. → Caecilius N. Nr. 18) oder als Individualcognomen neben einem ererbten anderen (L. → Cornelius Lentulus N., Nr. 48 oder M. Valerius → Messalla N. Nr. 8). I. KAJANTO The Lat. Cognomina, Soc. sc. Fenn., Hnm. litt. 36,2, 1965, 64. 228. H. G. G.

2. N. Nach Plin. nat. 5,14 erreichte Suetonius Paulinus im J. 41/42, nachdem er über den Atlas und durch die Wüste gezogen war, *fluvium qui Ger vocatur*, wo er den ersten Negern begegnete. Iuba, FGrH 275 F 38, läßt im Rahmen einer Vermutung über die Nilquellen diesen Fluß im w. Mauretanien entspringen, schreibt ihm dann einen unterirdischen Lauf von 20 Tagen zu und läßt ihn wiederauftauchen *fonte illo quem Nigrim vocavere*, worauf er als Grenze zwischen Afrika und Aethiopien diene und schließlich in Meroe, vereinigt mit anderen Wasserläufen, den äg. Nil bilde; er nennt diesen Abschnitt seines Laufes *Astapus*. Nach Ptol. 4,6,13f., der über Marinos auf eine unbekannte Quelle zurückgeht, verbindet der *Γείρ* den Berg *Οὐσάργαλα* (Djebel Amur) mit der *φάραγξ Γαραμαντική* (Tassili-n-Ajjer: Garama ist die Oase Djermah, 675 km s. Tripolis) und bildet den See *Χελωνίς*, bevor er im Sand versickert, während der *Νιγείρ* das *Μάνδρον*-Gebirge (Hoher Atlas, von dem h. der Ghir kommt) mit dem Berg *Θάλα* (Ahaggar) verbindet u. den See *Νιγρῖτις* speist. Der Ger des Plinius entspricht dem Niger des Ptolemaios: es ist das Becken der Saura, ausgehend vom Tafilalet, in seinem n.w. Teil bis in die Nähe von Adrar und einem der vom Hoggar zu der Senke Tidikelt herabkommenden Flüsse, wo sich in ihrem s.w. Teil mehrere ausgetrocknete Seen befinden. Die Quelle Nigris bei Iuba, den Wasserlauf, der Afrika von Aethiopien trennt, kann man notfalls mit dem

Irharhar identifizieren, der vom Hoggar in n. Richtung herabkommt, sein Wasser vor dem Großen Östl. Erg mit dem vom Tassili-n-Ajjer kommenden Gewässer, dem Ge(i)r des Ptolemaios vereinigt und nach einem unterirdischen Lauf in der Senke von Tuggurt endet. Da die berber. Wurzel *gher* oder *ghir* jedes fließende Gewässer bezeichnet, so wie die Namen *Niger*, *Nigir*, *Nigris* und *Nil*, so ergibt sich einerseits, daß die Namensunterschiede zwischen Ptolemaios und Plinius sowie zwischen Ptolemaios und Iuba für dieselben Flußläufe ohne Bedeutung sind, und daß es andererseits unmöglich ist, auf der Grundlage so vager Angaben, bei denen wir zudem nicht wissen, was die autochthonen Informanten mit ihnen geben wollten, den Eigennamen eines Flusses oder den Gattungsnamen, diese Gewässer zu identifizieren oder genau zu lokalisieren. Was den Niger der modernen Karten betrifft, der von den Europäern erst im J. 1795 entdeckt worden ist, so ist er sicherlich in keinerlei der obigen Zeugnisse gemeint. F.L.

3. Niger Lapis s. Romulus

Nigidius Figulus, P. Röm. Naturforscher und Grammatiker der späten Republik. Verschiedene Hinweise seines Freundes und Zeitgenossen Cicero sowie verstreute Reflexe einer Biographie Suetons (vgl. die Test. bei [1], 134ff. FunGrRF 158ff. und [2], 9ff.) beleuchten die letzten 20 J. seines Lebens: Aus plebeischer Familie stammend, * um 100 v.Chr., begegnet er zuerst im J. 63 als Senator und Helfer Ciceros gegen die Catilinarier (Cic. Sull. 41f.; fam. 4,13,2); Praetor im J. 58 (ad Q. fr. 1,2,16), trifft er sich auf der Rückreise von einer Legation im Juli 51 mit Cicero in Ephesos (Tim. 1f.), kämpft im Bürgerkrieg auf Pompeius' Seite erst in Italien (Att. 7,24), dann bei Pharsalos (Lucan. 1,639ff.) und lebt dann in der Verbannung (vgl. Ciceros Trostbrief fam. 4,13 vom J. 46, in dem er seine Vermittlung bei Caesar verspricht; hypoth. [2], 37ff.), wo er 45 stirbt (Hier. chron. ol. 183,4); in einer postumen Ehrung läßt Cicero ihn im wenig später verfaßten Timaeus als Gesprächspartner auftreten.

Schriften: Ciceros Urteil, der N. Tim. 1 als Naturforscher würdigt, wird durch die erhaltenen Bruchstücke seiner literar. Produktion bestätigt, deren Schwergewicht auf naturwissenschaftlichem Gebiet liegt. Frg. sind überliefert aus: 1. *De diis* (wohl 20. B., das 19. bei Macr. Sat. 3,4,6); 2. *De hominum natura*; 3. *De animalibus*. Neben der Slg. antiquar. Details scheint in anderen Werken auch ihre Verwendbarkeit für die Mantik berücksichtigt zu sein; meteorolog. bzw. astronom. wie astrolog. waren wohl orientiert 4. *De ventis* und 5. *Sphaera* (zwei Teile: *Sphaera Graecanica* und *Barbarica*) mit Sternbildern, Sternsagen und der Bedeutung der Konstellationen für die Horoskopie. Eindeutig auf die Mantik bezogen sind 6. *De extis*; 7. *De augurio privato*; 8. *De somniis* (Lyd. ost. 45). Im gleichen Werk zitiert Lydus (ost. 27ff.) den vollständigen Text eines von N. übersetzten (und der polit. Situation der ausgehenden Republik angepaßten, vgl. A. PIGANIOL, Stud. ... A.C. Johnson 1951, 79ff.) etr. brontoskop. Kalenders.

Die Kombination antiquar. und grammat. Interessen, die in den wohl 30 B. (B. 29 Gell. 10,5) *Commentariorum grammaticorum* hervortreten, stellt N. neben Varro, mit dem er oft verglichen wird (Gell. 19,14. Serv. Aen. 10,175), doch hat fehlende Rücksicht auf den Leser (Gell. a.O. § 3. 17,7,5) seine Wirkung beeinträchtigt. Spuren seiner naturwiss. Arbeiten finden sich bei Plin. nat. und (über Cornelius Labeo) bei Arnobius, den Vergilscholiasten, Macrobius, der astrolog. bei Ampelius und in den Aratscholien, der grammat. bei Gellius und Nonius.

Das Interesse für mant. Praktiken brachte N. in den Ruf eines Okkultisten (Hier. chron. a.O. Apul. Apol. 42; zu ähnlichen Verdächtigungen seines Zirkels vgl. Schol. Bob. Cic. Vatin. 14. Ps. Cic. in Sall. 14) und praktizierenden Sehers (Suet. Aug. 94. Cass. Dio 45, 1. Lucan. a.O., dazu R.J. GETTY, TAPhA 1960, 310ff.). Den Zeitgenossen (Cic. Tim. 1) und der Nachwelt (Hier. chron. a.O.) galten er und sein Kreis (Sch. Bob. a.O.) als Pythagoreer, obwohl seine Lehren keine spezifisch pythagor. Züge aufweisen (vgl. [3], 47). Frg. FunGrRF 161ff. (Comment. gramm. u. Nr. 3. 6–7). [1], 65ff. P. L. Sch.

1. *A. Swoboda* P. N.F. operum reliquiae, 1889. 2. *A. della Casa*, N.F., 1962, dazu 3. *H. Thesleff*, Gn 1965, 44ff.

Niglaros (*νίγλαρος*, wohl urspr. »Pfiff«, auch *γίγγλαρος*, *γίγγρας* u.a.), ein meist einfach verwendeter Kleinaulos mit schrillem Ton. Er ist äg.-phöniz. Herkunft (*Γίγγρας* phöniz. Namen des Adonis) und begegnet im Griech. neben Poll. 4,76. 82f. und Athen. 4,174f–175b bes. bei der Charakterisierung des sog. »Neuen Stils« in der → Musik. U. K.

W. Vetter, RE XVII 212. *W.D. Anderson* Ethos and Education in Greek Music, 1966, 228f.

Nigrinos. 1. In Rom wohnender Platoniker d. 2. Jh., nur durch die Schrift N. des → Lukianos von Samosata bekannt. Dieser ironisiert das autoritäre Gehabe eines Schultyrannen, läßt aber keine Lehrentscheidung des N. erkennen. Auf jeden Fall ist die Frage berechtigt (dies gegen K. PRAECHTER Die Phil. des Alt. ^{6}1926, 547), ob Lukian den wahren Namen eines Platonikers zu N. verändert hat. Sollte mit Nigrinos (vgl. *niger*) der Platoniker → Albinos (vgl. *albus*) gemeint sein? Im übrigen ist von keinem Platoniker vor → Plotinos bekannt, daß er zu Rom gelehrt hätte. H. D.

2. Nigrinus s. Avidius 3. 4.

Nigritae. Zuerst von Ophelas (um 310 v.Chr., wenn ident. mit → Ophellas) als 30 Tagemärsche von → Lix (Artemid. bei Strab. 17,826 *Νιγρῖται*) wohnhaftes Volk erwähnt. Von ihm und von Strab. 17,826 (*Νιγρῆτες*) mit den → Pharusii verbunden, bezeichnet ihr Name im weiteren Sinne die Völker im Zentrum und im S. der Sahara. Im engeren Sinne bezieht Ptol. 4,6,16 (*Νιγρῖται Αἰθίοπες*) sie auf die Anwohner des Niger (Irharhar), die damals schon Tuaregs waren. F. L.

Nikagoras (*Νικαγόρας*). **1.** Tyrann von Zelea (Athen. 7,289 C). Er wurde nach der Schlacht am Granikos von Alexander d. Gr. beseitigt (vgl. Sylloge[3] 273). G. W.

Berve Alex. Nr. 551.

2. N., Messenier, Gastfreund der spart. Könige → Eudamidas II. (2) und → Archidamos V. (4), verriet 219 v. Chr. in Alexandreia den dorthin geflüchteten Spartanerkönig Kleomenes III. Pol. 5, 37f. Plut. Kleom. 35. Beloch GG 4,2,555f. H.V.

3. N., Paradoxograph (?) aus Cypern, zit. von Aristot. Frg. 248 R. für eine Erklärung der sommerlichen → Nilschwelle diesseits des Äquators durch die winterlichen Regengüsse bei den Antöken und von Kall. 1,335 Pf. für die Erwähnung des Steinsalzes unter dem Kition-See in Cypern. Zeit: zwischen 375 (Antipoden um 400 erdacht) und Aristoteles. F. L.

4. N. I. von Athen, Sohn des Mnesaios, Enkel → Minukianos' I., Vater Minukianos' II., stammt aus einer Familie, die sich von Plut. und dem Philosophen Sextus von Chaironeia herleitete (s. bei O. Schissel, Klio 21, 1927, 371 den Stammbaum). * um 175; um 230 war er Inhaber des kaiserl. Lehrstuhls für Rhet. in Athen, wo er bis 238 lebte. Nach einer eleusin. Inschr. und Philostr., dessen Freund er war, war er Herold bei den eleusin. Mysterien. Wahrscheinlich war er Anhänger der platon. Schule. Als Schriften werden Biographien berühmter Männer, eine *πεπλασμένη ὑπόθεσις* und eine Gesandtschaftsrede an Kaiser Philippus Arabs genannt. Himerios rühmt die *σεμνότης* seiner Schriften. Für N.' Stilverständnis ist bezeichnend, daß er die Tragödie die Mutter der Sophisten nennt. **5.** N. II. von Athen, Sohn Minukianos' II., Enkel N.' I. Aus zwei Inschr. (Sylloge, Suppl. 720f.) in den theban. Königsgräbern (Syringes), deren Besuch auf einer Reise nach Äg. ihm Kaiser Konstantin I. 326 ermöglichte, wissen wir, daß er Daduchos bei den eleusin. Mysterien und Anhänger der platon. Schule war. Um 340 heiratete der Sophist Himerios eine Tochter N.'. O. Dr.

Nikaia (*Νίκαια*). **1.** Myth.: Naiade, Tochter des phryg. Flußgottes → Sangarios und der Kybele, spröde Jägerin. Der abgewiesene Dionysos bemächtigt sich ihrer durch List, indem er die Quelle, aus der sie trinkt, in Wein verwandelt. Memn. von Herakleia FGrH 434,41 (III 357), poet. erweitert durch Nonn. Dion. 15,169–16,405: Sie gebiert → Telete und erhängt sich. Ihr zu Ehren gründet Dionysos die bithyn. Stadt N. (5). Seit dem 2. Jh. n. Chr. zeigen Mz. sie als Stadtgöttin. H.v.G.

2. Tochter des → Antipatros (1), 322 mit Perdikkas vermählt, nach dessen Tod mit Lysimachos, der nach N. das bithyn. Nikaia nannte. Diod. 18,23,3. Arr. succ. 21. Strab. 12,565. Steph. Byz. s. N. Ihre Kinder waren → Agathokles (5), → Eurydike (4), → Arsinoe I. (II 2). **3.** N. um 260 vermählt mit Alexandros, dem Sohn des Krateros und Statthalter des → Antigonos (2) Gonatas, herrschte mit ihm, als er 250 von Antigonos abfiel, über Euboia und Korinth und begünstigte Euphorion von Chalkis. Nach Alexanders Tod 245 behielt N. Korinth. Darauf vermählte Antigonos seinen Sohn → Demetrios II. (3) mit N., mußte sich aber trotzdem den Zugang zur Burg von Korinth erlisten. Liv. 35,26. Plut. Arat. 17. Polyain. 4,6,1. Suda s. *Εὐφορίων*. H. V.

4. N., Festung der Ostlokrer, zu Schiff 20 Stad. (ca. 3½ km), zu Lande 50 Stad. (ca. 9 km) ö. der Thermopylen an der Küste gelegen, Strab. 9,4,3 p. 246. 4,13 p. 428. Didym. Demosth. Philipp. 11, 28ff. Sch. Aischin. 2,132, etwa beim h. Molo. Im 5. Jh. v. Chr. bestand N. noch nicht, erste Erwähnung im 3. Heiligen Krieg als von den Phokern besetzt, Aischin. 2,132ff. Memnon Phot. bibl. 234a 11ff., dann an Philipp II. übergeben, Diod. 16,59, 2ff. Aischin. 2,138, Demosth. 6,22. 11,4, und 339 v. Chr. vorübergehend von den Thebanern besetzt, Didym. a. O. 198 v. Chr. fanden bei N. die Verhandlungen zwischen Philipp V. und den Römern statt, Pol. 18 (17), 1,5ff. 7,7ff. Liv. 32,32,9ff. 35, 2ff. Spätere Ereignisse aus der Gesch. von N. sind nicht bekannt. E. M.

W. Oldfather, RE XVII 222ff. (5).

5. N., Stadt in dem später an → Bithyn. angeschlossenen Teil des hellespont. → Phrygien am O.-Ufer der Askania Limne; großartige Panorama-Aufnahme bei Schneider–Karnapp, Stadtmauer. Der ant. Name lebt bis h. in der modernen Form Iznik fort. Im Abendland ist als Folge des »Konzils von Nicaea« im J. 325 die lat. Namensform lebendiger als die griech. geblieben.

Die günstige Verkehrslage an einer der in das Innere Kleinasiens führenden Hauptstraßen hat sicherlich schon in früher Z. zu menschlicher Besiedlung verlockt. Da bisher keinerlei systemat. Ausgrabungen stattgefunden haben, ist über die frühen Besiedlungsformen nichts bekannt außer dem Namen *Ἑλικόρη* bzw. *Ἀγκώρη* (Steph. Byz. s. Nikaia); die Umbenennung durch → Antigonos (1) in Antigoneia war nicht von langer Dauer; denn bereits unter → Lysimachos (1) erhielt die Stadt wohl im J. 301 von ihm ihren endgültigen Namen zu Ehren seiner ersten Gemahlin Nikaia, T. des → Antipatros. Von einer ant. Monographie des → Menekrates (5) über N. ist leider nur aus der Sagengeschichte ein Frg. bei Plut. Theseus 26 (FGrH III C 701) erhalten geblieben.

Bei der Ausdehnung der bithyn. Macht über die bithyn. Halbinsel hinaus lag natürlich N. in begehrenswerter Nähe. Seit etwa 280 v. Chr. gehörte N. zu der aufstrebenden jungen Macht, wurde aber zugunsten von Nikomedeia nicht Hauptstadt des Reiches, sondern ihr ständiger Rivale. Nur wenige Nachrichten über die Gesch. von N. in bithyn. Z. sind erhalten geblieben; wie Nikomedeia wurde die Stadt in die Wirren der Mithradat. Kriege hineingezogen, hatte aber weniger zu leiden. Bei dem Anschluß von Bithynien an Rom durch das Testament von Nikomedes IV. Philopator im J. 74 v. Chr. blieb die Rivalin Nikomedeia als Sitz des röm. Proconsuls wieder siegreich, wenn N. auch im J. 29 v. Chr. durch Augustus mit einem Temenos für die Göttin Roma und Iulius Caesar ausgezeichnet wurde. Interessante Einzelheiten der Stadtgeschichte und ihrer sozialen Verhältnisse verdanken wir der Rede 39 von → Dion Chrys., in der er den Bürgern der Stadt eindringlich den Nutzen der Eintracht vor Augen führt. Auch aus dem Briefwechsel zwischen → Plinius d. J. und → Traianus zeigt sich, daß es ebenso wie bei den meisten anderen Städten Bithyniens in N. mit den städt. Finanzen schlecht bestellt war.

Erdbeben, Plünderungen (erstmals durch die Goten im J. 258 n. Chr.) haben die Entwicklung von N. immer wieder gehemmt, von deren Bedeutung in ant. Z. noch h. der stolze, allerdings im wesentlichen in frühbyz. Z. gehörende Mauerring kündet, neben dem Theodosiuswall von → Constantinopel eines der eindrucksvollsten spätant. Denkmäler in Kleinasien. Durch das D. Archäolog. Inst. in Istanbul geförderte Unt.en haben sich speziell mit der Stadtmauer sowie ihren Anlagen beschäftigt und zu ausgezeichneten Ergebnissen geführt. Leider kam es infolge des Kriegsausbruches nicht mehr zu den ebenfalls geplanten systemat. Grabungen.

Berühmt wurde und blieb N. durch die erste Reichssynode von 325, einberufen und am 20. Mai durch den dem Christentum wohlwollend gegenüberstehenden Kaiser → Constantinus I. eröffnet. Ergebnis dieses Konzils war das Nicaenische Symbol, notwendig geworden als Glaubensbekenntnis gegen Arius und dessen Christologie. Ein später Triumph war N. gegen die Rivalin Nikomedeia beschieden, als es unter den Laskariden von 1204–1261 seine größte Blütezeit als Sitz der hierher »mit den staatserhaltenden byz. Kräften« von Konstantinopel ausgewichenen »Kaiser von Nikaia« wurde und Theodoros I. ebenso wie seine Nachfolger in N. die Organisation des neuen byz. Staates vorbereitete. F. K. D.

A. M. Schneider u. W. Karnapp Die Stadtmauer von Iznik (Nicaea) = Ist. Forsch. 9, 1938. *A. M. Schneider* Die röm. u. byz. Denkmäler von Iznik-Nicaea = Ist. Forsch. 16. 1943. *Katharina Otto-Dorn* Das islam. Iznik = Ist. Forsch. 13, 1941 (mit einem quellenkundlichen Beitrag von R. Anhegger).

Inschr.: s. Zusammenstellung RE XVII 266ff. *Schneider* a. O. 22–37. Edit. in den TAM durch *F. K. Dörner* in Vorbereitung.

Münzen: *Waddington-Babelon-Reinach*, Recueil I 3 (Paris 1910). SNG Deutschland, Slg. von Aulock 1,531 bis

735 (Bln. 1957) u. SNG Danish Nat. Mus. 18, 465–544 (Kopenh. 1944).

6. N., Stadt, von der aus Alexander Gesandte an Taxiles schickte (Arr. an. 4,22,6). N. befand sich im Gebiete zwischen den Parapamisaden und dem Kophen. Eine nähere Lokalisierung – man dachte an Kābul, die Gegend w. von Jalālābād oder am Alingar, Begrām oder Nichaigram – ist nicht möglich. F. F. S.

O. *Stein*, RE XVII 243.

Nikainetos (*Νικαίνετος*). N. aus Samos oder Abdera (Athen, 13,590b; nur Abdera Steph. Byz. *Ἄβδηρα; ἐπιχώριος* in Samos Athen. 15, 673b), Dichter. Werke: *Γυναικῶν κατάλογος* (Athen. 13,590b; keine Frg.). *Λύρκος*, neben dem *Καῦνος* des Apoll. Rhod. Vorlage für Parthen. Narr. amat. 1; ebd. 11 führt Parthen. 10 Hexameter an, die von der Liebe des Kaunos zu seiner Schwester Byblis handeln. *Ἐπιγράμματα* (Athen. 15,673b), von Meleagros berücksichtigt (Anth. Pal. 4,1,29). Von den 5 erhaltenen (Gow and Page Greek Anthol., Hellenist. Epigr.) ist 6,225 von Apoll. Rhod., 7,502 von Asklepiades beeinflußt. N. lebte danach wohl in der 2. Hälfte des 3. Jhr. v. Chr. R. K.

Nikandros (*Νίκανδρος*). **1.** Spart. König aus dem Eurypontidenhause, Sohn des → Charillos, Vater des Theopompos, regierte angeblich 38 J. (810–772 v. Chr.), bekämpfte Argos. Hdt. 8,131,2. Diod. 7,8,2. Paus. 2,36,4. 3,7,4f. P. Poralla Prosopogr. d. Laked. 1913, 152f. **2.** Sohn des Bittos aus Trichonion, Aitoler, Römerfeind, 194 Hipparch, IG IX^2 1,187, drängte 193 vergebens Philipp V. zum Krieg gegen Rom. → Antiochos III. (4) versprach ihm 191 Geld und Hilfe. Beim Rückweg von Makedonen gefangen, wurde N. von dem mit Rom verbündeten Philipp gnädig entlassen. Pol. 20,10f. Liv. 36,29. Als aitol. Bundesstratege 190/89 eroberte N. Amphilochia, Aperantia und Dolopia. Pol. 21,25,3ff. Liv. 38,1,4. IG IX^2 1,97. Das von M. Fulvius Nobilior belagerte Ambrakia konnte er nicht entsetzen. Pol. 21,27,7ff. Liv. 38, 4f. Daher schloß er in Rom Frieden. Pol. 21,30, 15. Aitol. Bundesstratege 184/83 und 177/76, IG IX^2 1,33. SGDI 1855. 1869. 2027. 2058; 178 Hieromnemon in Delphoi, $Sylloge^3$ 636,16f. Als Verbündeter des Perseus 170/69 in Rom inhaftiert, starb N. dort. Pol. 20,11,9f. H. V.

3. N., Sohn des Anaxagoras, aus Kolophon, ep. Dichter, erhielt die Proxenie in Delphoi unter dem Archontat des → Nikodamos 258/57 v. Chr. ($Sylloge^3$ 452). Welche der N. 4 zugeschriebenen Werke etwa ihm gehören, ist unsicher. **4.** N., Sohn des Damaios, aus Kolophon, Vf. von Lehrgedichten. Die Angaben über seine Zeit (FGrH 271/72; Gow 3f.) widersprechen sich, setzen ihn teils unter Ptolemaios II. (284–246), teils unter Ptolemaios V. (205–180), teils unter Attalos III. (138–133). Einem Attalos widmete N. ein Gedicht (frg. 104); für Attalos III. sprechen nicht nur die

18ff., A. HEUBECK, G 71, 1964, 67. Über Athene-N. vgl. Eur. Ion 457. Paus. 1,42,4 u. a. – Die Beflügelung der N. ist auf die Möglichkeit, rasch und unvermutet da (und wieder weg) zu sein (vgl. Hypnos, Thanatos, Hermes, Iris) zurückzuführen (vgl. R. KEKULÉ Die Balustrade des Tempels der Athena-N. in Athen, 1869, 3). – Zum Verhältnis von N. und Victoria s. d. W. P.

2. N. (*Νίκη*), kleine Stadt in Thrakien nahe bei → Hadrianopolis. Im Itin. Hieros. 569 *mansio Nicae*, bei Hilar. frg. 8,5 (MIGNE PL 10, p. 702) *Mansionis Niceae quae antehac Ustodizo vocabatur* etc., Prok. aed. 4,2 nennt N. mit dem altthrak. Namen *Ostudizo(n)*; h. Hafsa etwa 20 km s. ö. von Hadrianopolis. In N. wurde Ostudizo(n) umbenannt anläßlich des Sieges Constantins über Licinius bei Hadrianopolis im J. 324. Chr. D.

Oberhummer, RE XVII 283–285. *V. Velkov* D. Stadt im spätantiken Thrakien und Dakien des 4.–6. Jahrhunderts (bulg.) 97.

3. N. in der Kunst (vgl. → Victoria). In der bildenden Kunst ist N. eine weibliche Gestalt, meist geflügelt und in langem Gewand. Als Attribute hält sie den Siegespreis (Kranz, Binde, Zweig, seit 4. Jh. auch den Palmzweig) oder ein Siegeszeichen (Helm, Schild, Tropaion), als Helferin beim Opfer der Götter auch Phiale, Thymiaterion, Opferkorb, Fackel. Nach pergamen. Tradition (Sch. Aristoph. Av. 574) hat zuerst → Archermos N. geflügelt gebildet (ob es vorher Bilder der ungeflügelten N. gab, ist ungewiß), → Aglaophon sie zuerst geflügelt gemalt. Der Typus des Archermos (N. mit vier Sichelflügeln, Diadem im Haar, langem Gewand, wohl geflügelten Schuhen, in eiliger Bewegung. [1], T. 2,7. HBArch III/1 T. 7,4) hat bis ans E. der archaischen Z. nachgewirkt ([6], 59f.). Einige spätarchaische Vasenbilder geben N. freier ([6] a. O.). Auf großgriech. Münzen ([3] T. 2f.) fliegt N. auf Gespann oder Wagenlenker zu, sie zu bekränzen. In der att. Vasenmalerei begegnet N. seit vor 500 v. Chr. stehend oder schwebend, im Kreis der Götter oder den Menschen Sieg kündend. Im 5. Jh. wird N. zuerst mit dem Tropaion (BEAZLEY Attic Red-Fig. Vase-Painters² (1963) 857,2), die Stiere zum Opfer führend oder sie opfernd dargestellt ([5. 7]); damals auch kommen zuerst mehrere N. nebeneinander vor (vgl. Eros: Eroten). Bilder ungeflügelter N. sind immer selten (z. B. BEAZLEY a. O. 977,1: Argosmaler). Auf die Folgezeit haben neben den N. mit Stieren der Nikebalustrade in Athen (E. 5. Jh. v. Chr. [5]. R. LULLIES (-M. HIRMER) Griech. Plastik 1956 T. 187/89) zwei Schöpfungen des 5. Jh. bes. stark gewirkt: die N. auf der Hand der Athena Parthenos des → Pheidias (und die N. auf der Hand seines Zeus in Olympia), in Peplos und Mantel, fest auf den Füßen stehend (W.-H. SCHUCHHARDT, in: Ant. Plastik hsg. v. Schuchhardt II (1963) T. 31), und die N. des → Paionios von Mende, in Olympia, in lebhafter Flugbewegung, das Gewand eng an den Körper angepreßt, während der Adler des Zeus unter ihren Füßen durchfliegt ([1], T. 5. [4], 463 Abb. 601). Diese Themen werden im 4. Jh. weiterentwickelt. Unter den erhaltenen Denkmälern bringt erst der Hellenismus mit der monumentalen N. von Samothrake, von rhod. Bildhauern im frühen 2. Jh. v. Chr. geschaffen, eine überzeugende Verbindung des festen Standes der Pheidias-N. mit der Flugbewegung der Paionios-N. ([4], 467 Abb. 604. K. LEHMANN Samothrace 1960, 20 Abb. 6). Daneben ist vor allem die N. vom Großen Fries aus Pergamon zu nennen (H. KÄHLER Pergamon 1949 T. 9). Die jüngere N. von Samothrake (LEHMANN a. O. 91 Abb. 46) ist demgegenüber schon wieder stärker beruhigt. Die Linie setzt sich über die → Victoria Romana bis in die Engelbilder der chr. Kunst fort (TH. KLAUSER, RACh 5, 1962, 305ff.). W. H. G.

1. *F. Studniczka* D. Siegesgöttin 1898. 2. *H. Bulle*, Myth. Lex. III 305ff. 3. *A. R. Bellinger – M. A. Berlingcourt* Victory as a Coin Type 1962. 4. *W. Fuchs* Enc. Arte Ant. V (1963) 461ff. 5. *N. Kunisch* D. stiertötende N. (Diss. München 1961/64). 6. *F. W. Hamdorf* Griech. Kultpersonifikationen 1964, 58ff. 7. *A. H. Borbein* Campanareliefs (JDAI Erg.-H. 14, 1958) 43ff.

Nikephorion, eine von Alexander d. Gr. (Plin. nat. 6,119) oder Seleukos I. (App. Syr. 298) gegründete Stadt, etwa 1 km n. des Euphrat, ö. der Mündung des Balikh in den Strom, beim h. Raqqa. Unter Gallienus (260–268 n. Chr.) offenbar in *Καλλίνικος* umbenannt (vgl. [2]), wurde die im 4. Jh. wirtschafts- und militärpolit. bedeutsame Stadt (Amm. 23,3,7) von dem Sassanidenkönig Chosroes I. 540 total zerstört (Prok. b. Pers. 2,21,30–32). Von Iustinianus als Grenzfeste wiederhergestellt (Prok. de aedif. 2,7,1), ging sie um 640 endgültig dem oström. Reich an die Araber verloren. E. O.

1. *E. F. Weidner*, RE XVII 309f. Nr. 2. 2. *V. Tscherikower*, Philol. Suppl. 19,1 (1927) 86f. 3. »Les Guides Bleus« Moyen-Orient 270f.

Nikephorios, aller Wahrscheinlichkeit nach der h. Farkinsuyu, der rechte Nebenfluß des von N. her in den → Tigris (h. Dicle) mündenden Parthenias (h. Batmansuyu) in Armenien. An ihm lag beim h. Mayafarikin das ant. → Tigranokerta (Tac. ann. 15,4,2; vgl. [2]). Seine Identität mit dem bei Plin. nat. 6,129 erwähnten *Nicephorio* ist wahrscheinlich. E. O.

1. *E. F. Weidner*, RE XVII 310. 2. *C. F. Lehmann-Haupt*, ebd. VI A 981ff.

Nikeratos (*Νικήρατος*). **1.** Sohn des → Nikias (1), sehr gebildet (wußte alle Gesänge Homers auswendig, Xen. symp. 3,5. 4,6. Plat. Lach. 200 cd), Trierarch 410/09, IG I² 304,36, vielleicht Stratege, Sch. Aristoph. Equ. 358; I. KIRCHNER, H 31, 1896, 255, von den Dreißig 404 getötet, hinterließ, obwohl reich, nur 14 Talente. Xen. hell. 2,3,39. Lys. 18,6f. 10. 19,47. Diod. 14,5,5. Plut. mor. 998 b. H. V.

2. N. Sohn des Euktemon, von Athen. Der Bronzebildhauer, tätig wohl um 250 – frühes 2. Jh. v. Chr., arbeitete vornehmlich für Pergamon. Man zeigte später Werke von ihm in Rom und Delos, doch ist bisher nichts davon in Kopien nachweisbar, sein Stil daher unkenntlich. Tatian. c. Graec. 52f. p. 114f. WROTH. Plin. nat. 34,80. 88. Signaturen: [5]. W. H. G.

1. *A. Schober*, JOEAI 31, 1939, 142ff.; 32, 1940, Beibl. 73ff. 2. *B. Schweitzer*, AA 1939, 405ff. 3. *Ch. Picard*, REG 56, 1943, 206ff. 4. *Lippold*, HBArch III/1,320. 5. *J. Marcadé* Rec. des signat. de sculpt. Grecs II 79ff. 6. *E. Berger* Lex. d. Alten Welt 2089.

Nikesias (*Νικεσίας*). Griech. Höfling der Umgebung Alexanders d. Gr. Außer 2 auf göttliche Verehrung des Königs hinweisenden Aussprüchen (Athen. 6,249 D und 251 C nach Phylarchos und Hegesandros) ist von ihm nichts bekannt. G. W.

Niketes. 1. Griech. z. Z. des Augustus in Rom bekannter asian. Rhetor (über seinen Stil s. Sen. suas. 3,6). **2.** N., asian. Rhetor aus Smyrna, der als eigentlicher Begründer der 2. Sophistik gilt. Seine Akme ist z. Z. Neros anzusetzen. Er wirkte in seiner Heimatstadt auch als Advokat. Nach Philostr. vit. soph. 1,19, unserer Hauptquelle über N.' Leben und Wirken, bediente er sich in den Gerichtsreden auch der Stilmittel der Schulreden und umgekehrt. Seine Sprachgewalt half ihm auch in einer Gerichtsrede in eigener Sache. Seine Diktion erschien wohl nicht nur Philostr. als *ὑπόβαγχος* und *διθυραμβώδης*; jedenfalls hielt es → Herakleides (21), ein Sophist späterer Z., für angebracht, N.' Reden in »gereinigter« Gestalt herauszugeben, *ἠγνόησε δὲ ἀκροθίνια Πυγμαῖα κολοσσῷ ἐφαρμόζων* (Philostr. a.O.). N.' Schüler war → Skopelianos. N. ist wohl gleichzusetzen dem N. Sacerdos, den Tac. dial. 15 erwähnt und den Plin. epist. 6,6,3 als einen seiner Lehrer nennt. Das Anth. Pal. 10,23 an einen Rhetor N. gerichtete Epigr. scheint ihn ebenfalls zu meinen. O. Dr.

Nikiades s. Nikides

Nikias (*Νικίας*). **1.** Sohn des Nikeratos aus dem Demos Kydantidai. IG I² 302, 19. 324,20. Silberbergwerksbesitzer, Anhänger des Perikles und Fortsetzer seiner Politik, Xen. vect. 4,14. Plut. Nik. 2,2. 4. S. LAUFFER Die Bergwerkssklaven von Laureion 1956, 48. 77f. 80,4. * vor 469, eroberte N. als Stratege 427 die Insel Minoa bei Megara, siegte 426 über die Tanagräer und war an der Reinigung von Delos beteiligt. Thuk. 3,51. 91. Plut. Nik. 3. Von dem Rivalen Kleon angegriffen, überließ er als Stratege 425/24 ihm die Einnahme von Sphakteria, schlug die Korinther bei Solygeia und besetzte die Insel Kythera. Thuk. 4,28. 42ff. 53f. Plut. Nik. 8. SEG 21,75. Durch Laches bewog er 423 die Athener zum einjähr. Waffenstillstand mit Sparta. Thuk. 4,118f. H. BENGTSON Die Staatsverträge des Alt. 2, 1962, 105. Wieder Stratege 424/23 eroberte er Mende in Thrakien und brachte den Makedonenkönig Perdikkas II. zum Anschluß an Athen. Thuk. 4,129ff. SEG 10,86. BENGTSON 109. Nach dem Tode Kleons setzte N. April 421 den nach ihm benannten 50jährigen Frieden mit Sparta durch. Thuk. 5,18. Plut. Nik. 9,8 (*τὴν εἰρήνην Νικίειον*); Alk. 14,2. BENGTSON 115. Seine Einhaltung war schwierig. N. meinte durch ein 50jähr. Defensivbündnis mit Sparta den status quo mit der att. Seeherrschaft zu vereinbaren. BENGTSON 120. Aber → Alkibiades (2) veranlaßte ein Bündnis Athens mit Argos, Mantineia und Elis. Als diese Politik 418 scheiterte, wollte → Hyperbolos den Gegensatz zwischen N. und Alkibiades durch Ostrakismos entscheiden, wurde aber 417 durch ein Zweckbündnis der beiden verbannt. Thuk. 8,73. Plut. Nik. 11; Alk. 13. Als Stratege 416/15 warnte N. vergebens vor dem sizil. Plan des Alkibiades, er wollte den Besitzstand bewahren. Thuk. 6,9,3 (*τὰ ὑπάρχοντα σῴζειν* vgl. Plut. Per. 21,1). Seine Bedenken führten nur zu größeren Rüstungen, N., Alkibiades und Lamachos wurden *στρατηγοὶ αὐτοκράτορες*. Thuk. 6,8,2. In Sizilien wollte N. nur → Segesta helfen, aber seine Kollegen widersprachen der Begrenzung des Unternehmens. Thuk. 6,47. Nach Abberufung des Alkibiades eroberte N. 414 Epipolai, konnte aber, nach dem Tod des Lamachos allein Oberbefehlshaber, Syrakus nicht völlig einschließen. Dessen Widerstand wuchs durch → Gylippos. → Demosthenes (1), der 413 mit einer Hilfsflotte eintraf (SEG 21,77), riet zum Abzug, aber N. zögerte aus Angst vor der athen. Volksjustiz und verschob, der Mantik ergeben, wegen der Mondfinsternis (27. Aug. 413) den Abmarsch um 27 Tage. Nach Verlust der Flotte ergab sich N. mit dem Restheer auf dem Rückzug am → Asinaros (8. Okt. 413) und wurde in Syrakus hingerichtet. Thuk. 7,86, dazu H. D. WESTLAKE, CQ 35, 1941, 58ff. Plut. Nik. 27ff. M. TREU, Hist. 5, 1956, 421. H. WENTKER Sizilien und Athen 1956, 111,462. 182,498. **2.** N., reicher Athener, unter den Dreißig nach Verlust des Bürgerrechts verfolgt, klagte 403 seinen Vetter Euthynus wegen eines Depositums an. Isokr. 21. **3.** K., Tyrann von Kos, von Antonius eingesetzt, 41/40–31 v. Chr., ident. mit → Curtius (I 8) N., als »Sohn des Volkes«, *φιλόπατρις* und Heros geehrt, doch wurde später sein Grab geschändet. Strab. 14,658. Ail. var. 1,29. Anth. Pal. 9,81. Inschr. und Mz. in der Monographie von R. HERZOG, HZ 125, 1922, 190ff. 208,2. 3. H. V.

4. N., Sklave und Verwalter des Ptolemaios von Kypros, nach dessen Tod er sich bei der Übergabe der Hinterlassenschaft an die Römer so bewährte, daß M. → Cato (10) seine Freilassung durchsetzte (wohl unter dem Namen N. Cyprius Porcianus). Plut. Cato min. 39,2. **5.** N., aus dem Gefolge des Pyrrhos, zu dessen Vergiftung er sich den Consuln des J. 278 (C. Fabricius und Q. Aemilius) anbot. So Gell. 3,8,5ff. (Claud. Quadrig.

HRR frg. 40f.). Amm. 30,1,22. Zon. 8,5; bei Ail. var. hist. 12,33 (Liv. 42,47,6) wird dagegen der Arzt Kineas genannt. Vgl. MÜNZER, RE VI 1935f. D. KIENAST, RE XXIV 148. H. G. G.

6. N., Arzt und Dichter, Milesier, Freund Theokrits, der Id. 11 und 13 an ihn richtete, 28 an seine Frau Theugenis, und Epigr. 8 für ihn schrieb. Id. 11 beantwortete N. mit einem Gedicht, dessen Anf. in Sch. Id. 11 erhalten ist. Nach diesem Sch. war N. Mitschüler des → Erasistratos. Von seinen Epigrammen sind 8 vierzeilige im Meleagerkranz (Anth. Pal. 4,1,19) erhalten, meist inschr. Weihepigr., z.T. von → Anyte beeinflußt. Diese sowie das Frühlingsgedicht 9,564 verraten gutes handwerkliches Können. R. K.

Gow and *Page* Greek Anthology, Hellenist. Epigrams, 1965.

7. N., griech. Grammatiker, Homer-Erklärer. Zit. (ohne Angabe eines Titels) bei → Herodianos (1) beziehen sich ausschließlich auf Prosodie, im Sch. Hom. Od. 23, 218 wird er auch zu Echtheitsfragen angeführt. Möglicherweise ist er ident. mit → Curtius (I 8) N. aus Kos. H. Gä.

Frg : *R. Berndt*, BPhW 30, 1910, 508ff. 540ff.
Lit.: BursJb. 188,69ff. *R. Berndt*, BPhW 35, 1915, 955ff. *J. Tolkien* Philol. Streifzüge, Lpz. 1916, 8ff. 10ff.

8. N., Attischer Vasenmaler, Ende 5. Jahrh. v. Chr., genannt nach der Signatur auf dem Glokkenkrater London BrMus. 98. 7–16. 6: *Νικίας Ἑρμοκλέους Ἀναφλύστιος*. BEAZLEY schreibt ihm 37 Gefäße, überwiegend Glockenkratere zu. Die Thematik ist eng, vor allem Gelage, Komos, Kultszenen; Mythen, auch als Theaterszenen dargestellt, sind selten. Der Zeichenstil, anf. elegant, wird lockerer bis zur Karikatur und schlampig. H. Ma.

9. N. von Athen, Maler. Der Enkelschüler des → Euphranor wirkte in der 2. Hälfte 4. Jh. v. Chr. vor allem in Athen. Praxiteles soll diejenigen eigenen Werke am meisten geschätzt haben, die N. bemalt hatte (Plin. nat. 35,133). Gegen E. seines Lebens war N. wohlhabend genug, ein sehr hohes Gebot Ptolemaios' I. für seine Nekyia auszuschlagen (Plin. nat. 35,132. Plut. mor. 1093 E). N. war einer der berühmtesten Maler der Ant., der bedeutendste des 4. Jh. neben → Apelles. Er galt als arbeitswütig (Plut. mor. 786B/C. 1093 E. Stob. 29,85. Ail. var. 3,31). N. schuf (Plin. nat. 35, 131ff. 27. Paus. 1,29,15. 3,19,4. 7,22,6. Anth. Pal. 9,792) Bilder von Göttern (bes. gerühmt Göttinnen und Heroinen), Heroen und Alexander, eine Nekyia, Grabgemälde, Tierbilder. N. erstrebte plast. Wirkung der Gestalten durch bes. Sorgfalt in der Licht- und Schattengebung, soll auch zuerst die aus gebranntem Bleiweiß gewonnene *usta* verwandt haben (Plin. nat. 35,38. 131). Er hielt die Wahl des Bildthemas für entscheidend, setzte sich für »große« Stoffe ein und warnte vor *κατακερματίζειν τὴν τέχνην εἰς μικρά* (Demetr. de elocut. 76). Zwei seiner Bilder, Perseus/Andromeda und Io, glaubt man in röm. Kopien nachweisen zu können, doch ist der Weg noch weit zu einer Kenntnis des Stiles des N. W. H. G.

1. *Pfuhl* 751ff. 2. *L. Curtius* D. Wandmalerei Pompejis (1929. Ndr. 1960) 255ff. 3. *B. Neutsch* D. Maler N. v. Athen 1940. 4. *Becatti* Enc. Arte Ant. V (1963) 476ff. 5. *C. Krause* Lex. d. Alten Welt 2089f.

Nikides (*Νικίδης*). Athener aus dem Demos Melite, neben Alkibiades u. Meletos (1) Hauptangeklagter im Mysterienprozeß. Er wurde in Abwesenheit zum Tode verurteilt, sein Vermögen wurde verkauft. Durch eine 1937 gefundene Inschr. wissen wir, daß N., nicht Nikiades (so And. 1,12f.), der richtige Name ist. O. Dr.

1. SEG XIII,12ff. 2. *B. D. Meritt*, Hesp. 8, 1939, 69ff. 3. *W. K. Pritchett*, Hesp. 22, 1953, 230,5 u.ö.

Nikippos (*Νίκιππος*). Messenier, oligarch. Parteiführer und Ephore, setzte 220 v. Chr., als Philipp V. Messenien für den Bundesgenossenkrieg gegen die Aitoler zu gewinnen suchte, mit seinen Anhängern gegen die Volksmehrheit die Neutralität Messeniens durch, nach Pol. 4,31,2ff. 32,1. 36,8 in kurzsichtig-egoistischer Politik. H.V.

Nikiu. Seit 257 v. Chr. (in den Zenonpap.) belegte Metropole des Gaues Prosopites (4. u.ä.) auf dem Wege von Alexandreia nach → Memphis auf dem O.-Ufer des kanop. Nilarms. Die genaue Identifikation ist noch nicht möglich; kopt.-arab. Skalen setzen es einem Pschati gleich, dem h. Ibschadi, ca. 16 km n. Menuf. DARESSYS Ansatz auf dem Kom Razin gegenüber dem alten Terenuthis wird von KEES, RE XVII 343, bezweifelt. N. war bis 700 n. Chr. wichtiger Bischofssitz und spielte eine gewisse Rolle bei den letzten Kämpfen der Byzantiner gegen die Araber 641 n. Chr. W. H.

Nikochares (*Νικοχάρης*). Komödiendichter, Sohn jenes Philonides, der für Aristoph. u.a. dessen »Wespen« und »Frösche« einstudierte. N. führte 388 seine *Λάκωνες* auf (Hypoth. Aristoph. Plut.) und um dieselbe Zeit die *Γαλάτεια* (Parodie auf Philoxenos wie Aristoph. Plut. 290ff.). 10 Titel, alle bis auf 2 mytholog., also im Charakter der Mittleren Komödie, 21 Frg. W. K.

Nikodamas (*Νικοδάμας*). Ein → Pygmäe, Gemahl der schönen Oinoe, die Artemis und Hera Verehrung versagte und zur Strafe in einen Kranich verwandelt wurde. Anton. Lib. 16. Bei Athen. 9,393e heißt sie → Gerana und gebiert die Landschildkröte. Aition der angeblichen Feindschaft zwischen Kranichen und Pygmäen (Hom. Il. 3,3ff. Françoisvase). H. v. G.

Nikodamos (*Νικόδαμος*). Aitoler, kam 189 v. Chr. mit 500 Reitern in das von M. Fulvius Nobilior belagerte Ambrakia, ohne infolge des Versagens des aitol. Strategen → Nikandros (2) wirksam zu helfen. Liv. 38,5,6. 8. 6,5. H. V.

Nikodemos (*Νικόδημος*). **1.** Aus Aphidna, Freund des Meidias und Eubulos, Gegner des Demosthenes, von → Aristarchos (3) 354 ermordet. Aischin. 1,172. 2,148. 166. Demosth. 21,107.

FGrH 338 F 12. Deinarch. 1,30. 47. **2.** N., aus Elis, 187/86 von Philopoimen nach Rom gesandt, um die achaiische Politik gegen Sparta zu rechtfertigen, kehrte 185 nach Megalopolis zur ach. Bundesversammlung zurück. Pol. 22,3,4. 7,5. H.V.

3. N. aus Herakleia, Vf. von zweizeiligen Epigrammen, die sich auch rückwärts lesen lassen (Anth. Pal. 6,314–320; 9,53?). Wohl 1. oder 2. Jh. n. Chr. R. K.

4. N., an 3 Stellen des Joh.-Evg. (3,1 ff. 7,50 ff. 19,39) genanntes pharisäisches Mitglied des Synhedrions. Ob sich hinter dem Namen N. eine hist. Gestalt verbirgt, ist ungewiß. Für Joh. repräsentiert N. vermutlich einen Typus des Juden, der von dem der Jesus hassenden und ihn verfolgenden Juden zu unterscheiden ist. Eine Identität zwischen dem johanneischen N. und dem in rabb. Lit. bezeugten Naq'dom ben Gorjon (um 70 n. Chr. in Jerusalem) besteht schwerlich. Kl. W.

R. Bultmann Das Evg. des Joh.[18], 1964, 93 ff. *Strack-Billerbeck* Komm. zum NT. aus Talmud und Midrasch 2, [2]1956, 412 ff.

Nikodemosevangelium heißt eine in zwei griech. Rezensionen und in lat., kopt., syr. und armen. Übers. erhaltene chr. Schrift aus dem Anf. 5. Jh., die auch unter dem Namen »Pilatusakten« bekannt ist. Die Schrift – sie heißt N. auf Grund einer Notiz in ihrem 2. Prolog, Nikodemos habe sie urspr. hebr. verfaßt – enthält zwei sehr verschiedene Teile: der eine beschreibt in Anlehnung an die kanon. Evangelien, durch apokalypt. Gut ergänzt, den Prozeß Jesu vor Pilatus, die Kreuzigung und die Himmelfahrt (Kap. 1–16), der andere nur in der 2. griech. Rezension enthaltene bringt eine breit ausgeführte Darstellung der Höllenfahrt Christi. Kl. W.

Ta. und Lit. bei *Hennecke* Neutestamentliche Apokryphen I[3], 1959, 330 ff. (dt. Übers.). *A. v. Harnack* Gesch. der altchr. Lit. bis Eus. 1,21 ff. *J. Kroll* Gott und Hölle, 1932, 83 ff. u. pass.

Nikokles (*Νικοκλῆς*). **1.** König von Salamis auf Kypros, Sohn und Nachfolger (374/73 v. Chr.) des → Euagoras (1), Diod. 15,47,8, starb, wohl mit dem befreundeten Straton von Sidon in den Satrapenaufstand verwickelt, vor 354/53 im Gefängnis. Isokr. 15,67. Theopomp. FGrH 115 F 114. Anaximen. FGrH 72 F 18. Isokrates widmete ihm die Reden 2 (um 370), 3 (368) und 9 (365) über das Ideal eines Fürsten und die Pflichten seiner Untertanen. Ail. var. 7,2. The Swedish Cyprus Exped. 4, 2, 1948, 496 f. **2.** N., letzter König von Paphos auf Kypros, seit 321 Bundesgenosse des Ptolemaios I., Arr. FGrH 156 F 10,6. N. umgab die Stadt »mit einem Kranz von Türmen«. F. G. MAIER Griech. Mauerbauinschr. 1, 1959, n. 58. Mz. HEAD[2] 741. Ob sich auf N. die Silbeninschr. SEG 6,820 bezieht, ist fraglich. N. wurde wohl nach dem Sieg des → Demetrios (I 2) 306 abgesetzt. **3.** Sohn des → Pasikrates, des Fürsten von Soloi auf Kypros, wurde von dem Vater 331 in Tyros Alexander d. Gr. vorgestellt, von ihm zu → Abisares, dem Fürsten von Kaschmir, geschickt. N. war Trierarch in der Flotte auf dem Hydaspes. Arr. an. 5,29,4 f.; Ind. 18,8. Epitome Mett. 55. **4.** N., Tyrann von Sikyon, ermordete 251 v. Chr. den Tyrannen → Paseas, Nachfolger des → Abantidas, und regierte 4 Monate, wurde dann durch → Aratos mit Hilfe von Flüchtlingen und Söldnern gestürzt. Pol. 2,43,3. Paus. 2,8,3. Plut. Arat. 3,4–9, 4. F. W. WALBANK Aratos of Sicyon 1933. H. V.

5. N. von Sparta, einer der Lehrer Kaiser Iulians in Konstantinopel, ist uns hauptsächlich durch Libanios bekannt, der mehrere Briefe (810. 816. 832. 1119. 1196. 1211. 1265. 1368. 1487. 1533 [?] F.) und eine Rede (32 F.) an ihn richtete und ihn in Reden und Briefen an andere Adressaten (1383 F. an N.' Bruder Sozomenos) erwähnte. Lib. charakterisiert ihn als hervorragenden Lehrer und Kenner der Sprache. Aus den Briefen wird auch deutlich, daß das freundschaftliche Verhältnis zwischen Lib. und N. bisweilen durch einige Mißhelligkeiten getrübt war. Die Bestimmung einiger Lebensdaten N.' hängt zusammen mit der Bestimmung einiger Daten im Leben des Lib. und Iulians (s. E. RICHTSTEIG, Philol. W. 51, 1931, 429 ff.). N. scheint um 310 geb. zu sein; er war wahrscheinlich nicht Christ. Iulians Unterricht in Grammatik bei N. begann um 340. N. begleitete Iulian, als dieser sich 341/42 bis Sommer 345 studienhalber in Nikomedeia aufhielt. 363 kam er durch Iulian zu polit. Einfluß, der aber mit dem Tode Iulians noch im selben J. endete. Vermutlich gelangte er aber unter Theodosius I. durch ein einflußreiches Amt wieder zu polit. Ansehen. Kurz nach dem J. 387 (388?), in dem Lib. eine Rede an ihn richtete (s. o.), scheint N. gestorben zu sein; jedenfalls erwähnt Lib. ihn in den Jahren danach nicht mehr. O. Dr.

P. Wolf Vom Schulwesen der Spätantike. Stud. zu Libanius, Baden-Baden 1952, 37 ff.

Nikokreon (*Νικοκρέων*). **1.** N., wohl aus dem Königshaus von Salamis auf Kypros, floh 375 als Verschwörer gegen → Euagoras (1). Seine Tochter war Geliebte des Euagoras und des Thronfolgers → Pnytagoras. Theopomp. FGrH 115 F 103,12. **2.** N., König von Salamis auf Kypros 332/331–310, Sohn des Pnytagoras. Im Gefolge Alexanders d. Gr. in Tyros, Plut. Alex. 29. Den ihm verfeindeten Philosophen → Anaxarchos ließ er 323 töten. Diog. Laert. 9,58 f. Plut. mor. 449 EF. Seine Gemahlin Axiothea bestrafte ebenso den Witzbold Stratonikos. Athen. 8,349 EF. Stiftungen des N. waren in Argos, Delphi und Delos. IG IV 583. XI 2,161 B 54. 90. 199 B 87. Ail. nat. 11,40. Er wurde 321 Bundesgenosse Ptolemaios' I., 312 von ihm zum Strategen der ganzen Insel ernannt und 310 wegen Abfallsverdacht zum Selbstmord mit seiner Familie gezwungen. Arr. FGrH 156 F 10,6. Diod. 19,59,1. 79,5. 20,21 (mit Nikokles [→ 2] verwechselt). FGrH 239 B 17. Zu N.s Anfrage über den Gott Sarapis Macr. Sat. 1,20,16f. NILSSON GgrR 2,157,1. H. V.

Nikolaos (*Νικόλαος*) **1.** Feldherr Ptolemaios' IV., belagerte 219 vergebens Ptolemais, verhinderte aber die Einschließung von Dora durch → Antiochos III. (4). 218 besetzte N. den Küstenpaß n. von Sidon, wurde aber von Antiochos beim Damurasfluß zurückgeworfen, ging dann zu Antiochos über, den er 209 in Hyrkanien begleitete. Pol. 5,61,8f. 66,1. 68,5ff. 69,2. 9. 10,29, 6. H. V.

2. N., Komödiendichter. Außer einer Glosse nur 1 Frg. (Stob. Ecl. 3,14,7): lange Rhesis eines Parasiten an das Publikum über seine Kunst. KÖRTE, RE XVII 362 hält für möglich, daß der Vf. N. von Damaskos ist, der nach Suda s. *N.* auch Tragödien und Komödien schrieb. Dagegen JACOBY zu FGrH 90 F 132. W. K.

3. N. von Damaskos. Vielseitiger Literat, vertrauter Ratgeber, Hofhistoriker und -Philosoph des → Herodes (= H.) (1); auch bei Augustus sehr beliebt (N.-Datteln). * ca. 60 J. vor H.' Tod, also um 64 v. Chr. (andere H.-Chronol.: Journ. Theol. Stud. 17, 1966, 283ff.); wohl nicht Jude. Eltern N.': Antipatros, in Damaskos hochangesehen (vgl. PIR² I 140), und Stratonike. Ob N. vor (so JACOBY) oder nach → Kleopatras (10) Tod (RE XI 780. H. VOLKMANN Kleopatra, 1953, 204) Lehrer ihrer und des Antonius Kinder wurde, steht nicht eindeutig fest. Ungewiß ist, wann N. mit H. bekannt wurde. Um 20 v. Chr. sah N. in Antiocheia - in H.' Dienst? - die Indergesandtschaft an → Augustus (Strab.). 14 v. Chr. begegnet N. in H.' Umgebung auf dessen Fahrt zu und mit → Agrippa durch Kleinasien; N. vermittelte für Ilion und trat mit Erfolg vor Agrippa in H.' Auftrag für die kleinasiat. Juden ein (RE IX A 1263ff.). Offenbar danach, auf der wohl letzten Reise zum Kaiser (12 v. Chr.), begleitete er H. nach Italien. Als H. wegen des Araberzugs in Ungnade fiel, gelang es N. in Rom, den Kaiser wieder zu versöhnen (wohl 8/7 v. Chr.; RE II A 1515ff.; IV A 1041ff.; Suppl. IX 1853f.). Bei seiner Rückkehr aus Rom konnte N. nicht die Stiefbrüder des → Antipatros (5) retten; in H.' Prozeß gegen Antipatros führte er die Anklage in Gegenwart des Quinct. Varus (RE XXIV 912ff.). Als → H. (3) Archelaos nach Rom ging, um die Bestätigung der Thronfolge einzuholen, trat N. vor Augustus für ihn ein (4 v. Chr.); N.' Bruder Ptolemaios, auch ein früherer Freund H.' I., unterstützte → H. (4) Antipas (RE XXIII 1765). Ob N. dann bis zu seinem Tod in Rom blieb, ist nicht sicher. Werke: 1. *Ἱστορίαι*, riesige Weltgesch. (144 B.), von H. angeregt. B. 1–7, kenntlich bes. durch die konstantin. Exc. (virt., insid.; weitere Frg. bei Ios., Steph. Byz.), behandelten Alten Orient (Assyrer, Meder, Lyder, Perser) und älteste griech. Gesch. (ab Vortroika). Aus den späteren B. sind nur wenige direkt bezeugte Frg. erhalten (Ios., Athen.). Auch der

Josippon nennt N. Das Werk ging mindestens bis um 7 v. Chr., vielleicht bis 4 v. Chr. Als Quellen kommen in Betracht → Ktesias (RE XI 2040ff.), Xanthos (RE IX A 1357ff. K. v. FRITZ Die Griech. Geschichtsschreibung I b, 1967, 348ff.), Hellanik., Ephor., Hdt., Pol., Poseid., Caes., Timagenes etc. Es stellt sich die Frage, inwieweit N. selbst seine Quellen dramatisch-effektvoll ausgestaltete. Die ausführlichen zeitgesch. B. gaben Selbsterlebtes; für die H.-Tradition kommt N. als grundlegende Primärquelle in Betracht (→ Iosephos [2]). 2. *Ἐθῶν συναγωγή*, eine H. gewidmete, in den peripatet. Interessenkreis fallende Slg. seltsamer Völkersitten (Phot. cod. 189; Frg. bei Stob.); vgl. RE XVIII, 2. H., 1156f. A. GIANNINI Paradox. Graec. rel., 1966, 149ff. 3. Augustus-Bios, tendenziös. Die Frg., erhalten nur in den konstantin. Exc. (virt., insid.), betreffen Octavians Jugendgesch. und Erziehung (bis zur Rückkehr aus Apollonia nach Caesars Ermordung; W. STEIDLE, Zetemata 1, 1951, 133ff.), die Verschwörung und Caesars Tod, den Gegensatz zwischen Octavian und Antonius etc.; sie schließen mit Octavians Reise nach Kampanien, wo er ein Heer aus Veteranen Caesars aufstellte (44 v. Chr.). Der Endpunkt des Werks ist unbekannt. Auch die Datierung ist umstritten: vor 12 v. Chr. (Germanienzüge des → Claudius [20] Drusus), etwa 25–20 (JACOBY); die Abh. setze Augustus' Tod voraus (LAQUEUR, STEIDLE). Als Quelle nimmt man oft Augustus' Autobiographie, bis um 25 v. Chr. reichend (Hist. 11, 1962, 64f.), an (Meander 18, 1963, 278ff.). W. SCHMITTHENNER, Zetemata 4, 1952. 4. Eine enkomiastische Autobiographie, Alterswerk, kenntlich durch konstantin. Exc. (virt., insid.) und Suda. Der Bios war im Licht der aristot. Ethik gesehen; der Bildungsgang, den N. mit einer langen Reise zum »eigenen Herd«, der Philos., vergleicht, unterrichtet über das damalige Bildungssystem (G. MISCH Gesch. d. Autobiogr. I 1³, 1949, 321ff.). Mit H. trieb N. Philos., Rhet., Gesch. 5. Tragödien und Komödien, nicht erhalten (RE XVII 362). 6. Philosophica, kenntlich durch griech. Frg. (Porph., Simpl.) und bes. durch Texte aus dem syr. und arab. Bereich, wo N., im Alt. oft als Philosoph (Peripatetiker) bezeichnet, sehr geschätzt war. Eine beschädigte Cambridger Hs. (ca. 1400) gibt wohl die Epit. einer mit Sch., Glossen etc. durchsetzten syr. Übers. von *π. τῆς Ἀριστοτέλους φιλοσοφίας* (B. 1–5, ed. H. J. DROSSAART LULOFS, 1965). Beginnend mit der Physik im Sinne des → Boethos (3), bot dieses HB. erklärende Paraphrasen von Werken des Aristot. zur Naturphilos., Metaphysik, Naturwiss., Seelenlehre; das Organon fehlte offenbar. Eine Abt. des HB.s war urspr. wohl u. a. die *Θεωρία τῶν Ἀριστοτέλους Μετὰ τὰ φυσικά*, erste uns bekannte Arbeit zur aristotel. Metaphysik seit → Eudemos (1), auch für Theophr. wichtig (RE Suppl. VII 1378. 1389f.), bes. von Averroes berücksichtigt, sowie vermutlich auch *π. φυτῶν*; die betr. Abh. im Aristot.-Corpus (RE Suppl. VII 1449; Suppl. XI 314f.) ist eine Rückübers. (Vf. wohl Planudes) aus einer im MA. verbreiteten lat. Version (ed. E. H. F. MEYER, 1841), die über eine auch ins Hebr. übertragene (14. Jh.), seit 1923 bekannte arab. Übers. (9. Jh.; ed. A. J. ARBERRY, 1933/34; A. BADAWI, 1954) wohl auf eine syr. Fassung von N.' h. verlorener Abh. zurückgeht (JHS 77, 1957, 75 ff. Philol. 111, 1967, 56 ff.). Ferner handelte N. *π. τοῦ παντός*, *π. θεῶν* (doxograph.), *π. τῶν ἐν τοῖς πρακτικοῖς καλῶν* etc. In der Gesch. vom Nachleben des Aristot. nimmt N. nach → Andronikos offenbar eine bemerkenswert selbständige Stellung ein (RE Suppl. XI 199f.). W. Sp.

FGrH 90. *Pack*^{2} 2214. vit. Caes.: *C. M. Hall*, 1923; *G. Partuno*, 1945; *G. Turturro*, 1945. Philos. Frg.: *Roeper*, Lect. Abulpharagianae, 1844; *Drossaart Lulofs*, s. o., 6 ff. Weit. Ta. s. o. PIR s. v. N. *Susemihl* 2,309 ff. *Schürer* 1,50 ff. *F. Reuss*, BursJb 127, 1905, 131 ff. 142, 1909, 149. *W. Otto*, die Herodesartikel in RE Suppl. II (vgl. RE IX 2513 ff.). *Christ-Schmid*^{6} 2,1,374 ff. *R. Laqueur*, RE XVII 362 ff. 1269 (krit. zu lesen). *A. Hepperle* (vgl. Jb. Österr. Byz. Ges. 11/12, 1962/63, 50). *B. Z. Wacholder*, N., 1962 (nicht immer zuverlässig). *G. W. Bowersock* Augustus and the Greek World, 1965, 134 ff. *A. Schalit*, König Herodes 1969. *W. Spoerri*, Lex. d. Alten Welt, s. N. (Lit).

4. N. aus Myra in Lykien, * gegen 430 n. Chr., Freund des → Proklos, berühmter Sophist (Suda s. N., wo 2 einander ergänzende biogr. Artikel aus verschiedenen Quellen stehen). Er erhielt seine Ausbildung bei dem neuplaton. beeinflußten → Lachares in Athen und hatte später eine Professur in Konstantinopel inne (Marin. v. Procli 10). Seine Deklamationen und eine *Τέχνη ῥητορική* sind verloren. Hingegen ist die als wissenschaftliches Lehrbuch für seine Schüler verfaßte Theorie der Progymnasmata noch weitgehend erhalten, und zwar in einem anon. Komm. zu → Aphthonios und bei Joh. Sardianos (ed. SPENGEL Rhet. 3, 447 ff.), der 1. Teil (bis zum Cap. *Περὶ ἐγκωμίου καὶ ψόγου* einschließlich) auch direkt im Cod. Mus. Brit. add. 11889 (s. XV). In der Einleitung begründet N. die Stellung der Progymnasmen am Anf. des rhet. Lehrsystems und nennt die üblichen Einteilungen (Arten der Rede. Redeteile). Auf Eigenständigkeit erhebt er expressis verbis keinerlei Anspruch. Die wichtigste Abweichung von älteren Vorgängern (→ Theon) besteht darin, daß N. offenbar aus didakt. Gründen auf feinere Differenzierung zugunsten größerer Übersichtlichkeit verzichtet. Die Zahl der »Zit.« aus klass. Lit. ist gering und die Sprache äußerst schlicht. Unter dem Namen des N. sind ferner in getrennter Überlieferung zahlreiche Musteraufsätze zu den einzelnen Progymnasmen erhalten (ed. WALZ Rhet. 1, 263 ff.; dazu treten noch einige → Libanios zugeschriebene Stücke). Da sie jedoch mehrfach im Widerspruch zu N.' theoret. Ausführungen stehen, wohl aber weitgehend zu den Progymnasmata des → Aphthonios passen, wird eher dieser selbst oder ein Schüler bzw. ergänzender Bearbeiter des frühen 5. Jh. als Vf. in Frage kommen. H. Gä.

Ta.: *J. Felten*, Lpz. 1913 (Rhet. Gr. 11).

Lit.: BursJb 238,103. *K. Orinsky* De N. Myrin. et Libanii quae feruntur progymn., Diss. Breslau 1920. *M. L. Paladini*, AC 26, 1957, 411 ff.

Nikolochos (*Νικόλοχος*), Spartiate, Epistoleus des Nauarchen → Antalkidas 388/87, wurde, in Abydos von → Iphikrates (1) eingeschlossen, von Antalkidas entsetzt. Xen. hell. 5,1,6f. 25 ff. Polyain. 2,24. Als Nauarch 376/75 wurde N. von Timotheos bei → Alyzeia an der akarnan. Küste geschlagen. Xen. 5,4,65f. Diod. 15,36,5. Polyain. 3,10,4. 12. H. V.

Nikomachos (*Νικόμαχος*). **1.** Sohn eines Staatssklaven, wurde als Mann athen. Bürger, 410 nach Sturz der 400 *ἀναγραφεὺς τῶν νόμων*, 405 von Aristoph. Ran. 1506 verwünscht und half am Prozeß gegen Kleophon 404 mit. Unter den Dreißig vertrieben, 403 zurückgekehrt und wieder *ἀναγραφεύς*, wurde N. 399/98 wegen Überschreitung der Amtsdauer angeklagt. Lys. 30. Harpokr. s. *ἐπιβολή*. BLASS Att. Bereds. 1,463 ff. H. V.

2. N. von Athen, Tragiker gegen E. 5. Jh. v. Chr., ein Sieg vor Euripides und Theognis (Suda s. *N.* 397), schrieb *Ἀλέξανδρος*, *Οἰδίπους*, *Γηρυόνης*?, *Πολυξένη*? und – oder *Πέρσις* ?). Liste seiner Werke in der Suda s. *N.* Nr. 396 mit der des N. 3 und N. 4 verquickt. Die unter dem Namen N. zitierten Frg.e gehören wahrscheinlich ihm: 1. Phot. 89,22 R. 2. Lex. Mess. 281,16. 3. Phot. 39,3 R = Anecd. Bekk. 349,11 = Frg. 1 N^2. 4. Phot. 16, 5 R = Anecd. Bekk. 337,11 = Frg. 2 N^2. 5. Phot. 53,15 R. 6. Phot. 137,3 R. 7. (dub. vel spur.) P. ed. LOBEL Greek Poetry and Life, 1936, 295 = PAGE, G. L. P. 30 (PACK^2 Nr. 1710 mit Lit.). **3.** N. aus Alexandreia in der Troas, Tragiker, soll 11 Tragödien geschrieben haben, Suda s. N 396, die 14 Titel aufzählt; Teile der Liste für N. 2 u. 4 sind irrtümlich einbezogen. Es bleibt: für N. 13 und 14: *Ἀλέξανδρος*, *Ἐριφύλη*, *Γηρυόνης*, *Ἀλετίδης*(?), *Νεοπτόλεμος*, *Μυσοί*, *Οἰδίπους*, *Περσίς*, *Πολυξένη*, *Τυνδάρεως ἢ Ἀλκμαίων*, *Τεῦκρος* (11). Zuweisung der einzelnen Titel an N. 2 oder N. 3 unsicher.

F. Schramm Trag. Graec. hellenisticae q. d. aetatis frg.-a, Diss. Münster 1929, 85.

4. N., Dichter der neuen Komödie. In der Liste der Suda s. *N.* 396 sind seine Werke mit denen der Tragiker N. vermischt. Titel: *Εἰλείθυια*, *Ναυμαχία*, *Οἰδίπους* (?), dazu aus der Tragikerliste wahrscheinlich *Μετεκβαίνουσαι*, vielleicht *Τριλογία*. 5 Frg.e: 1. Athen. 7,290 ef (*Εἰλείθυια*) = Frg. 1 K. 2. Stob. Flor. 38,10 (*Ναυμαχία*) = Frg. 2 K. 3. Athen. 2,58 a = Frg. 3 K. 4. Athen. 11,781 f. = Frg. 4 K. 5. Lex. Mess. 281,16 (spur. vel dub.) (*Οἰδίπους*: KOERTE, RE XVII 462,9 ff.). F. St.

5. N., Vf. einer Elegie auf die Maler, in der → Apollodoros (10) erwähnt wurde (Heph. p. 15,5

Consbr.), vielleicht ident. mit dem Vf. des Epigramms Anth. Pal. 7,299 auf die Zerstörung von Plataia, aus dem Meleagerkranz. R. K.

6. N. (von Theben?), Maler. Der für seine Schnellmalerei berühmte N. wirkte in der Mitte und 2. Hälfte 4. Jh. v. Chr. Genannt werden von ihm (Plin. nat. 35,108 f. 145. Ps. Plut. π. ἀσκήσεως = BUECHELER Kl. Schr. 2,48) Bilder von Göttern, Heroen (dabei Odysseus angebl. erstmalig mit *pileus*), von Satyrn beschlichene Mänaden, der Raub der Persephone, Skylla, ein Grabgemälde, Porträts. Zu seinen Schülern gehörte der noch schneller malende → Philoxenos v. Eretria. Von dem Stil des N. wissen wir nichts, trotz der Möglichkeit, daß seine *Victoria quadrigam in sublime rapiens* auf Denaren des L. Plautius Plancus (E. A. SYDENHAM The Coinage of the Rom. Republic 1952 T. 26 Nr. 959 B; dort »Aurora« genannt) verwandt ist. LIPPOLD, RE XVII 464 ff. W. H. G.

7. N. von Gerasa, neuplatonischer Mathematiker, lebte ca. 100 n. Chr., terminus p. q.: → Thrasyllos, Platon-Editor u. Astrologe, von N. Ench. harm. 260,16 J. erwähnt; term. a. q.: Übers. der Introd. arithm. des N. durch → Apuleius (8) (um 160, s. Cassiodor., Inst. 2,4,7 S. 140,17 Mynors), später durch Boëthius (ebd.), Kommentare von → Iamblichos und → Philoponos. Werke: Neben der Ἀριθμητικὴ εἰσαγωγή (Introductio arithmetica) (ed. R. Hoche, Lpz. 1893) u. dem Ἁρμονικὸν ἐγχειρίδιον, werden Ἀριθμητικὰ θεολογούμενα in der gleichnamigen, hiermit nicht ident. Schrift erwähnt, die man unter die spuria des Iamblichos oder N. einreiht. Introd. ar. 2,6 S. 83,4 verweist auf eine verlorene Introd. geometr. Die Introd. ar. ist ähnlich wie die des → Theon von Smyrna dazu bestimmt, die beim Lesen der platon. Spätwerke und neupythagor. Traktate notwendigen arithm. Kenntnisse zu vermitteln. Die philos. Einleitung spiegelt den akadem. Schulbetrieb der Zeit Plutarchs wider, von dem wir ähnliche Schr. besitzen. Beisp.: Nachdem gezeigt ist, daß die Wissensch. sich auf das unveränderlich Abstrakte bezieht und dies sich bes. in der Math. manifestiert, wird S. 6,1 H. dihaeret. eingeteilt

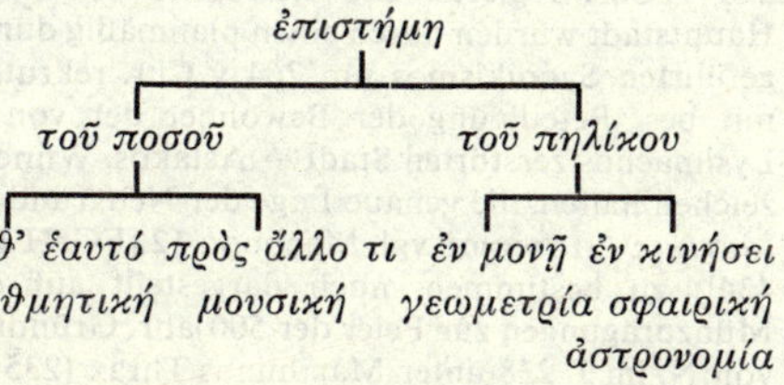

Das oberste Prinzip sind die Zahlen, die schon im Modell des platon. Demiurgos gegeben sind. Sie gliedern sich zuerst in gerade und ungerade (1,7 S. 13,7 H.). Es folgen die Kombinationen von

diesen, nämlich gerad-gerade (2^n), gerad-ungerade ($2(2n+1)$) u. ungerad-gerade ($2^{m+1}(2n+1)$). Bei letzteren erscheint die erste der für N. charakterist. Zahlentabellen. (Abb. 1) Es werden so alle Zahlen dieser Menge ohne Wiederholung erfaßt und gezeigt, daß senkrecht jede Zahl das arithm. und waagerecht das geom. Mittel ihrer Nachbarn ist. Das Kap. über ungerade bringt S. 31 H. das Sieb des Eratosthenes, eine Methode zum Finden der Primzahlen. Wichtig die Relationen von natürl. Zahlen zueinander Kap. 17–23, bes. die in der Harmonielehre für Konsonanz entscheidenden ἡμιόλιοι und ἐπίτριτοι. B. 2 behandelt die 3 und 4stelligen Zahlenrelationen (arithm. M., geom. M., harmon. M. u. deren reziproke Relationen) sowie die Theorie der Polygonalzahlen. Typisch für N.' Arbeitsweise im Gegensatz zu den eigentl. Mathematikern: Die zahlen-myst bedeutsame Theorie der Polygonalzahlen wird durch unvollständige Induktion aufgezeigt am 3-8-Eck. So ist die Folge der γνώμονες (s. Abb. 2) für Dreieckszahlen die Folge 1,2,3,4..., für Quadratz. 1,3,5,7..., für Pentagonalz. 1,4,7,10 .... N. verallgemeinert dies S. 95,7 H.: Der Zuwachs der γνώμονες für n-gonal-Zahlen beträgt n-2. Der m-te Gnomon der n-gonal-Zahl ist somit $= 1+(m-1)(n-2)$ und die m-te n-gonal-zahl $= \sum_{i=1}^{m} 1+(i-1)(n-2)$, wobei die erste n-gonal-zahl $= 1$ ist, für jedes n. N. nennt dies δυνάμει τρίγωνος (usw.) ἀριθμός. Einen Fehler bei einer solchen Verallgemeinerung konstatiert HEATH 1, 98. Nachdem N. die o. genannten Mittelwerte, weil besonders häufig in der Lit. vorkommend, ausführl. behandelt hat, führt er weitere Mittel kurz an, zuerst die ὑπεναντία τῇ ἁρμονικῇ μεσότητι (S. 141,5 H.). Für $a > x > c$ ist dies $\frac{a}{c} = \frac{x-c}{a-x}$, im Gegensatz zu dem S. 131 H. definierten harm. Mittel $\frac{a}{c} = \frac{a-x}{x-c}$. Der Fehler liegt in der Behauptung S. 141,16, daß die Beziehung $ax = 2\,cx$ eine für dieses Tripel eigentüml. Eigenschaft sei.

3	5	7	9...	alle ungeraden
4	8	16	32...	alle 2er Potenzen
12	24	48	96...	1. Zahl 1. Zeile mal alle Zahlen d. 2. Zeile
20	40	80	160...	2. Zahl 1. Zeile mal alle Zahlen d. 2. Zeile
28	56	112	224...	3. Zahl 1. Zeile mal alle Zahlen d. 2. Zeile
36	72	144	288...	4. Zahl 1. Zeile mal alle Zahlen d. 2. Zeile
.	.	.	.	.
.	.	.	.	.
.	.	.	.	.

Abbildung 1

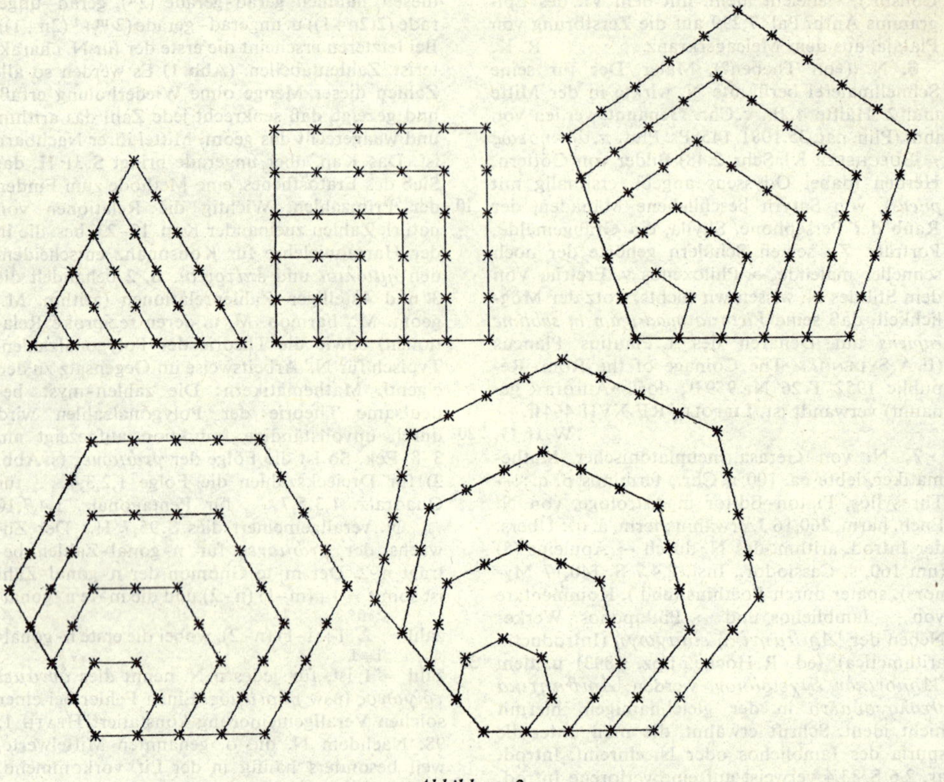

Abbildung 2

Gnomon ist die arithm. und geom. Ergänzung der M-Ten zur (M + 1) – Ten N-Gonalzahl

Das Enchir. harm. (Mus. scr. Gr. ed. JAN, Lpz. 1895, 234) ist einer Dame gewidmet u. enthält kurz die Entstehungsgeschichte des Ton- u. Notensystems von der bekannten Pythagoras-Anekdote an bis zur Vollendung der zwei Oktaven umfassenden Skala. Die Theorie ist pythagor., soweit sie reine Quinten, Quarten und Sekunden betrifft, der Halbton wird im Sinne des → Aristoxenos als gegeben angenommen, die math. Schwierigkeit absichtl. umgangen (264,3 J.) und in einem verlorenen Werk nachgeholt, von dem Exzerpte erhalten sind (266ff. J.). JAN (220) nimmt mit Recht an, daß das Buch im Schulbetrieb Interpolationen und Streichungen erfahren hat. J. M.

Lit.: *O.Becker* Das math. Denken der Ant., Göttingen 1957, 45. *T.Heath* Hist. of Greek Math., Oxf. 1921 (ff.), 1,97. *O.Neugebauer* Exact sciences in Antiquity, Providence 1957. Textgesch.: *A.Wasserstein*, CR 13, 1963, 15. Arab. Überl.: *Kutsch*, Thabit Ibn Qurra's arab. Übers., Rech. de l'Inst. de lettres, Beyrouth 9, 1958.

Nikomedeia, ehemalige Residenz der bithyn. Könige; die ant. ebenso wie die moderne Stadt Izmit (entstanden über Isnikmit) baut sich am ö. Ende des astaken. Meerbusens (h. Izmit Körfezi) über den s. Uferterrassen auf.

Benannt ist der Ort nach seinem Gründer, König → Nikomedes I., der → Bithynien von 279 bis 250 v. Chr. regierte. Die Bewohner der neuen Hauptstadt wurden durch einen planmäßig durchgeführten Synoikismos um 264 v. Chr. rekrutiert mit bes. Beteiligung der Bewohner der von → Lysimachos zerstörten Stadt → Astakos. Wunderzeichen halfen, die genaue Lage der Neugründung (ἀντικρὺ Ἀστακοῦ vgl. Memmon 12 [FGrH II B 434]) zu bestimmen, noch dargestellt auf den Münzprägungen zur Feier der 500jähr. Gründung von N. im J. 238 unter Maximinus Thrax (235 bis 238) und Gordianus III. (238–244).

Nur wenige literar. Zeugnisse berichten über die Gesch. der Stadt in der bithyn. Königszeit. Leider sind bisher noch keinerlei systematische Ausgrabungen durchgeführt worden, die über die Gesch. von N. sicherlich Hinweise liefern würden. So ist z.B. die Lage des königl. Palastes noch nicht bekannt, dessen Anfänge gewiß schon auf die Bautätigkeit von Nikomedes I. zurückgehen in seinem Bemühen, seiner Hauptstadt einen achtunggebietenden Platz unter den an Pracht und Schönheit konkurrierenden Schöpfungen hellenist. Könige zu schaffen. Dabei wirkten erste Künstler ihrer Z. mit wie der Bildhauer → Doidalsas, bekannt durch seine Kultstatue für den Tempel des Zeus Statios und der Aphrodite lavans. Ob er auch das von Arr. Bithyn. frg. 29 (FGrH II B 156) erwähnte, prächtige in N. errichtete Grabdenkmal für Ditizele, der ersten Gemahlin von Nikomedes I., geschaffen hat, wird nicht überliefert.

Eine Episode bes. Art war für N. das Zwischenspiel mit Hannibal, der um 184 v.Chr. König Prusias vergeblich zu gewinnen versuchte, von hier aus eine neue Front gegen Rom aufzubauen.

Die blühende hellenist. Königsstadt wurde durch die Ereignisse in den Mithradatischen Kriegen schwer getroffen. In ihren Mauern wurde im J. 85 der Konsul → L. Valerius Flaccus, der hier Zuflucht zu finden hoffte, von → C. Fl. Fimbria (Nr. 11) und seinen Parteigängern getötet, N. selbst geplündert. Dasselbe wiederfuhr der Stadt im 3. Mithr. Kriege, als sie mehrfach ihren Besitzer wechselte. Daß N. durch das Testament von Nikomedes IV. Philopator inzwischen Hauptstadt der röm. provincia Bithynia geworden war, verschlechterte nur ihre Position zwischen den kriegführenden Mächten.

Rivalitäten mit den übrigen Städten innerhalb des Provinzialverbandes, bes. mit Nikaia blieben nicht aus, aber N. behauptete sich doch als »Metropolis«, wobei der Stadt die Errichtung eines Kaisertempels durch Augustus (bereits 29 v.Chr.) sehr zustatten kam. In N. tagte auch das *Κοινὸν Βιϑυνίας* und hier wurden ebenfalls die zu Ehren dieses »Landtags« abgehaltenen Spiele durchgeführt.

Bes. wichtig ist für unsere Kenntnis der Topographie von N. und seiner Gesch. der von Plinius d.J. als Sonderbeauftragter des → Traianus mit seinem Kaiser geführte Briefwechsel (epist. X); außerdem vermitteln epist. 96 und 97 wichtige Aufschlüsse über die frühe Christengemeinde in N. und zeigen, welch tiefe Wurzeln der neue Glaube hier schon E. 1. Jh. n. Chr. geschlagen hatte.

Eine tiefgreifende Zäsur bedeutete es für die Stadt, daß der von seinen Legionen bei N. am 17. Nov. 284 zum Kaiser ausgerufene → Diocletianus sie zu seiner Residenz erwählte. Libanios konnte die mehrfach von Erdbeben zerstörte Stadt, die außerdem 258 von den Goten gebrandschatzt worden war, schon bald darauf die schönste Stadt der Erde nennen (or. 61,7). Wenigstens eine Vorstellung von der reichen Bautätigkeit des

Kaisers Diocletianus in N. vermitteln uns Beobachtungen, die wir sporadisch während der Erbauung einer Papierfabrik am W.-Rand des h. Stadtgebietes im J. 1939 machen konnten. Hier hat Diocletianus offenbar eine »Neustadt« errichten lassen mit einem großen, durch Säulenhallen geschmückten Platz (Agora?), Thermenanlagen und Wohnbezirken; bes. interessant sind mehrgeschossige Lagerhallen, errichtet auf dichtgefügten Rosten aus Eichenbalken, unmittelbar am Gestade der Meeresbucht (vgl. F.K. Dörner, AA 1939, 156 ff. mit Abb. 27 ff.).

Der wichtigste bei den Bauarbeiten gemachte Fund ist ein überlebensgroßer Kaiserkopf, von F.K. Dörner als Portrait des Kaisers Diocletianus identifiziert (vgl. AA 1939, 166 ff. mit Abb. 36 bis 39. 17, 1941, 139 ff. Ist. Forsch. 14, 1941, 46 Nr. 3, T. 10; wiederholt von W.F. Volbach Frühchristl. Kunst, Münch. 1958, Nr. 1), jetzt im Antikenmuseum in Istanbul ausgestellt.

Die Periode unter Diocletianus stellte für N. Glanz- und Höhepunkt dar. Die Stadt hat ihre stete Bedeutung infolge der ausgezeichneten Lage als Ausgangsstation für den Handel von und nach Kleinasien von ant. Z. bis in die Gegenwart behalten, in der die zunehmende Industrialisierung Izmit wieder zu größerem Wohlstand verholfen hat. F. K. D.

Inschr.: s. Zusammenstellung RE XVII 468 ff. *F.K. Dörner* Inschr. aus N. und dem Gebiet von N., in: Ist. Forsch. 14, 1941, 52 ff. Nr. 23–122. Edition in den TAM durch F.K. Dörner in Vorbereitung.

Denkmäler: für die Beobachtung zur Topographie von N. während der Erbauung der Industrieanlagen s. *F.K. Dörner*, AA 1939, 156–171 (mit Plan u. Abb.). *Ders.* Ant. Denkmäler aus N. und Umgebung in: Ist. Forsch. 14, 1941, 45 ff. Nr. 1–22. *Nezih Fıratlı* Izmit. Son histoire et ses monuments (Istanbul 1964).

Münzen: *C. Bosch* Die kleinasiat. Münzen der röm. Kaiserz. II 1,20 ff. *Waddington-Babelon-Reinach*, Recueil I 3 (Paris 1910). SNG Deutschland, Slg. von Aulock, 1 736–866 (Bln. 1957) und SNG Danish Nat. Mus. 18, 545–582 (Kopenhagen 1944).

Nikomedes (*Νικομήδης*). **1.** Agiade, Sohn des → Kleombrotos (1), Bruder des Pausanias, des Siegers von Plataiai, führte als Vormund seines Neffen, des Königs → Pleistoanax, 457 das laked. Heer gegen die Phoker und besiegte die Athener bei Tanagra. Thuk. 1,107,2. Diod. 11,79,5 ff. **2.** N. I., König von Bithynien 280–250, Nachfolger des Vaters → Zipoites, verbündete sich gegen → Antiochos I. (2) mit Herakleia, dem er Kieros, Tios und das Land der Thyner für eine hohe Geldsumme überließ. Gegen diese Abtretungen empörte sich sein Bruder Zipoites vergebens. N. verbündete sich noch mit → Antigonos (2) Gonatas und behauptete sich, mit 13 Trieren von Herakleia unterstützt, gegen die seleuk. Flotte. Nach dem Frieden zwischen Antiochos und Antigonos 279 holte N. 277 über den Hellespont gall. Söldner,

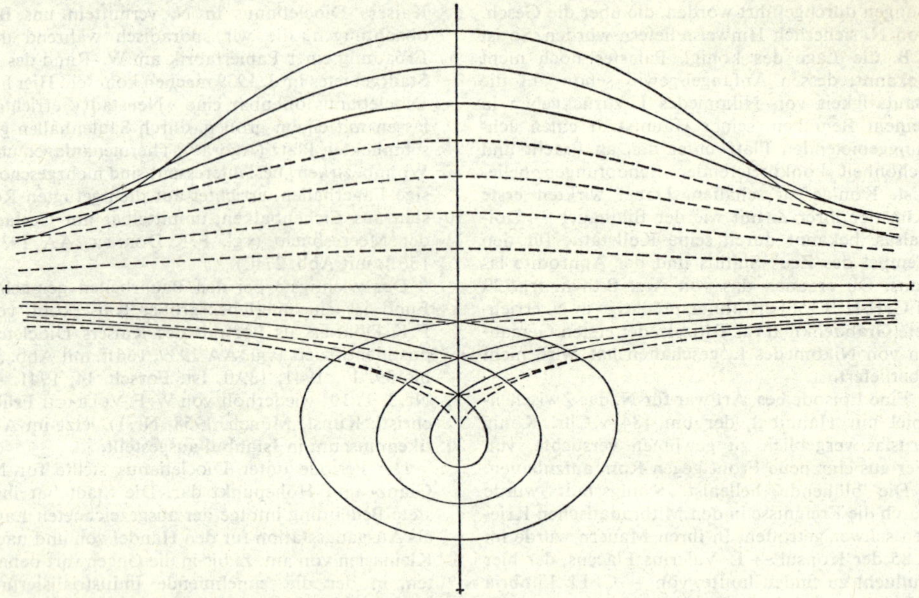

Abbildung zu 7.

Konchoide des Nikomedes

(Eutoc. in Archimed. 114. Pappus 4, 242 ff.

die sich als Galater in Kleinasien festsetzten. Mit ihnen besiegte er Zipoites, unterwarf ganz Bithynien und das angrenzende Phrygien Epiktetos. Memnon FGrH 434 F 9,3. 10,1 f. 11,2. Liv. 38,16. Iust. 25,2,11. Strab. 12,543. Um Bithynien zu hellenisieren, gründete er 265 (Eus. chron. arm. Übers. 200 K.) oder 262 (Eus. chron. 131,10 Helm) Nikomedeia, stiftete eine Elfenbeinstatue in Olympia und begünstigte Kos. Memnon 12,1. Strab. 12, 563. Paus. 5,12,7. C. B. Welles Royal corresp. 1934, 25,9. Von der 1. Gemahlin, der Phrygerin Ditizele, hatte N. den Sohn → Ziaelas und die Tochter Lysandra, von der 2. Heptazeta mehrere Söhne, die er zu Erben einsetzte. Zu ihren Vormündern ernannte N. Ptolemaios II., Antigonos Gonatas und das Volk von Byzanz, Herakleia und Kios. Memnon 14,1. Arr. FGrH 156 F 29. Zum Todesdatum um 250 G. Vitucci Il regno di Bitinia 1953, 30 f. Mz. Head HN² 519. **3.** N., II. Epiphanes (IG IV² 519), König von Bithynien 149 bis 128. Sein Vater → Prusias II. schickte wegen eines Streites mit → Attalos II. (5) N. 156 nach Rom und beabsichtigte später seine Ermordung, aber N. rückte, von Attalos und Massinissa (Inscr. de Délos 1577. 1577 bis) unterstützt, in Bithynien ein. Trotz der röm. Vermittlung drang N. in Nikomedeia ein und ließ 149 den in den Zeustempel geflohenen Vater steinigen. App. Mithr. 9 ff. Diod. 32,21. Strab. 13,624. Liv. per. 50. Iust. 34,4. Zon. 9, 28,1. OGIS 327. Obwohl N. Rom half, den Aufstand des → Aristonikos (3) niederzuwerfen, erhielt er Großphrygien nicht. Iust. 37,1,2. 38,5,3. N. regierte noch 128/27. Inschr. v. Priene 55. Mz. Head HN² 519 f. **4.** N. III., Sohn von Nr. 3, 127 bis 94, Beiname Euergetes wegen reicher Spenden. Licinian. 36. Inscr. de Délos 1579, 2038. IG IV 558,25 (Argos). IV² 591 (Epidauros). OGIS 345 (Delphi). N. lehnte Stellung von Truppen gegen die Kimbern ab, da die meisten Bithyner als Sklaven von *publicani* verschleppt worden seien. Diod. 36,3,1 f. Er teilte sich 106 mit → Mithradates VI. Paphlagonien, wurde aber von ihm aus Kappadokien vertrieben, als er → Laodike (18), die Witwe des Ariarathes VI., heiratete. Obwohl er sie nach Rom schickte, mußte er 95 Kappadokien und Paphlagonien aufgeben. Iust. 37,4,3 f. 7 ff. 38,1 f. Zum Bündnis mit Axos auf Kreta M. Guarducci Inscr. Cret. 2,5,21. Zu den Heiraten mit Aristonike (Licinian. 35) und Nysa (Memnon FGrH 434 F 22,5) J. Seibert, Hist. E 10, 1967, 117. **5.** N. IV. Philopator (App. Mithr. 7), Sohn von Nr. 4, 94 bis 74, beseitigte seine Gemahlin Nysa, Tochter des Ariarathes VI. Licinian. 36. Vor seinem Stiefbruder Sokrates Chrestos, dem Mithradates VI. half, floh N. nach Rom, wurde aber 92 unter Leitung des → M.' Aquilius (I 4) in Bithynien wieder eingesetzt. Auf Rat des Aquilius fiel N. in den Pontos ein, wurde 88 von → Archelaos (3) am Amniasfluß geschlagen, floh zu Aquilius, dann zu C. Cassius, dem Statthalter von Asien, und schließlich nach Italien. App. Mithr. 11 f. 18. Memnon FGrH 434 F 22,5 f. Iust. 38,3,4. 8. 5,10. Strab. 12,562. Sulla setzte N. 84 in Bithynien wieder ein. App. Mithr. 60. Plut. Sulla 22. 24. → Caesar (12) wurde bei einer diplomat. Mission 80/79 Gastfreund des N., ihr Verhältnis wurde in Rom obszön gedeutet. Suet. Iul. 2. 49. Plut. Caes. 1. Cass. Dio 43,20,2 ff. Für Nysa, die Tochter des N., trat Caesar um 60 im Senat ein. M. GELZER Caesar[6] 1960, 19. 24. 27, 7. Da N. den Sohn seiner hingerichteten Gattin nicht anerkannte, vermachte er testament. sein Reich den Römern und starb 74. Sall. hist. 2,71. 4. 69,9. App. civ. 1,111. Arr. FGrH 156 F 14. Mz. HEAD HN[2] 520. H. V

6. N. [L. Aurelius], Freigelassener des L. Aelius Caesar, bei dem er das Amt *a cubiculo* innehatte, dann Erzieher des L. Verus. Von Antoninus Pius in den Ritterstand erhoben, wurde er Verwaltungsbeamter und bekleidete die Ämter eines *procurator ad silices*, eines *praefectus vehiculorum*, im Partherkrieg des Verus mit der Heeresversorgung betraut; nach dessen Tod in der Fiskalverwaltung *procurator summarum rationum*, CIL VI 1598. SHA vit. Veri 2,8. H. G. PFLAUM Carrières proc. équestr. 393–396. R. H.

7. N. schrieb ein B. über *κογχοειδεῖς γραμμαί* und konstruierte eine Zeichenmaschine zu ihrer Darstellung. Das B. ist polemisch gegen → Eratosthenes gerichtet (Eutoc. In Archim. de sph. et cyl. 114 H.), Lebenszeit vermutlich nicht lange nach diesem t. p. q.: Gegeben eine Gerade (*κανών*) und im Abstand b von ihr ein Punkt (*πόλος*), um den eine andere Gerade rotiert. Die Konchoide ist dann der geometr. Ort aller Punkte, die auf der rotierenden Geraden liegen und für die der Abstand a (*διάστημα*) vom Schnittpunkt beider Geraden gleich ist. Die Kurve eignet sich zur Lösung der klass. Probleme der Winkel-Dreiteilung und der Würfelverdoppelung (allg.: Finden zweier mittlerer Proportionalen). Nach Pappos 244,18 Hultsch kannte N. vier Typen von Konchoiden (hier: *κοχλοειδεῖς γρ.*), die HEATH (Hist. math. 1,240) vermutungsweise gleichsetzt mit 1. den Kurven über dem Kanon (x-Achse unserer Abb.), 2. denen unter dem Kanon mit Schleife ($a > b$), 3. der mit einem Knick ($a = b$), 4. denen ohne Schleife oder Knick ($a < b$). J. M.

T. Heath History of Greek Mathematics, Oxf. 1921 ff., 235. *O. Becker* D. math. Denker der Ant., Göttingen 1957, 84.87.

Nikomenes (*Νικομένης*). **1.** Athener des 5. Jh. v. Chr., der zu den im J. 404 von → Agoratos denunzierten Demokraten gehörte und anschließend von den Oligarchen hingerichtet wurde (Lys. 13,23. 38). BLASS AttBereds. 1,551 ff. **2.** Athener, der durch seinen Antrag dafür sorgte, daß das Gesetz des → Aristophon (2), welches die Kinder eines Bürgers mit einer Nichtbürgerin für illegitim erklärte, erst auf die nach dem J. 403/02 Geborenen angewendet wurde (Sch. Aischin. 1,39. Demosth. 57,30. Is. 6,47. 8,43). H. Gä.

Nikon. 1. Aus Theben, Führer boiot. Hopliten, die 413 v. Chr. mit spartan. Truppen nach Sizilien fuhren, um Syrakus zu verteidigen. Thuk. 7,19,3. **2.** Ägypter, Verwandter des → Agathokles (6), von ihm zum Flottenkommandant ernannt. Beim Sturz des Agathokles 202 v. Chr. wurde N. getötet. Pol. 15,25,37. 33,7. H. V.

3. N. Perco, vornehmer Tarentiner, Gegner der Römer, der 213/12 Tarent mit Gesinnungsgenossen dem Hannibal in die Hände spielte. Pol. 8,24 ff. Liv. 25,8. 26,39,15. Im J. 210 kämpfte er zur See gegen die Römer (tötete den D. Quinctius) und fiel 209 in Tarent, Liv. 27,16. 3. **4.** N., Piratenführer im J. 78 v. Chr., von P. Servilius Vatia Isauricus bekämpft. Cic. Verr. 5,79. H. G. G.

5. aus Pergamon, nach Suda (s. Galenos) und Tzetzes (Chil. 12,8) Vater des bekannten Mediziners → Galenos, Architekt und Geometer. Von Galen selbst nicht mit Namen genannt, Identität jedoch bezeugt durch Galen Scr. min. 2,116,24. 119,2 Müller u. a., wo er seinem Vater für gründliche Ausbildung in Mathematik und Logik dankt. Identität mit aus Pergamon inschr. bezeugtem Architekten namens N. ist sehr unsicher. J. M.

Diller Art. Nikon, RE XVII 507. *M. Fränkel* Inschr. v. Pergamon, Bln. 1895, 2,246 Nr. 333.

Nikonia (*Νικωνία*: Strab. 7,306. Steph. Byz. s. v., der N. irrtümlich an die Donau verlegt; *Νικώνιον*: Ptol. 3,10,8 M. Anon. per. p. E. 61 = GGM I 418), Stadt am linken Mündungsufer des → Tyras (h. Dnjestr) in der Gegend des h. Owidiopol (UdSSR). E. O.

A. Herrmann, RE XVII 508 f.

Nikonidas aus Thessalien. Der Ingenieur des Mithradates VI. Eupator erbaute die »bewundernswerten« Kriegsmaschinen zur Belagerung von Kyzikos, 73 v. Chr. Plut. Luc. 10,3. Vgl. App. Mithr. 73–75. W. H. G.

Nikophanes, Maler. Der Schüler des → Pausias, in der 2. Hälfte 4. Jh. v. Chr. tätig, galt den einen als sorgfältig »wie nur die Künstler es zu würdigen wissen«, wobei jedoch seine Härte in den Farben und die Vorliebe für Ocker getadelt wird, den anderen als *elegans* und *concinnus*, überlegen an *venustas*, an Würde und Ernst dagegen dem Zeuxis und Apelles unterlegen (Plin. nat. 35, 111. 137). Polemon (bei Athen. 13,567 b) lobt N. als guten *πορνογράφος*. Bisher ist nichts von ihm in Kopien nachweisbar, sein Stil ist uns unkenntlich. W. H. G.

Nikophemos (*Νικόφημος*), Athener, durch Konon 395/94 v. Chr. neben → Hieronymos (3) Befehlshaber der pers. Flotte und 393 Harmost in Kythera. Diod. 14,81,4 (irrig *Νικόδημος*).

Xen. hell. 4,8,8. Seine Frau und Tochter blieben auf Kypros. Dort wurden N. und sein Sohn → Aristophanes (1) 389 auf athen. Urteil hingerichtet, ihr Begräbnis verweigert, ihr Vermögen versteigert. Lys. 19,7. 23. 31. 35. H. V.

Nikophon (*Νικοφῶν*). Dichter der Alten Komödie, siegte an den Dionysien kurz vor 403/02 (IG II[2] 2325,67, Lenäen ebd. 131), führte 388 seinen *Ἄδωνις* auf (Hypoth. Aristoph. Plut.). Wir kennen 6 Titel, davon 4 mytholog., 29 Frg. W. K.

Nikopolis. 1. N. ad Nestum (*ἡ περὶ Νέστον*), am mittleren Nestos gegenüber der h. bulg. Stadt Gotze Delčev (früher Nevrokóp), worin sich der ant. Name erhalten hat. Die ant. Siedlung lag beim h. Dorf Zagráde etwa 3 km von Gotze Delčev. Gegründet wurde N. unter Traian zur Erinnerung an seine Eroberungszüge in den Balkanländern (vgl. das Epitheton *Οὐλπία*). Dem epigr. Material ist zu entnehmen, daß neben den griech.-röm. Staatsgöttern auch die Kulte der einheimischen thrak. Bevölkerung bestanden. Bes. zahlreich sind die Weihungen für den Reitergott mit dem Beinamen *Πυρμηρουῦλας*; verbreitet war auch der Dionysoskult. N. hatte vor allem unter den Goten zu leiden (*Schmidt* Die Ostgermanen 2,413,3). N. ist auch als Bistum bezeugt. Ptol. 3,2,7. Sokr. 7,36. Not. episc. 1,57. 6,62. 7,57. 8,62.

Oberhummer, RE XVII 518. *V. Velkov* Die Stadt im spätant. Thrakien u. Dakien des 4.–6. Jhs. 104 (bulg.) u. Ind. *Gerov* Unters. über d. westthrak. Länder in röm. Z., Sofia 1961, 221–225.

2. N. ad Istrum (*Νικόπολις πρὸς Ἴστρῳ*), aber auch ad Haemum (*ἡ περὶ Αἷμον*). Stadt in Moesia Infer. in der Nähe der Vorberge des Haemus, früher irrtümlich bei der h. bulg. Stadt Nikopol an der Donau gesucht, die jedoch erst von Kaiser Herakleios anläßlich seines Sieges über Chosroes 629 n. Chr. gegründet worden ist. Verkehrsgeograph. lag N. äußerst günstig. Eine Straße führte nach → Novae, eine andere verband N. mit der Straße von → Oescus (h. Gigen an der Donau) über den Traianspaß nach → Philippopolis; in ö. Richtung war N. mit → Marcianopolis und → Odessos verbunden. Eine vierte Straße führte über den Haemus nach → Kabyle am Tonzosbogen. N. sollte als Bollwerk gegen die Thrakerstämme im Haemus dienen, aber auch zugleich die Bevölkerung Moesiens im Zaum halten. Von Traian zum Andenken an die Besiegung der Daker gegründet, wird N. in den Inschr. auch als *Οὐλπία* bezeichnet. N. gehörte am Anf. zur Provinz Thrakien, später wurde es Moesia Infer. einverleibt. Die größte Blüte von N. fällt in die Z. des Septimius Severus, aus der die meisten Mz. und Inschr. stammen. N. wurde von Traian als griech. Politie nach dem Muster der kleinasiat. Städte eingerichtet. Die Stadt besaß lokale Phylen. Die herrschende Sprache in N. selbst war zweifelsohne das Griechische. Die *βουλή*, der

δῆμος und die *βουλευταί* werden in den Inschr. oft erwähnt. An der Spitze der Verwaltung standen die Archonten. Das Münzrecht erhielt N. unter Antoninus Pius. Nach den Inschr. zu urteilen, waren die kleinasiat. und überhaupt die oriental. Elemente in der Bevölkerung ziemlich zahlreich. Außer den röm. Staatskulten sind solche des Sabazios und Mithras als *θεοὶ ἐπήκοοι* bezeugt. Die Ausgrabungen haben zahlreiche Reste einer Umfassungsmauer mit runden Türmen und mit Toren, das Forum und verschiedene öffentliche Gebäude, ferner eine ca. 27 km lange Wasserleitung zutage gefördert. Ein schöner Bronzekopf von einer großen Statue Gordians III. ist nicht weit von N. gefunden worden. Tab. Peut. Miller Itin. Rom. 587. Ptol. 3,2,7. Iord. Get. 5,18. Amm. 31,5,16. 11,2. H. A. Claud. 12,4. Iord. Get. 51,267. Eun. frg. 50 (FGH IV 36). Inschr. (vollständig) bei Mihailov Inscr. Gr. Bulg. II (1958), Nr. 601–694. Chr. D.

Pick Ant. Münzen v. Dacien u. Mösien I, 1,328. *Kiepert* FOA XVII 3. *Kazarow*, RE XVII 518–533. *V. Velkov* Die Stadt im spätant. Thrakien u. Dakien des 4.–6. Jh. (bulg.) 86 mit Anm. I u. die Ind.

3. N., lat. auch *Actia Nicopolis* (CIL III 7334 = Dess ILS 2080; spätere Geographen), von Augustus auf der Stelle des Lagers seiner Truppen vor der Schlacht von Actium gegründete griech. Stadt (nicht röm. Kolonie, wie Plin. nat. 4,5. Tac. ann. 6,5); auf der etwa 3½ km breiten Landzunge zwischen Ionischem Meer und Golf von Ambrakai 6 km n. v. Preveza, mit 2 Häfen an der Außenseite und am Golf von Ambrakia. Als Gründungsjahr nennt Cassiod., MG 11,134, das J. 30 v. Chr. N. war »freie Stadt«, Plin. nat. a. O. Arr. diss. Epictet. 4,1,14. Zum Stadtgebiet wurden große Teile von S.-Epirus und Akarnanien geschlagen, Paus. 5,23,3. 7,18,8. Strab. a. O. und 10,2,2 p. 450. Anth. Pal. 9,553. N. war als Hafen von Bedeutung, volkreich und blühend; den Fischreichtum erwähnt GGM 2,524 = GLM 119. N. war Mitglied der delph. Amphiktyonie mit 6 Vertretern, Inschr. öfters. Paus. 18,8,3. EDelph III, I, 498 = SEG 14, 410. Aufenthalt des Paulus, Brief an Tit. 3,12, unsicher; Epiktet in N.: Gell. 15,11,5. Seit Nero Hauptstadt der neuen Provinz Epirus, seit Diokletian Epirus Vetus, ebenso byzantin., Bischofssitz und Metropolis von Epirus; Bischöfe Le Quien 2, 133 ff. Die Angabe bei Mamertinus Paneg. Lat. 11,9 über den vollen Verfall und die Wiederherstellung durch Iulian ist mindestens sehr übertrieben. Alarich vor N., Hist. misc. 13,26; 475 von Geiserich besetzt, Malch. frg. 3 (Hist. Gr. min. Dind. 1,388); 551 durch Totila verwüstet, Prok. b. G. 4,22,31. Große Bautätigkeit im 5. und 6. Jh. (s. u.); Neubau einer Stadtmauer unter Iustinian. Prok. aed. 4,1,37. Wohl im 13. Jh. verlassen. Strab. 7,7,5 f. p. 324 f. Cass. Dio 50,12,3 f. 51. 1,3. Suet. Aug. 18,2. 96,2. Ptol. 3,13,3. Tab. Peut. 7,3/4. Itin. Anton. 325,2. Itin. mar. 488,1 ff. Anon. Rav. 4,8,

193,1. 5,13,378,8. Guido 112, 539,17.Hierocl. Synecd. 651,4.

Viele Bauten z.T. noch erhalten und h. z.T. restauriert, bes. die ganz aus Spolien gebaute wohl iustinianische (s.o.) Stadtmauer, die nur noch einen Teil der Stadt mit 2 km Umfang und 250 ha Fläche umschließt, ein kleines Theater (Odeion), mehrere sonstige Bauten und vor allem vier große chr. Basiliken mit großen, prachtvollen Mosaikböden, bes. die inschr. datierten der Bischöfe Alkyson († 516) und Dometios (6. Jh.). Etwas n. der Stadt der heilige Bezirk für die von Augustus nach N. verlegten aktischen Spiele mit dem großen, hoch erhaltenen Theater, Gymnasion und Stadion (neue Grabung *Πρακτ.* 1940, 28 ff.). Auf dem Hügel Michalitsi darüber (158 m), wo das Zelt des Augustus gestanden hatte, offener Bezirk als Siegesdenkmal mit monumentaler Weihinschrift für Mars und Neptunus, Suet. a.O. [11], 98 ff. AA 1928, 599. EHRENBERG-JONES Documents relating to the reigns of Augustus and Tiberius Nr. 12, ferner Anth. Pal. 6,236, darin Kultstatue des Apollon und weitere Statuen. Inschr.: CIG 1810–1821. CIL III 545 (p. 989. 1320). SEG 3,491 bis 495. 18,263. *Πρακτ.* 1913, 93 ff. *Ἀρχ. Δελτ.* 9, 1924/25, *παρά.* 1 ff. Hesp. 28, 1959, 69. 73. Mz.: HEAD HN² 321. GRANT From imperium to auctoritas 343. 361. E. M.

1. *W.M. Leake* Travels in Northern Greece 1,185 ff. 2. *Bursian* Geogr. Griechenl. 1,32 ff. 3. *Philipps.-Kirst.* 2,108 f. 4. *A.Baccin–V.Ziino* Nicopoli d' Epiro, Palladio 4, 1940, 1 ff. 5. *Schober*, RE XVII 511 ff. (2). 6. *C.Bertelli* Enc. Arte Ant. 5,457 f. 7. *Kirsten-Kraiker* Griechenlandkunde⁵, 1967, 751 ff. (mit Plan). 846. 902 (Lit.). 8. *N.G.L. Hammond* Epirus 1967, 46 ff. 62 u.ö. 9. *Grabungsberichte*: *Πρακτ.* u. *Ἐφ. ἀρχ.* seit 1913. *Ἀρχ. Δελτ.* seit 5, 1919. BCH 89, 1965 ff. 10. *A.Philadelpheus* Les fouilles de N., L'Acropole 2, 1927, 222 ff. 11. *J.Gagé* Actiaca, MEFR 53, 1936, 37 ff. (S. 43 Abb. 1. Plan der Umgebung). 12. *E.Kitzinger* Mosaics at Nicopolis, Dumbarton Oaks papers 6, 1951, 81 ff. 13. *U.Kahrstadt* Die Territorien von Patrai und N. in der Kaiserzeit, Hist. 1, 1950, 549 ff.

4. N., nach Plin. nat. 5,150 eine Stadt n. von Kalchedon. Da in der fraglichen Gegend kein Ort dieses Namens aus anderen Quellen bekannt geworden ist, die Hss. aber auch die Form *micopolis* bzw. *mykopolis* überliefern und Dion. Byz. 96 im n. Teil des Bosporos die → Amykos-Bucht (benannt nach dem aus der Argonautensage bekannten König der Bebryker) verzeichnet, liegt die Annahme nahe, N. in Amykopolis zu verbessern und den Ort in der Bucht von Amykos, h. Beykoz, anzusetzen. Hier ist durch die Natur ein ausgezeichneter Ankerplatz geschaffen, so großzügig, daß z.B. die brit.-frz. Flotte 1854 vor Beginn des Krimkrieges dort ankern konnte. F. K. D.

5. N., von Strab. 14,676. Ptol. 5,7,7 Kilikien zugeordnete, in der Zeit zwischen 21 und 30 n.Chr. der röm. Provinzialverwaltung von Syria unterstellte (CIL III 6703) Stadt im Hinterland des *Ἰσσικὸς κόλπος* (Itin. Ant. 190), beim h. Islâhiye [1]. **6.** N., u.U. bereits von → Seleukos I. (App. Syr. 298; urspr. unter anderem Namen?) und von Pompeius erneut bzw. aus Anlaß und an der Stelle seines 66 v.Chr. über Mithradates VI. errungenen Sieges neu gegründete Stadt in Kleinarmenien (beim h. Pjurk bei Enderes; vgl. [3] mit Bel. und Lit.). In chr. Z. war N. Bischofsitz der Eparchie Armenia I. Die aller Wahrscheinlichkeit 499 n.Chr. von einem schweren Erdbeben betroffene Stadt wurde unter Iustinianus großenteils wiederhergestellt [2]. E. O.

1. *E.Honigmann*, RE XVII 535 f. Nr. 7. 2. *J.Sturm*, ebd. 536 ff. Nr. 8. 3. *D.Magie* Roman rule in Asia Min., Princeton N.J. 1950, 1085. 1233. 1262.

7. N., amtlich für → Emmaus (1) seit Erhebung zur Stadt um 221 n.Chr. (Eus. chron. z.J.), ab 4. Jh. Bischofssitz, Wallfahrtsort (Lk. 24,13 ff.); wundertätige Quelle. Reste einer Basilika über einer spätröm. Villa (nach [1] schon 3. Jh., umstritten). 638 arab., 639 Pest, dann Niedergang. Chr. B.

1. *L.H. Vincent–F.-M. Abel* Emmaus, 1932. 2. *D. Baldi* Enchiridion locorum sanctorum², 1955, 706 ff. (Quellenslg.).

8. N., eine Dirne, die in Rom um 114 v.Chr. den jungen L. Sulla zu ihrem Erben einsetzte. Plut. Sull. 2,7 u.a. H. G. G.

Nikosthenes, Töpfer. Im letzten Drittel 6. Jh. v.Chr. hat N. mehr als 100 erhaltene Gefäße signiert, die von verschiedenen Malern teils rf., teils sf. bemalt wurden. In der archäolog. Fachsprache heißt eine spezielle Form der Bandhenkelamphora »nikosthenisch«. W. H. G.

Beazley AV 2,216 ff.; Attic Red-Fig. Vase-Painters ²1963, 122 f.

Nikostrate (*Νικοστράτη*). **1.** Arkad. Nymphe, prophet. begabt, von Hermes Mutter des → Euandros (1), der auf ihr Betreiben nach Italien auswanderte. Mit ihr (und den andern ihm zugeschriebenen Müttern: Themis, Tiburs, Timandra [→ Echemos]) wurde in nachvarron. Z. die altröm. Göttin → Carmenta (-tis) identifiziert. Plut. qu. Rom. 56. Strab. 5,230, Bei Plut. Rom. 21 ist sie Gattin des Euandros. **2.** Gattin des → Sophokles. H. v. G.

Nikostratos (*Νικόστρατος*). **1.** Sohn des → Menelaos und der → Helene, Hes. frg. 99 Rz³. Apollod. 3,133. Nach jüngerer Version war er Sohn einer Sklavin, und deshalb wurde nicht er, sondern Orestes Nachfolger des Menelaos, Paus. 2,18,6. Nach rhod. Sage vertrieben N. und → Megapenthes (2) Helene aus Sparta, Paus. 3,19,9 f. H. v. G.

2. Sohn des Dieitrephes aus dem Demos Skambonidai der Phyle Leontis. Aristoph. Vesp. 81. Er griff als Stratege 428/27 vergebens in die inneren Kämpfe Korkyras ein. Thuk. 3,75 f. Als Stratege 425/24 und 423/22 war er an dem Zug des → Nikias (1) gegen Kythera und Mende und dem einjähr. Waffenstillstand mit Sparta beteiligt. Thuk. 4,54. 119. 129f. Bei Mantineia 418 besiegt, fiel N. als Stratege. Thuk. 5,61. 64. 74,3. Androtion FGrH 324 F 41. Diod. 12,79. DMac Dowell, CQ 59, 1965,41 ff. **3.** N., Argiver, *προστάτης* von Argos, belagerte im Dienst des Perserkönigs → Artaxerxes Ochos (3) 344 mit 3000 Argivern Pelusion und äffte im Kampf Herakles mit Löwenfell und Keule nach. Diod. 16,44. 47f. Theopomp. FGrH 115 F 124. N. war 337 in Argos polit. Gegner des Phayllos. Plut. mor. 192 A. 535 A. 714 AD. 760 AB. **4.** N., achaiischer Stratege 198/97, Nachfolger des → Aristainos, an Verhandlungen des Flamininus mit → Nabis beteiligt, schlug die Truppen Philipps V. Liv. 32,39,7. 33,14,9–15,16. H. V.

5. N. hießen 2 Dichter der att. Komödie. Der ältere war nach → Apollodor (5) der jüngste Sohn des Aristoph.; nach Dikaiarch war das vielmehr → Philhetairos (2 Stücke werden N. oder Philhetairos zugeschrieben). Dieser N. ist wohl der in der Choregeninschr. IG II^2 3094 (Anf. 4. Jh.) genannte. Wir kennen 42 Frg. (eines in Glykoneen), 20 Titel, von denen diejenigen, die nicht in der Art der Alten (*῎Αντυλλος*, *Ἡσίοδος*, *Λάκωνες*) oder Mittleren (mytholog.) Komödie sind, dem jüngeren N. gehören mögen, der IG II^2 2325,165 als Lenäensieger, ferner ebd. 2323 a 43 für 311 und IG XI 2,107. 25 (280) genannt wird. Ausdrücklich wird ihm nur der *᾽Ορνιθευτής* zugeschrieben. W. K.

6. N., platon. Philosoph, wohl des 2. Jh. n. Chr. Er ist lediglich bekannt durch Simplikios, der im Kommentar zu Aristoteles' Kategorienschrift zehn Einwände des N. referiert. N. gehörte also zu den Platonikern, die sich dagegen wehrten, daß die aristotel. Logik, speziell die Kategorienlehre, als Fundament der platon. Philos. anerkannt werde, was die Mehrzahl der Platoniker mit → Albinos bedenkenlos tat. Vor N. hatte bereits → Eudoros Einwände gegen die Gültigkeit der Kategorienlehre erhoben; neben N. nennt Simplikios einen nicht weiter bekannten Lukios als Vertreter dieser Ansicht. Nach N. hat vor allem → Plotinos, Enn. VI 1–3, z.T. auf N.' Argumenten fußend, die Kategorienlehre diskutiert. H. D.

K. Praechter N. der Platoniker, H 57, 1922, 481–517. Zum Kategorien-Problem insgesamt demnächst *K. Wurm* Sein und Qualität bei Platon, Aristoteles und Plotin (Diss. phil. Münster), Bln. 1970.

7. N., berühmter Athlet aus Prymnessos (Phrygien), siegte in der 204. Olympiade = 37 n. Chr. am selben Tage im Ringkampf und im Pankration, stand daher als achter und letzter Paradoxonikes nach Herakles in der Olympionikenliste verzeichnet. Quintilian hat als *adolescens* ihn gesehen (2,8,14), Tac. nennt ihn dial. 10,7 als Inbegriff körperlicher Kraft und Leistungsfähigkeit. Stein, RE XVII 543. K. Z.

8. N. (T. Aurelianus N., wenn sich IG XII 1,83 auf ihn bezieht), berühmter Sophist 2. Jh. n. Chr. aus Makedonien. Als Schriften N.' nennt die Suda 1. *Δεκαμυθία* (Slg. von Fabeln in 10 B.), 2. *Εἰκόνες* (Slg. prosaischer Gemäldebeschreibungen, die unseres Wissens N. als erster verfaßte), 3. *Πολυμυθία* (wahrscheinlich eine noch umfangreichere Fabel-Slg. – oder nur eine andere Bezeichnung für die 1. Schr.?), 4. *Θαλαττουργοί* (mimische Briefe?), 5. *᾽Εγκώμια* (auf Antoninus Pius u.a.), 6. *ἄλλα πλεῖστα*, darunter wohl *μῦθοι δραματικοί* (Romane?) und *γαμικὰ παραγγέλματα*. Die zahlreichen, zumeist positiven ant. Urteile über N.' Stil stellen ihn als Muster der *γλυκύτης* und der *ἀφέλεια* hin. Hermog. nennt den Stil allerdings einmal *ὑπέρισχνος*. O. Dr.

9. N., ein im O. abgesetzter Bischof, der sich als einer der ersten zur Kommunion mit Papst → Hormisdas bereit erklärt hatte und für dessen Rehabilitation sich dann der Papst energisch, aber wohl vergeblich bei Kaiser Iustinus I. einsetzte (Mansi 8,470ff. Epist. Imp. = CSEL 35,171 ff. E. Caspar Papsttum 2,164ff.). A. L.

Nikotera s. Nicotera

Nikothoe (*Νικοθόη*). → Harpyie, auch Aëllopus, Aëllo genannt, Hes. theog. 265ff. Ihre Schwestern sind → Okypete und → Kelaino (2) – erg. hier: Sch. Apoll. Rhod. 2,223 –. N. stürzt, von den Boreaden verfolgt, in den peloponnes. Fluß Tigres, der seitdem Harpys heißt. Apollod. 1,122. Prell.-Rob. 1,559,5. H. v. G.

Nil (*Νεῖλος*). Schon seit Hes. Theog. 338 bekannter Name des Äg. durchfließenden Flusses, von Homer nach der alten Hauptstadt Memphis: *Ḥw.t-kꜣ-Ptḥ* wie das Land *Αἴγυπτος* genannt. Herkunft des Namens N. ist unbekannt; äg. hieß er *Ḥ^{c}pj*. Die Ägypter verehrten ihn als Bringer der Fruchtbarkeit, so bei Silsile in O.Äg. und bes. in *pr-Ḥ^{c}pj*, griech. Babylon, h. Altkairo. Dort nahm man die u.äg. Nilquelle an, während die o.äg. in Elephantine gesucht wurde (Hdt. 2,28, zwischen den Felsen *Κρῶφι* und *Μῶφι*). Die Überschwemmung maß man an der S.-Spitze der Insel Rhoda b. Kairo; im A.R., aus dem uns z.T. die Nilhöhen durch den Annalenstein erhalten sind, sind 4 Ellen normale Höhe der Überschwemmung, in hellenist. 16 Ellen, was auf eine Veränderung des Pegels hinweist. Der N. war die Hauptverkehrsader Äg., wobei bei der S.-Fahrt die Katarakte hinderlich waren; z.T. versuchte man sie durch Aushauen von Fahrtrinnen schiffbar zu machen. Die Überschwemmung galt als Jahresbeginn, doch ging dem Ägypter die Frage nach der Ursache nicht über den religiösen Bereich hinaus: ein Gott, oft Chnum als Herr von Elephantine, »bringt« die Überschwemmung. Erst die Griechen versuchten dieses Problem zu lösen, Thales durch die stauende Wirkung der → Etesien, Herodot dadurch, daß die Sonne im Sommer nördlicher stehe und nicht soviel Wasser verdunsten könne. Doch ist auch die richtige Erklärung der Regen in den Bergen Abessiniens (Thrasyalkes) und der Schneeschmelze

(Anaxagoras) gegeben worden. Damit hing auch das Problem der Nilquellen zusammen, die man entweder im W. Afrikas (Hdt. 2,33) oder in Indien oder auch auf der S.-Hemisphäre annahm. Röm. Vorstöße unter P. → Petronius z.Z. des Augustus (Plin. nat. 6,181f. Strab. 17,880) und die Expedition zweier Centurionen unter Nero machten den Nil bis zu den undurchfahrbaren Sümpfen an der Mündung des Bahr el-Ghasal bekannt. Die Kenntnis des Mondgebirges (Ptol. 1,17,5) und zweier Quellseen dürfte von Seefahrern an der ostafrikan. Küste stammen. Von den Nebenflüssen waren bekannt der Ἀσσαβόρας (Atbara) und Ἀστάπους (Blaue Nil). – Das Delta wurde von Hdt. 2,10 als angeschwemmtes Land erkannt; 7 Arme des N. durchziehen es: der Pelusische, Tanitische, Mendesische, Phatnitische, Sebennytische, τὸ Βολβίτινον, der Kanobische (Ἀγαθὸς Δαίμων); Hdt. hielt den Phatnitischen (Bukolischen) und den Bolbitinon für künstlich. W. H.

Nilpferd, Hippopotamus amphibius L., ὁ (ἡ) ἵππος ποτάμιος, *hippopotam(i)us* (spätes Übersetzungsfremdwort *equus fluvialis* bei Ambros. hexaem. 5,1,4). Den Alten vornehmlich vom Nil her bekannt, aber auch aus Palästina; in westafr. Flüssen (Senegal? Gambia?) wahrscheinl. die kleinere Art Hippopotamus liberiensis Mort. Vorkommen im Indus von Onesikritos behauptet, von Strab. 14,706 bestritten, auch von Paus. 4,34, 3 nicht angenommen. Schon im späten Alt. in Äg. weitgehend ausgerottet, seitdem nicht wieder dort heimisch geworden. Nach Rom oft zu Tierkämpfen (bes. gegen Krokodile) gebracht, gehörte das exotische Riesentier später auch zu den kaiserl. Bestiarien. Trotzdem enthalten die lit. Beschreibungen (zuerst Hdt. 2,71 [nach Hekat.]), bis zuletzt neben wenigen richtigen Angaben (amphib. Lebensweise, dicke Haut, Eckzähne, stumpfe Kopfform) abenteuerliche Irrtümer (angebl. Paarhufer mit Pferdemähne, Pferdeschweif, Pferdestimme; listiger Rückwärtsgang bei Verwüstung der Saaten; Selbstaderlaß u. dgl.). Andere berichten von seiner Ödipus-Schuld (Tötung des Vaters, Begattung der Mutter). In Äg. wurde es teilweise als Unrechts-Gott Typhon-Seth verstanden, andererseits auch als Schutzgottheit schwangerer Frauen (Roeder Äg. Götterwelt 20. 161). Im übrigen war es ein gehaßter Schädling, den man jagte (Gruben und Harpunen, Abb. bei Klebs Reliefs des Alten Reiches, Abh. Heidelb. 1922, 957) und dessen Körper man vielfältig auswertete (Haut, Stoßzähne, Fett, Blut, Hoden [antitoxisch]). Das Fleisch nennt Diod. 11,23 unverdaulich, zu Unrecht (Heuglin in Brehm's Tierleben 13[4],42). – Bildl. Darstellungen begegnen von früher Z. an, wie auf dem Grabrelief von Sakkara (Klebs a. O.), ca. 2650, bis in röm. Z., so auf Mz. (u.a. Reitszenen), Mosaiken (Palestrina, Pompeji u.a.), Wandmalereien (Schefold Pompeian. Wände 371) und Plastiken (z.B. die vatikan. Nilgruppe). W. R.

O. *Keller* Thiere des class. Alt. 202ff. *Ders.* Ant. Tierwelt 1,406f. *Zur Strassen* Brehm's Tierleben 13[4], 35ff.

Nilschwelle. Die Erforschung der Ursachen der sommerlichen Nilüberschwemmung ist eines der ältesten naturwissenschaftlichen Probleme bei den Griechen. Es hat unaufhörlich einerseits bes. die Physiker und Philosophen, andererseits in geringerem Maße die Geographen interessiert. Dafür zeugen nicht nur die Slg.en der vorgeschlagenen Lösungen, sondern auch deren Zahl und chronolog. Verteilung.

1. Sammlungen. Abgesehen von kleineren Doxographen kann man 9 Abhandlungen oder Kapitel über diesen Gegenstand zählen: Hdt. 2, 20–26 (zit. und erörtert drei frühere Meinungen, darüber O. Gigon Der Ursprung der gr. Philos., 1945, 48), Aristot. Frg. 248 R. (ma. Exzerpt *De inundacione Nili*), Theophr. Περὶ ὑδάτων (? Vgl. O. Regenbogen, RE Suppl. VII 1421), dann nach Aristot. und Theophr. (vgl. Diels DoxGr 226) mit Zusätzen aus der neueren Lit. Agatharchides FGrH 86 F 19 (= Diod. 1,38–41), Poseidonios (= Sen. nat. 4,2,17–30 + Lyd. mens. 4,68 + Lucan. 10,172–331), Lucr. 6,712–737, Aët. 4,1 (= Ps. Plut. plac. 4,1), Aristeid. 36, Anon. Flor. FGrH 647,1. Außerdem werden Nilbücher erwähnt von Theotimos FGrH 470 F 5, Kastor FGrH 250 T 1 Ariston v. Chios und Eudoros v. Alexandreia FGrH 649–650 und ein Gedicht *Nilus* von Cicero (SHA 20,3,2).

2. Hypothesen. Von Anf. an setzen unter dem Einfluß des Thales – der einzige, der Äg. besucht hat – die Vorsokratiker die Nilschwelle in Beziehung zu den → Etesien, deren Anfangs- und Enddaten ungefähr zusammenfallen. Thales A 16: sie stauen das Wasser des Stromes. Thrasyalkes A 1 (danach Demokr. A 99): sie stauen Wolkenmassen an den Gebirgen Aethiopiens und erzeugen Regenfälle (Pind. Frg. 282 bringt danach einen Aethiop. Dämon hinein). Anon. bei Lucr. 6,724–728 und Mela 1,53: sie häufen Sandbarren vor der Mündung an. Euthymenes FHG IV 408 (danach Hekat. FGrH 1 F 18): sie treiben das Wasser des Ozeans in einen Ausfluß desselben in W.-Afrika hinein, der durch Libyen fließt und Äg. von S. her erreicht. Die Ansichten des 5. Jh. sind folgende: Anaxag. A 42,5: Schneeschmelze in den Bergen (Aethiopiens nach Aischyl. Frg. 193 Mette und Eur. Frg. 228 N.) soll die N. verursachen; Promathos (sonst unbekannt) versetzt diese Berge nach W.-Libyen (Aristot. Frg. 248; vgl. Iuba FGrH F 38 *prout in Mauretania nives imbresve satiaverint Nilum increscere*). Hdt. 2,24–25: Hochwasser ist der Normalstand, und das Abschwellen im Winter rührt von der durch die Sonne verursachten Verdampfung her, die zu dieser Zeit über dem Oberlauf des Nil im S. von Libyen steht. Oinopides A 11: da das Erdinnere im Winter warm, im Sommer kalt ist, wird entsprechend das unterird. Wasser im Winter verzehrt, im Sommer unvermindert hinausgeschickt.

Diogenes von Apollonia A 18: die von der Sonne ausgetrocknete Erde zieht von ringsum in unterird. Kanälen alles mögliche Wasser, dessen Überschuß die N. verursacht. Ähnlich noch Ephor. FGrH 70 F 65 nach 350: das im Winter unter der geschlossenen Erddecke gesammelte Wasser bricht im Sommer wie Schweiß hervor. Abgesehen von diesem letzten Beispiel stützen sich die Ansichten des 4. Jh. auf die neuen geogr. und meteorolog. Hypothesen. → Nikagor. (Aristot. Frg. 248 R.): Nilquelle bei den Antöken, *in qua hyems est quando fuerit apud nos estas*. Eudox. Frg. 287 Lasserre (vgl. Heliod. Aeth. 2,28): gegenseitige Reaktion (ἀντιπερίστασις: H. B. Gottschalk Strato of Lampsacus, 1965, 148) der Jahreszeiten an der Grenze zwischen Oikumene und Antoikumene und danach Regengüsse. Aristot. Frg. 248: Sommerregen in Aethiopien wegen ἀντιπερίστασις. Theophr. c. plant. 3,3,3 (danach Kallisth. FGrH 124 F 12, Eratosth. III B 52 Berger, Poseid. FGrH 87 F 78): Anhäufung der in Aethiopien von den Etesien getriebenen Wolken. Daneben hält sich merkwürdigerweise die alte Erklärung (Ausfluß aus dem Ozean) bei Dikaiarchos. Frg. 113 W. Die jüngeren Hypothesen fügen teils uninteressante Nuancen, teils unbegründete Hypothesen hinzu, wie die eines unterird. Laufes auf große Strecken bei Iuba (→ Niger). Aber die meisten Autoren begnügen sich damit, die klass. Doxographien mit den Widerlegungen zu wiederholen, die ihnen angehängt werden und weder krit. Geist noch Interesse für neue Erklärungen bekunden. F. L.

W. Capelle Die Nilschwelle, Neue Jahrb. 1914, 317–361.

Nilupolis. 1. Kopt. Tilodj, h. Dallas, 13 km n. Beni Suef zwischen Nil und Bahr Jussuf. Kleiner Ort Mitteläg. mit Tempel des Nilgottes. Der altäg. Name ist nicht bekannt; in chr. Z. Bischofssitz. **2.** Dorf im Fajum, in der Nähe von Soknopaiu Nesos, also am O.- oder N.-Ufer des Birket Karun; bekannt durch Pap. der späteren Ptolemäerzeit bis ins 7. Jh. n. Chr. W. H.

Nimbus. 1. *N. vitreus*, Glasgefäß mit vielen Öffnungen zum Aussprengen von Flüssigkeit, Martial. 14,112. **2.** N. heißt bei Isid. orig. 19,31, 1–2 eine verzierte Stirnbinde der Frauen, wozu vielleicht zu vgl. Serv. Aen. 2,616 *clavus transversus in veste*. **3.** N. wird Isid. orig. 13,10,3. 19,31,2 als *densitas nubis* definiert, entsprechend kennt Vergilius n. sowohl als verhüllende Wolke wie als Lichtwolke, die, vor allem in der Epiphanie, göttliches Wesen auszeichnet. Beide Vorstellungen begegnen schon bei Homer, doch ohne spez. t. t. Von Göttern und Heroen wird Erscheinung bzw. Bild im Lichtglanz dann auf Könige und überragende Menschen übertragen, etwa Plut. Alex. 63,4 vgl., auch die Flammen bei Marcius, Liv. 25, 39,16. Dieser strahlende Glanz wird in der griech. bildenden Kunst zunächst vornehmlich bei Lichtgottheiten dargestellt. Hierbei ist zu unterscheiden zwischen der Wiedergabe der Gestirnszeichen (Sonnenscheibe für Helios, usw.), die rein attributiven Charakter haben, und der Darstellung des Glanzes. Dieser wird zunächst durch Strahlen dargestellt (z. B. Rumpf, HBArch IV/1 T. 42,2. Weiteres: [1], 603ff.). In der von der chr. Kunst her geläufigen Form einer einfachen runden Scheibe ohne Strahlenkranz, auf oder hinter dem Kopf der so ausgezeichneten Gestalt, begegnet der N. für andere als Lichtgötter erst in röm. Z. (z. B. K. Schefold Pompejan. Malerei 1952 T. 31. 37. G. Lippold Ant. Gemäldekopien [ABAW 33, 1951] Abb. 71). Dieser röm. N. erscheint als Zeichen überirdischer Macht bzw. Autorität bei Gottheiten aller Grade, bei Personifikationen und Kaisern. So kann Mithras den N. mit Strahlen tragen ([3], T), Neptunus, Venus und andere tragen ihn ohne Strahlen ([3], Abb. 631. L. Foucher Inventaire des mosaiques Sousse [1960] T. 8b/c. L. Leschi Algérie ant. [1952] T. 118. La mosaique gréco-romaine [1963] 175ff. Abb. 5 + b. Sonst oft. Weiteres: [1] 611ff. 617ff.). Paneg. Maxim. 3,2 umschreibt N. kunstvoll mit *illa lux divinum verticem claro orbe complectens*, und etwa um die gleiche Z. wird der N. zu einem jener Abzeichen des Kaiserporträts, die möglich und häufig, aber nicht nötig sind, vgl. etwa allein aus der Goldprägung des Constantinus I. [5], T. 5,65–68. 16f., 216–223. 20,244–245; spätere Kaiser: Valens [6], T. 389d; Iustinian und Theodora: Mosaiken in Ravenna, S. Vitale. Unter den kaiserl. Frauen tragen den N. offenbar nur diejenigen, die den Titel *Augusta* führten ([5], T. 10,152, vgl. dazu die Trierer Wandbilder umstrittener Deutung [5], T. 38/39). Wie wichtig der N. den Zeitgenossen war, zeigt auch, daß bei den auf Konstantin umgearbeiteten und umgedeuteten Bildnissen der hadrian. Jagdreliefs am Konstantinsbogen in Rom ein N. nachträglich zugefügt wurde (z. B. [6], T. 209). Vom konstantin. Herrscher-N. aus wird der N. dann auf Christus und später auf Heilige, Engel usw. der chr. Kunst übertragen. Ein äußerer Unterschied zwischen den N. der Kaiserbilder ([4], T. 57. 79. 94–97. 106) und denen etwa des Laurentius im Mausoleum der Galla Placidia ([6], T. XXV) oder der Heiligen und Engel der alten Mosaiken in S. Maria Maggiore in Rom ([6], T. 358/59. XXIV) ist nicht zu erkennen. Christus selbst wird seit E. 4. Jh. bevorzugt mit dem Kreuz-N. (z. B. in Ravenna) oder dem Monogramm-N. (E. Weigand, ByzZ 30, 1930, 587ff. 32, 1932, 63ff.) dargestellt. Den Kreuz-N. konnte ferner die Taube als Symbol des Hl. Geistes und der Vogel → Phoinix tragen. In charakterist. Weise wirkt dann die chr. Verwendung des N. auf die Darstellung heidn. Personen des Mythos in der Buchmalerei zurück; so kann in der Verg.-Hs. Cod. Vat. Lat. 3867 Iris, die Botin an Turnus (Aen. 9,2ff.) mit N. ausgestattet werden wie ein chr. Engel ([6] T. XXVI). Eine Sonderform des chr. N. ist schließlich der rechteckige N., der als Würdezeichen Lebenden und Toten, vor allem des Klerikerstandes, beigegeben werden kann (z. B. D. T. RICE Art of the Byzantine Era [1963] 65 Abb. 53. Frühchr. Kunst aus Rom [Ausstellungs-Kat. Essen 1962] Nr. 460 m. Abb.). Der N. hat dann vor allem in der Kunst des MA. eine bedeutende Rolle gespielt. W. H. G.

1. *Keyssner*, RE XVII 591 ff. 2. *M. Collinet-Guérin* Histoire du nimbe 1961. 3. *Ders.*, Enc. Arte Ant. V (1963) 493 ff. 4. *R. Delbrueck* Spätant. Kaiserporträts 1933. 5. *M. R. Alföldi* D. constantin. Goldprägung 1963. 6. *Th. Kraus* D. röm. Weltreich (Propyläen-Kunstgesch. 2) 1967.

Nimrod. Aus dem mesopot. Bereich übernommene, sagenhaft entstellte Herrschergestalt in der Völkertafel der Genesis (10,9 *NMRD*), Begründer von Ninive und Herrscher über Babel, Erech (= Uruk) und Akkad. Der mesopot. Prototyp ist umstritten. Nach E. A. SPEISER (Eretz Israel 5, 1955, 32–36 »In Search of Nimrod«) wäre N. Kurzform für Tukulti-Ninurta I. von Assyrien (1244–1208); nach W. VON SODEN (RGG³ 1496 f.) läge der Name des Gottes Ninurta zugrunde. Über N. bei griech. und röm. Autoren der chr. Z. s. PREISENDANZ, RE XVII 624–627, wo auch über die jüd. Tradition (s. a. M. SELIGMANN in Jewish Encycl. 9, 1905, 309–311). Über Namrūd ibn Kanʿān in der arab.-islam. Tradition s. B. HELLER Encycl. des Islam 3,910 f. Zwei mesop. Ruinen tragen den Namen N.: Birs Nimrūd (= Borsippa bei Babylon; E. HERZFELD, Encycl. des Islam 1, 756 f.) und Nimrūd (= Kalaḫ am mittleren Tigris; M. STRECK, ebd. 3,997–999). D. O. E.

Ninive s. Ninos

Ninnius. Personenname, wohl mit dem Lallwort *ninnium* »Puppe« u. ä. (WALDE-HOF.³ 2,170) zusammenhängend. Für latin. Herkunft spricht die Gemination, SCHULZE Eigenn. 424. **1.** Pacuvius N. Celer aus Capua nahm 216 zusammen mit Sthenius den Hannibal ehrenvoll auf. Liv. 23,8,1. 5–8. **2.** L. N. Quadratus, wohl ebenfalls wie Nr. 1 aus Campanien. Volkstribun 58, Anhänger Ciceros, dessen Rückberufung aus dem Exil er am 1. Juni 58 im Senat beantragte. Cic. p. red. in sen. 3 u. ö. Genannt wird er auch in den J. 55 und 49. **3.** M. N. Pollio, M. f., Aedil in Pompeii 14 v. Chr. DESSILS 6389. H. G. G.

4. Q. N. Hasta, cos. ord. 114, CIL XI 3614; an ihn ist Hadrians Edikt *de officio proconsulis* Dig. 48,8,5 gerichtet. R. H.

Ninos (*Νῖνος*). **1.** Nach griech., durch Keilschrifttexte nicht gestützter Überlief. (seit Ktesias) Begründer des assyr. Reiches und der mit ihm gleichnamigen Stadt Ninos (= Ninive). Die Schilderung seiner Welteroberung könnte durch Erinnerungen an das neubabyl. Reich inspiriert sein. Nach E. A. SPEISER, Eretz Israel 5 (1958) 36*, wäre N. Kurzform für Tukulti-Ninurta (I.), den Namen eines ass. Königs; vgl. Nimrod. N. heiratete Semiramis (nach Diod. die Frau eines seiner Feldherrn), mit der er einen Sohn, Ninyas, hatte. Nach der Vermählung tritt das Interesse der ant. Autoren für N. hinter dem für Semiramis zurück. Hauptquelle: Diod. 2, 1–20; vgl. sonst E. WEIDNER, RE XVII 634 f. Die griech. Überlief. ist vielleicht jung und mit E. Weidner auf Ninive bezogene ätiolog. Sage. Hdt. kennt noch keinen Herrscher N.; ebenso fehlt er in der Königsüberlief. des Berossos. D. O. E.

Ninos-Roman. Von diesem bislang ältesten Roman (2. oder 1. Jh. v. Chr.) sind größere Bruchstücke auf 2 Pap. des 1. Jh. n. Chr. (Pap. Berol. 6926 und PSI 1305) erhalten. Sie handeln von der Liebe des jungen Assyrerkönigs N. zu seiner Base Semiramis, von der Trennung des Paares wegen eines Kriegszuges gegen Armenien und von dessen vorläufigem Mißlingen, und verraten, daß hier bereits Technik und Motive des kaiserzeitl. pathet. Liebesromans verwendet waren. H. Gä.

Ta.: *U. Wilcken*, H 28, 1893, 161 ff. *B. Lavagnini*, Erot. Gr. fr. pap., Lpz. 1922, 1 ff. *F. Zimmermann* Griech. Roman-Pap. ..., Heidelberg 1936, 13 ff. (mit Lit.). *S. Gaselee* in: Daphnis and Chloe ed. *J. M. Edmonds*, Lond.-Cambr. Mass. 1916 u. ö., 382 ff. Übers.: F. *Zimmermann*, A 11, 1935, 294 ff. *Q. Cataudella* Il romanzo classico, Roma 1958. Lit.: *F. Zimmermann*, Wiss. Ztschr. d. Univ. Rostock 3, 1954, 175 ff. *R. Helm* Der ant. Roman, Gött. ²1956, 18.

Ninurta s. Nimrod

Ninyas (*Νινύας*). Nach griech., durch Keilschrifttexte nicht gestützter Überlief. (seit Ktesias) Sohn des assyr. Ninos und der Semiramis. Sein Name ist vom Stadtnamen *Ninu(w)a* = Ninive abgeleitet. N. herrschte nach Abdankung seiner Mutter; hervorgehoben werden an ihm Luxus, Verweichlichung und Absonderung (Sardanapal-Motiv). Hauptquelle Diod. II 20 f. Für sonstige märchenhafte Überlief. vgl. E. WEIDNER, RE XVII 643 f. D. O. E.

Niobe. Über N. haben wir in der Dichtung 2 ausführlichere Berichte: das Paradeigma, durch das Achilleus Il. 24,602 Priamos veranlassen will, Speise zu nehmen, und die Erzählung bei Ov. met. 6,146. Dazwischen und danach zeugen viele Hinweise und Fragmente von einem variantenreichen Leben der Sage.

Der Bericht der Il. nennt → Tantalos nicht, der später durchwegs als N.s Vater erscheint, während als Mutter meist → Dione, aber auch Euryanassa genannt wird, enthält jedoch sonderbare Züge: neuntägiges Freiliegen der 12 von Apollon und Artemis erschossenen Kinder, Versteinerung des Volkes, Bestattung durch die Götter; 614–617 mit der Versteinerung der N. am Sipylos hat schon → Aristophanes (4) athetiert. Hier bleibt N. am Leben. Die Besonderheiten erklärt KAKRIDIS als paradeigmatische Zurechtrückung durch Homer, doch ist die Dürftigkeit älterer Überlieferung zu bedenken. So ist ursprüngliche Freundschaft zwischen N. und Leto bei Sappho Frg. 119 D. 142 L.-P. bezeugt; dazu das Marmorbild aus Herculaneum, PRASCHNIKER, JOEAI 28,93.

Zentrales Motiv bleibt die Hybris N.s, die sich durch ihren Kinderreichtum über Leto stellen will. Apollon und Artemis töten mit ihren Pfeilen N.s Kinder, deren Zahl in der Überlieferung zwischen 3 (Gell. 20,7) und 20 (Sch.Il. 24,604) schwankt. Am häufigsten 6 + 6 oder 7 + 7. Zahlreich sind die Namensvarianten der Kinder.

Die Hesiod zugeschriebenen Kataloge (Frg. 34 Rz.) berichteten von N., die Lyriker nahmen auf sie Bezug: u.a. Mimn. (Ail.var. 12,36), Pind. (nach [Plut.] de mus. 15 dichtete er einen Paian auf N.s Hochzeit), Bakchyl. (Gell. 20,7). Für die Tragödie wurde unsere Kenntnis der N. des Aischylos 1932 durch einen Pap. mit 21 am Anfang verstümmelten Versen bereichert: Frg. 273 M. Die Frage der Sprecherin (N.? Amme? Antiope? Leto? Unterbrechung durch den Chor?) ist nicht sicher gelöst. Angaben über N.s langes Schweigen: Aristoph. Ran. 912. 920. Vita Aischyl. 6. In einer N. des Soph. hat wahrscheinlich Apollon die Söhne bei der Jagd auf dem Kithairon, Artemis die Töchter im Palaste getötet. Hellenist. N.-Dichtungen sind für → Euphorion (Sch.Il. 24,602) und → Simmias von Rhodos (Parthenios 33) bezeugt. Ov.met. 6, 146 – 312 bietet die später kanonische Sagenform. N.s Auftreten gegen die Latona-Verehrung kann dionysischen Sagen verpflichtet sein.

Prosaberichte werden uns in Fragmenten kenntlich für Pherekydes (FGrH 3 F 38), Hellanikos (FGrH 4 F 21), Herodoros von Herakleia (FGrH 31 F 56). Die Erzählung bei Apollod. 3,5,6 enthält eine Namensliste der 14 Kinder. Das Sch. Pind. O. 6,23 läßt einen Streit über die Ἑπτὰ Πυϱαί in Theben erkennen: Gräber der 7 Angreifer oder der 7 Kinder N.s? Hyg. fab. 9 steuert das Motiv bei, daß N. die Letoiden wegen ihrer Tracht schmähte.

Die meisten Fassungen, so auch Ov., wahrscheinlich aber nicht Hom., beenden die N.-Geschichte mit ihrer Entrückung und Versteinerung am Sipylos. Paus. 1,21,3 hat das Felsgebilde gesehen, vielleicht auch Qu.Smyrn. 1,293. Ältere Versuche, die Skulptur einer sitzenden Muttergöttin am N.-Fuß des Sipylos hierherzuziehen, sind abzulehnen. Die Felsenbildung am Sipylos ist wohl einer der Ansatzpunkte für die Sage, N.s Verbindung mit Theben und mit Amphion als Gatten kann sich aus der Verschmelzung mit festländischer Sage über bestrafte Hybris erklären.

Sonderformen der N.-Sage: Parthenios 33 u.a. weisen auf eine lydische Lokalsage von Assaons widernatürlicher Liebe zu seiner Tochter N., von seiner Rache für ihre Weigerung und ihrer Versteinerung. In Argos war N. Tochter des → Phoroneus und Geliebte des Zeus, dem sie Argos und Pelasgos gebar. Hier kann man an eine ehemalige Göttin der fruchtbaren Erde denken. Doch bleibt die göttliche Natur N.s fraglich, keinesfalls ist sie Mondgöttin gewesen.

Die zahlreichen bildlichen Darstellungen bei Lesky, RE XVII 1936, 673. Bes. hervorzuheben: Kelchkrater aus Orvieto, Corp. vas. Louvre III 1 d T. 3f.; Volutenkrater aus Ruvo JDAI 47, 1932, 60, Abb. 12–14; die verwundete Niobide im Thermen-Mus. Brunn-Bruckmann T. 706–709; die Niobidengruppe in den Uffizien in Florenz, wahrscheinlich nach einem Original unter dem Einflusse des Praxiteles oder Skopas. A. Le.

C. Robert N. 24. Hall. Winckelm.-Progr. 1903; Gr. Heldens. 1, 1920/23, 119. *J. Th. Kakridis* Die N.-Sage bei Hom., RhM 79, 1930, 113. *A. Lesky*, RE XVII 1936, 644–706. *K. Kerényi* N., Zürich 1949.

Niphates. Von den unter [1] angeführten Belegen sind nur Strab. 11,522. 527. 529. Ptol. 5, 12,1 M. 6,1,1 N. Amm. 23,6,13 unter Einordnung aller anderen mit Ausnahme von Plut. Alex. 31, 10 – dort liegt offensichtlich ein Irrtum vor – zur geograph. Bestimmung des Gebirges N. brauchbar und erlauben seine Identifizierung mit dem h. Tendürek Daği im NO. des Van Gölü; vgl. bereits [2]. E. O.

1. *E. F. Weidner*, RE XVII 706f. Nr. 1. 2. *C. Müller*, n. ad Ptol. 5,12,1.

Nipsa (Νίψα), Stadt (eher *oppidum*) in SO.-Thrakien auf dem Stammgebiet der Nipsaioi, einem Unterstamm der Astai am Golf von Burgas nicht weit von → Apollonia (2). Steph. Byz. nach Hdt. 4,93. Xen. an. 7,2,32. Chr. D.

Oberhummer, RE XVII 707. *Kiepert*, FOA XVII. *Detschew* Thrak. Sprachr. 520. *Danov* Altthrakien, Unters. über die Gesch. d. bulg. Länder usw. Sofia, 1968, 146ff.

Nipsus s. M. Iunius Nipsus II 1363

Nireus (Νιϱεύς). **1.** König von → Syme, führte den Achaiern vor Troia 3 Schiffe zu, galt nächst Achilleus als der schönste Mann des Heeres. Il. 2,671ff. Seine Schönheit wurde sprichwörtlich (Hor. Prop. Ov.). Nach Ptolem. Chenn. 2,7 Chatz. war er Liebling (oder Sohn) des Herakles, nach Ov. ars 2,109 Liebling Homers. R. v. Scheliha Patroklos, 1943, 309f. 409f. Freier Helenes Hyg. fab. 81. W. Kullmann, H (ES 14) 107. 141f. Auf dem teuthran. Zuge hatte er Hiera, die Gattin des → Telephos, getötet, Philostr. her. 18. Nach Quint. Smyrn. 6,372ff. fiel er durch → Eurypylos (2), nach Lykophr. 1011ff. überlebte er und fand in Pola eine neue Heimat. **2.** Katanaier, der aus unglücklicher Liebe vom leukad. Felsen sprang und durch ein Fischernetz gerettet wurde. Ptolem. Chenn. 7,18 Chatz. H. v. G.

Nisa (Νῖσα). **1.** Nur im Schiffskatalog Hom. Il. 2, 508 genannte Stadt Boiotiens, sonst unbekannt. Die schon ant. Gleichsetzung mit Megara ist unwahrscheinlich. Strab. 9,2,13 p. 14. Paus. 1,39,5. Dion. Call. 102. Sch. Il. 2,508. Sch. Theokr. 12,27. E. M.

1. *E. Meyer*, RE XV 181,24ff. XVII 709 (1). 2. *V. Burr* Νεῶν κατάλογος, Klio Bh. 49,27f.

2. N. ist aus der Liste der Städte Siziliens zu streichen, in die man es fälschlich auf Grund zweier Inschriften gesetzt und bei Caltanissetta s.w. von Henna lokalisiert hatte, da beide als gefälscht erwiesen worden sind. K. Ziegler, RE XVII 709f. K. Z.

Nisaia (*Νίσαια*). **1.** Hafenstadt Megaras am saron. Golf, seit 461 v. Chr. mit Megara durch Mauern verbunden, auf dem h. Kastrohügel an der Küste. Funde bereits seit mittelhellad. Z., Teile der Stadtmauer und Hafenbefestigung und andere Mauerreste erhalten. Im 6. Jh. v. Chr. war N. eine Zeitlang athen., Hdt. 1,59. Plut. Sol. 12,3. 461 v. Chr. wieder durch Athen besetzt, Thuk. 1, 103,4, im Frieden von 446 herausgegeben, Thuk. 4,21,3. 424 aber zum dritten Mal in athen. Hand, wobei die langen Mauern zerstört wurden, Thuk. 4,66ff. 109,1, und erst 410 durch die Megarer zurückerobert, Diod. 13,65,1f. Ein viertes Mal durch die Athener unter Phokion, dieses Mal zum Schutz gegen Philipp besetzt, Plut. Phok. 15. Megara und die Megarer werden dichterisch oft als »nisaeisch« bezeichnet. Skyl. 56. Strab. 8,1,3 p. 334. 9,1,4 p. 391. 1,8 p. 393. Paus. 1,39,4. 44,3. E. M. 1. *E. Meyer*, RE XV 161f. 1296. 2. *F. Bölte-G. Weicker* N. und Minoa, MDAI(A) 29, 1904, 79ff. 3. *S. Casson* The topography of Megara, ABSA 19, 1912/13, 70ff. 4. *Highbarger* History and civilization of anc. Megara 20ff. pl. III. 5. *A. G. Laird* N. and Minoa, CPh 29, 1934, 89ff. 6. *A. J. Beattie*, N. and Minoa, RhM 103, 1960, 21ff. 7. *Philipps.-Kirst.* 1,945f.

2. N., Name (buchstäbl. »Niederlassung«) mehrerer Länder und Städte in Iran, nicht immer leicht voneinander zu unterscheiden: a) *Νισαῖον πεδίον*: auf dieser Ebene wurden die berühmtesten Pferde des Alt. gehalten, die *Νησαῖοι ἵπποι* (Hdt. 3,106. Strab. 5,525), die zum Gestüt der pers. Könige gehörten. Auf der Behistun-Inschr. des Dareios wird ein Nisaia in Medien erwähnt. Nach Strabo ist das *Νισαῖον πεδίον* n.ö. von Ekbatana, etwa am heutigen Fluß Guba anzusetzen. b) N. in Margiane bei Ptol. 6,104 (aus *Νίγαια* zu eruieren), wohl mit dem Nisaia des Avesta ident., das »zwischen Merv und Balch« liegt, sowie mit dem Nisia in Areia, Ptol. 6,17. c) N. von Strab. als zu Hyrkanien gehörig angegeben, erscheint aber auch als selbständig. d) parth. Hauptstadt, parth. Nisa, n.w. Ashkabad, Sowietunion, wo Denkmäler hellenist. Kunst, Ostraka aus dem 1. Jh. v. Chr. usw. gefunden worden sind. J. D.-G. *Sznycer*, Semitica (Paris) V, 1955, u. XII, 1962. *Diakonov* u. *Livshic*, Peredneaziatickii Sbornik 2, 1966, 134ff.

Nisaios (*Νισαῖος*). Sohn des Taureas, somit wohl ein Vetter 2. Grades des → Andokides. Er wurde in den Prozeß um den Hermokopidenfrevel verwickelt, aber durch Andokides gerettet (And. 1,47. 68). H. Gä.

Nisibis. Bedeutende Stadt in → Mesopotamien am Fuße des Ṭur Abdīn am Ufer des Djagdjag, eines Quellflusses des Ḫabūr, h. Neṣībīn. N. liegt in einer fruchtbaren Ebene, die Garten- und Weinbau zuläßt, und war seit jeher als Verkehrsknotenpunkt von bes. Bedeutung. Als Naṣipina wird N. erstmals von Adad-nerārī II. als Hauptstadt des Aramäerstaates von Ḫanigalbat genannt, dessen Fürst Nūr-Adad sich 900 v. Chr. vor dem Assyrer in die befestigte Stadt rettet. 886 wird N. dann von Adad-nerārī eingenommen und zur Hauptstadt einer Provinz gemacht. Sie bleibt in assyr., später babylon. Hand, über ihr weiteres Schicksal ist zunächst nichts bekannt. Unter den Seleukiden trug die Stadt zeitweise den Namen Antiocheia Mygdonia (Mygdonios = Djagdjag), doch ist unklar, durch wen sie den Namen erhielt. Bedeutsam wird sie erst wieder unter parth. Herrschaft. 129 v. Chr. kam N. mit ganz Mesopotamien unter arsakid. Oberhoheit, wurde nach 80 v. Chr. aber von → Tigranes von Armenien besetzt und stark befestigt. Lucullus belagert N., das von Tigranes' Bruder Guras verteidigt wird, und erobert es im Winterregen. Es fällt danach wieder in armen. Hand, bis → Artabanos III. N. erobert und an → Izates von Adiabene gibt (Ios. ant. Iud. 20,3, 3). N. gehört von nun an zu → Adiabene, seine Bevölkerung ist aus Arabern, Aramäern, Griechen und Parthern gemischt.

Traian erobert 114 mit N.-Mesopotamien auch N. (Cass. Dio 68,26,1), ein Aufstand wird von L. Quintus niedergeschlagen, N. geht aber wieder verloren, bis es unter L. Verus 162 wieder an Rom fällt. Während des Krieges zwischen Pescennius Niger und Sept. Severus hält es einer Belagerung der Osroener und Adiabener stand (Cass. Dio 75, 1 ff.) und erhält darauf den Ehrennamen Septimia. Es ist seit 195 Hauptstadt der Provinz Mesopotamia. Heftig umkämpft ist N. in der gesamten Z. der Sassanidenherrschaft im Zweistromland. Bereits Ardaschir I. (226–241) belagert N., wird aber von Alexander Severus vertrieben. N. erhält jetzt den Titel *μητρόπολις*. Unter Maximinus fällt N. in pers. Hand (Zon. 12,18), wird aber von Gordianus III. 243 zurückerobert. Schapur I. nimmt N. nach elfjähriger Belagerung ein, muß es aber 262 → Odaenath von Palmyra überlassen (Zos. 1,39,1). Erst Diocletian gewinnt N. für Rom zurück, sein Besitz wird im Friedensschluß mit Narseh ausdrücklich anerkannt. Es ist jetzt Sitz des *dux Mesopotamiae* und der Ort, an dem allein der Handel zwischen Persien und Rom abgewikkelt wird. Gleichzeitig ist es eine wichtige Festung im diocletian. Limes und deshalb bes. stark befestigt (Amm. 25,8,3). Kurz vor Konstantins Tod entbrannte der Kampf aufs neue. 337 wurde N. von Schapur II. 2 Monate lang vergeblich belagert (teilweise legendäre Berichte bei chr.-syr. Schriftstellern). 345 ist Constantius selbst in N. und scheint der Stadt bei einer neuerlichen Belagerung durch Schapur Hilfe gebracht zu haben. Auch eine 3. Einschließung der Stadt im J. 350 brachte nicht den erhofften Erfolg, obgleich es Schapur gelang, durch Aufstauen des Djagdjag eine Bresche in die Stadtbefestigung zu schlagen, vermutlich weil der Perserkönig wegen Bedrohung der n.ö. Reichsteile die Belagerung abbrechen mußte (auch hierüber stark ausgeschmückte und entstellte Berichte bei Zon. 13,7,1–13; Theodoret. hist. eccl. 2,30,2–14 u.a.). Beim neuerlichen Einfall Schapurs 360 lag das röm. Heer bei N., weshalb alle pers. Angriffe unterblieben. Beim Perserkrieg Iulians 363 zieht ein Teil der Streitmacht über N. nach Persien und wird von Schapurs Truppen angegriffen, wobei die Umgebung N.' verheert wird (Zos. 3,12,3–4). Im Schmachfrieden Iovians wird N. an die Sassaniden abgetreten (Amm. 25,7,9), viele Einwohner müssen die Stadt verlassen und werden durch solche pers. Städte ersetzt. N. wird jetzt Grenzfestung und Einfallsort nach Mesopotamien. Seine Sonderstellung als Handelsstadt bleibt erhalten. Im 6. Jh. wurde N. bei den Kämpfen zwischen Byzanz und den Sassaniden zwar mehrfach belagert, blieb aber stets in pers. Hand, bis es 640 der arab. Eroberung erlag.

Im 2. und 3. Jh. wurde N. – vielleicht nach dem Übertritt Abgars IX. von Edessa – chr. und erhielt um 300 als ersten Bischof Babu. Sein Nachfolger, der hl. Jacobus, nahm am nikäischen Konzil teil und wurde bes. durch sein mutiges Auftreten bei der 1. Belagerung durch Schapur II. berühmt. Er war auch der 1. Metropolit der Stadt und starb 338. Sein 2. Nachfolger Vologeses erbaute 359 ein Baptisterium in N. (Herzfeld-Sarre Arch. Reise 2,336ff.). Die Vertreibung der Einwohner von N. im J. 363 wird auch damit motiviert, daß diese nicht unter einem ungläubigen Herrscher leben wollten. Tatsächlich wird ein »Obermagier« erwähnt. Trotz mehrerer Verfolgungen hielt sich das Christentum in N.; es wurde zu einem der bedeutendsten Bischofsitze des Perserreiches. Im 5. Jh. fand hier der Nestorianismus Einlaß, und nach Schließung der »Perserschule« in Edessa durch Zenon bekam die Schule von N. besondere Bedeutung. W. Rö.

J. Sturm, RE XVII 714–757. *L. Dillemann* Haute Mésopotamie orient. et pays adjacents (Par. 1962).

Nisos (*Νῖσος*). **1.** König von Megara (früher → Nisa), in die att. Königsliste einbezogen als Sohn des → Pandion und der Megareerin Pylia, Bruder des → Aigeus, Gemahl der → Abrote, Vater der → Skylla. Diese schnitt, aus Liebe zu Minos, der die Stadt belagerte, ihrem Vater die purpurne Locke ab, an der sein Leben und die Freiheit der Stadt hing. Minos aber ließ die Verräterin ins Meer werfen. Apollod. 3,206. 210f. Hyg. fab. 198. Ov. met. 8,6ff. Ps. Verg. Ciris. **2.** Troer, Sohn des Hyrtacus, Begleiter des Aeneas, Freund des → Euryalus (4). Verg. Aen. 5,291ff. siegt Euryalus mit Hilfe des N. im Wettlauf. 9,176ff. will das opferbereite Freundespaar durch die Linien der Rutuler Aeneas eine Botschaft überbringen. Dabei rächt N. den Tod seines Freundes und stirbt mit ihm. *'Επιφώνημα* des Dichters 9, 446ff. Totenklage der Mutter des Euryalus 9,473ff. Freie Erfindung Vergils, Heinze Vergils ep. Technik, 1915, ^{3}245. H. v. G.

Nisus. Röm. Grammatiker nach Varius und vor Sueton (Don. Vita Verg. 42), also wohl in der 2. Hälfte 1. Jh. n. Chr. N. befaßte sich mit Fragen der Formenlehre (Charis. 28,9 K = 28,8 B. Prisc. Keil GrL 2,503,16) und mit orthograph. Problemen. Velius Longus kritisiert N. an 6 Stellen. Einen Komm. zu den Fasten zit. Macr. Sat. 1,12,30. M. Fo.

Mazz. GrRF 1,332–341. *W. Kroll*, RE XVII 760f. *Teuffel-Kr.-Sk.* 2^{6} § 282,4. *Schanz-Hos.* 2,731. *R. G. Austin*, CQ 67, 1968, 107–115.

Nisyros (h. in griech. Besitz), etwa 35 km² große, pentagonale, vulkan. Insel des Dodekanes in ca. gleicher Entfernung zwischen Kos, Telos und der W.-Spitze der Halbinsel Reşadiye im Ägäischen Meer. Anders als die für N. bezeugten Orte *"Αργος* (Steph. Byz. s.v.), *Γιγάντεα* und *"Υπατον* (IG XII 3,92,2f.) läßt sich die Stätte des eponymen ant. Hauptortes im NW. nahe der Küste beim h. Mandraki nachweisen. Es ist fraglich, ob diese bereits vor dem 7. Jh. v. Chr. besiedelt war [3. 4], bevor sich dor. Kolonisten dort niederließen (vgl. Hdt. 7,99). N. zählte offenbar schon lange zum pers. Machtbereich, als Matrosen von der Insel 480 unter Artemisia bei Salamis gegen die griech. Flotte fochten (Hdt. a. O.). Wohl sogleich nach Gründung des del.-att. Seebundes Mitglied (Ath. Trib. Lists III 204), ist N. in den Tributquotenlisten zwischen 452 und 427 mehrfach bezeugt. Die Höhe des Tributs (1,5 bzw. 1 Talent) und die imposanten Ausmaße der ins 4. Jh. datierten Mauerreste bei Mandraki lassen auf eine wirtschaftl. Blüte der Insel im 5. und 4. Jh. v. Chr. schließen. In hellenist. Z. wechselnden Einflußsphären ausgesetzt (Ptolemaier, Rhodos, Philippos V., Rhodos), hat N. schließlich in der röm. Epoche sein Schicksal mit Rhodos geteilt. E. O.

1. *R. Herbst*, RE XVII 761ff. Nr. 1. 2. *P. M. Fraser*, *G. E. Bean* The Rhodian Peraea and islands, Oxf. 1954, 138 bis 154. 3. *G. E. Bean*, *J. M. Cook*, ABSA 52, 1957, 118f. 4. *R. Hope Simpson*, *J. F. Lazenby*, ABSA 57, 1962, 169.

Nitetis. Nach Hdt. 3,1ff. Tochter des Apries, von Amasis an Kambyses (»persische« Version) oder Kyros (»ägyptische« Version) verheiratet, dabei von einigen als Mutter des Kambyses angesehen. Der Name ist äg. *(N.t-ij.tj* »Neith ist gekommen«), die Prinzessin selbst sonst unbekannt. W. H.

Nitiobriges, Völkerschaft im s.w. Gallien an der Garumna (h. Garonne). Caes. Gall. 7,7,2. 31,5. 45,5. *Νιτιόβριγες* (Strab. 4,190. Ptol. 2, 7,11. *Nitiobro(ges)* Tab. Peut. *Nisiobroges* Sid. Apoll. epist. 2,11,1.

In kelt. Z. (4. Jh. v. Chr.) bemächtigten sich die N. der fruchtbaren Ebene um Agen. Ihre Nachbarn: die Bituriges Vivisci und Cadurci im N., die Cadurci und Ruteni im O., die Volcae Tectosages, Ausci im S., die Vasates im W. Ihr Gebiet erstreckte sich bis zum Tarn (CIL XIII p. 117. Plin.

nat. 4,109). Im 1.Jh. v.Chr. war das Volk noch unbedeutend; im Freiheitskrieg unter Vercingetorix (Winter 53/52), erhoben sich die N. Ihr König, Teutomatus Olloviconis filius, stieß mit 6000 Bewaffneten zu Vercingetorix (Caes. Gall. 7, 31,5. 75,3). Hauptstadt: Aginnum (h. Agen). Caes. nennt sie *amici populi Romani.*

Mit der Neuorganisation Galliens durch Augustus wird das Gebiet der N. der prov. Aquitania zugeteilt. (Jullian HG 4,69). Spätestens seit Claudius erhielten sie das *ius Latii* (Jullian HG 4,246). Unter Diocletian wurde Aginnum *civitas Nitiobrogum* (CIL XIII 8886); in der Not. dign. 3,3 *civ. Agennensium.*

Das Gebiet der N. war ein fruchtbares Ackerland. Schon nach der Einrichtung der Provincia (121 v.Chr.) bestanden auch Handelsverbindungen: Straßen von Burdigala nach Tolosa, von Augustoritum (Limoges) nach Lugdunum Convenarum, später der Chemin Gallien nach Eauze (im 3.Jh.). In der Kaiserz. entwickelte sich der Handel und entstanden auch zahlreiche Gutshöfe. M. L.

Desjardins Géogr. 2,224. 374ff. *Jullian* HG 3,28. 69. 303

Nitokris (*Νίτωκρις*). **1.** Nach Hdt 1,185–187 angeblich babylon. Königin, Gattin eines Labynetos (→ Nabonadios) und Mutter eines Königs gleichen Namens. Sie soll zur Abwendung der Medergefahr den Euphrat abgedämmt, ferner eine Brücke in Babylon über diesen Fluß geschlagen und schließlich ihr Grab über einem Stadttor von Babylon bekommen haben. Hier sind Legenden über Semiramis (s. Ios. c. Ap. 1,20) mit hist. zutreffenden Überlieferungen über Bauten → Nebukadnezars II. vermischt. Außerdem dürfte die Mutter des Nabonadios, Adadguppi, als Vorbild gedient haben. W. Rö.

2. N., äg. Königin am Ende des A.R., wohl Tochter Phiops' II., folgte nach Tur. Königspap. auf ihren Bruder *Mrj-n-R*ᶜ II., der nur 1 J. und 1 Monat regiert hatte und nach Hdt. 2,100 ermordet worden war. Sie selbst hat nur kurz regiert (ca. 2152 v.Chr.). Hdt.s Erzählung von ihrer Rache an den Mördern des Bruders dürfte eine an eine Pyramide angeknüpfte aitiolog. Sage sein. W. H.

Nitriai. Bezeichnung des h. Wadi Natrun, wichtig als Herkunftsgebiet des Natron. Nitriōtēs hieß in ptol. Z. auch der N.W.-Gau des Deltas Menelaites. In röm. Z. bezeichnete man das Gebiet als *Σκιδική χώρα*, kopt. Schiēt; hier waren in chr. Z. zahlreiche Anachoretensiedlungen und später Klöster, von denen einige noch jetzt bestehen. W. H.

Nitrum (*νίτρον, λίτρον*). Bezeichnung für Laugen und Kalisalze (semit. Wort?). Plin. nat. 31, 106–122 ist die Hauptquelle (aus Theophrast) über Vorkommen und Verwendung von N. Man benutzte vor allem Sodagruben oder *nitrosae aquae* (Quellen). Anwendung: Düngemittel, Lötmittel bei Schmuckherstellung, Reinigungsmittel, Medikament (abführende Wirkung). F. K.

Noaros, Nebenfluß der Donau, nur bei Strab. 7,314. 318 erwähnt. Zwischen den Flüssen N. (der bei *Σεγεστική* floß) und *Μάργος* (Morava) wohnten die *μεγάλοι Σκορδίσκοι.* E. Polaschek hält den bei Ptol. 2,11,3.14,1.15,1 *Ναραβών* genannten Fluß für den Arrabo (Raab) (RE XVII 784). Er könnte eher mit der Drina ident. sein (G. Alföldy Bevölkerung u. Ges. der röm. Provinz Dalmatien 55). J. F.

Nobiles. Die »Bekannten, Namhaften« (zur Bildung aus *ignobilis, (g)nobilis* M. Leumann Lat. Laut- und Formenlehre, 1963, 234), die Angehörigen des Amtsadels, der Nobilität, die als »Oberschicht des röm. Senatorenstandes« (Gelzer 42) die röm. Politik bestimmten. Eine ant. exakte Definition der n. gibt es nicht, der Gegensatz ist der *homo novus*, der »ohne Empfehlung der Ahnen nur durch sich selbst bekannte Neuling«. Cic. Cat. 1,28. Seit den Plebejern durch den Ständeausgleich 366 die höchsten Ämter offenstanden, galten die Patrizier und diejenigen plebejischen Familien, deren Mitglieder ein kurul. Amt bekleidet hatten, als n. A. Afzelius Classica et Mediaevalia 7, 1945, 150ff. Ihr Kreis verengte sich vom 2.Jh. ab, nur Inhaber des Konsulates und ihre Nachkommen zählten zu den n. 30–40 Familien sicherten sich mit Absprachen *(amicitiae)* und gegenseitiger Wahlunterstützung durch ihre Klienten das ungeschriebene Vorrecht auf Staatsämter. Von 364–344 stellten die pleb. Licinier 15 Konsuln, von 322–125 die pleb. Fabier 20, von 366–344 die patriz. Cornelier 63. In ihrer Vorstellung adelte die polit. Leistung den Mann und seine Nachkommen: *stirpem nobilitavit honor.* CIL I 2^2,15. Die Solidarität der n. ruhte auf Ahnenstolz und Stolz auf die *res publica.* Sie wehrten sich gegen alle, die wie P. Cornelius → Scipio Africanus als einzelne aus ihrem Kreis heraustraten, und gegen *homines novi,* die wie M. Porcius Cato und M. Tullius Cicero zum Konsulat kamen und mit ihren Nachkommen n. wurden. Die Zugehörigkeit zu den n. war zeitlich nicht begrenzt, doch mußte sich der Konsulatsbewerber M. → Aemilius Scaurus (I 28) 116 v.Chr. wie ein *homo novus* anstrengen, da weder sein Vater noch sein Großvater oder Urgroßvater Ämter erlangt hatten. Ascon. in Scaur. 20. Cic. Mur. 16. Innerhalb der n., die in der Ämterlaufbahn polit., administrative und militär. Erfahrung erwarben, vererbte sich die polit. Tradition und verhalf Rom zum einzigartigen Aufstieg. Im jugurth. Krieg und in den Krisen des 1.Jh. schwand die Autorität der n., die sich anfällig gegen Bestechungen und unfähig gegenüber neuen Aufgaben zeigten. Durch die Bürgerkriege wurden sie stark dezimiert. Die Kaiserzeit bildete keine neue Nobilität. Wer nun als n. bezeichnet wurde, war Nachkomme der Konsuln der Republik und der augusteischen Z., da 14 n.Chr. die Beamtenwahlen auf den Senat übergingen. Wenige n. sind noch unter Traian nachweisbar. Die flav. Kaiser und ihre Nachfolger vermieden es, militär. Kommandos an n. zu übertragen. H. V.

M. Gelzer Die Nobilität der röm. Republik 1912 = Kl. Schr. 1, 1962, 17ff. *Ders.*, H 50, 1915, 395ff. = Kl. Schr. 1,136ff. *F. Münzer* Röm. Adelsparteien und Adelsfamilien 1920. *E. Stein*, H 52, 1917, 564ff. *E. Groag* Strena Buliciana 1924, 253ff. *J. Hellegouarc'h* Le vocabulaire latin des relations et des partis politiques sous la république, 1963, 437ff.

Nobilior. Cognomen (vgl. I. KAJANTO The Lat. Cognomina, Soc. sc. Fenn. 1965, 72,279), in den Fasten bei den Fulvii, vgl. o. II 632f. Nr. 25 bis 27, inschr. auch bei anderen Personen. H. G. G.

Nobilissimus, Rangtitel, wurde im 3. Jh. zum Attribut der Caesaren (zuerst bei Geta, DESSILS 427; zu Abkürzungen des Titels: DESSAU Ind. III 2) und seit Constantin d. Gr. Rangbezeichnung für Mitglieder des Kaiserhauses (Zos. 2,39,2); griech. meist ἐπιφανέστατος (HORNICKEL Ehren- und Rangprädikate in den Papyrusurkunden 1930, 12). Wie weit Constantin den Rang des n. (zu vergleichen mit »kaiserliche Hoheit«), der unmittelbar hinter den Caesaren und vor den Patricii eingeordnet war, ausdehnte, ist nicht bekannt. Bezeugt ist er für den Sohn Constantius und den Neffen Hannibalianus; ferner erhielten seine Mutter Helena und seine Frau Fausta den Titel *nobilissima femina*. Seit Iovianus (363/64) kennen wir die Übertragung des Titels auf unmündige Kaisersöhne (Philostorg. h.e. 8,8). Der Nobilissimat wurde zu einer Art Vorstufe für die Kaiserstellung (über das spätere Zeremoniell bei der Erhebung zum n.: Const. Porph. de caer. 1, 22). Die Bezeichnung n. Caesar kam außer Gebrauch, seit Valentinian I. die Söhne zu Augusti erhob (Ausnahmen: Marcus, Sohn des Basiliscus 475; Mauricius 582). Ohne Rangtitel zu sein, findet sich n. im 6. Jh. manchmal zur Bezeichnung hochstehender Persönlichkeiten (Cassiod. Var. 2,3,3. 3,10,1. 12,2). A. L.

Enßlin, RE XVII 791ff.

Noctua. Cognomen (»Nachteule«, WALDE-HOF.[3] 2,172), vgl. J. KAJANTO The Lat. Cognomina, Soc. sc. Fenn. 1965, 331. In den Fasten bei Q. → Caedicius N. (7). H. G. G.

Nodens deus, Name der kelt. Gottheit, Inhabers des großartigen, über älteren, bescheideneren Anlagen erst im letzten Drittel des 4. Jh. errichteten, mit Gasthaus, Badegebäuden usw. ausgestatteten Heiligtums in Lydney Park in der Grafschaft Gloucester (SW.-England), das 1928–30 ausgegraben worden ist. Es handelt sich offenbar um einen Heilgott, der in einer der im Bezirk des Heiligtums gefundenen Inschr. (CIL VII 138–140) mit interpretatio Romana mit Mars geglichen ist. Vgl. HEICHELHEIM, RE XVII 800ff. (mit Lit.). K.Z.

Nodus (ἅμμα). Der Knoten, urspr. Verschlußmittel, besitzt als Amulett apotropäische Wirkung. Nach weit verbreiteter Vorstellung ist ihm hemmende Wirkung zu eigen (FRAZER GB 3,293f. ALY H.W.B. d. dt. Aberglaubens 5, 1932/33, 16f.). Schädliche und starke Kräfte lassen sich in Knoten binden; so knotet Medeia ihre Zauberkiste zu (Apoll. Rhod. 3,808). K. hemmen die Geburt (Ant. Lib. 29); der sog. Heraklesknoten schützt die Braut. (Weitere Belege u. archäol. Material bei [1]; [2]). Umgekehrt bedarf es der Lösung des K., um die durch ihn gebundenen Kräfte wirksam werden zu lassen; verbreitet war das Lösen der ἅμματα παρθενίας (Anth. Pal. 7,164. 182. 5,216); Zauberer dürfen keine K. an Gewand und Haar tragen, da sich sonst die mag. Kräfte nicht freisetzen lassen: Dido opfert daher *veste recincta* (Verg. Aen. 4,518; Serv. z. St., vgl. auch Gell. 10,15,9); Medea löst ihre Haare (Ov. met. 7,182f. Sen. Med. 752f.). Das Durchschlagen des Gordischen Knotens beruht auf der Vorstellung, daß so die in ihm gebundenen Kräfte wirksam werden können. C. Z.

1. *P. Wolters* Faden und Knoten als Amulett (ARW 8, 1905, Bh. S. 1ff.). 2. *Fr. von Bissing* Äg. Knotenamulette (ARW 8, 1905, Bh. S. 23ff.). 3. *Hopfner*, I § 856. 4. *Ed. Stemplinger* Ant. Volksglaube, Stuttg. 1948, 171f. 5. *Nilsson*, GgrR 1,114. 200. 271.

Noega (Name wohl iber., HOLDER s. Noela, Noiga, Novion, 2,755. 756. 792). **1.** Stadt der Asturer, ö. vom Melsus (= *Nelo* Plin. nat. 4,111 = h. Nalón, vgl. aber AD. SCHULTEN Los Cántabros y Astures, Madr. 1943, 30) bei h. Aviles (Strab. 3, 167. Ptol. 2,6,6). Ptol. gibt ihr den Beinamen Οὐκεσία (über diesen kelt. Namen s. SCHULTEN a.O. 106). **2.** Stadt der Kallaiker, Plin. nat. 4,111: *Noeta*, Ptol. 2,6,21 Νοούιον, h. Noya an der Ría des Tambre. Über einen Irrtum des Mela 3,13 s. RE XVII 809. R. G.

Noëmon (Νοήμων). **1.** Lykier vor Troia, Gefährte des Sarpedon, fällt durch Odysseus. Il. 5, 678, Ov. met. 13,258. **2.** Grieche vor Troia, Gefährte des Antilochos. Il. 23,612. **3.** Ithakesier, Sohn des Phronios, gab Telemachos ein Schiff für die Fahrt nach Pylos und verriet diese unabsichtlich den Freiern. Od. 2,386f. 4,630ff. H. v. G.

Noes (Νόης, auch *Novas*?). Schwer zu identifizierender Nebenfluß des Istros, der durch das Land der thrak. → Krobyzoi floß, Hdt. 4,49. Val. Flacc. 4,718ff. Chr. D.

Oberhummer, RE XVII 810. *Detschew* Thrak. Sprachreste, 332.

Noetos von Smyrna, chr. Häretiker um 200 n. Chr., wirkte in Rom und vor allem in Kleinasien. Aus soteriolog. Gründen vertritt er eine Logoslehre, nach der Vater und Sohn miteinander ident. sind, der Sohn also eine andere Erscheinungsweise des Vaters ist (modalist. Monarchianismus). Nach N. leidet und stirbt der Vater also im Sohn (Patripassianer). Exkommuniziert wirkte N. offenbar noch lange Z. als Schulhaupt in Kleinasien. Bekämpft wurde er unter anderem von → Hippolytos (5) (Contra Noëtum, ed. P. Nautin, Hipp., Contre les hérésies, 1949; refutatio omnium haeresium 9,7ff. 10,27) und von Epiphanios (haer. 57). Kl. W.

A. v. Harnack Lehrb. d. Dogmengesch. 1⁵, 1931, 734ff. *V. Macchioro* L'eresia noetiana, Neapel 1921. *M. Werner* Die Entstehung des chr. Dogmas, 1954², 558ff., bes. 563ff.

Nofretete. Gattin des äg. Königs Amenophis IV. (Echnaton) (reg. 1364–1347), unbekannter Abstammung, eine ausländ. Herkunft ist möglich (ihr Name bedeutet: »Die Schöne [: Hathor] ist zurückgekommen«), aber unbeweisbar. Sie wurde von ihrem Gatten in Darstellungen bes. herausgestellt; das innige Verhältnis zwischen beiden und ihren Kindern ist ein wichtiges Motiv, um den menschlichen Aspekt des Königs neben seinem göttlichen zu manifestieren. Sie hatte 6 Töchter (*Mrjj.t-Itn*, Gattin des Nachfolgers Śemenchkare, die früh verstorbene *Mk.t-Itn*, *ᶜnḫ.s-n-pꜣ-Itn*, Gattin Tutenchamuns, *Nfr-nfrw-Itn*, *Nfr-nfrw-Rᶜ*, *Śtp-n-Rᶜ*). Wahrscheinlich starb sie vor ihrem Gatten, da am E. von dessen 17jähriger Regierung die Tochter *Mrjj.t-Itn* die staatsrechtliche Rolle der Königin innehatte. Berühmt sind die plast. Bildhauermodelle ihres Kopfes aus Amarna. W. H.

L. Borchardt Porträts der Königin Nofretete.

Nōla (<**nŏu̯ŏla* »Neustadt« zu Hyrla mit Mz. bei Head HN² 37f. Vetter HB Nr. 200 A 7. Solin. 2,16 *ab Yriis* für überliefertes *Tyriis*) liegt n. ö. des Vesuvs (Strab. 5,247) an der von Capua nach Nuceria führenden Straße (Tab. Peut. 6,4. Itin. Ant. 109,2. Geogr. Rav. 4,34. Guido 43) im Flachland ohne natürlichen Schutz (Liv. 23,45,10. Sil. 12,162). Die angeblich chalkid. Gründung (Iust. 20,1,13. Sil. 12,161), gegen E. 6. Jh. v. Chr. (Hekat. FGrH 1 F 61) eine auson. Stadt (Pol. 3,91,5: mit daun. Nachbarn; Hyria?), wurde seit 471 v. Chr. (Cato orig. 3 frg. 2 J. = frg. 69 P.) etr. (Pol. 2,17,1); die spätere samnit. Bevölkerung (falsch Ptol. 3,1, 69: picent.) bildet die osk. Namensform **nŏvla* (Vetter HB Nr. 1,7 *núvlanúís*). 327 v. Chr. nahm N. am Kriege Neapels gegen Rom teil (Liv. 8,23, 1. Dion. Hal. ant. 15,5) und wurde 313 erobert (Liv. 9,28,3ff. Diod. 19,101). Bundestreu im 2. Pun. Kriege (Liv. 23,14ff. 39. 43ff. 24,13ff. Plut. Marc. 10ff. Sil. 8,543), so daß Hannibal vor den Mauern N.s seinen ersten Mißerfolg hinnehmen mußte. Vom Bundesgenossenkrieg wurde N. schwer betroffen (App. civ. 1,42. 50. 65. Vell. 2,17ff. Plin. nat. 22,12. Liv. per. 73. Cic. div. 1,72. Plut. Sulla 8. Gran. Licin. p. 20,8. 32,9 Fl.) und 73 v. Chr. von Spartacus geplündert (Flor. 2,8,5). Zur trib. Falerna gehörig in der 1. Region (Plin. 3,63); als Hafen dient Pompeji (Strab. 5,247). N. ist Todesort des Augustus, wo sein Sterbehaus zum Tempel wird (Suet. Aug. 98,5. 100,2. Tib. 40. Vell. 2,123,2. Tac. ann. 1,5. 9. 4,57. Aur. Vict. Caes. 1,26. Cass. Dio 56,29,2. 46,3); h. Nola. G. R.

Forbiger HB d. alt. Geogr. 3,491. *Nissen* It. Ldk. 2,755ff. *Beloch* Campanien ²389ff.

Nomai. Ort unbekannter Lage in Sizilien, wo der Siculerfürst → Duketios im J. 451 v. Chr. von den Syrakusiern entscheidend geschlagen wurde. Diod. 11,91,3. K. Ziegler, RE XVII 813. K. Z.

Nomarches (νομάρχης). Bezeichnung des leitenden Beamten eines äg. Provinzbezirks (νομός) in ptol. und röm. Z., der bes. für den Beginn der Aussaat, aber auch für steuerliche Aufgaben, so bes. in röm. Z., zuständig war. W. H.

Nomenclator (*nomenculator*, ὀνοματολόγος, ὀνομα(το)κλήτωρ). Sklaven oder Freigelassene begleiteten ihren Herrn (bzw. *patronus*), um ihm Namen usw. der Personen ins Ohr zu flüstern, deren (echte oder angebliche) Bekanntschaft diesem wichtig war. Vgl. zutreffend Plin. nat. 29,19 *alienis oculis agnoscimus, aliena memoria salutamus.* In der Kaiserz. überbrachten N. die Einladungen, hatten z. T. auch die Auswahl der Gäste und daher großen Einfluß (Sen. epist. 2,7,11. 5,6, 8; dial. 9,12,6. 10,14,3. 2,14,1. Amm. 14,6,15). In reicheren Häusern gab es mehrere N. (Plin. epist 2,14,6), sogar einen speziellen N. für die Benennung der zahlreichen Sklaven (Plin. nat. 33,26). W. H. G.

Nomen Latinum s. Latini. Ius Latii

Nōmentum (*Nūmentano-*: Macr. Sat. 3,20,7. Athen. 1,27B. Tab. Peut. 5,5. Guido 44), Kleinstadt an der späteren via Nomentana (Liv. 3,52,3. Strab. 5,228. 238) 14 mp (Tab. Peut.) n.ö. Roms, angeblich von Alba gegründet (Dion. Hal. ant. 2, 53. 3,50), wird von manchen für latin. (Liv. 1,38,4. Verg. Aen. 6,773 m. Serv. Ptol. 3,1,62; vgl. Plin. nat. 3,64: 1. Region), von anderen für sabin. (Verg. Aen. 7,712. Strab. 5,228. Plin. 3,107) gehalten (Radke, Philol. 103, 1959, 314). N. erhielt 338 v. Chr. die *civitas Romana* (Dion. Hal. 5,61. Liv. 8,14,3) und war später durch Weinbau berühmt (Colum. 3,2,14. Plin. 14,48f. Macr. a. O. Martial. 2,38,1. 10,48,19. 13,119,1. Athen. a. O.); h. Mentana. G. R.

Forbiger HB d. alt. Geogr. 3,481. *Nissen* It. Ldk. 2,609. *Beloch* RG 377. *Dessau* CIL XIV p. 440. *Miller* Itin. Rom. 320.

Nomia (Νομία). **1.** Eponyme Nymphe des arkad. Gebirges Νόμια, Paus. 8,38,11. In der delph. Nekyia Polygnots bildete sie mit → Kallisto und → Pero (2) eine Gruppe, Paus. 10,31,10. **2.** Sizil. Nymphe, die den sie verschmähenden → Daphnis blendet und in einen Stein verwandelt, der bei Kephaloidion (Cefalù) gezeigt wurde. Serv. Verg. ecl. 8,68. Vgl. Ov. met. 4,277. H. v. G.

3. N., Gebirge im s. w. Arkadien, Paus. 8,38,11 mit Heiligtum des Pan Nomios, das arkad.-messen. Grenzgebirge, das vom Tetrazi nach SO. zieht. E. M.

RE XVII 821 Art. Nomia (1) Suppl. IX 462.

Nomina arcaria sind Forderungen, zumeist aus Darlehen, welche die röm. Juristen von den *n. transscripticia* unterscheiden. Während diese dadurch entstehen, daß eine bereits bestehende Geldforderung durch eine Verbuchung im → *co-*

dex accepti et expensi neu begründet wird (→ *litterarum obligatio)*, sind n. a. Geldforderungen, deren rechtliche Natur durch die Eintragung im Hausbuch nicht verändert wird. Sie sind durch Auszahlung aus der Hauskasse, also *re* (Gai. Inst. 3, 89 f.) begründet und bleiben dies trotz Verbuchung im *codex accepti et expensi*. Daher erklärt sich die Bezeichnung n. a. (→ arca) als Kassenschulden. D. V. S.

G. *Thielmann* Die röm. Privatauktion, 1961, 110ff. *P. Jouanique* Rev. hist. de droit franç. et étranger, 46, 1968, 5ff.

Nomina transscripticia s. Litterarum obligatio und Nomina arcaria

Nominatio bedeutet die Benennung einer Person. Rechtstechnische Bedeutung hatte sie einmal als *potioris n.* im röm. Vormundschaftsrecht: Seit der Spätklassik konnte der vom Magistrat bestellte oder konfirmierte Tutor auch ohne ein Exkusationsrecht der Vormundschaft ledig werden, indem er eine geeignetere Person benannte. Dabei bestimmte sich die Eignung vor allem nach der Nähe der Verwandtschaft zum Mündel und nach der persönlichen Zuverlässigkeit (vgl. Ulp. vat. 157–167a. Paul. Sent. 2,28–29). Iustinian hat diese *potioris n.* im O. abgeschafft (vgl. S. Solazzi Scritti di dir. rom. 2, 1957 ex 1914, 27f.). Dagegen bedeutete im röm. Staatsrecht die *n.* eine Benennung für eine Wahl. Wesentlich war vor allem die n. durch den Kaiser für die Wahlen des Senats zu den Magistraturen. Hier war der Senat politisch weitgehend an die kaiserliche n. gebunden. Nur wenn der Kaiser weniger oder mehr Personen benannte, als zu wählen waren, ergab sich für den Senat eine Entscheidungsfreiheit: er konnte andere Kandidaten berücksichtigen oder unter den kaiserlichen Vorschlägen auswählen. D. M.

Νόμιοι θεοί. Gottheiten, die die Weiden und Herden schützen. Einziger Beleg für diese Sammelbezeichnung ist eine Weihinschrift aus Rom, IG XIV 1013. Den Beinamen *Νόμιος* führten verschiedene Götter: Pan, Hermes, Apollon, Dionysos, Zeus; auch einzelne Nymphen heißen → Nomia. H. v. G.

Nomographoi (*νομογράφοι*). I. In Griechenland eine althergebrachte, mit der Aufzeichnung von Gesetzen betraute, teils ad hoc eingesetzte, teils ständige kollegiale Behörde ([1]). Der Auftrag konnte vom Volk, vom Bund oder von einem Herrscher, der sich dann aber die Oberaufsicht vorbehielt, ausgehen. Auch die Eintragung beschlossener Gesetze in die amtliche Sammlung (IG IV 679), das Verwaltungszwangsverfahren gegen zuwiderhandelnde Staatsorgane (Sylloge[3], 1043,6ff.) und die Ordnung der Staatshaushalte von Bundesmitgliedern (CIG 1331) fielen in ihre Zuständigkeit. II. In Äg. bezeichnete N. in röm. Z. einen öffentlichen Urkundenschreiber ([2]), der aber auch eine private Tätigkeit ausübte, denn er trat – bisweilen mit einem Gehilfen – für schreibunkundige Parteien auf. E. B.

1. *Busolt* GStk., 462f. 1522f. 1572 u. ö. 2. *Koschaker*, ZRS 29, 1908, 17,2.

Nomophylakes (*νομοφύλακες*). 1. Klassische Z.: Beamte zum Schutz der Gesetze und Volksbeschlüsse ([1]. [2]). Bei Platon haben sie andere Funktionen als in Attika ([3]). 2. Hellenistische Z.: In Alexandreia und den anderen autonomen Städten Äg. eine kollegiale Behörde mit untergeordneter, büromäßiger Zuständigkeit ([4]), auch sonst in Sparta und zahlreichen Städten Griechenlands und Kleinasiens ein Kontrollorgan mit meist beschränktem Wirkungskreis ([5]). E. B.

1. *Ferguson*, Klio 11,271ff. 2. *Busolt* GStk., 490. 3. *Becker* Platons Gesetze und das griech. Familienrecht, 1932, 60,2. 4. *Wolff* Das Justizwesen der Ptolemäer, 1962, 36f. 5. *A. P. Christophilopoulos*, Platon 20, Athen 1968, 134ff.

Nomos. 1. *νομός*, griech. Bezeichnung der Gaue Äg., in die das Land eingeteilt war. Listen griech.-röm. Z. nennen 22. o. äg. und 20 u. äg. Gaue, doch sind dies schematisierende Aufstellungen, die nicht den damaligen Zuständen entsprachen, sondern kultischen Vorstellungen. Die Gaue entstanden zu Beginn der Gesch. aus Verwaltungsbezirken kgl. Güter, über die die Staatsabgaben liefen. Die Gauzeichen sind urspr. Erkennungszeichen dieser Anlagen, wobei u. U. lokale Gottheiten erscheinen. Während der Gesch. Äg.s kam es immer wieder zu Umstrukturierungen, wobei Gaue geteilt werden, andere verschwinden und in benachbarten aufgehen, oder – wie bes. im O.-Delta – Neugründungen vorgenommen werden. Im N. R. war die Gaueinteilung weitgehend durch eine auf die einzelnen Städte begründete Verwaltung ersetzt worden; in der Libyerzeit bildeten sich neue Einheiten durch die entstehenden Fürstentümer. Wichtige Quellen: Aufzug der Gaue im Sonnenheiligtum des Neuserre (Ann. Serv. 53,319ff. Kees ÄZ 81,33ff.); Koptosdekret Kairo 43053 (Liste der 22 o. äg. Gaue, 7. Dyn.). Statist. Liste auf Kiosk Sesostris' I. (Lacau-Chevrier Chapelle de Sésostris Ier); Beamtenaufzug im Grab des *Rḫ-mj-R*[c] (Helck Verwaltung 212–208); Fürstenlisten des Pianchi (Urk. 3,1ff.) und Assurbanipal (Zyl. C, übers. ANET 294); Revenue Laws Pap. (ed. Grenfell) für die ptol. Z.; vgl. auch Hdt. 2,165f. Strab. 17,801ff. Plin. nat. 5,49ff. W. H.

2. (*νόμος*), musikal. t. t. mit wechselnder Bedeutung, allg. ein meist kitharod. Sologesang zu Ehren des Apollon von mehrteilig durchkomponierter Form und als verbindl. Modellweise mit dem Namen N. bezeichnet (vgl. [3]).

Nach einem bei Ps.-Plut. de mus. 3ff. greifbaren, jedoch auf Herakleides (15) zurückgehenden Überblick über die Gesch. des N. ist seine erste Ausbildung in kitharod. Form – abgesehen von etwaigen voraufgehenden auletischen Anfängen, die → Olympos zugewiesen werden – durch → Terpandros aus Lesbos erfolgt. Den Inhalt dieser siebenteiligen (vgl. Poll. 4,66) N. verschiedener Art bildeten Götterhymnen nach meist hom. Vorlagen. Das aulod. Pendant wurde von → Klonas aus Tegea eingeführt, der sich mit weiteren N.-komponisten wie → Thaletas, → Polymnestos u.a. noch eng an das strenge terpandr. Vorbild gehalten haben dürfte. Dagegen stellt die ψιλὴ αὔλησις, also ein nur instrumental. N., den → Sakadas aus Argos an den Pythien 586 vortrug, den bedeutsamen Schritt zu einer Art Programm-Musik dar, die freilich noch den formalen Bestand des N. wahrt. Gegen ihn wenden sich dann bes. die Vertreter des »Neuen Stils« wie → Phrynis, → Timotheos u.a., die durch Formenmischung, → Metabolai und weitere Kunstgriffe zu neuen musikal. Ausdrucksarten gelangen. U. K.

1. *H. Grieser* Nomos. Ein Beitr. zur griech. Musikgesch., 1937. 2. *F. Lasserre* Plutarque de la musique, 1954, 22–29. 3. *L. Richter*, FF 41, 1967, 114 (mit neuerer Lit.).

Nomos telonikos s. Telonai

Nomothetai (νομοθέται). I. Bedeutung: 1. Allg. Gesetzgeber. 2. Die schon im 5. ([4]) oder erst im 4. Jh. ([3]. [5]) in Athen in eine Verfassungskommission zur Revision der Gesetze aus der Reihe der Geschworenen gewählten Mitglieder ([1]. [2]). 3. Wer ein Gesetz oder die Änderung eines Gesetzes beantragte. 4. In Kyme, Magnesia und Korkyra gleichbedeutend mit → Nomographoi ([2],463,2). II. Verfahren. In der ersten Volksversammlung des Jahres wurde die Nachprüfung der Gesetze vorgenommen. Ergab die → Cheirotonia, daß das eine oder andere Gesetz nicht genügte, so mußten die Prytanen die Bestellung von N. zur Verbesserung der Gesetze durch die Volksversammlung beantragen (Demosth. 24, 25). Die Gesetzesinitiative konnte auch von den → Thesmothetai (Aischin. 3,38 ff.) oder von jedem beliebigen Bürger ausgehen. Ihre Gesetzesvorschläge wurden vor den Standbildern der Phylenheroen öffentlich bekanntgemacht und auch dem Ratsschreiber zur Verlesung übergeben. Den Vorsitz in der Kommission der N. führten Mitglieder des Rates unter einem Obmann. In dem insoweit einer Gerichtsverhandlung gleichenden Verfahren verteidigten fünf zugleich mit den N. gewählte → Syndikoi das alte Gesetz gegen den oder die Antragsteller. Gegen das neue als Beschluß der N. protokollierte Gesetz (vgl. IG II² 140) waren Anfechtungsklagen gegeben ([1]). E. B.

1. *Lipsius* Das att. Recht und Rechtsverf., 1905–1915, 383 ff. 2. *Busolt* GStk., 1010–1015. 3. *U. Kahrstedt*, Klio 31, 1938, 1 ff. 4. *K. M. T. Atkinson* Bulletin of the John Rylands Library 23, 1939, 3 ff. 5. *C. Hignett* A History of the Athenian Constitution, 1952, 299 ff.

Nomus, von 443 bis gegen 448 *comes et magister officiorum* (Nov. Theod. 24/26), 445 Consul, spätestens 448 *Patricius*. N. war Freund des mächtigen *praepositus sacri cubiculi* Chrysaphius. 449 nahm er an der Gesandtschaft an Attila teil (Prisc. frg. 8. 13 f.), 451 als einer der weltlichen Berater am Konzil von Chalcedon (MANSI 6,566. 940. 7,3. 128. 745), vgl. ACO II 6,5). A. L.

Nonae s. Monat

Nonae Caprotinae s. Caprotina

Nonakris. 1. (Νώνακρις). Ort in Arkadien im obersten Krathistal am NO.-Abhang des Chelmos (Aroania), berühmt durch den in seinem Gebiet befindlichen Wasserfall des → Styx und in der ant. Lit. nur deswegen genannt. Nur bei Hdt. 6,74 noch selbständige Stadt, im 4. Jh. v. Chr. schon zu Pheneos gehörend, zu Pausanias' Z. ganz zerstört und nur noch in geringen Spuren erkennbar. Schon Schriftsteller der frühen Kaiserzeit kennen den Namen nur noch als »Gebiet« oder »Berg«, Vitr. 8,3,16. Plin. nat. 4,21 u.a. Dichter brauchen »nonakrisch« oft für »arkadisch«. Sichere Reste des Orts, der in der Gegend der Klukinesdörfer gelegen haben muß, sind nicht bekannt. Paus. 8,17,6. 18,7. Steph. Byz. Hesych. s.v. IG V 2 S. 83.

E. Meyer, RE XVII 859 ff.

2. Sonst unbekannter Ort im n. inneren Arkadien in der Gegend um Vervitsa (h. Tropaea), Langadia, Magulianá, vermutlich im Hügelland des obersten Gortyniostales; in Megalopolis eingemeindet, Paus. 8,27,4. 7. E. M.

1. *E. Meyer*, RE VII A 219 Tripolis (11). 2. *Ders.* Peloponnes. Wanderungen 48 ff.

Nonalia sacra. Die n.s. waren eine kultische Begehung in Rom, die allmonatlich an den Nonen auf der *arx* stattfand. In ihrem Verlauf sagte der *rex sacrorum* der Bevölkerung die Festtage des jeweiligen Monats an (Varro 1. 1. 6,28; vgl. 6,13. Macr. Sat. 1,15,12 f.). Varro deutet diese Feier als Relikt der regelmäßigen Beratungen der Landbevölkerung mit dem Herrscher in der Königszeit (zu ähnlichen Zusammenkünften bei den Etruskern siehe Macr. a.O.). Von den n.s. zu unterscheiden sind die Opfer im häuslichen Kult, die an den Nonen ähnlich wie an den Kalenden und Iden gefeiert wurden (Cato agr. 143,2). H. Fl.

St. Weinstock, RE XVII 861 f.

Nonius. Röm. Gentilname, abgeleitet von dem Individualnamen *Nonus* (J. REICHMUTH D. lat. Gentilicia, Diss. Zürich 1956, 96) und gebildet wie etwa Quinctius von Quintus (RE XXIV 988); inschr. Beispiele bei SCHULZE Eigenn. 229. 424. Namensträger seit dem 1. Jh. v. Chr. häufig erwähnt. Familien: Asprenates, Balbi, Sufenates; später u.a. Quinctiliani, Arrii. Nebenform *Nonnius* (inschr.).

I. Republikanische Zeit. **1.** N., vertrauter Anhänger des → Flavius Fimbria (11), dem er jedoch 85 als erster den Gehorsam aufsagte. App. Mithr. 59. **2.** N. wurde 41 als Centurio des Octavianus auf dem Marsfeld von den Veteranen erschlagen, App. civ. 5,65 ff. **3.** N. ließ 41 als Befehlshaber der Torwachen den L. → Antonius (4) nach Rom hinein, das diesem damit vorübergehend in die Hände gespielt war, App. civ. 5,118. **4.** L. Nonius Asprenas. Zum Cognomen zuletzt I. KAJANTO The Latin Cognomina, Soc. scient.

Fenn., 1965, 47,209. Stammbaum: RE XVII 870. – L. war 47 wohl Praetor, denn 46 stand er als proconsul unter Caesar in Africa, war 45 legatus oder praefectus equitum, trat 39 als Senatszeuge in Erscheinung, war 36 Consul suff. und wurde vor 31 Septemvir Epulo. Broughton Mag. 2,298. 399. 428. Er begründete das Ansehen seines Zweiges und war wohl Sohn eines L. N. *(tribu Velina)*, der 89 zum Offizierskorps des Pompeius Strabo vor Asculum gehörte (Cichorius Röm. Stud. 170). **5.** L. N. Asprenas, L. f., Freund des Augustus, verheiratet mit Quinctilia (RE XXIV 987 Nr. 29), der Schwester des P. Quinctilius Varus, Vater des L. N. Asprenas, Consul 6 n. Chr. Stammbaum zuletzt bei R. Syme The Rom. Rev., 1960, Pl. VII. Wahrscheinlich war er es, der ein Gastmahl gab, nach dem 130 der Teilnehmer gestorben sein sollen; bei einer Gerichtsverhandlung wurde er freigesprochen, Plin. nat. 35,164. Suet. Aug. 56,3. Nach Groag, RE Suppl. VII 582 wird man erwägen müssen, diesen N. mit Nr. 4 zu identifizieren. **6.** M. (?) N. Balbus, Volkstribun 32 v. Chr., intercedierte erfolgreich gegen den Consul C. Sosius, einen Anhänger des Antonius, Cass. Dio 50,2. Broughton Mag. 2,418. **7.** N. Struma, wegen seines Kropfes von Catull. 52,2 verspottet: *sella in curuli Struma Nonius sedet;* er könnte 55 v. Chr. curul. Aedil gewesen sein, Broughton Mag. 2, 216. Er hatte einen Sohn N., der 43 als Senator von Antonius auf die Proskriptionslisten gesetzt wurde, Plin. nat. 37,81; dessen Enkel war Servilius Nonianus, Consul 35 n. Chr. **8.** (N). Sufenas, Adoptivvater des Sohnes seiner Schwester und des röm. Ritters M. Anneius Carseolanus, um 55 v. Chr. Val. Max. 7,7,2. Vielleicht ident. mit Nr. 9. **9.** M. N. Sufenas, Sohn von Nr. 11. Quaestor ca. 62. Als Volkstribun 56 verhinderte er mit s. Collegen C. → Cato (2) im Interesse der Triumvirn die Durchführung der Comitien durch den Consul Cn. Lentulus Marcellinus, Cass. Dio 39,27,3. Praetor war er vor 57 oder 52 (Broughton Mag. 2,594). 51–50 wirkte er als Statthalter (wohl als Propraetor) in einer ö. Provinz im Umkreis von Cilicia, Cic. Att. 6,1,13 und besaß im März 49 noch das *imperium*, Cic. Att. 8,15,3. Als Anhänger des Pompeius dürfte er bei Pharsalos mitgekämpft haben (vgl. Plut. Cic. 38,5). **10.** (M. N.) Sufenas, Münzmeister um 62, wohl nicht ident. mit Nr. 9, Denare mit Saturnkopf, Grueber Coins 1,470 f. Broughton Mag. 2,447. **11.** Sex. N. Sufenas, der erste bekannte Vertreter des Zweiges, Schwestersohn des Sulla. 88 bewarb er sich erfolglos um ein Amt (Volkstribunat?). Unter Sullas Dictatur richtete er als Praetor 81 erstmals die Spiele zur Erinnerung an die Siege Sullas aus, Quellen u. a. bei Broughton Mag. 2,76. Vgl. H. Volkmann Sullas Marsch auf Rom, 1958, 68. H. G. G.

II. Kaiserzeit. **1.** M. N. Arrius Mucianus. Aus Verona, CIL V 5092 u. a., wo er als *curator et patronus Veronensium* genannt wird, ebd. 3342.

Er setzte im J. 189 Commodus in Brixia eine Statue, CIL V 4339; von dort auch AE 1952, 134. *Cos. ord.* 201, CIL VI 1982 f. Er war im J. 204 *XVvir sacris faciundis*. Barbieri Alb. senat. p. 91 Nr. 379. **2.** L. N. Asprenas, Sohn des L. N. Asprenas, der in einen berühmten Prozeß (Plin. nat. 35, 164) verwickelt war, und der Quinctilia, der Schwester des → Varus. Nach CIL XI 7493 = VI 31690 begann er als *Xvir stlit. iud. Cos. suff.* 6 n. Chr. (2. Hälfte), Inscr. It. XIII. 1 p. 182 f. (fast Cap.), CIL X 4881. Im J. 7 befehligte er als Legat des Varus die leg. I und V Alaudae in Mogontiacum (Syme, JRS 23, 1933, 14 ff.) und bewahrte nach dessen Niederlage die Rheinfront vor dem Zusammenbruch, Vell. 2,120,3. Wohl von 12–15 Statthalter von Afrika, Tac. ann. 1,53,6. IRT 346 = AE 1952, 232. CIL VIII 5205. 10018. 10023, s. Thomasson Statth. Nordafr. 2,19 f. Zwischen 15/20 Vorsitzender der *curatores locorum publ. iudic.*, CIL VI 1267 a. b. 31573. Im J. 20 im Senat nachweisbar, Tac. ann. 3,18,2. Ehreninschrift für N. außer in Italien (CIL X 8342 b. XI 7493) in Athen IG min. II/III 4154. Nach seinem Tod ist CIL VI 1370 gesetzt. Seine Gattin war Calpurnia, Tochter des L. Piso cos. 15 n. Chr. CIL VI 1371. **3.** L. N. Asprenas, ältester Sohn von Nr. 2. *Cos. suff* 29 (2. Hälfte), Inscr. It. XIII, p. 261. CIL IV 1555. RE XVII 1431 Nr. 118. 119 (tess. numm.), Augur, CIL VI 31689 von seinem Grabmal an der via Flaminia, Platner-Ashby Topogr. 481. **4.** P. N. Asprenas. *Cos. ord.* 38 n. Chr., Inscr. It. XIII 1, p. 190 f. CIL VI 811. Frontin. aq. 1,13. Cass. Dio 59,9,1. Am 24. Jänn. 41 ermordeten ihn die german. Leibwächter des Gaius, Ios. ant. 19,87. 123. 142 f. 216. **5.** N. Asprenas Calpurnius Torquatus, jüngster Sohn von Nr. 2. Der Beiname stammt von einem Unfall beim Troiaspiel, dessentwegen ihn Augustus mit einer goldenen Halskette tröstete, Suet. Aug. 43,2. **6.** N. Attianus. Delator unter Nero, im J. 70 Senator, Tac. hist. 4.41. **7.** M. N. Balbus. Aus Nuceria, unter Augustus Praetor und *procos. Cretae et Cyrenae*, CIL X 1433 f. Herculaneum schenkte er die Basilika, Stadttore und die Ummauerung, CIL X 1425–1434; dafür erhielt er nach seinem Tod die im Nationalmuseum von Neapel stehende Reiterstatue. AE 1947, 53. **8.** L. N. Calpurnius Asprenas. Von Galba im J. 68 zum Legaten von Galatia und Pamphylia (Calder, JRS 6, 1916, 134) ernannt, beseitigte er Anf. 69 den falschen Nero, Tac. hist. 2,9,1 f. Dio III p. 108 Boiss. *Cos. suff.* zwischen 70 und 74, war er 82/83 Prokonsul von Afrika, Inscr. Tripol. 346. AE 1952, 232. **9.** L. N. Calpurnius Torquatus Asprenas, Sohn von Nr. 8. *Cos. ord.* 94, Dess. 9059. (Schekl, Aegyptus 13, 1933, 137 f.). AE 1954, 68. CIL VI 25527. Inscr. It. XIII 1, p. 194 f. *proc. Asiae* 109/110, Forsch. Ephes. II 150 Nr. 29. III 115 Nr. 27. *Cos. II ord.* im J. 128, Inscr. It. XIII 1, p. 204 f. AE 1939, 309. 1945, 36. **10.** M. N. Gallus. Aus Aesernia, wo er seinem Vater ein

Grabmal errichtete, CIL IX 2642. Er selbst besiegte wohl als Legat des Statthalters von Gallia comata, C. Carrinas, im J. 29 v. Chr. die Treverer und erhielt die Imperatorenakklamation, Cass. Dio 51,20,5. **11.** M. N. Macrinus. Aus Brixia. Nach EGGER, Forsch. Ephes. 3,117ff. Nr. 29. war er *Xvir stlit. iud.*, *trib. mil. laticl. leg. XVI*, *quaestor*, Legat des Statth. von Asia, *tribunus plebis*, *praetor*, *leg. leg. XIV Geminae*, *curator alvei et riparum Tiberis*, *leg. Aug. pr. pr. prov. Pannoniae inf.* (ca. 150–153/54, s. auch CIL V 4343, 4344, EGGER, ÖJ IX 1906, Beibl. 61–76, REIDINGER Statth. Pannon. 78–82), *cos. suff.* 154, Inscr. It. XIII 1, p. 208f., zwischen 156/162 *leg. consularis Pannoniae sup.* (s. RE Suppl. IX 590), *legatus* und *comes* des Marcus Aurelius (nach EGGER im Krieg an der Donau seit 167), *proc. Asiae* 170/71, s. D. MAGIE Rom. Rule Asia Min. 1585. HÜTTL Antoninus Pius 2,36ff. **12.** P. Delphius Peregrinus Alfius Alennius Maximus Curtius Valerianus Proculus M. N. Mucianus. Aus Brixia nach CIL V 3343 nach Verona übergesiedelt *(tribus Poblilia)*. Nach dieser Inschr. war er *tribun. milit. leg. X Fretensis*, *quaestor*, *aedilis*, *praetor*, Legat des Statth. von Asia. Nach CIL VIII 23246. AE 1934, 146 *cos. suff.* im J. 138. R. H.

III. Literarische Persönlichkeit:

1. N. Marcellus, röm. Grammatiker aus Thubursicum Numidarum (Sukh Arras) in Afrika (s. die Inscr. zu seinem Werk und die Inschr. CIL VIII 4878; dazu MOMMSEN, H 13, 1878, 559f.). N. lebte nach dem 2. und vor dem 5. Jh. (er benutzte Gell., Prisc. erwähnt ihn).

N.' Schrift *a doctrinis de peregrinando* (wohl: über den Verfall der Wissenschaft) kennen wir nur durch sein Zit. 451,11. Die Kap. 1–12 seines Hauptwerks *de compendiosa doctrina* behandeln sprachliche (Wortbedeutung, Genus, Synonymik, Besonderheiten bei Verben, Substantiven und Adverbien), die übrigen 8 sachliche Fragen (Namen für Schiffe, Kleider, Gefäße, Farben, Speisen und Getränke, Waffen, Verwandtschaftsbezeichnungen). Kap. 16 ist verlorengegangen. Der Umfang der Kap. schwankt (Kap. 20: 13 Zeilen, Kap. 4: 336 Teubner-Seiten).

N.' Kap. sind Anhäufungen von Stichwörtern, zu denen Erläuterungen und Belege vor allem aus voraugust. röm. Autoren angegeben sind. Durch diese Zit. aus republikan. Schriftstellern, nicht durch seine Erklärungen, ist N.' Werk wertvoll. Die Frage der Quellenbenutzung, die für die Einordnung der Frg.e aus verlorenen Werken wichtig ist, wurde durch LINDSAYS grundlegende Unt.en ([1]. [2]. [3]) und durchSTRZELECKIS weiterführende Arbeiten ([4]. [5]. [6]) weitgehend geklärt: Die Tatsache, daß sich die Lemmata bei N. oft mit Beispielen anderer Grammatiker decken, läßt sich so erklären, daß N. zunächst zu den einzelnen Kap. spezielle gramm. Schriften heranzog und aus ihnen Lemmata und hin und wieder auch Zit. exzerpierte ([4],115ff. [6],892). Zur Erweiterung dieses Grundstocks benutzte N. 41 Ausg. röm. Autoren, darunter auch gramm. Schriften (Liste bei [1], 7–10), in der Weise, daß er die Lemmata des Grundstocks mit Zit. aus den 41 Quellen belegte. N. ging dabei mechanisch vor: Für jedes Lemma gab er zunächst einen Beleg (»Stammzitat«), den er dann durch andere Stellen erweiterte (»Anhängselzitate«. Zusammenstellung der Stammzitate: [1],10–35. 37–78, der Anhängselzit.: [1],82–88. [3], 440–461. L. RYCHLEWSKA Tragica II, Wrocław 1954, 124–141. Quellenanalyse des 3. Kap.: [5], 23–39). Stamm- und Anhängselzit. folgen stets der Ordnung der 41 Quellen; die in den Reihen stehenden Zit. entsprechen der Ordnung der Stellen bei den Autoren. So entstehen, ausgehend vom Stammzit., in allen Kap. zahlreiche Autorenreihen. N. scheint also seine Quellen stets in derselben Reihenfolge gelesen und exzerpiert zu haben. Einige Beispiele rückläufiger Benutzung seiner Quellen (STRZELECKI, ADAW 13, 1959, 81–90. [5], 35f.) erschüttern dieses Prinzip nicht. Vielleicht ist das Werk unvollendet: In Kap. 20 findet sich nur der Grundstock, Zit. fehlen. Ob die grob alphabet. Anordnung in Kap. 2–4 von N. stammt, ist ungewiß ([1],90. [5],22).

Die Hss. gliedern sich für alle 3 Teile des Werks (Kap. 1–3. 4. 5–20) in 3 Klassen (LINDSAY, Philol. 55, 1896, 160–169. 60, 1901, 217–228. 628–634). Der beste und wohl älteste Codex ist L (Voss. lat. fol. 73, s. IX) aus Tours. Alle Hss. gehen auf einen Archetypus wohl in insularer Schrift zurück, dessen Vorlage in Capitalis rustica geschrieben war (L. TRAUBE, Neues Archiv 27,270). M. Fo.

Ta.: *W. M. Lindsay*, Lpz. 1903.

Lit.: 1. *W. M. Lindsay* N. M.' dict. republ. Lat., 1901 (Nachdr. 1965); 2. *Ders.*, RhM 57, 1902, 196–204. 3. *Ders.*, Philol. 64, 1905, 438–464. 4. *W. Strzelecki*, Eos 34, 1932/33, 113–129; 5. *Ders.* De Flavio Capro Nonii auctore, Rozpr. wydz. filol. Krakow 65,3, 1936. 6. *Ders.*, RE XVII 882–897. 7. *A. Coucke* N. M. en zijn De compendiosa doctrina, Diss. Louvain 1936/37. 8. *Schanz-Hos.* 4,1,142–148.

Nonnos (*Νόννος*) von Panopolis, Epiker, Vf. von *Διονυσιακά* in 48 B. und einer hexametr. Paraphrase des Johannesevangeliums (Metabole). Da die von ihm verwendete Form des Hex. sich bei → Kyros von Panopolis (4) und in den Hymnen des → Proklos noch nicht findet, hat er schwerlich vor diesen geschrieben, sicher aber vor dem ep. Frg. bei HEITSCH Griech. Dichterfrg. 34 (bald nach 471). Die Metab. kann aus dogmat. Gründen (geflissentlicher Gebrauch von *θεητόκος*) erst nach 431 verfaßt sein. Die Dionys. schrieb N. in Alexandreia (1,13); Aufenthalt in Berytos bezeugt B. 41.

Die Dionysiaka erzählen die Geschichte des Dionysos unter Einbeziehung der mit dem Raube der Europa beginnenden Vorgeschichte von der Geburt bis zur Apotheose. N., der im Prooimion erklärt, ein buntes Lied singen zu wollen, hat sich bemüht, alles heranzuziehen, was sich mit der Hauptperson irgendwie verbinden und in wirksamer Erzählung darbieten ließ, so Typhon, Kadmos, Aktaion, Zagreus, die Deukalion. Flut, Semele. Auf Geburt und Jugend des Dionysos folgt als Hauptstück der Inderfeldzug, dessen Hauptquelle die *Βασσαρικά* des → Dionysios (II A 13) waren. Hier wird Angleichung an die Ilias erstrebt; es gibt eine *μάχη παραποτάμιος*, Schildbeschreibung, *κόλος μάχη*, *Διὸς ἀπάτη*, Theomachie, Leichenspiele. Eingeschoben sind Liebesgeschichten (Nikaia, Chalkomede), Idylle (Brongos, Staphylos), Phaëthon (nach Ovid?). Es folgt Rückkehr nach Phrygien und Zug nach Europa mit den Geschichten von Pentheus (nach Eur. Bacch.), Ikarios, Ariadne, Kampf mit Perseus in Argos; dann wieder Rückkehr nach Phrygien. Hier ist eine Kopie der Nikaia-Episode (Aura) angehängt. Mit der Aufnahme in den Olymp, für die in B. 13 die Unterwerfung der Inder zur Bedingung gemacht war, schließt das Epos. Es ist locker komponiert; die vielen Episoden zeigen, daß N. Mühe hatte, durch Erreichung von 48 B. mit Homer zu wetteifern. Einige Stücke zeigen Spuren der Nichtvollendung. Einfluß des Romans (→Achilleus Tatios o. Bd. I 1519) ist öfters deutlich. Erstrebt wird Wirkung des Einzelnen, bisweilen durch Kontrast gesteigert, wie auch die Antithese neben der Ausdruckshäufung ein Hauptmerkmal des Stiles ist. Die Metrik (KEYDELL Ausg. S.35* bis 42*) berücksichtigt den Wortakzent. Daß N. die Dionys. als Christ schrieb, ist bes. wegen der positiven Wertung der Mysterien (samothrak. 4, 31; dionys. 12,142. 171; 46,363) nicht wahrscheinlich. N. muß dann zum Christentum übergetreten sein.

Die Metabole wurde zwar nach → Planudes von einigen → Ammonios von Alexandreia zugeschrieben, doch kann Abfassung durch N. auch aus sprachlichen Gründen als sicher gelten. Sie enthält bisweilen Zusätze zum Evangelium, bes. christologische. R. K.

Ta.: Dionys. *Keydell* 1959. Metab.: von *Golega* in Vorbereitung.

Lit.: *Gerstinger*, WSt 41/42, 1943–1947, 71–87. *Gennaro d'Ippolito*, Studi Nonniani, Palermo 1964, mit Bibliogr. *Martin String* Unt. zum Stil der Dionys., Diss. Hamb. 1966. *R. Dostálová*, Acta antiqua Sc. Hung. 15, 1967, 437–450. *Werner Peek* Lex. zu den Dionys., 1968ff.

Nopherōs (äg. nfr-ḥr »mit vollendetem Antlitz«), alter Beiname des memphit. Ptah, um sein Menschengesicht gegenüber den meist tiergesichtigen anderen Göttern hervorzuheben. In ptolem. Z. jedoch bes. Bezeichnung des Krokodilgottes Sūchos im Fajum (in Euhemeria, Theadelphia, Karanis) in euphemist. Anspielung auf den gefährlichen Rachen des Tieres (Pnepherōs mit Artikel). Von diesem ist der Beiname dann auch auf den Nil übertragen worden. N. wie Pn. sind auch Personennamen. W. H.

Nora, h. Capo di Pula. **1.** Nach Paus. 10,17,5, älteste Stadt auf Sardinien, angeblich gegründet von Iberern aus Tartessos im s. Spanien, Solin. 4,1 (p. 46 Momms.), obwohl eine Inschr. des 9. Jh. v. Chr. (CISem. I 1,144–146) auf Kolonisation der Phoiniker von Kypros weist. Der Name (protosardisch *norake* = Burg) hängt mit den prähistor. Turmbauten der Nuraghen (G. LILLIU, Enc. art. ant. V 606–610) zusammen. Die Ausgrabungen (zahlreiche Nekropolen, Thermen, Fischmarkt, Amphitheater, Theater, Tempel der Tanit u.a., s. PATRONI, Monum. ant. 14, 1904, 109–267) weisen auf phoinik. Besiedelung vom 7. Jh. v. Chr., auf röm. vom 3. Jh. v. Chr. an. Municipium war die Stadt von der frühen Kaiserzeit an; den Märtyrertod erlitt in ihr unter Diokletian der hl. Efisius. Röm. Inschr.: CIL X 7541–7551. R. H.

G. Pesce, Nora, Cagliari 1957. *P. Mistretta* Il teatro rom., Dioniso 35, 1961, 28–37.

2. N. (*τὰ Νῶρα*), von W. RUGE [1] s. ö. vom Tuz Gölü zwischen Aksaray und Niğde vermutete Bergfestung. In sie floh →Eumenes v. Kardia vor → Antigonos Monophthalmos und wurde von diesem 1 J. lang belagert (320/19 v. Chr.). Sie diente, umbenannt in *Νηροασσός*, dem von M. →Antonius als König von Kappadokien eingesetzten Archelaos, wohl während seiner Kämpfe mit dem Kronprätendenten Ariarathes X. 41–36, zum Schutz der Staatskasse (Strab. 12,537). E. O.

1. *W. Ruge*, RE XVII 923f.

Norax, Sohn des Hermes und der Erytheia, sagenhafter Gründer von Nora, Paus. 10,17,5. R. H.

Norba. 1. Latin. (Dion. Hal. ant. 5,61. Plin. nat. 3,64) Stadt in beherrschender Lage am W.-Hang der Mti. Lepini, früh röm. Kolonie (Dion. Hal. 7, 13. Liv. 2,34,6. Cass. Dio frg. 17,3 M.), im Kampf mit Privernum (Liv. 7,42,8. 8,1,1. 19,5), im 2. Pun. Kriege treu (27,10,7), Gewahrsam karthag. Geiseln (32,2,4. 26,7f.), 82 v. Chr. zerstört (App. civ. 1,94. Plin. 3,68). Polygonale Reste, keine Inschr. G. R.

Forbiger HB d. alt. Geogr. 3,478. *Nissen* It. Ldk. 2,644.

2. N. Caesarina, röm. Kolonie (Plin. nat. 4,117. Ptol. 2,5,6), h. Cáceres im n. Teile von Extremadura. Die Identität von N. (wohl nach der gleichnamigen latin. Stadt benannt) und Cáceres ist erwiesen durch CIL II 694. 711–713. S. auch A. FLORIANO Cáceres ante la História, Cáceres 1931. Röm. Reste: GARCÍA Y BELLIDO A., Las colonias Rom. de la prov. Lusitania. Arqueol. e Hist. 8, Lisboa 1958/59. R. G.

Norbanus. Gentilname, abgeleitet von der Volskerstadt Norba, SCHULZE Eigenn. 532, E. FRAENKEL, RE XVI 1652. 1666, nach MÜNZER H 67, 220ff. wohl erst Anf. 1. Jh. v. Chr. Die Gens stieg unter Caesar und Octavian auf. N. erscheint später auch als Cognomen (I. KAJANTO The Lat. Cognomina, Soc. sc. Fenn. 1965, 185), aber nicht bei den Vibii.

I. Republikanische Zeit. **1.** C.N., ein *homo novus*, der seinen Namen seiner Heimatstadt Norba entlehnte. Ob er das Cognomen Balbus führte, ist ungewiß. 103 Volkstribun und Anhänger des L. → Appuleius Saturninus (6), Vorsitzender des Gerichtshofes, der den Q. Servilius Caepio verurteilte. 102 Quaestor (zog mit M. Antonius gegen die Seeräuber), vielleicht Proquaestor 101 bis 100 (BROUGHTON Mag. 1,569. 565,7. 2,594). 94 *maiestatis* angeklagt, von M. Antonius verteidigt und freigesprochen, Cic. de or. 2,124f. 197ff. u.ö.; 88 (?) Praetor und 87 Promagistrat (wohl Propraetor) in Sicilien, gute Verwaltung. 83 Consul (mit L. Cornelius Scipio Asiaticus), DEGRI 13,54f. 484f.; er wurde von Sulla in Campanien geschlagen. Als Proconsul 82 wurde er bei Faventia geschlagen, floh später nach Rhodos, wo er auf dem Markt Selbstmord verübte, nachdem Sulla ihn auf die Proskriptionsliste gesetzt hatte. Aus der Speziallit. vgl. zuletzt CHR. MEIER Res publica amissa, 1966, 323. **2.** C.N., wohl Sohn von Nr. 1, 83 Münzmeister (Denare mit Legende *C. Norbanus*), Nachweise BROUGHTON Mag. 2,447 mit Datierung um 80. **3.** C.N. Flaccus, wohl Sohn von Nr. 2. Praetor 44 oder 43 (Goldmz., GRUEBER Coins 1,552f.). 42 kämpfte er gegen die Caesarmörder im ö. Makedonien (Amphipolis) und wurde 38 Consul (mit Ap. Claudius Pulcher), BROUGHTON Mag. 2,390. 36–34 stand er als Proconsul in Spanien und triumphierte 34. Um 30 war er Statthalter in Asia (u.a. Ehreninschr.). **4.** C.N. Sorix, ein Schauspieler, 79 v. Chr. in der Umgebung des Sulla in Campanien, Plut. Sulla 36,2. H. G. G.

II. Kaiserzeit. **1.** L.N. Balbus. Jüngerer Sohn des C.N. Flaccus (Cos. 24 v. Chr.). *Cos. ord.* (1. Hälfte) 19 n. Chr., AE 1947, 3. Inscr. It. XIII 1, p. 184f. CIL VI 1437; eingebracht wurde die lex Iunia Norbana. Er betätigte sich gerne als Trompetenbläser, Cass. Dio-Xiph. 57,18,3f. Am 21. Jan. 41 hieben ihn (oder seinen Bruder?) die Leibwächter des Caligula nieder, Ios. ant. 19,123f. **2.** C.N. Flaccus. Älterer Bruder von Nr. 1. Im J. 11 *praetor urbanus*, Inscr. It. XIII 1, p. 297. *Cos. ord.* 15 n. Chr. (1. Hälfte), Inscr. It. XIII, 1, p. 184f. RE XVII 1431f. Nr. 110–112. Tac. ann. 1,55,1. Cass. Dio 57,14,1. **3.** N. Licinianus. Spanier, Delator unter Domitian; mit dem Statthalter der Baetica, Caecilius Classicus verfeindet und von ihm verbannt. Im J. 100 im Repetundenprozeß gegen den inzwischen verstorbenen Classicus als Ankläger tätig, wurde er selbst wegen *praevaricatio* beklagt und auf eine Insel verbannt, Plin. epist. 3,9,29–35. R. H.

Nordsee. Das unter diesem Namen seit dem 13. Jh. bekannte Meer wird im N. durch den Breitenkreis der Shetland-Inseln, im S. durch die Straße von Calais, im O. durch das Festland, im W. durch die Britann. Inseln begrenzt. Urspr. ein von S. nach N. abfallendes Tal, dann infolge der noch nicht befriedigend geklärten geolog. Veränderungen ein Schelfmeer, hat es sich erst jüngst gegen O. erweitert. Zwischen dem Ärmelkanal und Jütland bot im Alt. die Küste den Anblick einer fortlaufenden Linie, unterbrochen nur durch die Lagunen des Rheins (R. DION, REL 1964, 469), der Zuidersee, der Ems (K. MEISTER, H 1955, 93), der Weser und der Elbe. Die Küstenlinie verlief näher an den Friesischen Inseln, deren Zahl größer war. Plin. nat. 16,2–4, beschreibt als Augenzeuge die Landschaft zwischen Weser und Elbe (→ Chauci) als eine zweimal täglich durch die Flut überschwemmte Wattenküste.

Der Zinnhandel gibt den Phoinikern vom 11. Jh. ab eine ungefähre Vorstellung von den Küsten des Ärmelkanals. Um 500 v. Chr. vermittelt die Fahrt → Himilkons (6) *ad extera Europae noscenda* (Plin. nat. 2,169) und *Oceano super* (Avien. or. mar. 412) den griech. Geschichtsschreibern die Kenntnis dieser Gegend (→ Kassiterides). Aber der erste Erforscher der N. ist → Pytheas von Massalia, der zwischen 330 und 310 an der O.-Küste Großbritanniens bis zum N.-Ende entlangfährt und von dort in 6 Tagen die rätselhafte Insel → Thule erreicht. Die Erwähnung von 2- oder 3stündigen Nächten z.Z. der Sommersonnenwende (Frg. 6 Mette), von Getreidearten und Honig auf den Thule benachbarten Inseln (Frg. 6g), setzt die n. Grenze seiner Reise höchstens auf die Breite von Trondhjem. Er beschreibt auch die Küste von Germanien (Frg. 11), wobei er die *Guiones* und die Insel *Abalus* (Helgoland?), einen Fahrtag von *Metuon* (Jütland?) entfernt, nennt. Seine Berichte werden von mehreren Schriftstellern übernommen, bes. Timaios, Eratosthenes und Poseidonios, aber verworfen von Dikaiarchos, Polybios und Strabon. Sie beeinflussen noch die Geographie des Ptolemaios.

Die Eroberungen Caesars und die Feldzüge des Drusus und Germanicus erneuern die Kenntnis der N., die in dieser Z. den Namen *Germanicum mare* (Plin. nat. 4,103) annimmt. Im J. 4/5 n. Chr. umfahren die Truppen des Tiberius Jütland (Mon. Anc. 26) und identifizieren wahrscheinlich zum erstenmal Skandinavien (Mela 3,54 *Codannovia*), das indessen bis zum 12. Jh. als eine Insel betrachtet wird. Schottland wird von Lucanus nach der Eroberung von Großbritannien durch Claudius im J. 43 n. Chr. genannt (4,68 *Caledonii*), die Orkaden und die Shetlandinseln von Tacitus, Agr. 10. Die Romanisierung des Küstenstrichs zeigt sich hauptsächlich in der Anlage von Häfen, von denen die nördlichsten Segedunum in Großbritannien (Wallsend, Northumberland) und *Μαρναμανίς* (?) an der Mündung der Ems (Ptol. 2,11,1) sind. Der Vorstoß der Sachsen im 3. Jh. n. Chr. führte zur Preisgabe von Großbritannien im J. 410, während das r. Rheinufer seit 260 und Belgien im Laufe des 4. Jh. verlorengingen. F. L.

Noreia, Stadt in den O.-Alpen, Zentrum des *regnum Noricum* (Sempron. Asellio = HRR

111 frg. 9*. Caes. Gall. 1,5. Strab. 5,214. Tab. Peut. V 1 Miller). Dem Wortstamm nach als illyr. angesehen, nach Strab. a.O. von Aquileia 1200 Stadien entfernt. In Tab. Peut. steht auf der Straßenlinie Virunum–Ovilava zweimal unmittelbar nacheinander *Noreia XIII*, das erstemal 27, das zweitemal 40 Meilen von Virunum entfernt. Die Straße führt von Virunum über Friesach, Einöd, Neumarkt, oder in gleicher Himmelsrichtung etwa ö. über Silberegg, Guttaring, Hüttenberg. Es ist jedoch fraglich, ob diese Straßenstationen oder das Feld, auf dem der Consul C. Papirius Carbo eine Schlacht gegen die Kimbern verloren hatte, mit dem Vorort N., der ant. Hauptstadt, ident. sind. Es ist möglich, daß in Noricum mehrere N. waren. Mit einiger Wahrscheinlichkeit kann man annehmen, daß der Königssitz die Siedlung auf dem Magdalensberg war. J. F.

Noricum. Röm. Provinz, zwischen → Raetien und → Pannonien, das Ostalpengebiet ö. vom Inn umfassend. N. ist ein adjektiv. Bestimmungswort zu *regnum*, entsprechend der polit. Gebietverfassung vorröm. Z. Der Wortstamm ist illyr. Die Urbevölkerung hatte vor den kelt. Wanderungen illyr. Charakter. Seit der Keltisierung der Ostalpenländer am E. 3. Jh. v. Chr. bezeichnete man die Bewohner des Landes mit dem Sammelnamen *Taurisci*. Dieses Volk gliederte sich in mehrere kleinere Einzelstämme. Einer von diesen war die Stammesgemeinde der *Norici*. Als die *Norici* ihre Macht im Laufe des 2. Jh. v. Chr. auf das gesamte S.-N. ausdehnten *(regnum Norici)*, verschwand allmählich der Name der Taurisci. Die Dedikationsinschr. von Magdalensberg zählen acht nor. Stämme auf: *Norici*, *Ambilini*, *Ambidravi*, *Uperaci*, *Saevates*, *Laianci*, *Ambisontes*, *Elveti*. Ptol. 2,13,2 erwähnt die folgenden: *Σεοῦκες*, *'Αλουνοί*, *'Αμβισόντιοι*, *Νώρικοι*, *'Αμβιδράνοι*, *'Αμβίλικοι*. Die Eingliederung des nor. Königreichs in das *imperium Romanum* scheint ziemlich friedlich vor sich gegangen zu sein (um 10 v. Chr.). Nach der Landnahme kam es im nor. Gebiet nicht gleich zur Einführung des Provinzialstatus. Der Sitz der Verwaltung während der Okkupationszeit war die Stadt auf dem Magdalensberg. Unter Claudius erhielt N. das Provinzialstatut und als Statthalter einen *procurator Augusti provinciae Noricae*. Der Statthalter, der der Rangklasse der *ducenarii* angehörte, residierte in → Virunum. Hier hatten später die Finanzprokuratoren, die Sexagenarier waren, und auch die nor. Postverwaltung ihren Sitz. Wir kennen einen *praefectus vehiculorum regionis Transpadanae et Norici* (?): CIL III 4802, und einen *praefectus vehiculationis Pannoniae utriusque et Moesiae superioris et Norici*. Im Bürgerkrieg ergriff N. mit den pannon. und moes. Legionen zuerst für → Otho, später für → Vespasianus Partei. Im J. 69 n. Chr. war der *exercitus Noricus* mindestens 1 Ala und 8 Kohorten stark. Das Welser Diplom (CIL XVI 52) vom J. 106 nennt wahrscheinlich 3 Alen und 6 Kohorten (5000 Mann), das Diplom aus Mautern (CIL XVI 174) aus Hadrians Z. 3 Alen und mindestens 5 Kohorten. Vor den Markomannenkriegen bekam N. noch eine *ala milliaria (ala Tampiana)*. Im J. 169 durchbrachen die → Marcomannen und → Quaden die nor. und pannon. Grenzverteidigung. Die autonomen Städte, vor allem → Iuvavum und Flavia Solva, wurden von plündernden Germanenhorden zerstört. Das Sonderkommando der *praetentura Italiae et Alpium*, welches schon im J. 168 geschaffen worden war, umfaßte auch das s.ö. N. Die *legio II Italica* erbaute nicht später als 171 das Lager von Lotschitz bei → Celeia, später rückte sie an die nor. Donau vor, wo sie zuerst in Albing ein Lager bezog. Ihr endgültiges Lager erbaute die Legion wahrscheinlich vor den letzten Jahren des Krieges in → Lauriacum. Die ständige Legion brachte auch eine Veränderung der Verwaltung mit sich: der Legat der *legio II Italica* übernahm als *legatus Augusti pro praetore provinciae Noricae* (oder *Norici*) die Aufgaben des Statthalters. Sein Sitz war Lauriacum, aber auch → Ovilava bekam eine neue Bedeutung. Hierher wurde aus Virunum wenigstens ein Teil der Regierungsämter verlegt. Mit dieser Stellung Ovilavas als ziviles Hauptquartier dürfte seine Erhöhung zur Kolonie zusammenhängen. Im Gegensatz zur *legio II Italica*, die sofort auf die Seite des → Septimius Severus trat, stand die bürgerliche Gesellschaft der Provinz auf der seines Rivalen. Ti. → Claudius (II 15) Candidus als *dux adversus h(ostes) p(ublicos)* mußte im J. 196 ein Gerichts- und Konfiskationsverfahren durchführen. In der Regierungszeit → Caracallas trat in der n.w. Nachbarschaft von N. zum erstenmal das german. Volk der → Alamannen in den Gesichtskreis der Römer. Im J. 214 mußte Caracalla gegen sie zu Feld ziehen. Gegen E. der Regierung des → Severus Alexander wurde es an der Donaugrenze wieder unruhig, bes. aber unter → Gallienus, als unter den Schlägen der Alamannen der rät. Limes zusammenbrach; die beiden Pannonien wurden von den → Roxolanen verwüstet. Die Alamanneneinfälle unter → Aurelianus (4) könnten bis ins Pustertal ausgestrahlt haben. Nach der Provinzialreform des → Diocletianus wurde N. in *N. ripense* und *N. mediterraneum* geteilt. Die neuen Provinzen zählten zur Dioezese → *Illyricum*. In den beiden Provinzen leiteten dem Ritterstand entnommene *praesides* die Zivilverwaltung. Ihre Amtssitze befanden sich für Binnennoricum in Virunum, für Ufernoricum in Ovilava. Das Militär dagegen befehligte der *dux Pannoniae primae et Norici ripensis*, der in Lauriacum residierte. Diocletianus hat eine neue Legion in N. aufgestellt *(I Norica* oder *Noricorum)*, von der ein Teil in Favianae, ein anderer in Adiuvense stand. Der Limes wurde 395 von Markomannen und Quaden durchbrochen, die bis an die Adria vorstießen. Im J. 405

marschierten durch N. die Ostgoten. Wahrscheinlich damals ist Flavia Solva endgültig zerstört worden. 407 besetzte → Alarich mit den Westgoten einen Teil von N. Die Revolte der Provinzialen in den J. 430 und 431 wurde von → Aëtius (3) blutig niedergeschlagen. 20 J. später durchquerten die hunn. Heere auf dem Zug nach Gallien das n. Noricum. Die Verbindungen mit Italien bestanden bis etwa 472, dem Zeitpunkt der Abwanderung der pannon. Ostgoten. Um dieselbe Zeit drangen die Alamannen, die → Thüringer und → Heruler in N. ripense ein. Binnennoricum aber blieb bei Italien und trat so erst in Verbindung mit dem Königreich → Odoacers, dann mit dem der Ostgoten → Theoderichs. Der Krieg mit → Iustinianus veranlaßte sie, bald nach 535 N. den → Franken zu überlassen. Der kirchliche Metropolitanverband → Aquileias mit → Aguntum und → Teurnia blieb erhalten, und erst das Vordringen der → Slaven, → Avaren und → Baiovaren zerstörte E. 6. Jh. die letzten Verbindungen mit Italien.

Die O.-Grenze von N. folgte der Wasserscheide des Wienerwaldes in s. w. Richtung bis ins Quellgebiet der Mürz. Von dort wandte sie sich nach SO. und folgte schließlich der Lafnitz bis zur Mündung in die Raab. Sie überquerte Mur und Drau und erreichte die Save, die sie flußaufwärts begleitete. Unter Einschluß des Territoriums von Celeia bildete der Kamm der Karnischen Alpen bis zum Plöckenpaß die S.-Grenze. Der Verlauf der W.-Grenze ist sehr unsicher. Sie durfte von der Mittenwalder Klause aus in n. ö. Richtung das Ödland der Zillertaler Alpen durchquert und den Durchbruch des Inn bei Kufstein erreicht haben. Inn und Donau bilden den gesicherten Grenzverlauf gegen Raetien und den german. Norden. Die wichtigsten Straßenzüge waren: Von der kontinentalen Straße Rom → Aquileia – → Emona → Celeia – → Poetovio – → Carnuntum zweigten die Seitenäste ins nor. Alpenland ab. Bei Aquileia einer nach Aguntum, ein anderer nach Virunum–Ovilava; von Emona ein minder wichtiger Saumweg über den Loiblpaß; von Celeia in das Hüttenberger Erzgebiet, Virunum–Iuvavum; von Poetovio in das Murtal hinauf, durch Flavia Solva. Jenseits der Alpen zog sich entlang der Donau die Limesstraße nach W.: → Vindobona – → Cetium – Lauriacum – Boiodurum. Diese Hauptstraße zweigte bei Lauriacum nach Ovilava ab und führte nach Iuvavum weiter. Nur e i n e *civitas* kennen wir in N., die *civitas Saevatium et Laiancorum.* Sind unter den *Saevates* richtig die Umwohner von Sebato zu verstehen, so ging aus dieser *civitas* vielleicht das *municipium Aguntum* hervor. Die Urbanisierung vollzieht sich in der Z. bis zu den Markomannenkriegen. Dieser Prozeß beginnt unter Claudius (Virunum, Celeia, Teurnia, Aguntum, Iuvavum). Flav. Munizipium ist Flavia Solva. Hadrianus schuf Ovilava(e) und Cetium.

Ovilava wurde später von Caracalla in den Rang einer Kolonie erhoben. Caracalla verlieh der zivilen Siedlung beim Legionslager Lauriacum Munizipalrecht. Die gemeinsamen Huldigungen für Mitglieder des Kaiserhauses in der Z. des Augustus fanden auf dem Magdalensberg statt. Nach Claudius können wir vielleicht den Versammlungsort des nor. Landtages und den Amtsraum des Provinzialpriesters in den Bauten am Forum von Virunum bestimmen.

Die röm. Kultur überwog in den Städten wegen der Eitelkeit provinzialer Emporkömmlinge und infolge der städt. Einrichtungen sakraler und profaner Art (*collegium iuvenum* in Virunum und Lauriacum, *collegium Larum* in Virunum, *collegia fabrum,* usw.). Kulturvermittler zwischen N. und Italien war schon in vorröm. Z. Aquileia. Die reiche Handelsfamilie von Aquileia, die Barbii, waren mittelbar an der Stiftung der Siegerstatue vom Helenenberge beteiligt. Was schon in republ. Z. die Römer nach N. zog, waren die Mineralschätze (Gold, Eisen), der Handel mit Vieh, Wolle, Wollstoffen und Leder. Überall ist dabei die Beziehung zu Aquileia durchsichtig. Die ital. Waren (padan. Sigillaten, Amphoren, eine große Zahl oberital. Firmenlampen, Glasflaschen, Bronzekannen u. a.) drangen über Aquileia in N. ein. Doch erwuchs dem ital.-nor. Handel Aquileias schon im 1. Jh. ein starker Konkurrent in Gallien, Röm.-Germanien und Rätien, von wo immer mehr Sigillaten, Lampen, Terrakotten, Glas, Emaillefibeln eindrangen und zumal die Sigillaten in der 2. Hälfte des 1. Jh. die oberital. völlig verdrängten. N. gehörte zum *publicum portorii Illyrici utriusque et ripae Thraciae,* welches die Donau- und Balkanprovinzen und die regio X Italiens umfaßte. Die Einhebung des Zolles, der im 1. Jh. an die *societas publicanorum* verpachtet war, erfolgte nach Traianus durch *conductores.* Das untere Personal des Zolldienstes rekrutierte sich aus Sklaven der einzelnen *conductores.* Zollstationen waren: Sublavio, Loncium, Larix (gegen Italien), Atrans (an der Grenze gegen Pannonien), Boiodurum, Pons Aeni (gegen Rätien). Eine Binnenstation war in Virunum. Landwirtschaftlich wurde N. als (*post Pannoniam) ager frigidus et parcius fructuosus* charakterisiert (Isid. etym. 14,4,5 Lindsay). Einige Stationsnamen, wie *Piro torto,* oder *Ad vineas* geben magere Hinweise. Von der Forstwirtschaft ist nur ein *ser(vus) salt(uarius)* erwähnt. Als Teil der Viehzucht tritt die von Pferden schon in der vorröm. Münzprägung von N. hervor. In dem Schreiben Theodorichs an die *provinciales Norici* vom J. 507 (Cassiod. var. 3,50) werden die nor. Pferde gegenüber denen der Alamannen *minores quidem membris, sed idonei ad laborem* genannt. Die Eisenbergwerke, welche schon in vorröm. Z. in Betrieb standen, fielen nach der Landnahme an die Römer. Ein Teil der Bergwerke ging in den unmittelbaren Besitz der Kaiser über, ein anderer verblieb in privaten Händen. Zeitweilig scheinen die nor. *conductores* ihren Sitz in Aquileia gehabt zu haben, wo die Verarbeitung des Eisens erfolgte. In späterer Z. dürfte Virunum der Amtssitz der *conductores* geworden sein. Seit der flav. Z. wurden *procuratores ferrariarum* entsandt. Ihr Amtssitz befand sich in Tiffen. Marc Aurel übernahm die Bergwerke unmittelbar in kaiserl. Verwaltung. Der *centenare procurator ferrariarum* übernahm vollkommen die Aufgaben der Großpächter. Alle Anzeichen fehlen, daß die Römer den urgesch. Kupferbergbau (Mitterberg bei Bischofshofen und auf der Kelchalpe bei Kitzbühel) fortgeführt haben. Die Bleigewinnung auf der Gurina an der Gail, die Salzgewinnung auf dem Salzberg von Hallstatt hatten mittelmäßige Bedeutung. Von der nor. Landesindustrie kennen wir die Herstellung von Kleidungsstükken, Fibeln, Gürtelbeschlägen, den Abbau von Steinbrüchen, den Betrieb von Ziegeleien und Töpferwerkstätten.

Die Einführung des röm. Staats- und Kaiserkultes bedeutete nicht die Verdrängung der einheim. Religionsvorstellungen. Die Römer scheinen gewisse einheim. Gottheiten in die offizielle Verehrung einbezogen zu haben: Kult der Noreia, der Celeia und der Teurnia. Andere Gau- und Stammesgottheiten sind Alounae, Bedaius, Latobius, Marmogius u.a. Weitere im Lande verehrte Gottheiten sind in die interpr. Rom. eingegangen, z.T. jedoch noch an manchen Begleitumständen erkennbar, wie Mars mit den Beinamen Latobius, Marmogius, Toutates, Sinates, Mog[etius], oder I.O.M. mit Arubianus, Culminalis, Apollo mit dem Beinamen Grannus. Daß Mars trotz fehlenden Namens der kelt. Heilgott war, zeigen die an ihn gerichteten *pro salute*-Weihungen. Hercules ist in seiner Gesellschaft auch nicht der römische. Er wurde anderswo zusammen mit → Epona (II 1582) verehrt, die als einheim. Göttin gelten könnte. Unter den *di minores* sind vor allem zwei Dreiheiten weiblicher Gottheiten zu nennen: die *Fata(e)* und die *Iunones*. In der Mehrzahl angerufene Gottheiten sind noch die *Quadrubiae*, *Nymphae* u.a. Wie innerhalb dieser sekundären weiblichen Gottheiten, stehen auch innerhalb der *genii* einheim. neben röm.: *Genius Anigemius*, *Genius Cucullatus*. Über die kaiserl. Freigelassenen und Sklaven, über das Personal der Pächter der nor. Eisengruben und des illyr. Zolls drang die Mithrasreligion von Aquileia und Poetovio her ins Land. Von anderen oriental. Kulten, die in N. Eingang fanden, ist der des *I.O.M. Dolichenus* zu erwähnen. Das beginnende 4.Jh. zeigt uns die Anfänge einer von Aquileia ausgehenden Organisation des Christentums. Zum ersten Male erscheinen nor. Bischöfe auf der Synode von Serdica im J. 343. Im 5.Jh. kennen wir Bischöfe von Lauriacum, Tiburnia (= Teurnia), Celeia, Aguntum und Poetovio. J. F.

E.Polaschek, RE XVII 971ff. *R.Egger* Kärnten im Alt. 1941. *Ders.* Die Stadt auf dem Magdalensberg, ein Großhandelsplatz, 1961. *A.Schober* Die Römerzeit in Österreich (1935). [2]1953. *G. Winkler* Reichsbeamte von N. und ihr Personal, SAWW 261/2 (1969).

Nosala (*Νόσαλα*), geogr. nicht sicher zu identifizierende, der gedros. Ichthyophagenküste vorgelagerte Insel. Den unheimlichen Geschichten, die sich um die unbewohnte, dem Sonnengott heilige Insel rankten, wollte → Nearchos auf den Grund kommen, als er im Herbst 325 auf seiner Fahrt zur Mündung von Euphrates und Tigris allein – seine Seeleute blieben aus Furcht in den Schiffen zurück – N. betrat und keinerlei Besonderheiten feststellen konnte (vgl. Arr. Ind. 31). E. O.

O. Stein, RE XVII 1051f.

Nossis (*Νοσσίς*), Dichterin, Tochter der Theophilis, aus der Epizephyr. Lokris. Ihre Zeit wird durch Anth. Pal. 7,414 (Grabgedicht auf Rhinthon) und 6,132 (Weihung aus den Kämpfen zwischen Lokrern und Bruttiern) auf den Anf. 3.Jh. v.Chr. bestimmt. Sie heißt *μελοποιός* im Lemma zu 7,414, und der Vergleich mit Sappho in der eigenen Grabschrift 7,718 setzt lyrische Dichtung voraus. Erhalten nur 11 (12?) vierzeilige Epigramme aus dem Kranze des Meleagros (4,1,10). Die Unbefangenheit des Liebesepigramms 5,170 entspricht der Naivität und Lebhaftigkeit, mit der die Naturwahrheit der von Frauen geweihten Porträts bewundert wird. Die Sprache ist schlicht, der Versbau glatt. R. K.

Gow and *Page* Greek Anthology, Hellenistic Epigrams. *Luck*, MH 11, 1954, 182–187.

Nostius. Lat. Personenname (etr. Namensformen nahestehend, SCHULZE Eigenn. 161. 174. 342). L.N.Zoilus, Freigelassener und Erbe eines L.N., von Cic. fam. 13,46 einem Appuleius empfohlen. H. G. G.

Nostoi (*Νόστοι*). »Heimkehrerepen«. Die Od., das älteste Epos dieser Art, zeigt durch die Telemachie und die Nekyia, wo wir auch über das Schicksal anderer Helden erfahren, die Existenz von N. Direkt bezeugt in der Suda s. *N.*: *ἀλλὰ πολλοὶ γράψαντες τὸν νόστον καὶ οἱ ποιηταὶ δὲ οἱ τοὺς νόστους ὑμνήσαντες ἕπονται τῷ Ὁμήρῳ εἰς ὅσον εἰσὶ δυνατοί.* In nach-hom. Z. gab es N. in 5 B., deren Autorschaft in der Ant. zwischen Hom. und → Hagias von Troizen schwankte. Man hat bei den N. an stark katalogartigen Stil zu denken. Eng verwandt mit den N. ist die → Telegonie (s. auch Ep. Zyklus). W. P.

A.Lesky GgrL 102.

Nota censoria. Mit dem wohl 366 v.Chr. verselbständigten Amt der *censores* war vor allem die Abhaltung der alle fünf J. stattfindenden Bürgerversammlung verbunden. Die dabei aufgestellten Bürgerlisten dienten der militär. Musterung und der Steuerveranlagung. Im Zusammenhang hiermit haben die *censores* ein nicht an bestimmte Tatbestände gebundenes *iudicium de moribus* wahrgenommen: eine Sittengerichtsbarkeit, die das rechtlich nicht verbotene Verhalten *contra bonos mores* ahndete (etwa den Mißbrauch der von Rechts wegen schrankenlosen → *patria potestas*). Strafmaßnahmen der *censores* waren insbesondere Ausstoßung aus der Reiterei, Versetzung in eine niedere *tribus (tribu movere)*, Eintragung in die Liste der untersten Bürgerklasse *(aerarium facere)* oder auch bloß öffentliche, ehrenmindernde Rüge. Alle diese Maßnahmen wurden in die Bürgerliste eingetragen. Manche verstehen als n.c. diesen Eintrag schlechthin, andere nur die eingetragene Rüge. Rechtsfolgen hatte die mit der n.c. verbundene Ehrenminderung – anders als die vom Praetor bestimmte *infamia* – nicht. D. M.

E. Schmähling Die Sittenaufsicht der Censoren (Würzb. Stud. z. Altertumswiss. 12) 1938.

Notae Tironianae s. Stenographie

Notarius. 1. Die Stenographen (→ Exceptor. ταχυγράφος) sind in der späteren Kaiserz. Staatsbeamte. 2. Aus ihnen geht (Liban. or. IIp. 319 Fö.) der *tribunus et n.* hervor, in der konstantin. *schola notariorum*, dem kaiserl. Geheimsekretariat, unmittelbar nach dem höchsten n., dem *primicerius*, eingestuft; auf ihn folgen die *n. et tribuni*. Der hohe Rang erklärt sich daraus, daß die N. im *sacrum* → *Consistorium* als Schriftführer fungieren und in dieser Eigenschaft auch das *laterculum maius*, das Verzeichnis der hohen Offiziers- und Beamtenstellen, führen. Sie werden außerdem als Offiziere, Diplomaten, Verwaltungsbeamte, Juristen in kaiserl. Sonderauftrag eingesetzt, vgl. z.B. → Marcellinus Nr. 23 (o. Bd. III S. 990). W. H. G.

Nothoi (νόθοι). Das etym. ungeklärte Wort umfaßte die nicht anerkannten ([3]) und die aus einer nicht rechtmäßigen → Ehe stammenden Kinder ([1]). 1. In homerischer Z. und in den älteren griech. Rechten stand das Interesse an der Fortsetzung des Blutes und des Kultes der väterlichen Familie sowie an der Erhaltung des → Kleros gegenüber der Frage der bürgerlichen Ebenbürtigkeit der Eltern im Vordergrund ([4]). Die *v.* wurden am väterlichen Erbe, hinter den echtbürtigen Söhnen, wenn auch mit einem kleineren Anteil, beteiligt (Od. 14,208 ff.). 2. Erst das Gesetz des Perikles vom J. 451/50 führte in Athen ein strenges Abstammungsrecht ein. Darnach erwarb der *v.* das athen. Bürgerrecht nur dann, wenn er sowohl von einem Vater als auch von einer Mutter dieser Stadtangehörigkeit abstammte (Aristot. Ath. pol. 26,3. [1]). Aber auch der *v.* ἐξ ἀστῆς war wie der *v.* ἐκ ξένης vom Erbrecht ausgeschlossen ([2]). Das Gesetz wurde, da seine Anwendung im Dekeleischen Krieg eine gewisse Lockerung erfahren hatte, 403 erneuert. Es beeinflußte auch die anderen griech. Staaten, die aber für die Frage der Abstammung aus einer rechtmäßigen Ehe teils die Herkunft von einem inländ. Vater allein entscheiden ließen, teils sich auch mit der Herkunft von einer Mutter mit einheim. Bürgerrecht begnügten. 3. In Äg. war es in ptolem. Z. den Priestern verboten, Frauen außerhalb ihrer Kaste zu ehelichen. Kinder aus verbotenen Ehen wurden als *v.* angesehen ([5]). E. B.

1. *Busolt* GStk. 221 ff. 942 f. 2. *Paoli* Studi di diritto attico, 1930, 272 ff. 3. *Becker* Platons Gesetze und das griech. Familienrecht, 1932, 194 ff. 4. *Kahrstedt* Staatsgebiet und Staatsangehörige in Athen 1, 1934, 60. 5. *Taubenschlag* The Law of Greco-Roman Egypt, 1955, 109 ff.

Notion (*Νότιον*), von aiol. Siedlern angelegte Hafenstadt an einer h. versandeten Bucht des Kuşadasi Körfezi an der Mündung des Avci Çayi, ca. 13 km s. von → Kolophon (beim h. Değirmendere). In natürl. Interessengemeinschaft mit Kolophon entwickelte sich N. bald aus dem Schatten der noch zu Beginn des 3. Jh. v. Chr. wohlhabenden Binnenstadt heraus, führte seither auch die Bezeichnung *Κολοφῶν ἡ ἐπὶ θαλάσσῃ* und war durch Sympolitie mit der Altstadt verbunden. Das n.w. gelegene Heiligtum des Apollon von Klaros hat bes. in der röm. Kaiserzeit den Wohlstand der Stadt gefördert. Zum Seesieg der Spartaner bei N. 407 → Lysandros. E. O.

1. *J. Keil*, RE XVII 1075 ff. Nr. 1. 2. *G. E. Bean* An archaeol. guide, London 1966, 188 ff.

Notitia Dignitatum *omnium tam civilium quam militarium*, eine Art Staatshandbuch oder Hilfsbuch für den internen Dienstgebrauch röm. Behörden in der Spätantike. Die in je einen Teil für den O. (= n. Or.) und für den W. (= n. Occ.) gegliederte n. verzeichnet unter Berücksichtigung der Rangordnung der Amtsinhaber die hohen zivilen und militär. Dienststellen. Die n. gibt Aufschluß über die Gliederung des Reiches (Präfekturen, Diözesen, Provinzen), über die Verteilung der Armee-Einheiten, die Offizien der Behörden. Ausgestaltet ist das uns vorliegende Exemplar mit (noch nicht befriedigend edierten) Illustrationen: Insignien der Beamten, Schildzeichen der Heeresabteilungen, allegor. Darstellungen der Provinzen, Waffen usw. (zu dem wohl letztlich in die erste Hälfte 5. Jh. einzuordnenden Bildschmuck vgl. [6], 1102 ff. [2], 8,190 ff.). Die n. mußte allem Anschein nach vom *primicerius notariorum*, der sie als Hilfe für die Ausfertigung der Ernennungsdekrete benötigte, redigiert und jeweils auf den neuesten Stand gebracht werden (n. Or. 18; n. Occ. 16; Claud. c. min. 25,83 ff. – [6], 1077 ff.). Das Kardinalproblem für die Auswertung der als Quelle für die spätröm. Verwaltungs- und Militärgeschichte außerordentlich bedeutsamen n. besteht darin, für welchen Zeitpunkt das in der n. vorliegende Bild tatsächlich zutraf und inwieweit die Angaben als zuverlässig anzusehen sind. Ein umfassender, dringend notwendiger, moderner Kommentar fehlt noch, doch läßt sich als Ergebnis der Forschung festhalten, daß unser Exemplar zwischen 425 und 430 entstand (vgl.

[1], [6] u.a.). Viele Einzelheiten treffen freilich für die Z. um 430 nicht mehr zu. Man muß deshalb davon ausgehen, daß der Redaktor – wohl kaum der amtlich dafür zuständige *primicerius* – ein älteres Exemplar hatte, das er dann ziemlich unsystemat. ergänzte. Da die 395/96 vollzogene Bildung der Präfektur Illyricum aus den Diözesen Macedonia und Dacia bereits berücksichtigt ist (n.Or. 1 und 3), dürfte der »Kern« ungefähr aus dieser Z. stammen. Aus späterer Z. sind z.B. die Erwähnung des erst 398 möglichen *comes Gildoniaci patrimonii* (n.Occ. 12,5; nach Cod. Theod. 9,42,5 im J. 405 wahrscheinlich nicht mehr existent) oder des wohl erst mit Erhebung der Galla Placidia zur Augusta im J. 421 geschaffenen *tabularius domus Augustae* (n.Occ. XV 9; n.Or. 17,8 setzt zwei Augustae im O. voraus, also nicht vor 423). Erst nach 402 dürfte die Flaminia von Picenum getrennt und die Stelle eines *comes Italiae* geschaffen worden sein (n.Occ. 2,14. 16.; 24 – A. Chastagnol La prefecture urbaine 1960, 5). Nicht vor 408 ist die Zweiteilung der *schola domesticorum* zu datieren (n.Or. 1,14/16; Occ. 1, 13/14 – Stein 1,240,106) und erst nach dem 23.10. 425 (Erhebung Valentinians zum Augustus) ist die Truppenbezeichnung *Placidi Valentinianici felices* (n.Occ. 7,36) denkbar. Bei der Datierung von »Ergänzungen« mit Hilfe anderer Quellen ist allerdings Vorsicht geboten. So ist m. E. nicht sicher, daß die für 399 (Cod. Theod. 9,30,5) bezeugte ital. Provinz Valeria (n.Occ. 1,25. 2,25. 19,14) erst damals geschaffen wurde (anders Chastagnol a.O.) oder ein *mag. equ. per Gallias* (n.Occ. 1,7. 7,63ff.) erstmals 429 ernannt wurde (so z.B. [2], 9,95f.; vgl. dagegen Stein 241,114). – Vor allem bei den Angaben über militär. Verhältnisse (zu Einzelheiten sei bes. auf [3]. [4]. [6] oder Varady, Acta Ant. Hung. 9, 1961, 333ff. verwiesen) zeigt sich wie unsystemat. die Ergänzungen vorgenommen wurden (auffällig etwa die Differenzen zwischen n. Occ. 5 u. 7), teils noch der Zustand der diokletian.-constantin. Epoche (vgl. D. van Berchem L'armée de Diocletien 1952, 117), teils der des späten 4. bzw. frühen 5.Jh. geboten wird (vgl. z.B. [2], 9,87ff. zur Rheinverteidigung; zur Problematik von Details vgl. z.B. auch [5], Nagy, Acta Ant. Hung. 7, 1959, 183ff.). Der Streit, ob die Redaktion unseres Exemplares der n. im W. (so z.B. Seeck, H 11, 1876, 72. [1], 10,133ff., [2], 8,195) oder im O. (so bes. [6], 1098f.) vorgenommen wurde, ist noch nicht entschieden.

Die Hss. (aus dem 15./16.Jh.) gehen auf einen zwischen 1542 und 1672 verschollenen Cod. Spirensis (Dombibl. Speyer) aus dem 9.Jh. zurück. Maßgebliche Ausgabe ist immer noch die von O. Seeck (Bln. 1876), doch ist daneben auch die von E. Böcking (2 Bde., Bonn 1839/53 mit Kommentar und besserer Zeichnung der Bilder) heranzuziehen. A. L.

1. *Bury*, JRS 10, 1920 und 13, 1923. 2. *Byvanck*, Mnem. 8/9, 1940/41. 3. *Jones*, LRE 3,347ff. 4. *Lot*, REA 38, 1936, 285ff. 5. *S. Mazzarino*, Stilicone 1942, 114ff. 6. *Polaschek*, RE XVII 1077ff.

Notos. Die Alten unterschieden 3 Typen südlicher Winde a) der von Nov. bis März auftretende, wegen Richtungsunbeständigkeit gefürchtete N. galt als regenbringend, stürmisch und sichthindernd (Belegst. Capelle, RE XVII 1117; Liddell-Scott s.v.). b) Außerdem kannte man einen sanften, unsteten, den Himmel aufheiternden, *Λευκόνοτος* genannten, Wind nach der Winterwende (Rehm, RE XII 2284ff.) und z.Z. der Hundstage (Theophr.h.pl. 6,3,4). Ps.-Aristot. probl. 26,20 erklärt die Unterschiedlichkeit der beiden Winde aus den verschiedenen Entfernungen der Ursprungsorte: Die hellen N. kommen von nahe her, die einwölkenden von fern. Libyen, Aithiopien, der *κεκαυμένος τόπος*, sogar der s. Wendekreis und der Südpol wurden als Entstehungsgebiete angenommen. Die Zwiefältigkeit des N.-Begriffes mit den Entstehungsbedingungen befriedigend zu erklären, ist den Alten nicht gelungen, probl. 26,49.50. c) Für den heißen staubtragenden Scirocco – *pestilens Africus* – fehlte ein ant. Sondername. Über den N. als Strichwind der Rose mit seinen anliegenden *Λιβόνοτος* und *Εὐρόνοτος* vgl. Böker, RE VIII 2335ff. R. B.

Notu keras. 1. (*Νότου κέρας*), das h. Kap Guardafui bzw. Ras el-Kheil im O. Afrikas. Es entsprach der geogr. Kenntnis seiner Z., wenn → Artemidoros (1.Hälfte 1.Jh. v.Chr.) die O.-Spitze Afrikas als »Horn des S.s«, d.h. s.Ende der bekannten Welt kennzeichnete (bei Strab. 16, 774). Entsprechend verfuhr im 2.Jh. n.Chr. → Ptolemaios (4,7,4 M.), der mit diesem Namen offenbar h. Ras el-Kheil meinte, nachdem sich für das ehem. N.k. Bezeichnungen wie *Ἀρωμάτων ἀκρωτήριον* o.ä. eingebürgert hatten [1]. **2.** N.k. aller Wahrscheinlichkeit nach die Sherbro-Bay an der afrik. W.-Küste (zur Wortbed. *κέρας* = Bucht vgl. Pol. 4,43,7) als der südlichste Punkt, den → Hanno auf seiner W.-Afrika-Fahrt [3. 4] erreicht hat (Hanno, per. 17 = GGM I 13). E. O.

1. *Windberg*, RE XVII 1120ff. Nr. 1. 2. *Ders.*, ebd. 1122f. Nr. 2. 3. *M. Cary*, *E.H. Warmington* The anc. explorers, London ^{2}1963, 63ff. 4. *J.O. Thomson* History of anc. geography, Cambridge 1948, 73ff.

Novacula s. Rasiermesser

Novae (*Νοοῦαι*). **1.** Stadt an der niedermoes. Donau, h. Stäklen bei Swišlov. Urspr. bloß Itinerarstation und wahrscheinlich erst nach der Provinzialisierung des thrak. Königreiches bzw. Einverleibung der Ripa Thraciae um 30 n.Chr. gegründet, seit Vespasian Standlager der legio I Italica. An das Lager schloß sich eine ansehnliche Veteranen- bzw. Zivilsiedlung an. Bei N. setzten um 250 die Goten über die Donau.

Ptol. 3,10,5. Tab Peut. VII 1. Itin. Ant. 221,4. Rav. 187,7. 189,10. Kalinka Ant. Denkmäler in Bulgarien, Ind. s.v. Inschr. meistens im Bull. Inst.

Archeol. Bulg. veröffentlicht. Über die Ergebnisse der bulgar.-poln. Ausgrabungen (seit etwa einem Jahrzehnt) s. Bull. Instit. Archeol. Bulg. und die poln. Ztschr. »Archeologija«. Bisher ist die Umfassungsmauer mit einigen Türmen, Festungstor, eine Badeanlage mit Hypokaustum und die mittlere Straße aufgedeckt. K. MAJEWSKI, Kultura rzymska w Bułgarii, (poln.) Wroclaw – Warschau – Krakau, 1969 (pass.). Chr. D.

2. N., Stadt in Dalmatien, genannt *Adnovas* (Tab. Peut. VI 4). *Novas* (Rav. 210,10), *Municipium Novensium* (CIL III 1893, 1908–1910, 13887). Nach Tab. Peut. 40 mp. von Salona und 35 mp. von Narona entfernt, an der wichtigen Heerstraße Tiburium-Narona, N. kann auf das Areal der Gemeinde Runović lokalisiert werden, wo Mosaiken, Wasserleitung und Inschr., auf denen N. erwähnt ist, zum Vorschein gekommen sind. Die Gründung der Stadt dürfte mit dem Bau der Heerstraße in Zusammenhang stehen, als dort verschiedene Truppeneinheiten als Besatzung standen. In der 1. Hälfte 1. Jh. ließen sich im Stadtzentrum Legionsveteranen nieder (CIL III 8506, 8507). 170 wird ein *decurio* erwähnt (CIL III 80505), vermutlich hatte Marc Aurel N. zu einem Municipium erhoben. N. war eine Benefiziarierstation (CIL III 1909, 1911), zuletzt 532/533 im Konzil von Salona erwähnt. J. F.

Novaesium, h. Neuß am l. Ufer des Niederrheins unterhalb der Erftmündung (Gebiet der germ. Eburonen). Die ältesten Funde (2. Jahrzehnt v. Chr.) machen wahrscheinlich, daß zur Offensive gegen Germanien unter Drusus die ersten festen Truppenlager errichtet worden sind. Die Ausdehnung des Lagers C weist auf ein Doppellegionslager, während die folgenden jeweils für eine Legion bestimmt waren. Die Innenbauten (Mittelgebäude-*principia* festgestellt) zeigen in ihrer techn. Ausführung, daß die Lager als feste Standlager eingerichtet worden sind. In den 30er Jahren wurde in N. (vielleicht von der *legio XX Valeria Victrix,* die 43 n. Chr. nach England verlegt wurde) ein Holz-Erdelager gebaut, 1888 bis 1900 von C. KOENEN ausgegraben. Ihm folgte eine Befestigung mit Steinbauten, in die von Mainz die *legio XVI* verlegt wurde. Bei dem Bataveraufstand (Tac. hist. IV und V) wurden in N. der Legat Hordeonius Flaccus (69 n. Chr.) und Vocula von den meuternden Truppen ermordet und an die Stelle der legio XVI aus Spanien die *legio VI Victrix* und eine *ala* herangeführt, die das Lager wieder aufbauten *(tegularia transrhenana)*, und bis 92/96 hier stationierten. Es folgten Hilfstruppen, die in einem kleineren Auxiliarkastell an gleicher Stelle garnisonierten (2./3. Jh.). Nach den Zerstörungen von 350 wurde N. unter Iulianus wieder aufgebaut und befestigt (Amm. 18,2,4). *Canabae* mit Werkstätten und Kultplätzen *(fossa sanguinis)*, ausgedehnte Gräberfelder bes. w. des Lagers entlang der Rheintalstraße. H. C.

H. v. Petrikovits N. Führer d. Rhein. Landesmus. i. Bonn Nr. 3 (1957). *Ders.* Das röm. Rheinland. Archäol. Forsch. seit 1945 (1960). *A. Franke*, RE XVII 1131.

Novar, Stadt in Mauretania Caesar., in der Gegend von Sétif (h. Sillègue), Beni Fouda (Algerien). S. GSELL Atl. arch. Alg. f^{e} 16 Sétif, nr. 216. Man verehrte *Mercurius* (CIL VIII 20431), *Ceres* (Rec. Constant. 19, 1878, 403), den *genius N.* (CIL 20429), *Saturnus* (M. LEGLAY Sat. afr. Mon. 2,242. Chr. Inschr. CIL 20470. 20480. 20482). M. L.

Novaria. Kelt. (Plin. nat. 3,124. Ptol. 3,1,33), früher ligur. (Cato or. 2 frg. 4 Jord.) Stadt der Transpadana (Tac. hist. 1,70) bzw. der 11. Region (Plin.) an der Straße Mediolanum-Vercellae (It. Ant. 344,5. 350,6); h. Novara. G. R.

Ad Novas. 1. Limeskastell in Pannonia inferior, *in medio* (Itin. Anton. 243,6) zwischen Mursa und Antianae, vermutlich mit dem Lager Zmaljevac (Vörösmart) ident., von F. RÓMER auf 250 x 120 Schritte vermessen. Dort lagen im 2. Jh. die *cohors I Montanorum* (CIL XVI 47,6. 123. 131 164. 175. 179. 180), im 3. Jh. die *cohors III Alpinorum*, im 4. Jh. die *equites Dalmatae* (Not. dign. occ. XXXII 28) und die *auxilia Novensia* (XXXII 40). **2.** Limeskastell in Moesia superior (Tab. Peut. VII 3. Itin. Anton. 218,1. Rav. 190,16. Not. dign. or. XLI, 23. 34 p. 93 Seeck; Prok. 4,6,1). Laut Tab. Peut. lag es 12 mp. von Cuppae und 10 mp. von Ad Scrofulas entfernt, ident. mit dem 135 x 120 m großen viereckigen Lager an der Mündung der Cesava, das vier runde Ecktürme und zwei Tortürme an der N. Seite hatte. Der Grabstein eines Centurio (CIL III 8097) bezeugt, daß im 2. Jh. ein Detachement der *legio VII Claudia* das Kastell besetzt hielt. Nach Not. dign. or. 41,23 lagen dort die *auxiliares Novenses.* Ein *praefectus militum exploratorum* residierte im Kastell (41,34). J. F.

Novatianus (in griech. Texten meist *Νοουάτος*). Röm. Presbyter um die Mitte des 3. Jh. Als Rom in der Christenverfolgung des Decius 250 ohne Papst war, schrieb N. im Namen der Gemeinde nach Karthago (Cypr. epist. 30. 36). Die Wahl des → Cornelius (II 1) zum Papst veranlaßte 251 eine rigoristisch gesinnte Gruppe von Priestern und Bekennern, N. zum Gegenpapst zu wählen. Sie tadelten, daß Abgefallene *(→ lapsi)* von Cornelius, der selber sich durch Geld vom Götzenopfer freigekauft habe, wieder in die Kirche aufgenommen wurden. Briefe an auswärtige Gemeinden machten den Streit bekannt. Reichstes Quellenmaterial enthält die Briefslg. des → Cyprianus von Karthago. Eus. KG 6,43–45 und 7,8 zit. gehässige Stellen aus einem Schreiben des Cornelius und Briefe des → Dionysios (7) von Alexandreia. N. soll als Märtyrer gestorben sein; doch auf der Grabinschr. eines Märtyrers N. in Rom (RE XVII 1145,27) fehlt der Bischofstitel, so daß die Beziehung unsicher bleibt. Die Sekte der Novatiani verbreitete sich im ganzen Reich, bes. in Phrygien, wo Reste der Montanisten in ihr aufgingen. Ihre Anhänger nannten sich die Gemeinde der Reinen (καθαροί). Außer dem Abfall vom Glauben galten ihnen später auch schwere Fleischessünden und die Zweitehe als nur von Gott, nicht von der Kirche verzeihbar. Nur der Begriff von der Kirche als exklusiver Gemeinde der Auserwählten trennte sie von der allg. Kirche. So untersagt ihnen das Ketzergesetz von 428 (Cod. Theod. 16,5,65) nur Neuerungen, ohne sie wie andere Sekten zu verbieten. Sokr. und Soz. sprechen stets mit Achtung von der Gemeinde in Konstantinopel. Noch im 6./7. Jh. schrieb Eulogios von Alexandreia (Phot. bibl. 182) gegen die Novatianer. N. ist der erste lat. chr. Schriftsteller in Rom. Das Hauptwerk *De trinitate* (Erkl. des Glaubensbekenntnisses) lief schon E. 4. Jh. unter den Namen von Cypr. oder Tert. um (Hier. vir. ill. 70; apol. 2,19). Von den von Hier. zit. Titeln ist nur *De cibis Iudaicis* erhalten. Mehrere pseudocypr. Schriften sind N. zugewiesen, mit größtei Wahrscheinlichkeit *De spectaculis* und *De bono pudicitiae*. O. H.

Ta.: Trinit. ed. H. Weyer, 1962. Cib. Iud. ed. Landgraf – Weyman, ALex 11, 1900, 221–249. Ps. Cypr. ed. Wilh. Hartel, 1871, CSEL 3,3.

Lit.: *Adhémar d'Alès* Novatien, 1924. *Bengt Melin* Stud. in Corp. Cypr., 1946. *Altaner*[8] 151 f.

Novatio I. Im röm. Recht die Ersetzung einer Obligation durch eine neue. Sie war von besonderer Bedeutung, da dieses weder die Übertragung einer Forderung (→ cessio) noch die Übernahme einer Schuld noch eine nachträgliche Änderung des Inhalts eines Schuldverhältnisses kannte. Den Wechsel einer Partei oder eine Änderung des Inhalts einer Obligation konnte man nur herbeiführen, indem man das alte Schuldverhältnis zum Erlöschen brachte und es mit demselben oder einem anderen Inhalt mit einem neuen Gläubiger bzw. Schuldner oder unter denselben Parteien erneuerte. Die n. war nur *verbis*, d.h. in der Form einer → stipulatio, vielleicht auch einer *dotis dictio* (→ dos) möglich. Gegenstand einer n. konnte dagegen jede, also auch eine nicht durch stipulatio begründete Obligation sein. Die Novationsstipulation mußte die alte Forderung benennen, d.h. »tituliert« sein. Mit der novierenden Stipulation erloschen auch die Nebenrechte, wie etwa aus Bürgschaft oder Pfand, die, sollten sie erhalten bleiben, neu bestellt werden mußten. Eine n. zwischen denselben Personen der alten Obligation nahm man nach Gai. Inst. 3,177 nur an, wenn in der neuen stipulatio *aliquid novi* enthalten war, etwa Leistungszeit oder Leistungsort geändert oder eine Bedingung hinzugefügt wurde. Der geschuldete Gegenstand mußte jedoch derselbe bleiben *(idem debitum)*. Das galt auch für die n. mit Gläubiger- und Schuldnerwechsel. Sollte ein neuer Gläubiger in das Schuldverhältnis eintreten, so war die Zustimmung des Altgläubigers erforderlich (→ delegatio). Der *animus novandi* als maßgebliches Merkmal der n. gehörte erst der nachklass. Z. an. D. V. S.

M. Kaser Das röm. Privatrecht 1, 1955, 541 ff. *F. Bonifacio* La novazione nel diritto romano[2], 1959.

II. Im griechischen Recht konnte der alte Schuldinhalt durch einen formlosen Vertrag in eine neue Verpflichtung übergeleitet werden ([1]). Die alte Verbindlichkeit erlosch damit ipso iure. Der Zweck war entweder ein Parteienwechsel – und zwar des Schuldners (Demosth. 37,11) oder des Gläubigers (Demosth. 33,8) – oder bei gleichbleibenden Parteien eine Änderung der Verpflichtung (IG VII 3172, VI [A] und VII [B]). Zahlreiche Beispiele für alle Formen der N. finden sich in den Pap. ([2]). E. B.

1. *Beauchet* Histoire du droit privé de la république athénienne, 4, 1897, 515 ff. 2. *Taubenschlag* The Law of Greco-Roman Egypt, 1955, 422 f.

Novatus. Bischof von Sitifis in Mauretanien, † 440 (Grabschrift ILCV 1101). Von seinen Beziehungen zu Aug. zeugen dessen Briefe 84 u. 229 u. die Teilnahme an den Synoden gegen Donatisten (411) und Pelagianer (416). Unter der Vandalenherrschaft war N. 437 einer der vertriebenen kath. Bischöfe (Chr. Courtois Les Vandales et l'Afrique 1955, 170,2). O. H.

Nova via. Alte (Varro l. l. 6,59) Straße am S.-Rand des Forums zwischen porta Mugonia (Solin. 1,24) und Velabrum (Varro l. l. 5,43. 6,24). An ihr lag das Haus des Tarquinius Priscus (Liv. 1,41,4. Solin.) und der Tempel des Iuppiter Stator (Liv.); an ihr unterhalb des lucus Vestae hörte M. → Caedicius (3) die mahnende Stimme, die zum Kult des → Aius Locutius führte (Liv. 5,32,6 f. 50, 5. 52,11. Cic. div. 1,101. 2,69. Varro bei Gell. 16, 17,2. Plut. Cam. 14. Fort. Rom. 5). G. R.

Platner-Ashby 361 f.

Novellae. *Novella constitutio* heißt bisweilen (z. B. Coll. leg. Rom. et Mos. 14,3,6) ein Kaisererlaß, der im Verhältnis zu einem anderen jünger ist. Speziell aber wird n. auf die beiden großen amtlichen Sammlungen von *constitutiones* bezogen, nämlich auf die Codices Theodosianus und Iustinianus: n. heißen die nach Abschluß dieser Kodifikationen erlassenen Kaisergesetze.

I. Posttheodosianische n.: Die späteren Kaisergesetze galten nur für die Reichshälfte, in der sie erlassen wurden. Übernahmen sind zwar vereinzelt von dem O. in den W. erfolgt, aber nicht umgekehrt. Daher sind im O.- wie im W.-Reich mehrfach eigene Slg. veranstaltet worden. Während aber die ö. Slg. durch den Cod. Iust. verdrängt wurden und daher verlorengingen, sind uns einige private w. Slg. aus dem 5. Jh. erhalten. Die dort wiedergegebenen Gesetze haben zum Teil auch in die westgot. Slg. röm. Rechts Eingang gefunden. Insgesamt überliefert sind uns rund 100 *constitutiones* verschiedenen Inhalts aus den J. 438–468. Die heute maßgebliche Ausgabe ist die von P. M. Meyer (1905, Neudruck 1954 = Band 2 der Ausgabe des Cod. Theod. von TH. MOMMSEN).

II. Iustinianische n.: Auch nach der Verkündung des *Codex repetitae praelectionis* am 16. Nov. 534 ging die Gesetzgebungstätigkeit Iustinians plangemäß (vgl. const. Cordi § 4) weiter. Bes. bis zum Tode Tribonians (543) ergingen zahlreiche weitere n. (erhalten sind uns fast 150). Dann ließ die Gesetzgebung stark nach: Aus den folgenden 12 J. bis zum Tode Iustinians sind uns nur gut 30 n. überliefert.

Zwar hat Iustinian seine n. archivarisch gesammelt. Aber die von ihm geplante amtl. Ausgabe ist nicht zustande gekommen. Vielmehr besitzen wir nur private Slg. Wesentlich sind die drei folgenden:

1. Epitome Iuliani, ein Werk des Rechtslehrers Iulianus aus Konstantinopel. Es umfaßte 124 n. aus den J. 535–555, teils chronologisch, teils nach anderen Gesichtspunkten geordnet. Die E. I. war wohl für Italien bestimmt, weil sie eine verkürzende lat. Bearbeitung der im Original meist griech. n. darstellt.

2. Authenticum. Der Name stammt daher, daß Irnerius diese Slg. irrtümlich für eine amtliche, von Iustinian für Italien bestimmte Ausgabe hielt. Jedoch ist auch das A. eine private Arbeit aus der Rechtsschule von Konstantinopel. Es enthält 134 n. bis zum J. 556, davon die griech. nur in einer schlechten lat. Übersetzung.

3. Die griech. Novellensammlung: Auch sie ist in Konstantinopel entstanden. Sie enthält 168 n. bis zum J. 575, und zwar die griech. im Urtext (daher ist diese Slg. die zuverlässigste), die lat. in einem griech. Auszug. Eine Hs. bringt als Anh noch 13 iustinian. n. (Edicta Iustiniani).

Formal zerfallen die n. in die Adresse, eine *praefatio* (die Zweck und Inhalt kennzeichnet), den eigentlichen Text, einen *epilogus* und das Datum. Der Text ist gegliedert in Kapitel. Inhaltlich behandeln die n. meist die Staatsverwaltung und Fragen des Kirchenrechts. Privatrechtl. wichtig sind vor allem mehrere n. zum Erbrecht, speziell die Neuordnung der gesetzl. Erbfolgeordnung (Nov. 118 v. 543, ergänzt durch Nov. 127, 1 v. 548). Die Ausdrucksweise der n. ist langatmig und schwülstig; der jurist. Gehalt bleibt oft dunkel oder gar widersprüchlich. Im ganzen lassen die n. von dem Klassizismus Iustinians kaum etwas spüren.

Zu verwenden ist die Stereotypausgabe von R. SCHOELL – W. KROLL ([6]1928, Neudr. 1954 = Bd. 3 der Ausgabe des Corpus Iuris Civilis von P. KRÜGER – TH. MOMMSEN). Sie bringt die 168 n. der griech. Novellenslg. in chronolog. Ordnung. Wiedergegeben werden neben dem griech. Text jeweils die lat. Fassung des Authenticum (soweit vorhanden) und eine korrekte lat. Übers. Ein Anh. bringt die Edicta Iustiniani und einige einzeln überlieferte n. Iustinians. D. M.

1. *P. Noailles* Les collections des Novelles I: Origine et formation sous Iustinien, 1912; II: La collection grecque des 168 Novelles, 1914. 2. *N. van der Wal* Manuale novellarum Iustiniani, 1961. 3. *H. J. Scheltema* Tjidschr. voor Rechtsgesch. 31, 1963, 275ff. (zu Authenticum und Epitome Iul.).

Novelle. N.n in reiner, d.h. selbständiger, Form kennt die Ant. kaum. Versteht man unter N. jedoch, unabhängig von dem noch längst nicht abgeschlossenen Bemühen der modernen Lit.-Wissenschaft um eine terminolog. Klärung (vgl. dazu J. KUNZ, N., Wege d. Forsch. 55, 1968), lediglich eine Prosaerzählung begrenzten Umfangs, die ein »Ereignis« (zu diesem Begriff W. KAYSER Sprachl. Kunstwerk 354f.) unter »real-life people in a real-life setting« ([9], XIII; vgl. [10]) zum Zwecke der Unterhaltung darstellt, so darf man den neuzeitl. Terminus vielleicht doch verwenden, um eine Lücke der ant. Nomenklatur zu schließen. Denn Bezeichnungen wie *μῦθος, λόγος, διήγησις, διήγημα*, lat. *fabula* (Petron. 110; Apul. met. 1,20. 9,4 u. ö.) sind nicht spezifisch (→ Fabel, → Märchen). Eine Notwendigkeit, die N. eindeutig zu benennen, wurde nicht empfunden, weil der Typus anfangs nur als volkstümliches, nichtliterar. Erzählgut im Schwange gewesen sein dürfte (vgl. [10]. »a broad substratum of primitive folklore«), später aber zumeist eingebettet in den größeren Zusammenhang von Geschichtswerken (vgl. Hdt. 1,34ff. 2,121. 9,108ff. App. Syr. 59), Romanen (Petron. 85ff. 111f. Apul. met. 1,5ff. 2,21ff. 9,5ff. 10,2ff. 23ff.), Symposien-Lit. (Athen. 13,575aff.), ferner in Rahmenerzählungen als »N.n-Kranz« (→ Aristeides 2, → Lukianos' Toxaris und Philopseudes), manchmal auch in einer Gestalt begegnen, die nach ant. Praxis ihre Zuordnung zu einem schon geläufigen Genos nahelegte (Brief [Aischin. epist. 10], Mirabilien [Phlegon cap. 1], *διήγησις* der Gerichtsrede [Lys. or. 1], rhet. Prolaliai usw.; auch die Grenzen zur Anekdote und damit zur biogr. Schriftstellerei sowie zur Fabel sind unscharf). Sehr selten sind »reine« N.n (vgl. Ps.-Plut., *Ἐρωτικαὶ διηγήσεις*). Die ältere Ansicht, die N. sei im kleinasiat.-ion. (und großgriech.) Raum entstanden und vorwiegend dort heimisch geblieben (vgl. [1]), läßt sich schwerlich halten ([9], 168ff.). Stoff- und Motiv-Unt. erweisen die Existenz von N.n auch im griech. Mutterland, namentlich in Attika ([9]; leicht modifiziert von [11], der ergänzend auf den Kreis der Sokratiker hinweist). H. Gä.

1. *W. Aly*, RE XV 1580f. und XVII 1171ff. 2. *Ders.*, Volksmärchen, Sage und N. bei Hdt. und seinen Zeitgenossen, Göttingen 1921. 3. *Christ-Schmid*, 1,1,663ff. 4. *Rohde*, Griech. Roman 578ff. 5. *Ed. Schwartz* Fünf Vorträge über den griech. Roman, Bln. 1896 ([2]1943). 6. *O. Schissel v. Fleschenberg* Die griech. N., Halle 1913 (dazu *R. Helm*, BPhW 34, 1914, 654ff.). 7. *O. Weinreich* Fabel, Aretalogie, N., SHAW 1930, I 7. 8. *Q. Cataudella* La novella greca, Napoli 1957 (erg. von *G. Manganaro*, RFIC

86, 1958, 376ff.). 9. *S. Trenkner* The Greek novella in the class. period, Cambr. 1958. 10. *B.E. Perry*, AJPh 81, 1960, 442ff. 11. *G.J. de Vries*, Mnem 16, 1963, 35ff. 12. *F. Wehrli*, MH 22, 1965, 133ff.

Novellius, Torquatus N. Atticus. Aus Mediolanum, ein Zechgenosse des Tiberius, Plin. nat. 14,144.146. Nach Militärämtern schlug er die kurulische Laufbahn ein und brachte es nach CIL XIV 3602 bis zum *proconsul prov. Narbonensis.* R. H.

Novemdiale sacrum. 1. Im röm. Sakralrecht eine neuntägige Sühnefeier, die *more patrio* als *piaculum* nach Steinregen abgehalten wurde. Bei Liv. wird das n.s. in die Z. des Königs Tullus → Hostilius (5) zurückgeführt (1,31,1–4). Die letzte Bezeugung für ein n.s. finden wir Obseq. 52 für das Jahr 93 v. Chr. **2.** Im privaten Bereich ist das n.s. die Feier am neunten Tag nach der Bestattung eines Toten, die die Trauerzeit abschloß (Porph. Hor. epod. 17,48). Totenspenden am neunten Tag sind auch bei den Griechen bezeugt (τὰ ἔνατα sc. ἱερά; z.B. Isaios 8,39), doch folgt daraus nicht, daß der röm. Brauch sich aus Griechenland herleitet. H. Fl.

E. Marbach, RE XVII 1180f.

Novensides divi (Mar. Vict. KeilGrL 6,26 *sive per l sive per d scribendum;* vgl. Varro l.l. 5,74: *Novensides a Savinis.* CIL I^2 375 Pisaurum: *deiu. no[u]esede.* VETTER HB Nr. 225 Marruvium: *esos nouesede*). Sabin. (von dort nach Marruvium) Gottheiten in Rom (von dort nach Pisaurum), die nur bei der Devotion d.J. 340 v. Chr. erwähnt werden (Liv. 8,9,6). Sg. ant. Deutungen bei Arnob. 3,38f., die N. teils von *novem*, teils von *novus* herleiten: 1. *novem:* a. bei den Sabinern (= Varro) verehrte Gruppe von neun (= Mar. Vict.) Göttern (Piso frg. 15 P.). b. neun Musen (Granius, Aelius). c. *novenarius numerus* in der Musik (Varro; vgl. Cens. 14,13). d. neun blitzeschleudernde Götter (Manil.; vgl. Plin. nat. 2,138). 2. *novus:* e. *novitatum praesides* (Cornificius). f. übernommene Gottheiten *(numina peregrina novitate ex ipsa appellata)* besiegter Stämme (Cincius). g. wegen ihrer Verdienste vergöttlichte Menschen *ob novitate honoris* (*nonnulli* = Serv. auct. Aen. 8,187). Die Deutung des Cincius von BRÉAL Les tables Eugubines 188 übernommen (N. < * *nŏṷ-en-sĕd-es* »Neu-Insassen«) und von WISSOWA (Ges. Abh. 175ff.; RRel^2 18ff.) im Gegensatz zu den → *indigetes* der Gesamtauffassung der röm. Religion zugrunde gelegt; h. nicht mehr anerkannt. Fraglich auch WAGENVOORT, Rom. Dynam. 83ff.: N. < * *nŏṷ-ensĭlis* (wie *ūt-ensĭlis*) »movable«. Vermutlich als Neungöttergruppe (vgl. CIL I^2 455 *neuen deiuo*) anzusehen. G. R.

Ernout Él. dial. lat. 204. *Kretschmer*, Glotta 19, 1930, 281. *C. Koch* Gestirnverehrung im alten Italien 87f. *Vetter*, IF 62, 1955/56, 1ff. *Radke, Götter* Altitaliens 232f. *M.G. Bruno*, I Sabini e la loro lingua 14f. *Leumann*, Glotta 42, 1964, 113. *Walde-Hof.*^{3} 2,180.

Noviodunum. Zahlreiche Ortsnamen aus *novios* = neu und *dunon* = Festung, also = »Neuburg«. **1.** Vorort der Suessiones; wahrscheinlich h. Pommiers (w. von Soissons, dépt. Aisne), wo Funde aus der La Tènezeit eine kelt. Siedlung bezeugen (A. GRENIER, Man. arch. gallo-rom. 2, 688). N. wurde 57 von Caesar belagert (Gall. 2,12, 1), dann von der Besatzung übergeben (Itin. Ant. 380. Tab. Peut. 85. 93. 98f.). Nach der röm. Eroberung, wurde Augusta Suessionum (h. Soissons) die Hauptstadt der Suessiones. Bedeutender Straßenknotenpunkt (GRENIER Man. 2,447. CIL XIII 3460. Espér. Rec. 5,3790ff.). **2.** Oppidum der Bituriges Cubi (*positum in via* Caes. Gall. 7,12,2) von Agedincum (Sens) nach Cenabum (Orléans), am Zusammenfluß von Loire und Allier. Die Identifizierung ist nicht gesichert: h. Sancerre? Nouan-le-Fuselier (Loir-et-Cher)? Neuvy-sur-Barangeon (Cher)? DESJARDINS Géogr. 2,478. 673. **3.** Ort der Aedui in Gallia celtica *ad ripas Ligeris opportuno loco positum* Caes. Gall. 7,55,1. Später wurde N. *Nevirnum* (h. Nevers, dépt. Nièvre) genannt, im J. 52 v. Chr. von den Galliern nach Niedermetzlung der Besatzung und der röm. *negotiatores* verbrannt. (Caes. Gall. 7,55. Cass. Dio 40, 38,2. DESJARDINS 2,466). Straßen: GRENIER, Man. 2,116 (Karte). Neue Ausgrabungen: ein Baptisterium, Gallia 8, 1950, 175. Inschr. CIL XIII 2821. Denkmäler: Espér. Rec., Lyonnaise 3,2180. Gallia 12, 1954, 507. **4.** Vorort der Aulerci Diablintes (Gallia celtica); später *Diablintum*, h. Jublains (Mayenne). *Νοιόδουνον* Ptol. 2,8,7. *Nudionnum* Tab. Peut. Wichtiges Straßenkastell, nicht eine befestigte Villa (wie bei JULLIAN HG 8,83. 183), A. GRENIER, Man. 1,454, mit Plan. Neue Ausgrabungen, bes. eines gall. röm. Tempels Gallia 1, 1943, 266; anderer Tempels. Gallia 5, 1947, 453. Mz. Gallia 12, 1954, 170. Espér. Rec. 4,3057. M. L.

5. N., das h. Nyon am N.-Ufer des Genfersees, bereits vorröm., Urschweiz 9, 1945, 16ff. 12, 1948, 66. Rev. hist. vaudoise 63, 1955, 185. 68, 1960, 193. Wohl zwischen 50 und 44 v. Chr. auf Anordnung Caesars röm. Kolonie mit dem Namen *Colonia Iulia Equestris*, auf helvet. Gebiet zur Sperrung des Ausgangs nach Gallien angelegt mit Veteranen aus Legionsreiterei. Spätant. Bistum und Wiederaufleben des kelt. Namens. Wegen dauernder Besiedelung ant. Reste gering, bes. Teile einer monumentalen Hofanlage flav. Z. [8] und Teil eines großen Mosaiks mit Meeresszenen [7]. Plin. 4,106. Ptol. 2,9,10. Itin. Anton. 348,1. Tab. Peut. 3,2. Not. Gall. 9,5. Anon. Rav. 4,26,237,12. Inschr.: CIL XIII 5001–5024. 11468–11470. 40. BRGK 1959, 129ff. Nr. 18–21. [2]. E. M.

1. *F. Stähelin* Schweiz in röm. Zeit^3 91ff. 153ff. 613f. 2. *How.-Meyer* 235ff. und pass. 3. *A. Bisi* Enc. Arte Ant. 5, 613ff. (Bibliogr.). 4. Rev. hist. vaudoise 66, 1958, 49ff. mehrere Aufsätze, 105ff. volle Bibliogr. 5. *K. Kraft* Die Rolle der Colonia Iulia Equestris, JRGM 4, 1957, 81ff. 6. *H. Bögli* Stud. zu den Koloniegründungen Caesars,

Diss. Bern 1966, 21 ff. 7. *E. Pelichet* La mosaique d'Artemis découverte à Nyon en 1932, Ztschr. f. Schweiz. Arch. u. Kunstgesch. 2, 1940, 196 ff. 8. *Ders.* Un ensemble monumental rom. à Nyon, Mél. Louis Bosset, Lausanne 1950, 165 ff.

Noviomagus. 1. Stadt der Bituriges Vivisci (h. La Ville de Brion oder Macau, Gironde). Ptol. 2,7,7. Caes. Gall. 7,12,18. Oros. 6,11,1. Nach DESJARDINS Géogr. 2,420 im Küstengebiet nahe der Pointe de Graves. **2.** Stadt der Tricastini in Gallia Narbon. (h. Saint-Paul-Trois-Châteaux? oder eher Nyons in der *civitas* von Vasio [Vaison]). CIL XII 5855 und bes. 1783: Inschr. aus Vienna für Q. Valerius Macedo, *patronus* der *Noiomagenses.* Neue Inschr. Gallia 18, 1960, 211. DESJARDINS Géogr. 2,226. Espér. Rec. 1,328. 329. 1697. 6778. **3.** Vorort der Lexovii (h. Lisieux). **4.** Stadt der Viromandui (h. Noyon, Oise). Zuerst Vorort der Volksgemeinde; dann wurde Augusta Suessionum die Hauptstadt. An der Straße von Samarobriva (h. Amiens) nach Aug. Suess. (Soissons): A. GRENIER, Man. arch. gallo-rom. 2,447. Itin. Ant. 362,3. Not. dign. occ. 42,11 (in Gallia belgica II). DESJARDINS Géogr. 2,453. Espér. Rec. 5, 3795. 3800. 7204 f. 7533. 7635 f. Gall. röm. Mauerring Gallia 9, 1951, 83. **5.** Straßenstation der Remi (Gallia belgica), die erste (12 Leugen) auf dem Weg von Durocortorum (h. Reims) nach Colonia Agrippina (Köln) bei dem Meilensteine von Tongres (CIL XIII 9158 [*Nov*]*iomag. l(eugae)* XV. H. Novion-Porcien (Ardennes). A. GRENIER, Man. arch. gallo-rom. 2,108–113. DESJARDINS Géogr. 4,29 setzt N. mit Saint-Loup gleich. M. L.

6. N. Batavorum h. Nymegen, am S.-Ufer der Rheinabzweigung, die den Waalstrom bildet. An der NW.-Ecke des Hügelgeländes zwischen Maas und Rhein und der weiten Ebene der Betuwe vorgelagert, ist die Örtlichkeit schon in vorgesch. Z. besiedelt, z. Z. der caesar. Eroberung im Besitz der germ. Bataver. Am alten Waal-Lauf beim Kopsche-Hof wurden auf einem 60 m hohen Plateau eine Burganlage mit Wall und Graben und die Reste ovaler Häuser freigelegt, die nach den Kleinfunden in august.-claud. Z. datieren. Die geringe Ausdehnung der Anlage läßt die Bestimmung auf das *oppidum Batavorum* nicht zu. Das Lager der *legio X Gemina*, die beim Bataveraufstand 70 n. Chr. aus Spanien an den Niederrhein verlegt worden war, wurde 71 n. Chr. errichtet, nachdem die *legio II Adiutrix* nur kurze Z. hier kampiert hatte (Tac. hist. 5,20, Angriff auf Batavodurum, Lage unbekannt). Das Legionslager wurde w. der Bataverfestung auf dem Hunnerberg errichtet und war 688,5 zu 429,25 m groß (29 ha). Die ältere Holz-Erdekonstruktion wurde später durch einen Steinbau ersetzt (von der Innenanlage nur die *porta praetoria*, die *via praetoria* und Teile des *Praetorium* ausgegraben). Kurz nach 100 n. Chr. wurde die *legio X Gemina* nach → Aquincum verlegt und das Lager aufgelassen. Bei Holdeurn, etwa 4,5 km s. ö. vom Lager wurden ausgedehnte Ziegeleien zunächst von der *legio X Gemina*, nach deren Abzug von den *officinae Noviomagenses* und den unweit gelegenen *tegulariae transrhenanae* zur Versorgung der Grenztruppen des *exercitus Germaniae infericoris* und der *vexillationes* betrieben.

Die *canabae castrenses* werden am Wege vom Lager zu den Ziegeleien vermutet, andere Siedlungen, die z. T. die einheimische Bevölkerung beherbergten, sind zwischen Valkhof und Lager im h. Altstadtgebiet anzunehmen. Die *Colonia Ulpia Noviomagus*, auf den Inschr. nur *Ulpia Noviomagus*, ist nach dem Abzug der 10. Legion aus einer batav. Ansiedlung, vermehrt um die Bewohner der *canabae* entstanden. Vor der Stadt wurden ausgedehnte Gräberfelder untersucht, die das Stadtgebiet mit etwa 80 ha Fläche umfassen. Zwei beieinanderliegende gallo-röm. Viereck-tempel, mit Umgang und jeweils mit Portiken umgeben, wurden freigelegt und waren vielleicht den *Matres* geweiht. Nahebei befand sich eine Töpferei des 1. bis 2. Jh., während sonstige keram. Funde hier nicht über die Z. um 260 n. Chr. hinausreichen. Nach der Mitte 3. Jh. von den Germanen überrannt, verlagert sich die Ansiedlung mehr um den Valkhofhügel (Altstadtgebiet, Keramik des Alzeihorizontes), während ein befestigter Posten im Gemeindewald Heumensoord, 5 km s. landeinwärts gelegen, der Mitte des 4. Jh. zugewiesen wird. H. C.

F. J. de Waele RE XVII 1204. – *M. P. M. Daniëes* Noviomagus. Romeins Nijmegen (1955).

7. N. Treverorum (h. Neumagen an der Mosel), an der Römerstraße Trier–Niederemmel-Bingen. Die Station liegt dicht am Fluß wenig oberhalb des Abganges der Straße auf das Gebirge (Itin. Ant. 371,4. Geogr. Rav. p. 234 = *Nobia.* Tab. Peut.). Als Umlade- und Poststation war N. für den Güteraustausch und die Belieferung der *Col. Augusta Treverorum* von Bedeutung. In constantin. Z. wurde die Station (nach Auson. Mosella 10 *divi castra inclita Constantini*) mit Mauer, 14 Türmen und zwei Toren befestigt. Für den Befestigungsbau wurden neben dem örtlich anstehenden Schiefer große Sand- und Kalksteinquader, diese ausschließlich für die Fundamentierung aus dem weiteren Umkreis, der größere Teil wohl von den Trierer Gräberfeldern auf dem Wasserwege herangeführt und verbaut. Darüber folgt opus spicatum aus Schieferverblendung und Mörtelkernmauerwerk. Die seit 1877 geborgenen Denkmalreste (Inschr., Reliefs und Skulpturen) gehören zu über 40 großen und zahlreichen kleineren Grabdenkmälern, die die Entwicklung der Bildhauerkunst vom Beginn des 2. Jh. bis um 270 n. Chr. widerspiegeln. Die lebensnahen Darstellungen aus dem Alltag sind wertvolle Illustration der sozial- und wirtschaftsgesch. Verhältnisse, denen mytholog. Szenen von religionsgesch. Bedeutung ergänzend zur Seite stehen. Vom Grabdenkmaltypus her sind vertreten: Altar, Cippus-Stele, Grabpfeiler, Grabturm (zweigeschossig-quadrat. und polygonal), Kiste und Tonnendach, sowie monumentale Tiergruppen als Grabbekrönung (Löwe, Bär). H.C.

W. v. Massow Die Grabmäler von Neumagen (1932), Neufunde in der Trierer Ztschr.

8. N. Nemetum, h. Speyer (in Gallia Belgica, seit Domitianus zur Germania Superior gehörig), auf einer Niederterrasse am w. Hochufer des Rheins. Einem kelt. *oppidum* N. (Ausdehnung unbekannt) war unter röm. Herrschaft eine Ansiedlung der Nemeter gefolgt, und N. zum Vorort der *civitas Nemetum* bestimmt worden (Ptol. 2,9,9. Itin. Ant. 253,3. 355,2. 374,7. Tab. Peut. – *Nemetae* Amm. 15,11,8. Not. dign. occ. 42,41). Ein älteres Kastell august. Z. wurde in claud. Z. erweitert. Nach einer Überschwemmung wurde dieses Lager durch eine Anlage weiter n. ersetzt (jeweils Teile der Lagergräben nachgewiesen). Diese Befestigungen kontrollierten die unmittelbar vorbeiführende Zufahrt zu einem Rheinübergang (im Zuge der h. Heerdgasse). Nach der Verlegung der Garnison nach dem rechtsrhein. Hockenheim (74 n.Chr.), wird N. zur Beneficiarierstation. Die Ausdehnung der Etappensiedlung (*Civitas Nemetum*) ist unbekannt. Größere Gräberfelder im N.–S. – und SW. der Stadt reichen vom 1. bis 4.Jh. n.Chr. Das Gebiet des h. Domes, dicht am Hochufer des Rheins, wird für das Forum der städt. Siedlung in Anspruch genommen (von hier Weihungen an Iuppiter, Mercurius, Minerva, Mithras, die gall. Nantosvelta). Weihungen an die Zwei-, Drei- und Vierwegegötter weisen auf die Bedeutung des strateg. wichtigen Knotenpunktes der Rheinuferstraße Straßburg-Mainz und den Rheinübergang. Bei den Alamanneneinfällen des 3.Jh. wurde N. zerstört. Aus Ziegeln mit Stempel (z.B. *Vindices*) des Limitanheeres, wird das spätröm.-valentinian. Kastell im Bereich des Domes erschlossen. Auf eine chr. Gemeinde weist ein Bischof Jesses Nemetum, der 346 an einem Konzil in Köln teilgenommen haben soll. Um die Mitte 5.Jh. wird N. alamannisch, später fränkisch. H. C.

Fr. Sprater Die Pfalz unter den Römern I/II (1929/30). – RE XVII 1196.

Novius. Personenname osk. Herkunft (MOMMSEN Unterital. Dialekte 242. SCHULZE Eigenn. 202 E. FRAENKEL, RE XVI 1661. 1666), zunächst als Praenomen gebraucht, N. → Calavius (2) und wohl auch der Verfertiger der Ficoronischen Ciste *Novios Plautios* (DESSILS 8562). Seit dem 3.Jh. v.Chr. ist N. auch als Gentilicium bezeugt, wie Inschr. von Delos und aus Epidauros oder Delphi zeigen. In Campanien dürfte der Name bes. verbreitet gewesen sein.

I. Republikanische Zeit. **1.** L.N., wurde als Volkstribun 58 v.Chr. von dem Amtsdiener seines Collegen P. → Clodius Nr.8 verwundet.

Ascon. Mil. 41 K.-S. (40 St.). **2.** N. Niger nahm 62 als Untersuchungsrichter (*quaesitor*) eine Anzeige wegen Teilnahme Caesars an der Catilinar. Verschwörung entgegen, woraufhin Caesar (damals Praetor) sich rechtfertigte und den N. verhaften ließ. Suet. Caes. 17,1f. **3.** Novia, eine der Frauen des Statius → Albius Oppianicus (4). Cic. Cluent. 27. H. G. G.

II. Kaiserzeit. **1.** L.N. Crispinus Martialis Saturninus. Seinen Cursus honorum bietet CIL VIII 2747. Er war nach der Praetur um 142 *iuridicus* in Asturien und Callaecia, später *procos. Galliae Narbonensis*, 147–149 *legat. Aug. pr. pr. prov. Africae* (s. THOMASSON Statth. Nordafr. 2, 174), bezeugt durch viele Inschr.; *cos. suff.* 149 oder 150, AE 1930, 40. **2.** P.N. Priscus. Statthalter von Achaia, AE 1955, 61. 1956, 41. Als Freund Senecas im J. 65 verbannt, Tac. ann. 15,71; wahrscheinlich Vater von Nr.4. **3.** C.N. Priscus. Statth. von Galatien (SHERK Legat. 70f.), CIL III 6814 bis 6816. *Cos. suff.* 152, CIL XVI 100. **4.** D. Iunius N. Priscus. *Cos. ord.* 78, CIL XVI 22. 23. VI 2056. Statth. von Germania 79/80, CIL XVI 158, s. DEGRASSI, PP 6, 1947, 349–356. AE 1966, 382. **5.** L.N. Rufus. *Cos. suff.* 186. CIL VI 2100a 13. Statth. v. Hispania cit. 193, CIL II 4125. Von Septimius Severus getötet, SHA vit. Sev. 13,7. **6.** C.N. Rusticus Venuleius Apronianus. Aus Antiocheia in Pisidien, Sohn von Nr.3 und der Flavia Menodora, CIL III 6814–6816, wo als sein höchstes Amt *tribunus candidatus designatus* verzeichnet ist. (BARBIERI Alb. senat. p. 170 Nr. 806. p. 612). **7.** N. Vindex. Reicher Römer, Besitzer von Kunstwerken, Stat. silv. 4,6. Martial. 9,43. 44. Gönner von Dichtern, Stat. silv. 4 praef., s. VOLLMER's Komm. p. 473–483. R. H.

III. Literarische Persönlichkeit:

N., Römischer Dichter von Atellanen wohl vor dem Hauptvertreter der Gattung Pomponius (aus dem frühen 1.Jh. v.Chr.), vgl. [3], 20ff. Da von über 40 Stücken meist nur ein Frg. grammat. Besonderheiten wegen vor allem bei Nonius zitiert wird, ist eine individuelle Würdigung ausgeschlossen. Den Titeln läßt sich entnehmen, daß neben typischen Atellanenmotiven (z.B. *Duo Dossenni*; *Maccus Exul*) auch in den von der Palliata herkommenden Sujets (z.B. *Hetaera*; Tragödienparodie: z.B. *Andromacha*) das ital. Element (*Gallinaria*; *Lignaria*, vgl. [2], 11ff.) stärker zum Ausdruck kam. Genusbedingt sind derbe Sprache und ein bisweilen obszöner Witz, von dem Cic. de or. 2 drei Beispiele anführt. P. L. Sch.

Frg. CRF ^{2}1873, 254ff. ^{3}1898, 307ff. *P. Frassinetti* Fab. At. Frg. 1955, 47ff. ^{2}1967, 69ff.

1. *P. Frassinetti* Fabula Atellana, 1953. 2. *Ders.*, Atellanae Fabulae 1967, 11ff. 109ff. 3. *A. Marzullo* Le origini e lo sviluppo letterario delle Atellana, 1956, 20ff.

Novus homo, der »Neuling«, der ohne Empfehlung von Vorfahren, nur durch sich selbst bekanntgewordene polit. Emporkömmling. Cic.

Cat. 1,28 *(nulla commendatione maiorum, per se cognitus)*. Der Begriff, von dem älteren Cato verwendet (Plut. Cat. mai. 1,2f.), ist sonst vor Cicero nicht nachweisbar. Rhet. Her. 4,19 ist *h.navus* für *h.novus* zu lesen. GELZER 41,2. Für die → nobiles war h. n., wer als erster seiner Familie das Konsulat erlangte. Cic. leg. agr. 2,3; Mur. 16; fam. 5,18,1. Sall. Iug. 8,1. 63,7. 73,7; Cat. 23,6. Liv. 9,26,11. 37,57,12ff. Cic. off. 1,138 nennt Cn. Octavius (cos. 165), *qui primus ex illa familia consul factus est, h.n.*, obwohl dessen Großvater Quaestor und Vater Praetor gewesen war. Suet. Aug. 2,1f. Liv. 28,38,11. In weiterem Sinne sehen ant. Autoren den Mangel beliebiger kurul. Ahnen als Kennzeichen des h. n. an. Ascon. in Scaur. p. 25 St. Ritter, die als erste ihrer Familien zu einem Staatsamt unterhalb des Konsulats und so in den Senat gelangen wie L. Quinctius Volkstribun 74, heißen h. n. Cic. Cluent. 111. GELZER 27. HELLEGOUARC'H 473. Gegen den Aufstieg der h. n. in das Konsulat wehrten sich die Nobiles erbittert. Von 366 v. Chr. bis 63 sind nur 15 Konsuln ausdrücklich als h. n. bezeugt, durch die ihre Familien unmittelbar ohne die Durchgangsstufe senator. Generationen aufstiegen. GELZER 40f. Die h. n. senator. Abkunft sind schwer erfaßbar, da ihre Vorfahren nicht genügend bekannt sind; 9 weist GELZER 28 von 94–63 nach. Der h. n. muß röm. Bürger sein und zu Polybios' Z. in 10 Feldzügen gedient haben. Pol. 6,19,4. Für die Ämterlaufbahn, die erhebliches Privatvermögen, zumindest den Ritterzensus, voraussetzte, kamen tatsächlich von Nichtsenatoren nur Ritter in Frage. Cic. Sest. 97 Die oft polemisch behauptete niedrige Herkunft *(infimo loco natus*, Cic. Brut. 243*)* ist unglaubhaft. GELZER 11ff. Die drei bekanntesten h. n., der ältere Cato, Marius und Cicero, stammten aus der Municipalaristokratie. Plut. Cat. mai. 1. Val. Max. 8,15,7. Cic. leg. 2,3. Plut. Cic. 1. Ihr Aufstieg erfolgte mit Hilfe aus dem Kreise der Nobilität, Valerier und Fabier unterstützten Cato, Teile der Nobilität Cicero aus Furcht vor Catilina. Sall. Cat. 23,5f. Trotz verschiedener Charaktere zeigen die h. n. gemeinsame Züge. J. VOGT Homo novus 1926. Sie stellen im Kampf gegen die Privilegierten, denen Würden »in der Wiege« (Cic. leg. agr. 2, 100) oder »im Schlaf« (Cic. Verr. 2,5,180) zufallen, *virtus* gegen *nobilitas*, Leistung gegen Geburt, den h. n. als wahren Vertreter bester aristokrat. Tradition gegen den degenerierten *nobilis*, rühmen ihre eigene Betriebsamkeit *(industria)*, einfache Lebensführung *(frugalitas)*, Anstand und Sitte *(pudor)* und Bildung *(litterae et humanitas)*. Cic. Verr. 2,3,7. 4,81; Mur. 17; Sest. 136. Sall. Iug. 85. Q. Cic. comment. pet. 7. 9. In der Kaiserzeit wuchs die Zahl der h. n. Tac. ann. 3,55,3. MOMMSEN RStR 3,876. M. GELZER Die Nobilität der röm. Republik 1912 = Kl. Schr. 1, 1962, 17ff. J. HELLEGOUARC'H Le vocabulaire latin des relations et des partis politiques sous la république 1963, 472ff. C. MEIER Res publica amissa 1966, 83 (zu den h. n. unter Cinna, Cic. Verr. 2,1,35). H. V.

Noxa. Unter n. versteht man jedenfalls in den XII-Tafeln jede schädigende Handlung, darüber hinaus vielleicht jede unerlaubte, verbotene Handlung, vor allem das Delikt eines Vermögensunfähigen. Etymologisch gehört das Wort zu *noceo*, einem aus dem Indogerman. ererbten Kausativum von *nex*. Auf hohes Alter des Wortes n. läßt das an den Stamm *noc-* angehängte Nominalsuffix *-sa* schließen. Vom so gebildeten Substantiv leitete sich später ein Adj. auf *-ius*, *-ia*, *-ium* ab, dessen Femininum sich abermals verselbständigte: *noxia* gewinnt die engere Bedeutung eines Schadens, der durch Beschädigung oder Zerstörung herbeigeführt wurde. Durch den Gleichklang der beiden Worte n. und *noxia* kommt es allmählich zur Angleichung der Bedeutungsinhalte; *noxia* erscheint daneben auch in der Bedeutung »Vergehen«, »Verschulden«. In der Sprache der spätklass. Juristen werden beide Wörter in ihrem weiten Bedeutungsinhalt von → *damnum* verdrängt. *Noxia* wird nur mehr im Zusammenhang mit den XII-T. verwendet und n. bleibt als t. t. der Noxalhaftung vorbehalten. Im Sinn von Strafe wird n. nur selten und erst spät gebraucht (Cod. Theod. 1,912f. 16,5,41. 15,5,40 = Cod. Iust. 1,5,4, 8). – Bei den klass. röm. Juristen bezeichnet n. regelmäßig die delikt. Tat eines gewaltunterworfenen Haussohnes oder Sklaven; nur vereinzelt wird auch die delikt. Tat einer Peron *sui iuris* so genannt. Für die n. des Gewaltunterworfenen hatte der Gewalthaber einzustehen. Nach dem Urteil konnte er wählen, ob er den Schuldigen an den Verletzten auslieferte *(noxae deditio;* der Ausdruck taucht auch bei der völkerrechtl. Auslieferung wegen einer n. auf; Liv. 21,30,3. 9,10,9), oder ob er die Buße für das Delikt des Gewaltunterworfenen zahlen wollte (Dig. 42,1,6,1). Mit dieser Alternativobligation ist der im röm. Formularprozeß sonst geltende Grundsatz der Geldverurteilung *(condemnatio pecuniaria)* durchbrochen. Gleichgültig, ob der Täter eine → *capitis deminutio* erleidet, emanzipiert, aus der Sklaverei freigelassen oder einem neuen Herrn übereignet wird, die Deliktsfolgen bleiben nach dem Grundsatz *n. caput sequitur* (Gai. inst. 4,77. Dig. 9,4,43. 13,6,21, 1. 16,3,1,18) bis zum Tode des Täters an seine Person gebunden (Dig. 47,2,41,2). Dieser Grundsatz brachte es mit sich, daß beim Verkauf von Sklaven häufig Stipulationen oder Nebenabreden abgeschlossen wurden, der Sklave sei etwa *furtis noxisque solutus* (Dig. 21,1,46) oder *noxali iudicio non subiectum* (Dig. 21,1,17,17). F. R.

noxalis actio ist die Klage gegen den Gewalthaber aus dem Delikt eines Gewaltunterworfenen. Ihre Formel unterscheidet sich von den Deliktsklagen dadurch, daß in der *intentio* als Täter der Sklave oder das Hauskind genannt ist, in der *condemnatio* jedoch der Gewalthaber (sog. Formel mit Wechsel der Subjekte). Der (1) Grund der Noxalhaftung des Gewalthabers wurde verschiedentlich in einer wirklichen oder vermeintlichen Vernachlässigung der Aufsichtspflicht oder in der notwendigen Vertreterstellung des Herrn (ZIMMERN) gesehen, wird aber mit dem bei primitiven Völkern zu findenden alten System der Privatrache zusammenhängen. Diese richtete sich gegen den ganzen Verband, dem der Schuldige angehörte, es sei denn, der Täter wurde dem verletzten Verband zur Rache übergeben; die Rache konnte bald durch eine Ersatzleistung abgelöst werden (DIRKSEN, GIRARD). (2) Voraussetzung der n. a. ist es, daß (a) ein Privatdelikt begangen wurde (für → *crimina* haftete der Sklave selbst, Rechtsgeschäfte führten in klass. Z. zur Pekuliarhaftung aus den sog. *actiones adiecticiae qualitatis*), (b) der Täter *alieni iuris*, also Hauskind oder Sklave war (für Delikte von Personen in *manu* oder in *mancipio* ist die Noxalhaftung unsicher) und (c) der Täter den Zeitpunkt der *litis contestatio* erlebte. (3) Ziel der Klage war urspr. die *noxae deditio* (s.o.), später wahlweise auch die Zahlung einer Buße. Sklaven wurden in der Regel vom haftenden Eigentümer durch *mancipatio nummo uno* ins Eigentum des Verletzten übertragen, Hauskinder jedoch nur solange in die Gewalt des Verletzten übergeben, bis ihr Erwerb die Buße abdeckte. (4) Die Berechtigung zur Klage richtet sich nach den Grundsätzen, die für die Aktivlegitimation bei den jeweiligen Deliktsklagen galten, doch durfte der Täter weder zur Zeit des Delikts noch in der Z. zwischen dem Delikt und der *litis contestatio* in der Gewalt des Verletzten gestanden sein. Wurde der Sklave nach dem Delikt freigelassen, richtete sich die Klage gegen ihn als *sui iuris*, kam er nach dem Delikt in die Gewalt des Verletzten, so lassen die Proculianer die Klage während des Gewaltverhältnisses ruhen, die Sabinianer dagegen erlöschen (vgl. Gai. 4,78; Dig. 47,2,65. 47,2, 18. 47,2,37). Unter Miteigentümern sind Noxalklagen ausgeschlossen (vgl. etwa Dig. 11,3,14,2. 47,10,17,9). (5) Die Passivlegitimation ist in klass. Z. strittig. Jedenfalls legitimiert war der Eigentümer, der den Sklaven in seiner Gewalt hatte; ob auch der *bonae fidei possessor* haftete, ist erst von Iustinian ausdrücklich mit Ja entschieden worden. (Cod. Iust. 6,2,21). Blieb der Sklave im Prozeß ohne *defensio*, so verschaffte die *ductio* des Sklaven *iussu praetoris* in klass. Z. bonitar. Eigentum des Verletzten am delikt. Sklaven. (6) Als Besonderheit unter den Noxalklagen verdient die *actio iniuriarum noxalis* erwähnt zu werden. Nach ihr konnte der durch eine *iniuria* des Sklaven Verletzte *apud iudicem* die *verberatio* des Sklaven verlangen; das Maß der Geißelung bestimmte der *iudex*. Einigen sich der *dominus* und der Verletzte über die *verberatio*, so war die *actio noxalis* ausgeschlossen. Konnten sie sich nicht einigen oder wurde der Sklave nicht zur *verberatio* vorgeführt, kam es zur *litis aestimatio* oder *noxae deditio*. (7) Den Noxalklagen im Wesen gleich, wenn auch nicht immer als solche bezeichnet, sind die *actio de pastu* wegen widerrechtlichen Abweidens durch Tiere und die *actio de pauperie* wegen einer von einem Tier ohne Zutun eines Menschen angerichteten Körper- oder Sachbeschädigung. F. R.

D. Liebs, ZRG 85, 1968, 194 f., 252. *L. Müller*, RE Suppl. X 521 ff. *Kaser* Das röm. Zivilprozeßrecht, 1966, 65 f. 208 f. 263 f. mit weiterer Lit. *T. Spagnuolo Vigorita*, Labeo 15, 1969, 33 ff.

Nubai. Ein Volk im oberen Niltal zwischen Meroe im S. und Wadi Halfa im N., zuerst erwähnt von → Eratosthenes (b. Strab. 17,786) auf dem O.-Ufer. Plin. nat. 6,35 nennt Hauptstadt Tenupsis (b. Faschoda) nach Bion von Soloi, einem Augenzeugen. An gleichem Ort wohnen sie bei Ptol. 4,7,10. Axumit. Inschr. erwähnen Kämpfe gegen die Noba, die ihrerseits seit dem 4. Jh. n. Chr. von den aus der w. Wüste stammenden Nobaten, die nach Prokop. bell. Pers. 1,19 Diokletian s. Syene angesiedelt hatte, immer weiter nach S. verdrängt wurden. W. H.

Nubier s. Aithiopia

Nuceria. 1. N. Alfaterna (Plin. nat. 3,63). Bedeutende Stadt Campaniens (Pol. 3,91,4) an der Straßenkreuzung Pompei–Benevent und Nola–Salernum (It. Ant. 109. 123. Tab. Peut. 6,5. MILLER ItR 367), angeblich pelasg.-peloponnes. Gründung (Konon FGrH 26 F 3) in »Tyrsenia« (Philist. FGrH 556 F 43; vgl. Ptol. 3,1,69); osk. Name seit 4. Jh. v. Chr. (Philist.: *Νουκρία*; HEAD HN² 41. VETTER HB Nr. 200 A 9, Mz. seit 280 v. Chr.: *núvkrinûm*) bei Anfangsbetonung synkopiert > * *nŏṷ-ŏkr-ia* »Neuberg« (v. PLANTA 2,19: * *noṷ-ikero-*; DEVOTO Scritti min. 2,285 ff.: * *nouk-r-* »la nuova«). 315 v. Chr. gegen Rom (Diod. 19,65. Liv. 9,38,2), 308 erobert (9,41,3), seither verbündet (eigenes Bürgerrecht noch in der Gracchenzeit: Cic. Balb. 28; vgl. MÜNZER, RE XIV 1579). 216 von Hannibal zerstört (Liv. 23,15,6. Sil. 12,424 f. Val. Max. 9,6, ext. 2. Cass. Dio frg. 56,32 M. App. Liv. 63), Einwohner nach Atella (App. Hann. 49; vgl. Liv. 27,3,6 f.): die wiederaufgebaute Stadt benutzt Pompeii als Hafen (Strab. 5,247), leidet im Bundesgenossen- (App. civ. 1,42. Flor. 2,6,11) und Sklavenkrieg (Flor. 2,8,5); vgl. ferner Cic. leg. agr. 2,86. App. civ. 4,3. Augusteische Veteranenkolonie N. Constantia (Feldm. 235. It. Ant. 123,3); neue Kolonie 57 n. Chr. (Tac. ann. 13,31,2), 59 Schlägerei beim Gladiatorenspiel in Pompeii (14,17,1), 63 Erdbeben (Sen. nat. 6,1,2), tribus Menenia, Sage vom gehörnten Epidius (Suet. de rhet. 4). Heimat der Vitellier (Suet. Vit. 1,2). Lage: Im W. an Sarnus grenzend (Prok. Goth. 4,35), im O. S. Maria Maggiore; h. Nocera.

Forbiger HB d. alt. Geogr. 3,492. *Nissen* It. Ldk. 2,772. *Beloch* Campanien ²239 ff.; RG 415. 516. 539.

2. N. Camellaria (Tab. Peut. 5,3) an der Straße von Forum Flaminii nach Fanum (Strab. 5,227.

It. Ant. 311. Burd. 614) in Umbrien (Ptol. 3,1,53), nach dem Namen von Camerinum aus gegründet (Radke, RE Suppl. IX 1796). Plin. nat. 3,117 (6. Region) unterscheidet *Nucerini Camellani* und *Nucerini Favonienses*, die ich bei Pieve Favonica am Ponte Centesimo suche (RE VIII A 2565f. Suppl. IX 1822; anders Devoto Scritti min. 2, 286); h. Nocera Umbra. Vgl. ferner Nocera Terinese (Mz. bei Head HN^2 105) bei Steph. Byz. s. *Νουκερῖνοι* und Nuceriola (Tab. Peut. 6,5) im Hirpinerland (Devoto a. O.: Torre le Nocelle). N. bei Ptol. 3,1,46 an der via Aemilia dürfte auf Irrtum beruhen. G. R.

Forbiger HB d. alt. Geogr. 3,439. *Nissen* It. Ldk. 2,393.

Nucula. Cognomen (Spitzname, »Nüßchen«, Walde-Hof.^{3} 2,191, seit Lucil. 1280 M. gesichert und von Fest. 173; ep. 172 zwiefach erklärt), I. Kajanto The Lat. Cognomina, Soc. sc. Fenn. 1965, 25. 89. 337. Inschr. Nebenformen: *Nucla* und *Nugula*.

N. (Gentilicium unbekannt). Anhänger des Antonius und 44 v. Chr. Septemvir in der Ackerzuweisungskommission. Cic. Phil. 11,13. 12,20. u. a. Broughton Mag. 2,332. Er dürfte als Mimendichter hervorgetreten sein, Cic. Phil. 11,13. Schanz-Hos. 1,263. H. G. G.

Nudipedalia. Für die kultische Begehung der n. liegen uns drei Zeugnisse vor: Petron. 44. Tert. apol. 40,14; ieiun. 16,5. Bei anhaltender Dürre zog eine Prozession auf das Kapitol, Matronen mit bloßen Füßen und aufgelösten Haaren, Magistrate ohne die Abzeichen ihrer Würde, um von Iuppiter Regen zu erflehen. Dieser Brauch scheint nach Tert. ieiun. 16,5 auch außerhalb Roms üblich gewesen zu sein. Die Barfüßigkeit der Matronen erklärt sich wohl als Trauerbrauch. Von den n. zu trennen sind andere Zeremonien, die Regen herbeiführen sollten (→ *aquaelicium*). H. Fl.

E. Marbach, RE XVII 1239–1241. *Latte* RRel 79.

Nuithones (Nuitones), nach Tac. Germ. 40 Stamm der Ingvaeonen, die wohl ganz im N. der jütländ. Halbinsel gesiedelt haben. Mit anderen Völkern verehren sie die Fruchtbarkeits- und Vegetationsgöttin → Nerthus (Nerthusvölker). Namensdeutung von N. unsicher, da verderbt, nach Zeuss den Teutones-Iuthones, nach Much den Kimbern gleichzusetzen. H. C.

A. Franke, RE XVII 1241.

Numa Pompilius. Nach der Überlieferung (bes. Cic. rep. 2,23–30. Liv. 1,18–21. Dion. Hal. ant. 2,58–76. Plut. Num.) wird der Sabiner N. aus Cures zum 2. König Roms gewählt. Er trifft folgende Regierungsmaßnahmen: Einteilung des Landes in → *pagi*, Ackerverteilung, Schaffung von Handwerkerkollegien zur Überwindung des Stammeszwistes, Kalenderreform (Hinzufügung der Monate *Ianuarius* und *Februarius*; Einteilung der Tage in → *fasti* und *nefasti*), Einführung bzw. Umgestaltung folgender Priestertümer: → *Flamines maiores*, → *Salii*, → *Vestales*, → *pontifices* (bei Dion. Hal. ant. 2,27 und Plut. Num. 12 auch die → *fetiales*; aber vgl. Cic. rep. 2,31. Liv. 1,24,5; 1, 32,2). Er vermehrt die → *augures* um 2, erbaut Ianusbogen, Vestatempel und *regia*, begründet das Ritual der → *Argei*, die Kulte von → *Fides* und → *Terminus*, die *Agonalia* (Macr. Sat. 1,4,7; → *agonium*), → *Fordicidia* (Ov. fast. 4,629 ff.), → *Fornacalia* (Plin. nat. 18,7 f.), → *Robigalia* (Plin. nat. 18,285) und Spiele des → Mars (Tert. spect. 5,8) und verbietet die Errichtung von Götterbildern (vgl. Tert. apol. 25,13). Seine Kultvorschriften werden unter Ancus Marcius veröffentlicht (Liv. 1,32,5). N. stirbt über 80jährig und wird auf dem Ianiculum bestattet.

Die Legende verbindet N. außer mit der Auffindung des → *ancile* bes. mit den → *Camenae* und der Nymphe → *Egeria* (Cic. leg. 1,4. Ov. met. 15, 481 ff.), die N. berät und zu einem Mittel für die Blitzentsühnung verhilft (Ov. fast. 3,261 ff. Arnob. 5). Die These, N. sei urspr. ein Gott gewesen ([1], 1243), findet in der Überlieferung keine Stütze.

Pythagoras und N. stehen nach einer alten Tradition im Lehrer-Schülerverhältnis (z. B. Ov. Pont. 3,44; abgelehnt z. B. Cic. rep. 2,28. Liv. 1,18, 2–3. Dion. Hal. ant. 2,59. vgl. Plut. Num. 1), bei Plut. mit Ähnlichkeiten der Kultvorschriften Numas und des Pythagoreismus (Num. 8) erklärt. In diesen Zusammenhang gehört die Auffindung angeblicher Schriften des N., z. T. kultischen, z. T. pythagoreischen Inhalts a. 181 v. Chr. in Rom (u. a. Varro b. Aug. civ. 7,34. Liv. 40,29, 3–14. Plin. nat. 13,27; 85). Denkbare Ziele dieser Fälschung wären die Anerkennung der griech. Philos. in Rom auf Grund der Autorität des N. [7] oder eine Reform der röm. Religion nach pythagoreischem Vorbild [6].

Im Urteil der Römer war N. der beispielhafte Sakralgesetzgeber und Friedensherrscher, der das röm. Volk einte und zivilisierte. Auf ihn führten sich die Aemilii, Calpurnii, Marcii, Pinarii und Pomponii zurück (Plut. Num. 8; 21, vgl. [8]). Noch für Marc Aurel wurde die Abstammung von N. betont (H. A. 1, S. 47,18 H); der Vergleich eines Kaisers mit N. galt als hohes Lob (z. B. Front. S. 206, 8 ff. N; H. A. 1, S. 46,18 H). Demgegenüber bleibt die Ablehnung bei Lucil. (Frg. 485 M) vereinzelt. H. Fl.

Allg.: 1. *K. Glaser*, RE XVII, 1242–52; Historizität: 2. *Bengtson*, RG 37f. mit Lit.; Reformen: 3. *F. Ribezzo*, RAL Ser. 8,5, 1950, 553–573. 4. *E. M. Hooker* Numen 10, 1963, 87–132. Kalender: 5. *E. Gjerstad*, AA 32, 1961, 193–214. Angebl. Schriften: 6. *Latte* RRel 268–70. 7. *K. R. Prowse*, G & R 11, 1964, 36–42. Münzabb.: 8. *J. P. Morel*, MEFR 74, 1962, 48 ff.

Nu'man, in griech. Quellen *Naaman(es)*, ein häufiger Name in der Dynastie der Lachmiden von Hira. N. I., z. Z. des Perserkönigs Jesdegerd, befehligte in pers. Diensten zwei berühmte Reitertruppen. N. II., Urenkel N.s I. Als Kawad im pers. Krieg Amida belagerte (502/503), machte N.

einen Einfall in das röm. Mesopotamien und drang bis Edessa vor. Er nahm an der Schlacht bei Opadna teil und wurde dort tödlich verwundet. N. III., der letzte der Lachmiden, kam um 580 zur Regierung, wurde Christ, dem Perserkönig Chosrau II. verdächtig und von ihm abgesetzt, und starb um 602 in der Gefangenschaft. Auch unter den zunächst römerfreundlichen Ghassaniden findet sich der Name N. J. D.-G.

Nūmāna (Quantitäten: Sil. 8,433; Geogr. Rav. 4,31. 5,1. Guido 21 *Humana*), Hafenstadt auf Felsklippe (Sil.) an der Straße (It. Ant. 310,5: *Flaminia*) Senagallia-Potentia, die nach Umgehung des Mte. Conero bei N. die Küste wieder erreicht (Tab. Peut. 5,3. Itin. Ant. 312,7. Guido 69), in der 5. Region (Plin. nat. 3,111 *N. a Siculis condita.* Ptol. 3,1,21. Mela 2,4). Meine Vermutung (RE IX A 585), unter den *Siculi* seien nicht Syrakusaner, sondern das ital. Volk (vgl. 3,112) zu verstehen, wird seit 1966 durch Aufdeckung einer umfangreichen Nekropole hocharchaischer Z. gestützt. G. R.

Forbiger HB d. alt. Geogr. 3,455. *Nissen* It. Ldk. 2,418. *Mommsen* CIL IX p. 572.

Numantia. Name wahrscheinlich kelt. (HOLDER 2,794). Die Stadt liegt am Zusammenfluß von Duero und Merdancho, bei h. Garray, 6 km von Soria, 1087 m hoch auf der Hochebene von Altkastilien [1]. Ihre Stätte war schon in prähist. Z. besiedelt. Wir erkennen eine Siedlung mit einer spätneolith. aeneolith. Kultur, deren Träger vermutlich die Ligurer waren. Zeit: etwa 2000–600 v. Chr. Es folgt eine wohl kelt. Siedlung, deren Reste alle Merkmale der jüngeren Hallstattzeit tragen (Num. 2,110–113. 225 ff.). Das iber. N. wird zuerst genannt 195 v. Chr., als Cato, anscheinend friedlich, an ihm vorbeimarschierte (Gell. 16,1. Num. 1,323/324). In der Folgezeit war N. das Zentrum des Freiheitskampfes der Keltiberer, so daß eine Gesch. dieser Stadt fast ident. ist mit der dieser Kriege. Die ersten Kämpfe mit den keltiber. Stämmen fanden 181–179 v. Chr. statt; an ihnen war N. nicht beteiligt (FHA 3, 212–224). Sie wurden von Ti. Sempronius Gracchus, dem Vater der Volkstribunen, durch einen Frieden beendet, der 25 J. dauerte und auch N. einschloß. Der 2. keltiber. Krieg, vor allem Feldzüge des Nobilior und Marcellus, dauerte 153–151 v. Chr. (FHA 4, 6–31). Das Bellum Numantinum zerfällt in 2 Teile: die Feldzüge vor allem des Metellus, Pompeius und Mancinus, 143–134 v. Chr. (FHA 4, 32–59) und den Feldzug des P. Cornelius Scipio Aem. Afric. (Numantinus), 134–133 v. Chr., der mit der Zerstörung der Stadt endete, die, zuletzt völlig isoliert, heldenmütig bis auf den letzten Mann kämpfte (FHA 4, 63–93. [2]). Aber ihre Stätte blieb weiter besiedelt, und unter Augustus entstand das röm. N., eine ärmliche, unbedeutende Kleinstadt (Num. 2,88.197. Gesch. v. N. a.O. 151). Sie wird nur erwähnt Plin. nat. 3,26. 4,112. Itin. Ant. 442. Das letzte Zeugnis von ihr sind Mz., die bis Valentinian I. reichen (Num. 4,255). Sie scheint dann verlassen und verödet zu sein.

Im MA. war N. völlig vergessen, bis um 1600 span. Lokalforschung das röm. N. entdeckte. Aber erst 1905 entdeckten AD. SCHULTEN und CONSTANTIN KOENEN die iber. Stadt, wenig später die Lager Scipios. Die Funde sind fast unübersehbar; sie bezeugen, daß die Kultur N.s sehr tief stand [3]. R. G.

1. Für N. und seine Gesch. ist das klass. Werk *Ad. Schulten* N. 1–4, Münch. 1914–1931, zit. Num. 1 usw. Alle liter. Quellen sind mit span. Komm. (z.T. auch Übers.) abgedr. in Font. Hisp. Ant. 1^2–9, Barc. 1925–1959, hier zit. FHA. – 2. Über die krieger. Ereignisse s. bes. Num. 1 und 3. *Ad. Schulten* Gesch. von N., Münch. 1933. *Helm. Simon* Roms Kriege in Spanien. Frankf./M. 1962. – 3. Über die Funde vor allem Num. 2. *Friedr. Behn*, N. und seine Funde, Mainz 1931; REA 37, 1935, 99. *Rud. Paulsen* BJ 142, 1937, 369–371.

Numantinus. Siegesbeiname des P. Cornelius Scipio Afric. im J. 133/32, vgl. MÜNZER, RE IV 1456. In anderen Fällen Herkunftsbezeichnung, I. KAJANTO The Lat. Cognomina, Soc. sc. Fenn. 1965, 199. H. G. G.

Numellae (*κύφων*). Als Strafwerkzeug für Freie und Sklaven (Sch. Aristoph. Plut. 476. 606. Aristot. pol. 1306 b 2. Poll. 10,177. Suda, Phot. und Hesych. s. *κύφων* (ες), OGIS 483,167 ff. Plaut. Asin. 550. Non. 2 s. N.) wird eine Art »Block« verwandt, in dem die Verurteilten mit Hals und Füßen fixiert wurden. Nach Fest. 172 M. dienen die N. auch dazu, Vierfüßler an der Bewegung zu hindern, vgl. Colum. 6,19,8. W. H. G.

Numen. Etwa »göttliches Wirken«, »göttlicher Wink«, »Funktion« (eines Gottes), später auch »göttliches Wesen«. Der N.-Begriff ist für das Verständnis der röm. Religion zentral. Während in der griech. Rel. die Götter als Personen ihrer Substanz nach anschaulich erlebt werden, tritt die einzelne Göttergestalt in der röm. Rel. hinter ihrem Wirken stärker zurück; dies bedeutet aber nicht, daß die Römer ihre Gottheiten nichtpersönlich aufgefaßt hätten. Auch deren Wirken wird als Ausdruck eines persönlichen Wollens verstanden. Freilich wird der stärker phänomenalist. Betrachtungsweise der röm. Rel. entsprechend der göttlich-persönliche Willensakt und dessen Ausdruck in der Willensäußerung in den Mittelpunkt des Bewußtseins gerückt und mit dem Worte n. bezeichnet; die göttliche Person, von welcher jener Willensakt als dessen Zentrum ausgeht, bleibt oft unausgedrückt, ist aber mitbewußt vorhanden.

Da in der röm. Rel. der unpersönliche Kraft-Begriff, der in bestimmten Formen der Polynesier, Melanesier u.a. vorkommt, eine größere Rolle spielt (vgl. W. WARDE FOWLER The Religious Experience of the Rom. People², 1922, J. G. FRAZER The golden Bough, 1913 ff., [1]. [2]. [3] u.a.) als in der griech., wurde von [1] und [2], und z.T. auch von [3] der n.-Begriff als Repräsentant dieser unpersönlichen Kraft *(orenda, mana)* angesehen; die Beziehung dieser »Kraft« zu persönlichen Wesen bzw. menschlichen Institutionen umschreibt [3], 109: »n. signifies a superhuman force, impersonal in itself but regularly belonging to a person (a god of some kind) or occasionally to an exceptionally important body of human beings, as the Roman senate or people« (vgl. »In n. we have therefore an originally general word for mana« [2],75). Unklar auch bei K. LATTE RRel 57 »unpersönliche Kraft, die irgendeinem Gott eignet« (vgl. Rez. Kairos 2, 1962, 142ff.). Über das Verhältnis von Person und (Willens)kraft, über den Unterschied von »unpersönlich« und »nichtpersönlich« vgl. [4],354, wo auch einige Lit., welche sich mit der Kraftauffassung in anderen Kulturen beschäftigt, genannt wird.

Die relativ ältesten Belege für n. zeigen dieses Wort in Verbindung mit dem Gen. eines Gottesnamens (z.B. *nomen et n. Iovis*, Accius 646 R. b. Non. 173,27) oder auch mit dem Gen. der Wörter *deus* (Cic. div. 1,120; Rabir. 5; Scaur. 17. Caes. Gall. 6,16,3), *divus* (Cic. div. 2,63) oder mit *divinus* (Cic. Mil. 83; nat. 1,22) u.a. Verbindung mit anderen der persönlich-rel. Sphäre entstammenden Begriffen wie *expiare* (Cic. Verr. 2,4,111) oder *placare* (Cic. dom. 140. Caes. Gall. 6,16,3) zeigen den Charakter des n. Kein Gewicht hat die Stelle Lucil. 895, wo n. mit dem Nom. Apollo verbunden wäre; doch dürfte dort das hsl. überlieferte *nomen* stimmen (anders F. ALTHEIM Röm. Rel. Gesch. 1, 1951, 113). Kein Argument gegen den rel. Charakter, wie LATTE RRel 333,3 meint, bildet Lucr. 3, 144, wo *n. mentis* zu finden ist (vgl. Cic. rep. 6,15. [4],355) und Cic., Phil. 3,32, wo n. mit dem Gen. des Senats verbunden wird; die sakrale Funktion des Senats ist hinlänglich bekannt. – Das Wort n. wird auch in der Ant. in diesem Sinne erklärt; so Fest. 172 *n. quasi nutus dei ac potestas.* Varro l. l. 7,85 *n. dicunt esse imperium.* Ebenso gibt Cic. fin. 5,49 *θεῶν ἰότητι* durch *divino n.* wieder. Auch in der Nachahmung des hom. Bildes Il. 1,528ff. sagt Catull. 64,204 *adnuit invicto caelestum numine rector.*

Die Grundbedeutung von n. leitet [1],1289 von »(ruckartig) bewegen«, [2],74 und J. WHATMOUGH, CPh 44,42ff. von »to move« (H.J. ROSE Anc. Roman Rel. 1948, 13, mit Einschränkungen) ab. Dagegen spricht die Bedeutung der das Wort **nuere* repräsentierenden Komposita: *adnuere, adnutare, abnuere, abnutare, innuere.* Sie alle zeigen eine persönliche Willensäußerung an (vgl. auch [5],257).

Das Alter des Wortes n. selbst ist umstritten. TH. BIRT, Berl. phil. Woch. 38,212ff. und LATTE RRel 57,2 halten es für jung, dieser mit Zweifel, wie der stoische Begriff *δύναμις θεοῦ* in der Z. des Accius durch n. wiedergegeben werden konnte. [1],1290, A. GRENIER, Latomus 6,297. [2],73, ([3], 144 zögernd) treten für hohes Alter ein. Jedenfalls kommt n. weder in den alten Ritualtexten noch bei Naev., Enn. oder Plaut. vor. Entlehnung aus dem Griech., bes. Übers. von *νεῦμα* ist durch die Tatsache, daß n. in der erhaltenen Lit. bei Accius zum erstenmal belegt ist, aber bereits Varro (l.l. 7,85) erklärungsbedürftig erscheint, auszuschließen. Die Ähnlichkeit von *νεῦμα* und n. (das freilich stärker rel. ist), von *νεῦσις* und *nutus* (zum Unterschied vgl. [4],357f.) und bes. *νεύειν* (z.B. Hom. Il. 9,223, beachte *νεῦσ᾽ . . . νόησε!*) bzw. *νευστάζειν, ἀνανεύειν, ἐπινεύειν, κατανεύειν* und **nuere* (in seinen Komp.) ist am besten als individuell differenzierte Parallelentwicklung der mit der Bedeutung der persönlichen Willensäußerung eng verbundenen Wortfamilie zu verstehen. – Zur Endung *-men*, vgl. W. PORZIG, IG 42, 221ff.

Diesem sprachlichen Befund entsprechen auch rel. Erscheinungen bei Griechen und Römern. Die künstlerisch gestaltete Szene in Hom. Il. 1,528ff. läßt die Vorstellung von dem durch den Blitz erschütternden und so durch diese Bewegung seinen Willen ausdrückenden Gott durchschimmern, wie die Funktion des Poseidon als *γαιήοχος* als Parallele zu *Ζεὺς τερπικέραυνος* die Vorstellung von der Willens- (oder Unwillens-) Äußerung des Gottes durch eine Bewegung, welche persönlich aufgefaßt als Nicken verstanden wird, impliziert (vgl. [4],358ff.). *Strepitus cum fremitu* (Cic., har. 20) oder Himmelszeichen (Tac. hist. 1,18) als Unmutsäußerung auch bei den Römern bekannt; der göttliche Wink (in übertragenem Sinne) als *augurium* (vgl. Liv. 1,6,4). Jedenfalls existierte von allem Anf. an das Wort *deus*, das (vgl. [4],361f.) sicher einen persönlichen Gott bezeichnete; dies verbietet die Annahme einer rein phänomenalist.-positivist. Bedeutung von n. unter Ausschluß einer implizierten persönlichen Gottesvorstellung. Mit n. ist auch umbr. *ahtu marti* (s. G. DEVOTO Gli ant. Italici 227) zu vergleichen; durch die Bedeutung von *-ag-* (vgl. WALDE-HOF.³ 1,23), das einen zielstrebigen Sinn besitzt (Treiben der Viehherde; *partes agere; actio* des Redners usw.), und durch die Verbindung von *ahtu* mit Mars und mit Iuppiter ist der persönliche Charakter von *ahtu* gesichert.

Die allitterierende Verbindung von *nomen* et n. bei Accius (auf die H. WEINSTOCK, JRS 39, 1941, 166 hinweist) kann Zufall sein; jedenfalls reicht sie nicht zur Annahme WAGENVOORTS hin, daß man an dieser Kombination den Abschluß der Entwicklung von der unpersönlichen Kraft zur Gottheit ablesen könne (» . . . concludes its deification« [2],78). Eher ist bei der Verbindung von *nomen et n.* anzunehmen, daß beide Wörter je einen Aspekt der Gottheit (Name und göttliches Wirken) darstellen. Auch andere Kombinationen wie *ductu, imperio, auspicio* (Plaut. Amph. 196) sprechen für diese schon an sich näherliegende Deutung (vgl. [4],364ff.). – Seit der august. Z. wird

n. häufig für die Gottheit selbst (nicht mehr nur für ihr Wirken) verwendet (z. B. Verg. Aen. 2,141. 4,382. Ov. met. 4,531). Daß aber auch in späterer Z. die Wirkung gegenüber der Gestalt der Gottheit im Vordergrund bleibt, zeigen Verwendungen wie Amm. 19,1,4 *caeleste n.* neben *caelesti dei favore* (Amm. 16,12,13); daneben wieder *favore numinis superioris* (Amm. 16,12,62) und *divini arbitrio numinis* (Amm. 19,10,4), wo n. etwa dasselbe wie *deus* bedeutet. – Zur Verbindung von n. mit Begriffen wie Genius u. ä. sowie zu deren Kult vgl. LATTE RRel 333,3. W. P.

1. *Friedr. Pfister*, RE XVII 1273ff. 2. *H. Wagenvoort* Rom. Dynamism, 1947. 3. *H.J. Rose* Harv. Theol. Rev. 44, 1951, 109ff. 4. *W. Pötscher*, G 66, 1959, 353ff. 5. *R. Muth*, Serta philol. Aenipont., Innsbr. Beitr. z. Kulturwiss. 7/8, 1961, 247ff.

Numenia (*νουμηνία*), der 1. Tag des griech. Mondmonats, an dessen Abend die Mondsichel zum ersten Mal nach der Konjunktion wieder sichtbar wird. Urspr. wurde dieser Abend noch zu dem vorausgehenden Lichttag gerechnet, so bei Hom. Od. 19,307 (*τοῦ μὲν φθίνοντος μηνός, τοῦ δ' ἱσταμένοιο*). Nach Plut. Sol. 25 hätte Solon in seiner Kalenderreform angeordnet, daß dieser der N. vorausgehende Tag *ἕνη καὶ νέα* (der alte und der neue) genannt werde. Die Doppelbezeichnung *ἕ. καὶ ν.*, von der vermutlich nur die zweite Hälfte von der Kalenderreform Solons stammt, erklärt sich aus dem volkstümlichen Gebrauch, den Abend dem vorausgehenden Lichttag zuzurechnen, wobei die Tagesgrenze in die Nacht fiel, während die offizielle kalendar. Rechnungsweise diese auf den Sonnenuntergang setzte und den Abend zum folgenden Lichttag rechnete. Der Ausdruck *ἕνη καὶ νέα* fiel so mit der Bezeichnung für den letzten kalendar. Lichttag zusammen, der auch *τριακάς* hieß. Nach Plut. Sol. 25 hätte Solon den folgenden Tag *νουμηνία* genannt, was aber wiederum fälschlich Solon zugeschrieben wird, da schon früher – seit der Einführung der → Oktaeteris – zur Vermeidung von Mißverständnissen der erste mit dem Sonnenuntergang beginnende Kalendertag so hieß. Seitdem der Kalender zyklisch berechnet wurde, folgte aus den Fehlern, mit denen die Oktaeteris behaftet war, daß der Kalender-Neumondstag sich von dem wirklichen mehr oder weniger trennte und der Monatsanfang in Griechenland unterschiedlich angesetzt wurde (→ Monat). – Der N.-Tag war in Griechenland seit alters dem Apollon heilig und wurde festlich begangen. W. S.

M. P. Nilsson Art. N. RE XVII 1292. *Sontheimer* Art. Monat RE XVI 48.

Numenios. 1. *Ab Antiocho rege Mesenae praepositus*, Plin. nat. 6,152, Statthalter am Roten Meer in der Gegend, die E. 2. Jh. v. Chr. das Königreich von Mesene einnahm, besiegte an der Straße von Hormuz an einem Tage die Perser zur

See und zu Lande, fraglich, ob unter Antiochos III. oder IV. H. SCHMITT Unt. zur Gesch. Antiochos' d. Gr., 1964, 49,3. **2.** *Φίλος* der äg. Könige Ptolemaios VI. und VIII., 167 v. Chr. nach Rom gesandt, um dem Senat für die Hilfe gegen Antiochos IV. zu danken. Pol. 30,17,1. Liv. 45,13. H. V.

3. N. aus Herakleia, Schüler des Arztes → Dieuches, Vf. von Lehrgedichten, 3. Jh. v. Chr. Werke: *Δεῖπνον* (Athen. 1,5a). *Ἁλιευτικόν* (Athen. 1,13b; hexam. Frg. 7,282a und sonst in B. 7; 9, 371bc von KAIBEL bezweifelt; gesammelt von TH. BIRT De Halieuticis Ov. falso adscr., 1878). *Θηριακόν*, von Nikandros (4) (Sch. Nik. Ther. 237 und 256 mit hexametrischen Frg.; auch zu 519 und 637 wird N. genannt) und von → Archigenes (bei Aëtios von Amida; E. Rohde Kl. Schr. 1,386) benutzt. N. wird für Rezepte zit. von Cels. 5,18, 35; 5,21,4. R. K.

4. N. von Apamea, platon. pythagoreischer Philosoph, 2. Hälfte 2. Jh. n. Chr. Erst Iamblichos und Proklos bezeichnen den N. als Platoniker, für alle früheren (darunter Klemens, Origenes der Christ, Longinos und Porphyrios) ist er Pythagoreer (LEEMANS, test. 4; S. 85/86). Für das Verständnis der Zeitgenossen war N. insofern *nicht* Platoniker, als er die Wurzeln der Weisheit über Platon zurück verfolgte, d.h. Pythagoras und Moses als die eigentlichen Archegeten ansah – so Klemens Strom. 1,150,4 = frg. 10, differenzierter Orig. c. C. 4,51. Andererseits ist er darin unbestreitbar Platoniker, daß er durchaus auf den Lehren des Platonismus fußt und dem Platonismus wichtige Impulse gegeben hat. Für seinen Universalismus war Platon ein wichtiger (aber weder der einzige noch der früheste) Zeuge. N. setzt fort, was → Plutarch und → Kelsos eingeleitet hatten: Dank N. erweitert sich der Platonismus zu einem Gebäude, das *alle* Philosophie umfaßt. Denn alle Weisen der Vorzeit haben übereinstimmend die gleiche Wahrheit verkündet. Dem Nachweis dieser These diente ein (scheinbar) philosophiegesch. Werk, aus dem (frg. 1–8 L.) längere Auszüge erhalten sind: *περὶ τῆς τῶν Ἀκαδημαικῶν πρὸς Πλάτωνα διαστάσεως*. Hierin geht N. nicht allein auf den »Abfall« der Akademiker von Platon ein (diesem Thema ging nachmals Porph. nach in der Schrift *περὶ διαστάσεως Πλάτωνος καὶ Ἀριστοτέλους*), sondern N. kommt es darauf an, alle Philosophen nach Platon wegen ihres *στασιάζειν* zu tadeln: Zuvor herrschte unter den Philosophen harmonischer Ausgleich; Platon wird gesehen als *ἀνὴρ μεσεύων Πυθαγόρου καὶ Σωκράτους*, so N. bei Eus. PE 14,5,9; 729 a V., vgl. indes Dikaiarchos frg. 41 Wehrli = Plut. quaest. conv. 8,2; 719a. Dagegen wird die Begründung der nachplaton. Schulen als ein Zerreißen und Verteilen der urspr. Einheit gesehen. Dies ist ein Topos kaiserzeitl. Philosophiegesch., der, gern an das Motiv vom König Pentheus geknüpft, bei Attikos, Ammonios Sakkas, Porphyrios und schließlich Boethius, consol. 1 pr. 3 wiederkehrt. Ein nur unvollkommen (durch frg. 30 L.) bekanntes Werk des N. trug den Titel *περὶ τῶν παρὰ Πλάτωνι ἀπορρήτων*. Es war der »Theologie« Platons gewidmet und lehrte, Platon »richtig«, d. h. mit dem Blick auf die dort verborgene Theologie zu lesen. Diese aber konnte sich nur im Einklang mit der Theologie aller frühen Denker befinden.

Aus einer einzigen systemat. Schrift des N. sind längere Auszüge erhalten. Ihr Titel – sicher mit Absicht der berühmten Vorlesung Platons gleichlautend – ist: *περὶ τἀγαθοῦ*. Diese Schrift ist ohne Zweifel von den Systematikern des Neuplatonismus ausgewertet worden. Deswegen fallen die meist bei Proklos erhaltenen Notizen (test. 24–28 L.) durchweg mit dem zusammen, was aus der Schrift *περὶ τἀγαθοῦ* bekannt ist.

Zwar ging N. vom Dualismus der Pythagoreer aus (test. 30 L.), rückte aber nur seinen »ersten Gott« aus aller Verflechtung mit der Materie heraus (frg. 20 L.). Der zweite Gott, als Demiurgos bezeichnet, erschafft sein eigenes Abbild (frg. 25). Er müßte mit sich selbst ident. bleiben, da er aber die Materie mit in die Schöpfung hineinnimmt, bewirkt diese eine Trennung der Welt vom Schöpfer (frg. 20). Es ist unverkennbar, daß diese Überlegungen von gnost. Vorstellungen beeinflußt sind. N. ringt um ein »Modell«, das genügend erklärt, wie die Welt aus dem Schöpfer hervorgeht, zugleich aber die Transzendenz Gottes nicht mindert. N. verfügt noch nicht über den Denkbehelf der Neuplatoniker hierzu. Er setzt den höchsten Gott als das *αὐτοαγαθόν* absolut; er »untermauert« dieses *αὐτοαγαθόν* als das Sein schlechthin durch den Ansatz der zwei niederen Hypostasen, bleibt aber die Erklärung ihres »Hervorgehens« (der Begriff *πρόοδος* steht noch nicht zur Verfügung) schuldig: Die Lösung der Welt von ihrem Schöpfer ist ein wertwidriger Akt der Trennung, die Gott spaltet. Man erkennt leicht, wieviel »Plotinisches« hier vorbereitet erscheint, und warum der Verdacht bestand (test. 15 = Porph., vit. Plot. 17), Plotinos führe nicht über N. hinaus, sondern wiederhole ihn nur: In der Tat bleibt die Metaphysik des N. inkohärent. Ein Versuch neuartiger Systematisierung ist erkennbar, doch ist die Beweisführung rudimentär. –

Von weiteren Schriften des N. sind nur die Titel bekannt, woraus kaum eine Vorstellung zu gewinnen ist, was N. intendierte. Andererseits lassen die Zitationen Späterer, namentlich des Iamblichos und des Macrobius, erkennen, daß N. einen wichtigen Beitrag zur Frage nach der Herabkunft – *descensus* – der Seele gegeben hat. Hier ist die Verknüpfung mit Gnostischem ebenso deutlich wie in der Drei-Götterlehre.

Unter den Platonikern ist N. ein Außenseiter, denn er hat Vorstellungen in seine Lehre hereingenommen, die dem Platonismus zuvor fremd waren. Aber er hat sie dort heimisch gemacht: Seine Schriften haben lange nachgewirkt; Plotinos legte sie – neben anderen – seinen Lehrvorträgen zugrunde (Porph., vit. Plot. 14 test. 14); vor allem fanden Iamblichos und Theodoros von Asine (vgl. test. 20) ihre Sicht bei N. bestätigt. Für unsere Kenntnis ist N. der erste, bei dem ein Element des Platonismus (pythagor.-gnost. Herkunft) sichtbar wird, das Wirkung und Wesen des Platonismus im 3. und 4. Jh. tiefgreifend bestimmen sollte.

Frg.-Slg. *E.-A.Leemans* Studie over des wijsgeer N. van Ap., MAB, 1937, III + 174 SS; rez. *R.Beutler*, Gn. 1940, 111–115.

Lit.: R.Beutler Art. N., RE Suppl. VII 664–678. *H.Ch. Puech* N. d'Apamée et les théologies orient., Mél. J. Bidez, 1934, 745–778. *E. R. Dodds* N. and Ammonius, Entretiens de la fond. Hardt 5, 1957, 1–61. *J. H. Waszink* Porphyrios und N., ebd. 12, 1965, 34–83.

5. N., skept. Philosoph, Schüler des Timon, nur erwähnt von Diog. Laert. 9,68 und 102. N. war Gegenstand eines Wortwitzes, den Timon erfand (N. als Tiername bezeichnet einen Brachläufer; Diog. Laert. 9,114). Diesen Witz kann Timon nur in N.s Gegenwart gemacht haben – und das gibt der Datierung des N. die (sonst fehlende) Sicherheit. H. D.

Numerarius (griech. meist *νουμεράριος* seltener *διαψηφιστής* vgl. Preisigke, Wörterbuch Ind. Bd 3. Ensslin, RE XVII 1301 f.) seit Constantin I. Bezeichnung von Rechnungsführern, dann von Beamten in den verschiedensten Behörden. Die *n.*, urspr. eine Art von Vertragsangestellten (vgl. Lyd. mag. 3,35. Cod. Theod. 8,1,8), seit Valentinian I. bzw. Theodosius I. Beamte (Lyd. a. O.; Cod. Iust. 12,49,1; Theod. 8,1,4), welche den Eingang von Steuern und anderen vom Staat geforderten Abgaben überwachten, waren für Abrechnung der Einnahmen und Ausgaben ihrer Behörden gegenüber der Finanzverwaltung verantwortlich (Cod. Theod. 1,10,8. 12,1,173. 6,27. Cod. Iust. 10,23,1. 12,49,2). Ihre zunächst auf zwei oder mehr J. festgesetzte Dienstzeit wurde später, wohl wegen der mit den Aufgaben verbundenen Versuchungen (vgl. Cod. Theod. 8,1. 4. 6. 7) meist auf ein J. befristet. Erst nach Ablauf einer gewissen Karenzzeit konnten sich die in der Regel innerhalb des Offiziums ihrer Behörde aufgerückten *n.* (Cod. Theod. 8,1,1) wieder um ein neues Amt bewerben (vgl. Amm. 18,5,1. 26,1,6. 28,1,12). Die Rangstellung der *n.*, welche in den militär. Dienststellen meist mehr galten, differierte innerhalb der verschiedenen Offizien (vgl. Not. Dign.). Die *n.*, zunächst nicht sehr angesehen, aber stets aus freiem Stande (Amm. 28,1,5. Cod. Theod. 8,2,5), wurden nach einwandfreier Amtsführung unter die *perfectissimi* eingereiht, später wurden sie zum Teil (z. B. die *n.* der Prätorianerpräfekten) sogar *spectabiles* (Cod. Theod. 8,1,6. 13; Cod. Iust. 12,49,12 und 54,4). Zwei oder mehrere *n.* gab es in der Zivilverwaltung bei den Prätorianerpräfekten, den Stadtpräfekten (dazu auch A. CHASTAGNOL La prefecture urbaine 1960, 238), den Prokonsuln, den Vikaren und allen Provinzialstatthaltern; im militär. Bereich bei den *magistri militum*, den *comites* und den *duces* (vgl. allg. die Not. Dign.). Die *n.* der Statthalter sollten ab 365 als *tabularii* bezeichnet werden (Cod. Theod. 8,1,9), doch kommt *n.* auch später noch vor (vgl. Not. Dign.). – Die *n.* wurden in ihrer Arbeit durch *adiutores* und *chartularii* unterstützt (Cod. Theod. 8,1,8; Cod. Iust. 12,49,10,13). A. L.

Numeria wurde von den *pontifices* als Göttin geführt (Varro b. Non. 352 M.), weil sie bei der Niederkunft angerufen wurde, um diese zu beschleunigen (Adv. *numero* = *cito*). Nach Aug. civ. 4,11 brachte sie den Kindern das Zählen bei. Beide ant. Deutungen ebenso falsch wie die moderne als Gentilgöttin (WISSOWA Rel. ^{2}33,3). Ihr Name gehört zu **nĕməs-* und bedeutet »zur Zuteilung gehörig« (RADKE Götter Altitaliens 233). G. R.

Numerianus, Elementarschullehrer in Rom, gab sich 196 in Gallien als einen von Septimius Severus entsandten Senator aus, sammelte eine kleine Streitmacht und erzielte Erfolge gegen Truppen von Severus' Gegner Clodius Albinus. Nach dem Endsieg soll er alle Belohnungen abgelehnt haben (Cass. Dio 75,5). A. L.

Numerius. Altital. Personenname, SCHULZE Eigenn. 164. (reiches inschr. Material) 198. E. FRAENKEL, RE XVI 1660f., bes. früh die Inschr. auf der Fibula Praenestina CIL I^2 3 = DESSILS 8561 *Manios med fhe fhaked Mumasioi (= Manius me fecit Mumerio)*. Als Praenomen bei den Oskern üblich, später – um 300 – von den Fabiern in Rom übernommen (aus der Gens Otacilia, vgl. MÜNZER, RE VI 1747), o. II 490, 9. Dann tritt N. als Gentilname auf, vgl. J. REICHMUTH D. lat. Gentilicia, Diss. Zürich 1956, 98, vielleicht auch bei dem Freund des Marius, der diesem 88 ein Schiff zur Rettung stellte, Plut. Mar. 35,9.

I. Republikanische Zeit. Q. N. Rufus, Q. f., aus der Tribus Velina, um 60 Quaestor in Africa (Statue DESSILS 9482), 57 Volkstribun, opponierte gegen die Rückberufung Ciceros, der ihn daher (z. B. Sest. 72. 82. 94) entsprechend schildert; um 55 war er legatus – wohl unter Caesar – und sorgte in → Lissos (Dalmatien) für die Wiederherstellung einer Porticus, CIL I^2 759. BROUGHTON Mag. 2,219. H. G. G.

II. Kaiserzeit. **1.** N. *Rector Narbonensis.* d. i. Statthalter einer der beiden narbon. Provinzen im J. 359; vor Iulianus Apostata des Unterschleifes angeklagt, Amm. 18,1,4. FHG IV 605. **2.** L. N. Albanus. Im J. 113 Tribun der *coh. V vigilum*, CIL VI 221, im J. 117 Befehlshaber der *classis praetoria* von Ravenna, CIL XVI 72. **3.** N. Atticus wollte die Himmelfahrt des Augustus gesehen haben, Cass. Dio 56,46,2. Suet. Aug. 100,4. R. H.

Numerus. Unter n. wurde im röm. Heer allg. eine Vielheit von Soldaten verstanden (z. B. Caes. Gall. 1,18), dann im engeren Sinn jede militär. Einheit. In dieser Bedeutung findet sich der Ausdruck seit Tacitus (Agr. 18,2), und es kann damit jede fest organisierte Truppe wie *legio*, *ala*, *cohors* oder deren Unterabteilungen (z. B. Plin. epist. 10,29,2) gemeint sein. Auch die → *evocati* bildeten einen n. N. hießen aber auch Truppen, für die es bes. Kollektivbezeichnungen nicht gab. Zu ihnen zählten die → *equites singulares* der Kaiser (M. SPEIDEL Die equites singulares Augusti, Bonn 1965) und der Legaten in den Provinzheeren – bei diesen gab es auch *pedites singulares* –, die → *frumentarii* (W. G. SINNIGEN The origins of the frumentarii, Mem. Americ. Acad. Rome 27, 1962, 211 ff.) und die → *exploratores* (CALLIES 215 ff.), die nicht wie die beiden zuvor genannten aus regulären Reichstruppen stammten. Mit *n.* konnte auch eine Einheit, die durch die Zusammenfassung von verschiedenen Formationen entstand, bezeichnet werden oder auch Truppen, die aus den regulären für irgendeinen bestimmten Zweck zusammengestellt wurden (z. B. CIL III 1197. XI 393). Endlich gab es noch die sog. nationalen *n.* Urspr. irreguläre Hilfskontingente, die bei Bedarf zur Verstärkung des röm. Heeres herangezogen wurden, standen sie seit Mitte 2. Jh. n. Chr. in dauernder Verwendung, meistens als ortsgebundene, leichte mobile Truppen für Aufklärung, Beobachtung und Überwachung. Sie wurden niemals nach ihrer bes. Aufgabe bezeichnet, sondern nach dem Volk, dem sie angehörten. Das Kommando war ein außerordentliches und wurde anfangs mit *qui sunt sub cura* oder *curam egit* umschrieben. Erst E. 2. Jh. n. Chr. kam die Bezeichnung *praepositus* dafür auf, und seit Anf. 3. Jh. n. Chr. setzte sich der Titel *praefectus* oder *tribunus* durch. Während im 2. Jh. n. Chr. diese *n.* noch peregrinen Charakter hatten, fand Anf. 3. Jh. n. Chr. das röm. Bürgerrecht Verbreitung, was aber keinen Schluß auf die Romanisierung zuläßt. Militärdiplome waren sehr selten und wurden möglicherweise nur für bestimmte Leistungen verliehen. H. CALLIES Die fremden Truppen im röm. Heer des Prinzipats und die sog. nationalen N.i, BRGK 45, 1964, 130 ff. Zur Rangordnung s. A. v. DOMASZEWSKI Bh.e der BJ 14, 1967, 59 ff., zum Stand der Forschung CALLIES, 133 ff. A. N.

Numerus Syrorum. Militär. Lager des limes der Mauretania Caesariensis. H. Lalla Marnia. S. GSELL Atl. arch. Alg. f^e 41 Lalla Maghnia, nr 1. Festung von 400x250 m, wurde im 3. Jh. *Numerus Severianus Alexandrianus Syrorum* CIL VIII 10468 ff. nach der Truppe, die dort lag. Von N. S. Straßen nach Pomaria (Tlemcen) und Siga (Takembrit) CIL 10470. P. SALAMA Bull. arch. alg. 2, 1966/67, 183. M. L.

Numicius. Seltener Gentilname (von SCHULZE Eigenn. 481 mit dem Flußgott N. in Verbindung gebracht). Patriz. Namensträger im 5. Jh. starben bald aus (3), die späteren waren Plebeier.

1. C.N., Soldat *(hastatus)* der 4. Legion, der 280 in der Schlacht bei Herakleia einen Elefanten des Pyrrhos durch Abschlagen des Rüssels kampfunfähig machte, Flor. 1,13,9. **2.** T.N. wurde als Volkstribun 320 den Samniten ausgeliefert, weil er 321 für den Caudin. Pakt eingetreten war, Cic. off. 3,109, → Maelius (1). **3.** T.N. Priscus, Consul 469, mit A. Verginius Caelimontanus (BROUGHTON Mag. 1,31). Nach Liv. 2,63,5–7 kämpfte er gegen die Volsker. H. G. G.

4. P. Numicius Pica Caesianus. Nach CIL VI 31742. 31743 (Inschr. von 2 in Rom gefundenen Marmortischen aus einem Haus an der Kreuzung Via Viminale-V. Principe Amadeo) war er in augusteischer Z. nach Militärämtern *quaestor pr. pr. prov. Asiae* und Volkstribun. R. H.

Nŭmīcus (vgl. *Mărīca, Ustīca, Satīcula*). Namensform: *Numīcus* (CEpigr. 212. Sil. 8,180. CIL XIV 2065); Gen. sg. *Numīci* (Verg. Aen. 7,150. 242. 797. Tib. 2,5,43. Ov. fast. 3,653); *Numīcius* (Ov. fast. 3,647; met. 14,599. Sil. 8,191. Dion. Hal. ant. 1,64,5; in Prosa wechselnde Überlieferung. Küstenfluß Latiums (Plin. nat. 3,56), in dem Anna (Ov. fast.) oder seit Sisenna frg. 3 P. Aeneas (Ov. met. Liv. 1,2,6. Dion. Hal. Solin. 2,15. Serv. Aen. 1,259. 4,620. 7,150. 797) verschwunden (→ Indiges; vgl. Arnob. 1,36) sein soll. Wasser beim Vestaopfer verwendet (Serv. 7,150); Opfer der Konsuln am N. (Sch. Veron. 1,259). G. R.

Forbiger HB d. alt. Geogr. 3,377. *Nissen* It. Ldk. 2,571. *Schulze* Eigenn. 481. *Tilly* Vergil's Latium 73ff. *Bömer* Ahnenkult 55ff. *Koch* Der röm. Iuppiter 39ff.; Gestirnverehrung im alten Italien 100ff. *Wissowa* Rel.[2] 225,2.

Numīdia (*Νομαδία*, Pol. 36,16,7. *Νουμιδία*, Cass. Dio 53,12,4. Plin. nat. 5,22), h. Ostalgerien, das Land w. und s. des Gebietes von Karthago zwischen Tusca und Ampsaga; seine Hochebene wird im N. vom Tellatlas, im S. vom Saharaatlas umrahmt. Die Küste hat wenige Häfen wie → Rusicade und → Hippo Regius. Die dicht bewaldeten Bergketten des regenreichen Tellatlas haben enge fruchtbare Täler. Unter den einzelnen Gebirgen des Saharaatlas bot der Aures (*Aurasius mons*, 2328 m hoch) in den Wäldern den numid. Elefanten Nahrung und aufsässigen Völkern Zuflucht. Nach O. ist N. durch ein Gebirgsmassiv abgeschlossen, zu dem sich Tell- und Saharaatlas vereinen. Hier hören alle Wege von O. auf, w. davon gehen alle Wege von N. nach S., von der Küste zu den Hauptstädten des Inneren. Die Römer drangen durch die Pässe zwischen Sicca und Thagaste und ö. von Theveste, Ammaedara und Capsa in N. ein. Theveste, die Schlüsselstellung auf der Hochebene zwischen dem Aures und der Provinz Africa, war im 1. Jh. n. Chr. Hauptquartier der legio III Augusta, die später nach Mascula oder Thamugadi (THOMASSON 1,85) und schließlich nach Lambaesis verlegt wurde. Die Numider waren nomadisierende Berber, ihr Name, von *νομάζω* (»grasen«) abgeleitet, bezeichnete ihre mangelhafte Seßhaftigkeit, vielleicht gehört er zu dem berber. Wort N'umidēn, »Söhne der Hirten«. Sall. Iug. 18,7. Fest. 179,5 L. Den soldat. Wert der Numider bes. als Reiter heben Pol. 1,19,2ff. 3,72, 10, Strab. 17,828 und Prok. 2,11 hervor. Um den Herden zu folgen, wohnten die Numider in Hütten aus Schilf und Stroh *(mapalia)*, die auf Rädern standen; ihre Toten bestatteten sie in Hügelgräbern mit Steindenkmälern. Sall. Iug. 18. Plin. nat. 5,3. 16,37. Die nomadisierenden Numider achteten die Frau gering, die seßhaften schätzten sie als Wahrsagerin und Führerin im Kampf. Amm. 29, 5,28. Zu mag. Riten (Cass. Dio 60,9,4. Aug. serm. 196,4), um Regen hervorzulocken, und alten Gottheiten wie Aulisua (CIL VIII 9905), Motmanius (2650), Variccalae Aug. (16809) kam die Verehrung pun. und röm. Götter wie des Baal-Saturnus und der Tanis-Caelestis. Die Numider hatten eine eigene Sprache. Die etwa 1125 Inschr. sind trotz der 20 pun.-numid., bzw. lat.-numid. noch unentzifferbar. JULIEN 59. Fürsten wie → Hiempsal (2) sprachen und schrieben punisch. N. lieferte 2/3 der Getreidezufuhr für Rom, große Mengen Öl, Bau- und Brennholz, darunter Zedern (Plin. nat. 16,216) und Terpentinbäume, nach denen → Thugga Terebinthiana hieß Marmor aus Hippo und Simitthu wurde nach Rom für Stelen und Türschwellen ausgeführt. Plin. nat. 36,8. Suet. Iul. 85. FRANK, ESAR 4,39ff. N. war das klass. Land der Raubtiere, bes. der → Löwen (Pol. sah gekreuzigte Löwenkadaver zur Abschreckung der Artgenossen, Plin. nat. 8,47), Bären, Schlangen und Heuschrecken. Liv. epit. 60. Aug. civ. 3,31. Neben dem Reichtum an Rindern, Schafen und Ziegen waren numid. Pferde sehr geschätzt. Strab. 17,828. Veg. de re veterin. 4,71. Zur Einführung des → Kamels K. SCHAUENBURG, BJ 155/56, 1955/56, 85. 162, 1962, 103f. Die Numider, von Karthago durch Steuern und Aushebungen wiederholt zu Aufständen getrieben, gewannen erst durch → Massinissa polit. und wirtschaftlich Bedeutung. Als Fürst des Stammesbundes der Massyli schaltete er den Rivalen → Syphax, den Häuptling der Masaesyli, aus, vereinigte alle Stämme, machte sie seßhaft und erschloß sie der hellenist. Kultur. P. G. WALSH, JRS 55, 1965, 149ff. Die von ihm begründete Dynastie (→ Micipsa, → Adherbal, → Iugurtha, → Hiempsal [2]) unterhielt mit Ausnahme Iugurthas gute Beziehungen zu Rom. Da → Iuba I. (1) die Pompeianer unterstützte, machte Caesar 46 den größten Teil Numidiens zur Provinz Africa nova, von Africa vetus durch die → fossa regia getrennt; einen Bezirk um → Cirta erhielt P. → Sittius, der die Ansiedlung röm. Veteranen förderte. L. TEUTSCH Das Städtewesen in Nordafrika 1962, 65ff. Augustus vereinigte Africa nova mit der Provinz Africa proconsularis. 17 n. Chr. brach der Aufstand der → Musulami unter → Tacfarinas aus. Tac. ann. 2,52. Als er 24 beendet war, wurde der Rest der Musulami in die

Einöde n. und w. von Theveste umgesiedelt. Seit 37 wurde N., obwohl zur Provinz Africa gehörig, als Militärterritorium (dioecesis Numidia) faktisch fast selbständig von dem Legaten der legio III Augusta verwaltet, seit Hadrian wurde der S. gegen die Wüste durch den → Limes abgeriegelt. AE 1950, 58. 1954, 131 f. Ein großartiges Bewässerungssystem, der Bau von Verbindungsstraßen und die Pflege der Olivenkulturen brachten N. hohe wirtschaftliche Blüte. Einen großen Teil des Landes nahmen Grundherrschaften *(saltus)* ein, um ihr Herrenhaus entstanden Ansiedlungen in der Art von Landstädten. Die Lebenshaltung der Grundbesitzer ist aus Mosaikbildern bekannt. Die Urbanisierung Numidiens schritt rasch voran. 198 oder 199 (AE 1959, 181) trennte Septimius Severus de iure N. von Africa proconsularis und stellte es als eigene Provinz mit eigenem Provinziallandtag unter den *praeses provinciae Numidiae.* J. DEININGER Die Provinziallandtage der röm. Kaiserzeit 1965, 134f. Seit 268 bekleidete diesen Posten ein Ritter. Von 303–314 wurde N. in N. Militiana mit der Hauptstadt → Lambaesis im S. und in N. Cirtensis mit → Cirta im N. unter je einem *praeses* geteilt. Nach Wiedervereinigung beider Bezirke wurde Cirta, 312 zu Ehren Konstantins *Constantina* genannt, Hauptstadt, in der von 320 bis zur Vandalenherrschaft als Statthalter der *consularis sexfascalis provinciae Numidiae* residierte. H. V.

Windberg, RE XVII 1343ff. (Karte 1385f.; Verzeichnis der Stämme 1359ff.). *Ch.A. Julien* Hist. de l'Afrique du Nord, 1951. *B.E. Thomasson* Die Statthalter der röm. Provinzen Nordafrikas von Augustus bis Diocletianus, 1960. *H.G. Kolbe* Die Statthalter Numidiens von Gallien bis Konstantin, 1962. *H.J. Diesner* Der Untergang der röm. Herrschaft in Nordafrika, 1964.

Numidicus. Cognomen (vgl. I. KAJANTO The Lat. Cognomina, Soc. sc. Fenn., 1965, 206), als Siegerbeiname bei Q. Caecilius → Metellus N. (21), als Herkunftsbezeichnung bei anderen Personen. H. G. G.

Numisianos. Arzt im 2. Jh. n. Chr. in Alexandreia, dort Lehrer des Galen. Nach dessen Angaben schrieb N. über Anatomie und Hippokratesexegese. N. dürfte in seiner rein literar. ausgerichteten Haltung mehr oder weniger dem Typ der »alexandrinischen Propheten« entsprochen haben, den Galen an anderer Stelle (CMG V 9,1 p. 88, 1 ff.) generell verspottet. Über die Schulzugehörigkeit läßt sich nichts sagen. F. K.

Numisius. Gentilname, verwandt mit *Numicius,* inschr. auch *Numesios* (DESSILS 9231).

I. Republikanische Zeit. **1.** N., wahrscheinlich ein Baumeister in Rom, den Cic. ad Q. fr. 2,2,1 im J. 56 erwähnt *(de forma Numisiana).* **2.** L. N. aus Circeii war 340 zusammen mit L. → Annius (2) Praetor des Latin. Bundes; er verhandelte mit diesem in Rom und setzte nach der Schlacht am Vesuv die Kampfhandlungen noch fort. Liv. 8,3,8 bis 6,7. 11,5–12. **3.** T. N. Tarquiniensis, T. f., Urkundszeuge im SC für Thisbe 170 v. Chr. (Syll.^{3} 646,5). 169/8 leitete er eine Gesandtschaft nach Syrien und Äg. (Pol. 29,25,3) und gehörte 167 zur Zehnerkommission für die Neuordnung Makedoniens, Liv. 45,17,3. SCULLARD, Rom. Politics 220–150 B.C., 210. 212. **4.** N. Tiro, Anhänger des Antonius 44, Cic. Phil. 2,8. 12,14. H. G. G.

II. Kaiserzeit. **1.** N. Lupus. Im J. 68/69 als Legat der leg. VIII Augusta in Moesien, erhielt 69 wegen des Abwehrkampfes gegen die Roxolanen die *ornamenta consularia,* Tac. hist. 1,79,5; dann diente er als Anhänger Vespasians in Oberitalien unter Antonius Primus, ebd. 3,10,1. **2.** N. Rufus. Im J. 69/70 Legat der leg. XVI am Niederrhein, Tac. hist. 4,22,1. Im Frühj. 70 in Novaesium durch Caecilius Classicus gefangengesetzt, ebd. 4,59,1, dann ermordet, ebd. 4,70,5. R. H.

Numismatik s. Münzwesen

Numistro, lukan. (Liv. 27,2,4. Plut. Marc. 24, 6. Plin. nat. 3,98: *Numestrani;* Ptol. 3,1,74: brutt.) Stadt, deren Name durch Kämpfe des Marcellus mit Hannibal 210 (Frontin. 2,2,6) bekannt ist; Ruinen s. Muro Lucano. G. R.

Forbiger HB d. alt. Geogr. 3,510. *Nissen* It. Ldk. 2,902. CIL X p. 46. 964.

Numiternus. Name des Mars in Atina (CIL X 5046 *Marti sive Numiterno*); nach Tert. nat. 2,8 *Numentinus.* Die Annahme eines Gentilgottes (SCHULZE Eigenn. 200. W. F. OTTO RhM 64, 1909, 450) ist widerlegt (v. BLUMENTHAL, RhM 90, 1941, 321). Zu vergleichen sind *nemazez* in der Val Camonica (RADKE, G 69, 1962, 510) und *Numisius Martius* (CIL I^2 32. 33. 2435); einem *Numasios* (nach PALLOTTINO bei MCGANN, Glotta 37, 1958, 196,2 Name einer Gottheit) gilt die Weihung der Spange von Praeneste (CIL I^2 3). G. R.

Ihm, Myth. Lex. 3,478. *Wissowa* RRel^2 148,6. *Radke* Götter Altitaliens 235.

Numitor, Vater der → Rea Silvia (bzw. → Ilia) u. Großvater von → Romulus u. Remus. Obgleich N. der ältere Sohn des Königs Procas von Alba Longa ist, usurpiert sein Bruder → Amulius den Thron, beseitigt den Sohn des N. und zwingt dessen Tochter Rea Silvia, Vestalin zu werden. Als sie Romulus und Remus gebiert, läßt Amulius die Zwillinge aussetzen; sie werden jedoch gerettet und wachsen als Hirten heran. Wegen Weidestreitigkeiten gefangengenommen, werden sie N. übergeben, der sie erkennt und ihnen ihre Herkunft entdeckt. Sie rächen N. an Amulius und setzen ihn wieder als König ein. Die Sage ist in zahlreichen Varianten überliefert. In der älteren Gründungssage Roms, in der Aeneas als Vater oder Großvater der Zwillinge erscheint (vgl. RE I A 1083–1088), ist für N. kein Platz. Quellen: bes. Liv. 1,3–6. Dion. Hal. ant. 1,76–85. Plut. Rom. 3–6. H. Fl.

E. Groag, RE XVII 1402–1404.

Numitorius, alter pleb. Gentilname, abgeleitet von *Numitor,* aber auch *Numiternus* nicht fernstehend. Um 100 v. Chr. sind mehrere Geschäftsleute inschr. nachweisbar, ein Münzmeister C. N. (vgl. BROUGHTON Mag. 2,447) und im J. 129 ein Senator *C. N. (Nemetorius) C. f. Lem.*, BROUGHTON 2,493. – **1.** C. N., röm. Ritter, Zeuge im Verresprozeß, Cic. Verr. 5,163. 165. **2.** L. N., ältester bekannter Namensträger, Volkstribun 470, vgl. BROUGHTON Mag. 1,31. **3.** P. N., Gestalt der Verginia-Legende, vgl. RE VIII A 1530 ff., bei der sogar das Volkstribunat 449 (und die Klage gegen → Sp. Oppius) suspekt ist, Liv. 3,51,7. 54, 11. Er galt als mütterlicher Großvater oder als Großonkel der Verginia, mithin als Vater oder Bruder oder Onkel von deren Mutter Numitoria, Dion. Hal. ant. 11,29,2 u. a. In der Erzählung ist er zusammen mit L. → Icilius Nr. 1, dem Verlobten der Verginia, nachdrücklich für diese und sodann gegen die Decemvirn eingetreten, Liv. 3,45, 4 ff. Dion. Hal. 11,28,4 ff. Ein Sohn wird erwähnt. **4.** Q. N. Pullus aus → Fregellae, das er 125 an den Praetor L. → Opimius verriet. Cic. inv. 2,105 u. a. Seine Tochter Numitoria war die erste Frau des M. → Antonius Creticus (8), Cic. Phil. 3,17. H. G. G.

Numluli, Stadt in Africa procons. (h. Henchir El-Matria); einheim. Siedlung, *municipium* unter M. Aurelius [oder ein wenig später]: *mun. Numlulitanum* CIL VIII 26129. Ausgedehnte Ruinen: Capitolium aus der Z. des M. Aurelius CIL 26121. 26122. Thermen, Zisternen, spätröm. Mauerring, Kirchen (CAGNAT, GAUCKLER Mon. Ant. Tun. 1,6 ff.). E. BABELON, R. CAGNAT, S. REINACH Atl. Arch. Tun. f^{e} 35, Teboursouk, nr. 19. Inschr. CIL VIII 15378. 26121. M. L.

Nummius. Gens aus Etrurien, gehörte vom 2. bis 4. Jh. n. Chr. zum Hochadel. Palast am Quirinal CIL VI 32024. 32025, Besitz in Brixia, Amiternum, Peltuinum, Canusium. **1.** N. Ceionius Albinus. *Cos. suff.* in unbekanntem J., *praef. urbi* im J. 256 und 261–263, *cos. II* im J. 263, Chron. a. 354 (Chron. min. I p. 65), s. Cass. Dio vol. III p. 746 Boiss. **2.** M. N. Ceionius Annius Albinus. Sohn von Nr. 1; als *praetor urbanus* brachte er an der Ara maxima dem Hercules das Opfer dar, CIL VI 314; er spendete in öffentlichem Interesse wie andere Vornehme 400000 Sest., CIL VI 37118,13. Wohl auch *comes domesticus* des Konstantin und *cos. II*, CIL VI 1748. **3.** N. Fausianus. *Cos. ord.* 262 mit Gallienus V, CIL XIV 5357. **4.** M. N. Senecio Albinus. Wohl Sohn von Nr. 6. *Cos. ord.* 227, CIL V 56. XIV 2919. **5.** M. N. Tuscus. *Cos. ord.* 258, CIL VI 32561. POxy XII 1407. **6.** M. N. Umbrius Primus Senecio Albinus. *Cos. ord.* 206, CIL V 4347. 1872, AE 1957, 48. Seine Laufbahn verzeichnen CIL V 4347 und VI 1475: er war *quaestor cand.* des Septimius Severus und Caracalla, war als Legat des Statthalters von Asia, dann von Afrika tätig, *praetor candidatus* und nach dem Konsulat Statth. in Hispania cit., CIL II 3741, dann wohl von Asia, AE 1933, 258. R. H.

Nummularius, von *nummulus*: Münze, Geld (urspr. »Kleingeld«), bezeichnet jemand, der mit Geld umgeht: den Münzprüfer (auch *spectator, probator*), den Geldwechsler, gelegentlich auch den Bankier.

Münzprüfer begegnen schon bei Plaut. Persa 437 ff. und Ter. Eun. 565 f. und sind namentlich durch die modern so bezeichneten *tesserae nummulariae* bekannt: meist vierkantige Stäbchen von 4–8 cm Länge, 1–1,3 cm Breite und 0,4–0,8 cm Dicke aus Knochen oder Elfenbein, die an dem einen (runden) Ende ein Loch zum Durchziehen einer Schnur haben. Sie setzen in der 2. Hälfte 2. Jh. v. Chr. ein. Im 1. Jh. bildet sich folgende Beschriftung heraus: Seite 1 nennt den n. im Nominativ (zunächst Sklaven, dann Freigelassene, mit C. Octavius, wohl dem Großvater des Augustus, beginnend auch Freigeborene), Seite 2 den Namen des Herrn im Genetiv oder das Cognomen des freien n., Seite 3 den Sichtvermerk *spectavit* (später zunehmend abgekürzt bis *sp*) sowie Monat und Tag, Seite 4 die Consules (Jahresangabe, erst ab 96 v. Chr. und mit Lücken bis 88 n. Chr.).

Die Aufgabe der *n.* bestand in der Kontrolle der ein- und ausgehenden Gelder des Bankiers, Kaufmanns, Steuerpächters, Grundbesitzers usw. auf Echtheit und Gültigkeit; der Großvater des Augustus scheint sein eigener *n.* gewesen zu sein. Die Kontrolle erfolgte nach Epikt. 1,20,8 durch Gesicht-, Tast-, Geruch- und Gehörsinn, vgl. Petron. 56,1 *n., qui per argentum aes videt.* Zeugen dieser Tätigkeit sind die Punzen (eingeschlagene Marken) verschiedener Form, die bes. auf den Silbermünzen der ausgehenden Republik und der frühesten Kaiserzeit begegnen. Die n. hatten die schlechten Stücke auszuscheiden, die guten zu zählen, vorzuzählen oder in Behälter zu tun: in Beutel, Säcke, Krüge, Körbe, Truhen etc. Die *tessera n.* wurde mit der Versiegelung der Behälter angebracht. Die Garantie galt nur für die Echtheit, nicht aber auch für die Menge der enthaltenen Münzen.

Das Einsetzen der Jahresangabe wie die Lücken (93–86, 41–34, 32–27) spiegeln wohl polit. Ereignisse und legen die Annahme staatlicher Akte nahe. So beruht vielleicht die Wiedereinführung der *tesserae n.* im J. 86 auf dem von Plin. nat. 33, 132 erwähnten Edikt des Marius Gratidianus, während die Unterbrechungen in den J. 41–34 und 32–27 mit der Gesch. des 2. Triumvirats in Verbindung zu bringen sind. Die spärlichere Bezeugung ab Nero und das Aufhören unter Domitian sind wohl Folge kaiserlicher Währungspolitik.

Die Fundorte der *tesserae* sowie die Namen der auf ihnen verzeichneten Geldleute weisen auf Italien, Delos, Noricum, Gallien und lassen ein weitverzweigtes System des Geldverkehrs wie der Geldkontrolle erkennen. Wertvoll ist es auch, manche der auf den *tesserae* Genannten mit anderweitig bekannten Personen identifizieren zu können. Darunter sind sowohl Geldleute der Republik als auch Livia und ihr Sohn Tiberius. Gelegentlich erscheinen *societates.*

In der Kaiserzeit haben sich die n. weitgehend verselbständigt und nennen in Inschr. manchmal ihren Standort. Neben sie treten kaiserliche n. (Sklaven, Freigelassene und deren Nachkommen DESSILS 1636. 1637. CIL VI 8463), die in engem Kontakt mit der Münzstätte standen und vielleicht mit der Kontrolle in der Münzstätte sowie der offiziellen Ausgabe neuen wie Rücknahme vernutzten oder verrufenen Geldes befaßt waren. In der Spätzeit hießen die staatlichen Münzprüfer nach ihren Kontrollinstrument, der Waage, *ζυγοστάται* (Cod. Iust. 10,73,2).

Private n. als Geldwechsler nennen etwa Martial. 12,57,7f. Suet. Galba 9,1 und Pomponius bei Paul. Dig. 2,13,9,2. N. im Sinne von Bankier begegnet z.B. bei Scaevola Dig. 2,14,47,1. Rechte und Pflichten der n. waren im prätor. Edikt geregelt (s. etwa Ulp. Dig. 16,3,7,2). Im kaiserz. Rom überwachte ihr Geschäftsgebaren der praefectus urbi (Ulp. Dig. 1,12,1,9), in den Provinzen der Statthalter (Suet. Galba 9,1). H. Ch.

Marqu. RStV 2,64ff. *R. Herzog*, RE XVII 1415ff. (zur dortigen Materialsammlung jetzt noch *A. Degrassi*, Inscr. Lat. liberae rei publ. Nr. 1059. 1062). *M. R. Alföldi*, Schweiz. Numism. Rundschau 39, 1958/59, 35ff. *Mattingly*^{2} 130f.

Nummus. Von griech. *νόμος*, Brauch, Gesetz, dann Münze, einer in Sizilien und Unteritalien gängigen Bezeichnung des als Münzeinheit (→ Stater) dienenden → Didrachmon, allg. lat. Ausdruck für Münze, später als *νοῦμ(μ)ος* und *νούμ(μ)ιον* ins Griech. zurückgekehrt. Lassen wir die Streitfrage, was *n.* bei Plautus bedeutet, beiseite, so meint *n.* speziell den → Sesterz. Die Kupfergeldreform des Anastasios (498) basierte auf dem *n.* (*νούμμιον*) als Werteinheit. Auf ihn beziehen sich die Ziffern auf diesen Münzen: M = 40, K = 20, I = 10, E = 5 bzw. die selteneren lat. Zahlen *XXXX* usw. H. Ch.

W. Schwabacher, RE XVII 1456ff.

Numonius. Seltener Röm. Gentilname, seit dem 1. Jh. v. Chr. hervorgetreten. Älter sind Grabsteine aus Caere, z. B. CIL I^2 1965f., vgl. SCHULZE Eigenn. 164. 198. C. Numonius Vaala, Münzmeister um 43 v. Chr. (Aureus und Denar). Nachweise umfassend bei BROUGHTON Mag. 2,447. H. G. G.

Nun. Äg. Bezeichnung des Urgewässers, aus dem der Schöpfergott entstand. In der hermopolitan. Theologie geschlechtlich aufgespalten in Nun und Naunet, bildet es dort die schlangen- und froschgestaltige Achtheit zusammen mit Heh und Hauhet (Endlosigkeit), Kuk und Kauket (Finsternis), Tenem und Tenemet (Weglosigkeit – auch durch Amun und Amaunet, die Unsichtbarkeit, ersetzt). Die Erde schwimmt auf N., aus ihm kommt der Nil, aus ihm entstand im Anf. auch die Sonne (Re) oder der Urhügel (Atum). Das Denkmal memphit. Theol. (E. 4. Dyn.) setzt Ptah dem N. gleich und macht ihn damit zum Urgott. Ähnlich hat dann die spätere Identifikation von N. mit dem theban. Amun den Zweck, diesem auch das Wesen des Urgottes zukommen zu lassen. W. H.

Nuncupatio (von *nomen capere*). Formelhafte mündliche Erklärung. **1.** *N. votorum* ist das Aussprechen eines in der Regel mit einem Gelübde verbundenen Gebets (→ votum), bes. bei der → dedicatio eines Tempels (Liv. 1,10,7. Val. Max. 5, 10,1) und bei der Abreise eines hohen Magistrats aus Rom (Liv. 31,14,1. Cic. Verr. 2,5,13,34). Beurkundung war üblich (Fest. 176 L.). **2.** Im Privatrecht bezeichnet *n.* eine mündliche feierliche Erklärung vor Zeugen. Sie ist der Kern der Rechtsgeschäfte *per aes et libram* (→ mancipatio, → nexum, → testamentum). Beurkundung war üblich, aber nicht Wirksamkeitserfordernis. E. Bu.

R. Düll, RE XVII 1467. *P. Noailles* Du droit sacré au droit civil, 1949, 300ff.

Nundinae bezeichnet den röm. »Markttag«, die Anfangs- oder Endtage eines *nundinum*, d.h. eines Zeitabschnittes von 8 Tagen des röm. Kalenders. *Nundinum* aus **novem* (neun) und **dinom* (Tag), wobei *novem* statt *octo* aus der Zusammenstellung mit der Ordinalzahl *nono quoque die* und der Pluralis als Angleichung an die Kalendereinschnitte Kalendae, Nonae zu betrachten sind. Die Woche von 8 Tagen ist eine sehr alte Einrichtung (Varr. r. r. II praef. I *maiores annum ita diviserunt, ut nonis modo diebus urbanas res usurparent, reliquis septem, ut rura colerent*). Sie hat mit dem Gang des Kalenders nichts zu tun. Die Landleute gingen nach 7 Tagen Feldarbeit in die Hauptstadt, um dort ihre privaten Geschäfte zu erledigen oder ihre staatsbürgerlichen Pflichten zu erfüllen. Aus dem *nundinum* entwickelte sich das *trinundinum*, der Zeitraum von 2 Wochen = 17 Tagen, während dessen die Gesetzesvorschläge öffentlich ausgestellt werden mußten. Auf die Nundinaltage wurden durch die lex Hortensia (287 v. Chr.), durch die sie zu *dies fasti* erklärt wurden, auch die Gerichtstage und die Volksversammlungen gelegt. Man vermied es aus Gründen des Aberglaubens, sie mit den Nonae zusammenfallen zu lassen, und scheute sich, mit ihnen das Jahr zu beginnen. Nach Suet. Aug. 92 hat Augustus, der sehr abergläubisch war, deshalb eine Reise *postridie nundinas* angetreten. Für das Volksleben hatten sie eine gewisse Bedeutung: man rasierte sich (Varr. frg. 279 B), man badete (Sen. epist. 86,12) und schnitt sich die Nägel (Plin. nat. 28,28). W. S.

Kroll, RE XVII 1467ff. *Sontheimer*, RE XVI 65f.

Nunnius. Seltener Familienname (Inschr. u.a. bei SCHULZE Eigenn. 229,3. 424). A. N., ein angesehener Mann (App. civ. 1,127. 129), der im J. 101 als Gegner des → Apuleius (6) und als Bewerber um das Volkstribunat für 100 beim Wahlvorgang erschlagen wurde. Val. Max. 9,7,3 u.a. W. SCHUR D. Zeitalter d. Marius und Sulla, 1942, 88 (nennt ihn mit der griech. Überlieferung Nonnius). H. G. G.

Nuntiatio bedeutet allg. eine rechtlich erhebliche Erklärung. Speziell ist n. im Privatrecht als *operis novi n.* das von einem beeinträchtigten Grundeigentümer oder Dienstbarkeitsberechtigten ausgesprochene Verbot der Weiterführung eines Bauvorhabens (Dig. 39,1, vgl. Max Kaser Das röm. Privatrecht 1, 1955, 110. 346). Im Strafrecht bedeutet n. bisweilen, von *denuntiatio* und *delatio* kaum unterscheidbar, die Anzeige (z.B. Paul. Dig. 48,16,6,3). Im Fiskalrecht endlich war vielfach (Callistr. Dig. 49,14,1) eine n. an den *fiscus* vorgeschrieben. Diesem sollte damit meist ein Erwerb (etwa von Erbschaften) ermöglicht werden. D. M.

Nuptiae. Röm. Eheschließung. Es gab 2 Arten N.: durch Ehe *cum manu*, die ältere Form, die gegen E. der Republik praktisch außer Gebrauch war, kam die Frau in die Gewalt des Mannes *(in manu)*; durch Ehe *sine manu*, die zweite Form, die vor E. des 3. Jh. v. Chr. schon verbreitet war, blieb die Frau unter der Herrschaft des Vaters oder im Schutz eines Vormundes. Die Ehe stellte einen monogamen Bund dar, der aber rechtlich keine schwerwiegenden Folgen nach sich zog, außer daß die etwaigen Kinder in der Gewalt des Vaters *(in potestate)* waren. Wenn die Ehe gültig sein sollte, mußten beide Partner röm. Bürger sein oder einer Sippe angehören, deren Recht zur Wechselheirat von den Römern anerkannt wurde. Die Partner mußten in die Ehe einwilligen, wie auch die Zustimmung beider *patres familias* notwendig war. Nur zur Heirat *cum manu* war die Einwilligung des Vormundes einer unabhängigen Frau erforderlich. Im frühen Recht scheint die Einwilligung einer Tochter in ihre Ehe nicht nötig gewesen zu sein. Die Ehe zwischen Personen, die durch Blut oder Adoption eng verwandt waren, war verboten. Auch bestanden Sonderverbote und Einschränkungen: Soldaten durften nicht heiraten; Vormünder durften ihre Mündel nicht heiraten; Senatoren und deren Söhnen war es verboten, Freigelassene zu heiraten; in der späten Kaiserzeit durften Christen keine Juden heiraten. Die Ehe konnte durch eine Ehescheidung oder durch den Verlust der Freiheit oder des Bürgerrechts aufgelöst werden. Die Ehegesetzgebung der späteren Kaiserzeit war in starkem Maße christlich beeinflußt, obwohl der Grundsatz der Unlösbarkeit der Ehe nie ganz durchgeführt wurde. A. W.

Bonfante Corso di diritto romano, I, Diritto di famiglia (Nachdr. Milano 1963). *Corbett* The Roman Law of Marriage (Oxf. 1930). *Watson* The Law of Persons in the Later Rom. Rep. (Oxf. 1967).

Nursia. Sabin. Stadt der 4. Region (Plin. nat. 3,107. Ptol. 3,1,55) im Gebirge (kalt: Verg. Aen. 7,715. Sil. 8,419), Heimat des Sertorius (Plut. Sert. 2. Front. p. 205 N.). N. stellt Truppen 205 (Liv. 28, 45,19), zieht sich den Zorn der Gracchen (Serv. Aen. 7,715) und wegen demonstrativer Inschr. für die bei Mutina Gefallenen den des Augustus zu (Suet. Aug. 12. Cass. Dio 48,13,6). Praefektur (Fest. 262,15 L. Beloch RG 499) der tribus Quirina (Beloch 579); zum Namen vgl. → Nersae. Vorzeichen seit 190 v. Chr.: Liv. 37,3,3. Obseq. 40. 46. 48; h. Norcia. G. R.

Forbiger HB d. alt. Geogr. 3,456. *Nissen* It. Ldk. 2,468.

Nußbaum s. Hasel. Iuglans

Nutrix. **1.** s. Ammen o. Bd. I S. 301 f. Zum Ammendienstvertrag nachzutragen J. Herrmann, ZRG 76, 1959, 490 ff. **2.** Weithin in N.-Afrika wird die syr.-phoinik. (nicht libysche) Göttin N. verehrt. Ein Bild dieser N. scheint die Tonstatuette A. Merlin Notes et Documents (Service des Ant. Tunis) 4, 1910, 20. 48, T. 4. zu sein (eine sitzende Göttin mit Kind im Schoß, dem sie die Brust bietet). Daneben gibt es den Kult der N. nur in Poetovio und unmittelbarer Umgebung (JOEAI 18 Beibl. 189 ff.). Vgl. auch die *dii nutritores* auf dem Antoninian des Saloninus, Mattingly, RIC V 1,127 T. 5,74. W. H. G.

H. v. Petrikovits, RE XVII 1500 ff.

Nux s. Ovidius

Nykteus (*Νυκτεύς*), Sohn des → Hyrieus und der Nymphe Klonie, mit seinem Bruder → Lykos (6) der theban. Sage eingegliedert. Es sind Komplementärnamen (dunkel - licht), die möglicherweise auf urspr. höhere Bedeutung weisen. Nachdem sie → Phlegyas getötet haben, ziehen sie von Hyria (am Euripos) nach Theben. Hier wird N. entweder König oder Vormund seines Enkels → Labdakos. Durch Polyxo wurde N. Vater der → Antiope (1), die, von Zeus schwanger, zu → Epopeus nach Sekyon entwich. Nach vergeblichem Feldzug gegen Sekyon starb N. und hinterließ seinem Bruder mit der Herrschaft die Aufgabe, Antiope zurückzuholen. Apollod. 3,40 ff. 111. Hyg. fab. 8. Paus. 2,6,1 ff. – Nach Hyg. astr. 2,21 ist N. Sohn des Poseidon und der → Kelaino (1). H. v. G.

Nyktimene (*Νυκτιμένη*). Tochter eines lesb. Königs Epopeus, die, vom eigenen Vater entehrt, sich in Wäldern verbarg und von Athena in eine Eule verwandelt wurde. Nach Hyg. fab. 204. 253 war der Vater, nach Ov. met. 2,590 ff. die Tochter schuldig. Die Geschichte soll erklären, warum die Eule Athenas Vogel und zugleich ein Nachtvogel ist. H. v. G.

Nyktimos (*Νύκτιμος*). König von Arkadien z. Z. der deukalion. Flut, ältester bzw. jüngster Sohn des → Lykaon. Paus. 8,3,1.5 Apollod. 3,96.99 Rettung des jüngsten Sohnes ist ein altes Märchenmotiv. Nach einer späteren Version ist N. selbst der Knabe, den Lykaon schlachtet und Zeus vorsetzt. Lykophr. 481. Clem. Al. protr. 2,36. H. v. G.

Nyktophylax (*Νυκτοφύλαξ*). Ein Dämon, dem man Heilung von Krankheiten bei seinem nächtlichen Erscheinen zuschrieb und dafür Altäre und Standbilder widmete. Ein solcher wollte Peregrinos (Proteus) durch seine Selbstverbrennung werden. Lukian. de morte P. 27 f. H. v. G.

Nymphaeum. N. als Umschreibung von *νυμφαῖον* hat keinen Bezug mehr auf heilige Quellen und Grotten der Nymphen (entspr. *Nympharum domus* – Quellgrotte Verg. Aen. 1,161 ff.) und bezeichnet den kaiserzeitl. Monumentalbrunnen im Unterschied zu *lacus* und *salientes*. Definiert ist N. durch rekonstruierbare Bauten in Lambaesis (CIL VIII 2657 *Septizonium*. 2658 *opus Nymphaei*) und in Rom (Amm. 15,7,3 *Septemzodium – N.* = *Septizonium divi Severi* in Curiosum und Notitia Urbis Romae, ebd. *Nymfeum (divi) Alexandri*, aufgeführt unter 15 N., von denen außerdem das *Nymfeum Iovis* und die *Nymfea Tria* benannt sind. Als Schema ergibt sich die Kombination von Becken und Wasseraustritt wie Kaskade rahmender Wandfront, hinter der ein *castellum* die Wasserversorgung gewährleistet. N. von überfunktionaler Kolossalkonstruktion, die hinter dem Bassin eine mehrstöckige Schaufassade vom Typus der *scaenae frons* entwickelt, repräsentieren die vom Prinzipat propagierte Wohlfahrt und Hygiene; so dem sozialpolit. Programm verbunden, exponieren sie sich im Stadtorganismus als Zielpunkt von Straßenfluchten und Blickfang an Platzfronten. Die bes. in den Ostprovinzen verbreiteten Fassaden-N. gruppieren sich nach Strukturmerkmalen in mehrteilige und -geschossige Wandsysteme mit Ädikulagliederung (Antiocheia, Aspendos, Korinth, Kremna, Milet, Sagalassos, Side, Septizonia in Rom und Lambaesis) und Nischenwände beiderseits axialer Exedren (Amman, Bosra, Gerasa, Lepcis, N. des Alexander Severus in Rom). Dieser im 2. und 3. Jh. ausgebildete Repräsentationstypus entfernt sich am weitesten von dem Heiligtum der Quellnymphen *νυμφαῖον* (IG II 2,144 A 91 Delos 4. Jh. v. Chr.) und der architekton. modifizierten Grotte *musaeum* (Plin. nat. 36,154) mit regulierten Wänden und Gewölben (Albano, Sperlonga), an der sich künstl. angelegte Höhlenhallen orientieren (Formiae, Tivoli). Umfunktionierte *oeci*, die als Grottenräume und Gartensäle mit Wasserkünsten ausgestattet werden, beginnen die Entwicklung zu den zentralen N. großer Villen- und Palastkomplexe (Domus Augustana, Horti Liciniani, Horti Sallustiani). Schon in spätrepublik. Z. werden in hellenist. Terracottamodellen (Locri, Reggio Calabria) vorgebildete Typen in Brunnenanlagen mit Ädikula- oder Exedraabschluß umgesetzt, wobei die Schemata griech. Brunnenhäuser einwirken. Die zunehmende Prachtentfaltung bei der Ausstattung solcher Zweckbauten begründet die visionäre Monumentalität, die die repräsentativen N. der Kaiserzeit kennzeichnet. A. v. Gl.

Crema Architettura rom., 1959, 122 ff. 239 ff. 429 ff. 545 ff. *Meschini*, Enc. Art. Ant. 5, 1963, 505 ff. *Neuerburg* L'architettura delle fontane e dei ninfei nell'Italia ant., 1965.

Nymphai, ihrem zu *nubere* gehörigen Namen gemäß Mädchen im mannbaren Alter und im bes. weibliche Elementargeister nach gemeingriech. Vorstellung, die von den Römern mit der Namensform *Lumpae* u. ä. (osk. *Diumpais* belegt) und dann auch Nymphae (*Calypso nympha* Liv. Andr. Od. 15) übernommen worden ist (Seel Römertum und Latinität, 1964, 578 ff.). Bei der Vielseitigkeit ihres Wesens haben sie im Laufe der Z. mit zahlreichen Gottheiten Verbindung aufnehmen können, aber seit alters stehen sie Hermes und Pan (RE Sppl. VIII 1003), ja auch Apollon nahe und bilden das Gefolge der Artemis, die vielerorten nichts anderes als eine aus ihrer Mitte aufgestiegene Gestalt ist. Ihr männliches Äquivalent sind die Satyrn und Silene, mit denen zusammen sie in den Schwarm des Dionysos geraten sind, um hier das göttliche Gegenbild der menschlichen Mänaden, oft ununterscheidbar, zu bilden (vgl. Alkm. frg. 63 Page). Erscheinen sie eigentlich in unbestimmbarer Vielheit, so können einzelne sich doch individualisieren und besondere, auch dionys., Namen erhalten (z. B. *Ναίδες Περικλυμένη, Ναίουσα, Πανόπη* Bean u. Cook, ABSA 50, 1955, 99,4), und andererseits sind Wesen, die von jeher selbständig waren wie Kalypso und Iuturna, als N. klassifiziert worden. Individualnamen Kretschmer, Glotta 10, 1920, 55 ff. Himmelmann-Wildschütz 17. Aber an bestimmten Stätten werden sie leicht in irgendeiner begrenzten Anzahl gedacht und besonders als Drei- oder auch Zweiverein verehrt; nicht selten wird eine unter ihnen als *ἡ νύμφη* hervorgehoben (Nilsson 250 f. 499), z. B. IG I² 784/85 oder auch von vorneherein allein verehrt (Miliadis, *Πρακτικά* 1955, 52. 1957, 23 ff. Orlandos, *Ἔργον Ἀρχ. Ἐτ.* 1957, 5 ff. Simon, AA 1968, 134 f. Faure Bull. hell. 86, 1962, 47. SEG 23,579). In einem Heiligtum bei Idalion fand die *Νύμφη ἐν* (od. *ἐπὶ*) *τῷ στρόφιγγι* (= *στόρθυγγι*), d. h. wohl die N. auf dem Hügel Kafizin, eine Zeitlang E. 3. Jhdt. v. Chr. eifrige Anhänger (Mitford, Class. Quart. 44, 1950, 97 ff. Friis Johansen, Ark.-Kunsthist. Meddelelser Danske Vid. Selsk. 4,1,1953. Latte, Glotta 34, 1955, 194 f. SEG 13, 558 ff. 16,786). Töchter des Zeus seit Homer (aus seinem Umgang mit Themis nach Späteren), aber auch des Okeanos (jedoch von den Okeaniden verschieden) oder des Acheloos u. a., gehörten die N. zur neuesten Götterschicht (Dion. Hal. ant. 7,72,13), aber ihrer waren so viele, daß man eine ältere und eine jüngere Generation unterscheiden zu müssen glaubte und im übrigen speziellen Genealogien weitesten Raum ließ. Eigentlich *θεαί*, *deae* oder wenigstens *semideae*, wurden sie manchmal doch als sterblich, wenn auch langlebig angesehen (Hes. frg. 171 Rz³. 304 M.-W. u. v. a. Nem. Em. nat. hom. 1,524).

Seit Homer finden wir sie öfters nach Aufenthaltsorten gruppiert (auch Pervig. Ven. 53 f.) und die sich damit ergebenden Kategorien alsbald mit entsprechenden adjektiv. Namen bezeichnet (ausgiebiges Verzeichnis Sch. AB Hom. Il. 20,8): alle diese Namen, auch die geläufigsten, sind sekundär, und nur die *Μελίαι* muten als ein Klang aus alter Z. an (Hes. theog. 187). Sch. D Hom. Il. 6,21 (DE MARCO Mem. Linc. VI 4,4, 1931, 384) nennt zu *Ναίδες*, *Ἐπιμηλίδες* und *Ἁμαδρυάδες* unter vielleicht mißbräuchlicher Berufung auf Alkman frg. 63 auch Thyiaden und Hekates *Λαμπάδες*. Die drei Hauptklassen hat man im Prinzip auseinandergehalten (POSTGATE, AJPh. 17, 1896, 30ff. 18, 1897, 74f.), aber im Einzelfall war die Differenzierung sachlich oft schwierig. Vor allem erscheinen die N. mit dem Wasser verbunden und heißen dann *Ναιάδες* oder *Ναίδες* (von *νάω*), auch *Ὑδριάδες* (Inscr. Cret. 3 Inschr. IV 39 A 7f.), *Ἐφυδριάδες* (Kall. frg. 65f.) u.ä., bei den Römern *Lymphae*. Das Salzwasser blieb allerdings meist den → Nereiden vorbehalten (Epigr. PEEK, Ath. Mitt. 57, 1932, 59f.), die freilich schon im Alt. die Vorstellungen von den N. beeinflußten (Dion. Hal. Thuk. 6. Charit. 2,4,8. Ps.-Kallisth. 2, 41 [C]. POSTGATE, AJPh 17, 1896, 43,1, vgl. MAASS, Byz.-neugr. Jahrb. 5, 1926/27, 183ff.) und ihre Konkurrentinnen seit byz. Z. ganz verdrängten (neugriech. *Νεραίδες*, s. z.B. FAURE 229ff.). Sonst aber repräsentieren die N. alle Arten von Wasser (Max. Tyr. 36,1. EITREM, Symb. Osl. 21, 1941, 127), bes. die unversieglichen (*ἀέναοι* auch IG XII 1, 928, III und Lindos II 2, 1941, 830,456), also die Quellen, auch in Gestalt von Lauf- und sogar Schöpfbrunnen, ferner Flüsse, Teiche, Seen, Sümpfe. *Ἀχελῳδες* in Kyrene PUGLIESE, Annuario At. 39/40, 1961/62, 316,166. Thermalbäder unter ihrem Schutz L. ROBERT, Hellenica 2, 1946, 94ff.; vgl. aber BOUSQUET, REG 81, 1968, 411ff. Sie schenken das Wasser, vereinzelt sogar Regen, und werden manchmal geradezu im feuchten Element wohnend gedacht (z.B. Prud. perist. 10,243ff.; schwimmend DOHRN Mouseion, Stud. für O.H. Förster, Köln 1960, 69ff.); so verfließen sie leicht mit ihm (z.B. Kall. frg. 66), und ihr Name wird in beiden Sprachen oft metonym. gebraucht (bes. *lympha*). *Nymphae novae* finden alsbald Verehrung (GOLDMANN, CQ 36, 1942, 46f.). Seit Ovid sind N. in ihre Quelle verwandelt, während frühere Sage nur aus Tränen oder Blut eine solche entstehen ließ. Nach der urspr. Vorstellung hausen die N. aber auf dem Lande, und zwar in Grotten oder Höhlen (Timoth. Pers. 120), die nicht unbedingt feucht zu sein brauchen und daher nicht den Naiaden allein vorbehalten sind; auch die röm. Nymphaeen haben noch lange etwas von ihrem sakralen Charakter bewahrt (VAN AKEN, Mnem. 4,4, 1951, 272ff.). Als *Λειμωνιάδες* haben die N. auf Wiesen ihr Revier und als *Κηπίδες* in Gärten (vgl. H. FRÄNKEL, GGN 1924, 67f. MERKELBACH, Philol. 101, 1957, 25ff.); schon bei Hom. Od. 6,106 sind sie überhaupt *ἀγρονόμοι*. Die zweite Hauptgruppe bilden die *Ὀρε(ι)άδες*, *Ὀρεστιάδες* u.ä. auf den Bergen (kret.-phryg. Ida MÖRLAND, Symb. Osl. 35, 1959, 71ff., vgl. Hes. frg. 145 M.-W.), während die *Ναπαῖαι* sich in Schluchten und

Tälern aufhalten (WOLFG. SCHMID, Studi It. 27/28, 1956, 512ff.). Die *Ἀλσηίδες* gehen in die dritte Hauptklasse über, diejenige der *Δρυάδες*: diese repräsentieren nicht nur die Eichen, sondern die Laubbäume überhaupt, und folgerichtig werden die alten Eschennymphen zu ihnen gerechnet (dazu carm. pop. 39 D. Daphne u.a., auch Pitys Prop. 1,18,20 u.s.). Den Dryaden (bei Hom. h. Aphr. 257ff. noch den Oreaden) haftet vielfach die Vorstellung an, daß sie mit einem bestimmten Baume verbunden sind und mit ihm zugleich vergehen (Pind. frg. 165 Sn.), wonach sie gerne → *Ἁμαδρυάδες* heißen. Dieser Glaube ist wohl nicht gerade ein Rest von Baumfetischismus (RhM C 106; anders MALTEN, H 74, 1939, 200. PÖTSCHER, G 70, 1963, 542ff.), aber sicherlich alt (anders NILSSON 249f.); er hängt auch mit der Auffassung der N. als *μακραίωνες* zusammen und hat zu allerhand Verwandlungssagen Veranlassung gegeben, ist aber auch als anstößig empfunden und gelockert worden. Daneben wurden aber auch die Dryaden wie die andern Arten auch als freibeweglich gedacht. So sind die N. Insassinnen begrenzter Örtlichkeiten und können entsprechende Namen in der Ein- oder Mehrzahl tragen, ja, als Inhaberinnen einzelner Quellen sind sie auch Repräsentantinnen der dort entstandenen Siedlungen und sogar Städte (L. LACROIX, Rev. belge num. 99, 1953, 5ff.). Vereinzelt sind sie nach dem Besitzer des Grundstücks benannt, auf dem sie ansässig sind, besonders im röm. (so wohl *Ad nymphas Catabassi* in Rom nach EGGER, Anz. Öst. Ak. 87, 1950, 166f.), aber auch im griech. Bereich (*Νύμφαι Πυρρακιδῶν* ROUSSEL, Bull. hell. 53, 1929, 171ff. J. u. L. ROBERT, REG 68, 1955, 196). Verwandt mit den N. sind die vornehmeren Musen (MAASS, Byz.-neugr. Jahrb. 5, 1926/27, 186. WALTER, EA 1937, 104,3. W. F. OTTO u. v. a.), aber nicht geradezu ident. (NILSSON 254f.), wenn sie auch vereinzelt gleichgesetzt worden sind (Steph. Byz. s. *Τόρρηβος*. Lykophr. 274f. mit Sch. Hesych. s. *Θούριδες*. Isid. et. 8,11,96); Weihungen an Musen und N. OLIVERIO, Annuario At. 39/40, 1961/62, 249,52. SEG VII 933. Die in mittel- und neulat. Texten vorkommenden *Hymnides* beruhen auf der problemat. Autorität des von Boccaccio zitierten Theodontius (CURTIUS Europ. Lit. u. lat. Mittelalter, Bern 1948, 233f., 1).

In der Regel sind die N. ihrem Namen entsprechend jung und natürlich schön und so die geeigneten Vertreterinnen des Mädchentums: *Κόραι* in Sizilien GUARDUCCI, RAL 17, 1962, 69ff., ja *θεαὶ παῖδες* ebenda NILSSON 251,1. SCHILLING, Kokalos 10/11, 1964/65, 265ff. *Αἴγινα παῖς* und wohl auch *Λέρ[να παῖς]* in Aigina MARABINI, Annuario At. 27/29, 1949/51, 135ff. Daher denkt man sie sich vornehmlich im Reigen, teils unter sich, teils mit andern, bes. auf vielen att. Vasen und vor allem Reliefs, wo sie unter Führung des Hermes, ihres *χορηγός* (Aristeid. or. 53,4), tanzen, während Pan mit der Syrinx aufspielt und Acheloos manchmal mit Kopf oder Oberkörper hereinschaut; aber auch Apollon bleibt *νυμφηγέτης* (GUARDUCCI, Annuario At. 30/32, 1952/54, 184ff. RAL 17, 1962, 69ff.). Im Dienste des Dionysos werden ihre Bewegungen natürlich ekstatisch. Auch als Begleiterinnen der Artemis werden sie im *χορός* vorgestellt, gehen mit ihr aber auch auf die Jagd; als Weberinnen dagegen führt sie nur der Odysseedichter 13,107f. in der ithakes. Grotte ein. Sie repräsentieren nun aber nicht schlechthin Jungfräulichkeit wie im Gefolge der keuschen Herrin der Jagd, sondern vereinen sich oft mit Göttern und ebenso mit Sterblichen, die Untreue und Unziemlichkeit büßen müssen (→ Daphnis, → Rhoikos u.a.); vgl. auch MAASS, RhM 74, 1925, 449f. So eignen sie sich als Heroenmütter in lebender Sage wie auch in genealog. Konstruktion, die Dryaden um so mehr, als die Menschheit (oder die eherne Generation) nach altem Glauben von Bäumen abstammen sollte. Ein Satyrograph (frg. incert. 2,7 Steffen) nennt die Satyrn Kinder der N.; dazu Telest. frg. 1,5 D. Ail. var. 3,18. *Μητέρες* in Sizilien ARIAS, RAL 6,11, 1935, 605ff. MANNI Sicilia pagana, Pal. 1963, 133ff. Sie rauben auch Jünglinge wie → Bormos und → Hylas; so gelten bes. Ertrunkene als von ihnen entrückt und damit in ihren Kreis aufgenommen (EITREM, ARW 34, 1937, 313ff.; Symb. Osl. 18, 1938, 127. CUMONT Lux perpetua, Par. 1949, 325f. NOCK, Mél. Univ. Beyrouth 37, 1960/61, 297ff.; *abuit ad Nymfas* Relief von Grosseto CARNOY Muséon 69, 1956, 187ff. MAZZOLAI, MDAI(R) 66, 1959, 220f.), und selbst im Herrscherkult konnten sie eine Rolle spielen: die Nymphe von Kafizin (s.o.) wird als Adelphe bezeichnet, und in der Nachbarschaft erscheint Arsinoe II. als Naias (MITFORD 105); eine Arsinoe unter den Nymphen *Κρηνιάδες* war in einem alexandrin. Nymphaion dargestellt (SETTIS, Studi Class. e Or. 14, 1965, 247ff. BARIGAZZI, Atti XI Congr. papirol. 1965, Mil. 1966, 75ff.). In dem sepulkralen Hypogaeum von Paestum hat sich ein Amphoriskos mit dem Graffito *τᾶς Νύνφας ἐμὶ ἱαρόν* gefunden, der auf einen Nymphenkult daselbst, schwerlich aber ein Nymphengrab hinweist (NEUTSCH, AHAW 1957, 2). N. als Kanephoren im Jenseits CLE 1233 (vgl. VOLLGRAFF, Hommages à Bidez et à Cumont, Brux. 1949, 353ff.). Vgl. weiter BRENDEL, MDAI(R) 51, 1936, 80ff.

Als Geister der freien Natur spenden sie Fruchtbarkeit: bezeichnend Lindos II 2, Bln. 1941, 830, 456; vgl. HIMMELMANN-WILDSCHÜTZ, auch BORTHWICK AJPh 84, 1963, 231ff. Sie wachen über das Vieh (Epimelides, vgl. MAASS, Byz.-neugr. Jahrb. 5, 1926/27, 183ff.) und bes. die Bienen, sind aber vor allem auch für den menschlichen Nachwuchs zuständig, so die *Γεραισταὶ Νύμφαι γενέθλιαι* im Heiligtum der Echeliden (WALTER, EA 1937, 97ff.; vgl. VIAN Rev. arch. 1952 I 130ff. HAUSMANN 37ff. 50ff. 63ff.) und die *Κωράδες* in Thasos (ROLLEY, Bull. hell. 89, 1965, 449,9, vgl. 458). Schon bei der Hochzeit spielen sie eine Rolle, indem sie bes. für das Brautbad sorgen, und weiterhin treten sie als Geburtshelferinnen auf (Aischyl. frg. 355 Mette, vgl. Der verlorene Aischylos 142f.) und betreuen das Kind (z.B. ZONTSCHEW JOEAI 40, 1953, Bbl. 225ff.); daher viele theophore Namen wie Nymphaios, Nymphodoros usw. Im Mythos sind sie die gegebenen Ammen und Wärterinnen (*τιθῆναι* Plut. Lys. 28) von Götter- und Heroenkindern, vornehmlich des Dionysos in Nysa (z.B. Alabastron SEGALL 119./120. Berl. Winckelmannsprogr. 1966, 19ff.); dieser wird von Hermes auch zu der N. Nysa *κατ' ἐξοχήν* gebracht (G.M.A. RICHTER, *Θεωρία*, Festschr. Schuchhardt, Bad.-Bad. 1960, 179ff.). Auch von hier können die N. als Patroninnen von Geschlechtern (den Pyrrhakidai, s.o.) und sogar ganzen Phylen erscheinen (Thera IG XII 3,377f. Kos PATON-HICKS 44). Als Inhaberinnen von Quellen haben die N. vielerorts, besonders im lat. Teil des Imperiums, Heilkraft (HIMMELMANN-WILDSCHÜTZ 18ff.), so die *Ὄμπνιαι* (IG II/III² 4647, s. L. ROBERT, RPh 70, 1944, 37); sie inspirieren Dichter und Sänger und können auch mantischen Charakter annehmen (*Ἁλία* im Amphiareion J. u. L. ROBERT, REG 81, 1968, 470, 283/84. SEG 4,467). Mnesiepes etabliert in seinem Archilocheion auf Paros auf Weisung des Orakels auch die N. mit Dionysos und den Horen, offenbar als Gottheiten der Poesie (KONTOLEON *Ἐφ. ἀρχ.* 1952, 55ff. PRIVITERA RFIC 94, 1966, 18ff.). N. musizierend METZGER Catal. Mus. Adalia 1952, 65ff. Die von ihnen Verzückten heißen *νυμφόληπτοι* (RE Sppl. VII 104. HIMMELMANN-WILDSCHÜTZ pass. BOLTON Aristeas, Oxf. 1962, 134ff.; anders BURKERT, Gn 35, 1963, 238f.), die den Römern geradezu als Verrückte erschienen *(lymphati)*. Bes. in Kreta finden wir sie unter Schwurgöttern (Inscr. Cret. 3 Inschr. III 3 B 15. 21. III 5,14. SEG XXIII 563,21? Eupolis frg. 74). Sie mögen denn auch wirklich zornig werden, während sie sich in Legenden und Dichterszenen auch voll weiblicher Angst zeigen (Kall. frg. 75,57. Apoll. Rhod. 2,820f. Stat. Theb. 5,519). So können sie den Landleuten schrecklich sein (Theokr. id. 13,44, dazu Gow) und überhaupt die finstere Komponente chthon. Gottheiten annehmen (VAN KREVELEN, RhM 108, 1965, 188; Menand. Dysk. 311ff.), bes. wenn sie sich den Nereiden nähern (s.o.). Zumeist aber beweisen sie sich freundlich, beweinen die Toten und helfen den Lebenden (Aischyl. frg. 343 M. Long. 2,8. 20ff.), beteiligen sich auch gerne an deren Festen (Aischyl. frg. 355).

Ihren Kult empfangen sie meist als Najaden oder in allgemeinerer Funktion, auch unter Sanktion des delph. Orakels (SEG XXIII 76, s. J. u. L. ROBERT, REG 80, 1967, 484f., 230. BOUSQUET, BCH 91, 1967, 92ff. Archilocheion s.o.). Man verehrt sie in der freien Natur, vor allem an ihren Quellen und in oder bei ihren Höhlen und Grotten (Fuhrmann, AA 1941, 650ff.), später in Brunnenhäusern und bei den Römern auch in Tempeln. Der Kult konnte zuweilen größere Dimensionen sowohl privat wie von Amts wegen annehmen, aber im allg. hat er einfache und geradezu altertümliche Formen behalten. Ein gutes Bild bietet uns Menanders Dyskolos von dem Betrieb ihres mit Pan gemeinsamen Heiligtums in Phyle, dessen ohnehin problemat. Identität mit der schwer zugänglichen Höhle auf dem Parnes (Inschr. Peek, MDAI(A) 67, 1942, 59ff.) mir trotz L. Robert, CRAI 1961, 179 immer noch nicht akzeptabel erscheint (RhM 102, 1959, 96), da der Dichter mit Örtlichkeiten Attikas nicht beliebig umgehen konnte (so Handley The Dyskolos of Menander, Lond. 1965, 24f.); vgl. auch Eitrem, Symb. Osl. 41, 1966, 75ff. An ihren natürlichen Verehrungsstätten sind die N. schon mit primitiven Altären und simplen Bildern und Votiven zufrieden. Nicht ganz selten empfangen sie blutige Opfer (Meuli Phyllobolia Von der Mühll, Bas. 1946, 213f.), meist allerdings kleinerer Tiere, und sie brauchen auch dem Wein nicht abhold zu sein (W. Fuchs, MDAI(A) 77, 1962, 248f., 35), sowenig wie ihre Verehrer, z.B. der *Νυμφῶν λάτρις* L. Robert, RPh 70, 1944, 55. Peek Vers-Inschr. 1, 378. Bakalakis, *Πρακτικά* 1938, 94ff. Eigentlich adäquat sind ihnen jedoch Blumen und Früchte, Kuchen (*πέλανος* Jameson, AJPh 77, 1956, 55ff.), Honig und Milch; *aqua et lacte (non vino)* wird ihnen nach pontifikaler Vorschrift geopfert. Eine Prozession auf ihnen geweihten Holztäfelchen (6. Jh.) aus der Höhle von Pitsa SEG XXIII 264. Hausmann 14ff. Opfer an sie und Apollon Nymphegetes in Erchia (SEG XXI 541 I 12ff. V 39ff.) und Kyrene (SEG XX 719 B 9ff.). Eine Priesterin sammelt für sie (Aischyl. frg. 355 M.); Gebühren für Wasserentnahme sowie Strafgelder ziehen sie am Brunnen von Halykos ein (SEG XXIII 76, s.o.; dazu auch Robert, Rev. ét. gr. 72, 1959, 246, 407). Die Römer liebten es, ihre Gaben, bes. Münzen, in ihre Quellen und Brunnen zu werfen.

Der Kult der N. hat sich durch die ganze ant. Welt verbreitet; das an sich schon planmäßig beschränkte Verzeichnis RE XVII 1558ff. kann hier leider nicht ergänzt werden (vgl. noch Nilsson 247ff. Sichtermann 505. RE Sppl. VIII 993ff.). Als die N. zu den Römern kamen, erhielten einige ältere Gottheiten ihren Platz unter ihnen, so → Iuturna und → Egeria, aber auch plural. wie die *Lymphae Commotiles* (Varr. 1. 1. 5, 71); *Furrina* wurde pluralisiert (Latte RRel 1960, 137). Problemat. Dion. Hal. ant. 7,72,13 (Piganiol Recherches sur les jeux rom., Strasb. 1923, 26,6). Andere Gruppen mögen auf ital. Boden noch aus Zeiten griech. Besiedlung stammen wie die Nitrodes auf Ischia (Forti, Rend. Acc. Nap. N.S. 26, 1951, 161ff.). Im weiten Raume des späteren

Imperiums sind viele Nymphenkulte zweifellos röm. oder griech. Gründungen, wie Heichelheim stark betont; aber sicherlich deckt der Name N. mancherorts einheimische Vorstellungen, nicht nur bei singular. Gestalten wie *Brigantia*, sondern auch bei plural., nicht zuletzt im kelt.-german. Bereich, wo epichor. Beinamen auf ihre Herkunft hinweisen. Da die N. als bodenständige und menschennahe Gottheiten vom Volke gerne verehrt wurden und beliebig weite Zuständigkeiten, vornehmlich in Krankheitsnot, annehmen konnten, haben sie in chr. Z. starke Resistenz bewiesen (s. z.B. J. Hagen, Rhein. Vierteljahrsbl. 2, 1932, 327ff. F.J. Dölger Ant. u. Christ. 3, 1932, 1ff. 149ff. 222f. Egger, AAWW 87, 1950, 166f.; Neugriechisches Nilsson 251f. 499f.). Selbst ihr Name verblieb lange manchen Quellgeistern (Martin. Brac. de corr. rust. cp. 8, dazu 16), natürlich auch in der poet. Tradition.

Die N. müssen eine alte Erscheinung sein (Nilsson 252f.) mit stark indogerm. Einschlag (Lesky Thalatta, Wien 1947, 117ff.). In der kret.-myken. Bildüberlieferung mag es Darstellungen von ihnen geben, die von uns nicht mehr sicher mit ihrem Namen verbunden werden können (z.B. die kret. *Γεραιστιάδες* G. Korres *Πεπραγμένα β' Κρητολ. συνεδρ.* 2, 1968, 116f. Weiteres Schefold, Ant. Kunst 8, 1965, 87ff.). Unter den arkad. Pfeilern befindet sich ein dreiteiliges Exemplar mit der Aufschrift *Νυμφᾶν* (Nilsson 206), freilich nicht mit Gewißheit als anikonische Repräsentation der Gottheiten selber auszumachen. Auf archaischen Monumenten, namentlich Vasen, sind N. in verschiedenen Szenen bekleidet dargestellt, ohne noch ihrem Wesen entsprechend charakterisiert zu sein. Auf Weihreliefs seit dem 5. Jh. sind sie jedoch in ihrem ihnen eigenen Gehaben deutlich, schreitend oder in Ruhe, meist aber tanzend (Feubel Die att. Nymphenreliefs und ihre Vorbilder, Diss. Heidelb. 1935, dazu Ergänzungen und Modifikationen bei Fuchs, MDAI(A) 77, 1962, 242ff.; vgl. RE Sppl. VIII 980ff. Andreae Festschr. Matz, Mainz 1962, 73ff.). Das Tanzschema hat sich nicht nur auf att. Reliefs herausgebildet, denen neuatt. Reliefs folgen (z.B. Hausmann 97 Abb. 59), sondern findet sich auch anderswo und wirkt später bis in fernste Provinzen nach. Auf Brunnenreliefs erscheinen die N. mit ihrem Hauptelement verbunden und werden seit der hellenist. Periode in Einzelstatuen mit einer Schale, später mit einer Urne oder einer Muschel dargestellt, in die das Wasser durch eine Röhre geleitet werden konnte. In röm. Z. werden auch sonstige Motive auf sie übertragen, oft so, daß die Urne ihr Erkennungszeichen ist. Vor allem werden die Quellnymphen gelagert dargestellt, schlummernd oder wach. In erot. Zusammenhang oder beim Bade erscheinen sie mehr oder weniger entblößt (z.B. Phineusschale Würzb. 164 Langlotz Griech. Vasen, Münch. 1932, 23ff.), im Laufe der Zeit immer öfter auch ohne bes. Motivierung. In sehr vielen myth. Szenen werden sie, wofern sie nicht eine bestimmte Rolle zu spielen haben, einfach als Füllfiguren verwandt, bes. im Sinne von Ortspersonifikationen. Weiteres SICHTERMANN 503 ff. SCHAUENBURG a. O. H. H.

L. Bloch, Myth. Lex. 3,500 ff. *H. Herter*, RE XVII 1527 ff. und *F. Heichelheim*, RE XVII 1581 ff. (s. dort viel Einzelnes mit Lit.). *W. F. Otto* Die Musen², Darmst. 1954 (Düsseld.-Köln 1956). *M. P. Nilsson* GgrR. 1², Münch. 1955, 244 ff. 499 f. *N. Himmelmann-Wildschütz* Θεόληπτος, Marb. 1957. *U. Hausmann* Griech. Weihreliefs, Bln. 1960. *R. Ginouvès* Balaneutikè, Par. 1962. *H. Sichtermann* Enc. arte ant. 5, 1963, 502 ff. *P. Faure* Fonctions des cavernes crétoises, Par. 1964. *K.-H. Roloff* u. *K. Schauenburg*, Art. Lex. s. Nymphen. *A. Kambylis* Die Dichterreihe und ihre Symbolik, Heid. 1965, 38 ff.

Nymphaion (*Νυμφαῖον*). **1.** Hafenbucht gleich w. v. Kap Malea mit kleiner Ansiedlung bei einer Kapelle der Hg. Marina, Paus. 3,23,2.

E. Meyer, RE XVII 1600 (1).

2. S.-Spitze der Athoshalbinsel der Chalkidike, Strab. 7,330 frg. 32. Ptol. 3,12,9. E. M.

Oberhummer, RE XVII 1600 (3).

3. N., zwischen Herakleia Pontike und dem Oxeinas fl., nach Arr. per. p. E. 19 (vgl. peripl. m. Eux. 12), entweder ein kleiner Ort oder ein Vorgebirge, vielleicht auch ein Vorgebirge mit einem Ort gleichen Namens. N. ist wohl w. vom Ilisu (Oxeinas) anzusetzen (vgl. H. KIEPERT, FOA VIII und W. v. DIEST Peterm. Mitt. Erg.-H. 94,78). F. K. D.

4. N., griechische Stadt auf der Krim am europäischen Ufer des Kimmerischen Bosporos, etwa 17 km südlich von → Pantikapaion bei der h. Siedlung Gerojevka (früher Eltegen), wahrscheinlich von ion. Kolonisten aus Kleinasien an der Stelle einer skyth. Siedlung um die Mitte 6. Jh. v. Chr. gegründet. Die Wirtschaft beruhte auf Land- und Weinbau (Demeterheiligtum), auch auf dem Töpfergewerbe; lebhafte Handelsbeziehungen bestanden mit Griechenland, hauptsächlich mit Athen (Getreideausfuhr), begünstigt von einem vorzüglichen, selten zufrierenden Hafen (Strab. 7,309). Unter dem Anprall der Hunnen ging die Stadt zugrunde. Die Inschr. jetzt im Corpus Inscriptionum Regni Bosporani (russisch), Moskau-Leningrad, S. 504–521. Chr. D.

Diehl, RE XVII 1600–1603. *Danoff*, RE Suppl. IX 1127 ff.

5. (Nymphaeum). Hafen (Caes. civ. 3,26. Lucan. 5,720. App. civ. 2,59) und Gebirge (Plin. nat. 3,144) an der illyr. Küste der Adria. Nach Caes. 3 mp. von Lissus entfernt, an der Mündung der Bojana. Dies entspricht der Bucht S. Giovanni di Medua (alban. Shen Gjin). Keine ant. Siedlungsspuren; die Küste lag im Alt. weiter landeinwärts. **6.** N., Siedlung im Raum von Apollonia am Aoos, die für ihr »ewiges Feuer« und ihr Orakel bekannt war. Ampel. 8. *Ab Apollonia et cathamant*** milia passus quinque in monte Nympheo: ibi ignis est et de terra exit flamma. In silva Panis symphonia in oppidum auditur.* Die angegebene Entfernung von Apollonia ist zweifelhaft. Vielleicht handelt es sich um die Gegend von Romzi am l. Ufer der Vojusa (Plin. nat. 3,145). Zu Beginn des makedon. Feldzugs 171–168 war N. ein Stützpunkt der Römer (Liv. XLII 36,8. 49,10. 53,2). J. F.

Nymphaios, Fluß in Kommagene, n. Zubringer des Euphrat, h. Kâhtaçay; der ant. Name ist durch die 1951 entdeckte Kultinschr. des Königs → Antiochos I. (13); von Kommagene für das Hierothesion seines Vaters Mithradates I. Kallinikos in einer »Vorstadt« von Arsameia a. N. bekannt geworden. F. K. D.

F. K. Dörner, Ist. Forsch. 23, 1963, 40.

Nymphidia. Tochter des kaiserl. Freigelassenen (C. Iulius) Callistus (s. o. Bd. II 1532), Mutter des C. Nymphidius Sabinus, der sich als Sohn des Caligula ausgab, Tac. ann. 15,72,2. Plut. Galb. 9,2 f. 14,3. R. H.

Nymphidius. 1. N. Lupus. Nach 80 Militärtribun der *leg. III Gallica* in Syrien, ca. 111/113 militär. Berater des Plinius Min. in Bithynien, ad Tr. 87. **2.** N. Lupus. Sohn von Nr. 1, Kohortenpraefekt, von Plinius dem Traian empfohlen, ad Tr. 87,3. **3.** C. N. Sabinus. Sohn der Libertine Nymphidia und eines Gladiators, Plut. Galb. 9, nicht des Caligula. Im J. 65 *praefectus praetorio*, CIL VI 6621, erhielt nach der Aufdeckung der pison. Verschwörung die *insignia consularia*, Tac. ann. 15,72,1; während Neros Abwesenheit in Griechenland 67/68 leitete er mit Tigellinus den Staat, Ios. bell. Iud. 4,492. N. verriet Nero und Tigellinus, versuchte vergeblich, seine Rolle unter Galba zu spielen, wollte sich selbst zum Kaiser ausrufen lassen, wurde aber von den Praetorianern ermordet, Plut. Galb. 8–15. Tac. hist. 1,5–6. 25,2. 37,3. Suet. Galb. 11. R. H.

Nymphios. N. und Charilaos veranlaßten als führende Männer in Neapel das Bündnis mit Rom, Liv. 8,25,9–26,7. H. G. G.

Nymphis. Von Herakleia (Pontos). Historiker; * wohl spätestens um 310 v. Chr., Sohn des Xenagoras (RE IX A 1410. 1416). N. nahm eine angesehene Stellung unter den Verbannten ein, die nach E. der Tyrannis des Klearchos (3) und nach → Lysimachos' Tod (281 v. Chr.) zurückkehrten (FGrH 434 F 5); wohl um 250 führte N. die Gesandtschaft, die die Galater zum Abzug aus der Herakleotis bewog (F. STÄHELIN Gesch. d. kleinasiat. Galater, 1907, 15 ff.; FGrH 434 F 16). N. lebte mindestens bis zum Regierungsantritt des Ptolemaios III. (246).

Werke: 1. π. Ἡρακλείας, 13 B.; umfangreiche, dem Typus der großen Gesch. offenbar nahestehende Lokalgesch., mit ausführl. Archäologie. Endpunkt war vielleicht das J. 246 v. Chr. N. kommt in Frage als Quelle von Apoll. Rhod., → Memnon, Trog. (Iust. 16,3/5); benutzt haben ihn die Apoll.-Sch.en, auch Plut., Athen., Steph.

Byz., Lexikogr. Vgl. → Herodoros, → Kallistratos (4), Promathidas. 2. π. Ἀλεξάνδρου καὶ τῶν διαδόχων καὶ ἐπιγόνων, 24 B., universalhist., vielleicht bis 246 v. Chr. (Regierungswechsel in Äg. und Syrien) gehend. Eine paradoxogr. Abh. Philons von Herakleia war wohl diesem N. gewidmet bzw. gegen ihn gerichtet (A. GIANNINI, Paradoxogr. Graec. rel., 1966, 110f.). FGrH 432 (m. Add.). IIIb (Text) 254ff. 267ff. R. LAQUEUR, RE XVII 1608ff. (krit. zu lesen). P. DESIDERI, Studi classici e orientali 16, 1967, 366ff. W. Sp.

Nymphodoros. 1. N. von Syrakus. Nicht bestimmt datierbar (gegen E. 3. Jh. v. Chr.?); wohl nicht identisch mit Nr. 2 (anders C. MÜLLER), der hiatfrei schrieb. Vf. von Περίπλοι und π. τῶν ἐν Σικελίᾳ θαυμαζομένων (Teil der Περίπλοι?). Frg. bei Athen., Theokr.-Sch. etc.; aus dem Περίπλους τῆς Ἀσίας stammt das Frg. über den Sklavenaufstand in Chios. FGrH 572.

A. Giannini Paradoxogr. Graec. reliquiae, 1966, 112ff. *Ders.*, Acme 17, 1964, 119f. *R. Laqueur*, RE XVII 1625ff.

2. N. von Amphipolis. Wohl 4./3. Jh. v. Chr. Vf. von Νόμιμα βαρβαρικά oder Ἀσίας, von Apoll. Rhod. (und Sch.) benutzt. Das ausführlichste Frg. (21) bezieht sich auf Äg. (vgl. Hdt. 2, 35f.); mehrere Frg. weisen an den Pontos. Vgl. Nr. 1. FHG II 379ff.; vgl. FGrH 572. W. Sp.

R. Laqueur, RE XVII 1623ff.

3. N., Bauer bei Centuripe auf Sicilien, wurde durch Q. Apronius, den Helfer des Verres, 73–71 v. Chr. ausgeplündert und mißhandelt, Cic. Verr. 3,57. H. G. G.

Nymphon. 1. N. aus Kolophon, ließ 59 seine beabsichtigte Beschwerde über Q. Cicero auf Bitten des Bruders M. Cicero fallen, Cic. ad Q. fr. 1, 2,4. **2.** N., Gutsbesitzer in Centuripe (Sicilien), der um 72 durch Q. Apronius, den Gesinnungsgenossen des Verres, zur Flucht nach Rom veranlaßt wurde, Cic. Verr. 3,53f. H. G. G.

Nysa (Νῦσα). **1.** Amme des → Dionysos, Terpandros frg. 8 (Lyd. mens. 4,38). Kult in Athen, IG III 320. 351. Als Riesenfigur im bakch. Festzug des Ptolemaios Philad. in Alexandreia mitgeführt, Athen. 5,198ef. Gleichnamige Orte sollen nach ihr benannt sein: N. = Skythopolis in Palaestina, Plin. nat. 5,74, und N. in Indien, Arr. an. 5,1,6. Bei Apoll. Rhod. 4,1131ff. Diod. 3,70,1 ist → Makris, Tochter des Aristaios, Amme des Gottes. Mehrere Wärterinnen (Begleiterinnen) kennt schon Hom. Il. 6,132f. 3 Νῦσαι begegnen auf einer Vase des → Sophilos (um 580). Später heißen sie meist *Νύσιαι, Nyseides, Nysiades* (Ov.). Verstirnt als → Hyades (o. II 1252). Vgl. → Brisai (WILAM. GldH 1,187,2). – Männliches Gegenstück → Nysos. Zur Etym. o. II 77. H. v. G.

Prell.-Rob. 1,663.

2. N., der Name jenes Ortes (in Thrakien [Hom. Il. 6,133], Aithiopien [Hdt. 2,146. 3,97], Libyen [Diod. 3,66], Arabien [Diod. 3,65f.], Skythien [Plin. nat. 5,74]), an dem Dionysos aufgezogen worden sein und den Weinstock gepflanzt haben soll. Steph. Byz. s. v. erwähnt 10 N. Im Zusammenhang mit dem Indienfeldzug Alexanders, dem Mythos von der Nährung des Dionysos im Schenkel des Zeus und dem ind. Weltberg Meru ([6], 37ff.) verlagerte sich wahrscheinlich der Geburtsort des Gottes nach Indien. Als Dionysos gegen die Inder zu Felde zog, habe er zwischen Kophen und Indos die Stadt N. gegründet (Arr. an. 5,1,1), deren Bewohner als Nicht-Inder (Arr. Ind. 1,4–5) bezeichnet werden. Nach den Alexanderhistorikern hat sich bes. → Megasthenes mit den Indienfeldzügen des Herakles und Dionysos ([3], 46–57. 175–278) befaßt. Arr. an. 5,1,3ff. berichtet, nachdem Alexander das Gebiet n. des Kophen unterworfen hatte, hätten die Nysaier ihren Vorsteher Akuphis zu ihm mit der Bitte geschickt, N. dem Dionysos zu überlassen; abgeändert auch bei Curt. 8,10,7ff. Plut. Alex. 58,4f. Iust. 12,7. Epit. Mett. 102,7–14. Obgleich die Historizität von N. und Meros bezweifelt ([1], 1654) und als nachträgliche Erfindung hingestellt wurde, sieht man nach neuer Auffassung in der Dionysosverehrung im N. W. Indiens einen vorar. Kult ([3], 271ff.: *Muṇḍas*) und in den Nysaiern versprengte griech. Söldner des Dareios ([5], 23). »Dionysus may be mythical, but Nysa and its Greeks seem to be real« ([4], 2). Man lokalisiert die Hügelstadt N. im Koh-i-Mor-Tal in Swat ([6] 76[6]). F. F. S.

1. *O. Stein*, RE XVII 1640ff. 2. *E. R. Bevan* Alexander the Great (Cambr. Hist. of Ind. I, Nachdr. Delhi 1962) 317f. 3. *A. Dahlquist* Megasthenes and Ind. Religion, Stockholm 1962. 4. *A. K. Narain* The Indo-Greeks[2], Oxf. 1962 5. *G. Woodcock* The Greeks in India, Lond. 1966. 6. *D. C. Sircar* Cosmogr. and Geogr. in Early Ind. Liter., Calcutta 1967.

3. N., eine malerisch gelegene Stadt (Strab. 14, 649) in Lydien, am Fuße der Mesogis (h. Aydin Siradağlari), am N.-Rand des Maiandros-Tales (h. Büyük Menderes Nehri), in w. ö. Richtung von der Schlucht des Tekkecik Çayi durchzogen; ihre Ruinenstätte findet sich ca. 1 km n. w. von Sultanhisar [4]. Der bes. in röm. Z. nachweisbare Wohlstand der Stadt gründete sich hauptsächlich auf der Nachbarschaft des rund 4 km w. gelegenen Heiligtums des Pluton und der Proserpina in Acharaka mit seinen berühmten Schwefelheilquellen und auf dem regen kulturellen Leben, das sich in N. entfaltete. E. O.

1. *W. Ruge*, RE XVII 1631ff. Nr. 10. 2. *D. Magie* Roman rule in Asia Min., Princeton N. J. 1950, 989ff. 3. *T. R. S. Broughton* Roman Asia Minor: An economic survey of anc. Rome IV, 1959, 768. 4. *Baedeker* Türkei, 179f.

Nysaios (Νυσαῖος), Sohn des → Dionysios I. und der → Aristomache, folgte 350 seinem Bruder → Hipparinos (2) in der Regierung, wurde nach 4 J. von seinem Halbbruder Dionysios II. vertrieben und scheint nach Plut. ser. num. vind. 16, 559e ein schlimmes Ende genommen zu haben. Er war ein Trinker und Nichtsnutz. Nep. Dio 1,1.

Plut. Tim. 1,1. Diod. 16,6,2. Athen. 10,435 eff. K.Z.
W. Kroll, RE XVII 1661.

Nysos (*Νῦσος*). Erzieher des jungen Dionysos, dem dieser beim Aufbruch nach Indien die Herrschaft über Theben überließ, dem er sie aber nach der Rückkehr mit List (bei der Feier der trieter. Orgien, Nilsson Griech. Feste 284) wieder entreißen mußte. Hyg. fab. 131,167.179. Männliches Gegenstück zur Amme → Nysa (1). Bei Cic. nat. 3,58 ist N. der Vater des angeblichen 5. Dionysos; er stiftete die Trieteriden. H. v. G.

Nyssa (*Νύσσα*), frühestens im 2. Jh. n. Chr. nachweisbare (Ptol. 5,6,23 M.) Stadt in Kappadokien zwischen Ankyra (h. Ankara) und Kaisareia (h. Kayseri), die in chr. Z. bes. durch → Gregorios (2) als Bischofsitz Bedeutung gewann. E. O.
W. Ruge, RE XVII 1662.

Nyx (*Νύξ*, *Nox*). Die Nacht, von der Phantasie mehr oder weniger persönlich aufgefaßt. Sie wohnt umschichtig mit Hemera in einer Höhle im W., Hes. theog. 744 ff., im Erebos, Eur. Or. 174, in den *Ῥιπαῖα ὄρη* im N., Alkman frg. 58 B. Auf schwarzem Vier- (oder Zwei-)gespann fährt sie am Himmel empor. Aischyl. Choeph. 660 f. Eur. Androm. frg. 114. Verg. Aen. 5,721. Tib. 3,4,17. Sie trägt ein schwarzes, mit bunten Sternen besetztes Gewand, Aischyl. Prom. 24. Eur. Ion 1150 (die Beschreibung des Teppichs ist vielleicht von der Malerei beeinflußt), ist in schwarze Fittiche gehüllt. Eur. Or. 174. Verg. Aen. 8,369. Der Mond ist das Auge der schwarzen N., Aischyl. Pers. 428. Als Schlafspenderin und Sorgenlöserin heißt sie Euphrone, Aischyl. Ag. 279. Soph. El. 19; → Euphrosyne (2). Doch gilt sie auch als unheimlich und verderblich, Hom. Il. 1,47. Hes. theog. 224. 757. Einen mit N. und Sternen verzierten Schild konnte der Gegner als Todessymbol für den Träger auffassen, Aischyl. Sept. 387 ff. Bei Hom. Il. 14,259 erscheint N. als mächtiges Wesen, das ihren Sohn → Hypnos vor Zeus schützen kann. – Für Hes. theog. 123 ff. 211 ff.

744 ff. ist sie eine kosmogon. Potenz. Mit Erebos dem → Chaos entstammend, zeugt sie mit jenem → Aither und Hemera (Entstehung des Tages aus der Nacht ist eine uralte Vorstellung). Sie ist nicht nur die Mutter des Schlafes und Todes, der Träume und des Liebesgenusses. Alle Übel der Menschheit werden als ihre Kinder und Nachkommen gedacht: *Μόρος, Κήρ, Μῶμος, ᾽Οιζύς, Μοῖραι, Κῆρες* (= Erinyen, Nilsson GgrR 1,223; vgl. Aischyl. Eum. 321 ff. 416 f. 843 ff.), → *Νέμεσις*, *᾽Απάτη*, → *Γῆρας*, → *῎Ερις*. Kinder der Eris sind Hunger, Not, Schmerz, Mord usw.; vgl. Cic. nat. 3,44. Solche Genealogien sind natürlich variabel; bei Akusilaos sind Aither, Metis u. → Eros Kinder von Erebos und N., bei Epimenides entsteht aus der Vereinigung von Aër, N. und Tartaros das Weltei.

Damit kommen wir zu den orph. Vorstellungen. Bekannt ist die Parodie auf das orph. Weltei bei Aristoph. Av. 693 ff. Bei späteren Orphikern erzeugt → Phanes aus sich die N. und verbindet sich mit ihr. Daraus entstehen Himmel und Erde. Die Herrschaft der Welt geht von Phanes auf N., dann auf Kronos, Zeus und endlich auf Dionysos über. In der Höhle, in der sie mit Phanes lebt, erzog sie Kronos und später mit → Dike Zeus, gab sie Weissagungen und Vorschriften. Nach Aristot. metaph. 12,6. 1071 b 26 steht nicht Phanes, sondern N. an 1. Stelle: das ist wohl die ältere Vorstellung. – Im Kult hatte N. keine Bedeutung. Orakelstätten besaß sie in Megara und Delphoi, Opfer an sie: Verg. Aen. 6,249 f. Ov. fast. 1,455. – Wichtig auch für die neuere Kunst wurde die Beschreibung einer Darstellung der N. mit Hypnos und Thanatos im Arm auf der → Kypseloslade, Paus. 5,18,1. Erhalten sind Darstellungen von ihr in Sarkophagreliefs und auf der Traianssäule. H. v. G.
H. v. Einem – A.J. Carstens Die Nacht. Forsch. des Landes Nordrhein-Westf. 1958. *G. Ramnoux* La Nuit et les Enfants de la Nuit dans la Tradition grecque, 1959. *H. Schwabl* Art. Weltschöpfung RE Suppl. IX 1440 u. ö.

O

Oa, Oe, Name zweier attischer Demen, zur Unterscheidung St. Dow, AJPh 84, 1963, 166 ff.

1. Unbedeutender Demos der Inlandtrittys der Phyle Pandionis, später der Hadrianis, in der Umgebung von Spata und Vurva, Demotikon *᾽Ωα(ι)εύς, ᾽Οαεύς, ῎Ωαθεν, ῎Ο(ι)αθεν. ῎Οα* Steph. Byz. s.v. Hesych. s. *᾽Οαεῖς*. Harpokr. s. *Οἴηθεν*.
1. *Wrede*, RE XVII 1673. 2. *Philipps.-Kirst.* 1,817.

2. Größerer Demos der Phyle Oineis von nicht sicherer Lage, h. im NO. der Ebene von Eleusis angenommen, *῎Οη* und *Οἴη*. Demotikon *᾽Ο(ι)ῆθεν*. Soph. Oid. K. 1061 m. Sch. Steph. Byz. s. Hesych s. *῎Οη*. E. M.
1. *Wrede*, RE XVII 1996. 2. *Philipps.-Kirst.* 1,861 A. 1.

Oanis (*῎Ωανις, ῎Ωανος*), Flüßchen Siziliens bei Kamarina, h. fiume Rifrescolaro. Nur von Pind. Ol. 5,25 erwähnt. Kl. M.
Ziegler, RE XVII 1675.

Oannes (*᾽Ωάννης*). Fabelwesen halb Fisch, halb Mensch, das nach dem Bericht des → Berossos (P. Schnabel Berossos 253 f. Nr. 8) in Babylonien aus dem Erythräischen Meer ans Land gestiegen sei und die Menschen die Grundlagen der

Zivilisation (Schrift, Künste, Landwirtschaft usw.) gelehrt habe, jeweils bei Sonnenuntergang aber wieder ins Meer verschwunden sei. O. habe auch über Schöpfung und Staat geschrieben, was später von anderen ähnlichen Wesen kommentiert wurde. Direkte babylon. Vorbilder sind nicht bekannt, doch kann ᾿Ωάννης vielleicht auf akkad. *ūma-anna*, einen Namen des weisen Adapa, zurückgeführt werden. Die sumer. Tradition kennt einige Lehrgedichte über die Schöpfung der Kultur, die ähnliche Gedanken enthalten. W. Rö.

Oasis, abgeleitet vom äg. *wḥ3.t* »Kessel« ist O. Bezeichnung der Depressionen der w. Wüste, die durch meist artes. Brunnen z.T. bewohnbar sind. Man zählte ihrer 6: die »große« Oase el Charge (äg. *Knm.t*, Ὄασις μεγάλη), el Dachle (Ὄασις μεγάλη ἐσωτέρω), el-Bahrije (äg. *dsds*, Ὄασις μικρά), Farafra (äg. »Kuhland«), Wadi Natrun (äg. »Salzfeld«, → Nitriai) und Siwa (äg. »Baumfeld« → Ammoneion). el-Charge war bereits im A.R. wichtig als Wüstenweg von Abydos nach Nubien (Urk. I 125,14); im M.R. bestand noch keine feste äg. Verwaltung in den O., sondern die Wüstenpolizei inspizierte sie (ÄZ 65,108). Im N.R. unterstand dann el-Charge und Dachle dem Bürgermeister von → Thinis (Urk. IV 976ff.). Bahrije wurde von → Kynopolis bzw. → Oxyrynchos aus verwaltet und war die am frühesten (E. 18. Dyn.) kultivierte O. (FAKHRI Bahria Oasis I/II). Seit der 21. Dyn. hören wir von Verbannungen Mißliebiger in die O., bes. el-Charge; noch die Bischöfe Athanasios und Nestorios lebten dort in der Verbannung (chr. Friedhof Bagawat, vgl. FAKHRI Necropolis of el-Bagawāt). Eine Stele der 22. Dyn. (JEA 19,19ff.) aus Dachle gibt Hinweise auf die Wasserwirtschaft und die libysche Herkunft der dortigen Bevölkerung. Siwa scheint erst in der 30. Dyn. ägyptisiert worden zu sein (Tempel von Agormi und Umm el-Beda, vgl. FAKHRI, Siwa Oasis). Die Blütezeit der O. beginnt mit der Einführung des Kamels in der Perserzeit; damals Tempelbau des → Dareios von Hibis (el-Charge). In ptol. und röm. Z. wurden die Wegstationen nach dem S. (Kasr el-Gueita, Kasr ᶜain ez-Zayan, Qasr Dusch) ausgebaut; eindrucksvolle Tempelreste sind erhalten. Ebenso zeugen röm. Bauten von Festungen und Tempeln (Kasr Dachle z.Z. Neros) von der damaligen Bedeutung der O. W.H.

Oaxes, großer Fluß am Rande der ö. Welt, Verg. ecl. 1,65f. (Macrob. 4,3,9), daher nicht ein Bach in Kreta (GLM 150. RE XVII 1686f. Nr. 1), richtig Serv. u. Sch. Bern. zu Verg. a.O. Wohl andere, der iran. Form entsprechende Namensform des → Oxus, wie Iust. 1,8,2 (*lacus Oaxus* Solin. 49,1. Plin. nat. 6,48). [2] emendiert bei Verg. a.O. *Oaxen* in *Araxen*. E. M.

1. *M. Guarducci*, Inscr. Cret. 2,45. 2. *K. Wellesley*, CPh 63, 1968, 139ff. 3. RE XVIII 2006ff. (Oxos).

Oaxos (Ὄαξος, einheim. Ϝάξος, vereinzelte Nebenformen, jünger und lit. Ἄξος), Stadt im n. Mittelkreta beim h. Axos, das den Namen bewahrt hat, etwa 11 km in Luftlinie landeinwärts an einer steilen Akropolis. Reste sind gering, reichen aber von myken. bis in byzant. Z. einschließlich mehrerer Kirchen. Ausgegraben archaischer Tempel auf der Akropolis und Tempel in der Unterstadt. Der Name ist griech. Nach Hdt. 4,154f. stammte die Mutter des Gründers von Kyrene, Battos, aus O., sonstige Ereignisse nur aus den Inschr. seit hellenist. Z. bekannt. Spätant. und ma. Bischofssitz. Im Gebiet von O. liegt die idaeische Grotte (→ Ida). Skyl. 47. Apoll. Rhod. 1, 1131 m. Sch. Steph. Byz. s. Ἄξος und Ὄαξος. Etym. m. 616,53. Hierocl. synecd. 650,8. Not. episc. 8,235. 9,144. BCH 45, 1921, 20 III 120. Inschr.: [4] Nr. 1–60. SEG 3,782f. 16,529f. SCHWYZER 189. Mz.: HEAD HN² 459. [4] 47. E. M.

1. *A. Taramelli*, Mon. ant. 9, 1899, 308ff. 2. *Kirsten*, RE XVII 1687ff. 2555. 3. *Kruse*, RE Suppl. VII 680. 4. *M. Guarducci*, Inscr. Cret. 2,42ff. 5. *D. Levi*, I bronzi di Axòs, ASAA 13/14, 1930/31, 43–146. 5. *E. Petrulakis*, EA 1915, 43ff.

Obai (ὠβαί). Spartan. Ausdruck, nach F. KIECHLE Lakonien und Sparta, 1963, 124ff. urspr. für gentiliz. Gruppen, in hellenist.-röm. Z. für die Komen Spartas, nach V. EHRENBERG, Gn 36, 1964, 609 stets für die Komen Spartas und ihre Vollbürger. ὠβά = ὠϜά vordor., etym. nicht erklärt, begegnet in der Rhetra φυλὰς φυλάξαντα καὶ ὠβὰς ὠβάξαντα Plut. Lyk. 6,2. Es ist sonst in der Lit. durch κώμη, φυλή, τόπος, Hdt. 3,55. Sch. Thuk. 1,20. Hesych. Steph. Byz. ersetzt. Inschr. sind bekannt ὀϜὰ ᾿Αρκάλōν (SEG 11,475a, um 500 v. Chr.) und O. von Limnai, Kynosura, Mesoa, Pitane, Amyklai und Neopolis (IG V 1,674ff. 1./2. Jh. n. Chr.). Zur Organisation der O. von Amyklai (3 Ephoren, 3 Dogmatographen, Kasse, Kult) Sylloge³ 932 (2./1. Jh. v. Chr.). H. V.

Obărātor ist – nach Ausweis der ausgebliebenen Vokalschwächung – nachträglich in die Liste der beim *sacrum Cereale* angerufenen *numina* eingefügt (Serv. auct. georg. 1,21). G. R.

Prell.-Jord. 2,225f. *Peter*, Myth. Lex. 2,208. *Wissowa* Rel.² 35. *Radke* Götter Altitaliens 236.

Obeliskos. Griech. Bezeichnung (»Bratspieß«) für die monolithen spitzzulaufenden Pfeiler vor äg. Tempeln. Nach dem Namen äg. *bnbn*, von *wbn* »aufgehen«, bezeichnete die Steinsetzung urspr. den Urhügel, der zuerst aus der Urflut aufgetaucht war. Als in → Heliopolis zum Beginn der 5. Dyn. der Kult der Sonne eingeführt wurde, erhielt der O. die Bedeutung als Sitz der morgendlichen Sonne. In den kgl. Sonnentempeln der 5. Dyn. bei Abusir stand der O. im Mittelpunkt eines großen Opferhofes; sie waren allerdings aus Blöcken gemauert. Erst seit Sesostris I. kennen wir Tempelobelisken (erhalten in Heliopolis), die oft im Zusammenhang mit dem 30jährigen Jubiläumsfest errichtet wurden, ohne daß wir über die Bedeutung Genaueres wissen. Sie wurden meist paarweise errichtet.

Schon in augusteischer Z. brachte man äg. Obelisken nach Rom, um sie als Zeiger monumentaler Sonnenuhren (auf dem Marsfeld) oder als Wendemarken im Circus Maximus zu verwenden. Auch Privatleute errichteten, wohl im Zusammenhang mit Isistempeln, O. mit Hieroglypheninschr. Hadrian errichtete O. am Grabmal des → Antinoos (h. auf dem Pincio). Mehrere äg. Obelisken schmückten auch den Circus Konstantinopels, herbeigeholt von Constantius II., Iulianus, Theodosius. W. H.

Obelos (ὀβελός), ein kritisches Zeichen (–), das ant. Herausgeber, zuerst wohl → Zenodotos, an den linken Rand derjenigen Textstellen setzten, die sie für unecht oder schlecht hielten. Der O. zusammen mit dem Asteriskos (※) bezeichnet einen versus iteratus, der an anderer Stelle, die nur mit dem ※ versehen wird, besser in den Text paßt. Andere Verbindungen mit dem O. (z.B. ∸, ÷, > –, – <) kommen nur selten vor. Eust. benutzt 1610, 47 statt des Namens O. Obeliskos. O. Dr.

A. Gudeman, RE XI 1920ff. (z.T. ungenau).

Obligatio bezeichnet die Verpflichtung zu einem Verhalten, bes. zu einer Leistung. Im modernen Privatrechtssystem nennt man das Verpflichtungen aus Verträgen, Delikten und anderen Entstehungsgründen zusammenfassende Schuldrecht auch Obligationenrecht. Für das ältere röm. Recht läßt sich eine solche Systemkategorie trotz WATSON Law of Obligations in the Later Roman Republic (1965) jedoch nicht nachweisen. Wohl aber kennt man schon die Rechtsworte *obligare, obligari* und o. *Obligari* begegnet erstmals bei Plaut. Truc. 214 und hat dort mit der *fiducia* zu tun. Das Substantiv o. ist jünger, wir finden es erst bei Cic. ad Brut. 1,18. 3. Zugrunde liegt die Vorstellung einer Bindung. Vielleicht dachte man zunächst sogar an eine körperliche Bindung, etwa die Fesselung von Geiseln, die einem Gläubiger bestellt wurden. Später dominiert die Vorstellung des rechtlichen Bandes. Die o. wird als *vinculum iuris* gesehen, das den Schuldner an den Gläubiger bindet. So definieren sie Iustinians Institutionen (3,13 pr.): *o. est iuris vinculum, quo necessitate adstringimur alicuius solvendae rei secundum nostrae civitatis iura.* Wenngleich wir nicht wissen, ob die Kompilatoren der Institutionen damit eine klass. Definition übernahmen, ist es doch eher wahrscheinlich, daß diese einzige überlieferte Definition der o. aus klass. Tradition stammt. Gerade die Vorstellung der Bindung hat sie mit dem Spätklassiker Paulus gemeinsam, der nach dem Zeugnis von Dig. 44,7,3 pr. sagte: *Obligationum substantia non in eo consistit, ut aliquod corpus nostrum aut servitutem nostram faciat, sed ut alium nobis obstringat ad dandum aliquid vel facientum vel praestandum.*

An der Frühgeschichte der o. ist vieles zweifelhaft. So herrscht Meinungsstreit darüber, ob die

o. zunächst im Recht der Deliktshaftung entstand und dann auf den Bereich der Rechtsgeschäfte übertragen wurde, oder ob alte Haftungsgeschäfte wie das *nexum* als Wurzel der o. anzusehen sind. Während einer Klärung dieser Frage vor allem die Dürftigkeit der Überlieferung entgegensteht, scheitert die Diskussion darüber, ob die o. mehr »Schuld« (im Sinne von Leisten-Sollen) oder eher »Haftung« (im Sinne von Einstehen-Müssen) meinte, schon an der dogmatisch-unhistor. Fragestellung.

Inhalt der klass. o. ist entweder ein *dare* oder ein *facere* oder ein *praestare* (Gai. inst. 4,2). Unter *dare* begriff man nur die Verschaffung von Eigentum nach *ius civile* und von beschränkten Sachenrechten. Zum *facere* rechnete man jedes Tun, später auch das Unterlassen (Paulus Dig. 45,1,2,5). *Praestare* war vieldeutig und meinte vor allem die Verpflichtung, für etwas einzustehen. Die technische Bezeichnung der drei Inhalte einer o. begegnet in vielen Prozeßformeln. Für die Durchsetzung einer o. kamen immer nur *actiones in personam* (nicht: *in rem*) in Frage. Gab es für eine o. keine Möglichkeit, sie mit *actio* durchzusetzen, so wurde sie von einigen Klassikern dann als *o. naturalis* bezeichnet, wenn die dennoch erbrachte Leistung nicht als *indebitum* zurückgefordert werden konnte und wenn die Sicherung einer solchen o. durch Bürgschaft oder Pfandbestellung möglich war (Julian. Dig. 46,1,16,3 und 4).

Ein besonders beliebtes Thema der klass. wie der späteren Elementarlit. war die Einteilung der Obligationen, die *divisio obligationum.* Zunächst finden wir bei Gaius (inst. 3,88) ein zweigliedriges Schema: *obligationes ex contractu* werden von *obligationes ex delicto* unterschieden (wobei die ersteren wiederum in vier Kategorien zerfallen: Realkontrakte, Verbalkontrakte, Literalkontrakte, Konsensualkontrakte). Alsbald treten jedoch Tendenzen zu weiterer Differenzierung auf. Lange nahm man an, daß diese geradlinig über die *variae causarum figurae* der *res cottidianae* (Dig. 44,7,1 pr.) zu Iustinians viergliedrigem Schema führten, das neben die Kontrakte noch Quasikontrakte und neben die Delikte noch Quasidelikte stellt (Iust. Inst. 3,13,2). Doch zeigt der Systementwurf des Spätklassikers Modestinus (Dig. 44,7,52), daß daneben noch andere Gruppierungen von Verpflichtungsgründen erwogen wurden. Aus dem Konzept des Modestinus hat in der nachantiken Dogmengeschichte vor allem die Verpflichtung durch Gesetz, die *o. ex lege* (Dig. 44,7,52,5), Bedeutung erlangt. Th. M.-M.

Savigny Das Obligationenrecht. 1851–1853. *Perozzi* Le obbligazioni rom. 1903. *Betti* La struttura dell'obbligazione rom. e il problema della sua genesi, 1949. *Hägerström* Der röm. Obligationsbegriff, 1927/41. *Luzzatto* Per un'ipotesi sulle origine e la natura dell'obbligazione rom. 1934., *Watson* The Law of Obligations in The Later Rom. Republic, 1965. *Voci* Le obbligazioni rom., 1969.

Cornioley Naturalis obligatio, 1964. *Mayer-Maly*, Rev. internat. des droits de l'antiquitè 1965, 437ff. *Ders.* Irish Jurist 1967, 375ff.

Obolos (*ὀβολός, ὀβελός*), »Spieß«. Spieße sind als vormünzliche Form des → Geldes literar. und archäolog. (Argos, Delphi, Korinth, Sparta u.s.) nachgewiesen. Ihrer 6 faßte eine Hand, sie hießen daher → Drachme. Name und Relation gingen auf Münzen (Silber und Gold) über. Das Gewicht des O. ergab sich aus dem Münzfuß: att. = 0,73 g, aiginet. = 1,04 g usw. Neben der Teilung in 8, 12 oder 16 bronzene → Chalkoi standen silberne ¼-, ½- und ⅔-Stücke (→ Tetartemorion, → Hemiobolion, → Tritemorion). Mehrfache waren Diobolon, Triob. usw. bis Dekobolon. Später wurde der O. auch in Aes ausgebracht und mit Wertzeichen versehen (O, OBO u.ä.). Als Medizinergewicht hielt er 0,57 g. → Charon (1) → Münzwesen. H. Ch.

Schrötter, WBMzK s.v. *M.N. Tod*, NC 1947, 1ff. 1955, 125ff. *K.Christ*, Ant. Numismatik, Darmst. 1967, 15ff.

Obsequens Iulius. Vf. eines *liber prodigiorum*, der zu bestimmten J. der Z. 190–11 v.Chr. eine oder mehrere (28.43.46 etc.) Serien von Vorzeichen markanten hist. Ereignissen zuordnet. Aus dem Titel (urspr. Subskription?) der ed. princeps, die die Schrift allein überliefert, geht hervor, daß die Prodigien vom J. 249 an, also wohl auch eine Vorrede, verloren sind. O. bezieht Roms Erfolge offenbar auf eine sorgsame Beachtung von Götterzeichen, deren Expiation drohendes Unheil abwendet (2.3.6 etc.), deren Mißachtung jedoch ins Verderben führt (27a.55.64 etc.). Er setzte mit dem Jahr der ersten Säkularfeier ein, weil seit diesem Termin die Prodigien offiziell in den Priesterannalen aufgezeichnet worden zu sein scheinen (vgl. Bernays Ges. Abh. 2, 1885, 307f.), während das Ende sich am Schluß des livian. Werkes orientiert. Livius liegt einmal über eine Chronik, die die Konsuldaten sowie die knappen hist. Angaben vermittelte (vgl. Kornemann, Klio Beih. 2, 1904, 70ff. [3], vgl. 823ff. dessen skept. Ausführungen zur Livius-Epitome, auch Haug, WJ 1947, 100ff.), zum anderen für die Prodigien direkt zugrunde. Ein Vergleich von Obseq. 1–11 mit Liv. B. 37–45 zeigt, daß O. stark vereinfacht. Vor allem die heidnisch-apologet. Tendenz macht eine Datierung in das ausgehende 4. Jh. wahrscheinlich. Während in Spätant. und MA. Spuren einer Nachwirkung fehlen, führte das theol. Interesse des 16./17. Jh. zu zahlreichen Nachdr. der ed. princeps und der um die Prodigien a.u.c ergänzten Edition von K. Wolfhart (Lycosthenes), Basel 1552. P. L. Sch.

Erstausg.: *A. Manutius* 1508 (mit Plin. epist.). Ta.: *O. Roßbach* 1910 (mit Liv. Periochae). *A.C. Schlesinger* Livius 14, 1959 (mit engl. Übers.). Lit.: 1. *O. Roßbach*, RhM 1897, 1ff. 2. *Schanz-Hos.* 4,1,84f. 3. *A. Klotz*, RE XIII 828ff. 4. *M. Galdi* L'Epitome 1922, 75ff. 5. *P.G. Schmidt* Suppl. lat. Prosa in der Neuzeit 1964, 11ff.

Obsidian (*obsianus lapis* »Stein des Obsius«; die Form *obsidianus* ist falsche Lesart), schwarzes, glasartiges Vulkangestein, das angeblich von einem gewissen Obsius aus Äthiopien eingeführt wurde. Verwendung: in der Schmuckindustrie (s. Plin. nat. XXXVI und XXXVII an mehreren Stellen). Die Griechen kannten O., ohne ihn anscheinend bes. benannt zu haben. F. K.

Obstbau siehe Nachträge am Schluß des Bandes.

Occasio. Röm. Personifikation der günstigen Gelegenheit. Ihre allegor. Auffassung und Darstellung war nachgebildet dem → *Καιρός* des Lysippos: ein Jüngling mit Haarschopf an der Stirn und kahlem Hinterkopf, in der Rechten ein Schermesser (vgl. *ἐπὶ ξυροῦ ἀκμῆς* Il. 10,173, *ἐπὶ ξ. τύχης* Soph. Ant. 996), in der Linken eine Waage, mit den Zehen der geflügelten Füße auf einer Kugel – vgl. *Τύχη*, Fortuna – stehend (Anth. Pal. 16,275). Ähnlich, auch männlich ist das Bild des *Tempus* Phaedr. fab. 5,8 *Cursor, volucri pendens in novacula, calvus, comosa fronte, nudo corpore (occipitio* L. Müller). Als weibl. Wesen Dist. Cat. 2,26 *Fronte capillata, post est O. calva.* Auson. epigr. 19,33 p. 323 P. *In simulacrum Occasionis et Paenitentiae* (wenn O. davonfliegt, bleibt Reue zurück). Die »Göttin Gelegenheit« noch bei Goethe, Röm. Eleg. 4. Eine *Μεταμέλεια* war in Argos dargestellt, Philodem. *περὶ εὐσεβ*, 64, p. 35,19 Gomp. – *O mea Commoditas, o mea Opportunitas* begrüßt Menaechmus I seinen Parasiten, Plaut. Men. 137. H. v. G.

Lamer, RE X 1508ff.

Occentatio, moderner Terminus für die Tätigkeit des *occentare* (»ansingen«). Dieses Verbum hat in den 12-Taf. eine Handlung bezeichnet, die mit der Todesstrafe bedroht war (tab. 8,1b). Die Quellen deuten sie als das öffentliche Absingen eines Schmähgedichts, das einer bestimmten Person Schande zufügte (Cic. rep. 4,12. Fest. p. 190f. L. Vgl. Cic. Tusc. 4,4); das Verbot habe vor allem Angriffe von Dichtern bekämpfen sollen (Cic. rep. 4,11f. Vgl. Aug. civ. 2,12). Dieser angebliche Zweck ist sicherlich ein Anachronismus der späten Republik. Außerdem scheint sich die Bestimmung nicht gegen eine Form der Verbalinjurie, sondern gegen Zauberlieder gerichtet zu haben, die den »Angesungenen« schädigten. Dann fragt sich jedoch, wie sich *occentare* von dem ebenfalls den 12-Taf. zugeschriebenen Tatbestand *qui malum carmen incantassit* (tab. 8,1a) unterschieden habe; dieser Tatbestand zielte zweifellos auf Schadenszauber. Andererseits muß, wer *occentare* als schwere Injurie deutet, in Kauf nehmen, daß die Quellen die Begriffe *carmen* (»Schmähgedicht«) und *malum carmen* (urspr. »Zauberspruch«) miteinander identifizieren (Hor. s. 2,1,82. Arnob. 4, 34. → Carmen famosum). Das Problem ist umstritten und wahrscheinlich unlösbar. M. F.

M. Kaser, ZRG rom. Abt. 73, 1956, 222ff.

Occius, PN. (zur Gemination SCHULZE Eigenn. 424), selten. **1.** Q. O., Legatus des cos. Q. Caecilius → Metellus Macedonicus (18) 143 in Spanien, BROUGHTON Mag. 1,476. Dort zeichnete er sich auch im folgenden J. durch bes. Tapferkeit aus – man nannte ihn (wie auch schon den L. Siccius Dentatus) »Achilles« – und fiel vielleicht 141. Liv. epit. Ox. 54,186f. Val. Max. 3,2,21. H. SIMON Roms Kriege i. Span. (1962), 72 u.ö. (199). **2.** Occia, Vestalin 38 v. bis 19 n. Chr., Tac. ann. 2,86,1. H. G. G.

Occupatio. 1. Bezeichnet im techn. Sinn den »Zueignung« oder »Aneignung« genannten Vorgang, bei dem durch tatsächliche Besitzergreifung einer herrenlosen, eigentumsfähigen Sache und durch den Bemächtigungswillen (vgl. Ulp. Dig. 47,2,43,5) quirit. Eigentum erworben wird. Im klass. R. findet die o. vor allem in den Fällen Anwendung, die im Gegensatz zum *ius civile* auf die *naturalis ratio* und das *ius gentium* zurückgeführt werden (vgl. Gai. inst. 2,66. 69; Gai. Dig. 41,1,1 pr.). Bezeugt ist die o. an a) *omnia animalia quae terra mari caelo capiuntur* (Gai. inst. 2,66. Gai. Dig. 41,1,1,1). Die o. durch Jagd und Fischerei ist die älteste und wohl auch die bedeutendste Form des Eigentumserwerbes. Sie bleibt es auch in der Spätzeit, da dem röm. Recht bes. Jagd- oder Fischereiberechtigte im allg. nicht bekannt waren; b) *insula quae in mari nascitur* (Gai. Dig. 41,1,7,3). Die häufiger auftretenden Inseln in einem Fluß sind nur dann Gegenstand einer o., wenn der öffentliche Fluß zwischen zwei Äckern fließt, die durch eine von einem Agrimensor gezogene Grenzlinie getrennt sind *(agri limitati;* vgl. Ulp. Dig. 43,12,1,6. 7); c) *res hostiles;* der als *o. bellica* bezeichnete Erwerb verschaffte dem Eigentum, der vom Feindesgut Besitz ergreift (Gai. inst. 2, 69. 4,16); d) Ob der Eigentumserwerb an Sachen, deren Besitz und Eigentum absichtlich aufgegeben wurde *(res derelictae)* schon im klass. R. o. hieß, bleibt vor allem wegen der systemat. Einordnung des Eigentumserwerbs an *res derelictae* in den Schriften der röm. Juristen bei *traditio* und *usucapio* zweifelhaft. **2.** Als *ager occupatorius (arcifinius, solutus)* wird das von den Römern eroberte unvermessene und unaufgeteilte Land bezeichnet, das im Eigentum des Staates blieb und an dem kein Privateigentum begründet werden konnte. Wohl durfte es von röm. Altbürgern besiedelt und bebaut werden, ohne daß diese aber mehr als eine freilich veräußerliche und vererbliche *possessio* daran erlangten. Entgegen dem Ausweis des Voc. Iur. Rom., das nur das Verbum *occupare* auswirft, kommt gerade in diesem Zusammenhang, aber auch sonst, das Substantiv o. in der Bedeutung von Aneignung in den Rechtsquellen vor (vgl. die Nachweise bei HECK). **3.** Die durch den *fiscus* aus den verschiedensten Gründen erfolgte Beschlagnahme privaten Vermögens heißt *o. a fisco* oder *o. bonorum* (vgl. Ulp. Dig. 4,4,3,4; Pauli sent. 28,1,31; 5, 12,6. 9). **4.** In Wendungen wie *mari aut flumine occupatum* (Paul. Dig. 41,2,30,3. Pomp. Dig. 1,8,10; 41,1,30,3), *integrum diem occupare* (Ulp. Dig. 50,16,3 pr.); *somno aut morbo comitiali occupatus* (Ulp. Dig. 26,8,1,1) ist das Wort untechnisch und z. T. in übertragenem Sinn verwendet. F. R.

Kaser, RE Suppl. VII 682ff. *Ders.*, ZRG 65, 1947, 220ff. *Ders.*, St. Biondi 1, 1965, 109. *E. Heck*, ZRG 84, 1967, 355ff. *Arnaud*, Rev. Hist. 46, 1968, 183ff.

Ocelis (Plin. nat. 6,104, *Ὄκηλις* Ptol. 6,7,7. 8,22,7. Peripl. m. Erythr. 25), kleiner Monsunhafen an der arab. Küste der Meerenge Bab el-Mandeb, wohl an der Stelle des nahe bei der Insel Perīm gelegenen h. Hafens Šēḫ Sa'īd zu suchen. Im 3. und 2. Jh. v. Chr. gehörte O. zu Qatabān (*Gebbanitae* Plin. nat. 12,88, wo der Hafen *Ocilia*), dann zu Ḥimyar (→ Homeritae). A. D.

Ocella, Cognomen (»kleinäugig«), RE XVI 1662. III A 1828. I. KAJANTO Lat. Cognomina, Soc. Sc. Fenn., Comm. Hum. Litt. 36, 1965, 239. Bezeugt seit der späten Republ. bei den Livii (auch für den späteren Kaiser Galba), Servii, Sulpicii. DEGRASSI FImp. 260. H. G. G.

Ocelum. 1. Im Gebiet der Lepontier (Ptol. 3,1, 38) an der Straße (Geogr. Rav. 4,30. Guido 11) über den Matronapaß als letzte Stadt der *provincia citerior* (Caes. Gall. 1,10,5) außerhalb des *Cotti regnum* 28 mp vor Scingomagus (Strab. 4, 179; vgl. It. Gadit. 74) beim Eintritt in die Alpen (Strab. 5,217); h. bei Rivoli ca. 8 mp w. Torino. G. R.

Forbiger HB. d alt. Geogr. 3,145. *Nissen* It. Ldk. 2,150. *Miller*, ItR. 231.

2. O. in Lusitanien, Plin. nat. 4,118. Ptol. 2,5,7. Itin. Ant. 434. 439 *(Ocelo Duri)*. Cosm. Rav. 319,3 *(Ocelodurum)*. Span. Lokalforscher haben O. mit h. Zamora identifiziert, und dazu paßt der Beiname Duri am Duero (Encicl. Univ. Jl. 39,598). R. G.

Oche (*Ὄχη*), höchster Berg des s. Euboia, 1397 m, aus Schiefern bestehend, Strab. 10,1,3 p. 445. 1,6 p. 446. Steph. Byz. s. *Κάρυστος*. Eustath. Il. 54,43ff. 280,44ff. Hesych. E. M.

1. *Fr. Geyer* Topogr. u. Gesch. d. Insel Euboia 6. 106. 2. *Ders.*, RE XVII 1767. 3. *Joh. Schmidt*, RE Suppl. VII 691f. 4. *Philipps.-Kirst.* 1,627f.

Ochimos (*Ὄχιμος*). Der älteste der → Heliadai, König von Rhodos. Sein Bruder → Kerkaphos nahm O.' Tochter → Kydippe (3), die einem andern verlobt war, zur Frau und mußte fliehen, kam aber später zurück und wurde O.' Nachfolger. Hellan. FGrH 1,140 F 37. Zenon FHG 3,176 frg. 1. Diod. 5,56f. Plut. qu. gr. 27. H. v. G.

Ochos (*Ὦχος*). **1.** Nicht mit Sicherheit zu identifizierender Fluß (Sangalak?), der nach Aussage ant. Autoren durch Hyrkanien (vgl. Strab. 11, 509), nahe beim Gebiet der Parther (vgl. Apollodoros FGrH 779 F 4), an der Grenze zu oder gar durch Baktrien (vgl. Anonymi bei Strab. 11,518) floß, wobei man sich bereits in der Ant. im Unklaren war, ob er direkt ins Kasp. Meer münde oder sich zuvor mit dem Unterlauf des Oxos (h. Amu – darja) vereinige (vgl. Strab. 11,509). E. O.

J. Sturm, RE XVII 1768–1770 Nr. 2, vgl. aber *H. Myśliwiec*, RE Suppl. XI 1027.

2. O., s. Artaxerxes – Dareios

Ocker (*ὤχρα, ochra, sil*). Die wichtigste gelbe und bräunliche Malfarbe der Ant., durch Verwitterung entstandene Eisenoxydverbindungen, wurde (Plin. nat. 33,158/60) in vier Sorten gehandelt. Die beste Sorte, der att. O., stirbt mit dem Erliegen der Bergwerke von → Laureion aus. Der marmorkörnige O., widerstandsfähig gegen Kalkätzung, diente zum Tünchen und »al fresco«-Malen. Der bräunliche (»skyrische«, lydische) O. wurde zur Schattengebung, der lichte O. (aus Italien, Gallien) zum Aufsetzen von Lichtern in der Malerei benützt. Vgl. noch Theophr. lapid. 51 ff. Gal. de succed. 19,736 K. In Hippokr. Progn. 2,39. Plut. mor. 436 C. 472 A. Diosk. 5,108. Cels. 5,14. Vitr. 7,7; 14. Plin. nat. 35,30 ff. W. H. G.

Schramm, RE XVII 1772 ff. *E. R. Caley–J. C. Richards* Theophrastus On Stones 1956, 171 ff. *R. J. Forbes* Studies in anc. Technology III (1955) Ind. s. ochre.

Ocrea, Cognomen (»Beinschiene«), I. Kajanto Lat. Cogn., Soc. Sc. Fenn., Comm. Hum. Litt. 36, 1965, 342; bes. bei den Luscii. Degrassi FImp. 260. H. G. G.

Ocriculum, umbr. (Liv. 9,41,20. Plin. nat. 3, 53; etr. *ucrislane* CIE 2413. 2730 u. a. zeigt umbr. Palatalisierung *–kl–>–sı'–*) Stadt s. der Narmündung (Steph. Byz. s. *᾿Οκρίκολα· πόλις Τυρρηνῶν* bezeugt keine Zugehörigkeit zu Etruskern; vgl. ebd. s. *Περουσία. Σύεσσα* u. a.), municipium der 6. Region (Plin. nat. 3,113; *tribus Arnensis*. CIL XI 4081 ff.) an der via Flaminia (Strab. 5,227), nach It. Ant. 311,1: 44 mp von Rom, 12 mp vor Narnia). Seit 308 v. Chr. Freundschaftsvertrag mit Rom (Liv. a. O.; anders Beloch RG 224). Kult der Valentia (Tert. apol. 24; Radke Götter Altitaliens 306). Am Platz des umbr. O. h. Otricoli; die röm. Stadt O. weiter w. nahe dem Tiber bei S. Vittore (NSA 1909, 279) mit vielen Resten. G. R.

Nissen It. Ldk. 2,407. *Forbiger* Hdb. d. alt. Geogr. 3,440. *Beloch* RG 503.

Ocrisia oder **Ocresia** (*᾿Οκρησία*), Mutter des Königs → Servius Tullius. Nach dem Tode ihres Gatten Servius Tullus bei der Eroberung von Corniculum kommt sie schwanger in das Haus des → Tarquinius Priscus, dessen weise Gattin → Tanaquil sich ihrer und dann des von ihr geborenen Kindes annimmt. Nach anderer Version ist sie eine jungfräuliche Sklavin, die, als auf dem Hausaltar sich ein Phallos erhebt, sich auf Tanaquils Geheiß von ihm (dem Hauslar oder → Vulcanus, dem Dämon des Herdfeuers) begatten läßt (Dion. Hal. ant. 4,2. Plut. fort. Rom. 10. Cic. rep. 2,37. Liv. 1,39,5. 4,3,12. Ov. fast. 6,627–34. Plin. 36,204. Arnob. 5,18). Über die religionsgesch. Bedeutung der Sage ist viel diskutiert worden, vgl. Merkelbach, RE XVIII 1781–86. K. Z.

Octavia. 1. O. maior, Stiefschwester des Augustus, Tochter des C. → Octavius (I) und der Ancharia (4), Suet. Aug. 4,1. * vor 70 v. Chr. Verheiratet mit Sex. → Appuleius (II 2), dem sie den Sex. Appuleius (II 3), cos. ord. 29 v. Chr. (Dessau 8783) und den M. Appuleius (II 1), cos. ord. 20 v. Chr., gebar. R. H.

V. Poulsen, Stud. in Iulio-Claudian Icon., Acta Arch. 17 1946) p. 21 fig. 17.

2. O. minor, ältere Schwester des Augustus, Tochter des Octavius und der Atia, Suet. Aug. 4,1. * um 70 v. Chr.; vor dem J. 54 mit C. → Claudius Marcellus (I 12) vermählt, von dem sie die Claudia Marcella maior, den M. → Claudius Marcellus (II 32, * 42), und die Claudia Marcella minor hatte. Sie wurde im J. 40 mit M. → Antonius (I 9) verheiratet (App. bell. civ. 5,273. Sydenham Coin. Rom. Rep., 1952, p. 193 Nr. 1196), dem sie im J. 39 die → Antonia maior (I 17) gebar; sie verbrachte den Winter 39/38 in Athen, Plut. Ant. 33,4. App. 5,322. Im Frühjahr 35 brachte sie dort die → Antonia minor (I 18) zur Welt. Sie vermittelte zwischen ihrem Bruder und ihrem Gatten, was zum Vertrag von Tarent führte, Cass. Dio 48,54,1 ff. App. 5,93 ff. Plut. Ant. 35,2. Sie brachte letzterem Truppen nach dem O., wurde von ihm aber nach Rom zurückgeschickt, Plut. Ant. 53,1–3. Cass. Dio 49,33,4. App. 5,575. Im J. 32 sandte ihr Antonius den Scheidebrief (Plut. Ant. 57,2. Liv. per. 132. Cass. Dio 50,3,2), obwohl Octavianus ihr Sacrosanctität verliehen hatte, Cass. Dio 49,38,1. Sie lebte dann zurückgezogen in Rom und widmete sich der Erziehung ihrer eigenen Kinder und der des Antonius, auch aus dessen anderen Ehen, Plut. Ant. 54,2. Dio 51,15,7. Nie verschmerzte sie den Tod ihres Sohnes Marcellus, Serv. Verg. Aen. 6, 861. Sie starb 11 v. Chr., Cass. Dio 54,35,4, und wurde im Mausoleum des Augustus beigesetzt.

Münzen: Brit. Mus. Coins Rom. Rep. II p. 499. 502 f. 510–513. 515–519. *Sydenham* Coin. Rom. Rep. (1952) p. 193 Nr. 1196–1198. 1200. 1201.

Bildnisse: *Felleti-Maj*, Enc. Art. Ant. 5, 1963 806. *V. Poulsen* Stud. in Iulio-Claud. Icon., Act. Arch., XVII (1946) 15 ff.

3. Ein unter dem Namen des jüngeren Seneca überliefertes Drama der römischen Kaiserzeit, die einzige erhaltene röm. Tragödie mit hist. Inhalt *(fabula praetexta)*. Eine Verfasserschaft Senecas († 65 n. Chr.) wird durch Anspielungen auf Ereignisse der J. 66 (v. 728 ff.) und 68 (v. 618 ff.) sowie sprachliche, metrische und strukturelle Differenzen mit seinen echten Tragödien ausgeschlossen (gegen die communis opinio [2], doch vgl. B. Axelson, Gn 1956, 41 ff.). Dargestellt ist die Verstoßung der Claudius-Tochter O. durch ihren Adoptivbruder und Gatten Nero, der sich auch durch die Mahnungen Senecas nicht umstimmen läßt, Neros

Heirat mit → Poppaea, die darauf folgende Rebellion und O.s Verbannung (im J. 62, vgl. E. MEISE Unt. z. Gesch. d. Jul.-Claud. Dynastie, München 1969, 171 ff.). Die Übereinstimmung von Fakten, Motivation, Charakteren und Geschichtsbild mit der entsprechenden Darstellung des Tacitus (ann. 14,57 ff.) scheint eine Überprüfung der einhelligen Ablehnung einer Abhängigkeit des Octavia-Dichters zu erfordern. Der Text ist nur in einem der beiden Traditionszweige der Tragödien, in A, überliefert, vgl. zuletzt R. H. PHILP, CQ 1968, 150 ff. P. L. Sch.

Ta. in den Gesamtausg. der Trag., zuletzt *I.C. Giardina*, Bologna 1966; einzeln: *C. Hosius*, Bonn 1922. *T.H. Sluiter*, Leiden 1949. *L. Pedroli*, Fab. praet. quae extant, Genue 1954, 17ff. 76ff. 117ff. Bibliogr.: *M. Coffey*, Lustrum 2, 1957, 174ff. (1922–1955, lückenhaft).

Lit.: 1. *L. Herrmann* Octavie, Paris 1924. 2. *F. Giancotti* L'O. attribuita a Seneca, Turin 1954 (dazu *B. Walker*, CPh 52, 1957, 163ff.). 3. *C.J. Herington*, CQ 1961, 18ff.

Octavianus. 1. Cognomen, nach der Adoption aus der gens Octavia besonders für → Augustus (doch nicht von ihm selbst) gebraucht; später auch Nomen, bes. in Africa, I. KAJANTO Latein. Cogn., Soc. Sc. Fenn., Comm. Hum. Litt. 36, 1965, 151. H. G. G.

2. O., spätlat. Dichter, im Cod. Salmas. als Vf. von carm. 20 der Anth. Lat., eines ekphrast.-paradoxen Epigramms, überliefert, dessen Überschrift den Dichter als *vir illustris* von 16 J. bezeichnet. Der Versuch von [1], O. als Kompilator der ganzen Slg. zu erweisen, ist von RIESE widerlegt worden. R. He.

Ta. Anth. Lat. *(Bücheler–Riese–Lommatzsch)* I 1^2, 1894 (p. 84) 1. *E. Baehrens*, PLM 4, 28ff. 2. *W. Kroll*, RE XVII 1799f.

Octavius. Lat. PN., abgeleitet von * Octavos (als Bezeichnung der Reihenfolge der Geburt) und urspr. Praenomen, so bei O. → Mamilius (3). RE XVI 1656. 1670. Als Gentilname (vgl. SCHULZE Eigenn. 201,8) mehrfach, z. B. in Praeneste u. Perusia, bezeugt. J. REICHMUTH D. Lat. Gentilicia, Diss. Zürich 1956, 96. Die wichtigste Familie war die stadtröm., aus der → Augustus stammte, vgl. Nr. 23. 3. Stammbaum: DRUMANN² 4,234f.

I. Republikan. Zeit. **1.** O., legendärer Feldherr in Velitrae, Einzelheiten bei Suet. Aug. 1 wohl erst in August. Z. ausgestaltet. **2.** O., Legat des → Crassus (2) im Partherkrieg 53, ein umsichtiger Offizier, der mit Crassus fiel. Plut. Crass. 27,7. 29–31. BROUGHTON Mag. 2,232. **3.** C. O., Kriegstribun 205 unter L. → Aemilius Papus (I 19), Vorfahre (Ururgroßvater) des Augustus, Suet. Aug. 2,2. **4.** C. O., röm. Ritter in Velitrae und Municipalbeamter, Großvater des Augustus, Suet. Aug. 2,2. **5.** C. O., C. f. C. n., Praetor 61, der Vater des Augustus, ca. 101–59 v. Chr. Ämterlaufbahn (Elogium CIL I² p. 199 el. XXIX = DESS. 47): Kriegstribun (zweimalig), Quaestor (66), Aedil (63), Praetor 61, Propraetor in Macedonien 60

(Sieg über die thrak. Besser, Imperatortitel); auf der Heimreise † 59 in Nola, Suet. Aug. 4,1. 8,1. 100,1. Verheiratet zunächst mit Ancharia danach mit → Atia (I 9), einer Nichte Caesars; Kinder: Octavia Maior (aus 1. Ehe), Octavia Minor und C. O., später Augustus, * 63. GARDTHAUSEN 1,46. **6.** Cn. O., Sohn des C. O. Rufus Nr. 23, führte seinen Zweig in die Nobilität ein. Kriegstribun 216 (bei Cannae bewährt). 206 pleb. Aedil, 205 Praetor (Provinz Sardinien, Erfolg über karthag. Transportflotte), 204–203 Propraetor und Flottenführer im Tyrrhen. Meer (203 Verluste durch Seesturm). 202 nahm er an der Schlacht bei Zama teil und führte anschließend die Truppen vor die Stadt Karthago; 201 gab er sein Kommando ab. 200 ging er als Mitglied einer Dreiergesandtschaft wieder nach Africa, war 194 Triumvir zur Kolonisation von Croton, gehörte 192/91 zur Vierergesandtschaft nach Griechenland (Abschirmung gegen Antiochos) und bewährte sich auch dort. BROUGHTON Mag. 1,351 **7.** Cn. O., Cn. f. Cn. n., Sohn von Nr. 6, erreichte als erster Gentile den Consulat. 172 curul. Aedil, ging 169 von Thessalien aus als Gesandter nach Griechenland, wurde in Rom Xvir sacris faciundis; 168 Praetor (Flottenkommando gegen Perseus, den er auf Samothrake gefangennahm, Liv. 45,5,1 ff.), 167 Propraetor (wieder im Osten), 1. Dez. 167 *triumphus navalis* in Rom, Act. triumph., erbaute die Porticus Octavia (zuletzt E. NASH 2,254 ff.). Consul 165 mit T. → Manlius Torquatus (35), DEGRI 13,50f. 460f. 163–62 leitete er eine wichtige Dreiergesandtschaft nach Makedonien, Kleinasien und Syrien, wo er in Laodikeia erschlagen wurde, Pol. 31,19f., 32,7,1 ff. **8.** Cn. O., Sohn von Nr. 7, Consul 128, trat anschließend als Anwalt auf, Cic. de or. 1,166f. **9.** Cn. O., Sohn von Nr. 8, im J. 100 Gegner des → Appuleius Saturninus (6), Praetor um 90 (im O. tätig), Consul 87, zusammen mit L. Cornelius → Cinna (2), BROUGHTON Mag. 2,45f. Als Anhänger des Sulla geriet er in Gegensatz zu seinem Kollegen, den er aus Rom vertrieb. Cinna rief Marius zurück. O. erlag der Übermacht und wurde (von C. → Marcius Censorinus 11) getötet, App. civ. 1,326 ff. GREENIDGE-CLAY Sources for Rom. Hist. 133–70 B. C. 171–177. A. HEUSS RG² 173 CHR. MEIER Res publica amissa, 1966, 239. **10.** Cn. O., angesehener Praetorier im Rat des Cn. Pompeius Strabo im J. 89 vor Asculum, DESSILS 8888,4. CICHORIUS RSt 140f. **11.** Cn. O., M. f. Cn. n., Sohn von Nr. 16, Freund Ciceros (fin. 2,93 *optumus atque humanissimus vir*. Brut. 222), Consul 76, mit C. Scribonius → Curio (1), war sehr kränklich. **12.** Cn. O., Freund des C. Trebatius Testa, von Cic. (fam. 9,3. 16,2) abgelehnt. **13.** L. O., Cn. f. Cn. n., vielleicht Sohn von Nr. 9 (DRUMANN² 4,240), wohl nicht ident. mit dem gleichnamigen Questor, der die Straße Nursia-Spoletium baute (CIL I² 832. BROUGHTON Mag. 2,476, 596.) Consul 75 (als Nachfolger von Nr. 11, vgl.

Münzer Adelsp. 216) mit C. → Aurelius Cotta (I 7), sollte Kilikien übernehmen, † schon Anf. 74. Er bewohnte das von seinem Urgroßvater (Nr. 7) erbaute Haus auf dem Palatium. **14.** L. O., wohl Quaestorier, *legatus pro praetore* des Pompeius im Seeräuberkrieg 67, wurde nach Kreta geschickt, wo sein ungeschicktes Verhalten beinahe zum Kampf gegen den dortigen Sieger Q. → Metellus (14) führte, der ihn schließlich davonjagte. Plut. Pomp. 29,4f. Gelzer Pompeius^2 79. J. van Ooteghem Pompée le Grand, 1954, 175. 178. **15.** M. O., Volkstribun 133, wurde nach seiner Intercession gegen das Ackergesetz des Ti. → Gracchus (8) auf dessen Antrag von den Tributcomitien seines Amtes – verfassungswidrig – enthoben; dadurch wurde der Reformer Gracchus zum Revolutionär. Die Beurteilung des O. ist in den Quellen tendenzbedingt, z. B. Cic. Brut. 95. Plut. Ti. Gr. 10,1,12,3ff. u. a. Cass. Dio frg. 83,4ff. F. Taeger Ti. Gracchus, 1928, 73ff. H. Last, CAH 9,24ff. A. Heuss RG^2 145. Chr. Meier Res publica amissa, 1966, 97f. 129ff. **16.** M. O., Cn. f., Volkstribun zwischen 122 und 104 (zur Datierung Broughton Mag. 2,471), brachte ein Getreidegesetz durch, das bedenkliche Folgen des entsprechenden Gesetzes des C. → Gracchus (1) von 123 minderte, Cic. off. 2,72. Mit Rücksicht auf Plut. Mar. 4,7 könnte man diese lex Octavia frumentaria mit H. Last, CAH 9,95 bereits ins J. 119 ansetzen. **17.** M. O. Cn. f. (wohl Nr. 11), vermittelte zwischen Ap. → Claudius Pulcher (I 28) und Cicero als Legat. 53–51, war 50 Aedil und diente im Bürgerkrieg 49–48 unter Pompeius als Geschwaderkommandant (zusammen mit L. Scribonius Libo) der Liburn. und Achäi. Flottenteile unter dem Oberbefehl des M. → Calpurnius Bibulus (I 9); nach Erfolgen über P. → Dolabella (1) nahmen beide Legaten den → Antonius (I 3) gefangen; O. belagerte dann erfolglos Salonae. Nach Pharsalos sammelte O. in Dalmatien flüchtige Pompeianer und hielt sich gegen Q. → Cornificius (5) und A. → Gabinius (I 6), wurde jedoch von → Vatinius völlig geschlagen. Verwundet gelangte O. nach Africa und wirkte auch dort 47–46 als Flottenführer der Pompeianer; wahrscheinlich kam er um 46 ums Leben und ist nicht ident. mit Nr. 18. **18.** M. O., wohl nicht zur Nobilität gehöriger Namensträger, Geschwaderkommandant unter M. → Antonius (I 9), Actium 31 v. Chr., Plut. Ant. 65,1. **19.** C. O. Balbus trat nach der Ermordung Caesars schon am 15. 3. 44 auf die Seite der Mörder und starb E. 43 als Proskribierter, Plut. Caes. 67,2. App. civ. 4,85. Drumann^2 1,49. 472. **20.** O. Graecinus, Unterfeldherr des Sertorius in Spanien, wo er sich 76 gegen Pompeius auszeichnete und 72 zur Verschwörung gegen Sertorius gehörte. Plut. Sert. 26,2. **21.** L. (O.) Ligus trat ebenso wie sein Bruder M. O. Ligus (Senator, Broughton Mag. 2,493) im J. 70 als Zeuge gegen Verres auf. Cic. Verr. 1,125ff. **22.** M. O. Marsus, wahrscheinlich von Caesar in den Senat aufgenommen, Legat des cos. P. → Dolabella (1) 44–43 in Kleinasien und Syrien, wo er in Laodikeia den Freitod wählte. App. civ. 4,266f. **23.** C. O. Rufus erreichte als erster Gentile ein öffentliches Amt, die Quaestur, entweder um 230 (Drumann^2 4,236, Broughton Mag. 1,227) oder um 254 (Münzer, RE XVII 1853). Durch seine Söhne Cn. Nr. 6 und C. Nr. 3 war er Ahnherr der beiden Zweige der Octavii. **24.** O. Ruso, Geldverleiher, den Hor. s. 1,3,86ff. verspottet, vgl. Porph. **25.** Cn. O. Ruso, Quaestor 105 (Broughton Mag. 1,556), überbrachte dem Marius Truppensold nach Afrika und kehrte mit den Gesandten des → Bocchus von Mauretanien nach Rom zurück. Sall. Iug. 104,3. Praetor war er um 91 und gehörte 89 als Legat zum Stab des Cn. Pompeius Strabo, DessILS 8888,4. Cichorius RStud. 140f. Nr. 24 wird sein Enkel gewesen sein. H. G. G.

II. Kaiserzeit. **1.** P. O. Wahrscheinlich Sohn des gleichnamigen Praefekten von Äg. (2/1 v. Chr.). Er erstand eine große Meerbarbe, die Tiberius geschenkweise erhalten hatte, um 5000 Sesterzen, Sen. epist. 95,42. **2.** O. Sagitta. Volkstribun 58 n. Chr.; er tötete seine Geliebte, Pontia Postumia, die ihn verlassen wollte, und wurde auf Senatsbeschluß auf eine Insel verbannt, Tac. ann. 13,44,1. Nach Neros Tod verließ er die Insel, wurde aber im J. 70 zurückgebracht, Tac. hist. 4,44,2. **3.** Cn. O. Titinius Capito. Er war als Kohortenpraefekt und Militärtribun von Domitian ausgezeichnet worden; in seiner prokurator. Laufbahn bekleidete er zu E. der Regierung Domitians, unter Nerva und zu Beginn der Regierung Traians das Amt *ab epistulis* (zugleich *a patrimonio* unter Domit.); Nerva verlieh ihm die *ornamenta praetoria;* er brachte es bis zum *praefectus vigilum*, CIL VI 798. AE 1934, 154. Er war mit dem jüngeren Plinius befreundet, epist. 5,8, und selbst schriftstellerisch tätig, ebd. 8,12,1; daher durfte er zu Beginn der Regierung Traians auf dem Forum eine Statue des L. Silanus errichten, ebd. 1,17,1f. – Pflaum Carrièr. proc. éq. 1,143ff. R. H.

III. Literar. Persönlichkeit: C. O. Lampadio, röm. Grammatiker 2. Jh. v. Chr. Nach Suet. gramm. 2 war O. der erste, der, veranlaßt durch Krates, die Werke der ältesten röm. Dichter krit. bearbeitete; er teilte Naevius' bellum Punicum in 7 B. ein (F. Buecheler, RhM 40, 1885, 148). Daß O. Ennius emendierte, bezeugt Gell. 18,5,11 (vgl. auch Fronto 15,16 vdH.). M. Fo.

Fun GrRF 1,21f. *W. Kroll*, RE XVII 1850f. *Teuffel-Kr.-Sk.* I^6, 1916. § 138,4. *Schanz-Hos.* 1,231f.

Octodurus, Ortschaft der kelt. → Veragri im Wallis an der Einmündung der Drance in die Rhone beim h. Martigny. 57 v. Chr. Niederlage von Caesars Legaten Sulpicius Galba, durch Claudius Marktrecht und latin. Recht mit dem Namen Forum Claudii Vallensium und Vorort der vier Stämme des Wallis. Spätant. Bistum.

Reste gering. Sichtbar Wall des Amphitheaters, ausgegraben große Forumanlage, Teile der Wohnstadt und galloröm. Tempel. Caes. Gall. 3,1–5. Plin. nat. 3,135. Ptol. 2,12,3. Itin. Anton. 351,5. Tab. Peut. III 3. Anon. Rav. 4,26,237,7. Not. Gall. 10,2. Inschr.: [3] Nr. 40. 43f. 289. 372–377. E. M.

1. *Goessler*, RE XVII 1868ff. 2556. 2. *Fel. Stähelin* Schweiz in röm. Zeit³ 87ff. 158ff. 580f. 586f. 618ff. u.ö. 3. *How.-Meyer* 130. 196ff. u.ö.

Octoviri. Achtmänner, Beamtenkollegium der röm. Municipalordnung in Mittelitalien seit dem 3. Jh. v. Chr., durch Inschr. der Kaiserzeit für Amiternum (hier für die republ. Z. CIL I² 1855), Nursia (CIL IX 4545), Trebula Mutuesca, Interamnia Praetuttianorum (IX 5067) und Plestia bezeugt. Das Kollegium, das Markt- und Polizeigewalt und Leitung des Sakralwesens hatte, wurde seit dem 1. Jh. v. Chr. durch → *quattuorviri* (Plestia XI 5621 *octoviri;* 5619 *quattuorviri*) oder → *duoviri* (II) abgelöst oder in Ämter mit eigener Kompetenz aufgelöst, in Trebula in je 2 *VIIIviri duovirali potestate* (IX 4883), *VIIIviri aedilicia potestate*, *VIIIviri aerarii* und *VIIIviri fanorum* (IX 4891. 4896). H. Rudolph Stadt und Staat im röm. Italien, 1935, 66ff. E. Manni Per la storia dei municipii, 1947, 141ff. In Firmum und Falerio gab es *VIIIviri Augustales*. DessILS 6568. H. V.

Oculatus, Cognomen, in der Kaiserz. bei einem Aelier, Degrassi FImp. 260. Vgl. I. Kajanto Lat. Cogn., Soc. Sc. Fenn., Comm. Hum. Litt. 36, 1965, 224 (inschr. Belege). H. G. G.

Odaenathus 1. (᾽*Ωδέναϑος*), ermordete 266/67 n. Chr. den Septimius Odaenathus von Palmyra, der nach Herakleia Pontike zog, um die Goten aus Kleinasien zu vertreiben. Synk. 717. O. wurde sofort von der Leibwache des Ermordeten getötet. Nach H. A. tyr. trig. 15,5. 17,1 war der Mörder der *consobrinus Maeonius*, nach Zon. 12,24 der Neffe des Herrschers von Palmyra. Nach Zos. 1,39,2, der den Mörder nicht nennt, wurde Septimius in Emesa getötet. J. Schwartz, Antiquitas 4 (Historia-Augusta-Colloquium) 1966, 194. H. V.

2. O. (Odainathos), Septimius, Fürst von → Palmyra. Wie sein Vater (Bruder?), der Senator Septimius Hairanes (251 Exarch der Palmyrener), erstrebte O., 258 *vir consularis*, für Palmyra eine unabhängige Stellung. Nach der Gefangennahme des Kaisers → Valerianus (260) suchte O. ein Bündnis mit Schapur (Sapor) I. (Petr. Patr. frg. 10). Als er abgewiesen worden war, griff er pers. Truppen an (Hieron. Chron. 2282). Im Einverständnis mit Kaiser → Gallienus kämpfte O. 261 erfolgreich gegen den Usurpator Quietus (→ Fulvius II 6). Als *dux Romanorum* und Oberbefehlshaber im Osten, stieß O. 262 bis nach → Ktesiphon vor, einen weiteren Feldzug gegen Schapur unternahm er 265 oder 266 (Zon. 12,24. Zos. 1,39. Eutr. 9,10. Oros. 7,22. H. A. v. Gall. 10. 12). O., der sich selbst König nannte, wurde *corrector totius orientis* und erhielt den Ehrentitel *imperator*. 266/67 wurde er ermordet (Zon. a. O.). Sein Erbe trat seine Frau → Zenobia und der Sohn Vaballathus an (zu weiteren Söhnen vgl. Alföldi, CAH 12,724). A. L.

F. Altheim – R. Stiehl Die Araber 2, 1965, 251ff. *W. Enßlin*, SBAW 1947, 5,73ff. *J. Schwartz*, Bonner HA-Colloquium 1964/65, 1966, 185ff. *G. Walser – W. Pekáry*, Die Krise d. Röm. Reiches 1962.

Odessos (᾽*Οδησσός*), h. Warna, an der w. Pontosküste, miles. Kolonie, z. Z. des Mederkönigs → Astyages gegründet. Die wirtschaftl. und kulturelle Blüte von O. fällt in das 3.–2. Jh. v. Chr., in dem rege Beziehungen hauptsächlich zu den Griechenkolonien an der w. und n. w. Pontosküste, seit Anf. 2. Jh. auch zu den pont. Herrschern bestanden. Mitglied des westpont. Koinons. Im J. 72 v. Chr. kapitulierte O. vor Lucullus, um die Mitte d. 1. Jh. v. Chr. wurde O. durch die → Geten geplündert. In der Kaiserzeit zur Provinz Niedermoesien geschlagen, erlebte O. eine neue Blüte im 2. und in der 1. Hälfte des 3. Jh. Nach der Plünderung von → Marcianopolis durch die Goten und seinem Niedergang kam es zu einem neuen Aufschwung, der bis in das 6. Jh. anhielt. Seit dem 7. Jh. gehörte O. zu dem bulg. Staat.

Mz. Head HN ²276ff. Inschr.: IGB. I, Nr. 35 bis 305. CIL III 762. Chr. D.

Danoff Die w. Pontusküste im Alt., (bulg.) Sofia, 1947, 100–114. *Blawatskaija* Die w. pont. Städte, im 7.–1. Jh. v. u. Z. (russ.), Moskau, 1952, 28ff. u. pass. *Danoff* Pontos Eux., RE Sppl. IX 1074–1078; *Ders.* Altthrakien (bulg.), Sofia, 1968, 150ff., nebst Abb. *Detschew* Thrak. Sprachreste, 335ff.

Odios (᾽*Οδίος*, auch ῾*Οδίος*). **1.** Herold der Achaier vor Troia (des Telamoniers Aias oder des Agamemnon? W. Kullmann H[E 14] 126). Il. 9, 170. **2.** Mit → Epistrophos (2) Führer der mit Troia verbündeten Halizonen (→ Mekisteus a. E.), von Agamemnon getötet. Il. 2,856. 5,38ff. W. Kullmann a. O. 174. Strab. 12,550ff. **3.** (῞*Οδιος*) Beiname des Hermes, Hesych. s. v. Prell.-Rob. 1,403. H. v. G.

Odoacer (Odovacar), ca. 430–493, german. König in Italien, Sohn des unter Attila dienenden Skiren Edico (Ioh. Antioch. frg. 209. Prisc. Exc. Leg. 5). 469 floh O. nach Noricum, wo ihm der hl. Severinus seine Zukunft vorausgesagt haben soll (Eugipp. v. Sev. 6f.). 470 wurde O. röm. Söldner (Prok. 5,1). Als der Patricius → Orestes die für Hilfe gegen → Nepos (3) versprochene Landzuteilung (nach Prok. ein Drittel der Ländereien Italiens) verweigerte, erhoben sich die aus verschiedenen Völkern kommenden german. Söldner. O., der die Führung an sich nahm, wurde nach der Einnahme von Ticinum zum König ausgerufen. Den Kaiser → Romulus Augustulus setzte er ab (Ennodius v. Epiphan. 386f. Anon. Vales. 45. Cons. Ital.) und erbat, da fortan nur noch ein Kaiser nötig sei, von Kaiser → Zeno durch eine Senatsgesandtschaft die Patriciuswürde (Malchus exc. leg. 3 = FHG 4,136). Zeno beharrte darauf, daß Nepos Kaiser des W. sei, erkannte jedoch O. faktisch – wohl mit Verleihung der Würde eines mag. mil. praesentalis – als Herrn von Italien an. Wahrscheinlich von 480 an erhielt O. das Recht, einen Consul zu benennen. Durch Stärkung der Position des Senates (z.B. Vollmacht für Kupfergeldprägung) und behutsames Vorgehen bei der Landverteilung (teils Zuweisung von Entschädigungen) konnte O. Anhang bei den Senatoren gewinnen (Chastagnol 53f., vgl. aber Wes 150f.). Obwohl Arianer, kam O. gut mit den Katholiken aus und gewährte z.B. dem Bischof → Epiphanius (2) von Ticinum Einfluß (Anon. Vales. 48. Eug. v. Sev. 32). Konnte O. 476/77 von den Wandalen die Abtretung Siziliens erreichen (Vict. Vit. 1, 14), mußte er den W.-Goten das Gebiet zwischen Rhône und ligur. Alpen abtreten (Prosp. Haun. a. 476. Prok. 5,12,20f.). Ungeachtet militär. Erfolge gegen die → Rugier sah sich O. 488 gezwungen, die Romanen aus Ufernoricum wegführen zu lassen (Eug. 44. Ioh. Ant. frg. 214). Zeno, zu dem sich die Beziehungen seit 486 durch Begünstigung des → Illos verschlechtert hatten, veranlaßte nun den O.-Goten → Theoderich zum Angriff auf Italien. Im August/September 489 zweimal besiegt, raffte sich O. noch zu einem Gegenschlag auf (Chr. min. 1,316f. Anon. Val. 50ff.). Seinen Sohn → Thela erhob er zum Caesar (Ioh. Antioch. 214a bei Mommsen, H. 6,332f.). August 490 bei Acerrae (?) erneut besiegt, zog sich O. nach → Ravenna zurück (Chr. min. 1,317ff. Anon. Val. 53ff.). Am 25. Febr. 493 gelang es ihm, Theoderich zu einem die gemeinsame Herrschaft über Italien vorsehenden Vertrag zu nötigen, wurde aber bereits am 15. März bei einem Streit von Theoderich erschlagen (Prok. 5,1,24. Anon. Val. 54. Ioh. Antioch. 214). Mit Erfolg um Koexistenz zwischen Germanen und Römern bemüht, war O. eine der befähigtsten german. Führergestalten des 4.–6. Jh. A. L.

A. Chastagnol Le Sénat Romain sous le Régne d'Odoacre 1966. *W. Enßlin*, Theoderich^{2} 1959. *F. F. Kraus* Die Münzen Odovacars 1928. *Stein* 2,41ff. *M. A. Wes* Das Ende des Kaisertums im W. des röm. Reichs 1967.

Odomantoi (᾿*Οδόμαντοι*), starker thrak. Volksstamm, dessen Kernland nicht weit von der h. Anhöhe Boz-dag n. von Seres im Ägäischen Thrakien lag. Zuerst im Zusammenhang mit den Perserkriegen als Ausbeuter der Goldbergwerke von Pangaion erwähnt. Hdt. 7,112 Thuk. 2,101, 3.5,6,2. Chr. D.

Oberhummer, RE XVII 1897ff. *Detschew* Thrak. Sprachreste, 336. *Danoff* Altthrakien (bulg.), Sofia 1968, 119 bis 121. 404.

Odrysai (᾿*Οδρύσαι*), mächtigster thrakischer Stammverband mit dem Kernland urspr. am Unterlauf des Hebros und an den Wasserläufen seines Flußgebietes, bes. des Ergines u. des unteren Tonzos. Mitte 5. Jh. v. Chr. entstand auf ihrem Stammgebiet der früheste und umfangreichste Thrakerstaat, das sog. Odrysenreich, das sich etwa anderthalb Jh. erhielt. Seine Entstehung verdankte es bes. den ersten zwei Herrschern, Teres und seinem Sohne Sitalkes, sowie der bereits in der ersten Hälfte 5. Jh. höheren Entwicklung der O. und der übrigen s.ö. Thrakerstämme. Z.Z. des Sitalkes erstreckte sich das Reich vom Thrak. Meer bis zur Donau und vom Pontos Euxeinos bis zum Strymon. Im Anf. des Pelop. Krieges ein wichtiger Verbündeter Athens, wurde es im Verlaufe des Krieges wesentlich schwächer und raffte sich erst unter → Kotys I. (383) wieder auf. Unter seinem Nachfolger → Kersebleptes spielte das s.ö. thrak. Königreich die Hauptrolle in Thrakien. Philipp II. unterwarf nach erbitterten Kämpfen die Kernländer der O. und suchte das Land durch Kolonien zu erschließen (Gründung von → Philippopolis, → Kabyle, Masteira u.a.). Unter Alexander behielten die O. ihren Stammesfürsten → Seuthes, der sich 330 gegen die makedon. Herrschaft erhob. Der thrak. König → Lysimachos mußte 10 J. lang mit Seuthes ringen, bis es ihm gelang, sich in Thrakien durchzusetzen. Nach dem Tode des Lysimachos (281) entstanden an Stelle des O.-Reiches einige Teilfürstentümer, die trotz den ehrgeizigen Ansprüchen einzelner späterer Fürsten nie wieder zu einem einheitlichen Königreich vom Umfange des früheren vereinigt werden konnten. Trotzdem aber erhielt sich der Stammes-Name noch bis in die Z. Strabons und blieb auch später für fast sämtliche ostthrak. Stämme im Gebrauch. Chr. D.

Lenk, RE XVII 1900–1903. *Wiesner* Die Thraker, pass. *Danoff* Altthrakien (bulg.), Sofia, 1968, 121 u.ö.

Odyssee s. Homeros

Odysseus (᾿*Οδυσσεύς*). Myth. Fürst von Ithaka, Held der Odyssee, der nach 10jähr. Kampf um Troia und 10jähr. Irrfahrten heimkehrt, seine von vielen Edlen umworbene Gattin treu findet und ihre Freier tötet, auch einer der führenden Helden in der Ilias und in kykl. Epen. Der Name erscheint in att., boiot., korinth. Vaseninschr. überwiegend als ᾿*Ολυ(τ)τεύς*, ᾿*Ολυ(σ)σεύς*, ᾿*Ολυξεύς*, *Οὐλίξης*, ᾿*Ωλίξης* (vgl. Ibyk. frg. 11), ᾿*Ωλύξης* o.ä. Darauf fußt die lat. Form *Ulixes*, während die etr. *uthuze*, *utuse*, *utsthe* und ähnl. auf die im Epos kanonisierte Form ᾿*Οδυ(σ)σεύς* zurückgeht. Die Vielgestaltigkeit des Namens läßt auf eine vorgriech. Figur schließen; in der ep. Form liegt eine Gräzisierung vor. In Anlehnung an *ὀδύσσεσθαι* »zürnen«, gibt der Großvater Autolykos dem Enkel den Namen O., um seinen eigenen Haß gegen die Menschen – so Od. 19,406ff., dagegen klingt 1,62. 5,340. 423. 19, 274 eher der Begriff »Verhaßtheit« an – Ausdruck zu geben. Wenn O. sich dem Kyklopen gegenüber 9,366ff. *Οὖτις* (*Οὔτις*) nennt (karikiert Aristoph. Vesp. 184), so kann darin eine witzige Ummodelung des eigenen Namens gesehen werden. K. Ziegler, G 69, 1962, 196ff. Bei Ptolem. Heph. nova hist. 1 ist *Οὖτις* (Langohr) der urspr. Name. J. Wöhrmann, G 70, 1963, 549. R. Enking, RE

IXA 1189ff. – Ob O. ein vorgriech. Gott gewesen ist, den Poseidon Hippios verdrängte, ist zweifelhaft; durch Stiftung des Poseidonkults im Binnenlande besänftigt O. den Zorn des Gottes. PRELL.-ROB. 2, 1050ff. und WÜST 1910ff. weisen zahlreiche Spuren alten O.-Kultes auf: außer auf Ithaka (Odysseion, Spiele Odysseia, vgl. K. SCHEFOLD Orient, Hellas und Rom 66) in der Peloponnes, bes. in Arkadien – wohin auch → Penelope weist –, auch in Sparta, ferner in Aitolien, Epeiros, bes. in Thesprotien (vgl. Od. 14,315ff. in der Lügenerzählung des O.). Vielleicht knüpfen die Sagen von Wanderungen des hochbetagten O. in diese Gegenden (s. u.) an frühere Kultstätten an; die sizil.-ital. Kultstätten entstanden jedenfalls erst nach der Verbreitung der ep. O.-Sage. Überholt ist die Auffassung des O. als urspr. Sonnengott (O. SEECK), Unterweltsgott (DIELS), Ackergott (A. GERCKE), Meergott (ED. MEYER, GdA 2,401, dessen Hinweis auf die Umformung des alten Gottes in eine ion. Idealgestalt jedoch viel für sich hat).

O. stammt väterlicherseits über → Laertes, → Arkeisios (Killas, Kephalos, Hermes), von Zeus, mütterlichereits über → Antikleia, → Autolykos von Hermes ab. Nach den Kyprien ist → Sisyphos der eigentliche Vater des O.; er verführt Antikleia, die Tochter seines Gastfreundes Autolykos, und gibt die Schwangere dem Laertes zur Frau. Plut. qu. gr. 43. Hyg. fab. 201. Diese Tradition wird bereits von der Odyssee vorausgesetzt (W. KULLMANN Das Wirken der Götter in der Il., 1956, 41, 1) und in der Tragödie gern den Gegnern des O. in den Mund gelegt, Aischyl. frg. 175. Soph. Phil.; Ai. Eur. Iph. A. Kykl. Verg. Aen. 6,529 (*Aeolides*). Nach Eumaios' Erzählung hat O. Schwestern gehabt, → Ktimene. – Aus O.' Jugendzeit erfahren wir von Besuchen bei Autolykos am Parnassos, wo er auf der Jagd verwundet wird (Od. 19,413ff.), in Messenien, wo → Iphitos (1) ihm den Bogen seines Vaters Eurytos schenkt (21,11ff.), im thesprot. Ephyre (und auf Taphos), um Pfeilgift zu holen (1,259ff.). Weshalb Laertes vorzeitig die Herrschaft abgibt und sich auf ein Landgut zurückzieht, wird nirgends angegeben. O. herrscht über Ithaka und benachbarte Inseln, auch über das gegenüberliegende Festland, Il. 2,631ff. Od. 20,210 ist er Führer der Kephallenen; in Dulichion herrscht Meges, Il. 2,625. Seine Heirat mit → Penelope, der Nichte des Tyndareos, ist mit seiner Werbung um Helene verquickt; er gibt ihm den entscheidenden Rat, dafür verhilft dieser ihm zu Penelope. Apollod. 3,129ff. Hyg. fab. 81. Soph. Phil. 72ff. Anders Paus. 3,12,1. 4: Sieg im Wettlauf. Sein einziger Sohn ist → Telemachos, Od. 16, 118. Erst spätere Sage schreibt ihm mehr Söhne zu, Apollod. epit. 7,34ff. S. ferner → Kirke, → Kalypso, → Penelope, → Telegonos.

Zur Teilnahme am tro. Feldzug wurde O. mit Mühe von den Atreiden überredet (Od. 24,115ff.), sein geheuchelter Wahnsinn von → Palamedes entlarvt (Kypr.), an dem er später blutige Rache nimmt. Den Schutz seines Hauses übertrug O. → Mentor (Od. 2,225f.). Zur Fahrt stellte er 12 Schiffe (Il. 2,631). Dann holte er mit Nestor Achilleus und Patroklos bei Peleus ab (Il. 11,766), nach späterer Sage entdeckte er Achilleus durch eine List unter den Töchtern des → Lykomedes auf Skyros (Sch. Il. 19,326. Hyg. fab. 96. → Deidameia). Erfolgloser Versuch, → Kinyras von Kypros als Bundesgenossen zu gewinnen, Anteil an der Opferung → Iphigeneias in Aulis (Hyg. fab. 98; auf etr. Urnen opfert er selbst sie), Anteil an der Telephosepisode (Hyg. 101), Ringkampf mit König → Philomeleides von Lesbos, Aussetzung Philoktets auf Lemnos (Apollod. epit. 3,27), auf Tenedos Streit mit Achilleus, ob Troia mit List oder Gewalt zu nehmen sei (Od. 8,75ff., KULLMANN, H[ES 14] 100). O. und Menelaos gehen als Gesandte nach Troia, um durch Verhandlungen Helenes Auslieferung zu erreichen (Il. 3,204ff. Apollod. epit. 3,28. SCHADEWALDT Il.-Stud. 48). → Antenor nimmt die Gesandten gegen → Antimachos (oder Paris) in Schutz. Nach der Kl. Il. war O. später ein 2. Mal, als Spion im Bettlergewande, in Troia und beriet mit Helene über die List mit dem hölzernen Pferde (Od. 4,242ff.).

O. in der Il.: Er führt die Versöhnungsgesandtschaft zu → Chryses (B. 1), verhindert voreiligen Aufbruch des Heeres und züchtigt → Thersites (B. 2). Helene zeigt ihn Priamos bei der Mauerschau (B. 3). Bei der ἐπιπώλησις wird er von Agamemnon hart getadelt, dann beschwichtigt (B. 4). Den Tod des Tlepolemos rächt er durch die Tötung von 7 Lykiern (B. 5). Er meldet sich zum Zweikampf mit Hektor (B. 7), flieht vor dem auf Nestor eindringenden Hektor und überläßt dessen Rettung dem Diomedes (B. 8). Vgl. W. KULLMANN, H(ES 14) 32. 314. Bei der Bittgesandtschaft zu Achilleus hält er die 1. Rede (B. 9). Spähergang mit Diomedes, auf dem der tro. Kundschafter → Dolon und der thrak. König → Rhesos erschlagen werden (B. 10) – eigenartige Verschiebung des Stoffes bei Dares 22. – Während der Aristie Agamemnons beschirmt O. den verwundeten Diomedes und wird selbst von Sokos verwundet, den er noch erlegt, ehe er sich zurückzieht (B. 11). In B. 16 wendet O. sich gegen die Resignation Agamemnons, in B. 19 rät er ihm, vor dem Kampf die Verpflegung des Heeres zu bedenken. Bei den Leichenspielen für Patroklos ringt er unbesiegt mit dem Telamonier → Aias, im Lauf siegt er über den strauchelnden → Aias Oïleus' Sohn und über Antilochos (B. 23).

In der Aithiopis reinigt O. Achilleus von der Blutschuld an Thersites. Bei der Bergung des toten Achilleus durch Aias wehrt er die Troer ab (Od. 5,309ff. Apollod. epit. 5,4). Beim Streit um die Waffen Achills zwischen O. und Aias wurden tro. Gefangene verhört oder tro. Mädchen belauscht und nach deren Urteil O. als der Würdigere befunden. Nach der Kl. Il. hatte dabei Athena ihre Hand im Spiel. Od. 11,543ff. Sch. Aristoph. Equ. 1056. Aias wurde wahnsinnig und verübte Selbstmord. Schon Pind. N. 7,20. 8,26; I. 3(4), 52 beargwöhnte das Verfahren der Atreiden. Aischyl. Ὅπλων κρίσις. Soph. Aias. Antisth. (bei Antiphon ed. Blaß, 175). O. fängt dann den tro. Seher → Helenos, der die Bedingungen der Einnahme Troias offenbart. Daraufhin holt O. → Neoptolemos aus Skyros und → Philoktetes mit dem Bogen des Herakles aus Lemnos. Mit Diomedes raubt er aus Troia das → Palladion mit Hilfe der → Theano; die Kl. Il. schildert dabei das unwürdige und hinterhältige Verhalten des O. gegen Diomedes. Apollod. epit. 5,13. Verg. Aen. 2,162ff. Ov. met. 13. An der List des hölzernen Pferdes ist O. bes. beteiligt, Od. 8 (→ Epeios). Dadurch gewann er den Titel πτολίπορθος, Il. 2,278. Od. 9,504. Als Insasse des Pferdes sorgte er dafür, daß Helenes Anrufe an die einzelnen Helden nicht beantwortet wurden (→ Antiklos) Od. 4,271ff. Apollod. epit. 5,14ff. Bei der Zerstörung der Stadt kämpft er im Hause des → Deiphobos (Od. 8,517), verschont die → Antenoriden (Paus. 10,26,7), tötet → Astyanax (Serv. Verg. Aen. 2,457. 3,489), rät die Opferung → Polyxenos und steinigt → Hekabe.

Für die Irrfahrten des O. und ihre Lokalisierung sei auf die Einzelartikel verwiesen. Schon im Alt. gab es Gelehrte, die möglichst für jeden in der Od. geschilderten Schauplatz der Abenteuer das Urbild in der Wirklichkeit zu finden oder für die gesamten Irrfahrten einen geogr. Raum festzulegen suchten, neben andern, die der dichterischen Phantasie das souveräne Recht zuschrieben und für die es sich höchstens um die Frage handelte, wo etwa Hom. oder seine Leser sich die Abenteuer vorgestellt haben; dabei boten sich mit der Erweiterung des geogr. Horizonts immer entferntere Schauplätze an. So kamen neben den Küsten und Inseln des gesamten Mittelmeeres das Schwarze Meer, zumal manche Erzählungen der Od. einem alten Argonautenepos entlehnt waren, und der sich angebl. daran anschließende n. Ozean u. auch der Atlant. Ozean in Betracht. S. u. die Arbeiten von Maass, Meuli, Herrmann, Bérard, Hennig, Klotz, Baglio. Als den ältesten Schauplatz betrachten Wilam. Hom. Unt. 168 u. andere die Peloponnes. Den unerschöpflichen Reichtum an Märchen- und Novellenmotiven behandelt L. Radermacher. – Nach dem Abenteuer mit den thrak. → Kikonen (→ Ismaros, → Maron 2) verschlug ein Sturm am Kap Maleia den Heimkehrer ins Märchenland: → Lotophagen, → Kyklopen (→ Polyphemos), → Aiolie (→ Aiolos 2), → Laistrygonen (→ Antiphates, → Lamos 1), → Kirke auf → Aiaia (über das μῶλυ H. Rahner Griechische Mythen in chr. Deutung, 1957, 232ff., über das Gift der Kirke H. Philipp, G 66, 1959, 509ff.). Der Aufenthalt bei Kirke wird unterbrochen durch die Fahrt zum Totenreich im Lande

der → Kimmerier: Befragung des → Teiresias, Gespräche mit → Elpenor, → Antikleia, den Heroinen, den Heroen (Agamemnon, Achilleus, Aias); orph. Eindichtung: Minos und die großen Büßer, schließlich das εἴδωλον des Herakles. Es folgen die → Seirenen, zweimalige Durchfahrt zwischen → Skylla und → Charybdis mit Vermeidung der → Plankten (→ Symplegaden), → Thrinakie, wo O. nach Schlachtung der Rinder des → Helios das letzte Schiff verliert. Auf den zusammengebundenen Trümmern von Kiel und Mast rettet er sich nach → Ogygia zu → Kalypso, die ihn 7 J. festhält. Durch Ratschluß der Götter wird er von der Nymphe freigegeben, aber Poseidon zerschmettert sein Floß. Durch → Leukotheas Schleier gerettet, treibt er ans Ufer von → Scherie, der Insel der → Phaiaken (→ Alkinoos, → Arete, → Nausikaa). Der Gesang des → Demodokos (ἵππου κόσμος 8,492) führt zur Erkennung, und die Phaiaken bringen ihn nachts schlafend nach Ithaka. Dort von → Eumaios aufgenommen, findet er zahlreiche Freier, die sein Weib seit 3 J. umwerben und sein Gut verprassen. Als Bettler (→ Iros) verspottet und mißhandelt, von seinem sterbenden Hunde → Argos, von der alten Amme → Eurykleia erkannt, wird er schließlich auch von Penelope erkannt und anerkannt, nachdem er am Neujahrsneumond, am Feste Apollons (Wilam. Hom. Unt. 113), den Meisterschuß mit seinem alten Bogen getan und mit Hilfe → Telemachs und weniger Getreuer die Freier erledigt hat. Den Streit mit den Angehörigen der Freier schlichtet Athena.

Andere Sagen wußten von weiteren Abenteuern O.' zu erzählen: Reisen nach Elis, Thesprotien (Epeiros), und von seinem Tod durch den eigenen Sohn Telegonos (A. Hartmann) Sagen, die an die Weissagung des Teiresias (Od. 11) und an thesprot. Überlieferungen, wie sie in den Lügenerzählungen des O. (14,315. 16,65. 17,526. 19,287) vorliegen mochten, anknüpften, in der Telegonie (→ ep. Zykl.) ihren Niederschlag fanden und von den Tragikern ausgesponnen wurden. Über Wanderungen nach Italien → Nanas. Über Fortleben der Erinnerung an O. in verschiedenen Orten der Welt E. Wüst (s.u.) 1294ff., siehe auch → Laertes.

Im ep. Kyklos erscheint O. vielfach als feige und falsch, andererseits als gewalttätig, ja grausam, stets auf seinen Vorteil bedacht. Bei Hom. ist sein Charakter radikal aufgewertet; er behält zwar seine Epitheta πολύτροπος, πολυμήχανος, πολύμητις als einer, der in allen Lebenslagen Auswege weiß, aber List ist zur Umsicht geworden. In der Il. ist er der kluge Berater, wohlmeinende Vermittler, schlagfertige Redner. Nur in der Dolonie (Hinmordung des schlafenden Rhesos, Tötung des Dolon trotz gegenteiligen Versprechens) und in vereinzelten Vorwürfen Agamemnons (4,349) und Diomedes' (8,92) zeigen sich unsympath. Züge. Der geheuchelte Wahnsinn und die Rache an Palamedes werden absichtlich verschwiegen (Aristot. poet. 1451 a. Philostr. her. 2,19); keine Vorausdeutung gibt die Il. auf die urtümliche und rohe Szene des → Palladionraubes. In der Od. ist er der kluge und ausharrende Dulder, der die meistens nicht von ihm herausgeforderten Abenteuer besteht, im Kampf gegen törichte Gefährten, im Bunde mit helfenden und liebenden Frauen. Heimatliche und Gattentreue beseelen ihn, seinen Untertanen ist er ein väterlicher Herrscher. Der ursprüngliche O. aber scheint durch in seinem Selbstlob (9,19) und in den schelmischen Worten Athenas (13,291), in den eigenen Lügengeschichten (wo er von vielen einträglichen Raubzügen zur See spricht) und bei der Besorgung von Pfeilgift. Auf eine ältere Sagenstufe führt auch der Umstand, daß O. Bogenkämpfer ist; in der Il. hat er keinen Streitwagen. R. v. Scheliha Patroklos 1943, 101 ff. 128. 367 f. W. Kullmann, H(E 14) 166. 383 ff. Während Aischylos sich an den hom. Charakter des O. hielt, finden wir bei Soph. (z. B. Philokt.) und Eur. (z. B. Hek. Tro. Or.) die Tradition des ep. Kyklos wieder. Die Polemik der Philosophen und Sophisten gegen hom. Theologie und Ethik bezog auch die Gestalt des O. ein. Seine Verteidiger nahmen zu → allegor., moralisierender Deutung Zuflucht (Stoa, Neuplatoniker). H. v. G.

Allg. Lit.: *E. Wüst*, RE XVII 1905 ff. *P. v. d. Mühll* ebd. Suppl. VII 696 ff. *J. Schmidt* Myth. Lex. 3,602 ff. 6,10 ff. *Prell.-Rob.* 2,1051 ff.

Speziallit. (alphabet.): *G. Baglio* Odisseo nel mare mediterraneo centrale, Rom 1957. *V. Bérard* Les navigations d'Ulysse, 3, 1927. 4, 1929. *E. Bethe* Homer 1, 1914. 2^2, 1929. 3, 1924. *M. I. Finley* The World of O. 1956. *G. Finsler–E. Tièche* Homer 1^3, 1921. 2, 1924. *F. Focke* Die Od. Stuttg. 1943. *G. Germain* Essai sur les Origines de certains Thèmes odysséens et sur la Genèse de l'Od. Par. 1954. *A. Hartmann* Unters. über die Sagen vom Tod des O., Münch. 1917. *R. Hennig* Geogr. des hom. Epos, Lpz. 1934. *A. Herrmann* Die Irrfahrten des O., Bln. 1927. *E. Howald* Der Mythos als Dichtung, Zür./Lpz. 1937. *A. Klotz* Die Irrfahrten des O. und ihre Deutung im Alt., G 59, 1952, 289 ff. *O. Maaß* Irrfahrten des O. im Pontos, Gütersloh 1915. K. *Meuli* Od. und Argonautika, Bln. 1921. *R. Merkelbach* Unters. zur Od., Münch. 1951. *L. Radermacher* Die Erzählungen der Od., SAWW 1915. *K. Reinhardt* Die Abenteuer der Od., in: Von Werken und Formen, Godesb. 1948, 52 ff. *Ders.* Tradition und Geist, 1960, 47 ff. *Ed. Schwartz* Die Od., 1924. *A. Severyns* Homer 1^2, 1944. 2, 1946. 3, 1948. *W. B. Stanford* The Ulysses Theme, Oxf. 1954, ^{2}1963. *U. v. Wilamowitz-Möllendorff* Die Heimkehr des O., Bln. 1927. *E. Bradford* Ulysses Found. Dt: Reisen mit Homer. Dt. Taschenbuchverlag Nr. 431. München 1967. *A. Döring* Etym. Skizzen Prg. Königsberg 1912 (über Οὖτις und μῆτις). *M. I. Finley* Die Welt des O., dt. v. A.-E. Berwe-Glauning 1968. *G. Hunger* Die O.gestalt in Od. u. Il. Diss. (masch.) Kiel 1962. E. D. Philipps O. in Italy, JHS 73, 1953.

Oea. Stadt an der Küste der provincia Tripolitania, zwischen → Lepcis Magna u. → Sabratha, h. Tripoli (Mela 1,37. Plin. nat. 5,27. 38. Sil. Ital. 3, 257. Ptol. 4,3,12 Ἑῴα. Stad. m. m. 98. Itin. Anton. 62,2. Tab. Peut). Von den Phoinikern gegründet (doch nur ein neopun. Friedhof ist bekannt) nahe bei der Burg Sidi el-Haddar. Mit Lepcis Magna und Sabratha empfing O. die *libertas* in den J. 12–6 v. Chr. Auf einen Streit mit Lepcis bezieht sich Tac. hist. 4,50. Die Stadt wurde röm. Kolonie Mitte 2. Jh. Hier spielte die Geschichte der Pudentilla, Grundlage der Apologie des →. Apuleius. Wichtige Ruinen: Häuser mit Mosaiken und Wandgemälden, Triumphbogen des Marcus Aurelius mit Skulpturen, ein mithräisches Grab des 4. Jh. O. hatte im J. 256 einen Bischof. Im 4. Jh. hatte O. unter Einfällen der Libyer, bes. der Austurianer zu leiden (Amm. 28,6). Inschr.: IRT. 229 bis 252. M. L.

D. E. L. Haynes An arch. and hist. Guide to the pre-Islamic Antiquities of Tripolitania, Lond.

Öl, Ölbaum. Im Mittelmeergebiet sind zwei Arten und mehr als 30 species des Ö(lbaums), olea europea L., heimisch, der wilde Ö., ἀγριελαία, κότινος, *oleaster*, und die wohl durch Veredelung schon im 3. oder 2. Jt. v. Chr. [2] aus ihm entwickelte Kulturform, ἐλαία, *olea*. Diese ist ein dornenloser Baum mit runden Zweigen und immergrünen, an der Unterseite weißlichen, lanzettförmigen Blättern; sie kann im günstigsten Fall in jedem zweiten J. reichlich Frucht tragen, weswegen die Kulturen so angelegt werden sollen (Colum. 5,9,11), daß die Hälfte der Ö. das eine, die andere Hälfte das andere J. trägt. Von wo aus die Wildform ins Mittelmeergebiet kam, ist ebenso umstritten wie die Frage, von wo aus die Kulturform sich ausgebreitet hat ([5], 1999 ff.). Zentren des ant. Ö.-Anbaus waren das syrisch-phoinik.-palästinens. Gebiet, Teile Kleinasiens, Griechenland (bes. berühmt die att. Oliven) mit den Inseln, Italien, Südgallien, Spanien, N.-Afrika (Äg. vor allem in der Kaiserz.). Der Ö. verträgt keine extremen Temperaturen (Plin. nat. 15,4). Über geeignete Böden für Ö. vgl. Theophr. c. plant. 2,4,4. Verg. georg. 2,177 ff. 217 ff. Cato agr. 6,1. Varro rust. 1,23,7 ff. Colum. 5,8,6 f. Pallad. 3,18,3. Die Größe der Pflanzungen wechselte natürlich beträchtlich. Ö. wachsen langsam, Setzlinge wurden oft in Schonungen gezogen und später verpflanzt; die Zwischenräume zwischen den einzelnen Ö. werden dabei sehr verschieden angegeben (Nachweise: [5], 2006). Außerdem wurden wilde Ö. veredelt. Bei geringen Erträgen wird empfohlen (Colum. 5,9,16. Pallad. 4,8,2. Geop. 9,8), ein Loch in den Stamm zu bohren und ein oder mehrere Oleasterpfropfen einzusetzen, um den Baum wieder zu verjüngen, vgl. Römerbrief 11,17 ff. Ö.-Pflanzungen stellten einen großen Wert dar, Vernichtung der Ö. gehörte daher zu den üblichen Kriegshandlungen (Thuk. 6,99. Demosth. 53,15.

Plut. Sull. 12. App. Mithr. 30,121); es ist um so bemerkenswerter, daß die Spartaner im archidam. Krieg von dieser Unsitte Abstand nahmen (Sch. Soph. Oid. K. 698), vgl. auch Deuteron. 20,19f. In Attika durften die Besitzer auch die eigenen Bäume nur gemäß den gesetzlichen Bestimmungen fällen (Demosth. 43,69ff.). Man unterschied bis zu 16 verschiedene Arten der Kulturform des Ö. (Cato agr. 6,1. Varro rust. 1,24,1f. Colum. 5,8,3. Verg. georg. 2,86. Plin. nat. 15,13f. 20. Macr. Sat. 3,20,6. Pallad. 3,18,4. Isid. orig. 17,7,63ff., dazu [5], 2008f.).

Das Holz des Ö., von Vitr. 7,3,1 unter den langlebigen Hölzern genannt, diente zu allen Holzarbeiten von der Schraube (Pap. Lond. 1177,178) bis zur Holzstatue (z.B. Hdt. 5,82,2. Paus. 10,19,3). Ö.-Blätter dienten als Ziegenfutter und zu med. Zwecken.

Die Erntezeit richtete sich nach den klimat. Verhältnissen und nach dem für die verschiedenen Zwecke erwünschten Reifegrad; sie lag meist zwischen Oktober und Dezember. Die Oliven wurden mit der Hand gepflückt oder vom Baum geschüttelt, öfter auch durch Schlagen mit Stöcken gegen die Zweige zum Abfallen gebracht (vgl. die att.-sf. Vase [3], 333 = [4], 102), doch wird letztere Methode als unachtsam getadelt. Die Oliven werden in Körben gesammelt ([3], 333), nach Qualitäten gesondert. In größeren Pflanzungen werden zum Pflücken Arbeiter in großen Mengen eigens angeworben. Oliven und das aus ihnen gepreßte Öl ([3], 332ff.) gehören mit Brot, Käse, Salz und Wein zu den notwendigsten Lebensbedürfnissen, entsprechend werden verschiedene Qualitäten unterschieden. Außer als Nahrungsmittel wird Öl, z.T. parfümiert, auch zum Einreiben und als Sonnenschutz verwandt; Stiftung des für den Bedarf des Gymnasions benötigten Öls blieb in Griechenland immer eine der populärsten Stiftungsmöglichkeiten. In der Medizin wird das Öl vielfach verwandt. Volkswirtschaftlich bot das Ö. im Vergleich zu Weizen oder Wein leichtere Verdienstmöglichkeiten, zumal die notwendige Pflege der Bäume, die sehr alt werden konnten, geringen Aufwand erforderte. Öl erlaubte den Ersatz von tierischen durch Pflanzenfette (Butterproduktion ist ein Merkmal der Barbaren!). Voraussetzung ist freilich äußerer Friede und ein geordnetes Sozialsystem, da Ö. mehrere J. benötigen, ehe sie tragen, und 15–19 J., ehe die Erträgnisse die Kosten aufwiegen.

In Religion und Kult spielen Öl und Ö. eine große Rolle. Bes. Athene wird mit dem Ö. in Verbindung gebracht, sie schuf den heiligen Ö. auf der Akropolis beim Streit mit Poseidon um den Besitz des att. Landes. Von att. Ö. stammt auch das Holz, aus dem die Epidaurier nach Weisung des delph. Orakels die Kultbilder der Damia und Auxesia herstellen ließen (Hdt. 5,82). In Olympia war der heilige Bezirk ein Hain (Altis) aus wilden Ö., von deren einem auch die Zweige für die Sieger in den Wettkämpfen genommen wurden. Zu Einzelheiten vgl. [6]. Kränze aus den Zweigen des wilden Ö. wurden auch gerne als Ehrung verliehen. In der röm. Z. ist der Ölzweig Symbol des bestehenden, ersehnten oder behaupteten Friedens; Pax trägt den Ölzweig als Attribut. Schon in griech. Z. war der Ölzweig in der Hand (oft in Verbindung mit Wollbinden) das Zeichen des Friedens und des Gesandten wie des Schutzflehenden. In Rom trägt der *flamen* am *apex* einen Ölzweig; die Triumphierenden (Soldaten und die *ministri triumphantium*) tragen den Ölkranz »*quod Minerva dea belli esse putabatur*« (Paul. Fest. 192 M.). Daß auch der Aberglaube sich an Ö. und Ölzweig hängt, ist nur natürlich ([5], 2022). – Ein allg. Lob des Ö. findet sich bei Dion. Hal. rhet. 6. Colum. 5,8. Gal. 9,47 K. W. H. G.

1. *Hehn* Kulturpflanzen u. Haustiere 103ff. 2. *M. Möbius*, JDAI 48, 1933, 12ff. 3. *Blümner* Techn. 1², 332ff. 4. *Forbes* Stud. in Anc. Technology 3, 1955, 101ff. 5. *Pease*, RE XVII 1998ff. 6. *C. Mayer* Das Öl im Kultus der Griechen (Diss. Heidelberg 1917).

Oenōtri (Steph. Byz. s. *Οἰνωτρία ... ὀξύνεται Οἰνωτρός*) heißen nach dem arkad. Lykaonsohn Oinotros (Pherekyd. FGrH 3 F 156. Paus. 8, 3,5; Serv. auct. Aen. 1,532: König der Sabiner), der 17 Generationen vor dem troian. Krieg (Dion. Hal. ant. 1,11) die erste Griechenkolonie nach Italien führt (Serv. auct. Dion. Hal. Paus. a.O.). O. gelten als Stammväter der → Aborigines (Dion. Hal. 1,13. 2,1); zusammen mit Opikern vertreiben sie die Sikuler (Antioch. FGrH 555 F 2 entstanden diese aus O.) aus Italien (Antioch. a.O. F 4. 9). Ihr König Italos (Antioch. a.O. F 5. Aristot. pol. 7,9,2f. p. 1329 b 8f. 14ff. Skymn. 300) lehrt sie Landbau und Syssitien. Hekat. FGrH 1 F 64–71 kennt O. zwischen Ausonern (F 61/63), Italia (F 80/85), Iapygern (F 86/88; F 89 Peuketiantes als Nachbarn der O. genannt); Soph. frg. 541 N.² nennt die W.-Küste Italiens bis Kampanien O. Dazu passen: Hdt. 1,167 (Velia). Skymn. 247. 300 (Italia den O. benachbart). 369. Dion. Hal. 2,1. Strab. 5,209. Plin. nat. 3,71, während Antioch. a.O. F 2. 3. Aristot. a.O. 10f. (21: Choner sind O.; vgl. Strab. 6,253. 265) »Italia« und O. in den Grenzen der Z. Herodots (Radke, Romanitas 8, 1967, 40. 43) gleichsetzen. Außer den bei Steph. Byz. (vgl. Meineke S. 513) genannten Städten: Königssitz Pandosia (Strab. 6,256), Velia (Hdt. a.O. Steph. Byz. *Θυέλλη* – so! –, d.h. *Οὐέλλη* < *u̯ĕli̯ā*), Temesa (Sch. Hom. Od. 1,184), Oinotron (Sch. Lyk. 912). Gegenüber der seit Soph. Ant. 1119 bekannten Volksetym. O.: *οἶνος* (Steph. Byz. s. v. Varro b. Serv. Aen. 1,532) empfiehlt sich Verbindung O. < **u̯ĕnā-dhrŏ̊-* mit Venafrum (< **u̯ĕnă̊dhrŏ-);* vgl. Radke a.O. 50 Anm. 36. Dichterisch wird der Name O. auf ganz Italien übertragen (Verg. Aen. 1,532. 3,165. 7,85). G. R.

Nissen It. Ldk. 1,522ff. *Devoto* Gli ant. Italici² 137ff. *de*

Sanctis Storia dei Rom. 1^2, 101ff. *v.Blumenthal*, W.a.G. 1940, 74ff.

Oeroe (Ὠερόη), kleiner Fluß n.w. v. Plataiai, Hdt. 9,51. Paus. 9,4,4, danach der in den Golf von Korinth mündende Bach v. Livadostro. E. M.

1. *Kirsten*, RE XVII 2031ff. 2. *Ders.*, RE XX 2269,51ff. 2294,23ff. 3. *Philipps.-Kirst.* 1,504. 4. *W.Kendrick Pritchett*, Stud. in anc. Greek topography 1, 1965, 115ff.

Oescus (Οἶσκος, h. Gigen in NW.-Bulgarien). Wichtige röm. Stadt ö. der Mündung des gleichnamigen Flusses (h. Iskăr) in die Donau, jetzt etwa 5 km von der Donau entfernt, inschr. meistens *Col. Ulpia O.* Knotenpunkt wichtiger Straßen.

Seit Vespasian, spätestens seit der Teilung der Provinz Moesia (unter Domitian) war in O. die *legio V Macedonica* stationiert. Unter Traian wurde O. zur Kolonie erhoben und die *leg. V Mac.* nach Troesmis versetzt.

Die höchste Blüte von O. fällt in das 2. und den Anf. des 3.Jh. Nach der Räumung der transdanub. Provinzen unter Aurelian und der Errichtung zweier neuer Provinzen wurde O. zu Dacia Ripensis geschlagen und die *leg. V Mac.* zurückverlegt. Schwer litt O. Mitte 3.Jh. unter den Goteneinfällen. Unter Konstantin d. Großen wurde n. von O. die große Donaubrücke erbaut. Neue Leiden brachten die Einfälle der Hunnen. Der Mauerring hat die Form eines unregelmäßigen Fünfecks und umschließt etwa 1800 Ar; unter Aurelian Erweiterung d. Mauerringes, unter Iustinian Renovierung der Befestigung.

Grabungen haben das Forum u. einige wichtige öffentl. Bauten ans Licht gefördert (bes. Fortunatempel!), ferner einen prachtvollen Mosaikboden, in dessen achteckiger Mitte eine Szene aus den Ἀχαιοί des Menander dargestellt ist, sowie Badeanlagen, Aquaedukte und Wirtschaftsräume.

Die Bevölkerung von O. war recht gemischt: Inschr. von Veteranen aus Kleinasien und N.-Italien. Das thrak. Element war verhältnismäßig schwach vertreten. Neben den röm. sind östliche Kulte (bes. Mithras!) bezeugt. Inschr. CIL III, p. 141–2328,87. Münzfunde (bes. aus der Z. Konstantins). Chr. D.

Danoff, RE XVII 2033–2038. *Gerov*, RPh 1950, 2, 146ff. *Iwanov*, O. i. Lichte d. neuen Entdeckungen (bulg.). Sammelbd. Archäolog. Entdeck. i. Bulg. Sofia, 1957, 113–133. *Velkov* D. Stadt im spätant. Dakien u. Thrakien (bulg.), Sofia, 1959 Ind. s.v. *Detschew* Thrak. Sprachreste, 345ff.

Ofellius. PN. (bes. inschr. auch *Offelius, Offilius, Offillius* u.ä., vgl. SCHULZE Eigenn. 115. 443. 451), urspr. wohl *Ofellus* (so auch ein Grundbesitzer in Venusia, Hor. s. 2,2,2f. 53f. 112ff.), Namensträger seit dem 2.Jh. v.Chr. auch im griech. O., seit dem frühen 1.Jh. in Rom hervorgetreten. **1.** O., Kriegstribun unter dem jungen Caesar 36, kritisierte die zugesagten Belohnungen, App. civ. 5,532f. J.SUOLAHTI The Iunior Officers of the Roman Army in the rep. period, Helsinki 1955, 165. **2.** Ofillius Calavius, Sohn eines Ovius, im J.321 angesehener Bürger von Capua, Liv. 9,7, 2ff. Andere Calavii o. I 1012. **3.** C.O.Ferus (M. f.), wurde um 100 auf Delos durch eine Statue wegen seiner Verdienste geehrt, Inschr. u. Torso erhalten, RE V 1000f. VI A 1234,36ff. PH.BRUNEAU – J. DUCAT Guide de Délos, 1965, 50. **4.** A.Ofilius. Röm. Ritter, Anhänger Caesars, ohne jedoch polit. hervorzutreten, Freund Ciceros (fam. 7,22, vgl. M.GELZER Cicero, 1969, 342,188) und des Atticus, vor allem aber: bedeutender röm. Jurist. Er war Schüler des Ser. Sulpicius Rufus, stand in Verbindung mit A. → Cascellius sowie C. → Trebatius Testa und war Lehrer von Q. → Aelius Tubero (I 18), M. → Antistius Labeo (II 12) und C. → Ateius Capito (II 1). Seine Frau Clodia wurde 105 J. alt, vgl. Val. Max. 8,13,6. Plin. nat. 7,158 und dazu MÜNZER, RE XVII 2040,45ff. Hauptquelle: Pompon. Dig. 1,2,2,44. Praktisch wirkte er bei Erbschaftsangelegenheiten 45–44. Die Nachrichten über seine jur. Schriften (Pompon. *libros de iure civili plurimos*) – bes. über das praet. Edikt – ordnete BREMER Iurisprud. antehadr. 1,330–357 in 8 Gruppen; Übersicht auch bei SCHANZ-HOS. 1,595f. Vgl. W.KUNKEL Röm. RG^3, 1960, 65. F.SCHULZ G. d. röm. Rechtswiss., 1961. 56 (u. 429). H. G. G.

Ofellus, Ital. Name (inschr. Belege u. zur Form: SCHULZE Eigenn. 291. 452), → Ofellius. H. G. G.

Ofidius, PN. (inschr., vgl. SCHULZE Eigenn. 348), vielleicht von Aufidius. T.O. M. f. Pap(iria tribu), Senator um 165 v.Chr. BROUGHTON Mag. 2,494. H. G. G.

Ofonius s. Tigellinus

Ogulnius. Röm. Gentilname, vielleicht etr., auch inschr. bezeugt, SCHULZE Eigenn. 150. Namensträger in Rom seit um 300 hervorgetreten, aber selten. MÜNZER Adelsp. 83ff. Lex Ogulnia: Nr.5. **1.** O. (Ocul.), Münzmeister um 85–83. BROUGHTON Mag. 2,447. **2.** Cn. O., Bruder von Nr.5, tr. pl. 300, cur. Aedil 296. **3.** M.O., ging 210 als Gesandter nach Etrurien (Getreideversorgung für Tarent), Liv. 27,3,9, und fiel 196 als tr. mil. gegen die Boier, Liv. 33,36,5. **4.** M.O.Gallus, Stadtpraetor 182. Liv. 39,56,5. **5.** Q.O.Gallus (L. f. A. n.), der berühmteste Gentile, brachte als Tr. pl. 300 die lex Ogulnia durch, durch die die Plebeier zu den Priesterämtern (Pontifices, Augures) zugelassen wurden, Liv. 10, 6–9. A.HEUSS RG^2 29. H.BENGTSON RG 1, 1967, 66. Mit Nr.2 war er 296 cur. Aedil (Vorgehen gegen Wucherer, Stiftung eines Bildes der *lupa* mit den Zwillingen auf dem Forum). 292 leitete er eine Zehnergesandtschaft nach Epidauros zur Übertragung des Asklepioskultus nach Rom, vgl. LATTE RRel 225. 273 gehörte er zur ersten röm. Gesandtschaft an den Hof der Ptolemäer, vgl. BENGTSON GG 381; RG 70; cos. 269 mit C. → Fabius Pictor (I 42),

BROUGHTON Mag. 1,199 (Silberprägung in Rom eingeführt). 257 Dictator zur Feier des Latinerfestes. A. LIPPOLD Consules 1963, 308,45.

H. G. G.

Ogygia (Ὠγυγία, ep. -η). Die Insel der → Kalypso: Hom. Od. 1,49 ff. 4,556 ff. 5,13 ff. 50 ff. 6,170 ff. 7,63 ff. 244 ff. 12,447 ff. u.a. Ihre Lokalisierung war schon im Alt. strittig. Sie wurde mit Gaudos (Gozzo bei Malta), auch mit Gaudos bei Kreta oder dem kret. Miletos (wohl Verwechslung mit Melite = Malta) identifiziert. Eine Insel Melite gab es auch an der illyr. Küste, die ihr nahe liegende Insel Nymphaia ist O. bei Apoll. Rhod. 4,573 ff. An der Küste von Bruttium am lakin. Vorgebirge lag eine *νῆσος Καλυψοῦς*, Plin. nat. 3,96. Skyl. 13 (bestritten von Prok. bell. 8,22,19). Cass. Dio 48,50. 4 verlegt sie an den Averner See. Andere verwechseln sie mit der Kirkeinsel → Aiaia (Prop. 3,12,31, Hyg. fab. 125). Gemäß der These des Krates vom teilw. *ἐξωκεανισμός* der Irrfahrten des Odysseus (Strab. 1,21) wird sie bei Plut. de facie in orbe lunae 26 p. 941 a 5 Tagereisen w. von Britannien angesetzt. Daneben wird auch schon im Alt. das Recht der dichter. Phantasie betont und von Lokalisierungen abgesehen (Eratosth.). – Die Od. sucht O. im *πόντος* oder in der *θάλασσα*, also nicht im Okeanos, mit dem auch der Name O. nichts zu tun hat; es liegt einsam und fern im W. und bildet den *ὀμφαλός* des Meeres; der Ausdruck wird verschieden gedeutet, J. SCHMIDT, RE XVII 2070 ff. Hier wird die Identifizierung mit Malta oder mit Madeira für möglich gehalten. – O. als alter Name von Attika, Boiotien, Äg. und Lykien geht wohl auf den Urkönig → Ogygos zurück. H. v. G.

H. Güntert Kalypso 1910 (O. = Toteninsel). *O. Maaß* Die Irrfahrten des Odysseus im Pontos, 1915. *R. Hennig* Von rätselhaften Ländern, 1925. *Ders.* Geogr. des hom. Epos, 1934. *A. Klotz* Die Irrfahrten des Odysseus und ihre Deutung im Alt., G 59, 1952, 289 ff. *E. Bradford* Reisen mit Hom. Die wiedergefundenen Inseln, Küsten und Meere der Od. Deutscher Taschenbuchverlag Nr. 431. München 1967.

Ogygos (*Ὤγυγος*, auch *Ὠγύγης*, wohl vorgriech., nicht mit *ὠκεανός* verwandt [WILAM. GldH. 1,53,1]), uralter König in Boiotien, Autochthone (Paus. 9,5,1), Gründer Thebens (Varr. r.r. 3,1,2 f.). Unter ihm trat die 1. große Sintflut ein (o. I 1500,2). Überschwemmung des Kopaissees, ED. MEYER, GdA 2,194. Adj. *ὠγύγιος* = uralt (Hesych. *γυγαί πάπποι*; vgl. *Γύγης*. Hes. theog. 806. Aischyl. Pers. 37.974 nennt das äg. Theben und Athen ogygisch), spez. urboiot. Das ogyg. Tor in Theben nach O. oder der Niobide Ogygia (Apollod. 3,45) genannt. – In att. Sage Vater des Eleusis, Urkönig von Athen, Paus. 1,38,7. – Urspr. wohl ein Gott (Vater der boiot. Eidhelferinnen, der *Πραξιδίκαι*. Paus. 9,19,6. 33,3,5). Thallos (1. Jh. nach Chr.) nennt ihn König der Titanen oder der Götter, s. Myth. Lex. III 684 ff. H. v. G.

Ogylos (*Ὤγυλος*), Steph. Byz., Insel zw. Peloponnes und Kreta, nicht zu identifizieren; ganz unsichere Hypothesen RE XVII 2078 ff. E. M.

Ogyris (*Ὤγυρις*), Insel im Arab. Meer (h. Maṣira?), auf der sich in ant. Z. ein Grabmal des für das Meer eponymen Erythras (Deinias FGrH 306 F 7. Steph. Byz. s. *Ὤ.*: Sohn des Perseus; *Βόξος* bei Strab. 16,779: pers. Dynast) befunden haben soll (Quellendiskussion bei F. JACOBY, Komm. zu Nearchos FGrH 133 F 1,37,1–4). E. O.

O. Stein, RE XVII 2080–2082.

Ohrgehänge (*ἐνώτια, ἐνῶται, ἐνωτίδια*, *inaures*) gehören seit ältester Z. zum Schmuck beider Geschlechter. In den verschiedensten Formen, aus einfachem wie kostbarem Metall, verziert mit billigen oder teuren Steinen und/oder Schmelzmaterialien werden die O. seit archaischer Z. immer mehr auf Gebrauch durch Frauen beschränkt; bei Männern galten O. als Zeichen ö. Abstammung (Athen. 12,533 f./534 Xen. an. 3,1, 31. Plaut. Poen. 981). Neben O., die durch das durchbohrte Ohrläppchen getragen wurden, gelegentlich zusätzlich durch eine Kette verbunden ([4], 106 ff. Nr. 68) stehen immer O., die über das Ohr gelegt wurden. Näheres bei Lit. zu → Gold.

W. H. G.

1. *Hadaczek* Ohrschmuck d. Griechen u. Etrusker 1903. 2. *v. Netoliczka*, RE IX 1229 ff. 3. *E. Bielefeld* Schmuck (Archaeol. Hom. I, C, 1969). 4. *H. Hoffmann–V. v. Claer* Ant. Gold- u. Silberschmuck (1968) 93 ff.

Oiagros (*Οἴαγρος*). Thraker, der Vater des → Orpheus, Pind. frg. 139,9. Plat. symp. 179 d. Alkid. Odysseus 24. Diod. 3,65. 4,25 u.a. Daneben wird – was wohl mehr metaphor.-allegor. zu verstehen ist –, Apollon als Vater des Orpheus bezeichnet, z.B. Pind. P. 4,176. Ov. met. 10,167. Apollod. 1,14. Als Mutter des Orpheus erscheint meist die Muse → Kalliope, Timoth. Pers. 234 f. Apoll. Rhod. 1,23 ff. Apollod. a.O., selten Polyhymnia oder → Kleio. Eltern des O. sind → Pieros (oder → Charops [2]) und Methone. H. v. G.

K. Ziegler, RE XVIII 1217 ff. Art. Orpheus.

Oianthea, älteste belegte Form *Οἰανθέα*, sonst *Οἰάνθεια, Εὐάνθεια* (wohl volksetym.) und weitere Varianten [1], Ethnikon *Οἰανθεύς* (usw.). Stadt der Westlokrer beim h. Vitrinitsa (nicht Galaxidi!). Ältestes Zeugnis der archaische Grabstein aus Kerkyra IG IX 1,867. SGDI 3188. GEFFCKEN Griech. Epigr. 53, und der Rechtshilfevertrag mit Chaleion IG IX $1,3^2$,717. SGDI 1479. SCHWYZER 363. Sonst ist aus der Gesch. nur wenig bekannt. 426 v. Chr. Durchmarsch des spartan. Heeres unter → Eurylochos (2), Thuk. 3,101,2. Um 375 v. Chr. Tyrannis eines Phrikodemos, Polyain. 8,46; 219 v. Chr. aitol. Raubzug von O. aus gegen → Aigeira (I 1522), Pol. 4,57,2 und Plünderung des Gebiets durch Philipp V., Pol. 5,17,8. In Inschr. von Delphi und des aitol. Bundes kommen Oiantheer häufig vor. Sykl. 36. Strab. 9,4,8 p. 427. 6,1,7 p. 259. Paus. 10,38,9. Mela 2,53. Plin. nat.

4,7. Ptol. 3,14,3. Tab. peut. VII 5. Geogr. Rav. 4, 10,197,14 *(Isantia)*. 5,13,378,1. Mart. Cap. 6, 651 (210 G). Steph. Byz. s. Οἰάνθη und Χάλαιον. IG IV 1^2 95 II 5. BCH 45, 1921, 23 IV 72f. SEG 3, 431f. 435. 18,258 IG IX $1,3^2$, 706f. Mz. HEAD HN^2 338. 17. Jb. f. Numism. 1967, 59 Nr. 67. E. M.

1. *Wm. Oldfather*, RE XVII 2085ff. 2. *L. Lerat*, REG 56, 1943, XIIIff. 3. *L. Lerat–F. Chamoux*, Eratini et Vitrinitsa, BCH 71/2, 1947/48, 69ff. 4. *L. Lerat* Les Locriens de l'ouest 41ff. 109ff. 198ff. 2 oft, s. Ind. 5. *Philipps.-Kirst*. 1, 371f.

Oiax (Οἴαξ). Sohn des → Nauplios und der → Klymene (5) (oder der Philyra oder Hesione). Apollod. 2,23 (beruft sich auf die Nosten und den »Aigimios«), 3,15. Er begleitete seinen Bruder → Palamedes nach Troia, erlebte dessen ungerechte Steinigung und gab seinem Vater davon Nachricht, indem er Schiffsplanken beschrieb und ins Meer warf (nach Eur. »Palamedes«?). Das Motiv der Verhetzung Klytaimestras gegen Agamemnon durch Nauplios wurde auch auf Oi. übertragen, Hyg. fab. 117. H. v. G.

Oibalos (Οἴβαλος). Ital. Heros, Sohn des Teleboerkönigs Telon und der Nymphe Sebethis (Sebethus war ein Fluß bei Neapel, NISSEN It. Ldk. 2,764), Herrscher von Capreae, h. Capri, der sich auf dem gegenüberliegenden Festland ein Reich schuf (hierin spiegeln sich vielleicht geschichtl. Kolonisationsvorgänge). Er leistete Turnus Waffenhilfe gegen Aeneas. Verg. Aen. 7,733ff. mit Serv. auct. Tac. ann. 4,67. H. v. G.

Wörner, Myth. Lex. 3,699.

Oichalia (Οἰχαλία). **1.** Myth. Stadt bei Hom. Il. 2,596, nach dem Zusammenhang der Erzählung im n. w. Messenien. Die Homererklärer setzten es mit → Andania gleich, das ebenfalls dort lag, Strab. 8,3,6 p. 339. 8,3,25 p. 350. 4,5 p. 360. Steph. Byz. Plin. nat. 4,15. Derselbe Ansatz bei Paus. 4,2,2f. 33,4f. Pherekyd. FGrH 2 F 82 a suchte es »irgendwo in Arkadien«, ebenso Eustath. Il. 298,28.

F. Bölte, RE XVII 2097ff. Nr. 2.

2. Bei Hom. Il. 2,730 Ortschaft bei → Trikka in Thessalien, Heimat des Eurytos, in hist. Z. nicht nachweisbar, Strab. 8,3,6 p. 339. 3,25 p. 350. 9,5, 17 p. 438. 10,1,10 p. 448.

1. *Lenk*, RE XVII 2099f. Nr. 2. 2. *Fr. Stählin* Das hellen. Thessalien 115.

3. Nach Strab. 10,1,10 p. 448. Steph. Byz. Stadt im Spercheiostal. Dazu könnte der verlassene Ort Eurytion bei Paus. 4,2,3 gehören, da die Grenzinschr. CIL III 586,13 = 12306 ein *monumentum Euryti* zwischen Lamia und Hypata belegt. Aus sagengeschichtl. Gründen müßte dies das von Herakles zerstörte O. sein. Der von [3] wieder aufgewärmte alte Ansatz dieses O. in Karpenisi ist unmöglich. Das angebliche inschr. Zeugnis ist von AD. WILHELM beseitigt, JOEAI 8, 1905, 285ff. IG IX 2 p. VIII corr. 7.

1. *Fr. Stählin* Das hellen. Thessalien 209f. 2. *Lenk*, RE XVII 2099f. Nr. 3. 3. *E. Janssens* Hommages Léon Herrmann, Brüssel 1960, 464ff. 4. *Gruppe*, RE Suppl. III 941ff. 1082ff. 5. *Y. Béquignon* La vallée du Spercheios 142f. 228ff.

4. Der einzige in hist. Z. nachweisbare Ort O. ist das Dorf von → Eretria auf Euboia, Strab. 8,3,25 p. 350. 9,5,17 p. 438. 10,1,10 p. 448. Paus. 4,2,3 = Hekat. FGrH 1 F 28. Plin. nat. 4,64. Mela 2,108. Soph. Trach. 74f. Als Demos von Eretria in den Inschr. öfters genannt, Lage unbekannt. E. M.

1. *Fr. Geyer* Topographie und Gesch. d. Insel Euboia 2f. 77f. 2. *Ders.*, RE XVII 2096f. Nr. 1. 3. *G. A. Papavasiliu*, Πρακτ. 1912, 119ff. 4. *Ziebarth* IG XII 9 p. 165.

Oichalias halosis (Οἰχαλίας ἅλωσις). Epos über die Einnahme von → Oichalia durch → Herakles, der die ihm versprochene → Iole, die Tochter des Eurytos, des Königs dieser Stadt, wegführt. Dieses Epos gehört zum sog. → Epischen Zyklus (vgl. auch Epos); Vf. mag der Samier → Kreophylos (vgl. Kall. Epigr. 6 Pf.) gewesen sein. Zum Inhalt vgl. Soph. Trach. W. P.

Oidipodeia (Οἰδιπόδεια). Eines der kykl. Epen aus dem theban. Sagenkreise (neben → Thebais und → Epigonen). Es umfaßte 6600 V.e und stammte von dem Lakedaimonier → Kinaithon (wohl 7. Jh.), Borgiatafel = IG XIV 1292. Nach den dürftigen Frg. gehörte mit Sicherheit zu diesem Epos nur die Entführung Haimons durch die Sphinx (Hes. theog. 326, Apollod. 3,54), die Lösung ihres Rätsels durch Oidipus und dessen Heirat mit der Königin, seiner Mutter. Nach der Aufdeckung der Verwandtschaft und dem Selbstmord der Königin bleibt Oidipus wahrscheinlich König von Theben, er fällt später im Kampfe gegen die Minyer und wird in Theben prächtig bestattet (Il. 23,678. Soph. Ant. 898ff. Paus. 9,5,10f.) BETHES Rekonstruktion des Epos wurde durch C. ROBERT berichtigt. Zeitlich vor der O. liegt eine schlichtere ep. Fassung, auf die vermutlich Od. 11,271ff. zurückgeht, und nach ihr die O. des → Peisandros (Sch. Eur. Phoin. 1760); diese enthielt wohl das → Chrysipposmotiv und die Angabe, daß die 4 Kinder des Oidipus von seiner 2. Gattin → Euryganeia stammen. Lit. → Oidipus. H. v. G.

Rzach, Kyklos RE XI 2357ff. *W. Pötscher* Ep. Zyklus o. II 323.

Oidipodia, Paus. 9,18,5f. Plin. nat. 4,25. Solin. 7,22, Quelle bei Theben am Weg nach Chalkis. Sulla veranstaltete hier eine Feier für seinen Sieg über Archelaos bei Chaironeia, Plut. Sulla 19,6. Die h. Quelle Hg. Theodori. E. M.

Mylonas-Kirsten, RE XVII 2103.

Oidipus (Οἰδίπους, ep. Οἰδιπόδης »Schwellfuß«), Hauptheld des theb. Sagenkreises. Der Stammbaum, der ihn über → Laios, → Labdakos, → Polydoros, → Kadmos auf → Agenor zurückführt, ist nicht älter als das 5. Jh. Die Vielnamigkeit seiner Mutter (→ Epikaste, → Iokaste, → Euryganeia) ist ein märchenhafter Zug wie so vieles in der Sage. Die Vorgesch., enthaltend den Frevel des Laios an → Chrysippos, den Fluch des Pelops, die Orakel an Laios, die Geburt und Aussetzung des O., seine Aufnahme bei → Polybos und → Merope (Periboia, Medusa) in Sekyon oder Korinth, das Zusammentreffen des Laios und des O. und den unwissentlichen Vatermord am Dreiweg, → Laios. Dieser wollte in Delphoi erkunden, was mit seinem ausgesetzten Sohne geschehen sei, O. sich ebenda Klarheit über seine Herkunft verschaffen; statt dessen erhielt er das verhängnisvolle Orakel, das ihn veranlaßte, Korinth zu meiden. Er löst das Rätsel der → Sphinx (urspr. hat er sie wohl physisch überwältigt: Vasenbild) und befreit Theben von den Todesopfern, die das Ungetüm forderte. Als Lohn gewinnt er mit der Hand der Königswitwe, nicht ahnend, daß es seine Mutter ist, die Herrschaft über Theben. Er hat 4 Kinder, → Eteokles und → Polyneikes, die schon dem hom. Epos vertraut sind, → Antigone (2) und → Ismene. Pherekyd. FGrH 3 F 95 nennt als Söhne Phrastor und Laonytos, die im Kriege gegen die Minyer fielen. Die Aufdeckung des Vatermordes und der Blutschande geschah urspr. wohl durch die Fußnarben (Mythogr. Vat. 2, 2307), und zwar durch die Götter bald nach der Vermählung (Od. 11,274). Nach dem Peisandrosschol. (→ Oidipodeia) hatte O. auf dem Kithairon ein Opfer dargebracht; als er mit Iokaste hinabfuhr und an die σχιστῇ kam, erinnerte er sich des Totschlages und zeigte ihr Laios' Schwert und Gürtel, was sie schweigend aufnahm. Nun kam ein alter Pferdehirt aus Sekyon vorbei und erzählte O., wie er ihn seinerzeit aufgenommen und der Merope übergeben hatte; dabei zeigte er die Windeln und Stacheln. Sophokles hat die ἀναγνώρισις im Oid. T. zum dramat. Höhepunkt des Mythos gemacht und durch eine gottgesandte Seuche motiviert, die nach dem Spruch Delphois erst erlöschen soll, wenn die noch im Lande befindlichen Mörder des Laios ermittelt und bestraft sind. Des O. bis zur Selbstverfluchung gehende Dämonie des Wissenwollens um jeden Preis enthüllt den Zusammenhang. Iokaste erhängt sich, O. sticht sich die Augen aus.

In Eur. Phoin., in denen vieles aus der kykl. → Thebais stammt, wird O. von seinen Söhnen eingesperrt gehalten. Ihr Ungehorsam und ihre Unbedachtheit reizen ihn, den Fluch des Bruderkampfes und des wechselseitigen Mordes auf sie zu laden; der alte Geschlechtsfluch wird weniger betont. Iokaste überlebt ihre Söhne und stirbt über ihren Leichen. Auch O. erlebt noch den Tod der Söhne und wird von Kreon vertrieben. Eur. war es auch, der die att. Tradition von dem seligen Ende des O. im att. Demos Kolonos Hippios in die Lit. einführte. Darauf baute Soph. sein Alterswerk Oid. Kol. auf. O., von Kreon im Einvernehmen mit seinen Söhnen verbannt, kommt, von Antigone geführt, auf seiner Wanderschaft an den Eumenidenhain in Kolonos, wo Theseus ihm Schutz gewährt. Inzwischen haben die beiden Söhne sich entzweit, und jeder sucht auf Grund eines Orakels den Vater in seine Gewalt zu bringen. Theseus vereitelt das, O. aber flucht ihnen und weissagt ihren gegenseitigen Mord. Ein frommer Dulder ist O. nicht, sondern verbittert und verhärtet. Insofern darf man aber von einer inneren Läuterung sprechen, als er sein Schicksal willig auf sich nimmt. Die Umstände seines Todes hüllt Soph. in Dunkel, nur Theseus ist Zeuge seiner Entrückung. Die Götter haben ihn nach dem übergroßen Leid, das sie über den Unschuldigen verhängten, zum Heros gemacht, der seiner neuen Heimat Segen bringt. – Einen Kult genoß O. nicht; von den 4 Grabstätten, die man zeigte, ist keine älteren Datums. In Sparta verehrte man die Erinyen des Laios und des O., Hdt. 4,149. – Vgl. noch Aischyl. Sept. Sen. O. Apollod. 3,48–56. Hyg. fab. 67.

Die Auffassung des O. als urspr. Jahresgottes (ROBERT. GRUPPE) oder als hist. Gestalt (ROSE, LAMER) ist überholt. DIRLMEIER 25 hält ihn für ein Erbstück aus vorgriech. Mythologie, KERÉNYI Die Heroen der Griechen 105f. schreibt ihm eine urspr. phall. daktyl. Natur zu. ROBERT betonte auch die Märchenzüge: schicksalhafte Geburt eines unheilbringenden Kindes, dessen Aussetzung das angedrohte Unheil fördert, statt es zu vereiteln, Gewinnung der Braut durch Überwältigung eines Ungeheuers oder Lösung eines Rätels. Seine Tiefe gewann der Mythos aber erst durch Hinzutreten eth. Motive oder Probleme aus den Möglichkeiten des Familienlebens. Die Häufung der Orakel ist spätere Zutat. – Ant. bildl. Darstellungen des O.-Stoffes konnten manches zur Gewinnung lit. nicht fixierter Varianten beitragen. H. v. G.

E. Bethe Theb. Heldenlieder, 1891. *C. Robert* O. 2 Bde. 1915. *C. Kirchhoff* Der Kampf der Sieben vor Theben und König O., 1917. *M. P. Nilsson* Der O.-mythos, GGA 1922, 36ff. *H. Krappe* La légende d'O. est-elle un conte bleu? Neuphilol. Mitt. 34, 1933, 11ff. *G. Méautis* L'O. de Colone et le culte des héros. Neuchâtel 1940. *L. Deubner* O.-probleme, APrAW 1942/44. *M. Delcourt* O. ou la légende du conquérant, Lüttich 1944. *F. Dirlmeier* Der Mythos von König O., Mainz 1948. *B. Knox* O. at Thebes. Sophocles' tragic Hero and his Time. New Haven/Lond. 1957. *Hoefer*, Myth. Lex. 3,700ff. (Sagenparallelen: 743ff.). *L. W. Daly*, RE XVII 2103ff. Suppl. VII 769ff. *Rzach*, RE XI 2357ff.

Oikles ('Οϊκλῆς, Οἰκλῆς). Myth. Seher aus Argos, Enkel des → Melampus, Sohn des Antiphates (oder → Mantios), Gatte der → Hypermestra (2), Vater von → Amphiaraos und → Iphianeira (2). Hom. Od. 15,241ff. Pind. P. 8,39. Diod. 4,68,4f. Er zog mit Herakles gegen Troia, wo er bei der Verteidigung des Schiffslagers gegen Laomedon fiel. Apollod. 2,134. Sein Grab wurde in Arkadien gezeigt. Paus. 8,36,6. Apollod. 3,87. H. v. G.

Oikumene. 1. Griechischer Begriff. Die Unterscheidung zwischen bewohnten und unbewohnten Teilen der Erde – zuerst bezeugt bei Xenophan. Diels Vorsokr. 21 A 41 a ἀποτομὴν τῆς γῆς οὐκ οἰκουμένην ὑφ᾽ ἡμῶν – rührt wahrscheinlich von den ersten ion. Geographen (Anaximandros ?) her. In der Vorstellung Homers und Hesiods dagegen ist selbstverständlich die Erde bis zu ihrer Grenze, dem Ozean, bewohnt. Seit Hdt. 2,31 und 4,31 ließen die Geographen die unbewohnten Zonen im S. von Äg. und im N. von Skythien aus klimatischen Gründen beginnen; derselbe Grund scheint für die Gegend des Sonnenaufgangs (Hdt. 4,40: jenseits von Indien) und des Sonnenuntergangs (Hdt. 3,114: jenseits von Äthiopien) vorzuliegen. Bis dahin erscheint οἰκουμένη lediglich als Beiwort. Nach dem Aufkommen der Lehre von der Erdkugel, die dazu nötigt, die Wohnbereiche der Erde theoretisch abzugrenzen und sie sich symmetrisch n. und s. des Äquators vorzustellen (vgl. Parmenid. Vorsokr. 28 A 44a ὑπὸ ταῖς δυσὶ ζώναις) wird das Wort als Substantiv empfunden. Die ἄντοικοι des Nikagoras von Kypros (Sch. Apoll. Rhod. 4,269) und die ἀντίποδες Platons Tim. 63a fordern eine Oi. im eingeschränkten Sinne; sie wird so zum erstenmal genannt bei Aristot. meteor. 362b 13 (nach Eudox. von Knidos? vgl. F 276 Lasserre u. Komm. z. St.; Plat. Phaid. 108e hat die gleiche Vorstellung). Gemin. 16,3 ἡ καθ᾽ ἡμᾶς οἰκουμένη, das erste Beispiel dieser genaueren Bezeichnung, geht auf Poseidonios zurück, aber der Gedanke findet sich schon bei Eratosth. Frg. II A 7 Berger mit ἄλλη οἰκουμένη. Von Demokrit ab, der die erste Karte der Oi. nach der Zoneneinteilung entwarf (Agathemer. 2), bleibt bis zu Poseidonios und Strabon der Begriff »bewohnte Erde« derselbe, und die Geographen weichen voneinander nur hinsichtl. ihrer Form und ihrer Ausdehnung ab, so wie der Zahl der symmetr. Oi.en (vier: Plat. Phaid. 112e, Krates Frg. 34a–f Mette; vier oder zwei: Nikagoras; zwei: anon. Pythagoreer Vorsokr. 1,449,8, Eudox. Frg. 288 Lasserre, Eratosth. im Hermes Frg. 19 Hiller, Hipparch. Frg. 5 Hicks, Poseid. FGrH 87 F 28,25, Mela 1,1, usw.). Hipparch. a. O. hielt es für möglich, daß Taprobane eher zu den Ἀντίχθονες als zu Indien gehörte. Ebenso hätte, nach Flor. 1,45,16, Caesar geschrieben, daß er mit Großbrit. *alium orbem terrarum* entdeckt habe.

Der Gedanke, daß andere Oi.-en bestehen müssen, verschwindet mit Marinos v. Tyros und Kl. Ptolemaios, die die Oi. nicht mehr als eine Insel betrachten und den erforschten Gebieten 180 Längengrade und nahezu 90 Breitengrade zuweisen, wobei sie annehmen, daß der Atlant. und der Ind. Ozean Binnenmeere seien.

2. Römischer Orbis-Begriff. Während die griech. Geographen dazu neigen, der Oi. eine längliche Form zu geben, halten sich die Römer im allg. an die alte Auffassung von der Oi. als dem flachen scheibenförmigen Wohnort der Menschheit (Ausnahmen in wissenschaftl. Schriften wie Cic. nat. 2,164, Sall. Frg. 3 Maurenbrecher usw.). Dies drückt der Terminus *orbis terrae* oder *terrarum* aus. Nach dem Sieg L. Scipios über Antiochos III. im J. 189, der die Hälfte Kleinasiens Rom auslieferte, gewinnt *orbis terrae* eine polit. Färbung: die bewohnte Erde ist die Welt, über die Rom zu herrschen berufen ist. Dieser Gedanke hatte einen vereinzelten Vorläufer in dem Anspruch des Demetrios v. Phaleron gehabt, Alexandreia zur Hauptstadt der Oi. zu machen (Duris FGrH 76 F 14; vgl. J. Kaerst Gesch. d. Hellenismus², 2, 1926, 251). Aber der röm. Ehrgeiz verrät vielmehr den Einfluß der stoischen Theorien von der Welt als Polis (Kosmopolitismus); daher wird sie bes. von Polybios entwickelt (1,2–3, Antiochos' Bekenntnis nach dem röm. Sieg 21,13, usw.). Seit der Zeit Sullas wird das Recht der Römer, die Welt zu beherrschen, wie ein polit. Schlagwort hingestellt. So zuerst Rhet. Her. 4,9,13, dann Cic. Mur. 22; Sest. 62 u. ö. Die Ideologie der Kaiserzeit nimmt es ihrerseits auf: Verg. Aen. 6,850. Ov. fast. 5,93 *Roma caput orbis*, Mon. Anc. prooem.; Nero läßt sich Gott und Retter der Oi. nennen (OGIS 666,3. 668,5), Marc Aurel Wohltäter und Retter der Oi. (Preisigke Sammelb. 176,2).

3. Christlicher Oikumene-Begriff. Abgesehen von der Erwähnung des kaiserlichen Gebots, »daß alle Welt geschätzt würde« bei Lk. 2,1, beruht die häufige Nennung der οἰκουμένη im NT. auf der stoisch-hellenistischen Vorstellung von der Oi. als einer von Menschen gleicher Natur bewohnten Welt. Als solche ist die Oi. der Verkündigung des Evangeliums (Mt. 24,14) zugrunde zu legen. Dieser Gedanke beherrscht die Ausbreitung des Christentums und äußert sich in dem Ausdruck ἡ κατὰ τὴν οἰκουμένην καθολικὴ ἐκκλησία (Martyr. Polycarp. 8,1), dann in der Bezeichnung des 1. Konzils von Nicäa im J. 325 als οἰκουμενικὴ σύνοδος (nach Eus. vit. Const. 3, 6), das den Beschlüssen der Konzile eine der Hl. Schrift gleiche Autorität der Lehre zuerkennt. Endlich wird der Titel οἰκουμενικὸς πατριάρχης zum erstenmal im J. 444 von Dioskoros v. Alexandreia geführt, dann von Joannes Nesteutes, dem Patriarchen von Konstantinopel im J. 582, entgegen dem Kanon 28 des Konzils von Chalkedon, das ihn grundsätzlich dem Bischof von Rom bewilligt hatte. Trotz dem Widerspruch Gregors d. Gr. bleibt dieser Titel seitdem dem Patriarchat von Konstantinopel vorbehalten und wird von Photios zum amtlichen Begriff gemacht werden. (H.-G. Beck Kirche u. theol. Lit. i. byz. Reich, 1959, 63, mit Lit.). F. L.

J. Kaerst Die ant. Idee der O. in ihrer polit. und kulturellen Bedeutung, 1903. *J. Vogt* Orbis romanus. Zur Terminologie des röm. Imperialismus, 1929.

Oileus (Ὀϊλεύς). **1.** Fürst im opunt. Lokris, Sohn des Hodoidokos und der Laonome, Gemahl der Eriopis, Vater des »kleinen« → Aias (2)

'Οἰλιάδης und von einer Nebenfrau, des → Medon (1). Il. 2,527ff. 727f. (*πτολίπορθος*, wohl vom Sohn auf den Vater übertragen). 13,694ff. 712ff. u.a. Apollod. 3,130; epit. 3,11. – Sohn Apollons Hyg. fab. 161 *Ilius ex Urea (= Hyria) Neptuni filia.* – Wie viele Väter berühmter Söhne wurde O. zu den Argonauten gezählt, Apoll. Rhod. 1,74ff., von den stymphal. Vögeln verwundet 2,1036ff. – Die urspr. Namensform ist *Ϝιλεύς*, was in der Il. an 8 von 22 Stellen glatt einsetzbar wäre. Die aus metr. Gründen geänderte Form hat sich im Epos und in der Elegie, auch in der Prosa ziemlich durchgesetzt. Die urspr. Form begegnet bei Hes., Stesich., Pind., Simonid., Lykophron u.a. Vgl. auf einem Wandgemälde in Vulci: *AIVAS VILATAS* (= *Αἴϝας Ϝιλιάδης*) – W. A. OLDFATHER, RE XVII 2175ff. stellt *Ϝιλεύς* zu → *Ilos* und *Ilios*, als Verkörperung der zahlreichen Beziehungen der Lokrer zu Ilios. PRELL.-ROB. 2,1041. – Im Lat. wird Oileus auch als Adj. gebraucht. **2.** Troer, Wagenlenker des Bianor, von Agamemnon getötet. Il. 11,93. H. v. G.

Oinanthe (*Οἰνάνθη*). Samierin (Plut. mor. 753 D), verheiratet mit Agathokles und danach mit Theogenes, kam unter Ptolemaios III. nach Alexandreia. Ihr Sohn → Agathokles (6) war Minister des Ptolemaios IV., ihre Tochter → Agathokleia (2) Geliebte des Königs. Iust. 30,2,3. Nach dem Tode des Ptolemaios IV. wurde der junge Ptolemaios V. der Obhut der O. und ihrer Tochter anvertraut. Pol. 15,25,12. Als ihr Sohn 202 gestürzt wurde, flüchtete O. ins Thesmophoreion, wurde vom Pöbel herausgeholt, nackt durch die Stadt ins Stadion geführt und mit ihren Kindern grausam ermordet. Pol. 15,29,8–14. 33,8–10. Iust. 30,2,7. P. MAAS, Journ. of egypt. arch. 31, 1945, 74. H. V.

Oine, Ethnikon *Οἰναῖος*, liter. *Οἰνόη*, Hauptort der Insel → Ikaros, 2 km w. des h. Evdilos an der N.-Küste der Insel mit einzelnen ant. Resten und Kult der Artemis Tauropolos. Mitglied des ersten att. Seebundes mit dem wechselnden Tribut von 4000–8000 Drachmen, B. L. MERITT The Athenian tribute lists 1,360f. 528. 2,86f. 3,190. 204. Spätestens seit dem 2. Jh. v. Chr. zu Samos gehörend. Strab. 14,1,19 p. 639. Athen. 1,30 d. Steph. Byz. s. *Οἰνόη*. Inschr. [4]. Mz. HEAD HN^2 602. [4] 428 A. 4. E. M.

1. *A. Rehm*, RE XVII 2190f. 2. *Joh. Schmidt*, RE Suppl. VII 787f. 1664. 3. *Philipps.-Kirst.* 4,272. 4. *L. Robert*, REG 46, 1933, 426ff.

Oineon (*Οἰνεών*), westlokr. Stadt ö. → Naupaktos, 426 v. Chr. Ausgangspunkt des Zuges des Demosthenes gegen die Aitoler, dann von Eurylochos eingenommen. Muß wegen des Todes des Hesiod im nahen Heiligtum des Zeus Nemeios (Thuk. 3,96,1) ident. sein mit *Οἰνόη* Cert. Hom. et Hes. 216ff. Tzetz. vita Hes. 191ff. Ob das in delph. und aitol. Inschr. mehrfach vorkommende Ethnikon *Οἰναῖος*, *Οἰνοαῖος* dazugehört, ist nicht ganz sicher. Lage beim h. Klima s. w. Kambos jetzt gesichert. Thuk. 3,95,3. 98,3. 102,1. Steph. Byz. E. M.

1. *Wm. Oldfather*, RE XVII 2191ff. 2. *L. Lerat* Les Locriens de l'ouest 1,44ff. 192. 195ff. 2,144f. 167f. u. ö. 3. *G. Klaffenbach*, SDAW 1935, 696.

Oineus (*Οἰνεύς*). **1.** Sagenhafter Fürst in Kalydon in Aitolien, Sohn des Portheus, Hom. Il. 14,115ff. (*Porthaon* Ov. met. 9,12. Hyg. fab. 172) und der Euryte, Apollod. 1,63. Urspr. vielleicht gemeingriech. Gott des Weines (WILAM. GldH 2, 64,2. R. HANSLIK, RE XVII 2191ff.), durch Dionysos verdrängt, der ihm eine Rebe schenkt, Apollod. 1,64; seinem Großvater Orestheus war aus einem von einer Hündin geborenen Reis ein Weinstock erwachsen (Hekat.). Myth. ist O. nur in Aitolien von Bedeutung. Stammbaum Apollod. 1,58. 63. Gemahlin → Althaia, Kinder: Toxeus (von O. selbst erschlagen, weil er über den Graben seines Weinstocks sprang), → Meleagros, der Held der kalydon. Jagd, → Deianeira, → Gorge (mit ihr zeugt O. den → Tydeus, den Vater des Diomedes, Apollod. 1,75, nach der gewöhnlichen Sage jedoch mit seiner 2. Gemahlin Periboia). – Sein Bruder → Agrios (3) (Hyg. fab. 175) oder dessen Söhne (Pherekyd.) vertreiben ihn. Diomedes rächt ihn und übergibt ihm (Anton. Lib. 37) oder, da er schon altersschwach ist, dem → Andraimon die Herrschaft (Hyg. a. O.). Nach Paus. 2, 25,2 nimmt Diomedes O. mit nach Argos; hier lebt er noch z. Z. des Tro. Krieges, Il. 6,215ff. Nach Apollod. 1,79 wurde O. von überlebenden Söhnen des Agrios getötet, und Diomedes begrub ihn im argiv. → Oinoe. Soph. und Eur. schrieben Tragödien mit dem Titel O.

W. Kullmann, H(ES 14) 144.

2. Att. Heros, unehelicher Sohn des Königs → Pandion, Eponym der Phyle Oineis. Nach Ps. Demosth. 60,30 Sohn des Dionysos (Bez. zu Nr. 1). H. v. G.

Oiniadai. 1. *Οἰνιάδαι*, vereinzelt *Οἰνειάδαι*, bei Thuk. und sonst in älteren Quellen noch Ethnikon, noch IG IX 1^2,3 (Syll. I^3 421) 22. 25. B 4. 7f., erst seit hellenist. Z. Stadtname. Lage auf der inselartigen, aus Kalk bestehenden Felshöhe Trikardokastro in der Mündungsebene w. des Acheloos sicher, die bei etwa 3 km Länge und 2 km Breite bis zu 100 m Höhe erreicht. Sie war im Alt. noch von einem nach W. ins Meer mündenden Arm des Acheloos umflossen, der h. nicht mehr existiert, und ist von einer etwa 5½ km langen Stadtmauer umschlossen, die wohl erst aus der Z. Philipps V. stammt (s. u.). Von N. greift eine Bucht ein, die als Hafen diente und durch ein besonderes Hafenkastell gedeckt war; hier im N. auch zwei Quellen. Erhalten außer der z. T. hoch aufrechtstehenden Mauer mit Türmen und Toren mit dem genannten Hafenkastell und gesonderter Akropolis im S. Hausreste im Inneren, in den Fels geschnittene Schiffshäuser am Hafen, kleines Tempelfundament am Hafen und ein kleines Theater [5].

Eine ältere Siedlung lag weiter flußaufwärts, Strab. 10,2,2 p. 450, ein älterer Name soll Erysiche, Erysichaioi gewesen sein, Strab. 10,2,22 p. 460. Steph. Byz. s. Ἐρυσίχη und Οἰνειάδαι. Der Name O. erscheint erst seit dem 5. Jh. v. Chr., Soph. Trach. 510. 455 v. Chr. vergebliche Belagerung durch Perikles, Thuk. 1,111,2. Diod. 11,85,2. 88,2. Plut. Per. 19,4. Bald darauf vorübergehende Eroberung durch die Messenier von Naupaktos, Paus. 4,25. Im pelop. Krieg im Gegensatz zu Akarnanien und erst zum Anschluß gezwungen, Thuk. 2,82. 102,2. 3,94,2. 4,77,2. Diod. 12,47,5, seitdem bei Athen, Xen. hell. 5,6,14. Um 330 v. Chr. Eroberung durch die Aitoler Diod. 18,8,6. Plut. Alex. 49,8, dann wieder akarnanisch. Die Übersiedlung nach Sauria auf Vorschlag Kassanders 314 v. Chr. gleich wieder aufgegeben Diod. 19,67, 4. Um 260 v. Chr. neuerdings aitol. bis zum Feldzug Philipps V. 219 v. Chr., der O. eroberte und befestigen ließ (s. o.), Pol. 4,65,2ff. 211 v. Chr. erhalten die Aitoler O. durch Rom zurück, Pol. 9, 39,2. Liv. 26,24,15, doch wurde es 189 v. Chr. für dauernd an Akarnanien zurückgegeben, Pol. 21, 32,14. Liv. 38,11,9. Aus der späteren Gesch. ist nichts mehr bekannt, späteste Funde Münzen des 3. Jh. n. Chr. Spätant. ist O. verlassen. Skyl. 34. Thuk. 2,102,2. Pol. 4,65,9f. Strab. 10,2,2 p. 450. 2,21f. p. 459. IG IV 1^2 95 II 9. BCH 45, 1921, 23 IV 62. Inschr.: IG IX, 1^2, Nr. 419–426. SEG 17, 284. [4], 2205,47ff. Mz.: HEAD HN^2 331. [4] 2205, 42ff.

1. *W. M. Leake* Travels in Northern Greece 3,556ff. 4,1ff. 2. *Philipps.-Kirst.* 2,402ff. 3. *B. Powell–J. M. Sears* Oeniadae I-VI, AJA 8, 1904, 137ff. 4. *Kirsten*, RE XVII 2204ff. (mit Plänen). 5. *E. Fiechter* Die Theater von O. und Neu-Pleuron, Ant. griech. Theaterbauten 2, 1931.

2. Nur bei Strab. 9,5,10 p. 434. Steph. Byz. und in den hippokrat. Epidemien 5,3–8 genannter Ort der → Oitaia, Lage unbekannt. E. M.

Kirsten, RE XVII 2228 Nr. 2.

Oinoanda, eine für das späte 3. oder frühe 2. Jh. v. Chr. frühestens nachweisbare (BMC Lycia 73) Stadt in der → Kabalia, deren Ruinen (Theater, Agora) sich auf einer Anhöhe im oberen Xanthostal (h. Koca Çayi) beim h. Inceveliler finden. Wohl nach dem E. der pergamen. Herrschaft bildete O. unter → Kibyra zusammen mit Bubon und Balbura eine τετράπολις (Strab. 13, 631). Als diese von L. → Licinius (I 36) Murena 84 v. Chr. aufgelöst wurde, dürfte O. dem Lyk. Bund angegliedert worden sein (vgl. [2], 1370,1); mit der Einrichtung der Provinz Lycia et Pamphylia geriet die Stadt 43 n. Chr. endgültig unter röm. Herrschaft. E. O.

1. *W. Ruge*, RE XVII 2230–2234. 2. *D. Magie* Roman rule in Asia Min., Princeton N.J. 1950, 522.

Oinobios (Οἰνόβιος). Athen. Stratege 410/09 v. Chr., IG I^2 108,38, ident. mit dem Antragsteller der Rückberufung des Historikers Thuk. 404. Paus. 1,23,9 (aus Polemons Schrift über die Akropolis).

Von der Statue des O., die Paus. erwähnt, ist sonst nichts bekannt. H. V.

Oinoe (Οἰνόη). **1.** Arkad. Nymphe, von → Aither Mutter des → Pan, Sch. [Eur.] Rhes. 36, Amme des Zeus, Paus. 8,47,3. K. KAYSSNER, RE XVII 2236 lehnt die Meinung von WILAM. GldH ^{2}1,243,3 ab, der Name sei aus Σινόη (Amme des Pan, Paus. 8,30,3) verdorben. In den Theokritschol. heißt die Amme des Zeus Οἰνηίς. H. v. G.

2. Oi., → auch Oine. Attischer Demos der Phyle Aiantis, dann Attalis und in der Kaiserzeit Hadrianis, in der Ebene von Marathon, Name im h. Inoi weiterlebend, ant. Siedlung aber nach [3] im Talausgang bei Bei. Paus. 1,33,8. Harpokr. Suda Lukian. Icaromen. 18. Ptol. 3,14,21. Sprichwort für selbstverschuldeten Schaden durch Ableitung des Bachs Charadra Strab. 8,6,16 p. 375 (Οἰνώνη). Suda. Hesych. s. Οἰναῖοι τὴν χαράδραν und Οἰνόη.

1. *Wiesner*, RE Suppl. VIII 369 Nr. 4a. 2. *v. Schoeffer*, RE V 87ff. 3. *Philipps.-Kirst.* 1,787.

3. Att. Demos der Hippothontis, später der Ptolemais, Harpokr. Suda s. v. Hesych s. Οἶναι. Strab. 8,6,16 p. 375 (Οἰνώνη). Eur. Antiope frg. 179. Hdt. 5,74,2 Thuk. 2,18f. 8,98. Diod. 4,60,5. Plin. nat. 4,24. Danach bei Eleutherai an der boiot. Grenze am Weg nach Theben und im 5. Jh. befestigt. 507 v. Chr. vorübergehend von den Boiotern genommen (Hdt.), im pelop. Kriege mehrfach umkämpft (Thuk.). Lage beim h. Myupolis.

1. *Wiesner*, RE Suppl. VIII 369ff. Nr. 4a. 2. *v. Schoeffer*, RE V 87ff. 3. *Philipps.-Kisst* 1,525f. 863 A. 4. 4. *W. Kendrick Pritchet'*, AJPh 63, 1942, 431. 5. *A. Gallina* Enc. Arte Ant. 5,628.

4. Korinth. Kastell auf der Halbinsel Peraia an der Grenze gegen Megaris h. Diakastro bei Schino, Xen. hell. 4,5,5. 19. Strab. 8,6,22 p. 380. 9,2,25 p. 409.

1. *Robinson* bei *Fowler-Stillwell* Corinth 1,38ff. 2. *E. Meyer*, RE XVII 2236f. Nr. 7. Suppl. IX 466.

5. Einheim. Form Οἰνώα, Dorf im Gebiet von Argos am »Prinosweg« nach Arkadien im Xeriastal, geringe Spuren beim h. Mazi, Hallenbau des 5. Jh. ausgegraben, Paus. 2,25,2. Heiligtum der Artemis Oinoatis, in das Herakles das Geweih der kerynit. Hindin weihte, Steph. Byz. s. Οἴνη. Eur. Herc. 375ff. Apollod. 2,81. Um 460 v. Chr. Sieg der Argiver und Athener über die Spartaner bei O., Paus. 1,15,1. 9,10,4 (Gemälde in der Stoa Poikile und das argiv. Weihgeschenk der »Sieben gegen Theben« in Delphi).

1. *E. Meyer*, RE XVII 2237ff. Nr. 8. Suppl. IX 466. 2. *Mitsos*, H 18, 1949, 74.

6. Nur bei Strab. 8,3,5 p. 338 genannter Ort an der Küste von Elis, einheim. Ϝοινώα, von den Homererklärern mit → Ephyra gleichgesetzt, Strab. a. O. Steph. Byz. Hesych s. Ἐφύρα und Sch. Il. 6,152. 13,301. 15,531. Lage unbekannt. E. M.

E. Meyer, RE XVII 2240ff. Nr. 10.

Oinomaos (*Οἰνόμαος*). **1.** Myth. König von Pisa (Elis), Sohn des Ares und der Atlastochter Asterope (oder anderer Frauen), Gatte der Pleiade Sterope, Vater der → Hippodameia (1) und des → Leukippos (3). Liebe zur eigenen Tochter oder das Orakel, ein Eidam werde ihn töten, bewog ihn, ihren Freiern eine aussichtslose Bedingung zu stellen: ein Wagenwettrennen mit ihm von Pisa bis zum Poseidontempel am Isthmos. Den Freiern, die Hippodameia auf ihrem Wagen mitzunehmen hatten, gewährte er einen Vorsprung, holte sie aber mit seinen Aresrossen ein und durchbohrte sie von hinten mit der Lanze. Diese Umstände in Verbindung mit der weiten Rennstrecke lassen an eine urspr. Brautraubgeschichte denken, die mit der Einführung der Wagenrennen in die olymp. Spiele (um 580) in ein Aition dafür umgewandelt wurde. Schon waren 12 (oder 13 oder 18) Köpfe der Freier an das Dach des Palastes genagelt, da erschien → Pelops als Freier, besiegte O. mit Hilfe des königl. Wagenlenkers → Myrtilos, der die eisernen Pflöcke aus den Naben der Räder beseitigte oder durch wächserne ersetzte, und gewann die Braut. O. wurde von seinen Pferden zu Tode geschleift, Myrtilos von Pelops getötet. WEIZSÄCKER a.O. sucht die urspr. Heimat des O. in der Gegend von Phleius. Zu der Angabe Sch. Eur. Or. 990, O. sei König in Lesbos gewesen, paßt das euboi. Vorgebirge Geraistos als Ort des Mordes an Myrtilos. – Hauptstellen: Apollod. 3, 111; epit. 2,3–9. Hyg. fab. 84. Diod. 4,73. Pind. O. 1,69 ff. mit Sch. Apoll. Rhod. 1,752 mit Sch. Paus. 5,14,6 u.s. Verloren sind die Dramen des Soph. und Eur. mit dem Titel O. – Ö. Giebelgruppe des Zeustempels in Olympia. Att. und ital. Vasen, etr. Urnen. Philostr. im. 1,17. H. v. G.

Prell · Rob. 2,206 ff. *Weizsäcker*, Myth. Lex. 3,765 ff. *K. Kerényi* Die Heroen der Griechen 73 ff. mit Abb. 8. *W. Dörpfeld* Alt-Olympia 1,33 ff. *O. Borger* La légende de Pelops et d'O. d'après les sources litt. et monument., Louvain 1934/35.

2. O., Sklave kelt. Herkunft und Gladiator, brach 73 mit Krixos und Spartacus aus der Gladiatorenkaserne Capua aus und wurde einer der Führer im Sklavenkrieg, fiel nach wenigen Monaten. Oros. 5,24,1. App. civ. 1,540 u.a. J. VOGT Struktur d. ant. Sklavenkriege 1957, 26. H. G. G.

3. O. von Gadara, kyn. Philosoph des 2. Jh. n. Chr., *ἀκμή* wohl in hadrian. Z. (Die Zeit-Angabe in der Suda »vor Porphyrios« beruht darauf, daß Porph. O. mit Polemik zitierte). Vom Leben des O. ist nichts bekannt; die Suda nennt folgende Schriften: *περὶ κυνισμοῦ. Πολιτεία. Περὶ τῆς καθ' Ὅμηρον φιλοσοφίας. Περὶ Κράτητος καὶ Διογένους καὶ τῶν λοιπῶν. Κυνὸς αὐτοφωνία. Τραγῳδίαι. Γοήτων φώρα* = *κατὰ χρηστηρίων*. Aus der zuletzt genannten Schrift hat Eus. PE, bes. in B. 5 und 6 (und danach Theodoret. Gr. aff. cur.) große Exzerpte erhalten. Ferner wird O.' Stellung im Kynismos seiner Z. kenntlich durch die Polemik des Kaisers Iulianus or. 7 (adv. Heracl.) 209 b und 210 d, und or. 6 (adv. Cynicos) 187 b. O. erhob als Kyniker wiederum Protest gegen alle und gegen alles; Kaiser Iulianus a.O. 199 a kennzeichnet ihn als *ἀναιδής... ἀναίσχυντος... ὑπερόπτης πάντων ὁμοῦ θείων τε καὶ ἀνθρωπίνων πραγμάτων*. Damit wird ihm die *εὐλάβεια*, d.h. die religiös fundierte Zurückhaltung, abgesprochen, seine Kritik also als hemmungslos gekennzeichnet. Vor allem brachte O. in seinen Tragödien (darüber a.O. 210 d) seinen schockierenden Protest gegen die Unmoral der Götter zum Ausdruck. – Die in großen Teilen erhaltene Schrift über das Orakel-Wesen leugnet jeden Einfluß der Götter auf Träume und jeden Wahrheitsgehalt der Orakel; sie steht in der säkularen Diskussion über die Berechtigung der Mantik – wozu auf Cic. div. 2 und vor ihm auf Diakaiarchos und Poseidonios, hernach auf S. Emp. adv. math. 5,47, sowie auf Lukian. de astr. 28 und Iupp. ref. 12 ff. zu verweisen ist. – In O. wird ein Kyniker erkennbar, der sich der Mäßigung, die im Kynismos Platz gegriffen hatte, mit Schärfe widersetzte. – Die Forschung der jüngeren Z. hat sich kaum mit O. beschäftigt; die Frg.-Slg. bei MULLACH 2,361–385 (nur aus Eus.), veröffentlicht 1857, ist überholt. Letzte einschlägige Arbeit: P. VALETTE De O. Cynico, thèse, Paris 1908. H. D.

Oinone (*Οἰνώνη*). **1.** Dichterischer Name der Insel → Aigina (2), Pind. N. 4,46. 5,16. 8,7, I. 5,34; auch *Οἰνοπία* (»weinfarben«) I. 8,21, danach Ov. met. 7,472 u.s. **2.** Nymphe der Troas, Tochter des Flußgottes Kebren (→ Kebriones), in die Paris (Alexandros), auf dem Ida ausgesetzt und als Hirte heranwachsend, sich verliebte. Sie warnt ihn vor der Fahrt zu Helene, verspricht aber, ihn zu heilen, wenn er einst im Krieg verwundet werde. Als das geschah, begab er sich zu ihr. Sie aber trug ihm seine Untreue nach und verweigerte die Pflege. Er kehrte nach Troia zurück. Da eilt sie ihm reuig mit Heilmitteln nach, kommt aber zu spät und gibt sich den Tod. Gemeinsames Grab bei → Kebren(e), Strab. 13,596. – Apollod. 3,154 f. Lykophr. 57 ff. Parthen. 4. Konon 23. Ov. her. 5. – Ihr Sohn ist → Korythos (4), Parthen. 34. Ov. met. 7,361. H. v. G.

Oinophilos, Ti. Claudius, aus vornehmer und reicher att. Familie, erhält unter Nero röm. Bürgerrecht und Ritterzensus (A. STEIN Ritterstand 129 ff. 396 f.). Sein cursus honorum (IG II² 3546) umfaßt neben niedrigen ritterl. Ämtern (praef. fabrum, praef. coh. II Hisp.) zahlreiche athen. Ehrenämter (Archon, Keryx, Epimeletes, Agonothet, Gymnasiarch, Stratege); vgl. auch IG II² 3548 a von der Agora in Athen. Hierophantes der Mysterien von Eleusis, wo ihm seine Adoptivtochter Arria, die T. des D. → Iunius Silanus Torquatus (II 21) eine Statue errichtet hat (IG II² 3548 a). G. Wi.

A. Wilhelm Anz. Akad. Wien 1935, 83 ff. *A. Raubitschek*, RE XVII 2253 ff., 1 (mit Stammbaum der Familie).

Oinophyta (Οἰνόφυτα), nur durch den athen. Sieg über die Boioter im J. 457 v. Chr. bekannte Örtlichkeit bei Tanagra im s. ö. Boiotien, etwa bei Staniates, das h. amtlich O. heißt; bes. Thuk. 1, 108,3. mit Sch. 4,95,3. Diod. 11,83,1. Plat. Menex. 242 B. Grabstein eines bei O. Gefallenen BCH 82, 1958, 133 Nr. 174 = SEG 19,363. E. M.

Kirsten, RE XVII 2257f. 2558.

Oinopides (Οἰνοπίδης) v. Chios, Astronom, Physiker, Geometer, Quellen bei Diels Vors. 41. Nach Eudemos (Proklos, In Eucl. el. 1,66,1 F.) wenig jünger als Anaxagoras, also 2. Hälfte 5. Jh. v. Chr. Nach Diog. Laert. 9,41 von Demokrit erwähnt. Soll nach Diod. 1,98,3 von äg. Priestern in Astron. ausgebildet sein. Stand nach Aristot. meteor. 1,8. 345a 13 mit seiner kosmolog. Theorie von zwei Elementen (Sext. Emp. PH 3,30) den Pythagoreern nahe. Seine Erklärung der → Milchstr. noch ganz mythisch (Aristot. a. O., Achill. 55,18 Maass, Comm. in Arat.). Sie bezeichne den früheren Weg des Helios, bevor dieser sich aus Abscheu über das Mahl des Thyestes abgewandt habe. Da nach Eudemos (Theon Sm. 198,14 H.) *Οἰ. τὴν τοῦ ζῳδιακοῦ λόξωσιν* (coni. Diels) *εὗρε* und dies von anderen Quellen bestritten wird, vermutet K. v. Fritz (RE XVII 2261) sicher richtig, daß es sich nicht um die Entdeckung, sondern um die zahlenmäßige Bestimmung (Zentriwinkel des regelm. 15-Ecks = 24°) handelte (→ Eudoxos), das zur Konstruktion nötige Pentagramm hatte ja symbol. Bedeutung bei den Pythagoreern. In der Kalenderrechnung tat O. einen Schritt vorwärts von dem alten Oktaeteris-System zum vollkommeneren des → Meton. Nach Cens. 19,2 errechnete er die Jahreslänge auf $365\,{}^{22}/_{59}$ und nach Ail. var. 10,7 bestimmte er die Länge des großen Jahres (Periode der Wiederkehr gleich vieler ganzer Jahre u. Monate) auf 59 Jahre. Wie er diese Werte vermutlich fand, erklärt v. Fritz a. O. einleuchtend: ausgehend von den herkömmlichen groben Werten $a = 365d$, $m - 29{,}5d$, also $2a = 730$, $2m = 59$, ist die besagte Periode $p = 59a = 730m$, weil 59 Primzahl ist. Im att. Festkalender stellte er die Zahl der Tage, die in diese Anzahl von Monaten fallen, fest und fand so die genannte Jahreslänge; für den Pythagoreer O. dürfte wichtig gewesen sein, daß $729 = 730 - 1 = (3^2)^3$ die 3^3te Tetragonalzahl und die 3^2te Hexaedralzahl ist. Nach Proklos (a. O. 283,8. 333,5) schreibt Eudemos dem O. die Lösung der Aufgabe zu, von einem gegebenen Punkt das Lot auf eine gegebene Gerade zu fällen und an eine solche einen gegebenen Winkel anzutragen. Die hist. Bedeutung hiervon dürfte darin liegen, daß O. wohl als erster die Forderung aufstellte, nur Lineal u. Zirkel bei geom. Konstruktionen zu benutzen (Heath HM 1,175). Dies würde den O. unter die Begründer der math. Elementen-Lit. einreihen, deren Vollender dann Eukleides wurde und die Aristot. gern bei log. Überlegungen als Modell benutzt. Bestätigt wird dies durch Eudemos (Proklos a. O. 80,16), wonach → Zenodotos aus der Schule des O. die Unterscheidung zw. *ϑεώρημα* und *πρόβλημα* einführte, Begriffe, die in leichter Abwandlung für alle math. Lit. charakteristisch wurden. Auf dem Boden der vorsokr.-ion. Spekulation steht O. bei seiner Erklärung der Nilschwelle (Diod. 1,41,1 nach Aristot., De Nilo frg. 248 Rose). J. M.

K. v. Fritz, RE XVII 2258–2272. *T. Heath*, A hist. of Greek math., Oxf. 1921 (ff.), 1 passim.

Oinopion (Οἰνοπίων, zu οἶνοψ). Sagenhafter Herrscher, Stadtgründer und Stifter des Weinbaus auf Chios, aus Kreta stammend, von seinem Vater → Rhadamanthys eingesetzt (Ion v. Chios nach Diod. 5,79 und Paus. 7,4,8f.), galt meist als Sohn des Dionysos und der Ariadne. Seine Gattin ist die Nymphe Helike, seine Tochter → Merope (3). Durch sie ist er mit der Sage von → Orion verknüpft. Dieser vergewaltigt Merope im Rausch und wird von O. geblendet und vertrieben. Geheilt (→ Kedalion) will er sich rächen, findet aber O. nicht, der in einem unterird. Verlies lebt. Eratosth. katast. 32 (Hyg. astr. 2,34) unter Berufung auf Hes. frg. 182. Nach Pind. frg. 72 ist Merope Gattin des O. Andere Fassungen der Sage Apollod. 1,25f. Parthen. 20. Serv. Verg. Aen. 1,535. 10,763. H. v. G.

L. Radermacher Mythos und Sage der Griechen 135. 185. *K. Kerényi* Die Mythol. der Griechen 197ff.

Oinotropoi (Οἰνότροποι, auch Οἰνότροφοι, Οἰνοτρόφοι »Weinverwandlerinnen bzw. -erzeugerinnen«, nicht Schutzgottheiten der Kelter, Prell.-Rob. 1,677). Töchter des Priesterkönigs → Anios auf Delos, Oino, Spermo und Elais, die von Dionysos die Gabe besaßen, Wasser in Wein und alles Beliebige in Getreide und Oliven zu verwandeln. Serv. Verg. Aen. 3,80. In den Kyprien frg. 17 lehnen die Griechen auf der Fahrt nach Troia die Einladung des Anios ab, da Troia doch erst im 10. J. (mit Sch.) fallen werde, 9 J. bei ihm, von den O. wunderbar verpflegt, zu bleiben, Apollod. ep. 3,10. Nach Lykophr. 570ff. mit Sch. wurden die O. wirklich ans Vorgebirge Rhoiteion geholt, um die Griechen zu verpflegen. Verg. Aen. 3,73ff. erwähnt bei dem Gastaufenthalt des Aeneas bei Anios die O. nicht. Bei Ov. met. 13,632ff. entzieht Dionysos die O. dem Agamemnon, der sie mit Gewalt zwingen will, die Achaierflotte zu versorgen, durch ihre Verwandlung in weiße Tauben (wohl nach alexandrin. Vorbild); s. o. II 83,34. H. v. G.

Oionias (Οἰωνίας). Sohn des Oionochares, mit angezeigt im Mysterienprozeß des Alkibiades 415/14 v. Chr. von Andromachos, floh gemeinsam mit den anderen, wurde in Abwesenheit zum Tode verurteilt, sein Besitz wurde vom Staat verkauft. Andok. 1,12. IG I² 332,8. 327,13 (Poleteninschr.). H. V.

Oinus (Οἰνοῦς). **1.** Fluß in Lakonien, die h. Kelephina, Pol. 2,65,7ff. 66,7. Liv. 34,28,1. **2.** Spartan. Perioikengemeinde unbekannter Lage, von Alkman frg. 53 D. wegen ihres Weines genannt, dazu Athen. 1,31 CD. Steph. Byz. Proxeniedekret von Argos für einen Ϝοινόντιος BCH 77, 1953, 395ff. E. M.

1. *F.Bölte*, RE XVII 2280f. 2. *E.Meyer*, RE Suppl. IX 466.

Oinussai (Οἰνοῦσσαι). **1.** Gruppe von 3 Inseln an der SW.-Spitze der messen. Halbinsel, h. Sapientza, Schiza und Prasonisi (Hg. Mariani); die beiden größeren waren seit hellenist. Z. besiedelt. Paus. 4,34,12. Plin. nat. 4,55. Mela 2,110.

1. *Philipps.-Kirst.* 3,392. 2. *Valmin* Étud. sur la topographie de la Messénie anc. 159. 161f. 3. *Kirsten-Bölte*, RE XVII 2281f.

2. Mehrere kleine Inseln zwischen der N.-Spitze von Chios und dem Festland, h. Spalmatori, amtlich O. Steph. Byz. = Hekat. FGrH 1 F. 142. Hdt. 1,165. Thuk. 8,24,2. Plin. nat. 5,137. E. M.

1. *Philipps.-Kirst.* 4,246. 2. RE XVII 2283.

Oion (Οἶον), Name zweier att. Demen. **1.** *Οἶον Κεραμεικόν*, Demos der Inlandtrittys der Phyle Leontis, Harpokr. Suda. Steph. Byz. IG II² 1742. 2362. H 30, 1961, 33, daher am n.ö. Aigaleos anzusetzen, nicht wie fast allg. angenommen, gleich n. der Stadt Athen.

1. *Wiesner*, RE Suppl. VII 788 Nr. 1. 2. *v. Schoeffer*, RE V 93f. 3. *Judeich* Topogr. v. Athen² 173. 4. *Philipps.-Kirst.* 1,877 A. 2. und Karte.

2. *O. Δεκελεϊκόν*, Demos der Phyle Hippothontis, später der Attalis, Harpokr. Suda; bei Bugiati s.ö. v. Dekeleia. E. M.

1. *Wiesner*, RE Suppl. VII 788 Nr. 2. 2. *v. Schoeffer*, RE V 93f. 3. *Philipps.-Kirst.* 1,874 A. 1.

Oionos (Οἰωνός, »Raubvogel«). Sohn des Likymnios (1), des Halbbruders der → Alkmene, aus Midea (Argolis), Begleiter des Herakles in der Peloponnes, 1. olymp. Sieger im Wettlauf. Pind. O. 10,64ff. mit Sch. In Sparta erschlugen ihn die Söhne des → Hippokoon (1), weil er ihren Haushund durch Steinwurf getötet hatte. Darauf bekämpfte Herakles die Hippokoontiden. Apollod. 2,143f. Paus. 3,15,3ff. H. v. G.

Oite. Oitaioi (ἡ Οἴτη). O. im engeren Sinn ist der mittlere Teil der Gebirgsmauer s. des Sperchaiostals, der dieses als 15 km lange mächtige Kalkmauer mit riesigem Steilabfall beherrscht. Höchste Gipfel im N. Greveno (2116 m) und im S. Pyrgos (Katavothra, 2152 m). S. des Pyrgos beim h. Dorf Pavliani in 1800 m Höhe der »Scheiterhaufen« (Pyra) des Herakles, auf dem dieser sich verbrannt haben soll, mit großem Aschenaltar, kleinem dor. Tempel des 3. Jh. v. Chr. und Nebengebäuden. Kult von archaischer bis in die röm. Kaiserz. Im weiteren Sinne wird zur O. auch die w. Fortsetzung des → Kallidromon gerechnet, Strab. Liv. 41,22,4. Paus. 10,20,2, und bes. die ö. Fortsetzung des niedrigen Flysch-Berglandes mit Höhen bis 1470 m, das von → Ainianen bewohnt war. Über diesen Teil führte ein Weg in die Täler der aitol. Flüsse Mornos (Daphnus) und Fidaris (→ Euenos 4).

Die Oitaier wohnen urspr. in der niedrigen Sandstein-, Flysch- und Neogenzone s. und ö. des Hauptkamms gegen Doris und Lokris. Von da schrittweiser Anschluß der n. Nachbargebiete, im 4. Jh. Anschluß des zuerst gegen die Oitaier gegründeten → Herakleia Trachis, dann auch das ganze ehemals malische Gebiet bis zum Spercheios und den Thermopylen. Polit. sind die O. mit Sparta, dann Theben verbunden. In hellenist. Z. bilden die O. einen Staat der *Οἰταιεῖς*, der sich an Aitolien anschließt. Er umfaßte 14 Demen, Strab. 9,5,10 p. 434. IG IX 1,226ff. Nach 160–147 v. Chr. beim Achaiischen Bund, in der Kaiserz. zu Thessalien geschlagen.

Hdt. 7,176,3. 198,1f. Skyl. 62. Strab. 7 p. 329 frg. 6. 8,1,3 p. 334. 9,3,2 p. 418. 4,10 p. 427. 4,12 p. 428. 10,2,4 p. 450 u.ö. Mela 2,36. Plin. 4,28 u.ö. Liv. 36,15,6ff. *Οἰταῖοι*: Hdt. 7,217,1. Thuk. 3,92, 2f. 8,3,1. Xen. an. 4,6,20. Diod. 12,59,4. Plut. Per. 17,3. Strab. 9,3,1 p. 416. 5,10 p. 434. 10,2,1 p. 450. 13,1,64 p. 613. Inschr.: IG IX 1,226f. Mz.: Head HN² 302. E. M.

1. *E. Kirsten–B. Lenk*, RE XVII 2289ff. 2294ff. 2. *Philipps.-Kirst.* 1,237. 320ff. 3. *Fr. Stählin* Das hellen. Thessalien 192ff. 205ff. 4. *Y. Béquignon* La vallée du Spercheios 16ff. 167ff. 206ff. (die Pyra mit Plänen). 5. *N. G. Pappadakis* Ἀνασκαφὴ τῆς Πυρᾶς τῆς Οἴτης Ἀρχ. Δελτ. 5, 1919, *παρά*. 25ff (mit Plan).

Oitylos (Οἴτυλος), lakon. Perioikenstadt am O.-Ufer des messen. Golfs an der tiefen Bucht von Limeni, die einen guten, sicheren Hafen bietet. Einheim. Name etwa Vitulo, noch h. Vitylon. Einige ant. Mauerreste. O. ist bereits bei Hom. Il. 2,585 genannt, später zu den eleutherolakon. Städten gehörend. Ehreninschr. noch für Gordian, IG V 1,1294. Strab. 8,4,4 p. 360. Paus. 3,21,7. 25,10. Ptol. 3,14,43. Steph. Byz. Inschr.: IG V 1 Nr. 1290–1311. Nr. 935,8. E. M.

1. *F. Bölte*, RE XVII 2301f. 2. *E. S. Forster*, ABSA 10, 1903/04, 160f. 3. *Philipps.-Kirst.* 3,436. 4. *H. Waterhouse-R. Hope Simpson*, ABSA 56, 1961, 121.

Okeaniden (Ὠκεανίδες, älter Ὠκεανῖναι vgl. Hes. theog. 364. 389. 507. 959 usw.). Von den Namen der 3000 Mädchen, Töchtern des → Okeanos und der → Tethys, nennt Hes. 346ff. nur 41; vgl. auch den Katalog im [Hom.] h. Dem. 481ff.; weiters Orph. frg. 49,21ff. K., Verg. georg. 4,334ff. und Hyg. fab. praef. 6; fab. 182. 154. 192. Die O. repräsentieren zum Teil bestimmte Süßgewässer, wodurch sie sich mit den → Nymphen berühren. Unter den O. finden sich auch solche, die alte chthonische Gottheiten sind (vgl. Fr. Fischer Nereiden und O. in Hes. theog., Diss. Halle 1934. Fr. Pfister, PhW 1934, 1366ff. K. Vretska G 46,105. H. Diller, Gn 12,243ff.), wie etwa Styx oder Kalypso (Fr. Schwenn Die Theogonie Hes., 1934, 97,3); doch darf man die Tätigkeit der dichterischen Phantasie nicht zu gering ansetzen (H. Herter, RE XVII 2307. Nilsson GgrR 1²,246). W. P.

Okeanos. I. Mythologie. Der Ursprung des Namens ist unsicher, semit. nach R. HENNIG Die Geographie d. hom. Epos 1934,36 (*Ok-* = *uk* in *Bahr ma' uk'* Meer des Umkreises, von M. C. ASTOUR Hellenosemitica, 1965, nicht mehr erwähnt), ägäisch nach [1], 96f. O. geht in die griech. Sprache offensichtlich als geogr. Bezeichnung über und erwächst erst bei ihnen zur göttlichen Persönlichkeit. Als Flußgott verschwimmt aber O. so sehr mit seinem Element, daß er noch *βαθύρροος* (Hom. Il. 14,311), *βαθυδίνης* (Hes. theog. 133) u. ä. genannt wird. Seine Wohnung wird an die Grenzen der Erde verlegt und immer in den W. (Hom. Il. 16,150). Die älteste Genealogie macht ihn zum Gemahl der Tethys, als der Göttin des Meeres, und zum Vater der Götter, wahrscheinlich in einem Mythos vom Titanenkampf in kosmogonischer Bedeutung (Hom. Il. 14,200); Hes. theog. 133 macht aus ihm einen Titanen, indem er ihm wie der Tethys Uranos und Gaia als Eltern gibt. Er kämpft mit Prometheus gegen Zeus in der Titanomachie, schlägt sich aber im entscheidenden Augenblick auf die Seite der Olympier (Aischyl. Prom. 330). Nach Hom. Il. 21,195 wäre er auch der Vater aller Flüsse, des ganzen Meeres, der Quellen und Brunnen (durch die Athetese von 195 bezieht Zenodotos diese Vaterschaft auf Acheloos); Hes. theog. 337 schreibt ihm 3000 Söhne, die *Ποταμοί* und 3000 Töchter, die *Ὠκεανῖναι* (später *Ὠκεανίδες*), die Wogen des Meeres zu. Die 66 Namen, die Hes. zitiert, umfassen die bekanntesten Flüsse, bes. Nil, Eridanos, Phasis, und unter den Töchtern die Styx. Die Titanomachie weiß dazu noch Philyra zu nennen, die Mutter Chirons (Frg. 7 Kinkel). Die orph. Theogonien neigen dazu, ihn in der Genealogie noch höher zu stellen: Vater der Titanen (Plat. Tim. 40e), Vater des Uranos (Et. gen. *Ἄκμων*; vgl. [5], XVII); er steht an 2. Stelle zwischen Chaos und Nyx bei Alex. Aphr. in Aristot. metaph. S. 821. Diese Tendenz drückt den Gedanken aus, daß der O. als nährendes Wasser der Vater aller Dinge ist; sie führt zu Verg. georg. 4,382 *pater rerum* (O. im Weltschöpfungsmythos: Myth. Lex. 6,450–462). Die für O. u. Tethys von Alexander vor dem Delta des Indus errichteten Altäre (Arr. an. 6,19,4) und die Weihungen (DESSILS 8861. 8811. 9265) in Germanien und in der Bretagne sind die einzigen Anzeichen einer offensichtlich allein an die Grenzen der bewohnten Erde verlegten O.-verehrung.

Da O. in der Mythologie keine Rolle spielte, erscheint er selten in der bildenden Kunst. Die wichtigsten Belege sind die Françoisvase (O. als Wagenlenker im Hochzeitszug der Götter, stierköpfig, ergänzt von E. BUSCHOR Meermänner, SBAW 1941, 27 Abb. 17), der Pergamonaltar (O. im Gigantenkrieg, sicher erkannt von H. KÄHLER Der große Fries von Pergamon, 1948, 49ff.). Seit der hellenist. Z. wird er oft dargestellt als Flußgott mit feuchtem, lang auf den Rücken fallendem Haar und gewöhnlich Hummerscheren tragend. Über ältere, nicht personifizierte Darstellungen s. [5], 58 u. 86 Nr. 18.

II. Geographie. 1. O. als Fluß. Die hom. Vorstellung des O. als eines um die scheibenförmige Erde fließenden Flusses (Il. 18,607) geht schon der der Titanomachie voraus und verbindet sich wahrscheinlich mit der von dem »Bitterfluß« *(Marratu)* der babylon. Weltkarte des 6. Jh. nach einem Original des 9./8. Jh. (Cuneiform Texts in the Brit. Mus. 22, 1906, T. 48, vgl. B. MEISSNER, Klio 19,97–100). Aufgefaßt als Grenze der Erde, bespült er im W. die Insel Aia, die man auf dem Phasis von Kolchis aus erreicht (vorhomer. Argonautensage in Od. 12,1–7, Mimnerm. Frg. 11,5 Diehl, Pind. P. 4,212ff., 252f., J. D. P. BOLTON Aristeas of Proconnesus, 1962, 56–59), im N. die Kimmerier (Od. 11,14), im W. die Insel Erytheia (Titanomachie bei Stesich. Frg. 7 Page, vgl. [5], 60), im S. die Aethiopier (Il. 1,423). Er trennt von der Erde das Reich der Toten, das man von dem w. Erdrand aus erreicht (Elysion Hom. Od. 4, 563–568, Harpyien als Wächterinnen der goldenen Äpfel Titanomachie Frg. 9 Kinkel, Hesperiden Stesich. POxy 2617, Frg. 6a 3). Die erste ernsthafte Lokalisierung des O. wird man in der Ersetzung des Namens »Säulen des Briareos« durch »Säulen des Herakles« erkennen, die wahrscheinlich gleichzeitig mit der Einfügung der Geryonis in den Sagenzyklus des Herakles ist und spätestens in die 2. Hälfte 7. Jh. fällt. Sie ergibt sich wahrscheinlich aus der Reise des → Kolaios v. Samos nach Tartessos um 660 (Hdt. 4,152).

2. O. als Meer. Seit dieser Zeit wird auch die Vorstellung eines Flusses durch die eines Meeres ersetzt (die scheinbare Ausnahme Hekat. FGrH I F 26 u. Hdt. 2,23 wiederlegt [4], 304 Anm. 3), das im W. in der dichterischen Sprache den Namen »Atlantisches Meer« (Stesich. Frg. 6 Page) und in der Umgangssprache den Namen *ἡ ἔξω Στηλῶν θάλασσα* erhält (Hdt. 1,202,4), vielleicht *Ἀτλαντίς* bei Hekat. (Hdt. ebd.). *Ἡ ἔξω θάλαττα* bezeichnet im 4. Jh. (so [1], 118) allg. den ganzen Ozean (Aristot. meteor. 350a 22, vorherodot. für F. GISINGER, RE XVII 2319). Thales' Weltbild der vom Wasser getragenen Erde entspricht dieser Vorstellung (äg. und babylon. Einfluß wurde oft angenommen: F. GISINGER, RE Suppl. IV 539,39ff.). Es beeinflußt seinerseits die Theorie von dem Nil, der seine Quelle im Ozean hat (→ Nilschwelle). Auf der Karte des Anaximandros, der wahrscheinlich den Nil nach Euthymenes zeichnete (vgl. O. GIGON Der Ursprung d. gr. Philos., 1945, 90), spielte der Tanais die gleiche Rolle im N. (Zeugnisse erst bei Eratosth. Frg. II C 22 Berger); Hdt. 4,45 scheint darauf anzuspielen, indem er die Schriftsteller unterscheidet, die Asien von Europa durch den Phasis und die, die sie durch den Tanais trennen (über das Schwanken zwischen Phasis und Tanais vgl. BOLTON a. O. 54–60).

3. O. und Erdkugel. Aufkommen und Entwicklung der Erdkugellehre verursachen eine tiefe Änderung in der geograph. Bedeutung des O. Er erscheint von nun an nicht mehr als ein Gürtel der Erdscheibe, sondern entweder als ein System zweier sich senkrecht kreuzender Kanäle, oder als ein Weltmeer, auf dem die Erde nur eine Insel ist. Die beiden Theorien sind bei Platon vertreten, die erste, vielleicht ältere, Phaid. 109a (vgl. Anon. bei Aristot. cael. 298a 9), die zweite Tim. 24c. Krit. 108e. Mit der zweiten ist die Vorstellung verbunden, daß die Erde nicht die einzige große Insel auf dem O. sei, sie hat die Sage von der Atlantis erzeugt, einer Insel, größer als Libyen und Asien zusammen, deren Bewohner die Welt mit Ausnahme von Athen – das siegreich von den Autochthonen verteidigt worden sei – beherrscht hätten, bevor sie durch ein Erdbeben verschlungen wurden, das die Insel 9000 J. vor Solons Z. verschwinden ließ. Platon ist der einzige Zeuge und vielleicht der Erfinder dieser Sage, die den äg. Priestern, wie er behauptet, überliefert worden, dann durch Aufzeichnungen zu Solon gelangt sei (Tim. 24a. Krit. 113b, darauf Plut. vit. Sol. 31 abweichend, nicht unabhängig, und Markellos, FGrH 671 F 1–2). Die zweite Theorie beeinflußt dann die Schrift *Περὶ Ὠκεανοῦ* des → Pytheas, der den *septentrionalis Oceanus* (Plin. nat. 4,94, vgl. H. Mette Pytheas v. Massalia, 1952, 1–4), entdeckt zu haben glaubte, und durch ihn vermittelt, Eratosthenes' Vorstellung der → Oikumene als Insel. Sie entwickelt sich in *Περὶ Ὠκεανοῦ* des Poseidonios FGrH 87 F 28, 74–105 zu einer physikal. Theorie von dem Einfluß des Weltmeeres auf die Bildung und die Veränderungen der Erde. Eudoxos (?) bei Aristot. meteor. 362b 20 und Krat. Frg. 30–37 Mette, die die erste Theorie übernommen haben, werden von der zweiten insofern beeinflußt, als sie die Kanäle als sehr breit betrachten. Der Reichsapfel, letzter Ausläufer der Vorstellung der kreuzweise geteilten Erdkugel, zeigt dagegen sehr enge Kanäle (erster Beleg: Mz. des Commodus, Cohen emp. 3,305 Nr. 562). Bei Marinos v. Tyros und Kl. Ptolemaios umgekehrt überwiegt von neuem die Vorstellung von Hdt. 2,16, daß die Kontinente die Meere trennen. In diesem System bezieht sich der Name Ozean auf die Gesamtheit der äußeren Meere, die durch Zufügung von Attributen differenziert werden: Ptol. 2,2,1 *Ὠ. ὑπερβόρειος*, 2,5,2 *Γερμανικὸς Ὠ.* usw. Diese einmaligen Nennungen ersetzen indessen nicht die Namen, die sich allmählich mit zahlreichen Varianten behaupteten: *Ἀτλαντικὸν πέλαγος* Plat. Tim. 24e, *ἑσπέριος Ὠ.* (App. Ib. 1,1), *βόρειος Ὠ.* (App. prooem. 3, 11), *νότιος θάλαττα* (Hdt. 4,37,1; Eratosth. Frg. III B 6 Berger, usw.; auch *Ἐρυθρὴ θ.* Hdt. ebd., Xen. Kyr. 8,6,20 usw.), *Ἰνδικὴ θ.* (Eratosth. Frg. III B 6 usw.) und ihre entsprechenden lat. Namen. Ebenso übte die Theorie des Ptolemaios von der Erde als Weltkörper keinen Einfluß aus

auf die landläufigen Vorstellungen von der Erdinsel auf der Kugel und der Erdscheibe, die allein sich bis zum M.A. fortpflanzen und nicht vor der Entdeckung Amerikas vorschwinden sollten.

F. L.

1. *V. Burr* Nostrum mare 1932. 2. *A. Lesky* Thalatta 1947. 3. *A. Ronconi* Per l'onomastica antica dei mari, SIFC 1932, 193–242 und 257–331. 4. *H. J. Mette* Sphairopoiia 1936. 5. *J. Dörig* und *O. Gigon* Der Kampf der Götter und Titanen, 1961.

Okellos *(Okkelos, Ekkelos)* aus Lukanien, angeblich ein Schüler des → Pythagoras. Ein gleichfalls gefälschter Brief des → Archytas bei Diog. Laert. 8,80 enthält die Fiktion, daß → Archytas die philos. Schrift des O. von dessen Enkeln erhalten habe. Diese Schrift mit dem archaischen Titel *περὶ τῆς τοῦ παντὸς φύσεως* lag im 1. Jh. v. Chr. bereits vor (Zitate bei Philon, aet. mundi 12 und bei Cens. 4,3 aus Varro). Sie muß (R. Harder 149) ins 2. Jh. v. Chr. angesetzt werden. Außerdem liefen unter dem Namen des O. Traktate um mit den Titeln *περὶ νόμου* und *περὶ δικαιοσύνης*, erhalten bei Stob. ecl. 1,13,2 und 3,951, letztere durch K. Praechter dem O. zugewiesen, Philol. 61, 1902, 266ff. Beweisziel der Schrift *περὶ τῆς τοῦ παντὸς φύσεως* ist die Ewigkeit der Welt. Der wenig originelle Vf. stützt sich in erster Linie auf das Werk des Pythagoreers → Philolaos. Er ist aber durch mehrfache Entlehnungen dem Peripatos verbunden: »Am einfachsten denken wir ihn uns als vorübergehenden Gast im Lykeion« (Harder 151, der Übernahme teils publizierten, teils mündlich vorgetragenen Lehrgutes nachweist). »Die dürftige Person des O.-Autors hat kein wesenhaft gebundenes Ganzes hervorgebracht; Sprache und Inhalt seines Traktates sind herrenloses Gut, unindividuell-zufälliges, passiv-mechan. Produkt von Zeittendenzen« (Harder 30). Dieses Urteil ist zutreffend, muß aber ergänzt werden durch Feststellung der – übrigens erfolgreichen – Absicht des Vf.: Vorwiegend peripatet. Philosopheme werden in eine Frühzeit zurückprojiziert; die Schrift dient einem Archaismus, der aus früher Bezeugung Gültigkeit herleitet. Harder hat aus der Schrift viel Detail für die peripatet. Kosmologie des 2. Jh. gewonnen. Noch wichtiger ist sie als Zeugnis für einen Pythagoreismus im 2. Jh. v. Chr., der Pythagoras als Urheber der damals gültigen Lehre von der Ewigkeit der Welt postuliert. Dieser Absicht einer Substitution diente es, daß die Schrift zunächst dor. verfaßt war, was, wie beabsichtigt, als »ein Symbol der uralten Herkunft dieser (den Neuplatonikern) ehrwürdigen Schrift« (Harder XXI) angesehen wurde. Die Umsetzung ins Gemeingriech. erfolgte vielleicht erst in byzant. Z.

H. D.

Abschließende Bearbeitung des Textes mit Überlieferungsgesch., Frg.-Slg., Komm. und Gesamt-Würdigung von *R. Harder* Ocellus Lucanus, Neue Philol. Unt. 1, Bln. 1926, Nachdr. Dublin 1966.

Okimon (ὤκιμον, *ocimum*), das Basilienkraut, Ocimum basilicum L., wohl aus dem Orient in Griechenland (erste Erwähnungen bei Hippokr. und Theophr.) und Italien eingeführt und hochgeschätzt als Gewürz- und Heilpflanze. Genaue Beschreibungen und Anweisungen für den Anbau bei Theophr. h. pl. und c. pl. und bes. bei Plin. nat. 19, 100. 119ff. Über den Wert oder Unwert des O. als Heilpflanze lauten die Urteile bei Plin. und den medizin. Schriftstellern sehr verschieden. Im Volksglauben galt O. als Mittel gegen die Wirkung des Skorpionstiches. K. Z.

Steier, RE XVII 2380–82.

Oknos (Ὄκνος). Symbol. Gestalt im Hades, ein »Zauderer«, der ewig aus dem Schilf des sumpfigen Unterweltsflusses ein Seil flicht, das ein in seinem Rücken stehender Esel (Eselin) fortwährend am andern Ende abnagt. Prop. 4,3,21f. Seine Darstellung in Polygnots delph. Nekyia deutet Paus. 10,29,1f.: O. sei ein fleißiger Mann, dessen verschwenderische Frau, was er erarbeitet, alsbald aufbraucht. Ein »kleinbürgerliches« Gegenstück zu den heroischen Büßern wie Tantalos und Sisyphos, ROHDE Psyche 291. Neben ihm werden gern die Danaiden abgebildet. O. büßt für seine moral. Schwäche, mangelnde Entschlußkraft, WILAM. GldH 2,281,2. Eine ältere Form der Sage bei Apul. met. 6,18: O. sitzt im Hades ratlos bei seinem gestürzten lahmen Esel und der zu Boden stürzenden Holzlast. Vgl. Aesop. fab. 90. 90a Halm: Ein lebensmüder Greis wirft seine Last ab und ruft den Tod; als dieser kommt, bittet er ihn, ihm die Last wiederaufzulegen. Der Ursprung der O.-Gestalt im Hades liegt also in schwankhaften (paränet.) Volkserzählungen. BOLL, ARW 19, 1919, 151ff. sieht in O. die Spiegelung typ. Behinderungsträume. H. v. G.

Prell.-Rob. 1,824 (mit Anm. 3). 831. RE XVII 2383ff. Myth.Lex. 3,824ff. *Rose* Griech.Myth.77f. *K.Kerényi* Myth. der Griechen 239. *J.J.Bachofen* O. der Seilflechter. Ein Grabbild. Erlösungsgedanken ant. Gräbersymbolik, 1859 (knüpft an Parallelen im äg. Ritus, Diod. 1,97, an).

Oktadrachmon. Achtdrachmenstück. O. des sog. phoinik. Fußes (Drachme zu 3,63 g) waren in der Frühzeit in Thrakien (Bisalten, Edonen, Orrheskier), in Makedonien (Alexander I.), in Abdera und Ichnai zu Hause. Das erklärt wohl die Übernahme durch die Ptolemaier, die sie vor allem in Gold (dann auch μναιεῖον genannt) ausbrachten. H. Ch.

Schrötter, WBMzK s.v.

Oktaeteris (ἡ ὀκταετηρὶς περίοδος) bezeichnet im griech. Kalender einen 8 J. umfassenden Zyklus, mit dem versucht wurde, das Sonnen- und das Mondjahr in eine feste Relation zu bringen. Vermutlich fällt dieser Versuch in die 2. Hälfte 6. Jh. v. Chr. und ist auf die griech. astronom. Wissenschaft (Thales) in Kleinasien zurückzuführen. Die O. umfaßte 5 Gemeinj. zu 12 und 3 Schaltj. zu 13 Mon. Der Zyklus war noch unvollkommen, da er um 1½ Tage länger als 8 Sonnenj. war und so der offizielle Monatsanfang in 8 J. um 1½ Tage hinter dem Mond zurückbleiben mußte. Versuche, diesen Zyklus zu verbessern, wurden wiederholt gemacht. So von dem Athener → Meton (432 v.Chr.) mit einem Zyklus von 6940 Tagen mit 12 Gemeinj. und 7 Schaltj., einer Berechnung, die noch h. die Grundlage für die Festlegung des chr. Osterfestes ist. Erst → Hipparchos (Mitte 2.Jh. v.Chr.) hat die fast richtige Jahreslänge mit einem Zyklus von 4 Perioden mit je 365 T., 5 St. 55 Min., 12 Sek. gegenüber dem noch h. geltenden Wert von 365 T., 5 St., 48 Min., 46 Sek. errechnet. W. S.

E.Bickerman[2] Chronologie. *Ginzel*, RE IX 604ff. *Nilsson*, RE XVII 2387ff. *Sontheimer*, RE IX A 2456f.

Oktamasades (Ὀκταμασάδης). Sohn des Ariapeithes und einer Tochter des Odrysenkönigs Teres. Wegen Teilnahme an Dionysosfeiern floh sein Halbbruder, der Skythenkönig Skyles, zu Sitalkes, dem Oheim des O.; ein Bruder des Sitalkes flüchtete zu O. Im Austausch erreichte O. die Auslieferung des Skyles, tötete ihn und wurde Skythenkönig. Hdt. 4,80. E.H. MINNS Scythians and Greeks, 1913, 88. 116,1. H. V.

Okypete (Ὠκυπέτη). Eine → Harpyie, Tochter des Thaumas und der Okeanide Elektra, Schwester der Aello, Hes. theog. 267. Apollod. 1,10. 123 (auch Okypode, → Okythoe). Flucht vor den Boreaden: → Kalais. H. v. G.

Okyr(r)oe (Ὠκυρ(ρ)όη). **1.** Okeanide, Hes. theog. 360. **2.** Gespielin Persephones, Hom. h. 5,420. **3.** Tochter des sam. Flußgottes → Imbrasos und der Chesias. Apollon versteinert das Schiff, auf das sie sich vor ihm gerettet hat, verwandelt den Schiffsführer Pompilos in den gleichnamigen Fisch und raubt O. Apoll. Rhod. bei Athen. 7, 283d–f. Ov. hal. 101. **4.** Tochter des → Chiron, wird für ihre den Göttern unerwünschten Weissagungen in eine Stute verwandelt, → Hippe (2), → Hippo (3). Eur. frg. 482. Ov. met. 2,635ff. Hyg. astr. 2,18. H. v. G.

Olana s. Padus

Olbasa, von Augustus (vgl. Mon. Anc. 28) gegründete (HILL Anat. Stud. Ramsay 221 Nr. 15) Militärkolonie *(Colonia Iulia Augusta Olbasenorum)*, offensichtlich an der Stelle einer Siedlung aus hellenist. Z. (vgl. die Mauerreste der Akropolis: [2], 333), hoch über dem r. Ufer des Lysis (h. Gebren Çayi) bei Belenglü in Pisidien (1860 m über N.). E. O.

1. *W. Ruge*, RE XVII 2397–2399. 2. *L.Duchesne*, BCH 1, 1877, 332–337. 3. *L. Robert* Études épigr. et philol., Paris 1938, 280,5. 4. *D. Magie* Roman rule in Asia Min., Princeton N.J. 1950, 1323,39.

Olbe (Ὄλβη, beim h. Ura); zusammen mit dem spätestens seit Domitian eigens Διοκαισάρεια benannten, 4 km w. gelegenen Orte (h. Uzuncaburg; reiche Ruinenstätte) bildete O. auf den s. Vorhöhen des Taurus-Gebirges in Kilikien als Sitz eines urspr. kilik. Heiligtums, das in hellenist. Z. der interpretatio Graeca zufolge dem Zeus Olbios geweiht war, einen Priesterstaat, dessen Territorium sich zeitweise bis an die Küste bei Elaiussa erstreckte. E. O.

1. *W. Ruge*, RE XVII 2399–2403. 2. *D. Magie* Roman rule in Asia Min., Princeton N.J. 1950, 269. 1143, 23. 3. *Baedeker* Türkei 203. 4. *T. S. Mackay*, Olba in Rough Cilicia, Diss. Bryn Mawr 1968 (DA 69–9052).

Olbia (*'Ολβία*). **1.** Griechische Kolonie auf dem r. Ufer des Hypanislimans bei der Mündung des Borysthenes (Dnjepr). O. wurde von Milet und anderen ion. Griechen um 645 (?) oder in der 1. Hälfte 6. Jh. v. Chr. (so Eus. Ol. 33,4 (gegründet. Die ant. Polis hatte die Form eines an einer Ecke abgestumpften Dreiecks mit einer Fläche von ca. 33 Hektar. Das städt. Gebiet besteht aus einer Ober- und einer urspr. doppelt so großen Unterstadt, die aber allmählich von dem Wasser des Limans unterhöhlt wurde und versank. In ihrer Blütezeit (5.–3. Jh.) trieb O. einen weitreichenden Handel, und die Gewerbe blühten. O.s Hafen war einer der Hauptstapelplätze für die Korn-, Fisch- und Sklavenausfuhr nach Griechenland, zugleich einer der Haupteinfuhrplätze für Skythien von griech., vor allem att. Waren. Auch in der Blüteperiode überstieg die Zahl der griech. Bevölkerung kaum 4000–5000. Weite Verbreitung seiner Münzen (bes. aus Silber und Bronze).

Die Verfassung von O. war die einer demokratisch regierten Polis (Demos und Bule werden auf d. Inschr. regelmäßig erwähnt). Im 2. Jh. war O. von den Skythen abhängig. Eine Katastrophe für O. war der Getenangriff unter Burebista, wobei die Stadt niedergebrannt wurde und mindestens 2/3 ihres Umfanges einbüßte. Unter Antoninus Pius erhielt O. eine röm. Garnison. Unter Sept. Severus wurde es zur Prov. Untermoesien geschlagen. Im 4. Jh. hörte O. auf zu bestehen.

Die literar. Nachrichten über O. sind sehr spärlich und zeitlich ungleich verteilt. Etwas reichlicher fließen die epigraph. Quellen für die hellenistische Zeit. Am ausgiebigsten sind die archäolog. Entdeckungen: größere Abschnitte der Festungsmauer, des großen Stadttores, der Turmanlagen, des Tempels des Apollon Delphinios, der Agora u. a.

Inschr. bei LATYSCHEV, IPE I (1885); Nachträge Bd. IV, 1901; I² 1915; Die aus O. stammenden und 1917–1965 gefundenen Inschr. jetzt in Die Inschr. von O. (russ.), Leningrad, 1968, red. von T. KNIPOVIČ und E. I. LEWI. Chr. D.

Latyschew Unt. über d. Gesch. u. den Staatsbau d. Stadt O. (russ.) Petersb. 1887. *Pharmakovskij* Olvija (russ.), Moskau 1915. *Slawin* Olvija, Kiev (russ.) 1951. *Danoff* Pontos Eux. RE Suppl. IX 1092–1104. O., d. Temenos u. d. Agora (russ.), Sammelbd., Moskau-Leningrad, 1964.

2. O., Stadt in Lykien (Ps. Skyl. 100 GGM I 74) oder Pamphylien (Strab. 14,667. Ptol. 5,5,2 M. Plin. nat. 5,96), deren Situation noch nicht mit Sicherheit ausgemacht werden konnte. E. O.

W. Ruge, RE XVII 2404f. Nr. 2. *G. E. Bean* Turkey's southern shore, London 1968, 108–112.

3. O., Kolonie → Massalias am *sinus Gallicus* etwa 65 km s. ö. der Mutterstadt. Ps. Skymn. 215f. (GGM I 204) nennt *'Ολβία* und *'Αντίπολις* (h. Antibes). Strab. 4,180 *τὸ δὲ Ταυροέντιον καὶ τὴν 'Ολβίαν καὶ 'Αντίπολιν καὶ Νίκαιαν* (h. Nice). 4,184. Mela 2,5,77 *post Athenopolim et Olbiam et Taurion et Citharisten* (h. La Ciotat oder Ceyreste) *est Lacydon Massiliensium portus* (GRENIER Man. Arch. gall. rom. 6,2,477). Ptol. 239,1 *'Ολβία πόλις* links der Rhône zwischen *Κιθαριστὴς τὸ ἄκρον* und *'Αργεντίου ποταμοῦ* (h. Argens) *ἐκβολαί*. Steph. Byz. 489: *'Ολβία πόλις Λιγυστική. ὁ πολίτης 'Ολβιοπολίτης, καὶ 'Ολβιανοὶ ὡς 'Ασιανοί.* Nach den liter. Quellen würde die massal. Kolonisation in das 6. Jh. fallen; nach den Ausgrabungen (seit 1944) fallen die ältesten Terrakotten ins 4. Jh. An der Küste der h. Almanare, 3 km. s. s. w. von Hyères, liegt eine kleine hellenist. Stadt mit einem Wall 200x200 M. (4.–3. Jh.). Der Plan ist regelmäßig: kreuzende Straßen um 2 Hauptachsen. Die Bevölkerung umfaßte 200–240 Familien. Zahlreiche griech. und iberische graffiti. Der galloröm. Badeort O. Pomponiana liegt am Meer am Golf de Giens s. von Hyères am Fuß der Hügel Montaux-Oiseaux und San Salvadour. Ruinen unmittelbar am Meer: Thermen, Wasserleitungen; zwischen der colline d'Hermitage und dem Bahnhof Wohnbauten mit Mosaiken. Inv. mos. Gaule I, 5, Nr. 16–17. Den Matres geweihter Altar. Marmorbild des *Genius Viciniae Castellanae Olbiensium:* Bull. Ant. 1909, 358. Inschr.: CIL XII 387. M. L.

Desjardins Géogr. Gaule 2,171. FOR 2, 1932 Dépt. du Var, 28, Nr. 43. *J. Coupry*, RA 1947, 12. 1949, 42. Gallia, 1954, 3–33.

4. O., Hafenstadt im NO. Sardiniens (Ptol. 3,3,4. Steph. Byz. s. v.), soll von → Iolaos gegründet sein (Paus. 10,17,5. Solin. 1,61). Hier landete und siegte 259 L. Cornelius Scipio (Zon. 8,11,7. Flor. 1,18. Val. Max. 5,1,2). O. wird als der nächstgelegene Hafen von Q. Tullius Cicero benutzt (Cic. Qu. fr. 2,3,7. 4,7); Landung Stilichos 397: Claudian. b. Gild. 519. Reparaturen an der Straße (It. Ant. 79,4. 82,9) nach Caralis: DESSILS 538. 672; h. Terranova. G. R.

5. O. Die alte Streitfrage, ob es sich bei diesem im ö. Teil des h. Golfes von Izmit (→ Nikomedeia) gelegenen Ort um eine selbständige Stadt handelt oder nur um den Beinamen bzw. früheren Namen einer anderen bithyn. Stadt, kann bisher noch nicht mit Sicherheit entschieden werden. Jedoch liegt die Annahme einer Identifikation mit → Astakos nahe. F. K. D.

RE XVII 2403f.

Oleander s. Rhododendron

Olen (*'Ωλήν*), halbmyth. Musiker aus Lykien, der nach Hdt. 4,35 nach Delos kam und die Hymnen dichtete, die dort seit ältester Z. gesungen wurden. Paus. weiß 1,18,5. 8,21,3, 9,27,2 von Hymnen des O. auf Eileithyia (Mutter des Eros, Geburtshelferin Letos auf Delos), 2,13,3 auf Hera, 5,7,8 auf Achaiia, die von den Hyperboreern nach Delos kam; 10,5,7 berichtet er über den Hymnos der Delpherin → Boio, nach dem O. (mit anderen von den Hyperboreern gekommenen) das Orakel zu Delphoi gegründet hätte und der erste Prophet und Schöpfer des Hexameters als Form des Orakels gewesen sei: späthellenist. Erfindung. Vgl. noch Alex. Polyhist. bei Suda s. Ὠλήν. Wil. Il. und Hom. 451f.; Gl. d. H. 1,359,3. Nilsson GGrR. 1,56f. K. Z.

Olenos (ὁ oder ἡ Ὤλενος), Stadt in Achaia zwischen → Dyme und → Patrai, Lage noch nicht gefunden, aber in der Küstenebene w. des h. Tsukaleika anzusetzen [2]. Nach Lykophr. 586ff. stammte ein Teil der griech. Siedler von Kypros aus O. und Dyme, bei Diod. 5,81,4 wird von Auswanderung nach Lesbos erzählt. Neugründung wohl wegen des Namens und aus sagengeschichtl. Gründen vom aitol. O. (→ 2) aus. O. gehörte zu den alten zwölf Städten Achaias, Hdt. 1,145. Pol. 2,41,7. Damiurgen des alten achaiischen Bundes aus O., Opusc. Athen. 2, 1955, 4. Z. 10. BCH 78, 1954, 402: ein anderer Ὠλέ[νι]ος wohl IG V 1,1 Z. 5 = Syll. I³ 84. Verbannte aus O. in Aigion erscheinen in der Erzählung bei Athen. 13,606 c. Ail. nat. 5,29. In hellenist. Z. bestand O. nicht mehr, sein Gebiet war in Dyme einverleibt, Strab. a. O. Steph. Byz. s. Δύμη. Nach Paus. 7,18,1 hätten sich die Bewohner in den Dörfern Peirai und Eurytiai niedergelassen. O. ist daher an der Gründung des neuen achaiischen Bundes um 280 v. Chr. als nicht mehr bestehend nicht beteiligt, Pol. a. O., danach Strab. 8,7,1 p. 384, und ist auch bei Skyl. 42 nicht genannt. Aischyl. frg. 284 N². erweitert durch Strabo, Aly, Shaw 1931, 1,13 = de Strabonis codice rescripto 21. Strab. 8,7,4 p. 386. 7,5 p. 388. Paus. 7,6,1. 18,1f. 22,1. Plin. 4,13. Steph. Byz.

Das oft genannte Bistum Olena hat mit O. nur den Namen gemeinsam [2], 121f. A. 1.

1. *F. Bölte*, RE XVII 2435ff. Nr. 4. 2. *E. Meyer* Peloponnes. Wanderungen 119ff. 3. *Philipps.-Kirst.* 3,196f.

2. Stadt in Aitolien in der Nähe von Pleuron, Hom. Il. 2,639. Strab. 9,7,4 p. 386. 10,2,6 p. 451. 2,22 p. 460. Ptol. 3,14,13. Zu Strabons Z. bereits zerstört, Lage unbekannt, Vermutungen bei [1]. Mythen und Sagen [1], 54ff. RE XVII 2441,59ff. E. M.

1. *Kirsten*, RE XVII 2443ff. Nr. 6. 2. *Philipps.-Kirst.* 2, 353ff.

Oleros (Ὤλερος), Ort in O.-Kreta im Gebiet von → Hierapytna mit Kult der Athena Oleria, dem Hauptheiligtum von Hierapytna, wohl älterer Hauptort vor Verlegung von Hierapytna an die Küste. Nach Inschriftfunden beim h. Meseleri, Reste nicht bekannt. Steph. Byz. Eustath. Il. 311, 31ff. BCH 45, 1921, 21 IV 3. Inschr. [2], Nr. 12. E. M.

1. *Kirsten*, RE XVII 2451ff. 2. *M. Guarducci*, Inscr. Cret. 3,131ff.

Oliaros (Ὠλίαρος), kleine Kykladeninsel (38 qkm) w. von Paros, h. Antiparos, etwa 11 km n. s. Länge bei 5 km Breite, bis 299 m hoch und hauptsächlich aus Schiefern bestehend, dazu Marmor und vulkan. Gesteine, bereits prähist. besiedelt. Strab. 10,5,3 p. 485. Mela 2,111. Plin. nat. 4,67. Ptol. 3,14,24. Verg. Aen. 3,126. Ov. met. 7, 469. Stat. Ach. 1,677. Steph. Byz. Inschr. IG XII 5,471–479. E. M.

1. *Joh. Schmidt*, RE XVII 2474f. 2. *Philipps.-Kirst.* 4,118f.

Oligyrtos (überlieferte Namensformen Ὀλύγυρτος, Ὀνόγυρτος, Ὀνόγουντος und ähnlich, Pol. 4,11,5. 70,1. Plut. Kleom. 26,3), Gebirge im n. ö. Arkadien, die h. 1930 m hohe Skipeza mit wichtigen Übergängen aus der Hochebene von → Orchomenos und → Kaphyai nach → Stymphalos und → Phleius. E. M.

1. *E. Meyer*, RE XVII 2477ff. 2. *Ders.*, peloponnes. Wanderungen 276f.

Olipor. Sklavenname *(Auli – puer)*, Fraenkel, RE XVI 1665. Walde-Hof.³ 2,382. H. G. G.

Olisbos. Künstlicher Penis aus Leder zur Selbstbefriedigung für Frauen, Sch. Aristoph. Lys. 109. Suda s. ὄλισβος. Öfters auf rf. Vasen dargestellt. K. Z.

A. Körte, RE XVII 2480ff.

Olisip(p)o. Iber. Stadt h. Lisboa (Font. Hisp. Ant. I² 103. VI 198). Röm. Einfuhrhafen 138 v. Chr. im Kriege des D. Iunius Brutus (Callaicus) gegen die Lusitaner (Strab. 3,152. Font. Hisp. Ant. IV 137. VI 198). Plin. nat. 4,117 nennt die Stadt *municipium civium Romanorum O. Felicitas Iulia cognominatum.* Sie hatte also wohl von Caesar röm. Stadtrecht erhalten. Zahlreiche Inschr. (CIL II p. 23ff.), Theater, Badeanstalt. 457 und 468 n. Chr. wurde O., nun *Ulixippona* genannt, von Sueven und Westgoten umkämpft (Font. Hisp. Ant. IX 78. 98). O. war schon um 350 bedeutender Bischofssitz und findet sich oft in den Akten westgot. Konzile (Font. Hisp. Ant. IX p. 455 s. Ulixippona, RE XXII 1022,3). R. G.

Olizon (Ὀλιζών), Stadt der Halbinsel Magnesia, später in → Demetrias eingemeindet, h. Palaeokastro auf der schmalsten Stelle der Halbinsel Trikeri Euboia gegenüber; Reste der Akropolis und von Tempeln und noch byzant. Ruinen und Münzen. Hom. Il. 2,717. Skyl. 65. Strab. 9,5, 15f. p. 436. Plin. nat. 4,32. Plut. Them. 8,2. Eustath. Il. 329,9ff. Hekat. FGrH 1 F. 135. Inschr. IG IX 2,1217–1221. E. M.

1. *Lenk*, RE XVII 2484. 2. *Fr. Stählin* Das hellen. Thessalien 54f.

Olkades (Name kelt., Holder 2,842) nur genannt Pol. 3,13,5. 14,3. 33,9. Liv. 21,5,3. 7. 11; hiernach ein iber. Stamm in der Gegend des oberen Guadiana, zuerst von Hannibal unterworfen, dann mit ihm verbündet. Font. Hisp. Ant. III 24. 47. Ad. Schulten Numantia 1,98. R. G.

Olla. Das im Haushalt verwendete, henkellose tönerne oder eherne Kochgeschirr wurde auch zum Einlegen von Obst, zur Herstellung saurer Milch usw. benützt. In Griechenland entspricht der O. die zweihenklige *χύτρα*. Zum Kochen wurde die O. wohl auf einen Dreifuß gesetzt. Ein ähnlich geformtes Gefäß benützten die Gärtner perforiert zum Ansetzen von Samen (Varro rust. 3,15,5. Plin. nat. 17,64). Die Größe der O. schwankte nach den Bedürfnissen. Gläserne O. dienten als Fischbehälter (Sen. nat. 3,17,2). *Ollae ossuariae* nahmen die Asche Verstorbener auf. Die Literatursprache scheint das Wort O. gemieden zu haben; dort heißt das Kochgeschirr meist *aeneum*. W. H. G.

Ollinius. PN. (vgl. *Olennius*, *Olenus*, SCHULZE Eigenn. 73). **1.** O., tr. pl. oder Praetor (?), Urheber einer lex Ollinia. Gai. 4,109. BROUGHTON Mag. 2, 471. H. G. G.

Ollius, einer der aus den Alpen in den Padus strömenden Flüsse (Plin. nat. 3,118. Geogr. Rav. 4,36), fließt durch das Gebiet der *Camunni* und durch den *lacus Sebinnus* (Plin. 2,224. 3,131); h. Oglio. G. R.

Forbiger HB. d. alten Geogr. 3,366. *Nissen* It. Ldk. 2,196.

Olonicus. Keltiberer, entfachte 171 v.Chr. einen Aufstand gegen die Römer, kam bald ums Leben. Liv. ep. 43. Flor. 1,33,13f. *(Olyndicus)*. H. SIMON Roms Kriege in Spanien 1962, 101,1. H. G. G.

Olophyxos (*Ὀλόφυξος*), Stadt an der O.-Küste der Chalkid. Halbinsel Akte. Als Mitglied des att.-del. Bundes erwähnt in der Z. von 451 bis 426. 424 von Brasidas erobert. Die Bevölkerung war nach Thuk. gemischtsprachig (wohl Griechen und Thraker). Die genaue Lage scheint noch nicht festzustehen.

Hdt. 7,22. Thuk. 4,109,3. Aristoph. Av. 1041. Skyl. 66. Strab. 7,331 frg. 33. Plin. nat. 4,36. Chr. D.

Oberhummer, RE XVII 2495.

Oloros (*Ὄλορος*, zu der vielleicht thrak., von Didymos, Marcell. vita Thuk. 16 abgelehnten Form *Orolos* O. LUSCHNAT, Philol. 100, 1956, 134). **1.** Fürst der Sapaioi, Vater der → Hegesipyle, der 2. Frau des Miltiades, Großvater Kimons. Hdt. 6, 39,3. Plut. Kim. 4,1. **2.** Athener aus dem Demos Halimus, verwandt mit Nr. 1, Vater des Historikers Thukydides. Thuk. 4,104,4. Marcell. a. O. H. V.

Olosson (*Ὀλοσσών*, Ethnikon *Ὀλοσσόνιος*, byzantin. und modern *Ἐλασσών*, Elassona). Stadt der Perrhaiber im n. Thessalien, bereits neolith. besiedelt und bei Hom. Il. 2,739 (mit Sch.) genannt (acc. *Ὀλοοσσόνα*). O. liegt in einer größeren, allseits abgeschlossenen, fruchtbaren Ebene an einem Weg über die kambun. Berge nach Makedonien. Reste der Akropolis und wenige andere Reste. Von Einzelereignissen der Gesch. ist nichts bekannt; Grenzinschr. gegen → Dion (2) CIL III Nr. 591 (101 n. Chr.). Neubau der Burg durch Iustinian Prok. de aed. 4,4 p. 119 (*Λόσσονος*). Genannt noch Hierocl. app. 1,43b. 3,101. Strab. 9,5,19 p. 439f. Lykophr. 906 m. Sch. Steph. Byz. E. M.

1. *Fr. Stählin* Das hellen. Thessalien 17. 18. 23f. 2. *Ders.*, RE XVII 2495ff.

Olpai (*Ὄλπαι*), nur aus Thuk. 3,105–108, danach Steph. Byz., bekannter befestigter Ort im Gebiet der Amphilocher an der O.-Küste des Golfs von Arta, bei dem die Akarnanen und Athener unter Demosthenes 426 v. Chr. einen Sieg über die Ambrakioten und Eurylochos errangen, auf den sich die Weihung IG II^2 403,16 = Syll. I^3 264 bezieht. Erwähnt ferner bei Sil. 15,300. Vermutlich der 92 m hohe isolierte Hügel Agrilovuni s. Arapi mit Resten eines mittelgroßen dor. Tempels in ummauertem Peribolos. E. M.

1. *Kirsten*, RE XVII 2498ff. Nr. 1. 2. *Ders.*, AA 56, 1949, 103. 3. *Ders. Philipps.-Kirst.* 2,195f. 4. *N. G. L. Hammond*, ABSA 37, 1936/37, 133f. 5. *Ders.*, Epirus 240f. 247. 6. *K. Rhomaios*, *Ἀρχ. Δελτ.* 4, 1918, 115f.

Oltos. Att. frührf. Vasenmaler in mindestens 6 Töpferwerkstätten, E. 6. Jh. v. Chr., bemalte überwiegend Schalen, darunter viele Augenschalen, oft noch mit sf. Innenbild. Sein rf. Werk verwandelt den sf. Manierismus in eine überlegen spielerische Dynamik, die den Zauber des Ornaments und den Rhythmus von Symmetrie und Bewegung verwendet, um die myth. Realität ablesbar zu machen. H. Ma.

I. D. Beazley, ARV.^{2} 53ff.

Olus (*Ὀλοῦς*, Ethnikon *Ὀλόντιος*, literar. *Ὀλούντιος*), Stadt an der N.-Küste Kretas an der W.-Küste der großen Bucht von Mirabello auf dem Isthmos der Halbinsel Spinalonga. Gräber bereits mino. Z., ant. Reste großenteils unter Wasser. Name im h. Ortsnamen Elunda weiterlebend. Dazu gehört wohl die ältere Siedlung w. darüber auf dem Berg Oxa oder Axia. Ereignisse der Gesch. erst aus Inschr. hellenist. Z. bekannt, in der O. bes. mit Rhodos in engeren Beziehungen stand. Christl. Basilika [5]. Skyl. 47. Ptol. 3,15,4. Stadiasm. m. m. 350. 351. Steph. Byz. Paus. 9,40,3. Inschr.: [2] Nr. 1–65. SEG 15,567f. 19,597. 23, 546–555. Mz.: HEAD HN^2 472. [2] 244. E. M.

1. *Mariani*, Mon. ant. 6, 1895, 248ff. 2. *M. Guarducci*, Inscr. Cret. 1,243ff. 3. *Kirsten*, RE XVII 2504ff. Nr. 2. 4. *H. van Effenterre* Nécropoles du Mirabello 7ff. 47ff. 5. *A. Orlandos*, *Πρακτ.* 1960, 309ff. 6. *J. Bowman* - *H. Guanella*, Kreta 229ff.

Olybrius. Cognomen, in den Fasten der Kaiserz. bei den Aniciern (u. a. weström. Kaiser O. im J. 472, o. I 355 Nr. 12), Clodiern, Flaviern. DEGRASSI FImp. 260. H. G. G.

Olymos (oder *Ὄλυμον*?), spätestens in röm. Z. mit → Mylasa (beim h. Milas) durch Sympolitie vereinigte, nur inschr. bezeugte Stadt in Karien, deren dem Apollon und der Artemis geweihter Tempel bei Kafaçe 6 km n. w. von Milas nachgewiesen wurde. Daß O. aus der Siedlung der in den

Tributquotenlisten des Del.-Att. Seebundes (vgl. Ath. Trib. Lists I 559) erwähnten Ὑμισσῆς hervorgegangen ist, läßt sich nur vermuten. E. O.

1. *W. Ruge*, RE XVII 2510–2519. 2. *D. Magie* Roman rule in Asia Min., Princeton N.J. 1950, 909,131.

Olympia (Ὀλυμπία).

I. Topographie. O. liegt am Fuß der Hügel, die das breite Alpheiostal im N. begrenzen etwa 18 km von der Küste in 42 m Höhe. W. am Heiligtum fließt der in den Alpheios mündende Kladeos vorbei, der die westlichsten Gebäude z.T. abgerissen hat. In der mittleren Bronzezeit lag hier ein ärmliches Dorf von Apsidenhäusern, das durch eine sterile Sandschicht überdeckt ist und keinen Zusammenhang mit dem späteren Heiligtum hat. In der nächsten Umgebung sind aber zahlreiche myken. Spuren gefunden, BCH 1959, 655. 1960, 720. 1961, 722. 1962, 743. 1966, 824. Die Kulte des Pelops und der Hippodameia gehen wohl auch in myken. Z. zurück, wie andere sehr alte Kulte weibl. Gottheiten am Fuß des Kronoshügels, Eileithyia, Ge u.a. [21]. Der Zeuskult hat enge Beziehungen zu Dodona und ist von den n.w.-griech. Einwanderern eingeführt. Die ältesten Funde von Weihgaben gehen in das 11./10. Jh. v. Chr. zurück. Sie belegen Wettkämpfe mit Zweigespannen und Dreifüße als Siegespreis wie bei Hom. Il. 11,698 ff. O. selbst wird aber bei Homer nicht genannt. Das Aufhören dieser Funde in geometr. Z. entspricht der Legende von der Neugründung der Spiele durch Herakles. Weihgaben sind nun vor allem große Bronzekessel, oft mit Reliefappliken, und Ton- und Bronzestatuetten vor allem von Tieren, bes. Pferden, dazu Helme und andere Waffen. Das Aussehen des Heiligtums war sehr bescheiden, ein Hain von Platanen (Paus. 5,27,11) und wilden Ölbäumen (Strab. 8,3,30 p. 353), »Hain«, einheim. Altis, blieb immer der Name des heiligen Bezirks, Pind. O. 10,55. Xen. hell. 7,4,29. Paus. 5,10,1. Die Lage der Opferstellen mit ihren Votivgaben belegt Kult für Hera, die Göttermutter, Zeus und Pelops. Die ältesten Kultstätten liegen mit Ausnahme des Hippodameion (s.u.) am Fuß des 122,7 m hohen Kronoshügels. Sehr alt muß auch die einzelne Holzsäule in der Mitte der Altis sein, die durch ein Dach auf vier Säulen geschützt war und als Rest des Hauses des → Oinomaos galt, Paus. 5,20,6 f.

Der Ausbau des Heiligtums begann in der Mitte 7. Jh. mit dem ersten Heraion, einem einfachen Rechteckbau von 10:39½ m mit Vorhalle. Um 600 v. Chr. wurde der Bau erweitert durch Zufügen einer Ringhalle und eines Opisthodom, während die Cella im wesentlichen unverändert blieb. In JDAI 81, 1966, 310 ff. begründet A. Mallwitz ausführlich die These, deß es nicht mehrere Bauperioden des Heraion gegeben habe, sondern nur einen Bau mit Planänderungen während des Baus. Aus Stein war nur der Unterbau bis zur Orthostatenschicht, die Säulen waren aus Holz und wurden zu ganz verschiedenen Zeiten durch Steinsäulen ersetzt, die daher sehr verschieden sind, mit Ausnahme einer gebliebenen Säule im Opisthodom, Oberbau und Dach waren aus Lehmziegeln und Holz; Ausmaße 18¾:50 m, 6:16 Säulen. In dieser Form ist der steinerne Unterbau bis h. erhalten geblieben. In der Kaiserzeit diente der Tempel zum Aufstellen kostbarerer Weihgeschenke, im Opisthodom stand die von Pausanias ausführlich beschriebene → Kypseloslade, Paus. 5,16–20, 5. Im 6. Jh. entstanden auf der besonderen Terrasse am Fuß des Kronoshügels die ersten Schatzhäuser zur Unterbringung wertvollerer Weihgeschenke. Paus. 6,19 benennt und beschreibt mit Inhalt 10 Schatzhäuser; da im ganzen 15 Baureste vorhanden sind, ist die Zuteilung nur zum Teil gesichert; neu dazu Mallwitz [12], 7,29 ff. Die jetzige dreimal abgewinkelte Terrassenmauer mit der Treppe stammt erst aus der Z. um 330 v. Chr. Im 6. Jh. beginnen am Nordwall die ersten Spuren des noch nicht ausgebauten Stadions, viele Brunnen, Reste von Lagerstätten, Bronzegießereien und Weihgeschenken von Waffen aus Kriegsbeute. Das Stadion war gegen die Altis offen und reichte in sie hinein. Ins 6. Jh. gehört ferner der erste Bau des Amtshauses des Prytaneion in der NW.-Ecke der Altis mit dem Staatsherd, in dem auch das Ehrenmahl für die Sieger stattfand, Paus. 5,15, 8 ff. Es wurde in röm. Z. erweitert und umgebaut. Ebenso geht der erste Bau des Buleuterion im S. der Altis mit dem Apsidensaal ins 6. Jh. zurück, ebenfalls später bedeutend erweitert und ausgebaut, Xen. 7,4,31. Paus. 5,24,9 f. Nicht gefunden ist der große Aschenaltar des Zeus ö. vom Heraion, der aus der Asche der Opfertiere und des Herdes im Prytaneion aufgehäuft wurde, Paus. 5,13,8 ff.

Im 5. Jh. wurde das Stadion durch Tieferlegen der Laufbahn neu hergerichtet und ein Südwall für die Besucher aufgeschüttet. Vor allem wurde in den J. 468–456 v. Chr. der große Zeustempel erbaut von einem elischen Baumeister Libon, der sonst unbekannt ist. Er besteht aus Muschelkalk, der verputzt war, und war ein normaler Peripteros auf 3 m hohem Stylobat von 6:13 Säulen und 64,12:27,68 m Größe. Sima und Dach waren aus par., später pentel. Marmor. Dachziegel und vor allem die mächtigen Löwenköpfe der Wasserspeier mußten oft erneuert werden und sind daher ganz verschieden, Willemsen [13] Bd. 4. Die Giebel, im O.-Giebel die Vorbereitungen für die Wettfahrt zwischen Pelops und Oinomaos mit Zeus beherrschend in der Mitte, im W.-Giebel der Kampf der Lapithen und Kentauren an der Hochzeit des Peirithoos mit Apollon als Mittelfigur, sind das großartigste Werk des »Strengen Stils«. Ähnlich die Metopen an O.- und W.-Seite der Cella mit den 12 Heraklestaten. Das im ganzen 12.40 m hohe Goldelfenbeinbild des thronenden Zeus des → Pheidias mit seinem überaus reichen figürlichen Schmuck war das berühmteste Kunstwerk des Alt. Es ist h. entschieden, daß Pheidias dies Werk nach dem Verlassen Athens nach 438 v. Chr. schuf. Ob der Tempel so lange leer stand oder eine andere Kultstatue anzunehmen ist, thronend oder in der Form des stehenden Blitzschwingers, ist eine offene Frage, dazu G. M. RICHTER, Hesp. 35, 1966, 166ff. W. SCHWABACHER, Archaeology 14, 1961, 104ff. Ant. Kunst 5, 1962, 9ff. MDAI(R) 72, 1965, 209ff. W. H. GROSS, MDAI(R) 70, 1963, 13ff.

Ganz umgestaltet wurde das Heiligtum durch die große Bautätigkeit des 4. Jh. v. Chr., die erst zu eigentlicher architekton. Gestaltung führte. Erst aus dem späteren 4. Jh. stammt die niedrige Mauer mit ihren fünf einfachen Durchgängen, die die Altis nun nach außen begrenzte. Im Anf. des 4. Jh. entstand der kleine Tempel der Göttermutter (Metroon) am Fuß des Kronoshügels, dor. Peripteros von 10,62:20,67 m mit 6:11 Säulen. Er diente in der Kaiserzeit für den Kaiserkult und zum Aufstellen von Kaiserstatuen, Paus. 5,20,9. Um etwa 370 v. Chr. ist der »Südostbau« zu datieren, dessen Bestimmung unbekannt ist, wohl das Hestiaheiligtum von Xen. hell. 4,7,31, [16], 20ff. Es ist ein Bau von 14,56:36,42 m mit vier Räumen und Säulenhallen an drei Außenseiten. Etwa gleichzeitig ist s. der Altis die S.-Halle, 80 m lang mit vorspringendem Mittelteil, dor. Säulen in der Front und an den Seiten und korinth. Innensäulen. Wahrscheinlich ist es die »Proedria« von Paus. 5,15,4. Einschneidend war die Trennung des Stadions von der Altis, das 80 m nach O. verschoben und durch einen W.-Wall von der Altis abgetrennt wurde. Weiterer Ausbau im 4. Jh. Auf dem S.-Wall die steinerne Tribüne der Kampfrichter, gegenüber der Altar der Demeter Chamyne, der an Ort und Stelle wiedergefunden ist, Paus. 6,20,9. Die Kampfbahn war von einer steinernen Wasserabflußrinne und steinernem Wallfuß umgeben, die marmornen Ablaufschwellen für 20 Läufer im O. und W. waren innen 191,78 m voneinander entfernt. Verschlammung und Versumpfung machten mehrere Neuherrichtungen röm. Z. nötig, in der auch die Zuschauerwälle etwas verändert wurden. Dieser Trennung folgte um 330 bis 320 v. Chr. der Bau der 96½ m langen Echohalle mit 44 glatten dor. Säulen und ion. Innensäulen, die nun den monumentalen O.-Abschluß der Altis bildete, Paus. 5,21,17. Plin. nat. 36,100. W. des Heraions ließ Philipp II. von Maked. den Rundbau des Philippeion errichten mit 15,24 m Durchmesser mit 18 ion. Säulen und inneren korinth. Halbsäulen. Es enthielt Statuen Philipps und seiner Familie von Leochares, Paus. 5,20,9f. [13], Bd. 1. S. ö. außerhalb der Altis ließ Leonidas von Naxos um 330–320 das Leonidaion erbauen, das erste große Gebäude zu profanen Zwecken, zur Beherbergung vornehmer Besucher. Es mißt 74:80 m mit Säulenhallen an allen vier Außenseiten von ion. Säulen und vier Innenhöfen. In der

Kaiserzeit verändert, diente es als Wohnung des röm. Statthalters bei Besuchen, Paus. 5,15,1f. N. davon entstand wohl auch noch im 4. Jh. das Theekoleon, das Amtshaus der Priesterbehörde der Theekoloi, Paus. 5,15,8.

Die hellenist. Z. fügte wenig Neues hinzu, w. der Altis die zusammengehörenden und nebeneinander liegenden großen Bauten der Palaistra und des Gymnasions. Die röm. Z. brachte mancherlei Umbauten bestehender Gebäude und vor allem die Bauten für den Besuch Kaiser Neros, für den über dem ehemaligen S. O-Bau eine große Villa gebaut wurde und ein Torbau in Form eines röm. Triumphtores daneben. Die Altis wurde mit einer neuen Mauer umgeben, die im W. genau der alten parallel in nur 3 m Abstand verläuft, im S. 20 m hinausgeschoben ist. Wohl im 1. Jh. n. Chr. wurde zwischen Echohalle und Schatzhausterrasse der überwölbte Stadtioneingang gebaut. Um 160 n. Chr. baute Herodes Atticus auf dem W.-Teil der Schatzhausterrasse ein großes Nymphaeum (Exedra); offener Rundbau mit Wasserbassins und Statuen des Antoninus Pius und seiner Familie und der Familie des Stifters.

An sonstigen Bauten wären noch zu nennen in der Mitte der Altis das Pelopion, Paus. 5,13,1f. Es ist ein niedriger, wohl natürlicher Hügel, der als Grab des Pelops galt, Pind. O. 1,150, umgeben von einer fünfeckigen Mauer mit Propylon im W. und Altären und Statuen im Inneren des Bezirks. Zwischen Leonidaion und Theekoleon lag die Werkstatt des Pheidias in gleicher Größe wie die Cella des Tempels. Die neuere Untersuchung hat die Werkstatteinrichtung und sehr viel Abfallmaterial zutage gefördert, Paus. 5,15,1, [13], Bd. 5. In röm. Z. wurde der Bau mit unklarer Zweckbestimmung umgebaut. In dem gleichen Gebiet w. der Altis lagen bereits seit dem 5. Jh. v. Chr. Badeanlagen, die vielfach umgebaut wurden, röm. Thermen auch s. der Altis, über der Villa des Nero und n. des Prytaneion, röm. Gästehäuser ebenfalls w. der Altis. Nicht gefunden ist das Hippodameion, das aber nach Paus. 6,20,7. 5,15,7 im Bereich der S.-Thermen s. der Altis anzunehmen ist. Vielleicht dazu gehörend Porosstützmauer des 5. Jh. v. Chr. [12], 6,5. W. vom Zeustempel stand der heilige Ölbaum, von dem die Siegeskränze genommen wurden. Nicht gefunden und wohl vom Alpheios weggeschwemmt ist der s. ans Stadion anstoßende Hippodrom mit im Alt. berühmter Starteinrichtung, Paus. 6,20,10ff.

Die Altis war erfüllt von einem Wald von Altären und Weihgeschenken, deren Basen mit den Inschr. vielfach an Ort und Stelle gefunden sind, am dichtesten vor der O.-Front des Tempels. Pausanias behandelt in einem ersten Rundgang vom Prytaneion aus und dahin zurückkehrend die Altäre, 5,14,4–10, dann die Weihgeschenke und Statuen, die nicht Siegerstatuen sind, zuerst die Zeusstatuen, auf einem Rundgang vom Heraion ausgehend, 5,21,2–24,11, dann die sonstigen Weihgeschenke von S. her an der O.-Front des Tempels vorbei nach N., 5,25,2–27,12. Von den Zeusstatuen sind die »Zanes« hervorzuheben, 16 Bronzestatuen mit erhaltenen Basen am Fuß der Schatzhausterrasse, errichtet aus den Strafgeldern, die die Athleten zu zahlen hatten, die sich gegen die Kampfregeln vergingen, die ersten 388 v. Chr., die letzten 125 n. Chr., Paus. 5,21,2–17. Die Siegerstatuen, fast ausschließlich aus Bronze, werden in einem Rundgang vom Heraion aus nach O., S. und W. um den Zeustempel herum behandelt, 6,1,1–18,7.

Die Zerstörungsgeschichte des Heiligtums beginnt um 260–270 n. Chr., indem zum Schutz gegen den befürchteten Angriff der Heruler das kleine Gebiet zwischen Zeustempel und S.-Halle mit einer Festungsmauer umgeben wurde, in der die Steine mehrerer abgerissener Gebäude verbaut wurden. 393 n. Chr. fanden die letzten Spiele statt, ein Erlaß des Theodosius 394 n. Chr. verbot den Kult, die Tempel wurden 426 n. Chr. in Brand gesetzt, und Erdbeben, vor allem in den J. 522 und 551, taten das übrige. W. der Altis war ein kleines Dorf entstanden, für das die ehemalige Werkstatt des Pheidias zur Kirche umgebaut wurde. Dann erlosch auch dieses letzte Leben. Alpheios und Kladeos und Abschwemmungen vom Kronoshügel überschütteten das Gelände und rissen Teile der Altis fort, E. HUNTINGTON, Geogr. journal 36, 1910, 657ff. Die großen deutschen Ausgrabungen fanden 1875–1881 statt und wurden 1936 wieder aufgenommen.

Ant. topogr. Hauptzeugnisse: Paus. 5,7–6,21,3. Strab. 8,3,30 p. 353–355. Xen. hell. 7,4,14. 28–32. Inschr.: W. DITTENBERGER – K. PURGOLD [1]. Bd. 5. SCHWYZER Nr. 409–425 g. Neue Funde in [12] und SEG 3,327f. 11,1175–1257. 12,216. 13,272. 14,349–367. 15,241–259. 16,285–290. 17,194–206. 18,158. 19,332. 22,336–351. 358. 23,251–262.

E. M.

1. *Ernst Curtius – Friedr. Adler* Olympia, die Ergebnisse der von dem Dt. Reich veranstalteten Ausgrabung, Bln. 1887 bis 1897. Neudruck Amsterdam 1966. 2. *J. Wiesner*, RE XVIII 71ff. 3. *U. Jantzen Enc.* Arte Ant. 5,635ff. (mit umfangreicher Bibliogr.). 4. *E. Meyer* Pausanias' Beschreibung Griechenlands[2], 1967, 605ff. 5. O. in der Ant., Ausstellung Essen 18. 6.– 28. 8. 1960. 6. *Kirsten–Kraiker* Griechenlandkde.[5] 265ff. 877f. (Lit.). 7. *Philipps.-Kirst.* 3, 339ff. 8. *E. Gardiner* O., its history and remains 1925. 9. O., aufgenommen von *W. Hege*, beschrieben durch *G. Rodenwaldt* 1936. 10. *H. Berve–G. Gruben* Griech. Tempel und Heiligtümer 10ff. 118ff. 11. *G. Gruben* Die Tempel der Griechen 1966, 43ff. 12. Die neuen Ausgrabungen: *W. Wrede, E. Kunze* (ab 2. Ber.), Ber. über die Ausgrabungen in O., bis jetzt 1.–8. Ber. 1937–1967. (Kurze Übersichten auch in *Ἀρχ. Δελτ.* und BCH). 13. Olymp. Forsch. (Einzeldarstellungen von verschiedenen Vf.n), bis jetzt Bd. 1–6, 1944–1966. 14. *E. Kunze* O. Neue dt. Ausgrabungen im Mittelmeergebiet und im

Vorderen Orient 1959, 263ff. 15. *W. Dörpfeld* Alt-Olympia 1935. Neudruck 1966. 16. *Joh. D. Kondis* *Τὸ ἱερὸν τῆς Ὀλυμπίας κατὰ τὸν Δ' π. Χ. αἰῶνα* 1958. 17. *W. W. Hyde* Olympic victor monuments and Greek athletic art 1921. 18. *J. R. Smith* The temple of Zeus at O., Memoirs of the Amer. Acad. 4, 1924, 153ff. 19. *E. Buschor – R. Hamann* Die Skulpturen des Zeustempels zu O. 1924. 20. *B. Ashmole – N. Yalouris* Olympia. The sculptures of the temple of Zeus 1967. 21. *H.-V. Herrmann* Zur ältesten Gesch. von O., MDAI(A) 77, 1962, 3ff. 22. *A. Trendelenburg* Pausanias in O. 1914.

II. Kulte. Die Überlieferungslage für die Kulte in O. ist unvergleichlich besser als in Delphi, Eleusis usw., obwohl der maßgebliche Bericht des Paus. in 5,14,4 eine Textlücke aufweist und auch die Information vor allem einen späteren Zustand wiedergibt. Aber auch für die frühe Z. werden auf Grund des sehr konservativen Charakters der griech. Rel. Rückschlüsse ermöglicht; vor allem zeigt die Bescheidenheit im Kult »großer« Götter, daß neben umfänglicheren Feierlichkeiten zu jeder Z. die einfache Form möglich gewesen ist. Die Bemerkung *ἀρχαῖόν τινα τρόπον* (Paus. 5,15, 10) stimmt zu Berichten, wie sie bei Theophr., *π. εὐσ.* Frg. 2,37f. 18,2ff. Pö., Philos. Ant. 11, 1964 oder bei Porph. de abst. 4,22, p. 269 N. geboten werden. Eine bes. Rolle spielte der altertümliche → *πέλανος*, aber auch *λιβανωτός* und Wein (vgl. S. EITREM Opferritus und Voropfer der Griech. und Röm., 1914, 226ff.). Die Opfer an den 70 (bzw. 69, wenn *Καθαρσίου Διὸς καὶ Νίκης* Paus. 5,14,8 auf einen Doppelaltar für beide Gottheiten geht) Altären fanden offenbar in jedem Monat an einem Tag, vielleicht in 2 Rundgängen, statt (L. WENIGER, Klio 16,7ff., anders SCHUBERT, Jb. f. Philol. 1883, 481, der dies für zu anstrengend hielt). – Die sehr unübersichtlichen und in ihrer Entstehung recht wenig homogenen Kultverhältnisse dürften durch eine knappe Übersicht einigermaßen überschaubar werden.

Liste der Kulte: 1. *Αγαθὴ Τύχη* mit Aphrodite und Pan; sekundäre Kombination. 2. *Ἄγνωστοι θεόι*, vgl. E. NORDEN Agnostos Theos, 1913. 3. Athena: 2 Altäre ohne Epiklese, je einer für sie als *Ληῖτις*, als *Ἐργάνη* und als *Ἱππία* (vgl. N. YALURIS, MH 7, 1950, 47ff.). 4. *Ἀλφειός*. Als echte → Personifikation hatte er seinen Hauptkult am Flusse selbst (vergl. → *Ἰσμηνός*, *Σιμόεις* usw.); dort wurden Opfergaben versenkt (Achill. Tat. 1,18). Der Kult ist sehr alt (vgl. Hom. Il. 11,728. Pind. O. 10,48). Altar für *Ἀ.* und Artemis; Altar für *Ἀ.* allein. 5. Apollon: 3 Altäre, von denen zwei die Epiklese *Πύθιος* (vgl. Delphi, aber auch Texte des Linear-B!) und *Θέρμιος* (zu *θεσμοί* oder *θέρμα*) tragen; Doppelaltar mit Hermes. 6. *Ἄρης Ἵππιος*: Altar in lokaler Nähe zu Athena *Ἱππ.* Die Verbindung von Ares und Oinomaos ist trotz der Epiklesis Alxion nicht im Ernst zu bezweifeln. 7. Artemis: s. *Ἀλφειός*. 5 Einzelaltäre; der Beiname *Κοκκώκα* ist ungeklärt. Der Kult scheint sehr alt zu sein (vgl. L. Weniger, NJb.19,96ff.). 8. Aphrodite: s. Ἀγαθὴ Τύχη u. Εἰλείθυια Altar beim Leonidaion. 9. Ge. Sehr alter Kult mit Weissagung (μαντεῖον, στόμιον, Altar der Themis, vgl. W. Pötscher, WS 73, 1960, 5ff.; bes. 31ff. Nilsson GgrR 1^2,171f.). Bronzefunde (2. Jt.) unter dem Heraion gehören offenbar (vgl. [2],64) dem Heiligtum der Ge an. 10. → Δάκτυλοι. Heilgötter (mit je einem eigenen Altar), welche in der Gründungssage eine wichtige Rolle spielen (L. Deubner Kult und Spiel im alten Olympia, 22. L. Weniger. Klio 7,170ff. Wilam. GldH 1,278f.). 11. Δέσποιναι. Altar beim Leonidaion. Alter Götterverein. 12. Demeter: Am N.-Rand des Hippodroms Heiligtum der D. χαμύνη mit altem Kultbild. χαμύνη (zu χαμαί) urspr. selbständig (Wilam. GldH 1,211,3). 13. Dionysos: Altar gemeinsam mit den Chariten und ein Altar aus privater Stiftung. 14. Dioskuren: Altar. 15. Δώδεκα θεοί: Das Zeugnis von Pind. O. 10,48, das noch dazu Herakles als Stifter nennt und in gewisse Verbindung mit Alpheios bringt, wiegt sicherlich schwerer als die Nachricht des Paus., der ganz im Sinne seiner Z. von θεοὶ πάντες spricht. Die Zwölfzahl ist relativ alt. Vgl. Weinreich Myth. Lex. VI 781 f. 16. Eileithyia und Sosipolis: Über das Lokal Paus. 6,20,2ff., vgl. [2],108ff. Zur Legende bei Paus.; sie ist Kult-Aition. Eileithyia und Sosipolis, die Paus. als ἐπιχώριος δαίμων bezeichnet, stehen nebeneinander. 17. Hermes: s. Apollon. 18. Hestia: Herd; Beginn und Ende der Prozession. Zum Gedanken Theophr. π. εὐσ., Philos. Ant. 11, Frg. 2,3f. 19. Zeus: Bes. Bedeutung als Blitzgott (auch als Z. Ὅρκιος, bei dem der Eid der Wettkämpfer abgelegt wurde). Ζεὺς Ἄρειος (Paus. 5,14,5) muß urspr. nicht Kriegsgott gewesen sein. Der Assoziationspunkt kann in ganz Äußerlichem liegen. 12 Altäre für Z. als Καταιβάτης, Ἑρκεῖος usw. Älteste Kultstätte für Z. ein 22 Fuß hoher Aschenaltar (vgl. Paus. 5,15,9), an dem von den Eliern sogar täglich geopfert wurde. – Zeus-Tempel (5. Jh.) mit Kultbild (Pheidias). – Orakel: vgl. 9; Verschiedene Methoden, vgl. Pind. O. 6,119. 8,2. 13,10. Sch. Pind. O. 6,119; 111 d.e. Seher waren die Iamiden (→ Iamos) und → Klytiaden. Zusammenarbeit mit Delphi (Xen. hell. 4,7,2. Plut. Agis 11. L. Weniger, ARW 18, 1915, 53ff. Nilsson GgrR 1^2,168). 20. Helios und Kronos: Doppelaltar. 21. Hera: Aschenaltar; Altar der H. als Ἱππία neben Poseidon Ἵππιος. – Tempel (3 Schichten, erste bereits etwa 1100 v. Chr.). Einwanderung Heras offenbar gemeinsam mit Zeus (→ Hera). Fest der → Heraia. 22. → Herakles: 2 Altäre (Paus. 5,14,7,9). Seine Bedeutung im Kult von O. entspricht nicht seiner myth. Funktion als Gründer der o. Spiele (Pind. O. 5,4ff. Diod. 4,14,1f.). Dodekathlos auf den Metopen des Zeus-Tempels. 23. Ἥρως: Altar. Zur Heros-Vorstellung vgl. W. Pötscher, RhM 104, 1961, 302ff. RhM 108, 1965, 317ff. 24. Hephaistos. Altar? 25. Themis: s. 9. 26. → Hippodameia, Gattin des Pelops, Ἱπποδάμειον ([2],38). 27. → Kairos. Altar beim Eingang des Stadions. 28. Kladeos, der als Flußgott (vgl. Alpheios) → Person-Bereicheinheit ist und alten Kult besitzt, hatte einen Altar. 29. → Kronos: offenbar alteingesessen. Kronoshügel (anders Pind. O. 11,59). 30. Kureten: Altar? (Weniger, Klio 7,154f.). 31. Μήτηρ θεῶν und Rheia: Altar und Tempel (Paus. 5, 14,9. Das Verhältnis von beiden und das zur Idaischen Grotte ist umstritten, [2],108ff. Wilam. GldH. 1,132). 32. → Μοῖραι: Altar. 33. → Μοῦσαι: Altar. 34. Νίκη (Person-Bereicheinheit). Ob eigener Tempel? 35. Νύμφαι. Alte Vegetationsgottheiten. 3 Altäre. 36. → Oinomaos, Vater der Hippodameia: Reste seines Palastes (Paus. 5,14,7. 20,6) und Grab jenseits des Kladeos (Paus. 6,21,3). Grabkult wahrscheinlich. 37. → Ὁμόνοια Altar; hist. Anknüpfung an die Versöhnung der Elier und Arkader (364 v. Chr.). 38. Pan. 3 Altäre. 39. Πάντες θεοί. 2 oder 3 Altäre. 40. → Pelops: Sehr alter τύμβος (vgl. Pind. O. 1,93). Auch später dort Grabkult. Opfer eines schwarzen Widders. A. Körte, H 39, 1911, 227. 41. Poseidon: Doppelaltar mit Zeus und Altar des P. Ἵππιος, s. Athene. 42. Taraxippos: Offenbar aus dem Agon entstandener → δαίμων, dem ein Rundaltar im Hippodrom heilig war (Paus. 6,20,15). 43. Χάριτες (→ Person-Bereichdenken) s. 13. 44. Ὧραι (→ Person-Bereichdenken); Altar. W. P.

1. *L. Curtius*, ADAW 1881. 2. *W. Dörpfeld* Alt-Olympia, 2 Bde., 1935. 3. *Nilsson* GgrR 1^2,86f.

III. Die Olympischen Spiele (Ὀλύμπια). Spiele, Fest u. Kulte gehen auf myth. Zeiten zurück nach L. Drees Ursprung der Ol. Spiele, Stuttg. 1962 sogar auf vordorische Fruchtbarkeitskulte. Zwei Hauptüberlieferungen bezeichnen als ihre Begründer: 1. Herakles, entweder den theban. (Pind. O. 2,5. 6,55. 144ff.) oder den kret. (Paus. 5, 7,4. Diod. 5,64), denen mehrere, die Spiele erneuernden Schutzherren folgten, unter ihnen Pelops, Neleus, Pelias und der theban. Herakles. 2. Die Aitoler nach der Rückkehr der Herakliden mit den Eleern (Strab. 8,354). Pelops ist eng mit den Spielen verbunden, nicht so sehr als Gründer wie als der Gott-Heros, der durch sie geehrt wird. (Ziehen, RE XVII 2521 ff.). Die hist. Anfänge sind bestimmt durch die Aufzeichnung des ersten Preisträgers im Wettlauf in die Siegerliste im J. 776 v. Chr. (Eus. 1,193) und die Einführung des Olymp. Friedens (ἐκεχειρία) durch Iphitos und Lykurgos (Plut. Lyc. 1. Paus. 5,8. Strab. 8,355). Von 776 v. Chr. bis zur Abschaffung der Spiele durch Theodosius I. im J. 393 (oder 426) n. Chr. bildete die 4. Jahresperiode (Olympiade) eine Grundlage der Zeitrechnung. In den Streit um die Leitung der Spiele gaben schließlich die Einwohner von Pisa (ca. 570) denen von Elis nach, die die Richter für die Spiele (Ἑλλανοδίκαι) bestimmten. Die Spiele wurden einen Monat nach der

Sommersonnenwende gefeiert. Vielleicht urspr. auf *einen* Tag und auf *ein* Kampfspiel, den Wettlauf, beschränkt, erstreckte sich das Fest später über fünf Tage (Pind. O. 5,6), und andere Wettkämpfe wurden nach und nach hinzugefügt: Ringen, Fünfkampf, Boxen, Wagenrennen, Pankration, Wettkampf für Knaben in den vier ersten Sportarten, Wettlauf in Waffen, Rennen mit Mauleselgespann, einfaches und doppeltes Pferderennen, Wettkampf der Trompeter und Herolde (Eus. 1,193. Paus. 5,8. Philostr. Gymn. 12). Das Programm für die fünf Tage wird auf mannigfache Weise rekonstruiert. Es umfaßte als wichtigste Begehungen Opfer für den Olymp. Zeus, die Gottheit, in deren heiligem Bezirk zwischen Alpheios und Kladeos das Stadion und der ihm geweihte Tempel stand, sowie andere kultische Handlungen.

Die Wettkämpfer hatten den *Ἑλλανοδίκαι* zu beweisen, daß sie freie griech. Bürger waren und sich keiner verbrecherischen oder gotteslästerlichen Handlung schuldig gemacht hatten, und einen Eid abzulegen, daß sie nach den Regeln kämpfen würden (Paus. 5,24,9). Ihre Namen und Städte wurden durch Herolde bekanntgemacht. Der letzte Tag wurde mit Opfern und einem Siegerbankett gefeiert. Die *Ἑλλανοδίκαι* (einer, zwei, neun und zehn im Laufe der Zeit, Paus. 5,9,4), setzten die Kampfregeln fest, bestraften Übertretungen, führten die Oberaufsicht bei den Wettkämpfen und verliehen den Preis, einen Zweig eines wilden Ölbaums (Paus. 6,3,7. 15,4. 21,2f. Sch. Pind. O. 3,60). Zuschauer kamen aus allen Teilen der griech. Welt; verheiratete Frauen waren ausgeschlossen (Paus. 5,67. Aischin, epist. 4,5). Boten wurden in die verschiedenen Städte ausgesandt, um das Fest und den »heiligen Frieden« anzukündigen, der den Festteilnehmern auf ihrer Reise Sicherheit garantierte (*σπονδοφόροι*, Pind. I. 2,23 *θεωροί*). Seine Dauer muß sicher ebensolang gewesen sein wie bei den *σπονδαί* von Eleusis (Syll.³ 42: 2 Monate). Die Olymp. Spiele waren nicht nur ein religiöses und sportliches Fest, sondern boten auch Gelegenheit, für soziale, kulturelle, wirtschaftliche, erzieherische und politische Betätigung bei Heiterkeit und Scherz. Literarische Werke kamen durch mündlichen Vortrag zur Kenntnis weiter Kreise (Herodot, Isokrates, Gorgias, Lysias), Künstler stellten ihre Werke aus, und Staatsverträge wurden auf Stein zur öffentlichen Kenntnis gebracht. O. W. R.

Olympiade, Bezeichnung für eine panhellen. Festperiode, die mit ihren Spielen ein nationales Bindeglied zwischen den einzelnen griech. Stämmen und Stadtstaaten und zugleich angesichts der Zersplitterung des Kalenders ein Zählpunkt war, der allerdings auf den Zusammenhang mit dem Fest selbst, den Ehreninschr. der Sieger und die Weihgeschenke beschränkt blieb und von der gelehrten Lit., bes. der Geschichtsschreibung, in Anspruch genommen wurde. Die O. war eine halbe → Oktaeteris mit zus. 99 Mon., deren 1. Hälfte voll (= 50 Mon.), deren 2. Hälfte hohl (= 49 Mon.) war. Nach der Überlieferung ist die 1. O. im Sommer 776 abgehalten worden. Über die Reduktion der Daten s. RE IX A 2460f. W. S.

Olympias (*Ὀλυμπιάς*). **1.** Tochter des Königs Neoptolemos, seit 357 verh. mit Philipp II. v. Maked., dem sie 356 Alexander d.Gr. u. 355 Kleopatra (verh. mit ihrem Oheim Alexander v. Epeiros) gebar. Unbezähmbar in Herrschsucht und Leidenschaftlichkeit (zur Teilnahme an orph. und Dionysoskulten s. Plut. Al. 2, Athen. 13,560. 14,639), verließ sie bei neuerlicher Eheschließung Philipps das Land, rächte sich jedoch nach 336 grausam (Iust. 9,7,12) und lag trotz mehrfacher Schlichtungsversuche des bei aller Pietät von ihr unabhängigen Sohnes in stetiger Fehde mit Antipatros. Voller Haß auf dessen Familie schloß sie sich nach 319 Polyperchon an (Diod. 19,11. Iust. 14,5f.), vernichtete Philippos Arrhidaios, wurde aber 316 von Kassander bei Pydna gefangen und nicht ohne dessen Zutun ermordet. G. W.

R. Schneider Olympias, Progr. Zwickau 1885. *Berve* Alex. II Nr. 581. *H. Strasburger*, RE XVII 178–181.

2. O., Tochter des → Ablabius (1), wahrscheinlich als Kind mit dem Caesar → Constans (1) verlobt, doch kam es nicht zur Heirat (Athanas. hist. Arian. ad mon. 69). Um 357 vermählte sie Constantinus II. mit dem Armenierkönig Arsakes III. Bald nach 360 wurde sie durch die ehemalige Frau des Königs vergiftet (Athan. a. O. Amm. 20, 11,3. Faustus Byz. 4,15 = FHG 5,253). **3.** O., * 361, Tochter des Heiden Seleukos aus Emesa (Liban. epist. 697. 770), Enkelin des → Ablabius (1), wurde Christin (Greg. Naz. op. 2,6,97ff. Migne, PG 37, 1549), heiratete 388/89 → Nebridius (2). Nach dessen Tod wandte sie sich dem asket. Leben zu, beschenkte aus ihrem großen Vermögen viele Bischöfe, hatte unter anderem Beziehungen zu → Gregor (2), Theophilos von Alexandreia und bes. Ioh. Chrysostomos (Pallad. dial. de vita S. Ioann. 10. 16f. = Migne, PG 47. Soz. 8,9. 24. 27). A. L.

4. O., Hebamme und med. Schriftstellerin wohl im 1. Jh. v. Chr. (also Kollegin der Antiochis, der → Herakleides [22] von Tarent ein Buch widmete). Einige Notizen über O. bei Plin. nat. F. K.

5. O., Kastell in Perrhaibien im n. Thessalien, von Philipp V. als neuer Name von Gonnokondylos gegeben, Liv. 39,25,16, wahrscheinlich das ant. Kastell von Tsurba Mandra n. Gonnos, von woher mehrere Inschr. hellenist.-röm. Z. stammen [2], 21ff. Nr. 259–267. 270. E. M.

1. *Arvanitopullos*, *Πρακτ.* 1910, 243ff. 1911, 320ff. 1914, 209ff. 2. *Ders.*, EA 1915, 16ff. 3. *Fr. Stählin* Das hellen. Thessalien 9. 4. *Kirsten*, RE XVIII 175ff. Nr. 3.

Olympichos (*Ὀλύμπιχος*). **1.** Kar. Dynast in Alinda, half Rhodos nach dem Erdbeben 226 v. Chr. Pol. 5,90,1. Als Stratege Philipps V. erlaubte er sich 219 Übergriffe gegen Iasos und Mylasa. M. Holleaux, Études d'épigr. 4, 1952, 146ff. 154ff. J. Crampe, Opusc. Atheniensia 3, 1960, 99f. A. Westholm Labraunda: Swedish excav. and research. 1,2, 1963, 121ff. Seine Kanzlei lag in Alinda. A. Laumonier, BCH 58, 1934, 291ff. Die Identität mit O. aus → Laodikeia am Lykos ist fraglich. MAMA 6, 1939, 14,4. **2.** Aus Koroneia, bewog 171 die boiot. Städte zum Krieg gegen Perseus. Pol. 27,1,9. **3.** Samischer Lokalhistoriker vor 200 v. Chr., behandelte den Krieg des 8. Jh. gegen Melia. FGrH 537. H. V.

Olympieion. Der Tempel des Zeus Olympios am Anapos, im Vorfeld und an der Ausfallstraße von → Syrakusai, 3 km s. w. der ant. Stadtgrenze und insofern bei den Belagerungen von S. für Verteidiger oder Angreifer wichtiger strateg. Punkt. Die jetzt dort auf einem 10-m-Hügel sichtbaren Reste gehören der 1. Hälfte 6. Jh. an und somit wohl – nach dem Artemision-Apollonion von S. – dem zweitältesten aller großen dor. Tempel Siziliens (eventuelle Vorgänger: ein sikul. Heiligtum und ein griech. Bau des 7. Jh.). Später wurde hier das Bürgerverzeichnis von S. aufbewahrt (Plut. Nik. 14,5); nahebei lag der Musterungsplatz der wehrfähigen Bürger (Thuk. 6,96,3). Keine Spuren blieben von dem nahegelegenen Monumentalgrab für → Gelon und Demarete. – Zu dem von Hieron II. errichteten Olympieion an der Agora s. Syrakusai. H.-P. D.

E. Lissi Siracusa. Scavo presso l'Olympieion, NSA 1958, 197ff. *H.-P. Drögemüller* Syrakus. Gymn.-Beih. 6 (1969), 41. 118.

Olympiodoros (*'Ολυμπιόδωρος*). **1.** Athen. Archon im J. 294/93 und 293/92 (IG II² 389 und 649, nach der überzeugenden Kombination von W. B. Dinsmoor, The archons of Athens ..., Cambr. [Mass.] 1931, 7ff.). Er ist wohl identisch mit dem Strategen O., der erfolgreich gegen Kassandros (301 Entsatz von Elateia) und die maked. Garnison seiner Heimatstadt kämpfte (288 Erstürmung des Museion; 286 Abwehr eines maked. Angriffs auf Eleusis) und dafür mit Statuen geehrt wurde (Paus. 1,26,1ff.). **2.** Athener, Sohn des Lampon, der 479 als Lochage mit 300 Kämpfern den bedrängten Megarern in der Schlacht von Plataiai Hilfe brachte (Hdt. 9,21f.). **3.** Athener des 4. Jh.s v. Chr., gegen den die 48. Rede des Corp. Demosth. gerichtet ist (wohl aus dem J. 341). Gegenstand der Klage ist die Hälfte einer Erbschaft, die O. seinem Schwager Kallistratos entgegen früheren Versprechungen vorenthalten hatte. H. Gä.

Blass AttBereds. ³3,1,557ff.

4. O., griech. Historiker aus Theben (Äg.). 412 nahm O. an einer Gesandtschaft zu den Hunnen teil (frg. 18), später reiste er nach Athen und in die Heimat (frg. 28. 33. 37). Vermutlich lebte er längere Zeit in Rom (vgl. frg. 25. 43f. zu Blüte und Reichtum der Stadt), dann in Constantinopel. Sein dem Genos des → Hypomnema zuzuordnendes Werk (vgl. frg. 1) widmete O. dem Kaiser Theodosius II., obwohl er dem Christentum fernblieb und sogar auf den Nutzen heidnischer Kultstatuen zum Schutz des Reiches verwies (frg. 27, vgl. 15). In 22 B. stellte O. die Z. von 407 an (mit positiver Würdigung von Stilichos früherem Wirken – vgl. frg. 2) bis 425 dar. Nach den frg. beschränkte sich O. auf den W. Spärliche Überreste (einschl. einer Charakteristik) des Werkes und biogr. Hinweise finden sich bei Photios (Bibl. cod. 80,56ff.). Wichtige Ergänzungen bieten → Zosimos, der 5,26ff. O. als Quelle benutzte (vgl. Zitat 5,27,1) und → Sozomenos, der O. in B. 9 (4,6–9, 11–16) heranzog. Gegen Benutzung durch → Philostorgios wendet sich mit Recht bereits Mendelssohn (Ausg. des Zos. p. XLVII). Vermutlich brachte O., der, wie einst Herodot, auch *ἱστορίας ἕνεκα* (frg. 37) reiste, eine Fülle von Details und Kuriositäten. Insgesamt ist O. als vielseitig interessierter, oft gut informierter Beobachter des Zeitgeschehens anzusehen. A. L.

Frg.e: bei Photios, Bibl. ed. *Henry* 1, 1959, 166ff. = FHG 4,57ff.

W. Haedicke, RE XVIII 201ff. *W. E. Kaegi*, Byzantium 1968, 86ff. *E. A. Thompson*, CQ 38, 1944, 43ff.

5. O., platon. Philosoph, Schüler des → Ammonios (9), wirkte in der 2. Hälfte 6. Jh. zu Alexandreia. O. kommt hohe Bedeutung zu als Übermittler platon.-aristotel. Lehrgutes, was nahezu ausschloß, daß er eigene Lehr-Entscheidungen fällte. So gehört O. in die Reihe der großen Kommentatoren. Die Zuweisung der nachstehend aufgeführten Schriften ist nicht immer völlig gesichert. Sie sind zum größten Teile Nachschriften von Lehr-Vorträgen (= *ἀπὸ φωνῆς*).

Kommentare zu Schriften Platons: 1. In Platonis Phaedonem commentaria, ed. W. Norvin, Lpz. 1913 (Die Teile B, C, D stammen, wie L. G. Westerink nachgewiesen hat, von → Damaskios). 2. in Platonis Gorgiam commentaria, ed. W. Norvin, Lpz. 1936, Nachdr. 1966. 3. Commentary in the First Alcibiades of Plato, Critical Text and Ind. by L. G. Westerink, Amsterdam 1956. (Die zuvor mehrfach gesondert edierte vita Platonis des O. ist in Wahrheit das Prooimion zu diesem Kommentar, dessen vollen Text L. G. Westerink zum erstenmal mitgeteilt hat.

Lange ist dem O. ein Kommentar zum Philebos zu Unrecht zugeschrieben worden; der wahre Autor ist, wie L. G. Westerink nachgewiesen hat, Damaskios.

Kommentare zu Schriften des Aristoteles: 1. Prolegomena = *εἰς τὰ προλεγόμενα τῆς λογικῆς* ed. A. Busse, Bln. 1902. 2. In Categorias Commentarium ed. A. Busse Bln. 1902 (zus. mit d. Vor.) CAG XII 1. 3. In Aristotelis Meteora, ed. W. Stüve, Bln. 1900, CAG 1900. H. D.

Olympioi Theoi (*'Ολύμπιοι θεοί*). Benennung der Götter nach dem Götterberg. Schon Hom. Il. 1,399 *'Ολύμπιοι*. Ausdrücke wie (*οἱ*)

'Ολύμπιοι, (οἱ) 'Ο. ϑ. bedeuten dasselbe und kommen in Prosa und Poesie häufig vor; auch epigraph. (etwa CIG II p. 1016). Neben 'Ο. ϑ. gibt es 'Ο-αι ϑεαί (Aristoph. Thesm. 332. Demosth. 43,66. Syll.^{3} 360,1), kombiniert mit 'Ο. ϑ. in IG XII 3,98. – Auch einzelne Götter (wie → Zeus, → Hera usw.) oder Göttervereine wie jener der → Musen tragen diese Bezeichnung. Bei → Herakles unterscheidet Hdt. 2,44 zwischen dem ἥρως und dem 'Ολύμπιος. W. P.

Olympios. 1. Arzt und Rhetor, behandelte 354 → Libanios, wurde 359 Hofarzt bei → Constantius II.; 355/56 in Rom (Liban. epist. 51. 65. 353. 534. 539. 1534). **2.** Um 355 (sehr jung) *consularis Macedoniae*, reicher Senator von Constantinopel, setzte sich nach dem Aufstand von 387 für die Antiochener ein; † 388/89. Libanios gehörte zu seinen Erben (Liban. epist. 70. 99. 252. 581. 663. 1341; or. 1,275f. 63). **3.** 362/63 Steuerschätzer, begünstigte Christen, obwohl selbst Heide (Liban. epist. 1397. 1412. 1414. 1433). **4.** Mitschüler des Libanios, wurde aus Armut um 357 *agens in rebus* (Liban. epist. 382. 603f.). Weitere O. bei Liban. vgl. O. SEECK Briefe des Libanius 222ff.). **5.** O. aus dem Schwarzmeergebiet, erreichte durch → Stilicho ein wichtiges Hofamt bei → Honorius. Streng orthodox, germanenfeindlich, trug er entscheidend zu Stilichos Sturz bei (Zos. 5,32. Aug. epist. 96. Olymp. frg. 2), wurde im August 408 *magister officiorum* und führender Mann am Hof, schlug Anfang 409 → Athaulf, wurde dennoch bald abgesetzt und floh nach Dalmatien (Olymp. frg. 8f. Philostorg. 12,1. Zos. 5,35. 44f.). Dort ließ ihn → Constantius (6) 412 töten (OOST C. Ph. 61, 1966, 238f.). **6.** O. aus Seleukeia (Syrien), befreundete sich in Alexandreia mit → Synesios, Neuplatoniker (Synes. epist. 97–99. 133. 143. 148f.). A. L.

Olympos ("Ολυμπος). I. Mythologisch: Etym. ungeklärt, wahrscheinlich ein vorgriechischer »Berg«, (vgl. C. THEANDER, Eranos 15, 1916, 127ff. E. OBERHUMMER, AAWW 1937, 92ff. P. KRETSCHMER, Glotta 28, 1940, 250f.) O. als Göttersitz (z.B. Hom. Il. 5,360) anschaulich geschildert (ἀγάννιφος Hom. Il. 1,420. ἄκρος Il. 13,523. αἰπύς Il. 5,867. πολύπτυχος Il. 20,5 usw.) und im Zuge der Assoziation mit dem Leben der Götter klimat. idealisiert (Hom. Od. 6,42ff.). – In der Frage, ob οὐρανός und O. urspr. getrennt aufgefaßt oder der hohe, in den Himmel ragende Berg mit οὐρανός gleichgesetzt wurde, sollte man nicht eine Alternative erzwingen. O. und οὐρανός waren für den frühen Griechen nicht ident., konnten aber (vor allem der Gipfel des O. und der οὐρανός) im relig. Erleben ineinander übergehen. Demgegenüber besagt eine sekundäre Entwicklung wenig (Trennung: Hom. Il. 15,193. Gleichsetzung: Hom. Il. 24,97 ἐς οὐρανόν, 104 Οὔλυμπόνδε. Kontamination der Vorstellungen vom O. als οὐρανός und vom O. als Berg: Hom. Il. 8,19ff.).

Zu Zeus und O. vgl. KERN Rel. d. Griech. 1,186. NILSSON GgrR 1^2,353f. – Zeuskult auf dem O. von Solin. 8,4ff. M. (vgl. WILAM. GldH. 1,93,4. A.B. COOK Zeus 1, 1914, 103,1) erwähnt; andere Kulte vgl. COOK 1.104ff. Neben Zeus → 'Ολύμπιοι ϑεοί, → Herakles (Hom. h. Herc. 7), Kastor und Polydeukes, diese abwechselnd (Pind. P. 11,94; N. 10, 84) auf dem O. In Hellenismus und röm. Z. Apotheose von Herrschern (z.B. Verg. ecl. 5,58). – Seelen im O. z.B. Anthol. Pal. 7,362. – Auch die Röm. verwendeten das Wort O. sowohl für den Berg (z.B. Varro rust. 3,16,7. Verg. georg. 1,282) wie für den Himmel (z.B. Cic. div. 2,45. Verg. Aen. 4,268). – Merkwürdige Spekulationen über die Stellung des O. im Weltall bei den Pythagoreern (DIELS-KRANZ Vors.^{8}, 1. Bd., 403, A 16). W. P.

II. Topographie: Vorgriechischer Name vieler Berge in Griechenland und Kleinasien. **1.** Der als Wohnung der »olympischen« Götter geltende höchste Berg Griechenlands, der durch seine die gesamte Umgebung weit überragende Höhe, seine Masse und Geschlossenheit und dem bes. nach O. und W. kaum durch Vorberge verdeckten mächtigen Anstieg einen gewaltigen Eindruck macht und dadurch wohl schon früh zum Göttersitz wurde. Er erhebt sich sehr steil auf einer Grundfläche von etwa 20 km Durchmesser zu einer Höhenkante von etwa 2300–2400 m, der im N. die aus Kalk bestehende Gipfelregion aufgesetzt ist. Letztere bildet einen vielgipfligen (nach einem altberühmten neugriech. Volkslied 42 Gipfel, nach einem anderen sogar 62) steilen Gipfelgrat von NW. nach SO. mit höchster Erhebung etwa in der Mitte im Mitka (2918 m). Der nördlichste Gipfel mit einer Kapelle des Profitis Elias (2787 m) galt früher als höchster Gipfel, da er leichter erreichbar ist, während die mittleren höchsten Gipfel schwierige Felsgrate sind. Wenn auch der Schnee bis tief in den Sommer bleibt, trägt der O. keine dauernde Schneedecke. Eine ant. Opferstätte ist auf einem Gipfel etwa eine Stunde s. des Hauptgipfels in etwa 2900 m Höhe nachgewiesen [8], vgl. Solin. a.O. Diese von H. SCHEFFEL gefundene Opferstätte auf dem leicht zugänglichen Gipfel Hg. Antonios (2817 m) 1500 m s. der Mitka ist nun ausgegraben. Außer der dicken Aschenschicht mit den Opferresten sind große Mengen Keramik gefunden, ferner Steininschr. darunter drei Weihinschr. an Zeus Olympios, und Münzen mit einer Ausnahme (Antigonos Gonatas) des 4. Jh. n. Chr., B. KYRIAZOPULOS – G. LIVADAS, 'Αρχ. Δελτ. 22, 1967, 6ff. Über andere offenbar nicht antike Baureste in der Hochregion des O. s. [3], 6 A. 4. [5], 52. 59f. 127. 133. Die Vielzahl der Gipfel schon bei Homer, Il. 1,44. 2,167. 4,74 u.o., dessen sonstige Beiworte die Größe und Höhe und lange Schneebedeckung bezeichnen; ähnlich spätere Dichter, während es eine echte Beschreibung des O. aus dem Alt. nicht gibt. Von einem Versuch eines sonst unbekannten Xenagoras, die senkrechte Höhe des O. mit Instrumenten zu bestimmen, berichtet Plut. Aem. 15. Die im Heiligtum des Apollon in dem etwa 700 m hochgelegenen Pythion am W.-abhang des O. (Ziegler, RE XXIV 562 Nr. 6 und RhM 110, 1967, 57) aufgestellte Inschr. gibt als Höhe 10 Stad. und 96 Fuß (etwa 1800 m). Das ergäbe also etwa 2500 m, was zu der Höhe des von dort sichtbaren höchsten Gipfels (2618 m) recht gut stimmt. Die höchsten Gipfel sind von dort nicht sichtbar [5], 159 f. Den niedrigeren S.-Teil des O. bezeichnet man als Nieder-Olymp. Die ant. Autoren rechnen den O. teils zu Thessalien, wie z.B. Herodot, teils zu Makedonien, wie Strabon, Mela u.a. Hdt. 7,128. Strab. 7 p. 329 frg. 14. 15. 10,3, 17 p. 471. Solin. 8, 5 f. Mela 2,36. Plin. nat. 4,30. GLM 156. Simonides frg. 167 B. 67 D bei Athen. 3,125 c. Plut. frg. 191 (mor. VII S. 119 Sandbach).

1. *L. Heuzey* Le mont Olympe et l'Acarnanie 1860. 2. *Philipps.-Kirst.* 1,91 ff. 3. *Fr. Stählin* Das hellen. Thessalien 5 ff. 4. *E. Oberhummer*, RE XVIII 258 ff. (mit Karte 269 f.). 5. *M. Kurz* Le mont Olympe 1923 (Hauptwerk mit Karte der weiteren Umgebung in 1:200000 und der Gipfelregion in 1:20000). 6. *W. Matheson* Auf den Götterbergen Griechenlands 1936, 51 ff. (Photos). 7. *O. Kern* Nordgriech. Skizzen 1912. 47 ff. 8. *H. Scheffel* Eine ant. Opferstätte auf dem Olymp, MDAI(A) 47, 1922, 129 f.

2. In 16 km Entfernung in Luftlinie nach NW. vom Kap Sunion liegt der kleine Weiler Elymbo (Olympos) mit prähist. und ant. Siedlungsspuren, wahrscheinlich Aigilia, mit dem isolierten, 486 m hohen Berg Skordi an der Küste darüber, der auf modernen Karten auch als O. bezeichnet wird. In dem Namen dürfte ein ant. Name O. weiterleben.

1. *Curtius-Kaupert*, Karten von Attika Text 3,10. 18 ff. 2. *Oberhummer*, RE XVIII 310 f. Nr. 2. 3. *Philipps.-Kirst.* 1, 831. 4. *C. W. J. Eliot* Coastal demes of Attika 1963, 69 ff. u.ö.

3. Nach Strab. 8,3,31 p. 356 lag Pisa (in Elis) zwischen zwei Bergen, O. und Ossa. Da es eine Stadt → Pisa niemals gab, ist auch dieses Bergpaar wohl Phantasie.

Oberhummer, RE XVIII 311 Nr. 3.

4. Nach Paus. 8,38,2 und Sch. Apoll. Rhod. 1, 579 auch Bezeichnung für das arkad. Lykaion, wohl dichterisch.

5. Bergkuppe in Lakonien bei → Sellasia, Pol. 2, 65,8. 66,8. 5,24,9., am l. Ufer des → Oinus (Kelephina), h. Provatares (Provata).

1. *F. Bölte*, RE XVIII 311 f. Nr. 5. 2. *W. Kendrick Pritchett* Stud. in anc. Greek topography 1, 1965, 59 ff. 65.

6. Die Landschaft quer über den mittleren Parnon in Lakonien zwischen den h. Dörfern Geraki, Kosmas und Palaeochori heißt Olymbochoria, wohl alter Name für diesen Teil des Parnon.

1. *Oberhummer*, RE XVIII 312 Nr. 6. 2. *Philipps.-Kirst.* 3, 478.

7. Ein anderes Dorf Elymbies oder Olympiai liegt im SO. der Taygetoshalbinsel 15 km n. vom Kap Tainaron, vielleicht auch Weiterleben eines ant. Namens O. Oberhummer, RE XVIII 312 Nr. 7. Das amtliche Ortsverzeichnis Griechenlands nennt noch verschiedene weitere Dörfer Olympias oder ähnlich, dazu z.T. Oberhummer, RE XVIII 312 f. Nr. 10 und 11. **8.** W. Ausläufer des Dirphysgebirges bei → Eretria auf Euboia, erschlossen aus dem h. Bergnamen Elymbos (1175 m) über Eretria und einer Weihung an Artemis Olympia IG XII 9,260.

Oberhummer, RE XVIII 312 Nr. 8.

9. Berg auf Lesbos, Plin. nat. 5,140. Da der Wind Olympias die Stadt → Pyrrha belästigte, Aristot. π. σημ 973 b 21 f., muß es der h. Hg. Elias auf der Südhalbinsel von Lesbos sein, der höchste Berg auf der Insel (940 m).

1. *Joh. Schmidt*, RE XVIII 312 Nr. 9. 2. *Oberhummer*, RE XVIII 175 Nr. 2.

10. Auf Kypros tragen zwei Berge den Namen O. a) an der S.-Küste bei Amathus, Strab. 14,6, 3 p. 683. Ptol. 5,13,5. Nikeph. Greg. h. Byz. 25,8 (S. 28,6 ff. Bekker), der h. 689 m hohe Stavrovuni, b) die NO.-Spitze der NO.-Halbinsel Karpasia mit einem Heiligtum der Aphrodite Akraia, Strab. 14,6,3 p. 682. Dieser Name lebt h. weiter im Namen eines Gipfels derselben Bergkette weiter w. (Olymbos 741 m). E. M.

Joh. Schmidt–E. Oberhummer, RE XVIII 313 Nr. 12–14.

11. O., auf diesen Berg zogen sich die galat. Tolistobogier 189 v. Chr. vor dem Angriff des röm. Heeres unter seinem Consul Cn. → Manlius (I 40) Vulso zurück. Gemeint ist damit keinesfalls der mys. O. (App. Syr. 219; h. Ulu Dağ), sondern ein Berg, der von → Ankyra (h. Ankara) aus in einer Entfernung von 3 Tagesmärschen gesucht werden muß (vgl. Liv. 38,24,1).

W. Ruge, RE XVIII 320 Nr. 23.

12. O., lyk. Küstenstadt am Golf von Antalya bei Delik Taş, allem Anschein nach eine Gründung hellenist. Z., deren Bestand jedenfalls erst für das 2. Jh. v. Chr. nachweisbar ist. O. zählte um 100 v. Chr. zu den 6 größten Städten des Lyk. Bundes und scheint dann, als Stützpunkt der Piraterie 77/76 im Kampf gegen den röm. Proconsul von Cilicia, P. Servilius Vatia, hart mitgenommen, diese hervorragende Stellung endgültig verloren zu haben, selbst wenn es unter Hadrian und seit dem 3. Jh. als Bischofsitz einen gewissen Aufschwung genommen hat. E. O.

1. *W. Ruge*, RE XVIII 315–321 Nr. 21. 2. *D. Magie* Roman rule in Asia Min., Princeton N.J. 1950, 520. 1375, 16. 3. *G. E. Bean* Turkey's southern shore, London 1968, 165–173.

13. O., nach einer Eintragung im Segment IX der Tab. Peutingeriana setzte man im Zuge einer Ost-West-Route von Nikomedeia nach Gangra im ö. Bithynien einen Höhenzug O. an. Es handelt sich jedoch um eine irrtümliche Eintragung und um eine Verwechselung mit Prusa ad Olympum.

F. K. Dörner Dusae ad Olympum – ein topograph. Irrtum, in: Stud. Presented to David M. Robinson (1950).

14. O., Grenzgebirge zwischen → Bithynien und

→ Mysien; die höchste Erhebung heißt h. Uludağ (d.h. Großer Berg), früher Keschisch Dağ (2493 m). In ant. Quellen ist das Gebirge oft mit dem Zusatz: *Ὄ. ὁ Ἀσιανός* oder *Ὄ. ὁ Μύσιος* charakterisiert. Die Bewohner des mysischen Vorlandes wurden *Ὀλύμπηνοι* genannt, und die am Fuße n. vom Gebirgsstock liegende bithyn. Stadt führte den Beinamen → Prusa ad Olympum. Das Gebirge zeichnet sich auch h. noch durch prachtvolle Waldungen aus, die in der Ant. das begehrte Schiffsbauholz lieferten. F. K. D.

RE XVIII 314.

III. Person: **15.** O., zunächst Name vielleicht mehrerer phryg.-mys. Musiker, die wie die verschiedentlich damit didakt. oder auch genealog. verbundenen → Hyagnis und → Marsyas noch der Sage angehören. Demgegenüber versteht dann die griech. Musikgeschichte (so schon Plat. und Aristot., danach bes. Ps.-Plut. de mus.) unter O. eine fest umrissene, etwa um 700 wirkende Persönlichkeit, deren Bedeutung in der Übernahme kleinasiat. Elemente in die griech. Musik liegt. So wird O. zum einen das Verdienst zugeschrieben, die zuvor nur spärlich ausgeübte Aulosmusik bes. in Form der Aulodik nach Griechenland gebracht und durch Komposition der entsprechenden → Nomoi gleichberechtigt neben der → Kitharodia eingebürgert zu haben. Zum andern gilt er als »Erfinder« der sog. älteren Enharmonik, die wie die eigentliche (sog. jüngere) bereits den Terzschritt zwischen Mese und Lichanos, noch nicht aber die Vierteltöne des Pyknon zwischen Lichanos und Hypate kennt (vgl. dazu Art. Musik, o. III 1490).

Wenn auch diese Aussagen über O. in ihrer theoret. Verallgemeinerung Ansätze gelehrter Konstruktion zeigen, so scheint doch nach den zahlreichen Urteilen über die Wirkung seiner Musik und nach ihrer Bewertung schlechthin zumindest seine Realität als prakt. Musiker erwiesen. U. K.

H. Husmann Olympos. Die Anfänge der griech. Enharmonik, in Jb. der Musikbibl. Peters 44, 1937, 29–44. *M. Wegner*, RE XVIII 321–324. *M. Vogel* Die Enharmonik der Griechen, 2. Teil, 1963, 9–38 u.ö.

Olynthos (*ἡ Ὄλυνθος*, Feige, nichtgriech.), einheim. Stadt der Chalkidike, 3½ km landeinwärts der Spitze des Golfs von Torone, beim h. Myriophyto (Nea-Olynthos). Flacher Hügel von ca. 1200 zu 200–300 m. Siedlungsspuren bereits neolith., aber nicht hellad. [3], Bd. 1; hellad. Siedlung etwas s. bei Hg. Mamas. Neubesiedlung nach den Funden seit dem 8. Jh. v. Chr. Ältere Bewohner nach Hdt. 8,127 Bottiaier, 479 v. Chr. von Artabazos erobert und den »Chalkidiern« übergeben. Mitglied des att. Seebundes mit Tribut von 2 Talenten, B. D. Meritt The Athen. tribute lists 1,362f. 2,82. 3,6. 432 v. Chr. auf Veranlassung von → Perdikkas von Makedonien Übersiedlung der kleinen Orte der Chalkidike nach O., zugleich Abfall von Athen, Thuk. 1,59,2. Diod. 12,34,2.

Strab. 7 p. 329 frg. 11. Athen. Sieg bei O. über die Poteidaiaten, Thuk. 1,62ff. O. blieb seitdem selbständig, Thuk. 2,79,2ff. 4,123,4. 5,3,4. 18,5f. Diod. 12,47,3. 421 v. Chr. Eroberung des Hafens → Mekyberna, Thuk. 5,39,1. Diod. 12,77,5. Anf. 4. Jh. v. Chr. Zusammenschluß der Städte zum Bund der »Chalkidier«, Diod. 14,92,3. 15,19,2f. Syll. I^3 135. Dadurch sich bildender Gegensatz zu Makedonien und die Weigerung von → Akanthos (1) und → Apollonia (4), dem Bundesstaat beizutreten, führen zur Belagerung durch Sparta, Kapitulation wegen Mangels und Anschluß an Sparta (379 v. Chr.), Xen. hell. 2,11ff. 3,1–9. 20. 5,3,26. 4,54. Diod. 15,20,2ff. 23,3. Der Bundesstaat bleibt erhalten, Bündnis mit Grabos von Illyrien, TAPhA 69, 1938, 44ff. Nr. 2 = Bengtson Staatsverträge 2,307. Gegensatz zu Athen wegen → Amphipolis führt zum Bündnis mit Philipp von Maked., Diod. 16,8,2–5. TAPhA 65, 1934, 103ff. Tod 2^2, 158. Bengtson Staatsverträge 2,308. Philipp überließ O. das eroberte → Poteidaia. Das wachsende Übergewicht Makedoniens veranlaßt O. zum Bündnis mit Athen, dadurch Krieg mit Philipp, der 348 v. Chr. O. eroberte und vollständig zerstörte, Diod. 16,53f. Demosth. olynth. Reden und sonst oft. O. blieb seitdem verlassen. Ausgewanderte Olynthier werden aber noch vielfach genannt, vor allem in Athen, Harpokr. s. *ἰσοτελής*. Suda s. *Κάρανος*. Sen. contr. 3,8. 10,5,16. IG II^2 211 = Tod 2^2, 166. 10017–10029.

Amerikan. Ausgrabung 1928–1938. Wegen der Zerstörung von 348 v. Chr. ist O. wichtig als Beispiel einer griech. Stadt des 4. Jh. Regelmäßiges Straßensystem mit rechteckigen Wohnblöcken von 300 : 120 Fuß mit je 10 Häusern. Häuser oft zweistöckig um Innenhof mit Portiken aus hölzernen Säulen. Echte Peristylien erst ganz vereinzelt. Fußböden mit Kieselmosaiken, auch mit figürlichen und mytholog. Szenen. Öffentl. Gebäude wenig gefunden. Skyl. 66. Hdt. 8,122. Xen. an. 1,2,6. Mela 2,30. Plin. nat. 4,42. IG IV 1^2,95 Ib 14 Inschr.: TAPhA 59, 1928, 225ff. 62, 1931, 40ff. 65, 1934, 103ff. 69, 1938, 43ff. Mz.: Head HN^2 207ff. [3], Bd. 3. 6. 9. 14. A. R. Bellinger – G. Kleiner – D. Raymond, Stud. pres. to D. M. Robinson 2,180ff. E. M.

1. *A. Struck* Makedon. Fahrten I, Chalkidike 37ff. 2. *A. J. B. Wace* The site of O., ABSA 21, 1914–1916, 11ff. (mit Karten). 3. Excavat. at O. 1929ff. bis jetzt 14 Bde. 4. *D. M. Robinson*, RE XVIII 325ff. 5. *Ders.*, O. The Greek Pompeii, Archaeology 5, 1952, 228ff. 6. *G. Scichilone*, Enc. Arte Ant. 5.661ff. (mit großer Bibliogr.). 7. *M. Gude* A history of O. 1933 (mit Prosopogr. und vollständigen Test. 8. *J. A. O. Larsen* Greek federal states 58ff. 9. *Fr. Carrata Thomes* Il trattato con i Calcidesi nella prima attività diplomatica di Filippo II., Par. d. pass. 8, 1953, 343ff.

Omana (*Ὄμανα*, *Ὄμμανα* Ptol. 6,8,7. Peripl. m. Erythr. 27. 36), Meeresbucht an der S.-Küste Arabiens, h. Ġubbet el-Qamar (»Mondbucht«). → Omani, Omanon. A. D.

Omani (Plin. nat. 6,149, 'Ομανῖται Ptol. 6,7, 24), o.-arab. Stamm, der wohl vom h. 'Omān aus an die Bucht von → Omana zog und → Omanon gründete. A. D.

Omanon (῎Ομανον ἐμπόριον Ptol. 6,7,36. 8,22,12), Weihrauchhafen an der S.-Küste Arabiens, an der Bucht von → Omana beim h. el-Ġaiḍā oder weiter ö. bei 'Irūb (Yerūb) oder Šaqwūt von den → Omani gegründet. O. ist Endpunkt der von der ḥaḍramit. Hauptstadt → Sabbatha über Maryamat und Ġaul ans Meer führenden Handelsstraße. A. D.

Omboi. 1. Äg. Stadt auf dem W.-Ufer des Nil im 5. o.-äg. Gau (Koptites), äg. *Nwb.t*, »Goldstadt« mit dem Stadtgott → Seth, dessen Tempel nur in Resten erhalten ist. Die Verfemung des Gottes Seth in der Spätzeit ließ die Bedeutung der Stadt gegenüber → Koptos zurückgehen. Hier spielte die Auseinandersetzung der Ombiten mit den Dendyriten während eines Festes in Koptos, die Iuv., Sat. 15,33 ff. schildert. **2.** Äg. Stadt auf dem O.-Ufer im 1. o.-äg. Gau, h. Kom Ombo. Erhalten ist der in ptol. Z. errichtete Doppeltempel für Haroeris und Suchos. O. wurde durch die Bedrohung der äg. S. Grenze in ptol. Z. Verwaltungsmittelpunkt des 1. o.-äg. Gaues. In röm. Z. lag hier eine Besatzung, doch wurde es trotzdem im 5./6. Jh. n. Chr. mehrmals von den → Blemyern geplündert. W. H.

Omen. Etym. nach Varro l. l. 6,76 entstanden aus *osmen (os, orare)*; nach Dict. étym. Herleitung nicht sicher. In engerer Bedeutung stellt o. eine Gutes oder Böses andeutende göttliche oder menschliche Stimme dar (entspr. der pyth. κληδών, vgl. Cic. div. 1,102. Diog. Laert. 8,20. Iambl. v. P. 149), wird dann aber ausgedehnt auf alle erstaunlichen und bemerkenswerten Phänomene, die dem Menschen in Himmelserscheinungen, Tier- und Pflanzenwelt und in seiner eigenen Umwelt begegnen. Fast ausschließlich bewegen sich die *omina*, die gute wie schlechte Bedeutung haben können, im Bereich der sich zufällig darbietenden (nicht künstlich gesuchten) *signa oblativa*. Mit Hilfe genauer Beobachtung versucht die induktive Mantik aus diesen Zeichen Zukunftswissen zu erlangen oder sie für bestimmte Verhaltensweisen verbindlich zu setzen (Cic. div. 1,34. 2,26). → Mantik IV. Eine klare Abgrenzung der *omina* gegenüber den *prodigia, ostenta, portenta, monstra, miracula* ist nicht möglich (Cic. div. 1,93. Tac. hist. 1,86). Zusammenfassend → Prodigium. Das Wort o. zeigt gelegentlich eine Bedeutungserweiterung vom Konkreten zum Begriff: Vorbedeutung, Versicherung, Zustimmung (Ter. Andr. 200. Tac. ann. 1,6. Suet. Aug. 57); rituelle, feierliche Handlung (Verg. Aen. 7,174. Hor. c. 4,5,13). Wie allen Formen künstlicher Mantik liegt auch der Beachtung der *omina* die Vorstellung einer durch die Sympathie des Kosmos sich mitteilenden und offenbarenden göttl. Kraft zugrunde. Die o. selbst sind aber nicht Ursachen oder Vermittler göttl. Wirkens, sondern lediglich Anzeichen (Cic. div. 1,29. Plot. 2,3,1 f.).

Beispiele: Schon bei Hom. wird der Glaube an das o. faßbar: Od. 2,33 ist die freundliche Begrüßung ein gutes Vorzeichen; vgl. Od. 18,117. 20, 120. Paus. 9,11,7. Niesen ist glückverheißend Od. 17,539–47; vgl. KROLL zu Catull. 45,9. Auch das Daimonion des Sokr. (Plat. apol. 40 ab) ist im Grunde ein o. Aus dem röm. Bereich bietet Cic. div. reiches Material. Als *omina* sind u. a. anzusehen: a) Himmelserscheinungen, Kometen (PEASE zu Cic. div. 1,18), Wolkengebilde (Cic. div. 2,49. Damask. v. Isid. § 68); b) Besonderheiten beim Opfer (Opfertier ohne Herz vgl. PEASE zu Cic. div. 1,119); c) Widernatürliche *portenta* (Cic. div. 2, 49. Apul. met. 9,33 eine Henne, die ein Küken legt); d) Bedeutungsvolle Handlungen (Cic. div. 1,104, Parallelen bei PEASE z. St.; Verg. Aen. 1,653 ist weniger ein o. wie Serv. z. St. bemerkt, als ein Symbol); Namensnennungen und Ausrufe; e) zufällige, alltägliche Handlungen des Menschen selbst, wie Niesen (Cic. div. 2,84 vgl. PEASE z. St.); Straucheln an der Schwelle z. B. Verg. Aen. 2,242. Ov. met. 10,452, vgl. FRAZER zu Ov. fast. 2,573. Der Glaube an die Glück oder Unglück andeutenden *omina* hat das gesamte rel. Denken u. Verhalten des ant. Menschen begleitet. In späterer Z. unterwandert er zunehmend auch die Philos. (Neuplatonismus, Iambl., Damask.). C. Z.

W. R. Halliday Greek Divination 1913. 1967. *Ed. Stemplinger* Ant. Aberglaube in modernen Ausstrahlungen, 1922, *Ders.* Ant. Volksglaube 1948. Weitere Lit. s. Prodigium.

Omophagie s. Dionysos. Mysterien. Zagreus

Omphake ('Ομφάκη). Sikanerstädtchen am Rande der Ebene von → Gela. Antiphemos, der Gründer von Gela, zerstörte O. und entführte ein von Daidalos gefertigtes Götterbild nach Gela (Paus. 8,46,2). Nach dem Sturz der Deinomeniden 466 v. Chr. besetzten aus Syrakus vertriebene Söldner O. und versuchten von hier aus Gela einzunehmen (POxy 665). O. ist vielleicht mit h. Butera identisch. Kl. M.

Ziegler, RE XVIII, 1,384. *P. Orlandini*, Kokalos 1961, 145 ff.

Omphale ('Ομφάλη). Myth. Königin der Lyder (Maioner) als Nachfolgerin ihres Gatten Tmolos, Tochter des Iardanos. Apollod. 2,127 ff. (bei Diod. 4,31,5 ist sie Jungfrau). Für den Mord an → Iphitos und den Kampf mit Apollon um den delph. Dreifuß mußte Herakles sich als Knecht an O. verkaufen lassen, ihr 3 (1) J. dienen und dem → Eurytos Wergeld zahlen. In diese Z. wurden die Fesselung der → Kerkopen, die Überwindung des → Syleus und die Teilnahme an der Argonautenfahrt bis Kios (in Mysien) verlegt. Als Söhne von Herakles und O. werden → Lamos (2) und → Agelaos (3) genannt. Dieser galt als Stammvater der lyd. Mermnaden (Gyges bis Kroisos), wie man auch die vorhergehende Dynastie (→ Agron 2 bis → Kandaules) auf die Verbindung des Herakles mit einer Sklavin des Iardanos zurückführte. Genealog. Bestrebungen der lyd. Herrscher waren wohl der Hauptgrund, daß der Mythos von Herakles und O. aus der Gegend um Malis und Trachis auf Lydien übertragen wurde. In ihm kommen Vorstellungen von der »Dienstehe« der matriarchal. Gesellschaftsordnung, wie sie in Malis und in Lydien bestand, zum Ausdruck; der Kleidertausch (O. mit Löwenfell und Keule, Herakles in weibl. Tracht und Beschäftigung) beruht z.T. auf kult. Bräuchen. Beide Motive gaben der Komödie und dem Satyrdrama Veranlassung, den Mythos im Sinne erot. Hörigkeit auszugestalten. Ov. fast. 2, 305ff.; her. 9,54ff. Prop. 3,11,17ff. 4,9,45ff. Sehr fraglich erscheint es mir, in O. eine urspr. Erd- und Totengöttin zu sehen. H. v. G.

Lit. und ant. Kunstdarstellungen (hellenist. Plastiken, pompej. Wandgemälde) bei *G.Herzog-Hauser*, RE XVIII 385ff. *K.Kerényi* Die Heroen der Griechen 208ff.

Omphalion (Ὀμφάλιον). **1.** Ebene im Gebiet von → Knossos auf Kreta am Tritonfluß (h. Platyperama), Kall. h. 1,42ff. m. Sch. Diod. 5,70, 4. Steph. Byz.

1. *M.Guarducci*, Inscr. Cret. 1,45f. 2. *Kirsten*, RE XVIII 396f. Nr. 1.

2. Nach Steph. Byz. ein τόπος Θεσσαλίας, vielleicht das inschr. bekannte Omphaleheiligtum bei → Ktimenai in Dolopien.

1. *Arvanitopullos*, RPh 35, 1911, 289ff. Nr. 41. 41a. 2. *Fr. Stählin* Das hellen. Thessalien 149. 3. *Kirsten*, RE XVIII 397 Nr. 2. 4. *Y.Béquignon* La vallée du Spercheios 226f.

3. Nach Ptol. 3,13,5 Stadt in Chaonien in Epirus, von [3], 209. 660f. 669f. 704f. mit dem ant. Kastell bei Labove ö. Argyrokastro gleichgesetzt. Inschr. kommen Ὄμφαλες öfters als Angehörige des Stammes der → Molosser vor, SGDI Nr. 1334. 1335. 1347. EA 1956, 3 = SEG 15,384 Z. 17. 23, 471. 5f. 9, dazu Steph. Byz. s. Παραναῖοι nach Rhianos. E. M.

1. *Kirsten*, RE XVIII 397f. Nr. 3. 2. *S.Dakaris*, EA 1957, 88ff. 95ff. 3. *N.G.L.Hammond*, Epirus 525ff. 565f. 680. 699ff. 704ff. mit Karten S. 200 Kte. 8. S. 674f. Kte. 16.

Omphalos (Ὀμφαλός »Nabel, Buckel« R. MERINGER, Wörter und Sachen 5, 1913, 49ff. FRISK 2,391). Ovoides bzw. bienenkorbförmiges Steinmal (Aristot. mund. 7,20. Varro 1. 1. 7,17. H.A. THOMPSON, Hesperia 6, 1937, 110. 112 u. A. 1. Abb. 59) unsicherer Bedeutung (vgl. M.P. NILSSON, DLZ 35, 1914, 332ff.); zuweilen mit Vogelattributen und von netzartigem Flechtwerk (ἄγρηνον) überzogen dargestellt (J. HARRISON, BCH 24, 1900, 254ff. Themis, 1912, 396ff.). Bekanntestes Exemplar der delph. O. (Aischyl. Eum. 39ff. Pind. P. 4,74f. 6,3f. [5], 13ff.), als → Orakel-Sitz zunächst der → Gaia (Pelike von Kertsch: K. SCHEFOLD Untersuchungen zu den Kertscher Vasen, 1934, 42 Nr. 369 Tf. 32), dann dem → Apollon (Soph. Oid. T. 480. Plat. rep. 427c) gehörig (Eur. Ion 222f. [5], 100ff.); dem Ninnion-Pinax zufolge auch im Heiligtum der Erdmutter von → Eleusis vertreten (A.N. SKIAS, EA 3,1901, 1ff. Tf. 1. [5], 113). Nachbildungen des originalen O. (Paus. 10, 16,3) in → Delphoi gefunden (F. COURBY Fouilles de Delphes 2, 1927, 69ff. 76ff. Abb. 63ff. L.A. HOLLAND, AJA 27, 1933, 212ff.), eine davon durch J. BOUSQUET, BCH 75, 1951, 210ff. als modernes Produkt, die angebl. Aufschrift *Ε ΓΑΣ* (vgl. R. DEMANGEL, BCH 64/65, 1940,/41, 159f. R. FLACELIÈRE Sur l'E de Delphes de Plutarque, 1941, 16ff.) als Falschlesung erwiesen. Gegen A. FRICKENHAUS, MDAI(A) 35, 1910, 271f. (O. = Abbild des → Kronos-Steins; → Baitylia) gilt der delph. O. heute nicht als meteor. Objekt des anikon. → Steinkults (K. LEHMANN-HARTLEBEN, A 7, 1931, 16. [4], 103), sondern als prähellen. → Opfer-Mal der Erdgöttin in Synthese von Tymbos (= gewölbtes Grab) und → Altar (für chthon. Blutgüsse): H. THIERSCH Tyrrhen. Amphoren, 1899, 131ff. Nr. 3. 10. 53. T. 1. HARRISON, JHS 19, 1899, 225ff. R. PAGENSTECHER Unterital. Grabdenkmäler, 1912, 27f. T. 13a. [4], 108. [5], 9ff. 39ff. 53ff. 94ff.; s. aber K. SCHWENDEMANN, ARW 20, 1920/1921, 481ff. (O. nicht = → Python-Grab). Vorstellung vom Erdnabel (Strab. 9,420. Plut. mor. 409e. G. RADET, REA 19, 1917, 98ff. Vgl. W. GAERTE, Anthropos 19, 1914, 956ff.) demgegenüber sekundär; Versuche einer Einordnung in oriental. Sinnbildbezüge (U. HOLMBERG Der Baum des Lebens, 1922/23, 90ff.) fragwürdig; Verbindung mit äg. (TH. HOMOLLE, REG 32, 1919, 338ff.), vorderasiat. (F. POULSEN Delph. Studien, 1924, 29ff.) oder kelt. (J. LOTH, REA 17, 1915, 193ff. G. DRIOUX, CRAI 1930, 114f. W. DEONNA, REA 28, 1926, 180ff.) Steingebilden ähnl. Form, Deutung im Rahmen der Fruchtbarkeitssymbolik (A.A. BARB, Journ. Warbg. Inst. 16, 1953, 200. 222,104. Vgl. S. MORENZ Aus Antike und Orient, Festschr. W. Schubart, 1950, 100f.) bleiben umstritten. W.F.

1. *W.H.Roscher* O., Abh. Sächs. Ges. d. Wiss. 29, 1913. 2. *Ders.* Neue O.-Studien, ebd. 31, 1915. 3. *Ders.* Der O.-Gedanke bei den versch. Völkern, Sb. Sächs. Ges. d. Wiss. 70, 1918. 4. *J.Defradas* Les Thèmes de la Propagande Delphique, 1954. 5. *H.V.Herrmann*, O., Orbis Ant. 13, 1959.

Onager s. Geschütze

Onasandros (Ὀνάσανδρος), der im 1. Jh. n. Chr. lebte, verfaßte ein kriegsgeschichtliches Werk Στρατηγικός (Lyd. mag. 1,47. Leo Tact. 14,112), eine stilistisch einfache Abh. über die Feldherrnwürde, die Befähigung dazu, die damit verbundenen Verpflichtungen und über allg. Regeln, dem Konsul des J. 49 n. Chr. Q. → Veranius gewidmet, der 59 in Britannien starb, so daß es in den J. dazwischen abgefaßt sein muß. Ausg.: KÖCHLY, Lpz. 1860. W. A. OLDFATHER London 1923. E. KORZENSKY und R. VÁRI 1935 in der Budapester Syll. Tact. Graec. Bd. I. A. N.

RE XVIII 403f. *A.Dain* Les manuscr. d'O. Par. 1930. *Fr.Lammert*, BursJ 274, 1941, 40f.

Onasimos (Ὀνάσιμος) ist nach Suda s.v. ein Historiker und Sophist aus Kypros oder Sparta z.Z.

Konstantins, nach Suda s. Ἀψίνης 3 ein Sophist aus Athen. Die verschiedenen Herkunftsangaben ließen sich wie in ähnlichen Fällen dahin erklären, daß O. in Kypros oder Sparta geboren ist und in Athen gewirkt hat. Da aber O. einerseits höchstwahrscheinlich Sohn des berühmten Sophisten → Apsines von Gadara ist, dann aber nicht z. Z. Konstantins gewirkt haben kann, andererseits die Suda nur rhet. Schr. von O. nennt, ist anzunehmen, daß die Suda Angaben über einen Historiker und einen Sophisten gleichen Namens vermischt. Ident. mit dem Historiker ist wohl der bei Flavius → Vopiscus des öfteren genannte Onesimus, der eine Vita des Kaisers → Probus schrieb (FGrH 216). O. Dr.

Onatas, Sohn des Mikon (Smikon?) aus Aigina, Erzplastiker. Der nur von Paus. und Anth. Pal. 9,238 und in eigenen Signaturen genannte O. gehörte zu der in der 1. Hälfte 5. Jh. v. Chr. blühenden aiginet. Bildhauerschule. Er arbeitete für Aigina, Olympia, Delphi, Phigalia und Athen. Ein kolossaler Apollon stand später in Pergamon. Demeter Melaina in der Höhle bei Phigalia war Erznachbildung eines alten Holzbildes. Für die Tarantiner schuf O. zusammen mit Kalynthos in Delphi ein Weihgeschenk (Peuketiersieg: Heroen, Krieger zu Fuß und zu Pferde, vgl. RE Suppl. IV 1409f.). In Athen (Akropolis) stand das Weihgeschenk des Timarchos (480 zerstört). 4 Werke des O. kennen wir aus Olympia. Gemeinsam mit Kalliteles schuf O. dort einen Hermes für die Pheneaten; ein Herakles der Thasier war Werk des O. allein, ebenso das große Achaier-Anathem, auf halbkreisförmiger Basis die 9 achaiischen Helden um den Zweikampf mit Hektor losend, gegenüber auf eigener Basis Nestor mit der Urne (ausführlich [6]); ein Siegesmal des Hieron von Syrakus hatte seitlich des Viergespanns Knaben auf Pferden von der Hand des Kalamis. Von der Art der Zusammenarbeit mit den genannten Künstlern ([3]) und dem persönlichen plast. Stil des O. wissen wir sonst nichts. Paus. 5,25,8ff. 12f. 27,8. 6,12,1. 8,42, 7ff. 10,13,10. W. H. G.

1. *Lippold*, RE XVIII 1. H., 410ff. HBArch III/1,98. 2. *E. Homann-Wedeking*, MDAI(R) 55, 1940, 208ff. 3. *F. Brommer*, MDAI 3, 1950, 93. 4. *G. Hafner* Theoria (Festschr. W.-H. Schuchhardt 1960) 79ff. 5. *E. Berger* Lex. AW. 2131. 6. *F. Eckstein* Anathemata (1969) Index v. O.

Onchesmos (Ὀγχησμός), h. Saranda oder Santi Quaranta in Albanien. Hafenort von Phoinike, der bedeutendsten Stadt von Nordepeiros. Im Alt. schiffte man sich in O. von Epeiros nach Italien ein. Der dazu günstige SO.-Wind wurde Onchesmites genannt.

Cic. Att. 7,2,1. Strab. 7,324. Ptol. 3,14,2. Dion. Hal. 1,51,2. Chr. D.

J. Schmidt, RE XVII 410ff.

Onchestos (Ὀγχηστός). **1.** Einheim. Stadt mit Poseidonheiligtum am SO.-Ufer des → Kopaissees in Boiotien, als solche schon bei Hom. Il. 2,506. h. 2,52 genannt, in hist. Z. zu → Haliartos gehörend. Urspr. Mittelpunkt einer Amphiktyonie, daher auch später noch im boiot. Bund neben den Bundesbeamten seit dem 4. Jh. v. Chr. auch nach dem Archon in O. datiert und Feier der »pamboiotischen Spiele« in O. O. ist auch Aufstellungsort von Urkunden des boiot. Bundes. Zu Pausanias' Z. lag der Ort in Ruinen, das Heiligtum bestand jedoch. Reste des Tempels sind neuerdings unmittelbar am Stenipaß gefunden, AA 55, 1940, 186. BCH 90, 1966, 856f. Pind. I. 1,45f. 3 (4) 37. frg. 104 D 58 (2,26 Snell. 106,25 Turyn). Strab. 9,2,27 p. 410. 33 p. 412. Paus. 9,26,5. Herakleid. 1,25 (→ H. 17). Arr. an. 1,7,5. Steph. Byz.

Kirsten, RE XVIII 412ff. Nr. 1.

2. Fluß am O.-Abhang der Kynoskephalai in Thessalien, Pol. 18,20,5. Liv. 33,6,10. Steph. Byz., nicht sicher zu identifizieren. E. M.

1. *Fr. Stählin* Das hellen. Thessalien 111. 2. *Kirsten*, RE XVIII 417 Nr. 2.

Oneion (Ὄνειον). **1.** Der 7 km lange, bis 582 m hohe Kalkrücken s. des Isthmos von Korinth, in der Kriegsgesch. öfters genannt, h. ohne besonderen Namen, Thuk. 4,44,4. Xen. hell. 6,5, 51f. 7,1,15. 41. 2,5. Pol. 2,52,5. Plut. Kleom. 20,1. Polyain. 2,3. 3,9.

1. *Philipps.-Kirst.* 3,82. 2. *E. Meyer*, RE XVIII 438ff. Nr. 1.

2. Bei Strab. 8,6,21 p. 380. 9,1,8 p. 393 das megar. Bergland zwischen Geraneia u. Kithairon (Ὄνεια ὄρη). Nur darauf kann sich das Sprichwort beziehen, daß dieses Gebirge für die Boioter schwer zu überschreiten sei, Apostol. 15,18. App. prov. 4,64. Suda s. ῥᾷον. E. M.

1. *Philipps.-Kirst.* 1,941ff. 2. *E. Meyer*, RE XVIII 440 Nr. 2.

Onesas. Von dem (wohl spät-)hellenist. Gemmenschneider O., auf dessen Namen es viele Fälschungen gibt, haben sich erhalten eine Glaspaste und ein Karneol in Florenz sowie ein Karneol im British Museum (bei diesem die Signatur modern ergänzt). A. FURTWÄNGLER Ant. Gemmen T. 34, 43. 35,23 u. 26. → Gemmen. W. H. G.

Onesikritos (Ὀνησίκριτος) aus Astypalaia, Schüler des Kynikers → Diogenes (14). Er nahm an Alexanders Indienzug teil, zuerst als Steuermann des königlichen Schiffes, später auch bei der Expedition des → Nearchos. Wohl bald nach dem Tode des Königs verfaßte er eine Alexandergesch. (Πῶς Ἀλέξανδρος ἤχθη), die recht umfangreich (B. 4 behandelte die Z. von 329/28: Plut. Alex. 46,1 und 4) und detailliert (vgl. Strab. 15,694) gewesen zu sein scheint. In diesem Werk, dessen mehrdeutiger Titel auf die Verbindung von Biogr. und hist. Darstellung hinweist (Diog. Laert. 6,84 spricht abfällig von einer blassen Imitation der Kyrupädie), verfolgte O. die Absicht, Alexander als eine im kynischen Sinne vorbildliche, d.h. ›philosophische‹ Natur und als Kulturbringer (Strab. 15,715. 11, 517) zu feiern. Andererseits stellte er in durchaus lehrhafter Tendenz die weisen Gymnosophisten vor, die er gelegentlich einer Gesandtschaftsreise kennengelernt zu haben vorgab, und fügte eine phantastisch-utopische Schilderung vom glücklichen Leben im Idealstaat des → Musikanos ein; namentlich solche Partien, wo sich Wirkliches und Romanhaftes untrennbar miteinander verknüpften, trugen O. harten Tadel ein (Strab. 15,698 nennt ihn *τῶν παραδόξων ἀρχικυβερνήτην*). Trotzdem wurde er von Historikern, Geographen und Ethnographen ausgiebig benutzt (→ Kleitarchos 2, → Aristobulos 7, → Iuba 2), und er hat das spätere Alexanderbild nachhaltiger geprägt als etwa der nüchterne Bericht des Nearchos, der die fabulöse Darstellung des O. richtigstellen wollte. H. Gä.

FGrH 134. *T.S. Brown* O., Berkeley-Los Angeles 1949. *P.Photiades*, MH 16, 1959, 116ff. *J.R. Hamilton*, Hist. 10, 1961, 448ff. *C.G. Hansen*, Klio 43/45, 1965, 351ff.

Onesimos. Bedeutender att. rf., vor allem Schalenmaler um 500–470 v. Chr. (Signatur auf Louvre G 105). Beazleys Werkliste (ARV. ^{2}318ff. 1–137, ident. mit Panaitiosmaler) ist umstritten. Anfangs bevorzugt O. myth. Szenen, vermag dabei Urkraft und gleitende Grazie zu realisieren. Später wird beides mehr und mehr zum Charme von Palästriten und Komasten verschliffen. H. Ma.

I. D. Beazley, a.O. *H. Marwitz*, Kindlers Mal. Lex. IV.

Onetor (*’Ονήτωρ*). Reicher und angesehener Athener, Sohn des Philonides aus dem Demos Melite, einer der ältesten Schüler des → Isokrates (Isokr. 15,93f.), demnach * zwischen 420 und 410. Seine Schwester war in 2. Ehe mit → Aphobos verheiratet. Da O. sich im Verlauf der Vormundschaftsprozesse des Demosthenes bemühte, durch fingierte Besitzansprüche seinen Schwager vor der Zahlung der gesamten Strafsumme zu bewahren, strengte Demosth. im J. 362/61 gegen ihn einen Prozeß wegen Vorenthaltung gerichtlich zuerkannten Besitzes an (*δίκη ἐξούλης*, or. 30 und 31); der Ausgang ist unbekannt. H. Gä.

Schäfer Demosth. ^{2}1,297ff. *Blass* Att. Bereds. ^{3}3,1,238ff.

Onias (*’Ον[ε]ίας*) hebr. [*n*^{e}]*ḥonjah, ḥunjah, ḥoni*, im ant. Judentum verbreiteter Personenname (CII II 1394. 1455; Ios. ant. 14,22. 25. 222; c. Ap. 2,49), u.a. mehrerer Hoherpriester der vormakkabäischen Z. Nach Ios. ant. (dazu s. u.) handelt es sich um: **1.** O. I., Sohn des z.Z. Alexanders d. Gr. amtierenden Hohenpriesters Jaddua (11,347), Vater → Simons des Gerechten (12,243). **2.** O. II., Sohn Simons des Gerechten (12,44. 157), Hoherpriester unter Antiochos III. und Ptolemaios V. (v. l.: III.; 12,154ff.) † zu Beginn der Regierung Seleukos' IV. (v. l.: III; 12,224). **3.** O. III., Sohn Simons II., Enkel von O. II., † 175/74 v. Chr. (12, 237. 13,62. 167). **4.** O. Menelaos, Bruder von O. III. und dessen Nachfolger Iason (12,238f.), seit 172 v. Chr. selbst Hoherpriester (12,238. 15,41), 162 v. Chr. von Antiochos V. beseitigt (12,383ff.). **5.** O. IV., Sohn von O. III. (12,237), Begründer des jüd. Tempels in → Leontopolis (12,387f. 13,62ff. 20,236). Diese Angaben sind jedoch hist. z.T. wertlos (gegen RE XVIII 474ff.). Ein Vergleich mit Überlieferungen in Jes. Sir. 50, 2. Makk. 4.5, Ios. bell. 1,31ff. 7,423. 436 und der rabbin. Lit. ergibt ([1],107ff. [2]): O. I. ist als hist. Gestalt nicht weiter greifbar (Briefwechsel mit dem Spartanerkönig Areus, 1. Makk. 12,6ff. 19ff., ist unecht). O. II. ist der Vater Simons des Gerechten (um 200 v. Chr.). O. III., dessen Sohn, war der letzte legitime zadokid. Hohepriester. Er wurde 175/74 von Antiochos IV. abgesetzt und durch seinen Bruder Iason ersetzt, scheiterte 170/69 beim Versuch, wieder die Macht zu erringen, floh nach Äg. und gründete den Tempel in Leontopolis (bell. 1,31ff. 7,423; babylon. Talmud Menaḥot 109b; anders 2. Makk. 4,32ff.: O. III. 171/70 ermordet; [4],208, s. aber [6],87f.). Sein Gegenspieler nach Iason war ein Nichtzadokide namens Menelaos (nicht O.) aus der Priesterklasse Bilga ([5],61f.). O. IV. ist wahrscheinlich eine fingierte Größe. B. Sch.

1. *H. Willrich* Juden und Griechen vor der makkab. Erhebung, 1895. 2. *G.F. Moore* Simeon the Righteous, Jewish Stud. in Memory of I. Abrahams, 1927, 348–364. 3. *I.L. Seeligmann* The Septuaginta Version of Isaiah, 1948. 4. *J. Jeremias* Jerusalem z.Z. Jesu, 1962^{3}, 204–212. 5. *R. Hanhart* Zum Text des 2. und 3. Makkabäerb., NAG 1, 1961. 6. *Ders.*, Zur Zeitrechnung des I. und II. Makkabäerb., BZAW 88, 1964.

Onomakles (*’Ονομακλῆς*), athen. Politiker und Stratege (412/11, s. Thuk. 8,25,1 u. 8,30,2) z.Z. des Peloponnes. Krieges. Nach dem oligarch. Umsturz gehörte er dem Rat der 400 an. Wegen landesverräterischer Betätigung auf einer Gesandtschaft nach Sparta sollte er verurteilt werden, entzog sich aber der Verhaftung und damit dem Todesurteil durch Flucht. Später kehrte er nach Athen zurück und gehörte zu den 30 Tyrannen. Die von Lys. gehaltene Rede *περὶ τῆς ’Ονομακλέους θυγατρός* (s. Frg. 104 Thalheim) bezieht sich wohl auf O.' Tochter. PA 11476f. O. Dr.

Onomakritos von Athen, Orphiker, Orakelsammler (= und Fälscher), Literat am Hofe der Peisistratiden. Testim. und Frg. bei O. Kern Orphic. Frg.a, Bln. 1922, S. 53–56 unter Nr. 182–190, dazu jetzt POxy 17,2075 (Nr. 516 P). Überlieferung lückenhaft, daher nur verschwommenes Bild. Leben: * wohl 55. Olympiade (560–557; Quellen irrig 50.01.). Hohes Ansehen am Peisistratidenhof, aber Ausweisung durch → Hipparchos, als ihn → Lasos v. Hermione bei der Interpolation eines Orakels über den Untergang der Lemnos ö. vorgelagerten Inseln in die → Musaiosorakel ertappte; machte nach dem Sturz der Peisistratiden deren Reise nach Susa mit und sollte Xerxes durch sorgfältig ausgewählte Orakel zum Zuge gegen Griechenland bewegen.

Literar. Tätigkeit: a) Slg. (u. Itp.) der Musaiosorakel. b) Ähnliche Tätigkeit an pyth. Orakeln. c) Redaktion der *’Ορφικά* (Kosmogonie, Theogonie). d) *Τελεταί* (Dionysos). e) Homerredaktion (u. Itp.). f) Itp. im Hesiod (Deifikation d. Herakles. Fr. 25,26–33 M.-W. = Fr. 229,6–13 M.-W. Theog. 947–955)? F. St.

Lit.: Außer den Abschnitten in den zahlreichen Werken und Artikeln über → Orpheus und → Orphische Dichtung seien hier genannt: *C. A. Privitera* Laso di Ermione, Rom 1965, 47. *A. Barigazzi*, RFIC. 41, 1963, 338 ff. *J. Schwartz* Ps.-Hesiodea, Leiden 1960, 423–428. *R. Böhme*, Humanitas 5–6, 1954, 86 ff. *R. Merkelbach*, RhM 95, 1952, 23 ff. *A. Krueger* Quaestiones Orphicae, Diss. Halle 1934, 42 ff. *T. W. Allen*, CQ 22, 1928, 73 ff.

Onomarchos (*'Ονόμαρχος*, phok. *'Ονύμαρχος*, Mz. HEAD HN^2 339. Sylloge^3 244 II 43), phok. Feldherr und Politiker, Sohn des Euthykrates, Aristot. pol. 5,4,1304 a; nach Diod. 16,56,5. 61,2 Bruder des → Philomelos und Sohn des Theotimos, Paus. 10,2,3, verteidigte 371 Elateia gegen die Thebaner und sammelte 355 im heiligen Krieg nach dem Tode des Philomelos bei Neon das geschlagene phok. Heer. Diod. 16,31,5. Polyain. 2, 38,1. Von der Amphiktyonie wegen Gottesfrevels zu ruinöser Geldstrafe verurteilt, drängte O. zur Fortsetzung des Krieges, ließ als *στρατηγὸς αὐτοκράτωρ* aus den Tempelschätzen Delphis Mz. prägen und Waffen schmieden und warb Söldner an. Diod. 16,32 f. Ephor. FGrH 70,96. Er unterwarf 354 Amphissa, überrannte das ö. Lokris, eroberte Orchomenos. Diod. 16,33,3 f. Auf Hilferuf des → Lykophron von Pherai fiel O. in Thessalien ein und schlug Philipp II. in 2 Schlachten. Polyain. 2,38,2. O. war 353 in Griechenland führend. Pol. 33,4. Der Wiederaufbau des delph. Tempels wurde fortgesetzt. In einem 2. Feldzug eroberte O. Koroneia und zog nach Thessalien, um Lykophron wieder gegen Philipp zu helfen, wurde aber 352 auf dem Krokosfeld am Pagasäischen Golf geschlagen und fiel im Kampf. Den Leichnam ließ Philipp kreuzigen, 3000 Gefangene als Tempelräuber ins Meer werfen. Diod. 16,35. M. SORDI RFIC 36, 1958, 134 ff. (zur Chronologie Diodors). H. BERVE Die Tyrannis bei den Griechen 1, 1967, 296 f. 2,673. H. V.

Onomastikon (*ὀνομαστικόν*, scil. *βιβλίον*), ein Werk, das zur richtigen Benennung der Dinge anleiten will (vgl. *ὀνομαστικὴ τέχνη* Plat. Krat. 423 d u. ö.). Das Bemühen darum begegnet zuerst bei den Sophisten, später in der Stoa (Reste »philos.« O.: → Varro, Ioh. → Mauropus). Als Buchtitel ist O. (plur.) schon für → Demokritos (1) bezeugt. Im engeren Sinne versteht man unter O. eine ehemals verbreitete Gattung von Slg.en, die, unter grammatikal. Gesichtspunkten angelegt, Benennungen (»t. t.«) aus bestimmten Sachgebieten vereinen. Die Reihenfolge der Namen richtete sich dabei primär nach der in dem jeweiligen Gebiet gleichsam vorgegebenen Ordnung. Die Grenzen zwischen O. und anderen gramm. Genera sind indes fließend, weil urspr. O. häufig durch Anführung von Etymologien oder Synonyma oder durch alphabet. Neuordnung in die Form eines Etymologikons, einer Glossen-Slg. oder eines Lex. gebracht wurden; »reine« O. sind daher vergleichsweise selten überliefert. Von hellenist. Z. an sind Titel, mehrfach auch Auszüge bzw. überarbeitete Fassungen von O. der verschiedensten Sachgebiete in größerer Zahl bekannt. Aus den *'Εθνικαὶ ὀνομασίαι* des → Kallimachos (3) sind die Namen der Fische und wohl auch der Monate gesichert; Lebensalter, Verwandtschaftsbezeichnungen und Anredeformen behandelte → Aristophanes (4) von Byzantion; → Eratosthenes (2) führte im *'Αρχιτεκτονικός* die Namen der Teile des Schiffes und landwirtschaftl. Geräte auf, → Tryphon die der Musikinstrumente und vegetar. Nahrungsmittel. Zahlreiche Slg.en befaßten sich mit Dingen des täglichen Gebrauchs (→ Nikandros von Kolophon, → Philemon von Aixone, → Telephos von Pergamon), und regelrechte Kataloge von Geschirr- und Speisennamen finden sich daraus bei Buntschriftstellern (→ Athenaios 3). An gramm. Fragen interessierte Ärzte stellten O. der Körperteile zusammen (→ Xenophon von Kos, → Galenos, → Soranos); erhalten hat sich nur das O. des → Rufus von Ephesos. Der Attizismus engte die anfangs weit gespannte Thematik ein (z. B. auf att. Rechtsaltertümer, → Harpokration 2) und bevorzugte mehr und mehr die lexikal. Anordnung (vgl. die sog. Bekk. Lex. IV und V). Als letzte umfassende Slg.en sind das Riesenwerk des → Pamphilos und das bereits wesentlich dünnere des → Pollux zu nennen. Lat. Beispiele der Gattung: das von stoischer Sprachtheorie geprägte, von Varro benutzte O. des → Aelius (14) Stilo, mehrere Werke des → Suetonius (Schimpfwörter, Körpergebrechen, Kleidung, Spiele) und längere Abschnitte in den Kompendien des → Nonius Marcellus u. des → Isidorus (8) von Sevilla. H. Gä.

C. Wendel, RE XVIII 507 ff. *L. Cohn* in: *Brugmann* Gramm. 679 ff. *K. Latte*, Philol. 80, 1925, 148 ff. (= Kl. Schr. 641 ff.).

Onomastos (*'Ονόμαστος*). Unter Philipp V. *ὁ ἐπὶ Θράκης τεταγμένος*, bewog 184 v. Chr. den König, dessen polit. Gegner in → Maroneia durch Kassandros zu ermorden. Die von Rom geforderte Auslieferung des O. verhinderte Philipp mit Mühe. Pol. 22,13,3 f. 14,1 f. Liv. 39,34. O. beriet dann Philipp im Streit zwischen Demetrios und Perseus. Liv. 40,8,4. H. BENGTSON Die Strategie 2, 1944, 338. H. V.

Onoulf (Hunulf), Bruder → Odoacers, flüchtete 469 nach Constantinopel, trat dann in Dienst Kaiser → Zenos (Ioh. Antioch. frg. 209; Malch. frg. 8) nahm 487/88 an Odoacers Feldzug gegen die Rugier teil, besiegte deren König Friedrich (Eugipp. v. Sev. 44). Nach Odoacers Tod wurde der in eine Kirche geflohene O. von Goten umgebracht (Ioh. Ant. frg. 214 a). A. L.

Onuphis. Ort im mittleren Nildelta, nach dem auch ein seit Hdt. 2,166 belegter Gau Onuphites genannt war. Der Gau umfaßte den n. Teil des bisherigen → Prosopites (5. u.-äg.), vgl. Plin. nat. 5,49. Der Ort O., zum Unterschied gleichklingender Orte *κάτω* oder *τῆς Λύχνων* beibenannt, lag beim h. Mehallet Menuf, 11 km n. Tanta. W. H.

Onuris. Äg. Gott aus der mitteläg. Stadt → Thinis; der Name *Inw-ḥr.t* bedeutet »der die Ferne bringt«, und bezeichnet O. zunächst als einen Jägergott, der die Löwin *(Mḥjj.t)* bezwingt. Später wird diese als das wütende und sich vom Sonnengott entfernende Sonnenauge erklärt, das O. nun zurückbringt und besänftigt. Damit ergibt sich früh die Identifikation von O. mit Schu, dem Luftgott, zu dem die Mythe des fernen Sonnenauges eigentlich gehört. Sein Bild ist menschengestaltig, mit 4 Federn auf dem Kopf und eine stoßbereite Lanze in der erhobenen Rechten. Die Griechen setzten ihn Ares gleich, auch in → Sebennytos, wo ein zweites Kultzentrum war. O. spielte aber auch in nub. Tempeln eine Rolle, weil der Augensage nach das ferne Auge aus Nubien zurückgeholt worden sei. Im Ritual des Gottesdienstes bekämpft O. die Feinde des Sonnengottes, Apophisschlange oder Schildkröte. W. H.

Onyx. Ant. Bezeichnung für ein Mineral und eine Marmorart (Alabaster). O. wurde, je nachdem, als Schmuckstein (in Ringen) oder zur Anfertigung von Gefäßen verwendet. Haupterwähnung bei Plin. nat. XXXVII. Ob O. urspr. von ὄνυξ »Fingernagel« kommt, scheint trotz Plin. fraglich. F. K.

Opellius s. Macrinus (2)

Opfer. Eine der ältesten, häufigsten und vielfältigsten Arten prakt. Ausübung des → Kultus (H. KÜHN Der Aufstieg der Menschheit, 1955, 43f. 62. 91. 94. A. VORBICHLER Das O. auf den ältesten Stufen der Menschheitsgeschichte, 1956. [7], 496ff.), nach F. HEILER (Das Gebet, 1923) Erweiterung des Gebets in die sinnl. und leibl. Sphäre (vgl. J. SEGOND La Prière, 1911, 140). Unterschiedl. Theorien über Funktion und psychol. Ursache des O. (W. SCHMIDT, Jb. St. Gabriel 1, 1922, 6ff. M. P. NILSSON Primitive Religion, 1911, 71ff. G. BERGUER, Rev. Théol. et Phil. 17, 1929, 5ff. [8], 185ff. [10], 44ff.): a) rit. Gabe (E. B. TYLOR Primitive Culture, 1913[5]. [4], 92); b) sakramentale Mahlzeit (W. ROBERTSON SMITH Lecture on the Rel. of the Semites, 1894[2]. E. REUTERSKÖLD Die Entstehung der Speisesakramente, 1912. [9], 20ff.); c) Kommunikation zwischen rel. und profaner Welt (H. H. und M. MAUSS Essai sur la Nature et la Fonction du Sacrifice, 1899); d) myst.-soziale Redintegration (E. DURKHEIM Les Formes Élémentaires de la Vie Rel., 1912); e) Aktivierung und Aneignung eines lebenhaltigen Prinzips (R. DUSSAUD Introduction à l'Histoire des Rel., 1914. [4], 123f. [6],10); f) Wechselwirkung zwischen Mana der Gottheit und Mana des ihr geweihten O. (G. VAN DER LEEUW, ARW 20, 1920/21, 241ff.); g) mag. Destruktion und symbol. Dedikation als Ausdruck unsichtbarer Realität (A. LOISY Essai Hist. sur le Sacrifice, 1920). Dabei entweder zentrale Stellung im rel. Vollzug (O.-Magie, O.-Mystik: A. CLOSS, Kairos 3, 1961, 153ff. O.-Ritualismus: K. W. BOLLE, Numen Suppl. 8, 1965, 13ff.) oder Unterordnung als Bestandteil anderer Kultakte (Divination, zauber. Prophylaxe, Rites de Passage: [9], 27ff.). – Bei den O.-Arten sind zu berücksichtigen: Anlaß und Zweck, Materie und Verfahren, Darbringer und Empfänger (J. HENNINGER, Anthropos 37/40, 1942/45, 779ff.). Anlaß und Zweck erwachsen aus den menschl. Lebenssituationen: Dank-O. (Hom. Od. 3,178f. 13, 355ff. Plut. Cam. 7. J. W. HEWITT, TAPhA 43, 1912, 95ff.); Bankett- und Mahl-O. (Od. 17,180ff. P. STENGEL, H 28, 1893, 494ff. – Il. 9,206ff. Od. 3, 456ff. [8], 211ff. [9], 88ff. Vgl. [15], 127ff.); Kommunikativ-O. (Haar-O., Kleider-O.: [3], 344ff. [10], 136f.); kathart. O. (Aischyl. Eum. 431ff. Hdt. 7,39f. O. MASSON, RHR 137, 1950, 5ff. 13ff. → Lustratio); Sühn-O. (Il. 1,10ff. Paus. 2,12,1. 34,3. [4], 93. [9], 51ff.); Erstlings-O. (ἀπαρχαί CIA I 226. 210. Plut. Quaest. Gr. 35. M. M. VASSITS Proc. 1. Int. Congr. Prehist. Science, 1934, 189f. [11], 144ff.); Schwur-O. (Aristoph. Lys. 185ff. Aristot. Ath. pol. 55,5. Thuk. 5,47. STENGEL, H 49, 1914, 90ff. [1], 19ff. 78ff. [2], 136ff. [10], 139ff.); Devotions-O. (L. DEUBNER, ARW [Bh.] 8, 1905, 66ff.); Totenspeisung (Plut. Arist. 21. P. SARTORI, Gymn. Progr. Dortmund 1903. F. CUMONT Lux Perpetua, 1949, 29ff. [8], 189ff. 193ff.) durch Guß-O. (χοαί Aischyl. Pers. 609f. 624. Choeph. 515. 525. 538. [15], 290ff.); Votiv-O. ([9], 61ff. → Anathema), darunter die τρόπαια, O. der im Krieg erbeuteten Waffen (K. WÖLCKER, BJ 120, 1911, 127ff. O. BENNDORF bei G. TOCILESCU Das Monument von Adamklissi, 1895, 137ff. G. CH. PICARD Les Trophées Romains, 1957, 16ff. [2], 88ff. [10], 134); Diabateria (O. beim Überschreiten der Landesgrenze: Thuk. 5,54f. Xen. hell. 4,7,2. STENGEL, H 31, 1896, 640); myst. Kommunions-O. (G. ZIPPEL Festschr. L. Friedländer, 1895, 498ff. [→ Taurobolium]; L. KOENEN, Ztschr. f. Pap. u. Epigr. 1, 1967, 121ff. (Serapiskline); J. CARMIGNAC, Rev. Bibl. 63, 1956, 524ff. [→ Essener]; F. L. CIRLOT The Early Eucharist, 1939, 236ff. G. DIX The Shape of the Liturgy, 1945, 48ff. [chr. O.-Mystik]; [11], 192ff. 232ff. 241ff.). – Nach der Materie unterscheidet man vor allem blutige (F. RÜSCHE Blut, Leben und Seele, 1930, 17ff. 21ff) und unblutige O. (K. I. MERENTITIS, Platon 4, 1952, 199ff. [2], 98ff.). Zu den ersteren zählen die Speise- oder Fest-O. (ἱερά) an bestimmte Gottheiten höherer Ordnung ([1], 59ff. [15], 12ff.) und die Blutguß-O. (σφάγια STENGEL, ARW 13, 1910, 85ff. [1], 92ff. [15], 180ff.) an die Mächte der → Unterwelt (Xen. an. 4,9ff. hell. 3,4,23. Hes. scut. 248ff. S. EITREM, Symb. Osl. 18, 1938, 9ff.), vor allem also die Sühn-, Eid- und Divinations-O. (ἔμπυρα Soph. Ant. 1005. Eur. Iph. T. 16 [10], 133), ferner das Gruben-O. für die Schattenseelen der Toten (Od. 11,24ff. [1], 23ff. RÜSCHE 31ff. 61ff. 84f. M. VIEYRA, Rev. Hitt. As. 69, 1961, 47ff. Vgl. H. KRONASSER, SAWW 241,3, 1963, 55); unblutig waren die Getreide-O. (Il. 9,534. Theokr. id. 7,31. NILSSON Greek Popular Rel., 1940, 26. → Thalysia), die Gabe von Kuchen und Broten (L. Deubner Att. Feste, 1932/1962, 260 [Ind.]. L. Castiglione, Act. Ant. Hung. 5, 1957, 220ff.), von Früchten, Gemüsen und anderen Naturalien (Panspermie [10], 127ff. → Anthesteria, → Eiresione, → Pyanepsia; [11], 145f.), meist als ἄπυρα (feuerlose O.: Pind. O. 7,86 m. Sch. Eur. frg. 912 N. M. W. Heffter Gottesdienste auf Rhodos 2, 1829, 11. – Diog. Laert. 8,13. Porph. abst. 2,28. J. Bernays Theophrasts Schrift Über die Frömmigkeit, 1866, 88. 119) und die Libations-O. (σπονδή, λοιβή: Soph. Phil. 8f.; El. 84. 269f. 434ff.; Ant. 429ff. [1], 50ff. K. Bernhardi Die Trank-O. bei Homer, Gymn. Progr. Leipzig 1885. K. Wyss, RVV 15,2, 1915. Stengel, H 50, 1915, 630ff. [Lutra]), seit myken. Z. (A. J. B. Wace, ABS A 48, 1953, 7ff. Mylonas-Papademetriou, Archaeology 5, 1952, 194ff.) den Gräbern der → Heroen zugeführt (→ Altar, → Bestattung; Kreta: A. Evans, JHS 21, 1901, 110f. B. E. Williams Gurnia, 1908, 47ff.; vgl. M. Lejeune, REG 72, 1959, 139), wie überhaupt Leichenfeier und Totenkult eine Vielzahl von Gaben-O. erfordern ([2], 144ff. 182ff. R. S. Young, Hesp. Suppl. 2, 1939, 19ff. [10], 178ff.). – Materie der Schlacht- und Mahl-O. (O.-Stätte Herd-Altar: G. Devoto Origini Indoeuropee, 1962, 308) naturgemäß Haustiere (P. Thieme, ZDMG 107, 1957, 67f. G. Schlerath, Paideuma 7, 1960, 307f.), in erster Linie Schwein (Skira) und Rind (Boëgia: J. Fontenrose, Un. Cal. Publ. Class. Arch. 1, 1944, 291ff. – Buphonia: Paus. 1,24,4. 28,11. Sch. Aristoph. Nub. 984f. Porph. abst. 2,10. 29ff. [4], 99ff. [8], 275ff. [9], 68ff. [10], 152ff. Cook, Zeus 3,570ff.), unter Umständen in beträchtl. Anzahl (Hekatombe: Od. 3, 7ff. [1], 2f.); bei den Sphagia auch Menschen geopfert (Eitrem 20ff.). Seit den Anfängen alteur. Rel. neben dem präferierten O.-Tier (bei den Indogermanen z. B. das Pferd: W. Koppers, Wiener Beitr. z. Kulturgesch. und Ling. 4, 1936, 280ff. M. Capozza, Crit. Stor. 2, 1963, 251ff.) das Menschen-O. (J. Maringer, Anthropos 37/40, 1942/1945, 1ff.), in griech. Kulten – meist im Sinne einer extraordinären Sühne (Tötung bzw. Austreibung des Pharmakos: F. Schwenn, RVV 15,3, 1915, 10. 26ff.) – vereinzelt bis in hist. Z. (Plut. Them. 13. Arist. 9. [2], 128ff. [7], 500ff.) erhalten, öfter aber schon mythol. suspendiert (Hdt. 7,197. Plut. Quaest. Gr. 38; de superst. 13. Paus. 8,38,7. Diod. 13,86. Dion. Hal. 1,38), wenn auch mit realem rit. Hintergrund (Il. 23,175. Eur. Heraclid. 404ff. Vgl. Apollod. 3,15,8. Strab. 10,452. [11], 69f. 95ff.), z. T. – wie im semit. und anatol. Bereich (W. Kornfeld, WZKM 51, 1948/52, 287ff. 310f. N. van Brock, Rev. Hitt. As. 65, 1959, 117ff. 125) – durch Substitution gemildert; in Rom nur Einzelfälle (Liv. 22,57,6. Plut. Num. 10. Dion. Hal. 2,67. Wissowa Rel. 354. 420f. Schwenn 11ff. 140ff. V. Groh, Ath NS. 11, 1933, 240ff.), z. T. ebenfalls von Substituten verdrängt (W. Warde Fowler Roman Festivals, 1899, 112ff. Rel. Experience of the Roman People, 1922, 322ff. [11], 99ff.). – Vom Verfahren her ([14], 102ff.) vor allem Unterschied zwischen Schlacht-O. mit anschließendem Mahl (θυσία; zur Herkunft D. Gill, Biblica 47, 1966, 255ff.) für die olymp. Götter und Vernichtungs-O. (ἐνάγισμα, ὁλοκαύτωμα [15], 204ff.) für die → Chthonioi Theoi (Il. 23, 166ff. Od. 11,45f. Hdt. 5, 92. [3], 344ff. 416ff.; zu Ausnahmen A. Thomsen, ARW 12, 1909, 481ff.): [8], 201ff. 211ff. [9], 53ff. 55. A. J. Festugière, REG 59/60, 1946/47, 447ff.). Bei letzteren meist Verwendung nicht eßbarer Tiere (Pferde, Esel, Hunde usw.), oft von dunkler Farbe; Reste verbrannt oder vergraben ([7,] 493f.); bei den Schlacht-O. im allg. folgendes Ritual: Altarumgang ([3], 7ff. 76ff.), Handwaschung und Wasserspende ([1], 34ff. Vgl. S. Marinatos, BCH 53, 1929, 365ff.), prälimin. O.-Feuer, Bekränzung, Besprengen des Altars und des O.-Tiers mit Wasser, Gebet, Streuen der O.-Gerste ([1], 13ff. [3], 261ff. H. Ziehen, H 37, 1902, 391ff.), Abschneiden und Verbrennen der Stirnhaare, Schlachten, Häuten und Zerlegen des O.-Tiers, Ololyge (Deubner, Abh. Ak. Berlin 1941, 1,28ff.), Verbrennen einzelner Knochen und Fleischstücke mit Spendenguß, Braten und Verzehren des übrigen Fleisches, Bestreichen des O.-Altars mit Blut (Aristoph. Pax 959ff. m. Sch. Eur. Herc. 928f. Stengel, H 41, 1906, 230ff. [8], 264ff. [10], 142ff. [14], 106ff.). – Im hom. Epos O. vom Fürsten (ἄναξ) oder von Herolden (κήρυκες) vollzogen (Il. 3,116ff. 18,558f.), später von professionellen O.-Dienern (ἱεροποιοί Dion. Hal. 1,40) oder O.-Schlächtern (ἄρταμοι, βούτυποι, μάγειροι Simon. frg. 21 D. E. Maass, ARW 23, 1925, 221ff. H. Dohm Mageiros, 1964, 1ff.). Erlös aus den Fellen der O.-Tiere (Dermatikon) ging an die Priester oder an die Staatskasse (CIA II 741. Vgl. Ziehen, MDAI(A) 24, 1899, 267ff.). Bedeutende Rolle des Priesters (ἱερεύς) aufgrund der Kenntnis des O.-Rituals (E. O. James The Nature and Function of Priesthood, 1955, 145ff.); Götter als Protagonisten der O.-Handlung geschildert (Od. 3,41ff. Aischyl. Eum. 17ff. 1002ff.) oder bildl. dargestellt (Stamnos von Capua, Krater von Valle Trebba: E. Simon Opfernde Götter, 1953, 9ff. 67ff.). → Immolatio. W. F.

1. *P. Stengel* O.-Bräuche der Griechen, 1910. 2. *Ders.* Die griech. Kultusaltertümer, 1920³. 3. *S. Eitrem* O.-Ritus und Voropfer, 1915. 4. *F. Schwenn* Gebet und O., 1927. 5. *B. Goetz* Die Bedeutung des O. bei den Völkern, Sociologus Bh. 3, 1933. 6. *A. Bertholet* Der Sinn des kult. O., 1942. 7. *K. Pruemm* Rel. Geschichtl. HB., 1943. 8. *K. Meuli* Phyllobolia P. von der Mühll, 1946, 185ff. 9. *K. R. Yerkes* Sacrifice in Greek and Roman Rel., 1952. 10. *M. P. Nilsson*, GgrR 1, 1955². 11. *E. O. James* Sacrifice and Sacrament, 1962. 12. *A. J. Pfiffig* Religio Iguvina, 1964, 61ff. 13. *Ders.* Studien zu den Agramer Mumienbinden, 1963, 43ff. 14. *W. Burkert* Greek Tragedy and Sacrificial Ritual (Greek, Roman and Byzantine Studies 7) 1966, 87ff. 15. *J. Casabona* Récherches sur le Vocabulaire des Sacrifices en Grec, 1966.

Ophelestes (᾿Οφελέστης). **1.** Ein Troer, von Teukros getötet. Hom. Il. 8,274. **2.** Ein Paione, vor Troia von Achilleus getötet, ebd. 21,210. H. v. G.

Ophellas (᾿Οφέλλας). Name von Persönlichkeiten um Alexander d. Gr. Ein O. machte sich als ἐπιμελητής v. Äg. der Unterschlagung schuldig. O., Sohn des Silenos, Hetaire und 326 Trierarch, wurde im J. 322 v. Chr. von Ptolemaios I. zur Unterdrückung des Thibronaufstandes nach Kyrene gesandt und scheint längere Zeit selbständig geherrscht zu haben. 309 zog er zur Unterstützung des Agathokles mit einem Kolonistenheer nach W. (Diod. 20,40–41), wurde jedoch bald darauf bei Karthago ermordet. Sein Heer lief zu den Syrakusanern über, Kyrene fiel an Ptolemaios zurück. Eine unter seinem Namen in der Ant. bekannte Küstenbeschreibung W.-Afrikas könnte auf eine von ihm veranlaßte Forschungsreise zurückgehen. G. W.

H. Berve, RE XVIII 633 ff.

Opheltes (᾿Οφέλτης). Söhnchen des → Lykurgos (3), Fürsten oder Priesters in Nemea, und der Eurydike (Nemea, Aischyl.; Amphithea, Apollod. 1,104), von einer Schlange getötet, während seine Amme → Hypsipyle (so seit Eur.) den »Sieben gegen Theben« (→ Adrastos) eine Quelle zeigte; sie hatte es auf Eppich gelegt (Eppichkränze waren die Preise in den nem. Spielen, s. u.), Hyg. fab. 74. Die Helden töten die Schlange und schützen die Wärterin vor Strafe. Aber → Amphiaraos erkennt in dem Vorfall ein böses Vorzeichen und nennt das Kind Archemoros, »Anfang des Unheils«; dieser Name verdrängte weithin den Namen O., »Segenspender«. Das Kind erhält ein prächtiges Leichenbegräbnis, wobei zum 1. Mal die nemeischen Spiele gefeiert werden (o. I 138,39 ff.). Apollod. 3,64 ff. Das Grab des O. bestand aus einem Steinring mit »Altären« in der Mitte, Paus. 2,15,2 f., was an den Plattenring in Mykenai erinnert. – Die Erwähnungen der Sage durch Lyriker und Tragiker fußen auf der kykl. Thebais; ausführlichste Behandlung Stat. Theb. 4,646 ff. H. v. G.

Prell.-Rob. 2,855 f. 934 ff. (erwähnt auch künstl. Darstellungen). *H. J. Rose* Griech. Myth. ^{1}190. *Wilam.* GldH 1,384 ff. 2,190.

Ophieis (᾿Οφιεῖς, Thuk. ᾿Οφιονεῖς), einer der drei Stämme der Aitoler, im inneren Bergland des ö. Aitolien zwischen den Flüssen Daphnus (Mornos) und → Euenos (Fidaris), mit den beiden Gauen der *Βωμιεῖς* und → *Καλλιεῖς* um Kallion am Mittellauf des Mornos. Feldzug des Demosthenes gegen die O. im J. 426 v. Chr., Thuk. 3,94,4–98,5. 100,1. Einfall der Gallier 279 v. Chr. → Kallieis. Strab. 10,2,5 p. 451. 3,6 p. 465. Inschr.: SGDI Nr. 1862,2. 1978,3. IG IX 1^2 32,46. 154–161. 197. E. M.

1. *W. J. Woodhouse*, Aetolia 61 ff. 2. *G. Sotiriadis*, BCH 31, 1907, 270 ff. (mit Karte). 3. *N. G. Pappadakis*, ᾿Αρχ. *Δελτ.* 6, 1920/21, *παρά.* 152 f. 4. *G. Klaffenbach*, RE XVIII 640 ff.

Ophion (᾿Οφίων). **1.** Der 1. Weltherrscher, von Kronos besiegt und in den Okeanos oder den Tartaros gestürzt. Apoll. Rhod. 1,503 ff. (Lied des Orpheus). Sch. Lykophr. 1191 bezeichnet ihn und seine Gemahlin → Eurynome (1) als Titanen. Pherekyd. v. Syros A 11. Frg. 4 B Diels nennt ihn Ophioneus und spricht von seiner (uns unkenntlichen) Entstehung und von den *᾿Οφιονίδαι*. Nonn. Dion. 41,352 setzt ihn mit → Uranos gleich. Die Vorstellungen über O. lassen orph. und orient. Elemente erkennen. O. = Typhon = Seth, Wilam. GldH 1,261,2. **2.** Mächtiger Gigant, über den Zeus nach dem Siege über die → Giganten bei Tartessos einen Berg wälzt. Sch. Hom. Il. 8,479. Schlangengestalt paßt zu den Giganten als Kindern der Ge. Daher sieht E. Wüst, RE XVIII 643 in O. (1) eine spät entstandene Dublette zu (2). H. v. G.

Weizsäcker und *Höfer*, Myth. Lex. 1,1426 f. 3,924 f. Art. Weltschöpfung, RE Suppl. IX 1462. *E. Küster* Die Schlange in der griech. Kunst und Rel., RVV 13, 1913.

Ophis (῎Οφις). **1.** Hauptfluß der Ebene von Mantinea, urspr. durch die Stadt fließend, bei der Neugründung herumgeleitet, Paus. 8,8,4. Xen. hell. 5,2,4 f. Diod. 15,12,1. E. M.

E. Meyer, RE XVIII 649 Nr. 1.

2. s. Sternbilder

Ophiten. Wie die Naassener vulgär-gnost. Schule, vielleicht sogar mit den Naassenern ident. Sie haben ihren Namen von *ὄφις* = Schlange. Bezeugt und beschrieben sind die O. bei Iren. adv. haer. 1,30, Clem. Al., Hippolytos und Origenes C. Cels. 6,24 ff. Wie die Naassener kennen die O. die kosm.-soteriologische Grundprinzipien-Trias Mensch-Menschensohn-Chaos, erweitern diese aber um Elemente des Sophiamythos (s. bei Iren. adv. haer. 1,30,6 f.). Kl. W.

Quellen: *Altaner* ^{6}115. *G. Bornkamm*, RE XVIII 654 ff. (Lit.). *H. Leisegang* Die Gnosis, 1924, 111–185. *H. Jonas* Gnosis und spätant. Geist I^2, 1954, 360 f. *E. Haenchen*, ZThK 50, 123–158.

Opilio. 1. Cognomen »Schafhirt« (Walde-Hof.^{3} 2,211), I. Kajanto Lat. Cognomina, Soc. Sc. Fenn., Comm. Hum. Litt. 36, 1965, 323, in den Fasten der Kaiserz. bei Flaviern, Rufiern, Venatiern. Degrassi FImp. 260. H. G. G.

2. O., der Sohn eines unter → Odoacer zum *comes sacr. larg.* aufgestiegenen Opilio (Cassiod. var. 5,41,5. 8,16,2), Beamter unter Theoderich, beteiligte sich an der Hetze gegen → Boethius (Boeth. phil. cons. 1,4). O. war 534 Mitglied der Gesandtschaft → Theodahads an → Iustinian (Prok. 5,4,15 ff. Migne PL 66,20). A. L.

Opilius. PN., abgeleitet vom Praenomen *Oppius*. Inschr. Belege bei Schulze Eigenn. 276. RE XVI 1670. J. Reichmuth D. lat. Gentilicia, Diss. Zürich 1956, 118. H. G. G.

Opillus Aurelius. Gramm. der röm. Republik, z. Z. des → Rutilius Rufus, dem er 92/91 v. Chr. in die Verbannung folgte; zur vita vgl. Suet.

gramm. 6, der ihn als antiquar. Buntschriftsteller bezeichnet. Von seinen Werken (Musae; Pinax) sind durch den Filter Varros nur gramm. Frg., speziell Worterklärungen, Etymologien in die glossograph. Tradition gelangt. O.' Interesse galt Plautus, wie seine Belege und ein bei Gell. 3,3,1 erwähnter Ind. der als echt geltenden Komödien zeigen. P. L. Sch.

Frg.: FunGrRF 86ff., dazu *A. Mazzarino* Gramm. Rom. Frg. aet. Caes. 1, 1955, 385f. Lit. *H. Bardon* Litt. Lat. Inc. 1, 1952, 144.

Opimius. Röm. Gentilname (inschr. auch *Opeimius*), Weiterbildung aus dem Cognomen *Opimus*. WALDE-HOF.³ 2,211. J. REICHMUTH D. lat. Gentilicia, Diss. Zürich 1956, 121. Die pleb. Familie in Rom ist seit dem 2. Jh. v. Chr. hervorgetreten; Nr. 8 u. 9 sind suspekt. Stammbaum RE XVIII 673f. Mz. SYD.

In republikan. Zeit **1.** O., Münzmeister, um 150–133, 2 Personen. BROUGHTON Mag. 2,447. **2.** L. O. (Q. f. Q. n.). Stadtpraetor 125, Niederwerfung des Aufstandes von → Fregellae. Consul 121, mit Q. → Fabius Maximus Allobrogicus (34), Quellen u. a. bei BROUGHTON Mag. 1,520f., bekämpfte C. → Gracchus mit erbarmungsloser Härte, erhielt das S. C. ultimum, besetzte das Capitol und griff dann die Gegner auf dem Aventin an, → Fulvius (16), ließ die Köpfe der Gegner mit Gold aufwiegen und viele ohne Gerichtsverfahren hinrichten, weihte den Neubau des Concordiatempels und erbaute neben ihm eine Basilica Opimia, wurde 120 von dem tr. pl. P. → Decius (2) angeklagt (RE Suppl. X 575), aber freigesprochen. PLAUMANN, Klio 13,362f. Als Leiter einer Zehnerkommission teilte er 116 Numidien unter → Adherbal und → Iugurtha und wurde 109 wegen Bestechung verurteilt, Sall. Iug. 16,2ff. 40,1. Er lebte noch einige Zeit, wohl in Dyrrhachium. Plut. C. Gracch. 18,2 (u. ö.). Positive Beurteilung als Vorkämpfer der Senatsoligarchie u. a. bei Cic. de or. 3,106. 132. 134. CHR. MEIER Res publica amissa 1966, 108. 147. – 121 war übrigens ein berühmtes Weinjahr *(vinum Opimianum)*. **3.** L. O., Münzmeister um 125–120, BROUGHTON Mag. 2,447. **4.** M. O., Münzmeister um 125–120 (s. 3), vielleicht auch XVvir s. f. **5.** M. O., praef. equ. 48 im Heer des Pompeius, Caes. civ. 3,38,4. **6.** Q. O. (Q. f., Q. n.), Consul 154, mit L. Postumius Albinus, Quellen u. a.: DEGRI 13,50f. 464f. Zur Unterstützung von Massalia bekämpfte er die Ligurer (Oxybier und Dekieten), nahm Aigitna und siegte in 2 Gefechten, triumphierte aber nicht. Pol. 33, 10f. In seiner Jugend hatte O. einen schlechten Ruf, Lucil. 418ff. M. Sein Sohn war Nr. 2. **7.** Q. O., wohl Enkel von Nr. 6, tr. pl. 75, bekämpfte Sullas Regelung des Volkstribunats und wurde 74 zu hoher Geldstrafe verurteilt, so daß er völlig verarmte. Cic. Verr. 1,155ff. DRUMANN² 5,289. **8.** L. O. Pansa, Quaestor 294, soll gegen die Samniten gefallen sein, Liv. 10,32,9. **9.** Opimia (Name nicht sicher überliefert!) soll als 1. Vestalin wegen Unkeuschheit 483 lebendig begraben worden sein, Liv. 2,42,11 (Oppia); wohl unhist. **10.** Opimia, Vestalin, die 216 (wie Nr. 9) belangt wurde und (mit ihrer Kollegin Floronia) ums Leben kam. Liv. 22,57,2f. Plut. Fab. 18,3. H. G. G.

Opis I. (*Ὄπις*). Personifikation der *ὄπις*, der Strafe, die der Übertretung göttl. Gesetze folgt, mit Adrasteia, Nemesis, Tyche gleichgesetzt, Cornut. theol. 13. II. (*Ὦπις*, Kurzf. f. *Εὐῶπις* od. ähnl., CRUSIUS, die Existenz einer Nebenf. → *Οὖπις* deutet jedoch auf vorgriech. Ursprung). **1.** Beiname der Artemis in Ephesos, Kreta, Thrakien, Lakonien. **2.** Geburtshilfliche Hypostase der → Artemis, angebl. → Hyperboreerin mit Grab auf Delos, → Hekaerge. Hier und auf anderen Inseln sowie in Ionien fanden ihnen zu Ehren Heischeumzüge der Mädchen statt, die dabei ein Lied des Lykiers → Olen sangen, Hdt. 4, 33ff. Kallim. h. 4,292ff. Hesych. Etym. M. PRELL.-ROB. 1,299. NILSSON GgrR 1,380. 543. 548ff. WILAM. GldH 1,101,1. **3.** Nereide, Verg. georg. 4,343. **4.** (masc.) Hyperboreer. Ps. Plat. Axioch. 371a. Cic. nat. 3,58 (Vater der 3. Diana). Serv. Aen. 11,532. H. v. G.

5. (*Ὦπις*), bereits um 3000 v. Chr. bezeugte Handelsstadt am w. Ufer des Tigris, wo er sich im Mittellauf dem Euphrat bis auf 30 km nähert. Diese Lage bedingte im Zusammenhang mit dem dort die Ströme verbindenden Kanal (→ Naarmalcha) die wirtschaftl. Blüte, die O. zeitweise erlebte. Es verlor seine wirtschaftspolit. Funktion, als Seleukos I. an der Stelle oder in direkter Nähe von O. 312 seine Residenzstadt → Seleukeia anlegen ließ. – Zur Meuterei des Makedonenheeres bei O. 324 → Alexandros III. E. O.

G. Meier, RE XVIII 683–685 Nr. 2.

Opiter. Altröm. Praenomen (z. B. bei den Verginii). FRAENKEL, RE XVI 1651. 1661. 1666. J. REICHMUTH D. lat. Gentilicia, Diss. Zürich 1956, 21. H. G. G.

Opitergium, venet. (Ptol. 3,1,30) Stadt der 10. Region (Plin. nat. 3,130), zur *tribus Papiria* gehörig (CIL V p. 186), besaß Zugang zum Meer (Strab. 5,214). Die Treue der Einwohner zu Caesar trug ihr nach seinem Sieg Steuerfreiheit ein (Liv. epit. 110. Lucan. 4,462 m. Schol. Flor. 2,13). Einnahme durch Quaden und Markomannen (Amm. 29,6,1). Straßenlage: Tab. Peut. 4,4. It. Ant. 280, 5. Geogr. Rav. 4,30. Guido 17. H. Oderzo. G. R.

Forbiger HB. d. alt. Geogr. 3,415. *Nissen* It. Ldk. 2,224.

Opobalsamon (oder nur Balsamon), der Balsamstrauch und sein Harz, eins der kostbarsten Aromata, seit Theophr. oft genannt und beschrieben. Als Herkunftsland (tatsächlich SW-Arabien und Somaliland) galt den Alten Syrien, bes. Palaestina. Berühmt waren die B.-Gärten von Jericho und Engaddi im Jordantal. B.-Sträucher aus ihnen wurden im Triumphzug des Vespasianus und Titus mitgeführt, daher die genaue Kenntnis des

Plin. nat. 12,111 ff. Das B.-Harz wurde durch Einritzen der zarten Zweigspitzen – aus denen es dann in kleinen Tropfen austrat – oder durch Auskochen derselben gewonnen. Wegen seiner Kostbarkeit wurde es viel verfälscht. Außer dem Harz wurden auch Samen, Rinde und Holz *(xylobalsamum)* vielfältig medizinisch verwertet. Seit E. 1. Jh. n. Chr. blühte die B.-Kultur auch in Äg. K. Z.

Steier, RE XVIII 691–96.

Opora (Ὀπώρα), Göttin des Erntesegens, der Weinernte, des Herbstes, gehört zum Umkreis des Dionysos. Der Name kommt von ὀπός, ist gleichen Stammes »mit lat. *sap*, deutsch Saft« (USENER). Bei Aristophanes begleiten O. und → Theoria die befreite → Eirene (4) Pax 523.706 ff.); im 4. Jh. handelt ein Stück des att. Komödiendichters Amphis von ihr. Darsgestellt hat sie vielleicht schon E. 5. Jh. der Dinos-Maler auf einem Glockenkrater in Berlin (F 2643, ARV.^{2} 1154,31); sonst kommt sie bes. auf Vasen des 4. Jh. vor sowie in röm. Z. H. Ma.

Oppianos (Ὀππιανός). **1.** Aus Korykos in Kilikien, Vf. des Lehrgedichts Ἁλιευτικά in 5 B. Es ist einem Kaiser Antoninus gewidmet, der auch zusammen mit seinem Sohne und Mitregenten angeredet wird, also unter M. Aurelius Antoninus und Commodus zwischen 177 und 180 veröffentlicht. O. † vor Athen. (Athen. 1,13 B). Die den Hal. in den Hss. vorangestellte Vita (Biogr. gr. min. 63 ff.; COLONNA, Boll. Com. Ediz. Naz. 12, 1964, 33 ff.; MAZAL, WS N. F. 1, 1967, 115 ff.) läßt den Vater O.' von (Septimius) Severus nach Melite verbannt werden, wo O. die Hal. geschrieben habe; für diese sei er von Antoninus (Caracalla) belohnt worden (nach Soz. hist. eccl. praef. 5. 6 von Severus, nach der Suda vom Kaiser). Wie die falschen Namen zeigen, schrieb man O. auch die *Κυνηγετικά* zu; die Suda nennt auch verlorene, kaum von O. herrührende *Ἰξευτικά* in 2 B. Die Hal. beschreiben in sorgfältiger Disposition in B. 1 und 2 Arten und Lebensweise, in 3–5 Fang der Meerestiere. Von den Quellen können wir nur → Leonidas von Byzanz (Mitte 2. Jh. n. Chr.; KEYDELL, H 72,430 ff.) benennen. Die Darstellung des spröden Stoffes in Hexametern kallimacheischer Technik wurde schon im Alt. bewundert. Benutzt sind die Hal. von Ail. und Dichtern (Vf. der Kynegetika, Nonnos, Triphiodor). Unvollständige Prosaparaphrase wohl des 5. Jh. hg. von Is. GUALANDRI 1968. Über Tzetzes' Scholien COLONNA Lanx satura Terzaghi, 1963, 101 ff. Ausg.: MAIR 1928. Krit. Ausg. fehlt.

James, H 93, 429 ff.; 94,122 ff. *Gow*, CQ 18, 1968, 60 ff.

2. O. aus Apameia am Orontes, Vf. von *Κυνηγετικά* (in Hexametern) in 4 B. Der Name O. kann von den Halieutika übertragen sein. Die Kyneg. sind Caracalla gewidmet; da Geta nicht genannt wird, muß das Werk zwischen 212 und 217 veröffentlicht sein. Es behandelt in B. 1 und 2,1–42 die Hilfsmittel und Erfinder der Jagd, in 4 die Jagd, in 2,43 bis Ende B. 3 die vierfüßigen Tiere, auch nicht jagdbare. Im 1. Teil Berührungen mit → Grattius, im 2. mit Timotheos von Gaza. Die Sprache ist oft unkorrekt, der Stil stark rhetor. (Anaphora, Isokolon, Allitteration, Reim), die Metrik nachlässig. Prosaparaphrase hrsg. von TÜSELMANN 1900. Ausg.: BOUDREAUX, Paris 1908. MAIR, London 1928. R. K.

West, CQ 13, 1963, 58 ff.

Oppianus. Cognomen, in den Fasten der Kaiserz. bei den Minucii. DEGRASSI FImp. 260. H. G. G.

Oppidum, *oppodum* (BRUNS-GRAD. 11,81) aus *quod ob pedes est*, Verschanzung, daher Bezeichnung für die *carceres* (Schranken) im Zirkus. Naev. bei Varro l.l. 5,153. Fest. 201,6 L. WALDE-HOF.^{3} 2,214 f. Die Etymol. Varro l.l. 5,141 *o. ab opi dictum, quod munitur opis causa, ubi sint et quod opus est ad vitam gerendam ubi habeant tuto. oppida quod operi muniebant, moenia* ist sprachlich nicht zutreffend, sachlich richtig. Caes. Gall. 5,21,3 gibt die bei den Kelten übliche Benennung ihrer Fluchtburgen, wohl *dunum*, mit o. wieder. W. DEHN Die gall. oppida bei Caesar, Saalburg Jb. 10, 1951, 36 ff.; Mediolanum. Lagetypen spätkelt. oppida. BJ Bh. 10,2, 1965, 117 ff.; Les oppida celtiques de la Tène II et III en Bohème et en Moravie, Celticum 9 (Suppl. à Ogam-Tradition Celtique 93) 1964, 77 ff. R. VON USLAR Kelt. oppida und german. Ringwälle, BJBh 11, 1964, 8 ff. O. war eben urspr. die Burg eines ital. Stammes, der durch Wall gesicherte Vorort einer → civitas (I) oder eines Gaues *(pagus)*. Die → Aborigines wohnten auf den Bergen *ἄνευ τειχῶν κωμηδὸν καὶ σποράδες*. Ein myth. »Städtegründer« Oinotros besiedelte kleine feste »Städte« auf den Bergen, nämlich o. Dion. Hal. ant. 1,9.12. Cato kannte 34 o. bei den gentes der → Euganei. Plin. nat. 3,133. Reste solcher Burg-o. wurden in den Bergländern Mittelitaliens, Samniums, Lucaniens und Siziliens entdeckt, Nachweise bei E. KORNEMANN, RE XVIII 711 ff., eine systemat. Erforschung und Darstellung ital. Höhenburgen fehlt noch. Vom o. wird das draußen liegende Territorium, der *ager*, unterschieden. DESSILS 15 *agrum oppidumqu(e) quod ea tempestate posedissent, item possidere habereque iousit* (189 v. Chr. in der Baetica). Durch Bevölkerungskonzentration und soziale Differenzierung wurde die Burgsiedlung zur Stadt, o. zum übergeordneten Begriff für jede stadtähnliche Siedlung ohne Rücksicht auf ihre Rechtsstellung. Vor die Spezialtermini stellt die lex Rubria (49 v. Chr., BRUNS-GRAD. 16 II 2. 26. 53. 58) o.: *oppidum, municipium, colonia, praefectura, forum, vicus.* Peregrinengemeinden bes. des W.s wurden als o. geführt, griech. Poleis des O.s als *civitates*. Der Doppelsinn des Wortes o. ist noch im Sprachgebrauch des Plin. nat. spürbar. Soweit er einen geogr. Periplus ausschreibt, nimmt er o. wahllos für Burgen und Städte aller Art. Die Zahl von 876

o. für Gallia Narbonensis und Hispania Tarraconensis enthält nicht nur Städte, sondern auch Stamm- und Gauburgen. Plin. 3,18. Wenn er die Reichsstatistik des Agrippa und Augustus benutzt, gliedert er o. als Sammelbegriff für Städte in 5 Gruppen: *oppida civium Romanorum (= coloniae* und *municipia civ. Rom.)*, *oppida Latinorum*, *oppida libera*, *foederata* und *stipendiaria*. Die o. der einzelnen Provinzen gibt nach dieser Statistik KORNEMANN a.O. 719ff. Zu o. bei Plin. vgl. F. VITTINGHOFF Corolla E. Swoboda dedicata, 1966, 226f. H. V.

Oppius. Röm. Gentilname, urspr. wohl Praenomen, RE XVI 1651. 1666. J. REICHMUTH D. lat. Gentilicia, Diss. Zürich 1956, 35, osk. Herkunft (Capua, Cumae). Familienname in Praeneste (auch in der Form *Opius*), Spoletium, Pompeii, Benevent, Lucanien u.ö. In Rom ist der angebl. Eponym des Mons Oppius legendär, Namensträger traten aber im 5. Jh. (Nr. 1. 5. 11) und dann seit dem 2. Jh. v. Chr. hervor, bes. Nr. 12. Lex Oppia: Nr. 2.

In republikan. Zeit. **1.** C.O., tr. pl. 449 v. Chr. nach dem Sturz der Decemvirn, Liv. 3,54, 13; seine Collegen (u.a. Duilius, Icilius, Numitorius, Sicinius, Verginius): BROUGHTON Mag. 1,48f. **2.** C.O., als Volkstribun 215 Urheber eines Gesetzes gegen den Aufwand von Frauen (l. Oppia, die älteste der sog. *leges sumptuariae*), das 195 gegen den Widerspruch des → Cato (4) aufgehoben wurde, Liv. 34,1f. D. KIENAST Cato der Zensor 1954, 21f. 99f. **3.** C.O., Ritter und einer der wichtigsten Gefolgsleute Caesars in den J. 54–44 im Zusammenwirken mit L. → Cornelius Balbus (I 8). O. war bereits bei Caesar in Spanien (61) oder in Gallien (58), dann, vielleicht aus Alters- u. Gesundheitsgründen, seit 54 in Rom bevollmächtigter Geschäftsträger Caesars. Bes. während des Bürgerkrieges waren O. und Balbus einflußreiche Vermittler, auch zu Cicero, durch dessen Korrespondenz beide recht eigentlich bekannt sind. GELZER Caesar^6 318. Nach Caesars Ermordung ging O. zu Octavianus über. Ob er dann bald oder erst um 30 gestorben ist, bleibt unentschieden. O. verfaßte auch eine Schrift über Caesar (nicht aber Commentarii des caesar. Corpus, wie bei Suet. Caes. 56,1 irrtümlich steht), HRR 2, p. LXIIIf. 48f. SCHANZ-HOS. 1,351. R. SYME The Rom. Revolution 1960, 557. **4.** L.O., Mitglied einer Dreiergesandtschaft nach Kleinasien im J. 154, die einen Friedensvertrag zwischen Attalos II. von Pergamon und Prusias II. von Bithynien herbeiführte. Pol. 33,13,4ff. BROUGHTON Mag. 1, 450f. **5.** M.O., Kriegstribun, der zusammen mit Sex. → Manilius (5) nach der Ermordung der Verginia an die Spitze der 20 von den Soldaten erwählten Kriegstribunen trat, Liv. 3,51,2ff. Dion. Hal. ant. 11,43,5. 44,2f. **6.** M.O. rettete 43 seinen proskribierten Vater auf seinen Schultern aus Rom, wurde selbst geächtet, kehrte 39 zurück und

wurde Aedil 37, vom Volk bes. geliebt, App. civ. 4,172f. Cass. Dio 48,53,4ff. **7.** P.O., 74–73 Quaestor des cos. M. → Aurelius Cotta (I 17) in Bithynien, wurde von diesem nach heftigem Streit entlassen und angeklagt; bei der Verhandlung – wohl erst 69 – verteidigte Cicero den O., der Ausgang ist unbekannt. DRUMANN^2 5,367f. **8.** Q.O. ging 88 als Propraetor Kilikiens von Kappadokien aus gegen Mithridates vor, wurde aber in Laodikeia am Lykos gefangen und erst durch den Frieden von Dardanos 85 befreit, App. Mithr. 17. 20. 112. **9.** Sp. O., Praetor 44 v. Chr., opponierte im Nov. gegen die Verlosung der Provinzen für 43 durch Antonius. Cic. Phil. 3,25. **10.** M.O. Capito, Propraetor und Flottenpraefect des M. → Antonius auf Sicilien 37–35. Seine Mz. zeigen Antonius, den jungen Caesar und Octavia. SYD. **11.** Sp. O. Cornicen, 450–449 Mitglied des 2. Decemviralkollegiums (als einer der 3 Plebeier), Liv. 3,35,11. Von P. Numitorius angeklagt, soll er den Freitod gewählt haben. **12.** L.O. Salinator, tr. pl. 197 (verhalf mit Q. Fulvius dem cos. → Flamininus zur Kommandoverlängerung gegen Philipp V.), pleb. Aedil 193 (Bau von Tabernen am Forum), Flottenführer vor Sizilien 192, Praetor 191 (Sardinien, prorogiert für 190 und wohl auch 189). **13.** O. Statianus, Legat des Antonius im Partherfeldzug 36, fiel als Führer des Trains mit 2 Legionen. H. BUCHHEIM D. Orientpolitik d. Triumvirn M. Antonius 1960, 82ff. H. G. G.

Ops 1. (Ὦψ). Sohn des Peisenor, Vater der → Eurykleia, Hom. Od. 1,429. 2,347. 20,148. H. v. G.

2. O. (Plaut. Bacch. 893. Paul. Fest. 203,19 L. *Opis*. Varro l. l. 5,64 *O. mater*), von T. → Tatius eingeführt (Varro 5,74. Dion. Hal. ant. 2,50,3. Aug. civ. 4,23). Feste: 23. August *Opeconsiva* (Varro 6,21. CIL I^2 p. 327 *OPIC.*) für O. *Consiva* (Fest. 202,20 L. Varro a.O.) bzw. *Consivia* (Macr. Sat. 3,9,4); 19. Dezember *Opalia* (CIL I^2 p. 337 *OPAL*. Fest. 200,6 L. Varro 6,22. Macr. sat. 1,10, 18f.). Den *Opeconsiva* geht am 23. August ein Opfer *Opi Opiferae* (Plin. nat. 11,174) voraus (CIL I^2 p. 215). Kulte: Im *sacrarium* der *regia* (CIL a.O. Fest. 202,20. 292,34 L. Varro 6,21: nur *Vestales* und *sacerdos publicus;* uraltes Kultgefäß: Fest. 292,31ff. L.), in *aedes in Capitolio* (CIL I^2 p. 240. Liv. 39,22,4. Sch. Veron. Aen. 2,714), wo Caesar Geld deponierte (Cic. Att. 14,14,5 u.a. Vell. 2,60,4). O. mit *terra (vota* sitzend bei Erdberührung: Macr. 1,10,21) gleichgesetzt (Varro 5,57. 64. Fest. 202,19 L. Macr. 1,10,20f. Serv. Aen. 6, 325. 11,532. Aug. civ. 4,11) ist weder »Kornhaufen« (DEUBNER bei CHANTEPIE 2,443) noch »reicher Erntesegen« (WISSOWA Rel.^{2} 203) noch »Reichtum des Consus« (LATTE RRel 72), da *consiva* = »die das Bergen vollzogen hat« zu *condere*, sondern »Hilfe« (Plaut. Mil. 220. Serv. Aen. 11,532), weshalb O. im Krieg (Dion. 3,32,4) und für Neugeborene (Aug. civ. 4,11. 21) angerufen wird (Cic. nat. 2,61. 3,88; leg. 2,28) und als Schutzgottheit

Roms gilt (Macr. 3,9,4). Später Verbindung mit → Saturnus und Gleichsetzung mit Rhea (Enn. var. 64ff. V. Fab. Pict. frg. 16 P. Plaut. Cist. 515; Mil. 1081; Pers. 252. Varro 5,57. Fest. 202,16 L. Macr. 1,10,18ff. Serv. a.O. Hyg. fab. 139). G. R.

Prell.-Jord. 2,20ff. *Wissowa* Rel.[2] 203; Myth. Lex. 3,931ff. *Deubner*, Myth. Lex. 2,2079. *Latte* RRel. 71. 129. *Dumézil*, Rel. Rom. arch. 162ff. 266ff. *Radke* Götter Altitaliens 97. 238ff.

M. Opsius, Praetor vor 28 n.Chr., Tac. ann 4,68. Belastungszeuge in dem von → Latinius Latiaris gegen → Titius Sabinus angestrengten Prozeß, Tac. ann. 4,68ff. Cass.Dio 58,1,2ff. Als Anhänger Seians 32 n.Chr. selbst zum Tod verurteilt, Tac. ann. 4,71. G. Wi.

Opson (ὄψον), *obsonium*. Jede gekochte, gebratene, gesottene Speise, dann jede Zukost zu Brot oder μᾶζα (→ Kochkunst) heißt O., schließlich jedes gut zubereitete Gericht, so daß ὀψοφαγέω »schlemmen« bedeuten kann. Zeitweilig war Fisch als O. so beliebt, daß O. »Fischspeise« bedeuten kann; sogar noch im Meer lebende Fische werden ὀ. θαλάττιον genannt. Pol. 34,8,6. Öfter bedeutet O. »Fischmarkt«, ὀψωνέω daher »Fische, Lebensmittel einkaufen«. Männer einfachen Standes besorgten das selbst, Reichere hatten dazu einen Sklaven, ἀγοραστής, ὀψωνάτωρ. W. H. G.

Optatianus s. Porphyrius

Optatus. 1. O., Cognomen, in kaiserzeitlichen Fasten bei den Burbuleii, Flavii, Ranii. Degrassi FImp. 260. Beliebt auch als Sklavenname, Material bei I. Kajanto Lat. Cognomina, Soc. Sc. Fenn., Comm. Hum. Litt. 36, 1965, 75. 77. 296. H. G. G.

2. O., Flavius, unterrichtete als Grammatiker den Sohn des → Licinius (3), gewann Einfluß unter Constantinus d.Gr. (Liban. or. 42,2) und wurde als erster *patricius*, 334 *consul* (vgl. Chr. min. 3 Ind. 5.; Pap. Theadelph. 24f.). Da er bei der Revolte 337 umkam (Zos. 2,40), ist zu vermuten, daß O. wie andere Opfer mit dem Kaiserhaus verwandt war. **3.** Neffe von 2, *praefectus Aegypti* 384, heftig angegriffen (und verleumdet) in Libanius' Rede or. 42, meist identifiziert mit dem 404/405 bezeugten Stadtpräfekten O. (Cod. Theod. 12, 1,160. 2,33,4), der bei den Wirren nach der Absetzung des Iohannes Chrysostomus energisch durchgriff (Pallad. dial. de vita Ioh. Chrys. 3 = Migne PG 47,14. Sokr. 6,18f. Soz. 8,23f.). A. L.

4. O., Donatist. Bischof von Thamugadi, zwischen 388 und 398 n.Chr. einer der führenden Donatisten. Nach seiner Ordination trat er in enge Beziehung zu → Gildo und war bald dessen wichtigster Ratgeber, der die Macht des magister für seine Zwecke ausnützte. Bedrückung und Ausbeutung der Provinzialen und Druck auf viele donatist. Bischöfe anläßlich des Schismas zwischen Primianus und Maximianus (391/92) kennzeichneten seine kirchliche und politische Wirksamkeit. O. hatte sich für Primianus entschieden und setzte diese Entscheidung mit Gewalt durch. Der Sturz Gildos 398 wurde auch O. zum Verderben. Er wurde gefangengesetzt und hingerichtet.

W.Enßlin, RE XVIII 1,762ff. *W.H.C. Frend* The Donatist Church, 1952. *S.L. Greenslade* Schism in the Early Church, 1953.

5. O., Bischof von Mileve, schreibt um 365 6 B. gegen den donatist. Bischof Parmenianos, denen er 385 anläßlich einer 2. Ausg. des Werks ein 7. B. und eine zwischen 330 und 347 entstandene Urkunden-Slg. des donatist. Streits hinzufügte. Zweck der Schrift war der friedliche Ausgleich zwischen Katholiken und Donatisten. Ihm dient u.a. der Nachweis, daß die einzige wahre Kirche die durch die Cathedra Petri geeinte sei (1.2) und daß die Taufe von der Würdigkeit des Spenders unabhängig wirke *(opus operatum)* (1.5). Kl. W.

Quellen: *Migne* PL 11. CSEL 26, 1893. KlT 122, 1913. *E.Dinkler*, RE XVIII 765ff. (Lit.). *P.Monceaux* Hist. de la lit. lat. Chrét. 5, 1920, 241ff. *L.Vischer* Basilius der Gr., Basel 1953 (Kap. 4). *Altaner*[8] 334 (Lit.); DThC 9,1077–1084. *A.C. de Veer*, Rév. d'Étud. Augustiniennes 7, 1961, 389ff.

Optimates. Die »Besten«, Bezeichnung des Senatorenstandes, die dessen polit. Führungsanspruch ausdrückt und dem griech. ἄριστοι entspricht. Auch der Adel fremder Nationen wird bisweilen *o.* genannt. Cic.Flacc. 58; ad Q.fr.1,1,25. Liv. 37,9,4. Cato teilte die Gesellschaft Karthagos in *populus*, *o.* und *regia potestas* ein. Serv.Aen. 4, 682. Eine genaue ant. Definition fehlt, o. bezeichnet bald den ganzen Stand im Gegensatz zu *plebs-populus* (Cic.leg. 2,30. 3,10. 33. 38. Liv. 6,39,6), bald eine Auswahl von Persönlichkeiten oder Familien, die sein Wesen am reinsten repräsentieren (Vell. 2,3,2. Suet.Caes.11.15.19; Tib. 2,4). O. ist ein Ehrenname, den sich die Vornehmen selbst gegeben haben, die »sich selbst und ihr Tun als gut, nämlich als ersten Ranges empfanden«. Nietzsche Zur Genealogie der Moral 1,2. 4f. Sein Alter ist nicht zu bestimmen. Plaut.Men. 572 und Plut.Gracch. 34,4 setzen den Begriff voraus. Seine polit.-soziolog. Ausprägung in der rednerischen Agitation zeigt das Schulbeispiel Rhet.Her. 4,45. G.Calboli Cornificiana 2: l'autore e la tendenza politica della Rhetorica ad Herennium, Atti della Accad. delle Scienze del'Istituto di Bologna, Memorie 51/52, 1965, 64ff. Cic. gab dem Schlagwort o. einen neuen realpolit. Inhalt, er begriff unter ihm die Gutgesinnten aller Stände, die sich zu der überlieferten Staatsordnung und ihren Idealen bekannten. Selbst Freigelassene sollten, ihre staatserhaltende Gesinnung vorausgesetzt, zu o. gehören. Sest. 96ff. 136ff. Den ideolog. Gegensatz der o. zu den → *populares* deutete Cic. aus dem Wortsinn der Bezeichnung: *Duo genera semper in hac civitate fuerunt eorum, qui versari in re publica atque in ea se excellentius gerere studuerunt. Quibus ex generibus alteri se populares, alteri optimates et haberi et esse voluerunt. Qui ea quae faciebant* *quaeque dicebant multitudini iucunda volebant esse, populares, qui autem ita se gerebant ut sua consilia optimo cuique probarent, optimates habebantur.* Sest. 96. Diesen Gegensatz der Politiker, die durch ihre Worte und Taten der Menge gefallen wollten, und derer, die in ihrer Politik den Beifall der Besten suchten, verstanden die Forscher der röm. Gesch. seit der 2. Hälfte des 18. Jh. als Aufspaltung des röm. Volkes in 2 große Parteien, eine konservative Regierungspartei, die Senats- oder O.-Partei, und eine fortschrittliche Oppositionspartei, die Popular- oder Volkspartei. Beispiele für die irrige Anwendung des modernen Begriffes »Partei« auf röm. Verhältnisse, die sich sogar bei MOMMSEN RG findet, gibt H. STRASBURGER, RE XVIII 775ff. Erst durch M. GELZER Die Nobilität der röm. Republik, 1912 (= Kl. Schrift, 1, 1962) und MÜNZER Adelsp. wurde das System persönlicher oder familienpolit. Zusammenschlüsse aufgedeckt, die in immer wieder wechselnden Gruppenbildungen die röm. Politik machten. Die o. verband also keineswegs ein Parteiprogramm, wohl aber die grundsätzliche Überzeugung, daß bei allen polit. Schritten die Alleinherrschaft und Monopolstellung der → nobiles, zu denen sie gehörten, zu erhalten sei. Um diese Grundlage des Staates zu sichern, bedienten sich die o. mitunter aus taktischen Gründen der Mittel, die ihre Gegner, die Popularen, im Kampf um die einflußreichen Stellen im Staat gegen die Ausschließlichkeit des Senatsregiments anwandten. Ihrer gesellschaftlichen Herkunft nach waren die Popularen Senatoren, also auch o., unterschieden sich aber von ihnen durch die Art ihrer Politik, mit der sie unter dem Vorwand, dem Volk zu dienen, ihren Willen durchzusetzen und Macht zu gewinnen suchten. Zu *popularis* als Terminus für solche Politik CH. MEIER, RE Suppl. X 549ff. So wandte sich der o. P. Cornelius Scipio Aemilianus im Sinne popularer Politik zeitweilig gegen die Senatsmehrheit und wurde deshalb später als Vorgänger und Autorität der *populares* betrachtet. Cic. ac. 1,13. App. b.c. 1,19. Plut. Aem. 38,3ff. Pompeius fühlte sich als o., aber der Widerstand der o., die jedes Überragen einer Persönlichkeit über die Standesgenossen ablehnten, trieb ihn zur Zusammenarbeit mit Politikern popularer Richtung. Die kurzsichtige Uneinigkeit der o. führte zum Verfall des röm. Staates. Cic. har. 40ff. führte 57 das Gutachten der *haruspices* an: *ne per optimatium discordiam dissensionemque patribus principibusque caedes periculaque creentur* und wies darauf hin, daß diese Mahnung vor der machtpolit. Trennung des Caesar, Pompeius und Crassus vom Senat warne. Er selbst hatte bereits 60 betont, daß ihn nichts vom Senat losreißen könne, obwohl er seit dem Tode des Catulus der einzige sei, der »auf diesem Weg der Optimaten *(viam optimatem tenere)* ohne Schutz und Begleitung einhergehe«. Att. 1,20,3. J. HELLEGOUARC'H Le vocabulaire latin des relations et des partis politiques sous la république 1963, 500ff. Die griech. Historiker, die die Epoche der Gracchen und die folgende Z. beschreiben, geben den Begriff o. verschieden wieder. Neben *οἱ ἄριστοι* (Plut. Mar. 14,14) und *βέλτιστοι* (Plut. Mar. 29,10) finden sich *ἀριστοκρατικοί* (Plut. Mar. 28,6), *ἀξιόλογοι* (Plut. Mar. 9,4), *γνώριμοι* (Plut. C. Gr. 3,2), *ὀλιγαρχικοί* (Plut. C. Gr. 11,4), *πρῶτοι* (Plut. Mar. 9,2), *δυνατοί* (Plut. Mar. 4,2. App. b.c. 1,30. Cass. Dio 36,24,3) und *κρατοῦντες* (Cass. Dio 37,23,2). H.V.

Optio. Der o. (*οὐραγός*) ist bereits für die Z. des röm. Milizheeres der Manipulartaktik nachweisbar (Pol. 6,24). Er scheint schon damals der Stellvertreter des → *centurio* und sein Gehilfe in administrativen Geschäften gewesen zu sein (KROM.-VEITH 347); er zählte zu den → *principales*, die im Range über den → *immunes* standen und als takt. Chargen in aufsteigender Linie den → *tesserarius, o.* und → *signifer* bzw. → *vexillarius* umfaßten (KROM.-VEITH 516). Neben der gelegentlich selbständigen Führung von Abteilungen war der *o.* bes. in der Verwaltung tätig. O.-nes gab es in der Kaiserz. nicht nur bei den Legionen und Hilfstruppen, sondern auch bei den Prätorianern, den → *equites singulares*, den → *speculatores, cohortes urbanae, cohortes vigilum*, in den *castra peregrinorum* und bei den → *numeri* mit verschiedenen Aufgaben (DOMASZEWSKI 316f.). Der o. ist bis in byz. Z. nachweisbar. A. N.

F. Lammert, RE XVIII 806ff. *A. v. Domaszewski* Die Rangordnung des röm. Heeres, Bhe BJ 14 (1967).

Opus. 1. *᾿Οποῦς*, Ethnikon *᾿Οπούντιος*, dazu verschiedene Varianten, die Hauptstadt der Ostlokrer, deren genaue Lage an der großen Bucht von Atalanti nicht sicher ist, wohl im SW. der Ebene beim h. Kyparissi mit Siedlungsspuren in der Ebene und starker Akropolis darüber. Die Gesch. von O. ist im wesentl. die von → Lokris. O. ist genannt bei Hom. Il. 2,531. 18,326. 23,85. Die Kolonieinschr. von Naupaktos IG IX 1,3², Nr. 718. Syll. I³ 47. SCHWYZER 362 zeigt O. als Vorort der Lokrer, ähnlich Strab. 9,2,42 p. 416. Große Zerstörungen durch das Erdbeben von 426 v. Chr., Strab. 1,3,20 p. 60; Kornsendung von Kyrene in der Notzeit um 330 v. Chr., SEG 9,2 Z. 26 = TOD 2², 196; 208 v. Chr. vorübergehende Eroberung und Plünderung durch Sulpicius und → Attalos (4), Liv. 28,7,4ff.; 106 n. Chr. schweres Erdbeben, Oros. 7,12,5. Euseb. 2,162f. Genannt ist O. noch Itin. Anton. 327,4 und Hierocl. synecd. 644,8. Spätant. Bistum [1],817. LE QUIEN 2,205ff. Dann zugunsten von Atalanti verlassen. Pind. O. 9,21. Mela 2,45. Plin. nat. 4,27. 8,163. Ptol. 3,14,18. BCH 45, 1921, 16 III 31. Inschr.: IG IX 1 Nr. 267 bis 307. SEG 3,422–424. Mz.: HEAD HN² 336f. 17. Jb. f. Numism. 1967, 52ff. Nr. 32. 46. 61.

1. *Wm. Oldfather*, RE XVIII 812ff. Nr. 2. 2. *W. Blegen* The site of O., AJA 30, 1926, 401ff. 3. *G. Klaffenbach* SDAW, 1935, 706. 4. *Philipps.-Kirst.* 1,355.

2. Stadt der elischen Akroreia, wahrscheinlich die bedeutende Akropolis von Gartsiko, Strab. 9,4,2 p. 425. Diod. 14,17,8. Steph. Byz. s. Ὀπόεις. BCH 45, 1921 14 II 128 (Ὀφιοῦς). Pind. O. 9, 86f. IG V 2,368,135ff. E. M.

E. Meyer, RE XVIII 818f. Nr. 5.

Orakel. Spruchmäßig fixierte und örtl. institutierte Form der → Mantik. Entwicklung zu sakr. Korporation im Dienst einer bestimmten O.-Gottheit mit legitimiertem Anspruch der Vermittlung göttl. Revelationen an profane Konsultanten nach traditionell festgelegtem Ritus (A. Bouché-Leclercq Hist. de la Divination 2, 1880, 231). Über die verschiedenen O.-Techniken und -Praktiken K. Latte, RE XVIII 848ff.; zum Schema von O.-Anfragen bzw. Antworten und ihrer schriftl. Formulierung A. Wilhelm, APF 15, 1953, 71ff. 75ff. (Äg. - Dodona). D. M. Pippidi, BCH 86, 1962, 517ff. (Kallatis). Vgl. [12], 33; zum sprachl. Bau der O.-Sprüche S. Ferri Ath 4, 1916, 396ff.; zur Tradition alter O.-Sammlungen des → Abaris, Epimenides, Musaios, Bakis Hdt. 7,96. 8,77. Latte 850f. [14],74,1. 89,1; letzterer wohl wie die Sibylle Bezeichnung einer Seherklasse (Βακίδες R. Pettazzoni Rel. de la Grèce Ant. 109. Vgl. Bouché-Leclercq 2,105ff.), namentlich vielleicht mit Bakiś, dem lyd. Bakchos (E. E. Sturtevant, Language 1, 1925, 77f. O. Masson, Jb. kl. Forschg. 1, 1951, 182ff. → Dionysos), ident. (P. Kretschmer, Glotta 18, 1930, 235). – In der griech.-kleinasiat. Inspirationsmantik personale Trennung von μάντις (inspirierter Seher) und προφήτης bzw. χρησμολόγος (Deuter und Vermittler mant. Weissagung): L. Radermacher, RhM 53, 1898, 497ff. E. Fascher, Prophetes, 1927, 32f. H. Lewy Sobria Ebrietas, 1929, 26 Anm.; zum Unterschied zwischen griech. und vorderasiat. Prophetentyp T. H. Robinson, Studies G. Norwood, 1952, 229ff. (über das polit. Prophetentum Israels vgl. M. Weber Das antike Judentum, Ges. Aufsätze zur Rel.-Soziologie 3, 1921, 300ff. H. Donner Israel unter den Völkern, VT Suppl. 11, 1964, IXff.); zum Anteil des weibl. Elements an der ekstat. Divination W. von Soden, Welt des Orients 1,5, 1950, 397ff. M. Noth, Journ. Sem. Stud. 1, 1956, 327 (Vorderasien), E. R. Bevan Sibyls and Seers, 1928 (Griechenland-Kleinasien), E. Schroeder, ARW 19, 1918, 196ff. D. R. Dudley–G. Webster The Rebellion of Boudicca, 1962, 94 (Germanien). – Dunkelheit und Zweideutigkeit der O.-Auskünfte (Hdt. 5,92 [Kypselos]. W. den Boer, Mnem 10, 1957, 339. [5], 17ff. [14], 75). Verwendung des O.-Motivs im griech. Drama (E. R. Schwinge Die Stellung der Trachinierinnen im Werk des Sophokles, 1962, 93ff.) und in der Historiographie (R. Crahay La Littérature Oraculaire chez Hérodote, 1956. Vgl. J. Defradas, REG 70, 1957, 537f. E. Gabba, Ath 36, 1958, 150ff. [12], 68ff.). O.-Kritik ([5], 7f.), Rückgang des O.-Glaubens in hellenist. Z. unter Einfluß der rationalen Philosophie (→ Oinomaos von Gadara D. R. Dudley History of Cynicism, 1937, 162ff. [5], 8f.); Erlöschen vieler O. (Plut. def. or. 411 e. Strab. 7,327. 8,353. 14,642. 17,813); teilweise Restauration (O. Weinreich, NJb 47, 1921, 137f.) unter dem Einwirken oriental. Kulte und später des Neuplatonismus ([5], 9. Vgl. Nilsson GgrR 2, 467ff.); die meisten O. jedoch nicht mehr an rel. Zentren gebunden, Auftreten ambulanter Divination (Min. Fel. 27), vorgeprägt schon im Typ des ekstat. Apollon-Propheten → Aristeas (Hdt. 4, 15. J. D. P. Bolton Aristeas of Proconnesus, 1962, 126ff. 134ff. [14], 40); orakelnde Wanderphilosophen (→ Apollonios von Tyana, → Peregrinus Proteus: M. Caster Lucien et la Pensée Rel., 1938, 237ff. Dudley 170ff. [13], 58ff.); Schwindel-O. des → Alexandros von Abunoteichos (F. Cumont, RHR 86, 1922, 202ff. A. D. Nock Conversion, 1931, 93ff. Caster 255ff. [8], 73ff.); mant. Magie (Cumont L'Egypte des Astrologues, 1937, 159ff. [8], 47ff.); rel.-doktrinale O.-Inhalte (P. Batiffol, Rev. Bibl. 13, 1916, 177ff. Nock, REA 30, 1928, 280ff. [8], 53ff. [13], 57. → Iao. Kronos); Verbindung mit Mystik und Theurgie ([8], 31ff. 67ff.); synkretist. O.-Sammlungen theol. und apokalypt. Ausrichtung: O. des → Hystaspes (H. Windisch Die O. des Hystaspes, 1929. Cumont, RHR 104, 1931, 64ff. Vgl. E. Benveniste, RHR 106, 1932, 373ff. F. Altheim–R. Stiehl Die Araber in der Alten Welt 2, 1965, 39ff.); Sibyllin. O. (J. Geffcken Die Oracula Sibyllina, 1902. B. Bischoff, Mél. de Ghellinck 1, 1951, 120ff.; zur Übernahme durch das Christentum B. Thompson, Rev. Rel. 16, 1952, 115ff.); Oracula Chaldaica (W. Kroll De Oraculis Chaldaicis, 1894. W. Theiler Die chaldäischen O. und die Hymnen des Synesios, 1942, 1ff. H. Lewy Chaldaean Oracles and Theurgy, 1956, 3ff.), auch dem → Zoroaster zugeschrieben (A. V. W. Jackson Zoroaster, 1899, 259ff.); »Theosophie« ([1], 89ff. K. Mras, WS 28, 1906, 43ff. H. Erbse Fragmente griech. Theosophien, Hambg. Arb. z. Alt. Wiss. 4, 1941. Nilsson 2,478ff.).

O.-Arten (Nilsson 1,626): a) Stimmen-O. (κληδόνες Hom. Od. 20,120. → Aius Locutius), z. B. das chthon. Manteion des → Trophonios in → Lebadeia (Paus. 9,39,5f.). oder Zeichen-O., z. B. aus der Opferschau (O. des → Zeus in Olympia: Pind. O. 2,70. Xen. hell. 4,7,2. L. Weniger, ARW 18, 1915, 53ff. L. Ziehen, Burs. 172,3, 1915, 123f. [5], 11), aus dem Summen der Bienen (O. der Thriai: Hymn. Hom. in Herm. 552ff. M. Feyel, RA 15, 1946, 5ff.), dem Vogelflug (Adler in der Gygeslegende: Nikol. Dam. fr. 49 Jac. W. Fauth, H 96, 1968, 261. [12], 51), bzw. dem Verhalten von Vögeln (Specht-O. des → Mars von Tiora Matiene: G. Hermansen Studien über den ital. und den röm. Mars, 1940, 35. 45. A. J. Pfiffig Religio Iguvina, 1964, 45), Sprechen, Nicken oder Lokomotion des Götterbildes (Äg.: J. Cerny, BIFAO 30, 1931, 491ff. O. Kaiser, Ztschr. f. Rel. u. Geistesgesch. 10, 1958, 193ff. 199ff. [12], 31). Zeichencharakter haben auch die präparierten Astragal-O. (F. Heinevetter Würfel- und Buchstaben-O. in Griechenland und Kleinasien, 1911. R. Heberdey, WS 50, 1932, 82ff. [7]) und die Los-O., verbreitet u.a. bei Italokelten (Suet. Tib. 14,3. Cic. div. 2,86. F. Altheim Kimbern und Runen, 1943[2], 46ff. [10], 405ff.), Germanen (Tac. Germ. 10. R. Much Die Germania des Tacitus, 1937, 129ff.) und Skythen (Hdt. 4,67f. [10], 409f. [12], 16ff. Altheim Geschichte der Hunnen 1, 1959, 268f. Vgl. P. Poucha, Arch. Or. Suppl. 4, 1956, 181f.). b) Traum- und Inkubations-O. (Äg.: S. Sauneron Les Songes et leur Interprétation, 1959, 31. [12], 30f. – Kelten: F. Benoit Mars et Mercure, 1959, 19ff.), meist den → Chthon. Göttern gehörig (→ Amphiaraos L. D. Johnston, CJ 43, 1947/48, 349ff.) mit oft symbol. verschlüsselten Visionen (Ferri, Ath. 2, 1914, 310ff.), z.T. mit therapeut. Effekt (→ Asklepios von Epidauros: Orig. in Cels. 3,24. Max. Tyr. 9,7. [13], 45f.; → Men von Kabeira: Athanas. de incarn. 47. O. Crusius Griech. Studien H. Lipsius, 1894, 40ff. 187); vom christl. Heiligenkult übernommen (Kosmas und Damian: E. Lucius Anfänge des Heiligenkults, 1904, 231ff. 252ff. [2], 56ff.). – In Italien → Faunus-O. von Latium (B. Tilly Vergils Latium, 1947, 103ff.) an der Quelle → Albunea (J. Carcopino Vergile et les Origines d'Ostie, 1919, 338f.) mit mefit. Exhalationen (Verg. Aen. 7,81ff. Ov. fast. 4,649ff. Johnston 350f. F. Bömer P. Ovidius Naso, Die Fasten 2, 1958, 264ff.), Traumschlaf auf Schaffellen (Strab. 6,284. [10], 428ff.), Gottesstimme in Versen (Enn. ann. 214. W. F. Otto, Phil. 72, 1913, 194f. F. Marx, RhM 78, 1929, 399); zur umstrittenen Realität H. Boas Aeneas' Arrival in Latium, 1938, 178ff. 195ff. Latte 855. Bömer 265f.; neuerdings zieht L. L. Tels de Jong Sur quelques Divinités Romaines de la Naissance et de la Prophétie, 1959, 74. 84 die Verbindung zu dem durch die Cippi von Tor Tignosa (M. Guarducci, Boll. Comm. Arch. Roma 72, 1946/48, 3ff.) bezeugten Kult der → Parcae von Zolforata (vgl. S. Weinstock, Festschr. A. Rumpf, 1950/52, 151f.). – Mit dem Traum-O. verwandt das Toten-O. (νεκυομαντεῖον), z.B. → Ephyra [Thesprotien] (Hdt. 5,92. S. Dakaris, Archaeology 15, 1962, 85ff. → Acheron 1). c) Spruch-O. mit und ohne Inspirationscharakter, meist an bedeutende Gottheiten geknüpft, z.B. das Sibyllen-O. des → Apollon von Cumae (R. M. Peterson Cults of Campania, 1919, 50ff. W. Weber Der Prophet und sein Gott, AO Bh. 3, 1925, 48ff.), oft mit anderen O.-Arten kombiniert, z.B. das O. des → Pan zu Lykosura (Paus. 8,37,11f.) und der sphragit. → Nymphen am Kithairon (Plut. Arist. 11. Paus. 9,3,9. Plat. Phaidr. 263d; vgl. SEG III 406).

Wichtige O.-Stätten: a) Dodona (Steph. Byz. 246,7. 248,16. [16], 11), prähellen. Zeichen-O. der → Gaia (d.h. der min. Muttergöttin; vgl. A. B. Cook, CR 17, 1903, 178ff. J. Kreichgauer, Jb.

St. Gabriel 2, 1925, 124) mit Baum (Eiche) und Vogel (Taube); von → Dione (Naia) und → Zeus Naios (→ Poseidon [11], 132f.) übernommen (Euangelides-Dakaris, EA 1959, 127ff. Dakaris, Ant. Kunst Bh. 1, 1963, 47ff. G. Rachet, Bull. Ass. Budé 1962, 86ff. [11], 134). Archäol. Befunde und ethn.-geograph. Daten: Dakaris, EA 1959, 1ff. Ἀρχ. Δελτ. 16, 1960, [1962], 4ff. Athene 24, 1963, 11ff. [11], 128ff.; angebl. Beziehungen zu Äg.: Hdt. 2,54ff. C. Sourdille Hérodote et la Rel. de l'Égypte, 1910, 257. [12], 26; O.-Verkünder (ὑποφῆται) die Σελλοὶ ἀνιπτόποδες χαμαιεῦναι (Hom. Il. 16,233ff. → Hellotis) des pelasg. Zeus (E. Secci, SMSR 30, 1959, 103ff. [6], 7ff.), späteren Quellen zufolge als τόμουροι (nach dem Berggott → Tomaros) bezeichnet (Strab. 7,328f. Lykophr. 223 m. Sch.; Hesych. s. v. [6], 23ff. [11], 134f.); daneben weibl. Propheten (Πελειάδες »Tauben« Hdt. 2,56f. A. H. Krappe, RA 36, 1932, 77ff. [6], 44ff. [11], 136f.), gemäß H. W. Parke, PCA 60, 1963, 29f. nach dem Vorbild der delph. Pythia erst sekundär instituiert. O.-Praktiken: neben Loswurf, Hydromantie und Gongsignal (Cook, JHS 22, 1902, 5ff. [5], 10. [6], 26ff. 41ff. [11], 140f. – Inschr.: SGDI II 1,91ff. E. S. Roberts, JHS 1, 1880, 228ff.) Verkündung aus dem Rauschen der Eiche bzw. dem Flug und Ruf der hl. Tauben (Hdt. 2,55. B. Lorentz Die Taube im Altertum, 1886, 32ff. L. Pschor, BPhW 30, 1910, 1175f.), durch epirot. Mz. gesichert (P. R. Franke, MDAI(A) 71, 1956, 60ff. Die ant. Münzen von Epirus 1, 1961, 320. Rachet 92ff.). Zur Technik der schriftl. Anfragen C. Carapanos Dodone et ses Ruines, 1878, 34ff. Vgl. C. Robert, H 18, 1883, 466ff. b) → Ptoion (Perdikovrysi/Boiotien), Inspirations-O. des Apollon ([16], 1ff.), Votiv-Gaben mit Inschr. (L. H. Jeffery The Local Scripts of Archaic Greece, 1961, 92f. 94), z.T. Dreifüße (P. Guillon, BCH 60, 1936, 416ff. 86, 1962, 569ff. Les Trépieds du Ptoion, 1 1943, 54ff.); männl. Propheten inschr. genannt (IG VII 2724. 4155 u.ö. BCH 44, 1920, 10), myth. Prototyp → Teneros (Pind. fr. 34 Bowr.); Konsultation in einer Grotte w. des Tempels (Guillon, BCH 70, 1946, 216ff. 222); Vorgänger des Apollon und der Athena Pronaia der Heros → Ptoios (Asios frg. 3 K.) und seine Kurotrophos (→ Gaia-Demeter) mit Heiligtum in Ptoion-Kastraki (J. Ducat, REG 77, 1964, 286ff.). Zwillings-O. das Ismenion auf der Kadmeia von → Theben (Pind. P. 11,1ff.), wie das erstere von dem Karer → Mys konsultiert (Hdt. 8,134f.); Dreifuß-Dedikationen (Hdt. 1,92. 5, 59ff.) an Apollon → Ismenios und Athena Pronaia (Ἀρχ. Δελτ. 3, 1917, 35ff. Jeffery 94 Nr. 1. 2); zur Divinationsmethode Hdt. 1,34. Soph. Ant. 999. Oid. T. 21. Philoch. fr. 193 Jac. Plut. Lys. 29; zum Prophetentyp → Teiresias; Kultlegende (Apollon, Melia, Teneros): Paus. 9,10,5f. C. Robert Oidipus 2, 1915, 55. 74. F. Vian Les Origines de Thèbes, 1963, 85,7. 139 u. A. 4. [16], 4f. c) → Delphoi

(Phokis), chthon. O. der → Gaia ([9], 163f. 166f.), etymol. mit dem boiot. → Telphusa (Hymn. Hom. in Ap. 244ff. 375ff.) verwandt (M. Delcourt L'Oracle de Delphes, 1955, 136ff.); Chasma und Omphalos (S. Marinatos, Epistem. Epeter. Ath. 1959, 345ff. J. Defradas Les Thèmes de la Propagande Delphique, 1954, 102ff.); ekstat. Dreifußmantik der → Pythia (H. J. Elferink Lekythos, 1934, 64ff. E. Langton Démonologie, 1951, 101ff. [5], 11ff. [9], 167f.); großes Ansehen und weitreichender polit. Einfluß des O. (Liv. 38,48. [9], 170. [14], 62ff. H. Berve Gestaltende Kräfte der Antike, ²1966, 21ff.); Verfall erst spätkaiserzeitl. (Clem. Al. protr. 2,11,1. Prud. apoth. 438ff. Cedr. 1,532 Bekk. E. A. Thompson, CQ 40, 1946, 35. [8], 90. [9], 176). d) → Didyma. Kleinasiat. Apollon-O. bei Milet (Hdt. 1,46. 92. 5,36. 6,19. Strab. 14,634. Paus. 7,2,6. B. Haussoulier Études sur l'Histoire de Milet et du Didymeion, 1902, XXIVff.); Priesterfamilie der Branchiden, Branchos als myth. O.-Gründer (Konon narr. 33. Strab. 9,421. W. Schultz, Memnon 2, 1908, 39ff. J. E. Fontenrose, TAPhA 64, 1933, 98ff.); barbarophone Ritualsprache (*βεδυ ζαψ χθωμ*-Formel: Clem. Al. strom. 5,8. [8], 43 u. A. 2); Quellinspiration (Kallisth. fr. 14 Jac. Kallim. frg. 229. [5], 16); männl. und weibl. Propheten (A. Rehm–R. Harder, Didyma 2, 1958, 155ff. 321ff. – Iambl. de myst. 3,11. [16], 12). Zur Geschichte des O.: J. Boardman The Greek Overseas, 1964, 48. Altheim–Stiehl Die Araber in der Alten Welt 1, 1964, 78. e) → Sura (Lykien). Fisch-O. (*ἰχθυομαντεῖον*; → Galeoi. Glanis) des Apollon (Polycharm. frg. 1 Jac.); Erscheinen der von Fleisch angelockten seltenen Fische vom Prophetes divinatorisch gedeutet (H. Th. Bossert, Analecta Bibl. 12, 1959, 16ff. G. Neumann, Sprache 8, 1962, 204ff.); Grundlage bilden syr.-anatol. Fischkulte (→ Dea Syria. E. Laroche, Rev. Ass. 52, 1958, 150ff. Vgl. O. Carruba, Stud. zu den Boğazköy-Texten 2, 1966, 24). f) → Klaros (Ionien), s. von Kolophon (Hymn. Hom. in Ap. 40. in Art. 5. [1], 29ff.), Hydromanteion (Tac. ann. 2,54) in unterird. Grotte (Haussoulier, Rev. Phil. 22, 1898, 257ff.), aber auch Dreifuß-O. (Nik. Al. 11. Him. 11,3. G. Pasquali, SIFC 20, 1913, 78ff.); myth. Repräsentanten → Mopsos (Strab. 14,642f.) bzw. → Manto (Paus. 7,3,1ff.) oder Kassandra (Lykophr. 1464 m. Sch.): A. Momigliano, RFIC 62, 1934, 313ff.; zur Sakrallegende O. Immisch, Jb. kl. Ph. Suppl. 17, 1889, 134ff.; myst.-theol. Intentionen des O. (W. M. Ramsay, ABSA 18, 1911/12, 45f. S. Eitrem, Studia Theol. 2, 1949, 90ff. Ch. Picard, Aegyptus 32, 1952, 3ff. [8], 54ff. 66ff.); zur Archäologie G. Klaffenbach, Alt. 1, 1955, 214ff. G. E. Bean Aegean Turkey, 1966, 193f.; zur Gesch. des O. Picard Éphèse et Claros, 1922; Bez. zu Boiotien (Manto-Teiresias): M. B. Sakellariou La Migration Grecque en Ionie, 1958, 146ff. – Oriental. O.-Götter: a) → Ammon. Lib. O. in der Oase Siwa (Hdt. 1,46,3. 2,42. u. ö. F. Chamoux Cyrène sous la Monarchie des Battiades, 1953, 320ff.), seit 6. Jh. in Griechenland bekannt (Pind. frg. 6 Sn. Paus. 5,15,11. 10,13,5) bzw. von Griechen konsultiert (Plut. Kim. 18. Nik. 13. C. J. Classen, Hist. 8, 1959, 349ff.), von → Alexander aufgesucht (Curt. 4,7,16ff. Strab. 17,814. J. G. Milne Miscellanea Gregoriana, 1941, 145ff.). Bätyl. Idol (F. Ll. Griffith, Journ. Eg. Arch. 3, 1916, 255) auf goldener Barke, O.-Auskunft durch Bewegungen während der Prozession ([4], 125. [5], 10 U. Wilcken, Sb. Ak. Berlin 1930, 159ff. 171ff.). b) → Sarapis. Hellenist. Inkubations-O. in Äg. (Strab. 17, 801. Artem. 4,80. Bonnet, RÄRG 652f.) und auf Delos (P. Roussel Cultes Égyptiens à Delos, 1915/1916, 291ff.). c) Ammudates (→ Elagabalus) von Emesa. Zeichen-O. durch Bewegungen des Pferdegespanns bei der Prozession des Bätyls (Commodian. instr. 1,18. J. H. Mordtmann, ZDMG 31, 1877, 91ff. [4], 130f.). d) Apollon (Nabu) von → Hierapolis. Zeichen-O. durch Veränderungen am Gottesbild (Lukian. dea Syr. 36. Mordtmann, ZDMG 32, 1878, 561ff. [4], 129). e) → Zeus-Hadad von Baalbek-Heliopolis (→ Baal): Macr. sat. 1, 23,13ff. R. Dussaud Notes du Mythol. Syrienne, 1903, 29ff. 67ff. 117ff. O. Eissfeldt, AO 40, 1941, 38. [4], 127f. Vgl. W. Fauth bei H. Heubner P. Cornelius Tacitus, Historien 2, 1968, 275. W. F.

Mantik. 1. *K. Buresch* Klaros, 1889. 2. *L. Deubner* De Incubatione, 1900. 3. *A. W. Persson* Die Exegeten und Delphi, 1918. 4. *G. Hoffmann–H. Gressmann*, ZAW 40, 1922, 110ff. 5. *E. Stemplinger* Prophezeiungen der Alten, 1933. 6. *J. Friederich* Dodonaica, 1935. 7. *G. Björck*, Symb. Osl. 19, 1939, 86ff. 8. *S. Eitrem* O. und Mysterien am Ausgang der Antike, 1947. 9. *V. Cilento*, Par. del Pass. 6, 1951, 161ff. 10. *T. Yoshimura*, NClio 7/9, 1955/57, 405ff. 11. *D. Nicol*, Greece and Rome 5, 1958, 128ff. 12. *H. Klees*, Tübg. Beitr. 43, 1965. 13. *E. R. Dodds* Pagan and Christian in an Age of Anxiety, 1965. 14. *J. Kirchberg*, Hypomnemata 11, 1965. 15. *R. Flacelière* Greek Oracles, 1965. 16. *A. Schachter*, BICS 14, 1967, 1ff. 17. *M. West*, Ztschr. f. Pap. u. Epigr. 1, 1967, 183ff. (Lit.)

Orarium. Das »Mund-, Gesichtstuch«, h. Taschentuch, kam in Rom im 1. Jh. v. Chr. auf. Es diente dazu, den Schweiß von der Stirn zu wischen, nicht dagegen zum Hineinschneuzen. Es hieß zweckentsprechend *sudarium*. Das Wort O. kommt im 3. Jh. n. Chr. auf, das O. dient seitdem auch zum Beifallspenden. Nach dem 4. Jh. erweitert sich die Bedeutung von O. stark, bis hin zu liturgischen Gewandstücken. W. H. G.

Orbelos (*Ὄϱβηλος*), Gebirge im Grenzgebiet zwischen Thrakien und Makedonien, oft bei den ant. Autoren erwähnt, wahrscheinlich die h. Belasitza. *Ὀϱβηλία* bzw. *Παϱοϱβηλία* hieß die s. gelegene Landschaft. Nach Diodoros aber lag O. im Grenzgebiet zwischen Paionien und Makedonien. Mela und Plinius (und ähnlich Arrian.) setzten dagegen O. in Thrakien an. Chr. D.

Kazarow Peonija, Sofia, 1921 (bulg.), 6, Anm. 29. *H. Kiepert*, FOA XVII u. *R. Kiepert*, FOA XVI, 2. *Geyer*, RE

XIV 671. *Gerov* Unt. über d. westthrak. Länder in röm. Z. (bulg.), Sofia, 1961, 167 ff. *Detschew* Thrak. Sprachz. 343 ff. *Danoff* Altthrakien, Sofia, 1978, 112 ff.

Orbi. Kinderlose Ehegatten. Nach der lex Papia Poppaea (9 n. Chr.), einem der augusteischen Ehegesetze (vgl. → caelibatus, → ius liberorum), konnten o. nur die Hälfte dessen erwerben, was ihnen als Erbschaft oder Vermächtnis zugewendet wurde (Gai. 2,111. 286 a). Die andere Hälfte *(caducum)* fiel an die in demselben Testament bedachten Personen, die weder *caelibes* noch o. waren, in Ermangelung solcher Bedachter an die Staatskasse. Dem Versuch, den privat- und ämterrechtlichen Nachteilen der *orbitas* durch Adoption zu entgehen, begegnete das SC Memmianum (63 n. Chr., Tac. ann. 15,19). E. Bu.

M. Kaser Das röm. Privatrecht 1, 1955, 601. *P. Voci* Diritto ereditario rom. 1, 1960, 421.

Orbilius. Lat. Gentilname, Ableitung von → Orbius. Vgl. J. REICHMUTH D. lat. Gentilicia, Diss. Zürich 1956, 110. 121. H. G. G.

L. Orbilius Pupillus, Grammatiker aus Benevent, 114 bis etwa 14. Nach Suet. gramm. 9 stammte O. aus dem Ritterstand und unterrichtete in Benevent, bis er 63 Lehrer in Rom wurde. Trotz seines Ruhms blieb er arm. In seiner Verbitterung griff er auch den Redner Galba an (Macr. Sat. 2, 6,4); er scheute sich nicht, seine Schüler zu schlagen *(plagosum . . . Orbilium:* Hor. epist. 2,1,70 f.*)*. Von O.' Schriften ist nur ein Werk περὶ ἄλγεος (so ROBINSON für das überlieferte *perialogos;* περιαλγής TOUP) bekannt, in dem er sich über die Leiden beklagte, die dem Lehrer durch Nachlässigkeit und Ehrgeiz der Eltern drohten. Er gab ferner die Elenchi zu Ennius' Annalen von M. Pompilius Andronicus heraus (Suet. gramm. 8). M. Fo.

Fun GrRF 1,134 f. *E. Bernert*, RE XVIII 876 f. *Teuffel-Kr.-Sk.* 1^6, 1916, § 200,3. *Schanz-Hos.* 1,580.

Orbius. Röm. Familienname (osk. *Orfius*), inschr. auch auf Delos nachweisbar, vgl. J. REICHMUTH D. lat. Gentilicia, Diss. Zürich 1956, 121, zu den Inschr. auch SCHULZE Eigenn. 221. 364. **1.** L. O. (M. f., Horatia tribu), Anf. 1. Jh. v. Chr., angesehener Römer auf Delos, durch eine Statue geehrt, wahrscheinlich weil er die Insel von der Invasion des Apellikon im J. 88 befreite (vgl. Poseid. FGrH 87 F 36). Inscr. de Délos 1736. 1742 f. 2001. **2.** P. O., Altersgenosse Ciceros, als Redner Schüler des T. Iuventius, Praetor 65, Propraetor in Asia 64. BROUGHTON Mag. 2,158. 163. H. G. G.

Orbona (Arnob. 4,7. Tert. nat. 2,15: *Orbana*) tötet die Samen (Tert.) und schützt Eltern, die ihre Kinder verloren (Arnob.); O. hat ein *fanum* beim Larentempel (Cic. nat. 3,63 *perniciosis rebus*. Plin. nat. 2,16). Zur Namensdeutung (vgl. Non. p. 528 M. *num rectus esset*): RADKE Götter Altitaliens 240 f. G. R.

Prell.-Jord. 2,219. *Peter*, Myth. Lex. 2,209. *Wissowa* Rel.^{2} 244. *Latte* Röm. Rel. 53.

Orcades insulae (Ὀρκάδες νῆσοι. Geogr. Rav. *Dorcades*), h. die Orkney-Inseln, eine Gruppe von ca. 90 nur z. T. bewohnten Inseln (Mela 3,54 gibt die Zahl 30 an), n. von Caledonien, die nach Tac. Agr. 10 von Agrippa entdeckt und unterworfen sein sollen, während sie schon Pytheas bekannt gewesen sein müssen, von Plin. nat. 4,103 erwähnt werden und mit der Eroberung von Britannien (44 n. Chr.) dem röm. Reich zugeschlagen wurden. Ptol. 2,3,31 nennt nur ihren Namen, setzt sie aber falsch an. W. S.

Orchester. Entsprechend dem urspr. rein melod. Charakter der ant. Musik kennt die klass. Z. keine O. Erst etwa seit E. des 1. Jh. v. Chr. entwickeln sie sich im Bereich des röm. Pantomimus und Mimus zunächst als rhythm. Ergänzung zum Soloinstrument, während sie dann in der Kaiserz. im Zusammenhang mit der Ausbreitung des Virtuosentums selbständig und laufend weiter vergrößert werden. Einzelheiten über die Zusammensetzung sind nicht bekannt. U. K.

Orchius. Lat. PN. (inschr. auch *Orcius*, Weiterbildung: *Orchivius*, vgl. SCHULZE Eigenn. 364), selten hervorgetreten. – C. O., tr. pl. 182, Urheber der ersten *lex sumptuaria* (zur Vereinfachung von Mahlzeiten), die wohl bald wieder aufgehoben wurde. Macr. Sat. 3,17,2. BROUGHTON Mag. 1, 382. H. G. G.

Orchomenos (Ὀρχομενός, einheim. auch Ἐρχομενός). **1.** Stadt an der NW.-Ecke des → Kopaisseebeckens an langgestrecktem, bis 338 m hohem Burgberg beim h. Skripu. Die Bedeutung von O. liegt ganz überwiegend in der Frühzeit. Bes. wichtige Ausgrabung der neolith. und hellad. Siedlung [6]; von der Macht des myken. O. zeugt das große Kuppelgrab, das fast genau gleich groß ist wie das sog. Atreusgrab in Mykene (»Schatzhaus des Minyas«, Paus. 9,36,4. 38,2). Im Schiffskatalog bildet O. ein eigenes Reich neben Boiotien, Hom. Il. 2,511 ff. Sein ständiges Beiwort »minysch«, Μινύειος leitet sich von dem in hist. Z. verschollenen Stamm dieses Gebiets, den Minyern (RE XV 2017 ff.) ab. Der Reichtum des damaligen O. war sprichwörtl., Hom. Il. 9,381. Strab. 9,2,40 p. 414. Paus. 1,9,3. 8,23,2. Dion Chrys. 37,36. Sogar Theben soll tributpflichtig gewesen sein, Isokr. 14,10. Diod. 4,10,3 f. Strab. 9,2,40 p. 414. Paus. 9,25,4. 34,6. Sonstige Sagengesch. bes. Strab. 9,2,40 p. 414 f. Paus. 7,3,6. 9,17, 1 f. 26,1. 34,6–37,8. Das Ansteigen des Kopaissees am E. des 2. Jt. v. Chr., nach der Sage dadurch veranlaßt, daß Herakles die Katavothren verstopfte, raubte O. einen großen Teil seines Bodens und seine alte Bedeutung, doch blieb es auch in gesch. Z. die bedeutendste Rivalin Thebens.

O. war Mitglied der Amphiktyonie von Kalaureia, Strab. 8,6,14 p. 374. Zum boiot. Bund gehörte O. vielleicht erst nach den Perserkriegen, BELOCH GG^2 1,1,209. Im Perserkrieg wie ganz Boiotien Anschluß an Persien, Hdt. 8,34. 9,16. → Chaironeia gehörte noch 424 v. Chr. zu O., Thuk. 1,113,1. 4,76,3. Steph. Byz. s. *Χαιϱώνεια*. Eine Eroberung von → Koroneia bezeugt die Weihung eines Helms in Olympia, EA 1925/26,87ff. *Πολέμων* 6, 1956/1957, 3ff. SEG 17, 205. 22, 347. O. spielte dann eine wichtige Rolle bei der Neugründung des boiotischen Bundes nach dem Jahr 447 v. Chr., in dem es zwei Boiotarchen stellte, Thuk. 1,113. Hell. Oxyrh. 16 (11),3. [9]. [10], 33f. 427/26 v. Chr. schweres Erdbeben, Thuk. 3,87,4. 424 v. Chr. sind wieder orchomen. Verbannte führend bei dem gescheiterten Versuch, O. wieder an Athen anzuschließen, Thuk. 4,76,3. 93,4. Im korinth. Krieg Anschluß an Sparta und spartan. Besatzung, Xen. hell. 3,5,6. 17. 4,3,15ff. 5,1,29. Plut. Lys. 28,2; Ages. 18,1f.; Pelop. 16,1. Diod. 15,37,1. Polyain. 2,1,18. Frontin. strat. 1,11,5. And. 3,13,20. Die theban. Vergeltung für den Abfall bestand nach Unterwerfung von O. in dessen Vernichtung und Ausmordung im J. 363 v. Chr., Diod. 15,57,1. 79,3ff. Paus. 4,27,10. 9,15,3. 37,8. Demosth. 20,109. Xen. hell. 6,4,10. 354 v. Chr. Eroberung von O. durch → Onomarchos, Diod. 16,33,4. Demosth. 19,148. Danach ist öfters von Rückgabe und Wiederaufbau von O. die Rede, Demosth. 5,21f. 6,13. 16,4. 25. 19,112. 325, der aber erst durch Philipp und Alexander Tatsache wurde, Paus. 4,27,10. 9,37,8. Arr. an. 1,9,10.

In hellenist. Z. teilt O. die Geschicke → Boiotiens. Weihung von aus dem Alexanderzug heimgekehrten Reitern, IG VII 3206. Schwyzer 520. Tod 2^2,197. Vielleicht deshalb in O. aufgestellt, weil es nach Zerstörung Thebens Vorort des Bundes war, M. Feyel, Polybe et l'hist. de Béotie 271 A. 5. Gesandtschaft des Demetrios, Polyain. 4,7, 11. Ehreninschr. für den Minister Ptolemaios' IV., → Sosibios, IG VII 3166. Sieg Sullas über das Heer Mithridates' VI. bei O. 86 v. Chr., bes. Plut. Sulla 20,3ff. O. hatte aber auch durch Plünderungen Sullas zu leiden, Paus. 9,30,1. 33,6. Anschluß an Caesar, Caes. civ. 3,56,4. Von Aristoteles gab es eine *Ὀϱχομενίων πολιτεία*, frg. 565f. In der röm. Z. ist O. nahezu verödet, kein Geograph der Kaiserzeit außer Ptol. 3,14,19 nennt O. überhaupt noch, nicht einmal Plinius, der es mit dem obskuren → Nr. 2 verwechselt. Pausanias' Schilderung macht einen sehr bescheidenen Eindruck und die wenigen Inschr. und Funde röm. Z. sind ungewöhnlich spärlich und dürftig [11].

An Resten der klass. und hellenist. Z. ist vor allem der Mauerring mit der Akropolis erhalten, ausgegraben ein Asklepiostempel hellenist. Z. und zwei andere Heiligtümer. Ein Hauptkult von O. war der als uralt geltende der Chariten, Pind. O. 14,3. Poll. 4,95. Paus. 9,35,1ff. 38,1. Anth. Pal. 9,638. 12,181. RE III 2153f. Hesiod sollte in O. begraben sein, Aristot. frg. 565. Paus. 9,38,2ff. AA 6, 1891, 186ff. Geogr. Zeugnisse: Skyl. 59. Strab. 9,2,18 p. 407. 2,40 p. 414f. 3,16 p. 424 u. ö. Paus. 9,24,3. 34,6–38,8. Plut. Sulla 20,3ff. IG IX 1^2 95 Ia 8. BCH 45, 1921, 10 II 23. 15 II 149. Inschr.: IG VII 3166–3286. BCH 18, 1894, 502ff. 19, 1895, 157ff. Schwyzer 518–529. SEG 1,138 bis 140. 15,335. 22,441f. Mz.: Head HN^2 346f. 17. Jb. f. Numism. 1967, 52 Nr. 35. 72 Nr. 123.

1. *K. O. Müller* O. und die Minyer, 1820, ^{2}1844. 2. *Philipps.-Kirst.* 1,471ff. 663f. 3. Guide bleu Grèce, 1953, 252ff. (mit Plan). 4. *Kirsten-Kraiker* Griechenlandkunde, ^{5}211ff. (mit Plan 874). 5. *L. Vlad Borrelli*, Enc. Arte Ant. 5,711ff. 6. O. Bd. I. *H. Bulle* Die älteren Ansiedelungsschichten, ABAW 1907 (mit Plänen). Bd. II *E. Kunze* Die neolith. Keramik, ABAW N.F. 5, 1931, Bd. III *E. Kunze* Die Keramik der frühen Bronzezeit, a. O. 8, 1934. 7. *A. de Ridder* Fouilles d'Orchomène, BCH 19, 1895, 137ff. 8. *Orlandos*, *Ἀϱχ. Δελτ.* 1, 1915, *παϱά.* 51ff. AA 30, 1915, 204f. 9. *J. A. O. Larsen* O. and the formation of the Boeotian confederacy in 447 B. C. ClPh 55, 1960, 9ff. 10. *Ders.* Greek federal states 26ff. u. ö. pass. 11. *U. Kahrstedt* Das wirtschaftl. Gesicht Griechenl. in der Kaiserzeit 80. 110f.

2. In gesch. Z. nur einmal genannte Ortschaft am S.-Rand der krok. Ebene in Achaia Phthiotis, Diod. 20,110,3. Sonst Sch. Hom. Il. 2,511 D. Eustath. Il. 272,29. 758,27. Sch. Apoll. Rhod. 2, 1186. Bei Plin. nat. 4,29 mit dem boiot. O. (1) verwechselt. Genauere Lage unbekannt.

1. *Fr. Stählin* Das hellen. Thessalien 173. 185. 2. *Kirsten*, RE XVIII 886f. Nr. 2.

3. Stadt im NO. Arkadiens, beim h. Kalpaki, auf einer 936 m hohen, nach S. abfallenden Bergkuppe zwischen einer etwas höheren s. und einer n. Ebene, beide ganz von Bergen umschlossen, die s. Ebene ganz, die n. zur Hälfte zu O. gehörend. Erhalten vor allem die Stadtmauer, die aber nur den oberen Teil des Stadtberges umschloß, Siedlungsreste in Ober- und Unterstadt; die Agora in der Unterstadt mit Tempel der Artemis Mesopolitis, Hallengebäude und weitere Tempel in der Unterstadt ausgegraben. An der Stadtmauer ein Theater. Prähist. ist nur ganz wenig bekannt, der Name O. ist griech. Bis zur Gründung von Megalopolis besaß O. gegen W. ein ausgedehntes Gebiet mit abhängigen Orten (Methydrion, Thisoa, Teuthis), die dann an Megalopolis fielen. Die n. Ebene war anscheinend urspr. Gebiet selbständiger Ortschaften. O. ist bei Homer genannt, Il. 2, 605. Od. 11,459, und seine Hauptbedeutung lag in der Frühzeit bes. unter dem König Aristokrates. In klass. Z. Mitglied des pelop. Bundes auch noch nach Leuktra, von Epameinondas zum Anschluß an den arkad. Bund gezwungen. In den Diadochenkämpfen wechselte O. mehrfach den Herren und stand dann wie andere arkad. Städte unter »Tyrannen«. Nach 234 v. Chr. Anschluß an den achaiischen, dann an den aitol. Bund und Kleomenes III. 223 v. Chr. eroberte Antigonos Doson die Stadt, die bis 199 v. Chr. makedon. blieb, in welchem J. Philipp V. O. den Achaiern überließ. O. fortan ohne Bedeutung. Strabon nennt es unter den »fast verschwundenen Städten« und Pausanias' Beschreibung macht einen bescheidenen Eindruck, die Oberstadt war verlassen. Es gibt aber noch eine Ehreninschr. für Septimius Severus und einen *curator* der Stadt, IG V 2,346, und Mz. der Severerzeit. Ptolemaios und Hierokles nennen O. nicht mehr, Reste und Mz. reichen aber noch bis ins 14. Jh. n. Chr. Skyl. 44. Strab. 8,8,2 p. 388. Paus. 8,13,2. Mela 2,43. Plin. nat. 4,20. BCH 45, 1921, 13 II 114. Inschr.: IG V 2 Nr. 343–350. BCH 28, 1904, 5ff. 38, 1914, 447ff. 39, 1915, 125ff. SEG 11, 1051. 110–1104. 22,319. Mz.: HEAD HN^{2}451. E. M.

1. *Philipps.-Kirst.* 3,251ff. 2. *Fr. Hiller von Gärtringen–H. Lattermann* Arkad. Forschungen, APrAW. 1911, 18ff. 26ff. mit Plan. 3. Ausgrab.: BCH 38, 1914, 71ff. 4. *E. Meyer*, RE XVIII 887ff. Nr. 4. Suppl. IX 455. 5. *L. Vlad Borrelli*, Enc. Arte Ant. 5,710f. (Plan). 6. *R. Martin* Sur deux enceintes de l'Arcadie, RA 21, 1944, 97ff. 107ff.

Orcivius. Ital. Gentilname (SCHULZE Eigenn. 68), bes. in Praeneste belegt (z. B. *Orcevia*, DESSILS 3684), aber auch in Caere und auf Delos nachweisbar. C. O., Praetor 66, Vorsitz der *quaestio peculatus* (Verfahren gegen Faustus Sulla), Cic. Cluent. 94 u. a. Im J. 65 wurde er von Cicero, seinem Kollegen im Vorjahr, verteidigt. H. G. G.

Orcus (Fest. 306,34 L. *quietalis*), Herr des Totenreichs, für das sein Name auch verwendet wird, hat weder Kult noch Tempel. Seit Enn. var. 78 V. mit → Pluto bzw. Dis Pater (Aug. civ. 7,16) gleichgesetzt. Ant. Namensdeutungen: *oriri* (Varro l.l. 5,66), *orca* (Isid. orig. 8, 11,42), *urgere* (Fest. 222,6ff. L.), *ὄρκος* (Serv. auct. georg. 1,277 *apud Orcum defunctae animae iurare dicuntur*). G. R.

Prell.-Jord. 2,62ff. *Peter*, Myth. Lex. 3,940ff. *Wissowa* Rel.^{2} 310. *Latte* Röm. Rel. 156,5. *Radke* Götter Altitaliens 241. *Wagenvoort* Studies in Rom. Lit., Culture and Rel. 102ff.

Ordo. 1. Ordnung, jurist. Terminus im röm. Prozeßrecht für den Verfahrensgang. Nach dem Ausdruck *o. iudiciorum* (Cod. Iust. 7,45,4) spricht die moderne Rechtslit. vom *o. iudiciorum privatorum, publicorum.* Im Zivilprozeß gab es als *iudicium ordinarium* (Cod. Iust. 2,55,5,3) den Legisaktions- und den Formularprozeß, beide im zweigeteilten Verfahren vor dem Magistrat *(in iure)* und dem Geschworenen *(apud iudicem)*. Diesen *o. iudiciorum* verdrängte unter dem Prinzipat die → *cognitio extra ordinem*, die Untersuchung außerhalb der Ordnung, die zunächst den Geschworenen durch einen Beamten ersetzte und schließlich das ganze Verfahren dem Beamten überließ. Das Strafrecht zeigt die gleiche Entwicklung. In der späteren Republik und im Prinzipat, zuletzt geregelt durch die *lex Iulia iudiciorum publicorum et privatorum* 17 v. Chr., gab es zunächst als ordentliches Gericht das von einem Magistrat geleitete Schwurgericht *(quaestio)*. Es wurde durch die *cognitio extra ordinem* ersetzt. Die außerordentliche Strafjustiz wurde vom Stadtpräfekten, den Provinzstatthaltern und dem Kaiser ausgeübt. Mit ihr wurden neben den gesetzlich festgelegten Straftaten auch solche verfolgt, zu deren Ahndung eine gesetzliche Grundlage fehlte *(crimina extraordinaria)*, gesetzlich zu bestrafende Tatbestände wurden auf ähnliche erweitert. H. V.

L. Wenger Institutionen des röm. Zivilprozeßrechts, 1925. *Mommsen* RStrR.

2. O., staatsrechtlich s. Nachtrag am Schluß des Bandes.

3. O. bedeutete im röm. Heer Reihe und Glied (Caes. civ. 1,71 *neque ordines neque signa servare*) einer Truppenaufstellung oder einzelne Glieder derselben (Caes. Gall. 7,62,2), die Marschordnung (Veg. mil. 1,9 *ut omnes milites incedendi ordinem servent*) oder die Aufstellung überhaupt (Veg. mil. 3,19 *nam ex lectissimis militibus in V litteram ordo componitur et illum cuneum excipit atque ex utraque parte concludit, quo facto aciem non potest rumpere)*. Mit o. wurden auch jede Abteilung (Caes. civ. 2,28 *ordines manipulique*), die Stelle eines *centurio* (CIL III 12411) und allg. der Rang (Caes. civ. 3,74 *nonnulli superioris ordinis*) bezeichnet. A. N.

RE XVIII 935f. *Krom.-Veith* 319f.

Ordovices, britann. Volksstamm, n. von den → Silures im N. des h. Wales ansässig. Tac. ann. 12, 33 berichtet (für das J. 50) von ihrem erbitterten, aber vergeblichen Widerstand gegen den röm. Feldherrn → Ostorius Scapula und Agr. 18 (für das J. 80) von der Vernichtung einer in ihrem Gebiet operierenden röm. Reiterabteilung und von der darauf folgenden fast völligen Ausrottung des Volksstammes durch Agricola. Ptol. 2,3,11 erwähnt ihre Städte Mediolanum und Brannogenium, deren Lage unbekannt ist. W. S.

Oreaden s. Nymphai

Or(e)ibasios. Arzt im 4. Jh. n. Chr., Leibarzt des Kaisers Iulianus, frühester und (für uns) bedeutendster medizin. »Anthologiker« der Ant. Vor allem beim Studium in Alexandreia (wo seit langem reine »Buchmedizin« getrieben wurde) mag ihm die Idee gekommen sein, die er nachher auf Wunsch des Kaisers verwirklichte: medizin. Lehrbücher anzufertigen, welche nicht auf Eigenem basieren, sondern Exzerpte fremder Autoren bieten. Zunächst epitomierte O. das umfangreiche galen. Schriftencorpus; dann aber fügte er *τὰ καιριώτατα* aus den »besten Ärzten« zusammen zu vielbändigen *Ἰατρικαὶ Συναγωγαί* (sein Hauptwerk, für uns zugleich eine unschätzbare Quelle z. B. der hellenist. Medizin). Während noch im 1. Jh. v. Chr. der Text solcher vielbändigen medizin. Enzyklopädien (etwa der des → Athenaios [6] von Attaleia) tatsächlich vom Autor selbst stammte, bietet O. ein typisches Beispiel für eine bestimmte Entwicklung innerhalb der spätant. Medizin. Sein großes Kompendium hat O. dann noch einmal in Handbuchformat gebracht (*Σύνοψις πρὸς Εὐστάθιον*, dem eigenen Sohn gewidmet). Ferner existiert eine Schrift *Πρὸς Εὐνάπιον* (wohl der Vf. der Sophistenbiographien), die zur Gattung der *Εὐπόριστα*-Lit. gehört. Die Nachwirkung von O.' Enzyklopädie war naturgemäß groß (syr., arab. und lat. Übersetzungen). F. K.

Ausg.: *J. Raeder* in CMG VI 1–3 (1926–1931).

Oreitai (Ὠρεῖται, auch Ὦροι), kein ind. (vgl. Arr. Ind. 21,8. 22,10. 25,2; irrig an. 6,21,3), vielmehr wohl iran. Volksstamm, dessen Gebiet im O. der Strom Arabis (h. Hab), im S. das Arab. Meer, im W. die Küstenstadt Malana (h. Malan, w. der Mündung des Tomeros, h. Hingol) und im N. das Pab-Gebirge umgrenzten, h. in der pakistan. Provinz Belutschistan. Geschichtl. Nachrichten von den O. sind uns nur aus Anlaß des Alexanderzuges bzw. der Fahrt des Nearchos überliefert: Lange Zeit hatten die O. in völliger Unabhängigkeit gelebt (Arr. an. 6,21,3), als sie der Makedonenkönig 325 unterwarf und Apollophanes als Satrapen unterstellte. E. O.

1. *O. Stein*, RE XVIII 942–951. 2. *W. W. Tarn* Alexander the Great II, Cambridge 1950, 250ff.

Oreithyia (Ὠρείθυια). → Nereide, Hom. Il. 18,48. Nicht in den Nereidenkatalogen Hes. theog. 240ff. und Apollod. 1,11f. Nach ihrem Namen (»im Gebirge stürmend«) und ihrer Verbindung mit Boreas (s.u. 2) ist sie von Haus aus eher die vom Windgott verfolgte »Windsbraut«, beide urspr. roßgestaltig gedacht (Akroter auf Delos RE XVIII 952. Vgl. Il. 20,223ff. Serv. Verg. Aen. 1,166f.); W. Mannhardt Wald- und Feldkulte 2,206. Wilam. GldH. 1,247,1. **2.** In die att. Sage einbezogen als Tochter des Königs Erechtheus, die am Brilessos, am Areopag oder am Ilissos von Boreas geraubt und nach Thrakien (oder in den fernsten N., Soph. frg. 870) entführt wurde. Ihre Kinder: → Kalais und Zetes, Kleopatra (1), Chione (1), Apollod. 3,196. 199. Apoll. Rhod. 1,211ff. Der γαμβρός »Schwiegersohn«, an den das Orakel die Athener vor dem Seegefecht am Artemision (480) verwies, wurde als Schwiegersohn des Erechtheus, Boreas, gedeutet; ihm errichteten sie ein Heiligtum am Ilissos. Hdt. 7, 189. Plat. Phaidr. 229bc. Paus. 1,19,5. Die Sage vom Raub der O. wurde chorlyr. von Simonides, ep. von Choirilos, dramat. von Aischyl. behandelt (nach diesem z.T. von Ov. met. 6,677ff.). Kunstdarstellungen RE III 77ff. V 727 ff. XVIII 953. 956ff. H. v. G.

J. Wiesner Die Thraker, 1963, 62. 122. 124 (Abb.). *K. Kerényi* Die Mythol. der Griechen, Abb. 46. *P.E. Arias–F. Hirmer* 1000 J. griech. Vasenkunst 158f.

Orestai (Ὀρέσται), illyr. Volksstamm in Epeiros, zu Makedonien gerechnet. Nach der ant. Etymologie soll Orestes oder dessen gleichnamiger Sohn Argos Orestikon gegründet und der Landschaft den Namen gegeben haben. Ethnisch scheinen die O. urspr. eher zu den Epeiroten als zu den Makedonen gehört zu haben. Ihr Gebiet entsprach dem Tal des Haliakmon (h. Bistritza), an der Senke des Sees von Kastoria (bulg. Kóstursko ézero). Die O. gehörten später geogr. jedenfalls zu Obermakedonien. Mit Epeiros verbindet sie ethnisch bereits Hekataios, der sie einen moloss. Stamm nennt (FGrH 1 F 107); auch bei Thuk. 2, 80,6 werden sie zusammen mit epeirot. Stämmen genannt. Aus der Vermischung mit den Makedonen ist eine Reihe berühmter Makedonen hervorgegangen. Im J. 196 v. Chr. wurde die Orestis als »Belohnung« für ihre Empörung gegen Philipp V. von Rom zur *civitas libera* erhoben.

Strab. 7,326.329 frg. 20. 331 frg. 38. 9,434. Inschr. CIG II 2281 und JHS 33, 1913, 343ff. u.s. Chr. D.

Johanna Schmidt, RE XVIII 960–965 mit reicher (auch neugriech.) Lit. Karte in Encicl. Ital. s.v. Epiro, u. bes. *Papazoglu*, Mak. Städte i. d. Römerzeit (serb.), Skopie 1957, 179ff.

Orestes (Ὀρέστης). **1.** Sohn → Agamemnons und → Klytaimestras, der die Ermordung seines Vaters blutig an seiner Mutter und ihrem Buhlen → Aigisthos rächt. Dem Dichter der Telemachie und der Nekyia sind die Grundzüge der Orestie aus den Nosten bekannt, er macht davon aber nur in einer der jeweiligen Situation und seiner poet. Absicht entsprechenden Weise Gebrauch, so daß z.B. der Muttermord nicht ausdrücklich erwähnt wird. O. kommt im 8. J. der Herrschaft des Aigisthos aus Athen (über Athen ?) heim, und unmittelbar nach der Rachetat und dem öffentlichen Leichenschmaus kommt Menelaos mit Helene von seiner Irrfahrt heim. Bei Pind. P. 11,17ff. 34ff. ist es Klytaimestra, die ihren Gatten und Kassandra ermordet; hier wird auch O. durch seine Amme zu Agamemnons Schwager und Gastfreund Strophios nach Krisa (Phokis) gerettet. Auf älteren Vasenbildern und Tonreliefs treten Elektra und Pylades auf, und Klytaimestra eilt Aigisthos mit einem Beil zu Hilfe, das ihr ein Herold entwindet. Die Amme und den Herold weist auch Stesichoros' chorlyr. Dichtung »Orestie« auf; Klytaimestra hat böse Träume und O. trägt den Bogen Apolls, offenbar um die Erinyen abzuwehren, woraus sich ergibt, daß Apollon den Mordbefehl gegeben hat. Die Übereinstimmungen und Abweichungen in Aischylos' Orestie liegen auf der Hand. Aber es ist nicht so, daß Aischyl. aus Stesichoros direkt geschöpft hat, sondern Stesichoros, Aischylos und die Kunstdenkmäler hängen von einer gemeinsamen Quelle ab, einem ep. Gedicht von der Heimkehr der Atreiden, das vielleicht von Delphoi beeinflußt ist (um 700). Wilam. Das Opfer am Grabe 246ff.; Griech. Trag. 2,135ff. Aischylosinterpret. 134ff.; Pindaros 261; GldH 2, 39.

In der Tragödie wird O. von Apollon durch Drohungen zur Blutrache an seiner Mutter getrieben (Aischyl. Choeph. Eur. El.) oder in dem schon vorhandenen Racheentschluß bestärkt (Soph. El.). Von seinem Freunde → Pylades, dem Sohn des Strophios, begleitet, kommt er unerkannt heim (als Überbringer der Asche des angebl. verstorbenen O., Soph. El.), am Grabe Agamemnons gibt er sich seiner Schwester Elektra zu erkennen und vereinbart mit ihr den Mordplan. Durch List weiß er sich bei der durch unheilkündende Träume geängstigten Klytaimestra einzuführen (Aischyl. Choeph., anders Soph. El.; völlig verschieden ist die Überlistung der Mutter in Eur. El.). Er tötet mit Pylades zuerst Aigisthos, dann mit schwersten Hemmungen die Mutter (Aischyl. Eur.; umgekehrte Reihenfolge bei Soph.). Fast sofort nach der Tat beginnt bei Aischyl. die Verstörung O.' Von den Erinyen verfolgt, geht er nach Delphoi, um sich entsühnen zu lassen (Aischyl. Eum.). Aber die äußere Reinigung durch Tierblut genügt nicht. Wie O. bei Aischyl. den Befehl des Gottes in seinen eigenen Willen aufgenommen hat, so wird auch die Sühnung ein eth. Problem. Der Ritus wird durch eine Gerichtsverhandlung im athen. Areopag und den mit Hilfe Athenas erzielten Freispruch überbaut, anknüpfend an eine in der att. Sage überlieferte Lösung O.' durch die Zwölfgötter. Nach peloponnes. Sagen fand die Heilung O.' von seinem Wahnsinn in Trozen bei Gythion oder bei Megalopolis (→ Mania 1) statt (Paus. 2,31,8f. 3,22,1. 8,34,1f.). Die Anklage gegen ihn soll von Tyndareos, Klytaimestras Vater, und von → Erigone (2), ihrer und Aigisthos' Tochter, vertreten worden sein, Apollod. epit. 6,25.

In Eur. O. sucht der von Apollon Verlassene, von den Erinyen Verfolgte, von den Argivern Verurteilte, von Menelaos im Stich Gelassene mit allen Mitteln sein Leben zu retten; er ermordet Helene und droht auch ihre Tochter Hermione zu töten. Nach aufregenden Verwicklungen rettet Apollon ihn. Das Stück endet in der Verlobung O.' mit Hermione, des Pylades mit Elektra; O. geht nach Arkadien. In Eur.' El. verkünden die Dioskuren eine glückliche Zukunft. In Eur. Iph. T. gibt sich nur ein Teil der Erinyen mit dem Freispruch O.' durch den Areopag zufrieden, die andern setzen die Verfolgung fort. Durch Drohung mit Selbstmord erzwingt O. von Apollon eine neue Weisung; er soll das hölzerne Artemisbild aus dem Taurerland nach Attika bringen. Über das taur. Abenteuer → Iphigeneia, → Tauropolos. Nach Hyg. fab. 121/22 verfolgt Thoas die Entführer Iphigeniens und des Bildes bis zur Insel Sminthe (Zminte), wo O. und → Chryses (2) ihn töten. In einer andern Version erhält Elektra die falsche Nachricht von dem Tode des O. und des Pylades im Taurerland; sie reist nach Delphoi, wo auch O. und Iphigeneia eintreffen; O. verhindert, daß Elektra ihrer Schwester, die sie für die Mörderin halten muß, die Augen ausbrennt.

Spätere Schicksale. Konflikt zwischen O. und → Neoptolemos wegen → Hermione. Ermordung des Neoptolemos in Delphoi auf Anstiften O.' oder durch ihn selbst (Pind. N. 7,34. Eur. Andr. 993ff.). Beseitigung des → Aletes in Mykenai (Erigone wird durch Artemis nach Attika entführt). Lange Herrschaft des O. in Mykenai bzw. Argos bzw. Sparta (so schon Pind. P. 11,32). Sohn O.' von Hermione → Teisamenos, von Erigone → Penthilos. Tod des O. an einem Schlangenbiß in Arkadien (Apollod epit. 6,28). Gewaltsame Entführung seiner Gebeine aus Tegea nach Sparta, Hdt. 1,67f. Paus. 3,3,5f. 8,54,4. Nach späterer Überlieferung soll O. die aiol. Kolonisation von Amyklai aus begonnen haben, Pind. N. 11,34. Hellan. FGrH 4 F 32 ließ ihn bis Lesbos kommen, die Söhne führten die Kolonisation weiter, Strab. 13,582. 9,401. Unwahrscheinlich ist die Deutung des O. als arkad. Lokalheros (PRELL.-ROB., a.O.) oder als Hypostase des Dionysos (W. FAUTH, o. II 83,49). – Ant. Kunstdarstellungen sind verzeichnet bei HÖFER und LESKY sowie im Lex. d. Ant. – S. noch → Telephos und → Pylades.

H. v. G.

W. Höfer, Myth. Lex. 3,955ff. *A. Lesky*, RE XVIII 966ff. *Prell.-Rob.* 1,834ff. 2,1302ff. *Th. Zielinski*, JbPhPäd. 3, 1899, 91–100. 161–185. *W. Krieg* De Eur. O., Diss. Halle 1934. *H.J. Rose* Griech. Myth., 1955, 80ff. *M. Delcourt* O. et Alkmeon, Paris 1959. *K. v. Fritz* Die O.-Sage bei den drei großen Tragikern: Ant. und moderne Tragik, Bln. 1962, 113. *H.I. Dirksen* Die aischyl. Gestalt des O. und ihre Bedeutung für die Interpretation der Eumeniden, Nürnberg 1965.

2. Cognomen, in den Fasten der republikan. Z. bei den Aufidii und Aurelii, in denen der Kaiserz. bei den Claudii, Flavii, Rufii, vgl. DEGRASSI FCap. 147; FImp. 261. H. G. G.

3. 412–415 (416?) *praefectus Augustalis* in Äg., auf seiten der durch → Kyrillos von Alexandreia bedrängten Juden. Im Verlauf dieses Konfliktes wurde vermutlich → Hypatia erschlagen, angeblich weil sie u.a. der Aussöhnung zwischen O. und Kyrillos im Wege stand (Sokr. 7,13–15. Ioh. Nikiu 84. 88. 93. 99. Cod. Theod. 16,2,42).

4. Um 448 Sekretär Attilas (Prisc. frg. 7/8), 475 durch Kaiser → Nepos *patricius* und oberster Heermeister. Im August 475 erhob sich O. gegen Nepos und machte den eigenen Sohn Romulus Augustulus zum Kaiser. Da O. ihre Forderungen nicht erfüllen konnte, empörten sich die Soldaten unter → Odoacer. Am 28. Aug. 476 wurde O. in Placentia erschlagen (Anon. Vales. 36f. Ennod. vita Epiphan. 95. 100. Iord. Get. 241f. Prok. 5,1. Chr. min. 1,306ff. 2,91f.). A. L.

Orestilla. Cognomen der Fabia O., o. II 498. H. G. G.

Oretani. Keltiber. Stamm, dessen Name im Alt. oft genannt wird und sich bis h. erhalten hat. Vollständiges Verzeichnis der Quellenstellen und seiner verschiedenen Formen bei HOLDER 2,871 s. Oreton. Seine Hauptstadt war Oretum, nach A. SCHULTEN, RE XVIII 1019 und Font. Hisp. Ant. VI 201 bei der h. Kirche S. Maria de Oreto, 30 km w. von Valdepeñas am Jabalón, einem Nebenflusse des Guadiana. Sie siedelten am mittleren und oberen Guadiana und am N.-Abhang der Sierra Morena (bei Plin. nat. 3,6 *Oretana inga*). Erste Nen-

nung Pol. 3,33,9 unter den iber. Söldnern Hannibals. Plin. nat. 3,25: *O. qui et Germani cognominantur.* Der Beiname G. ist mehrfach bezeugt; über ihn s.o. Germani (3). Font. Hisp. Ant. II 156/57. VI 200f. VIII 435. In westgot. Z. erscheint das Bistum *Oretum, Oretana eccl.* regelmäßig in den Konzilsakten (Font. Hisp. Ant. IX 451 Ind. s.v.).
Ad. Schulten Numantia 1,398 (Ind. s.v.). R. G.

Orfidienus. PN., abgeleitet von Orfidius. Sex. O., Praefekt (?) unter Baebius im J. 191 v. Chr. in Chyretiae in Thessalien, Quellen bei BROUGHTON Mag. 1,355. H. G. G.

Orfitus (Orphitus). Cognomen, in den kaiserzeitl. Fasten bei folgenden Gentilnamen: Aquilius, Calpurnius, Cornelius, Gavius, Salvidienus, Virius, Vitrasius. DEGRASSI FImp. 216. H. G. G.

Orfius. Ital. PN., selten (Inschr.: SCHULZE Eigenn. 221. 364), J. REICHMUTH D. lat. Gentilicia, Diss. Zürich 1956, 121. – M. O. aus Atella (Campanien), röm. Ritter und Kriegstribun bei Caesar in Gallien, von Cic. (ad Q. fr. 2,12,3) im J. 54 sehr empfohlen. H. G. G.

Orgel s. Hydraulis

Orgetorix. Kelt. Personenname (»König der Totschläger«), HOLDER 2,868. 875. O., vornehmer, einflußreicher und begüterter Helvetier, der im J. 61 den Beschluß veranlaßte, die seit geraumer Z. in Besitz genommene Schweiz zu verlassen und neue Wohnsitze in Gallien zu suchen. Zur diplomat. Vorbereitung ging er nach Gallien voraus, verbündete sich mit dem Sequaner Casticus und dem Haeduer → Dumnorix, entzog sich mit Hilfe seiner Gefolgsleute einer Anklage (angebl. wegen Strebens nach Alleinherrschaft und Vereinigung der Gallier), starb aber kurz darauf, wohl vor Mai 60. Caes. Gall. 1,2–4. 5,1. 26,4. F. STÄHELIN D. Schweiz i. röm. Z., [3]1948, 68ff. H. G. G.

Orgia (ὄργια) »Kulthandlung«; Etym. wohl zu ἔργον, FRISK 412. Die Bedeutung des Ekstatischen, die das Wort im Dionysos-Kult, bei den Orphikern und in oriental. Kulten (→ Sabazios, phryg. → Ma) besitzt, haftete ihm urspr. nicht an (vgl. Syll.[3] 57,4, wo ὄργια einen durchaus nicht ekstat. Kult bezeichnet, die Wortbedeutung von ὀργεῶνες und Serv. Aen. 4,302 *orgia apud Graecos sacra omnia, sed abusive sacra Liberi . . .*); das Mittelglied ist wohl die Verwendung des Wortes in der Mysterienrel. (vgl. [Hom.] h. Dem. 273.476. Aristoph. Thesm. 948). Auch in späterer Z. ist im Einzelfall zu prüfen, ob die Bedeutung »Kult(handlung) der Mysterien« oder »ekstatische(r) Kult(handlung)« vorliegt. – Der org. Kult ist in der früheren griech. Z. vor allem mit Dionysos verbunden (vgl. → Mainaden, → Thyiaden u.ä.); die Omophagie spielte gewiß eine Rolle. W. P.
1. *Nilsson* GgrR I[2],568ff. 2. *N. M. H. v. d. Burg* *'Απόρρητα, δρώμενα, ὄργια*, Diss. Utrecht 1939.

Orgyia (ὀργυιά), Spannweite der ausgestreckten Arme, Klafter, größtes vom menschl. Körper genommenes → Längenmaß. Die O. enthielt 4 Ellen (→ πῆχυς), 6 Fuß (→ πούς) und war $^1/_{100}$ des → Stadion. Die Norm schwankt gemäß dem jeweils zugrunde liegenden Fuß- bzw. Ellenmaß zwischen 1,78 und 2,10 m. H. Ch.
F. Hultsch Metrologie[2] 28 ff. 697. *H. Nissen*, HB Altertumsw. I[2] 836f. 865.

Orientius, chr.-lat. Dichter des frühen 5. Jh. n. Chr., wohl mit Bischof O. von Auch (vgl. A. SS. Maii 1,60ff.) ident. (a. M. H. DELAHAYE, Anal. Boll. 24, 1905, 149), schrieb ein chr. Lehrgedicht (2 B.) in eleg. Distichen (Titel Commonitorium stammt erst von Sigebert v. Gembloux: de vir. ill. 34), das er zur versifizierten Predigt umgestaltet hat; jedes Laster wird mit bibl. Exempeln abgehandelt. Zugleich werden die Gattungsgrenzen gesprengt: neben das eleg. Maß treten Elemente der Satire (vgl. 1,421ff. 2,63ff.) und Diatribe (vgl. 1,535ff.). Der Stil nähert sich dem Manierismus des Sedulius. Die im Turonensis überlieferten kleineren Gedichte stammen nicht von O. R. He.
Ed. princ. *Delrio* 1600, *Martène* 1700 (Turonensis); Ta. *C. A. Rapisarda*, 1958. 1. *L. Bellanger* Et. sur le poème d'O., 1902. 2. *B. Luiselli* Orientiana, Atene e Roma 6, 1961, 173–180.

Origanon (ὀρίγανον, auch ὀρείγανον, häufiger ὁ und ἡ ὀρίγανος, neugriech. ῥιγάνη; Etym. ungewiß), einige wegen der Ungenauigkeit der Beschreibungen nicht sicher bestimmbare Arten der Lippenblütler-Gattung Origanum oder Dost, die als Gewürz zu Speisen aller Art beliebt waren, aber auch wegen ihrer erwärmenden und zerteilenden Wirkung als Abkochung mit Zusatz von Wein vielfältig medizinisch verwendet wurden, als Mittel gegen die Folgen von Schlangenbiß, Skorpionstich und sonstigen Vergiftungen, gegen Krämpfe, Wassersucht, Menstruationsbeschwerden und viele andere Leiden, vgl. STEIER, RE Suppl. VII 813–18 (mit viel Lit.). K. Z.

Origenes (Ὠριγένης). **1.** Platoniker des 3. Jh. n. Chr., war mit Plotinos und Herennios Schüler des → Ammonios Sakkas. Bei dessen Tode (242) schlossen seine drei Schüler eine Übereinkunft (Porph., vita Plot. 3,24f.), nichts von den Lehren zu veröffentlichen, die ihnen Ammonios anvertraut hatte. Nachdem H. dieses Abkommen gebrochen hatte, trat O. mit einer Schrift περὶ δαιμόνων hervor. Erst viel später (während der Regierung des Kaisers Gallienus 253–268) veröffentlichte er die Schrift ὅτι μόνος ποιητὴς ὁ βασιλεύς. Die philos. Entscheidung, die O. in dieser Schrift fällte, teilt Prokl. in Plat. theol. 2,4 p. 89 mit: O. verzichtete darauf, ein ὑπερούσιον ἕν anzusetzen. Er setzte das Eine mit dem Seienden gleich, womit er der von Plotinos formulierten Eins-Lehre – das hieß vor allem von πρόοδος und ἐπιστροφή des νοῦς – widersprach. Zweitens vereinigte er die Funktionen des Schöpfers mit dem νοῦς; das besagt der Titel seiner Schrift. O. hat sich also von der Hypostasenlehre und von der

Vielschichtigkeit des Gottesbegriffs distanziert – womit er hinter → Numenios, ja sogar hinter → Apuleius zurückging. Die Frage, ob O. mit dieser Entscheidung die Ansätze des Ammonios Sakkas legitim weiter verfolgte, ist gründlich diskutiert worden. Denn selbstverständlich nahm Plotinos, was Porphyrios verteidigt, für sich in Anspruch, nichts geneuert, die überkommene Lehre also im authentischen Sinne tradiert zu haben.

Die Vermutung, der Platoniker O. sei dieselbe Person wie der Kirchenlehrer O. (2), darf nach der Interpretation alles Erhaltenen durch K. O. Weber als erledigt gelten. Zu den längst bemerkten chronolog. Widersprüchen tritt der Nachweis der Unvereinbarkeit des von O. vertretenen Platonismus mit den Überzeugungen des Christen O.

H. D.

K. O. Weber O. der Neuplatoniker, grundlegend (mit Slg. der Frg.), Zetem. H. 27, 1927. Rez. *H. R. Schwyzer*, Gn. 39, 1967, 776–779.

2. O., der einflußreichste früh-chr. Theologe, * um 185 in Alexandreia. In einer Z. der Verfolgung übernahm er 202 die Leitung des chr. Unterrichts. Auseinandersetzungen mit Außenstehenden, bes. Gnostikern, veranlaßten ihn, sich – angeblich unter → Ammonios Sakkas – mit der Philos. vertraut zu machen. Asket. Lebensführung, reiches Wissen und ein Lehren nach Art des Sokrates erwarben ihm einen Ruf, der auch nicht-chr. Schüler anzog und ihm Einladungen bis an den Kaiserhof eintrug. Auseinandersetzungen mit dem Bischof Demetrios, hinter denen kirchenpolit. Gründe gestanden haben dürften, veranlaßten ihn 231 zur Übersiedlung nach Caesarea in Palästina, wo er bereits um 215 vorübergehend gewirkt hatte. Er setzte seine Lehrtätigkeit mit gesteigertem Erfolg fort. Zu Synodaldisputationen wurde er als Sachverständiger für Glaubensfragen gerufen. Während der Verfolgung unter Decius wurde er verhaftet und gefoltert. Spätestens 253 ist er im Alter von 69 J. in Caesarea oder Tyros gestorben.

Von dem reichhaltigen Werk des O., des fruchtbarsten aller chr. Autoren, ist der größte Teil verloren, das Erhaltene ist überwiegend in Übers.en von → Rufinus und → Hieronymus überliefert. Papyrusfunde haben einen Zuwachs an Originalen erbracht, darunter bisher Unbekanntes wie die Aufzeichnung einer theolog. Disputation. – Die liter. Tätigkeit des O., der auf sprachlichen Glanz keinen Wert legte, stand vor allem im Dienst der Schrifterklärung. Sie ist bestimmt durch ausgedehnteste Verwendung der Allegorese in Weiterführung der Methoden → Philons. Die theoret. Grundlegung liegt vor in der Schrift *περὶ ἀρχῶν*; sie ist als Ganzes zwar nur in einer unzuverlässigen Übers. des → Rufinus erhalten, doch sind die mit der späteren offiziellen Lehre nicht vereinbaren Sätze, die er zu eliminieren versucht hatte, durch Gegner des O. überliefert worden. Zur Sicherung des Bibeltextes hat O. den Wortlaut der von ihm als inspiriert angesehenen Septuaginta nach den Methoden der alexandrin. Philologie festzustellen versucht und ihn mit dem hebräischen Original und weiteren Übers.en in den 6 Kolumnen seiner *Ἑξαπλᾶ* zusammengestellt. Die Gruppe der exeget. Schriften besteht aus Scholien, zahlreichen Homilien und umfangreichen Kommentaren mit z. T. ausgedehnten theolog. Erörterungen. *Κατὰ Κέλσου*, gegen dessen *Ἀληθὴς λόγος* gerichtet, ist wichtig als Auseinandersetzung von chr. und platon. Theologie. Die Frömmigkeit kommt zum Ausdruck in *περὶ εὐχῆς*; *περὶ μαρτυρίου* ist neben den Homilien Zeugnis für die Stellung des O. zur ihn umgebenden Wirklichkeit. Unter den bis auf 2 verlorenen Briefen ist der an → Gregorios Thaumaturgos bedeutsam für das Verhältnis zur Philos., die als Vorschule anerkannt wird.

O. ist in erster Linie als Lehrer zu verstehen, der die in AT. und NT. enthaltene, weitgehend verschlüsselt niedergelegte Lehre vermitteln wollte. Grundlage war ihm die differenziert gehandhabte, als method. angesehene allegor. Auslegung, mit der er zumal im Abendland direkt wie indirekt jahrhundertelang weiterwirkte. In seinem dogmat. System, für das die Philos. nur dienende Funktion hatte, glaubte er nur die Konsequenzen aus den Aussagen der Schrift zu ziehen. Das Weltgeschehen war für ihn ein Prozeß des Abfalls und der alle umfassenden Rückkehr in den Urzustand der Vollkommenheit. Dabei spielte Christus zwar eine entscheidende Rolle, war jedoch Gott selbst untergeordnet; die Auferstehung wurde rein geistig verstanden. Die fruchtbaren Ansätze seines Denkens wurden später modifiziert wirksam, bes. durch → Gregor von Nyssa, er selbst wurde mit seinen Hauptlehren verdammt, seine Schriften gingen, vor allem im O., zum größten Teil verloren.

B. R. V.

Ta.: *Migne* PG 11–17; großenteils ersetzt durch GCS (bisher 12 Bde., 1899–1959; Neuausg. von *Κατὰ Κέλσου* in Sources Chrét., 1967 ff.). Einzelheiten *H. Koch*, RE XVIII 1. H. 1042/51. *Ἑξαπλᾶ*: *F. Field*, 1871/75 (Nachdr. 1964). *Papyri:* Komm. in Rom. 3,5–5,7: *J. Scherer*, 1957. Disputation mit Herakleides: *ders.*, [2]1960.

Lit.: *H. Koch*, RE XVIII 1. H. 1036/59. *Christ-Schmid* 2, 2,1317/31. *E. de Faye* O., 3 Bde., 1923/28. *H. Koch* Pronoia und Paideusis. Stud. über O. und sein Verhältnis zum Platonismus, 1932. *H. v. Campenhausen* Griech. Kirchenväter, 1955, 43–60. *H. Crouzel* O. et la «connaissance mystique», 1959. *H. de Lubac* Exégèse médiévale 1, 1959, 198–304. *R. P. C. Hanson* Allegory and Event. A Study of the Sources and Significance of O.' Interpret. of Scripture, 1959. *F. H. Kettler* Der urspr. Sinn der Dogmatik des O., ZNW Bh. 31, 1966. *W. Theiler* Forsch. z. Neuplatonismus, 1966, 1–45. *H. Dörrie* Die platon. Theologie des Kelsos in ihrer Auseinandersetzung mit der chr. Theologie, NAW 1967, 2. Weiteres *Altaner*[7], 197–209.

Origo. Nach ant. Vorstellung gehörte jedermann einem bestimmten (meist örtlich fixierten)

Verband an. Wenn auch diese Zugehörigkeit üblicherweise als o. bezeichnet wird, so kann man nach den Quellen von einer o.-Lehre doch erst seit dem 2. Jh. n. Chr. sprechen. Im griech.-hellenist. Bereich gibt es 2 ihrer Herkunft nach verschiedene Herkunftsbegriffe, die Politeia (πολιτεία), das Bürgerrecht der Polis, und die Idia (ἰδία), die Ortsansässigkeit im Territorialstaat (vor allem in Äg.). Die Politeia ist ein staatsrechtlicher Begriff, die Idia ein verwaltungsrechtlicher. Das röm. Bürgerrecht entsprach urspr. etwa der Politeia. Mit der Entstehung der *municipia* und *coloniae* trat das Problem des Ortsbürgerrechts auf; mit der Ausdehnung der röm. Herrschaft vor allem über die Poleis des O. kam das Problem des Verhältnisses der *civitas Romana* zu den Bürgerrechten der Poleis hinzu (vgl. die Streitfragen zum Doppelbürgerrecht). Die o.-Lehre ist – nach Vorläufern in kaiserlichen Konstitutionen des 2. Jh. – ein Werk der spätklass. Juristen und Bestandteil der Verwaltungsreformen des Septimius Severus. In ihr vereinigen sich das Ortsbürgerrecht der *municipia* und *coloniae* und das Bürgerrecht der Poleis zu einem einheitlichen, »quasi-steuerrechtlich« geprägten Ortsbürgerrecht. Zu gleicher Zeit entwickelt sich das röm. Bürgerrecht zu einem bes. sozialen Status, in dem territorialstaatliche und (weniger) stadtstaatliche Bürgerrechtsauffassungen noch ungeschieden nebeneinander liegen. Wesentlicher Inhalt des *ius originis* (Pap. Dig. 50,1,15,3) ist die Pflicht zur Übernahme der städtischen *honores* und *munera*. Vom Polis-Bürgerrecht klass. Z. unterscheidet es sich durch die einseitige Betonung des »steuerrechtlichen« Aspekts, von der Idia-Lehre durch seine Anknüpfung an die Stadt *(civitas, municipium)*. Die Beschränkung der Freizügigkeit, die stets als bes. Charakteristikum der o.-Lehre gilt, tritt in spätklass. Z. erst in Ansätzen auf (vgl. Ulp. Dig. 50,2,1). Für die Gerichtszuständigkeit (sog. *forum originis*) und die Rechtszuständigkeit (sog. *lex originis*) dürfte das *ius originis* unwesentlich gewesen sein. Der Erwerb der o. erfolgte durch Geburt, Freilassung, Adoption oder Verleihung (s. Fest. s. *municeps*, Ulp. Dig. 50,1,1 pr., Diokl. Cod. Iust. 10,40,7 pr.). In der Spätzeit verschob sich die Bedeutung der o. von der Zugehörigkeit zu einer Stadt zur Zugehörigkeit zu einer Bevölkerungsklasse (s. etwa Cod. Theod. 12,1). Das entsprach der Umwandlung des *Imperium Romanum* von einem »Städtestaat« zu einem nach Klassen geordneten Territorialstaat. D. N.

1. *Th. Mommsen* RStR. 3,1,780ff. 2. *Fr. v. Savigny* System des heutigen Röm. Rechts 8, 1849, 39ff. 3. *H. Braunert*, Journ. Jur. Pap. 9/10, 1955/56, 211ff. 4. *D. Nörr*, Tijdschrift voor Rechtsgeschiedenis 31, 1963, 525ff. 5. *Ders.* RE Suppl. X 433f.

Orikos (Ὤρικος, auch Ὠρικόν), epeirot. Hafenstadt auf einer Insel im südlichsten Winkel des Golfes von Valona (Albanien), die – bereits in ant. Z. durch eine Nehrung mit dem Festland verbunden (Plin. nat. 2,205) – ein Haff von der Bucht abtrennte, das der Stadt als innerer Hafen diente. Aufgrund seiner dermaßen geschützten Lage hat O. mehrfach (etwa im 1. Makedon. Krieg, im röm. Bürgerkrieg 49 v. Chr.) bes. strategische Bedeutung erlangt. E. O.

1. *J. Schmidt*, RE XVIII 1059–1062. 2. *N. G. L. Hammond* Epirus, Oxford 1967, 127ff.

Orion (Ὠρίων, Hom. Ὠαρίων, Pind. u. Korinna Ὀαρίων, vorgriech.). **1.** Myth. Riese und Jäger, in Boiotien heimisch und als Heros verehrt. Sohn des Poseidon und der Minostochter Euryale, Hes. frg. 182 Rz. Pherekyd., oder von 3 Göttern (Zeus, Poseidon, Hermes) für → Hyrieus erzeugt, Pind. frg. 73. Hyg. fab. 195 (etym. Spielerei: *οὐρεῖν = semen emittere*), oder Sohn der Erde, Apollod. 1,25f. Die Od. preist seine Riesengröße (11,310) und Schönheit (5,121), Korinna seine Frömmigkeit. Er jagt mit Artemis, reinigt Chios von wilden Tieren, verfolgt noch im Hades das Wild mit seiner ehernen Keule, Od. 11, 572. Poseidon verlieh ihm die Gabe, über das Meer zu schreiten oder es zu durchwaten, Hes. frg. 183. Verg. Aen. 10,763. Er schüttet das Vorgebirge Pelorias bei Zankle (Messana) auf, schafft dadurch den Hafen und errichtet einen Poseidontempel, Hes. a. O. Diod. 4,85. Er hat 50 Söhne und 2 Töchter, → Menippe und Metioche, die Κορωνίδες παρθένοι, Anton. Lib. 25. Ov. met. 13, 692. Seine Gattin Side (»Granatapfel«), die mit Heras Schönheit wetteiferte, wurde in den Hades verstoßen. Über Verlauf und Ausgang seiner Werbung um → Merope (3) → Oinopion. Er taumelt zur Schmiede des Hephaistos auf Lemnos, läßt sich von → Kedalion gen Sonnenaufgang führen und erhält von Helios sein Augenlicht zurück. → Eos entführt ihn nach → Ortygia, die Götter neiden ihr den Besitz, und er stirbt von den Pfeilen der Artemis, Od. 5,118ff. In anderen Versionen erschießt Artemis O., weil er sie zum Diskuswerfen herausfordert oder weil er prahlerisch mit der Ausrottung der gesamten Tierwelt droht oder weil er sich an ihr oder an ihrer Gefährtin → Opis (II 2) vergreifen will. Hor. c. 3,4,70ff. Ov. fast. 5, 539ff. Anders Hyg. astr. 2,34. Hom. kennt auch das → Sternbild O., Il. 18,485ff., ohne indes die Gestalt des ird. Jägers damit gleichzusetzen. Auf solcher Gleichsetzung beruhen die Sagen von seiner Verfolgung der → Pleione und ihrer Töchter, der Plejaden (Hes. erg. 383. 619f.), und von seinem Tode durch den Stich eines Skorpions, Arat. Phain. 636ff. Auch daß man die eherne Keule durch ein goldenes Schwert (Eur. Ion 1153) ersetzte (das er am dreisternigen Gürtel trägt, Eratosth. Katast. 32), hängt damit zusammen. Der Sirius ist der Hund des Jägers, Il. 22,29ff. **2.** Siehe Sternbilder. H. v. G.

Küntzle, Myth. Lex. 3,1008ff. *Wehrli*, RE XVIII 1065ff. *R. Muth* RE Suppl. XI 1300ff. *Prell.-Rob.* 1,448ff. *L. Radermacher* Mythos und Sage 134f. 185 (Märchenzüge).

H. Schadewaldt Die Sternsagen der Griechen, Fischerbuch 129, 1956, 18ff. 24ff. *Wilam.* GldH. 1, 256.

3. O., aus Theben/Äg. gebürtiger, einer Priesterfamilie entstammender Grammatiker des 5. Jh. n. Chr. (Suda s. 'Ω.), in Alexandreia Lehrer des Proklos (Marin. v. Procli 8), später in Konstantinopel und Kaisareia (Kappadokien?) tätig. Von seinen Werken sind ein attizist. Lex. (*Λέξεων 'Αττικῶν συναγωγή*) und ein Enkomion auf den Kaiser Hadrian verloren; erhalten ist ein kurzer Auszug aus seiner der Kaiserin → Eudokia (1) gewidmeten *Συναγωγὴ γνωμῶν*, die unter Benutzung älterer gnomol. Vorlagen gearbeitet ist. In 3 Auszügen unterschiedlicher Reichhaltigkeit liegt sein von den Byzantinern viel benutztes Etymologikon vor. O. hat das Material – es stammt aus → Soranos, → Herodianos (1) und mehreren Schriften des → Philoxenos – alphabet. nach dem 1. Buchstaben geordnet. Unter jedem Buchstaben zeichnet sich noch stets wiederkehrend die Reihenfolge der benutzten Vorlagen ab, was namentlich für die Wiedergewinnung des Philoxenos bedeutsam ist. H. Gä.

Ta.: Gnomol.: *F. G. Schneidewin*, Coniect crit., Göttingen 1839, 33ff. *A. Meineke* Stob. Floril. 4,247ff. Etym.: Auszug 1 und 3: *F. W. Sturz*, Lpz. 1820. Auszug 2: *Ders.*, Etym. Gud. 611ff.

Lit.: *H. Kleist* De Philoxeni gramm. Alexandr. stud. etym., Diss. Greifswald 1865, bes. 15ff. *R. Reitzenstein* Gesch. d. griech. Etym., Lpz. 1897 (Amsterdam 1964), bes. 348f.

Orkistos (*'Ορκιστός*), Ortschaft (zur Diskussion, ob *πόλις* oder nur *κώμη*, vgl. [2]) in Phrygien, s.ö. vom h. Alikel, deren Bestand inschr. frühestens 172/75 n. Chr. (MAMA VII Nr. 304), seit dem 5. Jh. als Bischofssitz bezeugt ist. E. O.

1. *W. Ruge*, RE XVIII 1090–1097. 2. *D. Magie* Roman rule in Asia Min., Princeton N.J. 1950, 1574, 41.

Ormenion (Orminion, *'Ορμένιον*), nur bei Hom. Il. 2,734 bezeugter Ort unsicherer Lage im O. der Landschaft Thessaliotis; von den ant. Homererklärern und daher auch zumeist in der modernen Lit. gleichgesetzt mit der Ortschaft Orminion am Golf von Pagasai. Dieses ist die zum Befestigungssystem von → Demetrias gehörende befestigte Stadt auf dem Berg Goritsa am O.-Rand des h. Volo. Strab. 9,5,7 p. 432. 5,15 p. 436. 5,18 p. 438f. 5,21 p. 442. Diod. 4,37,4. Apollod. 2,155. Plin. nat. 4,32. DIEHL Anthol. lyr. 2,175 Nr. 22 = Anthol. Pal. app. epigr. 9,34. E. M.

1. *E. Meyer*, RE XVIII 1105ff. (Ormenion). 1107ff. (Orminion). 2. *V. Burr*, *Νεῶν κατάλογος* 100ff. Goritsa: 3. *C. Fredrich*, MDAI (A) 30, 1905, 221ff. 4. *Fr. Stählin-E. Meyer* Pagasai und Demetrias 251ff. 5. *E. Meyer*, MDAI(A) 71, 1956, 98ff. 6. *N. Bonacasa*, Enc. Arte Ant. 5,763.

Ornamenta. Die Ehrenprivilegien einer bestimmten senator. Rangklasse (Titel, Kleidung, Sitz bei Volksfesten unter den Senatoren, Bestattung mit Insignien des Standes) sind im Ausgang der Republik selten. Der Centurio Petreius durfte wegen Tapferkeit seit 102 v. Chr. bei Feiern die *toga praetexta* tragen. Plin. nat. 22,11. Der Volkstribun C. Papirius Carbo erhielt um 67 als Anklägerbelohnung *o. consularia*, der *quaestorius* Cato Uticensis die *o. praetoria*. Plut. Cat. 39,2. Caesar gab 10 Praetoriern die *o. consularia*, nun wurde die Verleihung der *o.* wohl nach dem Vorbild des hellenist. Titelwesens eine feste Einrichtung. Suet. Iul. 76,5. Senatoren, die o. einer höheren Klasse bekamen, stimmten in dieser, mußten aber die übliche Ämterlaufbahn durchmachen. Nichtsenatoren brachten o. weder einen Sitz im Senat noch das Recht zur Ämterbewerbung ein. Verliehen wurden auf Vorschlag des Kaisers durch den Senat *o. quaestoria* (nur an Nichtsenatoren), *aedilicia* (CIL VIII 15503. 26519), *praetoria, consularia;* so unter Tiberius an den praef. praetorio Seianus *o. praetoria*, an Prokuratoren, kaiserliche Freigelassene (unter Claudius), Mitglieder des Kaiserhauses und abhängige Dynasten. In röm. Colonien gab es *o. decurionalia* und *duumviralia*. Statt des Triumphs, der nur dem Kaiser zustand, erhielten verdiente Feldherren *o. triumphalia*. II. V.

Mommsen RStR I^3,455ff. *C. Barini* Triumphalia 1952.

Orneai, *'Ορνε(ι)αί*, Ethnikon *'Ορνεάτης*, kleiner urspr. selbständiger Ort, schon im 5. Jh. v. Chr. argiv. Perioikengemeinde, im Tal von Liondi s.w. v. → Phleius, schon Hom. Il. 2,571 genannt, sonst Paus. 2,25,5f. 10,18,5. Strab. 8,6, 24 p. 382. 6,17 p. 376. Hdt. 8,73. Thuk. 5,67,2. 72,4. 74,2. 6,7. Diod. 12,81,4f. 16,39,4. Eustath. 291,6ff. = Steph. Byz. Meineke. E. M.

1. *E. Meyer*, RE XVIII 1123f. 2. *Larsen*, RE XIX 822, 35ff. 823,48ff.

Ornis s. Sternbilder

Ornithiai s. Winde

Ornithogeneia s. Boio

Orobiai (*'Ορόβιαι*), h. Roviaes, Küstenstadt im n. Teil der W.-Küste von Euboia, zu → Histiaia gehörend, mit Orakel des Apollon Selinuntios, 426 v. Chr. durch Erdbeben mit Flutwelle verwüstet, Thuk. 3,89,2. Strab. 9,2,13 p. 405. 10,1,3 p. 445. IG XII 9 Nr. 1186,2. 1189,27. 37. E. M.

1. *Fr. Geyer* Topographie und Gesch. d. Insel Euboia 95f. 2. *Joh. Schmidt*, RE XVIII 1133f.

Orodes (*'Ορώδης* oder *῾Υρώδης*). **1.** König der Parther 57–37 v. Chr., Sohn des → Phraates III., den er und sein Bruder → Mithradates (14) ermordeten. Der Zwist zwischen den Brüdern endete 55 mit der Gefangennahme und Hinrichtung des Mithradates. Als 54 → Crassus (2) in Mesopotamien einfiel, wandte sich O. gegen den mit den Römern verbündeten → Artavasdes (1) von Armenien, mit dem er sich aber bald versöhnte, während sein Vasall → Surenas das röm. Heer bei → Karrhai vernichtete (s.o. I 1330). Die parth. Gegenoffensive (die 51 Cicero als Statthalter von Kilikien fürchtete) wurde nur schwächlich geführt (Empörung des Kronprinzen → Pakoros, doch Wiederversöhnung). Auch während des röm. Bürgerkrieges übte O. Zurückhaltung, rüstete dann für die erwartete große Offensive Caesars, unterstützte 43/42 die Caesarmörder mit einem Kontingent und ging erst 40 während des Zwistes der Triumvirn mit starken Kräften zu dem Angriff über, der zur Eroberung ganz Syriens und großer Teile Kleinasiens führte. Den Gegenstoß führte nach der Versöhnung der Triumvirn des Antonius Feldherr P. → Ventidius, der 39/38 die Parther aus Kleinasien verdrängte und im n. Syrien vernichtend schlug, wo auch Pakoros fiel. Vom Schmerz über diese Verluste gebrochen, entsagte der schon längere Zeit kränkelnde O. dem Thron zugunsten seines Sohnes → Phraates IV., der alsbald alle seine Brüder und zuletzt auch den Vater beseitigte (J. 37). K. Z.

Th. Lenschau, RE XVIII 1135–1142.

2. O., Sohn des Partherkönigs → Artabanos III. (7). Er wird 36 n. Chr. vom Vater gegen die Ibererkönige Pharasmanes und Mithradates ins Feld geschickt, um den frei gewordenen Thron von Armenien zu besetzen. Von Pharasmanes besiegt, scheint er den Tod gefunden zu haben, Tac. ann. 6,31 ff.; vgl. auch Cass. Dio 48,1–4 (ohne Erwähnung des O.). G. Wi.

Oroites (Ὀροίτης), pers. Satrap in Sardes, haßte → Polykrates von Samos und bot ihm die Hälfte seines Schatzes an, falls er ihn gegen → Kambyses schütze. Dem Geheimschreiber des Polykrates zeigte O. 8 Kästen, die unter einer dünnen Lage Gold Steine enthielten. So getäuscht kam Polykrates 522 nach → Magnesia und wurde gekreuzigt. Nach dem Tode des Kambyses gebot O. selbstherrlich und grausam mit einer Leibwache von 1000 Persern über Phrygien, Lydien und Ionien. Darauf sandte → Dareios (1) den Bagaios. Er ließ O. durch dessen Leibwache erschlagen. Sein Schatz und seine Sklaven, darunter der Arzt → Demokedes, kamen nach Susa. Hdt. 3,120 ff. Diod. 10,15,4. H. Berve Die Tyrannis bei den Griechen 1, 1967, 113 f. 2,587. H. V.

Orolaunum, *vicus* an der wichtigen Kreuzung der Straßen Reims–Trier (Itin. Ant. 366,2; Meilenstein von Buzenol-Montauban, 15. BRGK 1925, 64) und Metz–Tongern, h. Arlon–Arel, Hauptort der belg. Provinz Luxemburg. Die ausgedehnte Siedlung (Markt- und Vorort eines → Treverer *pagus*), die bis zur Semois reichte, wurde nach der Mitte 3. Jh. auf den n. Stadthügel (Areler–Knipchen) zusammengezogen und befestigt. Aus der über 900 m langen Befestigungsmauer wurden zahlreiche Relief- und Inschriftsteine geborgen, die zumeist von Grabdenkmälern stammen und thematisch den Trierer Denkmälern verwandt sind. Neben Götterdarstellungen (Epona, Apollo, Iuppiter, Iuno, Minerva etc.) ist *Mars Camulus* inschr. bezeugt. H. C.

P. Goessler, RE XVIII 1144. *Espérandieu* V u. IX. *A. Bertrang* Le Musée Luxembourgeois (Arlon[3] 1960).

Orolos s. Oloros

Orontes (Ὀρόντης Hss. [Ὀρόντας Xen.], OGIS 264,4. Ἀροάνδης OGIS 390 ff.). **1.** Verwandter des königlichen Hauses, nach anfänglicher Gegnerschaft Gefolgsmann des jüngeren → Kyros, wird des Verrates überführt und hingerichtet. Xen. an. 1,6. 9,29. **2.** Baktrier, Sohn des Artasyras, Schwiegersohn des → Artaxerxes II. (2), Ahn des → Antiochos I. (13), Satrap von Armenien, kämpfte gegen die Zehntausend. Xen. an. 2,4,8. 5,40. 3,4,13. 5,17. 4,3,4. Im Krieg gegen → Euagoras (1) entriß O. dem → Tiribazos den Oberbefehl, schloß einen für Euagoras günstigen Frieden und fiel in Ungnade. Diod. 15,2. 8 f. 10,2. 11,2. Polyain. 7,14,1. FGrH 115 F 103,9. Plut. mor. 174 B. Als Satrap von Mysien führte O. den Aufstand der Küstensatrapen (368–358), verriet sie, empörte sich wieder gegen den Perserkönig und eroberte Pergamon. Diod. 15,90,3. 91,1. Demosth. 14,31. Polyain. 7,14. OGIS 264. Nach Aussöhnung mit → Artaxerxes III. (3) gab O. Pergamon zurück. 349/48 erhielt er bei einem Handelsvertrag mit Athen dessen Bürgerrecht. † 344. H. Bengtson Die Staatsverträge 2, 1962 Nr. 324. Mz. Head HN[2] 507. C. Toumanoff Le Muséon 72, 1959, 4 ff. **3.** O. befehligte armen. Truppen 331 bei Gaugamela. Arr. an. 3,8,5. **4.** Satrap von Armenien 317, ident. mit Nr. 2? Diod. 19,23,3. 31,19,5 f. (hier »König«). Polyain. 4,8,3. Toumanoff 5 f. **5.** Nachkomme des → Hydarnes, letzter Satrap von Großarmenien um 200. Strab. 11,531. H. H. Schmitt Unt. zur Gesch. Antiochos' d. Gr., 1964, 38. H. V.

6. Der h. Nahr el Assi. Dieser etwa 450 km lange Strom entspringt in der Nähe von Heliopolis (h. Baalbek, Libanon) zwischen dem Libanon und dem Antilibanon (vgl. Plin. nat. 5,80). An seinen fruchtbaren Ufern lagen u. a. die Städte → Emesa (h. Homs, Syrien), → Epiphaneia (Nr. 2; h. Hama) und → Antiocheia (Nr. 1; h. Antakya, Türkei), von wo aus er bis zur Mündung ins Mittelmeer s. von → Seleukeia um die Zeitenwende schiffbar war (vgl. Strab. 16,751). Zur Lokalisierung seines kurzen unterird. Verlaufs in ant. Z. (Strab. 6,275. 16,750) vgl. [2], 1161 f. E. O.

1. *J. Schmidt*, RE XVIII 1160 f. 1164 Nr. 2. 2. *E. Honigmann*, ebd. 1161–1164.

Orontopates (Ὀροντοβάτης Arr., Ροοντοπατης Mz. Head HN[2] 630), Mitregent und Schwiegersohn des kar. Satrapen Pixodaros, nach dessen Tode 334 Verwalter der kar. Satrapie, verteidigte Halikarnassos 334 gegen Alexander und zuletzt die Burg gegen Ptolemaios. Nach seiner Flucht 333 befehligte O. pers. Truppen bei Gaugamela. Arr. an. 1,23. 2,5,7. 3,8,5. 11,5. Strab. 14,657. Curt. 4,12,7. H. V.

Orophernes (Ὀροφέρνης). **1.** Bruder der Ariarathes I. von Kappadokien, half → Artaxerxes III. (3) bei den äg. Feldzügen (351–342), adoptierte Ariarathes II. Diod. 31,19,2 ff. **2.** O. galt als

2. Sohn des Ariarathes IV., wuchs in Priene auf, besetzte durch ein Bündnis mit → Demetrios (5) gegen Ariathes V. den kappadok. Königsthron 158–156, aber der röm. Senat verfügte die Teilung Kappadokiens zwischen beide. O. beraubte den Zeustempel am Berg Ariadne, um seine Söldner zu bezahlen, mußte, verhaßt durch den Steuerdruck, weichen und ging 155/54 zu Demetrios nach Antiocheia, der ihn gefangensetzte. Pol. 32,25f. 33,6. Diod. 31,32. 34. App. Syr. 47. Iust. 35,1. Zu Stiftungen für Priene, wo O. 400 Talente als Reserve hinterlegt hatte, C. B. WELLES Royal corresp., 1934, Nr. 63. H. V.

Oropos (Ὠρωπός), Küstenstadt im NW. Attikas, → Eretria gegenüber, mit berühmtem Orakelheiligtum des → Amphiaraos. Spärliche Reste der Stadt beim h. Skala Oropu und Nea Palatia. Das Heiligtum lag etwa 6 km s.ö. und 2 km von der Küste entfernt in einem schmalen, reichbewässerten Bachtal und ist größtenteils ausgegraben. Kleiner Antentempel des 4. Jh., davor an der Hauptquelle der große, mehreren Göttern und Heroen geweihte Altar, n. davon 110 m lange offene Halle für den Tempelschlaf der Orakelsuchenden, kleines Theater und viele Nebengebäude bes. hellenist. und röm. Z. Die urspr. boiot. Landschaft war dauernd zwischen Boiotien und Athen umstritten, wechselte oft den Besitzer, war in der athen. Z. Untertanengebiet von Athen, 312–171 v. Chr. im boiot. Bund, dann frei und gehörte erst in der Kaiserzeit dauernd zu Athen. Thuk. 2,23,3. Diod. 14,17,1f. Herakleid. 1,6f. 25 (→ H. Nr. 17). Dionys. Call. 85ff. FGrH Nr. 376 F 1. Strab. 9,1,22 p. 390. 2,6 p. 403. Paus. 1,34. 7,11,4. Steph. Byz. Ptol. 3,14,7. SC de Oropiis (73 v. Chr.): IG VII 413. BRUNS Fontes^7 Nr. 42. Syll. II^3 747. SEG 15,283. 11,371. Inschr.: IG VII 235 bis 503. 3498–3500. 4250–4269. SEG 1,101–131. 13,341f. 15,264–315. 16,295–300. 17,209f. 18, 161f. 19,334. 22,369–372. E. M.

1. *F. Dürrbach* De Oropo et Amphiarai sacro, Thèse Paris 1890. 2. *Philipps.-Kirst.* 1,544ff. 974. 3. *Bethe*, RE I 1893ff. (mit Plan). 4. *Wiesner*, RE XVIII 1171ff. Nr. 1. 5. *Chr. Karusos* Τὸ Ἀμφιαραῖον τοῦ Ὠρωποῦ 1926. 6. *L. Vlad Borrelli*, Enc. Arte Ant. 5,770f. 7. *Kirsten-Kraiker* Griechenlandkunde ^{5}1967 178ff. (mit Plan). 872 (Lit.). 8. *E. Fiechter* Das Theater in O. Ant. griech. Theaterbauten 1, 1930. 9. *U. Kahrstedt* Staatsgebiet und Staatsangehörige in Athen 346ff.

Oros (Ὄρος). **1.** Der höchste Gipfel der Insel → Aigina, ein 524 m hoher Kegel aus vulkan. Gesteinen mit befestigter Siedlung myken. Z. auf dem Gipfel und Heiligtum des Zeus Hellanios seit geometr. Z. mit Altar auf dem Gipfel und weiterem Ausbau in hellenist. Z. E. M.

1. *Philipps.-Kirst.* 3,52. 2. *G. Welter*, AA 53, 1938, 8ff. (mit Plänen). 3. *Ders.* Aigina 1938, 26f. 91f. 4. *Joh. Schmidt*, RE XVIII (1. H.) 1175ff. 5. *B. Conticello*, Enc. Arte Ant. 3,239. 6. *Kirsten-Kraiker* Griechenlandkunde, ^{5}1967, 306f.

2. O. (Ὧρος) von Alexandreia, aus ägypt. Familie stammender (sein Beiname ὁ μέλας ist in den Hss. häufig zu ὁ Μιλήσιος entstellt; vgl. [3]) Grammatiker des 5. Jh. n. Chr., lehrte in Konstantinopel (Suda s. Ὧ.). Die in byz. Z. stark ausgebeutete Schriftstellerei des O. schloß sich zu einem guten Teil eng an → Herodianos (1) an, so daß man vielleicht besser von Bearbeitungen sprechen sollte (vgl. [1],349f.). Aus seiner Ὀρθογραφία ist ein längerer Abschnitt (Περὶ τοῦ ι ἀνεκφωνήτου), das sog. Lex. Messanense, überliefert. Es ist ein alphabet. Verzeichnis (erhalten Μ-Π, Φ-Ω) von Wörtern, die ein stummes Iota enthalten, samt ausgesuchten klass. Belegen. Weitere, vor allem durch → Choiroboskos vermittelte Reste lassen sich aus dem Etym. gen. gewinnen; andere Teile, im Suda-Artikel als selbständige Titel aufgeführt, behandelten die Diphthonge ει und αι. Auf Herodians Schriften nahm O. ferner Bezug mit einem Komm. zu dessen Orthographie, mit Λύσεις προτάσεων τοῦ Ἡ. sowie Abh.en über Enklitika und δίχρονα. Auszugsweise liegt die Schrift Περὶ πολυσημάντων λέξεων vor ([1],339ff.). Wenig ist über den Titel Κατὰ Φρυνίχου zu ermitteln; jedenfalls verbirgt sich dahinter nicht der sog. Ἀντιαττικιστής ([2]). Große Nachwirkung hatte seine Slg. Ὅπως τὰ ἐθνικὰ λεκτέον; bei → Stephanos von Byz. und wiederum in den Etymologika sind eine Anzahl von Glossen hieraus erhalten ([1],316ff.). Für die etym.-gramm. Erklärung ist im wesentlichen Herodian benutzt, die beigegebenen mythogr. Angaben entstammen Komm. und Sch. zur homer. und hellenist. Epik und bieten reichhaltigeres Material als die überlieferten Sch.-Corpora. Der Titel Περὶ τῶν ἑαυτοῦ (Suda a. O.) spricht dafür, daß das Oeuvre des O. noch wesentlich umfangreicher war als jetzt erkennbar ist. H. Gä.

Ta.: Orthogr.: *H. Rabe*, RhM 47, 1892, 404ff. 50, 1895, 148ff. Sonstige Frg.e: Anecd. Par. 4,262ff. und [1].
Lit.: 1. *R. Reitzenstein* Gesch. d. griech. Etym., Lpz. 1897 (Amsterdam 1964), 287ff. 2. *K. Latte*, H 50, 1915, 373ff. 3. *C. Wendel*, H 72, 1937, 351.

Orosius Paulus, Presbyter aus Bracara im h. Portugal, ist mit seiner Historia adversus paganos (1) zum Begründer der chr. Universalgeschichtsschreibung geworden. 414 mit einem Commonitorium (2) über den → Priscillianismus zu → Augustinus gekommen, 415/16 in seinem Auftrag bei → Hieronymus in Bethlehem, ist er in Jerusalem in den Streit um → Pelagius hineingezogen worden, in dem er seine Auffassung mit dem liber apologeticus (3) verteidigte. In seinem Geschichtswerk, das im MA. viel gelesen wurde, versuchte er, in Ergänzung der Civitas dei des Augustinus durch eine hist. Darstellung den Nachweis zu erbringen, daß sich seit dem Erscheinen Christi auch die äußere Situation der Menschheit zum Besseren gewandt habe. O. gibt einen Abriß der Profangeschichte von der Erschaffung der

Welt bis 417, unter Anlehnung an die Chronik des → Eusebios in engem Anschluß an heidnische Quellen (Liv., wohl eine Epit.; Iust.; Eutr.), jedoch für die letzten Jahrzehnte selbständig. Mit der sinnvollen Einteilung in 7 B. überschneidet sich die im Anschluß an Daniel durchgeführte und vorbildlich gewordene Gliederung in 4 Epochen. O. ist ein wichtiger Zeuge für die Verbindung von chr. Selbstgefühl und Stolz auf die Größe des röm. Reiches. B. R. V.

Ta. 1 und 3: *C. Zangemeister*, CSEL 5, 1882. (1: ed. min.: *ders.* 1889). 2. *G. Schepss*, CSEL 18, 1889.

Lit.: *J. Svennung* Orosiana, 1922. *F. Paschoud*, Roma aeterna, 1967, 276–292. *Altaner*⁷ 231/32.

Orpheus ('Ορφεύς, 'Ορφής, dor. 'Ορφάς, Etym. trotz ant. und mod. Versuche ungewiß), der bedeutendste der myth. Vertreter der Musik. In der großen Rolle, die er im Myth. spielt, spiegelt sich die Bedeutung der Musik im frühen Griechentum, wie später in Philos. und Pädagogik. In so viele Mythen wurde er verflochten, daß die Mythographen, die ihn zeitlich zu fixieren suchten, auf den Ausweg verfielen, mehrere O. anzunehmen. Tatsächlich ist der O.-Mythos nicht früher als im 6., allenfalls im späten 7. Jh. belegt. Von da an ist er in allen Sparten der Lit. und durch die myst.-theolog. Strömungen, die sich an seinen Namen knüpften (→ Mysterien → Orph. Dichtung) bis zum Ausgang des Alt. und ins Christentum eine bewegende Macht gewesen.

Als Vater des O. wird in der herrschenden Überlieferung der sonst obskure → Oiagros genannt. Wenn daneben – zuerst Pind. Pyth. 4,313 – Apollon genannt wird, so ist das nicht im Sinne natürlicher Abstammung, sondern allegorisch zu verstehen, wie schon bei Hes. theog. 94 von den Sängern und Kitharaspielern gesagt wird, daß sie von Apollon und den Musen stammen. Als Mutter des O. wird allg. die Muse → Kalliope bezeichnet und auch (neben Apollon) zu seiner Lehrerin gemacht. Weiter hat die Geschäftigkeit der Genealogen ihm eine Deszendenz (an deren Ende Homer und Hesiod stehen) und Schüler (unter ihnen → Herakles, → Midas, → Eumolpos) angedichtet.

Einhellig war die ant. Überlieferung darin, als Heimat des O. Thrakien und ihn selbst einen Thraker zu nennen, und die bildende Kunst stimmt dazu, indem sie ihn meist in mehr oder weniger thrak. Kostüm oder (wie auf der berühmten Berliner Vase) im Kreise von seiner Musik hingerissen lauschenden Thrakern darstellte. Gelegentliche (ant. und mod.) Proteste dagegen, daß dieser griech. Kulturheros ein thrak. Barbar gewesen sein sollte, haben sich nicht durchgesetzt. Wie im Falle Homers in Ionien (und der Aiolis), so stritten in Thrakien (in einem weiteren, Makedonien einbegreifenden Sinn) mehrere Orte darum, die spezielle Heimat des O. zu sein. Die meisten und frühesten Zeugnisse nennen → Pierien, das n. ö. Vorland des Olymp, das zugleich die Heimat der → Musen ist, wo man auch in → Leibethra ein altes Schnitzbild des O. zeigte und von wo (in den orph. Argonautika, s. u.) → Iason den O. zur Teilnahme an der Fahrt abholte. Daneben erhoben bes. → Dion, das Gebiet des → Pangaion, → Kikonen und → Odrysen ähnliche Ansprüche. Die Ausbreitung der sich auf O. als Stifter zurückführenden religiösen Bewegung über einen großen Teil der griech. Welt hatte dann zur Folge, daß vielerorts Legenden entstanden, die örtliche Bräuche, Kulte, Mysterien auf O. als Stifter zurückführten und diese Lokalitäten in seinen Mythenkreis einbauten. Ihm deshalb die thrak. Herkunft abzusprechen und ihn in Attika, Boiotien, Delphoi, Aigina, Sikyon, Sparta, Tainaron usw. anzusiedeln, blieb erst der Phantasie moderner Mythographen (bes. GRUPPE und MAASS) vorbehalten. Die Griechen haben ihn stets für einen Thraker gehalten, ihn freilich, nachdem er einmal seinen Einzug in ihre mytholog. Dichtung gehalten hatte, völlig hellenisiert.

Der Wesenskern des O. ist die Macht seiner Musik. Unter den myth. Archegeten und »Erfindern« der Musik steht er an erster Stelle (vor → Philammon, → Amphion, → Linos, → Thamyris usw.), und selbst den Ruhm des göttlichen Kitharoden Apollon hat er verdunkelt, ohne aber wie andere myth. Musiker in einen verhängnisvollen Konflikt zu geraten. Vom 6. Jh. an bis zum Ausgang des Alt. sind Dichter und bildende Künstler nicht müde geworden, die Zaubermacht seines Gesanges und Saitenspieles, mit der er nicht nur die Menschen, sondern auch Tiere und Pflanzen, ja die unbelebte Natur und ihre Kräfte sich gefügig machte, in immer neuen Wendungen auszumalen, und die chr. Kunst hat hier in bes. hervorstechender Weise das Erbe der Ant. angetreten. Die ältesten Bildwerke, die O. als Sänger zeigen (6. Jh.), sind ein boiotisches Schälchen und die Argonautenmetope des Schatzhauses der Syrakusier zu Delphoi, das älteste literarische Zeugnis das Simonides-frg. 27 D. Sie weiter verfolgen bedeutet einen Gang durch die ganze griech. und röm. Lit.-Gesch., wobei wir Dichter und Prosa-Autoren einander überbieten sehen. Zu den Vögeln und Fischen, die O.' Gesang herbeiruft, kommen die Landtiere, zahme und wilde, die sich, von ihm bezaubert, in paradiesischem Friedenszustand um ihn versammeln, Bäume und ganze Wälder, Steine, Felsen und ganze Gebirge kommen herbei. Die Flüsse hören bei O.' Gesang auf zu fließen, das wilde Meer beruhigt er, gebietet den Winden und bringt den Schnee auf den Bergen zum Schmelzen. Noch andere Wunder lassen ihn die Dichter der Argonautika vollbringen.

Das Musikinstrument des O. ist die Laute, → Phorminx, → Kithara oder → Lyra, die er spielt und dazu singt: er ist Kitharode. Daß Kithara und Lyra verschiedene Instrumente waren, brauchte Dichter und Mythographen nicht zu kümmern.

Über die Rolle des O. in der Geschichte des Instruments (Erfindung, Ausgestaltung, Zahl der Saiten) haben die ant. Musikhistoriker mancherlei kombiniert, ohne daß man sich außerhalb der Gelehrtenkreise um solche Streitfragen viel gekümmert hat.

Wenn O. der älteste Sänger, also auch der älteste Dichter war, mußte er logischerweise auch der Erfinder des als das älteste geltenden Versmaßes sein, in dem die unter seinem Namen umlaufenden Dichtungen abgefaßt waren: des versus heroicus, des Hexameters. Dieser Schluß ist so natürlich, daß die Angabe, schon → Kritias habe ihn gezogen, trotz ihrer späten Bezeugung keine Anzweiflung verdient. Auch zum Erfinder der Schrift wollte man den ältesten Dichter machen (Alkidamas Od. 6), doch konnte sich diese These gegen die feststehende (und histor. richtige) Tradition über den phoinik. Ursprung der Schrift nicht durchsetzen.

O. als Argonaut hat in dem alten, schon in der Odyssee 12,60 zitierten Argonautenepos sicherlich noch gefehlt, ist aber auf der Metope vom Schatzhaus der Syrakusier in Delphoi (6. Jh.) auf der Argo dargestellt, freilich neben einem 2. Kitharoden, anscheinend Philammon, der nach Pherekydes (FGrH 3 F 26) in der älteren Sage der musikalische Teilnehmer des Zuges und κελευστής, Taktschläger für die Ruderer, war und dann von O. in dieser Rolle verdrängt worden ist. Als solcher erscheint er bei Pind. Pyth. 4,313, in der Hypsipyle des Euripides und in dem Epos des Apollonios, hochangesehen und 1,23 an erster Stelle genannt als Sohn der Kalliope, deren Beistandes der Dichter für sein Werk vor allem bedarf, doch beschränkt sich seine Rolle auf die des genialen Musikers, der die Feiern durch seine Kunst verschönt und die Hörer bezaubert, ohne doch übernatürliche Wirkungen zu üben. Priesterliche und seherische Funktionen sind nicht O., sondern anderen gegeben, und nur wenige Züge – so daß O. 1,494–511 eine »orphische« Theogonie vorträgt – lassen erkennen, daß der Dichter die auch in seiner Z. lebendige orphische Religion wohl kannte, sie aber gewiß aus stilistischen Gründen von seinem Epos fernhielt. Was im Orphikerkreise aus dem Argonauten O. wurde, zeigt das späte, sich als Werk des O. ausgebende Epos Argonautika, s. u. S. 357f. Eine Art Mittelstellung nimmt die Behandlung des Themas durch → Dionysios (19) Skytobrachion (bei Diod. 4,40ff., FGrH 32 F 14) ein. Den höchsten Triumph seiner Sangeskunst bedeutet die Hadesfahrt des O. Die allbekannte Sage, daß O. in die Unterwelt hinabgestiegen sei, um seine heißgeliebte, infolge eines Schlangenbisses gestorbene Gattin → Eurydike wieder heraufzuholen, daß es ihm gelungen sei, mit seinem Gesang und Saitenspiel die Herrscher der Unterwelt so zu erweichen, daß sie ihm die Gattin mitgaben, doch unter der Bedingung, nicht zurückzublicken, daß er, von Zweifel und Sehnsucht bezwungen, diesem Verbot zuwidergehandelt habe und daraufhin die ihm tatsächlich folgende Eurydike in die Unterwelt habe zurückkehren, er selbst ohne die Gattin habe hinaufsteigen müssen: in dieser Form liegt uns die Sage erst bei Vergil im Culex 268–295 und Georg. 4,454 bis 503 vor, dem viele spätere röm. Dichter folgen mit dem Ziel, die rührende Geschichte weiter auszumalen und die wunderbare Macht der Musik, ihren Sieg über die sonst unerbittlichen Mächte des Todes und der Finsternis zu preisen. Viele Prosaschriftsteller, griech. und röm., treten hinzu mit kürzeren oder längeren Behandlungen der tragischen Liebesgeschichte. Daß sie aber schon um die Mitte des 5. Jh. v. Chr. existiert hat, beweisen 2 Zeugnisse: das Wort des → Admetos in der 438 aufgeführten → Alkestis des Euripides (357) »wenn ich die Zunge und die Sangeskunst des O. besäße, daß ich die Tochter Demeters oder ihren Gatten besänftigen könnte« und das zu gleicher Zeit entstandene herrliche O.-Relief, das den Augenblick darstellt, da O. sich zu der ihm folgenden Gattin zurückwendet, während auf der anderen Seite Hermes, der Seelengeleiter, sie schon leise zurückzieht. Es folgen im 4. Jh. die Anspielung bei Isokrates 11,7f. und die dem Phaidros in den Mund gelegte sophistische Verdrehung der Sage in Platons Gastmahl 179d, wo O. als Feigling, seine Hadesfahrt als Schwindelmanöver hingestellt wird. An dem ganzen Sagenkomplex haben die Neueren unablässig und wenig sinnvoll herumgedeutelt, vgl. RE XVIII 1268–79. Bildliche Darstellungen, bes. auf Vasen, sind zahlreich und vielfältig.

Der Ursprung der Eurydike- und Katabasissage ist in Dunkel gehüllt. Daß die erotische Motivierung der Hadesfahrt erst nachträglich hinzuerfunden worden und daß das, was in unserer Überlieferung als das Ergebnis der Hadesfahrt, nicht als ihr Zweck erscheint, die Erkundung des Jenseits, in der urspr. Sage der Ausgangspunkt des Unternehmens gewesen sei, ist eine geistvolle, doch nicht erweisliche moderne Hypothese. Sicher aber ist O. über das in der alten Argonautensage noch menschliche Maß des Musikers früh hinausgewachsen und zum Zauberer, zum Seher, zu einem in die Geheimnisse der Gottheit eingeweihten Weisen und Religionsstifter geworden. Der Keim zu dieser Entwicklung lag in der Wirkung seiner Musik, die, sowie sie poetisch über das gewöhnliche Maß hinaus gesteigert wurde, als Zauberei erscheinen mußte und andererseits, wie man wohl wußte, zumal in der Frühzeit mit der Weisheit selbst als wesensverwandt galt. Hauptzeugnis dafür Quintil. inst. 1,10,9. Als Zauberer und Besitzer übernatürlicher Heilmittel erscheint O. schon bei Eurip. Alk. 962ff. und Kykl. 646, und später wird er oft (zuerst Aristoph. Ran. 1032 und Plat. Protag. 316d) Seher und Stifter von Mysterien genannt, die er aus Äg. (so Hdt. 2,81), Thrakien oder Samothrake nach Hellas gebracht habe; doch spielt er diese Rolle nicht im allgemeinen Bewußtsein, sondern nur im Kreise der Orphiker, s. Art. Orphische Dichtung.

Der Tod des O. Neben der vorherrschenden Überlieferung, daß O. durch thrak. Frauen oder Maenaden den Tod gefunden habe, gab es vereinzelt andere Versionen: er sei von Zeus durch einen Blitz getötet worden zur Strafe dafür, daß er den Menschen in seinen Mysterien göttliche Weisheit übermittelt habe (Parallele zu → Prometheus), oder er habe durch Selbstmord geendet, oder er sei von Gegnern der von ihm geschaffenen Gefolgschaft getötet worden. Bei weitem jedoch überwiegt die Überlieferung von der Zerreißung des O. durch thrakische Frauen. Das älteste Zeugnis sind die *Βασσάραι* oder *Βασσαρίδες* des Aischylos, deren Inhalt Ps. Eratosth. catast. 24 wiedergibt: nach der Rückkehr aus dem Hades habe O. nicht mehr Dionysos verehrt wie früher, sondern Helios-Apollon; daher habe der beleidigte Gott ihn durch seine Dienerinnen zerreißen und seine Glieder zerstreuen lassen, die dann aber von den Musen gesammelt und in → Leibethra beigesetzt worden seien. Statt dieser – religionsgeschichtlich schwer verständlichen – religiösen Motivierung werden in den später herrschend gewordenen Versionen rein menschliche Begründungen für die Wahnsinnstat der Frauen gegeben: O. habe ihren Zorn gereizt, weil er nach dem Verlust der Gattin und der Rückkehr aus dem Hades alle Frauen, die den schönen Sänger begehrten, abgewiesen und sich in die Einsamkeit zurückgezogen habe, oder, schlimmer noch (so zuerst → Phanokles), sich der Knabenliebe zugewandt und diese bis dahin unbekannte Sitte in Thrakien eingeführt habe. Auf die mancherlei Varianten dieser Geschichte kann nicht eingegangen werden.

Das abgeschnittene Haupt des O. warfen die Frauen, mit einem Nagel an der Lyra befestigt, ins thrak. Meer, das es nach → Lesbos trug, während der Klang der Lyra Meer, Inseln und den Strand erfüllte, an dem nun die Männer Haupt und Lyra beisetzten. Seitdem ist Lesbos die sangreichste von allen Inseln (Ätiologie der lesb. Lyrik). Auch diese Geschichte – bildlich seit dem 5. Jh. bezeugt – ist mehrfach variiert worden, bes. so, daß das Haupt noch spricht, singt oder Orakel gibt. – Deutlich ist, daß durch die Gleichheit der Todesart eine nahe Verbindung des O. mit Dionysos hergestellt ist, der ja die Zentralgestalt seiner Mysterien ist. Das steht freilich erst bei Proklos zu Plat. rep. 1,175,1 Kr. Näheres ist schwer zu sagen.

Verstirnung. Die Überlieferung, daß die Lyra des O. mit seinem Haupt in Lesbos bestattet (oder in den Besitz des → Terpandros oder des Musaios gelangt sei), wurde in hellenist. Z. durch die Sage verdrängt, daß sie durch Zeus als Sternbild an den Himmel versetzt worden sei. In der Folge wurde das benachbarte Sternbild des »in die Knie Gesunkenen« (Engonasin) als das des vor dem Ansturm der Frauen hinsinkenden, seine Lyra zur Abwehr erhebenden O. erklärt, wie er oft auf Vasen dargestellt ist. Astrotheosophisch auf die Harmonie der 7 Planeten wird die 7saitige Lyra des O. am Himmel gedeutet bei Lukian. de astrol. 10.

Der tote O. in der Unterwelt. Die landläufige Vorstellung dachte sich den toten O. wie andere Menschen im Hades. Hauptbelege: Plat. apol. 41a. und rep. 10,620a (die Seele des O. wünscht aus Haß gegen das weibliche Geschlecht nicht in einen Menschen, sondern in einen Schwan einzugehen, um nicht von einem Weibe geboren zu werden) und das von Paus. 10,28–31 beschriebene Unterweltsgemälde des Polygnotos in der Lesche der Knidier zu Delphoi. In den Gefilden der Seligen erscheint O. zwar erst bei Vergil (Aen. 6, 637ff.) und Ovid (met. 11,61ff.), doch zweifellos nach alten Quellen, und wenn schon der platon. Sokrates sich freut, O. im Hades begrüßen zu können (apol. 41a), so denkt er ihn offenbar nicht als einen Ort des Schreckens.

Die mythische Gestalt des O. hängt einerseits eng zusammen mit dem göttlichen Vertreter der Kithara-Musik, Apollon, andererseits mit Dionysos, dem thrak. Gott, der in den orphischen Mysterien die Zentralgestalt ist. Über den tragischen Konflikt, in den O. zwischen diesen beiden Göttern gerät, wissen wir nichts über das hinaus, was die Bruchstücke der Bassarai des Aischylos andeuten, s. o. S. 355. K. Z.

K. Ziegler, RE XVIII 1200–1320. *W. K. C. Guthrie* O. and Greek Religion, 1935 ([2]1953). *K. Ziegler* O. in Renaissance und Neuzeit in »Form und Inhalt«, Festschr. Otto Schmitt, Stuttgart 1950, 239–256.

Orphische Dichtung. Im 6. und 5. Jh. ist eine größere Zahl von hexametrischen Gedichten entstanden, die sich als Werke des O. ausgaben und in dem sektenartigen Kreise seiner Anhänger als heilige Schriften (*ἱεροὶ λόγοι*) galten. Das älteste Zeugnis für diese Lit. ist die im J. 427 aufgeführte Tragödie → Hippolytos des → Euripides, in der v. 952ff. Theseus seinem Sohne scheltend vorwirft, er lebe als Anhänger des O. vegetarisch und ehre die in vielen Schriften enthaltenen leeren Flausen. Nach Platon rep. 2,364e hatten Winkelpriester und Seher, von denen er verächtlich spricht, einen Haufen von Büchern des O. (und Musaios) vorzuweisen, und auf einem Spiegel des 5. Jh. steht neben dem musizierenden O. ein Korb voll Buchrollen. In hellenist. Z. vermehrte sich diese Masse durch Schriften, die sich z. T. nicht mehr als Erzeugnisse des O. selbst, sondern früher orph. Dichter gaben. Die meisten der erhaltenen 363 Bruchstücke (in KERNS Orphicorum fragmenta 1922, Neudr. 1961) sind durch die → Neuplatoniker auf uns gekommen, die in der Überzeugung von der Übereinstimmung der Lehren des O. mit denen Platons die ihnen zu Gebote stehende orph. Lit. eifrig studiert haben. Von ihren eigentlichen Kommentaren zu O. besitzen wir nichts, aber die erhaltenen Schriften des → Damaskios, → Syrianos und → Proklos, vor allem des letzteren Platonkommentare, sind voll von Darlegungen des bezeichneten Charakters mit reichlichen Anführungen von orph. Versen.

A. Erhalten sind als angebl. Werke des O. I. die Hymnen, II. Argonautika, III. Lithika.

I. Zusammen mit den Hymnen Homers, des Kallimachos und des Proklos sind uns in vielen Hss. erhalten *Ὀρφέως ὕμνοι πρὸς Μουσαῖον*, 87 hexametr. Gedichte verschiedener Länge (6–30 V., insgesamt an 1200 V.), in denen ebenso viele Götter oder ihnen zugeordnete Mächte (z. B. zu Zeus: Donner, Blitze, Wolken) angerufen oder herbeigerufen werden. Voran steht *Ὀρφεὺς πρὸς Μουσαῖον*, eine Art Mustergebet von 44 V., das O. dem angeredeten Freunde oder Schüler empfiehlt, gerichtet an etwa 80 Gottheiten, nicht ganz gleich der Reihe der folgenden Einzelhymnen, die größtenteils aus einer Anhäufung rühmender Epitheta bestehen, hin und wieder durchsetzt von Relativsätzen und meist schließend mit einem Anruf und Gebet um gute Gaben; vor jedem H. Angabe, womit zu räuchern ist. Zu dem hom.-hesiod. Pantheon, innerhalb dessen → Dionysos hervortritt, treten Gestalten und Begriffe wie → Attis, → Adonis, → Physis, Nomos usw. Sehr spürbar ist der Einfluß stoischer Philos., auffällig die Spärlichkeit spezifisch orph. Elemente. Entstanden sind die Hymnen als Erzeugnis eines Dichters nicht früher als im 2. Jh. n. Chr. für den Gebrauch einer Kultgemeinde vermutlich Kleinasiens.

Ta. von *Quandt*, Berl. 1955, ^{2}1962.
Lit.: *R. Keydell*, RE XVIII 1321–33.

II. Argonautika, ein Epos von 1376 Hexametern, in dem O. aus seiner Sicht die Fahrt der Argonauten erzählt, an der er sich, obwohl schon ein Greis, auf Bitten → Iasons beteiligte, weil es das Schicksal wollte und ohne ihn das Unternehmen nicht gelingen konnte. Die Erzählung folgt in den wesentlichen Zügen → Apollonios (1) Rhodios, doch mit vielen Abweichungen in Einzelheiten, vor allem für die Rückfahrtroute. Der Hauptunterschied aber liegt darin, daß durchweg O. zum eigentlichen Helden, fast zum geistigen Leiter des ganzen Unternehmens gemacht und ihm fast an allem, was geschieht, ein oft entscheidender Anteil gegeben wird. Die herkömmlichen Seher als Teilnehmer an der Fahrt, Mopsos und Idmon, fehlen zwar nicht, aber ihre Funktionen übernimmt O. Als es gleich zu Anf. allen Anstrengungen der Helden nicht gelingt, die Argo zu Wasser zu bringen, macht O.' Zauberlied sie flott. Er leitet die große Opfer- und Gebetshandlung vor der Abfahrt und später die Sühnefeier für den von Iason unwissentlich getöteten Kyzikos, besiegt → Chiron im Sängerkrieg mit dem Vortrag seiner Theogonie, er, nicht Herakles, ruft die Gefährten aus den Armen der schönen Lemnierinnen zu ihrer Pflicht, verdrängt → Phineus aus seiner Rolle als Berater und Wegweiser der Argonauten, und sein, nicht Iasons Tat, ist schließlich die Erreichung des Zieles der Fahrt, der Erbeutung des Goldenen Vlieses aus dem Märchenschloß der → Hekate, eine große Beschwörungs- und Zauberaktion, über die selbst → Medeia staunt. Auch die Überwindung aller Fährlichkeiten der Heimfahrt bis zum glücklichen Ende haben die Argonauten allein O. zu danken.

Die Steigerung der Leistungen des O. ins Wunderbare lag gewiß in der allg. Entwicklungstendenz der hellenist. Lit. zum Phantastischen und Übernatürlichen, aber die Herabdrückung aller anderen Fahrtgenossen zur Bedeutungslosigkeit neben dem geistlichen Oberhaupt ist ohne Zweifel in Kreisen der O.-Gläubigen erfolgt, doch gewiß nicht erst zur Z. des Entstehens der sog. orph. Argonautika, deren spätant. Ursprung freilich erst J. G. Schneider, Analecta critica I, Jena 1779, erkannt hat. Jetzt datiert man das poetisch recht mittelmäßige Werkchen ins späte 4. oder ins 5. Jh. n. Chr.

Ta.: *J. G. Schneider* Jena 1803. *G. Hermann*, Orphica 1805. *G. Dottin* mit frz. Übers. Paris 1930 (Coll. Budé).
Lit.: *R. Keydell*, RE XVIII 1333–38. *K. Ziegler ebd.* 1254–61.

III. Lithika, ein Steinbuch in 774 Hexametern, erst von → Tzetzes (oder einem Vorgänger) dem O. zugeschrieben, mit dem es nichts zu schaffen hat, s. o. Bd. III 681,30ff. Keydell, RE XVIII 1338–41.

B. Verlorene Gedichte. I. Theogonie und Kosmogonie. Die meisten Berichte über Dichtungen des O. (und Frg. e) betreffen Theo- bzw. Kosmogonie. Sie beginnen bei Eurip. und Aristoph. und führen über Platon, Aristot., Stoiker und Apoll. Rhod. hinab bis zu der ergiebigsten Quelle, den Neuplatonikern. Trotz der verwirrenden Fülle einander z. T. widersprechender Varianten ergibt sich folgendes Gesamtbild. Seit dem 6./5. Jh. gab es umfängliche theogon. Epen des O., noch nicht in festgelegter Fassung, sondern in flüssigem Zustand, sich aber allmählich konsolidierend. Der späte Damaskios (de princ. 123. 124) weiß von 3 orph. Theog., der gangbaren (*αἱ φερόμεναι ῥαψῳδίαι, συνήθης θεολογία*), der nach Hellanikos und Hieronymos und der bei Eudemos (offenbar dem Aristoteliker). In ihnen erscheinen außer den uns aus Hesiods Theogonie bekannten Urgewalten – Chaos, Uranos, Gaia, Okeanos, Tethys und Deszendenz usw. – eine Reihe weiterer: Chronos, Aither, Hydor, ein »Weltei« und seltsame, z. T. zweigeschlechtige Mischgestalten. Die meisten Frg. e stammen aus der »rhapsod.« Theog., die anscheinend mit ihren 24 B. sich den gleich langen hom. Epen als religiöses Grundbuch mit dem gleichen oder höheren

Autoritätsanspruch (und der Anmaßung höheren Alters) zur Seite stellt. In ihr vollzieht sich die Weltwerdung bis herunter zur Anthropogonie etwa in folgender Weise (vieles ist vieldeutig und strittig): Urprinzip ist der nichtalternde → Chronos. Er erzeugt den → Aither und um ihn einen ungeheuren Schlund (χάσμα = → Chaos?) in tiefer Finsternis. Im oder aus dem Aither schafft Chronos ein silbernes Ei, aus dem, als es birst, → Phanes hervorgeht (auch → Phaethon, → Protogonos, Erikepaios, → Metis, → Eros geheißen). Er hat vier Augen, goldene Flügel, viele Tierköpfe und die Stimme eines Stieres und eines Löwen, ist männlich und weiblich zugleich und hat in seinem Geschlechtsteil, den er hinten trägt, den Samen der Götter. Er ist das erste Licht, erschafft den Himmel, den Wohnsitz der Götter, die Erde und den Mond (der eine andere Erde ist). Mit seiner Tochter → Nyx, der er sein Szepter und die Gabe der Weissagung verleiht, zeugt er → Uranos und Gaia, deren Verbindung der erste γάμος heißt. Nyx übergibt Uranos die Herrschaft über die Götter. Weiter geht es (mit einigen Abweichungen) wie bei Hesiod bis zur Entmannung des Uranos durch → Kronos und der Geburt der → Aphrodite. Kronos übernimmt die Herrschaft und heißt der erste Gebieter über die irdischen Menschen (das silberne Geschlecht, ein goldenes unter Phanes war vorausgegangen). Kronos verschlingt die ihm von seiner Schwester → Rhea geborenen Kinder, wird aber von ihr wie bei Hesiod überlistet, so daß Zeus unter dem Schutz der → Kureten aufwachsen kann. Auf den Rat der Nyx macht er Kronos mit Honig trunken, entmannt ihn und bindet ihn mit unzerreißlichen Fesseln. Erneut fragt er Nyx um Rat, wie er die Herrschaft über die Götter errichten solle. Sie rät ihm, die Hilfe seines Vaters Kronos zu erbitten (mit dem er sich also versöhnt) und gibt ihm eine genaue Weisung für den Bau des Weltalls. Die Neuschöpfung ist mytholog. in der Form ausgedrückt, daß Zeus den Phanes, d.h. die ganze bis dahin bestehende Schöpfung, verschlingt, so daß nun das All in ihm beschlossen ist: Aither und Himmel, Meer und Erde, Okeanos und Tartaros, Flüsse und alles andere, alle unsterblichen Götter und Göttinnen, alles, was war und was später werden sollte, das war in Zeus' Leib, und alle Kraft und Macht des Gottes Phanes in seinen Gliedern (frg. 167). Noch weiter ausgemalt ist die Identität von Zeus und Universum in dem großartigen Hymnos frg. 168, der uns durch Eus. praep. ev. 3,9,100a ff. erhalten ist. Die strafende → Dike ist Zeus' Begleiterin, Nomos und → Eusebeia seine Beisitzer. Die Einzelgötter, die er mit dem All in sich aufgenommen hat, läßt er in verjüngter Gestalt aus sich emanieren, aus seinem Haupt Athena, wesensgleich mit → Arete. Mit seiner Mutter → Rhea – die, nachdem sie ihn geboren hat, → Demeter heißt – paart sich Zeus und zeugt → Persephone-

Kore. Diese – die, von → Pluton geraubt, die → Eumeniden hervorbringt – wird von Zeus vergewaltigt und gebiert ihm den Dionysos, dem Zeus, obwohl ein Kind, die Herrschaft über die Götter überträgt. Doch aus Eifersucht (oder von der Stiefmutter Hera dazu angestiftet) locken die sieben Titanen den Knaben durch allerlei Spielzeug aus der Hut seiner Wächter, der Kureten, fort und zerreißen ihn in sieben Teile, die sie kochen und verzehren. Dabei überrascht sie Zeus, blitzt sie nieder und befiehlt Apollon, die Reste des Dionysos in Delphoi beizusetzen. Das Herz hat Athena gerettet und zu Zeus gebracht, der aus ihm den Dionysos zu neuem Leben erweckt, so daß er gemeinsam mit Zeus der Herrscher der gegenwärtigen Welt ist. Aus den Gliedern der verbrannten Titanen aber schafft Zeus das gegenwärtige, dritte Menschengeschlecht, das so vermöge seiner Herkunft die »titanische Natur« (Plat. leg. 3,701 b), d.h. den widersetzlichen, zerstörerischen Trieb in sich trägt. Da aber die Titanen Dionysos' Leib in sich aufgenommen hatten, so ist auch den aus ihnen entstandenen Geschöpfen etwas vom göttlichen Dionysos beigemischt, so daß die Menschen, wenn sie das Titanische in sich bekämpfen und das Dionysische pflegen, durch Dionysos zur Erlösung kommen können.

Obwohl diese umfassende Welterzählung wesentlich durch späte (neuplaton.) Quellen bezeugt ist, scheinen ihre Grundgedanken doch alt zu sein, d.h. dem 6. Jh. zu entstammen. Sicher ist aber, daß daneben auch andere Versionen bestanden, die eine andere Folge der Generationen boten, Nyx oder Okeanos an den Anf. stellten. Orphisch beeinflußt ist offenbar auch die Parodie einer Kosmogonie, mit der Aristophanes im J. 414 für seine Vögel (690ff.) die Weltherrschaft in Anspruch nimmt: Im unendlichen Schoß des schwarzen Erebos gebiert die schwarzgeflügelte Nyx (Nacht) ein Ei, aus dem der goldgeflügelte Eros entspringt, der, dem geflügelten Chaos gesellt, das Geschlecht der Vögel erzeugt. (Erst später entstehen Himmel, Okeanos, Erde, Götter und Menschen.) Manche Berührungen, aber auch starke Abweichungen von der »rhapsod.« zeigen die Kosmogonien, die die Vf. der Argonautika (Apoll. Rhod. 1,494–511, »O.« 12–28. 421–430) dem O. in den Mund legen. Unverkennbar sind die Zusammenhänge der orph. Theogonien einerseits mit Hesiod – den sie voraussetzen, überbieten und ethisch vertiefen – und der frühgriech. Philos., mit der sie (in mytholog. Ausdrucksweise) den Gedanken der periodischen Zusammenfassung des Universums in Eins und der Zerteilung in vieles, das Problem des ἓν καὶ πολλά, und das Problem der Versündigung und ihrer Überwindung gemein haben.

Ebenso offenkundig – in den Grundgedanken, nicht in allen Einzelheiten – ist die Übereinstimmung, d.h. die Beeinflussung, der orph. Theogonien durch oriental., auch äg. Mythen. Die auffallende Übereinstimmung des Mythus von der Zerreißung des Dionysos mit dem äg. → Osirismythus hat man schon im Alt. beobachtet, und das starke Hervortreten phantastisch-tierischer Mischgestalten in den orph. Theogonien weist auf die Zeit, da das Griechentum sich noch nicht mit Entschiedenheit vom Unedlen, Unorganischen und Halbtierischen abgewandt hatte; vgl. SCHWABL, RE Suppl. IX 1505ff.

Jenseits- und Seelenlehre. Die Eschatologie Homers und der alten Lyrik kennt nur den Hades im dunklen Erdinnern als den freudlosen Aufenthaltsort der ψυχαί, nachdem diese im Tode den Leib haben verlassen müssen. Von Lohn oder Strafe für Wohlverhalten oder Ungerechtigkeit ist höchstens in Ansätzen die Rede. Aber seit den ersten Jahrzehnten des 5. Jh. häufen sich die Zeugnisse für den Glauben an ein Totengericht und eine Seelenwanderungslehre. Die ältesten Belege – Pindar in der 2. olymp. Ode auf → Theron von Akragas und → Empedokles von Akragas – zeigen, daß diese Vorstellungen zuerst im griech. Westen aufgetreten sind, der, in Vorbindung mit dem Pythagoreismus, früh und lange Z. die bes. Pflegestätte der Orphik war, und daß Platons Seelenlehre von daher stärkste Einflüsse erfahren hat, scheint nicht mehr bestritten zu werden. In welchen orph. Gedichten diese Lehren enthalten waren, ist nicht mit Sicherheit zu sagen. In der in die ethisierende Anthropogonie ausmündenden Kosmogonie muß wohl schon davon die Rede gewesen sein. Hauptquelle aber war wohl das Epos Ὀρφέως εἰς Ἅιδου κατάβασις, in dem O. erzählte, »was ich sah und wahrnahm, als ich den dunklen Weg in den Hades hinunterstieg, meiner Kithara vertrauend, aus Liebe zu meiner Gattin«, so der Vf. der orph. Arg. 40ff., der trotz der sonstigen Wertlosigkeit des späten Machwerks hierin doch als verläßlicher Zeuge gelten darf. Leider sind die übrigen Zeugnisse über dieses Epos bes. dürftig. Unsere wichtigsten Zeugnisse über die orph. Eschatologie sind darum die *Goldplättchen*, die als Totenbeigaben vor allem in unterital. Gräbern (→ Petelia und → Thurioi, 4./3. Jh.), aber auch im kret. → Eleutherna (2. Jh. v. Chr.) und in Rom (2. Jh. n. Chr.) zutage gekommen sind (frg. 32 Kern). Es sind »Totenbücher«, Texte, die den Verstorbenen gleichsam als Totenpässe, als Ausweis über ihre Zugehörigkeit zur Gemeinde der Auserwählten auf die Reise ins Schattenreich mitgegeben worden sind. Die Texte, die sehr flüchtig eingeritzt und durch viele Fehler entstellt sind, auch sehr willkürlich die Teile herausreißen und zusammenstellen, fügen sich doch zu einem Gedicht in Hexametern zusammen, in dem ein der Unterwelt Kundiger der Seele sagt, was ihr auf dem Wege begegnen, wie sie sich zu verhalten, was sie zu sagen haben und wie ihr geantwortet werden wird. Der Originaltext ist nicht feststellbar, aber der Hauptinhalt schält sich klar genug heraus, wenn auch im einzelnen vieles rätselhaft bleibt. – Die Frage, ob die Plättchen orphisch oder pythagoreisch zu nennen seien, scheint mir wesenlos, da beide geistigen Strömungen, etwa gleichzeitig auftauchend, früh ineinandergeflossen sind. Der βίος Ὀρφικός, den bei Eurip. Theseus seinem Sohn zum Vorwurf macht, gleicht schon dem βίος Πυθαγορικός. Und wer das Hervortreten der Persephone auf den Goldplättchen von dem unterital.-sicil. Demeter-Korekult herleiten und daher als nicht-orph. deuten will, vergißt, daß das Alt. unter den Epen des O. auch solche über Raub und Rückkehr der Persephone besessen hat, von denen allerdings nur geringe Reste auf uns gekommen sind (frg. 236–333 KERN).

Nur kurz erwähnt sei, daß außer den besprochenen Gedichten des O. KERNS Slg. noch weitere fast 40 Titel verzeichnet (frg. 236–333, S. 248 bis 333), die großenteils für uns nicht mehr als Titel sind und wohl ausnahmslos frühestens hellenist., z. T. (wie die Hymnen und die Argonautika) viel späterer Z. entstammen.

Ein Verzeichnis der Orphici und Orpheotelestae, auf deren Rechnung viel von der unter O.' Namen umlaufenden Lit. zu setzen ist – unter ihnen ist → Onomakritos hervorzuheben –, gibt KERN S. 52–61. Der Bücherhaufen (βίβλων ὅμαδος), den schon zu Platons Zeiten orph. Winkelpriester vorwiesen und aus ihnen Sühne und Erlösung im Leben und nach dem Tode versprachen, war in den folgenden 8. Jh. auf ein Vielfaches angewachsen. K. Z.

K. Ziegler, RE XVIII 1341–1417. *W. K. C. Guthrie*, O. and Greek Religion 1935 (²1953). *Nilsson*, GGrR 1,642ff.

Orsilochos (Ὀρσίλοχος). **1.** Sohn des Stromgottes Alpheios und der Telegone, Vater des → Diokles (2), Fürst im messen. Pherai, Gastfreund des Odysseus. Paus. 4,1,4. 30,2 schreibt Ortilochos. **2.** Sohn des → Diokles (2). Zog mit seinem Bruder Krethon gen Troia. Beide fielen von der Hand des Aineias, Il. 5,541ff. Sil. Il. Lat. 518. **3.** Troer, von Teukros erlegt, Il. 8,274. **4.** Troer im Gefolge des Aeneas, von Camilla erlegt, Verg. Aen. 11,636. 690. 694. H. v. G.

Orsippos (Ὄρσιππος oder Ὄρριππος), Megarer, Sieger im Wettlauf zu Olympia in Ol. 15 = 720 oder 32 = 652 v. Chr., der später als Feldherr der Megarer den Grenznachbarn (Korinth?) ein Stück Land abgewann und nahe dem Grabe des → Koroibos (1) begraben lag, Paus. 1,44,1. Er war der erste, der, entgegen dem alten Brauch, einen Lendenschurz (περίζωμα) zu tragen, ganz nackt lief; »ich glaube (Paus.), daß er in Olympia das περίζωμα absichtlich fallen ließ in der Erkenntnis, daß es sich so leichter liefe«. Andere Zeugen machen den Lakedaimonier Akanthos zum Einführer dieser Neuerung, der nach Paus. 5,8,7 in Ol. 15 im Doppellauf siegte. Nach Thuk. 1,6,5 haben die Lakedaimonier mit dem γυμνοῦσθαι beim Sport den Anfang gemacht, und zwar vor

»nicht vielen Jahren«. Es handelt sich hier offenbar um ant. Kombinationen, nicht um echte Überlieferung. K. Z.

Orthagoras. 1. Dreimal neben → Nearchos, einmal neben → Onesikritos als Gewährsmann für den Pers. Meerbusen genannt. O., von dem man nichts weiß, als was diese Zitierungen besagen, muß einer der Teilnehmer an Nearchos' Flottenfahrt vom Indus zum Euphrat vom J. 325/24 v. Chr. gewesen sein. Ail. nat. 16,35 nennt von ihm *'Ινδοὶ λόγοι* (F 3), also anscheinend paradoxograph. Berichte (solche sind F 1–4), aber das ist vielleicht nicht ein Titel; eher wäre ein Periplus oder Paraplus zu erwarten. Von erhaltenen Frg.en betreffen F 1–4 Gedrosien, F 5 die Insel Tyrine (→ Ogyris?) in der Breite der Küste von Karmanien, wo Nearchos und Orthagoras sich das Grab der Nymphe Erythra, der Eponyme des Pers. Meerbusens (*'Ερυθρὰ Θάλαττα*) hatten zeigen lassen. Im Gegensatz zu der Annahme von Gisinger (S. 1426) gibt es keinen Anlaß, andere Spuren von Berichten des O. in der ant. Lit. über diese Gegenden anzunehmen, da sein Zeugnis nichts zu denen des Nearchos und Onesikritos hinzufügt. Es ist wahrscheinlicher, daß seine Zitate sich nur auf dem Wege über Eratosthenes (für F 5 bewiesen) erhalten haben, während sein wenig wichtiges Werk verschwand. FGrH 713. F. L.

F. Gisinger, RE XVIII 1424–1429.

2. Nach O., Sohn des Andreas, der sich wohl ca. Mitte 7. Jh. zum Tyrannen über → Sikyon aufwarf (POxy 11,1365 = FGrH 105 F 2 = ebd. 551 F 1 b), ist das Sikyonische Tyrannengeschlecht der Orthagoridai benannt.

Quellenverhältnisse dürftig und unklar. Hdt. 6, 126 übergeht Orthagoras. Ansonsten lassen sich eine pro- (Aristot. pol. 1315b 12ff.; vgl. Diod. 8, 24), eine anti- (Plut. mor. 553 B. Diod. und POxy a. O. Sch. Demosth. 21,158. Nikol. Dam. FGrH 90 F 61) O.-Tradition sowie eine über spartan. Tyrannenvertreibungen (PRyl 18 = FGrH 105 F 1. Plut. mor. 859 D. Sch. Aischin. 2,77) trennen; s. ferner Paus. 2,8,1. 6,19,1 f.

Nur die Tyrannen O., → Myron, → Kleisthenes und der letzte sikyon. Tyrann Aischines (PRyl. Sch. Aischin. a. O.), wohl ebenfalls ein Orthagoride, können sichere hist. Glaubwürdigkeit beanspruchen. Doch bloß von Kleisthenes' Herrschaft können wir ein klareres Bild zeichnen.

Sicher datierbar ist nur Kleisth. (ca. 600 bis ca. 570). O.' Machtantritt und Aischines' Sturz hängen an Aristot. (a. O., vergleiche Diod. a. O.: 100 J. O.-Tyrannis) und PRyl (a. O.: Aischines' Sturz erwähnt zugleich mit dem des Hippias (1) [511/10] und Chilons [1] Ephorat [556/55]). Für frühen Ansatz (ca. 656/55–556/55) [1]. [2], gegen White, Phoenix 12, 1958, 2 ff. K. K.

1. *Berve* Die Tyrannis 1967, 27ff. 531ff. 2. *Leahy*, Hist. 17, 1968, 1ff. 3. o. Bd. III 233 f. s. Kleisthenes (1); 1522 s. Myron (1). (2).

Orthographie. I. Griech.: Der Begriff ist seit dem 1. Jh. v. Chr. (Buchtitel *Περὶ ὀρθογραφίας* bei → Tryphon: [3], 303) bezeugt. Er bezeichnet sowohl die richtige Schreibweise eines Wortes (Tryphon a. O. Isid. orig. 1,27,1) als auch die wissenschaftl. Behandlung der Rechtschreibung (Tryphon a. O. Quint. inst. 1,7,1), wobei naturgemäß strittige und dubiose Fälle im Vordergrund stehen. Die Beschäftigung mit Fragen der O. beginnt in frühalexandrin. Z., beschränkt sich dort aber auf das für die Erkl. der klass. Dichtung Notwendige. Ein Bedürfnis nach selbständigen Darstellungen der O. kommt erst in späthellenist. Z. auf, als Diskrepanzen zwischen Schreibung und Aussprache zunehmen und für einen Laut mehrere Schreibweisen denkbar werden (z. B. i = *ι* oder *ει*, später auch *η* und *υ*; e = *ε* oder *αι*; o = *ο* oder *ω*). So ist es kein Zufall, daß Einzelschriften in größerer Zahl erst seit dem 1. Jh. v. Chr. nachweisbar sind (eine Aufzählung gibt Herodianos: [3], 302): außer Tryphon betätigten sich vor allem Asklepiades von Myrleia, → Dionysios (26) Thrax und → Apollonios (6) auf diesem Sektor, in der Folgezeit → Didymos (2) d. J., → Apollonios (7) Dyskolos (vgl. Gramm. Gr. 2,2,388,8) und → Herodianos (1). Letzterer widmete dem Gegenstand 2 B. (Reste: Gramm. Gr. 3,2,390ff., ergänzend [3], a. O.), in denen zunächst die *σύνταξις τῶν στοιχείων* (mögliche bzw. unmögliche Buchstabenfolgen), dann sehr ausführlich, mit Serien alphabet. geordneter Beispiele ausgestattet, *ποιότης* und *ποσότης* behandelt waren. In Zweifelsfällen pflegte Herodian für die durch die Überlieferung am besten bezeugte Schreibweise einzutreten. Die Autoren der späteren Kaiserzeit (→ Theodosios, → Oros, → Romanos, → Timotheos von Gaza, → Choiroboskos, → Theognostos) fußen vorwiegend auf seinem Werk, das sie lediglich mit Rücksicht auf die stetige Veränderung der Aussprache des Griech. ergänzen.

Ta.: Gramm. Gr., passim. *A. Ludwich* Anecd. zur griech. O., Ind. lect. Königsberg 1905/12.

Lit.: 1. *C. Wendel*, RE XVIII 1437ff. 2. *A. Lentz* Gramm. Gr. 3,1, XCVIff. CLXXXff. 3. *R. Reitzenstein* Gesch. d. griech. Etym. 299ff.

II. Lateinisch: Die wissenschaftl. O. der Römer wird jahrhundertelang von dem Bemühen beherrscht, die Zahl der Buchstaben und ihre Verwendung verbindlich zu regeln sowie durch Einführung neuer Zeichen das urspr. »fremde« Alphabet dem lat. Lautbestand anzupassen. Der entsprechende Vorgang im Griech. (Adaptation des phoinik. Alphabetes) spielte sich bereits in »vorgrammatischer« Z. ab und tritt daher in der Lit. kaum in Erscheinung.

Etwa seit 300 v. Chr. beschäftigte man sich mit diesem speziellen Teilgebiet der O. Männer wie Ap. → Claudius (4) Caecus, Sp. → Carvilius (2), Q. → Ennius und L. → Accius versuchen, wie später noch einmal Kaiser → Claudius (II 39), eine einheitliche und sinnvolle O. des Lat. durchzusetzen. Im 1. Jh. v. Chr. wird unter dem Einfluß der gleichzeitigen Entwicklung im griech. Bereich der Themenkreis erweitert und systematisiert. Neben → Nigidius Figulus und Caesar *(de analogia)* befaßt sich namentlich → Varro in mehreren seiner gramm. Schriften mit Problemen der O. Jedoch erst seit august. Z. sind selbständige Abhandlungen *de orthographia* (für → Verrius Flaccus und Scribonius Aphrodisius, Suet. gramm. 19) bezeugt. Eine entsprechende Schrift des L. Annaeus Cornutus ist, zusammen mit solchen des Caesellius Vindex, → Velius Longus, → Agroecius, Papirianus u.a., durch die Exc. des → Cassiodorus teilweise bekannt. Quint. inst. 1,7 beweist, daß die O. seit der frühen Kaiserzeit einen festen Platz in der gramm.-rhet. Lit., also auch im Unterricht, behauptete. Dasselbe zeigen auch die spätant. Kompendien der Gramm. (→ Marius [III 3] Victorinus, → Probus), unter denen die beiden jüngsten, das des Cassiodorus und das des → Isidorus (8), starke Wirkung auf das MA. ausgeübt haben. H. Gä.

Ta.: *Keil* GrL, bes. Bd. 4 und 7. *Fun* GrRF.
Lit.: *v. Strzelecki*, RE XVIII 1,1456ff. *Leumann-Hofmann* Lat. Gramm. 1,44ff.

Orthokorybantioi. Bei Herodot (3, 92) erwähnt, sind, wie M. Kissling (Diss. Leipzig 1900) erkannte, die Saka tigrachauda oder »spitzmützigen Saken« der Achämenideninschriften. Ihr Wohnsitz lag zwischen den amyrgischen Skythen (Saka haumawarga) im Ferghana-Gebiet und den Skythen S.-Rußlands. Kyros d. Gr. fiel 529 v. Chr. im Kampf gegen die spitzmützigen Saken (»Massageten«). Dareios d. Gr. zog 519 v. Chr. über den Oxus und machte sie auf Dauer botmäßig. Ihren gefangenen Fürsten Skuncha bildet das Siegesrelief des Dareios am Felsen von Behistan ab. Die Tracht dieser Saken bestand aus spitzer Mütze, Filz- oder Ledermantel, zuweilen pelzverbrämt, Gürtel, ledernen Strumpfhosen, an der rechten Seite das kurze Reiterschwert (Akinakes). W. Hi.

J. Junge Saka-Studien (Klio Beih. 41 [1939]). *R. G. Kent* Old Persian, New Haven ^{2}1953, 133. *E. F. Schmidt* Persepolis I, Chicago 1953, 88.

Orthopolis (Ὀρθόπολις). Der 12. König von Sekyon, Paus. 2,5,8. Während alle seine Geschwister kurz nach der Geburt gestorben waren, gedieh er, weil Demeter selbst in Gestalt einer fremden Amme ihn aufzog. Seine Tochter Chrysorthe gebar von Apollon den Koronos. In O.' Regierungszeit verlegt Aug. civ. 18,8 die Geburt des Moses. H. v. G.

Orthos (Ὄρθος). **1.** Bein. des Dionysos. **2.** Hund des Riesen → Geryones, der mit dem Hirten → Eurytion die Herden seines Herrn bewachte. Sproß von Typhon und → Echidna. Herakles erschlug ihn. Hes. theog. 293. 309. Apollod. 2,106. Der Plur. κύνες Pind. I. 1,13 ist generalisierend. O. werden 2 Köpfe, aber auch 7 Schlangenköpfe oder wenigstens ein Schlangenschweif zugeschrieben. Mit Echidna (oder → Chimaira ?) zeugt er die φίξ (Sphinx), Hes. theog. 326. Der Name bedeutet »aufrechtstehend« *(arrectis auribus)* oder »struppig« (= ὀρθόθριξ). Er wird auch Ὄρθρος geschrieben (»Frühauf«). H. v. G.

Fr. Mentz Die klass. Hundenamen, Philol. 88, 1933, 195f. *Wilam.* GldH 1,308,2. – Kunstdarstellungen: *Höfer* Myth. Lex. 3,1216f. *K. Scherling*, RE XVIII 1500.

Orthosia (Ὀρθωσία). **1.** Wie Κοσκίνια (vgl. [2]) eine um die Zeitenwende von der etwa 12 km n.n.w. jenseits des → Maiandros (2) gelegenen Stadt → Nysa abhängige κατοικία (Strab. 14,650) in Karien, am S.-Rand des Flußtales unterhalb des Madran Baba Daği beim h. Yenipazar; noch h. trägt die Ruinenstätte den Namen Ortas ([1]). E. O.

2. O., wohl das Ullaza der Amarnabriefe ([2], 79f. 117). Ihren griech. Namen bekam die Stadt nach der Artemis Orthosia, spätestens unter → Seleukos II. Als freie Stadt mit eigener Ära ([1], 83) blieb O. an der syr. Küstenstraße vom E. der Seleukiden- bis in die Kreuzzugszeit wichtig. Ruinen und Höhlen bei Arḍ Artūsī, 13,5 km n.ö. Tarāblus / Libanon. C. C.

1. *U. Kahrstedt* Syr. Territorien in hellenist. Zeit, 1926.
2. *R. Dussaud* Topographie hist. de la Syrie antique et médiévale, 1927.

Ortiagon (Ὀρτιάγων), Fürst der Tolistoagier, eines Stammes in → Galatia. Seine Bergfestung auf dem Olympos wurde 189 von Cn. Manlius Vulso erstürmt, O. entkam, seine Frau Chiomara wurde gefangen. O. erstrebte die Herrschaft über Galatien, verband sich 184 mit → Pharnakes von Pontos und → Prusias von Bithynien gegen → Eumenes II. (3), wurde aber geschlagen. Liv. 38,19ff. Pol. 22,21. Trog. prol. 38. Iust. 32,4,7. H. V.

Ortygia (Ὀρτυγία). **1.** Beiname der Artemis (Soph. Aristoph.). o. I 623,43. **2.** Amme Letos, in einer plast. Gruppe des Skopas, Strab. 14,639f. **3.** Myth. Geburtsstätte der Artemis, »Wachtelland«. Die ältesten Erwähnungen sind nicht lokalisierbar, Hom. Od. 5,123. 15,404; h. 1,16. Im Laufe der Z. wurden Kultstätten der Artemis und Leto mit O. identifiziert, Sch. Apoll. Rhod. 1,419. Anspruch darauf erhoben bes. Delos (Pind. pae. 7c [frg. 19,26]. Kallim. h. 1,59. Apoll. Rhod. 1, 537), die Νᾶσος bei → Syrakus (Hes. POxy 1358 F 2. Pind. O. 6,92; P. 2,6. Strab. 1,23. Diod. 5,3), Ephesos mit dem heil. Hain O. (Strab. 14,639f. Tac. ann. 3,61), nachgewiesen von J. Keil, JOEAI 21f. Wilam, GldH 1,318,4, ferner Aitolien (Kalydon), Euboia, Lykien. Sekundär war in dem → Asteria-Mythos die Verwandlung in eine Wachtel, z. B. Apollod. 1,21. Hyg. fab. 53. H. v. G.

Prell.-Rob. 1,297 mit Anm. *Rohde* Psyche ^{2}1,83,1. *Nilsson* GgrR 1,492. *O. Kern* Die Rel. der Griechen 1,102f. *Höfer*, Myth. Lex. 3,1218ff. *J. Schmidt*, RE XVIII 1519ff.

Orxines (Ὀρξίνης, *Orsines* Curt.), reicher Perser, Nachkomme des Kyros, kämpfte bei Gaugamela, besetzte 326 in Abwesenheit Alexanders die Satrapie Persis, suchte 325 bei dessen Rückkehr mit Geschenken Bestätigung seiner Würde, wurde aber wegen schlechter Amtsführung und Tempelschändung hingerichtet. Arr. an. 3,8,5. 6, 29,2. 30,1 f. Curt. 4,12,8. 10,1,24. 37. H. V.

Os resectum »der abgeschnittene Knochen«, z. B. ein Finger (Fest. 148 M.), der gemäß *ius pontificale* im Fall von Einäscherung abgetrennt und für sich begraben wurde, womit die Familie entsühnt war (Varro l.l. 5,23. Cic. leg. 2,55); offenbar eine symbolische Wahrung des alten Verbrennungsverbotes (Plut. Numa 22). A. S.

Rohde, RE XVIII 1534ff. *Latte*, RRel 100f.

Osca, (vielleicht ligur. Holder 2,882) Stadt im Ebrobecken, zweifellos = h. Huesca (Itin. Anton. 391,5. 451,5. Mz. Ant. Vives La moneda hisp. (Madrid 1924) 2,102. 4,49ff. Font. Hisp. Ant. V 178. Inschr. CIL II p. 407. Suppl. p. 938. Erste Erwähnung Liv. 34,10 wegen des abgelieferten Silbers (195 v. Chr.). 77–72 spielte O. eine wichtige Rolle als Hauptstadt des Sertorius (Plut. Sert. 14. 25. Strab. 3,161. Flor. 2,10,9). Font. Hisp. Ant. IV 254 (Ind. s. v.). Ad. Schulten Sertorius, Lpz. 1926, 80). Vgl. Caes. civ. 1,60,1, 49 v. Chr. und Varro rust. 1,57,2 (unterird. *putei* = Silos). Plin. nat. 3,24 nennt O. *municipium*. In westgot. Z. oft als Bischofsstadt in den Konzilsakten genannt (Font. Hisp. Ant. IX 451, Ind. s. v.). R. G.

Oschophoria (Ὠσχοφόρια, Ὀσχοφόρια). Zur Etym. Frisk 440. Sehr altes athen. Erntefest (vgl. → Pyanopsia), das nach den bei der πομπή mitgetragenen, mit Trauben behängten Rebzweigen (ὦσχοι) benannt ist. Die Prozession wurde von zwei als Frauen verkleideten Jünglingen (die ἀμφιθαλεῖς sein mußten, Prell.-Rob. 207 f. W. Mannhardt Ant. Feld- und Waldkulte 2, 1877, 253) angeführt und von einem ὠσχοφορικά singenden Chor gefolgt (Parallele: Daphnephoria in Theben und Staphylodromoi in Sparta; dazu Nilsson Griech. Feste, 1906, 121. 164f. 501. 532f.). Nach der πομπή fand ein ἀγών von Knaben bzw. Jünglingen statt; der Sieger bekam von einem Mischtrunk aus Öl, Wein, Honig, Käse und Mehl zu kosten. Die Funktion der δειπνοφόροι (Plut. Thes. 23. Hyp. bei Harpokr. s. v. und Anecd. Bekk. 239), welche wie die σπονδαί (Plut. Thes. 22) mit dem Theseus-Mythos verbunden wurde, ist durch die neue Inschr. von der Agora (W. S. Ferguson, Hesp. 7, 1938, 1 ff. Nilsson, AJPh 59, 385ff.) für die O. gesichert. Über den Ablauf des Festes vgl. Prokl. Chrest. 28. L. Deubner Att. Feste, 1932, 142. L. Ziehen, RE XVIII 1,1540f. Zum Datum gut ebd. 1543. Der Anschauung, daß die O. Dionysos und Ariadne galten (so Plut.!), steht das μετὰ τῆς ἱερείας (= Athene-Priesterin) der Agora-Inschr. entgegen. Es bleibt zu erwägen, ob die πομπή urspr. überhaupt in engerer Beziehung zu einem bestimmten Gott gestanden oder ob es sich um einen Agrar-Ritus gehandelt hatte. Zur etwaigen Funktion des Dionysos bei den O. und zur Verbindung mit Athena Skiras Nilsson GgrR 1², 586. 713. – Bildliche Darstellung: Deubner Att. Feste, T. 35. W. P.

Osci (Verg. Aen. 7,730. Sil. 8,528) heißen nach ihrer Sprache (*obsce* Titinn. b. Fest. 204f. L.; *osce* Varro l.l. 5,131 u. a.; *lingua Osca* Serv. Aen. 8, 567 u. a.; *lingua Oscorum* Fest. 150,34 L. u. a.; Ὀπικῶν φωνή Steph. Byz. s. Γέλα; Ὄσκων διάλεκτος Strab. 5,233) die Samniten (Skyl. 15. Varro l. l. 7,29. Liv. 10,20,8. Gell. 11,1,5), Bruttier (Paul. Fest. 31,25 L.), Mamertiner (Vetter HB Nr. 196ff.). Neben dieser erstmals Enn. ann. 296 (*Opscus*) bezeugten Namensform nennen griech. Autoren (Fest. 204,27 L. ... *Opicum pro Obsco*) Ὀπικοί (bei Thuk. 6,2,4 aus Mißdeutung ital. Flexionsformen konsonant. Ὄπικας, dazu passend 6,4,5 ἐν τῇ Ὀπικίᾳ). O. ist gegenüber *opiko-* (Radke, RE IX A 775f.; Romanitas 8, 1967, 41) die jüngere Form: Man muß ältere Opiker (Aristot. frg. 609 R. = FGrH 840 F 13a: Λατίνιον ein Ort τῆς Ὀπικῆς) und jüngere O. unterscheiden (Strab. 5,242). Opiker (Thuk. 6,2,4) und Oinotrer (Antioch. FGrH 555 F 4) vertreiben Sikuler aus Italien, gehen vor 500 den Volskern in Fregellae (Steph. Byz. s. v. Liv. 8,22,2) und den Samniten an dem von einem Stier gefundenen Siedlungsplatz (Strab. 5,250), den Griechen vor 524 in Kampanien (Plin. nat. 3,60: *Osci*. Paul. Fest. 121,4f. L.: *a regione Campaniae quae est Oscor⟨um⟩*) voraus, wo Antioch. a. O. F 7. Aristot. pol. 7,9,3 p. 1329b 19 sie Ausonern gleichsetzen (Plin. nat. 3,56 *Osci Ausones*); anders Pol. 34,11,7, der wohl die späteren O. meint. Nach Opikern und Ausonern erste O. in Kampanien die Sidikiner (Strab. 5,242 Ὄσκων ἔθνος); 424 ist Capua (Liv. 4,37,1). 420 Kyme (4,44,12) in samnit. (= O.) Hand; 410 kämpfen Söldner (= O.) in Sizilien (Diod. 13,44,1); 352 warnt Plat. ep. 8 p. 353 E vor Überfremdung Siziliens durch Phoiniker und O. (= Ὀπικῶν). Wenn Kyme (Thuk. 6,4,5. Skymn. 236/38. Paus. 8,24,5), Neapel (Steph. Byz. s. Φάληρον. Strab. 14,654), Atella (Steph. Byz. s. v.) »im Land der Opiker« liegen, könnten alle Zeugen dafür schon die O. meinen. Gegen E. 4. Jh. ersetzen die Samniten ihre Dialekte (einer opik. Skyl. 15) durch die Sprache der O. (Eudox. b. Steph. Byz. s. Ὀπικοί). Das höchste Amt der O. ist der *meddix* (Paul. Fest. 110,19). Die O. werden von Rom unterworfen (Dion. Hal. ant. 1,89. Cass. Dio 38, 37,5). Für Cato ad Marc. fil. 1 J. gelten sie als barbar. Bestehen einer Lit. (zu Ennius vgl. Gell. 17,17,1) der O. nicht abweisbar (Altheim Gesch. d. lat. Spr. 430), jedoch nichts bekannt. Ihre Sprache in der Atellane (Liv. 7,2,12. Cic. fam. 7,1 3. Tac. ann. 4,14) gebräuchlich (Strab. 5,233) und in ca. 200 meist linksläufigen Inschr. sehr regelmäßiger Schrift in griech., lat., nationalem Alphabet (Radke, Stud. Gen. 20, 1967, 425) von Kampanien bis Sizilien (Mamertiner) erhalten (Vetter

HB. de Franciscis-Parlangèli, Gli Italici del Bruzio ecc.); zur Grammatik: v. Planta Gramm. d. osk.-umbr. Dial. Buck-Prokosch Elementarbuch d. osk.-umbr. Dial. Kennzeichnend für die Sprache der O.: Altertümlicher Lautstand *(diúvei = Iovi, svai = si)*, Diphthonge *(eídúís = Idibus)*, Samprasāraṇa *(statis = Statius)*, Synkopierung kurzer Endsilben *(húrz = hortus, humuns = homines)* und kurzer Mittelsilben *(*nŏṷŏkria>Νουκϱία* b. Philist. FGrH 556 F 43), Anaptyxe *(nuvkirinum* Vetter HB Nr. 200 A 9c, *Νουκεϱῖνοι* b. Pol. 3, 91,4), Labialisierung der Labiovelare (Paul. Fest. 235,15 L.: *pitpit Osce quidquid*), *u* nach *d, t, n, s > iu* *(niumsieís = Numerii)*, kein Rhotazismus *(fusíd = foret;* in lat. Schrift *z* als erstes Stadium: *ezum = esse)*, Mediopassiv mit *r (loufir* zu *lubet)*, Lokativ *(eizeí tereí = in eo territorio)*, mediae aspiratae *(lúvfreis = Liberi, feíhúss = τείχη)*, Vokabelschatz *(puklum, [illegible], touto, tríibúm, veru)*, Entlehnungen aus Latein *(aídil, kvaísstur, keenztur)*. Ant. Deutungen des Namens der O.: *Obscum = sacrum* (Cloatius b. Fest. 204,25f. L.), *Obscum* zu *obscena* (Fest. 204,31. 218,14 L.), *Oscum* zu *oscilla* (Serv. auct. georg. 2,389), *'Οπικοί < 'Οφικοί* (Steph. Byz. s. v. Hesych. s. *'Οφικοί*. Serv. Aen. 7,730), zu *opicum* (Gell. 2,21,4. 11,16,7. 13,9,4. Iuv. 3,207 m. Sch. 6,455). Es gab einen Ort mit dem Namen der O. im Gebiet von Veii (Fest. 204,33 L.). G. R.

Nissen It. Ldk. 1,522ff. *v. Blumenthal* W.a.G. 1936, 12ff. *Devoto* Gli ant. Italici[2] 137ff. *de Sanctis* Storia dei Rom. I[2], 101ff.

Osi, ein nichtgerm. Volksstamm, der nach Tac. Germ. 43 mit → Marsigni, → Cotini und → Buri jenseits der → Markomannen siedelte. Mit den → Araviskern verbunden (Tac. Germ. 23), sind sie der Sprache nach wohl den illyr. Völkern zuzurechnen. Zwischen → Quaden und → Sarmaten sind ihre Wohnsitze diesseits des hercyn. Waldes am großen Donaubogen bei → Aquincum–Budapest am n. Rand der ungar. Tiefebene anzusetzen (Inschr. aus → Tusculum, Dessils 8965). Der Itin. Ant. 263,7 erwähnte Ortsname *Osonibus* kann nicht als Beleg für die Ansiedlung der O. in Pannonien betrachtet werden. Unter → Commodus scheinen die O. noch im Barbaricum gesiedelt zu haben. H. C.

E. Polaschek, RE XVIII 1581.

Osiris. Äg. Gottheit, in → Busiris im O.-Delta beheimatet, wahrscheinlich zum alt-ostmittelmeer. Kulturkreis gehörig und abzuleiten von der Gestalt des Hirten, der gegen ein wildes Tier bei der Verteidigung der Herde fällt, von seiner »Schwester« beweint wird und dadurch in der Erde weiterlebt. Der Name ist unäg., die älteste Erscheinungsform ist in Menschengestalt, mit einem Hirtenstab in der Hand; dabei nennt man ihn Anedjti, d.h. den von Anedj, einem Gebiet bei Busiris. Die Mythe des Hirtengottes hat in Äg. früh Umdeutungen erfahren, weil andere Erlebnisse in den Vordergrund traten. So wurde O. – zuerst erkennbar im Denkmal memphit. Theologie, etwa am E. der 4. Dyn. – zum Fruchtland umgedeutet, das »in seinem Wasser« ertrinkt, aber doch weiterlebt und -wirkt. Außerdem werden bereits Verbindungen zwischen O. und dem Getreidekorn gezogen, das in der Erde verschwindet und doch wirksam bleibt. Die heliopolitan. Theologie baute O. als Verkörperung des Fruchtlandes in ihr kosmogon. System ein und stellte ihn in Gegensatz zur Wüste, deren Gott → Seth hieß. Damit erhielt das Tier, das nach der alten Mythenform O. tötete, nach seiner Anthropomorphisierung den Namen Seth. Die beweinende Schwester wurde mit der im Busiris benachbarten Ort Behbet el-Hagar (: Iseum) verehrten Throngöttin → Isis identifiziert. Da äg. Bräuche 2 beklagende Frauen forderten, wurde zu Isis → Nephthys hinzugeschaffen. Als mit dem E. der 4. Dyn. der König nicht mehr als Herr der Toten seiner Z. angesehen wurde, aber auch der dafür eintretende Sonnengott als nicht machtvoll genug, erkannte man in O. den wahren Totenherrscher. Sein Schicksal galt zunächst als Präzedenzfall für den König, der wie O. weiterleben wollte; mit dem E. des A.R. aber wurde der tote König zu O. Bald erhoffte sich jeder Ägypter, ein O. zu werden. Daneben bestand aber die Vorstellung vom Totengericht und O. als Totenrichter weiter, wie einst auch der tote König »seine« Toten gerichtet hatte. Diesem Gericht zu entgehen, dienten zahlreiche Riten und Texte, die magisch Sündlosigkeit bewirken sollten. Als Totengott gilt O. bis ans E. der äg. Religion. Daneben war er auch Gott der Fruchtbarkeit, dem man bald an allen Tempeln geheimnisvolle Riten durchführte; dies geschah an den O.-Gräbern, in denen man Teile seiner Leiche begraben glaubte. Bes. im M.R. waren die Zeremonien in Abydos hoch angesehen, wo O. uralte kgl. Grabriten übernommen hatte. Die Ägypter legten sich in Abydos Gräber, Kenotaphe oder Stelen an, um bei dem feierlichen Begräbnis des Gottes mit in die »Barke« aufgenommen zu werden und mit dem Gott am nächsten Tag neu aufzuerstehen. Fast alle alten Ritualhandlungen erhielten eine osirian. Ausdeutung; die Mythe selbst fand dann, nachdem zahlreiche Nebenszenen und Parallelversionen hinzugetreten waren, durch Plutarch, de Iside, ihre Ausdeutung auch für die hellenist. Philos. Doch hatte schon Herodot in ihr und den mit O. verbundenen Kulthandlungen einen griech. Mysterien so nahestehenden Glauben gesehen, daß er Scheu hatte, davon zu sprechen. Bedeutungsvoll wurde O. endlich noch als Gestalt des verstorbenen Apis: Osiris-Apis: → Serapis. W. H.

W. Helck Art. Osiris, RE Suppl. IX 469–513.

Osroëne (*'Οσϱοηνή*, auch *'Οσδϱοηνή* u. *'Οϱϱοηνή*), Name einer Landschaft in → Mesopotamien. Sie wird begrenzt durch den Euphrat im W. und S., den Ḫabūr im O. und den Karaca Dağ mit angrenzenden Gebirgszügen im N. Der Name wird, vielleicht zu Recht, von einem Iranier Osroës abgeleitet. Hauptstadt war→ Edessa (2), Sitz der Abgariden-Dynastie (→ Abgar) unter parth. und sassanid. Herrschaft. W. Rö.

Osroes. 1. Partherkönig. Seine Regierung, die auf Grund der Münzprägung etwa von 109/110 bis 128/29 n.Chr. datiert werden kann, fällt in eine Periode innerer Schwäche des Partherreiches, da er neben der Abwehr der Römer noch mit verschiedenen Rivalen aus dem eigenen Hause zu kämpfen hatte, Cass.Dio 68,17,2. SHA Hadr. 13, 8. Arr. FGrH F 49 ab. 126. **2.** Parth. Feldherr, besiegt 162 n.Chr. ein röm. Heer unter C. → Sedatius Severianus bei Elegia in Armenien, Lukian. quomodo hist. conscr. 21. 25; Alex. 27. G.Wi.

Ossa (ἡ Ὄσσα), **1.** Das Nachbargebirge des Olymp s. des Tempetals, vom Pelion im S. getrennt durch die Senke von Agyia, aus verschiedenen Schiefern bestehend mit im S.-Teil aufgesetzter 1978 m hoher Gipfelpyramide aus Kalk, neugriech. Kissavos. Die O. wird sowohl bei den Geographen wie den Mythologen wie im neugriech. Volkslied zumeist mit dem Olymp zusammen genannt. Ant. Siedlungen lagen nur am Fuß, bes. im W., die Küste an der sehr steilen O.-Seite ist nahezu hafenlos. Im n. Teil über dem Dorf Spilia eine den Nymphen geweihte Tropfsteinhöhle, Eur. El. 446f. ABSA 15, 1908/09, 243ff. [2], 40. Hdt. 7,129. Strab. 7 p. 329 frg. 14. 15. 9,5,1 p. 430. 5,22 p. 443. 11,14,13 p. 531. Mela 2,36. Plin. nat. 4,30. 31,43. Ptol. 3,12,16. Ail. var. 3,1.

1. *Philipps.-Kirst.* 1,127ff. 2. *Fr. Stählin* Das hellen. Thessalien 39. 3. *Joh. Schmidt*, RE XVIII 1591ff.

2. Ein Bergpaar Olymp-Ossa soll es auch bei der Stadt Pisa gegeben haben, Strab. 8,3,31 p. 356, nicht zu identifizieren, da es eine Stadt → Pisa niemals gab. E. M.

Joh. Schmidt, RE XVIII, 1595f. Nr. 2.

Os(s)ismi(i), Kelt. Volksstamm im kelt. Gallien, dann in röm. Z. *civitas* der Prov. Lugdun. in der westl. Bretagne n.w. der Veneti, mit dem Hauptort *Vorgium* (h. Carhaix, dép. Finistère) FOA. XXV. Strab. 4,195 Ὀσίσμιοι. Mela 3,2, 23. Plin. nat. 4,107. Ptol. 2,8,5 (nach dem der Hauptort *Vorganium* war, P. Merlat, Ann. Bretagne, 1955, 181). Tab. Peut. 2,2 *Osisimi* (Miller Itin. Rom. 138). Die O. wurden durch P. Crassus im J. 58 unterworfen (Caes. Gall. 2,34) und nahmen an der Erhebung der Stämme Mittel- u. Nordwestgalliens im J. 56 teil (Caes. Gall. 3,9,10). Sie gehören zu den *civitates quae... Aremoricae appellantur* (Caes. Gall. 7,75,4). Seit 12 v.Chr. sind sie eine *civitas libera* der Prov. Lugdun., nach Not. Gall. 3,9 zur Prov. Lugdun. III gehörend. In Not. dign. occ. 37,17 wird ein *praefectus militum Maurorum Osismiacorum* erwähnt. Im J. 511 wird ein *episc. Ozomensis* genannt. M. L.

Desjardins Géogr. Gaule 1,316. 2,704. 3,238.

Ostanes, ap. * *Vištana*. **1.** Uštani, Satrap von Babylonien und Syrien unter Dareios I. Nicht

sicher, ob mit Ὑστάνης (Hdt. 7,77) identisch. **2.** Ὀστάνης, Sohn Dareios' II. und der Parysatis (Plut. Artax. 1,1. 5,8. 28,6). **3.** *Βισθάνης*, Sohn Artaxerxes' III. (Arr. an. 3,19,4f.). **4.** *Αὐστάνης* *(Haustanes)*, einer der Aufständischen, die sich 327 gegen Alexander in der Paraitakene erhoben (Arr. an. 4,22,1f. Curt. 8,5,2). J. D.-G.

5. O., auch *Hostanes* (Apul. apol. 90). Der hist. O. scheint ein Theologe am Hofe des Xerxes gewesen zu sein. Er begleitete ihn nach Griechenland (Hdt. 7,40 weist lediglich auf die Verbreitung dieses Namens hin und meint nicht diesen O.: anders [1]); er soll ihn zur Verbrennung der Tempel der Akropolis angestiftet (Cic. leg. 2,26) und den pers. Okkultismus nach Griechenland gebracht haben (Plin. nat. 30,8). Diese Nachrichten und die Verbindung zu → Zoroaster ([4] II frg. 3b–4c) lassen in ihm einen offiziellen Vertreter pers. Religion erkennen. Analoge Erfindung ist wohl der bei Plin. nat. 30,12 erwähnte O., welcher Alexander auf seinen Zügen begleitet haben soll. Abzuheben von der hist. Person ist der Name O., unter dessen Autorität sich später eine Vielzahl von theolog.-mag. Schriften stellt; so wird O. zum *magister Magorum omnium* (frg. 24a). Apul. apol. 90 nennt ihn als Zauberer neben Carmendas, Damigeron, Moses; bezeichnet ihn auch als Philosophen (vgl. [1]). Suda s. O. und Diog. Laert. Prooem. 2 sprechen von *Ὀστάναι*; gemeint sind Magier von der Art des O. (nicht eine Familie von Magiern).

Schriften: Als Titel wird unter dem Namen des O. nur ein Oktateuch genannt (Philon v. Byblos bei Eus. 1,10; Titel vielleicht analog dem Pentateuch). Dies war wohl eine spätere Slg. themat. weit gestreuter rel. Schriften (inhaltlich faßbar die Vorstellung eines höchsten Gottes, fr. 7; ferner eine ausführliche Dämonologie, fr. 9–16). Als Schriften des O. wurden überliefert Traktate über Astronomie (fr. 4a. 8b. 11), okkulte Kräfte von Tieren, Pflanzen, Steinen (fr. 21–25, → Lithika) und über Alchimie (fr. bei [4] II S. 309–356; Rezepte für Sympathie- und Antipathiemittel (fr. 17–20). Kenntnis von solchen Schriften gelangte wohl über → Bolos v. Mendes, der sich als Schüler des von O. selbst unterrichteten Demokrit ausgab, zu Apion (*περὶ Μάγου*) und Plin. Der Entstehungsraum solcher Schriften ist schwer zu bestimmen (hellenisierte Perser oder oriental. beeinflußte Griechen?). Die vita Severi des Zacharias berichtet von Verbrennung solcher Bücher des O. um 488 ([4] II fr. 26). Die Angaben über den hist. O., verglichen mit den ihm zugesprochenen Schriften, sind ein kulturgesch. bezeichnender Vorgang: sie zeigen einen Theologen und Priester, an dessen Namen sich spätere Zauberlit. als abgesunkene Form theolog. Denkens ansetzen kann, und ihn so zum Magier abstempelt. C. Z.

1. *A. Abt* Die Apol. d. Apul., RVV 4, 2, 1908, 251. 2. *Th. Hopfner*, OZ 2, 1924, § 370. 3. *K. Preisendanz*, RE XVIII 1610–1642. 4. *Bidez-Cumont* Les Mages Hellénisés, 2 Bde.

1938 (Frg. u. Kommentar II 267–356). 5. *Nilsson* GgrR 2, 1950, 650.

Osteodes s. Ustica

Ostgoten, Bezeichnung für einen Teil der → Goti. Schon in der skandinav. Urheimat scheinen Stammesgruppen der Goten die in der spätant. Lit. bezeugten Namen *Ostrogothae (Austro-)* und *Gr(e)ut(h)ungi* (Amm. 31,3; H.A.Claud. 6,2. Claudian. 8,623. 20,153. Iord. Get. 98. 130) geführt zu haben (vgl. Wagner 161f. 235f.). Diese in den Quellen zum 5. und 6.Jh. (wie Anon. Vales. Prok. Iordan.) einfach als Goten bezeichneten sog. O. hielten sich auch nach der Mitte 3.Jh. in S.-Rußland (n. der Schwarzmeerküste) auf, bis um 375 ihr hier gebildeter Staat unter dem Ansturm der Hunnen zerbrach (→ Hermenericus). Nicht in dieses Reich einbezogen waren die von den O. zu unterscheidenden, bereits um 300 christianisierten, bis hin zur Neuzeit auf der Krim und der Tamanhalbinsel (Prok. aedif. 3,7; bell. Goth. 4,4) festzustellenden »Goten« (E. Schwarz, Saeculum 4, 1954, 164ff. Rosenfeld 249). Teile der vor den Hunnen nach W. geflüchteten O. kämpften unter Alatheus und Saphrac 378 auf Seiten → Fritigerns und hielten sich dann einige Zeit in Pannonien auf. Andere erschienen 386 an der Donaumündung, wurden von den Römern geschlagen, der Rest in Phrygien angesiedelt (Zos. 4, 35. 39f. 5,13ff. Claudian. 8,623ff. Eunap. frg. 75). Aus O. bestanden zum erheblichen Teil die 405 unter → Radagais in Italien eingebrochenen Barbarenmassen. Die im hunn. Machtbereich verbliebenen, von den → Amali regierten O. kämpften 451 auf Seiten Attilas gegen Römer und W.-Goten (Prisc. frg. 8. Iord. Get. 199. 253). Zwar kaum am Sieg germ. Stämme über die Hunnen am Nedao (vgl. → Gepidae) beteiligt (Rosenfeld 252f.), lösten sich auch die O. unter König Walamer 454 von der hunn. Oberherrschaft. Von Kaiser → Marcianus (6) erhielten sie als röm. Foederaten Wohnsitze in Pannonien (Iord. Get. 259ff.). Spätestens damals dürfte die Masse der O. zum Christentum (Arianismus) bekehrt worden sein. Bald nach der siegreichen Abwehrschlacht gegen verschiedene Barbarenstämme an der Bolia (Pannonien) im J. 469 (Ioh. Antioch. frg. 206. Iord.) entschlossen sich die Amaler, mit ihrem Volk Pannonien zu verlassen. Widimer bestimmte das Los, nach W. zu ziehen. Diese O. verschmolzen schließlich mit den W.-Goten (Eugipp. v. Sev. 5. 17. Iord. Get. 283f. Rom. 347. Paul. Diac. Hist. Rom. 15,4). Sein Bruder Thiudimer zog – wohl mit dem Gros – nach Süden und schloß 473 ein *foedus* mit Kaiser Leo (Iord. Get). Thiudimer folgte 474 sein Sohn → Theoderich, der die O. 489 nach Italien führte. Auch nach E. des von ihm gegründeten Reiches (552/53) lebten noch O. in Italien (Paul. Diac. Hist. Lang. 2,2. Rom.), spielten aber keine Rolle mehr (zur Gesch. der O. vgl. noch → Amalasuntha, Narses (6), Teja, Totila). A. L.

W. Enßlin Theoderich^2 1959, *Rosenfeld*, Welt als Gesch. 17, 1957, 245ff. *L. Schmidt* Ostgermanen. *Stein* 1 u. 2, *N. Wagner* Getica 1967.

Ostia (Iuba FGrH 275 F 10. Steph. Byz. s. v. Ptol.3,1,5 'Ωστία. App. civ.1,67 "Οστια. Feminine Namensform: Enn. ann. 144. Liv. 27,11,2 u.a.; vgl. Fest. 214,20ff. L. Charis. Keil GrL I 98 *urbem significare ... singularem potius numerum ...*; neutr. plur.: Liv. 27,23,3. Ov. fast. 4,291 u.a.), nach Lage an Tibermündung (Paul. Fest. 215, 5 L. Dion. Hal. ant. 3,44. Isid. orig. 15,1,56) 16mp von Rom (Eutr. 1,5. Tab. Peut. 5,5. It. Ant. 301,6 *Hostis*) benannte, angeblich von Ancus → Marcius (I 3; Iust. 43,3,4: Besuch der Phokäer) gegründete (Enn. a.O. Cic. rep. 2,33. Fest. 214,22 L. Pol. 6,2,9. Liv. 1,33,9. Dion. a.O. Strab. 5,232. Isid. a.O.) *urbs* (Varro 1. 1. 5,143 *coloniae ... in litteris antiquis ... urbes*), erste (CIL I^2 p. 257; es folgt Antium 338) unter Beachtung kultischer Formen (Serv. auct. Aen. 1,13) zur Sicherung des Seehandels (Enn. a.O. Isid. a.O.) angelegte röm. Kolonie (Plin. nat. 3,56. Aur. Vict. ill. 5,3) mit Befreiung vom Wehrdienst in Rom (Liv. 27,38,5. 36,3,6); nach Ausgrabungsbefund soll die älteste Anlage jedoch erst 2. Hälfte 4.Jh. v.Chr. (Liv. 8, 12,2 nennt 340 *ager Ostiensis*) erfolgt sein (unklar *fossae Quiritium* Liv. 1,33,7. Fest. 304,17ff. L.). Seit 267 (Lyd. mag. 1,27 mit Konsulnamen) überwachen *quaestores Ostienses* (Cic. Sest. 39; Mur. 18) die Lieferungen (Wesener, RE XXIV 818f. Mommsen RStR 2^3, 571,1). 208 stehen noch die alten Mauern (Liv. 27,23,3); Neubau unter Sulla (Calza Ostia 1932, 30). O. spielt als Hafen Roms (Dion. 12,1. Strab. 3,145. 5,219. Prok. Goth. 2,4, 2. 5,3) eine Rolle 217 (Liv. 22,11,6), 216 (22,27,1), 211 (26,19,11), 208 (27,22,12), 162 (Flucht des → Demetrios Soter ([I 5] Pol. 31,22,7), 87 Plünderung durch Marius (App. a.O.), 67 (Cic. Manil. 33. Cass. Dio 36,22,2). O. gehört zur 1. Region (Plin. a.O.; *tribus Voturia* bzw. *Palatina* für *liberti*). Der Boden am *decumanus* war *publicus* (CIL I^2 2516 abcd). O. ist Kurort (Gell. 18,1,2) mit Villen (Varro rust. 3,2,7). Der Stürmen (Tac. ann. 15,18,2; selbst die Ankunft der Mater magna wurde erschwert, Liv. 29,14,10f.) ausgesetzte Hafen (Strab. 5,231: Schiffe ankern auf Reede) versandet allmählich und verliert nach Errichtung des *portus Augusti* seine Bedeutung (Prok. Goth. 1,26,8). Außer den im *Capitolium* (CIL XIV 32) verehrten Göttern, den Dioskuren (CIL I^2 p. 308 *ludi Castorum Ostiis*), Vulcanus (*praetores* und *aediles sacris Volkani faciundis* Dessau CIL XIV p. 4) viele Fremdkulte (Dessau a.O. 5. 18). Die Grabungen lassen eine regelmäßig in mehrstöckigen *insulae* angelegte Stadt erkennen und haben viele neue Erkenntnisse gebracht. G. R.

Nissen It. Ldk. 2,566ff. *Forbiger* Hb. d. alt. Geogr. 3,470. *Lehmann–Hartleben* Hafenanlagen, Klio Bh. 14. *L. Ross Taylor* Cults of Ostia 1912. *Beloch* RG 158. *Carcopino* Virgile et les origines d'Ostie 1919. *Calza* Ostia^3 1932.

Ostium. Abgeleitet von *os* = Mund, bezeichnet O. den Eingang (Verg. Aen. 6,43 mit Serv. Komm.), meist die Haustür (Salv. Iul. Dig. 6,1, 59), von der die *fauces* (Schlund) in das Innere führen. Neben der schlichten Arkadenöffnung, die das gegliederte Bogenportal der Spätant. vorbereitet, ist die rechteckige Türanlage vorherrschend, für den Sakralbau verbindlich. Vitr. 4,6 unterscheidet bei den Tempeltüren nach Struktur und Proportion die dor., ion. und att. Art. Gemeinsam ist das Prinzip, zwei vertikale Pfosten durch einen horizontalen Sturz zu verbinden. Statt der Unterteilung in Kapitellpfeiler und Gebälk wird der Rahmen meist einheitl. geführt, mit Ohren, in der ion. bzw. korinth. Ordnung mit Volutenkonsolen beiderseits des Sturzes, über dem das Gesims, manchmal ein Entlastungsbogen ansetzt. Bei einfachen profilierten oder ädikulaartigen Rahmen am Profanbau entsprechen am Tempel ornamentierte Marmorrahmen (Ankara, Baalbek, Ephesos, Palmyra) wie bronzeverkleidete oder geschnitzte Türflügel (Pantheon, S. Sabina in Rom) der sakralen Bedeutung des O. A. v. Gl.

Ostorius. 1. O. Sabinus, röm. Ritter, erhält 66 n. Chr. als Ankläger des → Q. Marcius Barea Soranus eine größere Geldsumme und die *quaestoria insignia*, Tac. ann. 16,23. 30. 33. **2.** Q. O. Scapula, zusammen mit → Salvius Aper 2 v. Chr. erster praefectus praetorio. Cass. Dio 55,10,10; zwischen 3 und 11 n. Chr. praefectus Aegypti; vgl. A. Stein Präfekten von Äg. 21. **3.** P. O. Scapula, Sohn oder Enkel von 2, unter Claudius cos. suff. und darauf von 47–51 Statthalter Britanniens, Tac. ann. 12,31–39; Agr. 14. Er wirft in erfolgreichen Operationen den Aufstand der Silurer unter → Caratacus nieder, stirbt aber an einer Krankheit. **4.** M. O. Scapula, Sohn von 3, nimmt an den Kämpfen des Vaters in Britannien teil, Tac. ann. 12,31; cos. suff. 59 n. Chr. CIL VI 2042. Rettet durch seine Aussage den Praetor → Antistius (4) Soranus 62 n. Chr.; trotzdem erhebt dieser 66 n. Chr. im Zusammenhang mit der pison. Verschwörung gegen ihn die Anklage, was ihn zum Selbstmord zwingt, Tac. ann. 16,14f. G. Wi.

Ostrakinda, »Scherbenspiel« oder »Nacht-Tag« (νὺξ ἡμέρα), ein Fangspiel der griech. Knaben, das Sch. Plat. Phaidr. 241c u.a. Zeugen so beschreiben: Zwei gleich starke Gruppen stehen, die einen nach O., die anderen nach W. gewendet. Ein zwischen den beiden Reihen Sitzender wirft mit dem Ruf »Nacht oder Tag« einen Scherben (ὄστρακον), der auf der einen Seite weiß, auf der andern schwarz ist, in die Höhe. Fällt die weiße Seite nach oben, so jagen die Östlichen die davonlaufenden Westlichen, im andern Falle umgekehrt. Wer gefangen wird, muß den Fänger huckepack zum Ausgangsplatz zurücktragen. Sprichwörtlich bedeutet ὀστράκου περιστροφή einen raschen Schicksalsumschlag. K. Z.

Becq de Fouquières Les jeus des anciens 79ff.

Ostrakismos (ὀστρακισμός) ist eine polit. Maßnahme, die in Athen in den J. 508/07 bis 417/16 durchgeführt wurde, um eine Person, die im Verdacht stand, nach der Tyrannis zu streben, ohne Verlust der bürgerlichen Ehren und des Eigentums auf zehn J. zu verbannen. Das Gesetz über den O. wurde für das J. 508/07 → Kleisthenes zugeschrieben und war gegen Hipparchos gerichtet, auf den es als ersten 488/87 angewendet wurde (Aristot. Ath. pol. 22,1–4. Ail. var. 13,24. Philoch. FGrH 328 F 30. Ephor. bei Diod. 11,55). Androtion (FGrH 324 F 6) sagt, ohne den Namen des Urhebers des Gesetzes zu nennen, daß Hipparchos der erste war, der ostrakisiert wurde, und daß das Gesetz τότε πρῶτον angewandt wurde. Das versteht man als kurz vor 488/87, und dieses Datum wird angenommen von Beloch GG 1[2], 332, C. Hignett Hist. of the Ath. Const. 159ff. und A. E. Raubitschek, AJA 55, 1951, 221ff., u.a. Aber Carcopino (L'Ostracisme Athénien 1935, 12) macht geltend, daß für Androtion, der sich um die Widerlegung der Annahme bemühte, Theseus der Antragsteller und das erste Opfer des Gesetzes, Hippias der Schöpfer des O. gewesen sei, wobei τότε πρῶτον = »in diesem Zeitraum« wohl die J. 508/07 einschließen könne. Die Verzögerung von 20 J. von dem Erlaß bis zu der Anwendung des Gesetzes wird überzeugend von D. Kagan (Hesp. 30, 1961, 396ff.) und C. A. Robinson (AJA 56, 1952, 23ff.) polit. Gründen zugeschrieben, ohne daß auf die Erklärung des Aristoteles »mit der herkömmlichen Milde« des Volkes eingegangen wird (Aristot. Ath. pol. 22,4). Der Zweck des Gesetzes war, eine willkürliche Alleinherrschaft vorbeugend zu verhindern und nicht durch eine Bestrafung ex post facto (ἀτιμία), die das Rechtsmittel in früheren Gesetzen (Aristot. Ath. pol. 16,10) und in den späteren gegen Tyrannis in 410/09 (And. de myst. 95ff.) und 337/36 (B. D. Meritt, Hesp. 21, 1952, 355ff.) war. Nachdem der O. mehrere Male dazu benutzt worden war, einen polit. Gegner zu entfernen, wurde er 418/17 zum letzten Mal gegen → Hyperbolos angewendet.

Jedes Jahr entschied die ἐκκλησία ohne Debatte, ob ein Ostrakismos abgehalten werden sollte. Fiel die Abstimmung bejahend aus, schrieb jeder Bürger den Namen desjenigen auf einen Tonscherben auf, den er zu ostrakisieren wünschte. Die Abstimmung erfolgte nach Phylen und war geheim (Aristot. Ath. pol. 43,5). Nach Plut. Arist. 7,6 waren für die Rechtswirksamkeit einer Ostrakophorie 6000 abgegebene Stimmen erforderlich, nach Philoch. FGrH 328 F 30 war diese Stimmenzahl gegen eine Person nötig. Die Analogie mit den νόμοι ἐπ' ἀνδρί stützt das Quorum von 6000 (R. J. Bronner, CPh 8, 1919, 223ff.), aber wie Gomme (Oxf. Class. Dict.[1] s.v.) ausführt, bezogen sich diese Gesetze auf eine Entscheidung über nur einen Mann, und wenn man sich nicht in einer Vorabstimmung über einen Mann einigte, was nicht bezeugt und nicht wahrscheinlich ist, konnte eine Stimmabgabe für O. von 6000 Stimmen die Ostrakisierung eines Mannes bei wenigstens 3001 Stimmen ergeben. – Etwa 20 Fälle der Anwendung des O. sind bekannt, 10 davon genauer. Beinahe 1000 Ostraka wurden gefunden, die die Namen fast aller bekannten, aber auch vieler unbekannter polit. Führer enthalten. Eine größere Zahl von Scherben wurde kürzlich im Kerameikos gefunden. O. W. R.

Ostsee. Die O. ist das geolog. Ergebnis des Einsinkens des zentralen Teils der skandinav. Halbinsel (Urfennoscandia) unter dem Gewicht der letzten Vereisung um die Wende vom Eozän zum Oligozän. Beim Rückzug des Eises füllte sich ihr Becken mit Schmelzwasser und bildete mit Nordsee und Weißem Meer ein salziges Meer. Danach wurde sie von ihnen durch Erhebung des Landes abgeschnitten, erhielt aber am E. des Holozäns durch Rücksenkung des südschwed. Festlandes ungefähr ihr heutiges Gesicht. Der Mensch erscheint endgültig an ihren Küsten während der Ausklänge des diluvialen Geschehens (um 10000 v. Chr.). Die jung- und endsteinzeitliche Kultur (1800–1500) ist dort stark vertreten, bes. auf der Insel Rügen. Die Bernstein-Industrie entwickelt sich hier seit dieser Zeit und verbreitet ihre Erzeugnisse bereits in der Bronzezeit in ganz Europa.

Die O. blieb lange bei den Mittelmeervölkern unbekannt trotz des Bernsteinhandels, der seinen Weg quer durch Europa nahm und nicht auf dem Wasserwege, wie das die etr., griech. und skyth. Funde bis zur Weichselniederung seit dem 6. Jh. bekunden (J. N. v. Sadowski Die Handelsstraßen der Griechen und Römer durch das Flußgebiet der Oder, Weichsel, des Dniepr und Niemen an die Gestade des balt. Meeres, 1963). Pytheas, der sich ihren Küstenstrichen um 330/310 nähert, hat von einer Insel *Βασίλεια* gewußt (verbessert in *Balcia* von Xenophon v. Lampsakos bei Plin. nat. 4,95), von der der Bernstein komme, drei Tagfahrten (eine nach Timaios, FGrH 566 F 75, der andererseits *Βασίλεια* mit der Insel *Abalus* [Helgoland?] identifiziert, eine Tagfahrt von der Küste der *Guiones*, ebenfalls von Pytheas genannt; → Nordsee) von der N.-Küste Skythiens (Frg. 11 Mette). Daß ferner die Weichsel als w. Grenze Skythiens gegen Germanien auf der Karte des Agrippa angegeben war, wie aus der Dimens. prov. 19 erhellt, deutet auf bessere Kenntnis der O.-Völker im Laufe des 1. Jh. v. Chr. Aber → Isidoros v. Charax, Zeitgenosse Agrippas, weiß noch nichts von der Existenz der O. und hängt ganz von Pytheas ab, für den Skythien an der Nordsee beginnt, wenn er die Entfernung vom Tanais bis Thule auf 1250 Meilen schätzt (FGrH 781 F 7; darüber im allg. H. J. Mette Pytheas v. Massalia, 1952, 6f. 16. 39ff.). So wird wohl die Flottenexpedition des Tiberius im J. 4/5, die das *Cimbrorum promuntorium* (Jütland) teilweise umschiffte, den ersten Bericht über dieses Meer geliefert haben (Mon. Anc. 26). Gestützt hauptsächlich auf Pytheas, oder vielleicht diesem Bericht Angaben entlehnend, verfaßt der Geograph → Philemon eine Beschreibung der Landeplätze der O., in der er ein Vorgebirge *Ru(s)beas* (Kap Skagen?) zwischen dem *mare Morimarusa (Morimarusam a Cimbris vocari, hoc est mortuum mare)* und dem *mare Cronium* (Plin. nat. 4,95, vgl. Dion. Per. 32f.) nennt. Möglicherweise verdankt ihm Mela seine Angaben über Skandinavien: 3,31 *super Albim* (Elbe) *Codanus ingens sinus* (Skagerrak? Kattegat?) und 54 *Codannovia* (*Scati-* oder *Scadinavia* an der Parallelstelle Plin. nat. 4,96), *quam adhuc Teutoni tenent*. Auch von ihm wird man eher als von Isidoros Hypotyp. geogr. 13 (GGM II 497) *ἡ μεγάλη Σκάνδεια, ἣ κεῖται ὑπὸ τὴν Κιμβρικὴν χερρόνησον* ableiten. Aber das erste förmliche Zeugnis von den Entdeckungen des Tiberius erscheint erst bei Plin. nat. 2,167 *(immenso mari prospecto aut fama cognito)* und 4,97 *(XXIII inde insulae Romanis armis cognitae)*. 4, 96f., fügt er zu Melas Angaben die Erwähnung der *Hilleviones* in Skandinavien (500 *pagi*), der *Inguaeones* in Germanien (im Beowulf 1045. 1322 sind jedoch *Ingwine* Skandinavier) und der dänischen Inseln *Burcana*, *Austeraria*, *Actania* hinzu. Er zählt ferner nach unbekannten Autoren *(quidam tradunt)* die Völker der Küste zwischen der Insel *Aeningia* (Finnland) und der Weichsel: *Sarmatae*, *Venedae* (Wenden), *Sciri*, *Hirri* (?) auf. Tacitus, Germ. 45, der im allg. aus Plinius schöpft, kennt noch die *Aestii* (Esten). Endlich vermag Ptol. 2,11,2, der auf Marinos fußt, 7 nicht lokalisierbare Flüsse zwischen Elbe und Finnland aufzuzählen und 94 Städte, von denen die nördlichste, *Λακιβούργιον*, wahrscheinlich nicht weit w. der Odermündung liegt. Über die Völker dieses Raumes werden wir sonst ohne geograph. Anhaltspunkte nur noch durch den flüchtigen Auszug *De origine actibusque Getarum* des Iordanes aus Cassiod. Hist. Goth. unterrichtet.

Im Anschluß an die Hypothesen von G. Kossinna Die Herkunft der Germanen, 1911, die in Deutschland und in Polen Schule gemacht haben, hat die moderne Geschichtsschreibung dem Bekken der O. und bes. der Halbinsel Jütland eine hervorragende Rolle als dem vermutlichen Ursprung der Indogermanen zugeteilt, bes. wegen der verhältnismäßig hohen Kulturstufe, die hier die Archäologie für die jüngere Steinzeit bezeugt. Diese Theorie wird heute zur selben Zeit aufgegeben, wie der Begriff Indoeuropäer den Begriff Indogermanen verdrängt, z. B. in J. Filip, Enz. Hdb. zur Ur- u. Frühgesch. Europas 1,530, 1966 (vgl. P. Bosch-Gimpera El problema indoeuropeo, 1960 und G. Devoto Origini indoeuropee, 1962). Vom linguistischen Gesichtspunkt aus wird eine langdauernde balt.-slaw. Gemeinschaft vermutet (Polen, Letten, Litauer, Kuren), während die finnische Gruppe eine ältere Bevölkerung darstelle (M. GIMBUTAS The Balts, Ancient Peoples and Places, 1963). Man nimmt andererseits an, daß sich die germ. Stämme aus ihren nord. Wohnsitzen (Skandinavien, Dänemark, norddeutsche Gebiete) vor der Hallstatt-Latènezeit (800–450) süd- und südostwärts verbreitet haben. Damals erreichen sie die Weichsel und nimmt die ethn.-sprachliche Teilung, die wir noch h. kennen, feste Gestalt an. F. L.

J. Svennung Belt und baltisch. Ostseeische Namenstudien, Uppsala 1953. *Ders.* Jordanes und Scandia, Stockholm 1967.

Osymandyas. Diod. 1,47/9 erwähnt in Theben-West das Grabmal des O. mit genauer Beschreibung. O. umschreibt das äg. *Wsr-m'3.t-R'*, den Thronnamen Ramses' II.; der von Diod. geschilderte Bau ist das noch h. z.T. erhaltene Ramesseum, der Totentempel dieses Königs. Die Angaben Diod. sind, soweit noch nachprüfbar, genau; in seiner Z. scheint der Tempel noch besser als h. erhalten gewesen zu sein. W. H.

Goossens, Chron. d'Egypte 34,177.

Otacilius. Ital. Eigenname (SCHULZE Eigenn. 131, Martial. 10,79: *Otācĭlĭus*), bes. in Benevent und seit der 1. H. des 3. Jh. v. Chr. in Rom hervorgetreten, später jedoch selten. MÜNZER Adelsp. 92. Stammbaum RE XVIII, 1. H., 1861f. **1.** O., Legat im Bundesgenossenkrieg 89, offensichtlich bei einer See-Unternehmung. Sisenna frg. 38 HRR. BROUGHTON Mag. 2,37. **2.** L. O. *(Pupinia tribu)* nahm zusammen mit M'. O. *(Pollia tribu)* im J. 89 am Kriegsrat des Cn. Pompeius Strabo vor Asculum Picenum teil. DESSILS 8888. CICHORIUS RStud. 179f. **3.** M. O., *XV vir sacris faciundis*, sollte 76 aus Erythrai Unterlagen zur Rekonstruktion der Sibillin. B. beschaffen, Fenestella frg. 18 HRR. **4.** O. Crassus, Praefect des Pompeius in Lissos im J. 48, wortbrüchig gegenüber 2 durch Sturm verschlagenen Schiffen der Caesarianer, mußte sich zu Pompeius absetzen. Caes. civ. 3,28f. M. GELZER Pompeius 237. **5.** M'. O. Crassus (C. f. M'. n.). Consul 263, mit M'. Valerius Maximus → Messalla (1), Quellen bei BROUGHTON Mag. 1,203f.; beide gingen mit 4 Legionen nach Sicilien und hatten dort beachtliche Erfolge, die im Bündnis mit Hieron II. von Syrakus gipfelten, Pol. 1,16,3ff. Er und sein jüngerer Bruder Nr. 6 verdankten ihren Aufstieg z.T. wohl der Verbindung mit den Fabiern (ein Num. O. aus Malventum hatte seine Tochter mit einem Fabier verheiratet, o. II 490, Nr. 9), MÜNZER Adelsp. 67f. – Cos. II 246 mit M. → Fabius Licinus (I 30); beide führten Stellungskrieg in Sicilien gegen → Hamilkar. A. LIPPOLD Consules 1963, 144,150. **6.** T. O. Crassus (wie Nr. 5 C. f. M'. n.), Consul 261 mit L. Valerius Flaccus, DEGRI 13,42f. 432f. (Kämpfe in Sicilien). LIPPOLD 344,203. **7.** T. O. Crassus, Sohn von Nr. 6, wohl Halbbruder des M. → Claudius Marcellus (I 15), verheiratet mit einer Nichte des Cunctators, Pontifex und Augur wohl seit vor 218. 217 Praetor (Sicilien), Propraetor 216–215 (Sicilien und Flotte), 215 IIvir zur Weihe des Tempels der Mens, Liv. 23,30f., weiterhin Flottenkommandant in Sicilien (Lilybaeum) – 214 als Praetor bis zu seinem wohl überraschenden Tod im J. 211. MÜNZER Adelsp. 75f. 80ff. LIPPOLD 171f. Der letzte bedeutende Vertreter seiner Familie, die mit Nr. 4 ausstarb. H. G. G.

Otanes. **1.** Pers. *Hutana*, Sohn des Pharnaspes, einer der sieben pers. Edelinge, die sich im Frühjahr 521 zum Sturz des Prätendenten Gaumata, des falschen Smerdis, vereinigten, Hdt. 3,68–84. Er war durch seine Schwester Kassandane Schwager des Kyros, durch seine Tochter Phaidyme Schwiegervater des Kambyses und später des Dareios (Hdt. 3,2). Hdt. läßt ihn die Sache der Demokratie vertreten, aber Dareios selber führt in der Behistun-Inschrift Hutana erst an 2. Stelle auf und an 1. Vindafarna. Nach der Thronbesteigung des Dareios erscheint O. noch einmal bei Herodot (3,139ff.), als ihm der König den Auftrag erteilte, Syloson, den Bruder des Polykrates, nach Samos zurückzuführen. **2.** Sohn des Sisamnes, zuerst königl. Richter, ward nach dem Skythenzug als Nachfolger des Megabazos zum *στρατηγὸς τῶν παραθαλασσίων ἀνδρῶν* ernannt und mit der Bestrafung der Städte an der Meerenge betraut. Er eroberte auch Lemnos und Imbros (Hdt. 5,25f. 116. 123). **3.** Vielleicht derselbe wie Nr. 2, stand im J. 500/499 an der Spitze der pers. Kräfte im w. Kleinasien. Er brachte den von der Einäscherung von Sardes zurückkehrenden Ionern eine schwere Niederlage vor Ephesos bei und erhielt dann den Auftrag, den ion. Aufstand niederzuwerfen. **4.** Schwiegervater des Xerxes, dessen Gemahlin Amestris eine Tochter dieses O. war. Weder mit 1 noch mit 2 ident., und auch kein Bruder von Dareios I. (Hdt. 7,61. 82). J. D.-G.

Otho. Röm. Kaiser. Voller Name M. Salvius O., Suet. Galb. 17. Cass. Dio 61,11. 64,5; meist nur O. genannt. * als Sohn des L. → Salvius O. und der Albia Terentia am 28. April 32 n. Chr. Suet. Otho 1. Sein Bildungsgang ist unbekannt, Leichtsinn und Verschwendungssucht traten früh zutage, Tac. hist. 1,13. Suet. 7. Plut. Galb. 19, wurden aber vom Vater streng unterdrückt. Nach dessen Tod (55) durch Vermittlung der Freigelassenen Acte Annäherung an Nero, der aber von den Fähigkeiten O.s nicht viel hielt, Cass. Dio 61,11. 58 entführte O. die verheiratete → Poppaea Sabina, unsicher ob auf Anstiften Neros, Tac. 1,13. Suet. 3. Plut. Galb. 19, oder aus Liebe, Tac. ann. 13,16, und heiratete sie. Um sich des unbequemen Gatten zu entledigen, schickte Nero O. noch als *quaestorius* als Statthalter nach Lusitanien (HEUTEN, Latomus 1938, 276), wo er sich gut bewährte, Tac. ann. 13,46. Suet. 4. Plut. Galb. 20. Juni 68 ergriff

O. die Partei des zum Kaiser ausgerufenen Statthalters der Nachbarprov. Hisp. Tarraconensis, Ser. Sulpicius → Galba, den er sehr unterstützte und nach Rom begleitete, Tac. 1,6. Plut. Galb. 20. Von T. → Vinius gefördert, erhoffte O. eine Adoption durch Galba, der ihm jedoch → Calpurnius Piso Frugi Licinianus vorzog, Plut. Galb. 23. Tac. 1,18. Den Unmut der durch Galbas Sparsamkeit verstimmten Praetorianer geschickt ausnützend, zettelte O. eine Verschwörung an, der Galba, Vinius und Calpurnius Piso am 15. Jan. 69 zum Opfer fielen, Tac. 1,41. Plut. Galb. 27. Die Garde begrüßte O. als Kaiser, Volk und Senat bestätigten die Wahl. O. nahm den Titel *imp. Caes. Aug. trib. pot.* an und bekleidete zusammen mit seinem Bruder L. → Salvius O. Titianus ab 30. Jan. den Konsulat (CIL X 7852 = DessILS 5947). Seine Regierung, die er ganz im Stile Neros führte (vgl. die vorübergehend vorkommende Namensform Nero O., Tac. 1,78. Suet. 7), war vom Gegensatz zwischen Praetorianern und Senat stark belastet (vgl. die Episode Tac. 1,80f. Plut. Oth. 3. Suet. 8. HEUBNER, RhM 101, 1958, 339ff. DREXLER, Klio 37, 1959, 156ff.) und wurde nur von den Balkan- (Dalm., Pann., Moes.) und Orientprovinzen (Syr., Iud., Aeg.) anerkannt, da sich beide Germanien, Gallien und Britannien schon Anf. Jan. 69 für den Statthalter von Germ. inf. A. → Vitellius entschieden hatten. O. versuchte sich mit V. zu einigen und bot sogar die Mitregentschaft an. V. suchte jedoch die bewaffnete Lösung und schickte starke Truppenverbände des ober- und untergerm. Heeres unter A. → Caecina Alienus und → Fabius Valens nach Italien, Tac. 1,61f. O. ließ im März durch die Praetorianer, 2000 Gladiatoren und die aus Flottensoldaten neugebildete *legio I adiutrix* unter → Annius Gallus das Po-Ufer und Placentia besetzen, Tac. 1,87. Plut. Oth. 5ff. s. SYME Tacitus 1, 159ff. O. selbst bezog in → Brixellum sein Hauptquartier. Nach Anfangserfolgen suchte O., ohne die Ankunft der Verstärkungen aus den Balkanprovinzen abzuwarten, am 14. Apr. bei → Betriacum die Entscheidung gegen die vereinigten Truppen des Caecina und Valens, Tac. 2,40–45. Plut. Oth. 11–13. Suet. 9. Oros. 7,8; s. MOMMSEN Kl. Schr. 4,354ff. HANSLIK, WS 74, 1961, 113. O.s Truppen wurden nach wechselnden Kämpfen geschlagen, O. beging am 16. Apr. Selbstmord, Tac. 2,47. Plut. Oth. 18. Suet. 9, der ihm in der Folgezeit oft unverdiente Bewunderung eingetragen hat. Münzen: MATTINGLY Ric I p. 217ff. Bildnisse: BERNOULLI 2,2,6ff. (auffallend die betonte Ähnlichkeit mit Nero). G. Wi.

L. Holzapfel Kaiser Otho, Klio 13, 1913, 289ff. *P. Zancan*, La crisi del principato nell'anno 69 (1939). *G. Corradi* Galba Othone Vitellio (1941).

Othryadas (Ὀθρυάδας, Ὀθρυάδης Hdt.). Im Krieg Spartas mit Argos um die Thyreatis fochten um 550 je 300 Krieger bis zur Nacht miteinander, es blieben 2 Argiver übrig, die daheim den Sieg meldeten, der einzige überlebende Spartaner O. raubte die Waffen der gefallenen Feinde und behauptete das Schlachtfeld. Auf den umstrittenen Ausgang folgte eine Schlacht der Heere. Die Spartaner siegten. O. schämte sich, als einziger der Kameraden zurückzukehren, und tötete sich auf dem Kampfplatz selbst. Hdt. 1,82. Nach Paus. 2, 20,7. 38,5 wurde O. von einem Argiver getötet. Zur Feier seines Todes in Rhetorik und Poesie P. KOHLMANN, RhM 29, 1874, 463ff. 31, 1876, 302ff. A. BRELICH Guerre agoni e culti, 1961, 24ff. H. V.

Othryoneus (Ὀθρυονεύς). Bundesgenosse der Troer aus Kabesos, dem Priamos für seine Hilfe die Hand der → Kassandra versprach. Er fiel durch Idomeneus. Hom. Il. 13,362ff. 772. H. v. G.

W. Kullmann, H(ES 14) 341.

Othrys (ἡ Ὄθρυς), die etwa 85 km lange und 45 km breite Gebirgsmasse zwischen dem mal. Meerbusen und der Spercheiossenke einerseits und Thessalien andererseits, aus mehreren Gebirgsketten teils aus Schiefern, teils aus Kalken bestehend, mit im allg. abgerundeten Formen von Mittelgebirgscharakter und mehreren niedrigen und leichten Übergängen. Das Gebirge fällt nach S. in einem geradlinigen Steilrand ab, ist aber nach N. gegen Thessalien stärker aufgegliedert. Im Alt. gehörte es zur Landschaft Achaia in Phthiotis. Höchste Erhebung im mittleren O. der Jerakovuni mit 1726 m. Hdt. 7,129. Strab. 9,5,8 p. 433. 5,14. p. 435. Plin. nat. 4,30. Ptol. 3,12,16. E. M.

1. *Philipps.-Kirst.* 1,181ff. 2. *Fr. Stählin* Das hellen. Thessalien 150ff. 3. *Joh. Schmidt*, RE XVIII (1.H.) 1873ff. 4. *Y. Béquignon* La vallée du Spercheios 8f. 12ff.

Otos (Ὦτος) und **Ephialtes** (Ἐφιάλτης). **1.** Die → Aloaden, Söhne des Aloeus (oder Poseidon) und der → Iphimedeia (1) – über sie T. B. L. WEBSTER Die Nachfahren Nestors, 1961, 30f. –, oder Söhne der Erde. Für ihre Frevel (→ Aloadai) durch Apollons Pfeile oder gegenseitige Schüsse getötet, in der Unterwelt Rücken gegen Rücken mit Schlangen an eine Säule gefesselt, von der Eule Styx gequält. Hyg. fab. 28. Auf Naxos als Heroen verehrt, Pind. P. 4,88. Diod. 5,50,6ff. Urspr. wohl starke Lokalgötter, von der Zeusreligion verdrängt. O. KERN Die Rel. der Griechen 1,206f. H. J. ROSE Griech. Myth. 59ff. **2.** Epeier aus Kyllene, Freund des Meges, von Polydamas erlegt. Hom. Il. 15,518. H. v. G.

Otreus (Ὀτρεύς). Phryg. Fürst, Hom. Il. 3, 184ff., nach dem Sch. Sohn des → Dymas, Schwager des Priamos, s. → Mygdon 2. Als seine Tochter stellt sich Aphrodite dem Anchises vor, Hom. h. 4, 111. H. v. G.

Otys (Ὄτυς), König der Paphlagonier, unbotmäßiger Vasall des Großkönigs, schloß 395 v. Chr. mit → Agesilaos durch den Perser → Spithridates, dessen Tochter er heiratete, ein Bündnis gegen Persien. Xen. hell. 4,1,1ff.; Ages. 3,4. Plut. Ages. 11. Hell. Oxyrh. 11,4f. Vielleicht ident. mit dem

Paphlagonier Thuys, der 380 durch → Datames in die Gewalt des Großkönigs kam. Nep. Dat. 2f.

H. V.

Oufentina tribus wurde zusammen mit der *Falerna tribus* 318 v. Chr. eingerichtet (Liv. 9,20,6. Diod. 19,10,1) und erhielt ihren Namen nach dem ihr Kerngebiet durchfließenden → Ufens (Fest. 212,7ff. L. *Ofens*) im *ager Privernas.* Als Abkürzung sind neben kanon. *OUF* viele unregelmäßige Formen bekannt. Zur O. gehören Privernum, Tarracina, Aquinum, Frusino, Canusium, Forum Flamini, Plestia, Tuficum, Attidium, Sena (Gallica?), Comum, Mediolanum. G. R.

Ovatio. Der sog. kleine, mindere Triumph (Serv. Aen. 4,543 *o. est minor triumphus*) im Unterschied zum eigentlichen → *triumphus* (Dion. Hal. ant. 5,47,2 *ϑριάμβοις ... ἐκοσμοῦντο ἀμφότεροι, M. μὲν τῷ μείζονι καὶ τιμιωτέρῳ..., Π. δὲ τῷ ἐλάσσονι καὶ ὑποδεεστέρῳ.* – Plaut. Bacch. 1269ff. und Cic. Phil. 14,12 *ovantem ac prope triumphantem*). Das Substantiv ist spät (Suet. Claud. 24,6), der Vorgang wurde im Part. Praes. des Verbs *ovare* (aus *euāiō zu gr. *εὐάζω*) ausgedrückt (z. B. *ovans urbem ingredi* Liv. 5,31, 4). Die o. wurde vom Senat gewährt, wenn die Voraussetzungen für einen Triumph (vgl. Ehlers, RE VII A 498ff.) nicht gegeben schienen, der Erfolg aber belohnt werden sollte, z. B. bei zu leichtem Sieg (Plin. nat. 15,125. Plut. Marc. 22,3. 5), sowie bei anderen Triumphhindernissen, welche über die drei theoretisch von Gellius (5,6,21) erwähnten *(nicht gerechter Krieg, unwürdiger Feind wie Seeräuber und Sklaven, unblutiger Sieg)* hinausgehen, vgl. die 34 in der Überlieferung erwähnten o. nes bei Rohde 1900ff.); nicht selten wohl als Kompromiß (vgl. z. B. Liv. 39,29,5 *medius honos*). Im Unterschied zum Triumph zog der Feldherr bei der o. nicht zu Wagen zum Kapitol, sondern zu Fuß oder Pferd, nicht im Triumphgewand, sondern in der *praetexta* und ohne Szepter, nicht mit Lorbeer bekränzt, sondern mit Myrte und beim Klang von Flöten statt von Trompeten. Vgl. die Beschreibungen bei Dion. Hal. (a. O., der jedoch hinsichtlich der *corona ovalis* irrt) und Plut. (a. O.). A. S.

Rohde, RE XVIII 1890ff. *Pais* Fasti triumphales populi Romani, Rom 1920.

P. Ovidius Naso. I. Leben. Nach trist. 4, 10 wurde O. am 20. März 43 v. Chr. zu → Sulmo als Sohn eines röm. Ritters geboren. Vom Vater zur Ausbildung nach Rom gebracht, trieb er das Rhetorikstudium bis zur höchsten Stufe (Sen. contr. 2,2,8), unternahm auch eine Bildungsreise nach Griechenland und Kleinasien. Nach den ersten Schritten auf der Ämterlaufbahn gab er sie auf, um sich ganz der Dichtung zu widmen, was das väterliche Vermögen ihm gestattete. Schon in dem Knaben hatte sich das poetische Talent geregt, in Rom führte es ihn in den Kreis des → Messalla Corvinus; die dort gepflegte Elegie wurde seine Hauptausdrucksform. Ab etwa 20 v. Chr. trat er mit 5 B. Amores hervor, es folgte die Tragödie Medea und Her. 1–15. Im J. 1 v. Chr. erschienen Ars 1. 2, gleichzeitig eine 2. revidierte und auf 3 B. verkürzte Ausg. der Am., bald darauf Ars 3 und Rem. Alle diese Werke hatten großen Erfolg, und O. war der gefeiertste Dichter Roms, als er im J. 8 n. Chr. plötzlich durch kaiserl. Kabinettsorder, ohne Gerichtsverfahren, nach Tomis am Schwarzen Meer relegiert wurde. Vorwand war seine erot. Dichtung, die doch schon lange zurücklag; die Ars wurde aus den öffentlichen Bibliotheken entfernt. Wahrer Grund war eine Handlung oder Unterlassung O.s, die er selbst als *error* bezeichnet. Nach seinen Andeutungen ist das Wahrscheinlichste, daß er in einen Sittenskandal, vermutlich die Affäre der jüngeren Iulia (→ Iulius II 96), als Mitwisser verwickelt war. Nichts Ärgeres konnte den mondänen Dichter treffen als einsam in halbbarbar. Milieu so fern von Rom leben zu müssen. Aber alle Bemühungen, eine Revision des Urteils zu erreichen, waren vergebens. Als O. verbannt wurde, waren die Met. fertig, aber noch nicht veröffentlicht, die Fast. zur Hälfte fertig. O. hatte also an beiden Werken gleichzeitig gearbeitet. Ein Parergon aus diesen J. sind Her. 16–21. Was O. in Tomis schrieb, dreht sich fast alles um sein Schicksal. Zuerst ging jährlich eine Sendung zur Publikation nach Rom: Trist. 1. 2. im J. 9; 3.:10; 4.:11; 5.:12; Pont. 1–3 :13; Pont 4. ist offenbar aus dem Nachlaß herausgegeben. Im J. 18 (E. 17?) ist O. in Tomis gestorben.

II. Werke. Während Vergil und Horaz die Dichtung über den subjektiven Bereich hinauszuführen suchten, schloß sich O. der von Catull inaugurierten subjektiv-erot. Elegie an, freilich um auch sie in seiner Weise zu objektivieren. In den Am., wie sie uns in der revidierten 2. Fassung vorliegen, ist noch mehr als schon bei Tibull und Properz die Motivik topisch, selbst die Geliebte, Corinna, scheint eine Fiktion zu sein. Die Gedichte stellen einzeln und in ihrem Zusammenhang das Typische des Liebeslebens in witzigem Durchschauen seiner Illusionen dar; auch das Pathos ist nicht ohne Ironie. Das Gebiet erschien damit als erschöpft, O. machte den Versuch, auf ein anderes überzugehen mit seiner (nicht erhaltenen) Tragödie Medea. Der Anschluß an Euripides, den ersten großen Analytiker der Leidenschaft, ist offenbar. Der Versuch war nach Tac. dial. 12 und Quint. inst. 10,1,98 gelungen, aber O. wiederholte ihn nicht, sondern kehrte zu der ihm bequemeren Elegie zurück, indem er sich in den Her. seine eigene Form zur Darstellung des weiblichen Liebespathos schuf, Briefen, in denen myth. Frauen, dazu auch Sappho, ihre Empfindungen gegenüber in der Ferne weilenden oder ungetreuen Gatten und Liebhabern aussprechen. O. versteht es aber, in diese Monologe auch objektive Elemente der Situationsdarstellung und dramat. Momente einzubeziehen. Das Werk fand seine Fortsetzung in den 3 Briefpaaren, in denen die Situation der Briefschreiberin jeweils durch einen vorausgeschickten Brief des Mannes exponiert wird. Die Stoffe sind hier, außer Paris und Helena, alexandrin. Liebesnovellen entnommen.

In anderer Richtung ist die erot. Elegie weiter entwickelt in den 3 Lehrgedichten. Das älteste, über die Schönheitspflege (*De medicamine faciei femineae*), von dem nur der Anf. erhalten ist, ist ein versifikator. Kunststück im alexandr. Geschmack. Von der *Ars amatoria* erschienen zuerst nur die 2 an die Männer gerichteten B., das 3. mit den Ratschlägen an die Frauen ist nachträglich dazugefügt. In der Ars vollendet sich die schon in den Am. wirksame Tendenz zu heiter überlegener Betrachtung des Liebeslebens. Nicht die Liebe als Leidenschaft ist ihr Gegenstand, sondern die Erotik als gesellschaftl. Phänomen. Die Form der Lehre ist weithin Ironie (1,1f.; trist. 1,1,112), aber nicht durchweg; O. verkündet einen positiven Wert, den er *cultus* nennt; er umfaßt auch Kultur des Geistes und des Herzens, Selbstbeherrschung, Sanftmut, Nachsicht. Die Ausführung wetteifert mit Vergils Georgica in der Kunst des sich verbergenden Aufbaus und der Durchsetzung des Didaktischen mit Poetischem: Vergleichen, Bekenntnissen, Erzählungen. Die *Remedia amoris* nehmen Bezug auf das Ärgernis, das die Ars erregt hatte, aber sie sind keine Palinodie; zur Technik der Erotik gehört es auch, sich von einer Leidenschaft, die unbequem wird, freimachen zu können.

Nachdem O. alle Möglichkeiten der erot. Elegie erschöpft hatte, wandte er sich größeren Aufgaben zu, wobei er im Gegensatz zu Vergils und Horaz' Wendung zur Klassik dem alexandrin. Stilideal treu bleibt, anderseits doch auf die mit der Aeneis gegebene Herausforderung antwortet. So knüpft er in den *Metamorphoses* an die hesiod.-alexandrin. Form des Sammelgedichts an, gibt aber durch die chronolog. Verknüpfung der Geschichten vom Anf. der Welt bis zu Caesars Apotheose dem Werk Einheit und Bezug auf die Gegenwart. Das Thema der Verwandlung war durch hellenist. Vorbilder gegeben, O. übernahm am meisten von → Nikandros. Daneben bot ihm Stoff die gesamte Masse der in poet. Gestaltung oder in Handbüchern vorliegenden Mythologie. Von den ca. 250 Verwandlungssagen, die O. aufgenommen hat, wird eine Auswahl ausführlich erzählt (auch solche, bei denen die Verwandlung nur am Rande liegt), andere kurz referiert. Hinter der quasi hist. Verbindung der Geschichten durch die verschiedensten Mittel – nicht wenig erscheint als Erzählung in der Erzählung – stehen künstlerische Motive der Anordnung nach Symmetrie, Kontrast und anderen Beziehungen, vgl. B. Otis, O. as an Epic poet, Cambr. 1966. Innerhalb des Hexameters entfaltet O. die größte Mannigfaltigkeit stilist. Nuancen; er imitiert Homer, Hesiod, Hymnus, Idyll, Bukolik, Elegie und Epigramm, Tragödie und Deklamation. Die Kosmogonie am Anf. und die Rede des Pythagoras über das Thema *Omnia mutantur, nihil interit* (15,165) geben dem Ganzen einen philosoph. Aspekt nach Lukrez. Außer den hochpathet. Partien durchdringt alles ein iron. Ton, der manchmal bis zur Travestie geht. In der Analyse der Leidenschaften und in der unvergleichlichen Anschaulichkeit der Schilderung, auch des Phantastischen, liegen die größten Vorzüge des Gedichts, das für die Nachwelt die ergiebigste Quelle der Kenntnis des griech. Mythos geworden ist.

In den *Fasti* setzt O. den Weg fort, den Properz mit seinen röm. Elegien in der Nachfolge von Kallimachos' *Αἴτια* eingeschlagen hatte. An die Stelle des Einzelgedichts setzt O. ein geschlossenes Ganzes, indem er es unternimmt, den röm. Kalender ätiologisch zu erläutern. Jedem Monat sollte 1 B. entsprechen, aber nur 6 waren fertig, als O. Rom verlassen mußte. In Tomis fehlten zur Fortsetzung die Hilfsmittel, doch unternahm O. nach Augustus' Tod eine Umarbeitung, um das Werk nun dem Germanicus zu widmen, kam aber nicht über das 1. B. hinaus. O.' Kalender stimmt am nächsten zu dem des → Verrius Flaccus, dem er auch Material zur Erklärung verdankt; anderes u.a. jedenfalls Varro. Auch mündliche Auskunft will er eingeholt haben, und manches erfand er wohl selbst. Die Tagesdaten enthalten astronom. Angaben (wovon O. offensichtlich nichts verstand), dazu Sternsagen. Den Stil im Gegensatz zu dem der Met. charakterisiert R. Heinze, O.' eleg. Erzählung, 1919. Aber auch hier variiert O. durch Transponieren aus verschiedenen poet. Genera; der Spielraum reicht von harter Tragik (6,589ff.) zu derber Komik (1,415ff., 2,303ff.). In der Einkleidung ist viel dem Kallimachos entlehnt; mit ihm stimmt O. auch in der Ironie überein, die seine Distanz bekundet zu der patriot. Romantik, mit der seit Varro diese Überlieferungen gepflegt wurden.

Tristia, *Ex Ponto*. In Tomis entwickelt O. die Gattung, von der er ausgegangen war, die subjektive Elegie, zu einer neuen Form poet. Briefe, nun im eigenen Namen, bei denen sich künstlerischer Gestaltungstrieb u. persönliches Sichaussprechen mit dem Zweck verbinden, auf die öffentliche Meinung in Rom zu wirken. Es sind »offene Briefe«, auch Trist. 2 ist nur formell ein Gnadengesuch an Augustus, das beweist allein die Tatsache der Publikation. In den Trist. werden die Adressaten nur angedeutet, in der gespielten Besorgnis, sie zu kompromittieren; in Pont. dagegen erscheint die Anrede mit Namen als ein *officium* des Dichters, das Unsterblichkeit verheißt. Jedes B. der Trist. ist als ein Ganzes komponiert, mit Prolog und Epilog; der des 4. gestaltet die hellenist. »Sphragis« zur Selbstbiographie aus. Die 30 Gedichte von *Ex*

Ponto 1–3 bilden zusammen ein Ganzes. Das Fluchgedicht *Ibis*, mehr dem Spieltrieb im Wettbewerb mit dem gleichnamigen des Kallimachos als dem Haß entsprungen, wünscht in eleg. Distichen mit abstruser Gelehrsamkeit über einen persönlichen Feind tausend verschiedene Tode. Das angefangene Lehrgedicht in Hexametern über den Fischfang *(Halieutica)* wird trotz der Bezeugung durch Plin. nat. 32,11. 152 von vielen für untergeschoben gehalten. Sicher unecht ist die Elegie *Nux* (WILAM. Kl. Schr. 2,231 ff. S. WARTENA Nux Elegia, 1928).

III. Wirkung. Tiefe Kenntnis des menschlichen Herzens, Witz und plastische Phantasie, außerordentliche sprachliche sowohl wie rhythm.-musikal. Produktivität bestimmten O. zum glücklichen Erben dessen, was die Dichter Roms vor ihm schwer errungen hatten. Sein Erfolg war von Anf. an groß (trist. 4,10,121), doch fand er auch Kritik (Sen. contr. 2,2,12. 9,5,17. Sen. nat. quaest. 3,27, 13. Quint. inst. 4,1,77. 10,1,88. 93). Die Kenntnis seiner Werke ist nie erloschen, sie zeigt sich schon im frühesten MA. und erreicht im 11. Jh. einen Höhepunkt (aetas Ovidiana nach L. Traube). Der große Name deckte manches neue Produkt. Für Renaissance und Barock war O. die Hauptquelle des ant. Mythos, die bildende Kunst entnahm ihm die Motive für zahllose Werke. Mit der Wendung zum Griechentum im 18. und 19. Jh. verdunkelt sich sein Ruhm; erst die entromantisierte Poetik unserer Zeit gestattet wieder eine gerechte Wertung. W. K.

E. Paratore Bibliografia Ovidiana, Sulmona o.J. (unübersichtlich). Burs. Jb. 264, 1939 (*F. W. Lenz*). AAHG 11, 1958, 129. 16, 1963, 1. 18, 1965, 193 (*W. Kraus*). Zu Met. *M. v. Albrecht* (s.u.). – Ausg.: Am. med. ars. rem. *E. J. Kenney* OCT 1961. Am. *F. Munari*^{3} 1961. Her. *H. St. Sedlmayer* Wien 1886. Komm. *A. Palmer* Oxford 1898 (1961). Überlieferungsgeschichte: *H. Dörrie*, NAG 1960 / 5. 7. Krit. Ausg. von *Kenney* zu erwarten. Met. *G. Lafaye* Paris 1927 (1957). Erkl. v. *M. Haupt*, *R. Ehwald*, *M. v. Albrecht*, Zürich 1966. Krit. Ausg. von *Munari* zu erwarten. Fasti *F. W. Lenz*, Lpz. 1932. Erkl. *F. Bömer*, Heidelberg 1957/58. Trist. Ibis. Pont. *R. Ehwald–F. W. Levy*, Lpz. 1922. Trist. erkl. *G. Luck*, Heidelb. 1967/? Ibis *F. W. Lenz*^{2} Turin 1956, La Penna Florenz 1957. Hal. *J. A. Richmond* London. 1962. Sekundärlit.: 1. Sammelwerke: Ovidiana, publ. *N. I. Herescu*, Paris 1958. Atti del convegno internazionale Ovidiano, Sulmona 1958. Ovid (Wege der Forschung 92) Darmstadt 1968. 2. Monographien: *E. Martini* Einl. zu O., Brünn 1933. *W. Kraus*, RE XVIII 1910–1986. *H. Fränkel* Ovid, Berkeley 1945 (1956). *L. P. Wilkinson* Ovid recalled, Cambridge 1955. *S. D'Elia* Ovidio, Neapel 1959.

Ovilavis *(Ovilatus, Oviliabis, Ovilabis, Ovilava?)*, Name kelt.-röm. Stadt in Noricum, h. Wels, frühmittelalterlich *castrum Ueles*, von den Römern 16 v. Chr. besetzt, bedeutender Straßenknotenpunkt. O. wurde von Caracalla zur *colonia Aurelia Antoniniana* (CIL III 5630) erhoben. Beamte in Inschr.: *duovir, aediles, pontifex*. Vom E. 3. Jh. an war O. die zivile Hauptstadt der Provinz Noricum ripense. Sie umfaßte ein Quadrat von beinahe 90 ha. Bereits freigelegt sind: Porticusstraße, aus dem Schmiedeviertel, Badgebäude, Grundmauer von Kasernenbauten, Spuren von örtlichen Gewerben (Hafnerei, Weberei, Kunstkeramik usw.), 2 bronzene Entlassungsbriefe, Altarsteine an *Lares, Nemesis, Gen(ius Aug.)*. J. Sz.

E. Polaschek, RE XVIII 1990 ff. *Nowotny*, BRGK 15, 123 ff. *Wiesinger*, JOEAI 21, 1922, Beibl. 386 ff.

Ovinius. Lat. Familienname, abgeleitet von Ovius, inschr. häufig (SCHULZE Lat. Eigenn. 202. 234. 481), sonst selten hervorgetreten. **1.** O., tr. pl. vor 312 (lex Ovinia über Aufstellung der Senatorenliste durch die Censoren). BROUGHTON Mag. 2,597. **2.** Q. O., Senator, von Octavian nach Actium im J. 30 zum Tod verurteilt. BROUGHTON Mag., Suppl. 1960, 45. H. G. G.

Ovius. Osk. Praenomen (→ Calavius, 2) und lat. Familienname, fast nur inschr. bezeugt. SCHULZE, Eigenn. 37,2. 202. 481 f. WALDE-HOF.^{3} 2,229. RE XVI 1666. J. REICHMUTH D. lat. Gentilicia, Diss. Zürich 1956, 35. H. G. G.

Oxathres (Ὀξάθρης). **1.** Jüngster Sohn des → Dareios II. (2) und der Parysatis. Plut. Artax. 1,5. **2.** Sohn des → Abulites, führte dessen Truppen bei Gaugamela gegen Alexander, unterwarf sich später. Als Verwalter von → Paraitakene ließ O. Alexander in → Gedrosien im Stich und wurde 324 in Susa hingerichtet. Arr. an. 3,8,5. 16,6. 19,2. 7,4,1. Curt. 5,2,8. Plut. Alex. 62 (Oxyartes). **3.** Sohn des → Dionysios (3) von Herakleia und der → Amastris (4), Enkel des → Oxyathres, mit seinem Bruder → Klearchos (3) unter Vormundschaft der Mutter seit 306 v. Chr. Herr über Herakleia. Beide brachten nach 292 die Mutter um und wurden von → Lysimachos hingerichtet. Memnon FGrH 434 F 4,8. 5,2 ff. Diod. 20,77,1. H. BERVE Die Tyrannis bei den Griechen, 1967, 321. 323. H. V.

Oxia palus, nach Amm. 23,6,59 ein von den sehr gut schiffbaren, die Sogdiana durchziehenden Flüssen Araxates und Dymas gespeister See, allem Anschein nach die bereits bei Ptol. 6,12,3 N. erwähnte Ὠξειανὴ λίμνη, der h. Aral-See. Die gen. Flüsse sind nicht mit Sicherheit zu identifizieren (Oxos bzw. Iaxartes und Iaxartes bzw. Demos?). E. O.

A. Herrmann, RE XVIII 2004 f.

Oxos (Ὦξος, nur Pol. 10,48,2 M. Ὄξος), der h. Amu-darja. Dieser den Griechen vor dem Alexanderzug wohl als → Araxes (2) bekannte Fluß (Strab. 11,512 = Hekat.? vgl. [1], 2007; Hdt. 1,202 verwechselt ihn mit dem armen. → Araxes [1]; weiter Hdt. 1,209–211; auch Aristot. meteor. 1, 350a?), als dessen Quellsee bei Plin. nat. 6,48 der *Oaxus lacus* (vgl. [2]) – vermutl. im s. Pamir – bezeichnet ist, mündete zahlreichen ant. Nachrichten zufolge ins Kasp. Meer, nur Strab. a. O. und Aristot. a. O. kennen zudem noch andere Mündungsziele des Flusses (Sumpfseen bzw. Asowsches Meer). Aufgrund der Auswertung von Ergebnissen russ. Geologen-Expeditionen ist A. HERRMANN (vgl. [1], 2011 ff.) zu dem Schluß gekommen, daß der Amu - darja in ant. Z. über h. trocken liegende Betten auch dem Kasp. Meere Wasser zugeführt hat. Da die Identität des nach Amm. 23, 6,59 in den Aral-See fließenden Araxates mit dem O. keinesfalls über allen Zweifel erhaben ist, liegt uns letzten Endes kein ant. Zeugnis vor, demzufolge der O. in den Aral-See mündete. E. O.

1. *A. Herrmann*, RE XVIII 2006–2017. 2. *H. Myśliwiec*, RE Suppl. XI 1022–1030.

Oxyartes (Ὀξυάρτης), sogdianischer Adliger, Freund des → Bessos, setzte nach dessen Tod den Kampf gegen Alexander d. Gr. fort. Bei der Eroberung der Felsenburg des Ariamazes fiel Rhoxane, eine Tochter des O., in Alexanders Hand. Infolge seiner Liebe zu Rhoxane versöhnte sich Alexander mit O., dessen Söhne in das Makedonenheer eintraten. O. half bei der Unterwerfung seines Stammes, erhielt 326/25 in Indien die Parapamisadensatrapie, behielt sie 323 bei der Neuordnung von Babylon und 321 bei der von Triparadeisos. 317 kämpfte O. mit → Eumenes (1) gegen → Antigonos (1) und behauptete sich gegen ihn. Arr. an. 3,28,10. 4,18,4 ff. 20,4. 21,6 f. 6,15,3. 7,6,4. Diod. 18,3,3. 39,6. 19,14,6. 48,2. H. V.

Oxyathres (Ὀξυάθρης), Sohn des Arsanes und der Sisygambis, schützte seinen Bruder → Dareios III. (3) bei Issos, ging nach dessen Ermordung zu Alexander über, befehligte, unter die Hetairoi aufgenommen, die pers. Leibgarde Alexanders und ließ → Bessos zu Ekbatana hinrichten. Arr. an. 7,4,5. Diod. 17,34,2. 77,4. 83,9. Strab. 12, 544. Curt. 6,2,10. 9,9. 7,5,40. Plut. Alex. 43. Seine Tochter → Amastris (4) wurde mit Krateros vermählt. Memnon FGrH 434 F 4,4. H. V.

Oxybaphon (ὀξύβαφον), lat. → *acetabulum*, »Essignapf zum Eintunken«, bezeichnet speziell ein Hohlmaß für Flüssiges im Betrag von ¼ → Kotyle od. 1½ → Kyathos. Das att. O. maß 0,068 l [1. 2], das der Mediziner (seit Nero) 0,051 l [3]. → Hohlmaße. H. Ch.

1. *F. Hultsch* Metrologie² 102 ff. 2. *H. Nissen*, HB Altertumsw. I² 843. 867. 3. *H. Chantraine*, RE IX A 2116 ff.

Oxydrakai (Ὀξυδράκαι), ein wegen seiner Kriegstüchtigkeit gerühmter ind. Stamm (Arr. an. 5,22,2. Curt. 9,24,4), dessen Benennung nicht einheitlich überliefert ist (Ὀξύδρακες [Ps. Kallisth. 1,2], Συδράκαι [Diod. 17,98,1. Strab. 15,1,8], *Sudraci* [Curt. 9,4,15. 26. Iust. 12,9,3], *Oxydracontae* [Iul. Val. 1,1]) und der in Verbindung mit den Mālava (→ Malloi) in der ai. Lit. ([8], 1–4, 23) als Kṣudraka ([2], 2030. [6], 86) öfters erscheint. Die O. siedelten ([5], 207 f. [8], 4. [9], 76) im Gebiet zwischen → Hydraotes (h. Rāvī) und → Hyphasis (h. Beās). Sie gehörten zu den schlagkräftigen (Arr. an. 5,22,2. Diod. 17,98,1. Curt. 9,4,15. Iust. 12,9,3) und autonomen Republiken ([3], 109 ff. [4], 96 ff. [7], 208 ff.) oder Aristokratien ([10], 84 ff.) Indiens. An ihrer Spitze standen ἡγεμόνες (Arr. an. 6,14, 1) bzw. βασιλεῖς (Strab. 15,1,8). Als Alexander sich ihrem Lande näherte, wollten sie sich mit den Malloi, mit denen sie sonst Kriege führten, verbünden, um gemeinsam dem Makedonen entgegenzutreten. Sie wurden jedoch durch dessen rasches Handeln daran gehindert und ergaben sich ihm (Arr. an. 6,14,1 ff. Curt. 9,7,12 ff.). F. F. S.

1. *Berve* Alex. 1,271. 2. *O. Stein*, RE XVIII 2024 ff. 3. *A. S. Altekar* State and Government in Anc. India³, Delhi 1958. 4. *Bh. A. Saletore* Anc. Ind. Polit. Thought and Institutions, Bombay 1963. 5. *H. T. Lambrick* Sind, Hyderabad 1964. 6. *D. D. Kosambi* The Culture and Civilisation of Anc. Ind. in Hist. Outline, 1965. 7. *U. N. Ghoshal* A Hist. of Ind. Public Life 2, 1966. 8. *K. K. Das Gupta* The Mālavas, Calcutta 1966. 9. *D. C. Sircar* Cosmogr. and Geogr. in Early Ind. Lit., Calcutta 1967. 10. *W. Ruben* Die gesellschaftl. Entwicklung im alten Indien 2, 1968.

Oxylos (Ὄξυλος). **1.** Sohn des Ares und der Protogeneia, Apollod. 1,59. **2.** Aitoler, Herrscher von Elis. Die → Herakleiden unter Temenos, Aristodemos und Kresphontes, die nach einem Orakelspruch einen Dreiäugigen als Führer in die Peloponnes suchten, trafen auf O., der wegen einer Blutschuld seine Heimat verlassen, sich 1 J. in Elis aufgehalten hatte und nun auf einem Pferde (Maultier) zurückritt; er selbst hatte durch Pfeilschuß ein Auge verloren. Er war Nachkomme des alten → Aitolos, Sohn des Haimon (Andraimon, Apollod. 2,175). Gemahl der Pieria, Vater des Aitolos und des → Laias. Die siegreichen Herakleiden überließen ihm Elis und verbürgten die Unverletzlichkeit des Landes, in dem er die eingeborenen Epeier unbehelligt wohnen ließ. Ihm schrieb man einen myth. Synoikismos von Elis (Rückspiegelung des hist. von 471/70) und die Agonothesie in Olympia zu. Strab. 8,333. 354 f. 10,463. Paus. 5,3,6 f. 4,1–4. Hist. Kern ist vielleicht die Besiedlung von Elis von Aitolien her. **3.** Vater des → Andraimon (2). H. v. G.

Oxyrhynchos. 1. Altäg. Pr-mḏd (»Haus des Bedrückers«), h. Behnesa, 200 km s. von Kairo am W.-Ufer des Bahr Jussuf (des vom Nil ins Fajjum fließenden Nebenarms) gelegene Stadt Äg., seit 8. Jh. v. Chr. Hauptstadt des 19. o. ä. Gaues (Wꜣbw.t), dessen ältere Metropole Śpr-mrw war. Hier wurde zunächst Seth verehrt, weshalb der Ort mythol. als verfemt galt, sowie ein »spitzschnäuziger« Fisch, wonach die Griechen die Stadt benannten (Mormyrus-Fisch). Plut. de Is. 72 berichtet von Kämpfen der Leute von O. mit denen des benachbarten → Kynopolis (2), da diese Fische aßen. In der Kaiserz. und unter den Byzantinern war O. die bedeutendste Stadt Mittelägyptens und überrundete auch das n. gelegene → Herakleopolis (Ehnas). Englische (GRENFELL-HUNT, 1896–1907) und italienische (PISTELLI, 1910, 1913/1914; BRECCIA 1927/28) Grabungen erbrachten aus den Stadtruinen eine große Anzahl von Papyri literar., historiograph. oder biograph. Inhalts, Possen und Lieder, daneben unendlich viele offizielle Akten und private Urkunden und Briefe. Bisher sind 35 Bde. der O. Papyri (1898–1968) veröffentlicht worden. In Gräbern w. von O. wurden aramäische Papyri der Äthiopen- und Saitenzeit gefunden. Die griech. Papyri lassen die Topographie erkennen mit Serapeum, Tempel der mit Athena gleichgesetzten Geburtsgöttin Toeris, Thermen und einem auch durch Grabung festgestellten Theater (Petrie Tombs of the courtiers pl. 35/9) sowie ein Gymnasion. W. H.

2. O., Hellenika von. Unter dieser Bezeichnung laufen 2 Gruppen von Papyrusfragmenten, nämlich POxy 842 (= Lond. Pap., Fundjahr 1906) und PSI 1304 (= Flor. Pap., Fundjahr 1934), die zum gleichen Geschichtswerk aus der 1. Hälfte des 4. Jh. vor Chr. gehören. Der Lond. Pap. konnte in 21 durch Lücken getrennte Kolumnen verschiedenen Erhaltungsgrades unterteilt werden, der Flor. Pap. brachte sehr verstümmelte Reste von 6 ebenfalls nicht zusammenhängenden Kolumnen. Beide Papyri stammen aus dem 2. Jh. nach Chr.

Inhalt des Flor. Pap. Die Flor. Frg. enthalten Ber.e über das Kriegsgeschehen aus dem dekeleischen Krieg und dem Seekrieg, namentlich eine Schilderung der Seeschlacht bei Notion im J. 407/406 (vgl. Xen. hell. 1,5,12–14. Diod. 13,71,2–4).

Inhalt des Lond. Pap. Die Lond. Frg. enthalten Ber.e über verschiedene polit. und militär. Ereignisse der J. 397–395, namentlich über die polit. Stimmung des J. 397/96 in Griechenland, über den Seekrieg zwischen den Persern unter → Konon und den Spartanern, über die theban.-phok. Auseinandersetzungen (mit einem Exkurs über die boiot. Bundesverfassung), über die Landoperationen der Spartaner unter → Agesilaos in Kleinasien (hier sind bes. bei der Schlacht bei → Sardes die Divergenzen zu Xen. hell. bemerkenswert).

Darstellungsart und Verfasserfrage. Der Autor der Hell. Ox. (= P) gibt eine wertvolle, unabhängige Parallelüberlieferung zu Xen.; seine Darstellung liegt – durch Ephoros – den entsprechenden Abschnitten Diodors zugrunde. Bei den Hell. Ox. handelt es sich um eine den erzählten Ereignissen zeitlich nahestehende Primärquelle. P hat offensichtlich nach thukydid. Art auf Grund von *ἱστορία* und *αὐτοψία* gearbeitet. Seine Darstellung ist sehr objektiv, der Stil schlicht, Reden fehlen, Exkurse sind häufig. P übernimmt die Oekonomie des Thuk., und in Kap. 2 der Flor. Frg. zitiert er ihn. Die Ereignisse nach dem pelop. Krieg gliedert er, der thukydid. Zählung der Kriegsjahre entsprechend, mit Hilfe einer wohl mit dem Epochejahr 403/02 anhebenden neuen Jahreszählung. Aus alledem wird deutlich, daß es sich bei P um einen Fortsetzer des Thukydides handelt, der, wie Xenophon und Theopomp, die Ereignisse über das Kriegsende hinaus schildert; wie weit, steht offen. Das Werk ist nach dem Königsfrieden (387/86) und vor dem E. (346), eher noch vor Beginn des Heiligen Krieges (356) verfaßt worden, wobei Darstellungsart und Stil, sowie die Tatsache, daß es sich beim Autor um einen Zeitgenossen des pelop. Krieges handelt, empfehlen, die Abfassungszeit eher in das 1. Viertel 4. Jh. zu setzen.

Als Verfasser wurden vermutet → Theopompos, → Ephoros, → Kratippos, → Androtion und → Daimachos. Ephoros und Theopomp scheiden aus, weil sie nicht Primärquellen sind. Ephoros hat die Ereignisse *κατὰ γένος* dargestellt, P nicht; die Hell. Ox. können auch nicht Teile einer Universalgeschichte sein. Stil, Ethos und Darstellungsart schließen Theopomp aus. Ebenfalls unmöglich ist es, die Hell. Ox. mit einer → Atthis (Androtion) zu identifizieren; die Atthidographen disponieren ihren Stoff anders. Auch den boiot. Geschichtsschreiber Daimachos als Autor zu stipulieren, überzeugt nicht: der gewiß guten Kenntnis, die P von den boiot. Verhältnissen besitzt, steht seine mangelnde Sympathie zur Politik Thebens gegenüber (vgl. Kap. 12,4/5). P's gute Kenntnis der athen. Verhältnisse, des Seekrieges, seine leise Sympathie für Konon, sein enger Anschluß an Thuk. lassen eher an einen athen. Autor denken. So bleibt als wahrscheinlichste Lösung des Autorenproblems der Name → Kratippos von Athen (die Argumente, mit denen man diesen als Fälscher der hellenist. Z. hat abtun wollen, sind schwach und z. T. falsch), wenn man nicht überhaupt auf eine Namengebung verzichten will. H. R. B.

Ausg. und Lit.: *B.P.Grenfell* / *A.S.Hunt*, Oxyrh. Pap. V (1908) 110–242. *V.Bartoletti*, Pap. greci e lat. XIII 1 (1949) 61–81. *F.Jacoby*, FGrH 66 (1926). *H.Bloch*, HSPh, Suppl.-Bd. I (1940) 303–341. Hell. Oxyrh. ed. V. *Bartoletti* (Teubner 1959). *I.A.F.Bruce* An Hist. Comm. on the Hell. Oxyrh., Cambridge 1967. *H.R.Breitenbach* Hell. Oxyrh., RE Suppl. XII.

Oxythemis (*Ὀξύθεμις*), aus dem Fürstengeschlecht von Larisa, Freund des → Demetrios (2), erhielt bei der Befreiung Athens 307 dessen Bürgerrecht und kultische Ehren, verhandelte 289 für Demetrios mit → Agathokles (2) und wurde später von → Antigonos (2) getötet. IG II^2 558. Demochar. FGrH 75 F 1. Phylarch. FGrH 81 F 12. Diod. 21,15f. Athen. 13,578 B. C. Habicht Gottmenschentum und griech. Städte, 1956, 55f. H.V.

P

Pabulatores, im röm. Heer für Republik und Kaiserzeit bezeugt, waren Abteilungen mit der Hauptaufgabe der Beschaffung des *pabulum.* Dazu wurden bes. zu *stationes* (Frontin. 2,5,3) zusammengefaßte Reiter bestimmt (Caes. Gall. 5,17,2). Das zum Nachtransport nicht geeignete Grünfutter wurde gemäht oder requiriert, auf *iumenta* verladen und weggeführt (Caes. civ. 1,55,1. Amm. 24,55). Die Sicherung der *pabulatio,* die täglich nachts oder morgens stattfand, erfolgte durch Reiterabteilungen. A. N.

P. Groebe, RE XVIII 2054ff. *W. Fischer* Das röm. Lager, Lpz. 1914, 191ff.

Pacatus. Latinus P. Drepanius, lat. Rhetor des späten 4. Jh. n. Chr., aus dem Gebiet v. Bordeaux stammend und mit Ausonius und Symmachus befreundet, *proconsul Africae* im J. 390, *comes rer. priv.* 393 (Cod. Theod. 9,2,4.42,13), hielt im Sommer 389 einen Panegyr. auf Theodosius I., der nach dem des Plinius an der Spitze der Paneg. Lat. überliefert ist. R. He.

Ta.: *R. Mynors* 1964. TÜK *E. Galletier* 1952.
Lit.: 1. *F. Grinda* D. Paneg. d. P. auf Kaiser Theod. 1916. 2. *R. Hanslik,* RE XVIII 2058ff.

Paccianus. Personenname, wahrsch. aus dem iber. gebildeten Gentilicium *Pac(c)iaecus* entstellt, RE XVIII 1. H., 2061f. **1.** P., wahrscheinlich ident. mit Vibius Pac(c)iaecus, der 85 den M. Licinius → Crassus (2) in Spanien beschützte, Plut. Crass. 4,2 (RE VIII A 1952, Nr. 13). 81/80 fand er den Tod, als er im Auftrag Sullas den Fürsten Askalis von Tingis unterstützte, Plut. Sert. 9,4f. **2.** C. P. wurde 53 bei Carrhae von den Parthern gefangen und wegen seiner körperl. Ähnlichkeit mit → Crassus (2) stellvertretend für diesen im Triumph aufgeführt, Plut. Crass. 32,1ff. H. G. G.

Paccius. Familienname, aus osk. *Pakis* latinisiert, WALDE-HOF.[3] 2,231, vereinzelt auch als Praenomen und Cognomen gebraucht.

I. Republikan. Zeit. **1.** P., Bruttier, der mit seinem Bruder Vibius (RE VIII A 1949 Nr. 2) 209 dem cos. Q. → Fulvius Flaccus (17) die Unterwerfung angeboten hat, Liv. 27,15,3. **2.** P., Sklave des M. Porcius → Cato (4) in Spanien, erhängte sich 195 nach unerlaubter Bereicherung aus Furcht vor Strafe, Plut. Cato 10,6. E. M. ŠTAERMAN D. Blütezeit d. Sklavenwirtsch. i. d. röm. Republik, 1969, 54. **3.** M. P., kam 54 als Briefbote des Atticus aus Epirus zu Cic. (Att. 4,16,1). **4.** Ovius P., bejahrter Oberpriester der Samniten, der im J. 293 auserwählte Krieger dem Tode weihte, Liv. 10,38, 6. H. G. G.

II. Kaiserzeit. **1.** C. P. Africanus, *decemvir ad hastam* CIL X 8260, restaurierte den Tempel des → Honos und der → Virtus in Rom. Er gelangte wohl 66 zum Suffektkonsulat, IRT 342. AE 1949, 76. Da er sich unter Nero als Delator gegen P. Sulpicius Scrib. Proc. (RE II A S. 888ff. Nr. 26) und dessen Bruder, beide Statthalter der beiden Germanien, betätigt hatte, wurde er am 1. 1. 70 aus dem Senat gestoßen, Tac. hist. 4,41,3, gelangte aber unter Domitian 77/78 zum Prokonsulat von Afrika, s. CIL VIII 7019. AE 1952, 104. 1961, 143. BENARIO, Hist. 8, 1959, 496ff. **2.** Paccia Marciana von Septimius Severus 176 geheiratet, SHA vit. Sev. 3,2, vor 185 gestorben, DESSILS 440. R. H.

Paches (*Πάχης*), Sohn des Epikuros, athen. Feldherr 428/27, wurde 428 gegen das abtrünnige → Mitylene gesandt, das er durch Belagerung 427 zur Übergabe brachte (Thuk. 3,18,3ff. 25ff. Diod. 12,55,5ff.), auch unterwarf er → Pyrrha und → Eresos (Thuk. 3,35,1) und ordnete die Verhältnisse auf → Lesbos. Nach der Rückkehr in Athen angeklagt (angeblich weil er sich an 2 vornehmen Lesbierinnen vergangen hatte, Anth. Pal. 7,614), tötete er sich vor den Richtern (Plut. Arist. 26,5; Nik. 6,1). G. Do.

Pacht. I. Griech. s. Misthosis. II. Röm. s. Locatio conductio.

Pachynos (*Πάχυνος*), Südkap Siziliens, h. Capo Passero. P. war als Landmarke und Meßpunkt für die Schiffahrt von großer Bedeutung (vgl. z. B. Strab. 2,106: Entfernung von Kreta. 6, 277: Malta. Plin. nat. 3,87: Peloponnes). Wegen der irrigen Vorstellung der Alten von der Himmelsrichtung der einzelnen Seiten Siziliens wird es meistens als Ostkap bezeichnet (Strab. 6,265. Plin. nat. 3,87. Dion. Per. 467f.; richtig Pol. 1,42,4). P. war der Grenzpunkt des Sizilischen Meeres (Pol. 1,42,4. Strab. 2,266) und gehörte zum Gebiet von Syrakus (Diod. 5,2,2). In den Berichten über die Flottenoperationen des 1. und 2. pun. Krieges wird es einige Male erwähnt (Pol. 1,25,8. 54. Diod. 23,18,1. 24,1,8f. Liv. 24,27. 35. 25,27). Eine städt. Siedlung existierte dort im Alt. nicht, die öde Gegend wurde nur zur Thunfischjagd aufgesucht (Athen. 1,4c. Solin. 5,6). Kl. M.

Ziegler, RE XVIII 2074.

Pacis Ara Augustae. Die A(ra) P(acis) A(ugustae) ist vom röm. Senat für die Rückkehr des Augustus aus den w. Provinzen am 4. Juli 13 v. Chr. an der Via Flaminia beim Marsfeld gegründet *(constitutio)* und am 30. Jan. 9 v. Chr., dem Geburtstag der Livia, eingeweiht worden *(dedicatio),* vgl. August. Ind. rer. gest. 12. CIL I 244. 320. VI 2028 b. 32347 a. IX 3592. X 8375. Ov. fast. 1,709ff. 3,882. Cass. Dio 54,25. Jedes J. sollte dort von den Beamten, Priestern, Vestalinnen ein Opfer dargebracht werden.

Die in dreieinhalb J. errichtete APA besteht aus einem Opferaltar im Innern einer 11x10 m messenden Umfassungsmauer, Haupteingang (über neun flache Stufen) im W. vom Marsfeld, Rückeingang im O. von der Via Flaminia. Die seit dem 16. Jh. in Teilen an den Tag gekommene, 1903 und 1937/1938 ausgegrabene APA ist h. nahe Tiber und Augustusmausoleum mit veränderter Orientierung wieder aufgebaut.

Über Toichobat und Ablaufprofil (Art einer ion.-att. Basis mit Flechtband und Kyma) erheben sich an den Ecken der Umfassungsmauer (außen und innen) und neben den Türen flache Pilaster. Die zwischen ihnen liegenden Wandteile sind horizontal durch Ornamentbänder (außen: Mäander. Innen: Palmetten-Lotos-Band) in ein höheres unteres, ein niedrigeres oberes »Geschoß« geteilt. Innen zeigt die Wand unten eine »latten«-artige Vertikalgliederung, darüber an den Schädeln geopferter Rinder aufgehängte reiche Fruchtgirlanden, über deren Mitte jeweils die Nachbildung einer metallenen Opferschale. Der Opferaltar selbst erhebt sich auf vierstufigem Unterbau. An der Hauptseite führen zwischen vorspringenden Wangen vier Stufen zur Prothysis. Der Opfertisch trug an drei Seiten senkrechte Platten mit z.T. figürlichem, z.T. pflanzlichem Dekor; um den Sockel lief ein Figurenfries, wohl Personifikationen von Provinzen ([2]). Die Außenseite der Umfassungsmauer zeigt auf den Pilastern unter korinth. Kapitellen Akanthusdekor. Auf den Feldern dazwischen sind in der Mitte mächtige Akanthuskelche, aus denen symmetrisch in immer neue Voluten sich teilende Stengel wachsen. Unten sind Kröten, Eidechsen, Schlangen, Vogelnester usw. verteilt, oben wiegen sich schwerelos auf zarten Stengeln Schwäne, die Vögel des Apollon. Die Verbindung von Tieren und verschiedenen, der Natur und der Phantasie entstammenden Pflanzen ist typisch römisch und wohl als symbolischer Hinweis auf die Fülle der neuen *aurea aetas* zu verstehen.

Im oberen Teil der Längsseiten bewegen sich auf die W.-Seite hin sorgfältig komponierte Prozessionen. Im S. folgen auf Liktoren ein hoher Würdenträger, dann Augustus mit Beamten (den Consuln?), 4 *flamines*, der Träger des Opferbeils, dann wohl Agrippa und andere Angehörige des Kaiserhauses (C. Caesar? Livia, Tiberius? Antonia minor, Drusus und Germanicus, Antonia maior und L. Domitius Ahenobarbus mit zwei Kindern; die letzte Figur ist verloren). Auf der N.-Seite (stark ergänzt) folgen auf Liktoren offenbar Priester sowie nicht mehr benennbare Männer und Frauen; man sucht hier u.a. Iulia, Octavia, L. Caesar. Dargestellt ist unter Beachtung des Zeremoniells die Prozession der *constitutio*. Die Eingangsseiten haben über den Ranken geschlossen komponierte Bilder, im W. aus dem Urmythos Roms (Aeneas' Opfer in Lavinium, Mars bei der Auffindung der Zwillinge durch Faustulus), im O. die *Tellus Italia* (bes. berühmt) und, vielleicht zwischen den Genien des Volks und des Senats, *Dea Roma*. Von Italia führt der Zug mit Augustus zum Ahnherrn der Iulier, Aeneas, von Roma der andere Teil des Zuges zu Romulus, dem Ahnherrn des *populus Romanus* – auch darin liegen tiefe Sinnzusammenhänge. – In der Bildkunst stellt die APA für unsere Kenntnis den Höhepunkt der augusteischen Klassik (oder des Klassizismus) dar. W. H. G.

1. Grundlegend *G. Moretti*, APA, 1948. 2. *H. Kähler*, JDAI 69, 1945, 67ff. 3. Verfehlt *St. Weinstock*, JRS 50, 1960, 44ff. 4. Zuletzt mit ausf. Lit. *E. Simon*, APA, 1967.

Pacis Forum. Nach der siegreichen Beendigung des jüd. Kriegs im J. 71 n. Chr. begannen Vespasian und Titus mit dem Bau des P.F., dessen zu Ehren der Göttin Pax errichteter Tempel im J. 75 eingeweiht wurde. Die offizielle Bezeichnung der ganzen Anlage war damals noch *templum Pacis* (Suet. Vesp. 9,1. Plin. nat. 12,94); der Name *F. Pacis* oder *Vespasiani* findet sich erst bei späteren Schriftstellern. Das P.F. schloß sich an das ebenfalls von Vespasian gegründete *forum transitorium* an, das erst nach seiner Vollendung durch Nerva den Namen dieses Kaisers erhielt. Die Schöpfung Vespasians, deren Reste noch unausgegraben unter der Via dei fori imperiali und der Gegend um die Via Cavour liegen, bildete ein großes Rechteck von 150 m Breite und 140 m Tiefe, dessen Achse von NW. nach SO. ausgerichtet war. Der an der O.-Seite des Platzes gelegene Paxtempel hatte eine Vorhalle mit sechs Säulen und eine Zella von 34 m Breite und 22 m Tiefe mit einer über die ö. Umfassungsmauer vorspringenden Apsis für das Kultbild: Die Göttin war auf einem Throne sitzend mit Chiton und Himation dargestellt; die l. Hand ruhte auf der Thronlehne, die r. trug einen Zweig. Außerdem befanden sich in dem Heiligtum die goldenen Kultgeräte aus dem Tempel Salomons. Nach NW. schloß sich ein großer Hof mit Gartenanlagen an.

Das P.F. galt als eine der schönsten Anlagen Roms und war berühmt durch seine Sammlung griech. Kunstwerke, die zu einem großen Teil aus der *domus aurea* Neros stammten. Darunter befanden sich ein Bronzerind, entweder von → Pheidias oder → Lysippos, die Bronzekuh des → Myron von der Agora in Athen, eine Statue des Pheidias mit Künstlerinschrift und eine Basaltgruppe des → Nil mit 16 Putten. Ein Ganymedes, vielleicht von → Leochares, wurde wegen seiner vollendeten Darstellung des männlichen Körpers gerühmt.

Zweimal wurde das P. F. durch Brände heimgesucht, im J. 192 unter → Commodus und 283 unter → Aurelius Carinus (II 7). Das erstemal ließ es Septimius Severus, das zweitemal Constantinus wiederherstellen. Im J. 408 vernichtete ein Erdbeben die ganze Anlage, deren Trümmer danach nicht wiederaufgebaut wurden. Die hinter dem sog. Romulustempel stehengebliebenen Ziegelwände ließ Papst Felix IV. im J. 527 zur Kirche SS Cosma e Damiano umbauen; wahrscheinlich befand sich hier einmal die Bibliothek des P. F., an deren O.-Wand die *Forma urbis Romae* angebracht war; Teile dieses Planes von Rom wurden im J. 1562 bei Grabungen hinter SS Cosma e Damiano gefunden. Im MA. und in der Renaissance war die Erinnerung an das P. F. völlig erloschen, so daß nicht einmal seine genaue Lage mehr bekannt war; erst im Laufe des 19. Jh. erlangte man darüber Klarheit. Rud. G.

H. Riemann, RE XVIII 2107–2122. Plan bei *Curtius-Nawrath* Das Antike Rom.

Paconius. Familienname, wohl osk. Herkunft, hauptsächlich aus Inschr. bekannt, ältester Namensträger wahrscheinl. L. P. Ti. f., Praetor in Setia (vielleicht noch 3. Jh.), Dess. ILS 6130. Ein Freigelassener Cn. P. Dionysius auf Kos (CIL I[2] 2265) und viele P. auf Delos, HATZFELD, BCH 36, 62 ff. Wahrscheinl. gehörte auch → Lepta zur Familie.

I. Republikan. Zeit. **1.** P., wohl ein Römer in der Provinz Asia, beschwerte sich 60 über den Statthalter Q. Cicero, Cic. ad Q. fr. 1,1,19. Vgl. RE VII A 1291. **2.** M. P., röm. Ritter mit Gütern in Etrurien, von denen ihm P. → Clodius (8) eine Insel im Lacus Prilius wegnahm, Cic. Mil. 74. H. G. G.

II. Kaiserzeit. **1.** M. P., Legat des *procos. Asiae* C. Silanus im J. 20/21 n. Chr.; im Repetundenprozeß gegen diesen im J. 22 trat er als Zeuge auf, Tac. ann. 3,67,1; unter Tiberius wegen *maiestas* angeklagt, Suet. Tib. 61,6, und hingerichtet, Tac. ann. 16,29,2. **2.** Q. P. Agrippinus, Sohn von Nr. 1. Quaestor von Creta und der Cyrenaica unter Claudius, IGR I 980. 1013. Als Stoiker und Gegner des Treibens Neros (Arr. Diss. Epict. 1,2,12 ff.) im J. 66 angeklagt und aus Italien verbannt, Tac. ann. 16,28,1. 33,2. Im J. 71/72 *leg. Aug. procos. pr. pr.* der Cyrenaica, AE 1919, 91. 92. 1934, 261. **3.** A. P. Sabinus, *cos. suff.* 58 n. Chr., CIL IV 2041, 4. IV 3340, Nr. 142,12. 150,14. R. H.

Pactum. Die Wz. liegt, wie auch bei *pax*, in *pacisci* (altlat. *pacere*), binden, befestigen. In der Lit. bezeichnet p. jede mögliche Art von formloser Vereinbarung ohne jurist. Bezug [1],6. *P. conventum* betrachten einige als Asyndeton, wahrscheinlicher ist c. adjektivisch. Der Praetor schützt nicht nur die tatsächliche Bußzahlung als Talionsablösung, sondern auch eine reine Erlaßabrede. Mit der erhöhten Berücksichtigung des Willenselementes wird p. alternierend mit *conventio* auf andere Nebenabreden zu Rechtsgeschäften ausgedehnt.

Pacere dient in den 12 Taf. einerseits zur Haftungslösung bei *iniuria* und *furtum*. Spätestens seit Abschaffung der → Talion geht in beiden Fällen die Deliktsobligation unter. Eine trotzdem erbrachte Leistung ist ein rückforderbares *indebi-*

tum. Die *infamia* kann nicht ausgeschlossen werden. Im nichtdelikt. Bereich hat *pacere* eine Vergleichsfunktion. Bis zur Vollstreckung kann eine rechtserhebliche friedliche Einigung herbeigeführt werden. Die Verwandtschaft zw. p. und → *transactio* als beschränkte oder völlige Anspruchsaufgabe erhellt aus allen Quellen. Der Praetor schützt p.-a, die ohne Arglist, Gesetzesverstoß oder Gesetzesumgehung geschlossen wurden: *p. conventa, quae neque dolo malo neque adversus leges plebis scita senatus consulta edicta decreta principum neque fraus eorum fiat facta erunt, servabo.* (E. P. IV). Den Umfang des Schutzes zeigt Dig. 2,14,7,4: *nuda pactio obligationem* (PS. *actionem*) *non parit, sed parit exceptionem* (vgl. E. P. 44). Umstritten ist die Frage, welche Inhalte der p.-a geschützt wurden. SANFILIPPO [5] glaubt an eine streng kontinuierliche Entwicklung: generelle Negation jeglicher Verbindlichkeit aus formlosen Vereinbarungen, Berücksichtigung durch *exceptio*, Verträge des *ius gentium*, *p.-a adiecta*, Vertiefung des subjektiven Elements bei den Realkontrakten, Innominatrealkontrakte. Durch die Berücksichtigung jeder möglichen *causa* wird alles zum *nudum pactum, cum subest nulla causa*. MAGDELAIN geht, aufbauend auf zwei liter. Belegstellen, von der These aus, der Praetor habe urspr. einen generellen Schutz jeglicher formlosen Vereinbarung verheißen. Immer wiederkehrende typische Inhalte seien unter einem bes. Namen etabliert worden, wodurch der Begriff p. immer mehr ausgehöhlt wurde und letztlich auf das *p. de non petendo* beschränkt war. Diese These wird allg. angezweifelt (z. B. M. TALAMANCA, Labeo 6,278 ff.). Die herrschende Lehre geht dahin, der urspr. Schutz habe nur das *p. d. n. p.* umfaßt und sei dann auch auf andere formfreie Nebenabreden ausgedehnt worden. In den Quellen ist p. zumeist das *p. d. n. p.*, Schuldner und Gläubiger einigen sich, daß dieser auf die Klage aus dem Forderungsverhältnis verzichtet. Deliktsobligationen gehen unter, Kontraktsobligationen werden zu Naturalobligationen. Eine Leistung ist Erfüllung und kein *indebitum*. Die Geltendmachung des Klageverzichts erfolgt durch *exc. p.-i conv.* Bei den sog. *iud. stricti iuris* muß die *exc.* in die Formel aufgenommen werden, bei den *iud. bon. fid.* hat sie der Richter von sich aus zu berücksichtigen. Dies ist nur für das *p. d. n. p.* relevant, da andere Nebenabreden bei *iud. str. iur.* der Stipulationsform bedürfen. Durch das *p. ut petere liceat* lebt die Klagbarkeit wieder auf. Das *p. d. n. p.* wirkt peremptorisch (auf immer), oder dilatorisch (auf bestimmte Zeit-Stundung), *in personam* (nur gegen bestimmte Personen) oder *in rem* (gegen jedermann, wie z. B. Bürgen, Erben, Mitgläubiger und -schuldner). Die *exc.* bei den *iud. bon. fid.* ist kein Formelbestandteil, der Hinweis auf das p. genügt *apud iudicem*. Die Wahlfreiheit zwischen *exc. p.-i* und *exc. doli* ist sicherlich unklassisch.

Die (quellenfremd) sog. *p.-a adiecta* sind formlose Nebenabreden zu Rechtsgeschäften, die den typischen Inhalt erweitern oder einschränken. Sie können entweder bei Vertragsabschluß *(in continenti)* oder später *(ex intervallo)* vereinbart werden. *In cont.* abgeschlossene p.-a können mit der Klage aus dem Vertrag geltend gemacht werden. *P.-a ex interv.*, die die Leistung erschweren (Mehrleistung, Haftungsausdehnung), sind unwirksam. Bei Leistungsbeschränkung begründen die *p.-a ex interv.* eine *exc.* Gewisse häufige Nebenabreden bekommen eigene Namen, wie z.B. die *in diem addictio*, die *lex commissoria*, das *p. displicentiae* bei der → *emptio venditio*.

Nicht restlos geklärt ist der Zusammenhang zw. *p.* und *lex (contractus)*. L. werden von einer Partei *(venditor, locator)* der anderen auferlegt, die sich unterwirft (vgl. Dig. 2,14,39). Anklänge bestehen an die *l. mancipio dictae* (V. GEORGESCO Leges privatae, 217ff.).

Den einer *causa* ermangelnden *p.-a nuda* werden von der Lehre die sog. *p.-a vestita* gegenübergestellt, klagbar gemachte formlose Vereinbarungen mit besonderen Inhalten. Hierher gehören die sog. *p.-a legitima*. Das formlose Versprechen einer unentgeltl. Hingabe (Schenkung, Mitgift) wird von Iust. klagbar gemacht. Die Durchsetzbarkeit beruht auf einem Kaisergesetz. Die sog. *p.-a praetoria* werden durch den Praetor klagbar gemacht. Im *constitutum (debiti)* wird ein neuer Erfüllungstermin für eine aus einem Vertrag geschuldete Menge Geldes oder anderer vertretbarer Sachen zugesagt. Das *receptum* ist die formlose Übernahme der Garantie für einen bestimmten Erfolg, so beim *r. arbitri* die Zusage des Schiedsrichters, den Schiedsspruch zu fällen, beim *r. argentarii* die Zusage eines Bankiers, selbst oder durch einen Dritten eine Zahlung zu leisten, sowie beim *r. cauponum, nautae, stabularii* die Zusage einer bes. Haftung für eingebrachte Sachen der Gäste.

Z.V.

1. *A. Magdelain* Le consensualisme dans l'édit du préteur 1958. 2. *G. Grosso* Il sistema rom. dei contratti 1963^3, 171ff. 3. *R. Knütel*, ZRG 84, 1967, 133ff. 4. *Ders.* Contrarius consensus 1968. 5. *C. Sanfilippo*, Atti congr. int. Verona, 1951, III 333ff. 6. *P. Voci* Le obbligazioni rom. I, 1, 1969, 97ff. 7. *A. Burdese* in Novissimo Dig. Ital. 12, 1965, 708 s. Patto. 8. *S. Condanari-Michler*, RE XVIII 2127ff. (7 u. 8 mit Lit.).

Pacuvius. Ital. Familienname wohl osk. Herkunft, Variante *Pacuius*, inschr. auch *Paquius*; vgl. RE XVI 1668, zu weiteren Verwandten (zum lat. Stamm *pax*): WALDE-HOF.^{3} 2,231. Als Praenomen (osk. *Pakis*) bei P. → Calavius (4) in Capua 217 und bei P. → Antistius Labeo (13) um 45, abgekürzt oft *Pak.*, *Pk.* Vgl. SCHULZE, Eigenn. 476f.

1. M. und Q. P., Brüder, die 54 zusammen mit P. Valerius Triarius den M. → Aemilius Scaurus (I 29) erfolglos anklagten und dann selbst belangt wurden, Ascon. Scaur. 17. 25 K.-S. = 22f. 29. St.

Vgl. RE VII A 959f. M. GELZER Cicero, 1969, 197.

H. G. G.

2. P., röm. Tragödiendichter der republikan. Z. von oskisch-messap. Herkunft, Neffe des → Ennius (Plin. nat. 35,19), * 220 v. Chr. (vgl. Cic. Brut. 229) in → Brundisium (Hier. chron. p. 142 H.), † kurz vor 130 in Tarent. Neben dieser Chronologie, die aus → Accius' Didascalica und → Varros De poetis (vgl. H. DAHLMANN Stud. zu Varro »De poetis«, AAMz 1962, 10,48f. 53. 62) stammt und sich über Suetons De poetis (ed. A. ROSTAGNI, Turin 1944, 46ff.) bis zu Hier. gehalten hat, finden sich Spuren einer anderen, vielleicht von Cornelius → Nepos' Chronica geprägten Tradition (vgl. D'ANNA 8,5), die P. eine Generation später ansetzt (Hier. a.O.: Ennius' Enkel, Blüte erst um 154, vgl. auch Gell. 17,21,49 [P. nach Terenz] und Vell. 2,9, 3). P. dürfte gegen 200 nach Rom gekommen sein und sich seinem Onkel angeschlossen haben, als dessen Schüler er später gilt (vgl. das Epigr. des Pompilius bei MOREL FPL 42); er war dort als Maler und Dichter tätig (Hier. und Plin. nat. a. O.). P.' Praetexta *Paulus* (nach 168) bezeugt gute Kontakte zu L. → Aemilius (22) Paulus, während Cic. Lael. 24 (Beziehungen zum Scipionenkreis, vgl. aber H. STRASBURGER, H 1966, 60ff.) weniger Beachtung verdient. Kollegiale Beziehungen zu dem 50 J. jüngeren Zunftgenossen → Accius sind wahrscheinlich, vgl. die in den Details suspekte Anekdote (Gell. 13,2) von Accius' Besuch in Tarent, wohin sich P. wohl bald nach 140 aus Alters- und Gesundheitsgründen zurückgezogen hatte. Ein angeblich von P. selbst stammendes Epitaph (vgl. aber DAHLMANN a.O. 65ff.) zitiert Gell. 1, 24,4.

Die Produktion einer Praetexta und von Satiren (Porph. Hor. s. 1,10,46. Diom., KEILGrL 1,485) verbindet P. mit dem Vorbild Ennius, von dem ihn die Konzentration auf das tragische Genus wieder trennt. Dabei fällt im Unterschied zu Ennius (etwa 20 Tragödien) und Accius (etwa 50) die relativ niedrige Zahl von 13 gesicherten Titeln auf, von denen 8 auf Themen um den troian. Krieg entfallen, 2 Aias *(Armorum iudicium; Teucer)*, 4 Orestes gewidmet sind *(Chryses*, vgl. Hyg. fab. 120f.; *Hermiona*; *Dulorestes*; *Orestes*, vgl. D'ANNA 161f.*)*; hinzu kommen Mythen von der Heimkehr des Odysseus *(Niptra)* und der Priamostochter *Iliona* (vgl. Hyg. fab. 109). 2 Themen entstammen dem theban. Sagenkreis *(Antiopa*, vgl. Hyg. fab. 8; *Pentheus)*, anderen Bereichen *Atalanta*, *Medus* (vgl. Hyg. fab. 27) und *Periboea*. Im Unterschied zu Ennius, der vorwiegend auf Euripides zurückgegriffen hat, folgt P. einer größeren Anzahl von Vorbildern (Aischylos: *Armorum iudicium*; Sophokles: *Hermiona*; *Niptra;* Euripides: *Antiopa*). Soweit die Handlung im Detail rekonstruiert werden kann, ist im Vergleich zu den Klassikern Kontamination der Stoffe *(Chryses, Niptra)* oder Umformung des Mythos *(Dulorestes)* festzustellen; völlig ohne Parallele sind *Iliona* und *Medus.* Auch bei vergleichbaren Stücken lassen sich kaum Einzelparallelen nachweisen. Der Verlust der nacheuripid. Tragödie erlaubt jedoch keine Antwort auf die Frage, ob P. in all diesen Punkten unbekannten Vorbildern folgt oder bekannte umgestaltet. Aber auch die Entscheidung für seltenere Vorlagen würde P. gegenüber den lat. Vorgängern als bewußten Neuerer ausweisen, zu denen er bei manchen Sujets offenbar bewußt in Konkurrenz getreten ist (Livius Andronicus: *Hermiona, Teucer, Antiopa* [?], Stoff von *Armorum iudicium*; Ennius: *Aias,* Stoff von *Orestes* und *Teucer*). Der Sorgfalt bei der Stoffwahl dürfte die Ausführung entsprochen haben; damit kann auch die Sparsamkeit der Produktion erklärt werden. Der Folgezeit galt P. mit (Cic. de or. 3,27. Hor. epist. 2,1,56. Quint. inst. 10,1,97) oder vor Accius (Cic. opt. gen. ?) als Klassiker der Tragödie und Muster des hohen Stils (Varro bei Gell. 6,14,6, vgl. auch Gell. 1,24,4), wobei er oft gegenüber Accius als *doctus* bezeichnet wird (vgl. auch Cic. or. 36). Berühmt waren zumal *Antiopa, Dulorestes* und *Chryses* (Cic. Lael. 24; fin. 5,63). Auf der anderen Seite steht genusbedingt die Polemik eines → Lucilius (Gell. 17, 21,49) oder → Martial (11,90,6), während sie in Tac. dial. 20,5. 21,7 die Haltung des Modernisten Aper charakterisiert. Dem Interesse zumal der Grammatiker verdanken wir Fragmente von ca. 450 Versen. P. L. Sch.

Frg.: TRF ^{2}1871, 75ff. ^{3}1897, 86ff. ^{4}1953 (ed. *A. Klotz*), 111ff. *G. d'Anna* 1967.

Lit.: O. *Ribbeck* Die röm. Trag., ^{2}1968, 216ff. *F. Leo* Gesch. d. röm. Lit. 1, 1913, 226ff. *M. Valsa* M. P. 1957. *I. Mariotti* Introduzione a P., 1960. *B. Bilinski* Contrastanti idieali d cultura sulla scena di P., 1962. *H. J. Mette*, Lustrum 9, 1964, 16f. 78ff.

Pădus (ă: Verg. georg. 2,452; Aen. 9,680. Ov. met. 2,258; fast. 4,571). Der größte Fluß Italiens ist früh mit dem dichter. (Hes. theog. 338. Plin. nat. 37,31) → Eridanos (Gleichsetzung mit anderen Strömen: Plin. nat. 37,32. Sch. Bern. georg. 1, 482. brev. expos. a. O.; Zweifel: Hdt. 3,115. Strab. 5,215) gleichgesetzt (Pherekyd. FGrH 3 F 74. App. Hann. 5; civ. 1,109. Serv. georg. 4,371; Aen. 6,659. Prok. Goth. 1,1,18. Iord. Get. 24,150. Vib. Sequ. 148,9 R.), die Phaethonsage an seinem Ufer lokalisiert worden (Tim. FGrH 566 F 68. 164c. 23, 3. Pol. 2,16,13f. Schol. Bern. Isid. or. 13,21,26). Der P. wird beschrieben bei Pol. 2,16,6ff. Strab. 4, 204. Plin. nat. 3,117ff. (daraus: Isid. Solin. 2,25. Mart. Cap. 6,640. Mela 2,62; Serv. auct. 11,457. Isid. sprechen irrig von drei Quellen statt Mündungsarmen). Nach Pol. fließt der P. zuerst nach S., dann nach O., was der Doria Baltea entspricht; nach Plin. entspringt er bei den Ligurern am Vesulus, fließt w. Forum Vibi zeitweise unterirdisch (Plin. nat. 2,229 nur an Sommermittagen) und nimmt während seines 388 mp langen Laufs 30 Nebenflüsse auf; beim Aufgang des Hundsgestirns führt er durch Schneeschmelze das meiste Wasser. Nach Plin. nat. 3,123 ist der P. von Turin, nach Pol. 2,16,10 von der Tanarosmündung (2000 Stad. = 240 mp vom Meer) aus schiffbar (Strab. 5, 217: Placentia-Ravenna 2 Tage und Nächte Schiffahrt). Nach anf. einheitlichem Lauf gabelt sich der P. bei Trigaboloi (Pol. 1,16,11; etwa bei Ferrara) in Padŏa (Catull. 95,7 *Padŭam*) und Olane (Plin. 120: *Volana*); weitere Gabelung *in septem ostia* (Mela 2,62) bei Plin. 119ff.: Die *fossa Augusta* verbindet P. und Ravenna und bildet die sumpfige (Serv. Aen. 11,457) *Padusa* (Verg. Aen. 11, 457. Valg. frg. 3 Mor.) bzw. *Messanicus* (Plin.) oder *magnus Padus* (Mela). Nördl. Ravennas später die *fossa Asconis* (Iord. Get. 29). Der Zustrom des Vatrenus macht die nächste Mündung wasserreich; sie heißt *Vatreni portus, ostium Eridanum* oder *Spineticum.* Die Olane mündet als *ostium Caprasiae,* Sagis und Volana; vom Sagis aus führt die von Etruskern begonnene und den Flaviern renovierte *fossa Flavia* an den verstopften *(plena) ostia Carbonaria* vorbei in die *Septem maria.* Dann folgen die Kanäle *(fossiones)* des Tartarus und die *fossae Philistinae,* die *fossa Clodia* und die *duo Meduaci* mit den Mündungen Brundulum und Aedro. *His se Padus miscet ac per haec effunditur* (Plin. 122). Die Einheimischen nennen den P. Bodincus (Pol. 2,16,12), nach Metrodor. FGrH 184 F 8 ein ligur. Name (»grundlos tief«; vgl. jedoch kelt. *bŏdio-*»gelb«), während *padi* kelt. Name für »Kiefern« sein soll. G. R.

Holder 2,902ff. *Nissen* It. Ldk. 1,183f. 2,213ff. *Forbiger* Hb. d. alt. Geogr. 3,364.

Paedagogium Palatini. Der in der Neuzeit nach den Graffiti *exit de paedagogio* benannte Bau liegt am SW.-Hang des Palatium und bildet einen Annex der domitian. Domus Augustana. Die zweigeschossige Anlage, deren untere tonnengewölbte Räume in sever. Z. beim Bau der gegen den Circus maximus anschließenden *Domus Praeconum* zugeschüttet wurden, beherrschte ein auf dem oberen Niveau liegendes Peristyl, auf das sich beiderseits einer halbrunden Exedra gruppierte Räume öffneten. Das nach Struktur und Stempeln domitian. Ziegelmauerwerk zeigte Marmorverkleidung und Freskomalerei. Die Graffiti (Correra, BullCom 21/22), unter ihnen das Spottkruzifix (Helbig II^4, Nr. 2077), bestimmen das P. als Dienstgebäude der zur Repräsentation des Kaiserhauses dienenden Pagen. Ihre Ausbildung sicherte das *Paedagogium a Capite Africae* (CIL VI 1052, 8982–86) auf dem Caelius. A. v. Gl.

Nash I^2, 1968, 317, Abb. 402ff.

Paederastie s. Nachtr. zu Bd. IV

Paelex (auch *pelex, pellex*) bedeutet entweder die Nebenfrau des Ehemannes oder aber diejenige Frau, die mit einem Unverheirateten in Geschlechtsgemeinschaft lebt (= *concubina);* vgl. Paul. Dig. 50,16,144. Den Gegensatz zur p. bildet in beiden Beziehungen die rechtmäßige Ehefrau *(mater familias)*. Bes. Rechtsnormen über die p. gab es nicht, doch wurde sie von bestimmten Heiligtümern ferngehalten. D. M.

Paeligni, ital. Volk am Mittellauf des → Aternus (Strab. 5,219. 231), das Rechte an der Küste geltend machte (Strab. 5,242. Ptol. 3,1,19: Ortona). Die Gebirgslage schuf ein kühles Klima (Hor. c. 3,19,8) bei viel Wasser (Ov. am. 2,1,1). Die kriegsgewohnten (Enn. ann. 276. Sall. Iug. 105,2. Cato frg. 53 P. Veg. mil. 1,28. Val. Max. 3,2,20) P. kämpften zusammen mit ihren Nachbarn seit 343 teils mit, teils gegen Rom (Liv. 7,38,1. 8,6,8. 29,4. 9,41,4. 45,18. 10,30,3. Diod. 20,90,3. 101,5), hielten sich gut im Hannibal. Krieg (Liv. 22,9,5. 23.61, 11f. 25,14,4. 26,11,11ff.) und stellten im Bundesgenossenkrieg ihre Hauptstadt → Corfinium (Strab. 5,238) als *Italica* (ebd. 241) gegen Rom (App. civ. 1,39). Andere Städte Superaequum und → Sulmo (Plin. nat. 3,106: 4. Region), die Geburtsstadt Ovids (am. 2,1,1. 3,15,3 u.a.). In Rom fürchtete man paelign. Hexen (Hor. epod. 17,60). Für die Urgeschichte der P. wichtig Paul. Fest. 248, 13ff. L.: *Peligni ex Illyrico orti. Inde enim profecti ductu Volsimi regis, cui cognomen fuit Luculo, partem Italiae occupaverunt. Huius fuerunt nepotes Pacinus, a quo Pacinates, et Pelicus, a quo Peligni.* Der Behauptung illyr. Herkunft stehen Ov. fast. 3,95 *(cum proavis, miles Paeligne, Sabinis)*. Ps.-Acro Hor. a.O. gegenüber. P. werden aus Illyriern und Sabinern gemischt sein. Die Ableitung aus *Palic-no-* ist sicherlich richtig (nicht aus **paelignŏ-*!); die bei Diod. a.O. erhaltene Schreibung *Παλινίους, Παλλινούς* ist anzuerkennen und steht für **pālignŏ-* (wegen ā nicht mit *Vahlert* Praedeismus und röm. Rel. 77f. zu *Pāles*) <* *paelic-nŏ-* (zu *ā* < *ae* vgl. *Sāturnus: Saeturnus, Cācus: Caeculus, Atria: Αἰθρία* [Steph. Byz. s.v. Etym. m. p. 167,7], *crāpula: κραιπάλη, sānus: Sa. i. nate. i.*). Zum Namen vgl. auch den der Göttin Pelina (CIL IX 3314). Zur Sprache der P. vgl. die verhältnismäßig späten Inschr. VETTER HB Nr. 202 bis 217, von denen bes. Nr. 213 umstritten ist. G.R.

Forbiger Hb. d. alt. Geogr. 3,450. *Nissen* It. Ldk. 1,223ff. 236ff. 2,445ff. *Norden* Aus Altgermanien 115,5. *Altheim* Gesch. d. lat. Spr. 56f. *Beloch* RG 554. *Devoto* Gli ant. Italici [2]335ff.

Paenula. 1. Deckel in Form eines umgekehrten Trichters, Vitr. 10,7,2. 3. **2.** *φαινόλης*, der trichterförmige, genähte Umhang aus Leinen, Wolle oder → *gausapa*, teilweise mit angenähter Kapuze *(cucullus)*, schützte gegen Regen und Kälte. Die im Gegensatz zum → *sagum* über der Brust bis fast Körpermitte zugenähte p. hatte keine Ärmel, nur einen Ausschnitt zum Überstreifen über den Kopf. Zwecks freierer Bewegung wird sie zurückgeschlagen. Die p., kein teures Kleidungsstück, wird von Bürgern und Soldaten getragen. Darstellungen z.B. TH. KRAUS Das röm. Weltreich (Propyläen Kunstgesch. 2, 1967) T. 198. 205b. 237. W. H. G.

Paestum s. Posidonia

Paetus. Röm. Cognomen, das ein leichtes Schielen (Silberblick) bezeichnet, das nicht so stark ist wie bei den *strabones*, Cic. nat. 1,80. Hor. s. 1,3,44f. u.a. RE III A 1828. J. KAJANTO The Latin Cognomina, Soc. Sc. Fenn., Comm. Hum. Litt. 36, 1965, 239. Erblich bei den → Aelii (I 7–13) seit dem 4. Jh., bei den → Autronii (4f.) im 1. Jh. und bekannt z.B. bei L. → Papirius P., dem Freund Ciceros, sowie in der Kaiserzeit. Abgeleitet ist *Paetinus*, z.B. bei den → Fulvii (I 29f.). Vgl. ferner A. DEGRASSI FImp. 261. **1.** P., Güterspekulant, der nach einer ergebnislosen Anklage gegen Pallas und Burrus 55 n. Chr. verbannt wurde. Tac. ann. 13,23. **2.** *Paete, non dolet* (Plin. epist. 3,16,6) → Arrius (II 14). H. G. G.

Pagai (*Παγαί*, Ethnikon *Παγαῖος*, att. und danach zumeist literar. *Πηγαί, Πηγαῖος*). Hafenort der Megaris am korinth. Golf mit geringen Resten auf einem Hügel am Meer beim h. Alepochori; vor allem Teile der Ringmauer erhalten. 461 v. Chr. besetzte Athen P. und benutzte es als Hafen für die Unternehmungen im korinth. Golf, mußte es aber im 30jähr. Frieden 446 herausgeben. P. teilte dann die Schicksale → Megaras, war nach 193 v. Chr. selbständiges Mitglied des achaiischen Bundes und blieb selbständig. Verlassen erst in türk. Zeit. Skylax 39. Strab. 9,2,25 p. 409. u.ö. Paus. 1,44,4. BCH 45, 1921, 10 II 29f. Inschr.: IG VII 188–206. SGDI 3105–3113. SEG 13,327–330. Mz.: HEAD HN[2] 394. E. M.

1. *A. Lebègue* De oppidis et portibus Megaridis et Boeotiae 1875, 35ff. 2. *E.L. Highbarger* The history and civilization of anc. Megara 27f. 3. *L. Robert*, Rev. phil. 1939, 97ff. 4. *N.G.L. Hammond*, ABSA 49, 1954, 116f. 5. *E. Meyer*, RE XVIII 2283ff.

Pagasai (*Παγασαί*, Ethnikon *Παγασαῖος*. vereinzelt *Παγασίτης* und weitere nur dichter. Bildungen). Der Name ist vorgriech., wurde im Alt. aber zumeist als »Bauplatz« der Argo gedeutet. P. liegt an der N.-Seite des im Alt. nach P. benannten Golfs von Volo in Thessalien, s.w. von Volo. Erhalten ist vor allem der große Mauerring des 4. Jh. v. Chr., der im N.-Teil beim Bau von → Demetrias gänzlich abgebrochen wurde; urspr. Umfang 7,5 km mit einem Flächenraum von etwa 191 ha. Weitere Reste nicht bekannt, doch gehörte wahrscheinlich das Theater des späteren Demetrias schon zu P.

Genannt ist P. zuerst, wohl als Name der Gegend mit Hain und Heiligtum des Apollon Pagasaios, bei dem Herakles den → Kyknos erschlug, bei Hes. scut. bes. v. 70. Eur. Herc. 389ff. Wohl von Kallimachos stammt die dann herrschende Version, daß die Argo von P. abfuhr. »Pagasaeisch« brauchen die Dichter daher für alles, was mit der Argo zusammenhängt. In gesch. Z. ist P. Hafen von Pherai und als Ort vielleicht erst von Pherai gegründet, Skyl. 64. Theop. FGrH 115 F 53. Strab. 9,5,15 p. 436. Suda. Phot. Damit wichtigster Hafen Thessaliens. 477/76 v. Chr. Aufenthalt der griech. Flotte in P. Plut. Them. 20,1; bes. Bedeutung erhielt P. in der Zeit der Tyrannis von Pherai. Alexander von Pherai ließ wohl den mächtigen Mauerring erbauen. 353 v. Chr. eroberte Philipp II. P. und behielt es für sich, Diod. 16,31,6. Demosth. 1,9. 12. 22. 2,11. 4,35. P. wurde nun selbständig, IG IV 617,4 und wohl zur Landschaft Magnesia geschlagen. Die Selbständigkeit endete mit der Gründung der Großstadt Demetrias durch Demetrios Poliorketes um 293 v. Chr. P. ist nun wahrscheinlich verlassen, lebt aber als Demos von Demetrias weiter, wie auch der Hafen und die Kulte von der Nachfolgestadt übernommen wurden. Die nach P. benannten gemalten Grabstelen gehören zu Demetrias. E. M.

1. *P. Apostolides* *Αἱ Παγασαὶ ἐξεταζόμεναι διὰ τῶν αἰώνων*, Athen 1912. 2. *Fr. Stählin* Das hellen. Thessalien 65ff. 3. *A. Arvanitopullos* *Γραπταὶ στῆλαι Δημητριάδος-Παγασῶν*, Athen 1928. 4. *Fr. Stählin-E. Meyer* Pagasai und Demetrias, 1934. 5. *Nik. Papachatzis* *Τὰ λείψανα καὶ ἡ ἱστορία τῶν ἀρχαίων πόλεων τῆς περιοχῆς τοῦ Βόλου*, Volo 1937. 6. *E. Meyer*, RE XVIII, 2. H., 2297ff. 7. *L. Vlad Borelli* Enc. arte ant. 5, 1963, 840f.

Pagus, gegen Fest. 247 L. etym. zu *pangere*, befestigen, gehörig, Fluchtburg, danach benannt der städtelose Gau mit Einzelgehöften und Dörfern, Teil eines Stammstaates, älteste Siedlungsform Italiens, deren heim. Name bei den verschiedenen Stämmen unbekannt ist. WALDE-HOF. [3]236. Dict. étym. 475. Die meisten *p.* nennen Inschr. in Mittelitalien und Kampanien. Wieweit die P.-Verfassung altital. oder ein Werk Roms war, ist umstritten. H. RUDOLPH Stadt und Staat im röm. Italien 1935, 50ff. E. KORNEMANN, RE XVIII 2321. Beamte der *p.* waren *aediles* oder *magistri* in verschiedener Zahl. CIL IX 3312 (3 *aed.*). 3137. 3138 (3, bzw. 4 *mag.*). Nach dem Gaustatut (*lex pagana* X 3772) und Beschlüssen der Gaugenossen (*pagani*) bauten sie Tempel, Theater, Amphitheater, Wiegehallen, überwachten Grundstücke und Kasse des *p.* (X 8093), Holz- und Fouragelieferungen an Soldaten und Beamte (Siculus, Flacc. Schr. d. röm. Feldmesser 146), betreuten das Gauheiligtum (X 3772), den jährl. Flurumgang (*lustratio pagi* IX 1618. 5565. Ov. fast. 1,667) und das Fest der paganalia. Mit der Entwicklung der Städte verloren die *p.* ihre Autonomie und wurden als Flurbezirke einzelnen Städten unterstellt. Solche *p.* der Stadt Rom waren der *p. Sucusanus* (Varro 1. 1. 5,48), *Montanus* (VI 3823), *Aventinus* (XIV 2105), *Ianicolensis* (VI 2219), *Lemonius* (Fest. 102 L.), *Suburanus* (VI 2221). MOMMSEN RStR 3,116ff. Die *p.*-Verfassung trugen die Römer in die W.-Provinzen, benannten so z.T. einheim. Verfassungsformen, die nur namentlich mit dem ital. *p.* übereinstimmten. In der früh städt. organisierten Gallia Cisalpina und Narbonensis ähneln *p.* den ital. Flurbezirken. *p. Farraticus V* 4148. *p. Minervius* XII 1243. Die *p.* der Tres Galliae waren dagegen Verwaltungsbezirke mit großer Autonomie. Die *civitas* der Helvetier war in 4 *p.* geteilt. Caes. Gall. 1,12,4f. MOMMSEN GSchr. 5,398ff. Die 60 im Provinziallandtag von Lyon vereinten *civitates* zählten wohl 300 *p.* Strab. 4,192. Plut. Caes. 15 (*ἔθνη*). Liste bei KORNEMANN, RE XVIII 2. H. 2335. Zu *p.* der german. Stämme Caes. Gall. 4,1,4. 6,23. *p.* in Nordafrika bezeichnet Gruppen röm. Bürger (*conventus civium Romanorum*). L. TEUTSCH Das röm. Städtewesen in N.-Afrika, 1962, 153ff. *p.* gab es in Spanien und als vorröm. Überlebsel oder Flurbezirke röm. Städte in Dakien. II 2322. III 7487. DESSILS 2044. In Äg. ersetzte Maximinus Daia 308 die Toparchien durch numerierte *πάγοι* unter *πραιπόσιτοι*, im 5. Jh. trieben Großgrundbesitzer als *παγάρχαι* Steuern ein. J. LALLEMAND L'administration civile de l'Ég. . . . (284 bis 382) 1964, 97f. G. ROUILLARD L'administration civile de l'Ég. byz. 1928, 52ff. H. V.

Paian, ein meist in der dor. Form *παιάν*, sonst auch ion. *παιήων* und att. *παιών* verwendeter Name und musikal. Begriff wohl außergriech. Herkunft: urspr. bezeichnet P. einen selbständigen, später mit Apollon, Asklepios u.a. geglichenen Heilgott (dazu [3],2340–2344), dann den Ruf und Gesang zu Ehren dieser Götter wie auch zu anderen Anlässen, wonach schließlich in klass. und späterer Z. unter P. die neben dem → Dithyrambos wichtigste Form griech. Chorlyrik (→ Chor) zu verstehen ist. Davon wohl unabhängig begegnet P. weiterhin noch in metr. Terminologie als Sonderform des Creticus mit aufgelöster End- oder Anfangslänge (– ◡ ◡ ◡ und ◡ ◡ ◡ –, vgl. [3],2361f.).

Die ersten Zeugnisse über den P. als musikal.-dichter. Äußerung finden sich bereits bei Homer (Il. 1,472–474. 22,391, vgl. auch h. Apoll. 500. 516–519). Freilich sagen diese Stellen wie auch kurze Nennungen etwa bei Archilochos (frg. 76 D.), Alkman (frg. 71 D.) und Theognis (779) oder Nachrichten von der Komposition durch → Thaletas und seine Nachfolger in Sparta über Inhalt und Form dieses frühen P. nur so viel aus, daß es sich um einen meist an Apollon gerichteten Bitt-, Dank- und Sühnegesang handelt, der vorwiegend im kult., dann aber auch im militär., sympot. und persönl. Bereich verwendet wird und dessen äußeres Kennzeichen wohl der häufig wiederkehrende appellative Ausruf *ἰὲ Παιάν* o.ä. ist. Eine Erweiterung der Kenntnis bringen erst die Testimonien über den etwa zu Beginn des 5. Jh. wirkenden → Tynnichos, der als Verfasser nur eines einzigen, hochgepriesenen P. die Reihe der histor. greifbaren P.-Dichter eröffnet, und bes. die meist auf Papyrus erhaltenen Bruchstücke des → Bakchylides (frg. 4–6 SN.) und vor allem des → Pindaros (frg. 52–70 SN.), dessen P. die bedeutendsten Überreste dieser Liedgattung darstellen. Sie zeigen – soweit ersichtlich – als Prozessions- und Bittgesänge eine enge Verbindung zum Kult, weisen bei unterschiedl. Länge und meist triad. Gliederung eine den Epinikien nur teilweise entsprechende rhythm. Vielfalt auf und lassen selbst bei Ort und Gestalt des mitunter auch unterdrückten Epiphonema keine feste Regel erkennen.

Diese Mannigfaltigkeit in Form und Inhalt kennzeichnet auch die P. der folgenden Dichter und erschwert eine eindeutige Abgrenzung von den sonstigen Arten der Chorlyrik, wie etwa vom (wohl nicht nur als Oberbegriff zu verstehenden) → Hymnos, → Dithyrambos, Ithyphallos u.a. Dazu kommt, daß das auch schon in der Ant. (z.B. Athen. 15,696e) herangezogene äußerl. Merkmal des Epiphonema in konkretem Sinne auch außerhalb eines P. auftreten kann (z.B. Timoth. Pers. 211f. 218) und andrerseits etwa seit 400 im Zusammenhang mit der Ausbildung von P. auch auf Menschen zu einem bloßen Begeisterungsruf herabsinkt und so auch nur ein bedingtes Kriterium darstellt.

Nach noch der klass. Z. angehörenden P. etwa des → Sophokles (auf Koronis) oder des → Ariphron (auf Hygieia) begegnen in hellenist. Z. vorwiegend als kult. Inschr. überlieferte P. u.a. eines Anonymos auf Asklepios (in Erythrai und an weiteren Orten erhalten), des → Isyllos von Epidauros (auf Asklepios), des → Philodamos von Skarpheia (auf Dionysos), eines Makedonios auf Apollon und Asklepios, des → Aristonoos von Korinth (auf Apollon) sowie des Limenios und eines weiteren Atheners auf Apollon, wozu auch die Notation beigegeben ist. Literar. überliefert sind demgegenüber die P. auf Persönlichkeiten, die als eine Form poet. → Enkomien zu bezeichnen sind und zu denen als frühestes Beispiel ein P. auf → Lysandros sowie etwa der P. des → Hermokles (1) auf → Demetrios (2) Poliorketes oder ein anonymer P. auf → T. Flamininus (1) gehören.

Aus nachchr. Z. liegen abgesehen von einem kurzen, mit Noten versehenen Papyrusfrg. des J. 156 keine weiteren Texte von P. mehr vor. Daß sie aber dennoch gerade auch bei der religiösen Neubelebung des 2. Jh. immer noch gedichtet und gesungen wurden, zeigt u.a. das Zeugnis des Ailios → Aristeid. (3) Or. 50,31 p. 433 K. U. K.

1. Texte von Pind. und Bakchyl. in den entspr. Einzelausg., der älteren »poetae minores« meist in der Anth. lyr. 2,5^2 (1940) oder den Poet. Mel. Gr. [ed. *D.L.Page* (1962)], der jüngeren größtenteils in der Anth. lyr. 2,6^2 (1940), 103ff. oder den Coll. Alex. [ed. *J.U.Powell* (1925)], 132–173. 2. Notenbeispiele zu Limenios etc. und zum Pap. des J. 156 zuletzt bei *C.Sachs* Die Musik der alten Welt, 1968, 222ff. 3. *A.v.Blumenthal*, RE XVIII 2340 bis 2362.

Paiania (*Παιανία*), zweitgrößter att. Demos, zur Phyle Pandionis gehörend, ö. des Hymettos in der Umgebung von Liopesi, das h. amtl. P. heißt, gelegen, geteilt in die zwei Demen *καθύπερθεν* und *ὑπένερθεν*, ersterer im 3. Jh. v. Chr. der Antigonis zugeteilt; Heimat des → Demosthenes. Menander Dyskolos 407f. nennt ein Panheiligtum in P. Harpokr. s. *Παιανιεῖς*. E. M.

1. *A.Milchhöfer* Demenordnung, Abh. Berlin 1892, 17. 2. *Ders.* Text zu *Curtius-Kaupert* Karten von Attika 2, 31f. 3. *v.Schoeffer*, RE V 91ff. 4. *Philipps.-Kirst.* 1,817 mit Anm. 2. 5. *W.Pritchett*, AJPh 61, 1940, 186ff. 189. 6. *E.Vanderpool* Pan in Paiania, AJA 71, 1967, 309ff.

Paidagogos. Ein Haussklave begleitete in Athen seit klass. Z., später bei den Wohlhabenderen in weiten Teilen der griech. Welt den Knaben auf dem Schulweg hin und zurück, nahm als Zuhörer am Unterricht teil (Pfuhl Abb. 468) und überwachte die häuslichen Schulvorbereitungen. Er war zudem für das Benehmen des Knaben in der Öffentlichkeit verantwortlich. Vielfach dienten alte, des Griechischen oft nur unvollkommen mächtige Sklaven als P. (Plut. mor. 4 A. Stob. 4, 209. Plat. Alk. 1,122a/b; Lys. 223). Sie beaufsichtigten den Knaben bis zur Ephebie und waren zu körperlicher Züchtigung berechtigt. Der P. der Komödie ist ein kahlköpfiger Alter mit struppigem Bart, rauhhaarigem Mantel und Knotenstock. In hellenist. Z. steigt das Ansehen des P., so auch bei den Römern (Sen. epist. 89,13). Hier war P. meist ein Grieche, der auch für den griech. Sprachunterricht sorgte: Die Grenze zwischen P. und *praeceptor* verwischt sich (Quint. inst. 1,1,11). Auch Freie übernahmen diesen Dienst (Dion Chrys. 7,114. Plut. mor. 830 A/B). Am röm. Kaiserhof und in dessen Umgebung entwickelte sich schließlich aus dem P. der Leiter des *paedagogium*, einer Art Pagenschule. W. H. G.

H.I.Marrou Gesch. d. Erziehung im Alt. 1957.

Paideia (*παιδεία, παίδευσις*), einer der wichtigsten Wertbegriffe. P. bezeichnet die Formung und Gestaltung, also auch Bildung, die ein Mensch während seiner Jugend erfährt und die ihn mithin prägt. Schon früh (Aristoph. Nub. 961. Plat. Phaid. 107 D) ist man sich bewußt, daß P. die entscheidende Ergänzung der *τροφή*, d.h. des Unterhalts eines Kindes, darstellt. Wohl kann *παιδεία* einfach die Jugendzeit eines Menschen bezeichnen (so gern *ἐκ παιδείας* von Jugend an). Aber schon früh dominiert der Sinn: P. ist das, was einer als sein Wesen bestimmend aus der Jugend mitbringt. So vor allem Demokr. B. 180: *ἡ παιδεία εὐτυχοῦσι μέν ἐστι κόσμος, ἀτυχοῦσι δὲ καταφύγιον*. Nach Isokr. paneg. 51 besteht ein großes Verdienst Athens darin, daß att. *παίδευσις* in höherem Maße zum Hellenen macht als die durch Geburt erworbene Zugehörigkeit zum Griechentum. Von solchen Überlegungen aus sind P. und ihr Inhalt zu einem zentralen Begriff des griech. Selbstverständnisses geworden, oft den Barbaren gegenüber, später ganz bes. dem Christentum gegenüber. In diesem Bereich hat

→ Gregorios von Nyssa (2) Ausgleich und fruchtbare Synthese herbeigeführt. H. D.

Umfassende Darstellung: *W. Jaeger* Paideia, die Formung des griech. Menschen, [1]1939 und 1944, 3 Bde. Seither mehrere Neuauflagen, zahlreiche Übersetzungen.

Paides (*παῖδες*, etym. »Kleinkinder«, A. OEPKE, ThWB 5,637), Kinder beider Geschlechter bis zum 17. Lebensj., Plat. leg. 788 a. Isaios 8,31. Gell. 10,28,1, syn. gebraucht für → Epheben, → Neoi u. Sklaven. Aristoph. Ach. 395. In Makedonien gab es → *βασιλικοὶ π.*; zu solchen bei den Ptolemaiern Sud. s. *βασίλειοι*. In der gymnast. Ausbildung bezeichnet P. als t. t. meist die unterste Altersklasse, Sylloge[3] 959,5. Doch wurden in Athen die Epheben von 18 bis 20 J. *π. τῆς πρώτης, δευτέρας, τρίτης ἡλικίας*, in Sparta die 17- und 18jährigen *πρόπαις* (*ἀτροπάμπαις*) und *παῖς* (*πρατοπάμπαις*) genannt. IG II[2] 956 ff. W. DEN BOER Laconian Stud. 1954, 254. Chalkis hatte 4 Klassen, *πάμπαιδες, π., ἔφηβοι, ἀγένειοι*. IG XII 9,952. In Sparta und anderen Gemeinden betreuten ein Paidonomos oder mehrere die P., Turnunterricht gaben → Paidotriben, mitunter wie in Milet und Pergamon in der *παλαίστρα* oder in dem *γυμνάσιον τῶν παίδων*. E. ZIEBARTH Aus dem griech. Schulwesen, [2]1914, 26f. 39f. Die Römer lehnten die Ausbildung in der *palaestra* ab. Vitr. 5,11,1. Sen. ep. 15,2. 88,18. Cato lehrte selbst seinen Sohn die für den Krieg nötigen körperlichen Fertigkeiten. Plut. Cat. 20. Bei den Griechen nahmen die P. an Prozessionen, Leichenfeiern berühmter Männer (in Sikyon für → Aratos, Plut. Arat. 53), Einzügen eines Königs (Sylloge[3] 798,24) und an → Agonen teil. In Olympia wurden P. 632 zum Stadion und Ringkampf, 628 zum Pentathlon, das aber wieder abgeschafft wurde, 616 zum Faustkampf, 200 zum Pankration zugelassen. Wann der Dolichos und das Pferderennen für P. aufkamen, ist ungewiß. Im Pferderennen siegten 508 die Söhne des Pheidolas aus Korinth. Paus. 6,13,10. Die Bewerber wurden von den → Hellanodiken geprüft. Pherias aus Aigina wurde 468 als zu jung und ungeeignet für den Ringkampf abgewiesen. Paus. 6,14,1. Ähnlich waren Wettkämpfe der P. bei den pyth., isthm. und neme. Spielen. Einziger Periodonike der P. im Faustkampf war um 200 v. Chr. Moschos von Kolophon. L. MORETTI Olympionikai, Atti d. accad. naz. dei Lincei, ser. 8, mem. 8, 1959 n. 602. P. beteiligten sich ferner an att. Festagonen (Panathenaia, Hermeia, Theseia), in Sparta an den Leonidaia (IG V 1,19) und an anderen lokalen Agonen Griechenlands und Kleinasiens. Liste bei HUG, RE Suppl. VIII 390 ff. Als Sieger wurden P. durch Ausrufen des Namens, Bekränzung, Eintragung in die Siegerlisten und Preise (Krüge mit Öl in Athen, Sichelmesser in Sparta, Waffen und Geld) geehrt. Siegerliste in Oropos IG VII 414. Statuen von Knabensiegern mit Inschr. wurden in Olympia und anderwärts aufgestellt. Paus. 6,1 ff. Simonides, Pindar und Bakchylides dichteten auf P. Siegeslieder (Epinikien). Simon. frg. 23 D. Pind. Ol. 8. IG XII 5,608. Zu P.-Vereinigungen in vielen Städten F. POLAND Gesch. des griech. Vereinswesens, 1909, 97. Einzelne P., bes. *παῖδες ἀμφιθαλεῖς* wurden zu kultischen Diensten herangezogen. NILSSON GgrR 1,118. H. V.

Paides Basilikoi s. Basilikoi Paides

Paidotribes (*παιδοτρίβης*). Der »Knabentrainer« unterrichtete in klass. Z. in eigener oder öffentlicher Palaistra (bzw. Gymnasion) diejenigen Knaben, die die Elementarschule besuchten, in Gymnastik. Vielleicht trainierte er auch die Berufsathleten. Zur Ausbildung der Epheben wurden die P. durch Wahl bestellt (Aristot. Ath. pol. 42,3). Seit dem 1. Jh. n. Chr. ist mehrfache Bekleidung des Amtes bezeugt, seit dem 2. Jh. ist der P. lebenslänglich angestellter, bezahlter Sportlehrer im Ephebengymnasion, dessen Bedeutung durch das Zurücktreten der rein militär. Ausbildung gestlegen ist. In der älteren Z. überwachten die P. auch Diät und Gesundheitszustand der Schüler (erst im 2. Jh. n. Chr. wird ein Arzt im Gymnasion angestellt), doch differenziert sich schon im 4. Jh. v. Chr. der praktische Sportlehrer, P., vom medizinisch gebildeten Gymnastes. Die P. hielten harte, durch Schläge mit der Gerte unterstützte Disziplin. Um Nachweis gesicherter Darstellungen von P., die von Kampfrichtern und Epistaten im Einzelfall schwer zu unterscheiden sind, bemüht sich [3]. W. H. G.

1. *J. Jüthner* Philostratos über Gymnastik 1909. 2. *Ders.*, RE XVIII 2389 ff. 3. *Ders.* Die athletischen Leibesübungen d. Griechen (SAAW 249,1) I 1965.

Paion (*Παῖον*), kleiner Ort mit gut erhaltener Akropolismauer im inneren Arkadien in dem quellen- und vegetationsreichen Quertal zwischen → Ladon- und → Erymanthostal, h. Palaeokastro von Skupi. P. war in der Frühzeit nach Hdt. a. O. bedeutend, gehörte später zu → Kleitor und war zu Pausanias' Z. verlassen. Hdt. 6,127. BCH 45, 1921, 12 II 72 (*ἐν Παίοις*). Paus. 8,23,9 (*Πάου κώμη*). E. M.

1. *G. Papandreu*, *Πρακτ.* 1920, 121 ff. 2. *E. Meyer* Peloponn. Wanderungen 82f. 3. *Ders.*, RE XVIII 2398 ff.

Paiones (*Παίονες*), zahl- und menschenreiche Stammesverbände idg. (illyr.?) Abkunft, früh mit Thrakern, später mit Makedonen durchsetzt, urspr. in den n. Gebieten des späteren Makedonien am mittleren → Axios. Namen einzelner p. Volksstämme: Doberes, Paioplai, Siropaiones, Deriaioi, Laiaioi u. a., »Städte« Doberos, Astraeum, Amydon, Siris (Sirra); eine größere Siedlung scheint → Bylazora gewesen zu sein. Später siedelten sie am mittleren → Strymon und am → Nestos. Die frühen Wanderungen der P. standen im Zusammenhang mit denen der Phryger-Bryger und später der thrak. → Bithyner nach Kleinasien. Homer (Il. 2,848) kennt die P. als Bundesgenossen der Troer. Durch → Megabazos wurden um

500 einige p. Stämme nach Phrygien verpflanzt, kehrten aber später in die alte Heimat zurück, Hdt. 5,16. Nach Kämpfen mit → Sitalkes (429), Philipp II., Alexander d. Gr. wurde unter → Antigonos (2) Gonatas ihr ganzes Gebiet Makedonien einverleibt (249). Die p. Pfahlbauten im Prasias-(Butkowo-)See und ihre Sitten schildert Hdt. 5, 15ff. Vorzügliche Pferderasse, Getreidebau, Goldreichtum, frühe schöne Münzprägung.

Hdt. 5,1,12ff. u.ö. Strab. 7,313f. Pol. 5,97.23, 10,4. Thuk. 2,98. Diod. 16,2,6. 3,4. 4,2. Arr.. an. 1,14,1. 2,9,2. 3,12,3. Liv. 27,13. 30,19. 38,17. 40,30. Chr. D.

B. Lenk, RE XVIII, 2403ff. *Kazarow* Peonija, (bulg.) Sofia 1921, pass. *Papazoglu* Makedon. Städte in d. röm. Z. (serb.) Skopije 1957, bes. 231–256; *Dies.* Les tribus indigènes de l'intérieur Balkanique à l'époque préromaine (serbokroat. mit frz. Rés.), Sarajevo 1969, pass.

Paionia (*παιωνία*, Paeonia officinalis Rtz.), die Pfingstrose, galt als vielfältig brauchbare Heilpflanze. Genaue Beschreibung bei Dioskor. mat. med. 3,140, wonach die Wurzel *παιωνία* (offenbar nach dem Heilgott Apollon Paionios), die Pflanze selbst *γλυκυσίδη*, *πεντόροβος* oder *δάκτυλοι Ἰδαῖοι* hieß. Vor allem die Wurzel, aber auch die hellroten Samenkörner verwendete man gegen die verschiedensten Leiden, auch in der Tierheilkunde, und in der Landwirtschaft zur Vertilgung weinschädigender Insekten. Vgl. GOSSEN, RE XVIII 2409f. K. Z.

Paionios. 1. P. aus → Mende, Bildhauer, schuf die erhaltene, urspr. auf 9 m hoher dreieckiger Basis vor der O.-Front des Zeustempels in Olympia aufgestellte Nike, Paus. 5,26,1, Weihgeschenk der Messenier und Naupaktier »von den Feinden« (den Lakedaimoniern) nach den Kämpfen bei Sphakteria 424 v. Chr. Nike stand auf einem unter ihren Füßen durchfliegenden Adler, d.h. sie flog, Flügel ausgebreitet, Gewand eng am Körper, Mantel vom Flug stark gebauscht. Vom Kopf existieren zwei röm. Kopien, bisher die einzigen nach einem Werk aus Olympia. P. schuf ferner die Akrotere des O.-Giebels (Paus. 5,10,8 irrtümlich: die O.-Giebelfiguren), eine Nike und zwei Dreifüße, alle vergoldet, Paus. 5,10,4. Zuschreibungen weiterer Werke sind hypothetisch. LIPPOLD, HBArch III/1, 1950, 205 T. 71,2. **2.** P. aus Ephesos, Architekt. Nach Vitr. 7 praef. 16 »vollendete« P. zusammen mit Demetrios das jüngere Artemision von Ephesos und schuf zusammen mit → Daphnis (3) den Plan für den Apollontempel in → Didyma. 2. H. 4. Jh. v. Chr. W. H. G.

Lit. s. Daphnis (3).

Pairisades (*Παιρισάδης* Mz. Inschr. *Παρισάδης* Strab. 7,310. *Παρυσάδης* Diod. 20,23ff. *Βηρισάδης* Deinarch. 1,43), Herrschername im Spartokidenhause. Zur Chronologie und Stammtafel R. WERNER, Hist. 4, 1955, 430. Die Zuweisung der von E. DIEHL, RE XVIII 2415ff. zusammengestellten Goldmz. mit *βασιλέως Παιρισάδου(ς)* an einen bestimmten P. ist umstritten. E. H. MINNS Scythians and Greeks 2, 1965, 584f. Pl. VI 20f.

1. P. I., Sohn Leukons I., Archon des bosporan. Reiches und König der Sinder, Maïten und Thateer, regierte nach üblicher Erbfolge mit dem Bruder Spartokos II. 349/48–344/43, dann allein bis 311/10. Diod. 20,22,2. P. unterwarf die abgefallenen Psesser, die Thateer und Doscher. Strab. 7,309. Corpus inscript. regni Bosporani (= CIRB) 1965, 10f. 971f. 1039. Sein Reich begrenzten der Kaukasus bei → Gorgippia, dem Hauptort der Sinder, und die Taurerberge w. von →Theodosia. CIRB 113. Kämpfe des P. mit »dem Skythen«, gemeint wohl mit maiot. Stämmen, erwähnt Demosth. 34,8 im J. 328. Zur wechselnden Kleidung des P. bei Musterung, im Felde und bei der Flucht Polyain. 7,37. P. berief den Kitharoden Stratonikos und Aristonikos von Korinth nach Pantikapaion, Athen. 8,349 D. Polyain. 5,44,1, verlieh einem Bürger von Amisos und Chalkedoniern die Proxenie, wurde 347/46 von Athen für zollfreie Getreideausfuhr geehrt und erhielt 324 eine Statue in Athen. Deinarch. 1,43. Sylloge³ 206. 212. 217. CIRB 2ff. Zum Mißbrauch des Privilegs Demosth. 34,36. P., ein milder und fähiger Herrscher, wurde als Gott betrachtet, ob zu Lebzeiten oder nach dem Tode, bleibt ungewiß. Strab. 7,310. Er hatte mit seiner Base Komosarye 3 Söhne, → Satyros, → Eumelos und Prytanis. Diod. 20,22,1ff. Sylloge³ 216. **2.** P. II., Sohn des Spartokos III., König 284/83 – etwa 215. CIRB 25 (hier auch noch als Archon bezeichnet). 20f. 23. 1036. Er schickte 254 Gesandte nach Äg. und stiftete dem del. Apollo eine Schale. PREISIGKE-BILABEL SB 3,7263. IG XII 2 Nr. 287 B 126. Seine Söhne waren Spartokos IV. und Leukon II. CIRB 24f. V. M. BRABIČ Scobščenija du Musée de l'Eremitage Leningrad 21, 1961, 48ff. schreibt P. 11 Goldstatere zu. **3.** P. III., Sohn eines Leukon, König zwischen 215 und 190, verheiratet mit der Base Kamasarye Philoteknos, Tochter des Spartokos IV. CIRB 75. 1044. WERNER 424f. **4.** P. IV. Philometor, Sohn von Nr. 3, regierte mit der Mutter Kamasarye um 190 bis nach 160, stiftete 177/76 dem Delphinion in Milet eine goldene Schale und wurde in Delphoi geehrt. Sylloge³ 439. CIRB 75. A. REHM Didyma 1958, 467,7. **5.** P. V., letzter bospor. König des Spartokidenhauses, nach 150 bis 108/07, war den Skythen tributpflichtig, übergab sein Reich König Mithradates VI. von Pontos und wurde von dem im Palast des P. aufgezogenen Skythen Saumakos ermordet. Sylloge³ 709,35. Strab. 7,309f. **6.** P. floh zu dem Skythenkönig Agaros, als sein Vater → Satyros II. nach einer Regierung von wenigen Monaten 311/10 durch → Eumelos ermordet wurde. Diod. 20,24,3. H.V.

Paisos (*Παῖσος*), miles. Gründung zwischen → Lampsakos und → Parion, schon Il. 2,828. 5,612 genannt (*Ἀπαισός*). Im ion. Aufstand 497 von Daurises erobert (Hdt. 5,117), gehörte P. später zum Att. Seebund beim Ἑλλησπόντιος φόρος. Zu Strabons Z. zerstört, die Bewohner nach Lampsakos verpflanzt. Hdt. 5,117. Strab. 14, 589. 635. Polyain. 6,24. Chr. D.

Ruge, RE XVIII 1. H., 2435ff. *W. Leaf* Strabo on the Troad (1931), 100. *M. Calder* u. *C. A. Bean* A class. map of Asia Min., Ac. *W. Ruge*, RE VII A 559.

Pakoros (*Πάκωρος*). **1.** Sohn des Partherkönigs → Orodes, erhielt zur Gemahlin eine Schwester des Armenierkönigs → Artavasdes, fiel ganz jung im J. 51 v. Chr. in Syrien ein, wurde von dem Satrapen von Mesopotamien Orondopates zum König gegen seinen Vater ausgerufen, von diesem aber nur als Mitregent angenommen. Im J. 40 bemächtigte er sich mit → Labienus (3) Kleinasiens und Syriens, die ihn als Befreier vom röm. Joch willkommen hießen, und schickte dem → Antigonos (5) gegen → Hyrkanos (3) nach Jerusalem eine Reiterschar zu Hilfe. Von → Ventidius über den Euphrat zurückgedrängt, rückte er aufs neue vor. Zu einem Angriff auf die feste Stellung des → Ventidius bei dem Berg Gindaros verlockt, fand er im J. 38 in tapferem Kampf den Tod. **2.** Sohn des Partherkönigs → Vonones II., Bruder des → Tiridates und → Volagases I., von diesem zum König des atropaten. Medien erhoben, scheint er Tiridates bei seinem Einfall in Armenien unterstützt zu haben. Nach beinahe 20 J. glücklicher Regierung wurde er ums J. 72 durch einen Einfall der → Alanen hart bedrängt. **3.** Sohn und mit Volagases II. Nachfolger des Volagases I., ca. 77–115 n. Chr. J. D.-G.

Paktolos (*Πακτωλός*), h. Sart Çayi, lyd. Fluß, der auf dem Tmolos (h. Boz Daği) entspringt und in den Hermos (h. Gediz Çayi) mündet; an seinen Ufern lag Sardeis (beim h. Sart). Im P. wurde hauptsächlich unter der Dynastie der Mermnaden (6. und 5. Jh. v. Chr.) Mischmetall aus Gold und Silber (→ Elektron) gewonnen, das die Wassermassen des P. von der Höhe herabspülten. E. O.

1. *J. Keil*, RE XVIII 2439f. 2. *G. E. Bean* Aegean Turkey, London 1966, 261.

Paktye (*Πακτύη*), kleine Stadt an der Propontis, wo → Miltiades (1) die zur Chersonesos führende Landenge durch eine Mauer absperrte (Hdt. 6,36); nach Skymn. 711 von ihm angelegt. Bei P. zeigte man das Grab der → Helle. Nach seiner Absetzung zog sich Alkibiades 407 nach P. zurück (Diod. 13,74). Chr. D.

Oberhummer, RE XVIII, 2440. *Calder-Bean* Class. map of Asia Min., Ac. *Kahrstedt* Beitr. z. Gesch. der Thrak. Chersones, 1954, Reg. S. 79.

Pala. Ein Gerät, das unserm heutigen Spaten entspricht. Der älteste Beleg (Plaut. Poen. 1018) weist P. als ein Gartengerät aus, das in der Landwirtschaft bei Ölbaumpflanzungen (Varro rust. 1, 22,3), bei Weinpflanzungen (Cato agr. 11,4. Plin. nat. 17,167) und zum Anlegen von Gräben benutzt wurde. In chr. Z. wurde P. gleichbedeutend mit → *ventilabrum*, einer Schaufel zum Worfeln des Getreides (Matth. 3,12). Cato (agr. 135,1) nennt als Zentren für die Herstellung der P. die Städte → Cales, → Minturnae und → Venafrum. Erhalten sind P. unter anderem in Pompei und auf der Saalburg. P. kann weiter a) die Fassung eines Steines am Ring (*σφενδόνη*. Cic. off. 3,38) und b) das Schulterblatt (Cael. Aurel. De acut. morb. 2,35,185) bedeuten. S. O.

E. Schuppe, RE XVIII 2441. *Dar. Sagl.* 4,1,279 (mit Abb.). *L. Jacobi* Römerkastell Saalburg 1897, 444 Fig. 69,2.

Palaestina. 1. Name. 2. Begrenzung und Einteilung. 3. Geschichte. 4. Archäologie.

1. P. ist über griech. *Παλαιστίνη* aus aramäisch *p*^{e}*lišta'in* »Philister« entlehnt und bezeichnete urspr. nur das Philisterland an der Mittelmeerküste zwischen Gaza und dem Karmelgebirge (Hdt. 3,5,91 u. ö.). Nach dem 2. Jüd. Aufstand (132–135 n. Chr.) wurde P. Bezeichnung der röm. Provinz Iudaea w. des Jordans. Im Laufe der Zeit griff der Name auf Gebiete ö. des Jordans über. Im 4. Jh. erfolgte die Teilung der Provinz P. in *P. prima*, *secunda* und *tertia*. Für die Militärverwaltung blieben die Teile jedoch eine Einheit unter dem Oberbefehl eines *dux*. Diese Einheit ist im Sprachgebrauch der altchr. Schriftsteller und spätant. Geographen vorausgesetzt. Somit stammt der Name P. aus der Verwaltungssprache des röm. und byz. Imperiums.

2. P. ist nur im W. durch das Mittelmeer eindeutig begrenzt. Im O. geht es in die syr.-arab. Wüste, im S. in die Isthmuswüste und die Wüsten der Sinaihalbinsel über. Im N. ist P. geogr. und kulturell so eng mit Syrien verbunden, daß nur theoretische Grenzlinien möglich sind: w. des syr. Grabens der Leontesfluß (Nahr Lītāni), ö. der Yarmukfluß (Šerī'at el-Menāḏire). Geologisch ist P. ein Tafelland (Sedimentgebirge), der äußerste W.-Rand der arab. Scholle. Die Tafel ist seit dem Tertiär durch Flexuren, Verwerfungen, Vulkanismus und Erosion stark gestört. Die größten Verwerfungen liegen beidseitig des syr. Grabenbruches, der von N.-Syrien über P. und Äg. bis nach Zentralafrika reicht und dessen palästin. Anteil der Jordangraben mit seinen Reliktenseen (See Genezareth, Totes Meer) ist. Man unterscheidet folgende Landschaften: 1. das O.-Jordanland; 2. der Jordangraben und das Tote Meer, die tiefste Depression der Erdoberfläche (Spiegel des Toten Meeres bei −392 m); 3. das W.-Jordanland mit (von N. nach S.) a) Galiläa, b) der Ebene von Megiddo, c) dem samarischen und judäischen Gebirge mit dem w. vorgelagerten Hügelland, d) der Küstenebene und e) der Bucht von Beerseba. Die Kulturfähigkeit des Gebietes ist vom Steigungsregen aus dem Mittelmeer abhängig. Haupterwerbszweige sind Ackerbau (Weizen, Gerste, Durra) und Viehzucht (Rinder, Schafe, Ziegen).

3. Die Geschichte P.s ist von seiner geogr. Lage wesentlich bestimmt. Es bildet einerseits den

S.-Teil der Landbrücke zwischen den Hochkulturen am Nil und in Mesopotamien und ist damit Einflüssen von beiden Seiten beständig ausgesetzt gewesen. Andererseits speist sich seine Bevölkerung aus dem Regenerationsareal der syr.-arab. Wüste, deren Nomaden im Zuge des jährlichen Weidewechsels (Transhumanz), gelegentlich zu großen Wellen verdichtet, seßhaft werden. Zwischen ca. 3000 und 1200 v. Chr. entwickelte sich in den Ebenen ein System politisch selbständiger kanaanäischer Stadtstaaten, die in der Epoche des äg. Mittleren und Neuen Reiches (2. Jt. v. Chr.) in Abhängigkeit von Äg. standen. In das mit dem Niedergang der Macht Äg.s um 1200 entstandene Vakuum strömten von N. die sog. Seevölker (Philister), von O. die Israeliten ein; die letzteren brachten es unter David und Salomo zur Großreichsbildung über die Grenzen P.s hinaus (um 1000). Nach Salomo in zwei Reiche geteilt (Israel, Juda), geriet das israelit. P. unter die Botmäßigkeit einander ablösender vorderoriental. und mediterraner Großreiche: seit dem 8. Jh. das assyr. (Ende des Reiches Israel 722), im 6. Jh. das babylon. (Ende des Reiches Juda 586), seit 539 das pers. (samar. Provinz der Satrapie Transeuphrat), seit 332 die Nachfolgestaaten des Alexanderreiches (zunächst ptolemäisch, seit ca. 200 seleukid.). Im 2. und 1. Jh. v. Chr. unter den Hasmonäern vorübergehend selbständig, wurde P. 63 v. Chr. von Pompeius erobert und damit röm. Vasallenstaat unter den Herodianern, später röm. Provinz. Seit dem 4.–5. Jh. Teil des byz. Reiches, erlag P. zwischen 634 und 640 dem Ansturm der islam. Araber unter dem 2. Kalifen Omar.

4. Durch die seit der 2. Hälfte des 19. Jh. mit zunehmender Intensität betriebene, vom Interesse am Schauplatz der biblischen Geschichte geleitete archäolog. Forschung (Ausgrabungen und Oberflächenuntersuchungen) ist das Bild der Abfolge der Siedlungs- und Kulturperioden in P. ungewöhnlich deutlich geworden. Die Lehmziegelbauweise des Orients hat zur Folge, daß an den Siedlungsplätzen Kultursedimentschichten (Strata) entstanden sind, die mit den Methoden vorgeschichtlicher, stratigraphischer Archäologie bestimmt werden müssen. Hauptsächliches Hilfsmittel ist dabei die Keramik. Nennenswerte monumentale Architektur gibt es, von Ausnahmen abgesehen, erst seit hellenist.-röm. Zeit (Urbanisation). Vorher unterscheidet man folgende Kulturperioden: 1. Steinzeiten von ca. 200000–3000 mit dem Beginn der Stadtkultur im Neolithikum und Chalkolithikum (bes. Jericho); 2. Frühbronzezeit im 3. Jt.; 3. Mittelbronzezeit ca. 2000–1600; 4. Spätbronzezeit ca. 1600–1200; 5. 1. Eisenzeit ca. 1200–900; 6. 2. Eisenzeit ca. 900–600; 7. pers. Zeit (Eisen III) ca. 600–300. Die Aufdeckung der Steinfundamente privater und öffentlicher Bauten, seit dem 9. Jh. v. Chr. auch mit bossierten Quadern, und zahlreiche Kleinfunde (Lampen, Votivfiguren, Amulette, Gebrauchsgegenstände und Schmuck, wenige Inschriften) lassen Struktur und Entwicklung der Siedlungsplätze in P. deutlich erkennen. Über archäolog. Fortschritte unterrichten laufend: ZDPV, PEQ, IEJ, RB u. a. H. Do.

F. Buhl Geogr. des alten P. (1896). *F.-M. Abel* Géographie de la P., 2 Bde. (1933/38; Nachdr. 1967). *F.-M. Abel* Histoire de la P. depuis la conquête d'Alexandre jusqu'à l'invasion arabe, 2 Bde. (1952). *M. Noth* Die Welt des A. T. (1962^4). *P. Thomsen* P. und seine Kultur in 5 Jt., AO 30 (1931). *K. Kenyon* Archäologie im Heiligen Land (1967). *P. Thomsen* Die P.-Literatur. Bd. 1–6 (1908–1956), Bd. A (1957–1960).

Palaimon (*Παλαίμων* »Ringer«). **1.** Hilfreicher Meeresgott, Sohn der → Leukothea (s. auch → Athamas). Wie diese mit Ino, so wurde P. mit → Melikertes gleichgesetzt. Es ist keine Doppelbenennung einer einheitlichen Gestalt, sondern ein Zusammenfall zweier myth. Personen, veranlaßt wohl durch gleiches Verhalten beider Mütter, die durch einen Sprung ins Meer ihr Kind vor Verfolgern zu retten suchen. Dem P. speziell gehören Tempel und Adyton auf dem Isthmos, ihm das Kultbild des auf dem Delphin sitzenden oder liegenden Gottes, Paus. 1,44,7f. 2,1,8. 2,1. 3, 4, ihm die Kindesopfer auf Tenedos; Lykophr. 229 mit Sch. Aristeid. 3 (I 45f. Dind.) spricht von Weihen und Orgien des P. Als dionys. Gottheit begegnet er in der Iobakcheninschr. $Syll.^3$ 1109. NILSSON $GgrR^2$ 2,361. 368. Vgl. → Portunus. **2.** Beiname des Herakles IG VII 2874. Urspr. boiot. Lokalgott, den Herakles absorbierte. WILAM. $GldH^3$ 1,212ff. Auch als Sohn des Herakles verzeichnet, Apollod. 2,166. Pherek. FGrH 3 F 76. **3.** Argonaut aus Olenos, Sohn des Hephaistos (oder Aitolos oder Lernos). Apollod. 1,112. Orph. Arg. 208. Apoll. Rhod. 1,201 (Palaimonios). H. v. G.

Palaiphatos, gewiß pseudonymer Vf. einer 45 Stücke umfassenden Slg. von *ἄπιστα* (urspr. 5 B.: Suda s. *Π.*), die in ihrem Kern der 2. Hälfte 4. Jh. v. Chr. entstammt. P. versucht, »unglaubwürdige« (d. h. gegen die Naturgesetze verstoßende oder sonstwie singuläre) Züge der alten Mythen durch rationalist. Erklärung zu beseitigen. Bevorzugtes Mittel der Interpretation bes. von Metamorphosen ist die Annahme von Mißverständnissen oder falschen Deutungen eines Eigennamens bzw. Ausspruches. Das Werk (bzw. seine Bearbeitungen) wurde viel gelesen, wie u. a. ein byz. Anhang erweist. Stark umstritten sind die Trennung dieses P. von zwei anderen Trägern des Namens sowie die Verteilung der ihnen in der Suda zugeschriebenen Werke, darunter *Τρωικά* (letzte Diskussion des Problems FGrH 44 mit Addenda). H. Gä.

Ta.: *N. Festa*, Mythogr. Gr. 3,2 ,Lpz. 1902 (dazu *W. Crönert*, RhM 58, 1903, 308ff.).

Palaipolis, angebliche Gründung von Cumae nahe Neapel mit gleicher Bevölkerung (Liv. 8,22, 5f.), wird nach Kriegserklärung 327 (8,22,8) durch

Verrat zweier Ratsherren von Publilius Philo eingenommen (8,23,1–8,25,10), der 326 *de Samnitibus Palaeopolitaneis* triumphiert (CIL I^2 p. 171. Liv. 8,26,7). P. wird sonst nicht genannt, so daß seine Existenz zweifelhaft (»Altstadt« als Name einer selbständigen Siedlung unpassend) ist. G. R.

Nissen It. Ldk. 2, 748. *Beloch* Campanien^2 62; RG 392f. *Pais* St. dei Rom. 1, 2. 470ff.

Palairos (*Πάλαιρος*), Stadt in W.-Akarnanien, Strab. 10,2,2 p. 450. 2,21 p. 459. Ethnikon bei Thuk., Steph. Byz. s. *'Αντικύραι* und in der Inschr. von Magnesia *Παλαιρεύς*, sonst *Παλαιραῖος*. IG IV 1^2 95,21. Erhielt 431 v. Chr durch Athen den Hafen Sollion, Thuk 2,30,1. 6. P. ist unter den Empfängern der Kornsendungen von → Kyrene bei der Kornknappheit um 330–326 v. Chr., SEG IX 2,35. 207 v. Chr. Anerkennung der Asylie der Artemis Leukophryene von Magnesia, Inschr. v. Magnesia 31 = IG IX $1,2^2$, 582,47. Syll. I^3 557 App. B. Wurde mit der Gründung von Nikopolis verlassen. Gut erhaltener umfangreicher Mauerring hellenist. Z. beim h. Kechropulo etwa 5 km n. w. der Bucht von Zaverda, das h. amtlich P. heißt. Scherbenfunde seit myken. Z., innerhalb des Mauerrings Reste des rechtwinkligen Straßensystems, zahlreiche Gräber, mehrere Heiligtümer u. Wachttürme in der näheren Umgebung. Inschr.: IG IX $1,2^2$,451–572. BCH 90, 1966, 157 Z. I 5. SEG XVIII 285. Mz.: (unsicher) HEAD HN^2 331. E. M.

Kirsten, RE XVIII 2455ff. XVIII, 2. H., 2484ff. mit Plan.

Palaiste (*παλαιστή*, später auch *παλαιστής*), **1.** »Handbreite« (ohne den Daumen) = 4 → Daktyloi und damit 1/4 Fuß, vgl. etwa Hdt. 2,149,3, gängiges griech. → Längenmaß. Je nach zugrundeliegendem Fußmaß ergibt sich eine Größe von 7,5–8,5 cm. Die gleiche Einheit hieß auch Dochme, → Doron und lat. → Palmus. H. Ch.

F. Hultsch Metrologie^2 27ff. *W. Becher*, RE XVIII 2471.

2. P., Örtlichkeit an den akrokeraun. Bergen an der Küste von Epeiros, h. Palase, nur als Landestelle Caesars im J. 48 v. Chr. genannt, Caes. civ. 3,6,3. Lucan. 5,460. Der gleiche Name wohl im Namen der Philister (Palaistine). E. M.

1. *Joh. Schmidt*, RE XVIII 2471f. 2. *N. G. L. Hammond* Epirus 125f. 674 Kte. 16.

Palaistra. Die P. (Ringschule) bildet mit dem Dromos (Laufbahn) das Gymnasion. Die für das 6. Jh. in Athen und Sikyon bezeugten P. (Aischin. 1,10. Hdt. 6,126) dienten als Sportakademien und sicherten die militär. Ausbildung. Seit dem 5. Jh. wurde die P. humanist. Bildungsanstalt, die die körperliche und geistige Erziehung wahrnahm. Diesen Aufgaben entsprach die architekton. Anlage. Nach dem um 400 in Athen erbauten → Pompeion mit einem 6x13 Säulen umfassenden Peristyl, das von 7 Räumen begrenzt und durch ein Propylon erschlossen wurde, entwickelte sich die P. zu dem großzügigen quadrat. Peristylhof (Epidauros, Olympia, Priene), dessen Seitenlängen aber unter dem durch Vitr. 5,11 gesetzten Maß von 90 m blieben. Auf das Peristyl öffneten sich die Aufenthalts- und Übungsräume mit dem bei Vitr. *ephebeum* genannten Apodyterion, das in der Achse des Hauptflügels verschiedentl. durch eine Exedra betont wurde (Delos, Pergamon). Beiderseits gruppierten sich die Übungsräume: das zum Ringtraining bestimmte *conisterium*, das zum Boxtraining bestimmte *coryceum*, das für Ballspiele vorgesehene *sphaeristerium*, der Massageraum *elaeothesium* und verschiedene Bäder, die die hellenist. P. kennzeichneten, ehe diese zum festen Bestandteil der röm. Thermenanlage wurde. In Italien wurde die P. bei ihrer Übernahme in spätrepublikan. Z. den Thermen untergeordnet (Pompeji, CIL I^2 1635). Die P. war seit dem 5. Jh. öffentl. Institution, nachdem das Volk aufgrund der mit der athen. Seeherrschaft verbundenen wirtschaftl. Blüte verlangt hatte, P., Apodyteria und Bäder aus öffentl. Mitteln zu finanzieren (Xen. Ath. pol. 2,10). Mit der Entwicklung der P. zu einem Zentrum des gesellschaftl. Lebens wurde sie von der Stadtperipherie in das Stadtzentrum geholt, wo sie in der Nachbarschaft des städt. Heiligtums (Korinth, Pergamon), von Agora (Milet) und Forum (Pompeji) eine ihrer kulturpolit. Bedeutung entsprechende Lage erhielt. Sie spielte bei der Hellenisierung des Ostens eine wichtige Rolle, blieb aber bis in die Kaiserzeit exklusives Institut der griech.-röm. Oberschicht. A. v. Gl.

Delorme Gymnasion, 1960. *Zschietzschmann* Wettkampf- und Übungsstätten in Griechenland 2, 1961.

Palamedes (*Παλαμήδης*). **1.** Heros von Nauplia, wie sein Vater → Nauplios. Noch h. heißt der Berg über Nauplia Palamidi. Seine Mutter ist → Klymene (5) oder → Hesione (2), sein Bruder → Oiax. Apollod. 2,23. 3,15. Etym.: (haplolog.) »mit der Hand geschickt« (vgl. Palamaon, der dem Zeus bei der Geburt Athenas das Haupt spaltet, Doppelgänger oder Hypostase des Hephaistos. Sch. Pind. O. 7,35). Aber die etr. Form *talmite (talmiϑe)* führt auf den Anlaut *pt-* und legt Verwandtschaft mit *πάλμυς* = *βασιλεύς* (Hom. Hipponax. Lykophr.) nahe (E. FIESELER Namen der griech. Myth. im Etr. 40ff.). – P. heißt seit Pind. *σοφός*, *σοφιστής* und konkurriert als Erfinder mit Prometheus, Orpheus, Kadmos, Daidalos, Theuth. Gorg. Pal. 30. Alkid. Od. 22. Soph. frg. 399. 438. Eur. frg. 578. Seine Erfindungsgabe ist sprichwörtlich, Plat. Phaidr. 261 d. Man schreibt ihm zu die Erfindung (oder Vermehrung) der Buchstaben (Hyg. fab. 277. Tac. ann. 11,14), der Würfel (Paus. 10,3,1), des Brettspiels, der Maße und Gewichte, der Feuersignale u. a. – In den Kyprien entlarvt er Odysseus' geheuchelten Wahnsinn bei der Werbung für den troian. Krieg und wird dafür später von diesem und Diomedes beim Fischfang überfallen. Die Il. ignoriert diese Sagen → Odysseus zuliebe und erwähnt auch Nauplia nicht im Schiffskatalog. W. KULLMANN H (ES 14) 165ff. 224. 301. 384. R. v. SCHELIHA Patroklos

101 f. Um so mehr tritt P. bei den Tragikern hervor, wo er aus Rachsucht oder aus Neid einer von Odysseus angezettelten Intrige zum Opfer fällt. Apollod. ep. 3,8. Sch. Eur. Or. 432. Hyg. fab. 95. 105. Verg. Aen. 2, 81 ff. Er gilt als Schulbeispiel eines Justizmordes, Plat. apol. 41 b. Xen. apol. 26. Cic. Tusc. 1,98. – Ov. met. 13,35 ff. 56 ff. 308 ff. – Heroenkult nur vereinzelt; z.B. Xen. kyn. 1,11. Darstellung auf Vasen und etr. Spiegeln. H. v. G.

E. Wüst, RE s.v. *Lewy*, Myth. Lex. 3,1264 ff. *Prell.-Rob.* 2,1127 ff. *A. Kleingünther* Πρῶτος εὑρετής, Philol. Suppl. 26,1, 1933, 78 ff. *Wilam.* Aischylos-Interpret. 146.

2. P., griech. Grammatiker des 2./3. (?) Jh. n. Chr., Gesprächsteilnehmer bei Athen. 9,397 a. Sofern es sich bei der Angabe Ἐλεατικός (nur Athen. a.O. und Suda s. Π.; Zit. aus seinen Schriften stets ohne Ethnikon) tatsächlich um eine Herkunftsangabe (üblich wäre Ἐλεάτης) handelt und nicht um einen Rückgriff auf Plat. Phaidr. 261 d, wo Zenon scherzhaft Ἐλεατικὸς Παλαμήδης genannt wird, stammte P. aus Elea. Der Suda zufolge verfaßte er Lex. zu Komikern (Frg.e: Sch. Aristoph. Pax 916; Vesp. 710. 1108. 1122. Etym. m. 145,43) und Tragikern, einen Ὀνοματολόγος (Reste möglicherweise Sch. Apoll. Rhod. 1,703 f. 3,107 = 4,1563 b) und einen Pindar-Komm., der allerdings in unseren Sch. keine Spuren hinterlassen hat. H. Gä.

R. Förster, RhM 30, 1875, 331 ff.

Palantia (auch *Pallantia* bei Strab. Appian.), h. Palencia am Fluß Carriòn in Altkastilien, Hauptstadt der Vaccaeer. P. wurde in den keltiber. Kriegen von den röm. Feldherren wiederholt, aber vergeblich belagert. Später unterworfen, gehörte P. zu den peregrinen Gemeinden des Conventus Cluniensis (Plin. nat. 3,26), im J. 409 von den Germanen geplündert, 457 von den Goten zerstört. W.S.

RE XVIII 2514 f.

Palas. In Verbindung mit dem rechtsrhein. Feldzug des Caesar Iulianus 359 n. Chr. gegen die Alamannen wird Amm. Marc. 18,2,15 eine *regio, cui Capellatii vel Palas nomen est, ubi terminales lapides Romanorum et Burgundiorum confinia distinguebant* erwähnt. Dem Neckar in ö. Richtung folgend, gelangten die Römer zu den Grenzsteinen und der *regio P.*, nach h. vorherrschender Meinung in den Bereich der Limeskastelle Osterburken – Jagsthausen – Öhringen, wo damals die O.-Grenze der Burgunder gewesen ist. In direkter Nachbarschaft befinden sich die Salinen am Kocher, das Streitobjekt der Alamannen und Burgunder im J. 369 n. Chr. (Amm. Marc. 18,5,11). Seit der Humanistenzeit in zahlreichen Arbeiten berührt, ist in der Basler Ammianus-Ausgabe des Gelenius (1533) das im Hauptkodex bezeugte *Romanorum* in Anlehnung an des Beatus Rhenanus Interpretation des Grenzstreites um die Salinen durch *Alamannorum* ersetzt worden.

Sprachlich wurden *P.* mit *Palus*-Pfahl, der Bezeichnung der röm. Grenzbefestigung, *capellatii* als kelt. gedeutet (Zeuss 311) bzw. als Germanisierung von lat. Namen aufgefaßt (Stählin Wirtschafts-Geschichte 1,128). E. Norden (Alt-Germanien 1934, 136) hält p. für vorkelt., *Capellatii* für ein lokalgentiliz. Nomen einer gallo-röm. *gens.* H. C.

P. Goessler, RE XVIII 2516. *L. Schmidt* Gesch. der dt. Stämme 2,277.

Palatina tribus, die nach dem *ordo tribuum* (Cic. leg. agr. 2,79) zweite (Varro 1.1. 5,56) der nach den vier *regiones* (Varro a.O. 45) des Servius Tullius (Dion. Hal. ant. 4,14,1) 304 von Q. Fabius (Liv. 9,46,14) *urbanae* (Paul. Fest. 508,5 ff. L. Plin. nat. 18,13) genannten *tribus*, in denen die damals aus den anderen entfernten (Aur. Vict. ill. 32,2) *liberti* stimmten (Liv. epit. 20). G. R.

Beloch RG 265 ff.

Palatini nannte man seit dem 4. Jh. in militär. oder ziviler Stellung am Hof *(palatium)* Dienende. P. der *militia armata* waren einmal die Soldaten der → *scholae palatinae* und zum anderen die der zuerst 365 bezeugten (Cod. Theod. 8,1,10), aber wohl schon um 320 aus den → *comitatenses* herausgehobenen Elitetruppen. In der Not. dign. (or. 5,27 ff. 6,27 ff. occ. 5,144 ff. 6,42 ff. u. ö.) werden 157 aus p. bestehende, meist den *mag. mil. praesentales* unterstehende Einheiten genannt (24 *vexillationes*, 25 *legiones*, 108 *auxilia*). Die vor den übrigen *comitatenses* rangierenden, aber keine bes. Rechte besitzenden p. gab es auch noch im späteren 5. und 6. Jh. (darauf deuten Lyd. de mag. 1,46. Const. Porph. 1,91 f. Cod. Iust. 12,35,14; vgl. Not. dign. or. 5,42. 47. 6,29. 42).

Im zivilen Bereich war p. seit etwa 300 – auf die Z. Diocletians deutet Lact. de mort. pers. 11 – Sammelbezeichnung für die Beamten am Hof. Seit etwa 375 gebrauchte man p. seltener in diesem umfassenden Sinn (z.B. Cod. Theod. 6,35. 36,1. 11,16,6. Athan. apol. c. Arian. 74. H. A. v. Hel. 6,2. 20,6. Amm. 22,4,1), sondern meist für die Beamten der »Finanzminister«, des *comes sacr. larg.* (zur Organisation des aus ca. 440 p. bestehenden Amtes vgl. Cod. Theod. 6,30,7) und des *comes rer. priv.* (z.B. Cod. Theod. 6,30 = Iust. 12,23. Nov. Theod. 17,19. Valent. 1. 7. Cod. Iust. 4,59. 10,3. Pap. Lond. 5, 1876. Oxy. 16, 1876. 1958). Die einflußreichen p. erhielten Privilegien wie weitgehende Befreiung von → *munera sordida et personalia* und von verschiedenen Steuern; Verletzung dieser Rechte wurde schwer bestraft (Cod. Theod. 6,35, ferner z.B. 8,3,1. 11,12,3. Cod. Iust. 12,28). Die p. konnten bis in den Senatorenstand aufsteigen (Cod. Theod. 6,10,2. 26,2. 12,1,73). Öfters schritt die Regierung dagegen ein, daß vor allem → *decuriones (curiales)* sich als p. ihren Zwangsverpflichtungen entziehen wollten (Cod. Theod. 8,4. 21. 23. 12,1. 22. 31. 100. 120. 154 u. ö.).

In die Provinzen entsandte p. sollten die Statthalter in Steuersachen kontrollieren, jedoch wurde ihnen untersagt, direkt in die Steuererhebung einzugreifen, weil es dabei oft zu Mißständen kam (Cod. Theod. 1,10,1. 8,8,4ff. Nov. Val. 7,1f. u.ö.). Die p. des *comes rer. priv.* (unter Honorius 300: Cod. Theod. 6,30,16) wirkten bes. bei Einziehung, Verwaltung und Sicherung konfiszierter Güter mit (Symm. rel. 48. Cod. Theod. 10,10 u.ö.). Als das *sacrum patrimonium* eine eigene Verwaltung erhielt, hießen auch seine Offizialen p. (Prok. anecd. 22,12). Die Bezeichnung p. wirkte fort als Bezeichnung für hohe Verwaltungsbeamte am päpstlichen Hof. A. L.

Enßlin, RE XVIII 2529–60.

Palatium, nicht *Palatinus (mons)*, lautet der Name des mittelsten der »sieben Hügel« Roms, der die älteste Ansiedlung und später die Kaiserpaläste getragen hat. Noch im MA. hieß der riesige Trümmerberg il Palazzo maggiore, erst seit der Renaissance ist der Name Palatinus (Palatin, Palatino, Palatine) aufgekommen, Lutatius Catulus, Cicero, Livius, die res gestae divi Augusti, Plinius, Tacitus usw. kennen nur *Pălātium*, die Dichter aus metr. Gründen *Pălātia*, seit domitian. Z. auch *Pālātia*, die griech. Autoren *Παλάτιον* oder *Παλλάντιον* (weil man P. etymol. mit der arkad. Stadt → Pallantion gleichsetzte, aus der → Euandros nach Italien kam). Das Adjekt. *Palatinus* wird mit vielen nomina, nur nicht mit *mons* verbunden. Seit im 1.Jh. n.Chr. der ganze Hügel von den Kaiserpalästen eingenommen war, hieß P. »Residenz« und ging dann in die allg. Bedeutung »Palast« über. Die vielen ant. und mod. Etymol. sind ungewiß oder falsch. Zusammenhang mit → *Pales*, der Hirtengottheit, aber doch wohl anzunehmen (Ziegler, RE XVIII 2. H. 6–22).

Physikal. Beschaffenheit. Das P. ist ein unregelmäßiges, einem Trapez sich näherndes Viereck, dessen Ecken gegen N, S, O und W gerichtet sind. Es erhebt sich bis 51 m ü. Meer, 30–35 m über den es umgrenzenden Tälern, die einst von Bächen durchflossen waren und stark aufgeschüttet worden sind. Es fällt nach allen Seiten steil ab außer im ö. Teil der NO.-Seite, wo der einst höhere Hügelrücken der → Velia zum mons → Oppius führt. Die früher sicher zerklüfteten Ränder sind durch die Substruktionen der Kaiserz. begradigt. Der Hügel besteht aus graubraunem Tuff, der in alter Z. vielfach gebrochen worden ist. Eine o.w. verlaufende, durch die Überbauung verflachte Rinne zerlegt ihn in 2 flache Kuppen, im NW. den → Cermalus und im SO. das P. im engeren Sinne, dessen Name früh auf den ganzen Hügel überging. Die NW.-Seite mißt 250, die NO.-Seite 300, die beiden anderen Seiten je 400 m, das Areal etwa 10 ha.

Frühzeit. Die einhellige Überlieferung, daß das P. die älteste Siedlung, das Rom des Romulus getragen hat, ist durch die Grabungen bestätigt worden. Die Angaben bei Tac. ann. 12,24 und Gell. 13,14 über den Verlauf des von Romulus um den Fuß des Hügels gezogenen → Pomeriums dürften richtig sein. Die alte Befestigung ist bis auf geringe Reste unter der W.-Spitze verschwunden. Die von Plin. nat. 3,66 bezeugten 3 Tore sind nicht feststellbar, ebensowenig das am NW.-Abhang zu suchende → *Lupercal*. Am oberen Ende der vom Zirkustal heraufführenden → *Caci scalae*, wo sich sehr alte Baureste finden, zeigte man die angebl. *aedes Romuli*, die stets im gleichen Zustand erhalten wurde. In die Frühzeit hinauf reichte auch die problematische *Roma quadrata* und die *curia* → *Saliorum*, beide sicher auf dem P.

Aus der Z. der Republik sind viele Sakralbauten auf dem P. bezeugt: außer *sacellum Martis*, das wohl zur curia Saliorum gehörte, ein solches der *Dea* → *Viriplaca*, der → *Luna Noctiluca*, der → *Febris*, 3 → *Fortunae (privata, respiciens, huiusce diei)*, → *Salus*, → *Padus*, → *Fides*, → *Venus Palatina*, → *Iuno Sospita*, → *Aius Locutius*, → *Liber*. Lokalisieren lassen sich diese Heiligtümer nicht. Sicher identifiziert ist über der W.-Ecke des P. die *aedes* → *Matris Magnae*, die 191 geweiht und nach Bränden 111 v. und 3 n.Chr. von einem → Metellus (wohl Nr.21, cos. 109) bzw. → Augustus restauriert wurde. Die nächstgelegene große Tempelruine ist wahrscheinlich die der → *Victoria*, wo der 204 von → Pessinus nach Rom gebrachte Fetischstein der Mater Magna bis zur Fertigstellung des eigenen Tempels aufgestellt wurde. Unsicher ist auch die Lage des Tempels des → *Iuppiter Victor*.

Profanbauten. In den 2 letzten Jh.n der Republik war das P. stark bebaut und ein ausgesprochen aristokr. Viertel, in dem viele altadlige Familien ihre Häuser hatten und aufstrebende homines novi ebenfalls ansässig zu werden strebten wie → Cicero, dessen 62 für 3½ Mill. Sesterzen gekauftes Haus nach seiner Verbannung von → Clodius niedergebrannt, nach seiner Rückkehr auf Staatskosten wiederhergestellt wurde. Clodius u. → Milo wohnten auch auf dem P., ebenso der Triumvir → Antonius. Berühmt wegen seines Prunkes war das Haus des M. → Aemilius Scaurus (I 29). Im Hause des C. → Octavius, Praetor 61, wurde am 23.Sept. 61 der spätere Kaiser Augustus geboren. Großenteils erhalten ist das Haus seiner Gattin → Livia (2) mit seinen schönen Wandmalereien.

Die Bauten der Kaiserzeit haben die älteren Bauten – bis auf die besprochenen Reste – niedergelegt oder überdeckt. Schon die Bauten des Augustus haben wohl die Hälfte des P. in Anspruch genommen, die N.-Ecke überbaute schon zu seinen Lebzeiten sein Sohn Tiberius. Dann haben bes. Caligula, Nero, die Flavier und Septimius Severus bedeutende Umbauten und Erweiterungen vorgenommen. Über den Palast, den sich Augustus nach dem Sieg über Sex. → Pompeius errichtet hat, und den räumlich mit ihm verbundenen großartigen und vielgepriesenen Tempel des Apollo (Palatinus), der eine Art Zentralheiligtum des erneuerten Staates wurde, haben wir viele zeitgenössische wie spätere literar. Zeugnisse (Verg., Hor., Prop., Ov., Mon. Anc., Vell., Val. Max., Plin., Tac., Suet., Cass. Dio usw.), doch ist die topogr. Feststellung trotz des erheblichen Umfangs dieser Bauten infolge der späteren Überbauung noch nicht geglückt. – Sicher hingegen ist, daß die zum Kapitol hinüberblickende, die N.-Ecke des P. bildende, in bedeutenden Trümmern erhaltene Palastruine, ein Rechteck von etwa 100x150 m, die domus Tiberiana ist, die freilich später von den Flaviern, den Antoninen und den Severern in fast allen Teilen umgebaut worden ist. Unterhalb von ihm, am Fuß des P., haben Tiberius und Livia das templum Divi Augusti errichtet. – Die umfassendste Bautätigkeit auf dem P. hat dann Domitian entfaltet. Von dem prachtvollen Palast, den er durch den Architekten Rabirius errichten ließ, stammt ein erheblicher Teil der erhaltenen Trümmer, die eine ziemlich sichere Rekonstruktion gestatten. Der wesentlichste Teil der weiten Anlage war offenbar der etwa im Zentrum des Hügels mit der Front nach NO. gelegene große Prunk- und Repräsentationspalast mit mehreren großen Sälen, deren mittelster und größter, wohl der Thronsaal, 32 m breit und von einem gewaltigen Tonnengewölbe überspannt war. An diesen Palast schloß sich nach SO. ein noch größerer, der nach S. in ganzer Breite bis zum Rand des Hügels reichte und über 12000 qm bedeckte, an. Er scheint Domitian und vielen seiner Nachfolger als Wohnhaus gedient zu haben. An seiner SO.-Seite liegt, etwa 160 m lang und 50 m breit sich hinziehend, der *hippodromus Palatii*, keine »Pferderennbahn«, sondern ein Garten, von hohen Mauern umgeben und einst mit vielen Kunstwerken geschmückt, von denen bei den Grabungen der 1870er J. nicht wenige gefunden worden sind. – Von den Nachfolgern Domitians hat erst Septimius Severus – nachdem 191 ein großer Brand in Rom auch das P. stark in Mitleidenschaft gezogen hatte – wieder eine bedeutende Bautätigkeit auf dem P. entfaltet. Er hat nicht nur die Brandschäden beseitigt, sondern auch die Paläste seiner Vorgänger bes. an der Südspitze des Hügels in großartiger Weise erweitert. Freilich ist das, was man jetzt den Palast des Severus zu nennen pflegt, im wesentlichen nur sein Unterbau: gewaltige Substruktionen in Form mehrgeschossiger Arkaden auf riesenhaften Ziegelpfeilern, dazu bestimmt, die Straße, die vermutlich in das Tal zwischen P. und → Caelius hinabführte, zu überbrücken und über ihr und bis an die obersten Sitzreihen des Circus heran den Platz für einen neuen Flügel zu schaffen, der sich organisch an den alten Palast anschloß. Der Oberbau, der sich über diesen Fundamenten wenigstens zweigeschossig erhoben hat, ist zerstört bis auf die hochragende Ruine eines Treppenturmes. Unter der Südspitze des P. hat Severus den Prunkbau des → Septizonium errichtet. – Von Caracalla wird nur berichtet, daß er seinen Bruder Geta und Papinian *in Palatio* 212 ermorden ließ. Dasselbe Schicksal ereilte 238 Pupienus und Balbinus, die Gegenkaiser Gordians III. Elagabal erbaute im Palast ein öffentliches Bad und anstoßend an ihn einen Tempel für seinen Gott, in den er alle Heiligtümer Roms zu bringen suchte. Wo dieser Tempel gestanden hat, wissen wir nicht; jedenfalls ist er sofort nach dem Tode Elagabals demoliert oder, wahrscheinlicher, zu einem andern Zweck verwendet worden. Alexander Severus hat im P. nur Gemächer für seine Mutter Iulia Mammaea bauen lassen, Maxentius *thermas in Palatio fecit*, und 2 Reskripte Constantins nennen das P. bzw. sind in ihm ausgegeben. Durch die Verlegung der Residenz nach dem Osten verlor das P. natürlich viel von seiner Bedeutung, blieb aber Residenz, wenn ein Kaiser nach Rom kam, und wurde es wieder ständig nach erfolgter Reichsteilung. Auch die germanischen Erben der weström. Kaiser residierten auf dem P. und haben einiges restauriert. Nach der Wiedereroberung Italiens durch Iustinian wurde das P. der Sitz der byzant. Statthalter.

Aus der Z. vom 6. bis ins 14. Jh., in dem der Verfall (oder die planmäßige Zerstörung?) des P. sich vollzogen hat, gibt es so gut wie keine Nachrichten. Auf dem Hügel standen seit dem 9. Jh. Kirche und Kloster des hl. Caesarius und seit dem 10. Jh. S. Maria in Pallara. Der größte Teil des mit Gärten und Vignen bestandenen Hügels gehörte während des MA. den Frangipani. Mitte des 16. Jh. erwarb der Kardinal Alessandro Farnese die ganze n. Hälfte des Hügels und ließ sie durch Vignola in eine großartige Gartenanlage umgestalten. Die bei diesen Arbeiten gemachten architektonischen und Skulpturenfunde führten alsbald und in der Folgezeit zu ertragreichen Raubgrabungen. Die ernsthafte wiessenschaftliche Erforschung setzte erst 1861 im Auftrag Napoleons III. ein, der die orti Farnesiani und einige anschließende Vignen ankaufte, und wurde nach seinem Sturz durch die italienische Regierung fortgesetzt. Sie ist noch im Gange. K. Z.

Jordan-Huelsen Topographie der Stadt Rom im Altertum 1,3 (1907) 23–111. *S.B. Platner – Th. Ashby* A Topographical Dictionary of Ancient Rome, Oxford 1929, passim. *G. Lugli* I monumenti antichi di Roma e suburbio I, Roma 1930, 241–329; Supplemento, 1940, 105–131. *E. Nash* Bildlexikon zur Topographie des antiken Rom, 1961, 1, 310–338 (Domus Augusti). 2,163–169 (Palatinus mons). *Helgo Finsen* La résidence de Domitien sur le Palatin = Analecta Romana instituti Danici V, Supplementum, Hafniae 1969. *K. Ziegler*, RE XVIII 2. H. 5–81.

Pale s. Ringkampf

Pălēs (Varro Men. frg. 506 B.), Göttin der Weide (Serv. ecl. 5,35; georg. 3,1. 294) und Hirten (Ov. fast. 4,776. Paul. Fest. 248,17 L. Petron. frg. 27,7 B. Solin. 1,15. Sch. Pers. 1,72. Charis. 1,58 K.), Wächterin der Herden (Arnob. 3,23). *Panda P.*

(Varro Men. a.O.) »soll Futter bieten« (RADKE Götter Altitaliens 242), *P. Matuta* (Flor. 1,15. Sch. Bern. Veron. georg. 3,1) hat für Atilius Regulus den Kampf »zum Guten geführt« (o. Bd. 3, 1088). Der P. gelten die *Palilia* am 21. April (Ov. fast. 4,721 ff. Varro l. l. 6,15. Paul. a.O. 17. Sch. Pers. a.O.), die in den Kalendern jedoch *Parilia* (CIL I² p. 236) heißen und von anderen (Paul. a.O. 18. Fest. 272,3f. L. Solin. 1,19. Sch. Pers. a.O. *nunc mutatis litteris*. Cic. div. 2,98; Att. 2,8,2; Phil. 14,14,1) zu *parere* gestellt werden (Geburtstag Roms: Ov. fast. 4,807. Vell. 1,8,4: *urbem Parilibus .. condidit*). Dann bleibt als Festtag für P. der 7. Juli (Fast. Ant. vet. ILLRP Nr. 9: *Palibus II*). Der Plural gestattet Annahme auch eines männlichen P. (Varro Serv. georg. 3,1. Mart. Cap. 1,50f. Caesius b. Arnob. 3,40); Caes. a.O. rechnet P. zu den Penaten (vgl. Serv. auct. Aen. 2,235). G.R.

Prell.-Jord. 1,414 ff. *Wissowa* Myth. Lex. 3, 1276 ff.; Rel.² 200. *Latte* RRel 60. 88. *Altheim* RRelGesch. 2, 1931, 25. *Bömer* Ovids Fasten 2, S. 271 ff. *Radke* Götter Altitaliens 242f. *Dumézil* Rel. Rom. arch. 56f. 373 ff.

Palike (*Παλική*), Stadt im Inneren Siziliens nahe Palagonia zwischen Caltagirone und Catania. 453 v. Chr. gründete Duketios beim Heiligtum der → Palikoi das nach diesen Gottheiten benannte P. als Zentrum seines Sikelerreiches, indem er Menai (h. Mineo) in die Ebene verlegte (Diod. 11, 88,6). P. nahm einen schnellen Aufschwung, wurde jedoch nach kurzer Blüte zerstört (Diod. 11,90,1 f.). Falls das von Diod. 12,29 genannte Trinakria mit P. ident. ist, erfolgte die Zerstörung 440 v. Chr. durch die Syrakusier. Neuere Grabungen auf dem Hügel Rocchicella ca. 250 m ö. vom Palikensee brachten Reste der Befestigung des Duketios zum Vorschein. G. V. GENTILI, MDAI (R) 1962, 14 ff. P. PELAGATTI, Fasti Arch. 1962, 2767 u. Boll. Arte 1966, 106f. L. BERNABÒ BREA, Bull. Paletn. Ital. 1965, 23 ff. Kl. M.

Ziegler, RE XVIII, 2. H., 98. *D. Adamesteanu*, Kokalos 1962, 174 ff. *K. Meister* Die sizil. Geschichte bei Diodor, Diss. München 1967, 51 ff.

Palikoi (*Παλικοί*), Sikel. Zwillingsgottheiten, die Dämonen der Krater, die im Palikensee (Lago dei Palici) aufsteigen (Lokalisierung s. Palike).

Hauptquellen: Macrob. 5,19,15–31 (15 = Verg. Aen. 9,581–585. 17 u. 24 = Aischyl. frg. 27a M. 25 = Kallias FGrH 564 F 1. 26–29 = Polemon frg. 83, FHG III 140. 30 = Xenagoras FGrH 240 F 21); Diod. 11,89 (= Timaios); Serv. Aen. 9,581. Steph. Byz. s. *Παλική* (= Silenos FGrH 175 F 3).

Beschreibung der Krater: Die Krater, die auch Delloi genannt wurden (Kallias F 1, Polemon frg. 83, Macrob. 5,19,19), warfen aus großer Tiefe mächtige Sprudel empor und ähnelten Kesseln, die siedendes Wasser aufquellen lassen. Das Wasser roch nach Schwefel und drang unter Getöse aus dem Schlund. Trotz des ständigen Aufwallens floß es nicht über und nahm auch nicht ab, so daß der Vorgang göttlichen Ursprungs schien (Diod. 11,89,1–4). Moderne Beobachtungen stimmen mit dieser Beschreibung überein, doch hat man erkannt, daß nicht Quellen, sondern Erdgase die Bewegung des Wassers verursachen.

Bedeutung des Heiligtums: Die Gründung der Bundeshauptstadt → Palike beim Palikensee und ihre Benennung nach den P. (Diod. 11,88,6) zeigt, daß das Palikenheiligtum als sikel. Nationalheiligtum galt. Unter seinen Schutz stellten sich noch die Sklaven im 2. sizil. Sklavenkrieg 104 v. Chr. (Diod. 36,3,3. 7,1). Es war die hervorragendste Eidesstätte der Insel (Diod. 11,89,5. Polemon frg. 83. Macrob. 5,19,19–21), ferner ein vielbesuchtes Orakel (Xenagoras frg. 21. Macrob. 5,19,22) und ein angesehenes Asyl (Diod. 11,89,6–8).

Der Mythos: Nach Polemon frg. 83 galten die P. bei den Einheimischen als autochthone Gottheiten. Von den Griechen erfand als erster Aischylos in den Aitnaiai Mythos und Genealogie der P.: In der Nähe des Symaithos wurde die Nymphe Thaleia von Zeus geschwängert. Aus Furcht vor Hera verbarg sie sich tief im Inneren der Erde. Bei ihrer Niederkunft aber schloß sich die Erde wieder auf, und zwei Kinder stiegen ans Licht. Sie wurden P. genannt, weil sie aus der Erde »wiedergekommen« sind (*πάλιν ἥκειν*). In etwas anderer Form erscheint der Mythos bei den Späteren, z.B. Silenos FGrH 175 F 3. Serv. Aen. 9,581. Hesych. s.v.

Baulichkeiten: Nach Diod. 11,89,8 lag das Heiligtum in einer gottgesegneten Ebene und war mit Hallen und Herbergen schön geschmückt. Am Fuße des nahegelegenen Hügels Rocchicella befindet sich eine Grotte, an deren Öffnung Reste eines viereckigen Gebäudes aufgefunden wurden. Wahrscheinlich gehörte dieser Bau zum Heiligtum. Neuere Grabungen: s. Palike. Kl. M.

L. Bloch, Myth. Lex. III 1281. *Ziegler*, RE XVIII, 2. H., 100. *L. Bello*, Kokalos 1960, 71 ff. *E. Manni* Sicilia pagana, 1965, 173 ff. *K. Meister* Das griech. Sizilien, 1969, 66 ff.

Palilia s. Pales. Parilia

Pali(m)bothra (*Παλί[μ]βοθρα*), das *ai. Pāṭaliputra* (auch Kusumapura, Puṣpapura, Nagara, Nandanagara, Śrīnagara [5] genannt) am S.-Ufer des Ganges bei der Mündung des Son in der Nähe des h. Patna gelegen. Die bes. in der → Maurya-Zeit bedeutende Stadt wurde nach Megasth. (Diod. 2,39) von Herakles gegründet [3], nach ind. Tradition war jedoch Udāyībhadra, der Sohn des Ajātaśatru (493–462), der Gründer. Im W. wurde die prunkvolle Residenz des Sandrokottos (Candragupta) durch den seleuk. Gesandten → Megasthenes bekannt (FGrH 715 F 18), der die Lage, Ausdehnung, Form und Befestigungsmittel P.s schilderte. Manches aus diesem Bericht läßt sich durch ind. Quellen erläutern. D. SCHLINGLOFF, Wien. Ztschr. für die Kunde Süd- und Ostasiens 11, 1967, 50f. 59f. 62). F.F.S.

1. O. *Stein* Megasthenes u. Kauṭilya, 1922, 28 ff. 2. *F. Altheim* Weltgesch. Asiens im griech. Zeitalter, 1947–48, 1. 257–60. 325–33. 345f. 2. 74f. 156f. 3. *A. Dahlquist*

Megasthenes and Ind. Religion, 1962, 135ff. 4. *A. Tamburello* Pataliputra, Enc. dell'Arte ant. class. ed orient. 5, 1963, 986f. 5. *M. Sh. Pandey* The Hist. Geogr. and Topogr. of Bihar, Delhi 1963, 134ff. 6. *B.N. Puri* Cities of Anc. India, Meerut 1966, 63ff. 7. *R. K. Mookerji* Chandragupta Maurya and His Times^{4}, Delhi 1966, 18f. 63f. 68ff. 141f. 205ff. 220ff. 8. *K.A. Nilakanta Sastri* (ed.) Age of the Nandas and Mauryas^{2}, Delhi 1967, 25f. 120f. 157ff. 339f. 356ff.

Palimpsestos (*παλίμψηστος*), erg. *βίβλος* oder *χάρτη*, »wieder abgeschabtes«, d.h. (nach Tilgung der ersten Beschriftung) wieder schreibfertig gemachtes und neu beschriebenes Buch (Buchrolle) oder Blatt Papyrus oder Pergament. Dieses Verfahren wurde im Alt. wegen des hohen Preises des Schreibmaterials oft angewendet. Zuweilen ist auch eine dreifache Beschriftung erfolgt. Viele P. sind uns erhalten, und manche kostbaren Texte sind nur durch P. auf uns gekommen, so z. B. der größte Teil von Ciceros Schrift de republica und die Institutionen des → Gaius (1). Naturgemäß ist die erste, getilgte Schrift schwer lesbar. Früher benützte man chemische Mittel, um sie leichter lesbar zu machen, wodurch aber das Pergament angegriffen und langsam zersetzt wird. In neuerer Z. bedient man sich eines bes. fotografischen Verfahrens mit ultravioletten Strahlen. K. Z.

W. Schubart Das Buch bei den Griechen und Römern ^{2}1921; *ders.*, RE XVIII, 2.H., 123f. *P. R. Kögel* Die Palimpsestphotographie 1920.

Palindikia (*παλινδικία*), *ἀναδικία* und die den Substantivbildungen zugrundeliegenden Verba bezeichneten im griech. Mutterland ([2], 124ff. [3]) sowie im ptolem. Äg. und im röm. Provinzialrecht ([2], 127ff.) die Wiederaufnahme eines Rechtsstreits. Ein wiederholtes Prozessieren in derselben Sache war grundsätzlich verboten ([6]). Ausnahmen galten nur für die Berufung, soweit eine solche ausnahmsweise vorgesehen war ([7]), für die Aufnahme eines Prozesses nach gerichtlicher Aussetzung des Verfahrens ([2], 125), für die Erhebung einer neuen Klage in derselben Sache nach Zurücknahme der ersten ([2], 126), für die Wiederaufnahme des Verfahrens durch einen Dritten im Wege der Intervention ([1]. [2], 126), in bestimmten Fällen bei der Restitutionsklage nach Verurteilung wegen falscher Zeugenaussage ([4]) und im ptolem. Amtsverfahren in Zivilsachen ([5]). Die vielen Ausnahmen erleichterten es den Anwälten und Parteien, durch Winkelzüge auch sonst eine P. zu erreichen (Plut. Demosth. 6,1. Poll. 8,26). E. B.

1. *E. Berneker* Études de Papyrologie 2, 1933, 62ff. 2. *Ders.*, RE XVIII, 2.H., 124–132. 3. *Ders.*, The Journal of Juristic Papyrology, 4, 1950, 253ff. 4. *Ders.*, RE XXIII 1366. 1371ff. 5. *H.J. Wolff* Das Justizwesen der Ptolem., 1962, 159. 6. *Ders.* Die att. Paragraphe, 1966. 90f. 7. *M. Just* Die Ephesis in der Gesch. des att. Prozesses, 1965, 16f. 197ff.

Palindrom. Spiegelbildliche, rückläufige Anordnung einzelner Wörter, Wortgruppen oder

Verse. Verwendet als lit. Spielerei oder als mystische Verschlüsselung im Zauber. Beispiele: *ROMA-AMOR; Νόμον, ὁ κοινός, ἔχε σὸν οἰκονόμον*. Vgl. Anth. Graeca 16,387 b, c (Beckby). C.Z.

Palingenesia (*παλιγγενεσία*), urspr. stoischer Term. (*renovatio mundi* Cic. nat. 2,118), der die Neu-Entstehung der Welt nach dem Weltbrande und aller Dinge in ihr bezeichnete. Für stoisches Verständnis mußte der neue Weltablauf dem vorigen völlig gleich sein, weil gleiche Ursachen gleiche Wirkungen hervorbringen. So bezeichnete P. zunächst mit großer Präzision den Neubeginn des Weltjahres (im stoischen Sinne); vgl. SVF II 190/91, vgl. II 187,8. Noch Proklos verwendet P. streng im eben bezeichneten Sinne. Synonym hiermit ist der gleichfalls stoische Term. *ἀποκατάστασις*. Bald aber wurde ihm die pythagor. Lehre von der Wiedergeburt angenähert, trotz des Unterschiedes, daß *μετενσωμάτωσις* je nach Verdienst des Betreffenden zu anderen Lebens-Umständen führt, also gerade n i c h t die Wiederholung gleicher Vorgänge bezeichnet: Plut. de esu carnium 4,998c; – so in Anlehnung an Plat. Men. 81B; ähnlich Plut. de Is. et Osir. 72, 379e; vgl. Ov. fast. 3,153. Der Pythagoreer Kronios verfaßte eine Schrift *περὶ π.*, was Nemesios, der sie zitiert, nat. hom. 2, MIGNE PG 40,581 sogleich richtig stellt: *οὕτω δὲ καλεῖ τὴν μετενσωμάτωσιν*.

Eine wichtige Rolle spielt der Begriff P. in Mysterienkulten; die sakramentale Handlung drückt nicht selten das Sterben und das Wiedergeborenwerden aus; der *mors voluntaria* folgt ein myst. *renasci*. Myst. Belehrung über die P. erfolgt im 13. Traktat der hermet. Schriften; vgl. dazu R. REITZENSTEIN Poimandres 226ff. und 368ff. (Text dort 339ff.) und A. J. FESTUGIÈRE La révélation d'Hermès Trismégiste 4, 1954, 200ff. Zwei Vorstellungen durchdringen sich: Der P. kann eine *mors voluntaria* (deren Symbol die Taufe als Ersäufen des vorigen Menschen sein kann) vorausgehen; es kann auch eine myst. Zeugung durch einen *ἱερὸς γάμος* postuliert werden. In dieser Vorstellung wird ein zweites Leben (das eigentlich erst nach dem Tode möglich wäre) in dieses Leben hereingenommen, das damit gerettet wird; vgl. Const. Apost. 7,43 und Klem. Al. protr. 9. Der P. muß Buße (als Tod des Bösen) vorausgehen, so Klem. Al. Strom 2,22. Zum locus classicus wurde NT Paul. ad Tit. 3,5 *λουτρὸν τῆς π.*, dazu Orig. in Matth. 15,23. Gregor Nyss. in Cant. 3,9, hom. 7, VI 209,15ff. Langerbeck erblickt in den Zedern des Libanon ein Sinnbild des Menschen: So wie die Zeder gefällt werden muß, um in der Hand des Bauherren nützlich zu einer Sänfte des Königs Salomo umgewandelt zu werden, so formt Gott den Menschen um; er macht ihn zu einem *φορεῖον*, also einem Gefährt, das Gott in sich hat; zum Bild des *θεοφορεῖν*, vgl. H. HANSE »Gott haben«, RVV 27, 1939, 135ff.

Im Zeitalter der Renaissance, der litterae renascentes, glaubte man die P. als die Wiederkehr alles Guten und Schönen, das die Ant. besessen hatte, mitzuerleben. H. D.

Weitere Lit. *R. Reitzenstein* Hellenist. Mysterien-Religionen, 1927, 262–270. *A. Dieterich* Eine Mithras-Liturgie, 1903, 157ff. *A. v. Harnack* Die Terminologie der Wiedergeburt, TU 42,3, 1918, 97–143. *J. Dey* P. Ein Beitrag zur Klärung der rel. gesch, Bedeutung von Tit. 3,5, 1937. *M. P. Nilsson* GgrR 2, 1961, 685–693.

Palinodia. 1. Bezeichnung eines Gedichts des → Stesichoros, in dem er Schmähungen Helenas widerrief; Plat. Phaidr. 243 a.b. Isokr. 10,64, Spätere. Im Widerspruch zu Plat. und Isokr., die von der P. sprechen, steht die Angabe Chamaileons im POxy 2506, daß es 2 P. des Stesich. gab, die eine gegen Homer, die andere gegen Hesiod gerichtet. **2.** Palinodisch sind im Schema a b: b a angeordnete Liedstrophen; Heph. p. 67 Consbr. Danach sind die παλινῳδικοὶ ὕμνοι des → Kratinos (frg. 6 in Dem. Suppl. com.) aufzufassen. R. K.

Palinurus (Plin. nat. 3,71. Cass. Dio 49,1,3: *-um*), Vorgebirge (Dion. Hal. ant. 1,53,2: Hafen) zwischen → Velia und → Buxentum (Strab. 6,252. Plin. a. O.; falsch n. Velias: Mela 2,69), an dem röm. Flotten 253 (Oros. 4,9,10) und 36 (Cass. a. O. Vell. 2,79,3) schwere Verluste erlitten (vgl. Hor. c. 3,4,28). P. ist benannt (Dion. a. O. Serv. auct. Aen. 3,202. Solin. 2,13) nach dem tüchtigen Steuermann des Aeneas (Verg. Aen. 3,202. 513. 562. 5,12), der dort ins Meer stürzte (5,833ff. 6, 337ff.), von Lukanern getötet wurde (6,359), aber nahe Velia Kult erhielt (6,378ff. mit Serv.). G. R.

Immisch, Myth. Lex. 3,1295ff. *Pfister*, Reliquienkult 517

Palla. Ein rechteckiges Tuch aus Wolle, Leinen oder Seide, auch mit Fransen oder Knoten an den Längsseiten (Apul. met. 11,3), das als Vorhang (Sen. dial. 5,22,2), später als Altartuch [(4) 1,450], meist jedoch als Kleidungsstück verwandt werden konnte. P. ist die röm. Form des in hellenist. Z. von den Griechen übernommenen → Himation. Das griech. Schauspiel in Rom, die Palliata, ist so nach den Gewändern der griech. Schauspieler benannt worden. Die P. wurde von der Frau getragen (Gegenstück für den Mann → Pallium). Durch Bequemlichkeit und Einfachheit im Tragen erfreute sich die P. großer Beliebtheit. Man schlug sie über beide Schultern oder trug sie so, daß die r. Schulter freiblieb, und das Tuchende auf der l. Schulter oder dem l. Arm ruhte (Apul. met. 11,3). Die P., der Tertullianus eine eigene Abhandlung widmete (Tert. de pallio), wurde a) als Mantel – auch über den Kopf gezogen (Hor. s. 1,2,99. Petron. 17. 20) – über der → Tunica getragen, konnte b) wie ein → Peplos (Serv. Aen. 1,479) und c) in der Tracht der Kitharöden wie eine Tunica getragen werden. S. O.

1. *R. Hanslik*, RE XVIII, 2. H., 152. 2. *M. Bieber* Entwicklungsgeschichte der griech. Tracht ²1967, 38ff. T. 34. 41. 3. *L. Curtius* Die Wandmalerei Pompejis, 1929 Abb. 186ff. (Villa dei Misteri). 4. *L. Eisenhofer* HB der kathol. Liturgik, 1932.

Pallacinae vicus war eine Straße in Rom, deren Verlauf wir nur aus ma. Angaben rekonstruieren können. Nach Cicero wurde Roscius *ad balneas Pallacinas* ermordet (Cic. S. Rosc. 18). Die Straße führte vom Beginn der Via Lata zur NO.-Ecke des Circus Flaminius; es ist heute die Gegend zwischen der Piazza Venezia und der Kirche Il Gesù. Die Deutung des Namens ist noch unsicher. Rud. G.

Welin, RE XVIII, 2. H., 156f.

Palladas (Παλλαδᾶς), Epigrammatiker, lebte in der 2. Hälfte 4. Jh. n. Chr. in Alexandreia. Etwa 160 Epigramme sind erhalten. Seine Zeit wird bestimmt durch Anth. Pal. 11,292 (Angriff auf → Themistios, praef. urbi 384, beantwortet in or. 34). 10,90 (nach der Zerstörung des Serapeums 391). 10,89 (wahrscheinlich nach der Niederlage des → Eugenius [2], 394). 9,400 (auf die 415 ermordete Philosophin → Hypatia; Beziehung auf diese bestritten von LUCK, HSPh 63,462ff., verteidigt von IRMSCHER, Acta ant. Philippop. 313ff.). P. war Grammatiker (Lehrer). Infolge einer Denunziation mußte er diesen Beruf aufgeben (9,175). Geschah dies wegen seiner heidnischen Haltung, also bald nach 391, so muß das Lemma zu 9,528 εἰς τὸν οἶκον Μαρίνης (* 403) falsch sein, da er nach 10,97 72 Jahre alt war, als er, bisher Grammatiker, zum Buleuten gemacht wurde. P. rechnete sich zu den Ἕλληνες (Heiden) und hat den Patriarchen → Theophilos (385–412) in iron. Epigr. (10,90. 91) angegriffen (anders BOWRA, Proc. Brit. Acad. 1959, 255ff.). Aber die alten Götter bedeuten ihm nichts; nur Sarapis greift bei ihm in das menschliche Leben ein. Auch eine feste philos. Anschauung besitzt er nicht. Pessimismus und Empörung über das ungerechte Walten der Tyche und Hoffart der Reichen prägen viele seiner Epigr., ferner Klagen über seinen Beruf und seine Frau. Die Behandlung überkommener Motive tritt bei diesem Erneuerer des Epigr. hinter dem Persönlichen zurück; andere anzugreifen war ihm attischer Honig (11,341). Wortspiele liebt er sehr. Gegen die Vokalquantitäten verstößt er öfter. P. ist viel gelesen worden. 10,87 steht, ungeschickt verändert, auf einer Latrinenwand in → Ephesos, 10,58 auf einem Heiligengrab der Insel → Megiste. Auch im W. wurden seine Epigr. bald bekannt, wie Epigr. Bob. 47. 50 und Ps.-Auson. epigr. 31 zeigen. Im griech. MA. sind Leser des P. die Nonne Kasia (LUCK a. O. 470), Eustathios, Niketas Eugenianos, die Vf. von Gnomologien. R. K.

L. A. Stella Cinque poeti dell'Antol. Palat., 1949. *Irmscher*, Wiss. Ztschr. Humboldt-Univ. 6, 1956/57, 163ff. *Wolfg. Zerwes* P. von Alexandrien, Diss. Tübingen 1957. *Bowra*, CQ 10, 1960, 118ff. *Al. Cameron*, JHS 84, 1964, 54ff.; ByzZ 57, 1964, 279ff.; CQ 15, 1965, 215ff.; JRS 55, 1965, 17ff.

Palladion (*παλλάδιον*). Etym. umstritten; eher zu *παλλάς* »Mädchen« als zu *πάλλειν*. Über die urspr. Form dieses Idols bestehen Zweifel. Die Darstellung auf einem Pinax aus Mykene (vgl. Rodenwaldt, MDAI[A] 37,139ff.) zeigt das P. mit Speer und Schild. Das P. steht im Zwielicht von orendist. Vorstellungen (d.h. von solchen der unpers. Kraft), welche der Auffassung von dem als Ding aus sich heraus wirkenden Amulett entsprechen, und von theistischer Vorstellung einer persönl. Göttin. Da eine Auffassung von P. als *παλτὸν πῦρ* (vgl. Etym. M. s. *Π*., wo *πάλλειν* mit *βάλλειν* gleichgesetzt wird) und somit als Synonymon für *κεραυνός* (so J. Harrison Themis 1912) durch die Beziehungslosigkeit zum Blitz unwahrscheinlich ist (berechtigte Bedenken auch [1], 188f.) und anderseits die Verbindung mit Pallas Athene bestens bezeugt ist (Hdt. 4,189 ausdrücklich als *ἀγάλματα τῆς Ἀθηναίης*), wird man an den Anf. der Entwicklung des P. die theistische Vorstellung zu setzen haben. Das P. war also offenbar das Bild der *παλλάς*, des Mädchens. Eine sekundäre Frage ist, ob man *παλλάς* mit Fr. Schwenn, ARW 20,313ff., als kret.-myk. *δαίμων*, der in seinem Geschlecht unbestimmt wäre, deuten zu müssen glaubt, oder ob man, was die hist. Entwicklung und doch wohl auch (in Kombination damit) die etym. Zusammengehörigkeit mit *παλάς* (Mädchen, also weiblich!) nahelegt, eben die Göttin → Athene (G 70, 1963, 395) erkennt, welche den Beinamen *παλλάς* und den bedeutungsgleichen *παρθένος* trug. Eine gewisse Verabsolutierung der Statue in einer bestimmten Form wird zu den amuletthaften Zügen der P.-Vorstellung geführt haben.
Die Wirkung des P. ist vor allem Schutz der Stadt; daß dieser nicht nur dem Amulett, sondern bes. häufig persönl. Göttern zugeschrieben wurde, zeigen die Stadtgottheiten, aber auch die röm. → evocatio, die nicht als bloß dynamistischer Ritus verstanden werden darf (vgl. G 66, 1959, 362). – Das P. ist immer klein (vgl. Suda: *ζώδιον μικρὸν ξύλινον* u.a.; daß das Material Holz war, entspricht dem Typos des hölzernen *ξόανον* alter Z.) und mit Waffen ausgestattet (vgl. Hdt. 4,189). Das Emporblicken (Kallim. frg. 13 d. Lykophr. 361f. Verg. Aen. 2,172ff. Serv. z. Verg. Aen. 2,166) zeigt, daß das P. nie eigentliches Amulett geworden ist.

Am berühmtesten war in der Ant. das P. von Troia, so daß man auch andere P. mit diesem zu identifizieren suchte. Es galt als vom Himmel gefallen, also *διιπετές* (vgl. Pherekyd. im Etym. M. s. v. Lykophr. 363f. Varro b. Serv. z. Verg. Aen. 2,166. Ov. fast. 6,421 u.a.); spätere Varianten lassen es von Menschen verfertigt sein (Klem. Alex. Protr. 4,47 u.a.). Am P. hing dem Mythos nach das Schicksal von Troia (vgl. Dion. Hal. 1,68. Verg. Aen. 2,165. Ov. met. 13,380 *fatale*): Der Seher Helenos hat als Gefangener oder aus Zorn darüber, daß nicht er nach des Paris Tod Helena zur Gattin erhielt, den Raub des P. durch Verrat ermöglicht; eine andere Variante nennt Antenor. Odysseus und Diomedes rauben das P. und entblößen die Stadt ihres Schutzes (Prokl., Epic. Graec. Frg., Kinkel 37. Apollod. epit. 5,13f.). Zur Sage von Kassandra, die beim P. Schutz vor Aias sucht, vgl. Epic. Gr. Frg. 49f. – Zum P. in Neu-Ilion vgl. [1], 174. – Über das P. in Argos berichtet Paus. 2,23,5; welcher Tempel es geborgen hat (jener der Athene *Ὀξυδερκής* vgl. Wilam. Hellenist. Dichtung 2,14 wegen Paus. 2,24,2 oder der *Ἀκρία* vgl. [1], 175), läßt sich nicht entscheiden. – In Athen gab es zwei Varianten über den Weg des P. nach Attika. Die eine erzählt, daß Diomedes das P. Demophon zur Aufbewahrung übergeben, dieser es aber durch → Buzyges nach Athen geschickt habe, als es Agamemnon forderte (vgl. Polyain. 1,5; dazu IG II^2 3177. 5055). Die andere in Brechungen vorliegende Variante berichtet von einem Kampf zwischen Argivern und Athenern in der Dunkelheit, vom *φόνος ἀκούσιος* und dem dadurch nötigen Gerichtsverfahren; das aitiolog. Element (der Gerichtshof *ἐπὶ Παλλαδίῳ*, der über *φόνος ἀκούσιος* zu richten hatte, liegt auf der Hand. Zu allem vgl. Suda s. *ἐπὶ Παλλαδίῳ*. Poll. 8,118. Harpokr. s. v. Paus. 1,28,9). Ein zweites P. hieß *γεφυρῖτις* (vgl. Serv. z. Verg. Aen. 2, 166. Wilam., H. 34, 1899, 607). – In Sparta entstand die bei Plut. quaest. Graec. 48 berichtete Sage, die selbst in ihrer Heimat bedeutungslos blieb. – Auch in Amphissa, Alalkomenai, Pellene in Achaia, Lindos, Siris bei Herakleia, sowie in Arkadien (→ Tegea oder → Pallantion oder → Pheneos kommen in Frage) gab es P. – Selbstverständlich wollte Rom, das an die troian. Tradition anknüpfte, das P. besitzen; es soll sich im → Vesta-Tempel befunden haben (Cic. Scaur. 48; Phil. 11,10,24. Prop. 5,4,45. Liv. 5,52,7. 26,27,14 u.a.); zu Lavinium und Luceria vgl. Strab. 6,264. 284.
W. P.

1. *L. Ziehen–G. Lippold*, RE XVIII, 2. H., 171ff. 2. *Nilsson* GgrR 1^2,435f.

Palladios (*Παλλάδιος*). **1.** Sohn des Palladios aus Methone (Messenien?), Sophist der 1. Hälfte 4. Jh. n. Chr. Er verfaßte neben Deklamationen Musterreden aller drei genera und eine Schrift *Περὶ τῶν παρὰ Ῥωμαίοις ἑορτῶν* (FGrH 837). Vielleicht ist er ident. mit dem von Lib. epist. 1222 erwähnten kappadok. Rhetor. **2.** In Rom lebender chr. Rhetor aus Athen, Freund des → Symmachus (epist. 1,15. 94. 3,50); im J. 381 war P. *comes sacrarum largitionum*, 382 *magister officiorum* (Cod. Theod. 4,12,8. 6,24,4). **3.** Einer der *duodecim sapientes*, die anläßlich der Geburtstagsfeier für Asmenius einen Dichterwettstreit veranstalten (PLM 4,118ff. Anth. Lat. 1,2, Nr. 495–638). Form und Inhalt weisen die Gedichte dem 4. oder 5. Jh. n. Chr. zu. **4.** Grammatiker unbestimmter Z.; ein ungenanntes Werk wurde zusammen mit einem solchen des → Scaurus von Audax zu einer *ars per interrogationem et responsionem* verarbeitet (KEILGRL 7,313ff.). H. Gä.

5. P., griech. med. Schriftsteller der Spätantike (6. Jh. n. Chr.?), wirkte in Alexandreia, repräsentiert die typisch spätalexandrin. Kommentar- und »Scripten«-Medizin. Vf. von Hippokrates- (z. B. zu Epidem. 6) und Galen-Kommentaren sowie von Synopsen (z. B. zur Fieberlehre). F. K.

W.Braeutigam De Hippocratis Epidemiarum libri sexti commentatoribus, Königsberg 1908; eine Neuausg. der Schriften des P. im CMG durch *G.Baffioni* ist geplant (s. auch diesen in Boll. del comitato per la prep. della edizione naz. dei classici Gr.e Lat., N.S. 6, 1958, 69 u. 75).

6. P., Bischof von Helenopolis, * um 364, † vor 431, als Mönch Schüler des → Euagrios Pontikos, ist bekannt als Vf. der sog. Historia Lausiaca (1), eines Sammelwerkes über die frühen äg. Mönche, das später mit der sog. → Historia monachorum zusammengearbeitet wurde. In einem Dialog (2) hat er Leben und Wirken des → Iohannes Chrysostomos erzählt, auf dessen Seite er gegen → Theophilos von Alexandreia gestanden hatte. Unter P.' Namen ist eine nur z.T. von ihm stammende Schrift *Περὶ τῶν τῆς Ἰνδίας ἐθνῶν καὶ τῶν Βραχμάνων* (3) überliefert. B. R. V.

Ta. 1: *C. Butler* The Lausiac History of P., 2 Bde. 1898. 1904. 2. *P. R.Coleman-Norton* 1928. 3. *W. Berghoff* 1967. Lit.: *Christ-Schmid* 2,2,1392–1395. *Altaner*[7] 238–240.

Palladius. 1. P., Rutilius Taurus Aemilianus. *vir illustris*, lat. landwirtschaftl. Fachschriftsteller, von Cassiod. div. inst. 28 erwähnt, setzte wohl im 5. Jh. die Tradition des → Columella, → Gargilius Martialis u. a. fort; das Werk gibt auch Korrekturen nach eigenen Erfahrungen: auf allg. Regeln (B. 1) folgen B. 2–13 die Arbeiten eines jeden Monats, B. 14 bietet die Veterinärmedizin, B. 15 den traditionellen metr. Abschluß *(de insitione an Pasiphilus)*. P. betont die Eigenheit der antirhet. Fachprosa (1,1); er ist ein Zeuge der lat. Volkssprache. R. He.

Ta.: *J. C. Schmitt* 1898. B. 14: *J. Svennung* 1926. 1. *H. Widstrand* P.-Studien, 1926. 2. *J. Svennung* Unt. z. P. u. z. lat. Fach- u. Volkssprache, 1935.

2. P., arian. Bischof von Ratiaria in Moesien, war Wortführer der Arianer Illyriens im Kampf gegen → Ambrosius. Auf dem Konzil von Aquileia 381 wurde er trotz heftigen Protestes gegen Zusammensetzung und Verhandlungsführung des Gremiums als Haeretiker verurteilt. Einige Schriften von ihm sind aufgenommen in die Dissertatio des → Maximinus (MIGNE, PL, Suppl. 1,693–727). B. R. V.

E.Hoffmann-Aleith, RE XVIII, 2. H., 207–209.

Pallake (*παλλακή, παλλακίς*). Das alte Wanderwort, dessen Herkunft unklar ist, bedeutete in Griechenland und im hellenist. Äg. die Konkubine, im Gegensatz zur *γαμετή*, der rechtmäßigen Ehefrau ([1], 57. [4], 2). **1.** In der Frühzeit wurde darunter die dem Herren als Konkubine dienende Sklavin verstanden ([1], 89. [2], 104ff.), deren Kinder aber im Gegensatz zur späteren Z. frei waren (vgl. Od. 4,11f. 14,202f.). **2.** Rednerzeit. Die P. war eine Frau, die mit einem verheirateten oder unverheirateten Mann ohne förmliche Eheschließung, → *Ἐγγύη*, → *Ἐπίκληρος*, in dauernder Gemeinschaft zusammenlebte. Sie konnte frei oder unfrei, Bürgerin oder Nichtbürgerin sein ([3], 645). Die von der öffentlichen Meinung mißbilligte Pallakie (Eur. Andr. 176ff. Soph. Trach. 435ff. 456. Plat. leg. 8, 841 d) hatte in keinem Fall die Wirkungen einer gültigen Ehe, insbes. wurde der Mann nicht Kyrios der freien P. Das von ihr eingebrachte Vermögen war keine → Proix und ihre Kinder waren → Nothoi. Aber die Pallakie mit einer Freien war wenigstens insoweit rechtlich anerkannt ([3], 644ff. [4], 13ff.; a. A. [1], 88ff. [2], 105f.), als sie mit ihrem eingebrachten Gut während der Dauer der Gemeinschaft in die Hausgewalt des Mannes fiel und ihre Schändung als Verletzung der Hausehre und des Hausrechtes des männlichen Beteiligten angesehen wurde (vgl. das Ehebruchsgesetz Drakons bei Demosth. 23,53). **3.** Hellenist. Zeit. Dem Mann wurde im Ehevertrag die Einführung von P. verboten (vgl. MITT.-WILCKEN Grdz. 2,2, Nr. 284,4). E. B.

1. *W. G. Becker* Platons Gesetze und das griech. Familienrecht, 1932. 2. *W.Erdmann* Die Ehe im alten Griechenland, 1934. 3. *H.J.Wolff, E.Berneker* Zur griech. Rechtsgesch., 1968, 644ff. 4. *A. R. W. Harrison* The Law of Athens, 1968.

Pallantion (richtige Namensform *Παλλάντειον* mit Ethnikon *Παλλαντεύς*, vom primären Stammnamen abgeleitet, liter. *Παλλάντιον*), Stadt am W.-Rand der großen ostarkad. Ebene mit geringen Resten auf einem vom Boreiongebirge vorspringenden Hügel. Darunter zwei archaische dor. Tempel mit Holzsäulen des 6. Jh. v. Chr. und chr. Basiliken. H. amtlicher Name von Berbati. Genannt schon in den Eoien, Hes. frg. 45 bei Steph. Byz. Die Namensähnlichkeit mit dem Palatium führte zur Version der Auswanderung Euanders nach Rom mit der grotesken Folge, daß das kümmerliche Dorf durch Antoninus Pius *civitas libera et immunis* wurde. Paus. 8,43. 44, 1–6. BCH 45, 1921, 15 III 7. REG 62, 1949, 6f. BCH 92, 1968, 629f. (*Βαλλάν[τειον]*). Inschr.: M. GUARDUCCI, ASAA N.S. 3/4, 1941/43, 151ff. RFIC 27, 1949, 308f. REG 63, 1950, 159f. SEG 11,1084. 1085. Mz.: HEAD HN[2] 418. 451. E. M.

1. *Frazer* Pausanias 4, 420f. 2. IG V 2 p. 45. 3. *E. Meyer* RE XVIII, 2, H., 231ff. 4. *G.Libertini* Chiese bizantine nell'area dell'ant. Pallanzio, *Πεπραγμένα τοῦ Θ' Διεθν. Βυζ. Συνεδρίου* I 1955, 250ff. 5. Grabungen und Funde: ASAA N.S. 1/2, 1939/40, 225ff. BCH 64/65, 1940/41, 241f. 77, 1955, 254.

Pallas (*Πάλλας*). **1.** Etym. umstritten, vgl. FRISK 468 »Jüngling«; obwohl die Verbindg. mit *πάλλω* möglich wäre, ist doch die Auffassung als vorgriech. Wort (vgl. *Παλλάς*, *Παλλήνη*) vorzuziehen. – P. als Titan bei Hes. theog. 376ff., Sohn des Kreios (oder Megamedes), Gatte der → Styx (Paus. 8,18,1), Vater von → Nike, → Zelos, Kratos, → Bia (Bakchyl. epigr. 1,1. Hes. a.O.) bzw. Selene ([Hom.] h. Herm. 100) u.a. – P. als Gigant, Gatte der Titanis (Firm. err. prof. rel. 16,2), Vater der Athene (vgl. Cic. nat. 3,59. Clem. Alex. protr. 2,28,2 u.a.); nach ihm soll Athene *Παλλάς* heißen. – P. als Heros a) in Attika, Sohn des Pandion; Nisos, Lykos und Aigeus seine Brüder: Apollod. 3,15,5,4. Er ist Vater des Butes und Klytos (vgl. Ov. met. 500. 665ff.), gemeinsam mit seinen 50 Söhnen (Apollod. epit. 1,11. Plut. Thes. 3,7) Kampf gegen Theseus. b) in Arkadien, Sohn des Lykaon (Paus. 8,3,1); von Zeus wegen seiner *ὕβρις* samt 49 seiner Söhne getötet, für Nyktimos, den jüngsten, hatte sich Gaia eingesetzt (Apollod. 3,8,1,6). In → Pallantion Kult mit Euandros (Paus. 8,44,5). c) Röm. Auslegung: Ov. fast. 5, 647. Verg. Aen. 8,104ff. 10,480ff. Serv. Aen. 8,51. 11,143 u.a. Bundesgenosse des Aeneas, von Turnus oder bei einem Aufstand getötet, auf dem Palatium bestattet. Vgl. auch RE XVIII, 2, H, 234ff.

Deutung: Der Versuch, P. als Erdgott, und zwar als »Erderschütterer« aufzufassen (vgl. RE a.O.), bleibt eine recht unsichere Hypothese. Mehr Wahrscheinlichkeit dürfte wegen *Παλλάς* »das Mädchen« (Nilsson GgrR 1^2,433. G 70, 1963, 395) die Deutung von P. als »junger Mann« haben, was auch zu seiner ambivalenten Stellung als Gott und Heros passen würde; vergleichbar der *ἥρως* (= »der reife Mann«, zu allem RhM 104, 1961, 302ff.), welcher als Gott und menschl. Ahne galt. Die Zusammenhänge von P. und Poseidon können auch als Übernahme von Elementen der P.-Vorstellung in die Poseidon-Gestalt verstanden werden, zumal doch P. (schon wegen seiner so divergenten Entwicklung) auf urspr. vorgriech. Konzeption schließen läßt. Das Vorgehen Athenes gegen ihn (Schindung und Verwendung der Haut für ihren Schild) könnte als Unterordnung einer vorgr. Götter- bzw. Heroengestalt gedeutet werden. W. P.

2. M. Antonius P., Sklave der → Antonia (I 18) 31 n.Chr., Ios. ant. 18,182, von ihr freigelassen, Plin. epist. 8,6,12. Unter Claudius erhielt er im J. 52 die *ornamenta praetoria* (Plin. epist. 7,29,2. 8,6,13) und das Amt *a rationibus*, Suet. Claud. 28, 1. Im J. 48 versuchte er, das Verhältnis → Messalina – C. Silius zu verhindern, Tac. ann. 11,29,1; er riet Claudius zur Ehe mit → Agrippina (3; Tac. 12,1f.), mit der er ein Verhältnis hatte (ebd.); er begünstigte Nero, Tac. ann. 12,25,1. Trotzdem nahm ihm dieser im J. 55 seine Ämter (Tac. 13, 14,1). Wegen seines Reichtums ließ Nero ihn im J. 62 töten, Tac. ann. 14,65,1. Cass. Dio 62,14,3. Seine Grabinschrift CIL VI 11965. R. H.

Pallene (*Παλλήνη*). **1.** Eine der → Alkyoniden. **2.** Tochter des Odomantenfürsten Sithon auf der thrak. Chersones und der Nymphe Mendeis. Nachdem Sithon zuerst alle ihre Freier im Wettfahren besiegt hatte, ließ er → Dryas (4) und → Kleitos (4) um P. kämpfen. P. liebte Kleitos und ließ aus den Radbüchsen von Dryas' Wagen die Bolzen entfernen. So kam er zu Fall. Die Absicht Sithons, auch die verräterische Tochter auf dem Scheiterhaufen des Dryas zu verbrennen, wurde durch göttl. Eingreifen verhindert. Parthen. 6. Konon 10. – Dionysos als Gatte der P.: Philostr. ep. 47. Nonn. Dion. 48,90ff. H. v. G.

3. P., att. Demos der Phyle Antiochis mit Heiligtum der Athena Pallenis am N.-Fuß des Hymettos beim h. Stavros, Hdt. 1,62. Aristot. Ath. pol. 17,4. Steph. Byz. Harpokr. s. v. Suda s. *Παλληνεύς* und *Παλληνικὸν βλέπειν*. IG I^2 324,93. E. M.

1. *J. Wiesner*, RE XVIII, 2. H., 247 Nr.4. 2. *W. Peek*, MDAI(A) 67, 1942, 24ff. 3. *Philipps.-Kirst.* 1,805 A. 1.

4. P., die w.ste der drei fingerförmigen Halbinseln der Chalkidike (Skyl. 66. Skymn. 635), beim Zug des Xerxes mehrfach erwähnt (Hdt. 7,123. 8,126.129), ebenso im Pelop. Krieg. Den Zugang zur Halbinsel vom Festland beherrschte → Poteidaia. Nach dessen Zerstörung durch Philipp II. entstand seit 316 v.Chr. dort die Stadt → Kassandreia, welche nach der Verödung seit dem Hunnensturm ihren Namen auf die Halbinsel übertrug. Chr. D.

Oberhummer, RE XVIII, 2. H., 246ff.

Pallia (Tab. Peut. 4,5. Rav. 4,36. Guido 51), r. Nebenfluß des → Tiber; h. Paglia. Zwischen → Volsinii und → Clusium gibt es auch eine Station P. (Tab. Peut. a.O.). G. R.

Pallium. Ein von Männern (Gegenstück bei den Frauen → Palla) häufig getragenes Kleidungsstück aus Wolle, Leinen oder Seide, in verschiedenen Farben, das, von den Griech. übernommen, in der Form eines rechteckigen Tuches dem → Himation entsprach. Es wurde zunächst von Freunden der griech. Kultur, von Philosophen, Pädagogen und Kunstfreunden (Liv. 29,10) und dann in allen Bevölkerungsschichten getragen, so daß Augustus ohne Erfolg versuchte, das P. durch die Toga zu verdrängen (Suet. Aug. 40). Man benutzte das P. im alltäglichen Gebrauch auf der Straße und bei Gelagen (Val. Max. 6,9 ext. 1). Die Art des Tragens beschreibt Apul. (met. 11,3). Als chr. Tracht erhielt P. eine bes. Bedeutung, da es von den Aposteln (Math. 5,40) und in der Bildüberlieferung auch vom thronenden Christus getragen wurde. S. O.

R. Kreis-v. Schaewen, RE XVIII, 2. H., 249. *Dar. Sagl.* 4,1, 285. *M. Bieber* Entwicklungsgeschichte der griech. Tracht, ^{2}1967, 38ff. T. 43,1. 50,1. 55.

Palma, Stadt auf der Insel Mallorca, gegründet von Q. Caecilius Metellus Balearicus (→ Baliares o. I 817) im J. 122 v.Chr. nach seinem Sieg über die dortigen wilden Bewohner. Die Stadt ist benannt nach der Siegespalme (Strab. 3,167. Mela

2,124. Plin. nat. 3,77f.) und hat ihren Namen bis h. unverändert behalten. W. S.

A. Schulten, RE XVIII, 2. H., 257f.

Palmus, »Handbreite«. Der P. entspricht der griech. → *παλαιστή*, ist ¼ des → *pes* und enthält seinerseits 4 → *digiti*, vgl. Vitr. 3,1,8. Der P. mißt 7,4 cm. Seit Hieronymos ist er auch in der Bedeutung von Spanne (→*σπιθαμή*) belegt. H. Ch.

F. Hultsch Metrolog.^{2} 74f. *W. Becher*, RE XVIII, 2. Hälfte, 262.

Palmyra (*Πάλμυρα*, älter *Tadmer*, *Tadmur*, *Tadmōr*), Oase in der syr. Wüste, 165 km ö. von Emesa (Homs), 230 km n. w. von Damaskus an sehr bedeutsamer Handelsstraße gelegen, war vom Paläolithikum an besiedelt, wird unter dem alten Namen in altassyr. und altbab. (Mari) Texten genannt. Tiglatpileser I. (1115–1076 v. Chr.) kennt Ta-ad-mar als Stadt in Amurru KAH 2,63 III 9. 71,20, Salomo soll P. nach falscher Tradition (2. Chr. 8,4) befestigt haben. Von Bedeutung ist P. erst seit dem 1. Jh. v. Chr.: → Antonius (I 9) versucht 41 v. Chr. vergeblich, P. zu erobern (App. civ. 5,9), es schließt sich aber unter Germanicus 14–17 n. Chr. mit zahlreichen Privilegien dem röm. Reich an. 129 erhält es nach einem Besuch Hadrians und Festlegung seines Sonderstatus den Beinamen *Hadriana*. 211 von → Caracalla zur röm. Kolonie erhoben und Teil der Provinz Syria Phoenicia, verdankt P. seiner Lage als Umschlagplatz wertvoller Güter aus Arabien und Puffer gegen die Parther seinen großen Reichtum. Nach Vordringen der Sassaniden nach Mesopotamien und der damit verbundenen Bedrohung für Handel und röm. Grenze kommt es in der 2. H. 3. Jh. zur Staatsbildung unter Septimios Hairanos. Sein Sohn → Odaenathus (2) *(rās tadmōr* »Fürst von P.«*)* schlägt Callistus von Emesa und Šapur I. (Zon. 12,23. Ioh. Malal. 12,297) und wird von → Gallienus zum *corrector totius orientis* ernannt. Er dehnt seinen Machtbereich vom Roten Meer bis zum Taurus aus, fällt 267 durch Mord. Seine Witwe → Zenobia *(bath zabbai)* führt zunächst mit Glück die Expansion weiter, erklärt sich zur Augusta (Münzen). → Aurelian (4) schlägt diese offensichtliche Rebellion 273 nieder (Zos. 1,57f.), plündert wenig später die Stadt (Eutr. 9,13. Vita Firmi 3,1–3), die unter Diokletian zum Lager einer röm. Legion wird, an Bedeutung aber verliert und 634 von Ḫāled ibn al-Walīd unter arab. Herrschaft gerät. – Zahlreiche Inschr. im aramäischen Dialekt von P. geben Auskunft über Staatsverfassung (Trennung zw. *βουλή* und *δῆμος*), Handel (Zolltarif) und Religion (Götter: Malakbel, Baalsamin, Trias Bel, Jarḥibol und Aglibol). Die prachtvollen Bauten (Tore, Agora, Theater, Tempel des Bel, des Baalsamin, der Atargatis, sog. Fahnenheiligtum usw.) zeigen ebenso wie die zahlreichen Portraitbüsten aus den Nekropolen Vermischung von oriental. Erbe mit hellenist. Elementen. Bedeutsam bes. die teils unterirdisch (zuweilen ausgemalt), teils in Grabtürmen liegenden Gräber der Vornehmen der Stadt. W. Rö.

J. Starcky Palmyre, 1952. *A. Champdor* Les ruines de P., 1953. *J.-G. Février* Essai sur l'histoire polit. et économ. de P., 1931. *Ders.* La religion des palmyréniens, 1931. *J. Cantineau* Inventaire des inscr. de P., 1930ff. *K. Michałowski* Palmyre, 5 Bde., Warschau 1960–1966. *P. Collart – J. Vicari* Le sanctuaire de Baalshamin à Palmyre I, 1969.

Paludamentum s. Nachtr. zu Bd. IV

Pamisos (*Παμισός*). **1.** Der Hauptfluß Messeniens, nach h. Bezeichnung der gesamte Flußlauf, der in der obermessen. Ebene aus drei Quellflüssen entsteht. Im Alt. galten die starken Quellen von Hg. Floros in der unteren Ebene als Quellen des P. und hieß daher nur der hier beginnende Fluß P. Er ist der dauernd wasserreichste der Peloponnes und ein kurzes Stück an der Mündung mit Booten schiffbar. An den Quellen von Hg. Floros lag ein Heiligtum des P. mit kleinem dor. Antentempel, Altar und Funden seit dem 6. Jh. v. Chr. Strab. 8,4,6 p. 361 (zum Text W. Aly, Sb. Heidelberg 1928/29, 1,25; De Strabonis codice rescripto 3f. 176). Paus. 4,31,4. 34,1 ff.

1. *A. Philippson* Der Peloponnes 202. 378f. 496. 2. *Philipps.-Kirst.* 3, 400f. 402f. 3. *N. Valmin* Etud. topograph. sur la Messénie anc. 37ff. 53f. 85ff. 4. *Ders.* The Swedish Messenia Expedition 417ff. Part II The temple of P. at Hagios Floros. 5. *Bölte*, RE XVIII, 2. H., 290ff. Nr. 1.

2. Unbedeutender Wasserlauf an der O.-Seite des messen. Golfs bei Leuktron, h. Bach von Milea, Strab. 8,3,14 p. 344. 4,6 p. 361. 5,6 p. 366.

Bölte, RE XVIII, 2. H., 293ff. Nr. 2.

3. Südl. Nebenfluß des → Peneios in Thessalien, Hdt. 7,129,2. Plin. nat. 4,30, wohl der h. Bliuris bei → Gomphoi im w. Thessalien. E. M.

Fr. Stählin Das hellen. Thessalien 82. 124.

Pammenes. 1. Thebaner, Anhänger des → → Epameinondas, schützte 369 mit 1000 Mann die Gründung von Megalopolis, besetzte den Hafen von Sikyon und beherbergte Philipp von Maked. von 368 bis 365 als Geisel in Theben. Plut. Pelop. 18,20; mor. 805cff. Paus. 8,27,2. Polyain. 5,16,3. Frontin. 3,2,10. Nach dem Tode des Epameinondas theb. Hauptfeldherr, verhinderte P. 361 die Auflösung von Megalopolis und half 354 mit 5000 Söldnern dem aufständ. Satrapen → Artabazos (3) durch 2 Siege über Truppen des Großkönigs. Diod. 15,94,2f. 16,34. Polyain. 5,16,2. Frontin. 2,2,3. Nach Zwist mit Artabazos ging P. zu Philipp nach Maroneia und beteiligte sich am Krieg gegen die Phoker. Demosth. 23,183. Polyain. 5,16,1. 4. 7,33,2. **2.** Athener, Sohn des Zenon aus dem Demos Marathon, Erysichthonide und Gephyraier, Inscr. Délos 1624f. 2515ff., 57/56 Mitglied des *κοινὸν τῶν ἡρωϊστῶν*, IG II^2 1339, 37/36 Gesandter nach Delphoi, B. D. Meritt, Hesp. 9, 1940, 86,17, Agoranomos in Athen, P. Graindor, BCH 38, 1914, 412, zw. 27/26 und 17/16 Stratege der Hopliten, Priester der Roma und des Augustus sowie Archon, IG II^2 3173.

P. Roussel, REA 32, 1930, 5ff. Meritt a.O., 93, 92. In Delos war P. Gymnasiarch und seit 22 lebenslänglicher Priester des Apollon. Inscr. Délos 1593. 1605. 1626. 2515ff. 1956, 9f. P. war verheiratet. IG II² 2464. Der Name ist häufig. Der Münzmeister P. ist nicht ident. mit diesem P., sondern prägte att. Silbermünzen 100/99 und 96/95. M. Thompson The new style silver coinage of Athens 1961, 578. H. V.

Pammon (*Πάμμων*). Troer, Sohn des Priamos von Hekabe, Il. 24,250. Hyg. fab. 90. Apollod. 3,151. Nach Quint. Sm. 13,214 von Neoptolemos getötet. H. v. G.

Pamphila (*Παμφίλη*) von Epidauros, eine gelehrte Verf.in vieler Werke z.Z. Neros, wohl die bedeutendste der frühen Kaiserzeit. Ihr Vater war wahrscheinlich, soweit man die z.T. widerspruchsvollen Angaben der Suda richtig interpretiert hat, der Grammatiker Soteridas, ihr Mann Sokratidas, von dem wir sonst nichts wissen. Ihre Familie oder ihre Vorfahren waren aus Äg. (wohl Alexandreia) übergesiedelt. Von P.s Werken, die die Suda nennt (*ἱστορικὰ ὑπομνήματα* in 33 B., eine Epitome des Ktesias in 3 B., mehrere *ἐπιτομαί* hist. und anderer Werke, *περὶ ἀμφισβητήσεων*, *περὶ ἀφροδισίων*), sind uns nur noch 10 Frg. der *ἱστ. ὑπομν.* bekannt (durch Diog. Laert. und Gell.). Sie geben uns nur einen einseitigen Ausschnitt aus P.s Werk, da die 8 durch Diog. Laert. erhaltenen sich wegen dessen Interessen nur auf Philosophen beziehen. Durch Gell. und auch durch die meisten Titel der völlig verschollenen Schriften erfahren wir einiges über P.s hist. Interessen. Hauptsächlich scheint sie sich mit biograph.-anekdot. und chronolog. Themen beschäftigt zu haben. Für Fragen der Biographie benutzte sie wohl bes. → Herakleides (18) und über ihn → Sotion und schließlich → Hermippos (2). Wertvoll für eine genauere Beurteilung der *ἱστ. ὑπομν.* sind ausführliche Angaben bei Phot. bibl. cod. 175. Phot. las noch 8 der 33 B. Nach seinen Angaben wurde das Werk nicht nur durch ein größeres Prooimion eingeleitet, sondern es gab noch einzelne kürzere, von denen wir nicht wissen, wo sie standen. Die einzelnen Kapitel waren nicht nach Art von Enzyklopädien sachlich, alphabet. oder chronolog. geordnet. P.s Absicht war es nach Phot., durch variatio der Themen – Phot. nennt die *ἱστ. ὑπομν. σύμμικτα* bzw. *συμμιγῆ* – beim Leser keine Langeweile aufkommen zu lassen; und diesem Prinzip der *ποικιλία* folgt auch Phot. in seiner Bibliothek. Buntheit in Themenwahl und Form ist Kennzeichen der ant. Buntschriftstellerei (*ποικίλη ἱστορία*, *varia historia*); ihr Zweck ist Unterhaltung und *πολυμαθία*. Als Quelle ihres Wissens gab P. nach Phot. Gespräche mit ihrem Mann und dessen gelehrten Besuchern an, ferner Auszüge aus Büchern. Ihr eigener Stil, der schlicht gewesen sei, sei im wesentlichen nur in den Prooimien und in ihren Bemerkungen zu dem vermittelten Wissen hervorgetreten. In Phot.' Bericht haben wir die späteste Nachwirkung der P. Kenntnis und Benutzung der *ἱστ. ὑπομν.* zeigt sich u.a. auch bei → Favorinus; allerdings ist zu bezweifeln, ob er eine Epitome dieses Werkes in 4 B. geschrieben hat, worauf Steph. Byz. s. *Ῥοπεῖς* zu deuten scheint. Ob Gell. P.s Werk direkt oder durch Vermittlung von Favorinus kennenlernte, ist ungewiß. Zu Konstantins Zeit hat ein → Sopatros, wahrscheinlich der Schüler des Iambl., im 2. B. seiner *ἐκλογαὶ διάφοροι* neben Schriften anderer Autoren die ersten 10 B. von P.s *ἱστ. ὑπομν.* exzerpiert. FHG III 520ff. O. Dr.

O. *Regenbogen*, RE XVIII, 2. H., 309–328.

Pamphilidas, rhod. Admiral im Krieg gegen Antiochos III., kam 190 mit 10 Schiffen → Eudamos (2) zu Hilfe. Liv. 37,12,9 (der weggefallene Name ist nach Pol. 21,7,6. Sud. s. P. zu ergänzen). P. stimmte vergebens für Einstellung der Feindseligkeiten. Pol. 21,10,5. Liv. 37,19,1. Nach Karien gesandt, um die rhod. Peraia zu schützen, befreite P., der das Zentrum befehligte, in der Seeschlacht bei Side 190 gegen Hannibals Flotte den r. Flügel unter Eudamos; über die ungenügende Verfolgung der syr. Flotte kam es zum Streit zwischen P. und Eudamos. Liv. 37,22,3. 23,9. 24,9. H. V.

Pamphilos. 1. Athen. Feldherr aus dem Demos Keiriadai der Phyle Hippothontis, Harpokr. s. *Κειριάδης*. Demosth. 39,23. 28., belagerte 389 Aigina, mußte aber nach 5 Monaten, selbst durch → Gorgopas belagert, entsetzt werden. In Athen wegen Unterschlagung zu hoher Geldstrafe verurteilt, schuldete P. nach Verkauf seiner Güter dem Staat noch 5 Talente. Xen. hell. 5,1,1ff. Aristoph. Plut. 174. 355. Sch. Demosth. 40,22. H. V.

2. Rhetor des 2. Jh. v. Chr. (?). Quint. erwähnt ihn inst. 3,6,33f. wegen der Besonderheit seiner *στάσεις*-Lehre, die darin besteht, daß er diese auf zwei beschränkt, den *στοχασμός (status coniecturalis)* und die *ποιότης (status qualitatis)*, die er in mehrere Arten aufteilt.

3. Grammatiker in der 2. H. 1. Jh. n. Chr. in Alexandreia, bes. bekannt als Vf. einer Schrift *περὶ γλωσσῶν καὶ ὀνομάτων* (auch mit anderen ähnlichen Titeln zit.) in 95 B., in denen er seltene Wörter erklärte, vielleicht alphabet. geordnet, wahrscheinlicher alphabet. innerhalb der einzelnen Sachgruppen. Als Quellen benutzte er neben den *λέξεις* und den *Λακωνικαὶ γλῶσσαι* des → Aristophanes von Byzanz (4) und den *Ἀττικαὶ φωναί* des → Theodoros ähnliche Speziallexika von → Apion, Apollodoros von Kyrene, → Artemidoros (3), → Didymos (1), → Diodoros (6), → Herakleon (3), → Iatrokles (3) und → Timachidas von Rhodos. Schon zu Hadrians Zeit verfaßte L. Iulius Vestinus eine Epitome des umfangreichen Werkes; ein Auszug aus dieser Epitome stammt von dem Grammatiker → Diogenianos (2), höchstwahrscheinlich nicht gleichzusetzen mit dessen

Sammelwerk *Περιεργοπένητες*, das dem Lex. des → Hesychios zugrunde liegt. Als weitere Werke werden in der Suda genannt: 1. *Λειμών*, eine Exzerptenslg., 2. eine Schrift über schwer erklärbare Stellen in → Nikandros' (4) Lehrgedichten, 3. einige gramm. Schriften. Wahrscheinlich ist P. auch der Grammatiker des Namens, der eine Schrift über Pflanzen schrieb, die des öfteren benutzt worden ist, bes. in der pharmakolog. Kompilation, die den Namen des → Dioskurides (5) trägt. Ebenso ist P. wohl mit dem P. ident., der *Γεωργικά* und *Περὶ φυσικῶν* (über magische Kräfte von Tieren, Pflanzen und Steinen) geschrieben hat; vielleicht waren diese Schriften Teile des *Λειμών*. Unsicher ist, ob die Schriften *Εἰκόνες κατὰ στοιχεῖον* und *περὶ γραφικῆς καὶ ζωγράφων* eines P. unserem P. zugewiesen werden dürfen. O. Dr.

C. Wendel, RE XVIII, 2. H., 336–349.

4. P. aus Berytos, der Lehrer des → Eusebios wurde, nachdem er in Alexandreia → Pierios gehört hatte, Presbyter in Caesarea und erlitt 309 nach längerem Gefängnisaufenthalt den Märtyrertod. P. widmete sich der Arbeit an Bibel-Hss. sowie dem Ausbau der berühmten Bibliothek von Caesarea. Während der Haft schrieb er eine *ἀπολογία ὑπὲρ Ὠριγένους* in 5 B., von denen lediglich das 1. in der Übers. des → Rufinus erhalten ist. B. R. V.

Ta.: *Migne*, PG 17, 541–616.

Lit.: *Altaner*⁷ 213 (Bibl.).

5. Maler der 1. Hälfte 4. Jh., Hauptvertreter der sikyon. Malerakademie und Begründer der sog. Chrestographie, Lehrer des → Apelles und → Pausias. Für P. stand die rationelle Durchdringung von Form und Proportion – ähnlich wie in der polyklet. Plastik mit Hilfe von Geometrie u. a. Wissensbereichen für sein künstlerisches Schaffen und Lehren im Vordergrund. Die Dauer der Lehre (12 J.) und ihr Preis (1 Talent) zeigen seine Gründlichkeit und rationale Methodik. Plin. nat. 35,76 nennt 3 nicht erhaltene Werke: ein Familienbild, ein Schlachtenbild und Odysseus auf dem Floß. Schon diese Werke zeigen die Breite seines Schaffens vom statuar. Einzelbild bis zur bewegten Massenkomposition. S. O.

G. Lippold, RE XVIII, 2. H., 351. *Pfuhl*, 2 § 794. *Pesce*, Enc. Arte Class. Or. 5,919.

Pamphos (*Πάμφως, – ω*), Hymnendichter, nach Paus. 9,27,2 jünger als → Olen, nach 8,37,9 älter als Homer. Paus. nennt Hymnen auf verschiedene Götter, darunter einen auf Eros für die → Lykomiden. Die Verse bei Philostr. Her. 3,39 parodieren den stoischen Pantheismus. Nach Maas, RE XVIII, 2. H., 352f. sind die Hymnen vermutlich hellenistisch. R. K.

Pamphylia (*Παμφυλία*; daß hierin die den Entstehungssagen von P. [s. u.] durchaus entsprechende eigentliche Wortbedeutung »Land aller Stämme« zu erkennen ist, hat mehr Wahrscheinlichkeit für sich als die Herleitung des Namens

von *Παμφύλη* oder *Παμφυλία*, einer Tochter [Theop. FGrH 115 F 103,15], Schwester [Steph. Byz. s. *Π.*] oder Frau [Sch. Dion. Per. 850] des Sehers Mopsos; oder volksetymol. Gräzisierung eines kleinasiat. Namens?), ant. Bezeichnung der kleinasiat. Küstenlandschaft im S. der Halbinsel, ö. von → Lykien, s. von → Pisidien, w. von → Kilikien. Die Landschaftsgrenzen lassen sich anhand unserer Sekundärquellen nicht eindeutig feststellen; am meisten differieren die Angaben der ant. Schriftsteller über die Grenze P.s zu Lykien (Hekat. FGrH 1 F 258 *Φελλός· πόλις Παμφυλίας*. Ps. Skyl. 100 = GGM I 75 rechnet dagegen → Magydos und → Perge noch zu Lykien), aber auch für die O.-Grenze bieten sie verschiedene Ansätze (Ptol. 5,7,1 M. *μετὰ Σύεδραν πόλιν τῆς Παμφυλίας κτλ.*.; allg. wird → Side als ö. ste Stadt P.s bezeichnet, vgl. Mela 1,78. Plin. nat. 5,96), während die N.-Grenze offensichtlich mit der Scheidelinie zwischen Küstenebene und den Gebirgshängen oberhalb von → Perge, → Sillyon (1) und → Aspendos zusammenfiel (vgl. [1], 354–359. [2], 1132,1).

Die von den einst gut schiffbaren Strömen Kestros (Strab. 14,667. Anon. stad. mar. magn. 219 = GGM I 489. Mela 1,79; h. Aksu Çayi) und → Eurymedon (5; Strab. a. O. Diod. 14,99,4. Anon. a. O. 217 = GGM a. O.; h. Köprü Irmak) in 3 etwa gleichgroße N.S.-Streifen (im w. Teil um → Attaleia [Nr. 1] ausgedehnte Travertinkalkstufen) gegliederte pamphyl. Küstenniederung war in ant. Z. wie auch noch h. (vgl. Baedeker Türkei 197, der hier von der »türkischen Riviera« spricht) wegen ihres natürlichen Reichtums bekannt (vgl. Exp. tot. mundi et gent. 45 = GLM ed. Riese 116 *regio optima et sibi sufficiens*); Ölbäume gediehen bes. am N.-Rand der Ebene (Strab. 12,570. Exp. a. O.: Öl als Exportartikel), doch auch seltene, zur Herstellung von Parfums oder zu medizin. Zwekken verwertbare Gewächse wurden in P. geerntet, so der seiner Wurzel wegen geschätzte → Storax (Plin. nat. 12,125, wo er als nur für die Parfum- und Räucherwerkherstellung geeignet erscheint, als Arzt empfiehlt ihn dagegen Gal. 14,79 K.), die → Iris (2; Plin. nat. 21,42. Diosk. 1,56,3; vgl. Strab. 12,571) und der Hyssopos (Plin. nat. 25, 136; vgl. 46).

Die griech. Mythenüberlieferung verbindet die erste Besiedlung P.s durch Griechen mit dem Kampf um Troia, von wo sich Gruppen des siegreichen Heeres nach S. absetzten und nach Überwindung des Taurus-Geb. in P. ansiedelten (Belege bei [2], 1132,3). Mag auch der allg. bis in neueste Z. vertretenen Ansicht, daß in den Einwohnern des für das 14. Jh. v. Chr. durch hethit. Urkunden bezeugten Landes Aḫḫijawa die *Ἀχαιοί* in P. zu erkennen seien, wichtiger Boden entzogen sein (vgl. G. Steiner, Saeculum 15, 1964, 365 bis 392), so weisen doch die epigraph. Zeugnisse des pamphyl. Dialekts – und deshalb betrachteten wohl auch die Griechen der hellenist. Z. die Pamphyler als Barbaren (Ephor. FGrH 70 F 162) – eine Fülle altachäischer Elemente auf und lassen somit in Analogie zu den eine ähnliche Mundart pflegenden Hellenen auf Kypros für die erste griech. Kolonisation in P. 1000 v. Chr. als term. a. q. gewinnen.

Lit. zum pamphyl. Dialekt: *A. Meillet*, REG 21, 1908, 413ff. *S. Lurje*, Klio 37, 1959, 7ff. Weiter *C. Brixhe*, REG 76, 1963, 10ff. mit *L. Robert*, ebd. 77, 1964, 225 Nr. 489. Onomastik: *L. Robert* Noms indigènes dans l'Asie Mineure gréco-rom. I, Paris 1963 (im Ind. s. v. Pamphylie und die einzelnen Städte P.s).

Die ersten griech. Kolonisten siedelten sich abseits der Küste in den mittelpamphyl. Schwemmlandebenen an, die ihnen vorzügliche Anbaumöglichkeiten boten: in → Perge am Kestros, in → Sillyon (Nr. 1) am Acisu Çayi und in → Aspendos am → Eurymedon (Nr. 5), vgl. [3], 45–80. Erst im Zuge der 3. großen Kolonisationswelle legten Griechen aus dem aiol. Kyme wohl an der Stelle einer alten einheimischen Niederlassung im 7. Jh. v. Chr. ca. 7 km w. vom Manavgat Çayi → Side an, bis in die Mitte 2. Jh. v. Chr. die einzige größere Küstenstadt P.s, deren kleiner Hafen der Versandungsgefahr bes. ausgesetzt war (vgl. [3], 122 bis 127), als → Attalos II. (5), ca. 5 km w. der Mündung des Düden Çayi (ant. Katarrhaktes) an einer für die Anlage eines großen Hafens sehr geeigneten Meeresbucht → Attaleia (1; h. Antalya) gründete.

Trotz ihrer Abgeschlossenheit hat diese Landschaft in ant. Z. nie eine freie polit. Einheit gebildet. Im 6. Jh. aus dem Verband des Lyderreiches von → Kyros II. (2) übernommen, genossen die Städte P.s unter den pers. Satrapen verhältnismäßig große Selbständigkeit, die sich für Perge, Aspendos und Side in eigener Münzprägung dokumentiert und im Falle von Perge, Aspendos und Sillyon nach dem athen. Seesieg am Eurymedon 469 sogar zum Anschluß an den del.-att. Seebund führte. In hellenist. Z. wechselte in P. seleukid. und ptolem. Einfluß, bis um ca. 158 das pergamen. Königshaus in P. mit der Gründung von Attaleia die Oberhand gewann. 133 offensichtlich nicht in die röm. Provinz Asia einbezogen, geriet P. anscheinend bald nach 102 im Rahmen der Bekämpfung des Piratenunwesens an der kleinasiat. Südküste unter die Verwaltung der neuen Provinz Cilicia. Bei wechselnder Gestaltung der Provinzialverwaltung P.s gelangten die Städte der Landschaft in der Kaiserzeit, bes. im 2. Jh. n. Chr. zu großem Wohlstand, die Thronwirren des 3. Jh. in Rom leiteten dagegen in P. wie in anderen Reichsteilen einen rapiden wirtschaftl. Niedergang ein. E. O.

Lit.: 1. *W. Ruge*, RE XVIII, 2. H., 354–407. 2. *D. Magie* Roman rule in Asia Min., Princeton N. J. 1950, 260–263. 1132–1136. 3. *E. Blumenthal* Die altgriech. Siedlungskolonisation im Mittelmeerraum unter bes. Berücksichtigung der Südküste Kleinasiens (Tübinger geogr. Stud. 10) 1963. 4. *G. E. Bean* Turkey's southern shore, London 1968, 21 bis 116.

Inschr.: *H. Swoboda, J. Keil, F. Knoll* Denkmäler aus Lykaonien, Pamphylien und Isaurien, Wien 1935. *D. Hereward*, JHS 78, 1958, 57–77. *G. E. Bean*, Belleten 22, 1958, 21–91. Zu Aspendos: [2], 262. 1134,6. [4], 67–77. *L. Robert*, Hellenika 11/12, 1960, 177–188. *C. Brixhe*, EAC 3, 1965, 87–136. Zu Attaleia (1): [2], 261. 1133,4; [4], 41–44.

Pamphylium Mare (vgl. Plin. nat. 5,96. 102. 129), die ausgeprägte, von der pamphyl. Küste Kleinasiens gebildete Meeresbucht im Bereich zwischen den Vorgebirgen Hiera Akra (h. Gelidonya Burun) und → Anemurion (h. Anamur Burun). Vereinzelt hat man darunter auch den Golf von Iskenderun subsumiert (vgl. Dion. Per. 508 = GGM II 135) oder es sogar mit dem *Αἰγύπτιον πέλαγος* gleichgesetzt (App. prooim. 6). E. O.

W. Ruge, RE XVIII, 2. H., 407.

Pamprepios (*Παμπρέπιος*) aus Panopolis, Dichter und polit. Abenteurer, Heide, nach seinem bei Rhetorios Catal. cod. astrol. gr. 8,4, p. 221–24 erhaltenen Horoskop 29.9. 440 bis etwa E. Nov. 484. Er wurde in Athen zum Grammatiker bestellt, ging aber, bei dem einflußreichen → Theagenes verleumdet, 476 nach Byzanz, trat hier in Verbindung mit dem Isaurer → Illous. Als dieser 478 Byzanz verließ, ging P. nach → Pergamon, dann nach Isaurien zu Illous, kehrte dann mit diesem nach Byzanz zurück. Hier wurde er Quaestor, vielleicht auch Consul (honorarius). Als Illous Byzanz wiederum verließ, nahm er P. mit sich nach → Antiocheia. Von hier ging P. mit großem Gefolge nach Äg., um dort die heidnischen Kreise für Illous zu gewinnen, der den Sturz des Kaisers → Zenon vorbereitete (etwa 483). Bei ihnen erweckte er Hoffnung auf eine Restauration des Heidentums. Nach seiner Rückkehr wurde er von dem von der Kaiserin → Verina und Illous zum Kaiser erhobenen → Leontios zum *magister officiorum* ernannt (nach Juli 484). Nach der Niederlage des Illous flüchtete auch P. in das Papiriuskastell. Hier wurde er auf Illous' Befehl E. Nov. 484 als Verräter erschlagen. – Werke: *Ἐτυμολογιῶν ἀπόδοσις* (in Prosa), *Ἰσαυρικά* (Suda). Erhalten ist nichts. Ob das Gedicht auf einen Spätherbsttag und der Anf. eines Enkomions auf Theagenes, beide in nonnianischen Hexametern (Heitsch Griech. Dichterfrg. d. röm. Kaiserzeit 35,3. 4) P. gehören, ist unsicher. R. K.

Pan (*Πάν*). Zur Etym. ist eine Inschr. aus dem P.-Heiligtum am Lykaion, wo es heißt *τοῖ Πάονι* (IG V 2,556, vgl. MDAI(A) 30, 1905, 65ff. u. T. 4), wichtig; vgl. aber auch Wilam. GldH 1,247,1. Walde-Pokorny II 2 setzt vorgriech. *Παύσων* an und vergleicht mit altind. Puṣan. A. Fick Vorgriech. Ortsnamen 147 deutet P. als Lallwort (*πα* wie in *papa*); vgl. auch Cook Zeus 3,1131. Frisk 470f. – Sohn des → Hermes und einer Nymphe (vielleicht der Tochter des Dryops, vgl. [Hom.]

h. Pan 34. Apollod. epit. 7,38. Cic. nat. 3,56). Bei seiner Geburt ist P. am ganzen Körper behaart, hat Ziegenhörner und Ziegenbeine. Die Götter freuen sich, wie ihn sein Vater der Versammlung vorstellt; bes. Gefallen findet Dionysos ([Hom.] h. Pan 35ff.) u.a. stellt P. auch der Nymphe → Syrinx nach, welche ihre Schwestern (oder Gaia, Mythogr. Vat. 1,127) in Schilf verwandeln. P. schneidet einige Schilfrohre ab und bildet so die Hirtenflöte (Ov. met. 1,689ff.). Später verliert er die Hirtenflöte, verfertigt sich aber eine neue aus Rohren, die er mit Wachs verbindet, um zu einem Frühlingsfest des Dionysos zu spielen (H. Oellacher *Πὰν συρίζων*, SIFC 18, 1941, 113ff.). P. fordert auch einmal Apollon zum mus. Wettkampf, in dem er aber besiegt wird (Mythogr. Vat. 1,90) Zu seiner Verbindung mit der Musik vgl. Eur. Ion 501. Aristoph. Ran. 230. Paus 8,31). P. kämpft mit Zeus gegen die Titanen (Eratosth. Katast. 27). – P. ist ein bes. in Arkadien beheimateter Fruchtbarkeitsgott; er gehörte urspr. der Hirtenreligion an und wurde z.T. als Ziegenbock verehrt; als solcher »besprang« er die Ziegen ([1], 33f.) und wirkte auch sonst durch Fertilisation der Herde. Die Annahme eines urspr. völlig theriomorphen Wesens (vgl. [1], 50ff.) ist wie bei anderen Gottheiten (vgl. W. Pötscher, RhM. 104, 1961, 315ff.) auch bei P. recht problemat. Die älteste Darstellung auf Vasen (vgl. [1], T. 7,2) stammt aus der Z. von Marathon; P. hat dort stark, aber nicht nur tier. Form. Betont menschengestaltig etwa ein Stück aus Olympia ([1], T. 4,2, 3). Schon in alter Z. (vgl. MDAI(A) 30, 1905, 65ff.) ist die menschl. Gestalt an ihm bekannt. P. gehört also urspr. zu den theriomorph-anthropomorphen Mischwesen, die nicht nur der → minoischen Rel. bekannt, sondern auch in der griech. üblich waren (z.B. → Satyrn, → Silene u.ä., vgl. auch BSOAS 13, T. 14. BCH 23, 1899, 635f. EA 1912, 156ff. Dümmler Kl. Schr., T. 7 usw.) – P. ist schreckenerregend (wenn er in der Mittagshitze plötzlich die ruhenden Tiere aufscheucht oder Menschen überrascht), aber auch ein launiger, weinseliger Geselle im Gefolge des → Dionysos ([1], 27ff.). Parallel zu *νυμφόληπτος* gibt es auch *πανόληπτος*. Wer (bes. in der Mittagshitze) von P. überrascht wird, konnte von ihm ergriffen und geschädigt werden (vgl. POxy 3,50). Eng ist Fertilität mit Sexualität verbunden; deshalb stellt er schönen Nymphen oder den Knaben bei ihrer Herde nach. – Pind. frg. 85f. (Bowra) nennt P. Begleiter der Großen Mutter (*Ματρὸς μεγαλᾶς ὀπαδέ*, vgl. *μεγάλας θεοῦ κύνα παντοδαπόν*), wobei aber durch *ὦ Πάν, Ἀρκαδίας μεδέων* gesichert ist, daß es sich nicht um eine kleinasiat. Spielform des P., sondern um den arkad. Hirtengott handelt; P. heißt dort (frg. 85) auch *σεμνᾶν Χαρίτων μέλημα τερπνόν*, was die starke Bipolarität dieses Gottes zeigt (einerseits gefürchtet, andrerseits voll Freude umhegt). Dies paßt auch zu der sehr unterschiedlichen Auffassung seiner Abstammung; neben Hermes erscheinen Apollon und Penelope (Serv. Verg. georg. 1,17. Sch. Lucan. 3,402); laut Sch. Theokr., Syr. 1 soll er bei einigen *γηγενής*, bei anderen Sohn des *Αἰθήρ* und der Nymphe *Οἰνόη*, bei anderen des Apollon und der Penelope und bei wieder anderen des Odysseus heißen. Ob *ein* P. oder die Vielheit von P.-es und Paniskoi (Aristoph. Eccl. 1069) am Anf. der Entwicklung steht, ist umstritten (Nilsson GgrR 1^2, 236, der für urspr. Vielheit eintritt). Diesbezügl. Vergleiche mit anderen Gottheiten wie → Musai, → Moirai, Erotes sind nur z.T. möglich. Am ehesten wird man die Entwicklung so zu denken haben: Das konkrete »P.-Erlebnis« führt zur Konzeption *eines* P.; da aber bei jeder Herde an allen Plätzen P. wirkt, entsteht die Konzeption von mehreren P.-es, was noch durch die Assoziation von Fertilität und Fülle unterstützt werden konnte. Durch einen stärker abstraktiven Prozeß und durch den Kult wird (jeweils) *ein* P. hervorgehoben, der freilich – seit dem 5. Jh. belegt – neben der P.-Gruppe stehen kann.

P. genoß bes. in Attika Verehrung, sein Kult in einer Höhle am Abhang der Akropolis war mit dem der Nymphen verbunden ([1], 19f.). Von Attika dehnte sich der P.-Kult auf Griechenland aus. Bei Aischyl. Ag. 56f. erscheint P. neben »großen« Göttern (*ἤ τις Ἀπόλλων ἢ Πὰν ἢ Ζεύς*). In der Schlacht von Marathon steht P. den Athenern bei. Bei Hdt. 6,105 versichert er sie seiner Hilfe und verlangt Kult in Attika, den er daraufhin auch erhielt. Seine Nähe in der Schlacht von Salamis ist von Aischyl. Pers. 447f. (*ὁ φιλόχορος Πὰν ἐμβατεύει*) angedeutet. Im Demos Phyle gab es ein Nymphaion mit Kult für die Nymphen u. P. (seit der myk. Z.; vgl. IG II^2 4826–4840. Peek, MDAI[A] 67, 1942, 59ff. Cook Zeus 3, 261, 7). – In der Grotte von Vari auf dem Hymettos Kult für P., Nymphen und Apollon Nomios (Olympiod. vita Plat. 1). – Kleinfunde (7.–3. Jh.), meist Terrakotten, in der Höhle bei Pitsa (w. von Korinth), zeigen Frauen, z.T. Schwangere mit P., Satyrn, Sphingen und Tieren. – Plut. de def. orac. 17 berichtet vom »Tod des großen P.«; dieser wird dort als arkad. Vegetationsgott angesehen und ist mit dem Typus des sterbenden *ἐνιαυτὸς δαίμων* zu vergleichen. Anders P. in der Spekulation; dort führt sein Name durch den Anklang an *πᾶν* »ganz«, »jedes«, »alles« zur Interpretation des P. als Allgott (sicher belegt erst in der Z. Neros bei Cornutus 27). Dem griech. P. ist als Hirtengott → Faunus verwandt (wobei die umstrittene Deutung F. Altheims Röm. Rel. Gesch. 1, 1951, 131ff. als Würger außer Betracht bleiben kann, vgl. auch K. Latte, Gn 76, 1954, 15ff.). Auch das Motiv des Schreckens ist beiden gemeinsam (Varro l. l. 7,36. Dion. Hal. ant. 5,16. Cic. nat. 2,6). Zur röm. Angleichung vgl. Liv. 1,5,2. Hor. c. 1,17,2. Ov. fast. 2,424ff. Bes. Vorsicht ist bei einer Gleichsetzung mit den Satyrn angezeigt. P. wird in der röm. Kaiserz. häufig abgebildet (auch in entlegenen Provinzen wie Africa, Aegyptus usw.) und dient als Münzbild (auch mit Dionysos zusammen verwendet). W. P.

R. Herbig Pan, der griech. Bocksgott, Frankf./M. 1949. *Fr. Brommer*, RE Suppl. VIII 949–1008.

Panainos, aus Athen, Maler, Neffe (oder Bruder) des → Pheidias, arbeitete im mittleren Drittel des 5. Jh. v. Chr. mit Pheidias am Zeus in Olympia, wo er die Bemalung des Gewandes und der Schranken um das Bild übernahm, Strab. 8,354. Für → Kolotes (2) bemalte er die Innenseite des Schildes der Athena in Elis, Plin. nat. 35,54; für die Wand dort benützte er eine Mischung aus Milch und Safran, Plin. nat. 36,177. Unsicher ist seine Beteiligung an der Ausmalung der Stoa Poikile in Athen, wo für die Marathonschlacht außer P. (Plin. nat. 35,57) auch → Mikon und → Polygnotos genannt werden. W. H. G.

Panaitios. 1. Aus Tenos, meldete 480 als Kapitän einer zu den Griechen übergelaufenen Triere die Einschließung durch die pers. Flotte im Sund von → Salamis. Hdt. 8,82. Plut. Them. 12,8. **2.** Errichtete 615 (Eus.) oder 609 (Hier.) in Leontinoi mit Hilfe ärmerer Volksschichten gegen die bisherige Oligarchie eine Tyrannis. BERVE Tyrannis 129. 593. **3.** P., Athener, im Mysterien- und Hermokopidenprozeß von 415 verurteilt, And. 1,13. IG I² 326,12. 399 wieder in Athen, And. 52. 67f.; als »Affe« usw. von Aristoph. fr. 394 E. verspottet. MACDOWELL And. on the Myst. 71f. 173. K. K.

4. P. von Rhodos (ca. 185–109 v. Chr.), Sohn des Nikagoras, Stoiker, Schüler des → Krates (4), des → Diogenes (15) und des → Antipatros (9). P. bekleidete zwischen 170 und 150 das Priestertum des Poseidon Hippios zu → Lindos, muß also Athen verlassen und wenigstens eine Zeit lang auf Rhodos gewohnt haben. Um 144 kam P. nach Rom, wo er in den Kreis um → Scipio Min. (3) eintrat. Als ein Mitglied der *cohors amicorum* begleitete P. den Scipio auf seiner Asien-Reise (141); bis ca. 129 war er weiterhin häufig in Rom, übernahm dann aber die Schulleitung nach dem Tode des Antipatros. Von 129 bis zu seinem Tode 109 war P. Schulhaupt der Stoa.

Unter ihm veränderte sich der Stil des Philosophierens. Die Stoa legte die Schroffheit der Polemik ab; Platon, die Ältere Akademie und Aristoteles wurden gelesen und gewertet. So ließ P. die Lehre fallen, die Welt werde jeweils nach langen Zeiträumen (Weltjahr) durch Wasser oder Feuer vernichtet (Katastrophentheorie), vielmehr entschied sich P. nach Aristoteles' Vorbild für die Ewigkeit der Welt. Er begann – hierin Vorläufer des → Poseidonios (1) – den Menschen als Glied des Kosmos zu sehen, d.h. er überwand die anthropozentrische Orientierung seiner Vorgänger.

Seine Ethik mildert Schärfen des voraufgehenden stark theoretisierenden stoischen Rigorismus. Die schroffe Sonderung zwischen *προηγμένα* und *ἀποπροηγμένα* war für den, der in einer Gemeinschaft wirkt, als Richtschnur kaum anwendbar. P. versuchte, mit Blick auf die, die nicht theoret. (als Philosophen), sondern prakt. (als Staatsmänner) wirken, eine Ethik zu entwickeln, die sich mehr in Empfehlungen als in Verboten ausdrückt. So setzte er an Stelle einer formal bestimmten *ἀνδρεία* die *μεγαλοψυχία* – etwa als Hochherzigkeit zu übersetzen; zur *δικαιοσύνη* soll *benevolentia, aequitas, liberalitas* hinzutreten. Neben die grundsätzliche Entscheidung, ob es ein *ἀγαθόν* als sittlich Gebotenes zu wahren gilt, soll jeweils ein Abwägen treten, was jeweils der Nutzen der Gemeinschaft, für die der Staatsmann tätig ist, gebietet. So entstand eine Pflichtenlehre (Schrift *περὶ τοῦ καθήκοντος*), in die P.' Erfahrungen zu Rom eingebracht sind und die in Rom tiefen Eindruck hinterließ; Cicero fußt in *de officiis* I und II vornehmlich auf ihr. H. D.

Louise Labowski Die Ethik des P., 1934. *M. Pohlenz* Ant. Führertum, Cicero, de officiis und das Lebensideal des Panaitios, 1934.

Panakes (*τὸ πάνακες, ὁ πάναξ, ἡ πανακεία, τὸ πανάκειον*), »Allheilmittel, »Panacee« nannte man mehrere offiziell vielverwendete Doldenblütler, die man durch Attribute unterschied. Das wichtigste P. war *πάνακες Ἡράκλειον*, nach Herakles oder einer Stadt Herakleia benannt, die Peucedanee Opopanax Heraclium Koch, beschrieben von Dioskor. mat. med. 3,48, die man auch gärtnerisch kultivierte. Das Wirksame war der Milchsaft der Wurzel, den man ihr zur Zeit des Aufsprossens der jungen Stengel durch Einschneiden abzapfte. Er hilft, mit Honigwasser oder Milch eingenommen, bei Fieber, Krämpfen, Knochenbrüchen, Seitenstechen, Husten, Leibschneiden, Harnzwang, Blasenentzündung und allerlei Frauenleiden, als Einreibe bei Ischias und Gicht usw. Dichterisch spielend sagt Kall. hymn. 2,39f., daß Apollons Haar nicht Fett, sondern reines P. absondere. Später hieß Saft und Harz des P. *ἀποπάναξ*. Auch einen Medizinalwein *πανακίτης* gab es. Vgl. GOSSEN, RE XVIII, 2. H., 446–48. K. Z.

Panakton (*Πάνακτον, Πάνακτος*), att. Grenzkastell an der Grenze gegen Boiotien im → Kithairon über → Eleutherai, h. Gyphtokastro, fast vollständig erhaltenes Kastell wohl des 4. Jh. v. Chr. ö. über der Straße von Eleusis nach Theben. 422 v. Chr. fiel es durch Verrat in die Hände der Boioter, Thuk. 5,3,5, und wurde von ihnen zerstört, Thuk. 5,19,7. 39,2f. 40,1. Plut. Alk. 14, 4; Nik. 10,3, aber wieder aufgebaut, 304 v. Chr. unter Kassander, von Demetrios erobert, Plut. Dem. 23,2. Paus. 1,25,6. Genannt wird P. noch bis gegen E. 3. Jh. v. Chr. als mit einer Besatzung belegt. Harpokr. Demosth. 19,236. 54,3. Proklos bei Phot. bibl. 321b 34. IG II² 1299, 20 u.ö. 1304, 41 u.ö. E. M.

1. *A. Milchhöfer* bei *Curtius-Kaupert* Karten von Attika, Text 7, 15f. 9, 32. 36f. 2. *Frazer* Pausanias 2, 515ff. 3. *W. Wrede* Attika Abb. 21. 22. 4. *Ders.* Att. Mauern 9. 32f. 53. 57. Abb. 19. 83–86. 5. *U. Kahrstedt*, MDAI(A) 57, 1932, 10ff. 16ff. 6. *J. Wiesner*, RE XVIII, 2. H., 449f. 7. *Philipps-Kirst.* 1, 525. 8. *N. Bonacasa*, Enc. arte ant. 3, 1960, 308 (Eleutherai).

Panamaros s. Zeus

Panathenaia (*Παναθήναια*). »Gesamtfest der → Athena« (*'Αθήνη* / *'Αθάνα* [3], 22. Vgl. U. v. WILAMOWITZ Aus Kydathen, 1880, 133) in ihrer Eigenschaft als »Göttin von → Athenai« (*'Αθηνᾶ* < *'Αθηναίη* [*θεά*]), das seinerseits als plural. Form des Gottesnamens auf einen Synoikismos früher Einzelsiedlungen mit Athena-Kult hinzudeuten scheint (F. SCHACHERMEYR Die ältesten Kulturen Griechenlands, 1955, 233). Demgemäß Begehung von hohem Alter (Aristeid. or. 13,189,4f. m. Sch. [5], 64), laut Hellanikos (FGrH 4 F 2) und Androtion (FGrH 324 F 2) von → Erichthonios zuerst ausgerichtet, nach Aristot. frg. 637 Rose anläßl. der Tötung des Giganten Asterios. Den *'Αττικά* des Istros (FGrH 334 F 4) zufolge urspr. *'Αθήναια* genannt (Harpokr. s. *Παναθήναια*; vgl. Hom. Il. 2,550f.); nach Paus. 8,2,1 wäre die Umbenennung – gemäß der Ausweitung auf Attika – unter Theseus erfolgt (vgl. Plut. Thes. 4,3. Sch. Plat. Parm. 127a. [3], 22f. [4], 23f.). J. A. DAVISON erwägt in diesem Zusammenhang die Möglichkeit einer Apostrophierung der Göttin als »Panathena« unter Hinweis auf den »Panzeus« von Pylos (H. MÜHLESTEIN, Minos 4, 1956, 78ff.). – Gestützt auf Isokr. or. 12,12. 17 unterscheidet Harpokr. 2 Begehungen, eine eterische (IG II² 334,31f. *Π. τὰ κατ' ἐνιαυτόν*), die »kleinen P.« (*Π. μικρά* Lys. 21,2. 4. Men. frg. 428), und eine penteterische, die »großen P.« (*Π. μεγάλα*), beide am 28. → Hekatombaion (Juli-Aug.) gefeiert (E. PREUNER, H 61, 1926, 125), dem angebl. Geburtstag der Göttin (Kallisth. FGrH 124 F 52. W. SCHMIDT, RVV 7,1, 1908, 99); das penteter. seit → Peisistratos' Zeiten (Archontat des → Hippokleides 566/65 v. Chr.: Marcell. vit. Thuc. 2ff. T. J. CADOUX, JHS 68, 1948, 104. [4], 28f.) mit großem Aufwand an mus. Agonen (von → Perikles gefördert: Plut. Per. 13. H. T. WADE-GERY The Poet of the Iliad, 1952, 30. [4], 33ff.) und gymn. Spielen (Aristot. Ath. pol. 60,1. 3. IG II² 2311ff. 3022. G. BUSOLT Griech. Geschichte 2, 1895², 344 u. Anm. 2. PREUNER, H 57, 1922, 94ff. W. ZSCHIETZSCHMANN, JDAI 46, 1931, 58f. [1], 61ff. [4], 26), von denen die panathen. Preisamphoren zeugen (K. PETERS Stud. zu den panathen. Preisamphoren, 1941. S. PAPASPYRIDI-KAROUZOU, AJA 42, 1938, 495ff. J. D. BEAZLEY, AJA 47, 1943, 441ff. The Development of Attic Black-Figure, 1951, 88ff. [4], 26f. 36ff. 42). Das von den Hieropoioi (IG II² 334,31. L. ZIEHEN, RhM 51, 1896, 211ff. A. E. RAUBITSCHEK Dedications from the Athenian Agora, 1949, 350ff. Nr. 326–328. [1], 125ff. [4], 29ff.) veranstaltete Fest begann mit einer durch Tanz und Gesang der Jugend beider Geschlechter (Paian und Ololyge) gekennzeichneten Pannychis auf der Burg (Eur. Heraclid. 777. Heliod. Aith. 1,10. K. LATTE, RVV 13,3, 1913, 35). Die Prozession erfolgte zu Beginn des nächsten Tages (Him. or. 3,16) in der Weise, wie es der Parthenonfries für die »großen P.« vermittelt (E. PFUHL De Atheniensium pompis sacris, 1900, 6ff. [5], 56f. Vgl. Aristoph. Eccl. 730ff.): Opfergeräte wurden von Jungfrauen (Kanephoren) vorangetragen, Opfertiere (Rinder und Schafe) im Zuge mitgeführt (A. TH. F. MICHAELIS Der Parthenon, 1870/71, Tf. 12,1ff. 14, 49ff. [3], 25f.), bestimmt für Opfer an die Athena Hygieia, die Athena Polias (samt Pandrosos) und die Athena Nike (IG II² 334,8); es folgten die von den Metoiken gestellten *σκαφηφόροι* und *ὑδριαφόροι* (Phot. s. *σκαφάς*. Poll. 3,55. Harpokr. s. *σκαφηφόροι*) sowie die Musikanten (MICHAELIS, T. 12,13ff.), ferner werden *θαλλοφόροι* (Greise mit Ölzweigen) erwähnt (Sch. Aristoph. Vesp. 544. Xen. symp. 4,17). Den Mittelpunkt der Prozession bildete der prunkvolle Peplos, Monate zuvor von den Frauen gewebt (Sch. Eur. Hek. 467), auf einer Art Schiffskarren an einem mastartigen Gestell (IG II² 657,14. Phot. s. *ἱστὸς καὶ κεραία*. Strattis, Com. frg. 30 K. PFUHL 23ff. [3], 32f.) zur Akropolis gebracht (Sch. Aristoph. Av. 827. Plat. Euthyphr. 6c. Harpokr. s. *πέπλος*. Sch. Aristoph. Equ. 566. [4], 25f. C. J. HERINGTON Athena Parthenos and Athena Polias, 1955, 17. 32ff.). Zur Darstellung des Peplos auf dem Parthenonfries und zur Werkstatt des Peplos A. v. PREMERSTEIN, JOEAI 15, 1912, 1ff.; über die P. für die kleinasiat. Athena Ilias (CIG 3601 [Inschr.-Frg. von Bunarbaschi]) PREUNER, H 61, 113ff. W. F.

1. *A. Mommsen* Feste der Stadt Athen, 1898. 2. *J. Nadolny*, Przeglad Klasyczny 3, 1937, 345ff. (poln.). 3. *L. Deubner* Attische Feste, 1932/62. 4. *J. A. Davison*, JHS 78, 1958, 23ff. 5. *G. T. W. Hooker* (ed.) Parthenos and Parthenon, Greece and Rome Suppl. 10, 1963.

Panchaia (*παγχαΐα* scil. *χώρα*) »ganz vortreffliches Land« ist der erdichtete, redende Name der größten der (erdichteten) Inselgruppe im ind. Ozean, die → Euhemeros zum Schauplatz seines utopischen Idealstaates machte. K. Z.

FGrH 63. *Ziegler*, RE XVIII, 2. H., 492–4.

Panda. 1. Fluß ö. der Maiotis, drei Tagemärsche vom Tanais (Don) entfernt. Identifizierung steht noch aus. Einzige Erwähnung Tac. ann. 12, 16. Chr. D.

Latyschew, IPE II, S. XLIII u. (russ.) *Ποντικά*, 68. *Minns* Scythians and Greeks in S. Russia, 597.

2. P. (vgl. Philox. PA 71: *Panda εἰρήνης θεός*) ist ein rogativer Beiname der Ceres *a pane dando* (Ael. Stilo b. Non. 44 M.; oder vom Offenstehen der Türen des *fanum* oder des Capitols; vgl. Arnob. 4,3) oder der → Pales (Varro Men. frg. 506 B.: *Panda te [c] a[l]o Pales*), der nicht von *patēre* (nicht zu lat. *Patella*, umbr. *Padella*, osk. *Patana*), sondern von * *pā-* »nähren« gebildet ist: »sie soll nähren«; vgl. *Empanda* (Paul. Fest. 67,4 L.). G. R.

Prell.-Rob. 2,224. *Peter* Myth., Lex. 2,210f. *Wissowa* Rel.^{2} 195,2. *Latte* RRG 51. *Altheim* RRG 1, 1931, 49. Terra Mater 114. *Schwyzer*, RhM 84, 1935, 97. *v. Blumenthal*, RhM 90, 1941, 329. *Kretschmer*, Glotta 31, 1951, 153. *Radke* Götter Altitaliens 244.

Pandareos (*Πανδάρεος, -εως*). Im S. Kleinasiens oder auf Kreta zu Hause, der Typ des Schelms, der selbst Zeus zu betrügen weiß, und als solcher mit Tantalos verbunden. Sohn des → Merops (4), aus Milet (dem kret. nach Paus.) oder Ephesos, stahl er den goldenen Hund, der das Zeusheiligtum bewachte, und brachte ihn Tantalos zur Aufbewahrung. Da dieser den Besitz leugnete, stürzte Zeus den Sipylos auf ihn. P. wurde auf der Stelle oder, nachdem er über Athen nach Sizilien geflohen war, in einen Stein verwandelt. Anton. Lib. 36. Anders 11. Die Tochter → Aëdon heiratete Zethos (Zetes, Polytechnos). Die beiden andern Töchter wurden von Aphrodite gepflegt und von anderen Göttinnen beschenkt. Während Aphrodite zum Olymp flog, um ihnen eine gute Heirat zu erwirken, rafften die Harpyien (= Sturmwinde) sie hinweg und übergaben sie den Erinyen als Dienerinnen. Hom. Od. 20,66ff. Polygnot stellte sie auf dem Unterweltsbilde in der knid. Halle zu Delphoi dar. Paus. 10,30,1f. nennt sie Kameiro und → Klytia (3), die Od.-Sch. Merope und Kleothera. H. v. G.

Pandaros (*Πάνδαρος*). **1.** Bundesgenosse der Troer, Lykier, Sohn des → Lykaon (3). Il. 2,824ff. Apollod. epit. 3,35. 4,1. Seine Heimatstadt ist Zeleia in der Troas, weshalb man dort »nördliche Lykier« ansetzte, Ed. MEYER GdA 2,1,301f. FINSLER Hom. ^{2}1,17. Urspr. ist er wohl im eigentl. Lykien zu Hause, wo es in Pinara einen Heros P. gab, Strab. 14,665. Vgl. → Pandareos. P., Apollons Liebling, kämpfte als Bogenschütze mit selbstverfertigtem Bogen, Il. 4,105ff. Mit dem Schuß auf Menelaos (4,86ff.) brach er den Waffenstillstand. Mit dem Speer kämpfte er gegen Diomedes, der ihn tödlich traf (5,166ff. Zur Kritik dieser Szenen FINSLER Hom. ^{2}2,50f.). Grab am Simois, Steph. Byz. s. *Ζέλεια*. Anth. Pal. 9,464. Verg. Aen. 4, 495ff. erwähnt einen Bruder des P., → Eurytion (5). **2.** Troer, Gefährte des Aeneas, Bruder des → Bitias (1). Verg. Aen. 9,672ff. 722ff. 11,396. H. v. G.

Pandateria, kleine Insel w. Kyme (Strab. 2, 123. 5,233. Plin. nat. 3,82. Solin. 3,2. Mela 2,121; vgl. Varro rust. 1,8,5. 3,5,7), Verbannungsort der Iulia (Tac. ann. 1,53. Cass. Dio 55,10,14), Agrippina (Suet. Tib. 53. Cal. 15), Octavia (Tac. ann. 14, 63), Domitilla (Cass. Dio 67,14,2). G. R.

Nissen It. Ldk. 1,369. *Beloch* Campanien ^{2}210.

Pandia (*Πανδία*), Tochter von Zeus und Selene, Hom. h. 32,15. Hyg. fab. S. 12,9 Schm. Auf sie wurde erst spät das att. Fest *Πάνδια* bezogen, das von Haus aus das Zeusfest einer Vereinigung von Stämmen oder Dörfern war (*Ζεὺς Πάνδιος*), vermutlich bei Vollmond gefeiert, später verkümmert. → Pandion (1). H. v. G.

Wilam. GldH^{3} 1,222. 253,1. *L. Deubner* Att. Feste 176f.

Pandion (*Πανδίων*). **1.** Myth. att. König, nach dem die Phyle Pandionis benannt war. Er stand an 3. Stelle (nach → Kekrops und → Erichthonios) der bei Hyg. fab. 48 überlieferten, an 6. Stelle (nach → Erechtheus) der auf Hellanikos zurückgehenden Königsliste (JACOBY FGrH I 449). Später wurden Kekrops und P. gedoppelt, für uns greifbar im Marm. Par. von 264/63. Nun stand P. I am 5., P. II am 8. Platz. – P. I ist Sohn des Erichthonios und der Quellnymphe Praxithea, Gatte der Quellnymphe Zeuxippe, Vater Proknes (schon Hes. erg. 568. Sappho 86 D.) und Philomelas und der Zwillinge Erechtheus und → Butes, von denen der 1. ihm in der Herrschaft, der 2. im Priestertum nachfolgte. Apollod. 3,190f. 193. – P. II ist der Sohn → Kekrops' II und der Metiadusa, wurde von → Metions Söhnen gestürzt, ging nach Megara zu Pylas, dessen Tochter Pylia er heiratete. Durch sie wurde er, als Pylas wegen einer Meintat auswanderte, Herrscher von Megara. In der Megaris fand er auch Grab und Heroon, Paus. 1,5,3f. 39,4. 41,6. Seine 4 Söhne, Aigeus, Pallas, Nisos, Lykos, verjagten die Metioniden, Aigeus wurde König von Athen, Nisos von Megara. Apollod. 3,204ff. – Nach R. HANSLIK, RE XVIII, 2. H., 513ff. ist P. eine urspr. att. Sagengestalt, die später nach Megara übertragen wurde, der Heros des att. Zeusfestes *Πάνδια*, WILAM. GldH 2,3 Anm. 2. **2.** Waffenträger des → Teukros in der Lykierepisode Il. 12,372. WILAM. Hom. Unt. 245,7. **3.** Vater des → Lampros (1), Gemahl der → Galateia (2), Anton. Lib. 17. Parallelerzählung mit andern Namen Ov. met. 5,666ff. H. v. G.

Pandionis (*Πανδιονίς*). **1.** s. Prokne

2. P., eine der 10 Phylen der kleisthen. Phyleneinteilung Athens, in der offiziellen Reihenfolge die dritte, in der Z. der makedon. Phylen die fünfte, benannt nach dem att. Heros und König → Pandion, aus 11 Demen bestehend. Die Stadttrittys hieß nach ihrem einzigen Demos → Kydathen, die Landtrittys am O.-Abhang des Hymettos nach → Paiania, die Küstentrittys an der O.-Küste um die Bucht von Porto-Raphti mit der Exklave Probalinthos in der Ebene von → Marathon nach Myrrhinus. Später verlor sie einzelne Demen an die Antigonis, Demetrias, Attalis und Hadrianis. Vollständige Liste der Demen Hesp. 30, 1961, 32 Z. 134ff. Trittyen: IG I^{2} 898. II^{2} 1748,14. Syll. III^{3} 920. E. M.

Lenschau, RE XVIII, 2. H., 518f. Nr. 2.

Pandokeion s. Wirtshaus

Pandokos (*Πάνδοκος*). **1.** Troer, von dem Telamonier Aias verwundet. Il. 11,490. **2.** Vater der Palaistra, einer Geliebten des Hermes. Er brachte die bei ihm einkehrenden Fremden um und wurde auf Bitten Palaistras von Hermes getötet. Nach ihm hießen die Gasthäuser πανδοκεῖα (hellenist. πανδοχεῖα). Palaistras Brüder galten als εὑρεταί des Ringkampfs. Späte Mythenklitterung. Serv. Verg. Aen. 8,138. Etym. m. 647,56. H. v. G.

Pandora (Πανδώρα), eig.: die alles Gebende. **1.** Epiklese der Ge (→ Gaia), was aus den Sch. Aristoph. Av. 971 (wo ein angebliches Orakel des Bakis befiehlt πρῶτον Πανδώρᾳ θῦσαι λευκότριχα κριόν) hervorgeht: τῇ γῇ, ἐπειδὴ πάντα τὰ πρὸς τὸ ζῆν δωρεῖται, ἀφ' οὗ καὶ ζείδωρος καὶ ἀνησιδώρα. Die Bezeichnung kehrt öfters wieder. – So sehr die Epiklese P. dem Vorstellungskreis um Gaia entspricht, scheint sie mir doch als solche gesteigerter Reflexion zu entstammen. **2.** Göttin aus dem Kreis der Hekate und der Poinai. Ihr Bild ist aus Eison (Orph. Arg. 974ff.). Sie scheint eine Ausformung der Gaia in ihrem gefährlich-drohenden Aspekt zu sein, aber gerade bei dem P.-Komplex ist mit mannigfachen Umbildungen und Mißverständnissen zu rechnen. **3.** P. wird auf Geheiß des Zeus von Hephaistos (als Handwerker) geschaffen, damit der Feuerdiebstahl des Prometheus gerächt werde. Die Götter statten sie mit vielen Reizen aus; Zeus gibt ihr einen πίθος, der alle Übel und Leiden enthält. Hermes (als Geleiter) bringt sie zu den Menschen. → Prometheus warnt seinen Bruder → Epimetheus, der P. zum Weibe nimmt. Beim Öffnen des πίθος fliegen alle Übel heraus, nur ἐλπίς bleibt drinnen (Hes. theog. 571ff.; erg. 60ff.). Auffällig die pessimist. Auffassung der ἐλπίς; der Mythos (in der überlieferten Form) ist überhaupt pessimist. und frauenfeindlich (W. Nestle, ARW 34,378ff.). Dies scheint aber bereits ein Verblassen alter Zusammenhänge vorauszusetzen. Hes. wenigstens war die Struktur dieses Mythos nicht mehr durchsichtig (vgl. Wilam. Hes. Erga, 1928, 52). Die Verwendung des Namens P. im iron. Sinn dürfte also sekundär sein. Dem Mythos wird ein δρώμενον (vgl. J. Harrison Proleg., 1903, 282), das auf chthon. Bereiche weist, zugrunde liegen. Daß die Entwicklung einer bestimmten Erscheinungsform der Gaia zu einem gefährl. Wesen (selbstverständl. weibl. Geschlechts, vgl. auch P. in Orph. Arg. 974ff.), das dann zur θνητὴ γυνή (vgl. Aischyl. 369 N.) geworden wäre, durch das Vordringen der Zeus-Religion gefördert wurde, liegt nahe (vgl. Harrison, JHS 20, 1900, 108f.). Ob ein entfernter Vergleich mit den → Erinyen (die aber auch → Eumeniden hießen) berechtigt ist, mag dahingestellt bleiben; ebenso die Verbindung mit einer kret. Kultszene (vgl. Ch. Picard, Acropole 7, 1932, 39ff. Ders. RA 6, 1938, 105). – Die Verbindung des P.-Motivs mit dem πίθος-Motiv birgt Schwierigkeiten; bei → Babr. 58 ist von einem πίθος die Rede, in Hom. Il. 24,527f. von zwei (W. C. Greene, HSPh. 46,14ff. A. H. Krappe, RHR 119,181. A. Lesky, WS 55, 22ff.). Die Fassung bei Babr. scheint die ältere zu sein.

1. *D.* and *E. Panofsky* Pandora's box, 1956. 2. *O. Lendle* Die Pandorasage bei Hes., 1957.

4. P., Tochter oder Braut des Deukalion; vgl. Hes. Kat. Frg. 4 Rz[2]. Preller-Robert 1,97,4. Wilam., H 34,610. **5.** P., Tochter des Erechtheus. Sie opfert sich gemeinsam mit ihrer Schwester → Protogeneia auf dem Hyakinthos; deshalb heißen sie auch → Hyakinthiden. W. P.

Pandosia (Πανδοσία). **1.** Eine der angeblich vier elischen Kolonien [Demosth.] 7,32 in Epeiros im Gebiet der Kassopaioi am Acheronfluß, Strab. 7,7,5 p. 324. Theop. FGrH 115 F 206. 207 bei Harpokr. s. Ἐλάτεια und Πανδοσία. Strab. 7, 1,5 p. 256. Liv. 8,24,2f. Plin. nat. 4,4. IG IV 1[2], 95, 24. Von Philipp II. an Alexander von Epeiros gegeben, [Demosth.] a. O. Genaue Lage nicht bekannt; die älteren Ansätze bei [1] genannt, Ansetzung bei Kastri am r. Ufer des Unterlaufs des Acheron auch Dakaris, Ἀρχ. Δελτ. 16, 1960 χρον. 203 und [2], 106, in [2], 106, A. 3. gegenüber s. des Flusses in der Ebenenbucht von Kanalaki. Bei [3], 477f. in dem Mauerring (1050 m Umfang) bei Trikastro etwa 17 km landeinwärts am l. Ufer angesetzt. Mz.: [3], 642f. [4]. E. M.

1. *Joh. Schmidt*, RE XVIII, 2. H., 549f. Nr. 1. 2. *Philipps.-Kirst.* 2, 104. 106 mit Nachträgen zu 104–106. 108 A. 1. 244. 281 A. 12. 285 A. 39. 3. *N. G. L. Hammond* Epirus 477f. 660 Nr. 39. 672f. u. ö. 675 Kte. 16. Taf. IX 2. 4. *P. R. Franke* Die ant. Münzen von Epirus 107ff.

2. Feste Stadt Bruttiums nahe Consentia am Acheron, Königssitz der Oinotrer (Strab. 6,256; zur Lage: Skymn. 326. Skyl. 12), die Alexander von Epeiros 326 besetzte (Liv. 8,24,5); er fand dort bei irriger Auslegung eines Orakels den Tod (Iust. 12,2,3. 14. Liv. a. O. Strab. a. O.). Münzen: Head HN[2] 105f. 204 gibt sich P. in röm. Hand (Liv. 29,38,1). **3.** Lukan. Stadt w. Herakleia (Plut. Pyrrh. 16,4; Erwähnung auf tab. Heraclea IG XIV 645), wo man eine Fußspur des Herakles zeigte (Aristot. mir. ausc. 97). Gleichzeitig mit Metapont gegründet (Eus. chron. 2,78 Sch.). G. R.

Pandrosos (Πάνδροσος), zu δρόσος Tau; »die alles Betauende«. Tochter des → Kekrops, Schwester der → Aglauros und der → Herse. P. ist seit alters in Athen verehrt worden ([2], 442); ihr heiliger Bezirk w. des Erechtheions. Dort Ansammlung von Kulten der Athene, des Poseidon und des Erechtheus, vgl. dazu Paus. 1,27,2. Das Pandroseion stammt aus sehr alter Z. Vasenfunde weisen in die hellad. Z. (Judeich Topogr. Athen[2], 280f. Holland, AJA. 28, 1924, 9f. Dörpfeld, JDAI 34, 1919). Zum Ölbaum der P. vgl. Hdt. 8, 55. Dies kann auf minoische Elemente schließen lassen (vgl. aber auch G 70, 1963, 541ff.); offenbar wurde der Kult der P. in myk. Z. von den Burgherren geschätzt. Der unterird. Gang, der über den N.-Abhang zum Heiligtum der Ἀφροδίτη ἐν κήποις führte, stammt aus myk. Z. (Broneer, Hesp. 1, 1932, 31ff.). Er spielt bei den Arrhephoria (vgl. [3]) eine Rolle. Zum Kult vgl. Philoch. frg. 32,

CIA II 481,59. – Der Mythos berichtet, Athene habe P. und ihren Schwestern → Erichthonios in einer Kiste übergeben; sie hätten entgegen Athenes Verbot die Kiste geöffnet und neben dem Kind eine Schlange entdeckt, die den Knaben bewachte. Dies sei ihnen zum Verhängnis geworden. – In der P.-Gestalt sind verschiedene Vorstellungen vereinigt; P. war Fruchtbarkeitsgöttin (δρόσος!), im bes. agrar. Gottheit. Daran mochte sich der Mythos von Erichthonios als dem göttl. Kind (dazu [2],317) und den Initiationsriten entsprechende Vorstellungen, (vgl. [3]) geknüpft haben. – P. war vermutl. auf dem O.-Giebel des Parthenon dargestellt (FURTWÄNGLER Meisterwerke 235f.); auch in der Vasenmalerei erscheint sie bereits früh; vgl. [1], 557f. W. P.

1. *R.Hanslik*, RE XVIII, 2.H., 553ff. 2. *Nilsson* GgrR I². 3. *W.Burkert*, H 94, 1966, 1ff.

Panegyrikos (πανηγυρικός scil. λόγος), Rede bei einer πανήγυρις, einer allg. Versammlung, so hat → Isokrates seine im J. 380 entworfene, als Mahnrede bei den olymp. Spielen gedachte große Rede Nr. 4 betitelt. Zum rhetor. term. techn. für Prunk- oder Festrede – im Gegensatz zu den unmittelbar prakt. Zwecken dienenden polit. und Gerichtsreden – ist P. anscheinend erst im ausgehenden 4. Jh. geworden. In ihr kommt es weniger auf den Wahrheitsgehalt oder einen bestimmten Zweck an als auf die schöne Form, die den Hörer fesseln und entzücken soll. Über ihr Verhältnis zum ἐγκωμιαστικός *(laudatio)* und συμβουλευτικὸς λόγος *(suasio)*, mit denen beiden sie verwandt ist, lauten die Meinungen der Theoretiker verschieden. Ident. ist der π. λ. mit dem ἐπιδεικτικός. Erst → Hermogenes stellt am entschiedensten den π. λ. dem συμβουλευτικὸς und dem δικανικὸς λόγος gegenüber, doch mit einer sehr künstlichen, komplizierten und widerspruchsvollen Klassifizierung aller drei innerhalb des πολιτικὸς λόγος, die von den späteren Theoretikern nicht befolgt worden ist, während jene Dreiteilung sich durchsetzte. Lob und Tadel galt stets als zum Inhalt eines P. gehörig, und πανηγυρίζειν hat sich schon im ausgehenden Alt. der Bedeutung von ἐγκωμιάζειν angenähert.

Im Lat. ist die Festlegung von P. ungefähr auf die Bedeutung *laudatio* im Verlaufe der Kaiserz. erfolgt. Der Grund dieser Bedeutungsentwicklung war, daß mehr und mehr das Lob des Herrschers das alleinige und obligatorische Thema jeglicher öffentlichen Festrede geworden war. Ob die Betitelung des im Tibullcorpus erhaltenen Lobgedichtes auf → Messalla (II 4) als *panegyricus Messallae* authent. ist, ist ebenso ungewiß wie bei dem *panegyricus Augusti* des → Varius, den Porphyrio und Ps.-Acro zu Hor. ep. 1,16,25 zu bezeugen scheinen, wo Hor. selbst von *Augusti laudes* spricht, und die Rede, mit der der jüngere Plinius im J. 100 im Senat seinem Gönner Traian für die Verleihung der Konsulwürde gedankt hat, trägt

diesen Titel nur, weil sie mit ihm in der Slg. steht, in der sie allein erhalten ist. So ist *p.* = *laudatio* sicher erst um 300 n. Chr. bezeugt.

Zu betonen ist, daß *panegyricus* im Alt. stets nur eine Lobrede bezeichnet hat, niemals einen Lobredner, der vielmehr *panegyrista* heißt. Von »Panegyrikern« zu reden, ist ein alteingewurzelter Mißbrauch.

XII Panegyrici Latini. Unter diesem Titel pflegt eine uns erhaltene ant. Slg. von 12 Lobreden auf verschiedene Kaiser zitiert zu werden. Es sind die folgenden:

I. *Panegyricus Plinii Secundi Traiano Augusto* vom J. 100.

II. *Panegyricus Latini Pacati Drepani dictus Theodosio* vom J. 389.

III. *Gratiarum actio Mamertini de consulatu suo Iuliano imperatori* vom J. 362.

IV. *Panegyricus Nazarii dictus Constantino imperatori* vom J. 321.

V. *Incipiunt panegyrici diversorum septem. Incipit primus dictus Constantino* vom J. 311.

VI. *Inc. secundus* auf Constantin vom J. 310.

VII. *Inc. tertius* auf Maximian und Constantin vom J. 307.

VIII. *Inc. quartus* auf Constantius vom J. 297.

IX. *Inc. quintus:* die Rede des Eumenius *pro instaurandis scholis* vom J. 297.

X. *Inc. sextus* auf Maximian vom J. 289.

XI. *Item eiusdem magistri Mamertini genethliacus Maximiani Augusti* vom J. 291.

XII. *hic dictus est Constantino filio Constantii* vom J. 313.

Den Kern der Slg. bilden offenbar die *p. diversorum septem*, deutlich (mit geringen Verstößen) in umgekehrter chronolog. Folge geordnet, so daß also die späteste und neueste Rede an den Anfang gestellt ist, doch zum Schluß mit der Abweichung, daß die 6. und 7. Rede (X. XI) in der richtigen chronolog. Folge stehen. Die älteste Slg. enthält somit 7 Reden, die in den 23 J. von 289–311 sämtlich in Gallien gehalten worden sind. Dieser Slg., die nicht lange nach 311 entstanden sein dürfte, sind dann die gleichartigen 3 Reden des Pacatus, Mamertinus und Nazarius unter Einhaltung desselben Anordnungsprinzips vorangestellt worden, so daß die erweiterte Slg. eine Reihe von 10 Reden in umgekehrter Zeitfolge aus gerade einem Jh. umfaßte. Dann wurde ihr von einem endgültigen Redaktor der P. des Plinius als das große Muster der Gattung vorangesetzt und endlich eine anonyme Rede auf Constantin vom J. 313, deren der Redaktor noch habhaft geworden war, am Schluß angehängt, um die runde Zahl 12 voll zu bekommen.

Die Autoren der paneg. Über Plinius, Pacatus und Nazarius vgl. diese Art. Claudius Mamertinus, der mit der Rede III für den ihm von Iulian verliehenen Konsulat dankt (das nomen Claudius erfährt man nur aus der Rede 17,4), hat nicht nur unter diesem Kaiser hohe Ämter erlangt *(praef. aerarii, praef. praet. Illyrici)*, sondern auch noch 365 unter Valentinian und Valens, ist aber 368 von Avitianus wegen Unterschleifs denunziert und seiner Würde entkleidet worden (Amm. 26,5, 5. 27,7,3). Von den *diversi septem* ist Eumenius der einzige, der im Titel als Vf. mit Namen genannt wird und in seiner Rede Angaben über sich selbst macht: daß sein aus Athen gebürtiger Großvater zuerst in Rom und dann in Augustodunum (Autun) als Redelehrer tätig gewesen sei (17,3) und daß er selbst als *sacrae memoriae magister* ein Gehalt von 300000 Sest. erhalten habe (11,2), das ihm nun unter Ernennung zum Leiter der neuerrichteten Schule in Augustodunum (Ernennungsdekret 14) verdoppelt worden sei (zu zahlen von der Gemeinde). Er stiftet jetzt die 600000 für die Wiederherstellung des Schullokals und bittet mit der an den Praeses der Provinz Lugdunensis prima gerichteten Rede (die also kein eigentlicher *pan.* ist, doch mit Lobpreisungen der Kaiser nicht spart), die kaiserliche Genehmigung der Stiftung zu erwirken. Wegen mancher Gemeinsamkeiten ist auch für einige andere der anonymen *pan.* die Verfasserschaft des Eumenius vermutet und eine lange Diskussion geführt, ein sicheres Ergebnis aber nicht erzielt worden.

Vom 15. bis ins 18. Jh. sind die *pan. Lat.* als Muster höfischer Beredsamkeit geschätzt und oft gedruckt worden. Die zahlreichen erhaltenen Hss. gehen alle auf eine verlorene Mainzer Hs. zurück, die Johannes Aurispa 1433 entdeckte.

Erste krit. Ausgabe *E. Baehrens* Lpz. 1874, erweitert von *W. A. Baehrens* 1911. Panégyristes latins, 3 Bde., ed. *E. Galletier* (mit frz. Übers. und Bibl. S. LVI–LXX), Paris 1949–55. *R. A. B. Mynors* Oxf. 1964.

Außer der besprochenen Slg. hat es, wenn auch meist nicht mit dem Titel *pan.*, sehr viele lat. Schriftwerke panegyr. Charakters in Vers und Prosa gegeben, beginnend mit Cicero (für Pompeius, Caesar, Cato, Porcia), → Varius *(laudes Augusti)*, → Lucanus *(laudes Neronis)*, dann → Statius, → Fronto, → Symmachus, → Ausonius, → Paulinus von Nola, fast alle Gedichte → Claudians, → Sidonius Apollinaris, → Merobaudes, → Ennodius, → Priscianus, → Cassiodorus, → Corippus, → Venantius Fortunatus. K. Z.

K. Ziegler, RE XVIII, 2. H., 559–581 (Panegyrikos). *O. Seeck*, RE VI 1105–14 (Eumenius). *R. Pichon* Etudes sur l'histoire de la littérature lat. dans les Gaules I. Les derniers écrivains profanes, Paris 1906.

Panemoteichos (*Πανημοτεῖχος*). Ortschaft im pamphyl.-pisid. Grenzland, nach Hierokl. 681,3 zwischen → Kremna (h. Girme) und Ariassos (= Aarassos? Nahe Baden Ağaç), deren Lokalisierung noch nicht mit Sicherheit gelungen ist. Ihr Bestand wird durch Münzfunde (vgl. BMC Lycia, Pamphylia and Pisidia 232) erst für die Z. seit → Septimius Severus bezeugt. E. O.

W. Ruge, RE XVIII, 2. H., 586–588.

Pangaion (*Πάγγαιον ὄρος, mons Pangaeus*), Gebirge an der w.-ö. Heerstraße, zwischen dem unteren Strymon und der Meeresküste, z. T. noch h. bewaldet, durch seine inselförmige Erhebung auffallend, durch seine Metallschätze berühmt, h. Kušnitza, türk. Bunár- bzw. Pärnárdagh. P. erstreckt sich etwa 25 km von SW. nach NO. Erste Erwähnung Pind. P. 4,180.

Die Sage ließ den Reichtum des Phoinikers Kadmos vom P. stammen (nach Strab. 14,680). Sicher haben die einheim. Thrakerstämme zuerst die Bergwerke ausgebeutet (frühe Münzprägung!).

Thasier haben wohl schon seit dem 7. Jh. sich den dortigen Reichtum zunutze gemacht. Zwischen Athen und Thasos kam es wegen der Ausbeutung zum Streit, der durch die Expedition Kimons (465/63) zu Gunsten Athens ausfiel. Die Vormachtstellung Athens in dem Minengebiet ging z. Z. Philipps II. (Eroberung von Amphipolis) auf Makedonien über. Anf. 2. Jh. v. Chr. versuchte der Thrakerfürst Abrupolis sich der Minen zu bemächtigen, wurde aber durch König Perseus vertrieben, was später die Römer zum Kriegsgrund machten (Pol. 22,18,2 ff.). Chr. D.

Oberhummer, RE XVIII, 2. H., 589 ff. *Detschew* D. thrak. Sprachreste, 349 ff. *Collart* Philippes, ville de Macédoine, 2 Bde. 1937. *Casson* Macedonia, Thrace and Illyria, Ind. u. Fig. 18–21. *Danoff* Altthrakien (bulg.), Sofia 1968, Ind. s. »Pangéj«.

Panhellenes (*Πανέλληνες*). **1.** Ältester Name für die Gesamtheit der → Hellenen (dort die Belege). Auf ihn führt der Beiname des Zeus (auf dem Oros in → Aigina), Panhellenios, zurück (Paus. 1,44,9. 2,29,8. 30,3 f.). **2.** Sammelbezeichnung für die z. Z. des → Caligula in einem → Koinon zusammengeschlossenen Achaier, Boioter, Lokrer, Phoker, Euboier (IG VII 2711, 10. 61. 67. 101. 2712,39. 45; U. Kahrstedt, Symb. Oslo. 28, 1950, 70 f. J. Deininger Die Provinziallandtage der röm. Kaiserzeit, 1965, 89 f.). **3.** T. t. für die Repräsentanten der griech. Städte (auch Kleinasiens und der Cyrenaika), die dem (proportional besetzten) Synhedrion des von → Hadrian begründeten Panhellenion in Athen angehörten (P. Graindor Athènes sous Hadrien, 1934, 102 bis 111. J. A. O. Larsen, CPh 47, 1952, 7–16). Der *ἄρχων* des Bundes war meist auch Priester des Hadrianos Panhellenios und → *ἀγωνοθέτης* des Festes Panhellenia (IGRom IV 573. 576. M. N. Tod, JHS 42, 1922, 168), das Hadrian im Zusammenhang mit dem Bau eines Panhellenion in Athen gestiftet hatte (Cass. Dio 69,16,2. Graindor a. O. 52 f.). H. B.

Panias s. Caesarea (2)

Panionion (*Πανιώνιον*) heißt das Heiligtum des → Poseidon Helikonios auf einem der n. Ausläufer des → Mykale-Gebirges, bei dem der ion. Städtebund die Panionia mit einer → Panegyris begeht. Fest und Bund reichen in die Z. nach der → Ion. Wanderung zurück. In hist. heller Z. gehören zum Bund 12 Städte, unter denen → Ephesos und → Miletos (die Listen beginnen mit einer von beiden, Lenschau 217) herausragen. Das Heiligtum gehört zum Gebiet von Melie und geht nach dessen Zerstörung um 700 an → Priene über (Vitr. 4,1,4. Inschr. v. Priene n. 37). Der 1957 ausgegrabene Altar mit Umfassungsmauer stammt aus der 1. Hälfte des 6. Jh. Für die Jahre 546, 497 und 494 berichtet Hdt. 1,141. 5,109. 6,7 von wichtigen polit. Beschlüssen der am P. zusammengekommenen προβουλοι der Städte. Zur Ausweitung und Zentralisation des Bundes nach dem Vorschlag des → Thales (Hdt. 1,170) kommt es jedoch nicht. Die Perserherrschaft beendet die Gesch. des alten P. Die Panionia werden nach Ephesos verlegt (Diod. 15,49,1). Um die Mitte des 4. Jh. erfolgt eine Erneuerung des Bundes am P., dem zunächst 9, später 13 Städte (einschließlich → Smyrna) angehören. Das 1957 entdeckte Buleuterion gehört in diese Zeit, ebenso die von Hommel (p. 45–63) edierte neue Inschr. Die Panionia finden wieder in alter Form statt (Inschr. v. Priene n. 490); das Priesteramt besetzt Priene (Inschr. v. Priene n. 201 ff.); die Abgesandten der Städte heißen βασιλεῖς (Hommel p. 60). Zu den Funktionen des Koinon gehört jetzt vornehmlich der Herrscherkult (z. B. OGIS 222 [Antiochos I.]. L. Robert, Hellenica 3, 1946, 89 [Hadrianos Panionios]). Die Belege für die Existenz des Koinon reichen bis ins 3. Jh. n. Chr. (BMC Ionia 45,60). Die kaiserzeitl. Panionia finden in den großen Städten des Bundes (→ Smyrna, → Phokaia) statt. H. B.

Th. Lenschau, Klio 36, 1944, 201–237. *D. Magie* Roman Rule in Asia Min., 1950, 65–66. 866–67. *C. Roebuck*, CPh 50, 1955, 26–40. *M. B. Sakellariou* La migration grecque en Ionie, 1958, 35–38. *J. V. Gillespie*, Rev. Belge Numism. 102, 1956, 31–53. 105, 1959, 211–13. *J. Deininger* Die Provinziallandtage der röm. Kaiserzeit, 1965, 10–12. *G. Kleiner – P. Hommel – W. Müller-Wiener* Panionion und Melie, JDAI 23. Erg. H. 1967.

Panis, sabin. Name der Ceres (Serv. auct. georg. 1,7); vgl. Hesych. s. Πάμπανον, Athen. 3, p. 111 c, wonach messap. Herkunft naheliegt. G. R.

G. Radke Götter Altitaliens 244 f.

Panis civilis. Bei der Gründung Konstantinopels versprach Konstantin den Angehörigen der niederen Stände den unentgeltlichen Bezug von Brot, wenn sie ein Haus errichteten. Damit sollte die Bautätigkeit angeregt werden. Dieser p. c. stammte aus den Staatsbäckereien und wurde von Stufen herunter verteilt (daher auch *p. gradilis*). Das Bezugsrecht war untrennbar verbunden mit dem Eigentum an dem Hausgrundstück, vgl. Cod. Theod. 14,17. Außerdem wurde ein ähnliches Bezugsrecht auch bestimmten Truppenteilen verliehen. Der p. c. endete 618 mit dem Ausbleiben der Getreidelieferungen aus Äg. D. M.

Pankrates. 1. Arkader, Dichter wahrscheinlich hellenist. Z. Werke: 1. Θαλάσσια ἔργα, Lehrgedicht in Hexam. (Athen. 1, 13 b. 7,283 a. 305 c. 321 e). 2. Βοκχορηίς, in eleg. Distichen (Athen. 11,478 a). 3. Lyrisches (Serv. De cent. metr. 2,1). Identität der Vf. der 3 Werke nicht über jeden Zweifel erhaben. **2.** P., Dichter z. Z. des Kaisers Hadrian, wirkte in Alexandreia. Verfaßte ein hexametr. Gedicht über eine Löwenjagd des Kaisers zus. mit → Antinoos in der Nähe von Alexandreia. Beziehungen zu Hadrian auch sonst bezeugt: Athen. 15,677 d. Frg. des Gedichtes: P. Brit. Mus. 1109 b (saec. 2); POxy VIII 1085 (saec. 2.); Athen. 15,677 f. 11,478 a (dubium). Vielleicht ident. mit dem Magier und Propheten Pachrates (PGM 4,2441–55; vgl. ferner Luk. Philops. 34 f.). **3.** Musiker, Ps. Plut. de mus. 20,1137 F. Zeit unbestimmbar. F. St.

Ta.: *E. Heitsch* Die griechischen Dichterfragmente der römischen Kaiserzeit, Göttingen ²1963 Nr. XV, S. 51 ff. (mit Lit.). *F. Stoessl*, RE XVIII, 2. H., 612–619.

Pankration, auch παμμαχία, Allkampf genannt (πάμμαχος, Plat. Euthd. 271 c), eine besondere Kampfform, bei den panhellenischen Kampfspielen in Olympia eingeführt 648/47, Paus. 5,8,8. Das Ziel war, den Gegner zum Eingeständnis der Niederlage durch Handaufheben zu zwingen, Sen. ben. 5,3,1. Keine Faustriemen wurden angelegt. Schläge mit offener Hand wurden geführt wie beim Judo. Nachdem beide die Hand gegeneinander ausgestreckt hatten, suchte jeder sich einen solchen Griff an dem andern zu sichern, daß, wenn er nicht nachgab, gewürgt oder ihm ein Glied gebrochen oder ein Gelenk ausgerenkt wurde. Schlagen, Beinstellen, ein Glied verdrehen und Würgegriffe waren erlaubt, Beißen und Kratzen nicht. Der Kampf wurde gewöhnlich unter Wälzen auf dem Boden entschieden, Philostr. Im. 2,6. Paus. 6,4,2. 8,40,2. Lukian. Dem. 49. P. war ein bes. beliebter Kampf. Pindar feiert Pankrationsieger in vielen Liedern (Nem. 2. 3. 5. Isthm. 5. 6. 7. 8). O. W. R.

Pannonia. I. Geschichte. Die 12/9 v. Chr. durch Tiberius eroberte Provinz (Mon. Ancyr. 30) umfaßte die W.-Hälfte des h. Ungarn, das heutige Burgenland mit dem Wiener Becken und den zwischen Drau und Save liegenden Teil des heutigen Jugoslawien mit einem Streifen unbestimmbarer Breite s. der Save. Die Bewohner des Landes waren teils Kelten (→ Boiī, Eravisci, Latobici usw.), teils die wohl illyr. sprechenden Pannonier (→ Breuci, Andizetes, Amantini, Iasi usw.). Das kelt. Element war in den w. und n. Teilen der Provinz vorherrschend. Die seit Anf. 3. Jh. im SO. hausenden kelt. → Skordisker gingen in der pannon. Urbevölkerung allmählich auf. In den letzten Dezennien der vorröm. Z. war die Hegemonie der Boier bereits gebrochen (Krieg mit dem Dakerkönig → Burebistas). Agrippa (13 v. Chr.) und Tiberius (12–9 v. Chr.) haben die Pannonier am meisten zu tun gegeben. Nach dem schweren Eroberungskrieg, über den keine Einzelheiten vorliegen, wurde P. als n. Teil der großen Provinz Illyricum organisiert. Nach der Niederwerfung des großen pannon.-dalmat. Aufstandes (Waffenstreckung 3. Aug. 8 n. Chr.) wurde P. von Illyricum losgetrennt und erhielt einen eigenen konsular. Statthalter. Die Besatzung bestand aus 3 Legionen, die im SW. stationiert waren (→ Emona, → Poetovio, → Siscia). Tiberius versetzte die Legio XV Apollinaris von Emona nach → Carnuntum. Unter Claudius wurde 1 Legion dem Heer von P. entzogen, Domitian brachte dagegen 2 neue Legionen von der Rheingrenze. Unter ihm und Traian entstand die sehr dichte Kette der → Limes-Lager an der Donau. Das Heer P.s war seit E. 1. Jh. mit seinen 4 Legionen (X Gemina: → Vindobona, XIIII Gemina: Carnuntum, I Adiutrix: → Brigetio, II Adiutrix: → Aquincum) eins der stärksten im Reich. Dieser Umstand gab der Gesellschaft und Kultur P.s ein ausgesprochen militär. Gepräge. – P. wurde 103/106 zweigeteilt. P. Superior hatte 3 Legionen und stand dementsprechend unter einem konsular. Legaten, die Einlegionprovinz P. Inferior hatte als ersten praetor. Legaten den späteren Kaiser Hadrian. Die Grenze zwischen den beiden P. verlief vom Donauknie zuerst nach SW., dann etwa vom Balaton (Plattensee) nach S. Inferior war ein nur etwa 60 km breiter Streifen. 214 wurde anläßlich einer Grenzveränderung das Legionslager Brigetio zu Inferior geschlagen, und seitdem waren auch die Statthalter von Inferior Konsulare. Die diokletian. Reformen schufen 2 weitere Provinzen auf dem Boden von P. Die Drau bildete eine neue Grenze zwischen P. Prima und Savia (früher Superior) bzw. zwischen Valeria und P. Secunda (früher Inferior). Sitz der Statthalter waren Carnuntum (Sup.) und Aquincum (Inf.), später → Savaria (P. I.), Siscia (Savia), → Sopianae (Valeria) und → Sirmium (P. II.). – Die Urbevölkerung war anfänglich in *civitates peregrinae* organisiert, an deren Spitze zuerst ritterliche Offiziere, später (frühestens seit den Flaviern) eingeborene Stammesfürsten als *praefecti civitatis* standen. Die Kolonisierung und Munizipalisierung begann unter Tiberius (*Colonia Emona:* Ljubljana), setzte sich unter Claudius (*Colonia Savaria:* Szombathely), unter den Flaviern (Colonien Sirmium: Sremska Mitrovica, Siscia: Sisak, Municipien: Andautonia, Neviodunum, Scarbantia) und unter Traian (*Colonia Poetovio:* Ptuj) fort. Sie erreichte ihren Höhepunkt unter Hadrian, der außer der Colonia → Mursa (Osijek) 7 Städten das Municipalstatut verlieh (Carnuntum: Dtsch.-Altenburg, Aquincum: Budapest III. Bez., ferner → Mursella, → Mogentiana, → Cibalae, Bassiana, Mun. Iasorum). Die Gemeinden der Urbevölkerung gingen in diesen Städten allmählich auf. Severische Gründungen waren Brigetio, Vindobona und andere, weniger bekannte Städte. Die städt. Oberschicht setzte sich in den Kolonien aus Veteranen zumeist ital. Herkunft zusammen, in den Munizipien waren die Dekurionen wenigstens zum Teil Einheimische. Unter den Severern wird in den Städten an der Donau ein Zustrom aus den O.-Provinzen fühlbar.

Die Geschichte der Provinz ist eine Reihe von oft schweren Kriegen mit den Nachbarvölkern im Barbaricum: → Markomannen und → Quaden im N., → Sarmaten (→ Iazygen) im O. Im 4. Jh. traten verschiedene Germanenstämme auch unter den Sarmaten auf. Bis Domitian gelang es noch, mit Klientelverträgen die Sicherheit der Grenzen zu wahren, sogar die Einwanderung der Iazygen in die Ungar. Tiefebene wird auf röm. Initiative zurückgeführt (Drusus, 17/20 n. Chr.). Unter Domitian brach der erste Krieg mit den Sueben und Sarmaten aus, infolge dessen sich der militär. Schwerpunkt vom Rhein zur Donau verschob. Zu gleicher Z. begann der Ausbau des Donaulimes, dessen Lager dann unter Hadrian in Stein umgebaut wurden. Nach kleineren Grenzkriegen im 2. Jh. (*rex Quadis datus* noch unter Pius) hat der langdauernde sog. Markomannenkrieg (ca. 167 bis 180) alle Barbarenvölker an der Donau in Bewegung gebracht. Die Städte und Lager in P. brannten ab, die Bevölkerung war durch Gefangenschaft und Seuche dezimiert. Dem Wiederaufbau unter Commodus und Sept. Severus folgte die Blüteperiode der Provinz. Sept. Severus wurde in Carnuntum zum Kaiser ausgerufen. Die Legionen von P. bildeten das Rückgrat des Heeres im Bürgerkrieg, und auch die neue Praetorianergarde wurde aus Pannoniern zusammengestellt. Damit begann P., eine Hauptrolle in der Reichspolitik zu spielen. Die Konjunktur der Severerzeit zog neue Siedler, meist Unternehmer aus dem O. an. Dem Aufblühen setzten aber innere und äußere Umstände bereits Mitte 3. Jh. ein Ende. Nachdem schon die ersten Soldatenkaiser mit den Sarmaten und anderen Völkern zu kämpfen hatten, suchte unter Gallienus ein katastrophaler Einbruch das Land heim (258/260). Die damals ausgerufenen pannon. Gegenkaiser → Ingenuus und → Regalianus konnten sich nicht behaupten. Erst die Tetrarchie brachte eine neue Konsolidierung mit sich. Seitdem war Sirmium Kaiserresidenz.

Die ersten Christen in P. sind um die Mitte 3. Jh. bezeugt. In den chr. Gemeinden im S. von P. sind manche bedeutenden Märtyrer erstanden (Demetrios, Quirinus, Sancti IV Coronati). Der nach Illyricum verbannte → Areios gewann unter Konstantin die Bischöfe Valens (Mursa) und Ursacius (→ Singidunum) für sich. Diese beiden sind dann die Führer des Arianismus im W. geworden. Erst dem hl. → Ambrosius von Mailand gelang es, P. der Orthodoxie wiederzugewinnen. Die konstant. Dynastie hat zwar mit den Sarmaten und Quaden Kriege geführt (322, 332–333,

356–358), im großen und ganzen waren aber die Zustände damals ruhig, und die Städte im Inneren von P. erfreuten sich noch einmal einer gewissen Blüte. Unter dem letzten aus P. gebürtigen Kaiser, Valentinian I., wurde der Limes nochmals wiederhergestellt und verstärkt, aber 374 erfolgte ein großer sarmat.-quad. Einbruch. Valentinian starb in Brigetio. Als Folge der Niederlage bei Adrianopel siedelten sich 380 → Alanen, → Goten und wohl auch → Hunnen als Föderaten in P. an. Die Provinz ist allmählich ein Land geworden, das den neu angekommenen Barbarengruppen vertragsmäßig zugewiesen wurde. Mit dem Bestehen des Limes und mit dem Funktionieren der röm. Verwaltung darf vom Anf. 5. Jh. an nicht mehr gerechnet werden. Nur P. Secunda war noch bis E. 6. Jh. zeitweise in oström. Besitz.

P. gehörte nie zu den Provinzen, die im Wirtschaftsleben des Reiches eine Rolle spielten. Der Bedarf an industriellen Produkten wurde durch Import gedeckt. Im 1. Jh. standen Handel und Gewerbe unter ital. Einfluß (→ Aquileia). Nachdem die Donaugrenze in der Flavierzeit an Bedeutung gewann, fiel dem Wasserweg der Donau eine immer größere Rolle zu, und die Wirtschaftszentren Galliens und Germaniens übernahmen die Rolle Aquileias. Für die Kunst und Kultur von P. ist dieselbe Entwicklung bezeichnend. Noch nicht einwandfrei bewiesen, aber sehr wahrscheinlich ist eine gewisse Rolle der industriellen Produktion P.s im Handelsleben der Provinzen an der unteren Donau. A. Mo.

A. Mócsy, RE Suppl. IX 516–776, vgl. *ders.*, Eirene 4, 1965, 133–155; Acta Arch. Acad. Hung. 21, 1969. *P. Oliva* P. and the Onset of Crisis in the Rom. Emp., Prag 1962. *J. Dobiaš* Dějiny Československého Území, Prag 1964. *E. Swoboda* Carnuntum. Seine Gesch. und Denkmäler, [4]1964. Tabula Imperii Rom. L 34, Budapest 1968. *A. Dobó* Verwaltung der röm. Provinz P., Amsterdam 1968.

II. Pannon. Sprache: Zwischen dem → liburn. Namengebiet im NW. und dem → illyr. (im engeren Sinn) im SO. hat neuere Forschung ein drittes einheitliches Namengebiet abgegrenzt, das sie pannonisch oder auch dalmat.-pannon. nennt. Sein n. Teil liegt an Kulpa, Save, Drau, wo die Stämme der Colapiani, Oseriates, Iasi, Breuci, Cornacates, Andizetes, Amantini saßen. Zu ihm gehören die bei Strab. 7,314 auch als Pann. bezeichneten binnenländ. Stämme Dalmatiens (Ditiones, Maezaei, Daesitiates, Pirustae). Den S.-Teil bilden die an der Küste vom Unterlauf des Hippius (Cetina) im NW. bis zum Akrokeraun. Vorgebirge sitzenden Dalmates (Delmates), die auch einen Teil des Hinterlands (das Hochland der Lika sowie W.-, Mittel-, und S.-Bosnien) innehatten. Die Onomastik dieses Gebiets unterscheidet sich klar von der der Liburner und Veneter; darum schließt man auf Sprachverschiedenheit; dagegen könnte die Namengebung, und dann wohl auch die Sprache dieser Pann. dem Illyr. (im engeren Sinn) und dem Messap. näher gestanden haben. Diese pann. Sprache war sicher idg. – Inschr. in ihr sind nicht erhalten, an Glossen nur: *sabaium* »Art Bier« (Hier., Comm. in Is. 7, 19). – PN mask.: *Andes, Aplis, Baezus, Benn(i)us, Buzetius, Carp(i)us, Dasant-, Iettus, Messor, Panes, Sinus, Tritanus* usw. – Bei den Fem. sind Bildungen auf *-ōn-* häufig: *Bizo, Matto, Prevo, Platino, Tritano, Vendo, Zaio;* daneben Fem. auf *-a: Andia, Stataria.* Mask. auf *-ōn-* sind seltener: *Baracio, Candalio, Sabbo, Varro.* Die PN sind also meist einstämmig; zweistämmig wohl *Scenocalus, Cursulavia, Tritaneria.* – In Rider scheint liburn. Einfluß auf die Namengebung stark gewesen zu sein. – Mit der bei Tac. Germ. c. 43 genannten *lingua Pannonica* ist die hier erörterte p. Sprache kaum ident., vgl. [6]. G. N.

1. *H. Krahe* Die alten balkanillyr. geograph. Namen, Heidelb. 1925. 2. *R. Katičić* Das mitteldalmat. Namengebiet, in: Živa Ant. 12, 1963, 255–292. 3. *Ders.* Namengebiete im röm. Dalmatien, in: Die Sprache 10, 1964, 23–33. 4. *Ders.* Liburner, Pannonier und Illyrier, in: Stud. z. Sprachwissensch. und Kulturkunde, Gedenkschr. W. Brandenstein, 1968, 363–376. 5. *A. Mócsy* Die Bevölkerung von Pannonien bis zu den Markomannenkriegen, Budapest 1959 (bes. p. 143ff.). 6. *Ders.* Die Lingua Pannonica, in: Akad. Nauka i Umjetnosti Bosne i Hercegovine, Posebna Izdanja V, Centar za Balkanološka Ispitivanja, Knjiga 2, Sarajevo 1967, 195–200. 7. *G. Alföldy* Einheim. Stämme und civitates in Dalmatien unter Augustus, in: Klio 41, 1963, 187–195. 8. *Ders.* Bevölkerung und Gesellschaft der röm. Provinz Dalmatien, Budapest 1963. 9. *Ders.* Die Namengebung der Urbevölkerung in der röm. Provinz Dalmatia, in: BzN 15, 1964, 55–104; bes. 76–86 und 92ff.

Panodoros, alexandrin. Mönch, verfaßte zwischen 395 und 408 im Anschluß an → Iulius Africanus (B 3) eine Weltchronik, deren Spuren bei Georgios → Synkellos zu fassen sind. Ausmaß und Bedeutung seiner Einwirkung sind umstritten. B. R. V.

O. Seel, RE XVIII, 2. H., 632f. (Bibl.).

Panope (*Πανόπη*). **1.** Nereide, Hom. Il. 18,45. Hes. theog. 250. Apollod. 1,11. Bei Verg. georg. 1, 437. Aen. 5,240. 825 *Panopea.* Bedeutung »allsorgend«. **2.** Tochter des Thespios, von Herakles Mutter des Threpsippas. Apollod. 2,161. H. v. G.

Panopeus. Südwestlichste Stadt von Phokis in wichtiger Verkehrslage am S.-Rand des mittleren Kephisosbeckens, sehr gut erhaltener Mauerring wohl des späten 4. Jh. v. Chr. von 1200 m Umfang beim h. Hg. Vlassis. Der Name, Stadtname und Ethnikon stets gleich, ist merkwürdig schwankend: *Πανοπεύς* oder *Πανοπεῖς* bei Homer, Hdt. Skyl. u. a. bis Strabo und Pausanias, *Πανόπη* bei Hes., Steph. Byz. Hesych. Suda und lat. Dichtern, *Φανοτεύς, Φανοτεῖς* bei Thuk. 4,76,3. 89,1. Hell. Oxy. Pol. 5,96,4f., Suda s. *Φανοτεῦσιν*, ebenso oder *Φανατεύς, Φανατεῖς* fast ausschließlich in den Inschr. (*Πανοπεύς* nur

SEG 3,345). *Φανότεια* bei Pol. 29,12 (6a), 7. Liv. Steph. Byz. s. *Φανοτεύς* und Herodian. 1, 275,39. 343,3. Die bei Steph. Byz. s. *Φανοτεύς*. Herodian, 1,343,2 genannten Formen *Πανόπεια* und *Φανότη* sind sonst nicht belegt. *Φανοτεύς* ist vermutlich die urspr. Form, *Πανοπεύς* trotz der alten Bezeugung nur volksetym. Umdeutung.

P. ist schon bei Homer genannt, Il. 2,520. 17, 307. Od. 11,581 und bei Hes. frg. 38. Scherbenfunde beginnen bereits mykenisch. Die delph. Phratrie der Labyaden besaß alte Beziehungen zu P., Schwyzer ex. ep. 323 D 29f. 480 v.Chr. zerstört. Hdt. 8,34f. 395 v.Chr. vorübergehende Eroberung der Vorstadt durch die Boioter, Hell. Oxy. 18 (13), 5. Lysander wurde bei P. begraben, Plut. Lys. 29,3. Nach dem 3. Heiligen Krieg zerstört, Paus. 10,3,1. Besatzung Philipps V. in P., Pol. 5,96,4f. 198 v.Chr. kampflose Einnahme durch Flamininus, Liv. 32,18,6. 86 v.Chr. Verwüstung und neue Zerstörung durch die Truppen des Taxiles, Plut. Sulla 16,4. Zu Pausanias' Z. nur noch ein elendes Hüttendorf. Skyl. 61. Strab. 9,2, 42 p. 416. 3,14 p. 423. Paus. 10,4,1–7. Inschr.: IG IX 1,74–77. SEG 3,345. [2] passim, dazu IG II/III^2 10475. E. M.

1. *Fr. Schober* Phokis 39. 2. *Kirsten*, RE XVIII, 2. H., 637ff. (mit Plan). 3. *Philipps.-Kirst.* 1,431.

Panopolis (*Πανῶν πόλις* Strab. 17,813), altäg. Ḫntj-ḫmw bzw. Ipw, bei Hdt. 2,156 *Χέμμις*, j. Achmim, Hauptort des 9. o.ä. Gaus, auf dem O.-Ufer des Nil, 500 km s. Kairo. Verehrt wurde der Fruchtbarkeitsgott Min in Gestalt eines stehenden, ithyphall. Menschen mit Federkrone; aus seinem Beinamen *Pꜣ-wršw* hörte Hdt. 2,91 den Namen des griech. Heros Perseus heraus. Bei den von Hdt. geschilderten »Kampfspielen« handelt es sich um das Ritual des »Kletterns«, d.h. des Aufschlagens der Hütte des Gottes (Lacau, Chr. d'Egypte 55,13ff.). Vom Tempel der Stadt, die nach Plin. nat. 5,11,2 eine der wichtigsten äg. seiner Z. war, ist nichts mehr erhalten. Im NO. am Gebirge bei es-Salamuni liegt eine dem Min geweihte Felsgrotte (Kees Rec. Trav. 36,3ff.). P. blieb lange heidnisch; Schenute bekämpfte deshalb P., seine Heimatstadt, heftig. Hier starb 447 n.Chr. → Nestorios. W. H.

Panormos (*Πάνορμος*). **1.** Nur bei Anonym. stad. mar. magn. 285. 287. 294 mit einander widersprechenden Angaben zur Lokalisierung (= GGM I 500f.) bezeugte Ortschaft in Karien an der Küste zwischen → Milet und → Myndos (beim h. Paşalimani? Oder Göl?) **2.** (Vgl. Hdt. 1,157,3. Thuk. 8,24,1) Hafenstadt von → Didyma an der W.-Küste der miles. Halbinsel (beim h. Kovela). E. O.

Zu 1. *W. Ruge*, RE XVIII, 2. H., 654 Nr. 1. *G.E. Bean, J.M. Cook*, ABSA 50, 1955, 160. Zu 2. *W. Ruge* a.O. 654f. Nr. 2.

3. (lateinisch *Pan(h)ormus*), bedeutende Stadt an der Nord-Küste Siziliens, heute Palermo.

P., eine der drei alten phoinikischen Plätze Siziliens (Thuk. 6,2,6), wurde nach dem archäolog. Befund im ausgehenden 7. Jh. v.Chr. gegründet und diente den Karthagern in ihren Kämpfen gegen Griechen und Römer häufig als Operationsbasis und Flottenstützpunkt. Erstmalig wird dies für 480 v.Chr. berichtet, als → Hamilkar (1) dort vor Anker ging, ehe er gegen → Himera zog (Diod. 11,20,2). 397 v.Chr. verwüstete → Dionysios (1) während der Belagerung von → Motye auch das Gebiet von → Solus und P. (Diod. 14,48,5). Ein J. später landete → Himilkon mit einem neuen Heer in P. und zwang Dionysios, den ganzen W. der Insel wieder aufzugeben (Diod. 14,55). Auch im Krieg von 383–374 v.Chr. diente P. den Karthagern als Hauptstützpunkt (Diod. 15,17,4). 278 v.Chr. von → Pyrrhos eingenommen (Diod. 22,10,4), fiel es nach dessen Abzug aus Sizilien 276 v.Chr. an die Karthager zurück. Im 1. pun. Krieg war P. die Hauptfestung der Karthager an der N.-Küste (Pol. 1,38,7). 260 v.Chr. operierte → Hannibal (2) von hier aus mit der Flotte gegen → Lipara und die ital. Küste (Pol. 1,21,6–11), auch das karthag. Landheer unter → Hamilkar (3) war bei P. konzentriert (Pol. 1,24,3). Dort befand sich auch das Winterlager für die karthag. Streitkräfte (Pol. 1,24, 9). 258 v.Chr. versuchten die Römer vergeblich, die Stadt zu nehmen (Pol. 1,24,9f.). Erst 254 v.Chr. gelang ihnen durch kombinierten Land- und Seeangriff die Eroberung (Pol. 1,38,7–9. Diod. 23,18, 4f. Zon. 8,14). Der Versuch → Hasdrubals (1) 251 v.Chr., P. wiederzugewinnen, scheiterte (Pol. 1,40. Diod. 23,21). Der Rückeroberung von P. galt auch die Besetzung des Berges → Heirkte (Monte Castellaccio) durch Hamilkar 246 v.Chr. und der jahrelange Stellungskrieg, den er von hier aus führte (Pol. 1,56–57). In der röm. Provinz Sicilia war P. eine der fünf *civitates sine foedere immunes ac liberae* (Cic. Verr. 3,13) und zählte vor allem auf Grund seines blühenden Seehandels zu den bedeutendsten Städten der Insel. Von Augustus wurde 20 v.Chr. eine röm. Kolonie in P. gegründet (CIL X 7279 u. 7288. Mz., Holm Nr. 742–44; Strab. 6,272). Vor allem die zahlreichen Münzen bezeugen den Wohlstand P.' bis in die Spätantike. Dem Ansturm der Araber erlag P. 831. Unter ihnen wurde es Hauptstadt Siziliens.

Topographie: Das fruchtbare Gebiet von P. (vgl. Kallias FGrH 564 F 2), heute conca d'oro genannt, ist eine ausgedehnte Strandebene, die sich vom Capo Zafferano im O. bis zum Capo Gallo im W. erstreckt und im S. von der Montagna di Palermo umschlossen wird. P. liegt im w. Teil dieser Ebene. Die ant. Stadt befand sich zu beiden Seiten des Corso Vittorio Emmanuele und bestand aus Alt- und Neustadt, die durch eine Mauer voneinander getrennt waren (Pol. 1,38,9). Die Altstadt erstreckte sich vom Palazzo dei Normanni bis zur Kathedrale, die Neustadt schloß sich an die Altstadt bis zum Hafen hin an, der in der Ant. bis etwa zur h. Via Roma reichte. Im S. und N. begrenzten zwei Wasserläufe, Kemonia bzw. Papireto, das Stadtgebiet. Im SW. der Altstadt beiderseits des Corso Calatafimi lag die große pun.-röm. Nekropole, die seit 1953/54 teilweise freigelegt worden ist. Erhalten sind außer Gräbern (mit Terrakotten und Keramik) Spuren der ant. Ummauerung sowie Häuserreste mit Mosaiken aus röm. Zeit. Inschr. IG XIV 295–310. CIL X 7265–7335. Münzen: HOLM Gesch. Sic. 3 Nr. 110–113. 468–69. 612–25. 737–46. Neuere Grabungen: B. NEUTSCH, AA 1954, 699–701. J. MARCONI-BOVIO, Fast. Arch. 1956, 2940. V. TUSA, Enc. Arte Ant. 5, 1963, 870f. W. FUCHS, AA 1964, 680. R. LA DUCA Il sottosuolo di Palermo, 1964. I. TAMBURELLO, Arch. Class. 1965, 293ff. 1968, 126ff. NSA 1966, 288ff. 1967, 354ff. 1968, 243ff. Kl. M.

Ziegler, RE XVIII, 2. H., 660.

Pansa. Röm. Cognomen, nach Plin. nat. 11, 254 u.a. von der Fußsohle abgeleitet (»Plattfuß«), vgl. RE III A 1828. J. KAJANTO The Latin Cognomina. Soc. Sc. Fenn., Comm. Hum. Litt. 36, 1965, 105. 241. – Unbekannt ist die Person, gegen die Cato die Rede *in Pansam* hielt, Non. 151,13 = frg. 197 bei D. KIENAST Cato d. Censor, 1954, 165. Inschr. ist das Cognomen z.B. in Tibur (*Quattuorvir L. Nonius P.*, DESSILS 6230), bes. aber in Etrurien bezeugt, SCHULZE Eigenn. 242,6. 268,4. – Der berühmteste Namensträger war C. Vibius P., cos. 43, s. RE VIII A 1953ff. Ferner bei Apuleius, Corellius, Crassicius, Iuventius (II 4), Licinius, Neratius, Opimius, Servilius, Sestius, Titinius, Valerius, Vibius. Vgl. DEGRASSI FCap. 147; FImp. 261. H. G. G.

Panspermia s. Anthesteria. Opfer

Pantainos (*Πάνταινος*). Stoiker, zum Christentum übergetreten (Eus. h.e. 5,10,1), wird Leiter der Alexandrin. → Katechetenschule (vor 180) und hat als erfolgreicher Lehrer bes. Clem. Al. beeinflußt (Eus. h.e. 6,13,2). Clem. nennt ihn, wohl seine Herkunft andeutend, eine »sizilianische Biene«, die in den Seelen seiner Zuhörer reinen Honig der (chr.) Erkenntnis erzeugte (strom. 1,1,11). P. hat keine Schriften hinterlassen. Spätere Nachrichten, P. habe die chr. Lehre auch *διὰ συγγραμμάτων* erläutert (Eus. h.e. 5,10,4) und Bibelkomm. verfaßt (Hier. De vir. ill. 36), widersprechen den Aussagen des ältesten Zeugen, Clem., wonach seine Lehrer, die *πρεσβύτεροι*, nicht geschriftstellert haben. J. Wi.

Ant. Zeugnisse: *A. v. Harnack* Gesch. d. altchr. Lit. 1, 291ff. 1. *Bardenhewer*, GAL 2,37ff. 2. *Quasten*, II, 4f. (Lit.). 3. *P. Nautin* Tome commémoratif du Millénaire de la Bibliothèque Patriarcale d'Alexandrie, 1953, 145ff. 4. *M. Hornschuh*, ZKG 71, 1960, 1ff.

Pantakyas (*Παντακύας*), kleiner Fluß der O.-Küste Siziliens nahe Leontinoi, heute fiume Porcheria. Über dem P. legte der megar. Kolonistenführer Lamis 729 v.Chr. die Siedlung Trotilon an, gab sie jedoch bald zugunsten anderer Plätze

auf (Thuk. 6,4,1). Weitere Erwähnungen: Ptol. 3, 4,4. Verg. Aen. 3,688f. (mit Serv.). Ov. fast. 4,471. Sil. 14,230. Plin. nat. 3,89. Vib. Sequ. 16 und Claudian. rapt. Pros. 2,57. Kl. M.

Ziegler, RE XVIII, 2. H., 686.

Pantaleon (*Πανταλέων*). **1.** König der Pisaten um 600 v.Chr., unterstützte die Messenier im 2. Krieg gegen Sparta (Strab. 8,362). Später entriß er den Eleern auf kurze Zeit den Vorsitz bei den Olymp. Spielen (Paus. 6,21,1. 22,2f.). **2.** Älterer Bruder des Sprechers der Rede Lys. 10 (10,5), war vielleicht Gegenstand der Rede *Κατὰ Πανταλέοντος* (Lys. frg. 210. 211). Wohl nicht ident. mit dem Gaukler P. (Athen. 1,20 A. 14,616 A). **3.** Zwischen 240 und 210 v.Chr. fünfmal Stratege des aitol. Bundes (IG IX 1^2 31 B 144ff. 177), der seine erst achaierfreundliche Politik später fallen ließ. Er begünstigte gute Beziehungen zu den ägäischen Inseln (Sylloge^3 522 I. IG IX 1^2,169 = XII 5,526. 527. XII 2,15) und empfing Ehrungen von Delphi (Sylloge^3 621). Wohl Großvater von 4. **4.** Wohl Enkel von 3., zwischen 186/85 und 174/73 dreimal Stratege des aitol. Bundes (SGDI 1844. 1949. 1856). 191 verhandelte er mit dem Konsul M'. Acilius Glabrio um Frieden (Liv. 36,27,2. Pol. 20,9,2), nach 188 erreichte er in Rom die Freilassung des in Italien inhaftierten Thoas (Pol. 28,4,10. Diod. 29,31). Beim Attentat auf → Eumenes II. 172 bei Delphi war er bei ihm (Liv. 42,15,8ff.). P. schwenkte auf eine mehr antiröm. Politik um und vermochte sich 170 auf der aitol. Bundesversammlung gegen Angriffe der Römerfreunde zu behaupten (Liv. 43,17,6. Pol. 28,4,5ff.). G. Do.

Pantauchos. **1.** Sohn des Maked. Nikolaos aus Aloros, 326 v.Chr. Trierarch der Indusflotte. Arr. Ind. 18,6. BERVE Alex. Nr. 604. **2.** Stratege des → Demetrios (2) Poliorketes, wurde 289 in Aitolien von Pyrrhos im Zweikampf verwundet und mit seinen Truppen geschlagen. Plut. Demetr. 41; Pyrrh. 7. P. LÉVÊQUE Pyrrhos, 1957, 144ff. **3.** Sohn des Maked. Balakros, einer der *πρῶτοι φίλοι* des Perseus, 172 Geisel für die Unterredung mit Q. Marcius Philippus, 171 um Frieden mit P. Licinius Crassus bemüht, erreichte 169/68 für Perseus ein Bündnis mit → Genthios, stellte als Geisel den Sohn Balakros und zahlte ihm 10 Talente. Nach dem E. des Genthios vermittelte P. den Römern die Übergabe von Pydna. Pol. 27,8, 5ff. 29,3,3ff. Liv. 42,39,7. 44,23,1ff. 30,7. H. V.

Panteus, Liebling (*ἐρώμενος*) des spart. Königs → Kleomenes III., nahm an der Eroberung von Megalopolis 223 teil und floh mit Kleomenes 222 nach Äg. Bei dessen mißlungenem Aufstand tötete P. sich als letzter. Plut. Kleom. 23,5f. 37, 13ff. 38,5. Pol. 5,37,8. H. V.

Pantheia s. Abradatas

Pantheion, Pantheon (*πάνθειον, πάνθεον*). Die Normalform des Götteranrufs in einer polytheist. Religion ist die, daß der Mensch die

Götter seiner Sippe oder seines Volkes mit Namen anruft und je nach Lage der Sache die dafür zuständige Gottheit auswählt. Nahe liegt dabei die Sorge, daß man sich auch an die rechte Stelle wende – darüber hat man oft ein Orakel befragt – und daß man bei großen Festen, bei denen mehreren oder allen Göttern Verehrung und Opfer dargebracht werden sollten, nicht einen von ihnen vergesse und sich seinen Zorn zuziehe. Aus dieser religiösen Sorge entsprang als eine Formel der Behutsamkeit der Gebrauch, außer den namentlich benannten Göttern zusätzlich auch »die anderen« oder »alle Götter« anzurufen. Sie erscheint schon bei Homer, bes. in Eiden, wenn die Schwörenden durch Einspannung aller göttlichen Mächte als Zeugen und Bürgen die stärkste Sicherheit geben wollen. Übrigens lebt der homer. Mensch sicher genug wie in seiner realen so auch in seiner festumrissenen religiösen Welt, von Skrupeln nicht berührt. Eben nur bei schnellen Stoßgebeten, bei Spenden oder bei kurzer Erwähnung religiöser Dinge, wenn er nicht die Zeit noch Anlaß hat zu überdenken, welche göttlichen Mächte im gegebenen Fall anzurufen sind, greift er in summarischer Zusammenfassung zu der allg. Formel »die Götter« oder »alle Götter«, sei es für sich, sei es zusätzlich zum namentlichen Anruf eines bestimmten Gottes (bes. Zeus). Von einem Kult der ganzen Göttergemeinschaft neben dem der einzelnen Götter kann bei Homer keine Rede sein. Auch in der vorklass. und klass. Z. ändert sich das Bild nicht wesentlich. Zwar lehren die Sieben (69ff. 86. 108. 271) und die Hiketiden (23ff. 449) des Aischylos – des frömmsten und religionsgeschichtl. ergiebigsten Dichters des 5.Jh. –, daß man in Zeiten höchster Gefahr alle schützenden Gottheiten des Landes zu Hilfe rief, und Ag. 88, daß man nach gewonnenem Sieg allen Göttern Dankopfer darbrachte, doch wieder nicht so, daß danach an einen Kult der Göttergesamtheit neben denen der Einzelgötter gedacht werden könnte. Zuerst bei Aristophanes begegnet eine Formel, die auf eine verstärkte religiöse Aufmerksamkeit in diesem Sinne weist, wenn in den Thesmophoriazusen 332 die Chorführerin – nach vorangegangenem Anruf zahlreicher Einzelgötter – die Frauen auffordert zu beten *τοῖς θεοῖσι τοῖς Ὀλυμπίοις καὶ ταῖς Ὀλυμπίαισι καὶ τοῖς Πυθίοις καὶ ταῖσι Πυθίαισι καὶ τοῖς Δηλίοις καὶ ταῖσι Δηλίαισι τοῖς τ' ἄλλοις θεοῖς*, und in den Vögeln 864ff. der Priester zu beten mahnt *καὶ ὄρνισιν* (das sind ja die neuen Götter) *Ὀλυμπίοις καὶ Ὀλυμπίῃσι πᾶσι καὶ πάσῃσιν* – zweifellos keine Erfindung des Komikers, sondern parodierende Nachahmung einer in der zweiten Hälfte 5.Jh. in Athen üblichen offiziellen Liturgie. Im 4.Jh. häufen sich die Anrufe »der Götter«, »aller Götter« und an bes. pathetischen Stellen der *θεοὶ πάντες καὶ πᾶσαι*. Am Anfang steht Xenophon mit den feierlichen

Eiden an. 6,1,31 und 7,6,18, es folgen die Redner mit vielen Stellen (die *θ. π. κ. π.* bei Demosth. 18,1. 141. 54,41. epist. 1,1. Aischin. 1,116). Aber kein Zeugnis eines offiziellen Kultus »aller Götter« aus vorhellenist. Z. scheint vorzuliegen, nur die private Spende *σπονδή ... θεοῖς Ὀλυμπίοις εὐχώμεθα Ὀλυμπίαισι πᾶσι πάσαις*, für die der Koch im Kolax des Menander als Sachverständiger auch für diese Fragen die Anweisungen gibt, stellt eine Art Praeludium dar. (Auf einem besonderen Blatt steht das *Ἑλλήνιον*, das nach Hdt. 2, 178 Ioner, Dorier und Aioler bei der Gründung von Naukratis im 6.Jh. als gemeinsames Heiligtum für ihre mitgebrachten Götter schufen, um sie gegen die vielfältigen sie umgebenden fremden Kulte abzuschirmen).

Aus hellenistischer Z. und der Kaiserz. bis zu ihrem Ausgang sind uns durch Hunderte von Inschr., die [1] gesammelt hat und zu denen, wo immer gegraben wird, neue Belege hinzutreten (geograph. Aufteilung bei [2], 707–727), Weihungen, Kulte, Feste, Priestertümer »aller Götter« (*θεοὶ πάντες* häufiger als *π. θ.*; oft *θ. π. καὶ π.*) aus der ganzen gr.-röm. Welt (vor allem Kleinasien) bezeugt. Häufig sind Verfluchungen an a.G. Wo Priestertümer genannt werden, sind auch Altäre anzunehmen, auch wenn sie nicht ausdrücklich erwähnt werden. Daß der berühmte Pergamonaltar der Göttergemeinschaft geweiht war, sagt zwar nicht die heillos verstümmelte Bauinschrift, ist aber mit hoher Wahrscheinlichkeit aus der Tatsache zu schließen, daß der gewaltige Fries auf der O.-Seite die olymp. Götter, auf der W.-Seite die der Erde und des Meeres, auf der S.-Seite die Lichtgötter und die verwandten Titanen, auf der N.-Seite die Gestirngötter, Nyx und Moiren als eine große Götterfamilie abbildet, ähnlich wie etwa zur gleichen Z. bei dem großen Triumphzug, den → Antiochos (5) IV. Epiphanes in → Antiocheia (1) veranstaltete, die Bilder »aller bei den Menschen benannten oder geglaubten Götter oder Dämonen« einhergeführt wurden (J. 166 v.Chr., Pol. 30,25,13). Auf Feste »aller Götter« (*πάνθεια*) ist zu schließen aus dem mehrfach bezeugten Monat Pantheios. An den meisten Orten, wo Belege für den Kult der *θ. π.* gefunden sind, wird auch ein Heiligtum *πάνθειον* gestanden haben; bezeugt sind sie für → Ilion, → Pergamon, → Erythrai, → Antiocheia (8) am Maiandros, in Äg. Alexandreia (wo übrigens 247 → Berenike (3) ihre berühmte, an den Himmel versetzte und von → Kallimachos besungene Flechte [*πλόκαμος*, also nicht »Locke«] den *θ. π.* weihte) usw. Das bedeutendste P. (nächst dem in Rom, s.u.) ist das großartige Grabmal, das sich König → Antiochos (13) von Kommagene vor 31 v.Chr. auf dem Gipfel des Tauros (Nemrud Dagh) errichtet hat und in der großen Weihinschr. (OGIS 383) *ἁπάντων κοινὸν θεῶν* (zu denen er auch sich und seine Ahnen zählt) *ἐνθρόνισμα* nennt. Aus ihr ist zu

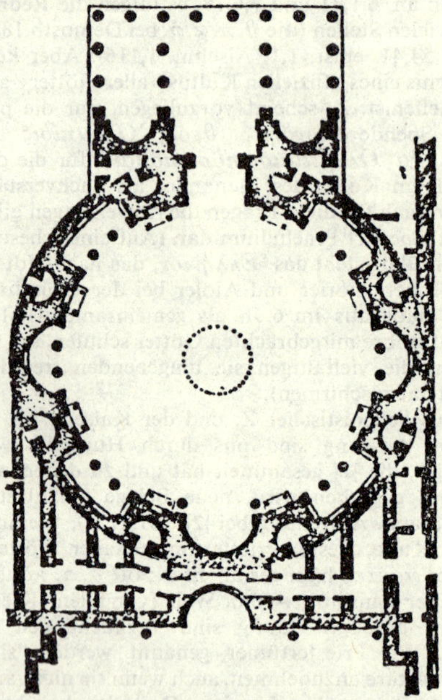

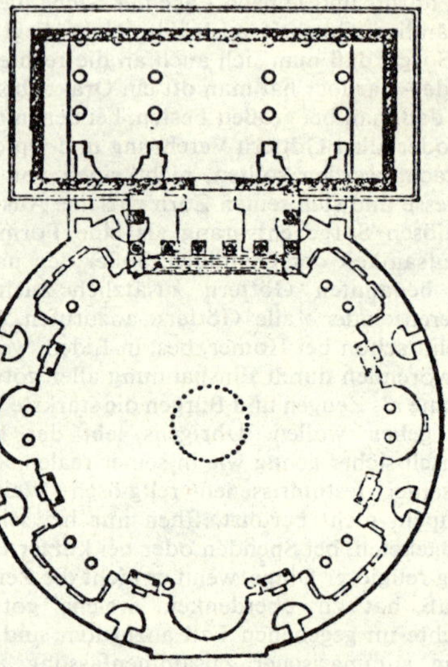

entnehmen, daß der Kult der $\vartheta.\pi.$ auch vor dem Stifter dieses P. schon in Kommagene bestanden hat. Ursache des Emporschnellens des Kultes »aller Götter« seit der hellenist. Z. ist das Matterwerden des Glaubens an die überlieferten Einzelgötter. Man ruhte nicht mehr wie die Vorfahren in der Überzeugung, daß sie die alleinigen Helfer in allen Nöten seien, je mehr man seit der Öffnung des Orients durch Alexander die vielen neuen Götter und die Inbrunst ihrer Verehrer kennenlernte. So schien der beste Ausweg, sie mit den Gestalten des alten Glaubens in eine große, gleichsam alle Kräfte des Universums in sich vereinigende Göttergemeinschaft zusammenzufassen, worin sich zugleich eine monotheist. Tendenz ausspricht – nicht eine pantheist., woran zu denken das Wort *πάνθειον* verführen könnte.

Das Pantheon in Rom. Dieser großartigste, am vollkommensten erhaltene ant. Bau auf dem einstigen Marsfeld galt bis E. 19. Jh. wegen der monumentalen Bauinschr. auf dem Epistyl der Vorhalle *M. Agrippa L. f. consul tertium fecit* als Schöpfung → Agrippas, des vertrautesten Freundes und Schwiegersohnes des Augustus. *Agrippae Pantheum* bezeugt Plin. nat. 36,38, und Cass. Dio 53,27,2 sagt, Agrippa habe im J. 25 v. Chr. (also 2 J. nach dem in der Bauinschr. genannten 3. Konsulat) *τὸ Πάνθειον ὀνομασμένον* vollendet, das so heiße, weil es die Bilder vieler Götter in sich berge und als ein Rundbau dem Himmel gleiche. Er hat also den Rundbau, der h. vor uns steht, vor sich gehabt und ihn auch, durch die Bauinschrift verführt, für das Werk Agrippas gehalten. 54,1,1 berichtet er zum J. 22 v. Chr., daß das P. durch einen Blitzschlag beschädigt wurde, 66,24,2, daß es 80 n. Chr. niederbrannte. Die Wiederherstellung erfolgte 89 durch → Domitian, abermaliger Brand infolge Blitzschlages 110, worauf Hadrian, so seine vita H. A. 1,19,10, *Romae instauravit Pantheum.* Einer erneuten Reparatur des *P. vetustate corruptum* rühmen sich im J. 202 → Septimius Severus und → Caracalla in der Inschr., die in kleinen Buchstaben unter der des Agrippa steht. 608 wurde das P. mit Genehmigung des Kaisers → Phocas durch Papst Bonifatius IV. in die Kirche *beatae semperque virginis Mariae et omnium martyrum* umgewandelt, die Bronzeziegel des Daches raubte Kaiser Constantius II. bei seinem Besuch in Rom 663, den ant. Dachstuhl der Vorhalle aus Bronzeträgern ließ erst Urban VIII. 1626 durch einen hölzernen ersetzen und das Metall teils für den Baldachin des Hochaltars von St. Peter, teils für Kanonen zur Armierung der Engelsburg verwenden. Die heutige Gestalt hat das Innere durch den Umbau unter Benedikt XIV. 1747 erhalten. Trotz des schon lange beobachteten Vorkommens von Ziegelstempeln des 2. Jh. galt das P. als der nur eben mehrfach restaurierte Originalbau Agrippas. Erst in den 90er Jahren des 19. Jh. lehrten genauere Untersuchungen des Baues, daß überall, in der Rotunde sowohl wie im Vorbau, in den konstruktiv wichtigsten Teilen fast ausschließlich Ziegel hadrian. Z. verwendet worden sind, woraus sich unentrinnbar der Schluß ergab, daß der ganze

Bau, zumindest soweit er im Kern aus Backstein besteht, von Hadrian errichtet worden ist (L. Beltrami Il Pantheon rivendicato ad Adriano, 1929). Der befremdliche Umstand, daß somit die Bauinschr. täuschen und den wirklichen Erbauer ungenannt lassen, erklärt sich aus der ausdrückl. überlieferten Abneigung Hadrians gegen die Nennung seines Namens auf seinen Bauten, und der Grund dieser schon fast schrullenhaften Pietät war sein Bestreben, alles zu vermeiden, was ihn dem verhaßten Domitian hätte ähnlich erscheinen lassen, der die von ihm nur restaurierten Bauten als seine Originalschöpfungen in Anspruch genommen hatte.

Die sich hiernach erhebende Frage nach der Gestalt des Baues Agrippas ist durch die Untersuchung der Fundamente des P. beantwortet worden. Unter dem Fußboden der Rotunde fand sich in 2,15 m Tiefe ein Plattenpflaster, das auf einen offenen Platz vorhadrian. Z. an dieser Stelle deutet, und Vorhalle und Vorbau stehen über dem aus Travertinquadern gefügten Fundament eines rechteckigen Gebäudes von 43,77x19,83 m, das genau in der Achse des P. liegt, aber ostwestl., also rechtwinklig zu ihr orientiert ist, beiderseits je 3 m über Vorhalle und Vorbau hinausgreift und südlich in der Mitte einen breiten Vorbau hat, der schon größtenteils von der Rotunde bedeckt ist. Dies ist offenbar das Fundament des Agrippabaues, den Domitian nach dem Brande von 80 wesentlich in der alten Form wiederhergestellt, Hadrian aber niederlegen und über ihm und südlich von ihm das erhaltene Wunderwerk hat errichten lassen, dessen 8 monolithe, mit den Kapitellen 13,1 m hohe Frontsäulen auf der N.-Mauer des Agrippabaues stehen. Die Rotunde hat einen äußeren Durchmesser von ca. 56, einen inneren von ca. 42 m. Dem lichten Dm. entspricht fast genau die lichte Höhe, so daß der Innenraum gleichsam eine in einen Zylinder von halber Höhe gesetzte Kugel von 42 m Dm. darstellt. Die schmucklose Außenseite umlaufen 3 einfache Gesimse. Das innere Rund ist durch 7 abwechselnd rechteckige und halbrunde Nischen gegliedert; die Stelle der 8. nimmt das Portal ein. Jede Nische (außer der gegenüber dem Portal) ist durch Pfeiler flankiert und in sich durch 2 Säulen in 3 Teile geteilt. Die Säulen tragen ein Gesims, das dem untersten der Außengesimse entspricht, und das Attikageschoß, das Gesims über diesem, über dem dann die sichtbare Innenwölbung ansetzt, entspricht dem mittleren Außengesims. Wo die großen Nischen am tiefsten einschneiden, verdünnt sich das Mauerwerk bis auf etwa 1,5 m, zwischen den Nischen wächst es bis auf 6,5 m Stärke und ist dort im Innern durch Kamine von halbkreisförmigem Durchschnitt aufgelockert. Licht empfängt das Innere allein durch die kreisförmige Öffnung (Dm. 8,9 m) im Scheitel des kassettierten Gewölbes. Wenn die jetzt schmucklosen Kassetten mit

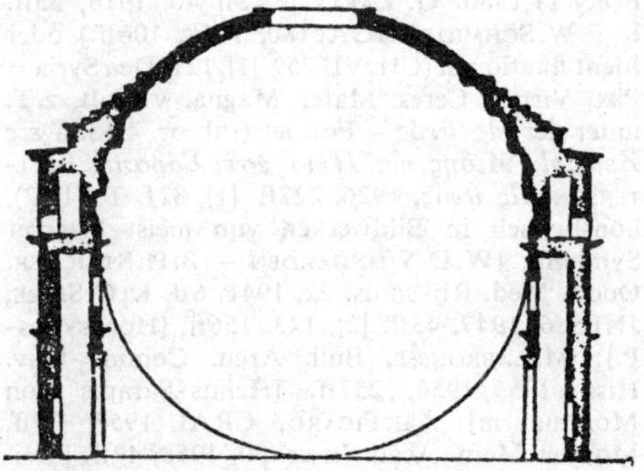

dem für Decken seit alters üblichen Ornament, goldenen Sternen auf blauem Grunde, dekoriert waren, hätte dies den kosmisch-astralen Charakter des Gebäudes noch sinnfälliger gemacht: ein Abbild des gestirnten Himmels, des Universums, der Göttergesamtheit zu sein.

Da bei der Umwandlung des P. in eine christl. Kirche die *ydolatriae sordes* natürlich entfernt worden sind, wissen wir über seinen Skulpturenschmuck nicht mehr, als daß Bilder der göttlichen Ahnen des Kaiserhauses, Mars, Venus und Divus Iulius – alle drei zugleich Gestirngötter – in ihm gestanden haben (Cass. Dio 53,27,2). Manches deutet darauf hin, daß schon die hellenist. P. (wie die ihnen verwandten Dodekathea, die Heiligtümer der → Zwölfgötter) Rundbauten waren (s. [2], 741 f.). Es hätte nicht fern gelegen, wenn im Hinblick auf die astrolog. Neigungen seines kaiserl. Freundes schon Agrippa beim Bau des Tempels aller Götter (der zuerst ein Augusteum werden sollte, in dem Augustus im Kreise seiner göttlichen Standesgenossen thronte) dem oriental. Beispiel gefolgt wäre und einen Rundbau errichtet hätte. Aber die archäolog. Tatsachen lehren, daß eben erst Hadrian das getan hat. K. Z.

Grundlegend 1. *Fr. Jacobi* *πάντες θεοί*, Diss. Halle 1930. 2. *K. Ziegler* RE XVIII, 2. H., 697–747. 3. *H. Kähler* Das Pantheon in Rom, in Meilensteine europäischer Kunst, Hirmer 1965, 47–75. 4. *Nilsson* GgrR 2,550 f.

Pantheos (*Πάνθειος* IG IV² 549. 550). Der »Allgott«, als Beiname (CIL II 46 [*Sarapis*]. IX 3145 [*Dionysos*]) oder selbständige Bezeichnung (CIL III 10394. Latte RRel 334) synkretist. Produkt der Vereinigung von Eigenschaften und Kräften aller bekannten oder denkbaren Gottheiten (F. Jacobi *Πάντες θεοί*, 1930) auf eine omnipotente, nicht individuell zu benennende Gestalt (Altarweihungen *θεοῖς πᾶσι καὶ πάσαις*, *τῷ πανθείῳ*, *θεοῖς ἀγνώστοις* → Agnostos Theos), entstanden aus dem seit dem 3. Jh. v. Chr. erkennbaren Trend zu kult. und spekulativer Theokrasie (Nilsson GgrR 2,337. 355. 357. 574). Sprachlich findet dieser Trend seinen Niederschlag in ungehemmten Epithethäufungen (Apul. met. 11,5.

POxy 11,1380. G. LAFAYE, RPh 40, 1916, 55ff. K.F.W.SCHMIDT, GGA 180, 1918, 106ff.) oder Identifikationen (CIL VII 759. [1], 121 [Dea Syria = Pax, Virtus, Ceres, Mater Magna, Virgo]), z.T. unter der *εἷς θεός* – Formel (Iul. or. 4,136a *εἷς Ζεύς, εἷς Ἅιδης, εἷς Ἥλιός ἐστι Σάραπις*. E. PETERSON *Εἷς θεός*, 1926, 227ff. [1], 82f. T. III 2), künstlerisch in Bildwerken von meist bizarrer Symbolik (W.D.WIJNGARDEN – B.H.STRICKER, Oudh. Med. Rijksmus. 22, 1941, 6ff. K.C.SEELE, JNES 6, 1947, 43ff. [2], 143. 156ff. [Horus-Bes-P.]; M.LABROUSSE, Bull. Arch. Comm. Trav. Hist. 1953/1956, 257ff. [Helios-Sarapis von Montmaurin]; CH.PICARD, CRAI 1957, 35ff. Mon. et Mém. Acad. Inscr. 50, 1958, 49ff. [dreiköpf. Sphinx Panthea von Amphipolis]), oft als sog. *Signa Panthea* aus den verschiedensten Götterattributen kombiniert (R.WEISSHÄUPL, JOEAI 13, 1910, 176ff. F.FREMERSDORF, BJ 129, 1924, 128ff. S.WENZ, Germania 10, 1926, 130ff. F.EICHLER, JOEAI 39, 1952, 21ff.) oder aus zahlreichen kleinen Götterbüsten zusammengesetzt (S.J.DE LAET – P.MOISIN, NClio 5, 1953, 10ff. T. I. II. E.THEVENOT, Rev. Arch. de l'Est 5, 1954, 279ff. [weibl. u. männl. P. von Aubechies, Mâcon und Anost-en-Morvan, Gallien]). Im einzelnen hervorzuheben sind der → Attis-P., mit → Adonis, Bacchus, Pan, Osiris und Mithras gleichgesetzt (Hippol. ref. 5,9. [1], 64f. T. II 5), der kabir.-pataik. und hermaphrodit. Bes-P. (F.JESI, Aegyptus 42, 1962, 262ff. 43, 1963, 237ff. → Hermaphroditos, Kabeiroi), auf der Metternich-Stele (E.W. BUDGE The Gods of the Egyptians 2, 1904, 267ff. N.E.SCOTT, Bull. Metr. Mus. Art NS. 9, 1950, 201ff. [2], 39. 158. 246 T. XXIV 6) und auf äg.-hellenist. Zaubergemmen begegnend (A.DELATTE, Mus. Belg. 18, 1914, 33ff. DELATTE-DERCHAIN Les Intailles Magiques Gréco-Égyptiennes, 1964, 126ff. Nr. 166–181), sowie der hermet. Pantomorphos, der als hyperkosmischer Usiarch den 36 Dekangottheiten entspricht (Herm. Trism. Askl. 19. A.J.FESTUGIÈRE Hermetisme et Mystique Paienne, 1967, 125. 130). → Kronos. W. F.

1. *F.Cumont* Die or. Rel. im röm. Heidentum, 1931[3].
2. *C.Bonner* Stud. in Magical Amulets, 1950.

Panther (*πάρδαλις*, seit Hom.; Nf. *πόρδαλις* Soph. u.a.), *πάνθηρ* (seit Hdt.), *πάρδος* (Kaiserzeit), *πάρδαλας* (Ail. nat. an. 1,31), *λεόπαρδος* (Gal. 5,134 Kühn, vgl. Ed. Diocl. 8,39); *panthera pardus*, selten *pardalis, pardalium, leopardalis, leopardus*. Zur Synonymik s. Plin. nat. 8,63. Cic. fam. 2,11,2. Plut. Cic. 36; zur Etym. s. WALDE-HOF.[3] 1,785; 2,252. – Umschreibungen: *Λιβυκά, Africanae, variae, dentatae* (s. die Lex.). – *Pardi leopardi pantherae* getrennt aufgezählt in Dig. 39, 4,16,7. – Verbreitung: Vorderasien (eigens genannt werden Kilikien, Karien, Lykien, Pamphylien, Hyrkanien, Armenien, Syrien), Indien und N.-Afrika. Über Fehlen freilebender P. in Europa s. Aristoph. Byz. epit. 250 p. 91,4. In Einzelfällen ist nicht sicher zu entscheiden, ob vom Gepard, Serval oder Luchs die Rede ist; die große Masse der Zeugnisse meint eindeutig den P. (Felis pardus). – Zool. Hauptquellen: Aristot. hist. an. 2,1; part. an. 2,10; gen. an. 5,6. Aristoph. Byz. epit. pass. Opp. Cyn. 3,69ff. Plin. nat. 8,62ff.; sie bieten relativ reichhaltige Einzelangaben, selten ganz falsche (z.B. 4 Zitzen: Aristot. hist. an. 500a 28. Plin. 11,234), z.T. lebendige Schilderungen (Opp.), auch Anatomisches (Aristoph. Byz. 248 p. 90, 15ff.). Verwandtschaft mit der Katze ist selten erkannt (z.B. ebd. 302 p. 98,19 aus Tim. Gaz.). Gewöhnlich sieht man am P. die Raubtiernatur und gestaltet sie literar. (Hom. Il. 13,102ff. 17, 20ff. u.a.), bes. den überlegenen Mut des Weibchens. Der P. reißt nahezu alle Warmblüter, am liebsten die Ziege (Ps. Xen. kyn. 11,2. Babr. fab. 102,7 u.a.), und fängt seine Beute z.T. mit List (z.B. Ail. 5,54: Affen); doch wird viel Sagenhaftes berichtet (bes. über den anlockenden Geruch des P.). Zur Fabel gehört auch sein Weindurst und seine Gier auf Menschenkot, der ihn vor Akonitvergiftung schütze (Cic. nat. 2,126. Plin. 27,7) und zu seiner Überlistung diente.

P.-Jagd gehört zum ältesten oriental. Adelssport; auch Hom. kennt sie (Il. 21,573). Meist dienten dabei Fallgruben oder andere Fallen, oft auch Vergiftung durch Aconitum oder giftige Fische. Hauptbeute war in alter Z. das Fell, bei fremden Völkern Teil der Kriegsausrüstung, im späten Altert. von hohem Liebhaberwert (Ed. Diocl. 8,39). Die Römer brachten seit 186 v.Chr. (Liv. 39,22,2) P. meist aus Afrika für Venationen und Tierkämpfe nach Rom (Varro rust. 3,13,3. Plut. Sulla 5), z.T. auch aus Kleinasien (Cic. fam. 2,11,2 u.a. Plut. Cic. 36); ein altes Einfuhrverbot wurde durch SC von 170 (?) aufgehoben (Plin. 8, 64). – Gezähmte P. kannte man in Indien, in den Diadochenstaaten und am röm. Kaiserhof. Wo von Abrichtung zur Jagd berichtet wird (z.B. Anth. Lat. 360 R.), ist wohl der Gepard gemeint.

Religiöse Bedeutung verbindet den P. (wie den Löwen) mit Kybele, Aphrodite, Kirke, bes. mit Dionysos-Bakchos und seinem Gefolge (vgl. o. Bd. II 82. WELLMANN, H 62, 1927, 179. OTTO, Dionysos 102). Als Träger des P.-Felles erscheinen außer Dionysos noch Orpheus, Iason, Antenor, sowie (in der Il.) Menelaos und der Bogenschütze Alexandros. – Ungeklärt ist der Buchtitel *πόρδαλις* des → Diogenes von Sinope (Diog. Laert. 6,80).

Bildl. Darstellungen begegnen in den Heimatländern des P. (bes. Äg., Mesopotamien) zu allen Zeiten, im nachmyken. Griechenland aber relativ selten. Archaische Bilder zeigen ihn meist mit Vorderansicht des Kopfes zum Unterschied vom Löwen. Am häufigsten erscheint er auf Vasen (bes. att., sf. und rf., auf letzteren sehr oft in Verbindung mit Dionysos, Mänaden, Ariadne, Eros usw.), selten in plast. Darstellung. P. aus Bronze gibt es fast nur aus hellenist. Z., meist als Begleiter des Dionysos. Ebenso zeigen viele etr. und röm. Darstellungen vorwiegend die Beziehung des P. zu Bakchos und seinem Gefolge sowie zum Wein (Kleinkunst!). Daneben setzt sich die frühgriech. Tradition der mehr naturalist. stehenden, schreitenden, springenden oder sitzenden P. (oft mit erhobener Tatze) fort u.a. in kaiserzeitl. Terra sigillata. Neu treten hinzu Szenen aus dem Zirkus und vom P.-Fang. Einzelnachweise bei Jereb, RE XVIII, 2. H., 776ff. W. R.

Keller Thiere des class. Alt. 387ff.; *ders.* Ant. Tierwelt 1, 62ff. *Imhoof-Blumer* und *Keller* Thier- und Pflanzenbilder auf Mz. und Gemmen des class. Alt. (1889) s. Ind. *Körner* Die hom. Tierwelt (^{2}1930). *G.M.Richter* Animals in Greek Sculpture (1930). *Jennison* Animals for Show and Pleasure in Anc. Rome 1937, 44ff. 183ff. – *Brehms* Tierleben 12^4 (1914), 80ff.

Panthera. Personenname, aber auch Cognomen. P. unterstützte C. → Antonius (I 2), als dieser sich um die Praetur für 66 bewarb. Q. Cic. com. pet. cons. 8. H. G. G.

Panthoidas (*Πανθοίδας*), Spartaner, machte 403/02 im Auftrag Spartas der usurpierten Herrschaft des Spartaners → Klearchos (1) in Byzanz ein Ende (Diod. 14,12,4ff.). Er ist wohl jener P., der 377 als Harmost Thebens im Kampf gegen → Pelopidas fiel (Plut. Pelop. 15,6). G. Do.

Panthus (*Πάνθοος, Πάνθους*), Troer, einer der Geronten am skaiischen Tor, Il. 3,146, Vater des → Polydamas, → Euphorbos, Hyperenor. W. Kullmann, H(ES 14) 180f. Nach späterer Sage ein Delpher, Sohn des Othrys, von einer tro. Gesandtschaft nach Troia entführt, wo er Priester Apollons wurde. Sch. Il. 12,211. Serv. auct. Aen. 2,318. Als solcher erscheint er Verg. Aen. a.O., auch 429. Er schaffte die Götter der Burg und die Penaten in das Haus des Aeneas, kam dann in den Flammen um. H. v. G.

Pantichion, Ort etwa in der Mitte zwischen → Kalchedon und → Nikomedeia, h. noch Pendik. Die günstige Verkehrslage erklärt die stete, bis in prähist. Z. zurückreichende Besiedlung. Eine gewisse Berühmtheit behielt P., ein wichtiges Glied in der Kette der Sperrforts um die SW.-Küste der bithyn. Halbinsel, als Besitz des → Belisarios (Prok. bell. Goth. 3,35). Wenn P. hier ein *προάστειον* von → Byzantion genannt wird, so erhält diese Bezeichnung ihre volle Berechtigung erst jetzt in der Entwicklung einer Industrielandschaft, die an den Gestaden des Bosporos ansetzt und sich immer tiefer an der Küste des Golfes von → Astakos entlang ausdehnt. F. K. D.

F.K.Dörner, RE XVIII, 2.H., 779f. *R.Janin* Constantinople Byzantine. Développement urbain et répertoire topographique, ^{2}Paris 1964.

Pantikapaion (*Παντικάπαιον*), bedeutende miles. Kolonie in der ö. Krim (h. Kerč), gegründet 1. H. 6. Jh. v. Chr., Name wahrsch. iran. = »Weg der Fische«. Silberprägung beginnt 2. H. 6. Jh., Gold- und Bronzeprägung im 4. Jh. In der 1. H. 5. Jh. vereinigten sich die griech. Poleis auf beiden Seiten des Kimmer. Bosporos, was zur Gründung des Bosporan. Reiches führte, zu dem auch umfangreiche Gebiete einiger Barbarenstämme hinzukamen. Große terrassenförmig aufgebaute Festungsanlagen, guter Hafen, fruchtbares Hinterland. Um die Wende zum 1. Jh. v. Chr. Aufstand des → Saumakos, Erstürmung durch → Diophantos (2), Wiederaufbau der Anlagen im 1. Jh. n. Chr. Bedeutsames Zentrum des Fischereigewerbes, von Weinbau und Handel. Im 3. Jh. beginnt der Niedergang infolge der Goten- und anderer Barbareneinfälle, im 4. Jh. von den Hunnen zerstört, später von Iustinian wiederaufgebaut.

Skyl. 68. Skymn. 836. Strab. 7,309. 11,495. Arr. per. p. Eux. 29. Inschr.: Corpus Inscr. Regni Bosporani (CIRB), M.-L. 1965. Mzn.: A.N. Zograph, Ant. Monetyi (russ.), M.-L. 1951, 162–212 (nebst Bibliogr. und Taf.). Chr. D.

W.D.Blawatskij P. (russ.), 1964. *Danoff* Pontos Euxeinos, RE Suppl. IX 1118–1124. *W.I. Abajev* *Παντικάπαιον*, Festschr. Dečev, Sofia 1958, 183ff. *W.E.Gaidukevič* Ant. Städte an d. n. Schwarzmeerküste (russ.), M.-L. 1955, 96ff. Sammelbd. »Pantikapéj« (russ., Bd. 103 der Reihe Materialien u. Forsch. zur Archaeologie der UdSSR).

Pantikapes (*Παντικάπης*), der iran. (skyth.) Name des Kimmer. Bosporos (Meerenge von Kerč). Die Lage des P. wird durch die Stadt → Pantikapaion bestimmt, die an ihm lag und nach ihm genannt worden ist (s. Eustath. per. 311). P. hieß nach Hdt. 4,18 auch ein Fluß im europ. Skythien, der aber nicht sicher zu identifizieren ist (h. Inguletz? od. Moločnaja ?). Chr. D.

W.F.Gajdukevič Die ant. Städte an der n. Schwarzmeerküste (russ.), M.-L. 1955, 34ff.

Pantokrator s. Kyrios

Pantomimos. Wie beim Mimos besteht auch beim P. das Problem der Benennung. P. bezeichnet urspr. nicht das lit. Genus (so erst bei Athen. 20 D), sondern den Tänzer, ist uns erstmals in einer Inschr. aus Priene ([4], 114: ca. 80 v. Chr.) belegt und bleibt im griech. Sprachraum bis ins 2. Jh. ungebräuchlich (Lukian. 67); der Römer aber bezeichnet mit P. eine seit Augustus inhaltlich und formal festgewordene Gattung des Tanzes wie den Tänzer. Während nun das Wort P. den P. als Sonderform des Mimos erwarten läßt, zeigen die griech. Bezeichnungen richtiger seine Herkunft vom Tanz an: *ὄρχησις ἡ τραγική, τραγικὴ ἔνρυθμος κίνησις, παντόμιμος ὄρχησις* u.a. Daraus ergeben sich zwei Theorien über den Ursprung des P. Wer unter P. die Form der Kaiserzeit versteht, diese also vom p. Tanz trennt, setzt den Beginn des P. mit dem J. 22 v. Chr. an ([6]); andernfalls findet man in mimischen Tänzen, soweit sie einen sachlichen Inhalt darstellen (Plat. leg. 816 A *ὀρχηστικὴ μίμησις τῶν λεγομένων σχήμασι γενομένη*) die Grundform, aus der sich der spätere P. entwickelt hat (so [1]; [3]; [4]; [5]; [9], 31). Einzel- und Reigentanz sind bei den Griechen seit je im Kult, bei Festen und als Sport üblich (Hom. Il. 18,603ff.; Od. 4,15ff.) und als Erziehungsmittel anerkannt (Xen. symp. 2,15. Plat. leg. 653D. 673 A u.ö.). Bes. im Kult erhielt der Tanz sachliche Inhalte: Hdt. 2,171 über die Osirismysterien. NILSSON GgrR 1^3,160f. 489. Kultisch-festliche und erzieherisch-militär. Zwecke verfolgten die Waffentänze (so bes. die *πυρρίχη*, von Plat. leg. 815 A beschrieben), wie sie in Sparta, Arkadien, Thrakien, Thessalien (Xen. an. 6,1,7 die *καρπαία*) und Kreta seit alters üblich waren und sich in Sparta bis in die Kaiserzeit erhielten (Athen. 631 A: [3] 135. [9] 20ff.). Andere Tänze ahmten menschliche Handlungen nach (*ἀγγελικόν*), Tiere (*γέρανος, γλαῦξ, λέων, σκώψ*) oder Blumen (*ἄνθεμα*). Bes. im Dionysos-Kult spielte der Tanz eine wichtige Rolle. Hier fand der p.-Tanz den einen Zugang zum Mythos. Aischylos rühmt sich (Athen. 21 F), den Chor Tanzstellungen (*σχήματα*) gelehrt zu haben, und sein späterer Tanzlehrer Telestes hat ([5], 123f.) für uns erstmals eine Tragödie (*Ἑπτά*) durch Tanz allein dargestellt (Athen. 22 A). Nun übernahm im P. der Tänzer allein die mim. Darstellung, während Chor oder Sänger den Text sangen. Auf die Überanstrengung der (urspr.) Tänzersänger führt Lukian. 30 diese Trennung von Tanz und Gesang zurück. Dies blieb hinfort feste Regel. Natürlich konnte der P. seinen myth. Stoff auch unmittelbar aus dem Kult und dessen Mythos schöpfen, wie es die (mimische oder p. ?) Szene bei Xen. symp. 9 oder bildliche Darstellungen zeigen ([5], 125ff.). Dieses Nebeneinander von kult.-myth. und trag.-literar. Tänzen scheint weiterbestanden zu haben, wie das Epigramm des Dioskorides (Anth. Pal. 11,195: 3. Jhr.) und die Tennung von *ὀρχησταί* und *κινήσεως εὐρύθμου ὑποκριταί* (Herodian. 5, 2,6) zeigen ([5], 11ff.). Aber auch aktuelle Stoffe tanzte man: das Schicksal des Polykrates und seiner Tochter, die Liebe des Antipatros und Seleukos zu Stratonike (Lukian. 54. 58). Dieser P. ist seit 400 ([1], 840. [6], 37) im ganzen griech. Sprachraum verbreitet und auf hoher künstler. Stufe, bes. in Äg. und Syrien, woher die bekanntesten P. stammten. – Auch in Italien gab es seit alters den Tanz im Kult, verbunden mit Gesang und Musik. Die Salier ziehen *canentes carmina cum tripudiis solemnique saltatu* (Liv. 1,20,4) durch die Stadt. Von Waffentänzen spricht Quint. inst. 1,11,18. Etr. Tänzer stehen am Beginn der Entwicklung des Theaters (Liv. 7,2,4). Wenig ist über sachliche Inhalte des P. bekannt. Cic. Brut. 225 spricht von einem Tanz »Titius«, der die Gebärden des gleichnamigen Redners nachahmte; Hor. s. 1,5,63 erzählt von einem Kyklopentanz des Messius. Eine Epoche bedeutet hier das J. 22 v.Chr. (Hier. chron.). Damals wurde nach Zos. 1,6,1 und Suda (*ὄρχησις*) die *παντόμιμος ὄρχησις* in Rom eingeführt (*εἰσήχθη*). Dies wurde (s.o.) als die Geburt des »eigentlichen« P. angesehen, wodurch der p. Tanz erst zum P. gehoben worden sei, einer Kunstform, die (zumeist) einen Tänzer (zwei oder mehr: Lukian. 83. Apul. met. 10,30ff.) mit P.-Maske (mit geschlossenem Mund: Lukian. 29; M. BIEBER RE s.v. Maske. Macrob. sat. 2,7,16; Verzeichnis [9], 36–40) und oft prunkvoller Kleidung ([9], 33f.), Chor und Orchester aufwies und auf der Theaterbühne (*θυμέλη* Lukian. 76) gespielt wurde. Aber Chor und Orchester gab es selbst in Rom schon früher: 167 ließ L. Anicius die berühmtesten Flötenspieler und einen Chor auf einer Bühne auftreten (Pol. 30,22 B.–W.). Daher fragt auch Augustus nach den »Neuerungen« (Macr. sat. 2,7,18), die jetzt gemacht wurden. Somit dürfte Lukian. 34 richtig von einer »Vollendung« sprechen, die unter Augustus der im griech. Raum schon vorgestaltete P. als Kunstform gewonnen hat. Dies wird bes. zwei Männern verdankt: → Pylades aus Kilikien, der auch ein Buch über den P. schrieb (Athen. 20 D) und Bathyllos aus Alexandreia; jener hat dem P. Prunk und Pathos in trag. Stoffen verliehen (Athen. 20 E), dieser kammermusikal. und sologesangliche Spiele auch heiteren und parodist. Inhalts ([5], 53). Letztere Form hat sich nur bis gegen E. 1. Jh. erhalten: Plut. mor. 711 F erwähnt sie noch, Lukian nicht mehr. Seit Augustus beherrscht der P. die Bühne in Rom wie im ganzen Imperium. Förderer waren: Augustus (unter ihm waren noch berühmt Hylas, Nomios, Pierus, C. Theoros: dieser wohl mit Bathyllos ident.: [5], 46ff.), Caligula, Claudius (Mnester, Liebhaber der Poppaea und Messalina), Nero (Paris), Domitian (ein zweiter Paris), Traian (wieder ein Pylades); die Antonine unterhielten Palastschulen für P. und ließen staatliche Truppen in Rom und in den Provinzen auftreten (M. SORDI, Epigraph. 15/16, 1953/54, 104ff.). Gegner waren u.a. Valentinianus, Valens, Gratianus, Theodosius, Justinianus ([6], 50–63).

Die Aufführung: Ein Herold kündet das Thema an (Aug. doctr. christ. 2,25,28); möglich war auch ein Götterprolog (Phaedr. 5,7; [5], 159); der P. tanzt auf der Bühne, begleitet vom Chor, der den meist griech. Mythos in griech. Sprache singt (Aufzählung: [1], 847–49, ergänzt [9], 52f.); selten sind röm. Stoffe: ein Turnus, Suet. Nero 54; eine Dido, Macr. sat. 5,17,5. Die Texte waren wertlos: Sen. suas. 2,19. Dazu spielte das Orchester (Flöten, Syrinx, Phorminx, Scabillum, eine Fußklapper zum Taktschlagen). Der eine P. verkörpert (Masken- und Kleiderwechsel!) mehrere Personen, auch Frauen daher *πολυπρόσωπος*; während des Wechsels gab es musikal. Tanzintermezzi ([9], 35). Die Verwandlungskunst wie die Ausdruckskraft des bloßen Tanzes werden gelobt (Lukian. 66. Anth. Lat. 1,111,9; vgl. zwei Anekdoten bei Lukian. 63). Der P. verfügt über hohe körperliche Beweglichkeit und ein bes. ausgeprägtes Händespiel (*χειρονομία*); [7], 224ff. [5], 140ff.: *nutu manibusque loquax*). Dabei bildet sich eine Gestentypik heraus, die das Verständnis erleichterte ([3], 131). Das Publikum war sehr kritisch (Anekdote bei Lukian. 76). Schilderungen bei Xen. symp. 9,2 (oder Mimos?); Apul. met. 10,29ff. Nonn. Dion. 19,150ff. P.-Wettkämpfe sind durch Lukian. 78 und Inschr. (CIL VI 10114. 10115) erwiesen, zumindest ab 190 ([4], 120f. [5], 38). Exzesse, bes. sexueller Art, führten zu Angriffen, bes. von Seite der Kirche, aber auch von nichtchr. Römern: Iuv. 6,64ff. Plin. epist. 7,24,5 (Umidia Quadratilla läßt ihre Enkel nicht zusehen); Plin. nat. 7,184. Martial. 5,78,26 u.a.

Die P. bildeten über ihre Schüler geradezu Dynastien unter Weitergabe ihres Namens (M. Bonaria, Maia 11, 1959, 224ff.). Bes. in späterer Z. tanzten auch Frauen (Sen. dial. 12,12,6. CIL VIII 12925. Apul. met. 10,29). Die P. waren in Griechenland angesehen, in Rom jedoch, da sie zumeist Sklaven (später oft freigelassen) waren, mißachtet und lebten unter sehr bescheidenen Umständen. Nur einzelne waren dank körperlicher und geistiger Vorzüge oder bes. Beziehungen hoch angesehen, lebten im Gefolge vornehmer Römer (Cic. Pis. 22. 89; Phil. 5,15) und erhielten hohe Honorare (Sen. dial. 12,12,6 erhält eine P. 1 Mill. Mitgift). Zuschauer waren nicht nur die gehobenen Schichten (so [1], 863. [3], 137) oder die breite Masse (so [4], 111. [6], 45f.), sondern beide, wie Phaedr. 5,7,33ff. (*eques* und *populus*) und Lukian. 83 zeigen. Der P., der 681 im Concilium Trullianum noch einmal erwähnt wird, hatte keine Nachwirkungen in die spätere Zeit.

Quellen: Lukian. *Περὶ ὀρχήσεως* (doch wohl echt: D.S. Robertson Festschr. Ridgeway 1913, 180ff.). Libanios or. 64. Inschr. und Epigramme, gesammelt [6], 87–123. K. V.

1. *E. Wüst* RE XVIII, 2. H., 833–869. 2. *H. Bier* De saltatione pantomimorum, Bonn 1917 (1921). 3. *Friedländer-Wiss.* 2,125ff. 4. *L. Robert* Pantomimen im griech. Orient, H 65, 1930, 106ff. 5. *O. Weinreich* Epigramm und Pantomimus, Heidelbg. 1948. 6. *V. Rotolo* Il pantomimo, Palermo 1957. 7. *C. Sittl* Die Gebärden der Griechen und Römer, 1890. 8. *Fr. Weege* Der Tanz in der Antike, 1927. 9. *M. Kokolakis* P. and the treatise *Περὶ ὀρχήσεως*, Platon 11, 1959, 3–56.

Pantuleius. 1. Reicher Ritter, der 17 n. Chr. starb und statt M. → Servilius cos. 3 n. Chr. den Tiberius zum Erben eines Teiles seines Vermögens einsetzte, Tac. ann. 2,48,1. **2.** C. P. Graptiacus. Zu Beginn der Herrschaft des Antoninus Pius Patron von Ostia, CIL XIV 246, I 20. In → Fundi setzte er seinem Vater ein Grabmal, CIL X 6265. Im J. 172 *leg. Aug. pr. pr. prov. Thraciae*, DessILS 5337. IGR I 712. – Stein Thracia 30f. Nr. 20. R. H.

Panurgos, Sklave des C. → Fannius Chaerea (I 7), der von Q. Roscius Gallus zum Schauspieler ausgebildet wurde und Erfolg hatte, aber von Q. → Flavius (I 8) vor 76 ermordet wurde. In dem anschließenden Prozeß verteidigte Cicero den Roscius, Cic. Q. Rosc. RE VII A 839. E. M. Štaerman D. Blütezeit der Sklavenwirtschaft i. d. röm. Republ., 1969, 56 (zum Preis von 150000 Sesterzen für P.). M. Gelzer Cicero, 1969, 27. H. G. G.

Panyassis. Epischer Dichter, älterer Verwandter → Herodots (1).

Leben: Vater Polyarchos, Heimat Halikarnassos; Z.: frühes 5. Jh.; Tod durch den Tyrannen → Lygdamis (3) von Halikarnassos. Die Angaben über seine Lebensdaten variieren in manchen Punkten. Suda s. *Π.*, *Ἡρόδοτος*. *Χοίριλος* Nr. 595, *Ἀντίμαχος*; Eus. Chron. can. Ol. 72,4: Eus. arm. Hieron. Ol. 72.

Werke: 1. Herakleia, 14 B., 9000 Verse. Die erhaltenen Reste beziehen sich auf folgende Episoden im Leben des Herakles: A. Aus der Frühzeit: Wahnsinn und Kindermord (= Fr. 22 K.). B. Aus dem Dodekathlos: 1. Nemeischer Löwe (Fr. 1 u. 2) 2. Lernäische Hydra (Fr. 3) 3. Rosse des Diomedes (Fr. 19) 4. Geryoneus (Fr. 6,7,8; POxy II 221, p. 64,8–11 = Page G.L.P. 1,118 = Powell, Coll. Al. 248) 5. Hadesfahrt (Fr. 9) 6. Hesperiden (Fr. 10) mit Einschaltung des Busirisabenteuers (Fr. 26). C. Andere Abenteuer: 1. Gastmahl bei Eurytos (Fr. 12,13,14) 2. Der Dreifußraub (Fr. 15) 3. Götterknechtschaften, wohl im Zusammenhang mit einer Knechtschaft des Herakles (Fr. 16). D. Herakles bei Omphale (Fr. 17,11?). E. Herakl. in Lykien (Fr. 18). F. Götterkämpfe des Herakl. (Fr. 21,22, vgl. Fr. 6,7). G. Adonis (Fr. 25). H. Triptolemos (Fr. 24). I. Nicht einzuordnen: E cod. A Etym. Gud. bei Reitzenstein Ind. Lect. Rostock 1891/1892, p. 15 = Powell a.O. 248f. 2. *Ἰωνικὰ ἐν πενταμέτρῳ, ἔστι δὲ τὰ περὶ Κόδρον καὶ Νηλέα καὶ τὰς Ἰωνικὰς ἀποικίας* 7000 V. *ἐν πενταμέτρῳ* meint wohl eher ein Gedicht in Distichen als eines in stichisch gebrauchten Pentametern (vgl. Schmid-Stählin 1,1,298. Lesky GGrL² 127). Nichts erhalten, doch basieren Pherekydes Fr. 154,155, Hellanikos Fr. 48,125 und Herodot. 1,46. 5,65,3 vielleicht auf P.

Sprache und Stil: Grundlage der Gestaltung Homer, dazu Einflüsse von Hesiod, späterer Epik, früher Lyrik; viel eigene Schöpfung; gelegentliches Verschwimmen der Satzkonstruktion; Streben nach Breite und Ausführlichkeit, direkte Reden.

Wirkung der Herakleia auf die übrige griech. Lit. läßt sich vielfach beobachten: 1. Etwa von 480 an: Chorlyrik (Bacchyl. 5. 13. Pind. N. 1, Ol. 2,3,9,10, I. 4,6. P. 9, N. 4); archai. Drama (Phrynichos Alkestis; Aischyl. Prom. Lyom.; Epicharmos); ältere Wissenschaft und Logographie (Pherekydes Fr. 13,14,16,17,18,69,75,76,78,79,82b). 2. Eine neue Welle des Interesses an P. scheint nach M. 5. Jh. in Athen einzusetzen – Zeit des Athen.-Aufenthaltes des Herodot! Nacharchaische Tragödie (Soph. Trach., Eurip. Alkestis); Prosa des ausgehenden 5. Jh. (Hellanikos Fr. 103.104. 108. 26. 109. 111. 112). 3. Späteres: Aristoteles (poet. 8,1451a), Klearchos (Fr. 48,56,60?, vielleicht auch die anonymen Heraklesparoimien, vor allem Zen. 6,3 = M I 11 mit Hex. aus P.?); Kenntnis des P. bei den hellenist. Dichtern wahrscheinlich (Theokr. 13,24,25; Apoll. Rhod. 1,1187ff.); hellenist. Wissenschaft: Duris (1), Demodamas v. Halikarnassos (3. Jh. v. Chr.), Alexander Polyh. (P. Fr. 15,18), Scholienlit., Grammatiker → Seleukos (P. Fr. 26. POxy II 221). Wirkungsgeschichte der Ionika wohl ähnlich der der Herakleia, spärliche Spuren vielleicht noch feststellbar (Stoessl, RE XVIII 2. H., 919,67ff.). In hellenist. Z. erhielt P. in Halikarnassos zusammen mit Hdt. ein Denkmal, wofür → Antipatros (7) oder ein Nachahmer die Inschr. verfaßte: Hiller v. Gaertringen und Peek, H 76, 1941, 220ff. F. St.

G. Kinkel, EGF 1, 1877, 253ff. *Stoessl*, RE XVIII 2. H., 871–923. Seither: *G. Huxley* Stud. in early Greek Poets, Greek, Rom. and Byz. Stud., Durham 5, 1964, 21–33. *R. Rapetti* Paniassi ed Eracle iniziato ai misteri eleusini, Par. Pass. 21, 1966, 131–135. *W. McLeod* Stud. on P., an heroic poet of the fifth century, Phoenix 20, 1966, 95–110. *G. Huxley* Greek Epic Poetry, Cambr. 1969, 177ff.

Pap(a). **1.** P., Sohn → Arsakes' III., König von Armenien. Nach Gefangennahme des Vaters durch die Perser fand P. 369 n. Chr. Zuflucht im röm. Reich. Auf Bitten des armen. Adels ließ ihn Kaiser Valens trotz Bedenken wegen der pers. Reaktion noch 369 zurückkehren. Erst 371 konnte er sich – mit röm. Hilfe – als Herrscher durchsetzen. Nachdem sich P. als unzuverlässig, dazu kirchenfeindlich, erwies, ließ ihn Valens wieder entfernen und schließlich 375 ermorden (Faustus Byz. 4,44. 55. 5,1ff. 22f. 31f. 37. Amm. 27,12,9ff. 30,1,18ff.). **2.** P. bar Aggai, um 320 Bischof von Seleukeia-Ktesiphon, suchte vergeblich pers. Christen zu einen; Quellen aus dem 5. Jh. (Synod. orient. 290 Chabot. Assemani Acta sanct. martyr. 1,72) legendenhaft ausgestaltet. A. L.

Papagei (*ψιττακός* [*σιττακός*], *ψιττάκη* [*σιττάκη*], *psittacus* [*sittacus*], *siptace*). Heimat des Vogels ist Indien, was noch spätant. Autoren betonen; dort genoß er als kostbarer Bestand königlicher Vogelgärten, als Schaustück und Geschenk hohe Ehren (Ps. Kallisth. 3,18. Kleitarch. bei Strab. 15,718. Kallix. bei Athen. 5,201b. Arr. Ind. 15,8). Die Griechen erhielten erste Kenntnis von ihm durch → Ktesias (Ind. frg. 57,3 »*βιττακός*«; ähnlich, doch knapper → Nearchos, FGrH 113 F 9 II p. 709). Noch Aristot. weiß wenig über ihn; später, bes. in röm. Z., wird er ein beliebtes Objekt lit. Schilderung (Ov. am. 2,6. Plin. nat. 10,117ff. Stat. silv. 2,4. Apul. flor. 12. Krinag. Anth. Pal. 9,562. Ail. nat. 16,2f.), die fast einhellig auf den Halsbandsittich (Palaeornis torquata) deutet. In Rom (zuerst Varro rust. 3,9, 17) war er ein beliebter Luxusvogel, teils wegen der Farben, bes. wegen der Fähigkeit, die menschliche Sprache besser als andere Vögel nachzuahmen, wozu ihn seine breite Zunge befähigt. Über die Abrichtung s. außer Plin., Apul. und Solin. (p. 191,8ff. Mo.) auch Greg. Naz. carm. mor. 620 und Phot. bibl. 216a; sie wurde teilw. berufsmäßig betrieben (Manil. astr. 5,372. Firmic. math. 8,14,3 Philostr. Apoll. 6,36); die Spätantike weiß von fabelhaften Lehrerfolgen; im allg. bestanden sie wohl im Erlernen von Grußformeln und Schimpfwörtern (Ov. a. O. 48. Pers. prol. 8. Martial. 14,73f. PLM 61,31. Apul. a. O.) sowie einzelner Redensarten. Er war ein genügsamer und geselliger Tischgenosse, gewöhnlich aber im Käfig gehalten, der nicht aus Holz sein durfte (Dionys. de av. 1,19; Stat. a. O.). Die Trauergedichte des Ov. und Stat. sowie CIG III p. 1076 (vgl. Herrlinger Totenklage für Tiere 31ff. 81ff.) stellen ihn als Frauenliebling dar. Ihn zu essen und den Löwen vorzuwerfen, blieb ein vereinzelter Exzeß Elagabals (H. A. Heliog. 20,4. 21,1). – Mit der Taube verbindet ihn Freundschaft (Ov. a. O. 16ff.; Heroid. 15,37. Plin. 10,207, vgl. Keller Tierwelt II Abb. 19), auch mit dem Wolf (Opp. cyn. 2,408. Timoth. Gaz. p. 9,1 u. a.). Eine Fabel (Aisop. Nr. 261 Hausr.) zeigt ihn als Rivalen des Wiesels; Kallimachos macht ihn gelegentlich zum Spottsymbol des Redners (fr. 192,11 Pf. = Fab. Aisop. 431 Perry; Ergänzg. unsicher). Viele hellenist. und röm. Abbildungen auf Wandgemälden, Mosaiken, Bronzen, Gemmen, Kameen usw. zeigen ihn meist in schöner Naturtreue (reiche Nachweise bei Jereb, RE XVIII, 2. H., 933f.). W. R.

Keller Ant. Tierwelt 2. 45ff. *Thompson* Glossary of Greec Birds 335ff. *Jennison* Animals for Show and Pleasure in Anc. Rome (1937) pass., bes. 15ff. 107ff. *Brehms* Tierleben 8^4, 500ff. *(Hempelmann – Zur Strassen)*.

Paphlagonia s. Nachtr. am Schluß des Bandes.

Paphnutios, Einsiedler und Presbyter, Bekenner in der Verfolgung unter → Maximinus Daia, nahm 325 teil am Konzil von Nicaea, wahrscheinl. als Bischof der oberen Thebais, und setzte sich für Aufrechterhaltung der schon vor der Weihe geschlossenen Ehen von Klerikern (auch der Bischöfe) ein (Rufin. 10,1. Sokr. 1,11. Soz. 1, 23). Ob P., der in der Überlieferung gelegentlich mit anderen verwechselt scheint, auch an der Synode von Tyrus 335 teilnahm (Rufin. 10,17. Soz. 2,25), ist zweifelhaft. A. L.

Paphos (*ἡ Πάφος*), Name zweier Städte der S.-Küste der Insel Cypern, seit der Kaiserzeit als »Alt-« und »Neu-Paphos« unterschieden. Altpaphos mit dem berühmten Aphroditeheiligtum lag beim h. Kuklia, Neupaphos beim h. Kato-Paphos (Baffo) s. w. der Stadt Ktima etwa 15 km w. davon an der SW.-Spitze Cyperns, Altpaphos auf einem nur 80 m hohen Hügel etwa 1 km von der Küste entfernt. Auf dem ö. davon liegenden Hügelzug sind ein Stück der gewaltigen Stadtmauer mit Tor bereits spätgeometr. Z. mit vielen Umbauten bis in die hellenist. Z. näher untersucht, dazu Hausreste von pers. [16] bis in byzantin. Z. [14. 15. 24]. Die ant. Reste von Neupaphos auf einem Hügelzug unmittelbar an der Küste sind spärlich und unklar, teilweise untersucht. Reste eines großen Gebäudes in ein ma. Kastell »40 Säulen« verbaut, Reste zweier Tempel, Theater und Amphitheater. Ausgegraben große röm. Villa mit reichen Mosaiken [17]. BCH 87, 1963, 382ff. 88, 1964, 372. 92, 1968, 343ff. AA 78, 1968, 594f. AJA 72, 1968, 375ff. Große Nekropolen. Entgegen den ant. Traditionen (Gründung von Neupaphos durch die von Troia zurückkehrenden Arkader unter Agapenor, Strab. Paus.), ist Neupaphos erst Gründung des letzten Königs von P., → Nikokles II. (vor 321–306 v. Chr.), [13. 21]. BCH 90, 1966, 355 u. a. Im N. von Ktima sind nun allerdings auch Gräber geometr. und klass. Z. gefunden [13]. Alle älteren Nachrichten beziehen sich auf Altpaphos, das auch Sitz der Priesterkönige aus dem Geschlecht der Kinyraden war. Die engl. Ausgrabungen in Altpaphos [12] legten eine größere Gebäudegruppe frei, haben aber den Aphroditetempel offenbar nicht erreicht. Dieser ist nach den kaiserzeitl. Münzbildern und sonstigen Parallelen zu denken als dreiräumiger Bau mit überhöhtem Mittelteil und offenem Hof. Hauptkultobjekt war ein anikonischer Stein konischer Form im Hof (Tac. a. O.), oft auf den kaiserzeitl. Münzen dargestellt, vielleicht gefunden (?? ABSA 41, 1940/45, 97f., dazu aber [11], 72 A. 2). Der Kult war nicht, wie schon im Alt. angenommen, phoinik., so wieder [23], sondern alteinheimisch-mediterran, der urspr. Name der Göttin Vanassa. Zu Kult und Tempel s. bes. [12. 18. 19]. [9], IV 3, 7f.

Aus der Gesch. von P. ist wenig bekannt, Slg. aller ant. Belege [12], 175ff. Gesch. 186ff. Siedlungs- und Grabfunde beginnen in Altpaphos spätbronzezeitlich und belegen schon damals großen Wohlstand und Bedeutung der Stadt, mit reichem myken. Import schon im 13./12. Jh. v. Chr., [13], 9f. [14. 20]. Genannt wird P. zuerst zum J. 673/72 v. Chr. in den Inschr. Asarhaddons mit einem König Eteandros, LUCKENBILL Anc. records II 266 § 690. 341 § 876. R. BORGER Die Inschr. Asarhaddons S. 60. Bei Homer ist das Heiligtum zweimal erwähnt, Od. 8,363. = h. 4,59. P. war am ion. Aufstand mitbeteiligt (Hdt. 5, 108ff. »alle Städte«). Reste des pers. Belagerungsdamms und der paph. Gegenminierstollen wohl gefunden [14. 15], wobei ein archaisches Heiligtum vor der Stadt zerstört wurde. Am Xerxeszug nahmen 12 Schiffe teil, die aber im Sturm vor Magnesia und nachfolgend vernichtet und gekapert wurden, Hdt. 7,155. Die Könige des 6.–4. Jh. sind aus Mz. und Inschr. bekannt, der letzte Nikokles II. (vor 321–306 v. Chr.) auch literar. Arr. Diad. FGrH III B 156 F 10,6. Plin. nat. 11,167, bei Diod. 20,21,1ff. mit → Nikokreon von Salamis verwechselt. Er wurde wohl 306 v. Chr. von Demetrios abgesetzt, [21]. Opusc. Athen. 3, 1960, 198ff. In der Ptolemäerzeit war Neupaphos Hauptstadt der Insel und Münzstätte, daher zahlreiche Inschr. für die Könige und Königinnen und hohe Beamte. Empfehlungsbrief Ciceros für die Paphier, fam. 13,48. Unter Augustus erhielt P. nach einem Erdbeben den Ehrentitel Augusta, Cass. Dio 54,13,7. IGRom III 939. 941ff. OGIS 581. SEG 18,588. 23,638, später Augusta Claudia Flavia IGRom III 937. 947. SEG 20,253, und ist Metropolis von Cypern, IGRom III 937. 947. 962. OGIS 585. SEG 6,810. 911. JRS 29, 1939, 193ff. Nr. 5. 6. Opusc. archaeol. 6, 1950, 61 A. 1. *Cives Romani qui Paphi negotiantur*, SEG 20,212. Paulus in P.: NT apg. 13,6ff. Schweres Erdbeben unter Vespasian, Orac. Sibyll. 4,128. 5,451. Eus. chron. z. J. 77 n. Chr. Sen. nat. 6,26,5; epist. 91,9. Titus besuchte das Heiligtum im J. 79 n. Chr., Tac. hist. 2,2f. Aus P. stammte der Phlyakendichter → Sopatros (Athen. oft) und der neuplaton. Philosoph Bakchios, einer der Lehrer Marc Aurels, M. Aur. 1,6. Syll. II³ 868 B. Hieronymus bezeichnet P. als zerstört, vita S. Hilar. 42 = MIGNE PL 23,52, es bestand aber weiter. Genannt noch Hierokl. Synekd. 706,9. Konstant. Porphyr. de them. 39,14c. Bischöfe LE QUIEN 2,1059ff., in den Notit. episc. 1,1055 und Nil. Doxop. 181. Ant. Hauptquellen: Strab. 14,6,3 p. 683, Paus. 1,14,7. 8,5,2. Stadiasm. m. m. 297–300. Tac. hist. 2,2f. Serv. Aen. 10,51. Lyd. mens. 4,65. Inschr.: CIG II 2616–2640 (passim). SGDI I 30–41. 207. 208. SCHWYZER ex. 681–683. IGRom III 937–967. SEG 6,805–815. 12,551–553. 13,569–587. 15, 842. 16,793–795. 18,578–589. 20,172–223. 23, 635–654. [12] 225ff. [10], 93ff. Nr. 1–18. A. W. VAN BUREN Inschr. from Asia Min., Cyprus etc., JHS 28, 1908, 198 Nr. 31–33. T. B. MITFORD Milestones in Western Cyprus, JRS 29, 1939, 184ff. 193ff. Nr. 5. 6.; DERS.: New inscr. from Roman Cyprus, Opusc. arch. 6, 1950, 1ff. 51ff. Nr. 27–34. 53 Nr. 28. 61 A. 1.; DERS.: Paphian inscr., Univ. of London, Bull. Inst. class. stud. 7, 1960, 1.; DERS. Further contributions to the epigraphy of Cyprus, AJA 65, 1961, 93ff. 99ff.; DERS. The hellenistic inscr. of Old P., ABSA 56, 1961, 1ff. Nr. 1–113. Iraq 6, 1939, 105f. [15] 303. Mz.: HEAD HN² 740f. G. F. HILL BMCGr Cyprus LXIIff. 35ff. [10], 115ff. E. M.

1. *E. Oberhummer-Joh. Schmidt*, RE XVIII, 2. H., 937ff. (mit Plänen von Alt- und Neu-P.). 2. *L. Palma di Cesnola* Cypern 174ff. 3. *Bädeker* Konstantinopel und Kleinasien 1914, 458ff. 4. *D. G. Hogarth* Devia Cypria 1ff. 5. *R. Gunnis* Historic Cyprus 138ff. 285ff. 6. *L. Phlippou* P. guide 1936. 7. *K. N.* New P., an archaeol. guide, Nicosia 1967. 8. *P. Bocci* Enc. arte ant. 5, 1963, 943. 9. The Swedish Cyprus Expedition IV 2, 428ff. 431f. 440. 449ff. 470. 478. 485. IV 3 passim (s. Ind.) bes. 239f. 242ff. 10. *Ol. Masson* Les inscr. chypriotes syllabiques 93ff. 11. *G. Hill* A history

of Cyprus I (oft, s. Ind.). 12. *E.A. Gardner–D.G. Hogarth u. a.* Excavations in Cyprus 1887–1888, JHS 9, 1888, 147ff. (Plan von Altpaphos T. VII). 13. *J. Bérard* Recherches archéol. à Chypre dans la région de P. La nécropole d'Iskender, RA 43, 1954, 1ff. 14. *G.F. Maier* Zur Stadtgeschichte von Alt-P., Hist. 3, 1954, 121ff. 15. *Ders.* Ausgrabungen in Alt-P., AA 82, 1967, 303ff. 16. *J. Schäfer* Ein »Perserbau« in Altpaphos? Opusc. Athen. 3, 1960, 155ff. 17. *K. Nikolaou* A Roman villa at P., Archaeology 21, 1968, 48ff. 18. *Ch. Blinkenberg* Le temple de P., Danske Videnskabs Selskab, Histor.-filol. Meddelelser 9,2, 1924. 19. *A. Westholm* The Paphian temples of Aphrodite, Acta archaeol. 4, 1933, 201ff. 20. *V. Karageorghis* Nouveaux documents pour l'étude du bronze récent à Chypre, Études chypriotes 3, 1965, 157ff. 21. *T.B. Mitford* Nikokles, king of Paphos, Anatol. stud. present. to W.H. Buckler, 1939, 197ff. 22. *Ders.* Akestor, king of P., Univ. of London, Inst. class. stud. Bulletin 10, 1963, 27ff. 23. *J. Pairman Brown* Kothar, Kinyras and Kythereia, Journ. of Semit. stud. 10, 1965, 197ff. 24. Sonstige neuere Grabungen bes. BCH 85, 1961, 288ff. 88, 1964, 318ff. 90, 1966, 355ff. 92, 1968, 334ff. 349ff. AA 78, 1968, 594ff. AJA 72, 1968, 375ff.

Papianilla, Tochter des → Avitus (1), 452 verheir. mit → Sidon. Apollinaris. Kinder: Apollinaris und Roscia. Als Sidonius Priester wurde, endeten die ehelichen Beziehungen (Greg. Tur. 2, 21f. Sidon. ep. 2,12. 6,16. 11,2). A. L.

Papias, Bischof von Hierapolis (2) und Gefährte des → Polykarpos, soll Hörer des Apostels → Johannes gewesen sein. Er verfaßte um 130 5 B. *Λογίων κυριακῶν ἐξηγήσεις*, in denen er sich angeblich auf mündliche Traditionen stützt; erhalten sind nur Frg. Verschiedentlich wegen seiner chiliastischen Anschauungen verdächtigt, wurde er doch wegen seiner Autorität als Apostelschüler noch lange zitiert. B. R. V.

Ta.: *Funk-Bihlmeyer* Die apostol. Väter 1, ^{2}1958, 133–140. Lit.: *Altaner*^{7} 52/53 (Bibl.).

Papinianus, Aemilius. Spätklass. röm. Jurist. Syr. oder afrikan. Herkunft, in der älteren Lit. oft erörtert, ist nicht erwiesen. Mit dem eng befreundeten, vielleicht verschwägerten → Septimius Severus war P. Schüler von Cervidius → Scaevola (H.A. 13,8,2. 3). Er begann seine Laufbahn als *advocatus* fisci (H.A. 13,8,3), war unter Sept. Severus Assessor der *praefecti praetorio* (Dig. 22, 1,3,3), sodann *a libellis* (Dig. 20,5,12), seit 203 *praefectus praetorio* (CIL VI 228). → Caracalla ließ ihn 212 im Zusammenhang mit der Ermordung → Getas hinrichten (Cass. Dio 78,4,1. 2); nach der Tradition, weil P. sich weigerte, den Mord zu rechtfertigen (H.A. 13,8,5. 6). Die Hauptwerke sind *quaestiones* (37 B.) und *responsa* (19 B.). Paulus und Ulpian, beide Assessoren P.', schrieben *notae* dazu. P.' Werk verrät unabhängiges Urteil, Scharfsinn und praktischen Verstand. Häufiger als andere Juristen argumentiert P. mit ethischen Erwägungen. Sein Stil ist von äußerster Kürze und Präzision, bisweilen nicht ohne Pathos. Sprache und Gesinnung P.' wirkten in der kaiserl. Kanzlei noch lange nach. Schon die Spätantike (H.A. 10,21,8. Cod. Theod. 1,4,1. 3. Iust. 6,42,30) schätzte P. als den größten röm. Juristen ein. E. Bu.

P. Jörs, RE I 573. *P. Krüger* Gesch. der Quellen, ^{2}1912, 220ff. *F. Wieacker,* Textstufen klass. Juristen, 1960, 333ff. *W. Kunkel,* Herkunft u. soz. Stellung der röm. Juristen, ^{2}1967, 224ff.

Papinius. 1. Sex. P., älterer Sohn von Nr. 3; aus → Patavium. Als er im J. 37 in jungen Jahren durch einen Sturz starb, wurde seine Mutter angeklagt, mit ihm in Blutschande gelebt zu haben, Tac. ann. 6,49,1. **2.** Sex. P., jüngerer Sohn von Nr. 3; im J. 40 wegen Verschwörung gegen → Caligula mit anderen zu Tode gegeißelt, Sen. ir. 3,18,3. Cass. Dio 59,25,5b. **3.** Sex. P. Allienus, aus Patavium. Cos. ord. 36 n. Chr. Über Militärtribunat, Quaestur, Amt des *legatus iuridicus,* Volkstribunat, Praetur (im J. 27: CIL I^2 1, p. 71), *leg. Aug. pr. pr.* einer unbekannten Provinz erreichte er den Konsulat und erhielt die Würde eines *XV vir sacris faciundis,* CIL V 2823. **4.** s. Statius. R. H.

Papirianae fossae heißt eine Station der *via Aemilia Scauri* am Bergrand (Ptol. 3,1,47) zwischen → Lunae und → Pisae (Tab. Peut. 4,1. Geogr. Rav. 4,32. 5,2. Guido 35. 78. It. Ant. 293, 3), die von NISSEN It. Ldk. 2,287 bei und von MILLER Itin. Rom. 240 in Viareggio, von L. BANTI, RE XVIII 2. H. 1000f. bei Massaciuccoli lokalisiert wird. Name erinnert an alten Entwässerungskanal. G. R.

Papirius. Name eines röm. Geschlechts, nach dem eine der 16 alten Landtribus benannt war (MOMMSEN RStR 3,170,1). Älteste Form des Namens: *Papisius.* Cic. gibt fam. 9,21,2f. eine kurze Gesch. des Geschlechts, sowohl der patriz. P. Crassi, Mugillani, Cursores und Masones, die jedoch z.Z. der pun. Kriege bedeutungslos werden, als auch der pleb. P. Turdi und vor allem der P. Carbones, die erst z.Z. der Gracchen Bedeutung erlangen.

1.–5. Die ant. Zeugnisse über Papirier vor dem Decemvirat gehen wahrscheinlich alle auf den Versuch spätrepubl. Gelehrter zurück, den Urheber des Ius Papirianum, einer Slg. sakraler Gesetze, zu finden, die Macr. Sat. 3,11,5. Dig. 50,16, 144 u.ö. erwähnt wird. Unter 5 verschiedenen als Urheber genannten Papiriern sind wohl die 4 vor dem Decemvirat datierten (Dig. 1,2,2,2 u. 36. Dion. Hal. ant. 3,36,4 u. 5,1,4) trotz verschiedener Praenomina als ident. anzusehen. Anders verhält es sich vielleicht mit M. P., Ascon. Cornel. S. 77,26 (Clark), dem pont. max. von 449. **6.** Cn. P., vielleicht aus der Familie der P. Carbones, war 146 Führer einer Gesandtschaft an den achäischen Bund (Pol. 38,10,1ff.). **7.** L. P., wahrscheinlich aus der Familie der P. Crassi, war 382 zusammen mit seinem Gentilgenossen (Nr. 24) Consulartribun

(Liv. 6,22,1). Die bei Diod. überlieferten Consulartribunen von 384 (15,36,1) und 376 (15,71,1) *Λεύκιος Π.* legen eine Identifizierung mit P. nahe. **8.** L.P. brachte als Praetor 332 das Gesetz über die Verleihung der *civitas sine suffragio* an → Acerrae durch (Liv. 8,17,12). Vielleicht ident. mit Nr. 26. **9.** L.P. führt nach Liv. 8,28,2 im J. 326 durch die Mißhandlung des in Schuldknechtschaft geratenen Sohnes von C. Publilius eine Milderung des Schuldrechts herbei. **10.** Q.P. brachte als Volkstribun zwischen 174 und 154 ein Gesetz ein, das verbot, Gebäude, Grundstücke oder Altäre ohne Auftrag der Plebs zu weihen (Cic. dom. 127, vgl. 130). **11.** Sp.P. wird wegen seiner Heldentaten nach dem Sieg seines Oheims (Nr. 27) über die Samniten 293 ausgezeichnet (Liv. 10,44,3f.).

12.–18. P. Carbo. Name des bedeutendsten Zweigs der pleb. Papirii, nachweisbar von der Mitte 2. Jh. bis in die august. Z. (CIL VI 1317). **12.** C.P. Carbo, etwa gleichaltrig mit Ti. Gracchus, guter Redner (Cic. Brut. 103ff. 221), doch mangelte es ihm an Rechts- und Gesch.-Kenntnissen (Cic. de or. 1,40). Als Volkstribun und Anhänger der Gracchen stellte er 131 den Antrag auf Möglichkeit der Iteration des Tribunats (Liv. per. 59 u.a.), hatte jedoch nur mit einer *lex tabellaria* Erfolg. 130 wurde er Mitglied der Ackerkommission (CIL I² 643f.). Nachdem er 129 des Mordes an Scipio Aemilianus verdächtigt worden war, brachte ihm der Abfall von der gracch. Richtung 120 den Consulat ein. 119 von L. Crassus aus nicht mehr bekanntem Grunde angeklagt, zog P. der Verurteilung den Selbstmord vor (Cic. Brut. 103; fam. 9,21,3). **13.** C.P. Carbo, jüngerer Bruder von Nr. 16, Volkstribun 89, Praetor 81 (?), wurde 80 als Legat Sullas bei einer Meuterei von seinen eigenen Soldaten gesteinigt. **14.** C.P. Carbo klagte als Volkstribun um 67 M. → Aurelius Cotta (I 17) wegen Beuteunterschlagung und Mißhandlung von → Herakleia (7) am Pontos an (Cass. Dio 36, 40,3f. Memnon FGrH 434 F 1,32ff.). Der Praetur 62 und der Verwaltung Bithyniens 61–59 folgte seine eigene Verurteilung wegen Erpressung (Cass. Dio a.O. u.a.). **15.** Cn.P. Carbo, Bruder von Nr. 12, war 116 (?) Praetor und wahrscheinlich Statthalter in Asien. In seinem Consulat stießen die Römer 113 erstmals mit den Germanen zusammen, wobei P. vernichtend geschlagen wurde und einer daraufhin drohenden Verurteilung durch Selbstmord entging (App. Kelt. 13. Strab. 5,214 u.a.). **16.** Cn.P. Carbo, bekanntester Vertreter seines Geschlechts, von Cic. Brut. 223 als Demagoge bezeichnet. Nach einem unruhigen Volkstribunat (Cic. leg. 3,42) im J. 92 nahm er 89 oder 88 offenbar als Praetor am Bundesgenossenkrieg (Flor. 2,6,13) und 87 vielleicht an der Verschwörung des Sulpicius teil. Geächtet konnte er fliehen und führte 87 beim Angriff des Marius auf Rom einen der 4 Heeresteile (App. civ. 1,280. 307. 315 u.a.). Für 85 und 84 erklärte sich Cinna zusam-

men mit P. zum Consul (Liv. per. 83). Nach Cinnas Ermordung rüstete P. weiter gegen Sulla und wurde 82 mit dem jüngeren C. Marius zum 3. Mal Consul. Nach dem Sieg Sullas floh P. nach Africa (App. civ. 1,395. 423ff. u.a.). Bei seiner Rückkehr nach Sicilien fing ihn Pompeius ab und ließ ihn hinrichten (App. civ. 1,449. Plut. Pomp. 10,4–6). **17.** M.P. Carbo, Bruder von Nr. 12 und Nr. 15, wahrscheinlich 114 Praetor und Statthalter in Sicilien, ehe er wegen Erpressung verurteilt wurde (Broughton 1,534,2). Ihm ist eine Münzprägung mit Sicherheit zuzuschreiben (BMCRomRep. 2, 247f. 252. Sydenham The Coinage of the Rom. Rep., 1952, 49, Nr. 23). **18.** C.P. Carbo Arvina, Sohn von Nr. 12 (Beinamen auf Grund seiner Beleibtheit: Val. Max. 9,2,3), erbitterter Gegner des M. Livius → Drusus (I 4) und des L. → Crassus (I 1), der seinen Vater gestürzt hatte. Cic. hörte ihn als Volkstribunen 90 sprechen (or. 213; Brut. 305). In seiner Praetur zeigte P. sich 83 der marian. Partei gegenüber reserviert und wurde noch 82 von L. → Brutus (14) Damasippus hingerichtet (Cic. Brut. 221. 311).

19. C.P. Crassus war 384 Consulartribun (Liv. 6,18,1), vgl. Nr. 14. **20.** L.P. Crassus, Consul 436 (Liv. 4,21,1. Diod. 12,46,1 – ohne Cognomen –). Vielleicht ident. mit dem Consul von 430 (Liv. 4, 30,1), der jedoch Diod. 12,72,1 *Γάιος* heißt und nirgends eine Iterationsziffer hat. **21.** L.P. Crassus war 368 Consulartribun (Fast. Cap.). **22.** L. P. Crassus war 340 Praetor und in demselben J. Dictator (Liv. 8,12,2). Zur Cumulierung der beiden Ämter vgl. Mommsen RStR 1,514,1. 2,146. Als Consul kämpfte P. 336 mit seinem Collegen K. Duillius und 330 mit seinem Collegen L. Plautius Venox gegen das auson. Cales und Privernum (Liv. 8,16,1ff. 19,1ff.). 325 ernannte ihn der Dictator L.P. Cursor zum *praefectus urbi* (Liv. 8,36,1). **23.** M.P. Crassus soll auf das Gerücht eines drohenden Galliereinfalls hin 332 zum Dictator ernannt worden sein (Liv. 8,17,6f.). Zur Geschichtlichkeit dieser Nachricht vgl. RE XVIII 2.H. 1037. **24.** Sp.P. Crassus war 382 mit Nr. 7 Consulartribun (Liv. 6,22,1) und kämpfte gegen → Velitrae und die → Praenestiner, die er nach Diod. 15,47,8 (gegen Liv. 6,27,9–29,10) besiegt haben soll.

25.–27. P. Cursor. Name eines Zweigs der Papirier in der Z. nach der gall. Katastrophe bis zum E. des tarentin. Kriegs. **25.** C.P. Cursor war 393 Censor und ernannte nach seines Collegen Tod M. Cornelius Maluginensis zum Censor. Da kurz darauf Rom von den Galliern erobert wurde, war die Ersatzwahl eines Censors von da an verboten (Liv. 9,34,20f.). 387 und 385 war P. Consulartribun. **26.** C.P. Cursor ist der angesehenste seines Geschlechts. Während des Samnitenkriegs hatte er von 326–313 fünfmal den Consulat inne (Fast. Cap.). Seine Biographie wurde von der Nachwelt so ausgeschmückt, daß der hist. Kern nur noch schwer zu erkennen ist. Im 1. J. des Samnitenkrieges 326 war er Consul, im J. darauf Dictator (Liv. 8,29,9). Der Streit mit seinem *magister equitum* → Q. Fabius (I 38) Rullianus Maximus (Liv. 8,29,10) ist wohl unhist. 324 triumphierte P. über die Samniten und wurde wiederum zum Dictator ernannt (BROUGHTON 1,148f.). Sicherlich auf Grund seiner Verdienste wurde er in den J. nach der caudin. Niederlage zum 2. und 3. Mal Consul (320 u. 319). 320 war er zugleich *magister equitum* des Dictators → L. Cornelius (I 31) Lentulus (Liv. 9,15,9–10). 319 soll er wiederum die Samniten besiegt und über sie triumphiert haben (Liv. 9,16, 11. Act. Tr. BROUGHTON 1,134). MÜNZER, RE XVIII, 2.H. 1045 lehnt den Bericht darüber als unhist. ab. In seinem 4. Consulat 315 (Fast. Cap. Diod. 19,66,1) führte P. mit seinem Collegen den Oberbefehl in Samnium und Apulien, während gleichzeitig der Dictator Q. Fabius bei → Lautulae unglücklich gegen die Samniten kämpfte (Diod. 19,72,3–9 gegen Liv. 9,22,1–23,5). Diese Ereignisse hat die Annalistik wohl fälschlich sofort anschließend an die Niederlage bei → Caudium gebracht. Liv., der von den letzten beiden Consulaten des P. nichts berichtet, setzt den Höhepunkt der Laufbahn des P. in die J. 320 und 319 und schließt daran den Vergleich der Macht Alexanders mit der röm. (9,16,11ff.). Zum Beinamen Cursor vgl. Plut. Al. 4,10 ποδώκης, und Liv. 9,16, 13. Quelle dafür ist wohl urspr. die mündliche Tradition des 3. Jh. (RE XVIII 2.H. 1048f.). 310 oder 309 war P. zum 2. Mal Dictator und erreichte auch hier den Triumph (Liv. 9,40,20. Act. Tr.). **27.** L. P. Cursor zeichnete sich wie sein Vater (Nr. 26) im Kriege aus und war 293 und 272 Consul (Fast. Cap. Act. Tr.), vielleicht 299 curul. Aedil. An ihn knüpfen sich z.T. die gleichen Anekdoten wie an seinen Vater (vgl. Liv. 8,30,2 u. 9,14,4 mit 10,40,2–5. 9–14). Obwohl die Einzelheiten des livian. Berichts über die Feldzüge P.' und seines Collegen → Carvilius (4) gegen die Samniten nicht mehr nachprüfbar sind (10,38,1–47,6, vgl. RE XVIII 2.H. 1052f. ADCOCK, CAH VII 613ff.), steht die Bedeutung ihrer durch Triumphe gekrönten Siege fest. Von der Praetur P.' 292 und von seinem 2. Consulat wird nichts Genaues überliefert. Letzteres endete mit dem Triumph über Tarent, wobei die siegreichen Consuln zum 1. Mal die *toga picta* trugen (Fest. 209 M). P.' Triumphalbild stand in einem von ihm dem → Consus geweihten Tempel auf dem Aventin (CIL I^2 p. 52). P. stellte in Rom die erste Sonnenuhr öffentlich auf (Plin. nat. 7,213f.). Sein Geschlecht starb wahrscheinlich mit ihm aus.

28.–31. P. Maso *(Masso)*. Name des jüngsten Zweigs der patriz. Papirier. Sie erscheinen in den Quellen für die Z. vom Anf. des 3. Jh. bis in die 2. Hälfte des 2. Jh. **28.** C. P. Maso, der einzige Consul dieses Namens (231), war wie sein Vetter (Nr. 29) *pontifex*. Als erster feierte er einen ihm vom Senat verweigerten Triumph auf dem Albanerberg (Act. Tr. Val. Max. 3,6,5 u.a.); Vater von Nr. 38. **29.** C. P. Maso, *Xvir s.f.*, war um 218 Praetor, danach *IIIvir col. deduc.*; als solcher geriet er bei einem kelt. Aufstand in Oberitalien in Gefangenschaft, aus der er wohl nicht mehr zurückkehrte (Liv. 21,25,4. 30,19,7–9). **30.** C. P. Maso, der letzte seines Geschlechts, den wir kennen, wurde nach 149 in einem Repetundenprozeß verurteilt (Cic. Balb. 53). **31.** L. P. Maso, wohl Sohn von Nr. 29, war 176 Praetor urbanus und entschied wahrscheinlich damals, daß auch ein im 13. Monat geborenes Kind das Erbschaftsrecht geltend machen könne (Plin. nat. 7,40). **32.** M. P. Maso, röm. Ritter, kam 58 in einem Straßenkampf auf der Via Appia um (Cic. Mil. 18).

33.–34. P. Mugillanus, patriz. Zweig der Papirier, der E. 6. Jh. aus dem latin. → Mugilla nach Rom übersiedelte (Dion. Hal. ant. 8,36,2). Seine Vertreter erscheinen zwischen 444 und 319 in den Fasten. Vielleicht zweigten sich zu Beginn des 4. Jh. die P. Cursores ab (RE XVIII 2.H. 1065). **33.** L. P. Mugillanus wurde nach der Abdankung dreier Consulartribunen 444 Consul (Liv. 4,7, 1–3. 10–12. Dion. Hal. ant. 11,61,1–62,4). 443 war P. einer der beiden ersten Censoren und 427 vielleicht zum 2. Mal Consul. Doch kann es sich hier wie bei dem Consulartribun von 422 auch um seinen Sohn handeln, da die Papirier von 444–418 zwar häufig in den Fasten vertreten, im einzelnen jedoch schwer zu identifizieren sind (RE XVIII 2.H. 1067f.). **34.** M. P. Mugillanus, Consulartribun 418 und 416, Consul 411. In dem Bericht über die Besetzung Roms durch die Gallier hat die jüngere Annalistik dem *senex triumphalis*, der einen Gallier durch einen Schlag mit seinem Stab so reizt, daß er von ihm erschlagen wird, P.' Namen gegeben (Liv. 5,41,9 u.a.), obwohl für diese Z. kein Triumph eines Papiriers verzeichnet war.

35. L. P. Paetus ist der Briefpartner Ciceros in fam. 9,15–26. Mit Ausnahme der beiden Empfehlungsschreiben Nr. 25 und Nr. 23, die aus den J. 50 bzw. 43 stammen, fallen die Briefe wohl alle in das J. 46/45. P. führte in Neapel das Leben eines reichen, der Politik fernstehenden Epikureers, der Cicero in Freundschaft verbunden war, aber auch mit dessen polit. Gegnern verkehrte. Offenbar zeichnete er sich durch Geist und Witz aus. **36.** L. P. Praetextatus, Censor 272 und Held einer berühmt gewordenen Anekdote aus einer Rede Catos (Gell. 1,23,1ff.). Frontin. de aquis 1,6 verwechselt ihn mit dem Consul von 272 L. P. Cursor. P. starb während seiner Censur.

37. P. Turdus. Name eines pleb. Zweigs des Geschlechts, dessen Vertreter im 2. Jh. für kurze Z. zu polit. Ansehen kommen. C. P. Turdus erhob 177 als Volkstribun Anklage gegen A. → Manlius (I 39) Vulso wegen eigenmächtiger Kriegsführung in Istrien.

38. Papiria, Tochter von Nr. 28, vermählt mit L. → Aemilius Paullus (I 22), Mutter der Brüder

Q. → Fabius (I 22) Maximus (Aemilianus) und P. Cornelius → Scipio Aemilianus (Plut. Aem. 5, 1–4 u.a.). M. D.-M.

39. P. Fabianus, etwa 35 v. Chr. – vor 35 n. Chr.; zur Frage der Lebenszeit s. [1], 24ff. [5], 1056. [6], 212. P. trat in der Rhet. und Philos. hervor. Sen., der P. kannte und hörte (epist. 11,4. 40,12. 100,2; dial. 10,10,1), rühmt epist. 100,9, daß den P. als Schriftsteller nur Cic., Asinius Pollio und Liv. überträfen. Als Deklamator genoß P. großen Ruhm (Sen. contr. 2 praef. 1f.). Die erhaltenen Stellen aus controversiae des P. (Sen. contr. 2,1, 10–13. 2,4. 3,5. 9. 4,3. 7. 5,6f. 6,2. 4) und die Probe aus seinen suasoriae (1,4) zeichnen sich durch *oratio pura* aus (Sen. epist. 100,10; vgl. 58,6. 100,2 und Sen. contr. 2 praef. 1). Wohl durch Sextius wandte sich P. später der Philos. zu (Sen. contr. 2 praef. 4), die ihm den größten Ruhm brachte. Seine Philos., die nach Art der Schule der Sextier (dazu [4], 699–706 und [6]) auf prakt. Ethik gerichtet war, scheint P. mündlich vorgetragen zu haben; jedenfalls deuten die Titel seiner umfängl. Schriften auf naturphilos. Werke. Erwähnt werden: 1. libri causarum naturalium: mindestens 3 B. (Diom. KeilGrL 1,375,22. Charis. 106,14 K. = 135,19 B.). 2. libri de animalibus: mindestens 2 B. (Charis. 105,14 K. = 134,13 B. 142,14 K. = 180,8 B.). 3. libri civilium (Sen. epist. 100,1): wohl über Staatsphilos. Benützt wurden P.' Schriften von Seneca (nat. 3,27,3) und Plinius, in dessen Quellenverzeichnissen er zu B. 2. 7. 9. 11–15. 17. 18. 23. 25. 28. 36 erscheint. Vgl. E. Oder, Philol. Suppl. 7, 1899, 293. F. Münzer Beiträge z. Quellenkritik der Naturgesch. des Plin., 1897, 391. M. Fo.

1. *G. Höfig* De P. Fabiani philos. vita scriptisque, 1852. 2. *Teuffel-Kr.-Sk.* 2^7 § 266, 10f. 3. *Schanz-Hos.* 2,358–360. 4. *Zeller* PhdGr $3,1^5$,701. 5. *W. Kroll*, RE XVIII, 2. H. 1056–1059. 6. *Italo Lana*, RFIC 31, 1953, 1–26. 209–234.

40. P. Fronto, röm. Jurist, der wohl in der 2. Hälfte 2. Jh. n. Chr. gelebt hat, Verf. von *responsa* in mindestens 3 B.; zitiert wird er nur vereinzelt (von → Callistratus und Marcianus). Sonst wissen wir von ihm nichts. **41.** P. Iustus, röm. Jurist aus der gleichen Z. wie Nr. (40). Der Index Flor. nennt von ihm eine Konstitutionensammlung in 20 B. Hiervon sind freilich nur 18 Frg.e in die Digesten aufgenommen worden. Die Slg. enthielt Konstitutionen der *divi fratres* und des Marc Aurel, wahrscheinlich ohne Kommentierung oder andere Zusätze. Sonst nichts bekannt. D. M.

Papius. Ital. Gentilname, bes. häufig bei Samniten. Abgeleitet vom osk. Praenomen Papus, J. Reichmuth, D. lat. Gentilicia, Diss. Zürich 1956, 104.

I. Republikanische Zeit:

1. P., Volkstribun (?), nicht datierbar, doch wohl vor 80, Urheber einer *lex Papia* über Ergänzung der Vestalinnen durch Losung, Gell. 1,12, 11f. RE Suppl. VII 402 (für 65, u. Nr. 3). Broughton Mag. 2,471. **2.** P., leiblicher Vater des T. →

Annius (16) Milo, wahrscheinlich aus Lanuvium, vielleicht mit vollem Namen L. P. Celsus, vgl. Drumann^2 1,30f. **3.** C. P., Volkstribun 65, Urheber einer *lex Papia* gegen unberechtigte Anmaßung des röm. Bürgerrechts, Cic. leg. agr. 1,13; Arch. 10. Cass. Dio 37,9,5 u.a. RE XII 2399f. Broughton Mag. 2,158. Wohl nicht ident. mit dem Antragsteller des Gesetzes über Vestalinnenzuwahl (s.o. 1) und bestimmt nicht mit dem der *lex Papia* über Erbansprüche der Patrone begüterter Freigelassener, Gai. 3,42. **4.** L. P., Münzmeister ca. 78–76, mit Anspielung auf 1. Papia (o. Nr. 1). Broughton Mag. 2,448. **5.** P. Brutulus, Samnitenführer, der 322 an Rom ausgeliefert werden sollte, sich aber tötete. Liv. 8,39,10–15. Cass. Dio frg. 36,8. App. Samn. 4,1. **6.** C. P. Mutilus, Samnite, »Consul« und Feldherr im → Bundesgenossenkrieg; zahlreiche Mz., meist mit Kopf d. Italia u. Dioskuren. 90 sehr erfolgreich im Raum Campanien, behauptete sich 89/88 in Aesernia und bis 80 in Nola, gab sich dann selbst den Tod. App. civ, 1,181ff. u.a. Grueber Coins 2, 330ff. R. Gardner, CAH 9,187ff. 199. H. G. G.

II. Kaiserzeit. M. P. Mutilus, *cos. suff.* (1.7. bis 31.12.) 9 n. Chr., Miteinbringer der lex Papia Poppaea, obwohl Junggeselle, Cass. Dio 56,10,3. CIL X 6639. Nach der Verurteilung des M. → Scribonius Libo Drusus im J. 16 n. Chr. stellte er den Antrag, dessen Todestag (13. Sept.) zum Festtag zu erklären, Tac. ann. 2,32,2. R. H.

Pappel. Seit Homer wird im Alt. sowohl die Schwarzpappel (*αἴγειρος, pōpulus nigra*) wie die Silberpappel (*ἀχερωίς* Hom., später *λεύκη*; *pōpulus alba*) oft erwähnt und (teilweise falsch) beschrieben. Rinde, Harz, Blätter und Früchte wurden verschiedentlich medizinisch verwertet, das Holz galt als geeignet für Schnitzarbeiten. Selten erwähnt werden populus Euphratita Oliv. (*κερκίς, populus Libyca* Plin.) und populus Libyca L. (*αἴγειρος κρητική*). Gossen RE XVIII 2. H. 1081–83. K. Z.

Pappos von Alexandreia, der letzte bedeutende griech. Mathematiker. Die Suda s. *Πάππος* und *Θέων* nennt ihn einen Zeitgenossen des Kaisers Theodosios I., doch hat er nach Ausweis einiger astronom. Daten, die er gibt, vielmehr unter Diocletian und Constantin I., wohl als Lehrer der Mathematik in Alexandreia, gewirkt. Seine Werke waren:

1. eine *χωρογραφία οἰκουμενική*, uns nur bekannt durch das auf ihr fußende geograph. Werk des Armeniers → Moses Chorenaçi, ins Franz. übers. von P. Arsène Soukry, Venise 1881.

2. ein Komm. zu 4 B. der *μεγάλη σύνταξις* des → Ptolemaios, hg. von A. Rome, Commentaire sur les livres 5 et 6 de l'Almageste, Roma 1931.

3. ein Komm. zum 10. B. der Elementa des → Eukleides in 2 B., erhalten nur in arab. Übers.

4. Das wichtigste der erhaltenen Werke des P. ist die gew. als Collectio zitierte *Συναγωγή*, eine

Slg. von 8 urspr. selbständigen mathemat. Abhandlungen des Vf., in denen er den Inhalt von zu seiner Z. hochgeschätzten mathem. Schriften kurz angibt und zu ihnen erklärende, aber auch erweiternde, oftmals nur den allerlosesten Zusammenhang mit dem gerade in Rede Stehenden wahrende Sätze hinzufügt. Die Freiheit, die er sich bei seinen Zusätzen gestattet, und die Genauigkeit, deren er bei übersichtlichen Inhaltsangaben sich befleißigt, machen den doppelten Wert seiner Slg. aus, die als Ersatz für wertvolle, im Urtext verlorengegangene Abhandlungen dienen kann. Für die Gesch. der griech. Mathematik ist P. so von höchster Bedeutung. Sie dankt ihm, von minder bedeutenden Mathematikern abgesehen, wichtigste Nachrichten über die großen Mathematiker vom 4. vorchr. bis zum 3. nachchr. Jh.; so, um nur einige zu nennen, → Autolykos (3) von Pitane, → Eukleides (3), → Konon (3) von Samos, → Archimedes, → Aristarchos (5) von Samos, → Eratosthenes (2), Apollonios (2) von Perge, → Nikomedes (7), → Hipparchos (6) von Nikaia, → Geminos, → Heron von Alexandreia, → Menelaos (6) von Alex., → Ptolemaios von Alex., → Sporos von Nikaia. Nur klein ist die Zahl derer, über die P. nicht etwas sonst nicht Bekanntes überliefert.

Von den 8 B. ist das erste ganz, das 2. zum Teil verloren, das 7. und 8. scheinen unfertig. Erhalten ist die Coll. im cod. Vatic. Gr. 218 saec. 12, aus dem alle jüngeren Hss. abgeleitet sind; herausgegeben wurde sie zuerst in der lat. Übers. des *Commandinus*, Venetiis 1589, griech. (nach Teilausgaben) vollst. erst in der maßgebenden Ausgabe von Fr. Hultsch, 3 Bde. Berl. 1876–78, mit lat. Übers. und Komm.; grundlegend für das Verständnis der griech. Mathematik ist der in vol. III. tom. II enthaltene index Graecitatis. Franz. Übers. von Paul Ver Eecke, Paris-Bruges 1933. K. Z.

M. Cantor, Vorlesungen über Gesch. d. Math. I^3 1907, 441–455. *E. Hoppe*, Math. und Astr. im klass. Alt., 1911, 410–419. *Th. Heath*, A History of Greek Matematics II, 1921, 355–439. *I.L. Heiberg*, Gesch. d. Math. und Naturwiss. im Alt., 1925, 42f. *K. Ziegler*, RE XVIII 2. H. 1084–1106.

Papremis (*Πάπρημις*). Nur bei Hdt. genannte Stadt mit Kult des »Ares« (2,59) und ritueller Prügelei (2,63) sowie Verehrung der Nilpferde (2,71). In P. waren Hermothybier angesiedelt (2,165); hier fiel der pers. Satrap → Achaimenes (3) gegen → Inaros. Die umstrittene Lage und Namensdeutung (Černý, Archiv. Orient. 20, 86ff.) ist jetzt geklärt (Altenmüller, Ex Or. lux 18,271ff.) als *Pꜣ-n-pꜣ-rmwj* »Die (Stadt) des (Kanals der) beiden Fische«, erwähnt Pap. Westcar IX 15 und Merikare 81/2, ident. mit → Letopolis im 2. u.ä. Gau. W. H.

Papstbriefe. In den ersten 4 Jh. unterscheidet sich der Stil der P. kaum von anderen chr. Briefen; seit E. 4. Jh. nähern sie sich, bes. in kirchenrechtl. Entscheidungen und Akten der Rechtssetzung *(epistulae decretales)*, der Sprache der kaiserl. Kanzlei und werden vielfach nicht mehr vom Papst persönlich, sondern von den *notarii* seines Sekretariats redigiert. Vor dem E. der Verfolgungszeit hat sich kein päpstl. Archiv erhalten können; nur einzelne P. aus dieser Z. sind auf verschiedenen Wegen [1] erhalten. Das älteste, noch griech. geschriebene Stück ist der 1. Brief des → Clemens (7) aus der domitian. Verfolgung. Eus. KG überliefert P. des 2. Jh. von Soter und Victor. Im 3. Jh. enthält die Briefslg. → Cyprians (1) P. des Cornelius (→ Novatianus). Seit dem 4. Jh. wird die Überlieferung reicher: Athanasios gibt P. des → Iulius (C 21), Hil. op. hist. solche des → Liberius (2) wieder. In der Briefslg. des Hier. sind → Damasus mit 2, → Anastasius I. mit 1, Innocentius I. († 417) mit 3 P. vertreten. Mit einer Decretale des Siricius vom J. 385 beginnt die von jetzt an reichste Überlieferung in → kirchenrechtl. Slgn. (III.). Auch die Mitte 4. Jh. einsetzende Slg. von Kaiser- und Papsturkunden der Collectio Avellana [2] enthält keine älteren P. als die des Innocentius; sie reicht bis zu Papst → Hormisdas († 523) und ist noch im 6. Jh. in Rom zusammengestellt worden. Den Akten des Konzils von Chalkedon (451) verdanken wir die meisten der P. → Leos I. Nur bei → Gregors I.' (5) Registrum epistolarum geht die Redaktion des Gesamtbriefwerks eines einzelnen Papstes in dessen eigene Zeit zurück; die Überlieferung beruht auf 3 aus dem Lateranregister exzerpierten, nicht lückenlosen Slgn. O. H.

1. Quellennachweis (auch für unechte und nicht erhaltene, aber bezeugte P.): *Phil. Iaffé, S. Löwenfeld, F. Kaltenbrunner, P. Ewald* Regesta Pontificum Romanorum I^2, 1885. 2. Ausg.: Coll. Avellana ed. *Otto Günther*, 1895/98, CSEL 35. Coll. Thessalonicensis ed. *C. Silva-Tarouca*, 1937. Coll. Veronensis ed. *Ed. Schwartz* Acta concil. oec. 1,2, 1925/26. Coll. Arelatensis ed. *W. Gundlach*, 1892, MGEpp 3,1–83. *A. Thiel* Epist. Rom. pontificum, 1868. *S. Löwenfeld* Epist. Rom. pont. ined., 1885; s. zu den einzelnen Päpsten, → Kirchenrechtl. Slgn. 3. Bibliogr.: *Altaner*^{7} 108f. 353–58. 461–68.

Papyrus (*πάπυρος*) I. Herstellungsverfahren. II. Historische Bedeutung.

I. P. war im Alt. das häufigste Material zum Beschreiben. Das »Papier« der Ant. wurde aus dem Mark einer P. genannten Staude gewonnen, die bes. in Unteräg. in Mengen wuchs (V. Hehn Kulturpflanzen und Haustiere 1911, 312). Der Name ist erst griech. belegt, dürfte aber äg. sein und »das Königliche« bedeuten als Anspielung auf das Monopol der P.-Herstellung des äg. Königshauses (Christensen, OLZ 41, 1938, 204ff.). Die P.-Halme, die Armesdicke erreichen können, wurden in 30–50 cm lange Stücke geschnitten und geschält. Das weiche Mark, in feine Streifen zerteilt, wurde auf einer harten Unterlage in zwei rechtwinklig zueinander gelegten Schichten stark gepreßt und geklopft. Durch den im Mark enthaltenen Klebstoff fügten sich die einzelnen Streifen zu einem Blatt zusammen. Die getrockneten Blätter konnten nach einer zweiten Glättung mit einem Klebstoff (κόλλημα) aneinandergeklebt und aufgerollt werden. Aus diesen Rollen wurden nach Bedarf kleinere Einheiten ohne Rücksicht auf die Klebestellen, die kaum mehr zu erkennen waren, meist in der Form zurechtgeschnitten, daß die unbeschriebene Rolle (τόμος) in der Höhe halbiert wurde. Je nach Länge des Textes konnten weitere Blätter (χάρτης) angeklebt oder unbenutzte abgeschnitten werden. Auf der Innenseite der Rolle verliefen die P.-Streifen horizontal, auf der Außenseite vertikal. Im allg. diente die Innenseite, an der die Streifen parallel zur Schrift (recto) verliefen, zum Beschreiben, meist in Kolumnen. Da die Rollen durch die Monopolisierung sehr teuer waren, wurde auch oft die Rückseite (verso) beschrieben oder schon benutzte Rollen abgewaschen und neu verwendet (→ Palimpsest). Um beim Schreiben oder Lesen das mühsame Aufrollen (daher die lat. Bezeichnung *volumen*) zu erleichtern, benutzte man einen Holzstab (ὀμφαλός). Zum Beschreiben der P.-Rollen diente schwarze, aus Ruß in einer Gummilösung oder rote, aus Ocker in Wasser und Gummilösung hergestellte Tinte. Als Schreibgerät verwandte man durch Kauen pinselartig zerfaserte Binsenstengel, später auch Rohrstengel. Die Qualität (vgl. Plin. nat. 13,68ff.) des P. reichte vom feinsten Schreibpapier *(augusta)* über mittlere Qualitäten (*fanniana*, benannt nach dem Besitzer einer großen röm. Papierfabrik [*officina chartaria*]) bis zum groben Packpapier *(emporetica)*. Da P. sehr feuchtigkeitsempfindlich ist, beschränken sich die P.-Funde auf heiße, trockene Gegenden wie Äg., Mesopotamien, Palästina und S.-Arabien. Neben hier in großen Mengen gefundenen P. sind Tausende von verkohlten P.-Rollen in → Herculaneum, in der Villa dei Papiri, der Bibliothek des Schwiegervaters Caesars, L. → Calpurnius (I 22) Piso, gefunden worden, deren Entzifferung, Aufrollung und Konservierung den Spezialisten bis h. größte Schwierigkeiten bereitet. Zur Aufbewahrung der beschriebenen Rollen (βιβλίον) dienten Holzkästen oder Krüge, in denen sie, geschützt durch ein gröberes »erstgeklebtes« Blatt (πρωτόκολλον), oft mit Inhaltsangabe versehen, meist senkrecht standen.

II. Als literarische und kunstgesch. Quelle ist die P.-Rolle von großem Wert. Erst in den Jh.en n. Chr. wurde der P. und die P.-Rolle allmählich durch ein neues Schreibmaterial und eine neue Buchform, durch Pergament und den → Codex in einem bis in das 8. Jh. n. Chr. dauernden Prozeß abgelöst. Schon zu Beginn des 3. Jt.s ist für Äg. die P.-Rolle belegt ([10], 5ff.), doch war P. zunächst der Priesterschaft zur Festlegung hierat. Texte vorbehalten, von denen aus dieser Z. nur Bruchstücke erhalten sind. Eine der ersten großen zusammenhängend beschriebenen P.-Rollen ist der P. Ebers in Leipzig (um 1500 v. Chr.), der im wesentlichen eine med. Rezeptslg. enthält. Der Export von P. ist erst um 1050 v. Chr. zu belegen (PRITCHARD The Anc. Near Eastern Texts Relating to the Old Testament ²1960, 28), als Äg. der Stadt Byblos unter anderem 500 P.-Rollen als Bezahlung für Bauholz übersandte. Auch im A. T. ist die P.-Rolle erwähnt (Jer. 36. Ez. 2,9ff. Sach. 5, 1ff.), und in Babylon ist die Einfuhr von P. im 8. Jh. v. Chr. belegt. Es ist jedoch wahrscheinlich, daß bereits seit der Mitte 2. Jt.s der P. außerhalb Äg. bekannt und auch benutzt wurde ([14], 314). Spätestens seit Beginn des 5. Jh. v. Chr. (wenn nicht schon unter → Peisistratos) ist P. in Athen bekannt, und in den folgenden Jh.en beliefert Äg. die ganze Mittelmeerwelt. Die erhaltenen P. geben in erster Linie Auskunft über Dinge des privaten und öffentlichen Lebens in Form von Briefen, Verträgen, Verwaltungsakten und Gerichtsurteilen. Sie zeichnen ein lebendiges Bild von den täglichen Ereignissen, Bedürfnissen und Problemen der Menschen, wie es aus keiner anderen geschriebenen Quelle erschlossen werden kann. Für das Prozeß- und Privatrecht sind die P. von großer Bedeutung ([12]) ebenso wie für die soziolog. Struktur und religiöse Entwicklung seit dem 4. Jh. v. Chr. Leider ist unter den lit. P. kein einziges Original eines ant. Schriftstellers erhalten. Für die Rekonstruktion der Texte jedoch sind sie unentbehrlich, da sie zeitlich dem Original am nächsten stehen, was allerdings nicht immer gleichbedeutend ist mit einer besseren Qualität des Textzustandes (vgl. A. LESKY GGrL ²1963,20). Der älteste griech. literar. P. aus einem Grab in Abusir überliefert die »Perser« des → Timotheos und ist in das 4. Jh. v. Chr. (vor Alexander) zu datieren. Schließlich sind durch die P. zahlreiche Buchillustrationen beginnend mit den äg. Totenbüchern erhalten, die für die Rekonstruktion von Zyklen und Themen bes. der verlorenen griech. Großmalerei von Bedeutung sind. ([11], 1ff. Abb. 1. 59. 107. 117. 135). S. O.

1. *Schubart*, RE XVIII, 2. H. 1116. 2. *Dziatzko*, RE III 936 s. v. Buch. 3. *Dar. Sagl.* 4,1,319. 4. *U. Wilcken* Recto oder Verso? H 22, 1887, 487ff. 5. *W. Schubart* Einführung in die Papyruskunde 1918. 6. *W. Schubart* Das Buch bei den Griech. und Röm. ²1921; 7. *Ders.* Das ant. Buch A 14, 1938, 171ff. (mit Abb.); 8. *Ders.* Griech. Papyri, Urkunden und Briefe vom 4. Jh. v. Chr. bis ins 8. Jh. n. Chr. 1927. 9. *W. Peremans – J. Vergote* Papyrolog. Handboek 1942. 10. *J. Cerný* Paper and Books in Anc. Egypt 1952. 11. *K. Weitzmann* Anc. Book Illumination 1959. 12. *F. Wieacker* Textstufen klass. Juristen. Abh. Ak. Göttingen, phil.-hist. Klasse, Ser. III F. 45, 1960. 13. *H. Maehler* Slg. griech. Pap., Lex. d. A. W. Anh. III. 14. HBArch, Allg. Grundlagen der Arch. 1969, 313ff. 15. Enc. Arte Ant. 5,943.

Paquius. Gentilname, inschr. meist nur Variante von → Pacuvius. J. REICHMUTH D. lat. Gentilicia, Diss. Zürich 1956, 35f. **1.** Q. P. Rufus, Legat des Antonius 42, auf dessen Befehl er eine

Veteranenkolonie nach Philippi führte, Mz. *Q. Paqui Ruf. leg. c. d.* GARDTHAUSEN 2,87f., 22. RE XIX 2233. BROUGHTON Mag. 2,366. **2.** P. P. Scaeva, Senator, der unter Augustus zahlreiche Ämter von der Quaestur (wohl 28) bis zum Proconsulat in Cypern (15/13) bekleidete. Bewährter und erfolgreicher Verwaltungsbeamter, der auch 5 J. lang *curator viarum* und später *praetor aerarii* war. CIL IX 2845. PIR 3,12,93. H. G. G.

Parabase (παράβασις): Chorvortrag in der Alten Komödie, zu dem der Chor πρὸς τὸ θέατρον παραβαίνει (Aristoph. Ach. 629; Equ. 508; Pax 735), d.h. in die Mitte der Orchestra rückt und Front zum Publikum macht (Heph. p. 72 Consbruch, dort Parallelen). Die P. unterbricht die dramat. Handlung, der Chor spricht in ihr ἔξω τῆς ὑποθέσεως. Sie hat in der uns bekannten Alten Komödie ihren Platz in der Mitte des Spiels als Zwischenakt, während dessen die Handlung hinter der Szene weitergeht; sie markiert meist den entscheidenden Wendepunkt. Für die Annahme, die P. habe jemals Anfang (WILAMOWITZ, E. FRAENKEL, W. KRANZ) oder Ende (ZIELINSKI, KAIBEL) des Spiels gebildet, gibt weder das Wort (s. L. RADERMACHER, ZÖG 67, 1916, 591) noch irgendwelche Überlieferung Anhalt.

Die P. besteht in ihrer vollständigsten Form aus 7 Teilen, 3 einfachen und 4 paarweise respondierenden. Das Kommation in Anapästen und/oder lyrischen Versen schließt die Handlung ab und leitet die Ansprache ein, die im bes. Sinn P. oder nach dem Versmaß ἀνάπαιστοι genannt wird. Neben anap. Tetrametern begegnen Eupolideen (Nub.) und in Frg. auch verwandte choriamb. Tetrameter. Der Chorführer spricht sie, namens des Chores (Av. Thesm.) oder, häufiger, des Dichters (Ach. Equ. Vesp. Pax), ja geradezu als dieser (Nub., vgl. Pax 752ff. mit Vesp. 1030ff.). Die anap. Tetrameter laufen meist aus in das Pnigos oder Makron, eine längere Reihe anap. Metra bis zur endlichen Katalexe. Den zweiten Teil bilden Ode und Epirrhema (16 oder 20 troch. Tetrameter), Antode und Antepirrhema. Die Lieder der P. klingen bei Aristoph. an Kulthymnen oder Chorlyrik hohen Stils an, in den Epirrhemata erläutert der Chor seine Maske und spricht in ihrem Sinne. Manche P. ist unvollständig und manche Stücke haben ein zweites p.-ähnliches Gebilde, Lys. mit ihrem zweigeteilten Chor nur ein solches (614ff.). W. K.

A. Körte, RE XI 1243. *E. Fraenkel* Beob. zu Ar., Rom 1962, 189.

Parabatai (παραβάται) waren in hom. Z. (Hom. Il. 23,132) Streitwagenkämpfer neben den ἡνίοχοι. Im 5. Jh. v. Chr. wurde in Boiotien mit P. eine Elitetruppe bezeichnet, deren Stärke in der Schlacht von Delion (424) 300 Mann betrug und die im ersten Glied aufgestellt war (Diod. 12,70,1). A. N.

F. Lammert, RE XVIII, 2. H., 1126f.

Parabolon (παράβολον). Ein Geldbetrag, der nach att. Recht im Prozeß bei Erhebung der → ἔφεσις ([1]. [2]) und auch sonst bei bestimmten Klagen hinterlegt werden mußte. In den Pap. allg. »Sicherheitsleistung«, in OGIS 41 (Samos) Strafe für mutwilliges Prozessieren. E. B.

1. *J. H. Lipsius* Das att. Recht und Rechtsverf., 1905–1915, 940,43. 2. *Steinwenter* Streitbeendigung, 1925, 63ff. 162ff.

Parabyston (παράβυστον sc. → δικαστήριον). Name (wohl iron. »vollgestopfter« ([3]) Gerichtshof) für ein Gebäude, das den Elfmännern als Gerichtslokal ([1]. [2]) diente. E. B.

1. *J. H. Lipsius* Das att. Recht und Rechtsverf., 1905–1915, 172,23. 2. *Busolt* GStk. 1155. 3. *Frisk* s.v. βυνέω.

Paradoxa. I. P. bezeichnet Gegenstände oder Sachverhalte, die wider Erwarten wirken oder erscheinen: Also Erstaunliches, Wunderbares, modern paraphrasiert: Sensationelles. In Werken, die nichts bieten wollten als Beschreibungen solcher Paradoxa, darf man eine – freilich verflachte – Nachwirkung der ion. ἱστορίη erblicken; Werke solcher Art sind seit dem 3. Jh. v. Chr. nachweisbar; doch dürfte diese »Gattung« weiter hinaufreichen. Für unser Wissen stehen → Bolos, → Kallimachos (3), → Antigonos von Karystos (s. Nachtr. am Schluß des Werkes), → Philostephanos und → Nymphodoros (1) am Anf. dieser Lit. Diese erlebte im 2. Jh. n. Chr. einen Höhepunkt in der »Buntschriftstellerei« des → Ailianos, → Gellius und mehrerer anderer –, die von den Symposien nicht getrennt werden kann. Bes. Interesse erregten P. in der Natur (so Archelaos παράδοξοι ποταμοί) und in menschlichen Leistungen, wie den Sieben Weltwundern. Nicht selten entstehen Werke, die der Lokal-Geschichte benachbart sind, wenn die P. einer bestimmten Landschaft gesammelt werden. Die Schriften Plutarchs sind zu einem guten Teil der Erklärung solcher P. gewidmet – das mit der Tendenz, nachzuweisen, daß P. nur scheinbar widersinnig sind, in Wahrheit aber auf einen tiefen Sinn führen, der sich dem oberflächlich Zuschauenden verbirgt.

II. Bes. hat die Philos. gern ihre Ergebnisse in der Form von P. dargeboten. Unerreichtes Vorbild hierin war → Herakleitos (1). Seine Lehre von der oft paradoxalen Aufhebung der (vermeintlichen) Gegensätze fand im gleichfalls paradoxalen Aphorismus adaequaten Ausdruck. Bes. hat die Stoa – vermutlich an Herakleitos anknüpfend – zentrale Lehren oft in der Form von P. ausgedrückt. Dies sicher z.T. aus didakt. Gründen, denn P. prägen sich besser ein. Aber es geschah auch, um die Tragweite stoischer Definitionen überraschend zu demonstrieren. Wenn z.B. »Reichtum« nicht definiert wird als »viel besitzen«, sondern »nichts bedürfen« – dann ist allein der Weise reich. Da der Weise alle positiven Eigenschaften haben muß, läßt sich das Spiel mit den P. vor allem am Beispiel des Weisen durchführen. Die meisten dieser didakt.-philosoph. P. hat Cicero gesammelt und in den Paradoxa Stoicorum erklärt. H. D.

A. Westermann Paradoxographi Gr., 1839. *O. Keller* Rerum naturalium script. Gr. min., 1877. *Ziegler*, RE XVIII 2.H., 1137–66 (Paradoxographoi).

Paragauda (παραγαύδης). Eine orient. über das Griech. kommende Bezeichnung (erst im 3. Jh. n. Chr. belegt) für einen goldenen oder purpurnen Streifen, der in das Gewand eingewebt war, dann übertragen für ein solches Gewand selber. Es wurde von Kaisern als Auszeichnung verliehen (H. A. Prob. 4. Aur. 15) und daher in späterer Z. für Privatpersonen verboten (Cod. Theod. 10,21, 1 und 2). S. O.

Schuppe, RE XVIII, 2.H., 1167. *Dar. Sagl.* 4,1,322.

Paragraphe (παραγραφή). I. Klassische Zeit. Ein t.t. für die prozeßhindernde Einrede: μὴ εἰσαγώγιμον εἶναι τὴν δίκην, die der Beklagte in einem Schriftsatz geltend machte, dessen Inhalt der Klageschrift beigeschrieben wurde (daher der Name: [3], 7. [5], 214 f.). Ihren Ursprung verdankte die P. wohl kaum einer Rezeption von auswärts, vielmehr dem 403/02 v. Chr. auf Antrag des → Archinos verabschiedeten Amnestiegesetz (Isokr. 18,2 f. [3], 87 ff.). Später kamen noch andere P.-Gründe hinzu, die durch Sondergesetze geregelt wurden. Die Vorstufe der P. war nicht die ältere → διαμαρτυρία (so [3]), sondern die → ἀντιγραφή ([5], 207 f.). Durch die P. wurden die Parteirollen umgekehrt: Der Beklagte ergriff als erster das Wort. Ob das P.-Verfahren als selbständiges Verfahren vom Hauptprozeß abgesondert ([3], 17 ff. [5], 209) oder in diesen eingebaut wurde ([1]. [4]), ist streitig. Auf dieser Vorstufe zur Entwicklung einer → Exceptio blieb das griech. Recht stehen. II. Hellenist. Zeit. 1. Buchung eines Geldpostens ([2], 1179 ff.). 2. Einrede = → Praescriptio (Kunkel, Festschr. Lewald, 1953, 87 ff. [5], 224 ff.). E. B.

1. *U. E. Paoli* Studi sul processo att., 1933, 99 ff. 144 ff. 2. *W. Hellebrand*, RE XVIII, 2.H., 1169 ff. 3. *H. J. Wolff* Die att. P., 1966. 4. *J. M. Kelly*, ZRG 87, 1967, 400 ff. 5. *E. Schönbauer*, AAWW 10, 1964, 203 ff.

Paraibios (Παραίβιος). Durch den Frevel seines Vaters, der eine Eiche trotz des Flehens der in ihr lebenden → Hamadryade gefällt hat, ist er in Not geraten. Der thrak. König → Phineus rät ihm, einen Altar zu bauen und die Nymphe zu versöhnen. Von seinem Elend befreit, wird er der ergebenste Freund des Königs. Apoll. Rhod. 2, 453 ff. 463 ff. mit Sch. H. v. G.

Paraitakene (Παραιτακηνή, ihre Bewohner erstmals bei Hdt. 1,101 bezeugt als Παρητακηνοί. Vgl. Arr. an. 3,19,2: Παραιτάκαι), ant. Gebirgslandschaft im Gebiet des w. Iran, die sich, im N. und O. von → Media, der → Areia und → Karmania, im SW. von der → Susiana umschlossen, mit ihrer gewaltigen Längenausdehnung (ca. 550 km) in s.ö. Richtung erstreckte. E. O.

H. Treidler, RE Suppl. X 478–482 Nr. 1.

Paraitonion (Παραιτόνιον), nach Strab. 17, 799, auch Ἀμμωνία genannt, h. Marsa Matruch, 300 km w. Alexandreia. Hier lag eine Festung Ramses' II. gegen die Libyer. Von hier ging auch im Alt. der Wüstenweg nach Siwa ab. P. war Hauptstadt der Provinz Libya inferior (: Marmarica). W. H.

Parakatabole (παρακαταβολή). Eine Geldsumme, die bei Erhebung bestimmter Klagen vom Kläger bei Gericht hinterlegt werden mußte und im Falle des Prozeßverlustes stets (a. A. [1]) der Staatskasse verfiel (Demosth. 49,46. [2]). Daneben wurden auch die Prozesse, für welche eine π. vorgeschrieben war, sowie auch andere zu Beginn eines Verfahrens zu entrichtende Gelder ([3]) so bezeichnet. E. B.

1. *J. H. Lipsius* Das att. Recht und Rechtsverf., 1905–1915, 933. 2. *U. E. Paoli* Studi sul processo attico, 1933, 158 ff. 3. *Steinwenter*, ZRG 70, 1933, 14 ff.

Parakatatheke (παρακαταθήκη). 1. Ausdruck. P. ist aus dem Verbum παρακατατίθεσθαι, das aus der Sicht des Hinterlegers ausschließlich dessen Handlung unter Betonung des Treuhandgedankens (Medium!) zum Gegenstand hat, abgeleitet ([2]). Neben P. begegnet auch, seltener in klass., häufiger in hellenist. ([6]) und röm. Z. ([3]. [7], 66) in gleicher Bedeutung das Wort παραθήκη ([10]). 2. Wesen. Der gemeingr., jurist. unscharfe, praktisch aber bewährte ([9], 533) Begriff bezeichnete allg. das Anvertrauen von Geld ([4], 58 ff.) oder anderen Sachen oder von Personen ([4], 51 ff.) zur Obhut. Bei Rechtsgeschäften dieser Art stand die ethisch-religiöse Sanktion gegenüber der gerichtlichen (δίκη π. [1], 1189 ff.) im Vordergrund ([4], 46). Sie fanden stets ihre Veranlassung in dem Sicherheitsbedürfnis des Hinterlegers ([7], 55) und waren wohl erst in ptolem. Z. in einem Gesetz geregelt ([7], 61). Durch die P. wurde eine realvertragsähnliche Haftung des Verwahrers auf Rückgabe ([5]. [9]) begründet. Auf Grund des entgegengebrachten Vertrauens schuldete der Verwahrer im allg. unentgeltlich ([1], 1192) bei unvertretbaren Sachen sorgfältige Obhut (über Versiegelung siehe ZRG 85, 1968, 434), bei vertretbaren Sachen Bereithaltung und Rückgabe einer gleichartigen und gleichwertigen Menge, bei Personen Obhut ([7], 56). Bei Verstoß gegen die Obhutspflicht traf den Verwahrer die Ersatzpflicht. Vertragsstrafen und Vereinbarungen über Verzugszinsen bei nicht rechtzeitiger Rückgabe konnten zusätzlich vereinbart werden. Im Falle der Ableugnung hatte der Verwahrer dem Hinterleger das Doppelte des Wertes zu ersetzen ([2], 70). Der Hinterleger konnte jederzeit Rückgabe des Verwahrgutes fordern und mußte dieses in der Regel beim Verwahrer abholen. 3. Abgrenzung. Die P. unterscheidet sich vom δάνειον durch den Zweck, der bei diesem in erster Linie auf Gewinnerzielung gerichtet ist. Der Ausdruck χρῆσις konnte als farbloser Allgemeinbegriff auch für die P. verwendet werden ([7],

57). 4. Eigentumsverhältnisse. Der Empfänger wurde κύριος der hingegebenen vertretbaren Sachen, d.h. er erhielt die Verfügungs- und Nutzungsbefugnis, während das dingliche Zugriffsrecht, κράτησις, als Bekundung seines besseren Rechtes dem Hinterleger als dem urspr. Sachinhaber verblieb ([7], 48ff.). 5. Arten. Die verschiedensten Rechtsgeschäfte konnten als P. erscheinen, wenn nur das Merkmal des treuhänderischen Anvertrauens gegeben war, wie z.B. beim eigentlichen Verwahrungsvertrag, bei dem der Verwahrer Raum und Obhut für die hinterlegte Sache zu gewähren hatte, und beim Hinterlegungsdarlehen ([6]), die beide im Bankwesen eine bedeutsame Rolle spielten ([8]), beim Sequestervertrag, → Mesengyema, beim Trödelvertrag ([1], 1194. [7], 57), beim Werkvertrag ([4], 58f.), bei Verpfändungen, testamentar. Freilassungen, Fideikommissen ([7], 65), öffentlichen Verwahrungsverhältnissen u.a. Über die P. als Umgehungsgeschäft vgl. [7], 58ff. E. B.

1. *W. Hellebrand*, RE XVIII, 2. H., 1186ff. 2. *E. Kießling*, Mitt. aus der Pap.-Slg. der öst. Nationalbibl. 5. Folge, 1956, 69ff. 3. *P. Frezza*, Symbolae R. Taubenschlag 1, 1956, 139ff. 4. *A. Ehrhardt*, ZRG 75, 1958, 32ff. 5. *Ders.*, ZRG 76, 1959, 480ff. 6. *K. Geiger* Das Depositum irregulare als Kreditgeschäft, Diss. iur. Freiburg 1962, 12–24. 7. *D. Simon*, ZRG 82, 1965, 39ff. 8. *R. Bogaert* Banques et banquiers dans les cités grecques, 1968, passim. 9. *H. J. Wolff, E. Berneker* Zur griech. R.-Gesch., 1968, 508f. 10. *K. Kastner* Die zivilr. Verwahr. des gräko-äg. Oblig.-R., Diss. iur. Erlangen 1962.

Parakletos (παράκλητος). Eine zum Zwecke der Fürbitte vom Angeklagten im att. Prozeß zu Hilfe gerufene Person. Am Schluß der Verteidigungsrede wandte sich der Angeklagte mit Bitten an die Richter, um ihr Mitleid zu erregen. Diese Bitten wurden durch die bloße Anwesenheit von Freunden, Verwandten oder einflußreichen Männern, die der Angeklagte herbeigerufen hatte, unterstützt (Aristoph. Vesp. 568ff. 976f.). Für den Staatsschuldner durfte allerdings keine Fürbitte eingelegt werden (Demosth. 24,50). Die π. sind somit von den Beiständen, → συνήγορος, → σύνδικος, die zur Anklage das Wort ergreifen durften, zu unterscheiden. E. B.

J. H. Lipsius Das att. Recht und Rechtsverf., 1905–1915, 907. 919.

Paralia (Παραλία, Πάραλος, die Bewohner Πάραλοι, Παράλιοι), in der kleisthen. Phylenordnung Athens diejenige Trittys der 10 Phylen, die die an der Küste gelegenen oder küstennahen Demen umfaßte im Gegensatz zu der Stadttrittys von Athen und Umgebung und der Mesogeia (Inland), sonst auch für das Gebiet ö. des → Hymettos im Gegensatz zur »Ebene« um Athen und dem n.ö. Bergland gebraucht. In der Überlieferung galt die P. als einer der alten drei (vier) Teile Attikas, und der Name ist sicher alt. Die Bewohner galten als gemäßigt demokratisch. Πάραλοι war auch der Name der Besatzung des Staatsschiffs → Paralos. Aristot. Ath. pol. 13,4. 21,4. Hdt. 1,59. Aristoph. Lysistr. 58 m. Sch. Thuk. 2, 55,1. 56,1. 8,73,5f. 86,9. Plut. Sol. 13,1. 29,1; mor. 805 DE. Diog. L. 1,2,9,58. Poll. 8,109. 116. Steph. Byz. s. v. u. s. Ἀκτή. Eustath. Dion. per. 423. Hesych. Suda s. Πάραλοι. E. M.

1. *Lenschau*, RE XVIII, 2. H., 1205f. Nr. 1. 2. 2. *H. Hommel*, RE III A 365, 40ff. 367f.

Paralos (Πάραλος). **1.** Zweiter Sohn des Perikles aus erster Ehe (Plat. Prot. 315 a; Men. 94 b. Plut. Per. 24,8), * wohl in den 50er Jahren, † 430/29 an der Pest (Plut. Per. 36,8f.; mor. 118 EF). **2.** P. und Salaminia hießen in Athen zwei schnelle Staatsschiffe, die für Festgesandtschaften und staatliche Botschaften dienten und sich daher auch bei der Kampfflotte befinden konnten (Plut. mor. 811 CD. Suda. Etym. m. p. 699. Sch. Aristoph. Av. 147). G. Do.

Paramese s. Musik

Paramone (παραμονή). Der t. t., dessen Grundbedeutung »Dabeibleiben« ist, wurde gemeingriech. für zwei Gruppen von Rechtsgeschäften verwendet. 1. Für einen unter Gleichstehenden eingegangenen, nicht konsensualen Arbeitsvertrag über Dienste jeder Art ([4] abweichend von [1] und [2]). 2. Für die Fälle des »Bleibens« auf Grund eines Abhängigkeitsverhältnisses, nämlich a) die prozessuale ([6]) und liturgische ([3]) Gestellungsbürgschaft, b) die Freilassungs-P. ([1], 24ff.) und c) die P. der Ehefrau in Familie und Haus des Ehemannes ([5]). E. B.

1. *P. Koschaker* Über einige griech. Rechtsurkunden aus den ö. Randgebieten des Hellenismus, 1931. 2. *E. Schönbauer*, ZRG 52, 1932, 340f. 3. *R. Taubenschlag* The Law of Greco-Roman Egypt, 1955, 601f. 4. *B. Adams* Paramoné und verwandte Texte, 1964. 5. *A. Babakos* Das Familienrecht auf der Insel Kalymnos, 1963. 117. 6. *J. Herrmann*, Rev. Intern. des Droits de l'Antiquité 10, 1963, 151f.

Paranatellonta (παρανατέλλοντα ἄστρα, παρανατέλλοντες ἀστέρες), lat. meist umschrieben mit *oriri, surgere, ascendere* = daneben aufgehende Sternbilder oder Sterne. συνανατέλλειν, das mehr das Zeitliche betont, wird mehr von den Astronomen, π., das das Räumliche hervorhebt, von den Astrologen gebraucht. Sie verwenden π. **1.** für den Aufgang der n. und s. Sternbilder und besonderer Einzelsterne in Beziehung zu den Tierkreisbildern. Da deren Größenverschiedenheit die Berechnung erschwerte, wurden – spätestens z.Z. des Hipparchos um 150 v. Chr. – die Bilder in je 30 Grad umfassende Zeichen eingeteilt, diese oft noch in je 3 Dekane zu 10 Grad unterteilt. So bezeichnet man auch Sterne und Bilder des 20 Grad breiten Tierkreisgürtels als P. zur Ekliptiklinie. **2.** Mit π. wird nicht nur der Aufgang, sondern auch das konstante Verhältnis eines Gestirns zur Ekliptik, die Länge, bezeichnet. **3.** P. werden auch Sterne und

Sternbilder genannt, die in der Kulmination, dem *μεσουράνημα* oder dem *ἀντιμεσουράνημα*, stehen. **4.** Auch Personifikationen von einzelnen Bezirken und Ekliptikgraden, von Neunteln und Zwölfteln der Tierkreiszeichen und **5.** »bei dem Mond und der Sonne stehende astronomisch fixierbare Phänomene und Gottheiten« führt W. GUNDEL als P. an. E. Bo.

F. Boll, Sphaera, 75ff. 151f. 381f. *W. Gundel*, RE XVIII, 2. H., 1214ff.

Paranomon graphe (*παρανόμων γραφή*). Seit Ephialtes ([1]) konnte – von vorübergehenden Unterbrechungen abgesehen ([4]) – in Athen ein Gesetz (Volks- oder Ratsbeschluß) oder eine Gesetzes- oder Beschlußvorlage in einem gerichtlichen Verfahren auf Verletzung verfassungsrechtlicher Formvorschriften und auf sachliche Verstöße (a. A. [2]) überprüft werden. Die bloße Unzweckmäßigkeit wurde dagegen in einem bes. Verfahren *νόμον μὴ ἐπιτήδειον θεῖναι* ([1]) geltend gemacht. Andere Möglichkeiten der Überprüfung von Rechtsnormen waren die *ἐπιχειροτονία τῶν νόμων* und die *ἐπανόρθωσις* ([3]). Die *π. γ.* wurde binnen eines Jahres nach Einbringung des Antrags gegen den Antragsteller bei den → Thesmothetai eingereicht. Die vom Heliastengericht verhängte Strafe unterlag der richterlichen Schätzung. Über Nebenstrafe und Sukkumbenzbuße siehe [1], 396. [3], 951. Die als Bollwerk der Demokratie gedachte Einrichtung, von der häufig Gebrauch gemacht wurde, war ihr jedoch mehr schädlich als nützlich ([5]). E. B.

1. *J. H. Lipsius* Das att. Recht und Rechtsverf., 1905–1915, 383ff. 2. *E. Weiß* Griech. Privatrecht, 1923, 105ff. 3. *Busolt* GStk., 1006. 1013ff. 1080. 4. *Bonner-Smith* The Administration of Justice from Homer to Aristotle, 1, 1930, 264ff. 2. 1938, 165. 296f. 5. *P. Cloché*, REA 38, 1936, 401ff.

Parapegma. Ein P. (Kalender mit Wetterangaben) wurde nach → Geminos (p. 182,6ff. M.) rein empirisch aufgestellt. Jeden Tag wurden Sonnenstellung und Fixsternphasen (deren Auftreten am u. Verschwinden vom Nachthimmel) zusammen mit den Wetterveränderungen registriert. Tut man das mehrere Jahre, findet man die für bestimmte Zodiakalstellungen der Sonne typischen Wetterbedingungen. Diese wurden in P. auf Stein oder in Buchrollen eingetragen. Die leicht beobachtbaren Sternphasen dienten als Schlagworte, gesucht war die Witterung (*ἐπισημασία*). Vgl. Hes. erga 385. Einen Kausalnexus zw. Wetter und Sternphasen weist Geminos ausdrücklich zurück.

Das Wort P. gilt streng genommen nur bei steinernen P., auf denen für jeden Tag ein Loch vorgesehen war, in das vermutlich ein Täfelchen mit Monatsnamen und Nr. des Tages des bürgerlichen Kalenders beigesteckt (*παραπήγνυμι*) wurde. Da der bürgerliche Kalender mit Mondumläufen rechnete und seit → Kallippos nur alle

19 Jahre Sonnen- und Mondjahresanfang zusammenfielen, war die Vorrichtung unentbehrlich, wollte man wissen, in welche Jahreszeit ein gegebenes bürgerliches Datum fiel.

Im weiteren Sinne versteht man unter P. auch das Zifferblatt astronomischer Uhren, auf dem der Sonnenstand durch einen eingesteckten Pflock markiert wurde. J. M.

Diels – Rehm Parapegmenfragmente aus Milet, S.B. Berlin 1904, 1,92. *A. Rehm* N. Beitr. z. Kenntnis d. ant. Wasseruhren, SBAW 1920, 17. *Ders.*, RE XVIII (2. H.), 1295.

Parapherna (*παράφερνα*), »neben der Mitgift, → Pherne, gegebenes Gut«. I. Griechenland. Dieses Vorbehaltsgut der Frau kannte – allerdings nur der Sache, nicht dem Namen nach – bereits das att. Recht neben der → Proix ([2], 340. [3], 212). II. Äg. Die P. tauchen erst zu Beginn des 1. Jh. n. Chr. in griech. Urkunden in Äg. auf. Sie sind aus dem einheimischen äg. Recht übernommen worden, wo »Frauensachen« zu einer selbständigen Gruppe zusammengefaßt und von der eigentlichen Mitgift getrennt waren. Diese Rezeption des einheimischen Rechtsbegriffs wurde durch die griech. Notariate begünstigt, die den Ägyptern die angestammten Rechtseinrichtungen – wenn auch in griech. Ausgestaltung – zu erhalten suchten. Die mit den P. für die Frau verbundenen Vorteile nutzten dann aber auch solche Familien für sich aus, die in rein griech. Tradition lebten. Die »Frauensachen« sollten nicht zum ehelichen Haushalt beitragen, sondern nur den persönlichen Bedürfnissen der Frau in der Ehe dienen. Typische Stücke der P. waren demnach Frauenkleider, Schmuckstücke, Kosmetikartikel, Hausrat und Aphroditenstatuetten. Die Gegenstände der P. wurden in Eheverträgen in Listen ohne Wertangaben – diese waren bloß bei Objekten aus Edelmetall wegen der Beweissicherung erforderlich – aufgeführt. Die P. konnten nur im Zusammenhang mit einer Pherne in einem ähnlichen Akt bestellt werden. Die Einbringung der persönlichen Ausstattung durch die Frau in das eheliche Haus wurde von dem Ehemann im Ehevertrag bestätigt. An dem Paraphernalgut der Frau hatte er keine eigentumsähnlichen Rechte. Beim Ausscheiden der Frau aus dem ehelichen Haushalt mußte er ihr daher in Ermangelung einer anderweitigen vertraglichen Regelung die sofortige Mitnahme ihrer persönlichen Habe ermöglichen, eine Verpflichtung, für die er, anders als bei der Pherne, nur beschränkt haftete und die von bürgerschaftlichen oder dinglichen Sicherungen für die Rückgabe der Pherne nicht mit erfaßt wurde. Da der Mann sich hinsichtlich der P. nicht durch eine *πρᾶξις*-Klausel der Vollstreckung unterwarf, war die Frau auf die allg. Eigentumsschutzmittel angewiesen, wenn ihr der Ehemann Gegenstände ihres Vorbehaltsguts vorenthielt. Seit der 2. Hälfte 3. Jh. n. Chr. gibt es keine P.-Urkunden mehr in Äg. ([3], 211ff.). III. Rom. Dagegen trat dieses

Institut im 6. Jh. n. Chr. in Nessana in Südpalästina wieder auf und wurde von dort in die röm. Rechtsquellen übernommen ([3], 211,5). Hier wurde der t. t. P. in einem weiteren Sinne zur Bezeichnung der *res extra dotem* in ihrer Gesamtheit verwendet, aber auch in einem engeren Sinne als Ausdruck für bestimmte, einer Einwirkung des Mannes unterstellte Frauensachen *extra dotem*, zu denen, im Gegensatz zu I. und II., auch Grundstücke gehören konnten, gebraucht. Wie im gräko-äg. Recht wurde über die P. ein Inventar errichtet, das der Ehemann durch Unterschrift anerkannte ([1], 52 ff.). E. B.

1. *E. Gerner* Beiträge zum Recht der Parapherna, 1954. 2. *H. J. Wolff*, ZRG 72, 1955, 335 ff. 3. *G. Häge* Ehegüterrechtliche Verhältnisse in den griech. Pap. Äg., 1968.

Parapotamioi (*Παραποτάμιοι*), Stadt im mittleren Phokis am Kephisos an der Enge zwischen Parnaß und Hadyliongebirge, die das oberste vom mittleren Kephisosbecken trennt. Schlecht erhaltener Mauerring auf einem nur 40 m hohen Hügel am O.-Ufer des Kephisos. Erwähnt schon bei Hom. Il. 2,522. Knabensieger im Faustkampf an den ersten Pythien, Paus. 10, 33,8. 480 v. Chr. zerstört. Hdt. 8,33. 395 v. Chr. Verwüstung des Gebiets durch die Boioter, Hell. Oxyrh. 18 (13), 5. 346 v. Chr. zerstört, Paus. 10,3,1. 86 v. Chr. die Akropolis der nicht mehr existierenden Stadt durch Sullas Truppen besetzt, Plut. Sulla 16,7, zu Pausanias' Z. vergessen, Strab. 9,2, 19 p. 407. 2,42 p. 416. 3,16 p. 424 Paus. 10,33,7 f. SEG III 408,6. E. M.

1. *Schober* Phokis 38. 2. *Kirsten*, RE XVIII, 2. H., 1369 ff. mit Plan.

Parapresbeias graphe (*παραπρεσβείας γραφή*). Eine Schriftklage, → *γραφή*, mit der in Athen verschiedene von Gesandten begangene Pflichtwidrigkeiten, die das Gemeinwohl verletzten, verfolgt wurden. Über die in der Mehrzahl der Fälle bei dem → Euthynos eingeleitete Klage entschied der Geschworenengerichtshof, → Heliaia, unter dem Vorsitz der → Thesmothetai. Die schwersten Verstöße waren mit der Todesstrafe bedroht, die übrigen unterlagen der richterlichen Schätzung. Berühmt ist die *π. γ.* des → Demosthenes (or. 19) gegen → Aischines (or. 2). E. B.

J. H. Lipsius Das att. Recht und Rechtsverf., 1905–1915, 104. 398. 405 f.

Parasanges (*παρασάγγης*), der Stundenweg, pers. → Längenmaß zu 30 → Stadien (Hdt. 2,6,3. Xen. an. 5,5,4) oder 40 oder 60 Stadien (Strab. 11, 518). Das führt auf etwa 5–6 km. Nach P. war z. B. die pers. Königsstraße vermessen. H. Ch.

F. Hultsch Metrolog.[2] 476 ff. *W. Becher*, RE XVIII 2. H., 1375.

Parasitos. Der »Tischgenosse« = Schmarotzer als literar., bes. dramat. Typus fand sich zuerst bei Epicharmos Kein Zufall: bei den *Siculae dapes* werden solche Leute auch in Wirklichkeit eine große Rolle gespielt haben. Unter den Masken der att. Komödie gab es eine besondere des *Σικελικὸς παράσιτος* (Poll. 4,146. 148). Nach Sch. Hom. Il. 17,577. Poll. 6,35 gebrauchte Epicharm auch das Wort P.; Phryn. p. 214 Rutherford, Poll. 6,34. 123 beziehen sich offenbar nur aufs Attische. Der Ur-P. in Epicharms *Ἐλπὶς ἢ Πλοῦτος* war keine Karikatur, sondern ein ganzer Kerl (»Er trinkt das Leben wie einen Becher ohne Absetzen« frg. 34, vgl. seine Selbstdarstellung frg. 35). Nah verwandt, aber minder sympathisch ist der *Κόλαξ* (seine Selbstcharakteristik Eupolis frg. 159). Um Speise und Trank leistet der P. seinem Brotgeber Gesellschaft und kleine Dienste und läßt sich viel gefallen, der Kolax ist gefährlicher und will mehr. In der Mittleren Komödie bildet sich der Bühnentypus des P. heraus, Alexis (aus Sizilien!) soll ihn eingeführt haben (Ath. 235e). Eine Fülle charakterist. Zitate aus der Mittleren und Neuen Komödie, auch über bekannte P. des wirklichen Lebens und Anekdoten von diesen bietet Ath. 236b ff. Mehrere Stücke haben den P. zur Titelfigur, Diphilos soll im *Τελεσίας* den Charakter bes. gut gezeichnet haben. Ein typisches Paar bildete der P. als Schmeichler mit dem Prahlhans, so in Plaut. Mil. nach dem *Ἀλαζών* eines unbekannten Vf., feiner in Men. Kolax, von Terenz in den Eun. verpflanzt. In Men. Dysk. ist Chaireas, im Personenverzeichnis P. genannt, selbst ein lügengestrafter Prahler. Auch Men. Sikyonios hat eine P.-Rolle. In Plaut. Curc. und Ter. Phorm. ist der P. Titelheld, er begegnet weiter in Asin. Bacch. Capt. Men. Persa, Stich. Man kann 3 Funktionen des Typus unterscheiden: er ist komplementärer Charakter zum Prahler, Träger oder Werkzeug der Intrige, endlich komische Person in sonst zu ernsten Stücken wie Capt. – Auch die attizist. Sophistik und Rhetorik behandelt das Thema: Lukian im Stil des platon. Dialogs, Alkiphr. in seinen barocken P.-Briefen, Liban. decl. 28. 29. – In originalröm. Lit. nennen Ter. Eun. Prol. 38 und Hor. ep. 2,1,173 den P. als Bühnentyp; er kam auch in der Togata (Titin. CRF 45. 47. 99), der Atellane (Pomp. ebd. 80) und als stehende Figur in den Mimen vor (Fest. 438,24 L.), in der Satire Enn. (?) 14–19 V., Lucil. 717. Verwandt ist der *scurra* Hor. sat. 1,5,51 ff., 8,11, epist. 1,17,19. 18, 1 ff. Horaz' eigenes Verhältnis zu Maecenas nannte Octavian, als er ihn als Sekretär gewinnen wollte, scherzend eine *parasitica mensa* (Suet. vit. Hor.). Einschlägiges aus Martial: Hug 1402. W. K.

E. Wüst und *A. Hug*, RE XVIII, 2. H., 1381 ff. *T. B. L. Webster* Greek Theatre Production, 1956, 82. *M. Bieber* Hist. of Gr. and Rom. Theatre fig. 371–377.

Paratilmos (*παρατιλμός*). Durch die Rechtsordnung eingeschränktes Selbsthilferecht des durch → Moicheia Beleidigten an dem männlichen Mitschuldigen, falls eine Abfindungsvereinbarung nicht zustande kam. Die Maßnahme, nämlich Depilation um den After, u. U. gefolgt von einer Einreibung mit warmer Asche und →

ῥαφανίδωσις (Aristoph. Nub. 1083), war nur an dem auf frischer Tat Ertappten statthaft. Unzulässige Ausübung des P. wurde auf Grund einer Schriftklage an die → Thesmothetai bestraft. E. B.

K. Latte, H 66, 1931, 131ff.

Parauaioi (*Παραυαῖοι*), epeirot. Stamm im obersten Aoostal, zur Zeit des pelop. Krieges noch unter Königen, Thuk. 2,80,6. Wohnsitze durch Thuk. a. O., und Arr. an. 1,7,5 bestimmt. Wohl durch Philipp II. zu Makedonien gezogen und 294 v. Chr. durch Kassanders Sohn Alexander an Pyrrhos abgetreten, Plut. Pyrrh. 6,2. Steph. Byz. s. v. u. s. *Χαονία*. Mz.: [6]. E. M.

1. *H. Treidler* Epirus im Alt., Diss. Lpz. 1917, 38ff. 76ff. 2. *Joh. Schmidt*, RE XVIII 2. H., 1412ff. 3. *N. G. L. Hammond*, ABSA 32, 1931/32, 146 A. 1. 4. *Ders.* Epirus 578. 680. 614 Kte. 15. 675 Kte. 16. 5. *Philipps.-Kirst.* 2,70. 75f. 216f. 6. *P. R. Franke* Die ant. Münzen von Epirus 252f.

Paraveredus s. Pferd, Postwesen

Parazonium (*παραζώνιον*). Ein kurzer Ehrendegen, in der Größe zwischen → pugio und → gladius, den Militärtribunen (Martial. 14,32) und höhere Offiziere am → cingulum, wohl an der l. Seite trugen. Die spärliche Überlieferung deutet darauf, daß ein P. schon bei den Griechen und Makedonen, über die der Degen zu den Römern kam, keine alltägliche Waffe war (Athen. 4, 78 = FGrH 3,253. Pap. Giss. 47,14 in: Griech. Pap. im Museum des Oberhess. Geschichtsvereins zu Gießen. Ed. E. Kornemann – P. M. Meyer Bd. 1). S. O.

Cambertz, RE XVIII 2. H., 1416. *Dar. Sagl.* 4,1,333. *P. Couissin* Les armes Rom. 1926.

Parcae. Etym. zu *parere*, also *Parica* < P., urspr. Geburtsgöttin. Die Umdeutung zu Schicksalsgöttinnen hat unter dem Einfluß der → *Μοῖραι* stattgefunden; der Assoziationspunkt war offenbar die Geburtssituation, in der dem Menschen seine »Portion« an Leben und Lebensgütern (vgl. das Märchenmotiv, O. Schrader N. Jb. f. klass. Alt. 43, 1919, 75ff., aber auch J. Th. Kakridis, Acta soc. hum. litt. Lund 45, 1949, 11ff.) mitgegeben wird. Nicht aber darf man P. als Übersetzung von *Μοῖραι* auffassen, wie P. C. van der Horst, Mnem. 11, 1943, 217 meint (dageg. Latte RRel. 53,1, der drei *cippi* aus Lanuvium als Gegeninstanz anführt). P. und Fatae werden synonym gebraucht. Beide sind als drei Göttinnen schützende Mächte der Geburt und darum Inbegriff des Schicksals. Laut Varro b. Gell. 3,16,10 heißen die P. *Nona*, *Decuma* und *Morta* (dort auch die Beziehung zur Geburt hervorgehoben). *Morta* scheint urspr. mit der Totgeburt etwas zu tun gehabt zu haben (Latte RRel. 53). W. P.

Paredroi (*πάρεδροι*) wurden im griech. Justizwesen Beisitzer in Behörden genannt ([1]). I. Athen. 1. Die Ämter. P. sind bezeugt bei den obersten drei der → neun Archontes, nämlich beim Archon, beim Basileus und beim Polemarchos (Aristot. Ath. pol. 56,1), bei denen insoweit nachträglich das Einmannsystem preisgegeben wurde, sodann beim → Strategos, bei den → Euthynoi und bei den → Hellenotamiai. 2. Zahl. Regelmäßig zwei, je einer dagegen bei den zehn Euthynoi und den zehn Hellenotamiai. Sie bildeten zusammen mit der Behörde ein Synedrion. 3. Bestellung. Der Beamte wählte selbst die P. aus dem Kreis seiner Verwandten, Freunde oder bes. sachkundiger Personen für sein Amtsjahr aus. Die Voraussetzungen zum Amt wurden in der → Dokimasia festgestellt. 4. Aufgaben. Rechtliche Beratung und Unterstützung (z. T. auch als Vertreter der Behörde [2]). II. Dor. Poleis. Die → Ephoroi wurden als Beisitzer des Königs bezeichnet. Auch der dem König beigegebene Weissager erschien als P. III. Äg. Obwohl auch hier bei den Behörden Beisitzer belegt sind (RE XVIII, 2. H., 1422f.) findet sich der t. t. nur in zwei Pap., nämlich in Sb. 5,8399 (1. Jh. v. Chr.) und in POxy 10, 1286 (3. Jh. v. Chr.). IV. Rom. Übers. von → *adsessor* (Nov. Iust. 60,2. 82,1. 2; sonstige Belege siehe RE I 423. Dazu Cass. Dio 55,27,6. 57,14,4). Die Übers. für *legati* (Cass. Dio 53,14,5 und 7) entsprach nicht dem allg. Sprachgebrauch. E. B.

1. *Busolt* GStk. 793. 1059f. 2. *A.-E. Röhrmann* Stellvertretung im altgriech. Recht, Diss. iur. Würzburg 1968, 29ff.

Paredros (*πάρεδρος*). Dämon, der Götter begleitet und vertritt (*παρεδρεύειν*, *adsistere*), wie auch dem Menschen beisteht. A) Götter haben Begleiter niederer Ordnungen im Gefolge (Dämonen, Engel vgl. PGM I 172; VII 884; zentrale theolog. Aussage bei Prokl. in Tim. 3,262,14f.). Seth-Typhon besitzt solche Paredroi (PGM IV 1348); in der Unterwelt vertreten die Stiere Apis u. Mnevis den Osiris als seine P. (Diod. 1,49,3); Selene wird von 12 P., den Vertretern der 12 Nachtstunden begleitet (PGM VII 899f.); sie vermitteln die Hilfe der Selene beim Liebeszauber (PGM VII 862f.). B) Dem Menschen ist ein solcher P. als Schutzgeist beigegeben; das Daimonion des Sokrates (Plat. apol. 31 D); allg. Plat. rep. 620 D. Epikt. 1,14. Der dämon. P. Plotins befähigte ihn zu genauer Menschenkenntnis und gab ihm mant. Fähigkeiten (Porph. vit. Plot. 10,14f. Prokl. in remp. 2,100); das Problem handelt Plot. ab in III 4 [15]; vgl. auch Iambl. myst. 9,9. Der P. des röm. Staates erscheint Iulian (Amm. 20,5. 25,2). C) Die Wirkung des P. besteht darin, Zukunftswissen, Wunderkraft, Unsterblichkeit zu verschaffen. Die allg. von der Philos. beeinflußte Vorstellung ist, daß der P. den Menschen nur zum Guten leitet; volkstümlich ist die Meinung des Serv. Aen. 6, 743, wonach ein guter und ein schlechter Dämon uns als P. seit Geburt zur Seite stehen. Die rel. Praxis geht darauf aus, den eigenen wie andere P. zum Helfer zu gewinnen (PGM I 42–195; [1], 2, 128. 135). Als Glücksbringer werden sie im Haus aufgestellt (PGM IV 2360f.) oder als Amulett am Halse getragen (Plut. Sulla 29); man formt den P. aus Lehm zur Beseelung (so noch frühchr., vgl.

[2], 81) oder ritzt ihn in Steine. Die P.-Puppen sind jedoch keine Sympathiepuppen, sondern lediglich Amulette. C. Z.

1. *Th. Hopfner* OZ 2, 134f. 367. 2. *A. Abt* Die Apologie d. Apuleius von Madaura: RVV IV 2.

Parens. Vater; i.w.S. jeder männliche oder weibliche Aszendent (Gai. Dig. 50,16,51). Der plur. *parentes* bezeichnet die Eltern im biolog. Sinne, also auch Sklaveneltern.

1. *p. manumissor* ist der Vater (oder entferntere Aszendent), der seinen Sohn (oder Enkel) durch → *emancipatio* aus der → *patria potestas* entlassen hat. Nach vorklass. und klass. röm. Recht hatte der *p. manumissor* wie ein → *patronus* ein gesetzliches Erbrecht nach dem Emanzipierten (Ulp. Coll. 16,9,2). In der praetor. Erbklasse *unde legitimi* konnte er daher die *bonorum possessio* beantragen. Kraft Blutsverwandtschaft (→ *cognatio*) hatte er in der praetor. Erbklasse *unde cognati* ein weiteres Antragsrecht. Durch testamentar. Enterbung konnte der Emanzipierte zwar verhindern, daß der *p. manumissor* ziviler Erbe wurde, aber nicht, daß der *p. manumissor* durch Antrag auf *bonorum possessio contra tabulas* die Hälfte der Erbschaft erhielt (Gai. Inst. 3,41). Gegen Verfügungen des Emanzipierten unter Lebenden konnte der *p. manumissor* im Gegensatz zum Patron des freigelassenen Sklaven nichts unternehmen (Gai. Dig. 37,12,2). War die aus der *patria potestas* entlassene Person unmündig oder eine Frau, so stand dem *p. manumissor* die Vormundschaft zu (Gai. Inst. 1,166. 175). In nachklass. Z., als mit dem Umfang der *patria potestas* auch die Bedeutung der *emancipatio* zurückging, wurde die Berufung männlicher Aszendenten zu Erbschaft u. Vormundschaft ausschließlich unter dem Gesichtspunkt der Verwandtschaft geregelt.

H.Kreller, RE XVIII 2.H. 1456ff.

2. Die Bezeichnung eines bes. verehrten Menschen im privaten (Cic. fam. 13,29,3) und öffentlichen (Cic. de or. 3,1,3; dom. 35,94) Leben als *p.* beruhte dort auf einer eigentümlich röm. Sitte, wo sie einem Retter (aus dem Schuldgefängnis: Liv. 6,14,5–8; aus Kriegsgefahr: Liv. 22,30,2–4. Val. Max. 5,2,4) zukam. Den Retter als Urheber seiner (Fort-) Existenz konnte der Gerettete in einem genaueren Wortsinne *p.* nennen als eine andere verehrte Person. Wer einen röm. Bürger im Kriege aus Lebensgefahr rettete, wurde mit der → *corona civica* aus Eichenlaub bekränzt. Der Gerettete war verpflichtet, seinen Retter wie einen Vater zu ehren (Pol. 6,39,7. Cic. Planc. 30,72). Die kollektive Ehrung des Feldherrn durch das ganze Heer mit der *corona civica* ist seit dem Latinerkrieg bezeugt (Plin. nat. 16,5,11). Diese Verehrung des väterlichen Retters floß mit der hellenist. Vorstellung vom gottmenschlichen σωτήϱ im Kult des Kaisers als *parens* (oder *pater*) *patriae* zusammen (Martial. 8,82,5). Der Eichenkranz wurde kaiserliches Hoheitszeichen. E. Bu.

A.v.Premerstein Vom Werden und Wesen des Prinzipats, 1937, 166ff. *A.Alföldi*, MH 9, 1952, 204ff. 10, 1953, 103ff. 11, 1954, 133ff.

Parentalia, das den *sacra domestica* zugehörige Seelenfest für die verstorbenen Eltern bzw. Verwandten und Vorfahren der Familie, die *divi parentum* (vgl. Paul. Fest. 230 M.), eine neuntägige Feier (vielleicht in Anlehnung an die neun Tage der Familientrauer, vgl. [3], 48) am E. des (vorjulian.) Jahres. Die *dies parentales* begannen am 13. Febr. (nach den Fasti Philocali mit einem Opfer der Vestalis Maxima, vgl. CIL I² 258) zur Mittagsstunde und endeten am 21. Febr. (Lyd. mens. 4, 29) mit den → Feralia *(ultima placandis manibus illa dies* Ov. fast. 2,570), welchen Tag der offizielle Kalender allein verzeichnet (vgl. Fasti Antiates, NSA 1921, 88) u. den die alte Etymologie von *ferre* »darbringen« ableitet (Varro l. l. 6,13. Paul. Fest. 85 M.). Denn an diesen Tagen wurden den Toten, um ihre Seelen zu versöhnen *(animas placate paternas* Ov. fast. 2,533), kleine Gaben an das Grab und auf die Wege gestellt: Opferkränze, Früchte, Salz, in Wein geweichtes Brot und lose Veilchen, wobei ein Gebet zu sprechen war (Ov. fast. 2,533–542). Also eine familiäre und nichtapotropäische Feier bei Tageslicht und daher von den nächtlichen Exorzismen der im Gegensatz zu den P. (vgl. Fasti Ant.) als *nefasti* geltenden → Lemuria grundsätzlich verschieden (vgl. [4], 397). Doch hätten nach Ovid (fast. 2,558ff.) auch an den P. (als *dies religiosi*) keine Hochzeiten stattfinden dürfen, seien die Altäre ohne Weihrauch, die Herde ohne Feuer und die Tempel verschlossen gewesen *(nunc animae errant)*; vgl. Lyd. a.O., nach dem auch die Beamten ihre Amtstracht abgelegt hätten. A. S.

1. *F.Bömer* Ahnenkult und Ahnenglaube, Lpz. 1943, passim. 2. *Ders.* Ovid. Die Fasten II, Hdbg. 1958, 120ff. 3. *H.J. Rose* Anc. Roman Rel., Lond. 1948, 33f. 48f. 81. 4. *F.Cumont* Lux perpetua. Paris 1949, 397. 83 (sowie 435 über die Spuren der P. im Christentum). 5. *Latte*, RRel. 98. 6. *Mommsen* CIL I² 309f. 7. *R. Schilling* AClass 7, 1964, 44ff.

Parentium, illyr. Stadt (h. Parenzo) an der Küste Istriens; die Gegend war seit Urzeiten besiedelt; zuerst bei Plin. nat. 3,129 erwähnt. Ptol. 3,1,23 Παϱέντιον, in röm. Z. *colonia Iulia P.* (DEGRI X 2,16); Veteranen von Octavianus deduziert (an der via Flavia). Einwohner *Parentini* DEGRI X 2,7,8. P. gehörte zur *tribus Lemonia* (CIL V p. 35). Freigelegte Baureste aus der Römerz.: Unterbau, Säulen und Gebälk eines Tempels (schon in der 2. Hälfte 1. Jh. n. Chr. erneuert), dem Neptunus und den *dei Augusti* geweiht (P. war ein wichtiger Hafenort); Pflaster des Forums (um die »piazza Marafor«) mit einem Kanal an drei Seiten; unter der von Bischof Euphrasius um 540 errichteten Basilica (noch h. erhalten) Mosaiken und Mauerreste eines früheren Oratoriums; darüber die Ruinen einer Basilica (vom E. 4. Jh.); darunter die Fundamente eines röm. Wohnhauses.

Das Land um P. war fruchtbar und dicht bevölkert. Inschr.: *IIII viri, aediles* (AE 1966, 37,145 bis 146); *subpraefectus cl. Ravenn.* (DEGRI 3. 4); *signifer leg. IV* (D. 253); *decurionum ordo splendidissimus* (D. 6); *colonia splendidissima* (D. 8); 2 *episcopi* (D. 64. 93); *archidiaconus* (D. 92) usw. Verehrt wurden in P.: *Florentes* (D. 239); *Histria terra* (D. 1); *Minerva Flanatica* (D. 194); *Flanona* (D. 2) usw. Die Basilica weist oriental. Züge auf. Kaiserl. Gutsbeamte und Sklaven drückten der Umgegend von P. ihr Gepräge auf. Viele german. Namen (vom E. 6. bis zum 9. Jh.) auf den Graffiti in der Apsiswand der Kapelle *(cella trichora)*. J.Sz.

Lambertz, RE XVIII, 2.H., 1461ff.

Parikanioi (*Παρικάνιοι*). Ganz offensichtlich sind es zwei verschiedene Stämme, die uns unter diesem Namen bezeugt werden: 1. die P., die Hdt. 3,92 mit den → Orthokorybantioi irrtümlich dem med. *νομός* des Perserreiches zuweist. Dieser Nachbarschaft zu den dem Kasp. Meer ö. anwohnenden Orthokorybantiern zufolge sucht man ihren Wohnbereich in der Ferghana; 2. die P., deren Hauptort Parikane nach Hekat. FGrH 1 F 282 in der Persis lag. Diese P. meint allem Anschein nach Hdt. 3,94, wo er sie zusammen mit den asiat. Aithiopen einem *νομός* zuordnet, und ebenso 7,68 (vgl. 7,86), wo er sie neben den → Utiern und → Mykern unter den Teilnehmern an des Xerxes Griechenlandfeldzug erwähnt. E. O.

P.J.Junge, RE XVIII 2.H., 1482f. Nr. 2. 1.

Parilia (auch Palilia: s. [7], 273). Ein Hirtenfest *(pastoria sacra* Ov. fast. 4,723) am 21. April (CIL I² 315. NSA 1921, 93), aus ältester Z. (Varro r.r. 2,1,9. Plut. Rom. 12. [3], 322f. [6], 25), privaten wie (nach Varro in Sch. Pers. 1,72) auch öffentlichen Charakters; letzteres wohl in Zusammenhang mit dem *natalis urbis* ([2], 1279f.) am gleichen Tag (Stellen [5], 325,2). Wir kennen nur die privaten Riten (Ov. fast. 4,721–782. Tib. 2,5,87–104. Prop. 4,4,73–78): Im Atrium Vestae Austeilung der Reinigungsmittel *(suffimenta)*: Blut des → Oktoberpferdes (vgl. Prop. 4,1,19f.), Asche der an den → Fordicidia verbrannten Kälber, Bohnenstroh. Säuberung und segnende Bekränzung von Stall und Vieh, Reinigungszeremonien (Deutung [3], 322f. [7], 273ff.). Nach unblutigem Speiseopfer ein Sühn- und Bittgebet ([7], 276: »bukolisch«, rituell irrelevant; anders [5], 327f.). Das (reinigende) Springen durch Strohfeuer war Höhepunkt, allg. Ausgelassenheit Ausklang des Tages. Also ein Lustrationsfest mit Blick auf Gedeihen und Mehrung (*περὶ γονῆς τετραπόδων* Dion. Hal. ant. 1,88,3. Tib. a.O.); ob wegen der erfolgten (befleckenden) Geburt von Jungvieh ([7], 271) oder der nach Colum. (7,3,11) in diese Z. fallenden Begattung der Herden bzw. des beginnenden »Hirtenjahres« (CIL I² 315. [3], 328,5) und der Sommerweide als Frühlings- (*ἔαρος ἀρχομένου* Dion. Hal. a.O.), also Vegetationsritus ([4], 31ff.) analog dem Georgsfest in Osteuropa ([5], 324 bis 348), bleibt unklar. Über die Verbindung der P. mit der Hirtengottheit Pales s. d. Art. A. S.

1. *Latte* RRel. 87f. 2. *Wissowa*, Myth. Lex. III 1, 1276 bis 1280. 3. *L. Deubner*, JbPhPäd 27, 1911, 322ff. 4. *Ders.*, MDAI(R) 36/37, 1921/22, 28–33. 5. *Frazer*, GB I 2, 324 bis 348. 6. *F. Altheim* Röm. Relgesch. I¹, Bln. 1931, 25f. 7. *F. Bömer* Ovid. Die Fasten II, Hdbg. 1958, 271–278.

Parion (*Πάριον*), h. Kemér (gr. Kamáres). Miles. Kolonie an d. hellespont. Küste Mysiens (Phrygia ad Hellespontum) zwischen Lampsakos im SO. und Priapos im W., mit gutem Hafen, gegründet unter Mitwirkung von Erythrai und Paros (Strab. 13,588). Im 5. Jh. Mitglied des del.-att. Bundes, E. 4. Jh. mit Lysimachos verbündet, später mit den pergamen. Königen, unter deren Herrschaft es auf Kosten von Priapos aufblühte. Unter Augustus wurde P. *Col. Pariana Iulia Augusta.* Prachtvoller Altar des Apollon Aktaios, ein Werk d. → Hermokreon (4. Jh. v. Chr. ?). Hdt. 5, 117. Xen. an. 7,2,7ff. u.a. Hell. 1,1,13. Skyl. 94. HEAD HN² 531. Chr. D.

Paris (*Πάρις*). **1.** Tro. Prinz, Sohn von Priamos und Hekabe, Entführer Helenes. Er trägt einen Doppelnamen; P. ist wohl ungriech., Alexandros die griech. Übers., PRELL.-ROB. 2,977,2.3. Der Name Alex., der in der Il., ebenso auf Vasen und etr. Spiegeln überwiegt, wird Apollod. 3,148 aus dem Hirtenleben erklärt. Vielleicht sind 2 verschiedene Gestalten in der Figur zusammengeflossen, NILSSON GgrR² 1,476,1. E. FIESEL Namen der griech. Mythol. im Etr. 45. Die Kyprien behandeln die Kindheitssage, beginnend mit dem Traum der Mutter von der Troia einäschernden Fackel (dafür hat Pind. pae. 8,27 feuerschnaubende, 100armige Rachegeister). Auf dem Ida ausgesetzt und von einer Bärin gesäugt, wächst er unter Hirten als Hirte auf, Apollod. a.O. Sch. Il. 3,325. Lykophr. 138. Nach anderer Version schickte Priamos selbst ihn als Aufseher zu den Herden (Eur. Iph. Aul. 180). Soph. stellte im »Alexandros« dessen Jugend nach dem Muster des herodot. Kyros dar, PRELL.-ROB. 2,980. Eine jüngere aiol. Lokalsage, von Hellanikos aufgenommen, von Hermesianax ausgebaut, erzählte von der Liebe des P. zu → Oinone und von der Rache und Reue der um Helenes willen Verstoßenen, → Korythos (4). – Nach den Kyprien beschloß Zeus mit Themis (der Erdgöttin) im Beisein der Eris, bei der Hochzeitsfeier von Peleus und Thetis, an der alle Götter teilnahmen, einen großen Krieg zu entfesseln, Apollod. epit. 3,1f. Eris erregt einen Wettstreit der Schönheit zwischen Hera, Athena und Aphrodite. Eine jüngere Version läßt Eris, die nicht geladen war, trotzdem erscheinen und einen Apfel mitten unter die Hochzeitsgesellschaft werfen. Der Apfel ist urspr. ein Fruchtbarkeitssymbol, → Kydippe. Aufschrift *τῇ καλῇ τὸ μῆλον*, Sch. Lykophr. 93. Alle 3 Göttinnen erheben Anspruch auf den Apfel. Zeus überträgt die Entscheidung dem P. und läßt sie durch Hermes zu ihm führen. P. ist entsetzt über seine Aufgabe, wird aber von Hermes gezwungen, standzuhalten. Geputzt und prächtig gewandet, zeigen sich die Göttinnen ihrem Richter (entkleidet Aphrodite schon in Soph.' Satyrspiel *Κρίσις*, Hera und Athena erst bei Ov. Prop. Lukian., wohl nach hellenist. Vorbild). Vor Hera, die ihm Königsherrschaft, und Athena, die krieger. Lorbeeren versprach, gab P. Aphrodite den Preis, die ihm die Heirat mit → Helene in Aussicht stellte. Die Darstellung der Kyprien wurde bes. von der Komödie und später vom Pantomimus ausgebeutet. Anderseits verfiel die Geschichte auch starker Kritik und allegor. Deutung (s.u.). Das P.-Urteil mit seinen Folgen (Entführung Helenes) galt meist als Ursache des tro. Krieges, Il. 24,25ff. W. KULLMANN, H (ES 14) 236ff. Es gab auch Versionen der Entführung ohne vorausgegangenes P.-Urteil; Lykophr. 132 mit Sch. Sch. 11. 5,64. Serv. Verg. Aen. 10,91. Dio Chrys. 11 erzählt sogar von erfolgreicher Werbung des P. um die noch unverheiratete Helene bei ihren Eltern, Tyndareos und Leda.

Die Sage, die P. im Ida aussetzen ließ, mußte ihn auch wieder nach Troia zurückführen. Das geschah durch Leichenspiele, die Priamos für den Totgeglaubten veranstaltete. P. führt den als Preis bestimmten schönen Stier, sein Lieblingstier, nach Troia, nimmt an den Spielen teil und siegt, wird von Deiphobos bis an den Altar des Zeus verfolgt, von Kassandra erkannt und wieder in die königl. Familie aufgenommen. Hyg. fab. 91 (~ Eur. Alexandros). – In den Kyprien zimmert P. sich selbst die Schiffe für die Fahrt nach Sparta (Il. 5, 62f. baut Phereklos *νῆας ἀρχεκάκους*). Trotz der Warnung durch Helenos und Kassandra fährt er ab, besucht erst die Dioskuren, dann Menelaos, der ihn 9 Tage lang freundlichst bewirtet, ehe er eine dringende Reise nach Kreta unternimmt. Nun gewinnt P. Helenes Liebe durch reiche Geschenke (durch seine Schönheit und prächtige Gewandung Il. 3,392; vgl. Gorg. Hel. 6f. 15). Nach anderer Sage raubt P. Helene während eines Opfers: dies die ältere Form, PRELL.-ROB. 2, 1078, 5. Auch reiche Schätze nimmt P. mit sowie ihre Dienerinnen → Aithra und → Klymene (6). Das 1. Beilager auf der Insel Kranae erwähnt Il. 3,445. Die Fahrt nach Troia ging nach den Kyprien und Hdt. 2, 116f. direkt, nach Il. 6,290 über Phoinikien vor sich. Über die Vertauschung Helenes mit ihrem *εἴδωλον* in Äg. s. → Helene. Die erfolglose Gesandtschaft nach Troia, die Helene zurückfordern sollte, kennen die Kyprien wie die Il. 3,205f.

In der Il. ist P. zumeist Bogenschütze. In B. 3 fordert er als Vorkämpfer der Troer die griech. Helden heraus. Als Menelaos antritt, weicht er zurück, wird aber durch Hektors Scheltrede veranlaßt, sich zu stellen. Aus dem unglücklich verlaufenen Zweikampf rettet ihn Aphrodite in sein Schlafgemach, wo er die ihn als feige scheltende

Helene bald zu versöhnen weiß. Im 6. B. holt Hektor P. zum Kampfe ab. Im 11. B. verwundet P. Diomedes, Machaon und Eurypylos. In der Aithiopis tötete P. später mit Hilfe Apollons → Achilleus, wie der sterbende Hektor vorausgesagt hatte (Il. 22,359). In der Kl. Il. erlegte Philoktet P. mit einem Giftpfeil, Menelaos schändete seine Leiche (Apollod. epit. 5,8). – Seine Persönlichkeit erscheint bei Hom. unausgeglichen: bezaubernd schön, aber im Grunde untüchtig. BETHE Hom. 1,246ff. postuliert eine ältere Ilias, in der P. als wirklicher Held mehr im Mittelpunkt stand; dagegen WILAM. Il. und Hom. 309f. – Über P. in der ant. Kunst TÜRK, Myth. Lex. 3,1603ff. E. WÜST, RE XVIII 2. H. 1513ff. Bes. beliebt war das Parisurteil, s. o. Bd. II 1030, 34ff.. Erwähnt sei die protokorinth. sog. Chigikanne (um 640), W. KRAIKER Die Malerei der Griechen, 1958, 33. Röm. Sarkophagreliefs mit dieser Darstellung fußen auf neuplat. Deutung: Paris ist die Seele, die von allen Weltkräften nur die Schönheit sieht und dadurch unsterblich wird. K. SCHEFOLD Orient, Hellas und Rom, 1949, 169. H. v. G.

K. Reinhardt Das P.-Urteil 1938 (Tradition und Geist, 1960, 16ff.). *F. Scheidweiler*, Philol. 97, 1948, 321 (Zu Eur. Alexandros). *C. Clairmont* Das P.-Urteil in der ant. Kunst, Zürich 1951. *R. v. Scheliha* Patroklos, Basel 1943, 95. 359. 384.

2. L. Domitius P., CIL XIV 2866, berühmter Pantomime (Dig. 12,4,3,1) unter Nero, erst Sklave → Domitias (II 21), Schwester von Neros Vater, gegen die er wegen seiner Freilassung einen Prozeß anstrengte, Tac. ann. 13,27,3; sogar → Agrippina (3) denunzierte er im J. 55 ungestraft, Tac. ann. 13,21,3, da Nero ihm gewogen war. Doch im J. 67 ließ er ihn wohl aus Rivalität hinrichten, Suet. Ner. 54 (anderer Grund bei Cass. Dio 63, 18,1). – M. BONARIA Dinastie di pantomimi lat., Maia 11, 1959, 233f. **3.** Pantomime äg. Herkunft (BONARIA, RE Suppl.-Bd. X S. 483, Nr. 3) unter Domitian, Suet. Dom. 10,2. Sein Einfluß bei Hof war groß, Iuv. sat. 7,90. Mit der Kaiserin hatte er ein Verhältnis, Suet. Dom. 3. Epit. Caes. 11,11. Deshalb ließ ihn Domitian im J. 83 auf offener Straße ermorden, Schol. Iuv. sat. 6,87; das Volk bestreute die Stelle mit Blumen, Cass. Dio. 67,3,1. R. H.

Parisii, Volksstamm der Gallia Celtica, später Lugdunensis, an der mittleren Seine, Hauptort → Lutecia (h. Paris). Strab. 4,194. Plin. nat. 4,107. Ptol. 2,8,13 u.a. Mitte 3. Jh. v. Chr. lebten P. in Britannien, s. DUVAL, REA 68, 1966, 343. An der Seine waren die P. den Senonen benachbart. E. 2. Jh. bis Anf. 1. Jh. v. Chr. mit ihnen vereinigt, dann von ihnen abhängig; sie hatten Münzautonomie und prägten Goldmünzen (G. FABRE Les monnaies d'or des P. Cat. 1950. P. M. DUVAL Paris ant. 1961, 85. Im J. 53 verlegte Caesar das *concilium Galliae* nach Lutecia (Caes. Gall. 6,3,4). Doch im J. 52 schlossen sie sich Vercingetorix an (Caes.

Gall. 7,4,6. 34,2. 57,1. 75,3. DUVAL a. O. 96). Aus röm. Z. sind die *nautae Parisiaci* bezeugt; über ihr Denkmal DUVAL a. O. 197. M. L.

Parma. 1. P. wurde als Bürgerkolonie *(colon. Parmensis:* CIL V 8659*)* im J. 183 v. Chr. auf urspr. etr., dann bojischem Boden an dem gleichnamigen Flusse gegründet (Liv. 39,55,6) und war 176 Hauptquartier des procos. C. Claudius gegen die Ligurer (41,17,9). P. liegt in der 8. Region (Plin. nat. 3,115) an der via Aemilia (It. Ant. 99,2. 127,5. 287,9. It. Burd. 616,13 *civitas*. Tab. Peut. 4,3; vgl. Strab. 5,216. Ptol. 3,1,46) und gehört zur trib. Pollia (CIL XI p. 188). Aemilius Scaurus legte schiffbare Kanäle zwischen Po und P. an (Strab. 5,217). Verluste durch L. Antonius (Cic. Phil. 14, 8 f.; fam. 10,33,4. 12,5,2). Berühmt durch Schafzucht und Wolle (Colum. 7,2,3. Martial. 5,13,7. 14,155). *Colonia Iulia Augusta:* CIL XI 1059. Im MA war die schon It. Ant. 284,5 vermessene *strata Francisca per Monbardonum* (= Cisapaß) wichtig. G. R.

Nissen It. Ldk. 2,268. *Forbiger* Hdb. d. alten Geogr. 3,408.

2. Ein mittelgroßer, gewöhnlich runder Schild gehörte im römischen Heer zur Bewaffnung der → *velites*, wahrscheinlich aus Holz und mit Leder überzogen und mit einem Schildbuckel aus Metall versehen. Auch die Bürgerkavallerie (→ *equites militares)*, die anfangs mit einem ebenfalls p. genannten Rundschild aus Bronze ausgerüstet war, der sich als Paradewaffe des Ritterstandes erhielt, bekam später die leichte p. der *velites*. Unter p. wurde auch der kleine Gladiatorenschild der Thraeces verstanden. Mit einer p. hantierte der Zirkuskünstler Agathinus bei Martial. 9,38 und schließlich hieß p. auch die Ventilklappe des Blasebalgs (Auson. Mosella 269). A. N.

P. Couissin, RE XVIII, 2. H., 1539 ff. Les armes Rom., Par. 1926, 142 f. 238 f. 315.

Parmenianus, † um 390, donatist. Bischof von Karthago, war der geistige Führer der → Donatisten in der Auseinandersetzung mit der kath. Kirche. Seine Schriften, die die theoret. Grundlage der donatist. Auffassung bildeten, sind nur in Gegenschriften des → Optatus von Mileve und des → Augustinus zu fassen. B. R. V.

E. Dinkler, RE XVIII, 2. H., 1549/53. *Th. Šagi-Bunić*, Laurentianum 3, 1962, 167–209.

Parmenides von Elea, nächst → Zenon wichtigster Vertreter der eleat. Schule. Seine Datierung ist nicht sicher; er soll um 450 v. Chr. seiner Heimatstadt Elea ihr Stadtrecht (*πολιτεία*) gegeben haben. Ob er, wie Plat. Parm. 127 B berichtet, in seinem 65. Lebensj. Athen besuchte, ist anderweit nicht zu sichern. Da → Xenophanes sein Leben in Elea beschloß, macht ant. Philosophengeschichte (so Diog. Laert. 9,21) den P. zum Schüler des Xenophanes. Wie dieser (und wie → Empedokles) wählte P. die Form des Lehrgedichtes (*διὰ ποιημάτων ἐφιλοσόφησε*), um seine Philos. auszudrücken. Vor allem dank den Zitationen des → Simplikios sind erhebliche Teile daraus erhalten (154 V.); es war in zwei Abschnitte gegliedert: die Lehre von der Wahrheit (*Ἀλήθεια*) und die Lehre vom Trug oder Schein (*Δόξα*); die Wahrheit ist dem Sein, das Scheinbare und Trügerische dem Nicht-Sein zugeordnet. Dem Gedicht war ein breit angelegtes Prooimion vorgeordnet; darin schildert der Dichter seine Auffahrt vom Dunkeln in die Helligkeit. Am Ziel der Fahrt weist ihn die Göttin des Rechtes (*Δίκη*) in beides ein. Der Abstand von Homer und Hesiod fällt ins Auge: Nicht die Muse, sondern die Göttin des Rechtes ist P.' Schutzherrin; sie übernimmt die Gewähr.

P. ist der Urheber des erkenntnistheoret. Dualismus, der *ἀλήθεια* scharf von *δόξα* sondert. Gegenstand der Philos. kann nur das Seiende sein; das Seiende ist weder wahrnehmbar, noch ist eine Aussage darüber möglich. Es erschließt sich nur dem Denken, denn es ist selbst Denken. So muß der fundamentale Satz verstanden werden: *τὸ γὰρ αὐτὸ νοεῖν ἐστίν τε καὶ εἶναι* (B 3 [5] und B 8,34 ff.). Darum kann sich das Denken nur auf das Sein richten, nicht auf das Werden. Denn Gewordenes müßte dem Nicht-Sein entstammen, also eine Komponente (später: *δύναμις*) des Nicht-Seienden an sich tragen.

P. bekämpfte den »naiven« Irrtum derer, die (infolge des Sinnentrugs) Nicht-Seiendes für seiend halten. Weit schärfer wandte er sich gegen die, die aufgrund irriger Reflexion Seiendes und Nicht-Seiendes vermischen – das zielt auf die Lehre des → Herakleitos (1), der von seinem Begriff des Werdens her in allen Dingen zugleich das Sein und das Nicht-Sein erkannte. Gegen ihn hat P. seine Lehre zu einem geradezu schroffen Monismus des Seienden entwickelt. Er beraubt sich damit der Möglichkeit, zu Phänomenen der Wahrnehmung wie zu Phänomenen der Genese oder der Geschichtlichkeit irgend etwas auszusagen.

Aber gerade diese radikale Entschiedenheit hat auf die Späteren großen Eindruck gemacht. Platons Ontologie ist nachhaltig von P. geprägt; im Dialog P. wird die eleat. Kritik an der Ideenlehre (als wäre sie an den jungen → Sokrates gerichtet) vorgetragen und durch den Nachweis ergänzt, daß P.' Lehre vom Sein das Gleiche leistet wie die Ideenlehre.

Von hier gewann nachmals → Plotinos den Ansatzpunkt, um das im *νοῦς* realisierte Sein durch ein überseiendes Eines zu übergipfeln. Dank Platon, Plotin und → Proklos ist P.' Ontologie in Europa bis an die Schwelle der Neuzeit herrschend geblieben. H. D.

Frg.: *Diels-Kranz* Vorsokr., Nr. 28 [18]; I 217–246. Lit.: *K. Reinhardt* P. und die Gesch. d. griech. Philos., 1914. *W. Jaeger* Die Theologie der frühen griech. Denker ([1] engl.: 1947, [2]dt. 1953), bes. S. 107–126. *W. Kranz* Über Aufbau und Bedeutung des P.schen Gedichtes, SDAW 1916, 1158–1176. *K. Deichgräber* P.s Auffahrt zur Göttin des Rechtes, AAMz 1958, 11. *H. Fränkel* Parmenides-

Stud., NGG 1930 = Wege und Formen frühgriech. Denkens, [1]1955. [2]1966, 157–197.

Parmenion (*Παρμενίων*). **1.** Sohn des Philotas, bedeutendster Feldherr Philipps II. u. Alexanders d. Gr., 330 schon im Greisenalter. Seit 356 fast stets selbständig operierend, schloß er zus. mit Antipatros (1) → 346 den Philokratesfrieden in Athen (Bengtson Staatsverträge des Alt. 2, 1962, 312ff.) und leitete ab 337 den Kampf gegen Persien. Wohl aus Vernunftsgründen schloß er sich 336 Alexander an, nahm zusammen mit seinen an führender Stelle verwendeten Söhnen → Nikanor und → Philotas am Persienzug teil, auf dem er 334,333,332 und 331 wiederum eigene Unternehmungen leitete und in den Entscheidungsschlachten den l., meist defensiven Flügel kommandierte. Vertreter einer älteren Generation, scheint ihn Alexanders Entfernung von den polit. Zielen Philipps innerlich entfremdet und trotz aller Loyalität zum Hauptvertreter konservativ makedon. Anschauungen gemacht zu haben. Wie weit die zahlreich überlieferten Auseinandersetzungen (335: Rat, Aufbruch zu verschieben; 334 Granikos; Seeschlacht vor Milet; 333: Annahme pers. Vorschläge; 331 Gaugamela; 330 Persepolis; zur Historizität des einzigen angenommenen Vorschlags FGrH 139, F 11 s. Tarn Alexander the Great 2,335ff.) wirkliche Spannung kennzeichnen oder früh zur Hervorhebung der Gegensätze pointiert wurden (→ Kallisthenes), ist unklar. Nach Verurteilung des Philotas (Herbst 330) ließ Alexander den in Ekbatana zurückgelassenen P. durch dessen Offiziere töten (vgl. Tarn a.O. 270ff.), wohl in Befürchtung weiterer, sich um ihn gruppierender Opposition. G. W.

Berve Alex. II Nr. 606. RE XVIII 2. H. 1559–1565. *H. Schaefer* Demosthenes und seine Zeit[2], 1885–1887 pass. *A. Momigliano* Filippo il Macedone, 1934 pass., *E. Badian* The Death of p., TAPhA 91, 1960, 325–338.

2. P., Makedone, Epigrammatiker des Philipposkranzes. Von ihm etwa 15 Epigramme in der Anth. Programmatisch Anth. Pal. 9,342 über die im Epigr. anzuwendende Kürze; keines seiner Epigr. umfaßt mehr als 2 Distichen. R. K.

Gow and *Page* Garland of Philip, 1968.

3. P., nach anderer Überlieferung Parmeniskos, Architekt? Das Sarapeion in Alexandreia oder eher ein Sarapeion vor den Toren der Stadt (Kall. frg. 191,9 Pf.) hieß nach P. (Schol. Kall. a.O. P. Cair. Zen. 3, 1928, 59355, 102. 128, datiert 243 v. Chr. Ps.-Kallisth. 33,13, p. 37,19 Kroll. Iul. Valer. 1,32), von dem wir sonst nichts wissen. W. H. G.

Parmeniskos (*Παρμενίσκος*), Grammatiker der alex. Schule, dessen Leben wohl, nach dem einzigen bekannten Titel *Πρὸς Κράτητα* zu schließen, in die Hauptzeit des Kampfes der alex. und der pergamen. Schule fällt. Die erhaltenen Frg. P.', die sicherlich nicht nur aus der genannten Schrift stammen, befassen sich mit hom. und eurip. *ζητήματα*, ferner mit astronom. Themen,

wofür die *Φαινόμενα* des nur durch ihn bekannten Kleostratos von Tenedos eine Hauptquelle bildeten. P. vertrat die Analogie als Prinzip der Grammatik (Varro l. l. 10,10); seine speziellen Theorien scheinen auf die Caesars und → Herodians (1) nachgewirkt zu haben. O. Dr.

M. Breithaupt De Parmenisco grammatico, *ΣΤΟΙΧΕΙΑ* 4, Lpz./Bln. 1915 (Frg.-Slg. mit ausführl. Komm.).

Parnassos (*ὁ Παρνασσός*, ion. *Παρνησ[σ]ός*), Name vorgriechisch. Das berühmte zentrale Gebirge Mittelgriechenlands, eine große Gebirgsmasse mit vielgipfligem Hauptkamm, aus dem kein Gipfel bes. herausragt, und imposantem geschlossenem Steilabfall nach NO. und N. zur Kephisosebene. Der höchste Gipfel, h. Liákura oder Lýkeri, erreicht 2457 m Höhe, der Durchmesser des Massivs beträgt 20–27 km, die Grundfläche etwa 500 qkm. Das mächtige Gipfelmassiv besteht aus Kalk über mehreren Schiefer- und Kalkhorizonten. Im S. ist der P. begrenzt durch den Querbruch von Arachova mit Talwasserscheide von 780 m Höhe und das tief eingerissene Tal des → Pleistos, im W. durch die 850 m hohe Paßfurche von Gravia. Über diese beiden tief eingeschnittenen Furchen verlaufen die Straßen von Mittelgriechenland (Phokis-Doris) an den korinth. Golf, die erstere auf einer Schieferterrasse hoch über dem Tal, auf der auch → Delphi liegt. Über das Gebirge selber führen nur mühsame Gebirgspfade. Vor allem die W.-Flanke trägt noch h. große Tannenwälder bis zur Höhe von 1800 m, der Schnee bleibt bis tief in den Frühling erhalten, ewigen Schnee gibt es aber oberflächlich nicht, höchstens in tiefen Felslöchern. An Ortschaften lag im Alt. nur → Lykoreia auf dem P. selber über Delphi, alle anderen an seinem Fuß wie heute. Gelegentlich konnte der P. wie in der Neuzeit als Zuflucht im Kriege dienen, Hdt. 8,27,1. 32,1. 36,2. 9,31,5. Paus. 4,34,9f. In der Nähe von Lykoreia lag am S.-Abhang über Delphi die Pan und den Nymphen geweihte koryk. Grotte (→ Korykion antron) in 1360 m Höhe. H. befindet sich auf 1900 m Höhe eine Schutzhütte.

Als einer der höchsten Berge Griechenlands und der griech. Welt überhaupt wird der P. in der ant. Lit. sehr oft genannt und mit den entsprechenden Epitheta belegt [2], 1584ff. Die Gipfelregion oberhalb der koryk. Grotte dürfte aber kaum bekannt gewesen sein. Die häufige Bezeichnung »zweigipflig« [2], 1595, 35ff. 1645, 16ff. 1661f. ist für den P. im Ganzen falsch und bezieht sich auf die Phaidriaden über Delphi. Die mehrfach vertretene Auffassung, der »zweite Gipfel« sei die benachbarte 2510 m hohe Giona (neu Janssens, AC 25, 1956, 117ff.), ist abwegig. Die Giona tritt im Gelände überhaupt nicht hervor, und als ant. Name ist → Korax genügend gesichert.

In der ant. Lit. ist der P. stets engstens mit Delphi verbunden und erhält auch von dort seinen besonderen Ruhm, so daß der Name P. auch für Delphi selber stehen kann, bes. bei den röm. Dichtern [2], 1635ff. So gilt der P. auch als eine der Landestellen des → Deukalion nach der großen Flut. Neben Apollon von Delphi ist vor allem Dionysos der Gott des P., der hier neben Apollon seinen Kult hat [2], 1643, 16ff. In seinem Dienst stehen auch die att.-delph. → Thyiaden, die alle zwei J. auf den winterlichen Höhen des P. schwärmen, Paus. 10,4,3. 32,7. Plut. mor. 249 EF. 953 D. Zum Musenberg und damit zum Symbol der Dichtung überhaupt ist der P. erst in röm. Z. geworden.

Einige ant. Hauptstellen: Hom. Od. 19,431ff.; h. 1,269ff. Eur. Ion 86ff. Strab. 4,6,12 p. 208. 9,2, 25 p. 409f. 3,1 p. 416f. 3,12 p. 422f. Paus. 10,32, 2–7. Dion. Call. 73ff. Lukian. Charon 5f. (496f.). Theophr. h. plant. 3,2,5. E. M.

1. *Philipps.-Kirst.* 1,374f. 379ff. 389ff. 2. *Joh. Schmidt*, RE XVIII, 2. H., 1573ff. 3. *Bädeker* Griechenland 1910, 161ff. Guide bleu Grèce 1953, 283ff. 5. *W. Matheson* Auf den Götterbergen Griechenlands 32ff.

Parnes (*ἡ* oder *ὁ Πάρνης*), att. Grenzgebirge gegen Boiotien, 30 km langes, breites, massiges Kalkgebirge bis 1413 m ansteigend, noch h. gut bewaldet und quellenreich, im Alt. das Gebiet der Köhler von Acharnai und wildreich mit Wildschweinen und Bären (Paus. a. O.). Über dem S.-Absturz liegt die wichtige att. Festung → Phyle, dazu weitere Wachttürme und Befestigungen und weiter ö. → Leipsydrion. Über das Gebirge führen mehrere Wege nach Boiotien. Paus. nennt im P. ein Bronzestandbild des Zeus *Παρνήθιος* und einen Altar des *Σημάλεος* und einen weiteren des Zeus Ombrios oder Apemios. Ein Apollon *Παρνήσσιος* IG II^2 1258, 24f., Pankult in der Stalaktitengrotte der Gurasschlucht, IG II^2 4646 mit Scherbenfunden bereits seit mittelhellad. Z. Thuk. 2,23,1. 4,96,7. Plat. Kritias 110 D. Aristoph. Ach. 348 m. Sch.; Nub. 323 m. Sch. Strab. 9,1,23 p. 399. Paus. 1,32,1f. Steph. Byz. E. M.

1. *Milchhöfer* bei *Curtius-Kaupert* Karten von Attika Text 7,1ff. 9,29f. 2. *Philipps.-Kirst.* 1, 531ff. 3. *J. Wiesner*, RE XVIII, 2. H., 1663ff. 4. *U. Kahrstedt*, MDAI(A) 57, 1932, 15ff.

Parnon (*ὁ Πάρνων*), im h. Sprachgebrauch Bezeichnung für die ganze Gebirgskette ö. von Lakonien, die in der Parnonhalbinsel weit nach S. ausläuft, von der Hochebene von Tegea bis Kap Malea. Der Name ist aus dem Alt. nur ein einziges Mal und nur für den nördlichsten Teil, h. Malevo (1935 m) und seine n. Fortsetzung überliefert, über die die Straße von Argos nach Tegea führte, mit der Grenze der Gebiete von Arkadien, Argos und Sparta, Paus. 2,38,7. Die ganze s. Fortsetzung hieß im Alt. anscheinend → Malea, Anth. Pal. 7, 544. Plut. Agis 8,1. Der P. im heutigen Sinne ist ein breiter Gebirgsrücken von 90 km Länge, im n. Teil aus Schiefer, sonst zur Hauptsache aus Kalk und Marmor gebildet, nur im mittleren Teil mit einem Hauptkamm von über 1000 m Höhe. E. M.

1. *Philipps.-Kirst.* 3, 468ff. 2. *Bölte*, RE III A 1296f. 1320f. 1341f. XIV 865f. (s. Malea Nr. 2). XVIII, 2. H., 1665ff.

Parodos (*πάροδος*) bedeutet 1. »Zugang zur Orchestra auf dem Theater« Semos v. Delos FGrH 396. F 24. Poll. 4,126. Sch. Aristoph. Equ. 149. Daß diese Bedeutung von Anf. an bestand, läßt sich nicht erweisen: Aristoph. verwendet dafür 3mal *εἴσοδος*, nie *π.* (Nub. 326; Av. 296. Fr. 388). 2. »Einzug des Chores« seit Aristot. eth. Nic. 1123a 23 (Komödienchor), dann Plut. mor. 805d. Poll. 4,108 u.ö.). 3. »Einzugslied des Chores« Aristot. poet. 1452b 22 (dann Plut. mor. 785a; Anon. Par. I p. 19). Epiparodos (*ἐπιπάροδος*) ist a) das 2. Einzugslied desselben Chores (Poll. 4,108), b) das Einzugslied eines anderen Chores (Anon. Par. I p. 20).

P. als Bauteil des Theaters → Theater.

P. als Einzugslied des Chores.

A. Tragödie. a) Definition. Aristot. Poet. 1452b 22: Die Parodos des Chores ist der ganze erste Gesangsvortrag des Chores (vgl. Anon. Par. I p. 19f.). b) Stellung der P. im Drama. 2 Grundtypen: a) Am Anf. des Stückes, die älteste uns bekannte und wohl überhaupt älteste Form. Aischyl. Pers., Suppl. Myrm. Fr. 212 M, [Eurip.] Rhes. b) Nach vorhergehendem → Prolog: seit → Thespis (Aristot. bei Themist. or. 26, p. 816d) und dann in allen uns bekannten Fällen der griech. und röm. Tragödie bis auf die unter a. aufgezählten. c) Formale Typen (nach Kranz): bei Aischyl. entwickelt, später weitergebildet. 2 Grundformen: 1. Chor allein a) anapaest. Chorführerrede gefolgt von stroph. Chorlied: Aischyl. Pers. Suppl. Ag. b) rein stroph. Chorlied Aischyl. Choeph. c) Choreinzelstimmen, allmählicher Zusammenschluß zum Gesamtlied: Aischyl. Hept. Eum. 2. Wechselgesang und -Rede zwischen Chor und Schauspieler: Aischyl. Prom.; weiterentwickelt z.B. Eurip. Med., Soph. Phil., Oid. Kol.; diese Form epirrhemat. genannt. (Vgl. P. in der alten Komödie). Epiparodos. a) 2. Einzugslied des gleichen Chores: Aischyl. Eum. 244. Soph. Ai. 866; Eurip. Alk. 861, Hel. 515, Rhes. 674; Sen. Ag. Herc. F. 827. b) Einzugslied eines 2. Chores: Eurip. Hipp. 58,121; Suppl. 42,1123; Alexandros (Sch. E. Hippol. 58); Antiope (Pac. XII R); Phaethon (Fr. 730,20. 781, 14 N^2); Sen. Ag. 589.

B. Komödie. Die P. der alten Komödie – repräsentiert durch das Werk des Aristophanes – gehört zur Gruppe der epirrhemat. gebauten Komödienszenen (P., [Proagon] → Agon → Parabasis); damit ähnelt sie jener Form der tragischen P., in welcher der oder die Schauspieler zum Chorgesang Anapaeste rezitierten (s. oben 2.). Gegenüber den Parabasen der erhaltenen Komödien des Aristoph. zeigen die P. viel größere Freiheit der Komposition; sie entbehren vor allem meist der nicht eigentlich epirrhemat. Teile (Kommation,

Katakeleusmos, Anapaistoi, Pnigos, Sphragis). Zum einzelnen vgl. die Analysen von WEBSTER (213 ff.). In den letzten Stücken des Aristoph., die man schon der mittleren Komödie zurechnen mag, Ekkl. und Plut., ist die P. bis zum Rudiment eingeschrumpft. F. St.

W. Kranz, RE XVIII, 2. H., 1684f. *A. W. Pickard-Cambridge* Dithyramb, Tragedy, Comedy, 2. Aufl. von *T. B. L. Webster*, Oxf. 1962.

Paroikoi (*Πάροικοι*). Als »Anwohner« bezeichnete man in den hellenist. Staaten und den daraus gebildeten röm. Provinzen die auf dem Territorium einer Polis in → Komai lebende freie, aber von den Bürgern unterschiedene (einheimische) Bevölkerungskategorie, für die in Kleinasien neben P. auch → Katoikoi in Gebrauch war (vgl. z. B. IGRom III 69 Z. 19 bzw. 26). Zum → Synoikismos, d. h. zur Erteilung des Bürgerrechts an die P., kam es nur in äußerster Not (OGIS I 338,20–26 [Pergamon]; Syll.[4] 742,44–47 [Ephesos]). H. B.

Rostovçev Soc. a. Ec. Hell. W. Reg. s. v. *Ders.*, GuW II 277. *J. Pouilloux*, BCH 70, 1946, 488–496. *D. Magie* Roman Rule in Asia Min., 1950, 149. 225; 1037. 1503. *J. S. Svencickaja*, Vestnik drevnei Istorij 1959, 2 (68) 146 bis 153.

Paroimia (*παροιμία*), zuerst bei Aischyl. Ag. 264 belegte griech. Bez. für Sprichwort, sprichwörtl. Redensart u. ä. Etym. gehört der Begriff wohl zu *οἶμος* (vgl. *προοίμιον*) und bezeichnet »etwas, das neben einer (Haupt-) Erzählung hergeht« (zur Bedeutungsverengung von *οἶμος* zu »Gang der Erzählung, des Liedes« vgl. Hom. h. 4,451. Kall. h. 1,78). Somit entspräche das Wort vielleicht formal und auch semant. lat. *adagio*, das erst im 1. Jh. v. Chr. durch *proverbium* verdrängt wurde (*adagium* ist eine archaisierende Wiederaufnahme des älteren Wortes), und mhd. *bîspel* ([1], 1708 f. [2], 246; dort Auseinandersetzung mit den ant. Erklärungsversuchen. Vgl. FRISK; BOISACQ; HOFMAN Etym. WB. d. Griech. s. *οἶμος*. Anders F. SEILER Deutsche Sprichwörterkunde, München 1922, 5).

Sprichwörter sind für gewöhnlich anonymes Gut und werden dementsprechend als altüberkommene Schöpfungen des »Volkes« angesehen, das in ihnen gleichsam seine kollektiven Erfahrungen objektiviert hätte. Zu dieser – auch in anderen Kulturkreisen verbreiteten, nichtsdestoweniger aber von der Sache her höchst unwahrscheinlichen – Meinung mag beigetragen haben, daß vorwiegend Gegenstände und Situationen aus dem Bereich des jedermann Geläufigen und aus dem täglichen Leben gegriffene Beobachtungen (eine Zusammenstellung der Thematik [1], 1717 ff.; vgl. [3]), ungeachtet der dem Sprichwort eigenen Gleichnishaftigkeit (vgl. Aristot. rhet. 1413 a 15 ff.), die »Szenerie« solcher Worte bilden: gerade die Vertrautheit mit dem jeweiligen »Fall« und seine Anschaulichkeit bildet die wichtigste Voraussetzung für die scheinbar evidente Richtigkeit vieler Sprichwörter, die suggerieren, der in ihnen erfaßte (seiner Tendenz nach häufig ethische) Teilaspekt stelle die »gesamte Wahrheit« dar.

Sprichwörter sind (im Unterschied zu der rhythmisch und syntaktisch »offenen« Gestalt der sprichwörtl. Redensarten und geflügelten Worte) zumeist durch eine ihren Bestand schützende Rhythmisierung, wenn nicht sogar durch feste metr. Form gekennzeichnet. Bevorzugt waren im Griech. »natürliche«, d. h. der gesprochenen Sprache nahestehende Metra, neben iamb. und troch. Einheiten namentlich Paroimiakos, Prosodiakos, Lekythion, Reizianum, Ithyphallikos und Hemiepe in verschied. Abwandlungen, seltener dagegen aiol. Maße wie Glykoneios, Pherekrateios und Adoneios. Auch Assonanzen und Reime sind nicht selten.

Während sich das griech. Material dank erhaltenen spätant. und byz. Slg.en (→ Paroimiographoi) weitgehend übersehen läßt, ist im lat. Bereich der genuine Bestand schwerer abzugrenzen, da in literar. Z. der Einfluß des Griech. stark in Erscheinung tritt. Auch ist ein großer Teil nur in der Dichtung (Komödie, Satire) überliefert, wo er formal seiner Umgebung angeglichen wurde ([8], VII ff.). H. Gä.

J. Werner, Z. f. Volkskunde 57, 1961, 118 ff. (mit Bibliogr.). 1. *K. Rupprecht*, RE XVIII 2. H. 1707 ff. 2. *L. Bieler*, RhM 85, 1936, 240 ff. 3. *J. Werner* Altgriech. Sprichwortlit. nach Sachgruppen geordnet, Diss. Lpz. 1957. 4. *R. Strömberg* Griech. Sprichwörter. Eine neue Slg. m. Übers. u. Komm. Stockholm 1961. 5. *Ders.* Greek Proverbs ... not listed by the ancient and Byz. paroemiographers, Göteborg 1954. 6. *D. A. Tsirimbas* Sprichwörter und sprichwörtl. Redensarten bei den Epistologr. der 2. Sophistik, Speyer 1936. 7. *S. Köhler* Das Tierleben im Sprichwort d. Griech. und Römer, Lpz. 1881. 8. *A. Otto* Die Sprichwörter und sprichwörtl. Redensarten der Römer, Lpz. 1890 (Nachdr. Hildesheim 1964: dort S. XXXIX ff. weitere Lit.; vgl. auch *R. Häussler* Nachtr. zu A. Otto ..., Darmstadt 1968). 9. *M. Swoboda* De proverbiis a Cicerone adhibitis, Torún 1963.

Paroimiographoi (*Παροιμιογράφοι*). Ant. nicht belegte (Zenob. Par. 2,45 dürfte byz. Formulierung sein), überdies nicht ganz korrekt gebildete, aber allg. eingebürgerte Bezeichnung für Vf. von Sprichwort-Slg.en oder Schriften über Sprichwörter.

Wissenschaftl. Beschäftigung mit Sprichwörtern ist zuerst für Aristoteles bezeugt (1 B. *Παροιμίαι*: Diog. Laert. 5,26; vgl. Athen. 2,60 de); er bewertete sie als durch alle Katastrophen hindurch bewahrte Reste (vgl. die verwandte Vorstellung metaph. 1074 a 38 ff.) menschlicher Weisheit, also als Träger philos. Aussagen (Aristot. Frg. 13 Rose). Auch die Peripatetiker → Theophrastos (1 B. *Περὶ παροιμιῶν*: Diog. Laert. 5, 45) und → Klearchos (5) von Soloi (2 B.: Athen. 15,701 c. 7,317 a) behandelten diesen Gegenstand.

Theophrast scheint als erster die terminolog. und sachliche Trennung von παροιμία und ἀπόφθεγμα (vgl. Frg. 132 W.) konsequent durchgeführt zu haben. Die krit.-exeget. Bemerkungen des Klearchos waren, wie zahlreiche Reste (WEHRLI Schule d. Aristot. 3, Frg. 63ff.) erkennen lassen, von beachtlicher Qualität. Weniger günstig ist der Eindruck, den die Bruchstücke von *Περὶ παροιμιῶν* (2 B.) des Stoikers → Chrysippos (2) erwecken (Frg.e: SVF 3,202; Ergänzungen: [1], 1738). Gewaltsame Änderungen des Textbestandes und gesuchte Erkl. sind nicht selten bei ihm anzutreffen. Zuvor, d.h. im ausgehenden 4.Jh., hatte sich der Atthidograph → Demon (wohl 2) mit Sprichwortexegese beschäftigt. Mehrere umfängliche Auszüge (FGrH 327 F 4. 7ff.; weitere Reste vielleicht Zenob. M. 2,1–28) geben eine Vorstellung von der etwas umständlichen Breite seiner hist. Erläuterungen, in denen ihm auch mancher Fehler unterlaufen ist. Die hellenist. Grammatik vernachlässigte dieses Thema nicht; das wichtigste Werk jener Epoche waren die Abh. über metr. (2 B.) und nichtmetr. (4 B.) Sprichwörter des → Aristophanes (4) von Byzantion (Reste: Zenob. M. 2,45–65. 3,148–154). Für zahlreiche andere alexandrin. Philologen (→ Dionysodoros 6, → Kallistratos 3, → Euphronios 1, → Seleukos), ebenso für den Perihegeten → Polemon (4), ist zumindest gelegentliche Beschäftigung mit Sprichwörtern bezeugt. Die abschließende Slg. und Zusammenfassung der früheren Gelehrsamkeit wird hier, wie auch auf anderen Gebieten der griech. Philologie, → Didymos (1) verdankt: in 13 B. vereinigte er Sprichwörter und Sprichwort-Erkl., die er aber, nach Ausweis des gut bezeugten Titels *Πρὸς τοὺς Περὶ παροιμιῶν συντεταχότας*, mit Polemik gegen seine Vorgänger verknüpfte. Die kritischen Bemerkungen sind späterer Epitomierung zum Opfer gefallen, der Kern seiner Slg. jedoch ist über die Exc. des → Lukillos (3 B.) und → Zenobios bis zu den byz. P. gelangt. Auch auf die spätant. Scholien-Lit. und Lexikographie hat Didymos direkt oder indirekt gewirkt. Das Originalwerk des Zenobios (3 B.) blieb nicht erhalten, sondern nur eine verdünnte Fassung, die E. MILLER in einer Athos-Hs. entdeckte und publizierte (»Zenob. M.«: Mél. de Litt. Grecque, Paris 1868 [Amsterdam 1965] 341ff.). Diese und ähnliche Exc. wurden, zusammen mit den einschlägigen, unter den Namen des → Diogenianos (2) und Plutarchos (*Περὶ τῶν παρ' Ἀλεξανδρεῦσι παροιμιῶν*, wohl auf Seleukos fußend) umlaufenden Schriften im 9.Jh. zu einer alphabet. geordneten Kompilation vereinigt, auf welche unsere 3 Rezensionen (»Zenob. Par.«, »Zenob. Bodl.«, »Zenob. Diog.«) zurückgehen. Dieses Material, vermehrt um Sprichwörter aus byz. Texten, bildete die Grundlage der spätesten Slg.en des Gregorios von Kypros, Makarios, Apostolios und Arsenios.

Auch im röm. Bereich hat es Sprichwortexegese gegeben, aber selbständige Werke sind nicht erhalten. Vereinzelte Erkl. schwer verständlicher Sprichwörter finden sich bei den spätant. Buntschriftstellern (→ Gellius II, → Macrobius) und Grammatikern (→ Festus 6); als ältere Gewährsmänner erscheinen häufig → Verrius Flaccus und → Sinnius Capito. H. Gä.

Ta: Corpus Paroem. Graec. edd. E. L. v. Leutsch – F. G. Schneidewin, Gött. 1839 (Nachdr. Hildesheim 1965).

Lit. (vgl. auch Paroimia): 1. *K. Rupprecht*, RE XVIII 2. H. 1735ff. 2. Corpus Paroem. Graec. Suppl., Hildesheim 1961 (vereinigt die wichtigen Unters. von *O. Crusius*, *L. Cohn* u. a.

Paropamisos, -adai s. Nachtr. am Schluß des Bandes.

Paros (ἡ Πάρος), Insel in der Mittelgruppe der Kykladen, 22 km lang und 15 km breit mit 195 qkm Fläche, von einfachen Umrißformen mit einer größeren und tieferen Bucht im N. und einer kleineren im W. Die Insel besteht zur Hauptsache aus Marmor, daneben Gneis, Granit und Serpentin, und erhebt sich als einheitlicher, sanft abfallender Bergkegel zu 771 m Höhe. Die zentrale Gebirgsmasse ist kahl und unfruchtbar, das angelagerte Küstenvorland gut bewässert und üppig angebaut. Der für Alt. und MA. überlieferte Wald ist h. völlig verschwunden. Die gleichnamige ant. Hauptstadt lag wie h. (in der Neuzeit Parikia) an der Hafenbucht der W.-Seite mit einer niedrigen, in die Bucht vorspringenden Akropolis, die schon vorgesch. besiedelt war und das fränkische, großenteils aus ant. Werkstücken (Tempel, Stoa u.a.) erbaute Kastell trägt. Eine andere ant. Siedlung unbekannten Namens lag an der großen Bucht im N. beim h. Nausa, eine weitere an der O.-Seite, vielleicht Hyrie, Plut. mor. 602 D. [7], 1791,9ff. Außerhalb der Stadt lagen mehrere Heiligtümer und im NO. der h. Stadt die bedeutende, urspr. aus dem 6./7.Jh. n.Chr. stammende Kathedrale Katapoliani (Hekatontapyliani), die neuerdings restauriert ist, *Πρακτ.* seit 1959–1963. BCH 88, 1964, 804ff. [7], 1831,46ff. [9]. Plan der Stadt mit näherer Umgebung: MDAI(A) 26 Taf. IX und X. IG XII 5 p. XXVI. [7] 1839f.

Unter den zahlreichen Heiligtümern [7], 1839ff., sind zu erwähnen das Delion auf der Kastrohöhe n. der Stadt, das näher untersucht ist, Pind. Pap. Oxy. III Nr.408,36ff. = frg. 140a, 62ff. Snell. IG XII 5,210ff. [10] und das Hauptheiligtum der Stadt, das der Demeter, ebenfalls außerhalb gelegen, Hom. h. 5,491. Archil. frg. 119. Hdt. 6,134. IG XII 5,226–229. [7], 1842ff. Ferner die nebeneinander liegenden Heiligtümer der Aphrodite und der Eileithyia auf dem Kunadosberg n.ö. der Stadt, IG XII 5,184ff. [7], 1846ff., diese wie mehrere andere bemerkenswert als tempellose Altarheiligtümer auf Bergeshöhen.

Die bes. Berühmtheit von P. war stets der Marmor, der schon prähist. für Inselidole viel benutzt ist, in seiner feinsten Qualität als Lychnites als bester Statuenmarmor der Welt am Berg Marpessa in Stollen gewonnen, Steph. Byz. Probus Verg. georg. 3,34–36. An landwirtschaftlichen Erzeugnissen waren geschätzt bes. Wein und Feigen, an Gewerben sind bes. Vasenherstellung und Schiffbau zu erwähnen.

Die Insel war schon seit neolith. Z. dicht besiedelt, [7], 1800ff. RE XXII 1398, 61ff. 1413ff. 1450ff., auch der Name P. ist wohl ebenso vorgriech. wie Marpessa. In der mittleren Bronzezeit scheint eine größere Siedlungslücke zu bestehen, während die neu einsetzende Besiedlung seit spätmyken. Z. die Festsetzung der Griechen bedeutet. In der gesch. Z. ist P. ionisch. In der archaischen Z. galt P. als »reichste Stadt der Kykladen«, Steph. Byz. Hdt. 6,132, daher auch sehr früher Beginn der Münzprägung. Um 680 v. Chr. Gründung der Kolonie → Thasos, Thuk. 4,104,4. Strab. 10,5,7 p. 487. Paus. 10,28,3 u.a. IG XII 5, 445 = Suppl. p. 212ff. col. IV 6ff. Beim Zuge des → Datis mußte sich P. anschließen, Aischyl. Pers. 885. Hdt. 6,133. Vergebliche Belagerung durch Miltiades 489 v. Chr., Hdt. 6,132–136. Steph. Byz. s. *Πάρος*. Nep. Milt. 7. Picard, RA 36, 1950, 124f. Am Xerxeszug nicht mitbeteiligt, Hdt. 8,67,1. Von Anf. an Mitglied des att. Seebundes mit der hohen Tributleistung von 16–30 Talenten, B. D. Meritt The Athen. tribute lists 1,368f. 411 v. Chr. vorübergehend oligarch. Verfassung, nach dem pelop. Krieg Anschluß an Sparta bis zum Königsfrieden mit Unterbrechung nach der Seeschlacht bei Knidos. 385/84 v. Chr. Gründung der Kolonie auf der Insel → Pharos in der Adria, Diod. 15,13,4ff. Strab. 7,5,5 p. 315. Steph. Byz. s. *Φάρος*, dazu die spätere Inschr. CIG II add. 1837b, L. Robert, BCH 59, 1935, 489ff. [7], 1826,1ff. M. Niedermann, Vox Romanica 7, 1943/44, 264ff. Mitglied des 2. att. Seebundes bis zu seiner Auflösung, in der hellenist. Z. des Bundes der Inselgriechen. 264/63 v. Chr. Aufstellung des → Marmor Parium. 202/01 kurze Z. unter makedon. Besatzung, Liv. 33,31,4. 15,8. In der Kaiserz. bewahrte P. anscheinend seinen relativen Wohlstand, die Marmorbrüche sind kaiserlicher Besitz, IG XII 5,253. Neben dem Neubau eines Tempels im 4. Jh. n. Chr., IG XII 5,229. [7], 1830,60ff. stehen frühe Zeugnisse des Christentums. Bischöfe sind schon im 4. Jh. n. Chr. belegt, Le Quien 1,937ff.

Die Verfassung der stets einheitlichen Polis P. zeigt die üblichen Züge [7], 1836ff. P. stellte eine große Anzahl bildender Künstler, [7], 1865ff., dazu 1857ff. [11. 12], Philosophen und Dichter [7], 1869f. Der berühmteste, → Archilochos, besaß in P. ein Heroon, IG XII 5,445 = Suppl. p. 212ff. SEG 15,517. 518. 16,481. N. K. Kontoleon *Νέαι ἐπιγραφαὶ περὶ τοῦ Ἀρχιλόχου ἐκ Πάρου*. EA 1952, 32ff. Ders. Fondation Hardt, Entretiens sur l'antiquité class. 10, 1963, 44ff. CQ 8, 1958, 90ff.

Skyl. 58. Strab. 10,5,7 p. 487. Ptol. 3,14,24. Steph. Byz. s.v. Aristot. *Παρίων πολιτεία* Rose[3] p. 350. Das Marmor Parium jetzt IG XII 5,444. Jacoby FGrH II B Nr. 239. Inschr.: IG XII 5 Nr. 105–508. 1019–1056. Suppl. Nr. 200–226. S. 212ff. SGDI III 5427–5454. Schwyzer ex. ep. 769–775. SEG 1,345. 2,501f. 3,745. 13,444–449a. 15,515–518. 16,481. 17,375. 19,555–559. EA 1948/49, 1ff. *Ἀρχ. Δελτ.* 20, 1965, 119ff. L. H. Jeffery The local scripts of archaic Greece 294ff. Mz.: Head HN[2] 489f. [7] 1809, 21ff. 1821, 64ff. 1825, 5ff. 1829f. E. M.

1. Testimonia: IG XII 5 p. XXV–XXVII. 2. *L. Roß* Inselreisen 1,44ff. 3. *Philipps.-Kirst.* 4,119ff. 4. *O. Rubensohn* Paros I–III, MDAI(A) 25, 1900, 341ff. 26, 1901, 157ff. (Topogr.). 27, 1902, 189ff. (Pythion und Asklepieion). 5. *Ders.* Der jon. Burgtempel auf P., AA 38/39. 1923/24, 278ff. 6. *Ders.* Die praehist. und frühgesch. Funde auf dem Burghügel von P., MDAI(A) 42, 1917, 1ff. 7. *Ders.*, RE XVIII, 2. H., 1781ff. 8. *L. Guerrini* Enc. arte ant. 5, 1963, 961f. 9. *Kirsten-Kraiker* Griechenlandkunde[5] 1967, 515ff. 834f. 890 (Lit.). 10. *O. Rubensohn* Das Delion von P. 1962. 11. *E. Löwy* Ant. Skulpturen auf P., AEMÖ 11, 1887, 147ff. 12. *O. Rubensohn* Par. Künstler, JDAI 50, 1935, 49ff. 13. *A. J. Gossage* The family of Prosthenes at P., RhM 94, 1951, 213ff.

Parparos (*Πάρπαρος*), Örtlichkeit des legendären Kampfes zwischen Spartanern und Argeiern in der → Kynuria, zu dessen Andenken Sparta das Fest der Parparonia feierte. Anecd. Bekk. 1408. Hesych. Athen. 15,678 BC. Plin. nat. 4,17. Die Stelle des Polyandrion ist nun inschr. gesichert gleich s. des Kamms der Zavitsa, *Πρακτ.* 1950, 237. E. M.

Bölte, RE XVIII, 2. H., 1872f.

Parrhasia, Parrhasioi (*Παρρασία, -ιοι*), größter Unterstamm der Arkader im w. Arkadien, urspr. das gesamte s. und w. Arkadien umfassend mit dem Hauptheiligtum des Zeus auf dem Lykaion, bei Paus. 8,27,4 nur noch der W.-Teil der Ebene von Megalopolis. Dichterisch oft für arkad. allgemein. Münzen des 5. Jh. v. Chr. Head HN[2] 451. E. M.

1. IG V 2 S. VIII 83ff. 2. *E. Meyer*, RE XVIII, 2. H., 1030ff.

Parr(h)asios (*Παρράσιος*), Sohn und Schüler des Euenor, von Ephesos, Maler. P. wird zusammen mit → Zeuxis und → Apelles (4) zu den bedeutendsten Malern der Ant. gerechnet (z. B. Quint. inst. 12,10,4. Diod. 26,1). Er arbeitete fast ausschließlich in Athen, etwa von 440–390. Zahlreiche Werke des fruchtbaren (Plin. nat. 35,71) P. werden erwähnt. Gerühmt wird sein Naturalismus (Plin. nat. 35,65), die Feinheit seiner Konturen, seine Proportionen (Plin. nat. 35,67). Er malte vor allem Götter und Heroen, die er im Sinne seiner Z. zu Charakterdarstellungen formte. Er behauptete, die Grenzen der Malerei gefunden zu haben, was ihm Zeuxis bestritt (Aristeid. 28 (49), 88f. Keil). Erhalten ist nichts von P., Kopien nach seinen Bildern sind nicht sicher nachweisbar.

W. H. G.

Parricidas. Nach Fest. 221 lautete eine *lex* des Numa Pompilius: *Si quis hominem liberum dolo sciens morti duit, paricidas esto.* Außerdem wird dort von *quaestores parricidii* berichtet, die zur Untersuchung in Kapitalsachen zuständig sein sollten. Im Anschluß hieran ist über das Wort p. viel gerätselt worden. Schon röm. Schriftsteller hatten das Wort etym. erklären wollen (von *patricida* = Vatermörder). Seit etwa 1886 sind immer neue Deutungsversuche vorgelegt worden, anknüpfend an angebliche griech., etr. oder indogerman. Wurzeln. Ein überzeugendes Ergebnis hat das alles nicht gebracht (vgl. W. KUNKEL Unt.en zur Entwicklung des röm. Kriminalverfahrens in vorsullan. Z. 1962, 39 f.). Daher muß sich die jurist. Deutung an Fest. 221 halten, wonach die *quaestores parricidii* für alle Kapitalsachen zuständig waren. Daher meint auch das *paricidas esto* des Numa wohl jeden Mord. Die Bedeutung der Norm besteht darin, daß sie die (bekannte und daher einer ausdrücklichen Erwähnung nicht bedürftige) Todesstrafe auf die vorsätzliche *(dolo sciens)* Tötung beschränkte (so KUNKEL a.O.). D. M.

Pars antica, postica, t. t. der röm. → Augurn und Feldmesser = »vor« resp. »hinter dem Beschauer liegend« und je nach Theorie mit den verschiedenen Himmelsrichtungen identifiziert. H. Ch.

Marqu., RStV 3² 402f. *E.Fabricius*, RE XIII 685 ff.

Partheniai (*Παρθενίαι*), »Jungfräuliche« oder »Jungfrauensöhne« hießen die spartan. Auswanderer, die 706 v.Chr. → Tarent gründeten. Ihre Auswanderung war eine Nachwirkung des 1. Messen. Krieges. Die an den Namen P. anknüpfenden Einzelheiten der Überlieferung (Antiochos FGrH 555 F 13. Ephoros FGrH 70 F 216. Aristot. pol. 5,1306 b 27 u.a.) bilden ein kaum entwirrbares Knäuel (F. KIECHLE Messen. Studien, 1959, 8,3). Vielleicht gehören die P. in den Bereich der → Dekate und des → ver sacrum (F. TAEGER Charisma 1, 1957, 45. 193. F. BÖMER Unters. üb. die Rel. der Sklaven 3, 1961, 22 f. H. B.

T.J.Dunbabin The Western Greeks, 1948, 29–31. *J.Bérard* La colonisation grecque de l'Italie méridionale, ²1957, 162–171. *G.L.Huxley* Early Sparta, 1962, 37f. *F.Kiechle* Lakonien und Sparta, 1963, 176f.

Parthenias (*Παρθενίας*), r. Nebenfluß des Alpheios ö. v. Olympia, h. Bach von Bakireika (Lala), Strab. 8,3,32 p. 357. Paus. 6,21,7. E. M.

E.Meyer, RE XVIII, 2. H., 1886.

Parthenion (*Παρθένιον*). Niedrigster Teil der argiv.-arkad. Grenzgebirge, daher oft genannt als Hauptübergang nach Arkadien, bis in die Neuzeit noch Parthéni, weniger als 1000 m hoch mit drei Übergängen von zwischen 753 und gegen 900 m Höhe, Schauplatz der Begegnung des athen. Läufers → Philippides mit Pan, Hdt. 6,105,1 ff. Paus. 8,6,4. 54,6 f. E. M.

E. Meyer, RE XVIII, 2. H., 1887ff. Suppl. XI 1033.

Parthenios (*Παρθένιος*). **1.** P. aus Nikaia, Sohn des Herakleides und der Eudora, Dichter. Er kam im 3. Mithridatischen Krieg (im J. 73 ?) als Gefangener eines Cinna nach Rom und wurde freigelassen (Suda). Erhalten *Ἐρωτικὰ παθήματα* in Prosa, → Cornelius Gallus (II 20) zur poet. Verwendung gewidmet. Die Literaturangaben in den Überschriften nicht von P. (BARTOLETTI, RFIC 76, 1948, 34 f.). Poetische Werke (nur Frg.): Elegien: *Ἀρήτης ἐπικήδειον* (*τῆς γαμετῆς*), Frg. mit Sch. (Codex des 4. [?] Jh.: R. PFEIFFER Ausgew. Schriften 133 ff.). *Ἀρήτης ἐγκώμιον* in 3 B. *Ἐπικήδειον εἰς Ἀρχελαΐδα. Ἀφροδίτη. Βίας* (*ἐπικήδειον*). *Δῆλος. Κριναγόρας. Λευκάδιαι.* Frg. eines Epikedeions auf Timandros mit Sch. (Codex des 3./4. Jh.): METTE, RhM 107,1964, 299 ff. Metrum unsicher: *Ἀνθίππη. Ἐπικήδειον εἰς Αὐξίθεμιν. Εἰδωλοφανής. Ἡρακλῆς. Ἴφικλος. Μεταμορφώσεις* (für Geschichte der Skylla nicht Quelle der Ciris: EHLERS, MH 11, 1954, 65 ff.). *Προπεμπτικόν.* Die spärlichen Frg. lassen Anlehnung an → Kallimachos und → Euphorion erkennen. Wegen Schmähung Homers wird der tote P. von Erykios Anth. Pal. 7,377 angegriffen. Einfluß auf lat. Dichter seiner Zeit: Gallus, Vergil (Georg. 1,437; Macr. Sat. 5, 17,18), vermutlich Calvus (MARTINI p. 11), Cinna (frg. 21). → Hadrian ließ sein Grabmal erneuern. Noch → Nonnos hat P. gelesen (Dion. 26,357). R. K.

Ausg.: *Martini* 1902. Anth. lyr. 2,240ff. – *Aug. Rostagni*, Scritti min. 2,2,49ff. *Cazzaniga*, Studi class. e orient. 10, 1961, 44ff.

2. P. aus Arelate, Neffe des → Ennodius, der ihn um 510 nach Rom schickte und ihn führenden Adligen empfahl (Ennod. epist. 5,9 ff. 7,30 f.). **3.** P., Enkel des Kaisers → Avitus, kam um 505 zu → Caesarius (4) nach Arelate, wurde um 530 *patricius* und *praefectus praetorio.* Unter dem Frankenkönig Theodebert wurde der sehr gebildete P. *mag. officiorum* und führte Verhandlungen mit den Ostgoten. Bald nach 547 wurde P. ermordet (Arator, epist. ad P. CSEL 72; negativ: Greg. Tur. 3,36). A. L.

4. P., Gramm. um 100 n.Chr. Das einzige uns mit Namen bekannte Werk hieß *περὶ τῶν παρὰ τοῖς ἱστορικοῖς λέξεων ζητουμένων*, in mindestens 2 B. Die meisten Frg. liefert Athen., der sie wohl → Pamphilos verdankt. Über ihn und → Diogenianos (2) gelangten auch einige Glossen P.' zu → Hesychios. Bei ihm und Athen. sind wahrscheinlich noch einige nicht mit P.' Namen bezeichnete Historikerglossen auf P. zurückzuführen. O. D.

v.Blumenthal, RE XVIII, 2. H., 1899f.

5. P., Fluß in Paphlagonien, mündet 150 Stad. ö. von Tieion in den Pontos Eux. (h. Bartinsu); Grenzfluß zwischen Bithynien und Paphlagonien. Sein Name, wohl einheim. Herkunft, ist oft Anlaß poet. Deutung gewesen.

Il. 2,854. Hes. theog. 344. Hdt. 2,104. Xen. an. 5,6,9. Skymn. 968. Arr. per. p. Eux. 13,5. 14,1 u.ö. Chr. D.

F.K.Dörner, RE XVIII 2. H., 1893 ff. *Danoff* Pontos Eux., RE Suppl. IX 926.

Parthenius. (Ti. Claudius) P., Freigelassener Neros, CIL VI 8761, dem Domitian das Amt *a cubiculo* und das Kommando über die Palastwache übertrug, Cass. Dio 67,15,1. Gönner Martials, 4,45. 78,8. 5,6 u. a. Am 18. Sept. 96 war er führend an der Ermordung Domitians beteiligt, Suet. Dom. 17,2, und setzte sich für die Wahl Nervas ein, Eutr. 8,1,1. Epit. Caes. 12,2. Die vom Gardepraefekten aufgehetzten ·Praetorianer ermordeten P. im J. 96, Cass. Dio 68,3,3. Aur. Vict. Caes. 11,9–11. R. H.

Parthenoi (*Παρθένοι*). Jungfrauen, die als »Nothelferinnen« (*σώτειραι*) ihr Leben freiwillig (oder unfreiwillig) für das Vaterland opferten und dafür heroisiert wurden. Rel. geschichtl. sieht man hierin eine abgeschwächte Form des Menschenopfers. Berühmte P.: **1.** Die → Hyakinthiden, Töchter des Lakedaimoniers → Hyakinthos, in Athen geopfert. Apollod. 3,212. Hyg. fab. 238. Diod. 17,15.2. S. → Lytaia. **2.** Die Töchter des → Erechtheus und der Praxithea. Im Kampf gegen den Thraker Eumolpos, der den Eleusiniern zu Hilfe kam, mußte Erechtheus eine Tochter opfern; da aber alle geschworen hatten, einander nicht zu überleben, starben alle (außer → Kreusa 2). Eur. Ion 277 f. frg. 360. Lykurg, Leokr. 98 ff. Apollod. u. Hyg. a. O. Cic. nat. 3,50 u. s. **3.** Die Töchter des Leos, des Heros der att. Phyle → Leontis. Als das Orakel bei Hungersnot das Opfer einer Bürgerstochter verlangte, gab er alle 3 Töchter hin. Diese Leokorai wurden in dem → Leokorion auf dem Markt verehrt. Plut. Phok. 10. Diod. und Cic. a. O.

Die Wesensverwandtschaft dieser und anderer Gestalten führte zu gegenseitiger Verflechtung und zu Verwechslung mit andern Mythen. So traten z. B. an die Stelle der Töchter des Erechtheus die des Kekrops o. I 133,48. III 175,37. Überhaupt gab es zahlreiche Mythen von der Heroisierung von P. durch Opfertod. Jungfräulichkeit wurde offenbar als Kraft- und Segensquell angesehen. G. Herzog-Hauser, RE XVIII, 2. H., 1909 erinnert an → Iphigeneia, → Makaria, → Menippe (3) und Metioche, die Töchter Orions, die des theban. Königs Antipoinos (Paus. 9,17,1) u. a. H. v. G.

Fehrle Die kult. Keuschheit im Alt., RVV 6. *Schwenn* Die Menschenopfer bei den Griechen und Römern, RVV 15,3.

Parthenon s. Athenai

Parthenopaios (*Παρθενοπαῖος*). Argol. oder arkad. Held, einer der → Sieben gegen Theben, dessen Schicksale, z. T. nach der kykl. → Thebais, in Aischyl. Hept., Eur. Phoin. und Suppl. und in Statius' Thebais dargestellt werden. Sohn des Talaos und der → Lysimache (Apollod. 1,103. Paus. 2,20,5), oder Sohn der Atalante von Ares oder Melanion oder Meleagros (Apollod. 3,63. 109. Hyg. fab. 70. 99). Bei den 1. nem. Spielen siegt er im Bogenkampf, Apollod. 3,66. Sein Kampf in Theben wird ausführlich erzählt in Eur. Phoin. 1154 ff. Er fällt durch Aktor (Aischyl.) oder Periklymenos (Eur.) oder Asphodikos (Paus. 9,18,6) bzw. Amphidikos (Apollod. 3,74). Sein Sohn → Promachos (oder Tlesimenes) zog mit den Epigonen gegen Theben. Prell.-Rob. 2,914 f. H. v. G.

Parthenope (*Παρθενόπη*). **1.** Eine der 3 unterital. Sirenen, Ps. Aristot. de mir. ausc. 103, Tochter des → Acheloos oder des Eumelos, des Stadtheros von Neapel, das ihre bes. Kultstätte war, Dionys. Perieg. 357. Dort soll ihr Leichnam, nachdem sie sich ins Meer gestürzt hatte, an Land gespült u. an ihrem Grabmal sollen Spenden u. Stieropfer jährl. dargebracht worden sein. Lykophr. 717 ff. Strab. 1,23. 26. 5,246. Seit 433/32 fanden ihr zu Ehren Fackelläufe statt, Sch. Lykophr. 733. **2.** Dichter. Name für Neapel seit Verg. georg. 4, 564 und Vergils Grabschrift. Von der Sirene hergeleitet, Plin. nat. 3,62. Nissen It. Ldk. 2,748. Auch eine der Sireneninseln hieß P., Ps.-Aristot. a. O. 97, h. li Galli Nissen a. O. 767. **3.** P. und Metiochos, Helden eines Liebesromans, von dem Stücke auf Pap. des 2. Jh. n. Chr. gefunden wurden. Lesky GgrLit. ^{2}919. Zimmermann Griech. Romanpap. Heidelb. 1936. H. v. G.

Parthenos (*Παρθένος*, *Virgo*. S. → Parthenoi). **1.** Epiklese vieler Göttinnen, bes. Artemis-Diana und der ihr angeglichenen (Selene, Kybele, Hekate, Virgo Caelestis), der Athena (vgl. Parthenon; *παρθένοι* hießen auch die att. Münzen, Poll. 9, 74) und der Hera.

Prell.-Rob. 1,320 f. 197,1. 170,6. *Wilam.* GldH 1,238 f. *K. Kerényi* Das göttliche Mädchen, Alb. Vig. 8/9, 1941. *Ders.* Die Jungfrau und Mutter der griech. Rel. Alb. Vig. 12, 1952.

2. Einzelgöttinnen ohne Individualnamen, vor allem in der Stadt → Chersonesos (3), der sie als Schirmherrin durch Epiphanien beisteht, mit deren berühmtester 25/24 v. Chr. eine neue Ära der Stadt begann *βασιλευούσας Παρθένου*. Sie ist weder mit Artemis noch mit der Menschenopfer fordernden taur. P. gleichzusetzen. Strab. 7,308. E. Diehl, RE XVIII 2. H. 1957 ff. **3.** → Sternbild, wohl erst in hellenist. Z. mit → Erigone oder mit → Dike *(Iustitia)* gleichgesetzt. Dargestellt mit Ähre, Traube oder Waage. Sie flieht im eisernen Z. alter in die Einsamkeit und dann an den Himmel, von wo sie im neuen goldenen Z. alter wiederkehrt. S. → Astraia, Arat. Phain. 96 ff. (anders Hes. erg. 199). Ov. met. 1,149, fast, 1,249. Verg. georg. 2,474; ecl. 4,6. Nonn. Dion. 47. H. v. G.

R. Hanslik Themis und Dike. Opusc. Vindob. 1929.

Parthia (*Παρθία* Plut. Ant. 55. *Παρθυαία* Pol. 5,44,4. Strab. 11,514; *Παρθυηνή* zum Unterschied vom parth. Großreich Pol. 10,28,7. Strab. 11,514; altpers. *Parthawa* Debevoise 5,19. Frye

100f.), Landschaft s.ö. des Kasp. Meeres im Iran (h. Chorassan), begrenzt im N. von → Hyrkanien, im O. von → Margiane, → Areia und → Drangiane, im S. von → Karmanien, im W. von → Medien, Keim des parth. Großreiches, das in fast 500jähr. Gesch. mächtiger Gegner der Seleukiden und Römer wurde. Karte CAH 11,105. Das Stammland war mit Wald und Dickicht bedeckt, rauh und gebirgig, arm, hatte Wüsten und wenige fruchtbare Täler, aber für den Durchgangshandel nach China Bedeutung. Strab. 11,514. Plin. nat. 6,24. 29. Amm. 13,6. Mit Hyrkanien war P. unter → Dareios I. (1) eine Satrapie. Hdt. 3,93. Alexander d. Gr. behielt die pers. Satrapie P. bei. BERVE ALEX. 1,264f. Im Seleukidenreich bildete P. ebenfalls eine Satrapie. Arr. FGrH 156 F 30. Unter Seleukos II. machte sich um 246 der Satrap Andragoras selbständig. Iust. 41,4,7. Seine kurze Herrschaft beseitigte der Einbruch der Parner, eines iran. Reitervolkes, das vom Ochos (h. Tejend) kam. Strab. 11,515. H. SCHMITT Unt. zur Gesch. Antiochos' d. Gr. 1964, 73ff. Mit dem Land übernahmen sie den Namen Parther. Die Entstehung dieses Partherreiches, die Genealogie und Chronologie der ersten Herrscher sind dürftig überliefert und umstritten. Nach dem Staats- und Dynastiegründer → Arsakes I. hatten alle Könige den Thronnamen Arsakes, Sondernamen der Herrscher begegnen erst im 2. Jh. Iust. 41,5,6. Strab. 15,702. J. WOLSKI L'historicité d'Arsace Ier, Hist. 8, 1959, 222ff.; Arsaces II et la généalogie des premiers Arsacides, Hist. 11, 1962, 138ff. Stammtafel der Arsakiden FRYE 530f. Die Arsakidenaera, erstmals für 141 belegt, datiert den Beginn der Unabhängigkeit auf den 1. Nisan (März/April) 247. Außenpolit. standen die Parther im W. unter dem Druck der Seleukiden, im O. unter dem der Steppenvölker, innenpolit. mußten sie die angetroffene, zunächst feindliche (Pol. 10, 31,11) griech.-maked. Bevölkerung für sich gewinnen. Mit den weiteren Eroberungen wanderten die Hauptstädte, auf Dara folgte die Grabstätte der ersten Herrscher Nisaia oder Parthaunisa am NO.-Rand der Satrapie, dann Hekatompylos, → Ekbatana, → Seleukeia (Tigris), → Ktesiphon und → Vologesokerta. Plin. nat. 6,122.

Zur gleichen Zeit wurden die hellenistischen Einflüsse stärker. 209 drang → Antiochos III. (4) nach Hekatompylos vor, Arsakes II. (209–191) mußte vertraglich die seleuk. Oberhoheit anerkennen. Iust. 41,5,7. Pol. 10,28ff. SCHMITT 89. Arsakes III. (191–176) setzte den Beinamen Phriapatios auf Mz. als *Φιλοπάτωϱ* und fügte *Φιλέλλην* hinzu. Phraates I. (176–171) *Θεοπάτωϱ* eroberte Komisene und Choarene mit → Apameia (5). Sein Bruder Mithradates I. (171–138) besetzte, da → Antiochos IV. (5) starb, Elymais, Babylonien und Medien und eroberte Seleukeia (Tigris) und Susa. Als er → Demetrios II. (6) geschlagen, gefangen und mit seiner Tochter Rhodogune verheiratet hatte, gewann er die Unabhängigkeit von den Seleukiden, nahm, Herr des Iran, in der Tradition der Achaimeniden den Titel Großkönig an, entriß im O. Eukratides Teile des baktr. Reiches, drang bis zum Indus vor und begründete die parth. Großmacht. Diod. 33,18. Iust. 41,6,6ff. E. WILL Histoire polit. du monde héllénist. 2, 1967, 336ff. 347ff. Den Versuch des → Antiochos VII. (8), Iran zurückzuerobern, vereitelte Phraates II. (138–128), der eine Tochter des gefangenen Demetrios II. heiratete. Er und Artabanos I. (128 bis 123) fielen im Kampf gegen die Steppenvölker des O., die Saken und die Tocharer. Iust. 42,1,1ff. → Mithradates II. (123–87) der Große stellte die parth. Herrschaft im O. wieder her, gewann das zeitweilig verlorene Mesopotamien zurück, erwarb Armenien als Vasallenkönigreich, das später zum Zankapfel zwischen Römern und Parthern wurde, und trat als erster Partherkönig in Verbindung mit Rom. Sein Gesandter Orobazos handelte mit Sulla am oberen Euphrat gegenseitige Neutralität aus. K. H. ZIEGLER Die Beziehungen zwischen Rom und dem Partherreich 1964, 20ff. Phraates III. (69–57) vereinbarte vertraglich mit Lucullus 69 und Pompeius 66 die Euphratgrenze zwischen Rom und Parthien, da die röm. und parth. Interessen sich gegenüber den gemeinsamen Feinden Mithradates VI. und → Tigranes von Armenien deckten. Seit der Einrichtung der röm. Provinz Syria kam es immer wieder beiderseits zu Angriffen und Kampfpausen ohne dauerhafte Lösung. → Crassus (2) bezahlte 53 seinen rechtswidrigen Angriff bei → Karrhai mit dem Leben und dem Verlust seines Heeres. Zur Bedeutung dieser röm. Niederlage D. TIMPE, MH 19, 1962, 104. → Pakoros, Sohn des → Orodes II. (57–37), fiel 51 in Syrien ein. Pompeius bemühte sich während seines Kampfes mit Caesar vergeblich um ein Bündnis mit Orodes, da er ihm Syrien nicht abtreten wollte. Cass. Dio 41, 55,4.42,2,5. Iust. 42,4, 6. Caesar wurde ermordet, bevor er den geplanten Partherzug beginnen konnte. Den folgenden Bürgerkrieg nutzten die Parther aus. Pakoros und → Labienus, der sich auf Mz. *Parthicus Imp(erator)* nannte, vernichteten 40 → Decidius (3) Saxa und sein Heer, Labienus eroberte Kleinasien, Pakoros Syrien. Aber → Ventidius Bassus gewann 39 die Gebiete zurück, Pakoros verlor 38 bei Gindaros Schlacht und Leben, Ventidius feierte in Rom als erster einen glänzenden Triumph über die Parther. DEGR. J XIII 1 (1947) 86f. 342f. 569. → Phraates IV. (38–32), zu dessen Gunsten sein Vater Orodes abdankte, ließ ihn, seine Brüder und seinen Sohn umbringen, zwang 36 → Antonius (9) zur verlustreichen Aufgabe des Feldzuges, den er von Armenien mit Hilfe des → Artavasdes (1) unternommen hatte, und brachte Atropatene, den NW. Mediens, unter die parth. Oberhoheit. Ständig bedroht durch Adelsrebellionen und den Gegenkönig Tiridates, dem Rom in Syrien Asyl gewährte, schloß Phraates 20 mit Augustus einen Friedensvertrag, gab Gefangene und Feldzeichen aus der Schlacht von Karrhai zurück, verzichtete auf Armenien und erhielt dafür Sicherheit vor Tiridates und Bestätigung der Euphratgrenze. 10 v. Chr. schickte er 4 Söhne und ihre Familien als »Unterpfänder der Freundschaft« nach Rom. Res g. c. 32. Daß Rom das Partherreich als gleichrangig im internationalen Rechtsverkehr anerkannte, zeigt das partität. Zeremoniell 1 n. Chr. bei dem Treffen zwischen Gaius Caesar (Iulius → 23) und Phraates V. (2 v. Chr. bis 4 n. Chr.). Vell. 2,101. Ziegler 53ff. Nach der Vertreibung des Phraates und Ermordung seines Nachfolgers Orodes III. (4–7) erbat sich ein Teil des parth. Adels → Vonones I. (7–12), den ältesten in Rom weilenden Sohn des Phraates IV., von Augustus zum Herrscher. Res g. c. 33. Vonones wurde von → Artabanos (9) III. (12–38), der aus einer arsakid. Nebenlinie stammte, verjagt und von den Römern interniert, da Artabanos unter Verzicht auf Armenien den status quo vertraglich mit → Germanicus (2) bekräftigte. Er hielt sich gegen den von Rom gesandten Tiridates und bestätigte 37 L. Vitellius den bestehenden Vertrag. Nach dem Bürgerkrieg zwischen → Gotarzes (38–51) und → Vardanes (39 bis 47), dem Sohn des Artabanos, setzte → Vologaeses I. (51–80) seinen Bruder Tiridates als König in Armenien ein. Nach Feldzügen des Cn. → Domitius (9) Corbulo und Verhandlungen kam es zu einem Kompromiß: Mit der Krönung des Tiridates durch Nero 66 in Rom wurde die röm. Oberhoheit über die parth. Sekundogenitur anerkannt. Ziegler 73ff. In der Folge waren die Parther mit internen Machtkämpfen und durch Einfälle der Alanen im NO. beschäftigt. Erst unter → Osrhoes (110–128) kam es wegen Armenien zu dem Partherkrieg Traians. Traian besetzte 115/116 Armenien, Mesopotamien und die parth. Hauptstadt → Ktesiphon, wo er den Arsakidenthronsessel erbeutete. Mit der Einrichtung der Provinzen Mesopotamia und Assyria schien die parth. Großmacht vernichtet. Traian krönte Parthamaspates, den Sohn des Osrhoes, zum König der Parther. Cass. Dio 68, 30,3. Ziegler 97ff. Hadrian gab aber 117 die Eroberungen Traians auf, schloß mit Osrhoes Frieden und begnügte sich mit der Euphratgrenze und der Oberhoheit über Armenien. Vologaeses III. (148–192) besetzte 162 Armenien, Kappadokien und Syrien, wurde aber 163 von Avidius Cassius bei Dura-Europos geschlagen. Seleukeia und die parth. Königsburg in Ktesiphon wurden zerstört. Vologaeses IV. (192–207/08) herrschte nur noch in Babylonien, 198 eroberte Septimius Severus Babylon, Seleukeia und Ktesiphon, Vologaeses floh in den Osten. Seit 213 stritt Vologaeses V. (209–222/23) mit seinem Bruder Artabanos V. um den Thron. Caracalla bat Artabanos um die Hand seiner Tochter, um durch ein dynast. Ehebündnis das Partherreich mit dem röm. Reich zu

vereinen. Cass. Dio 79,1,1. Herodian. 4,10. Ziegler 133f. Als der Vorschlag zurückgewiesen wurde, begann Caracalla 216 den Krieg und ließ in Medien die Gräber der parth. Könige öffnen und die Gebeine verstreuen. Cass. Dio 79,1,1f. Nach der Ermordung Caracallas und der verlustreichen Schlacht bei → Nisibis schlossen → Macrinus und Artabanos 218 Frieden. NW.-Mesopotamien blieb röm. Provinz, Armenien unter formeller röm. Oberhoheit weitgehend unabhängig, Rom zahlte den Parthern 200 Mill. Sesterzen als Kriegsentschädigung. Cass. Dio 79,26,8. 27. Herodian. 4,15,8f. Hatte sich Artabanos mit Rom verständigt, so kämpfte er seit 220 gegen seinen Vasallen Ardaschir, den Enkel des Sasan, der sich zum König der Persis aufwarf. Artabanos, der 215 den Satrapen von Susa mit dem Ring der Herrschaft belehnte (Relief Ghirsman 56,70), wurde in der Susiana am 28. April 224 geschlagen und getötet. Felsrelief des Kampfes Ghirsman 125, 163. Mit seinem Sohn Artavasdes, der weiter focht und 227 in Ktesiphon getötet wurde, endete das Arsakidenhaus und das Partherreich. Das neupers. Reich unter den Sasaniden folgte. Die in seiner Geschichte offenbare Anfälligkeit des Partherreiches erklärt sich aus der losen staatlichen Struktur mit iran. und griech. Tradition. Der schwachen königlichen Zentralgewalt gegenüber verfügte die feudale Aristokratie über die Königswahl und die wichtigsten oft in einer Familie erblichen Ämter. Strab. 11,515. Das Land zerfiel in Großbezirke unter Strategen und Provinzen unter Satrapen. Weitere Amtstitel bei Frye Pers. 382f. Plin. nat. 6,112 nennt 18 *regna*, 11 »obere« und 7 »untere«, getrennt durch die Kasp. Tore. Die Autonomie der griech. Städte war durch königl. Strategen und Richter bsechränkt. H. Bengtson Die Strategie 2, 1944, 277ff. Die Amtssprache war griech. C. B. Welles Royal corresp. 1934, 299,75 (Brief des Artabanos III. an Seleukeia am Eulaios [Susa]). Zur Aufführung griech. Tragödien am Hofe Plut. Crass. 33. Zu griech. Legenden der Mz. treten seit Vologaeses I. solche in parth. Sprache (Pahlavi). Die von Kopf bis Fuß gepanzerten Lanzenreiter waren ebenso gefürchtet wie die berittenen Bogenschützen, für die Lastkamele den Vorrat an Pfeilen trugen. Cass. Dio 40,15ff. F. Altheim Weltgesch. Asiens im griech. Zeitalter 2, 1948, 28ff. Jeder Großgrundbesitzer stellte dem König im Kriegsfall aus seinen hörigen Bauern und Sklaven eine Truppe, → Surenas bei Karrhae 10000 Mann. Plut. Crass. 21,7. Das Partherheer gegen Antonius hatte nur 400 *liberi* unter dem Aufgebot von 50000 Reitern. Iust. 41,2,6. N. C. Debevoise A polit. hist. of P. 1938. R. N. Frye Persien 1963; in Fischers Weltgesch. 8, 1966, 250ff. B. W. Henning, HB der Orientalistik 1,4, 1958 zu parth. Inschr.

Zur parth. Kunst mit dem Prinzip der Frontalität und dem Motiv des fliegenden Galopp, dem

Städtebau usw. R. Ghirsman Iran. Parther und Sasaniden 1962. A. Godard L'art de l'Iran 1962.

Mz. Head HN² 817ff. Ghirsman Abb. 135ff. R. H. McDowell Coins from Seleucia on the Tigris 1935. Le Rider Suse sous les Séleucides et les Parthes, Memoires de la mission archéol. en Iran 38, 1965, 302ff. H. V.

Parthini *(Partini, Partheni, Παρθῖνοι, Παρθεηνᾶται)*, illyr. Volksstamm im Hinterlande von → Dyrrachion; ihr Siedlungsgebiet reichte bis in die Nähe des Ochridasees. Die in Dalmatien erwähnten *Partheni* darf man mit den makedon. *Parteni* nicht gleichsetzen (Plin. n. h. 3,143). App. civ. 4,373 u. 5,320 *Παρθηνοί*. Um 39 v. Chr. feierte C. Asinius Pollio einen Triumph *ex Parthineis.* Schon 230 v. Chr. wurden die P. zu einem Freundschaftsverhältnis mit den Römern gezwungen (Pol. 4,11. 7,9,13). Für Rom diente das Land der P. in den Kriegen gegen die Makedonen als Nachschubraum. Liv. 44,30,13 erwähnt die *Parthinorum iuventus* mit 2000 Mann zu Fuß u. 200 zu Pferd im J. 168 v. Chr. Pompeius hatte gegen Caesar als Hilfstruppen ein *praesidium Parthinorum* (Caes. civ. 3,11,3. 42,5) und erhielt Lebensmittel (48 v. Chr.) von ihnen. Octavianus (34 v. Chr.) brachte die P. wieder zur Ruhe (App. 3,46). Caesar (civ. 3,11,3) erwähnt die P., die unter starkem griech. Handelseinfluß gelebt hätten, als *Graeci.* Nach der Unterwerfung wurden die P. durch die Römer als *civitas* organisiert. Liv. 43,23 (z. J. 168 v. Chr.) *per Parthinorum socias urbes* (Städtebund!). Die Dekurieneinteilung der *civitates* geht auf die Gliederung der vorröm. Sippengesellschaft zurück. Die Verwaltungseinheit der P. wurde schon unter Augustus aufgelöst, das Stammesgebiet der P. ging z. T. in der Kolonie Dyrrachium auf. Siedlungen der P. befinden sich, vor allem in SO. Herzegowina, mit dem Hauptort *Πάρθος*. Ein Fort namens *Παρθίων* wurde von Kaiser Iustinianus erneuert. Der illyr. Gott der P. erscheint als Beiname des Iuppiter *(I. O. M. Partinus)* in 2 Inschr. (CIL III 8353. 14613) noch in der 2. Hälfte 2. Jh. n. Chr. J. Sz.

E. Polaschek, RE XVIII, 2. H., 2029ff. *G. Alföldy-A. Mócsy* Bevölkerung u. Ges. der röm. Prov. Dalm. (Budap. 1965) 35. 38. 48. 64.

Partus abactio s. Abortio

Partus ancillae. Es war unter den röm. Juristen im 2. Jh. v. Chr. noch umstrittene (Cic. fin. 1,4,12), in klass. Z. einhellige Meinung, daß das Sklavenkind grundsätzlich nicht → *fructus* seiner Mutter sei. Jedoch wurde diese Regel nur dort angewandt, wo die Früchte einem anderen zufallen als dem Eigentümer der Muttersache, z. B. beim Nießbrauch. In den übrigen Fällen, z. B. wenn die Sklavin zu einer herauszugebenden Erbschaft gehörte, teilte der *p. a.* das rechtliche Schicksal der Mutter. Die jurist. Behandlung des *p. a.* läuft darauf hinaus, das Eigentum an Sklavin und *p. a.* möglichst ein und derselben Person zuzuweisen und damit das faktische Zusammenbleiben von Mutter und Kind zu begünstigen, wodurch der wirtschaftl. Wert des *p. a.* erhalten und gesteigert wird. Die in manchen Quellen (Gai. Dig. 22, 1,28,1 [vgl. Aristot. Pol. 1,3,7]. Ulp. Dig. 7,1,68, p) angeführten philos. Gründe waren schwerlich ausschlaggebend. E. Bu.

M. Kaser, ZRG 75, 1958, 156ff.

Partus suppositus. Das als ehelich ausgegebene Kind, das in Wahrheit ein außereheliches Kind der Ehefrau (Tac. ann. 3,22) oder ein Kind einer dritten Frau ist. Bis ins 1. Jh. v. Chr. scheinen Maßnahmen gegen Kindesunterschiebung ausschließlich familieninterne Angelegenheit des → *pater familias* gewesen zu sein. Ob man gegen familienfremde Dritte gerichtlich vorgehen konnte, bleibt ungewiß (alleiniger Anhaltspunkt: Plaut. Truc. 762f.). Die Juristen der Kaiserzeit behandelten die Kindesunterschiebung als mit öffentlicher Strafe bedrohtes → *falsum;* jedoch ist nicht erwiesen, daß der Text der *lex Cornelia de falsis* die *suppositio partus* eigens erwähnte. Der Verhinderung der Kindesunterschiebung durch die geschiedene Frau diente die durch das *S. C. Plancianum* (vor Hadrian) eingeführte *ventris custodia* (Ulp. Dig. 25,3,1). Wurde die Ehelichkeit eines unmündigen Erben angezweifelt, so erteilte ihm der Prätor die vorläufige *bonorum possessio ex Carboniano edicto* und verfügte den Aufschub des Verfahrens über die Ehelichkeit *in tempus pubertatis* (Ulp. Dig. 37,10,1, p.). E. Bu.

C. Brecht, RE XVIII, 2. H., 2048ff. *G. Kleinfeller*, RE IV A 952. *Mommsen*, RStrR 676. 680.

Parysatis (*Παρύσατις*; pers. bei Strab. 16, 785 *Φάρζιρις*, keilinschriftl. *Purušātu*, J. v. Prasek Gesch. d. Meder und Perser 2, 1910, 172). **1.** Tochter des → Artaxerxes I. (1), gebar dem Bruder → Dareios (2) 13 Kinder. Unter den 5 Überlebenden war → Artaxerxes (2) und → Kyros (2). P. bevorzugte Kyros, rettete den des Verrats Angeklagten vor Artaxerxes, sorgte, als Kyros gefallen war, für die Bestattung, suchte Klearch zu retten und vergiftete Stateira, die Gemahlin des Artaxerxes. Nach Babylon verwiesen, am Hof wieder aufgenommen, erwirkte sie den Tod des Tissaphernes. Xen. an. 1,1,3f. 4,9. 4,27. Ktes. FGrH 688 F 15ff. 24ff. Diod. 14,80,6. Plut. Art. 1,2. 14ff. 23. Polyain. 7,16,1. **2.** Jüngste Tochter des → Artaxerxes III. (3), nach der Schlacht bei Issos gefangen, in Susa 324 mit Alexander d. Gr. vermählt. Arr. an. 7,4,4. Curt. 3,13,12. H. V.

Pasargadai (*Πασαργάδαι*, bereits in der Ant. vermutete – vgl. Anaxim. FGrH 72 F 19 –, allg. anerkannte Ableitung von pers. *Parsa gada* = Perserlager; vgl. die Schreibweise bei Curt. 5,6,10. 10,1,22). In maskuliner Verwendung die Bezeichnung des pers. Stammes, dem die Sippe der → Achaimenidai angehörte, in femininer Verwendung dagegen der Name der von → Kyros (2) zwischen 559 und 550 angelegten Stadt, in der wie der Gründer so sein Sohn, → Kambyses (2), residierten. Als → Dareios (1) 519 seinen Regierungssitz nach → Persepolis verlegte, verlor P. zwar seine administrative Bedeutung für das Reich, die geachtete Stellung als älteste pers. Residenzstadt blieb ihr aber. Die Ruinenstätte von P. ist eindeutig ausgemacht; denn es ist unbestritten, daß die ant. Grabanlage w. von Mâdar-i Sulaimân, einem Dorf in der iran. Provinz Fars am Ufer des Pulvâr – von den Einheimischen als Mashad-i Mâdar-i Sulaimân bezeichnet – mit dem Grabmonument des Kyros II. ident. ist, dessen Errichtung dieser noch zu Lebzeiten angeordnet hatte, das aber erst nach seinem Tode von Kambyses II. zu Ende geführt wurde: Zu gut stimmt die Beschreibung der ganzen Anlage durch Aristobulos (FGrH 139 F 51, vgl. Eustath. Schol. Dion. Per. 1069 = GGM II 396) mit den dort erhaltenen Überresten überein (vgl. u.a. F. SARRE, E. HERZFELD, Iran. Felsenreliefs, Bln. 1910, 166ff.; andere ant. Berichte geringerer Qualität bei Onesikritos FGrH 134 F 34. Strab. 15,730. Plut. Alex. 69,3–5). Gerade in der Begegnung mit diesem Grabmal des Kyros sollte sich die wesentliche Wandlung in der Einstellung Alexanders d. Gr. zu seinen Zielen dokumentieren, als er nämlich die während seiner Abwesenheit in Indien geplünderte Grabstätte wieder instand setzen und auf diese Weise deutlich werden ließ, daß er den Rachefeldzug der Griechen als abgeschlossen betrachte, und dem Gründer des Achaimenidenreiches als dessen Nachfolger seine Reverenz erwies (vgl. Arr. an. 6,29,2. 30,1f.; dazu *W. W. Tarn* Alexander d. Gr. 2,631). Weiterhin finden sich in dem der Forschung noch nicht vollständig erschlossenen Gebiet von P. neben manchen unbedeutenden Resten die Fundamente von drei Palastanlagen und Teile eines Brandopferturms, jeweils aus achaimenid. Z. [3]. E. O.

1. *H. Treidler*, RE Suppl. IX 777–799. 2. *A. Sami* Pasargadae, the oldest imperial capital of Iran, Shiraz 1956 3. *L. van den Berghe* Archéologie de l'Irān ancien, Leiden 1959, 20ff.

Paseas, Vater des → Abantidas, des Tyrannen von Sikyon. Als der Sohn einer Verschwörung zum Opfer fiel, übernahm P. 251/50 die Tyrannis, wurde aber nach einem Jahr von → Nikokles ermordet, der nun Tyrann wurde. Plut. Arat. 2,2. 3, 4. Paus. 2,8,2. H. BERVE Die Tyrannis bei den Griechen 1, 1967, 394. H. V.

Pasikles (*Πασικλῆς*). **1.** Athener, *380 v. Chr. als Sohn des reichen Bankiers → Pasion. Nach dessen Tod 370 wurde das Vermögen zwischen P. und dem älteren Sohn Apollodoros geteilt, Schildfabrik und Wechselstube an Phormion verpachtet (Demosth. 36,8f.), der im Testament zum Vormund P.' und Gatten von Pasions Gemahlin Archippe bestimmt war (Demosth. 36,8. 45,28. 46,21). 362 wurde P. mündig und erhielt die Wechselstube, sein Bruder die Fabrik (Demosth. 36,11. 37). Anscheinend war er 362–60 mit ihm Trierarch (Ps.-Demosth. 50,40. 58), stand aber später vor Gericht gegen ihn auf seiten Phormions, worauf er von Apollodoros gehässig verleumdet wurde (Demosth. 45,83f.). Als P. 340 die Trierarchie ablehnte, wurde er von Hypereides (Frg. 134–137 B) angeklagt. G. Do.

2. P. s. Eudemos

Pasion (*Πασίων*). **1.** P., aus Megara, brachte als Söldnerführer Kyros dem J. Truppen nach Sardes (Xen. an. 1,2,3). In → Myriandos am Meerbusen v. Issos verließ er heimlich das Heer des Kyros (Xen. an. 1,4,6ff.). **2.** P., * spätestens um 430 v. Chr., Sklave des Antisthenes und Archestratos (Demosth. 36,43. 45). Nach seiner Freilassung als Metöke im Bankgeschäft tätig (Anf. 4. Jh.; vgl. Isokr. 17), wurde er zu einem der größten Geldwechsler und Bankiers Athens, der mit bedeutenden Athenern (z. B. Timotheos) und Ausländern (z. B. Sopaios von Pontos) in Geschäftsbeziehungen stand und Verbindungen über ganz Griechenland hin hatte (Ps.-Demosth. 50,56). P. erhielt für Verdienste das att. Bürgerrecht (Ps.-Demosth. 46,15. 59,2. IG II^2 3039). Er leistete die Trierarchie und schenkte der Bürgerschaft 1000 Bronzeschilde aus seiner Schildfabrik (Demosth. 45,85). 372 war er noch tätig (Demosth. 49,29f.), dann verpachtete er Fabrik und Wechselgeschäft an seinen ehemaligen Sklaven Phormion (Demosth. 36,4. 11. 37. 51. 45,31). 370 starb er (Ps.-Demosth. 46,13) und hinterließ 2 Söhne Apollodoros und Pasikles; seine Gattin Archippe heiratete testamentsgemäß Phormion. G. Do.

Pasiphae (*Πασιφάη* »die Allscheinende« USENER Götternamen 57f. W. TECHNAU, JDAI 52, 1937, 99). Tochter des → Helios, Gattin des → Minos (Apollod. 3,7. ROSE Griech. Mythol. 174f.), verband sich mittels einer von → Daidalos verfertigten hölzernen Kuh (Diod. 4,77. Vgl. CH. PICARD, Rev. Num. 6, 1942, 15f.) dem von → Poseidon gesandten kret. Stier (Apollod. 2,94. 3, 8f. Vgl. W. FAUTH Hippolytos und Phaidra II, 1959, 69f.) und gebar den → Minotauros (»Minos-Stier« P. KRETSCHMER, Gl 19, 1931, 216; »Königs-Stier« [4], 16; »Stier-Mensch« A. VON BLUMENTHAL, Ztschr. f. Namenforschg. 16, 1940, 154ff. – Vgl. A. RUMPF Chalkid. Vasen, 1927, 13 Nr. 12. E. FIESEL Namen des griech. Mythos im Etruskischen, 1928, 80f. 95). Rückschlüsse auf eine kuhgestaltige Erscheinungsform der mediterranen Großen Göttin ([3], 151ff. COOK Zeus 1,464ff. Vgl. M. MARCONI, SMSR 18, 1942, 55) im → Hieros Gamos (vgl. [1], 73) mit einem göttl. verehrten Stier (E. PETERICH Theologie der Hellenen, 1938, 54. 279. A. LESKY Thalatta, 1947, 132f. [2], 178ff.) bzw. auf den Prototyp der minoischen Priesterkönigin in mag.-symbol. Kohabitation mit dem präferierten Opfertier ([4], 17ff.) bleiben unsicher, da das Faktum min. Taurolatrie (G. GLOTZ Civilisation Égéenne, 1952, 291f. [3], 181. 196. A. W. PERSSON Dragma M. P. NILSSON, 1924,

386. Rel. of Greece in Prehist. Times, 1942, 65ff. 91ff.) bzw. deren Ausstrahlungen oder Entsprechungen im Mittelmeerraum (A. SCHULTEN Tartessos, 1950, 102. 111. 125. K. KERÉNYI, Albae Vig. 12, 1952, 48ff. U. PESTALOZZA, RIL 89/90, 1956, 433ff. → Kultus) kontrovers sind (vgl. M. P. NILSSON Minoan Mycenean Rel., 1950², 373f. F. MATZ Kreta, Mykene, Troja, 1956, 83. T. B. L. WEBSTER From Mycene to Homer, 1958, 54ff.). Die Semantik des Namens (CH. AUTRAN Mithra, Zoroastre et la Préhistoire Arienne du Christianisme, 1935, 96f.) begünstigte die Annahme einer astralen (lunaren) Natur der P. (K. HOECK Kreta 2, 1828, 63ff. W. H. ROSCHER Über Selene und Verwandtes, 1890, 3. TÜRK, Myth. Lex. 3, 1666f. A. EVANS, JHS 21, 1901, 181. COOK, CR 17, 1903, 412. Folk-Lore 15, 1904, 272. [1], 71f.), die aber wohl ebenso einseitig bleibt wie die euhemerist. Auffassung der P. als Personifikation der vom Erdbebenstier ([4], 20f.) heimgesuchten Insel Kreta (= *Κρήτη*, Gemahlin des Minos Apollod. 3,7) bei M. SCHOO, Mnem 4, 1936/37, 291. Beachtenswert ist nämlich die Verwandtschaft der P. mit der unterweltl. → Hekate (→ Medeia) einserseits, der caelest. → Asteria (→ Asterion) andererseits (MARCONI 39f. 41), da der kult. Hintergrund dafür sowohl in der thessal. *Κυθήρα Περσεφάεσσα Πασιφάεσσα* (Aristot. mir. ausc. 133 p. 843b 27ff. PREGER Inscr. Graec. Metr. 95; vgl. Lyd. mens. 4,44. H. USENER, RhM 23, 1868, 339. 342. COOK, CR 17,412. [2], 178) als auch in der P. von Thalamai (Lakonien) aufscheint, die als Inhaberin eines Traumorakels mit hlg. Quelle und Empfängerin von Blumenopfern chthon.-vegetative, in ihrer Verbindung mit Helios aber uranische Züge aufweist (Paus. 3,26,1. Plut. Agis 9. 28. Cic. div. 1,43. Tert. de anima 46. WIDE Lakon. Kulte 246. 248. PESTALOZZA, RIL 75, 1941/42, 505ff.). W. F.

1. *Frazer* GB 3,70ff. 2. *K. Kerényi* Töchter der Sonne, 1944. 3. *U. Pestalozza* Rel. Mediterranea, 1952. 4. *W. Brandenstein*, Jb. kl. Forschg. 2, 1952/53, 13ff.

Pasiphilos. Feldherr des → Agathokles (2), brachte 312/11 → Messana zur Übergabe an Agathokles. Als → Deinokrates (1) und → Philonides mit den Verbannten → Galaria besetzten, eroberte P. das Kastell zurück. Nach dem afrikan. Feldzug 306/05 zu Deinokrates übergelaufen, wurde er 305/04 in Gela ermordet. Diod. 19,102, 1f. 104,2. 20,77,2. 90,2. H. V.

Pasippidas (*Πασιππίδας*), Spartiate. 410/409 als Nachfolger des Mindaros in der ö. Aegaeis. Als ein Aufruhr den spartan. Harmosten aus Thasos vertrieb, wurde P. in Sparta angeklagt, dies mit Tissaphernes verursacht zu haben, und floh. Bereits 409 war er wieder als spartan. Gesandter nach Persien unterwegs. Xen. hell. 1,1,32. 3,13. 17. K. K.

Pasiteleidas. Spartiate, Sohn des Hegesandros, Harmost in Torone 423, Thuk. 4,132,3,422 bei der Eroberung von Torone durch Kleon gefangen, 5,3,1f., und wohl nach Athen gebracht, 5,3,4. K. K.

Pasiteles (*Πασιτέλης*), Bildhauer und Toreut, stammte aus Unteritalien und war Zeitgenosse des Pompeius (Plin. nat. 33,130. 156. 36,40). Er schuf eine (Gold-) Elfenbeinstatue des Iuppiter Stator (Plin. nat. 36,40), ein Silberbild des Q. Roscius Gallus als Kind, von einer Schlange umwunden (Cic. div. 1,79) und soll die Silberspiegel »erfunden« haben (Plin. nat. 33,130). Er arbeitete nach der Natur, immer nach Tonmodellen, die er als Mutter der Toreutik, Erz- und Marmorplastik bezeichnete (Plin. nat. 35,156. 36,39) und schrieb 5 Bücher über *nobilia opera* (Plin. nat. 36,39). Erhalten ist nichts von ihm. Sein Schüler war → Stephanos. W. H. G.

Lippold, HBArch III/1, 1950, 386. *H. Koch*, in: Mélanges M. Abramić I (Split 1954/57) 169ff.

Pasithea (*Πασιθέα*). **1.** Nereide, Hes. theog. 246. **2.** Charitin, von Hera dem → Hypnos versprochen, wenn er Zeus einschläfere. Il. 14,269. Paus. 9,35,4. Die Vermählung wird erwähnt Catull. 63,43. Anth. Pal. 9,517. Bei Nonn. Dion. sind Dionysos und Hera die Eltern der P. S. o. I 1137,2. H. v. G.

Passaron (*Πασσαρών*), religiöser Hauptort des epeirot. Stammes der Molosser, beim h. Rodotopi 12 km n. w. v. Jannina, *Πρακτ.* 1952, 306ff. [2], 183f. Plut. Pyrrh. 5,2. Liv. 45,26,4. Ziegelstempel [2], 190. E. M.

1. *Joh. Schmidt*, RE XVIII, 2. H., 2092f. 2. *N. G. L. Hammond* Epirus 567f. 675 Kte. 16. 638. 651. 659 u. ö. 3. *P. R. Franke* Die ant. Münzen von Epirus 85. 92. 118. 124.

Passienus. 1. C. Sallustius Crispus P., Sohn des L. Rufus cos. ord. 4 v. Chr., adoptiert vom Großneffen → Sallusts. Gerichtsredner unter Tiberius, Quint. inst. 6,1,50. Tac. ann. 6,20,1. Nach Sch. Iuv. 4,81 begleitete er → Caligula über die Alpen. *Cos. suff.* 27, *Procos. Asiae* 42/43, Forsch. Ephes. III 114 Nr. 26, *cos. II ord.* 44, Cass. Dio 60,23,1. CIL XIII 4565. Verheiratet mit Neros Tante → Domitia (II 21; Quint. 6,3,74), ab 44 mit → Agrippina (3), Suet. Ner. 6,3, die ihn ca. 48 ermorden ließ und sein Vermögen erbte, Sch. Iuv. 4,81 (Plin. nat. 16,242). Sein Grab Mart. 10,2,10. – SYME Tac. 1,328. R. H.

2. P., einer der ersten Redner der augusteischen Zeit (Sen. contr. 2,5,17), † 9 v. Chr. (Hier. chron. p. 167 H.), Freund des älteren Seneca (Sen. contr. 3, praef. 10). Während von seinen Reden nichts erhalten ist, zitiert Seneca einige Glanzlichter aus seinen Deklamationen, die offenbar weniger erfolgreich gewesen sind (contr. 3, praef. 10f. 20, praef. 11). P. L. Sch.

H. Bornecque Les déclamations, 1902, 186f.

3. P. s. Vibius

Passus, zu *pando*, urspr. wohl die »Armspanne«, dann als Wegmaß die »Fußspanne«, der Doppelschritt (= 2 *gradus*) zu 5 → *pedes*. Der P. bildet die Grundlage des röm. Wegemaßes und mißt 1,48 m. Nach seinem 1000fachen, *mille passus*, werden Marschleistungen angegeben und die Straßen vermessen (s. aber → *Leuga*). Gelegentlich dient der P. zur Bezeichnung oder Übersetzung des im röm. System fehlenden Klafters (→ ὀργυιά), vgl. auch → Ulna. H. Ch.

F. Hultsch Metrologie². 78ff. *W. Becher*, RE XVIII, 2. H., 2099.

Pastas. Παστάς bezeichnet die Querhalle, die beim griech. Haus Wohnräume und Hof verbindet. Gegenüber der προστάς genannten Vorhalle, die dem Hauptraum durch Anten verklammert ist (Vitr. 6,7,1), liegt sie vor fluchtgerecht nebeneinander geordneten Räumen und öffnet sich auf einen von weiteren Räumen eingefaßten Hof. Im Gegensatz zum ion. an das Megaron anschließenden Prostashaus (→ Priene) gehörte das P.-Haus (→ Olynthos) dem festländischen Kulturbereich an und wurde erst in seiner hellenist. Spätstufe als Peristylhaus allg. verbindlich. A. v. Gl.

Graham, Phoenix 20, 1966, 3f. *Drerup*, Marburger Winckelmann-Pr. 1967, 6f.

Pastophoroi (Παστοφόροι). Kapellenträger bei Prozessionen, im Rang unter den ἱερεῖς, deren Titel sie nicht tragen dürfen laut Gnomon des Idios Logos, der ihnen jedoch die Annahme weltl. Stellungen erlaubt (im Gegensatz zu den oberen Priestern). Sie unterstanden Archipastophoren und Presbytern. Vernachlässigung des Dienstes wurde mit 100 Drachmen bestraft; im Gegensatz zu den Priestern durften sie an Kultmahlen teilnehmen. Ihr Amt war erblich; sie besaßen einen eigenen Dienstraum (παστοφόριον). W. H.

W. Schubart, ÄZ 56,92.

Pataikoi (Πάταικοι oder Παταΐκοι), nach Hdt. 3,37 Zwergfiguren am Vorderteil der phoinik. Trieren, wie sie tatsächlich auf Mz. von Arados und Sidon dargestellt sind, offenbar apotropäischer Natur (vgl. D. Wachsmuth Πόμπιμος ὁ δαίμων, Diss. Berl. 1967, 94ff., 88). Hdt. vergleicht das Kultbild des Hephaistos, d.h. Ptah (Phtha), in Memphis mit den Bildern der P. und bezeugt für beide ebenso wie für die Söhne des Hephaistos (Kabeiroi) die Zwerggestalt. In der Tat erscheint Ptah mit den »volkstümlichen Schutzgöttern« seines Gefolges in der Gestalt von Zwergen, wie sie in Äg. sich als menschliche Handwerker betätigten (Holmberg The God Ptah, Lund 1946, 182ff. Montet, Rev. arch. 40, 1952, II 1ff. H. Bonnet RÄRG, Berl. 1952, 584f. Morenz Festschr. Zucker, Berl. 1954, 275ff.; S.-Ber. Ak. Leipz. CXIII 5, 1968, 67f.). Die Phoiniker mögen die Vorstellung von den Ägyptern entlehnt haben, da Amulettfiguren des Ptah(-Sokaris), einbegriffen Bes, bei ihnen seit dem 8. Jh. verbreitet waren; aber der Name der P. ist auf äg. Boden selber noch unbezeugt, und es will nicht gelingen, ihn sprachwissenschaftlich von Ptah herzuleiten. Zusammenhang der P. mit den Kabiren ist auch nicht verifizierbar (Hemberg Die Kabiren, Upps. 1950, 136. 302). Die phoinik. Gallionsfiguren waren den Griechen schon früh aufgefallen; daher hießen bei ihnen verwandte Zwerggestalten so (Com. ad. frg. 423 K. Gingron wie Euphrades πάταικος ἐπιτραπέζιος Hes. s. v.), und der Eigenname Πάταικος (mit Derivaten) = Zwerg war recht verbreitet (die del. Παταίκια nach einem Träger des Namens benannt). Die Bezeichnung P. wird von D. Levi Antiochon-the-Orontes 3, 1941, 228ff. u.a. auch außerhalb ihres nachweisbaren Bereichs für alle möglichen Zwergfiguren gebraucht. H. H.

H. Herter, RE XVIII 2. Hälfte, 2550ff.

Patala (τὰ Πάταλα > sanskr. *pâtâla*, vgl. Arr. an. 5,4,1; Ind. 2,6), nur literar. bezeugte ant. Hafenstadt auf einer unter gleichem Namen oder als Παταληνή bekannten Insel im Mündungsdelta des Indus, allg. beim h. Hyderabad lokalisiert. Von der Existenz dieser Stadt hat die ant. Geographie offensichtlich erst infolge des Alexanderzuges Notiz genommen; denn unsere Nachrichten über P. (Strab. Arr.) gehen in der Hauptsache auf → Aristobulos (7), → Nearchos und → Onesikritos zurück. Die urspr. Verfassung beseitigte der Makedonenkönig beim Besuch von P. 325 und ließ die Stadt zu einer festen Flottenstation ausbauen (vgl. Arr. an. 6,20,5). E. O.

H. Treidler, RE Suppl. X 489–493.

Patara (meist plural.; lyk. *pttara:* TAM I Nr. 44a 43 u.a.). Lykische (Strab. 14,666. Plin. nat. 5,100. Ptol. 5,3,3) Stadt, angeblich von Pataros, Sohn Apollons und der Xanthostochter Lykia (Hekat. FGrH 1 F 256; Serv. auct. Aen. 3,332: *Icadius*, der die Stadt P. nennt, *ut illum patrem testaretur*), oder einem Seeräuber (wie Pataros, Gründer von Tios: Steph. Byz. s.v.) dieses Namens (Eust. Dion. Per. 129) gegründet. Alex. Polyh. FGrH 273 F 131 erzählt eine Kultlegende, in der Kuchen in Form der heiligen Geräte Apollons in einer πατάρα (wonach der Stadtname) und ein Mädchen (Artemis Kombike: TAM II Nr. 407) eine Rolle spielen (Radke, WJ 3, 1948, 85ff.). In P. Kult des Apollon Patroos (Serv. auct. a.O. Sch. Lykophr. 920; Tempel: Strab. Paus. 9,41,1) mit heiligem Hain (App. Mithr. 27. Serv. auct. Aen. 4,377. Bildgruppe: Clem. Al. protr. 4,47) mit Orakel (Hdt. 1,182. Strab. Mela 1,82; IGRom III 739. XIII 45f.: ἀψευδὲς μαντεῖον), das schon Telephos befragte (Menaichm. FGrH 131 F 11. Paus.). Apollon ist 6 Monate in P., 6 Monate in Delos (Serv. Aen. 4,143. Hor. c. 3,4,64). P., *caput gentis* (Liv. 37,15,6. TAM II Nr. 421: μητρόπολις), hat großen Hafen (Strab. Skyl. 100. Cic. ad Brut. 17. App. civ. 4,81. act. apost. 21,1f.). P. ergibt sich Alexander (Arr. 1,24,4), wird 315 ptolemäisch (Diod. 19,64,4. 20,93,3), in Arsinoe (Steph. Byz. s.v. Strab.) umbenannt, 197 seleukid. (Hier. ad Dan. 11,15f.), 196/88 röm. (Pol. 21,46,3. Liv. 33, 41,5. 37,15ff. 24ff. 45. 38,39,2); Bedrohung durch Mithradates (App. Mithr. 27), Rolle in den Kämpfen 42 (App. 4,52,81. Plut. Brut. 2,8. 32,1. Cass. Dio 47,34). Residenz des *legatus Augusti* (TAM II p. 146). G. R.

Forbiger Hb. d. alt. Geogr. 2,255. *Kalinka*, TAM II p. 144. *Treuber* Gesch. d. Lykier 153f. *Bouché-Leclercq* Hist. de la div. 3,255.

Patavium, eine venet. (Strab. 5,213. Plin. nat. 3,130. Ptol. 3,1,30) Stadt am → Meduacus (Liv. 10,2,6. Strab.), liegt an diesem 250 Stad. vom Meere entfernt (Strab.). Angeblich Gründung des Troianers → Antenor (Verg. Aen. 1,247. Tac. ann. 16,21,1. adnot. Lucan. 7,194. Mela 2,60; andere Zeugnisse verbinden Antenor nur allg. mit den Venetern!), der Spiele einrichtete, die im 1. Jh. n. Chr. alle 30 J. mit Tragödienaufführungen abgehalten wurden (Tac. Cass. Dio 62,26,4). Der Name P. wird erklärt: Nähe zum Padus oder von πέτασθαι, *quod captato augurio dicitur condita*, oder *quod avem telo petisse dicitur* (Serv. a. O.) oder vom Sumpf Patina (Serv. auct. a. O.). P. wehrt 302 erfolgreich den Angriff des → Kleonymos (3) ab (Liv. 10,2,7ff.); die Beute im Tempel der Iunō und eine jährliche Regatta erinnern an den Sieg (Liv. 10,2,14f.). Ein Aufstand 174 wird von Aemilius Lepidus zur Ruhe gebracht (Liv. 41,27,3). 48 (Cass. Dio 41,61,4; ungenau Gell. 15,18,1) und 43 (Cic. Phil. 12,10) gehört P. noch nicht zu Italien, wird aber 41 *municipium* der 10. Region (Plin.; Einwohner seit 49 *trib. Fabia:* CIL V 267). Reichtum (Strab. Mela) und Sittenstrenge (Plin. epist. 1,14,6) sind bekannt. P. liegt an den Straßen Bononia-Altinum, Atria-Altinum, Vicentia-Altinum (It. Ant. 281,4. Burd. 559,3. Tab. Peut. 4,4). Aus P. stammen → Paetus Thrasea, → Asconius und → Livius (B 2), dem Pollio *patavinitas* vorwirft (Quint. inst. 1,5,56. 8,1,3). P. wurde durch die Langobarden zerstört (Paul. Diac. hist. Lang. 2, 14.4,23). H. Padova-Padua. G. R.

Nissen It. Ldk. 2,218ff. *Forbiger* Hb. d. alt. Geogr. 3,413. *Gazzola* Ponti Romani 52f. 103.

Pater familias. Der Herr der → *familia*. **1.** Da die altröm. familia nicht nur Abkömmlinge und Ehefrau, sondern alle zur Existenz des bäuerlichen Betriebes notwendigen Personen und Sachen umfaßte, war auch der unverheiratete Römer, der keiner → *patria potestas (p. p.)* unterworfen war, ein *p. f.* Gleichwohl wird der Ausdruck *p. f.* oder nur *pater* in den Quellen vorzugsweise dort benutzt, wo man die Beziehungen des Familienoberhaupts zu den seiner Gewalt unterworfenen freien Personen beschreibt. Die der *p. p.* Unterworfenen waren dem *p. f.* zu unbedingtem Gehorsam verpflichtet, weshalb die *p. p.* von röm. Autoren oft mit dem *imperium* der Magistrate verglichen wurde (Ulp. Dig. 50,17,4. Gell. 10,23,4. Cic. Cato 37). Auch in der sakralen Ordnung der röm. Familie zeigt sich ihre monokrat. Verfassung (Cato agr. 143,1). Der autokrat. weite Umfang der *p. p.* entsprach in klass. Z. keinem sozialen Bedürfnis mehr. Dies war neben Eigentümlichkeiten des röm. Vormundschafts- und → Erbrechts der Ausgangspunkt für Bonfantes »politische« Theorie der frühröm. Familie. Bonfante deutete das *ius vitae necisque* und andere funktionslos gewordene Befugnisse des *p. f.* als hist. Relikte aus einer Zeit, da die Familie mangels eines ihr übergeordneten Gemeinwesens staatliche Aufgaben zu erfüllen hatte. Die Theorie Bonfantes wird h. von den meisten Gelehrten allenfalls als Hypothese für die Frühgeschichte der Großfamilie gebilligt. Die rechtliche Struktur der frühgeschichtl. röm. Kleinfamilie versucht man h. überwiegend aus ihrer wirtschaftl. Funktion zu erklären (Wieacker, Kaser u. a.). In einer bäuerlichen Hofwirtschaft ist die Monokratie des ältesten männlichen Familienmitglieds eine naheliegende Organisationsform.

Das von Bonfante angenommene unvordenkliche Alter der Monokratie des *p. f.* wird in Frage gestellt durch Quellen, die auf eine urspr. Mitberechtigung der Deszendenten am Vermögen des *p. f.* hinweisen (Paul. Dig. 28,2,11. Gai. Inst. 2, 157. 3,154 a. b.) In klass. Z. ist der *p. f.* alleiniger Inhaber des Familienvermögens. Jeder Vermögenserwerb durch Hauskinder oder die Ehefrau *in manu* fällt dem *p. f.* zu. Auch Vermögen von Personen *sui iuris*, die sich durch *arrogatio* oder *conventio in manum* der *p. p.* unterstellen, geht im Vermögen des *p. f.* auf. Die Ausstattung eines *filius familias* mit einem → *peculium* ermöglichte dem Sohn selbständiges Wirtschaften, machte ihn aber nicht zum Vermögenssubjekt. Die in den hellenist. Volksrechten zur Zeit Diokletians bereits abgeschlossene Entwicklung zur vollen Vermögensfähigkeit der Hauskinder war in der w. Reichshälfte am Ausgang der Ant. noch nicht durchlaufen. Sie begann in Rom mit der Einführung des *peculium castrense* unter Augustus. Konstantin und seine Nachfolger vermehrten die Zahl der vermögensfähigen Hauskinder beträchtlich durch Schaffung immer neuer Tatbestände des unter Iustinian sog. *peculium quasi castrense*, d. h. des Berufserwerbs bestimmter Beamter und anderer Empfänger öffentlicher Gehälter (Cod. 12,30,1. 3,28,37). Ein noch bedeutsamerer Schritt zur Vermögensfähigkeit war die nachklass. Abschwächung des Rechts, das dem *p. f.* an dem von der Mutter auf die Kinder vererbten Vermögen *(bona materna)* zustand, zu einem bloßen Nutzungs- und Verwaltungsrecht (Cod. Theod. 8,18,1, p. 1).

Schon das altröm. Recht kannte die Haftung des *p. f.* für den Schaden *(noxa)*, den sein Hauskind oder Sklave einem Dritten durch Delikt zugefügt hatte. Sie geht von dem Recht des Geschädigten auf Rache am Schädiger aus, von der der *p. f.* den Schädiger loskaufen konnte. Noch im klass. Recht hatte der mit einer *actio noxalis* belangte *p. f.* die Wahl, den Schädiger dem Kläger auszuliefern oder die Buße zu zahlen. Erheblich jünger ist die (mittelbare) Haftung des *p. f.* für

Geschäftsschulden des Gewaltunterworfenen. Sie wurde durch Klagen verwirklicht, in deren Formeln der *p. f.* als zu verurteilender Hafter neben den nur »natürlich« verpflichteten Gewaltunterworfenen gestellt wird, und die daher seit den Glossatoren *actiones adiecticiae qualitatis* heißen. Mit der wichtigsten dieser Klagen, der *actio de peculio vel de in rem verso* haftete der *p.f.* nur bis zur Höhe des dem Gewaltunterworfenen überlassenen Peculiums oder des Betrags, um den das in dieser Hinsicht vom *peculium* rechtlich unterschiedene Eigenvermögen des *p.f.* bereichert war. Aus einem Geschäft des Haussohnes (nicht des Sklaven) haftete in klass. Z. auch dieser selbst; jedoch war Zwangsvollstreckung nur in das *peculium castrense* möglich.

Die Pflichten des *p. f.* gegen die Familienmitglieder *(pietas, officium patris)* waren bis in die Kaiserzeit ausschließlich sakrale und sittliche. Der Prozeß ihrer Verrechtlichung wurde erst unter Iustinian abgeschlossen. Antoninus Pius machte die Unterhaltspflicht zwischen Eltern und Kindern zur Rechtspflicht (Ulp. Dig. 25,3,5,5–7. Cod. 5,25,1). Die Pflicht zur Bestellung einer Mitgift wurde erst in nachklass. Z. einklagbar (Cod. 5,11, 2,2. Nov. 97,5).

P.Bonfante Corso di dir. rom. 1, 1925. *F. Wieacker* Societas, Hausgemeinschaft u. Erwerbsgesellschaft, 1936. *E. Sachers*, RE XVIII (2.H.) 2121ff. *M.Kaser* Das röm. Privatrecht 1, 1955 §§ 11–17, 141,147. 2, 1959, §§ 226,229. *E.Volterra*, Enciclop. del Diritto 16, 1967 s. Famiglia. Dir. rom.

2. Im röm. Rechtsverkehr war der *bonus* oder *diligens p. f.* das Leitbild des tüchtigen und umsichtigen Menschen. Die Nachklassik bezeichnete die Nichtbeachtung der Sorgfalt eines *bonus p. f.* als → *culpa levis.* E. Bu.

W. W. Buckland, St. Bonfante 2, 1930, 85ff.

Patera s. Phiale

Paterculus s. Sulpicius. Velleius

Pater patriae (*πατὴρ τῆς πατρίδος* D. Magie De Rom. iuris publici sacrique vocabulis solemnibus in Graec. sermonem conversis 1905, 65), Landesvater, Ehrenname. Als p. p. wurde der Retter aus Kriegsnot, der Gründer eines Staates und der väterlich gütige Herrscher geehrt. Der Begriff erinnert an die röm. *patria potestas* und das stoische Herrscherideal und betont ein starkes Pietäts- und Verpflichtungsverhältnis. Sen. clem. 1,14,2. Cass.Dio 53,18,3. Zunächst erscheint meist die Form *parens patriae*, die den Akt des Schöpfers betont. Nach der katilinar. Gefahr wurde Cicero in Reden der Freunde so genannt. Cic. Pis. 3,6; Sest. 121 (hier *pater patriae*). In der Überlieferung wurden → Romulus und → Camillus als *parens urbis Romanae*, bzw. *parens patriae* gefeiert. Liv. 1,16,3. 5,49,7. Durch Senatsbeschluß wurde Caesar 44 als *parens patriae* geehrt. Liv. per. 116. Suet. Iul. 76 *(pater)*. 85. DessILS 71 *(pater)*. 72. Cass. Dio 44,4,4. Mz. Nach wiederholter Ablehnung

nahm Augustus am 5. Febr. 2 v. Chr. den durch Senat, Ritter und Volk verliehenen Ehrennamen an. CIL I² p. 233. Res g. c. 35. Suet. Aug. 58. Die folgenden Kaiser stellten den Titel meist während der Regierung, seit Pertinax bei Regierungsbeginn in die Kaisertitulatur, seit Domitian hinter das Konsulat. H. A. Pert. 5,5. Tiberius lehnte die Auszeichnung ab. Tac. ann. 2,87. Suet. Tib. 26,2. Cass.Dio 57,8,1. H. V.

A. Alföldi, MH 9, 1952, 204ff.; 10, 1953, 103ff.; 11, 1954, 133ff.

Pathissus, Name der Theiss (Plin. nat. 4,80). Bei Strab. *Παϱίσου*, bzw. *Πα⟨ϑ⟩ίσου* oder *Πα⟨ϱϑ⟩ίσου* (7,313), bei Amm. *Parthiscus* (17, 13,4). Ptol. bildet aus P., wohl irrtümlich *Παϱτίσϰον* als Namen einer jazyg. Stadt (3,7,2), während die Theiss mit *Τίβισϰος* identifiziert wurde (3,7, 1. 8,1). Priskos schrieb anläßlich seiner Reise im J. 448 *ὁ τίγας* anstatt *ὁ Τίσας*. Bis Amm. ist wahrscheinlich die übliche, amtlich-röm. Form des Namens gebräuchlich, bei Priskos erscheint die örtlich gebräuchliche Form, die von den späteren Autoren übernommen wurde. Der Name ist thrak.-dak. (Melich, Streitberg-Festgabe, 1924, 263) oder thrak.-illyr. Herkunft (Budimir, Glasnik istoriskog drustva u Novum Sadu 2, 1929, 1 ff.). J. F.

Pathyris, äg. *Pr-Ḥt-ḥr*, griech. Aphroditopolis (Strab. 17,817), *Veneris oppidum* (Plin. nat. 5, 60), Stadt im 3. o.ä. Gau auf dem W.-Ufer des Nil, am N.-Ende des Hügelzugs von Gebelen, ostw. Krokodeilopolis, identifiziert durch eine Inschr. des 12. J. des Traian (Rec.Trav.10,140). W. H.

Patibulum. Von *patēre* abgeleitet bezeichnet P. ein längliches Holz, das etwas auseinanderstreckt und -spreizt. Hauptsächl. war P. ein Werkzeug des Strafvollzuges. Es wurde dem Delinquenten über den Nacken gelegt, wobei dessen ausgestreckte Arme an den Enden festgebunden und gestreckt wurden. Den Verurteilten trieb man mit dem P. auf der Schulter unter Schlägen (Plaut. Mil. 359ff.; Most. 56) aus der Stadt und richtete ihn in der Weise hin, daß er mit dem P. an einem senkrechten Pfahl aufgehängt wurde. P. und der senkrechte Pfahl ergaben ein Kreuz, so daß P. schon in früher Z. syn. für → crux gebraucht wurde (Cic. Verr. 2,4,90). Konstantin schaffte die Kreuzigungsstrafe ab, an ihre Stelle trat die weniger grausame Erdrosselung durch die → furca. Allg. kann P. auch die Hühnerstange (CGIL 5, 130,20) oder eine Stütze für Weinreben bedeuten (Cato agr. 26. 68. Plin. nat. 17,212). S. O.

C.H.Brecht, RE XVIII, 2.H., 2167. *Dar. Sagl.* 1,2,1573 s.v. crux. *Mommsen* RStrR 918ff. *U.E.Paoli* Das Leben im alten Rom ²1961, 149.

Patiscus. Personenname. P., Geschäftsmann, der Panther für Spiele wohl von Kilikien aus 51 und 50 beschaffte, Cic. fam. 8,9,3. Wahrscheinl. ident. mit dem Bell. Alex. 34. 5 genannten Q. Patisius, der 48/47 von Cn. → Domitius Calvinus (14) nach Kilikien geschickt wurde, um Verstärkung gegen Pharnakes zu holen. 44 ging er am 15. März sofort zu den Caesarmördern über, App. civ. 2, 300. 43 Proquaestor u. Flottenführer vor S.-Kleinasien (Cic. fam. 12,15,2; 13,4) und kam dann irgendwie durch die Caesarianer um. BROUGHTON Mag. 2,348. H. G. G.

Patizeithes (*Πατιζείϑης* Hdt. 3,61 ff. *Πανζάτης* Chron. Pasch. 270. *Πανζούσης* Dion. v. Milet Sch. Hdt. 3,61), ein Magier, beredete 521 v. Chr. seinen Bruder Gaumata (→ Smerdis) zum Staatsstreich gegen → Kambyses und wurde von → Dareios getötet. Sein wahrer Name war Oropastes. Iust. 1,9,9 f.; mit P. gibt Hdt. den pers. Titel des O. wieder, den er 61 als *μελεδωνός* (vgl. Sylloge³ 976,17) und 63 *ἐπίτροπος τῶν οἰκιῶν*, als Aufseher über den königl. Haushalt erklärt. H. V.

Patmos (*Πάτμος*), in der kaiserzeitl. Inschr. EpGr 872 = ASAA a. O. Nr. 34 *Patnos*, wie noch h. vulgär Patino, Sporadeninsel s. w. von Samos, von kompliziertem, etwa ringförmigem nach O. offenem Bau mit größter Länge von 12 km und Breiten von 300–5000 m und Flächeninhalt von 34 qkm. Höchste Erhebung 269 m, vier durch schmale niedrige Isthmen verbundene Teile mit mehreren kleinen Inseln und breiter, tief von O. eindringender Bucht, zur Hauptsache vulkan. Gesteine. Der ant. Ort mit sehr geringen Resten lag auf dem schmalen Isthmos in der Mitte der Insel auf dem etwa 100 m hohen Kastelli, der h. Hauptort um die Klosterfestung auf dem höchsten Berg der Insel Profitis Elias s. davon. Im Alt. spielte P. überhaupt keine Rolle und gehörte zu Milet. Artemiskult Syll. III³ 1152 = ASAA a. O. Nr. 35. Wegen der Armseligkeit diente P. in der Kaiserzeit als Verbannungsort. Berühmt wurde P. als angebl. Aufenthaltsort des Johannes, der hier die Apokalypse geschrieben haben soll, Apocal. 1,9. Eus. hist. eccl. 3,18,1. 23,6. Suda s. *Δομετιάνος*, *Ἰωάννης*, *Νέρβα* u. a. oft. In Spätalt. und MA. war P. anscheinend verödet, Neubesiedelung mit der Gründung des Johannesklosters 1088 n. Chr., um das sich die Stadt ansiedelte. Thuk. 3,33,3. Strab. 10,5,13 p. 488. Plin. nat. 4,69. Stadiasm. m. m. 280. 284. Eustath. Dion. Per. 530. Inschr.: ASAA 41/42, 1963/64, 329 ff. Syll. III³ 1068. E. M.

1. *L. Roß* Inselreisen 2, 123 ff. 2. *Philipps.-Kirst.* 4, 276 ff. 3. *Joh. Schmidt*, RE XVIII, 2. H., 2174 ff. 4. *Th. Wiegand* Milet II 3,23 f. 5. *P. Bocci* Enc. arte ant. 5, 1963, 989. 6. *Kirsten-Kraiker* Griechenlandkunde⁵ 1967, 556 ff. 837. 892 (Lit.). 7. *G. Jacopi* Patmo, Coo e le minori isole Italiane dell'Egeo 1938. 8. *S. A. Papadopulos* P., Athen 1962. 9. *B. Pace* Ricordi classici dell'isola di P., ASAA 1, 1914, 370 ff. 10. *G. Gerola* I monumenti medioevali delle tredici Sporadi, ASAA 2, 1916, 84 ff.

Patrai (*αἱ Πάτραι*, Ethnikon meistens *Πατρεύς*). Stadt im w. Teil der Landschaft Achaia, Name wohl griech., noch h. mit gleichem Namen an der gleichen Stelle, als Hafen wichtig. P. entstand durch Synoikismos von 7 Dörfern in nicht näher bekannter Z., Strab. 8,3,2 p. 337. Die ant. Stadt lag nicht wie die h. in der Küstenebene, sondern auf der ersten niedrigen Stufe darüber in der h. Oberstadt um das ma.-neuzeitl. Kastell. Ant. Reste gering, am bedeutendsten das h. teilweise restaurierte Odeion aus der Kaiserz. (zuletzt BCH 62, 1938, 460. 84, 1960, 690 f. *Πρακτ.* 1960, 342 f.) und ein Stück der röm. Wasserleitung. Das auf dem Platz Psilalonia freigelegte Mosaik ist jetzt im Museum. In der Kaiserz. gab es eine zum Hafen hinabreichende Vorstadt um die h. Kalavrytastraße. Der Hafen ist nur eine offene Reede, in der Kaiserz. und h. ausgebaut. Hauptkult war der der Artemis Laphria mit dem aus → Kalydon überführten Kultbild, daneben zu nennen ein Demeterheiligtum mit Brunnenorakel bei der h. Kapelle des Hg. Andreas.

P. gehört zu den 12 alten Städten von Achaia, Hdt. 1,145. Strab. Pol. 2,41,8. Im pelop. Krieg spielte es als Hafen eine Rolle. Von P. ging um 280 v. Chr. der Anstoß zur Gründung des neuen achaiischen Bundes aus, Pol. 2,41,1 f. Strab. 8,7,1 p. 384. Eine schwere Katastrophe erlitt P. durch die Vernichtung des Hilfskorps gegen die Gallier bei Kallipolis 279 v. Chr., Paus. 7,18,6. 20,6. 10, 22,6. Ebenso hatte die Stadt im Bundesgenossenkrieg und im ersten makedon. Krieg durch aitol. Plünderungszüge zu leiden. Die Verluste von P. im Aufstand von 146 v. Chr. waren nach Paus. so groß, daß die Stadt fast verlassen wurde, sie bestand aber weiter und gewann sogar in der röm. Z. erst größere Bedeutung als wichtigster Hafen für die Überfahrt nach Italien, daher nun öfters genannt und Sitz röm. Kaufleute. Antonius überwinterte vor Aktion in P.

Das einschneidendste Ereignis in der Gesch. von P. ist die Gründung der röm. Bürgerkolonie *Colonia Augusta Aroë Patrensis* durch Augustus 14 v. Chr. Dabei wurden die Nachbarstädte → Pharai und → Tritaia in P. einverleibt und später wohl auch → Dyme, sowie größere Teile von Aitolien und Lokris zum Gebiet von P. geschlagen. P. wurde damit neben Athen und Korinth zur bedeutendsten Stadt Griechenlands und war Amtssitz des Statthalters, wohl auch eines *conventus*. Auch Nero landete auf seiner Griechenlandreise in P., das sich vorübergehend *Colonia Neronia Patrensis* nannte. Nach der Legende erlitt der Apostel Andreas unter Nero den Märtyrertod in P. Bischöfe sind seit 347 n. Chr. bezeugt. 551 n. Chr. schweres Erdbeben, Prok. b. Goth. 4,25, 17. – Strab. 8,7,5 p. 387. Paus. 7,18,2 ff. Inschr.: [2] 2222. 23 ff. SEG 11,1263. 1264. 13,277. 14,374. 15,254. 18,64. 557. Mz.: [2], 2222,41 ff. E. M.

1. *Philipps.-Kirst.* 3,190 ff. 2. *E. Meyer*, RE XVIII, 2. H., 2191 ff. 3. *St. N. Thomopulos* *Ἱστορία τῆς πόλεως Πατρῶν ἀπὸ τῶν ἀρχαιοτάτων χρόνων μέχρι τοῦ* 1821, Athen 1888, 2. Aufl. Patrai 1950. 4. *K. Trian-*

taphyllos Ἱστορικὸν λεξικὸν τῶν Πατρῶν, Athen 1959. 5. *J. Herbillon* Les cultes de Patras avec une prosopographie Patréenne 1929, Nachdr. Amsterdam 1965. 6. *U. Kahrstedt* Die Territorien von Patrai und Nikopolis in der Kaiserz., Hist. 1, 1950, 549ff.

Patres, patricii. In der röm. Republik bezeichnete *patres* streng genommen nur die patriz. Senatoren, *patricii* hießen die Abkömmlinge der *patres*. Cic. rep. 2,73. Liv. 1,8,7. 2,1,10. 10,8,10 *(qui patrem ciere possunt)*. Dion. Hal. 2,8. Ob die *patres* in der Königszeit als Häupter der → *gentes* oder als Spitzen einer allmählich aus einer breiten Schicht der Grundbesitzer gebildeten Aristokratie den Senat stellten, der unter Romulus 100, unter Tarquinius Priscus 300 Mitglieder zählte, ist umstritten. Liv. 2,12. Wegen der Standesabzeichen z.B. des Patrizierschuhes (→ *calceus patricius)* und des Reiterdienstes sind die Patrizier für A. Alföldi Der frühröm. Reiteradel und seine Ehrenabzeichen 1952 die Adelsreiterei des Königs. Mit dem Sturz des Königtums übernahmen sie in scharfem Gegensatz zur *plebs* die Macht im Staate. Patrizier wurde man durch Geburt, Adoption, Ehe *(→ confarreatio)* und durch obrigkeitliche Verleihung. Seit der Aufnahme ganzer Geschlechter in den Ring der Patrizier gab es *patres maiorum*, bzw. *minorum gentium*. Liste der *gentes* C. Heiter De patriciis gentibus ... Diss. Bln. 1909. Austritt aus der *gens* durch Adoption in eine pleb. Familie, bei Frauen durch Heirat mit Manusehe führten zum Verlust des Patriziats. Zunächst waren den Patriziern Amter und Priestertümer vorbehalten, sie allein konnten *auspicia* einholen, ein → *imperium* ausüben und bis zur lex Hortensia 286 Volksbeschlüsse durch *patrum* → *auctoritas* (b) bestätigen. Das in den Zwölf Tafeln verbotene *conubium* mit Plebejern gestattete die → lex (7) Canuleia. Seit 366 wurden die Plebejer zum Konsulat und weiteren Ämtern zugelassen, auch der kurul. Aedilität, die urspr. patriz. waren. Patriz. blieben der *interrex*, von Priesterstellen die Flaminate des Iuppiter, Mars und Quirinus, die Salier und der *rex sacrorum*. Der *princeps senatus* mußte ein Patrizier der *gentes maiorum* sein. Mommsen RStR 3,868,4. Zur 2 J. früheren Bewerbung der Patrizier im cursus honorum E. Badian JRS 49, 1959, 88. Wegen des Aussterbens der patriz. Familien erhielten Caesar 45 v. Chr. durch die lex Cassia, Augustus 30 v. Chr. durch die lex Saenia, Claudius, Vespasian und Titus als Zensoren das Recht, Patrizier zu ernennen. Tac. ann. 11, 25. Cass. Dio 43,47,3. 52,42,5. DessILS 1201 *(patricius natus)*; III p. 386. Dann hatte jeder Princeps dieses Recht. Der Princeps mußte immer Patrizier sein. Zum Aufrücken der Patrizier von der Quaestur gleich zur Praetur Mommsen RStR 1,555. Seit Konstantin d. Gr. verliehen die Kaiser den Titel *Patricius*, der mit dem früheren Patriziat nur den Namen gemeinsam hatte, als vornehmsten, nur personalen Rang an verdiente hohe

Beamte wie Konsuln, *magistri militum* und an Könige wie Odoaker und Theoderich d. Gr. Zos. 2,40,2. Cod. Theod. 9,40,17. Cod. Iust. 12,3,3. Liste dieser *patricii* Seeck Reg. 472. W. Heil Der konstantin. Patriziat 1966. H. V.

Patria potestas. Die Gewalt des → *pater familias (p. f.)* über die zu seiner → *familia* gehörenden Menschen und Sachen wurde urspr. einheitlich benannt (früheste Bezeichnung: *manus*, Liv. 34,2,11. 3,45,2). Seit der mittleren Republik wird der Teil der Hausgewalt, der sich auf Abkömmlinge bezieht, als *p. p.* von der Gewalt über die Ehefrau *(manus* i.e.S., Gai. Inst. 1,109*)* und der Gewalt über hörige Freie, Sklaven und Sachen unterschieden (Gai. Inst. 1,49). Unter *p. p.* standen des *p. f.* eheliche Kinder, gleichgültig welchen Alters und Familienstandes, und deren legitime Abkömmlinge; außerdem die durch *adoptio* oder → *adrogatio* in die Familie aufgenommenen Personen. Die *p. p.* endete mit dem Tode des *p. f.*, mit seiner oder des Kindes → *capitis deminutio*, durch → *emancipatio* und mit dem Eintritt des Kindes in eine andere Familie (durch *conventio in manum* oder Adoption) oder in gewisse Priesterschaften (Gai. Inst. 1,127ff.).

Die in der *p. p.* enthaltenen Befugnisse waren die eines autokrat. Herrschers. Der *p. f.* konnte das Hauskind nach seinem Ermessen züchtigen, sogar töten *(ius vitae necisque)*; er konnte Neugeborene aussetzen *(ius exponendi)*, Kinder beliebigen Alters verkaufen *(ius vendendi)*, verpfänden oder Dritten zu Dienstleistungen zur Verfügung stellen. Ein Kind, das den *p. f.* durch Delikt einem Dritten haftbar gemacht hatte, konnte der *p. f.* an diesen ausliefern *(noxae dedere)*, um sich von der Schadenersatzpflicht zu befreien. Die meisten dieser väterlichen Befugnisse kannten auch viele andere ant. Völker. Eigentümlich röm. ist das Fehlen einer inhaltlichen und zeitlichen Beschränkung der *p. p.* durch das Privatrecht. In der Republik befaßte sich auch das Strafrecht nicht mit mißbräuchlicher Ausübung der *p. p.* Zur Kontrolle des *p. f.* genügten in dieser Z. die sakralrechtlichen Verbote bestimmter Mißbräuche und die Sittenaufsicht der Zensoren. Um sich vor dem Vorwurf der Willkür zu schützen, traf der *p. f.* gravierende Maßnahmen gegen Hauskinder nicht, ohne Verwandten und Nachbarn seine Gründe eröffnet zu haben (sog. »Hausgericht«). Die Kaiser des Prinzipats minderten den Umfang der *p. p.* durch gesetzliche Änderungen des Privatrechts und durch Eingreifen in Einzelfällen. Noch stärker wurde die *p. p.* z.T. unter hellenist. und chr. Einfluß in nachklass. Z. eingeschränkt. Immerhin wurden aber das *ius vitae necisque* und das *ius exponendi* erst unter Valentinian I. förmlich abgeschafft (Cod. 8,51,2. Cod. Theod. 9,13,1). Die Abkehr von der streng patriarchal. Familienverfassung in der sozialen Wirklichkeit eilte der Gesetzgebung voraus.

Der Durchsetzung der *p. p.* gegen Dritte diente im altröm. Recht die → *vindicatio filii*, im klass. Recht ein → *praeiudicium* und → *interdicta*. E. Bu.

E. Sachers, RE XXII 1046ff. *M. Kaser*, ZRG 58, 1938, 62ff.

Patricius. Magonus Sucatus P., Missionar der Iren, * um 385 in Britannien. Mit 16 J. wurde er als Sklave in das noch heidnische Irland verschleppt, von wo er 6 J. später nach Gallien entkam. Unter Bischof Germanus von → Autissiodurum (→ Constantius 8) bereitete er sich darauf vor, die Iren zu bekehren. Als Diakon wurde er 432 zum Bischof geweiht und nach Irland geschickt, dessen Sitten und Sprache er kannte. Bei seinem Tode im J. 461 war gegen viele Widerstände die Christianisierung der Iren gesichert. Erhalten sind von P. eine *Confessio* (Meditation und Rückblick auf sein Leben), ein Brief *Ad milites Corotici* (Beschwerde über einen Vergeltungskrieg des walisischen Fürsten Ceredig, bei dem neugetaufte Iren teils erschlagen, teils versklavt worden waren), weitere kurze Brieffrg. und Aussprüche. An den Canones der ersten irischen Synode ist P. mit seinen Hilfsbischöfen Auxilius und Iserninus beteiligt. Ein anderer seiner Helfer, Bischof Secundinus, feierte ihn noch zu Lebzeiten in einem Hymnus. O. H.

Ta.: Confessio, Epist. ad mil. C., Frg. ed. *Ludw. Bieler*, Classica et Mediaevalia 11, 1950, 1–150; Komm. ebd. 12, 1951, 79–214. Canones ed. *Haddan-Stubbs* Councils and Eccl. Documents relating to Great Britain and Ireland 2,2, 1878, 328–331. Secundini Hymnus ed. *C. Blume* Analecta hymnica 51, 340–346.

Lit.: *L. Bieler* The works of St. Patrick, Anc. Christ. Writers 17, 1953. *J. Morris*, Journ. of Theol. Stud., N. S. 17, 1966, 358–372.

Patrii di. »Die Götter der Väter«, das sind die überkommenen heimischen Schutzgottheiten (vgl. Serv. georg. 1,498); so ganz allg. bei Cic. Phil. 2,75. Verg. georg. 1,498. Hor. c. 2,7,4. Tib. 2,1,17. Nach Hyg. (b. Macr. Sat. 3,4,13) hießen speziell die Penaten → θεοὶ πατρῷοι. Verg. nennt Aen. 7, 229 (vgl. 2,702; 9,246) die von Aeneas mitgeführten troischen und künftigen röm. Staatspenaten ebenfalls p.d., daneben auch patrii penates (Aen. 2,717; 4,598; 5,62). P. d. sind inschr. öfter neben anderen, meist lokalen Gottheiten genannt, z. B. auf der Inschr. des Corn. Gallus aus dem J. 29 v. Chr., DESSILS 8995 = CIL III 14147,5: *dieis patrieis et Nilo adiutori* oder DESSILS 9266 = CIL XIII 8810 (2. Jh.). A. W.

W. Aly, RE XVIII 2.H. 2242–4.

Patrikios. Ein byz. Jurist aus der Z. vor Iustinian, wahrscheinlich Lehrer an der Rechtsschule von Berytos. Iustinian hebt ihn in der Const. *Δέδωκεν* 9 bes. rühmend hervor. Literar. gewirkt hat P. als Kommentator kaiserlicher Konstitutionen. Die von ihm vertretenen Ansichten haben bei der iustinian. Kodifikation mehrfach Beachtung gefunden; seine Werke sind für die Basilikenscholien bes. von Thalelaeus viel verwendet worden.

Vgl. P. COLLINET Histoire de l'école de droit de Beyrouth 1925. D. M.

Patrimi et matrimi s. *Ἀμφιθαλεῖς παῖδες*

Patrimonium. **1.** Von urspr. »Stellung des *pater familias (p. f.)*« verengte sich die Wortbedeutung auf »Vermögensangelegenheiten des *p. f.*« und erweiterte sich, nachdem es auch andere Privatrechtssubjekte als *p. s. f.* gab, auf »Vermögen«. Diese Bedeutung hat *p.* meist in der jur. Lit. (Marcian. Dig. 27,1,21,2. Ulp. Dig. 50,4,4,1). Die Passiva umfaßte der Vermögensbegriff der Juristen nicht (Ulp. Dig. 5,1,50,1. 35,3,1,12). **2.** *P. Caesaris* oder *principis* ist ein moderner Ausdruck für das Vermögen der röm. Kaiser. Die Quellen sprechen nur von *p.* Es wurde von Augustus als dritte Reichskasse neben das → *aerarium populi Romani* und den → *fiscus* gestellt. Das p. war Privatvermögen des Kaisers und diente u. a. dem Unterhalt der kaiserl. Familie, wurde aber seit Anbeginn auch zu öffentl. Zwecken verwendet (Mon. Anc. 15. 17. 18). Letztwillige Verfügungen der Kaiser über *p.* sind seit Nero nur zugunsten der Nachfolger bezeugt. Haupteinnahmequellen waren neben den Erträgen der kaiserl. Liegenschaften eingebrachtes Vermögen neuer Kaiser sowie Schenkungen und letztwillige Verfügungen Privater (Suet. Aug. 101,3), auf die manche Kaiser empfindlichen Druck ausübten (Suet. Calig. 38,2; Nero 32,2; Domit. 12,2). Mit der Schaffung der → *res privata* unter Septimius Severus ging die Bedeutung des p. zurück.

A. Kränzlein, RE Suppl. X 493ff. *H. Nesselhauf*, Antiquitas (Reihe 4) 2, 1964, 73ff.

3. *A patrimonio* bedeutet Zugehörigkeit zur Verwaltung des *p.* Aus polit. Gründen konnte Augustus noch keine (mit der Verwaltung des *aerarium populi Romani* notwendig konkurrierende) Zentralverwaltung der kaiserl. Finanzen einrichten. Sie geht wahrscheinlich auf Claudius zurück. Ihr Leiter hieß *procurator a p.*, seit Traian *procurator p. i.* Das Amt wurde mit Freigelassenen und Rittern besetzt. Von Septimius Severus an werden Belege für den Leiter der zentralen *p.*-Verwaltung selten. Das letzte Zeugnis für einen *procurator p. i.* findet sich in Cod. Theod. 9,42,3 (357 n. Chr.). E. Bu.

A. Kränzlein, RE Suppl. X 500ff. *Hirschfeld* VB 40ff.

Patristik (Patrologie). Seit dem 17. Jh. wird in Lehrbüchern der chr. Dogmatik die *Theologia patristica* (die aus den *patres*, den maßgeblichen theol. Schriftstellern des Alt., geschöpfte Lehre) neben *Theologia biblica*, *scholastica*, *symbolica* und *speculativa* gestellt. Als Gegenstand der P. gilt heute über die Dogmengesch. hinaus die Gesch. der chr. Theologie in den frühen Jh. Im engeren Sinne wird als Patrologie bezeichnet (als Buchtitel zuerst bei JOH. GERHARD, 1582–1637) die Wissenschaft von der Gesch. der chr. theol. Lit. Sie bezieht außer den *patres* auch die weniger bedeutenden und die nicht rechtgläubigen Autoren mit ein, bei weiterer Auffassung des Begriffs auch die anon. Texte wie Inschr., Pap., Slgn. von liturg., kirchenrechtl. und hagiograph. Texten, schließt dagegen die reine Profanlit. auch dann aus, wenn die Vf. Christen waren (z.B. Priscianus). Die Grenzen sind fließend sowohl in Rücksicht auf chr. Autoren, von deren Werk nur der geringste Teil für die P. relevant ist (z.B. → Ausonius), als auch hinsichtlich des Zeitraums; mindestens reicht er bis → Isidorus (8) von Sevilla († 636) in der lat., bis Joh. von Damaskus († um 749) in der griech. Lit. Der Gedanke einer Gesch. derjenigen, die in Wort und Schrift für das Christentum gewirkt haben, wird erstmals bei Eus. KG 1,1,1 ausgesprochen. Den ersten Kat. von 135 chr. Schriftstellern gibt → Hieronymus, indem er den Titel *De viris illustribus* und die Anlage → Sueton entlehnt und Eus. als Quelle nennt. Das 392 abgeschlosseneWerk wurde um 480 von → Gennadius (2) um 99 Namen erweitert, im 7.Jh. durch Isidor um 46 und dessen Schüler Braulio und Ildefons von Toledo um 14 neue Namen. O. H.

Wichtigste Hilfsmittel der P. sind:

A. Ta.: 1. *J.P. Migne* Patrologiae cursus completus, Ser. lat., 221 Bde. bis Innozenz III. († 1216), 1844–1855; Suppl. 1958ff.; Ser. graeca, 161 Bde. bis zum Konzil von Florenz (1439), 1857–1866. 2. Corp. script. eccles. Lat., 1866ff. 3. Die griech. Schriftsteller der ersten (drei) Jh., 1897ff. 4. Sources chrétiennes, 1941ff. 5. Corp. christianorum, Ser. lat., 1954ff. 6. Corp. script. chr. orient., 1903ff. 7. Patrologia orientalis, 1907ff.

B. Lit.-Gesch.: 8. *Ad.Harnack* Gesch. der altchr. Lit. 1893–1904. 9. *O.Bardenhewer* Patrologie, ^{3}1910. 10. *Ders.* Gesch. der altkirchl. Lit., ^{2}1913–1932. 11. *B.Altaner* Patrologie, ^{7}1966. 12. *J.Quasten* Patrology, 1950–1960. 13. *K.Brockelmann – Finck – Leipoldt – Littmann* Gesch. der chr. Lit. des Orients, 1907. 14. *A.Baumstark* Gesch. der syr. Lit., 1922.

C. Sprache: 15. *A.Blaise* Dictionnaire Latin-Français des auteurs chrétiens, 1954. 16. *G.W.H.Lampe* A patristic greek Lex., 1961ff.

D. Bibliogr.: 17. *W.Schneemelcher* Bibliographia patristica, 1959ff. 18. *E.Dekkers – Gaar* Clavis patrum Latin., Sacris erudiri 3, ^{2}1961. 19. *A.Ehrhardt* Die altchr. Lit. und ihre Erforschung, 1894–1900. *Ders.* Überlieferung und Bestand der hagiogr. und homilet. Lit. der griech. Kirche, 1937–1952.

Patrobius. Freigelassener und berüchtigter Vertrauter Neros, Tac. hist. 1,49,1. 2,95,2. Plin. nat. 35,168. Er sorgte für Schauspiele, Suet. Ner. 45,1; im J. 66 veranstaltete er solche in Puteoli zu Ehren des Armenierkönigs → Tiridates, Cass. Dio 63,3,1f. Im J. 68 auf Befehl → Galbas ermordet, Suet. Galb. 20,2. Plut. Galb. 17,2. R. H.

Patroclus, 412–426 Bischof von Arles, Freund des → Constantius (6). Dessen Gunst verdankte P. sein Amt (Prosper Chr. 412. Chr. Gall. 452 = Chr. min. 1,466. 654) und ebenso wohl die Verleihung umfassender Privilegien an Arelate (trotz Leo epist. 10,6 nicht nur an P. persönlich) durch Papst → Zosimus im J. 417 (Zos.epist. 1 = vgl. 4 = MG Ep. 3,1). Zosimus' Nachfolger → Bonifatius (2) suchte P., der die ihm verliehene Metropolitangewalt (es war keine Art Vikariat in Gallien!) sehr energisch nutzte, wieder einzuschränken (Bon. ep. 3. 12). 425 erhielt P. Befugnis, gegen die Pelagianer vorzugehen (Const. Sirmond. 6); 426 wurde er ermordet (Prosper Chr. 426). A. L.

A.Lippold, RE Suppl. X 502ff. *St.Oost* Galla Placidia 1968, 147ff.

Patrokles. 1. Athener. 403 als ἄρχων βασιλεύς in einen Rechtsstreit mit Kallimachos verwickelt, gegen den P.' ἐπιτήδειος Isokrates die Rede 18 hielt, Isokr. 18, 5–8. **2.** Athener aus Phlya. Seine γραφὴ παρανόμων gegen ein auf Demosth.' Antrag beschlossenes Gesetz erhielt nicht die nötigen Stimmen, und P. mußte 500 Drachmen Buße zahlen. Demosth. 18,105. K. K.

3. P., frühestens 345–281/80. Statthalter des → Seleukos Nikator und seines Sohnes → Antiochos (2), milit. Befehlshaber, Flottenkommandant und Leiter des Reichsarchivs in Babylon nach Xenokles. Er machte wahrscheinlich zwischen 286 und 281 eine Forschungsreise im Kasp. Meer, deren Ergebnisse er in einem später als hauptsächliche Quelle von Eratosthenes benützten und durch seine Vermittlung von Strabon und Plinius zitierten B. (die 8 frg. bei Jacoby lassen sich leicht durch indirekte Überlieferung vermehren) niederlegt. Diese Reise führt ihn zuerst vom SW. des Kasp. Meeres (Kadusier, h. Gila) entlang der W.-Küste bis zum Vorgebirge Arzheronsk, dann an der O.-Küste bis zur Mündung des vermeintlichen Oxos, 4800 Stadien von den Kadusiern, oder des vermeintlichen Iaxartes, 2400 Stadien weiter entfernt, also höchstens bis zum Golf von Krasnovodsk. Berichte über die weiter entfernt wohnenden Völker, bes. Kaspier und Skythen, hat er nur aus zweiter Hand erhalten. Außer der Beschreibung des Kasp. Meeres weisen die Frg. auf eine Untersuchung der Möglichkeiten hin, zu Wasser den Indienhandel in Gang zu bringen, sei es auf dem Oxos (Amudarja), insofern er zu Indien gehöre, oder über Meer, da P. gemäß altion. Vorstellung glaubte, daß das Kasp. Meer ein Golf des Ozeans sei (F 4). Seine Schätzung der Ausdehnung Indiens steht in Beziehung zu diesem Problem und erfordert nicht notwendig eine getrennte Beschreibung; die Übertragung des Namens *Καύκασος* auf den Hindu Kusch scheint im Gegenteil darauf hinzuweisen, daß P. Indien als mit dem Kasp. Meer in Verbindung stehend betrachtete (F 2). Vom Kasp. Meer plante er einen Kanal bis zum Pontos Euxeinos graben zu lassen (F 4), indem er den Ton seiner Abhandlung auf die Probleme wirtschaftlicher Entwicklung legen wollte. Er scheint in seinem Schrifttum die gleiche starke Persönlichkeit gezeigt zu haben, die auch seine politische Tätigkeit kennzeichnet, was trotz seiner Irrtümer die Bewunderung des Eratosthenes und die Autorität erklärt, die er in der späteren geograph. Schriftstellerei genossen hat. F. L.

Frg.: FGrH 712. *W. W. Tarn* Alexander the Great 2, 1948, 5ff.

4. P. Sohn des Katillos, aus → Kroton, Bildhauer. Nach Paus. 6,19,6 arbeitete P. eine Statue des Apollon aus Buchsbaumholz mit vergoldetem Kopf, Weihgeschenk von → Lokroi in Olympia. Zeit: archaisch? **5.** P., Erzgießer, aus → Sikyon? Kanachos und P. schufen nach Paus. 10,9,10 Statuen von Nauarchen im spartan. Weihgeschenk für Aigospotamoi in Delphi. Plin. nat. 34,50 nennt P. unter den Künstlern der 95. 01. (400–397) sowie 34,91. Er ist wohl ident. mit dem Vater des → Daidalos (2). Eine Vorstellung von seiner Kunst haben wir nicht. W. H. G.

Patroklos (*Πάτροκλος*, im Ep. auch Kasusformen von *Πατροκλῆς*). **1.** Der Freund des → Achilleus, den er nach Troia begleitete (Il. 9,765ff.), Sohn des → Menoitios (2) (11,608), Enkel des → Aktor (11,785). Nach BETHE Hom. 3,81 lokr., nach PRELL.-ROB. 2,83 thessal. Ursprungs. Nach der gewöhnl. Überlief. flüchtet er aus dem lokr. Opus nach dem Totschlag eines Spielkameraden zu Peleus nach Phthia, Il. 23,85ff. Hellan. FGrH 323 F 145. Apollod. 3,176, wo er mit Achilleus aufwächst und von ihm den Gebrauch der Waffen und der Heilkräuter lernt, Pind. O. 9,19. Il. 11, 830ff. Als Freier Helenes wird er nur bei Apollod. 3,131 verzeichnet. Isoliert ist auch die Nachricht, daß P. zus. mit Achilleus den Paris am Spercheios überwunden habe, Plut. Thes. 34. Im teuthran. Krieg verbindet er den von Telephos verwundeten Achilleus, Pind. O. 9,71ff. Vor Troia ist er »der beste der Myrmidonen«, Il. 18,10. Für Achilleus verkauft er den gefangenen Priamossohn → Lykaon (2) nach Lemnos. Bei der Eroberung von Skyros schenkt Achilleus ihm die erbeutete → Iphis (2). Beim Zug gegen Lyrnessos gewinnt er die Zuneigung der → Briseis. Dem grollenden Achilleus folgt er in die Zurückgezogenheit. Er bewirtet die Bittgesandtschaft (9,201ff.). Später macht er einen Botengang zu Nestor, der ihn bittet, den Zorn des Peliden zu beschwichtigen oder wenigstens in einer Rüstung, die Achilleus ihm schenken solle, mit den Myrmidonen den bedrängten Achaiern beizustehen (11,599ff.). Auf dem Rückwege nimmt P. sich des verwundeten → Eurypylos an (11,801ff.). Angesichts der drohenden Katastrophe der Achaier gewährt Achilleus ihm die Bitte, und in der Patroklie (B. 16) erlegt P. in Achilleus' Rüstung zahlreiche Feinde und treibt die Troer vor sich her bis zur Mauer, wo ihn ein lähmender Schlag Apollons trifft und er dem Doppelangriff des → Euphorbos (PRELL.-ROB. 2,1017) und Hektors erliegt. Dieser erbeutet die Rüstung, um die Leiche aber wogt ein langer Kampf, bis Menelaos und Meriones sie zu den Achaiern retten (17,717). Thetis schützt sie vor Verwesung (19,38). Achilleus trauert aufs leidenschaftlichste um den toten Freund, gelobt furchtbare Rache (18,98) und vollzieht sie. P.' Schatten bittet um ein gemeinsames Grab mit Achilleus. B. 23 *Ἆθλα ἐπὶ Πατρόκλῳ*. Dieser Wunsch ist nach Od. 24,76f. Apollod. epit. 5,5 in Erfüllung gegangen: Heroenkult am Vorgebirge Sigeion. Strab. 13, 596.

Leben, Taten und Charakter des P. sind in der Il. liebevoll gezeichnet. Beim Heere wegen seiner Herzensgüte beliebt, wirkt er bes. durch sein zart empfindendes Gemüt auf Achilleus sänftigend ein. Zeus schreibt ihm Milde und Stärke zugleich zu (17,204). P. erscheint als Liebling des Dichters, der die Freundschaft zwischen Achilleus und P. zum beherrschenden Motiv gemacht hat; er hebt ihn durch 6 persönliche Apostrophierungen und eine Fülle von Gleichnissen heraus. R. v. SCHELIHA Patroklos, Basel 1943, 235ff. 391. und SCHADEWALDT Von Hom.s Welt und Werk [2]1951, 178ff. halten P. für eine Erfindung des Dichters, HÖLSCHER, Gn 27, 1955, 397 und W. KULLMANN, H (ES 14.), 44f. 193f. dagegen für eine vorhom. Gestalt, schon weil er in der Il. nicht »exponiert« wird. SCHADEWALDT a. O. betont, daß der Il.-Dichter in der Gestalt des P. die ihm überkommene Rolle des älteren, erfahrenen Mahners (9,786) mit der des von ihm intendierten »jugendlichen Freundes« (11,830) nicht völlig ausgeglichen habe. Als man später das Freundschaftsverhältnis erotisch auffaßte, war P. bald als der Jüngere der *ἐρώμενος*, Aischyl. frg. 135 N.[2] = METTE 228 (daselbst auch die Neufunde aus den »Myrmidonen«), bald als der Ältere der *ἐραστής*, Plat. Symp. 179e, 180a mit Kritik an Aischyl.

Über P. in der ant. bildenden Kunst WEIZSÄCKER, Myth. Lex. 3,1700ff. E. WÜST, RE XVIII 2. H. 2282ff. Vgl. bes. die sog. Pasquinogruppe (mehrere Kopien in Florenz und Rom) mit der Bergung der Leiche des P., Schalen des Sosias (Achilleus verbindet P.), Duris (P. nimmt Abschied von Iphis) und Exekias (Kampf um die Leiche) und pompej. Wandgemälde (Wegführung der Briseis; P. vor dem leierspielenden Achilleus). H. v. G.

2. P., Sohn des Patron, Makedone im Dienst Ptolemaios' II., Alexanderpriester 271/70. P. Hib. 99. 128. 199. J. IJSEWIJN De sacerdotibus Alexandri Magni ... eponymis 1961, 66. Als Stratege ließ P. auf Kaunos den Dichter → Sotades hinrichten, sandte von Kreta Schiedsrichter nach Thera. Athen. 14,621a. OGIS 44. Inscr. Cret. 1,22,4, A 35ff.; 3,4,2. 3. Im chremonideischen Krieg blokkierte P., um Athen gegen → Antigonos (2) zu helfen, als Nauarch von der »Patroklosinsel« (h. Gaidari Nisos) bei → Sunion den Saron. Meerbusen und landete Truppen in Attika. H. BENGTSON Die Strategie 3, 1952, 184ff. J. R. MCCREDIE, Hesp. Suppl. 11, 1966, 18ff. Botschaft an Antigonos FGrH 81 F 1. Ein gemeinsames Vorgehen mit → Areus (1) kam nicht zustande. Die Übergabe

Athens an die Makedonen konnte er 262 nicht verhindern. Paus. 1,1,1. 3,6,5. P. wird auch in Samos, Keos und Delos genannt. MDAIA 72, 1957, 211. IG XII 5,1061. IG XI 2,226 B, 4. Inscr. Delos 313a, 33. E. WILL Histoire polit. du monde héllenist. 1, 1966, 202. H. V.

Patrologie s. Patristik

Patron. P., Epikureer, 1. Jh. v. Chr., vor 70 dem Cic. nach Rom empfohlen (fam. 13,1,2), seit 70 Nachfolger des → Phaidros (4) als Schulleiter in Athen bis mindestens 51. Gegen Hausbaupläne des C. → Memmius (6) konnte er das Haus Epikurs erhalten, Cic. fam. 13,1,5; Att. 5,11,6, vgl. 7,2,4. Sonst unbekannt. M. GELZER Cicero, 1969, 226. H. G. G.

Patronis (*Πατρωνίς*), Stadt in Phokis mit gut erhaltenem Mauerring beim h. Hg. Marina, Plut. Sulla 15,4. E. M.

1. *Fr. Schober*, Phokis 38. 2. *L. Robert*, Hellenica 11/12, 70ff. 3. *Kirsten*, RE XVIII, 2. H., 2292ff. (mit Plan).

Patronomos (*πατρονόμος*), inschr. seit dem 1. Jh. v. Chr. bezeugter Titel des eponymen Beamten und seiner 5 Kollegen in Sparta, denen 6 *σύναρχοι* (IG V 1,48), ein *γραμματεύς* und ein *ὑπηρέτας* (IG V 1,124) zugeordnet sind. In der Liste der P. (CHRIMES 463–470) erscheinen u.a. der Gott → Lykurgos und der Kaiser → Hadrianus. Die Belege reichen bis ans E. 2. Jh. n. Chr. Entstanden ist die Institution (*πατρονομία*: IG V 1,505) unter → Kleomenes (6) III., der sie an die Stelle des Ephorats setzte und auf Kosten der Gerusie stärkte (Paus. 2,9,1). Nach Kleomenes' Sturz blieb sie trotz Erneuerung des Ephorats bestehen. H. B.

H. Michell Sparta, 1952, 131–134. *K. M. T. Chrimes* Ancient Sparta, ^{2}1952, 19. 143–152. *B. Shimron*, CQ 58, 1964, 232–239.

Patronus. 1. Die Ausgangsform des Patronats ist die Stellung des Großbauern der röm. Frühzeit zu seinen *clientes* mit der auch anderen Patronatstypen eigenen moral. Bindung *(fides)*, die die Beteiligten zum Eintreten für einander, den Schutzbefohlenen zu Respekt und Dankbarkeit verpflichtete. Während der Klient der Kaiserzeit nurmehr sozial und wirtschaftl. an den *p.* gebunden war, umfaßte das Verhältnis des Freilassers zu seinen → *libertini* nach klass. Recht wohldefinierte Rechtsbeziehungen. **2.** *P. causae* ist synonym mit → *advocatus*. Die Unentgeltlichkeit des kraft *fides* geschuldeten Rechtsbeistandes versuchte die *lex Cincia* (204 v. Chr.) wiederherzustellen (Tac. ann. 11,5. 13,42). **3.** Provinzen und Gemeinden hatten einflußreiche Honoratioren (stadtröm. Senatoren, ehemalige Magistrate) als *p. i*, die ihre Interessen polit. und gerichtlich vertraten (Tac. dial. 3) und ihre Bautätigkeit finanziell unterstützten (Plin. ep. 4,1). *P. i.* der Provinzen waren meist die Eroberer (Cic. off. 1,11,35), *p. i.* der *coloniae* die Gründer *(lex col. Gen.* 97). Munizipien ernannten *p. i.* durch Gemeinderatsbeschluß, der auf bronzenen *tabulae patronatus* (Auswahl bei DESS ILS 6098ff.) zweifach ausgefertigt wurde. In der Regel ging der Patronat auf die Nachkommen über (Suet. Aug. 17,2; Ti. 6,2). E. Bu.

Th. Mommsen, GSchr 1,237ff. *E. Kornemann*, RE XVI 625f. *E. Sachers*, RE IV A 1956f.

Patulcius. Seltener röm. Personenname. RE Suppl. III 1177f. Häufig in Puteoli, inschr. auch in Priene (Ephebe *P. P. Bassus*) und Magnesia. Q. P. klagte 52 zusammen mit L. → Cornificius (2) den T. → Annius Milo (16) *de vi* (2. Verfahren) an, Ascon. Mil. 48 K.-S. = 45 St. Vielleicht ident. ein Schuldner Ciceros im J. 44, Cic. Att. 14,18,2. H. G. G.

Paula, 347–404, Freundin und Schülerin des Hieronymus, Heilige. (Hauptquelle: Epitaphium bei Hieron. epist. 108, CSEL 55,206ff.). Wie ihr Gatte Toxotius aus vornehmer Familie. Als Witwe (seit 380) verschenkte sie die Güter den Armen und wandte sich zur Askese. Von 386 an lebte P. mit ihrer Tochter Eustochium bei Hieronymus in Bethlehem. Sie errichtete ein Frauen- und ein Männerkloster (außer Hieron. a.O. vgl. Hier. epist. 30. 33. 38f. 107). A. L.

Paulina s. Paulinus

Paulinus. 1. Versuchte vergeblich als Militärtribun im J. 67 in Iotapata den Iosephus Flavius gefangenzunehmen, Ios. bell. Iud. 3,344f. **2.** ...us P. in der 1. Hälfte 3. Jh. *praefectus praetorio* und *praef. urbi*, dann *procos.* und *corrector Achaiae*, IG V 1,538 (s. WILHELM, SB. Ak. Berl. 1913, 858 bis 863). GROAG Reichsbeamte v. Achaia 84–86. **3.** P., Freund des jüngeren Plinius, epist. 2,2. 9,3. 37, sicher der *cos. suff.* Sept.–Dez. 107 C. Valerius P., CIL XVI 56. Er starb um 112, Plin. epist. 10, 104. **4.** Paulina, wahrscheinlich Gattin eines Sentius Saturninus, die der Ritter → Decius Mundus (II 3) als Isisanhängerin um 18 n. Chr. unter der Maske des → Anubis verführte und die durch ihren Gatten die Bestrafung der Schuldigen beim Kaiser erwirkte, Ios. ant. Jud. 18,3,4. R. H.

5. Meropius Pontius P., Bischof von → Nola in Campanien, * um 353/54 in Burdigala, aus reicher Senatorenfamilie, erhielt seine rhet. Bildung durch → Ausonius. Vor Ausons Consulat (379) wurde P. Statthalter von Campanien, wo die Verehrung des hl. Felix an dessen Grab in Nola ihn anzog. Er gab die polit. Laufbahn auf, kehrte auf seine Güter nach Aquitanien zurück, ging dann, nachdem er in Burdigala getauft worden war, nach Spanien, wo er heiratete. Unter schweren Schicksalsschlägen reifte der Entschluß, als Asket der Welt zu entsagen; den Versuchen des alten Lehrers (Auson. epist. 23–25), ihn davon abzubringen, widerstand er entschieden (carm. 10/11). Weltweites Aufsehen erregte es, daß P. sein und seiner Gattin Therasia Vermögen für fromme Zwecke opferte. P. blieb weder in Barcelona, wo er zum Priester geweiht worden war, noch folgte er dem Ruf des → Ambrosius nach Mailand, sondern ließ sich im J. 395

mit Therasia in Nola nieder. Dort hatte er schon eine Pilgerherberge bauen lassen, eine größere Kirche am Grab des hl. Felix, mit einer Herberge verbunden, eine Wasserleitung und andere Bauten folgten. Vor dem Goteneinfall (410) wurde er Bischof. Bis zu seinem Tode am 22. Juni 431 lebte er ein philanthrop. Christentum, von dem auch seine Gedichte und der Briefwechsel zeugen, den er mit den bekanntesten chr. Persönlichkeiten führte, u.a. → Sulpicius Severus, → Augustinus und dessen Freunden Romanianus und → Alypius (2), → Rufinus von Aquileia; verloren sind u.a. die Briefe an Hieronymus, Ambrosius, → Nicetas. Nur die Gedichte zum Fest des hl. Felix *(natalicia)* sind als eigene Slg. angelegt, die meisten übrigen stehen in den Hss. des Ausonius. Adressaten in Gallien vereinigten die in ihren Händen befindlichen Briefe, andere sind auf verschiedenen Wegen überliefert. In bewußter Abkehr von der Welt schweigt P. von zeitgesch. Ereignissen; ohne philos. Anspruch sucht er fromme Einfalt und Demut zu verkünden, in den *natalicia* auch Wunderlegenden. Geblieben sind ihm die Kenntnis der röm. Lit. und die Kunst der Rhet., deren er sich mit Weitschweifigkeit bedient; auch mit der Bibel geht er nicht als Theologe um, sondern als Rhetor, der aus ihr seine Topoi gewinnt.

Ta.: *W. Hartel*, 1894, CSEL 29/30. *R. Helm*, RE XVIII 2. H., 2331–51. *Altaner*[7] 409f. Clavis patrum lat.[2] 202f.

6. P. von Mailand, * um 370, verfaßte auf Aufforderung des → Augustinus eine Vita des → Ambrosius, dessen Sekretär er gewesen war. 411 eröffnete er in Karthago den Streit um → Pelagius. B. R. V.

Ta.: *M. Pellegrino*, 1961.

Lit.: *J. R. Palanque*, Rev. Sc. Relig. 4, 1924, 26–42. 401 bis 420. *I. Opelt*, Vig. Christ. 22, 1968, 38–44.

7. P. von Pella. Enkel des → Ausonius, * 376/77 während der Statthalterschaft seines Vaters in Makedonien. Die reichen Güter in Gallien, Frau und Kinder verlor er in den Wirren der Völkerwanderung. Arm, aber zu einem chr. erfüllten Leben gereift, schrieb er 83-jährig einen Rückblick auf seine Schicksale in 616 unbeholfenen Hexametern als Danksagung *(Eucharistikos Deo)* [1]. Er rückt damit zugleich eine *oratio* zurecht, mit der er als junger Mann Gott um Bewahrung seines Wohlstandes gebeten hatte [2].

Ta.: 1. *W. Brandes*, 1888, CSEL 16,263–334. 2. Paul. Nol. carm. 4, von *P. Courcelle* Vigiliae Chr. 1, 1947, 101–113, als Werk des P. v. P. erwiesen.

Lit.: *G. Misch* Gesch. der Autobiographie 1,2, [3]1950, 684 bis 689.

8. P. von Petricordia (Périgueux). Gall. Priester, der bald nach 460 ein Epos in 6 B. *De vita sancti Martini episcopi* schrieb und dem Bischof Perpetuus von Tours widmete. B. 1–3 beschreibt das Leben des → Martinus (2) nach der Prosa-Vita des → Sulpicius Severus, 4–5 nach dessen *Dialogi* die Wunder des Heiligen zu Lebzeiten, B. 6 die Wunder nach dem Tode, für die P. eine ihm von Perpetuus übersandte Schrift zugrunde legte. Von 2 kleineren Gedichten schildert das eine eine Wunderheilung (80 Hexameter *De visitatione nepotuli sui*), das andere preist als Inschr. für die neue Kirche von Tours die Wunderkraft das Martinus.

Ta.: *M. Petschenig*, 1888, CSEL 16,1–190.

9. P., Vf. eines Gesprächs zwischen 2 Mönchen und einem Besucher in Form einer Ecloge; der Gast klagt, daß die durch Vandalen und Alanen erlittenen Verluste nicht zu Selbstbesinnung und Besserung der verderbten Sitten geführt hätten. Danach ist das Gedicht um 410 in S.-Gallien geschrieben. Die Zuweisung an P., Bischof von Béziers, bleibt hypothetisch. O. H.

Ta.: *C. Schenkl*, 1888, CSEL 16,499–510.

Lit.: *E. Griffe*, Rev. des Études Augustiniennes 2, 1956, 187–194.

Paulus. 1. Ging als Praetorier gegen Ende der Regierung des Tiberius knapp an einer Anklage wegen *maiestas* vorbei, deren Veranlassung Sen. benef. 3,26 schildert. Nicht unbestritten, aber doch wahrscheinlich ist, daß dieser Praetorier ident. ist mit L. → Sergius Paulus (CIL VI 31545), ca. 42 procos. von Cypern, von dessen Zusammentreffen mit dem Apostel P. Apg. 13,6–12 berichtet. R. H.

2. P. kam 535 als Befehlshaber von Fußtruppen mit → Belisar nach Italien, 536/37 war er an der Verteidigung Roms gegen → Witigis beteiligt, 538 befehligte er neu aus dem O. eingetroffene Isaurier, dann Thraker (Prok. 5,5. 23. 6,5. 7. 12). **3.** P., Römer, wurde bei der Belagerung Mailands durch die Goten im J. 539 von → Mundila zu → Martinus (1) geschickt, um Verstärkungen für die bedrohte Stadt zu erbitten (Prok. 6,21). **4.** Kilikier, Haushofmeister Belisars, kämpfte 549/50 in Rom tapfer gegen → Totila, der ihn schließlich ehrenvoll abziehen ließ (Prok. 7,36). A. L.

5. P., Apostel. 1. Quellen, 2. Leben, 3. Theologie.

1. Für eine hist. Erhellung des Lebens und Denkens des P. dienen vor allem seine echten Briefe (Röm., 1. 2. Kor., Gal., Phil., 1. Thess., Phlm.). Neben diesen zwischen 50 (1. Thess.) und 56 n. Chr. (Röm.) je aus konkretem Anlaß verfaßten Briefen steht noch Material aus der Apg. zur Verfügung, das aber krit. an den Aussagen der echten Briefe zu prüfen ist. Andere ergiebige Quellen besitzen wir nicht. Die unechten und außerkanon. P.-Briefe sind als Quellen unbrauchbar, ebenso die bei Schoeps (Paulus, 1959, 44f.) zusammengestellten rabbin. Aussagen. In außerchr. gr. Lit. wird P. nicht erwähnt.

2. Die Chronologie des Lebens des P. ergibt sich aus der Erwähnung des Statthalters L. Junius → Gallio (Bruder Senecas) in Apg. 18,12, dessen proconsular. Amtszeit in Achaia auf Grund einer delph. Inschr. für die J. 51/52 (Frühj. bis Frühj.) errechnet werden kann: Kreuzigung Jesu 30; Bekehrung und Berufung des P. (um 32); Apostelkonvent in Jerusalem (48 oder 49); in

Korinth (Winter 49/50 – Sommer 51); in → Ephesos (52–55); letzter Aufenthalt in Makedonien und Achaia (55/56); Reise nach Jerusalem und Gefangennahme (Frühj. 56); Überstellung nach Rom (58); gewaltsamer Tod in Rom (60). Nach Apg. 22,3 in → Tarsos geboren, entstammt P. nach 2. Kor. 11,22 und Phil. 3,5 einer streng jüd. Familie der Diaspora. Von Geburt an ist er *civis Romanus* (Apg. 16,37). Seine Beherrschung ant. Rhetorik und der Gebrauch von Begriffen der stoischen Popularphilos. (z.B. *ἐλευθερία, συνείδησις, ἀρετή* und *φύσις*) lassen vermuten, daß P. neben jüd. Bildungselementen (Gesetz, Schriftkenntnis) auch griech. sein eigen nannte. Beides mag ihm durch die Predigt der Diasporasynagoge zugekommen sein, deren bevorzugte Stilform, die Diatribe, auch für P. charakterist. ist. Wahrscheinl. in Jerusalem ausgebildet, war P. ein leidenschaftlicher Eiferer für das jüd. Gesetz (Gal. 1,14). Nach Apg. 18,3 verband er seine theolog. Schulung mit dem Beruf eines Zeltmachers (vgl. 1.Thess. 2,9). Es gibt Gründe für die Annahme, daß P. vor seiner Bekehrung eine streng jüd. Heidenmission vertrat (Gal. 5,11). Daher wird sein Eifer gegen die Christen verständlich (Gal. 1,13; Phil. 3,6). Daß P. bei der Steinigung des Stephanos anwesend war (so Apg. 7,58), ist allerdings unwahrscheinl. Verfolgte P. die (hell.-jüd.) Christen wegen ihrer Trennung von den Heilsgrundlagen Israels (Gesetz und Gesetzesgerechtigkeit), so führt seine Bekehrung gerade hier zu einer Neuorientierung. Seine Bekehrung (Gal. 1, 15; 1.Kor. 9,1; Phil. 3,5f. – die Nachrichten der Apg. sind legendäre Ausmalungen) ist nämlich keine Bekehrung von der Sünde zur Gerechtigkeit, sondern von der Gerechtigkeit aus Werken zur Gottesgerechtigkeit aus dem Glauben an Jesus (Röm. 10,4), der von nun an für P. die Weltenwende bedeutet (2.Kor. 4,6). Dabei bleibt das Gesetz für P. auch nach der Bekehrung heilig (Röm. 7,7ff.). Unmittelbar nach seiner Bekehrung, die für P. die Berufung zur Verkündigung des Evangeliums von der Gerechtigkeit durch Glauben an Jesus Christus bedeutet, beginnt er seine Missionstätigkeit (Gal. 1,15ff.). Erste Station ist das Gebiet s.ö. von Damaskus (Arabien), wo es jedoch zu keinen Gemeindebildungen kommt. Weitere Stationen seiner Tätigkeit beschreibt P. in Gal. 1,15ff.: Nach mindestens zwei J. 1. Reise nach Jerusalem »um → Petrus kennenzulernen«; mehrjährige Missionstätigkeit in Syrien und Kilikien (1,21); Gal. 2,11ff. finden wir P. in Antiocheia, wohin er nach Apg. 11,26 von → Barnabas geholt worden ist, 13J. nach der 1.Jerusalemreise zusammen mit Barnabas beim Apostelkonvent in Jerusalem. Hier geht es um die Anerkennung der Heidenmission ohne Beschneidung und um die Einheit der Gemeinde (Gal. 2,1ff., vgl. den harmonisierenden Bericht Apg. 15,1ff.). Nach eigener Aussage übernimmt P. in Jerusalem nur die Verpflichtung, eine Kollekte für die »Armen« in Jerusalem durchzuführen. Auf Grund der Einigung mit den Judenchristen führt P. seine Mission in Zypern und in Kleinasien weiter (das Itinerar der Reise liegt uns Apg. 13/14 vor). Danach wird der in Gal. 2,11ff. berichtete Konflikt mit Petrus stattgefunden haben. Auf einer weiteren Reise finden wir P. in Syrien, Kilikien, Makedonien und Achaia. Es entstehen jetzt die Gemeinden in Galatien, → Philippoi, → Thessalonike, → Korinth und an uns unbekannten Orten. Nach Palästina und Syrien zurückgekehrt, führt ihn eine Reise mit einem längeren Aufenthalt in → Ephesos (Apg. 19, 1ff.) abermals nach W. Das Ziel bleibt Rom, von wo der »Apostel aller Völker« (Röm. 1,5) nach Spanien aufbrechen will (Röm. 15,23f.). Die letzte Phase seiner Wirksamkeit führt ihn nach Jerusalem, wo er die Kollekte überreichen will. Sein dortiger Aufenthalt endet mit seiner Verhaftung durch die röm. Behörde und nach zwei J. zur Deportation nach Rom zur Verurteilung (legendäre Berichte aus dieser Z. in Apg. 21,17–28. 31). Dort erleidet er wahrscheinlich unter Nero den Märtyrertod. Die ganze Zeit seiner Wirksamkeit als Missionar ist voll von Erfolgen, Kämpfen, Nöten, Verfolgungen (Apg. 16f.; 1.Thess. 2,2; 1.Kor. 4,9ff.; 2.Kor. 1,4ff.: 4,8ff.; 6,4ff.; 11,24ff.; Phil. 1,12ff.; Phlm. 13). Für das Verständnis seiner Theologie sind bes. seine Auseinandersetzungen mit seinen innerchristl. Gegnern von Bedeutung: → Gnostikern in Korinth und Philippoi, »Judaisten« in Galatien, gr. Wanderpredigern jüd. Provenienz in Korinth (2. Kor., s. dazu D. GEORGI Die Gegner des Paulus im 2. Korintherbrief, 1964. W. SCHMITHALS Die Gnosis in Korinth, ²1965 und DERS., Paulus und die Gnostiker, 1965).

3. a. P.-Jesus: P. kannte den ird. Jesus nicht (2.Kor. 5,16) und bemühte sich auch nicht um einschlägige Kenntnisse (nur 4 Worte Jesu führt P. an: 1.Kor. 7,10; 9,14; 11,23ff.; 1.Thess. 4. 15ff.). So reproduziert P. also nicht einfach die Verkündigung Jesu, sondern richtet die Botschaft vom Kreuz und der Auferstehung Jesu aus. Jesus ist für ihn nicht Rabbi oder Prophet, sondern Christus, Gottessohn oder *κύριος*, durch dessen Kreuz und Auferstehung der Anbruch des z.B. in der jüd. Apokalyptik erwarteten Heils Wirklichkeit geworden ist. Darin trifft sich P. mit der Verkündigung der gr. Urgemeinde, die Voraussetzung seiner Theologie ist. Aus ihr stammen viele zitierte Glaubensformeln (Röm. 1,3f. 3,24f. 4,25; 1.Kor. 15,3ff. u.a.), Hymnen und liturg. Wendungen. Diese übernommene Tradition ist aber für P. nicht sakrosankte Norm seiner Verkündigung, sondern besitzt Dienstcharakter gegenüber dem Evangelium, das aller Tradition gegenüber Norm bleibt. Dieses Evangelium ist aber die rettende Offenbarung der Gerechtigkeit Gottes in Christus für alle Menschen. M.a.W., Theologie ist für P. Christologie als Soteriologie.

b. Grundthemen: Das Generalthema der Theologie des P. ist die Begegnung zwischen Gott und Mensch, die in der Verkündigung des Evangeliums geschieht und Gericht und Gnade bedeutet. Alle Aussagen sind auf dieses Grundthema bezogen, so daß jedes Wort über Gott, Jesus Christus, den Geist usw. immer auch eine Aussage über den Menschen ist (BULTMANN). Schematisch könnte die Theologie des P. so dargestellt werden: Die Offenbarung der Gerechtigkeit Gottes in Christus (Röm. 1,17) zeigt die Verlorenheit des Menschen unter Gottes Zorn vor dem Kommen des »Glaubens« (Röm. 1,18–3,20) und ermöglicht ein neues Leben als Freiheit von Sünde, Tod und Gesetz, das sich in der Liebe zum anderen in diesem ird. Dasein bewährt (Röm. 5–8. 12f.). Freiheit ist also für P. keine Wesensbestimmung, sondern zu ergreifende Aufgabe, die durch Liebe erfüllt wird (1. Kor. 8–10). Am Ende steht das Gericht (Röm. 14,10). Interessant ist die anthropolog. Terminologie des P. (*σῶμα, σάρξ, πνεῦμα, ψυχή, καρδία* etc.), die mit den einzelnen Begriffen nicht Einzelorgane bezeichnet, sondern jeweils den ganzen Menschen in seiner Bestimmtheit durch *σάρξ* oder *πνεῦμα* oder ... Auf einen Nenner gebracht vertritt P. eine Theologie jenseits jüd. Gesetzlichkeit und gnost. verstandenem Heilsglauben (→ Gnosis), die ihre Mitte in der Botschaft von der geschenkten Gerechtigkeit hat, die in Christus Wirklichkeit geworden ist und die im Leben des Glaubenden wirklich werden will. Kl. W.

a) Forschungsberichte: *A. Schweitzer* Gesch. der paul. Forschung von der Reformation bis auf die Gegenwart, 1911, ^{2}1933. *R. Bultmann* Neueste P.-Forschung, in: ThR NF 6, 1934, 229–246; 8, 1936, 1–22. *O. Kuss* Die Rolle des Apostels P. in der theol. Entwicklung der Urkirche, in: Münchner ThZ 1963, 1–59. 109–187. b) Einleitungsfragen: *Feine/Behm/Kümmel* Einl. in das NT, ^{15}1967. RGG ^{3}V, 166–190 *(G. Bornkamm)*. c) Gesamtdarst.: *Dibelius/Kümmel* P. ^{3}1964. *G. Bornkamm* P. 1969. d) Theologie: *R. Bultmann* Theologie des NT., ^{5}1965, 187–353. *H. Conzelmann* Grundriß der Theologie des NT, ^{2}1968, 175–314. e) Einzelfragen: (P. und Jesus) *E. Jüngel* Jesus und P. ^{3}1967; (P. und rel. Umwelt) *E. R. Goodenough* P. and the Hellenization of Christianity, in: Religion in Antiquity, ed. *J. Neuser*, 1968, 23–68; (Berufung) *D. Lührmann* Das Offenbarungsverständnis bei P. und in den paul. Gemeinden, 1965, 67–81; (Christologie) *F. Hahn* Christolog. Hoheitstitel, ^{3}1966; (Gerechtigkeit) *P. Stuhlmacher* Gerechtigkeit bei P., ^{2}1966; *R. Bultmann* Theologie des NT., 271–287; (Geschichtsverständnis) *U. Luz* Das Geschichtsverständnis des P. 1968; (Traditionsverständnis) *K. Wegenast* Das Verständnis der Tradition bei P. und in den Deuteropaulinen, 1962; (Selbstverständnis) *E. Güttgemanns* Der leidende Apostel und sein Herr, 1966; (Sakramente) *G. Bornkamm* Taufe und Neues Leben bei P., in: Ges. Aufs. 1, ^{5}1966, 34–50; *ders.* Herrenmahl und Kirche bei P., Ges. Aufs. 2, ^{2}1963, 138–176; (Ethik) *E. Dinkler* Zum Problem der Ethik bei P., in: Signum Crucis, 1967, 204–240; (Hoffnung) *E. Brandenburger* Die Auferstehung der Glaubenden als hist. und theol. Problem, in: Wort und Dienst. Jb. der Theol. Schule Bethel NF 9, 1967, 16–33.

6. P. von Samosata. Bischof von → Antiocheia seit 260, durch ein Konzil in Antiocheia 268 als Irrlehrer abgesetzt. Neben seinem Bischofsamt war er als Günstling der Königin → Zenobia weltlicher Würdenträger *(ducenarius)*. Erst nach dem Sieg des Aurelianus über Zenobia 272 konnte P. mit Hilfe der heidn. Justiz zur Räumung des Bischofshauses gezwungen werden (Eus. KG 7, 29f.). Wörtliche Frg. des P. werden erst im 5. Jh. zitiert, um ihn als Vorläufer des → Nestorios zu erweisen. Da sie mit dieser Tendenz ausgewählt, teils auch gefälscht sind, ist ein genaues Bild der Lehre nicht zu gewinnen. P. soll Christus als »Menschen wie wir, freilich in jeder Hinsicht überlegen« (*ἡμῖν ἴσον, κρείττονα δὲ κατὰ πάντα*) bezeichnet haben. Göttliche Wesenhaftigkeit komme nur dem Schöpfer zu. Das Wort *ὁμοούσιος* verwendete P. in dem Sinn, daß der Sohn und der Hl. Geist an der einzigen wirklichen *οὐσία* des Vaters nur sekundär teilhätten. Deshalb galt es seither den Orientalen als Stichwort einer Ketzerei; dieses Vorurteil machte 325 auf dem Konzil von → Nikaia (3) die Annahme des *ὁμοούσιος*, obwohl jetzt in anderem Sinn, sehr schwierig. O. H.

Frg.: *H. de Riedmatten* Les actes du procès de P. de S., 1952, Paradosis 6.

Lit.: *G. Bardy* P. de S., ^{2}1929.

7. P. aus Thessalonike, um 325 *lector*, 335 (?)–350 Bischof von Constantinopel. Fünfmal wurde P. (erstmals durch Const. d. Gr.) verbannt, viermal kehrte er zurück. Sein Schicksal lag darin begründet, daß er sich einmal den vom Kaiser befolgten Lehren bzw. dessen Kirchenpolitik nicht anpaßte, zum anderen, daß Constantius II. Rücksichten auf → Constans (1) bzw. auf die Gefühle der Massen in Constantinopel zu nehmen hatte. Freund und Feind entstellten die Überlieferung über P. (zu den Quellen neben Sokrates und Soz. vgl. TELFER, Harv. Theol. Rev. 43, 1950), der posthum idealisiert, ja zum Heiligen erhoben wurde (Fest am 7. 6.; im O. am 6. 11.). A. L.

A. Lippold, RE Suppl. X 510ff.

8. P. Alexandrinus, Astrolog des 4. Jh. n. Chr. (J. 378 aus Beispiel p. 39 zu errechnen). Seine *Εἰσαγωγικά*, Einführung in die A., gibt die Grundbegriffe für die Eigenschaften der Tierkreiszeichen, ihre Beziehungen zur astrolog. Geographie und Iatromathematik, ihre Verbindung mit den Planeten, deren Wesen, Wirkungen, Verbindungen und Phasen, weiter die Planetengötter der Wochentage und Stunden. An die Lehre von den Schicksalslosen, die der Scholiast auf Hermes Trismegistos' Panaretos zurückführt, klingen Goethes »Urworte Orphisch« noch an. Es folgen u. a. die Zwölfortelehre, die Errechnung der Sonnenbewegung, des Horoskopos, der Himmelsmitte und von Lebens-Jahr-Monat und Tag, die Lehre von den Stufenjahren und der Hausherrschaft der Planeten. Das Horoskop des Kosmos ist in dieser Form nicht zugehörig. P. bringt ältere hellenist. Lehren neben astronom. Angaben. Das Werk ist jetzt unvollständig durch Zusätze und Scholien erweitert und im 14. Jh. in Byzanz. überarbeitet worden, so auch der Commentar aus dem 5. und teilweise 6. Jh., der unter dem Namen Heliodoros erhalten ist. E. Bo.

Ta.: *Schato* 1586 und 1588; *Boer* 1958.

Lit.: *W. Gundel*, RE XVIII 2376–86. *W. u. H. G. Gundel* Astrologumena. (Beider Angabe, daß Varâha mihira einen Commentar zu P.' Werk Pauliśa siddhanta benutzt und al Birūni diesen zitiert habe, ist unrichtig. Es sind zwei verschiedene Werke, und keines bezieht sich auf P. Al; s. *Pingree*, Gn. 40, 1968, 277).

9. P., Silentiarius, Sohn des Kyros, Enkel des Floros (Agath. Hist. 5,9,7; über diese *Av.* und *Al. Cameron*, JHS 86, 1966, 18 f.), mit → Agathias befreundet (Anth. Pal. 5,292 f.), bedeut. Dichter der Z. → Iustinians und → Iustins II. (die *Ἔκφρασις* [s. u.] 562; Epigramm auf → Domninos 567, s. Cameron a. O. 21). Nach Agath. a. O. war P. offenbar um 581 nicht mehr am Leben. Die etwa 80 Epigramme des P. behandeln meist überkommene, in der Ausführung abgewandelte Motive, zeichnen sich aber durch Eleganz des Ausdrucks, die zahlreichen erotischen auch durch Leidenschaftlichkeit aus. In diesen auffällige Übereinstimmungen mit Tib. und Prop. Die im 6. Jh. beliebten Epigramme auf Gebäude (Bäder, Gärten) fehlen auch bei P. nicht. Die chr. Umwelt erscheint nur 5,286 in der Person des Priesters; chr. Gedanken 7,604. 606. Die *Ἔκφρασις τοῦ ναοῦ τῆς ἁγίας Σοφίας* wurde am 6. Januar 563 zur Einweihung der wieder hergestellten Kirche vorgetragen, die des Ambon etwas später. Die Beschreibung (in Hexametern), der iamb. Vorreden an den Kaiser und den Patriarchen vorangehen, ist sachlich genau, im Ausdruck lebendig, der Sprachstil nonnianisch, mit wenigen Ausnahmen auch die Metrik. Die Epigramme sind in beidem freier. Über Wortaccent im Pentameter Maas Byz.-Neugriech. Jahrb. 3 1922, 163. Nachgeahmt ist P. von Niketas Eugenianos. R. K.

Ausg.: *Ἔκφρασις*: *P. Friedländer* Johannes von Gaza und P. Sil. 1912. Epigr.: *Viansino*, Torino 1963. – *Corbato*, Annali Triest. 20 (1950), 223 f. W.

10. P., aus Aigina, griechischer Arzt des 7. Jh. n. Chr., nicht unbedingt zu den für spätalex. Medizin wirkte vorwiegend in Alexandreia; P. gehörte typischen reinen Theoretikern, sondern war auch Praktiker. Sein erhaltenes Hauptwerk, eine med. »pragmateia« in 7 B., ist eine aus alten Autoritäten geschöpfte Synopsis. P.'s Vorbild dabei war → Oreibasios, dessen aus wörtl. Exzerpten bestehende med. Anthologie P. kürzte und gleichzeitig modifizierte; insofern ist P. relativ etwas eigenständiger als Oreibasios. P.'s Werk ist, wie ähnliche seiner Art (s. auch → Aetios [I 1521] von Amida), viel gelesen und auch ins Arab. übersetzt worden. F. K.

Ausg.: ed. *J. L. Heiberg* in CMG IX 1 und 2, 1921 und 1924.

Pauperies bezeichnet den von einem Tier ohne Zutun eines Menschen angerichteten Personen- oder Sachschaden (vgl. Ulp. Dig. 9,1,1,3). Das Wort ist vom Adjektivum *pauper* (arm, minder) abgeleitet, das durch das Nominalsuffix *-ies* zum Eigenschaftsabstraktum wurde. Mit wenigen Ausnahmen (vgl. etwa Plaut. mil. 729. Enn. scaen. 203 f.) findet sich das Wort nur in jurist. Texten. Ob der Tierschaden bereits in den XII Taf. (tab. 8,6) als *p.* bezeichnet war oder ob dieser nur einen Unterfall der *noxia* (→ noxa) bildete (Liebs), wird nicht zu entscheiden sein. Als schadenstiftende Tiere kamen zunächst die zu den *res mancipi* gehörenden *quadrupedes* in Frage (vgl. Paul. sent. 1,15,1), dann alle übrigen *quadrupedes*, die einen Eigentümer hatten, und schließlich alle Tiere schlechthin (Paul. Dig. 9,1,4). Nach h. Lehre werden auf die quellenmäßige *actio de pauperie* (vgl. Iav. Dig. 9,2,37,1. Ulp. Dig. 19,5,14,3) die Grundsätze der → *noxalis actio* angewendet, d. h. es haftete der Tierhalter für den von seinem Tier angerichteten Schaden; von dieser Haftung kann er sich freilich durch Auslieferung des Tieres an den Geschädigten *(noxae deditio)* befreien. F. R.

L. Müller, RE Suppl. X 521 ff. *D. Liebs*, ZRG 85, 1968, 195 f. 196 Anm. 96. *Hermann Lange* Schadenersatz und Privatstrafe, 1955, 112 f., 121 f.

Pausanias (*Παυσανίας*). **1.** Spartiate, → Agiade, Sohn des → Kleombrotos (1), führte 479 als Vormund des → Pleistarchos (Hdt. 9,10. Thuk. 1,132,1. Paus. 3,4,9) den Oberbefehl über die Griechen bei Plataiai. Die Schlacht: (Hauptquelle Hdt. 9,19–75; s. Bengtson GG[3] 144 ff. 171 f. Moos Vorgesch. u. Verlauf d. Schlacht v. Plataiai, Diss. Wien 1963). Nach längerem Zögern beider Seiten griffen die Perser unter → Mardonios die nach nächtl. Stellungswechsel und Flucht einiger Kontingente unvorbereiteten Griechen an. Die Hauptlast des Ansturmes fingen P. und seine Spartiaten ab (vgl. Schachermeyr GG 148) und schlugen die Perser in die Flucht; Mardonios fiel, das pers. Lager wurde erobert, die Reste des Perserheeres räumten Griechenland. Ein Weihgeschenk nach Delphoi (s. o. I 1452, 40 ff.) ließ P. mit seinem Namen versehen (Anth. Pal. 6,197), den aber die Spartaner durch die Namen der am Sieg beteiligten Staaten ersetzten (Thuk. 1,132,2 f.). Tod GHI 19. Hier beginnt die Entwicklung sichtbar zu werden, die P. schließlich zum Untergang führte. – P. nach Plataiai: (Hauptstellen Thuk. 1, 128 ff. Diod. 11,44 ff. Nep. P. 2 ff. »Aristodemos« FGrH 104 F 1,8; sämtl. Quellen bei Hill Sources etc., [2]Oxf. 1962, Ind. s. P.). Im J. 478 eroberte P. an der Spitze der Griechen Byzantion zurück, verscherzte sich aber deren Sympathien durch sein

Auftreten. Nach Sparta abberufen, mußte er sich wegen Konspiration mit den Persern (ein angebl. [im Kern histor.?] Briefwechsel P.-Xerxes Thuk. 1,128f.) verantworten, wurde aber freigesprochen. Auf eigene Faust (Thuk. 1,128,3) fuhr er abermals nach Byzantion (477) und herrschte dort, bis er ca. 470 (Iust. 9,1,3; BERVE Tyrannis 180. 620. BENGTSON GG³ 185: J. 476) von → Kimon (2) vertrieben wurde und nach → Kolonai floh, wo ihn der Befehl zur Rückkehr nach Sparta erreichte, dem P. gehorchte. Hier soll er mit den → Heloten staatsfeindl. Kontakte aufgenommen haben, ein Briefwechsel mit → Artabazos (1) wurde aufgedeckt, P. sah sich verloren und suchte im Tempel der Athena Chalkioikos Asyl, wo ihn die Ephoren verhungern ließen (467/66).

H. Schaefer RE XVIII 2. H. 2563ff. *Berve* Tyrannis, 1967, 179ff. 620f. *Richter* The Portraits of the Greeks, 1965, 99ff.

2. Enkel des P. 1, Sohn des → Pleistoanax (Paus. 1,13,4. 3,5,1). Spartanerkönig, zuerst 445/44–427/426 unter → Kleomenes' (4) Vormundschaft (Thuk. 3,26,2), dann seit des Vaters Tod 408/07 (Paus. a.O. Diod. 13,75,1). Er wirkte an der Blokkade Athens 405 mit (Xen. hell. 2,2,7f. Diod. 13, 107,2. Plut. Lys. 14,1). Wieder vor Athen 403 nach dem Sturz der 30, versöhnte P., gegen → Lysandros (1), die rivalisierenden Parteien in der Stadt und ermöglichte so die schließliche Wiederrichtung der Demokratie (Xen. hell. 2,4,29ff. 38f. Lys. 18,10ff. Aristot. Ath. pol. 38,4. Diod. 14,33,6. Plut. Lys. 21,4. Paus. a.O.). Ein deshalb gegen P. angestrengter Prozeß endete mit Freispruch (Paus. 3, 5,2). 395/94 gegen Theben. Die Niederlage von → Haliartos (394), bei der Lysandros fiel, wurde dem erst nach der Schlacht eingetroffenen P. angelastet, ebenso der folgende Abzug aus Boiotien (Xen. hell. 3,5,5–7. 17ff. 25. Diod. 14,81,1–3. Plut. Lys. 29f. Paus. 3,5,3–6). Zum Tod verurteilt, floh P. nach Tegea, Xen. hell. 3,5,25. Diod. 14,89,1. Paus. 3,5,6, wo er eine Schrift *κατὰ τῶν Λυκούργου νόμων* veröffentlichte, FGrH 582 mit Komm. K. K.

H. Schaefer, RE XVIII 2. H. 2578ff.

3. P., Makedone aus dem Fürstenhaus der → Elimea, Sohn oder Bruder des Derdas, befehligte 600 maked., 433/32 den Athenern nach Poteidaia zu Hilfe gesandte Reiter. Sch. Thuk. 1, 61,3. Vielleicht ident. mit *Πανσ]ανίας Μαχήτου*, Schwurzeuge beim Bündnis zwischen Athen und Perdikkas II. 423/22. IGI² 71. H. BENGTSON Die Staatsverträge des Alt. 2, 1962, 109ff. **4.** P., Sohn des Aëropos, König von Makedonien, nach einjähriger Regierung 393/92 von Amyntas III. ermordet. Diod. 14,84,6. 89,2. **5.** P., Makedone, Verwandter des Königshauses, Sch. Aischin. 2,26. Diod. 16,2,6, eroberte 368 im Kampf gegen Ptolemaios und Eurydike chalkid. Städte, wurde von Iphikrates zum Rückzug gezwungen und versuchte 360 nach dem Tode des Perdikkas III, in die maked. Wirren einzugreifen. Aischin 2,27. 29. Nep. Iphicr. 3. Diod. 16,2,6. IG IV² 1,94b 13. **6.** Makedone, Sohn des Kerastos aus der Orestis, *ἑταῖρος* König Philipps II. von Maked., Ios. ant. Iud. 11,304. 19,95. Diod. 16,93,4 (*σωματοφύλαξ*). P. Oxy. 12 col. 3,24 (*δορυφόρος*), ermordete 336 Philipp zu Aigai bei der Hochzeit seiner Tochter und wurde selbst getötet. Diod. 16,93,4ff. schiebt wie Aristot. pol. 5,8,10,1311b P. ein persönl. Rachemotiv unter, da Philipp gegen Attalos, den Beleidiger des P., nicht vorging. Nach Iust. 9.6,4ff. und POxy. 1798 (U. WILCKEN, SPrAW 1923, 151ff.) war P. Werkzeug einer Verschwörung, an der Olympias und Alexander beteiligt sein sollten. BERVE Alex. 2,308f. H. V.

7. P. der Perieget. P.' Geburtsdatum wird auf 111–115 n. Chr. durch die Äußerung 8,9,7 bestimmt, er habe → Antinoos (2) nicht mehr lebend gesehen. Sind 5,1,2 (Korinth vor 217 J. gegründet) im J. 173/74 n. Chr., B. 1 vor der Erbauung des Odeon des Herodes Atticus (7,20,6), B. 7 danach und B. 10 nach dem Einfall der Kostoboken (10, 34,5 *κατ' ἐμέ* um 175) geschrieben worden, so hat er sein ganzes Werk zwischen etwa 160 und 180 verfaßt, und zwar – dies ist durch Vor- und Rückverweisungen gesichert – in der überlieferten Reihenfolge. Seine genaue Kenntnis Kleinasiens, bes. Lydiens, läßt vermuten, daß er von dort stammt. Man weiß nichts über seine Person, außer daß er in Griechenland, in Rom, in Syrien, in Palaestina, in Äg. bis Theben und zur Ammon-Oase gereist ist. Identifizierungen mit einem der sechs anderen in Betracht kommenden Personen des Namens hat A. DILLER, TAPhA 1955, 268–279, endgültig ausgeschlossen.

Erhalten unter dem Titel *Περιήγησις τῆς Ἑλλάδος* durch die Hss. (die drei maßgebenden Hss. führt A. DILLER, TAPhA 1956, 84–97 auf einen Archetypus und diesen auf Steph. Byz. zurück) und so auch von Steph. Byz. zitiert, vielleicht nach Herodian. (I, CXXVI LENTZ), besteht das Werk aus einer Perihegese des griech. Festlandes, die der Route einer bestimmten Reise des P. folgt. B. 1 beschreibt Attika und beginnt ohne Vorwort mit der Ankunft von der Seeseite her: Sunion, Wege von Phaleron und Peiraieus nach Athen, Athen (Markt, Olympieion und Umgebung, Akropolis; darüber E. MEYER Pausanias, Führer durch Athen, 1959, und R. E. WYCHERLEY, Gr. Rom. and Byz. Studies, 1959, 21–44), Akademie, Eleusis, Megara. Die Exkurse sind zahlreich und weitgreifend, bes. die histor. Doch hält sich P. weniger bei der klass. Z. auf, die er als bekannt voraussetzt, als bei der Diadochenzeit, wo er sichtlich einen Originalbeitrag zu der periehegetischen Lit. liefern will. B. 2 beschreibt Korinth, Sikyon, Phleius, Nemea (G. ROUX Pausanias en Corinthie, B. 2, 1 à 15, 1958) und Argolis von Mykene bis zur Thyreatis, einschl. Epidauros, Aigina, Troizen und Hermione, wiederum mit großen

Exkursen über hellenist. Geschichte. B. 3 ist Lakonien gewidmet und beginnt mit einer hist. Einleitung über Sparta, dessen Beschreibung erst mit 11,5 (Weg zur Stadt von der argol. Grenze her) einsetzt. Abschnitt 18,6–26,11 beschreibt kurz das s. Lakonien, Taygetos und Kythera, dann kommt er auf die Gegend von Leuktra auf dem Landweg und den Hafen von Messa (Seereise vorausgesetzt) zurück, Oitylos, Thalamai, Pephnos. B. 4, von dem 4/5 einer hist. Einleitung über die Messen. Kriege gewidmet sind, geschöpft aus den *Μεσσηνιακά* des → Rhianos v. Bene (ausführl. Quellenanalyse F. Jacoby zu FGrH 265 F 38–46, S. 109–195) beschreibt Messenien. B. 5 u. 6 umfassen Elis, beschreiben aber bes. Olympia, dessen Topographie u. Denkmäler in B. 5 enthalten sind, während B. 6 bes. Wundergesch. u. hist. Merkwürdigkeiten bringt. Aufgebaut wie B. 4, beginnt B. 7 mit einer hist. Einleitung über Achaia mit Exkursen über die ion. Städte Kleinasiens (1–17, 4) und schließt daran die Beschreibung des Landes von W. nach O. (17,5–27,12). B. 8, das längste, beschreibt Arkadien, ebenfalls mit einer hist. Einleitung beginnend (J. Hejnic, Praha Rozpravy Česk. Ak. Věd 1961). Es schließt mit einer Übersicht der Wege nach Sparta und Argos und einem gemeinsamen Abschluß für die Peloponnes-Bücher (53,11–54,7). Mit B. 9 kehrt P. zu der Grenze von Attika zurück und behandelt Boiotien das er zuerst, dem Weg von Plataiai nach Theben folgend, beschreibt, dann nacheinander die von den verschiedenen Toren Thebens ausgehenden Straßen, dann Thespiai und Helikon, Haliartos, Orchomenos, Lebadeia und Chaironeia. B. 10, beschreibt nach der üblichen Einleitung, kurz Phokis im Anschluß an Chaironeia, ausführlich Delphi, wiederum kurz Amphissa und Naupaktos, und endet dort ohne jeden Abschluß.

Schon W. Gurlitt (s. u.) 330 ff. hat entgegen der traditionellen überkommenen Meinung gezeigt, daß P. nicht einem vermeintlichen Schema älterer Perihegesen folgt, etwa von → Heliodoros (2) oder → Polemon (4), oder einer nur theoretisch gedachten topographischen Folge, sondern einer Reise, die er selbst gemacht und nur ausnahmsweise nach Lektüre ergänzt hat. Alles, was er beschreibt, beruht also auf Autopsie, und der Anteil seiner Quellen beschränkt sich auf die hist. Exkurse und auf sekundäre Erkundung (Geographie, Mythistorie, Kunstgeschichte, Paradoxographie). Unkritische Benützung von Mittelquellen für die meisten vorchristl. Autoren wird jetzt ziemlich allg. angenommen (anders nur E. Bischoff in der von Regenbogen, 1070 zitierten ungedruckten Diss.). Bedingt selbständig hingegen ist die behauptete Abneigung gegen Demokratie, außer im klass. Athen, die der philos. Auffassung des 2. Jh. n. Chr. entspricht, das Lob Hadrians und das Urteil, Hellas' Niedergang habe unter Philipp und Alexander begonnen. Sein Verhältnis zur Kunst beschränkt sich auf ein rein antiquarisches Interesse für einige berühmte archaische Werke, die er dann mit peinlicher Genauigkeit beschreibt (Musterbeispiel: der thronende Zeus des Pheidias und die Kypseloslade in Olympia, 5,11,1–10 und 17,5–19,10). Ein Gefühl für Landschaften kommt nie zum Ausdruck. Dagegen tritt allg. die Sehnsucht nach der Größe des alten Hellas stark hervor, bes. in der Darstellung der Geschichte. Wiederbelebung der lit. Gattung der Perihegese, neues Interesse für Monumente und ion.-archaische Stilfärbung sind ebenfalls persönl. Merkmale und doch zugleich typisch für den Geist der antoninischen Renaissance. F. L.

Ta.: *H. Hitzig* u. *H. Blümner*, 1896–1907 (mit noch wertvollem archäol. Komm.), *F. Spiro*, 1903 mit Schol. von Arethas. *J. Taillardat*, *J. Pouilloux* u. *G. Roux*, B. 1–2, 1969 (Coll. Budé., wird fortgesetzt).

Übers.: engl. *J. G. Frazer*, 1913[2] (mit 5 Bd.en Komm.), dt. *E. Meyer*, 1967[2] (Exkurse gekürzt, grundlegende Einleitung).

Lit.: *A. Kalkmann* P. der Perieget. Unters. über seine Schriftstellerei u. seine Quellen, 1886 (vielfach überholt). *W. Gurlitt* Über P., Untersuchungen, 1890. *R. Heberdey* Die Reisen des P. in Griechenland, 1894. *G. Pasquali* Schriftstellerische Form des P., H 1913, 161–223. *J. Schnayder* De Pausaniae opere, Meander 1964, 187–208 (Stiluntersuchung). Zusammenfassung *O. Regenbogen*, RE Suppl. VIII 1008–1097.

8. P., griech. Sophist des 2. Jh. n. Chr. aus Kaisareia/Kappadokien (Suda s. *Π.*), Schüler des → Herodes (16) Attikos, dessen Privatzirkel »Klepshydrion« er angehörte (Philostr. v. soph. 2,13). In den 80er und 90er J. war P. Professor der Rhet. in Athen, danach in Rom, wo er in hohem Alter starb. Er war Lehrer des → Ailianos (2) und des Aspasius von Ravenna (Philostr. a. O. 2,31,3. 33,4). Über seine (verlorenen) Reden urteilt Philostr. freundlich, tadelt jedoch die »kappadokische« Aussprache (vgl. Lukian. epigr. 43 = Anth. Pal. 11,436). Der Suda zufolge hätte P. auch *Περὶ συντάξεως* und *Προβλήματα* (je 1 B.) geschrieben (Verwechselung mit einem anderen Träger des Namens?).

Christ-Schmid 2,2,697. 758 f. *A. Diller*, TAPhA 86, 1955, 268 ff.

9. P., griech. Grammatiker unbekannter Herkunft, vermutlich hadrian. Z. angehörend, wie Ailios → Dionysios (29) Vf. eines *Ἀττικῶν ὀνομάτων συναγωγή* (Sch. Thuk. 6,27,1) betitelten Lex. Eine kurze Beschreibung des Werkes gibt Phot. bibl. 153: demnach war es alphabet. angelegt und enthielt zwar weniger Belege als die beiden Rezensionen vom Lex. des Dionysios, dafür aber mehr Lemmata. Die Frg.e lassen erkennen, daß es P. in erster Linie um die Erkl. att. Eigentümlichkeiten, namentlich auch kulturgeschichtl. Einzelheiten, ging als um Vorschriften für angehende Attizisten. Zu den benutzten Autoren gehören → Didymos (1) und → Pamphilos (2), außerdem ein qualitätsvolles Onomastikon att. Altertümer; zur Erläuterung von Sprichwörtern dürfte auch → Lukillos herangezogen worden sein.

Das Lex. war bis zum 12. Jh. erhalten: → Eustathios (4) hat, ebenso wie zuvor schon Photios, sein Material verwendet. Auch in die Suda und in das Etym. gen. haben, auf dem Wege über die *Συναγωγὴ λέξεων χρησίμων*, zahlreiche Erkl. Eingang gefunden. Infolge der wenig differenzierten Zitierweise der Byzantiner ist die Trennung der Reste des P. von denen des Ail. Dionysios sehr problematisch. H. Gä.

Frg.e und umfassende Diskussion des Problems: *H.Erbse* Unt. zu den attizist. Lex., ADAW 1949, 2 (dazu *K.Latte*, ByzZ 45, 1952, 394ff. *M. van der Valk*, Mnem 4. Ser. 8, 1955, 207ff.).

Pausias. Maler des 4. Jh. v. Chr., Schüler des → Pamphilos aus Sikyon. P. arbeitete bes. in enkaustischer Technik und malte in kleinem Format bes. Blumen und Knaben (doch auch Restaurierungsarbeiten polygnot. Wandbilder in Thespiai). Eine Kopie eines Sitzbildes der Kranzbinderin Glykera kaufte Lucullus für 2 Talente (Plin. nat. 35,125). Berühmt war sein Stieropfer, bei dem der Stier in Vorderansicht, ganz schwarz ohne Glanzlichter und trotzdem mit perspektivischer Tiefe dargestellt war. 2 Bilder des P. in der Tholos von Epidauros erwähnt Paus. 2,27,3, auch scheint er obszöne Bilder gemalt zu haben. S. O.

G.Lippold, RE XVIII 2.H., 2417. *Pfuhl*, 2, § 796. *R.Bianchi Bandinelli* Storicità dell'Arte Class. 1950, 52–53. *K.Schefold* Vergessenes Pompeji 1962, 101. 163. *Pesce*, Enc. Arte Class. Or. 5,997.

Pausilypum (»Sanssouci«), Villa des → Vedius Pollio zw. → Neapel (Plin. nat. 3,82) und → Puteoli, fiel durch Erbschaft an Augustus (Cass. Dio 54,23,5); dort soll Vedius Sklaven den Muränen zum Fraß vorgeworfen haben (Plin. nat. 9, 167. Cass. Dio 54,23,1ff.). Die Villa war durch einen Tunnel mit Puteoli verbunden (Strab. 5,246), in dem der Meilenstein CIL X 6930 stand. G. R.

Beloch Camp. ²86. *Günther* Pausilypon, the Imperial Villa near Naples 1913.

Pausippos (*Παύσιππος*), spartan. Gesandter von Alexander d. Gr. entweder 333 bei Damaskos (Curt. 3,13,15) oder nach dem Tod des Dareios gefangen (Arr. an. 3,24,4). Ob seine Aufgaben sich auf den Agisaufstand 331 oder bereits frühere Verbindungen bezogen, ist unbekannt. G. W.

Berve Alex. II Nr. 617.

Pausistratos. Waghalsiger rhod. Admiral, Erfinder des Feuerkorbschiffes, (Pol. 21,7. A. Schiff Alexandrin. Dipinti, Diss. Rostock 1905 T. 1), schlug 197 den maked. Strategen Deinokrates bei → Alabanda, konnte aber → Stratonikeia nicht erobern. Liv. 33,18. 191/90 dem röm. Flottenkommandanten C. Livius unterstellt, kämpfte er auf eigene Faust gegen den syr. Admiral Polyxenidas. Obwohl gewarnt, wurde P. von Polyxenidas im Hafen Panormos auf Samos überfallen und fiel. Seine Flotte wurde fast vernichtet. Liv. 36,45,10. 37,10f. App. Syr. 24f. (nennt P. Pausimachos). Es gab eine Vereinigung der Pausistrateioi. A. Maiuri, ASAA 2, 1916, 139, n. 10,4. H.V.

Pauson von Athen (?), Maler. Ob der Aristoph. Ach. 854. Thesm. 949. Plut. 602 genannte P. mit dem Maler identisch ist, wie die Sch. z. St. (vgl. auch Suda s. *Παύσωνος πτωχότερος*) meinen, bleibt unklar. Den Maler P. nennt Aristot. poet. 2,1448a. pol. 8,1340a. metaph. 1050a 19. Er stelle die Menschen schlechter dar, als sie seien; man solle jungen Menschen keine Bilder des P. zeigen. Daraus wohl Themist. or. 34,11: Jeder ziehe wohl ein Bild des Apelles oder Zeuxis der ganzen Kunst des P. vor. Es wird nur ein Bild genannt (Plut. mor. 396 E. Ail. var. 14,15. Ps.-Lukian. Demosth. encom. 23f.), ein sich im Staub wälzendes Pferd, das, drehte man das Bild um, zu galoppieren schien. Die Zeit des P. ist unbekannt (E. 5. Jh. v. Chr.?), Kopien sind nicht nachweisbar. W. H. G.

Pausulae, municipium (Feldm. 226. 257) der 5. Region (Plin. nat. 3,111; trib. Velina: CIL IX 5795. 5799) n. des Chienti an der von Potenza nach S. führenden Straße (Tab. Peut. 5,4:9 mp. Geogr. Rav. 4,31. 5,1. Guido 21. 69), vermutlich am Platze der h. Abtei S. Claudio. G. R.

Nissen It. Ldk. 2,421. *Forbiger* Hb. d. alt. Geogr. 3,446.

Pautalia (*Πανταλία, Πανταλεία*), h. Kjustendil. Ansehnliche Stadt in Thrakien nicht weit vom Mittellauf des Strymon in fruchtbarem Becken, reich an warmen Mineralquellen. Die Akropolis der Stadt befand sich auf einem steil abfallenden Hügel (h. Hissarlăk). Die Thraker der Umgebung haben früh die reichen Erzgänge, bes. von Blei, Silber, Eisen, Gold und Kupfer ausgebeutet. Reichtum an Metallen, Holz, Obst, Heilquellen, der fruchtbare Boden und die wichtigen Verkehrsstraßen, vor allem die Straße P.-Serdica, die seit uralter Z. die Ägäis mit dem Inneren West-Thrakiens verband, waren schon früh die Grundlage des Wohlstandes der Ebene von P. Hauptstamm waren die → Dentheleten.

Ihre Verfassung erhielt P. wie manche anderen Städte Thrakiens von Traian. Rasche Fortschritte machte P. am E. der Regierung Hadrians. Aus der Z. der Antonine stammen die wichtigsten und für die Gesch. der Stadt ausgiebigsten Inschr. Eine Ausnahme (aus spät. Z.) stellt die große Inschr. von Skaptopara dar, einer Dorfgemeinde im Verwaltungsgebiet von P. Die Stadt war eine *civitas stipendiaria (vectigalis)* mit Archonten, Bulé und Demos; auch einige städt. Phylen sind bezeugt. Die sozialwirtschaftl. Entwicklung von P. und seiner Umgebung glich der anderer Politien der späthellenist. und der frühen Kaiserzeit. Neben den Sklaven stand eine erhebliche Anzahl freier Gemeindebauern in einem Abhängigkeitsverhältnis zu den Grundherren. Außer Land- und Forstwirtschaft sowie Metallgewinnung und -bearbeitung war in P. auch die Bau- und Steinmetzkunst entwickelt. Das kulturelle Leben war ziemlich rege, die Religion weist die dem Synkretismus der Kaiserzeit eigenen Charakterzüge auf. Bes. verehrt wurden die Heil- und Fruchtbarkeitsgottheiten des griech.-röm. Pantheons, auch einige thrak. Gottheiten; frühchr. Basiliken. Ptol. 3,11,12. Tap. Peut. Steph. Byz. Inschr. bei MIHAILOV, IGB.; DANOFF Art. Pautalia, RE Suppl. IX 800–824. Chr. D.

Pavimentum (*δάπεδον*, *ἔδαφος*). Fußböden aus fest gestampfter Erde, Kalkbeton oder kleineren bzw. größeren Steinen gibt es im Mittelmeergebiet seit vorgeschichtl. Z. Schon in Troia I wird auf die gestampfte Erde gelegentlich eine Schicht Lehm gelegt, die mehrfach erneuert werden konnte; diese Lehmschicht kann mit Brocken gebrannter Ziegel durchsetzt werden. Auch Betonfußböden kommen schon in myken. Z. vor. In den Haupträumen der myken. Paläste sind Stuckböden, oft auf einer Basis von Beton, mit Bemalung beliebt. Kieselfußböden und Plattenbelag begegnen bes. in offenen Höfen und auf Plätzen, während die Straßen meist ungepflastert waren. Im 10.–7. Jh. waren wohl die einfacheren Formen vorherrschend; das P. im Haus des Odysseus besteht aus gestampfter Erde, Hom. Od. 21,120ff. 22,454ff. In klass. und hellenist. Z. kommen neben einfachem Lehm-P. und Beton, oft mit kleinen Kieselsteinen darin, der aus mehreren Schichten bestehende griech. Fußboden Vitr. 7,4,4f. vor, in Tempeln und auf Plätzen vorzüglich gearbeitete Steinplatten-P. (vgl. Sylloge^3 969,61–63. 972,90–188. Zahlreich erhalten, z.B. Parthenon und Propyläen der Akropolis, Athen. Dunkle Fußbodenplatten vor dem Kultbild im Zeustempel, Olympia) sowie die ersten → Mosaik-P. und → Lithostroton (zu diesem zuletzt BRUNEAU, BCH 91, 1967, 431ff.).

Über die Technik röm. P. sind wir durch Vitr. 7,1, Varro rust. 1,51, Pallad. 1,9 sowie durch die Funde gut orientiert. Zu den P. aus Pompei vgl. bes. E. PERNICE P. und figürl. Mosaiken, 1938, zu Ostia G. BECATTI Mosaici e pavimenti marmorei, 1962. – In den Häusern begegnen vor allem P. aus Beton *(opus signinum)* sowie Steinplatten-P. und Mosaik-P. Die Steinplatten liegen meist auf Betonbasis auf; in unterkellerten Räumen und im Obergeschoß sind Balken und Bretter aus Holz teils als Fußboden, teils als Unterlage für andere P. üblich. Seltener sind P. aus *tegulae bipedales*, die zuweilen mit Beton bedeckt sind. Wohl seit der späteren Republik sind öffentl. Plätze meist mit Platten belegt, in die Monumentalinschriften mit großen Buchstaben eingefügt sein können. Straßen sind meist mit massiven Blöcken aus Lava oder anderem harten Stein gepflastert *(via saxo munita, silice strata)*, in die der Wagenverkehr im Lauf der Z. tiefe Rillen eindrückte. Die Herstellung dieser Straßen-P. hat Stat. silv. 4,3,40ff. besungen. Sie waren der Stolz der Römer, die Bewunderung der späteren Z. Seltener waren mit Kieseln belegte Wege. Auf Bürgersteigen in Pompei kommen mosaikartige P. aus einer Mischung von Beton und rötlichem Ziegelmehl vor, in die Kiesel usw. als Bordüren oder Ornamente eingefügt sein können. Daneben hat es in kleineren Orten natürlich immer auch unbefestigte oder wenig befestigte Straßen gegeben. → Mosaik. Lithostroton. W. H. G.

Van Buren, RE XVIII 2.H. 2309ff.

Pavor. Neben *Pallor* lat. Nachbildung von → *Phobos*, bzw. → *Δεῖμος*. Liv. 1,27,7 berichtet von *Salii* und *fana*, wogegen allerdings Bedenken bestehen (WISSOWA, Myth. Lex. 3,1341). Kritik an P. bei Sen. frg. 33 H. – Poetisch Ov. met. 4,485. W. P.

Pax. Röm. Göttin »Frieden«. P. ist eine Übertragung der *Εἰρήνη* ins Römische. Augustus führt den P.-Kult im J. 10 v. Chr. ein (Cass. Dio 54,35,2. Ov. fast. 3,881). P. seit 44 v. Chr. auf Münzen (SYDENHAM Coin. Rom. rep. 1065). Die Ara P. Aug. wurde im J. 13 v. Chr. vom Senat beschlossen (Cass. Dio 56,25,3. Mon. Ancyr. 2,37ff. Ov. fast. 1,709); berühmt war auch der prächtige Tempel der P., den Vespasian im J. 75 n. Chr. erbauen ließ (Suet. Vesp. 9. Paus. 6,9,3). – In der Lit. seit Tib. 1,10,45ff.; vgl. Ov. fast. 1,704. 4,407. Hor., c. saec. 57ff. u.a. – Sie ist häufig mit Ölzweig, Füllhorn, Lorbeer, Speer u.ä. geschmückt und mit → Victoria, → Fides, → Honor, → Virtus, → Concordia u.a. assoziiert. W. P.

Paxos, zusammen mit Propaxos (h. Antipaxos) Paxoi, zwei Inseln 13 km s. von Korfu, ohne bekannte ant. Siedlungsreste. Plin. nat. 4,52. Itin. Anton. 519, 2. Pol. 2,10,1ff. Cass. Dio 50,12,4. Plut. mor. 419 B. E. M.

1. *Philipps.-Kirst.* 2,456ff. 2. *Johanna Schmidt*, RE XVIII, 2. H., 2437f.

Pechys (*πῆχυς*), Unterarm von der Spitze des großen Fingers bis zum Ellenbogen (Poll. 2,158), »Elle«, 1½ Fuß, 2 Spannen (→ *σπιθαμαί*) usw., lat. → *cubitus*, häufig gebrauchtes, örtlich verschiedenes → Längenmaß (vgl. Hdt. 1,178,3) von 37–55 cm. Der att. P. betrug ca. 49 cm. H. Ch.

F. Hultsch Metrolog.^{2} 45ff. *W. Becher*, RE XIX 6.

Pecten (*κτείς*, *κτενός* ngr. *χτένι*). Mit P. bezeichnet man in der Hauptsache den Haarkamm, der bereits in frühester Z. in Äg., im Orient und in der Ägäis bekannt war. Die ersten Kämme bestanden aus Holz (Olive, Buxbaum), von denen aus frühmyk. Z. nur die Goldverkleidungen erhalten sind ([4], B 29 Anm. 194). Es haben sich P. aus dieser Z. in anderen Materialien wie Elfenbein, Knochen und Bronze erhalten. Sie sind meist länglich oder trapezförmig. In nachmyk. Z. können P. auf beiden Seiten gezahnt sein ([4], Abb. B 5 e.f. AJA 60, 1956 T. 50,4), auch die Proportionen ändern sich. So findet sich in archaischer Z. der halbkreisförmige P. sehr häufig ([3], T. 11. 12.

[5], Abb. 69. 70 u.a.). P. werden gern ornamental ([4], Abb. 10b) oder mit myth. Szenen ([3]) in Ritzzeichnung, Einlegearbeit oder Reliefdarstellung verziert. Sie werden von Frauen bestimmten Göttinnen (Artemis Orthia [5], 111; Athena [Kall. h. 5,31]; Aphrodite [Anth. Pal. 6,211,5]) geweiht. Im Alt. war das Kämmen ein wichtiger Bestandteil der Körperpflege, auf den man nur bei Trauer verzichtete. So wird das ungekämmte Haar des Oidipus (Soph. Oid. K. 1261) ein Zeichen des Elends und Jammers. Im Gegensatz dazu konnte in der röm. Kaiserz. des Guten zuviel getan werden, so daß ein *pexus pinguisque doctor* (Quint. inst. 1,5,14) gewiß nicht dem Schönheitsideal der Z. entsprach. S. O.

1. *G. Herzog-Hauser*, RE XIX 7. 2. *Dar. Sagl.* 4,1,363. 3. *R. Hampe* Das Parisurteil auf einem Elfenbeinkamm aus Sparta, Festschr. B. Schweitzer 1954, 77 T. 11. 12. 4. *Sp. Marinatos* Kleidung, Haare und Barttracht, Archaeolog. Homer. Bd. 1, B 28 Abb. 10. 5. *E.L.J. Marangou* Lakon. Elfenbein- und Beinschnitzereien 1969, 93 ff. Abb. 69 ff.

Peculatus. Neben dem gegen privates Vermögen gerichteten → *furtum* stand in Rom seit alters der gegen öffentliches oder sakrales Fahrnisvermögen gerichtete p. Tathandlung war die Verringerung solchen Vermögens: in erster Linie durch Diebstahl, Unterschlagung oder Betrug, wohl aber auch durch bloße pflichtwidrige Vernachlässigung (vgl. Fest. 181). Täter konnte jeder sein, doch kamen bes. Staatsbeamte in Betracht, die zum Staatsvermögen leichteren Zugang hatten. Nicht klar abgegrenzt war der p. vom *sacrilegium* (Tempelraub) und vom *crimen de residuis* (rechtswidrige Zurückbehaltung von Ausgaberesten). Für die Verfolgung zuständig waren die *quaestores* als Verwalter des *aerarium*.

Eine gesetzliche Regelung fand der p. wohl erst durch eine *lex Iulia peculatus et de sacrilegiis et de residuis* unbekannten Datums (Caesar oder Augustus?). Dort wurde der Tatbestand schärfer gefaßt (Ulp. Dig. 48,13,1); Labeo (in Paul. Dig. 48,13,11,2) definierte den p. als *pecuniae publicae aut sacrae furtum non ab eo factum, cuius periculo fuit* (also nicht von dem, der ohnehin für den Schaden einstehen muß). Als Strafe scheint die *lex Iulia* für den p. bloß die *condemnatio in quadruplum* vorgesehen zu haben (Mod. Dig. 48,13,15) und für das *crimen de residuis* sogar nur einen Zuschlag von einem Drittel des zurückbehaltenen Betrages (Marc. Dig. 48,13,5,2). Doch kam es bald zu wesentlichen Strafschärfungen in Sonderfällen: Antoninus Pius verhängte gegen den p. zum Nachteil kaiserlicher Bergwerke Verbannung oder Zwangsarbeit (Ulp. Dig. 48,13,8,1). Die Nachklassik ging vielfach sogar auf die Todesstrafe über. D. M.

Peculium. Ein Sondervermögen, z.B. eine Herde (Name!) oder ein Gewerbebetrieb, das ein *pater familias (p.f.)* einem Sklaven oder Haussohn zur selbständigen Bewirtschaftung überließ. Das *p.* blieb jedoch Eigentum des *p.f.*, wenn es auch in manchen Beziehungen als dem Gewaltunterworfenen zustehend behandelt wurde. Für Schulden des Gewaltunterworfenen haftete der *p. f.* bis zur Höhe des *p. P. castrense* war das von einem Haussohn im Militärdienst Erworbene. Seit Augustus konnte er letztwillig, gegen E. 3. Jh. auch unter Lebenden darüber verfügen. E. Bu.

W. v. Uxkull, RE XIX 13 ff. *D. Daube*, St. Albertario 1, 1953, 433 ff. *A. Guarino*, Nov. Dig. It. 1, 1957/58, 270 ff.

Pecunia, »Geld«. Die Ableitung von *pecus* lehrt im Verein mit frühen Bußsätzen, daß auch in Rom dem Metall das Viehgeld voraufging. Die allg. Bedeutung Geld, gleich welchen Metalls, findet sich seit dem 4. Jh. n. Chr. oft auf Kupfergeld eingeschränkt, vgl. H. A. Sev. Alex. 33,3. Not. dign. or. 13,31 u.s. H. Ch.

Schrötter, WBMzK s.v. *Mattingly* 3. 216 ff. *G. Mickwitz*, RE XIX 16.

Pedaios (*Πήδαιος*). Troer, unehelicher Sohn → Antenors, von dessen Gattin Theano gleich den eigenen Kindern aufgezogen, von → Meges getötet, Hom. Il. 5,69 ff. H. v. G.

Pedalion (*Πηδάλιον*), das SO.-Kap der Insel Kypros, h. Kap Greco, Strab. 14,6,3 p. 682. Ptol. 5,13,3. Stadiasm. m. m. 304. E. M.

1. *E. Oberhummer* Die Insel Cypern 125 ff. 2. *Ders.*, RE XIX 18 Nr. 2.

Pedanius. Eigenname. I. Republikan. Zeit. **1.** T. P., ranghöchster Centurio einer Legion unter dem cos. Q. → Fulvius Flaccus (I 17) 212, zeichnete sich bei Beneventum aus, doch sind die bei Liv. 25,13,1 – 15,3 geschilderten Einzelheiten wohl ungeschichtlich. MELTZER-KAHRSTEDT GdKarth. 3,262. 265. 476,1. H. G. G.

II. Kaiserzeit. **1.** P. Fuscus (Salinator), aus → Barcino, eher Enkel als Sohn von Nr. 3. * 118 n. Chr., Cass. Dio 69,17,1. Als Großneffe Hadrians und unterstützt von seinem (Ur-)Großvater L. → Iulius Ursus Servianus (II 93) *cos. III* 134, erhoffte er sich den Thron. Als Hadrian 136 den L. → Ceionius (4) Commodus adoptierte und Servianus und P. darüber ihre Unzufriedenheit äußerten, ließ der Kaiser beide töten, Cass. Dio 69,2,6. 17,1. Vit. Hadr. 23,2. **2.** (Cn.) P. Fuscus Salinator. Sohn des gleichnamigen *cos. suff.* 60 n. Chr., CIL XVI 4. Wahrscheinlich 73/74 *adlectus inter praetorios* (Plin. ep. 6,26,1), war er *cos. suff.* ca. 84 und ca. 98/99 *procos. Asiae*, DESSILS 8822, s. D. MAGIE Asia Min. II 1583, dann 111/112 *leg. Aug. pr. pr.* einer nicht bestimmbaren Provinz, Plin. ep. 10,87,3. **3.** Cn. P. Fuscus Salinator, Sohn von Nr. 2, Plin. epist. 6,21,1, schloß sich zur Erlernung der Redekunst Plinius an, epist. 6,11. 7,9. P. heiratete die Tochter des L. → Iulius Ursus Servianus (II 93), dessen Gattin → Domitia Paulina (II 25) die Schwester Hadrians war. Daher wurde P. im J. 118 *cos. ord.* mit Hadrian, CIL VI 30881. Er muß noch vor dem Kaiser gestorben sein. **4.** L. P. Secundus. *Cos. suff.* 43 n. Chr., CIL VI

2015. Plin. nat. 10,35, *procos. Asiae* ca. 51/52, Coins Brit. Mus. Lydia 162,7. Von 56 an war er *praefectus urbi*, in diesem Amt wurde er im J. 61 von einem seiner Sklaven ermordet, Tac. ann. 14, 42–45. R. H.

Pedarii s. Senatus

Pedaritos, Spartiate, Sohn des → Leon (2), Thuk. 8,28,5, und der Teleutia, Plut. mor. 241 D, Bruder des → Antalkidas. 412/11 Harmost des von Athen abgefallenen Chios, das er gegen innere (Thuk. 8,38,3; vgl. Plut. a.O.) und äußere Feinde erfolgreich (vgl. Isokr. 6,53. Theop. FGrH 115 F 8. Suda s.v.) verteidigte; er fand bei einem verlustreichen Angriff auf die Athener den Tod, Thuk. 8,55,3. S. auch Thuk. 8,32f. 39f. Sein Nachfolger war vielleicht sein Vater → Leon (2). K. K.

RE XIX 25f. *Bauce*, Phoenix 18, 1964, 272ff.

Pedasa. 1. Stadt n. vom kar. Halikarnassos (Strab. 13,611. Plin. nat. 5,107) nahe dem h. Gökçeler [3]; **2.** *πολίχνιον* i.d. Nähe vom kar. Stratonikeia (Strab. a.O.). **3.** Stadt bei Milet (I. Milet I 3 Nr. 149,15. 22. 27. 61), am Mt. Grion vermutet [4]. E. O.

1. *W. Ruge*, RE XIX 26–29. 2. Athen. trib. lists I 535 bis 538. 3. *G.E.Bean, J.M.Cook*, ABSA 50, 1955, 149–151. 4. *L. Robert*, AJA 39, 1935, 339f.

Pedasos (*Πήδασος*). **1.** Troer, Sohn des Bukolion und der Nymphe → Abarbaree, mit seinem Zwillingsbruder Aisepos von → Euryalos (1) getötet. Hom. Il. 6,20ff. **2.** Pferd des Achilleus, bei der Eroberung von Thebe, der Stadt des → Eetion (1), erbeutet. Es lief als sterbliches Beipferd neben den unsterblichen Rossen → Balios und Xanthos und wurde von → Sarpedon während des Kampfes mit Patroklos getötet. Il. 16,152ff. 467ff. W. KULLMANN Die Quellen der Il., H(ES) 14,290. 314f. H. v. G.

3. P. (*ἡ Πήδασος*), Stadt der Leleger (Hom. Il. 21,86f.) am Satnioeis (h. Tuzla Dere) in der Troas, von Achilleus zerstört (Il. 20,92. Steph. Byz. s. *Πήγασα*). Ihre Stätte war z. Z. Strabons (13,605. 611) verödet; sie dürfte jedoch noch in hist. Z. bewohnt gewesen sein, wenn die Gleichsetzung mit dem Agath. FGrH 472 F 6 gen. P. zulässig ist. E. O.

W. Ruge, RE XIX 29f. Nr. 4.

Pediaios (*Πεδιαῖος*), Ptol. 5,13,3, der Hauptfluß der Insel Kypros, der die große Ebene im O. durchfließt und bei Salamis mündet, h. Pidias. E. M.

1. *E. Oberhummer* Die Insel Cypern 163f. u.ö. 2. *Ders.*, RE XIX 31.

Pedieis (*Πεδιεῖς*). **1.** Ort in der oberen Kephisosebene in Phokis, vielleicht die Ruine Palaeo Thiva auf dem r. Kephisosufer, 480 v. Chr. verbrannt, Hdt. 8,33. 395 v. Chr. Gebiet von den Boiotern verwüstet, Hell. Oxyrh. 18 (13), 5. 360 v. Chr. kleiner Beitrag zum Neubau des delph. Tempels, FDelph III, V Nr. 4 III 55, Syll. I[3] 239 E 55, später nicht mehr genannt.

1. *W. M. Leake* Travels in Northern Greece 2,89f. 2. *Fr. Schober* Phokis 38. 3. *G. Klaffenbach*, RE XIX 32f. Nr. 1.

2. Demos der rhod. Stadt Lindos, [2], 347,57. 124. 349,53. 378b 173. Im att. Seebund als *Πεδιῆς ἐν Λίνδῳ* (*ἐκ Λίνδου*) selbständig aufgeführt mit der Tributsumme von 2000 Dr. bis 1 Talent, B. D. MERITT The Athenian tribute lists 1,370f. Nähere Lage nicht bekannt. Einzelne Pedieis: IG XII 1,761. MAIURI Nuova silloge Nr. 53. [2], oft s. Ind. E. M.

1. *Hiller von Gärtringen*, RE XIX 33f. Nr. 2. 2. *Chr. Blinkenberg* Lindos II Inscr. p. 21.

Peditatus s. Exercitus

Pedius. Röm. Gentilname, im 1. Jh. hervorgetreten, inschr. auch bes. auf Delos bezeugt.

I. Republikan. Zeit. **1.** Q. P., M. f. ca. 88 bis 43, cos. 43. Unklar, ob ein Enkel (Suet. Caes. 83,2) oder ein S. (DRUMANN[2] 3,687,3) der Iulia, Schwester des Dictators Caesar, der ihn als Teilerben einsetzte. W. SCHMITTHENNER Oktavian u. d. Testament Cäsars, 1952, 14. 20f. 25ff. u.ö. Ämterlaufbahn: Legat bei Caesar in Gallien 58–55, Praetor 48, Legat (Statthalter?) in Spanien 46 bis 45, Triumph 45 (Act. tr., Cass. Dio 42,2), cos. suff. mit C. Caesar August 43 (DEGR. I 13,170f.). BROUGHTON Mag. 2,599. → Lex Pedia. Plötzlicher Tod Nov. 43, App. civ. 3, 396. 4,26. **2.** Q. P., Sohn von Nr. 1, Quaestor urbanus 41 (Redner?: Hor. s. 1,10,28). H. G. G.

3. P., über Herkunft, soziale Stellung und Lebenszeit des röm. Juristen Sextus P. wissen wir sehr wenig. In den Quellen ist er uns nur von den Spätklassikern Paulus und Ulpian, die ihn beide gleichsam als Autorität zitieren, sowie in einem von einigen neueren Romanisten dem Ulpian zugeschriebenen Text der Frg. Vat. (FV 93) überliefert. Neben der Annahme, P. sei Zeitgenosse des Grammatikers Valerius Probus (LENEL, GIRARD, HUSCHKE), wird durch die Art und Weise, wie P. neben Iulian zitiert wird, die Vermutung nahegelegt, daß P. ungefährer Zeitgenosse dieses hochklass. Juristen war (KUNKEL, KRÜGER, KIPP, BERGER). Als P.' Hauptwerk ist ein Ediktskommentar bekannt, dem wohl das berühmte *eleganter dictum* entstammt (vgl. Ulp. Dig. 2,14,1,3): ... *nullum esse contractum, nullam obligationem, quae non habeat in se conventionem, sive re, sive verbis fiat*, das neben anderen P. zugeschriebenen Wendungen von einem über die Kasuistik hinausführenden Streben nach Systematik zeugt und P. als schöpferischen Kopf ausweist. F. R.

Ferrini Opere, 1929, 39ff. *La Pira*, Bull. ist. dir. rom. 45, 1938, 293ff. *Kunkel* Herkunft ... d. röm. Juristen (1952/1967) 168f.

Pednelissos (*Πεδνηλισσός*, auch *Πετνηλισσός*, vgl. Pol. 5,72–76 pass. Strab. 12,570. 14,667. Ptol. 5,5,7 M. Steph. Byz. s. *Π.* Münzbelege vgl. BMC Lycia, Pamphylia and Pisidia 234f.), Stadt in Pisidien, nach Strab. 14,667 oberhalb von → Aspendos. Ihre Ruinenstätte glaubt R. PARIBENI

[2] in der Nähe von Kizilli (Kozan) ausgemacht zu haben; die am Ort gefundenen Inschr. (SEG II 710ff.) haben diese These nicht gesichert, dazu [1]. [3]. Die früheste Nachricht über den Bestand von P. findet sich bei Pol. a.O., wo von der Belagerung der Stadt durch ein Heer der Selger im J. 218 berichtet wird; ihr entzog sich P. glücklich, als → Achaios (5) seinen Strategen Garsyeris ihr zu Hilfe sandte. E. O.

1. *W. Ruge*, RE XIX 43–45. 2. *R. Paribeni*, Annuario 3 (1916–1920) 1921, 73ff. 3. *G.E. Bean* Turkey's southern shore, Lond. 1968, 140,2.

Peducaeus. Pleb. Familienname, seit dem 1. Jh. v. Chr. hervorgetreten, eigtl. ein Spitzname (»plattfüßig«), vgl. RE III A 1828.

I. Republikan. Zeit. **1.** L. P., röm. Ritter, 59 Geschworener, Cic. Flacc. 68. **2.** Sex. P., Volkstribun 113, beantragte noch im Dez. 114 ein 2. Incest-Verfahren gegen die Vestalinnen → Licinia (4) und → Marcia (I 42) unter Vorsitz des L. → Cassius Longinus (I 22), Cic. nat. 3,74. u.a. BROUGHTON Mag. 1,536. Wenn er bei dem Limitationsgesetz (*lex Mamilia Roscia Peducaea Alliena Fabia*, RE XII 2397) mitgewirkt hat, könnte er 109 nochmals tr. pl. gewesen sein. **3.** Sex. P., wohl Sohn von Nr. 2, Praetor 76, Statthalter in Sizilien, wo er auch 75 als Propraetor wirkte und Cicero als Quaestor in Lilybaeum ihm beigegeben war, M. GELZER Cicero, 1969, 29. Oft bei Cic. erwähnt, † vielleicht 49. Sein älterer Sohn wurde in die Familie der → Curtii (I 10: Peducaeanus) adoptiert, der jüngere war Nr. 4. **4.** Sex. P. war wie sein Vater mit Cic. und Atticus befreundet. Volkstribun 55 (?, dazu BROUGHTON Mag. 2,217), Praetor (?) ca. 49, Statthalter in Sardinien 48–47, mit Cic. bes. 45 in Korrespondenz und wohl ident. mit dem Unterfeldherrn, den Octavian 40 dem procos. L. → Antonius (4) nach Spanien mitgab, App. civ. 5,229f. Beim Tod des Atticus war er zugegen, 32. Einer seiner Freigelassenen war der Buchhändler Sex. P. Dionysius in Rom, CIL VI 9218. **5.** T. P., vielleicht der Legat von 40 (s. Nr. 4), cos. suff. 35. BROUGHTON Mag. 2,406. H. G. G.

II. Kaiserzeit. **1.** M. P. Priscinus, Sohn von Nr. 2, *cos. ord.* 110, CIL VI 10243. XVI 57. Inscr. It. XIII 1, p. 200f. Ca. 124/25 *procos. Asiae*, CIG II 2966. AE 1966, 427, s. D. MAGIE Asia Min. 1475 Anm. 17. **2.** Q. P. Priscinus, *cos. ord.* 93 mit Sex. Pompeius Collega, DESSILS. 9059. **3.** M. P. Stloga Priscinus, Sohn von Nr. 1, *cos. ord.* 141, CIL VI 161. 31149. VIII 14571ff., s. HÜTTL Ant. Pius 2,34. R. H.

Pedum (ῥόπαλον, κορύνη, ῥάβδος καμπύλη, καλαῦροψ, λαγωβόλον). **1.** Der knotige Hirtenstab aus Holz mit gekrümmtem Ende (der verziert sein konnte, Verg. ecl. 5,88ff.) ist auch Attribut des → Pan und anderer ländlicher Gottheiten. In chr. Z. wird das P. der Stab des Guten Hirten; aus ihm entwickelt sich der Bischofs- und Abts-Stab. W. H. G.

2. P., Stadt zwischen → Tibur und → Praeneste (Ps.-Acro Hor. epist. 1,4,2), gehörte zum Albanerbund (Plin. nat. 3,69. Dion. Hal. ant. 5,61), wurde von → Coriolan erobert (Liv. 2,39,4. Dion. Hal. ant. 8,19. 26. Plut. Cor. 28), 358 Stützpunkt der Gallier (Liv. 7,12,8) und 339/38 der Latiner (Liv. 8,12f.); nach P. benannt sind *via Pedana* DESSILS Nr. 9012), *regio Pedana* (Hor. a.O. mit Sch.) und *Pedanum* (Cic. Att. 9,18,3). G. R.

Nissen It. Ldk. 2,619. *Beloch*, RG 157.

Pegasos (*Πήγασος*). **1.** Ein geflügeltes Zauberroß, wie es im Märchen in aller Welt vorkommt (RADERMACHER, 97ff. 109f.); die Verbindung des P. mit dem korinth.-lyk. Helden → Bellerophon wird meist für sekundär gehalten. – Als Perseus der Medusa das Haupt abschlug, sprangen → Chrysaor und P. aus ihrem Rumpf, Hes. theog. 280; sein Vater war Poseidon, ebd. 276. Dieser schickte P. dem Bellerophon, Hes. frg. 245; nach andern fing und zäumte B. ihn mit Hilfe Athenas. Auf P. reitend, bezwang B. die → Chimaira, Hes. theog. 325 (Il. 6,183 wird P. nur angedeutet), nach Pind. O. 13,84ff. auch die Amazonen und Solymer. → Sthenebola verlockte er zu einem Ritt mit ihm auf P. und stürzte sie ins Meer, Hyg. fab. 57 (Eur.). Auf P. suchte er den Himmel zu stürmen und stürzte ab, Pind. I. 7,44ff., oder er setzte seinen Flug fort bis zu den alten Krippen des Zeus, dessen Donner und Blitz er nun zu tragen hatte, Hes. theog. 285. – Verstirnung (→ Sternbilder): Arat. 215ff. Eratosth. 18. Hyg. astr. 2,18. Ov. fast. 3,457f. – Etym.: zu *πηγή* stellt ihn die Ant., weil er an den Quellen des Okeanos geboren war (Hes. a.O.) und weil die → Hippokrene (Strab. 8,379. Anton. Lib. 9) und andere Quellen durch seinen Hufschlag entstanden waren; neuerdings auch NILSSON GgrR^2 1,451; andere denken an *πηγός* »fest, stark« oder »weiß« (WILAM. GldH ^{3}1,270) oder betonen das vorgriech. Suffix. Die Deutung schwankt zwischen dem poseidon. Wasser- bzw. Unterweltsroß und dem himml. Blitzroß. RADERMACHER 111ff. und SCHACHERMEYR 179ff. suchen beide Deutungen zu vereinigen. – Über bildl. Darstellungen G. TÜRK, RE XIX 60ff. Lex. d. A.W. 450. Als Mz.-Zeichen erscheint P. zuerst in Korinth um 640. – Die Vorstellung vom Dichterroß ist erst in der Neuzeit im Zusammenhang mit der Quelle auf dem Musenberg Helikon entstanden. H. v. G.

F. Hannig, Myth. Lex. 3,1727ff. *L. Radermacher* Mythos und Sage bei den Griechen, ^{2}1938. *L. Malten* Bellerophon, 1925, 151f. *Ders.* H 79, 1944, 1ff. *F. Schachermeyr* Poseidon u. die Entstehung des griech. Götterglaubens, 1950, 174ff.

2. P., ein röm. Jurist z.Z. von Vespasian und Domitian. Nach Pomp. Dig. 1,2,2,53 war P. Nachfolger des → Proculus als Haupt der Rechtsschule der Proculianer. Mit P. in Verbindung gebracht wird das *Senatus Consultum Pegasianum* über erbrechtliche Fragen (Gai. 2,254) und ein weiteres (Gai. 1,31). P. wird auch von anderen Juristen zitiert, doch ist von seinen Schriften nichts überliefert. D. M.

3. P. s. Sternbilder

Peiraieus (*Πειραιεύς*), der Haupthafen Athens und Demos der Phyle Hippothontis und in derselben Form Demotikon. Der Name ist unerklärt (RE XIX 100 Nr. 2). Die Erklärung als ehemalige Insel, Strab. 1,3,18 p. 58. [2], 47, ist durch die ant. Funde widerlegt, [4], 882 A. 1., und eine dem sonstigen Sinn von → Peraia entsprechende Deutung als ehemaliger Festlandbesitz von Salamis ist wohl sachlich unmöglich, wie auch die Überfahrtstelle nach Salamis nicht hier liegt.

Der gesamte P. ist eine etwa 3 km vorspringende Halbinsel, die den w. »großen Hafen« Kantharos im O. und S. umschließt, der durch die schmale Landzunge → Eetioneia gegen W. abgeschlossen wird. Nach S. springt die felsige, breite und flache Akte (57,9 m) vor, im O. erhebt sich die steilere Anhöhe → Munychia (86,6 m), die im Laufe der Gesch. mehrfach befestigt wurde. Zwischen Akte und Munychia greift die kreisrunde Bucht Zea von SO. her tief ein, und an der O.-Seite von Munychia liegt die kleine gleichnamige Bucht. In klass. Z. war dieses ganze Gebiet einschließlich der drei Hafenbuchten von einer gemeinsamen Mauer umschlossen, wobei der Kantharos hauptsächlich der Handelshafen war, Zea und Munychia die Kriegshäfen, h. nur noch Bootshäfen. N. von P. dehnte sich die Sumpfebene → Halipedon aus.

Die Munychiahöhe war schon prähistor. besiedelt, [4], 880 A. 2, im übrigen beginnt die Gesch. des P. erst mit Themistokles, der als Archon 493/492 v. Chr. den P. als Hafen vor allem für die neue Flotte ausbauen ließ, Thuk. 1,93,3 ff. Harpokr. *πρὸς τῇ πυλίδι ῾Ερμῆς*. Philoch. FGrH III B Nr. 328 F 40. Diod. 11,41,2. Nep. Them. 6,1, woran sich nach den Perserkriegen die Befestigung des P. anschloß. Die Länge der themistokleischen Mauer betrug nach Thuk. 2,13,7 sechzig Stadien (10½ km) und sie führte auf der Akte anscheinend quer über die Halbinsel unter Ausschluß der äußeren Teile. Nach 460 v. Chr. wurde P. mit Athen durch den Bau der »Langen Mauern« verbunden, Thuk. 1,107,1. 108,3. 2,13,6. Nach der Zerstörung nach dem peloponnes. Krieg wurde die Mauer unter Konons Leitung neu errichtet, jetzt mit Einschluß der gesamten Akte, in den nächsten Jhen. mehrfach erneuert. Der neue Umfang betrug etwa 13 km (Aristodem. Pap. Hawara über 90 Stadien, 16 km). In hellenist. Z. lag auf der Munychia mehrfach eine makedon. Besatzung. Die Belagerung und gründliche Zerstörung durch Sulla 87/86 v. Chr. bedeutete das Ende der Geschichte des P., App. Mithr. 30 ff. 40 f. Plut. Sulla 14,7. Strab. 14,2,9 p. 654. Nach Strab. a. O. war der P. nur »eine kleine Häusergruppe um das Zeusheiligtum«, dazu Cic. fam. 4,5,4, doch erholte sich der Hafen in der röm. Z. wieder, [15]. Letzte Erwähnung unter dem ant. Namen beim Überfall Alarichs 396 n. Chr., Zosim. 5,5,8.

Die klass. Stadt war nach dem regelmäßigen hippodamischen System angelegt, das sich aber nicht auf die Akte erstreckte. An der O.-Seite des Großen Hafens lag der gesondert ummauerte und begrenzte (IG I² 887 ff.) Bezirk für den Fremdhandel, das Emporion mit dem »Hafenmarkt« und 5 Hallen, Sch. Aristoph. Pax 145, dazu Xen. hell. 5,1,21. Im N.-Teil lag die »Lange Halle«, *Μακρὰ στοά*, Thuk. 8,90,5. Demosth. 34,37. Paus. a. O., die perikleische *ἀλφιτόπωλις* von Sch. Aristoph. Ach. 548. Im Munychiahafen gab es 82 Schiffshäuser, im Hafen Zea 196 und in der Südbucht des Großen Hafens noch 94, IG II² 1627 ff. Beim Zeahafen lag auch das berühmteste Gebäude des P., die oft genannte Skeuothek des Philon aus der Mitte 4. Jh. v. Chr. zur Aufnahme der Schiffsgeräte, IG II² 1668 = Syll. III³ 969. [2], 440 f. In der Wohnstadt gab es eine zweite Agora, die »hippodamische«, den eigentlichen Markt der Stadt, ferner zwei Theater, ein älteres am W.-Abhang der Munychiahöhe und das recht gut erhaltene Theater hellenist. Z. w. des Zeahafens, bei dem jetzt das Museum steht. Inschr. und liter. sind eine große Zahl von Heiligtümern bekannt, dazu verschiedene Amtsgebäude, Werften, sonstige Gebäude und Privathäuser. Ant. Hauptquellen: Aristodem. FGrH II A Nr. 104,5,4. Strab. 9,1,14 f. p. 395 f. Paus. 1,1,2–4. Pap. Hawara, WILCKEN Genethliakon C. Robert 1910, 189 ff. Sch. Aristoph. Pax 145. Beschlüsse des Demos P.: IG II² 1176. 1177. 1214. E. M.

1. *G. v. Alten – A. Milchhöfer* in *Curtius-Kaupert* Karten von Attika Text I, 10 ff. 2. *W. Judeich* Topographie von Athen² 144 ff. 425 ff. 3. *Th. Lenschau*, RE XIX 71 ff. 4. *Philipps.-Kirst.* 1,879 ff. 5. *J. Baldassarre – L. Vlad Borrelli*, Encicl. arte ant. 6, 1961, 180 ff. (große Bibliographie). 6. *Kirsten-Kraiker* Griechenlandkunde⁵, 1967, 155 ff. 870 f. (Lit.). 7. *v. Schoeffer*, RE V 95 ff. (Demoi). 8. *F.G. Maier* Griech. Mauerbauinschr. 1, 17 ff. 9. *G. Säflund* Dating of anc. fortifications in Southern Italy and Greece, 4. Piraeus, Opusc. archaeol. 1,112 ff. 10. *J. Meletopulos* Καθορισμὸς πύλης τοῦ πειραϊκοῦ περιβόλου, Πολέμων 3, 1947/48, 68 ff. 11. *Ders.* Αἱ ἀρχαιότητες τοῦ λιμένος Πειραιῶς a. O. 4, 1949 bis 1951, 125 ff. 12. *E. Fiechter* Das Theater im P., Ant. Theaterbauten 9,35 ff. 13. *J. Bousquet* La fuite de Léocrate (Lycurgue κατὰ Λεωκρ. 17), RA 10, 1937, 118 ff. 14. *M. Amit* Le Pirée dans l'histoire d'Athènes à l'époque classique, Bull. de l'Assoc. G. Budé 1961, 464 ff. 15. *J. Day* An economic history of Athens under Roman domination 142 ff. 16. *Chr. Th. Panagos* Le Pirée. Étud. économique et historique, Paris 1968. 17. Zum Bronzefund von 1959 bes. BCH 84, 1960, 647 ff. G 68, 1961, 205 ff. *M. Paraskevaides* Ein wiederentdeckter Kunstraub der Ant.? Piraeusfunde 1959, Bln. 1966.

Peiraios (*Πείραιος*). Ithakesier, Sohn eines Klytios, Freund des Telemachos, den er nach Pylos begleitete; er beherbergte den Seher Theoklymenos. Hom. Od. 15,539ff. 17,55. 71ff. 20,372. H. v. G.

Peiras (*Πείρας, -αντος*). **1.** Gatte der → Styx, Vater der → Echidna, Paus. 8,18,2 (nach Epimenides). **2.** s. Peiren (1). H. v. G.

Peirasia (*Πειρασία*, liter. *Πειρεσία* und *Πειρεσιαί*), Stadt im NO. der Thessaliotis, Ruinen auf dem isolierten 313 m hohen Kalkberg Strongylovuno s. von Vlochos am l. Ufer des Enipeus. Steph. Byz. Apoll. Rhod. 1,37ff. 584 m. Sch. Orph. Arg. 164. Val. Fl. 1,355f. Wurde mit dem homer. Asterion, Il. 2,735, gleichgesetzt, Steph. Byz. s. *Ἀστέριον*. 431 v. Chr. mit Athen verbündet, Thuk. 2,22,3 m. Sch. Beitrag für den delph. Tempel 359/57 v. Chr. Syll. I³ 240 H, II 6ff., später nicht mehr genannt, vielleicht aber = *Iresiae* bei Liv. 32,13,9 (198 v. Chr.). Mz.: HEAD HN² 303. E. M.

1. *W. M. Leake* Travels in Northern Greece 4,322ff. 493. 502. 2. *Fr. Stählin* Das hellen. Thessalien 134f. 3. *Ders.*, RE XIX 102ff. (mit Plan). 4. *V. Burr* Νεῶν κατάλογος, Klio Beih. 49,102.

Peiren (*Πειρήν*). **1.** Sohn des → Argos (1), Vater der → Io = → Kallithoe, Apollod. 2,5 (nach Hes. und Akusilaos). Er stiftete den argiv. Herakult und setzte seine Tochter als 1. Priesterin ein. Andere Namensformen: Peiras (Apollod. 2,3. Plut. b. Euseb. Synkell. 283), Peiranthos (Hyg. fab. 145); Peirasos (Paus. 2,16,1. 17,5). PRELL.-ROB. 1, 172, 1. 395. WILAM. GldH³ 1,241,1. **2.** Sohn des Korinthers → Glaukos (2), von seinem Bruder → Bellerophon unabsichtlich erschlagen, der deshalb fliehen mußte. Apollod. 2,30. H. v. G.

Peirene (*Πειρήνη*, wegen der Endung wohl vorgriech.). **1.** Myth. Eponymin von (2). Korinth heißt *ἄστυ Πειράνας* Pind. O. 13,62 (Ov. met. 7, 391); ihre Söhne von Poseidon, Leches und Kenchrias, sind Eponyme von → Lechaion und → Kenchreai. P.s Vater ist gewöhnlich → Acheloos (Paus. 2,2,3) oder der peloponnes. → Asopos (Paus. 2,5,1. Diod. 4,72. Anth. Pal. 9,225), der sie dem → Sisyphos schenkt (Sch. Eur. Med. 69). Dichter führten die Quelle zurück auf die Tränen der Nymphe, als Kenchrias durch einen Pfeil der Artemis versehentlich zu Tode kam, oder auf das Aufstampfen des Asopos oder den Hufschlag des → Pegasos, den → Bellerophon hier zähmte (Eur. El. 475. Strab. 8,379). Spätere fassen sie auch als begeisternde Musenquelle auf. Dargestellt liegend oder sitzend, oft mit Pegasos, auf kor. Mz. H. v. G.

2. P., die berühmte Quelle in Korinth, das danach sogar »Stadt der P.« heißen kann, Pind. O. 13,61. Ihr Wasser galt als besonders klar und gut, Athen. 2,43b. 4,156e. Anth. Pal. 7,218. Suda s. v., und wurde auch zur Herstellung des »korinthischen« Erzes benutzt, Paus. a. O.

Die P. ist eine natürliche, aus zahlreichen Wasseradern gespeiste Quelle am Abhang der Terrasse, auf der die Agora von Korinth liegt, am Anf. der Prunkstraße zum Lechaion. Erster Ausbau in archaischer Z. mit vielfachen Umbauten und Ausgestaltungen bis in röm. Z. Ihre letzte ant. Form erhielt die P. mit dem marmornen Prunkbau wohl des Herodes Atticus mit großem Vorhof mit offenem Bassin und drei Apsiden. Das Bauwerk war schon hellenist. mit Statuen geschmückt.

In röm. Z. wurde der Name auch übertragen auf die ebenfalls zu einem einfacheren Brunnenhaus ausgebaute Quelle auf Akrokorinth in der SO.-Ecke der Burg, und man unterschied nun eine »obere« von der eigentlichen »unteren« P. Sie hat im Gegensatz zur ant. Vorstellung keine Verbindung mit der eigentlichen P. Hier sollte nun Bellerophontes den Pegasos bezwungen haben und die Quelle durch den Hufschlag des Pegasos entstanden sein. Mehrere Graffiti röm. Z. in diesem Brunnenhaus. Ant. Hauptstellen: Strab. 8,6,21 p. 379. Paus. 2,3,2f. 5. 5,1. Inschr.: IG IV 682 (EpGr 926). 1604. 1606. [2], VIII, I, Nr. 5,8. 122. 198. VIII, 3 Nr. 170,11. 337 (?). E. M.

1. *F. J. de Waele*, RE XIX 108ff. Nr. 3. 2. Corinth, results of excavations, vol. I, 6. *B. Hill* The springs, 1ff. (»untere« P.). III, 1. *R. Stillwell–O. Broneer* in *C. W. Blegen* Acrocorinth 31ff. 50ff. (»obere« P.) 3. Ancient Corinth, a guide to the excavations⁶, 1960, 26ff. (»untere« P.). 85f. (»obere« P.). 4. *G. Roux* Pausanias en Corinthie 1958, 116f. (»untere« P.). 129f. (»obere« P.). 5. *G. Ph. Stevens* The fountain of P. at Corinth in hellenistic times, EA 1953/54, 1, 45ff. 6. *Ders.* The fountainhouse of P. in the time of Herodes Atticus, AJA 38, 1934, 55ff.

Peirithoos (*Πειρίθοος, -θους; Περίθοος, -θους; Pirithous, Perithous*) **1.** Urspr. thessal., später auch att. Heros, Herrscher der → Lapithen, Sohn des → Ixion (des Zeus Il. 2,741. 14,317. Plat. rep. 3,391c) und der → Dia (2), Bruder der → Klymene (6), Gatte der → Hippodameia (2); (Hippodame, auch Deidameia, Plut. Thes. 30), Vater des Polypoites (Il. 2,740. Apollod. 3,130; epit. 3, 14. 6,2. Paus. 10,26,2). Bei der Hochzeitsfeier führte die Unbeherrschtheit des Kentauren → Eurytion zum Kampf zwischen Lapithen und → Kentauren, Od. 21,295ff. Daß Theseus den Lapithen beistand, erschloß man aus dem nicht urspr. Vers Il 1,265 (= Hes. Aspis 182). Es folgte ein längerer Krieg der Lapithen gegen die *φῆρες ὀρεσκῷοι* (an dem Nestor teilnahm, Il. 1,260ff.), Aspis 178ff. Pind. frg. 166. Apollod. epit. 1,21f. Diod. 4,70. Ausführl. Ov. met. 12,210–537. Die Lapithen siegen (nach Verg. Aen. 7,304f. werden sie vernichtet). Die Freundschaft des P. mit Theseus datiert schon aus der Zeit vor der Hochzeitsfeier, Plut. Thes. a. O. Sie ging aus einer alten Rivalität hervor und wurde durch eine feierliche Verbrüderung besiegelt. Soph. Oid. K. 1593f. Paus. 1,18,4. Als klass. Freundespaar gelten sie spätestens seit Xen. symp. 8,31. *Cum Pirithoo, felix concordia, Theseus* Ov. met. 8,303. Beide wollten Töchter des Zeus zu Gattinnen haben und sich bei der Entführung gegenseitig unterstützen. So raubten sie für Theseus → Helene, die aber von den Dioskuren befreit wurde, und drangen in den Hades ein, um Persephone für P. zu gewinnen. Älteste Belege: Od. 11,631 (orph. Itp.). Hes. (Paus. 10,31,5). Minyas (Paus. 10,28,2). Pind. (Paus. 1,41, 5). Sie wurden an den Stuhl der Lethe gefesselt oder wuchsen an Stuhl oder Stein fest (Paus. 10, 29,9), oder P. erlitt mit seinem Vater Ixion eine ähnliche Strafe wie Tantalos (Verg. Aen. 6,601 ff.) oder wurde mit 300 Ketten gefesselt (Hor. c. 3,4, 79f. 4,7,27f.). Herakles gelang es, Theseus aus der Unterwelt zu führen, P. aber mußte bleiben. Apollod. 2,124; epit. 1,23f. Bei Hyg. fab. 79 (nach Eur.) befreite er beide Helden, nach Diod. 4,63,4 und Verg. Aen. 6,617f. keinen (anders 6,122f.). – Das Freundespaar kämpfte auch gemeinsam gegen die Amazonen und bei der Kalydon. Jagd, gehört nach Hyg. fab. 14 auch zu den Argonauten (gegen Apoll. Rhod. 1,101 ff.). P. wird in die att. Sage aufgenommen, der Demos *Πεϱιϑοῖδαι* führt sich auf ihn zurück, aber in Theseus sieht man den größeren und besseren Helden. P., *ϑεόφιν μήστωϱ ἀτάλαντος* Il. 14,318, ist nun als Sohn Ixions *spretor deorum* (Ov. met. 8,612). Der Name P. als »Umherläufer« oder »überschnell« gedeutet, gibt für die Erklärung der Mythen um ihn nichts aus. Deutungsversuche bei L. Radermacher Mythos u. Sage bei den Griechen ^{2}1942, 253f. 290ff. mit Anm. 813. Als hist. Gestalt nimmt ihn J. E. Fontenrose, RE XIX 131. Kult. Verehrung genoß P. nur in Kolonos Hippios bei Athen, Paus. 1,30,4. Über Darstellungen in der Kunst Myth. Lex. 3,1772ff. RE XIX 131ff. **2.** Arkad. Heros, Sohn des → Aipytos (1). Radermacher a.O. 293. H. v. G.

Peiroos (*Πείϱοος, -ως*). Sohn des Imbrasos aus Ainos, einer der Anführer des thrak. Kontingents der Troer. Er fiel durch den Aitoler Thoas, sein Sohn Rhigmos durch Achilleus. Hom. Il. 2, 844. 4,520ff. 20,485. W. Kullmann Die Quellen der Il. H(ES) 14,174. H. v. G.

Peiros (*Πεῖϱος*). Fluß im w. Achaia in den Gebieten von → Pharai, → Dyme und → Olenos, h. Kamenitsa, Hdt. 1,145. Strab. 8,3,11 p. 342 (Hes. frg. 74 Rzach, 77 Traversa). Paus. 7,18,1f. 22,1. E. M.

Bölte, RE XIX 140f. Nr. 2.

Peisandros (*Πείσανδϱος*). **1.** Sohn des Maimalos, Unterführer des Achilleus, der beste Lanzenkämpfer der Myrmidonen nächst Patroklos. Il. 16,193ff. **2.** Troer, Sohn des → Antimachos, mit seinem Bruder Hippolochos von Agamemnon mitleidslos getötet, weil ihr Vater in der Ratsversammlung vorgeschlagen hatte, Menelaos, der als Gesandter nach Troia gekommen war, totzuschlagen. Il. 11,122ff. **3.** Troer, der eine eherne Streitaxt mit einem Griff aus Olivenholz führte. Von Menelaos im Zweikampf erlegt. Il. 13,601 ff. Nilsson GgrR ^{2}1,420. **4.** Ithakesier, Sohn des Polyktor, Freier der Penelope, als freigebig und tapfer gerühmt, von Philoitios getötet. Od. 18, 298. 22,243. 268. **5.** Einer der 7 Stammesheroen der Plataier, denen Aristeides vor der Schlacht bei Plataiai opferte. Plut. Arist. 11. H. v. G.

6. P. Athener aus Acharnai, Sch. Aischin. 2,176, Buleut 416/15, And. 1,43, Mitglied der zur Untersuchung des Hermokopiden- und Mysterienfrevels von 415 eingesetzten Kommission, And. 1,27. Damals noch radikaler Demokrat, war er 411 Führer des oligarch. Umsturzes der 400, Thuk. 8, 65ff. Aristot. Ath. pol. 29, bei dessen Zusammenbruch er nach Dekeleia zu den Spartanern floh, Thuk. 8,98,1, dann hören wir nichts mehr. P. war häufig Ziel des Komödienspottes, MacDowell And. on the Myst. 80, seine »Feigheit« wurde sprichwörtlich, Suda s. *Πεισάνδϱου δειλότεϱος*. Bengtson GG^{3} 237ff. MacDowell a.O. 4. 73. 80f. 87. 190. 193. Woodhead, AJPh 75, 1954, 131–146. Vgl. o. Melobios. **7.** P., Spartiate, Bruder von Agesilaos' Frau, fiel 394 als Nauarch bei Knidos, Xen. hell. 3,4,29. 4,3,10ff. Philoch. FGrH 328 F 144–145 (s. Komm.). Nep. Con. 4,4. Diod. 14,83,5f. Iust. 6,3. Plut. Ages. 10f. 17,4. Paus. 3, 9,6. Polyain. 1,1,2. K. K.

8. P., Epiker aus → Kamiros, schrieb, wohl im 6. Jh. v. Chr., eine *῾Ηϱάκλεια* in 2 B. (Theokr. Anth. Pal. 9,598; Suda). Inhalt die Taten des Herakles, einschl. des Zuges nach Troia (Athen. 11,38 p. 469d), schwerlich der ganze Dodekathlos. Frg.: EGF p. 248. Dem in klass. Z. nicht erwähnten Dichter setzten die Rhodier ein Denkmal, für das Theokr. (s. o.) die Aufschrift machte. Die Suda erwähnt *νόϑα*, die z.T. von Aristeus verfaßt waren. P. wird in der Anth. Pal. das Epigramm 7,304 zugeschrieben. **9.** P., Epiker aus → Laranda, Sohn des Epikers → Nestor (3), unter Alexander → Severus (Suda), schrieb *῾Ηϱωικαὶ ϑεογαμίαι* in 60 B., die die gesamte myth. Geschichte enthielten (Zos. 5,29,3). Wenn, wie wahrscheinlich, Macr. Sat. 5,2,4 diesen P. meint (Keydell, H 70, 1935, 301ff.), begannen sie mit der Hochzeit von Zeus und Hera und benutzten Vergils Aeneis. Frg. hg. von Dübner hinter dem Hesiod von Lehrs 1840. Die Suda erwähnt Prosaschriften ohne Titelangabe. **10.** P., Prosaiker, wohl Mythograph hellenist. Z. Frg.: FGrH 16. Über frg. 10 zuletzt de Kock, Acta Classica 5, 1962, 15–37. R. K.

Peisenor (*Πεισήνωϱ*). **1.** Vater des → Ops, Großvater der → Eurykleia. Od. 1,429 u.s. Hyg. fab. 125. **2.** Herold des Telemachos, Od. 2,38. **3.** Troer, Vater des Kleitos, eines Gefährten des → Polydamas. Il. 15,445. H. v. G.

Peisianax (*Πεισίαναξ*). Athener, Alkmeonide, Vater des Euryptolemos (2), ließ in den 70er J. 5. Jh. die später *Ποικίλη* genannte *Πεισιανάκτειος στοά* erbauen, für die u. a. Polygnotos das Gemälde der Schlacht von Marathon schuf. Es fällt dies in die Z., da der Philaide Kimon (2) die Alkmeonidin Isodike, eine wohl nahe Verwandte des P., heiratete. K. K.

Fiehn RE XIX 147f. IVA 17ff. *Hobein* RE IV A 17ff.

Peisidike (*Πεισιδίκη*). **1.** Name verschiedener Heroinen, so: Tochter des → Aiolos (1), Gattin des → Myrmidon, Apollod. 1,51 f., Tochter des → Pelias, ebd. 1,95. Hyg. fab. 24, Tochter des → Nestor, Apollod. 1,94. **2.** Tochter des Königs Lepethymnos in → Methymna. Sie spielte aus Liebe dem belagernden Achilleus die Stadt in die Hände, wurde aber dann auf sein Geheiß gesteinigt. Parthen. 21 nach einer poet. Gründungsgesch. von Lesbos. Die Novelle wurde urspr. von einer Pedasa in Monenia = → Pedasos (4) erzählt. Hes. frg. 85. Sch. Il. 6,35. H. v. G.

H. Oppermann RE XIX 148 f. *G. Radke* RE XXI 1755, 46 ff.

Peisistratidai. Athen. Adelsgeschlecht (Aristot. Ath. pol. 28,2) aus → Brauron (Plut. Sol. 10, 3. Plat. Hipparch. 228 B), das sich von den Neleidai aus Pylos herleitete, Hdt. 1,65 (vgl. o. II 1436, 18). Ältester bekannter P. der Archon 669/68 Peisistratos (Paus. 2,24,7). Histor. faßbar nur → Peisistratos (3) und seine Söhne: → Hippias (1), → Hipparchos (1) und → Thessalos. Vgl. die Stemmata [1], 155 f. [3], 2,758. Licht auf die Anf.-Z. der Herrschaft der P. wirft das Bruchstück einer Archontenliste (Meritt, Hesp. 8, 1939, 59 ff. SEG X 352): 526/25 Hippias (1), 525/24 → Kleisthenes (2), 524/23 → Miltiades (2). Bald jedoch verfiel die Machtstellung der P.; 514 wurde Hipparchos Opfer eines (unpolit., Thuk. 6,54 ff.) Mordes, und die zur Gewaltherrschaft ausartende Tyrannis des Hippias wurde 511/10 von den → Alkmeonidai mit spartan. Unterstützung beseitigt. Vgl. [2], 61 ff. [4], 41 ff. 50 ff. Nicht alle P. scheinen damals aus Athen verbannt worden zu sein: Ein Hipparchos war 496/95 Archon, Dion. Hal. 5,77. 6,1, und wurde 488/87 ostrakisiert, Aristot. Ath. pol. 22,4. K. K.

1. *Schachermeyr*, RE XIX 150 ff. 2. *Ders.* Die frühe Klassik d. Gr. 1966. 3. *Berve* Die Tyrannis, 1967. 4. *Kinzl* Miltiades-Forsch., 1968. 5. *Kluwe* Die Tyrannis der P. u. ihr Niederschlag i. d. Kunst, Diss. Jena 1966. 6. *Gomme*, AJPh 65, 1944, 321 ff. (= More Essays etc., 1962, 19 ff.).

Peisistratos (*Πεισίστρατος*). **1.** Jüngster Sohn → Nestors. Er nahm sich in Pylos des gleichaltrigen Telemachos an und begleitete ihn nach Sparta, Od. 3,400 ff. 15,44 ff. Paus. 4,1,4. **2.** Sohn des vorigen, Enkel Nestors. Er soll der einzige der von den Herakleiden vertriebenen Neleiden gewesen sein, der nicht nach Athen ging. Paus. 2,18,8 f. Hdt. 5,65. H. v. G.

3. P., der Sohn des Hippokrates (1) und einer Verwandten der Mutter Solons, Plut. Sol. 1,3. * um 600; † 528/27 als alter Mann, Thuk. 6, 54,2. Aristot. Ath. pol. 17,1. Erstes Hervortreten um 565 im Krieg gegen Megara durch Eroberung → Nisaias, Hdt. 1,59. Nach einer (angebl. selbst beigebrachten, Hdt. 1,59. Aristot. 14,1) Verwundung wurde ihm auf Antrag des Aristion (Plut. Sol. 30,3) von der Volksversammlung, in der P. sich auf die ärmeren Schichten stützte, eine Leibwache bewilligt, Hdt. 1,59. Aristot. 14,1. So konnte P. 561/60 oder 560/59 (Aristot. 14,1) die Akropolis besetzen und die Tyrannis gewinnen (Hdt. 1, 59), die er jedoch bald wieder verlor, nachdem die Führer der Paralioi und der Pedieis, → Megakles (2) und → Lykurgos (6), sich gegen P. verbündet hatten. Als dieses Bündnis zerfiel, rief Megakles P. zurück, Hdt. 1,60. Aristot. 14,4. Die nun geschlossene (dritte) Ehe mit Megakles' Tochter (Hdt. 1,61) ging ebenso wie der politische Bund P.-Megakles nach nicht langer Zeit in Brüche. In der Folge wurde P. verbannt, sein Besitz öffentlich versteigert (Hdt. 1,61. 6,121. Aristot. 15, 1. Plut. mor. 858 C; vgl. Vanderpool, Hesp. Suppl. 8, 1949, 405 ff.). Während der ca. 10jähr. (Hdt. 1, 61. Aristot. 15,2) Abwesenheit weilte P. in Makedonien, wo er → Rhaikelos besiedelte, in Thrakien, wo er Gold- und Silberminen am → Pangaion besaß, und trat in Verbindung zu Adeligen in Eretria, Theben, Naxos (→ Lygdamis), Argos (Hdt. 1,61, vgl. 64. Aristot. 15,2, vgl. 17,4. Steph. Byz. *Ῥάκηλος*; [1], 163. 182 ff.). Er konnte schließlich mit fremder Unterstützung (u. a. 1000 Argeier unter dem Sohn → Hegesistratos [1], Aristot. 17, 4) von Eretria aus bei Marathon in Attika landen und sich in Marathon festsetzen, wohin seine Anhänger ihm zuliefen (Hdt. 1,62). Seine Gegner traten ihm erst entgegen, als er sich bereits auf dem Marsch nach Athen befand; beim Atheneheiligtum von Pallene (Hdt. 1,62. Androt. FGrH 324 F 35. Aristot. 15,3) siegte er und zog nun ungehindert in Athen ein. Seine Hauptgegner verließen die Stadt, Mitglieder anderer Familien internierte P. als Geiseln auf Naxos, eine Söldnertruppe sorgte für die Einschüchterung der Bürger (Hdt. 1,62 ff.). Bis zu seinem Tod scheint P.' Tyrannis unangefochten geblieben zu sein. – Die Chronologie der 3 Herrschaftsperioden ist bis auf das Anf.-J. (561/60 oder 560/59), die Dauer des 2. Exils (ca. 10 J.) und das Todesj. des P. (528/27) unsicher. Frühere Datierungsversuche zusammengestellt von [1], 171 f.; neuere Behandlung durch Heidbüchel, Philol. 101, 1957, 70 ff., der z. T. zu anderen Ansätzen kam. – Die bestehenden Gesetze und Einrichtungen hat P. unangetastet gelassen (Hdt. 1,59. Thuk. 6,54,6. Aristot. 16,8). Neuerungen betrafen u. a. Münzwesen, Zerschlagung des Großgrundbesitzes, Einführung von Demenrichtern (Aristot. 16,5), Bekämpfung des Gräberluxus (Demetr. Phal. FGrH 228 F 9), Bodenertragssteuer (Hdt. 1,64. Aristot. 16,4). – Höchst bedeutsam war P.' Kulturpolitik, bes. durch rege Bautätigkeit (vgl. → Athenai), Förderung der Künste (z. B. 1. Tragödienaufführung durch → Thespis, Marm. Par. FGrH 239 A 43. Suda s. *Θέσπις*), Gründung einer Bibliothek (Athen. 1,3 A. Gell. 7,17,1). – Weitreichende Beziehungen zum griech. Adel (s. o.) waren bestimmend für P.' Außenpolitik, darüber hinaus aber scheint er eine durchaus zielbewußte athen. (und nicht bloß »private«) Politik verfolgt zu haben, mag diese sich auch noch so sehr von Athens Politik späterer Z. unterscheiden, [1], 180ff. KINZL Miltiades-Forsch., 1968, 49f.; anders [2], 61ff. 553f.

1. *Schachermeyr*, RE XIX 156–191 (vgl. *Ders.* Die frühe Klassik d. Gr., 1966, Ind. s. P.). 2. *Berve* Die Tyrannis 1967, 47–63. 543–554.

4. P., Enkel des P. (1), Sohn des Hippias (1) und der Myrrhine, stiftete als Archon (vor 512/11, Thuk. 6,54,6, u. U. 522/21, MERITT, Hesp. 8, 1939, 59ff. SEG X 352. CADOUX, JHS 68, 1948, 111) einen Altar für die 12 Götter auf der Agora, Thuk. 6,54,7, M. CROSBY, Hesp. Suppl. 8, 1949, 82–103, und einen für Apollon Pythios, Thuk. a. O., dessen Inschr. erhalten ist, IG I² 761. TOD IHG 8. K. K.

Peithagoras (*Πειθαγόρας*), Opferschauer aus Amphipolis, weissagte 324 in Babylon den Tod Hephaistions sowie 323 den Alexanders (Arr. an. 7,18,2. App. civ. 2,151) und war anscheinend Hauptquelle des → Aristobulos (7) für die Schilderung dieser Zeit. G. W.

Berve Alex. II Nr. 618.

Peitho (*Πειθώ*) »Überredung«, (bes. die Erotik betreffende Göttin); Tochter des Okeanos, Gemahlin des Phoroneus oder des Argos (vgl. Hes. theog. 349. Sch. Eurip. Phoen. 1116. Sch. Eur. Or. 1239) → Personifikation. Kult in Thasos (IG XII 8,360. SGDI 5460) seit dem 5. Jh. bezeugt (auch Opfervorschriften bez. → Herakles von Thasos und P., vgl. CRAI 1913, 360ff.) in Mylasa (BCH 5, 1881, 39). P. scheint hier mit → Nemesis verbunden zu sein, in Sekyon in Argos (Paus. 2,7,7 *Πειθοῦς ἱερόν* enge Beziehung zu → Apollon und → Artemis, die laut Paus. 2,21,1 in Argos diesen Beinamen trugen), in Athen (IG III 351. IG II 5, 1558, 1, vgl. Paus. 1,37. Isokr. 15,249 *καθ' ἕκαστον ἐνιαυτὸν θυσίαν*) und in Mariana (n. v. Olynthos in Maked.; vgl. AJA 37, 1933, 602ff.). Eur. frg. 170 N. ist rational., gibt aber doch im 2. V. die alte Auffassung, daß das Leben im Bereich einer Gottheit, die man als Person-Bereicheinheit zu bezeichnen hat, bereits quasi-kultischen Charakter hat, gut wieder. P. auch mit anderen Gottheiten verbunden (Aphrodite, Artemis). Verbindung mit Ananke, vgl. Hdt. 8,111 (*δύο θεοὺς μεγάλους Π. τε καὶ Ἀνάγκην*) u. Spätere.

In der hom. Dichtung fehlt P., Hes. und die Lyrik kennen sie. Die Wendung zur Bedeutung einer stärker rhetor. Überredung findet bereits im att. Drama statt (Aischyl. Ag. 385; Choeph. 726. Soph. El. 562. Aristoph. Ran. 1391ff., bes. bei Eur.), wird aber in der Rhetorik noch weiter entwickelt (Korax, Gorgias, Isokrates); so bes. in der neuen Komödie (vgl. Men. Epitr. 338f. u. a.). Bei Späteren meist allegor. Verwendung von P. (bes. bei → Nonnos). Die spätbezeugte Variante, daß P. die Mutter einer Mentha bzw. Mintha (Zenod. b. Photios s. *Μίνθα*) sei, muß nicht auch in ihrer Konzeption spät sein.

Älteste bildl. Darstellung der P. auf einem Skyphos aus der Z. zwischen Marathon und Salamis (vgl. FURTWÄNGLER-REICHHOLD T. 85, wo die Entführung der Helena durch Alexandros im Beisein von Aphrodite und P. dargestellt ist). – Nach Paus. 5,11,8 hatte auch Pheidias P. auf dem Relief an der Basis des Zeusthrons in → Olympia abgebildet. In der hellenist. Z. wird P. vor allem auf Vasen dargestellt (vgl. [1], 202f. 205ff. 212ff.). W.P.

Voigt, RE XIX 194ff.

Peitholaos (*Πειθόλαος*). Dritter Sohn → Iasons v. Pherai, seit etwa 354 Teilnehmer an der Tyrannis seines Bruders → Lykophron. Als ihr Verbündeter → Onomarchos 352 von Philipp II. geschlagen wurde, kapitulierten sie auf freien Abzug und führten ihre Truppen zu → Phayllos (Diod. 16,37,3. 38,1), z. T. sandten sie sie Sparta zu Hilfe (Diod. 16,39,3). 349 verteidigten sie sich in Athen gegen eine unbekannte Anklage, P. wurde das früher verliehene att. Bürgerrecht abgesprochen (Ps.-Dem. 59,91). Vielleicht gewann P. danach nochmals auf kurze Z. die Tyrannis in Pherai (Diod. 15,52,9). G. Do.

H. Berve Die Tyrannis, 1967, 293f. 671f.

Peithon (*Πείθων*), mehrere kaum auseinanderzuhaltende Namensträger im Heer Alexanders d. Gr. (vgl. etwa Arr. Ind. 15,10). **1.** Ein P. fiel in führender Stellung gegen die Skythen (Arr. an. 4, 16,6). **2.** P., Sohn des Agenor, wurde 325 Satrap Indiens s. des Akesines, 321 des Gandharagebietes (BERVE, RE XIX 219 nach Arr. Succ. Al. 36, dazu TARN Alexander the Great 2,311). 316 von Antigonos zum Statthalter Babyloniens ernannt, fiel er als dessen Stratege 312 bei Gaza (Diod. 19,80ff.).

H. Bengtson Die Strategie in der hellenist. Z., 1, 1937, 177. 184. 186ff.

3. P., Sohn des Krateuas aus Alalkomenai am Erigon (Strab. 7,326 gegen. Iust. 13,4,12), 325 Trierarch der Indusflotte, Somatophylax und engster Vertrauter Alexanders (Arr. an. 6,28,4. 7,26,2. Plut. Alex. 73. Diod. 18,30). Seit 323 Statthalter des größeren Teils von Medien, konnte er eine Verschwörung griech. Söldner in Baktrien niederschlagen (Diod. 17,99. 18,7), war 321 an der Ermordung des Perdikkas beteiligt und suchte nach dem Vertrag von Triparadeisos seine Macht als *στρατηγὸς τῶν ἄνω σατραπειῶν* auszudehnen. Bei dem Versuch, → Antigonos (1) zu überfallen, wurde er nach gemeinsamer Vernichtung des → Eumenes (1) von Antig. gefangen und von der makedon. Heeresversammlung zum Tode verurteilt. G. W.

Berve, RE XIX 220–222. *H. Bengtson* Die Strategie in der hellenist. Z., 1, 1937, 177ff. *B. Niese* St. 1,194ff. pass.

Pektis (*πηκτίς*) wahrscheinl. Sammelname für die schon bei Idolen der Kykladenkultur und dann wieder seit M. des 5. Jh. auf Abb. begegnenden griech. Harfeninstrumente, die als Bügel-, Stützen-, Spindel- und Basisharfen alle zur Gruppe der Winkelharfen gehören. Wie schon bei der

Sammelbezeichnung ist auch bei diesen auf den Abb. deutlich unterscheidbaren Spielarten eine genaue Identifikation mit den literar. überlieferten Namen wie → Magadis, → Nablium, → Psalterion, → Sambyke, → Trigonon, Epigoneion, Simikeion u. a. unsicher. Die hohe Saitenzahl der Instrumente erforderte beim Spiel eine große Fingerfertigkeit. Daher finden sie sich meist in Frauenhand; ihre Verwendung erstreckt sich vorwiegend auf den erot. Bereich. U. K.

M. Wegner Das Musikleben der Griechen, 1949, 47–51. 203–205. 222. Taf. 19. 22ff. *G. Wille* Musica Romana, 1967, 213–216 u.ö. Abb. in: Musikgesch. in Bildern 2,4 (Griechenland ed. *M. Wegner*), 1963, Abb. 22. 65ff.; 2,5 (Etrur. und Rom ed. *G. Fleischhauer*), 1964, Abb. 56.

Pelagios. 1. Mitschüler des Libanios, kam 357 als Gesandter seiner Heimatstadt Kyros (Euphratensis) an den Hof nach Italien, war um 382 *consularis Syriae*, † 393 (Liban. epist. 94. 1073. 1200. 1325. 1334). **2.** P. Silentiarius, unter Leo I. und → Zenon Patricius, Dichter von Epen, ging 479 als Gesandter zu Theoderich Strabo. Als Zenon vorausgesagt wurde, ein Silentiarius werde ihm nachfolgen, ließ er P. unter dem Vorwand, er sei ein Heide, töten (Malch. frg. 2. 19. Ioh. Malal. 15,390. Theophan. p. 134f. de Boor. Zon. 14,2). **3.** P. war als *dux* (?) 544 an der Niederlage des → Solomon gegen die Mauren bei Cillium beteiligt (Corippus Ioh. 3,409f. Prok. 4,21). A. L.

4. P., britischer Mönch, * Mitte 4. Jh., genoß in Rom Ansehen als Vertreter asket. Moral. Seine Theologie leugnete die Erbsünde: Die Natur des Menschen ist gut; er ist aus sich selbst fähig, frei von Sünde zu bleiben, wenn er die Willensfreiheit richtig gebraucht. Als P. 410 mit seinem Schüler Caelestius vor den Goten aus Rom nach Karthago floh, wurde er dort als Irrlehrer angeklagt. 412 nahm → Augustinus den lit. Kampf gegen seine Lehre auf, indem er die schon vor der Willensentscheidung erforderliche Notwendigkeit der Gnade *(gratia praeventiva)* betonte. P. war nach Jerusalem gegangen, wurde aber dort von → Hieronymus und → Orosius angegriffen. Papst Innocentius bestätigte kurz vor seinem Tode (416) die Verurteilung durch die afrikan. Synoden von Karthago und Mileve. Sein Nachfolger Zosimus, dem P. seine 4 B. *De libero arbitrio* mit einem Rechtfertigungsschreiben *(libellus fidei)* zugeschickt hatte, gab seine Meinung, P. sei orthodox, bald auf, und seit 418 wurden kaiserl. Gesetze gegen die Pelagianer erlassen. Zur endgültigen Verurteilung auf dem Konzil von Ephesos (431) trugen auch die Gegenschriften des → Marius Mercator bei. P. erlebte sie nicht mehr, doch wurde seine Lehre in den J. 420–430 bes. von → Iulianus von Aeclanum (16) verfochten, in Britannien von → Fastidius. Die Schriften des P. sind fast alle der Unterdrückung zum Opfer gefallen, mit Ausnahme des Komm. zu 13 Paulusbriefen (ohne Hebr.). O. H.

Ta.: *A. Souter*, 1922/26, Texts and Studies 9 (ohne krit. Apparat: *Migne* PL Suppl. 1,1110–1324). Zugrunde liegt ein der Vulgata naher Bibeltext: *H. Frede* P., der irische Paulustext, Sedulius Scottus, 1961.

Frg. sind vor allem erhalten als Zitate in den Gegenschriften des Augustinus (De gratia Christi, De gestis Pelagii) und des Hieronymus (Dialogi contra Pelagianos). Mehrere pelagian. Schriften sind erhalten, weil sie unter den Namen des Hieronymus, Augustinus u. a. rechtgläubiger Autoren sich versteckten, z. B. der Libellus fidei (= Ps. Hier. epist. 16). Corpus Pelagianum: *Migne* PL Suppl. 1,1375–1570. Vgl. Clavis patrum lat.², 728–766.

Lit.: *G. de Plinval* Pélage, 1943. *Ders.* Essai sur le style et la langue de P., 1947. *J. Morris*, Journ. of Theol. Stud. N. S. 16, 1965, 26–60.

Pelagones, Pelagonia (Πελαγόνες), Stamm und Landschaft nördlich von Makedonien in dem Ebenenbecken von Monastir (Bitolj), bei Strabo und Plinius als Teil der → Paionen bezeichnet, ähnlich schon bei Hom. Il. 21,140ff., wo Pelagon Sohn des Flusses → Axios und Vater des Paionen → Asteropaios ist. Seit ca. 360 v. Chr. zu Makedonien. Athen. Ehrendekrete für den Pelagonen Menelaos, IG II² 110. Syll. I³ 174 (362 v. Chr., dazu bes. [2], 81f. und RE XV 829f. Nr. 5) und einen König der P., IG II² 190. In röm. Z. Teil des 4. Bezirks Makedoniens mit der Hauptstadt → Herakleia Lynku, die nun auch Pelagonia genannt wurde, Strab. 7 p. 331 frg. 48. Diod. 31,13. Liv. 45,29,9. 30,6. Sonst: Skymn. 402f. 621f. Pol. 5,108,1. Strab. 7,7,8f. p. 326f. p. 331 frg. 38. 39. 9,5,11 p. 434. Liv. 26,25,3f. 31,28,5. 34,6. Plin. nat. 4,33. 35. E. M.

1. *E. Oberhummer*, RE XIX 243ff. Nr. 1–3. 2. *Fr. Geyer* Makedonien bis zur Thronbesteigung Philipps II. 14. 21ff. 81f. 136.

Pelanos (πελανός). Der mehr oder weniger flüssige Mehlteig, der Honig, auch Mohn enthalten konnte, in festerem Zustand eine Art Fladen, wird als Opfergabe in die Flamme geworfen bzw. gegossen. Nie wird davon gegessen. Seit etwa 400 v. Chr. heißen auch Geldspenden an das Heiligtum, die sicher an Stelle des urspr. Teigs getreten sind, P. Näheres bei STENGEL 99. ZIEHEN, RE XIX 246ff. W. H. G.

Pelarge (Πελαργή) spielt eine Rolle in dem boiot. Kult der → Kabeiren und der Demeter Kabeiria. Nach Paus. 9,25,5ff. war sie eine Tochter des Potnieus, des Eponymos von Potniai bei Theben, und erneuerte mit ihrem Gatten Isthmiades den im Epigonenkrieg verfallenen Kabeirenkult; dafür erhielt sie selbst kult. Verehrung. H. v. G.

Nilsson GgrR ²1,151. 671.

Pelasger. Urspr. scheint der Name Πελασγοί in N.-Griechenland heimisch gewesen zu sein: eine Landschaft in O.-Thessalien heißt Πελασγιῶτις, der Zeus von Dodona in Il. 16,233 hat den Beinamen Πελασγικός. An der Historizität dieses Stammes ist grundsätzlich nicht zu zweifeln, aber schon die ältesten griech. Autoren haben nur noch vage Vorstellungen von ihm; im Laufe der Zeit wird das angebliche Verbreitungsgebiet der P. immer ausgedehnter: → Hellanikos vermengt P. und Tyrsener, auf ihn geht vielleicht auch die (sicher unberechtigte) Annahme von P. in Italien zurück. Allmählich wird P. zum Sammelnamen für die vorgriech. Bevölkerung in vielen Gegenden von Hellas, sowie der Troas und der Inseln, ferner für die vor-röm. in Italien, ja sogar Benennung der Griechen selbst. – Alle ant. Belegstellen gibt [6]. Wichtig Hdt. 1,56ff. Strab. 7,327, Dion. Hal. 1,17ff. – Da es weder epigraph. Zeugnisse noch Glossen von ihrer Sprache gibt, nur einige wahrscheinlich zugehörige PN und ON (z.B. *Λάρισα*), ist eine Zuordnung des Pel. zu anderen Sprachen, etwa zum → »Illyrischen«, d.h. zu den balkanidg. Sprachen, ohne Anhalt, wertlos auch die auf bloßem Namensanklang beruhende Verknüpfung der P. mit den Philistern. – Auch die Benennung der von GEORGIEV [7], VAN WINDEKENS [5] u. [6] erschlossenen idg. lautverschiebenden Substratsprachen als »Pel.« ist willkürlich. G. N.

1. *Schrader-Nehring* Reallex. der idg. Altertumskunde, 2, 1929, 154–156 s. Pelasger. 2. *F. Schachermeyr*, RE XIX 252–256. 3. *P. Kretschmer* Glotta 28, 1940, 231–278. 4. *A. J. van Windekens* Le Pélasgique, Löwen 1952. 5. *Ders.*, Études Pelasgiques, 1960. 6. *F. Lochner-Hüttenbach* Die Pelasger, Graz 1960. 7. *Vl. I. Georgiev* Introduzione alla storia delle lingue indeuropee, Rom 1966, 110ff.

Pelasgos (*Πελασγός*), Stammherr und Eponymos der → Pelasger, in regional verschiedenen Ausprägungen, bes. in Arkadien, Argos und Thessalien, später auch im Sinn des »Uralten« verwendet. Beispiele: **1.** Der 1. Mensch in Arkadien, Autochthon, Apollod. 3,96 (Hes.), Begründer der Anfänge der Kultur Paus. 8,1,4ff., Vater des → Lykaon (1) Paus. 8,2,1 (Hes.), Stammvater des Menschengeschlechts Asios frg. 8 Ki. **2.** Sohn des → Triopas, Urenkel des Argos, benennt die Burg in Argos nach seiner Tochter Larisa, stiftet die ersten Tempel in Arkadien. Paus. 1,14,2. 2,22,2. 24,1. Hyg. fab. 225. **3.** Sohn des Poseidon und der Larisa, wandert mit seinen Brüdern Achaios und Phthios aus der Peloponnes nach Thessalien, Dion. Hal. ant. 1,17,3. **4.** Sohn des Palaichthon, König von Argos, z.Z. der Ankunft des Danaos und der Danaiden, in Aischyl. Hik. → Galanor. H. v. G.

Pelatai (*πελάται*) urspr. »Leute, die sich jemandem nähern«, dann vager, wohl volkstümlicher Ausdruck, der freie Lohnarbeiter (Theten, in Athen Plat. Eutyphr. 4c. Sch. 327. Poll. 3,82. Dion. Hal. 2,9,2) und Abhängige verschiedenen Grades (→ Hektemoroi, Aristot. Ath. pol. 2,2. Poll. 4, 165; Kyllyrioi in Syrakus, Dion. Hal. 6,62,1) bis hin zu röm. Klienten (Dion. Hal. 1,83,3. Plut. Rom. 13) umfaßt. Phot. s. *πελάται*. Hesych. *πελάται*. Im bosporan. Reich entsprachen P. den coloni. IGRom 1,899 (151 n.Chr.). ROSTOVTZ. Soc. a. Ec. 1515. Die soziale und rechtliche Lage der P., die urspr. freie arme Bauern waren, war sehr verschieden und ist im einzelnen nicht festzustellen. BUSOLT GStK 779,3. 781,1. H. V.

Peleiades (*Πελειάδες* = *πέλειαι* »Tauben«). **1.** So nennt Hdt. 2,54ff. die Priesterinnen von Dodona. Die Legende, eine schwarze Taube aus Äg. habe sich dort auf einer Eiche niedergelassen und die Gründung des Heiligtums angeordnet, erklärt er rationalist.: eine äg. Priesterin sei nach Dodona gekommen und ihre unverständliche Sprache habe man mit dem Gurren von Tauben verglichen. Auf Hdt. gehen großenteils die späteren Nachrichten über Priesterinnen und weissagende Tauben in Dodona zurück (Pind. Soph. Paus. – Strab. 7,329 und frg. 1 bringt den Namen der Priesterinnen mit moloss.-thesprot.-makedon. *πέλιος* »alt« in Verbindung). Da bei Hom. und in gesch. Z. nur Priester, nicht Priesterinnen in Dodona erwähnt werden (außer Plat. Phaidr. 244b), so stehen PRELL.-ROB. 1,125,1 und NILSSON GgrR [2]1,425 den Nachrichten Hdt.s skeptisch gegenüber, positiver W. KROLL, RE XIX 266. Man fand in Dodona u.a. die Statue einer Göttin mit einer Taube in den Händen, eine Zeusbronze mit Taube, Votivtauben, Mz. mit Eiche und 3 Tauben.

Kirsten-Kraiker [4]1962, 741. *S. I. Dakaris* Das Taubenorakel in Dodona, Ant. Kunst, Olten, Bh. 1, 1963.

2. → Pleiades, Hyg. astr. 2,21. WILAM. GldH 31, 256. H. v. G.

Pelethronion (*Πελεθρόνιον*), Tal oder Örtlichkeit am W.-Abhang des → Peliongipfels, in der → Chiron aufwuchs und das gegen Schlangenbiß helfende Kraut Chironion oder Kentaurion wuchs. Bei Dichtern wird daher »pelethronisch« für Chiron und allgemein für thessalisch gebraucht. Nik. Ther. 438ff. 510. Strab. 7,3,6 p. 299. Hesych. s.v. Serv. Verg. georg. 3,115. E. M.

1. *Fr. Stählin* Das hellen. Thessalien 43. 2. *Ders.*, RE XIX 269f.

Peleus (*Πηλεύς*, etr. *pele*). Heros eponymos des Peliongebirges und des n. von Pharsalos gelegenen Hauptortes der Phthiotis; Anklang an *πηλός* z.B. Batrachom. 19. Die Il. kennt ihn als König der Myrmidonen, als Sohn des → Aiakos, Gemahl der → Thetis, Vater → Achills. Seine Mutter → Endeis ist Tochter des thessal. → Chiron oder des megar. → Skiron (Hyg. fab. 14. Apollod. 3,158). Telamon als Bruder des P. erscheint erst Pind. P. 8,100; Freund des P. ist er bei Pherekydes frg. 60. Auf diesen geht im allg. die bei Apollod. 3,158ff. vorliegende, durch Kontamination verschiedener Motive erweiterte und in Zusammenhang gebrachte P.-Geschichte zurück, die in Fortführung von W. MANNHARDTS Forschungen unter Beiziehung zahlreichen Vasenmaterials von A. LESKY, RE XIX 275ff. glänzend analysiert wurde.

P. und Telamon (bzw. P. oder Telamon allein) töten ihren Halbbruder → Phokos bei einem Kampfspiel (Pind. N. 5,14ff. mit Sch. Hyg. fab. 14. Nikandr. bei Anton. Lib. 38. Ov. met. 11, 346ff.). Aiakos verbannt sie aus Aigina, Telamon geht nach Salamis, P. nach Phthia zu → Eurytion (4). Offenbar dient das Mordmotiv dazu, P.' Aufenthalt in Thessalien zu motivieren, nachdem Aiakos, urspr. in Thessalien zu Hause, in Aigina lokalisiert war. Eurytion entsühnt ihn und gibt ihm seine Tochter → Antigone (1) zur Frau (→ Polydora). Auf der kalydon. Jagd trifft er seinen Schwiegervater tödlich (Françoisvase. Pind. frg. 48. Ov. met. 8,309. Apollod. 1,70), und nun flieht er nach Iolkos, wo → Akastos ihn entsühnt und an den Leichenspielen für → Pelias teilnehmen läßt (Ringkampf mit → Atalante. Apollod. 3,106. Hyg. fab. 273. Vasen). Akastos' Gattin, → Astydameia (2) oder → Hippolyte (3), sucht ihn vergeblich zum Ehebruch zu verleiten, dafür verleumdet sie ihn bei seiner Frau Antigone, er wolle Akastos' Tochter, ihre Stieftochter, Sterope, heiraten, worauf Antigone sich erhängt. Den Akastos macht sie glauben, P. stelle ihr nach (Potipharmotiv), und da dieser den von ihm Entsühnten nicht eigenhändig töten will, so nimmt er ihn mit auf die Jagd in den Pelion, entwendet dem Schlafenden sein Jagdmesser (Hes. frg. 79. Pind. N. 4,54ff.) und versteckt es, um P. unbewaffnet den Kentauren preiszugeben. Chiron findet das Messer und gibt es ihm zurück. Variantenreich ist die Überlieferung über die Herkunft des Jagdmessers. Nach Sch. Aristoph. Nub. 1063 wollte Akastos damit eine Art Gottesurteil veranstalten. *Μάχαιρα Πηλέως* (Zenob. 5,20) wurde sprichwörtlich: Rettung im letzten Augenblick. Von der Rache des P. wußten schon die Kataloge (Hes. frg. 81). Mit → Iason und den Dioskuren eroberte er später → Iolkos und tötete Astydameia, über deren zerrissene Glieder er das Heer in die Stadt führte, nach einigen auch Akastos.

Inzwischen hatte er die Nereide → Thetis zur Gattin gewonnen. Zeus und Poseidon hatten wegen eines Spruches der Themis, Thetis' Sohn werde stärker sein als ihr Gatte (bei Aischyl. Prom. 767. Hyg. fab. 54 und Apollod. 3,169 gibt Prometheus den Spruch) auf Thetis verzichtet und überließen sie dem P. Dessen Umarmungen sucht sie sich durch Verwandlungen zu entziehen, er bezwingt sie gemäß Chirons Rat, aber nach der Geburt des → Achilleus verläßt sie ihn und kehrt ins feuchte Element zurück. Diese sog. Themisvariante (LESKY a.O.) zeigt noch deutlich ihren Ursprung aus einem Melusinenmärchen. Demgegenüber ist die sog. Dankbarkeitsvariante der Kyprien eine Umstilisierung des Stoffes in ep. Darstellungsweise: Thetis wird von Hera aufgezogen und später von Zeus umworben. Hera zuliebe entzieht sie sich ihm. Voller Zorn schwört Zeus, ihr einen sterblichen Mann zu geben. Hera aber vermittelt ihr den besten sterblichen Mann. Zur Hochzeit erscheinen viele Götter und bringen Geschenke. R. REITZENSTEIN, H 35, 1900, 73ff. W. KULLMANN, H(ES 14) 229ff. 370. Die Ilias setzt die Dankbarkeitsvariante voraus, 1,503ff. 17,194ff. 24,59ff. 534ff.; doch wird 18,85 und 433 die Abneigung gegen die Vermählung mit einem Sterblichen betont. Aus dem unbändigen Elementarwesen ist Thetis die schmerzvolle Mutter geworden. Je nach der Situation weilt sie noch in Peleus' Hause oder im Palaste des Nereus, und Achilleus wird von ihr (18,54ff.) oder von Chiron (11,830ff.) erzogen. PRELL.-ROB. 2,68. Alk. frg. 74 D erzählt, wie P. friedlich die Geliebte aus dem väterlichen Palast zur Götterhochzeit in Chirons Haus abholt. Bei Pind. N. 3,32ff. 56ff. 4,62ff.; I. 8,26ff. sind beide Gestaltungen der Sage zu erkennen, vielleicht noch eine 3., nach der P. Thetis als Lohn seiner im Verhalten zur Frau des Akastos bewiesenen *εὐσέβεια* erhält. Soph. frg. 154 erzählt vom Liebesringkampf, frg. 561 von *ἄφθογγοι γάμοι*. Spätere lit. Darstellungen: Apoll. Rhod. 4,783ff. Catulls Epyllion 64 (darüber F. KLINGNER in: Stud. z. griech. u. röm. Lit., Zürich 1964) verlegt das Hochzeitsfest nach Pharsalos. Ov. met. 11, 221ff. 346ff. Philostr. her. 19,1.

Wie als kalydon. Jäger (s.o.), galt P. auch als Argonaute, Pind. frg. 172. Eur. Andr. 793. Apoll. Rhod. (Thetis rettet ihm zuliebe die Argo). Catull. 64 (von der Argo aus sieht und begehrt P. die Nereide). Nach Pind. a.O. zog P. auch mit Herakles gegen Troia und die Amazonen. – Bei Hom. erscheint P. immer hochbetagt. Er nimmt Schutzflehende auf: → Phoinix, den er zum Herrn der Doloper macht (Il. 9.479ff. Apollod. 3,175), → Epeigeus (Il. 16,570ff.), → Patroklos (Apollod. 3, 176). Später von Akastos' Söhnen → Archandros und Architeles aus Phthia vertrieben, kommt er nach Ikos, wo er nach einem Treffen mit → Neoptolemos stirbt. Sch. Eur. Tro. 1128. Hor. ars 96 *pauper et exsul.* Vgl. WILAM. GldH 1,92,3. In Eur. Andr. verteidigt der greise P. → Andromache und ihr Kind gegen → Menelaos und → Hermione. V. 1254ff. verheißt ihm Thetis, er werde Gott sein und mit ihr bei Nereus wohnen. Bei Pind. O. 2,86 weilt er auf den Inseln der Seligen. – Vielleicht steht hinter P. ein alter Berggott, O. KERN Rel. d. Griechen 1,62; gestützt auf Hdt. 7,191 meint er, die Sage vom Ringkampf habe einen älteren einfachen Brautraub verdrängt. H. v. G.

Bloch, Myth. Lex. 3, 1827ff. *J. Kaiser*, P. u. Thetis I, 1912. *R. K. Davis*, P. u. Thetis, Oxf. 1924. *Nilsson*, GgrR.^{2} 1,20. 22f. *Wilam.* GldH 1,215f.

Pelias (*Πελίας*). Myth. Herrscher von → Iolkos, nach Hom. Od. 11,235ff. Sohn Poseidons und der → Tyro, die ihre Zwillinge P. und → Neleus aussetzt und später den → Kretheus heiratet. P. hat aus der Ehe mit Anaxibia (oder Phylomache) 1 Sohn, → Akastos, und mehrere Töchter, die *Πελιάδες*: außer → Alkestis, der ein besonderes Schicksal beschieden war, → Pelopeia (1), → Peisidike (1), → Hippothoe (2), Medusa, Hyg. fab. 24. Apollod. 1,95. Andere Namen gab ein Gemälde → Mikons (um 470) an, Paus. 8,11,3. – Seit dem 6. Jh. erscheint P. als böser Tyrann. Er vertreibt seinen Zwillingsbruder → Neleus, verdrängt (oder tötet) seinen Halbbruder → Aison, will, vom Orakel vor einem Einschuhigen gewarnt, Aisons Sohn → Iason, der mit 1 Schuh auftritt, durch die Fahrt nach Kolchis (→ Argonauten) verderben. Hes. theog. 994f. Mimnerm. frg. 11,3. Pind. P. 4, 72ff. Pherekyd. frg. 105. Apollod. 1,107ff. 143f. – Seine Strafe erhält er nach der Rückkehr der Argonauten durch → Medeia, die, nach der Probe mit einem Widder, die Peliaden überredet, ihren Vater zu zerstückeln, um ihn dann durch Aufkochen zu verjüngen. Bei Ov. met. 7,163ff. hat Medeia vorher den Aison verjüngt. Schuldbeladen verlassen die Peliaden das Land (Hyg. Paus. Eur. *Πελιάδες*). Bei Plaut. Pseud. 869 und Cic. Cato 83 wird P. tatsächlich verjüngt. – In alten Epen besungen und auf arch. Vasen sowie auf der Kypseloslade dargestellt waren Akastos' Leichenspiele für P. H. v. G.

Prell.-Rob. 2,865ff. Über Darstellungen in der Kunst: *K. Scherling*, RE XIX 311ff. 323ff.

Pelikan (*πελεκάν, -ᾶνος* [nicht zu verwechseln mit *πελεκᾶς, -ᾶντος* »Specht«, Aristoph. av. 884. 1155], *πελεκῖνος*; kein lat. Wort; *pelicanus* nur Vulg. Psalt. 101,7 und Hieron. z. St.). Die Römer nennen ihn nie, die Griechen auffallend selten, nicht vor E. 5. Jh. Wenn er in einer kom. Speisenliste (Anaxandr. frg. 41,66 Kock) erscheint, ist dies Scherz, nicht Wirklichkeit. Man kannte ihn als balkan. Strichvogel, der an der Donau brütet (Aristot. hist. an. 8,597a 10ff.), sich u.a. von Muscheln nährt und viel Futter in sich speichern kann (Aristot. a.O. 9,614b 27. Dionys. aucup. 2,7. Ail. nat. 3,20 u.a.), angeblich seine Eltern füttert (Ail. 3,23) und die Wachtel haßt (ebd. 6,45). Nach oriental. Tradition opfert er sein Blut für seine Jungen (Physiol. 4; vgl. LAUCHERT Gesch. des Physiol. 9). Dadurch ist er in die chr. Symbolik eingegangen. Eine von → Boios mitgeteilte Sage kennt Verwandlung des Architekten Polytechnos in einen P. (Ant. Lib. 11,10); Verwechslung mit *πελεκᾶς*, »Specht« ist hier nicht auszuschließen. W. R.

O. Keller Ant. Tierwelt 2. 237ff. *J. Wiesner*, Lex. der Alten Welt 2243.

Pelinna, Stadt in der thessal. Landschaft Hestiaiotis, älteste Namensform auf den Mz. *Πέλλι(-)*, später *Πέλιννα, Πελινναῖον* mit Ethnikon *Πελινναῖος*, bei Steph. Byz. irrig zur Phthiotis, bei Plin. nat. 4,32 zu Magnesia gerechnet. Großer, gut erhaltener Mauerring mit weiteren Resten, 3,2 km mit 59 ha Flächeninhalt, Palaeogardiki 15 km ö. v. Trikkala. Selbständige Bedeutung gewann P. erst im 4. Jh. v. Chr. Jetzt erscheinen Pelinnaier in delph. Inschr. öfter als Hieromnemonen oder Naopoioi [3], 337,45ff. Auf makedon. Seite (Polyain, 4,2,19) noch im lam. Krieg, Diod. 18,11,1. 192/91 v. Chr. Eroberung durch den Athamanenkönig Amynandros und Rückeroberung durch Philipp V. und Rom, Liv. 36,10,5. 13,7. 14,3. Späteste Erwähnung um 130 v. Chr., IG IX 2,69,5. Im MA. als Gardiki Bischofssitz, Notit. episcop. 3,505. 10,611. 13,462. Ruinen einer Basilika des 14. Jh. und weitere ma. Reste. Skyl. 64. Strab. 9,5,17 p. 437f. Pind. P. 10,4f. Arr. an. 1,7,5. Inschr.: IG IX 2,299f. Mz. HEAD HN^2 303. GARDNER, BMCGr Thessaly 38. E. M.

1. *J.L. Ussing* Griech. Reisen und Studien 50ff. 2. *Fr. Stählin* Das hellen. Thessalien 117f. 3. *Ders.*, RE XIX 327ff. Nr. 1. (mit Plan).

Pelion (*Πήλιον*), das langgestreckte Gebirge, das Thessalien im O. abschließt und im Alt. die Landschaft Magnesia bildete, im engeren Sinne im Alt. der Hauptgipfel. Der aus verschiedenen Schiefern und Kalken bestehende P. gipfelt über Volo in mehreren Kuppen mit 1618 (1601) m. Der als Hauptgipfel geltende Pliassidi (Plessidi) liegt 4 km s. und ist nur 1548 m hoch (Griech. Generalstabskarte 1:75000 Blatt Volos, 1927). Der O.-Abfall gegen das Meer ist schroff und gänzlich hafenlos und war im Alt. gefürchtet. Berühmt war der P. wegen der vielen Heilkräuter und als Heimat des Kentauren → Chiron, war dichtbewaldet und weist noch h. größere Eichen-, Kastanien- und Buchenwälder auf und in den unteren Lagen und am Fuß vor allem Obstbau und Olivenwälder. Am Hauptgipfel heil. Bezirk und Tempel des Zeus Akraios und die Höhle des Chiron mit Heiligtum. Ausführliche Beschreibung. → Herakleides (17) frg. 2., sonst Hom. Il. 2,757. 16,143f. Od. 11,316. Hes. frg. 79 Rz. Eurip. Alk. 595f. Hdt. 7, 129,1. 188. 8,12. Strab. 4,6,12 p. 208. 9,5,1 p. 429. 5,15 p. 436. 5,18 p. 438. 5,21f. p. 442f. Theophr. h. pl. 4,5,2. 4. 9,15,4. frg. 6,22. Plin. nat. 2,162. 4,30. 25,94. E. M.

1. *Philipps.-Kirst.* 1,137ff. 2. *Fr. Stählin* Das hellen. Thessalien, bes. 41ff. 3. *Ders.*, RE XIX 339ff. 4. *A. Arvanitopullos* *Πρακτ.* 1911, 305ff.

Pella (*Πέλλα, Πέλλη*). **1.** h. Agii Apostoli, Hauptstadt Makedoniens (→ Emathia) wahrscheinl. seit E. 5. Jh., r. vom Unterlauf des Axios. P. lag auf einem Hügel (*in tumulo vergente in occidentem hibernum; cingunt paludes insuperabilis altitudinis* Liv. 44,46,5). Für die Verkehrslage von P. war von Anf. an die Verbindung mit dem Meer von Bedeutung. Durch die Anlage der Via Egnatia wurde später auch der Landverkehr erleichtert.

Hier wuchs Philipp II. auf und wurde Alexander d. Gr. geboren. Nach der Schlacht bei Pydna fiel P. in die Hände der Römer, bei der »Neuordnung« Makedoniens wurde P. Vorort der 3. *regio* (*μερίς*). Seit Makedonien 148 v. Chr. röm. Provinz wurde und der neue Statthalter in Thessalonike residierte, verlagerte sich der Schwerpunkt Makedoniens dorthin, was den allmählichen Niedergang von P. zur Folge hatte. In der Kaiserz. wurde P. röm. Kolonie (*Col. Iul. Aug.*) und erlebte eine kurze Nachblüte. Die stagnierenden Gewässer bildeten eine Brutstätte für Malaria. Erste hist. Zeugnisse: Hdt. 7,123. Thuk. 2,99ff. Xen. hell. 5,2,13. Münzpräg.: Gaebler Ant. Münzen Nordgriech. 3,2. Abt. 93ff. Chr. D.

Oberhummer, RE XIX 341ff. *Casson* Macedonia, Thrace a. Illyria, 122 u.ö. *Papazoglu* Maked. Städte in der Römerz. (serb.), Skopije 1957, 39–43, u.s. Ausgrabungen: *Chr. Makaronas* *Δελτίον*, 16, 1960, 72–83.

2. P., Stadt(staat) am O.-Rand des Jordangrabens 26 km s. des Sees Genezareth, ca. 30 m u. M. Seit dem 19. Jh. v. Chr. öfter äg. erwähnt *(Piḫilum, Peḥel;* fehlt in der Bibel*)*, durch oder nach Alexander hellenist. Polis (*Πέλλα* nach 1 mit Anklang an den heim. Namen), das 3. Jh. hindurch ptolemaeisch, 218 von → Antiochos III. erobert (Pol. 5, 70,12), um 83 von → Alexander Iannai, dabei zerstört (Ios. ant. 13,397), 63 von Pompeius befreit (14,75), Glied der → Dekapolis (Plin. nat. 5,18,74 *aquis divitem;* Mz. mit pomp. Ära). Hierher emigrierten die Jerusalemer Christen im 1. Jüd. Krieg (Eus. h. e. 3,5,3; Legende? anderes P.?). Hochblüte im 5.–6. Jh. (Bischof, Kirchen; Thermalquelle, als *ḥmt' dpḥl* auch im Talmud), langsamer Niedergang in arab. Zeit, ab E. des MA. wüst. H. *ṭabaḳāt faḥl* mit mod. Dorf Faḥl (Jordanien). Grabungen 1958, 1967. Chr. B.

C.-H. Hunzinger, RGG³ 5, 1961, 207f. (Lit.). *H. Bietenhard*, ZDPV 79, 1963, 24–58. *J.-M. Fenasse*, DB Suppl. 7, 1966, 605–626 (Lit.). *R.-H. Smith*, Rev. Bibl. 75, 1968, 105–112, T. XII–XIV.

Pellana (*Πελλάνα*, *Πελλήνη*). **1.** Perioikenstadt n.w. von Sparta am Eurotas in nicht genau bekannter Lage beim h. Kalyvia (Georgitsi), h. amtl. P. Bei Plut. Agis 8,1 beginnt an der Schlucht s. von P. das Spartiatenland. Paus. nennt außer der Quelle einen Asklepioskult, Kult der Dioskuren bezeugt Alkman frg. 14 B bei Paus. 3,1,4. 26,2. Xen. hell. 7,5,9. Pol. 3,21,2f. 4,81,7. 16,37,5. Diod. 15,67,2. Strab. 8,7,5 p. 386. (*τὰ Πέλλανα*). Paus. 3,21,2f. 1. W. Loring, JHS 15, 1895, 44ff. mit T. I. 2. Bölte, RE XIX 350ff. Nr. 1.2. RE III A 1298, 29ff. 1319,1ff.

2. Ort in Arkadien unbekannter Lage, Paus. 6,8,5. Pallene bei Sch. Apoll. Rhod. 1,177. Plin. nat. 4, 20. E. Meyer, RE XIX 366f. (Pellene 2.).

3. *τὰ Πέλλανα*, Ort nicht näher bekannter Lage an der O.-Küste des messen. Meerbusens, Strab. 8,4,5 p. 360. E. M.

Bölte, RE XIX 353 Nr. 2.

S. auch Pellene

Pellene (*Πελλάνα*, *Πελλήνη*, Ethn. *Πελλανεύς*, *Πελληνεύς*). Name vorgriech., die östlichste Stadt von Achaia, w. von Sikyon. Sehr geringe Reste beim h. Zugra auf 600 m Höhe, überwiegend röm. und spätant., darunter kleiner theaterartiger Bau und Unterbau eines dor. Tempels des 4. Jh. v. Chr. Das Stadtgebiet umfaßte zur Hauptsache stark zertaltes Bergland, ist aber überwiegend anbaufähig und gut angebaut.

Erwähnt schon bei Homer Il. 2,574. P. gehörte zu den alten 12 Städten Achaias, Hdt. 1,145. Pol. 2,41,8. Paus. 7,6,1. Strab. a. O. Lange Kriege mit Sikyon im 7./6. Jahrhundert v. Chr., POxy 11,1365 (Bilabel Klein. Historikerfrg. 2. FGrH II A 105 Nr. 2). 10,1241 III 2ff. Ail. var. 6,1. Zerstörung und Wiederaufbau wohl an der späteren Stelle aus mehreren Dörfern, Strab. a. O. In klass. Z. mit Sparta verbündet und nur nach Leuktra zwangsweise vorübergehend bei Theben mit demokrat. Verfassungsänderung und Krieg mit Phleius. Danach engere Beziehungen zu Athen, mehrere Ehrendekrete. Zur Z. Alexanders Tyrannis des Chairon [Demosth.] 17,10. Athen. 11, 509 b. Paus. 7,27,7. Acad. philos. Ind. Hercul. ed. F. Mekler 28ff. col. X 1. 7ff. 34 col. VI 4. 241 v. Chr. mißglückter aitol. Überfall, 225 von Kleomenes III. genommen, später neuer aitol. Handstreich, Plünderung im 2. makedon. Krieg. In röm. Z. blieb P. nach den Schilderungen und baulichen Resten blühend, reiche Münzserie der Severerzeit. Im kulturellen Leben Griechenlands spielte P. keine Rolle, berühmt waren die Wollgewänder (*Πελληνικαὶ χλαῖναι*) als Siegespreis wohl bei den Theoxenien, dem Fest des Hauptgottes Apollon Theoxenios, Pind. O. 9,146. N. 10,82 u.a. Strab. 8,7,57 p. 386. Paus. 7,26,12ff. Inschr.: MDAI(A) 3,1878,61. *Πρακτ.* 1931, 78ff. BCH 90, 1966, 856f. SEG 3,329. 11,1269–1281. Mz.: Head HN² 415. 417. Jahrb. f. Numism. 8, 1957, 93. E. M.

1. *J. G. Frazer* Pausanias 4,181ff. 2. *E. Meyer*, RE XIX 354ff. Nr. 1. 1235,6ff. Suppl. IX 825.

Pellio ist nach den Glossen die Berufsbezeichnung für einen *δερματουργός* und *ἡνιορράφος* (CGIL 2 p. 144,43), *δερματορράφος* (CGIL 2 p. 268,30), *δερματοπώλης* (CGIL 2 p. 268,28) und *βυρσεύς* (CGIL 2 p. 144,50), also jemanden, der Leder herstellt (→ Gerberei), verarbeitet und verkauft. Im Gegensatz zu unserer Z. galt das Tragen von Pelzen in der Ant. nicht als bes. fein. Je höher die Zivilisationsstufe und das Bedürfnis nach Luxus war, desto mehr wandte man sich gewebten Stoffen zu (Leinen, Wolle, Seide), doch muß in röm. Z. der Beruf des P. wichtig gewesen sein, denn aus Ostia ist ein Zunftbüro der P. am Foro delle Corporazioni mit einer Mosaikinschr. *corpus pellion(um) Ost(iensium) et Porte(nsium) hic* erhalten (G. Becatti, Scavi di Ostia Bd. 4 Nr. 84 T. 189). S. O.

K. Schneider, RE XIX 367. *H. Blümner* Techn. 1², 260ff. *R. Meiggs* Roman Ostia 1960, 323.

Pellis (*δέρμα*) bezeichnet im allg. die vom Fleisch getrennte Haut von wilden und zahmen Tieren in gegerbtem und ungegerbtem Zustand, seltener die Haut von lebenden Tieren oder Menschen (Verg. georg. 3,502. Ov. met. 6,390). Die Verwendung von P. beim Herstellen von Kleidungsstücken (Hosen, Mützen, Mäntel, Schuhe), von Kriegsmaterial (Helme, Schilde, Panzer, Sättel), von Unterlagen bei Sitz- und Liegegelegenheiten, von Teppichen, von Pergament u.a. war so mannigfach, daß P. bereits im 4. Jh. v. Chr. vom

Schwarzen Meer (Demosth. 34,10. 35,34) und später aus Britannien (Strab. 4,199), Illyrien (Strab. 5,214) und anderen Ländern in die Mittelmeerwelt importiert werden mußten. S. Pellio u. Gerberei. S. O.

K. Schneider, RE XIX 369. *Dar. Sagl.* 4,1,371. *H. Blümner* Techn. 1^2, 260ff.

Pelodes limen (*Πηλώδης λιμήν* Strab. 7, 324. Ptol. 3,13,3 M.), h. Liqen i Butrintit in Albanien, der mit der Adria durch einen kurzen Wasserarm verbundene sehr fischreiche See im Gebiet der → Chaones in → Epeiros. E. O.

1. *E. Oberhummer*, RE XIX 373f. 2. *N. G. L. Hammond* Epirus, Oxf. 1967, 474.

Pelopeia (*Πελόπεια, Πελοπία*). **1.** Tochter des → Pelias, Apollod. 1,95. Hyg. fab. 24. Apoll. Rhod. 1,326. Von Ares Mutter des → Kyknos (1), Apollod. 2,155. **2.** Tochter des → Thyestes, die von ihrem Vater Mutter des → Aigisthos wurde, der an → Atreus die Schlachtung der Söhne des Thyestes rächte. Der Inzest ist entweder vom Orakel vorgeschrieben (»der Bluträcher muß auch mütterlicherseits aus dem Geschlecht des Erschlagenen stammen« Prell.-Rob. 2,298), Apollod. epit. 2,14. Hyg. fab. 87. Sch. Eur. Or. 14f. oder er begibt sich zufällig und ahnungslos in Sekyon; das Schwert des Thyestes wird später Erkennungszeichen des Sohnes, Hyg. fab. 88. Eine Tragödie P. erwähnt Iuv. 7,92. H. v. G.

Pelopidas, Sohn des Hippokles, Thebaner, Freund des → Epameinondas, angeblich von diesem im Kampf um Mantineia 385 gerettet, Plut. Pelop. 4, floh nach Besetzung der Kadmeia durch die Spartaner 382 nach Athen, befreite 379 die Kadmeia und vertrieb als Polemarch die Spartaner. Diod. 15,25. Plut. 5. 8ff. Seit 378 mehrfach Boiotarch, siegte P., Führer der »heiligen Schar«, bei → Tegyra 375 und bei → Leuktra 371 über die Spartaner. Plut. 16. 20ff. Nach dem Feldzug in die Peloponnes 370/69 wurde P. mit Epameinondas angeklagt, aber freigesprochen. Von den Thessalern gegen Alexandros von → Pherai zu Hilfe gerufen, besetzte P. 369 → Larisa und brachte Philipp als Geisel für einen Vertrag mit → Alexandros II. (3) von Maked. nach Theben. Diod. 15,67,3. Plut. 26. Zu der von → Lysippos geschaffenen, von den Thessalern in Delphoi aufgestellten Statue des P. J. Bousquet, BCH 87, 1963, 206f., Fig. 13. Mit Ptolemaios, der Alexandros II. beseitigte, erreichte P. 368 Bündnis und Geiseln, wurde von Alexandros von Pherai gefangen und erst 367 durch Epameinondas befreit. Diod. 15,75,2. Plut. 28f. Als Vertreter Thebens erreichte P. 367 »im Wettkriechen« (Beloch GG 3^2,1,189) in Susa von → Artaxerxes II. einen Vertrag, der die Unabhängigkeit Messeniens, Abrüstung der athen. Flotte und die Hegemonie Thebens in Hellas bestimmte. Xen. hell. 7,1,33f. Plut. 30. Auf einem Zuge für die Thessaler schlug P. 364 bei Kynoskephalai Alexandros von Pherai, fiel aber. Diod. 15,80,4ff. (mit lobender Charakteristik des P.). Plut. 32. H. V.

G. M. Bersanetti Pelopida 1949. *P. Cloché* Thèbes de Béotie 1952.

Peloponnesos (*ἡ Πελοπόννησος*, dor. *Πελοπόννασος*, Schreibung mit einem *ν* als spätgriech. Variante in den Hss. und inschriftl. um 200 v. Chr. IG XII 2 Nr. 15,31. Ethnikon und Ktetikon *Πελοποννήσιος*, als Ktetikon gewöhnlich *Πελοποννησιακός*, ebenso lat., dazu *Peloponnensis, Peloponnensius, Peloponnensiacus*) Ableitung des Namens von Pelops schon bei Hekat. FGrH I Nr. 1 frg. 119. Thuk. 1,9,2. Strab. 7,7,1 p. 321. 8,5,5 p. 365. Steph. Byz. u. a. o. Dichterisch oft umschrieben mit *Πέλοπος νῆσος, χθών, γαῖα* u. a. Bei Homer ist der Name noch nicht belegt und wird die P. wohl mit »Argos« bezeichnet, bes. in der Formel *καθ᾽(ἀν᾽) Ἑλλάδα καὶ μέσον Ἄργος*, Od. 1,344. 4,726. 816. 15,80, auch Il. 2,108. 15,372. Od. 4,174. 296. Ältester Beleg sind die Kyprien frg. 9 Kinkel und Hom. h. 2,72 u. ö. Sowohl die Bezeichnung als Argos wie nach Pelops, dem Stammvater der Atriden, ist wohl Wirkung der Stellung Mykenes im 2. Jt. v. Chr.

Die fast völlige Abgeschlossenheit der P. vom sonstigen Griechenland führt dazu, daß die P. oft als »Insel« bezeichnet und zu den Inseln gerechnet wird, z. B. Kyprien frg. 9 Kinkel. Hdt. 8, 44,1. Dion. per. 414. Eustath. Dion. per. 403. Ptol. 7,5,11. Marc. Her. 8 (GGM I 521.). GGM II 509f. IG IV^2 590. Geffcken Epigr. 174. SEG 1, 78; auch noch byzant. ByzZ 29, 1929/30, 138. Sie wurde daher auch als eine gewisse Einheit empfunden, man sprach von »peloponnesischen« Besonderheiten und »Peloponnesier« wird wie ein echtes Ethnikon gebraucht. Dabei gilt dann die P. als der »innere« Teil Griechenlands oder als seine »Akropolis«, Strab. 8,1,3 p. 334. Paus. 2,5,7. Eustath. Hom. Il. 320,34. und Dion. per. 403. Phlegon FGrH II B Nr. 257 fg. 1,6. Am Isthmos soll ein Grenzstein der P. gestanden haben, Strab. 3,5,5 p. 171. Plut. Thes. 25,3, und spätant. ist die Einteilung Griechenlands in P. und Hellas gewöhnlich, schon → Herakleides (17) 3,1. Solin. 7,15f. Mela 2,48. Plin. nat. 4,23. Ptol. 3,14,1. 25. und in der byzantin. Themeneinteilung. Von myken. Z. bis ins MA. sind immer wieder Mauern zum Schutz der gesamten P. über den Isthmos angelegt worden (→ Isthmos). Die Form der P. wurde mit einem Platanen- oder Weinblatt verglichen, Strab. 2,1,30 p. 83. 8,2,1 p. 335. Dion. per. 404ff. und Eustath. z. St. Solin. 7,15f. Steph. Byz.

Die Unterteilung der P. geschah im Alt. nach den Volksstämmen oder polit. Gebilden, Hdt. 8, 73; gewöhnlich wurde sie in 5 Teile geteilt, Argolis, Lakonien, Messenien, Elis, Achaia und Arkadien, wobei aber Elis und Arkadien als ein Teil gezählt werden mußten und die Argolis keine polit. Einheit bildete, Sch. Hom. Il. 1,22. Paus. 5,1,1. Skyl.

40-44. 49-55. Skymn. 511 ff. Strab. B. VIII. Die aus dem Alt. überlieferten Größenangaben stimmen zu den tatsächlichen recht gut, Umfang ohne die Buchten 4000-4500 Stadien (ca. 710-800 km), mit den Buchten ca. 5600 oder etwas mehr Stadien (ca. 995-1000 km), Strab. 8,2,1 p. 335. Agathem. 24 (GGM II 484). Geogr. compend. frg. 1 (GGM II 509f.). Plin. nat. 4,9. Die modernen Zahlen würden etwa lauten 670 und 1100 km, unmittelbar an den Küsten gemessen etwa 1250 km. Nach Strabo (ebenso Agathem. a. O.) betragen die größte NS.- wie die größte WO.-Erstreckung von Kap Malea nach Aigion und von Kap Chelonatas nach Skyllaion 1400 Stadien (249 km), die wirklichen Längen der genannten Linien sind 217 und 223 km, die wirklich längste Linie von Kap Malea bis Kap Drepanon beträgt 241 km. Ganz falsch ist die Behauptung Dikaiarchs, alle Städte der P. außer → Phleius seien Küstenstädte, Cic. rep. 2,4,8; Att. 6,2,2 (dazu WEHRLI Dikaiarchos S. 47f.).

Eine zuverlässige moderne Arealberechnung der P. existiert nicht, die genannten Zahlen schwanken zwischen 20574-22201 qkm.

Die Anwesenheit des Menschen ist jetzt durch reichliche Funde bes. in der Argolis und Elis seit mindestens mittelpaläolithischer Z. belegt, Argolis: AJA 66, 1962, 181f. Elis: BCH 85, 1961, 1ff. 88, 1964, 616ff. 91, 1967, 151ff. Ἀρχ. Δελτ. 18 B, 1963, 111. Von der neolith. Z. an ist die Besiedlung dicht mit starker Störung am E. der myken. Z. Die älteren Fundstellen bei D. FIMMEN Die kret.-myken. Kultur 9ff. SCHACHERMEYR, RE XXII 1384ff. 1428ff. 1455f. R. HOPE SIMPSON A gazeteer and atlas of Mycenaean sites, Bull. Inst. class. studies, Suppl. 16, 1965, 13ff. Eingehende Geländebegehungen bes. in Lakonien und Messenien: ABSA 55, 1960, 67ff. 56, 1961, 114ff. 52, 1957, 231ff. 61, 1966, 113ff. AJA 65, 1961, 221ff. 68, 1964, 229ff. Elis: AJA 46, 1942, 77ff. BCH 70, 1946, 15ff. Die Bevölkerung der klass. Z. berechnet BELOCH GG III, 1^2 285 auf etwa 1140000, h. Bevölkerung nach der letzten mir zur Verfügung stehenden Volkszählung nach Abzug der Inseln etwa 1050000, *Πληθυσμὸς τῆς Ἑλλάδος* 1929. E. M.

1. *E. Curtius* Peloponnesos, 2 Bde. 1851/52. Neudr. Darmstadt 1963/64. 2. *Alfr. Philippson* Der Peloponnes 1892. 3. *Philipps.-Kirst.* 3, 1959. 4. Der Peloponnes. Landschaft, Geschichte, Kunststätten her. v. einem Generalkommando, Athen 1944 (bes. f. d. byzant. Z.). 5. *E. Meyer*, RE XIX 380ff. Suppl. VII 848f. 6. *K. T. Syriopulos* Ἡ *προιστορία τῆς Πελοποννήσου*, Athen 1964. 7. *A. Bon* Le Péloponnèse byzantin jusqu'en 1204, 1951. 8. *W. Merle* Prosopographie der Peloponnesier in der Zeit vom Frieden zu Naupaktos bis zum endgültigen Ausgang der griech. Freiheit, Masch.-schr.-Diss. Marburg 1922. 9. *Πελοποννησιακά* 1, 1956ff. (Zeitschrift).

Peloponnesischer Bund. Moderne Bezeichnung für Sparta und seine pelop. Bundesgenossen vom 6. bis 4. Jh. v. Chr. Er ist entstanden durch das Hegemoniestreben Spartas im 6. Jh., dem sich die meisten anderen Staaten entweder gezwungen (Tegea u. a.) oder freiwillig (Korinth, Elis, Sikyon u. a.) beugten. Argos und außerpelop. Staaten haben dem P. B. wohl nie angehört. Die Form des Bündnisses war sehr locker. Sie regelte nur die gemeinsame Kriegführung. Diese mußte von allen Mitgliedstaaten auf gemeinsamer Versammlung nach Diskussion beschlossen werden. Ein positives Abstimmungsergebnis war für alle verpflichtend, sofern keine religiösen Hindernisse bestanden. Wurde ein Antrag abgelehnt, konnte der Antragsteller, im allg. Sparta, auch selbständig Krieg führen, allerdings ohne Unterstützung durch die Bundesgenossen. Der Oberbefehl über die Bundestruppen war Sparta vorbehalten. Jeder Staat zahlte Kriegskosten. In die inneren Angelegenheiten der Bündner griff Sparta nicht ein. Im Frieden wurde keinerlei Steuer erhoben; Kriege der Bündner untereinander wurden geduldet. Die Probleme, die der Ausgang des Pelop. Krieges aufwarf, führten zu Differenzen, die von Sparta zu Eingriffen in die Autonomie der Bündner benutzt wurden. Der dadurch geweckte Widerstand gegen Sparta führte zum völligen Verfall des Bundes im J. 366 v. Chr. K. W.

U. Kahrstedt Griech. Staatsrecht, 1, 1922. *I. A. O. Larsen*, CPh 27, 1932, 136ff. 28, 1933, 257ff. 29 1934, 1ff. *K. Wickert* Der pelop. Bund, Diss. Erlangen 1961.

Peloponnesischer Krieg. Der von Perikles aus innenpolit. Gründen begünstigte neue Waffengang im Dualismus Athen-Sparta entzündete sich am Gegensatz zu Korinth (433 Unterstützung → Korkyras durch Athen und Aktion gegen → Poteidaia) und am megar. Psephisma 432, worauf Sparta den Frieden für gebrochen erklärte.

Archidamischer Krieg (ab 431). Nach dem Kriegsplan des → Perikles bleibt Athen gegen die in Attika einfallenden Peloponnesier defensiv, ergreift die Offensive zur See. 430 dezimiert die »Pest« die in Athen zusammengedrängte Bevölkerung, Perikles wird der Strategie enthoben und stirbt nach der Rehabilitierung 429. Die Abfallbewegung im Seebund wird brutal unterdrückt (Lesbos 428/27). Athen erringt einen wesentlichen Erfolg mit der Gefangennahme zahlreicher Spartaner bei Pylos 425 durch → Kleon, der daraufhin 424 die Tribute der Bündner neu ordnet (Kleonschatzung). → Brasidas rettet Sparta durch den Marsch zur Chalkidike 424, wobei er → Amphipolis gewinnt; dort fallen er und Kleon 422. Kriegsmüdigkeit führt daraufhin 421 zum Nikiasfrieden, der auf beiden Seiten unaufrichtig durchgeführt wird. Der ehrgeizige Alkibiades veranlaßt Athen zur Unterstützung von Argos, Mantineia und Elis gegen Sparta, das aber 418 bei Mantineia entscheidend siegt. 416 vergewaltigt er als Exponent reiner Machtpolitik → Melos und verlockt Athen auf ein Hilfegesuch → Segestas hin zur großangelegten sizilischen Expedition (415 bis 413), die Sizilien unterwerfen soll, aber vor dem durch den Spartaner Gylippos verteidigten → Syrakus zugrunde geht. Der vorher abberufene Alkibiades flieht nach Sparta.

Ab 414 Dekeleisch-ionischer Krieg (413 Besetzung → Dekeleias in Attika). Das entscheidend geschwächte Athen vermag den Abfall der Bündner nicht mehr zu hindern, während Sparta, seit 412 mit Persien verbündet, nunmehr eine bedeutende Flotte unterhalten kann. 411 bricht die Demokratie in Athen zusammen, während die Flotte demokrat. bleibt und unter dem rückberufenen Alkibiades Sparta 410 bei Kyzikos schlägt. 410 wird die Demokratie in Athen restauriert, 408 kehrt Alkibiades im Triumph nach Athen zurück, wird aber 407 wieder gestürzt. Athen bleibt durch heroische Anstrengungen Sparta vorerst im Seekampf überlegen (406 Sieg bei den → Arginusen), kann aber den Bund nicht retten; die steigende Hysterie der att. Volksversammlung beraubt Athen seiner letzten Chancen (Ablehnung spartan. Friedensangebote, Verurteilung der 406 siegreichen Feldherrn). Der geniale → Lysandros vernichtet 405 bei Aigospotamoi die letzte Flotte Athens, das 404 kapituliert.

Der Pelop. Krieg brachte nicht nur eine allgemeine Brutalisierung der Politik und Kriegführung mit sich, er bedeutete auch die Peripetie in der Gesch. der griech. Polis: Athen hat durch seine Machtgier und Egozentrik in der Führung des Seebundes und der Gestaltung der hellen. Politik moralisch, ideell und praktisch versagt, Sparta aber hat durch seinen Bund mit Persien in einem Krieg, den keiner der griech. Staaten allein gewinnen konnte, die Auslieferung an die pers. Vormacht in der nächsten Generation vorbereitet. G. Do.

1. Thuk. Xen. hell. 1–2, 3, 10. Diod. 12, 38–14, 3. Plut. Per.; Nik.; Alk.; Lys.; Sylloge^3 72ff. *B.D.Meritt*, ATL. 2. *G.B.Grundy* Thuc. and the history of his age, 1^2–2, 1948. *B. W. Henderson* The great war between Athens and Sparta, 1927. *A.Ferrabino* L'impero ateniese, 1927. *K.Beloch* Die att. Politik seit Perikles, 1884. *Ed.Meyer* Forsch. 2,269ff. *H.Nesselhauf*, H 69, 1934, 286ff. *G. De Sanctis* Problemi di storia ant., 1932, 93ff. 109ff. *H.Brauer* Die Kriegsschuldfrage in der gesch. Überlief. des Pelop. Krieges, Diss. Münster 1933. *F.Kiechle*, G 70, 1963, 289ff. *J.Munro*, CQ 31, 1937, 32ff. *H.Schaefer* Probleme d. Alt. Gesch., 1964, 186ff. *A.Andrewes*, JHS 73, 1953, 2ff. *D.Lotze* Lysander und der Pelop. Krieg, Abh. Ak. Leipz. ph.-h. Kl. 57,1, 1964. *F. Schachermeyr* Perikles, 1969, 208 ff.

Pelops (*Πέλοψ*). **1.** Sohn des → Tantalos und der Dione (Euryanassa), vom Vater geschlachtet, gekocht und den Göttern zum Mahle vorgesetzt, um ihre Allwissenheit zu prüfen. Sie erkannten den Frevel, bestraften Tantalos und gaben durch Hermes' Zauberpraktiken dem P. das Leben zurück. Für das Schulterstück, von dem Demeter unachtsam aß, erhielt er Ersatz aus Elfenbein.

Hyg. fab. 83. Apollod. epit. 2,3ff. Pind. O. 1,36ff. bekämpfte diese Sage und erfand dafür, daß P. vorübergehend von Poseidon in den Olymp entführt und Mundschenk der Götter gewesen sei, konnte die alte Sage aber nicht verdrängen, wenn auch einige Vasen P. als Liebling Poseidons darstellen (Lex. d. A.W. 2247). Pind. a.O. 67ff. gibt auch den ältesten Bericht über P.' Wettfahrt mit → Oinomaos (1) um dessen Tochter → Hippodameia (1), in dem der Verrat des → Myrtilos (1) noch nicht vorkommt. P. siegt hier mit dem goldenen Rossegespann, das Poseidon ihm geschenkt.

Nach Entsühnung durch Hephaistos übernimmt P. mit der Hand der Hippodameia die Herrschaft in Elis. Wie → Atreus und → Thyestes nach der Ermordung ihres Stiefbruders → Chrysippos (1), vom Vater verflucht, nach Mykenai gingen, so verbreiteten sich auch die andern Söhne des P. (Sch. Pind. O.1, 89) über die nach ihm genannte Peloponnes, so kam → Alkathoos (1) nach Megara, Pittheus nach Troizen. Eine Tochter ist → Lysidike (1). Über Hippodameias Ende s.d. – Nach Apollod. 3,159 ermordet P. grausam den arkad. König → Stymphalos.

Nach der gewöhnlichen Sage ist P. ein Lyder oder Phryger, den der Troer Ilos (→ Dardanos 1) vom Sipylos vertrieb. Paus. 2,22,3. Damit vertrüge sich die Annahme, daß die Wettfahrt urspr. über das Wasser von Lesbos nach Euboia ging, → Oinomaos, → Myrtilos, → Killas, statt von Pisa zum Isthmos von Korinth. Doch scheint P. eine argiv. Gestalt zu sein, die von Auswanderern nach Kleinasien mitgenommen und dort angesiedelt wurde. Sein Name weist ihn als Eponym des verschollenen Stammes der *Πέλοπες* aus, nach denen die einwandernden Dorier ihre neue Heimat benannten. WILAM. GldH 1,62 (*Πέλοπες* Kurzname für *Πελασγοί*?). Die Olymp. Spiele wurden als Leichenspiele des P. für Oinomaos, später für P. selbst aufgefaßt. Das Pelopion in der Altis ist für Pind. das Grab des P.; an ihm wurden Epheben blutig gegeißelt, Pind. O.1, 90f. mit Sch. Der O.-Giebel des Zeustempels stellte die Vorbereitungen zum Wettrennen dar. Die Gebeine des P. galten als unentbehrlich für Troias Fall; ihre Schicksale erzählt Paus. 5,13,4ff. Auch sein Zepter (Il. 2,104), sein Schwert, sein Rennwagen wurden als Reliquien in Olympia bzw. Phleius aufbewahrt. NILSSON GgrR 1^2,189. H. v. G.

Prell.-Rob. 2,206ff. *O.Borger* La légende de P. et d'Oinomaos. Diss. Louvain 1935. *G.Méautis* Mythes inconnus de la Grèce ant., Paris 1949, 57ff. *J. Wiesner*, Olympos 1960, 147ff. *G.Finsler*, Homer ^{2}1, 1913, 6f. *R.v. Scheliha*, Patroklos, 1943, 42. 339.

2. P., Sohn des sog. ersten Tyrannen → Lykurgos (5), war König von Sparta unter Vormundschaft des → Machanidas. Der 211/10 mit Rom geschlossene Vertrag trägt den Namen des P. Liv. 34,32,1. P. wurde von → Nabis, dem Nachfolger des Machanidas, beseitigt. Diod. 27,1. Pol. 13,6 bringt nichts davon; vielleicht überlebte P. schon den 207 gefallenen Machanidas nicht. H. V.

3. P. aus Byzantion, vielleicht ein Gesandter seiner Vaterstadt, wohl kaum ein Freigelassener Ciceros, der 44 zwei griech. Briefe an ihn schrieb, Plut. Cic. 24,9. H. G. G.

4. P., Arzt, Lehrer des → Galenos, wirkte offenbar vor allem als → Hippokrates-Kommentator (er soll eine lat. Übers. der Aphorismen des Hipp. verfaßt haben); nichts erhalten. F. K.

Pelorias, Peloris, Peloros, Peloron (*Πελωριάς, Πελωρίς, Πέλωρος, Πέλωρον*). Nordostkap Siziliens, h. Capo Peloro; im engeren Sinne die nach O. gerichtete schmale Landzunge, im weiteren der ganze nach NO. verlaufende Gebirgszipfel. Nach der irrigen Vorstellung der Alten von der Richtung der einzelnen Seiten Siziliens erstreckt sich P. nach N. (Sch. Thuk. 4,25,3. Pol. 1,42,5. Dion. Per. 471 f.; richtig Strab. 6,257). P., wo sich als Landmarke für die Seeleute ein Mal befand (Strab. 3,171), war im Alt. unbesiedelt. Bei Unternehmungen gegen → Messene wurde es mehrmals als Anlegeplatz benützt: 425 v. Chr. von den Syrakusiern (Thuk. 4,25,3), 396 und 264 v. Chr. von den Karthagern (Diod. 14,56,3 bzw. Pol. 1,11,6. Diod. 23,1,3). Nach dem Mythos schüttete → Orion die Landzunge auf und erbaute dort einen Poseidontempel (Hes. frg. 183 R. bei Diod. 4,85,5). Kl. M.

Ziegler, RE XIX 397.

Pelor(os) (*Πέλωρ, Πέλωρος*). **1.** Beiname (Hypostase) des Zeus in Thessalien, auch *Πελώριος*. Athen. 14,639 d. NILSSON Gr. Feste 37. **2.** Gigant, Sohn von Tartaros und Ge, Hyg. fab. praef. Inschr. am großen Altar von Pergamon: Peloreus. Von Poseidon im Spercheios vernichtet, Sch. Il. 16,176. PRELL.-ROB. 1,72. **3.** Einer der 5 übriggebliebenen »Sparten« in Theben, → Kadmos, erwähnt bei Aischyl. Pherekyd. Paus. 9,5,3. Hyg. fab. 178. PRELL.-ROB. 2,109,3. H. v. G.

Peltai (*Πέλται*, vgl. Xen. an. 1,2,10. Strab. 12, 576. Ptol. 5,2,17. Steph. Byz. s. *Π.*; die Einwohner *Πελτηνοί*, Ptol. 5,2,18. Steph. Byz. a. O. Plin. nat. 5,95. 106; die Ebene um P. *τὸ Πελτηνὸν πεδίον*, Strab. 13,629), Stadt in Phrygien im Gebiet zwischen → Apameia (2), beim h. Dinar, und → Keramon agora (etwa n. vom h. Çivril), deren genaue Lokalisierung noch am ehesten von der Numismatik zu erwarten ist [2], da die liter. Zeugnisse nicht exakt genug und die epigraph. aus der umrissenen Gegend unergiebig sind. E. O.

1. *W. Ruge,* RE XIX 401–403. 2. *L. Robert* Villes d' Asie Min., Paris ²1962, 425 f.

Pelte, -astai. Die p. (*πέλτη*) war ein leichter, flacher, runder oder blattförmiger Schild aus Flechtwerk oder Holz mit leichtem Lederbeschlag, der den thrak. Leichtbewaffneten (*πελτασταί*) als Schutzwaffe diente. Sie kämpften entweder ihrerseits gegen Leichtbewaffnete oder auch gegen Hopliten allein oder fanden an deren Flügeln zusammen mit Reiterei oder in der Hoplitenphalanx selbst Verwendung. Anf. 4. Jh. v. Chr. schuf → Iphikrates ein Korps leichter Infanterie, für die lediglich ihre Bewaffnung (Nep. Iphicr. 1,2 ff. Diod. 15,44), nicht aber die Stammeszugehörigkeit charakteristisch war. Diese ebenfalls p. genannten Leichtbewaffneten zählten rund 1200 Mann (Xen. hell. 4,8,34). Eine die Schlacht entscheidende Rolle fiel ihnen nie zu, obgleich sie durch das lange Schwert, die lange Stoßlanze und den leichten Harnisch auch für den Nahkampf gerüstet waren. A. N.

Krom.-Veith 87 ff. 137. *Ruge-Lammert,* RE XIX 403–406.

Peltuinum. Vestinisches (CIL IX 3314) municipium der 4. Region (Plin. nat. 3,107), dessen Einwohner zur trib. Quirina gehörten (BELOCH RG 579); zur Verwaltung vgl. CIL IX p. 324; h. S. Paolo ad Peltinum b. Castelnuovo di Ansedonia. G. R.

Nissen It. Ldk. 2,441 f. *Forbiger* Hb. d. alt. Geogr. 3,457. *Beloch* RG 598.

Pelusion (*Πηλούσιον*), altäg. Šnw »Festung«, daher bei Assarhaddon Ṣi'nu mit »König« Šarru-lu-dari (Ägypter mit assyr. Namen, als Verschleppter auch in Babylon belegt), Ort nahe der Mündung des östlichsten Nilarms des Alt. P. ersetzte in der Spätzeit Sile (b. El-Kantara) als Mittelpunkt der Grenzbefestigungen gegen Asien, h. Tell Farama, kopt. Peremun, d. h. »Tempel des Amun« nach dem dort verehrten Hauptgott. Kambyses brach 525 v. Chr. nach Hdt. 3,10 bei P. ein; 374 v. Chr. griffen die Perser unter Pharnabazos und Iphikrates z. Z. Nektanebos' I. P. vergeblich an (Diod. 15,42,2); 342 v. Chr. ergab sich P., weil umgangen, dem Artaxerxes Ochos. Alexander besetzte es kampflos (Diod. 17,48). P. wurde aber schon von ihm und den Ptolemäern als Festung ausgebaut, vor der Demetrios 306 v. Chr. scheiterte (Diod. 20,74 ff.). Antiochos Epiphanes nahm P. 170 v. Chr. (Diod. 30,18), mußte es aber auf röm. Einspruch aufgeben. P. war wichtige ptol. Zollstation (EDGAR, Ann. serv. arch. ég. 23, 73 ff.). In P. wurde am 20. März ein Fest eines ertrunkenen Fruchtbarkeitsgottes gefeiert, worauf Plut. de Is. 17 (der verstorbene Pflegesohn der Isis Pelusios) anspielt. Auch Isis als Seefahrergöttin wurde verehrt, sowie die Zwiebel heilig gehalten, Angriffspunkt chr. Propaganda (vgl. Hier. Comm. ad Jes. 13,46 *crepitus ventris inflati, quae Pelusiaca religio est*). – Zur Lage: PETRIE Nebesheh and Defenneh 99 f. CLÉDAT, Ann. serv. arch. eg. 13,79; BIFAO 22,167. W. H.

Penates, nur im Plural (*penatis, penas* bei Fest. 298,18 ff. Paul. Fest. 299,7 f. L., sonst nicht bezeugt) und adjektiv. zu *dei* genannt, werden im Hause (Serv. Aen. 2,514. Serv. auct. Aen. 3,12. Isid. orig. 8,11,99. Dion. Hal. ant. 1,67: *θεοὺς ἑρκείους*. Mon. Anc. 10, 12: *θεῶν κατοικιδίων*), bes. am Herde (Serv. auct. Aen. 3,134. 11,211. Porph. Hor. epod. 2,43), verehrt. Ihr Name ist zwar nicht unmittelbar (Cic. nat. 2,68 *a penu*) von *penus* »Vorrat für den Gebrauch des Hausherrn« (Gell. 4,1. Dig. 33,9. Varro l. l. 5,162 *penariam ubi penus*; Verwechslung mit *cella penaria* durch *penus Vestae* veranlaßt) herzuleiten, aber inhaltlich nicht von *penus* und *penes* (Fest. 296,30, Paul. Fest. 20,19 ff. 297,10 L.) zu trennen, die *dominium* (Dion. a. O. *κτησίους*) und *potestas* (Fest. a. O.) angeben: Die P. (Varro l. l. 5,58 *divi qui potes*) gehören zu *cives Romani* (Cic. Sest. 30), zum *pater familias* (Plaut. Merc. 834 *di penates meum parentum*. Cic. Rosc. 23; Sest. 45; Phil. 12, 14. Mon. Anc. 19, 24: [*ϑεων π*]*ατρίων*. Macr. Sat. 3, 4, 13. Dion. a. O.: *πατρῴους, γενεϑλίους*). Aeneas (Naev. frg. 3 M.) holte die P. von Troia (Aug. civ. 6,2) nach Lavinium (Serv. auct. Aen. 1,378. 3,12. 119. 148. Sch. Veron. Aen. 2,717), von wo sie sich weder nach Alba (Serv. auct. Aen. 1,270. Dion. a. O. 1) noch nach Rom (Serv. auct. Aen. 3,12. Aur. Vict. orig. g. R. 17,2) bringen ließen. Schon Timaios FGrH 566 F 59 kennt P. (Heroldstäbe aus Eisen und Erz sowie troische Tonware; vgl. Varro bei Serv. auct. Aen. 1,378. 3,148. Sch. Veron. a. O. *sigilla*) in Lavinium. Da sie als P. des Aeneas gelten, kommt es dort zu *sacra publica populi Romani deum Penatium, quae Lavini fierent* (Ascon. Scaur. 1 Bruns-Grad. 2,68), *nam ibi penates nostri* (Varro l. l. 5,144): Die röm. Beamten mit *imperium* opfern seit alters her (Liv. 1,14,2. Dion. 2, 52,3. Plut. Rom. 23) in Lavinium beim Amtsantritt (Macr. Sat. 3,4,11; irrig Serv. auct. Aen. 2, 296) bzw. *in provincias ituri* (ebd. 3,12. Val. Max. 1,6,7) den P. (zu *p. publici:* Mz. mit Aufschrift *DPP* bei Sydenham Coin. Rom. Rep. Nr. 572. 971) und Vesta (zu Tac. ann. 15,41. Ov. met. 15, 864 vgl. Brelich Vesta 84; Fer. Cuman. Dessau ILS Nr. 108 zum 6. März: *Vestae dis publ. p. p. R. Q.*; im März: CIL I^2 p. 280 Bauernkalender). Später erhalten die P. eine am 14. Dez. geweihte (Degrassi Ath 25, 1947, 132) *aedes in Velia* (Mon. Anc. 4, 7. Varro l. l. 5,54. Liv. 45,16,5. Solin. 1,22. Non. p. 531 M. Obseq. 13. Dion. Hal. 1,68,1) mit Bildern zweier lanzentragender sitzender junger Männer (Dion. Hal. 1,68,2; vielleicht dazu *scalae deum p.* bei Donat. Eun. 256), die nach Serv. auct. Aen. 2,325 *in regia* (Beteiligung der Salier), nach Varro l. l. 5,58. Serv. auct. Aen. 3,12 vor dem Hafen von Samothrace standen; zur Verbindung mit den dortigen *di magni* vgl. Cassius Hemina frg. 6 P. Varro a. O. Serv. Aen. 3,12. Serv. auct. Aen. 1,378. 2,296. 325. 3,12. 148. Macr. Sat. 3,4,9. Dion. Hal. 1,69,1 f. Gleichsetzungen mit Neptunus und Apollo (Nigidius und Labeo bei Serv. auct. Aen. 1,378. 2,325), Iuppiter, Iuno, Minerva, Mercurius (Serv. auct. Aen. 2,296. 3,12. Macr. Sat. 3,4, 8), Ceres, Pales, Fortuna (*Tusci* bei Serv. auct. Aen. 2,325) sind nur spekulativ. Vgl. auch CIL V 517. VI 30991. VII 237 *diis deabusque p.* Die P. als Eidgötter neben Iuppiter: Cic. acad. pr. 2,65. Bruns-Grad. 1,55. 129. 144 f. 151. G. R.

Prell.-Jord. 2,156 ff. *Wissowa* Myth. Lex. 3, 1879 ff. Rel.^{2} 161 ff. *Latte* R. Rel. 89. *Bömer* Rom und Troia 50 ff. *Perret* Les origines de la légende Troyenne de Rome 338 ff. *Radke* Götter Altitaliens 247 ff. *Dumézil* Rel. Rom. arch. 346 ff. *Boyancé*, REA 54, 1952, 112 ff.

Peneios (*Πηνειός*). **1.** Der Hauptfluß von Elis, ganzjährig Wasser führend, entspringt am S.-Abhang des → Erymanthos, tritt bei der Stadt → Elis in die Ebene und mündet s. des h. Gastuni, Gesamtlänge 83 km. Hauptzufluß im Mittellauf der elische → Ladon. Strab. 8,3,2 p. 337. 3,5 p. 338. Paus. 6,22,5. Ptol. 3,14,30 (mit falschem Ansatz der Mündung). Seit 1964 ist eine Staumauer im Bau, die den Mittellauf aufstaut, *Ἀρχ. Δελτ.* 20 B, 1965, 214 f. BCH 92, 1968, 832 ff. 1045 ff.

1. *A. Philippson* Der Peloponnes 299 f. 319 f. 497. 2. *Philipps.-Kirst.* 3,321. 323. 3. *J. Partsch* Olympia 1,12 f. 4. *E. Meyer*, RE XIX 457 f. Nr. 1.

2. Der große, das ganze Jahr reichlich Wasser führende Hauptfluß Thessaliens, der mit seinen vielen Zuflüssen, in der Thessaliotis vor allem von S., in der Pelasgiotis von N., fast das ganze Thessalien entwässert. Entspringt im Pindos etwa 5 km ö. von Metsovo, durchfließt die beiden großen thessal. Ebenen im N. und mündet nach 227 km Lauf durch das → Tempetal in den Meerbusen von Saloniki. Hom. Il. 2,755. Hdt. 7,128 f. Strab. 7,7,9 p. 327. 329 frg. 12. 14. 15. 9,4,2 p. 430. 5,17 p. 438. 5,20 p. 441 u. ö. Ptol. 3,12,12. 15. E. M.

1. *Fr. Stählin* Das hellen. Thessalien 81 ff. u. ö. 2. *Ders.*, RE XIX 458 f. Nr. 2. 3. *Philipps.-Kirst.* 1,20 f. 31 f. 66 f. 110 ff.

Peneleos (*Πηνέλεως*). Mit Leitos Führer der Boioter im tro. Kriege, Il. 2,494. Hyg. fab. 97 nennt als Eltern Hippalkimos und Asterope, Apollod. 1,113. 3,130 nennt ihn als Argonauten und als Freier Helenes. Vor Troia erlegt er → Ilioneus und Lykon, Il. 11,487 ff. 16,335 ff., wird von → Polydamas verwundet, 17,597 ff. Die Kl. Il. erzählte vermutlich seinen Tod durch den Myser → Eurypylos, den Sohn des Telephos (Paus. 9,5, 15. Qu. Sm. Dikt.). Aber bei Tryph. 180 ist P. noch Insasse des hölzernen Pferdes und bei Verg. Aen. 2,424 tötet er → Koroibos (2) bei der Einnahme Troias. Sein Vorgänger in der Herrschaft über Boiotien ist → Thersandros, sein Nachfolger dessen Sohn Tisamenos, Paus. a. O. H. v. G.

W. Kullmann H(ES) 14,69.

Penelope (*Πηνελόπη*, hom. *Πηνελόπεια*). Gemahlin des → Odysseus. Mutter des → Telemachos (einziges Kind, Od. 16,119 ff.). Ihre Eltern sind → Ikarios (2) und → Periboia (1), Apollod. 3, 126 (Asterodia Pherekyd., Polykaste Strab.). Die Namen ihrer Geschwister variieren stark, die Od. kennt nur 1 Schwester, → Iphthime (4,797). Zur gesamten Genealogie Prell.-Rob. 2,335. Ihre Heimat scheint Arkadien zu sein, wo sie als Mutter des → Pan von Hermes (oder Apollon) galt, Pind. frg. 100. Hdt. 2,145. Cic. nat. 3,56. Apollod. epit. 7,38. Hyg. fab. 224 u. a. Ihr Grab wurde in Mantineia gezeigt, Paus. 8,12,6. Ihr Vorkommen in Sparta, Argos, Aitolien und Ithake kann als Ausstrahlung des arkad. Kults verstanden werden. Daß die göttliche Mutter Pans mit der Gattin des Odysseus ident. sei, wurde schon im Alt. bezweifelt. Nonn. Dion. 14,93. Sch. Lykophr. 772. H. J. ROSE Griech. Mythol. 164. WILAM. Die Heimkehr des Od. 25,1. Anderseits ist auch Odysseus in Arkadien zu Hause, und sie mögen dort schon früh miteinander verbunden gewesen sein. PRELL.-ROB. 1,745. Über die Werbung des Odysseus um P. → Odysseus. – Der Name P. wurde schon im Alt. als »Spinnerin, Weberin« mit Bezug auf ihre bekannte List gedeutet oder von πηνέλοψ (eine bunte Entenart) abgeleitet. Sch. Pind. O. 9, 79a: Arnaia sei von ihren Eltern ins Meer geworfen worden; πηνέλοπες hätten sie wieder an Land getragen; da habe man sie P. genannt. Anders Sch. Hom. Od. 4,797. Die Beziehung auf πηνέλοψ läßt sich kaum abstreiten. So erschließt denn WILAM. GldH 1,146. 243,3 daraus die Geburt des Pan aus einem Ei. Nach KERÉNYI Die Heroen der Griechen 345 weist die Ente in ihrem Namen auf irgendeine bergende gute Gottheit hin. Zur Namensdeutung vgl. noch SOLMSEN KZ 42, 1909, 207ff. R. WÜNSCH, ARW 1911, 524.

In der Od. ist P. das Vorbild ehelicher Treue, indem sie 20 J. lang der Wiederkehr ihres Gatten harrt. Als dieser nach Troia zog, trug sie Telemachos noch an der Brust (11,447). Im 17. J. zogen die Freier in ihr Haus, um sie zur Hochzeit zu zwingen. Ihr Vater Ikarios (der auf Ithake lebt 2,53. 133) und ihre Brüder wünschen, daß sie → Eurymachos heirate, 15,16. Odysseus hat ihr aufgetragen, wieder zu heiraten, wenn er nicht bis zum Mündigwerden ihres Sohnes zurück sei, 18, 257. Eine neue Heirat ist ihr verhaßt, anderseits möchte sie ihrem Sohn das väterliche Erbe erhalten. So zeigt sie bes. in der Telemachie eine gewisse Unentschlossenheit. Über das Verhältnis zwischen Mutter und Sohn → Telemachos. Unter den Freiern bevorzugt sie den rechtschaffenen Amphinomos, 16,394. »Nicht ohne berechnende Koketterie« (WILAM. Il. u. Hom. 487,1. DERS. Heimkehr des O. 20ff.; anders C. ROTHE Die Od. als Dichtung 138 und E. SCHWARTZ Die Od. 99; vgl. Sen. ep. 88,8) entlockt sie den Freiern kostbare Geschenke. Neben hoheitsvollem Auftreten vor den Freiern (unter der Saaltür) gehören zu ihrem Wesen Träume, Beten und Fasten, und Weinen bis zur Erschöpfung. Man wirft ihr vor, daß sie jeden Schwindler anhöre, der ihr von Odysseus erzählt; auch den Bettler bestellt sie zu einer Aussprache, wahrt aber vorsichtige Zurückhaltung. Ihr ständiges Epitheton περίφρων rechtfertigt sie u. a. durch listige Auswege: Tagsüber webt sie an dem Totengewand für Laertes, trennt es aber nachts wieder auf, 2,93ff. 19,137ff., bis eine Magd es den Freiern verrät. Ihr Plan ist es, die Entscheidung durch die τόξου θέσις herbeizuführen. Die letzte Prüfung des Heimkehrers bezieht sich auf das Geheimnis ihres Ehebetts, von dessen Pfosten einer der Stumpf eines Ölbaums ist, 23, 177ff. Zum P.-Bilde im Zusammenhang mit einer Analyse der Od. G. FINSLER Hom.², bes. 2,257ff. 270ff. 287ff. 351f. 373ff. 382ff. 394ff. Über Märchenmotive: W. KROLL, Jb Ph. Päd. 29, 1912, 161ff. L. RADERMACHER, SAWW 1915.

Im allg. blieb P. in nachhom. Zeit der Typ der liebenden und keuschen Frau. Doch heftete sich auch an sie der Schmutz. Lykophr. 772 nennt sie eine Hure, die im Umgang mit allen Freiern den Pan erzeugt habe (Πάν: πᾶν). Odysseus erfährt von ihrem Umgang mit Amphinomos (cod. *Antinoos*) und schickt sie deshalb ihrem Vater zurück, oder er erschlägt sie aus demselben Grunde. Paus. 8,12,6. Apollod. epit. 7,37f. Nach anderer Überlieferung ging Odysseus, enttäuscht über die Zustände auf Ithake, nach Italien, → Nanas. In der kykl. Telegonie heiratet P. den Sohn von Odysseus und Kirke, → Telegonos, und gebiert ihm Italos, Hyg. fab. 127. Als Söhne des Odysseus von P. werden noch Ptoliporthes und Arkesilaos genannt. H. v. G.

J. Schmidt, Myth. Lex. 3, 1901ff. *E. Wüst*, RE XIX 460ff. (über Darstellungen in der Kunst 487ff., dazu *K. Schefold* Orient, Hellas u. Rom 1949, 218 über das im Schutt von Persepolis gefundene Original (?) des P.-Typus). *W. Büchner* Die P.-Szenen in der Od., H 75, 1940, 129ff. *R. et M. Alain-Peyrefitte* Le mythe de P., Paris 1949. *W. Schadewaldt* Neue Kriterien zur Odyssee-Analyse: Die Wiedererkennung des Odysseus und der P., Hdlberg 1966, 4⁰.

Penestai (πενέσται). **1.** Bezeichnung für die von den → Thessalern unterworfenen Vorbewohner gleichen Volkstums wie die → Perrhaiber und → Magneten (Theop. FGrH 115 F 122). Sie befanden sich wie die → Heloten in Sparta μεταξὺ ἐλευθέρων καὶ δούλων (Poll. 3,83), waren aber im ganzen besser gestellt als jene (Plat. leg. 776 c. Archemachos FGrH 424 F 1). Dion. Hal. 2,9 vergleicht die P. unter Anschluß an die Herleitung von πένης »arm« (vgl. Sch. Aristoph. Vesp. 1271) mit den → Theten in Athen. Von Aufständen der P. spricht Aristot. pol. 2,1269 a 29 (vgl. auch Xen. hell. 2,3,36). H. B.

2. P., illyr. Volksstamm (Liv. 44,11,7); zuerst erwähnt zum J. 169 v. Chr. Sie wohnten beim Ochridasee als *amici populi Romani* (Liv. 43,21,2); ihr Siedlungsgebiet hieß *Penestia*, *Penestiana terra* (Liv. 43,18,5). Ihre größeren Siedlungen waren *Uscana* (Vorort, "Υσκανα, in der Gegend von Stuberra), *Oaeneum*, *Draudacum* (im Tal des Schwarzen Drin; Liv. 43,19,2ff.). J. Sz.

E. Polaschek, RE XVIII, 2. H., 2038. *F. Miltner*, XIX 495.

Penia (Πενία), »Armut« ist, auch wenn sie gelegentlich als θεός bezeichnet wird, wenn z. B. Hdt. 8,111 die Andrier der Drohung des Themistokles mit seinen mächtigen Gottheiten Πειθώ und Ἀνάγκη ihre eigenen Gottheiten Π. und Ἀμηχανία entgegensetzen, keine echte Gottheit. Der der P. von Ail. frg. 27 Herch. zugeschriebene

Altar in Gades ist fragwürdig. Dagegen sind Personifikationen und Allegorien der *Π.* häufig. Sie ist Mutter der Mühe und Ausdauer (Lukian), Lehrerin des Fleißes und der Künste (Theokr.). S. → *Πόνος*. Bei Stob. finden sich *ἔπαινος* und *ψόγος* der *Π.*, sowie eine *σύγκρισις* von *Π.* und → *Πλοῦτος*. In Aristoph. Plut. tritt P. als Schöpferin eines dürftigen, aber kräftigen Mittelstandes auf. Plat. symp. 203 b ff. verdeutlicht die unaufhebbare Spannung des Eros durch seine Abstammung von *Π.* und *Πόρος*.- Röm. Parallelen: *Paupertas* (Plaut. Stich. 178. Petron. sat. 84,4). Im Prolog des Trinummus treten *Luxuria* und ihre Tochter *Inopia* auf. H. v. G.

J. Hemelrijk *Π.* en *Πλοῦτος*. Diss. Utrecht 1925.

Peniculus *(penicillum[s])*. Eine Art Staubwedel, ein Stab mit dem haarigen Ende eines Schwanzes (Paul. Fest. 208. 231 M.) oder einem Schwamm (Martial. 14,144), mit dem Möbel (Plaut. Men. 77), Ackergeräte (Colum. 12,18,5), Schuhe (Plaut. Men. 391) und sogar Aborte (Martial. 12,48,7 ff.) gereinigt werden konnten. P. diente auch als Pinsel (etymol. aus P.) zum Streichen von Wänden (Plin. nat. 28,235) und zum Malen allg. (Plin. nat. 35,149). S. O.

A. Hug, RE XIX 497.

Pensum (von *pendĕre*) ist die den Sklavinnen zugewogene Menge von Wolle, die täglich gesponnen werden mußte (Verg. georg. 4,347. Mart. 9, 65,11), dann allg. die Wollarbeit (Plaut. Merc. 397. 416). P. kann übertr. das »Tagespensum« irgendeiner Arbeit (Verg. Aen. 8,412), auch im geistigen Bereich (Varro rust. 2,2,1. Cic. de or. 3, 119) und die von den Parzen zugesponnene Lebenszeit (Sen. Herc. f. 183. Petron. 29,6) bedeuten. S. O.

A. Hug, RE XIX 498.

Pentadius, spätlat. Dichter unbekannter Zeit; unter seinem Namen sind Anth. Lat. 234 (Epigr. *de fortuna*), 235 *(de adventu veris)* und 265–68 (Epigr. auf Narzissus) überliefert. P.' Spezialität sind versus serpentini und konstruierte Antithesen. R. He.

Ta.: Anth. Lat. I 1² (1894). Lit.: *F. Lenz*, RE XIX 501 ff.

Pentadrachmon (*πεντάδραχμον*), »Fünfdrachmenstück«. P. werden 1. für Chios (Xen. hell. 1,6,12), 2. Makedonien (Polyain. 3,10,14), 3. Kyrene (Poll. 9,60), 4. Ägypten; Heron. pneum. 1,21, wohl kupfernes Automatengeldstück) bezeugt. Die Identifizierung aller dieser Münzen ist problematisch. Modern werden auch die von → Ptolemaios I. und II. geprägten Goldstücke von ca. 17,8 g P. genannt (ant. Name → *τρίχρυσον*). H. Ch.

Schrötter, WBMzK s.v. *W. Schwabacher*, RE XIX 503 f.

Pentakosiomedimnoi (*πεντακοσιομέδιμνοι*) heißen in Athen diejenigen Grundbesitzer, die 500 Maß trockenen (→ Medimnos) und flüssigen (→ Metretes) Ernteertrag (Getreide und Öl) aufweisen können (Poll. 8,130. Aristot. Ath. pol. 7,4. Plut. Sol. 18,1). Sie bilden die erste der solon. Klassen. In sie gelangen durch Gleichsetzung des Medimnos mit einer → Drachme (Plut. Sol. 23,3) auch Bürger ohne Grundbesitz, aber mit hohem Einkommen. Bei Erhebung einer → Eisphora müssen die P. über die → Symmoriai 1 Talent = 6000 Drachmen aufbringen (Poll. a. O.). Die P. haben nach der Regelung Solons Anrecht auf das Archontat und das Amt des Schatzmeisters der Athene (→ *ταμίας*), Plut. Arist. 1,2. Aristot. Ath. pol. 8,1. Die soziale Bedeutungsminderung der P. im 4. Jh. (Aristot. Ath. pol. 47,1: *πάνυ πένης*) hängt mit der unterlassenen Angleichung des Zensus an die wirtschaftl. Entwicklung zusammen. H. B.

Busolt GStk. 2,822. 837–42. *R. Thomsen* Eisphora, 1964.

Pentalitron (*πεντάλιτρον*), »Fünflitrenstück«. Die Aufschrift *ΠΕΝ* auf einer Drachme von Akragas wird, da 5 → Litren eine → Drachme sind, als P. aufgelöst. Als Adjektiv begegnet *π.* bei Poll. 4,173. H. Ch.

Head, HN² 120. *W. Schwabacher*, RE XIX 508.

Pentanummion (*πεντανούμ(μ)ιον*), »Stück im Wert von 5 → Nummi«, Kupfermünze mit der Wertmarke E oder V, von Anastasios bis Heraklios geprägt. H. Ch.

W. Schwabacher, RE XIX 508.

Pentapolis. Das Gebiet der w. Kyrenaika mit Berenike, Arsinoe (Tauchira), Ptolemais, Kyrene, Apollonia als ptol. Provinz, später *Libya superior* gegenüber *inferior* (: Marmarica); die Grenze bildete Darnis (h. Derna). Hauptort war wohl → Ptolemais. W. H.

Pentateuch, griech. *ἡ πεντάτευχος* (*βίβλος*) »das fünfteilige (Buch)«, seit dem 2. Jh. n. Chr. belegte Bezeichnung des 1. Teiles des atl. Kanons: der Thora (Gesetz), der Fünf Bücher Mosis. Die B. des P. werden hebr. nach dem jeweiligen Anfangswort, griech.-lat. nach dem Inhalt zitiert: Genesis (Schöpfung), Exodus (Auszug), Leviticus (Priestergesetz), Numeri (Zählung), Deuteronomium (zweites Gesetz). Der P. beschreibt die Vorgeschichte des Volkes Israel nach dem Muster alter kultischer Bekenntnisformeln, in denen die Elemente der Heilsgeschichte Jahwes mit Israel aufgezählt werden (Deut. 26,5–11; Ps. 136 u. ö.), erweitert um den Vorbau der Patriarchenerzählungen und der Urgeschichte. Von der Schöpfung und universalen Urgeschichte (Gen. 1–11), die mit dem Turmbau zu Babel endet, läuft die Erzählung über die Patriarchen bis zu Joseph in Äg. (Gen. 12–50), schildert den Auszug des Volkes aus Äg. unter der Führung des Mose (Ex. 1–15), den Bundesschluß am Sinai/Horeb (Ex. 16 – Num. 10), die Wüstenwanderung (Num. 11–31), den Beginn der Landnahme bis zur letzten Rede Mosis und seinem Tod (Num. 32 – Deut. 34). Der Erzählungsstoff ist durch gesetzliches, vor allem sakralrechtliches Material verschiedener Herkunft angereichert. Auf die literar. Uneinheitlichkeit des P. schon lange aufmerksam gemacht (J. Astruc, 1754), hat die atl. Wissenschaft seine Entstehungsgeschichte auf dem Wege literarkritischer Analyse zu erhellen versucht. Den höchsten Grad wissenschaftlicher Wahrscheinlichkeit hat die von E. REUSS, H. GRAF und J. WELLHAUSEN in der 2. Hälfte des 19. Jh. begründete neuere Urkundenhypothese. Danach besteht der P. aus folgenden Quellen: 1. Jahwist (10. Jh., vermutlich am Hofe Salomos); 2. Elohist (9.–8. Jh., vielleicht aus dem Nordreich Israel); 3. Deuteronomium (7. Jh., vielleicht aus dem Nordreich); 4. → Priestercodex (6. bis 5. Jh.). Diese Quellen sind in verschiedenen Redaktionsstufen zusammengearbeitet worden, wobei der letzte Redaktor (Rp) den Priestercodex nahezu unverändert zugrunde legte und den um das Deuteronomium erweiterten vereinigten Jahwisten/Elohisten (sog. Jehowist) einfügte. Zahlreiche Gesetze sind noch in nachexilischer Z. teils zum Priestercodex, teils zum fertigen P. hinzugetreten. Seit H. GUNKEL, H. GRESSMANN u.a. bemüht sich die formgeschichtliche Forschung um die Aufhellung der vorliterar. Geschichte der im P. enthaltenen Stoffe und um die Ermittlung der Gattungsmerkmale (Sagen, Lieder, Sprüche, Erzählungen, Listen, Reden, Gesetze u.a.). Die Entstehung des P. muß spätestens um 300 v. Chr. abgeschlossen gewesen sein, da zu dieser Z. die Samaritaner den P. als einzige Heilige Schrift mit ins Schisma genommen haben. H. Do.

M. Noth Überlieferungsgeschichte des P. (1948, Nachdr. o.J.). *G. von Rad* Das formgegeschichtliche Problem des Hexateuch (1938) in: Gesammelte Stud. zum A.T. (1965^3). *O. Eißfeldt* Einleitung in das A.T. (1964^3) §§ 22 bis 36.

Pentathlon (*πένταθλον*, Fünfkampf), eine Reihe von Kämpfen, die jeder Bewerber zwecks Bestimmung des besten Leichtathleten zu bestehen hatte: Diskuswurf, Sprung, Speerwurf, Laufen und Ringen. Die letzten beiden waren auch Sonderkämpfe. Der Bericht über seinen Ursprung ist nicht überzeugend, Philostr. Gym. 3. Erste Erwähnung in Olympia für J. 708/707. Die Folge der Kämpfe und die Methode der Ermittlung des Siegers sind ungewiß. J. EBERT Zum Pentathlon d. Antike, Berlin, Akademie Verlag, 1963, und H. A. HARRIS Greek Athletes and Athletics, Hutchinson of London, 1964 stimmen darin überein, daß Wertung nach Punkten ausgeschlossen ist als im Widerspruch zu griech. Tradition, und daß Siege in den drei ersten Kämpfen den Sieg im P. bestimmten und das P. beendeten. Wenn kein Bewerber alle drei gewann, dienten die beiden letzten Ergebnisse zum Finden der Entscheidung. Die oben gegebene Folge ist die von EBERT. HARRIS macht den Sprung zum ersten, den Diskuswurf zum zweiten Kampf. O. W. R.

Pentekontadrachmon (*πεντηκοντάδραχμον*), »Fünfzigdrachmenstück«. P. erscheinen in Papyri und bei Poll. 9,60. Das P. wird mit den seit → Ptolemaios II. geprägten goldenen Tetradrachmen identifiziert. H. Ch.

Schrötter, WBMzK s.v. *W. Schwabacher*, RE XIX 528f.

Pentekontaëtie. Moderne Bezeichnung der 50 J. vom E. des Xerxeszuges bis zum → Pelop. Krieg (479–431). Slg. aller Quellen: HILL Sources for Greek History etc., ^{2}Oxf. 1962. Zusammenstellung der wichtigen Quellen und Lit. (bis ca. 1965) BENGTSON GG^4 187ff. Erörterung vieler die P. betreffender Probleme bei MERITT, WADE-GERY und MCGREGOR The Athen. Tribute Lists, 1939–1953. Moderne Darstell. z.B. MEYER GdA 4^2,1. BENGTSON a.O. SCHACHERMEYR Die frühe Klassik der Griechen, 1966 (für die Kimon. Z.). DERS. Perikles und seine Z. (Stuttg. 1969). → Aristeides (1). Ephialtes (5). Kallias (2). Kimon (2). Pausanias. Perikles. Themistokles. K. K.

Pentekontoros s. Seewesen

Pentekoste (*πεντηκοστή* sc. *τιμή*, Fünfzigste), zweiprozentiger Zoll für überseeische Ein- und Ausfuhr in Athen (And. 1,133f.), Epidauros (IG IV 1485, 46. 71), Troizen (IG IV 823, 76), Kyparissia (Sylloge^3 952), Delos (Sylloge^3 153,39), Atarneus (Sylloge^3 229,5), Knidos (BCH 4, 1880, 341), Halikarnaß (OGIS 46,12), Keos (IG II^2 1128,23), Oberäg. (S. J. DE LAET Portorium, 1949, 47f. 327f.). Ihre an Pentekostologen verpachtete Erhebung erbrachte 400/399 in Athen 30, im folgenden J. 36 Tal. Bei in Schmugglerhäfen gebrachten Waren fiel die P. weg. Demosth. 35, 29. Nach dem Verhältnis 1:50 = Stater: Mine zu schließen wurde die P. zuerst in Korinth und Aigina eingeführt. Eine vom Gesamtvermögen bei der → Eisphora in Athen zu erhebende P., die einen Betrag von 120 Tal. erbringen würde, erwägt Demosth. 14,27. H. V.

R. Thomsen Eisphora 1964, 231f.

Pentere s. Seewesen

Pentelikon (*τὸ Πεντελικὸν ὄρος*), der h. übliche, aber im Alt. nur bei Paus. 1,32,1f. gebrauchte Name (bei Vitruv. 2,8,49 *mons Pentelensis*) für das sonst Brilettos (Brilessos, *Βριληττός*) genannte Gebirge n.ö. von Athen, das durch seinen noch h. stark gebrauchten schönen Marmor berühmt ist, Thuk. 2,23,1. Strab. 9,1,23 p. 399. Theophr. de sign. 3,6,43 ed. Hort 1916 (1949). S. Empir. adv. mathem. 1,257. Paus. a.O. nennt eine Athenastatue im P., eine Nymphengrotte ist unterhalb des Gipfels (1109 m) entdeckt, BCH 77, 1953, 202. Honig vom Brilessos: Kallim. frg. 552 Pf. Der Name P. ist von dem Demos Pentele am SW.-Fuß abgeleitet, von wo eine noch erhaltene Schleifbahn zu den ant. Marmorbrüchen führt, während die modernen Brüche mehr im W. liegen. E. M.

1. *A. Milchhöfer* in *Curtius-Kaupert* Karten von Attika Text 3–6, 32ff. 2. *Ders.*, RE III 852f. 3. *W. Wrede*, RE XIX 534.

Penthesileia (*Πενθεσίλεια*, *Penthesilēa*). → Amazone, Tochter des Ares und der Otrere, die unmittelbar nach Hektors Bestattung aus Thrakien (so Proklos in der Inhaltsangabe der Amazonia bzw. Aithiopis, → Ep. Zyklus) mit ihren Kriegerinnen den Troern zu Hilfe kam. Sie wollte sich durch Priamos von einer Blutschuld reinigen lassen. Sie tötet viele Achaier, darunter → Machaon, fällt aber durch Achills Lanze. Daß er die Tote den Troern zur Bestattung ausliefert, wird im Heere als Liebe zu der Sterbenden (oder Toten) gedeutet, und → Thersites bringt das Gerede hämisch an die Öffentlichkeit. Achill schlägt ihn nieder und muß sich durch Odysseus auf Lesbos entsühnen lassen. Apollod. epit. 5,1. Die Vasen zeigen, wie Achill die Sterbende auffängt und stützt, das Innenbild der Münchener Schale des »Penthesileamalers« aber, wie er ihr mitleidlos die Lanze in die Brust stößt. Seit dem Hellenismus wird die Liebe Achills stärker betont. Prop. 3,11, 13ff.: Hoch zu Roß (dies ist wohl nicht urspr., HEINZE Vergils ep. Technik^3 197) hat sie die griech. Schiffe beschossen; nun löst Achill der Toten den Helm, erkennt ihre Schönheit und verliebt sich in sie. Im späteren Alt. wurde die Gesch. weiter ausgestaltet und bis zur Leichenschändung gesteigert. Diktys. Dares. Q. Smyrn. Sch. Soph. Phil. 445. Tzetz. Lykophr. 999. H. v. G.

Prell.-Rob. 2, 1176ff. *G. Méautis* P. in: Mythes inconnus de la Grèce ant., Paris 1945, 68ff.

Pentheus (*Πενθεύς*, zu *πένθος*). Myth. König von Theben (Hyg. fab. 76), Sohn des Sparten → Echion (1) und der Kadmostochter → Agaue, Schwester der Semele. Ihn trifft ein grausiger Tod, weil er dem Vordringen der ekstat. Dionysosreligion wehren will. NILSSON GgrR ^{2}1,612. WILAM. GldH ^{2}2,66ff. Älteste Belege Hekat. frg. 31 und gleichzeitige Kunstdenkmäler. Den Stoff behandelte Aischyl. im »P.« (hier fällt P. im Waffenkampf), Eur. in den nachgelassenen »Bakchai«, deren Sagenfassung allg. durchdrang. Während auf einer früheren rf. Vase Mainade → Galene den P. umbringt, sind es bei Eur. die eigene Mutter und deren Schwestern, die in bakchant. Wut den P. für ein wildes Tier halten und zerreißen. Die Greise Kadmos und Teiresias machen sich durch ihren dionys. Aufputz lächerlich, P. dadurch, daß er sich von dem gefangenen Dionysos verleiten läßt, als Frau verkleidet, vom Hochsitz einer Fichte aus das Treiben der Bakchen im Kithairon zu belauschen. Theokr. 26. Apollod. 3,36. Hyg. fab. 184. In der ausführl. Darstellung Ov. met. 3, 513ff. 693ff. wird nicht Dionysos selbst, sondern sein Begleiter → Akoites gefangen wie in der Tragödie des Pacuvius (Serv. Verg. Aen 4,469). Kürzere Erwähnungen Hor. c. 2,19,14; epist. 1,16, 73ff. Prop. 3,22,31ff., ausführlichere Philostr. imag. p. 320 K. Nonn. Dionys. 44. 46. H. v. G.

K. Kerényi Mythol. der Griechen 254f. *W. Nestle* Legenden vom Tod der Gottesverächter, ARW 33, 1936, 250ff. = Griech. Stud., 1948, 567ff. *L. Curtius*, P., 88. Winckelmann-Progr., 1929. *Ders.* Die Wandmalerei Pompejis, 1929, Nachdr. 1960, 302f. Abbildung 99 (Wandgemälde im Vettierhaus, dazu *G. Libertini*, ASAA 1939/40, 139ff.).

Penthilos (*Πένθιλος*). Sohn des → Orestes und der → Erigone (2), Paus. 2,18,5. Orest und P. galten als Wegbereiter der aiol. Kolonisation der Aiolis, bes. Lesbos. Das Ziel wurde aber erst von den Söhnen des P. erreicht. Paus. 2,18,6. 3,2,1. 5,4,3. 7,6,2. Strab. 9,2,3. 5. Die Alleinherrschaft der Penthiliden in → Mytilene wurde von Megakles gestürzt, und als in den oligarchischen Wirren ein 2. P. noch einmal die Herrschaft gewann, wurde er von → Smerdis beseitigt. Aristot. pol. 5,10 p. 1311 b. H. v. G.

Meyer GdA 2,235f. 634.

Pentobolon (*πεντώβολον*), »Fünfobolenstück«, att. Silbermünze des 4. Jh. P. begegnet vielfach seit Aristoph. Equ. 798 als Adjektiv, ohne daß an ein Münzstück dieses Wertes gedacht werden muß. H. Ch.

Head, HN^2 375. *W. Schwabacher*, RE XIX 550.

Pentonkion s. Quincunx

Peparethos (*Πεπάρηθος*, Name vorgriech.), Insel der n. Sporaden vor der thessal. Küste, h. Skopelos, 20 km lang und bis 8 km breit mit 96 qkm Fläche, aus Schiefern und Kalken bestehend und bis 688 m hoch. Der ant. Hauptort lag an der gleichen Stelle wie h. an der SO.-Bucht, dazu → Panormos an der gleichnamigen Bucht und → Selinus beim h. Klima im NW., alle mit ant. Resten, dazu mehrere Terrassen für Heiligtümer, Wachttürme, viele Gräber u.a. Wegen der Lage war P. wichtig für die Schiffahrt und auch Stützpunkt für Seeräuber. Im att. Seebund mit der hohen Tributsumme von 3 Talenten, B. D. MERITT The Athenian tribute lists 1,372f., ebenfalls im 2. Seebund, Diod. 15,30,5. Syll. I^3 147,85. Durch Antonius an Athen gegeben, App. civ. 5,7,30. Aus P. stammte der Historiker → Diokles (9). Hom. h. 1,32. Soph. Philokt. 547ff. Skyl. 58. Skymn. 582. Dion. Call. 150. Dion. per. 521. Strab. 2,5,21 p. 124. 9,5,16 p. 436. Ptol. 3,12,44. Plin. 4,72. Steph. Byz. Hierokl. synekd. 643,4f. Unter dem Namen Skopelos Bistum, Not. episcop. 3,512. LE QUIEN 2,117f. [4]. Inschr.: IG XII 8,640–660. Mz.: HEAD HN^2 312f. E. M.

1. *C. Fredrich–A. J. B. Wace*, Skiathos und P., MDAI(A) 31, 1906, 99ff. 109ff. 2. *C. Fredrich*, IG XII 8 p. 166ff. 3. *Ders.*, RE XIX 551ff. 4. *N. Bees*, Oriens christ. N.S. 4, 1915, 246ff. 5. *W. Wroth* P. and its coinage, JHS 27, 1907, 90ff. 6. *J. M. Balcer* P., the early coinage reconsidered, Schweiz. Numism. Rundschau 46, 1967, 25ff.

Peplos. 1. Mythol., Aristot. zugeschriebenes B., das von seinem bunten Inhalt (u.a. Ursprung der Agone, Genealogien, Troika) den Namen hat. In die Prosa wurden Epigramme eingestreut; erhalten sind Grabepigramme auf Helden der Griechen und Troer. Sie können nicht von Aristot. herrühren. Mehr als die erhaltenen von Auson. p. 72ff. Peiper übersetzt. Älteste Erwähnung eines Epigramms (außer Nr. 7 von Asklepiades) Diod. 5,79. Aristot. frg. p. 394ff. Rose. Die Epigramme Anth. lyr. 2,171ff. **2.** s. Tracht. R. K.

Pera (*πήρα*). Als Sack zum Tragen von Brot (Athen. 10,422b), Saatgut (Anth. Pal. 6,95,2) und jungen Tieren ([2], Bd. 1 Nr. 30 T. 19) ist P. ein Ausrüstungsgegenstand von Bauern, Hirten und Jägern. P. wurde über der Schulter an der Hüfte oder auf dem Rücken (→ Mantica) an einem Riemen getragen. P. ist das Gepäckstück des armen Reisenden, bes. des Armut zur Schau tragenden kyn. Wanderphilosophen (Lukian. dial. mort. 10, 2. Martial. 4,53,3). S. O.

1. *F. Wotke*, RE XIX 563 Nr. 2. 2. *O. Waldhauer* Die ant. Skulpturen der Eremitage 1928.

Peraia (*Περαία*), häufige Bezeichnung für »gegenüber« dem geschlossenen Staatsgebiet liegendes Gebiet, bes. Festlandsgebiet von Inseln. **1.** *τὸ Πείραιον*, die h. Perachora genannte Halbinsel n. gegenüber v. Korinth, urspr. zu → Megara gehörend. An der SW.-Spitze lag die befestigte Ortschaft → Heraion mit dem Heiligtum der Hera Akraia und Limenia (neu dazu: ABSA 59, 1964, 100ff. 61, 1966, 192ff. 207ff. 62, 1967, 207ff. 353ff. BCH 89, 1965, 484ff.). Weitere ant. Orte waren Oinoe (→ 3) bei Schino und Aigeiros. Ant. Heiligtum über Lutraki: J. Pollard Greece and Rome 15, 1968, 78ff. Xen. hell. 4,5,1ff.; Ages. 2,18f. Strab. 8,6,22 p. 380. 9,2,25 p. 409. Steph. Byz. IG IV 329.

1. *H. N. Fowler – R. Stillwell* Corinth 1,35ff. 2. *E. Meyer*, RE XIX 565 Nr. 1. Suppl. X 245f. (Heraion).

2. Lit. Bezeichnung des Festlandsbesitzes von Rhodos in der jeweiligen Ausdehnung, amtl. *τὸ πέραν* oder nach den Verwaltungsbezirken benannt. Der alte Festlandsbesitz umfaßte die knid. Halbinsel ohne Knidos, die s. folgende Halbinsel Tracheia und die nächsten nach O. anschließenden Gebiete, war auf die drei alten Städte verteilt und in mehrere Verwaltungsbezirke mit wechselnder Bezeichnung eingeteilt. Die Einwohner waren rhod. Bürger und in Demen eingeteilt wie die Städte der Insel. Einzelne Orte waren im att. Seebund selbständige Mitglieder, doch muß der rhod. Besitz mindestens ins 5. Jh. v. Chr. zurückgehen. Skyl. 99. Strab. 14,2,1f. p. 651.

1. *E. Meyer* Die Grenzen der hellenist. Staaten 49ff. (mit Karte Blatt 1). 2. *Ders.*, RE XIX 566ff. Nr. 2 (mit Karte). 2. *G. E. Bean – J. M. Cook* The Carian coast III, ABSA 52, 1957, 58ff.

3. Festlandsgebiet von Mytilene, Curt. 4,8,13, in früherer Z. in der Troas, Hdt. 5,94f. Thuk. 4,52. 75,1. 3,50,3. Strab. 13,1,38 p. 599, später nur noch s. des Golfs von Adramyttion, Skyl. 98. Strab. 13, 1,49 p. 605. 1,51 p. 607. Liv. 37,21,4f. OGIS 335.

1. *E. Meyer* Die Grenzen der hellenist. Staaten 106f. (mit Karte Blatt 4). 2. *W. Ruge*, RE XIX 583ff. Nr. 5.

4. Der ausgedehnte Festlandsbesitz von → Thasos an der thrak. Küste zwischen Strymon und Nestos mit mehreren Städten und Bergwerken, Skyl. 67. Thuk. 1,100,2. 101,3. 4,107,3. Plut. Kimon 14,2. Skymn. 656f. Harpokr. s. *Στρύμη*. Mz. *Θασίων Ἠπείρου*, [3] 135f. Anm. 4. E. M.

1. *C. Fredrich*, IG XII 8 p. 80f. 2. *Hiller von Gärtringen*, RE V A 1313,66ff. 3. *P. Collart* Philippes ville de Macédoine 72ff. u. o. (s. Ind.). 4. *J. Pouilloux* Recherches sur l'histoire et les cultes de Thasos, Études Thasiennes III, pass. (s. Ind. s. pérée) und Karte bei S. 9.

Perasia (*Θεά / Θεός Περασία* [Inschr. von Bodrum Kalesi] Th. Bent – E. L. Hicks, JHS 11, 1890, 246f. Nr. 16. 17). Im kilik. Hierapolis-Kastabala (Steph. Byz. s. v. D. Magie Roman Rule in Asia Min., 1950, 275) verehrte, der → Ma verwandte, daher mit → Artemis identifizierte kleinasiat. Göttin ([1], 53), deren Priesterinnen in kult. Ekstase unversehrt über glühende Kohlen zu schreiten vermochten (Strab. 12,537. Iambl. de myst. 3,4. [1], 53ff. M. Delcourt Pyrrhos et Pyrrha, 1965, 62). Die darin sich andeutende Berührung mit den Lazerationsriten im Dienst der → Kybele erhält Bestätigung durch die Namenformel *Kubab(a) zi bKaštabalaj* (»die Kubaba in Kastabala«) auf der aram. Inschr. von Bahadirli (O.-Kilikien, [1], 11ff.), wobei die Identität von Kubaba (*Κυβήβη*) und Kybele durch die lyd. Weiheformel *kuvavaλ* (»der Kubaba« [Dt.]) auf der jüngst entdeckten Krugscherbe von Sardes (R. Gusmani, Kadmos 7, 1969, 158ff.) weiter abgesichert wird. W. F.

A. Dupont-Sommer – L. Robert La Déesse de Hiérapolis Castabala, 1964.

Perdikkas (*Περδίκκας* = *Περιδίκαιος*, O. Hoffmann Die Makedonen 1906, 131f.). **1.** P. I., im 7. Jh. Begründer der maked. Königsherrschaft aus dem Argeadenhause, eroberte von Aigai aus die Ebene um den Golf von Saloniki. Hdt. 8,137. F. Geyer Makedonien bis zur Thronbesteigung Philipps II. 1930, 39ff. **2.** P. II., Sohn → Alexandros' I. (2), König der Makedonen 450/440–413, zog die Teilreiche seiner Brüder → Alketas (2) und Philippos ein. Im pelop. Krieg verhinderte P. durch Parteinahme bald für Athen, bald für Sparta das Aufkommen eines mächtigen Gegners im thrak.-maked. Raum. Da Athen Philippos unterstützte, half P. → Poteidaia (Thuk. 1,62,1f.), schloß 431 Frieden mit Athen (2,29,6ff.), stritt 430/29 mit der att. Bundesstadt → Methone (Tod IGH I² 61), wehrte 429 die Thraker unter → Sitalkes ab, half → Brasidas 424. 423/22 Friedensvertrag mit Athen. H. Bengtson Die Staatsverträge des Alt. 2, 1962, Nr. 186. 418 Bündnis mit Sparta und Argos. Bengtson Nr. 194. Krieg mit Athen, dann Annäherung an Athen. Thuk. 5,83, 4. 7,9. Maked. wurde unter P. Machtfaktor in der griech. Politik. An seinem Hof lebten → Hippokrates (8) von Kos und → Melanippides. Sud. s. v. Geyer 50ff. P. Cloché Histoire de la Macédoine 1960, 57ff. **3.** P. III., König der Makedonen 365 bis 359, Sohn → Amyntas' III. (3) und der Eurydike, beseitigte seinen Vormund Ptolemaios von Aloros. Diod. 15,77,5. 16,2,4. Auf Platons Rat, der ihm Euphraios aus Oreos sandte, gab P. seinem Bruder Philipp eine Teilherrschaft. Athen. 11,

506 ef. Er verlor Pydna und Methone an den athen. Feldherrn Timotheos und schloß dann ein Bündnis mit Athen. Deinarch. 1,14. Polyain. 3,10, 14. 4,10,2. Durch maked. Besatzung sicherte er sich 364 Amphipolis und schlug dort 360 Timotheos. Sch. Aischin. 2,31. Polyain. 3,10,8. Den obermaked. Bezirken Lynkestis, Eleimiotis und Orestis nahm er die Selbständigkeit. Durch die Zollreform des verbannten att. Strategen → Kallistratos (1) hob er die Staatseinkünfte. Aristot. oec. 2,1350a. Hyp. 3,18. Die Erfolge wurden fraglich, als P. 359 mit 4000 Maked. in einer Schlacht gegen die Illyrier fiel. Diod. 16,2,4f. Geyer 132ff. Cloché 125ff. **4.** P., Diadoche, Sohn des Orontes aus der Orestis, kämpfte als Taxiarch auf Alexanders Feldzügen, von 330 ab als Somatophylax. Nach → Hephaistions (1) Tode 324 verwaltete er die Chiliarchie. Sterbend gab Alexander ihm seinen Siegelring. Dann hatte P. als Chiliarch die Oberaufsicht über das asiat. Königreich, warf den Aufstand der baktr. Griechen nieder und eroberte 322 Kappadokien. Obwohl mit Nikaia, Tochter des → Antipatros (1), verheiratet, erwog er eine Heirat mit → Kleopatra (II 3), der Schwester Alexanders. Gegen P., den Vertreter der Reichseinheit, verbündeten sich Antigonos, Antipatros, Krateros und Lysimachos. Vor den Zweifrontenkrieg gestellt, überließ P. Eumenes die Verteidigung Asiens und griff selbst Äg. an. Das Unternehmen scheiterte am Nilübergang, P. wurde von seinen Offizieren ermordet. H. V.

E. Will Histoire polit. du monde hellénist. 1, 1966, 20ff. 31ff.

Perdix (πέρδιξ »Rebhuhn«). Tochter des Eupalamos, Schwester des → Daidalos (1). Apollod. 3,214. Sie gab ihren erfinderischen Sohn → Talos (1; Kalos) in die Lehre des Bruders. Dieser stürzte ihn aus Künstlerneid von der Akropolis in Athen herab und mußte fliehen. P. erhängte sich; sie bekam ein Heiligtum nahe der Burg. Paus. 1, 21,4. 26,4. Hellanikos. – In Soph. *Καμικοί* hieß der Getötete P., ebenso Hyg. fab. 39 u. s. Ov. met. 8,236ff. deutet den Absturz des Ikaros als Strafe für den Frevel des Daidalos an P., den Minerva in ein Rebhuhn verwandelt hatte. H. v. G.

Perduellio. Bedeutet den »schlimmen Krieg« und ist speziell im röm. Strafrecht eine Sammelbezeichnung für polit. Delikte (Hoch-, Landesverrat, Angriffe auf Magistrate und Volkstribunen). Im Prinzipat wird p. durch das *crimen maiestatis* verdrängt. Beides wird vermengt in Ulp. Dig. 48, 4,11: *perduellionis reus, hostili animo adversus rem publicam vel principem animatus.* Das Schwergewicht der p. liegt wohl urspr. beim Verrat an den äußeren Feind. Inwieweit sich das später geändert hat und die p. zum innenpolit. Delikt geworden ist, ist streitig. Jedenfalls aber treten in der Republik meist innenpolit. Delikte hervor (wie Angriffe auf die Volkstribunen). Gerade in der späten Republik erweist sich der p.-Begriff wegen der

Unbestimmtheit seines Tatbestandes als gern verwendetes Kampfmittel gegen den polit. Gegner. Bestraft wird die p. mit dem Tode; damit verbunden sind Nebenstrafen wie der Vermögensverfall an den Staat. Später kann der Schuldige der Todesstrafe jedoch entgehen, indem er ins Exil geht. Die p. wird seit alters öffentlich verfolgt; als Ankläger erscheinen zunächst die *duoviri perduellionis* und später die Volkstribunen. Das Verfahren ist Komitialprozeß, und zwar wahrscheinlich nicht erst kraft → *provocatio*, sondern schon in erster Instanz. D. M.

1. *H. Siber* Analogie, Amtsrecht und Rückwirkung 1936. 2. *C. H. Brecht* Perduellio 1938. 3. *Ders.* ZRG 64, 1944, 354ff. 4. *J. Bleicken* Der Volkstribunat der klass. Republik 1955, 106ff.

Peregrinatio ad loca sancta. Ber. einer Pilgerin über Fahrten im heiligen Land und die Liturgie in Jerusalem um die Wende vom 4. zum 5. Jh. Der Anf. und das E. der einzigen, 1884 in Arezzo entdeckten Hs. fehlen. Der Vf.-Name ist durch die epist. eines Mönches Valerius (7. Jh.), das Glossarium Ansileubi und ma. Bibl.-Kat. bekannt: Egeria (andere Lesarten: Aetheria u. ä.). Die Vf.in schrieb für ihre Mitschwestern in Callaecia oder S.-Gallien in umgangssprachlichem, stark von der altlat. Bibel beeinflußtem Lat. O. H.

Ta.: *Aet. Franceschini – R. Weber* Itineraria, 1965, Corp. Chr. 175/76. *O. Prinz* Itinerarium Egeriae, ^{5}1960. Komm.: *E. Löfstedt* Phil. Komm. zur P. Aetheriae, ^{2}1936.

Peregrinus. 1. Von *peregre* = was außerhalb des *ager Romanus* geschieht, bedeutet als Substantiv den Freien, der nicht röm. Bürger ist (in den XII Taf. noch *hostis* genannt), und adjektiv. »fremd, ausländisch«. Der p. untersteht regelmäßig nur seiner heimischen Rechtsordnung, nicht der röm. Jedoch haben die Bürger des latin. Bundes und später kraft Verleihung auch manche anderen *peregrini* das *commercium* und *conubium:* Sie können an der *mancipatio* teilnehmen und mit bestimmten Personen eine von der röm. Rechtsordnung anerkannte Ehe *(matrimonium iustum)* eingehen. Auch sind vereinzelt Vorschriften des röm. *ius civile* durch bes. Anordnung auf *peregrini* erstreckt worden, so etwa die *lex Aelia Sentia* (Unwirksamkeit von Sklavenfreilassungen zum Nachteil der Gläubiger) durch ein von Hadrian initiiertes *Senatus Consultum* (Gai. 1,47).

Neben diesen Ausnahmen haben die Römer für den Verkehr mit *peregrini* und von *peregrini* untereinander eine eigene Rechtsordnung entwickelt: das *ius gentium* (Fremdenrecht im Gegensatz zum *ius civile*). Gai. 1,1 *quod vero naturalis ratio inter omnes homines constituit, id apud omnes populos peraeque custoditur vocaturque ius gentium, quasi quo iure omnes gentes utuntur.* Doch enthält das *ius gentium* in Wahrheit nicht die Gemeinsamkeiten aller Rechtsordnungen, sondern die wertvollsten Neuschöpfungen der Römer (wie etwa die Konsensualkontrakte). Entstanden ist es vor allem im 2. Jh. v. Chr. in der Praxis des Fremdenpraetors *(praetor peregrinus)*. Gekennzeichnet wird es durch den Verzicht auf den Formalismus des *ius civile* und durch die verkehrsfreundliche Elastizität, die sich aus der Anerkennung der *fides* als Verpflichtungsgrundlage ergibt. Dieses *ius gentium* wird bald auch im Verkehr zwischen röm. Bürgern verwendet; manche seiner Institute erscheinen später sogar als Bestandteile des *ius civile*.

Mit der Ausbreitung des röm. Bürgerrechts auf ganz Italien nach dem Bundesgenossenkrieg und noch darüber hinaus durch die const. Antoniniana v. 212 n. Chr. verliert die Unterscheidung *civis – p.* weiter an Bedeutung. Ebenso verschwindet die Unterscheidung *ius civile – ius gentium*. P. bezeichnet jetzt den Römer, der sein Bürgerrecht strafweise verloren hat: Er ist rechtlos; sein Status ähnelt dem eines Sklaven. D. M.

M. Kaser Röm. Privatrecht 1, 1955, 28ff. 179ff. 190ff. 243ff. 2, 1959, 82f., jeweils mit weit. Angaben.

2. P. Proteus, Kyniker, aus → Parion in Kleinasien, der sich zu Olympia 167 n. Chr. selbst verbrannte. Dieses Faktum ist gesichert durch Philostr. vit. soph. 2,1,33. P. ist »Titelheld« einer biograph. Skizze Lukians *περὶ τῆς Περεγρίνου τελευτῆς*. In dieser Schrift wird nur Negatives – sogar Verdacht des Vatermordes – von P. berichtet: P. weiß sich durch Charlatanerie und Selbstbespiegelung bei seinen Anhängern immer wieder zur Geltung zu bringen; nach Lukian ist auch der Schlußakt, die spektakuläre Selbstverbrennung vor vielen Zuschauern in Olympia, hierzuzuordnen. Als P. im Gefängnis saß, bekannte er sich zum Christentum – nach Lukian nur, um reiche Liebesgaben an sich zu bringen. Hier liegt das einzige außerchristl. Zeugnis über die Aktivität einer chr. Gemeinde zu so früher Zeit vor. – Beide Namen des P. sind redend: Peregrinos = der, der nirgendwo zu Hause ist (so heißt P. bei Lukian; die übrigen beiden Zeugen kennen nur den Namen Proteus), Proteus = der, der alle (Stil- und Lebens)-Formen annehmen kann, also nirgendwo »etabliert« ist. Seine agressive Schärfe bezeugt die Anekdote, die Philostr. a. O. berichtet. Sie ist außer dem Bericht Lukians das einzige Zeugnis über P.; daneben tritt freilich Athenagoras suppl. pro Christ. 26,2,3, der von einer weissagenden Statue – *ἀνδριάς* – des P. weiß, die in dessen Heimatstadt Parion stand. H. D.

J. Bernays Lukian und die Kyniker, Bln. 1879. *J. Vahlen* Luciani de cynicis iudicium, UProgr. Bln. 1882 = Opusc. Ac. 1,181–197. *M. Croiset* Un ascète païen au siècle des Antonins, Acad. Montpellier 6, 1880, 455–491. Krit. Ta. der lukian. Schrift mit Komm. ist als diss. phil. Münster von *K. Graack* zu erwarten.

Pereus (*Περεύς*). Sohn des → Elatos (3) und der Laodike, Vater der → Neaira, der Gattin des → Aleos. Paus. 8,4,4.6. Apollod. 3,102. H. v. G.

Perfectissimus (*vir p.*, griech. *διασημότατος*), spätestens seit Marc Aurel (vgl. Cod. Iust. 9,41,11) Ehrenprädikat und Rangtitel. Die zunächst für einen kleinen Kreis von Rittern offenbar persönlich, ohne Bindung an ein bestimmtes Amt erfolgte Verleihung ist vor Diokletian u. a. belegt für *praefecti vigilum*, *annonae* und *Aegypti*, *procuratores a rationibus* und *praesides*. Seit ca. 250 wurde die Verleihung häufiger. Diese Tendenz (vgl. Eus. v. Const. 4,1. Cod. Theod. 8,4,3. 10,7,1) führte im 4. Jh., zugleich als der Ritterstand zu existieren aufhörte, zu einer Entwertung des Titels. P. wurde man nun in Verbindung mit einem Amt und ehrenhalber (Cod. Theod. 6,22,1. 12,1,26. 41. 42). Mit dem Titel war die Freistellung von verschiedenen *munera*, z. B. der Dekurionatspflicht, verbunden. Zum Kreis der p. kamen im 4. Jh. auch *duces* und Männer der Municipalverwaltung, vor allem aber viele → *palatini* (z. B. Cod. Theod. 6,30,7. 11. 13). Nachdem im späteren 4. und 5. Jh. immer mehr bisher als p. bezeichnete Amtsträger als *clarissimi* oder noch höher eingestuft wurden, findet man als p. nur noch *officiales* und andere relativ niedrig gestellte Personen. A. L.

Pergament s. Membrana

Pergamon (*τὸ Πέργαμον* oder seltener *ἡ Πέργαμος*, Ethnikon *Περγαμηνός*), vorgriech. »Burg«, h. Bergama, Stadt in der → Kaïkosebene im NW. Kleinasiens etwa 25 km von der Küste. Kern der Stadt ist der 335 m hohe, nach N., O. und W. sehr steil und nur nach S. in drei Absätzen flacher abfallende Burgberg aus vulkan. Andesit. W. des Burgberges und durch die ant. und heutige Stadt hindurch fließt der → Selinus, h. Bergama Çay, ö. des Burgberges der Ketios, h. Kestel Çay. Scherbenfunde und andere geringe Reste belegen die Besiedlung des Berges schon seit archaischer Zeit, und n. des Gymnasiums ist unter der sog. »philetairischen« oder »attalischen« Mauer ein Stück einer hocharchaischen, aber undatierten rohpolygonalen, stark geböschten Mauer vorhanden. Erste literar. Erwähnung im J. 400/399 v. Chr.: P. im Besitz der Familie des Gongylos aus Eretria, Xen. an. 7,8,8; hell. 3,1,6. In die Gesch. tritt P. ein mit → Philetairos von Tios, der auf dem Burgberg eine Staatskasse des → Lysimachos (1) zu bewachen hatte und seine Stellung als Burgherr und Dynast der weiteren Umgebung auch unter → Antiochos (2) behielt. Bereits auf ihn geht wohl der Bau der Stadtmauer auf halber Höhe des Berges zurück und die Erbauung des Athena- und Demetertempels (s. u.). Selbständig wurde P. erst nach seinem Tod mit dem Abfall und Sieg seines Neffen → Eumenes I. (2; 263–241 v. Chr.) über Antiochos I. bei Sardes 261 v. Chr., der das kleine Reich nach allen Seiten bedeutend erweiterte und auf den Umfang brachte, den es im wesentlichen bis zum Frieden von Apameia behielt. Den Königstitel nahm erst → Attalos I. (4; 241–197 v. Chr.) an, der vorübergehend das ganze noch seleukid. Kleinasien unter seine Herrschaft brachte, aber wieder verlor. Der eigentliche Ausbau des Burgberges zu der großartigen Königsstadt, als die sich P. h. darstellt, ist das Werk → Eumenes' II. (3,197–159 v. Chr.), unter dem das pergamen. Reich seine größte Blüte erlebte und der im Frieden von Apameia 188 v. Chr. das gesamte Kleinasien außer Karien und Lykien und den als frei erklärten griech. Städten der W.-Küste erhielt, soweit es damals noch seleukid. gewesen war. Aus seiner Zeit stammt auch die neue Stadtmauer, die den Burgberg an seinem Fuß umzog. Der Raum für die Anlegung der Stadt an den steilen Bergflanken konnte großenteils nur durch mächtige Stützmauern und künstliche Terrassierungen gewonnen werden. Baumaterial der hellenist. Z. war der anstehende Andesit, während in röm. Z. vor allem Marmor verwandt wurde. Durch testamentarische Verfügung des letzten Königs, Attalos' III., gelangte das Reich im J. 133 v. Chr. an Rom, das den neuen Besitz aber erst durch Niederwerfung des → Aristonikos (3)-Aufstandes erobern mußte. Die Stadt P. war für frei erklärt worden. 88 v. Chr. Hauptquartier Mithridates' VI. In röm. Z. war P. eine der Hauptstädte der Provinz Asia, Sitz eines Conventus und des Kaiserkults. Die Stadt dehnte sich jetzt in die Ebene unter dem Burgberg an die Stelle des h. Bergama aus, ohne aber den Burgberg aufzugeben, der dicht bewohnt blieb. Im 2. oder 3. Jh. n. Chr. entstand eine neue Stadtmauer im Zuge der »philetairischen« und großenteils auf ihr verlaufend mit geringer Erweiterung nach S. In byz. Z. Rückzug auf den höheren Teil des Burgbergs mit Bau einer neuen, 6 m dicken Festungsmauer fast ganz aus Spolien ant. Gebäude wie des großen Altars. P. zählt bereits zu den 7 ältesten Kirchen Kleinasiens, Apocal. Joh. 1,11. 2,12., Bischöfe Le Quien 1,713–716.

Der oberste Teil des Burgberges wird von einer besonderen wohl schon vorphiletairischen Burgmauer umzogen, in seinem nördlichsten Teil liegen Arsenale, längliche Gebäude zur Aufbewahrung militär. Geräts wie großer Mengen von Steinkugeln verschiedenen Kalibers. Den folgenden höchsten Teil des Berges nimmt die auf hohen Unterbauten errichtete Terrasse des Traiantempels hadrian. Z. ein, eines korinth. Dipteros von 6:9 Säulen und 58:68 m. Über die anzunehmenden hellenist. Vorläufer des Baus ist nichts Näheres bekannt. Die O.-Seite dieser obersten Bergfläche wird eingenommen von einer Reihe Kasernen und Peristylhäuser, deren südlichere die recht bescheidenen Paläste der pergamen. Könige waren. In die sehr steile W.-Flanke unter dem Traianeum ist das große, in röm. Z. teilweise umgebaute Theater eingebaut. Darunter erstreckt sich eine auf hohen Stützmauern liegende, fast 250 m lange, von Säulenhallen eingeschlossene Terrasse, auf der auch das Bühnengebäude stand, das aber nur bei Bedarf aus Holz errichtet und wieder entfernt wurde, da es die Terrasse sperrte. Am N.-Ende der Terrasse ein kleiner ion. Tempel wohl des Dionysos, später nach teilweisem Umbau dem »Neuen Dionysos« → Caracalla gewidmet. Das Theater bildete den architektonischen Mittelpunkt der Staatsgebäude der Oberburg, die nach einheitl. Plan gestaltet ist mit Orientierung der im W. der Hauptstraße gelegenen Staatsgebäude und Tempel nach W. gegen die Ebene, während die privaten Gebäude ö. der Hauptstraße liegen. Zur Oberburg gehört ferner noch der Athenabezirk, ein großer freier Platz, auf dessen W.-Teil der Tempel stand, ein kleiner dor. Bau von 6:10 Säulen und 12,72:21,77 m bereits aus der Zeit des Philetairos. Hier stellten Attalos I. und Eumenes II. ihre Siegesdenkmäler vor allem der Siege über die Gallier auf. Eumenes II. umgab den Bezirk auf drei Seiten mit zweistöckigen Hallen und errichtete ebenfalls das bes. Propylon in der SO.-Ecke. Hinter der Säulenhalle der N.-Seite des Athenabezirks lag daran angebaut auf der Höhe des oberen Stockwerks der Halle und von da aus zugänglich die berühmte Bibliothek, die 200000 Rollen besessen haben soll. Hier waren auch Kopien berühmter Statuen klass. Z. aufgestellt.

Auf der folgenden etwa 25 m tieferen Geländestufe, zu der h. die Fahrstraße hinaufführt, erhob sich im O. das Heroon für den Kult der Könige, bes. Attalos' I. und Eumenes' II., ein Peristylbau mit umgebenden Räumen, in röm. Z. stark umgebaut. Am W.-Rand stand auf großem freien Platz von 69:77 m über Resten älterer Bauten der berühmte große Altar von P. aus der Z. Eumenes' II., ebenfalls nach W. orientiert, das großartigste Denkmal hellenist. Kunst, wohl der »Thron des Satans« von Joh. Apocal. 2,13. Hier ist jetzt C. Humann nach Auflösung des Friedhofs in Smyrna neu beigesetzt. N. von Altar und Heroon eine Stoa und eine Ladenreihe. S. an den Altarplatz anstoßend der »obere Markt«, von Säulenhallen und anderen Bauten umgeben, mit einem kleinen Tempel wohl des Zeus im W.

Weiter abwärts folgt das große noch unausgegrabene und unbekannte Gebiet der »Mittelstadt«, dann eine weitere größere Geländestufe, auf der an der W.-Seite des Berges über einer hohen Stützmauer das Demeterheiligtum liegt, ein langgestreckter Hof mit Propylon im O., Säulenhallen auf beiden Langseiten, davor an der N.-Seite Sitzstufenreihen für die Teilnehmer an Mysterienfeiern, und kleineren Räumen an der abschließenden W.-Seite. Im W.-Teil des Hofes steht der Demetertempel, urspr. ein einfacher Tempel in antis, nach Inschr. von Philetairos und seinem Bruder Eumenes, also vor 263 v. Chr. In der Z. des Antoninus Pius wurde eine korinth. Vorhalle zugefügt. Nach O. und SO. schließt an den Demeterbezirk die größte zusammenhängende Baugruppe von P. an, die Gymnasien mit ihren Nebenbauten. Sie steigen in drei Terrassen von abnehmender Größe, wohl für die verschiedenen Altersstufen bestimmt, ab. Der bei weitem größte

Teil ist das obere Gymnasium, in röm. Z. stark umgebaut, mit einem von Säulenhallen und anderen Nebengebäuden umgebenen Hof von 36:74 m, hinter der n. Säulenhalle ein theaterartiger Raum für Vorträge und der große Hauptsaal in der Mitte für die Festanlässe. Zwischen der oberen und mittleren Terrasse liegt das gedeckte, 7 m breite und 212 m lange »Kellerstadion«. Auf einer weiteren Terrasse hoch über dem oberen Gymnasium liegt das Heiligtum der Hera Basileia mit einem Tempel der Zeit Attalos' II. Zu den Nebengebäuden gehören mehrere kleinere Tempel und zwei Thermen. Unmittelbar an der O.- und S.-Seite der Gymnasien mit Zugängen zu diesen zieht mit mehreren Knicken und Serpentinen die ant. Hauptstraße entlang, vorbei an einem größeren Brunnenhaus und mehreren großen Peristylhäusern zu der großen »unteren Agora«, bereits fast am Fuß des Berges. Es ist ein Rechteckhof von 34:64 m mit allseits umgebenden dor. zweistökkigen (nach unten außen dreistöckigen) Hallen und gewerblichen Räumen. Wenig tiefer führt die Straße zu dem stark befestigten Südtor der Stadtmauer Eumenes' II., das zu einem geschlossenen Hofbau mit Säulenhalle an einer Seite ausgestaltet ist.

Die Unterstadt außerhalb der hellenist. Stadtmauer ist h. zur Hauptsache von dem modernen Bergama eingenommen, unter dem auch die röm. Stadt lag, von der vor allem in neuerer Z. vielle Hausreste, Teile öffentlicher Gebäude, Mosaiken, Inschriften, Skulpturen zutage gekommen sind. Größte noch hoch aufrecht stehende Ruine ist die »Rote Halle« (Kızıl Avlu), ein großes ummauertes Rechteck von 100:260 m mit einem Hof von 100:200 m und einem Tempel mit zwei Seitenbauten an der ganzen W.-Seite. Ägyptisierende »Atlanten« und »Karyatiden« weisen darauf hin, daß dieser Riesenbau aus der Z. Hadrians wohl ein Tempel der äg. Götter war, später zu einer Johanneskirche umgebaut. Schräg unter dem Hof hindurch fließt in einem überwölbten Doppelkanal der Fluß Selinus.

Auf und an dem bis 127 m hohen breiten Hügel Musalla Mesarlik w. des Selinus, einem aufgelassenen türk. Friedhof, liegen die Reste eines röm. Stadions, Theaters und Amphitheaters, letzteres beidseits eines Bachs, der für Naumachien genutzt werden konnte. Die Suche nach dem ebenfalls hier vermuteten, bes. in hellenist. Z. berühmten Heiligtum der Athena Nikephoros ist bisher erfolglos geblieben, dagegen kamen Wohnhäuser bereits hellenist. Z. und eine Nekropole röm. Z. zum Vorschein. Beim Theater beginnt mit einem z.T. aufrecht stehenden Torbau die im ersten Teil überwölbte 820 m lange Prachtstraße zum Asklepieion w. der Stadt, deren letzte 141 m vor dem Asklepieion nun freigelegt sind. Hier besitzt die beiderseits von Säulenhallen eingefaßte Straße eine Gesamtbreite von 18,15 m; an der S.-Halle liegt ein älterer Rundbau eines Heroon, in die N.-Halle ist nachträglich ein Brunnenhaus eingebaut.

Der Kult des Asklepios wurde in einfacher Form mit erblichem Kult in der Familie des Gründers Archias im 4. Jh. v. Chr. begründet und unter Eumenes II. Staatskult. Der prunkvolle Ausbau zur h. Form gehört aber erst in die Z. des Antoninus Pius. In dieser Form ist das Asklepieion ein allseits von Hallen und anderen Gebäuden umgebener Rechteckhof von 110:130 m mit großem Vorhof und Propylon von der heiligen Straße her im O. Neben diesem Vorhof folgt an der O.-Seite der Rundbau des Tempels des Asklepios Soter (Zeus Soter Asklepios), eine kleinere Nachbildung des → Pantheon in Rom mit Kuppeldurchmesser von 23,85 m und großer, der daneben liegenden Propylonfassade entsprechender Säulenvorhalle, errichtet von dem Konsul des Jahres 142 n. Chr. Rufinus. Neben dem Tempel in der SO.-Ecke weit nach außen vorspringend der größte und besterhaltene Bau des Asklepieions, ein zweigeschossiger Rundbau von fast 60 m Außendurchmesser, von dem bes. die massiven Mauern des Unterbaus erhalten sind. Der Oberbau besaß Halbrundnischen um den Innenraum, vom Unterbau führt ein 80 m langer unterirdischer gedeckter Gang zur radioaktiven heiligen Quelle im Hof, dem urspr. Mittelpunkt des Kultes. Das Gebäude diente für die Kuren der Kranken. Die drei anderen Seiten des Hofes sind von Säulenhallen umgeben. Am W.-Ende der N.-Seite liegt ein Theater röm. Form für etwa 3500 Zuschauer. Die neuen Grabungen haben zahlreiche Reste der älteren hellenist. Gebäude und noch ältere Mauern einschließlich zweier kleinerer Tempel und zwei weitere zu Trink- und Badezwecken benutzte Brunnenhäuser und die Stelle der »Heiligen Platane« freigelegt. W. außerhalb des Asklepieions lag eine mindestens 100 m lange dor. Säulenhalle hellenist. Z., beim Asklepieion auch eine noch wenig bekannte Nekropole, ältester Fund eine submyken.-protogeometrische Scherbe. Terrakotten und Skulpturfunde der archaischen Z. belegen vielleicht einen älteren Kult an dieser Stelle. Das Asklepieion war die Hauptwirkungsstätte des → Galenos.

Felskammergräber röm. Z. lagen in den Steilabhängen des Burgberges, andere Gräber, teils gebaut, teils Felsgräber um den Burgberg herum sowie auf dem Hügel Musalla Mesarlik und beim Asklepieion, mehrere große Tumulusgräber hellenist. und röm. Z. in der Kaïkosebene. Eine großartige Druckwasserleitung führte schon in hellenist. Z. Wasser von einer 1174 m hoch gelegenen Quelle im Madaras dag n. von P. 40 km weit auf den Gipfel des Burgberges, dazu gab es weitere Wasserleitungen in die tieferen Stadtteile und viele Zisternen. Am Eingang der h. Stadt stehen nun ein Archaeolog. und ein Ethnograph. Museum. Inschr.: [1], 8,1–3. SEG in vielen Bänden. Mz. H. VON FRITZE Die Münzen von P. APrAW 1910, Anhang 1. HEAD HN^2 532ff. E. M.

1. Altertümer von Pergamon, 1885ff., bis jetzt 11 Bde. in 19 Text- und 10 Tafelbänden. 2. Laufende Grabungsberichte in MDAI(A) 24, 1899 – 37, 1912. APrAW 1928, 3. 1932, 5. 3. *Th. Wiegand* Die Ausgrabungen von P. in *G. Rodenwaldt* Neue deutsche Ausgrabungen 1930, 49ff. 4. *E. Böhringer* P. Neue deutsche Ausgrabungen im Mittelmeergebiet und im Vorderen Orient 1959, 121ff. 5. AA 81, 1966, 415ff. 6. Chronik der Ausgrabung von P. 1871 bis 1886, Schriften der Hermann-Bröckelschen Stiftung Carl Humann zum Gedächtnis Bd. 2, 1965/66. 7. *H. Kähler*, P. 1949. 8. *El. Rohde* P., Burgberg und Altar^5, 1969. 9. *W. Zschietzschmann*, RE XIX 1235ff. 10. *G. Cardinali*, Encicl. Italiana 26, 1935, 731ff. 11. *L. Laurenzi*, Encicl. arte ant. 6, 1965, 36ff. 12. *E. Akurgal* Ancient civilisations and ruins of Turkey, Istanbul 1969, 69ff. 13. *G. E. Bean* Kleinasien I, Die ägäische Türkei von P. bis Didyma 1969, 66ff. 14. *C. Humann* Der Pergamon-Altar. Entdeckt, beschrieben und gezeichnet, her. v. E. Schulte 1963. 15. *A. von Salis* Der Altar von P. 1912. 16. *W. H. Schuchhardt* Die Meister des großen Frieses von P. 1925. 17. *A. E. Napp* Der Altar von P. 1936. 18. *H. Kähler* Der große Fries von P. 1948. 19. *G. Bruns* Der große Altar von P. 1949. 20. *E. M. Schmidt* Der große Altar zu P. 1961. 21. *A. Schober* Das Gallierdenkmal Attalos' I. in P., MDAI(R) 51, 1936, 104ff. 2. *O. R. Deubner* Das ägyptische Heiligtum in P., Berichte über den VI. Intern. Kongreß f. Archaeologie 1940, 477f. 23. *O. Deubner* Das Asklepieion von P., kurze vorläufige Beschreibung, 1938. 24. *W. v. Massow* Führer durch das Pergamonmuseum, 1932. 25. *A. Schober* Die Kunst von P. 1951. 26. *J. Schäfer* Hellenistische Keramik aus P., Pergamen. Forsch. Bd. 2, 1968. 27. *E. Ohlemutz* Die Kulte und Heiligtümer der Götter in P., Diss. Würzburg 1940. Neudr. Darmstadt 1968. 28. *G. Cardinali* Il regno di Pergamo, 1906. 29. *E. Hansen* The Attalids of P. 1947. 30. *E. Meyer* Die Grenzen der hellenist. Staaten in Kleinasien, 1925, 94ff. 148ff. 31. *V. Schultze* Altchristl. Städte und Landschaften II Kleinasien 2, 1926, 20ff.

Perge (*Πέργη*, vgl. Ps. Skyl. 100 = GGM I 75. Pol. 5,72,9. 21,42,1 mit Liv. 38,37,9ff. Arr. an. 1, 26,1. 27,5), im Zuge der sog. myken. Kolonisation von Griechen aus der Argolis und Sparta am W.-Rand der Ebene des Kestros (h. Aksu Çayi) in Pamphylien angelegte Stadt, deren beträchtliche Überreste (Stadtmauern mit Torbauten, Theater, Stadion) in der Nähe des modernen Dorfes Murtuna mit Sicherheit identifiziert wurden. P. besaß an dem in der Ant. mindestens bis in die Höhe der Stadt schiffbaren Fluß einen Hafen, der vom Meer aus über eine Strecke von 11 km zu erreichen war (vgl. Strab. 14,667. Mela 1,79. [3]). In hellenist. Z. rechnete P. zum Seleukidenreich, bis die Stadt 188 v. Chr. im Vertrag von Apameia von → Antiochos III. (4) an → Eumenes II. (3) von Pergamon abgetreten wurde.

In P., dessen Kultstätte der Artemis weithin große Verehrung genoß (Tempelanlage noch nicht ausgemacht), bildete sich eine der ersten Christen-

gemeinden in Kleinasien (vgl. Act. apost. 13,13f. 14,25). Zu dem aus P. stammenden Mathematiker s. → Apollonios (2). E. O.

1. *W. Ruge*, RE XIX 694–704 Nr. 2. 2. *A. M. Mansel* A. *Akarca* Excavations and researches at Perge, Ankara 1949. 3. *D. Magie* Roman rule in Asia Min., Princeton N. J. 1950, 1134f. 4. *E. Blumenthal* Die altgriech. Siedlungskolonisation im Mittelmeerraum, Tüb. Geogr. Stud. 10, 1963, 51 bis 55. 5. *G. E. Bean* Turkey's southern shore, Lond. 1968, 45–58.

Periandros (*Περίανδρος*), Sohn des → Kypselos und der Krateia, etwa 40 J. Tyrann von Korinth (Aristot. pol. 5,12,1315b 25). Als Regierungsbeginn galt in der Ant. etwa 628 ([5], 713f., der P. auf etwa 600–560 datiert, vgl. BELOCH, GG 1^2,2,275ff.). P. galt als Prototyp des harten Tyrannen (Hdt. 5,92 ζη), wegen seines Staatswirkens aber als einer der 7 Weisen (Diog. Laert. 1,13. 41f. 97ff.), seine Regierung ist der Höhepunkt der archaischen Gesch. Korinths. Von seiner Gattin Melissa, der Tochter des Tyrannen Prokles von Epidauros, hatte P. außer einer Tochter die Söhne Kypselos und → Lykophron (1), aus sonstiger Verbindung Euagoras, Gorgos, Nikolaos (Hdt. 3, 50ff. Herakl. Pont. Frg. 144 W. Nikol. Dam. FGrH 90 F 59). Unter P. erklomm Korinth den Gipfel der internation. Geltung durch weitausgreifenden Handel, Kolonisationstätigkeit und kriegerische Erfolge. P. war im w. Meere und in der Ägäis flottenmächtig (Nikol. Dam. 58,3) und plante angeblich einen Isthmosdurchstich (Diog. Laert. 1,99). Vielleicht wurde unter ihm Apollonia gegründet ([9], 527). Als Prokles wegen des tragischen Todes der Melissa Lykophron gegen den Vater aufwiegelte, eroberte P. Epidauros (Hdt. 3, 50ff.). Vielleicht erst P. unterwarf Korkyra; als der dort zum Herrscher eingesetzte Sohn (Lykophron oder Nikolaos) umgebracht wurde, nahm P. furchtbare Rache (Hdt. 3,48f. 52f. Nikol. Dam. 59). Euagoras gründete → Poteidaia (Nikol. Dam. 59,1). P. war Schiedsrichter im Streit zwischen Athen und Mytilene um → Sigeion (Hdt. 5,95, vgl. Aristot. rhet. 1,15, 1375b 31), Gastfreund des Tyrannen → Thrasybulos von Milet (Hdt. 1,20. 5, 92 ζη), unterhielt gute Beziehungen zu Äg. (sein Neffe und Nachfolger hieß Psammetichos, wohl nach Psammetich II. von Äg. 593–588) und war wohl mit den → Philaiden von Athen verschwägert (Hdt. 6,35. 128). Zu den kypselid. Weihgeschenken nach Olympia vgl. Ephor. FGrH 70 F 178. Aristot. pol. 5,11,1313b 22). Als Gesetzgeber dämmte P. den Luxus ein, ging gegen Müßiggang, Landflucht und Überhandnehmen der Sklavenwirtschaft vor und sorgte so für soziale Ordnung und Erhaltung des Bauerntums gegen ein Anwachsen der Stadtbevölkerung (Herakl. Pont. FHG 2,213,5. Ephor. 179. Nikol. Dam. 58,1). Zum Schutze seiner Person hielt P. eine Leibwache (Hdt. 5,92 η). Er verzichtete auf Besteuerung und begnügte sich mit den Markt- und Hafenabgaben (Herakl. Pont. a.O.). Vielleicht wurde von ihm das Brunnenhaus der Peirene angelegt (F.J. de Waele, RE XIX 108ff.). Von der Förderung der Künste durch P. zeugt, daß damals durch → Arion der Dithyrambos neu gestaltet worden sein soll (Hdt. 1,23f.). G. Do.

1. *G.Porzio* I Cipselidi, 1912. 2. *P.N.Ure* The Origin of Tyranny, 1922 (Ndr. 1962). 3. *I.G.O'Neill* Anc. Corinth, 1930. 4. *M.P.Nilsson* The Age of Early Greek Tyrants, 1936. 5. *F.Schachermeyr*, RE XIX 704ff. 6. *D.E.Wormell*, Hermathena 66, 1945, 1ff. 7. *Éd. Will* Korinthiaka, 1955, 363ff. 8. *J.Ducat*, BCH 85, 1961, 418ff. 9. *H.Berve* Die Tyrannis bei d. Griechen, 1–2, 1967.

Periboia (*Περίβοια*). Name zahlreicher Heroinen, z.B.: **1.** Naiade, Gattin des Ikarios, Mutter der Penelope. **2.** Jüngste Tochter des Gigantenkönigs → Eurymedon (1), Mutter des 1. Phaiakenkönigs → Nausithoos. **3.** Lokrerin, → Kleopatra (4). **4.** Gattin des Königs → Polybos von Korinth. Sie findet (oder man bringt ihr) den auf dem Kithairon ausgesetzten → Oidipus, den sie ihrem Gatten als eigenes Kind übergibt, Apollod. 3,49f. Hyg. fab. 66. In älterer Sage geht sie nach Polybos' Tode nach Theben, um Oidipus aufzuklären, daß er ein untergeschobenes Kind sei, Hyg. fab. 67. Robert Oidipus 1,319ff. 332ff. S. → Merope (4). **5.** Tochter des → Alkathoos (1). In der megar. Sage war sie Gattin des Telamon und Mutter des Aias. Xen. kyn. 1,9. Paus. 1,17,3. 42,2. 4. Apollod. 3,161. Von Theseus als Tribut nach Kreta geführt, wurde sie Minos' Frau, Plut. Thes. 29,1. Auf der Françoisvase, bei Pind. und Soph. heißt sie Eriboia. **6.** Tochter des → Hipponoos (3), aus Olenos, in aitol. Sage 2. Gattin des → Oineus (1) und Mutter des Tydeus. Apollod. 1,74. Hyg. fab. 69f. H. v. G.

Periegetes oder Perihegetes (*περιηγητής*), der »Herumführer«, der Fremdenführer. Solche gab es schon früh in bedeutenden Heiligtümern oder an sonstwie berühmten Orten, die um ihrer Sehenswürdigkeiten willen besucht wurden. Wohl seit frühhellenist. Z. entstanden literar. Werke, *περιηγήσεις*, die in der Form des fingierten Herumführens in Vers oder Prosa geograph., topograph., histor. und allg. antiquar. Wissen vermittelten. Die uns erhaltenen Werke dieser Art sind das des → Pausanias (7), der »antike Bädeker« und die Lehrgedichte des → Dionysios (36) und Ps. → Skymnos. Verloren sind die Werke des → Diodoros (13), Heliodoros (2) und die des vielseitigsten und fruchtbarsten P., des → Polemon von Ilion. Als P. zu bezeichnen sind auch die Vf. von → Periploi. K. Z.

Perieres (*Περιήρης*). **1.** Sohn des Aiolos (1) und der Enarete (oder des Kynortas), Gemahl der → Gorgophone (3), Vater von Aphareus, Leukippos, Tyndareos, Ikarios, Herrscher Messeniens in → Andania. Apollod. 1,51. 87. 2,49. 3,117. 123. Paus. 4,2,2. 3,7. **2.** Wagenlenker des Menoikeus, der den → Klymenos (4) tötete. Apollod. 2,67. Paus. 9,37,1. **3.** Auf die Seeräuber P. von Kyme (oder Chalkis) und Krataimenes von Chalkis (oder Samos) wurde die 1. Gründung von Zankle zurückgeführt. Thuk. 6,4. 5. Paus. 4,23,7. H. v. G.

Perigune (*Περιγούνη*). Tochter des von Theseus erschlagenen Wegelagerers → Sinis, die ihm den → Melanippos (4) gebar. Theseus gab sie später dem Deioneus, dem Sohne des Eurytos, von Oichalia, von dem sie Mutter des Nisos von Megara wurde. Plut. Thes. 8. Athen, 13,557a. H. v. G.

Perikles (*Περικλῆς*). **1.** Sohn des → Xanthippos und der Alkmeonidin → Agariste (2), * gegen 490 v. Chr. Aus 1. Ehe mit einer Athenerin hatte er Xanthippos und → Paralos, aus 2. Ehe nach 450 mit der von ihm innig geliebten → Aspasia den Perikles (2; Plut. Per. 24,8f.). 472 war er Choregе für die »Perser« des Aischylos (Syll.[3] 1078). Bei dem Prozeß gegen den vom Thasosfeldzug heimgekehrten → Kimon war P. ein Ankläger (Plut. 10,6. [18]). Alkmeonidentradition führte P. zu den radikalen Demokraten, damals unter → Ephialtes. Dessen Programm wurde seit 462 verwirklicht. Sturz Kimons und des Areopags, totale Demokratisierung, Zweifrontenkrieg gegen Sparta und Persien. Daran arbeitete Perikles auch, als er nach Ephialtes' Ermordung 461 zur Führung aufrückte (Tagegelder für Geschworene; 458/57 Zulassung der Zeugiten zum Archontat). Die Offensivpolitik wurde von den radikaldemokrat. Strategen geführt (→ Tolmides, → Myronides, → Leokrates), P. stand da anfangs in zweiter Linie (457 Teilnahme an der Niederlage von Tanagra, Plut. 10,1ff.; 454 recht erfolgreiche See-Expedition ins Westmeer, Thuk. 1,111,2f. Plut. 19,2f.). Durch den Bau der Langen Mauern entstand die Großfestung Athen/Piräus (Thuk. 1, 107,1). 454 wurde Athens Heer in Äg. vernichtet und daraufhin der Bundesschatz von Delos auf die Akropolis überführt. Trotz der starken Kriegsverluste brachte P. 451/50 das Gesetz ein, Bürger seien nur die, deren beide Eltern Athener seien, womit er den materiellen Interessen des Demos weit entgegenkam (Aristot. Ath. pol. 26,3. Plut. 37,3); 445/44 wurden anläßlich einer Getreidespende des äg. Fürsten Psammetichos die Bürgerlisten streng revidiert (Philochor. FGrH 328 F 119. Plut. 37,4). In den späten 50er J. zurückgekehrt, führte Kimon, da ein 5jähriger Waffenstillstand mit Sparta Athen deckte, das Heer nach Zypern, wo die Perser nach seinem Tode 450 bei Salamis unterlagen. 449 beendete der Kalliasvertrag den Krieg: Athen verzichtete auf Eroberungen, der König respektierte den Seebund mit Einschluß der ion. Griechen, ohne auf sie formell zu verzichten. P.' Plan eines panhellen. Kongresses in Athen anläßlich des Endes der Perserkriege (wohl 448/47) scheiterte an Sparta (Plut. 17). 449 stellte P. den von Sparta geschwächten att. Einfluß in Delphi wieder her (Thuk. 1,112,5), 447 führte er eine erfolgreiche Expedition in die thrak. Chersones (Plut. 19,1). Doch war Athen zu schwach zur Erhaltung seiner Stellung: 447 ging Mittelgriechenland verloren (→ Koroneia, Plut. 18,3), 446 erhob sich → Euboia und ein spartan. Heer fiel in Attika ein; P. bewog, wohl durch Bestechung, den spartan. König zum Abzug und unterwarf Euboia (Thuk. 1,114. 2,21,1. Plut. 22f.). 446/45 kam es zwischen Athen und Sparta zum 30jähr. Frieden (Thuk. 1,35,1f. 115,1. Diod. 12,7): Athen verzichtete auf fast alle Eroberungen, die beiden Machtsysteme wurden anerkannt. P. zielte nun auf eine friedliche Stärkung Athens: Gründung der panhellen. Kolonie → Thurioi (erste Aussendung wohl 447, endgültige Gründung ab ca. 445–444/43; [23],14ff.), Mitte der 30er J. Expedition in den Pontos (Plut. 20,1f.). Der Seebund sollte in ein einheitliches att. Reich umgewandelt werden mit Anlage von Kleruchien, Niederwerfung jedes Widerstandes (440/39 Aufstand von → Samos), freier Verfügung über die Tribute der Bündner (Finanzierung der Kulturpolitik!). Dagegen kämpfte die konservative Opposition unter → Thukydides (1), Sohn des Melesias, der 443 im Ostrakismos unterlag (Plut. 12,1ff. 14; vgl. [20]), so daß P. alleiniger Leiter des Staates als Vertrauensmann des Volkes und gewählter Stratege wurde (Plut. 16,3. Thuk. 2,65,9). P. hat das Verdienst, die radikale Demokratie für sein kostspieliges Kulturprogramm gewonnen und ihr so neue, höhere Ziele gegeben zu haben: Parthenon ab 448/47 (Vorsitzender des Bau-Ausschusses war P. in engster Fühlungnahme mit → Pheidias, Plut. 13,6 u. 14. Philochor. 121. Strab. 9,395); Telesterion in Eleusis; sog. Theseion auf der Agora; Odeon (442 fertig); ab 437/36 Propyläen; dazu Nutzbauten (eine dritte Lange Mauer; Marineanlagen). Zu dem Kreis um P. und Aspasia zählten Sophokles [16. 22], Herodot (vgl. aber [15]), der Musiker und Denker → Damon [24], Pheidias (Plut. 13,14. 31,2ff.), → Anaxagoras (Plut. 4f.), → Protagoras (Plut. 36,5). Als hochklass. Staatslenker wollte P. att. Polisidee und neue Geistigkeit vereinen ([25], 133ff.). Der 433 heimgekehrte Thukydides, der radikale Demagoge → Kleon und der oligarch. Orakeldeuter → Diopeithes (Urheber des Asebiedekretes) fanden sich im Kampf gegen P., dessen Prestige durch gezielte Prozesse schwerstens erschüttert wurde (Plut. 31, 2–32. [13. 23]): gegen Anaxagoras, der Athen verließ, gegen Pheidias, der nach Elis ging, gegen Aspasia, die P. mit Mühe freibekam. Um angesichts krasser Zerfallstendenzen in der Bürgerschaft wieder den alten opferfreudigen Idealismus zu wecken, begünstigte P. nun einen neuen Krieg mit Sparta: 433 Unterstützung → Korkyras gegen Korinth und Vorgehen gegen dessen Kolonie → Poteidaia, 432 megar. Psephisma. Ab 431 herrschte Krieg, geführt nach dem Plan des P. (Offensive zur See, Preisgabe des flachen Landes: Thuk. 2,13,2. 65,7). Die Pest von 430 brachte einen totalen Umschwung: P. wurde des Strategenamtes entsetzt und wegen Unterschlagung verurteilt (Plut. 32,3f. 35,4f. Thuk. 2,65,3). 429 wurde er rehabilitiert (Thuk. 2,65,4), starb aber noch im gleichen Jahr. Nach dem Tod des Xanthippos und Paralos hatte er vom Volk noch das att. Bürgerrecht für Aspasias Sohn P. erlangt (Plut. 37,5f.). P., der »Olympier« (Plut. 8,3), galt als der beste Redner seiner Zeit (Plut. 8. Eupolis 94 K) und als völlig unbestechlich (Thuk. 2,65,8). Zu seinem Aussehen: Plut. 3,3ff. (»Zwiebelkopf«); E. Pfuhl, JDAI 41, 1926, 40ff.

1. *Ad. Schmidt* P. u. sein Zeitalter, 1–2, 1877–79. 2. *J. Beloch* Die att. Politik seit P., 1884. 3. *U. v. Wilamowitz* Aristot. u. Athen, 1–2, 1893. 4. *A. v. Domaszewski*, SHAW 1924/1925, 4. 5. *H. Willrich* P., 1936. 6. *F. Miltner*, RE XIX 748ff. 7. *B. D. Meritt–H. T. Wade-Gery – M. F. McGregor* The Athen. trib. lists, 1–4, 1939–53. 8. *H. Berve* P, 1940 = Gestaltende Kräfte d. Ant., 1966[2], 268ff. 9. *G. De Sanctis* P., 1944. 10. *A. R. Burn* P. and Athens, 1948. 11. *E. Bayer*, WJ 3, 1948, 1ff. 12. *P. Cloché* Le siècle de P., 1949. 13. *D. Kienast*, G 60, 1953, 210ff. 14. *L. Homo* P., 1954. 15. *H. Strasburger*, Hist. 4, 1955, 1ff. 16. *V. Ehrenberg* Sophokles u. P., 1956. *J. Vogt*, HZ 182, 1956, 249ff. 18. *R. Sealey*, H 84, 1956, 234ff. 19. *E. Meinhardt* P. bei Plut., Diss. Frankfurt 1957. 20. *F. J. Frost*, Hist. 13, 1964, 385ff. 21. *F. Schachermeyr* Stesimbrotos u. seine Schrift über d. Staatsmänner, SAWW 247, 5, 1965. 22. *Ders.*, WS 79, 1966, 45ff. 23. *Ders.*, Religionspolitik u. Religiosität bei P., SAWW, 258, 3, 1968. 24. *Ders.*, Damon, Festschr. F. Altheim, 1969, 192ff.; 25. *Ders.* P., 1969; von dems. ist eine Geistesgesch. der p. Zeit im Druck. Monographie über P. als Staatslenker u. eine über die Kultur der p. Zeit im Druck.

2. Sohn des P. (1) und der Aspasia, * wohl um 445 v. Chr. 429 erhielt er das att. Bürgerrecht (s. o. P. 1), war 410/09 Hellenotamias (Sylloge[3] 109,8. 18), 406 Stratege in der Schlacht bei den Arginusen (Xen. hell. 1,6,29) und wurde mit den andern Strategen in Athen hingerichtet (ebd. 1,7,34. Plut. Per. 37,6). **3.** Sohn des Hippokrates, des Brudersohnes von P. 1, wurde mit seinen Brüdern Telesippos und Demophon wegen unwürdigen Lebenswandels verspottet (Sch. Aristoph. Nub. 1001. PA 11810). G. Do.

Periklymenos (*Περικλύμενος*). **1.** Beiname Plutons, Hesych. s. v. **2.** Sohn Poseidons und der Teiresiastochter Chloris. Tötet bei der Verteidigung Thebens gegen die Sieben → Parthenopaios, Eur. Phoin. 1156ff. Apollod. 3,75, verfolgt vergeblich → Amphiaraos, Pind. N. 9,24ff. Apollod. 3,77. Liebhaber → Ismenes. Prell.-Rob. 2,536. 924f. 929. **3.** Enkel Poseidons, ältester Sohn des Neleus und der → Chloris (4), Bruder Nestors. Hom. Od. 11,281ff. Argonaute: Pind. P. 4,175. Apollod. Rhod, 1,56ff. Apollod. 1,93. 113. Trotz der ihm von Poseidon verliehenen Gabe, sich in verschiedenste Gestalten und Gegenstände zu verwandeln, wird er von Herakles im Kampf um

Pylos erschossen, Hes. frg. 14. Ov. met. 12,556ff. Apollod. 2,142. Nach Hyg. fab. 10 rettet er sich durch die Verwandlung in einen Adler. H. v. G.

Periktione. **1.** Mutter Platons, Tochter des → Glaukon (2), der einer alt-athen. vornehmen Familie entstammte. Sein älterer Bruder → Kallaischros war Vater des nachmaligen »Tyrannen« → Kritias. Ein jüngerer Bruder der P. war → Charmides (1), der 402 beim Sturz der 30 fiel. Aus ihrer Ehe mit Ariston hatte P. vier Kinder. → Adeimantos (3) und → Glaukon (3) waren älter als Platon; sie fochten im J. 409 als *ἱππεῖς* in einem Kampfe bei Megara mit, müssen also älter als 16 J. gewesen sein. Platon, 428/27 geboren, hatte damals gerade das Epheben-Alter. Außer den drei Söhnen hatten Ariston und P. eine Tochter Potone; sie wurde die Mutter des → Speusippos, der Platon in der Leitung der → Akademie nachfolgte. P. verheiratete sich in 2. Ehe mit → Pyrilampes, Sohn eines nicht weiter bekannten Antiphon; ihr Sohn aus dieser 2. Ehe erhielt den gleichen Namen.

Nun war eine Schwester des Pyrilampes Mutter des Charmides (Plat. Charm. 158 A). Dann müßte diese Mutter der P. gewesen sein (oder Stiefmutter?); sie hätte demnach in 2. Ehe ihren Onkel mütterlicherseits geheiratet. Schon Speusippos in seinem *ἐγκώμιον Πλάτωνος* hat von Platon behauptet, er sei ein Sohn des Apollon, und diese Erzählung beherrscht die spätere Tradition: Diog. Laert. 3,2; Hier. adv. Iovin. 1,42 spricht ausdrücklich von jungfräulicher Geburt; Diog. Laert. versichert nur, P. habe sich während der Schwangerschaft *καθαρὰ ἀπὸ γάμου* erhalten, was auf pythagor. Wertungen zurückweist. In engem Zusammenhang hiermit steht die Überlieferung, P. habe Platon am 7. Thargelion, also am Tage der Geburt Apollons, geboren. **2.** P., angebl. Neupythagoreerin des 2. Jh. n. Chr., soll ein B. *περὶ ἁρμονίας γυναικῶν* geschrieben haben. Der Name will die Schrift auf die Mutter Platons als Vf.in zurückführen. H. D.

Frg.e: (ion. Dialekt) bei Stobaios, Slg. bei *Mullach*, FPhilGr 2,32–36. Vgl. *F. Wilhelm*, RhM 70, 1915, 161ff. *K. v. Fritz*, RE XIX 794f.

Perilaos (*Περίλαος, Περίλεως*). **1.** Sohn des → Ikarios (2) und der → Periboia (1), Bruder Penelopes, Apollod. 3,126. Soll als Neffe Klytaimestras gegen → Orestes vor dem Areopag Klage wegen Muttermords erhoben haben, die sonst Tyndareos und → Erigone zugeschrieben wurde. Paus. 8,34,4. Prell.-Rob. 2,334f. 1322. **2.** Argiver, Sohn Alkenors. Sein Kampf mit dem Spartaner Othryades war im Theater in Argos plastisch dargestellt. Hdt. 1,82. Paus. 2,20,7. **3.** Feldherr der Sikyonier, der in der Schlacht bei Mykale im J. 479 v. Chr. fiel. Hdt. 9,103. H. v. G.

4. P., Kurzform Perillos, hieß der Künstler (Lukian. Phal. 1,11f. Sch. Pind. P. 1,185. Kall. frg. 47 Pf. (hier der Name wohl zum erstenmal genannt). Diod. 9 frg. 18; 32 frg. 25. Stob. 4,8,33. Plin. nat. 34,89. Prop. 2,25,12. Ov. Ib. 435; ars 1, 635), der im 6. Jh. für → Phalaris den ehernen Stier angefertigt haben soll, in dem dieser seine Gegner, als ersten P., zu Tode rösten ließ. Der Stier, nach Diod. 13,90,4–5 von Hamilkar 405 nach Karthago gebracht, um 146 von Scipio zurückgegeben (so auch Cic. Verr. 2,4,73) mag das Bild des Flußgottes → Gelas (so Timaios bei Sch. Pind. P. 1,185) oder → Akragas gewesen sein. W. H. G.

Perimede (*Περιμήδη*). **1.** Schwester des → Amphitryon, Gattin des → Likymnios (1). **2.** Königin im arkad. Tegea, die im Kampf mit Sparta ein Frauenheer zum Siege führte. Paus. 8, 48,4f. Hdt. 1,66. Die Sage soll die Besonderheit des Kultes des Ares Gynaikothoinas erklären. H. v. G.

Prell.-Rob. 1,342. *Nilsson* GgrR ^{2}1,518. *W. Pötscher*, G 66, 1959, 6f.

Perimedes (*Περιμήδης*). **1.** Gefährte des Odysseus, dem er mit Eurylochos beim Totenopfer half, Od. 11,23. 12,195. Auf Polygnots Nekyia in Delphoi dargestellt, Paus. 10,29,1. **2.** Einer der Söhne des Eurystheus, die in einem Kriege mit Athen fielen, Apollod. 2,168, oder von Herakles wegen Benachteiligung beim Opferschmaus getötet wurden, → Antikleides FGrH 140 frg. 3. H. v. G.

Perimele (*Περιμήλη*). Tochter des → Admetos, Gattin des → Argos (3,4), Mutter des → Magnes (3). Anton. Lib. 23, Sch. Eur. Alk. 265. Rose Griech. Myth. ^{5}146. H. v. G.

Perinthos (*Πέρινθος*), Name thrak.; später Herakleia, h. Eregli, samische Kolonie an der thrak. Küste der Propontis, nach Diod. 16,76 amphitheatral. aufgebaut mit dicht gedrängten hohen Häusern, um 600 gegründet; kurz darauf fand der Zug der Paionen gegen P. statt, den Hdt. 5,1 mit sagenhafter Ausschmückung erzählt. Während der Perserkriege hatte P. stark zu leiden, später war es Mitglied des del.-att. Bundes. 411 v. Chr. Abfall v. Athen; 410 von Alkibiades zurückgewonnen. Ungefähr gleichzeitig Ausbruch einer epidem. Krankheit, die Hippokr. epid. 2,3 (2, 444–455 K.) genau beschreibt. Ab 377 ist P. Mitglied des 2. att. Seebundes, der ihm Rückhalt gegen die Bedrohung durch den thrak. König → Kotys I. (365 v. Chr.) bietet. Danach enge Verbundenheit mit Byzantion, mit dessen und Athens Hilfe es 341/40 die Belagerung durch Philipp II. abschlägt.

Unter der maked. Herrschaft in Thrakien bewahrt P. seine Verfassung und hat eigene Prägung (Mz.n E. Schönert Griech. Münzwerk 1965). Seit 189 v. Chr. scheint P. zum Pergamen. Reich gehört zu haben, seit 129 war es dem röm. Statthalter von Maked. unterstellt. Die Umbenennung der Stadt in Herakleia erfolgte bald nach dem Tode Aurelians (275). Chr. D.

Oberhummer, RE XIX 802–813.

Periodonikes (*περιοδονίκης*) »Umlaufsieger« wurde ein Athlet genannt, der bei den großen Festspielen, den Olympien, Pythien, Isthmien, Nemeen (seit Augustus auch den Aktia, → Aktion, Bd. I 1529 f., seit Domitian auch den Capitolia), ohne Rücksicht auf Zeit und Reihenfolge der Teilnahme, den Sieg davongetragen hatte. Notiert wurden die P. schon seit dem 6. Jh. v. Chr., als Titel kam die Bezeichnung auf seit dem 2. Jh. n. Chr. Eine Liste der P. hat, bes. auf Grund von Pausanias, aufgestellt R. Knab Die Periodoniken, Diss. Giessen 1934. Vgl. H. C. Montgomery RE XIX 813–15. K. Z.

Perioikoi (*περίοικοι*), »Umwohner«. Der Begriff trägt je nach der sozialen und polit. Qualität der von ihm erfaßten Bevölkerung eine verschiedene Färbung. In Kreta werden so die von Aristot. pol. 2,1269 a. b mit den → Heloten und → Penesten verglichenen »namenlosen« Vorbewohner (Hesych. s. *ἀφαμιῶται*) bezeichnet [4], 8 f. In Thessalien heißen P. die »im Umkreis« (= im Gebirge) wohnenden unterworfenen Stämme (Achaier, Perrhaiber, Magneten), Xen. hell. 6,1,9. 19; [2]. [3], 1–6. In Elis werden die in den Randgebieten (Aufzählung: Xen. hell. 3,2,30) liegenden tributpflichtigen (Strab. 8,355) Gemeinden *περιοικίδες πόλεις* genannt (Xen. hell. 3,2,23. [3], 7–17. [5]). In Boiotien gelten die von Theben zu einem Bund vereinigten Städte als P. (Busolt GStk. 2,1426. [1], 42. [3], 149,7). Im eigentlich technischen Sinne wird der Terminus P. in Sparta gebraucht. Er bezeichnet hier die in den Berg- und Küstengebieten Lakoniens angesiedelten *Λακεδαιμόνιοι*, die gegenüber den in Sparta domizilierten Stammesgenossen polit. minderberechtigt (kein Zutritt zur Apella) und wirtschaftlich (infolge der Beschaffenheit ihrer Klaroi) schlechter gestellt sind ([1], 1–18). Zu den rund 100 P.-Städten (Strab. 8,362. Steph. Byz. s. *Αἴθαια* u. ö.) zählen aber wohl auch alte Achaierstädte in S.-Lakonien, deren Bewohnern der P.-Status verliehen worden ist ([6], 132 f.), ferner die Fremden angewiesenen Zufluchtsstätten ([1], 18. [3], 64). H. B.

1. *F. Hampl*, H 72, 1936, 1–49. 2. *E. Kirsten* Beitr. z. hist. Landeskunde Thessaliens in: *A. Philippson* Die griech. Landschaften I 1, 1950, 270 f. 3. *F. Gschnitzer* Abhängige Orte im griech. Alt., 1958, 1–17. 61–81. 146–151. 4. *D. Lotze* *Μεταξὺ ἐλευθέρων καὶ δούλων*, 1959, 8 f. 53 f. 5. *F. Kiechle*, RhM. 103, 1960, 336–366. 6. *Ders.* Lakonien und Sparta 1963, 131–133.

Peripatetiker. Bezeichnung für die Schüler des → Aristoteles; indes ist dieser Name nie völlig durchgedrungen. Sonst werden philos. Schulen entweder nach dem Namen des Schulgründers oder nach dem Ort der Schule benannt (→ Akademie, → Stoa); demgemäß wäre → Lykeion angemessen gewesen. Die Bezeichnung P. – *περιπατητικοί* – wird einhellig vom *περιπατεῖν* hergeleitet: Aristot. muß dadurch Aufsehen erregt haben, daß er eine neue Form des Lehr-Gespräches anwandte, die seine Schule von denen unterschied, in welchen der Lehrende vor den Hörern stand oder unter ihnen saß. Im Unterschied dazu soll Aristot. im Auf- und Abgehen gelehrt haben. Das ist sehr wohl denkbar, wenn diskutiert wurde; daß aber die Lehrschriften so vorgetragen wurden, muß bezweifelt werden. – Es ist nie üblich gewesen, die kaiserzeitl. Aristoteliker P. zu nennen. Der Name P. kommt denen zu, deren Hinterlassenschaft in folgender Slg. vereinigt ist: F. Wehrli Die Schule des Aristoteles, 10 Teile, Basel 1944–1959, Neuaufl. in Vorbereitung (Dikaiarchos, Aristoxenos, Klearchos, Demetrios von Phaleron, Straton von Lampsakos, Lykon und Ariston von Keos, Herakleides Pontikos, Eudemos von Rhodos, Phainias von Eresos, Chamaileon, Praxiphanes, Hieronymos, Kritolaos; s. die Einzelartikel). H. D.

Periphas (*Περίφας*). **1.** Aitol. Held vor Troia, von gewaltiger Größe, von Ares gefällt. Il. 5,842 ff. **2.** Gefolgsmann des Neoptolemos (Pyrrhos), der sich bei der Zerstörung Troias auszeichnete. Verg. Aen. 2,476. **3.** Troer, Herold des Anchises, dessen Gestalt Apollon annahm, um Aineias zum Kampf zu ermutigen, Il. 17,323 **4.** Angebl. att. Urkönig, noch vor Kekrops lebend, wegen seiner hervorragenden Gerechtigkeit und Frömmigkeit von den Menschen statt Zeus verehrt, von diesem in einen Adler verwandelt. Anton. Lib. 6. Ov. met. 7,400. H. v. G.

Periphetes (*Περιφήτης*). **1.** Sohn des Hephaistos und der Antikleia, nach seiner eisernen Keule Korynetes benannt. Apollod. 3,217. Diod. 4,59. Paus. 2,1,4. Ov. met. 7,436 f. Berüchtigter Wegelagerer bei Epidauros, von Theseus erschlagen, der dann seine Keule führte. Plut. Thes. 8. **2.** Mykenaier, vor Troia kämpfend, Sohn des → Kopreus, von Hektor erschlagen. Il. 15,638 ff. H. v. G.

Periplus (*περίπλους*), Umschiffung einer (Halb-)Insel oder eines Meeresbeckens, ist die typisch griech. Form der Reise. Argonautenepos und Odyssee zeigen bereits, wie sie dazu geführt hat, die Landschaften vom Schiff aus zu beschreiben (vgl. etwa die Kyklopie, Od. 9,105–192). Aus solchen, urspr. zu Handelszwecken niedergeschriebenen Berichten und Beschreibungen entstanden die ersten P., deren früheste bekannte Beispiele sich allerdings bereits über das Niveau des prakt. Handbuchs erheben: die anonyme Beschreibung der Küste von Tartessos bis Massalia aus dem 6. Jh. v. Chr. bei Avien. or. mar. berichtete über Lebensweise, Flora und Fauna (W. Aly, H 62, 1927, 299 ff. 485 ff.), → Skylax' P. der W.-Küste Indiens, um 510, bewahrt die persönliche Form des Fahrtberichts (F 4) und enthält Exkurse über phantast. Völker (FGrH 709 F 1–7). Als Behandlung der ganzen Oikumene ist sogar faktisch des Skylax *Περίπλους τῆς θαλάττης τῆς οἰκουμέ-*

νης (F 8–13, erhaltene Umarbeitung GGM 1,15) die Vorstufe der geograph. *Γῆς περίοδος* (K. v. FRITZ Die griech. Geschichtsschreibung 1, 1967, 33f. 52ff.) und der ersten Karten, gekennzeichnet seit dem 5. Jh. durch die Teilung zwischen Erde und Meer und die Zeichnung der Küsten. In der eben genannten, um 350/40 entstandenen Umarbeitung setzt Ps. Skylax dagegen den Ton einzig auf die Bedingungen der Küstenfahrt, entsprechend der Weiterentwicklung der Gattung, die sich in dieser Zeit von dem Fahrtbericht trennt: Himmelsrichtung der Küsten, Entfernungen, Lage und Art der Häfen und Ankerplätze, Wasserplätze, vorherrschende Winde usw. Während die Untergattung des Fahrtberichtes ihre halbliterar. Richtung über die Übers. der Afrikafahrt des Hanno (GGM 1,1), bei Pytheas' *Π. ὠκεανοῦ*, Nearchos *'Ινδική*, Patrokles' Beschreibung des Kasp. Meeres beibehält, spezialisiert sich dagegen P. auf die objektive, katalogartige Darstellung der bloßen Tatsachen, wie man es in den wenigen erhaltenen Werken feststellt: im Periplus maris Erythraei, um 38/75 n. Chr., der die Fahrt nach Indien für den Gebrauch der Kaufleute beschreibt (GGM 1,257, H. FRISK, 1927), in → Arrians Periplus Ponti Euxini, 130 n. Chr., einer erweiterten Bearbeitung eines amtlichen Fahrberichts (GGM 1,370, HERCHER-EBERHARD, 1885/86) und in der anonymen, nüchternen Schrift mit demselben Titel (GGM 1,402). → Dionysios' (23) Anaplus Bospori ist nur scheinbar ein Periplus: in Wirklichkeit ist es ein Werk mit literar. Anspruch in der Tradition der Perihegesen (GGM 2,1, R. GÜNGERICH, 1927, Neudr. 1958). Periplusartige Erdbeschreibungen wie Varros Ora maritima sind keine Periploi mehr. F. L.

R. Güngerich Die Küstenbeschreibung i. d. gr. Lit., 1950. *A. Diller* The Tradition of the Min. Greek Geographers, 1952.

Periplus Maris Erythraei. Dazu bestimmt, über die Handelsschiffahrt im Orient zu unterrichten, ist dieser P. das Werk eines anonymen Kaufmanns. Die vorgeschlagenen Datierungen sind: 40–70, nach § 19 Malichas, König der Nabataeer (M. P. CHARLESWORTH, CQ 1928, 92), 80, nach § 41 *Μαμβάνου*, verbessert in *Ναμβάνου* u. mit Nahapāna, dem König des Gebiets von Bombay, gleichgesetzt (D. C. SIRCAR, NC 1966, 241, aber D. W. MAC DOWALL, NC 1964, 271, sich wie SIRCAR auf die Münzen stützend, schlug 120–130 und J. A. B. PALMER, CQ 1947, 137, aus allgemeineren Gründen, 110–120 vor, endlich 230 J. PIRENNE, Journ. asiat. 1961, 441, gestützt hauptsächlich auf die Sprache (widerlegt von A. DIHLE Umstrittene Daten, 1965, 1ff., der mit Recht auf das 1. Jh. zurückkommt). Der P. beschreibt die Seewege von Myoshormos bis zur Insel Menuthias (Zanzibar ?) und von Nelkynda (einer nicht identifizierten Stadt der Malabarküste) entlang der Südküste von Arabien und dem Golf von Oman. Neben Entfernungen berichtet er einerseits über Beschaffenheit der Häfen, Einwohner, polit. Beziehungen usw., andererseits über Handelswaren (Ein- und Ausfuhr). Er bildet so ein erstklassiges Dokument für den Orient und seine wirtschaftlichen Beziehungen zum röm. Reich. F. L.

Ausg.: GGM I 257–305 (Karten im Spplbd.). *H. Frisk* Le P. de la Mer Erythrée, 1927. – Komm.: *E. van de Velde* Étud. sur le P. de la Mer Erythrée, Diss. Louvain 1932 (Masch.). – Lit.: *A. Diller* The Tradition of the Min. Greek Geogr., 1952.

Peripolion. Lokrische Festung am Halex in Bruttium (Thuk. 3,99); dort verlief etwa die Grenze zu Rhegion. G. R.

Periskelis (*περισκελίς, περισκέλιον*). Urspr. Binden, mit denen das Untergewand in der weibl. Bekleidung wie eine Hose über dem Knie geschlossen werden konnte. Als einfaches Band oder als Metallreifen am Oberschenkel getragen, gehört P. zur Kleidung leichter Damen (Hor. epist. 1,17,56). In besseren Kreisen trug man P. nur oberhalb des Knöchels, was schon für minoische Z. belegt ist (E. BIELEFELD Schmuck, Archaeol. Homer. Bd. 1 Kap. C 1968, 33). S. O.

J. Andrée – Hanslik, RE XIX 858.

Peristylium (*Περίστυλον, peristylum*) bezeichnet die den Hof begrenzende Säulenhalle (*στοά, porticus*) und seit späthellenist. Z. den ganzen Säulenhof. Seit dem 4. Jh. beherrschte das P. die Repräsentationsarchitektur der griech. Stadt: Agora, Buleuterion, Bibliothek, Palaistra und Theater gewannen durch die Verbindung mit dem rechteckigen P.-Hof die monumentale Symmetrie, die dem Repräsentationsbedürfnis der Machthaber entsprach. Ebenso bezog das Forum der Kaiserzeit durch die Säulenumrahmung die majestätische Geschlossenheit, durch die es als architekton. Dominante von den Wohnvierteln abgehoben war. Das P. entsprach von Anfang an feudalem Bauen. In der Nachfolge frühgriech. Burgen (Tiryns) griffen die Staatspaläste auf den Säulenhof zurück: das Prytaneion der demokrat. Polis (Athen, Argos) wie die Residenz der hellenist. Monarchen (Palatitsa, Pergamon, Ptolemais) erhielten durch das P. ihre repräsentative Wirkung. Die röm. Kaiserpaläste schlossen sich durch P.-Höfe zu komplexen Anlagen oder öffneten sich in Garten-P. auf die Landschaft. Seit hellenist. Z. war das P. Mittelpunkt des Hauses (Delos). Der bisweilen mit der → Pastas verbundene P.-Hof (Vitr. 6,7) war mit Mosaiken, Wasserbecken und Blumenbeeten ausgestattet. In Italien wurde der an das Atriumhaus anschließende Garten zum geschlossenen P.-Hof erweitert (Pompeji). Der hellenist. P.-Gedanke, der die feudale Wohnarchitektur bis in die Spätantike beherrschte (Piazza Armerina, Konstantinopel), lebte im nachantiken Patio und Claustrum weiter. A. v. Gl.

Perkote (*Περκώτη*), h. Bergaz (?). Stadt an d. asiat. Küste des Hellespontos, etwas entfernt vom Meer, zw. Abydos und Lampsakos, schon von

Hom. genannt. Als myth. »Gründer« wurden → Askanios und → Skamandrios angegeben. Im 5. Jh. im del.-att. Seebund. Damals gab es an dem alten Platz ein Palai-P. und nicht sehr fern davon eine neue Siedlung des Namens. Die Lokalisierung beider Plätze ist nicht gesichert.

Hom. Il. 2,835. 11,229. Hdt. 5,117. Xen. hell. 5, 1,23. Strab. 13,590. Chr. D.

Ruge, RE XIX 862–865.

Perlen s. Margaritai

Perlhuhn (ὁ [ἡ] μελεαγρίς, *meleagris*). Daß von den 23 Arten (BREHM's Tierleben 7[4],40) auch andere als das gemeine P. (Numida meleagris L.) bekannt waren, ist möglich, aber aus Col. 8,2,2 nicht zu beweisen (LORENTZ, Kulturgesch. Beitr., Progr. Wurzen 1904, 19). Verbreitung: Südasien, Vorderasien, bes. N.- und W.-Afrika; in Griechenland kaum vor dem 4. Jh., in Italien seit 1. Jh. v. Chr. (Varro rust. 3,9,18 u.a.). Beschreibungen bei Klytos (Athen. 14,655c, vorzüglich). Varro a.O. und Col. 8,2,2 (dürftig). Aristot. hist. an. 6,2, 559 a 25 erwähnt die gesprenkelten Eier, nicht das P. selbst. Biolog. Angaben fehlen fast ganz, Zuchtvorschriften sind spärlich, Abbildungen selten. Kult. Bedeutung im Artemisdienst s. Klytos a.O., im Isisdienst s. Paus. 10,32,16. – Vom 5. bis zum 15. Jh. aus Europa verschwunden, danach von den Portugiesen neu eingeführt. W. R.

Hehn Kulturpflanzen[8] 364ff. *O. Keller* Ant. Tierwelt 2, 155ff. *Hempelmann-Zur Strassen* Brehm's Tierleben 7[4], 40ff.

Perlmutter. Über die Verwendung von P. in der Ant. ist in den Quellen wenig berichtet. Da man die Perle (→ *margarita*, *μαργαρίτης*) kannte und schätzte, war auch die Perlmuschel (*conchae*, Plin. nat. 9,109) bekannt, die aus Indien (Plin. nat. 9,106) importiert wurde. Von Nero wird berichtet, daß er Wände seiner *domus aurea* mit P. hat ausschmücken lassen (Suet. Nero 31). S. O.

A. Schramm, RE XIX 867. *H. Blümner* Techn. 2[2], 380.

Permessos (Περμησσός, lit. spät vereinzelt auch Τερμησσός, Paus. 9,29,5 u.a.), im Helikon entspringender Fluß, der nach Apollodor bei Strab. 9,2,19 p. 407. 2,30 p. 411 bei Haliartos in den Kopaissee mündete, danach der h. Bach von Zagora (Zagara, h. amtl. Evangelistria), nicht der Fluß des Musentals, wie nach Hes. a.O. die ganze dichter. Tradition später annahm, so auch noch ROUX, BCH 78, 1954, 22ff. Hes. theog. 5 m. Sch. Nik. Ther. 12. Orph. Arg. 124. Prop. 2,10,26. Verg. ecl. 6,64 und Serv. z. St. und zu ecl. 10,12. u.a.o. GLM 150. IG VII 1855 = SEG 15,323,4. E. M.

1. *W. M. Leake* Travels in Northern Greece 2,212f. 2. *E. Kirsten*, RE XIX 869ff.

Perna, osk. Göttin (VETTER HB Nr. 147) aus Agnone, die im Bereich der Ceres wirkt; ihr Name ist Positiv zu → Porrima wie *magnus: maximus, plenus: plisimus, supernus: superrimus*. P. dürfte den ersten Akt des Durchbruchs der Keime besorgen. G. R.

Höfer Myth. Lex. 3,1980. *Altheim* Terra Mater 92ff. *G. Radke* Götter Altitaliens 252f.

Pero (Πηρώ). **1.** Mutter des Asopos von Poseidon, Apollod. 3,156 (nach Akusilaos), der auch andere Elternpaare nennt. **2.** Tochter des → Neleus (1) und der → Chloris (4), heiratete → Bias (1), für den dessen Bruder → Melampus (1) die Rinder des → Iphiklos (1) als Brautgabe herbeiholte. Od. 11,281ff. Apollod. 1,93. 98. Paus. 4,36,3. Als ihre Söhne nennt Apoll. Rhod. 1,118ff. die Argonauten → Laodokos (Leodokos) (2), Areios und Talaos. – Darstellung auf dem Gemälde Polygnots in der delph. Lesche, Paus. 10,31,10. **3.** Eine P. soll ihren Vater Kimon im Gefängnis mit ihrer Brust ernährt haben, Val. Max. 5,4 ext. 1 (wie Xanthippe ihren Vater Mykon Hyg. fab. 254, 3). H. v. G.

Peroz (*Perozes, Firuz*), pers. König 457–484, Sassanide, verdrängte nach dem Tod des Vaters (Jezdegerd II.) mit Hilfe der Hephthaliten seinen Bruder. P., stark vom Adel und der mazdaistischen Priesterschaft beeinflußt, war Feind der Juden und Christen (NÖLDEKE Tabari 1879, 114ff.). Trotz Spannungen mit Rom suchte P. von Kaiser Leo Unterstützung gegen die Hunnen und andere Feinde zu erreichen. Nach 475 mußte P. einen ungünstigen Frieden mit den Hephthaliten schließen, 484 fiel er in einem neuen Krieg gegen diese Feinde. (Ios. Styl. 9ff. Prisc. frg. 31ff. 37. 41. Theophan. 122. Prok. 1,3,8ff.). A. L.

A. Christensen Iran sous les Sassanides[2] 1944.

Perperene (Περπερήνη, nach Steph. Byz. s. Παρπάρων die seltenere Namensform; diese Feststellung findet in den liter. und numismat. Quellen keine Stütze), noch nicht durch epigr. Belege identifizierte Stadt in Mysien, von E. FABRICIUS ([2], 12) nur mit Vorbehalt in der Ruinenstätte beim h. Dorf Asagibey vermutet. In P. soll → Hellanikos von Lesbos gestorben sein (Suda s. Ἑλλάνικος, vgl. Lukian. makr. 22; aber doch wohl nicht Thukydides: Steph. Byz. a.O.). E. O.

1. *W. Ruge*, RE XIX 890–892. 2. *R. Bohn, E. Fabricius*, MDAI(A) 11, 1886, 1–14. 444f. 3. Zu den Münzen von P. vgl. BMC Mysia 168–170; *F. Kiechle*, Jahrb. Numism. Geldg. 10, 1959/60, 141 Nr. 20.

Perperna (auch *Perpenna*, bes. inschr.), wohl etr. Gentilname, in Rom seit dem 2. Jh. v. Chr. hervorgetreten. SCHULZE Eigenn. 88. RE XVI 1653. 1666. – MÜNZER Adelsp. 95–97 (m. Stammbaum).

1. C. P., vermutl. Bruder von Nr. 4, Praetor 92, wurde als Legat 90 im → Bundesgenossenkrieg geschlagen, App. civ. 1,179. 183. BROUGHTON Mag. 2,20 (Praetur um 91). 29. **2.** M. P. (L. f. ?) ging 168 zusammen mit L. → Petillius (1) im Auftrag des Ap. → Claudius Centho (I 6) als Gesandter zu König → Genthios (Illyrien). Da dieser die Römer als Spione inhaftierte, eroberte der neue Befehlshaber L. → Anicius Gallus (I 3) → Scodra und befreite die Gesandten. Liv. 44,27,11. 30,11. 32,1ff.

Er war Vater von Nr. 3 und wurde 126 wegen Anmaßung des Bürgerrechts aus Rom ausgewiesen, Val. Max. 3,4,5. MOMMSEN RStR 3,200,1. GELZER Kl. Schr. 1,59,457. **3.** M. P. (M. f.), als *homo novus* cos. 130, DEGRASSI I 13,52f. 470f. BROUGHTON Mag. 1,501f. Als Nachfolger des P. → Licinius Crassus Dives Mucianus (I 26) erhielt er das Kommando in Asia gegen → Aristonikos (3), den er besiegte und in → Stratonikeia (Lydien) fing, Inschr. v. Priene 108,226f. Flor. 1,35,6 u. a. Er veranstaltete in → Pergamon eine Siegesfeier und starb dort bald darauf 129, ohne den erhofften Triumph feiern zu können. Die Ausweisung seines Vaters (Nr. 3) 126 belastete das Andenken an ihn, Val. Max. 3,4,5. **4.** M. P. (ca. 147–49), Richter 92 in einem Prozeß des → Marius Gratidianus (I 12), cos. 92 mit C. → Claudius Pulcher (I 32), Quellen u. a. bei BROUGHTON Mag. 2,17. Censor 86 mit L. → Marcius Philippus (I 21), vgl. Chr. MEIER Res publ. amissa 244. Beim Prozeß des C. → Fannius Chaerea (I, 7, wohl 76) war er anwesend und trat 54 mit 8 anderen Consularen für den Angeklagten M. → Aemilius Scaurus (I 29) ein, vgl. GELZER Cicero 198. Hochbetagt (Plin. nat. 7,156) starb er im Frühj. 49. **5.** M. P. (Veiento?), wahrscheinl. Sohn von Nr. 4, überzeugter Populare, 82 Praetor und Statthalter in Sicilien (BROUGHTON Mag. 2, 67f.), das er vor Pompeius räumte. Als Geächteter lebte er dann verborgen, vielleicht in Ligurien, nahm 78 an der Erhebung des cos. M. → Lepidus (I 5) teil und ging 77 nach Spanien, wo er sich → Sertorius anschloß und in den folgenden Jahren gegen Pompeius erfolglos focht. Er trat an die Spitze einer Verschwörung gegen Sertorius und wirkte bei dessen Ermordung 72 entscheidend mit. Doch gerade dadurch richtete sich die Stimmung gegen ihn, und er wurde bald darauf von Pompeius vernichtend geschlagen, gefangen und umgehend hingerichtet. Ein Mann, der weder zu befehlen noch zu gehorchen vermochte, Plut. Sert. 27,2. DRUMANN² 4,369ff. H. BENGTSON R. G. (1967) 195f. H. G. G.

Perrhaiboi (Perrhaiboi, ältere Namensform *Περαιβοί*, jüngere *Περραιβοί*, Perioikenlandschaft des n. Thessalien im Flußgebiet des Titaresios w. des Olymp, so schon Hom. Il. 2,749f. Nach Strab. 9,5,17 p. 437. 10,1,4 p. 446 früher in der gesamten Histiaiotis. Kämpfe mit den Thessalern, Aristot. pol. 1269 b 6. Von den Thessalern abhängig, Thuk. 4,78,6, aber selbständiges Mitglied der delph. Amphiktyonie, Aischin. 2,116. Theopomp. FGrH II B 115 fg. 63 bei Harpokr. s. *Ἀμφικτύονες*. Inschr. oft. Die P. kamen früh unter makedon. Herrschaft und waren Mitglied des korinth. Bundes, Syll. I³ 260 b 11. Anschluß an den aitol. Bund, FLACELIÈRE Les Aitoliens à Delphes 255. 286. 296. Liv. 39,24f. 196 v. Chr. für frei erklärt, Pol. 18, 46,5. Liv. 33,32,5 und als Stammesbund organisiert. Hauptorte waren → Gonnoi, → Malloia, → Olosson, → Phalanna und die »Tripolis« Azoros, → Doliche und → Pythion. Hom. h. 2,40. Aischyl. frg. 185 N bei Athen. 11,476 c. Skyl. 65. Strab. 9,5,19–22 p. 439–442. Inschr.: IG IX 2, 1226–1317. 1356. Mz.: HEAD HN² 304. E. M.

1. *Fr. Stählin* Das hellen. Thessalien 5ff. 15ff. 2. *B. Lenk*, RE XIX 906ff.

Persaios (*Περσαῖος*). **1.** Vater Hekates, Hom. h. 5,24, → Perses (1). H. v. G.

2. P., von Kition, ein Schüler des Stoikers → Zenon; folgte um 276 v. Chr. einem Rufe des → Antigonos (2) Gonatas, an dessen Hofe er eine ehrenvolle Stellung hatte. Auch als Stratege des Antigonos war P. tätig: Er war der Kommandant des Akrokorinth, als ihn 243 → Aratos (2) überrumpelte, wonach P. sich den Tod gab (nach anderer Überlieferung überlebte). Diog. Laert. 7, 36 zählt 10 Schriften von P. auf, darunter *περὶ ἐρώτων* und *περὶ γάμου*, was die Thematik des → Antipatros (9) von Tarsos vorwegnimmt. Höchst bemerkenswert, daß P. in 7 B. Platons Nomoi kritisch untersuchte. Spätere Generationen haben vor allem 2 von Diog. Laert. nicht genannte Schriften exzerpiert: die *συμποτικὰ ὑπομνήματα* (auch *συμποτικοὶ διάλογοι* genannt) und eine Biographie seines Lehrers Zenon: P. hat also wohl als der bevorzugte Schüler das *ἐγκώμιον* auf seinen Lehrer verfaßt. H. D.

Frg.: SVF I 96–102 (meist Anekdotisches).

Persarmenia, seit E. 4. Jh. zum Sassanidenreich gehörender Teil Armeniens. Nachdem schon → Sapor II. Kaiser → Valens vorgeschlagen hatte, das stets umstrittene Armenien zu teilen (Amm. 30,21), kam es unter Theodosius I. – wahrscheinlich 387 – zur Teilung, wobei nach Prok. (de aedif. 3,1, vgl. 3,6,15) 4/5 an die Sassaniden fielen (Faust. Byz. 6,1. Lazar von Pharpi 5 = LANGLOIS Coll. des hist. anc. et mod. de l'Armenie 1,307 bzw. 2,262. STEIN 1,205f.). P., zunächst, zeitweilig mit röm. Armenien vereint, Vasallenkönigtum (Moses Chor. 3,43ff. Lazar 7ff. = LANGLOIS 2,156ff. 264ff.), wurde 429 sassan. Provinz, mit Verlegung der Hauptstadt von → Artaxata nach Dvin. Verfolgung der (monophysit.) Christen führte im 5. Jh. zu harten Kämpfen mit den neuen Herren (Lazar 19ff.). Kriegsschauplatz war P. auch bei röm.-pers. Auseinandersetzungen seit E. 5. Jh. (Ios. Styl. 74. Prok. 1,12. 15. 2,24). Bei dem unter → Iustinus II. (4) neuaufflammenden, bis ins 7. Jh. andauernden Konflikt um P. ging es neben den strateg.-wirtschaftl. Belangen vor allem um den Schutz der Christen (Menander frg. 36. 41ff. 54. 60. Müller). A. L.

P. Goubert Byzance avant l'Islam I, 1951. *R. Grousset* Hist. de l'Armenie 1947. *B. Rubin* Iustinian 1, 1960, 252ff.).

Perse(is) (*Πέρση*, *Περσηΐς*). Tochter des Okeanos und der Tethys, Hes. theog. 956ff. 356. Gemahlin des Helios, Od. 10,135ff. Apoll. Rhod. 4,591. Cic. nat. 3,48. Kinder: Aietes, Kirke, Pasiphae, Perses (2). Apollod. 1,83. 3,7; epit. 7,14. Zur

Etym. von Perse, Perses, Perseus s. E. Wüst, RE XIX 939f. Usener, Götternamen 11f. K. Kerényi Töchter der Sonne, 1954, 47f. 68. Perseis heißt auch Hekate als Tochter des → Perses (1). Wilam. GldH^3 1,107. H. v. G.

Persephone (Περσεφόνη/εια Hes. theog. 913). Griech. Göttin der → Unterwelt (Hom. Od. 9,494. 509. 10,213), Gemahlin des → Hades-Pluton (Hom. Il. 9,457; Od. 11,47). Die Namenvarianten (att. *Φερσέφασσα*, *Περρέ/φαττα* Aischyl. Choeph. 490. Aristoph. Thesm. 287. Plat. Krat. 404c; thessal. *Φερσεφόνα* Simon. frg. 124. CIG 4588; lakon. *Πηρεφόνεια* Hesych. s.v.; lokr. *Πηριφόνα* GDI 1486) lassen vorgriech. Ursprung und volksetymol. Assimilation vermuten (J. Wiesner, RVV 26, 1938, 20. Th. Knecht Gesch. der griech. Komposita vom Typ *τερψίμβροτος*, 1946, 32. Nilsson GgrR 1,474. Vgl. Frisk 2,517f.). Erklärungsversuche: idg. (»die Ertragreiche«) H. Ehrlich, ZVS 39, 1906, 560ff. E. Fraenkel, Lexis 3, 1952/53, 61ff. A. Heubeck, BN 5, 1954, 28ff.; pelasg. (etwa »reiche Jungfrau«) A. J. van Windekens, BN 8, 1957, 168ff. Vgl. A. Carnoy Dict. Etym. Proto-Indo-Européen, 1955, 55; semit. (= *Parʿatṣaphōn* »Fürstin des Nordberges«, d.h. Anat als Todesgöttin) L. Wächter, Ztschr. f. Rel. und Geistesgesch. 16, 1964, 197ff. Nach F. Altheim Terra Mater, 1931, 100ff. 107. Gesch. der lat. Sprache, 1951, 340 dagegen zu etr. *φersu* »mask. Totendämon« (vgl. G. Devoto, SE 2, 1928, 309ff. H. L. Stoltenberg Etr. Gottnamen, 1957, 31f.) mit evtl. Parallele *Perseus-φersu* und *P.-φersipnei* (A. Baldi, Aevum 34, 1961, 131ff.) und Bezug auf eine infernal. → Gorgo-P. im chthon. Maskentanzritual (J. H. Croon, JHS 75, 1955, 9ff.). Da etr. *φersipna/ei* (CIE 5091; Suppl. I 406), praenest. *Prosepna(i)* (CIL I^2 558) und lat. *Proserpina* (Naev. frg. 29. Verg. georg. 1,39) jedenfalls auf ein urspr. *Perse(r)pona* (vgl. Vetter HB Nr. 213) zurückgehen dürften ([5], 263ff.), wäre der Nachweis einer alten Kurzform **Πέρσα* = P. (vgl. *Περσηΐς* = Hekate, Apoll. Rhod. 3,467) aufgrund von myk. *Pe-re-sa*$_2$ (PY Tn 316. 5. Un 1189. 2. 3. W. Merlingen Linear B Indices, 1959, 62) wichtig (falls korrekte Lesung statt *Pe-re-ja*$_2$ [7], 172ff.; → Aphrodite). Diese Göttin erhält neben *I-pe-me-de-ja* (→ Iphimedeia) u. *Di-u-ja* (Diwia → Zeus) Rind-, Schaf- und Schweineopfer (M. S. Ruipérez, Minoica, Festschr. J. Sundwall, 1958, 359ff.); nach G. Pugliese Carratelli, Stud. Class. Or. 7, 1958, 20ff. ist sie die alte gorgon. Vorgängerin der P. (vgl. Od. 6,34f.), somit der unterweltl. min. *da-pu-ri-to-jo po-ti-ni-ja* (KN Gg 702. 2. J. Puhvel Mycenean Studies, 1964, 162. 165) bzw. der pyl. *u-po-jo po-ti-ni-ja* (PY Fn 187. 8. S. Luria, Minos 4, 1956, 47) möglicherweise verwandt. Auch der Dual der »beiden Göttinnen« (*τὼ θεώ* = → Demeter und Kore-P.) reicht anscheinend in myken. Z. hinauf (*wa-no-soi* PY Tn 316. W. K. C. Guthrie, BICS 6, 1959, 44. L. R. Palmer Myceneans and Minoans, 1961, 123ff.; *i-ku-wo-i-pi* [Dt.] KN V 280 »die beiden Pferdegöttinnen« [?] Palmer, Proc. Cambr. Coll. Mycen. Studies, 1966, 275ff. Vgl. [4], 135f.), obwohl (abgesehen von Hom. h. Dem.) erst Hdt. 8,65 und Aristoph. Thesm. 298 die »Tochter« P. = *ἡ Κόρη* lit. belegen (dazu *ko-ro-we-wi-jo* = *ΚορϜηϜίω* [Gn.] »Monat der Kore« [?] auf der kypr. Bulwer-Tafel [6./5. Jh. v. Chr.?] G. Neumann, Kadmos 2, 1963, 60f.). Für den Mutter-Tochter-Aspekt zeugen im außergriech. Bereich die lyd. Lametrus (Demeter) neben Artemis (= P. [?]; vgl. H. Lebrun, REG 59/60, 1946/47, 28ff.) als Rachegottheit (G. Capovilla, Aegyptus 39, 1959, 304) auf epichor. Grabmonumenten in unterweltl. Habitus (Stele von Mersindere: G. W. Elderkin, AJA 29, 1925, 87. O. Haas, Sprache 8, 1962, 199. R. Gusmani, Lyd. WB, 1964, 158. 261f.), die umbr. *Torsa Prestota Cerfia* (A. J. Pfiffig Religio Iguvina, 1964, 51ff. 57f.), das osk. Paar *Ammai Kerrîiai Futrei Kerrîiai* [Dt.] (Tafel von Agnone: Altheim, SMSR 8, 1932, 158ff. A. v. Blumenthal, RhM 85, 1936, 64f. [5], 61f.), die messap. *Damatira/Doimata Grahis/Graiva* (O. Parlangeli, RIL 26, 1960, 288ff. 310ff. Haas Messap. Studien, 1962, 43ff.) = *Δημήτηρ/Δωμάτηρ Γραῦς/Γραῖα* »Demeter die alte Frau« (d.h. die »Erdmutter«, Merlingen Eine ältere Lehnwörterschicht im Griechischen 1, 1963, 36f. A. Henrichs, Ztschr. f. Papyrol. und Epigr. 3, 1968, 111f.) im Gegensatz zum »Mädchen« Kore (Jung–Kerényi Einführung in die griech. Rel., 1951, 156f. H. J. Rose, Harv. Theol. Rev. 51, 1958, 4f.). Da nach der Interpretation der Phaistos-Schale (Schlangengöttin P. mit 2 Gespielinnen [Athene und Artemis] vor der Blume der → Gaia) durch K. Kerényi, Hans-Oppermann-Festschrift, 1965, 58ff. auch der Mythos vom Kore-Raub (Hom. h. Dem. 1ff. Ov. met. 5,385ff. [1], 285ff. H. Herter, RhM 90, 1941, 236ff.) bis ins 3. Jt. v. Chr. zurückgeht, gewinnt die min.-mediterrane Symbolik von Blume (→ Krokos: F. Cornelius, Jahrb. kl. Forschg. in Mem. H. Th. Bossert, 1965, 175ff.; → Narzisse: S. Reinach, RA 1918, 2,301ff.) und Frucht (→ Granatapfel: H. Th. Bossert, OLZ 34, 1931, 321ff. [*θιοῦ ῥοία* auf der Bügelkanne von Orchomenos]; G. B. Vermiglioli Iscrizioni Perugine 1, 1833^2, 44. Pfiffig Ein Opfergelübde an die etr. Minerva, 1968, 72 [die etr. Proserpina bzw. Thufultha mit Granatapfel]) im P.-Kreis besonderes Gewicht (vgl. W. Deonna, Genava 17, 1939, 177ff.). Das prähellen. Vegetationsdrama ([4], 68f. Vgl. G. M. A. Hanfmann The Season Sarcophagus in Dumbarton Oaks 1, 1951, 100) des Verschwindens und Wiedererscheinens (Anodos) der Kore ([1], 310f. M. Guarducci, Mon. Ant. 33, 1929, 5ff. P. Lambrechts, Mél. I. Lévy, 1953, 210f.) mündet in myst. geprägte agrar.-chthon. Begehungen (Nilsson, ARW 32, 1935, 100ff. 104ff.), ausgerichtet auf die Phänomene Tod, Hochzeit und Befruchtung (R. Eisler Weltenmantel und Himmelszelt 1, 1910, 123 ff. 143 ff. J. TOUTAIN, REA 42, 1940, 345 ff. 352 f. [Anakalypteria]; vgl. D. SABBATUCCI, SMSR 28, 1957, 53 ff. [Schweineopfer in Rom]), in Attika (O. KERN Die griech. Mysterien der klass. Zeit, 1927, 57 ff. A. DIETERICH, ARW 11, 1908, 168 ff. W. O. CROSS, Rev. Rel. 16, 1951/52, 27 ff. → Eleusinia) und Messenien (L. ZIEHEN, ARW 24, 1926, 29 ff. H 60, 1925, 34. → Andania), in Unteritalien (→ Lokroi Epizephyrioi: L. VON MATT – U. ZANOTTI BIANCO Großgriechenland, 1961, 129 f. Abb. 137–148. [3], 72 f. 283 f.; Casal di Velia [Salerno]: F. RIBEZZO, RIGI 21, 1937, 94. P. EBNER, Apollo 3/4, 1963/64, 93 ff.; Metapont: F. G. LO PORTO, NSA 20, 1966, 136 ff.) und auf Sizilien (Diod. 5,2. Plut. Timol. 8. R. SCHILLING, Kokalos 10/11, 1964/65, 259 ff. R. VAN COMPERNOLLE, Hommages W. Deonna, 1957, 484 ff. [Gela]), wobei aus Pindars Zeugnissen (frg. 127. O. 2,57 ff.; P. 12,2. [3], 232 ff. 240) orph.-pythag., aus dem Volutenkrater von Spina (S. AURIGEMMA Museo di Spina, 1936, 210 ff. Tf. C–CII) orph.-dionys. Einflüsse (K. KERÉNYI, Symb. Osl. 30, 1953, 82 ff.) ersichtlich werden (zur Ausstrahlung der Kulte von Syrakus nach Karthago Diod. 14,77. O. MELTZER Gesch. der Karthager 1, 1879, 298. 303 f. J. G. FÉVRIER, Mél. A. Robert, 1957, 364 ff. Journ. As. 256, 1968, 1 ff. Vgl. R. P. FERRON, Studi Magrebini 1, 1966, 77 ff.), Während die Figur der myst. Kore Hagne (Paus. 4,33,4. E. WILLIGER Hagios, 1922, 38 f.) in den späthellenist. → Aion- und → Isis-Mysterien gewandelt weiterlebt (C. CLEMEN, Ztschr. f. Missionskunde 40, 1925, 162 ff. – R. EGGER, Studi Calderini-Paribeni 1, 1956, 239 ff. F. JESI, Aegyptus 41, 1961, 74 ff.), ist die Vorstellung von einer ursprüngl. erinyenhaften, mit → Hekate-Artemis-Selene verwobenen Schlangengöttin und Totenkönigin P. (JUNG-KERÉNYI 157 ff. JESI, Hist. of Rel. 3, 1964, 266 ff. H. RAHNER Griech. Mythen in chr. Deutung, 1966³, 206 f.), bei Hom. Il. 9,454. 571 noch angedeutet (→ Erinys; [4], 233 f.), von der Orphik bewahrt (Praxidike: Orph. h. 29,5. A. EHRHARDT, Studi E. Albertario 2, 1953, 548 f. [4], 102 ff.) in die Lit. der synkretist. Zauberpapyri eingegangen (PGM 1, 148 ff. D. WORTMANN, Ztschr. f. Papyrol. und Epigr. 2, 1968, 155 ff. H. G. GUNDEL Weltbild und Astrologie in den griech. Zauberpapyri, 1968, 26). W. F.

1. *L. Malten*, ARW 12, 1909, 285 ff. 2. *F. Jesi*, Aegyptus 42, 1962, 282 ff. 3. *A. Schenk v. Stauffenberg* Trinakria, 1963. 4. *B. C. Dietrich* Death, Fate and the Gods, 1965. 5. *G. Radke* Die Götter Altitaliens, 1965. 6. *H. Anton* Der Raub der Proserpina, 1967 (Lit. Nachleben). 7. *M. Gérard-Rousseau*, Les Mentions rel. dans les Tablettes Mycéniennes, 1968.

Persepolis (altpers. *Pārsa*, das sonst für die Landschaft → Persis oder als Ethnikon verwendet wird; griech. neben älterem *Πέρσαι Περσέπολις*), Sommerresidenz der achämenid. Könige, in der fruchtbaren Ebene Merwdascht 60 km. n. ö. von Schiras gelegen (ungefähr 1570 ü. d. M.), w. des Abhanges des Kuh-i Rahmat. Die Ruinen, die h. Takht-i Dschemschid (Thron des D.) heißen, wurden im 17. Jh. von Pietro della Valle entdeckt und seitdem von vielen Gelehrten, in unserm Jh. namentlich von Sarre, Herzfeld, Erich Schmidt erforscht. In vorachämenid. Z. waren benachbarte Hügel, Tell i Bakun usw., schon im Neolithikum besetzt. Dareios ließ die großen Terrassen bauen und das Werk an dem großen Apadana (Audienzhalle) und seinem Tacara (Palast) sowie an dem sog. Harem und der Schatzkammer beginnen, Bauten, die Xerxes vollendete und denen er die erst von seinem Nachfolger Artaxerxes I. fertiggestellte Hundertsäulenhalle sowie einen eigenen Palast hinzufügte. Hauptsächlich scheint P. zu dem großen Empfang gebraucht geworden zu sein, der zu Neujahr (21. März) stattfand. Auf Reliefs, unter welchen die in der von dem Chicagoer Orient. Instit. im J. 1933 freigelegten Treppenanlage an der O.-Seite des Apadana am besten erhalten sind, werden Repräsentanten der verschiedenen Völker des Reiches dargestellt, die ihre Gaben (nicht Tribute) darbringen. Kultische Spuren in P. sind sehr spärlich: nur ein Feueraltar in dem von Xerxes vollendeten Torbau mit den vier kolossalen Stierwesen, und *vielleicht* ein Feuertempel s. des Apadana. Die Ikonographie der zahlreichen Reliefs stammt aus Mesopotamien und hat für die achämenid. Z. keinen feststellbaren religiösen Wert. W. LENTZENS Deutung von P. als eine Art iran. Stonehenge ist verfehlt, weil P. dann entweder auf einem Berg oder mitten in einer Ebene hätte liegen müssen. In der Felswand im O. der Terrasse sind Gräber von drei Achämeniden, Artaxerxes II. und III. und (unvollendet) Dareios III. Die Bedeutung von P. als Bestattungsort ist dann erst sekundär. Letztlich war P. vielleicht als Ort der Schatzkammer bes. wichtig. Alexander d. Gr. ließ die Königsburg in Brand stecken, ein symbol. Zeichen, daß die Achämenidenherrschaft ihr Ende gefunden habe.

Für den Weiterbestand der Stadt in der Z. nach Alexander haben Ausgrabungen Zeugnisse geliefert. Etwa 150 m. n. ö. der Palastterrasse wurde ein Feuertempel aufgedeckt. Die dort von HERZFELD gelesenen griech. Weihinschr. sind spurlos verschwunden. Am selben Orte wie die Achämenidenkönige haben auch die Sassaniden ihre Denkmäler errichtet, nicht aber in P. selbst, sondern in der Nähe, bei → Naqš-i Rustam usw. J. D.-G.

E. Schmidt Persepolis I (1953), II (1957). *G. Walser*, Bh. zu Historia, 1970. *L. Vanden Berghe* Archéologie de l'Iran anc., 1959. *H. Luschey* Die Erforschung von P., 1970. *J. Deshayes*, Origine et signification des représentations symboliques à P., Rev. Fac. Let. Téhéran, 1967. *J. Duchesne-Guill.* Le tapis de P., Arch. Mitt. aus Iran, NF, 2, 1970.

Perseptolis (*Περσέπτολις*), Sohn des → Telemachos. H. v. G.

Perses (*Πέρσης*). **1.** Sohn des Titanen → Kr(e)ios (1) und der Eurybia (K. KERÉNYI Die

Mythol. der Griechen 39), Bruder des → Astraios und des Pallas, Gemahl der → Asteria (1), Vater der Hekate, Hes. theog. 375ff. 409ff. Apollod. 1, 8f. **2.** Sohn des Helios und der Perse(is), Apollod. 1,83. 147, von Medeia getötet, da er seinen Bruder Aietes der Herrschaft in Kolchis beraubte, Hyg. fab. 27 (in phantast. Ausschmückung, → Hippotes [3]). **3.** Sohn des Perseus und der Andromeda, Hdt. 7,61. 150. Apollod. 2,49, myth. Stammvater der Perser. Als Nachfolger seines Großvaters → Kepheus herrscht er über die Kephenen (um Babylon), führt seine Untertanen aber ins Land der Artaier, das er nach sich Persis nennt (Hellanikos). Sein Sohn ist → Achaimenes (Nikol. Dam.). PRELL.-ROB. 2,241f. H. v. G.

4. P., Bruder des → Hesiodos, nach diesem der Arbeit abgeneigt, führte mit ihm wegen der Erbschaft einen Prozeß, in dem Hes. offenbar unterlag (erg. 34) und befand sich z.Z. der Abfassung der Erga wieder in einem Rechtsstreit mit ihm (erg. 39. 249. 269).

Van Groningen, Mededel. Nederlandse Akad. Wetensch. N.R. 20, Letterk., 1957, S. 153ff. Entretiens sur l'antiqu. class. 7, 120f. 160f. *Diller*, Wege der Forsch. 43, 239ff.

5. P., Dichter des Meleagerkranzes. Unsicher, ob der Thebaner Anth. Pal. 7,445 von dem Makedonen 487 verschieden ist. Zeit des Thebaners letztes Viertel 4.Jh. (POMTOW zu Sylloge^3 300). Wohl alle 9 Epigramme echte Aufschriften. R.K.

Gow and *Page* Hellenistic Epigr. *Luck*, GGA 219,25.

Perseus (*Περσεύς*). **1.** Berühmter argiv. Heros. Sohn des Zeus und der → Danae, vom Großvater → Akrisios samt der Mutter in einer Kiste ins Meer geworfen, vom Fischer → Diktys auf Seriphos gerettet und erzogen. Sein Halbbruder, der König → Polydektes, schickt den herangewachsenen P., um Danae in seine Gewalt zu bekommen, auf Abenteuer aus. Er soll gemäß seinem eigenen vermessenen Versprechen das Haupt der → Gorgo Medusa holen. Hermes und Athena weisen ihn zu den Schwestern der Gorgonen, den Graien (→ Phorkyaden) Pe(m)phredo, Enyo, Deino. Indem er diesen das einzige Auge raubt, dessen sie sich abwechselnd bedienen, zwingt er sie, ihm den Weg zu den Nymphen, die die Zaubergeräte besitzen, zu zeigen. So bekommt er die Tarnkappe (*Ἄιδος κυνῆ*), die Zaubertasche (*κίσιβις*) und die Flügelschuhe. Nach anderer Version hatten bereits die Naiaden (Nereiden) von Seriphos ihm diese Gegenstände gegeben. Von Hermes (Hephaistos, Zeus) erhält er das Sichelschwert (*ἅρπη*). Nach einem Besuch der Hyperboreer (Pind. P. 10,31) kommt er zu den Gorgonen, schlägt der schlafenden Medusa das Haupt ab und steckt es in die *κίσιβις*; um durch ihren Anblick nicht versteinert zu werden, hatte er beim Heranschleichen ihr Spiegelbild in seinem blanken Schilde beobachtet. Die Tarnkappe ermöglicht ihm das Entkommen vor ihren unsterblichen Schwestern Sthen(n)o und Euryale. Ov. met. 4,639ff. erzählt von der Versteinerung des → Atlas durch das Medusenhaupt (→ Gorgoneion). Über die Gewinnung der Andromeda als Gemahlin → Andromeda, → Kepheus (2), → Kassiepeia (3), → Phineus (1). Nach Lykophr. 838f. wurde P. von dem Meeresungeheuer erschlagen. CLARK HOPKINS Assyr. elements in the P.-Gorgo Story, Am. J. Arch. 38, 1934, 341ff. J. FONTENROSE, Python, 1959. 274ff. (Reflex kanaanit. Mythen). S. MORENZ Die orient. Herkunft der P.-Andromeda-Sage, FF 36, 1962, 307ff. K. SCHEFOLD, Lex. d. A.W. 2148f. Früher *καταστερισμός* der Beteiligten einschl. des *κῆτος* und des der enthaupteten Medusa entsprungenen → Pegasos, auf dem nach einer Sagenform P. ritt (Ov. am. 3,11, 24). W. SCHADEWALDT Die Sternsagen der Griechen, 1956, 29ff. s. Sternbilder.

In Seriphos versteinte P. Polydektes und machte Diktys zum König. Dann wollte er sich mit Akrisios versöhnen, tötete ihn aber unabsichtlich beim Diskuswerfen; so ging das Orakel in Erfüllung. Er erbte die Herrschaft über Argos, tauschte es aber mit seinem Onkel → Proitos (oder Neffen → Megapenthes) gegen Tiryns, von wo aus er Mykenai gründete. Nach Hyg. fab. 244 wurde er von Megapenthes getötet. – Belegstellen zu dem Bisherigen s. in den Bezugsartikeln.

P.' Widerstand gegen den Dionysoskult endete mit Aussöhnung (Paus. 2,20,4. 22, 1. 23,7. NILSSON GgrR ^{2}1,613) oder mit dem Siege des Gottes (Nonn. Dion. 47,499ff.). Nach Sch. Il. 14,319 tötete P. den Gott und warf ihn in den Lernasumpf. K. KERÉNYI Die Heroen der Griechen 26. – Die Etym. ist strittig: zu *πέρθειν*, zu *πεπαρεῖν*, vorgriech.? Die These vom Sonnengott ist überholt. Heroische Ehren genoß P. vor allem in Argolis, Athen, Seriphos. Der Name machte ihn und seinen Sohn → Perses (3) zu Ahnherren der Perser (Hdt.). H. v. G.

Über Darstellungen aus der P.-Sage: *K. Schauenburg* P. in der Kunst des Alt. 1960. *Ders.* Lex. der A.W. 2263f. *J.M. Woodward* P. A Study in Greek Art and Legend, Cambr. 1937. *F. Matz* Ein hellenist. Bild. Marb. Winckelmannprogr. 1947, 9ff. *E. Langlotz* P., SHAW 1951. *Ders.* Der triumphierende P., Köln u. Opladen 1960 (Kopf der »Athena Albani« ein P.-Kopf). *K. Schefold* Frühgriech. Sagenbilder, 1964, Abb. 15b. 16.

2. P., letzter König von Maked. 179–168, * 212, Sohn Philipps V. und der Polykrateia aus Argos, Liv. 27,31,3ff. 40,6,4. Plut. Arat. 51,2. MELONI 9ff., befehligte Züge 200 gegen Pelagonien und 189 gegen die Doloper und Amphilocher. Ihm zu Ehren gründete Philipp 183 die Stadt Perseis. Liv. 31,28,5; 34,6. 37,5,10. 7,1. 39,53,14ff. P., erklärter Römerfeind, brachte mit → Apelles (2) 180 Philipp dazu, den römerfreundlichen Bruder → Demetrios (4) zu töten. Nach Philipps Tod 179 beseitigte er einen Verwandten Antigonos und Apelles. Liv. 40,56,11f. Wie Philipp suchte er für Makedonien größere Selbständigkeit gegenüber

Rom, erneuerte zwar den Vertrag mit Rom, hob aber die Isolierung Makedoniens auf, vermählte sich mit → Laodike (11), Tochter → Seleukos' IV., und seine Schwester mit → Prusias II. von Bithynien, erließ eine Amnestie für alle Emigranten, beschickte die Pythien in Delphoi, schloß ein Bündnis mit Boiotien, gewann Sympathien im aitol. und achai. Bund und in Rhodos und festigte seine Herrschaft in Thrakien mit Siegen über die → Bastarner. Pol. 25,3. Liv. 42,12. Sylloge^3 636. H. H. Schmitt Rom und Rhodos 1957, 134f. Durch → Eumenes II. (3) aufgehetzt, beschloß Rom 172 den Krieg. Sylloge^3 643. Q. → Marcius (I 25) Philippus gewährte P. einen Waffenstillstand und brachte währenddessen die meisten Griechen, bes. den achai. Bund, auf die Seite Roms. Pol. 27,8. 11f. Liv. 42,38,8ff. 44,6. P. hatte nur → Kotys (3) und einige Epeiroten als Bundesgenossen, aber ein starkes Heer (43000 Mann, Liv. 42,51,3ff. Meloni 217ff.) und durch Reduktion des Mz.-Gewichts genügend Geld. P. R. Franke, Jahrb. Num. Geldgesch. 8, 1957, 31ff. Er mußte an 3 Fronten kämpfen, gegen die Römer, gegen Eumenes in Thrakien und gegen die Dardaner im NW., siegte 171 am Kallinikos in Thessal., sein Friedensangebot wurde aber abgelehnt. Pol. 27,8. Liv. 42, 62,3ff. A. → Hostilius (10) suchte 170 vergeblich in Makedonien einzudringen. P. schlug dagegen die Dardaner, beunruhigte die Römer in Illyrien und schloß mit → Genthios ein Bündnis. Der Gebirgsmarsch des Q. → Marcius Philippus (I 26) durch Thessalien über den Olymp in die maked. Küstenebene überraschte 169 P., er befahl schon, den Schatz in den See bei Pella zu werfen und die Werften von Thessalonike anzuzünden, doch räumten die Römer wegen Verpflegungsschwierigkeiten ihre Stellungen. Pol. 28,12. Das erfolgreiche Erscheinen der maked. Flotte in der Ägäis bewog Rhodos zu erfolgloser Friedensvermittlung. Pol. 29,11. Während Genthios kapitulierte, reorganisierte L. → Aemilius Paulus (I 22) das röm. Heer und zwang P. durch eine Umgehung zur Schlacht bei Pydna am 22. Juni 168. Pol. 29, 17f. Liv. 44,40ff. Die Phalanx, deren Anprall selbst Aemilius erschreckte, wurde in Einzelgefechten in einer Stunde durch die röm. Manipel vernichtet. P. floh würdelos nach Samothrake und ergab sich dem Praetor Cn. Octavius. 167 im Triumph vorgeführt, starb P. als Gefangener in Alba Fucens 165 oder 162. FGrH 260 F 3,18

H. V.

P. Meloni Perseo 1953.

Persica s. Pfirsich

Persis, altpers. *Pārsa.* Ein Teil Irans, der, seit dem Paläolithikum besiedelt, nach den Parsa genannt war, die zuerst als *Parsua* w. des Urmiyasees unter Salmanasar (835 v. Chr.) bezeugt sind, sich später aber im s. Teil des Zagros im SO. von Susiana und Anshan ansiedelten. Strab. 15,727 unterscheidet in der P. drei Zonen: die unfruchtbare und heiße Meeresküste, einen Landstrich mit wohlbewässerten Talebenen und das rauhe, unwirtliche Gebirgsland. → Pasargadai unter Kyros II., dann auch, seit Dareios, → Persepolis mit dem benachbarten → Naqš-i Rustam und die Stadt Istakhr stellten das polit. Zentrum der P. dar, die selbst Schwerpunkt des achämenid. Reiches war. Pasargadai am Murghab war die Hauptstadt des Kyros. Sie enthielt mindestens drei Paläste, einen Feuertempel, zwei Feueraltäre, eine Terrasse, und das in der Gestalt einer Zigguraterbaute Grabdenkmahl des Kyros, das von Alexander besucht wurde. Die im s. Fars entdeckte Ruine eines ähnlichen Grabes ist höchstens spätachämenid., weil sie Spuren griech. Technik aufweist. Nach dem Tode Alexanders war die P. weniger als andere Teile des Reiches dem Einfluß des Hellenismus ausgesetzt; es lebte dort der iran. Geist weiter. Auf den Mz. der P. sind die Legenden auf Pahlavi, und ihre Motive sind nicht ausschließlich griech. Ardashir I., der Begründer der sassanid. Dynastie, war Enkel eines Feuerpriesters der Anahita zu Istakhr. Zu der sassanid. P. gehören namentlich folgende Städte. 1. Ardashir-Khurra (»Ruhm des Ardashir«), von Ardashir erbaut, h. Firuzabad, umfaßte eine runde Stadt (nach parth. Weise) mit Feuertempel und Feuerturm, einen Palast und eine Burg. 2. In Bishapur, von Shapur I. erbaut, befand sich ein Palast syr.-röm. Stils mit Mosaiken, auf denen beflügelte Genien, nackte Frauen usw., dargestellt sind, und Felsreliefs, bes. den Triumph des Shapur über → Gordian aufzeigend. 3. Sarvistan mit dem Palast des Bahram V. (420–438). 4. Darab, früher Darabgird, auch eine runde Stadt wie Ardashir-Khorra, mit einer andern Darstellung des Sieges Shapurs über Gordian und Valerian. Die Stadt Istakhr bei Persepolis erstand erst unter den Sassaniden. Sie wurde von den Arabern zerstört; h. sind auch ihre letzten Spuren verschwunden.

J. D.-G.

C. Nylander, in Iranica Antiqua, 1967. *L. Van den Berghe* Archéologie de l'Iran anc., 1959.

Persischer Meerbusen. Er wird in babylon.-assyr. Quellen schlechthin »das Meer« oder im Gegensatz zum oberen Meere, dem h. Mittelmeer, »das untere Meer« genannt. Als P. M. erscheint er erst in der griech. Literatur. In voralexandrin. Z. war der P. M. den Griechen noch unbekannt. Erst Alexander d. Gr. veranlaßte seine Entdeckung. → Nearchos war sich aber gar nicht bewußt, daß er etwas ganz Neues entdeckt hatte: er war der Meinung, der P. M. sei bereits unter dem Namen → Ἐρυθρὰ θάλαττα bekannt. Er folgte nämlich einer griech. Überlieferung, nach der der Sagenheld Perseus der Stammvater der Perser sei und bei ihnen seinen Sohn Erythras zurückgelassen habe, dieser sei später auf der Insel Ogyris beigesetzt worden und habe dem dortigen Meer, unserem P. M., seinen Namen hinterlassen. Auf Nearchos und seinen Nachfolger → Androsthenes (4) gehen in letzter Linie alle ant. Darstellungen des P.M. zurück. Am engsten hält sich an sie der Geograph → Eratosthenes (vgl. Strab. 16,765 p.). Auf dem Wege durch den P.M. führte man zu allen Zeiten Zimt und andere aromat. Waren nach Mesopotamien ein. Einen neuen Aufschwung erlebte der Schiffsverkehr unter Alexander und seinen Nachfolgern. J. D.-G.

Persisches Münzsystem s.Dareikos. Siglos

Persius. Ital. Gentilname unbestimmter Herkunft (nach Schulze Eigenn. 88 u.ö. verwandt, aber nicht ident. mit → Perperna, doch als etr. anzusehen, Walde-Hof. 2^3, 292, wie auch der Dichter A.P. Flaccus erweist).

1. P. aus Klazomenai stammte aus der Ehe eines Römers mit einer Griechin, war reicher Geschäftsmann und trat in seinem Prozeß gegen P. → Rupilius Rex 42 mit Sarkasmus auf, Hor. s. 1,7. **2.** C.P. gehörte zur röm. Besatzung von Tarent unter → Livius Macatus (I 12) und zeichnete sich 210 aus, Liv. 26,39,21f. **3.** C.P. (Nachkomme von Nr.2?) war so hochgebildet, daß ihn der Dichter Lucilius nicht als Leser wünschte, 26, 592ff. M., aus Cic. de or. 2,25 u.a. Er soll dem cos. C. → Fannius (I 10) 122 die Rede gegen C. Gracchus verfaßt haben, was Cic. Brut. 99f. bestritt. H. G. G.

4. Aules P. Flaccus (zum Nomen vgl. C. de Simone, RFIC 1968,419ff.). Über sein Leben informiert außergewöhnlich gut und im allg. wohl auch zuverlässig eine ant. Vita, die letztlich auf Suetonius zurückgehen dürfte (vgl. auch Hier. chron. p. 176 und 183 H.), so [11], 1ff. gegen A. Rostagni, ed. Suet. poet., Turin 1944, 140f. 167ff., dann aber für eine glossierte Ausgabe des 4.Jh. (vgl. Hier. adv. Rufin. 1,16) zurechtgemacht worden zu sein scheint (vgl. v. 42f. Cl.), die unter dem Namen des berühmten Grammatikers M.Valerius → Probus umlief (Titel der Hss.: *Vita ... de commentario Probi Valeri sublata*). In der erhaltenen Form ist sie durch Transpositionen und Interpol. entstellt.

Danach ist P. am 4.Dez. 34 n.Chr. als Sohn angesehener Eltern ritterlichen Standes und etr. Geblüts in Volterra geboren. Nach dem Besuch der Elementarschule in Volterra ging er mit 12 J. nach Rom, wo er Grammatik bei → Remmius Palaemon und Rhetorik bei → Verginius Flavus studierte. Mit 16 J. schloß er sich dem stoischen Philosophen L. Annaeus → Cornutus an, der für P.' Lebensführung und Dichtung bestimmend wurde; in seinem Kreis lernte er die Annäer → Lucanus und → Seneca, von dessen Art er wenig angesprochen wurde, kennen. Zu seinen Freunden zählten außerdem der Dichter → Caesius (II 8) Bassus, der Historiker Servilius Nonianus, den P. wie einen Vater verehrte, und der Politiker → Paetus Thrasea, mit dem er entfernt verschwägert war. Sein Charakter wird als umgänglich, zurückhaltend und anhänglich geschildert. Bereits mit kaum 28 J. ist er am 24.Nov. 62 an einer Magenkrankheit gestorben; sein Vermögen hatte er Mutter und Schwester, seine Bibliothek Cornutus vermacht.

Von seiner lit. Produktion sind u.a. eine Praetexta und Gedichte auf → Arria (14), die Schwiegermutter des Thrasea, durch P.' Mutter auf Anraten des Cornutus vernichtet worden. Das unvollendete Satirenbuch fand seinen Bearbeiter in Cornutus, der den Schluß der 6. Satire zurechtgestutzt und polit. anstößige Anspielungen entschärft haben soll (vgl. Clausen zu 1,121), und seinen Herausgeber in Caesius Bassus. Außerdem sind in den Hss. teils am Ende, teils am Anfang 14 Choliamben überliefert, die h. zumeist als Einleitungsgedicht gedeutet werden (vgl. zuletzt J. ter Vrugt-Lentz, Philol. 1967, 80ff.). In der 1. Satire setzt P. seine eigenen Intentionen, die sich an der alten Komödie, → Lucilius (10) und Horaz orientieren, von der Nichtigkeit des zeitgenössischen lit. Getriebes ab. Die 2. handelt vom rechten Gebet, die 3. vom Zwiespalt zwischen Wissen und Handeln, die 4. von der Selbsterkenntnis; die 5. ist dem verehrten Lehrer Cornutus zugeeignet und preist die Philos. als Quelle der wahren inneren Freiheit; die 6. ist an Caesius Bassus gerichtet und behandelt den rechten Gebrauch des Reichtums. Im Vergleich mit der stofflichen Vielfalt von P.' wichtigstem Vorbild Horaz (dazu zuletzt H. Erdle Persius. Augusteische Vorlage und neronische Überformung, Diss. München 1968) fällt die Beschränkung auf die Moraldiatribe stoischer Prägung in die Augen. Auch der von Metaphern und Anspielungen strotzende Stil, der Bilder und Motive des Genus voraussetzt und zu übertrumpfen sucht, verleiht der Formulierung der Vita Gewicht: *scriptitavit et raro et tarde.*

Ihr entnehmen wir auch, daß P. unter den Freunden zumal von Lucanus bewundert wurde, die publizierten Satiren beim Publikum jedoch auf Staunen und Kritik stießen. Schon der nächsten Generation galt er als Klassiker der Satire (vgl. Martial. 4,29,7f. Quint. inst. 10,1,94). Spätestens im 4.Jh. wurde eine Kommentierung des schwierigen Textes nötig (s.o.); die erhaltenen Scholien (vgl. S. Jannacone, Giorn. It. Fil. 1959, 198ff.; eine zureichende Edition fehlt) bezeugen die Entwicklung einer marginalen Erklärung zu einem mehrfach erweiterten, selbständigen Kommentar, der im 12.Jh. Cornutus zugeschrieben wurde. Die ebenso reichliche wie gute Überlieferung weist mindestens 4 in die Spätantike zurückreichende Stränge auf, 1. Vat. Lat. 5750, ein Palimpsestfragment des 6.Jh., 2. Montepess. 125 (9.Jh.), 3. α (zwei Codices, die letztlich auf ein 402 korrigiertes Exemplar zurückgehen; korrekturbedürftig W. Clausen, H 1963, 252ff.) mit Satiren und Choliamben, 4. Φ (Clausen) mit Choliamben, Satiren, Scholien und Vita. Fand P. im MA. als Moralist großen Anklang, so fühlte sich zumal das 19.Jh.

von seinem vielschichtigen Stil abgestoßen, während sich erst neuerdings eine gerechtere Würdigung durchzusetzen beginnt. P. L. Sch.

Ta.: *J.Casaubonus – F.Dübner*, 1833. *O.Jahn*, 1843 (cum schol. ant.). *Conington – Nettleship*, ³1893. *F.Villeneuve*, 1918. *O.Seel*, 1950. *N.Scivoletto*, ²1961. *W.V.Clausen*, 1956 (Ed. mai.). ²1959 (Ed. min., mit Iuvenal).
Lexika: *Berkowitz – Brunner*, 1967. *D.Bo*, 1967.
Bibliographie: *M.H.Morgan* A Bibliography of P., ²1909, zuletzt *V. d'Agostino*, Riv. Stud. Class. 1958, 63ff. 1963, 54ff. (1946–1962). *W.S.Anderson*, CW 1956/57, 37f. 1963/64, 344ff. 1969/70, 191ff. (1937–1968).
Lit.: Zur Überlief.: *O.Seel*, H 1960, 82ff. *N.Scivoletto* Studi di lett. lat. imp., 1963; allg.: 1. *F.Villeneuve* Essai sur P., 1918. 2. *Schanz-Hos.* 2, ⁴1935, 477ff. 3. *W.Kroll*, RE Suppl. VII 972ff. 4. *W.Kugler* Des P. Wille zu sprachl. Gestaltung, 1940. 5. *V.Ciaffi* Introduzione a P., 1942. 6. *D.Henns*, Philol. 1955, 277ff. 7. *E.V.Marmorale*, P., ²1956. 8. *K.J.Reckford*, H 1962, 476ff. 9. *R.G.M.Nisbet*, in: Crit. Ess. on Rom. Lit.: Satire, 1963, 39ff. 10. *W.S. Anderson*, Wiss. Zschr. Univ. Rostock, Ges. u. spr. wiss. R. 1966, 409ff. 11. *E.Paratore* Biografia e poetica di P., 1968. 12. *C.S.Dessen* Iunctura callidus acri, 1968.

Persona. 1. Theatermaske. Die Etymologie (etr. *φersu*?) ist umstritten. Jedenfalls läßt sich die ant., noch in der Neuzeit vertretene Herleitung von der angeblichen Funktion der *p.* als Stimmverstärker (Gell. 5,7) wegen des Quantitätsunterschieds zw. *persŏnare* u. *persōna* nicht halten. Wort und Sache kamen höchstwahrscheinlich durch die → Atellana nach Rom (Fest. 238 L.).

A.v.Blumenthal, RE XIX 1036ff.

2. Rolle, Person, Persönlichkeit. Der Begriff der Person im modernen Sinne ist eine Schöpfung der lat. Sprache, für den es im klass. Griech. keine genaue Entsprechung gibt. Er hängt mit dem die Subjekte und die Objekte des Privatrechts scharf unterscheidenden röm. Rechtsdenken zusammen, obwohl *p.* kein jur. Fachausdruck ist, sondern bald alle Menschen als potentielle Rechtssubjekte (einschließlich der Sklaven: Ulp. Dig. 50,17,22), bald nur die aktuellen Privatrechtssubjekte (unter Ausschluß der Sklaven: Nov. Theod. 17,1,2. Cassiod. var. 6,8) bezeichnet. Die Gaianische Einteilung des Rechtsstoffes in *personae*, *res*, *actiones* war für die spätere Entwicklung der jur. Begriffe ebenso folgenreich wie die prozessual begründete Unterscheidung zwischen → *actio in rem* und *actio in personam*. E. Bu.

S.Schlossmann P. und *πρόσωπον* im Recht und im chr. Dogma, 1906. *R.Düll*, RE XIX 1040f. *J.Lohmann* Philosophie und Sprachwissenschaft, 1965, 202, 255.

Personennamen. I. Griech. II. Röm.*
I. 1. In Griechenland trug eine Person nur einen N.: *Μενέλαος*, *Αἰσχύλος*. Zur näheren Bestimmung konnte der N. des Vaters (des Gatten, der Familie) oder die lokale Herkunft angegeben werden. Der Vatern. erscheint gewöhnlich im Gen., abhängig (gedacht) von »Sohn« (»Tochter«): hom. *Πρόθοος Τενθρηδόνος υἱός*, att. *Μελιστίχη ἡ Μικυθίωνος*, *Θηραμένης* (ὁ) *Ἅγνωνος*. Aiol. Dialekte, Myken. und die ep. Kunstsprache kennen ein mit *-ιος*, *-ιων* oder *-ι(α)δης* gebildetes patronym. Adj.: hom. *Αἴας Τελαμών-ιος* (*Τελαμωνιάδης*), thessal. *Πουτάλα Πουταλεία κόρα Τιτυρεία γυνά* (Gatte *Τίτυρος*). Myken. *arekuturuwo etewokereweijo* (*Ἀλεκτρύων Ἐτεϝοκλεϝήιος*). Beide Möglichkeiten sind aus dem Idg. ererbt, vgl. ahd. *Hadubrant Hiltibrantes* (Gen.) *suno*, russ. *Nikolaj Sergejevič* (Adj.). Die Herkunft wird meist durch das Ethnikon (in Athen durch das Demotikon) bezeichnet: *Πρόξενος* (ὁ) *Βοιώτιος*, *Προκλῆς Ἀτάρβου Εὐωνυμεύς* (Demos *Εὐωνύμεια*), seltener durch eine ablat. Adverbialform: *Γλύκη Μαραθωνόθεν*. Angehörige einer vornehmen Familie konnten unter einer Ableitung vom N. eines Vorfahren zusammengefaßt werden (*Ἀλκμαιονίδαι*), die mitunter Teil der Personenbezeichnung wird: *Καλλίης τῶν Ἰαμιδέων Ἠλεῖος*. Im hellenisierten Äg. und Syrien fügte man öfters mit *ὁ* (*ὃς*) *καὶ* einen griech. N. dem einheim. an: *Φατρῆς ὁ καὶ Δίδυμος*. Als röm. Bürger trugen auch Griechen einen N. nach röm. Art (s. II.): *M. Ἄννιος Θράσυλλος*.

2. Die Substanz der P. ist gewöhnlich griech. Der morpholog. Struktur nach unterscheidet man Komposita, Suffixbildungen und einstämmige unabgeleitete N. Alle drei Typen sind auch in anderen idg. Sprachen vertreten (vgl. kelt. *Dumnorix*, got. *Wulf-ila*, lat. *Sextus*) und darum wohl aus dem Idg. ererbt.

N.-komposita, an Zahl unbegrenzt und wie schon idg. beim Adel bevorzugt, sind nach den griech. Kompositionsgesetzen gebildet, aber nur selten auch appellativ belegt. Die meisten Kompositionsglieder haben positiven Appellativsinn (Wunschn.): Ruhm (*Κλεο-μένης*), Kraft (*Πολυκράτης*), Sieg (*Νικό-μαχος*), Tüchtigkeit (*Φαιναρέτη*), Verstand (*Σώ-φρων*) etc., dazu Kampf (*Ἀνδρο-μάχη*) und Pferde (*Ξάνθ-ιππος*); Zusammensetzungen mit Göttern. (*Ἀπολλό-δωρος*) werden seit der klass. Z. häufig. Nicht alle Kompositionsn. sind »sinnvoll«; manche sind einfach aus N.-elementen der Vorfahren zusammengesetzt (vgl. zu *Φειδιππίδης* Aristoph. Nub. 63ff.), da für die N.-wahl neben der Appellativbedeutung auch die N.-tradition eine Rolle spielte (vgl. auch im Generationswechsel *Νικήρατος – Νικίας – Νικήρατος*). Von N.-komposita werden Kurzn. gebildet, indem ein Teil des Lautkörpers unterdrückt wird; der N.-charakter kann durch Suffix oder »expressive« Gemination angedeutet sein. *Πάτρο-κλ-ος* für *Πατρο-κλῆς*, *Κρατ-ύλος* etwa zu *Πολυ-κράτης*, *Τέλλ-ις* etwa zu *Τελέβουλος*, aber auch *Στράτος*, wie ein einstämmiger N. aussehend, zu *Στρατο-κλῆς*. Der Typ entspringt hypokorist.-familiärer Kürzung; der Einzelfall läßt aber davon meist nichts erkennen.

Zu den ebenfalls häufigen Suffixbildungen gehören neben gewissen Kurzn. Ableitungen von einstämmigen (Personen- oder Orts-) N. und von Appellativa: *Κεφαλῖνος* von *Κέφαλος* oder *κεφαλή*, *Δελφίς* f. von *Δελφοί*. Von den N.-suffixen sind einige in Appellativa selten, so -*λλος* (*Βάθυ-λλος*), das »individualisierende« -*ών* (*Στράβων*: *στραβός* »schielend«) oder das -*ι(α)δης* der Patronymbildungen, das auch in Individualn. verwendet wird (*Μιλτιάδης*).

Die einstämmigen nichtabgeleiteten N. sind teils mit den namenbildenden Appellativa substantiell ident. (*Γέρων*), teils durch den Akzent (*Δόλιχος*: *δολιχός*) oder die Stammbildung (*Κέφαλος*: *κεφαλή*; theoret. eine Ableitung) davon unterschieden. Sie sind teils echte, nach einem bes. Merkmal beigelegte Spitzn. (*Δώσων* »gebebereit«), gewöhnlich aber schon bei (genauer: 10 Tage nach) der Geburt verliehene, vollgültige Personenbezeichnungen. Der Bedeutungskreis der verwendeten Appellativa ist groß; negative Wertungen fehlen durchaus nicht: *Αἶσχος*, *Σῖμος* (*σιμός* »stumpfnasig«).

3. Im griech. Sprachbereich konnten P. aber auch (ganz oder teilweise) fremder Herkunft sein. In der Frühzeit entstammen sie den sonst nur in Spuren erhaltenen vorgriech. Sprachen, vgl. aus dem Mythos *Ὀδυσσεύς*, *Αἴ(Ϝ)ας*, *Ἑλένη*. In klass. Z. sind solche N. (außer in Kleinasien: *Μαυσωλός*) selten. In hellenist.-röm. Z. finden sich Beispiele etwa aus dem Makedon. (*Βερενίκη* für griech. *Φερε-*), Äg. (*Ὡριγένης*: Gott *Hor*), Iran. (*Μιθριδάτης*: Gott *Mithras*) oder Lat. (*Παῦλος*).

II. 1. Das röm., auch im übrigen Mittelitalien gebrauchte N.system ist durch erblichen Familienn. und daraus folgende Mehrnamigkeit einer Person charakterisiert. Diese hier erstmalig auftretenden, administrativ bequemen Erscheinungen wurden im MA. wieder aufgenommen und seither im gesamten Bereich europ. Kultur verbreitet. Ihr Ursprung liegt, wenn auch kaum weit (die Helden der röm. Gründungssage sind noch einnamig: *Romulus*, *Numitor*) in der Vorgeschichte. Der Ausgangspunkt ist noch unklar. Daß nur von den Etruskern kein vorgeschichtl. N.system, also auch keine frühere Einnamigkeit bekannt ist, erweist sie noch nicht als Erfinder; die Rolle des *pater familiās* und die dem Etr. sonst fremde Motion beim Gentile sprechen für idg. »Italiker«.

2. E. der Republik bestand die offizielle Bezeichnung (Zensuslisten!) des röm. Bürgers aus Pr., Gentile, Filiation, Tribusangabe und Cog.: *L(ucius) Furius L(uci) f(ilius) Ouf(entinā tribū) Crassipes*.

Die Pr., die älteren Individualn. (s. unten), sind, soweit »verständlich«, einstämmig: etwa *Marcus (: Mars)*, *Tiberius*, *Quintus*, *Prima;* andere sind dunkel *(Titus, Gaius)* oder sicher fremder Herkunft *(Aulus:* etr. *avile);* Geminata *(Appius, Agrippa)* deutet auf einen Kurzn. (s. I. 2.). Die Abkürzung durch Siglen datiert wegen *C.* für

Gaius spätestens ins 4. Jh. v. Chr. Die anf. größere Zahl zur Auswahl stehender N. ist zuletzt auf 11 (dazu 6 beim Adel) verringert. In der Kaiserz. kommt das Pr. außer Gebrauch, seit dem 3. Jh. auch offiziell. Frauenpr. sind in Rom schon im 3. Jh. v. Chr. (anderswo später) abgekommen.

Das Gentile wird (auch bei den Etruskern!) vom Vater auf die Kinder vererbt und nach der Heirat beibehalten. Entstanden ist es durch erstmalige Vererbung von Patronymika (mit *-io-*, *-idio-*, *-ilio-* von oft verschollenen Individualn. abgeleitet: *Marcius* : *Marcus*, *Servilius* : *Servius*, *Cornelius* : ?). Eine seltenere Quelle sind Ethnika *(Fundanius, Norbanus : Fundi, Norba)*. Nicht wenige G. sind fremder Herkunft und mit ihren Trägern latinisiert *(Volumnius* : etr. *velimna)*. Die Gentiln., urspr. Adj. *(via Flaminia*, Motion *Cornelia : -ius)*, werden seit E. der Republik als Substantiva aufgefaßt *(Forum Flamini)*.

Das Cog. war als Individualname zunächst Ergänzung, später Ersatz des Pr. Nachweislich beim Adel schon lange im Gebrauch, wurde es erst gegen 100 v. Chr. offiziell anerkannt. In adeligen *gentes* wurden Individualcog. zu Familiencog. vererbt: *Cornelii Cossi*, *Lentuli*, *Scipiones* (woneben wieder Individualcog. *L. C. Sc. Barbatus*). Der Bedeutungskreis der zu Cog. verwendeten Appellativa ist weit. Am beliebtesten waren »Wunschnamen« *(Felix, Secundus);* dazu kommen Merkmalbezeichnungen *(Rufus, Probus)*, Ableitungen von Göttern. *(Saturninus)*, Ethnika *(Sabinus)* etc., auch, bes. beim republ. Adel, Cog. abwertenden Appellativinhalts *(Pansa* »Plattfuß«), urspr. Spitznamen. Oft wurden aber auch einfach N. von Angehörigen, unverändert oder mit Suffixen variiert *(Messala – Messalina)*, gewählt. Adoptionscog. *(Aemilianus)* wurden mit *-anus* vom N. des leiblichen Vaters abgeleitet. Auch griech. und andere nichtlat. N. waren durchaus üblich, bes. in den Provinzen (s. auch II. 3.).

Die Filiation nennt das Vaterpr. oder -cog. im Genetiv vor *filius*, *-a*, die (typisch röm.) Tribusangabe den Stimmbezirk (regelmäßig abgekürzt, syntakt. im Ablativ).

3. Sklaven führen nur einen Individualnamen meist fremder Herkunft, zu dem Gentile im Genetiv und meist auch Pr. des Patronus treten: *Apollonius Aureli (L. s[ervus])*. Freigelassene übernehmen Gentile und (seit Sulla) Pr. des Patronus. Die Filiation ist durch Patronuspr. (später -cog.) im Genetiv und *l(ibertus)* ersetzt; als Cog. dient der frühere Sklavenname *A. Fabius A(uli) l(ibertus) Philargurus*.

4. In der Kaiserzeit wird das alte N.system allmählich unpraktikabel. Dazu trugen das Verschwinden des Pr. (s. II. 2.), die N.häufung in der Oberschicht (man konnte jetzt die N.glieder beider Eltern, gegebenenfalls auch der Adoptionseltern übernehmen) und das massenweise Auftreten der Kaisergentiln. als Folge von Freilas-

sungen und Bürgerrechtsverleihungen bei. Gleichzeitig kommen, vom griech. Osten aus, die Signa (Supernomina) auf, Einzeln., die entweder durch *qui (quae) et* (≈ ὁ καὶ, s.I. 1.), *sive, signo* an den alten Gesamtn. angeschlossen sind *(L. Caecilius Honoratus signo Thaumanti)* oder ganz isoliert stehen, vielleicht zunächst als Umdeutungen griech. Imperative zu lat. Vokativen (*γρηγορεῖ* »wache!« – *Gregori*). Bei den Signa sind *-io*-Ableitungen von lat. und griech. Appellativa häufig: *Honorius, Eusebius*. Am E. des Alt. hat die röm. Welt faktisch wieder die Einnamigkeit erreicht.

H. R.

* Abkürzungen: P. = Personenname. N.(n.) = Name (-name). Pr. = Praenomen. Cog. = Cognomen.

Pape-Benseler Wb. der griech. Eigenn. 1911. *E.Fraenkel*, RE XVI 1911ff. *Bechtel* HP. *F.Dornseiff* – *B.Hansen* Rückläufiges Wb. der griech. Eigenn., 1957. *O.Landau* Myken.-griech. P. 1958. *Schulze* Eigenn. *B.Doer* Die röm. Namengebung, 1937. *I.Kajanto* Onomastic Stud. in the Early Christ. Inscr. of Rome and Carthage, 1963. *Ders.* The Lat. Cognomen, 1963. *Ders.*, Supernomina, 1966. *H.Chantraine* Freigelassene und Sklaven im Dienst der röm. Kaiser, 1967.

Personifikation. Mit diesem Wort werden für gewöhnlich zwei völlig verschiedene Phänomene bezeichnet; deshalb erscheint es nötig, zwischen Personifikation (im eigentlichen Sinne) und dem Person-Bereich-Denken zu unterscheiden. Die P. ist eine poet. Kategorie. In ihr wird ein Ding oder ein Vorgang wie eine Person dargestellt (Musterbeispiel: Das gute Gewissen, das schlechte Gewissen, der Neid usw. auf der barocken Bühne), ohne daß der Dichter, der Schauspieler oder der Zuschauer daran glaubt oder glauben könnte, daß diese Dinge bzw. Vorgänge wirklich Personen sind. Hierher gehört auch die Tierfabel. Das Person-Bereichdenken aber ist eine Kategorie der heidn. Religion. Es handelt sich dabei um eine Erlebnisweise, in der Dinge oder Vorgänge zugleich als Person und als Sache erlebt werden. In diesem logisch nicht auflösbaren, globalen Bewußtseinsakt kann jeweils die eine oder die andere Komponente stärker betont werden, immer aber sind beide miterlebt. Die Gottheit erscheint in ihrem Bereich als dessen persönl. Komponente und dieser als dieses Gottes *Wirkungs*bereich. Der Grad der Persönlichkeit einer solchen Person-Bereicheinheit ist recht unterschiedlich: Die Vorstellung von der »Beseeltheit« ist nur in jenem Maße gegeben, in dem diese Vorstellung zu der entsprechenden Z. auch bei Göttern vorhanden war.

Einteilung des Person-Bereicheinheiten: Die 1. Gruppe ist durch einen ausgeprägten Persönlichkeitscharakter und häufig auch durch Kult gekennzeichnet. Hieher gehört z.B. *Γαῖα-γαῖα*. Im *ἱερὸς γάμος* (zu diesem vgl. Klinz *ΙΕΡΟΣ ΓΑΜΟΣ*, Diss. Halle 1933) wird sie als Person von *Οὐρανός-οὐρανός*, der ihr Gatte (persönl.!) ist, befruchtet; er liegt auf seinem Weibe. Dieselbe Befruchtung aber geschieht durch den Regen, in dem der Himmel (sachl.!) die Erde (sachl.!) bewässert. Helios fährt (persönl.!) im Wagen über den Himmel, was aber doch eben die Bahn des *ἥλιος* ist (sachl.), und fährt (persönl.) nachts im Sonnenbecher am *Ὠκεανός* nach dem O., wo *ἥλιος* morgens aufgeht. *Ὠκεανός* gilt als Ringstrom um die Erdscheibe (*βαθυδίνης*, sachl.), hat aber eine Gattin (*Τηθύς*) und Söhne und Töchter, was ihn als Person ausweist. *Θέμις* ist eine schönwangige Göttin, die zum Mahle ruft (Hom. Il. 15,87ff.), aber da ist es eben *θέμις*, zum Mahle zu gehen. *Ἄρης* wurde bereits in myk. Z. als Gott verehrt (W. Pötscher, G 66, 1959, 5ff.), aber *Ἄρηα ἐγείρειν* oder *Ἄρηα ξυνάγειν* usw. zeigt die Bedeutung »Krieg, Kampf«. Weitere Beispiele bei [3] und WS 73, 1960, 5ff. Auch die Bäume gehören hieher (vgl. W. Pötscher, G 70, 1963, 541ff. 66, 1959, 353ff.). Diese Erscheinung an den röm. Beispielen z.T. durch griech. Einfluß verstärkt. Sicher urspr. voll entwickelt bei der einen Komponente der Iuppiter-Vorstellung (etwa *sub claro Iove*), offenbar auch bei Aurora und den Bäumen (alle fem.!). Aber auch Terminus u.a. wären zu nennen. Z.T. auch Fortuna, Victoria, Fides, Mens, Pietas (welche als Wertbegriffe zwar nicht plast. waren, aber doch einigermaßen persönl. Charakter hatten).

Die 2. Gruppe bilden die Gottheiten, deren Pers.-Charakter blasser ist; so *Νέμεσις*, *Ἔρως*, *Νίκη* u.a.; aber auch diese sind im Vollsinn Gottheiten (zum Verhältnis solcher Gottheiten wie *Νίκη* zu größeren vgl. G 70, 1963, 539f.).

Die 3. Gruppe bilden solche, deren Personalität nur gelegentlich sichtbar wird und bes. in genealog. Zusammenhängen zu finden ist: *Κόρος*, *Κράτος*, *Κυδοιμός*, *Δεῖμος*, *Ἔρεβος* u.a. Usener nennt solche Erscheinungen mit einem wenig glückl. Ausdruck Augenblicksgötter (vgl. auch seine »Sondergötter«). Noch immer auf der Basis des Person-Bereichdenkens fußt jene 4. Gruppe, die den P.-en nahe verwandt ist: *Φύσις* u.ä., oder Beispiele aus der röm. Lit. wie Gaudia, Insidiae, Egestas usw. Bes. das Beispiel von Gaudia zeigt durch sein Geschlecht, daß kaum eine Auffassung dieses Begriffs als wirkliche Personalität dahintersteckt. Trotzdem ist auch diese Gruppe durch ihre als möglich angenommene Personalität von den P.-en der modernen Dichtung zu unterscheiden. Die Forderung Nilssons, daß nur solche als persönl. Götter angesehen werden könnten, welche Kult haben, ist unberechtigt (vgl. [2]. [3], 19ff.). Gaia, Themis, Ares, Aphrodite, Spercheios, Nemesis, Eros, Helios u.v.a. haben mehr oder weniger Kult. Zum Kult der einzelnen vgl. die entsprechenden Artikel. »Persönl. Götter sind also solche, die sich die Menschen als Bewußtseinswesen (Wissen, Wille) vorgestellt haben« [3], 21. Dies gilt auch für die Person-Bereicheinheiten.

Die leidige Frage nach Theogonie oder Kosmogonie löst sich von selbst; die beiden Bezeichnungen akzentuieren jeweils eine Seite. – Spekulative Verwendung von P. findet sich bei den Pythagoreern (Stob. 1, p. 22 W.), etwa Ἑξάς als γάμος bzw. Ἀφροδίτη, Ἑβδομάς als Καιρός bzw. Ἀθηνᾶ) und in der Orphik. Die vorsokr. Philos. (bes. Parmenides und Empedokles) bedienen sich einer stark reflektierenden, versachlichenden Verwendungsweise des Person-Bereichdenkens und nähern sich damit der P. – Die Trag. gebraucht, auf der Basis der alten Person-Bereicheinheiten fußend (zumindest Aischyl. und Soph.), diese Erlebnisform auch für andere Fakten, z.B. φρόνησις (Soph. frg. 836); bei Eur. Hel. 560 (θεὸς γὰρ καὶ τὸ γιγνώσκειν φίλους) wird diese Erscheinung zum Problem. Der Vorgang gilt als (bloße) Wirkung (des oder eines) Gottes oder er wird als supranormale unpersönl. Kraft aufgefaßt, die »säkularisiert« zum Erlebnis des außergewöhnl. Ereignisses werden konnte (vgl. z.B. Cic. nat. 2,61 f.). – In der griech. Komödie finden sich auch P., die einfach der lustigen Situation zuzuschreiben sind (z.B. Λόγος καὶ Λογίνα). – Die Rhetorik entwickelte eine Technik der P. (προσωποποιία). Dieser folgt auch die Sophistik (vgl. Herakles am Scheideweg bei Prodikos). Eigener Art ist die philos. Spekulation der Neuplatoniker (vgl. Prokl. in Tim. p. 323c). – Nicht P. sondern Person-Bereicheinheit ist → Ὁμόνοια – Concordia. – Die Komödie des Plaut. liebt P. (z.B. Opportunitas, Auxilium usw.). Die röm. Dichtung zeigt nebeneinander echte Person-Bereicheinheiten (z.B. Tib. 2,5,45. Verg. Aen. 1,292. 12,187. Hor. c. 1,30,6f. Ov. met. 1,133) und P., wobei mit zunehmendem Einfluß der Rhetorik auf die Dichtung die P. (etwa bei Sil. It. oder Claud.) überhandnehmen; auch hier muß vorsichtig geschieden werden. *Bonus Eventus* ist z.B. keine P., was das Vorhandensein eines Tempels beweist (vgl. Amm. 29,6,19), ebenso *Victoria* (vgl. Εἰρήνη und Victoria-Kult in der Republ.), um die sich die Gemüter im ausgehenden Alt. erhitzten (vgl. Symm. Relatio 3). Bei Tac. ann. 1,14 *Adoptio*, eine P., neben ann. 4,74 *Clementia*, *Amicitia* als Person-Bereicheinheiten. – Varro (vgl. Aug. civ. 7,1 ff.) befaßt sich theoret. mit der Frage; er spricht von *di certi* (zum Unterschied zu den »großen Göttern«, den *di selecti*). Vgl. auch → *indigitamenta*. Cic. nat. 2,61 f. läßt definieren: *res ipsa, in qua vis inest maior, sic appellatur, ut ea ipsa nominetur deus*. Vgl. auch Cic. leg. 2,19. W. P.

1. *F. Stoessl*, RE XIX 1042 ff. 2. *M.P. Nilsson*, Eranos 50, 1952, 31 ff. 3. *W. Pötscher*, WS 72, 1959, 5 ff.

Pertica, »Stange, langer Stock«, als t.t. der röm. → Feldmesser Meßlatte von meist 10 Fuß (= → *decempeda*), aber auch 12,15 oder 17 Fuß. Als Flächenmaß bezeichnet p. 10 Fuß im Geviert (→ *scripulum iugeri*). P. steht aber auch für das ganze mit der Meßlatte vermessene Gebiet. H. Ch.

F. Hultsch Metrologie² 39 f. 78. *A. Schulten*, RE XIX 1059 f.

Pertinax. P. Helvius P., * am 1. Aug. 126 als Sohn eines Freigelassenen, SHA vit. Pert. 15,6. Er widmete sich erst der Lehrtätigkeit als Grammatiker, Cass. Dio 73,3,1, dann dem Militärdienst, war Kohortenpraefekt in Syrien unter Antoninus Pius, Zon. 601 D. Epit. Caes. 18. vit. 1,4–6, dann in Britannien (vit. 2,1) und stand als Alenpraefekt in Moesien, CIL III 3232. P. wechselte in die ritterliche Beamtenlaufbahn als *procurator alimentorum per viam Aemiliam* im J. 168, vit. 2,2 (s. H.-G. Pflaum Carrières proc. équ. 451–454), *procur. ducenarius* in Dakien (s. Stein Dakien 90 f.), doch wurde er vom Schwiegersohn Marc Aurels, → Claudius Pompeianus (II 43), als *praepositus vexillationum* nach Pannonien berufen, wo er sich in Germanenkriegen hervortat (vit. 2,4. Cass. Dio 71,3,2). Dafür wurde er *adlectus inter praetorios* (vit. 2,5 f.). Im J. 171 kämpfte er als *legatus leg. I Adiutr.* in Raetien gegen Chatten (vit. Sever. 2,6. 9. Herodian. 2,14, s. J. Fitz P. in Raetien, Bayer. Vorgeschichtsblätter 32, 1967, 40–51), war *cos. suff.* 174 oder 175 (frg. Vat. 203. vit. 2,10) in Abwesenheit (vit. 3,2). Er bekämpfte → Avidius Cassius (1) in Syrien (vit. 2,10). Ca. 176–178 verwaltete er als *legat. Aug. pr. pr.* beide Moesien, wohl hintereinander (vit. 2,10), s. Stein Moesien 49 f. Etwa 178/179 war er der erste *procos.* Statthalter von Dakien (s. Stein Dakien 48), ca. 179/182 Statthalter von Syrien (vit. 2,11). Im J. 185 stand er als kaiserlicher Legat in Britannien, vit. 3,6, war 187 in Rom *curator alimentorum* und erlangte 188/89 den Prokonsulat von Afrika, vit. 4,2, s. B. Thomasson Statth. Nordafr. 2,91 f. Schließlich stieg er zum *praefectus urbi* auf, Herodian. 2,2,7. Eutr. 8,16. Im J. 192 *cos. II ord.*, CIL VI 477. Nach der Ermordung des Commodus am 31. Dez. 192 wurde P. durch den Praetorianerpraefekten → Aemilius Laetus (II 5) zum Kaiser ausgerufen, vit. 4,8. Herodian. 2,2,9. P. versuchte, den Senat für sich zu gewinnen, Cass. Dio 73,5,2. Herodian. 2,3,9, Ordnung in das Finanzwesen zu bringen, vit. 7,4. Cass. Dio 73,5,4. 6,1, er erlaubte die Besitznahme von Ödland, Herodian. 2,4,6, und sorgte auch sonst für die Bevölkerung, verlangte aber auch Disziplin bei den Soldaten, Zos. 1,7. Cass. Dio 73,8,1. Daher ermordeten ihn die Praetorianer am 28. März 193, Cass. Dio 73,10,1 f. R. H.

A.M. Woodward Coinage of P., Num. Chron. 1957, 84–96. *A. Calderini*, Severi 26 ff. *Mattingly* Coins Brit. Mus. V p. LX, 1 ff. tavv. 1–3; 20,8–9.

Pĕrŭsia (Sil. 6,71 *Pĕrŭsina*. 10,157 *Pĕrŭsinus*. Steph. Byz. s. *Περουσία*, Ethnikon *Περυσῖνος*. Diod. 20,35. Prok. Goth. 1,16,4 *Περυσία*; vgl. Steph. Byz. s. *Περραίσιον*, d.h. *pĕrĕsium* mit s aus palatalisiertem K; vgl. etr. *perec-ele* [CIE 4958]), Stadt in fester (Cass. Dio 48,14,2) Lage ca. 350 m über der Tiberbrücke bei S. Giovanni am W.-Ufer des oberen Tiber (Strab. 5,226) an der Verlängerung der *via Amerina* (Tab. Peut. 4,5). Urspr. umbrisch (Serv. auct. Aen. 10,201 *a Sarsinatibus*), kam P. bald (BANTI, RE XIX 1082 nach M. 5. Jh. v. Chr.) in etr. Hand (Serv. auct. Aen. 10,198 *Aulestes*. Ptol. 3,1,48) als eins der *capita Etruriae populorum* (Liv. 9,37,12. Steph. Byz. s. *Περραίσιον*; achaischer Ursprung nach Iust. 20,1,11 sagenhaft). Fundort einer der längsten etr. Inschr., des Cippus Perusinus (CIE 4538). 310/09 Zusammenstoß mit Rom (Diod. Liv. 9,40,20. 10,31,3). Im Bund mit Rom treu gegen Hannibal: 216 verteidigt eine *cohors Perusina* Casilinum (Liv. 23,17,11); 205 liefert P. Holz (28,45,18). P. ist *municipium* der 7. Region (Plin. nat. 3,52. CIL XI p. 352 *tribus Tromentina*). P. wird zerstört nach Vernichtung des dort 41/40 belagerten L. → Antonius (I 4; Vell. 2,74,3 f. App. civ. 5,32 ff. Suet. Aug. 14. Tac. ann. 5,1. Serv. Aen. 6,832. Prop. 2,1,29). Wiederaufbau der Stadt durch Augustus (CIL XI 1924. 1929. 1930 *Augusta Perusia*). Reiche Funde in den zahlreichen Nekropolen (BANTI, SE 10, 1936, 115 ff.); Reste von Mauer, Toren und Häusern erhalten; h. Perugia. G. R.

Forbiger Hb. d. alt. Geogr. 3,426. *Nissen* It. Ldk. 2,321 f. *Beloch* RG 413.572. *Müller-Deecke-Pfiffig* Etrusker 206.321.

Pervigilium Veneris. Anon. Gedicht in 93 troch. Tetrametern, das sich als am Vorabend eines Venusfestes im sizil. → Hybla (1) gesungenes Prozessionslied gibt. Ein zu Beginn, am Ende und in unregelmäßigen Abständen im Gedicht auftauchender Refrain isoliert eine Reihe von kleinen Abschnitten, die sich zu drei Teilen fügen: 1. (v. 2 bis 26) Preis des Frühlings und Ankündigung des Festes; 2. (v. 28–56) Vergegenwärtigung des Festes; 3. (v. 58–79) Preis der Macht der Venus; die Schlußpartie (v. 81–92) gipfelt in einer melancholischen Reflexion des Dichters. Das Gedicht, das eine Reihe von zumal religionsgesch. Fragen aufwirft (vgl. zuletzt P. BOYANCÉ, Mél. A. Piganiol 1966, 1547 ff.), wird meist in das 2. oder 4. Jh. n. Chr. datiert, scheint aber nach Versmaß, Sprache und Gedankengang (vgl. P. PASCAL, Neophil. 1965, 1 ff.) eher der späteren Epoche anzugehören. Die Überlieferung des korrupten Textes beruht hauptsächlich auf den Codices S und T der Anth. Lat., vgl. zuletzt E. VALGIGLIO, Boll. Com. Prep. Ed. Naz. 1967, 115 ff. P. L. Sch.

Ta.: *C. Clementi*, [3]1936. *R. Schilling*, 1944. *E. Cazzaniga*, 1959 (mit den Priapea).

Lit.: *Schanz-Hos.* 3,[3]1922, 73 ff. *E. Cazzaniga*, Stud. Class. Or. 3, 1953, 47 ff. *R. Schilling*, Kokalos 1964/65, 279 ff.

Pes, »Fuß, Fußlänge«, die Einheit (→ As) des röm. → Längenmaßes im Betrage von 296 mm. Neben der Teilung in 4 → *palmi* und 16 → *digiti* steht duodezimale Stückelung nach dem Unzialsystem (→ *uncia*). Vielfache sind der → *dupondius* (2), der → *passus* (5), die → *decempeda* (10) und der → *actus* (120). Das Urmaß lag wohl auf dem Kapitol im Tempel der Iuno Moneta und hieß deshalb *p. monetalis*. Als Flächenmaß heißt er *p. constratus* oder gelegentlich *p. quadratus*, als Raummaß *p. quadratus* (→ quadrantal). H. Ch.

F. Hultsch Metrologie[2] 74 ff. 82 f. 88 f.

Pescennius. Selten vorkommender Gentilname. **1.** C. P. Niger = imp. Caes. C. P. Niger Iustus Aug., Gegenkaiser des Septimius Severus im O. von April 193 bis Okt. 194. * ca. 135, Herodian. 2,7,5, dem Ritterstand angehöriger Italiker, Cass. Dio 74,6,1. Um 183 kämpfte er in Dakien gegen die Sarmaten, Cass. Dio 72,8,1. Als *adlectus inter praetorios* war er zwischen 183 und 191 *cos. suff.*, Herodian. 2,7,4; von 191 bis 193 Statthalter von Syrien, Cass. Dio 73,13,5. 14,3. 74,6,1. In Antiocheia ereilte ihn ca. Mitte April 193 die Nachricht von der Ermordnung des → Pertinax und der Unzufriedenheit der Bevölkerung mit → Didius Iulianus (II 5), Cass. Dio 73,13,2 f., worauf er sich in Antiocheia zum Kaiser ausrufen ließ, Herodian. 2,7,6–8,5, freilich gleichzeitig Septimius Severus in Pannonien. Für P. erklärte sich der ganze Orient und Äg., Eutr. 8,18. Beide Kaiser rüsteten zum Entscheidungskampf, Herodian. 2,14,6–3,2,5. P. hatte 9 Legionen zur Verfügung und genoß die Unterstützung des Partherkönigs → Vologaeses IV. Er übertrug das Kommando dem *procos. Asiae* → Asellius Aemilianus (Herodian. 3,2,2), der Byzanz besetzte (Cass. Dio 74,6,3) und gegen Thrakien vorrückte (vit. Sev. 8,13), sich aber bald auf Byzanz zurückziehen mußte (Cass. Dio 74,6,4), das Mitte 193 belagert wurde. Bei → Kyzikos erlitt das Heer des P. Ende 193 eine schwere Niederlage, Aemilianus wurde getötet; eine weitere Anf. 194 in der Nähe von → Nikaia in Bithynien, Cass. Dio 74,6,4 f. vit. Sev. 8,17. Da fiel Äg. von P. ab, BGU 326, II 12. Schließlich gelang den Truppen des Septimius Severus der Durchbruch durch die Tauruspässe, Herodian. 3,3,6–8, sowie ein entscheidender Erfolg bei → Issos, Cass. Dio 74,7,2–8. P. floh nach Antiocheia, wo er in oder bei der Stadt im Okt. 194 eingeholt und enthauptet wurde, Herodian. 3,4,6. Dio 74.8,3.

A. Calderini Severi 38 f. 47 ff. *Mattingly* Coins Brit. Mus. V p. CX, 71 ff. tavv. 13. 14,1–8.

2. P. P. Niger. Verwandter von Nr. 1. Arvalbruder unter Commodus, CIL VI 1, p. 561. 563. R. H.

Pessinus (*Πεσσινοῦς*, die Einwohner *Πεσσινούντιοι*), offensichtlich schon vor der phryg. Wanderung um ein Heiligtum der kleinasiat. Muttergottheit → Kybele angelegte Siedlung im Grenzland von Phrygien und Galatien im oberen Flußtal des → Sangarios. Der Ansatz von P. auf den Ruinenfeldern um das h. Dorf Ballihisar wurde bereits 1834 in Erwägung gezogen [2]. Schon vor dieser Z. und bis h. wurde die Stätte als Steinbruch mißbraucht, so daß in den 3 größeren, auf monumentale Anlagen deutenden Ruinenbezirken (Theater, Kybele-Tempel?) kaum Mauerzüge im Ansatz zu erkennen sind, während die gewaltigen Nekropolen auf den Anhöhen n. und s. des Dorfes noch manche Aufschlüsse für die Erforschung dieses Kultzentrums versprechen [6].

P. entwickelte sich sehr früh zu einem mächtigen Priesterstaat auf der finanziellen Basis eines blühenden Handels (vgl. Textilien aus P. [4]), dessen Umfang bes. bei der alljährlichen Frühjahrsmesse sichtbar war, die in Verbindung mit dem Hauptjahresfest der Göttin abgehalten wurde (vgl. [4]). Die hist. Entwicklung von P. wurde, wie es scheint, durch den Kelteneinbruch nach Kleinasien in der 1. H. 3. Jh. nicht sonderlich berührt – der Stamm der → Tolistoagier ließ sich um P. nieder –, da → Galloi (2) der Priester 189 dem röm. Consul Cn. → Manlius Vulso (40) an den Sangarios entgegenzogen und ihm im Namen der Göttin den Sieg im Kampf gegen die Galater verkündeten (Pol. 21,37,5–7. Liv. 38,18,9 f.). Nur kurz dauerte die Herrschaft des pergamen. Königshauses über die Stadt, die 183 im Verein mit ganz Galatien unter die Botmäßigkeit des Eumenes II. geraten war (vgl. RE XXIII 1102); denn im Verfolg der Pergamon feindlichen Politik, mit der die Römer auf undurchsichtige Kontakte des Attaliden zu Perseus während des 3. Makedon. Krieges reagierten, erklärte der Senat in Rom 166 die Galater für autonom (Pol. 30,28), womit auch P. seine Freiheit wiedererhielt. Doch scheint das Verhältnis des Attalidenhauses zu dem Priesterstaat in diesen 17 J. durchaus freundlich gewesen zu sein, wie aus dem Briefwechsel der Attaliden mit dem Hauptpriester Attis [3] aus der Zeit zwischen 163 und 156 rückgeschlossen werden kann. Auch unter der Herrschaft Roms – im J. 25 v. Chr. wurde P. im Rahmen der Provinz Galatia dem röm. Reichsverband endgültig eingegliedert – konnte die Stadt selbst gegen den bes. im 4. Jh. n. Chr. wachsenden Einfluß des Christentums ihre Bedeutung als Kultzentrum der → Mater Magna (zu dem 204 v. Chr. wohl aus P. nach Rom überführten Fetischstein der Göttin. s. 2. pun. Krieg) wahren, wenn sie auch jegliches polit. Gewicht verloren hatte. E. O.

1. *W. Ruge*, RE XIX 1104–1113. 2. *Ch. Texier* Description de l'Asie Min. 1, 1839, 163–170. 3. *C. B. Welles*, Royal correspondence, New Haven 1934, Nr. 55–61. 4. *T. R. S. Broughton* Roman Asia Min.: An economic survey of anc. Rome (ed. T. Frank) 4, 1938, 820–872. 5. *D. Magie* Roman rule in Asia Min. 769,71. 6. *K. Bittel* Beobachtungen in P., AA 82, 1967, 142–150. 7. *Lambrechts/Bogaert.* Homm. M. Renard, 404 ff. 8. *Dies.*, Festschr. Altheim, 552 ff. 9. *Lambrechts*, AC 38, 121 ff.

Petalismos (*πεταλισμός* von *πέταλον* Blatt), seit 454/53 in Syrakus Volksabstimmung mit Ölblättern, um wie beim → Ostrakismos eine Tyrannis zu verhindern. Der P. führte zu 5 jähr. Verbannung. Er wurde wegen der Scheu vornehmer Herren vor aktiver Politik und Demagogenumtrieben bald abgeschafft. Diod. 11,86 f. Hesych. *πεταλισμός*. H. Berve Die Tyrannis 1967, 188. 624. H. V.

Petasos s. Tracht

Petelia (Steph. Byz. *Πετηλία*). Auf steilem Fels (Prok. aed. 4,8) gelegene griech. (Mz. Head HN² 91) Stadt n. → Krotons (Strab. 6,254), deren Namen man von *πέτασθαι (quod captato augurio est condita)* oder *petere* herleitete (Serv. Aen. 3,402). Als Gründer gilt → Philoktetes (Cato frg. 70. P. Cincius frg. 53 P. Verg. Aen. 3,402. Solin. 2,10). Berühmt ist die heldenmütige Verteidigung gegen Hannibal (Liv. 23,20,4. 30,1. Pol. 7,1. Frontin. 4,5, 18. Val. Max. 6,6 ext. 2. Petron. 141. Sil. 12,431. App. Hann. 29); neue Siedler: Liv. 27,26,5. Plut. Marc. 29. Später im Tal: Plin. nat. 3,96. Ptol. 3,1, 75. Tab. Peut. 7,2. G. R.

Nissen It. Ldk. 2,937. *Forbiger* Hb. d. alt. Geogr. 3,516.

Peteon (*Πετεών*), bei Hom. Il. 2,500 genannte Stadt Boiotiens, danach alle späteren Erwähnungen bei Dichtern, Lexikographen und Scholiasten, in gesch. Z. Dorf im Gebiet von Theben am Weg nach Anthedon, wahrscheinlich die kleine ant. Ortslage mit Polygonalmauer beim h. Muriki, 12 km n. von Theben, Strab. 9,2,26 p. 410. E. M.

Kirsten, RE XIX 1128 ff.

Peteos (*Πετεώς*). König von Athen (Il. 4,338), Sohn des Orneus, Vater des → Menestheus, Il. 2, 552 u. s. Apollod. 3,130. Nach Paus. 10,35,8 gründet er, von Aigeus aus Athen vertrieben, → Steiris in Phokis. Nach Diod. 1,28 ist Menestheus' Vater der Ägypter *Πέτης*. H. v. G.

Petilianus, donatist. Bischof von Constantina in Numidien seit etwa 390, war der bedeutendste Wortführer der Sekte im Kampf gegen die vor allem durch → Augustinus vertretene kath. Kirche; nach 417/18 verlieren sich seine Spuren. Streitschriften, die sich z. T. aus Gegenschriften des → Augustinus (CSEL 53) wiedergewinnen lassen, sowie Konzilsakten verraten die jurist. Schulung des P., der sich bes. gegen das Eingreifen der staatlichen Gewalt in Glaubensstreitigkeiten wandte. B. R. V.

P. Monceaux Hist. littér. de l'Afrique chrét. 6, 1922, 1–85. *E. Dinkler*, RE XIX 1132/36.

Petillius (auch *Petilius*, bes. in Hss., vgl. Schulze Eigenn. 443. Walde-Hof. 2³,297). Röm. pleb. Familienname, seit dem 2. Jh. hervorgetreten.

I. Republikan. Zeit. **1.** L. P., 168 in Illyrien Gesandter mit M. → Perperna (2), vgl. ebd. **2.** M. P., röm. Ritter und Geschäftsmann, 73 in Syrakus in der Umgebung des C. Verres. **3.** Q. P., zwei gleichnamige Volkstribunen, wohl Vettern, die 187 die sog. Scipionenprozesse eröffneten, indem sie von L. Asiagenus Rechenschaft über die von Antiochos erhaltene Summe verlangten (wobei sie zumindest die Auffassung des M. Porcius → Cato (4) vertraten, D. Kienast Cato, 1954, 58 ff.), aber durch die Autorität des P. Africanus zurückgewiesen wurden; Liv. 38,50 ff. Val. Max. 3,7,1 e u. a. Broughton Mag. 1,369. H. Bengtson RG (1967) 122,1. **4.** Q. P. (L. f.) aus der Tribus Velina, gehörte 89 zum Kriegsrat des Cn. → Pompeius

Strabo vor → Asculum, CIL VI 37045. Cichorius R. Stud. 160. **5.** P. Capitolinus hatte die Aufsicht über den Iuppiter-Tempel auf dem Capitol, mußte sich wegen Diebstahls eines Kranzes verantworten und wurde von Caesar freigesprochen; Hor. s. 1,4, 94–100. Porph. z. St. Er ist wohl ident. mit dem Münzmeister von ca. 37 (genaue Nachweise bei Broughton Mag. 2,448). **6.** Q. P. Spurinus, der bedeutendste Gentile in republ. Zeit. Quaestor um 190, tr. pl. 187 (s. o. Nr. 3), Praetor 181 (Truppenaushebungen, Leitung der städt. Angelegenheiten, Untersuchung des Fundes des angebl. Sarges des Königs Numa und von Schriften am Ianiculum, die P. verbrennen ließ, Liv. 40,29,3–14), cos. 176 mit Cn. → Cornelius Scipio Hispallus (I 77), später mit C. Valerius Laevinus, vgl. Broughton Mag. 1,400. Im Krieg gegen die Ligurer fiel er – vielleicht nicht ohne eigene Schuld – im gleichen J. in Oberitalien, vgl. Fast. Cap. Liv. 41,18,9–15. H. G. G.

II. Kaiserzeit. **1.** Q. P. Cerialis Caesius Rufus. Als Legat der *leg. IX Hispana* verlor er bei → Camulodunum in Britannien anläßlich des Aufstandes der → Boudicca im J. 60 die Schlacht, Tac. ann. 14,32,3. Im J. 69 stand er als Verwandter → Vespasians (Tac. hist. 3,59,2. Cass. Dio 65,18,1) auf dessen Seite. → Antonius Primus (II 11) schickte ihn mit 1000 Reitern zum Schutz Roms voraus, sein träges Marschtempo ermöglichte jedoch den Brand des Kapitols, Tac. hist. 3,69–75. 78,3. Vor Rom erlitt er eine Niederlage, Tac. hist. 3,79,1. Cass. Dio 75,18,3. Trotzdem war er zum *cos. suff.* 70 designiert, um im J. 70 das Kommando in Germania inf. im Aufstand des → Iulius Civilis (II 28) übernehmen zu können, Tac. Agr. 8,2. Von Mainz aus zog P. vor Trier, wo er abgefallene Legionen zurückgewinnen konnte, bei Rigolodunum erfolgreich kämpfte und in Trier einmarschierte, Tac. hist. 4,68–74. Ein Angebot des Civilis und → Iulius Classicus (II 29), die Herrschaft in Gallien zu übernehmen, lehnte er ab, hist. 4,75, 1. Civilis versperrte ihm den Weg nach Köln, doch P. konnte ein Gefecht an der Mosel bei Trier, Tac. hist. 4,77f., desgleichen einen Kampf bei Castra → Vetera für sich entscheiden, hist. 5,18. Auch auf der Insula Batavorum mißlang Civilis eine Offensive, hist. 5,19–21. Das J. 70 endete mit Friedensverhandlungen zwischen P. und Civilis, hist. 5, 24–26. Cass. Dio 76,3,3. Im J. 71 ging P. jedoch als *legat. Aug. pr. pr.* nach Britannien, wo er die Briganten unterwarf, N.-England besetzte und das Lager der *leg. IX Hispana* nach → Eburacum verlegte, Tac. Agr. 8,2. 17,1f. Im J. 74 wurde er durch → Agricola abgelöst. Er selbst war am 21. Mai *cos. II suff.*, CIL XVI 20. **2.** P. Rufus, wohl Vater von Nr. 1. Als Praetorier beteiligte er sich 27/28 n. Chr. an Quertreibereien gegen → Titius Sabinus, um bei → Seianus in Gunst und zum Konsulat zu kommen, Tac. ann. 4,68,2. Cass. Dio 58,1,1ff. R. H.

Petitio. Bedeutet in den Rechtsquellen meist die Klage oder den ihr zugrunde liegenden rechtlich begründeten Anspruch, ebenso wie *actio* oder *persecutio*. Vielfach erscheinen diese drei Ausdrücke auch pleonastisch gehäuft. Alle Versuche eines Nachweises von Bedeutungsunterschieden (zuletzt Casavola Actio petitio persecutio, 1965) sind ohne Überzeugungskraft geblieben (vgl. M. Kaser Röm. Zivilprozeßrecht 1966, 174f.). Bes. häufig kommt als feststehende Verbindung vor *hereditatis p.* für die Herausgabeklage des wirklichen gegen den angeblichen Erben. Während sonst in der Klassik *actio* überwiegt, wird in der Nachklassik p. die gewöhnliche Bezeichnung für die im Kognitionsverfahren durchsetzbaren Ansprüche. Zudem meint p. bisweilen auch (ähnlich wie h. »Petition«) die bloße Bitte ohne Rücksicht auf ein rechtliches Fundament. D. M.

Petosiris, Astrologe und Priester meist mit → Nechepso zusammen genannt. An ihn ist ein Brief in 3 Fassungen erhalten. Andere Schriften, so die zur Iatromathematik, werden beiden zugeschrieben, dem P. allein die Sphaera des P.: In einem Kreisschema wird dem Anfragenden aus dem Zahlenwert der Buchstaben seines Namens die Prognose für die Art seines Todes und Lebens ausgezählt. Das 1920 bei Hermupolis gefundene Grab eines Thoth-Priesters (4. Jh. v. Chr.) gilt nicht als das des P. E. Bo.

Lit. s. Nechepso. *Lefebure* Le tombeau de P. I (1924).

Petra. 1. Die halbwegs zwischen dem Toten Meer u. dem Golf von ᶜAqaba im Schutze gewaltiger Felsmassive gelegene Hauptstadt des Nabatäerreiches, mit dessen Gesch. die ihrige im wesentlichen zusammenfällt (→ Nabataioi). Ob P. mit dem im AT (Iud. 1,36. 2. Reg. 14,7) genannten *as-selaᶜ* (»der Fels«) ident. und sein Name daraus übersetzt ist, ist umstritten. Daß im ausgehenden Alt. die Bevölkerung restlos abwanderte, dürfte seinen Grund darin haben, daß die pers. Sassaniden vom 3. Jh. an den Karawanenhandel zugunsten Palmyras von P. abzogen; als Folge davon sind seine bedeutenden Ruinen, die eine Mischung aus bodenständigen, hellenist. und röm. Stilelementen aufweisen, im ganzen gut erhalten. Die wichtigsten Denkmäler sind die Felsgräber, z. T. – vor allem der als Ḫazne (»Schatzhaus«) bekannte Grabbau in der ö. Eingangsschlucht – mit prächtiger, vielgestaltiger Fassade ausgestattet. Von den hochgelegenen, von Obelisken gekrönten Kultplätzen ist der Zibb ᶜaṭūf im SO. der bedeutendste. Die röm. Stadt ist bis auf den Antentempel (Qaṣr Firᶜaun) am Fuß des Akropolisberges untergegangen. Hadrian, der 131 n. Chr. P. besuchte, soll die Ḫazne erbaut und die Stadt so gefördert haben, daß sie sich, nach Ausweis der Mzn. aus Dankbarkeit Ἀδριανὴ Πέτρα nannte. A. D.

1. *R.E.Brünnow* und *A.v.Domaszewski* Die Provincia Arabia, 3 Bde., Straßburg 1904–1909. 2. *A.Kammerer* Pétra et la Nabatène, 2 Bde., Paris 1929–1930. 3. *R.Dus-*

saud La pénétration des Arabes en Syrie avant l'Islam, Paris 1955, 31–46.

2. P., fester Platz in der maked. Landschaft Pieria, am N.-Abhang des Olympos, der den wichtigsten aus Thessalien über das Gebirge in die maked. Küstenniederung führenden Paß beherrschte. Der Paßweg wurde wiederholt zur Umgehung der Tempestellung benützt. Seine Bezwingung war im 3. maked. Krieg ausschlaggebend für den Sieg der Römer bei Pydna.

Hdt. 7,128. 131. 172ff. Thuk. 4,78,6. Plut. Aem. Paul. 15.16.21. Liv. 39,26,1. 44,32,9. 35ff. 45,41,4. Chr. D.

Oberhummer, RE XIX 1166–1168. *Papazoglu* Maked. Städte in der Römerzeit, serb., Skopije, 1957, 105. *Meloni* Perseo e la fine de la monarchia macedone, Roma, 1953, 225ff., 291ff., 294ff.

Petraios (*Πετραῖος*). **1.** Beiname Poseidons in Thessalien, wo man ihm den Felsdurchbruch für das Tempetal zuschrieb. Pind. P. 4,138. Sch. ebd. 246. Bakchyl. 13 (14) 20. Nilsson Griech. Feste 71; GgrR ^{2}1,447. Wilam, GldH ^{2}1,208. **2.** Kentaur, Hes. Asp. 185. Von Peirithoos erschlagen, Ov. met. 12,327ff. Darstellung auf der Françoisvase. H. v. G.

Petreius. Röm. Familienname, auch inschr. sehr selten bezeugt. **1.** M. P. (ca. 110–46). Die Anfänge seiner Laufbahn sind nicht datierbar: trib. mil., praefectus, legatus, worauf er ca. 64 Praetor wurde, Sall. Cat. 59,6. Broughton Mag. 2,161. E. 63 begab er sich als Legat zu dem cos. → Antonius (I 2), in dessen Vertretung er im Jan. 62 den Oberbefehl in der Schlacht bei Pistoria führte (Sall. Cat. 59,4–60,5), in der → Catilina fiel. 59 opponierte er mit Cato gegen Caesars Ackergesetz und ging 55 im Auftrag des Pompeius nach Spanien, wo er als Legat bis 49 wirkte; zur Abwehr gegen Caesar vereinigte er seine Truppen 49 mit denen des → Afranius (2) bei → Ilerda, wo sie am 2. Aug. kapitulierten, Caes. civ. 1,38–85. Gelzer Caesar^6 197f. P. begab sich zu Pompeius nach Griechenland, wo er auf der Peloponnes eine militär. Funktion ausgeübt haben dürfte, ging 48 (nach der Schlacht bei Pharsalos) nach Africa, wo er 46 noch erfolgreich war (→ Ruspina), aber dann mit den Pompeianern bei → Thapsus geschlagen wurde und zusammen mit → Iuba (1) aus dem Leben schied; bell. Afr. 94,1f. App. civ. 2, 420. – Sein sonst unbekannter Sohn P. wurde gefangen und hingerichtet. **2.** Cn. P. Atinas, 102 Primuspilus unter dem cos. Q. → Lutatius Catulus (4), übernahm das Kommando über seine von den Kimbern abgeschnittene Legion an der Etsch, rettete sie und erhielt hohe Auszeichnungen; Plin. nat. 22,11. Vielleicht Vater von Nr. 1. H. G. G.

Petron (*Πέτρων*) v. Himera, ein früher Pythagoreer, von dem Plut. de def. or. 22f. unter Berufung auf → Hippys von Rhegion berichtet, er habe gelehrt, es gebe 183 Welten (*κόσμοι*), in einem Dreieckschema geordnet, und zwar enthalte jede Seite 60 Welten, und die 3 übrigen befänden sich je an einer Ecke; die einander benachbarten berührten sich, während sie sich sacht wie im Reigentanz herumbewegten; die innerhalb des Dreiecks befindliche Fläche sei der gemeinschaftliche Herd aller Welten und heiße das Feld der Wahrheit, in dem die Begriffe, die Ideen und die Urbilder alles dessen, was geworden sei und was werden werde, unbeweglich ruhten, und um sie sei die Ewigkeit, und die Zeit, gleichsam ein Ausfluß der Ewigkeit, bewege sich zu den Welten hin. K. Z.

Petron(as), Arzt aus der Zeit des → Hippokrates; über seine med. Anschauungen (2 Elem.-Lehre) hat der Anonymus Londinensis (XX 1ff.) einiges aufbewahrt. F. K.

Petronius. I. Politische Persönlichkeiten. **1.** C. P. Praefekt von Äg. 25–21 v. Chr., s. Stein Aeg. 17f. Als solcher hatte er gegen die aethiop. Königin Kandake zu kämpfen, deren Hauptstadt Premis er zerstörte, Strab. 17,788 bis 820f. Plin. nat. 6,181f. Cass. Dio 54,5,4–6. s. Jameson, JRS 58, 1968, 71–84. Einen Aufstand in Alexandreia schlug er nieder, Strab. 17,819. **2.** P. P., eher Enkel als Sohn von Nr. 1. *Cos. suff.* Juli-Dez. 19 n. Chr., Inscr. It. XIII 1, p. 184f. (lex Iunia Petroniana, Dig. 40,1,24); *procos. Asiae* 29–35, D. Magie Asia Min. 1363f. Im J. 36 in Rom, Tac. ann. 6,45,2. Als *legat. Aug. pr. pr. prov. Syriae* 39–42 bekam er von → Caligula den Auftrag, den Jahvetempel in Jerusalem in einen solchen des neuen Zeus Epiphanes umzuwandeln, Ios. ant. 18,261–309; bell. Iud. 2,186ff. Philo leg. ad Gaium 576ff. M. Nach Verhandlungen mit den Juden und einem Bericht an den Kaiser über ihren Widerstand verurteilte dieser ihn brieflich zum Selbstmord; doch kam die Nachricht vom Tod des Caligula früher nach Antiocheia. – P. R. Franke, Arch. Anz. 83, 1968, 474–482. **3.** M. P. Honoratus. Nach CIL VI 1625a schlug er nach den üblichen 3 militär. Präfekturen die ritterliche Beamtenlaufbahn ein als *procur. monetae*, gelangte (Näheres s. Pflaum Carrières proc. équ. 1,283 bis 286) zu dem hohen Amt *a rationibus* und wurde nach CIL VI 1625b *praefectus annonae* und *praefectus Aegypti* 147/48, CIL XIV 4458, s. Stein, Aeg. 78ff. RE XXII 2372. **4.** M. P. Mamertinus, nach CIL III 44 Präfekt von Äg. 133–137, Stein Äg. 68–72. Von 139 an bis mindest 143 *praefectus praetorio*, CIL VI 31147, schließlich *cos. suff.* 150, CIL XVI 99. Freund Frontos, ad am. 1,10 (p. 170, 15 Hout). **5.** T. P. Secundus. Präfekt v. Äg., 92 bis 95, CIL III 37, s. Stein Aeg. 46f., *praefectus praetorio*, als solcher an der Ermordung Domitians beteiligt, Cass. Dio 67,15,2. Betrieb die Erhebung Nervas, der ihn trotzdem von den Praetorianern ermorden lassen mußte, Epit. Caes. 12,8. Cass. Dio 68,3,3. **6.** L. P. Taurus Volusianus. Wohl Verwandter des Licinischen Kaiserhauses. Seine ritterliche Laufbahn verzeichnet CIL XI 1836. Er wurde *praefectus vigilum* und *praefectus* *praetorio*, war *cos. ord.* 261, CIL XI 5749, von 267 bis zur Ermordnung des → Gallienus *praefectus urbi*, Chron. min. I p. 65 M. **7.** P. P. Turpilianus, *cos. ord.* 61, Tac. ann. 14,29,1; noch in diesem Jahr *legat. Aug. pr. pr. Britanniae*, Tac. ann. 14,39. Agr. 16,3. *Curator aq.*, Frontin. aq. 102. Er erhielt nach der Unterdrückung der pison. Verschwörung die *ornamenta triumphalia*, Tac. ann. 15,72,1. Im J. 68 *dux Neronis*, daher von Galba hingerichtet, Tac. hist. 1,6,1. 37. Plut. Galba 15. 17.

8. P., 395/98 *vicarius Hispaniarum* (Cod. Theod. 4,21,1. 22,5), 398 am Hof zu Mailand, 401 wahrscheinl. *comes rerum priv.* (Symm. epist. 7, 109f. 114. SEECK Regesten 135,22ff.). Als *praefectus praet. per Gallias* (zwischen 405 und 408) schuf er einen Landtag der 7 Provinzen (Zos. ep. 13 = Mon. Germ. Epist. III 14). A. L.

9. P. s. Maximus (7)

10. Der Dichter Petronius. C. P. (Arbiter), *praetor*, *procos.* Bithyniae, *cos. suff.* vor 66, Tac. ann. 16,18,2. Von Nero als *arbiter elegantiarum* geschätzt (daher in Hss. *Arbiter* als Cognomen), fiel er der Eifersucht des → Tigellinus im J. 66 zum Opfer und schnitt sich die Adern auf, s. auch Plin. nat. 37,20. Plut. De disc. am. et adult. 19, p. 60 E (hier Praenomen T.). Es fragt sich, ob diese Persönlichkeit der Vf. des einst 16 B. umfassenden »*Satyricon*« ist. Man ging mit dem Werk bis in das 4. Jh. (s. H. PARATORE Il Sat. di P. 1, 1933, 1–30). E. CASTORINA P. Arbiter, Dal Satiricon (1970) hält es für eine Schöpfung eines unbekannten Autors des beginnenden 2. Jh. Demgegenüber weist m. E. mit Recht I. ACHATZ Petrons Satiricon als Spiegel zeitgenöss., literar. und sozialer Ereignisse (Diss. Wien 1965) nach, daß am 1. Jh., speziell der neronian. Z., festzuhalten ist. Im Sat. schildert ein junger Mann, Encolpius (ein Zerrbild des Odysseus), seine Erlebnisse, Liebesabenteuer und Schicksalsschläge, die er durch den Gott Priapus vor allem in griech. Städten Unteritaliens zu erleiden hatte; sie sind daher derb-sinnlicher Natur, spielen sich mit Frauen niedrigster Sorte, dem Knaben Giton oder moralisch anrüchigen Freunden (Ascyltus oder dem Dichter Eumolpus) oder mit ungebildeten Emporkömmlingen (Trimalchio) ab. Das Milieu, in dem sich der Held bewegt, wird durch eingelegte Episoden näher beleuchtet; so stellt die Novelle von der Matrone von Ephesos (111–113) eine Satire auf die nur zur Schau gestellte Züchtigkeit und Treue der Frauen dar. Die Gespräche bei der *cena Trimalchionis* (26–78) persiflieren die geistige »Höhe« der Emporkömmlinge, die an Gruselgeschichten wie die vom Werwolf (61,6–62) glauben. Die Epenfragmente über die *Troiae halosis* (89) in iamb. Trimetern und das *bellum civile* in 295 Hexam. (119 bis 124), die der Dichter Eumolpus vorträgt, parodieren die Verseschmiederei der Zeit und richten sich speziell gegen → Lucans Pharsalia. In eine bestimmte Stilgattung (s. J. P. SULLIVAN The Sat. of

P., A lit. study, London 1968) läßt sich das Werk nicht pressen. Es ist eine Parodie des Liebesromanes, hat seine Vorbilder im griech. Roman, steht durch seine Vermengung von Prosa und Vers der Menippeischen Satire nahe, will unter Ablehnung jeglicher moralisierenden Tendenz nur der Unterhaltung der Leser dienen. Das Sat. ist eine Kreuzung sehr verschiedener Literaturgattungen (W. KROLL Stud. z. Verständnis d. röm. Lit. 223), doch durchaus originell gearbeitet. Virtuos ist die Sprache gehandhabt, die alle Schattierungen vom Ton der Gebildeten bis zur krassen Vulgärsprache in der *cena* durchläuft. Die Frg. sind in 3 Klassen von Auszügen erhalten; den umfangreichsten Text bietet der 1650 in Trogir (Dalmatien) gefundene Paris. lat. 7989, s. G. BRUGNOLI Petronius (1961), tab. I. R. H.

Von den zahlreichen Ausg. seien erwähnt: *K. Müller – W. Ehlers* P., Satirica (1965). *K. Müller* (1961). *E. Castorina* (1970). *M. Brożek* (1968, mit poln. Übers.). *V. Ciaffi* (1967). *A. Ernout*[3] (1950).

Die cena: *E. Marmorale* (1947). *A. Maiuri* (1945). *L. Friedländer*[2] (1906, mit Komm.).

Lexikon: *J. Segebade – E. Lommatzsch* (1898).

Lit.: O. *Raith* P., ein Epikureer (1963). *L. Pepe* Studi Petroniani (1957). *V. Ciaffi* Struttura del Satyricon (1955). *A. Stefenelli* Die Volkssprache im Werk des P. (1962).

Petros. 1. Apostel. 1. Quellen, 2. Name, 3. Leben und Werk, 4. P.-Tradition.

1. Nachrichten vom Leben und Wirken des P. begegnen innerhalb des NT. in den Evangelien, in der Apg. und bei Paulus (Gal., 1. Kor.). Vom Tod des P. hören wir bei Ignatius (ad Rom. 4,3), 1. Clem. 5f. und Asc. Jes. 4,2f. Weitere Nachrichten finden sich u.a. bei Dionysius von Korinth (Eus. h.e. 2,25,8), Iren. (adv. haer. III, 1–3), Tert. (de praescr. haer. 36 u.ö.), bei Clem. Al. und Orig. Diese zuletzt genannten Zeugnisse beziehen sich auf die röm. Wirksamkeit des P. und seinen Tod als Märtyrer. Schriften aus der Feder des P. besitzen wir nicht. Die unter dem Namen des P. innerhalb und außerhalb des NT. begegnenden Schriften (P.-briefe; P.-akten, P.-apokalypse, P.-kerygma, P.-evangelium) sind ohne Ausnahme unecht und enthalten auch keine authentischen Nachrichten.

2. Der Name P. ist eine Übers. des aram. כֵּיפָא = Fels, Stein, und kommt außer Joh. 1,42, wo er Κηφᾶς (griech. Umschrift von כֵּיפָא) näher bestimmt, nur als Beiname zu Simon, dem eigentlichen Namen des »P.« (Apg. 15,14 u.ö.), vor (Matth. 4,18 u.ö.).

3. Simon P. ist der Sohn eines Jona (Apg. 16,17) und stammt aus Bethsaida (Joh. 1,44). Er übte den Beruf eines Fischers aus (Mk. 1,16). Bei seiner Berufung lebte er in Kapernaum und war verheiratet (Mk. 1,21. 29f.). Wann Simon den Beinamen P. erhielt, ist nicht deutlich und daher umstritten (bei der Berufung – Mk 3,16 – ? Nach seinem Be-

kenntnis bei Caesarea Philippi – Matth. 16,17 ff. – ? Nach Ostern durch die frühchristliche Gemeinde?). Die letztgenannte Möglichkeit liegt dann nahe, wenn Matth. 16,17 ff. eine nachösterliche Gemeindebildung ist (so BULTMANN, DINKLER, CONZELMANN u. v. a.). Wichtigstes Ereignis des Lebens des P. ist sein Ostererlebnis, das ihn zum 1. Zeugen der Auferstehung Jesu machte (1. Kor. 15,5; Lk. 24, 34), damit aber zum »Fels«, auf dem die Kirche gründet. Die Möglichkeit ist nicht auszuschließen, daß nicht nur das Felswort von Matth. 16, sondern auch die Nachrichten von P. als »Sprecher« der Jünger (Mk. 8,29 u. ö.) oder als Angehöriger des Kerns der Jüngerschaft (Mk. 5,37 u. ö.) »zurückdatierte« Erfahrungen mit dem Auferstehungszeugen sind. Nach Ostern finden wir P. als Leiter der Gemeinde in Jerusalem, der auch auf die Diaspora Einfluß nimmt (Gal. 2,7 ff.; Apg. 2, 14. 5,1–11 8,14 ff. u. ö.). Warum er später von Jacobus abgelöst wurde, ist nicht mehr genau auszumachen. Nachrichten von diesem Tatbestand finden sich in den Pseudoclementinen (Rec. I, 17 und Hom. I, 20), in den Ep. Petri 1 und im Thomasevangelium (Logion 12). Theolog. scheint P. eine Mittelstellung zwischen »Judaisten« und »Hellenisten« eingenommen zu haben. Die Heidenmission des Paulus hat er anerkannt (Gal. 2, 7 ff.). Nach Gal. 2,18 und 1. Kor. 9,4 f. hat P. auch selbst Mission getrieben, doch ist uns Näheres nicht bekannt. 1. Petr. 5,13 (das hier angeführte Babylon scheint eine Chiffre für Rom zu sein) und Nachrichten des Iren. (adv. haer. 3,1 ff.) u. a. lassen eine Missionstätigkeit in Rom vermuten. Nach Joh. 21,28 ist P. als Märtyrer gestorben. 1. Clem. 5 f., Ign. Röm. 4,3 und v. a. setzen einen Märtyrertod des Petrus in Rom voraus (wahrscheinlich z. Z. Neros). Ein Zitat des Gaius (Anf. 3. Jh.) bei Eus. h. e. 2, 25,5 ff. nennt den Vatikanhügel als Grabstätte. Eine andere Tradition lokalisiert die Grabstätte an der Via Appia (San Sebastiano). Beide Überlieferungen konnten durch Grabungen weder voll bestätigt noch ausgeschlossen werden.

4. Für die Gesch. ist P. nicht nur durch sein Werk bedeutsam, sondern eher noch durch die an Matth. 16,1 ff. anschließende Tradition. Diese Tradition behauptet den Primat des P. und bindet diesen Primat an den röm. Bischofsstuhl. Nach Tert. (de praescr. haer. 32) hat P. den Clemens zum röm. Bischof geweiht, und seit Cyprian († 258) wird Matth. 16,17 ff. auf Rom bezogen. Kl. W.

H. Lietzmann P. und Paulus in Rom, 1915, ^{2}1927; *ders.* P. röm. Märtyrer (SAB 1936, 29 = Kl. Schriften I, 1956, 100–123). RE XIX, 1335 ff. DACL XIV, 822 ff. RGG ^{3}V, 247 ff. ThWBzNT VI, 99 ff. *R. Bultmann* Die Frage nach der Echtheit von Matth. 16,17–19, in: Exegetica 1967, 255–277. *A. M. Schneider* Die Memoria Apostolorum an der Via Appia, in: NAG 1951, Nr. 3, 1–15. *Apollonij-Ghetti/Ferrua/Josi/Kirschbaum* Esplorazioni sotto la Confessione di S. Pietro in Vaticano, 2 Bde., 1951. *K. Heussi* Die röm. P.-Tradition in krit. Sicht, 1955. *O. Cullmann* P., Jünger, Apostel, Märtyrer, 1952, ^{2}1960 (Lit.). *K. Aland* P. in Rom, in: HZ 1957, 497 ff. *E. Dinkler* Die P.-Rom-Frage, in: ThR 1959, 189–230. 289–355; 1961 H. 1; *ders.* P.-Bekenntnis und Satanswort, in: Zeit und Gesch., Dankesgabe an R. Bultmann zum 80. Geburtstag, 1964, 497 ff. *W. Schmithals* Das kirchl. Apostelamt, 1961, 103 bis 255. *G. Klein* Die zwölf Apostel, 1961. *G. Schille* Anfänge der Kirche, 1966.

2. P., Bischof von Alexandreia seit 300, geriet wegen seiner Flucht während der diokletian. Verfolgung und milder Behandlung der Abgefallenen in Gegensatz zu Rigoristen, die sich um → Melitios von Lykopolis sammelten; dessen Exkommunikation durch P. führte zum melitian. Schisma. Mit P. hatte sich die Kirche als Institution durchgesetzt; sein Märtyrertod 311 sicherte ihm moral. Legitimation und legendenhaften Ruhm. P., in erster Linie ein Mann der kirchlichen Praxis, griff mit einigen gegen → Origenes gerichteten Schriften auch in Fragen der Lehre ein. Von seinen Werken sind nur Frg. erhalten; vollst. Slg. fehlt. B. R. V.

H. Lietzmann, AK 3, ^{3}1961, 89–93. *F. H. Kettler*, RE XIX 1281/88 (Verzeichnis der Frg.). *Altaner* ^{7}212–213 (Lit.).

3. P. (Patrikios), * um 500 in Thessalonike, Anwalt in Constantinopel, curator der Kaiserin Theodora, 534/35 Gesandter nach Ravenna zu → Theodahad (Prok. 3,3. 4. 6; anecd. 16). Seit 539/40 *mag. officiorum* (Prok. 4,22), noch vor 550 Patricius. 561/62 führte er die Friedensverhandlungen mit den Persern (Menander de leg. 3. 5. – RUBIN Justinian 368 f.); † 564 (Theophan. a. 6055). P. verfaßte ein (wahrsch.) von 43 v. Chr. bis Iulianus reichendes Geschichtswerk (Frg.e bei Exc. Const. I 1,390 ff. de Boor) und eine Schrift über das *magisterium officiorum* (vgl. Suda 2,1406. Lyd. de mag. 2,25. Const. Porphyr. de caerem. 1,84 ff. – STEIN II 728). A. L.

Petrucorii, Volksstamm der Gallia Celtica, später Aquitania, r. und l. des Duranius (h. Dordogne), im h. Périgord genannten Gebiet. Strab. 4,190 nennt unter den 14 aquitan. Völkern zwischen Garonne und Loire die *Πετροκόριοι*, Ptol. 2,7,9 *Πετροκόριοι καὶ πόλις Οὐέσουνα*. Ihre Nachbarn: die Santones im N. W., Bituriges Vivisci im W., Nitiobriges im S., Cadurci im SO., Lemovices im N.–NO. Plin. nat. 4,109. Not. Gall. 13,6. Sulp. Sev. chron. 2,45,7 *Petrocorii*. Sidon. ep. 6,7 *Petrogorii*.

Im J. 52 v. Chr. treten sie ins Licht der Gesch., nachdem sie von den Römern unterworfen worden waren (Caes. Gall. 7,75). In august. Z. gehören sie zu den Stämmen, welche die prov. Aquitania bilden. Ihr Gebiet ist berühmt durch die Eisenwerke (*σιδηρουργεῖα ἀστεῖα* Strab. 4,191) und durch seine Straßen: zum Straßenknotenpunkt → Vesunna s. Karte bei GRENIER, Man. arch. gallo-rom. 6,410 Abb. 134.

Der Hauptort war Vesunna, der E. 3. Jh. *civitas Petrucoriorum* (h. Périgueux) wurde, an der mittleren Ille. Die Stadt hatte ihren Namen von der Quellgöttin V., s. BARRIÈRE Vesunna Petrucoriorum, Périgueux 1930. Plan bei GRENIER Man. arch. 6,2, 683, Abb. 237 und RE XIX 1314). Denkmäler: Tempel der V., ein Turm, Forum mit 2 Plätzen und Basilika, Amphitheater, Thermen, Villen; neue Funde: Gallia 2, 1944, 245. 5, 1947, 465. 7, 1949, 130. 17, 1959, 387. 19, 1961, 377. Inschr. CIL XIII 939. 11037.

Die P. sind bezeugt in Mainz (CIL XIII 7031), Fréjus (CIL XII 275), Saintes (CIL XIII 1038), Lyon *(sacerdotes arenses*, i.e. *ad aram Romae et Augusti* CIL XIII 939. 1704. 11042*)*. M. L.

Barrière Vesunna Petrucoriorum, Périgueux 1930. *Espérandieu* Rec. gen. bas-rel. Gaule rom. 2, 1908, 230, Nr. 1260 bis 1316.

Petrus-Apokalypse, chr. Offenbarungsbuch aus der 1. Hälfte des 2. Jh., das uns in einem seit 1887 bekannten griech. Frg. und in einer seit 1910 bekannten äthiop. Übers. bekannt ist. Die beiden Texte sind nicht ident. Neben sprachlichen Differenzen finden sich Unterschiede in der Anordnung und im Umfang des Stoffes und auch in der lit. Form (s. HENNECKE-SCHNEEMELCHER 2, ^{3}1964, 469 f.). Trotz eines gewissen Mißtrauens, das der Schrift in der frühen Kirche entgegengebracht wurde, hat die P. in O. und W. eine weite Verbreitung gefunden. Methodios (Symposion 2,6) zählt die P. zu den inspirierten Schriften, während sie Eus. (h.e. 3,3,25) den unechten Schriften zuweist und Hieronymus (de vir. ill. 1) sie verwirft (weitere indirekte Zeugnisse der Schrift nennt A. v. HARNACK: TU 13, 1895, 71 ff.). Die Bedeutung der P. liegt vor allem auf rel.-gesch. Gebiet, gehört sie doch zu dem Typus jener Schriften, durch welche ausgemalte Vorstellungen von Himmel und Hölle in der chr. Kirche Eingang fanden. Für die Höllenschilderung sind vermutlich orph.-pythagor. Mysterien Quelle der Vorstellungen, während die Vorstellungen von der Auferstehung der Toten, vom Jüngsten Gericht u.a. jüd.-apokalypt. Herkunft verraten. Kl. W.

Ausg. und Übers.: Griech.: *E. Preuschen* Antilegomena, ^{2}1905. *E. Klostermann*, KlT 3, 1903, ^{2}1908; dt. Übers.: *Hennecke–Schneemelcher* 2, ^{3}1964, 475 ff. Äthiop.: *Sylvain Grébaut*, Revue de l'Orient chrétien, Paris 1907, 139 ff.; 1910, 198 ff.; 307 ff.; 425 ff.; dt. Übers.: *H. Duensing* in: ZNW 14 (1913), 65 ff.
Lit.: *A. Dieterich* Nekyia ^{2}1913. *Bardenhewer* 1, ^{2}1913, 610–615. *J. Quasten* Patrology 1, 1950, 144 ff. (Lit.). *G. Quispel*/ *R. M. Grant* in: VigChr. 6 1952, 31 f.

Peucetii, nach Lykaonsohn Peuketios, Bruder des → Oinotros (Pherekyd. FGrH 3 F 156. Nikandr. b. Ant. Lib. 31,1. Plin. nat. 3,99. Isid. or. 15,1,58. Serv. Aen. 8,9) benannt, wohnen am ion. Meer (Pherekyd. Steph. Byz. s. v.) n. von Calabrien (Strab. 6,277. 282. Plin. nat. 3,102. Nikandr. 2); ihr Land ist ein Teil Apuliens (Strab. 6,277. 283. Ptol. 3,1,15. Cass. Dio 1,219 Bo. im Sch. Lykophr. 602; = *Messapia* Plin. 3,99. Isid.). Die P. sind vielleicht die Träger des ital. Elements neben Illyriern (Plin. 3,102) in der messap. Sprache (Oinotros; Hekat. FGrH 1 F 89 *Πευκ[ετί]αντες* Nachbarn der Oinotrer). Sie stehen mit Tarent im Kampf (Paus. 10,13,10) oder Bündnis (Strab. 6,280); Bündnisse mit Alexander (Iust. 12,2,12), → Agathokles (Diod. 21,11). Nach Herodor. FGrH 31 F 29 heißen sie auch *Πευκετεῖς*, nach App. civ. 1,52. Strab. 277. 282 *Ποίδικλοι* (Plin. 3,38. 102 *Poediculorum ager;* nicht zu kelt. *Ποιδικόν* Ptol. 2,13,3), während Cass. Dio *Πεδίκουλοι* und P. nebeneinander als zwei Völker nennt. Der Name P. muß früh außer Gebrauch (nach Strab. 6,277 nur bei Griechen, nicht Eingeborenen üblich) gekommen sein, da er den Übergang *eu > ou* (*Λευκανοί > Lūcani*) nicht mitmachte; einheimisch *poediculŏ- (<*pu̯ĕdĭq-lŏ)* und P. *(<* pĕu̯ĕd[i]q-)* gehen auf gleichen Namensstamm (nicht *πεύκη* »Fichte«) zurück (vgl. Hekat. F 88 *Πευκαῖοι* Iapygern benachbart). Skyl. 15 nennt die Sprache der *Πευκετιεῖς* als einen der 5 samnit. Dialekte; dieses Volk hat nach Kall. frg. 107 Pf. Rom belagert (Dieg. V 26: *τῶν Πευκετιῶν* [so Norsa-Vitelli] *προσκαθημένων τοῖς τείχεσι τῆς Ῥώμης*). Sie werden von den P. unterschieden (*Altheim* Gesch. d. lat. Spr. 265). G. R.

Forbiger Hb. d. alt. Geogr. 3,498. *Nissen* It. Ldk. 2,857. *Bérard* La colonisation Grecque etc. ^{2}439 ff. PID 2,272.

Peucini *(-eni, -enni)*, nach Strab. 7,306 einer von drei Stämmen der germ. Bastarner, die im Gebiet des Donaudeltas, jenseits der Daker siedelten (Plin. nat. 4,100. Tac. Germ. 46. Ptol. 3,5,7. 10,4). Die Insel Peuke und wahrscheinlich auch ein gleichnamiges Gebirge sollen zur Namensbildung beigetragen haben. H. C.

E. Polaschek, RE XIX 1391.

Peuke (*Πεύκη*), Stadt und gleichnamige Insel des Donaudeltas, Name des südlichsten Deltaarmes (Plin. nat. 4,79. Solin. 13. Amm. 22,8,45), während Strab. 7,306 und Anonym. P. P. Eux. 67, 91 dafür die Bezeichnung *Ἱερὸν στόμα* bringen. Ptol. 3,10,2 versucht zu vermitteln. Eine Inschr. aus Histria brachte die Entscheidung für den h. St.-Georgs-Arm des Donaudeltas. P. hieß auch die dreieckige, mit Fichten bewachsene Insel zwischen *Boreum ostium* und *P. ostium*. Die Einwohner hießen *Peuci* oder → *Peucini*. Chr. D.

Dessau, JOEAI 23 (1926). Bbl. 354. *Polaschek*, RE XIX 1382–1390.

Peukelaotis (*Πευκελαῶτις*), nach Arr. an. 4,22,7 f. ein Gebiet in der Nähe des Indus, in dem sich auch eine gleichnamige Stadt befand (a. O. 4,28,6), die auch *Πεύκελα* (Arr. Ind. 1,8 [3] 237), *Πευκολαῖτις* (Strab. 15,1,27), *Peucolatis* (Plin. nat. 6,62), *Peucolis* (a. O. 6,94), *Ποκλάεις* (Ptol. 7,1,44) hieß. Es handelt sich dabei um das ai. Puṣkalāvatī (oder Puṣkarāvatī), die »Lotusstadt«, die Metropole von Gandhāra, die sich Alexander ergeben hatte. Grabungen in Chārsada (K. FISCHER, Gn 38, 1966, 281 f.), etwa 30 km n.ö. von

Peshawar, haben die große Bedeutung der Siedlung, die im 2. Jh. ein griech. Handelszentrum war, unterstrichen. F. F. S.

1. *O. Stein*, RE XIX 1392ff. 2. *M. Wheeler* Chārsada, 1962, 3. *W. W. Tarn* The Greeks in Bactria and India², 1966,. 135f. 237f. 244f. 315f. 4. *B.N.Puri* Cities of Anc. India, Meerut 1966, 90ff. 5. *D. C. Sircar* Cosmogr. and Geogr. in Early Ind. Lit., Calcutta 1967, 73f. 96, 114, 128.

Peukestas (*Πευκέστας*). **1.** Sohn des Makartatos, wurde 332 zusammen mit → Balakros (2) als Militärkommandant von Alexander d. Gr. in Äg. zurückgelassen.

Berve Alex. II Nr. 635. *H.Bengtson* Die Strategie in der hellenist. Z. 3, 1952, 8.

2. P., Sohn des Alexandros, 325 Trierarch der Indusflotte Alexanders, kämpfte als Träger des ilischen Athenaschildes an dessen Seite in der Mallerstadt (Arr. an. 6,9f.), wurde außer der Reihe Somatophylax (6,28,3) und anschließend Satrap der → Persis. Seine Vorliebe für pers. Wesen machte ihn bei den Untertanen beliebt und gewann ihm die Sympathie Alexanders; die Eingliederung von 20000 von ihm gestellten Persern ins Heer bedeutete eine zukunftsweisende Maßnahme im letzten Lebensjahr des Königs (Arr. an. 7,23. Diod. 17,110). Er schloß sich später → Eumenes (1) an, doch trug sein zweideutiges Verhalten 317 wesentlich zu dessen Vernichtung bei (Diod. 19 pass.). Durch → Antigonos (1) kurz darauf abgesetzt, gehört er später zu den *φίλοι* von dessen Sohn → Demetrios (2) (FGrH 81, F 6). G. W.

Berve, RE XIX 395ff. *H.Bengtson* Die Strategie in der hellenist. Z. 1, 1937, 188f.

Peutingeriana Tabula. Mittelalterliches Exemplar (12/13. Jh.) einer röm. Weltkarte, nach ihrem ehemaligen Besitzer K. Peutinger (1465 bis 1547) benannt, jetzt in Wien aufbewahrt. Die Hs. besteht in einer Pergamentrolle von 680 x 33/35 cm, die Oikumene von der O.-Küste Groß-Britanniens (Irland und Spanien fehlten schon auf der Vorlage infolge einer Beschädigung) bis China umfassend. Entsprechend der Form des Dokuments sind die Meere auf einen einfachen Streifen beschränkt, das Festland wurde gegen W. und O. ausgedehnt, Italien und Griechenland sozusagen nach rechts zurückgefaltet und waagerecht dargestellt. Das Straßennetz mit den Entfernungen (röm. Meilen, *leugae* in Gallien, Parasangen in Persien) und den Stationen bildet das Gerippe der Karte. Die Ortschaften sind durch Vignetten dargestellt, die ihrer administrativen Rolle entsprechen. Flüsse, Gebirge und Wälder sind nachträglich und in der allg. üblichen Weise eingetragen. Immer noch strittig sind Entstehungszeit (unter Caracalla? Späteste Eintragungen um 350/60), Autorschaft, Beziehungen zu Agrippas runder Weltkarte (von den meisten angenommen, von KUBITSCHEK verneint) und zum Geographus Ravennas, Quellen. F. L.

Ausg.: *K. Miller* Die Peut. Tafel, 1887 (Farbige Photolithogr. nach einer Kupfertafel; Neudr. 1961). *C. Angerer* u. *Göschl* Peutingeriana Tabula, 1888 (Photogr.). Ta.: *K. Miller* Itineraria Romana, ¹1916. ²1929 (Neudr. 1963). *W. Kubitschek*, RE X 2126. *F. Gisinger*, RE XIX 1405.

Pezetairoi (*πεζέταιροι*), die schwere makedon. Infanterie (Arr. an. 4,23,1). Später wurde der größte Teil der schweren griech. Infanterie überhaupt so bezeichnet. Die makedon. P. setzten sich aus freien Bauern zusammen und waren anf. nach Landschaften in *τάξεις* gegliedert. Als Unterabteilungen sind *λόχοι* und *δεκάδες* bezeugt. Die Zahl der *τάξεις* wurde allmählich erhöht und der landschaftliche Zusammenhang aufgegeben. 323 erfolgte die Eingliederung von Bogenschützen, Schleuderern und anderen Leichtbewaffneten in die P. (Diod. 17,110,2). Über ihre Bewaffnung s. o. I 880. A. N.

F. Lammert, RE XIX 1412ff.

Pfandrecht s. Fiducia. Hypallagma. Hyperoche. Hypotheke. Pignus

Pfau, Pavo cristatus (*ὁ ταώς, ταῶς*), *pavus, pavo, pava.* Name von ungeklärter orient. Herkunft FRISK 2,862. WALDE-HOF.³ 2,267). Der in Indien beheimatete P. gelangte wohl im 7./6. Jh. über Babylon (Pfauenthron: Philostr. 368 K.) nach Palästina, etwa gleichzeitig über den Iran (daher *Μηδικὸς ὄρνις* Diod. 2,53 u.a.) und Vorderasien nach Samos, wo er heiliges Tier im Heraion war (Antiphon b. Athen. 14,655 B; samische P.-Mz. nicht vor 2. Jh. v. Chr.). Im 5. Jh. sind P. eine kostbare Seltenheit, werden in Athen im Zuchthof des Pyrilampes und Demos bei Neumond gegen Eintrittsgeld gezeigt (Plut. Per. 13, 13), ihre Eier nach auswärts an Liebhaber teuer verkauft. In Italien erscheint der P. frühestens im 2. Jh. (Eigenn. *Pavo:* Lucil. 467 Ma.); Varro rust. 3,6. u.a. bieten Vorschriften für die gewerbl. Zucht und Angaben über die (z.T. enormen) Preise und Renditen (DOHR 106f.). P.-Braten, von Q. → Hortensius (7) eingeführt, wurde bald Inbegriff des Tafelluxus (Cic. fam. 9,18,3. 20,2. Hor. sat. 1,2,116 u.a.), noch übertroffen durch P.-Hirn (Suet. Vit. 13) und P.-Zunge (HA Heliog. 20,5). – Wichtigste zool. Schilderung (mit Zuchtangaben) Aristot. hist. an. 6,9,564 a 25ff. Zum Farbenspiel der Federn (bes. der »Augen«, *gemmae*) s. Phaedr. 3,18. u.a. Mit der äußeren Schönheit kontrastiert der schlechte Charakter des P. (Aristot. a.O. 1,1,488b 24. Ov. met. 13, 802. OTTO, Sprichw. 269). – Künstler. Darstellungen werden erst in röm. Z. häufiger und mehren sich noch in chr. Z., meist ornamental, seltener symbolisch. In der chr. Kunst ist der P. vor allem Attribut des Paradieses, zuerst in der Kallist-Katakombe (Dioklet. Z.). In der Mythologie hat der P. keine, in der Fabel bescheidene Bedeutung. W. R.

Hehn-Schrader Kulturpflanzen⁹ 355. *O. Keller* Ant. Tierwelt 2, 1913, 148. *Hempelmann-Zur Strassen* Brehm's Tierleben 7⁴, 46. *Laufer* Der P. in Babylonien OLZ 1913,

539. *Meißner* Haben die Assyrer den P. gekannt? ebd. 293. *H.Lothar* Der P. in der altchr. Kunst (1929). *Thompson* Glossary of Greek Birds (1936; ²1966) 277. *G.Jennison* Animals for Show and Pleasure in Anc. Rome (1937), bes. 15. 107. *H.Dohr* Die ital. Gutshöfe... (Diss. Köln 1965) 105. Dict. d'Arch. Chrét. et de Lit. XII 277. *K.Goldammer* RGG 5³ 306. *J.Wiesner*, Lex. der AW 2277.

Pfeffer (τὸ πέπερι, -ιος oder εως, *piper, -eris* n.) die bekannte Gewürzpflanze, zuerst bei Hippokr. morb. mul. 1,81 als Heilpflanze erwähnt. Nach den unklaren und z.T. widersprüchlichen Beschreibungen bei Theophr. h. plant. 9,20,1. Dioskur. mat. med. 2,159 und Plin. nat. 12,26f. kannte man außer den beiden ind. Arten (piper longum und piper nigrum L.) auch den afrikan. Mohrenpfeffer (Xylopia aethiopica A. Rich). Vorwiegend wurde P. als Heilmittel gegen mancherlei Krankheiten, bes. Augenleiden, verwendet. Als Gewürz für Speisen, Saucen, auch Wein, erscheint P. in stärkerem Maße erst seit Beginn der Kaiserz. Wegen seines hohen Preises wurde der P. verschiedentlich verfälscht, bes. durch Wachholderbeeren. Große Vorräte in Rom bezeugen die *horrea piperatoria*. Sprichwörtlich war P. für Schärfe (*piper non homo* Petr. cena Trim. 44). K. Z.

Steier, RE XIX 1421–25.

Pfeil und Bogen bilden eine der ältesten Waffen, die schon in neolith. Z. zurückreicht. Wo sie zuerst aufkamen, ist nicht bekannt. Der Bogen, anfangs bloß ein biegsamer und der P., urspr. nur ein vorn zugespitzter und hinten gerade abgeschnittener Stab, erfuhren in ihrer techn. Entwicklung Veränderungen, vor allem der Form und des Materials. Struktur und Zweckmäßigkeit führten vom einfachen Holzbogen über den umwickelten und verstärkten zum zusammengesetzten. Der P. wurde in Spitze und Schaft, d.h. Vorder- und Hinterschaft, geteilt und dieser am unteren Ende gekerbt und gefiedert. Die Spitze, die anfangs pfriemenartig war, erlangte in der Form einer nach oben auslaufenden Spitze und nach unten zunehmenden Verbreiterung ihre wirksamste Ausbildung. Innerhalb dieser Hauptformen der P. gab es zahlreiche Variationen wie bei den Bögen. Einfacher und verstärkter Holzbogen und aus Holz, Horn und Sehnenmasse zusammengesetzter waren in Äg., Vorderasien, Griechenland und Italien verbreitet.

In G r i e c h e n l a n d bestand die Spitze des P. (ὥς, οἰστός, τόξευμα) in myken. und vormyken. Zeit entweder aus Obsidian oder Feuerstein oder Bronze. Neben primitiven Formen gab es Gebilde mit einem zungenartigen Ansatz oder mit einem Ausschnitt für den Schaft. Homer kennt nur Spitzen aus Bronze. Sie hatten entweder die Form eines Pfriemens mit einer Zunge oder die eines Blattes mit Widerhaken und Zunge oder ohne eine solche oder die einer Lanzette, die manchmal mit einer Tülle versehen war. Die gleichen Formen finden sich auch bei den Spitzen aus Eisen. Der Schaft war aus Rohr (Il. 10,584). Er hatte Kerben (Il. 4,122) und war manchmal gefiedert (Il. 5,171). Auch die Perser verwendeten P. mit langen Rohrschäften (Hdt. 7,61) wie die Parther. Für die Skythen waren P. mit verstärkten und befiederten Schäften charakteristisch. Auch Knochenspitzen kamen vor, bes. bei den Sarmaten (Paus. 1,21,5f). Vergiftete P. waren nicht ungewöhnlich und sind schon durch Homer (Od. 1, 259ff.) bezeugt, Unter den Bogenformen bildeten der segmentförmige und der eingewölbte die Haupttypen. Die Enden oder Ohren, an denen die Sehne befestigt wurde, waren aufgebogen oder horizontal, oder es war das eine Ohr aufgebogen und das andere horizontal oder umgekehrt.

Über den P. b e i d e n R ö m e r n → sagitta und über die Bogenschützen → τοξόται, → sagittarii und über Geschützpfeile → Geschütze, → Poliorketik. A. N.

H.Bonnet Die Waffen der Völker des alten Orients, Leipz. 1926, 118ff. *W. Wolf* Die Bewaffnung des altäg. Heeres, Leipz. 1926, 25ff. 45ff. 80ff. RE VI A 1847ff. XIX 1425ff. BursJb 274, 1941, 85.

2. s. Toxon, Toxotes

Pferd (ὁ, ἡ ἵππος N.–F. ἴκκος [EM 474,12], myken. *i-qo* und Ableitungen [VENTRIS-CHADWICK Documents 394f.], *equus, equa;* zur idg. Herkunft des Namens s. FRISK 1,734. WALDE-HOF.³ 1,412. SCHRADER Reallex.² 2,170; daneben abwertend *caballus* »Klepper« [seit Lucil., Herkunft unsicher, s. MAASS, Rh. Mus. 74,469. KRETSCHMER, Glotta 16,191], *cantherius* »Saumtier, Klepper; Wallach« [seit Varro; Fremdw. unbek. Herkunft, s. BOISACQ Dict. et. 406], *paraveredus* »(Post-)-P.«, spätl.). Im gesamten Alt. eines der wichtigsten und kostbarsten Haustiere, dessen Domestizierung frühestens im Neolith. erfolgt ist, vielleicht in mehreren Erdgebieten unabhängig und aus verschiedenen Wildrassen (Lit. bei HEICHELHEIM 1,341. SCHACHERMEYR Pos. 70ff.; Anthropos 46, 1951, 706. W. RICHTER 70), bei den Indogermanen sowohl für Ernährung und Fortbewegung als auch aus kult. Gründen, bei semit. Völkern mindestens als Zugtier (Darstellungen schon im 3. Jt. z. B. TREUE 22 Abb.). Die vordringenden Arier bringen Anf. bis M. des 2. Jt. den Streitwagen mit; durch ihn wird das P. das wichtigste Machtinstrument der vorderasiat. Völker, dann der Ägypter, seit dem 16. Jh. der Kreter und Griechen und ein wesentl. Faktor bei der Ausbildung der myken. Herrenkultur (WIESNER, SCHACHERMEYR). Dies gilt in vollem Umfang noch für die Welt der Epen (DELEBÈCQUE W. RICHTER), deren Adelige auf doppelrädrigem Zweigespann mit Lenker (θεράπων) in den Krieg ziehen und gelegentlich Rennen durchführen (Il. 23, 293ff. 373ff.), während Lastwagen von → Maultieren, der Pflug vornehmlich von → Rindern gezogen wurde. Das P. steht von allen Haustieren dem Herrn am nächsten, trägt Eigennamen, wird sorgsam gepflegt (Il. 5,195ff. 8,185ff. u.a.) und als einziges Tier nach biogenet. Gesichtspunkten gezüchtet (W. Richter 72f.); die Anfänge der Tiermedizin (ἱππιατρική) sind hier anzusetzen. Für die soziale Position des P. ist bezeichnend, daß Hes. nicht von ihm spricht. Die Kunst des Reitens wird erstmals Il. 15,679 von einem Gestütmeister gerühmt; sie löst vom 8. Jh. an allmählich den Streitwagen ab und führt zur Entwicklung der Kavallerie und des polit. »Ritter«-Standes (Wiesner, Gnomon 25,53f.) und zur Entwicklung der korinth. Trense, aber nicht des Sattels (die Schabracke, κασῆς [ἐφίππιος], Xen. Kyr. 8,3, 6f. war wohl eine pers. Besonderheit; vgl. aber Hor. epist. 1,14,43; *sella* »Sattel« erst vom 3. Jh. n. Chr. an). Seitdem bleibt Verwendung als Reittier im Krieg und Kult (z.B. Panathenäenfest) und als Zugtier im Rennsport und bei bestimmten offiziellen Institutionen (z.B. Triumph, flamen Dialis) durch das ganze Alt. üblich; erst langsam, bes. in röm. Z., findet das P. auch als Arbeitstier in ländlichen und gewerbl. Betrieben mit unedlen Kaltblutrassen (*caballus* Lucil. 163. Hor. epist. 1,18,36. u.a.) Eingang (vgl. Plin. nat. 18,298. Varro rust. 1,52,1f.); doch war seine Bedeutung hier stets bescheiden. Die prähistor. verbreitete Verwendung der Stutenmilch galt in epischer Z. als Besondheit der Skythen (W. Richter 70 A. 504); nur Käse aus ihr (ἱππάκη) kannten auch die Griechen (Diosk. 2,71. Plin. 28,131).

P.-Zucht gab es seit ältester Z. an vielen Orten, aber mit größeren Zuchterfolgen und Exportquoten meist nur in Randgebieten der griech.-röm. Welt, wie Thrakien, Thessalien, Apulien, Sizilien (Cic. Verr. II 2,20. Hor. carm. 2,16,34 u.a.), Spanien, Gallien (Caes. Gall. 4,2. Tac. Germ. 6,15 u.a.), bes. N.-Afrika mit Kyrene an erster Stelle. Der Schwerpunkt lag immer und überall auf der Zucht »edler« P., d.h. Vollblut, viell. auch Halbblut, die man in älterer Z. durch Inzucht zu gewinnen glaubte, während später Kreuzung z.T. planmäßig betrieben wurde. Raubdeckung war ein altes Züchterdelikt (Il. 5, 265ff.). Das Ideal-P. (hohe Hufe, weiche Beugen, starke Polsterung an Brust und Schenkeln, knochiger Kopf mit kleinen Ohren und kleinem Kinn, hoher Widerrist, tiefe Flanken, kurze, flache Hüften, kleine Hoden) wurde zuerst von Simon von Athen (Reste: CHG II 228ff.), nach ihm von Xen. equ. 1 beschrieben; ähnliche Schilderungen bieten Varro rust. 2,7 u.a., sämtlich über Cassius Dionysius auf → Mago zurückgehend. Unterscheidung nach Rassen im mod. Sinne war unbekannt, nur den Körperbautypen schrieb man Erfahrungswerte zu. Farbunterschiede, schon vom Il.-Dichter notiert (W. Richter 73), erhalten züchterische Bewertung zuerst bei Pallad. bzw. seiner unbekannten Quelle. Kastration des P., zur Erhöhung seiner Gefügigkeit bei Skythen und Sarmaten geläufig (Strab. 7,3,12), kannten die Griechen und Römer anfangs schwerlich; nach Plaut. haben die Römer sie erst von den Kelten gelernt (Aul. 495 *Gallicis cantheriis;* zu *cantherius* s. Fest. p. 32 L.). Über Aufzucht, Pflege und Abrichtung s. Verg. georg. 3,72ff. Varro a.O. Col. 6,27. 29. Veg. 3,6; über Krankheiten Aristot. hist. an. 8,24,604a 28ff. Col. 6,30–35 und die sog. Hippiatrika (ed. Oder-Hoppe) sowie die Lehrbücher des Vegetius und »Chiron«.

Unter den zoolog. Eigenarten fand der Zahnwechsel und die Altersbestimmung nach ihm bes. Interesse (Aristot. 6,22,576a 6ff. Varro 2,7,2f. Plin. 11,168), daneben die lange Lebensdauer (Hengste 35, Stuten mehr als 40 Jahre) und die Termine der Fortpflanzung; über den Aberglauben betr. das Hippomanes s. d. Art. Das Fehlen der Gallenblase (χολή) notiert Aristot. a.O. 2,15, 506a 22; part. an. 4,2,676 b 25ff., an beiden Stellen auch die Verknöcherung der Herzkammerscheidewand. Sehr hoch war die Einschätzung der geistigen Eigenschaften des P., bes. seiner Gelehrigkeit und Treue, was zu vielen Anekdoten Anlaß gab (Cic. div. 1,79. Athen. 12,520 C. Vieles bei Plut. und Ail.). Oft erwähnt wird seine Aversion gegen das Kamel.

Religiöse Bedeutung hat das P. seit ältester Z. Bei allen Indogermanen war es Opfertier; fast alle sahen in ihm ein numinoses Wesen oder eine Gottheit in Tiergestalt (guter Überblick bei Schachermeyr Pos. 65ff.), die ihr Pendant im gr. Poseidon hat. Als ursprünglicher Ἵππος, späterer Ἵππιος war Poseidon Schöpfer des Urpferdes Skyphios, Eröffner von Quellen durch Hufschlag (vgl. Pegasos, s.u.), erzeugte als »Hengst« mit der »Stute« Demeter-Erinys das P.-Wesen Areion (Paus. 8,24,4. 42,1ff.), hatte in Sparta ein Hippodrom (Paus. 3,20,2. Xen. Hell. 6,5,30) u.a. mehr (Nilsson GRG 1^2, 214. 447f. Schachermeyr a.O. s. Ind. S. 216). Alte P.-Gottheiten sind auch Athena (Yalouris A. als Herrin der P.e, Diss. Basel 1949), der röm. → Mars und etr. Mares (Plin. 2,139. Ail. var. 9,16. Schachermeyr 91), die kelt. → Epona. Göttliche P.-Wesen leben in mytholog. Gestalten fort, wie → Pegasos (»Schimmel«?), später als Sohn Poseidons und der Medusa gedeutet (Malten, JDAI 40, 1925, 121. Herm. 79, 1944, 1. Schachermeyr a.O. 174), und den → Kentauren; auch das trojan. P. ist wohl Hypostasie Poseidons (zuletzt Schachermeyr 191ff.). Umstritten ist die Beziehung des P. zur Totenwelt. Dem übermenschlich schnellen, klugen Tier wird auch Weissagekraft, Segenswirkung auf Fluren und Heilkraft (Chiron!) zugeschrieben, und die Volksmedizin kennt vielfache Anwendung von Milch, Blut, Huf- und Knochenasche, Fett und Hoden des P.

Der hohe Rang des P. im Leben, Kult und Brauchtum des Einzelnen und der Gemeinwesen, seine Rolle bei Festen und Spielen und seine militär. Bedeutung drückt sich in einer unübersehbaren Zahl bildl. Darstellungen in jedem Material durch das gesamte Alt. aus, unter denen sich (namentlich im 6. und 5. Jh.) Kunstwerke höchsten Ranges finden. W. R.

R. Schönbeck Das P. und seine Darstellung in der bild. Kunst (1908). *O. Keller* Ant. Tierwelt 1 (1909) 218. *Hehn-Schrader* Kulturpflanzen[8] (1911) 19. *O. Antonius* Grundzüge der Stammesgesch. der Haustiere (1922). *F. Stegmann v. Pritzwald* Die Rassengesch. der Wirtschaftstiere (1924). *F. Feige* Die Haustierzonen der Alten Welt (1928). *A. Hörnschemeyer* Die Pferdezucht im klass. Altert. (Diss. Gießen 1929). *O. Körner* Die homer. Tierwelt[2] (1930). *G. M. Richter* Animals in Greek Sculpture (1930). *G. Jennison* Animals for Show and Pleasure in Anc. Rome (1937). *J. Wiesner* Fahren und Reiten in Alteuropa und im Alten Orient (1939); *ders.* Fahren und Reiten (Archaeol. Homerica Bd. I, in Vorber.). *B. Lundholm* Abstammung und Domestikation des Haus-P. (Diss. Uppsala 1947). *F. Schachermeyr* Poseidon und die Entstehung des gr. Götterglaubens (1950). *E. Delebècque* Le cheval dans l'Iliade (1951). *F. Hančar* Das P. in prähist. und früher hist. Z. (Wiener Beitr. zur Kulturgesch. und Ling. 11, 1956). *F. M. Heichelheim* An Anc. Economic Hist. I (1958). *H. v. Roques de Maumont* Ant. Reiterstandbilder (1958). *W. Treue* Achse, Rad und Wagen (1965). *H. Dohr* Die ital. Gutshöfe ... (Diss. Köln 1965) 132. *W. Richter* Die Landwirtschaft im hom. Zeitalter (Archaeol. Homerica II, 1968) 70.

Pfirsich (aus *Persica* [*mālus*, der Baum] oder *-cum* [*mālum*, die Frucht]) wurde erst im 1. Jh. n. Chr. aus Persien oder Armenien in Italien eingeführt und war anfänglich sehr teuer, verbreitete sich aber dann rasch in der ganzen Mittelmeerwelt, auch Gallien. Plin. nat. kennt schon mehrere Arten. Öfters wird er in den Quellen mit der → Aprikose verwechselt. Ratschläge über Anpflanzung, Pflege, auch Pfropfungen und Kreuzungen mit anderen Obstarten geben Columella, Palladius u. a. Über Bekömmlichkeit und medizinische Verwendung lauten die Nachrichten verschieden. K. Z.

Hehn-Schrader Kulturpflanzen[8] 431ff. *Steier*, RE XIX 1022–26.

Pflaume (aus *prunus* f., der Baum, *-num*, die Frucht, aus *προύμνη*, älter [schon Archil. und Hipponax] *κοκκύμηλον*, »Kuckucksapfel«). Der Baum scheint von jeher in Mitteleuropa heimisch, die Kultur mag aus Vorderasien eingeführt sein. Wenige Nachrichten aus Griechenland, wo die P. wohl wie h. nicht gut gediehen ist. In Italien war die Kultur nach → Cato sehr verbreitet. Plin. nat. 15,41 spricht von *ingens turba prunorum*. Man pfropfte sie auch auf Nußbaum-, Apfel- und Mandelunterlage und erzielte Varietäten, deren Bestimmung nur teilweise möglich ist. Bes. geschätzt waren die syrischen (Damascener) P. Die Vermehrung erfolgte durch Aussaat oder Ableger. Teils frisch, teils gedörrt oder eingemacht, diente die P. zu mancherlei Heilzwecken. Zuweilen wird sie mit der Schlehe zusammengeworfen. K. Z.

Steier, RE XIX 1456–61.

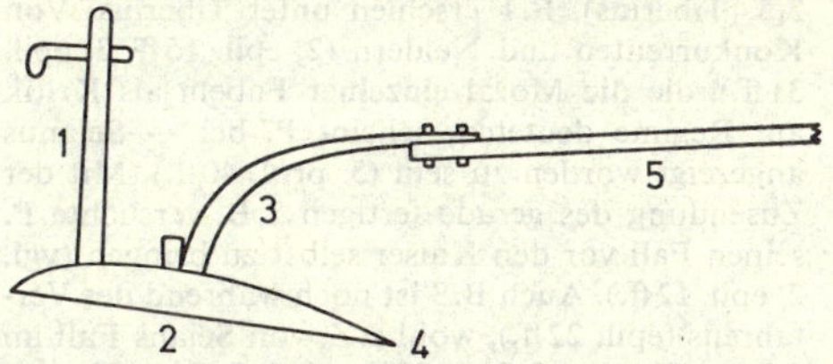

1 Sterz, stiva, ἐχέτλη
2 Scharbaum, dentale, ἔλυμα
3 Krümel, buris, γύης
4 Schar, vomer, ὕν(ν)ις
5 Deichsel, temo, ἱστοβοεύς

Pflug (*ἄροτρον, aratrum*). Der normale ant. P. (Hes. erg. 427ff. Verg. georg. 1,162ff.) hat vorn am Scharbaum (*ἔλυμα, dentale*) die P.-Schar (*ὕν[ν]ις, vomer.* Dazu Plin. nat. 18,171) aus hartem Holz, später aus Bronze oder Eisen. Vorn im Scharbaum ist mittels eines Keils aus Holz oder Metall ein gekrümmtes Holz (Krümel, *γύης, buris*) befestigt, das unmittelbar in die Deichsel übergeht (*ἱστοβοεύς, temo*) oder an dem die Deichsel mittels Nägeln oder Verschnürung angefügt ist. Es kommen auch P. ohne Deichsel vor, die durch Seile direkt am Krümel gezogen werden. Zum Steuern dient der P.-Sterz (*ἐχέτλη, stiva*), eine Griffstange, die fest hinten im Scharbaum sitzt. Ant. Darstellungen solcher P. [3] Abb. 7 und T. 1–2. Der P. warf die Erde nach beiden Seiten auf, doch rät Colum. 2,2,25 zum Pflügen zwischen Ölbäumen oder Weinstöcken, durch wechselweises Senkrecht- und Schräghalten des P. eine tiefere Furche zu ziehen, bei der die Erde nur nach einer Seite geworfen wird. Breitere Furchen ergaben zwei Streichblätter am P. (Unterpflügen der Saat. Drainagefurchen). Problematisch ist ein P. mit Rädern (Verg. georg. 1,174? Serv. z. St. Plin. nat. 18,172). W. H. G.

1. *B. Brentjes*, Wiss. Zeitschr. Univ. Halle-Wittenberg II. Reihe 485 (1952/53). 2. *A. Aitkin*, JRS 46, 1956, 97ff. (zu Verg.). 3. *W. Schiering*, in: *W. Richter* Die Landwirtschaft im hom. Zeitalter (Archaeol. Homerica, H, 1968) 147ff.

Phaedrus. Lat. Fabeldichter der frühen Kaiserz. Hauptzeugnisse für Biogr. und poet. Progr. sind Prologe und Epiloge seiner 5 B., bes. der Prol. zu B. 3. Die in manchen Fabeln selbst versteckten autobiogr. Anspielungen (vgl. 3,1,7), bes. vom 3. B. an, sind selten genau zu fixieren; der letzte, phantasiereiche Versuch in dieser Richtung bei [6]. P. (vollständig wohl C. Iulius P. oder Phaeder) ist in den letzten Jahrzehnten v. Chr. in Makedonien, vielleicht in Pydna geb. (3, prol. 17ff.), kommt als Sklave nach Rom und wird von Augustus freigelassen. Am Hofe wird er eine pädagog. Funktion gehabt haben, vgl. 3,10 (Augustus) und

2,5 (Tiberius). B. 1 erschien unter Tiberius. Von Konkurrenten und Neidern (2, epil. 15ff. 3, epil. 31ff.), die die Moral einzelner Fabeln als Kritik am Regime deuteten, scheint P. bei → Seianus angezeigt worden zu sein (3, prol. 40ff.). Mit der Zusendung des gerade fertigen 2. B. versuchte P. seinen Fall vor den Kaiser selbst zu bringen (vgl. 2, epil. 12ff.). Auch B. 3 ist noch während des Verfahrens (epil. 22ff.), wohl z. Z. von Seians Fall im J. 31 n. Chr., verfaßt; mit ihm bat P. den offenbar einflußreichen Adressaten Eutychus, sich, wie versprochen, für ihn (beim Kaiser?) zu verwenden (epil. 8ff.). Ebenfalls sonst nicht bekannt sind die Adressaten des urspr. nicht vorgesehenen 4. B. (prol. 1ff.), Particulo, und der des letzten, Philetus – wohl Grieche und Freigelassener wie Eutychus –, das P. im hohen Alter schrieb (vgl. 5,10,10). † wohl gegen Mitte 1. Jh.

Es war P.' Ziel, mit seinen poet. Fabeln aus den Exempla-Slg.en, die als Repertoire für rhetor. und philos. Beweise umliefen, ein neues literar. Genus zu schaffen (vgl. 2, prol. 1ff.). Dabei dient die stoffliche varietas der delectatio: Neben der Hauptmasse von Tierfabeln finden sich noch weitere Kleinformen wie hist. Anekdoten (5,7. App. 10), Mythen (z. B. 3,17), Schwänke (App. 15, die Witwe v. Ephesus), Allegorien (App. 7), Apophthegmen Aesops etc. Dabei benutzt P. neben hellenist. Erzählgut wohl die durch → Demetrios (II 25) v. Phaleron angefertigte Slg. aesop. Fabeln (vgl. B. E. Perry, TAPhA 1962, 325ff. M. Swoboda, Eos 1962, 323ff.); ein lat. Prosa-Aesop ist nicht bezeugt. Zunehmende Selbständigkeit gegenüber »Aesop« und ein entsprechendes Selbstbewußtsein drücken sich in der mit Ausnahme von B. 4 stetig abnehmenden Zahl aesop. Motive wie auch in den programmat. Äußerungen aus, vgl. 1, prol. 2, prol. 8ff. 3, prol. 38f. 4, prol. 12f. und 2, epil. 7 *(aemulatio)*. Schließlich wird der Name des Vorbildes zur Hypothek und lästigen Konvention (4,22. 5, prol.). Dabei werden die Fabeln der Vorlage bald übernommen, bald in der Tendenz verändert, bald durch erfundene Fabeln oder Erzählungen aus anderen Quellen ergänzt. Die eindeutig moralisierende Tendenz, die sich in den Promythien bzw. in den immer häufiger verwendeten Epimythien (vgl. Perry, TAPhA 1940, 410ff.) ausdrückt, geht in die Richtung der generalisierenden Kritik der kyn.-stoischen Diatribe (3, prol. 49f.), womit individuelle Motive (3, prol. 34ff.) durchaus vereinbar sind. Die *brevitas* als Genusgesetz der Fabel bleibt für P. im allg. verbindlich (2, prol. 12. 3, epil. 8. 4, epil. 7); sein Stilideal ist die gebildete Umgangssprache, der *sermo*. Dazu paßt, daß als Metrum nicht der trag. Trimeter, sondern der Senar der Komödie Verwendung findet. Inhaltlich wie formal steht P.' Fabel der Satire, zumal der des Horaz, am nächsten, in der die Fabel als exemplum einen festen Platz hatte; beider Ziel ist es, lachend die Wahrheit zu sagen (1, prol. 3ff.).

Schon zu Lebzeiten hatte sich P. vielfältiger Kritik zu erwehren (2, epil. 10. 3, prol. 60. 4, prol. 15f. 5, prol. 8f.); neben der begreifl. Ablehnung der sich betroffen Fühlenden (App. 2) mußte er auch Zurückhaltung der Zunftgenossen erleben (3, prol. 23, vgl. auch App. 14), die sich zumal gegen den Stil (4,7) und die dunkle *brevitas* (3,10,59f.) gewandt zu haben scheinen. Insgesamt vermißt P. eine verständnisvolle Würdigung seiner Dichtung (3,12); daß er dabei arm blieb, wird mehrfach betont (3, prol. 21; 5,4). P. kompensiert diese Enttäuschungen mit der Hoffnung auf Nachruhm (3, prol. 31f. 51ff. 4, prol. 19. epil. 5), die sich jedoch so bald nicht erfüllte: Von den Schriftstellern der nächsten Generationen verschweigen ihn Seneca und Quintilian bewußt (vgl. M. Dadone, RSC 1954, 3ff. [6], 187ff.), nur Martial nennt und benutzt ihn (vgl. aber U. Carratello, Giorn. Ital. Filol. 1964, 122ff.). Eine in der Spätant. angefertigte Prosaparaphrase unter dem Namen Äsops legte den Grund für die breite mittelalterliche Fabeltradition, doch bleibt der Einfluß der direkten Überlieferung in den wenigen karolingischen Hss. und der Anthologie Perottis (15. Jh.) Episode. Erst die ed. princ. P. Pithous (1596) ermöglichte eine eigentliche Rezeption und sichert P.' Position als eines Klassikers der europäischen Fabeldichtung.

Die Überlieferung ist, da nur in scholast. Bearbeitungen und Auswahlen erhalten, trümmerhaft und kompliziert: Urspr. werden die 5 B. insgesamt mindestens 150 Fabeln enthalten haben. a) Die spätant. Prosaparaphrase setzt eine vollständigere Vorlage voraus und enthält in ihren h. etwa 80 Fabeln 30, die sonst nicht bezeugt sind. Ihrer Urform steht Gud. Lat. 148 (10. Jh.) am nächsten (5. B., Reihenfolge), während der sog. »Romulus« (4. B.) umstellt, umformuliert und gegen Ende Fabeln aus einer anderen Slg. ergänzt (anders Thiele, vgl. aber Zander). b) Dem ital. Humanisten Perotti, der in seine Fabelanthologie (Autograph h. Neap. IV. F. 58) ca. 60 Stücke, davon etwa 30 neue aufnahm, stand eine erst mit 2,6 einsetzende Vorlage zur Verfügung. c) Die direkte hsl. Tradition, repräsentiert vor allem durch P (9. Jh., h. New York, Pierp. Morg. M. A. 906, vgl. J. Krischan, WS 1950/51, 78ff. 1954, 77ff.), bietet 94 Fabeln. P. L. Sch.

Ta.: *L. Müller*, 1877. *L. Havet*, 1895, *J. P. Postgate*, 1919. *A. Guaglianone*, 1969. Paraphrasten: *L. Hervieux* Les fabulistes Latins 1–2, ²1893–94. *G. Thiele* Der Lat. Äsop, 1910. *C. Zander* P. solutus, 1921.

Index: *A. Cinquini*, 1905.

Lit.: *L. Herrmann* P. et ses fables, 1950, 160ff. *Guaglianone* a. O. XXVIff. 1. *Thiele*, H 1906, 562ff. 1908, 337ff. 1911, 376ff. 2. *O. Weinreich* Fabel, Aretalogie, Novelle, SHAW, ph.-h. Kl. 1930/31, 7. 3. *Schanz-Hos.* 2,447ff. 4. *A. Hausrath*, H 1936, 70ff. 5. *W. A. M. Peters* P., 1946. 6. *A. de Lorenzi* F., 1955. 7. *Perry*, ed. Babrios/Phaedrus, 1965, LXXIIIff. 8. *M. Nöjgaard* La fable ant. 2, 1967, 17ff.

Phaethon (Φαέθων »der Leuchtende«). **1.** Beiname des Helios, Hom. Il. 11,735; Od. 5,479 u.a., oder Helios selbst, z.B. Verg. Aen. 5,105. **2.** Sohn des Helios und der Okeanide Klymene. Bei Hes. besteigt P. heimlich den Sonnenwagen, bei der Fahrt erfaßt ihn Angst, und er stürzt in den → Eridanos. Ein Blitz des Zeus vernichtet ihn und setzt die Erde in Brand. Nun läßt Zeus (absichtlich) alle Flüsse überströmen, um die ganze Menschheit zu verderben, außer Deukalion und Pyrrha. P.s Schwestern, die Heliaden, die die Rosse angeschirrt haben, darunter Phaethusa, werden in Pappeln verwandelt, → Helios, P.s Freund → Kyknos (3) in einen Schwan, Hyg. fab. 152a. 154. Ähnlich Aischyl. Ἡλιάδες, Sch. Od. 17,208. In Eur. »P.« ist → Klymene (1) die Gemahlin des Aithiopenkönigs → Merops (3). Sie klärt P. über seine Herkunft auf und schickt ihn zu Helios, der ihm die Erfüllung einer Bitte versprochen hat. Weiteres Wilam., H 18,396ff. In der glänzenden Darstellung Ov. met. 1,750–2,400 weiß P. um seine Herkunft, sie wird aber bezweifelt, und P. bemüht sich um ausdrückliche Anerkennung durch seinen Vater. Weitere Darstellungen: Diod. 5,23. Nonn. Dion. 38,90–434. (Inhalt G. Türk, RE XIX 1512.) In dem Mythos spiegelt sich nach Plat. Tim. 22c eine große Naturkatastrophe. In dem Sternbild des Fuhrmanns (Ἡνίοχος) sah man später neben andern Wagenlenkern auch P. – P. war auch der Planetenname des Juppiter, Cic. nat. 2,52, oder des Saturn, Hyg. astr. 2,42. → Atymnios (3). **3.** Sohn der → Eos und des → Kephalos (1), Hes. theog. 986ff. frg. 381. Verkörperung des Morgen- und Abendsterns. Aphrodite entrückte ihn wegen seiner Schönheit und machte ihn zum Hüter ihres Tempels. Paus. 1,3,1. Wilam. GldH 1,254. 257. **4.** Kolchische Benennung des → Apsyrtos, Apoll. Rhod. 3,1236 m. Sch. H. v. G.

Phaethusa s. Helios, s. Lampetie, s. Phaethon.

Phaia (Φαιά). Die von dem jungen Theseus erlegte wilde Sau von → Krommyon, Plut. Thes. 9. Sie soll von Typhon und Echidna, von ihr der kalydon. (und erymanth.) Eber stammen. Auf Vasen steht neben ihr ihre Herrin (oder »Amme«), ebenfalls P.,« die Graue«, Apollod. epit. 1,1, oder Krommyo (Schale des Aison) genannt, von L. Radermacher Mythos und Sage der Griechen 275ff. als Hexe gedeutet, deren Verwandlungsform die Sau sei, Bakchyl. 17 (18), 23. H. v. G.
Prell.-Rob. 2,715ff. *K. Kerényi* Die Heroen d. Griechen 239.

Phaiakes (Φαίακες, ep. Φαίηκες). Myth. Seefahrervolk der Od. Es soll urspr. in Hypereia (Oberland) in Nachbarschaft mit den Kyklopen und Giganten gewohnt haben und von → Nausithoos nach → Scherie geführt worden sein, 6,5. 7,58. Die Phaiakenbücher der Od. verbinden myth. Vorstellungen von einem Jenseits und Märchenzüge von einem fernen, fabelhaften und gastfreien Volk reizvoll mit fast realistischer Darstellung eines ion. Adelsstaates und seines kulturellen Lebens. Die P. nehmen den schiffbrüchigen Odysseus auf, lassen ihn an ihrem gesellschaftlichen Leben teilnehmen, geben ihm Gelegenheit, seine Irrfahrten zu erzählen, und bringen ihn in nächtlicher Fahrt nach Ithake. → Nausikaa, → Alkinoos, → Arete. Auch die → Argonautensage wurde mit den P. verbunden, → Iason, → Medeia, → Makris.

Die P. sind ἀντίθεοι, ἀγχίθεοι, Lieblinge und Verwandte der Götter, die früher persönlich mit ihnen verkehrten; sie verehren Zeus, Athene und bes. ihren Ahnherrn Poseidon, der sie allerdings für ihre Heimbringung des Odysseus straft, ihr Schiff versteinert und ihre Stadt durch eine Mauer absperrt, 13,159ff. 172ff. Apollod. epit. 7,24. Sie sind mit allen Gütern eines heiteren Lebens gesegnet; ihre Gelage werden durch Saitenspiel (Demodokos), Chorreigen, Einzeltänze und sportliche Spiele verschönt. Im Weitwurf übertrifft sie jedoch der herausgeforderte Gast. Ihre Frauen sind edel, klug und fertigen kunstvolle Arbeiten. Die Verfassung der P. kennt einen Oberkönig mit prunkvollem Palast, herrlichem Garten und eigenem Krongut und 12 Könige, auch γέροντες oder ἡγήτορες ἠδὲ μέδοντες genannt, die sich beim Oberkönig oder mit dem gesamten Volke, das aber nichts zu sagen hat und die Geschenke der Edlen an Odysseus zahlen muß, auf der ἀγορά versammeln. Die P. besitzen beseelte, geisterhaft schnelle Schiffe, die von selbst überallhin ihren Weg finden, doch haben sie ausgebildete Seeleute in Menge und fertigen alles Schiffszubehör. Ihre Namen sind großenteils von der See und der Schiffahrt her genommen. Der Seehandel aber wird, wenigstens vom Adel, verachtet. Die jeunesse dorée neigt zur Kritiksucht und zur Überheblichkeit, 6,274. 7,15. 8,159ff. Die hom. Charakteristik der P. wurde später in der Art eines Schlaraffenvolkes vergröbert, z.B. Hor. ep. 1,2,28ff. 15,27.

Wenn die Welckersche Deutung der P. als Totenfährmänner (Wilam. Il. u. Hom. 497ff., Ders. GldH 1,308,1) zu Recht besteht, so schimmert sie außer in den Namen (P. »Graumänner«; Hypereia »Oberwelt«?) kaum noch durch. Denn die Nebelhülle um die Schiffe, 8,562, und der todesähnliche Schlaf des Odysseus auf der nächtlichen Heimfahrt lassen sich auch anders erklären. Odysseus wird ja ebensowenig wie Rhadamanthys, 7,321ff., ins Totenreich befördert. Auch die Deutung als personifizierte günstige Fahrwinde (Prell.-Rob. 1,628f.) ist überholt. Ansprechend sieht K. Reinhardt Von Werken und Formen, 1948, 155 in ihnen märchenhafte hilfreiche Götter aus der Ferne, eine Art »Heinzelmännchen«. – Ovids Freund Tuticanus schrieb eine *Phaeacis*, Ov. Pont. 4,12,27f. 16,27. – → Phaiax, → Scherie. H. v. G.

Jessen, Myth. Lex. 3, 2203ff. 4,558ff. *S. Eitrem*, RE XIX 1518ff. *W. Mattes* Odysseus bei den P., Diss. Würzburg 1958, bespr. von *W. Burkert*, G 1961, 669ff.

Phaiax (*Φαίαξ*). **1.** Stammvater der → Phaiaken, Sohn des Poseidon und der Kerkyra. Vater des → Alkinoos und → Lokros (3). Diod. 4,72,2 nach Hellan. Konon (3), abweichend von dem hom. Stemma Od. 7,54ff. **2.** Untersteuermann des Theseus, → Nausithoos (3). S. Eitrem, RE XIX 1534 meint, Nausithoos und P. seien urspr. namenlose Schutzgeister von *πρύμνα* und *πρῷρα* der Schiffe gewesen. → Phereklos. H. v. G.

3. P., Athener, Sohn des Erasistratos, von Aristoph. Equ. 1377 (J. 424) als Führer einer polit. Gruppe und Plapperer verspottet, vgl. Eupol. frg. 95. 422 Gesandter in Sizilien, Thuk. 5,4f. Vielleicht am Ostrakismos des → Hyperbolos beteiligt, vgl. Plut. Nik. 11,10 (wogegen Swoboda Art. Hyperbolos, RE IX 257). Von einer P. zugeschriebenen Rede spricht Plut. Alk. 13,3. K. K.

Gomme zu Thuk. a. O.

4. P. hieß der Leiter der in → Akragas nach der Schlacht bei Himera ausgeführten unterirdischen Kanäle und Wasserbauten, Diod. 11,25,4. Zu den erhaltenen Bauten s. W. Deecke, Ztschr. d. Dt. Geolog. Ges. 85, 1933, 83f. W. H. G.

Phaidimos (*Φαίδιμος*). **1.** Einer der von Apollon erschossenen Söhne Amphions und Niobes. Apollod. 3,45. Ov. met. 6,239. **2.** König von Sidon, der Menelaos auf der Heimreise gastlich aufnahm und ihm einen von Hephaistos gefertigten Becher gab, Hom. Od. 4,617f. 15,117f. Der von den Schol. genannte einheimische Name Sethlos erinnert an etr. *seϑlans* = Hephaistos. O. Kern Die Rel. der Griechen 3,2. H. v. G.

3. P., Bildhauer. Durch drei Epigramme ist P. als att. Bildhauer des mittleren 6. Jh. v. Chr. bekannt. Erhalten sind von ihm nur zwei halbe weibliche Füße. Vermutungen über weitere Werke bei K. Schefold Griech. Plastik 1, 1949, 43. W.-H. Schuchhardt, Gn 30, 1958, 484. J. Dörig, AA 1967, 15ff. bleiben unbeweisbar. W. H. G.

Phaidon (*Φαίδων*) von Elis, Begründer der sog. elischen Philosophen-Schule, frühes 4. Jh. v. Chr.

Wichtigstes Zeugnis ist Platons Dialog P.: P. kam in jungen Jahren (* 418?) nach Athen und gewann dort Anschluß an Sokrates und seine Freunde. Nach Sokrates' Tod kehrte P. nach Elis zurück. Die Schule, die er dort begründete (Diog. Laert. 2,105 und 125/26), soll nachmals nach Eretria verpflanzt worden sein (Diog. Laert. 2,85), eine Nachricht, die vermutlich von der Tendenz, Schul-Zusammenhänge zu konstruieren, beeinflußt ist. Vertrauen verdient die Notiz bei Diog. Laert. 2,105, P. habe Dialoge verfaßt, so sicher die Dialoge »Zopyros« und »Simon«; bei drei weiteren Dialogen war umstritten, ob P. der Vf. sei. Vom Inhalt des Zopyros wird ein wenig kenntlich aus Cic. fat. 10 und aus Tusc. 4,80. Es ging um die Kernfrage der Physiognomie: Kann man aus den Gesichtszügen auf positive oder negative Eigenschaften schließen? Zopyros untersucht das Gesicht des Sokrates: Nur Negatives läßt sich daraus ablesen. Sokrates selbst stimmt dem Befund zu: freilich habe er diese bösen Anlagen durch *ratio* = *λόγος* überwunden.

Weitere geringfügige Reste von P.s Philosophieren erlauben den Schluß, daß dieses vornehmlich auf die Ethik gerichtet war. Man darf ihn, der von Sokrates geformt war, durchaus als Sokratiker ansprechen.

Zweifel erregt die, nur in später Anekdoten-Lit. bezeugte, Nachricht (Diog. Laert. 2,105 und oft), P. sei bei Eroberung seiner Vaterstadt (also Elis) in Gefangenschaft geraten und in Athen als Sklave verkauft worden. Denn der Konflikt von → Elis mit Sparta, der 402/400 ausgetragen wurde, hatte keineswegs die Einnahme von Elis zur Folge: vgl. Xen. hell. 3,2,21ff. So hat wohl die Anekdoten-Freudigkeit das Motiv »Philosoph als Sklave« (vgl. → Platon, → Stilpon) in den *βίος* des P. hineingetragen, über den im übrigen so wenig zu berichten war. H. D.

Phaidra (*Φαίδρα* »die Glänzende«). Tochter des → Minos und der → Pasiphae, Schwester Ariadnes, 2. Gattin des → Theseus ,Mutter des → Demophon (2) und → Akamas. Sie liebte ihren Stiefsohn → Hippolytos (1) und suchte vergeblich, ihn zu verführen. Die verschmähte Liebe schlug in Haß und Furcht um. Sie verleumdete ihn bei Theseus, er habe ihr nachgestellt, und wies eine eingebrochene Tür und zerrissene Kleider vor, Apollod. epit. 1,17. Theseus verflucht ihn und bittet seinen Vater Poseidon, ihn zu vernichten. P. erhängt sich (durch Schaukeln angedeutet in Polygnots Nekyia, Paus. 10,29,3). Maßgebend für die P.-Sage wurden die beiden Eur.-Dramen. In dem ersten, verlorenen, dessen Handlung nach Athen verlegt ist, bringt P. ihren schamlosen Antrag bei Hippolytos und ihre Verleumdung bei Theseus persönlich vor. In dem zweiten, erhaltenen, das der Sage gemäß in Troizen spielt, verfaßt sie vor dem Selbstmord einen verleumderischen Brief an Theseus. Weiteres → Hippolytos. Wesentliche Motive: der spröde Jäger, die werbende Frau, die böse Stiefmutter, das Potipharmotiv. Zahlreiche Parallelen F. Wotke, RE XIX 1545ff. Mythisiert sind die Geschehnisse durch den Gegensatz Aphrodite/Artemis. Prell.-Rob. 1,373 faßt P. als Hypostase der Aphrodite und stellt deren Verhältnis zu Adonis heraus. Einen Kult hat P. im Gegensatz zu Hippolytos nicht gehabt. Aus Kreta soll sie 2 alte Eileithyiabilder mitgebracht haben. Ihr Grabmal wurde in Troizen gezeigt. Paus. 1,18,5. 2,32,3f. Vgl. noch Paus. 1,22, 2. Plut. Thes. 28. Diod. 4,62. H. v. G.

L. Radermacher Hippolytos und Thekla, Wien 1916.

Phaidros. 1. Sohn des Kallias aus dem Demos Sphettos. Sylloge[3] 962,175. Aischin. 1,43.

Als Stratege 347/46 für Wiederaufnahme Mytilenes in das Bündnis mit Athen. Sylloge^3 205. 345 Zeuge gegen Timarchos. Aischin. 1,43. 50. 334 Bürge für den Chalkidiern gestellte Schiffe, Flottenführer. IG II^2 1623 Ba, 174. 239. Als Stratege und Trierarch zerstörte P. 323/22 Styra auf Euboia. Strab. 10,446. IG II^2 1632c, 329. 342.
2. Sohn des Thymochares, Enkel von Nr. 1, nur durch Ehreninschr. Sylloge^3 409 bekannt, deren Archontendaten nach E. Manni Fasti ellenistici 1961, 81 f. gegeben werden. P. war 296/95 Stratege für Kriegsrüstung (*ἐπὶ τὴν παρασκευήν*), dann dreimal Stratege für den Landschutz und die Söldner (*ἐπὶ τὴν χώραν καὶ ἐπὶ τοὺς ξένους*, zu beiden Funktionen des einen Amtes W. Schwahn, RE Suppl. VI 1091), brachte als Gesandter von Ptolemaios I. Getreide und Geld. 291/90 sicherte P., Stratege *ἐπὶ τά ὅπλα*, den Frieden, die Ernte und die Autonomie Athens. 289/88 wieder Stratege *ἐπὶ τὰ ὅπλα*, 282/81 Agonothetes, 274/73 an der Agonothesie seines Sohnes Thymochares beteiligt. H. V

3. P., Sohn des Pythokles, Gesprächspartner des Sokrates im gleichnamigen Dialog Platons; er erscheint im »Protagoras« (315c) unter den Zuhörern des Sophisten und tritt im »Symposion« (178a–180b) als erster Redner auf. Seine Lebenszeit läßt sich nicht sicher bestimmen: * vermutlich noch vor 450 v. Chr., † spätestens in den 90er J. 4. Jh. [1]. Von persönl. Bindungen zu Platon, die später in die Brüche gingen, berichtet ein diesem zugeschriebenes Epigramm, dessen Echtheit bestritten wird (Anth. lyr. 7 D.; vgl. [1], 1557. [2], 227f. [4], 360).

1. *K. v. Fritz*, RE XIX 1555–1557. 2. *O. Immisch*, SB Leipz. 56, 1904, 226ff. 3. *L. Parmentier*, BAB 1926, 8ff. 4. *U. v. Wilamowitz*, Platon ⁵I 359f.

4. P., Epikureer und älterer Zeitgenosse Ciceros, der ihn vor 88 v. Chr. in Rom und später in Athen hörte (fam. 13,1,2; fin. 1,16). Cicero nannte ihn (Phil. 5,13) einen *philosophus nobilis* und ließ Cotta (nat. 1,93) seine edle und humane Gesinnung rühmen. Auch war Atticus P. sehr zugetan (fin. 5,3; fam. 13,1,4; leg. 1,53). P. folgte → Zenon v. Sidon im Amt als Schulvorstand, das nach seinem Tode → Patron im J. 70 übernahm (Phot. bibl. 97 p. 84a 17 B.). Der Titel eines Werkes, das sich Cicero von seinem Freund (Att. 13,39,2) erbat, ist so verstümmelt, daß Vermutungen, es handle sich um eine Schrift des Epikureers zum Thema *περὶ θεῶν*, die Philod. *περὶ εὐσεβείας* und Ciceros nat. deor. 1 als Vorlage gedient haben könnte, hypothetisch bleiben. H.-Th. J.

F. Sbordone, P & I 10, 1968, 21–30. *A. E. Raubitschek*, Hesp. 18, 1949, 96–103. *K. Philippson*, RE XIX 1557f. *A. Olleris* De Phaedro Epicureo 1841.

Phainarete (*Φαιναρέτη*), Athenerin, in 1. Ehe Gattin des Chairodemos, Sohn Patroklos, in 2. Ehe des → Sophroniskos und von ihm Mutter des → Sokrates. Sie war Hebamme, woraufhin der Sohn (bei Plat. Theait. 149aff.) scherzhaft den Begriff der geistigen Geburtshilfskunst (*μαιευτικὴ τέχνη*) geprägt und gleichsam als mütterliches Erbteil für sich in Anspruch genommen hat. Vgl. auch Xen. mem. 2,6,36. 4,7,1; oik. 3,14; symp. 3,10. 4,56ff. K. Z.

A. Raubitschek RE XIX 1562f.

Phaineas aus Arsinoe, Sylloge^3 610,8, forderte als aitol. Bundesstratege 198 von Philipp V. Befreiung Griechenlands und Rückgabe aitol. Besitzes. Pol. 18,2,6. 4,3. Liv. 32,33,8. Sein Antrag auf völlige Vernichtung Makedoniens und Übergabe thessal. Städte wurde 197 von Flamininus schroff abgewiesen. Pol. 18,37,11f. W. Dahlheim Deditio und societas, Diss. Münch. 1965, 203ff. P. lehnte nun eine romfeindliche Politik ab, konnte aber, Stratege 192/91, das aitol. Bündnis mit → Antiochos III. (4) nicht verhindern. Liv. 35, 44f. Nach dem röm. Sieg von → Acilius (10) über die *deditio* brutal belohnt, erreichte er von Flamininus Waffenstillstand und 189 durch → Fulvius (25) Nobilior Friedensabschluß. Pol. 20,10. 21, 29f. H. V.

Phainias (*Φαινίας*) von Eresos auf Lesbos (die lesb. Schreibung des Namens ist der att. und gemeingriech., *Φανίας*, vorzuziehen), Schüler des Aristot., lebte ungefähr 375–300. Wegen des gemeinsamen Geburtsorts und des fast gleichen Alters ist es sehr wahrscheinlich, daß P. und Theophr. sich näher gekannt haben; dafür sprechen auch die bezeugten Briefe Theophr.' an P., die z.T. gleichen wissenschaftl. Interessen (*περὶ φυτῶν, περὶ ἑρμηνείας*, Kategorienlehre und Analytik) und ähnlichen polit. Anschauungen (Gegner der Tyrannen). Schüler des Aristot. wurde P. wahrscheinlich 345/344, als Aristot. nach Mytilene kam. P.' liter. Tätigkeit war, wie bei den meisten Peripatetikern, sehr mannigfaltig. Die meisten namentlich bezeugten Frg. sind uns aus seiner Schrift über Pflanzen (in mindestens 5 B.) überliefert, in der P. die Pflanzen systemat. ordnete. Fast alle Frg. stehen bei Athen., der sie wohl demselben alex. Sammelwerk entnommen hat wie seine Zitate aus Theophr. hist. plant. (dem *Λειμών* des Gramm. Pamphilos?). P. scheint in seiner Schrift häufiger prakt. Einzelfragen behandelt zu haben als Theophr. Außer den schon genannten Schriften sind uns durch Frg. bekannt: *πρὸς τοὺς σοφιστάς* (Begriff wohl im umfassenden Sinn gebraucht), *πρὸς Διόδωρον* (sc. *Δ. Κρόνος*?), vielleicht ein Teil von *π. τ. σοφ.*, *περὶ ποιητῶν, περὶ τῶν Σωκρατικῶν* (eine der zahlreichen Philosophenbiographien von Peripatetikern, wahrscheinlich in der Form einer philos. Diadoche), Mirabilien (inhaltl. Beziehungen zu den ps.-aristot. *mirabiles auscultationes*). Wenn Plut. Them. 13 den P. als *ἀνὴρ φιλόσοφος καὶ γραμμάτων οὐκ ἄπειρος ἱστορικῶν* bezeichnet, so spiegelt sich dieses Interesse für histor. Fragen auch in den überlieferten Frg. folgender Schriften wider: *περὶ τῶν ἐν Σικελίᾳ τυράννων*,

τυράννων ἀναίρεσις ἐκ τιμωρίας (eine Art Durchführung des von Aristot. pol. 1311a 25ff. kurz behandelten Themas, d.h. des Sturzes von Tyrannen τιμωρίας χάριν); πρυτάνεις Ἐρεσίων (Lokalchronik seiner Vaterstadt); die eingehendste Kenntnis von P.' histor. Schriften verdanken wir einer dem Titel nach unbekannten Schrift, die in Plut.s Viten des Solon und des Themistokles mehrfach zitiert und wohl auch über die namentlichen Zitate hinaus benutzt worden ist. In diesen Frg. ist P. als bedeutender Vertreter der ethisierenden peripatet. Geschichtsschreibung zu erkennen. –

P., der Verf. von Epigrammen (s. bes. Anth. Pal. 6. B.), ist nicht mit dem Peripatetiker identisch. O. D.

Frg. (Text und Komm.): *F. Wehrli* Die Schule des Aristot., H. 9, 1969^2. *R. Laqueur*, RE XIX 1565–91. *M. Mühl*, RhM 98, 1955, 349–54; ebd. 99, 1956, 315–23.

Phainippos (*Φαίνιππος*), Athener, Sohn des Kallippos und der Aristonoe, besaß u.a. 300 ha mit jährlich mehr als 1000 Medimnen Gerste, 800 Metreten Wein und Holz für 4000 Drachmen, lehnte 330 Leiturgie und Proeisphora ab und wurde auf → Antidosis verklagt. Der Prozeßausgang ist unbekannt. Demosth. 42. Busolt GStK. 180,1. H. V.

Phainops (*Φαῖνοψ*). **1.** Freund Hektors, Sohn des Asios, aus Abydos, Vater von Xanthos und Thoon. Il. 5,152. 17,583. **2.** Tro. Bundesgenosse, Phryger, Vater des Phorkys. Il. 2,862. 17, 312. H. v. G.

Phaisana (*Φαισάνα*), nur bei Pind. O. 6,56f. genannter Ort am Alpheios, der nach Istros FGrH 334 F 41 und Didymos, Sch. Pind. a.O. 55 d in der Pisatis lag, vielleicht ident. mit → Phrixa. E. M.

E. Meyer, RE XIX 1594f.

Phaistos (*Φαῖστος*). **1.** Sohn des Heraklessohnes Rhopalos, König von Sikyon. Er ordnete an, daß dem Herakles ὡς θεῷ geopfert werde (→ Heroenkult o. II 1105, 11ff.). Infolge eines Orakels wanderte er nach Kreta aus, Paus. 2,6,6f. 10,1, wo die Stadt P. seinen Namen trägt. **2.** Kampfgenosse der Troer, Sohn des Boros, aus Tarne in Lydien, von dem Kreter → Idomeneus getötet, Il. 5,43. Sein Name weist auf urspr. Zusammenhang mit der kret. Stadt P. Sein Zweikampf kann die Auseinandersetzung zwischen den myken. Frühgriechen mit dem Herrscher von P. widerspiegeln. H. v. G.

J. Wiesner Olympos, 1960, 239.

3. P. (*Φαιστός*, Ethnikon *Φαίστιος*). Stadt im Süden von Kreta auf dem ö. Ausläufer einer Hügelkette der großen Mesarà-Ebene, 70 m über der Ebene, berühmt durch den großen minoischen Palast. Italien. Ausgrabung 1900–1907, 1929 und 1950 neu aufgenommen bis 1966. Hier bestand schon in neolith. Z. eine ausgedehnte Siedlung, über der um etwa 1850 v. Chr. der erste Palast errichtet wurde, der zweimal zerstört und neugebaut wurde; ([8] bestreitet ausführlich die Trennung einer 1. und 2. Bauphase). Nach neuer Zerstörung um 1550 v. Chr. völliger Neubau mit etwas kleinerer Ausdehnung. Auch dieser »zweite Palast« ging um 1400 v. Chr. in einem großen Brand zugrunde und wurde nicht wieder aufgebaut. P. war in minoischer Z. wichtig für den Handel mit Äg. und dem Vorderen Orient und hervorragende Stätte des Kunstgewerbes mit glänzender Entwicklung in mittelminoischer Z. (»Kamareskeramik«) und dem Hauptpalast von Knossos z.T. überlegen. Um den Palast lag eine ausgedehnte Wohnstadt, die auch nach Zerstörung des Palastes dauernd bis in byzant. Z. bewohnt blieb. Ganze Häuserblocks sind bes. aus protogeometr. und geometr. Z. ausgegraben und dann wieder aus hellenist. Z., wobei z.T. Straßen, Treppen, Hausmauern minoischer Z. unmittelbar weiterbenutzt wurden. In hellenist. Z. erhielt P. eine Stadtmauer [11]. Der Hafen minoischer Z. lag beim h. Komò, in gesch. Z. war es Matalon.

P. wird im Schiffskatalog genannt, Hom. Il. 2, 648 und Od. 3,296. Aus P. sollte der Wundertäter → Epimenides stammen, Plut. Sol. 12,4; mor. 409 F. Aus der Gesch. der klass. Z. ist nichts Näheres bekannt, in hellenist. Z. ist P. Rivalin von → Gortyn, gerät aber in Abhängigkeit von ihm, Pol. 4, 55,6. *Κάτω πόλις* (von Gortyn) SGDI 5019. [9], Bd. 4, Nr. 165. P. war unter den Städten, die 183 v. Chr. mit Eumenes II. von Pergamon ein Bündnis abschlossen, Syll. II^3 627,3. [9], Bd. 4 Nr. 179. Um die Mitte 2. Jh. wurde P. von Gortyn zerstört und das Gebiet gortyn., blieb aber bis in byzantin. Z. bewohnt. In literar. Quellen wird es als wirklich bestehend nicht mehr genannt.

Skyl. 47. Dion. Per. 88 mit Eustath. z. St. Strab. 10,4,14 p. 479. Diod. 5,78,2. Plin. nat. 4,59. Steph. Byz. BCH 45, 1921, 21 IV 10. Inschr.: SGDI 5112 bis 5114. [9] Nr. 1–31. SEG 16,371. 526. 23,556 bis 558. Mz. Head HN^2 472ff. [9], 270. [10], 1608,27ff. E. M.

1. Die älteren Ausgrabungsberichte vor allem in Mon. ant., Rendic. Lincei, Boll. d'arte, seit 1939 vor allem in ASAA, Boll. d'arte, *Ἀρχ. Δελτ.* 2. *D. Levi* La conclusione degli scavi di Festòs, ASAA 43/44 (N.S. 27/28), 1965/66, 313ff. (mit neuem Plan). 3. *Dies.* The recent excavations at Ph., Stud. in mediterranean archaeology 11, 1964. 4. *L. Pernier – L. Banti* Il palazzo minoico di Festòs, 2 Bde. 1935/51. 5. *Dies.* Guida degli scavi Italiani in Creta 39ff. 6. *L. Banti*, Enc. arte ant. 3, 1960, 627ff. (mit Lit.). 7. *Kirsten-Kraiker* Griechenlandkunde^5 1967, 465ff. 887 (Lit.). 8. *A. Zois* *Φαιστιακά*, EA 1965, 27ff. 9. *M. Guarducci* Inscr. Cret. 1, 1935, 268ff. 10. *E. Kirsten*, RE XIX 1596ff. Nr. 3. 2543f. 11. *A. Minto* Fortificazioni elleniche di Festòs, ASAA 3/4, 1921/22, 16ff. (mit Plan). 12. *G. Neumann* Zum Forschungsstand beim »Diskos von Phaistos«, Kadmos 7, 1968, 27ff. (mit voller Lit.).

Phakusa, h. Faḳûs im NO. des Nildeltas, im Alt. erst seit ptol. Z. belegt, nach Strab. 17,805 (*Φακοῦσσα*) Ausgangspunkt des von Ptolemaios

II. wiederhergestellten Kanals zum h. Golf von Suez. Galt auch als Hauptort des Gaues Arabia, in byz. Zeit gehörte Ph. jedoch zur Provinz Augustamnica secunda. Reste des Alt. sind nicht erhalten. W. H.

Phalaikos (*Φάλαικος*). **1.** Sohn d. → Onomarchos, wurde als Minderjähriger von seinem Onkel → Phayllos vor dessen Tod 351 als Nachfolger zum *στρατηγὸς αὐτοκράτωρ* der Phoker eingesetzt, Vormund war → Mnaseas v. Elateia, der noch 351 fiel (Diod. 16,38,6f.). Mit Theben kämpfte er mit wechselndem Erfolg (Diod. 16,39,8. 56, 1f.). 347 wurde er wegen Veruntreuung delph. Tempelschätze des Amtes enthoben (Diod. 16,56, 3), doch erlangte er wieder die Macht und zerriß die inzwischen mit Sparta und Athen aufgenommenen Verbindungen (Aischin. 2,132ff. Diod. 16, 59,2). 346 kapitulierte er vor Philipp II. auf freien Abzug (Diod. 16,59,2f. Demosth. 19,53ff. Aischin. 2,130. 135. 138), zog in die Peloponnes, segelte als Kondottiere zur Unterstützung Tarents gegen die Lukaner, kehrte wegen Meuterei der Söldner um, verdang sich an die → Knossier und fiel um 342 vor Kydonia (Diod. 16,59,3. 61,3ff.). G. Do.

H.Berve D. Tyrannis b. d. Gr., 1–2, 1967, 297f. 673.

2. P., Epigrammatiker (und Lyriker ?). Heimat und Z. (noch 4. Jh. v. Chr.?) unsicher; nur Anth. Pal. 13,6 auf den Schauspieler → Lykon (3) liefert den Term. p. quem 324 v. Chr. Er verwendet in den Epigrammen auch den nach ihm benannten Elfsilber. R. K.

Gow and *Page* Hellenistic Epigr. *Luck*, GGA 219,35.

Phalanna (*ἡ Φάλαννα*). Bedeutendere Stadt der thessalischen Landschaft → Perrhaibia in fruchtbarer Lage mit geringen Resten auf der flachen Magula Kastri 3 km ö. von Tyrnavos, Strab. 9,5,19 p. 440. Liv. 42,54,6. 65,1. Lykophr. 906. Steph. Byz.; *Φάλαννος* nach Ephor. FGrH 70 F 62. BCH 45, 1921, 17 III 45. 28 V 43. IG VII 2858. IV 617,12. Eigene Münzprägung im 4. Jh. v. Chr. Ph. stellte mehrfach Hieromnemonen und Schatzmeister in Delphi und einmal auch einen Strategen im thessal. Bund. Inschr. IG IX 2,1226f. EA 1916, 17ff. SEG 3,490. 23,461. Mz. HEAD HN^2 305. E. M.

1. *Fr. Stählin* Das hellen. Thessalien 30f. 2. *B.Lenk*, RE XIX 1617ff. Nr. 2. 3. *Philipps.-Kirst.* 1,88.

Phalantos (*Φάλαντος*). Myth. Gründer von Tarent, Sohn des Spartiaten Aratos, Gatte der Aithra. Gründungslegende Paus. 10, 10,6–10. 13, 10. Vgl. Iustin. 3,4. Aristot. pol. 5,7, p. 1306b 29ff. Hor. c. 2,6,11. Er führte die aufständischen »Parthenier«, die nach dem 1. Messen. Krieg auswandern mußten. MEYER GdA 2,478f. Urspr. delphinreitender Meergott, außer in Tarent und Brundisium auch in Arkadien und Rhodos verehrt. Er erinnert an den Flußgott und Eponymen Tarents → Taras. Hypostase Poseidons, V. EHRENBERG, RE XIX 1624; Apollons, o. I 444, 40f. H. v. G.

Gianelli Culti e miti della magna Grecia, Firenze 1924, 154ff. *H.J. Rose*, Griech. Myth. 285.

Phalanx (*φάλαγξ*). Die Bezeichnung P. (*φάλαγξ, phalanga)*, die sich schon bei Homer (z. B. Il. 4,281f.) in der Bedeutung von Schlachthaufen findet, verwendete erst Xenophon dauernd in dem Sinne einer mehr breiten als tiefen militär. Aufstellung. Als Nahkampfformation von Schwerbewaffneten, deren Hauptwaffe die Stoßlanze bildete, war sie im 5. Jh. v. Chr. voll ausgebildet, doch reichen ihre Anfänge in das 7. zurück. Diese P. war eine Reihung von mehreren Schlachthaufen nebeneinander, getrennt durch kleine Intervalle und von gewöhnlich 8 Mann Tiefe. So marschierten die Gegner gegeneinander, um nach dem Zusammenstoß zum Einzelkampf überzugehen und schließlich durch einen Gesamtangriff (*ὠθισμός*) die Entscheidung herbeizuführen. Die Schwächen lagen in der Gebundenheit an ebenes Gelände, in der geringen Tiefe der Aufstellung, der teilweise auch dadurch bedingten Gefährdung der Flanken und darin, daß gewöhnlich nur die ersten Glieder in den Kampf kamen. Diese Nachteile suchte Xenophon (an. 8,10) durch die Bildung von in geringen Abständen nebeneinander befindlichen Sturmkolonnen (*λόχοι ὄρθιοι*) zu überwinden. Epameinondas verkürzte die Front der P., staffelte den zum vernichtenden Angriff bestimmten Flügel tief und sicherte den r. in der Flanke. Da der Stoßflügel bald zum Teil aus Reitern und schließlich aus ihnen allein bestand, gewann P. die Bedeutung von Schlachtordnung ohne Bezug auf eine Waffengattung. Die Erhöhung der Stoßkraft führte in makedon.-hellenist. Z. zur Sarissenphalanx, einer dicht geschlossenen und gewöhnlich 16 Mann tiefen Aufstellung. Auch die Römer wandten anfänglich die P. an. Doch wurde sie schließlich durch die Manipulartaktik ersetzt (→ *exercitus)*. A. N.

H. Delbrück 1^3, 31ff. 109ff. 139ff. 149ff. 156ff. 173ff. 236ff. *Krom.-Veith* 83ff. 93ff. 115ff. 132ff. 135f. 262ff. RE XIX 1625ff. BursJb 274 (1941) 79ff. JHS 85, 1965, 120ff.

Phalara (*τὰ Φάλαρα*), Stadt in Malis, Hafen von Lamia, Lage nicht näher bekannt, 426 v. Chr. durch Erdbeben zerstört, Strab. 1,3,20 p. 60, aber wieder aufgebaut und als Hafen bei Pol. und Liv. oft genannt. Strab. 9,5,13 p. 435. Plin. nat. 4,27. Tab. Peut. 7,5. Steph. Byz. E. M.

1. *Fr. Stählin* Das hellen. Thessalien 217f. 2. *E. Kirsten*, RE XIX 1647f.

Phalaris (*Φάλαρις*). Tyrann von Akragas 570–554, übernahm den Bau des Zeustempels auf der Burg von A., umgab sie mit Pallisaden, bewaffnete seine Arbeiter und riß die Herrschaft an sich. Polyain. 5,1. Aristot. pol. 5,8,1310b 28. P. sicherte die 583 gegründete Stadt gegen die Sikaner, errichtete Kastelle am Vorgebirge Eknomos und wurde von den Bewohnern → Himeras zum Feldherrn gegen die Karthager gewählt. Polyain. 5,3. Diod. 19,108. Aristot. rhet. 2,20,1393b 5ff. Trotz seiner Söldner wurde er durch Telemachos gestürzt. Diod. 9,30. P. wird mehrfach z. T. legendär als Typ des wütenden Tyrannen geschildert. Er soll in dem glühend gemachten Bauch eines ehernen Stieres seine Feinde zu Tode geröstet haben. Pind. P. 1,185. Herakl. Pont. FHG 2,223, 37. Der Stier sei nach dem Sturz des P. ins Meer versenkt worden, das Stierbild in Akragas stelle den Fluß Gelas dar, der in Karthago befindliche Stier sei nicht der von Akragas, behauptete Timaios FGrH 566 F 28bc. Bei Eroberung Karthagos 146 fand sich ein eherner Stier mit verschließbarer Rückenklappe, der vielleicht im Molochdienst verwandt worden war. Scipio schickte ihn nach Akragas. Diod. 13,90. Cic. Verr. 4,73. Cic. Att. 7,12,2 spricht von *φαλαρισμός*. Lukian. Phal. 1. 2 verteidigte P. 148 überlieferte Briefe des P. erwies R. BENTLEY 1697 und 1699 als ant. Fälschung. R. HERCHER Epistologr. Gr. 409ff. H. V.

H.Berve Die Tyrannis 1967, 129ff.

Phalasarna (*τὰ Φαλάσαρνα* oder *ἡ Φαλασάρνα*), Stadt an der NW.-Spitze Kretas, die ausgedehnten Ruinen von Kutri auf steilem Felsgrat an halbmondförmiger Bucht mit fast geschlossenem befestigtem Naturhafen. Skyl. 47. Strab. 10,4, 2 p. 474. 4,13 p. 479. Dion. Call. 119ff. Stadiasm. m. m. 336. Ptol. 3,15,2. Plin. nat. 4,59. Pol. 22,19 (23,15), 3. Steph. Byz. BCH 45, 1921, 19 III 102. Inschr. [2] Nr. 1–7. Mz. HEAD HN^2 474. [2], 220f. E. M.

1. *L. Savignoni*, Mon. ant. 11, 1901, 348ff. (mit Plan). 2. *M. Guarducci* Inscript. Cret. 2,218ff. 3. *E. Kirsten*, RE XIX 1653ff.

Phaleas (*Φαλέας*) von Chalkedon, einer der ältesten griech. Staatstheoretiker, wohl noch ins 5. Jh. v. Chr. gehörig. Krit. Bericht über seine Theorien bei Aristot. pol. 2,7,1266a 39. b 39. 67a 17. b 19. 74b 9. Er forderte Gleichheit des Grundbesitzes (nicht der mobilen Güter) für alle Bürger, was bei Neugründungen leicht durchführbar, in schon bestehenden Staaten durch Regelung des Mitgiftwesens bei Heiraten unter arm und reich erreichbar sei, Gleichheit der Erziehung für alle und Verstaatlichung aller Gewerbebetriebe. Einfluß seiner Theorien auf Aristoph. Eccl. 667ff. und auf → Platons Staatslehre, Verwandtschaft mit solchen des → Protagoras ist unverkennbar. Vgl. R. PÖHLMANN, Gesch. der soz. Frage in der ant. Welt 2, 1925, 6ff. M. POHLENZ, Staatsgedanke und Staatslehre der Griechen 1923, 72. K. Z.

Phalerae sind Pferdeschmuckplatten aus Metall, die urspr. als Preis bei sportl. Wettkämpfen und als Gast- oder Ehrengeschenke verschiedenen Völkern dienten. Bei den Römern gab es außerdem p. als Standesabzeichen der frühröm. Ritterschaft und seit dem 2. Jh. v. Chr. als → *dona militaria*. Nach Pol. 6,39 erhielt der Infanterist für die Tötung eines Feindes, wenn dieser auch der Rüstung beraubt wurde, eine *φιάλη*, der Kavallerist für die gleiche Tat eine p. In der Inschr. des Cn. → Pompeius Strabo aus der Z. des Bundesgenossenkrieges (CIL I^2 Nr. 709, p. 714. 726, XVI

p. 147) bekamen Kavalleristen wie Infanteristen p. Schließlich wurden *φιάλαι* nicht mehr verliehen, während p. mit → *torques* und → *armillae* zu einer Ordenskategorie zusammenwuchsen. In der Kaiserzeit waren sie für Soldaten unter dem Range eines → *centurio* charakteristisch. P., deren Verleihung in der Mehrzahl erfolgte, wurden auf einem Riemenwerk getragen. Sie waren gewöhnlich aus Metall, kreisrund oder länglich oder oval und entweder glatt oder mit Rosetten, Ornamenten oder Figuren verziert. Wodurch sich p. als *dona militaria* von den Standesabzeichen der Ritter bzw. den Pferdeschmuckplatten unterschieden, ist ebensowenig geklärt wie ihre Tragweise bei der Kavallerie. P. wurden in der Kaiserzeit nicht nur einzelnen Soldaten, sondern auch Truppenkörpern verliehen. Neben den Ordensphalerae aus Metall mit Darstellungen von Kaisern und ihren Angehörigen gab es auch solche aus Glas. Beide scheinen höher im Range gestanden zu haben als die übrigen. Noch im 4. Jh. n. Chr. wurden p. verliehen, doch dürfte später Verleihung mehrerer p. abgekommen und bloß die einer einzigen in Verbindung mit einer *torques* üblich geworden sein. A. N.

A. Büttner, BJ 157,132f. 145ff. 172ff. *A. Alföldi*, Dt. Beitr. z. Alt.-wissensch. 2, 1952. *H. Jereb* Die Phalerae, Wien 1939 (Diss.). *A. Neumann*, JÖAI 35, 1943, Beibl. 27ff.

Phaleron (*τὸ Φάληρον*), offene flache Bucht ö. des → Peiraieus und vor dessen Ausbau Haupthafen Athens, zugleich Demos der Phyle Aiantis mit Demotikon *Φαληρεύς*. Als Hafenort besaß P. bes. zahlreiche Kulte und gehörte mit Peiraieus, Xypete und Thymoitadai zum Kultverband der Tetrakomia mit einem Heraklesheiligtum. Lage des ant. Orts nicht sicher, entweder bei Hg. Sotir etwas landeinwärts des O.-Teils der Bucht [3. 4] oder im h. Altphaleron am Ufer [2. 5]. Nach [6] am W.-Ende der Bucht. Mit Athen war die Bucht im 5. Jh. v. Chr. durch die »phalerische Mauer« verbunden, Thuk. 1,107,1. 2,13,7. RE XIX 73f. Hdt. 6,116 u. o. Strab. 9,1,21 p. 398. 1,24 p. 400. Paus. 1,1,2. 4. 1,36,4. 8,10,4. 10,35,2. Diod. 11,41,2. Nep. Themist. 6,1. Steph. Byz. E. M.

1. *v. Schoeffer*, RE V 111ff. 2. *J. Day* Cape Colias, Phalerum and the Phalerian wall, AJA 36, 1932, 1ff. 3. *W. Judeich* Topogr. von Athen^2, 169 A. 2. 426ff. 4. *W. Wrede*, RE XIX 1663f. 5. *Philipps.-Kirst.* 1,881f. 903 A. 1. 6. *Ferguson*, Hesp. 7, 1938, 25ff.

Phaleros (*Φάληρος*). Att. Heros, Eponym von → Phaleron, wo er Altar und Heroon hatte, Sohn des Alkon. Paus. 1,1,4. Strab. 14,683. Er floh mit seinem Vater nach Euboia, Sch. Apoll. Rhod. 1,97. Argonaute: Apoll. Rhod. 1,96ff. Val. Fl. 4,654. Auf Vasen Teilnehmer am Amazonenkampf. Wohl ident. mit dem Lapithen P., der gegen Kentauren focht, [Hes.] Asp. 180, und dem Gründer von Phaleron = Neapolis in Unteritalien, Lykophr. 717 u. Sch. H. v. G.

Phales s. Phallos

Phalkes (*Φάλκης*). Herakleide, Sohn des → Temenos. Er und seine Brüder fühlten sich von ihrem Vater gegenüber ihrem Schwager → Deiphontes zurückgesetzt und ließen ihn ermorden. Nun machte das Heer Deiphontes zum Anführer. Während des Kampfes mit ihm tötete P. seine Schwester → Hyrnetho. – Von Argos aus eroberte P. Sikyon, teilte sich aber mit dem bisherigen Herrscher Lakestades, der auch Herakleide war, in den Besitz der Stadt. Paus. 2,6,7 u.ö. H. v. G.

Phallos (*φαλλός* mit der Nebenform *φάλης*), von *bhel-* »schwellen«, phryg. *βαλλίον*, dazu die thrak. *Τριβαλλοί* u.a. Das Wort bezeichnet das männliche Glied fast ausschließlich als Gegenstand der Verehrung oder des → Aberglaubens in künstlicher Nachbildung, eigentlich allerdings auch das Glied in natura (z.B. Prok. an. 17,35. Hetären *ἀνασεισίφαλλοι*; öfter *φάλης*) und so auch in Eigennamen (z.B. Le Bas-Waddington III 356; *φάλης* besser als *φαλῆς*: Volkm. Schmidt Sprachl. Unt. zu Herondas, Bln. 1968, 68. 92) wie in Klangspielen (Süss, H 74,216). Der P. hat im Kulte als Attribut oder Symbol anthropomorpher Gottheiten seine Rolle gespielt, wurde aber bloß sekundär als eigene göttliche Wesenheit gedacht. Seiner Natur entsprechend war er Faktor animalischer und auch vegetabilischer Fruchtbarkeit, doch gesellte sich dazu (nachträglich?) apotropäische Dynamik, die Jahn mit Früheren in den Vordergrund stellte (auch N.O. Brown Hermes the Thief, Wisc. 1947, 34ff.), und schließlich dehnte sich die positive wie die negative Potenz auf alle Lebenslagen aus. Er wirkte somit als Kraftträger und nicht als abschreckendes Pudendum, so sehr auch im Alltag das präservative Moment hervortrat. Immerhin konnte er, auch wo er nicht gerade ins Obszöne hinüberspielte, Lachen und Spott erregen und fand bei den Christen Hohn und Verachtung, aber er wurde auch tieferer Ausdeutung gewürdigt (z.B. Iambl. myst. 1,11). Im mediterranen Raum ist der Phallizismus seit der Jungsteinzeit nachweisbar (vgl. Möbius, AA 1954, 207ff. Nilsson GgrR 1^2,593), wenn er auch in der minoischen Kultur wenig Bedeutung hatte (z.B. JHS 76 Suppl. 30). Die einwandernden Griechen fanden ihn im Lande vor (Kretschmer, Glotta 30, 96ff.), kannten ihn aber wohl auch aus idg. Z. und standen nachbarlichen (thrak.-illyr.) Einflüssen offen. Auch im kelt.-germ. Bereich scheint er von alters her nicht gefehlt zu haben (z.B. v. Petrikovits Novaesium, Köln-Graz 1957, 62. 114 Nr. 94; Ders. Das röm. Rheinland, Köln-Opl. 1960, 129. Jacobsthal Early Celtic Art, Oxf. 1944, 3. 10). Manchen Göttern wie den Titanen und Daktylen hat man ohne genügenden Anhalt phall. Natur zugeschrieben, aber es bleibt des Sichern genug.

Konstitutiv war der Ithyphallos (neben Kopf und Armansätzen) für die Hermen, die Hdt. 2,51 nicht ohne Grund schon den Pelasgern zuschreibt (s. Lullies, WJ 4,126ff.). Ihre kanonische Gestalt hat sich nach langer Z. hin- und rückläufiger Entwicklung im 6. Jh. endgültig durchgesetzt, aber die halbikonische Bildung als solche war uralt; primitive und regellose Formen sind so, wie sie von jeher entstanden waren, als zeitlose Urkunst immer wieder aufgetreten, was meist nicht genügend beachtet wird. Die Steinmale dieser Art hat → Hermes, der Gott der *ἕρματα*, schon früh auf sich vereinigt und ihnen den Namen gegeben. Manchmal konzentrieren sich Kulthandlungen gerade auf den P., aber in der klass. Z. wird er oft nicht mehr so stark hervorgehoben, ja weggelassen, und Bilder des Gottes in seiner vollen Gestalt zeigen ihn nur selten ithyphall. (CIL IV 9097). Mit dreifachem P. erscheint Mercurius in einer Bronzestatuette aus Tongern (Lambrechts, AC 10,71ff. Deonna ebd. 23,420ff.). Berühmt blieb der hölzerne P., in dem der Gott im elischen (und arkadischen?) → Kyllene verehrt wurde (ähnlich vielleicht das myrtenbedeckte Holzbild in Athen); trotzdem kann er nur aus den Steinmalen entstanden, nicht aus dem P. personifiziert sein (Nilsson 1^2,506f., 7). Die Holzmale der in Rede stehenden Art erhielten nur selten den Namen des Hermes (z.B. in → Ainos [1] Kallim. frg. 197), sondern wurden unter bes. Namen verehrt, bis sie vielfach von dem wesensverwandten → Priapos aufgesogen wurden, so daß die Namen seiner Vorgänger höchstens noch als Epiklesen des neuen Gottes fortlebten. Solche »kleinen« Götter finden wir auf rf. att. Vasen (jetzt noch Rowe Cyrenaican Expeditions, Manch. 1959 Taf. I c. Metzger, REG 75, 487f., 25. 509,154); durch Strab. 13,587f. (nach Apollodor) und Diod. 4,6,4 u.a. kennen wir in Attika (z.T. auch anderwärts) Orthanes, Konisalos, Ithyphallos und wohl auch Hilaon. → Tychon war schon zu einem allgemeineren Glücksgott entwickelt; er ist daher nicht nur mit Priapos, sondern auch mit Hermes zusammengeflossen (dies auch Orthanes: Peek Abh. Sächs. Ak. 60,2, 1969, Nr. 209). Endlich war die androgyne → Aphrodite nach Athen gekommen, die vielleicht erst hier den Namen Aphroditos angenommen hatte und auch mit Priapos identifiziert worden ist, aber als → Hermaphroditos, manchmal noch ithyphall., ein neues Leben geführt hat, vereinzelt sogar im Kulte (Pugliese Carratelli, Miscellanea Rostagni, Tor. 1963, 162ff.). Außerhalb Attikas sind Phalliker aus vorhellenist. Z. gelegentlich im Bilde nachweisbar, so zwei auf korinth. Pinakes (RhJb Volksk. 1, 1950, 116. Wagenvoort Serta Philol. Aenip. 1962, 280). Auch der mit Apollon geglichene Opaon Melanthios in Kypros erscheint zuweilen ithyphall., und → Pan ist als Bocksgott gewöhnlich so dargestellt worden.

In der Vielzahl sind die Panes entsprechend charakterisiert und so wohl auch die irgendwie verwandten Tityroi, vor allem die → Satyroi und weiterhin die urspr. pferdeartigen → Silenoi, vereinzelt auch widdergestaltige Wesen; alle diese wurden als Fruchtbarkeitsdämonen auch von Menschen im Tanze agiert, und die späteren Bühnensatyroi traten stets mit P. auf (Aischyl. frg. 17,29 M., vgl. SNELL, H 84,5; Eur. Kykl. 169, vgl. WETZEL De Euripidis fab. sat., Wiesb. 1965, 44f., 10). Aus vordionys. Z., wenn auch nicht gerade aus Äg. (so Hdt. 2,49), dürften die Phallosumzüge dionys. Feste stammen, in die auch Thrakisch-Phrygisches eingeflossen sein mag; sie haben ihre Parallelen auch außerhalb des Dionysoskultes. Zu unterscheiden sind die *Ἰθύφαλλοι*, die sich selber einen ledernen P. (oder mehrere) umbanden (*Περιφαλλία*?), und die *Φαλλοφόροι*, die einen großen ledernen oder hölzernen P. einhertrugen oder -fuhren, doch konnte beides auch in Personalunion verbunden sein. Vor allem kennen wir die Phallophorie an den urtümlichen Ländlichen Dionysia Athens, wo der P. als Phales oder Ithyphallos auch Eigenpersönlichkeit gewann (Aristoph. Ach. 201f. 237ff., vgl. Plut. mor. 527 D), und den aufwendigeren Aufzug an den Großen Dionysia; ähnliche Begehungen dürfen wir aber auch an den Lenaia voraussetzen. Eine sekundäre Erscheinung ist es, daß der P. des Komöden aufgebunden ist oder lang herabhängt, kaum aus Dezenz, eher um der lustigen Wirkung willen. Abweichungen von dem Normalkostüm (WEBSTER, EA 1953/54 II 192ff. PICKARD-CAMBRIDGE The Dramatic Festivals^2, Oxf. 1968, 220ff. 231), das noch *προγαστρίδιον* und *προπυγίδιον* umfaßte, werden schon bald aufgetreten sein, aber der P. dürfte noch in der Mese normal und selbst in der Nea noch nicht unmöglich gewesen sein (WEBSTER, CQ 42,19f. VAN ROOY Stud. in Class. Satire, Leid. 1966, 127). Im Bereich der dor. Posse hat er sich bes. zäh gehalten. Unter den korinth. steatopygen Dickbauchtänzern, die sich jetzt schon bis in spätgeometr. Z. zurückverfolgen lassen, finden sich mehrfach solche, die einschlägig gekennzeichnet sind (WEBSTER, WS 69,110ff. SEEBERG SyOsl. 41,65ff.), und in der ausgebildeten Phlyakenposse ist der P. nahezu obligat. Ein breites Feld hatte der P. auch noch im Mimos und lebt sogar im türk. Karagöz fort.

Dionysos selber war selten phall., so u.a. als *Θυωνίδας* u. wohl auch *Ὀρθός*. Doch spielt der P. in seinen → Mysterien, die noch für die Kirchenväter aktuell waren, eine große Rolle: er befand sich oft im Liknon und trat mit diesem in den verschiedensten Zeremonien auf, bes. bei der Einweihung und so, daß er enthüllt wurde. In Attika und anderwärts wurden dem Dionysos auch bei andern Gelegenheiten (Iambl. myst. 1,11, vgl. Porph. epist. Aneb. p. 4 Sod.) Phalloi aufgestellt, in Delos, aber auch sonst, sogar als chorag. Monumente. Der Aphroditekult (NILSSON 1^2,525) bietet Belege bes. aus Kypros, wo mit oriental. Elementen zu rechnen ist (FAUTH, AAMz 1966, 6,340f. 352), und aus Athen. Im Adoniskult ist der P. nicht nachweisbar (SCHAUENBURG, Gn 40,303). Im Demeterkult Attikas gehörten Teigbilder von P. zu den Fruchtbarkeitsmitteln, die in die *μέγαρα* geworfen und später wieder heraufgeholt wurden (zuletzt BURKERT, H 94,1ff.). Im Artemiskult haben dor. Gebiete phall. Riten erhalten (Hesych. s. *λόμβαι* und *ταυρίνδα*). Der Kotyto galt ein Fest *Ἰθύφαλλοι*. In Samothrake erschienen die beiden männlichen Kabiren (oder ihre Trabanten) auch ithyphall. (Hippol. ref. 5, 8, 10, s. HEMBERG Die Kabiren, Upps. 1950, 112. 130. KERÉNYI, Studi Funaioli, Rom 1955, 157ff.), und in Thessalonike lag ein P. in der *cista mystica* (s. weiter HEMBERG 106. 112. 139. 207. 284). In Äg. begegneten die Griechen starkem Phallizismus bes. in der Gestalt des Min (BLEEKER Die Geburt eines Gottes, Leid. 1956, 47ff.), den sie mit Pan identifizierten, aber auch bei Bes und Horos wie bei mancherlei Kobolden (HOPFNER Plutarch über Isis und Osiris, Prag 1940/1 I, 28f. II 167f. H. BONNET, RÄRG 590ff.). Im Tempel der Dea Syria in Hierapolis-Bambyke stand eine Erzfigur mit großem P. und im Vorhof zwei Riesenphalloi, auf die zweimal im J. ein Priester für 7 Tage stieg (Lukian. dea Syr. 16. 28f.).

In Italien vertritt unser Genus seit alters in Veliae → Mutunus Tutunus (älter Mutinus Titinus, dies eigentlich Titinus, Geschlechtsgott der Titii, s. WALDE-HOFMANN 2,138. 686f. HERTER, AAHG 22, 40; anders RADKE Die Götter Altitaliens, 1965, 225f.). Ihm gaben sich die Bräute nach einem in ihrer Mädchenkleidung dargebrachten Opfer hin; z.Z. des Augustus wurde sein Heiligtum aufgelassen, doch kämpften die Kirchenväter noch immer gegen diesen Kult. Anstößig war ihnen auch die Prozession der Liberalia, in der ein P. einhergefahren wurde; von Lavinium wird im bes. berichtet, daß eine Matrone den P. *pro eventibus seminum* öffentlich bekränzen mußte. Sind diese Riten wohl latin., so macht sich sonst auch etr. Einfluß geltend, so wohl in dem Herdphallos, der den Servius Tullius zeugte (diese und verwandte Geschichten s. H.J. ROSE, Mnem 53, 410ff. HERMANSEN Stud. über den ital. und den röm. Mars, Kop. 1940, 114ff. SEEL Römertum und Latinität, Stuttg. 1964, 166); ob dieser mit dem Fascinus im Vestatempel etwas zu tun hat, sei dahingestellt. Phall. Göttervorstellungen sind in der Tat auf etr. Boden alt (BÖMER Rom und Troia, Baden-Baden 1951, 73f.).

Einen bes. Bereich hat der P. im Sepulkralwesen (KERÉNYI Hermes der Seelenführer, Zür. 1944, 78ff. FRH. V. KASCHNITZ-WEINBERG Die mittelmeer. Grundlagen der ant. Kunst, Frankf. 1944, 15ff. 43ff. 70ff.; vgl. aber HERRMANN Omphalos, Münst. 1959, 31f.). Seit alter Z. erscheint er in Kleinasien, bes. in Phrygien (DÖRNER, AA 1939, 171ff.; Denkschr. Ak. Wien 75,1, 1952, 64f. Nr. 183/87), aber gelegentlich auch anderwärts (NILSSON 1^2,593f.), während er in Etrurien meist in Säulen oder runden Knäufen auf Grabcippen fortzuleben scheint (vgl. aber Oelmann, Mél. Abramič 1, 1954/57, 52ff.). Oft werden Phalloi ins Grab mitgegeben, sogar noch in byz. Z. (Fasti Arch. 9, 7665). Priapos mag als Grabfigur schon in seiner kleinasiat. Heimat fungiert haben. Wenn er CLE 193 als *custos sepulcri* und das Grab selber als *mortis et vitai locus* bezeichnet wird, so vereint sich mit der apotropäischen die zeugende Kraft, und zwar so, daß die Erde immer wieder junges Leben schafft und – vielleicht – auch das Individuum wiederkehren läßt (Marcadé Roma Amor, Genf 1961, vgl. Gn 39,846f.).

Im täglichen Leben hatte der P. als solcher und auch als Bestandteil einer Figur vorwiegend in seiner übelwehrenden und auch glückbringenden Funktion (sogar im normalen Zustand) Bedeutung, sofern nicht die Freude am Obszönen schlechthin die Oberhand gewann. Besonderer Art sind natürlich die zum Dank für Heilung geweihten Phalloi. Der P. richtet sich – auch ohne erkennbare Beziehung zu einer bestimmten Gottheit – gegen alle üblen Einwirkungen von Dämonen wie Menschen, bes. gegen den Neid (z.B. CLE 2065f.) und speziell das böse Auge, das wir auf manchen Bildern bis in chr. Z. von ihm allein oder unter andern Apotropaia angegriffen sehen. Bei den Römern hieß der P. in dieser Eigenschaft *fascinum* und wurde als Amulett am Leibe getragen, namentlich von den bes. schutzbedürftigen Kindern, oft in ihrer → *bulla*. Auch in derjenigen des Imperators wird er nicht gefehlt haben, an dessen Triumphwagen er obendrein als *medicus invidiae* (Plin. nat. 28,39) angebracht war; hier wird der etr. Einfluß deutlich greifbar, doch ist der P. in solcher Anwendung überhaupt altital. und auch in Griechenland vertreten. Er schützt Privathäuser im Innern und nach außen, oft in Delos (Bruneau, BCH 88,159ff.) und in Pompeji, namentlich Läden und Werkstätten (Maiuri, Hommages à Bidez et à Cumont, Brux. 1948, 190f. Svennung, Studi Castiglioni II, Fir. 1960, 976ff.). Ganze Städte setzen den P. zur Sicherung auf ihre Mauern, namentlich in Italien. Auch freistehende Phalloi, z.T. von bedeutenden Dimensionen, haben sich gefunden (z.B. AA 1954, 203. 207. Robert, REG 69,175,319 Nr. 15). Als bewegliche Talismane konnten P. aus verschiedenem Material (Gußform für Edelmetall Fremersdorf, Germania 13,138) irgendwo aufgehängt oder aufgestellt und auch mit Glöckchen behangen werden, deren Klang die bösen Geister scheuen. Zu mehrerer Sicherheit wurden sie auch doppelköpfig gebildet (J. Schäfer Hellenist. Keramik aus Pergamon, Bln. 1968, 81. 98) und gerne zwei- und dreifach kombiniert sowie mit halbmondförmigen Gebilden und anderen Apotropaia vereinigt, auch mit der Hand, die den Gestus der *fica* macht. An vielen Gegenständen wurde der P. malerisch oder plastisch angebracht, so an einem Altar (BCH 89, 832. 836) und auf Votivinschr. (Robert, Hellenica 9,56ff.), sehr oft und teilweise schon in alter Z. auf Schilden, Phalerae, Lampen, überhaupt Gebrauchsobjekten vielerlei Art und Möbelteilen, Balkenkopfbeschlägen (Bruckner, BJ 163,14) und Traubenkufen (Rolland, Gallia 18,274ff.), Schmuckstücken, Gemmen und Vasen. Es gab auch Gefäße ganz in Phallosform und sogar (*δρυλοπόται*) in Gestalt von Figuren, aus deren P. man die Flüssigkeit trinken konnte (Snijder, Mnem 1934, 38. 41. 57f. Colin, Atti Acc. Torino 90, 1955/56, 153ff. Klebe-Schadewaldt Gefäße zur Kinderernährung, Frankf. 1955, 14). Gebildbrote einschlägiger Art s. Buchheit, RhM 103, 210ff. Öfters findet man Masken, Köpfe und Büsten mit P. verbunden (z.B. R. Forrer Strasbourg-Argentorate 2, Strasb. 1927, 722f.); P.-Gefäße mit eingezeichnetem Gesicht: Hawkes Antiquaries Journ. 28,166ff. Überhaupt ist der Kontaminationen mit andern menschlichen oder tierischen Körperteilen kein Ende, vor allem so, daß der P. auf zwei Beinen schreitet oder nur den Kopf oder Oberleib ersetzt; raffiniert die Figuren, deren Kopf man abheben konnte, um einen P. zum Vorschein zu bringen. Vor allem wird der P. seit alters, sogar im Kulte (Delos), mit Flügeln versehen und so deutlich zu einem Dämon gemacht; hierhin gehört auch die Bezeichnung des Schmetterlings als *φάλλαινα*.

All diesen Phantasiefiguren gegenüber wurden auch rein menschliche Gestalten durch einen demesurierten P. zu Grotesken (zuletzt Boucher, MEFR 79,221ff.). Schon auf korinth. und att. sf. Vasen wurden Leute aus dem niederen Volk in diesem Sinne auffällig wiedergegeben. Zu veristischen Darstellungen boten die Typen der Großstadt der alexandrin. und der in ihren Spuren wandelnden späteren Kunst reichlichen Stoff (Bielefeld, WissZGreifsw 5, 1955/56, 254f.). Am ehesten kann man unter den griech.-äg. Terrakottafiguren mit Göttern (Priapos, Bes) oder Dämonen (Pataikoi?) rechnen; aber meistens befindet man sich nicht in der Welt der Geister, sondern in der der Menschen, soweit nicht pure Phantasie ihr Wesen treibt; so steht es nicht zuletzt auch mit den phall. *cucullati*, deren Kapuze sich als Arbeitsgewand oder auch als nächtliche Tarnung erklärt. Ein guter Teil der Darstellungen fällt auf Akteure jeglicher Art, die auch Heroen und Götter in ihrem Habitus parodieren konnten. An all solchen Abbildern wie an den Originalen hatte die Gesellschaft ihre mehr oder weniger spöttische Freude, aber sie konnten doch auch noch apotropäische Bedeutung haben (Levi Antioch-on-the-Orontes 3, 1941, 220ff.). H. H.

Jahn, S.-Ber. Sächs. Ges. 7, 1855, 28ff. *Herter*, RE XIX 837. 1666–68. 1670–1748; *Ders.* Vom dionys. Tanz zum kom. Spiel, Iserlohn 1947. *Deonna* De Télesphore au »moine bourru«, Berch.-Brux. 1955 (besonders 13f. 32ff. 87ff. 95ff. 106ff.). *Nilsson* GgrR 1^2, 118ff. 200f. 590ff. u.s.

Phanagoreia (*Φαναγόρεια*), griech. Kolonie an der asiat. Schwarzmeerküste des Bosp. Reiches, urspr. von Phanagoras von Teos angelegt, später v. Milesiern neu gegründet, ident. mit der großen ant. Ruinenstätte am Golf v. Taman, etwa 3 km s.w. von der h. Ortschaft Sennaija. Ph. ist zum größten Teil im Meer versunken. Daher Unterwasser-Forschungen der Sowjetforscher. Ph. war ein wichtiges Gewerbe- und Handelszentrum und Mittelpunkt der Einfuhr aus Griechenland. Apollon- und Aphrodite-Urania-Tempel; bedeutende Nekropole. Ph. wurde im 6. Jh. n. Chr. bei den Barbarenüberfällen zerstört. Inschriften CIRB, Moskau-Leningrad, 1965, 552-575. Chr. D.

E. Diehl, RE XIX 1751-1757. *Danoff* Art. Pontos Euxeinos, RE Suppl. IX 1132-1135.

Phanai (*Φάναι*), die S.-Spitze der Insel Chios, h. Kap Mastiko, dabei gleichnamiger Hafen und Heiligtum des Apollon Phanaios, Thuk. 8,24,3. Strab. 14,1,35 p. 645. Liv. 36,42,11. 44,28,7. 45,10, 1. Ptol. 5,2,19. Hesych. s. *Φαναῖος*. Verg. georg. 2,98 und Serv. z. St. Ausgegraben ist in Kato Phana der archaische ion. Apollontempel des 6. Jh. v. Chr. mit Basilika der Zeit Iustinians. Der Kult geht bis ins 9. Jh. v. Chr. zurück. Inschr.: ABSA 59, 1964, 32f. E. M.

1. *R. Herbst*, RE XIX 1758f. 2. *Kuruniotis*, *Ἀρχ. Δελτ.* 1,1915, 72ff. 2, 1916, 190ff. 3. *W. Lamb* Excavations at Kato Phana in Chios, ABSA 35, 1934/35, 138ff. 4. *R. Garnett* - *J. Boardman* Underwater reconnaissance off the island of Chios 1954, a.O. 56, 1961, 105f. 113.

Phanes (*Φάνης*) »der Leuchtende, Erhellende, Erscheinende« (Orph. frg. 56. 61. 109. A. KRÜGER Quaestiones Orphicae, 1934, 8). Lichthafter, goldgeflügelter Urgott der orph. Weltentstehungslehre (frg. 78. 86. H. SCHWABL Die griech. Theogonien und der Orient, in: Éléments Orientaux dans la Rel. Grecque Ancienne, 1960, 55. [2], 80ff. → Orphische Dichtung). Sohn des → Aither (frg. 72-74), Vater der → Nyx (frg. 98. Vgl. K. KERÉNYI Niobe, 1949, 124f.), die von ihm die Herrschaft empfängt (frg. 101. Vgl. 104. W. KARL Chaos und Tartaros in Hesiods Theogonie, 1967, 59). Nach der Theogonie des Hieronymos und Hellanikos ist P. als zweigeschlechtliche Potenz ([2], 101 f. → Hermaphroditos) aus dem von dem löwen- und schlangengestaltigen → Chronos-Herakles (Sch. Greg. Naz. or. 31,16. E. NORDEN, H 27, 1893, 614f.) hervorgebrachten Weltei (W. BURKERT, Ant. und Abendland 14, 1968, 102. 107f.) entstanden (frg. 57. [1], 172f.); als kreatives Ur- und Allwesen wird er auch Protogonos oder → Pan (frg. 54. 56. 73. Vgl. Plat. Kratyl. 408b. W. H. ROSCHER, Festschr. J. Overbeck, 1893, 56ff. [1], 175 u. Abb. 5), ferner → Priapos und Antauges (Orph. h. 6) genannt ([3], 117f.); er ist wesensgleich mit dem orph. → Eros (frg. 1. 82. 83. Orph. Arg. 15f. [2], 95f. R. CRAHAY, Numen Suppl. 12, 1967, 334 mit Hinweis auf das gnost. Weiterleben der orph. Symbole *νεφέλη* »Wolke« und *ἀργῆς χιτών* »Glanzgewand« frg. 60) und Dionysos (frg. 61. 170. 237. → Zagreus. Zum orph. Eisymbol in myst. Dionysos-Riten Macr. sat. 7, 16,8. R. TURCAN, RHR 160, 1961, 11ff.), ferner mit den mannweibl. Gestalten Metis (fr. 65. 83), nach O. KERN, H 74, 1939, 209f. im Anschluß an die hesiod. Konzeption von der Kataposis der Zeusgattin → Metis (theog. 886ff. Vgl. Orph. frg. 80. 167) aus der ebenfalls androgynen kleinasiat. → Mise entwickelt, und Erikepaios (frg. 80. 81. 85. K. BETH, WS 34, 1912, 288ff.), als Soter im Pap. von Gurob (3. Jh. v. Chr.) angerufen (*Ἰρικεπαῖγε σῶισομμε* Orph. frg. 31. O. SCHÜTZ, RhM 87, 1938, 244ff.), als Dionysos Erikepaios auf einer Altarweihung aus Hierocaesarea (Lydien, 2. Jh. n. Chr.) apostrophiert (J. KEIL - A. v. PREMERSTEIN, Denkschr. Ak. Wien 53, 1908, 54 Nr. 12. W. QUANDT De Baccho in Asia Minore culto, 1913, 181. KERN, Genethliakon C. Robert, 1910, 93. H 51, 1916, 565,2). Die Bisexualität des P. deutet auf kosm. Zeugungskraft (frg. 81. 84. 98), seine Vieräugigkeit (frg. 76) und sein partieller Theriomorphismus (frg. 79. 81. [1], 176f.) erinnern an den tetradischen → Kronos-El-Zervan, seine Verbindung mit der kosm. Schlange ([Uroboros] frg. 58. [1], 186f. 193. Vgl. H. J. SHEPPARD, Scientia 60, 1966, 203ff.) an den monströsen → Aion-Kronos-Saturn der → Mithras-Mysterien (R. MERKELBACH, Eranos-Jb. 34, 1965, 241f. M. J. VERMASEREN Mithras, 1965, 100f.). Die synkretist. Verschmelzung dieser pantheist. Gestalten ([1], 177) erscheint bildhaft sowohl auf dem Relief von Modena (R. EISLER Weltenmantel und Himmelszelt 2, 1910, 400ff. A. BOULANGER Orphée, 1925, 62,1. [1], 173ff. → Mithras) als auch auf den mithr. Denkmälern von Merida (M. LIANEZ Mérida Monumental y Artistica, 1929^2, 179 Abb. 60) und Borcovicium (D. LEVI, Hesp. 13, 1944, 293 Abb. 18. VERMASEREN Corpus Inscr. et Monumentorum Rel. Mithriacae 1, 1956, 273 Nr. 777. 298 Nr. 860). Aufschlußreich dafür ist ferner die orph. Alabasterschale von New York (H. LAMER, PhW 21, 1931, 653ff. DELBRUECK-VOLLGRAFF, JHS 54, 1934, 129ff.) mit einer um einen eiförmigen → Omphalos gewickelten geflügelten Schlange nebst hymn. Aufschrift (vgl. Orph. frg. 236. 237. Eur. frg. 484 N.), von H. LEISEGANG ([1], 156ff. 165. 178ff.) auf den → Pantheos Helios-Zeus-Pan-Dionysos-Phanes gedeutet, während die herumgruppierten männl. und weibl. Personen unter Hinweis auf verwandte Details in den Spätkulten des → Aion (vgl. P. BOYANCÉ, MEFR 52, 1935, 95ff. 100ff.), → Agathos Daimon und → Sabazios sowie der ophit.-naassen. Gnosis ([1], 205ff. 214. 216ff. 224. 227) als Repräsentanten myst. Begehung aufgefaßt werden (vgl. S. E. JOHNSON Essays E. R. Goodenough, Numen Suppl. 14, 1968, 546. W. F.

1. *H. Leisegang* Eranos-Jb. 7, 1939, 151ff. 2. *W. K. C. Guthrie* Orpheus and Greek Religion, 1952^2. 3. *U. Bianchi*, SMSR 28, 1957, 117ff.

Phano (*Φανώ*), Tochter der Hetäre → Neaira und wahrscheinlich des → Stephanos. Nach einer ersten, durch Scheidung beendeten Ehe mit Phrastor wurde sie auf Stephanos' Betreiben mit dem Archon Basileus Theogenes verheiratet; diese Verbindung, die zu einem Skandal und erneuter Scheidung führte, bildet ein wichtiges Thema der Neaira-Rede ([Demosth.] or. 59). H. Gä.

Phanodemos (*Φανόδημος*), Sohn des Diyllos aus dem Demos Thymaïtadai, Atthidograph des 4. Jh. v. Chr. Im J. 343/42 wird er als Mitglied des Rates erwähnt und mit einem Kranz geehrt (IG II² 223 = Sylloge³ 227). Weitere Inschr. (IG VII 4252–4254) aus der Z. von 332/31–329/28 bezeugen sein Eintreten für das Heiligtum des Amphiaraos. Die Frg.e seiner mind. 9 B. umfassenden *Ἀτθίς* verraten starkes Interesse an Fragen des Kultes. Außerdem verfaßte Ph. eine Gesch. der Insel → Ikos (Steph. Byz. s. *Ἴ.*). H. Gä.

FGrH 325. *F. Jacoby* Atthis, Oxf. 1949.

Phanokles (*Φανοκλῆς*), Vf. des Sammelgedichtes (in Distichen) *Ἔρωτες ἢ Καλοί*, worin Liebesabenteuer von Göttern und Heroen mit schönen Knaben erzählt wurden. Die Verbindung der Sagen geschah durch *ἢ ὥς*, in Anlehnung an die Ehoien (→ Hesiodos III b). Erhalten Orpheus und Kalais, mit Orpheus' Tod und Aition der Tatauierung der Thrakerinnen, sonst nur Erwähnungen (Agamemnon und Argynnos, Dionysos und Adonis und andere). Z. unsicher, vielleicht 1. Hälfte 3. Jh. v. Chr. (Apoll. Rhod. 4,905 nach frg. 1,1). Ph. wurde noch von Prop. (3,7,21) und Plut. (mor. 671 B) gelesen. R. K.

Frg.: *J. U. Powell*, Coll. Alex. 106ff. Anth. lyr. 2, 1925, 225f. – *Alfonsi*, H 81,379ff. mit Lit.

Phanomachos (*Φανόμαχος*), Athener, Sohn des Kallimachos, 430/29 ein Stratege bei der erfolgreichen Belagerung Poteidaias; wegen milder Behandlung der Stadt angeklagt, Thuk. 2,70 (vgl. GOMME z. St.), aber 429 wieder auf der Chalkidike, wo er, seine Mitstrategen und die meisten Soldaten bei Spartolos fielen, Diod. 12,47,3, vgl. Thuk. 2, 79. Stele vor dem Dipylon für die Gefallenen, Paus. 1,29,7. K. K.

Phanosthenes (*Φανοσθένης*), Andrier, ging nach dem Abfall der Insel von Athen 411 nach Athen, erhielt das Bürgerrecht und wurde für 408/407 zum Strategen gewählt. Nach der Niederlage von Notion löste P. Konon, der Andros belagerte, ab, fing 2 Schiffe aus Thurioi, die zur spartan. Flotte fuhren, und brachte die Besatzung nach Athen. Plat. Ion 541 d. Xen. hell. 1,5,18f. SEG 10,131. H. V.

Phanote (*Φανότη*), befestigte Stadt im n. Epeiros, Pol. 27,16 (14),4. (*Φανοτεῖς*). Liv. 43,21, 4. 45,26,2f., Lage ungewiß. E. M.

1. *W. M. Leake* Travels in Northern Greece 1,72ff. 2. *E. Oberhummer*, RE XIX 1788. 3. *Philipps.-Kirst.* 2,55 mit A. 1 u. ö. (s. Ind. S. 665 Nr. 2,18). 2,95 A. 3. 255. 276 A. 90a (Raveni). 4. *N. G. L. Hammond* Epirus 186f. 660. 676. 82 Kte. 4. 168 Kte. 7. 675 Kte. 16. Plan 16.

Phanoteus s. Panopeus

Phantasos s. Morpheus

Phaon (*Φάων*). **1.** Etym. zu *φάος*, »der Leuchtende«. Aphrodite kommt unerkannt zu P., der als Fährmann den Transport von Lesbos zum Festland besorgt. P. leistet Aphrodite diesen Dienst kostenlos und erhält zum Dank hiefür eine Büchse mit Öl, das ihn zum schönsten Manne macht (Ail. var. 12,18. Varro b. Serv. z. Aen. 3, 279. Palaiph. 49. Plin. nat. 22,20). Die P.-Gestalt wird in der att. Komödie (von der *ἀρχαία* bis zur *νέα*) behandelt (vgl. bes. Kratinos frg. 330b. Athen. 2,69d), stammt aber aus der lesb. Lokalsage. Die Liebe Sapphos zu P. geht offenbar auf die att. Komödie zurück (Menand. Leukodia, Frg. 312 setzt das Motiv als längst bekannt voraus, vgl. auch Plaut. Mil. 1246ff.) und gelangt durch die peripat. Sappho-Biogr. in die europ. Lit. (z. B. Ov. her. 15, Sprung Sapphos vom leukad. Felsen aus enttäuschter Liebe, vgl. Stat. Silv. 5,3,154f. Lukian. Dial. Mort. 9,2). – Das urspr. Wesen des Ph. ist undurchsichtig. K. TÜMPEL, Philol. 48, 1899, 124 wollte in P. eine aiol. Parallele zu Helios erblicken (vgl. TH. ZIELINSKI, Klio 23, 1929, 17). W. P.

F. Stoessl, RE XIX 1790ff.

2. P., kaiserl. Freigelassener, der Nero auf seiner Flucht von Rom im J. 68 begleitete und auf dessen Landgut Nero sich tötete, Suet. Ner. 48f. Cass. Dio 63,27,3. Epit. Caes. 5,7. R. H.

Phara (*Φαρά*, *Φαραί*, Ethnikon *Φαραιεύς* u. ä.). **1.** Stadt im w. Achaia, ausgedehnte Ruinenstätte 6 km s. w. v. Chalandritsa am l. Ufer des → Peiros (Kamenitsa), Strab. 8,7,4 p. 386. 7,5 p. 388 (zum Text ALY, SHAW 1931/32, 1,14; De Strabonis codice rescripto 22). Paus. 7,22,1–5. Ptol. 3, 14,36. Plin. nat. 4,13 *(Pherae)*. Steph. Byz. P. gehörte zu den 12 alten Städten Achaias, Hdt. 1,145 (*Φαρέες*). Pol. 2,41,7f. und zum ersten Kern des neuen achaiischen Bundes. Von Augustus zum Gebiet der neuen röm. Kolonie → Patrai geschlagen, Paus. a. O. Inschr. SGDI 1632. 2683. IG V 2, 392. XII 8,637. EA 1964 *Χρον.* 61f. SEG 14,370. 15,254. 19,558.

Bölte, RE XIX 1796ff. Nr. 1.

2. Anscheinend Ort im n. w. Arkadien, vielleicht = homer. → Phere und dann am Alpheios, DAUX, REG 62, 1949, 6 Z. 3 (Syll. I³ 90,4). BCH 92, 1968, 630. E. M.

E. Meyer, MH 14, 1957, 85f.

Pharai (*Φαραί*, *Φηραί*, Ethnikon *Φαρᾶται*, *Φαραῖται*, *Φαραιάται*). **1.** Stadt im s. Messenien, das h. Kalamata (amtl. Kalamai), Strab. 8,4, 4ff. p. 360f. Paus. 4,30,2–31,3. Ptol. 3,14,31 (*Φεραί*). Steph. Byz. P. erscheint bei Hom. Il. 9, 151. 293 unter den 7 Städten, die Agamemnon dem Achilleus verspricht, und war wohl spart. Perioikenstadt, Nep. Conon 1,1. 394 v. Chr. Gebiet durch Konon verwüstet, Nep. a. O., spätestens durch Philipp II. zu Messenien gezogen, seit 182 v. Chr. selbständ. Mitglied des achaiischen Bundes, Pol. 23,17,2, durch Augustus den Eleutherolakonen zugeteilt, Paus. 4,30,2. Oberird. Reste fehlen, Ausgrabungen EA 1911, 107ff. AJA 63, 1959, 279. BCH 83, 1959, 632ff. ABSA 61, 1966, 116ff. Inschr.: IG V 1,1359–1368. SEG 11,968f. 22,311.

1. *N. Valmin* Étud. sur la Messénie anc. 40ff. 46ff. 2. *Bölte*, RE XX 1801ff. 3. *Philipps.-Kirst.* 3,407ff. 4. *R. Hope Simpson*, ABSA 52, 1957, 242f. 5. *W. McDonald – R. Hope Simpson*, AJA 65, 1961, 251 Nr. 79. 73, 1969, 160 Nr. 79 A.

2. Ortschaft in Lakonien s. von Sparta, *Φαραί* nach späteren Quellen wie Liv. 35,30,9. Paus. 4,16, 8. Hierokl. synekd. 647,10, bei Hom. Il. 2,582 *Φᾶρις*, Strab. 8,5,1 p. 363. 5,4 p. 364 = Ephor. FGrH 70 F 117 (zur Lesung W. Aly de Strabonis codice rescripto 7). Wahrscheinl. Paliopirgi-Vaphio mit dem bekannten myken. Kuppelgrab, zu Pausanias' Z. verlassen. Zu P. gehört → Aphareus, der Vater des Idas und Lynkeus, der Gegner der Dioskuren [1], 1807,50ff.

1. *Bölte*, RE XX 1805ff. III A 1331,65ff. 2. *Kirsten-Kraiker* Griechenlandkunde[5] 1967, 409f. 3. *H. Waterhouse – R. Hope Simpson*, ABSA 55, 1960, 76ff.

3. *Φαραί*, Ortschaft in Boiotien, später Dorf im Gebiet von Tanagra, Strab. 9,2,14 p. 405. Plin. nat. 4,26; boiot. Münzen des 5. und 4. Jh. v. Chr. mit *Φ*. Von einzelnen Homererklärern in Il. 2,508 statt Nisa eingesetzt, Lage unbekannt.

Kirsten, RE XIX 1980ff. Pherai Nr. 1.

4. → Phara. E. M.

Pharaia, nur bei Pol. 4,77,5 und Strab. 8,3,32 p. 357 (*Φηραία*) genannter Ort im n. w. Arkadien, wohl die ant. Ortslage bei Nemuta am O.-Rand der → Pholoe. E. M.

1. *Bölte*, RE XX 1809f. Nr. 1. 2. *E. Meyer*, MH 14, 1957, 82ff.

Pharao, altäg. *pr-*^{c}ꜣ, das »Große Haus«, zunächst Benennung des kgl. Palastes, seit Thutm. III. (1490–1436; Urk. IV 1248, 16; 1265, 11) auch Bezeichnung des äg. Königs, seit → Apries auch wie ein Name in der Kartusche geschrieben. So auch als Name im A. T. (Phar^{c}ō) benutzt. W. H.

Pharasmanes, Kolcher, Laze, Offizier im Dienste des Kaisers Anastasios, zeichnete sich 502/03 bei Amida gegen die Perser aus, hatte in den folgenden J. ein Kommando in Edessa, dann wieder in Amida (Prok. 1,8. Josua Styl. 56. 87f. 90. 92. 97. Zachar. Rhetor 7,5). A. L.

Pharax (*Φάραξ*). **1.** Ph., Spartaner, wohl Unterführer bei Aigospotamoi 405 (Paus. 6,3,15). 398/97 war er Nauarch, operierte Frühsommer 397 mit → Derkylidas in Karien (Xen. hell. 3,2, 12ff.) und belagerte 397/96 → Konon erfolglos in → Kaunos (Diod. 14,79,4f.). Sommer 396 befehligte er tatkräftig die pelop. Flotte vor Syrakus zur Unterstützung des Dionysios gegen Karthago (Diod. 16,63,4. 70,1. 72,1, wo er irrtümlich Pharakidas heißt). Er ist wohl jener Ph., der 390 boiot. Gesandte als ihr Proxenos bei Agesilaos unterstützte (Xen. hell. 4,5,6). **2.** P., Spartaner, Mitglied einer Gesandtschaft nach Athen Winter 370/69 (Xen. hell. 6,5,33). Er ist wohl jener berüchtigte Ph., der 355 als Söldnerführer nach Sizilien ging, zwischen Herakleides und Dionysios d. J. vermittelte und gegen Dion kämpfte (Plut. Dion 48,7. 49,1; Timol. 11,6. 41,5f.). G. Do.

V. Ehrenberg, RE XIX 1816f.

Pharetra (*φαρέτρα*), Köcher zum Tragen (> *φέρω*) der Pfeile. Da in myk. Z. schon mit Pfeil und Bogen ([3], T. 94. 96) geschossen wurde, kann man wohl trotz der fehlenden Bildüberlieferung auf die Existenz von P. schließen. Erst die archaische Kunst liefert exakte Darstellungen ([4], T. 68. 71. 88. 98. 175), nach denen P., zylindrisch oder sich nach unten verjüngend, meist verziert und mit einem lappenartigen Verschluß, an einem Riemen auf der rechten Schulter hängen. P. gehören im allg. zur Ausrüstung nichtgr. bogenschießender Völker. S. O.

1. *E. Schuppe*, RE XIX 1819. 2. *Dar. Sagl.* 4,1,427. 3. *Fr. Matz* Kreta Mykene Troja [5]1962. 4. *P.E. Arias – M. Hirmer* 1000 Jahre griech. Vasenkunst 1960. 5. *D. v. Bothmer* Amazons in Greek Art 1957.

Pharisäer, *Φαρισαῖοι* (zuerst Phil. 3,5, nur jüd., chr.) < aram. *p*^{e}*riša*, Plural *p*^{e}*rišajja* »die Abgesonderten« (lit. für P. nur hebr. *p*^{e}*rûšîm*): religiöse Laienorganisation im ant. → Judentum. Quellen über sie das NT., bes. → Paulus (Ex-P.); Ev., Apg., und Ios., bes. ant. 18,11–15; Eigenzeugnis im weiteren Sinn die → rabbin. Lit.

1. a) Ziel der P. war Heiligung des Alltags durch Übernahme der Disziplin, der der Priester im Tempeldienst unterworfen war, d. h. Heiligung qua sakrale Absonderung, und zwar unter eschatologischem Aspekt (der Name also »Heilige«? oder »Sektierer«? jedenfalls wohl Fremdbezeichnung). Damit wurde das at. Gesetz, das weithin Kult-, also Priestergesetz war, zur Sache des einzelnen Juden (vgl. Gal. 5,3 und das Etikett *ἀκρίβεια* Ios. bell. 2,162 u. ö.; Apg. 22,3; 26,5). Das war nur durch Interpretation möglich. Das pharisäische Ideal rief darum nach der Mitarbeit von Schriftgelehrten. Sie machten das Gesetz durch novellierende Auslegung aktuell und praktikabel, die als »Zaun ums Gesetz« bald die eigentliche Autorität wurde, und erweiterten auch den religiösen Vorstellungsbereich, z. T. durch Anleihen bei der Umwelt (z. B. Auferstehungshoffnung Ios. ant. 18,14. Apg. 23,8). Der P.-ismus ist so bei methodisch gepflegter Bindung an den at. Buchstaben eine Fortentwicklung der Religion Israels, die trotz antihellenist. Affekt dem Hellenismus stark verpflichtet ist. b) Die P. waren in Vereinen organisiert (*ḥ*^{a}*bûrā* »Genossenschaft«; Probezeit, Satzung, Disziplinarrecht). »Genosse« (*ḥabēr*) konnte jeder werden; attraktiv war das vor allem für die Unterschicht. Die Leitung fiel naturgemäß meist an Schriftgelehrte, die hier einen bisher unbekannten Wirkungsraum fanden. In den Sat-

zungen standen Reinheits- und Zehntvorschriften obenan (Mk. 7,1ff.; Lk. 18,12); sie bedeuteten Absonderung von den Nichtp. Die Ev. nennen weiter Wohltätigkeit, Beten (dreimal täglich), Fasten (zweimal wöchentlich; Mt. 6,1ff.; Lk. 18, 12).

2. Hist. sind die P. wohl wie → Qumran (2) aus den Ḥasidim der Makkabäerz. hervorgegangen. Greifbar werden sie zuerst als Opposition gegen → Hyrkanos I. (Ios. ant. 13,288–298) und → Alexandros (14) Iannaios, die als Hohepriester illegitim waren. Iannaios dezimierte sie blutig (13,372–383). Von → Alexandra favorisiert (13, 400ff.), konnten sie sich doch nicht endgültig durchsetzen. Das Judentum blieb bis 70 n.Chr. pluralistisch (→ Essener, Qumran, Sadduzäer). Die P. hatten aber starken Einfluß auf Volksfrömmigkeit und -stimmung, auch den Kult. Wieweit sie die Diaspora erreichten, ist unklar (vgl. 20,43). Ihre Blüte lag unter und nach Herodes I. (17,42: über 6000); doch spalteten sich die → Zeloten ab. Im 1.jüd. Krieg bemühte sich die p. Führung erfolglos um einen gemäßigten Kurs. Nach der Niederlage waren die P. die einzige jüd. Richtung, die den Verlust des Tempels und der Souveränität auffangen konnte, weil sie das Gottesverhältnis wesentlich auf das Gesetz gründete. Die Regeneration des Judentums zur rabbin. Orthodoxie trägt weitgehend p. Züge. Wie lange die Organisation weiterbestand, ist unbekannt. Chr. B.

L.Finkelstein The Pharisees, ^{3}1962. *J.Jeremias* Jerusalem z.Z. Jesu, ^{3}1962, 279ff. *R.Meyer – H.-F. Weiß* Φαρισαῖος, ThWB 9, 1969ff., 11ff. (Lit.). *Schürer* 2, ^{4}1907 = 1964, 447ff. (Quellen). *H.L.Strack – P.Billerbeck* Komm. z.NT. aus Talmud und Midrasch II, 1924, 494ff.; IV, 1928, 334ff. (Quellen).

Pharkadon (*Φαρκαδών, Φαρκηδών*), Stadt in der thessal. Landschaft Hestiaiotis am Peneios beim h. Klokotó. Strab. 9,5,17 p. 438. Liv. 31,41, 8ff. IG IV 1^2,94 I b 2. Steph. Byz. Eroberung durch Philipp. V. Polyain. 4,2,18, dazu Diod. 18,56,5. Mz. HEAD HN^2 305. E. M.

1. *Fr.Stählin* Das hellen. Thessalien 117f. 2. *E.Kirsten*, RE XIX 1835ff. (mit Planskizze).

Pharmakeia (*φαρμακεία*), das Geben eines Heilmittels, Zaubermittels oder Giftes. Die *δίκη φαρμάκων* heißt bei den Späteren, z.B. Ailian, auch *δ. φαρμακείας* ([1], 608,28). Sie betraf urspr. den bösen Zauber. Später wurde der Tatbestand durch die Beschränkung des *φάρμακον* auf Gift und durch das Erfordernis des Tötungsvorsatzes *ἐάν τις ἀποκτείνῃ δούς* eingeengt ([2]). E. B.

1. *J.H.Lipsius* Das att. Recht und Rechtsverf., 1905–1915. 2. *E.Berneker*, Festschr. E. Rabel II, 1954, 42f. 74f.

Pharmakides (*Φαρμακίδες*), »Zauberinnen«, von Hera geschickt, um die Geburt des Herakles zu verzögern (→ Alkmene), durch → Historis getäuscht, Paus. 9,11,3. In der Parallelfassung Anton. Lib. 29 schickt Hera zu demselben Zweck Eileithyia und die Moiren, die durch → Galinthias (Galanthis) überlistet werden. Die Ph. werden seit ROSCHER, Myth. Lex. 3,2276 mit den → Moiren identifiziert. NILSSON GgrR^2 1,114. H. v. G.

Pharmakologie. In griech. Frühzeit war der Begriff *φάρμακον* von mag. Vorstellungen her bestimmt (Musterbeispiel: schwarzer Nieswurz) und kann, auch wenn er »Gift« meinte, generell als »Zaubermittel« verstanden werden. Eine rationale medikamentöse internistische Therapie ist für die vorhipp. (vor allem für die hom.) Zeit daher problematisch (vgl. F. KUDLIEN Der Beginn d. med. Denkens bei den Griechen, Zürich/ Stuttgart 1967, 32ff. gegen ARTELT). Die altknidische u. altkoische (hipp.) Medizin kennt das *φάρμακον* als rationales Heilmittel. Die vorgestellten Wirkungsmechanismen (z.B. »schwarze« Mittel treiben »Schwarzes« heraus) können freilich oft ihre Herkunft aus mag.-kathart. Vorstellungen nicht verleugnen. Bei den hipp. *φάρμακα* handelt es sich gewöhnlich um pflanzl. Medikamente, weniger um mineral. Stoffe. Im Hellenismus kommen rein empirisch (z.B. durch äg. Einflüsse, etwa bei → Herophilos) »volkskundliche« *φάρμακα* wie Ziegenleber und Krokodilkot hinzu, die als solche aus der uralten Überlieferung der »Dreckapotheke« stammen. Hier sind die ärztl. Vorstellungen (falls überhaupt vorhanden) über Wirkungsmechanismen allenfalls mühsam rationalisiert. Der spätere Hellenismus schränkt entweder die Medikamente rigoros auf wenige ein (→ Methodiker, Asklepiades von Bithynien) oder intensiviert bestimmte therapeut. Methoden (z.B. Meerwassertherapie bei den → Pneumatikern), jeweils im Zusammenhang mit bestimmten Schuldogmen. Im 1.Jh. n.Chr. (→ Dioskurides) ist ein neuer ungehemmter »orientalischer« Einbruch in den Medikamentenschatz der griech.-röm. Medizin zu konstatieren (z.B. Edelsteine, Amulette, Menstrualblut usw.). Hier fehlt jedes Konzept außer dem einer naiven Gläubigkeit. Ärzte wie → Aretaios (vgl. z.B. CMG II p. 154, 1ff. ed. Hude) haben dem nichts als melanchol. Skepsis entgegenhalten können. Der Hang zu abenteuerlichen *σύνθετα φάρμακα* (mit unzähligen Ingredienzien) wächst damals (z.B. das berühmte Mithridaticum). → Galen versucht eine wissenschaftliche Ph. mit Hilfe solcher Begriffe wie *δύναμις φαρμάκον* zu entwickeln, endet dabei aber letzten Endes doch entweder in reiner Spekulation (z.B. in der Annahme einer »Sympathie« zwischen Körpersaft bzw. Organ und *φάρμακον*) oder in bloßer Aufzählung und oberflächlicher Katalogisierung. Von einer »exakt-naturwissenschaftlichen« Betrachtung (ARTELT) im eigentlichen Sinne sollte man für die ant. Ph. nur mit Vorsicht sprechen. F. K.

W.Artelt Stud. z. Gesch. d. Begriffe »Heilmittel« und

Gift«, Lpz. 1937, Nachdr. 1968. *T. Cl. Allbutt* Greek Medicine in Rome, London 1921 (bes. Kap. XVII).

Pharmakos s. Opfer

Pharmakussa, kleine Insel s. von Milet 10 km s. w. v. Kap Monodendri, Plin. nat. 4,71, Steph. Byz. s. Φαρμακοῦσσαι, bekannt durch die Gefangennahme Caesars durch Seeräuber, Suet. Caes. 4,1. Plut. Caes. 1,4. Val. Max. 6,9,15. E. M.

1. Milet 2,2, 21 A. 1. 22. 2. *Joh. Schmidt*, RE XIX 1842. 3. *Philipps.-Kirst.* 4,286.

Pharmakussai, zwei kleine Inseln im Sund von Salamis, h. Hg. Georgios bei Salamis und das h. nur kleine Felsenriff bei Perama, Strab. 9,1,13 p. 395. Steph. Byz. s. v. E. M.

1. *J. Wiesner*, RE Suppl. VII 984. 2. *E. Meyer*, RE Suppl. XII s. Psyttaleia.

Pharnabazos. 1. Perser, nach 480 Satrap von → Daskyleion, das seiner Familie verblieb. Thuk. 2,67,1. BELOCH GG^2 3,2,145 ff. **2.** Enkel von Nr. 1, Satrap von Daskyleion, half als Rivale des → Tissaphernes den Spartanern ab 413 gegen Athen bei Abydos und Kyzikos, schloß 409 einen Vertrag mit Athen durch → Alkibiades, nahm ihn 404 auf und ließ ihn auf Lysanders Verlangen ermorden. Xen. hell. 1,1,6. 14. 2,16. 3,8 ff. Diod. 14, 11,2. Nep. Alk. 9 ff. Isokr. 16,40. Seit 400 verheerten → Derkylidas und → Agesilaos (2) infolge der Uneinigkeit des Tissaphernes und P. dessen Land. 395 Zusammenkunft des P. mit Agesilaos. Xen. 4, 1,29 ff. Die von P. und Konon aufgestellte Flotte vernichtete die spartan. 394 bei Knidos und eroberte 393 Melos und Kythera. Xen. 4,3,11 f. 8, 7 f. In Susa erhielt P. eine Tochter des Großkönigs zur Gemahlin; (ihre Enkelin → Apama (1) wurde Stammutter der Seleukiden). Xen. 5,1,28. Den Aufstand in Äg. konnte P. in zwei Feldzügen (388–86 und 373 gemeinsam mit → Iphikrates) nicht bezwingen. Bildmz. des P. W. SCHWABACHER, Charites F. Langlotz 1957, 31 f. T. 4,4. **3.** Enkel von Nr. 2, Sohn des Artabazos, nach dem Tode des Onkels → Memnon pers. Admiral, eroberte Mytilene, Tenedos, Milet, Chios, Siphnos und Andros, sprach mit → Agis III. (3) über einen Aufstand gegen Alexander, wurde in Chios gefangen, entkam in Kos. 321 Reiterführer des → Eumenes (1) gegen Krateros. Arr. an. 2,1,3. 2,1 ff. 13, 4 f. 3,4,2. Plut. Eum. 7. H. V.

Berve Alex. 2,379 f.

Pharnakeia (Φαρνάκεια), Küstenstadt in Pontos Polemoniakos, h. Kiresun, benannt nach dem König → Pharnakes, dem Großvater des Mithridates d. Gr., bei der Gründung durch Zuzug von → Kotyora verstärkt und so befestigt, daß → Mithridates während des Krieges mit den Römern dort seinen Harem unterbrachte (Plut. Luc. 18). Der ältere Name ist → Kerasus, vorausgesetzt, daß dieses K. mit dem umbenannten P. ident. ist. Per. P. Eux. 24. Anon. Per. P. Eux. 34 ff. Strab. 11, 499. 12,547. Plin. nat. 7,11. 32. W. S.

A. Herrmann, RE XIX 1848.

Pharnakes. 1. König von Pontos 185–170, Sohn → Mithradates' III., F. DURRBACH Choix d'inscr. de Délos 74. P. eroberte 183 → Sinope und suchte im Krieg gegen → Eumenes II. (3), Ariarathes IV. und Prusias II. von Bithynien in Kleinasien ein Reich zu errichten, Galater wie → Gaizatorix schlossen sich P. an. Unter röm. Druck gab er 179 alle Eroberungen, Sinope ausgenommen, zurück. Strab. 12,545. Pol. 23,9,1 ff. 24,1 f. 5. 14. 25,2. Friedensvertrag mit → Chersonesos (3) IPE I^2 402 (zur pont. Aera ab 337/36 E. J. BICKERMAN Chronology 1968, 72). P. heiratete 172/71 Nysa, Tochter Antiochos' III. (4). OGIS 771. Pol. 27,17 nennt P. παρανομώτατος. Mz. HN^2 501 (brutales Gesicht). **2.** König des → Bosporanum regnum 63–47, zwang in → Pantikapaion den Vater → Mithradates VI. zum Selbstmord, lieferte die Leiche an Pompeius aus, der ihn als befreundeten und verbündeten König von Bosporos anerkannte. App. Mithr. 522 ff. 551 ff. P. unterwarf alle Stämme zwischen Kuban und Don, Tanais und → Phanagoreia und die Dandarier (Überschwemmung durch Ableiten des Kuban) und nahm den Titel Großkönig an. Strab. 11,495. App. 590. IPE II 356. Um das Pontosreich wiederzugewinnen, besetzte er 48 Kolchis, Kleinarmenien, Teile Kappadokiens und schlug → Domitius Calvinus (14) bei Nikopolis. Durch den Aufstand des Asandros im Bosporos aufgehalten, wurde P. am 2. August = 21. Mai jul. 47 von Caesar bei Zela besiegt. Suet. Caes. 37,2 *(veni, vidi, vici)*. Fast. Am. CIL I^2 p. 244. Er floh in das bospor. Reich und fiel im Kampf gegen Asandros. App. Mithr. 595. H. V.

Pharos (Φάρος). **1.** Insel vor Alexandreia in Äg., schon von Homer (Od. 4,354) erwähnt, von Alexander durch einen Damm (Heptastadion) mit dem Festland verbunden, wodurch 2 Häfen entstanden, vgl. Strab. 17,791 f. Dort wohnten äg. Seeleute und befand sich ein Tempel der Isis als Seefahrergöttin. Eine ptol. Nekropole (von Anfuschi) zeigt Gräber in äg.-griech. Mischstil. Auf der O.-Spitze wurde unter Ptolemaios II. durch den Baumeister → Sostratos aus Knidos für 800 Tal. aus Kalkstein der 400 Ellen hohe → Leuchtturm erbaut (Plin. nat. 36,83). Er stürzte bei Erdbeben 1303 und 1326 zusammen. Der Turm war unten quadrat. und bestand aus mehreren, schmäler werdenden Abschnitten, nach Münzbildern (seit Domitian) und arab. Beschreibungen wohl 3, davon der mittlere achteckig, der obere rund; auf der Spitze stand eine Figur. Die untere Abteilung war ca. 65 m, die mittlere 30, die obere 9 m hoch gewesen; im unteren befand sich ein Trinkwasserreservoir. Der Brennstoff zur Befeuerung wurde in einem Mittelschacht hochgezogen; große Spiegel unterstützten die Lichtwirkung. W. H.

H. Thiersch Pharos (1909).

2. P. (ὁ Φάρος, Pol. 5,108,7 die Insel; ἡ Φ. Pol. 2,11,15 die Stadt) 68 km lange Insel des Adriat. Meeres vor der dalmatin. Küste (Skyl. 23. Strab.

2,124). Seit 285/84 (Diod. 15,13,4) parische Kolonie (Ephor. FGrH 70 F 89. Eratosth. b. Sch. Apoll. Rhod. 4,1215. Skymn. 426. Strab. 7,315), seit 229 zum illyr. Reich des → Agron (3) und der → Teuta (App. Ill. 7), dann im Besitz des Demetrios Pharios, der zuerst Teuta, dann die Römer verrät; 219 von diesen erobert (Pol. 3,18,2ff.). P. heißt *Pharia* (Plin. nat. 3,152. Ptol. 2,16,14. Tab. Peut. 6,3); h. Hvar. G. R.

Forbiger Hb. d. alt. Geogr. 3,561.

Pharsalos (ἡ *Φάρσαλος*, Ethnikon *Φαρσάλιος*), bedeutende Stadt am O.-Rand der großen w. thessal. Ebene in der Landschaft Phthiotis, deren ganzes Gebiet von P. eingenommen wird, in der Neuzeit Fersala, Pharsala. Erhalten sind Teile der etwa 5½ km langen, noch byzantin. z.T. erneuerten Stadtmauer, vor allem an der steilen 200 m hohen Akropolis, ant. Bauteile sind vielfach verbaut, einzelnes ist ausgegraben. Siedlungsspuren schon neolith., *Fimmen* Kret.-myken. Kultur 2. RA 1958 I 93ff. [2], 15. [3], 136. Myken. Gräber *Πρακτ.* 1951, 157ff. 1952, 185ff. 1955, 146. Bei Homer ist P. nicht genannt und nahm dafür in Anspruch, das homer. → Phthia zu sein, Pherekyd FGrH 3 F 1. Eur. Andr. 16ff.; Iph. A. 812ff. Strab. 9,5,6 p. 431 f. u.a. o. Peleus, Thetis, Achilleus, Chiron, Patroklos sollten aus P. sein und hatten dort Heroenkult, Spiele für Patroklos auf sf. Vase, MDAI(A) 62, 1937, 116 T. 52/53. G 63, 1956, 5. Um 457 v.Chr. Sturz des Adelshauses der Echekratiden, Thuk. 1,111,1. Diod. 11,83,3f. Rivalität mit Larissa um die erste Stelle in Thessalien. In Delphi stand in einem bes. Gebäude die große Statuengruppe des Daochos und seiner Familie, Syll. I³ 274. RE Suppl. V 133f. Nr. 222. Im pelop. Krieg bei Athen, Thuk. 2,22,3. 395 v.Chr. Eroberung durch Medios von Larissa, Diod. 14,82,5f. P. mußte sich dann den Tyrannen von Pherai unterordnen, Xen. hell. 6,1,2–17. 4,34. Plut. Pelop. 27,32,1. Von der dabei verlorenen Herrschaft über Achaia Phthiotis erhielt P. durch Philipp II. Halos zurück, Demosth. 11,1. Strab. 9,5,8 p. 433. Neue Blütezeit, mehrere Hieromnemonen und Naopoioi in Delphi, dazu Cl. Vatin Pharsaliens à Delphes, BCH 88, 1964, 446ff. Reiterabteilung im Heer Alexanders, Arr. an. 3,11,10. Nach Beteiligung am lam. Krieg Eroberung durch Antipater, Phot. bibl. 494 b 13. Plut. mor. 846 E. Aus der Folgezeit ist wenig bekannt, P. ist stark zurückgegangen. Im 3. Jh. v.Chr. gehörte es zum aitol. Bund und wurde von Philipp V. besetzt, Pol. 5. 99,4. 18 (17) 3,12. 8, 9. u.ö. Liv. 32,33,16 u.ö. Flacelière Les Aitoliens à Delphes 294 A. 1. 307. 341. 349. Im J. 192 v.Chr. von Antiochos III. besetzt, Liv. 36,14,11. Plin. nat. 4,29 nennt P. *civitas libera*, unter Iustinian wurde die Stadtmauer erneuert, Prok. aed. 4,3,5. Bei Ptol. ist P. nicht mehr genannt, dagegen bei Hierokl. synekd. 642,13 und als Bischofssitz in den not. episc., dazu Le Quien 2,115f. Grabstein einer Aurelia Phila IG IX 2,254.

Berühmt wurde P. durch die Entscheidungsschlacht zwischen Caesar und Pompeius 48 v.Chr. Die genaue Lage des Schlachtfeldes ist unsicher, wahrscheinlich einige km ö. von P., [3] 142f.; Philol. 82, 1926, 115ff. Béquignon, BCH 52, 1928, 9ff. 54, 1930, 367ff. 56, 1932, 89ff. 84, 1960, 176ff. Röm. Schriftsteller nennen die Schlacht oft nach Palaiopharsalos, vermutlich dem Palaeokastro von Deregli, BCH 56,90ff., Strab. 17,1,11 p. 796. [Caes.] b. Alex. 48,1. Frontin. 2,3,22. Oros. 6,15, 27. Eutr. 6,20,4, Bruère, CPh 46, 1951, 111ff. Zu Palaiopharsalos sonst Strab. 9,5,6 p. 431. Liv. 44, 1,5. 32,13,9. Sonst zu P. Skyl. 64. Strab. 9,5,3 p. 430. 5,6 p. 431f. BCH 45, 1921, 16 III 21. Inschr.: IG IX 2,233–256. Schwyzer Nr. 563–568. RPh 35, 1911, 301ff. BCH 59, 1935, 514ff. REA 66, 1964, 307ff. SEG 1,210. 247f. 3,474–476. 13,386. 16,377f. 19,422. 23,408–410. D. Comparetti Iscrizioni dell'antro delle ninfe presso Farsalos, ASAA 4/5, 1921/22, 147ff. Mz. Head HN^2 306. E. M.

1. *Jul. Ad. Du Mesnil* De rebus Pharsalicis, Diss. Berlin 1860. 2. *Fr. Stählin* Pharsalos, Progr. Nürnberg 1914 (mit Plan). 3. *Ders.* Das hellen. Thessalien 135ff. (mit Plan). 4. *D. Levi* Enc. arte ant. 3, 1960, 597f. 5. *Ders.* L'antro delle ninfe e di Pan a Farsalo in Tessaglia, ASAA 6/7, 1923/24, 27ff. 6. *Y. Béquignon* Recherches archéol. dans la région de Pharsale, BCH 56, 1932, 89ff. 7. Neuere Ausgrabungen bes. *Πρακτ.* 1951, 154ff. 1952, 185ff. 1953, 127ff. 1954, 153ff. 1955, 148ff. EA 1948/49, *Χρον.* 40ff. 1950/51, 80ff. 1952, 96ff. *Ἀρχ. Δελτ.* 19 B, 1964, 260f. 8. *Y. Béquignon*, RE Suppl. XII 1038–84.

Pharusii. Afrikan. Volk. Sall. Iug. 18 erwähnt die P. als *Persae* (anscheinend einheimischer Name) *intra Oceanum magis*. Nach Pol. 34,15 (bei Plin. nat. 5,9 und, unbestimmter, Strab. 2,131) wohnten sie rückwärts von den *Perorsi: quorum a tergo Pharusios; iis iungi mediterraneos Daras*, was auf das Hinterland der atlant. Küste s. des Flusses Dra hinweist. Ptol. 4,6,6 kennt auch n. P. in der Gegend von Marrakech *τοῦ Σαγάπολα ὄρους ἀρκτικώτεροι*. Nach Strab. 17,828 sollen sie außerordentlich gute Pferde gehabt und ihre Karawanen ab und zu bis nach Cirta (Constantine) entsandt haben. Er beschreibt sie als Krieger und Nomaden. F. L.

Phasael (*Φασάηλος*). **1.** Ältester Sohn des → Antipatros (4; Ios. bell. 1,181; ant. 14,121). Spielte in den Auseinandersetzungen um die polit. Macht im jüd. Staat zwischen → Hyrkanos (3) und → Antigonos (5) zusammen mit seinem Bruder → Herodes (1) eine führende Rolle: 47 v.Chr. *στρατηγός* von Jerusalem und Judäa (bell. 1,203; ant. 14,158), 42 v.Chr. (nach bell. 1,242ff. neben Herodes?) Tetrarch von Judaea (ant. 14,326). † 40 v.Chr. wahrscheinlich durch Selbstmord in parth. Gefangenschaft (so ant. 15,12f.; nach bell. 1, 269ff.; ant. 14,365ff. Selbstmord als Gefangener des Antigonos, nach bell. 1,272 im Auftrag des Antigonos vergiftet, nach → Iulius Afric. [Migne

PG 10,84f.] im Kampf gegen die Parther gefallen vgl. Ios. bell. 5,162; ant. 14,379).

B. Schaller, RE Suppl. XII 1084f.

2. Nach P. 1 benannter Turm in der NW.-Ecke der »alten« Stadtmauer von Jerusalem, von Herodes d. Gr. erbaut (Ios. bell. 1,418. 5,166ff.). Wie die beiden Nachbartürme Hippikos und → Mariamme 70 n. Chr. von der Zerstörung der Stadt ausgenommen (bell. 7,1). Häufig mit dem h. Davidsturm identifiziert (dazu s. [1]. [2]). B. Sch.

1. *J. Simons* Jerusalem in the Old Testament, 1952, 265ff. 2. *L. H. Vincent – M. A. Steve* Jérusalem de l'Ancien Testament, 1954, 222ff.

Phasaelis (Ios.: *Φασαηλίς*; Plin. u.a.: *Phaselis*), Stadt im Jordantal n. Jericho, im Alt. bekannt wegen ihrer Palmwälder (Plin. nat. 13,44), von Herodes d. Gr. gegründet und zur Erinnerung an seinen Bruder → Phasael (1) benannt (Ios. bell. 1,418; ant. 17,145). Nach Herodes' Tod im Besitz seiner Schwester → Salome (bell. 2,98), danach der Augustusgattin → Livia (ebd. 167). In byz. Z. (vgl. → Medaba-Karte) Klostersiedlung (Ioh. Moschos, Pratum spirituale 92 [Migne PG 87, 2479]), h. *ḫirbet faṣā'il.* B. Sch.

1. *Abel* Geographie II, 408f. 2. *G. Harder*, ZDPV 78, 1962, 54–60.

Phaselis (übliche Schreibweise *Φασηλίς* etwa bei Thuk. 2,69,1; *Φασιλίς* etwa bei Strab. 14, 666), die allem Anschein nach an einem ehedem phoinik. Siedlungsplatz (vgl. die offensichtlich semit. Namensform P.) von Griechen aus dem rhod. Lindos im 7. Jh. v. Chr. angelegte Siedlung an der O.-Küste Lykiens (in der Nähe vom h. Tekir Ova, wo neben zahlreichen ant. Bauresten auch die 3 Hafenanlagen von P. nachweisbar sind). Dort bedingten der durch die hohen w. Taurusausläufer bewirkte hermetische Abschluß gegen das Hinterland (lyk. Siedlungsspuren fehlen hier völlig), der totale Mangel an kultivierbarem Fruchtland (vgl. [4]) und der für die Anlage eines Hafens äußerst günstige Küstenverlauf die Entwicklung von P. zu einer wohlhabenden Handelshafenstadt; ihre bes. handelspolit. Bedeutung ist uns bereits für das 6. Jh. v. Chr. bezeugt (Hdt. 2,178). Im selben Jh. noch wurde P. dem pers. Reichsverband eingegliedert, aus dem es erst infolge des Flottenzuges, den → Kimon 466 gegen die Perser unternahm, ausschied, um sich dem del.-att. Seebund anzuschließen. Während die Stadt im 4. Jh. ihre Autonomie bewahren konnte (vgl. den Vertrag mit → Maussollos TAM II 1183), geriet sie in hellenist. Z. hauptsächlich unter ptolemaiischen Einfluß. Das Seeräuberunwesen, das nach der Ausschaltung von Rhodos als Seeschutzmacht durch die Römer zu Beginn des 1. Jh. unvorstellbare Ausmaße angenommen hatte, faßte schließlich auch in P. Fuß, das daher durch das ordnende Eingreifen des röm. Proconsuls P. → Servilius, der die Stadt erst erobern mußte (bald nach 78 v. Chr.), großen Schaden nahm. Selbst wenn Strab. 14,666 P. noch eine *πόλις ἀξιόλογος καὶ λίμνη* nennt – ihre alte wirtschaftspolit. Aktivität hat sie offensichtlich in der röm. Kaiserz. nicht mehr entwikkelt. E. O.

1. *O. Benndorf* Festschr. Hirschfeld, Bln. 1903, 82–85. 2. *W. Ruge*, RE XIX 1874–1883. 3. *E. Kalinka*, TAM II (1944) 412–426. 4. *E. Blumenthal* Die altgriech. Siedlungskolonisation im Mittelmeerraum (Tüb. geogr. Stud. 10) 1963, 129–132. 5. *L. Robert* Documents de l'Asie Min. mérid. (Hautes Étud. du monde gréco-rom. 2) 1966, 40 bis 44, bes. 43,2. 6. *G. E. Bean* Turkey's southern shore, Lond. 1968, 151–164.

Phasis (*Φᾶσις*). **1.** Fluß am SW.-Abhang des Kaukasos (h. Rioni); Name ungriechisch; urspr. waren Ph. und Kolchis ein Begriff. Er mündet beim h. Poti ins Schwarze Meer. Urspr. galt Ph. als Grenzstrom zwischen Europa und Asien. Die Angaben sind jedoch ungenau und widersprechen sich, da die ant. Autoren verschiedene Ströme mit dem Namen Ph. bezeichnet zu haben scheinen.

Diehl, RE XIX 1886–1893. *Danoff* Art. Pontos Euxeinos, RE Suppl. IX 928. *M. P. Inadse* D. Schwarzmeerstädte d. alten Kolchis, russ. mit engl. Rés.: The coastal cities of the anc. Colchis, Tbilisi, 1968, passim.

2. P., griech. Kolonie an der Mündung des gleichnamigen Flusses (h. Poti), von Milesiern gegründet. Genaue Lage nicht ganz sicher zu bestimmen, doch sehr wahrscheinlich w. der Mündung des Flusses Ph.; nach einigen ant. Berichten auf einer Insel im Delta. Handelsstadt der Kolcher. Ph. wird erwähnt im Zusammenhang mit den mithradat. Kriegen. Aufstand gegen Mithradates und Wiedereroberung der Kolchis durch ihn. Zeitweilige Blüte der Stadt in der Kaiserzeit, bes. nach dem Niedergang von → Dioskurias. Bedeutende Ausfuhr von Bauholz, Geflügel (bes. *phasianae aves* = Fasanen). Kybeletempel. Chr. D.

Diehl, RE XIX 1893–1895. *M. P. Inadse* D. Schwarzmeerstädte d. alt. Kolchis (The coastal cities of Ancient Colchis, russ. mit engl. Rés.) Tbilisi 1968, passim.

Phasis (*φάσις*). **I.** Bedeutung. Der von *φαίνω* abgeleitete t. t. bezeichnete im att. und auch in anderen griech. Rechten 1. allg. jede Art von Anzeige, 2. insbes. die *φ. οἴκου ὀρφανικοῦ*, die Anzeige eines vom Vormund nicht verpachteten *οἶκος* zwecks Einleitung des Verpachtungsverfahrens ([2]), 3. eine besondere Form der öffentlichen Strafklage ([1]). Diese konnte schriftlich von jedermann nach Entrichtung der → Prytaneia bei einer Reihe von Vergehen, die lediglich gegen staatlich-fiskalische Interessen verstießen, erhoben werden, z. B. bei Zuwiderhandlungen gegen die Bergwerksordnung, Beschädigung von öffentlichen Gebäuden, Zollvergehen u. a. ([1]. [3]). **II.** Das Verfahren unterschied sich von dem durch andere öffentliche Klagen eingeleiteten vor allem dadurch, daß der Ankläger die Hälfte der Geldbuße des Verurteilten für sich beanspruchen konnte, weshalb diese Klageart bei den Sykophanten bes. beliebt war ([1]. [3]). E. B.

1. *J. H. Lipsius* Das att. Recht und Rechtsverf., 1905–1915, 309ff. 2. *H.J. Wolff*, Festschr. H. Lewald, 1953, 207f. 3. *R. Bogaert*, Rev. Intern. des Droits de l'Antiquité 9, 1962, 157ff.

Phayllos (*Φάυλλος*). **1.** Phoker, wurde im 3. Hlg. Krieg von Philipp II. v. Maked. 353 in Thessalien geschlagen, sperrte ihm aber als Nachfolger seines Bruders Onomarchos und Oberbefehlshaber 352 die Thermopylen mit spartan. und athen. Hilfe und Söldnern, die er skrupellos mit delph. Tempelschätzen entlohnte. Trotz einiger Niederlagen hielt er sich in Boiotien, besetzte Lokris und starb nach Erstürmung von → Naryka 351 an einer Krankheit. Diod. 16,35,1. 36,1. 37. 38,3ff. Paus. 10,2,6. Theop. FGrH 115 F 248. **2.** Aus Kroton, siegte vor 480 bei den Pythien zweimal im Fünfkampf, einmal im Wettlauf. Hdt. 8,47. Paus. 10,9,2. Typ des Schnelläufers, Aristoph. Ach. 215; Vesp. 1206. P. kämpfte mit eigenem Schiff bei Salamis 480 mit; seine Mitbürger ehrten P. mit Statuen in Delphoi und auf der Akropolis von Athen. Sylloge[3] 30. IG I[2] 655. Im Gedenken an P. sandte Alexander d. Gr. einen Beuteteil aus der Schlacht von Gaugamela nach Kroton. Plut. Alex. 34. L. MORETTI Iscr. agonist. Greche 1953, 25ff. **3.** Aus dem Demos Acherdus, Mitglied des zweiten Zehnmännerkollegiums, das in Athen Sommer 403 die Rückkehr der Demokraten aus dem Peiraieus vermittelte. Aristot. Ath. pol. 38,3. Zur Frage, ob es nur *ein* Zehnmännerkollegium damals gab, A. FUKS Mnem 4,6, 1953, 198ff. H.V.

Phea (*Φαιά, Φεά*), Hom.Od.15,297 *Φεαί*, Name in der Überlieferung vielfach entstellt). Vorgebirge und Hafenstadt an der Küste von Elis beim h. Katakolo, im Alt. und h. Hafen für Olympia, Siedlungsspuren von frühhellad. bis byzantin. Z., großenteils unter Wasser, Gräber und andere Reste auf der w. vorgelagerten Insel Tigani. Hom. Od. 15,297; h. 1,427. Thuk. 2,25,3f. 7,31,1. Diod. 12,43,4. Xen. hell. 3,2,30. Strab. 8,3,12 p. 342f. 26f. p. 350f. Paus. 5,18,6. Pol. 4,9,9. Plin. nat. 4,13. 22. E. M.

1. *Bölte*, RE XIX 1909ff. 2. AJA 46, 1942, 82. 3. Ausgrabungen *Ialuris*, EA 1957, 31ff. BCH 83, 1959, 649ff.

Phegeus (*Φηγεύς*). **1.** Arkad. König, Sohn des Alpheios (Inachos) Paus. 8,24,8ff., entsühnte den Muttermörder → Alkmaion und gab ihm seine Tochter → Alphesiboia (→ Arsinoe 3) zur Frau. Später verließ Alkmaion sie und heiratete die Tochter des Stromgottes Acheloos, → Kallirrhoe (2). Für sie entlockt er dem P. Halsband und Peplos der → Harmonia (1). Da befiehlt P. seinen Söhnen, Alkmaion zu töten, Apollod. 3,75, oder er tötet ihn selbst, Hyg. fab. 245. Die Söhne der Kallirhoe rächen den Vater durch Ermordung des P. und seiner Söhne, Apollod. 3,88ff. Ov. met. 9, 412ff. **2.** Sohn des tro. Hephaistospriesters → Dares, von Diomedes getötet. Il. 5,9ff. **3.** P. in Oinoe, ozol. Lokr. Seine Söhne (→ Ganyktor 2) töten den Dichter Hesiodos, weil er sich angeblich an ihrer Schwester → Ktimene (2) vergangen hatte. → *Ἀγὼν Ὁμ. καὶ Ἡσ.* 14 (WILAM. Vitae Hom. et Hes., Kl. Texte, Bonn 1916, 42). H. v. G.

4. P., ein rāja (Bhagala? [3], 333. 421f. [4], 111f. 131), dessen Reich an dem Fluß Hyphasis (h. Beās) lag und der, als Alexander im J. 326 nahte, ihm mit Geschenken entgegenzog und keinerlei Widerstand leistete (Curt. 9,1,36). Er berichtete auch von den Gebieten im O., den Gangariden, Prasiern (skt. *prācya* = östlich) und den Streitkräften des Aggrammes (Xandrames), eines → Nanda-Dynasten (Curt. 9,2,2. Diod. 17,93,1f.). An der Geschichtlichkeit der Episode zu zweifeln ([6], 572), ist nach SCHACHERMEYR unnötig ([5], 133). F. F. S.

1. *R. Hanslik*, RE XIX 1914f. 2. *Berve* Alex. 1. 289, 2. 381. 3. Cambr. Hist. of India[2], Delhi 1962. 4. *R. Sh. Tripathi* Hist. of Anc. India[2], Delhi 1960. 5. *G. T. Griffith* (ed.) Alex. the Great, 1966. 6. *W. W. Tarn* Alex. d. Gr., 1968, 571ff.

Pheia (*Φειά*), nur in der Nestorerzählung Hom. Il. 7,133ff. genannte Stadt. Der Ort ist nicht näher zu bestimmen, und die ant. Homererklärer haben auf verschiedene Weise versucht, die Stelle zu erklären. E. M.

Bölte, RE XIX 1915ff.

Pheidias (*Φειδίας*), Phidias, Sohn des Charmides, Athener. P., von etwa 460–430 tätig, galt schon der Ant. als bedeutendster klass. Bildhauer Athens, war zudem Toreut, Maler und erfolgreicher Organisator. Um 432/31 wurde ihm wegen angeblicher Veruntreuung von Gold, das für die Athenastatue bestimmt war, der Prozeß gemacht; er scheint im Gefängnis gestorben zu sein ([8]). Dem Alt. galt P. vor allem als Götterbildner (*ἀγαλματοποιός*). Das Urteil beruht auf seinen beiden berühmtesten Werken, der Athena Parthenos (Athen) und dem Zeus (Olympia). Beide Goldelfenbeinbilder waren Kolossalstatuen, bei denen über einem Holzkern die bekleideten Teile aus aufgelegten Goldplättchen, die unbekleideten aus Elfenbeinplättchen gestaltet waren; dazu kam noch eine Reihe weiterer Schmuckelemente (farbiges Glas usw.). Es waren auch rein technisch bedeutende Leistungen ([12]). Die Athena Parthenos im Parthenon, der wie die übrigen unter Perikles errichteten Bauten der Akropolis unter Oberaufsicht des P. (Plut. Pericl. 13) entstanden war, maß über 12 m Höhe. Lit. Nachrichten und Kopien ([5], 146. [11]. [18]. [19]) vermitteln eine schwache Ahnung von der urspr. Schöpfung. Auf breiter, 1,20 m hoher Basis stand die Göttin im schlangengegürteten Peplos mit großer Aigis und reichverziertem att. Helm. Die durch eine Säule gestützte Rechte trug Nike, die Linke faßte die Lanze und berührte den Schild, auf dem innen die Gigantomachie gemalt (?) war, außen um das Gorgoneion in Relief die att. Amazonomachie dargestellt war. Hier fand sich auch das angebliche Selbstbildnis des P. ([4], 65. [5], 147. [16]. [19], 134f.

GAUER, JDAI 83, 1968, 138f.). Zwischen Athena und Schild befand sich die Schlange, irgendwo, vielleicht nahe der Säule, das Käuzchen ([15]). Der Sohlenrand trug eine Kentauromachie, die Vorderseite der Basis eine Darstellung der Pandorageburt. Die Goldplättchen an der 438 vollendeten Figur waren abnehmbar und wurden alle 4 Jahre nachgewogen (44 Talente!). Das Bild stand frei im Raum, es muß neben den zweigeschossigen Innensäulen der Cella überragend gewirkt haben. Dem Alt. galt der sitzende Zeus in Olympia als noch bedeutender. 12 m hoch, schien er, erhöbe er sich, die Decke zu sprengen (Strab. 8,353. Vgl. Martial. 7,56). Der Gott saß auf hochlehnigem Thronos, in der Linken ein Zepter, auf der vorgestreckten Rechten Nike. Unterhalb der Thronlehne waren Niobidenfriese angebracht (BUSCHOR, SBAW 1938, 3ff. [3]. [17]), die Armlehnen durch Sphingen gestützt ([1]); viel weiteres Figurenwerk vor allem am Thron ist lit. überliefert, einzelne Maße gab Kall. fr. 196 Pf. Auf dem Finger soll *Παντάρκης* (siegte 436 in Olympia) *καλός* gestanden haben. Als Mitarbeiter des P. am Zeus werden → Panainos und → Kolotes (2) genannt. Die Frage der Reihenfolge Athena-Zeus ist umstritten, doch scheint der Zeus etwas später entstanden zu sein. Lit. sind eine ganze Reihe weiterer Bildwerke des P. bekannt, vor allem Götterstatuen, darunter die Athena Areia von Plataiai, die große eherne Athena (später »Promachos« benannt. H.G.NIEMEYER Promachos 1960, 76ff.), wie diese auf der Akropolis die Athena der att. Kolonisten auf Lemnos, das große Weihgeschenk in Delphi (Paus. 10,10,1), der bronzene Apollon Parnopios (Akropolis), drei Aphroditestatuen sowie eine Amazone. Mit mehr oder weniger Recht werden auf diese Figuren der Typus des sog. Kasseler Apoll (= Apollon Parnopios? Zur Überlieferung jetzt E.-M.SCHMIDT, in: Ant. Plastik 5, 1966) und der Athena-Typus Dresden-Bologna ([5], 145 T. 51,3. [6], 169ff.) = Athena Lemnia? zurückgeführt. Überzeugend ist wohl nur der Amazonentypus Mattei als Kopie der Amazone des P. zu bezeichnen ([6], 185ff. [10]. [14]). Ohne sicheren Rückhalt in den lit. Quellen ist auch die Verbindung des Anakreon mit P. ([4], 60ff. [6], 149f.). Der Anteil des P. am Parthenon und seinem plastischen Schmuck wird sehr verschieden beurteilt. Der Bau, 449 begonnen, war 432 fertig. Von P. sagt Plut. Pericl. 13, daß er für Perikles und seine Bautätigkeit *πάντα διεῖπε καὶ πάντων ἐπίσκοπος ἦν* und daß *πάντα δ'ἦν σχεδὸν ἐπ'αὐτῷ καὶ πᾶσιν ἐπεστάτει τοῖς τεχνίταις διὰ φιλίαν Περικλέους*. Als Architekten des Parthenon werden ausdrücklich → Kallikrates (5) und → Iktinos genannt. Ob P. für den plastischen Schmuck des Parthenon allg. Ideen, ausgeführte Entwürfe lieferte oder die Entwürfe anderer korrigierte, ist unbekannt; schwerlich hat er selber mit Hand angelegt, obwohl das immer wieder vermutet worden ist, vgl. z.B. [2]. [4]. [5], 148ff. [6]. – Der persönliche Stil des P. ist uns nur schwer faßbar, der große Ruhm, den er später im Alt. genoß, nur im allgemeinsten kontrollierbar. Er beherrschte alle Techniken der Z. (Gold-Elfenbeinbilder, Bronzeguß, Marmorbildhauerei, Malerei), er hatte die künstlerische (und technische?) Organisation der Akropolisbauten, er soll mit Perikles befreundet gewesen sein. Sein Eigen sind wohl die großen Bildprogramme, die an Parthenon, Parthenos und Zeus erkennbar sind und die es in solcher Geschlossenheit und Folgerichtigkeit früher nicht gegeben zu haben scheint. Auch das Verhältnis der Kultbilder zum Raum scheint er neu erfaßt zu haben, seiner Z. darin weit voraus. W. H. G.

1. *Eichler*, JOEAI 30, 1937, 75ff. 2. *Langlotz* P.-Probleme 1948. 3. *Schuchhardt*, MDAI 1, 1948, 95ff. 4. *Buschor* P. der Mensch 1948. 5. *Lippold*, HBArch III/1, 1950, 141ff. 154ff. 6. *Becatti* Problemi Fidiaci 1951. 7. *Liegle* D. Zeus des P. 1952. 8. *Lendle*, H 83, 1955, 284ff. 9. *Herington* Athena Parthenos and Athena Polias 1955. 10. *Eichler*, JOEAI 43, 1956/58, 7ff. 11. *Brommer* Athena Parthenos 1957, 12. *Stevens*, Hesp. 26, 1957, 350ff. 13. *Berger*, MDAI(R) 65, 1958, 23ff. 14. *Richter*, Archaeology 12, 1959, 111ff. 15. *Herbig*, MDAI(R) 66, 1959, 138ff. 16. *Eckstein*, in: Festschr. F.Matz 1962, 66ff. 17. *Clairmont*, Ant. Kunst 6, 1963, 23ff. 18. *Schuchhardt*, in: Ant. Plastik 2, 1963, 31ff. 19. *Strocka* Piraeusreliefs u. Parthenosschild 1967.

Pheidippides (*Φειδιππίδης* die besseren Hss. Hdt. 6,105f., sonst *Φιλιππ.*; *Phid-* oder *Philippus* Nep.). Athener, 490 als Bote um Hilfe gegen die bei Marathon gelandeten Perser nach Sparta gesandt, legte zu Fuß in 2 Tagen über 200 km zurück. Bei Tegea erschien ihm Pan, Hdt. a.O. Nep. Mil. 4,3. Plin. nat. 7,84. Plut. mor. 862 A. Paus. 1,28,4. 8,54,6. Solin. 1,98 M. Sch. Aischin. 2,130. Sch. Aristeid. 3,132f. 563f. Ddf. Suda s. *Ἱππίας*. Poll. 3,148. K. K.

Pheidippos (*Φείδιππος*). **1.** Sohn des Heraklessohnes → Thessalos, in der Il. nur 2,678 erwähnt. Apollod. epit. 3,13. Mit seinem Bruder → Antiphos (4) befehligte er die 30 Schiffe von den Sporaden vor Troia. Auf der Heimfahrt nach Thesprotien (Thessalien) verschlagen, Strab. 9, 444. Vell. 1,1, nach Kypros, Apollod. epit. 6,15b. K.SCHERLING, RE XIX 1937 hält Thesprotien für die urspr. Heimat des P. Die Kurzform seines Namens begegnet in dem Thesprotenkönig Pheidon in den Lügenerzählungen des Odysseus, Od. 14,316. 19,287. H. v. G.

Prell.-Rob. 2,562f. 651,3. *W.Kullmann*, H(ES 14) 107f. 141. 156.

2. P., Athener aus Paiania, Sohn des Chairephilos. Salzfischhändler, verspottet von Alexis fr. 5. 77. 218 E. Timokl. fr. 21 E, vgl. Athen. 3, 119 F. Erhielt um 328 auf Antrag des Demosthenes das Bürgerrecht, Deinarch. 1,43, vgl. Hypereid. fr. 183 K. Trierarch 323, IG II² 1631, 622. K. K.

3. P., Sklave und Arzt des → Deiotaros, der 47 beim Besuch Caesars anwesend war und 45 mit den Gesandten des Königs nach Rom ging, dort aber durch den Deiotaros-Enkel Kastor als Belastungszeuge gegen seinen Herrn (Mordanschlag auf Caesar 47) gewonnen wurde, Cic. Deiot. bes. 17f. 30ff. H. G. G.

Pheidon. 1. P., König von Argos, Herakleide aus dem Haus des Temenos (Ephor. FGrH 70 F115. Marm. Par. a.O. 239 A 30), Sohn des Aristodamidas (Theop. FGrH 115 F 393). Seine Z. ist strittig, Paus. 6,22,2. Hdt. 6,127. [1] setzt ihn Mitte 8. Jh., [2] Mitte 7. Jh. Aristot. pol. 1310b 26 nennt P. als Beispiel für Tyrannen, die *βασιλείας ὑπαρχούσης* sich zu solchen aufwarfen; schon Hdt. a.O. nennt ihn *τύραννος*. Wir können dies nur noch auf die gewaltsame Änderung der olymp. Festordnung (Paus. a.O., aus eleischer Tradition; vgl. bereits Hdt. a.O.) beziehen. Als Reformer auf wirtschaftl. Gebiet wird P. seit Hdt. a.O. erwähnt (Maße; übertrieben Ephor. FGrH 70 F 176 u.a.).

1. *Bengtson* GG⁴ 81. 2. *Berve* Die Tyrannis 6. 518f. 3. *Lenschau*, RE XIX 1939ff. (z.T. unhaltbare Hypothesen). *Jacoby* FGrH Komm. zu den zit. Stellen. o. Bd. I 542 s. Argos; III 1185 s. Meltas.

2. Athener. 404/03 einer der 30 und nach deren Sturz einer des gemäßigt oligarch. 10-Männerkollegiums. Lys. 12,54f. 58. Xen. hell. 2,3,2. Vgl. TH. LENSCHAU Art. *Οἱ τριάκοντα* RE VI A 2355ff. K. K.

Phellos (*Φελλὸς πόλις καὶ λιμήν*, Ps. Skyl. 100 = GGM I 74), schon von Hekat. FGrH 1 F 258 erwähnte Stadt in Lykien, die nach Aussage der Münzen später zum Lyk. Bund gehörte [4]. Urspr. [2] in Felendaği oberhalb des Dorfes Çukurbağ, nach weiteren Untersuchungen [1] aber in Bayindir Limani angesetzt, vermutete sie schließlich jüngst mit guten Gründen doch wieder in Felendaği G. E. BEAN [3], der Antiphellos (beim h. Kaş) als die von Ps. Skyl. a.O. nicht namentl. genannte Hafenstadt von P. betrachtet. E. O.

1. *W. Ruge*, RE XIX 1951–1954 Nr. 1. 2. *Spratt, Forbes* Travels in Lycia 1, 1847, 77. 3. *G.E. Bean*, AAWW phil. hist. Kl. 95, 1958, 49–58. 4. *L. Moretti* Ricerche sulle leghe greche, Rom 1962, 203f.

Pheme (*Φήμη*). Personifikation des Gerüchts: der üblen Nachrede. Hes. erg. 760ff., der Siegesbotschaft Bakchyl. 2,1. 9,1. Soph. Oid. T. 158. El. 1066. In Athen hatte die göttliche Stimme einen Altar, Paus. 1,17,1, errichtet nach Kimons Sieg am Eurymedon 466, Aischin. 1,128 u. Sch. IG XIV 1120 (aus Tusculum) *Φήμη εὐαγγέλῳ*. Anth. Pal. 10,89. – Vgl. Hom. Il. 2,93 *Ὄσσα, Διὸς ἄγγελος*. Od. 24,413. → Fama, Aius Locutius. H. v. G.

Wilam. GldH 1,17f. *Ders.* Hesiods Erga 129. *O. Kern* Die Rel. der Griechen 2, 79f.

Phemios (*Φήμιος*). **1.** Beiname des Zeus und der Athena (*Φημία*) in Erythrai Sylloge ³1014,25. **2.** Sänger auf Ithake, Sohn des Terpios. Er sang zur Kitharis (Phorminx) vor den Freiern von der traurigen Heimkehr der Achaier. Od. 1,153f. 337ff. 17, 261ff. Odysseus verschont ihn, da er nur gezwungen gesungen hat, 22,330ff. FINSLER Hom. ²2,428. → Demodokos (2). Appellativ gebraucht Ov. am. 3,7,61. H. v. G.

Phemonoe (*Φημονόη*). **1.** Die erste Pythia (*πρόμαντις*) in Delphoi und Erfinderin des Hexameters. Paus. 10,5,7. Strab. 9,419. Angebl. Orakel von ihr: Paus. 10,6,7. 12,10. Tochter des Apollon oder Delphos, Plin. nat. 10,7,21. Sch. Eur. Or. 1094. Standbild in Delphoi, PICARD, RHR 140, 1951, 240f. Lucanus und Statius gebrauchen P. appellativ als Prophetin. **2.** Name der sam. Sibylle H. J. ROSE Griech. Myth. 134. **3.** Name einer Pythia im 1. Jh. n. Chr. Val. Max. 1,8,10. Oros. 6,15,11. H. v. G.

Phenake (*πηνίκη, φενάκη, capillamentum, galerus*). Urspr. eine enganliegende Mütze, oft aus Fell, die Jäger (Gratt. cyneg. 340), Landarbeiter (Prop. 4,1,29), Soldaten (Verg. Aen. 7,688) zum Schutz, und dann auch andere zur Vortäuschung reichlichen Haarwuchses (Suet. Oth. 12) trugen. Die Verwendung von P. als Perücke kam vom Orient über Griechenland zu den Römern, wo sie bes. in der Kaiserz. zu den kompliziertesten Frisuren verarbeitet wurde ([2], T. 236 b. 240 a. 243. 244. [3], T. 16. 27). Am beliebtesten waren P. aus den blonden Haaren der Germaninnen (Ov. am. 1,14,45. Martial. 5,37,7). Als Mittel der Verkleidung war P. ein wichtiges Requisit des Theaters (*ὄγκος*).

S. a. Haartracht, Haarschmuck. S. O.

1. *G. Herzog-Hauser*, RE XIX 1957. 2. *A. Hekler* Die Bildniskunst der Griech. und Römer 1912. 3. *H. v. Heintze* Röm. Portrait-Plastik 1961.

Pheneos (*ὁ* oder *ἡ Φενεός*, Ethnikon *Φενεάτης* oder *Φενικός*), Stadt im n. Arkadien in der Landschaft Azania am N.-Ufer des danach benannten Sees beim h. Phonia s.w. des Kyllenegebirges. P. liegt in einer der allseits von Gebirgen umrahmten Einsenkungen, die in ihrer Folge eine wichtige Straßenverbindung zwischen Arkadien und Korinth-Mittelgriechenland herstellen. Der See ist oberirdisch abflußlos und nur durch Katavothren entwässert, der bedeutendste Abfluß ist der → Ladon (2); daher stark wechselnder Wasserstand bis zu völliger Austrocknung. Reste der ant. Stadt gering, vor allem Teile der Stadtmauer. P. ist im Schiffskatalog genannt, Hom. Il. 2,605, Weihung nach Olympia aus dem 5. Jh. v. Chr. Paus. 5,27,8. Dem arkad. Bund des 4. Jh. schloß sich P. nicht an, dem achaiischen bald nach 234 v. Chr. 225 v. Chr. von Kleomenes III. genommen, Pol. 2,52,2. Plut. Kleom. 17,6; Arat. 39,4. Strabos Angabe, P. sei »fast verschwunden«, ist übertrieben, in der Severerzeit prägte P. wieder Münzen. Hauptgott war Hermes, daneben Demeter, ein Asklepiosheiligtum ist 1958ff. ausgegraben [5]. Strab. 8,8,2 p. 388. 8,4 p. 389. Paus. 8,13,6–15,4. 16,1. 19,4. 20,1.22,1. Plin. nat. 4,20f. 31,54. Diod.

15,49,5. Ail. nat. an. 3,38. Theophr. h. plant. 3,1,2. 5,4,6; c. plant. 5,14,9. Eustath. Hom. Il. 301,14ff. Steph. Byz. BCH 45, 1921, 13 II 118. 90, 1966, 157 II 23 (= SEG 23,189). SEG 15,254 Z. 6. Inschr.: IG V 2,360–366. SGDI 2791–2793. EA 1933, *Παρά* 10ff. Z. 7. BCH 82, 1958, 97f. 83, 1959, 625. AJA 63, 1959, 280f. SEG 11,414,7. 19,328. 22,320. Mz. Head HN[2] 418. 452. [2], 1963, 22ff. Jb. f. Num. 8, 1957, 93 Nr. 162. E. M.

1. *Hiller von Gärtringen*, IG V 2 S. 81f. 2. *Bölte*, RE XIX 1963ff. 3. *Philipps.-Kirst.* 3,224ff. 4. *J. Baker-Penoyre* Pheneus and the Pheneatiké, JHS 22, 1902, 228ff. 5. Neue Ausgrabungen BCH 83, 1959, 625. 85, 1961, 682. AJA 63, 1959, 280f.

Pherai (*Φεραί*, Ethnikon *Φεραῖος*), bedeutende Stadt ganz im O. der thessal. Landschaft Pelasgiotis beim h. Velestino. Teile der Stadtmauer erhalten, sonstige ant. Reste gering, vor allem ein großer dor. Tempel [3], 997,18ff. mit Kult vom 7. Jh. v. Chr. an, Reste eines älteren Tempels des 6. Jh. mit Porostempel von 16:32 m des späten 4. Jh. oder frühhellenist. darüber, wahrscheinlich der Hauptgöttin von P., der (Artemis) Ennodia (Pheraia), geweiht. Nekropolen sind an mehreren Stellen bekannt und z. T. ausgegraben. Berühmt war die noch h. die ganze Umgebung zu einer reichen Gartenoase machende Hauptquelle der Stadt, die mit der homer. Hypereia gleichgesetzt wurde, Strab. 9,5,18 p. 439. Plin. nat. a. O. [3], 994, 25ff.

Die Besiedlung von P., das damals noch unmittelbar am Boibesee lag, geht in neolith. Z. zurück, K. Grundmann, MDAI(A) 62, 1937, 60 mit T. 37.; in der unmittelbaren Umgebung liegen mehrere weitere prähist. Siedlungen. Genannt ist P. bei Hom. Il. 2,711ff. Od. 4,798 als Königssitz des → Admetos und der → Alkestis und ihrer Nachkommen. Grabfunde beginnen in geometr. Z., die Votivfunde an dem genannten Tempel im 8./7. Jh. v. Chr. In gesch. Z. ist P. dadurch von bes. Bedeutung, daß hier die Entwicklung zur Polis in Thessalien am frühesten einsetzt; mit → Pagasai gewann P. früh einen Hafen. Im Pelop. Krieg war es mit Athen verbündet, Thuk. 2,22,3. Die Glanzzeit von P. ist die seiner »Tyrannis«, zuerst unter → Lykophron (1) ab 404 v. Chr., dann unter → Jason (2) u. seinen Nachfolgern (vor allem Alexandros), die längere Zeit Tagoi von ganz Thessalien waren und, auf ein großes Söldnerheer gestützt, die Vorherrschaft ausübten. Die Ermordung Alexanders im J. 358 v. Chr. erschütterte diese Stellung. Gestürzt wurde die Tyrannis durch Philipp II. von Maked., P. verlor dabei den Hafen Pagasai. Die weitere Gesch. ist die von Thessalien, wobei mehrere Pheraier auch die Strategenwürde bekleideten. 192/91 vorübergehend von Antiochos III. erobert, Liv. 36,8f. 14,11. Aus späterer Z. ist fast nichts mehr bekannt, auch bei Hierokl. oder in den Bischofslisten erscheint P. nicht. Skyl. 64. Strab. 9,5,15 p. 436. 5,22 p. 443. Pol. 18,19,1–20,1. Plin. nat. 4,29. Ptol. 3,12,39. Steph. Byz. Inschr.: IG IX 2,412–456. 1343. Schwyzer Nr. 574–576. BCH 63, 1939, 256ff. 88, 1964, 400ff. REA 66, 1964, 310ff. SEG 23,415–436. Mz. Head HN[2] 306ff. E. M.

1. *Fr. Stählin* Das hellen. Thessalien 104ff. 2. *Y. Béquignon* Recherches archéol. à Phères de Thessalie, 1937 (mit Plan). 3. *E. Kirsten*, RE Suppl. VII 984ff. Nr. 5 (mit Plan). 4. *Philipps.-Kirst.* 1,121f.

2. s. Pharai.

Pheraia s. Pharaia

Phere (*Φηρή*, *Φηραί*), bei Hom. Il. 5,543. Od. 3,488. 15,186 und danach bei den Lexikographen genannte Ortschaft, Heimat des Orsilochos, des Sohnes des Flusses → Alpheios, und seiner Nachkommen und danach am Alpheios im w. Arkadien und nicht das messen. → Pharai (1), wie schon im Alt. und h. fast allg. angenommen wird. E. M.

1. *Bölte*, RE XX 1798f. (Phara Nr. 2). 2. *E. Meyer*, MH 14, 1957, 91ff.

Phereklos (*Φέρεκλος*). **1.** Sohn des Harmonides, Erbauer der Schiffe, mit denen Paris Helene entführte. Er fiel durch die Hand des Meriones, Il. 5,59ff. Lykophr. 97. Ov. her. 16,22. Apollod. epit. 3,3. **2.** Steuermann des Theseus auf der Fahrt nach Kreta. Simonides (Plut. Thes. 17). Vgl. → Nausithoos, → Phaiax. H. v. G.

Pherekrates (*Φερεκράτης*), Dichter der Alten Komödie, siegte an den Dionysien vor → Hermippos (435); zweimal an den Lenaien. Die Liste des cod. Est. (CGF p. 10) gibt ihm 18, die Suda 17 Stücke, zitiert werden 19, doch dürften die *Μέτοικοι* Platon gehören (Körte, RE XIX 1986) und *Ψευδηρακλῆς* Titelvariante zu *Ἀνθρωφηρακλῆς* (so Menander) sein. Die *Μεταλλῆς* wurden von Eratosth. einem → Nikomachos zugeschrieben; demselben, also wohl auch von Eratosth., der *Χίρων*. Bei den *Ἀγαθοί* schwankte man zwischen P. und → Strattis. Auch die Autorschaft der *Πέρσαι* galt als ungewiß.

Chronologie: *Ἄγριοι* Len. 420 (Plat. Prot. 327d), *Αὐτόμολοι* vor 421, *Ἰπνός* vermutlich 415 (Körte a. O. 1987), *Χίρων* kaum vor 404. Die übrigen Datierungen sind durchaus unsicher.

Nach Anon. CGF p. 8 war P. Schauspieler; → Krates nacheifernd, habe er das *λοιδορεῖν*, die satir. Spiegelung der Wirklichkeit, aufgegeben und sich wie dieser durch die Gestaltung frei erfundener Stoffe ausgezeichnet. Das galt zweifellos nicht ausschließlich, mag aber für Eratosth. ein Grund gewesen sein, den *Χίρων* mit der Kritik des altgewordenen Dichters an der modernen Musik dem P. abzusprechen. Aber auch in den *Κραπάταλοι*, einer Hadesfahrt wie Aristoph. Ran., ging es um Lit.; wie dort trat Aischylos in einem Agon auf. Polit. ist frg. 19, persönlicher Spott 11. 58. 135. 155. Die für die Alte Komödie charakterist. Wunschtraumwelt erscheint als Schlaraffenland im Totenreich (*Μεταλλῆς*), in den *Πέρσαι* wird ein solches für die Zukunft verheißen (130). Die Darstellung des Privaten konzentriert sich um Hetären oder einen chargierten Charakter (*Ἐπιλήσμων*) wie in der späteren Komödie. Myth. Personen traten in *Μυρμηκάνθρωποι* und *Χίρων* auf, ein Götterchor in den *Αὐτόμολοι*. Eigentümlich seiner Zeit voraus zeigte sich P. in den *Ἄγριοι* schon 420. Aus Platons oft mißverstandenen Worten ergibt sich, daß (zwei) *μισάνθρωποι*, Athener, die des Lebens in der Polis überdrüssig waren, wie in Aristoph. Av., in die Wildnis auswanderten und dort mit dem Chor der *Ἄγριοι* zusammenstießen. Es waren wohl Kyklopen (Od. 9,112. 175), jedenfalls Menschenfresser (frg. 5). Unter ihnen mußten sie erkennen, daß die mangelhafteste Ordnung einem gesetzlosen Zustand vorzuziehen ist. Die Komödie rechtfertigt also die Wirklichkeit gegenüber dem Versuch, ihr zu entgehen, wie bei → Aristoph. erst in Eccl. und Plut.

P. hatte Parabasen und Agone, seine Sprache enthielt volkstümliche Elemente, die sonst der Lit. fremd sind, *Ἀττικώτατος* nannte ihn der Attizist Phrynichos. W. K.

Pherekydes (*Φερεκύδης*). **1.** Aus Athen, Genealoge der 1. Hälfte 5. Jh. v. Chr., Vf. von *Ἱστορίαι* in 10 B. (F 54, wo eine *Θεογονία* zit. wird, gehört wohl → P. (2) von Syros: [6], 68f.), die jedenfalls nach 508/07 (vgl. F 2) entstanden sind. Die Anlage des Werkes läßt sich, trotz zahlreicher Frg.e, nicht mit Sicherheit rekonstruieren, aber es herrscht mittlerweile Übereinstimmung darüber, daß die Historien von einem Ordnungsprinzip bestimmt waren (vgl. [3], [4], [5] und [6] gegen [2], der aus verschiedenen Widersprüchen schloß, es habe sich um eine Slg. genealog. Stücke verschiedener anon. Autoren gehandelt). Spätere Zusätze sind jedoch nicht auszuschließen (vgl. etwa F 59, die Genealogie des Hippokrates). Da in B. 1 u.a. Achilleus, Aias und Asklepios vorkamen, ergibt sich, daß P. unter Verzicht auf eine Theogonie mit den von Göttern abstammenden Heroen begann. Er führte die Genealogien bis in die Nähe der eigenen Z. herab (F 2: Stammbaum der → Philaiden bis auf → Miltiades [1]). Ein Versuch der Zusammenfassung der einzelnen Genealogien zu einem möglichst widerspruchsfreien Gesamtsystem, wie ihn z. B. → Akusilaos unternahm, läßt sich für P. nicht nachweisen. Die wörtl. Frg.e lassen eine schmucklose (vgl. Cic. de or. 2,53) »reihende« Erzählweise erkennen; das hist. Praesens überwiegt (vgl. [6], 61f.; G. RUDBERG, Eranos 40, 1942, 137f. C. SCHICK, Arch. Glott. It. 40, 1955, 103ff.). FGrH 3 m. Komm. H. Gä.

1. *Christ-Schmid*, 1,1,710ff. 2. *Wilam.*, SBPrAW 1926, 125ff. = Kl. Schr. 5,2,127ff. 3. *R. Momigliano*, RFIC 60, 1932, 346ff. 4. *F. Jacoby*, Mnem. 3,13, 1947, 13ff. = Abh. z. griech. Gesch. 100ff. 5. *A. Uhl* P. von Athen, Diss. München 1963. 6. *K. v. Fritz* Die griech. Geschichtsschreibung 1,2,59ff.

2. P. von Syros, Mythograph und Kosmologe, Vf. eines Werkes mit dem Titel *Ἑπτάμυχος ἤτοι*

Θεοκρασία ἢ Θεογονία (Suda; Damasc. princ. 124b = fr. 7 A 8 ist von *πέντε μυχοί* die Rede, was eine Änderung des in der Suda überlieferten Titels nicht rechtfertigt [1]). Nach Damasc. sind in die fünf »Räume« die aus → Chronos' eigenem Samen geschaffenen Elemente Feuer, Pneuma und Wasser eingeordnet, woraus sich ein zahlreiches anderes, als *πεντέμυχος* bezeichnetes Göttergeschlecht bildet. Daneben existieren von Ewigkeit her die drei *πρῶται ἀρχαί*, Zas, Chronos und Chthonie. Diese Trias erscheint auch bei Diog. Laert. 1,119 = fr. B 1 und Hermeias irr. 12 (Doxogr. 654, 7 D.) = fr. A 9, wobei letzterer jedoch ausdrücklich bezeugt, daß P. »Kronos« schrieb (vgl. auch B 4). H. FRÄNKEL (WF 19f.) gibt dieser Überlieferung gemäß der seit ZELLER-NESTLE ⁷I 1, 103 A 4 verbreiteten Meinung, daß der abstrakte Zeitbegriff im 6. Jh. nicht denkbar sei, den Vorzug. Wie man sich die Entstehung des Kosmos im einzelnen zu denken hat, läßt sich aus den spärlichen Testimonien kaum erschließen. Das interessanteste Zeugnis ist ein recht großes Papyrusfragment (B 2), das von der Vorbereitung einer Hochzeit des Zeus (vermutlich mit Chthonie) und einem offenbar als Geschenk gedachten Mantel (*φᾶρος*), in den der Bräutigam die Ge, den Ogenos (Okeanos) und dessen Behausung eingewebt hat, berichtet. Zur Erklärung des mit allegor. und märchenhaften Zügen ausgestatteten Mythos hat man stets an → Hesiod, die → orph. Dichtung und → Anaximandros erinnert [1. 4. 6]. Neuere Forschung [2. 3] zieht mit Gewinn oriental. Mythen zum Vergleich heran. H.-Th. J.

1. *P. Tozzi*, RAL 22, 1967, 205–235. 2. *P. Walcot*, CQ 15, 1965, 79. 3. *M.L. West*, CQ 13, 1963, 157–172. 4. *K. v. Fritz*, RE XIX 2025–2033 (Lit.). 5. *H. Fränkel* Dichtung u. Philos. d. fr. Griechentums, 1969³. 6. *Zeller-Nestle* Die Philos. d. Griechen ⁷I 1,102–119.

Pherenikos (*Φερένικος*). **1.** Thebaner, Sohn des Kephisodotos, der vor den Dreißig geflohene Athener in Theben aufnahm. Nach Besetzung der Kadmeia 382 geächtet, fand P. in Athen Zuflucht, sammelte 379/78 Verbannte, um Theben zu befreien. Plut. Pelop. 5,3. 8,1. Lys. frg. 78. **2.** Vom Comes orientis Ikarios 384/85 mit der Brotversorgung von Antiocheia betraut, bestechlich. Liban. or. 27,11. 28,25. H. V.

Pheres (*Φέρης*) s. Kretheus. Admetos

Pheretima (*Φερετίμη*). Königin v. Kyrene, Frau des → Battos III. (I 1547). Als ihr Sohn → Arkesilaos III. (3) vertrieben wurde, floh P. zu Euelthon von Salamis auf Kypros, bekam aber statt Soldaten nur eine goldene Spindel mit Zubehör. Während Arkesilaos Kyrene wieder eroberte, führte sie mit Sitz in der Bule die Staatsgeschäfte. Als Arkesilaos ermordet wurde, floh P. zu Arykandes, dem Satrapen von Äg. Nach Eroberung von → Barke nahm P. gräßliche Rache an den Mördern, ging nach Äg. zurück und starb an einer Fäulniskrankheit. Hdt. 4,162. 165. 200. 202.

205. Menekles FGrH 270 F 5. Polyain. 8,47. IG XII 3,369. H. V.

F. Chamoux Cyrène sous la monarchie des Battiades, 1953.

Pherne (*φερνή*). I. Griechenland. »Was in die Ehe gebracht (*φέρω*) wird«, Mitgift. Dieser seit dem 5. Jh. v. Chr. nur im Hinblick auf myth. oder nichtgriech. Verhältnisse überlieferte t. t. bezeichnete eine mehr auf die persönliche Ausstattung einer Frau ausgerichtete Mitgift ([1], 47. 157. [3], 19 ff.) und unterschied sich dadurch von der herkömml., mit der Familienverfassung eng verbundenen → *προίξ*. ([1]). II. Äg. 1. Ptolem. Z. Die völlig andersgearteten Verhältnisse des Koloniallandes führten zur Übernahme des Phernalsystems. Ph. bedeutete hier das von den Eltern der Braut oder von dieser selbst dem Mann für seine Frau unter Angabe des Schätzwertes bestellte Heiratsgut, das aber nur in Geldbeträgen, Schmuck, Kleidung und Hausrat bestehen konnte und dem Unterhalt des ehelichen Haushalts dienen sollte ([3], 132). Es gab keine Heirat ohne Mitgiftbestellung. Von ihr hing auch die Unterhaltsverpflichtung des Mannes ab ([3], 109). Sachherrschaft und Verfügungsgewalt standen an der Ph. grundsätzlich dem Ehemann allein zu. Nach der Scheidung hatte der schuldige Ehemann die Ph. mit einem 50%igen Strafzuschlag, der aber verzichtbar war, auf Grund des mit Sicherungsklauseln versehenen ([3], 99 ff. 177 ff.) Ehevertrags (Zweckverfügung: [2], 496 f.) zurückzuerstatten, während die schuldige Ehefrau ihren Restitutionsanspruch verlor oder in eine Verlängerung der Rückzahlungsfrist einwilligen mußte. Im Falle des Todes der Frau ging die Ph. regelmäßig an das elterliche Haus zurück. 2. Röm. Z. Die Ph. blieb zwar als herkömml. und einzige Mitgift erhalten, wurde aber durch neue mitgiftsähnliche Institute, die → Parapherna und Prosphora, ausgehöhlt ([3], 291 ff.). E. B.

1. *P. D. Demakis* *Ὁ θεσμὸς τῆς προικὸς κατὰ τὸ ἀρχαῖον ἑλληνικὸν δίκαιον*, Saloniki 1959. 2. *H. J. Wolff, E. Berneker* Zur griech. R.-Gesch., 1968, 496 f. 3. *G. Häge* Ehegüterrechtl. Verh. in den griech. Pap. Äg., 1968, 11–210.

Pheron (*Φερῶν*). Nach Hdt. 2,111 Nachfolger des »Sesostris«; da letzterer für Sethos I. steht, ist Ph. sicher als »Pharao« zu deuten, d. h. wahrsch. Ramses II. als »der« Pharao altäg. Gesch. Was Hdt. und auch Diod. 1,59 über seinen frevelhaften Lanzenwurf, seine Erblindung und endliche Heilung durch den Urin einer keuschen Frau erzählten, ist echt äg. moralisierende Erzählung (keine Volksgesch.!) an Hand einer Darstellung im Ptahtempel zu Memphis, wohl eines Reliefs des Königs als Nilpferdjäger. Wenn Hdt. behauptet, Ph. habe keine Kriege geführt, so zeigt das an, daß zu Hdt.'s Z. keine Schlachtenreliefs Ramses' II. am Ptahtempel erhalten waren. W. H.

Pheroras (*Φερώρας*) jüngster Sohn des → Antipatros (4, Ios. bell. 1,181; ant. 14,121), erlebte als einziger der Brüder → Herodes' d. Gr. (1) dessen Aufstieg zur Macht und war längere Z. sein engster Vertrauter (bell. 1,483; ant. 15,184: Stellvertreter; ant. 15,187; 17,67: potentieller Nachfolger). Seine letzten Jahre verbrachte er, wiederholt in die Kabale am herodian. Hof verstrickt (ant. 16,68. 73. 206 ff. 256.267 ff. 17,33 ff.) und seiner zweiten, polit. gegen Herodes agierenden Frau verfallen (ant. 16,194 ff. 17,42 ff.), aus Jerusalem verbannt (ant. 17,58 ff.), in der ihm 20 v. Chr. von Augustus übertragenen (bell. 1,384; ant. 15, 362. 17,16) Tetrarchie Peraia. † 5 v. Chr. (bell. 1,580; ant. 17,59). B. Sch.

Pherusa (*Φέρουσα*). **1.** → Nereide, Il. 18,43. Hes. theog. 248. Apollod. 1,11. Redender Name. **2.** Eine Hore, Hyg. fab. 183. H. v. G.

Phiale (*φιάλη*). Bei Hom. Il. 23,270. 616 ist die urspr. Bedeutung von P., »Becken, Gefäß« (ein Siegespreis, der aufs Feuer gestellt werden kann) noch erhalten, a. O. 243. 253 ist P. die Totenurne für Patroklos und Achilleus. Später ist P. immer die Spendeschale ohne Fuß, selten mit Henkel, fast immer mit einem Buckel, *ὄμφαλος*, in der Mitte, in den man von unten hineinfassen kann. P. sind aus Edelmetall, Bronze oder Ton belegt, oft mit radial vom Omphalos ausgehenden Ornamenten. Form und Ornamentsystem lassen sich von oriental. Vorbildern ableiten. Seit hellenist. Z. kann an Stelle des Omphalos ein Emblem oder eine Büste treten; die röm. Prunk-P. setzen diese Tradition fort (Iuv. 1,5,39. Martial. 8,51). Der Funktion nach ist die P. Spendeschale, vornehmlich Kultgerät, als solches oft dargestellt, z. B. an der Ara → Pacis Augustae. Seit der Z. um 500 v. Chr. werden die griech. Götter (in Kultstatuen, Vasenbildern, Statuetten) oft selber spendend dargestellt ([2]); hier wie in Bildern von Göttermahlen halten die Götter mit Ausnahme des Dionysos (zu dem der → Kantharos (3) gehört) immer die P. in der Hand. W. H. G.

1. *H. Luschey* Die P. 1939. *Ders.*, RE Suppl. VII 1026 ff. 2. *B. Eckstein-Wolf*, MDAI 5, 1952, 39 ff. *E. Simon* Opfernde Götter 1953. *N. Himmelmann-Wildschütz* Zur Eigenart d. klasss. Götterbildes 1959. *Ders.*, Marburger Winckelmann-Pr. 1960, 41 ff. *W. Fuchs*, MDAI (R) 68, 1961, 176 ff.

Phigaleia (*Φιγάλεια*, seit hellenist. Z. *Φιάλεια*, Ethnikon *Φιγαλεύς*, *Φιαλεύς*, vereinzelt *Φιγαλέα*, *Φιαλέα*, *Φιγάλεος*, *Φιάλεος*, nur literar. *Φιγαλία*, *Φιαλία*, *Φιγάλιος*, *Φιάλιος*). Südwestlichste Stadt Arkadiens in extremster Gebirgslage über dem r. Ufer der Neda beim h. Pavlitsa (amtl. Phygalia) gelegen, geograph. eher mit Messenien und auch gesch. mit ihm eng verbunden. Die Stadt mit gut erhaltenem Mauerring von etwa 5 km Umfang liegt in 520–720 m Meereshöhe über der fast 300 m tiefer in unzugänglicher Felsenklamm fließenden Neda und ist auch nach O. und W. durch tiefe, enge Schluchten abgetrennt. Zum Gebiet von P. gehört Bassai mit dem berühmten Tempel des Apollon Epikurios in Luftlinie etwa 6 km n.ö. in 1130 m Höhe [2], 2073ff. RE Suppl. VII 1030ff. Suppl. XII, neuere Lit. bes. H. Berve-G. Gruben Griech. Tempel und Heiligtümer 150ff. G. Gruben Die Tempel der Griechen 115ff. Kirsten-Kraiker Griechenlandkunde^5 1967, 292ff. 878 (Lit.). L. Guerrini, Enc. arte ant. 3, 1960, 661ff. (mit Lit.). Wenig über dem Tempel zwei kleine Tempel der Aphrodite und Artemis.

Aus der Gesch. der abgelegenen Stadt ist wenig bekannt. Durch seine Lage war P. das gegebene Rückzugsgebiet für messen. Freiheitskämpfer, → Aristomenes, → Hira. P. ist dabei zweimal von Sparta erobert worden, Paus. 8,39,4f. 41,1. Polyain. 6,27,2. Nach Leuktra auch in P. blutige Unruhen, Diod. 15,40,2. Als Verbündeter Spartas am chremonid. Krieg beteiligt, IG II^2 687,39. Syll. I^3 434, 25. Im 3. Jh. v. Chr. stand P. in Isopolitie mit dem aitol. Bund und hatte sogar aitol. Besatzung, 219/218 jedoch Übertritt zum achaiischen Bund, Pol. 4,3,5ff. 6,10f. 31,1. 79,5f. Mz. Aus der Kaiserzeit stammen noch einige Ehrenbeschlüsse, Inschr. v. Olympia 402. 442. 481, in der Severerzeit prägt auch P. wieder Münzen. Genannt ist P. noch bei Hierokl. synekd. 647,13 und in der vulgärgriech. Ortsliste aus dem 7. Jh. n. Chr., Ztschr. f. Kirchengesch. 12, 1891, 533 Nr. 804. [2] 2083,53ff. Strab. 8,3,22 p. 348. Paus. 8,39,1–42,13. Ptol. 3,14,40. BCH 45, 1921, 12 II 82. Inschr.: IG V 2, 420–430. G.-J. Te Riele Inscr. de Pavlitsa, BCH 90, 1966, 248ff. = SEG 23,236–250. Mz.: Head HN^2 418. 453. Jb. f. Num. 8, 1957, 93 Nr. 44. E. M.

Phila (*Φίλα*). **1.** Gemahlin Philipps II. v. Mak., Schwester des → Derdas und Machates. Athen. 13,557c. **2.** Älteste, kluge, polit. aktive Tochter des → Antipatros (1), * 350, Diod. 18,18,7. 19,59, 4ff., vermählt 322 mit → Krateros (1). Nach dessen Tode 321 heiratete P., um Antipatros und → Antigonos enger zu verbinden, den 15 J. jüngeren → Demetrios (2). Plut. Demetr. 14,3. 27,8. Als ihr Bruder → Kassandros (2) Gegner des Antigonos wurde, vernachlässigte Demetrios sie. P. hatte einen eigenen Hof in Kilikien oder Lykien. Sylloge^3 333. Forsch. in Ephesos 2, 1906, 3. Plut. 22. Diod. 20,93,4. Von Athen erhielt P. 307 in Thria ein Philaion mit kultischen Ehren. Athen. 6,255c. C. Habicht Gottmenschentum 1956, 63,22. Sie vermittelte durch Heirat ihrer Tochter → Stratonike mit → Seleukos dessen Vertrag mit Demetrios. In seinem Auftrag ging sie zu Kassandros nach Maked. Plut. 32. Als Tochter des Antipatros förderte sie die Thronbesteigung des Demetrios in Maked. 294. Plut. 37. Beim Zusammenbruch seiner maked. Herrschaft vergiftete sich P. 288 in Kassandreia. Plut. 45. H. V.

C. Wehrli, Hist. 13, 1964, 140ff.

Philadelpheia (*Φιλαδέλφεια*). **1.** Am Fuß des → Tmolos-Gebirges (h. Boz Daği) im fruchtbaren Tal des Kogamos (h. Gediz Nehri) an der wichtigen, → Pergamon mit dem S. (Pamphylien) verbindenden Straße angelegte Gründung des → Attalos II. Philadelphos im S. der von Erdbeben geplagten lyd. → Katakekaumene; ihre Ruinen sind im h. Alaşehir zu sehen. Der durch die Gunst der natürlichen Lage und der Kaiserhäuser in Rom bzw. Byzanz geförderte Wohlstand von P. ließ die Stadt schließlich zum letzten Brückenkopf des Christentums in Kleinasien werden, der erst 1391 in die Hände des Osmanen-Sultans Bajesid I. fiel [1. 3], 124f. 982,17. **2.** Seit Beginn des 2. Jh. n. Chr. durch eigene Münzprägung bezeugte Stadt in der K(i)etis der → Kilikia Tracheia; ihre genaue Lokalisierung steht noch aus [2. 3], 1408,31. E. O.

1. *J. Keil*, RE XIX 2091–2093 Nr. 1. 2. *W. Ruge*, ebd. 2093f. Nr. 2. 3. *D. Magie* Roman rule in Asia Min., Princeton N.J. 1950.

3. P., Stadt(staat) am Oberlauf des Jabboq, h. ʿAmmān (Jordanien). Seit der mittleren Bronzez. arch. bezeugt, lit. zuerst im AT. als Rabbā, Rabbat (b^enê) ʿAmmōn »Große der Ammoniter«, die um 1200 v. Chr. dort seßhaft geworden waren. Von David annektiert (2. Sam. 12,26–31), nach ihm wieder unabhängig, von → Ptolemaios II. Philadelphos hellenisiert (daher offiziell P.), 218 von → Antiochos III. (4) erobert (Pol. 5,71,4–11 *τὰ Ῥαββατάμανα*), durch Pompeius Glied der → Dekapolis (Plin. nat. 5,16,74; Mz. mit pomp. Ära), seit 106 n. Chr. zu → Arabia (2) gehörig und mit → Bostra und → Gerasa rivalisierend (Eus. onom. 16,15f. K. *Ἀμμᾶν*; Amm. 14,8,13). Viele ant. Reste. Chr. B.

Schürer, 2^4, 1907 = 1964, 189–193. *Abel* Géogr. 2, ^{2}1938 = ^{3}1967, 424f. *G. L. Harding* Auf bibl. Boden, 1961, 65–75. Bibellex.^{2}, 1968, 1441 (arch. Lit.).

Philaenorum Arae, Ort in Nordafrika an der Küste der Großen Syrte (*Φιλαίνων* oder *Φιλαίνου βωμοί* Ptol. 4,3,4. Pol. 3,39,2. 10,40,7. Strab. 3,171. 17,836. Val. Max. 5,6. Mela 1,33. 38. Plin. nat. 5,28. Sall. Iug. 19,79. Stad. m. m. 451. Itin. Ant. Tab. Peut.), an der Grenze der Cyrenaica und des karthag. Gebietes, später der röm. Provinz Africa. Erste Erwähnung bei Skyl. 109 (4. Jh.).

Mela 1,38 erzählt die Legende von den 2 Heldenbrüdern *Philaeni*, die sich hier lebendig unter dem Sandhügel begraben ließen *(hic se vivos obrui pertulerunt)*, um für ihr Vaterland Karthago den Besitz eines umstrittenen Gebiets zu sichern. M. L.

O. Bates The Eastern Libyans 181. 197. *Ch. Tissot* Géogr. Prov. Rom. Afr. 1,506. *S. Gsell* Hist. Anc. Afr. N. I, 450. *Fr. Chamonx* Cyrène sous la mon. des Battiades, 1953, 161. 228.

Philagrios (*Φιλάγριος*), nachgalenischer Arzt vermutlich des frühen 4. Jh. n. Chr. (nicht ident. mit einem bei Philostorgios hist. eccl. VIII 10 erwähnten Ph.), fruchtbarer Schriftsteller; nichts erhalten. F. K.

O. Temkin Das »Brüderpaar« Ph. und Poseidonios, Sudh. Arch. 24, 1931, 268–270.

Philagros (*Φίλαγρος*) aus Kilikien, Redner des 2. Jh. n. Chr., Schüler des → Lollianos. Er kam als Wanderredner nach Athen, wo er sich mit → Herodes Atticus (16) und dessen Anhängern verfeindete. Später war er Lehrer der Beredsamkeit in Rom, wo er in frühem Alter starb. Die von Philostr. vit. soph. 2,8 angeführten Beispiele aus seinen Reden zeigen bes. seine Freude an der variatio desselben Gedankens. Ein Schüler des P. war Phoinix von Thessalien. O. Dr.

Philai (*Φιλαί*), eigentl. *Pilak*, kleine Insel s. Elephantine, bekannt durch eine guterhaltene Tempelanlage, die augenblicklich im Stausee von Assuan versunken, abgerissen und an neuer Stelle errichtet werden soll. Älteste Anlagen stammen aus der 30. Dyn. → (Nektanebos), der Haupttempel für Isis wurde von den Ptolemäern erbaut; Augustus und Trajan errichteten kleinere Anlagen. Andere verehrte Gottheiten waren Hathor und Harensnuphis, Harendotes und verschiedene nub. Götter (Mandulis), da Diokletian den Blemyern und Nobaden Kultstätten auf Philai zugestehen mußte, die erst Iustinian um 535 n. Chr. zerstört hat. W. H.

Junker Der große Pylon des Tempels der Isis in Ph. *Junker-Winter* Das Geburtshaus des Tempels der Isis in Ph.

Philaidai (*Φιλαΐδαι*). **1.** Att. Demos der Phyle *Αἰγηΐς* in Attikas *Μεσόγαια*. Zu ihm gehörte → Brauron, woher die → Peisistratidai stammen sollen. **2.** H. üblicher Name des in der Ant. nie so benannten Geschlechtes, dem u.a. der Marathonsieger Miltiades (2) entstammte. Pherek. FGrH 3 F 2 gibt ein Stemma ab dem Aiasspröß Philaios, dem myth. Begründer der bes. im 6. und in der 1. Hälfte des 5. Jh. bedeutenden att. Familie, das bis Milt. (1) reicht. Der Großvater des Miltiades (1) ist hier ident. mit dem Vater des Hippokleides bei Hdt. 6,127ff., weshalb man meist eine enge Verwandtschaft von Miltiades (1) und Hippokleides annahm, bes. da bei Hdt. Hippokleides mit den Kypseliden verwandt ist (6,128) und des Miltiades (1) Vater Kypselos heißt. Doch sollen Kypseliden (Hdt. 5,92) wie Philaios (Steph. Byz. s. *Φ*.) von den → Lapithai abstammen; eine Verwandtschaft von Hippokleides und Miltiades (1) ist trotz Pherek. nicht feststellbar (vielleicht adoptierte Hippokleides Miltiades [1]) und zur Erklärung der Abkunft Milt.' (2) von Aias (Markell. Thuk. 2. Paus. 2,29,4. Sch. Pind. N. 2,19 [Didymos]) unnötig. Zugehörigkeit des Milt. (2) zu den P. ist nur über eine Frau, z.B. die Mutter der Halbbrüder Milt. (1) und → Kimon (1), gegeben. – Sicherheit im einzelnen ist nicht erreichbar. – Auch Miltiades (3) gehörte wohl in diese Familie. Bei Epicur. p. 359,3 Usener ist der Philosoph Epikur *γένους τοῦ τῶν Φιλαϊδῶν*.

Die bedeutendsten der P. waren Miltiades (1), (2) und Kimon (2). Stets waren sie liberal, doch zugleich konservativ. Kein P. war Revolutionär. Zum höchsten Adel Griechenlands bis zu thrak. Fürstenhäusern (→ Hegesipyle) und selbst zu Kroisos (→ Milt. [1]) hatten sie Beziehungen, was eine sehr »gesamtgriech.« Politik bedingte, standen Klan-Streitigkeiten (wie Lykurgos [6] und Megakles [2] gegen und mit Peisistratos) ferne, waren eher Einiger im Inneren – nach außen Führer des Hellenentums gegen die Barbaren. Die pragmat. Haltung der P. zeigt das Verhältnis der beiden Miltiades zu den Peisistratiden, und des Milt. (2) pers. Vasallentum – der sich aber im Ion. Aufstand und im Kampf von 490 keineswegs als Freund der Perser oder der Tyrannis zeigte (was man dagegen den → Alkmeonidai vorwerfen wollte). K. K.

Schachermeyr, RE XIX 2113ff. *Ders.* Die frühe Klass. d. Gr. 80ff. *Berve* Die Tyrannis 79ff. *Kinzl* Milt.-Forsch., Wien 1968, und Art. Miltiades (2) o. III 1304f.

Philaios (*Φίλαιος*). **1.** Salamin. Heros, Sohn des Telamoniers Aias und der → Lysidike (3). Hdt. 6,35. Nach Paus. 1,35,2 als Sohn des → Eurysakes Enkel des Aias. P. übergab Salamis den Athenern und erhielt dafür att. Bürgerrecht. Ahnherr des berühmten att. Geschlechts der → Philaiden. Wilam. GldH 1,37,1. **2.** → Munichos, → Alkandros (2). H. v. G.

Philammon, myth. Kitharode aus Delphoi, Sohn Apollons, Vater von → Thamyras und → Eumolpos, Dichter von Mädchenchören und kitharod. Nomoi, Argonaute neben → Orpheus oder statt seiner. Stifter der argiv. Mysterien in → Lerna. Er fiel bei der Verteidigung von Delphoi gegen die → Phlegyer. Musikgeschichtl. nicht faßbar. K. Z.

Philargyrius s. Iunius III 3

Philargyros. Wunsch- oder Spottname für Sklaven. **1.** P., Freigelassener des jüng. Cato, der bei der Rückkehr von Kypros 56 im Seesturm ums Leben kam, wobei auch eine Kopie der Abrechnungen Catos verlorenging, Plut. Cato min. 38,3. Vgl. RE VIII A 2274. **2.** Sklave Ciceros, Cic. Att. 9,15,5 (49 v. Chr.). **3.** Sklave oder Freigelassener des A. → Manlius Torquatus (31), Cic. fam. 6,1,6 (E. 46). H. G. G.

Philastrius (auch Filastrius, Filaster), Bischof von Brescia, † vor 397. Sein Nachfolger → Gaudentius (5) sagt in einer Gedenkrede, Ph. sei als Wanderprediger weit gereist und habe überall Ketzer bekämpft, bes. die Arianer in Mailand, bevor er (vor 381) Bischof wurde. Ph. schrieb einen *Diversarum hereseon lib.*, worin er 28 jüd. und 128 chr. Sekten in wenig elegantem, der Umgangssprache nahem Latein behandelte. Hauptquellen sind → Epiphanios (1) u. Eirenaios (2). O.H.

Ta.: *F. Heylen*, 1957, Corp. Chr. 9,207–324.

Phileas. 1. P. aus → Tarent. 212 hielt er sich als Gesandter in Rom auf und ermöglichte den dort festgehaltenen Geiseln seiner Vaterstadt und von → Thurioi die Flucht, an der er selbst teilnahm. Alle Beteiligten wurden bei Tarracina gefaßt und alsbald hingerichtet, Liv. 25,7,10–14. Auch aus Erbitterung darüber fielen die Tarentiner zu Hannibal ab. Mommsen RG I 640. H. G. G.

2. P. von Athen, geograph. Schriftsteller, dessen Lebenszeit spätestens in die 2. Hälfte 5. Jh. v. Chr. fällt (bereits von Ps. Skylax benützt). Die 13 erhaltenen Bruchstücke (bisher »unediert«) seines Werkes (*Γῆς περίοδος* nach Harpokr. 152, 2) deuten auf eine allg. Erdbeschreibung. Als Kontinente wurden Europa, Asien und Libyen erkannt, letzteres zwischen Rhône und vermutlich Nil (Avien. or. mar. 691–96). In syntaktisch einfachster Form wurde das rein Geographische (Berge, Flüsse usw.) kurz erwähnt, außerdem wurden aber bei Städten, Siedlungen u. ä. myth. Aetiologien (aus ep. Dichtung?) vorgeführt, die dem Werk einen ausgesprochen altertümlichen Charakter gaben. F. L.

Philemon (*Φιλήμων*). **1.** → Baukis. Zur Lit.: M. Beller Ph. u. Baucis in der europ. Lit. (Stud zum Fortwirken der Ant. 3) Heidelberg 1967. H. v. G.

2. P., Damons Sohn, aus Soloi in Kilikien (Strab. 14,672) oder Syrakus (Anon. CGF p. 9), in Athen eingebürgert (IG II² 3073. 4266), galt als der bedeutendste Dichter der Neuen Komödie nach Menander (Quint. 10,1,72). Er starb etwa hundertjährig ca. 264/63 (Suda aus Ailian.). P. siegte zum erstenmal bei den Dionysien 327 (Marm. Par. B 7); in der Siegerliste der Lenäen steht er nach Menander mit 3 Siegen (IG II² 2325, 161). Chronolog. Vermutungen über einzelne Stücke bei Webster 126. Ein Aufenthalt P.s am Ptolemaierhofe ist durch Alkiphr. ep. 4,18,5. 17 nicht sichergestellt, auch die Anekdote, daß P. in die Gewalt des Magas von Kyrene geriet, den er auf der Bühne verhöhnt hatte (frg. 144), muß nicht wahr sein. Aber seine Komödie *Πανήγυρις* scheint in Alexandreia gespielt zu haben. Man kannte von P. 97 Stücke, 64 Titel sind überliefert, manche freilich zweifelhaft. *Μυρμιδόνες* und *Παλαμήδης* mögen mytholog. Komödien im Stil der *μέση* gewesen sein, ebenso die *Νύξ*, wenn die *Νὺξ μακρά* gemeint ist. Anspielungen auf zeitgenöss. Individuen begegnen in den Frg., ja den Magas muß P., wenn das Zitat authentisch ist, geradezu auf die Bühne gebracht haben. Ein Stück hieß *Φιλόσοφοι*, da war von Zenon (frg. 85), ebenda wohl auch von Krates (frg. 146) die Rede. Im übrigen weisen Titel und Frg. auf die üblichen Motive der *Νέα*. – Sehr unsicher sind versuchte Zuschreibungen von Papyrusfrg. Die Komödie, von der wir Reste von 2 Exemplaren, eines vielleicht noch aus P.s Lebenszeit, haben (Page Select Pap. III, Nr. 62), spielte in Äg. wie die *Πανήγυρις*; v. 62, der mit *Κροισ*– beginnt, kann, aber muß nicht mit P. frg. 189 ident. sein. Nr. 61 Page stimmt in einer Wendung mit dem nicht ident. Frg. 121 A Edmonds überein. Es sind troch. Tetrameter, die sonst in P.s Frg. nur einmal vorkommen.

3 Stücke liegen uns in Plautus' Bearbeitung vor: im Mercator (*Ἔμπορος*) und Trinummus (*Θησαυρός*) nennen die Prologe das Original, aber auch für die Mostellaria (*Φάσμα*) darf man es mit Sicherheit annehmen. Aber weder diese eigenwilligen Nachdichtungen noch die überwiegend sentenziösen Frg. erlauben uns, eine klare Vorstellung von P.s dichter. Potenz zu gewinnen, die nach dem Urteil der ant. Nachwelt nicht gering gewesen sein kann. Über seinen Sprachstil im Gegensatz zu dem Menanders macht Demetr. de eloc. 193 eine interessante Bemerkung; eine floskelhafte Charakteristik gibt Apul. flor. 16. Ein starkes Element von Reflexion ergibt sich aus Plautus wie aus den Exzerpten bei Stob. P. legte seinen Personen enthusiastische Bekenntnisse zu Euripides in den Mund (frg. 130. 224 A Edm.), Berührungen mit Eur. bei Webster 128. Neben breit ausgespielter Situationskomik (Merc. Most.) steht moral. Dialektik, durch die Lessing sich angesprochen fühlte; er hat den Trin. geschätzt und nachgedichtet (»Der Schatz«). W. K.

T.B.L. Webster Stud. in Later Greek Comedy, 1953, 125 bis 151.

3. P., griech. Geograph, dessen literar. Tätigkeit zwischen 5 und 50 oder 60 n. Chr. fällt (von Plin. nat. 4,95, vielleicht bereits von Mela 3,31.54 benützt). Die wenigen erhaltenen Frg. seines Werkes behandeln Irland und N.-Europa. Die Erwähnung eines vom *mortuum mare* des Pytheas n. gedachten *mare Cronium* deutet auf einen zur Vollständigkeit nach N. hin strebenden Periplus. Durch direkte und indirekte Überlieferung erweist sich P. als zuverlässiger Vermittler der röm. Berichte über die Entdeckung der → Ostsee um 5 n. Chr. und ausgezeichneter Quellenautor für die Frühgeschichte Germaniens. F. L.

Frg.: FHG 4,474. *E. Norden* Philemon der Geograph, Ianus 1, 1921, 182ff.

4. P., hellenist. Grammatiker aus dem att. Demos Aixone, um 200 v. Chr. Aus seinem glossogr. Werk *Περὶ Ἀττικῶν ὀνομάτων ἢ γλωσσῶν* zit. Athenaios Ausdrücke für Nahrungsmittel und Gebrauchsgegenstände (3,76. 2,56c. 11,468e u. ö.), die vorwiegend der Komödie und Homer entstammen. Eine weitere, mind. 2 B. umfassende Glossen-Slg. *Παντοδαπὰ χρηστήρια* erwähnt Athen. 3,114de.

R. Weber, Comment. phil. ... O. Ribbeck 441ff.

5. P., griech. Grammatiker um 200 n. Chr., der sich mit Herodot-Erkl. beschäftigte (Porphyr. ad Il. ed. Schrader 286ff.) und unter Benutzung des → Phrynichos ein Glossenwerk *Περὶ Ἀττικῆς ἀντιλογίας τῆς ἐν ταῖς λέξεσιν* (Choirob. in Heph. p. 183 Consbr.) in iamb. Versen verfaßte; 2 dünne Auszüge sind erhalten. H. Gä.

Fr. Osann Ph. gramm. quae supersunt, Bln. 1821, 285ff. *R. Reitzenstein* Gesch. d. griech. Etymol. 392ff. *L. Cohn*, Philol. 57, 1898, 353ff.

6. P., röm. Grammatiker 3. Jh. n. Chr. Über P.s Leben wissen wir nur, daß er z. Z. des Kaisers Maximinus (235–238) lebte und dessen Sohn unterrichtete: H. A. Maximin. 27,3ff. (diese Angabe des Iulius Capitol. erscheint im Gegensatz zu den übrigen [E. Hohl, RE X 852f. 868] glaubwürdig). Eine Schrift dieses P. wird in einem Verzeichnis der im 15. Jh. in Montecassino befindlichen Hss. (Vatic. 3961, s. Manitius 1,19,1. D. Maurus Inguanez Catalogi cod. Casinens. ant., 1941, 39) unter der Rubrik *Libri Gramaticales* erwähnt: *Lib. Philemonis de proprietate sermonis inc. Adipiscitur.* Der Titel scheint auf ein etym. Werk hinzudeuten; auch das 1. Kapitel des → Nonius über die Etymologien trägt die Überschrift *De proprietate sermonum.* Das Anfangswort *adipiscitur* könnte auf alphabet. Anordnung der Lemmata hinweisen. M. Fo.

W. Strzelecki, RE XIX 2152–2155.

Philetairos (*Φιλέταιρος*). **1.** Begründer der pergam. Dynastie der Attaliden, Sohn des Makedonen Attalos und der Paphlagonierin Boa aus Tios. Strab. 12,543. Athen. 13,577b. OGIS 264,15. 748. H. Hepding, MDAI(A) 35, 1910, 437, 12. P., Eunuch, war Burgkommandant von Pergamon und Hüter der 9000 dort gelagerten Talente im Dienst des → Dokimos, seit 302 des → Lysimachos. Infolge des Familienzwistes am Hofe des Lysimachos trat P. 282 zu → Seleukos I. über. Strab. 13,623. Paus. 1,8,1. 10,4. Die Leiche des ermordeten Seleukos kaufte P. von → Ptolemaios Keraunos und sandte die Asche an → Antiochos I. (2). App. Syr. 63. Als Dynast herrschte er unter seleukid. Oberhoheit über → Pergamon und das mittlere Kaikostal, prägte Mz. mit Namen des Lysimachos und Seleukos, dann mit dem Bild des Seleukos, aber mit eigenem Namen. Der Kopf des P., das »beste Münzportrait des frühen Hellenismus«, erscheint erst auf Mz. seiner Nachfolger bis etwa 190. U. Westermark Das Bildnis des Philetairos, 1961. R. B. Mc Shane The foreign policy of the Attalids of Pergamon, 1964, 36ff. Den adoptierten Neffen → Attalos (3) verheiratete P. mit Antiochis, Tochter des → Achaios (4). Durch Stiftungen gewann er Einfluß in griech. Städten. OGIS 335,135f. (Pitane). 310f. 749 (Thespiai). 312 (Aigai). 748 (Kyzikos). Inscr. de Délos 298 A, 95 (*Φιλεταίρεια*). In Pergamon baute er den Demetertempel. Nach seinem Tode 263 wurde er als Euergetes verehrt. Ein Kastell am Ida hieß Philetaireia. OGIS 266. 764. **2.** Sohn eines Eumenes, bekannt als Stifter in Thespiai. OGIS 750. Sein Platz in der Attalidenstammtafel ist umstritten: Vetter des → Attalos I. (4) oder Bruder des → Eumenes I. (2). E. Preuner, H 55, 1920, 393ff. Bengtson GG⁴ 572. **3.** Dritter Sohn des → Attalos I. (4) und der Apollonis, * nach 220, zuletzt 171 erwähnt, Strab. 13,624. Liv. 42,55,7, half → Eumenes II. (3), Pol. 38,14. Plut. mor. 480c, 181 Gesandter in Rom, Pol. 24,5,171 Regent in Pergamon in Abwesenheit seiner Brüder, Liv. a. O., 178 Sieger im Wagenrennen der Panathenaeen, 175 Bürgerrecht und Statue durch Athen, IG II² 905. 2314, 88. Sylloge³ 641. Ehren durch Pergamon, Aitoler und Antiocheia, Sylloge³ 629,11. OGIS 248, 40. 295,. 308,14f. Sieger über die Galater, IG XI 4, 1105. F. Stähelin Gesch. der kleinasiat. Galater² 1907, 62ff. H. V.

4. P., Dichter der Mittleren Komödie, nach Dikaiarch der jüngste Sohn des Aristoph., der nach Apollodor → Nikostratos hieß (Sch. Plat. Apol. 19c), IG II² 2325, 143 als Lenäensieger ca. 370 genannt. Die Suda gibt ihm 21 Stücke und nennt 10 Titel, 3 weitere werden zitiert; 2 auch Nikostratos zugeschrieben. Es sind überwiegend mythologische. 20 Frg. W. K.

Philetas aus → Kos (*Φιλήτας*, kaum *Φιλητᾶς*, richtiger *Φιλίτας*, so dieser Name in koischen Inschr.; Kuchenmüller [s. u.] 15ff.), nach einigen Rhodier, Dichter und Philologe, Sohn des Telephos, lebte unter Philipp II. und Alexander (Suda), wurde Lehrer des späteren Ptolemaios II. (308 auf Kos geboren). Sein Nachfolger → Zenodotos wird als sein Schüler bezeichnet. Ph. war von schmächtiger Statur und kränklich. Das Todesjahr ist unsicher. Die Koer errichteten ihm ein Standbild. Sein Einfluß auf die frühe hellenist. Poesie war beträchtlich. Theokr. nennt ihn 7,40 sein Vorbild, Kall. frg. 1,11. 12 Pf. (vgl. Sch.) den wahren Nachfolger des → Mimnermos (schwerlich stellt er die kürzeren Gedichte des Ph. den längeren als besser gegenüber). Dichtungen (nur frg.): *Ἑρμῆς*, in Hexametern. Grund des Titels unklar. Darin wurde von einem Liebesverhältnis zwischen Odysseus und Polymele, Tochter des Aiolos, erzählt (Parthen. *Ἐρωτ. παϑ.* 2). *Δημήτηρ*, in Distichen, darin Klagen (der Kore suchenden Dem.?). *Τήλεφος*, nur erwähnt Sch. Apoll. Rhod. 4,1141 (Medeas und Iasons Hochzeit). *Παίγνια*. Daraus das unverstandene Gedicht frg. 10. *Ἐπιγράμματα*. Wo und wie Ph. Bittis besungen hat (Hermesianax, Ov.), ist unsicher. Prosawerke (nur frg.): *Ἄτακτοι γλῶσσαι*, von dem Komiker → Straton zitiert. *Ἑρμηνεία* (damit ident. ?). R. K.

Ausg.: *W. Kuchenmüller*, Diss. Berlin 1928. Ein neues frg. in POxy 2260 (*Alfonsi*, Aegyptus 34, 1954, 211ff.). – *Alfonsi*, Aegyptus 23, 1943, 160ff. *Barigazzi*, H 84, 1956, 162ff. *Puelma*, Philol. 101, 1957, 90ff. *Wimmel*, H 86, 1958, 346ff.

Philia (*φιλία*), Freundschaft, Liebe. Einzig Hesych. s. *Αἰδοῦς βωμός* bezeugt einen Altar der P. auf der Akropolis von Athen. Auch die Zeugnisse für einen solchen Kult andernorts sind von zweifelhaftem Wert. In der Philosophie des → Empedokles heißt das anziehende und vereinigende Prinzip – die Gegenkraft zum trennenden Prinzip *νεῖκος* – P. oder Philotes (*φιλότης*). In der hellenistisch-röm. Popularphilosophie gehört die Freundschaft zu den beliebtesten Themen. K. Z.

Philikos s. Philiskos

Philinna (*Φίλιννα*), Tänzerin aus Larisa, Gattin Philipps II. von Maked., Mutter des → Arridaios (4). Plut. Alex. 77,7. Athen. 13,578a. Iust. 9,8,2. 13,2,11. H. V.

Philinos (*Φιλῖνος*). **1.** Att. Demokrat, schlug vor, alle Theten unter die Hopliten aufzunehmen. Antiph. frg. 61 aus der Rede *κατὰ Φιλίνου*. P. suchte sich gegen eine *γραφὴ κλοπῆς* zu decken, indem er unmittelbar vor dem Prozeß eine *γραφὴ βουλεύσεως* gegen den Ankläger anstrengte, wurde aber verurteilt. Die gleiche Taktik hatte er früher gegen einen Lysistratos angewandt. Antiph. 6,12. 21. 35f. Blass Att. Bereds. 3,2,358. **2.** Att. Redner, von dessen Familie nichts bekannt ist, Anhänger des → Eubulos (1). Erhalten sind 3 Redetitel und ein Frg. Die Rede *πρὸς Σοφοκλέους καὶ Εὐριπίδου εἰκόνας* griff den Antrag des → Lykurgos an, Statuen der großen Tragiker aufzustellen. Seine Verfasserschaft der Reden *Κροκωνιδῶν διαδικασία πρὸς Κοιρωνίδας* und *κατὰ Δωροθέου* war in der Ant. umstritten. Blass Att. Bereds. 3,2,288ff. **3.** Von Korinth, wurde als Römer- und Spartanerfreund mit seinen Söhnen 148/47 von dem Strategen des achaiischen Bundes → Diaios angeklagt und getötet. Pol. 38,18,6f. H. V.

4. P. von Akragas, Historiker der 2. Hälfte des 3. Jh. v. Chr. Der Umfang, das Thema und der Titel seines Werkes sind uns nicht bekannt, es hat aber Polybios (und Diod. B. 23 und 24) neben → Fabius Pictor (III 1) als Quelle für seine Darstellung des 1. Pun. Krieges gedient. Pol. 1 14 (vgl. 1, 15 und 3,26) gibt an, P. habe die Geschichte sehr parteiisch vom karthagischen Standpunkt – wie umgekehrt Fab. P. vom römischen – dargestellt, doch hätten beide nicht vorsätzlich die Wahrheit entstellt. Hiernach darf man annehmen, daß die prokarthagischen Partien bei Pol. aus P., die romfreundlichen aus Fab. P. stammen. Darüber hinaus im einzelnen die Darstellung des Pol. auf die beiden Quellschriften aufzuteilen, wie es (nach Vorgängern) Laqueur versucht, kann nur zu möglichen, allenfalls z. T. wahrscheinlichen, niemals zu sicheren Ergebnissen führen. Interessant aber ist seine Feststellung, daß P. Informationen aus noch anderen röm. Quellen als Fab. P. besessen und verarbeitet hat. K. Z.

Frg.e: FGrH 174. *Laqueur*, RE XIX 2180–93.

5. P. aus Kos, griech. Arzt im 3. Jh. v. Chr., einer der Begründer der Ärzteschule der → Empiriker. Ph. hatte sich von seinem Lehrer → Herophilos gelöst; in deutlicher Polemik gegen diesen entstand die Emp.schule. F. K.

K. Deichgräber Die griech. Emp.schule, Berlin/Zürich 1965 (Nachdr. mit Zusätzen).

Philippeioi (*Φιλίππειοι* sc. *στατῆρες*, *χρυσοῖ* oder auch *δαρεικοί*), die Goldstatere (→ Didrachmen att. Fußes) Philipps II. v. Makedonien vom Typ Kopf des Apollon → Biga, die nach 348 einsetzen und wohl bis ins 2. Jh. geprägt wurden. Die Ph. gelangten, wie die livian. Triumphzugsberichte lehren und Plautus bestätigt, seit Beginn 2. Jh. massenhaft nach Rom. Von dort kamen sie um die Mitte 2. Jh. zu den Kelten Galliens, zuerst wohl den Haedui, Averni und Lemovices, von wo aus sie, immer stärker barbarisiert, sich bis nach Britannien ausdehnten. H. Ch.

Schrötter, WBMzK s. v. *C. Seltman*, RE XIX 2196ff. *K. Pink* Einf. in die kelt. Münzkunde^2, Wien 1960.

Philippides (*Φιλιππίδης*). **1.** Athener, Parteigänger der Makedonen, in der neuen Komödie als mager und eßlustig verspottet, zweimal durch *γραφὴ ἀδικίας*, zweimal durch *γραφὴ παρανόμων* belangt u. verurteilt. Hypereides forderte mit einer *γραφὴ παρανόμων* erneute Verurteilung des P. Athen. 6,230c. 238c. 11,503a. 12,552d–f. Hyp. 4. **2.** Sohn des Philomelos aus dem Demos Paiania, Trierarch 353,326–323. Demosth. 21, 208. IG II^2 1613. 1628f. 1631f. Stratege für die Flotte, Agonothetes. 293/92 Archon Basileus, auf Antrag des ehemaligen Gegners → Stratokles geehrt. Sylloge^3 362. W. B. Dinsmoor The Archons of Athens 1931, 3ff. P. Treves, Ath. 10, 1932, 189ff.

3. P., Philokles' Sohn, aus Kephale, zu den 6 bedeutendsten Dichtern der Neuen Komödie gerechnet (Anon. CGF p. 9. Gell. 3,15,2), siegte an den Dionysien 311 (IG II^2 2323 a 41), mehrmals an den Lenäen (a. O. 2325, 161). Die Suda gibt ihm 45 Stücke, wir kennen 15 Titel, 39 frg. P. stand in hoher Gunst bei König → Lysimachos (Plut. Dem. 12); ihm gilt die große Ehreninschrift Syll.^{3} 374 (ca. 287/6), die eingehend von den Verdiensten berichtet, die er als Fürsprecher seiner Mitbürger bei Lysimachos und offenbar als sehr wohlhabender Mann, zuletzt als Agonothet sich erworben. Plut. a. O. 12. 26 zitiert die scharfen Verse, mit denen P. den Urheber grotesker Gefälligkeiten der Athener für Demetrios gegeißelt hatte: »Das richtet die Demokratie zugrunde, nicht die Komödie« (frg. 25). Auch sonst zeigt sich ein ernstes Ethos (9. 26). W. K.

Philippoi (*Φίλιπποι*). *Κρηνίδες* ἢ *Δάτον* sind nach App. civ. 4,105 die urspr. Namen des späteren P., *Κρηνίδες* wegen des Quellenreichtums. P. ist der Hauptort der zuerst von thrakischen Stämmen besiedelten, zwischen Strymon und Nestos gelegenen Ebene in O.-Makedonien, die vom Angites durchflossen wird und, von den Gebirgen → Orbelos, → Pangaion und → Symbolon umgeben, sich nur nach W. öffnet. In dieser an Edelmetallen (Strab. 7,331, frg. 34) reichen Gegend am NO.-Abhang des Pangaion liegt P. Ein Paß (Stena, Pylai) führt von P. über das Symbolon nach Kavala, dem ant. Hafen → Neapolis (1). Beste Beschreibung bei App. civ. 4,105ff.

Die Besetzung von Krenides durch Philipp II. von Maked. und seine Umbenennung in P. ist durch Münzen belegt. Nach 356 v. Chr. erschienen die maked. Königsmünzen mit der Aufschrift *Φιλιππου*. Nach der Niederlage des → Perseus bei → Pydna (168) gehörte P. zur ersten *μερίς* Makedoniens. Im 1. Mithridat. Kriege nahm L. Valerius Flaccus P. ein, und im J. 42 war P. der Schauplatz der berühmten Doppelschlacht.

Die röm. Besiedlung von P. wurde von Antonius nach der Schlacht begonnen und von Augustus nach Actium fortgesetzt. Die Stadt hieß nun *Col. Iul. Augusta Philippensium.* In der Flavierzeit folgten weitere Veteranenansiedlungen.

In P. gründete Paulus auf seiner 2. Missionsreise die erste chr. Gemeinde in Europa (Apg. 16, 8ff.). Später spielten sich in der Nähe von P. die Kämpfe Gordians III. mit seinen Widersachern ab (H.A. Gord. 34,4). Im 5. Jh. erfolgte der Ansturm der Ostgoten unter Theoderich auf P. (473). Anf. 9. Jh. spielte P. eine bedeutende Rolle in der Gesch. des 1. Bulg. Reiches. Seit der Türkenherrschaft verstummen die Nachrichten über P.

Bauten: Aus röm. Z. stammen ansehnliche Ruinen, ein imposanter Mauerring, ein Markt mit zahlreichen Bauten, ein Gymnasion, eine Markthalle, Türme, ein Theater auf der Akropolis u.a.

Religion. Die Kulte von P. waren sehr mannigfaltig der geograph.-polit. Grenzlage der Stadt zufolge. Hervorzuheben die thrak. Kulte (Zahlreiche Felsenreliefs und Inschr.).

Liv. 45,29. Strab. 7,33,1. Tac. Hist. 1. 50. 2,38. Plut. Ant. 69. App. civ. 4,103ff. Itiner. NT. Chr.D.

Joh. Schmidt, RE XIX 2206–2244. *P. Collart* Philippes, ville de Macédoine, P. (1937), passim. *D. Lazaridis*, *Οἱ Φίλιπποι*, 1956 (neugriech.).

Philippopolis (*Φιλιππόπολις*), thrak. Namensform *Pulpudeva*, daher h. Plovdiv, zweitgrößte Stadt Bulgariens, gegründet von Philipp II. v. Makedonien 341 v. Chr. am r. Ufer des Hebros. P. war vom thrak. Stammverband der Besser besiedelt. Äußerst günstige geograph. und strateg. Lage auf 3 felsigen Hügeln (daher der röm. Name d. Stadt *Trimontium*), Kreuzungspunkt der Straße → Singidunum – → Serdica – P. → Hadrianopolis – Byzantion mit der NS.-Str. von → Oescus an der Donau zur Ägäis. Eine uralte wichtige Verkehrsader verband P. auch mit dem Schwarzen Meer; ihre Fortsetzung führte in w. Richtung über das h. Pazardžik in das Strymontal.

P. wurde wahrscheinlich bereits z.Z. Philipps II. befestigt, obwohl die bisher aufgedeckten Mauerreste auch eine spätere Datierung zulassen.

Später geriet die Stadt in thrakischen Besitz. Philipp V. entriß sie bei seinem Zug ins Innere Thrakiens (183 v. Chr.) dem thrak. Fürsten, doch blieb sie nur vorübergehend makedonisch, da die Thraker sie bald wieder besetzten (Pol. 23,8; 5–7. Liv. 39,53,10).

Für die Provinz Thrakien verliefen die ersten 2 Jh. n. Chr. fast durchweg ruhig; daher erfolgte eine Neubefestigung der Stadt erst in der 2. Hälfte 2. Jh. (167/168). Zu Beginn des J. 250 brachen die Goten unter Kniva im Verein mit den Karpen in die thrak. Länder ein. Als sich die beiden Gotenhaufen vor P. vereinigten, konnte die Stadt nicht mehr dem Ansturm der Belagerer standhalten, ergab sich und wurde geplündert.

Auch im 4.–6. Jh. hatte P. viel zu leiden. Im J. 551 mußte Narses, der Feldherr Iustinians, auf seinem Zug nach Italien bei P. mit Hunnen kämpfen. Damals wird die Stadt neubefestigt gewesen sein, da sie im Verzeichnis der in der Zeit von 540 bis 550 neuangelegten oder ausgebesserten Festungen steht (Prok. de aedif. 4,8,2–4. 11,18ff.). Das Münzrecht besaß P. seit Domitian; die Prägung dauerte bis Elagabal. Es war auch Residenzort der thrak. Provinzialversammlung, des *κοινὸν Θρᾳκῶν*, mit lokalen Stadtphylen. Unter seinen Kulten erscheinen echt thrak. Namen oder Beinamen. Stark entwickelt war das Vereinswesen. Die Bevölkerung war in der Kaiserz. stark gemischt. Frühes Christentum.

Einige Nekropolen mit reichen Funden. Zahlreiche öffentl. Bauten, darunter einige Tempel, gut ausgebaute und breit verästelte ant. Wasserleitung; Badeanlagen; Stadion; Wettspiele von internationalem Ruf.

In den letzten beiden Jahrzehnten wurden neue Stadtteile aufgedeckt, in denen während der Kaiserzeit vermutlich breitere und ärmere Bevölkerungsschichten gewohnt hatten.

Pol. 5,100. Liv. 39,53. Mela 2,30. Plin. nat. 4,41. Tac. ann. 3,38. Ptol. 3,11,12 und bes. Dexippos FGrH 100 F 22 und 26. Inschr. bei Mihailov Inscr. Gr. Bulg. Chr. D.

Danoff, RE XIX 2244–2263; neuere Funde hauptsächl. im Jahrb. d. Plovd. Archaeolog. Mus. (seit 1939), ebd. auch Einzelveröffentlichungen.

Philippos (*Φίλιππος*). **1.** Spartiate, 412 Befehlshaber in Milet, fuhr 411 mit → Tissaphernes zur phonik. Flotte nach Aspendos und meldete → Mindaros, daß sie nicht helfen werde. Thuk. 8, 28,5. 87,6. 99. **2.** Theban. Oligarch, half 382 mit → Archias (3) den Spartanern, die Kadmeia zu besetzen, wurde 379, wieder Polemarch, von den Verschwörern um → Pelopidas getötet. Xen. hell. 5,4,2. 4. Plut. Pelop. 5,2. 7,4. 9,4. 11,2ff.; mor. 594c. 597b. P. Cloché Thèbes de Béotie, 1951, 118. **3.** I., 3. maked. König seit → Perdikkas I. (1) um 600 v. Chr., Hdt. 8,139. Satyros FGrH 631 F 1. Iust. 7,2,5. Zu seinen schemat. Regierungsjahren (26 bis 39) Beloch GG² 3,2,49f. P. Cloché Histoire de la Macédoine 1960, 28f. **4.** II., König der Makedonen 359–336. Sohn des → Amyntas III. (3) und der → Eurydike (2), * um 382, Iust. 7,4,5. Von 368 bis 365 Geisel in Theben für Ptolemaios Alorites, dann Teilfürst unter → Perdikkas III. (3), seit 359 Vormund über dessen Sohn → Amyntas (4), beseitigte mehrere Prätendenten, besiegte 358 Illyrier und Paionen und gründete in der → Lynkestis → Herakleia (2). Diod. 16,4. 8,1. 357 eroberte und behielt er → Amphipolis, obwohl er dessen Überlassung Athen versprochen hatte, nahm → Pydna und 356 → Poteidaia, dessen Gebiet er dem Chalkid. Bund übergab. Diod. 16,8,3. H. Bengtson Die Staatsverträge des Alt. 2, 1962, 308. Im Krieg mit einer thrak.-illyr.-paion., von Athen unterstützten Koalition unter → Ketriporis und → Lyppeios gewann P. das gold- und silberreiche Pangaiongebiet (Jahresertrag 1000 Talente, Prägung der Philippeioi, Goldstatere) und gründete → Philippoi. Diod. 16,8,6. Bengtson 309. Annahme des Königstitels 355. Iust. 7,5,9. Mit der Einnahme von → Methone 354, bei der P. das r. Auge verlor (Iust. 7,6,14), beherrschte er mit der ersten Expansionsphase die Küste, ausgenommen die → Chalkidike.

Als Verbündeter der → Aleuaden (Bengtson 315) und Bundesfeldherr des thessal. Heeres vernichtete er im 3. Heiligen Krieg nach 2 Niederlagen 352 das phok. Heer des → Onomarchos bei → Pagasai. Thessalien schloß sich P. an, Pagasai wurde maked. Flottenstation, thessal. Gemeinden erhielten maked. Garnisonen, thessal. Zölle erhöhten seine Einkünfte. Den Vormarsch nach Mittelgriechenland gab er auf, da die Thermopylenstellung durch die phok. Bundesgenossen besetzt war. Er wandte sich 352 nach Illyrien und Epeiros, dessen Herrscher → Arybbas seinen Neffen Alexandros als Geisel stellte, und erweiterte durch den Anschluß der thrak. Fürsten → Amadokos (2) und → Kersebleptes die maked. Einflußsphäre über den → Nestos bis zum Schwarzen Meer in unmittelbare Nähe des athen. Besitzes auf der Chersonesos. Bengtson 319. Dann zerschlug er den Chalkid. Bund, der von dem verbündeten Athen trotz der 1. Philippica und der olynth. Reden des → Demosthenes (2) ungenügend unterstützt wurde. 350 zerstörte er → Stageira, 348 → Olynthos. Pfeilspitzen und Schleuderbleie mit dem Namen des P. und seiner Offiziere wurden dort gefunden. D. M. Robinson Excavations at Olynthus 10, 1941, 382f. 431ff. Pl. CXX. CXXXII. Die Chalkidike wurde makedon., z. T. von Hetairen des P. besiedelt. Sylloge[3] 332. App. b. c. 4,102,428. Athen, seit 357 wegen der Wegnahme von Amphipolis im Kriegszustand mit P., war durch den von ihm und maked. Parteigängern veranlaßten Abfall Euboias erschöpft und kriegsmüde. Bei Verhandlungen in → Pella 346 gewann P. → Aischines (2) und → Philokrates (2) für eine Verständigung zwischen Athen und Makedonien. Demosthenes als Mitgesandter wollte nur eine Atempause und hielt an seiner Agitation gegen P. fest. Der Friede des Philokrates, von P. in Pella beschworen, garantierte beiden Staaten mit ihren Bundesgenossen den gegenwärtigen Besitzstand, bestätigte also P. seine Eroberungen in Thrakien und den Besitz der Küste bis herab nach → Magnesia; ferner wurde die Sicherung des Meeres und ein Defensivbündnis vereinbart. Bengtson 329. Unter dem Eindruck dieses Friedens forderte → Isokrates (2) in dem Sendschreiben »Philippos« P. auf, als Wohltäter (εὐεργέτης) der Hellenen sie zu einen und zum Kampf gegen Persien zu führen. S. Perlman, Hist. 6, 1957, 306ff. Um den Heiligen Krieg zu beenden, lud P. Athen ein, mit ihm gegen die Phoker zu ziehen, Athen lehnte aber ab. P. besetzte die Thermopylen, die Phoker ergaben sich, als er den Söldnern des → Phalaikos freien Abzug gewährte. Demosth. 19,53ff. Diod. 16,59,1ff. Maked. Besatzungen lagen nun in Mittelgriechenland. P. schützte die Phoker gegen die Rache der Thebaner, sie wurden zur Rückzahlung der geraubten Tempelschätze verurteilt und aus dem Amphiktyonenrat ausgestoßen. Ihre beiden Stimmen übertrug eine außerordentliche Versammlung der Amphiktyonen P. und nahm ihn damit in die Gemeinschaft der Griechen auf. Die Amphiktyonie beschloß ferner einen »allgemeinen Frieden« (κοινὴ εἰρήνη) und beauftragte P. mit seiner Verwirklichung. Diod. 16,60, 3f. F. R. Wüst Philipp II. von Maked. und Griechenland in den J. 346 bis 338, 1938, 20ff. Bengtson 331. Gegen die Neuordnung sträubte sich Athen, es schickte keine Vertreter zu den großen Pythien, die P. leitete. Erst als er und die Thessaler mit einem Heiligen Krieg drohten, lenkte Demosthenes in seiner Rede über den Frieden ein. Demosth. 5.19.111. 128. Während er auf einer Reise in die Peloponnes die Griechen zu gemeinsamem Widerstand gegen ein weiteres Vordringen des P. mahnte, festigte dieser seine Herrschaft. 344 sicherte er die W.-Grenze gegen die Illyrier durch einen Zug bis nahe an die Adria. Zum Archon von Thessalien auf Lebenszeit gewählt, richtete er dort eine Dekadarchie, ein Koinon aus 10 Gemeinden, ein. Sie wurde 342 durch 4 Teilbezirke (Tetrarchien) ersetzt. Diod. 16,69,8. Wüst 99ff. Während P. und Athen 344–342 ergebnislos über eine Revision des Philokratesfriedens verhandelten, erkannte er die Selbständigkeit Messeniens und Arkadiens gegenüber Sparta an, besetzte → Eretria und → Oreos auf Euboia durch Parmenion und half maked. Parteigängern in Elis und Megara. 343 schloß er mit → Artaxerxes III. (3) einen Freundschaftsvertrag. Durch ihn erhielt er unter Verzicht auf ein Eingreifen in Kleinasien freie Hand im thrak. und griech. Raum. Arr. an. 2,14,2. Wüst 89ff. Bengtson 333. 342 vertrieb er Arybbas und setzte den Molosser Alexandros als König der Epeiroten ein. Von der Besetzung → Ambrakias sah er ab, da ihm Athen hier mit Truppen entgegentrat, schloß aber mit den Aitolern ein Bündnis. Bengtson 336. Dann vertrieb er die letzten thrak. Fürsten, unterstellte das Land zwischen dem Nestos und Schwarzen Meer als maked. »Provinz« einem Strategen und schloß mit → Hermias von Atarneus ein Bündnis. H. Bengtson Die Strategie 1, 1937, 38ff. Sein Vorstoß gegen die Meerengen bedrohte Athens Machtbasis, Demosthenes verstärkte seine Agitation (3. und 4. Philippica, 341) und gründete 340 einen hellen. Bund, dem freilich die Landmacht Boiotien fernblieb. Wüst 118ff. Inzwischen marschierte P., um → Perinthos und Byzantion zu belagern, durch attisches Gebiet auf die thrak. Chersonesos, doch erst als er 180 athen. Getreideschiffe kapern ließ, erklärte Athen Herbst 340 den Krieg. Iust. 9,1.

Infolge der att. Seeüberlegenheit gab P. 339 die Belagerung von Perinth und Byzanz auf. Den Fehlschlag glich er durch einen Zug zur Donau aus, bei dem er den Skythenkönig Ateas tötete und die Schwarzmeerküste erreichte. Die Gelegenheit, den Krieg mit Athen zu Land zu entscheiden, bot der 4. Heilige Krieg, den die Amphiktyonie auf Betreiben P.' gegen → Amphissa und O.-lokris wegen eines Kultfrevels beschloß. Zu seiner Durchführung wurde P. auf den Herbstpythien 339 zum *ἡγεμὼν τῶν Ἀμφικτυόνων* gewählt. Aischin. 3, 129. Demosth. 18,143. 151. Wüst 146ff. Überraschend umging er die Thermopylensperre der Thebaner und besetzte → Elateia. Trotz seines Bündnisangebots schloß sich Theben Athen und dem hellen. Bund an. Die Verbündeten wehrten P. 339 am → Kephisos (1) ab, aber 338 besetzte er Amphissa, Delphoi und → Naupaktos und schlug mit der schiefen Schlachtordnung am 2. Aug. 338 bei → Chaironeia die Griechen völlig. Während Theben wie Chalkis und Korinth eine maked. Besatzung erhielten, verlor Athen nur die thrak. Chersonesos und den Seebund. Auf Ersuchen P.' schlossen alle griech. Staaten mit Ausnahme Spartas in Korinth einen allg. Frieden (*κοινὴ εἰρήνη*), der die Autonomie der Einzelstaaten und ihre innerpolit. Ordnung durch Verbot gewaltsamer Umwälzungen verbürgte, und zu seiner Erhaltung einen ewigen Bund (Symmachie). Die Vertreter der Bündner saßen in dem Bundesrat (Synedrion), P. gehörte ihm nicht an, wurde aber zum lebenslänglichen Hegemon und Bundesfeldherrn ernannt, konnte Sitzungen berufen, Anträge stellen und entschied durch seine tatsächliche Macht die Politik des Bundes. Diod. 16,89. Iust. 9,5. Tod IGH^2 2,177. Auf seinen Antrag beschloß das Synedrion 337 den Krieg gegen Persien, den P. geschickt mit der Rache für die von Xerxes zerstörten Heiligtümer begründete, und erklärte P. zum bevollmächtigten Strategen (*στρατηγὸς αὐτοκράτωρ*). 336 sandte P. 10000 Mann unter Parmenion und Attalos nach Kleinasien. Diod. 16,91,1. Iust. 9,5,8. Während weiterer Vorbereitungen wurde er in Aigai bei der Hochzeit seiner Tochter → Kleopatra (3) mit dem Molosserkönig Alexandros von → Pausanias (4) ermordet. Wieweit daran seine Gemahlin → Olympias, die er 337 verstoßen hatte, um → Kleopatra (2) zu heiraten, beteiligt war, ist ungewiß. P. überragte als kühner Feldherr und verschlagener Staatsmann die Zeitgenossen. Nach Theopomp FGrH 115 F 27, der die persönlichen Fehler in der maßlosen Lebensführung des P. betont, hatte Europa keinen solchen Mann wie P. gesehen. Er schuf die Grundlagen für das Werk Alexanders d. Gr. Bewußt pflegte er kulturelle Beziehungen zu Griechenland. Er berief Aristoteles zum Erzieher Alexanders. Im Philippeion zu Olympia waren Goldelfenbeinstatuen des P. und seiner Familie von der Hand des → Leochares aus Athen aufgestellt. Paus. 5,20,9f. Zu kultischen Ehren des P. C. Habicht Gottmenschentum und griech. Städte, 1956, 12ff. Bei den Olymp. Spielen errang er 356 einen Sieg im Wagenrennen. Plut. Alex. 3,8. 4,9. Iust. 12,16,6. L. Moretti Iscrizioni agonistiche Greche 1953, 141. Zur Bewunderung des P. durch Pol. K. W. Welwei Könige und Königtum im Urteil des Pol., Diss. Köln 1963, 22ff. P. Cloché Histoire de la Macédoine 1960, 132ff. Bengtson GG^4 301ff. **5.** III., König der Makedonen, vgl. → Arridaios (4). **6.** IV., König der Makedonen 296 v. Chr., Sohn des → Kassandros (2) und der Thessalonike, Iust. 15,4,24. Synk. 504; † nach viermonatiger Regierung. Eus. chron. 1,231. 241 (Schoene). **7.** V., Sohn des → Demetrios II. (3) und der → Phthia, * 238, König der Makedonen 221–179 und Hegemon des von → Antigonos III. (3) gegründeten Hellenenbundes. Bis 221 war Antigonos sein Vormund. Plut. Aem. 8,3. Paus. 7,7,4. Iust. 28,3,9f. Nach der Thronbesteigung erklärte P., von einem Regentschaftsrat → Apelles [1] und → Aratos (2) beraten, 220 in Korinth den Bundeskrieg gegen die Aitoler, Sparta und Elis, nahm Messenien in den Bund auf, schützte Makedonien gegen die Dardaner, eroberte 219 Elis und zerstörte 218 → Thermos. Er befreite sich von dem Regentschaftsrat, einige Mitglieder wurden wegen einer Verschwörung hingerichtet, → Megaleas nahm sich selbst das Leben. Pol. 5,14ff. 25ff. 217 schlug P. die Dardaner am Axios und versperrte mit der Besetzung von Bylazora ihr Einfallstor. Pol. 5,97. Dann eroberte er das phthiot. Theben, besiedelte es mit Makedonen und nannte es Philippopolis. Pol. 5,100. Diod. 26,9. Walbank 63f. In Argos erhielt er die Nachricht von Hannibals Sieg am Trasimenischen See. Unter dem Einfluß des Demetrios von Pharos, der vor den Römern von der illyr. Küste zu P. geflohen war, schloß er 217 mit den Aitolern den Frieden von Naupaktos auf Grund des status quo. P., der allg. Liebling der Hellenen (*κοινός τις οἷον ἐρώμενος τῶν Ἑλλήνων*, Pol. 7,11,8), wurde *προστάτης* Kretas. Pol. 5,100f. Um die Römer aus Illyrien zu verdrängen, schloß er 215 mit → Hannibal (4) ein Bündnis. Pol. 7,9. In dem 1. Maked.-röm. Krieg (215–205) konnten die Römer P. durch Verwicklungen auf der Balkanhalbinsel von einer aktiven Unterstützung Hannibals fernhalten, sie gewannen 212 die Aitoler, ferner 211 Elis, Sparta, Messene und → Attalos I. (4) zu Verbündeten, während → Prusias I. von Bithynien, die Achaier, Boioter, Thessaler, Akarnanen und Epeiroten P. halfen. Die Kämpfe verzettelten sich in Illyrien, an der maked. N.-Grenze, in Thessalien, auf Euboia und in der Peloponnes. Plötzliche Entschlüsse und schnelle Bewegungen des P., der 208 in → Demetrias durch ein Feuersignalsystem auf dem laufenden war (Pol. 10,42,4ff. 45,6), gaben ihm allmählich Überlegenheit über die Gegner. Der Abzug der Römer, die in Italien gegen Hasdrubals Einfall gebraucht wurden, zwang 206 die Aitoler zum Sonderfrieden mit P., 205 folgte der Friede mit Rom in Phoinike, in dem er auf das Bündnis mit Karthago verzichtete, aber mit den Landschaften → Dassaretis und → Atintania die w. Eingangstore nach Makedonien erhielt. Liv. 29,12,1ff. Dann schlug er 204 die illyr. Dardaner und beteiligte sich mit der seit 208 aufgerüsteten Flotte an dem Kretischen Krieg gegen Rhodos; sein Günstling → Herakleides (14) unternahm einen Anschlag auf die rhod. Flotte. Pol. 13,5. Polyain. 5,17. Mit → Antiochos III. (4) schloß er 203 zur Aufteilung des Ptolemaierreiches einen Geheimvertrag, der ihm W.-Kleinasien, Thrakien und die Kykladen überließ. Pol. 3,2,8. App. Mak. 4. H. H. SCHMITT Untersuchung. z. Gesch. Antiochos' d. Gr., 1964, 237ff. Er griff die ptolem. Herrschaft in der Ägäis und die mit den Aitolern verbündeten Städte am Hellespont an, eroberte – mehrfach mit brutaler Versklavung der Einwohner – 202 Lysimacheia, Sestos, Perinthos, Chalkedon, Kios, Paros und Thasos, 201 Samos und Teile Kariens. H. VOLKMANN Die Massenversklavungen der Einwohner eroberter Städte in der hellenist.-röm. Zeit, 1961, 64f. Als darauf Rhodos und Attalos I. den Krieg erklärten, plünderte P. das Gebiet von Pergamon und ließ Tempel und Altäre völlig zerstören (Pol. 16, 1,5); die Seeschlacht bei Chios blieb unentschieden. Aitoler, Rhodier, Attalos baten Rom um Hilfe, Athen schloß sich an. Als P. die ihm vor dem zerstörten Abydos gestellten röm. Forderungen (Rückgabe der Eroberungen, Einstellung des Krieges gegen die Griechen, Schiedsgericht zwischen P. und Attalos) ablehnte, brach der 2. maked.-röm. Krieg 200 aus. Da die Aitoler 199, die Achaier 198 auf die Seite Roms traten, Antiochos III. neutral blieb, wurde P. bis auf Stützpunkte wie Korinth und Argos aus Griechenland gedrängt. 198 ging er von der Riegelstellung am Aoosfluß zu dem Tempepaß zurück und räumte Thessalien und Phokis. Nach vergeblichen Verhandlungen mit T. Quinctius Flamininus in Nikaia (Pol. 18,1ff. Liv. 32,32,6ff.) wurde P. 197 bei Kynoskephalai, dem »Jena of Macedon« (M. HOLLEAUX, CAH 8, 1930, 175), völlig geschlagen, die maked. Phalanx unterlag den röm. Manipeln. Im Frieden mußte P. auf die Besitzungen in Griechenland und Kleinasien verzichten, die Flotte ausliefern, 1000 Talente in Raten zahlen, Rom Heeresfolge versprechen und als Geisel seinen jüngeren Sohn → Demetrios (4) stellen. Pol. 18,28ff. 44. 48,3. Daher half er den Römern, die Makedonien als strategische Basis nahmen, in den Kriegen gegen → Nabis 195 und gegen Antiochos und die Aitoler 192–189. Sie erließen P. 190 den Rest der Kriegsentschädigung, er mußte aber 185/84 die seit 190 in Thessalien und Thrakien gewonnenen Städte räumen. Erbittert über die Demütigung *(nondum omnium dierum solem occidisse*, Liv. 39, 26,9), rüstete er energisch auf. Wie er schon in Schreiben an Larisa (Sylloge³ 543) 219 und 214 mit Hinweis auf röm. Praxis geraten hatte, die Bürgerzahl zu erweitern, suchte er durch Um- und Neusiedlungen die Bevölkerung zu vermehren (Pol. 23,10,4ff. Liv. 40,3), erhöhte Steuern und Zölle, legte Getreide- und Waffendepots an, bildete das Heer durch ein Militärreglement (WALBANK 288,2) und 3 Feldzüge (184,183,181, Besteigung des über 2000 m hohen Haimos) gegen thrak. Grenzstämme aus, belebte den Bergbau und gab einzelnen Städten und Distrikten das Recht eigener Mzprägung. P. R. FRANKE, Jb. f. Numism. u. Geldgesch. 7, 1956, 111. 122f. Die letzten Jahre des P. belastete der Zwist seiner Söhne Perseus und Demetrios. 180 ließ er Demetrios aus Mißtrauen gegen dessen romfreundliche Haltung töten; er selbst starb 179 in Amphipolis. P. war eine widerspruchsvolle Persönlichkeit. Pol. kennt 4 verschiedene Entwicklungsstadien des P., die seine 4 Regierungsabschnitte (215,200,188, 179) begleiten. Trotz guter Anlagen als Feldherr und Staatsmann verscherzte P. durch Leidenschaft, Treubrüche und Grausamkeit die Sympathie der Griechen und förderte gegen seinen Willen die röm. Expansion. H. E. STIER Roms Aufstieg zur Weltmacht und die griech. Welt, 1957, 179 (imperialist. Denkweise des P.). K. W. WELWEI Könige u. Königtum im Urteil des Pol., Diss. Köln 1963, 38ff. P. PÉDECH La méthode historique de Polybe 1964, 223f. 237f. F. W. WALBANK Philip V. of Macedon 1940. **8.** Sohn → Alexandros' I. (2) von Makedonien, Teilfürst am unteren → Axios, floh, von → Perdikkas II. (2) 436 vertrieben, nach Athen. 429 †, da sein Sohn Amyntas den maked. Königsthron beanspruchte. Thuk. 1,57,3. 61,4. 2,95,3. 100,3. Diod. 12,50,4. SEG 12,16,52. **9.** Aus Megalopolis, Sohn eines Makedonen Alexandros, angeblich Nachkomme Alexanders d. Gr., Prätendent gegen Philipp V., auf → Zakynthos Statthalter seines Schwagers Amynandros, bestattete 191 im Auftrag Antiochos' III. die 197 bei Kynoskephalai gefallenen, von Philipp V. nicht beerdigten Makedonen. In → Pelinnaion zur Übergabe gezwungen, wurde P. als Geisel nach Rom gebracht. Liv. 35,47,5ff. 36,8,3ff. 13,7ff. 31,11f. App. Syr. 13. 16. **10.** Sohn des → Antipatros (1), von Olympias 317 des Giftmordes an Alexander d. Gr. beschuldigt, besiegte 313/12 für Kassandros die Epeiroten und Aitoler, starb verwundet. Diod. 19,74,3ff. Paus. 1,11,4. Iust. 12, 14,6. Sein Sohn Antipatros war 281 45 Tage König von Maked. FGrH 260 F 3,10. **11.** Zweiter Sohn des → Antigonos (1) und der Stratonike, benannt nach dem Großvater, * um 332, streng erzogen, Cic. off. 2,48 *(epistulae Antigoni ad Philippum)*. Plut. Demetr. 2,1f. 23,6; mor. 182b, 311 durch → Skepsis geehrt, OGIS 6,30, bekämpfte 309 Phoinix am Hellespontos. † 306, begraben in Antigoneia am Orontes. Diod. 20,19,5. 73,1 (mit Phoinix verwechselt). **12.** Makedone niedriger Herkunft, aus seiner Ehe mit → Berenike (1) stammten → Magas und Antigone, die 298 Pyrrhos von Epeiros heiratete. Paus. 1,7,1. Plut. Pyrrh. 4,7. SEG 18,743,4. **13.** Offizier, *φίλος* des → Antigonos (1), Teilnehmer am Feldzug Alexanders d. Gr., 312 Berater des → Demetrios (2), behauptete 302 die Burg von → Sardeis, obwohl die Stadt sich durch Verrat dem Feldherrn des Lysimachos → Prepelaos ergeben hatte. Diod. 19, 69,1. 20,107,5. **14.** Befehligte im Heer des → Eumenes (1) 316 bei Gabiene den r. Flügel, sollte durch taktische Zurückhaltung (*φυγομαχεῖν*) den Angriff des l. Flügels erleichtern, vielleicht ident. mit Nr. 13. Diod. 19,40,4. **15.** *σύντροφος* des → Antiochos III. (4), befehligte 217 bei → Rapheia 60 Elefanten am r. Flügel, 190 bei → Magnesia (3) die Phalanx in der Mitte in der Schlachtreihe. Pol. 5,82,8. App. Syr. 33. Liv. 37, 41,1 (*magister elephantorum*). **16.** Romfreundlicher Achaier, verleumdete 168 Mitbürger bei den Römern wegen angeblicher Verbindungen zu König Perseus, wurde vom achaiischen Bund nach Amphipolis geschickt, um L. Aemilius Paulus zu beglückwünschen. Pol. 30,13,3. Liv. 45,31, 6ff. **17.** Freigelassener des Cn. Pompeius, landete mit ihm 48 bei → Pelusion und sorgte nach der Ermordung des Pompeius am Strand notdürftig für die Verbrennung und Bestattung der Leiche. Plut. Pomp. 78,6. 79,4. 80,3ff. **18.** Aus Phrygien, 167 Burgkommandant des → Antiochos IV. (5) in Jerusalem, beschleunigte durch seine Härte den Aufstand des → Iudas Makkabaios, rief gegen ihn den Strategen von Koilesyrien Ptolemaios zu Hilfe. 2. Makk. 5,22ff. 8,8. 19. *φίλος*, *σύντροφος* des → Antiochos IV. (5), 163 von ihm zum Reichskanzler (*ὁ ἐπὶ τῶν πραγμάτων*) und Vormund des → Antiochos Eupator (6) ernannt. Im Kampf mit dem Regenten → Lysias (5) 163/62 geschlagen, wurde P. hingerichtet oder floh an den äg. Hof. 1. Makk. 6,14f. 55,63. 2. Makk. 9,29. Ios. ant. 12,360. 379ff. 386. Ob ident. mit dem P. in OGIS 253,6? É. WILL Histoire politique du monde hellénistique 2, 1967, 307. H. V.

19. P., Bruder des → Harpalos (?), 326 Satrap des Gandharagebietes (Arr. an. 5,8,3. 6,2–4; 6,5. 6,14,3; Ind. 19); mit starken Truppen zurückgelassen, kam er 324 bei einem Söldneraufstand ums Leben. Seine Satrapie übernahmen → Taxiles und Eudemos. Identität mit einem Arr. an. 4,24,10 4,28,6 erwähnten Offizier wäre möglich. BERVE Alex. II Nr. 780. **20.** P., Sohn des Menelaos, bei Alexanders Feldzugsbeginn 334 Führer der berittenen *σύμμαχοι*, ab 334 dann der thessal. Reiterei und folgerichtig ab 330 einer wohl aus sich verpflichtenden Thessalern und Griechen formierten Söldnereinheit. BERVE Alex. II Nr. 779. – Die Alexandergesch. kennt außerdem noch mehrere

Träger gleichen Namens in militär. Führerstellungen. **21.** P., Akarnane, Leibarzt Alexanders d. Gr. seit der Jugendzeit. Die Gesch. von Alexanders wunderbarer Heilung 333 (vgl. FGrH IId 511) scheint früh ausgemalt und mit parmenionfeindlichem Akzent versehen zu sein. Verwendung nach 331 (Curt. 6. 17) ist trotz erfolgter Ehrungen (Diod. 17,31,6) nicht mehr nachweisbar (an der Nachricht des Ps. Kallisthen. 3,31,8 möchte ich im Gegens. zu TREVES, RE XIX 2550 zweifeln). G. W.

F. Rühl, Fleckeisen's Jahrb. 123, 1881, 361ff. *Berve* Alex. II Nr. 788.

22. P., Epigrammatiker aus → Thessalonike (Lemma zu Anth. Pal. 9,285 u. a.), lebte, wie seine höfischen Epigramme zeigen, in Rom. Eine Reise nach → Aktion (Bd. I 1529) mit Aufenthalt in → Leukas bezeugt 6,251. Ph.' Zeit wird bestimmt durch 6,236 (wahrscheinlich unter Tiberius). 6,240 (Spätherbst 37). 9,778 (Sommer 39). Er sammelte die Epigramme der nach → Meleagros aufgetretenen Dichter und seine eigenen in einem nach dessen Vorbild benannten, einem Camillus gewidmeten Kranze, dem er ein nach gleichem Vorbild verfaßtes Prooimion vorausschickte (4,2). Veröffentlicht ist dieser wahrscheinlich 40. Zwar fällt 9,178 (Antiphilos) ins J. 53, doch GOW-PAGE (s. u.) haben betont, daß dies nicht innerhalb von Bruchstücken des Kranzes steht, also später als dieser sein kann. Über die Anordnung, die alphabet. war, aber themat. Ähnlichkeiten berücksichtigte, AL. CAMERON, Greek, Rom. and Byz. Stud. 9, 1968, 331ff. Die etwa 80, meist fingierte Themen behandelnden Epigramme des Ph. zeigen wenig Originalität. Hauptvorbild ist → Leonidas (9) von Tarent, dem er auch in der Bildung neuer Wörter folgt, von den Späteren → Antiphilos (2). Die Caesurregeln des Kall. im Hexameter befolgt Ph. nicht streng. Die Schlußsilbe der 1. Pentameterhälfte ist stets naturlang, die der 2. fast stets accentlos. In 4 iamb. Epigrammen endet jeder Trimeter mit einem Paroxytonon (P. MAAS Griech. Metr. §§ 21. 22). R. K.

A. S. F. Gow, D. L. Page The Garland of Philip. 1968.

23. P., griech. Arzt, Zeitgenosse des → Galenos, → Empiriker. Galens Schrift *περὶ τῆς ἰατρικῆς ἐμπειρίας* fußt auf einem Streitgespräch zwischen → Pelops und Ph., an dem auch Galen teilnahm.

K. Deichgräber Die griech. Empirikerschule, Berlin/Zürich 1965 (Nachdr. mit Zusätzen).

24. P., Arzt um 100 n. Chr., → Pneumatiker, verfaßte u. a. eine (von Galen benutzte) Schrift über Alterskrankheiten; nichts erhalten. **25.** P., Arzt, Lehrer des → Galenos, wirkte offenbar vor allem als → Hippokrates-Kommentator (er soll eine lat. Übers. der Aphorismen des Hipp. verfaßt haben); nichts erhalten. F. K.

26. P., einer der »Zwölf« (Mk. 3,18 par.; Apg. 1,13), die wohl die älteste, bald abgelöste Leitung der Jerusalemer Urgemeinde nach Ostern bildeten (1. Kor. 15,5), in der Tradition aber als die schon von → Jesus berufenen und seit Pfingsten die Kirche tragenden »12 Apostel« fortleben. Vielleicht aus → Bethsaida und aus Täuferkreisen zu Jesus gestoßen (Joh. 1,43f.). **27.** P., einer der sieben »Diakone«, der Leiter der »Hellenisten« in der Jerusalemer Urgemeinde (Apg. 6,5, hier zu Fürsorgern der Gesamtgemeinde herabgestuft). Nach → Stephanos' Tod missionierte er in Samarien (8, 5. 40); um 55 begegnet er als »Ph. der Evangelist« in → Caesarea (3) (21,8f.). Die chr. Tradition, die auch Ph.akten (4./5. Jh.?) und ein gnostisches Ph.-Evangelium kennt (beide hist. wertlos), verwechselt oder verschmelzt oft 27 mit 26. Chr. B.

Lex. f. Theol. und Kirche², 8, 1963, 464. 465f. (Lit.). *W.C. Till* Das Ev. nach Philippos, 1963.

Philippus. 1. Cognomen, in den Fasten der republikan. Z. bei den Marcii (I 21–28), in denen der Kaiserzeit bei den Flavii und Iulii (DEGRASSI FCons. 262). H. G. G.

2. P. Arabs imper. Caesar M. Iulius P. Aug., CIL III 3203. Er stammte aus Arabien, aus dem späteren Philippopolis, Zos. 1,18,3, * um 204, im J. 243 *praefectus praetorio*, vit. Gord. 29,1. epit. Caes. 27,2. Er veranlaßte die Ermordung → Gordians und ließ sich Mitte März 244 zum Kaiser ausrufen, Zos. 1,19,1. Zon. 12,18. Eutr. 9,2, 3. Er beendete den seit 242 dauernden Perserkrieg sofort durch einen Friedensvertrag und machte seinen Bruder → Priscus zum *praefectus Mesopotamiae*, Zos. 1,19,2; er selbst traf gegen E. Juli (CIL VI 793) in Rom ein. *Cos. ord.* 245, AE 1954, 110. E. des J. mußte Ph. an die Donau eilen, die die dak. Karpen überschritten hatten. Das J. 246 war mit Kämpfen gegen sie und german. Stämme ausgefüllt, Zos. 1,20. *Cos. II ord.* 247, warf er die Karpen in einer Entscheidungsschlacht nieder, nahm die Titel *Germanicus* (IGRom IV 635) und *Carpicus Maximus* an, Pap. Lond. 3,221, Nr. 951 und zog etwa im Juli im Triumph in Rom ein, während die Legionen an der Donau bereits → Pacatianus zum Kaiser erhoben, Zos. 1,20,2. Zon. 1,19. *Cos. III ord.* 248 hielt er Säkularspiele ab, Aurel. Vict. Caes. 28,1, während die Goten in Untermoesien einfielen, allerdings zurückgeschlagen werden konnten, Iordan. Get. 89. 91f. Dagegen verursachten harte Steuermaßnahmen des Priscus einen Aufstand in Mesopotamien und dort die Erhebung eines Iotapianus (RIC IV 3, 105), in Syrien des Iulius Aurelius Sulpicius Uranius zum Gegenkaiser; ersterer wurde allerdings bald umgebracht. Ph. schickte den C. Messius Q. Traianus → Decius (II 1) als Kommandanten in die unteren Donauprovinzen, der aber bald von Ph. abfiel, Zon. 12,20. Zos. 1,21,3. Zu Beginn 249 zog Ph. gegen ihn, verlor jedoch bei Verona ca. E. Sept. 249 Schlacht und Leben, Aur. Vict. Caes. 28,10. epit. Caes. 28,1. Eutr. 9,3. Seine Gattin war → Marcia (II 10) Otacilia Severa, AE 1965, 346; sein 12jähriger Sohn M. Iulius Ph. (AE 1960, 356) wurde in Rom ermordet, epit. Caes. 28,3. – RIC IV 3, p. 54ff., tavv. V–IX. DELBRÜCK Münzbildnisse p. 78–84, Taf. 6. Büsten bei FELLETTI Maj. Iconogr. 169–177, tavv. XXIII-XXV. R. H.

3. P., niedriger Herkunft, genoß als Arianer das bes. Vertrauen Constantius' II., der ihn 344/45 zum *praefectus praetorio per Orientem* erhob (Cod. Theod. 3,13,1. 11,22,1. Liban. or. 1,69f.). In dieser Funktion ging er gegen → Paulus v. Const. vor. (Sokr. 2,16. Athanas. ad mon. 7). P., 348 Consul, begleitete 350 Constantius in den W., wurde wahrsch. *pr. pr. Italiae*, 353 vielleicht nochmals *per Orientem* (Zos. 2,46ff.). A. L.

Philiskos (Φίλισκος). **1.** Dichter der Mittleren Komödie. Sein Name ist vielleicht in der Liste der Lenäensieger für ca. 377 zu ergänzen (IG II² 2325, 140. Körte, RE XIX 2382). → Parrhasios hat ihn gemalt (Plin. nat. 35,36,5). Wir kennen 8 Titel; problemat. ist Θεμιστοκλῆς, sonst außer Φιλάργυροι lauter mythologische, darunter 4 Γοναί von Göttern. Den Διὸς γοναί hat KÖRTE a.O. eine auf Pap. erhaltene Rede der Rhea zugeschrieben (PAGE Select Pap. 3,230); wenn mit Recht, so kaum zu P.' Ehre. W. K.

2. Hellenist. Tragiker s. Nachtrag am Schluß des Bandes.

3. Ph. aus Miletos, Schüler des → Isokrates, dessen Aussprüche er sammelte, und Freund des → Lysias (vgl. die Elegie Anth. lyr. 1, p. 113f. D.), angeblich Lehrer des Historikers → Timaios und des → Neanthes (Dion. Hal. de Is. 19; ad Amm. 2. Cic. de or. 2,94. Suda. s. Φ. und Τίμαιος). Er schrieb einen Βίος Λυκούργου (FGrH 337 bis), woraus sich ziemlich sicher ergibt, daß seine Lebenszeit bis etwa 320 reichte. Die Titel Μιλησιακός und Ἀμφικτυονικός (vgl. FGrH 496 F 9) sowie die δημηγορίαι (in der Suda, ebenso wie eine Schrift Πρὸς τὸν Τρικάρανον [des → Anaximenes (2) oder → Theopompos], fälschlich dem → Philistos zugeschrieben) dürften Flugschriften isokrateischer Art gewesen sein. Von einer 2 B. umfassenden Τέχνη ῥητορική haben sich keinerlei Spuren erhalten.

L. Radermacher Artium Script. 194f. *Blass* AttBereds. 2, 453f.

4. Ph., aus Thessalien stammender Sophist, unter Caracalla Inhaber des kaiserl. Lehrstuhls für Rhetorik in Athen, freilich ohne Atelie. Als Lebenszeit ergeben sich aus Philostr. v. soph. 2,30 mit großer Wahrscheinlichkeit die J. 152–219. Philostratos rühmt seine reine att. Sprache, kritisiert aber Stimme und Vortrag. H. Gä.

5. P. aus Aigina, wurde von seinem Vater → Onesikritos wie zuvor sein Bruder Androsthenes nach Athen geschickt, um dort zu studieren. Beide hörten bei → Diogenes von Sinope. Ihr Vater schloß sich ihnen an und widmete sich gleichfalls der Philos. (Diog. Laert. 6,75. 80). Bei den von Diog. Laert. 6,80 angeführten Tragödien sind sich die

Gewährsmänner des Diog. Laert. nicht einig, ob sie dem Kyniker Diogenes, einem Pasiphon oder P. gehören (Diog. Laert. 6,73. 80). **6.** P., ein nicht näher bekannter Epikureer, von dem Athen. 12, 547a und fast gleichlautend Ail. var. 9,12 berichten, daß er zusammen mit einem Alkios (bzw. Alkaios) aus Rom verwiesen wurde. Vgl. auch Suda s. *'Επίκουρος* (b). Es ist zweifelhaft, ob die Begebenheit geschichtlich ist. H.-Th. J.

7. P., Sohn des Polycharmos, Rhodier, Bildhauer. P. signierte um 50 v. Chr. eine Porträtstatue (Unterteil erhalten) auf Thasos. Plin. nat. 36,34f. nennt, wohl von dem gleichen P., eine Gruppe, Apollon, Leto, Artemis, die neun Musen, ferner einen zweiten Apollon und eine Aphrodite. Die h. »Musen des P.« genannte Gruppe, wohl aus dem 2. Jh. v. Chr., kann nicht von dem rhodischen Marmorbildhauer stammen. W. H. G.

D. Pinkwart Das Relief d. Archelaos u. d. »Musen des P.«, Diss. Bonn 1965.

Philister (hebr. *p^{e}lištīm*), eine Gruppe der sog. Seevölker, die seit dem 14. Jh. v. Chr. aus dem ägäischen Raum über das Mittelmeer und Kleinasien in die w. Randgebiete des Vorderen Orients eindrangen. Die Ph. sind vermutlich im Zuge der äg. Abwehrpolitik unter Pharao → Ramses III. oder seinen Nachfolgern als äg. Militärkolonen in der palästin. Küstenebene angesiedelt worden. Sie bildeten dort alsbald eine Pentapolis aus den Stadtstaaten → Gaza, → Askalon, Asdod, Ekron und Gath (Jos. 13,3 u. ö.). Nach dem Rückgang der äg. Macht um 1100–1000 versuchten sie, das Erbe der äg. Hegemonie in Palästina anzutreten. Sie griffen auf das zentralpalästinische Gebirge über, richteten dort Militär- und Kontrollposten ein und gefährdeten den Besitzstand der Stämme des Volkes Israel. Das führte zum militär. Zusammenschluß der israelit. Stämme unter Saul und zur Begründung des ersten israelit. Staates. Unter David ihrer Selbständigkeit vorübergehend beraubt (2. Sam. 5,17ff. u. ö.), wurden sie vielleicht schon während der Regierung Salomos, spätestens aber unter dessen Nachfolgern wieder frei und verzehrten seitdem ihre Kräfte in Grenzkämpfen, vor allem gegen das Nordreich Israel (1. Kön. 16, 15ff. u. ö.). Seit dem 8. Jh. nach wechselvollen Kämpfen in den Kranz der Vasallenstaaten des neuassyr. Großreiches einbezogen, verloren sie zunehmend ihre Eigenart und gingen in der Mischbevölkerung des nach ihnen benannten → Palästina auf. Über die Kultur der Ph. ist wenig bekannt, da sie sich bald nach ihrer Landnahme der Kultur der kanaanäischen Vorbewohner ihrer Städte akklimatisiert haben. Charakteristisch ist ihre hochgebundene Haartracht (früher fälschlich: Federkrone). Sie verfügten über schwerbewaffnete Fußkämpfer (1. Sam. 17) und über Streitwagen (1. Sam. 13,5; 2. Sam. 1,6); bildliche Darstellungen finden sich auf den Reliefs Ramses' III. zu Medinet Habu. Ihre Religion ist semitisch. Sie verehrten den Gott → Dagon von Gaza (Richt. 16,23) und Askalon (1. Sam. 5,11ff.), ferner Baal-z^{e}būb (Baal-z^{e}būl?) von Ekron (1. Kön. 1,3). Von der urspr. Sprache der Ph. sind nur wenige Wörter ins Hebräische eingegangen. H. Do.

O. Eißfeldt Ph. und Phönizier AO 34,3 (1936). *Alt* I, S. 216–230. *M.-L.* und *H. Erlenmeyer* Über Ph. und Kreter, Orientalia 29, 1960, 121–150. *K. Galling* in: Ugaritica 6 (1969).

Philistion. 1. Mimendichter aus Kleinasien (nach Suda s. v. aus Prusa oder Sardes, nach Anth. Pal. aus Nikaia), Akme nach Hier. chron. 5 n. Chr., schrieb *κωμῳδίαι βιολογικαί* (einziger Titel: *Μισοψηφισταί* unsicher) und galt (Cassiod. var. 4,51) als »Erfinder« des → Mimos. Seine (griech.?) Mimen waren berühmt und wurden noch zu Martials Z. (2,14,15) aufgeführt. Aus gleicher Z. ein Spruch von ihm auf einer Inschr. aus Kibyra (SAWW phil.-hist. Kl. 45, 1897, 5). Unter seinem Namen (mit dem Philemons aus Syrakus verwechselt) sammelten sich zahlreiche Sprüche; sie sind ebensowenig echt wie die Witzsammlung → *Φιλόγελως* (3. Jh. n. Chr.). K. V.

Ta.: Die 4 Spruchslg.-en hg. v. *S. Jaeger* Comparatio Menandri et Philistionis, Lpz. 1964. *Φιλόγελως*, ed. *Eberhard*, Bln. 1869. *Thierfelder* 1968.

Lit.: R. *Wüst*, RE XIX 2402ff. *J. Irmscher* Philistion-Philemon, Festschr. Constantinescu-Iaşi, Bukarest 1965, 19–25.

2. P., Arzt im 4. Jh. v. Chr., stammte aus dem ital. → Lokroi. Eine genaue Datierung und Einordnung dieses Arztes ist schwierig. Da die Existenz einer »sizil. Ärzteschule« (Wellmann) doch wohl als erledigt gelten kann und da Jaegers Datierung des → Diokles (7) von Karystos h. mindestens als zweifelhaft bezeichnet werden muß, wird man Ph. einfach als einen der wahrscheinlich sehr bedeutenden, in seiner Bedeutung aber nicht mehr klar erfaßbaren Ärzte des 4. Jh. v. Chr. zu nehmen haben. Er war jedenfalls berühmt (ist z. B. im ps. plat. 2. Brief erwähnt); vielleicht hat speziell er Platons med. Auffassung (im »Timaios«) beeinflußt. F. K.

M. Wellmann Fragm. d. griech. Ärzte I, Berlin 1901, 109ff.

Philistis, Philistideion. Philistis, die Gattin → Hierons II. von Syrakus, gehörte, wie ihr eigener, an den Historiker und Staatsmann → Philistos erinnernder Name und der ihres Vaters Leptines nahelegen, zu den Nachfahren der Familie des älteren Dionysios. Sie heiratete Hieron um 270 v. Chr. Silbermünzen mit ihrem Kopfbild auf der Vs., ihrem Namen, Königintitel und einem Zwei- oder Viergespann auf der Rs. sind weitaus zahlreicher als solche ihres Gemahls geprägt worden. Sie stehen in ptolem. Bildtradition und lehren die Bedeutung der Ph. für Hierons Herrschaft kennen. Auf sie bezieht sich wohl Hesych. s. Philistideion. H. Ch.

H. Berve Hieron II. von Syrakus, ABAW 47, 1959. *P. R. Franke*, Jahrbuch f. Num. u. Geldgesch. 9, 1958, 57ff.

Philistos (*Φίλιστος*), syrakus. Staatsmann u. Historiker, etwas älterer Zeitgenosse des (ihm verwandten) älteren → Dionysios (1), half ihm bei der Erringung der Tyrannis und war dann sein erster Minister und Burgkommandant, fiel aber 386 in Ungnade und ging (zugleich mit Dionysios' Bruder → Leptines (2), dessen Tochter er gegen den Willen des Herrschers geheiratet hatte) in die Verbannung, aus der er erst nach dem Tode des Dion. I. zurückkehrte und am Hofe des Dion. II. eine bedeutende Rolle spielte als Führer der tyrannisfreundlichen Partei gegen den Einfluß → Dions (1). Im J. 357 war er Flottenführer des Tyrannen und fand, als sich Dion der Stadt bemächtigt hatte, in der Seeschlacht mit den Aufständischen den Tod (verschiedene Berichte Diod. 16,16. Plut. Dio 35). Schon im Exil hatte P. eine Geschichte Siziliens begonnen, die er nach der Rückkehr fortsetzte. Die ersten 7 B. führten bis zum Fall von → Akragas 405, anschließend behandelte er die Regierung des älteren Dionysios (- 367) und die des jüngeren bis 362. Durch seinen Tod blieb das Werk unvollendet. Über seinen Umfang schwanken die Angaben zwischen 11 und 13 B. Fortgesetzt wurde es durch Athanis (oder -nas) von Syrakus. Daß in die Gesch. Siziliens bei Diod. über Ephoros und Timaios viel von dem Werk des P. eingegangen ist, darf als sicher gelten, doch ist es im einzelnen kaum auszumachen. Die geringe Zahl der erhaltenen Frg.e steht in keinem Verhältnis zu dem hohen Ansehen, dessen sich P. in der attizistischen Z. erfreut hat und das die Würdigungen bei Cic. de or. 2,57; Brut. 66. 294; ad Q. fr. 2,11,4 *(paene pusillus Thucydides)*. Quint. 10,1,74. Dion. Hal. ad Pomp. 5; de imit. 3 p. 208, 14 Us bezeugen. Kontrollieren können wir diese Urteile nicht. K. Z.

Frg.e FGrH 556. *Laqueur*, RE XIX 2409-29.

Philitas s. Philetas

Philo. Cognomen (vgl. SCHULZE Eigenn. 315), in republikan. Z. in den Fasten möglicherweise schon im 5. Jh. bei einem → Curtius (I 7), im 4. Jh. bei den Publilii, im 3. Jh. bei den Veturii. MÜNZER Adelsp. 129f. DEGRASSI FCap. 147. In den kaiserztl. Fasten fehlt der Beiname. – Der vielleicht ins J. 102 datierbare Quaestor L. Ph. (BROUGHTON Mag. 1,569) kann wohl keiner der genannten Familien zugeordnet werden, vgl. RE VIII A 1897 Nr. 21. H. G. G.

Philocalus, Furius Dionysius, ident. mit dem o. I 1165 genannten Chronographen vom J. 354, von Damasius, dem Bischof von Rom (366-384), als berühmter Kalligraph für seine inschr. Epigramme beigezogen. In dem Epigramm 18 (s. Nr. 18 der Ausg. von IHM) auf den Märtyrer Eusebius ist sein Name in den Worten enthalten *Damasi s. pappae cultor atque amator Furius Dionysius Filocalus.* Schriftproben s. in den der Ausg. beigefügten Tafeln, die von der kalligraph. Schönheit und der orthograph. Richtigkeit zeugen, wobei die Schriftformen der Kunst des P. und nicht dem Steinmetzen zuzuschreiben sind. W. S.

RE XIX 2432. *Ihm* RhM 50, 197.

Philocharidas (*Φιλοχαρίδας*). Spartiate, Sohn des Euryxiladas, Mitunterzeichner des Waffenstillstandes von 423, Thuk. 4,119,2, des Nikiasfriedens und der athen.-spartan. Symmachie 422/21 (5,19,2. 24,1), im selben J. einer der mit der vertragsgemäßen Übergabe von Amphipolis an Athen betrauten Gesandten. Mit → Leon (2) 420 (5,44,3), mit → Megillos 408/07 (Androtion FGrH 324 F 44) Unterhändler in Athen. K. K.

Philochoros (*Φιλόχορος*), Athener, Sohn des Kyknos, Seher und Opferschauer (*ἱεροσκόπος*), der letzte und bedeutendste Atthidograph (→ Atthis). Eine kurze vita von ihm und Liste seiner Schriften gibt die Suda s. v. Danach war er ein jüngerer Zeitgenosse des → Eratosthenes (2) und kam wegen seiner Neigung zu → Ptolemaios II. (Philadelphos) auf Betreiben des → Antigonos (2 Gonatas) zu Tode, d. h. kurz vor oder nach dem → Chremonideischen Krieg. Da er nach frg. 67 im J. 306/05 als *μάντις* tätig war, ist seine Lebenszeit zwischen 340 und 267/61 anzusetzen. Sein Hauptwerk, die Atthis, annalistisch angelegt, behandelte die myth. Z. nur im 1. und 2. B., im 5. schon die Schlacht bei Knidos, im 10. Demetrios Poliorketes, muß also die selbsterlebte Z. sehr ausführlich dargestellt haben, und zwar vom konservativ-altgläubigen Standpunkt, worauf auch der Umstand weist, daß er 4 B. über Mantik und je 1 über Opfer, Feste und (kultisch bedeutsame) Tage verfaßt hat, ferner über die Agone in Athen, att. Epigramme, die Tragödie, die *μῦθοι* (Stoffe) des Sophokles, Euripides, Alkman, über Symbola und Erfindungen. Er war ein vielseitiger, gründlicher, lange hochangesehener Gelehrter. → Asinius (I 5) Pollio hat eine Epitome seiner Atthis verfaßt. Die erhaltenen 230 Frg.e enthalten viele wertvolle Nachrichten. K. Z.

Jacoby FGrH 328 (Bd. 3 B, 97-160; Komm. in 3b, 220 bis 595.

Philodamos (*Φιλόδαμος*), aus → Skarpheia, Proxenos der Delpher, verfaßte im Archontat des Etymondas (335/34 oder 325/24?) einen Paian auf Dionysos, auf Stein fast ganz erhalten. Auf die Aufforderung an den Gott, zu kommen, folgt in begeisterter Sprache die Schilderung seiner Geburt in Theben und seines Zuges zum Parnaß, nach Eleusis (Iakchos), Thessalien und Pierien, wo Apollon und die Musen ihn feiern. Apollon regelt den Kult in Delphi in Verbindung mit dem seinen; auch der Hymnos des P. soll gesungen werden. Am Schluß Bitte des Dichters, Dionysos in ganz Hellas aufzunehmen. Metr.: Choriamben, Glykoneen, Ioniker, Refrain. R. K.

Powell Analecta Alex. 165ff. Anth. lyr. 2,252ff.

Philodemos. P. aus Gadara, Epigrammatiker und epikureischer Philosoph des 1. Jh. v. Chr.

Leben. Nach Strab. 16,759 stammt P. aus der »Gadaris« nahe Askalon, doch nimmt man als Geburtsort fast einhellig (anders [1], 2444) → Gadara (1) an, das bedeutende hellenist. Kulturzentrum. Da P. im ca. 70 v. Chr. zusammengestellten »Stephanos« seines Landsmanns → Meleagros (4) noch nicht berücksichtigt ist, wurde er kaum vor 110 geboren. Anhalt für nichtgriech. Herkunft gibt es nicht; Cic. Pis. 68 nennt ihn *Graecus*. In Athen war P. Schüler des → Zenon v. Sidon (Selbstzeugnis u. a.: Schrift 14 col. 9,5). Doch schon in den 70er J. kam er mit L. → Calpurnius Piso (I 22), der ihn als *adulescens* kennenlernte (Cic. a. O.), nach Italien. Als Hausphilosoph und Freund seines Gönners sowie als führendes Mitglied des Neapolitaner Epikureerkreises (neben → Siron, den er Pap. Herc. 312 erwähnt, vgl. Cic. fin. 2,119) lebte er vorwiegend in Campanien, u. a. in Herculaneum, wo der berühmte Fund von 1752/54 in einer wohl Piso gehörigen Villa jene Bibliothek von urspr. ca. 800 Pap.-Rollen ([2], 64) zutage förderte, die man gewöhnlich mit derjenigen P.' identifiziert (anders jetzt B. Hemmerdinger, REG 72, 1959, 106. 78, 1965, 327–329). Für sein Ansehen spricht, daß Cicero ihn im J. 55 Pis. 68–74 (ohne Namensnennung) anders als seinen Gönner glimpflich, ja mit Hochachtung *(homo vere humanus)* behandelt. Im Alter unterhielt er durch gemeinsame epikur. Neigungen geförderte Beziehungen zu den älteren august. Dichtern; in Nr. 19 (Pap. 1082) und 20 (Pap. 253) scheint er L. → Varius und → Quintilius Varus (5), vielleicht auch Vergil und Horaz (der seinerseits s. 1,2,121 ein verlorenes Epigr. P.' zitiert) anzureden [4]. Um 40/35 ist er gestorben.

Epigramme. In der griech. → Anthologie, in der 30 Epigramme P.' Namen tragen (einige offenbar zu Unrecht), gehört P. zu den besten Dichtern. Die erhaltenen Proben bezeugen kaum die von Cic. Pis. 70 bezeugte themat. Vielfalt, wohl aber Cic.s günstiges Urteil über ihren formalen Wert *(poema ... ita festivum, ita concinnum, ita elegans, ut nihil fieri possit argutius)*. Das Urteil *lascivus* des Asconius (zu Cic. Pis.) wird noch h. nachgesprochen; erot. Themen überwiegen, doch überschreitet P. auch in Gedichten wie dem Dialog zwischen Hetäre und Kunde (Anth. 5,46) nicht das von der Mode der Zeit gewährte Maß. Eine interess. Parallele zu Hor.' Einladungsgedichten ist die an Piso gerichtete Einladung zur Feier des Geburtstags Epikurs (Anth. 11,44). Ein Epikureer als Epigrammdichter überrascht, doch bot offenbar gerade P.' Jh. die Voraussetzungen für neue Formen epikur. Daseins, die die Musen nicht ausschlossen, s. Lukrez, Horaz.

Philosoph. und kunsttheoret. Schriften. Bis zum Herc. Pap.-Fund nur durch 1 Titel bekannt (Nr. 10, aus Diog. Laert. 10,3), ist P.' Prosawerk jetzt in Resten oder Titeln von mehr als 30 Schriften überschaubar; sicherlich nicht die endgültige Ziffer. P. erweist sich darin als Muster des mit der Bewältigung eines reichen philosoph. Erbes beschäftigten späthellenist. Philosophen, nicht auf Propagierung eigener Ideen, sondern auf Wahrung und Verteidigung der Lehren Epikurs und Zenons bedacht, deren materialist. Position er nicht verläßt, aber auch nicht betont; eth. Themen dominieren. Der Stil der Schriften scheint dem der Epigramme nahezu entgegengesetzt: nicht ungepflegt (attisch, Hiatmeidung), doch kaum je glanzvoll; die Fülle für uns singulärer Nachrichten (z. B. Briefe Epikurs, aber auch Zitate aus Peripatetikern und Stoikern) muß für Weitschweifigkeit und Mangel an Höhepunkten der Argumentation entschädigen. Als Kritiker der Rhetorik und Musik weiß P. sich der Abstinenz Epikurs verpflichtet, als Theoretiker der Dichtung schneidet er, indem er das Ziel der Poesie nicht in moral. Nutzen, sondern ästhet. Wirkung setzt, beim Vergleich mit Horaz, der in seiner *ars* z. T. auf den gleichen hellenist. Vorlagen fußt, nicht unvorteilhaft ab. – Die Schriften im einzelnen:

1. *Περὶ σημείων καὶ σημειώσεων* (»Zeichen und Zeichenschlüsse«), über die Lehre der Jungepikureer (Zenon) von den Analogie- und Induktionsschlüssen, wichtiges Zeugnis. – 2. *Περὶ ῥητορικῆς*, Zurückweisung der Ansprüche der Rhetorik, die zwar Kunst, doch nutzlos sei, vom philos. Standpunkt aus; Preis des wahren Staatsmanns, der keiner künstl. Beredsamkeit bedarf. – 3. *Ὑπομνηματικὸν π. ῥητ.*, Vorarbeit zu 2. – 4. *Περὶ ποιημάτων*, über den »guten Dichter« und das »gute Gedicht«; Kriterium nicht *ὠφέλιμον*, sondern *τέρψις* (*ψυχαγωγία*), im 5. B. Auseinandersetzung u. a. mit → Neoptolemos (10). – 5. *Περὶ λέξεως*, in 2 zitiert, Reste nicht bekannt. – 6. *Περὶ μουσικῆς*, spricht in Polemik gegen → Diogenes (15) der Musik die sittliche, charakterveredelnde Wirkung ab, am besten kenntlich B. 4. – 7. *Περὶ θεῶν* bzw. *θεῶν ἀγωγῆς* (Untertitel des 3. B.?), erörtert im 1. B. die Götterfurcht und ihre Ursachen sowie im 3. B. die *ἀρεταί* u. die Lebensgewohnheiten der Götter (u. a. Göttersprache[= Griechisch!], Lustempfindungen). – 8. *Περὶ εὐσεβείας*, kritisiert die Götterauffassungen der Dichter, Mythologen, Philosophen (≈ Cic. nat. 1,28–41) und des Volksglaubens und stellt im 3. B. Epikurs Auffassung der Götter als furchtlos zu verehrender Vorbilder der Eudaimonie dagegen. – 9. *Περὶ προνοίας* (?), wenig kenntlich. – 10. *Τῶν φιλοσόφων σύνταξις*, zugehörig u. a. wohl Pap. 1021/164 (ind. Academicorum) und 1018 (ind. Stoicorum), philosophiegesch. Abrisse, die die äußere Gesch. der Schulen betonen. – 11. *Περὶ τῶν Στωϊκῶν*, Streitschrift mit Kritik der Staatsentwürfe des → Zenon v. Kition und → Diogenes (14). – 12. *Περὶ Ἐπικούρου*, biograph. Inhalts, rühmt gegenüber stoischen Angriffen Epikurs Milde,

naturhaftes Leben und Glücksgefühl im Sterben. – 13. Pap. 176, über Epikurs Freunde, mit Briefen und Auszügen aus Schriften des Freundeskreises. – 14. *Πρὸς τοὺς ⟨σοφιστάς?⟩*, verteidigt Epikurs Lehre und Charakter vom Standpunkt der »echten Epikureer« gegen zeitgenöss. Gegner, z.T. wohl aus der eigenen Schule. – 15. *Πραγματεῖαι* (»Traktate«), auf Briefen Epikurs und seiner Freunde basierende Abh., die vielleicht dem Nachweis der Überlegenheit des philosoph. vor dem polit. Bios diente. – 16. Pap. 1251, nach dem 1. Hsg. Ethik-Frg. Comparettis genannt, wichtig für die systemat. Zusammenhänge der Ethik Epikurs, bes. der Lehre von *αἵρεσις* und *φυγή*. In der umstrittenen Vf.-Frage setzte sich die P.-Hypothese durch, vgl. W. Schmid, RhM 92, 1944, 35–44. M. Gigante, in: Epicurea in mem. H. Bignone, 1959, 101–128. – 17. *Περὶ κακιῶν καὶ τῶν ἀντικειμένων ἀρετῶν*, Sammeltitel für mehrere der folg. Schr. (19. 21. 22); Werkumfang und Verhältnis zu dem Sammeltitel *Περὶ ἠθῶν καὶ βίων ἐκ τῶν Ζήνωνος σχολῶν* (s. Nr. 24) noch nicht geklärt. Die Schriften kritisieren Leidenschaften und Laster, die auch sonst Angriffsziel der hellenist. Philos. waren, und preisen die aus der Mäßigung bzw. Ausrottung jener Fehler resultierenden Tugenden. – 18. *Περὶ φθόνου*, in 19 zitiert, Reste nicht bekannt. – 19. *Περὶ κολακείας = Π. κακ.* 6. (?) und 7. B., schlecht erhalten. – 20. *Περὶ φιλαργυρίας* (?), knappe Reste. – 21. *Περὶ οἰκονομίας* (Wirtschaftlichkeit) = *Π. κακ.* 9. B. – 22. *Περὶ ὑπερηφανίας = Π. κακ.* 10. B., mit läng. Zitat aus → Ariston (4). – 23. *Περὶ ὀργῆς*, Vf. erschlossen. – 24. *Περὶ παρρησίας*, im Titel als Teil der oben unter 17 erwähnten Schriftengruppe *Π. ἠθῶν* etc. bezeichnet, über das offene Wort (das dem epikur. »Seelsorger« zusteht). – 25. *Περὶ πλούτου*, offenbar nicht den Sammeltiteln zugeordnet.

Die folg. Schr. 26–32 sind bisher nicht bzw. kaum erschlossen. – 26. *Περὶ χάριτος*. – 27. *Περὶ προμηθίας* (? Voraussicht). – 28. *Περὶ κάλλους καὶ ἔρωτος*, fraglich, ob 1 oder 2 Titel. – 29. *Περὶ φιλοδοξίας* (28 und 29 in 19 zitiert). – 30. *Περὶ ὁμιλίας*. – 31. *Περὶ ἐπιχαιρεκακίας* (?). – 32. *Περὶ ἐπαίνου*, in 2 zitiert. – 33. *Περὶ θανάτου*, gut erhalten B. 4, gegen Todesfurcht. – 34. *Περὶ τοῦ καθ' Ὅμηρον ἀγαθοῦ βασιλέως*, arbeitet das hom. Königsideal heraus, mit Blick auf zeitgenöss. Verhältnisse, vielleicht sogar zwecks propagand. Unterstützung Caesars (so am entschiedensten Grimal). – 35. Dialoge, Tischgespräche (?); auf ihre Existenz scheinen Anspielungen in 34 zu deuten, Reste vielleicht Pap. 312, 986, vgl. [1], 2475.

Mit seinen Schriften wollte P. in der eigenen Zeit, im eigenen Kreis wirken, weiterer Einfluß war ihnen nicht beschieden (das Bild wäre zu modifizieren, falls auch Pap. Oxy. 215 P. zugeschrieben werden könnte; erwogen von W. Schmid in: Miscell. di studi alessandrini in mem. A. Rostagni, 1963, 40–44). Und doch war es nicht zuletzt P., der einen beträchtl. Teil der polit. und geistigen Führungsschicht des spätrep. und frühaug. Rom für Ideale des Epikureismus zu interessieren und damit der röm. Entwicklung charakterist. Impulse zu geben vermochte (s. z.B. R. Philippson, Progr. Magdeburg, 1911. Q. Cataudella, Par. Pass. 5, 1950, 18–31; zu Hor.). G. Schm.

Allgem. Lit. 1. *R. Philippson*, RE XIX 2444–82. 2. *D. Comparetti-De Petra* La villa Ercolanese dei Pisoni, 1883. 3. *Comparetti* in: Mélanges Chatelain, 1910, 118–129. 4. *A. Körte*, RhM 45, 1890, 172–177. 5. *P. Giuffrida* L'epicureismo nella lett. Lat. nel I sec. a. C., I, 1940. 6. *C. Benvenga*, Rendic. Accad. Napoli N.S. 26, 1954, 192–254. 7. *C. J. Voijs – D. A. van Krevelen* Lex. Philodemeum, I. II, Purmerend-Amsterd. 1934/41. 8. *B. Häsler* Die epikur. Texte aus Herculaneum in d. Forsch. zweier Jh., Habil.-Schr. Halle 1963 (m.-schr.). 9. *O. R. Bloch* in: Ass. G. Budé. Actes du VIIIe congrès, 1969, 110–113 (neuester Forsch.-Ber.). 10. *M. Migante* Ricerche Filodemee, 1969.

Ausgaben, Speziallit. Epigramme: → Anthologie. Sonderausg. *G. Kaibel*, Ind. lect. Greifswald 1885. *L. A. Stella* 5 poeti dell'Ant. Pal., 1949. – Prosaschriften: Erstmals zumeist hsg. in den Volumina Herculanensia, Collectio prior I–XI, 1793–1855, Coll. altera I–XI, 1862–1876, Coll. tertia I, 1914 (abgek. VH^1, VH^2, VH^3). Darauf wird nur verwiesen, falls bessere Ausg. nicht existieren. 1: *Ph. H.* and *E. A. De Lacy* Ph., On Methods of Inference, 1941. Vgl. *R. Philippson* De Ph. libro qui est *π. σ. κ. σ.*, Diss. Bln. 1881. *K. Lésniak* in: Studia logica 2, Warszawa 1955, 77–111. 2 und 3: Ph. vol. rhetorica ed. *S. Sudhaus*, I. II. Suppl., 1892/96/95. *D. Bassi*, RFIC 38, 1910, 329 bis 356. *H. M. Hubbell*, Transact. Connect. Acad. of Arts and Sciences 23, 1920, 243–382 (engl. Übers.). 4: *A. Hausrath*, JPhPäd Suppl. 17, 1890, 211–276 (B. 2). *Chr. Jensen* Ph. Über die Gedichte 5. B., 1923 (darin *ders.* Neoptolemos u. Hor.). *J. Heidmann* Der Pap. 1676 der Herc. Bibl., Diss. Bonn 1937. Vorarbeiten zu einer Neuausg. seit 1950 von *F. Sbordone*, s. *ders.* in: Atti dell'XI Congresso internaz. di papirol., 1966, 312–324. Vgl. *A. Rostagni*, RFIC 51, 1923, 401–423. 52, 1924, 1–28; s. auch Lit. zu Hor. ars. 6: Ph. de musica librorum quae exstant ed. *I. Kempke*, 1884. *D. A. van Krevelen* Ph., De Muziek, Diss. Amsterd. 1939. Vgl. *O. Luschnat* Zum Text von Ph.' Schrift De musica, 1953. *A. J. Neubecker* Die Bewertung der Musik bei Stoikern und Epikureern, 1956. 7: *H. Diels* Ph. über die Götter. 1./3. B., Abh. Akad. Bln. 1915 Nr. 7 (1916), 1916 Nr. 4/6 (1917). VH^2 VIII 26–35. 63–74. Vgl. Lit. zu Epikurs Götterlehre; Vorarbeiten zu Neuausgabe seit 1955 von *G. Arrighetti*. 8: *Th. Gomperz* Ph. über die Frömmigkeit, 1866. Vgl. *R. Philippson*, H 55, 225–278. 364–372. 56, 355–401. *P. Steinmetz*, Arch. Gesch. Philos. 48, 1966, 153–162. 9: *D. Bassi*, RFIC 44, 1916, 51–62. *E. Bignone* a. O. 45, 1917, 240–281. 10: Academicorum philos. ind. Herc. ed. *S. Mekler*, 1902. Ind. Stoicorum Herc. ed. *A. Traversa*, 1952 (nach *D. Comparetti*, RFIC 3, 1875, 449–555). *W. Crönert*, RhM 57, 285–300. *Ders.* Kolotes und Menedemos, 1906, 127–133. 11: *Crönert* a. O. 55–67. 12: *A. Vogliano* Epicuri et Epicureorum scripta in Herc. pap. servata, 1928, 57–73. 13: *Vogliano* a. O.

21–55. 90–96. *R.Philippson*, GGN 1930, 1–23. 14: Ph. adversus sophistas ed. *F.Sbordone*, 1947. 15: *C.Diano* Lettere di Epicuro e dei suoi, 1946. *W.Liebich* Aufbau, Absicht und Form der Pragm. Ph.', Berlin-Steglitz 1960. 16: Ethica Epicurea ed. *W.Schmid*, 1939. 19: VH^{3} I. *V. De Falco*, Riv. Ind.Graec.It. 10, 1926, 15–26. VH^{2} I 74–92. 20: VH^{2} VII 124–135. 191–196. IX 187–200. X 155–175. XI 135–140. 21: Ph. *π. οἰκ.* qui dicitur libellus ed. *Chr.Jensen*, 1906. 22: Ph. *π. κακ.* lib. decimus ed. *Chr.Jensen*, 1911. Vgl. *W. Knögel* Der Peripat. Ariston v. Keos bei Ph., 1933. 23: Ph. De ira ed. *C. Wilke*, 1914. 24. *R.Philippson*, RhM 71, 1916, 425–460. 25: *M.D'Amelio* Di alcuni trattati Epicurei sulla ricchezza, 1926. Vgl. *C.Diano*, SIFC 23, 1948, 59–68. 26: VH^{1} X, I.T. 27: VH^{2} IX 1–10. 28: VH^{2} XI 52–66. 29: *D.Bassi*, RFIC 49, 340–344. 30: Unveröffentl., vgl. *Crönert* Kol. und Men. 176. 31: VH^{3} I.*T.* 32: *Kuiper* Ph. over den dood, Diss. Amsterd. 1925. Neuausgabe von *M.Gigante* zu erwarten. 33: Ph. *π. τ. κ. Ὁμ. ἀγ. β.* libellus ed. *A. Olivieri*, 1909. Vgl. *M.Paolucci*, Rendic. Ist. Lombardo 88, 1955, 483–511. *O.Murray*, JRS 55, 1965, 161–182. *P.Grimal*, REL 44, 1966, 254–285. 34: *Crönert* Kol. und Men. 126. RhM 56, 1901, 618f., vgl. [1], 2474f.

Philogelos (*Φιλόγελως*), Slg. von 265 Witzgeschichten in griech. Sprache, die einzige aus der Ant. erhaltene, in mehreren (oft recht verschiedenen) Fassungen überliefert. Nach der Überl. ist der P. ein Exzerpt aus größeren Slg.en eines Hierokles und eines Gramm. Philagrios, die sonst nicht bekannt sind. Diese scheinen eine Witz-Slg. (in iamb. Trimetern?), die auf den Mimographen → Philistion zurückging, erweitert zu haben. Sachliche und sprachliche Indizien sprechen für das 4./5. Jh. als Entstehungszeit der Slg. Auffallend sind die zahlreichen lat. Lehnwörter. Die Slg. ist nach Typen geordnet, wobei die Witze über den *σχολαστικός* (rund 100) und über Einwohner bestimmter Städte (Abderiten, Kymäer, Sidonier) zwei Drittel der Slg. bilden. Der *σχολαστικός* ist in den wenigsten Fällen noch der gelehrte Narr oder der pedantische Federfuchser, sondern als Dümmling überhaupt dargestellt. In der Bezeichnung *σχολ.* für den Erzdümmling spiegelt sich aber doch wohl die Geringschätzung und Verhöhnung des »Studierten« oder »Kalmäusers« (s. u. zit. Übers.) durch gewisse Kreise wider, vgl. Gal. de methodo medendi 2,5 (10,111 Kühn). Andere Typen sind die aus Komödie, Charakterologie und skopt. Epigrammen bekannten. Die Dümmling-Witze beruhen meistens auf dem Prinzip der falschen Analogie, die über andere Typen auf Übertreibung; auch das Makabre ist nicht selten. Einige Witze des P. werden noch h. (als neu) erzählt. O. Dr.

Ta.: *A.Thierfelder* Philogelos (Der Lachfreund) von Hierokles und Philagrios, Ed. m. Übers., Komm., Wörterverz. und ausführl. Darstellung (S. 128–202) der Überl., München 1968.

Lit.: 1. *A. Thierfelder*, RE Suppl. XI 1062–68. 2. *G. Ritter* Stud. z. Sprache des P., Diss. Basel 1955. 3. *B.E.Perry* On the manuscripts of the Ph., in: Class. Stud. in honor of W.A. Oldfather, Urbana 1943, 157–66.

Philogonos. Sklavenname. Ein Freigelassener des Q. Cicero, der 58 diesem einen Brief überbrachte, Cic. ad Q. fr. 1,3,4. Vielleicht ident. mit dem sonst Philologos genannten Freigelassenen, der die Mörder am 7. Dez. 43 auf Cicero aufmerksam gemacht haben soll, Plut. Cic. 48,1. 49,1. DRUMANN^{2} 6,327,7. 662,13. H. G. G.

Philoitios (*Φιλοίτιος*). Der treue Oberrinderhirt des Odysseus, Od. 20–24 pass., meisterhaft charakterisiert bei der Begegnung mit dem unerkannt heimkehrenden Herrn im Beisein des → Eumaios, dessen Bedenklichkeit er in frohe Zuversicht wandelt. Er hilft Odysseus beim Kampf mit den Freiern und vollzieht die Strafe an dem treulosen Gesinde. Theokr. 16,55. Ov. her. 1,9f. Apollod. epit. 7,32. H. v. G.

Philokles. 1. Athener, *δημαγωγὸς ἄδοξος* (Plut. Sulla 42,8), 406/05 zum Strategen nachgewählt, ließ 2 gefangene Schiffsbesatzungen ins Meer werfen und beantragte, Kriegsgefangenen den rechten Daumen abzuschlagen. Xen. hell. 1, 7,1. 2,1,32f. Diod. 13,104,1. Wiedergewählt zum Strategen, verschuldete P. 405 die Niederlage bei Aigospotamoi mit, wurde gefangen und wegen seiner Brutalität von Lysander hingerichtet. Xen. a. O. Paus. 9,32,9. Plut. Lys. 13,1f. **2.** P., Athener, Sohn des Phormion aus dem Demos Eroiadai, Inschr. von Oropos, G. MATHIEU, RPh 55, 1929, 162ff., mehrmals Stratege, verweigerte als Stratege von Munichia → Harpalos Juni 324 die Einfahrt in den Peiraieus, gestattete sie ihm Juli 324 nur als Privatmann. Deshalb wegen Bestechung angeklagt, wurde P. seines Amtes als Kosmetes der Epheben 324/23 enthoben und angeklagt. Als Gegenzug beantragte er beim Areopag gegen sich selbst die Todesstrafe für den Nachweis der Bestechung. Er muß freigesprochen worden sein, da er wieder als Kosmetes eingesetzt von der Phyle Leontis geehrt wurde. Demosth. ep. 3,32, wo P. als Opfer der Athener genannt wird, ist deshalb als unecht anzusehen. Deinarch. 3. Plut. mor. 846a. E. BADIAN, JHS 81, 1961, 42f. (zur Chronol.). **3.** P., Stratege und Gesandter, einer der *πρῶτοι φίλοι* Philipps V. von Maked., griff 200 vergeblich → Mylasa an. Pol. 16,24,7. 23,1,5. Im 2. maked. Krieg bestürmte P. vergeblich Eleusis und plünderte Attika. Liv. 31,16,2. 26. Als Kommandant von → Chalkis gelang ihm 198 der Entsatz Eretrias nicht, aber er befreite das von den Römern belagerte Korinth und Argos von der achaiischen Besatzung. Liv. 32,16,12ff. 23,11. 25. Als letzter maked. Funktionär in der Peloponnes übergab er im Auftrag Philipps → Nabis als Preis für ein Bündnis Argos und lehnte in einer Unterredung mit Flamininus die Räumung Korinths ab. Liv. 32,38. 40. Als Diplomat verhandelte er im Krieg zwischen → Prusias und Eumenes 186, beriet 183

Philipp über die polit. Lage und begleitete → Demetrios (4) nach Rom. Pol. 22,14,7. 23,3. Mit → Apelles (2) trug er durch Fälschungen zur Ermordung des Demetrios bei und wurde 179 hingerichtet. Liv. 40,54,9. 55. H. V.

4. P., Sohn des Polypeithes, Schwestersohn des Aischylos (Suda s. v.), athen. Tragiker, Vf. von 100 Tragödien, Suda gibt 7 Titel: Erigone, Nauplios, Oidipus, Oineus, Priamos, Penelope, Philoktetes. Außerdem bezeugt die Tetralogie Pandionis Sch. Aristoph. Av. 281 (Inhalt Hyg. fab. 45?). P. gewann (unbekannt mit welchem Stück) den 1. Preis vor Soph. Oid. Tyr. (Dikaiarch. in Hypoth. II). Frg.e: p. 789 N². Komödienspott: Kratinos Fr. 292 K. und Aristoph. mehrfach. Nachklang davon Suda s. v. F. St.

K. Robert Oidipus 1,491. *Christ-Schmid* I 2,2,511. *F. Stoessl*, RE XIX 2492f.

5. P. aus Acharnai, athen. Architekt. gehörte nach IG I² 372a v. 3 (409/08) zum Kollegium der Epistaten für den Bau des Erechtheion in Athen. W. H. G.

Philokrates. **1.** Athener, Sohn des Ephialtes, Stratege 390/89, mit 10 Schiffen auf der Fahrt zu → Euagoras nach Kypros von dem spart. Nauarchen → Teleutias gefangen, Xen. hell. 4,8, 24; vielleicht ident. mit dem nach Sparta gesandten P., Demosth. 23,117, kaum mit dem von Lys. 29 beschuldigten P. Beloch GG² 3,1,89 ff. **2.** Athener aus dem Demos Hagnus, Hyp. 3,29, nach ihm benannt der Frieden von 346 (Demosth. 19,150 *εἰρήνη ἡ τοῦ Φιλοκράτους*), beantragte trotz *γραφὴ παρανόμων*, → Philipp (4) dürfe Gesandte zu Verhandlungen nach Athen senden, 10 Gesandte seien zu Verhandlungen mit Philipp zu wählen. Aischin. 2,13. 18. 3,62f. P. ging mit Aischines und Demosthenes zu Philipp, 346 nahm die Volksversammlung den Frieden in der von P. vorgelegten Form an. Demosth. 18,21. 19,150. Aischin. 1,174. 3,54. P. nahm in Pella den Eid Philipps auf den Vertrag entgegen, arbeitete mit Aischin. gegen Demosth. für die Verständigung mit Philipp und beantragte, das Bündnis auf dessen Nachkommen auszudehnen. Demosth. 19, 47 ff. 229. → Hypereides klagte 343 mit Wissen des Demosthenes P. wegen Hochverrats an. P. ging in die Verbannung und wurde abwesend zum Tode verurteilt. Aischin. 2,6. **3.** Rhod. Politiker, 167 Führer der 1. rhod. Gesandtschaft in Rom, die den Konflikt mit Rom wegen der rhod. Intervention im 3. maked. Krieg beseitigen sollte, brachte den Senatsbeschluß heim, daß ein Krieg gegen Rhodos nicht geplant sei. Pol. 30,4,1. 5,1 ff. Liv. 45,25,4 ff. H. V.

Philoktemon (*Φιλοκτήμων*). Athener aus Kephisia, Sohn des Euktemon, fiel um 366 als Trierarch nahe Chios. Ein Rechtsstreit um P.s reiches Erbe (Aristoph. Vesp. 1205 verhöhnt P. als Schlemmer) bei Isai. 6. Wevers Isaeus, Diss. Wiscons. 1962 (microfilm). K. K.

Philoktetes (*Φιλοκτήτης*). Ein achaiischer Held aus der südthessal. Halbinsel Magnesia (Meliboia, Methone u. a. Orte), Sohn des → Poias und der → Demonassa (2), berühmter Bogenschütze. Er fuhr mit 7 Schiffen gegen Troia. Auf der Insel → Chryse (1) bzw. auf Tenedos oder auf Lemnos von einer Schlange gebissen, wurde er wegen des Gestankes der unheilbaren Wunde (und seines Geschreis) von den Achaiern (Diomedes, Odysseus) auf Lemnos ausgesetzt. Die Führung seiner Mannschaft übernahm → Medon (1). Nach 10 J. schweren Leidens und kümmerlichen Lebens wurde er auf Grund einer Wahrsagung des gefangenen tro. Sehers → Helenos durch eine Gesandtschaft der Achaier (Diomedes, Odysseus) zurückgeholt. Von → Machaon geheilt, erschoß er → Paris. Soweit Hom. und die kykl. Epen. Pind. P. 1,50 ff. schreibt ihm sogar die Zerstörung Troias zu.

Bei den Tragikern – alle 3 großen Tragiker haben P.-Dramen geschrieben; eine *σύγκρισις* gibt Dion Chrys. or. 52 – stammt P. aus Malis am Oite und am Spercheios und ist seine Rückholung hauptsächlich deshalb nötig, weil er den Bogen und die nie fehlenden Pfeile des Herakles als dessen Geschenk besitzt, seit er den Holzstoß auf dem Oite für ihn entzündet hat. Bei Aischyl. scheint P. vor allem durch Lügenerzählungen des unerkannt bleibenden Odysseus über die Verhältnisse vor Troia zum Mitgehen veranlaßt zu werden. Eur. (431) stellt P. durch gleichzeitiges Erscheinen einer griech. (Odysseus und Diomedes) und einer tro. Gesandtschaft vor die Entscheidung zwischen persönl. Verbitterung und Nationalgefühl. Während Aischyl. und Eur. dem P. einen Chor von Lemniern zur Seite stellen, hüllt Soph. (409) ihn in vollkommene Einsamkeit. Über → Neoptolemos, den Odysseus seiner Intrige dienstbar machen will, dessen edle *φύσις* sich aber durchringt, und über die besondere Art des deus ex machina, als welcher Herakles zum Schluß erscheint, A. Lesky GgrL ²321 ff. Accius benutzt für sein Drama P. das hellenist. Epos des → Euphorion (3), Wilam. PhU. 22,135,1. Bei Qu. Smyrn. B. 10–12 wird P.s Kampf vor Troia breit ausgemalt. Apollod. epit. 3,27. 5,8 und Hyg. fab. 102 weisen einige Besonderheiten auf. Größere Abweichungen bei Serv. Verg. Aen. 3,402. Im Gegensatz zu Od. 3,190 (Rückkehr in die Heimat) wird P. nach Campanien oder Bruttium verschlagen, wo er Petelia u. a. Städte gründet, im Kampf mit Einheimischen fällt und später als Gott verehrt wird. Verg. a. O. Lykophr. 911 ff. mit Sch. Apollod. epit. 6,15 a b. Nach F. Marx NJb. 13, 1904, 673 ff. ist P. auf Lemnos zu Hause und wegen der Parallele zu Hephaistos' Verstoßung aus dem Olymp und Rückführung als Hypostase des lemn. Feuergottes aufzufassen. L. Radermacher Zur P.sage, in: *Παγκάρπεια*, Mélanges H. Grégoire, 1, 1949, 503, sieht in Schlangenbiß und Aussetzung eine Strafe für das Eindringen bei der Nymphe Chryse (Sch. Il. 2,722) und vermutet im Zusammenhang mit dem Namen *Φιλο-κτήτης* eine alte Schatzgräbersage. **H. v. G.**

P. Corssen, Philol. 46, 1907, 346ff. *W. Kullmann*, H(ES 14), 269f. *A. Massaux* P., sa blessure et son abandon. Thèse, Liège 1939. – Zu Kunstdarstellungen außer in Myth. Lex. *(G. Türk)* und RE *(Fiehn)*: *G. Lippold* Ant. Gemäldekopien, ABAW (NF) 33, 1950, 15f.

Philolaos (*Φιλόλαος*), aus Kroton, Pythagoreer, Mitte 5. Jh. v. Chr. Auszugehen ist von dem Zeugnis Platons, Phaid. 61 E, Kebes habe Lehrvorträge des P. in Theben gehört. Dabei fielen die typisch pythagor. Wendungen, der Mensch befinde sich sozusagen im Gewahrsam – *ἔν τινι φρουρᾷ* – und er sei eins der Besitztümer der Gottheit (Plat. Phaid. 62 B). Vielleicht ist auch Gorg. 493 A auf P. zu beziehen. Danach erwähnt erst wieder Cic. de or. 3,139 den P.: er sei Lehrer des Archytas von Tarent gewesen (was chronolog. möglich).

Die recht zahlreichen Erwähnungen des P. durch Spätere weisen nur zweimal auf Biographen des späteren Hellenismus zurück: Satyros (Diog. Laert. 3,9) berichtete, Platon habe *von* P. 3 B. pythagor. Inhaltes gekauft (Preis: 100 Minen). Hermippos – es bleibt unklar, ob → H. aus Smyrna (2) oder → H. aus Berytos (3), ließ den P. ein B. verfassen, das Platon dann ankaufte (Preis: 40 Minen). Satyros und Hermippos sind darin einig, Platon habe die durch oder von P. erworbene(n) Schrift(en) dazu mißbraucht, seinen Timaios zu verfassen. Dieser Vorwurf des Plagiats wurde fast zur gleichen Zeit von Timon von Phleius in den Silloi erhoben (frg. 54 Diels. Gell. n. a. 3,17,4). Schon → Demetrios (24) wußte in seinen *ὁμώνυμοι* den Anfangssatz der Schrift des P. zu nennen, so Diog. Laert. 8,85. Angesichts dieser tendenziösen Bezeugungen muß als völlig ungewiß gelten, ob das, was in der Spätant. über P. umlief, als authentische Überlieferung gelten darf, oder ob es sich ausschließlich um späte Erfindungen handelt. Was man wußte, oder zu wissen glaubte, fügt sich nahezu bruchlos zu folgendem Bilde von P. zusammen:

P. von Kroton erlebte als Pythagoreer mit, wie die pythagoreischen *ἑταιρεῖαι* in Unteritalien zersprengt wurden (mit Einzelheiten ausgestaltet bei Plut. de gen. Socr. 13, 583 a); fortan führte er das Leben des Wanderphilosophen und verbreitete so die Lehren des Pythagoras in Sizilien, aber auch in Theben.

Mithin kann und muß die *διαδοχή* = die Weitergabe der authentischen Lehre des Pythagoras an P. und an → Archytas von Tarent anknüpfen. Diese *διαδοχή* ist um so mehr gesichert, als P. ein B. schrieb oder geschrieben haben soll. Nun sind in spätant. Überlieferung – Theon von Smyrna, Iamblichos, Stobaios – rund 18 Frg.e einer Schrift *περὶ φύσεως* (auch: *π. κόσμου*) erhalten, dazu eines (B 17) aus einer Schrift mit dem Titel *Βάκχαι*. Die Frage der Echtheit, einst von A. Boeckh bejaht, jedoch dringend der Klärung bedürftig, wurde in den letzten Jahren lebhaft diskutiert. **H. D.**

Frg.e: Vorsokr. 44 (I 406–419). *A. Boeckh* Ph. des Pythagoreers Lehren, Bln. 1819. *U. v. Wilamowitz* Platon 2, 82/83 und 86–93. *W. Nestle* in der Neubearb. von Ed. Zeller, Philos. d. Gr. 1^6,441ff. *W. Burkert* Weisheit und Wissenschaft, Stud. z. Pythagoras, Ph. und Platon, Nürnberg 1962. *C. J. de Vogel* Philosophia, part I, Assen 1970, darin 27–77 Kommentar und Analyse aller Fragmente des Ph. (auf französisch).

Philologos (*Φιλόλογος*) kommt zuerst bei Plat. (mehrmals) vor (einmal auch *φιλολογία*), und zwar schon in verschiedenen Bedeutungen an den einzelnen Stellen (Freund von Reden, philos. Erörterungen, sophist. Gesprächen, Vernunft). Die Wörter *φιλόλογος, -ία* haben ebenso viele Bedeutungsnuancen wie *λόγος* in den verschiedenen Bereichen des privaten und gesellschaftlichen Lebens, der Philos., Rhetorik, Wissenschaft, Lit. und Bildung. Bei *φιλολογία* spielt oft der erste Teil (*φιλο-*) kaum noch eine Rolle für die Bedeutung, so daß es dann nicht das Bemühen um den Logos, sondern das mehr oder weniger abgeschlossene Ergebnis dieser Bemühung bedeutet (Beredsamkeit, Gelehrsamkeit, Bildung u. a.). → Eratosthenes und L. → Ateius Praetextatus haben sich selber den Beinamen P. (»Gelehrter«) gegeben. P. kann in späterer Z. für »Student« stehen. In der lat. Lit., wo wir P. zuerst bei Enn. finden (als Femininum!), hat das Wort dieselben Bedeutungen wie im Griech. In der chr. Lit. wird P. bisweilen in der Bedeutung »den *Λόγος*, das göttliche Wort, liebend« gebraucht. **O. Dr.**

1. *K. Lehrs* De vocabulis *φιλόλογος, γραμματικός, κριτικός*, in: Herodiani scripta tria emendatiora, Königsb. 1848, 379–87. 2. *H. Steinthal* Gesch. d. Sprachwissenschaft bei den Griech. u. Römern, 2. Teil, Bln. 1891^2, 13–25. 3. *K. M. Abbott*, RE XIX 2510–14. 4. *G. R. F. M. Nuchelmans* Stud. über *φιλόλογος, φιλολογία* und *φιλολογεῖν*, Diss. Nijmegen 1950. 5. *H. Kuch*, *ΦΙΛΟΛΟΓΟΣ*, Dtsch. Akad. d. Wiss. zu Bln., Schriften d. Sektion f. Altertumswiss., Bd. 48, Bln. 1965. 6. *Ders.*, Klio 43/45, 1965, 337–43.

Philomele (*Φιλομήλη*, *Philomēla*). Neben der boiot.-ion. Fassung der Sage von der Ermordung des → Itys, → Itylos durch seine Mutter (→ Aedon) gab es eine att., in Daulis (Phokis) lokalisierte. Hier hieß die Mutter → Prokne, Tochter des att. Königs → Pandion (I), Gemahlin des thrak. Königs → Tereus. Dieser holt die Schwester seiner Gattin, P., aus Athen zu einem Besuch in Daulis ab. Auf der Reise vergewaltigt er sie, schneidet ihr die Zunge heraus, damit sie nichts verraten kann, und verbirgt sie auf dem Lande. P. aber webt das Erlebte in ein Gewand hinein und schickt dieses ihrer Schwester. Nachdem diese P. befreit hat, schlachtet sie aus Rache ihr Kind von Tereus unter Beteiligung von P. und setzt es gekocht Tereus vor. Die Schwestern, von dem wütenden Tereus verfolgt, flehen zu den Göttern um Verwandlung. Prokne wird zur Nachtigall (ἀηδών), P. zur Schwalbe (χελιδών), bei Hyg. fab. 45. Serv. Verg. ecl. 6,78 und bei den röm. Dichtern meist umgekehrt; deshalb hieß die Nachtigall bei unsern Klassikern P. (→ Prokne). Tereus wurde in einen Wiedehopf verwandelt. Soweit Soph. in seinem »Tereus«. In Einzelheiten weichen ab Konon narr. 31. Ov. met. 6,440ff. Apollod. 3,193ff. Anton. Lib. 11 (*Chelidonis*). – Vor Soph. haben die Schwestern nur Vogelnamen: Hom. Od. 19,518 mit Sch. Hes. erg. 658. Sapph. 86 D. Aischyl. Ag. 1140ff. u.a. – Urspr. ein Tiermärchen, das ätiolog. die Klagelaute der Nachtigall und das Gezwitscher der Schwalbe erklären sollte. H. v. G.

I. Cazzaniga La saga di Itis nella tradizione letteraria e mitografica greco-romana, Milano 1950/51. *H.J. Roes* Griech. Mythologie 164f.

Philomeleides (Φιλομηλείδης). Lesb. König, der Vorübersegelnde zum Ringkampf zwang, von Odysseus aber besiegt wurde. Od. 4,343 = 17, 134. H. v. G.

Philomelion (Φιλομήλιον), Stadt im s. → Phrygien an der großen von → Ephesos ostwärts führenden Straße, wo sie sich in Richtung auf → Dorylaion bzw. → Kaisareia gabelte, allem Anschein nach an der Stelle des h. Akşehir; sie war offensichtlich die Gründung eines makedon. Dynasten des 3. Jh. v. Chr., der dieser Siedlung ihren Namen gab. Die Stadt unterstand z. Z. von Ciceros Proconsulat der Verwaltung der Provinz Cilicia, rechnete seit der frühen Kaiserz. zur Provinz Asia und im 4. Jh. (seit Diocletian?) zur Provinz Pisidia. Bereits Mitte 2. Jh. ist in P. eine Christengemeinde nachweisbar. E. O.

1. *W. Ruge*, RE XIX 2520–2523. 2. *D. Magie* Rom. rule in Asia Min., Princeton N.J. 1950, 1313,17. Inschr.: MAMA VII 38–42.

Philomelos (Φιλόμηλος). **1.** Sohn von → Iasion und Demeter, Bruder des → Plutos, Erfinder des Pfluges, von Demeter als → Bootes (3) unter die Sterne versetzt. Hyg. astr. 2,4. H. v. G.

2. P., Sohn des Theotimos, Führer der Phoker im 3. Heiligen Krieg, Diod. 16,23ff. Paus. 10,2, 2ff. Iust. 8,1, forderte 356 die bis 448 ausgeübte Vorherrschaft der Phoker (*προγονικὴ προστασία* Diod. 16,23,5. 24,5) in Delphoi, sammelte mit Spartas Hilfe als *στρατηγὸς αὐτοκράτωρ* Söldner, schlug die Lokrer, besetzte Delphoi, zwang die Pythia zu dem Spruch, er dürfe tun, was er wolle. Diod. 16,25,3. 27,1. Durch »Anleihe« bei den Tempelschätzen gewann er 10000 Söldner. Von Sparta, Athen und Korinth unterstützt, siegte P. über Lokrer und Thessaler, unterlag aber 354 den Boiotern bei Neon und stürzte sich in einen Abgrund. Diod. 16,28ff. Paus. 10,2,4. An seine Stelle trat → Onomarchos. H. V.

Philometor. **1.** Schüler des → Themistios in Konstantinopel, 355 in Antiocheia, Liban. ep. 402,2, vielleicht ident. mit dem Neffen der Neuplatonikerin Sosipatra. Eun. vit. soph. 469f. H. Bouchery Themistius, 1936, 40f. **2.** Comes sacrarum largitionum des Arkadios 406 n. Chr. Cod. Theod. 10,20,13 (Seeck Reg.). **3.** »Die Mutter liebend«, Kultbeiname hellenist. Herrscher und Herrscherinnen, des Ptolemaios VI., VIII., IX., X., XV., der → Kleopatra (5), des → Antiochos VIII. (9), des → Attalos III. (6) und der → Pythodoris, Königin von Pontos. Die Ptolemaier pflegten sich selbst nicht so zu bezeichnen. H. V.

U. Wilcken, SDAW 1932, 319,3.

Philon. **1.** P., Athener aus Acharnai, mußte unter den 30 Athen verlassen und ging nach Oropos, von wo aus er Raubzüge in Attika unternahm. Nach der Rückkehr bewarb er sich um das Amt eines *βουλευτής*. Gegen ihn ist die Rede 31 des Lysias gerichtet, in der P. vorgeworfen wird, er habe sich nicht aktiv an der Bekämpfung der 30 beteiligt. RE XIX 2527. **2.** P., Athener aus Paiania, Sohn des Philodemos, Bruder der Frau des Redners Aischines, Aischin. 2,150–152, dem er 30 Talente vererbte, Demosth. 18,312; 346 einer der 10 Gesandten zu Philippos II., Demosth. 19, 140. **3.** P., Ainiane, führte die nach Alexandros d. Gr. Tod sich erhebenden Griechen in Baktrien an, wurde mit allen Aufständischen getötet. Diod. 18,7. **4.** P., Athener, Schüler des Aristoteles, belangte erfolgreich Sophokles von Sunion wegen dessen Gesetz gegen Philosophenschulen, die ohne ausdrückliche Genehmigung gegründet worden seien. Der von → Demochares (3) verteidigte Sophokles wurde verurteilt, → Theophrastos u. die anderen geflüchteten Peripatetiker kehrten zurück. Diog. Laert. 5,38. Athen. 11,508 F. 13, 610 F. K.K.

5. P. aus → Tyndaris wurde 82 röm. Bürger und hieß seitdem Cn. Pompeius Philo; ca. 72 wurde er von Verres bei einem Gastmahl beraubt, Cic. Verr. 4,48. **6.** P. aus → Hispalis, tatkräftiger Pompeianer, der 45 sogar nach der Schlacht bei → Munda Hispalis nochmals kurzfristig den Caesarianern entreißen konnte, Bell. Hisp. 35,2ff. 36,1ff. Wahrscheinl. ident. mit dem als Freigelassener des Pompeius gekennzeichneten P., der 44 nach Caesars Ermordung Forderungen des Sex. Pompeius nach Rom brachte, Cic. Att. 16,4,1f. H. G. G.

7. P., *ὁ διαλεκτικός*, auch »der Megariker« benannt, Schüler des → Diodoros von Iasos, mit dem Beinamen Kronos, vgl. Diog. Laert. 7,16, untersuchte im Sinne seines Lehrers die Begriffe des Möglichen und des Notwendigen; außerdem wird eine log.-grammat. Untersuchung zu den Bedingungssätzen bezeugt. Unklar ist, wie ein für P. bezeugter Dialog »Menexenos« mit seiner erist. Philos. in Zusammenhang stand. H. D.

8. P., Akademiker, Schüler des → Kleitomachos und dessen Nachfolger als Leiter der Akademie. In den Wirren des 1. Mithridat. Krieges flüchtete er um 88 v. Chr. nach Rom, wo er großes Ansehen erlangte (vgl. Plut. Cic. 3,1). Entscheidend beeinflußte er Ciceros Denken, der ihm zeitlebens sehr zugetan war (Brut. 306; ac. 1,13). P. stand in der Nachfolge der von → Arkesilaos begründeten akadem. Skepsis, deren Überwindung er selbst einleitete. Spätere machten ihn daher zum Begründer einer 4. Akademie (Eus. pr. ev. 14,4,16. S. Emp. P. hyp. 1,220. Gal. h. philos. 3 p. 600 D.). Die aufschlußreichsten Berichte über die Änderung seines philos. Standpunktes bei Cicero ac. 2,11 ff. und Aug. c. acad. 3,18,41. Daß hierfür sein Schüler → Antiochos (16) v. Askalon den eigentlichen Anstoß gegeben hat, wird durch Cic. ac. 2,11 ff. 111 nahegelegt. Antiochos vollzog jedenfalls die Umkehr zu einem neuen Dogmatismus. Diesem Bestreben seines Schülers versuchte P. mit dem Nachweis zu begegnen, daß die Annahme der Existenz zweier akadem. Richtungen ein Irrtum sei (Cic. ac. 1,13). Mit der Behauptung, daß die Dinge auf Grund ihrer Physis erfaßt werden könnten (*καταληπτά*), näherte sich P. der stoischen Erkenntnislehre, distanzierte sich jedoch zugleich von ihr, indem er eine Erkenntnis im Sinne ihrer *καταληπτικὴ φαντασία* ausdrücklich zurückwies (S. Emp. P. hyp. 1,235). Stoische Einflüsse zeigt auch seine von der Skepsis kaum bestimmte Ethik. In einem Auszug bei Stob. ecl. 2,7,2 = 2,39–41 W. wird die Aufgabe des Philosophen mit einer fünfteiligen des Arztes verglichen. Die Integration der Rhetorik in die Philos., die P. in Rom praktizierte (Cic. Tusc. 2,9), dürfte Ciceros Loyalität gegenüber seinem angefochtenen Lehrer, dessen eleganten Stil er übrigens rühmte (Tusc. 2,26), entscheidend bestimmt haben. H.-Th. J.

W. Burkert, G 72, 1965, 175–203. *A. Weische* Cicero und die Neue Akademie, Orbis Antiquus 18, 1961. *G. Luck* Der Akademiker Antiochos, Noctes Rom. 7, 1953. *O. Gigon*, MH 1, 1944, 47–64. *A. Lueder* Die philos. Persönlichkeit des Antiochos von Askalon, 1940. *K. v. Fritz*, RE XIX 2235–2544 (Lit.).

9. P., jüd.-hellenist. Historiker, bei Ios., c. Ap. 1,218 (zur Unterscheidung von P. (10) *ὁ πρεσβύτερος* genannt) und bei Clem. Al. Strom. 1,141,3 (GCS 15,87) als Vf. einer Gesch. des jüd. Volkes bzw. der jüd. Könige erwähnt; gehört spätestens in die M. 1. Jh. v. Chr. ([5], 109). Nicht ident. ([5], 109 f. gegen [1]. [2]) mit dem jüd.-hellenist. Epiker unbekannter Z. Bruchstücke seines in Hexametern verfaßten (angeblich 14, vermutl. 4 Bücher umfassenden) Gedichtes *περὶ τὰ Ἱεροσόλυμα* bei Eus., praep. ev. 9,20. 24. 37, behandeln Abraham und Joseph sowie die Quellen und Wasserleitungen Jerusalems. B. Sch.

1. FGrH III C, 689 ff. 2. *Schürer* 3, 1909[4], 3,497 f. 3. *P. Dalbert* Die Theologie d. hellenist.-jüd. Missionslit., 1954, 33 ff. 4. *Y. Gutman* Scripta Hierosolymitana 1, 1954, 36–63. 5. *N. Walter* Unters. zu den Frg. der jüd. hellenist. Historiker, Diss. habil. theol., Halle 1968 (maschschr.), 108 ff. 234 f. (soll in TU erscheinen).

10. P. von Alexandreia, jüd.-hellenist. Theologe und Religionsphilosoph.

Leben: * vermutl. ([18], 595 f.) 15/10 v. Chr., entstammt einer jüd. Familie Alexandreias, die (nach Hier. vir. ill. 11 *de genere sacerdotum*) über großen wirtschaftl. Einfluß verfügte, enge Beziehungen zur herodian. Königsfamilie besaß und deren Mitglieder z. T., z. B. P.s Bruder → Alexander (15) und dessen Sohn Tiberius → Alexander (16), auch polit. im Dienst Roms eine gewichtige Rolle spielten. Sein Leben, das in Stil (all. 3,156) und Bildung (congr. 74) hellenist. geprägt war (Muttersprache griech., keine Kenntnis des Hebr.; s. zuletzt [32]), liegt weithin im Dunkeln (Berichte bei Eus. h. e. 2,17. 18 legendär). Bekannt ist nur eine Wallfahrtsreise nach Jerusalem (prov. 2,107) sowie ein Aufenthalt in Rom, wo er 40 n. Chr. als Leiter einer Gesandtschaft der alexandrin. Judenheit zu Caligula weilte, um den antijüd., vom röm. Präfekten Flaccus geduldeten Maßnahmen der Alexandriner entgegenzutreten und die Rechte der jüd. Bevölkerung zu sichern (Gai. 178 ff. 349 ff.; vgl. Ios. ant. 18,259 f.). Ob P. auch darüber hinaus polit. tätig war ([14]) oder sonst nur als Gelehrter gewirkt hat (vgl. spec. leg. 3,1–6; prov. 2,115), ist unklar, ebenso seine geistige Entwicklung (Wendung vom Griechen- zum Judentum? Vgl. spec. leg. 3,1–2) und seine Stellung in der alexandrin. Judenheit (geistiger Führer? Einzelgänger?). Wirklich greifbar sind nur die Ergebnisse seines literar. Schaffens.

Werke: Von ihnen (zu Einteilung, Titeln und Chronologie s. [9]. [10]) ist der größere Teil erhalten (zu nur noch den Namen nach bekannten Werken s. [1], 687). Die vermutl. auf den Bestand der Bibliothek in → Caesarea (3; vgl. die Liste bei Eus. h. e. 2,18,5) zurückgehende Überl. beruht auf griech. Hss. des 6.–11. Jh., Übers. ins Armen. und Lat. sowie Exzerpten altchr. und byz. Schriftsteller, u. a. → Eusebios (7), Johannes v. Damaskos, Prokopios v. Gaza.

1. Philos. Schriften über a) Fragen der Metaphysik *(de aeternitate mundi, de providentia)*, b) Ethik *(quod omnis probus liber sit)* und c) Psychologie *(Alexander sive de eo quod rationem habeant bruta animalia)*; lassen den jüd. Standpunkt P.s kaum erkennen, daher in ihrer Echtheit umstritten, möglicherweise aus P.s Frühz.

2. Erläuterungen zum Pentateuch: a) allegor. Komm. zur Genesis (beginnend mit Gen. 2,1) P.s Hauptwerk, lückenhaft überliefert. Urspr. Gesamttitel *νόμων ἱερῶν ἀλληγορίαι (legum allegoriae)*, in den Hss. nur für die ersten 3 Abh., für den Rest Sondertitel *(de gigantibus, de confusione linguarum, de somniis* u. a.*)*. b) Kurzkommentar nach Art der in der Homerexegese üblichen *ζητήματα καὶ λύσεις*, erhalten (zumeist nur in armen. Übers.) zu Genesis *(quaestiones in Genesin)* und z. T. Exodus *(quaestiones in Exodum)*, wahrscheinl. auch für den übrigen Pentateuch ausge-

führt oder geplant ([9], 403 f.), bietet neben allegor. vor allem wörtl. Auslegung. Zum Verständnis P.s wichtige, zu wenig beachtete Quelle.

3. Systemat.-theolog. Abh. (urspr. ein Werk?) an Hand a) der Schöpfungsgeschichte *(de opificio mundi)*, b) der Biographien der bibl. Patriarchen (erhalten nur: *de Abrahamo, de Iosepho)* sowie c) der mosaischen Gesetzgebung (*de decalogo, de specialibus legibus* [in den älteren Ausg. z.T. unter Sondertiteln: *de circumcisione, monarchia*, u.a.]). Von der Tendenz getragen, die gesch. und gesetzl. Stoffe des Pentateuch einander sachlich zuzuordnen.

4. Hist.-apologet. Schriften: a) *de vita Mosis*, schildert Mose als idealen Herrscher, Gesetzgeber, Priester und Propheten (*ϑεῖος ἀνήϱ*) zum Beleg für die Einzigartigkeit des jüd. Volkes. b) allg. Apologie des Judentums gegen heidn. Verzeichnungen seiner Ursprünge, Sitten und Gesetze, nur fragmentar. durch Eus. praep. ev. 7,11. 8,5,11. 6,7 (Titel: *Ὑποϑετικά*). 10,18 (Titel: *ἀπολογία ὑπὲϱ Ἰουδαίων*) überliefert. Enthält u.a. Ber. über die → Essener. c) *de vita contemplativa* (urspr. Teil der allg. Apologie?) beschreibt die jüd. Sekte der Therapeuten als Beispiel des *βίος ϑεωϱητικός*. d) *contra Flaccum*, unvollständig erhaltene Schr. über die Bedrängnis der alexandrin. Juden durch Flaccus und dessen Bestrafung, die als Beweis der göttlichen *πϱόνοια* dient. e) *Legatio ad Gaium*, Teil einer umfassenderen, von Flacc. aber wohl unabhängigen ([9], 421 ff. gegen [1], 677 ff.) Abh. *πεϱὶ ἀϱετῶν* des in Not und Verfolgung bewahrten Judentums; zusammen mit Flacc. wichtige Quelle für die Gesch. des alexandrin. Judentums und die allg. röm. Gesch. z.Z. des Caligula.

Fälschlich unter P.s Namen laufen: Predigten über Sampson und Jona (ed. H. Lewy, 1936), Abh. *πεϱὶ κόσμου*, Liber antiquitatum biblicarum (ed. G. Kisch, 1949), hebräisches Onomastikon (Eus. h. e. 2,18,7), Breviarium temporum (s. [1], 695).

Gedankenwelt: 1. In P.s Schrifttum findet sich dem Stil der Z. entsprechend nur wenig Originelles. Was er vorträgt, beruht weithin auf überkommenem Gedankengut, mitunter schrift. Vorlagen (zur Literarkritik s. [15], 2 ff.), vornehml. aus dem Bereich der Theologie und Schriftauslegung des hellenist. (kaum des palästin.; s. [12]. [22] gegen [16]) Judentums sowie der eklekt. Philos. und synkretist. Frömmigkeit seiner heidn. Umwelt. Die Eigenart, vor allem der religions- bzw. philosophiegesch. Hintergrund seiner Quellen ist keineswegs ausreichend erforscht. Ungeklärt ist z.T. auch noch, in welchem Maß P. sich das verarbeitete Material zu eigen gemacht hat. Im Urteil der Forschung schwankt sein Bild daher erhebl. (Lit. bei [15], 1–44. [21]). Verbreitet (grundlegend [19]), aber fragwürdig (s. [23]. [30]) ist die Zuordnung zur → Gnosis, zutreffender die zum »mittleren« Platonismus (s. [26]. [30]). Ein allg. Konsens über P.s geistige Welt und Leistung zeichnet sich bislang nicht ab. Immerhin lassen sich einige Grundzüge ermitteln.

2. P.s Schriften sind – abgesehen von den rein philos. – durchgehend getragen von dem Bemühen, Juden und Heiden den Weg zu wahrer Gotteserkenntnis und tugendhaftem Leben zu weisen. Grundlage bildet stets die jüd. Bibel (in erster Linie der Pentateuch) in Gestalt der als inspiriert geltenden griech. Übers. der LXX (zum Text s. [17]). Ihre Aussagen werden im Gefolge der jüd.-hellenist. Apologetik mit Hilfe der aus der stoischen Mythendeutung geläufigen, seit Aristobulos im Judentum nachweisbaren allegor. Auslegungsmethode (s. [33]) in die Sprache und Vorstellungswelt hellenist. Philos. und Religiosität umgesetzt. Sachlich ergibt das eine weitgehende Umformung der bibl. Inhalte: das bibl. Gottes-, Welt- und Menschenbild wird platonisierend in ein dualist. Schema eingezeichnet und in einer weitverzweigten Logoslehre aufgenommen, in der Elemente stoischer Philos., jüd. Weisheitstheologie und äg. Mythologie (Isis – Maat) sich vereinen (s. [28]); die bibl. Patriarchen werden zu Typen stoischer Tugendideale umgedeutet; die Einzigartigkeit des jüd. Volkes wird im Rahmen einer mysterienhaften Vergottungslehre dargestellt. Trotz der spiritualis. und individualis. Tendenzen sowie der myst.-ekstat. Äußerungen (s. [27]) kann bei P. von einer Auflösung des jüd. Glaubens in eine universale, mysterienhafte Religion (so [13]) keine Rede sein (s. [15]. [23]). P. distanziert sich von Versuchen, die bibl. Texte rein allegor. zu deuten (migr. 89 ff.), hält an der Gültigkeit des mosaischen Gesetzes fest (spec. leg. 1,153 ff.), wendet sich gegen ein mysterienhaftes Verständnis des Judentums (ebd. 1,319 ff.) und bekennt sich zum Erwählungsglauben (ebd. 2,162 ff.) wie zu den endgesch. Zukunftshoffnungen (vita Mos. 1,205 f.) des jüd. Volkes. Vornehmlich sind es jüd. Gesichtspunkte, die die Auswahl des heidn. Bildungsgutes bestimmen (s. [12]).

Nachwirkung und Bedeutung: Wie weit P. in seiner Z. Erfolg beschieden war, ist unbekannt. In der heidn. Lit. gar nicht, im ant.-jüd. Bereich nur am Rande erwähnt (Ios. ant. 18, 259 f.), beginnt seine nachweisbare Wirkungsgeschichte in der chr. Kirche, die ihn teilweise sogar als Kirchenvater angesehen hat. → Clemens v. Alexandreia und → Origenes, danach → Ambrosius (*»Philo latinus«*) und → Augustinus knüpfen unmittelbar an P. an. Seine allegor. Schriftauslegung (vgl. P. Heinisch Der Einfluß P.s auf die älteste chr. Exegese), vor allem seine Verbindung von bibl. Offenbarung und philos. Vernunft waren für sie wie für die weitere Entwicklung chr. Theologie und Philos. wegweisend.

Für die neuere philos.- und religionsgesch. Forschung ist P. bedeutsam als Sammler sonst nicht oder nur wenig bekannter Zeugnisse der jüd. (im NT. sich z.T. widerspiegelnden) und heidn. Geistesgesch. der späthellenist. Z. und als hervorragendes Beispiel für den Geist spätant. Religiosität. B. Sch.

Ta.: *L. Cohn – P. Wendland – S. Reiter*, 6 Bde., 1896–1915 = 1962 (grundlegende krit. Ausg.). *F. H. Colson – G. H. Whitaker*, 10 Bde., 1929–1962 (mit engl. Übers. und Komm.). *R. Arnaldez – J. Pouilloux – C. Mondésert*, 35 Bde., 1961 ff. (mit franz. Übers.). – Griech. Fragmente: *J. R. Harris*, 1886. *P. Wendland*, 1891. *K. Praechter*, Arch. Gesch. Philos. NF 9, 1896, 415–426. *H. Lewy*, SPrAW 1932, 4, 72–84. *L. Früchtel*, ZAW 55, 1937, 108–115.
Alte Übers.: a) armen.: *J. B. Aucher*, 2 Bde., 1822–1826 (mit lat. Übers.; engl. Übers.: *R. Marcus*, 2 Bde., 1953). b) lat.: *J. Sichardt*, 1527 (krit. Ausg. fehlt).
Neue Übers.: dt.: *L. Cohn – I. Heinemann – M. Adler – W. Theiler*, Bd. 1–6, 1909–1938 = 1962; Bd. 7, 1964 (mit Sachweiser).
Ind.: a) zum griech. Text: *H. Leisegang*, 2 Bde., (= Bd. 7, 1. 2 der Ta. von Cohn-Wendland), 1926–1930 = 1963 (Wortbestand nicht vollständig erfaßt). b) zum armen. Text (von quaest. Gen.; quaest. Ex.; vita contempl.): *R. Marcus*, Journ. Amer. Or. Soc. 53, 1933, 251–282.
Bibliogr.: *H. L. Goodhart – E. R. Goodenough* A general Bibliogr. of Ph. Judaeus, 1938 = 1967 (Anh. zu [14]). *H. L. Feldman* Stud. in Judaica. Scholarship on Ph. and Josephus (1937–1962), o. J. *G. Delling – G. Zachuber – H. Berthold* Bibliogr. z. jüd.-hellenist. und intertestamentar. Liter. 1900–1965, TU 106, 1969, 34–50.
Gesamtdarstellungen: 1. *Schürer* 3, 1909^{4}, 633–716. 2. *É. Bréhier* Les idées philos. et rel. de Ph. d'Alex., 1908. 1925^{2} = 1950. 3. *E. R. Goodenough* An Introd. to Ph. Judaeus, 1940. 1962^{2}. 4. *H. Leisegang*, RE XX 1–50. 5. *H. A. Wolfson* Ph., 2 Bde., 1947. 1948^{2}. 6. *J. Daniélou* Ph. d'Alex., 1958. 7. *H. Hegermann* Ph. von Alex., in *J. Leipoldt – W. Grundmann*, hg., Umwelt des Urchristentums I, 1965, 326–342. 8. *R. Arnaldez* u.a., DB Suppl. VII 1288–1351.
Einzelunt.: 9. *L. Cohn*, Philol. Suppl. 7, 1899, 387–436. 10. *L. Massebieau – É. Bréhier*, RHR 53, 1906, 25–64. 164 bis 185. 267–289. 11. *F. Geiger* Ph. von Alex. als sozialer Denker, Tüb. Beitr. z. Alt. Wiss. 14, 1932. 12. *I. Heinemann* Ph.s griech. und jüd. Bildung, 1932 = 1962. 13. *E. R. Goodenough* By Light, Light, 1935. 14. *Ders.* The Politics of Ph. Judaeus, 1938 = 1967. 15. *W. Völker* Fortschritt und Vollendung bei Ph. von Alex., TU 49,1, 1938. 16. *S. Belkin* Ph. and the Oral Law, Harv. Sem. Stud. 11, 1940 = 1968. 17. *P. Katz* Ph.s Bible, 1950. 18. *J. Schwartz*, Ann. de l'Inst. de Philol. et d'Hist. Or. et. Slav. 13, 1955 (= Mél. I. Lévy), 591–602. 19. *H. Jonas* Gnosis und spätant. Geist, II, 1, FRLANT 63, 1954. 1966^{2}, 38–43. 70–121. 20. *K. Bormann*, Die Ideen- und Logoslehre Ph.s von Alex., Diss. phil. Köln 1955. 21. *H. Thyen*, Theol. Rundschau N. F. 23, 1955, 230–246. 22. *S. Sandmel* Ph.s Place in Judaism, 1956. 23. *H. Hegermann* Die Vorstellung vom Schöpfungsmittler im hellenist. Judentum und Urchristentum, TU 82, 1961, 6–87. 24. *J. B. Burke* Ph. and Alex. Judaism, Diss. Syracuse 1963. 25. *P. Boyancé* Études Philoniennes, REG 76, 1963, 64–110. 26. *W. Theiler*, Parusia, Festg. J. Hirschberger 1965, 199–218. 27. *G. Gerhold* Mystik und Mysterienreligion bei Ph. von Alex., Diss. theol. Erlangen 1966. 28. *B. L. Mack* Logos und Sophia, Diss. theol. Göttingen 1967 (erscheint in Stud. z. Umwelt des N.T.). 29. *R. Arnaldez – C. Mondésert – J. Pouilloux*, hg., Ph. d'Alexandrie (Lyon 11–15 Septembre 1966) [Sammelband], 1967. 30. *U. Früchtel* Die kosmolog. Vorstell. bei Ph. von Alex., Arb. z. Gesch. und Lit. d. hellenist. Judentums 2, 1968. 31. *K. Otte* Das Sprachverständnis bei Ph. von Alex., Beitr. z. Gesch. d. bibl. Exegese 7, 1968. 32. *D. Rokeah*, Journ. Theol. Studies 19, 1968, 70–82. 33. *I. Christiansen* Die Technik der allegor. Auslegungswissenschaft bei Ph. von Alex., Beitr. z. Gesch. d. bibl. Hermeneutik 7, 1969.

11. P., von Gadara war Lehrer des Grammatikers → Sporos von Nikaia, hat also kurz vor 100 n. Chr. gewirkt. → Eutokios erwähnt seine Approximation von π (Archim. 3,258,25 H.).

12. P. von Byzanz, Ingenieur, Schüler des → Ktesibios. Erhalten aus seiner *μηχανικὴ σύνταξις* das 4. und Auszüge aus dem 7. und 8. (= B. 5 in alten Ausg.) auf griech. sowie B. 5 in arab. Übers. B. 4 behandelt den Bau von Geschützen (Katapulten, daher *βελοποιικά*). Es gibt Maße und detaillierte handwerkliche Anweisungen, so daß die Waffen nach der Ausg. und technischen Zeichnungen von Diels-Schramm nachgebaut und erprobt werden konnten (vgl. → Heron). B. 7 u. 8 enthalten Taktik und Rüstung für Stadtbelagerungen.

B. 5 (*πνευματικά*) wurde teilw., die übrigen B. ganz von den entsprechenden des → Heron verdrängt.

Eine approx. Lösung des → delischen Problems mit mech. Mitteln zeigt P. als Theoretiker (→ Neusis, mech. Methoden). J. M.

Diels – Schramm Philons Belopoiika, griech. und dt., APrAW 1918, 16. Philonis Mechanicae Syntaxis rec. *R. Schoene*, Bln. 1893. Weiteres s. Technik, Neusis, mech. Methode, Ktesibios, Heron.

13. P., späthellenist. Pharmakologe, Erfinder des berühmten »Philoneion«, einer Panazee, die von ihm in Gedichtform mitgeteilt war (Galen 13,267 ff. K.). Ph. gehört damit in den Kreis solcher Dichterärzte wie → Andromachos. F. K.

14. P., Sohn des Exekestides aus Eleusis, Architekt. In der 2. Hälfte 4. Jh. erbaute P. im Peiraieus ein Magazin, die → Skeuothek, und in Eleusis die Vorhalle des Telesterion, Sylloge^{3} 969. Plin. nat. 7,125. Vitr. 7 praef. 12. 17. Cic. de or. 1,62. Val. Max. 8,12,2. Philod. rhet. p. 192. 346 Sudh. Strab. 9,395. IG II 2^{2},1666. 1670. 1671. 1673. 1675. Er schrieb über seine Bauten und deren Symmetrien. Aus Inschr. ist die Skeuothek (um 330) gut rekonstruierbar. Die Vorhalle (Eleusis) ist in den Einzelheiten der dor. Ordnung eng an Vorbilder des 5. Jh. angelehnt. – Vielleicht war dieser P. auch Bauunternehmer, Sylloge^{3} 249–253. W. H. G.

V. Marstrand Arsenalet i Piraeus 1922. *K. Jeppesen* Paradeigmata (1960) 69 ff. *F. Noack* Eleusis 1927.

15. P. von Byzantion, Verfasser einer kleinen Schrift über die 7 → Weltwunder (*περὶ τῶν ἑπτὰ*

$\vartheta\varepsilon\alpha\mu\acute{\alpha}\tau\omega\nu$), nur erhalten in der Heidelberger Paradoxographen-Hs. 398, 10. Jh. (Schluß verloren), in gespreizt rhetor. Stil, in die späte Kaiserz. gehörig, hg. von R. HERCHER hinter seiner Ausg. von Aelianus de nat. an., Paris 1858. K. Z.

W. Kroll, RE XX 54f.

Philonides (Φιλωνίδης). **1.** Dichter der Alten Komödie, angeblich zuerst Walker (dies sicher aus seiner Komödie erschlossen u. ohne Gewähr), dann Schauspieler. Als Regisseur studierte er für Aristoph. mehrere Stücke ein, wir wissen es von Vesp. 422; Ἀμφιάρεως 414; Ran. 405. An den Len. 422 hat er sogar, wenn man das der korrupten Hypothesis zu Vesp. entnehmen darf, dieses Stück als διδάσκαλος und ein zweites des Aristoph., Προάγων, als fiktiver ποιητής herausgebracht und mit diesem gesiegt. Von P.' eigenen Stücken nennt die Suda 3, zitiert werden nur die Κόθορνοι, gegen polit. Opportunisten wie Theramenes gerichtet (410–405). W. K.

2. P., epikureischer Mathematiker. Testimonien. Apollonios v. Perge 1,192,8 H. Pap. Herc. 1044. Att. Inschr. IG 2,1,605. Zwei delph. Inschr. (U. KOEHLER, SDAW 1900, 999). Unter der Annahme, daß Pap. Herc. 1044 eine lobende Gedenkschr. des → Demetrios (27) Lakon für P. ist, wofür PHILIPPSON gute Gründe beibringt, ist folgendes hinreichend gesichert: P., * um 200 v. Chr. in Laodikeia an der Küste bei → Antiocheia (1), wurde nach Anfangsstudien ebendort von → Apollonios (2) v. Perge bei → Eudemos (1) in Ephesos eingeführt, bei dem er Math. studierte und in der Kegelschnitt-Theorie es so weit brachte, daß Apollonios auf sein Urteil Wert legt. Danach math. Studien bei → Dionysodoros (7) und epikureisch-philos. Studien bei Artemon in Kaunos in Karien. Bei seiner dort begonnenen Lehrtätigkeit hörte ihn Demetrios Lakon. Akme unter → Demetrios (5) Soter (162–150), der P. zur Heimkehr nach Antiocheia veranlaßte und von ihm für den Epikureismus gewonnen wurde. Gründet eine eigene Schule in Antiocheia und betätigt sich mit Erfolg polit., wovon die gen. Ehreninschriften zeugen. Seine Vertrautheit mit der höheren Math. befähigt ihn, zu den Angriffen anderer Mathematiker gegen Epikurs Atomismus Stellung zu nehmen; bezeugt sind auch Kommentare zu Epikurs Büchern. J. M.

W. Croenert, SDAW 1900, 942. *H. Usener*, RhM. 56, 146. *W. Croenert* Kolotes und Menedemos, Lpz. 1906 passim. *Philippson*, RE XX 63.

Philopappos. 1. C. Iulius Antiochus Epiphanes P. aus dem Demos Besa, Enkel des Königs → Antiochos IV. (15) von Kommagene, Titularkönig, athen. Archon und Agonothetes zwischen 75/76 und 87/88, frater Arvalis, von Traian unter die Prätorier aufgenommen, Suffektkonsul Mai 109 (DEGRI 13,1,198f.), bekannt durch sein Grabmal auf dem Musenhügel in Athen. IG II³ 3112. 3451. 4511. OGIS 407f. SEG 21, 1965, 735. Plut. widmete P. seine Schrift πῶς ἄν τις διακρίνειε τὸν κόλακα τοῦ φίλου, Q. Pompeius Capito seine ὑπομνήματα. Plut. mor. 48eff. 628b. Athen. 8,350c. Paus. 1,25,8. PIR 4, Nr. 151. C. C. VERMEULE Roman imperial art in Greece, 1968, 80ff. T. 26. **2.** Athen. Archon zwischen 90–100. IG II² 1759. J. H. OLIVER, Hesp. 11, 1942, 82ff. H. V.

Philopoimen (Φιλοποίμην), achaiischer Staatsmann und Feldherr, der »Letzte der Hellenen« (Plut. Philop. 1,7), erstrebte die Einigung der Peloponnes im achaiischen Bund und dessen Unabhängigkeit von Makedonien und Rom. Sohn des Kraugis aus Megalopolis, * 253, philos. gebildet durch → Ekdelos und Demophanes, zeichnete P. sich 222 beim Überfall des Kleomenes auf Megalopolis, unter → Antigonos (3) bei → Sellasia und in 10 J. als Söldnerführer in Kreta aus, Paus. 8,49,7. Als Hipparch des achaiischen Bundes schlug er 209 im 1. maked. Krieg die eleisch-aitol. Reiterei, Plut. 7. Als Stratege 208/07 gab er dem Heer Waffen und Kampfweise der maked. Phalanx und besiegte bei Mantinea die Spartaner unter → Machanidas, den P. selbst tötete (Sylloge³ 625, dargestellt im Reiterdenkmal zu Delphi, rekonstruiert von H. POMTOW, PhW 32, 1912, 962f). In der 2. Strategie 206/05 erhielt seine Phalanx bei den Nemeen großen Beifall von den Griechen, Plut. 11. Paus. 8,50,3. Als der Stratege Lysippos 202 gegen → Nabis, der Messenien eroberte, nicht vorging, vertrieb P. als Privatmann mit Freiwilligen Nabis und schlug ihn in der 3. Strategie 201/200, Pol. 16,36f. Plut. 12. Da er erfolglos für eine Neutralität im 2. maked. Krieg eintrat, ging P. wieder 6 J. nach Kreta. Zum 4. Mal Stratege besiegte er 193/92 Nabis und zwang trotz Behinderung durch T. Quinctius Flamininus Sparta in den achaiischen Bund, zumal dieser Rom gegen → Antiochos III. (4) half, Plut. 14f. Liv. 27,11ff. Diophanes gliederte 191 Messene und Elis an den Bund an. Die Beteiligung der Römer an der Rückführung der achaiisch gesinnten spartan. Emigranten lehnte P. ab, Plut. 17. Während → Aristainos für bedingungslosen Anschluß an Rom sprach, suchte P. möglichste Unabhängigkeit, Pol. 24,11ff. In der 5. Strategie 190/189 führte er den Ortswechsel für die Synodoi ein, Liv. 38,30,1f. E. BADIAN–R. M. ERRINGTON, Hist. 14, 1965, 13ff. Als Sparta vom Bund abfiel, erzwang er in der 6. Strategie 189/88 die Zerstörung der Mauern Spartas, Abschaffung der lykurg. Gesetze und Annahme achaiischer Satzungen, Liv. 38,34. Plut. 16. Als Gegengewicht gegen Rom suchte er in der 7. Strategie 187/86 das Bündnis mit Äg. zu erneuern. Trotz der Vorwürfe des Q. Caecilius Metellus gegen die Behandlung Spartas erreichte P. die Ablehnung der röm. Forderungen, Pol. 22,10. Gegen das 183 abgefallene Messene rückte er, 70jährig, zum 8. Mal Stratege, vor, wurde gefangen und vergiftet, Plut. 20. Liv.

39,49ff. Iust. 32,1,4ff. Die Achaier geleiteten die Urne des P., die Poi. trug, nach Megalopolis, setzten sie auf der Agora bei und steinigten am Grabe gefangene Messenier. P. erhielt Statuen an vielen Orten und einen Heroenkult, Plut. 21. Pol. 29,3. Sylloge^3 624 (Megalopolis). 625 (Delphi). Paus. 8,49,1 (Tegea). Zu der Biographie des P. durch seinen Bewunderer Polybios s. K. Ziegler, RE XXI 1472. R. M. Errington Philopoemen, 1969. H. V.

Philos (*φίλος*) s. Hoftitel

Philostephanos (*Φιλοστέφανος*) von Kyrene, Freund oder Schüler des Kall., Vf. von Schriften antiquar., paradoxograph., aitiolog. u. mytholog. Inhalts. Er lebte wohl hauptsächlich in Alexandreia, vielleicht auch als Hofdichter des → Ptolemaios Philopator. Schriften: 1. Über die Städte in Asien (Titel scheint auf geograph.-ethnograph. Inhalt zu weisen, er war aber aitiolog.: Erklärung von Ortsnamen durch »Etymologie« oder Nennung von Eponymen, Erkl. von Opferbräuchen, Gründungssagen). 2. Wahrscheinlich eine entsprechende Schrift über die Städte Europas. – 3. Eine Schrift über Inseln (Frg. über Kypros und Sizilien entstammen vielleicht zwei Monographien über diese Inseln). Alle drei Schriften vielleicht drei Teile einer umfangreichen Antiquarperiegese. – 4. *περὶ παραδόξων ποταμῶν* (Quellen für die Partien über sizil. und unterital. Flüsse wohl → Nymphodoros und → Kleon, beide aus Syrakus). – 5. *περὶ κρηνῶν*. – 6. *περὶ εὑρημάτων* (wahrscheinlich gegliedert nach den *εὑρήματα* der Griechen und Barbaren). – 7. *Ὑπομνήματα*. – 8. Aitia in Versen (?). – 9. Distichen in ion. Sprache, vielleicht über *λίμναι* (*παράδοξοι* ?). Zu den z. T. wohl nur indirekten Benutzern P.' gehören u. a. Mnaseas von Patara, Istros, Eratosthenes, Plut., Athen., Clem. Al., Plin. d. Ä., Gell., viele Scholiasten und Lexikographen. O. Dr.

A. Westermann Paradoxographi 179f. *R. Stiehle*, Philol. 4, 1849, 385–412 (Frg.-Slg. unvollständig). FHG III 28–34 (Frg. unvollständig). *A. Giannini* Paradoxograph. Graec. Reliquiae, Mailand 1966, 21–23. *F. Gisinger*, RE XIX 104–118.

Philostorgios (*Φιλοστόργιος*), * um 368, verfaßte als Fortsetzer des → Eusebios eine Kirchengesch. in 12 B. n, die bis mindestens 425 führte. Als Apologet hat P. die Profangeschichte berücksichtigt, als Anhänger des → Eunomios hat er ein Gegengewicht gegen die orthodoxen Darstellungen geschaffen. Das haeretische Werk ist als ganzes verloren, wegen der reizvollen Darstellung sind Teile in gereinigter Form innerhalb späterer Vitae erhalten. B. R. V.

Ta.: *J. Bidez*, GCS 21, 1913. Frg.e: *H. G. Opitz*, Byzantion 9, 1934, 535–593. *P. Heseler*, ebd. 10, 1935, 399–402. *J. Bidez*, ebd. 10, 1935, 403–437.
Lit.: *J. Bidez*, Einl. zur Ausg. *G. Geutz*, RE XX 119–122.

Philostratos (*Φιλόστρατος*). **1.** Athener, Sohn des Philon aus Aixone, IG II^2 5433. Bei ihm und seinem Bruder → Kallippos wohnte → Dion (1) in Athen und nahm sie 357 nach Syrakus mit. Nach dem Zwist mit Dion half P. bei dessen Ermordung durch Kallippos 354, Plut. Dion 17. Nep. Dion 9,2. Plat. epist. 7,334a–c. H. Berve Dion, 1956, 43. 65. 115. 119. H. Breitenbach Platon und Dion, 1960, 95,87. **2.** Athener, Sohn des Dionysios aus Kolonos, IG II^2 1622, 773. Redner, Freund des Lysias, klagte 366/65 → Chabrias aus Aixone *περὶ Ὠρωποῦ* an, siegte als Choregе in den Dionysien, war 342 Trierarch und um 340 Prozeßzeuge gegen Neaira, adoptierte Phainippos, den Sohn seiner Tochter Aristonoe, † um 330, Demosth. 21,64. 42,21f. 27. 59,22f. PA 14734. H. V.

3. P. Quellen über diese aus Lemnos stammende Sophistenfamilie des 2./3. Jh. n. Chr.: biogr. Angaben im Corpus Philostrateum und 3 Artikel der Suda. Die Unklarheiten und Widersprüche hinsichtlich Lebenszeit, Verwandtschaft (Stammbaum: [4],7; vgl. PIR Nr. 332f.) und der bereits in der Ant. kontroversen Verteilung der Schriften auf die verschiedenen Träger des Namens sind bislang nicht überzeugend aufgehellt worden. **4.** »P. I.«, Sohn des Verus, Sophist in Athen (Suda s. *Φ.*). Da er als Vater von → »P. II.« (5) bezeichnet wird, ist die Angabe *γεγονὼς ἐπὶ Νέρωνος* falsch; sie dürfte sich daraus erklären, daß unter seinen Schriften der Titel *Νέρων* (sicher der → Lukianos [1] zugeschriebene, aber wohl von »P. II.« verfaßte Dialog) erscheint. Seine umfangreiche lit. Produktion soll u. a. neben typisch sophist. Werken (4 »Eleusinische« Reden, Übungsreden, rhetor. Schriften) auch 43 Tragödien und 14 Komödien, eine theoret. Abh. *Περὶ τραγῳδίας* (3 B.), ferner einen *Γυμναστικός* (wohl die erhaltene, allg. »P. II.« zugewiesene Schrift) umfaßt haben. Es fehlt an Kriterien, um die Angaben zu beurteilen, jedoch stimmt bedenklich, daß P. in den v. soph. seines angebl. Sohnes nicht erwähnt wird, was zumindest an seinem Sophistenberuf zweifeln läßt.

5. »P. II.«, mit vollem Namen Flavius P., angebl. Sohn des Vorigen (Suda s. *Φ.*). Aus seiner Ehe mit Aurelia Melitine gingen Flavius Capitolinus, ein weiterer Sohn, der senator. Rang erreichte, und mind. eine Tochter (→ »P. III.« [6]) hervor (Sylloge^3 879). P. dürfte ebenfalls aus Lemnos stammen, besaß aber das att. Bürgerrecht (Sylloge^3 878. Eus. c. Hierocl. 2 u. ö). Er studierte bei → Proklos von Naukratis in Athen, bei Damianos in Ephesos (v. soph. 2,21. 23) und bei → Antipatros (13) von Hierapolis (a. O. 24). Als Sophist soll P. in Athen gewirkt haben; wahrscheinlich verbrachte er aber, wie es üblich war, einige Zeit auf Reisen. Er wurde bei Hofe eingeführt und in den Zirkel der Iulia Domna (→ Iulius [II 101]; über Art und Bedeutung dieses *κύκλος* allein richtig [7], 101ff.) aufgenommen (v. Apoll. 1,3). V. soph. 2,32 zeigt ihn im Gefolge des Kaisers in Gallien. Irgendwann nach 217 kehrte er wieder in den O. zurück. Weiterer Aufenthalt in Athen ist anzunehmen (vgl. Sylloge³ 878: Basis-Inschr. einer von den Athenern gestifteten Statue des P.; Suda s. *Φρόντων Ἐμισηνός*). P. starb unter Philippus Arabs (Suda s. *Φ.*).

Auf Wunsch der Kaiserin verfaßte P. die Biogr. des → Apollonios (3) von Tyana (*Τὰ εἰς τὸν Τυανέα Ἀπολλώνιον*, 8 B., erst nach 217 veröffentlicht). Er stilisiert hier den pythagor. Wanderphilosophen zu einem gottähnlichen Übermenschen, der seine »Vollendung« im Umgang mit ind. Brahmanen und aithiop. Gymnosophisten sowie durch rigorose körperliche und geistige Disziplin in der Nachfolge des Pythagoras erreicht habe. Dahinter steht die mehrfach ausgesprochene (und von der kaiserl. Familie offenbar gewünschte) Absicht, Apollonios gegen den landläufigen Vorwurf zu verteidigen, er sei ein niederer Zauberer gewesen. In den Motiven zeigen sich Berührungen mit dem Typus des Heiligenlebens (Askese, Wundertaten, darunter eine Totenerwekkung [4,45]; zum Charakter [9]. [10]. [16]), obgleich als gesichert gelten kann, daß sie nicht als heidn. Gegenstück zu chr. Erbauungs-Lit. gemeint war (so hat sie erst → Hierokles [2] in seinem *Φιλαλήθης* ausgewertet, dem → Eusebios [7] in einer [erhaltenen] Schrift erwiderte). In B. 7 und 8 stellt P. Apollonios' Auseinandersetzung mit Domitian dar; mittels einer ausführlichen (frei erfundenen) Verteidigungsrede (8,7) läßt er den Philosophen als moral. Sieger über den Despoten hervorgehen (dazu [17]). Die Biogr. kann nur geringfügigen hist. Wert beanspruchen (vgl. [15]). P.' »Gewährsmann« Damis von Ninive ist eine lit. Fiktion (gegen die ältere, z.B. noch von E. NORDEN Agnostos Theos 35ff. vertretene Ansicht überzeugend [11]). Die Vita gehörte zu den Lieblingsbüchern der Folgezeit; sie wurde sogar von → Flavianus (2) ins Lat. übers., danach von → Sidonius Apollinaris bearb. (vgl. S. PRICOCO, Nuovo Didask. 15, 1965, 69ff.).

Die *Βίοι σοφιστῶν* in 2 B., entstanden nach der v. Apoll. (vgl. v. soph. 2,5,1), sind dem Proconsul Antonius Gordianus gewidmet. Als term. a. q. ergibt sich daraus das Jahr 238; umstritten bleibt, um welchen der Gordiani (→ 1, → 2) es sich handelt (vgl. [1], 169f. [7], 6ff. [19]). P. unterscheidet die »alte«, von → Gorgias (1) begründete Sophistik von der *δευτέρα*, die er auf → Aischines (2) zurückführt. Hauptsächl. behandelt er in chronol. Folge die Sophisten von etwa 100 n. Chr. bis zur eigenen Z., bes. ausführl. → Herodes (16) Attikos und → Polemon. Vollständigkeit im einzelnen ist nicht erstrebt, vielmehr bietet P. in wohlberechnetem Plauderton und in mehrfach variierter Reihenfolge Anekdoten, Stilproben und -urteile sowie in strengerem Sinne biogr. Material. Insgesamt vermittelt die Slg., in der → Lukianos (1) und einige P. nahestehende Sophisten der sever. Z übergangen sind, ein recht

anschauliches Bild von diesem wichtigen Berufsstand der Kaiserzeit.

Die *Εἰκόνες* (2 B., daneben gab es eine Einteilung in 4 B.) geben sich als Beschreibung von Gemälden, die P. in einer Säulenhalle bei Neapel gesehen haben will, in der Form eines epideikt. Lehrvortrages vor dem Sohn eines Gastfreundes. Auf unterhaltsame Weise nimmt P. die eigentl. *ἔκφρασις* der myth. Szenen zum Vorwand für die Selbstdarstellung des gebildeten Betrachters, der sich abwechselnd in überraschenden Pointen, geistreichen Aperçus und kunsttheoret. Betrachtungen zu ergehen weiß. Ob es sich um wirklich einst vorhandene Bilder handelt, ist noch immer umstritten (ein Überblick über die Gesch. dieser Kontroverse bei [25]).

Nur im Cod. Paris. Suppl. Gr. 1256 ist die Abh. *Περὶ γυμναστικῆς* erhalten, in der P. hist. Angaben über die verschiedenen Sportarten, Trainings- und Diätvorschriften und Polemik gegen Entartungserscheinungen der eigenen Z. miteinander verbindet. Aus stilist. Gründen wird die Schrift, entgegen der Suda-Notiz, allg. P. zugewiesen. Das gleiche gilt auch für die Dialoge *Ἡρωϊκός* (Suda: »P. I.«; [6]: »P. III.«; zu dem engen Zusammenhang mit v. Apoll. vgl. [8]) und *Νέρων* (Suda: »P. I.«, so auch [6] und neuerdings wieder [24]). In dem vor 219 entstandenen *Ἡρωϊκός* verteidigt ein Winzer der thrak. Chersones gegenüber einem anfangs skept. Phoiniker den Glauben an das Fortleben der *ἥρωες* (Übereinstimmungen mit dem Heroenglauben der Z., bes. der kaiserl. Familie!), das für ihn durch Begegnungen mit dem hom. Protesilaos außer Zweifel steht. Ihm verdankt er genauere Kenntnis vom troian. Krieg (das Verhältnis dieser Partien zum → Diktys-Roman behandelt [20]) und von Irrtümern Homers. Im *Νέρων* berichtet → Musonius (1) von der tyrannischen Willkür Neros. Authentizität und urspr. Anordnung der 73 Briefe sind unklar (gegensätzl. Ansichten: [4],3. [1], 161f.). 1–64 sind erot. Inhalts, epist. 73 an Iulia Domna gerichtet (ein nicht überzeugender Versuch, diesen als unecht zu erweisen, bei [7], 104f.). Ein Epigramm hat sich Anth. Pal. 16,110 erhalten, anderes ist zweifelhaft (vgl. [29]).

P.' Schriften wurden in der Folgezeit bewundert, viel gelesen und nachgeahmt (v. soph.: → Eunapios; imag.: → »P. IV« [7], Kallistratos). Sein Stil wurde als schlicht, anmutig und att. bewertet (Men. *π. ἐπιδ.* 3,390. 411 Sp. Eun. v. soph. 2,1,2 4). Die Wertschätzung bei den Byzantinern bezeugen, neben den Exc. aus v. Apoll. bei Photios (bibl. 44. 241), zahlreiche Äußerungen, in denen P. als Stilmuster empfohlen wird (Psell. S. 48 Boiss. Ios. Rhakend. 3,521 Walz. Georg. Plethon 6,588 W. Zit. aus v. soph. 4,30. 7,17 W.). Auch byz. Sch. zu v. Apoll.; Her.; Imag. (vgl. [28]) sind erhalten. Die hsl. Überl. ist entsprechend reich und unübersichtlich.

Ta.: *K.L.Kayser*, Zürich 1844 und 1853 (= *Kayser*[1]). *Ders.*, Lpz. 1870/71 (Nachdr. 1964 = *Kayser*[2]). Übers.: *D.Ch.Seybold*, Lemgo 1776/77. *F.Jacobs – A.H. Christian*, Stuttgart 1828/55. Einzelausg.: v. Apoll.: *F.C.Conybeare*, London – Cambr./Mass. 1912/17 (m. engl. Übers.). Übers.: *Ed. Baltzer*, Rudolstadt 1883. V. soph.: *K.L.Kayser*, Heidelb. 1838. *W.C. Wright*, London – Cambr./Mass. 1922 (m. engl. Übers.). Her.: *J.F.Boissonade*, Paris 1806. Gymn.: *M.Mynas*, Paris 1858 (m. frz. Übers.). *Ch.Daremberg*, Paris 1858 (m. frz. Übers.). *J.Jüthner*, Lpz. 1909 (Nachdr. Amsterdam 1969; m. dt. Übers.). *V.Nocelli*, Napoli 1955 (m. it. Übers.). *K.S.Kitriniaris*, Athen 1961. Imag.: Semin. Vindob. Sodales, Lpz. 1893. *A.Fairbanks*, London-Cambr./Mass. 1931 (m. engl. Übers.). *O.Schönberger*, München 1968 (m. dt. Übers. und ausführl. Einl.). Epist.: *R.Hercher* Epistologr. Gr. 468ff. *A. R.Benner – F.H.Fobes*, London – Cambr./Mass. 1950 (m. engl. Übers.). Übers. in: *B.Kytzler* Erot. Briefe d. Ant., München 1967.

6. »P. III.«, Sohn des Nervianus, Neffe (kaum Großneffe, wie die Suda behauptet) und Schwiegersohn des Vorigen, der auch, neben → Hippodromos (2) aus Larissa (v. soph. 2,27,3), sein Lehrer war. Wenn sich IG XII 8,27 und IG II/III[2] 2245,1 auf ihn beziehen, lautete sein voller Name L. Flavius P.; er hätte dem att. Demos Steiria angehört, wäre Hephaistospriester in Lemnos und (266/67) Archon in Athen gewesen. * gegen 190, studierte er in Athen, trat mit 22 J. in Olympia auf und erhielt von Caracalla die Atelie (v. soph. 2,30,1). Nach längerem Aufenthalt in Rom (bis mind. 222: v. soph. 2,31,2) lehrte P. in Athen, starb aber auf Lemnos, wo er auch begraben wurde. Sein älterer Verwandter hat ihm zwar keinen eigenen *βίος* gewidmet, erwähnt ihn jedoch mehrfach (stets mit dem Zusatz *ὁ Λήμνιος*) anerkennend als vielseitig begabten Redner. Die Suda nennt einen *Παναθηναϊκός* und *Εἰκόνες* (darüber → »P.IV« [7]). Einer langwierigen Auseinandersetzung mit Aspasios von Ravenna, dem kaiserl. Sekretär ab epist. Graecis (v. soph. 2,33,2), verdankt der (erhaltene) Brief *Πῶς χρὴ ἐπιστέλλειν* seine Entstehung. P. tritt darin für den Verzicht auf übertriebene Stilmittel in amtl. Schreiben ein.

Ta.: *Kayser*[1] 364f. *Kayser*[2] 2,257. *Hercher* Epistol. Gr. 14f.

7. »P. IV.«. Wenn die älteren *Εἰκόνες* »P. II.« gehören und das in der Suda angegebene Verwandtschaftsverhältnis zwischen »P. II.« und »P. III.« ungefähr richtig ist, muß noch ein weiterer P., der Vf. der jüngeren *Εἰκόνες*, existiert haben. Im Prooem. nennt er den älteren P., den er sich zum Muster nehmen will, seinen Großvater mütterlicherseits; demnach war er ein Sohn oder Neffe von »P. III.«.

Formal (Lehrvortrag für einen Schüler) und thematisch lehnt sich P. eng an sein Vorbild an, ohne es indes zu erreichen. Seine Sprache ist schwerfälliger, auch vermag er dem Gegenstand kaum jemals so überraschende Einfälle wie sein Vorgänger abzugewinnen. Urspr. umfaßte das Werk mind. 2 B.; der erhaltene, auf einer Hs. beruhende Text bricht mit Bild 17 ab. Einen Teil des Schlusses enthält PBerol. 17013 (Nr. 1347 PACK[2]).

H. Gä.

Ta.: *F.Jacobs – F.G. Welcker*, Lpz. 1825. *Kayser*[1] (nach P. II.). *Kayser*[2] 2,390ff. *K. und H. Schenkl – E. Reisch*, Lpz. 1902. Fr.: *K.Stahlschmidt*, APF 14, 1941, 1ff. Übers.: *A.F.Lindau*, Stuttgart 1833.

Lit. zu »P. I–IV«.

Lit.-Ber.: *K.Gerth*, BursJb 272, 1941, 228ff. *O.Mazal*, Jb. d. Österr. Byz. Ges. 11/12, 1962/63, 50ff. (v. Apoll.). 1. *F.Solmsen*, RE XX 124ff. 2. *Christ-Schmid* 2,2,772ff. 3. *Lesky* GGrL [2]892ff. 4. *W.Schmid* Der Atticismus 4, Stuttg. 1896 (Nachdr. 1964), 1ff. 5. *K.Münscher*, Philol. Suppl. 10. 6. *R.Hirzel* Der Dialog 2, Lpz. 1895 (Nachdr. 1963), 337ff. 7. *G.W.Bowersock* Greek Sophists in the Rom. Empire, Oxf. 1969. 8. *F.Solmsen*, TAPhA 71, 1940, 556ff. 9. *R.Reitzenstein* Hellenist. Wundererz., Darmstadt [2]1963, 40ff. 10. *E.Schwartz* Fünf Vortr. über den griech. Roman, Bln. [2]1943, 134ff. 11. *E.Meyer*, H 52, 1917, 371ff. = Kl. Schr. 2,131ff. 12. *L.Bieler*, *ΘΕΙΟϹ ΑΝΗΡ*, Wien 1935. 13. *E.H.Haight* More Essays on Greek Romances, New York 1945, 81ff. 14. *B.A. v. Groningen* Bull. Fac. Lettres Strasbourg 30, 1951/52, 107ff. 15. *F.Grosso*, Acme 7, 1954, 333ff. 16. *H.J.Schütz* Beitr. z. Formgesch. synopt. Wundererz., Diss. Jena 1953. 17. *F.W.Lenz*, Alt 10, 1964, 95ff. 18. *F.Leo* Die griech.-röm. Biogr., Lpz. 1901 (Nachdr. 1965), 254ff. 19. *T.D. Barnes*, Latomus 27, 1968, 581ff. 20. *F.Huhn – E.Bethe*, H 52, 1917, 613ff. 21. *R.Muth*, MH 2, 1945, 227ff. 22. *L.Suys* Ét. de technique sportive, Thèse lic. Louvain 1939. 23. *J.Jüthner*, A 15, 1939, 231ff. 24. *J.Korver*, Mnem 4,3, 1950, 319ff. 25. *A.Lesky*, H 75, 1940, 38ff. 26. *K.Lehmann – Hartleben*, The Art Bull. 1941, 16ff. 27. *H.Gstader* Stil und Technik der Gemäldebeschr. der beiden P., Diss. Innsbruck 1940. 28. *R.Browning*, CQ 49, 1955, 195ff. 29. *S.Follet*, RPh 38, 1964, 242ff.

Philotas (*Φιλώτας*). Name von Truppenführern unter Alexander d. Gr., so daß Unterscheidung einzelner Träger kaum möglich ist. Ein Ph. war 335 Kommandant von Theben (Diod. 17,8,7; BERVE Alexanderreich 2 Nr. 808), ein anderer nahm im gleichen J. am Balkanzug teil (Arr. an. 1,2,1). Bei einem seit 331 nachweisbaren Taxiarchen (vgl. BERVE 1,116) möchte ich Identität mit dem 332 in Tyros zurückgelassenen Ph. (BERVE 2 Nr. 806) annehmen. Ein 334 bei Halikarnaß ausgezeichneter Ph. (Arr. an. 1. 21,5) scheint später zum Chiliarchen der Hypaspisten ernannt worden zu sein (Curt. 5. 2,5; BERVE 2 Nr. 807). Bedeutendster Träger des Namens ist Ph., Sohn → Parmenions und enger Freund des etwa gleichaltrigen Alexander (Arr. an. 3,26,1. Plut. Al. 10). Bereits 335 Führer eines Teils der Hetairenkavallerie, zeichnete er sich im Perserkrieg als Führer der gesamten Reiterei (Diod. 17,4; vgl. Arr. an. 3,17, 4) sowohl in den Schlachten auf dem r. Flügel unter Alexander kämpfend als in selbständigen Operationen (Arr. an. 1,19,5. Strab. 14,676) aus. Hintergründe und Einzelheiten seines Sturzes 330 in Phrada (Drangiane) hingegen lassen sich aus den Quellen (s. BERVE 2, 394f.) nicht mehr ganz erkennen, das Verschweigen einer gemeldeten Verschwörung kann nur als äußerer Anlaß gelten. Plausibel bleibt daher die bereits in der Ant. mehrfach geäußerte Annahme, Alexander habe die sich bietende Gelegenheit benutzt, vor Realisierung seiner Pläne einer neuen Persienpolitik den wohl angesehensten und daher gefährlichsten Führer der makedon. Opposition auf legale Weise (Verurteilung durch die Heeresversammlung) zu beseitigen; diese wird spätestens seit Issos und möglicherweise der Überschreitung der durch Philippos gesteckten Ziele nicht mehr zu ignorieren gewesen sein. Auf wirkliche Hochverratsabsichten Ph.' weist nichts hin; bezeichnend im Zusammenhang mit diesen Ereignissen ist die Ermordung Parmenions als Abschreckung und Notwendigkeit zugleich. G. W.

Berve Alexanderreich 2 Nr. 802. *F. Cauer*, JbPhPäd Suppl. 20, 1894, 1ff. *E. Badian*, TAPhA 91, 1960, 324ff.

Philotera (*Φιλωτέρα*), Tochter des Ptolemaios I. und der → Berenike (1), *βασίλισσα*, obwohl kein regierendes Mitglied der Dynastie. T. WIEGAND Didyma 2 (die Inschr. von A. REHM) 1958, Nr. 115 (zwischen 279 und 271). Ihr Bruder Ptolemaios II. richtete P. einen Kult ein, Sch. Theokr. 17,123. Als *σύνναος Δήμητρος* feierte sie Kall. frg. 228,43. 73. Pf. Unvermählt, galt sie als prüde, Clem. Al. strom. 4,19. Theodoret. Graec. aff. 12,73. Als äg. Göttin begegnet sie in hieroglyph. Inschr. H. BRUGSCH, Thes. inscript. aegypt. 5, 1891, 907ff. Nach P. wurden Philotera am Roten Meer, Philoteria am See Tiberias, 2 Dörfer Philoteris im Fayûm, der Demos Philotereios in Ptolemais und eine Kastanienart benannt, Pol. 5, 70,3f. Strab. 16,769. Plin. nat. 6,168. R. PFEIFFER Kallimachosstudien, 1922, 14ff. H. V.

Philotes (*Φιλότης*). Die personifizierte Macht der sinnlichen Liebe, Hes. theog. 224. Daß sie hier Tochter der → Nyx ist, wird als Ausdruck pessimistischer Weltanschauung angesehen, könnte aber einfach in der zeitlichen Zusammengehörigkeit begründet sein. Doch finden sich V. 205 auch Liebe und Betrug verbunden. Empedokles nennt seine kosmische Potenz *Φιλία* auch Ph. H. v. G.

F. Schwenn Die Theogonie des Hes. (1934). *W. Jaeger* Die Theologie der frühen griech. Denker, 1953, 158. 280.

Philotimos. Personenname. P., Freigelassener der Terentia, der Ehefrau Ciceros. Er spielte im familiären Leben bis zur Scheidung (47/46) und auch noch später eine beachtliche Rolle und wird zwischen 59 und 45 oft in der Korrespondenz genannt. Er war zuständig für die Vermögensverwaltung, die er nicht immer uneigennützig geführt zu haben scheint, beaufsichtigte die Bediensteten und hatte auch eigene Sklaven. 46 wurde er in die Genossenschaft der → Luperci aufgenommen. H. G. G.

Philotis s. Tutula

Philoxenos (*Φιλόξενος*). **1.** Makedone, im J. 333 zum Verwalter der Kriegskasse Alexanders d. Gr. ernannt, erhielt 331 als politisches wie verwaltungstechnisches Novum das Amt des *τῶν ἐπὶ θαλάττῃ πραγμάτων στρατηγός* (Plut. mor. 531a; zu 333a s. TARN Alexander the Great 2,172ff.) mit dem Dienstsitz Sardes zur Sammlung der *φόροι* kgl. Landes, wohl auch Eintreibung der *συντάξεις* verbündeter Griechenstädte Kleinasiens und Sicherung der Nachschubwege (vgl. TARN a. O. 171ff.). Daß ihn dies zum Eingreifen in die Innenpolitik verbündeter Staaten berechtigte, liegt auf der Hand, obgleich eine genaue Definition seiner Funktionen nicht vorgelegen zu haben scheint. Ich möchte daher einen realen Hintergrund für Polyain. 6,49 (gegen TARN 174) und Plut. Phok. 18 ähnlich der Forderung nach Auslieferung des Harpalos in Athen (Paus. 2,34. Hypereid. 1,8,24) 324 annehmen. Mögliche Identität mit dem Ph. Arr. an. 7,23,1 ließe darauf schließen, daß Alexander mit Beendigung des Feldzuges das Amt wieder aufhob und Ph. anderweitig verwendete. Plausibel scheint auch Gleichsetzung mit dem IG XII 9 (vgl. Syll.[3] 241) für 335 erwähnten Hieromnemon in Delphoi (BERVE Alexanderreich 2 Nr. 796). Ein Ph. beschlagnahmte wohl bereits 331 die pers. Schätze in Susa (Arr. an. 3. 16,6). G. W.

Berve Alexanderreich 2 Nr. 793ff. *H. Bengtson* *Φιλόξενος ὁ Μακεδών*, Philol. 92, 1937, 126ff. *Ders.* Strategie 1,34ff. 215ff. *G. T. Griffith*, PCPhS 190, 1964, 22ff. *E. Badian* Al. the Great and the Greeks of Asia, Studies pres. to v. Ehrenberg, 1966, 56ff.

2. P., Dithyrambiker aus Kythera, 435/34 bis 380/79 (Marm. Par.), soll in spartan. Sklaverei gekommen sein, später von Melanipp. unterrichtet. Vertreter der »neuen« Musik. Er schrieb 24 Dithyramben (Suda), darunter *Κύκλωψ ἢ Γαλάτεια*, 388 von Aristoph. im Plut. parodiert (hier zuerst Liebe Polyphems zu Galateia, Duris Sch. Theokr. 6), ferner einen in Ephesos vorgetragenen Hymenaios (Klearch. Frg. 54 Wehrli), eine *Γενεαλογία τῶν Αἰακιδῶν μελικῶς* (Suda). Das *Δεῖπνον* gehörte wohl dem Leukadier Ph. Ph. weilte eine Zeitlang bei Dionysios I. von Syrakus; hier soll er dessen Tragödien kritisiert haben und deswegen in die Steinbrüche geschickt worden sein. † in Ephesos (Suda). R. K.

C. Del Grande Ditirambografi (mit Testim.). *D. L. Page* Poetae melici graeci, 1962.

3. P., Gramm. aus Alexandreia, 1. Jh. v. Chr., der in Rom lehrte, Vf. von Schriften zur Homererklärung, über Metrik (System aus Frg. nicht ableitbar), über Glossen, über Dialekte (sc. der Syrakusier, Lakonen, Ionier und auch der Römer, deren Sprache er, wie auch andere griech. Gramm., als einen griech. Dialekt ansah, der dem Aiolischen bes. nahe steht, s. FUNGrRF 443–46), ferner einiger Schriften über den richtigen Sprachgebrauch (Etymologie und Analogie als Kriterien). Das wichtigste und meistbenutzte Werk P.' heißt *περὶ μονοσυλλάβων ῥημάτων*, dessen Hauptthese lautet, daß die allermeisten *ῥήματα* (Verben) und *ὀνόματα* auf einsilbige Verbalstämme zurückzuführen seien, die, wenn es sie nicht mehr in der Sprache gebe, durch Analogie zu erschließen seien. Die (bisweilen mehrfache) Bedeutung dieser *πρωτότυπα* oder *ἀρχαί* wird aus der Bedeutung der von ihnen abgeleiteten Worte gewonnen. Mit dieser Lehre hob P. sich von der etym. Theorie der Stoiker ab, die vom *ὄνομα* ausgingen und behaupteten, die Bedeutung der Grundworte sei durch ihre *φύσις* zu erklären. Durch die starke Betonung der Analogie trat er andererseits in Gegensatz zu den Anomalisten. Seine Theorie vermittelt zwischen den Theorien der Analogie und der Anomalie, indem sie diese beiden Prinzipien an der gegebenen Stelle anwendet, und bildet so den Höhepunkt der Etymologie in der Ant. O. Dr.

1. *C. Wendel*, RE XIX 194–200. 2. *R. Reitzenstein* Gesch. d. griech. Etymologika, Lpz. 1897, Nachdr. Amsterdam 1964. 3. *R. Giomini*, Par. d. Pass. 8, 1953, 365–76. 4. *J.L. Heller*, TAPhA 93, 1962, 61–89.

4. P., um 100 v.Chr., alexandrin. Arzt, hauptsächlich Chirurg; schrieb das erste griech. Standardwerk über operative Chirurgie (nicht erhalten), das offenbar vor allem von den pneumat. Chirurgen viel benutzt wurde. F. K.

M. Michler Die alexandr. Chirurgen, Wiesbaden 1968, 58–60. 104f.

5. P. von Eretria, Maler. Plin. nat. 35,110 nennt von P., der noch schneller gemalt habe als sein Lehrer → Nikomachos (6), ein *Alexandri proelium cum Dario*, für → Kassandros (2) wohl gegen E. 4. Jh. v. Chr. gemalt, und eine *lascivia* mit drei Silenen. Das große Mosaik aus Pompei ist vielleicht ein (nicht sehr genauer) Nachklang der → Alexanderschlacht. W. H. G.

Lit. → Alexanderschlacht, ferner *H. Fuhrmann* P. von Eretria, 1938. *G. Lippold* Ant. Gemäldekopien, ABAW 33, 1951, 104ff. *B. Andreae*, BJ 161, 1961, 1ff.

Philtron (*φίλτρον*), Liebesmittel; als rein magisch konzipiertes und angewendetes Pharmakon zu unterscheiden von natürlichen Aphrodisiaka wie Wein, den auch Ärzte gegebenenfalls verordneten (vgl. z.B. → Aretaios CMG II p. 143, 7f.). Das mag. Philtron wurde gewöhnlich flüssig, mit pflanzl. oder tier. Ingredienzien, verabfolgt; Gefährlichkeit oft betont, auch von Ärzten (s. Cael. Aurel. Morb. Chron. I 147). F. K.

Philumenos (*Φιλούμενος*), Arzt im 2. Jh. n. Chr., Eklektiker, Vf. einer Schrift *περὶ ἰοβόλων ζῴων καὶ τῶν ἐν αὐτοῖς βοηθημάτων*, welche Teil eines größeren Handbuchs der Therapie zu sein scheint. Wie → Dioskurides erwähnt auch Ph. rein mag. Therapeutika. F. K.

Ausg.: CMG X 1,1 (1908) ed. *M. Wellmann*.

Philyra (*Φιλύρα*). **1.** Okeanide, Apollod. 1, 9; Naiade Apoll. Rhod. 4,812. Ihr wohnte Kronos in Roßgestalt bei, entweder in Thrakien (Hyg. fab. 138) oder am Pelion (Verg. georg. 3,92ff.) oder im Pontos Eux. auf einer nach ihr benannten Insel (Apoll. Rhod. 2,1231ff. mit Sch.). Die Bewohner der Insel und des gegenüberliegenden Festlandes hießen Philyres, Apoll. Rhod. 2,392f. Val. Fl. 5,152. Amm. 22,8,21. Sie gebar den Kentauren → Chiron, der meist nach seiner Mutter *Φιλλυρίδης*, aus metr. Gründen auch *Φιλλυρίδης* (Phillyra war Mutter des → Hypseus), aber auch, entgegen E. Bernert, RE XX 213, nach dem Vater *Κρονίδης* genannt wurde, so mehrfach bei Pind. Sie lebte in der Höhle ihres Sohnes (Pind. Apoll. Rhod.) und erzog Achilleus und Iason. Nach Apoll. Rhod. 2,1231ff. Hyg. fab. 138 ließ sie sich aus Scham über die Mißgeburt von Zeus in eine Linde (*φιλύρα*) verwandeln. **2.** Gattin des → Nauplios (1), Mutter des → Palamedes. Apollod. 2,23 (nach den *Νόστοι*; bei den Tragikern hieß sie → Klymene [5]). H. v. G.

Phineus (*Φινεύς*). **1.** Bruder des Aithiopenkönigs → Kepheus (2), Verlobter seiner Nichte → Andromeda, deren Vermählung mit → Perseus er hindern will; dieser versteint ihn durch das → Gorgoneion. Apollod. 2,44. Ov. met. 5,1ff. Bei Hyg. fab. 64 ist P. durch seinen Bruder Agenor ersetzt. Bei Konon 40 freit P. zwar um Andromeda, aber sein Bruder Phoinix entführt sie. **2.** Thrak. Held, hineingestellt in das Schalten von Naturmächten, → Harpyien und Boreaden (→ Kalais u. Zetes), früh in die → Argonautensage einbezogen. Die variantenreiche Sage ist von K. Ziegler, RE XX 215ff. einleuchtend analysiert worden. P. ist Sohn des → Agenor (1) oder des Agenorsohnes → Phoinix (1) oder Poseidons selbst. Er haust am Pontos, entweder an der bithyn.-paphlagon. S.- oder an der thrak. O.-Küste, bei → Salmydessos (Soph. Ant. 969f.). In hesiod. Frg. erscheint ein Seher P., dem Helios oder Apollon das Augenlicht nahm, weil er → Phrixos (oder dessen Söhnen, Sch. Apoll. Rhod. 2,206) den Weg wies oder weil er selbst ein langes Leben dem Augenlicht vorzog, und der von den → Harpyien entweder nach Skythien (→ Galaktophagoi) entrafft oder von ihnen gepeinigt wurde, bis die Boreaden ihn von der Plage befreiten. Dieser Fassung folgt Apoll. Rhod. 2,177ff.: König P., Schwiegersohn des Boreas, mißbraucht seine Seherkunst durch allzu unverhüllte Offenbarungen an die Menschen; die Götter strafen ihn durch ein langes Greisenalter in Blindheit und Einsamkeit und mit steter Heimsuchung durch die Harpyien. Doch weiß er um seine endliche Erlösung durch seine Schwäger, die mit den Argonauten kommen. Eigentum des Dichters ist dabei die liebevolle Ausmalung der Einzelheiten und die Zeichnung der gottergebenen Haltung des Sehers.

Man hat Grund anzunehmen, daß Apoll. Rhod. bewußt die jüngere, »tragische«, zuerst bei Soph. Ant. 966ff. frg. 587 (2 P.-Dramen von ihm sind verloren) kenntliche Ausformung der P.-Sage ignorierte. Hier tritt uns kein weiser, das Leben und die Menschen liebender Seher entgegen, sondern ein Mann, der nach dem Tode der ersten Frau (→ Kleopatra 1; auf der Würzburger Schale, s.u., *ΕΡΙΧΘΩ*) einem bösen Weibe (→ Idaia 3) hörig wird und auf deren Einflüsterungen hin die Söhne aus 1. Ehe, Plexippos und Pandion, blenden und einkerkern läßt. Die Boreaden ihrerseits blenden und töten ihn. Ausführliche Darstellung Diod. 4,43,3–44,7, nach → Dionysios (19) Skytobrachion. Im allg. wiegt bei den Späteren die Fassung des Apoll. Rhod. vor, wenn auch nicht ohne Einsprengsel der »trag.« Version: Val. Fl. Orph. Argon. Apollod. 1,120–125. 3,200. Hyg. fab. 19f. Bei Sen. Herc. 739 ist P. Büßer in der Unterwelt. Irrig ist die Auffassung von H. KENNER, RE XXI 269 von einer 3. Version. – Myth. Deutungen des P. als Jahres- oder Vegetationsgott (PRELL.-ROB. 2, 811ff.) oder als »Korngeist« (E. HERKENRATH, Philol. Woch. 59, 1939, 863) sind abzulehnen. An künstler. Darstellungen seien erwähnt die ion. Würzburger P.-Schale und die frühunterital. Amphora aus Ruvo, FURTWÄNGLER-REICHHOLD T. 41. 60. H. v. G.

K. Meuli Od. u. Argonautika, 1921, 97ff. *K. Kerényi* Die Heroen der Griechen 277ff. *A. Kislinger* P., Diss. Wien 1940.

Phintias (*Φιντιάς*). **1.** Stadt an der S.-Küste Siziliens, h. Licata. Ph. wurde um 280 v. Chr. von dem akragantin. Tyrannen Phintias durch Ansiedlung der von den → Mamertinern vertriebenen Geloer gegründet (Diod. 22,2,2. 7,1). 249 v. Chr. wurde dort eine röm. Flotte von den Karthagern besiegt (Diod. 24,1,7f.). Plin. nat. 3,91 rechnet Ph. zu den *stipendiarii*. Die Bewohner nannten sich nach Ausweis der Inschr. (IG XIV 256–261) und Münzen (HOLM Gesch. Sic. 3,711) weiterhin *Γελῷοι*. Kl. M.

Ziegler, RE XX 249. *V. La Bua*, Atti Acc. Sc. Palermo 1966/67, 1ff.

2. P. (*Φιντίας*), Tyrann von Akragas, s. Nr. 1.

3. P., att. Maler und Töpfer der reifarchaischen Z. zwischen 525 und 510 v. Chr. 3 Gefäße (PFUHL, Abb. 386) sind von ihm als Töpfer, 4 (ARIAS-HIRMER 1000 Jahre griech. Vasenkunst T. 90–95. PFUHL, Abb. 381–385) als Maler signiert. Stilistisch steht P. → Euphronios und → Euthymides nahe, erreicht aber durch seine kleinliche, stilisierende Zeichentechnik und die akademische Verhaltenheit in Bewegung und Gebärden nicht deren Ausdruckskraft und Lebendigkeit. S. O.

R. Lullies, RE XX 249. *Pfuhl*, 1 §472. *C. J. Hoppin* Euthymides and his Fellows, 1917. *E. Paribeni*, Enc. Arte Class. Or. 6,132.

Phintys (*Φίντυς*), Pythagoreerin und angebl. Vf. einer Schrift *περὶ γυναικὸς σωφροσύνης*, aus der Stob. flor. 74,61 (3,5,255,10ff. H.) 2 längere, inhaltl. aneinander anschließende Stücke mitteilt. Ausgehend von dem *τόπος*, daß jedes

Ding seine eigene *ἀρετή* habe, wird der Unterschied zwischen männl. und weibl. *ἀρετή* erörtert und die *σωφροσύνη* als spezifisch weibl. *ἀρετή* herausgestellt und bes. Wert auf die Keuschheit gelegt. Die Schrift gehört in die Reihe der in neupythagoreischer Z. auf die Namen angeblicher Altpythagoreer gefälschten Schriften, ist popularphilosophisch-eklektisch und weist bes. aristotelischen Einfluß auf. K. Z.

F. Wilhelm, RhM. 70, 1915, 206ff.

Phiops, Namen zweier Könige der 6. äg. Dyn. nach Manetho (bei Ps. Erotosth. Apappus), äg. *Ppjj*. P. I. ca. 2288–2255, scheint zunächst 15 J. neben einem Userkare geherrscht zu haben, änderte dann vielleicht seinen Thronnamen von *Nfr-sȝ-Ḥr* zu *Mrjj-Rᶜ*. Nach Beseitigung der Königin wegen Hochverrats heiratete er zwei Töchter eines thinischen Mannes (beide *ᶜnḫ. nś-Mrjj-Rᶜ* genannt), deren Söhne Merenre und Ph. II ihm folgten. Letzterer, sechsjährig auf den Thron gekommen, regierte 94 J. (2247–2153), Thronname *Nfr-kȝ-Rᶜ*. Unter ihm zerfiel das Reich durch Machtansprüche der Gaufürsten und geistige Emanzipation der Beamtenschaft. – Die Pyramiden beider liegen bei Saqqara, die Ph. I. *Mn-nfr* gab Memphis den Namen, die Ph. II. heißt *Ḫᶜ-nfr*. W. H.

Phix s. Sphinx

Phla, Insel im Tritonsee, erwähnt nur von Hdt. 4,178 *νῆσος ἔνι τῇ οὔνομα Φλά*, wahrscheinscheinlich in S.-Tunesien in der h. Salzpfanne Chott el-Djerid. Nach TISSOT Géogr. comp. prov. rom. d'Afr. 1,140 handelt es sich um die Halbinsel Nefzaoua, nach HERRMANN, RhM 1937, 77 eher um die Insel Guettaia. Die Identifizierung bleibt unsicher. M. L.

Phlegethon, Pyriphlegethon ([*Πυρι*] *Φλεγέθων* »feuerlodernd«). Unterweltsstrom. Hom. Od. 10,513 fließt P. zusammen mit dem → Kokytos in den → Acheron. Plat. Phaid. p. 111ff. schreibt dem P. einen langen, windungsreichen Lauf zu, ehe er in den Schlund des Tartaros mündet. Glühende Brocken aus ihm werden in Vulkanen herausgeschleudert. Noch heilbare Seelen von Frevlern an den Eltern werden in ihm fortgetrieben, bis zum acherus. See, wo sie ihre Opfer um Verzeihung bitten können. Jedenfalls ist die Feuerstrafe bei Plat. keine ewige, wie chr. Apologeten es auffassen (Min. F. Oct. 35,1. Tert. apol. 47,12. Arnob. 2,14). Philodem. *περὶ θεῶν* col. 19,22. ADAW 1915, 7,33. Bei Verg. Aen. 6,265 (s. NORDEN zur St.). 551 umströmt der Ph. den dreifach ummauerten Tartarus. Bei Ov. met. 5,544. 15,532 fehlt die Vorstellung des Feurigen. Nach Cornut. 35 p. 74,24 Lang (aus Apollod. *περὶ θεῶν*) ist die Vorstellung des unterweltl. Feuerstroms aus dem Brauch der Totenverbrennung entstanden. Doch ist Py.s Funktion als Leichenverbrenner nicht bestimmt ausgeprägt. J. KROLL Gott und Hölle, 1932, 136. – Py. hieß auch ein Wasserlauf bei Dikaiarcheia (Puteoli), Strab. 1,26. 5,244. H. v. G.

H.J. Rose Griech. Mythol. 85f. *L. Radermacher* Das Jenseits im Mythos der Hellenen, 1903, 93ff.

Phlegon (Φλέγων), P. Aelius, von Tralleis, Freigelassener Hadrians. Schriften: 1. Ὀλυμπιάδες (auch zit. als Ὀλυμπιονικῶν καὶ χρονικῶν συναγωγή u.a.) in 16 B., beginnend mit der 1. Olympiade; sie reichen bis zur 229. 01. (137–40 n. Chr.), d.h. bis zu Hadrians Tod (Frg. erhalten); neben Angaben über die Olympioniken solche über andere Personen, über Orte und auch Wunder und Orakel. Quelle war u.a. das Reiseitinerar Hadrians, das wahrscheinlich von P. selber geführt worden ist. Neben der Ausg. in 16 B. erwähnt die Suda eine in 8 B. und eine Epitome in 2 B. – 2. Eine Beschreibung Siziliens. – 3. Über röm. Feste. – 4. Zur röm. Topographie. – 5. Größtenteils erhalten ist die Schrift περὶ μακροβίων καὶ θαυμασίων: Zu den θαυμάσια gehören u.a. Geschichten über Auferstehung, Geschlechtswandel, Mißgeburten, Hermaphroditen, dagegen keine θαυμάσια aus dem zoolog., botan. oder mineralog. Bereich wie bei früheren Paradoxographen. Als Quellen werden Historiker und ältere Paradoxogr. angegeben. Der Stoff der 1. Geschichte ist von Goethe in der »Braut von Korinth« verwendet worden [1]. Für die Zusammenstellung der μακρόβιοι sind u.a. die Vespasian. Zensuslisten der 8. Ital. Region benutzt worden. Eine Biographie Hadrians ist wohl zu Unrecht in der Ant. dem P. zugeschrieben worden. Frg.: FGrH 257/257a. O. Dr.

A. Giannini Paradoxograph. Graec. Reliquiae, Mail. 1966, 169–219 (m. lat. Übers. und Angabe früherer Ed.). *E. Frank*, RE XIX 261–64. *K. Ziegler*, RE XVIII, 2.H., 1157–59.

Phlegra (Φλέγρα), alter Name der Halbinsel Pallene der Chalkidike, Hdt. 7,123. FGrH 70 F 34 (Ephoros). Strab. 7 frg. 27 p. 330. Steph. Byz. s.v. und s. Παλλήνη. Polyain. 7,47. Plin. nat. 4,36. Apollod. 1,6,1,34. 6,6,36. Sch. Apoll. Rhod. 3,234. 1227. Urspr. myth. Örtlichkeit des Kampfes gegen die Giganten, die dann hier lokalisiert wurde. E.M.

E. Oberhummer, RE XX 264f.

Phlegraei campi, griech. Name der schwefelreichen (Sil. 8,540) *Leborini campi* (Plin. nat. 3, 60. 17,28) bzw. *Leboriae* (18,111), einem Teile Kampaniens bei → Puteoli (3,61) bzw. der Ebene von → Kyme (2; Diod. 4,21f. 5,91. Strab. 5,243. 245. 6,281), wo Herakles die Giganten tötete (Tim. FGrH 566 F 89). Nach Pol. 2,17,1. 3,91,7 Ebene zwischen → Capua und → Nola (Eust. Dion. Per. 357). G. R.

Beloch Campanien² 23ff. *Nissen* It. Ldk. 1,267. 2,724. *Maiuri* I campi Flegrei.

Phlegyas (Φλεγύας). Sohn von Ares und Dotis (Chryse), Vater von → Ixion und → Koronis. Er kommt vor in Thessalien (Eponym der Phlegyer, Il. 13,302, → Gyrton), Boiotien (Eponym der myth. Stadt Phlegya, Nachfolger des → Eteokles (1), → Orchomenos) und Phokis, auch in Epidauros, Isyll. IG IV Nr. 950,43. Paus. 2,26,3ff. Die Phlegyer galten seit Hom. h. 2,100 als Räubervolk, P. selbst als Gottesfrevler, der den Apollontempel in Delphoi in Brand steckte (vgl. φλέγειν), und später als Büßer in der Unterwelt, Verg. Aen. 6,618ff. nebst. Serv., Stat. Theb. 1,712ff., als Fährmann Dante Div. Comm. Inf. 8,19ff. → Phorbas (4). H. v. G.

Phleius (Φλειοῦς, Ethnikon Φλειάσιος [Φλειήσιος], seltener Φλεοῦς, Φλεάσιος [Φλεήσιος]), Stadt in der n.ö. Peloponnes s.w. von Korinth. P. liegt 2 km w. des h. Hg. Georgios (amtl. Nemea) auf einer weit in die 5:4 km große Ebene vorspringenden, mäßig hohen (60 m über der Ebene) Gebirgsausläufer an ihrem NO.-Rand. Ant. Reste einschließl. der Stadtmauer sind spärlich, erkennbar die Mulde des Theaters am SW.-Fuß des Stadtbergs (Paus. 2,13,5), ausgegraben ist das »korinth.« Tor im O. der Stadtmauer (Xen. hell. 7,2,11), ein kleiner Tempel auf dem Stadtberg (7.45:6.30m), vielleicht der Demetertempel von Paus. 2,13,5, eine hellenist. Basilika in der Unterstadt und einzelnes andere. In der Umgebung sind weitere Siedlungen und Heiligtümer bekannt, Kastelle deckten die Grenzen.

Prähist. Funde sind in der fruchtbaren Ebene mehrfach gemacht, auch am Fuß des Stadtbergs von P. selber. Im Schiffskatalog ist P. nicht genannt, der Name ist griech. und die Kleinfunde beginnen in geometr. Z. In gesch. Z. ist P. dorisch. Ein Kontingent von P. war am Perserkrieg beteiligt, und die Stadt gehörte zu den Verbündeten Spartas. Trotz seiner Kleinheit spielte P. im griech. Geistesleben eine nicht geringe Rolle. Aus P. stammte vor allem → Pratinas, und engere Beziehungen bestanden zu den Pythagoreern und Platon, wie wir auch mehrere Namen von Schriftstellern und Künstlern aus P. kennen. Im 4. Jh. v. Chr. hielt P. am Bündnis mit Sparta fest, was nach Leuktra zu inneren Spannungen führte und zu Kämpfen im Gebiet von P. im korinth. Krieg, Xen. hell. 4,4,15. Streitigkeiten mit zurückgerufenen Verbannten führten 381 v. Chr. zu längerer Belagerung und Eroberung durch Agesilaos, Xen. hell. 5,3,10ff. u.a.ö. Der damit neu erzwungene Anschluß an Sparta bewirkte lange Kämpfe von Argos und Sikyon aus, Xen. hell. 7,2. 4,1. 11f., wobei P. durch Athen unterstützt wurde, dazu IG II² 112 = Syll. I³ 181.

Aus hellenist. Z. ist nicht viel einzelnes bekannt, Teilnahme am lam. Krieg, Paus. 1,25,4, dann wie die Nachbarstädte unter makedon. Oberherrschaft, durch einen »Tyrannen« ausgeübt, Pol. 2, 44,6. 228 v. Chr. Anschluß an den achaiischen Bund, Pol. a.O. Plut. Arat. 35,3, vorübergehend Anschluß an Kleomenes III., Pol. 2,52,2. Plut. Arat. 39,4. Kleom. 19,1. 26,3. Pausanias zeigt P. in blühendem Zustand, einige Inschr. stammen aus röm. Z., und in der Severerzeit prägt P. wieder Münzen. Hierokl. nennt P. nicht, dagegen erscheint es in der vulgärgriech. Ortsliste aus dem 7. Jh. n. Chr., Ztschr. f. Kirchengesch. 12, 1891, 533 Nr. 796. Sonst: Strab. 8,6,24 p. 382. Paus. 2, 13,3–8. Plin. nat. 4,13. Ptol. 3,14,37. Inschr.: IG IV 439–478. SGDI 3170–3174. Hesp. 5, 1936, 235 ff. 22, 1953, 57 f. SEG 11,275–289. 1212. 17, 139. 22,258. [1], Suppl. IX. L. Jeffery The local scripts of archaic Greece 144 ff. Mz. Head HN² 408 f. 417. [1], 289 f. Jb. f. Num. 8, 1957, 93. Schweizer Münzbl. 16, 1968, 1 ff. E. M.

1. *E. Meyer*, RE XX 269 ff. Suppl. IX 827. 2. *G. Roux* Pausanias en Corinthie, 1958, 161 ff. 3. *Russell* The topography of Phlius and the Phliasian plain, Annals of archaeol. and anthropology 11, 1924, 37 ff.

Phlya (*Φλύα*, Demot. *Φλυεύς*), einer der größten att. Demen, in der Inlandtrittys der Kekropis, später der Ptolemais, beim h. Chalandri n. ö. von Athen. Bes. zahlreiche Kulte bekannt, am wichtigsten der als uralt angesehene Mysterienkult der »Großen Götter«, der Geschlechtskult des Adelsgeschlechts der → Lykomiden, dem Themistokles angehörte, Paus. 4,1,5. 7 ff. 9,27,2. 30,12. IG II² 2670. 3559. Sonst bes. Paus. 1,31,4. Steph. Byz. Harpokr. Suda. Phot. Auch Euripides stammte aus Ph. E. M.

E. Meyer, RE Suppl. X 535 ff.

Phlyakes (*φλύακες*). Schauspieler einer unterital. rustikalen Komödienform, wie auch die Komödiengattung selbst. Hesych. leitet P. von *φλυαρεῖν* ab, während man h. P. mit *φλέω* in Zusammenhang bringt, zumal *φλέως* oder *φλεών* ein Beiwort des Dionysos als Vegetationsgott ist (vgl. RE XX 290. Radermacher Zur Gesch. der griech. Komödie 3–10). P. ist wohl die ital. Form der dorischen Volksposse, deren Schauspieler in Sparta *δεικηλισταί* in Italien *φλύακες* heißen (Sosibios bei Athen. 14,621). Obwohl Phlyakographen (vgl. → Rhinthon, CGF p. 183) bekannt sind, ist literar. fast nichts erhalten. Man kann sich jedoch nach unterital. rf. Vasen des 4. Jh. v. Chr., die höchst ergötzliche P.-Szenen zeigen, ein gutes Bild vom Inhalt der Stücke, vom Aussehen der Schauspieler und von Theater- und Kulissenform machen. Etwa 185 erhaltene, davon sechs von dem Maler → Assteas signierte »Phlyaken-Vasen« aus Apulien, Paestum, Campanien und Sizilien zeigen ein reiches Repertoire an a) Götterburlesken (Liebesabenteuer des Zeus und des Herakles, Szenen mit Dionysos und Apollon, vgl. [3] Abb. 873), b) Mythentravestien (Verspottung der Helden aus Ilias und Odyssee, vgl. [3] Abb. 867, 868. Pfuhl Bd. 3, Abb. 873) und c) Szenen des täglichen Lebens (Bestrafung von Sklaven, Kuppelei, Gerichts- und Liebesszenen, vgl. [3] Abb. 864). Zur Ausstaffierung der Spieler gehören dicke Bäuche, überdimensionale Phalloi, Zottelgewänder und Masken, die, wie die Figuren überhaupt, dem Typenvorrat der Komödie entnommen sind. S. O.

1. *E. Wüst*, RE XX 292. 2. *A. D. Trendall* Phlyax Vases, 2. Aufl. 1967, BICS Suppl. 19. 3. Enc. Arte Class. Or. 3, 706 ff. 4. *Helbig* Führer durch die öffentl. Sammlungen klass. Alt. in Rom, Bd. 3 Nr. 2708.

Phlygonion (*Φλυγόνιον*), Stadt in Phokis in nicht näher bekannter Lage ö. von Delphi, Nachbarstadt v. Ambrysos, nicht ident. mit dem lokr. → Plygonion, Paus. 10,3,2. Steph. Byz., wohl auch Plin. nat. 4,26 (*Phlygone* in Boiotien). FDelph III 2,136. SEG 19,387. E. M.

1. *Fr. Schober* Phokis 39 f. 2. *E. Kirsten*, RE XX 306 f.

Phobos (*Φόβος*). »Schrecken«, »Scheucher«, → Personifikation, Sohn bzw. Begleiter des → Ares, Bruder des *Δεῖμος* (Hom. Il. 13,299 f. 15, 119 f. Hes. theog. 933 ff.), Gefährte der (mit ihm inhaltlich verwandten, vgl. Suda s. *φόβος*) *Φυγή* (Hom. Il. 9,1 ff.). Alter Kriegsgott mit Kult (vgl. Syll.³ 1122, L. Deubner, MDAI(A). 27,254. P. Kretschmer, Glotta 13,106); diese Auffassung hat sich lange gehalten (vgl. Philod. *π. εὐσεβείας* 35,21 Gomp. CAF 3, Adesp. 154. Sext. Emp. 9, 186). Bei den Römern vgl. Pavor, Pallor, Metus usw. – Beschriebene bildl. Darstellung schon Hom. Il. 5,739. 11,37 im Sinne der hom. Ekphrase; wirkliche auf der Kypselos-Lade (Paus. 5,19,4) usw. W. P.

Phocas. Lat. Grammatiklehrer 3./4. Jh. n. Chr., Vf. einer Ars, die nur Nomen und Verbum behandelt. P. beabsichtigte, die Ergebnisse der Vorgänger in handl. Kürze zusammenzufassen, wie 2 Vorreden in Distichen und in Prosa ausführen. Dabei sind die Quellen, unter denen → Remmius Palaemon hervorzuheben ist (vgl. K. Barwick Remm. Pal. und die röm. Ars grammatica, 1922, 141 ff., anders L. Strzelecki, Eos 1936, 1 ff.), relativ selbständig verarbeitet. Die nicht unbeträchtliche Wirkung des Werkes bezeugen Zitate bei → Priscian und → Cassiodor, ein Kommentar des Remigius von Auxerre (vgl. M. Esposito, CQ 1919, 166 ff.) und die reiche hsl. Überlieferung; auch ein Frg. über die Aspiration (KeilGrL 5,439 ff.) lief unter seinem Namen um. Von P. stammt auch eine Vergilvita in Hexametern mit einer Einleitung in sapph. Strophen, die wohl direkt auf die sueton. Vita zurückgeht (vgl. Strzelecki, Munera Cwiklinski, 1936, 235 ff.) und nationalröm. Tendenz aufweist; sie dürfte von → Ps. Probus benutzt worden sein (vgl. G. Brugnoli, Philol. 1964. 148 ff.). P. L. Sch.

Ta.: Ars: KeilGrL 5,410 ff. Vita: *J. Brummer*, ed. Vit. Vergil., 1912, 49 ff. *C. Hardie*, ed. Vit. Verg. Ant., 1954, 31 ff. Lit.: *Schanz-Hos.* 4,2,215 ff.

Phoibammon, Name eines (oder mehrerer?) spätant. (5./6. Jh.?) Sophisten wahrscheinlich äg. Herkunft; möglicherweise handelt es sich um den Lehrer des Ioh. Moschos (Migne PG 87,3,3004; vgl. A. Brinkmann, RhM 62, 1907, 628 ff.), der E. 6. Jh. in Antinoupolis lebte. P.s Komm. zu Thuk. (Sch. Thuk. 1,53,3; A. Brinkmann, RhM 61, 1906, 634) ist verloren, ebenso seine Erkl. von

Hermog. *Στάσεις* (Tzetz. chil. 6,792. Zit. von dem byz. Rhetor Christophoros: H. RABE, RhM 50, 1895, 244ff. 54, 1899, 632f. Reste dieses Komm. vermutl. auch in späteren Proleg. zu Hermog.: WALZ Rhet. 5,222ff. 7,40ff.). Zuvor waren P.s Proleg. und Komm. zu Hermog. *Περὶ ἰδεῶν* entstanden (vgl. WALZ 7,102,2). Die Identifizierung der unter dem Namen des → Syrianos überl. Proleg. ist durch byz. Zit. (vgl. etwa WALZ 6,67,5) gesichert (K. FUHR, RhM 51, 1896, 50f.; anders B. KEIL, GGN 1907, 210ff.). P. beschäftigt sich hier, in Anlehnung an neuplat. Lehre, vor allem mit dem Problem der lit. *μίμησις*, deren Berechtigung er verteidigt. Der Komm. selbst ist verloren, wurde aber von Ioh. Doxapatres (vgl. WALZ 6, 124,20) benutzt. In 2 hsl. Fassungen sind ferner Exc. einer Schrift über Redefiguren (*Σχόλια περὶ σχημάτων ῥητορικῶν*) überl. (vollständigere Textstücke im Anh. zu → Lesbonax [1] und → Choiroboskos; dort auch Spuren einer chr. Bearb.). P. beginnt mit einer breiten Protheoria und ordnet – was einmalig ist – die Figuren nach vier Kategorien (*ἔνδεια, πλεονασμός, μετάθεσις, ἐναλλαγή*). Hauptquelle scheint → Alexandros (20) Numeniu gewesen zu sein. H. Gä.

Ta.: Proleg.: *A. Brinkmann*, RhM 61, 1906, 117ff. *H. Rabe* Syriani in Hermog. Comm. 1, Lpz. 1892, 97ff. *Ders*. Proleg. Syll. Nr. 28, S. 375ff. – De fig.: *Spengel* Rhet. 3,41ff. Lit.: *H. Rabe* Proleg. Syll. CVIff. *M. Juneaux*, Mél. A. M. Desrousseaux, Paris 1937, 239ff.

Phoibe (*Φοίβη*). **1.** Titanin, Tochter von Uranos und Gaia, Schwester und Gattin des → Koios, Mutter von Leto und Asterie (Hes.). Nach Gaia und Themis Herrin des delph. Orakels, das sie mit samt ihrem Namen ihrem Enkel Apollon überließ, Aischyl. Eum. 2ff. Auf sie beziehen sich wohl urspr. die *Φοιβαία λίμνη* (= Saron. Meerbusen) und das *Φοιβαῖον* bei Therapne, Hdt. 6,61. Paus. 3,14,9. 20,2. K. KERÉNYI Griech. Myth. 129. 141. 189. Der göttl. Arzt, ²1956, 90ff. bezieht die thessal. *λίμνη Βοιβηίς* auf P. als Mondgöttin. **2.** Bei röm. Dichtern = Artemis als Mondgöttin. **3.** P. und Hilaeira, die → Leukippiden, Frauen der Dioskuren, o. II 93. P., Frau des Polydeukes Apollod. 3,134, des Kastor Prop. 1,2, 15. L. CURTIUS Wandmalereien Pompejis 267f. Abb. S. 3. H. v. G.

Phoibidas (*Φοιβίδας*), Spartiate, sollte 382 Truppen zum Heer seines Bruders Eudamidas in die Chalkidike bringen, besetzte mitten im Frieden auf Wunsch theb. Oligarchen und im Geheimauftrag der Ephoren die Kadmeia in Theben, dem Zentrum der antispart. Bewegung, Xen. hell. 5,2, 24ff. Diod. 15,20,1ff. Auf allg. Entrüstung hin wurde P. seines Amtes entsetzt und zu einer Geldstrafe verurteilt, die Besetzung, die → Agesilaos (2) für nützlich und berechtigt erklärte, aber nicht aufgehoben, Xen. 5,2,32ff. 4,1. Diod. a.O. Pol. 4, 27,4. Als Harmost des Agesilaos in → Thespiai wurde P. 378, ein Jahr nach der Befreiung Thebens, von den Thebanern besiegt und fiel, Xen. 5,4, 41ff. Diod. 15,33,6. H. V.

Phoiniker, Bewohner des Phoinikien genannten syr. Küstengebietes zwischen Karmel im S. und Nahr el-Kelb im N. Durch → Libanon und → Antilibanon gegen das Hinterland abgeschirmt, wenden sie sich vorwiegend dem Mittelmeer zu. Ihr Land, durch tief eingeschnittene Flußtäler und vorspringende Bergzüge zerrissen, stellt auch polit. selten eine Einheit dar. Stadtstaaten, die Metropole oft auf einer Insel im Meer gelegen (vgl. Byblos, Sidon, Tyros, Berytos, Arados und Tripolis), treten zeitweise stärker hervor. Der Name Ph. geht auf das spezifische Produkt des Landes, die Purpurfarbe (*φοινός* »rot«) zurück, ebenso die einheim. Bezeichnung »Kanaan« (aus *kinaḫḫu* »Purpur«).

Geschichte: Das fruchtbare Küstengebiet war schon im Paläolithikum besiedelt. Das Eindringen der Ph. ist wohl in der Mittelbronzezeit anzusetzen, doch hatte → Byblos/Gebal schon im 3. Jt. v. Chr. engen Kontakt zu Äg. (W. HELCK Beziehungen, 1962, 13ff.). Erst für das 1. Drittel des 2. Jt. sind dort Fürsten mit kanaan. Namen bezeugt, die Einwanderung muß vorher erfolgt sein. Die Tradition bei Hdt. 7,89, vgl. Iust. 18,3 über ihre Herkunft vom Roten Meer ist nicht verifizierbar. In der Amarnazeit (18. äg. Dynastie) erreichen die Stadtstaaten unter äg. Vorherrschaft und bedroht durch den Staat Amurru größere Eigenständigkeit (Ribadi von Byblos, Abimelech von → Tyros). Nach dem Seevölkereinbruch tritt um 1000 v. Chr. Tyros in eine Führungsrolle ein. König Hiram ist Partner Salomos beim Tempelbau in Jerusalem (1. Reg. 5, 15ff.). Gleichzeitig dehnen die Ph. ihren Einflußbereich auch über das Meer hin aus nach Kypros (→ Kition), Kleinasien, → Rhodos (→ Kameiros, → Ialysos), Kreta (→ Itanos), N.-Afrika (→ Utica, → Hippo, → Karthago), über Sizilien, Sardinien und die Balearen bis nach Spanien (→ Gades, vgl. Strab. 1,48). Diese Expansion, zunächst nur aus wirtschaftl. Gründen betrieben (Gründung von Faktoreien auf vorgelagerten Inseln), bekommt polit. Gewicht, als 868 v. Chr. Assurnasirpal II. zum Mittelmeer zieht und Tribut von Tyros, Sidon und Byblos fordert. Selbstständigkeit und der Handel ins Landesinnere sind bedroht, da andere Assyrerkönige folgen, 701 v. Chr. → Sanherib den König Luli von Sidon aus Tyros vertreibt. Sidon wird nach einem Aufstand 678 zerstört. Tyros 672 und 668 belagert, erst in den letzten Regierungsjahren Assurbanipals erobert. Unter den neubabyl. Herrschern behauptet Ph. seine Selbständigkeit. → Nebukadnezar II. muß Tyros 13 J. belagern, ehe es sich ergibt. In achaimenid. Z. steht Sidon wieder an der Spitze. Es stellt zusammen mit den phoinik. Städten einen großen Teil der pers. Flotte, eigene Münzprägungen erweisen eine gewisse Autonomie. Im neu gegründeten Tripolis findet eine regelm. Ratsversammlung der Städte statt.

Unter → Tennes (354–350) revoltiert Sidon vergeblich, und 332 wird Tyros von Alexander nach einer Belagerung von 8 Mon. und nach Aufschütten eines Dammes erobert und für die Zukunft zur Bedeutungslosigkeit verurteilt. Dieses Schicksal trifft ganz Ph. schon im Seleukidenreich. Es verschwindet mit Errichtung der Provinz Syria durch Pompeius 64 v.Chr. aus der Gesch., auch wenn Städte wie Arados, Sidon und Tyros ihre Selbstverwaltung behalten.

Kultur: Die Stadtstaaten wurden in der Regel von Königen mit direkter Erbfolge regiert, Geschwisterehe im Herrscherhaus ist bezeugt. Auch reiche Familien besaßen Einfluß, dem König stand ein Rat der Ältesten zur Seite (Tyros: Arr. an. 2,15; Sidon: Diod. 15,1,45; Byblos: Ezech. 27, 9). Kurzfristig führten in Tyros z.Z. Nebukadnezars 2 »Richter« die Regierung (Ios. c. Ap. 1,157), vgl. die Suffeten Karthagos. – Der Reichtum des Landes beruhte auf dem Handel mit Holz (Zedern und Pinien des Libanon), feinen Stoffen (Byblos, Tyros, Berytos), Purpurstoffen (Tyros), Metallschalen, Glas, Fayence, Wein, Salz und Dörrfisch. Im Tausch dafür erhielt man Rohmaterialien und Fertigprodukte des gesamten Mittelmeerraums, doch scheuten phoinik. Schiffe auch den Weg durch die Straße von Gibraltar und um Afrika (unter Pharao → Necho, Hdt. 4,42; Periplus des → Hanno, [1; GGM 1,1–4]) nicht.

Die Kunst Ph. ist durch die Produkte seiner Handwerker weit verbreitet, aber wenig originell. Plastik und Relief sind von einigen Grabdenkmälern (Sarkophag des Aḥiram; anthropoide Sarkophage aus Byblos und Sidon; »Satrapen« – und »Alexandersarkophag«) bekannt, das Kunsthandwerk durch Elfenbeinarbeiten an Mobiliar und Schalen aus Kupfer und Edelmetall. Demnach gelang hier eine gefällige Synthese zwischen äg. Elementen (Lotos- und Uräusfries, Sphingen, Skarabäen, Flügelsonne usw.) und Kompositionsschemata aus N.-Syrien und Mesopotamien (Lebensbaum, antithetische Gruppen, Dämonenfiguren), ohne daß syr.-kanaan. Züge und ein gewisser provinzieller Einschlag ganz fehlen. Die Spätzeit bringt dann eine Hellenisierung bis zur völligen Aufgabe eigenständiger Motive. Berühmt waren die phoinik. Glaswaren, auch wenn ihre Erfindung nicht hier (vgl. Plin. nat. 5,76. 36,193), sondern in Mesopotamien erfolgte. – Auch die *Φοινικήια γράμματα* (Hdt. 5,58) sind nicht eigentlich phoinik. Erfindung, wohl aber im Zusammenwirken mit anderen kanaan. Gruppen geschaffen und in Ph. zuerst in größerem Maße für Inschr. usw. verwendet worden (s. HBArch[2] 1, 289ff.). Die Schrift ist eine reine Konsonantenschrift, sie entwickelt sich rasch von einer noch steifen archaischen Form (12.–10. Jh.) zu gefälliger Kursive (bes. in Karthago) und bildet in der im 9. Jh. von den Griechen übernommenen Form die Grundlage fast aller bekannten Schriftsysteme.

Literaturdenkmäler in der dem Hebräischen nahestehenden phönik. Sprache sind nur verhältnismäßig kurze Inschr. bzw. die phoin. Überlieferungen bei → Eusebios und → Damaskios. Sie betreffen vornehmlich die Religion der Ph., die nicht wesentl. von der kanaan. Religion, wie sie aus Ugarit bekannt ist, verschieden war. Lediglich tritt uns im 1. Jt. v.Chr. eine jüngere Stufe entgegen, in der die Stadtgötter (»Herrin von Byblos«, »Melqart von Tyros«, »Aštart, Baal und Ešmun von Sidon«) eine bes. Rolle spielen, die insgesamt Naturgötter gewesen zu sein scheinen. Hinzu treten vor allem noch → Adonis, Sid, Rašaf, Šadrapa und Baal-Šamem. Unter hellenist. Einfluß werden die Götter zu Triaden zusammengefaßt, erhalten den Charakter von Heilsbringern (Ešmun, Šadrapa) oder solare Züge (Melqart), der sterbende und auferstehende Vegetationsgott Adonis (ähnliche Tradition von Melqart) gewinnt an Bedeutung. Die Kolonien lassen Eigenentwicklung erkennen. W. Rö.

S. Moscati Die Phöniker (1966). *F.C. Movers* Die Phönizier 1. 2,1–3 (1841–1856). *R. Dussaud* L'art phénic. du 2me millénaire (1949). *G. Contenau* La civilisation phénic.[3] (1959). *W. Helck* Die Beziehungen Ägyptens zu Vorderasien im 3. und 2. Jt. v. Chr. (1962). *D. Harden* The Phoenicians (1962). *H. Donner – W. Röllig* Kanaanäische und aramäische Inschr. 1–3² (1966–1969). *J. Friedrich – W. Röllig* Phöniz.-Pun. Grammatik[2] (1970). *H. Gese* Die Religionen Altsyriens in: Religionen der Menschheit 10/2 (1970).

Phoinikischer Münzfuß. Im engeren und allein vertretbaren Sinne der Münzfuß von Tyros, Sidon, Byblos u.a. phoinik. Städte mit Shekel zu 13,8 g. Der etwas höhere Standard mancher kleinasiat., nordgriech. und makedon. Prägungen ist vom Ph. M. zu trennen, ebenso wohl auch der ptolem. Münzfuß mit Tetradrachme von 14,55 g. H. Ch.

Schrötter WBMzK s. v. *C. Seltman*, RE XX 381. *E. S. G. Robinson* bei Rostovčev Soc. a. Ec. Hell. W. 3, 1420ff.

Phoinikussa, Phoinikodes (*Φοινικοῦσσα, Φοινικώδης*, lat. *Phoenicusa*), eine der lipar. Inseln, h. Filicudi. Die »Palmeninsel« (Ph. von *φοῖνιξ*, Ps.-Aristot. mir. 132. Strab. 6,276) diente im Alt. als Weideland (Strab. a.O. Plin. nat. 3,91). Auf dem Capo Graziano wurde eine bedeutende vorgeschichtl. Siedlung entdeckt, ferner zahlreiche Gräber aus hellenist.-röm. Zeit. Neuere Grabungen: B. Neutsch, AA 1954, 519f. M. Cavalier, Boll. Arte 1966, 99f. L. Bernabò Brea – M. Cavalier, Bull. Paletn. Ital. 1966, 143ff. Kl. M.

Phoinix (*Φοῖνιξ*). **1.** Eponym der Phoiniker (und der Karthager, *Poeni*, Hyg. fab. 178), König von Sidon oder Tyros. Vielfältige Genealogien. Bei Apollod. 3,2ff. ist er Sohn des → Agenor (1) und der Telephassa, Bruder von → Europe, → Kadmos, → Kilix. Diese werden aber auch als seine Kinder genannt, Europe schon Hom. Il. 14, 321; dazu → Karme (Anton. Lib. 40), → Phineus

(Sch. Aischyl. Suppl. 317. Apoll. Rhod. 2,178). Seine Gattin ist meist → Kassiepeia. **2.** Erzieher und Berater des Achilleus, Sohn des Ormeniden → Amyntor (2) aus »Hellas« (s.d.) und der → Hippodameia (3). In der Il. tritt er unvermittelt im 9. B. auf. Er sitzt im Rat der Fürsten bei Agamemnon und geht als Führer der Bittgesandtschaft zu Achilleus. P.' eindringliche Schlußrede verfehlt ihre Wirkung nicht. Hier erzählt er auch von seiner Jugend. Auf Veranlassung seiner Mutter verführte er die Kebse seines Vaters. Der belegte ihn mit dem Fluch immerwährender Kinderlosigkeit. → Peleus nahm den Flüchtigen auf, machte ihn zum Fürsten der Doloper, übergab ihm die Erziehung des Achilleus und schickte ihn mit diesem nach Troia. Außer in der *Πρεσβεία* erscheint P. in der Il. nur 16,96, als Führer der Myrmidonen (Pind. frg. 183). Sprachl. und sachl. Unebenheiten in der *Πρεσβεία* lassen vermuten, daß die Figur des P. erst nachträglich in die Il. eingefügt ist bzw. daß Hom. den Kentauren → Chiron als Achills Erzieher durch eine menschlichere Gestalt ersetzen wollte. – Varianten: Die Buhle seines Vaters hat ihn fälschlich unerlaubter Annäherung beschuldigt; er wird geblendet, erhält aber durch Chiron das Augenlicht zurück, Apollod. 3,175; P. holt mit Nestor und Odysseus Achilleus von Skyros ab, nachdem sie ihn bei Peleus nicht angetroffen haben, Sch. Il. 19,326. In den Kyprien holt er Neoptolemos von Skyros ab, in den Nosten stirbt er als dessen Begleiter auf der Heimreise von Troia in Thrakien. – Soph. und Eur. schrieben P.-Dramen. Bildende Kunst stellte ihn in mannigfachen Szenen häufig dar.

E. Wüst, RE XX 409ff. *E. Howald*, RhM 73, 1924, 423f. *M. Noé* P., Il. u. Hom. 1940. *R. v. Scheliha* Patroklos 222ff. 389ff. *W. Kullmann*, H(ES 14) 224.

3. Der Wundervogel P. Während Hes. frg. 171 nur die ungeheure Lebensdauer (972 Menschenalter) des P. erwähnt, berichtet Hdt. 2,73, daß er im äg. Heliopolis verehrt werde; dorthin komme er alle 500 J. mit einem großen selbstgefertigten Ei, in dem die Reste seines Vaters ruhen, um sie im dortigen Sonnentempel zu bestatten; das Bild dieses Vogels in Gestalt und Größe eines Adlers mit rotem und goldenem Gefieder habe er selbst gesehen. Das läßt sich auf den reiherähnlichen äg. Sonnenvogel *bnw* beziehen, der zur Verkörperung des Re und des Osiris geworden ist. Die spätere Legende von der Selbstverbrennung und Neuerstehung aus der Asche (vgl. Lukian. Peregr. 27), die zu seiner Verwendung als Symbol der Ewigkeit führte, ist nicht äg. Ursprungs. Nachrichten darüber haben wir erst aus der Kaiserz. Als seine Heimat wird meist Arabien oder Indien genannt. Ov. met. 15,392ff. läßt Pythagoras sagen, P. sei der einzige Vogel, der sich selbst erneuere. Eingehendere Beschreibungen u.a. bei Mela 3, 83f. Clem. Rom. ad Corinth. 1,25. Achill. Tat. 3, 25. Tac. ann. 6,28 berichtet von dem Erscheinen eines P. in Äg. i.J. 34 n.Chr., keine 250 J. nach dem letzten Erscheinen unter Ptolemaios III. Das gab Anlaß zu Diskussionen über die Dauer einer P.-Periode, die von einigen mit der Sothisperiode von 1461 J. gleichgesetzt wurde, und zu der Frage nach echten und falschen P. Bald darauf tauchte wieder ein P. auf, der sogar in Rom gezeigt wurde, Plin. nat. 10,2. Solin. 33,11. Dichterisch behandelt wurde die Legende von dem alle 1000 J. durch Selbstverbrennung sich erneuernden Sonnenvogel von → Lactantius und → Claudianus (5). Als Symbol der Ewigkeit Roms erscheint P. bei Mart. 5,7 und auf kaiserz. Mz., als Symbol der Auferstehung in der altchr. Kunst, als Symbol Christi im → Physiologus 7 (PERRY, RE XX 1080f.). H. v. G.

G. Türk Myth. Lex. 3, 3450ff.; bildl. Darstellungen 3466ff. *A. Rusch*, RE XX 414ff. *J. Hubeaux*, *M. Leroy* Le mythe du P. dans les litt. grecque et lat. 1939. *H. H. Verstegen* Het P.-Motief. Diss. Nijmegen 1950. *G. Crescenti* Gli elementi crist. del carmine de ave P. 1960. *H. Castritius*, Jb. f. Numism. 14, 1964, 89ff. *Schanz-Hosius-Krüger* § 764. *Altaner* § 37.

4. P. von Kolophon, Iambograph. Einzige biograph. Notiz Paus. 1,9,7, nach der P. den Fall Kolophons beklagte, als dessen Einwohner von Lysimachos nach Ephesos überführt wurden (zwischen 287 und 281). Seine Jamben (nur Choliamben erhalten) umfaßten mindestens 2 B. (Athen. 12,530 E). Kenntliche Themen: die Verkehrtheit der Reichen (in diesem in einem Pap. erhaltenen Stück wird ein Poseidippos angeredet), der Schlemmer Ninos, die *Κορωνισταί*, ein Heischelied, nach Athen. 8,359 E von Männern vorgetragen. Die Sprache zeigt Anklänge an → Hipponax. Anth. lyr.³ 3 (1952), 124–130. Zum Heischelied Wills, CQ NS 20, 1970, 112–118. R. K.

5. P., Berg und Ortschaft in der rhod. → Peraia, h. Fenaket (Phinike) mit Siedlungsresten und zahlreichen Inschr., als Demos des Namens *Τλῷοι* zur rhod. Stadt Kameiros gehörend, Strab. 14,2,2 p. 651. Ptol. 5,2,8. 10. Steph. Byz. s. *Φοινίκη* und *Ἄστυρα*.

1. *W. Ruge*, RE XX 426f. Nr. 14. 2. *A. Maiuri*, ASAA 4/5, 1921/22, 414f. 3. *P. M. Fraser – G. E. Bean* The Rhodian Peraea 58. Inschr.: 34 Nr. 20–22. 4. *Hiller von Gärtringen*, H 37, 1902, 143ff.

6. P., Hafenort an der SW.-Küste Kretas, NT Apg. 27,12. Ptol. 3,15,3. Stadiasm. m. m. 328f. Steph. Byz. s. *Φοινικοῦς*, noch bei Hierokl. synekd. 651,1 und als Bischofssitz (*Φοινίκη*) in den Not. episc. 8,230. 9,139. LE QUIEN 2,268f. SEG 16, 527. H. Lutro mit sehr guter Hafenbucht und vielen Resten bis in byzantin. Z. Ob das von Strab. 10,4,3 p. 475 als Hafen von Lappa genannte Ph. der gleiche Ort oder davon zu trennen ist, ist unsicher.

1. *E. Kirsten*, RE XX 431ff. Nr. 17. 2. *M. Guarducci* Inscr. Cret. 2,226ff.

7. P., kleiner Bach 3½ km w. der Thermopylen beim sog. »Westtor«, im Alt. Nebenfluß des Asopos (Nr. 1), h. Rhevma *τοῦ Μύλου*. Hdt. 7,126,2. 200. Strab. 9,4,14 p. 428. Plin. nat. 4,30. Steph. Byz. s. *Φοινίκη*. E. M.

1. *Fr. Stählin* Das hellen. Thessalien 198f. 2. *Ders.*, RE VA 2404f. 3. *W. Oldfather*, RE XX 435 Nr. 18.

8. Ph. (*ἡ φοίνιξ* oder *φοῖνιξ*) die Dattelpalme, Phoenix dactylifera L. Die Frucht hieß *βάλανος τῆς φοίνικος* oder nur *φοῖνιξ* oder nur *βάλανος* (seit dem 2. Jh. auch *δάκτυλος*, daraus »Dattel«), *palma*, *palmula*. Der von den Kanarischen Inseln über N.-Afrika und SW.-Asien bis zum Pandschab wildwachsende Baum wurde in Griechenland und Italien nur als Zierbaum gepflanzt, weil er da keine vollreifenden Früchte brachte. Schon Hdt. 1,193 und 4,172 weiß von der Kultur der P. in Äg., den Oasen der Cyrenaica und in Babylonien, von dem Verfahren der künstlichen Befruchtung, der Herstellung von Palmwein und der Verwendung der Stämme als Nutzholz. Viel Neues über die P. berichteten Xen. an. 1,15,10 und 2,3,14f. und nach den Zügen Alexanders Theophrast u. a., die auch Syrien und Arabien in ihre Berichte einbeziehen. Plin. nat. 13,26 behandelt die Datteln eingehend und spricht von 49 *genera*, was hinter der Wirklichkeit noch weit zurückbleibt. In der Kaiserz. wurde die Dattel hochgeschätzt und teuer bezahlt, was noch das Preisedikt Diokletians bezeugt. König Herodes sandte seinem erhabenen Freund, dem Kaiser Augustus, der sie sehr liebte, regelmäßig besonders schöne Früchte aus den berühmten P.-Gärten Judäas.

Als Siegespreis, sowohl in Form von Kränzen wie von einzelnen Zweigen, wurde die P. in stärkerem Maße erst in der Kaiserz. üblich. Die Zurückführung auf Herakles oder Theseus ist späte Erfindung. Die Bezeichnung der P. als allgemeingültiger Siegespreis bei Agonen bei Plut. quaest. conv. 8,8,2 p. 723 b trifft erst für seine Z. zu. Älter war die Sitte in Rom, wo nach Liv. 10,47,3 erstmalig im J. 293 bei den *ludi Romani* den Siegern *palmae* gereicht wurden *translato e Graeco more* (wofür aber sonstige Zeugnisse fehlen). Die *toga* und *tunica palmata* war das mit P.-Blättern bestickte Gewand des triumphierenden Feldherrn (wie das des Iuppiter Capitolinus). Für den metonymischen Gebrauch von *palma* = Sieg sind Cic. Rosc. Q. 17; de or. 2,221 (danach Hor. c. 1,1, 5), für *p.* = Sieger Verg. Aen. 5,339 die ersten Zeugen. Das Bild einer geflügelten Victoria *palmaris deae* beschreibt Apul. met. 2,4,1; *palmares ludi* CIL IX 1666. Bildwerke (auch Münzen) mit P. als Emblem des Sieges sind häufig.

Kultische Bedeutung hatte die P. nur für Apollon in Delos. Wenn sonst P. in der Nähe von Heiligtümern angepflanzt waren (wie bei dem der Artemis in Aulis, Paus. 9,19,8), dann nur als Zierbäume. Ein diesbezügl. Verbot des Pythagoras bezeugt Plut. De Is. 10,354f., einen Fruchtbarkeitszauber mit *palmae* Iuv. 2,142 (mit Sch.). Medizinisch wurden die Datteln (auch die Asche verbrannter Dattelkerne) verschiedentlich verwendet.

Das lat. *palma* bezeichnet zwar oft die exotische Dattelpalme, urspr. aber und fortlaufend auch die im w. Mittelmeergebiet einheimische Zwergpalme (Chamaerops humilis L.) nach ihren fächerförmigen, einer geöffneten Hand *(palma)* gleichenden Blättern. K. Z.

Steier, RE XX 386–404. *Hehn-Schrader* Kulturpflanzen^{8} 264ff.

Phoitiai (*Φοιτίαι*), Pol. 4,63,7. 10. Steph. Byz., *Φοιτία* IG IV 1^2,95 II 11, *Φυτία* Thuk. 3, 106,2, nach Steph. Byz. auch *Φοίτιον*. Ethnikon nach Steph. Byz. *Φοιτιεύς* und *Φοίτιος* nach Hellanik. FGrH 4 F 30, inschr. *Φοιτιάς* IG IX $1,2^2$,208,4. 390,10. BCH 45, 1921, 23 IV 63 (*Φοιτίαι*). Stadt in Akarnanien, im 3. Jh. vorübergehend aitol., 219 von Philipp V. erobert (Pol. a. O.). Umfangreicher Mauerring mit weiteren ant. Resten beim Kloster Hg. Georgios 4 km n. w. von Bambini und s. w. von Papadatos. Inschr.: IG IX 1^2,389. 602. E. M.

1. *L. Heuzey* Le mont Olympe et l'Acarnanie 359ff. 2. *E. Oberhummer* Akarnanien 38. 3. *Noack*, AA 31, 1916, 317f. Abb. 1. 4. *E. Kirsten*, RE XX 436ff. (mit Plan). 5. *Ders.* NJahrb 1940 Taf. 10,7. 6. *Philipps.-Kirst.* 2, 397. 577f.

Phoito s. Sibyllen

Phokaia (*ἡ Φώκαια*). Abl. v. Phokis anhand der Gründungsgeschichte (Nik. Dam. FGrH 90 F 51. Paus. 7,3,10 ist weniger wahrsch. als von der robben [*φῶκαι*]-förmigen Gestalt der P. vorgel. Inseln), im 8. Jh. gegründ. ion. Hafenstadt auf aiol. Geb., w. der Mündung des Hermos (h. Gediz) beim h. Eski Foça (nur wenige Überreste), wegen ihrer handelspol. günstigen Lage früh von bes. wirtsch. Bed., in frühhellenist. Z. durch die Neugründung von Smyrna stark beeinträchtigt. E. O.

1. *J. Keil*, RE XX 444–448. 2. Athen. trib. lists I 560f. 3. *D. Magie* Roman rule in Asia Min., Princeton N. J. 1950, 896,103. 4. *G. E. Bean* Kleinasien I, Stuttg. 1969 (engl. Ausg. 1966), 117–125. 5. *D. Kienast*, JNG 12, 1962, 166 (numism. Lit. ber.).

Phokais (*Φωκαΐς*). Verlorenes Epos über die Phokis, → Epischer Zyklus. W. P.

Phokas. 1. P., Sohn des Krateros, *silentiarius* und *patricius*, 528 als Heide angeklagt, 532 *praefectus praetorio per Orientem* (Lyd. mag. 3,72ff. Prok. 1,24,18; anecd. 21. Malal. 422. Nov. Iust. 82). Kaum ident. mit dem 546 (550) des Heidentums verdächtigten P. (Ioh. Ephes. 2,481 Nau).
2. P., Märtyrer unbekannter Zeit, Gärtner aus Sinope (Van de Vorst Anal. Bolland. 30,252ff.), schon um 400 hoch verehrt, galt als Helfer der Seefahrer (Asterios, Migne PG 40,300ff. Ioh. Chrys., Migne PG 50,699ff.; Prok. de aed. 5,9, 24). A. L.

Phokas-Säule. Auf dem Forum Romanum in Rom vor der Basilica Iulia ließ Papst Bonifatius IV. als Dank für die Überlassung des Pantheon 608 aus alten Werkstücken eine noch erhaltene Säule errichten (Weihinschrift: CIL VI 1200), auf der eine von dem Exarchen Smaragdus gestiftete vergoldete Bronzestatue des byz. Kaisers Phokas stand. W. H. G.

Nash I, 280f.

Phoke s. Robbe

Phokion der Gute (Φωκίων ὁ χρηστός Plut. Phok. 10,4), Sohn des Phokos, att. Stratege und Politiker, * 402/01, Schüler Platons und Freund des → Xenokrates, Plut. 4,2, kämpfte 376 unter → Chabrias bei Naxos gegen die Spartaner, Plut. 6f. Die erste seiner 45 Strategien fällt spätestens in das J. 365/64. Die Chronologie seiner ersten eigenen Kommandos ist unsicher, 349/48 half er dem Tyrannen von Eretria Plutarchos durch den Sieg bei Tamynai, setzte ihn dann ab, Plut. 12. Im J. 348 führte er einen Hilfszug für Olynth, IG II^2 207b. BENGTSON GG 306,6. Für den kar. Dynasten → Idrieus kämpfte P. gegen die Kyprioten, Diod. 16,42,7 (351/50). 46,1. BELOCH GG 3,2, 284ff. (344/43). Gegen Philipp II. sicherte er 342 Megara und vertrieb 341 aus Eretria den Tyrannen Kleitarchos, Plut. 15. Diod. 16,74,1. Im J. 339 rettete P. Byzanz vor Philipp II., Plut. 14. Diod. 16,77,2. Nep. Phoc. 2,3ff. Als Realpolitiker suchte P. die Verständigung mit Philipp II., führte mit → Demades die promaked. Opposition gegen Demosthenes, trat 343 für Aischines ein, versuchte 338 den Endkampf mit Philipp zu verhindern und vermittelte nach Chaironeia bei Philipp den für Athen milden Frieden, Aischin. 2,170. 184. Plut. 16f. Nep. Phoc. 1,3. Auf Bitten des P. verzichtete Alexander 335 auf die Auslieferung der antimaked. Politiker, Plut. 17,5. Geldgeschenke Alexanders und des Harpalos sowie die Zuweisung einer kleinas. Stadt zur Nutznießung lehnte P. ab, Plut. 18. Den → lam. Krieg konnte er nicht verhindern, schützte aber 322 Attika vor maked. Invasion. Plut. 26,6. Nach der Kapitulation Athens vor → Antipatros führte P. als leitender Staatsmann (ὁ ἐπ' Ἀντιπάτρου τὴν τῶν ὅλων ἀρχὴν ἐσχηκώς Diod. 18,65,6) die Timokratie (Bürgerzensus 2000 Drachmen) in Athen ein und nahm die maked. Besetzung der Munichia hin. Dies verdachten ihm die antimaked. Bürger, Diod. 18,48. Plut. 30,8. Als → Polyperchon Rückführung der Verbannten und Wiederherstellung der Demokratie verlangte, sicherte P. dem Kommandanten der Munichia → Nikanor freies Geleit zu einer Verhandlung mit dem athen. Rat zu und hielt es, obwohl der Stratege Derkylos seine Festnahme forderte. »Er wolle lieber Unrecht leiden als Unrecht tun«, Plut. 32,6; vgl. Plat. Gorg. 469c. Da Nikanor plötzlich den Peiraieus besetzte, wurde P. des Verrats und des Verfassungsumsturzes angeklagt, Plut. 33. Diod. 18,65,6. Nep. Phoc. 2,6. Im Einvernehmen mit → Polyperchon verurteilte die tobende Volksversammlung 318 P. zum Tod durch den Giftbecher. Im J. 317 wurde er durch Staatsbestattung und eine Statue rehabilitiert, 305/04 durch das Ehrendekret des → Meidias geehrt, Plut. 38,1; mor. 850b. J. BERNAYS P. und seine neueren Beurtheiler 1881. F. ROBERT La réhabilitation de Phocion et la méthode hist. de Plutarque, CRAI 1945, 526ff. H. V.

Phokis (Φωκίς, Stammname Φωκεῖς), Landschaft in Mittelgriechenland vom Korinth. Golf im S. bis zur Meerenge von Euboia im N., solange → Daphnus zu P. gehörte. Nachbarn im W. die w. Lokrer und Doris, im N. die ö. Lokrer und im O. Boiotien. Im s. Teil eingenommen vom Parnaß und dem s.ö. anschließenden Bergland (→ Kirphis), im n. Teil von der mittleren Kephisosebene, Fläche ungefähr 1615 qkm.

Für die Besiedlung war die Kephisosebene am wichtigsten, in zweiter Linie die Ebene s. des Parnaß mit Delphi und Krisa und das Bergland s.ö. des Parnaß mit mehreren Städten und den Häfen von → Antikyra (2) und Bulis. Siedlungen in der Kephisosebene schon in neolith. Z. mit wichtigen Fundstellen, kulturell mit Thessalien verbunden, seit mittelhellad. Z. auch im Bergland nachgewiesen [2], 477f. [8–13], jetzt aber zum Kulturbereich des mittleren und s. Griechenland gehörend, worin sich die für Griechenland allg. geltenden Völkerbewegungen von Kleinasien her ausdrücken. Aus myken. Z. sind keine bedeutenderen Fundplätze bekannt. Vorgriech. Ortsnamen sind häufig, der Dialekt der gesch. Z. gehört zu den n.w.-griech. Der homer. Schiffskatalog nennt 9 Städte in P. (Il. 2,517ff.), Hdt. 8,33ff. für das J. 480 v. Chr. 15 von den Persern im Kephisosbecken zerstörte Städte, der phok. Bund des 4. Jh. zählte 22 Städte, Demosth. 19,123, und Paus. 10,3,1f. zählt 20 nach dem 3. Hl. Krieg zerstörte Städte auf, dazu Abai als nicht zerstört. Die Einwohnerzahl der klass. Z. schätzt BELOCH GG 3,1^2,288f. auf 60000 (40 auf den qkm).

Seit frühgesch. Z. sind die Phoker selbständiges Mitglied der delph. Amphiktyonie, Aischin. 2,116. Harpokr. s. Ἀμφικτύονες. Paus. 10,8,2, und bilden seit dem 6. Jh. v. Chr. einen Stammesbund mit gemeinsamer Münzprägung. Von der thessal. Vorherrschaft konnte sich P. gegen E. des 6. Jh. durch den Sieg bei Hyampolis befreien, Hdt. 8, 27f. Paus. 10,1,8ff. Im Perserkrieg stand es zunächst auf griech. Seite, mit einem großen Kontingent an den Thermopylen, was die Zerstörung der Städte beim Durchmarsch der Perser zur Folge hatte, mußte sich dann aber Persien anschließen. Im 5. Jh. führte der Konflikt um die Stellung Delphis zu Kriegen mit Sparta, wobei P. von Athen unterstützt wurde. Im Pelop. Krieg stand P. auf spart. Seite, Grenzstreitigkeiten mit W.-Lokris lösten den Korinth. Krieg aus, und in der Folge ist P. Stützpunkt Spartas gegen Theben. Nach Leuktra erzwungener Anschluß an Theben, woraus der »Dritte Hl. Krieg« entsteht, in dem P. unter Führung des → Philomelos und seiner

Nachfolger, bes. des → Onomarchos, auf ein mit delph. Tempelgeldern bezahltes großes Söldnerheer gestützt, die Vorherrschaft in Mittelgriechenland errang, 356–346 v. Chr. Erschöpfung der Gelder und das Eingreifen Philipps II. zwang P. zum Frieden mit schweren Opfern. P. wurde aus der Amphiktyonie und vom delph. Heiligtum ausgeschlossen, hatte die geraubten Tempelschätze zurückzuzahlen, und seine Städte wurden zerstört. Die Bedingungen wurden aber bald gemildert und die Städte wieder aufgebaut.

Nach Chaironeia wurde P. in den korinth. Bund aufgenommen und stellte auch ein Kontingent zum Alexanderzug, war dann aber unter den Teilnehmern am lam. Krieg. In den Diadochenkämpfen wechselte P. vielfach den Herrn, der w. Teil schloß sich schon um 300 v. Chr. an Aitolien an (Flacelière Les Aitoliens à Delphes 57ff. 64ff.), die übrigen Phoker kurz vor 281 (Flacelière 60. 81. 118). Die starke Beteiligung an der Abwehr der Gallier und der Verteidigung Delphis 279 v. Chr. (Paus. 10,20,1. 3. 22,13. 23,3. 9f.) brachte den Wiedereintritt in die Amphiktyonie, Paus. 10,8,3. Flacelière 113f. 118. Seit 263/62 v. Chr. gehörte P. ganz oder z. T. dem aitol. Bund an, Flacelière 198ff. 247. 285ff., konnte sich aber um 225 v. Chr. davon lösen und schloß sich nun an Makedonien an, Flacelière 280f. 308f. Der Bund mit der Hauptstadt → Elateia wurde dadurch sowohl in den 1., wie noch stärker in den 2. makedon. Krieg hineingezogen, 196 v. Chr. für »frei« erklärt, aber dann mit dem aitol. Bund vereinigt, Pol. 18,46 (20), 5. 47 (30),9. Flacelière 348, bis die Niederwerfung des aitol. Bundes durch Rom 189 v. Chr. P. die Selbständigkeit mit einer neuen Bundesgründung zurückgab. Der Bund bestand nach vorübergehender Auflösung wegen Beteiligung am Aufstand von 146 v. Chr. auch in der röm. Z. weiter, spätestes Zeugnis IG IX 1,218 aus der Severerzeit. Hauptort war jetzt → Daulis.

Das wirtschaftliche Bild des Landes in der Kaiserzeit ist bestimmt durch verarmte Städte und Großgrundbesitz einiger reicher Familien oder des Kaisers [15]. Furchtbare Verheerungen brachte der Durchzug der Goten unter Alarich, Zos. 5,5, 6f., ebenso nachher das Eindringen der Slaven 539/40 n. Chr., Prok. b. Pers. 2,4,10f. Unter den von Iustinian neu befestigten Städten befinden sich keine phok., in den Bischofslisten erscheint nur noch Daulis als Bistum, Nea Taktika ed. Gelzer Georgius Cyprius 1584. Not. episc. 3,421. 10,534. 13,384 u.a., dazu CIG IV 9378. Le Quien 2,234ff. Byz. Ztschr. 6,1897,92ff. 7,1898,50ff., ferner bei Le Quien 2,205f. noch Elateia. Skyl. 37. 61. Dion. Call. 72ff. Strab. 9,3 p. 416–425. Paus. 10,1,1–37,8. Ptol. 3,14,4. 17. Hierokl. synekd. 643, 8ff. Inschr.: IG IX, 1,1–233. SGDI 1512–1556. Schwyzer Nr. 316–358. EA 1955, 72ff. SEG 3, 406–427. 14,467f. 15,350f. 16,347–353. 18,257. 19,407. 22,492–494. 23,333–338. BCH 93, 1969, 72ff. L. Jeffery The local scripts of archaic Greece 99ff. Mz. Head HN² 338ff. Jb. f. Num. 17, 1967, 42. 60f. E. M.

1. *Fr. Schober* Phokis 1924. 2. *Ders.*, RE XX 474ff. 3. *Philipps.-Kirst.* 1,389ff. 4. *P.E. Arias* La Focide vista da Pausania, 2 Bde. 1945/46 (Übers. und Komm.). 5. *L.B. Tillard* The fortifications of Ph., ABSA 17, 1910/11, 54ff. 6. G. *Klaffenbach* Reise durch Mittelgriechenland, SPrAW 1935, 701ff. 7. *P. Amandry* Phocide, BCH 64/65, 1940/41, 272f. 8. G. *Sotiriadis* Fouilles préhist. en Phocide, REG 25, 1912, 253ff. 9. *D. Fimmen* Die kret.-myken. Kultur 4f. 10. G. *Mylonas* Ἡ νεολιθικὴ ἐποχὴ ἐν Ἑλλάδι, 1928, 52ff. 11. *S. Weinberg* Prehistory in Phocis, Archaeology 12, 1959, 282f. 12. *E. Mastrokostas* Προϊστορικοὶ συνοικισμοὶ ἐν Ἑσπερίᾳ Λοκρίδι, Φωκίδι καὶ Βοιωτίᾳ, EA 1956, Χρον. 22ff. 13. *R. Hope Simpson* A gazeteer and atlas of Mycenaean sites, Bull. Inst. of class. stud. Suppl. 16, 1965. 129ff. 14. *J.A.O. Larsen* Phocis in the social war 220–217 B.C., Phoenix 19, 1965, 116ff. 15. *U. Kahrstedt* Das wirtschaftliche Gesicht Griechenlands in der Kaiserzeit 11ff. 16. *Busolt* GStk. 1447ff. 17. *J.A.O. Larsen* Greek federal states 40ff. 300ff.

Phokos (*Φῶκος*). **1.** Aiginete, Sohn des → Aiakos und der Nereide → Psamathe (»Sandstrand«), die sich vergeblich durch Verwandlung in eine Robbe (*φώκη*) ihm zu entziehen versucht hatte, Hes. theog. 1004f. Apollod. 3,158. 160. Pind. N. 5,12 u. Sch. Von seinen Stiefbrüdern → Peleus und Telamon umgebracht, fand er sein Grab auf Aigina, Paus. 2,29,9f. Psamathes Rache: Ov. met. 11,346ff. Anton. Lib. 38. In Phokis hatte er die Königstochter Asterodia (Apollod. 1,86) geheiratet und galt als Eponym dieser Landschaft, wie seine Söhne als Eponymen phok. Städte. **2.** Korinther, Sohn des Ornytion. Enkel des → Sisyphos (auch Sohn des Poseidon und der Pronoe), ging nach → Tithoreia und gab der dortigen Landschaft seinen Namen, heilte → Antiope (1) von ihrem Wahnsinn – verschiedene Teile der Robbe galten als mag. Heilmittel – und heiratete sie, Paus. 2,4,3. 29,3f. 9,17,5f. An ihrem Grabe wurde täglich geopfert, ebd. 10,4,10. »P.« als Feldruf der Phoker ebd. 10,1,10. – Ob die beiden P. von Haus aus ident. oder nur namensgleich waren, ist schwer zu entscheiden. (Bei Paus. 10,1, 1. 2,29,3 ist P. (2) älter als P. (1). H. v. G.

O. *Kern*, ARW 1907, 82ff. *S. Eitrem*, RE XX 497ff. *Nilsson* GgrR I², 188.

3. → Glisas.

Phokylides (*Φωκυλίδης*), Spruchdichter, Milesier (Phryn. p. 358 Lob., Suda), nach der Suda um 540 v. Chr.; aber die Erwähnung des 612 zerstörten Ninive (Frg. 4) weist auf ältere Zeit. Seine Sprüche leitet er ein mit *καὶ τόδε Φωκυλίδεω*; der Jonier hat sich als Individuum fühlen gelernt (Wilam. GldH 2,116). Adel ohne Geist gilt ihm nichts (Frg. 3), die ganze *ἀρετή* besteht in der Gerechtigkeit (Frg. 10). Der Spruch über die Herkunft der Weiber (Frg. 2) ist wohl von → Semonides angeregt. Das einzige Distichon (sonst Hexam.) verspottet die Lerier, beantwortet durch Demodokos Frg. 1. Würdigung des P. bei Dion Chrys. 36,10ff. – Als von P. verfaßt gibt sich ein Spruchgedicht von 230 Hexam., das in schlechter Disposition moralische Anweisungen und Lebensregeln vorträgt. Es findet sich viel Jüdisches. Außer dem A.T., aus dem bes. Leviticus, Deuteron. und Prov. Sal. herangezogen sind, scheinen auch jüd. *ὑποθῆκαι* benutzt zu sein; auf solche führen Berührungen mit der *Διδαχὴ τῶν δώδεκα ἀποστόλων*. Zwischen jüd. Gedankengut eingeschoben ist griech. Popularphilos. Theognis ist öfters benutzt. Charakteristisch ist 102ff. die Verbindung der leiblichen Auferstehung mit der Vergöttlichung und der Fortdauer der Seele. Die Datierung schwankt zwischen 1. und 2. Jh. n. Chr. V. 5–79 wurden in Orac. Sibyll. 2 als V. 56–148 aufgenommen. Ph.: Anth. lyr.^{3} 1,57–60. Ps.-Ph.: ebd. 2,91–108; Theognis ed. Young (1961) 95–112. R. K.

Pholegandros (*Φολέγανδρος*, *Φολέκανδρος*, *Φελέγανδρος* u.ä.), neuzeitl. Polykandro, kleine südl. Kykladeninsel, 33 qkm groß, 4 km breit und 19 km lang, bis 411 m hoch. Die ant. Siedlung lag an der Stelle der heutigen, Chora an der NO.-Küste. Die Insel war schon vorhist. besiedelt, FIMMEN Kret.-myken. Kultur 14, in gesch. Z. dor. und Mitglied des att. Seebundes mit einem Tribut von 1000 Dr., MERITT The Athenian tribute lists 1,434f. 2,83. Strab. 10,5,1 p. 484. 5,3 p. 486. Sol. frg. 2. Anth. Pal. 9,421. Plin. nat. 4,68. Ptol. 3,14, 24. Inschr. IG XII 3,1058–1072. Mz. HEAD HN^2 490. E. M.

1. *L. Roß* Inselreisen 1, 146ff. 2. *Philipps.-Kirst.* 4,136ff. 3. *J. Schmidt*, RE XX 511ff. (mit Plan). 4. IG XII 3 p. 193. 5. *F. W. Hasluck*, ABSA 17, 1910/11, 161.

Pholoe (*Φολόη*), die eintönige, etwa 11 km lange und 8 km breite (OW.) Konglomeratfläche n. des mittleren Alpheios, im N. 700–800 m, im S. 640 m hoch, gegen O. mit Steilrand zum Erymanthos, nach W. sich in niedrigeren Höhenzügen aus Mergel auflösend. Die Ph. ist siedlungsleer und wasserlos, h. von Wald und Buschwald bedeckt. Strab. 8,3,1 p. 336. 3,5 p. 338. 3,32 p. 357. 8,3 p. 388. Paus. 6,21,5. 8,24,4. Ptol. 3,14,35. Mela 2,43. Plin. nat. 4,21. Steph. Byz. s.v. u.s. *Παρρασία*. Jagdgebiet für Großwild bei Xen. an. 5,3,10. Im Alt. wurde die Ph. zu Arkadien gerechnet und galt als Wohnsitz der → Kentauren, bes. Herakles' Kampf mit den Kentauren hier lokalisiert und Kentaurenkampf im W.-Giebel des Zeustempels in Olympia. E. M.

1. *Philipps.-Kirst.* 3,332. 336ff. 2. *Bölte*, RE XX 513ff.

Pholos (*Φόλος*). Kentaur, Sohn des Seilenos und einer Eschennymphe (→ Meliai [4]), Apollod. 2,83ff., Eponym der Landschaft → Pholoe. Herakles kehrte in der Höhle des P. ein, der ihn mit einem Faß Wein bewirtete. Durch den Duft angelockt, stürzen sich die anderen Kentauren auf Herakles, der sie mit seinen vergifteten Pfeilen vertreibt. P. vergiftet sich beim Herausziehen eines Pfeils aus einem toten Kentauren und wird auf dem Rückweg von Herakles bestattet, Stesich. frg. 4 D. Theokr. 7,149. Diod. 4,12,3ff. Verg. georg. 2,456; Aen. 8,294 mit Serv. H. v. G.

Prell.-Rob. 2, 499ff. *B. Schweitzer* Herakles 168f. *Wilam.* GldH 1,389 mit Anm. – Bildl. Darstellungen: *J. Schmidt*, RE XX 518ff.

Phonaskoi (*φωνασκοί*, lat. *phonasci*), berufsmäßige Stimmbildner vorwiegend der röm. Kaiserz. Nach auch schon früheren Zeugnissen über die *φωνασκία* des Redners allg. und einzelnen Hinweisen auf die Heranziehung von Ph., z.B. bes. durch Nero, berichtet über diesen Berufsstand vor allem Quintilian (inst. 11,3,19–24), der ihn zugleich vom eigentl. Redner abgrenzt. Im Gegensatz zu diesem lag für die Ph. der Nachdruck auf der rein äußerl. Ausbildung ihrer eigenen Stimme und der ihnen anvertrauten Sänger und Schauspieler, wozu die peinliche Beachtung von Vorschriften über Diät, Rücksichtnahme auf die Witterung, Bleiplattentraining, geschlechtl. Enthaltsamkeit (→ Infibulation 1) und besondere Stimmübungen dienen sollten. U. K.

J. Schmidt, RE XX 522–526. *G. Wille* Musica Romana, 1967, 480.

Phorbas (*Φόρβας*). **1.** Heros, der in verschiedenen Sagenkreisen vorkommt, Sohn des → Lapithes oder → Triopas. Die starke Streuung der Nachrichten über seine Genealogie (J. SCHMIDT, RE XX 527ff.) und seine Wohnsitze wird durch die vielfältigen Wanderungen thessal. Stämme erklärt. MEYER Forsch. 1,94ff. So kommt P. von Thessalien nach dem achai. Olenos, steht dem el. König → Alektor (2) gegen Pelops bei und wird von ihm mit viel Land und mit der Hand seiner Tochter Hyrmine beschenkt; Söhne: → Augeias und Aktor (→ Aktorionen). Diod. 4,69. Apollod. 2,88. Die Insel Rhodos befreit er von einer. Schlangenplage, Diod. 5,58. Dafür versetzt Apollon ihn als *Ὀφιοῦχος* unter die Sterne, Hyg. astr. 2,14. **2.** Lesbier, Vater der von Achilleus geraubten → Diomede (2). Il. 9,665 u. Sch. **3.** Herdenreicher Troer, Vater des von Peneleos getöteten Ilioneus. Il. 14,489ff. Verg. Aen. 5,842. **4.** Phlegyer aus → Panopeus (→ Phlegyas), Wegelagerer, der die Delphoipilger zum Ringkampf forderte und tötete, von Apollon erschlagen, Ov. met. 11,414. Sch. Il. 23,660. Philostr. im. 2,19,1,4. **5.** Akarnane, Sohn Poseidons, der dem Eleusinier Eumolpos gegen → Erechtheus beistand, von diesem aber getötet wurde. Sch. Il. 18,483ff. **6.** Att. Heros, Erzieher und Wagenlenker des Theseus, im *Φορβαντεῖον* in Athen verehrt. Eur. Suppl. 680. H. v. G.

Phorbeia (*φορβειά*, auch *περιστόμιον* u.a., lat. *capistrum*), meist lederne, um oder über den Kopf geführte Mundbinde bes. der Aulos-, z.T. auch Salpinxbläser, die zur Stützung der beim Blasen beanspruchten Lippenmuskeln diente. Hauptsächlich wurde die Ph. beim virtuosen Vortrag verwendet, Darstellungen von aulosblasenden Hetären zeigen sie z.B. nicht. Vielleicht war sie auch nur bei bestimmten Mundstückarten notwendig. U. K.

M. Wegner, RE XX 532f. Abb. in: Musikgesch. in Bildern 2,4 (Griechenland ed. *M. Wegner*), 1963, Abb. 8. 11. u.ö.

Phorkides (*Φορκίδες*, auch *Φορκυνίδες*, *Φορκυάδες*). Die Töchter des Meergreises → Phorkys. Es sind außer den → Gorgonen bes. die Graien (*Γραῖαι*): Pemphredo (»Brummerin«), Enyo (»Kreischerin«), Hes. theog. 270ff., dazu seit Pherekyd. Deino, Apollod. 2,37 (auch Perso). Bei Hes. sind sie altersgrau von Geburt, aber schönwangig, bei Aischyl. Prom. 794ff. schwanengestaltig (Schwan = Todesvogel), wohnen im ewigen Dunkel in der Nähe der Gorgonen und haben zu dritt nur 1 Auge und 1 Zahn; → Perseus. In den *Φορκίδες* brachte Aischyl. sie selbst auf die Bühne, Aristot. poet. 18. Die ältere Kunst stellte sie blind und zahnlos, aber ohne Altersentstellungen dar, die spätere steigerte die häßlichen Züge. Vgl. die »Phorkyaden« in Goethes Faust II 2 und 3. Myth.-rel. Ausdeutung solcher Phantasien ist verfehlt. H. v. G.

Phorkys (*Φόρκυς*). **1.** (Auch *Φόρκυν*, *Φόρκος*). In der Od. ein Meergott, Vater der Thoosa, der Mutter Polyphems; nach ihm ist ein Hafen in Ithake benannt, 1,71. 13,96. 345. Nach Hes. theog. 233ff. 270. 333 Sohn von Pontos und Gaia, Bruder von → Nereus, Keto u.a. Mit → Keto zeugt er Ungeheuer wie die → Gorgonen und Graien, den Drachen der Hesperiden (→ Ladon), Apollod. 1,10; nach Späteren auch die → Seirenen, → Hesperiden, → Skylla, → Echidna. → *Ἅλιος γέρων* nennt ihn schon die Od. Er ist Meerbeherrscher schlechthin oder an bestimmten Stellen lokalisiert: Ithake, Achaia, Euboia u.a. Orph. h. 16 und Plat. Tim. 40e geben ihm Okeanos und Tethys als Eltern. PRELL.-ROB. 1,560f. WILAM. GldH³ 1,218. A. LESKY Thalatta 112ff. u.s. S. o. III 1136,58ff. **2.** Tro. Bundesgenosse aus Askania (Phrygien), Sohn des → Phainops (2), von Aias erlegt, Il. 2,862. 17,218. 312ff. Paus. 10,26,6. H. v. G.

Phorminx (*φόρμιγξ*), bevorzugtes und wohl einziges bedeutsames Saiteninstrument der hom. Z., über dessen Form, Verwendung und Klangcharakter spätgeometr. Vasenbilder sowie die entsprechenden literar. Zeugnisse berichten. Demnach bestand die meist hölzerne Ph. aus einem segmentförmig gewölbten Schallkörper, zwei davon parallel oder auch schräg ausgehenden Armen und einem diese verbindenden Querholz, das die am Schallkörper befestigten vier Saiten aufnahm. Gespielt wurde die Ph., deren Klang als schrill-, süß- und helltönend bezeichnet wird, vor allem zur Gesangsbegleitung und zum Reigen und Tanz. Als Weiterentwicklung der Ph. in arch. und klass. Z. ist wohl die siebensaitige → Kithara anzusehen. U. K.

M. Wegner Archaeologia Homerica III U, 1968, 2–18. Abb. in: Musikgesch. in Bildern 2,4 (Griechenland ed. *M. Wegner*), 1963, Abb. 1f. 5.

Phormion (*Φορμίων*). **1.** Att. Stratege und berühmter Admiral. 440/39 kämpfte er gegen Samos (Thuk. 1,117,2). 432 gewann er Akarnanien für Athen (Thuk. 2,68,7f.) und wirkte später erfolgreich als Oberfeldherr gegen Poteidaia (Thuk. 1,64,2f. 65,3. 2,29,6. Diod. 12,37,1). Ab 430 sperrte er den korinth. Golf bei Naupaktos (Thuk. 2,69,1), errang 429 zweimal gegen überlegene Flotten glänzende Siege (Thuk. 2,81,1. 83ff. Diod. 12,48) und griff darauf auch in Akarnanien erfolgreich ein (Thuk. 2,102f.). Bald nach seiner Heimkehr nach Athen 428 (Thuk. 2,103,1) dürfte er gestorben sein (er wird Sommer 428 bei Thuk. 3, 7,1 nicht mehr erwähnt).

A. Köster Stud. z. Gesch. d. ant. Seewesens. Klio Bh. 32 1934, 81ff. *V. Ehrenberg*, AJPh 66, 1945, 113ff.

2. Als 355/54 Apsephion und → Ktesippos gegen das Gesetz des → Leptines bezüglich Aufhebung der Steuerfreiheiten prozessierten, wurde Ktesippos von Demosth. (Rede 20), Apsephion vom Redner P. unterstützt (Sch. Demosth. 20 p. 457,3 Dind. Demosth. 20 argum. 2,3). G. Do.

Phormis (*Φόρμις*, Suda *Φόρμος*). Dichter des dor. komischen Dramas auf Sizilien, Zeitgenosse des → Epicharm. Von beiden leitet Aristot. poet. 1449 b 4 das *μύθους ποιεῖν* in der Komödie her. P. stand → Gelon nahe und erzog dessen Kinder (Suda); ob er mit dem Feldherrn P. (Paus. 5,21,1) ident. war, wissen wir nicht. 7 Titel (Suda), alle mythol., keine Frg. W. K.

Phormisios (*Φορμίσιος*). **1.** Att. Politiker aus dem Kreis des → Theramenes, Aristot. Ath. pol. 34,3, von Aristoph. Ran. 965 und Eccl. 97 Sch. 405 und 392 verspottet, floh unter den 30 und kehrte 403 mit → Thrasybulos aus dem Peiraieus zurück, Lys. 34,2. Sein Antrag, das Bürgerrecht auf die Landbesitzer zu beschränken, wurde abgelehnt, Dion. Hal. de Lys. 32. P. erhielt 393 als Gesandter vom Großkönig reiche Geschenke, trat 379 für die Befreiung Thebens ein und starb beim Beischlaf, Dein. 1,38. Athen. 6,229f. 13, 570f. P. CLOCHÉ La restauration démocratique à Athènes en 403, 1915, 420ff. **2.** Athener, nur bekannt durch die nichterhaltenen Reden des Dein. *κατὰ Φ. ἀσεβείας* und des Hyp. *ὑπὲρ Φ.* BLASS Att. Bereds. 3,2,21,36. 298,10. H. V.

Phoroi (*φόροι*), Bezeichnung für Abgaben, bes. für den Wehrbeitrag der Mitglieder des del.-att. Seebundes, um die zunächst für den Perserkrieg nötige Flotte zu unterhalten. Für die bei der Gründung des Bundes festgesetzte Summe von 460 Talenten veranlagte → Aristeides (1) 477 die einzelnen Bündner, indem er jeweils das Fruchtland (*χώρα*) nach Art der früheren pers. Steuerermittlung und die öffentlichen Einnahmen (*πρόσ-*

οδοι) berücksichtigte, Hdt. 6,42,2. Thuk. 1,96,2. Diod. 11,47,1 (irrig 560 Tal.). Plut. Arist. 24,1. H. BENGTSON Die Staatsverträge des Alt. 2, 1962, n. 132. Athen bestimmte dann, welche Staaten den Beitrag in Geld und welche ihn durch Stellung von Schiffen zu leisten hatten, Thuk. 1,96,1. Die Summe von 460 Tal. umfaßte also Geldzahlungen und den Wert der gestellten Schiffe, ATL (= Ath. Trib. Lists) 3,234ff. N. G. L. HAMMOND, JHS 87, 1967, 42,7. 54. Die Zahl der Bündner und die Höhe der einzelnen Leistungen sind nicht genau bestimmbar. ATL 3,194ff. 234ff. nehmen für die Schätzung des Aristeides etwa 142 urspr. Bundesmitglieder an, die von den 460 Tal. nur 160 zahlten und für den Rest Schiffe stellten. In der Folge zogen es immer mehr Bündner aus technischen Gründen und aus Abneigung gegen den Seedienst vor, ihre Verpflichtungen durch Zahlungen abzulösen, Thuk. 1,99,3. Plut. Kim. 11. ATL 3,245f. Sitz der von den → Hellenotamiai verwalteten Bundeskasse war der Apollontempel auf Delos.

Mit der Überführung der Bundeskasse nach Athen in den Tempel der Athena Parthenos 454 und dem Friedensschluß mit dem Großkönig 449 änderte sich der Charakter des Bundes und der P. Die Bündner wurden zu Untertanen Athens, die P. zu Tributen. Von 454 ab erhielt die Tempelkasse der Athena als *ἀπαρχή* 1/60 der P. (*μνᾶ ἀπὸ τοῦ ταλάντου*). Die Tributquotenlisten wurden aufgezeichnet, für die 15 J. bis 440/39 auf allen Seiten einer Riesenstele (3½ m hoch, 1,17 m lang, 0,40 m tief; W. K. PRITCHETT, Hist. 13, 1964, 129ff.), für 8 J. bis 432/31 auf den Seiten einer kleineren Stele, dann Jahr für Jahr gesondert bis 406/05. Ihre Bruchstücke (nach 430 dürftig) gibt ATL 2,1–49, Reste zweier Listen die *συναγωγὴ τῶν ψηφισμάτων* des → Krateros (2), der allein das wohl phoinik. Doros als das entfernteste Bundesmitglied erwähnt, FGrH 342 F 1–3. 6–8. In den Listen sind die Beträge je nach Eingang ohne feste Folge gebucht, seit 446/45 werden sie nach 5 Bezirken (Karien, Ionien, Hellespont, Thrakien, die Inseln) geordnet, seit 438 verschwindet der kar. Bezirk. Ob der einzelne Betrag die Gesamtsumme des Jahres oder einen Teilbetrag, eine Nachzahlung oder Zuschlag einschließt, ist zunächst nicht erkennbar; seit 440/39 werden Zuschläge (*ἐπιφοραί*), Ratenzahlungen (*κατὰ μέρη*) und der vorjährige (*περυσινός, ἔνος*) von dem fälligen P. (*νέος*) unterschieden. Die Listen wurden nach dem Kollegium der Hellenotamiai (452/53 *ἐπὶ τῆς ἀρχῆς τῆς δευτέρας*) oder nach ihrem Sekretär datiert. Es gibt ferner Einschätzungslisten (ATL 2,1–49) und Volksbeschlüsse über P. (ATL 2, D 1–25, zu ihrer z.T. umstrittenen Datierung s.u.). Die Veranlagung (*τάξις*) der Bündner erfolgte alle 4 Jahre an den Panathenaien, Xen. Ath. pol. 3,5. Während über den rückständigen P. von Methone 430/29 die Ekklesia (D 3) entschied, ordnete der Volksbeschluß des J. 425/44 eine neue Form der Veranlagung an, ATL 2, A 9. 3,70ff. Je 2 Herolde laden in den 4 Bezirken Vertreter der Poleis nach Athen, Mit ihnen führen 10 *τάκται* und 30 *εἰσαγωγεῖς* die Vorveranlagung durch. Der Rat und 1000 Richter entscheiden über Einsprüche (*ἔφεσις*) der Bündner oder att. Fürsprecher (*συνήγοροι*) und beschließen endgültig die P., Antiph. frg. 25–33. 49–56 Th. (über den P. der Lindier und Samothraker). An Sonderformen der Einschätzung gab es die Selbstveranlagung der Städte (*πόλεις αὐταὶ τὸν φόρον ταξάμεναι*), Veranlagung nach Gutachten von Privatpersonen (*πόλεις ἃς οἱ ἰδιῶται ἐνέγραψαν φόρον*) und durch den Rat und 1500 Richter, ATL 2,25. Als Übergang zahlen *πόλεις ἄτακτοι*, obwohl für die betr. Periode nicht veranlagt, und werden in der folgenden eingestuft. Die Bündner hatten die P. nach Athen zu den Dionysien zu bringen. Gelegentlich, seit 431 ständig, vereinnahmten im Bundesgebiet operierende att. Feldherren den P. an Ort und Stelle, Thuk. 2,69,1f. 3,19,1. 4,50,1. 75,1. Aristot. Ath. Pol. 24,3. W. EBERHARDT, Hist. 8, 1959, 287ff. Die Tributkontrolle und der Einzug der Rückstände wurden verschärft. Die Datierung der sie behandelnden Volksbeschlüsse ist umstritten. Während ATL 2, D 14 das Münzgesetz des Klearchos für 449/48, den Kleiniasantrag D 7 für 447 und den von Kleonymos herbeigeführten Volksbeschluß D 8 für 426/25 ansetzt, verbindet MATTINGLY sämtliche Maßnahmen mit der durch Kleon 425 verdreifachten Erhöhung der P. auf 1460 Talente, ATL 2, A 9. 3,351. Aristoph. Equ. 313. Während die P. zunächst auch in fremder Währung geleistet werden konnten (die Quotenliste ATL 2,1 erwähnt Kyzikener Statere), verloren die Bündner durch das Münzgesetz ihr Prägungsrecht und mußten in att. Silbergeld zahlen. Für die Überführung der P. nach Athen sollen nun der Rat, athen. Beamte in den Bundesstädten (*ἄρχοντες ἐν ταῖς πόλεσι*) und Inspekteure (*ἐπίσκοποι*) sorgen, die Rechnungslisten müssen versiegelt werden (D 7). Zum Einsammeln der P. werden lokale *ἐκλογεῖς* der Bündner verpflichtet (D 8). Opponenten gegen die P. werden unter Anklage der *προδοσία* mit hoher Geldbuße bestraft. Binnen 10 Tagen nach den Dionysien müssen die Hellenotamiai berichten, welche Gemeinden den Tribut voll, welche nur zum Teil und welche ihn nicht abgeführt haben.

Mit dem Ausscheiden oder Eintritt einzelner Bündner und der Höhe ihrer Zahlungen erläutern die P. listen die Gesch. des Bundes. Als der urspr. Zweck mit dem Kallias-Frieden 449 erreicht schien, wurde seine Existenz fraglich. Während die Bündner 454/53 etwa 400 Tal. und 450/49 431 Tal. zahlten, fehlt die Tributliste für 449/48 (ob infolge eines Moratoriums Athens? ATL 3, 278), 448/47 gingen 360 Tal., 447/46 sogar 363 ein, ATL 3,52ff. 338. In Friedenszeiten, die nur die Erhaltung des Flottenbestandes erforderten, ergaben die P. Überschüsse. Bei der Verlegung der Bundeskasse enthielt sie 8000 Tal. 450/49 konnte Perikles 5000 Tal. dem Schatz der Athena für den Aufbau der im Perserkrieg zerstörten Tempel überweisen, ATL 3,281. MATTINGLY 165, 75. 434 stammten 3000 Tal. in der Kasse der Athena aus den jährlich seit 449 erzielten Überschüssen von 200 Tal. Die nächstfälligen 200 Tal. sollten auf Antrag des Kallias die anderen Götter erhalten, ATL 2, D 1. 3,326ff. Bei Beginn des pelop. Krieges 431 rechnete Perikles jährlich mit 600 Tal. größtenteils P. (*ὡς ἐπὶ τὸ πολὺ φόρου*), Thuk. 2,13,3. H. NESSELHAUF Unt.en zur Gesch. der delisch-att. Symmachie 1933, 117. ATL 3, 131f. (andere Erklärung der Thuk. stelle). Diod. 12,40,2 (460 Tal.). Die P. des J. 433/32 betrugen etwa 388 Tal. Daß Alkibiades als 10. *τάκτης* bei einer Schätzung die P. verdoppelte und seit 421 mehr als 1200 Tal. jährlich einkamen, ist unglaubhaft, And. 3,9. 4,11f. ATL 3,346ff. Infolge des langen Krieges erhob Athen von 414/13 ab statt der P. einen Zoll von 5%, Thuk. 7,28,4. Dank der P. brauchte Athen lange Zeit keine → Eisphora zu erheben, R. THOMSEN Eisphora 1964, 172f. Aber die Verwendung der P. im eigenen Interesse Athens für Baukosten am Parthenon und den Propylaeen und für Richterdiäten und das rücksichtslose Eintreiben der Rückstände steigerte die Neigung der Bündner zum Abfall, Thuk. 1,99,1. Aristoph. Vesp. 657ff.; Pax 621. Plut. Perikl. 12,1ff. ATL 3, D 19. H. POPP, Hist. 17, 1968, 427f. Daher sicherte Athen 378/77 im 2. att. Seebund den Bundesgenossen ausdrücklich Freiheit von P. zu und begnügte sich mit Beiträgen (*σύνταξις*) nur für Bundeszwecke. Sylloge[3] 147,23. 192. H. V.

B. D. Meritt, H. T. Wade-Gery, M. McGregor The Athenian tribute lists 1–4, 1939–1953 (ATL, Lit.). *H. B. Mattingly*, Hist. 10, 1961, 148ff. *S. K. Eddy* Greek-Roman and Byzantine Stud. 9, 1968, 147. 154ff. (genauere Berechnung der jährl. P.überschüsse von 448 bis 434): CPh 63, 1968, 184ff. (zu Thuk. 1,96,2).

Phoroneus (*Φορωνεύς*), erster Mensch (Akusil. FGrH 2 F 23a), Sohn des Flusses Inachos (Paus. 2,15,5), König (*antiquissimum Graeciae regem* Plin. nat. 7,193), Erfinder des Feuers (Paus. 2, 19,5), Bringer der Kultur (Paus. 2,15,5), dann auch Schiedsrichter im Streit zwischen Poseidon und Athena um Argos (Paus. ebd.). Nach ihm benannt das Epos *Phoronis* (etwa um 600 v. Chr.), aus dem Akusilaos schöpfte. Es nennt Phoroneus ebenfalls Vater der Menschen und behandelte tirynth. Tempelsage (Kult der noch bildlosen tirynth. Hera Frg. 4). Wenig Frg. EGF 209–212. JACOBY H 57, 1922, 366–374. R. K.

Photios (*Φώτιος*). **1.** Patriarch von Konstantinopel (857–867 und 877–886), der gelehrteste Mann seiner Z., bedeutendster Vertreter der sog. byzant. Renaissance des 9. Jh. * um 820 aus vornehmer Familie. Seine orthodoxen Eltern mußten infolge von Bannflüchen ikonoklastischer Synoden in die Verbannung gehen, aus der P. erst nach Rückberufung der Verbannten durch die Kaiserin Theodora nach Antritt der Regentschaft für ihren Sohn Michael III. 842 nach Konstantinopel zurückkehren und dort seine Ausbildung – die unter dem Exil nicht gelitten hatte – fortsetzen konnte. Wer seine Lehrer waren, wissen wir nicht. Seine umfassende Bildung führte dazu, daß der Hochbegabte schon in ziemlich jugendlichem Alter eine Lehrtätigkeit aufnahm, aus der ihm ein großer Kreis ihm unbedingt ergebener Anhänger und Freunde erwuchs. Die Fächer, die er in seiner Privatakademie pflegte, waren Logik, Dialektik, Mathematik, Philosophie und Theologie, auch Medizin und Rechtswissenschaft. Grammatik und Rhetorik waren nach dem Geist der Z. die selbstverständlichen Grundlagen. Die übernatürlich scheinende Fülle seines Wissens führten seine Feinde auf den Beistand eines höllischen Dämons zurück, den er sich mit Hilfe eines jüd. Magiers dienstbar gemacht habe.

Doch war die wissenschaftliche Tätigkeit des P. nur eine Nebenbeschäftigung neben der polit. Tätigkeit am Kaiserhofe, zu dem die Familie in nahen Beziehungen stand: sein Bruder Sergios war Gatte Eirenes, der Schwester der Kaiserin Theodora, P. selbst schon in jungen Jahren Hauptmann der kaiserl. Leibwache (Protospatharios). Im J. 855 wurde er mit der wichtigen Mission betraut, als Mitglied einer Gesandtschaft zum Austausch von Gefangenen an die Grenze des arabischen Reiches zu reisen. Es ist die Reise, die in dem die »Bibliothek« umrahmenden Widmungsbrief an den Bruder Tarasios als *πρεσβεία ἐπ' Ἀσσυρίους* erwähnt ist und die Abfassung dieses Werkes veranlaßt hat. Als er heimkehrte, waren die schon z. Z. der Abreise aufs heftigste gespannten polit. Verhältnisse zu der Lösung gediehen, die ihn alsbald auf den Thron des Patriarchen erhob, in die Stellung, in der er zu weltgeschichtl. Bedeutung emporsteigen sollte. Die Kaiserin Theodora, die 842 die Ikonoklastenpartei entmachtet und die verbannten Orthodoxen zurückgerufen hatte, war von ihrem Bruder Bardas zur Niederlegung der Regentschaft und schließlich zum Eintritt in ein Kloster gezwungen worden. Ihr Sturz hatte auch den des ihr ergebenen, dem Bardas verhaßten Patriarchen Ignatios nach sich gezogen. An seine Stelle setzte Bardas den P., der, bisher Laie, alle 6 Weihen in 6 Tagen durchlief und dann unter dem Druck des Hofes auch von der Mehrheit der in Konstantinopel versammelten Bischöfe zu ihrem Oberhaupt gewählt wurde. Die wiederholten Versicherungen des P., das Patriarchat sei ihm wider seinen Willen aufgedrängt worden, scheinen unglaubwürdig. Da aber Ignatios sich nicht beugte, kam es zu dem erbitterten Machtkampf zwischen den beiden Rivalen, der nach der Ermordung des Bardas und Michaels III. im J. 867 zur Amtsenthebung und Verbannung des P. und Wiedereinsetzung des Ignatios durch den neuen Machthaber Basileios führte. Dieses erste Exil des P. wurde zu nicht sicher bestimmbarer Z. durch seine Rückberufung nach Konstantinopel beendet, wo er sofort zum Erzieher der Söhne des Basileios bestellt wurde, obgleich noch im Bann, seine kirchliche Tätigkeit wieder aufnahm und nach dem Tode des Ignatios 877 den Patriarchenthron bestieg und bis zu seinem 2. Exil unbestrittener Beherrscher der Ostkirche war. Sein 2. und endgültiger Sturz erfolgte, als nach dem Tode des Basileios, dessen Sohn und Nachfolger Leon VI. der Weise (886 bis 912), ein ehemaliger Schüler des P., sofort Anklage gegen ihn erheben ließ und ihn nötigte, sich in ein Kloster zurückzuziehen, in dem er unbehelligt den Rest seines Lebens verbrachte. Das Todesjahr ist umstritten (891 oder 897). Seit dem Ende des 10. Jh. zählt P. zu den Heiligen der orthodoxen Kirche.

Der Streit der ehrgeizigen und machtgierigen Kirchenfürsten ragt dadurch aus der ephemeren und persönlichen Sphäre heraus in die Weltgeschichte, daß beide sich um Hilfe an den noch als Oberherrn auch der Ostkirche anerkannten Papst in Rom wandten, und daß dessen Entscheidung für Ignatios und die daraus resultierende grimmige Gegnerschaft des P. den schon bestehenden Riß zwischen Ost und- Westkirche vertieften, wenn es auch erst 1054 zum endgültigen Bruch kam.

Von dem umfassenden schriftstellerischen Werk des P. (Bibelkommentare, theolog. Kampfschriften, Kirchenrechtliches, Homilien, Briefe und Gedichte, vollständige Ausg. [außer dem Lex.] in MIGNE PG 101–104) sind 2 Werke für die klass. Alt.-Wiss. von hohem Wert: die sog. Bibliothek und das Lexikon.

Die »Bibliothek« (nicht-authent. Titel) ist eine Slg. von Auszügen oder Inhaltsangaben (*ὑποθέσεις*) von 279 Büchern, an deren gemeinsamer Lektüre (in P.' Lesezirkel), wie in dem Widmungsbrief an Bruder Tarasios gesagt wird, dieser nicht teilgenommen hatte, weshalb ihm eben vor Antritt der Gesandtschaftsreise (s.o.) diese *ὑποθέσεις* übersandt werden. (Ungenaue Lektüre des Widmungsbriefes hat eine Zeitlang zu falschen Vorstellungen von dem Charakter des Werkes geführt, s. ZIEGLER a.O. 684ff.). Die ausgezogenen Werke sind zu etwas über die Hälfte solche von christl. Autoren, etwas weniger als die Hälfte profane Autoren. Geordnet sind die Auszüge unter wechselnden Gesichtspunkten, zuweilen Schriften desselben Autors zusammengefaßt, zuweilen sachliche Gruppen gebildet. Öfters scheint P. absichtlich dem Prinzip der variatio zu huldigen. Unter den 99 profanen Autoren befinden sich 31 Historiker; über 20 uns sonst unbekannte oder ungenügend bekannte Historiker verdanken wir ihm wichtigste Nachrichten und wertvollste Inhaltsangaben und Exzerpte (vor allem → Ktesias,

→ Agatharchides, → Memnon, → Olympiodoros), dazu Ergänzungen zu 4 uns teilweise erhaltenen Autoren, die er noch vollständig las (vor allem → Diodor und → Arrian). Zu einigen uns erhaltenen Autoren (z.B. Plutarch) stellt er eine wertvolle Nebenüberlieferung dar. Außerdem verdanken wir P. Auszüge aus dem geogr. Werk des Praxagoras, Ptolemaios Chennos, von Romanliteratur Iamblichos, Antonius Diogenes und Lukios von Patrai; von Philosophen nur Ainesidemos und den Neuplatoniker Hierokles. Erheblich ist auch die Ausbeute für die Gesch. der altchristl. Literatur: sonst nicht Erhaltenes von Konzilsakten, aus der ketzerischen Kirchengeschichte des Philostorgios, Iustinos Martyr, Eirenaios, Hippolytos, Theodoros von Mopsuestia, Gregorios von Nyssa, Eusebios von Kaisareia usw.

Sehr unterschiedlich ist die Anlage der *ὑποθέσεις*. Manchmal wird nur der Titel des gelesenen Werkes angegeben mit allenfalls ein paar kurzen Bemerkungen. In der überwiegenden Mehrzahl aber befleißigt sich der Autor einer größeren Ausführlichkeit, macht Angaben über Umfang und Inhalt, knapper oder umständlicher, mit kürzeren oder längeren wörtlichen Ausschnitten. Ein Prinzip, nach dem er so oder so verfährt, ist nicht zu erkennen. Im allg. sind die Angaben des P. zuverlässig.

Als eigene Zutat zu dem Bericht über die gelesenen Schriftwerke, eine Zutat, auf die er größten Wert legt. gibt P. seine Kritik, weniger sachliche oder moralische – wenn er an Romanschriftstellern Unanständigkeiten – oder orthodox-dogmatische – wenn er in häretischen Schriften Gottlosigkeiten anprangert – als literarästhetische und Stilkritik. Man kann die »Bibliothek« als eine Art Literaturgeschichte oder besser als eine Slg. literargeschichtlicher Skizzen bezeichnen in dem Sinne, daß es das Anliegen des Vf. ist, neben der Berichterstattung über den Inhalt des gelesenen Werkes und die Person seines Autors, über den schriftstellerischen Stil eines jeden ein Urteil abzugeben. Dieses Urteil ist die eigene geistige Leistung des Vf., die das Werk über den Rang einer bloßen Kompilation erhebt. Er steht letztlich in der Tradition des Dionysios von Halikarnaß, sein Standpunkt ist der attizistische, obwohl sein eigener Sprachstil alles andere als »attisch« zu nennen ist.

Eine Art Fortsetzung der sog. Bibliothek stellen die *Amphilochia* oder Amphilochiae quaestiones dar, eine Slg. von etwa 300 Abhandlungen verschiedenen Umfangs (zwischen wenigen Zeilen und 20 und mehr Spalten Migne), die sich als Antworten auf Fragen, *ζητήματα*, geben, die Amphilochios, der Metropolit von Kyzikos, an P. während dessen 1. Exils gerichtet habe. Die *ζητήματα* sind größtenteils theologischer Natur, nur etwa 2 Dutzend betreffen profane Dinge, vorwiegend philosoph. Fragen. Die Einkleidung ist wohl nicht ganz Fiktion, sondern Fragen des Amphilochios an den aus seiner Bahn geworfenen P. mögen die Anregung gegeben haben, daß der Unbeschäftigte die Sammlung von z.T. bis in die Z. seiner Lehrtätigkeit zurückgreifenden Arbeiten unternahm, so daß hier Amphilochios eine ähnliche Rolle spielt wie der Bruder Tarasios in der »Bibliothek«.

Über das *Lexikon* → Lexikographie o. Bd. III 612,11. Schwierig ist die Datierungsfrage, weil hierin 2 Äußerungen des P. selbst einander widersprechen. Gewiß ist, daß P. sich schon als junger Mann mit lexikalischen Arbeiten befaßt hat, doch mag das Lex. in der vorliegenden Form erst in späterer Zeit abgeschlossen worden sein.

Über die theolog. Schriften des P. s. H. G. BECK, Kirche und theolog. Lit. im byz. Reich, 1959, 520ff. K. Z.

Ta.: Bibliothek *I.Bekker* 1824. *R.Henry* 5 Bde. 1959 bis 1967 (mit frz. Übers., noch unvollendet). Lex. *Naber* 1864/65 unvollständig, Neuausgabe in Aussicht.

Lit.: *J.Hergenröther*, Photius, Patriarch von Constant., sein Leben, seine Schriften und das griech. Schisma, 3 Bde. 1867–69 grundlegend, obschon veraltet. *K.Ziegler*, RE XX 667–737. *G.Ostrogorsky* Gesch. des byz. Staates² 1952, 171ff. *Krumbacher*, 73ff. *K.Dieterich* Byzantin. Charakterköpfe 1909, 80–92.

2. P., Sohn der Antonina, der späteren Gemahlin Belisars, zeichnete sich 536/37 als Offizier vor Neapel und Rom aus (Prok. 3,5. 10. 13. 18). Als er sich (537) beim Zwist zwischen Antonina und Belisar auf Belisars Seite gestellt hatte, ging er aus Furcht schließlich ins Kloster (Prok. anecd. 1,15ff. 3,2ff. 23. 29. 32). Obwohl Geistlicher, wurde er von Iustinus II. zur Unterdrückung des Samariteraufstandes eingesetzt (Ioh. Ephes. h. e. 3,31 f.). A. L.

Phraaspa (*Φραάσπα*, *Phraata*, *Pharaspa*, *Vera*), Stadt in Media Atropatene. Sie diente Antonius im Partherfeldzug 36 v. Chr. als Stützpunkt seiner Operationen. Nach erfolgloser Belagerung ließ er sich in Friedensverhandlungen mit → Phraates IV. ein und gab die Festung im J. 34 wieder frei. P. kann *nicht* mit Takht-i Suleiman identifiziert werden, vgl. NAUMANN, Ill. Lond. N., Jan. 1965. J. D.-G.

Phraates (*Φραάτης*). **1.** Der älteste Sohn des arsakid. Königs Phriapatios, bestieg bei dem Tode seines Vaters etwa 176 v. Chr. den Thron und setzte die nach dem Westen gerichtete Politik seines Vaters fort, die das hellenist. Element in den Dienst des Partherstaates zu stellen suchte. Mit dem Regierungsantritt seines jüngeren Bruders Mithradates I. begann der entscheidende Schritt des jungen Staates zur Großmachtstellung im Osten. Auf ihn folgte im J. 138/37 **2.** sein Sohn Phraates II., von dem wir bis 130 nichts hören. Im J. 130 aber geht der Seleukide Antigonos Sidetes zum Angriff auf den Partherstaat über. Infolge der Bemühungen des P. brach im Frühjahr ein allg. Aufstand aus. Gleichzeitig erschien P. an der Spitze seiner parth. Truppen. Antiochos wurde geschlagen und gab sich selbst den Tod. So hat P. der Seleukidenmacht praktisch ein Ende bereitet. Die westiran. Gebiete und das Flachland bis einschließlich Babylon wurden sofort wieder besetzt. Skyth. Truppen aus dem N., die er zu Hilfe gerufen hatte, erschienen erst jetzt und verlangten trotz allem die ausbedungene Bezahlung. P. stellte sich ihnen mit seinem Heer entgegen, wurde jedoch geschlagen und fiel im J. 127 in der Schlacht. **3.** Bei dem Tode des Sanatrokes bestieg im J. 70 sein Sohn Phraates III. den Thron. Damals war die Koalition des → Tigranes von Armenien und des → Mithridates Eupator von Pontos mit den Römern in Konflikt geraten. P. verhandelte zuerst mit → Lucullus, blieb dann aber zunächst neutral. Bald darauf aber schloß er mit dem eben eintreffenden → Pompeius ein Bündnis und verstand trotz dessen schwankender Haltung, seine Stellung zu behaupten und das Partherreich der neuen röm. Macht gegenüber zur Großmacht des Ostens zu erheben. Die Grenze zwischen beiden Mächten wurde wiederum der Euphrat. P. nahm den Titel »Großer König der Könige« wieder auf, der von nun an ständig von den Partherkönigen geführt wurde. Etwa im J. 58/57 wurde P. von seinen beiden Söhnen Mithradates und → Orodes ermordet. **4.** P. IV. ermordete etwa im J. 37 seinen Vater → Orodes und seine 29 Brüder. Im folgenden J. belagerte Antonius → Phraaspa, mußte aber mit P. in Verhandlungen eintreten, gab im J. 34 die Festung wieder frei und zog sich geschlagen zurück. Bald mußte P. vor dem Usurpator Tiridates zu den Skythen fliehen, mit deren Hilfe er ihn im J. 25 aus Parthien endgültig vertrieb. Im J. 20 gelang es Augustus, die röm. Standarten und die Gefangenen von P. zurückzubekommen. Zwischen Rom und Parthien bahnte sich eine Ära der Koexistenz an. Augustus schickte P. eine Sklavin, Musa, die dem P. einen Sohn, Phraatakes (»der kleine Phraata«) gebar und ihren Gemahl überredete, seine vier anderen Söhne nach Rom zu schicken, um sie dort erziehen zu lassen. Im J. 2 ließ sie ihn ermorden und setzte ihren Sohn auf den Thron, der als **5.** P. (V.) regierte. Gegen eine parth.-armen. Koalition sandte Augustus seinen Enkel Gaius, dem es aber gelang, mit P. zu verhandeln und Frieden zu schließen. Im J. 2 n. Chr. wurde P. mit seiner Mutter Musa verheiratet, mit der er zusammen regierte. Zwei Jahre später wurde er ermordet. J. D.-G.

Phradasmanes (*Φραδασμάνης* Arr. an. 7,6, 4. *Φαρισμάνης* Arr. 6,27,3) ergab sich mit dem Vater → Phrataphernes, dem Satrapen von Parthien und Hyrkanien, 330 Alexander d. Gr. vor Zadrakarta. 325/24 stieß P. mit einem Hilfszug von Kamelen und Zugtieren zu Alexander in Karmanien. P. wurde 324 in Susa in die Hetairenreiterei aufgenommen, Arr. a. O. H. V.

Phradmon von Argos, Erzgießer. Nach Plin. nat. 34,49 Zeitgenosse des → Polykleitos von Argos, schuf er eine Amazone für Ephesos (Plin. nat. 34,53; vgl. Lippold, HBArch III 1 [1950] T. 61], die Statue des Knabensiegers im Ringkampf (Olympia), Amertas aus Elis (Paus. 6,8,1), wohl der gleiche P. zwölf Kühe, Anathem der Thessaler für Sieg über Illyrier, in → Iton (Anth. Pal. 9,743). W. H. G.

Phraortes (*Φραόρτης*). **1.** Vater des ersten Mederkönigs Deiokes. **2.** König von Medien, der seinem Vater Deiokes in der Regierung folgte, 22 J. herrschte, die Perser unterwarf und auf einem Feldzug gegen die Assyrer fiel. **3.** Med. Thronprätendent, altpers. *Fravartiš*, der sich gegen den Perserkönig Dareios erhob und sich Xšaϑrita aus dem Geschlecht des Huvaxštra (= Kyaxares) nannte. Als sich die Parther und Hyrkanier dem Aufstand anschlossen, den Dareios' Vater zu unterdrücken suchte, zog Dareios gegen die Meder zu Felde, schlug P. im Spätsommer 520 bei Behistun u. richtete ihn in Ekbatana hin. J. D.-G.

Phrataphernes (*Φραταφέρνης*), Satrap der Landschaften Parthien und Hyrkanien unter Dareios III., nach dessen Tode er sich dem Sieger Alexander d. Gr. ergab, der ihn mit großer Freundlichkeit aufnahm und ihm die Satrapie zurückgab. Bald darauf erhielt er den Auftrag, zur Niederwerfung des Aufstandes in Areia beizutragen. → Arsakes und andere Empörer überbrachte er im Winter 328/27 Alexander nach Nautaka. Dort erhielt er den Befehl, → Autophradates, einen aufrührer. Satrapen, gefangen zu nehmen. Er führte dann die bei ihm zurückgelassenen Thraker dem Könige nach Indien zu, wo er bald nach der Hydaspesschlacht im Heerlager eintraf. Bei der Satrapienverteilung von 323 behielt er Parthien und Hyrkanien. J. D.-G.

Phratrie (*φρατρία* [att.], *φρήτρη* [ion.], *φράτρα* [Koine]) heißt im att.-ion. Bereich der Zusammenschluß urspr. wohl tatsächlich verwandter *φράτερες* zu einer »Bruderschaft«. Ihr dor. Gegenstück ist die aus Kreta bekannte → Hetairia. In Rom entspricht der P. die → curia (App. b. c. 3,94. [4], 36). Die Entstehung der P. liegt im Dunkeln, doch ist sie eher im Bedürfnis nach Nachbarschaftshilfe ([1], 45) als in der durch Rivalitäten der Adelsgeschlechter bedingten Gefolgschaftsbildung ([5], 140) zu suchen. Aus der Ilias ergibt sich die Einwurzelung der P. (9,63 f.) als Unterabteilung der → Phyle (2,362 f.). Drakons Blutgesetz (Tod IGH I² 87,18 f.) bezeugt für Athen das Nebeneinander adliger und nichtadliger Mitglieder der P. Sie erscheinen in dem von Philochoros (FGrH 328 F 35) zitierten Gesetz als *γεννηταί* und *ὀργεῶνες*([6], 1–9). Eine andere Gliederung der P. bietet IG II² 1237: *θίασοι* ([6], 9–14). Die Gleichsetzung von P. und → Trittys (Aristot. Ath. pol. fr. 5), d.h. die numerische Fixierung der P.en in der alten Phylenordnung (12), ist späte Konstruktion ([2], 230). Jede P. verehrt eigene Götter (*φράτριοι θεοί*, Poll. 1,24. 3,51), an ihrer Spitze den *Ζεὺς Φράτριος*. Hauptfest sind die → Apaturia. An ihnen zeigt sich die familienrechtl. Funktion der P. Die Aufnahme in sie (auch bei Adoption, [7], 89 f.), die nach Abstimmung der Mitglieder durch Einschreibung in das *φρατερικὸν γραμματεῖον* erfolgt, sichert den vollen Genuß des Bürgerrechts (Isai. 7,17. Demosth. 44,41. [7], 64 f.). Die Eheschließung (→ *ἐγγύησις*) erhält durch eine Zeremonie vor der P. (*γαμηλία*) ihren Abschluß ([7], 7,2). Die mit Mahlzeiten (*φρατρικὰ δεῖπνα*, Athen. 5,185c) verbundenen Zusammenkünfte der P. werden von einem jährlich neu gewählten *φρατρίαρχος* (Demosth. 57,22) geleitet. – Eine Spätform der P. begegnet in Kleinasien und Ägypten [4], eine Sonderform in Großgriechenland [3]. H. B.

1. *G. De Sanctis* Atthis, ²1912, 42 ff. 2. *U. Kahrstedt* Staatsgebiet ..., 1934, 231 f. 3. *M. Guarducci* L'istituzione della fratria nella Grecia antica ..., RAL VI 6 (1937) 5 ff. 4. *J. Seyfarth*, *Φράτρα* und *φρατρία* im nachklass. Griechentum, Aegyptus 35, 1955, 3 ff. 5. *A. Andrewes* P.s in Homer, H 89, 1961, 129 ff. 6. *Ders.*, Philochoros on P.s, JHS 81, 1961, 1 ff. 7. *A. R. W. Harrison* The Law of Athens (1968).

Phrearrioi (*Φρεάρριοι*), Demos der att. Phyle Leontis in nicht näher bekannter Lage im s. ö. Attika, Heimat des Themistokles. Harpokr. Steph. Byz. Hesych. Suda. Etym. m. s. v. Hesp. 30, 1961, 33,209 ff. Durch ein neu gefundenes Kultgesetz des Demos ist die Lage von Phrearrioi nun wahrscheinlich in der Ortslage beim h. Dorf Olympos n. ö. des Berges Olympos bestimmt. Vanderpool Hesp. 39, 1970, 47 ff. E. M.

1. *Th. Lenschau*, RE XX 759. 2. *Philipps.-Kirst.* 1,850 A. 2.

Phrixa (*ἡ Φρίξα*), Ortschaft am l. Alpheiosufer oberhalb v. Olympia, h. Hügel Palaeophanaro ohne ant. Reste, urspr. wohl arkad., Pherekydes FGrH 3 F 161, dann eleisch, später zu Triphylien gehörend, Hdt. 4,148. Xen. hell. 3,2,30, Strab. 8,3, 12 p. 343. Paus. 6,21,6. Im 3. Jh. v. Chr. zuletzt genannt, Pol. 4,77,9. 80,13. BCH 45, 1921, 13 II 86, zu Pausanias' Z. verlassen. E. M.

E. Meyer, RE XX 762 Nr. 1.

Phrixos (*Φρίξος*). Sohn des → Athamas und der → Nephele (1), Bruder der → Helle. Die 2. Frau des Königs, Ino (→ Leukothea), trachtet den Stiefkindern nach dem Leben. Sie bewirkt Dürre und Unfruchtbarkeit im Lande und fälscht ein Orakel, das den Sühnetod des Phrixos fordert. Nephele läßt ihre Kinder auf einem goldenen Widder durch die Luft entfliehen. Helle stürzt über dem → Hellespont ab (Ortsaition, A. Lesky, WS 46, 1927/28, 127 ff.), P. gelangt nach Kolchis, wo → Aietes ihm seine Tochter → Chalkiope (2) (oder → Iophossa) zur Frau gibt. Ihre Kinder: → Argos (3 und 4), → Melas (2). Phrontis, Kytis(s)oros. Diese fahren später in die Heimat ihres Vaters und erfreuen sich dabei der Hilfe des →

Phineus und der → Argonauten, Apollod. 1,80ff. Hyg. fab. 1–5. 21. Der Widder wird Zeus geopfert, das goldene Vlies im Areshain aufgehängt. – Varianten: Nephele sendet die Dürre aus Rache für ihre Zurücksetzung; Athamas selbst ist als Opfer ausersehen, wird aber durch seinen Enkel Kytisoros gerettet (Hdt. 7,197; bei Soph. durch Herakles); nach Pherekyd. FGrH 3 F 98 meldet P. sich freiwillig für den Sühnetod. – Der rel. Kern der Sage ist ein Aition für den im phthiot. → Halos, einer Gründung des Athamas, geübten Brauch, daß die Athamantiden (oder jeweils der älteste von ihnen) das Rathaus nicht betreten dürfen; tun sie es doch, so werden sie dem → Zeus Laphystios geopfert; ihr erbliches ἄγος besteht darin, daß Kytisoros die rituell notwendige Opferung seines Großvaters verhindert hat, Hdt. a.O. Sch. Apoll. Rhod. 2,652. Der Widder ist Ersatz für Menschenopfer (vgl. Iphigeneia). Auch der mag. Gebrauch des Widderfells bei Regen ist in Betracht zu ziehen: P. »Schauderer«, Nephele »Regenwolke«. Athamas bzw. P. ist der Priesterkönig, der bei Mißwachs für sein Volk sterben muß (Frazer GB). Dazu kommen Novellen- und Märchenmotive und lit.-kompositionelle Erfindungen. H. v. G.

Prell.-Rob. 2, 41ff. *Nilsson* Griech. Feste 10ff.; GgrR² 1, 396f. *L. Radermacher* Mythos u. Sage der Griechen 176ff. *A. Fiedler* Wetterzauber, Würzb. Stud. 1, 1931, 14. *P. Friedländer*, RE VIII 160ff. – P. in der Kunst: *K. Keyßner*, RE XX 768ff.

Phronime (Φρονίμη). Tochter des Königs Etearchos im kret. Oaxos. Dieser ließ den befreundeten Kaufmann Themison aus Thera schwören, ihm jede Bitte zu erfüllen. Dann bat er ihn, seine auf Grund von Verleumdungen ihrer Stiefmutter verstoßene Tochter mitzunehmen und ins Meer zu werfen. Themison erfüllte seinen Schwur, zog sie aber alsbald wieder aus dem Wasser. In Thera wurde sie Nebenfrau des Polymnestos und gebar ihm den Gründer → Kyrenes, → Battos (o. I 1547), Hdt. 4,154f. H. v. G.

Phrontis (Φρόντις). Steuermann des → Menelaos, starb in der Nähe von Sunion und wurde dort begraben, Od. 3,282ff. Von Polygnot in der Iliupersis in Delphoi dargestellt, Paus. 10, 25,2. H. v. G.

Phrontistes (φροντιστής), Fürsorger, ist nur durch Inschr. und Pap. aus röm. Z. belegt. 1. Bezeichnung eines Amtsträgers, z.B. einer → Phratria (IG XIV, 759,8) oder der äg. Lokalverwaltung (Preisigke Pap. WB. 3,8). 2. Ein rechtsgeschäftlich bestellter Vertreter (IG V 1,1208,60. 63: → κύριος καὶ φροντιστής). 3. Übers. von *procurator* (IGRom IV, 219). 4. Vormund von Unmündigen und Frauen (siehe Preisigke Pap. WB. Mitt.-Wilcken Grdz. 248ff.). E. B.

Phrurarchos (Φρούραρχος), Kommandant einer Besatzungstruppe (φρουρά) oder einer Festung (φρούριον). Der Titel begegnet im 5. und 4. Jh. selten. The Athenian tribute lists 2, 1949, D 10 (453/52). Plat. leg. 6,760 b.d.e. 8,843 d. Xen. an. 1,1,6; Kyr. 5,3,11. 7,5,34. 8,6,1. 3. Spätere Schriftsteller wie Polyain. übernehmen die in der hellenist. Z. übliche Bezeichnung für die Vergangenheit. Unter Alexander d. Gr. und den Diadochen hatten die P., direkt vom Herrscher eingesetzt, nur militär. Aufgaben, in Äg. vom 2. Jh. ab polizeiliche und rechtliche Befugnisse. Listen der P. H. Kortenbeutel, RE XX 775ff., für Äg. W. Peresmans-E. van 't Dack Studia Hellenistica 8, 1952, 34ff. H. V.

Phryger. I. Geschichte: Da die Phryger keine Geschichtsschreibung entwickelt haben, sind wir auf Berichte ihrer Nachbarn, der Griechen und der Assyrer, sowie auf Ausgrabungen angewiesen. Eine makedon. Tradition, die Hdt. 7, 73 bewahrt hat, berichtet, die Phryger seien von Sitzen in Makedonien und Thrakien über die Meerengen nach Kleinasien gewandert. Die moderne Forschung erwägt, diese Angabe mit der (vermutlich durch eine Invasion verursachten) Zerstörung des Hethiterreichs um 1200 v. Chr. zu verknüpfen. Sie rechnet aber mit mehreren Schüben wandernder Gruppen in zeitlichen Abständen. In Troia VII B 2 findet sich »Buckelkeramik«, die der makedon. ähnelt, also vielleicht von balkan. Eindringlingen stammt. Tumuli, die denen Phrygiens gleichen, finden sich auch in Thrakien und Makedonien.

Tiglatpilesar I. von Assur (1112–1072) spricht von seinen Kämpfen mit fünf Königen der Muški am oberen Tigris und berichtet, daß diese Stämme seit 50 J. sein Land bedrohten. Gegen E. 8. Jh. muß der Assyrer Sargon II. mit dem Muški-König Mita streiten, den wir mit dem Phryger → Midas der griech. Quellen gleichsetzen. Die ältere Forschung hat deshalb angenommen, daß schon die Muški des 12. Jh. Phryger (mindestens ein Teilstamm von ihnen) waren. Eine Namensdeutung verknüpft *Muški* mit *Moesia* und *Mysia*. Dagegen hält Mellink [11] die Phryger im W. u. die Muški im O. für zwei nichtverwandte Völker, die nur unter Midas polit. zusammengefaßt worden seien. – Der archäolog. Befund stellt zunächst nach 1200 eine Fundlücke von mindestens einem Jh. in Zentralanatolien fest, dann eine primitive Nachbesiedlung der Ruinen von Hattuša/Boğazköy und sonst, die vielleicht den Phrygern zuzuschreiben ist. Die Ausdehnung der phryg. Besiedlung nach S. und O. ist unklar; an der W.-Seite Kleinasiens schneidet die nach N. vordringende ion. Kolonisation die Phryger vom Ägäischen Meer ab. – Im 8. Jh. schafft Midas ein Reich mit → Gordion als Hauptstadt. Phrygien, für kurze Zeit eine Großmacht, umfaßt nun ein so großes Gebiet Kleinasiens, daß es als Erbe des Hethiterreichs gelten kann. Zu Assur und Urartu (am Van-See in O.-Kleinasien) knüpft es Handelsbeziehungen. Zudem bemüht sich Midas um Verbindung zu Delphi (Hdt. 1,14), was für polit. Ziele im W. spricht. In die gleiche Epoche fällt die Entwicklung einer höheren phryg. Zivilisation. Grundlage bildet ein Bauerntum (Weidewirtschaft, Wollerzeugung), das feudale Grundherren beherrschen. Diese lassen sich in großen *tumuli* bestatten. Der Boden gehört den Königen, ihren Vasallen und den Heiligtümern. – Aus Gordion kennen wir monumentale Architektur; die Kunst, Bronze, Holz und Elfenbein zu bearbeiten (Möbel mit Intarsien), steht auf hohem Niveau. Damals scheint auch das Alphabet eingeführt worden zu sein (sicher durch die Phryger von den Griechen übernommen, nicht umgekehrt.) Von der Mitte des 7. Jh. an wird griech. Kultureinfluß stark. – Um 695 stürmen von N. her die Kimmerier über das Land, Gordion wird vermutlich verbrannt. Ein einheitlicher phryg. Staat besteht danach nicht mehr. Doch hat sich die materielle Kultur erholt und blüht in Kleinfürstentümern, z. B. Gordion, weiter. Diese geraten bald unter lyd. Oberherrschaft. – 333 erobert Alexander auch dieses Gebiet; nach der Schlacht von Ipsos (301) wird es dem Seleukidenreich eingegliedert. Um 275 v. Chr. erlebt es den Einbruch der kelt. Galater, die den Teil ö. des Sangarios besetzen. Den W.-Teil Phrygiens okkupiert das Königreich Pergamon. 133 v. Chr. wird Phrygien w. des Sangarios Teil der röm. Provinz Asia. – Um 300 n. Chr. zerlegt Diokletian das Land in zwei unabhängige Provinzen Phrygien I und II.

Die phryg. Religion trägt Züge, die vorher in Kleinasien unbekannt waren: mit der Verehrung der »Großen Mutter«, der *Matar Kubile* = → Kybele, und ihres Geliebten Attis sind ekstat. Feiern und Selbstentmannung der Priester verbunden. Kybele, die überragende Göttergestalt, wird unter freiem Himmel verehrt; in der Nische der Kultfassade tritt sie aus dem Felsen heraus vor ihre Verehrer, u. U. zusammen mit ihren musizierenden Trabanten [12]. Ihr Hauptheiligtum war Pessinus. – Neben ihr stehen Papas, eine Zeusgestalt, der Mondgott → Men, der Weingott → Sabazios (mit orgiast. Kult).

1. *Sir William Ramsay* Cities and Bishoprics of Phrygia, 1895–97. 2. *J. Friedrich* Phrygia. (Gesch.) RE XX 882ff. 3. *K. Bittel* Grundzüge der Vor- und Frühgesch. Kleinasiens, ²1950. 4. *A. Gabriel* Phrygie. Explor. archéol., 3 Bde. (1941–52). 5. *E. Akurgal* Phryg. Kunst, 1955. 6. *T. J. Dunbabin* The Greeks and their Eastern Neighbours, 1957. 7. *A. Goetze* Kleinasien, in: HB Altertumswiss., ²1957, 201ff. 8. *E. Akurgal* Les problèmes de l'art phrygien, in: Le rayonnement des civilisations grecque et rom. sur les cultures périphériques, Par. 1965, 467ff. 9. *K. Bittel* Boğazköy in phryg. Z., ebd. 475ff. 10. *R. S. Young* Gordion: Problems of Western Phrygia, ebd. 481ff. 11. *M. Mellink* Mita, Mushki and the Phrygians, in: Anadolu Araştirmaları 2, = Gedenkschr. Bossert 1965, 317ff. 12. *K. Bittel* Phryg. Kultbild aus Boğazköy, in: Ant. Plastik, Lfg. 2, 1963. 13. *R. D. Barnett* Phrygia and the Peoples of Anatolia in the Iron Age, = CAH. II² Chapt. 30 (1967) [mit Lit.]. 14. *Ph. H. J. Houwink ten Cate* Kleinasien zwischen Hethitern und Persern, in: Fischer Weltgesch., Die Altoriental. Reiche III. Die erste Hälfte des 1. Jt., 1967, 112ff.

II. Sprache: Die phryg. Sprache, die zum idg. Sprachstamm gehört, ist in 2 Gruppen von Denkmälern erhalten: a) über 70 altphryg. Inschr. vom 8.–4. Jh. v. Chr. z. T. an Felsfassaden aus der »Midasstadt«, Boğazköy, Alacahüyük, Pazarlı. Zu den Neufunden vgl. [7]. b) etwa 110 spätphryg. aus dem 2. und 3. nachchr. Jh., im wesentl. Fluchformeln am E. von sonst griech. Grabinschr. Dazu treten die bei Zgusta [4] gesammelten PN, ferner ON und rund 30 Glossen. – Von den im Hellenismus durch → Kleitarchos aus Aigina, → Neoptolemos von Parion, → Thoas von Ithaka gesammelten Nachrichten über die phryg. Sprache ist nichts erhalten. – Die altphryg. Inschr. verstehen wir nur sehr unvollkommen, die späten besser. Da so schon der Grad der Verwandtschaft zwischen den Sprachformen der beiden Inschriftengruppen ungewiß ist, wird hier von der jüngeren Sprache ausgegangen.

Das Phryg. hat die idg. Palatale erhalten: ON *Ἀκμονία* zu idg. * *a$\hat{k}$mōn* »Stein«, *Ἀκρίσιος* Gottesname, wohl zu idg. *a$\hat{k}$ri-*»Spitze«, Flußname *Cludrus* zu got. *hlūtrs* »rein, lauter«. Aber die idg. Labiovelare haben ihr labiales Element im Phryg. aufgegeben: ON *Γέρμη* zu idg.* *g̯uhermo-* »warm«, *κε* »und« aus idg. * *-ku̯e* usf. – Die mediae asp. sind zu mediae verschoben: idg. * *bhrātēr-* »Bruder > *βρατερ-*, * *ghordho-* »umhegte Siedlung« > ON *Γόρδιον*; eine Verschiebung der idg. mediae zu tenues oder der tenues zu ten. asp. ist viel weniger sicher. – Dem heth.-luw. Sprachzweig gehört das Phryg. nicht an, es steht ihm sogar auffallend fern. Dagegen hat das Phryg. alte Beziehungen zum Griech., die aus der Z. der prähist. Nachbarschaft auf dem Balkan herrühren dürften, so in der Bildung des Part. Perf. Pass. (*τετικμενος*), das dem griech. Typ *πεπιθμένος* gleicht. An Vokabeln vgl. **lavo-* »Volk« mit griech. *λαός*, *vanakt-* »Herr« mit griech. *Ϝάναξ*. Die *r*-Endung des Mediopassivs, z. B. in *αδδακετορ* bzw. *αββερετορ* »er fügt zu« verknüpft das Phryg. mit den ital. Sprachen, dem Kelt., Tochar. u. Hethit., – die Existenz des Augments (in *εδαες* »er setzte« usw.) mit den indo-iran. Sprachen, dem Armen. und Griech. – Die früher angenommenen Bez. zum Thrak. sind zwar nicht unwahrscheinlich, lassen sich aber mit dem dürftigen Material bisher kaum belegen. Das gleiche gilt für die Bez. zwischen Phryg. und Makedon. Die von Hdt. 7,73 behauptete Verwandtschaft der Phryger und Armenier hat nach dem Befund der Sprachwiss. nicht bestanden. Zwar stehen beide dem Griech. nahe, aber es gibt keine nur ihnen beiden gemeinsamen Neuerungen.

Die kleinasiat. Nachbarsprachen Lyd., Lyk., Pisid. usw. haben nicht nachweisbar auf das Phryg. eingewirkt, ebensowenig Altpers. und Galat., aus denen höchstens Namen in den phryg. Texten vorkommen. – Stark ist dagegen in hellenist. Z. der Einfluß des Koine-Griech., er führt bis zur Sprachmengung. Im 5. oder 6. nachchr. Jh. erlischt das Phryg. ganz. G. N.

1. *N. Jokl* Phryger. A. Sprache, in: *Ebert*, RLV 10, 1928, 141 ff. 2. *J. Friedrich* Phrygia (Sprache), in: RE XX 868 ff. 3. *R. Gusmani* Studi Frigi, Rendic. del Istit. Lombardo 92, 1958, 835 ff. 93, 1959, 17 ff. 4. *L. Zgusta* Kleinasiat. PN, Prag 1964. 5. *W. Dressler* Armen. und Phryg., in: Handes Amsorya 10–12, 1964, 485 ff. 6. *O. Haas* Die phryg. Sprachdenkmäler, Sofia 1966, = Ling. Balk. X (einziges zusammenfassendes Werk, mit allen Inschr. und Glossen). 7. *O. Haas* in: ZVS 83, H. 1 (1969) S. 70 ff. 8. *R. Werner*, in Bibl. Orient 26 (1969) 177 ff. 9. *G. M. Lejeune* in Studi Micenei ed Egeo-Anatolici 10, 1969, 19–47.

Phrygia. I. Topogr. Die Beschreibung der Grenzen der Landschaft P., die nach dem um 1200 v. Chr. im Zusammenhang mit der sog. Ägäischen Wanderung in Kleinasien eingewanderten Stamm der indogerman. Phryger benannt ist, läßt sich nur unter Berücksichtigung der verschiedenen Divergenzen ihrer Entwicklung in ethnolog. und polit. Hinsicht vornehmen. Das Gebiet, in dem die Phryger nach ihrem Übergang über den Hellespont siedelten, ist nicht genau zu erfassen, da die exakte Datierung altphryg. Inschr. und anderer Kulturdokumente (i.d. Hauptsache Keramik) bislang nicht möglich war; immerhin legt die Tatsache, daß im 11. Jh. mehrere Phrygerstämme über den Euphrat zogen, wo sie bald nach 1116 von dem Assyrerkönig → Tiglatpileser I. geschlagen wurden, die Vermutung nahe, daß in dieser frühen Z. ihr Siedlungsgebiet die P. etwa unserer ant. Geographen (Strab., Ptol., Plin., Hierokl.) an Umfang bei weitem übertroffen hat. Deutlicher ist die Ausdehnung des zwischen 1000 und 800 entstandenen Phrygerreiches in der Z. seiner Blüte am E. 8. Jh. unter dem König → Midas zu erkennen: Während es im S. an die von Assyrien beherrschte kilik. Küstenebene grenzte, war ihm das Assyrerreich auch am oberen → Halys benachbart; P. reichte im O. über den mittleren Halys hinaus. Dagegen mag es im W. an einigen Stellen die ägäische Küste berührt haben, n. vom Reich der Lyder, dem P. wohl gegen E. 7. Jh. eingegliedert wurde. Mit dem Einbruch der Gallier in Kleinasien zu Beginn 3. Jh. und ihrer Seßhaftmachung im Innern der Halbinsel wurde die NO.-Ausdehnung P.s bis auf die Linie → Tatta-See – Oberlauf des → Sangarios gekürzt. Bereits zu Ausgang 5. Jh. aus rein verwaltungstechnischen Gesichtspunkten vom pers. Großkönig in einen n. (Kleinp.) und einen s. Teil (Großp.) zerlegt, deren gemeinsame Grenze s. von → Gordion verlief, gelangte P. 133 im Rahmen der Provinz Asia unter die röm. Herrschaft. Im W. kennzeichnen der mys. → Olymp (14) und die → Kibyratis, im SO. der → Karalis- und der Tatta-See und im NO. die o. gen. Grenze gegen → Galatia die damalige Ausdehnung der Landschaft. Sie umfaßte also im Wesentlichen das w.-anatol. Zentralplateau mit seinen zahlreichen Salzseen im S. und den nur in wenigen Flußtälern (Sangarios) aufgelockerten Wüsten und Steppen im N. E.O.

W. Ruge, RE XX 781–868 Nr. 1.

II. Geschichte s.o. Phryger S. 822

Phrygisch s. Musik o. III 1491 ff.

Phryne (Φρύνη), griech. Frauenname. Ob die von A. Raubitschek, RE XX 893 ff. gesammelten Stellen auf eine P. oder zwei Hetären des 4. Jh. v. Chr., die P. des Praxiteles und die des Hyp., zu beziehen sind, ist umstritten. Da keine ant. Quelle gegen sie spricht, wird die Identität dieser P. im folgenden angenommen. * in Thespiai, kam P. nach 371 in Athen als Hetäre bald zu Reichtum. Neben ihrer Schönheit, die keiner Schminke (Galen. protr. 10) bedurfte, wurde ihre Zurückhaltung gerühmt, sie besuchte nie öffentliche Bäder, Athen. 13,590f. Berühmt waren ihre geistreichen Aussprüche, Athen. 585 e.f. Ihre Gunst kostete einmal 2 Goldstatere, ein andermal 1 Mine, Athen. 583 b. P. erbot sich, mit ihrem Reichtum Theben aufzubauen, wenn eine Inschr. angebracht würde: »Alexander hat es zerstört, aufgebaut P. die Hetäre«, Athen. 591 d. Ihre Wette, den Philosophen Xenokrates zu verführen, verlor P., Diog. Laert. 4,7. Val. Max. 4,3 ext. 3. Praxiteles schuf eine Marmorstatue seiner Geliebten für das Heiligtum des Eros in → Thespiai, Paus. 9,27,5. Alkiphr. 4,1. Plut. mor. 753f. In Delphi stand die von ihm gearbeitete vergoldete Bronzestatue der P. zwischen den Königen Archidamos III. und Philipp II., nach Krates »ein Denkmal hellenischer Zügellosigkeit«, Athen. 591 b. P. soll Modell für die knid. Aphrodite des Praxiteles und die Anadyomene des Apelles gewesen sein, Athen. 590f. 591a. In einer berühmten, nicht erhaltenen, von Messala ins Lat. übersetzten Rede verteidigte Hyp. die der Asebie angeklagte P., entblößte ihre Brust und erreichte ihren Freispruch, P. galt als ἐπιφανεστάτη πολὺ τῶν ἑταιρῶν, Plut. mor. 849e. Athen. 591e. Quint. inst. 1,5,61. 10,5,2. H.V.

Phrynichos (Φρύνιχος). **1.** Ein vornehmer Athener, anläßlich des Hermokopidenfrevels eingekerkert, durch das Geständnis des Andokides befreit (And. 1,47. 68). **2.** Att. Politiker, gemäßigter Oligarch, erstmals 422 erwähnt (Aristoph. Vesp. 1302). Als Stratege in der Flotte bei Samos 412/11 (Thuk. 8,25,1) trat er für vorsichtige Kriegführung ein (a.O. 27) und intrigierte gegen die Rückkehr des Alkibiades (a.O. 47–50). Nach dessen Absetzung durch die att. Volksversammlung (a.O. 54,3) spielte er in Athen eine führende Rolle bei der Tätigkeit der 400 (a.O. 68,3; Aristot. pol. 5,6 1305b 27). Nach der Rückkehr von einer erfolglosen Gesandtschaft nach Sparta (Thuk. 8,

90,1 f. 91,1) wurde er 411 auf offenem Markt ermordet (a. O. 92,2). G. Do.

3. P., Athener, Tragiker, siegte (wahrscheinlich zum erstenmal) in der 67. Olymp. (511–508, Suda), brachte bald nach dem Fall → Milets (wahrscheinlich unter dem Archontat des → Themistokles 492) die Tragödie *Μιλήτου ἅλωσις* auf die Bühne, erregte damit einen Theaterskandal, wurde mit 1000 Drachmen bestraft, die weitere Verbreitung des Dramas verboten (Hdt. 6,21), führte 476 mit Themistokles als Choregen wahrscheinlich die Phoinissen auf (Plut. Them. 5. 5); starb in Sizilien (Anon. *π. κωμ.* II 9); 467 führte sein Sohn → Polyphrasmon in Konkurrenz mit Aischylos' theban. Tetralogie Stücke des P. auf (Arg. A. Sept., POxy 2256, Fr. 2,4,1). Sein Leben wird von Euseb. mit Ol. 74,3 = 483 zu spät angesetzt. P. gilt als Schüler des Thespis (Suda s. v.) und als Vorläufer des Aischylos (Aristoph. Ran. 910. 1298, mit Sch.), soll als erster Frauenrollen eingeführt haben (Suda a. O.) und »Erfinder« des Tetrameters sein (Suda). Gerühmt wird die Süße seiner Gesangstücke (Aristoph. Vesp. 220; Av. 750, beide mit Sch., dazu Sch. Aristoph. Ran. 1298 u. 1299), die ein Vielfaches der gesprochenen Teile ausmachten (Ps. Aristot. probl. XIX 31,920a 11). Über seine Musik s. [Plut.] De mus. 1137e. In den Frg.en feststellbar: stichischer katal. ion. Tetrameter (Fr. 14 N^2), stichischer Asklep. mai. (Fr. 6 N^2), Caesurverschiebung im archiloch. Dikolon (Fr. 13 N^2). Ein wohl hellenist. Epigramm rühmt die Vielfalt seiner Tanzfiguren: Plut. mor. 732f., Anth. Lyr. I p. 77 D. B. (vgl. Aristokles bei Athen. 1,22a). Aristoph. zählt ihn zu den ion.-weichen Dichtern (Thesm. 166., Ran. 1298ff.); die Beziehung des Hyporchema des → Pratinas (Anth. Lyr. 5, p. 154 D) mit Angriff gegen das Vorherrschen der Flötenmusik gegenüber dem Gesang auf P. ist umstritten. Bemerkenswert die Verwendung ion. Sprachformen im Tetrameter.

Die Suda (s. v.) spricht von 9 Tragödien und bietet die Titel von 7: *Πλευρώνιαι, Αἰγύπτιοι, Ἀκταίων, Ἄλκηστις, Ἀνταῖος ἢ Λίβυες, Δίκαιοι ἢ Πέρσαι ἢ Σύνθωκοι, Δαναΐδες.* Die Liste ist alphabet. geordnet bis auf Nr. 1, wo Marx ⟨*Ἀλθαία ἢ*⟩ *Πλευρώνιαι* vorschlug, und, da sie nur bis *Δ* reicht, offenbar unvollständig. Aus Zitaten außerdem bekannt: *Μιλήτου ἅλωσις, Τάνταλος*, ein Stück aus dem troischen Sagenkreis (?), etwa *Τρωΐλος* (?), *Φοίνισσαι*, also 10 (11) Titel im ganzen. 21 (24) Frg.e bei N^2 Nr. 15, wohl auch 17 u. 18 zu streichen). *Αἰγύπτιοι* (Fr. 1 N^2) vielleicht mit *Δαναΐδες* in einer Trilogie verbunden. *Ἀκταίων* (Suda). *Ἄλκηστις* (Fr. 2 N^2); Spuren in Eurip. Alkestis. *Ἀνταιος ἢ Λίβυες* Naucks Vermutung über den Inhalt jetzt bestätigt: Tzetz. ad Aristoph. Ran. 688a). *Δίκαιοι ἢ Πέρσαι ἢ Σύνθωκοι* (Suda). *Δαναΐδες* (Fr. 7 N^2) vgl. *Αἰγύπτιοι. Μιλήτου ἅλωσις* (Fr. 17 N^2). *Πλευρώνιαι* (*-ία* Suda, *ιες* Paus. 10,31,4 = Fr. 6 N^2). *Τάνταλος* (Fr. 7 N^2) *Τρωΐλος* (?) (Fr. 13 N^2. *Φοίνισσαι*) (Fr. 9. 10 N^2), POxy 221, col. 3 (Ammoniosscholion zu Homer Il. 21) = novum fragmentum.

P. galt als einer der Begründer der att. Tragödie (Ps. Plat. Min. 321a; Plut. mor. 615a); er soll wegen der großen Wirkung seiner Pyrriche zum Feldherrn gewählt worden sein (Ail. var. 3,8; vgl. Strategie des Soph.); bei Aristoph. (Ran. 1298ff.) wird er von Aischyl. sehr gelobt, Soph. scheint ihn geschätzt zu haben (Ion von Chios bei Athen. 13,603f. = Fr. 13 N^2), Aristoph. hält ihn hoch: Av. 744ff., Thesm. 164ff. (mit Sch.). Glaukos v. Rhegion (vgl. Jacoby, RE VII 1417ff.) hat sich mit ihm beschäftigt, und auf ihn gehen wohl die Erwähnungen des P. bei den Musiktheoretikern ([Plut.] mus. 1137e; Ps. Aristot. probl. 19,31,920a 11) zurück. Für die Klassikerausgaben sind seine Stücke noch herangezogen worden (Sch. zu Hom., Pind., Eurip. Aristoph., bei den Metrikern, bei dem Antiattizisten P. Nr. 5). F. St.

Frg. e. TGF^2 720–725. *A. Lesky* Alkestis, der Mythus und d. Drama, SAWW 203,2, 1925 (63ff.). *Fr. Marx* Der Tragiker P., RhM 77, 1928, 337–360. *L. Weber* *Ἄλκηστις* RhM 79, 1930, 35–43. *A. v. Blumenthal*, RE XX 911ff. *E. O'Neill* Jr. Note on Phrynichus' Phoenissae and Aesch. Persae, Class. Phil. 1942, 425–27. *F. Stoessl* Die Phoinissen des P. und die Perser des Aisch., MH 1945, 148–165. *G. Nenci* Per una interpretazione storiografica del proemio dei Persiani, Par. d. Pass. 5, 1950, 215–223. *C. Anti* Il vaso di Dario e i Persiani di Frinico, Arch. Class. 4, 1952, 23–45. *G. Freymuth* Zur *Μιλήτου ἅλωσις* des Phr., Philol. 99, 1955, 51–69. *A. M. Dale* Euripides Alcestis. Ed. with Comment. Oxf. 1954, XIIff. *S. Mazzarino* Sui *Δίκαιοι ἢ Πέρσαι ἢ Σύνθωκοι* di Frinico, RhM 100, 1957, 200. *G. Manganaro* La *Μιλήτου ἅλωσις* di Frinico e l'oracolo epiceno per Argos e Mileto, Riv. Fil. 38, 1960, 113–123. *H. Lloyd-Jones* Problems of early Greek Tragedy. Pratinas, Phrynichus. The Gyges fragment. Estudios sobre la tragedia griega. Cuadernos de la Fund. Pastor XIII, Madrid 1966. *A. Léoni* Quelques aspects de la vie de Phrynichos d'après les auteurs anciens, Publ. des Ann. fac. L. et Sc. hum. d'Aix. Sér. class. 47, 1967.

4. P., Dichter der Alten Komödie. Erste Aufführung 429 (Anon. CGF p. 8,37), erster Sieg Len. 428 (IG II^2 2325, 124), Dion. frühestens 420 (ebd. 61). Die Liste des cod. Est. (CGF p. 10) gibt P. 10 Stücke, 10 Titel nennt die Suda, von allen sind frg. bezeugt. P.' *Μονότροπος* wurde zugleich mit Aristoph. Av. Dion. 414 aufgeführt. Geissler Chronol. d. altatt. Kom. 54, vermutet nach Bergk, daß auch Ameipsias' *Κωμασταί*, die die Didaskalie (Av. Hypoth.) als Träger des 1. Preises nennt, in Wahrheit das ebenso betitelte Stück des P. waren, den Ameipsias vertreten hätte. Denn nur von *Κωμασταί* des P. haben wir Zitate, und die in ihnen genannten Personen passen genau ins J. 414. Wenn frg. 58 in dieses Stück gehört, waren mit *Κωμασταί* die Hermokopiden gemeint. Aber Analoges für Ameipsias' Konnos anzunehmen erscheint nicht gerechtfertigt. P.' Interesse galt neben der Politik vor allem der Dichtung und Musik. Aus den *Μοῦσαι* haben wir den schönen Nachruf auf Sophokles. Aus frg. 32 darf allerdings nicht auf einen Dichteragon geschlossen werden, es handelt sich dort um Schuld- oder Freispruch. Einen Weg, der weit in die Zukunft geführt hat, beschritt P. mit der Charakterkomödie *Μονότροπος*, in der er nach dem Modell Timon den Typus des Misanthropen zeichnete. W. K.

5. P. *Ἀράβιος* (Phot. bibl. 158), nach Suda s. *Φ.* aus Bithynien stammender Lexikograph des 2. Jh. n. Chr., Gegenspieler des → Pollux, der die auch von P. erstrebte athen. Professur erhielt ([5]). P. verfaßte eine *Ἐκλογὴ ῥημάτων καὶ ὀνομάτων Ἀττικῶν* (wohl ident. mit dem Titel *Ἀττικιστής* der Suda), die er → Cornelianus (2) widmete (vgl. [8]). Urspr. Anlage und Umfang (2 oder 3 B.?) sind kontrovers, eine umfassende Ausgabe fehlt bislang. P. stellt hier jeweils dem empfohlenen den verpönten Ausdruck gegenüber und polemisiert lebhaft gegen eine allzu weitherzige Auslegung des Begr. »attisch«, wie sie uns namentlich im sog. *Ἀντιαττικιστής* vorliegt. Als sprachl. Muster läßt er bes. Platon, den Sokratiker → Aischines (1. Vgl. Phot. bibl. 61), Demosthenes, Isokrates, Lysias, die 3 Tragiker und die Alte Komödie gelten, während er Menanders Sprache als Verfallserscheinung scharf ablehnt (s. *καταφαγᾶς*, 497 R.; vgl. [7], 70ff.). Kaiser Commodus war die umfangreiche *Σοφιστικὴ Παρασκευή*, eine Zusammenstellung aller »zulässigen« Ausdrücke samt Belegen, gewidmet. Photios las das Werk in 36 (37) B.; die Angabe der Suda, 47 oder sogar 74 B., ist suspekt. Erhalten ist nur ein karger Auszug im Cod. Coisl. 345 (10. Jh.); weiteres Material steckt in byz. Lex., vor allem dem des Photios ([4]). H. Gä.

Ta.: Ecl.: *Chr. A. Lobeck*, Lpz. 1820 (Nachdr. 1965). *W. G. Rutherford*, London 1881 (Nachdr. 1968). Praep. soph.: Anecd. *Bekk.* 1,1ff. *I. de Borries*, Lpz. 1911.
Lit.: 1. *Christ-Schmid*, 2,2,874f. 2. *R. Schöll*, SBAW 1894, 493ff. 3. *G. Kaibel* De P. sophista, Göttingen 1899. 4. *R. Reitzenstein* Der Anf. des Lex. des Photios, Lpz. 1907. 5. *M. Nächster* De Pollucis et P.-i controversiis, Diss. Lpz. 1908. 6. *K. Latte*, H 50, 1915, 373ff. = Kl. Schr. 612ff. 7. *F. Quadlbauer*, WS 73, 1960, 40ff. 8. *G. W. Bowersock* Greek Sophists in the Rom. Empire, Oxf. 1969, 54f.

Phrynis (*Φρῦνις*) von Mytilene, griech. Kitharavirtuose und Nomendichter aus der M. und 2. H. des 5. Jh. Als Schüler des → Aristokleidas gehört Ph. mit den etwa gleichzeitigen → Kinesias und → Melanippides sowie den wenig späteren → Philoxenos und → Timotheos zu den Hauptvertretern des »Neuen Stils« in der → Musik. Sein Wirken, zu dem keine Frg., sondern nur Testimonien vorliegen, soll den kitharod. Nomos vor allem um neue Rhythmen und Koloratureinlagen (*καμπαί*) sowie deren schnellen Wechsel (→ Metabole) bereichert haben. Die dazu notwendigen techn. Voraussetzungen erreichte Ph. durch die Erhöhung der Saitenzahl wohl von 7 auf 9 und die Einführung eines besonderen Umstimm-Wirbels (*στρόβιλος*). U. K.

Testimonia bei *C. del Grande* Ditirambografi, 1946, 64–66. *W. Riemschneider*, RE XX 925–928.

Phrynon. 1. Athener. Ol. Sieger (Strab. 13, 599. Eus. chr. ol. 43,2) 636/35 (Eus. ol. 36); Pankratiastes, Diog. Laert. 1,74. Führte die Athener im Kampf um Sigeion gegen die Mytilenaier unter → Pittakos, von dem P., nach anfängl. Erfolg (Strab. 13,600; vgl. Polyain. 1,25), in einem legendenhaften Agon überlistet und getötet wurde. Diog. Laert. Eus. Polyain. Strab. a. O. Fest. 359 L. Plut. mor. 858 A. Sch. Aischyl. Eum. 395. Suda s. *Πιττακός*; vgl. Diod. 9,12,1. POxy 2734. Schachermeyr, RE XX 1867. Page Sappho and Alcaeus, ^{2}1955, 152–161. Treu Alkaios, ^{3}1963, 116ff. 128f. Berve Tyrannis, 1967, 92. 573. **2.** Athener aus → Rhamnus (Aischin. 2,12). 348 von makedon. Kaperschiffen gefangen und für Lösegeld freigesetzt; bald danach bei Philippos II., Aischin. a. O. 346 mit Philokrates, Demosth., Aischin Gesandter bei der Aushandlung des »Philokratesfriedens« mit Philippos. Seinen Sohn sandte er zu Philippos, Demosth. 19,230. 233. Sch. a. O. 118. 197. 233. Suda s. *Φρύνων*. Ein Diognetos, Sohn des P., IG II^2 4351. K. K.

Phthas, äg. *Ptḥ*, Hauptgott von Memphis, griech. meist als Hephaistos bezeichnet. P. ist schon alt belegt (Petrie, Tarkhan I pl. 3), dargestellt als in einer Kapelle stehende Menschengestalt altertüml. Formung. Der Name ist *Ptah* zu lesen, unklarer Bedeutung. P. war zunächst Schutzgott der Residenzhandwerker, daher trägt auch später sein Hoherpriester den Titel »Großer der Leiter der Handwerker« *(wr ḫrpw-ḥmww)*; von ihnen amtierten zwei gleichzeitig. Mit dem E. der 4. Dyn. entwickelte man an der Residenz um P. eine neue Theologie, die die Entstehung der Welt geistig durch Gedanke (Herz) und Ausspruch (Zunge) erklärt im Gegensatz zur älteren, in Heliopolis angesiedelten Vorstellung von Atum, der sich selbst befruchtet. Die Darlegung dieser Theologie ist uns im sog. »Denkmal memphitischer Theologie« erhalten, einer Abschrift z. Z. Schabakos eines alten Pap. (H. Junker, APAW 1939, 23. 1941, 6). Daher ersetzt P. in Personennamen der ausgehenden 4. Dyn. den Namen des Sonnengottes als des Schöpfers. Die Pyr. Texte als im Kern älter nennen P. kaum (560b, 1482c). Die Gleichsetzung mit dem memphit. Erdgott Tatenen gab der Theologie die Möglichkeit, Ptah als natürlichen Schöpfer aller Dinge und auch der Götter (deren Statuen aus »seinen« Materialien gemacht werden) zu erklären. Ferner verknüpfte man ihn mit dem in einer Berghöhle wohnenden Gott Sokar, der als Fruchtbarkeitsbringer galt und zugleich Schützer der ältesten Nekropole von Saqqara war. Damit ist einer späteren Z. die Möglichkeit gegeben, P. über Sokar mit Osiris, dem seit E. der 5. Dyn. verehrten Totenherrscher, gleichzusetzen. Doch wurde P. dadurch nicht ausschließlich Totengott, sondern behielt bes. sein Wesen als Schöpfer- und Handwerkergott bei. In üblicher Weise verband man ihn mit der Löwengöttin Sachmet und dem Gott der Lotosblume Nefertem zur memphit. Triade. Sein Tempel lag »südlich seiner Mauer«, d.h. der Zitadelle von Memphis, der fast ganz verschwunden ist; Hdt. erwähnt die Außenanlagen: ein Tor des »Moires« (: Amenophis III.!) im N. (II 101), des Rhampsinit (: Ramses' III.) im W. (II 121), des Asychis (Scheschonq) im O. (II 136) sowie des Psammetich I. im S. (II 153), der auch die Apisanlagen ausbaute. Ferner erwähnt er Statuen des »Sesostris« (: Sethos' I.!) (II 110) und Ramses' III. Zudem lag im Tempelbereich die Kapelle des »Proteus« (: Baal Saphon) und der »fremden Aphrodite« (Astarte), zweier Schiffergötter. An Beinamen führte P. »der südlich seiner Mauer« (nach der Tempellage), »der mit vollendetem Gesicht«, weil er entgegen den meisten Lokalgöttern ein Menschengesicht hatte, »Herr der Ordnung *(Ma*^{c}*at)*«, da er in seiner Kapelle auf einer »Basis« *(mꜣ*^{c}*.t)* steht, welches Wort konkreter Ausgangspunkt für den abstrakten Begriff »Ordnung« wurde. Als solcher wurde er in Gebeten angerufen, gab Orakel und erschien im Traum, weshalb er auch »Ohr, das hört« *(mśḏr śḏm: Μεστασυτμιος* Pap. Tabt. 72, II; 105) heißt. Man verband mit P. den sog. Djed-Pfeiler, ein urspr. Garbenbündel, das Symbol der »Dauer« war und bes. Ptah-Sokar-Osiris verkörperte. Der Fruchtbarkeit bringende Apisstier galt als sein »Sprecher«, der weise *Ij-m-ḥtp* (Imouthes), Vezir König Djosers der 3. Dyn., als sein Sohn. Die von Hdt. 3,37 erwähnte Zwergengestalt (*Πάταικοι*) des Götterbildes zeigt P. als Goldhandwerker: diese waren in Äg. gern Verkrüppelte und Zwerge. W. H.

Maj Sandman-Holmberg The God Ptah (Lund, 1946).

Phthia (*Φθίη*), bei Homer das Reich des Peleus und Achilleus und Heimat der Myrmidonen, Il. 1,155. 2,681ff. 9,363. 11,765ff. 19,323. Od. 11,496. Es ist das Spercheiostal mit der anschließenden N.-Küste des mal. Golfs, Il. 2,681ff. Strab. 9,5,8 p. 432. Der → Spercheios ist der Heimatfluß Achills, Il. 23,140ff., Phthios ist der Sohn des Spercheios, Sch. Hom. Il. 23,142, die Doloper wohnen »im äußersten Teil von P.«, Il. 9,484, und die → Ainianen betrachten sich als Nachkommen der Myrmidonen, Skymn. 616f. Schon bei Homer heißen aber die Bewohner von Achaia Phthiotis, dem Reich des Protesilaos, *Φθῖοι*, Il. 2,695ff. 13, 693ff., und Peleus und Thetis gehören urspr. zum → Pelion, wo Achilleus vom Kentauren Chiron erzogen wird. P. muß also urspr. ganz S.- und O.-Thessalien umfaßt haben, wo der Name in den beiden Landschaften → Phthiotis weiterlebt, vielleicht Thessalien überhaupt, dazu Strab. 9,5,4ff. p. 430ff. Schon im Alt. wurde P. vielfach für eine Stadt gehalten, sicherlich zu Unrecht, und → Pharsalos erhob den Anspruch, das homer. P. zu sein, Strab. 9,5,6 p. 431. Steph. Byz. Eustath. Il. 320, 24ff. E. M.

1. *Th. Allen* The homeric catalogue of ships 108ff. 2. *E. Bernert,* RE XX 949ff. 3. *V. Burr* Νεῶν κατάλογος 87ff. 4. *R. Hope Simpson – J.F. Lazenby* The kingdom of Peleus and Achilles, Antiquity 33, 1959, 102ff.

Phthiotis (*Φθιῶτις*), Name zweier Landschaften, die schon in jüngerer ant. Lit. nicht auseinandergehalten werden, a) die thessal. Tetrade P., der südlichste Teil Thessaliens, das Gebiet von → Pharsalos, Hellanik. FGrH 4 F 52 und Aristot. frg. 497. Strab. 9,5,3 p. 430. IG II^{2} 175,7. und b) die s. und s.ö. anschließende Landschaft Achaia Phthiotis, das Gebiet des Othrys, der Ebene von Halmyros und des N.-Ufers des mal. Golfs mit einer größeren Anzahl von Städten, Skyl. 63. Hdt. 1,56. 7,132. 196. 198,1. Thuk. 1,3. → Herakleides (17) 3,2. Skymn. 605. Strab. 1,2,38 p. 45. 9.5,1 p. 429. 5,8ff. p. 432ff. 5,11 p. 435. Pol. 18,20 (3), 5. Ptol. 3,12,43. IG VII 288,5. Syll. II^{3} 636,8f. 692,7 u.ö. Achaia war urspr. als Perioikengebiet von Thessalien abhängig, Aristot. pol. 1269 b 6. Thuk. 8,3,1, aber selbständiges Mitglied der delph. → Amphiktyonie, Aischin. 2,116. Harpokr. s.'*Ἀμφικτύονες* Paus. 10,8,2. Nach 363 v. Chr. von Thessalien getrennt und mit Boiotien verbündet, Diod. 15,80,6, später mit Makedonien verbündet, Diod. 17,57,3. Abfall im lam. Krieg, Diod. 18,11,1. Im 3. Jh. v. Chr. Anschluß an den aitol. Bund, 196 v. Chr. als frei erklärt und an Thessalien angeschlossen, bei dem die Landschaft seitdem verblieb, Pol. 18,46 (29), 5. 47 (30), 7. E. M.

1. *G. Kip* Thessal. Studien 53ff. 2. *Fr. Stählin* Das hellen. Thessalien 135ff. (die Tetras). 150ff. (Achaia). 3. *E. Bernert,* RE XX 955,51ff. 4. *Philipps.-Kirst.* 1,57. 60. 62ff. 169ff.

Phthonos (*φθόνος*). »Neid«, aber auch die Wirkung der Gottheit, die den Menschen daran hindert, seine Grenzen zu überschreiten (*φ. θεῶν*, vgl. z.B. Hdt. 1,32. 3,40. [1]; zu → *invidia* vgl. Quint. inst. pr. 10); diese Wirkung wurde gelegentlich als Art von Neid angesehen, wogegen sich die Kritik Platons (247 A) richtet. – P. als → Person-Bereicheinheit etwa Soph. Phil. 776ff. Eur. Tro. 766ff. Kall. h. 2,107. Anth. Pal. 8,100. CIG 3,5819. W. P.

W. Pötscher, WS 71, 1958, 5ff.

Phye (*Φύη*), Tochter des Sokrates aus dem att. Demos Paiania, Hdt. 1,60; Thrakerin, Aristot. Ath. pol. 14,4. Als Peisistratos aus der Verbannung 558/57 zurückkehrte, stellte er die als Athena ausstaffierte P. auf einen Wagen und ließ sich von ihr zur Burg geleiten. P. heiratete Hipparchos, den Sohn des Peisistratos, Kleidemos FGrH 323 F 15. H. Berve Die Tyrannis bei den Griechen 2, 1967, 545. 555. H. V.

Phyge (φυγή). Verbannung eines Bürgers aus der Heimatstadt. Sie war bei Verbrechen gegen die Götter, bei gewissen Blutprozessen und bei schweren Schädigungen der Gemeinde entweder gesetzlich festgesetzt oder bei der Verurteilung anwendbar. In der Regel dauerte sie lebenslänglich, → ἀειφυγία, und war nur ausnahmsweise zeitlich beschränkt, beim → Ostrakismos auf 10 Jahre und beim φόνος ἀκούσιος (→ Mord I.) bis zur → αἴδεσις. Die gleiche Wirkung hatte, allerdings nur bis Solon, die → ἀτιμία. E. B.

Busolt GStk. 230ff.

Phylake (Φυλάκη). **1.** Bei Hom. und in and. früher Dichtung und davon abhängigen Stellen genannte Stadt in Achaia Phthiotis in der Ebene von Halmyros, Heimat des Protesilaos, als bestehend mit Heiligtum desselben noch bei Pind. I. 1,83f., dann offenbar im Phthiot. → Theben aufgegangen, mit dem → Herakleides (17) 3,3 es gleichsetzt und das die kult. und myth. Traditionen von P. weiterführt. Genauerer Ansatz des Orts bei Theben nicht möglich. Hom. Il. 2,695ff. 13, 693ff. 15,334ff. Od. 11,290. 15,236. Hes. frg. 31, 34ff. Traversa, 58,9. 199,4ff. Merkelbach-West. Strab. 9,5,8 p. 433. 5,14 p. 435. Eustath. Il. 323, 42ff.

1. *Fr. Stählin* Das hellen. Thessalien 173f. 2. *E. Kirsten*, RE XX 983ff. Nr. 4. 3. *V. Burr* Νεῶν κατάλογος 93f.

2. Nur bei Paus. 8,54,1f. genannte Örtlichkeit an der Grenze zwischen Tegea und Sparta, bei der der Alpheios entspringt. Gemeint ist der h. Vurvuriotikos genannte ö. Ursprungsarm des Sarandapotamos, der aber nicht Oberlauf des Alpheios, sondern nur namensgleich ist. Lage wohl bei Vurvura auf dem Hügel Kakkavallari. Φυλακεῖς als Demos von Tegea Paus. 8,45,1. E. M.

E. Meyer, RE XX 982f. Nr. 3. Gnomon 38, 1966, 591f.

Phylakos (Φύλακος). **1.** Myth. Gründer und Eponym des phthiot. → Phylake und des att. Phylakia (Toepffer Att. Genealogie 256). Sohn des → Deion(eus) und der Xuthostochter Diomede. Apollod. 1,51. 86, Gatte der → Klymene (3), Vater des Argonauten → Iphiklos (1), Hom. Il. 2,705. 13,618, und der Alkimede, Apoll. Rhod. 1,45ff. Schon die Od. 11,287ff. 15,225ff. kennt den Streit des P. und des Iphiklos um ihre Viehherden mit → Neleus und → Bias. In den Sch. zur 1. Stelle (nach Pherekydes) scheinen volkskundl. interessante Züge auf: P. wirft das Messer, mit dem er die Widder verschnitten hat, in einen Baum, wo es festwächst; der zuschauende Sohn wird zeugungsunfähig; der Seher → Melampus findet Wege, diesen zu heilen. Dadurch entschied er auch den Streit um die Herden zugunsten des Bias, s. → Pero. Paus. 4,36,3. **2.** Epichor. Heros von Delphoi, dessen Heiligtum neben dem der Athena Pronoia lag. Seine und des Autonoos' Epiphanie schützte Delphoi beim Persereinfall 480, Hdt. 8,38f. Auch beim Keltensturm 279 erscheint er mit anderen Heroen (→ Laodokos) als Nothelfer. Paus. 10,8,7. 23,2. Vgl. Iustin. 24, 6–8. Nilsson, GgrR² 1,717. H. v. G.

Phylakterion (φυλακτήριον, περίαμμα, περίαπτον; lat. *amuletum*, Amulett). Ein krafterfüllter Gegenstand, der seine Kraft auf den Träger übertragen kann, ihn so vor Unheil schützt (ἀποτρόπαιον) und Glück bringt. Ein P. kann ein einfacher Stein, aber auch ein Gegenstand aus Edelmetall sein. Zodiakalzeichen, aber auch Götterbilder (bei den Christen das Kreuz) wurden als P. getragen. C. Z.

1. *Pfister* im Hdwb. d. dt. Aberglaubens, Art. Amulett. 2. *Campbell Bonner* Stud. in Magical Amulets. Ann Arbor 1950. 3. *Delatte-Derchain* Les Intailles Magiques Gréco-égypt. Par. 1964.

Phylarchos (φύλαρχος). **1.** In buleutischer Funktion erscheint der P. in Epidamnos (Aristot. pol. 5,1,1301 b 22f.), in magistratischer in Kyzikos (F. G. Maier Griech. Mauerbauinschr. 1, 1959, 59 und S. 211). Von einer ähnlichen Spitzenfunktion des P. künden Inschr. aus Bithynien und Thrakien (Gschnitzer 1082–1086). **2.** Als Befehlshaber des von der einzelnen Phyle zu stellenden Reiterkontingents kennt den P. Athen (Aristot. Ath. pol. 61,5). **3.** Häufig ist die Anwendung des Begriffs P. auf Häuptlinge der Araber (schon Cic. fam. 15,1,2). H. B.

F. Gschnitzer, RE Suppl. XI 1067–1090.

4. P. aus Athen oder Naukratis (Athen. 2,58c; Suda s. Φ.), griech. Historiker des 3. Jh. v. Chr., Vf. von Ἱστορίαι (28 B.), den Zeitraum von 272 (Tod des → Pyrrhos) bis 220/19 (Ende → Kleomenes' III.) umfassend. P. scheint somit die Werke des → Hieronymos (6) und vor allem des → Duris (1) fortgesetzt zu haben. Mit letzterem verbindet ihn auch die stark auf emotionale Wirkungen berechnete Art der Darstellung (»trag. Geschichtsschreibung«; vgl. E. Schwartz Fünf Vortr. über d. griech. Roman 123f.). Obwohl die Vorgänge im Mutterland, eröffnet und beendet mit der Schilderung des Scheiterns zweier bedeutender hellenist. Könige, im Mittelpunkt standen, war doch die gesamte griech. Staatenwelt berücksichtigt. Exkurse aller Art waren reichlich vertreten. P.' entschiedene Sympathie für Kleomenes forderte die Kritik des Polybios (2,56ff.) heraus, der, seinerseits ein Bewunderer der durch → Aratos (2) vertretenen Gegenseite, P. Geschichtsfälschung vorwirft. Das vernichtende Urteil der Attizisten über den Stil der Ἱστορίαι (vgl. Dion. Hal. comp. 4) dürfte wesentlich zum Untergang des Werkes beigetragen haben. Benutzt wurde es namentlich von Plutarch (Agis und Kleomenes, ergänzend auch für Aratos und Pyrrhos); zahlreiche exc. bietet Athenaios; einige Notizen sind bis in den Roman des → Heliodoros (5) gelangt (vgl. W. Capelle, RhM 96, 1953, 166ff.). Von den übrigen, P. zugeschriebenen Titeln, darunter einer Ἐπιτομὴ μυθική und einer Schrift Περὶ εὑρημάτων, läßt sich keine Vorstellung mehr gewinnen. H. Gä.

Frg.: FGrH 81. *F.L.V.M.Lissone*, Nijmegen 1969. Lit.: (Ältere Arbeiten bei *J.Kroymann*, RE Suppl. VIII 488f.). *E.Gabba* Studi su Filarco, Pavia 1957 (= Ath. 35, 1957, 3ff. 193ff.). *Th. W. Africa* P. and the Spartan revolution, Berkeley 1961. *F.J.Frost*, AJPh 83, 1962, 419ff. *B.Shimron*, RFIC 94, 1966, 452ff.

Phylas (*Φύλας*). **1.** König im thesprot. Ephyra, von Herakles besiegt und getötet. Seine Tochter → Astyoche (1) gebar dem Sieger → Tlepolemos, Il. 2,653ff. Apollod. 2,149. 166. Diod. 4,36,1 *(Phyleus)*. Vgl. → Astydameia (1). → Polymele (2). **2.** König der Dryoper, der gegen das delph. Heiligtum frevelte, von Herakles getötet. Seine Tochter → Meda (3) gebar dem Helden Antiochos, Paus. 1,5,2. 10,10,1. Diod. 4,37,1. Schicksale der Dryoper: Paus. 4,34,9ff. H. v. G.

Phyle (*Φυλή*, Demot. *Φυλάσιος*). **1.** Att. Demos der Phyle Oineis im ö. Parnes am Paßübergang nach Tanagra, Strab. 9,2,11 p. 404. Harpokr. Steph. Byz. Suda, Hesych, s.v. P. war Ausgangspunkt des Unternehmens des Thrasybulos zum Sturz der 30, Xen. hell. 3,4,2ff. Diod. 14,32,1ff. Nep. Thrasyb. 2,1. IG II^2 10,4. Syll. I^3 120. SEG 2,11. 3,70. Bei dem Panheiligtum in der Guraschlucht bei P. spielt der Dyskolos Menanders. Über dem Ort auf isoliertem Felsplateau das sehr gut erhaltene Kastell des 4. Jh. v. Chr., das mindestens bis ans E. des 3. Jh. v. Chr. besetzt blieb. E.M.

1. *v. Schoeffer*, RE V 115ff. 2. *W. Wrede* Phyle, MDAI(A) 49, 1924, 153ff. 3. *J. Wiesner*, RE XX 1011ff. Nr. 2. 4. *Kirsten-Kraiker* Griechenlandkunde^5, 1967, 185ff. 872 (Lit.). 5. Inschr. der Pansgrotte: *W.Peek*, MDAI(A) 67, 1942, 59ff.

2. P. (*φυλή*, bei Hom. Il. 2,362 *φῦλον*). Dorier und Ioner kennen die P. als Teil der Gesamtheit (»Stamm«) und nach deren Auseinanderfall als Verband zur personalen oder lokalen Gliederung der einzelnen → Polis (»Abteilung« bzw. »Bezirk«). In letzterer Bedeutung entspricht der P. die röm. → *tribus;* zur Bedeutung »Stamm« s. die Übertragung auf jüd. Verhältnisse, z.B. Ex. 31,2.

Bei den Doriern (→ Dorieis) scheint die Dreizahl der P. (Hylleis, → Dymanes, Pamphyloi) schon in der → Dor. Wanderung vorhanden gewesen zu sein. Zahl und Namen haben sich vielerorts erhalten (F. Kiechle Lakonien und Sparta, 1963, 116,1. R.F. Willets Aristocratic Society in Anc. Crete, 1955, 230) oder lassen sich über Kolonien für die Mutterstadt ermitteln (Korinth: W. Hüttl Verfassungsgesch. von Syrakus, 1929, 32, Epidauros: R. Herzog, APrAW 1928, 6,42). Die drei P. in Kyrene (Hdt. 4,161,3, vgl. F. Sokolowski Lois sacrées des cités grecques, 1962, 115 B 51) gehören nur bedingt hierher. Für die Einbeziehung der vordor. Bevölkerung in die P.ordnung sind verschiedene Lösungsversuche erkennbar. Sparta scheint die Einwohner von → Amyklai in die drei dor. P. aufgenommen zu haben (Kiechle a.O. 151). Aus → Argos, → Sikyon und → Troizen ist je eine nichtdor. 4. P. bekannt (M. Wörrle Unters. z. Verfassungsgesch. von Argos im 5. Jh. v. Chr., 1964, 11), für → Korinth läßt sie sich erschließen (É. Will, Korinthiaka, 1955, 293). In → Epidauros treten an die Stelle der Pamphyloi zwei neue P. (IG IV^2 p. 166). Reformen verändern Charakter und Zahl der alten P. (Korinth: H. Berve Die griech. Tyrannis 2, 1967, 524, Sparta: K. M. T. Chrimes Anc. Sparta, 1949, 163–168) oder nehmen den Vorstehern (→ Phylarchos) ihre polit. Funktion (→ Epidamnos: Busolt GStk 2,792,1). Sozusagen der letzte (deformierende) Schritt ist die Hinzufügung einer P. zu Ehren eines röm. Kaisers (vgl. die Hadrianidai in → Megara: K. Hanell Megar. Stud. 1934, 138).

Auch für die Ioner darf das Vorhandensein einer bestimmten Anzahl von P. vor der → Ion. Wanderung angenommen werden. Nach ant. Tradition gelten die 4 att. P. (Argadeis, → Aigikoreis, → Geleontes, → Hopletes) als urionisch. Ihr Vorkommen in ion. Städten Kleinasiens kann auf att. Deszendenz (C. Roebuck, TAPhA 92, 1961, 497f.), aber auch auf allg. Verbreitung in myken. Z. hinweisen (M. B. Sakellariou La migration grecque en Ionie, 1958, 47. 255). Neben ihnen erscheinen in Milet zwei weitere: Boreis und Oinopes (F. Sokolowski Lois sacrées de l'Asie Min., 1955, 50). In den n. Städten Ioniens finden sich andere Namen bei Vorwiegen der Dreizahl (Roebuck a.O. 500–503). Die ion. P. spielen eine wichtige Rolle in der Verfassungswirklichkeit, sei es durch ihre Vorsteher (in Athen die Phylobasileis), durch gewählte Vertreter im Rat (Chios: Tod IGH I^2 1, Athen: Aristot. Ath. pol. 8,4) oder als Vorinstanzen für die Beamtenbestellung (Aristot. Ath. pol. 22,5, vgl. 8,1). In Attika scheinen die alten P. auch als Basen für polit. »Parteien« eine Rolle gespielt zu haben und deshalb von → Kleisthenes beseitigt worden zu sein (D. Kienast, HZ 200, 1965, 274). Die Einzelheiten über seine P.-Reform s. im Spezialartikel. Den 10 von ihm geschaffenen P. sind in hellenist. Z. 2 weitere nach Königen benannte P. hinzugefügt worden (vgl. Chr. Habicht Gottmenschentum und griech. Städte, 1956, 153ff.). H. B.

Phyles (*Φυλῆς*), Sohn des Polygnotos, aus Halikarnassos, Erzgießer. Der nur aus Signaturen auf Delos und Rhodos bekannte P. war wohl von 250 bis nach 200 tätig. Er schuf in der Hauptsache Porträtstatuen. Erhalten hat sich kein Werk seiner Hand. Lippold, RE XX 1014. W. H. G.

Phyleus (*Φυλεύς*). Sohn des Königs → Augeias. Vom Vater vertrieben, weil er vor Gericht gegen ihn für Herakles ausgesagt hatte, ging er nach Dulichion, wo er über die Epeier auf den Inseln herrschte, Il. 2,628. Später tötete Herakles den Augeias und übergab P. die Herrschaft in Elis. Apollod. 2,89ff. 141. Diod. 4,33,4. Abweichend Paus. 5,1,10. Von Timandra (→ Echemos) wurde P. Vater des → Meges (Hes.). H. v. G.

Phyllidas (*Φυλλίδας*), theb. Sekretär, schloß mit → Melon in Athen die Verschwörung zur Befreiung Thebens 379 und war an ihr entscheidend beteiligt, Xen. hell. 5,4,2ff. Seine Bedeutung mindert Plut. Pelop. 7ff.; mor. 577 d. 588 b. 594 d. 596. 598 zu Gunsten des Pelopidas. A. SCHAEFER Die Ber. v. Xen. Diod. Plut. über die Besetzung und Befreiung Thebens, Diss. München 1930. H. V.

Phyllis (*Φυλλίς*). **1.** Eponymin der Landschaft P. am unteren Strymon (→ Amphipolis), Tochter eines thrak. Königs, mit der der Theseussohn → Akamas (1) – bei den Römern dessen Bruder → Demophon (2), nach dem Vorgang von Kall. Aitia –, sich auf der Rückreise von Troia vermählte. Als die Frist für das versprochene Wiederkommen verstrichen war, erhängte sie sich und wurde in einen dürren Mandelbaum verwandelt, der erst wieder grünte, als der Gatte endlich – zu spät – zurückkam. Oder: Er fand den Tod durch einen Fluchgeist, der aus einem ihm von P. mitgegebenen Kästchen sprang, Hyg. fab. 59. 243. Apollod. epit. 6,16f. Culex 132. Ov. her. 2 u.s. Serv. Verg. ecl. 5,10. Die Sage soll polit. Ansprüche Athens und ihr Scheitern spiegeln, TH. LENSCHAU, RE XX 1022f. **2.** Name von Hirtinnen, Verg. ecl. 2. 3. 7. Hor. c. 2,4,11. 4,11,3. Martial. 10,81 u.s. H. v. G.

Phyllomanteia s. Mantik

Phylobasileis (*Φυλοβασιλεῖς*), die Könige der 4 vorkleisth. Phylen aus den → Eupatridai, urspr. Führer der Phylenaufgebote im Kriege, Pol. 8,111. Aristot. Ath. pol. 8,3. Sie richteten mit dem *βασιλεύς* unter → Drakon und → Solon Todschlag, Mord oder Tyrannis, Sylloge³ 111. Plut. Sol. 19,4. Andok. 1,78, im 4. Jh. Tiere und Gegenstände, die einen Menschen getötet hatten, Aristot. 57,4. Ihr Amtslokal mit eigener Kasse (*φυλοβασιλικά*) war das *βασίλειον*, IG II² 1357. Ähnliche Funktion hatten Könige in Elis und Mytilene, Inschr. v. Olympia 2,3. Theophr. frg. 97 Wimmer. H. V.

Phylonoe (*Φυλονόη*, auch *Φιλονόη*). **1.** Tochter des lyk. Königs Iobates, mit → Bellerophon vermählt, Apollod. 2,33. R. PEPPERMÜLLER Die Bellerophonsage, ihre Herkunft und Gesch. Diss. Tüb. 1961. **2.** Tochter von → Tyndareos und → Leda, von Artemis unsterblich gemacht, Apollod. 3,126, in Lakonien verehrt, Athenag. 1. H. v. G.

Phylotimos, Arzt im 3. Jh. v. Chr., Schüler des → Praxagoras. Im Gegensatz zu → Herophilos ist Ph. offenbar nicht nach Alexandreia gegangen, sondern in Kos geblieben. Das mag seinen (gegenüber → Herophilos) konservativ-traditionellen Standpunkt geprägt haben. Galen (10,128 oder 11,163 K.) schätzt P. so ein; die erhaltenen Frg. widersprechen dem nicht. F. K.

F. Steckerl The Fragments of Praxagoras and his School, Leiden 1958, 108–123.

Physik. Die ant. Physik ist ihrem Wesen, Inhalt und Umfang nach etwas anderes als das, was heute unter der exakten Wissenschaft der P. verstanden wird. Die Aufgabe der modernen P. ist die Erforschung der Gesetzmäßigkeiten der Erscheinungen und Vorgänge in der anorganischen Natur durch planmäßiges Experimentieren, durch das die Erfahrungstatsachen, die der Gegenstand der P. sind, erst geschaffen oder doch so hergerichtet werden, daß sie der wissenschaftlichen Bearbeitung zugänglich sind. Mit dieser Experimental-P. ist die theoret. P. aufs engste verbunden, deren Aufgabe darin besteht, aus dem Erfahrungsmaterial Zusammenhänge von möglichst weittragender Bedeutung herauszulesen und mathemat. formulieren. Allein mit dieser theoret. P. ist die ant. P. wesensverwandt (Leisegang). Die Anwendung von Apparaturen, wie sie bei Heron, Vitruvius und Eutoklos (Archimed. opp. 3,66ff. H.) beschrieben werden und teils praktischen, teils wissenschaftlichen Demonstrations-Zwecken dienen, rechnet Aristot. nicht zur Physik, die sich (Aristot. Met. *E* 1. 1025 b 20 Phys. *B* 1. 192 b 13) auf den Seinsbereich beschränkt, dessen Glieder das Prinzip der Bewegung in sich selbst haben, also auf nach modern-naivem Sprachgebrauch natürliche Dinge.

Aristot. unterscheidet dort zwischen Herstellungslehren (*ποιητικαὶ ἐπιστῆμαι*, handwerkl. Techniken), Verhaltenslehren (*πρακτικαὶ ἐ.*, Ethik und Politik) und theoret. Lehren (*θεωρητικαὶ ἐ.*). Die theoret. Lehren teilen sich in Erste Philosophie (Metaphysik), Mathematik und Physik. Da die Mathematik (Alex. Aphrod. In Aristot. Met. 1026 a 6) neben Geometrie und Arithmetik auch Optik, Musiktheorie und Astronomie umfaßt, ist der Bereich der Physik hierdurch abgesteckt.

Die *φυσιολογία* der Epikureer z. B. (Diog. Laert. 10,37) würde zur Physik gehören, soweit sie (vgl. ebd. 41) allgemeine Prinzipien wie die Atomlehre behandelt, die Erklärung von Naturphänomenen aus ethisch-psycholog. Gründen (Vertreibung von Angst und Aberglaube) dagegen nicht mehr.

Aristoteles' Physikalische Vorlesungen gliedern sich in die Bücher *Περὶ φύσεως* (*A–Δ*), die *Περὶ κινήσεως* (*E*, *Z*, *Θ*) und das Einzelbuch (*H*). *A.* behandelt in Auseinandersetzung mit den → Vorsokratikern die Prinzipien, *ἀρχαί*; die → eleat. Lehre, nach der es keine Vielheit und kein Werden geben kann, wird als logisch nicht zwingend erwiesen.

Buch *B* grenzt wie M. *E* 1. 1026 a 14 Physik gegen Metaphysik einerseits und Mathematik mit Musiktheorie, Astronomie und Optik anderseits ab. Es folgen bis *Δ* Ende die Gründe (*αἰτίαι*) der physikal. Vorgänge (*μεταβολαί*), da wir nach Aristot. nur dann etwas wissen, wenn wir seinen Grund wissen (*B* 3. 194 b 18); behandelt werden also die Begriffe Zufall, Spontaneität, die 4 *causae* (198a 23ff.), nämlich die *causa materialis, formalis, efficiens* und *finalis*. Weiter: Naturnotwendigkeit, Unendlichkeit, Raum, Zeit, Materie, Vakuum.

E, *Z* und *Θ* behandeln die μεταβολαί selbst, Bewegung per-se, per accidens, Bewegung – Ruhe, stetig – unstetige Bewegung, Kontinuität, Diskontinuität, endliche, unendliche, ewige Bewegung mit den berühmten Paradoxen des → Zenon (Z 9. 239b 5), gipfelnd in der erst von Newton überwundenen Theorie, daß alles Bewegte von etwas bewegt werden müsse. Der erste Beweger darf folglich selbst nicht bewegt sein, er muß teillos, immateriell, ewig sein. Fruchtbar hieran die Theorie, daß vollkommene, ewige Bewegung nur kreisförmig sein kann (→ Eudoxos). Relationen von Bewegung und Geschwindigkeiten behandelt das lose angehängte B. *H*, bedeutend für die Gesch. der Mechanik 150a 9, ein Satz, der durch Heron (Mechanik 1,1 Bd.2,1,1. Nix-Schmidt) »Eine gegebene Last mit gegebener Kraft heben«, die Krankonstruktion, direkt widerlegt wird. Plut. V. Marc. 14,13 schildert dramatisch die Szene, wie Archimedes vor König Hieron allein mittels Flaschenzuges ein Hochsee-Schiff aufs Trockene zieht, was nach der Aristot.-Stelle theoretisch unmöglich ist.

Über die Erklärung von Umweltsphänomenen durch die von Aristot. sogen. φυσικοί → Vorsokratiker und die einzelnen Namen. Über die Wertung von Technologie und experimentelle Verfahren s. Plut. Marc. 14,9 in Zusammenhang mit den militär. Konstruktionen des Archimedes, ferner quaest. con. 8,2,1. 718 EF, Vitruv. 9,3,13. Lehren Späterer unter → Epikur, → Stoa und den einzelnen Vertretern. Ant. Beiträge zu den mod. Wissenschaften Mechanik, Statik, Akustik, Optik, Thermodynamik, Elektrizität zusammengestellt und diskutiert von Leisegang.

Ant. Lehrmeinungen über physikalische Probleme im weiteren Sinne gesammelt von Aetius (ca. 100 n. Chr.), dessen verlorenes Buch H. Diels aus Ps. Plutarch, Stobaios u.a. rekonstruierte.

J. M.

Lit.: *Leisegang*, RE XX 1034. *S. Sambursky* Physical world of later Antiquity, London 1962. *H. Diels* Doxographi Graeci, Berlin 1879.

Physiognomik (eig.-gnomonik), Lehre von der Erkennbarkeit und Beurteilung des menschl. Charakters anhand körperlicher Merkmale. In der Ant. haben einige Naturwissenschaftler und Ärzte positiv über P. geschrieben (Sammelausgabe der Scriptores Physiognomonici von R. Foerster); unter die Erkennungsmerkmale wurden übrigens auch Kleidung und Lebensweise gerechnet. Der Widerstand gegen die Ph. bezweifelte vor allem deren Aussagewert (vgl. z.B. Hypereides frg. 198). Die wichtigsten ant. Monographien über Ph. stammen aus dem → Peripatos (Ps. Aristoteles) und von → Polemon. Die Attraktivität der Ph. liegt an sich auf der Hand: Ärzte (z.B. Hippokrates und Galen) waren ebenso daran interessiert wie Historiker (Biographen). Was die Stichhaltigkeit der Prämissen (Idealtyp!) angeht, so ist die ant. P. genauso problematisch wie die moderne forensische Ph. Lombrosos oder Mantegazzas.

F. K.

Physiologus. Anon. chr. Volksbuch, das die teils wirklichen, teils fabulösen Tieren, Pflanzen, Steinen zugeschriebene Natur symbolisch deutet und typologisch auf Christus, die Trinität, die Kirche, den Teufel, den Menschen bezieht. Die älteste griech. Fassung dürfte E. 2. Jh. n. Chr. in Alexandreia entstanden sein. E. 4. Jh. wird eine schon weiter entwickelte Fassung von → Eustathios (7) benutzt. Der älteste Bestand, wie ihn bes. die aethiop. Übers. (5. Jh.) spiegelt, umfaßte 48 Artikel. Meist steht am Anf. ein Bibelspruch. Dann folgen, oft eingeleitet mit dem Satz »Der Naturforscher (ὁ φυσιολόγος) hat gesagt«, Angaben über das Verhalten und die Kräfte des betr. Tiers (bzw. Baumes, Steines). Naturwissenschaftl. Beschreibung tritt ganz zurück gegenüber Paradoxologie und Magie, wobei äg. Tradition neben syr., jüd., ind. Einflüssen vorherrscht. M. Wellmann hat → Bolos (3. Jh. v. Chr.) als Quelle vermutet. Doch spielt manches andere mit aus einem lit. nicht näher greifbaren Strom volkstümlicher Naturerklärung, von dem Einzelnes aufscheint bei Aristoteles und Theophrastos, die irrigem Volksglauben widersprechen, und bei den öfter zustimmenden → Plinius d. Ä., → Plutarchos, → Ailianos (2) u.a.; bes. nahe Parallelen bieten die äg. Texte des → Horapollon und der hermet. Koiraniden [5]. Zuweilen hat der Vf. auch mit Rücksicht auf die beabsichtigte Deutung und die dabei verwendeten Bibelstellen Einzelheiten erfunden: Die Schlange fastet, bevor sie sich durch Abstreifen der alten Haut verjüngt, 40 Tage und Nächte (vgl. Matth. 4,2). Die symbol.-typolog. Auswertung beruht auf dem Grundgedanken der im Kosmos waltenden Sympathie aller Dinge miteinander (→ Poseidonios). Schon Philon von Alexandreia deutet von dieser Voraussetzung her Tiere, Steine und Pflanzen im AT. allegorisch. Der Ph. strebt aber nicht Allegorie als solche an, sondern gibt der Typologie gerne eine moral. Nutzanwendung (Vorbild oder abschreckendes Beispiel).

Der Ph. war als in vielen Sprachen verbreitetes Volksbuch vielfachen Umformungen ausgesetzt. Vom griech. Text sind 4 Rezensionen bekannt; schon die älteste liegt in 4 nach Umfang und Anordnung des Textes voneinander abweichenden Hss.-Gruppen vor. Dem Archetypus am nächsten kommt die Hs. von Grottaferrata [2]. Die Rezensionen 2,3 (Prosa) und 4 (Vers) gehören dem MA. an. Ins Syrische wurde der Ph. mindestens dreimal übertragen und erweitert. Alt sind die aethiop., kopt. und armen. Übers., die arab. ist durch eine syr., die georg. durch eine armen. Vorlage vermittelt. Die slav. Übers. (russ., serb., tschech.) dürften auf eine bulgar. Übers. zurückgehen, die rumän. direkt aufs Griech. Die lat. Übers. gehen von 2 verschiedenen Klassen der griech. 1. Rezension aus. Im MA. entwickeln sich auf ihrer Grundlage die beliebten *Bestiaria*, sowohl in Versen (angelsächsisch, französ.) wie in Prosa (althochdt., isländisch, französ., ital. u. a.). Nicht gering ist auch der meist indirekte Einfluß des Ph. auf die bildende Kunst; neben den Fabeltieren Einhorn und Phoenix sind als bes. symbolträchtig verbreitet Pelikan, Elefant, Krokodil, Antilope u. a. O. H.

Ta.: Griech.: 1. *F. Sbordone*, 1936. 2. *D. Offermanns* Der Ph. nach den Hss. G und M, 1966, Beitr. zur klass. Phil. 22. Lat.: 3. *Pitra* Spicilegium Solesmense 3, 1855.
Lit.: 4. *Fr. Lauchert* Gesch. des Ph., 1889. 5. *M. Wellmann* Der Ph., 1930, Philol. Suppl. 22,1 (vgl. *Festugière* La révélation d'Hermès trismégiste 1, ^{3}1950, 201–210). 6. *O. Seel* Der Ph., 1960. 7. *B.E. Perry*, RE XX 1074–1129.

Physis (*φύσις*, Verbalsubst. zu *φύειν*, *φῦναι*, gewöhnlich mit »Natur – natürliche Beschaffenheit« wiedergegeben) ist in seiner Bedeutung reich differenziert, seit dem 6. Jh. v. Chr. ein zentraler Begriff in Physik und Ethik. Im ganzen ist zu sondern:

a) *φύσις* ohne weitere Beifügung bezeichnet den Werde-Prozeß im ganzen und die dabei zutage tretende Gesetzlichkeit. Sofern diese Gesetzlichkeit durch keinen »manipulierenden« Einfluß gestört wird, erscheint das, was *κατὰ φύσιν* geschieht oder vorliegt, als sinnvoll, gut, werthaft. Auf diesem Wege wurde *φ.* zu einem Wert-Begriff.

b) *φύσις* mit Beifügung eines Genitivs: Eigenart oder Eigen-Gesetzlichkeit eines bestimmten Wesens oder Dinges: so der einzige Beleg bei Hom. Od. 10,305: Hermes zeigt dem Odysseus *φύσιν φαρμάκου*, womit äußerlich sichtbare Gestalt und geheime Wirkungsweise der Zauberwurzel Môly, die nur die Götter kennen, gemeint ist.

c) Außerhalb aller Terminologie kann *φ.* (wenn auch selten) einzelne Wesen, bes. einzelne Sterne und Pflanzen, bezeichnen.

In der Gesch. des Begriffes *φ.* sind im großen ganzen folgende Stadien zu unterscheiden: 6.–4. Jh. Die ion. Naturphilosophen sahen ihre Aufgabe darin, der *φ.* auf den Grund zu kommen. Nahezu alle philos. Werke des 6. und frühen 5. Jh. trugen den Titel *περὶ φύσιος* (od. *φύσεως*). Das Weltganze, das Weltall und die Kausalität seines Entstehens, Zusammenhaltens und seiner Phänomene (Sternenhimmel!) waren Gegenstand dieser Forschung. Dabei wird *φ.* stets optimistisch-positiv gesehen: Wer die *φ.* erkennt, erkennt ihren Sinn; vgl. → Epicharm. B 4; Vorsokr. I 198,17. So verstanden ist *φ.* die glückliche Anlage; darum vermag *φ.* zu heilen. Demgegenüber erschien das Unerwartete, Irrationale, Unkontrollierbare als *τύχη* – so schon → Demokr. B 176, Vorsokr. II 180,10. Aber gerade er protestierte dagegen, daß der *φύσις* alle Sinnhaftigkeit zugeschrieben wurde; ob die Wendung von einer *ἄλογος φ.*, die die Welt regiert, authentisch ist (Demokr. A 22 bei Aet. plac. II 2,2), bleibt zweifelhaft. Gut bezeugt dagegen ist B 242 = Vorsokr. II 193,14 *πλέονες ἐξ ἀσκήσιος ἀγαθοὶ γίνονται ἢ ἀπὸ φύσιος*. Mängel der *φ.* können durch Training ausgeglichen werden. Damit widerspricht Demokrit offenbar pointiert der herrschenden Meinung, die sich im Worte des → Hippokrates ausspricht (de victu 1,11 = Vorsokr. I 185,31), wonach die Menschen für sich den *νόμος* gesetzt hätten (und zwar ohne Kenntnis, worauf er sich bezieht), die Götter aber die *φ.* aller Dinge. Diese Sonderung wurde zur Basis der Kritik an Gesetz und Herkommen – jener Kritik, die das 5. Jh. kennzeichnet: Alle Gesetzlichkeit war an dem Kriterion zu prüfen, ob sie der *φ.* entspricht oder nicht. Hier liegen die Wurzeln aller nachmaligen Erwägungen zum Naturrecht. Die frappierende These, die Sprache mit allen Worten sei *φύσει*, also nicht von Menschen durch Ordnung oder Übereinkunft (*θέσει*) gesetzt, hat hier ihre Wurzel: Hätte die Sprache einen solchen (menschl.) Ursprung, so wäre sie fehlhaft. Bezeichnenderweise hat nur Demokrit, für den die hohe Wertung der *φ.* nicht galt, die These vertreten, die Sprache sei *θέσει* gesetzt. Die im 5. Jh. angelegten Linien werden folgerichtig von Stoikern und Epikureern fortgesetzt: Für die frühe und die mittlere Stoa ist *φ.* der eigentlich bestimmende Wertbegriff. In der *φ.* der Welt drückt sich der Logos unmittelbar aus; alle Handlungen sollen der *φ.* entsprechen, wofür der Logos einziges Kriterion ist. Umgekehrt setzt sich bei den Epikureern das Dogma Demokrits fort, daß alle Dinge durch zufällig erfolgten Zusammenschluß der Atome entstanden sind.

Die vom Pythagoreertum her bestimmten Ansätze Platons zu einer Lehre von der *φ.* sind im → Platonismus weit stärker als bei Platon selbst zum Tragen gekommen. Danach ist die *φ.* im Grunde wertneutral; sie ist oder sollte Objekt der Weltseele sein, die Sinn und Harmonie der höheren Ordnungen in diese Welt hinein überträgt. – Auf das *φ.*-Verständnis des Aristoteles, der eine Wertung der *φ.* durchaus vermeidet, ist nachmals die platon.-pythagor. Wertung angewendet worden, so bes. in der ps. aristotel. Schrift *περὶ κόσμου*.

Nun fiel in jene Zeit, da der Platonismus sich neu formierte, der Versuch des → Poseidonios, die *φ.*-Lehre der Stoa zu berichtigen. Es geht auf ihn zurück, wenn der Begriff *φ.* fortan als Wert und als Gegenwert, also polar verstanden wurde: In der *φ.* ist nicht nur der Logos tätig, sondern auch die *ἀλογία*. Dieser Gedanke führte in wenigen Generationen zur völligen Um- und Abwertung der *φ.* Zwar gilt *φ.* im Platonismus, bes. bei Plotin, als wertneutral: Sie kann Harmonie und Vernunft aufnehmen. Aber sie kann auch Widerstand gegen Harmonie und Ordnung leisten, denn nur in ihr hat die ἀλογία, die Unvernunft, einen Ort. Die Wertung der φ. hängt völlig davon ab, ob sie den Logos aufnimmt oder nicht. Nur für den ersten Fall gelten die hymn. Preisungen, wie groß und wie herrlich die Natur ist (→ Cicero, Plotin).

Das Christentum kann diese Würdigung der φ. fast mit den gleichen Termini übernehmen; diese Würdigung ist ja an die Prämisse geknüpft, daß die φ. sich dem Logos öffnet und sich von ihm gestalten läßt. Für den Christen ist der Logos = Christus, der das Fehlhafte an der φ. überwindet. So kann und muß die Größe der außermenschlichen φ. als ein Ausdruck des göttl. Logos gewertet werden. Die menschl. φ. dagegen ist durch die Erbsünde fehlhaft; diese Defizienz wird durch Christus als den Logos getilgt (σωτηρία. Eine menschliche φ. ohne Hinwendung zu Christus, d.h. Zugehörigkeit zu seiner Kirche, muß mithin schlecht sein.

Das Wort Kants vom »gestirnten Himmel über mir und vom moralischen Gesetz in mir« steht in unmittelbarer Nachfolge ant. und chr. φ.-Lehre: Kant nennt die beiden Orte, an denen es bes. sinnfällig wird (was ihn mit »staunender Bewunderung erfüllt«), daß die Natur den Gesetzen der Vernunft folgt: einer mathemat. Vernunft am Himmel und einer eth. Vernunft, die den Menschen leitet. Durchaus antik ist dabei die Überzeugung von der Einheit der φ. und der Einheit des Logos, der sie vollkommen macht. H. D.

J. W. Beardslee The Use of φύσις in the Fifth Century Greek Liter., Diss. phil. Chicago 1918. *L.F.Beeretz* Die Bedeutung des Wortes φύσις in den Spätdialogen Platons, Diss. phil. Köln 1963. *Ernst Grumach* φύσις und ἀγαθόν in der Alten Stoa, Problemata 6, 1932, dazu Rez. *M.Pohlenz*, GGA 195, 1933, 324–329 = Kl. Schr. 1,94ff. *F. Heinimann* φύσις und νόμος. Herkunft und Bedeutung einer Antithese im griech. Denken des 5.Jahrhunderts, Schweizer Beitr. z. Alt.-Wissenschaft 1, 1945 [dazu *M.Pohlenz* Nomos und Physis, H. 81, 1953, 418–438 = Kl. Schr. 2,341ff.], Nachdr. 1965, dazu *F.Lasserre* Nomos et physis. A propos d'une réimpression; Helikon 6, 1966, 716–722. *D.Holwerda* Commentatio de vocis quae est φύσις vi atque usu praesertim in Graecitate Aristotele anteriore, Diss. phil. Groningen 1955. *Paul Joos* τύχη φύσις τέχνη. Stud. z. Thematik frühgriech. Lebensbetrachtung, Diss. phil. Zürich 1955. *F. W. Lenz* Ἔθος δευτέρη φύσις. A New Fragment of Democritus? TAPhA 73, 1942, 214–231. *D.Mannsperger* φύσις bei Platon, 1969. *R. Mondolfo* φύσις e θεῖον. Intorno al carattere e al concetto centrale della filosofia presocratica; Atene e Roma 3, 1935, 79–100. *H. Patzer* φύσις. Grundlegung zu einer Gesch. des Wortes, Habilschr. Marburg 1945. *H. und M. Simon* Die alte Stoa und ihr Naturbegriff. Ein Beitrag zur Philosophie-Gesch. des Hellenismus, 1956. *W. Theiler* Zur Gesch. der teleolog. Naturbetrachtung bis auf Aristoteles, [2]1965. *Otto Thimme* φύσις τρόπος ἦθος. Semasiologische Unt. über die Auffassung des menschl. Wesens und Charakters in der älteren griech. Lit., Diss. phil. Göttingen 1935. *B.Wasniewski* La conception de la φύσις chez les philosophes de la nature; Giorn. Ital. di Filol. 13, 1960, 225ff.

Physkos (Φύσκος). **1.** Östlichste Stadt und Verwaltungsbezirk der rhod. → Peraia in SW.-Kleinasien, zum Gebiet von → Lindos gehörend, Reste auf dem Hügel Asar Tepe n. von Marmaris an einer tiefen, natürlichen Hafenbucht. Strab. 14, 2,4 p. 652. 2,29 p. 663. 5,22 p. 677. Ptol. 5,2,8. Stadiasm. m. m. 272. Geogr. Rav. 2,18,105,1. 5,8, 360,16 *(Pictus, Piccos* u.ä.*)*. Diod. 14,83,5. Steph. Byz. SEG 14,676–682. 18,435–436.

E. Meyer, RE Suppl. XI 1090f.

2. Westlokr. Stadt, Ethnikon Φυσκεῖς, beim h. Malandrino mit erhaltener Stadtmauer und sonstigen Resten bis in byzantin. Z., Plut. mor. 294 E. Steph. Byz. In den Inschr. von Lokris, Delphi und Aitolien erscheinen Φυσκεῖς sehr oft, und nach 167 v.Chr. war P. Hauptort des noch verbliebenen Restes des Bundes der Westlokrer wie schon im 4.Jh. Inschr. IG IX 1,3[2],665–705. E. M.

1. *W.M.Oldfather*, RE XX 1167ff. Nr.4. 2. *L.Lerat* Les Locriens de l'ouest 1,48ff. 77f. 123ff. (mit Plan). 2. oft s. Index, bes. 55ff. 95ff. 117. 156ff.

Phytaion (Φύταιον, Ethnikon Φυταιεύς), Stadt in Aitolien s. des Trichonissees, liter. nur bei Pol. 5,7,7. 11,7,5 und bei Steph. Byz. für die J. 218 und 207 v.Chr. genannt, sonst BCH 45, 1921, 22 IV 46. Inschr. v. Magnesia 28,14 (IG IX 1[2],186). Bürger von P. erscheinen in den aitol. Inschr. mehrfach auch als Beamte. Lage nicht sicher bestimmbar, wahrscheinlich die ant. Ortslage bei Papadates [3]. E. M.

1. *E.Kirsten*, RE XX 1169ff. 2. *Philipps.-Kirst.* 2,340. 3. *G.Klaffenbach*, SPrAW 1935, 715. RE VII A 86, 25ff. (Karte S. 89f.). Varia Epigraphica, ADAW Kl. f. Sprachen 1958, 2,7f.

Piaculum, Sühnopfer, zentrale Erscheinung im röm. Kult *(piaculis plena vita omnis illorum* Arnob. 7,26*)*; von *piare = pium reddere* sc. *hominem* – der kultisch versöhnte *deus* »*pius*« (TROMP) ist sekundär ([4], 81 ff. [1], 1180f. mit ThLL-Material); denn *pius* ist primär »der in der *pax deum* stehende Sterbliche« ([4], 82) und bezeichnet wie *purus, castus* u.ä. den rechten Zustand des kultausübenden Menschen *(impius ne audeto placare donis iram deorum* Cic. leg. 2,22*)*. Diesen stellt, falls verletzt, das P. wieder her (vgl. z.B. Varro l. l. 6,30 *praetor qui tum (sc. die nefasto) fatus est ... piaculari hostia facta piatur)*. Da der *ritus maiorum* peinlichste Beobachtung verlangte, war dessen Verletzung oft unvermeidlich (Serv. georg. 1,270 *scimus necessitati religionem cedere)*. Daher hat die röm. δεισιδαιμονία, die nur Ausdruck des röm. Rechtssinns ist, im *ius sacrale*, das den Verkehr mit den Göttern gleichsam vertraglich regelt, präzise festgelegt, welches P. wann nötig sei, um den (verkürzt ebenfalls als P. bezeichneten) Verstoß auszugleichen; z.B. bei Landarbeit am

Festtag ein Schweineopfer (Macr. Sat. 1,16,10f.); Slg. aller überlieferten P. [3], 38–114). Das P. wurde von den Pontifices bestimmt (vgl. z. B. Liv. 29,19,8. [5], 128) und in der Regel von dem Schuldigen, Individuum oder Gemeinde, ([2], 393f.), geleistet. Zum Unterschied des P. von → Lustration und → Prodigienprokuration vgl. [1], 1181f. [2], 392. A. S.

1. *W. Ehlers*, RE XX 1179ff. 2. *G. Wissowa* Rel. u. Kultus der Römer², 392ff. 3. *S.P.C. Tromp* De Romanorum piaculis, Diss. Amst., Leid. 1921, dazu 4. *G. Wissowa*, PhW 43, 1923, 80ff. (von grundsätzlicher Bedeutung). 5. *G. Rohde* Die Kultsatzungen der röm. pontifices, RVV 25, 1936, 127f.

Pīcēnum (Cic. Att. 7,21,2. Varro rust. 1,50,2. Liv. 21,62,6. Plin. nat. 2,226. Mela 2,65; adjektiv. *regio Picena* Paul. Fest. 235,16 L., *poma Picena* Hor. s. 2,4,70; Volksname *Πικηνοί* Ptol. 3,1,21. 52. Prok. Goth. 1,15,21), griech. *Πικεντίνη* (Pol. 2,21,7. Strab. 5,227. 240ff.), *Πικεντικόν* (Steph. Byz. s. *Ὄμβρικοι*), *Πικηνίς* (Plut. Pomp. 6), Name der zwischen adriat. (Strab. 5,251) Küste und Apennin (5,227) vom → Aesis (2) bis → Aternus (Ptol. 3,1,20 bis Matrinus) gelegenen 5. Region (Plin. 3,110. Strab. 5,241), berühmt durch Öl (Plin. 15,16), Wein (14,37. 39. 67), Obst (Hor.); Städte: Adria, Ancona, Asculum, Auximum, Castrum Novum, Cingulum, Cupra maritima und montana, Firmum, Numana, Potentia, Septempeda, Treia, Truentum, Urbs Salvia (nach Liv. epit. 15 Ariminum, CIL V 1715 Ravenna, Eutr. 3, 18 Sena). Bewohner – bis Castrum (Strab.) am Helvinus (Plin.) – *Picentes* (Pol. 3,86,9. Cic. Sull. 25; Att. 7,26,1. Plin. 3,110. Mela 2,59. Cass. Dio frg. 96,3 M. *Πικένται*), griech. *Πικεντῖνοι* (Strab. 5,228. 240ff. Diod. 37,2. 18f. App. Samn. 6; Celt. 11; civ. 1,39,1. Aristot. mir. 110 *Πευκεντῖνοι*). Rom 299 mit ihnen verbündet (Liv. 10, 10,12), gründet in P. die Kolonien Hadria und Castrum (Liv. epit. 11), unterwirft 268 P. (Liv. epit. 15. Eutr. 2,16) mit 360000 Einwohnern (Plin. 3, 110), die später in die *tribus Velina* (CIL IX 5331) kommen (Erklärung für Plin. 2,226). Ein Teil wird von den Römern (Strab. 5,251 *Πίκεντες*. exc. Strab. 5,48 GGM 2,555) an den N.-Rand des Golfs von → Paestum bis zum → Silarus (Dion. Per. 361 mit Sch. Eust. Paraphr. *Πευκεντῖνος*. Priscian. perieg. 355 *Picens*) umgesiedelt (Ptol. 3, 1,7. 69. Plin. 3,38. 70; von BELOCH RG 474 zu Unrecht bezweifelt). Ihre Stadt *Picentia:* Sil. 8, 580. Mela 2,69. Strab. 5,251. Steph. Byz. s.v. (Phlegon FGrH 257 F 29 *Πικεντόν*). 232 erfolgt die Viritanadsignation des gall. Besitzes in der *Πικεντίνη* (Pol. 2,21,7) *ultra agrum Picentium* (Cato frg. 43 P. Varro rust. 1,2,7), was Cic. Cato 11; Brut. 57 ungenau bezeichnet (BELOCH RG 475f.). P. ist Herz des Widerstandes im Bundesgenossenkrieg (Eutr. 5,3. Flor. 2,6. Gell. 15,4,3). Noch 49 Verwaltung durch *praefecturae* (Caes. civ. 1,15,1). Später Verwaltungsbezirk *Flaminia et P.* (Not. occ. 1,56. 2,14. Laterc. Ver. 10,4). Als Urbewohner gelten pelasg. (Sil. 8,445) *Asili* (8, 447). Dann kamen *Siculi et Liburni* (Plin. 3,112; 111 *Siculi* als Gründer Numanas; 110 *Liburni* in Truentum), nach ihnen Umbrer (Plin.); später erst (nach Kall. frg. 107 Pf. Skyl. 16 vermutlich im 4. Jh. v. Chr.) wanderten Sabiner, von einem Specht geführt, in P. ein (Paul. Fest. 235,16f. L. Plin. 3, 110. Strab. 5,228. 240). Namensherleitung von lat. *picus* (Strab.) verbreitet (SCHULZE Eigenn. 482. KRETSCHMER, Glotta 14, 1925, 86. NORDEN Altgermanien 218ff. ALTHEIM Gesch. d. lat. Spr. 27f.), jedoch zweifelhaft, da wegen *Πευκεντῖνος* (Aristot. Dion. Per. aus Eratosth.), *Πευκετιῶν* (Kall.; vgl. sabin. *Picetia* Dion. Hal. ant. 5,40), *Πευκετιεῖς* (Skyl. 15) als Samniten *pīk-* sabin. Aussprache für *pēk-<*pĕu̯ĕd[ĭ]q-* ist. Beziehung zu balkan. Namen zweifelhaft, da mös. *Picenses* (Amm. 17, 13,19f. Ptol. 3,9,2) zu Fluß *Pincus* (Plin. 3,149. Not. or. 41,4. Prok. aed. 4,6,1), pannon. *Picentianum* (It. Ant. 260,7) zu *Picentius*, istrisch *Piquentum* (Ptol. 3,1,28. CIL V 428) zu *pĭk-* mit Suffix *-u̯ento-* gehören (Plin. 3,139 *Peucetias* zu Liburni in P.!). Illyr. Einflüsse zahlreich (vgl. *Truentus* mit illyr. *r̄>rō, rū* neben ital. *Τράεις*, **trāent-*). Die ungedeuteten Inschr. von Novilara (PID 2,208ff.) sind n. von P. gefunden, ihre Sprache nicht picenisch; nach P. gehören die altsabell.-südpicen. Inschr. (PID 2,222ff. v. BLUMENTHAL, IF 47, 1929, 48ff. PISANI, Suppl. SE 26, 1959, 75ff. RADKE, RE Suppl. IX 1764ff.), die sprachlich dem Umbrischen verwandt sind (BRANDENSTEIN, RE XX 1195.) und im Alphabet korinth. Einfluß zeigen. G. R.

Forbiger Hb. d. alt. Geogr. 3,442ff. *Nissen* It. Ldk. 2,409ff. *Beloch* RG 557ff. 601ff. *Sanctis* StR 1²,70. *Altheim* RG 2, 1953, 263.

Picti s. Caledonii

Pictones, Volksstamm der Gallia Celtica, später Aquitania, s. des unteren Liger (Loire), h. Poitou (Pol. 10,6. Strab. 4,190. Ptol. 2,7,5. 9 *Πίκτονες*. Lucan. 1,436. Plin. nat. 4,108. 17,47 *Pictones*. Not. Gall. 13,6. Amm. 15,11. Not. dign. occ. 42,65 *Pictavi*; CIL XIII 1697. 7297 *Pictavus*). CIL III 14046a nennt die *equites catafractarii Pictavenses*, die urspr. in Poitiers lagen, dann in den O. verlegt wurden.

Sie sind Nachbarn der Namnetes im NW., der Bituriges Cubi im O., der Lemovices im SO., der Santones im SW. Caes. Gall. 3,11,5 erwähnt für das J. 56 die gall. Schiffe, *quas ex Pictonibus et Santonis reliquisque pacatis regionibus convenire iusserat* (3,11,5). Im J. 52 folgten die P. Vercingetorix (7,4,6. 75,3). Im J. 51 wird die Belagerung der Hauptstadt Lemonum (Poitiers) durch Dumnacus, dem Führer der Anden erwähnt (8,26,2. 27,1).

In röm. Z. gehören die P. zu den Volksgemeinden der Gallia Aquitanica (Strab. 4,190. Plin. nat. 4,108). Ihr Gebiet war wegen seiner Kalkböden für Öl- und Weinbau günstig (Plin. nat. 17,47). Für die Wirtschaft wichtig waren Fischfang,

Schiffbau, Vorkommen von silberhaltigem Bleiglanz bei Melle (Deux-Sèvres: *aerariae* Caes. Gall. 3,21,3), und das Straßennetz. Itin. Ant. S. 460. Tab. Peut. 276. GRENIER Man. arch. gallo-rom. 6, 1934, 87ff. Mehrere Meilensteine der Z. von Antoninus Pius bis Constantius Chlorus sind erhalten.

Von der Hauptstadt Limonum Pictonum (h. Poitiers), existieren noch Mauer (Plan in BLANCHET Les enceintes rom. de la Gaule 1907, 178, Fig. 8. GRENIER a.O. 5, 1931, 418. 504), Amphitheater, Thermen, 3 Wasserleitungen, 3 Friedhöfe, Tempel, ein Baptisterium. Das Christentum beginnt mit Bischof → Hilarius † 367. Inschr. CIL XIII 1124. 11070. P. WUILLEUMIER Inscr. lat. des trois Gaules, 1963, 55. M. L.

Desjardins Géogr. Gaule 2,704. 4,160. *E. Ginot* Introduction à la géogr. hist. de la ville de Poitiers 1921. *Espérandieu* Rec. gén. bas. rel. Gaule rom. 2,294, Nr. 1391–1406. Für das chr. Poitiers, s. DACl 14, 1939, 1252. Neue Funde: Gallia 7, 1949, 123. 9, 1951, 101. 12, 1954, 176. 19, 1961, 399.

Pictor, Cognomen, vgl. I. KAJANTO The Lat. Cognomina, Soc. Sc. Fenn. 1965, 321, erblich bei den → Fabii (I 41–47). H. G. G.

Pīcumnus wird von Aemil. Macer frg. 1 Morel mit → Picus (Non. p. 518 M. *avis*) gleichgesetzt. Als Erfinder des Düngens heißt P. Sterculinius (Serv. Aen. 9,4); zusammen (Fab. Pict. iur. pont. frg. 6 P.) mit Bruder → Pilumnus (Serv. Aen. a. O.) gehört er zu den *coniugales dei* (Serv. auct. Aen. 9,4) oder *infantium dei* (Piso frg. 44 P.), denen ein *lectus* aufgestellt wird (Non. p. 528 M.) und die das Neugeborene gegen → Silvanus schützen (Aug. civ. 6,9). G. R.

Prell.-Rob. 1,375ff. *Peter* Myth. Lex. 2,213f. *Latte* RRel. 51,4. *Radke* Götter Altitaliens 253f.

Picus, »Specht«, König der → Aboriginer (Fest. 228,33 L.) oder → Laurenter (Verg. Aen. 7, 48. 171), Sohn des → Saturnus (Verg. Aen. 7,48. Sil. 8,441f.) oder Stercutius (Serv. auct. Aen. 10, 76), dem er einen Altar errichtet (Isid. or. 17,1,3), Vater des → Faunus (Verg. Aen. 7,48. Serv. auct. a. O.), mit dem zusammen ihn Numa überlistet (Ov. fast. 3,285ff. Plut. Numa 15). P. gehört zu den Göttern der Landwirtschaft (Aug. civ. 18,19). Circe verwandelt ihn in einen Specht (Verg. Aen. 7,189ff. Ov. met. 14,320ff. Sil. 8,442f.). Verbindung zwischen latin. Urkönig und wegweisendem Specht der Sabiner (Paul. Fest. 234,16 L. Strab. 5, 240. Sil. 8,439ff.; Spechtkult in Tiora Matiene: Dion. Hal. ant. 1,14,5. Fest. 214,18f. L.) oder Auguralvogel (Non. 518 M. *picum Martium*. Plin. nat. 10,40)? Rettung der Zwillinge (Fab. Pictor lat. ann. frg. 3 P. Serv. Aen. 1,273. Plut. Rom. 4; qu. Rom. 21. Ov. fast. 3,37f.) erinnert an Faunus und P. G. R.

Prell.-Rob. 1,375f. *Carter* Myth. Lex. 3,2494ff. *Wissowa* Rel.² 66. 212. *Radke* Götter Altitaliens 255.

Pieria s. Makedonia. Musai

Pierides (*Πιερίδες*). **1.** Bezeichnung der → Musai nach ihrem Geburtsort (Hes. theog. 53). **2.** Die neun Töchter des → Pieros (Paus. 9,29,4), welche sich in einen Wettkampf mit den Musen einließen und besiegt wurden (Ov. met. 5,300ff.). W. P.

Pieros (*Πίερος*). **1.** Sohn des → Makedon (1), Stammheros der makedon. Landschaft Pierien (→ Makedonia A 2). Auf ihn führte man die Einführung der 9 → Musen (bisher 3) in Thespiai am Helikon zurück. Paus. 9,29,3. Spätere Erfindung gab ihm 9 Töchter, die er nach den Namen der Musen benannte und die in einem Wettgesang mit den echten Musen schmählich unterlagen und in mißtönende Vögel (Elstern) verwandelt wurden. Paus. a. O. 4. Anton. Lib. 9. Ov. met. 5,294ff. **2.** Sohn des → Magnes (1), der mit der Muse → Kleio (seiner eigenen Tochter, so K. KERÉNYI Mythol. der Griechen 137) → Hyakinthos erzeugte. Apollod. 1,16. H. v. G.

Pietas. Das pflichtgerechte Verhalten gegen Gott und Mensch. Als *iustitia adv. deos* (Cic. nat. 1,116) durch das fast synon. *religio* (Cic. leg. 2,26) ersetzbar, bezeichnete p. bes. den menschlichen Bereich (*iustitia erga deos religio, erga parentes pietas* Cic. part. 78. inv. 2,66): die Haltung der Pflichterfüllung gegen Verwandte, verstorbene (*di parentes*, → Parentalia, Cic. leg. 2,55) wie lebende (Cic. inv. 2,161), bes. die Eltern (Ter. Andr. 869); auch gegen das Vaterland (Cic. rep. 6,16. Liv. 39, 9,10). In ihrem familiär-sozialen ([2], 2500. [4], 239), vom religiösen freilich kaum zu trennenden Sinn (Plaut. Rud. 190ff.) wurde p. → personifiziert (Plaut. Curc. 639f. Sen. Phaedr. 903 u. ö.) und wie → Fides, → Virtus u. a. die Ordnung erhaltende, göttliche Werte kultisch erhöht (Cic. leg. 2,19. 28), so in dem ihr 180 v. Chr. geweihten Tempel ([1], 1223) *in foro holitorio* (Liv. 40,34,4), dort wo einst mit ihrer Milch eine Tochter den eingekerkerten Vater erhalten hätte (Fest. 209 M.). Der enge Bezug der Familie zum Staat machte die p. zu einer der großen röm. Tugenden (vgl. z. B. Liv. 7,10,3f.) und damit polit. bedeutsam (Cic. off. 3,90): Pius-Cognomen und Pietas-Münzen – mit dem Storch (der seine Eltern im Alter nährt, Aristot. hist. an. 615b 23) als Symbol – noch in republ. Z., bes. aber die alle Seiten der altröm. p. (verkörpert im »*pius Aeneas*« Vergils) beschwörende programmat. Verwendung bei Augustus und davon ausgehend die »P. Augusta« als Kaisertugend ([1], 1225ff. [3], 1227ff.). A. S.

1. *C. Koch*, RE XX 1221ff. 2. *G. Wissowa*, Myth. Lex. III 2499ff. 3. *Th. Ulrich* Pietas (pius) als polit. Begriff im röm. Staate bis zum Tode des Kaisers Commodus, Breslau 1930. 4. *Latte*, RRel 39f. 238f. 5. *H. D. Weiss* Piety in Latin writers in early Christian times, Diss. Duke Univ. 1964 [microfilm].

Pigmentarius, Herstellung von Färbemitteln, Spezereien, Salben, Heilmitteln, Drogen sowie der Handel damit und mit Gewürzen lag in der Hand des P., der also teils unserem »Drogisten«, teils dem »Apotheker« entsprach. Die Bezeichnung überschneidet sich mit *aromatarius, pharmacopola, seminarius, seplasiarius, turarius, unguentarius.* Im Laden des P., *pigmentarium*, wurden oft minderwertige Stoffe verarbeitet, Scrib. Larg. 22. Der P. verkaufte auch Gifte und Liebeszauber, auf deren leichtfertige Verabreichung harte Strafe stand. Dig. 48,8,3,3. Vgl. ferner Greg. M. dial. 4,36 (Migne PL 77,383) und Hier. c. Rufin. 3,26 (Migne PL 23,477). W. H. G.

A. Schmidt Drogen u. Drogenhandel im Alt., 1924, 77ff. *Müller-Graupa*, RE XX 1233f.

Pignus. Zur Sicherung einer Forderung über die persönliche Haftung des Schuldners hinaus kennt Römisches Recht zwei Mittel, die Bürgschaft und das *p.*, Pfand. Dieses ist ein Vermögensobjekt, das dem Gläubiger einer Forderung so zur Verfügung gestellt wird, daß er sich bei deren Fälligkeit und Nichterfüllung aus dieser Sache befriedigen kann. Die Etym. des Gaius Dig. 50,16,238,2 *(pignus a pugno* = Faust) hat die Forschung bewogen, im *p.* nur eine Realsicherung mit tatsächlicher Übergabe des Pfandgegenstandes zu sehen. Es ist nunmehr unzweifelhaft, daß *p.* sowohl die tatsächl. Übergabe des Pfandes *(p. datum)*, wie auch die Bestellung des Pfandrechtes an einer Sache ohne Übergabe *(p. conventum)* deckt. Der bereits in der Klassik – ausschließlich für das besitzlose Pfand – verwendete Begriff → *hypotheca* schränkt bis Iustinian *p.* immer mehr auf das Faustpfand ein, ohne es jedoch ganz zu verdrängen. Die älteste Form der Pfandbestellung ist die → *fiducia (cum creditore contracta)*. Daneben werden *res nec mancipi* formlos zu Sicherungszwecken übergeben. Solange im Vermögensverkehr an Stelle des Leistensollens das Haftenmüssen steht, wird bei der Pfandbestellung die persönliche Haftung auf eine Sache abgewälzt. Solange die Leistungspflicht begrifflich nicht klar erfaßt ist, steht das Pfandrecht selbständig neben der zu sichernden Forderung. Sein Bestand ist vom Bestand der Forderung unabhängig, erlischt also nicht gleichzeitig mit dieser. Es ist nicht akzessorisch. Erst als im Schuldrecht die Leistungspflicht verselbständigt wird, geht auch das Pfandrecht mit der zugrundeliegenden Verpflichtung unter. Für die Begründung eines Pfandrechtes sind erforderlich eine Sache, die sich im Eigentum des Bestellers befindet, ein Verpfändungsvertrag und eine zu sichernde Forderung. Der Verpfändungsvertrag ist formfrei. Bewegliche Sachen werden in der Regel dem Gläubiger übergeben. Er genießt den Interdiktenschutz. Seit dem 3. Jh. v. Chr. werden Pfandrechte, ausgehend vom Pachtvertrag, auch an Sachen ohne tatsächliche Übergabe begründet.

Pfandgegenstand kann alles sein, was vermögenswert ist, so körperliche Sachen, Geld- und Sachforderungen, der *ususfructus*, das Erbbaurecht, die alten Feldservituten, sowie das gesamte gegenwärtige oder zukünftige Vermögen des Schuldners oder auch eines Dritten. Der Pfandgläubiger hat aus dem Pfandvertrag den Anspruch auf den Besitz, beim *p. datum* ab Übergabe, beim *p. conventum* ab Fälligkeit der Forderung. Der Gebrauch des Pfandgegenstandes ohne Genehmigung begründet ein *furtum usus.* Desgleichen ist die Fruchtziehung von einer Vereinbarung abhängig. Früchte sind zuerst auf die Zinsen, dann auf die Hauptforderung anzurechnen. Beim hellenist. Nutzpfand gelten sie an Zinses statt. Nach Erfüllung oder Erlöschen der Forderung ist die Pfandsache herauszugeben. Wurde die Schuld bei Fälligkeit nicht erfüllt, so verfiel urspr. das Pfand dem Gläubiger. Sehr früh schon wurde es üblich, eine Verkaufsabrede beizufügen. Ein Mehrerlös ist herauszugeben, ein Mindererlös besteht als Restforderung weiter. Nach Erfüllung hat der Pfandschuldner Anspruch auf Herausgabe des *p.*, nach Verkauf auf das *superfluum.* Beide Ansprüche kann er mit der *actio pigneraticia (in personam)* durchsetzen. Den dinglichen Schutz des Pfandrechtes läßt die herrschende Lehre frühestens mit der späten Republik beginnen. Nach Kaser (2. I 394) ist dem Gläubiger wegen der Eigentumsübertragung am Pfandgegenstand die *rei vindicatio* zugestanden. Die dem *p.* eigentümlichen Rechtsmittel entwickeln sich wahrscheinlich aus dem besitzlosen Pfand des Landverpächters. Das *interdictum Salvianum* dient der Besitzerlangung an den eingebrachten Sachen des Pächters für Zinsschulden und wirkt gegen jeden Besitzer des *p.* Der Praetor schafft des weiteren für den Verpächter die *formula Serviana*, die unter Umgehung des komplizierten Interdiktenverfahrens gegen jedermann den Erwerb oder Wiedererwerb des Besitzes am *p.* gewährt. Der wesentl. Schritt ist die Ausdehnung der *f. Serv.* auf jeden Pfandgläubiger. So entsteht die allg. dingliche Pfandklage, in den Quellen *actio Serviana, vindicatio pignoris, actio pigneraticia (in rem)*, selten auch *a. hypothecaria* genannt.

An einer Pfandsache können auch mehrere Pfandrechte begründet werden. Das frühere Recht ist das stärkere. Anspruch auf Besitz und evtl. Verkauf hat nur der erstrangige Gläubiger. Durch seinen Verkauf erlöschen alle anderen Rechte an der Sache und werden auf das *superfluum* beschränkt. Ein Nachgläubiger kann den Erstgläubiger auszahlen und rückt dann an dessen Stelle *(ius offerendi et succedendi)*. – Seit Ende des Prinzipats wird das Rangsystem durch privilegierte Pfandrechte durchbrochen. Ansprüche des *fiscus* (Grundsteuer) oder des Darlehensgebers für Aufwendungen auf bereits verpfändete Sachen treten von Rechts wegen an die erste Pfandstelle. In der Nachklassik schafft das Kaiserrecht Generalpfandrechte zugunsten des *fiscus*, des Mündels, der Gattin zur Sicherung ihrer Mitgift und der

Kirche. Ein Retentionsrecht an der Pfandsache zugunsten anderer als der gesicherten Forderung begründet im 3. Jh. Kaiser → Gordianus (sog. *p. Gordianum*). Die schon seit jeher mangelnde Publizität der Verpfändung, zusammen mit den bevorzugten Pfandrechten und den Generalpfandrechten bringen eine totale Lähmung des Kreditverkehrs, da bes. durch letztere auch die Bürgenhaftung völlig fragwürdig wird.

Pignoris capio ist das rechtmäßige Ergreifen und Wegnehmen einer fremden Sache ohne Genehmigung des Eigentümers zur → Coercition oder zur Durchsetzung eines Anspruches öffentlichrechtl. oder sakralrechtl. Inhaltes. Die magistrat. *p. c.* dient der Erzwingung des Gehorsams gegen magistrat. Befehle und besteht in der Wegnahme und Zerstörung von Vermögenswerten des sich Sträubenden. Bei der → *legis actio per p. c.* kann der Berechtigte für ganz bestimmte Ansprüche (Soldforderungen, Kaufpreis von Opfertieren) streng förmlich Sachen des Verpflichteten ergreifen. Den Steuerpächtern stand zur Eintreibung der Steuern das Recht der Pfandnahme zu. In der *cognitio extra ordinem* läßt der Richter bei unbestrittenen Geldforderungen auf Antrag des Gläubigers bewegl. Sachen des Schuldners pfänden *(p. in causa iudicati captum)*. Z. V.

1. *H. Dernburg* Das Pfandrecht nach den Grundsätzen des heutigen röm. Rechts, 1860/64. 2. *M. Kaser* Das Röm. Privatrecht I, II, 1955/59; 3. *Ders.* Das Röm. Zivilprozeßrecht, 1966. 4. *A. Steinwenter*, RE XX 1234. 5. *A. Manigk*, RE XX 1239. 6. *F. Wubbe* Res aliena pignori data, 1960. 7. *Herbert Wagner* Voraussetzungen, Vorstufen und Anfänge der röm. Generalverpfändung, 1968 (6 u. 7 mit umfass. Lit.). 8. *A. Wacke*, Tijdschrift voor Rechtsgeschiedenis 37, 1969, 369ff.

Pigres (*Πίγρης*), nach der Suda Karer aus → Halikarnassos (hier findet sich der Name P.: Sylloge^3 46,28), Bruder der im Perserkrieg hervorgetretenen → Artemisia (ein Feldherr P. Hdt. 7,98 kurz vor Artemisia genannt), der die Ilias durch eingeschobene Pentameter erweiterte und → Margites und → Batrachomyomachie verfaßte. *Πίγρης ὁ 'Αρτεμισίας* erscheint auch bei Plut. mor. 873 F als Vf. der Batrachom., doch ist die Stelle, wie IMMISCH, LZ 47, 1896, 1706 und PEPPMÜLLER, PhW 21, 1901, 676ff. mit Wahrscheinlichkeit anzunehmen, interpoliert. Nach CRUSIUS, Philol. 54, 1895, 734ff. 58, 1899, 577ff. gehen diese Angaben auf Erfindung des → Ptolemaios Chennos zurück. R. K.

Pikrai Limnai (*Πικραὶ λίμναι* Strab. 17, 809. *Fontes amari* Plin. nat. 6,165, gleich מָרָה Ex 15,23. Num 33,8), die »Bitterseen« auf der Landenge von Suez, alt *km-wr* »Großer Schwarzer«, an dem die äg. Verteidigungsanlagen des Ostdeltas lagen, die »Herrschermauer«, vgl. Pyr. 628, 1350, 1630. Sinuhe 21. Sethe, Komm. Pyr. T. I 166. W. H.

Pilatus s. Pontius

Pilius. Seltener röm. Gentilname, vgl. SCHULZE Eigenn. 456, inschr. auch *Peilius*, DESSILS 3708. **1.** Q. P. Celer, Verwandter des → Pomponius Atticus; er ging 54 zu Caesar nach Gallien und befand sich 49 in dessen Gefolge. Bis 43 wird er im Briefwechsel Ciceros mehrfach erwähnt. **2.** Pilia, seit 56 Gemahlin des T. → Pomponius Atticus, dem sie 51 eine Tochter gebar. Nur bekannt aus den Briefen Ciceros. H. G. G.

Pilleus(-eum). Die halbkugelige oder kegelförmige, eng anliegende Kopfbedeckung aus Fell, Filz oder Wolle ist in Rom Symbol der *libertas;* sie wird bei Freilassungen (Liv. 30,45,5. 38,55,2. Petron. 41. Suet. Nero 57. Val. Max. 5,2,4), an den Saturnalien (Martial. 11,6,4. 14,1,2) und allg. vom einfachen Volk getragen (Suet. Nero 26. 57). P. ist gleichbedeutend mit Freiheit (Liv. 24,32,9 und die Münze des Brutus SYDENHAM Coinage of the Roman Republic [1952] T. 30,1301). Durch Zufügungen (vor allem Stab und Wolle) wird der P. zur Kappe röm. *sacerdotes, pontifices, flamines* mit Sondernamen *(Galerus, Albogalerus, Apex, Tutulus)*, vgl. ausführlich KÖRTE, AAG 16,4 (1917) 22ff. T. 6–8. Dieser P. stammt wohl aus Etrurien (KÖRTE 10ff. T. 1–4). W. H. G.

Pilos (*πῖλος*). Neben einem schützenden Teil der Rüstung (Thuk. 4,34,3. Poll. 1,149. 10,142), allerlei Decken (Plut. Artax. 11. Xen. Kyr. 5,5,7) und weichem Schuhwerk (Plat. symp. 220b. Poll. 7,171. 10,50) ist P. vor allem eine runde oder konische Kopfbedeckung aus Filz ähnlich dem röm. → pilleus. Den P. trugen Handwerker, Hirten, einfache Leute. Bildwerke zeigen unter den Heroen vor allem Odysseus, unter den Göttern vornehmlich Hephaistos und Charon, seit hellenist. Z. auch die Dioskuren mit P. Formähnlich ist die unter dem Helm als Druckschutz getragene Kappe (z. B. BUSCHOR Griech. Vasen, 1940, Abb. 167); selbst einen eng anliegenden Helm konnte man im Scherz P. nennen (Aristoph. Lys. 562). W. H. G.

Pilum. Aus dem p. (*ὕπερον*), der Mörserkeule, entwickelte sich das *p. murale*, das die Römer bes. zur Lagerverteidigung benutzten. Es war schlanker als die Mörserkeule, hatte wie diese eine Einkerbung in der Mitte, doch im Gegensatz zu ihr zugespitzte Enden, die im Feuer gehärtet oder aus Eisen waren. Seine Verwendung scheint ziemlich alt zu sein, da in Griechenland schon im 4. Jh. v. Chr. eine der Mörserkeule ähnliche Wurfwaffe in Gebrauch war (Ain. takt. 33,2). Aus der Z. des homogenen Heeres der röm. Kaiserz. sind *p. muralia* von der Saalburg, aus dem Kastell Oberaden und Castleshaw (BursJb 248, 1935, 188) erhalten. Das *p.* (*ὑσσός*) als Wurf- und Stoßwaffe der röm. Legionen ist mit dem Aufkommen der Manipulartaktik verbunden, die neue Waffe erhielt zunächst bloß ein Teil der Phylangiten (→ Phalanx), später nach voller Ausbildung der

Manipulartaktik die beiden ersten Treffen, die → *hastati* und → *principes*. Der Abwurf der P. leitete in der Regel den Kampf mit Schild und Schwert ein (→ *exercitus*). Nach Pol. 6,23 (Rekonstruktion durch A. SCHULTEN) gab es dicke, schwere und dünne, leichte p. Das schwere, für Würfe nur auf kurze Entfernung geeignete *p.*, war rund oder viereckig. Alle *p.* bestanden aus einem 1,40 m langen Schaft aus Holz, in den ein ebenso langes Eisen mit Widerhakenspitze bis zur Mitte eingefügt und am Schaft mit Nägeln befestigt war. Nur an der Einsatzstelle hatte das Holz des schweren *p.* eine Stärke von 7,7 cm, sonst aber nur 3 cm. Das Eisen dieses *p.* war vor der Einsatzstelle 2,8 cm dick und hatte dann eine 6 cm breite und 10 bis 15 cm lange Zunge und unterhalb dieser einen 60 cm langen und 1–2 cm starken Dorn. Die Gesamtlänge eines *p.* betrug 2,10 m, das Gewicht des schweren ca. 1,68 kg. Dieses schwere *p.* kam bald außer Gebrauch; die 35 in den röm. Lagern von Numantia gefundenen *p.*, die aus den J. 153 und 133 v. Chr. stammen, umfassen nur leichte, eine Weiterentwicklung des leichten *p.* des Polybios. Sie sind 0,5–1,5 cm stark und wiegen bis 1 kg. Es gibt darunter *p.* mit Tülle, mit Zunge, die 2 Löcher aufweist. Das 15–95 cm lange Eisen ist rund, an der Einsatzstelle auch viereckig. Von 44 Spitzen zeigen nur 5 noch die einfache, mit Widerhaken versehene, alle anderen sind schon pyramidenförmig. Die Befestigung des Holzes mit dem Eisen durch 2 Eisennägel ersetzte Marius (Plut. Mar. 25) durch einen Eisen- und einen Holznagel; dieser sollte beim Einschlag des *p.* in den feindlichen Schild abbrechen. Da dies offenbar nicht immer der Fall war oder die Lockerung schon früher eintrat, wurde in der Z. Caesars das Eisen mit dem Holz wieder fest verbunden. Die *p.* aus dem Lager des Metellus bei Caceres in Estremadura vom J. 79 v. Chr. zeigen bereits neben Zungen mit Loch auch solche ohne. Die Zwinge, mit der diese am Holz befestigt wurde, findet sich zum erstenmal an den bei Alesia gefundenen *p.* aus dem J. 52 v. Chr. Ihre Spitzen haben meistens Pyramidenform wie die in Urso (Ossuna) gefundenen vom J. 45 v. Chr. Das *p.* mit weichem Eisen, gestählter Spitze dürfte in der Z. zwischen Marius und Caesar aufgekommen sein (Caes. Gall. 1,25,3, App. Celt. 1), eine Verbesserung, die das Abbiegen des Eisens beim Einschlag des *p.* in den feindlichen Schild ermöglichte. So entstand jenes *p.* mit pyramidenförmiger Spitze, dünnem, kurzem und weichem Eisen, schmaler, trapezförmiger und kurzer Zunge, bis zu 2 m Länge und 0,77–2,06 kg Schwere, das noch für die Frühzeit des kaiserl. homogenen Heeres typ. war. Die weitere Entwicklung läßt die zunehmende Bedeutung der Fernkampfwaffen erkennen, denen gegenüber sich das *p.* seiner geringen Wurfweite von 30 m wegen als unzureichend erweist, das schließlich durch die weitaus handlichere und wirksamere → *lancea*, bzw. → *hasta* verdrängt wird. *P.* als Bezeichnung erhielt sich aber noch lange, ohne daß gesagt werden kann, was in jedem einzelnen Fall damit gemeint ist. Wie andere Waffen wurden *p.* auch signiert (Plut. Mar. 27. BursJb. 248, 1935, 188), doch handelte es sich auch hier offenbar nur um eine Kann- nicht Muß-Vorschrift. A. N.

A. Schulten, RE XX 1333ff. *M. Ebert*, RLV 10, 158ff. *Krom.-Veith*, 325f. 524f. *Fr. Lammert*, Philol. Suppl. XXIII (1931), Heft II, 21ff. *W. Kubitschek*, Mitt. d. Präh. Komm. d. Österr. Akad. d. Wiss. II 2 (1912), 191ff. *A. Neumann* Ausgrabungen und Funde im Wiener Stadtgebiet 1950. Wien 1955, 6, Veröffentlichungen des Hist. Mus. d. Stadt Wien, Ur- und Frühgesch. Abt.

Pilumnus, bei Verg. Aen. 9,4. 10,76. 619 Ahnherr des → Turnus, wird von Varro zusammen mit Picumnus (vgl. Fab. Pictor iur. pont. frg. 6 P.; nach Serv. Aen. 9,4 Brüder) zu den *coniugales dei* (Serv. auct. Aen. 9,4. Non. p. 528 M.) oder zu den *infantium dei* (Serv. auct. Aen. 10,76) gerechnet; ihnen stellt man einen *lectus* auf (Serv. auct. a. O. Non. a. O.); als Schutzgeist für die Neugeborenen kennt den P. auch Aug. civ. 6,9. Piso frg 44 P. leitet den Namen P. von *pellere*, Varro (Serv. Aen. 9,4. Serv. auct. Aen. 10,76. Isid. or. 4,11,5. Aug. a. O.) von *pilum* her (zum Nebeneinander vgl. Fest. 224,4 L.), das dann als die von P. erfundene Mörserkeule verstanden wird. LATTE, RRel 51 weist etr. Herkunft mit Recht zurück. G. R.

Samter Geb., Hochz. u. Tod. 29ff. *Wissowa*, Rel. ^{2}244. *Radke* Götter Altitaliens 255f. *Dumézil* Rel. Rom. arch. 586f. *Grimal* Dictionnaire 376.

Pilze (*μύκης, -ητος* oder *-ου*, *mucus*, *mucor*, *-oris* »Rotz« oder *fungus* aus *σφόγγος, σπόγγος*), in Griechenland spärlich, reichlicher in Italien wachsend, waren dem Alt. natürlich bekannt und als Nahrungsmittel in Gebrauch trotz der bekannten von Giftp. drohenden Gefahr (*cibus anceps* Plin. nat. 22,97, *temere manduntur* ebd. 92). Man hielt sie für ein Gärungsprodukt der Erde nach starken Regengüssen oder für ein Produkt des Wurzelwerks der Bäume, unter denen sie wuchsen, und glaubte, daß unter gewissen Bäumen (bes. Eichen) eßbare, unter anderen (so Pinien und Zypressen) schädliche P. wüchsen. Bei Plin. u. a. finden sich Angaben über Kennzeichen giftiger P. und mehrfach über Gegenmittel bei P.-Vergiftungen (bes. Brechmittel). Der berühmteste Fall einer P.-Vergiftung war der des Kaisers Tiberius, eines leidenschaftlichen P.-Essers, der freilich nicht durch giftige P., sondern durch Gift zu Tode kam (J. 54 n. Chr.), das seine Gattin → Agrippina (3) dem ihm vorgesetzten P.-gericht hatte zusetzen lassen. Andererseits geben Plin. u. a. Mediziner sorgfältige Anweisungen über Verwendung von P. als Heilmittel.

Schwierig und problematisch ist die Feststellung der den Alten bekannten P.-arten wegen der Ungenauigkeit der Beschreibungen. Einigermaßen gesichert scheinen der Lärchenpilz, *agaricum* = Polyporus officinalis Fr. (Polyporus laricis Jacqu.), der Kaiserling oder Herrenpilz, *boletus* (βωλίτης) = Agaricus caesareus Scop., in der Kaiserz. als Schlemmermahlzeit hochgeschätzt und auch von Galenos empfohlen, der gleichbeliebte *fungus suillus* (Steinpilz), *fungus candidus (pratensis)* = ἀμανίτης, der echte Champignon, der *fungus aridus* = Zunderschwamm und *tuber, -eris* = τὸ ὕδνον, die Trüffel. Brand, Rost und Schimmel an Pflanzen (ἐρυσίβη, *uredo, robigo*) galten den Alten nicht als P. K. Z.

Steier, RE XX 1372–86.

Pimpleia (ἡ Πίμπλεια, Πίπλεια), Dorf und Quelle im Gebiet der makedon. Stadt → Dion in der Landschaft Pieria am O.-Fuß des Olymp unterhalb von → Leibethra, den Musen geweiht, die danach »pimpleisch« heißen, und Geburts- oder Aufenthaltswort des Orpheus, Strab. 7 p. 330 frg. 17. 18. 9,2,25 p. 410. 10,3,17 p. 471. Lykophr. 275 m. Sch. und Tzetz. z. St. Apoll. Rhod. 1,23ff. m. Sch. Hor. c. 1,26,9 u.a. E. M.

Joh. Schmidt, RE XX 1387ff. – s. auch Makedonia. Musai.

Pinacotheca. Räume für Bildersammlungen (Varro rust. 1,2,10. 59,2. Vitr. 6,5,2. Plin. nat. 35, 4. 148. Strab. 14,637: zu seiner Z. war das Heraion in Samos P.) sollen nach Vitr. groß (6,3,8) und des Lichts wegen nach N. gelegen sein (1,2,7. 6,4,2. 7,3), vom Peristyl aus zugänglich. P. als Name des N.-Flügels der Akropolis-Propyläen in Athen, wo Weih-Pinakes aufbewahrt wurden, ist nicht antik. W. H. G.

Pinara (τὰ Πίναρα Strab. 14,665. Arr. an. 1, 24,4; die Bewohner Πιναρεῖς: Steph. Byz. s. P. Head² 697), lykische Binnenstadt, deren Lage beim h. Minareh durch den Gleichklang des mod. Namens nahegelegt und durch Inschr.- und Münzfunde gesichert ist – eine Gründung von → Xanthos (Menekrates FGrH 769 F 1) an der Stelle einer alten lyk. Siedlung. Die ältesten datierbaren Belege (TAM I Nr. 45 unter Bezug auf → Pixodaros, vgl. RE XX 1894 Nr. 3. Arr. an. 1,24,4: Einnahme der Stadt durch Alexander d. Gr.) bezeugen den Bestand von P. für die 2. H. 4. Jh. v. Chr. P. zählte als Mitglied im Lyk. Bund zu den 6 größeren Städten, die im Bundesrat mit 3 Stimmen vertreten waren (Strab. 14,665. Head² 697. BMC Lycia 84). Zum Territorium von P. s. [3], 14f. E. O.

1. *W. Ruge*, RE XX 1391–1395 Nr. 1. 2. *D. Magie* Roman Rule in Asia Min., Princeton 1950, 1375,15. 3. *L. Robert* Documents de l'Asie Min. Méridionale (IVe Sect. Éc. Haut. Ét. III 2) 1966, 9–29 pass.

Pinarius. Patric. Gentilname, inschr. auch *Peinarius*, älter wahrscheinl. *Peinasius*, vgl. Schulze Eigenn. 366. Gelehrte Konstruktion ist die Herleitung von πεινᾶν (Serv. Aen. 8,270 u.a.), weil die in Rom als uralt angesehenen P. nur geringeren Anteil am Opfer im Hercules-Kult gehabt hätten, den sie bis 312 zusammen mit den → Potitiern ausrichteten, Näheres o. Bd. II 1054f. Man suchte auch den genealog. Zusammenhang zu Pinos, einem Sohn des Numa, Plut. Numa 21, 1–4. In den Fasten des 5. u. 4. Jh. erscheinen 5 Namensträger (vgl. Degrassi FCap. 132), dann wurde die Gens bedeutungslos.

I. Republik. Zeit. **1.** P., röm. Ritter, der ca. 42 v. Octavian als Spion angesehen u. niedergemacht wurde, Suet. Aug. 27,3. **2.** L. P. ließ als Kommandant von → Henna 214 (?) die Bürger im Theater brutal niedermachen und beschleunigte damit den Abfall Siciliens zu Hannibal; Liv. 24,37ff. **3.** P. P., Censor 430 mit L. → Papirius (Cic. rep. 2,60), vgl. Broughton Mag. 1,64; Datierung zweifelhaft. **4.** T. P. diente 54 unter Caesar in Gallien u. stand dem Q. Cicero nahe, während sein Bruder in Rom mit M. Cicero bekannt war, Cic. ad Q. fr. 3,1,22. Mehrfache Erwähnungen eines P. in der Korrespondenz bis 43 können nicht klar zugeordnet werden. **5.** L. P. Mamercinus (Mamercus), Consulartribun 432. Degr. I 13,95. 372f. **6.** L. P. Mamercinus Rufus, cos. 472 mit P. → Furius Medullinus Fusus (I 26), wohl Urheber der lex Pinaria (Varro bei Macr. Sat. 1,13,21) aus dem mensis intercalaris (vgl. A. Kirsopp Michels The Calendar of the Rom. Rep., 1967, 101) über Richterbestellung (Gaius 4,15, RE XII 1840, 19, vgl. o. Bd. III 546). **7.** P. P. Mamercinus Rufus, cos. 489 mit C. → Iulius Iullus (I 10), gehörte 488 zu den 5 Consularen, die an → Coriolan geschickt wurden, Dion. Hal. ant. 8,22,4. **8.** (P.) Natta, Münzmeister ca. 145–138, Nachweise bei Broughton Mag. 2,448. **9.** L. P. Natta, 363 magister equitum des *dict. clavi figendi causa* L. → Manlius Imperiosus (I 22), wohl ident. mit dem Praetor L. P., der 349 vorübergehend den Küstenschutz gegen Seeräuber übernahm, Liv. 7,25f. **10.** L. P. Natta, Stiefsohn des L. → Licinius Murena (I 37), nur bekannt aus Erwähnungen Cic.s zwischen 63–56; seit 58 Schwager des P. → Clodius (8). Als Pontifex weihte er das Grundstück Ciceros den Göttern, de dom. 117ff. 134f. 139. **11.** M. P. Rusca (Pusca?) beantragte 181 ohne Erfolg eine Lex annalis (Cic. de or. 2,261). Als Praetor 181 warf er Aufstände auf Corsica und Sardinien nieder, Liv. 40,18f. 25,8. 34,12. H. G. G.

II. Kaiserzeit. **1.** P. Natta. Klient → Seians, im J. 25 Ankläger des → Cremutius Cordus, Tac. ann. 4,34,1. Ein Ausspruch von ihm bei Sen. epist. 122,11. **2.** L. P. Scarpus. Als Enkel von Caesars älterer Schwester Iulia, Suet. Caes. 83,2, mit Q. → Pedius (1) zu einem Viertel der Erbschaft des Diktators eingesetzt; doch trat er seinen Anteil an Octavian ab, Appian. b. c. 3,86. 388. Im J. 42 ließ ihn M. Antonius im Kampf gegen die Caesarmörder in → Amphipolis mit einer Legion zum Schutz des Gepäckes zurück, App. civ. 4,447. Vor → Aktion verlieh er ihm die Statthalterschaft von → Kyrene und 4 Legionen zum Schutz von Äg.; nach der Schlacht verweigerte ihm aber P. die Aufnahme in Äg., übergab sein Heer dem C. → Cornelius (II 20) Gallus, Cass. Dio 51,5. 6. 9,1 und behielt bis über 27 v. Chr. die Cyrenaica, MATTINGLY Coins 1,111. **3.** Cn. P. Cornelius Severus. Als Angehöriger eines patriz. Geschlechtes, Sohn des Cn. P. Cornelius Clemens, cos. suff. vor 74; er war *salius Collatinus* und erhielt die Quaestur und Praetur als Kandidat Traians; cos. suff. 112, Inscr. It. XIII 1, p. 200f. 230; er war *augur* und *rex sacrorum*, CIL XIV 3604 (wohl auch 4246), s. H. BLOCH, BC 65, 1937, 137f. GROAG, PIR II^2 p. 361 Nr. 1453. R. H.

Pinaros (*Πίναρος*, genauere Lagebeschreibung bei Pol. 12,17,4f. Arr. an. 2,10,1.5), in den Meerbusen von Issos (h. von Iskenderun) einmündendes Flüßchen im äußersten SO. Kilikiens, das die Aufmerksamkeit der Historiker dem an seinen Ufern im Nov. 333 v. Chr. von Alexander d. Gr. über den Perserkönig → Dareios III. (3) erfochtenen Sieg verdankt. Seine Identität mit dem h. Deli Çayi ist wahrscheinlich. E. O.

W. Ruge, RE XX 1407f.

Pinax (*πίναξ*). **1.** Geweißte Holztafel für amtliche Bekanntmachungen (LIDD.-SC. s. v. I, 2). **2.** Ämterliste in Athen, → Demoi. **3.** Bürgerpaß. Ein Täfelchen, *πινάκιον*, aus Holz oder Bronze, das von den Demen bei Eintragung in die Bürgerliste ausgestellt wurde und dem Bürger in Athen seit 400 v. Chr. als Ausweis diente (Aristot. Ath. pol. 63,4. [1]). Es war in seiner späteren Form zum Zwecke des Aufreihens bei der Richterlosung durchbohrt, trug die Namen des Inhabers, sodann einen Buchstaben, der ihn einer Abteilung der Heliasten zuwies, und einen Stempel mit wechselnden Symbolen, die die Bekleidung eines bestimmten Amtes angaben (vgl. IG II^2/III^2 1835ff.). Dieses P. fand vor allem bei der Auslosung der Geschworenen zu Richtern sowie bei der Verteilung der Richter auf die Gerichtshöfe ([2]), aber auch sonst, z. B. zur Kontrolle in der → Ekklesia, Anwendung. **4.** Schriftliche Vorladung, eines von Athen Abwesenden (Demosth. 8,28. LIPSIUS Att. Recht. 201,80. 813,34). 5. Schriftliche Zeugenaussage (Pap. Hal. 1,225. 227). E. B.

1. *U. Kahrstedt* Staatsgebiet und Staatsangehörige in Athen, 1934, 214ff. 2. *Bonner-Smith* The Administration of Justice from Homer to Aristotle 1, 1930, 368ff.

5. P., allg. Verzeichnis jeglicher Art, speziell t. t. für katalogartige Zusammenstellung literarhist. Daten. Frühe Beispiele bilden die → Didaskaliai und die im Peripatos angefertigten Siegerlisten der großen griech. Wettkämpfe. Die bedeutendste und für die Folgezeit verbindliche Leistung auf diesem Gebiet waren die Pinakes *τῶν ἐν πάσῃ παιδείᾳ διαλαμψάντων καὶ ὧν συνέγραψαν* (120 B.), die → Kallimachos (3) zum Zwecke der Bestandsaufnahme der alexandrin. Bibl. anlegte (demgegenüber übten die für uns anon. Pinakes der pergamen. Bibl. offenbar keinen so entscheidenden Einfluß aus). Er gruppierte die Lit. nach Sachgebieten und genera (bezeugt sind die Gruppen Redner, Gesetze, Vermischtes; zuverlässig erschlossen Epiker, Lyriker, Tragiker, Komödien-Dichter, Historiker, Mediziner; vgl. die Frg.e 429 bis 453 Pf.), die in sich höchstwahrscheinlich alphabet. geordnet waren. Neben biogr. Daten und echtheitskrit. Erwägungen waren incipit und Umfang vermerkt. Diese erste systemat. Lit.-Gesch. der Ant., später ergänzt von → Aristophanes (4), bildet, direkt oder indirekt, den Ausgangspunkt für fast alle wichtigen Werkverzeichnisse späterer Z. und dürfte auch auf die biogr. Lit. gewirkt haben.

Von einem zweiten P. des Kallimachos, einem chronol. Verzeichnis der dramat. Aufführungen in Athen (Frg. 454ff. Pf.), liegen größere inschr. Bruchstücke vor (A. WILHELM Urk. dram. Aufführungen in Athen, Wien 1906 [Nachdr. Amsterdam 1965]. A. PICKARD-CAMBRIDGE The Dramatic Festivals of Athens, Oxf. ^{2}1968, 108ff.). H. Gä.

O. Regenbogen, RE XX 1409ff. *Wilam.* Hellenist. Dichtung 1,212f. *H. Hunger* Gesch. der Textüberl. 1, Zürich 1961, 63f. *R. Pfeiffer* Hist. of Class. Scholarship, Oxf. 1968, 126ff.

Pincius mons, h. Monte Pincio, ist der nördlichste der röm. Hügel. Von einer über der Piazza del Popolo gelegenen Kuppe erstreckt er sich zunächst nach SO. über eine Senke bis zu einer zweiten Kuppe, auf der h. die Kirche S. Trinità dei Monti steht. Dort biegt der Hügel nach O. um und reicht bis zur Via Piave (im Alt. *via Salaria*).

Z. Z. der röm. Republik befanden sich auf dem Hügel viele Kleingärten, daher der Name *collis hortulorum* (Suet. Nero 50). Im 1. Jh. v. Chr. kauften reiche Privatleute die Kleingärten auf. So legte → Lucullus (5) nach seiner Rückkehr aus Asien um 60 v. Chr. auf der SW.-Spitze des Hügels (um Trinità dei Monti) die berühmten *horti Lucull(i)ani* an. Sie enthielten eine Bibliothek (Plut. Luc. 42), die griech. Gelehrten zur Benutzung offenstand, und mehrere Speisesäle (Plut. Luc. 41,5). Z. Z. des Claudius waren die Gärten im Besitz des → Valerius Asiaticus (Tac. ann. 11,1); → Messallina (2), die sie in ihren Besitz bringen wollte, veranlaßte gegen ihn Erhebung einer Anklage wegen Verschwörung gegen das Leben des Kaisers und trieb ihn so zum Selbstmord (Tac. ann. 11,1. 13,43). In den *h. Luc.* feierte sie im J. 48 hinter dem Rücken des Claudius ihre Hochzeit mit C. → Silius (Iuv. sat. 10,331ff.) und wurde hier erdolcht (Tac. ann. 11,32. 37). Die Gärten galten noch z. Z. Traians als die schönsten Roms (Plut. Luc. 39,2.).

An die *h. Luc.* schlossen sich gegen NW. die *horti Pompeiani* an, die Pompeius nach seiner Rückkehr nach Italien (62) erwarb. Caesar vererbte sie dem M. Antonius, der hier 44 den Octavian zu einer Unterredung über Caesars Hinterlassenschaft empfing (Vell. 2,60,3. App. civ. 3,14,50). Nach Actium schenkte Octavian sie M. Valerius → Messalla (II 6) Corvinus; unter

Claudius wurden sie kaiserl. Besitz. Im 4. Jh. finden wir die Gärten im Besitz der *gens Pincia*, die hier das *Palatium Pincianum* erbaute. Von daher empfing der P. m. seinen Namen. Unter Valentinianus III. (425–455 n. Chr.) wurden die Gärten wieder kaiserl. Eigentum; zeitweise befand sich hier die kaiserl. Residenz.

Auf dem ö. Teil des P. hatte Caesar Gärten erworben. Nach seinem Tod kaufte sie C. → Sallustius Crispus. Sein Name blieb während des ganzen Alt. an ihnen haften; noch im MA. hieß die Gegend *Sallustricum*. Unter Tiberius wurden die Gärten kaiserl. Besitz, unter Nero Sommerresidenz. Nerva starb im J. 98 n. Chr. in den *h. Sall.*, zuletzt residierte hier Maxentius (Paneg. 12 Constantin. 14,4). Im J. 410 n. Chr. drangen die Goten unter Alarich durch die Porta Salaria in die Stadt ein, zerstörten u. a. das sog. Haus des Sallust (wohl den kaiserl. Palast) und verwüsteten die Gärten, die von da an verödeten.

Von dem Bild, das der P. m. in der Ant. bot, ist h. nichts mehr erhalten. Die ant. Stützmauern der W.-Seite wurden 1812 zerstört, als Giuseppe Valadier auf dem Hügel die berühmte Passeggiata anlegen ließ. Bei diesen Arbeiten und in der Folgezeit sind im Gebiet des P. m. viele hervorragende Kunstwerke zutage gekommen, von denen hier nur einige erwähnt seien: 1855 wurde unter der Piazza di Spagna die Hephaistosherme gefunden (h. im Vatikan), die Furtwängler für eine Kopie nach einer Bronzestatue des → Alkamenes hielt, die im sog. Theseion zu Athen stand. Aus der 1622 angelegten Slg. der Villa Ludovisi (auf dem ö. Teil des P. m. stammen wahrscheinlich der Gallier, der sich und sein Weib tötet, und der sterbende Gallier. Auf demselben Gelände fand man den sog. Ludovisithron und das sog. Bostoner Relief, das den jungen Eros darstellt, der die Seelenwaage hält.

Erst unter Claudius wurde der P. m. in das Pomerium einbezogen; so ist es zu erklären, daß an den Straßen rings um den Hügel zahlreiche Gräberreste zum Vorschein kamen, längs der Via Flaminia, der Via di Ripetto und der Via del Babuino, ebenso entlang dem Viale del Muro Torto und der Via Salaria. Rud. G.

H. Riemann, RE XX 1483–1603.

Pindaros (*Πίνδαρος*). **1.** Tyrann von Ephesos, Sohn des mit einer Tochter des Lyderkönigs → Alyattes verheirateten Melas. Als sein Onkel → Kroisos Ephesos belagerte, stellte P. die Stadt unter den Schutz der Artemis, indem er die Stadtmauer mit dem Artemistempel durch ein Seil verband. P. ging in die Peloponnes, Ail. var. 3,26. Polyain. 6,50. Hdt. 1,26. H. Berve Die Tyrannis bei den Griechen 1, 1967, 99. H. V.

2. P., Freigelassener des C. → Cassius (I 15), erhielt von diesem nach Philippi 42 die Weisung, ihn zu töten, und führte dies aus (verschiedene Versionen, Val. Max. 6,8,4. Plut. Brut. 43,7; Ant. 22,4. App. civ. 4,472 ff. Cass. Dio 47,46,5). H. G. G.

3. P., der Dichter. 1. Leben. 2. Werk, Textbestand. 3. Thematik der Gedichte. 4. Aufbau. 5. Sprache, Stil. 6. Gedankenwelt. 7. Dichterpersönlichkeit. 8. Geschichte der P.-Deutung.

1. Leben. * 522 oder 518 v. Chr. (Akme 480) in einem Pythienjahr (Frg. 193) zu Kynoskephalai bei Theben. Das früheste Gedicht (Py. 10) wird auf 498 datiert. Nach der 1961 veröffentlichten Vita POxy 2438 hat P. bereits 497/96 in einem Dithyrambenagon gesiegt. In seiner Dichtung tritt er mit vielen Städten des griech. Festlandes, der Inselwelt und Großgriechenlands in Verbindung. † nach 446 (letztes Gedicht Py. 8 aus diesem J.).

2. Werk, Textbestand. Die ant. Herausgeber haben das Erhaltene in 17 B. eingeteilt (Sch. Vit. Ambros. Bd. 1,3 Dr.): Hymnen, Paiane (je 1 B.), Dithyramben, Prosodien, Parthenia, Hyporchemata (je 2 B.), dazu 1 separates B. Parthenia; Enkomia und Threnoi (je 1 B.), 4 Bücher Epinikia. Die Epinikia (olympische, pythische, nemeische, isthmische Oden [zit. O., Py., N., I.]) sind in vielen Hss., deren wichtigste bis ins 12./13. Jh. zurückreichen, überliefert. Der Bestand der indirekt überlieferten Frg.e der übrigen Dichtung P.' ist durch Pap.-Funde bedeutend erweitert worden. Größten Zuwachs erfuhren die Paiane. POxy Bd. 26, 1961 brachte u. a. auch beachtliche Reste eines Dithyrambos (Dith. 4), eines Threnos (Thren. 4) und die Fortsetzung von Frg. 169 (*Νόμος ὁ πάντων βασιλεύς*). – Trotz der großen Zahl solcher Frg.e muß die P.-Deutung von den Epinikien ausgehen. Die neuen Funde haben das aus den Epinikien gewonnene Bild der Dichtung P.' bestätigt.

3. Thematik. Als Loblieder auf Sieger in den panhellen. Spielen enthalten die Epinikien bestimmte, immer wiederkehrende Themen: a) die Nennung des aktuellen Sieges und der früheren Siege des Gepriesenen. Der aktuelle Sieg wird meistens an erster Stelle genannt. Frühere Siege werden entsprechend dem Ansehen der Kampforte aufgezählt (vgl. Thummer [7], Bd. 1, 27 f.). Manchmal ist mit der Nennung der Siege ein Lob der Wettkampfdisziplin, des Kampfortes, der Schutzgottheit, des Trainers oder des Wagenlenkers verbunden. b) den Lobpreis der Persönlichkeit des Siegers, seiner Familie und Heimat. c) den Lobpreis des Siegesglücks, entweder direkt oder indirekt, indem dem gegenwärtigen Glück irgendein Unglück oder der Neid der anderen gegenübergestellt wird. d) den Lobpreis, den der Dichter sich selbst und seiner Kunst spendet. – Ein wichtiger, wenngleich nicht notwendiger Bestandteil der Epinikien ist der Mythos, der äußerlich im allg. an eines der Lobesthemen (meistens an das Lob der Heimat des Siegers) anknüpft und inhaltlich, in der Auswahl des Stoffes und mitunter auch durch Korrekturen der myth. Tradition (z. B. O. 1,36 ff.), auf den Lobpreis des Adressaten abgestimmt ist. In den kultischen Dichtungen nimmt

der Mythos naturgemäß eine noch wichtigere Stellung ein.

4. Im Aufbau der Gedichte hat P. ein festes Schema gemieden. Öfters folgt in den Epinikien auf ein prunkvolles Prooimion die Nennung des aktuellen Sieges und das Lob des Siegers, seiner Familie und seiner Heimat. Die Mitte der Gedichte wird oft durch einen Mythos ausgefüllt. Daran schließen sich gelegentlich ein zweites Siegerlob, Betrachtungen über das Siegesglück, Wünsche und Gebete an. Die einzelnen Themen (dies gilt auch für thematische Abschnitte innerhalb der Mythen) liegen meistens nicht unverbunden nebeneinander, sondern sind kunstvoll verknüpft (THUMMER [7], Bd. 1,122–137).

5. P.' Sprache ist eine Kunstsprache mit dor. Grundstock (bedingt durch das Genos der Chorlyrik) und vielen ep. Elementen, bes. in den Mythen. Die Aussagekraft der Dichtung verstärkt P. durch Klangspiele, Wahl inhaltschwerer Worter und superlativischer Begriffe, durch kunstvolle Wortstellung, zahlreiche Metonymien (z.B. die Umschreibungen der Begriffe »Sieg« und »Loblied«), Metaphern und Bilder, Kontraste in Begriffen, Bildern und Personen (z.B. Glück – Unglück, Sieger – Besiegter, Beneideter – Neider), Weitung und Verengung der Aussage mittels Gegenüberstellung von Allgemeinem und Speziellem, Klimax in Wünschen und Priameln, Ausnutzung der Anfänge von Vers, Strophe und Ode für bes. wichtige Aussagen, Vorwegnahme des Bedeutenden und Nachtrag des weniger Wichtigen (daraus entsteht eine ring- bzw. schleifenförmige Komposition). Bes. ausgeprägt ist P.' Streben nach Variation der im ganzen recht konstanten Elemente der Dichtung: der Versmaße (jedes Gedicht hat sein eigenes Versmaß), der wiederkehrenden Motive (z.B. des Vergeltungsmotivs, Leichtigkeitsmotivs, Ankunftsmotivs, Hindernismotivs, der Abbruchsformeln), der Mythen für Sieger aus derselben Stadt (z.B. der Mythen in den 10 Aiginetenoden), der Darstellungsweisen durch Einfügung von direkten Reden, Ausrufen, Fragen, Befehlen, Gebeten, Beteuerungen, Zitaten, Gnomen.

6. Die Gedankenwelt der Dichtung P.' ist weitgehend durch ihre Funktion als Lobesdichtung bestimmt. An den Göttern, bes. an Zeus und Apollon, werden vor allem die Allmacht und das unbeschränkte Wissen gepriesen (z.B. Py. 2,49 bis 52. 9,44–49). Obwohl die Götter nach P. von derselben Allmutter stammen wie die Menschen und ihnen dadurch verwandt sind, erheben sie sich doch weit über die Sterblichen (N. 6,1–7), deren Leben nur eines Schattens Traum ist (P. 8,95). Die von P. gepriesenen Werte der Menschen sind die der adeligen Welt: Schönheit, Macht, Reichtum, Ansehen, Mut und Einsatzbereitschaft, Gastfreundschaft, Kultfrömmigkeit, Liebe zu den Eltern und zur Heimat, Weisheit. Das Ererbte steht höher als das Erworbene (O. 2,86–89).

Durch Erziehung und Übung kann die in der Anlage begründete Leistung verbessert werden (O. 10,20–22). Erfolg entsteht aus dem Zusammenwirken menschlichen Einsatzes (körperlichen, geistigen oder auch finanziellen) und göttlichen Segens (N. 6,24–26). Der Wert des Menschen, der im Erfolg sichtbar wird, gibt ihm, wenn er an ein Leben im Jenseits glaubt, auch die sichere Hoffnung auf ein glückliches Leben nach dem Tode (O. 2,56–86). Vorbilder für die menschliche Tüchtigkeit sind die Heroen, vor allem der dor. Nationalheros Herakles, dessen Taten P. ebenso gerne beschreibt (vgl. N. 1,33f.), wie sie in der Plastik und Vasenmalerei seiner Zeit dargestellt werden.

7. Während die politische, ethische und religiöse Persönlichkeit P.' infolge der Rücksichtnahme auf den Gepriesenen nur schwer faßbar ist, enthüllt sich seine Dichterpersönlichkeit in zahlreichen Äußerungen. P. hat eine sehr hohe Auffassung von seinem Dichterberuf: Er habe seine Fähigkeit von Gott (O. 11,10), sei der Prophet der Musen (Pae. 6,6), künde die Wahrheit (N. 1,18), überwinde mutig Hindernisse, die sich ihm entgegenstellen (N. 8,5–15; I. 8,5–15). Sein Wort sei durch das Alter geheiligt (N. 8,50f.), neuartig (O. 3,4), kunstvoll gefügt (O. 1,105) und unterscheide sich durch seinen Schmuck von der früheren Dichtung (O. 9,1–10); es trage den Ruhm in die Welt (N. 5,1–3) und durch die Zeiten (I. 7, 16–19), es mache den Gepriesenen beneidenswert (O. 7,1–10) und sei der beste Lohn für den Sieger (I. 1,47–51). Die Musik, die das Wort begleitet, habe Macht über Menschen und Götter (Py. 1, 1–16; Dith. 2,1–22).

8. In der Geschichte der P.-Deutung steht seit BOECKH [1] die Frage der Einheit des pindar. Epinikion im Mittelpunkt der Forschung. Im Anschluß an ihn wurde die Einheit meistens in der Durchdringung des durch den Lobpreis vorgegebenen Stoffes (SCHADEWALDT [17] nennt diesen »Programm«) durch das jeweils verschiedene persönliche Anliegen des Dichters gesehen. Während manche (z.B. DRACHMANN [14]) die Einheit leugnen und einige (z.B. VAN GRONINGEN [21], BOWRA [23]) nur teilweise anerkennen, versuchen andere, die Einheit im Bereich des Ästhetischen (NORWOOD [19]) oder des Ethischen (COPPOLA [18], H. FRÄNKEL [20]) zu zeigen. Neueste Arbeiten (BUNDY [22], THUMMER [7]) tendieren dazu, die Einheit ausschließlich im Lobpreis des *laudandus* zu suchen. Mit dieser Betrachtungsweise ist eine bewußte Abkehr von der hist.-biograph. Deutung des Werkes P.' verbunden. E. Th.

Bibliographie: *D.E. Gerber* A bibliography of P. 1513 bis 1966, Princ. 1969. *M. Rico* Ensayo de bibliografia Pindarica, Madrid 1969. *David C. Young* Pindaric Criticism, The Minnesota Rev. 4, 1964, 584–641 (Darstellung der Forschungsgeschichte der letzten 150 J.). Forsch.-Ber.:

P. Angeli Bernardini, Quaderni Urbinati 1966, 136–190 (Lit. 1958–1966). *E. Thummer*, AAHG 11, 1958, 65–88, 19, 1966, 289–322 (Lit. 1945–1966). *D.E. Gerber*, CW 61, 1968, 373–384 (Lit. 1952–1967).
Ausg.: *B. Snell*, Bd. I: Epinicia 1964^{4}, Bd. II: Fragmenta, Indices, 1964^{3}. *O. Schroeder*, ed. mai. 1923^{2}. *C. M. Bowra*, 1947^{2}. *A. Turyn*, 1948. – Doppelspr. Ausg.: *J. Sandys*, 1891, Nachdr. 1957 (Loeb). *M. Puech*, 4 Bde. 1949–1958^{2,3} (Coll. Budé). *O. Werner*, 1967 (Tusculum).
Lexika: *I. Rumpel*, 1883, Nachdr. 1961. *W. J. Slater*, 1969. Scholia: *A.B. Drachmann* Scholia Vetera, 3 Bde. 1903/27, Nachdr. 1964.
Ausg. mit Komm. (z.T. mit Übers.): 1. *A. Boeckh – L. Dissen*, 2 Bde., 1811/21, Nachdr. Bd. 2,2 (Komm.) 1963. 2. *C. A. M. Fennell*, 2 Bde., 1879/83. 3. *L. R. Farnell*, 3 Bde., 1930/32, Nachdr. Bd. 2 (Komm.) 1961. 4. *B. Gildersleeve*, O. und Py., 1885, Nachdr. 1964. 5. *J.B. Bury*, N. und I., 1890/92. 6. *M. Fernandez-Galiano*, O., 1956^{2}. 7. *E. Thummer*, I., 2 Bde., 1968/69. 8. *S.L. Radt*, Pae. 2 und 6, 1958. 9. *B. A. van Groningen* P. au Banquet (Komm. zu Frg. 122–128 Sn.), 1960.
Komm. ohne Text: 10. *O. Schroeder*, Py., 1922. 11. *R. W. B. Burton*, Py., 1962. 12. *D. C. Young*, Py. 11,3,7, 1968.
Allgem. Werke: 13. *F. Schwenn*, RE XX 1606–1697. 14. *A.B. Drachmann* Moderne Pindarfortolkning, 1891. 15. *C. Gaspar* Essai de chronologie pindarique, 1900. 16. *U. v. Wilamowitz-Moellendorff*, P., 1922. 17. *W. Schadewaldt* Der Aufbau des pindar. Epinikion, 1928, Nachdr. 1966. 18. *G. Coppola* Introduzione a P., 1931. 19. *G. Norwood*, P., 1945. 20. *H. Fränkel* Dichtung und Philos. des frühen Griechentums, 1962^{2}, 557–567. 21. *B. A. van Groningen* La composition littéraire grecque, 1958, 325–386. 22. *E.L. Bundy* Studia Pindarica, 2 Bde., 1962. 23. *C. M. Borwa*, P., 1964.
Spezialwerke: 24. *F. Dornseiff*, P.' Stil, 1921. 25. *L. Illig* Zur Form der pindar. Erzählung, 1932. 26. *H. Gundert* P. und sein Dichterberuf, 1935. 27. *H. Bischoff* Gnomen P.', 1938. 28. *W. Theiler* Die zwei Zeitstufen in P.' Stil und Vers, 1941. 29. *B. Snell* P.' Hymnos auf Zeus, A & A 2, 1946, 180–192 (= Entd. d. Geistes 1955^{3}, 118–138). 30. *E. des Places* Le Pronom chez P., 1947. 31. *Ders.*, P. et Platon, 1949. 32. *J. Irigoin* Histoire du texte de P., 1952. 33. *J.H. Finley* P. and Aeschylus, 1955. 34. *J. Duchemin* P., poète et prophète, 1955. 35. *E. Thummer* Die Religiosität P.', 1957. 36. *G. Méautis* P. le Dorien, 1962. 37. *B. Forssman* Untersuchungen zur Sprache P.', 1966.

Pindenissos (Cic. Att. 5,20,1. 5. 6,1,9; fam. 2,10,3. 15,4,10), von dem röm. Proconsul M. Tullius → Cicero im Zuge der Grenzsicherung der Provinz Cilicia gegen die Parther vom 18. Okt. bis zum 17. Dez. 51 v. Chr. belagerte und schließlich eingenommene Festung der Eleutherokiliker am W.-Hang des → Amanos-Gebirges; seine genaue Lokalisierung steht noch aus (von [2] ö. von Osmaniye vermutet). E. O.
1. *W. Ruge*, RE XX 1700. 2. *A. Janke* Auf Alexanders d. Gr. Pfaden, Berlin 1904, 39.

Pindos (ὁ oder ἡ *Πίνδος*). **1.** Im Alt. nur Bezeichnung für den mittleren Teil der gewaltigen, fast unzugänglichen Gebirgsmauer, die ganz Nord- und Mittelgriechenland von N. nach S. in mehreren hohen Ketten von zumeist über 2000 m Höhe durchzieht, s. des Zygospasses (Paß von Metsovo, 1650 m) und w. von Thessalien. Die Gebirge n. davon trugen bes. Namen, die Gebirgsmasse s. der Spercheiossenke bezeichnet Strabo als Oite oder Kallidromon und weiter s. als »aitolische Berge«, Strab. 7,7,9 p. 327. 9,5,3 p. 430. 5,11f. p. 434. 5,17 p. 437. 10,2,1 p. 449. 6,2,4 p. 271. 9,4, 12f. p. 428. 7 p. 329 frg. 6. Die sonstigen ant. Erwähnungen betreffen ebenfalls nur diesen Teil w. Thessalien, nur bei Dion. Call. 61 entspringt auch der → Euenos am P. gegen Ptol. 3,14,12. Bei Xen. kyn. 11,1 wird großes Raubwild im P. genannt. Höchste Erhebung in diesem Teil die Kakarditsa (Tsumerka) mit 2429 m. Die auch geolog. nicht zum P. gehörende Vardusia (2495 m) hieß im Alt. wahrscheinlich Aselenon, Nik. Ther. 215 m. Sch., die 2510 m hohe Giona → Korax.
1. *A. Philippson* Thessalien und Epirus 1897 mit Karte. 2. *Philipps.-Kirst.* 2,16f. 34ff. 69ff. 131ff. 312ff. 1,363ff. (Vardusia, Giona). 3. *Oberhummer*, RE XX 1700ff. Nr. 1.
2. Kleine Stadt der Landschaft → Doris beim h. Ano Kastelli, Hdt. 8,43. Strab. 9,4,10 p. 427. Skymn. 594. Plin. nat. 4,28. E. M.
1. *Kirsten*, RE XX 1704f. Nr. 2. 2. *Philipps.-Kirst.* 1, 422. 712 A. 46.

Pinianus. 1. P., 385/87 *praefectus urbi Romae* (Valentinianus II. in CSEL 35,47f. Cod. Theod. 6,28,4. 35,13), 395 als Gesandter an den Hof ausersehen (Symm. epist. 6,22. 26). **2.** P., Sohn von Nr. 1, 396 vermählt mit → Melania, die ihn zur Askese hinführte. P. geht mit Familie 410 nach Afrika, 417 nach Jerusalem; Verbindung mit Augustinus und Hieronymus; † 431/32 (Aug. epist. 124/26. Hieron. epist. 143). A. L.

Pinie (*πίτυς*, *pinus*), der charakteristische Nadelbaum der Mittelmeerländer, pinus pinea L., der → Fichte verwandt, von Homer an viel bei Dichtern genannt, seltener bei Prosaikern. Ein P.-Kranz war der Siegespreis bei den isthmischen Spielen. Sehr vielfältig war die medizinische Verwendung von Rinde, Nadeln und Zapfen (*κῶνος*), auch als Räuchermittel; Hauptstelle Dioskurides mat. med. 1,69, auch Plin. nat. 23,142. Von Zucht und Pflege handeln Pallad. 12,7,9 und Geopon. 11, 11. Nur bei Geopon. 11,10 steht die Sage von der Jungfrau P., die von Pan und Boreas geliebt, von letzterem vom Felsen gestürzt und in den Baum P. verwandelt wurde. K. Z.
H. Gossen, RE XX 1709f.

Pinna (Plin. nat. 3,107 *Pennenses*. auct. ad Her. 2,45), hochgelegenes municipium der → Vestiner (Vitr. 8,3,5. Ptol. 3,1,59) in der 4. Region (Plin.; CIL IX p. 317 *tribus Quirina*) inmitten grüner Matten (Sil. 8,519). Heldenmut der Einwohner: Val. Max. 5,4 ext. 7. Diod. 37,29. Zweifelhafte Straßenlage: Tab. Peut. 6,1; h. Penne. G. R.
Forbiger Hb. d. alt. Geogr. 3,453. *Nissen* It. Ldk. 2,439. *Beloch* RG 501.

Piodasses (*Πιοδάσσης*), Name des ind. Königs Aśoka (269/68–233/32 v.Chr.), des bedeutendsten → Mauryas. Unter seiner Regierung, deren Verlauf zahlreiche (mittelind.) Inschr. illustrieren, herrschten enge Beziehungen zu den Griechen. Er selbst sandte Missionare seiner buddhist. gefärbten Lehre vom dharma (griech. *εὐσέβεια*), dem »moralischen Gesetz«, in den Westen. 1958 wurde in Kandahar (Afghanistan) eine griech.-aram. Bilinguis entdeckt, die den Namen P. (mi. *Piyadassi*, »der Freundlichblikkende«) barg. 1963 fand sich ebd. eine längere, rein griech. Inschr., die sich inhaltlich stark an die ind. Vorlage hält. F. F. S.

R. Thapar Aśoka and the Decline of the Mauryas[2], Oxf. 1963. *G. Pugliese Carratelli – G. Garbini* A Bilingual Graeco-Aramaic Edict by Aśoka, Roma 1964. *É. Benveniste* Édits d'Asoka en trad. grecque, JAs 252, 1964, 137–57. *D. Schlumberger* Eine neue griech. Aśoka-Inschr., in: *F. Altheim – J. Rehork* Der Hellenismus in Mittelasien, Darmstadt 1969, 408–17. *F. F. Schwarz* Die Griechen und die Maurya-Dynastie, in: *F. Altheim – R. Stiehl* Gesch. Mittelasiens im Alt., Bln. 1970 (im Druck).

Piper s. Pfeffer

Ad pirum (d.h. »Zum Birnbaum«: Nissen It. Ldk. 2,59. 235. Norden Aus Altgermanien 289, 2; anders Miller It. Rom. p. XLVIII), Name von Häusern (Martials Miethaus: 1,117,6) und Straßenstationen am Alpenübergang (Tab. Peut. IV 5) des Birnbaumer Waldes (It. Burd. 560,4 *ad P. summas Alpes*. Nach It. Ant. 128,7. Strab. 4,207 bei h. Podkraj »Am Ende« 53 mp hinter Aquileia: Radke, Latomus 24, 1965, 822), an der Adriaküste bei Senigallia (It. Ant. 316,2. Tab. Peut. V 2 *Ad P. Filumeni*), bei Herdoniae (Tab. Peut. VI 5; nach Miller 374 bei Fonte Pirro?), in Dakien (Ptol. 3, 8,8). G. R.

Pirustae (*Perustae*, *Πυρισσαῖοι*), illyrischer Volksstamm in Dalm.; zuerst zum J. 167 v.Chr. erwähnt bei Liv. 45,26,13 als *Tirusta* (verderbt). Sie waren schon damals den Römern unterworfern seitdem bildeten sie im röm. Illyricum eine *libea*; *et immunis civitas*, in der die einheimische Aristokratie *(principes)* ihre führende Rolle weiter behielt. Caesar fuhr 54 v.Chr. wegen der Unruhen der P. nach Illyricum; er führte die militär. Kontrolle wieder ein (Gall. 5,1 *civitatibus milites imperat*) und sicherte die Treue der P. durch Geiseln. Rom mußte 33 v.Chr. gegen sie wieder Krieg führen. Im Aufstand der J. 6–9 waren die P. (und die → Daesidiaten) die hartnäckigsten Gegner der Römer (Vell. 2,115). Ein [*prae*]*f. civitatium* [*Pirustaru*]*m* durch eine Inschr. aus Kolovrat (Archaologia 59, 1885, 44) bezeugt. Die P. wohnten auch im Bergland von N.-Montenegro und N.-Albanien, ihr Bergbau war berühmt. Unter Traian übersiedelten viele Angehörige des Stammes nach Alburnus maior (Roşia = Verespatak, Dazien) (Eutr. 8,6). Ein Wachstäfelchen von dort (CIL III p. 936ff., 139 n.Chr.) nennt *Daius Verzonis Pirusta ex Kaviereti*[*o*]. Um 159 n.Chr. gab es dort einen *vicus Pirustar*[*um*] (CIL III tab. VIII), ein eigenes Viertel der P. Um 167 verursachte ein Völkersturm den dortigen P. schwere Verluste; seitdem liegt von ihnen keine Überlieferung mehr vor. J. Sz.

E. Polaschek, RE XX 1729ff. *G. Alföldy – A. Mócsy* Bevölkerung u. Gesch. der röm. Prov. Dalm. (Budap. 1965), 57. 58. 66. 176.

Pisa, Pisatis, älteste Namensform *Πίσα* (◡ –, Pind., Bakchyl., Simonid.), att.-literar. *Πῖσα* (schon bei Eurip., Hdt. 2,7) mit ausnahmslos langem -i-, daher kaiserzeitl. oft *Πεισ-* (seit 2. Jh. n.Chr.), in den Hss. oft auch *Πίσα* (––) und spätant. *Πίσσα*. Ethnikon einheimisch stets *Πισάτης*, dichterisch seit hellenist. Z. *Πισαῖος* und danach lat. *Pisaeus*. Name vorgriech. und derselbe wie *Pisae* in Etrurien. Die Landschaft, in der Olympia liegt, daher später Olympia selbst und alles Dazugehörende als P. und pisaeisch bezeichnet. Hauptzeugnisse die Inschr. Ol. 11 = SGDI 1153. Schwyzer 415. Sch. Pind. O. 6,55a. Sch. Plat. Phaedr. 236. Eine Stadt P., wie schon im Alt. allg. angenommen, hat es nie gegeben, s. bes. Apollod. bei Strab. 8,3,31 p. 356. Urspr. Umfang der Landschaft nicht bekannt, wohl das Alpheiostal von etwas w. Olympia bis zur arkad. Grenze einschließlich → Phrixas, Didymos in Sch. Pind. a.O. (→ Phaisana).

Alle späteren Verwendungen in der abgeleiteten Form Pisatis sind künstliche Bildungen. In echter Verwendung ist Pisatis anscheinend das unmittelbar in Elis einverleibte Gebiet des schmalen Streifens an der »Bergstraße« von Olympia nordwärts nach Elis mit 8 Ortschaften. Die Geographen der hellenist. Z. benutzen die Bezeichnung Pisatis in verschiedener von ihnen selbst geschaffener Verwendung. → Demetrios (23) von Skepsis nannte so das ganze Gebiet am Unterlauf des Alpheios (Athen. 8,346 bc) anscheinend vom Kap Katakolo bis zum Kaiaphagebirge, wie noch h. üblich, was Artemidor von ihm übernahm, Apollodor verwendet die Doppelbezeichnung »Pisatis und Triphylien« für das gesamte pylische Reich → Nestors n. und s. des Alpheios, wobei Pisatis offenbar das o. genannte elische Gebiet ist, Strab. 8,3,7 p. 339. 3,11 p. 342. 3,12 p. 343 u.ö. Welche Ausdehnung der Begriff Pisatis bei Pol. 4,74,1 hat, ist nicht zu bestimmen, ganz falsch ist Paus. 5,1,6f. 6,21, 3f., Pisaia das Land s. des Alpheios ohne Olympia.

P. war urspr. eine dörfliche Kleinlandschaft mit dem Heiligtum von Olympia, in deren Hand auch die Leitung des Heiligtums und der Spiele lag. Um 570 v.Chr. entriß Elis den Pisaten das Heiligtum und machte dieses und einen Teil der Landschaft zu elischem Staatsgebiet. Zu kurzlebiger neuer Selbständigkeit gelangten die Pisaten mit arkad. Hilfe 365 v.Chr. mit der Olympienfeier von 364 v.Chr., auf der es zur Schlacht auf der Altis kam, Xen. hell. 3,2,31. 7,4,14. 28ff. Diod. 15,18,1ff. u.a.

Aus dieser Z. gibt es das Dekret der Pisaten Inschr. v. Ol. 36. Syll. I^3 171, und einen Vertrag mit Arkadien, Kunze 7. Olympiabericht 1961, 211 ff. = SEG 22,339, ferner Goldobolen [1], 1154, 7 ff. Das dauerte nur wenige Jahre, Elis konnte das Gebiet und nun für dauernd zurückerobern, der Name P. verschwindet völlig aus dem Bewußtsein der Zeit, P. und Olympia werden ident. E. M.

1. *E. Meyer*, RE XX 1732 ff. 2. Beste Karte des Gebiets *Graefinghoff*, Karte von Triphylien 1:150000, MDAI(A) 38, 1913, T. IV.

Pisae (ī: Verg. Aen. 10,179. Lucan. 2,401; *Πῖσα*: Pol. 2,16,2. Strab. 5,222. 225. Dion. Hal. ant. 1,20,5) ist eine uralte Siedlung am Zusammenfluß von Auser und → Arnus (Strab. 5,222. Plin. nat. 3,50. Rutil. 1,566) an dessen N.-Ufer. Der ant. Glaube an Gründung durch Griechen (Iust. 20,1,11) bzw. Peloponnesier (Serv. auct. Aen. 10, 179. Plin. a. O. Solin. 2,7. Strab. 5,222. Verg. a. O. Rutil. 1,565) wird von Altheim Gesch. d. lat. Spr. 207 f. Pisani, Par. Pass. 14, 1959, 166 f. geteilt, von Müller-Deecke-Pfiffig Die Etrusker 2,288. De Sanctis Storia I^2 328 als Fabel abgetan, die aus Homonymie mit eleischem P. entstand. Norden Altgerman. 286 f. glaubt, daß vor Ankunft der Etrusker (Serv. auct. a. O. Lykophr. 1241 m. Sch. 1359. Mela 2,72) »griechisch sprechende« *Teutanes* (Plin. a. O. Cato frg. 45 P.; von Norden zu Unrecht dem Cato abgesprochen) in *Teuta* (Serv. auct. a. O.) wohnten, die aus Mitteleuropa einwanderten (vgl. die Aboriginer bei Dion. Hal. a. O.). Andere kennen einen Keltenkönig *Pisus* oder Lokalheros als Gründer (Serv. auct. a. O.). Der Name P. soll »Hafen« bedeuten (Serv. auct. a. O.): unbewiesen, wenn auch in der Sache zutreffend (seit 225 v. Chr.: Pol. 2,27,1. 28,1. 3,41,4. 56,5. 96,9. Liv. 21,39,3. 41,17,7. Cic. ad Q. fr. 2,5, 3 u. a.); Belästigung durch korsische Seeräuber (Strab. 225). Vielleicht ging P. wieder an Ligurer verloren (Liv. 41,13,5); für Iust. a. O. liegt es *in Liguribus* (Lykophr. 1359), für Pol. 2,16,2 ist es etr. Grenzstadt. Im 2. Jh. v. Chr. dient P. als Basis für die röm. Unternehmungen gegen die Ligurer (Liv. 33,43 ff.) und gibt 180 v. Chr. Boden zur Gründung von Luca (Liv. 40,43,1). 89 v. Chr. wird P. *municipium* (Paul. Fest. 155,18 L.) in der *tribus Galeria* (CIL XI 1436. 1440 f. 1449 u. a.), durch Augustus *colonia Opsequens Iulia Pisana* (CIL XI 1421) in der 7. Reg. (Plin. a. O. Ptol. 3,1, 48). Holz (Strab. 5,222) zum Schiffsbau (CIL XI 1436 *fabri navales*) wird aus den damals dichten Wäldern gewonnen. Mit Verlagerung der Küstenlinie (It. mar. 501,5 f.: Flußhafen bei S. Pietro a Grado) entsteht *portus Pisanus* (It. mar. 501,4 f.) bei S. Stefano nahe Livorno. P. liegt 205 mp von Rom entfernt an der *via Aemilia Scauri* (It. Ant. 293,2 *via Aurelia*); es münden *viae* von Luca (It. Ant. 289,1), Florentia (Tab. Peut. IV 2. CIL I^2 657) und *portus Pisanus* (CIL XI 6665) ein. H. Pisa am Platz der alten Stadt. G. R.

Nissen It. Ldk. 2,288 ff. *Forbiger* HB. d. alt. Geogr. 3,423 f. *Fraccaro* Opusc. 3,63 ff. *Neppi-Modene* Pisa, Forma Italiae, Reg. VIII, 1953.

Pĭsaurum (ĭ: Catull. 81,3. *Pisauria* Vib. p. 150 R.), als röm. Bürgerkolonie 184 v. Chr. (Liv. 39,44,10. Vell. 1,15,2) am Pisaurus (Plin. nat. 3, 119. Vib. a. O.) im *ager Gallicus* (Ptol. 3,1,22. Liv. a. O.) gegründet und zur *tribus Camilia* (CIL X I p. 940 f.) in der 6. Reg. (Plin.) gehörig (Beloch, RG 605). Bautätigkeit röm. Beamter 174 v. Chr. (Liv. 41,27,11); Omina (Obsequ. 14,48). Aus dieser Zeit stammen auch die Inschr. CIL I^2 368–381 (zur Sprache vgl. Meister, IF 26, 1909, 69 ff.). Weniger als Hafen, eher als Straßenstation (It. Ant. 100,5. 126,3. Burd. 615,4 f. Gadit. 94) bedeutsam; vgl. Cic. Sest. 9; fam. 16,12,2; Att. 2,7,3; Phil. 13,26. Caes. civ. 1,11,4. Vitruv. 2,9,11. Der Name (P. < *Pisău̯[ĕ]rŏm; Pisuertes* < *Pĭs*[*ă*]*u̯ĕ́rtes*) von Serv. Aen. 6,825 irrig zu *aurum pendere* gestellt (vgl. die Schreibung *Pensa*[*u*]*rum* bei Geogr. Rav. 4,31. 5,1. Guido 69) und in die Camillusgeschichte eingeordnet. H. Pésaro. G. R.

Nissen It. Ldk. 2,380. *Forbiger* HB. d. alt. Geogr. 3,439.

Piscina (*κολυμβήθρα*). **1.** Fischzucht trieben die Griechen meist in natürlichen Gewässern (Athen. 7,298 e–300), doch kennen sie auch künstliche P. (*ἰχθυοτροφεῖον, -φικόν*), Aristot. hist. an. 592 a. Diod. 11,25,4. Die röm. Großen bevorzugten als Hobby künstliche P. (Cic. Att. 1,19,6. 20,6. 2,9,1. Macr. Sat. 3,15) mit Meerwasser. Diese waren sehr teuer (Varro rust. 3,17,2–3. Plin. nat. 9,171), vielfach nach Fischarten getrennt (Varro rust. 3,17. Colum. 8,16 ff. Geop. 20,1); außer der Versorgung der eigenen Tafel warfen sie bei Fischverkauf z. T. große Gewinne ab (Varro rust. 3,2, 17. Plin. nat. 9,170). Zu erhaltenen Villen mit Meer-P. vgl. C. Gatti, RIL 91, 1957, 285 ff. G. Iacopi L'antro die Tiberio a Sperlonga (1963) T. 2. **2.** Weiher, Teich für Enten, Gänse usw., Colum. 1,6,21. Pallad. 1,31. Varro rust. 3,5,12. 10,1. 11,1. Die P. publica Roms lag bei der Porta Capena, Liv. 23,32,4. Cic. ad Q. fr. 3,5,8. **3.** Zu den Klär- und Verteilungsbecken der röm. Wasserleitungen vgl. Schneider, RE XX 1787 f. **4.** Das Schwimm- und Badebecken der öffentlichen und privaten Bäder (→ Thermen), auch *baptisterium* genannt (Plin. epist. 5,6,25. Sidon. epist. 2,8), für kaltes oder erwärmtes Wasser (Plin. a. O.) ist seltener halbrund (Plin. epist. 2,17,11), meist rechteckig, vgl. die Zusammenstellung erhaltener P. bei D. Krencker u. a. Die Trierer Kaiserthermen (1929) Register v. Flügelpiscinen und Piscinen. W. H. G.

Pisidien. I. Topographie: Ant. Bezeichnung der im S. an die pamphyl. Küstenebene, im SW. an Lykien, im W. an Karien, im NW. und N. an Phrygien und im O. an Isaurien und Lykaonien angrenzenden Berglandschaft im Bereich der w. Ausläufer des Taurus. Das Gepräge dieses durch den bis 2531 m aufragenden Gebirgszug des Sultan

Daği nach N. und NO. gesonderten Teils des anatolischen Hochplateaus wird bestimmt von den Oberläufen der zum Mittelmeer durchbrechenden Ströme Kestros (h. Aksu Çayi) und → Eurymedon (h. Köprü Irmak) und einer Fülle kleiner Flüsse, die sich in eine Anzahl größerer (etwa den Beyşehir Gölü, den Eğridir Gölü) und kleinerer (etwa den Burdur Gölü, den Söğüt Gölü) Seen ergießen. Dieser Wasserreichtum bedingte die für die Höhenlage der Landschaft erstaunliche Fruchtbarkeit: Ertragreich war der Anbau von Oliven und Wein, ausgedehnte Weidegebiete ermöglichten die Viehzucht, auch die Waldgebiete (→ Storax-Baum um → Selge) ließen sich wirtschaftlich nutzen (Strab. 12,570f.). E. O.

II. Geschichte: Vielleicht meint schon *Pitassa*, der in heth. Texten des 2. Jt. v. Chr. belegte Name eines Teils von Arzawa, diese Landschaft. – Über die (schwer bestimmbaren) Grenzen P.s in hellenist. Z. vgl. [2], 13ff. Die Bewohner, Bauern und Hirten, sind spät und nur oberflächlich hellenisierte Kleinasiaten. Eigene Staatlichkeit erreichen diese Kleinstämme nie. Ein kultisches Zentrum bildet der Tempelstaat des Men Askaenos bei Antiocheia. Größere Siedlungen: → Termessos, → Sagalassos, → Selge. – Die Zugehörigkeit zum Perserreich bleibt weithin nominell. Nach Alexander gehört P. zum Seleukidenreich, seit 189 v. Chr. zu Pergamon. 133 v. Chr. gibt Rom P. an das Königreich Kappadokien, um 100 v. Chr. schlägt es P. zur Provinz Cilicia. 39 v. Chr. gibt Antonius P. dem Amyntas als Königreich, nach dessen Tod wird es Kern der neugeschaffenen Provinz Galatia. Augustus romanisiert P. systematisch: zuerst wird eine Militärkolonie in Antiocheia gegründet, später in Komama, Kremna, Lystra, Olbasa. Ausbau der Via Sebaste. Vespasian teilt 74 n. Chr. das Land, der S. kommt zur Provinz Lycia Pamphylia, der Rest zur Cappadocia.

1. *C. Ritter* Kleinasien 2, 1859, 415ff. 2. *Karl Graf Lanckoroński* Städte Pamphyliens und Pisidiens, II. Band, hg. v. Niemann-Petersen, Wien 1892. 3. *V. Schulze* Altchr. Städte und Landschaften, II. Kleinasien, 1926, 350ff. 4. *A. H. M. Jones* Cities of the Eastern Rom. Prov., 1937, 124ff. 5. *D. Magie* Rom. Rule in Asia Min., 1950, 456–458 und 1325–1327. 6. TAM III, fasc. 1. Tituli Termessi et agri Termessensis. ed. *R. Heberdey*, Wien 1941. 7. *B. Levick* Roman Colonies in Southern Asia Minor, Oxford 1967.

III. Pisidische Sprache. Die Existenz einer eigenen *Πισιδικὴ γλῶττα* erwähnt Strab. 13, 631 C; vermutlich gehören zu ihr die kurzen, wohl fast nur Personennamen enthaltenden Texte auf 16 Grabstelen aus Sofular im Quellgebiet des → Eurymedon (5). Die bei Friedrich [1] zugänglichen Texte sind zuletzt von Zgusta [2], Metri [3] und Haas [5] analysiert worden. Aus ihnen lassen sich 3 Kasus der Nominalflexion erschließen: ein endungsloser Nom. (Stammauslaut *-a*, *-e*, *-i*, *-r*), ein Gen. auf *-s*, ein Dativ auf *-ie*. Dieser Befund deutet auf Verwandtschaft mit dem → Lyk. – Das gesamte pisid. Namenmaterial hat Zgusta [6] in den Zusammenhang der → heth.-luw. Onymie hineingestellt. G. N.

1. *J. Friedrich* Kleinasiat. Sprachdenkmäler, 1932, 142f. 2. *L. Zgusta*, in: Arch. Orient. 25, 1957, 570–610. 3. *P. Metri*, in: Arch. Glottolog. Ital. 43, 1958, 42–54. 4. *G. Neumann* Unt. z. Weiterleben hethit. und luw. Sprachgutes in hellenist. und röm. Zeit, 1961, 43–46. 5. *O. Haas*, in: Linguistique balkanique 3, 1961, 59ff. 6. *L. Zgusta*, in: Arch. Orient. 31, 1963, 470–482.

Piso. Cognomen, in den Fasten der republikan. Zeit bei den → Calpurnii (I 13–27) und → Pupii (vgl. Degrassi FCap. 147), in der Kaiserzeit außerdem bei den → Iulii, → Pompilii, → Vibii, vgl. Degrassi I FCons. 262. H. G. G.

Pissuthnes (*Πισσούθνης*), Sohn des Hystaspes, Satrap von Sardes, half 440 den Oligarchen von Samos in ihrem Aufstand gegen Athen. Die athen. Besatzung wurde P. ausgeliefert, Thuk. 1, 115,3ff. 427 hofften die Lesbier und ion. Griechen vergeblich auf Hilfe des P. Er setzte die Einmischungsversuche gegen Athen fort, indem er arkad. und eingeborene Söldner den Griechen Kolophons zu Hilfe sandte, Thuk. 3,31. 34,3f. Mit griech. Söldnern empörte sich P. 420 gegen den Großkönig. Tissaphernes bekämpfte P. Nach dem Überlauf seiner Leute ergab er sich, wurde vor den Großkönig gebracht und hingerichtet. Sein Bastard Amorges rebellierte später mit Hilfe Athens gegen den Großkönig, Thuk. 8,5,5. 19,2. 28. 54,3. Ktesias FGrH 688 F 15,53. H. V.

Pistazie (*πιστάκη*, *pistacia*, die Frucht *πιστάκιον*, aus pers. *fistak*). Der der Terebinthe ähnliche Fruchtbaum (erste Erwähnung mit Bezeichnung als »mandelartig« bei Nikandros ther. 891f.) wurde nach Plin. nat. 15,91 unter Kaiser Tiberius aus dem Orient in Rom und bald darauf auch in Spanien eingeführt. Beschreibungen und Anweisungen für Anbau und Pflege (auch Pfropfen auf Terebinthen oder Mandeln) bei Theophrast, Palladius und den Geoponikern, Angaben über den medizin. Wert bei Galenos u. a. Vgl. Gossen, RE XX 1809ff. K. Z.

Pistis (*πίστις*) »Vertrauen«, »Glaube«. Bei Hes. theog. 1135ff. als *μεγάλη θεός* bezeichnet; → Personifikation. P. besaß Kult (besonders in Athen, vgl. Diogenian. 2,80). – P. ist auch Fachausdruck für die von der Behörde garantierte Sicherheit von Personen, die ein Asyl aufgesucht hatten und wieder einer Arbeit (bes. der Landwirtschaft) nachgehen sollten. – P. bezeichnet im Christentum den (rel.) Glauben (vgl. Lex. Thk. 4², 1960, 917ff.). – Die Formel *πίστις, ἀλήθεια, ἔρως, ἐλπίς* bei Porphyr. *πρὸς Μαρκέλλαν* 24 ist von Paulus, 1. Kor. 13 (*πίστις, ἐλπίς, ἀγάπη*) abhängig und polemisiert gegen die paulin. Auffassung (vgl. W. Pötscher, Philos. Ant. 15, 1969, 89). W. P.

Pistis Sophia, eine uns in kopt. (sahid.) Fassung vorliegende, aus dem Griech. übersetzte

Sammelhs., die zwei verschiedene Werke enthält. Beide Werke (B. I–III und IV) sind mit hoher Wahrscheinlichkeit äg. Ursprungs und zeigen deutliche Züge vulgärer → Gnosis. Aus der jüd. Mystik stammende Begriffe lassen fragen, ob die Schrift Wurzeln in einem gnostisierenden Judenchristentum besitzt. Die älteste uns bekannte Hs. stammt aus der 2. H. 4. Jh. (Codex Askewianus) und wird im Brit. Museum aufbewahrt (MS Add. 5114). Der Titel P. S. – im übrigen eine späte Bezeichnung des Werkes – paßt im Grunde nur für die B. I–III, in denen in den c. 29–82 als Unterredungen mit dem auferstandenen Jesus stilisierte ausführliche Schilderungen des Schicksals der P. S. begegnen (Abstieg in die Materie und Heimsuchung, Bußgebete und Bitte um Errettung, Heraufführung durch Jesus, Dankgebete ...). Darüber hinaus enthält das 1. Werk noch Fragen der Jünger und entsprechende Antworten Jesu, vor allem die Wirkung gnost. Mysterien betreffend. Im 2. Werk sind bes. die Berichte über die Einsetzung von Taufen und deren sündenvergebende Kräfte interessant. Kl. W.

Ta. mit lat. Übers. von *M. G. Schwartze* (Pistis Sophia, ed. *J. H. Petermann*, 1851); dt. *C. Schmidt* (Hsg.), Kopt.-gnost. Sch. I 2. Aufl., bearb. von *W. Till* (= CGS 45), 1954. Lit.: RE XX 1813–1821 *(Leisegang). E. Hennecke / W. Schneemelcher* Ntl. Apokryphen I [3]1959, 174ff. (Lit.).

Pistor s. Bäckerei

Pistoriae (CIL XI 1 p. 298. Tab. Peut. IV 2. It. Ant. 284f. Ptol. 3,1,48 *Πιστωρία*; Plin. nat. 3,52 *Pistorium*), seit Plaut. Capt. 160f. bezeugte ligur. Ortschaft 25 mp (Itin.) w. Florenz in der 7. Region (Plin.) bzw. der *tribus Velina* (CIL XI 1541); mit Rom föderiert (BELOCH RG 609). Im *ager Pistoriensis* wurde → Catilina vernichtet (Sall. Cat. 57,1. Obsequ. 61 a). Noch Amm. 27,3,1 kennt ein *oppidum Pistoriense.* Herleitung des Namens trotz SCHULZE Eigenn. 210 ungewiß. H. Pistoia. G. R.

Nissen It. Ldk. 2,292. *Forbiger* HB. d. alt. Geogr. 3,430.

Pisye (*Πισύη*, Ethnikon *Πισυήτης*), Ortschaft in Karien im Gebiet der erweiterten rhod. → Peraia, Reste auf dem Hügel Pisi Asar bei Pisiköy, seit etwa 39 v. Chr. zu Stratonikeia gehörend, Liv. 33,18,3. Konstant. Porphyr. de them. 1,14. Steph. Byz. AAWW 1892, 63ff. IG XII 1,1036 = Syll. II[3] 586,9. CH. BLINKENBERG, Lindos II Inscr. Nr. 151, 4. BCH 1931, 74 Nr. 3 Z. 4f. E. M.

1. *E. Meyer* Die Grenzen der hellenist. Staaten 54ff. 147. 2. *J. Keil*, RE XX 1838. 3. *A. Laumonier*, BCH 60, 1936, 328. 4. *L. Robert* Etud. anatol. 473. 5. *Ders.* La Carie II 378f. A. 4. 6. *F. M. Fraser – G. E. Bean* The Rhodian Peraea and islands 73. 99. 47 Nr. 44f. (Inschr.).

Pitana (*Πιτάνα*, *Πιτάνη*, Demotikon *Πιτανάτης*), Ortsteil von Sparta w. und s. w. der Akropolis, als Wohngebiet bevorzugt, wo schon Menelaos gewohnt haben soll. Eur. Tro. 112ff. Paus. 3, 14,6. In P. lag auch das Grabmal der Königsfamilie der Agiaden, Paus. 3,14,2ff., ferner zwei Heiligtümer der Artemis und weitere Heiligtümer, Kall. h. 3,172. Paus. 3,14,2. P. bildete eine der Bürgerabteilungen (*ὠβά*) Spartas und eine Abteilung (nicht Lochos) des Heeres, *Πιτανάτης λόχος* bei Hdt. 9,53,2f., dagegen Thuk. 1,20,3. [3]. Hesych. Phot. lex., nachgeäfft von Caracalla, Herodian, 4,8,3. Sonst Pind. O. 6,28. Hdt. 3,55. Paus. 3,16,9. Plut. mor. 601 B. IG V 1,675. 685. 730. E. M.

1. *Bölte*, RE III A 1362, 47ff. XX 1839ff. 2. *Ehrenberg*, RE XVII 1693ff. 1695, 31ff. 3. *K. M. T. Chrimes* Anc. Sparta 314ff. 318.

Pitane (*Πιτάνη*), aiol. Stadt an der Küste → Mysiens, oft in der ant. Lit. erwähnt. P. galt als eine Gründung der → Amazonen und soll nach einer von ihnen benannt sein. P. gehörte zum del.-att. Seebund und konnte, trotz Nachbarschaft zu → Pergamon, eine gewisse Selbständigkeit behaupten, die der Stadt auch im Rahmen der Provinz Asia erhalten blieb. In chr. Z. wurde P. Sitz eines Bischofs.

P. ist auf der Halbinsel von Çandarlı lokalisiert worden. In der Nähe des Hafens von Çandarlı sind noch Teile der ant. Mole sichtbar. Es gibt nur geringe Überreste aus ant. Z., da die Lage den Abtransport von Baumaterial zur See begünstigte. Ausgrabungen wurden in der Nekropole unter Leitung von Ekrem Akurgal von 1959–1965 durchgeführt und erbrachten reiche Funde an Keramik aus spätgeometr. Z. bis E. 6. Jh. Publikation der Ergebnisse in Vorbereitung. F. K. D.

J. Keil, RE XX 1841ff.

Pithekos s. Affe

Pithekusa *(Pithecussae)*, seit Pherekyd. FGrH 3 F 54 bezeugter Name der Insel → Aenaria (App. civ. 5,69) bzw. durch Mißdeutung von Hom. Il. 2,783 Inarime (Verg. Aen. 9,716. Ov. met. 14,89f. Lucan. 5,101. Sil. 8,542f. 12,148. Stat. silv. 2,2,76), unter der → Typhoeus (Pind. P. 1,32. Sil. 8,542f. Verg. Lucan.), → Enkelados (Serv. auct. Aen. 9,712) oder → Iapetos (Sil. 12,148) liegt (Sch. Lykophr. 1356: Wohnort von Giganten). Deshalb Vulkantätigkeit, die euboiische Kolonisten und Siedler → Hierons (1) vertreibt (Liv. 8, 22,6. Strab. 5,247; vgl. Tim. FGrH 566 F 58. Obsequ. 54); heiße Quellen: Plin. nat. 31,9. Name P. nach Töpferei (Plin. nat. 3,82) oder nach dort angeblich hausenden Affen (Ov. met. 14,90. Plin. Serv. auct. Strab. 13,626. Steph. Byz. s. *Ἄριμα*), was durch etr. *arimos* »Affe« (Hesych. s. v. Serv. auct. Strab.) Anschluß an den Namen Inarime förderte. H. Ischia. G. R.

Nissen It. Ldk. 2,729. *Forbiger* HB. d. alt. Geogr. 3,495. *Beloch* Campanien [2]202ff.

Pithoigia (*Πιθοίγια* od. *Πιθοιγία*). 1. Tag des att. → Anthesterien-Festes, am 11. Anthesterion (im Februar), im Kreise der Familie und mit den Sklaven (vgl. A. KÖRTE, Rh. M. 71,576ff.) gefeiert (L. DEUBNER Att. Feste 93ff.). Die P. waren offenbar das Fest, an dem die Weinfässer geöffnet wurden (vgl. Phanodemos bei Athen. 11,

465 a; so auch L. Ziehen, RE XX 1844ff.). Ob eine über die Ambivalenz der Anthesterien (vgl. → Chytren, → Choen) hinausgehende Beziehung der P. zu den *εἴδωλα* besteht (wie J. Harrison, JHS 20,101. A. Dieterich, ARW 11,172f. u.a. meinen), muß sehr bezweifelt werden. W. P.

Pithos (*πίϑος, dolium*). Das große, faßartige Gefäß aus Metall (Hdt. 1,51,3), Holz oder Ton (Hdt. 3,96,2) diente seit minoischer Z. in Griechenland (Italien: → Dolium) als Vorrats- oder Weingefäß, seltener zur Bestattung. Die P. haben teils einen breiten Fuß, teils werden sie, unten spitz, in den Boden eingelassen. Sie haben zwei oder mehr Reihen Ösenhenkel (für Bewegung mittels Seilen), bessere Exemplare sind mit Relief oder Bemalung verziert. Archaische P. sind von minoischen Vorbildern beeinflußt, die heute noch ähnlich hergestellt werden ([1]). P. sind von zahlreichen Plätzen der ägäischen Welt des 2. Jt. erhalten ([4]. [6],830ff.). Aus dem 8.–6. Jh. kennen wir bemalte P. aus Kreta (z. B. Buschor Griech. Vasen, 1940, Abb. 54), reiche reliefverzierte P. aus Kreta ([2]. [3]. [5]), Rhodos, Tenos, Naxos, Boiotien ([2]). Eiförmige P., meist auf 3–4 Schlaufenfüßen stehend, scheinen vor allem dem Grabgebrauch gedient zu haben ([5]. [6],837ff.). P. wurden auch später noch als Wasserbehälter (Cisternen) benützt ([6],840). Sprichwörtlich »aus dem P. (= aus dem Vollen) schöpfen« Theokr. 10,13. W. H. G.

1. *Hampe–Winter* Bei Töpfern und Töpferinnen in Kreta etc., 1962. 2. *J. Schäfer* Studien zu den griech. Relief-P., 1957. 3. *W. Hornbostel*, in: Dädalische Kunst auf Kreta (1970) 56ff. 4. *A. Evans* The Palace of Minos, 1921ff. Index s. Pithoi und Pottery. 5. *J. K. Brock* Fortetsa, 1957. 6. *H. Sauer*, RE Suppl. IX 828ff. → Dolium, o. Bd. II S. 117.

Pitinum. Vestinischer (Tab. Peut. V 5. Nissen It. Ldk. 2,470; h. Madonna di Pettino) und umbrischer (Ptol. 3,1,53) Ortsname, vgl. h. Pitino n. ö. San Severino Marche). Plin. nat. 3,114 unterscheidet in der 6. Region *Pitinates* (Hss.: *Pitulani;* vgl. jedoch 2,229 *in agro Pitinate*) *cognomine Pisuertes et alii Mergentini.* Beide späteren *municipia* liegen in der *tribus Clustumina* und sind früh konföderiert (Beloch, RG 607). P. Mergens (CIL XI 5865. 6123) ist im Piano di Valeria bei Acqualagna (Nissen 2,382), *P. Pisuertum* (CIL XI 6033. 6035. 6354) bei Macerata Feltria (Nissen 2,379) zu suchen. G. R.

Pittakos (*Πιττακός* Hss., *Φίτταχος* Head HN² 562. LP 70. 348), Staatsmann in Mytilene auf Lesbos. Chronologie und Gesch. seiner Zeit, aus den Frg. des → Alkaios (4) erschlossen, sind z. T. umstritten. P., * 651/50, Sohn des thrak. Einwanderers Hyrras, der *βασιλεὺς Μυτιληναίων* war (Herodian. 2,858,28 Lentz), beseitigte als Mitglied einer Adelshetairie, der auch Alk. und dessen Bruder Antimenides angehörten, 612 den Tyrannen Melanchros, Diog. Laert. 1,74. 81. Strab. 13,

617. Suda s. v. *Πιττακός. Ὕρρα παῖς.* Im Krieg um Sigeion schlug er 607/06 die Athener und tötete den att. Olympioniken Phrynon im Zweikampf, Diog. 1,74. Strab. 13,600. Eus. chron. p. 186 Kaerst. Inzwischen errang → Myrsilos die Tyrannis. Gegen ihn verschwor sich die Hetairie des P. und Alk. P. trat dann aber zu Myrsilos über und regierte mit ihm Mytilene. LP 68. 129. P. 161ff. Plut. mor. 147 b. Alk., der in die Verbannung gehen mußte, verfluchte den Abtrünnigen als *κακοπατρίδας* LP 67. 75. P. 170. Nach dem Tode des Myrsilos begannen die Geschlechterkämpfe wieder. Alk., zurückgekehrt, beschimpfte P. als Dickbauch, Plattfuß und Prahler, LP 429. Schließlich wählten die Bürger P., der durch Heirat in das alte Penthilidenhaus an Macht gewonnen hatte, zum → Aisymnetes mit Vollmacht gegen die vertriebenen Aristokraten, Diog. 1,81. Aristot. pol. 3,1285a, 35f. P. hatte diese Stellung 10 J., 598/97–588/87 oder 590/89–580/79, je nach Änderung der Zahlangaben bei Diog. 1,79 inne, F. Schachermeyr, RE XX 1870. Wie Peisistratos änderte P. die Verfassung nicht, die »Könige und der Prytanis« blieben in Funktion, Theophr. frg. 97 Wimmer. P. gab Gesetze, die Strafe bei Vergehen in Trunkenheit wurde verschärft, die Teilnahme an Leichenbegängnissen geregelt, Aristot. pol. 1274b, 20. Diog. 1,76. Cic. leg. 2,26. P. zeigte Mitleid, erließ eine Amnestie und soll dem Mörder seines Sohnes die Freiheit geschenkt haben, Diod. 9,11,1. Diog. 1,76. Ein ihm von den Bürgern geschenktes Grundstück nahm er nicht an, sondern verteilte es, da »Gleiches haben mehr ist als Mehr haben«, Diod. 9, 12,1. Diog. 1,75. Val. Max. 6,5 ext. 1. Nachdem er Mytilene von Gewaltherrschaft, Parteizwist und Krieg befreit hatte, legte er freiwillig sein Amt nieder, Diod. 9,11,1. 10 J. später starb er. Strab, 13,617. Die dankbare Stadt ehrte ihn mit einer Grabinschr., Diog. 1,79. Wegen seiner Weisheitssprüche wurde er zu den → 7 Weisen gerechnet, Diog. 1,77. Plat. Prot. 343a. Strab. 13,600. Bereits Simonides nannte eine Gnome *Πιττάκειον*, Anth. lyr. 2,62ff. Die Gespräche des P. mit → Kroisos sind ebenso erfunden wie sein Brief an ihn, da die Verbindung beider chronol. ausgeschlossen ist. Hdt. 1,27. Diog. 1,75. 77. 81. Diod. 9,12,2. D. Page (P) Sappho and Alcaeus 1955. E. Lobel-D. Page (LP) Poetarum Lesbiorum fragmenta 1963. H. Berve Die Tyrannis bei den Griechen 1, 1967, 92ff.; 2,572ff. H. V.

Pittheus (*Πιτϑεύς*). Myth. König von → Troizen, urspr. wohl ein Gott, dann ein weiser Dichter und Orakeldeuter (→ Aigeus). Er stiftete den Altar der Themides, lehrte im Musentempel »Rhetorik« und schrieb darüber, Paus. 2,31,3ff. Er vereinigte die Städte Hypereia und Antheia (→ Anthas) und benannte sie nach seinem verstorbenen Bruder Troizen. Sohn des Pelops, Eur. Med. 683. Apollod. 3,208, Vater der → Aithra,

Hom. Il. 3,144. Bakchyl. 16,34, deren Sohn → Theseus er erzog, Paus. 1,27,7. 30,8, ebenso seinen Urenkel → Hippolytos (1), Eur. Hipp. 11. Paus. 1,22,2. – Plut. Thes. 3f. H. v. G.

Pityus (*Πιτυοῦς*, vgl. Zos. 1,32,1), Hafenstadt an der n. ö. Küste des Schwarzen Meeres am Fuße des Kaukasos, wo h. Pitzunda liegt. Bes. dem günstig gelegenen Hafen (Zos. a.O.) verdankte diese wohl urspr. von den Milesiern angelegte Siedlung ihren trotz häufiger Überfälle wilder Gebirgsstämme bis in die Spätantike dauernden Bestand. E. O.

E. Diehl, RE XX 1883f. Die neuere russ. Lit. bei Ch. Danoff, RE Suppl.-Bd. IX 1140.

Pityussai. (*Πιτυοῦσσαι*, »Ficheninseln«) Name der zwei Inseln Ibiza und Formentera, wohl Übers. von phoinikisch. ī-b-š-im »Küste der Fichten«, wie man die größere Insel nannte und woraus griech. *Ἔβουσος* geworden ist. Nach G. Bellido, AEA 14, 1940, 118 wäre das Suffix *-ussa* kleinasiatisch und stammte aus der Z. vor der karthagischen Besetzung im J. 654/53 v. Chr. Ibiza hieß zuerst *Gymnesia* (Avien. or. m. 467), später in Einzahl *Πιτυοῦσσα* (Timaios bei Diod. 5,16. Plut. Sert. 7. Liv. 28,37,3) oder *Ἔβουσος* (Strab. 3,5,1 p. 254). Formentera hieß *Ὀφιοῦσσα*, »Schlangeninsel«, später lat. *Colubraria* (Plin. nat. 3,78. Mela 2,126). Für vorphoinikische Besiedlung Ibizas im 7. Jh. v. Chr. gibt es kein sicheres Zeugnis. M. E. A.

A. Schulten, RE XX 1886ff. *J. M. Millás-Vallicrosa* De toponimia púnico-española, Sefarad 1, 1941. *A. García Bellido, R. Menéndez Pidal* Hist. Esp. I, 2. 1960, 388. 424. 505.

Pitzia. **1.** P., *comes* Theoderich d. Gr. entriß 504 den Gepiden Sirmium und schlug 505 ein oström. Heer bei Horreum Margi (Ennod. paneg. 52ff. Iord. Get. 300). 514 ließ Theoderich den hochgeschätzten P. (Cassiod. var. 5,29) töten (Chr. Min. 1,131). **2.** P., got. Großgrundbesitzer in Samnium, ging 537 zu Belisar über (Prok. 3,15). **3.** Got. Offizier, wurde zusammen mit Unilas 537 bei Perusia geschlagen (Prok. 3,16). A. L.

Pius. **1.** Cognomen, vgl. I. Kajanto The Lat. Cognomina, Soc. Sc. Fenn. 1965, 251, in den Fasten der republikan. Zeit bei den Caecilii (→ Metellus I 22f.), in der Kaiserzeit bei zahlreichen weiteren Gentes, vgl. Degrassi FCons. 262. H. G. G.

2. (*Πῖος*), griech. Gramm. um 200 n. Chr. (?), Vf. eines Homerkommentars, der u. a. in Memphis und Sparta tätig war. Sein Name erscheint in den Sch. Hom. rund ein dutzendmal. P.' wichtigstes Ziel war offensichtlich, Aristarchs Athetesen zu widerlegen. Der Hinweis auf P. in Sch. Soph. Ai. 408 kann sich sowohl auf einen Sophokleskommentar als auf irgendeine gramm. Abh. allgemeinen Inhalts beziehen. O. Dr.

E. Hiller Der Gramm. P. und die *ἀπολογίαι πρὸς τὰς ἀθετήσεις Ἀριστάρχου*, Philol. 28, 1869, 86–115.

Plăcentia (ă: Plaut. Capt. 162. Sil. 8,593) hat nach Hanslik, RE XX 1897 einen illyr., wegen Faventia, Florentia, Valentia u. a. eher einen ital. (Nissen It. Ldk. 2,274) Namen. P. liegt am O.-Ufer der Trebia (Liv. 39,2,10 *a Placentia* = Dess. ILS Nr. 9371 *ad flumen Trebiam*) nahe der Mündung in den Po (Strab. 5,217. Plin. 3,118). Den Urbewohnern nahmen die Etrusker (Liv. 5,33,10; nach Banti Die Welt d. Etrusker 113 stammt die bei P. gefundene etr. Bronzeleber jedoch erst aus röm. Z.), diesen die Gallier (Liv. epit. 20) das Land. Gründung der latin. Kolonie (Pol. 3,40,4f.: 6000 Siedler. 3,66,9. Liv. epit. 20. 21,25.,2. 27,10,8. Vell. 1,14,8. Plin. nat. 3,115) am 31. Mai 218 v. Chr. (Ascon. Cic. Pis. 3) als starke Festung (App. Hann. 5. Prok. Goth. 3,13,8). P. ist Rückzugsraum 218 (Pol. 3,74,6ff. Liv. 21,56,9), wird von Hasdrubal 207 vergeblich belagert (Liv. 27,29,11), von Galliern 200 zerstört (Liv. 31,10,2. 33,23,2), 195 wiederaufgebaut (Liv. 34,22,3), erhält neue Kolonisten 190 (Liv. 37,46,9ff.), dient dem → Opimius (6) 154 als Basis (Pol. 33,11,1), hat Flußhafen (Liv. 21,57,6. App. Hann. 7. Tac. hist. 2,17 *classici*). Die Bürger kämpfen im röm. Heer (Liv. 41,1,6 *cohors Placentina*. 44,40,6 *turma*). P. liegt am Endpunkt der v. Aemilia (Liv. 39,2,10. Prok. Goth. 3,13,8. It. Ant. 288,3), wo diese von der v. Postumia (Strab. 5,217: 100 mp von Genua) geschnitten wird. P. wird 90 *municipium* (Paul. Fest. 155,19 L.) der *tribus Voturia* (CIL XI p. 242) in der 8. Reg. (Plin. 3,115). P. spielt wegen seiner Lage eine Rolle 87 (Val. Max. 4,7,5. 6,2,10. App. civ. 1,92), 50 (Cic. Att. 6,9,5) und 69 p. Chr. (Tac. hist. 2,21. 36. 49); Einnahme durch Totila 546 (Prok. Goth. 3,16,3). Zur Langlebigkeit der Bewohner: Plin. nat. 7,163. Phlegon. macr. 1). H. Piacenza. G. R.

Nissen It. Ldk. 2,270ff. *Forbiger* HB. d. alt. Geogr. 3,407. *Fraccaro* Opusc. 3,233ff. *Beloch*, RG 613. 621.

Placidia. **1.** Aelia Galla P. * ca. 390 (388?) als Tochter des Kaisers Theodosius I. und der → Galla (2). In der Kindheit wurde sie wesentlich durch → Serena, die Gemahlin → Stilichos, beeinflußt. Wahrsch. 408/09 fiel sie in Rom in die Hände der Westgoten (Zos. 6,12,3). Anf. 414 mußte sie → Ataulfus (I 1544) heiraten. Sie scheint ihn zu einer Politik des Ausgleichs mit Rom bewogen zu haben (Oros. 7,40,2. 43,7 [Olympiodor. frg. 26]). Die im Zusammenhang mit Abschluß eines *foedus* Anf. 416 von den Goten ausgelieferte P. wurde 417 auf Wunsch ihres Bruders → Honorius gegen ihren Willen mit → Constantius (6) vermählt (Olympiodor. frg. 31. 34. 40). Durch Übereinstimmung in den entscheidenden polit. Fragen kamen sich die Partner näher. Mit Honorius entzweit, floh die 421 zur Augusta erhobene und dann erneut verwitwete P. mit ihren Kindern (Honoria und Valentinianus) Anf. 423 nach Constantinopel (Olympiodor. frg. 40; Chr. Min. 1,470). Ihre Energie trug dazu bei, daß →

Valentinianus (III) 425 Augustus und sie – von Theodosius II. erneut zur Augusta erhoben – de facto Herrscherin des W. wurde. Die durch Niedergang der kaiserl. Gewalt, Schwäche der Armee und der Finanzen, Allmacht der Generale und Großgrundbesitzer in schwieriger Situation befindliche P. suchte durch Verbindung mit der Kirche ein Gegengewicht zu anderen Machtfaktoren und eine Stütze für den Staat zu schaffen. Ebenso bemühte sich die fromme (Soz. 9,16,2. Iord. Rom. 328) und an einer guten Gesetzgebung interessierte Kaiserin (z.B. Cod. Theod. 1,4,3. Iust. 1,14,2f.) um die Senatoren. Aus dem Zwang für P., ihre Unabhängigkeit gegenüber Persönlichkeiten wie → Felix (3), → Bonifatius (1) und bes. → Aetius zu wahren, ergaben sich mannigfache, kaum mehr aufzuhellende Intrigen (Prok. 3,3,14ff. Ioh. Antioch. frg. 196. 201). Nach der Hochzeit Valentinians mit Eudoxia (2) im J. 437 zog sich P. etwas zurück und konzentrierte sich auf fromme Werke (Agnellus 41f. = Chr. Min. 1,303) wie Bau und Ausschmückung von Kirchen in Ravenna und Rom. P. dürfte aber bis zu ihrem Tode am 27. Nov. 450 (Chr. min. 1,489. Prok. 3,4,13) an wichtigen polit. Entscheidungen beteiligt gewesen sein (z.B. ACO 2,1,1,5. 49. 2,3,1,13f.).

Enßlin, RE XX 1910ff. *V.A.Sirago* Galla Placidia, 1961. *St.I. Oost* Galla Placidia, 1968 (dazu Vf. Gn 42, 793f.).

2. Tochter Valentinians III. und der → Eudoxia (2), * 441/42, geriet 455 in Rom mit Mutter und Schwester Eudokia (2) in Gefangenschaft → Geiserichs. P., 462 ausgeliefert nach Constantinopel (Prisc. frg. 29), war verheiratet mit → Anicius (12) Olybrius († 472). Mit ihrer Hilfe suchte Kaiser Zeno um 480 ihren Schwager → Hunerich zugunsten der Katholiken im Wandalenreich zu beeinflussen (Malch. frg. 13. Vict. Vit. 2,1f.). † nach 480. A. L.

Placidus. 1. Trib. milit. des Statthalters → Cestius (II 4) Gallus im jüd. Krieg, in dem er die → Ptolemais gegen → Iosephos schützte, Ios. vit. 43. Unter Vespasian hielt er die Stadt → Sepphoris gegen Ios., vit. 74; bell. Iud. 3,59ff. Er eroberte nach anfänglichen Schwierigkeiten → Iotapata (bell. Iud. 3,110ff. 7,325) im J. 67 und vernichtete die Juden, die den Berg → Tabor besetzt hatten (4,57ff.). Im J. 68 verfolgte er die Flüchtlinge von → Gadara bis ans Tote Meer, rieb sie auf, 4,419ff., und unterwarf fast die ganze → Peraia. R. H.

2. P., Kompilator eines lat. Lex. 5./6. Jh., wohl aus Spanien. Zwei Bestandteile heben sich deutlich voneinander ab, grammat.-antiquar. Worterklärungen, die vorwiegend auf Kommentare zurückgehen (= A), und kürzere Glossen (= a; Ps.-P. bei LINDSAY), die seltene Wörter bei altlat. Dichtern verdeutlichen und auf eine vollständigere Glossenquelle zurückzuführen sind, deren Verhältnis zu Festus (→ Verrius Flaccus) umstritten ist. Der Kompilator ging so vor, daß er a alphabetisch ordnete und mit A in je möglichst umfangreichen Blöcken vereinigte (A/a/b/B/C/c/d/, ab R nur A). Das Glossar stellt neben seiner Bedeutung für unsere Kenntnis des Altlateins ein wichtiges Zeugnis für den spätant. Schulbetrieb dar. Die direkte Überlieferung beruht auf drei Vaticani des 15. Jh. P. L. Sch.

Ed. princ.: *A. Mai*, 1831. Ta.: CGlL 5 (3 Rezensionen). *Pirie-Lindsay*, Gloss. Lat. 4, 1930 (mit krit. Sichtung des Materials). Lit.: *P. Karl* De P. glossis, 1906. *Schanz-Hos.* 4,2,257ff. CGlL 1,59ff. 311ff. 5,Vff. *Lindsay*, a.O. 5ff.

Placitus (Sex. P. Papyriensis), sonst unbekannter med. Schriftsteller der Spätant., von dem ein *liber medicinae ex animalibus* überliefert ist (traditionelles Thema, s. z.B. → Xenokrates von Aphrodisias); der Text ist in 2 sehr verschiedenen Fassungen erhalten. F. K.

Ausg.: CML IV (1927) ed. *Howald-Sigerist*.

Plaetorius. Ital. Familienname (vgl. SCHULZE Eigenn. 44,5), in Rom seit ca. 200 hervorgetreten. Gelegentl. mit → Laetorius verwechselt. Lex Plaetoria s. Nr. 1. 3, Mz. SYD.

1. P. war der Urheber einer vor dem Jahr 192 erlassenen Lex Plaet. über Rechtsgeschäfte (ROTONDI Leges publ. 271f. RE Suppl. V 578ff.). Ein anderer P. war Urheber einer Lex P. über Altarweihungen ca. 180, vgl. BROUGHTON Mag. 2,472. **2.** C. P., Quaestor des Cn. → Domitius Calvinus (I 14), wurde 47 mit einer neu aufgestellten Legion gegen → Pharnakes II. geschickt, Bell. Alex. 34,5. **3.** M. P., tr. pl. ca. 242, veranlaßte ein Plebiszit über die Rechtsprechung des Praetor urb., Censorin. de die nat. 24,3. RE Suppl. V 582,10ff. **4.** M. P., Senator, 82 von Sulla hingerichtet. **5.** L. P. (Cestianus?), Quaestor ca. 74, Mz. **6.** L. P. Cest(ianus), vielleicht Quaestor ca. 43/42, Mz. **7.** M. P. Cestianus, Altersgenosse Ciceros, Sohn von Nr. 4 (?). 69 gehörte er zu den Anklägern des M. → Fonteius (I 5), war 68 curul. Aedil (*quaestio inter sicarios*, Münzprägung), um 64 Praetor, dann Propraetor (Makedonien? 63–62), 55 vielleicht legatus in Kilikien (?, Cic. fam. 1,8,1); 51 dürfte er wegen Erpressungen verurteilt worden sein (Cic. Att. 5,20,8). Vgl. M. GELZER Cicero 51. 53. H. G. G.

Plaga. 1. Die Netze für Jagd, Vogel- und Fischfang (Varro rust. 3,3,4) sind terminologisch nicht immer klar geschieden. Zur Jagd gehören *ἄρκυες, ἐνόδια, δίκτυα* (Xen. kyn. 2,4ff.) = *casses, plagae, retia* (Nemes. Cyn. 299f.) = Schlag-, Sack- und Fangnetze, vgl. ausführlich J. AYMARD Essai sur les chasses rom., 1951, 207ff. Übertragen sind P. »Fallstricke«, z.B. Plaut. Mil. 1388. Trin. 237. Cic. ac. 1,147; Verr. 2,5,151; fam. 12,25,4. **2.** Zum Bett- oder Sänftenvorhang, der aus Asien in Rom eingeführt zu sein scheint (Liv. 39,6,7), vgl. RE XX 1955. **3.** P. und *plagulae* heißen die Papyrusstreifen, aus denen das Schreibmaterial zusammengestückt wurde (Plin. nat. 13,77), vgl. BLÜMNER Techn. 1,319. → Papyrus. W. H. G.

Plagiat (von → *plagium, plagiare*), literarischer Diebstahl, Aneignung fremden geistigen Eigentums durch Übernahme fremder Schriften oder Schriftstellen ohne Angabe der benützten Quelle. Das Wort existiert in dieser Form und diesem Sinn erst im Französ., aus dem es Anf. 19. Jh. ins Deutsche gelangte. Die Griechen nannten es *κλοπή* (*κλέπτειν, κλέπτης*, gelegentlich synonyme Ausdrücke), die Römer *fur, furtum;* den spezifischen Sinn ergab der Zusammenhang. Das zuerst von Martial. 1,52,9 scherzhaft gebrauchte *plagiarius* (»Menschenräuber«) lebt als französ. plagiaire; Plagiator ist moderne Neubildung.

Der griech. (und jeglicher) Frühzeit fehlt der Begriff des Eigentums an geistigen Gütern durchaus. Der Rhapsode übernimmt geformten Stoff von seinen Vorgängern, läßt ihn teils, wie er ist, teils formt er um und dichtet weiter, um so unbedenklicher, als er gar nicht den Eindruck erwecken will, Selbstgeschaffenes vorzutragen, vielmehr alles als überlieferte Geschichte gibt. (Daß trotzdem die Eigenart des Schöpfers durch die bergende Hülle hindurchleuchtet, ist selbstverständlich). Doch vom 7. Jh. an beginnen die Dichter sich als Individuen zu fühlen, sich als solche vorzustellen und von sich und ihrer Berufung zu berichten. So Hesiod und der Dichter des homerischen Apollonhymnus, denen dann die meisten Dichter und – sowie es eine Prosaliteratur gibt – alle Prosaiker folgen. Aber erst später beginnt man Rechenschaft über Mein und Dein abzulegen, d. h. benützte Vorlagen zu zitieren. Erster Zeuge dafür ist Hippias von Elis frg. 6 Diels. Herodot und Thukydides zitieren nicht, um eine Vorlage zu nennen, sondern um zu polemisieren. Sehr sparsam mit Zitaten ist Platon und nach unsern Begriffen selbst Aristoteles. Quellenangaben verlangte die Ant. nur von streng gelehrten und Sammelwerken ohne eigenen literar. Anspruch. Vom verwerflichen wörtlichen Ausschreiben ohne Quellenangabe unterschied man das zulässige Umstilisieren eines entlehnten Gedankens mit dem Ziel, das Vorbild zu übertreffen oder auch, ihm zu huldigen. Im rhetorischen Unterricht unterwies man in der Kunst des Paraphrasierens und, im Sinne des Kunstprinzips der *μίμησις*, im Nachahmen klassischer Stilmuster, womit man zwar nicht zum einfachen Kopieren der berühmten Vorbilder, sondern zum freien Nachgestalten in ihrem Geist und Stil anleiten wollte, aber doch Gefahr lief, die Grenze des Plagiierens zu streifen. Des einfachen Abschreibens ohne Quellenangabe oder ohne Umstilisierung haben sich freilich im Alt. im ganzen nicht viele schuldig gemacht.

Ein Autorrecht, das dem Bestohlenen ein Klagerecht gegen den P-ator gegeben hätte, hat das Alt. nicht gekannt. Die Geschichte bei Vitruv. 7 prooem. 4–7, bezeichnet, wenn sie authentisch ist, nur einen Einzelfall. Als Strafe des P. – obwohl »Diebstahl« genannt – kannte das Alt. nur die öffentliche Brandmarkung des Diebes durch den Geschädigten. Dieses Mittels haben die ant. Autoren sich aus persönlicher Gehässigkeit oder Konkurrenzneid oft im Übermaß bedient. Den Anfang machten die altatt. Komiker. → Aristophanes wirft seinen Rivalen oft P. vor und ist selbst Ziel solcher Anschuldigungen gewesen. Ähnliche Streitigkeiten der römischen Komiker untereinander bezeugen die Prologe der Komödien des → Terentius. Voll von gegenseitigen P.-Bezichtigungen sind seit dem 4. Jh. die Schriften der Philosophen: → Anaxagoras soll »ältere Lehren« übernommen, → Empedokles den → Pythagoras bestohlen haben; die Dialoge des Sokratikers → Aischines stammten in Wahrheit von Sokrates selbst, seien ihm aus dessen Nachlaß von Xanthippe geschenkt worden; → Platon wirft im 7. Brief dem Tyrannen → Dionysios II. verfälschte Wiedergabe eigener Gedanken vor; Platon seinerseits soll die meisten seiner Dialoge aus → Aristippos, → Antisthenes und bes. → Bryson von Herakleia entlehnt, → Protagoras, → Epicharmos, → Pythagoras und die Ägypter (mit dem Atlantismythos) bestohlen haben. Durch die Jhh. geht der Prioritätsstreit um ihre Sätze unter Platonikern, Peripatetikern, Stoikern und Epikureern. Ankläger oder Beklagte des P. sind dann → Isokrates, → Alkidamas, → Herakleides (15) Pontikos, → Eratosthenes, der Mathematiker → Apollonios (2) von Perge u. a. Angeregt durch die Fülle der wechselseitigen P.-Anwürfe ist in der hellenist. Z. eine ganze Literatur über das Thema *περὶ κλοπῆς* entstanden, in der unter Mißdeutung der naturgegebenen Abhängigkeiten und Parallelitäten die ganze Literaturgeschichte als ein Gewebe von P.en gesehen wurde. Wir wissen darüber Bescheid hauptsächlich durch den Auszug aus des → Porphyrios *φιλόλογος ἀκρόασις*, den → Eusebios praep. ev. 10,3 im Rahmen der Darlegung bringt, daß die griech. Philosophie und Literatur nicht, wie sie sich rühme, ein bodenständiges Erzeugnis, sondern von den älteren Kulturvölkern, vor allem aus den uralten Schriften der Juden entlehnt sei. Er beruft sich dabei auf das (uns erhaltene) 6. B. der Stromateis des → Clemens (6) von Alexandreia, der seinerseits aus der jüdisch-hellenist. Apologetik schöpft, die seit dem 3. Jh. die Priorität der jüd. Kultur und Philosophie vor der griech. zu erweisen gesucht hat. Clemens bietet den längsten Katalog von griech. *κλοπαί*, von denen aber die wenigsten diesen Namen verdienen.

Die offenkundigen Übertreibungen der P.-Schnüffler haben alsbald Verteidiger der zu Unrecht Angegriffenen auf den Plan gerufen. Hauptzeugnisse: Kap. 13 der Schrift *περὶ ὕψους* (Ps. → -Longinos) und aus der röm. Lit. (wo Hor. epist. 1,3,15 den Reigen eröffnet) Sen. contr. 9,24, 13, Plin. nat. praef. 20–23 und vor allem die Ausführungen des Macrobius Sat. B. 6 und 7, wo gegen de *obtrectatores Vergilii* dessen Homer-Entlehnungen nicht als P., sondern als Zeugnisse rühmlichen Wetteifers gedeutet werden. – Die Humanisten haben vom 15. Jh. an erneut eifrig die antike P.-Schnüffelei gepflegt. Einen vernünftigen Maßstab zu finden, blieb dem historistischen 19. Jh. vorbehalten. K. Z.

Grundlegend *Ed. Stemplinger*, Das P. in der griech. Lit. 1912. *H. Peter*, Wahrheit und Kunst, Geschichtschreibung und P. im klass. Alt. 1911. *W. Kroll*, Stud. z. Verständnis der röm. Lit. 1924. *K. Ziegler*, RE XX 1956–97.

Plagiaulos (πλαγίαυλος, lat. *calamus obliquus*), in der Ant. nur selten verwendete Querflöte, die wie der → Monaulos nur einzeln geblasen wurde und sich vom → Aulos wahrscheinl. auch durch die Anblasevorrichtung unterschied. Der der Herkunft nach wohl äg. P. begegnet kaum im griech. Bereich, häufiger dann durch Vermittlung der Etrusker in Rom. U. K.

E. Bernert, RE XX 1997f. *G. Wille* Musica Romana, 1967, 174. 565.

Plagium. Die herrschende Lehre führt p. auf πλάγιος, »zweideutig, schief«, falsch zurück, doch ist auch die Ableitung von *plaga*, Fangnetz, nicht von der Hand zu weisen. *P.* ist ein Sammelbegriff für jegliche Anmaßung des Herrenrechts über einen Menschen. Darunter fallen Menschenraub, Menschenhandel, Behandlung eines Freien als Sklaven, die Überredung zur Flucht, das Verbergen und Einsperren von fremden Sklaven. Die rechtl. Regelung gibt eine wahrscheinlich aus dem 2. od. 1. Jh. v. Chr. stammende *lex Fabia*. Der in Dig. 48, 15 rubr. überlieferte Zusatz *de plagiariis* dürfte viel jünger sein. Die Quellen sprechen öfters vom *crimen legis Fabiae*. Als Täter kommen röm. Bürger und Sklaven in Betracht. Objekt des Deliktes waren nach dem 1. Kap. Freie und Freigelassene, nach dem 2. Kap. fremde Sklaven. Voraussetzung für die Strafbarkeit war *dolus malus* (Dig. 48,15,6,2), Versuch und Beihilfe (beim Sklaven auch die Mitwisserschaft des Herrn) wurden der Haupttat gleichgehalten. MOMMSENS Ansicht, die Beihilfe beziehe sich nur auf die Publikanen, läßt sich auf Grund Cod. Iust. 9,20,10 nicht halten. Die Sanktion war urspr. eine Geldstrafe, ein Sklave durfte 10 J. lang nicht freigelassen werden. Um dem Überhandnehmen des *p.* zu steuern, drohten die Kaiser immer härtere Strafen an, so für die *humiliores* Bergwerksarbeit und Kreuzigung, für die *honestiores* teilweise Vermögenskonfiskation und Verbannung. Diocletian ordnete generell die Kapitalstrafe an (Cod. Iust. 9,20,7, 1). Z. V.

M. Molè Ricerche in tema di plagio, Arch. Giur. 169, 1965, 3ff. *Ders.* Novissimo Dig. Ital. 13, 1966, 116 s. plagio. *Brecht*, RE XX 1998ff. s. *P. Berger*, RE Suppl. VII 386ff. s. Lex Fabia.

Planasia. Kleine Insel s. w. Elba (Strab. 2,123. Plin. nat. 3,80f. Solin. 3,2. Ptol. 3,1,79; Entfernungen im It. mar. 513f. irrig) mit Pfauenzucht (Varro rust. 3,6,2). Verbannungsort des Postumus Agrippa (Tac. ann. 1,3,4. 2,39,1. Cass. Dio 55,32, 2). H. Pianosa. G. R.

Nissen It. Lkd. 1, 368. *Forbiger* HB. d. alt. Geogr. 3,435.

Plancius. Seltener röm. Familienname (Weiterbildung von → Plancus), dessen Träger vorwiegend aus Atina stammten.

I. Republikan. Zeit. **1.** Cn. P. wurde ca. 91 von M. Iunius Brutus angeklagt und von L. Licinius Crassus verteidigt, Cic. Cluent. 140; de or. 2, 220 (Name in unsicherer und nicht völlig klärbarer Überlieferung!). **2.** Cn. P. aus Atina, Ritter, unter Crassus vermutl. in Hispania 96–93, dann angesehener Steuerpächter, der 61–59 die Belange seiner Berufsgenossen nachdrücklich zu vertreten wußte (Einzelheiten durch Cic. Planc. bekannt), Vater von Nr. 3. **3.** Cn. P., Sohn von Nr. 2, erstrebte die senator. Laufbahn, leistete seinen Kriegsdienst unter A. → Manlius Torquatus (I 31) in Africa wahrscheinl. 69 und dann in Kreta 68 unter Q. → Metellus (14), war dann tr. mil. in Makedonien unter C. → Antonius (I 2) und wurde schließlich 58 Quaestor unter seinem Verwandten L. Appuleius Saturninus, dem damaligen Propraetor von Makedonien. Dort unterstützte er den verbannten Cicero tatkräftig (Cic. Att. 3,14,2. u. ö.). Als tr. pl. 56 trat er nicht in Erscheinung (BROUGHTON Mag. 2,209). 55 und in erneuter Wahl Anf. 54 wurde er für 54 zum Aedil gewählt, wurde aber dann von M. → Iuventius (I 3) wegen Bestechung *(ambitus)* angeklagt. Die Verteidigung übernahmen → Hortensius (7) und Cicero, dessen Rede Planc. (mit Sch. Bob.) unsere wichtigste Quelle bildet, vgl. W. KROLL, RhM 86, 127ff. M. GELZER Cicero (1969), 199f. Nach dem Freispruch war er Beauftragter für die Münzprägung (Mz. GRUEBER Coins 1,491. SYD.). 46–45 lebte er in Korkyra, von Caesar noch nicht begnadigt, Cic. fam. 4,14,1f. u. a. H. G. G.

II. Kaiserzeit. M. P. Varus. Als Praetor 69 n. Chr. zeigte er seinen ehemaligen Freund Cn. Cornelius Dolabella wegen Aufwiegelung der Kohorten von → Ostia an, Tac. hist. 2,63,2. Vespasian erhob ihn zum Statthalter von → Bithynien 78/79, IGR III 4. 37. C. BOSCH Kleinas. Münzen II 1, p. 85. Cos. suff. ca. 82/83, nach 90 procos. Asiae, BMC Phrygia p. 95 Nr. 149f. JRS 55, 1965, 55f. (Perge). R. H.

Plancus. Cognomen, »breitfüßig«, vgl. RE XVI 1656. 1661. IIIA 1828. I. KAJANTO The Lat. Cognomina, Soc. Sc. Fenn., 1965, 241. Erblich bei den → Munatii (I 6–11. II 4f.), weibl. Plancina (II 5). H. G. G.

Planeten, 1. Astronomie (πλανῆται, τὰ πλανητὰ ἄστρα, οἱ πλανώμενοι ἀστέρες, *planetae, planetes, vagae, erraticae* stellae, *errantia sidera* u. a.) Wandel- oder Irrsterne. Der Name stammt aus der Zeit, da man die Abweichung der Bahn dieser Sterne von der der Fixsterne beobachtet, aber die festen Regeln ihrer Bahnen noch nicht erkannt hatte, doch blieb er bis h. erhalten. Faßbar ist er zuerst bei → Demokritos für »τοὺς πλανήτας ἥλιον, φωσφόρον, σελήνην« (Diels Vorsokr. 68 A 86). Wahrscheinlich haben ihn die Pythagoreer gekannt, während die Angaben der Doxographen über die P.-Kenntnisse bei → Anaximandros, Anaximenes, Xenophanes, Parmenides fraglich bleiben, da sie den Theorien ein möglichst hohes Alter zuzuschreiben suchen. In Mesopotamien waren die fünf P., wie man jetzt annimmt, seit dem 2. Jt. v. Chr. bekannt und mit verschiedenen beschreibenden Namen benannt. Sonne und Mond aber galten immer als Götter. Später wurden die P. mit bestimmten Göttern verbunden, so mit dem Pest- und Todesgott Nergal, dem Weltschöpfer und Heilgott Marduk, dem Vertreter der Sonne und Kriegs- und Jagdgott Ninurtu, der Liebes- und Muttergöttin Ištar, dem Schreib- und Weisheitsgott Nabu. Die Kenntnis der P. haben die Griechen wahrscheinlich von Babylon übernommen und sie um die Mitte 4. Jh. v. Chr. als Sterne der olymp. Götter, Kronos, Zeus Ares, Aphrodite und Hermes (s. Plat. Tim. 38 d) bezeichnet, schließlich die Anordnung nach ihren synod. Umlaufszeiten durchgeführt. Als man in hellenist. Z. die P. auch nach anderen Gottheiten, wie Apollon, Hera, Isis, Herakles u. a. benannte, die Namen also nicht mehr eindeutig festgelegt waren, gab man ihnen Namen nach ihren Erscheinungsformen: Phainon, Phaethon, Pyroeis, Phosphoros, Stilbon. Diese Namen blieben bis zum Beginn der Kaiserzeit in Gebrauch, traten dann aber wieder gegenüber den Götternamen zurück, die mit der Zeit nicht mehr *ἀστὴρ τοῦ Κρόνου* oder *τοῦ Διός* etc., sondern einfach *Κρόνος*, *Ζεύς* etc. lauteten. Die Römer haben an die Stelle der griech. Götternamen, die der eigenen Götter gesetzt, Saturnus, Iuppiter, Mars, Venus, Mercurius, die bis h. fortleben. Ebenfalls im 4. Jh. v. Chr. beginnen die Versuche, die Bewegung der P. zu erklären. Zum Weltbild der Zeit gehörte die auf Anaximandros zurückgeführte Vorstellung vom Himmelsgewölbe als Kugel, auch für die Erde war die Kugelform von Parmenides angenommen worden oder von seinen Lehrern, den Pythagoreern. In ihrem Kreis ist im 4. Jh. v. Chr., sicher nach manchen Vorstufen, die Lehre von der Sphaerenharmonie (s. Plat. Rep. VII 530 d), vielleicht von → Archytas, entwickelt worden, und wenig später, wohl von → Philolaos, die Hypothese vom Centralfeuer, um das sich Gegenerde, Erde, Mond, Sonne, die 5 P. und der Fixsternhimmel bewegen; aber sie setzte sich nicht durch. → Eudoxos suchte eine Lösung des P.-bewegungsproblems, indem er ein System homozentr. Sphaeren annahm. Diese Theorie verbesserte sein Schüler → Kallippos. Aristoteles übernahm und erweiterte sie; die äußerste Sphaere, die des Fixsternhimmels, gab als primum mobile den Bewegungsantrieb für alle (s. Aristot. metaphys. 11,8,1073 f.). → Herakleides (15) Pontikos stellte die Hypothese auf, daß die beiden inneren P. um die Sonne kreisen, diese aber und die 3 äußeren P. sich um die Erde bewegen (Heliosatellit. System). → Aristarchos (5) von Samos nimmt als erster die Sonne als Mittelpunkt der P.-Kreisläufe an. → Seleukos von Seleukeia (um 150 v. Chr.) hat für diese Theorie Beweise gesucht, aber sie setzte sich im Alt. und MA. nicht durch, da sie den damals geltenden Naturgesetzen widersprach. → Apollonios (2) von Perge hat als erster zur Lösung des Problems der Rückläufigkeit der P.-Bewegungen die Epizykeltheorie aufgestellt, die ein besseres Resultat ergab als die Annahme 8förmiger P.-bahnen des Eudoxos. → Hipparchos (6) erkannte, daß die Ungleichheit der Sonnenbewegung durch die Annahme eines Epizykels oder Exzenters erklärbar sei, und bestimmte die Sonnen-Exzentrizität. Seine Epizykeltheorie für den Mond war unbefriedigend. Ptolemaios verbesserte sie durch die Annahme eines Secundar-Epizykels und einer Neigung des Epizykelradius (*πρόσνευσις*). Er war, soweit man weiß, der erste, der die Verbindung eines Exzenters (modifiziert durch den Ausgleichspunkt) und eines Epizykels als Modell für die P.-Bewegung einführte. In seiner *Σύνταξις* sind diese Modelle rein mathemat. Konstruktionen, während sie in den *Ὑποθέσεις τῶν πλανωμένων* als real gelten. Sie wurden von den Philosophen des Alt. und des MA., auch den arab., angegriffen, da sie die Naturgesetze des Aristoteles verletzten. Aber den einzigen, astronom. förderlichen Versuch, Ptolemaios' System zu ersetzen, unternahmen im 13. und 14. Jh. in Māragha und Damaskus arab. Astronomen, bes. Ibn al Shātir, die viel vom Kopernik. System vorwegnahmen. Wirkliches Verständnis für Modelle der P.-Bewegung kam erst mit Kepler, und für die Naturgesetze, die ihre Bewegung beherrschten, mit Newton.

2. Astrologie. Daß die Griechen den gestirnten Himmel beobachtet und auffallende Constellationen benannt haben, zeigen die hom. Epen, und Hesiod, daß sie nach dem Auf- und Untergang der Gestirne Regeln für das Wetter, für Ackerbau und Schiffahrt aufstellten. Aber nichts weist auf religiöse Verehrung hin. Sie ist anscheinend aus Spekulationen in der Platon. Akademie E. 4. Jh. v. Chr. entstanden (s. Epinomis). Die zuerst im Timaios 38 d greifbare Zuordnung der P. an die olymp. Götter ließ sie als Schicksalslenker erscheinen. So gibt es Zeugnisse für P.-Kulte. Gebete und Opfer (s. CCAG VIII 2,154. 172–176). Schon in früher Z. waren die Wirkungen von Sonne und Mond, auch von anderen Gestirnen auf Wetter und Vegetation beobachtet worden. So hat man, wohl unter dem Einfluß des Orients, auch polit. Ereignisse mit Gestirnerscheinungen in Verbindung gebracht und mit dem wachsenden Selbstbewußtsein des Menschen auch sein persönliches Schicksal. In der Z. des Hellenismus, nach den Alexanderzügen, gewinnt die Astrologie immer

stärkeren Einfluß. Da werden auch die aus verschiedenen Quellen stammenden Elemente für die astrolog. Schicksalsprognosen in Verbindung gebracht, der babylon.-griech. Tierkreis, die wohl nach babylon. Vorgehen den Göttern zugeordneten P. und die äg. Dekane. Für die Astrologen waren die P. bes. wichtig. In ihrem Weltbild, an dem sie festhielten, auch als in der Astronomie schon neue Erkenntnisse gewonnen waren, liefen die P. in 7 concentrischen Kugelschalen, den Sphaeren, um die im Mittelpunkt des Alls ruhende Erde, die in der 8. Sphaere die Fixsterne umkreisten. Aber während diese alle Tage im O. aufzusteigen und im W. unterzugehen scheinen, lassen sich bei den P. eigene, verschiedene Bahnen beobachten, auf denen sie bald vorwärts-, bald rückwärts zu wandern oder auch stillzustehen scheinen. Bei den 3 oberen P.: Saturnus, Iuppiter, Mars werden zwei Phasen, Auf- und Untergang, *ἀνατολή* und *δύσις*, unterschieden, bei den 2 inneren P., Venus und Mercurius, vier, Frühaufgang, *ἀνατολὴ ἑῴη*, wenn sie w. der Sonne am Morgenhimmel und Spätaufgang, *ἀνατολὴ ἑσπερία*, wenn sie ö. der Sonne am Abendhimmel aufgehen, dann Frühuntergang, *δύσις, κρύψις ἑῴη* am Morgen- und Spätuntergang, *δύσις, κρύψις ἑσπερία* am Abendhimmel. Diese Bewegungen der P., die zumeist innerhalb des etwa 20 Grad breiten Ekliptikgürtels vor sich gehen, und die Verbindung der P. mit den Tierkreiszeichen ergeben die Grundlage für die astrolog. Voraussagen. Wie in Babylon die 5 P. mit den großen Göttern des Landes, so waren sie in Griechenland mit den olymp., in Rom mit den ihnen angeglichenen, eigenen Göttern verbunden worden. Damit konnten deren, ihnen vom Mythos zugeschriebenen Eigenschaften und Schicksale auf die P. übertragen und zur Deutung der Constellationen herangezogen werden. Darnach gelten Iuppiter und Venus als Gutes, Mars und Saturnus als Böses wirkende Sterne. Den *ἀγαθοποιοί* wird eine warm-feuchte, den *κακοποιοί* eine kalt-trockene Natur zugesprochen, Mercurius schließt sich in seinem Wesen dem ihm verbundenen P. an. Nach den Namen werden als männlich Saturnus, Iuppiter, Mars, Sol, als weiblich Venus, Luna angesehen, Mercurius als hermaphroditisch. Die männlichen P. sind Tages-, die weiblichen mit Mars Nachtgestirne. Auch die Stellung zur Sonne kann das Geschlecht bestimmen, daß sie im O. als männlich, im W. als weiblich gelten. Stehen die P. in 15 Grad Entfernung von der Sonne, sind sie *ἐγκάρδιοι* und sehr wirksam im Guten wie im Bösen. Bei noch größerer Annäherung an die Sonne, als *συνοδικοί*, sind sie unter ihren Strahlen, *ὕπαυγοι*, und damit unsichtbar, *ἀφανεῖς*, und untätig, *ἀδρανεῖς*. Auch als Gefangene der Sonne werden sie aufgefaßt, der sie zu entfliehen suchen. In ihren Diensten aber stehen sie als Lanzenträger, *δορυφόροι*, die ö. vor oder w. hinter der Sonne erscheinen. Bei der Bahnbewegung der P. ist ihr Vorwärtsgehen, *ὁ προποδισμός*, und der 1. Stillstand, *ὁ πρῶτος στηριγμός*, günstig, der 2. *ὁ δεύτερος στηριγμός*, und das Rückwärtsgehen, *ὁ ἀναποδισμός*, ungünstig. Mit dem Mond verbinden sich die P. völlig beim Zusammengehen, *σύνοδος*, oder nur in Annäherung, Berührung, *συναφή*, und Wegfließen, *ἀπόρροια*. Auch die P. können zur *σύνοδος* kommen, und zur *συναφή, κόλλησις*, wenn der schnellere P. sich dem langsameren bis auf 3 Grad nähert oder zur *ἀπόρροια*, wenn er sich von der *συναφή* mehr als 3 Grad wieder entfernt. Die Umschließung eines P. durch zwei andere, *συμπερίσχεσις*, ist ungünstig, wenn die zwei *κακοποιοί*, günstig, wenn sie *ἀγαθοποιοί* sind. Auch das Betreten eines P.-Bezirkes durch einen anderen P., *ἔμβασις, ἐπέμβασις*, kann gut oder böse sein. Ungünstig eher ist die Einnahme, *αἵρεσις*, die Fesselung, *σύνδεσμος*, die zum Festhalten, *περίσχεσις*, führen kann. Freundlich ist der gemeinsame Besitz, *μετοχή* Günstig oder ungünstig ist der Strahlenwurf, *ἀκτινοβολία*, auch die *ἐπισυναγωγή*, die Verbindung eines P. mit anderen, deren Kräfte er annimmt. – Tierkreis und P. gehen eine Verbindung ein in den Häusern, *οἶκοι*; jedem der 5 P. ist ein Tierkreiszeichen als Taghaus ein zweites als Nachthaus zugeordnet, dem Sonnengott nur ein Tag-, der Mondgöttin nur ein Nachthaus, in denen sie bes. wirksam sind. Noch stärker ist ihre Macht in der Erhöhung, *ὕψωμα*, ganz gemindert in der Erniedrigung, *ταπείνωμα*.

Plan.		Taghaus		Nachthaus	Erhöhung		Erniedrigung	
☉	Sonne	♌	Löwe		♈	19°	♎	19°
☾	Mond			♋ Krebs	♉	3°	♏	3°
♄	Saturnus	♑	Steinbock	♒ Wassermann	♎	21°	♈	21°
♃	Iuppiter	♐	Schütze	♓ Fische	♋	15°	♑	15°
♂	Mars	♏	Skorpion	♈ Widder	♑	28°	♋	28°
♀	Venus	♎	Waage	♉ Stier	♓	27°	♍	27°
☿	Mercurius	♍	Jungfrau	♊ Zwillinge	♍	15°	♓	15°

Nach der Stellung der P. im Tierkreis bei der Weltentstehung (so Firm. Math. 3,1, aus älteren Quellen) werden die Häuser, nach der der Sonne in der Himmelsmitte, *μεσουράνημα*, die Erhöhungen, und ihren Gegenstellungen die Erniedrigungen den P. zugeteilt. Das *ὕψωμα* der Sonne im 19. Grad des Widders, nah dem Frühlingspunkt, wenn ihre Kraft zunimmt, ist erklärlich, so auch das *ταπείνωμα* im 19. Grad der Waage, nahe dem Herbstbeginn. Für Saturnus liegen *ὕψωμα* und *ταπείνωμα* fast umgekehrt, er ist die nächtliche Gegensonne. Die Gründe für die Zuteilung an die anderen P. sind unsicher. Jeder der 7 P. zeigt in einem Tierkreiszeichen-Drittel, dem Dekan, sein Gesicht, *πρόσωπον*; im Widder beginnt Mars, ihm folgen Sol, Venus, Mercurius, Luna, Saturnus, Iuppiter, die sich in der gleichen Reihenfolge wiederholen. Den 5 P. wurden in jedem Tierkreiszeichen bestimmte Bezirke, *ὅρια* zugewiesen, die Summe der Grade eines jeden P. gibt die Zahl der Lebensjahre die er verleiht: Saturnus 57, Iuppiter 79, Mars 66, Venus 82, Mercurius 76 J. Sehr angesehen war die Lehre von den *σχηματισμοί*, den Aspekten. Darnach werden die Zodiakalbilder im Tierkreis in geometr. Verbindung gebracht, den Gegenschein, *διάμετρον*, bei 180, den Gedrittschein, *τρίγωνον*, bei 120, den Geviertschein, *τετράγωνον*, bei 90, den Sextilschein, *ἑξάγωνον*, bei 60 Grad Abstand voneinander. Von ihnen galten der 1. und 3. meist als ungünstig, der 2. und 4. als günstig. So konnten die P. auch in Teilen des Tierkreises, in denen sie nicht standen, durch ihre Aspekte wirksam werden. Zur Schicksalsvoraussage für den Menschen mußte man den Grad der Ekliptik, nach volkstümlicher Auffassung den Stern, kennen, der bei seiner Geburt im O. aufstieg, den Aszendenten. Er war »der die Stunde anschauende« (Grad oder Stern), der *ὡροσκόπος*. Von ihm aus wurden 12 Orte, *τόποι* von je 30 Grad abgeteilt, eine bewegliche Einteilung im Gegensatz zu der festen des Tierkreises. In jedem Ort findet man eine Aussage über bestimmte Gebiete des Schicksals, im 1., dem *ὡροσκόπος*, über den Lebenslauf im Ganzen, im 2., *Ἅιδου Πύλη*, über Besitz, im 3., *θεά*, über Brüder, im 4., *Ὑπόγειον*, *Ἀντιμεσουράνημα*, über die Eltern, im 5., *Ἀγαθὴ Τύχη*, über die Kinder, im 6., *Κακὴ Τύχη*, über Gesundheit und Krankheit, im 7., *Δύσις*, *Ἀνθρωροσκόπος*, über die Ehe, im 8., *Ἀργός*, über den Tod, im 9., *Θεός*, über Glauben, Träume, Reisen, im 10., *Μεσουράνημα*, über Heimat, Tätigkeit, Ehren, im 11., *Ἀγαθὸς Δαίμων*, über Freunde, im 12., *Κακὸς Δαίμων*, über Feinde. In jedem Ort wurden die P., ihre Häuser, Aspekte, Bezirke u.a. berücksichtigt, dazu die Tierkreiszeichen. Auch die Teile des menschlichen Körpers stehen unter der Herrschaft der P., doch sind in der Iatromathematik die Zuteilungen verschieden. Nach Antiochos (CCAG VI 83) beherrscht Saturnus Kopf und Kehle, Iuppiter Schultern und Rumpf, Mars Zwerchfell und Nieren, Sol Herz, Lunge, Leber, Venus die Genitalien, Mercurius Schenkel und Knie, Luna Blase und Bauchhöhle. Aber der Mensch als Mikrokosmos ist ein Abbild des Makrokosmos: auch die Erde steht unter dem Einfluß der Gestirne. In hellenist. Z. werden auch die Länder meist den Tierkreiszeichen zugeteilt. Ptolemaios läßt sie dazu noch von den P.-Hausherren beeinflußt werden. So wird Wildheit oder Gesittung jedes Volkes von den Sternen bestimmt, auch Züge seiner Ethik, Kultur und Religion. Auch als Zeitherrscher, *χρονοκράτορες*, treten die P. hervor, zuerst wohl als Stundengötter, dann als die der Tage der nach den Mondphasen gebildeten Woche. Die P. nach ihrer Entfernung von der Erde: Saturnus, Iuppiter, Mars, Sol, Venus, Mercurius, Luna, die *ἑπτάζωνος*, bildete die Grundlage. War Saturnus Herr, *πολεύων*, der 1. von den 23 folgenden Stunden, *διέποντες*, so fiel die 25., die 1. des 2. Tages, auf Sol, dann die 1. des 3. Tages auf Luna, die 1. des 4. auf Mars, die 1. des 5. auf Mercurius, die 1. des 6. auf Iuppiter, die 1. des 7. auf Venus. Seit dem 2. Jh. n. Chr. wird, vom Sonnen- und Mithraskult her, die Reihe mit Sol begonnen. Das Christentum, im Hinblick auf Christus als Sonne der Gerechtigkeit, behielt dies bei. So tragen die Wochentage bis h. die alten Götternamen, in den german. Ländern meist in der germanisierten Form. Der Jahresregent wird durch den P. des Neujahrstages bestimmt. Die 7 Weltzeitalter beginnen mit dem des Saturnus, das oft als goldenes Zeitalter gerühmt wird, dem immer ungünstigere folgen, oft aber auch als rauher Anfang gilt, nach dem bessere kommen, bis das letzte durch Übermaß dem Untergang verfällt. Vielfach sind die P. auch mit den Altersstufen des Menschenlebens verbunden, das in 10 Siebenjahrperioden eingeteilt wird. Anders Ptolemaios (Ap. 4,10): die ersten 4 J. beherrscht Luna das schnell sich wandelnde Kind, die nächsten 10 Mercurius, der das Lernen fördert, in den folgenden 8 J. regiert Venus die Leidenschaften, dann führt in seinen 19 J. Sol zur Lebenshöhe, in den nächsten 15 J. bringt Mars Kämpfe, in weiteren 12 J. verleiht Iuppiter Alterswürde, zuletzt läßt Saturnus alle Kräfte erstarren. Nicht nur für Leben und Schicksal, auch für den Beginn aller Unternehmungen hat man die Sterne befragt, für Stadt- und Baugründungen, Kriege, Amtsantritt, Reisen, Einschulung, Eheschließung, ja Spiele und Einladungen. Diese sog. Katarchenhoroskopie ist schon den *παλαιοὶ Αἰγύπτιοι* bekannt, von → Dorotheos (2) ausgebaut und später bes. von den Arabern behandelt. Alt ist auch die Lehre von den *κλῆροι*, den Losen. Zu denen der *Τύχη* (Luna), *Δαίμων* (Sol), *Νέμεσις* (Saturnus), *Νίκη* (Iuppiter), *Τόλμη* (Mars), *Ἀνάγκη* (Mercurius) treten weitere für Eltern und Verwandte und vieles andere, Freunde, Beruf, Reisen, Ehren, Feinde, Leiden u.a. Sie werden von einem

P. zum anderen gemessen, nach Tag- und Nachtgeburt unterschieden. Es ist ein beweglicheres System als das der 12 Orte.

Hatten im Anfang die P. ihren Kindern ihre guten oder bösen Eigenschaften für Charakter und Schicksal verliehen, so tritt in der Spätantike, im Neuplatonismus und in der Gnosis, das Einzelwesen wieder zurück. Die P. geben jeder Seele beim Abstieg zur Erde in ihrer Sphäre die eigenen Laster mit, die sie ihr nach dem Tode beim Wiederaufstieg durch die sieben Sphären wieder abnehmen. E. Bo.

A. Bouché-Leclercq Astrologie Grecque, 1899. *Bezold-Boll-Gundel* Sternglaube u. Sterndeutung 1966^4. *F. Cumont* Noms des planètes (Ant. Class. 4, 1935). *W. u. H. Gundel*, RE XX 2017–2185.

Plangon, Tochter des athen. Strategen → Pamphilos (1) und, laut Demosth., außereheliche Mutter des → Mantitheos (4) und Pamphilos, soll der beiden Vater → Mantias (1) durch List zu deren Anerkennung zuungunsten seines ehelichen Sohnes → Mantitheos (3) gebracht haben. Demosth. 39 (J. 348). [Demosth.] 40 (J. 347). BLASS Beredsamkeit 3^2,1,473 ff. 509 ff. Vgl. Stemma KIRCHNER PA 2,51. K. K.

Planius. Seltener ital. Familienname. **1.** M. P. Heres, Geschäftsmann (Ritter?) aus Cales, für den sich Cic. (fam. 9,13,2 ff.) 45 einsetzte. **2.** L. und M. P. Russinus (Vater und Sohn oder Brüder), Unternehmer, deren Namen auf Bleibarren erscheinen, CIL I^2 2394 f. Um 100 v. Chr. **3.** Plania, Name der unter dem Pseudonym Delia besungenen Geliebten des Tibull, Apul. apol. 10. H. G. G.

Planktai (*Πλαγκταί* [*πέτραι*] »Irrfelsen«). Nach Hom. Od. 12,59 ff. Name der Götter für 2 überhangende, stark umbrandete, in Flammen gehüllte, treibende Felsen; der menschliche Name wird nicht genannt. Auf Kirkes Rat vermeidet Odysseus sie und versucht die Durchfahrt zwischen Skylla und Charybdis. Nicht einmal die Tauben des Zeus konnten die P. ohne Verluste passieren; nur der → Argo war es mit Heras Hilfe gelungen; vgl. Apoll. Rhod. 4,786 ff. 924 ff. Die »Irrfelsen« sind von den »Klappfelsen«, den → Symplegaden, zu unterscheiden. PRELL.-ROB. 2, 825 ff. L. RADERMACHER Mythos und Sage bei den Griechen 218 ff. 315. Schon im Alt. hat man die verschiedenen Vorstellungen beider »Schiffermärchen« irgendwie zusammengeworfen und beide mit den → Kyaneai im Bosporos identifiziert oder sie an der Straße von Messina oder bei den lipar. Inseln oder auch an den Säulen des Herakles bzw. bei Gades gesucht, Hdt. 4,85. Sch. Eur. Med. 2. Plin. nat. 6,32. Mela 2,99. Iustin. 4,1,16. Strab. 3, 149. 170. Apollod. 1,136, epit. 7,20. Lit. zur modernen Lokalisierung s. im Art. → Odysseus. ERNLE BRADFORD Ulysses Found, dt. »Reisen mit Hom.«, dtv, 1967, 157 ff., denkt an die Durchfahrt zwischen Stromboli und Strombalicchio. H. v. G.

Jensen, Myth. Lex. 3, 2540.

Plantago (*ἀρνόγλωσσον, κυνόγλωσσον, ἑπτάπλευρον. πολύπλευρον, πολύνευρον, προβάτειον, ψύλλιον*), der Wegerich, zuerst von Theophr. h. plant. 8,8,3. 10,3. 11,2 erwähnt, von Dioskurid. mat. med. 2,126 genau beschrieben, wurde als Gemüse gegessen, vor allem aber wurden Wurzel, Blätter und Früchte in mancherlei Aufbereitung, äußerlich wie innerlich, gegen eine Fülle von Leiden medizinisch, auch in der Tierheilkunde, verwendet. Zahlreiche Belege bes. bei Galenos, Dioskurides und Plinius. Vgl. GOSSEN, RE XX 2200 ff. K. Z.

Planudes, Maximos, Byz. Gelehrter; * um 1255 in Nikomedeia, † um 1305 in Konstantinopel. Vielseitig gebildet, stand P. in engem Verhältnis zum Kaiserhaus und zu führenden Mitgliedern der byz. Gesellschaft; nachdem er die Unionsbestrebungen Michaels VIII. unterstützt hatte, kehrte er entsprechend der Politik Andronikos' II. zur Orthodoxie zurück. P.' Lehrtätigkeit ist mit dem Chorakloster und dem Kloster des Akataleptos verbunden; nach seinen Schriften zu urteilen, waren Gram., Lit., Rhet., Metr., Mathem. u. Astr., Musik (vielleicht auch Medizin und Latein) Gegenstand des Unterrichts. P.' Bedeutung für die Überlieferung und Kommentierung älterer griech. und byz. Lit. wurde z. T. erst in jüngster Zeit erforscht. Seine philol. Arbeit (Ausgaben, Scholien) galt folgenden Autoren: Hes., Aisop., Pind., Hdt., Soph., Eur., Thuk., Aristoph., Eukl., Arat., Theokr., Nik., Plut., Ptolem., Aristeid., Philostr., Diophantos, Synesios, Nonn., Tryphiodor., Arethas. Von seinen Slg.en besitzen wir ein Corpus rhetoricum (aus Aphthonios, Hermog. u. a.), Exzerpte für die Schullektüre (aus Strab., Paus., Cass. Dio, Eutr., Synesios u. a.), seine berühmte Epigrammslg. (→ Anth. Plan.) u. eine Slg. von Sprichwörtern.

P. hat sich ferner um die Vermittlung lat. Lit. und Kultur in Byzanz verdient gemacht. Als Übersetzer zahlreicher Werke der Dichtung und Prosa (Aug. trin.; Boeth. consol.; Ps.-Cypr. de XII abusionum gradibus; Dicta Catonis; Macr. somn.; Ov. met., her.; unsicher: Iuv., Ov. carmina amatoria) galt er als einer der besten Kenner der lat. Sprache u. Lit.; später wurden ihm nicht wenige Übers. ins Griech. zu Unrecht zugeschrieben (u. a. Boeth. dial., Caes. Gall., Ianua [Ps.-Donatus]). P.' Übertragungen (nur die Dicta Cat. metrisch) sind im allg. korrekt. Ihre Bedeutung liegt bes. auch darin, daß sie im Renaissancehumanismus die griech. Studien in Italien förderten.

Es ist nicht zuletzt das Verdienst von Gelehrten wie P., Manuel Moschopulos, Theodoros Metochites, Thomas Magistros, Demetrios Triklinios, Demetrios Kydones u. a., wenn das Zeitalter der Palaiologen eine Epoche kultureller Blüte war u. Konstantinopel trotz des polit. Verfalls ein intellektuelles Zentrum blieb. P.' Bemühungen um die Erklärung und Abschrift älterer Texte, sein Wirken als Pädagoge, Übersetzer, Bibliothekar, kaiserl. Sekretär u. Diplomat sowie seine vielseitige schriftstellerische Tätigkeit (u.a. auch umfangreicher Briefwechsel) charakterisieren ihn als einen byz. Vorläufer des ital. Renaissancehumanismus, einer kulturellen Bewegung, der in Byzanz letztlich die gesellschaftlichen Voraussetzungen fehlten, die aber byz. Gelehrsamkeit und Wissenschaft wichtige Anregungen verdankte. W. O. Sch.

C. Wendel, RE XX 2202–2253. *Ders.* Gesch. d. Textüberl. der ant. u. ma. Lit. I (1961). *W.O. Schmitt* Lat. Lit. in Byzanz., Jahrb. Österr. Byz. Ges. 17,127–147.

Plastik. Die ant. P. in Holz, Ton, Stein (vor allem Marmor) und Bronze, seltener in Elfenbein oder Edelmetall, in wenigen Fällen als Goldelfenbeinbilder von Göttern (→ Elfenbein. → Pheidias), scheint ihren Ursprung in kultischen und religiösen Bedürfnissen gehabt zu haben. Götterstatuen, Herrscherbilder, Grabreliefs und die erzählenden (histor.) Reliefs des Alten Orients gehören ebenso in diesen Zusammenhang wie die griech., etr. und röm. Weihegaben und Götterbilder. In Hellas waren die ältesten Götterbilder aus Holz; davon hat sich nichts erhalten. Der Holzkern konnte seit dem 7. Jh. mit gehämmertem Bronzeblech (Sphyrelaton) bekleidet sein ([9], T. 3,1–3). Seit dem Aufkommen der Groß-P. im 7. Jh. wird für Götterbilder und Grabstatuen Marmor bevorzugt, erst seit dem 5. Jh. setzt sich Bronze (in der Technik des Wachsgusses aus verlorener Form, [4]) für Götterbilder und Weihestatuen durch, während die Grab-P. (Grabreliefs), die Reliefs und architekt. P. weiterhin in Stein (Marmor, Kalkstein) ausgeführt werden. Daneben gibt es immer Klein-P. aus Bronze (Vollguß) und Ton. Großfigurige Ton-P. ist in Griechenland verhältnismäßig selten (E. Kunze Neue Meisterwerke griech. Kunst aus Olympia, 1948 Abb. 58–69), in Altitalien und bes. Etrurien beliebt. Auch architekt. P. ist in Etrurien vielfach aus Ton. Seit der späteren klass. Z., zunehmend im Hellenismus, vorherrschend in der röm. Kaiser-Z. tritt neben die religiös gebundene eine stärker profane P., die der staatlichen und privaten Repräsentation, der hist.-polit. Aussage, dem Bildnis dient. – Alle ant. Holz-, Ton- und Stein-P. ist polychrom ([5]); die Bemalung der Marmorwerke wurde oft nicht von den Bildhauern, sondern von bedeutenden Malern ausgeführt (→ Nikias). Bei Großbronzen werden die Augen aus farbigem Material eingesetzt, oft Lippen, Wimpern und Brustwarzen aus (gegenüber der helleren Bronze) dunklem Kupfer gearbeitet. Oberfläche und Bemalung der P. wurde mit einem Flimmer aus Öl oder Wachs geschützt (*γάνωσις*, Plut. mor. 287 C/D); die von den Neueren so geschätzte Patina war nicht beabsichtigt. Die techn. Bedingungen der ant. P. haben zur Folge, daß großfigurige P. nur in jeweils einem Expl. hergestellt werden konnte (auch die Bronzen!), mechan. Wiederholungen also unmöglich waren. Neben wohl immer seltenen Werkstattwiederholungen stehen in hellenist. und röm. Z. »Kopien«, d.h. aus dekorativen oder Bildungsgründen hergestellte Nach- und Umbildungen als klass. oder vorbildlich empfundener Werke älterer Z. (meist des 5.–4. Jh. v. Chr., aus späterer Z. vorwiegend Porträts von Dichtern, Rednern, Philosophen, Staatsmännern usw., in der Kaiser-Z. auch von Bildnissen der Herrscher). Diese »Kopien«, vielfach in billigerem Material als die »Originale« hergestellt, z. B. Marmor statt Bronze, was oft beträchtliche Veränderungen des urspr. Werkes erzwang (G. Lippold Kopien und Umbildungen griech. Statuen, 1923), sind für uns fast die einzigen Zeugen der mit Künstlernamen zu verbindenden griech. P., da die Originale fast ausnahmslos verloren sind. Seit dem 19. Jh. wird immer erneut versucht, die röm. Kopien auf die aus Plin. nat. und Paus. bekannten griech. Meisterwerke zu beziehen. Die method. Voraussetzung, daß literar. und monumentale Quellen nach dem gleichen Prinzip ausgewählt wurden und erhalten blieben, ist jedoch unsicher, die Zahl der gesicherten Identifikationen bis h. nicht eben groß. Es kommt hinzu, daß bei einem solchen Vorgehen der jeweilige Zeitcharakter der »Kopie« in der Regel zu wenig beachtet wird. Trotzdem bleibt es der einzige Weg, auf dem eine Vorstellung von den im Alt. berühmten Kunstwerken überhaupt gewonnen werden kann. Die kleinfigurige Ton-P., deren Erzeugnisse vor allem als Weihgeschenke dienten, hat eine bes. Technik ausgebildet. Über einem massiv geformten und gebrannten Modell (Patrize) werden Hohlformen abgenommen und gebrannt (Matrizen), aus denen eine größere Zahl von Ausformungen gewonnen werden kann, die hohl gebrannt werden. In archaischer Z. ist die Koro-P. so zu einer Industrie mit der Möglichkeit mechan. Vervielfältigung geworden. Die zahlreich erhaltenen ant. Terrakotten sind für die Stilgeschichte und die landschaftl. Gliederung der P. sowie für die Religionsgeschichte von bes. Bedeutung, auch wo die einzelnen Expl. von bescheidenem künstlerischem Rang sind. – Rund-P. hat im ganzen Alt. den Vorrang der unmittelbaren Vergegenwärtigung des Dargestellten, sei es Person (Gott) oder Vorgang. Den Reliefs kommt wie aller Flächenkunst erzählender Charakter zu. Daher sind die Kultbilder meist rundplast. Werke. Erst mit dem Eindringen ö. Religionen in das röm. Weltreich (Äg. Götter, Mithras usw.) werden als Kultbilder auch Reliefs verwandt, die ihrer Natur nach nicht mit der Gottheit identifiziert werden können. Aus dogmat. Gründen kennt auch die chr. Religion zunächst nur Flachbilder als Darstellungen Christi. – Die stilistische »Entwicklung« der ant. P. folgt den für die ant. Kunstgeschichte aufgestellten, vielfach noch immer zu stark nach polit. Einschnitten gegliederten Perioden. Eine Darstellung kann hier nicht gegeben werden. Lit. s. u. W. H. G.

Material und Technik. 1. *C. Blümel* Griech. Bildhauerarbeit 1927. 2. *St. Casson* Technique of Early Greek Sculpture 1933. 3. *S. Adam* Technique of Greek Sculpture in the Archaic and Classical Periods 1966. 4. *K. Kluge–K. Lehmann-Hartleben* Die ant. Großbronzen I 1927. 5. *P. Reutersvärd* Studien z. Polychromie d. P. 1960. 6. *K. Scott*, TAPhA 62, 1931, 101ff. 7. *Th. Pekáry*, MDAI(R) 75, 1968, 144ff. Bedeutung: 8. *E. Buschor* Vom Sinn d. griech. Standbilder 1942. Stilentwicklung: 9. *Lippold*, HBArch III/1, 1950. 10. *Schuchhardt* Kunst d. Griechen 1940. 11. *G. M. A. Richter* Sculpture and Sculptors of the Greeks ^{2}1950. 12. *Schuchhardt* Ant. P. 1954ff. 13. *L. Alscher* Griech. P. 1954ff. 14. *Buschor* Die P. d. Griechen ^{2}1958. 15. *Schuchhardt* Epochen d. griech. P. 1959. 16. *G. Becatti* Scultura Greca 1961. 17. *G. Rodenwaldt* Das Relief bei d. Griechen 1923. 18. *A. Hus* La sculpture étrusque 1962. 19. *W. Technau* Kunst d. Römer 1940. 20. *Becatti* L'arte rom. 1962. 21. *R. Bianchi Bandinelli*, Enc. Arte Ant. 6, 1965, 939ff.

Plataiai. (*Πλάταια, Πλαταιαί* u.ä., Ethnikon *Πλαταιεύς*), Stadt im s. Boiotien am N.-Abhang des Kithairon s. des Asopos, schlecht erhaltener Mauerring verschiedener Perioden unmittelbar ö. von Kokla (amtl. P.) in wasserreicher Umgebung. Sonstige ant. Reste gering, ausgegraben Fundament eines dor. Tempels von 5:15 Säulen, nicht sicher zu benennen. Kleinfunde beginnen bereits in vormyken. Z., und P. ist im Schiffskatalog genannt, Hom. Il. 2,504. In gesch. Z. steht P. in dauerndem Gegensatz zu Theben, daher 519 v. Chr. Anschluß an Athen mit folgendem theban. Angriff, Hdt. 6,108. Thuk. 3,68,5. Plut. Arist. 11,8. Hilfskorps nach Marathon Hdt. 6,108, 6. Paus. 1,15,3. 32,3. Isokr. 12,93 u.a.ö. 480 von den Persern zerstört, Hdt. 8,50,2. Die Schlacht bei Pl. fand in den vorbereitenden Bewegungen ö. von P., die Schlacht n. von P. selber statt. Die einzelnen bei Hdt. 9,19–88. Plut. Arist. 11ff. genannten Örtlichkeiten sind nicht zweifelsfrei zu lokalisieren. Neuere Literatur zum Schlachtfeld: G. B. Grundy The great Persian war 445ff. Ufer in Kromayer Ant. Schlachtfelder 4,107ff. C. Hignett Xerxes' invasion of Greece 422ff. W. Kendrick Pritchett New light on P., AJA 61, 1957, 9ff. Ders. Stud. in anc. Greek topogr. I, 1965, 103ff.

P. blieb auch weiterhin mit Athen verbündet. Innere Zwistigkeiten führten zu Anf. 431 v. Chr. zum mißglückten Eingreifen Thebens, im Anschluß daran zur Besetzung durch Athen und zu der zweijährigen Belagerung und Zerstörung 429 bis 427 v. Chr., dazu zuletzt R. Weil, REG 80, 1967, 187ff. Wiederherstellung mit spartan. Hilfe etwa 380 v. Chr. und Anschluß an Sparta, neue Zerstörung durch Theben vor 374/73 v. Chr. und neue Wiederherstellung durch Philipp II. von Maked. 338 v. Chr. P. bestand noch in der ganzen röm. und byz. Z. Hadrian machte P. zur *civitas libera* und ließ die alte Schlachtfeier der Eleutheria erneuern. Iustinian ließ die Stadtmauer wiederherstellen, Prok. aed. 4,2,24. Zeugnisse des Christentums sind zahlreich und mehrere Bischöfe bekannt. Ant. Zeugnisse für die Stadt bes. Thuk. 2,3f. 75–78. 3,68,3. → Herakleides (17) 1,11. 25. Strab. 9,2,16 p. 406. 2,31 p. 411f. Paus. 9,1,1–8. Inschr. IG VII 1664–1718. 3548–3561 CIL III p. 1913ff. [1] 2281,48ff. Mz. Head HN^2 347. [1] 2282, 12ff. E. M.

1. *Kirsten*, RE XX 2255ff. mit Plan der Stadt und des Schlachtfeldes. 2. Ausgrabungen: AJA 5, 1889, 428ff. 6, 1890, 445ff. 7, 1891, 390ff.

Platanos (*πλάτανος*, poet. *πλατάνιστος*), der seit Homer (Il. 2,307ff.) oft genannte, offenbar seit alters in S.-Europa heimische, später auch nach N.-Europa vorgedrungene, dank seiner breiten Blätter (daher wohl der Name) bes. schattenspendende Baum. Man benützte ihn im Alt. auch zum Aufpfropfen von Obstzweigen. Angaben über medizin. Verwertung bei Dioskurid. mat. med. 1,79. An mehreren Orten knüpften sich Sagen an bes. schöne Bäume. Vgl. Gossen, RE XX 2337f. K. Z.

Platon. 1. Sohn des Ariston von Athen, Philosoph, 428/27–349/48:

1. Leben. 2. Bildnis.

3. P.s Philosophie: a) der sokratische Ansatz: Werte-Lehre. b) der parmenideische Ansatz: Ontologie. c) der pythagoreische Ansatz: Kosmologie. d) Tradition und Wahrheit. e) Verhüllung des *ἄρρητον*. Die Mythen. f) P.s »ungeschriebene Lehre«.

4. P.s Werke: a) die antike Einteilung. b) Unechtes. c) die chronolog. Ordnung.

5. Nachwirken.

6. Bibliographie: a) Gesamtausgaben. b) Monographien zu P.s Lehre. c) Zur Überlieferungsgeschichte. d) Kommentare und Monographien zu einz. Dialogen. e) Scholien. f) erhaltene antike Kommentare.

1. Leben. P. entstammte einer vornehmen Familie Athens; sein Vater Ariston verstarb früh; seine Mutter Periktione verheiratete sich ein 2. Mal mit → Pyrilampes. Durch sie war P. mit einer der bedeutendsten oligarch. Familien verwandt; → Kritias, der 404/03 eine oligarch. Herrschaft zu begründen suchte, war ihr Bruder.

Über P.s Leben unterrichten z.T. seine Schriften; 27 Dialoge unbestrittener Echtheit sind erhalten. Der autobiographisch wichtige 7. Brief gilt den meisten als echt, wird aber von einigen bestritten. Die ant. biograph. Tradition über P. geht auf das *ἐγκώμιον* (= Gedenkrede) zurück, das → Speusippos, P.s Neffe und Nachfolger in der Akademie, auf ihn hielt. Von der reichen hellenist. Biographie über P. ist nichts erhalten; wohl aber hat → Diogenes Laertios vielerlei aus ihr zusammengetragen; das ganze 3. B. ist Platon gewidmet.

Bis zum Tode des → Sokrates (399) war P. 8 Jahre lang dessen Schüler und Anhänger. In seinen frühen Schriften (einige wohl vor 399) reproduziert P. die Form sokrat. Disputierens. In allen Dialogen P.s (außer in den Gesetzen) ist Sokrates die zentrale Figur, auch im Parmenides, wo Sokrates eine Belehrung empfängt. Sicher hat Sokrates bestimmenden Einfluß auf P. ausgeübt. – Eine erste große Reise (399–ca. 388) führte P. nach Unteritalien und Sizilien, vielleicht sogar nach Äg. Vor allem gewann P. dabei nachhaltige Berührung mit dem Denken der Pythagoreer und die Freundschaft mit → Archytas von Tarent. Sie führte auch zur ersten, schon damals enttäuschenden Begegnung mit Dionysios I. von Syrakus.

Zurückgekehrt zw. 388–385, begründete Platon zu Athen eine eigene Schule, oder besser eine Lebensgemeinschaft der Philos. Treibenden, wobei P. sich pythagor. Lebensgemeinschaften zum Vorbild nahm. Die → Akademie wurde unter der Rechtsform eines Kultvereins zur Stätte für philos. Forschung und Erziehung. Der Drang, nicht nur zu lehren, sondern das Erkannte in polit. Wirklichkeit umzusetzen, führte P. zu zweimaliger Unterbrechung seiner Tätigkeit in der Akademie: 366 und 361 folgte er dem Rufe, der von Syrakus aus an ihn erging, dort bestimmenden Einfluß auf den Herrscher der Stadt (→ Dionysios II.) zu gewinnen: Denn hier schien sich die Möglichkeit aufzutun, einen Herrscher zum Philosophen zu erziehen und so das im »Staat« bereits formulierte Ideal zu verwirklichen. Beide Reisen endeten mit herber Enttäuschung.

2. Bildnis. Die erhaltenen Bildnisse P.s – bisher sind 16 Repliken in Marmor nachgewiesen – gehen sämtlich auf eine Bildnis-Statue in Bronze zurück, die P. als etwa 60jähr. darstellte. Diese Statue wurde um 370, sicher vor 363 von Mithradates, einem Schüler P.s, für die Akad. gestiftet und wahrscheinlich von → Silanion ausgeführt.

R. Boehringer P., Bildnisse und Nachweise, 1935. *K. Schefold* Die Bildnisse der ant. Dichter, Redner und Denker, 1943, 74. 205.

3. Philosophie. P. war keineswegs Nur-Philosoph oder Fach-Philosoph im heutigen Sinne. Wohl hat er als erster Theorie und Praxis begrifflich geschieden. Trotzdem gilt für P. noch das Postulat der Ganzheit: Wer das Gute erkennt, muß es auch nach Kräften verwirklichen; P. kann sich nicht mit der Erkenntnis im nur theoret. Bereich zufriedengeben. Bei der Verwirklichung des Guten kann nicht an eine Beschränkung auf nur private Sphäre (wie es nachmals → Epikuros forderte) gedacht werden. Das Gute ist öffentliches Anliegen, kann also nur von der Gemeinschaft vollzogen werden. Die meisten Mißdeutungen P.s haben ihren Ursprung darin, daß man nur die – in seinen Werken manifeste theoret. – Leistung würdigte, seine – freilich erfolglose – polit. Einflußnahme aber als nicht hinzugehörig, ja als dilettantisch ansah. Es ist aber nicht statthaft, diese beiden Aspekte auseinanderzuhalten: Alle Theorie ist bei P. daraufhin angelegt, Praxis zu

werden; in den »Gesetzen« wird endlich gar der Fall angenommen und durchgespielt, daß ein fast idealer Staat von wenigen Einsichtigen verwirklicht wird, ohne daß die Bürger die volle philos. Einsicht gewinnen.

P.s Philosophieren muß von folgenden Ansätzen her verstanden werden:

a) Sokratisch ist P.s ständiges Bemühen um klare Begriffsbildung. Erstens war es in der Auseinandersetzung mit Gegnern, so bes. den Sophisten, von hohem Wert, Umstrittenes bis zur Eindeutigkeit zu klären. Sokrates wie P. übten die Kunst, den Einwänden die Spitze abzubrechen durch den Nachweis, daß die Gegner unscharfe, nicht genügend durchdachte Begriffe gebrauchten. Zweitens und vor allem enthalten die von Sokrates und P. untersuchten Begriffe alle etwas Werthaftes: z.B. Freundschaft, Besonnenheit, Verehrung der Götter u.a.m. Jeder von ihnen weist auf richtiges Handeln hin und begründet eine Verpflichtung dazu. Wohl kann die Besinnung auf diese Werte in verschiedenen Lagen zu diametral entgegengesetzten Folgerungen führen; schemat. Urteile über Wert oder Unwert einer Tat sind meist irrig. Unverrückbar aber bleibt: Jede Tat und jedes Ding sind durch die Teilhabe an einem der Werte selbst werthaft, also gut; ohne solche Teilhabe aber wertlos oder wertwidrig, also schlecht. Dabei sind die Werte einerseits rational, d.h. durch Intelligenz erfaßbar. Demgemäß ist das Sich-Richtig-Verhalten – *ἀρετή* – lehrbar. Andererseits sind die Werte in dieser Welt der sinnlichen Wahrnehmung nie ganz und nie unverdunkelt anwesend. Und da ihre Existenz über jeden Zweifel erhaben ist, muß eine bes. Form des Existierens angenommen werden: das Existieren in einer die Sinnlichkeit transzendierenden Welt der Werte, d.h. im Reiche der Ideen. Die Sinnenwelt gewinnt überhaupt nur Existenz, insoweit sie an der wahren Existenz, also der Ideen-Welt, teilhat; hat sie aber teil, so muß sie das Vollkommene abbilden. Und sie wäre selbst vollkommen, wenn sie das Vollkommene – *τὸ τέλειον* – vollkommen abzubilden vermöchte. Mit diesem Ansatz ist Platon zum Entdecker des Transzendenten geworden, und folgerichtig ist diese Entdeckung zu einem ersten Entwurf einer Transzendental-Philosophie ausgebaut worden. Hiermit ist das wesensbestimmende Merkmal von P.s Philos. gegeben und sein Fortschritt über die Vorgänger hinaus bezeichnet. Aber es muß auch auf die Schwäche dieses Entwurfes hingewiesen werden: Eine Erklärung, warum sich das Vollkommene in dieser Welt nur unvollkommen abbildet, läßt sich nur geben, wenn man postuliert, daß der Stoff, in dem sich die Ideen abbilden, zu roh und zu grob ist, als daß er das Vollkommene aufnehmen könnte. Das hat nie befriedigt, und die Frage nach dem Ursprung des Bösen – *πόθεν τὰ κακά* – ist im Platonismus nie zur Ruhe gekommen.

b) Ein von → Parmenides herrührender Ansatz ist in zwei Aspekten fruchtbar geworden:

1. Der Satz des Parmenides, das Denken sei mit dem Sein ident. (B 3), hat entscheidend dazu beigetragen, daß der sokrat. Ansatz bis in eine Philos. vom Transzendenten fortentwickelt wurde. Die Realität der Ideen wird nunmehr nicht allein dadurch bewiesen, daß sie wirkende Ursachen sind, weil sie alles Werthafte bedingen, sondern, da sie intelligibel – *νοητά* –, also dem Denken zugänglich sind, sind sie in hohem Maße seiend = *ὄντα*. Die Gleichsetzung *νοεῖν* = *εἶναι* wird umgesetzt in die Gleichung *νοντά* = *ὄντα*. Daraus erwächst die Folgerung, daß nicht nur alles Werthafte, sondern alles Seiende transzendiert, d.h. an einer Idee teilhat, ja das Eigentliche an ihm Idee ist. Ließ Platon zunächst jede gute Handlung an einem Wert teilhaben, so gilt nun, daß jedes konkrete Ding an einem transzendenten und vollkommenen Urbild teilhat. Nunmehr sind nicht nur die Wertbegriffe, sondern die Gattungsbegriffe transzendent. Daß dabei die Ideenlehre grundsätzlich Wertphilosophie bleibt, wird daran sinnfällig, daß es von Wertwidrigem, Wertlosem, Unnatürlichem und von Einzelnem keine Ideen geben kann (während wertfreies Abstrahieren sehr wohl Begriffe solchen Inhalts bilden könnte). Über ihren ersten, wertkrit. Ansatz ist P.s Philos. zu einer Ontologie herangewachsen.

2. Nun hatte Parmenides nicht nur die Identität von Sein und Denken gelehrt, sondern vor allem die Einheit allen Seins von einer alles überragenden Spitze her erklärt: Von jedem Ding, das ist, gilt zugleich die Aussage, daß es eines ist. Sein und Einheit stehen in manifestem Sinnbezug: Für das Sein der Dinge ist Voraussetzung, daß sie eines sind. In höherem Maße, als die Dinge an der sie prägenden Idee Anteil haben, müssen sie an der Eins Anteil haben. So wurde die Eins nach Parmenides auch für P. zum höchsten und zum allgemeinsten Seinsgrund; ja, P. wagte die Aussage, die Transzendenz des Einen stehe hoch über der Transzendenz der Ideen. Wie die Sinnendinge an den Ideen teilhaben, so die Ideen am Einen, das zugleich das Gute sein muß; denn da alle Ideen werthaft sind, muß das, woran sie alle teilhaben, zugleich das Eine und das Werthafte schlechthin sein; das berühmte Sonnengleichnis, Staat 6, 509 AB drückt diese Konzeption von der Übergipflung des Seienden durch ein Überseiendes aus.

Seither ist für Platon das Eine = das Gute das Prinzip = die Idee der Ideen, in dem alle Vielheit aufgehoben ist und das alle Werte begründet. Der Neuplatonismus hat, vor allem durch → Plotin, diesen Aspekt folgerichtig fortentwickelt.

c) Trotzdem verdankt Platon den Pythagoreern viel; die Begegnung mit ihnen scheint ihn fast ebenso nachhaltig geformt zu haben wie die Schülerschaft bei Sokrates. Die Pythagoreer waren in der griech. Welt die einzigen radikalen Vertreter eines Werte-Dualismus. Nur muß das paradoxe Faktum anerkannt werden, daß der bei P. angelegte Dualismus, Sinnenwelt – intelligible Welt, gerade durch P.s pythagor. Ansatz aufgehoben und in eine Stufung umgewandelt wurde.

Durch die Ideenlehre konnte das All zunächst nur in statischem Sinne begreifbar gemacht werden. Ideenwelt und Sinnenwelt scheinen sich schroff gegenüberzustehen; folgerichtig war Parmenides dazu gelangt, der Sinnenwelt als der Welt des Werdens jegliches Sein abzusprechen. Waren Sein und Werden in dem Sinne Gegensätze, daß sie sich ausschließen? Auf jeden Fall fehlte ein Medium, durch das sich die Werte, also die Ideen in der Sinnenwelt realisieren. Das vermittelnde Wesen ist die Seele, nach pythagor. Vorgang als Ursprung und Quell aller Bewegung verstanden; nachmals hat P. Bewegung als diesseitiges Korrelat, also als Abbildung zum Denk-Vorgang verstanden: Denken, das sich diskursiv vollzieht, wird somit zum Analogon der Bewegung. Anders ausgedrückt: Wie kein Denken ohne Beteiligung des Nûs vor sich geht, so geht keine Bewegung ohne Beteiligung der (oder einer) Seele vor sich.

Der pythagor. Ansatz stimmt darin mit dem parmenid. überein, daß das Prinzip des Denkens als die Eins verstanden wird; zu ihr steht nach pythagor. Terminologie die unbegrenzte und unbestimmbare Zweiheit im Gegensatz; diese ist als symbol. Ausdruck, besser als Analogon zum Materiellen zu verstehen. Auch die Seele ist Zweiheit, denn sie ist ja nicht ohne ein Objekt zu denken; aber sie bringt ihren Objekten Begrenzung und damit Harmonie zu; das Grenzenlose entzieht sich dem Geordnet-Werden.

Somit erwächst der Seele der Auftrag, als eine Funktion des Einen = Guten, Ordnung in die verwirrte Welt hineinzutragen. »Die Seele« als Kollektivum muß als eine Hierarchie von Seelen verstanden werden. Die Weltseele als oberstes Prinzip läßt Teilseelen aus sich hervorgehen: Erst die Götter, die dem Leiden-Müssen entrückt sind, dann die der Menschen. In ihnen ist dem vernünftigen, göttlichen und unsterblichen Seelenteil ein doppelt gegliedertes Unvernünftiges angefügt – nämlich der Ort der Wahrnehmungen, der Triebe und des Leidens, dem auch Affekte und Emotionen zugerechnet werden. Aufgabe des Vernünftigen im Menschen ist es, die beiden triebhaften »Teile« im Zaume zu halten. Während die Weltseele in steter Schau der überweltlichen Ideen ihr Weltregiment beständig und regelhaft ausübt, wovon die regelmäßigen Umläufe der Gestirne Zeugnis geben, ist die Menschenseele, die nur dank philos. Bemühen die einst genossene Schau des Unvergänglichen kraft einer Wieder-Erinnerung zurückgewinnen kann, lediglich sporadisch und in wechselnder Intensität dazu fähig, dem Impuls zum Guten zu folgen.

Schulung des Denkens ist ident. mit einer Intensivierung des eth. Bemühens; die Erkenntnis des Guten kann und darf nur λογισμῷ καὶ διανοίᾳ erfolgen. Die dadurch erweckte Erinnerung an die Schau der Ideen bewahrt den, der ein philos. Leben führt, davor, sich vom Sein und vom Guten zu entfernen: Erkenntnis des Guten führt zum Guten und macht gut.

d) Tradition und Wahrheit. P. hat nicht nur dank Sokrates, dank den Eleaten (Parmenides und Zenon) und dank den Pythagoreern (Archytas von Tarent) wichtigste Impulse gewonnen; daß er die Lehren des → Anaxagoras, → Demokritos, → Empedokles gründlich kannte, ist mit Sicherheit nachgewiesen; einzelnes hat P. in sein Philosophieren eingeschmolzen. Das darf nicht so verstanden werden, als ob er »Anleihen« gemacht hätte, sondern P. scheint die Verpflichtung verspürt zu haben, aus jedem denkerischen Ansatz das Richtige, das er enthält, zu erhalten. So steht P. in vielseitiger Responsion zu allen Vorgängern – auch die durchweg negative Kritik an der Sophistik ist eine solche Responsion. P. darf daher keineswegs als »einsamer Denker« im modernen Sinne mißverstanden werden. Seine Originalität besteht nicht darin, daß er ohne Rücksicht auf Vorgänger und Zeitgenossen neue Wege gewiesen hätte. Sondern mehr, als dies bisher geschah, sollte gewürdigt werden, in wie hohem Maße P. die Leistung aller Vorgänger zusammenfaßt und auf ihr aufbaut. Darum eben ist P. nachmals als Kronzeuge für die These in Anspruch genommen worden, daß es in der Philos., da sie Funktion des Logos und der Wahrheit ist, keine Widersprüche gibt: Es gibt nur Unterschiede in den Formulierungen; denn da menschliche Sprache und menschliches Ausdrucksvermögen zu schwach sind, die Wahrheit punktuell auszudrükken, müssen alle ihre Zuflucht zur diskursiven Darstellung nehmen, die das Gemeinte nur näherungsweise ausdrückt.

e) Verhüllung des ἄρρητον. Die Mythen. Daraus ergibt sich die schwerwiegende Folgerung, der in Kritik und Deutung P.s noch keineswegs Rechnung getragen wurde: Auch Platons eigene Formulierungen dürfen nur näherungsweise verstanden werden. Mehrfach hat P. seine Aussagen in ein Gewand gehüllt, das diese Aussage absichtsvoll verfremdet: Im Parmenides sprechen die beiden Eleaten die Seins-Lehre so aus, wie es dem Stil der eleat. Schule entspricht; im Timaios wird die Kosmogonie in pythagor. Ausdrucksweise wiedergegeben – beides ersichtlich aus dem Grunde, weil die Eleaten in ihrer Diktion dem Problem der Ontologie, die Pythagoreer dem der Kosmogonie bes. nahe gekommen waren. Seit seinen frühesten Schriften zeigt sich P. als scharfer, oft ironischer Beobachter fremder Diktion; er vermag seine Gegner ad absurdum zu führen, indem er ihre Sprache spricht (Beispiele: die Imitation des Protagoras im gleichnam. Dialog und die Rede des Lysias im Phaidros). In Dialogen der hohen und der späten Zeit bietet P. diese seine Kunst des Nachvollzuges von Sprech- und Denkstil auf, um das Positive, das er bei Früheren findet, hervorzuheben.

P. hat es vermieden, sich zum Kern und zum Herzstück seiner Philos. dogmatisch zu äußern. Der viel diskutierte Satz im 7. Brief, 341 C, besagt zweifellos, daß P. weder in mündl. Unterweisung noch in schriftl. Darlegung das Eigentliche so dargestellt hat, daß andere es weitergeben, also tradieren konnten (der Satz bezeichnet daher alle, die das versuchten, als Fälscher). Denn da alles diskursiv Mitteilbare nur Andeutung oder Annäherung geben, die Sache selbst aber nicht treffen kann, ist es unnütz und unfromm, das Wissen vom Höchsten solcher Profanierung auszusetzen. Denn das Höchste ist das Göttliche; in ihrem wesentlichen Teil muß die Metaphysik P.s, und erst recht die der späteren Platoniker, als Theologie verstanden werden. Ein hierauf bezogenes Wissen ist ἄρρητον = nicht mitteilbar.

Das derart direkt nicht Mitteilbare hat P. in jeweils wechselnden Verhüllungen angedeutet oder umschrieben. Die oben bezeichnete Verhüllung (durch Verfremdung im Stilistischen) ist dabei eine von P.s Möglichkeiten; wichtiger noch ist die Verhüllung des Gemeinten in einem Mythos; in seinen Mythen (in denen er an Orphisches anknüpft) hat P. eine Ausdrucksform gefunden, die sich der Prosa-Dichtung nähert: so im Phaidros und im Phaidon, ganz bes. am Schluß des »Staates«, aber auch im Gorgias und (zu wenig beachtet) im Politikos. Die offenbarende Rede der Diotima im Symposion ist mit der gleichfalls offenbarenden Rede des Timaios in gewisser Hinsicht vergleichbar.

f) In jüngster Zeit hat die Frage nach »P.s ungeschriebener Lehre« eine bewegte Diskussion ausgelöst. Nach der eben geschilderten Voraussetzung (nämlich daß das schriftlich hinterlassene Werk P.s, trotz seines Umfanges, und obwohl es vollständig erhalten ist, das Eigentliche nur andeutet und verhüllt) scheint die Frage unabweisbar, was denn P. als seine Lehre vertreten habe. Wahrscheinlich ist eine solche Frage, insofern sie auf eine als Dogma oder als System tradierbare Formel zielt, falsch gestellt. Immerhin scheint es P. einmal gewagt zu haben, die Systematik seines Lehrgebäudes in direkter Aussage mitzuteilen: dies geschah in dem Vortrag »über das Gute«, den P. in hohem Alter vor geladenen Gästen, also nicht nur vor den Schülern und Mitgliedern der Akademie, hielt. Bei → Alexandros (21) in Aristot. met. p. 55,23 ff. und bei → Simplikios in Aristot. phys. 247,30 ff. (und an anderen, von K. Gaiser gesammelten Stellen; vgl. u. die Bibliogr.) sind Nachklänge erhalten, die es möglich machen, das, was P. in jenem Vortrag als

Quintessenz seiner Ontologie vortrug, zu bestimmen. Dort waren die von P. scharf geschiedenen Arten des Seins, das An- und-für-Sich und das Bezogene, in eine Relation zueinander gerückt. Um diese einsichtig zu machen, drückte P. sie in einer mathemat. Verhältnisgleichung aus; diese läßt sich auf die Formel bringen: das Mathematische ist die mittlere Proportionale zwischen dem absoluten und dem bezogenen Sein. Nachmals entarteten Versuche solcher Art zu unangemessener Allegorese; P. durfte noch hoffen und erwarten, daß sich im Mathematischen die Nûs-erfüllten Zusammenhänge des absoluten Seins widerspiegeln. Diese Erwartung wurde zur Sicherheit, wenn die Eins nicht nur Anf. aller Zahlen, sondern recht eigentlich Anf. aller Werte ist. Ist diese Darlegung, nach welcher eine Bauformel der Welt und alles Seins mathemat. abzuleiten ist, wirklich unverschlüsselt vorgetragen worden? Es ist bündig bezeugt, daß die geladenen Gäste, die mit ganz anderen Erwartungen gekommen waren, nichts verstanden; vor allem vermochten sie dem Exkurs in die Mathematik nicht zu folgen. Das muß in P.s Augen ein schlagender Beweis für seine These gewesen sein, daß der Unvorbereitete keinen Nutzen davon hat, wenn ihm das höchste Wissen vorgetragen wird. Das P. zugeschriebene Wort *μηδεὶς ἀγεωμέτρητος εἰσίτω* ist apokryph, drückt aber zutreffend aus, daß ein Zugang (zur Akademie und damit zur Weisheit) nur möglich ist für den, der in der Geometrie unterwiesen ist.

4. a) Die Werke Platons sind in der Anordnung vollständig erhalten, die sie kurz vor Chr. Geb. erhielten; → Thrasyllos, dem diese Einteilung üblicherweise zugeschrieben wird, scheint sie schon vorgefunden zu haben. Danach sind die Schriften P.s (außer der Apologie und den Briefen sind alle Dialoge) in neun Tetralogien geordnet. Die erste Tetralogie ist äußerlich dadurch verbunden, daß die letzten Stationen in Sokrates' Leben (von der Anklage-Erhebung bis zum Tode) jeweils Schauplatz der vier Schriften Euthyphron, Apologie, Kriton, Phaidon bieten. Die übrigen Tetralogien sind nach (ungefähren) sachlichen Gesichtspunkten zusammengeordnet. Legitimen Ansatz für ein solches Gruppieren bot P. selbst, der mehrfach Dialoge inhaltlich einander zuordnete; so die Gruppe Theaitetos – Sophistes – Politikos; ein abschließender Dialog »Philosophos« wurde nicht ausgeführt. Ähnlich knüpft der Timaios an den Staat an, und auf den Timaios folgt als Weiterführung der »atlantischen Geschichte« der Kritias, von dem P. allerdings nur die großartige Exposition ausgeführt hat. Dieser Dialog allein ist ein Fragment. Ein unbekannter P.-Editor gegen E. 1. Jh. v. Chr. hat solche von Platon deutlich bezeichneten Sinn-Verbindungen beachtet, hat aber, über P. hinausgehend, die Vierer-Anordnung zum Schema gemacht. – Das Nachwort, das in der letzten Tetralogie auf P.s Nomoi folgt, die Epinomis,

ist nach ant. Überlieferung nicht von P., sondern von seinem Schüler Philippos von Opus, der die Nomoi nach P.s Tode herausgab. Auf die neun Tetralogien folgen (nach ant. Einteilung) ein Buch Definitionen und 6 sehr kurze Dialoge, die schon der Ant. als unecht galten. Die 36 Schriften, die die 9 Tetralogien umfassen, haben dagegen der Ant. als unbestreitbar echt gegolten.

b) Das hat die Kritik der letzten 100 J. mit Recht nicht hingenommen; mit Sicherheit stammen nicht aus P.s Feder: Alkibiades II, Hipparchos, Anterastai, Theages, Kleitophon, Minos, Epinomis und die Mehrzahl der Briefe (außer 6. und 7.). Hart umstritten ist die Echtheit der Dialoge Hippias I und II, Alkibiades I, Menexenos, Briefe 6 und 7; doch scheint sich die Waage der Anerkennung dieser Werke zuzuneigen.

c) Dagegen ist die Chronologie der echten Dialoge P.s, um die vor rund 60 J. fast mit Erbitterung gestritten wurde, nun durch vielfache Untersuchungen zur sprachl. Form (was anf. dominierte) und zum philos. Inhalt gut gesichert. Zwar läßt sich nicht jedem Dialog ein fester Platz auf numerierter Liste anweisen (das wäre schon darum unangemessen, weil P. gleichzeitig an mehreren Dialogen gearbeitet haben kann). Aber es lassen sich mehrere Kreise, vertreten durch Gruppen von Schriften, unterscheiden, in denen Etappen des platon. Philosophierens erkennbar werden: Der sokrat. Ansatz P.s wird vor allem in den frühesten Dialogen sichtbar: Kriton, Ion, Euthyphron, Laches und Lysis; am Rande dieses Kreises steht der Charmides, der die Konstituierung der Ideenlehre vorbereitet. Die Auseinandersetzung mit der Sophistik beherrscht die Dialoge Euthydemos, Protagoras und vor allem Gorgias; hierher zu rechnen, wenn sie auch in wichtigen Aspekten weiter führen, sind Kratylos und Menon. Der Durchbruch zur Ideenlehre ist in den Dialogen Phaidon, Phaidros und Symposion erfolgt; dem Nachweis der Wieder-Erinnerung dient der Menon. Die Konstruktion eines idealen Staats mit dem Ziel, an ihm die Idee der Gerechtigkeit zu erhellen, wird im »Staat« unternommen; eine krit. Überprüfung bringt der Theaitetos. Der parmenid. Ansatz wird im Dialog Parmenides fruchtbar und wirkt fort in Philebos, Sophistes und Politikos. Eine Natur- und Welt-Erklärung gibt der Timaios, durchaus auf der Basis des pythagor. Ansatzes; die Gesch. eines idealen Staates, aber auch seiner Entartung, sollte im Kritias gegeben werden, wurde aber nicht ausgeführt.

Das große Alterswerk, die »Gesetze«, steht scheinbar nicht in Beziehung zu den Problemen der Geist-Metaphysik, denen alle übrigen Dialoge (außer der erstgenannten Gruppe) zugeordnet sind; der Staat der Gesetze wird auf solche Grundsätze gegründet, die der philos. nicht geschulte Bürger billigen müßte. Das bedeutet keine

Abkehr P.s von seinen eigentlichen Ergebnissen, sondern muß als ein Verhüllen des Zentralen vor den Uneinsichtigen verstanden werden.

5. P.s Nachwirken. P. hat alsbald weit über die von ihm gegründete Akademie hinausgegriffen: Hier machte → Xenokrates den (unzulänglichen) Versuch, eben doch P.s Lehre zu schematisieren, um sie tradierbar zu machen. Ob die Akademie allein P.s Philosophieren gültig repräsentiere, war schon zuvor in Frage gestellt, als → Aristoteles nach P.s Tode Athen und die Akademie verließ, und mehr noch, als er 335 seine eigene Schule, das → Lykeion begründete. Im 1. Jh. v. Chr. fand, von Traditionen der Akademie und des Peripatos weithin frei, ein Rückgriff auf P. statt; vor allem wirkte nun der Timaios, der recht eigentlich zur Bekenntnis-, ja zur Offenbarungsschrift des spätant. → Platonismus wurde. Dieser muß als eine stark religiös bestimmte Philos. eigener Gesetzlichkeit verstanden werden; seine Rückwirkungen auf das Christentum, das ihn im Grundsätzlichen verwarf, im einzelnen aber rezipierte, waren sehr erheblich. Auf das MA. wirkte P. vor allem durch die Vermittlung des → Proklos und des Ps.- → Dionysios (8) Areopagita. Gegen E. des MA. wurde der in der Scholastik stets gegenwärtige Einfluß P.s durch Berufung auf Logik und Physik des Aristoteles zurückgedrängt; der P., den Gelehrte der Renaissance (Georgios Gemistos Plethon, Marsilius Ficinus, Pico della Mirandola) wieder entdeckten und zum Widerpart des scholast. Aristoteles machten, trug vorwiegend neuplaton. Züge. Auch Giordano Bruno, Descartes, R. Bacon und endlich Kant vermochten P. nur von der neuplaton. Tradition her zu verstehen. Goethes Äußerungen zu P. sind zusammengestellt von E. GRUMACH Goethe und die Antike, eine Slg., 1949, 753–768.

Eine wichtige Wende führte F. Schleiermacher herbei: Seit Erscheinen seiner Übers. P.s (1804 bis 1810) begann man, P. aus sich selbst zu verstehen, wobei freilich zunächst die (gegen die zuvor herrschende Überlieferung) wieder entdeckte Ideenlehre eine Zeitlang zu sehr im Vordergrund stand. Gegenwärtig, vor allem seit den Arbeiten L. Robins und J. Stenzels, liegt das Schwergewicht der Forschung auf den Dialogen, die P. im Alter verfaßte. H. D.

6. Bibliographie a) Gesamtausgaben: *J. Burnet*, 1900, 5 Bde. (OCT). *G. Soury*, *A. Diès* u.a. P. Oeuvres complètes, Coll. des Univ. de France, 15 Bde. (darin Bd. 14/15 Lexique de la langue philos. et relig. de P., von *P. Ed. des Places*, 1964; wichtiges Hilfsmittel).

b) Monographien zu P. insgesamt: »Das Platonbild«. Zehn Beiträge zum P.-Verständnis, hg. von *K. Gaiser*, 1969. *J. Bidez* Eos ou P. et l'Occident, 1945. *James K. Feibleman* Religious Platonism; the Influence of Religion on P. and the Influence of P. on Religion, 1959. *P. Friedländer* P., 2 Bde, [1]1928–1930. 3 Bde, [2]1954–1960. [3]1964 (nur Bd. I und II). *K. von Fritz* P. in Sizilien und das Problem der Philosophenherrschaft, 1968. *H. G. Gadamer* P.s dialekt. Ethik u.a. Studien zur platon. Philosophie, 1968. *K. Gaiser* P.s ungeschriebene Lehre; Stud. z. systemat. und gesch. Begründung der Wissenschaften in der Platon. Schule, 1963. *J. Gould* The Development of P.s Ethics, 1955. *Ernst Hoffmann:* P., 14 Vorlesungen ... 1950. *H. J. Krämer* Der Ursprung der Geistmetaphysik, 1964. *H. Leisegang* Die P.-Deutung der Gegenwart, 1929. *E. M. Manasse* Bücher über P. (Bibliogr.), Philos. Rundschau, Bh. 1 und 2, 1957 und 1961. *Ch. Mugler* P. et la recherche mathématique de son époque, 1948. *P. Natorp* P.s Ideenlehre; eine Einführung in den Idealismus, [1]1903. [2]1921. *K. Reinhardt* P.s Mythen, 1927. *C. Ritter* P., sein Leben, seine Schriften, seine Lehre, 2 Bde., 1910–1923; *Ders.* Die Kerngedanken der platon. Philos., 1931. *O. Reverdin* La religion de la cité platonicienne, 1945. *Sir D. Ross* Plato's Theory of Ideas, 1951. 1953. 1961. *G. Rudberg* Platonica selecta, 1956. *P. M. Schuhl* Études Platoniciennes, 1960. *J. Stenzel* P. der Erzieher, 1928, Neudr. 1961; *Ders.* Zahl und Gestalt bei P. und Aristoteles, [1]1924. [2]1933; *Ders.* Stud. z. Entwicklung der platon. Dialektik von Sokrates zu Aristoteles, [1]1917. [2]1931, Neudr. 1961; *Ders.* Kleine Schr. z. griech. Philos., 1956. *A. E. Taylor* P., the Man and his Work, [1]1926. [6]1949. *H. Thesleff* Stud. in the Style of P., 1967. *C. J. de Vogel* Een keerpunkt in P.s denken, Diss. Utrecht 1936. *U. v. Wilamowitz* P., 2 Bde, [1]1919, [3]1929, seither mehrere Nachdrucke. *P. Wilpert* Zwei aristotel. Frühschriften über die Ideen-Lehre, 1949. *E. K. Winter* P., das Soziologische in der Ideenlehre, 1930. *E. A. Wyller* Der späte P., Tübinger Vorlesungen, 1970.

c) Zur Überlieferungsgesch.: *G. Jachmann* Der Platontext, 1942. *M. Schanz* Stud. z. Gesch. des platon. Textes, 1874. *H. Usener* Unser Platontext, NGG 1892. *R. S. Brumbaugh and Rulon Wells* The Pl. MSS, 1968.

d) Komm. und Monogr. zu einz. Dialogen: Charmides: *B. Witte* Die Wissenschaft vom Guten und Bösen, 1970. – Epinomis: *Fr. Novotný* Platonis Epinomis commentariis illustrata, [2]1960. – Gesetze: *W. G. Becker* P.s Gesetze und das griech. Familienrecht; Münch. Beitr. z. Papyrusforsch. und ant. Rechtsgesch. 14, 1943. *G. Müller* Stud. zu den platon. Nomoi, Zetem. 3, 1951. – Gorgias: *E. R. Dodds* Plato, Gorgias. A revised Text with Introduction and Commentary, 1959. – Kriton: *R. Harder* P.s Kriton, 1933 = Kl. Schr., 1960, 223–246. – Parmenides: *A. Speiser* Ein Parmenides-Komm., 1937. *M. Wundt* P.s Parmenides, 1935. – Timaios: *A. E. Taylor* A Commentary on P.s Timaeus, 1928.

Zu P.s 7. Brief: Echtheit bestritten von *G. Misch* Gesch. der Autobiogr. I 1, [3]1949, 114ff. und *G. Müller* Die Philos. im ps. platon. 7. Brief; Arch. f. Philos 3. 251–276. Für die Echtheit: *Bertha Stenzel* Is P.s Seventh Letter Spurious? AJPh 74, 1953, 383–397. *L. Edelstein* P.s Seventh Letter; Philosophia Antiqua 14, 1966.

e) Scholien zu P.: *W. Chase Greene* Scholia Platonica; Philological Monographs 8, 1938.

f) Ant. Komm. zu P. sind erhalten zu: Alkibiades I: → Olympiodorus, Comm. on the First Alcibiades of Plato, ed. *G. L. Westerink*, 1956. – Gorgias: Olympiodori philosophi in P.s Gorgiam commentaria ed. *W. Norvin*, 1936. – Parmenides: → Damascii Successoris dubitationes et solutiones de primis principiis in Platonis Parmenidem, ed. *C.E. Ruelle*, 1889. – → Proclus diadochus, Commentarius in P.s Parmenidem, ed. *V.Cousin*, 1864, Nachdr. 1961. Procli Commentarium in Parmenidem, pars ultima adhuc inedita interprete *W. de Moerbeka*, edd. *R.Klibansky et C.Labowsky*, Plato Latinus 3, 1953. – Phaidon: Olympiodori philosophi in P.s Phaedonem commentaria, ed. *W.Norvin*, 1913. Damaskios (die Teile B, C, D des zuvor gen. Kommentars sind von Damaskios verfaßt). – Phaidros: → Hermiae Alexandrini in P.s Phaedrum scholia, ed. *P.Couvreur*, 1901. – Philebos: Damascius, Lectures on the Philebus, wrongly attributed to Olympiodorus, ed. *L.G.Westerink*, 1959. – Staat: Procli Diadochi in P.s rem publicam commentarii, ed. *W.Kroll*, 2 Bde, 1899. – Theaitetos: Anon. Komm. zu P.s Theaetet, hg. von *H.Diels* und *W.Schubart*, Berl. Klass.-T. 2, 1905. – Timaios: Timaeus, a → Calcidio translatus commentarioque instructus, ed. *J.H.Waszink*, Plato Latinus 4, 1962. Proclus Diadochus in P.s Timaeum commentaria, ed. *E.Diehl*, 3 Bde, 1903. → Johannes (14) Philoponus, de aeternitate mundi contra Proclum, ed. *H.Rabe*, 1899. Nachdr. 1963.

2. Dichter der Alten Komödie, tätig zugleich mit Aristoph.: Ol. 88 (427–424) bis gegen 385. Erster Dionysiensieg nach 414 (IG II^2 2325,63). Man hatte von P. 28 Stücke (CGF 10, Suda), Suda nennt 30 Titel, darunter einige zweifelhafte. P. hat die mytholog. Komödie in einer Weise entwickelt, die ihn als Repräsentanten der Mittleren Komödie *κατ᾽ ἐξοχήν* erscheinen ließ: *Νὺξ μακρά* (Zeus bei Alkmene), *Ζεὺς κακούμενος* (Herakles als mißratener Sohn), *Ἄδωνις* als Aphrodites Liebhaber und Dionysos' Geliebter, *Φάων* (391: Sch. Aristoph. Plut. 179). Aber andere Stücke waren ganz im Geiste der polit. Komödie: *Πείσανδρος* (422: Körte, vor 411: Geissler), *Ὑπέρβολος* (419/18: Geissler), *Κλεοφῶν* (Len. 405, dritter Preis: Hypoth. Aristoph. Ran.). Auch Kleon hat P. angegriffen (Frg. 107, → Komödie 284,54). Durch Unzucht, hieß es bei P., qualifizieren sich Knaben zu Politikern, die nachwachsen wie die Köpfe der Hydra (186), der Ostrakismus ist zu gut für einen Hyperbolos (187), die Gesetze schwach wie Spinnweb (22). Merkwürdig die Anrede an Themistokles mit Verheißung seines Grabruhms (183): das sieht aus wie Worte eines *θεὸς ἀπὸ μηχανῆς* an den noch Lebenden: also eine Komödie, die in der Vergangenheit spielte (E. Fraenkel De media et nova com. 69. P. Geissler Thesaurismata 43). Literar. war der *Λάιος*, wenn er Eur.' Chrysippos parodierte. In den *Σοφισταί* ging es um Tragiker und Musiker, in den *Σκευαί* beklagte P. den Verfall der Orchestik (130). In P.s Sprache scheint viel dem Volk abgelauscht (Schmid-Stählin 1,4, 153^7), ein Sprachwitz ist *ἐμαυτός*(78). W. K.

A.Körte, RE XX 2537ff. *P.Geißler* Chronologie d. altatt. Kom., 1925. *A.Giannini*, Dioniso 19, 1956, 232ff., 22, 1959, 189ff.

Platonismus bezeichnet 1. in älterer, meist theolog. Lit. ein Hinneigen bestimmter Autoren, bes. Kirchenlehrer, zur Philos. Platons; insofern ist P. entweder als haeretische Abweichung getadelt oder als Denkstil beschrieben worden. 2. Gegenwärtig bezeichnet P. die religiös-philos. Bewegung der kaiserzeitl. Jahrhunderte (Beginn um 50 v. Chr.), die gem. ihrem eigenen Verständnis auf Platon zurückging, wiewohl sie viele sicher nicht platon. Elemente mit sich führte. Die Stärke dieser Bewegung lag darin, daß sie von einer auf Nûs und Logos gerichteten Philos. her Naturerklärung, Bildungswerte – *ἐγκύκλιος παιδεία* – und Religion zu einer Einheit zusammenband, die in metaphys. Spitze gipfelte. Hauptvertreter des enzyklopäd. Aspektes: → Plutarchos (2) von Chaironeia, des spekulativen: → Plotinos, Synthese beider: → Porphyrios.

In der Ausbildung einer spekulativen Theologie geht der P. dem Christentum zeitlich um wenige Generationen voraus. Diese Theologie des P. unterscheidet sich vom chr. Dogma in folgenden Hauptpunkten: Höchste Göttlichkeit kommt einem unpersönlichen überseienden Wesen zu; dieses ruft weitere (niedere) Stufungen des Göttlichen (Hypostasen) hervor, deren eine die Welt schafft (Demiurgos). Allein philos. Bemühung führt zum Heil; wer infolge unreiner Lebensführung in diesem oder im vorigen Leben zur philos. Erkenntnis unfähig ist, bleibt von der *σωτηρία* ausgeschlossen. Fehlhaftigkeit ist ein Versagen (ein Blindsein) des Rationalen – darum kein Gedanke an Sündenvergebung oder Gnade; kein Gedanke an Begründung einer kirchenartigen Gemeinschaft der nach dem Heil Strebenden. Folgerichtig hat kein Christ dem P. angehört; wohl aber hat eine breite Rezeption einzelner Lehren des P. in Christentum und Islam stattgefunden. H. D.

R.Arnou Art. »Le Platonisme des Pères«, Dict. théol. cathol. 12,2, 1935, 2259–2392. *C.Bigg* The Christian Platonists of Alexandreia, ^{2}1913. *H.Chadwick* Early Christian Thought and the Class. Tradition, 1966. *H.Dörrie* Platonica Minora, 1972. *A.Fox* Plato and the Christians, 1957. *E.Hoffmann* Platonismus und christl. Philosophie, 1960. *E. von Ivanka* Plato Christianus, 1964. *Ph. Merlan* From Platonism to Neoplatonism, ^{1}1953. ^{2}1960. *C.J. de Vogel* A la recherche des étapes précises entre Platon et le néoplatonisme, Mnem. IV 7, 1954, 111–122; *Dies.* Examen critique de l'interprétation traditionelle du Platon; Erstveröff. 1951, in überarbeiteter Form in Philosophia 1, 1970, 155–175; *W. Theiler* Die Vorbereitung des Neuplatonismus, ^{1}1934. ^{2}1964. *Ders.* Forsch. z. Neuplatonismus, 1966. *J.H.Waszink* Bemerkungen z. Einfluß Platons auf das frühe Christentum; Vigiliae Christ. 19, 1965, 129–162.

Platorius. 1. A.P.Nepos Aponius Italicus Manilianus C. Licinius Pollio. Nach CIL V 877 (→ Aquileia) war er nach Vigintivirat, Militärtribunat, Quaestur (in Makedonien), Volkstrib. 109 (CIL VI 452, s. A.E. Gordon, IRS 48, 1958, 47f.), Praetur, curat. viar. (AE 1951, 182b), Legat der *leg. I adiutrix* im Partherkrieg Traians, praetor. Statthalter von Thrakien vor 119 (STEIN p. 12f.), cos. suff. 119 (CIL VI 2078 = 32374 II 64), 120/122 Statth. v. Germania inf., Statth. v. Britannien 122–124, CIL XVI 69. 70. VII 660–663. AE 1947, 123. **2.** Sein Sohn A.P.Nepos Calpurnianus war cos. suff. um 160, *curator alv. Tib.* 161, CIL VI 1241 = 31554. R. H.

Plaustrum s.Wagen

Plausus (*κρότος* seltener *applaudere*, *ἐπικροτεῖν*). Beifall im Theater (vgl. die Schlußverse der plautin. Komödien), Quint. inst. 6,1,52, für Redner vor Gericht und in Volks- und Heeresversammlungen, auch bei beliebigen sonstigen Anlässen, erfolgt im Alt. durch Händeklatschen, Xen. Kyr. 8,4,12. Plaut. Cas. 1015ff. Cic. Att. 16,2,3. Vielfach gehört auch lärmendes Zurufen dazu, die Unterschiede zur → *acclamatio* scheinen gleitend zu sein. Aristoph. Ran. 157. Xen. an. 6,1,3. Plat. rep. 492b; leg. 3,700c. Demosth. 19,195. 21,14. Plut. Ant. 12. Lukian. Char. 8. LXX und Vulg. Jer. 5,31. Prov. 17,18 (P. kann also auch abstrakt »Beifall« heißen). Quint. inst. 4,1,77. Cic. Sest. 58, 123; Cato 18,64; Att. 2,18,1. 19,3. 4,1,5. 14,16,2. Hor. ars 154/55. Plin. paneg. 46,4. Der P. konnte neben Beifall auch Freude ausdrücken, Plat. Euthyd. 303b. Aber das Klatschen kann auch das Gegenteil von Beifall meinen, *plaudere in aliquem*, Min. Fel. 14,2. W. H. G.

Plautianus s. Fulvius II 8

Plautius (Plotius). Name eines pleb. Geschlechtes, von dem zahlreiche alte Grabsteine in Praeneste zeugen. In Rom gelangt das Geschlecht erst nach 367 zu polit. Bedeutung, stellt dann jedoch von 358–318 7 Consuln. Während das Cognomen *Decianus* auf eine Adoption aus dem Geschlecht der Decii hinweist, sind die Cognomina *Proculus* und *Venox* aus zunächst individuellen zu erblichen geworden, verschwinden aber später wieder. MÜNZER Adelsp. 42. 44f. 412 hält die Plautier für ein mächtiges latin. Geschlecht, das nach seiner Übersiedlung nach Rom vom röm. Adel integriert und zum 1. pleb. Adelsgeschlecht wurde. Nach einem halben Jh. hat es jedoch schon alle polit. Bedeutung verloren und taucht erst wieder im 2. und 1.Jh. auf, dann jedoch mit den Cognomina *Silvanus* und *Hypsaeus*. In den griech. Inschr. auf Delos zwischen dem 3. maked. und dem 1. mithridat. Krieg (BCH 36, 1912, 68f.) erscheint der Name durchweg als *Πλώτιος*, während auf den lat. Inschr. von Minturnae zwischen 90 und 44 beide Formen vorkommen (J.JOHNSON Excavat. at Minturnae, 1933, 2,46, Nr.27,4). Bis auf eine Ausnahme (BCH 31, 1907, 461 Nr.66) handelt es sich bei den del. Namen wohl um Freigelassene, während die minturn. Inschr. fast durchweg Sklaven verzeichnen, die dort auf den Gütern der röm. Plautier arbeiteten.

1. P. hat nach Sullas Tod als Volkstribun ein Gesetz eingebracht, das den zu Sertorius geflohenen Teilnehmern am Lepidusaufstand die Rückkehr nach Italien gestattete (Suet. Iul. 5. Cass.Dio 44,47,4). BROUGHTON 2,128. 130,4 setzt dieses Gesetz und das Tribunat in das J. 70 und schließt nicht aus, daß P. auch der Urheber der *lex Plotia (Palutia) de vi* ist (Sall. Cat. 31,4. Cic. Mil. 35), doch sind die Verbindung zu dem erstgenannten Gesetz und seine Entstehungsz. ungeklärt. **2.** Plotius – vielleicht ident. mit Nr.3 – erhob 73 Anklage gegen die Vestalin → Licinia (7) wegen unerlaubter Beziehungen zu ihrem Vetter M.Licinius → Crassus (I 2; Plut. Crass. 1,4). **3.** A.Plautius (Plotius) ist wahrscheinlich ident. mit dem Aedil des J. 54 (Cic. Planc. 17 u. 53) und erscheint unter den Legaten des Pompeius im mithridat. Krieg (Flor. 1,41,9). Von ihm geprägte Münzen lassen vermuten, daß er wie sein Gentilgenosse Nr.11 am Krieg in Palaestina teilnahm. Die große Zeitspanne zwischen Aedilität und Quaestur, die er vor 67 innegehabt haben muß, läßt Zweifel an der Identität zwischen dem Legaten und dem Aedil von 54 aufkommen. Dieser war 56 Volkstribun und schon 51 Praetor. Eine Bemerkung bei Cic. fam. 13,29,4 läßt vermuten, daß er 49 oder 48 Bithynien in Pompeius' Auftrag verwaltete. Dort fand er vielleicht den Tod, denn 47 werden *bona Plotiana* von Caesar beschlagnahmt und verkauft (Cic. fam. 13,8,2). **4.** C.P. kämpfte 146 als Praetor im jenseitigen Spanien gegen → Viriathus. Wie sein Vorgänger vernichtend geschlagen (Liv. per. 52), wurde er daraufhin in einem Majestätsprozeß verurteilt und ging in die Verbannung (Diod. 33, 2). **5.** C.P., nur bei Val.Max. 6,1,12 Name des Soldaten, der 104 den Neffen des Marius tötete und von diesem freigesprochen wurde. **6.** P.P. soll nach Val. Max. 6,1,9 durch Mißhandlung des in seine Schuldknechtschaft gefallenen Sohnes des Consuls von 216, T. Veturius Calvinus, den Anlaß zu einer Milderung des Schuldrechts gegeben haben. In anderen Versionen erscheint seine Name nicht. **7.** C.P. Decianus war 329 Consul. Sein Name bietet das 1. Beispiel eines durch Adoption erworbenen Cognomens. P. und sein patriz. College L. Aemilius triumphierten über die Stadt → Privernum, die nach 3 Kriegen, die jedesmal unter dem Consulat eines Plautius ausbrachen (358/57, 341 u. 329), nun endgültig bezwungen wurde (Liv. 7,15,11. 7,42,8–8,1,1–3. 8,19,4–20,7). Obwohl die 3 Feldzugsberichte bei Liv. gemeinsame Züge tragen, ist damit nicht notwendig ihre hist. Unglaubwürdigkeit erwiesen. Den Anteil der Plautier hebt Liv. bes. hervor und zieht damit die Version vor, die Nr.11 im J. 58 auf Münzen darstellte, um den Siegesruhm ausschließlich für seinen Vorfahren zu beanspruchen: Liv. läßt P. allein über die Privernaten triumphieren (Liv. 8,20,7. 10 gegen Act. Tr. CIL I², p.45).

8.–11. P.Hypsaeus. Name des vornehmsten Zweigs der Plautier in den letzten 150 J. der Republik. Cognomen wohl erst nachträglich aus dem

Griech. abgeleitet. **8.** L.P.Hypsaeus erhielt 189 als Praetor den Auftrag, den Krieg im diesseitigen Spanien mit verstärkten Truppen fortzusetzen (Liv. 37,50,8. 12). **9.** L.P.Hypsaeus wurde 139 oder 135 (BROUGHTON 1,482f.) als Praetor gegen den Sklavenaufstand in Sizilien eingesetzt und dort von einem Sklavenheer geschlagen (Diod. 34/35, 2,18. Flor. 2,7,7). **10.** M.P.Hypsaeus brachte es nach 200 J. als erster seines Geschlechts 125 wieder zum Consulat, zusammen mit M. → Fulvius Flaccus (I 16), dem Vertreter der gracch. Reformbewegung. P. stand vermutlich auf seiten des Senats und wird vielleicht in der Rede des C.Gracchus bei Val. Max. 9,5,4 angegriffen. Wie vor ihm Flaccus nach Gallien, wurde P. wahrscheinlich nach Asien entsandt, denn als → Fregellae sich 125 empörte, befand sich kein Consul in Rom. Nach Cic. de or. 1,166f. zeigte P. als Anwalt nur mangelhafte Rechtskenntnisse. **11.** P.P. Hypsaeus erscheint meist ohne Gentilnomen; Darstellungen auf der Vs. von ihm geprägter Münzen lassen eine Ableitung des Cognomens aus dem Griech. vermuten. Zwischen 66 und 63 war P. Quaestor des Pompeius, wahrscheinlich im griech. Osten. Auf Senatsbeschluß prägte P. 58 als curul. Aedil Denare, die auf der Rs. die Taten seines Ahnherrn (7) verherrlichten (SYDENHAM The Coinage of the Rom. Rep., 1952, 151, Nr.910 bis 912, vgl. BMCRomRep.1, 476f. 483f. 2,589f.). Wahrscheinlich 55 Praetor, trat er in diesen J. stets energisch für seinen Gönner Pompeius ein und bewarb sich 53 mit Q. Metellus Scipio und T. Annius Milo um den Consulat (Ascon. Mil. S.30,9, Clark). Der Wahlkampf endete in völliger Anarchie (Ermordung des P. Clodius im folgenden J.). Nachdem Pompeius wieder geordnete Zustände geschaffen hatte, wurde P. auf Grund der l. Pompeia de ambitu angeklagt (App. civ. 2,90. Cass.Dio 40,53,1) und verurteilt, ohne daß sich Pompeius für ihn eingesetzt hätte (Plut. Pomp. 55, 5). Vielleicht wurde P. später von Caesar begnadigt.

12. C.P.Proculus gelangte 358 als zweiter Plebejer und erster seines Geschlechts zum Consulat und triumphierte über die Herniker (Fast. Cap., Act.Tr., Liv. 7,12,5–9 u. 15,9). 356 war P. *magister equitum* des Dictators C.Marcius Rutilus. **13.** P. P.Proculus war 328 Consul, nach 2 aufeinanderfolgenden Consulaten seiner Gentilgenossen. Die Quellen bieten für ihn verschiedene Cognomina, die alle bei Plautiern vorkommen, jedoch eine eindeutige Identifizierung erschweren (BROUGHTON 1,145,1).

14. C.P.Venox, zusammen mit Ap. Claudius Caecus 312 Censor, erscheint bei Liv. 9,29,7f. 33, 4ff. (vgl. Diod. 20,36,1) und Ov. fast 6,685 als kluger Ausgleichspolitiker (E.S.STAVELEY, Hist. 8, 1959, 417f.). **15.** L.P.Venox, vielleicht 322 Praetor (so BROUGHTON 1,150 gegen MÜNZER, RE XXI 1,23), begann in seinem Consulat 330 mit seinem Collegen L.Papirius Crassus die Belagerung von Privernum (Liv. 8,19,1–20,1), die Nr.16 beendete. **16.** L.P.Venox (Venno), vielleicht 322 Praetor (vgl. Nr.15). In seinem Consulat 318 kam es zu einem Waffenstillstand mit den Samniten (Liv. 9, 20,2–4). Im gleichen J. wurden 2 neue tribus (Falerna und Oufentina) eingerichtet (Liv. 9,20,6).
M. D.-M.

II. Kaiserzeit. **1.** A.P., Sohn des A.P., cos. suff. 1 v.Chr., CIL XVI 2, Großneffe der → Urgulania, Livias Freundin. Cos. suff. Juli–Dez. 29 n.Chr., Inscr. It. XIII 1, p. 186f. 260f. 298f. Zur Folterung von Sklaven nach Apulien geschickt, CIL IX 2335. Statthalter von Pannonien 39 oder 41–43, CIL V 698 (s. REIDINGER Statth. 35f.), von Britannien 43–47, wo er die große Invasion leitete, Cass.Dio 60,19–21. Tac. Agr. 14,1, an der Claudius im J. 44 selbst teilnahm. → Camulodunum wurde erobert, der SO. Englands von Lincoln bis Seaton/Devonshire besetzt, COLLINGWOOD Rom. Brit. 78–91. P. wurde die *ovatio* gestattet, Suet. Claud. 24,3. Cass.Dio 60,30. Tac. ann. 13,32,2, s. SYME, AJPh 79, 1958, 26. Seine Gattin Pomponia Graecina wurde 57 wegen *superstitio externa* angeklagt; sie wurde aber vom Hausgericht freigesprochen, Tac. ann. 13,32,2, s. SMALLWOOD, ClPh 51, 1956, 1ff. **2.** A.P. Junger vornehmer Römer, vielleicht Sohn von Nr.1, der in der Gunst der → Agrippina (3) stand und deshalb von Nero hingerichtet wurde, Suet. Nero 35, 4. **3.** P.Lateranus. Neffe von Nr.1, Liebhaber der Valeria → Messalina (2; Tac. ann. 11,30,2), daher im J. 48 aus dem Senat gestoßen, ebd. 11,36,4, im J. 55 wieder aufgenommen, 13,11,2, *cos. des.* für 65, doch wegen Teilnahme an der pison. Verschwörung noch im J. 64 hingerichtet, ebd. 15,49, 3. 53,2. 60,1. Arr. Diss. Epict. 1,1,19, seine Güter, vor allem der Lateranpalast, wurden konfisziert, Iuv. sat. 8,140. 10,15–18. Hier. epist. 77,4. **4.** M. P.Silvanus. Sohn der → Urgulania von M.P. Silvanus, CIL XIV 3606. *cos. ord.* 2 v.Chr. mit Augustus XIII, CIL VI 9730. Konsularlegat von Galatia-Pamphylia etwa 5/6 n.Chr., AE 1941, 147. Procos. Asiae um 6/7 n.Chr., CIL XIV 3613, s. MAGIE Roman. Rule II 1581. Etwa 7 n.Chr. führte er dem Tiberius Truppen nach Pannonien zu, Vell. 2,112,4ff., wäre jedoch fast vernichtet worden, Cass.Dio 55,32,3; im J. 8 nahm er am Feldzug gegen die → Breuci teil, Cass. Dio 55,34,4–7; im J.9 kämpfte er in Dalmatien, Cass.Dio 56,12,2, und erhielt die *ornamenta triumphalia*, Inscr. It. I 1,122f. Später, ca. 9/11, verwaltete er als *leg. Aug. pr. pr.* die Provinz Syrien, s. SYME, Klio 27, 1934, 139–143. **5.** M.P. Silvanus, *praef. urbi* 24 n.Chr., CIL I^2 1, p. 71, warf seine Gattin Apronia aus dem Fenster; angeklagt ließ er sich die Adern öffnen, Tac. ann. 4,22,1. **6.** P.P.Pulcher. Sohn von Nr.4, Inscr. It. I 1,124. Er war 31 n.Chr. *Quaestor Caesaris*, 33 *trib. pl.*, 36 *praetor ad aerarium*, dann *procos.*

Siciliae. Er befand sich im Gefolge des Germanicus-Sohnes Drusus. Im J. 48 von Claudius in den Patriziat erhoben, Tac. ann. 11,25,2, wurde er *curator viarum sternendarum.* **7.** Ti. P. Silvanus Aelianus. Nach CIL XIV 3068 war er *IIIvir a.a.a.f.f.*, noch unter Tiberius Quaestor, Legat der *leg. V Alaud.* im Germanenkrieg des Caligula 39/40, *praet. urb.* 42, *legatus* und *comes* des Claudius in Britannien 43/44. *Cos. suff.* 1. März–1. April 45 an Stelle des M. Vinicius II, BC 58, 1940, p. 201; *procos. Asiae* 55/56, *legat. Aug. pr. pr. prov. Moesiae* (Stein Moes. 29) 60 bis ca. 67. Er hatte den Ansturm der → Sarmaten, → Roxolanen und → Bastarner aufzufangen; er siedelte um 62 über 100000 Menschen s. der Donau an, CIL XIV 3608, und schlug die Sarmater auf der → Chersones (2). Am 20. Juni 70 nahm er als *pontifex* am Opfer zum Neubau des Iuppiter-Tempels auf dem Kapitol teil, Tac. hist. 4,53,3. 70–73 war er *legatus Hispaniae* (Tarraconensis); als *praef. urbi* im J. 73 erhielt er die *ornamenta triumphalia, cos. suff.* II vom 13. Jan.–E. Mai 74, RE XVII 1433 Nr. 137 (tess. numm.). **8.** Ti. P. Primus. Wohl Sohn von Nr. 7, Inscr. It. I 1,416, † mit 18 J. **9.** P. Quintillus. *Cos. ord.* 159, CIL IX 5823, Hüttl Ant. Pius II 187 Nr. 159. Gatte der Ceionia Fabia, Inschr. Ephes., Klio 31, 1938, 296ff., PIR II² p. 142 Nr. 612. Vater von Nr. 10. **10.** M. Peducaeus P. Quintillus. Schwiegersohn des Marcus Aurelius, *cos. ord.* 177, CIL V 7360. Im J. 205 durch → Septimius Severus getötet, Cass. Dio 76,7,3f. **11.** Plautia Hypsaea. Von Hor. sat. 1,2,91 wegen eines körperlichen Gebrechens verspottet. **12.** P. Urgulanilla. Schwester von Nr. 6, erste Gattin des Claudius, Suet. Claud. 27,1, von ihm geschieden, ebd. 26,2. R. H.

13. P., römischer Jurist vordomitianischer Z., dessen *prae-* und *cognomen* nicht bekannt ist, Vf. eines dem Titel nach nicht bekannten Werkes, aus dem im Original nichts erhalten ist, das aber von → Iavolenus (2) Priscus, → Neratius (4) Priscus und → Iulius (B 4) Paulus bearbeitet worden ist, so daß über sie viele Nachklänge in die → Digesta Iustiniani gelangt sind, die indes viele Rätsel aufgeben und sehr umstritten sind. K. Z.

Lenel Palingenesia iuris civilis 1,774,1447ff. 2,14,79ff. *Karlowa,* 1,696. *Siber,* RE XXI 45–51.

Plautus, röm. Komödiendichter (ca. 250 bis 184). Über sein Leben (Hauptzeugnis: Varro bei Gell. 3,3) ist nahezu nichts Verbürgtes bekannt. Der von Ritschl wiederhergestellte Name T. Maccius Plautus gibt Probleme auf. Der Dichter selbst nennt sich entweder P. (Men. 3; Trin. 8 u. ö.) oder Maccus (Asin. 11) bzw. Maccus Titus (Merc. 10: im Genitiv). Erst spätere (varron.?) Gelehrsamkeit scheint die beiden Arten der Selbstvorstellung zu einem dreigliedrigen »Namen« verbunden zu haben (Cod. Ambros.: *T. Macci Plauti Casina explicit;* vgl. Paul. Fest. 239 M.). Der Dichter hieß offenbar T. Plautus. Maccus war ein Spitzname, den man ihm nach dem »Dummkopf« *(maccus)*, einer bekannten Figur der atellan. Posse, beigelegt hatte und den er sich scherzhaft zu eigen machte. P. stammte aus → Sarsina in Umbrien (Paul. Fest. a. O. Hier. chron. z. J. 200 v. Chr.; vgl. Most. 770). Er habe, so heißt es (Gell. 3,3,14), als Bühnenarbeiter (Schauspieler?) ein kleines Kapital erworben, dieses Kapital durch Handelsgeschäfte eingebüßt und sich dann in eine Mühle verdungen; damals seien die ersten Komödien entstanden. Diese Nachrichten hat man offenbar aus vermeintl. Andeutungen plautin. Stücke herausgelesen. In zwei Fällen blieben die Didaskalien und somit zuverlässige Daten bewahrt: der Stich. wurde im J. 200, der Pseud. im J. 191 aufgeführt (Cod. Ambros.). Das angebl. Todesjahr 184 (Cic. Brut. 60. Unrichtig Hier. a. O.) ist wohl das letzte Aufführungsdatum, das sich hatte ermitteln lassen.

In spätrep. Z. wußte man von etwa 130 angebl. plautin. Komödien. Seit → Accius versuchte man, das Echte vom Nachgeahmten zu sondern; L. → Aelius (II 14) Stilo schrieb dem P. 25 Stücke zu. Varro führte diese Studien zu Ende. Er legte – außer einem Gesamtkatalog – 2 Verzeichnisse an: Das eine enthielt die Komödien, die von allen Kritikern für echt gehalten wurden; das andere nannte weitere Stücke, die er selber für echt hielt. Das 1. Verzeichnis bestand aus 21 Titeln; diese wurden seither von den übrigen durch die mißverständl. Bezeichnung *fabulae Varronianae* unterschieden. Die hsl. Überlieferung hat 20 Komödien sowie Frg.e einer 21. (Vid.) bewahrt; sie enthält offenbar die Stücke des 1. varron. Verzeichnisses. Alles andere ist bis auf geringe Reste verloren; man weiß von 34 weiteren Titeln. Außer Stich. und Pseud. lassen sich nur wenige Stücke mehr oder minder genau datieren: Mil. um 205 (v. 211f.: Anspielung auf die Einkerkerung des → Naevius?); Cist. vor 202 (v. 197ff.: der 2. pun. Krieg ist noch im Gange); Epid. früher als Bacch. (Bacch. 214f.); Pseud. und Truc. spät (Cic. Cato 50). Das plautin. Oeuvre zeigt keinerlei Entwicklung. Die unterschiedl. Behandlung des Hiats geht nicht auf den Dichter, sondern auf die Überlieferung zurück (s. [2], 1ff.). Das Kriterium der allmähl. Zunahme lyr. Partien (s. [11]) ist überaus unsicher.

P. ist der erste röm. Schriftsteller, von dem vollständige Werke erhalten blieben. Schon der Umfang dieses Oeuvre (ca. 21500 Verse) läßt ihn – neben Terenz und Cato – als bes. wichtigen Repräsentanten der Vorklassik erscheinen. Sein literar. Schaffen zeigt typ. Merkmale der Epoche; es spiegelt nicht persönl. Überzeugungen oder eine aus eigener Initiative gewählte Lebensform; es ist einerseits relativ eng an die griech. Originale gebunden und dient andererseits einer gegebenen Institution (dem Theater, den von Staats wegen veranstalteten Spielen). Als »Übersetzungen« haben die plautin. Komödien vor allem durch

Sprache und Vers zur Entwicklung der röm. Lit. beigetragen. In einem wesentl. Punkte begann mit P. etwas Neues: anders als → Livius (B 1) Andronicus, → Naevius und der jüngere Zeitgenosse → Ennius beschränkte er sich auf eine einzige Gattung, auf einen Typus der Komödie, die → *fabula palliata;* sein Vorbild hat, wie schon → Caecilius (III 1) und → Terenz beweisen, alsbald Schule gemacht. Er scheint sich nicht, wie die anderen Dichter seiner Z., ständiger aristokrat. Protektion erfreut zu haben; seine Stücke meiden die Politik (vgl. Persa 75f.; Trin. 1057).

P. machte Stücke der Neuen Komödie, d.h. des zeitgenöss. griech. Theaterrepertoires, für die röm. Bühne zurecht; nach unsicherer Vermutung geben Amph. und Persa Originale der Mittleren Komödie wieder. Innerhalb dieses Rahmens hat sich P. um große Vielfalt der Sujets und ihrer Darbietung bemüht; die Skala reicht von der Mythentravestie bis zur gemeinen Farce, von der turbulentesten Verwechslungskomödie bis zum Charakterstuck und zum ruhigen oder sentimentalen »Lustspiel«.

Zu einer 1. Gruppe lassen sich einige – untereinander wieder sehr verschiedene – Stücke zusammenfassen, deren Besonderheit die Schilderung eines Charakters oder eines Milieus ausmacht: 1. Aulularia (vielleicht nach → Menandros (9); Schluß verloren. Eines der berühmten Stücke des P.; seine Charakterkomödie par excellence. Um die Hauptfigur, den Geizhals Euclio, rankt sich eine Liebesgeschichte). 2. Trinummus (nach dem Thesauros des → Philemon. Ein ruhiges Familiendrama ohne Frauenrollen; moral. Reflexionen. Trotz konventioneller Motive eine originelle Handlung). 3. Truculentus (ein Stück der abstoßenden Charaktere; P. schildert realistisch und nicht ohne Zynismus ein niedriges Milieu). 4. Stichus (nach den Adelphoi I des Menandros. Ein formales Unikum: das Stück hat keine eigentl. dramat. Handlung. Drei Szenenfolgen; am Schluß ein Gelage der Sklaven).

Bei einer 2. Gruppe beruht die Verwicklung auf schuldlos verkannter Identität: 5. Cistellaria (nach Menandros; lückenhaft erhalten. Eine sentimentale Liebesgeschichte; die Erkennung der wahren Abkunft des Mädchens ermöglicht die Heirat). 6. Rudens (nach → Diphilos (5). Romant. Szenerie: Küste, Schiffbruch. Liebe, Anagnorisis, Verlobung. Der Vidularia lag offenbar ein sehr ähnl. Sujet zugrunde). 7. Menaechmi (die berühmte Verwechslungskomödie, raffiniert angelegt. Die Ähnlichkeit der Zwillingsbrüder Men. verursacht lustige Verwicklungen). 8. Amphitruo (eines der erfolgreichsten plautin. Stücke; Mythentravestie, von P. selbst wegen des Nebeneinanders verschiedener Stände – Götter und Könige, Sklaven – als Tragikomödie bezeichnet [v. 50ff.]. Irrtum auf menschl., Intrige auf göttl. Seite).

Einem 3. Typus, dem reinen Intrigenspiel, gehören insgesamt 8 Stücke an; hier fand die drast. Komik des P. ein bes. dankbares Betätigungsfeld. Fast immer spielt Liebe eine gewichtige Rolle; die Spannung richtet sich jedoch vor allem auf die Durchführung des Trugplanes, auf ihr Gelingen oder Scheitern. Meist hält ein gerissener Sklave die Fäden in der Hand. 9. Miles gloriosus (der plautin. Bramarbas. Zwei Intrigen). 10. Persa (eine Sklavenburleske). 11. Pseudolus (die Titelfigur ist eine der besten plautin. Sklavenrollen. Die Intrige gilt wie im Persa einem Kuppler). 12. Mostellaria (vielleicht nach dem Phasma des → Philemon. Die Intrige – Vortäuschung eines Gespenstes – richtet sich gegen den Vater; sie scheitert). 13. Bacchides (nach dem *Δὶς ἐξαπατῶν* des Menandros; Anfang verloren. Eine doppelte Liebesaffäre; auch hier ist der Vater das Opfer der – schließlich scheiternden – Schwindelmanöver). 14. Asinaria (nach dem Onagros des → Demophilos (3). Betrügerei; der Vater als Nebenbuhler des Sohnes). 15. Casina (nach den *Κληρούμενοι* des Diphilos. Farcenhaft; auch hier buhlen ein lüsterner Alter und sein Sohn um dasselbe Mädchen). 16. Mercator (nach dem Emporos des Philemon. Dieselbe Konstellation wie in den beiden vorigen Stücken).

Ein 4. Typus endlich verbindet den unverschuldeten Irrtum mit gewolltem Betrug; Zufall und Intrige sind kunstvoll ineinander verschlungen. 17. Captivi (ein ruhiges, moral. erbauendes Rührstück ohne Frauenrolle und Liebeshandel; Prolog und Epilog heben die Besonderheit des Stoffes hervor. Die Intrige scheitert; die Anagnorisis bringt die Lösung). 18. Epidicus (verwickelte Handlung; scheiternde Intrige und Anagnorisis). 19. Curculio (Intrige und Anagnorisis; als Mittel dient hier wie dort ein Ring). 20. Poenulus (zwei Intrigen; der zweite Trug erweist sich als die Wahrheit. Kom. Verwendung pun. Wörter. Wie im Curc. zieht ein Kuppler den kürzeren).

Die chorlosen Komödien des P. wurden ohne Unterbrechung aufgeführt; die Akteinteilungen der Ausg. sind neuzeitl. Zutat. Der Umfang der Stücke schwankt erhebl.; der Mil. z.B. hat etwa die doppelte Länge des Curc. P. setzte sich nicht selten unbekümmert über die Schranken hinweg, welche die Einheit des Ortes und der Z. oder die Konventionen der Bühne (kein Innenraum) ihm auferlegten; der kom. Effekt war ihm wichtiger als die Geschlossenheit der Handlung, die Wahrscheinlichkeit oder die Illusion. Vorgänge, die sich gemeinhin im Inneren des Hauses abspielen, werden auf die Straße verlegt; zwischen szen. und außerszen. Z. klaffen mitunter erhebl. Unterschiede (Capt.: das Intervall v. 452–922 genügt für eine Reise, die in Wirklichkeit Tage beanspruchen würde). Die Handlung ist bisweilen locker gefügt (bes. in Stücken mit mehreren Intrigen, z.B. im Mil.); sehr oft hemmen um des Spaßes willen eingefügte Dialoge und allerlei sonst. Abschweifungen ihren Fortschritt. P. durchbricht gern die Illusion; seine Figuren reden die Zuschauer an, sie nehmen das Spiel als Spiel usw. Das griech. Milieu der Vorlagen ist beibehalten; P. hat jedoch allenthalben Hinweise auf Römisch-Ital. eingestreut (Ortsnamen, bes. Curc. 462ff.: ein Katalog von Örtlichkeiten in Rom; Amtsbezeichnungen und Rechtsbegriffe).

Die Vorlagen des P. sind nicht erhalten; hierdurch wird das Urteil über seine Leistung sehr erschwert. Immerhin fehlt es nicht an Indizien, daß er zieml. frei geschaltet hat. Den auffälligsten Unterschied macht sicherl. der große Anteil der Musik aus: P. hat den Text der Originale, reiner Sprechdramen, zu erhebl. Teilen in melodramat. rezitierte oder gesungene Partien umgesetzt (anders nur im Mil.; Asin. und Curc. sind arm an Gesangsnummern); hierbei folgte er wohl einer von Livius Andronicus und Naevius begründeten Tradition (s. [6], 321ff.). Außerdem hat er um der Bühnenwirksamkeit willen gekürzt oder erweitert; Monologe wurden ausgesponnen, witzige Wortgefechte eingefügt usw. Es ist jedoch sehr zweifelhaft, ob P. auch die Struktur und den Handlungsverlauf der Vorlagen verändert, ob er gar Partien aus mehreren Vorlagen zu einem Stück zusammengefügt hat. Die ältere – zumal die deutsche – P.forschung ging von dieser Vorstellung aus: sie berief sich auf Ter. Andr. 15ff. und folgerte aus den Anstößen, die Aufbau und Szenenführung eines Stückes darbieten (darzubieten scheinen), daß dieses Stück kontaminiert sei, d.h. daß P. dort Elemente aus mehreren griech. Stücken ineinandergearbeitet habe (s.o. III 289). Hierbei setzte man voraus, daß sich die Handlung aller griech. Komödien durch fugenlose Geschlossenheit ausgezeichnet habe und jedwede Schwierigkeit durch den röm. Bearbeiter verursacht sei. Die Kontaminationsforschung, die sich weithin durch die Widersprüchlichkeit ihrer Ergebnisse diskreditierte, wird heute zumal von angelsächs. Gelehrten sehr skeptisch beurteilt; s. z.B. [12], 202ff.

Die Expositionstechnik des P. zeigt große Vielfalt. Einige Stücke operieren mit sog. *πρόσωπα προτατικά* (Epid., Most.; ferner Merc., Mil.); die meisten haben einen Prolog. Die Prologe werden teils von einer Person des Stückes (Amph., Merc.), teils von einer allegor. Figur (Aul.: *Lar familiaris;* Cist.: *Auxilium* usw.), teils von einem »Prologus« gesprochen (Asin., Capt., Men. u.ö.); sie unterrichten die Zuschauer über die Vorgeschichte und kündigen z.T. wichtige Elemente der Handlung an (anders Asin., Trin.: kein *argumentum,* wie in allen Prologen des Terenz). Die Typen waren mit den Originalen vorgegeben; die Auswahl und die Art der Charakterisierung lassen jedoch spezif. Neigungen erkennen. Bes. gern hat P. gerissene Sklaven auf die Bühne gebracht; weitere Favoriten sind der verliebte Alte, der Kuppler, der Soldat, der Parasit. Oft treten ein-

zelne Züge (Schwächen) überscharf hervor; P. zielt mehr auf farcenhafte Komik als auf psycholog. Plausibilität, und einige seiner Karikaturen grenzen ans Phantastische. Der wendig-lebendige Stil ist teils der poet. Tradition, teils dem *sermo cottidianus* verpflichtet. P. liebt eindringl. Klangmittel; die Vielfalt der Wortwitze, der Neologismen und Metaphern bekundet eine schier unerschöpfl. Sprachimagination. Das Repertoire der Ausdrucksmittel reicht von Alltagsformeln, Zoten und Schimpfkanonaden bis zu paratragöd. Pomp und trag. Pathos. Die Polymetrie ist Folge des großen Anteils der Musik; P. verwendet iamb. Senare für die gesprochenen, sog. Langverse (Septenare, Oktonare) für die unter Flötenbegleitung vorgetragenen Partien und außer Langversen mannigfache lyr. Maße (bes. Anapäste, Kretiker, Bakcheen) für die eigentl. Gesangsnummern.

Die Stücke des P. wurden in spätrep. Z. wiederaufgeführt; der Text zeigt deutl. Spuren der damaligen Theaterpraxis (Überarbeitung des Cas.-Prologs [bes. v. 5–20]; doppelter Schluß des Poen.; Doppelfassung Stich. 48–57 u.a.). Das Jh. von Accius bis Varro machte das plautin. Oeuvre zum bevorzugten Objekt gelehrter Studien (Biographie, Chronologie, Echtheitskritik, Glossenerklärung); die Urteile jener Z. heben vor allem die sprachl. und metr. Meisterschaft des Dichters hervor (Aelius Stilo bei Quint. inst. 10,1,99. Cic. off. 1,104. Varro Men. 399 B. Vgl. Hor. ars 270f. und das Epitaph bei Gell. 1,24,3). Die august. Klassik und das modernistisch gesinnte 1.Jh. n.Chr. wußten mit P. nichts anzufangen (vgl. Hor. epist. 2,1,170ff. Quint. inst. 10,1,98ff.); erst die Archaisten wurden wieder auf ihn aufmerksam. Man verfaßte nunmehr metr. Inhaltsangaben (akrostich. und nichtakrostich.), schrieb Kommentare (ein Sisenna, der vor Iulius Romanus lebte; ferner vielleicht Terentius Scaurus) und veranstaltete Ausg. der *fabulae Varronianae.* Die Aul. fand im 4.Jh. einen Nachahmer (→ Querolus). Damals entstand auch der berühmte Cod. Ambros. (A), ein trümmerhaft erhaltener Palimpsest. Die mal. Hss. entstammen derselben spätant. Quelle; man nennt diesen Überlieferungszweig die palatin. Rezension, weil zwei wichtige Repräsentanten aus dem Besitz des Camerarius in die Heidelberger Bibl. gelangten. A und die palatin. Rezension haben, wie vor allem die z.T. gleiche Reihenfolge der Stücke beweist, eine gemeinsame Textbasis. Im MA. wurde P. wenig beachtet. In Italien kannte man nur die ersten 8 Stücke, bis Nicolaus Cusanus im J. 1429 eine vollständige Hs. entdeckte. Über die P.-Rezeption der Neuz. s. [1]. [12], 396ff. M. F.

Erstausg.: Venedig 1472.

Ta.: *Leo*, 2 Bde., 1895/96. *Lindsay*, 2 Bde., 1904/05. *Ernout*, 7 Bde., 1932–40 (m. frz. Übers.).

Einzelausg. m. Komm.: *Brix – Niemeyer – Köhler – Conrad*, 1916ff. (Capt., Men., Mil., Trin.). *Lorenz*, 1876ff.

(Mil., Most., Pseud.). *Sedgwick*, 1960 (Amph.). *Lindsay*, 1900 (Capt.). *Collart*, 1962 (Curc.). *Duckworth*, 1940 (Epid.). *Enk*, 2 Bde., 1932 (Merc.). *Marx*, 1928 (Rud.). *Enk*, 2 Bde., 1953 (Truc.). Speziallex.: *Lodge*, 2 Bde., 1924/1933.

Lit.: 1. *K. von Reinhardstöttner* P. – Spätere Bearbeitungen plautin. Lustspiele, 1886. 2. *F. Leo* Plautin. Forschungen (1895), 1912². 3. *Ders.* Die plautin. Cantica und die hellenist. Lyrik, AGG, NF 1,7, 1897. 4. *Ders.* Geschichte der röm. Lit. 1, 1913, 93 ff. 5. *W. M. Lindsay* Syntax of P., 1907. 6. *E. Fraenkel* Plautinisches im P., PhU 28, 1922 (ital. Übers. 1962). 7. *P. Lejay* Plaute, 1925. 8. *G. Norwood* P. and Terence, 1932. 9. *H. Haffter* Unters. zur altlat. Dichtersprache, Problemata 10, 1934. 10. *C. H. Buck* A Chronology of the Plays of P., 1940. 11. *W. B. Sedgwick*, zuletzt AJPh 70, 1949, 376–383. 12. *G. E. Duckworth* The Nature of Roman Comedy, 1952 (grundlegend, m. vorzügl. Bibl.). 13. *K. H. E. Schutter* Quibus annis Comoediae Plautinae primum actae sint quaeritur, 1952. 14. *K. Abel* Die P.prologe, Diss. Marburg 1955. 15. *G. Maurach* Unters. zum Aufbau plautin. Lieder, Hypomnemata 10, 1964. 16. *H. Drexler* »Lizenzen« am Versanfang bei P., Zetemata 38, 1965. 17. *C. Questa* Introduzione alla metrica di Plauto, 1967. 18. *J. Blänsdorf* Archaische Gedankengänge in den Komödien des P., H-Einzelschr. 20, 1967.

Plebiscita *(plebei scitum* CIL I² 585 IX, XXII. 582,7. *plebiscitum* CIL I² 585 VI. 582,15. Plaut. Pseud. 748), von den Versammlungen der → Plebs (→ concilia [1] plebis) auf Antrag der Volkstribunen gefaßte Beschlüsse, zunächst nur für Plebejer rechtsverbindlich. Durch Druck der Plebs und der Tribunen konnten einzelne solcher Resolutionen wie das P. des Sp. → Icilius 492 *de tribunicia potestate* mit Zustimmung des Senats und Beschluß der → comitia centuriata zu vollgültigen Gesetzen erhoben werden, Dion. Hal. ant. 7,1,75. Bleicken 15 ff. Wann die P. grundsätzlich verbindlich für das Gesamtvolk wurden, ist umstritten, U. v. Lübtow Das röm. Volk 1955, 103 ff. Drei Gesetze, die lex (l.) Valeria Horatia 449 (Liv. 3,55,3), die l. Publilia 339 (Liv. 8,12,14) und die l. Hortensia 287 (Gai. inst. 1,3. Gell. 15, 27,4) sprechen den P. Gesetzeskraft für das ganze Volk zu: Mommsen RStR 3,157 f., A. Guarino Festschr. Fr. Schulz 1, 1951, 458 ff. und E. Staveley Ath. 33, 1955, 12 ff. 26 ff. erklären die beiden ersten Gesetze oder zumindest die l. Publilia als Vorstufe, in der die P. nur durch vorherige *patrum auctoritas* Gemeinverbindlichkeit erhielten; diese Bedingung sei mit der l. Hortensia weggefallen. Aber die einhellige Überlieferung dieser l. kennt eine Abschaffung der *patrum auctoritas* nicht. Die Annalisten neigten dazu, wesentliche Errungenschaften vorzudatieren. Ein so grundlegender Rechtswandel paßt nicht in die Frühzeit der Ständekämpfe, wohl aber in ihren Abschluß. Daher sind die l. Valeria Horatia und die l. Publilia als erfunden zu streichen, Siber, RE XXI 61 f. Bleicken 12. Erst die l. Hortensia gab den P. die gleiche Gültigkeit für das gesamte Volk, die den Comitialgesetzen eigen war: Plin. nat. 16,37 *ut quod plebs iussit, omnes Quirites teneret.* Sulla ordnete 80 v. Chr. die vorherige Genehmigung der P. durch den Senat an, daher beginnt die l. Antonia de Termessibus 72 v. Chr.: *C. Antonius .. tr(ibuni) pl(ebei) de s(enatus) s(ententia) plebem[ioure rogaverunt..]* Dess ILS 38. Die Beschränkung wurde 70 durch die l. Pompeia Licinia aufgehoben, Cic. leg. 3,22. Seit der l. Hortensia wurden P. und l. literar. und urkundlich unterschiedslos gebraucht, so *lex plebive scitum* oder *lex seive illud p. est*, Mommsen RStR 3,159. Die P. bedurften weder der *patrum auctoritas* noch der *auspicia impetrativa* und wurden gegenüber dem umständlichen Verfahren der comitia centuriata von wenigen nach Tribus geordneten Stimmkörpern beschlossen. Wegen dieser Vorteile wurden Gesetze überwiegend in Form der P. eingebracht. Bei der nun ständigen Bezeichnung der P. als *leges* ist es schwer zu erkennen, ob eine l. durch die comitia centuriata oder durch ein P. zustande gekommen ist. Einen Hinweis bietet die Funktion des Antragstellers, der im ersten Fall ein Magistrat, Konsul oder Praetor, im zweiten ein Volkstribun ist. P. wurden meist nur von *einem* Tribunen beantragt und nach ihm benannt. Andere der 10 Tribunen, die den Antrag unterstützen, sind *ascriptores*, Cic. leg. agr. 2,22. Mehrere Tribunen nennen die l. Antonia de Termessibus und die l. Mamilia Roscia Peducaea Alliena Fabia, Bruns-Grad. 1,95. Wie bei Comitialgesetzen wurden bei P. die Versammlung, Ort und Tag, Name des ersten Stimmkörpers und des zuerst abstimmenden Bürgers protokolliert. P. befaßten sich mit dem Staats-, Straf- und reinem Zivilrecht. Im letzteren übertrafen sie alle anderen Gesetze, solche P. bei Bleicken 65 ff., z. B. *P. Oppium de sumptu mulierum* 215, Liv. 34,1 ff.; *P. Publicium de cereis* 209, Macr. Sat. 1,7,33. Im Staatsrecht regelten P. u. a. Einführung und Wahl von Promagistraten mit *imperium* und Vergabe des Bürgerrechts. Von 287 bis 133 veranlaßten die Tribunen die meisten P. auf Initiative des Senats oder höherer Magistrate, das P. war Mittel der Senatspolitik. Unter den Scipionen wurde es Werkzeug für ihre Sonderpolitik. Bleicken 65. 68 ff. In den Kämpfen der Gracchen und der sullan. Reaktion bis zum Tode Caesars spielten P. eine große Rolle. Als späteste P. sind die *l. Titia* über das zweite Triumvirat 43, die *l. Falcidia de legatis* 40 und die *l. Pacuvia de mense Sextili* 27 bekannt. Rotondi 434. 438. 441. Die Kaiser konnten kraft ihrer *potestas tribunicia* P. beantragen. Augustus dürfte die Ehe- und Sittengesetze, die *l. de maritandis ordinibus, de adulteriis* so erwirkt haben, wohl auch Claudius die *l. de tutela* 44/49. Rotondi 443 ff. 467 f. Eine Liste der P. fehlt, sie sind in die Verzeichnisse der l. eingeordnet bei E. Cuq Dar-Sagl. 3,1126 ff. (etwa 215 P.) und G. Rotondi Leges publicae populi Romani 1912. 1962 (Neudruck). J. Bleicken Das Volkstribunat der klass. Republik 1955 (Liste der P. dieser Zeit). H. V.

Plebs, die Masse der röm. Bürger im Gegensatz zu den Patriziern, CIL I^2 22 (3. Jh. v. Chr.) *aidile(s) pleib(ei)*; CIL I^2 583 XII (123 v. Chr.) Liv. 22,40,4. Tac. ann. 2,19 *plebes; plebi* anstelle des Genitiv *plebei* CIL I^2 582,15; seit Augustus *pleps* DessILS 168. 5503, im 1. Jh. n. Chr. *plebs* DessILS 6045; nach der Wurzel *ple-* in *plere*, füllen; *plenus* »voll« die Menge, griech. *πλῆθος* Walde-Hof.^{3} 320. Die P. des 5. Jh. unterscheidet sich von der des 1. Jh. v. Chr., da der Begriff sich laufend ändert. Nach dem Aufkommen der *equites* gibt Liv. 26,36,12 die Abfolge *senatus, equites, p.* Bald bezeichnet *p.* eingeengt das arme Volk (Plaut. Poen. 515 *plebeii et pauperes*), in der Kaiserzeit den unruhigen Pöbel: Tac. hist. 1,4 *patres, primores equitum, pars populi integra, p. sordida et circo ac theatris sueta.* Amm. 15,7,2f. Daneben bleiben die offiziellen Wendungen wie *tribuni*, bzw. *aediles plebis*. Die Herkunft der P. ist dunkel. Ein völkischer Unterschied zwischen Patriziern und Plebejern ist nicht nachweisbar, v. Lübtow 84. Nach Cic. rep. 2,16, Dion. Hal. ant. 2,9. 2, Plut. Rom. 13,3 war die P. mit der Klientel der Patrizier mehr oder weniger identisch. Aber die Ständekämpfe sind undenkbar, wenn ein bedeutender Teil der P. in Klientel stand. Wenn jedoch der Patriziat sich in der Königszeit aus einer Schicht bäuerlicher Grundbesitzer erhob, blieben als P. freie, meist nicht klientelgebundene Bauern übrig, hinzu kamen Händler, Handwerker und umgesiedelte Bewohner eroberter Latinerstädte, W. Kunkel, ZRG 72, 1955, 307f. Das starke bäuerliche Element zeigen die Forderungen der P. nach Erlaß der auf den Gütern lastenden Schulden und nach Land für ihre Kinder. Die Plebejer hatten nach Meinung der Patrizier keine → *gentes* mit göttlichen Ahnherren, konnten daher keine *auspicia publica* anstellen, kein *imperium* erhalten, Liv. 10, 8,9f. v. Lübtow 86f. Einzelne zu Wohlstand gekommene Familien bildeten nach patriz. Vorbild plebeische *gentes*, v. Lübtow 161f. In den Ständekämpfen setzte die sozial differenzierte P. langsam polit. und privatrechtl. Forderungen durch, da die Patrizier bei der neuen Taktik der Phalanx auf die militär. Kraft der P. angewiesen waren. Durch die erste *secessio* auf den Mons sacer schuf sich die P. 494 eine feste Organisation mit den Volkstribunen und pleb. → Aedilen. Beim Tempel der Ceres, ihrem kultischen Mittelpunkt, verflpichtete sich die P. eidlich durch die *l. sacrata*, die Unverletzlichkeit *(sacrosanctitas)* ihrer Vertreter mit Gewalt zu schützen, Liv. 2,33,1ff. Dion. Hal. ant. 6, 89,3. F. Altheim Lex sacrata 1940. Die Patrizier erkannten diese Selbsthilfe an, nicht aber weitere Beschlüsse der *concilia plebis*, die → *plebiscita*. In den nach dem Besitz abgestuften Klassen der *comitia centuriata* konnten wohlhabende Plebejer mit den Patriziern abstimmen, die ebenfalls stimmberechtigte Masse der Armen dagegen praktisch nicht, da die klassenweise Abstimmung beim Erreichen der Mehrheit abgebrochen wurde. In den *comitia tributa* waren die Plebejer in der Stimmabgabe nur unabhängig, wenn sie nicht zur Klientel einer patriz. *gens* gehörten. 456 wurde der Aventin der P. zur Besiedlung überlassen, Liv. 3,31,1. 32,7. Mit dem Zwölftafelgesetz, der Aufzeichnung des geltenden Gewohnheitsrechtes im Privat-, Straf- und Sakralrecht 450, erlangte die P. Sicherung gegen die Willkür patriz. Richter und Beamter. Allein in dem Eheverbot hielt das Gesetz, das sonst nur von *assidui* (Vollbauern) und *proletarii* (Minderbemittelten) spricht, den starren Standesunterschied zwischen Patriziern und Plebejern fest: Cic. rep. 2,63 *conubia.. ut ne plebi cum patribus essent.* Siber, RE XXI 162 schränkt das versagte *conubium* auf den Kultakt der → *confarreatio* ein. Die Behauptung Diod. 12,25,2, die P. habe bei der zweiten *secessio* 449 verlangt, ein Konsul müsse ein Plebejer sein, ist unglaubhaft, damals wird sie die Neuwahl der Tribunen erzwungen haben, auf die sie bei der Einsetzung der Decemvirn verzichtet hatte, Cic. rep. 2,61f. 445 hob die nach dem Tribunen Canuleius benannte l. Canuleia das Eheverbot auf, Liv. 4,6,3. Verwandtschaften führender plebeischer Familien mit patriz. häuften sich, z. B. der Licinier mit den Corneliern, Fabiern und Manliern, Liv. 5,12,12. 6,34,5ff. 39,4. F. Münzer Röm. Adelsparteien und Adelsfamilien 1920, 13f. Infolge der langen schweren Kriege drängten die Führer der P. auf Teilnahme an den Ämtern. 421 wurden Plebejer für wahlfähig zu Quaestoren erklärt, aber erst 409 dazu gewählt, Liv. 4,43,12. Um ihre Zulassung zum Konsulat zu umgehen, wurden sie hin und wieder *tribuni militum consulari potestate*, die Licinier 400 und 396, die Genucier 399 und 396, die Duilier 399. Zu dieser Zeit wurden Plebejer zum Senat zugelassen, damit kam die Anrede *patres conscripti* auf, Fest. 254 M. Liv. 2,1,10 (mit falscher Datierung in den Beginn der Republik). Mommsen RStR 3,840. v. Lübtow 146 (mit anderer Erklärung). Höhepunkt im Kampf der P. gegen den Einfluß der Patrizier waren 367 die *leges Liciniae Sextiae*. Entsprechend der sozialen Gliederung der P. brachten sie der plebeischen Aristokratie grundsätzlich die Zulassung zum Konsulat – 366 war Sextius der erste plebeische Konsul –, der ärmeren P. Regelung der Acker- und Schuldenfrage, Liv. 6,35,4. 42,9. Faktisch erreichten wenige plebeische Geschlechter das Konsulat; in dem Jh. von 366 bis 265 stellten nur 32 Familien die 90 plebeischen Konsuln. In der Folge wurde die Bekleidung weiterer Ämter den Plebejern zugestanden. Die neugeschaffenen Stellen der kurul. Aedilen wurden im Wechsel von Patriziern und Plebejern besetzt. 351 gab es den ersten pleb. Zensor, 337 den ersten pleb. Praetor, Liv. 7,22,7ff. 8,15,9. Die Diktaturen eines Plebejers 356 und 339 sind wohl erfunden, die des J. 314 dagegen beglaubigt, Liv. 8,12,13. 9,26,7. Auch die staatlichen Priesterkollegien nahmen in zusätzliche Stellen Plebejer auf, zuerst 368 die *decemviri sacris faciundis* (Liv. 6,37,12. 42,2), dann 300 die Augurn und Pontifices mit der *l. Ogulnia* (Liv. 10,6,6. 9,2). Nur die bes. vornehmen, polit. bedeutungslosen Priesterämter des *rex sacrorum*, der *flamines* und der *salii* blieben den Patriziern weiterhin vorbehalten, ebenso die Würde des *interrex* und des *princeps senatus*. Mit der Teilnahme an den Ämtern bildete sich aus Patriziern und führenden Plebejern die Nobilität, die sich gegen das Emporkommen neuer Familien abschloß. In diesem Amtsadel hatte der Patriziat faktisch noch lange Zeit einen Vorrang. Zwei gleichzeitige pleb. Konsuln gab es erst 172, zwei pleb. Zensoren 131, den ersten pleb. pontifex maximus 254, CIL I^2 p. 25. Liv. 42,9,8; per. 18. 59. Beendet wurden die Ständekämpfe 287 durch die *l. Hortensia*. Unter dem Druck der letzten *secessio* der P. auf den Ianiculus gab sie den → Plebisciten Gesetzeskraft für das Gesamtvolk. Die P. hatte jetzt grundsätzlich die Möglichkeit, den Staat umzugestalten. Aber die Tribunen, einst gewählt, die Interessen der P. zu wahren, jetzt mit ihrer polit. Laufbahn auf die Gunst der Nobilität angewiesen, leiteten mit ihren Plebisciten die P. im Sinne des Amtsadels. Das Zusammengehen von Adel und P. wurde bes. seit dem 2. pun. Krieg durch die physische und psychische Zersetzung der P. zerstört. Scharen besitzloser Menschen, Italiker und Freigelassene, die als Sklaven aus dem ö. Mittelmeergebiet gekommen waren, bildeten die *p. urbana*. Um sie zu befriedigen, begann die Nobilität mit der Abgabe verbilligten Getreides und der Abhaltung von Spielen *(ludi plebei* 220*)*. Die Gracchen wollten seit 133 die städt. P. auf Kosten des Großgrundbesitzes auf dem Land ansiedeln, scheiterten aber an dem Widerstand der Nobilität und der Unlust der P. zur Landarbeit. In den Bürgerkriegen des 1. Jh. war die P. ein Pöbelhaufen, den skrupellose Politiker für ihre Zwecke benutzten. Um das Amt des Volkstribunen, das allein Plebejern vorbehalten war, für polit. Zwecke auszunutzen, gaben gelegentlich Patrizier mit der *transitio ad plebem* förmlich ihren Patriziat auf. P. Sulpicius Rufus trat 88 zur P. über, P. → Clodius (I 8) 59 durch → *adrogatio* und Adoption. Aus einem Standeswechsel in früherer Zeit erklären sich die pleb. und patriz. Zweige mancher gentes, so gab es pleb. Claudii Marcelli und patriz. Claudii (Liv. 8,23,14ff. Cic. de or. 1,176), die pleb. Gemini als Zweig der patriz. Servilii (MOMMSEN RStR 3,136f.) und die einst patriz., dann pleb. Minucii. Da die patriz. Geschlechter ausstarben, einige Priesterstellen aber mit Patriziern besetzt werden mußten, wurden Caesar 45 durch die l. Cassia, Octavian 30 durch die l. Saenia ermächtigt, Plebejer zu Patriziern zu erheben, Tac. ann. 11,25. Suet. Caes. 41. Cass. Dio 52,42. Mon. Anc. c. 8. Nachdem Claudius, Vespasian und Titus als Zensoren Plebejer zu Patriziern gemacht hatten, wurde dieses Verleihungsrecht dem Princeps zugestanden. Der Princeps selbst mußte immer Patrizier sein, Cass. Dio 53,17,10. Gelangte ein Plebejer wie Vespasian zur Herrschaft, wurde er durch Senatsbeschluß Patrizier. In der Ämterlaufbahn waren die Plebejer in der Kaiserzeit benachteiligt, da die Patrizier nicht wie die Plebejer die Aedilität als Zwischenstufe zu bekleiden hatten. H. V.

Mommsen, RStR 1,555f. *M.E. Park* The plebs in Cicero's day Diss. des Bryn Mawr College Cambridge Massach. 1918. *W. Hoffmann* NJb f. Ant. u. d. Bildung 1, 1938, 82ff. *W. Hoffmann-H. Siber*, RE XXI 73ff. *U. von Lübtow* Das röm. Volk 1955. *D. van Berchem* Les distributions de blé et d'argent à la plèbe rom. sous l'Empire 1939. *J. Gagé* Les classes sociales dans l'empire rom. 1964, 61ff. 123ff. *Z. Yavetz* Plebs and princeps 1969.

Pleiaden (*Πληιάδες, Πλειάδες, Πελειάδες*, auch *βότρυς*, Traube, *vergiliae* Zweiglein), ein früh beobachteter Sternhaufen von 7 sichtbaren Sternen, nahe dem Tierkreisbild des Stiers, schon Hom. Il. 18,486 und Od. 5,272 erwähnt. Hesiod erg. 383 nennt sie Töchter des Atlas und der Pleione, deren Eltern Okeanos und Thethys sind. Nach Arat. 262f. heißen sie Alkyone, Merope, Kelaino, Elektra, Sterope, Taygete, Maia. Nur 6 leuchten, eine, Merope oder Elektra, ist kaum erkennbar. Merope habe aus Scham, als einzige von den Schwestern mit einem Sterblichen, Sysiphos, vermählt zu sein, sich entfernt, Elektra aber, von Zeus Mutter des Dardanos, des Gründers von Troia, aus Trauer über den Untergang dieser Stadt. Sie wird zum Fuchsstern *ἀλώπηξ*, dem Reiterlein über dem Mittelstern der Deichsel des großen Wagens. Kallimachos (frg. 693 Pf.) bezeichnet sie als Töchter der Amazonenkönigin mit Namen Kokynna, Glaukia, Photis, Parthenia, Maia, Stonychia, Lampado. *πελειάδες* = Tauben heißen sie, da sie als Tauben dem Orion, der sie verfolgt, entflohen und von Zeus an den Himmel entrückt worden sind. – Die Auf- und Untergänge der P. sind früh von Bauern und Schiffern beobachtet und als Witterungsanzeichen für ihre Arbeit betrachtet worden. Um 430 v. Chr. war ihr Frühaufgang am 19. Mai, der Spätaufgang am 19. September, Spätuntergang 7. April, Frühuntergang 8. November, unsichtbar waren sie vom 8. April bis 19. Mai. Nach He. erg. 383 soll man beim Frühaufgang der P. im Mai mit der Ernte beginnen, beim Frühuntergang mit dem Pflügen, Arat. will damit auch im Mai den Sommer, im November den Winter eintreten lassen. Den Schiffern dienten die P. zur Orientierung, auch als Zeitkünder, mit dem Frühaufgang der P. im Mai begann die sommerlich günstige, mit dem Frühuntergang im November die winterlich ungünstige, gefährliche Z. für die Schiffahrt. Die Astrologen betonen die astrometeorolog. Züge. In Geburtsprognosen deuten die P. meist auf Ackerbauer und Schiffer hin, auch auf weichliche und genußsüchtige Menschen. In der Iatromathematik gelten sie als schädlich für die Augen. Auch die P. wurden bestimmten Planeten angeglichen, meist – so Ptol. Apotel. 1,9 p. 23,13 –, Mars und Luna. Man hat aber auch jeden der 7 P.-Sterne mit einem Planeten verbunden: Kelaino mit Saturnus, Sterope mit Iuppiter, Merope mit Mars, Elektra mit Sol, Alkyone mit Venus, Maia mit Mercurius, so Prokl. in Hes. erg. 381 (Poetae min. Gr. ed. Gaisford II 241,7). E. Bo.

F.Boll Fixsterne, RE VI 2407ff. *F.Boll* Hebdomas, RE VII 2552. *W. u. H.Gundel* Pleiaden, RE XXI 2486ff. *A.Rehm* Parapegmastudien, ABAW, NF. 19 (1941).

Pleias. Das Siebengestirn trag. Dichter unter → Ptolemaios Philad. (285–246): Strab. 14,675. Hephaistion, Ench. p. 30,21 Consbr. Die Namenslisten decken sich nicht ganz. Aus der Suda s.v. ergibt sich die Reihe: Homeros v. Byzantion, → Sositheos, → Lykophron, → Alexandros Aitolos, → Sosiphanes, → Philikos, Dionysiades. Dieselbe Liste ohne Sosiphanes Sch. A Hephaest. a.O.; (ebd. p. 279) wird vor Sosiphanes Aiantides eingefügt und Dionysiades weggelassen. Choirob. ebd. p. 236 hat die gleiche Liste, stellt aber (*τινές*!) a) Aiantides und Sosiphanes, b) Dionysiades und Euphronios zur Wahl. Tzetz. Sch. Lykophr. p. 4 Scheer zählt Homeros Byz., Lykophr., Aiantiades, Philikos zusammen mit Theokritos, Nikandros, Aratos auf. Für die Siegerliste IG II² 2325 Col. IV erwägt A. Wilhelm Urkunden dram. Aufführungen in Athen 104 die Ergänzung dreier Namen der Pleias: *Αἰ[αντίδης]*, *῞Ομ[ηρος]*, *Δι[ονυσιάδης]*. F. St.

F.Schramm Tragic. Graec. hellenisticae, quae dicitur, aetatis fragmenta, Diss. Münster 1929. *K.Ziegler* Art. Tragoedia, RE VI A 1970, 11ff.

Pleione (*Πληιόνη*). Tochter von Okeanos und Tethys, Gattin des → Atlas, Mutter der → Pleiaden, die mit ihr, von Orion verfolgt, in Tauben (→ Peleiades), dann in Sterne verwandelt wurden, Apollod. 3,110. Hyg. astr. 2,21. Pind. frg. 74. Auch Mutter der → Hyaden. H. v. G.

Pleistainetos (*Πλεισταίνετος*). Nur Plut. mor. 346 kennt den Maler P. als Bruder des → Pheidias; er habe Feldherren, Schlachten bzw. Heroen gemalt. Damit kombinierte man Plin. nat. 35,57 und Paus. 5,11,6: Panainos, Bruder des Pheidias, schuf die Marathonschlacht in der Stoa Poikile in Athen. Für diese werden jedoch auch andere Maler genannt (→ Panainos). Vertraut man der doppelten lectio difficilior, so war P. Bruder, Panainos Neffe des Pheidias. Von der umstrittenen Marathonschlacht hat sich nichts erhalten. W. H. G.

Pleistarchos (*Πλείσταρχος*). **1.** Spartanerkönig, Sohn → Leonidas' (1). Bei dessen Tod 480 war P. minderjährig, sein Vetter → Pausanias (1) übernahm die Vormundschaft. Hdt. 9,10. Thuk. 1,132, 1. Paus. 3,4,9. Plut. mor. 231 C. Über seine (nur kurze? Vgl. Paus. 3,5,1) Regierungszeit (bis 458) erfahren wir nichts Näheres. RE XXI 195f. **2.** Bruder des → Kassandros (2) (Plut. Demetr. 31,4. Paus. 1,15,1), aus dessen Schatten er nie heraustrat. Als Kommandant von dessen Reiterei und Söldnern unterlag er 318 den Athenern, Paus. a.O. 313/12 befehligte er eine Besatzungstruppe in → Chalkis, Diod. 19,77,6. 302/01 zur Unterstützung des → Lysimachos (1) nach Kleinasien kommandiert, verlor er bei der Überfahrt den Großteil der Truppen und entkam selbst mit Not einem Orkan, Diod. 20,112. → Demetrios (2) vertrieb P. 299/98 aus dem diesem nach → Ipsos (J. 301) übertragenen Kilikien, Plut. a.O. 31f. Er scheint dann → Herakleia (5) erhalten zu haben, vgl. Steph. Byz. s. *Πλειστάρχεια*, [2]. Ein Reich des P. von Karien bis Kilikien ([1]) gab es wohl kaum ([3]). K. K.

1. *Ernst Meyer* Die Grenzen d. Hellenist. Staaten in Kleinasien, 1925, 28f. 2. *L. Robert* Mém. Inst. Franç. Stamboul 7, 1945, 55ff. 3. *H.Bengtson* GG³ 370,2.

Pleisthenes. Der Name ist aus +*Πλειστοσθένης* haplologisch vereinfacht. **1.** Eine in den Pelopidenstammbaum an verschiedenen Stellen eingefügte Gestalt. a) Im Sch. Pind. O. 1,144 erscheint P. in der 1. u. 3. Namensliste der Kinder des Pelops und der Hippodameia als Bruder des Atreus, Thyestes und Pittheus. In der 2. Variante ist er nur ein Anhängsel: *Πλ. ἐξ ἄλλης*. b) Sch. Eur. Or. 4: Pelops hat außer seinen 15 Kindern mit Hippodameia einen Bastard Chrysippos. Atreus und Thyestes stürzen diesen in einen Brunnen, werden von Pelops verflucht und siedeln im triphyl. Makestos. Dort heiratet Atreus Kleola und zeugt den P. Diesem gebiert Eriphyle Agamemnon, Menelaos und Anaxibia. Übereinstimmungen mit Sch. Il. 2,105 (FGrH 4,175 mit Jacobys Komm.) nach Hellanikos reichen aber nur bis zur Vertreibung der Pelopiden durch ihren Vater. – Apollod. 3,15: Katreus, Sohn des Minos, übergibt, durch ein Orakel erschreckt, seine Töchter Aerope und Klymene dem Nauplios zum Verkauf. Aerope wird Gattin des P. und Mutter des Agamemnon und Menelaos. Im Sch. Soph. Ai. 1297 nach den *Κρῆσσαι* des Eur. will Katreus Aerope wegen eines Fehltritts durch Nauplios ertränken lassen; der aber gibt sie dem P. – Der Bericht bei Tzetz. Exeg. Il. 68,19 H. (Hes. fr. 98 Rz. 194 M.-W.) ist aus der Chrysippos- und der Aeropegeschichte kontaminiert. Die Berufung auf Aischylos ist falsch (vgl. Sch. Tzetz. alleg. Anecd. Ox. 3,378,9 Cr.); daß Hesiod den P. als Vater des Agamemnon kannte, bezeugt Sch. AD Il. 1,7. Die Konkurrenz zwischen Atreus und P. als Väter der Atriden führte zu Ausgleichsversuchen: nach dem frühen Tod des P. wuchsen die Kinder bei ihrem Großvater Atreus auf: Sch. Eur. Or. 4. Sch. AD Il. 2,249. Tzetz. Exeg. Il. 68,19 H. Dictys 1,1. – In einem dritten

Zusammenhange erscheint P. als Atreussohn bei Hyg. fab. 86 (vielleicht nach dem *Πλ.* des Eur. METTE, Lustrum 1967/12, 210): Thyestes, von Atreus wegen der Verführung der Aerope vertrieben, nimmt P., des Atreus Sohn, als Werkzeug der geplanten Rache mit; dazu wohl Sch. Eur. Or. 16. Die Atriden Söhne des P. auch bei Serv. Aen. 1, 458. Dictys 1,1. 5,16. c) Sohn des Thyestes ist P. bei Sen. Thy. 726. Hyg. fab. 88. 244. 246. d) Mehrfach erscheint P. als Eponym des Pelopidengeschlechts ohne genauere Angabe: Aisch. Ag. 1569 (mit E. FRAENKELS Komm.); 1602. Ibykos 282 a 21 PMG. Stesichoros 209 II 4; 219 PMG. Bakchyl. 15,48. Ov. rem. 778. **2.** Sohn der Helena und des Menelaos: Sch. Eur. Andr. 898 mit Berufung auf *Κυπριακαὶ ἱστορίαι* (nicht = Kyprien!). **3.** Einer der beiden Söhne des Akastos, die Peleus vertrieben: Dictys 6,8. A. Le.

Pleistoanax (*Πλειστοάναξ*), Sohn des berühmten → Pausanias, spartan. König aus dem Agiadenhaus, regierte 458–408/07 (Diod. 13,75,1), anf. noch unter der Vormundschaft seines Onkels → Nikomedes (1; Thuk. 1,107,2. Diod. 11,79,6) 446 führte er, begleitet von → Kleandridas, das spartan. Heer gegen das durch den Abfall → Euboias bedrohte Athen. Perikles erreichte, wohl durch Bestechung, ihren Abzug, worauf sie in Sparta verurteilt wurden und P. ins Exil nach Arkadien ging (Thuk. 1,114,1f. 2,21,1. 5,16,3. Plut. Per. 22f.). 427/26 kehrte er auf Intervention der Pythia zurück (Thuk. 5,16,2f.). P. war Anwalt des Friedens mit Athen (Thuk. 5,16,1. 17,1); als König beschwor er 421 den Nikiasfrieden und die athen.-spartan. Symmachie (Thuk. 5,19f. 23f.). P. trat von nun an kaum mehr hervor; 421 kämpfte er erfolgreich in Südarkadien (Thuk. 5,33), 418 sollte er König Agis (2) gegen den peloponn. Sonderbund Verstärkungen bringen und kehrte auf die Nachricht vom Siege bei Mantineia um (Thuk. 5,75,1). 408/07 starb er, Nachfolger wurde sein Sohn Pausanias. G. Do.

Pleistonikos (*Πλειστόνικος*). Arzt im 3. Jh. v. Chr., Schüler des → Praxagoras. Wie → Phylotimos scheint auch Pl., wenn die wenigen Nachrichten nicht trügen, zu den konservativ-traditionsgebundenen Praxagorasschülern gehört und in Kos gelebt zu haben. F. K.

F. Steckerl The Fragments of Praxagoras of Cos and his School, Leiden 1958, 124–126.

Pleistos (*Πλειστός*, literar. *Πλεῖστος*), der am O.-Rand der Ebene von Itea in den korinth. Golf mündende Fluß unter Delphi, in der Neuzeit Xeropotami, im Sommer trocken. Das tief eingeschnittene Tal unter Delphi und weiter bis zur Mündung h. mit dichtem Ölwald. Im 1. Hl. Krieg soll Kirrha durch starken Zusatz von Nieswurz in das durch eine Wasserleitung zugeführte Wasser zur Ergebung gezwungen worden sein, Paus. 10, 8,8. 37,7. Strab. 9,3,3 p. 418. Sch. Apoll. Rhod. 2, 711. Aischyl. Eum. 27. Kall. h. 4,92. Hypoth. Pind.

P. Hesych. Phot. lex. Herodian 217,20ff. E. M.

1. *Philipps.-Kirst.* 1,404ff. 2. *Kirsten*, RE XXI 213f.

Plektron (*πλῆκτρον*, lat. *plectrum* bzw. *pecten*), meist zapfenförmiges Schlagblättchen aus Holz, Bein oder Metall zum Spiel der ant. Saiteninstrumente, das jedoch nur bei bestimmten Arten des Vortrags Verwendung fand; daneben kannte man auch das Spiel mit der bloßen Hand. Zur Aufbewahrung des P. dienten besondere Bänder und Behälter. U. K.

M. Wegner Das Musikleben der Griechen, 1949, 38. 223.

Pleminius. Ital. Gentilname (inschr. Vergleichsmaterial bei SCHULZE Eigenn. 89. 92). – Q. P., legatus (pro praetore) des Scipio (BROUGHTON Mag. 1,304). Er eroberte mit anderen 205 → Lokroi, wo er von Scipio als Kommandant eingesetzt wurde, führte eine Terrorherrschaft und ließ u.a. das Persephone-Heiligtum plündern, wurde aber von Scipio gehalten. 204 wurde er verhaftet und starb nach einer Version noch vor der Verurteilung, nach der anderen wurde er nach mißlungenem Befreiungsversuch 194 hingerichtet. Liv. 29,6ff. 21f. 34. 44. Val. Max 1,1,21. »Der traurige Held einer düsteren Episode aus der Geschichte des P. Scipio« MÜNZER RE XXI 221. H. G. G.

Plemmyrion (oder: Plemyrion, vgl. K. ZIEGLER, RE XXI 222), h. Massolivieri, n. Kap der Halbinsel Maddalena, das mit der S.-Spitze der Nasos von → Syrakusai das *στόμα* (Thuk. 7,4,4) des Großen Hafens bildet. Für die Z. des mykenischen Handels bezeugt eine Nekropole mit 53 Gräbern eine frühe einheimische Küstenstation; in griech. Z. scheint hier eine dörfliche Siedlung (Gräbergruppe des 5. Jh.) in militär. Sinne die Aufgabe eines Vorpostens erfüllt zu haben. Sicherung oder Absperrung der Hafenmündung hing während der Belagerung 414–13 vom Besitz des P. ab; mit den Resten eines dort gefundenen Rundturmes läßt sich vielleicht das Polyandrion, die Ehrengrabstätte für die gefallenen Syrakusier, identifizieren. H.-P. Dr.

L. Bernabò Brea, Alt-Sizilien, Köln 1958, 143f. 160. *H.-P. Drögemüller*, Syrakus. Gym.-Beih. 6 (1969), 13. 95f. 102 m. Anm. 23.

Plemnaios (*Πλημναῖος*). König in Aigialeia (= Sekyon), Sohn des Peratos, Vater des → Orthopolis, Stifter eines Demeterheiligtums, Paus. 2,5,8. 11,2. PRELL.-ROB. 1,750,3. H. v. G.

Pleraei *(Plarioi, Palarioi, Pyrae, Pyraei, Pleraioi, Plaraioi)*, illyr. Volksstamm (überschichtet von Kelten), im Küstenland am l. Ufer des Naro (Narenta). Von den Römern endgültig 135 v. Chr. besiegt; seitdem als *civitas* organisiert. Unter Augustus wurden mehrere Kolonien (Narona, Epidaurum, Risinium) in ihrem Gebiet gegründet. Zahlreiche *tumuli*, Hügelgräber (Steinaufhäufungen bis zu 7 m Höhe, die in die vorröm. Z. zurückreichen, finden sich in ihrem Land. Die P. wurden früh stark romanisiert, die röm. Sprache und Kultur aber durch die Slaweneinwanderung (um 600 n. Chr.) erstickt. Vororte der einheim. *civitas* bei Gradac, bzw. bei Ošlje oder Slano. Hochgelegene vorröm. Warten mit 3 bzw. 2 konzentr. Trockenmauern bei Smrdan, Glusci, Mošević, Trebinlja, röm. Siedlungen in Metković, Brštanica, Bročanac, Dobranje, Vranjevo Selo, Topolo, Stupa usw. erhalten. J. Sz.

Lambertz, RE XXI 226ff. *G. Alföldy-A. Mócsy* Bevölkerung u. Ges. der röm. Prov. Dalm. (Budap. 1965) 35. 38. 47. 63. 140.

Plestia, umbr. Ort auf der Höhe des Passes von Colfiorito in der 6. Reg. (Plin. nat. 3,114) der *tribus Ufentina* (CIL XI p. 812), dessen Lage durch die Kirche Madonna di Pistia bezeichnet wird (zum Namen vgl. *Plistum* b. Dyrrhachium Geogr. Rav. 4,15: *Pistum* Tab. Peut. VII 2). Oberhalb des nach P. benannten Sees vernichtete Hannibal die Reiter des Centenius (App. Hann. 9. 11). In P. Kult der Cupra mater (Ciotti Atti del I° conv. di studi Umbri 1963, 99ff.: *cupras matres pletinas* [so!] *sacru* [.]). G. R.

Nissen It. Ldk. 2,388. *Beloch* RG 500. 504. 604.

Plestina, mars. Ort unbekannter Lage, den die Römer 302 v. Chr. einnahmen (Liv. 10,3,5). G. R.

Plethron, gr. π(ε)λέθρον, eigentl. Furchenlänge, → Längenmaß von 100 Fuß und somit 1/6 → Stadion. Seine Größe variiert je nach verwendeter Fußnorm (→ Pus) zwischen ca. 27 und 35 m. Als → Flächenmaß bildet das P. ein Quadrat dieser Seitenlänge. Plut. u. a. Autoren verwenden P. zur Übers. von lat. → *iugerum.* H. Ch.

F. Hultsch Metrologie^{2} 28ff. 40. 73 u. s.

Pleumoxii, kleiner gall. Stamm im W. der Belgica, Nachbarn der Nervii. Nur erwähnt von Caes. Gall. 5,39 (Winter 54/53). Ihr Name ist nach Holder 2, 1014 kelt. Die Sitze der P. sind unsicher: nach Wauters Bull. Acad. royal. Belg. 13, 1862, 396 und Desjardins Géogr. Gaule 2, 436 n. von Namur (Brabant), nach Malengraen Ann. cerc. arch. Mons 10,469 weiter s. bei Pleumont. M. L.

Pleuratos (Πλευρᾶτος). **1.** König von Illyrien um 260, Vater des → Agron und → Skerdilaidas. Pol. 2,2,4. **2.** König von Illyrien, schloß sich 212 als Mitregent des Vaters Skerdilaidas dem röm.-aitol. Bündnis gegen Philipp V. an, kämpfte unglücklich gegen ihn, trat, nach dem Tode des Vaters 206 Alleinherrscher, dem Frieden von Phoinike 205 bei, Pol. 10,41,4. Liv. 26,24,4. 27,30,13. 28,5,7. 29,12,14. W. Dahlheim, Vestigia 8, 1968, 210,75. 278. Als treuer röm. Bundesgenosse im 2. maked. Krieg erhielt P. 196 die Gegend um den Ochridasee (Lychnidos) und Parthos, Pol. 18,47,12. 21,11,7. 21,3. Liv. 31,28,1. Im Krieg gegen die Aitoler und Antiochos verwüstete P. 189 die aitol. Küste, Liv. 38,7,2. † 180. P. hatte mit Eurydike 2 Söhne, → Genthios und Pleuratos. E. Will Histoire politique du monde hellénistique 2, 1967, 76. 81ff. 129. 146. 219. **3.** Sohn von Nr. 2, von seinem Bruder → Genthios wegen Verratsverdacht getötet, Athen. 10,440. Pol. 29, 13 = Liv. 44,30,12 (heißt hier *Plator*). **4.** Sohn des → Genthios, 168 von den Römern gefangen, im Triumph aufgeführt und nach Spoletium verbannt, Liv. 44,30. 32,1. **5.** Verbannter Illyrier, mehrfach Gesandter des Königs Perseus an → Genthios 169, Pol. 28,8,1ff. Liv. 43,19,13. **6.** Auf Befehl des Prokonsuls L. Piso Caesoninus 57/56 in Thessalonike hingerichtet, Cic. Pis. 84. H. V.

Pleuron (Πλευρών, Ethnikon Πλευρώνιος), Stadt im w. Aitolien, zu unterscheiden zwischen Alt- und Neu-Pleuron. Altpleuron lag an der Küstenebene des im Alt. weiter w. als h. mündenden → Euenos (4) auf zwei niedrigen Ausläufern des Arakynthosgebirges n. w. von Missolungi mit z. T. erhaltener Stadtmauer. Nach dessen Zerstörung (s. u.) wurde etwa 2 km weiter w. und höher hinauf am Gebirgshang bis zu 373 m ansteigend der etwas über 2 km große Mauerring von Neu-P. in sehr fester Lage angelegt, h. Kastro Irinis. Sehr zahlreiche Reste der Wohnstadt innerhalb des Mauerrings, vor allem das an die W.-Mauer angebaute Theater.

Vorhist. Reste sind nicht vorhanden, doch spielt P. in der Sagengesch. als Heimat des → Meleagros und mehrerer anderer Heroen und als Stadt der → Kureten eine große Rolle und ist bei Homer mehrfach genannt, Il. 2,639. 13,216ff. 14, 116f. 23,635. Es gab ein Drama Πλευρώνιοι des → Phrynichos (RE XX 914f.). Thuk. 3,102,5 rechnet das Gebiet zur → Aiolis (2) und noch nicht zu Aitolien. Aus der Gesch. von P. ist wenig bekannt, auch nicht, wer der »aitolische Demetrios« ist, der Altpleuron zerstörte und damit die Erbauung von Neupleuron veranlaßte, vielleicht Demetrios von Pharos. Aus P. stammte der Tragiker → Alexandros »der Aitoler« (17). 167 v. Chr. trat P. vom aitol. zum achai. Bund über, Paus. 7,11,3, sein Gebiet wurde unter Augustus der neuen röm. Kolonie Patrai zugeschlagen, womit P. bald ganz verödete. Inschr. und Münzen aus P. selber sind nicht bekannt. Dion. Call. 53. Strab. 10,2,3ff. p. 450f. 2,21 p. 459f. Ptol. 3,14,13. Plin. 4,6. E. M.

1. *E. Kirsten,* RE XXI 239ff. mit Plänen. 2. *R. Herzog – E. Ziebarth* Das Theater von Neu-Pleuron, MDAI(A) 23, 1898, 314ff. 3. *E. Fiechter* Die Theater von Oiniadai und Neupleuron, Ant. griech. Theaterbauten 2, 1931, 19ff.

Plexippos (Πλήξιππος). **1.** Sohn des Aitolers → Thestios, Oheim des → Meleagros, beansprucht mit seinen Brüdern das Fell des kalydon. Ebers, das Meleagros → Atalante geschenkt hat, und wird von diesem getötet. Der Name zuerst bei → Antiphon (4), dann Ov. met. 8,440. Apollod. 1, 62. Hyg. fab. 174. 244. **2.** P. und Pandion. Söhne des → Phineus (2) u. der → Kleopatra (1). H. v. G.

Plinius. 1. C. Pl. Secundus, Offizier, Staatsbeamter, Historiker und Fachschriftsteller, Vf. der Naturalis historia (nat.).

A. Leben. Des P. Lebenslauf läßt sich in groben Zügen rekonstruieren aus a) dem Frg. der vita Plinii Suetons (Frg. 80 Reiff.), b) der (verschollenen) Ehreninschrift (Statuensockel?) von der phoinik. Insel → Arados (OGIS II 586) für einen *Γαιον Πλ]ινιον Σεκουν[δον*, von Mommsen (H 19, 1884, 644ff.) in der zit. Form erg.; der Bezug auf P. ist h. meist anerkannt, bestritten z.B. von Syme (Tacitus, 60,5), c) 2 Briefen des Jüngeren Plinius (im Folg. zit. »epist.«): epist. 3,5 an Baebius Macer mit Katalog der Werke und wertvollen Bem. über die Arbeitsweise; epist. 6,16 an den Historiker Tacitus über den Tod des P. d) aus zahlreichen autobiogr. (oder so interpretierten) Angaben in der nat.

* 23/24 n.Chr. in Novum → Comum (Como) als Sohn eines begüterten röm. Ritters, wird P. in Rom erzogen und leistet 47–52 seinen Militärdienst *(militia equestris)* ab, zunächst in Untergermanien unter → Domitius Corbulo (II 9, oft in nat. als Autor zit.), den er 47 beim Vorstoß ins Gebiet der → Chauci (Tac. ann. 11,18f.) begleitet, dann 50/51 in Obergermanien unter C. → Pomponius Secundus (s.u. Werk 2), an dessen → Chattenfeldzug (Tac. ann. 12,28) er teilnimmt. P. erwähnt nat. 31,20 als einziger ant. Autor die heißen Quellen von Wiesbaden, nat. 31,25 einen Besuch der Donauquellen. Er ist zunächst *praefectus cohortis* thrak. Hilfstruppen, dann *praefectus alae* der Reiterei, vgl. die Xantener Phalera (CIL XII 10026,22) *Plinio praefec (to* sc. *castrorum*?) H. Lehner Das Römerlager Vetera, 1926, 41f.; [7], 107). 52 sieht er beim Fest der Einweihung des → Fucinersee-Kanals die Kaiserin Agrippina (nat. 33,63. 36,124), am 30. April 59 beobachtet er in Campanien eine Sonnenfinsternis (nat. 2,180, falls Autopsie). In die Zwischenz. dürfte neben hist. Studien die epist. 3,5,7 betonte forensische Tätigkeit fallen. Im letzten Jahrzehnt Neros, den er nat. 7,46 *hostem generis humani* nennt, zieht sich P. zu privaten gramm. und rhet. Studien zurück, um 67/68 als Stellvertreter des Präfekten des Heeres in Judaea, des Ti. Iulius → Alexander (II 16; Ios. bell. Iud. 5,45f.), die mil. Laufbahn in vorgerücktem Alter fortzusetzen; hier kann er dem älteren Sohne des im Winter 66/67 nach Judaea berufenen Imperators Vespasian begegnet sein: nat. praef. 3 bezieht sich P. auf kameradschaftl. Zeltgemeinschaft mit Titus ([7], 82f. datiert diese in eine zweite german. Militärz. auf 57). 68/69 ist P. Subprokurator von Syrien, wo damals C. Licinius Mucianus (oft in nat. als Autor zit.) als proprätor. Legat stand. Beim Weggang 69/70 als Legionstribun nach Äg. ehren die Aradier P. mit der o. zit. Inschr. Mit der Erhebung des von P. hochverehrten Vespasian beginnen seine *continuae procurationes* (Suet.; H. G. Pflaum Les carrières procurator., 1960, 106ff.): 70 Narbonensis, 72 Africa, 73 Hisp. Tarraconensis, 75 Gallia Belgica. 76 nach Rom zurückgekehrt, wird P. mit einem *officium (a studiis?)* am Hofe Vespasians betraut (epist. 3,5,9) und ist zuletzt Flottenpräfekt in → Misenum. Dort wohnt er mit seiner verwitweten Schwester Plinia und deren im J. 79 18jähr. Sohn (dem Jüngeren P.), den er testamentar. adoptiert (epist. 5,8,5); P. selbst war anscheinend unverheiratet. Die Umstände seines Todes am 24. Aug. 79 schildert der Neffe epist. 6,16 ausführlich, Einzelheiten, z.B. die Todesursache (Erstikkung? Herzversagen?) bleiben unklar. Aus einer Bootsfahrt zur Beobachtung des Vesuvausbruchs wird bald eine umfängliche Rettungsaktion für die Siedler zwischen Berg und Meer; P. selbst führte sie trotz der Gefahr *(Fortem fortuna iuvat!* epist. 6,16,11) nach Stabiae zur Villa des Pomponianus, wo ihn der Seewind blockiert; Aschenregen und Vulkangase setzen dem Asthmatiker so zu, daß er trotz aller Panik badet und ruht (was der Neffe als Geistesgröße deutet); man weckt ihn und versucht, ihn vor den Erdstößen auf ein Schiff zu retten; doch der 56jährige bricht in Atemnot zusammen und bleibt zurück, Opfer seines Pflichtbewußtseins und furchtloser Hilfsbereitschaft; drei Tage später wird sein völlig erhaltener Leichnam geborgen (epist. 6,16,20).

B. Werke (Chronol. nach epist. 3,5).

1. **De iaculatione equestri l. unus* (epist. 3,5,3; nat. 8,162). P. schrieb dieses mil. Fachb. 47 als *praef. alae*. Nach F. Lammert (Die röm. Taktik, Philol. Suppl. 23/22, 1931, 48ff.) verglich P. die Nahkampftaktik der Germanen mit dem *ἀκροβολισμός* der röm. Reiter; hieraus vielleicht Tac. Germ. 6. Arr. tact. 33.

2. * *De vita Pomponii Secundi l. duo* (epist. 3,5,3), glorifizierende Biographie seines Freundes, des berühmten Tragödiendichters und Feldherrn (s.o.), Militär und Literat wie P. selbst. W. Otto (Philol. 90, 1935, 483ff.) datiert die doch wohl anläßlich von Pomponius' Tod verfaßte Schrift in die Jahre 57/58 (anders [3], 286 und [7], 81 schon auf 53). Hieraus vielleicht nat. 7,80. 13,83. 14,56.

3. **Bellorum Germaniae l. XX* (epist. 3,5,4. Tac. ann. 1,69,2; für Symm. epist. 4,18,6 schon unauffindbar), Darstellung sämtlicher röm. Germanenkriege bis auf P.' Zeit, bzw. bis ca. 47, dem mutmaßlichen Einsatzpunkt der Historien (Werk 6) und Beginn von P.' Militärdienst: in Germanien begann er das Werk, nachdem ihm eine Traumvision des Drusus (epist. 3,5,4; aus dem Proömium der b. G. ?) um diese (das *bellum Germanicum* des → Aufidius Bassus [II 1] korrigierende?) Darstellung gebeten hatte, woraus man auf eine Verherrlichung des Drusus und Germanicus schließt. P. schrieb die b. G. nach Werk 2, also um 57 ([14], 8) bzw. um 54 ([7], 81. [3], 287). Tac. verwertet die b. G. für die Germania und die Germanenkap. ann. 1–3, wenn wohl auch nicht im von Marx (Klio 26, 1933, 325; [7], 70ff. [3], 288) angenommenen Umfang; zurückhaltender urteilen Ph. Fabia

(Les sources de Tacite, 406f.), NORDEN (Urgesch., 213) und SYME (Tacitus, 127).

4. **Studiosi l. tres*, in 6 Rollen (epist. 3,5,5), eine (nach Quint. inst. 1,3,143 etwas pedantische) Anleitung zum Studium der Rhetorik von den Anfängen bis zur höchsten Reife, gelegentlich von Quint. (inst. 3,1,21. 11,3,148) benutzt und nach Gell. 9,16,1 mit reichem Beispielmaterial versehen. P. schrieb das Werk im Jahrzehnt der polit. bedingten Muße 55–65 (Suet. *et tamen liberalibus studiis tantam operam dedit, ut non temere quis plura in otio scripserit*), erschienen also ca. 60. Der Titel »Student« gebildet wie Cic. »Orator«, Solin. »Polyhistor«.

5. **Dubii sermonis l. VIII* (epist. 3,5,5. *libellos quos de grammatica edidi*, nat. praef. 28), verfaßt zwischen 60 und 67 (*scripsit sub Neronis novissimis annis*, epist. 3,5,5), erschienen 67, nämlich genau 10 J. vor nat. (praef. 28). Diese kompendiöse Slg. morpholog. und orthogr. strittiger Wortformen überlieferte nach J.W. BECK (Studia Gelliana et Pliniana, JbPhPädSuppl. 19, 1893, 1ff.) sämtliche erhaltenen Reste der älteren gramm. Fachliteratur (Caesar, Varro) an → Charis. (3), → Diomed. (4), Prisc. usw. Jedenfalls wurde sie schon von Quint., → Gell. (II), → Flavius Caper (III 2) u.a. stark beachtet. Da P. den → Remmius Palaemon und dessen normativ-analogist. Gramm. zum Gegner hatte (praef. 28; SCHLITTE De P. studiis gramm., Pr. Nordhausen 1883, 14f.), muß er sich selbst am prakt. Sprachgebrauch (*natura, consuetudo*) in der Nachfolge der stoischen Gramm. →Varros orientiert haben; diese war ihm nach K. BARWICK (Remmius Palaemon, Philol. Suppl. 15/2, 1922 [1967], 169) nur indirekt über den Grammatiker Pansa bekannt.

6. **A fine Aufidi Bassi l. XXXI* (epist. 3,5,6. hist. nat. praef. 20. epist. 5,8,5, vgl. nat. 2,199. 232. Tac. ann. 13,20,2. 15,53,3; hist. 3,28,1), einsetzend vermutlich 47 oder wenig später (FABIA Les sources de Tacite, 189f.; [7], 111) und bis in Vespasians Regierungsz. reichend. P. hat das Werk nicht selbst publiziert, sondern dem Neffen vererbt, *ne quid ambitioni dedisse vita iudicaretur* (praef. 20). H. NISSEN (RhM 26, 1871, 533) erschloß hieraus ausgeprägt proflav. Tendenz, A. GERCKE (Senecastudien, 168f.) antineron. Polemik. Auf P. beziehen mit Recht PETER (HRR 2, CLI) und SYME (Tacitus, 180. 292) die Ausfälle des Tac. auf die fehlende Objektivität der flav. Historiker (hist. 2,101,1; ann. 13,31; vgl. nat. 16, 200. 19,24). Gleichwohl waren die Historien des P. wohl weniger eine kritiklose Slg. höfischen Klatsches (so SYME, Tacitus, 292) als eine skrupulöse Registrierung von Einzelheiten (*religiosissime scripsit*, epist. 5,8,5; G. TOWNEND, H 89, 1961, 227ff.; AJPh 85, 1964, 337ff.). Sie dienten Tac. gleichwohl für ann. 13,53ff.; hist. 1–3 (Bataveraufstand) und 4–5 (Civiliskrieg; SYME, Tacitus, 614; [7], 83; abschwächend A. MOMIGLIANO, RAL 6/8, 1932, 293ff.); durch Tac. wurden die hist. Werke des P. rasch verdrängt.

7. *Naturalis historiae l. XXXVII* (nat. praef. 1. Gell. praef. 8; *naturae historiarum l.* epist. 3,5,6), eine enzyklopäd. Naturkunde (irrig die traditionelle Übers. »Naturgeschichte«), 77 dem Prinzen Titus (*sexies consul*, praef. 3) gewidmet, Frucht jahrelanger Materialslg., die bis in die frühen 50er J. zurückgeht (nat. 10,120. [14], 72). Praefatio: Die trotz des sehr prätentiösen Stils geistreiche und gedankenvolle Dedikation gibt Auskunft über Ziel (13), lit. Tradition (14), wiss. Grundsätze (21) sowie über P.' Bibliothek und Slg. von 20000 Exzerpten (17; vgl. epist. 3,5,17), an welcher P. sogar auf Reisen pausenlos arbeitete (epist. 3,5,10–16). B. *1:* Register, spezifiziertes Inhaltsverzeichnis [9] der einzelnen B. mit Listen der Quellenautoren, nach Römern und Griechen (*externi*) getrennt; dazu für B. 21–30 Ärztelisten. Zu rigoros formuliert die »Lex Brunniana« [4], die Autoren seien hier in derselben Reihenfolge zit., in der sie im Text erscheinen; sicher falsch leitet DELLA CORTE (Varrone, 1954, 283ff.) die Listen von Varro her. B. *2:* Lehre vom Weltall a) Astr. neupythag. (E. BICKEL, Philol. 75, 1923, 355ff.), chaldäischer (W. KROLL, H 65, 1930, 1ff.) und mittelstoischer [12] Provenienz, b) Meteorol. aus jungstoischen Quellen (Papirius Fabianus? Poseidonios' und Varros Rolle von E. ODER Ein angebl. Bruchstück Demokrits, Philol. Suppl. 7, 1899, 363ff., und [12] eher überschätzt), c) Meeresgeogr., Klimatol., Geophysik (Tektonik, Vulkanismus, Ozeanol., Hydrol.), d) Maße der Oikumene im Überblick. B. *3–6:* Länderkunde in Periplusform, B. *3:* Europa [18] von Calpe bis Acroceraunia, B. *4* bis zur Maiotis (vier *sinus* des Inneren Meeres), über die skyth. Ozeanküste und N.-Europa nach Calpe zurück, B. *5:* Afrika von Mauretanien bis Äg., das schon zu Asien (*5, 47–6, 179*) zählt, Ostmittelmeer und Pontos bis (B. *6:*) zum Kimm. Bosporos, Kaspi, auf den Spuren Alexanders (Quelle: Alexanderhistoriker) über O.-Asien, Indien, S.-Asien (Land- und Seeweg), S.-Arabien (Hauptquelle: → Iuba II [2]) nach S.-Afrika; Anh.: Maße der Erdteile (208ff.) und Klimentafel (E. HONIGMANN Die sieben Klimata, 1929, 31ff.). Für das röm. Reichsgebiet dienen als Quellen neben Periegesen und Landkarten (zur Erdkarte Agrippas vgl. A. KLOTZ, Klio 24, 1931, 38ff. 386ff.) wichtige statist. Materialien aus dem Staatsarchiv: alphabet. Zensuslisten der 11 Regionen Italiens, Städtelisten nach Gerichtsbezirken (*formulae*) in den Provinzen. Der als Leitfaden dienende Periplus stammt m.E. [20] nicht von Varro (so [10. 11. 3]), der aber antiquar., kulturhist. und anametr. Einzeldaten lieferte. B. *7:* Menschenkunde unter anthropol., physiol., psychol., hist. und geistesgesch. Aspekten, nach dem Ablauf eines Menschenlebens gegliedert; reiches (z.T. paradoxogr.) Exempla-Material. B. *8–11:* Tierkunde,

letztlich auf Aristot. aufbauend, gegliedert nach Lebensbereichen (A. STEIER, Zool. Annal. 4/5, 1913): B. *8:* Landtiere: (Exot. Großtiere, Echsen, Kleintiere, Haustiere); B. *9:* Wassertiere (H. COTTE Poissons et animaux aquatiques, 1944. E. DE SAINT-DENIS, RPh 70, 1944, 153ff.): Seeungeheuer, Großfische, Schildkröten, Speisefische, Schaltiere (Purpurschnecke); B. *10:* Vögel: Raubv., Hühnerv., Zugv., sprechende V., exot. V., eierlegende Nichtv.; Anh.: zool. Genetik und Physiol. (143ff.); B. *11:* Insekten: Allgemeines, Bienenkunde (KLEK-ARMBRUSTER Die Bienenkunde des Alt. 3, 1921), Bombyx, Spinnen, Fluginsekten, Ameisen, Pyralis; Anh. (121ff.): allg. Zoologie, paradoxogr. Sonderformen, zool. und haruspiz. Anatomie, Laktation und Milchprodukte, eßbare Tiere; B. *12–19:* Pflanzenkunde, letztlich auf Theophr. aufbauend; J. SPRENGEL, RhM 46, 1891, 54ff.), zunächst B. *12–13* exot. Bäume, B. *12:* Gewürzb., dazu Forts. in B. *13:* darin 1ff. über Salben, 68ff. Papyrus mit Gesch. der Beschreibstoffe nach Varro (K. DZIATZKO Unt. über ausgewählte Kap. des ant. Buchwesens, 1900; K. PREISENDANZ, HdbBiblWiss 1, 1950. 192ff.); B. *14–15* Fruchtbäume, B. *14:* Weinstock, seine Pflege und Arten, Behandlung und Kulturgesch. des Weines, Weinsurrogate; B. *15:* Olive, Kulturgesch. des Öls, Nuß- und Obstb., Myrte und Lorbeer (J. ANDRÉ Lexique des termes de botanique, Ét. et comm. 23, 1956); B. *16:* Waldb. und allg. Botanik der Bäume: Kulturgesch. der Ehrenkränze, Gebrauch von Eicheln, Holzkohle, Schindeln, Baumpech, die Standorte, besonderer Blattwuchs (paradoxogr.) und Fruchtbehang, Calamus (Verwendung als Schreibrohr, Musik- und Fanggerät), Bauholz und Zimmermannskunst, Höchstalter, Parasiten; B. *17:* Kultivation der Nutzb. (F. FRANZMEIER P. d. Ä. und der röm. Obstbau, Diss. Bonn 1952): Pflanzung, Veredelung, Schnitt, Krankheiten; B. *18:* Ackerbau: Historisches, Getreidearten und -verarbeitung (Bäckerhandwerk), Hülsenfrüchte, Sämethoden und Bodenbearbeitung, Bauernkalender, Ernte, Fruchtlagerung, Weinlese (Kelter), prognost. Wetterkunde; Hauptquelle ist Celsus. B. *19:* Gartenpflanzen: Flachs (Kulturgesch. des Leinens), Gesch. des Gartenbaus, Gemüsearten, Gartenpflege. B. 20–32*:* Heilmittel aus pflanzlichen (B. *20–27;* M. WELLMANN, H 59, 1924, 129ff. 68, 1933, 93ff.) und tierischen Produkten, hauptsächlich aus → Celsus (8), Sextius Niger, Xenokrates von Aphrodisias, Antonius Castor und Apollodoros dem Iologen; B. *20:* Pharmaka aus Gemüse, Garten- und Feldpflanzen; B. *21:* aus Kräutern und Blumen (A. DELATTE Herbarius, 1936), aus Wildpflanzen, Honig und Wachs; dann deren med. Anwendung; B. *22:* aus Gräsern, Stachelpflanzen, Hülsenfrüchten (2ff. pflanzl. Farbstoffe; 6ff. über Graskränze), aus Pilzen (92ff.) und Honig (107ff.); B. *23–24:* aus Bäumen, B. *23:* zunächst aus Fruchtb. (vgl. B. *14*

bis *15*), darin 31ff. die med. Anwendung von Öl und Wein; B. *24:* aus Gewürzb. (vgl. B. 12), dazu aus Beeren, weniger geläufigen Heilpflanzen; schließlich Kräuter mit magischer Wirkung; B. *25–26* gibt eine Systematik wilder Heilpflanzen, geordnet nach Entdeckern (25, 26 Homers Moly) und Wirkungen (25, 99ff. Schlangenbiß), endlich nach erkrankten Organen »von Kopf bis Fuß« (26, 10ff. Gesch. der Med. nach Varro; 26, 18ff. Invektive gegen die Magier); B. *27:* rohalphabet. Liste der Nachträge; B. *28* stark abergläubisch gefärbte (X. WOLTERS Notes on antique folklore on the basis of P.' nat. 28,22–29, 1935; R. MUTH Träger der Lebenskraft, 1954; [13]) Liste der Pharmaka aus Mensch (4ff. Mann; 70ff. Frau), exot. Tieren (87ff.), Haustierprodukten (123ff., Milch, Käse, Butter), ihre Anwendung »von Kopf bis Fuß« (149ff.) sowie bei Totalerkrankungen (224ff.); Anh. (263ff.): tier. Mirabilia; B. *29–30:* Pharmaka der übrigen Tiere, geordnet nach Krankheiten »von Kopf bis (B. *29:* Ohren; B. *30:* von Mund bis) Fuß« und Totalerkrankungen (30, 82ff.); darin 29, 1ff. Gesch. der Med. bei Griechen und Römern; 30, 1ff. Gesch. der Magie (M. WELLMANN, APrAW, ph. h. Kl. 7, 1928, 63ff.); Anh. (140ff.): Aphrodisiaka und Psychodrogen; B. *31–32:* Pharmaka aus Wasser und Wassertieren (vgl. B. *9*): Wasser mit wunderbarer physiol. Wirkung und Heilquellen (31,1ff.), Salz (73ff.), Schwämme (123ff.), Mirabilia der Fische und Seetiere (32,2ff.) und deren Nutzanwendung bei Erkrankungen »von Kopf bis Fuß« (42ff.), alphabet. Nachtrag der sonstigen Wasserlebewesen (142ff.). B. *33–37:* Metall- (B. *33–34*) und Steinkunde (B. *35–37*), wobei viel Archäologisches über → Xenokrates von Ephesos auf → Pasiteles zurückgeht; B. *33:* Gold- (4ff.) und Silber- (95ff.), Gewinnung (J. PIASKOWSKI, Archeologia 9, 1957, 9ff.) und Verwendung (29ff. über Ringetragen und Ritterstand; 42ff. Münzwesen, vgl. A. ALFÖLDI, MDIA(R) 68, 1961, 64ff.; G. NENCI, Athenaeum 46, 1968, 3ff.; 133ff. über Kapitalisten) in Handwerk, Kunst und Med.; B. *34:* Erz (1ff.), Eisen (138ff.), Blei (156ff.) (U. TÄCKHOLM Stud. über den Bergbau der röm. Kaiserz., 1937), Gewinnung und Verwendung in Handwerk, Med. und Kunst; darin (5ff.) Gesch. der Bronzeplastik, 49ff. Künstlergesch. mit alphabet. Katalog, der aus Varro hergeleitet wird ([5], 106ff. A. FURTWÄNGLER, Kl. Schr. 2,51ff. [8]. F. MÜNZER, H 30, 1895, 540ff. [19], 483); B. *35:* Mineralfarben, Erden: Geschichte der Malerei (15ff. 53ff.), der Maltechnik (29ff.), der Tonplastik (151ff.); schließlich (191ff.) medizinischen Anwendung der Mineralien; B. *36:* Steine, besonders Marmor: Gesch. der Marmorskulptur (9ff.), der röm. Baustile (44ff., nach Varro?), der Mosaikkunst (184ff.) und der Glasverarbeitung (190ff.); B. *37:* Gemmen und Edelsteine, darin die Polykrates-Anekdote (3f.), über den Bernstein (30ff.), dann (139ff.)

alphabet. Liste der weniger berühmten Steine und (201 ff.) Liste der kostbarsten Naturprodukte; deren Gipfel ist Italien, *rectrix parensque mundi altera.*

C. Bedeutung und Tradition der nat. Leitidee ist, die Entfaltung der Natur in allen ihren Bezügen zum Menschenleben, ihre Größe und Güte zu feiern (37,205; leitmotivisch immer wieder anklingend, z.B. 24,1, ungeachtet gelegentlicher Hinweise auf menschlichen Mißbrauch und Unverstand, z.B. 2,154. 7,1. 18,1 ff.). Auf dem Hintergrund dieser allg. popularphilos. Ideologie der claud.-flav. Z., die zwar letztlich stoisch ist, nicht aber im Sinne strenger Schule, versteht sich als Ziel der nat., praktische Kenntnisse und ein brauchbares Allgemeinwissen zu vermitteln, nicht um einen Gelehrten, sondern um einen kultivierten Römer aus dem Leser zu machen (praef. 16). Es ist darum falsch, P. an den Maßstäben system. Philos. oder absoluter Wissenschaft oder gar selbständiger Forschung zu messen. Die scharfe Kritik des 19. Jh. betrifft daher mehr die Fehleinstellung des 16.–18. Jh., die P. zur naturwiss. Autorität schlechthin erhob. Ebenso schief wäre ein Vergleich mit den naturphilos. Ambitionen der nat. quaest. Senecas (A. Gercke Senecastudien, 1896, 104 ff. L. Herrmann, REA 38, 1936, 177 ff.); nicht einmal in die von Varro ausgehende Enzyklopädistik paßt P. ganz (P. Grimal, CHM 9, 1965/66, 459 ff.), trotz praef. 14; eher in die ganz untheoret. und unsystemat. Tradition der Disziplinen Catos. In diese pragmat. Konzeption fügt sich die Interpretation aller Naturphänomene und -produkte hinsichtl. ihres Wertes für den Menschen, wodurch die Naturkunde unvermerkt in eine universale Lebenskunde (Kultur- und Geistesgesch., Technik, bes. Naturheilkunde) umgedeutet wird (praef. 13; *rerum natura, hoc est vita, narratur*) bis zur Überlagerung der Leitidee durch aktuelle Exkurse; z.B. werden die Steinbücher 35–37 faktisch zur Kunstgesch. Ja, die scheinbaren Exkurse (z.B. vom Papyrus zu den Beschreibstoffen, vom Eisen über Fingerringe zum *ordo equestris*) stellen den lit. Reiz und prakt. Sinn des Lehrwerks dar. Wie [16], 11 ff. durch Analyse des sermo technicus den Makel der Stillosigkeit von P. nahm, denkt man h. auch über P.' zahllose Irrtümer (vgl. noch L. Thorndike, Hist. of Magic 1, 1923, 44) freier. Im Rahmen des für einen gebildeten Römer in dieser Z. Erreichbaren ist P. ein gewissenhafter, fleißiger, kritischer, um Aktualität und neueste Information bemühter Kompilator, der freilich nicht immer seinem Stoff gewachsen ist, Fehler z.B. in der Astr. (Le Bonniec, Act. Congr. Ass. Budé Grenoble, 1949, 81 ff.); als Römer in der Endphase der griech. Wissenschaft (O. Gigon, Arctos NS 4, 1966, 40 ff.) hat er zwar einen Begriff von Wissenschaftlichkeit und Objektivität, (G. Steiner, CW 48, 1955, 137 ff.), ist aber als Kind seiner Z. (R. Lenoble, Thalès 8, 1952, 87 ff.) nicht immer des richtigen Urteils im Einzelfall fähig; er verdammt die Magie und empfiehlt zugleich magische Gegenmittel (mit gewissem Unbehagen übrigens), weist die Phönixfabel zurück (29,29), glaubt aber an das schiffehemmende Fischlein Echenais (9,79. 32,2–6). P. ist a) Vf. des umfänglichsten erhaltenen, in seiner Art einzigartigen Hand- und Lehrbuchs der Ant., b) ergiebiger Informant ant. Wissenschaft, Rel.- und Kulturgesch., c) Zeuge und Überlieferer zahlreicher verlorener röm. und griech. Fachbücher und Denkmäler (Inschr.!). Als Autorität der Realienkunde gilt P. bei Gell., den Scholiasten, bei Isid. und im MA.; vgl. auch → Solinus; → Medicina Plinii. Die Verbreitung der nat. bezeugen über 200 Hss., deren ältestes Bruchstück (cod. palimps. Moneius) ins 5. Jh. zurückreicht, weiter die hohen und häufigen Druckaufl. nach der ed. princ. (Venedig 1469), endlich die frühe Sachkommentierung durch Harduinus (1685, mit Neuausgabe).

K. S.

Ta.: Frg. von Werk 2, 3, 6 in HRR 2,109–112; von Werk 5 in MazzGRF 1,214–331; nat: ed. *Ian-Mayhoff*, Lpz. BT 1892 ff. [1967]; ed. *Ernout-Beaujeu* u.a., Paris BL 1950 ff. (fast vollst.); ed. *Rackham-Jones* u.a. (mit engl. Übers.), London 1938 ff. Teilausg.: Die geogr. B. (2,. 242–46 Schluß) der nat. des P., ed. *D. Detlefsen*, Bln. 1904. Komm.: *D. J. Campbell* C.P.Sec. nat. hist. II, Aberdeen 1936. The Elder Pliny's Chapters on Chemical Subject, ed. *K.C. Bailey*, London 1929/32. Chapters on the Hist. of Art, transl. by *K. Jex-Blake*, comm. by *E. Sellers* and *R. Schoder*, London 1896 [Amsterd. 1968]. *F. Dannemann* P. und seine Naturgesch., Jena 1921.

Bibliogr.: *H. Le Bonniec* Bibliogr. de l'Hist. Nat. de P. L'Ancien, Paris 1946; Forschungsber.: *R. Hanslik*, BursJb 273, 1941, 1 ff.; AAHG 8, 1955, 193 ff. 17, 1964, 65 ff.

Lit.: 1. *Teuffel-Kr.-Sk.* § 312 f. 2. *Schanz-Hos.* 2,768 ff. 3. *K. Ziegler – W. Kroll – H. Gundel – W. Aly – R. Hanslik*, RE XX 271 ff. 4. *H. Brunn* De auctorum ind. Plinianis disputatio isagogica, Pr. Bonn 1856. 5. *G. Öhmichen* Plinian. Stud. zur geogr. und kunsthist. Lit., Erlangen 1880. 6. *F. Münzer* Beitr. z. Quellenkritik der Naturgesch. des P., Bln. 1897. 7. *Ders.* Die Quelle des Tac. für die Germanenkriege, BJ 104, 1899, 67 ff. 8. *A. Kalkmann* Die Quellen der Kunstgesch. des P., Bln. 1898. 9. *D. Detlefsen* Unt. über die Zusammensetzung der Naturgesch. des P., Bln. 1899. 10. *Ders.* Die Anordnung der geogr. B. des P. und ihre Quellen, Bln. 1909 (hierin das frühere Schrifttum Detl'.). 11. *A. Klotz* Quaestiones Plinian. geogr., Bln. 1906. 12. *W. Kroll* Die Kosmologie des P., Breslau 1930. 13. *J. Caspar* Roman Rel. as seen in P.' Nat. Hist., Diss. Chicago 1934. 14. *Ch. Nailis* Stud. over de chronologie van het leven en de werken van P. den naturalist, Phil. Studiën 13/14, 1942/43, 1 ff. 65 ff. 15. *S. Ferri* P. il Vecchio, Storia delle arti antiche, Rom 1946. 16. *A. Önnerfors* Pliniana, Act. Univ. Uppsal. 1956: 6. 17. *J. Taymans* De nat. hist. van P. als bron voor de geschiedenis van de romeinse koningstijd, Den Haag 1962. 18. *F. Römer* Unt. zur Geogr. Europas in der nat. des Älteren P., Diss. Wien

1968 (Masch.). 19. *Pernice-Gross* in Allg. Grundl. der Archäol., hg. v. U. Hausmann, München 1969, 481–491 (im HBArch). 20. *K. Sallmann* Die Geogr. des Älteren P. in ihrem Verhältnis zu Varro, Bln. 1971.

2. C. Plinius Caecilius Secundus. Nach epist. 6,20,5 * im J. 61 oder 62 in Novum → Comum; nach frühem Tod des Vaters (zur Familie s. A. N. SHERWIN-WHITE Letters of P., 69–72 und die Inschr. CIL V 5262. 5263. 5667. Suppl. Ital. I 745. XI 5272) bei seinem mütterlichen Oheim, dem älteren P., aufgewachsen und von ihm testamentarisch adoptiert. Rhetorik studierte er in Rom bei → Niketes (2) Sacerdos und → Quintilianus. Im J. 79 erlebte er in Neapel den Vesuvausbruch, dem sein Oheim zum Opfer fiel. Diesen beerbte er; dann war er als Anwalt tätig, epist. 5,8. Er war *X vir stlitib. iud.*, ging ca. 82 als *trib. mil.* nach Syrien, epist. 8,14,7, und war um 88 *quaestor Augusti*, 91/92 *trib. pl.* (epist. 1,23; paneg. 95,1). Sehr umstritten ist das J. seiner Praetur: MOMMSEN (H 3, 1869, 31–139) und SHERWIN-WHITE, p. 763–771: im J. 93; W. OTTO (SBAW 1919, Abh. 10): im J. 95; R. SYME Tacitus II 656–59: 93, aber 94 nicht ausgeschlossen; HANSLIK, AAWW 17, 1964, H. 1: im J. 93/94. Es schließt sich die *praefectura aerarii militaris* 95–97 an; im J. 97 scheint P. kein Amt innegehabt zu haben, epist. 1,7,4; von 98 bis E. Aug. 100 hatte er die *praefectura aerarii Saturni* inne, epist. 10,3 a,1; *cos. suff.* im Sept. u. Okt. 100, paneg. 60,4 f. 92,4. Augur im J. 103 (epist. 4, 8. 10,13), hatte P. die *cura alvei Tiberis et cloacarum urbis* 104–107 inne, epist. 3,6,6 f. 5,14,1 f. Als *legat. Aug.* befand er sich seit ca. 110–ca. 112 in Bithynien, *ex senatus consulto missus* (CIL V 5262), s. L. VIDMAN, Klio 37, 1959, 217–225. Wahrscheinlich ist er in der Provinz gestorben. – P. war als Redner (epist. 5,8,8) in Zentumviral- und Kriminalprozessen tätig; er hat diese Reden, ausgefeilt und erweitert, in Bekanntenkreisen vorgelesen (epist. 7,17,7) und in Buchform herausgegeben, s. SCHANZ-HOSIUS 2,658–660. Sie sind nicht erhalten, desgleichen seine dichter. Versuche, von denen er »Hendekasyllabi« herausgab, epist. 4, 14,2. 7,4,7. – Erhalten ist die überarbeitete Dankrede für den Konsulat, die P. in seinem und seines Mitkonsuls Cornutus Tertullus Namen im Sept. 100 im Senat gehalten hat, der Panegyricus auf Traian; die Überarbeitung ist jedoch bald nachher erfolgt, nicht etwa um 113/14 (so J. CARCOPINO, Rencontres de l'hist. et de la littérature Rom, 1963, 203 ff.). Auf der Folie des schlechten Herrschers (Domitian) werden die Vorzüge des guten gepriesen. Außer einem Palimpsestfrg. des 6. Jh. in der Ambrosiana E 147 sup. stehen als Textzeugen vor allem ein Upsaliensis ser. Lat. 18 und ein Harleianus 2480, beide 15. Jh., auf eine Hs. aus Mainz zurückgehend, zur Verfügung. – Das Hauptwerk des P. ist seine Briefslg. in 9 B., zu denen als 10. sein Briefwechsel mit Traian tritt. Mehr noch als der Panegyricus ist diese Briefslg. das wichtigste literar. Zeugnis für die Kenntnis der traian. Z., s. R. SYME Tacitus (passim); das bleiben auch die B. 1–9, unabhängig von der Frage, ob es sich bei dieser Slg. um Privatbriefe oder Kunstbriefe handelt, die die Namen von hist. Persönlichkeiten als Adressaten nur ehrenhalber tragen. Nach der grundlegenden Unt. von TH. MOMMSEN, H 3, 1869, 31 ff., der an ihnen strenge chronolog. Ordnung erweisen wollte, haben sie H. PETER Der Brief in der röm. Lit., und C. R. KUKULA Briefe des jüng. P. (1916), als reine Kunstbriefe und Feuilletons in Briefform angesprochen, W. KROLL Stud. z. Verständnis der röm. Lit. 238 ff., als Stilübungen in gehobener Sprache. Richtiger sieht in ihnen von vornherein kunstvoll ausgefeilte Privatbriefe M. DRAGIĆEVIĆ Essai sur le caractère des lettres de P. le Jeune (Mostar 1936), s. darüber auch K. ZELZER, WS 77, 1964, 144 ff. Die Briefe wurden von P. selbst in Triaden ediert, s. SYME Tacitus II 660 ff. Über Sprache und Stil s. I. LAGERGREEN De vita et elocutione C. Caecilii Secundi (1872). Die Briefe B. 1–9 sind in 3 Überlieferungsklassen auf uns gekommen. – Von bes. Wichtigkeit ist der Briefwechsel des P. mit Traian, der vollständig erhalten ist, die Antwortschreiben Traians sind von ihm selbst diktiert. Von weittragenden Folgen waren die in epist. 96. 97 geschilderten Christenbefragungen und die Antwort des Kaisers in dieser *cognitio extra ordinem*, s. TH. MAYER-MALY Der rechtsgeschichtl. Gehalt der Christenbriefe, SDHI 22, 1956, 311 bis 328. Grundlegend zu B. X ist L. VIDMAN Étude sur la correspondance de Pline le Jeune avec Traian (1960). Der Text dieses Briefwechsels beruht auf der edit. princeps des Hieron. Avantius (1502) und des Aldus Manutius (1508) und einem Bodl. Auct. L 4,3. R. H.

Forschungsberichte: *J. Beaujeu*, Lustrum 6, 1961, 272 bis 303. *R. Hanslik*, AAHG 8, 1955, 1–18 u. 17, 1964, 1–16.
Ta.: Paneg.: XII Paneg. Lat. *R. A. B. Mynors* (Oxf. 1964). Briefe: *M. Schuster – R. Hanslik*, ³1958. Komm. Ausg.: *M. Durry*, 1938. *E. Malcovati*, 1952. *A. d'Ors*, 1955. *R. A. B. Mynors*, 1963. *A. M. Guillemin* (B. I–IX) und *M. Durry* (B. X) (Coll. Budé 1947–1955).
Kommentar: *A. N. Sherwin-White* (Oxf. 1966).
Wortindex: *X. Jacques S. J.–J. van Ooteghem S. J.* (Brüssel 1965).

Plinta, Gote, mag. militum im O., Consul 419, einflußreich bei Hof, obwohl Arianer (Sokr. 5,23, 10), vielleicht Schwiegervater Aspars (vgl. Missorium von 434, W. VOLBACH Frühchristl. Kunst 1958, 109). 434/35 als Gesandter zu Attila, mit dem er in Margus zusammentraf (Prisc. frg. 1). A. L.

Plistica, Ort nahe Saticula; die röm. Besatzung muß ihn 316/315 v. Chr. den Samniten überlassen (Liv. 9,21,6. 22,2. 11. Diod. 19,72,1). Lokalisierung ungewiß. G. R.

Ploiaphesia (*πλοιαφέσια*, *navigium Isidis*) Kultfest in hellenist.-röm. Z. zur alljährl. Eröffnung ant. Schiffahrt am 5. März, worüber ausf.

Apul. met. 11,8–17 referiert [1]. Hierbei wurde ein Schiff, in dessen Segel ein glückbringendes Schifffahrtsgebet eingewebt war, als Ablösungsopfer in die See gestoßen [2]. Kultpersonen der P. waren inschr. genannte ναύαρχοι, τριήραρχοι, ἱεροναῦται [3]. Als Isis-Fest sind die P. zwar äg. Ursprungs [4], doch ist Isis als Πελαγία [5] erst griech.-hellenist. Konzeption [6]. D. Wa.

1. *W. Wittmann* Das Isisbuch des Apuleius, 1938, 90ff. 2. *D. Wachsmuth* Unt. z. d. ant. Sakralhandlungen b. Seereisen, Diss. Bln. 1967, 130. 3. *L. Vidman*, Listy Filologické 89, 1966, 270–77. 4. *R. Merkelbach* Isisfeste in griech.-röm. Z., 1963, 39f. 5. *Ph. Bruneau*, BCH 85, 1961, 435–46. 6. *D. Müller* Äg. u. d. griech. Isis-Aretalogien, ASAW 53, 1961, 61–67.

Plotheia (Πλώθεια), kleinerer att. Demos der Phyle Aigeis, Demotikon Πλωθεεύς, Πλωθειεύς, seit dem 4. Jh. v. Chr. Πλωθεύς, Harkopr. Steph. Byz. Hesp. 30, 1961, 32 Z. 99f. Demendekret IG II^2 1172. Lage beim h. Palaeo-Stamata im NO.-Abhang des Pentelikon durch mehrere Inschr. gesichert. E. M.

E. Meyer, RE XXI 467ff.

Plotinos, platonischer Philosoph, ca. 205 bis 270, Begründer des → Neuplatonismus. P., der seine Herkunft verschwieg (Vater und Geburtsort sind unbekannt), erhielt seine philos. Bildung in → Alexandreia; im Alter von 28 J. wandte er sich, enttäuscht von der offiziellen philos. Unterweisung, dem → Ammonios Sakkas zu, dessen Schüler er 11 J. lang blieb. Bald nach dessen Tod nahm P. am Feldzug des Kaisers → Gordianus teil (242/43); nach dessen katastrophalem Ende ließ sich P., der sich hatte retten können, in Rom nieder. Dort nahm er 244 seine Lehrtätigkeit auf; zuvor gab es in Rom keine Schule der platon. Philosophie. P.s Vorlesungen fanden bei Angehörigen senator. Familien lebhaften Anklang. Das Vertrauen, das er in den Kreisen der damaligen Nobilität genoß, kam auch darin zum Ausdruck, daß ihm mehrfach die Vermundschaft für verwaiste Kinder übertragen wurde. Die verantwortungsbewußte Genauigkeit, mit der er das Vermögen seiner Mündel verwaltete, erregte Staunen. P.s Lehrvorträge hatten durchweg diejenigen Kommentare zur Basis, die in den beiden voraufgehenden Generationen zu Aristoteles und zu Platon verfaßt waren. Einerseits ist dieser Brauch, derart auf den Vorgängern aufzubauen, in platon. Schulen durch Jh.e üblich gewesen. Andererseits fand P. hierin das ihm gemäße Verfahren, einen bestimmten Aspekt des Philosophierens in diese Kommentare und die ihnen zugrundeliegenden Schriften hineinzuprojizieren: τὸν Ἀμμωνίου φέρων νοῦν ἐν ταῖς ἐξετάσεσιν – so Porph. v. Plot. 14,14. Das heißt: das von Ammonios aufgefundene Verständnis der Philos. wurde zum Werkzeug, um das Erbe der Vorgänger in ganz bestimmtem Sinn zu integrieren. Neben die συνουσίαι, d.h. die Vorlesungstätigkeit, trat die schriftl. Fixierung des Vorgetragenen. P. war, wohl wegen Alterssichtigkeit, nicht in der Lage, das einmal Niedergeschriebene wieder durchzulesen oder zu korrigieren; seine Schrift war schwierig, sein Satzbau eigenwillig. Mit der Sammlung und Herausgabe seiner Schriften betraute er zunächst den Arzt Eustochios, später, um 265 → Porphyrios. Dieser sammelte zuvor Verstreutes und nahm die neu fertig werdenden Schriften an sich. Er legte auch deren Titel fest (womit er das Schwanken zwischen abweichenden Titeln beendete) und teilte die ganze Schriftenmasse in 9x6 = 54 Schriften ein, die er nach systemat. Grundsätzen ordnete. Er überlieferte aber gleichzeitig die hist. Reihenfolge. Bald nach P.s Tod veröffentlichte Porphyrios eine provisorische, z.T. kommentierte Ausg., die nur schwache Spuren hinterließ. Auf uns gekommen ist die Ausg. des reinen Textes, die Porphyrios († um 305) gegen Ende seines Lebens erscheinen ließ. Dank der philolog. Sorgfalt des Porphyrios ist P. der einzige ant. Autor, für den die Echtheit, die Vollständigkeit und die Chronologie seiner Schriften ohne jeden Zweifel feststeht.

Die 25 J., die P. in Rom lebte und lehrte, verliefen ohne nennenswerte Ereignisse; P. starb i. J. 270 auf einem Landgut bei → Minturnae; da eine Seuche grassierte, war keiner seiner Freunde bei ihm. P. verstand sich selbst als Bewahrer der Wissens- und Wissenschafts-Tradition, die in Platon kulminiert, aber über Platon zurück auf die παλαιοὶ θεολόγοι, die Alten Weisen, zurückreicht. Mehrfach lehnt es P. nachdrücklich ab, so verstanden zu werden, als wenn er Neues brächte. Sondern alles Wissen ist von Platon und seinen Vorgängern gewußt worden – nur wurde es nicht in allen Einzelheiten auseinandergefaltet und dargelegt. Daß eine Mehrung des Wissens möglich sei, läuft P.s Begriff von der Wahrheit zuwider: diese ist ewig mit sich selbst identisch; das träfe nicht zu, wenn sie einen Zuwachs erführe. In seinem Selbstverständnis ist P. durchaus Traditionalist. Trotzdem ist P.s Denken reich an tiefgreifenden Neuerungen. Freilich steht er in fast allem Detail auf den Schultern seiner Vorgänger; indes überwindet er die Epoche des Mittelplatonismus, während derer man eine auf Philologisches und Physiologisches gerichtete Betrachtungsweise pflegte (→ Plutarchos von Chaironeia).

Für P. zählt nur, was der Erkenntnis des Eigentlichen dient; dieses Eigentliche ist für P. das Sein – das freilich in allen Abspiegelungen und Analogien. Auch früher war die Aufhäufung oft skurrilen Tatsachen-Materials damit gerechtfertigt worden, daß es irgendwo zu philos. Ergebnissen führen werde. P. macht mit diesem Anspruch (der zuvor oft Fiktion blieb) unerbittlich Ernst. Das gesamte philos. Erbe wird von P. radikal für seine Ontologie fruchtbar gemacht.

Diese Ontologie P.s reicht von der Naturwissenschaft zur Theologie. In der uns umgebenden

Welt, d. h. in ihren physikal. und physiolog. Gesetzen kann die unterste Ausformung einer die ganze Welt beherrschenden Gesetzlichkeit erkannt werden; hinter den Gesetzen der Physik sind die Gesetze der Metaphysik erkennbar. Denn diese Welt, gerade insoweit sie Regeln und Gesetzen folgt, ist Abbild einer im höheren Sinne existenten Ordnung. P. ist insofern im strengsten Sinne Monist, als er leugnet, daß irgend etwas außerhalb dieser Ordnung (vielleicht dürfte man sagen: außerhalb der Kraftlinien dieser Ordnung) in die Existenz treten könnte. Es gibt keine Gegeninstanz oder Antithese zu dieser Ordnung, also kein Ur-Böses. Sondern diese Ordnung übersetzt sich in die Materie hinein, soweit es möglich ist.

Das Sinnhafte realisiert sich nicht an beliebigen Orten oder in beliebigen Ebenen. Daher kommt P.s Nachweis hohe Bedeutung zu, wonach vollkommene Realisationen nur auf zwei Ebenen stattfinden können: In der Ebene der Bewegung und in der Ebene des Denkens. Prinzip aller Bewegung ist die Seele: In der Weltseele und durch die Weltseele, die diese Welt im ganzen und in ihren Einzelheiten lenkt und regiert, findet die untere der beiden Realisationen – *ἀρχικαὶ ὑποστάσεις* – statt. Darunter gibt es nur partielle und unvollkommene *ὑποστάσεις*. Sie sind unvollkommen, weil sie nicht – wie die Weltseele – das ganze Sein umfassen. Teilwesen – *μερικὰ ζῷα* – sind nicht vollkommen; die Weltseele aber ist *περιεκτικὸν ζῷον*. Sie schaut auf das Wesen, das ihr Sein und ihren Sinn bestimmt, auf den *νοῦς*. Da Sein und Denken nach dem Satz des → Parmenides B 3 ident. sind, muß dieses obere Wesen als Denken und Sein – *νοῦς καὶ οὐσία* – definiert werden. Es ist Einheit; es ist Vorbild der Weltseele, ja die *ἐνέργεια*, welche von dieser höheren Hypostase ausgeübt, ja ausgestrahlt wird, ist Seinsgrund für die Weltseele (die ihrerseits Seinsgrund für alle Wesen in ihr und unter ihr ist). Die obere Hypostase ist zwar Einheit, aber sie ist nicht Eines, denn ihre Denk-Bewegung ist Analogie der physikal. Bewegung, die die Weltseele ausführt und anregt. Die in dieser manifeste Vielheit ist in der oberen Hypostase *νοῦς καὶ οὐσία* angelegt. Also muß es etwas noch Höheres geben, ein über dem Seienden angeordnetes Eines, von dem keine andere Aussage gemacht werden kann als »Eines«. Denn der Monismus P.s fordert, daß die Hypostase *νοῦς καὶ οὐσία* einen und nur einen Grund über sich hat; dieser darf nicht doppelt oder vielfach sein. Die zuvor diskutierte Frage, wie die Vielheit der Welt zur Einheit des Grundes steht, wird von P. durch eine streng mathemat. Analogie gelöst und beantwortet: Die Entfaltung des Seins aus dem Einen hat man sich ebenso zu denken, wie die Entfaltung der Zwei und aller folgender Zahlen aus der Eins. Je höher man in der Erforschung dieser Welt aufsteigt, um so mehr begibt man sich in das Reich der reinen Mathematik:

Über der zwei-dimensionalen Kreis-Bewegung des *νοῦς* ist das punktartige, überseiende Eine zu denken.

Will man dieses p.sche System richtig verstehen, dann muß man es als eine Deduktion von theolog. Aussagen auffassen: Die Weltseele, das reine Sein und der vor und über beiden stehende überseiende Grund sind zugleich Stufen des Göttlichen. Das Göttliche allein verleiht Realität. Nur scheinbar verästelt sich das Göttliche (durch die Seele) im Diesseits; aber dabei geht es nicht in die Materie ein, sondern es steht als wirkende Ursache über ihr und vor ihr.

Die konsequente Straffung dieser in Theologie gipfelnden Ontologie ist das eigentliche Verdienst P.s. Der Philosoph kann und soll die beiden Hypostasen *νοῦς* und *ψυχή* durch diskursives, rationales Forschen nachvollziehen. Ein solcher Vollzug ist unzureichend (im Grunde ist er unmöglich), was das Höchste Eine anlangt. Die Aktualität der Einung, die von diesem höchsten Prinzip ausgeht, ist so intensiv, daß sie den darauf vorbereiteten Philosophen ergreift, die Grenzen seiner Individualität auflöst und seine überrationale Einung mit dem Einen bewirkt. P. erreichte während der Jahre, die Porphyrios in seiner Nähe verbrachte (vita Plot. 23,15), die *unio mystica* etwa viermal. In diesem Erlebnis der Einung erblickte er Ziel und Richtpunkt *τέλος καὶ σκόπος*. Gewiß dürfen seine Schriften in vieler Hinsicht als Vorbereitung darauf verstanden werden; allerdings lag es P. ganz fern, andere darauf hinführen oder dazu anleiten zu wollen: Ihm geht es allein um die theoret. Begründung der Lehre von der Eins und von der Einung in allen erdenklichen Aspekten. H. D.

Ta.: Opera, ed. *P. Henry* et *H. R. Schwyzer*, bish. 2 Bde., 1951 und 1959; für die 6. Enneade vorerst noch: Ennéades (Text u. frz. Übers.), ed. *E. Bréhier*, 1936.

Übers.: *R. Harder*, ^{1}1930, ^{2}1956 (Bd.e 1 und 5); nach R. Harders Tod fortgeführt und abgeschl. von *W. Theiler* und *R. Beutler*, 1958–1970.

Lit.: *A. H. Armstrong* The Architecture of the Intelligible Universe in the Philos. of P., 1940. *Ders.* The Real Meaning of P.s Intelligible World, 1949. *R. Arnou* Le désir de Dieu dans la Philos. de P., ^{2}1967. O. *Becker* P. und das Problem der geistigen Aneignung, 1940. *E. Bréhier* La Philosophie de P., ^{1}1928, ^{2}1949. *E. R. Dodds* The Parmenides of Plato and the Origin of the Neoplatonic One, CQ 22, 1928, 129–143. *R. Harder* Zur Biographie P.s; Kl. Schr. 1960, 275ff. *F. Heinemann* P. 1. Forsch. über die plotin. Frage. 2. P.s Entwicklung und sein System, 1921/22. *P. Henry* Étud. Plotiniennes, 2 Bde., 1938. 1941. *W. R. Inge* The Philosophy of P., 1918, 2 Bde. *Ph. Merlan:* P. and Magic; Isis 44, 1953, 341ff. *Ph. Villiers Pistorius* P. and Neoplatonism, 1952. *John M. Rist* Eros and Psyche; Stud. in Plato, P. and Origen; Phoenix, Suppl. 6, 1964. *Ders.* P. The Road to Reality, 1967. *Carl Schmidt* P.s Stellung zum Gnostizismus und zum kirchl. Christentum; TU 20,4, 1901. *H. R. Schlette* Das Eine und das Andere; Studien zur Problematik des Negativen in der Philos. P.s

1966. *H.R.Schwyzer* Art. P. RE XXI 471ff. *W.Theiler* Die Vorbereitung des Neuplatonismus, 1930, Nachdr. 1964. *Jean Trouillard* La Purification Plotinienne, thèse 1955. *Ders.* La Procession Plotinienne; thèse complément. 1955. *C.J. de Vogel* The Monism of P. Philosophia I, 1970, 399–416. Entret. sur l'Antiquité Class., vol. V: Les Sources de P.; dix exposés et discussions, 1957.

Plotius. 1. P. Firmus. Parteigänger → Othos, zum *praef. praet.* erhoben, Tac. hist. 1,46,1. Er hatte auf die Soldaten großen Einfluß, ebd. 1,81,2. Nach der Schlacht von → Bedriacum versuchte er vergeblich, Otho aufzurichten, ebd. 2,46,2. 49,3. Er überlebte den Regierungswechsel, Plut. Otho 18,4, sein weiteres Schicksal ist ungewiß. **2.** L.P. Grypus. Als Anhänger Vespasians von diesem noch 69 in den Senatorenstand erhoben, als Legionslegat der *leg. VII Claudia pia fidelis* in Moesien, Tac. hist. 3,52,3. Im J. 70 *praetor*, ebd. 4,39,1. Vom 13. Jan.–31. Aug. 88 *cos. suff.*, AE 1949, 23 Z. 9. CIL VI 2065b, 65. RE XVII 1434 Nr. 138 (tess. numm.). R. H.

3. L.P. Gallus. Einer der ersten professionellen Rhetoriklehrer in Rom vom Anf. 1. Jh. v. Chr., der seinen Unterricht in lat. Sprache und an röm. Sujets abhielt und großen Zulauf hatte (vgl. Cic. bei Suet. gramm. 26). Ein Edikt der Zensoren des J. 92, deren einer Ciceros Lehrer Crassus war, versuchte – anscheinend ohne bleibenden Erfolg – diese Schule aufzulösen (Suet. gramm. 25, vgl. auch Cic. de or. 3,93f.); es kritisiert die Neuartigkeit der Form, scheint aber auch die polit. Konsequenzen im Auge zu haben: Die sicher billigere und auch für Schüler ohne griech. Bildung zugängliche Schule des P. gab auch potentiellen Popularen eine Chance; P.' Freundschaft mit Marius war bekannt (vgl. Cic. Arch. 20). Noch 56 hat P. für Atratinus, den Ankläger des von Cicero verteidigten Caelius, die Rede verfaßt (vgl. Suet. gramm. 26). In einem Traktat hat sich P. zu dem rhetor. Gestus geäußert (Quint. inst. 11,3,143). P. L. Sch.

F. Marx, ed. Rhet. Her., 1894, 141ff.

4. P. Tucca, Freund Vergils und (mit → Varius) Herausgeber der Aeneis. Der volle Name nur bei Don. vit. Verg. 37 und Sch. Pers. 2,42, sonst nur P. oder T. Er stammte aus Gallia cisalpina und war also ein Landsmann und Jugendfreund Vergils wie wahrscheinlich auch Varius'. Zusammen nennt die drei Hor. s. 1,5,39, ähnlich 1,10,81. Vergil setzte P. für 1/12 zu seinem Erben ein. Vermutlich war P. auch Dichter, doch ist nichts darüber bezeugt. Vgl. K. Ziegler, RE XXI 1266f. K. Z.

5. Marius P. Claudius (?) Sacerdos. Röm. Grammatiker 2. H. 3. Jh. n. Chr., Vf. einer einflußreichen (vgl. K. Barwick Remmius Palaemon, 1922, 248f.) Ars, die in mehreren Etappen entstanden ist (vgl. KeilGrL 6,496): B. 1 *(Instituta artis grammaticae)*, das einen verbreiteten Typ der Schulgrammatik repräsentiert (vgl. Barwick a. O. 71ff.), war einem Freund Gaianus gewidmet; auf Wunsch von dessen Vater Uranius kam eine Flexionslehre von Nomen und Verbum als B. 2 hinzu. Beide wurden gemeinsam unter dem Titel *Artium grammaticarum libri* ediert. Später trat als B. 3 eine Metrik hinzu, die jedoch durch eigenen Titel *(De metris)* und Praefatio (mit Widmung an Maximus und Simplicius) als selbständige Einheit gekennzeichnet und auch gesondert überliefert ist: Keil zieht 3 Hss. des 9./10. Jh. für B. 3 heran, während B. 1/2 unter dem Namen M. Claudius Sac. in einem zu Beginn und in B. 2 verstümmelten Bobiensis des 7./8. Jh. (Vindob. 16, h. in Neapel) erhalten ist. Die Lücken in B. 2 werden durch eine Sonderüberlieferung dieses Teiles in demselben Bobiensis geschlossen, die bereits seit dem 4. Jh. unter dem Titel *Catholica Probi* umlief. P. L. Sch.

Edd. princ.: B. 1/2: *Eichenfeld-Endlicher*, 1837. Catholica Probi: *J. Parrhasius*, 1509. B. 3: *H. Putschius*, 1605.

Ta.: KeilGrL 4,3ff. (Cath. Prob.) 6,427ff.

Lit.: KeilGrL 6,417ff. *G. Hantsche* De S. grammatico, 1911. *Schanz-Hos.* 3,169ff.

Plumbata s. Pfeil

Plumbum s. Blei

Pluspetitio *(pluris petitio)*. Der einzige Beleg von *p.* ist Cod. Iust. 3,10 rubr. Der quellenmäßige Ausdruck ist *plus petere*. P. ist ein Zuvielfordern bei der gerichtlichen Geltendmachung einer an sich rechtmäßigen Forderung durch irgendeine Beschwerung des Schuldners. Diese Beschwerung kann nach Gai. 4,53a (Iust. Inst. 4,6,33a) *re, tempore, loco* oder *causa* erfolgen. Die häufigste und sicherlich älteste Erscheinungsform, die *p. re*, ist das Fordern einer höheren Summe oder von mehr Gegenständen, als tatsächlich geschuldet werden. Die *p. tempore* liegt vor bei Abschluß der → *litis contestatio* über eine Forderung vor deren Fälligkeit, auch dann, wenn bei Fälligkeit eines Teiles das Ganze eingeklagt wird. Der Zusatz in Inst. 4,6,33b *ante conditionem* ist itp., bis zum Eintritt der Bedingung besteht keine Forderung. Die *p. loco* ist die Anstellung einer Klage an einem anderen als dem vereinbarten Leistungsort ohne Hinweis auf diesen. *P. causa* besteht im Fordern einer bestimmten Leistung bei einer Wahlschuld oder einer *species* bei einer *genus*-Schuld. Die rechtlichen Konsequenzen der *p.* richten sich nach der zugrundeliegenden → *formula*. Eine *p.* kommt nur in Frage, wenn die Klage auf ein *certum* gerichtet ist. Ist hingegen die genaue Bestimmung des Leistungsumfanges dem Richter vorbehalten, kann nicht zuviel gefordert werden. Die *p.* kann in den Formelbestandteilen *intentio, demonstratio* oder *condemnatio* enthalten sein. *Intentio* und *condemnatio* müssen einander im Umfang entsprechen. Stellt der Richter fest, daß in der *intentio* zuviel gefordert wird, kann er nicht von sich aus einschränken, er muß vielmehr, da die Forderung in der vorgebrachten Höhe nicht besteht, gemäß der Formel freisprechen. Das urspr. *dare oportere* wird durch die *litis contestatio* in ein *condemnari oportere* noviert, die urspr. Verbindlichkeit geht unter. Entsprechend dem Grundsatz *bis de eadem re ne sit actio* hat der Kläger seinen Anspruch zur Gänze verloren. Ist die *intentio* angemessen, hingegen die *condemnatio* überhöht, gewährt der Praetor dem Kl. eine *in integrum restitutio*. Diese Regelung galt für auf ein *certum* gerichtete *actiones civiles* und *actiones in factum conceptae*. Klagen auf ein *incertum* erfordern in der Formel eine *demonstratio*. Wird in dieser Sachverhaltsdarstellung eine zu weite Schuldbegründung angegeben, konstruieren die Juristen dies als ein *aliud*, wodurch zwar die Abweisung der Klage erfolgt, jedoch eine Wiederanstellung in richtiger Höhe nicht ausgeschlossen wird. – Wird in der *intentio* zu wenig verlangt, ist dies zuzusprechen, die Differenz kann in der Amtszeit desselben Praetors nicht mehr geltend gemacht werden. Ein *minus* in der *condemnatio* geht zu Lasten des Klägers, da der Praetor den Beklagten mehr schützt als jenen. Gai. betrachtet ein *minus* in der *demonstratio* als *aliud* (s. o.), Labeo und andere lehren eine Teilung des Anspruches. Da im Cognitionsverfahren eine Formel fehlt, ist auch ein Prozeßverlust wegen Verletzung der Formelstrenge ausgeschlossen. Diocletian normiert den Prozeßverlust als Prozeßstrafe. Iust. läßt den Prozeßverlust nur bei starrem Festhalten an der *p.* bis zum Ende des Prozesses zu. Z. V.

G. Provera La »pluris petitio« nel processo rom. I: La procedura formulare, 1958, II: La »cognitio extra ordinem«, 1960. *Ders.* Novissimo Dig. Ital. 13, 1966, 147ff. s. pluris petitio. *Schnorr v. Carolsfeld*, RE XXI 616ff. *E. Cantarella* Il »minus petere« e le sue consequenze nel processo formulare, Stud. Doc. Hist. Jur. 35, 1969, 99ff.

Plutarchos (*Πλούταρχος*). **1.** Tyrann von Eretria, Gastfreund des Meidias (Demosth. 21, 110. 200), bat, von Kallias von Chalkis und Kleitarchos, Anhängern Philipps II. bedrängt, 349 Athen um Hilfe. → Phokion und P. verschanzten sich bei Tamynai. In der Schlacht gegen Kleitarchos und Kallias griff P. gegen den Befehl Phokions vorzeitig an, floh, als er geschlagen war, und ging zur Gegenseite über. Der Sieger Phokion vertrieb P. aus Eretria. Später soll P. Phokions Nachfolger Molossos verraten haben, Aischin. 3, 86. Demosth. 5,5 mit Sch. Plut. Phok. 12ff. Paus. 1,36,4. H. Berve Die Tyrannis bei den Griechen 1, 1967, 301. H. V.

2. P. von Chaironeia, popularphilosoph. Schriftsteller und berühmter Biograph, * kurz nach 45 n. Chr. aus vornehmer Familie von alter Kultur, wurde in Athen als Schüler des → Ammonios (5) Platoniker, empfing auch Einflüsse von Peripatos und Stoa, obwohl er manche ihrer Lehren bekämpfte. Abgelehnt hat er Epikur. Auf Reisen hat er ganz Hellas, Äg. und Kleinasien kennengelernt und mehrmals Italien und Rom besucht, z. T. in polit. Auftrag seiner kleinen Vaterstadt, der er lebenslang treu blieb und kommunale Ehrenämter in ihr verwaltete. Etwa vom 50. J. ab war er Priester Apollons in Delphi. In Rom kam er als schon berühmter Schriftsteller in enge Verbindung mit röm. Großen, so M. → Mestrius (3) Florus, einem Freund → Vespasians, von dem er als röm. Bürger den Namen Mestrius P. annahm, und Q. → Sosius Senecio, einem Vertrauten → Traians, dreimal Konsul und in den Dakerkriegen als Feldherr bewährt. Ihm hat er die Slg. der vergleichenden Biographien von Griechen und Römern gewidmet, mit denen er die kaiserl. Politik, Griechen und Römer als gleichwertige Träger des *imperium Romanum* einander noch näherzubringen, literar. propagierte. Späte Notizen über persönl. Beziehungen zu den Kaisern, hohe Ehrungen und polit. Funktionen sind fragwürdig. Als Haupt eines Kreises von Freunden und Schülern, einer Art Privatakademie, hat er bis ins hohe Alter gewirkt. Das genaue Todesjahr steht nicht fest; jedenfalls nach 120.

Die erhaltenen Schriften P.' füllen mehrere 1000 Druckseiten und sind doch nur etwa die Hälfte seines Oeuvres. Nach einigen wenig bedeutenden, nur dem literarischen Ehrgeiz dienenden Schriften rein rhetor. Charakters hat P. die ihm vorzugsweise gemäße Form gefunden: den an einen weiteren Leserkreis sich wendenden philos. Traktat, der in lebendigem, abwechslungsreich gestaltetem, durch Vergleiche und allerlei Anekdoten gewürztem Vortrag den Leser zu dem allein menschenwürdigen, zugleich allein beglückenden Ziel einer sittlichen Lebensführung leiten will. Die Mittel sind: Bändigung (nicht Abtötung) der Leidenschaften und Bekämpfung der Laster (Jähzorn, Habsucht, Schelsucht und Neid, Geschwätzigkeit, übertriebene Neugier und Vielgeschäftigkeit, falsche Scham usw.); maßvolles Leben, Selbstbeobachtung beim Ringen um sittl. Vervollkommnung, Bruder-, Freundes- und allg. Menschenliebe, doch Vorsicht gegenüber falschen Freunden und Schmeichlern; so gelangt man zu dem Glück der Ruhe des Gemütes und des Seelenfriedens. Trostschr. für vom Unglück Verfolgte und ein Merkbüchlein für junge Eheleute liegen in derselben Linie sowie einige polit. Mahnschr., da für den Platoniker die Politik selbstverständlich unter die Ethik fällt, desgl. pädagog. Abhandlungen. Einige Schr. des delph. Priesters P. behandeln teils allg. religionsphilos. Fragen (wie die Theodizee über die spät erst einsetzende Vergeltung der Gottheit), teils Probleme der Mantik und der damit zusammenhängenden Dämonologie (wie die über das Daimonion des Sokrates). Die Schr. über Isis und Osiris war bis zur Entzifferung der Hieroglyphen und der Entstehung der eigentl. Ägyptologie die Hauptquelle unseres Wissens von der äg. Religion und hat für die Kenntnis des äg.-hellenist. Synkretismus bis heute nicht an Wert verloren.

Das eth. Ziel verfolgen auch diejenigen Schr.,

die vor allem den Ruhm P.' für die eigene wie für alle Folgezeit begründet haben: die vergleichenden Biographien. Nicht um histor. Wissen zu vermitteln, hat er sie geschrieben (obschon das in ihnen gebotene histor. Material einen sehr gewichtigen Teil unseres gesamten Wissens von griech. und röm. Gesch. darstellt), sondern die vorgeführten Helden sollen Paradeigmata sein, dem Leser als Vorbilder sittl. Lebensführung (einige, so Demetrios-Antonius und Coriolan-Alkibiades, auch als abschreckende Beispiele) vor Augen gestellt werden. Ehe P., erst in den beiden letzten Jahrzehnten seines Lebens, unter dem moral. und zugleich polit. Gesichtspunkt (s. o.) an die Parallelbiographien heranging, hat er eine Anzahl Einzelbiographien verfaßt, anscheinend noch ohne die moral. Zielsetzung, darunter die versehentlich in die Slg. der Parallelbiographien geratenen des → Aratos (2) von Sikyon und des Perserkönigs → Artaxerxes II. und die der röm. Kaiser von Augustus bis Vespasian, die aber bis auf die → Galbas und → Othos verloren sind.

Außer den vorgenannten popularphilos. hat P. auch wissenschaftl. philos. Schriften verfaßt, zur Erläuterung seines Meisters Platon (so die kniffl ige Schr. über die Erschaffung der Seele im Timaios) und längere Streitschr. gegen Epikureer und Stoiker, die wichtige Beiträge zur Gesch. beider Schulen bieten. Nicht minder interessant sind einige Schriften zur Tierpsychologie, in denen P. sich, in der Nachfolge des → Pythagoras, als Anhänger der Seelenwanderungslehre zum Vegetarismus bekennt, zahlreiche Belege für die Intelligenz der Tiere bringt (die »Verhaltensforschung« datiert von Aristoteles her) und folgerichtig gegen Peripatetiker und Stoiker Stellung nimmt, die das Bestehen eines Rechtsverhältnisses des Menschen zur Tierwelt leugneten. Einige Schriften zur Seelenlehre (des Menschen) sind bis auf Frg.e verloren.

In peripatet. Tradition stehen ferner die vielfältigen, teilweise recht dilettant., naturwissenschaftl. Arbeiten P.', die Schrift über das Gesicht im Mond, worin das Referat über ernsthafte Forschung sich seltsam mit religiös-mytholog. Spekulationen mischt, die über das urspr. Kalte (dem Aristoteliker → Favorinus gewidmet), die *αἴτια φυσικά* betitelte Slg. kurzer Kapitel physiolog.-biolog.-medizin. Inhalts, zu denen viele ähnliche Stücke in den »Tischgesprächen« (*Συμποσιακά*) treten, in denen neben guten Beobachtungen viel naiv-schnellfertiges Raten steht. In den »Ratschlägen zur Gesundheitspflege« (*ὑγιεινὰ παραγγέλματα*) mischt sich Medizin.-Diätet. mit Moral.-Pädagog. Von P.' Schr. über Erdbeben und über Kometen kennen wir nur die Titel. Dasselbe gilt von mehreren Schriften P.' zum Thema Rhetorik und Poetik, die uns verloren sind, was wir aber verschmerzen können, weil uns seine Stellung zur Rhetorik aus mehrfachen Äußerungen darüber in den erhaltenen Schr. und praktisch durch diese selbst gut genug bekannt ist.

Zur antiquarischen Lit., den Biographien verwandt, sind zu rechnen die über Heldentaten von Frauen, über die Herkunft griech. wie röm. Bräuche und die umfänglichen Slgn. von Aussprüchen von Königen und Helden, griech. und röm., die größtenteils in wenig abweichender Form auch in den Biogr. enthalten, aber nicht etwa aus diesen ausgezogen und zusammengestellt, auch nicht von P. selbst veröffentlicht sind, sondern es sind wohl von ihm angelegte und je nach Bedarf benützte Kollektaneen, die dann aus seinem Nachlaß unter seinem Namen herausgegeben wurden.

Von den literarhist.-exeget. Arbeiten P.' sind uns erhalten die Schr. über die Boshaftigkeit Herodots – dem der Boioter P. es nicht verzeihen kann, daß seine Landsleute, die in den Perserkriegen auf pers. Seite gefochten haben, nicht gut bei ihm weggekommen sind –, ein Vergleich von Aristophanes und Menander (nur Auszug), ein paar Frg.e einer Arbeit zu Homer (der unter P.' Namen überlieferte gehaltvolle Traktat über Leben und Dichtung Homers ist unecht), große Stücke eines Komm. zu Hesiods Erga, einiges aus einem solchen zu → Aratos (4) und → Nikandros (4). Unecht ist die wertvolle Kompilation De placitis philosophorum und die »Leben der 10 Redner«.

Mit Unrecht angezweifelt wurde die Echtheit des »Gastmahls der 7 Weisen« am Hofe des → Periandros, einer trotz mancher Mängel sehr lesenswerten Prosadichtung. Sehr abwechslungsreich und mannigfaltig in den Themen sind die 10 Bücher *Συμποσιακά*, in denen über zahlreiche Symposia und die dabei geführten Gespräche berichtet wird. Sie sollen meist in Chaironeia im Hause P.', aber auch in Athen, Rom und noch anderen Orten stattgefunden haben, z. T. mit genauer Angabe der Zeit und Bezeichnung der beteiligten Personen, und geben sich als authent. Berichte über tatsächlich stattgehabte Gespräche. In vielen Fällen dürfte das zutreffen, wenn auch mit freier Bearbeitung aus dem Gedächtnis zu rechnen ist; in anderen Fällen scheint es sich nur um eine freie Einkleidung zu handeln. Ob der eine oder der andere Fall vorliegt, ist recht oft nicht auszumachen.

Wie im Gastmahl der 7 Weisen und in den Tischgesprächen hat sich P. auch in vielen anderen seiner Schr., bes. den popularphilos., der Dialogform bedient. Natürlich ist er damit dem Beispiel seines Meisters Platon gefolgt, auch mit der Einführung von Freunden und Verwandten (bes. des Großvaters Lamprias und der Brüder Timon und Lamprias) als Dialogpersonen, worauf er De frat. am. 12,484c selbst hinweist. Aber sowohl der Unterschied der Persönlichkeiten P.' und Platons wie der Wandel der Umwelt, in der sie beide standen, und die in dem halben Jahrtausend erfolgte Entwicklung der Dialogform haben es notwendig mit sich gebracht, daß die p.-ische Dialogform in mancherlei Hinsicht von der platon. abweicht; wobei man freilich zweifeln darf, ob P. sich dieses Abweichens bewußt war oder mehr oder weniger unwillkürlich durch die Beschäftigung mit der (uns verlorenen) nachplaton. Dialoglit. beeinflußt worden ist. Genaueres darüber s. bei R. Hirzel Der Dialog 2,124ff. C. Kahle De P.-i ratione dialogorum componendorum, Diss. Gött. 1895, und Ziegler a. O. 253ff. (= RE XXI 890ff.). Großen Wert hat P. auf die Herausarbeitung der Charaktere seiner Dialogpersonen sowie auf die Ausmalung der Szenerie gelegt und dabei ein hohes Maß von künstlerischer Gestaltungskraft bewiesen. Im Gefolge Platons hat er in 3 Dialogen eschatolog. Mythen eingelegt (Schutzgeist des Sokrates, Späte Vergeltung, Gesicht im Monde).

Über die eth. und polit. Zielsetzung der Parallelbiographien s. o. S. 947. Nach dem sog. Lampriaskatalog hat es ein Biogr.-Paar Epameinondas-Scipio gegeben, in dem der Sieger von Leuktra u. Retter Thebens mit dem Sieger von Zama u. Retter Roms aus der karthag. Gefahr zusammengestellt wurde und das wohl das früheste der Reihe war. Die erhaltenen 22 Paare sind: Theseus-Romulus, Lykurgos-Numa, Solon-Poplicola, Aristeides-Cato Maior, Themistokles-Camillus, Kimon-Lucullus, Perikles-Fabius Maximus, Nikias-Crassus, Alkibiades-Coriolanus, Lysandros-Sulla, Agesilaos-Pompeius, Pelopidas-Marcellus, Dion-Brutus, Timoleon-Aemilius Paulus, Demosthenes-Cicero, Phokion-Cato Minor, Alexandros-Caesar, Eumenes-Sertorius, Demetrios-Antonius, Pyrrhos-Marius, Agis/Kleomenes-Gracchen, Philopoimen-Flamininus. Viele Paare sind durch eine Vorrede eingeleitet, um die Zusammenstellung zu begründen, in anderen fehlt sie, und fast alle werden durch Vergleichungen beschlossen, die – obschon Montaigne sie merkwürdigerweise bewundert hat – in der Tat teilweise so schemat.-spitzfindig angelegt sind, daß sie in neuerer Zeit als P.' unwürdige spätere Zutaten angesehen worden sind – freilich zu Unrecht. Einige Zusammenstellungen, bei denen die Ähnlichkeiten der hist. Situationen, der persönlichen Schicksale und der Charaktere in die Augen springen, wirken überzeugend, andere gewaltsam oder gar schief; als leitender Gesichtspunkt auf eine größere Zahl von Männern beider Nationen angewandt, konnte die vergleichende Betrachtung dieser Gefahr schwerlich entgehen. Indes hat die von P. für seine Heldengalerie geschaffene Auswahl diesen für alle Folgezeit ihren Platz in der Gesch. gegeben. Dem romant. Zuge seiner Zeit folgend, hat P. die Mehrzahl seiner griech. Helden aus der damals schon als »klassisch« geltenden Zeit geholt. Die Quellenlage aber hat ergeben, daß gerade die Biogr. von Personen der späteren Zeit,

etwa von Demosthenes ab (bei den Römern aus dem Jh. der Bürgerkriege), die reichhaltigeren und farbigeren sind. Über die Stellung P.' in der Gesch. der Biogr. s. o. Bd. I 902f.

Viel diskutiert worden ist die Frage der relativen Chronologie der Biographien. P. selbst gibt an, daß er Demosth.-Cic. als 5., Per.-Fab. Max. als 10., Dion-Brut. als 12. Paar der Reihe geschrieben hat. Weiter ergeben zahlreiche Selbstzitate jeweils die Priorität der zitierten vor der zitierenden Biogr. bzw. die spätere Abfassung einer erst in Aussicht gestellten. Aber Verwirrung schafft das Vorhandensein einer Anzahl von Wechselzitaten. Vielleicht beseitigt der Gedanke J. Mewaldts (H 42, 1907, 56ff.) die Schwierigkeit, daß P. die Biogr. nicht alle einzeln nach und nach, sondern die inhaltlich zusammenhängenden, an denen er gleichzeitig arbeitete, in Gruppen zusammengefaßt herausgegeben habe. Falsch ist sicher das Verfahren, alle diese Zitate als spätere Einschiebsel zu streichen; eher kann man – bei dem flüssigen Zustand aller Literatur vor Erfindung der Buchdruckerkunst – an nachträgliche Einfügungen des Autors selbst denken. Die endgültige Lösung steht noch aus. – Ein sicheres Datum liefert die Notiz in der vita Sullas 21, daß die Schlacht bei Orchomenos, in der Sulla die Feldherren des Mithradates 86 v. Chr. schlug, annähernd 200 Jahre zurückliege: der Satz ist also 114 n. Chr. oder kurz vorher geschrieben. Genaueres zu der Frage Ziegler 262ff. = RE XXI 899ff.

Noch mehr als die chronolog. Frage ist die Quellenfrage für die Biogr. sowohl wie für die übrigen Schr. P.' diskutiert worden. Der index auctorum meiner Ausgabe der vitae 4,2 notiert 220 griech. und 42 lat. von P. zitierte Autoren, und Helmbold-O'Neil Plutarch's quotations, 1959, registrieren insgesamt über 500 Autoren. Natürlich hat P. nicht alle von ihm einmal angeführten Werke, auf die er in seiner jeweiligen unmittelbaren Vorlage einen Verweis fand, immer in extenso durchstudiert. (Wer von uns könnte das übrigens von sich sagen?) Aber bei seiner zweifellos unbegrenzten Wißbegier und Lesefreudigkeit ist die Meinung, er habe, nur um mit Gelehrsamkeit zu prahlen, die meisten Zitate aus älteren Werken aus einer (nicht genannten) Mittelquelle abgeschrieben, gewiß verfehlt. Sicher hat er sich aus allen ihm erreichbaren Büchern Exzerpte gemacht, die er dann verwertete. Die aus seinem Nachlaß herausgegebenen Slgn. s. o. S. 948 bezeugen das, und jedenfalls verdanken wir seiner Lesefreudigkeit eine große Menge von Bruchstücken uns sonst verlorener poet. und wissenschaftl. Lit. Die Entscheidung, ob er ein zitiertes Werk selbst eingesehen oder das Zitat aus einer Mittelquelle (und welcher?) entnommen hat, ist in der Regel nicht möglich. Wohl aber vermittelt die lange Liste der quotations uns eine Vorstellung von dem Umfang der Bildung P.' und einen

Überblick, was von alter Lit. zu P.' Zeit noch lebendig und im Umlauf war. Denn, von eigentlich fachwissenschaftl. Lit. mancher Bereiche abgesehen, wird dieser allseitig interessierte Dilettant nicht viel von dem, was es damals zu lesen gab, ungelesen und unverarbeitet gelassen haben. Bei der Benützung lat. Quellen dürfte er sich bei der von ihm selbst bezeugten Unzulänglichkeit seiner lat. Sprachkenntnisse (v. Demosth. 2) der Hilfe röm. Freunde bedient haben.

Trotz seiner mehrfach betonten theoret. Ablehnung der Rhetorik (im Sinne Platons) hat er doch in der Praxis die rhetor. Schulung, die er in der Jugend ohne Zweifel genossen hat, nie verleugnet. In den den Biogr.-Paaren angehängten Vergleichungen macht sie sich unerfreulich breit. Er bemüht sich attisch zu schreiben, lehnt aber die Übertreibungen der attizist. Mode seiner Z., die dann → Lukianos im Lexiphanes gegeißelt hat, ab. P. gehört zu den Schriftstellern, die die Hiatmeidung am sorgfältigsten angestrebt haben, was ein Kriterium für Echtheit oder Unechtheit einer Schr. liefert und auch für die Textkritik von großer Bedeutung ist. Auch um die Rhythmisierung der Rede hat P. sich bemüht und gern die in der hellenist. und röm. Kunstprosa üblichen rhythm. Klauseln in Satz- und Kolaschlüssen verwendet. Langgesponnene, durch viele Nebensätze und partizipiale Einschaltungen erweiterte Perioden, nicht selten durch längere Parenthesen unterbrochen, sind für den behaglichen Erzählerstil P.' charakterist. Sie sind manchmal nicht ganz leicht zu überblicken und verlangen einen aufmerksamen Leser, aber Anakoluthien sind nicht häufig. Spartan. Brachylogie und att. Schlichtheit hat er gepriesen, doch entsprach sie nicht seinem weicheren, mehr zu behaglicher Breite neigenden Naturell.

Philosophie und Religion. P. fühlte sich als Platoniker und sah in dem »göttlichen« Meister eine fast unfehlbare Autorität, der er selbst bei offenkundigen Irrtümern nicht zu widersprechen wagte. Nur inbezug auf den *ἔρως παιδικός* ging er nicht mit. Doch, offen auch außerakadem. Einflüssen, ist er als Eklektiker mit platon. Dominante und skept. Neigungen anzusprechen. Ein originaler und scharfer Denker war er nicht, aber als redlicher Berichterstatter über die Erkenntnisse der Großen, als reiner, warmherziger Mensch, voll von Menschenliebe, Menschenkenntnis und ethischem Idealismus, als Psycholog, Pädagog und Arzt der Seelen, schließl. als Schriftsteller von hohen Graden hat er seinen Namen in die Reihe der ersten der Weltlit. gestellt. – Über allem Zweifel steht für P. die Existenz eines von Ewigkeit und in Ewigkeit seienden Gottes als letzte Ursache alles Seins, alles Positiven, alles Guten. Genaueres über sein Wesen, und wie es mit der Göttervielheit der Volksreligion zu vereinbaren sei, hat er nirgends gesagt. In der Kultübung, in dem religiösen

Leben nach der Vätersitte, hat er offenbar eine tiefe innere Beglückung empfunden. Dem delph. Priester floß der philos. Gott wohl mit Apollon zusammen (nicht, wie der Stoa, mit Zeus). Das Problem der Existenz des Bösen löst sich für P. durch den Glauben an die Unsterblichkeit der Individualseele und eine Vergeltung im Jenseits. Eine große, doch nicht ganz klare Rolle spielen bei ihm die Dämonen als Mittelwesen zwischen Gott und Mensch.

Auf seiner Philanthropie beruht auch seine Stellung zur Frau. Er befürwortet für sie eine Erziehung ähnlich der des Mannes, damit die Ehe – ein Hohelied auf sie ist der Amatorius (*Ἐρωτικός*) – nicht nur der Sinnenlust und der Kindererzeugung diene, sondern eine geistig-sittl. Lebensgemeinschaft begründe. Ein schönes Zeugnis dafür ist die Trostschr. an die Gattin nach dem Tode des Töchterchens Timoxena.

Angesichts der offenbaren geistigen Verwandtschaft P.' mit dem Christentum ist es merkwürdig, daß sich bei ihm zwar einige Erwähnungen der Juden finden (ohne Haß, aber mit einem herablassenden Lächeln über ihre *δεισιδαιμονία*), aber kein Wort, das auf Kenntnis des Christentums deuten könnte; merkwürdig bei einem Zeitgenossen des Tacitus (ann. 15,44) und des jüngeren Plinius (epist. 10,96. 97).

Das Nachleben P.' ist in dem schönen B. von R. Hirzel, P., 1912, behandelt. P. war schon zu seinen Lebzeiten ein berühmter Mann. Bald nach seinem Tode wurden Schr. auf seinen Namen gefälscht. Vom 2. bis ins 5. Jh. im Westen, im Osten bis ins 6. Jh. ist er von allen Gebildeten gelesen worden, unter ihnen den Kaisern → Marcus (2) Aurelius und → Iulianus. Die griech. Kirchenväter von → Clemens (6) Alexandrinus an haben ihn gekannt und hochgeschätzt; von den lat. kannten ihn nur → Arnobius und → Hieronymus. Was man im Ausgang des Alt. von P. besaß, lehrt uns der sog. Lampriaskatalog, ein in einer Hs. des 12. Jh. erhaltenes Verzeichnis der Schriften P.', offenbar des Bestandes einer großen Bibliothek, dem in jüngeren Hss. ein Brief eines angeblichen Sohnes P.' namens Lamprias vorangesetzt worden ist, eine offensichtl. Fälschung. Der Katalog verzeichnet doppelt soviel wie das uns Erhaltene.

Textgeschichte. Was, als die byz. Gelehrten im 9. Jh. ihre sammelnde und konservierende Tätigkeit aufnahmen, ihnen noch erreichbar war, ist uns im wesentlichen geblieben. → Photios besaß den 2. Bd. einer 2bändigen Ausg. der Biogr., deren 1. Bd. in einer Hs. des 11./12. Jh. auf uns gekommen ist und in der sie nach der Chronol. der Griechen geordnet waren. Zu gleicher Z. existierte eine etwas anders geordnete Ausg. in 3 Bd.en, die uns in zahlreichen Hss. vom E. 10. Jh. an erhalten ist. Die anderen Schr. P.' sind in früher Zeit niemals gesammelt worden, sondern waren einzeln oder zu kleinen Gruppen vereinigt in Umlauf. Erst der gelehrte Mönch Maximos → Planudes hat E. 13. Jh. alles ihm Erreichbare zusammengebracht, erst 69, dann noch weitere 9 Schr., und sie mit den Biogr. zusammenschreiben lassen. Sie und die übrigen vermischten Schr., seitdem unter dem Namen Moralia zusammengefaßt, stehen in dem Prachtkodex Parisinus Gr. 1672, der so den gesamten Nachlaß P.' (bis auf 2 erst 1773 gefundene Schriftchen) enthält. Im Abendland war P. vom 5. bis ins 15. Jh. verschollen. Seit er dann, zunächst in lat. Übers. (die erste 1471), verbreitet wurde, ist er zu einem der meistgelesenen Autoren der Weltlit. geworden, bes. durch die klass. franz. Übers. von Amyot (1559 vitae, 1572 moralia), auf den auch Shakespeares Julius Caesar, Antonius und Kleopatra und Coriolan zurückgehen. K. Z.

Ta.: *Vitae* ed. princ. *Juntina* 1517, *Aldina* 1519, geordnet nach der Chronologie der Römer (mit Fehlern), beibehalten bis zur Krit. Ausg. *Lindskog–Ziegler* (1914–1939, ²1957ff.), die der 3bänd. ant. Ausg. folgen. Bedeutend *Stephanus* 1572, *Reiske* 1774ff., *Koraes* 1809ff., *Sintenis* ed. mai. 1839ff., min. 1852ff. *Flacelière* u.a. 1957ff. (mit frz. Übers., noch unvollst. – Vollst. dt. Übers.: *K. Ziegler* und *W. Wuhrmann* 1954–1965.

Moralia ed. princ. *Aldina* 1509, *Stephanus* 1572, daraus die Francofurtana 1599, nach deren Seiten die Mor. zitiert werden, *Wyttenbach* 1795–1830 mit index Graecitatis (Neudr. Olms 1962). *Bernardakis* 1888–1896. *Pohlenz, Hubert, Mau, Nachstädt, Paton, Sandbach, Sieveking, Wegehaupt, Ziegler* 1925–1970 (noch unvollst.).

Die riesige Lit. bis 1964 bei *K. Ziegler* P. von Chair. ²1964 passim, bes. 3f. = RE XXI 636f. *R. H. Barrow* Plut. and his Times, 1967. *Daniel Babut* Plut. de la vertu éthique 1969; *Ders.* Plut. et le stoicisme 1969. *H. Dörrie*, Die Stellung P.' im Platonismus seiner Zeit, Philomathes (Festschr. Merlan, 1970) 36ff.

3. P. von Athen, Sohn des Nestorios, Neuplatoniker, Schulhaupt der Akademie, starb in hohem Alter 431/32; er entstammte einer seit 4 Generationen mit der Akademie verbundenen Familie; zur Genealogie H. D. Saffrey – L. G. Westerink Vorrede zur Ausg. der Theologia Platonica des Proklos, XXVI–XXXV. Bedeutendste Schüler des P.: → Syrianos, der sein Nachfolger wurde, und → Proklos. P. lenkte von der Überschwenglichkeit und Zerfahrenheit, die der Platonismus durch → Iamblichos, → Aidesios und → Maximos erfahren hatte, zu Klarheit und Rationalität zurück; gegenüber der Theurgie (die sein Großvater Nestorios geübt hatte, und die seine Tochter Asklepigeneia fortsetzte), bewahrte er vorsichtige Zurückhaltung. Andererseits widersetzte er sich einer »Saekularisierung« der Philos., insbes. diskursiver Diskussion über Fragen des Göttlichen. Wie seit langem üblich, basierte sein Unterricht auf der Erklärung von Aristoteles und Platon. Ein großer Teil dieses seines Werks ist in die Kommentare seiner Schüler Syrianos und Proklos eingegangen. Seine Erklärung der Schrift περὶ ψυχῆς des Aristoteles ist durch rund 35 Zitationen bei Iohannes (→ 14) Philoponos und bei → Simplikios greifbar; über seine Deutung des plat. Parmenides referiert Proklos in Parm. 6,27–30; aus dem Komm. zum Phaidon ist weniges bei → Olympiodoros und → Damaskios erhalten (die beide auf Proklos fußen); aus dem Komm. zum Gorgias sind nur verstreute Notizen erhalten. In der gegenwärtigen Forschung wird vor allem P.' Deutung des Parmenides lebhaft erörtert: Sie steht auf dem Boden der plotin.-porphyr. Einslehre (vielleicht hat erst P. diese in der Akademie heimisch gemacht). P.' Formulierungen über das Höchste Eine als den überseienden Seinsgrund kommen der Axiomatik des bisher anonymen Parmenides-Komm. (auf Palimpsest) nahe; vgl. W. Kroll, RhMus 47, 1892, 599–627. Vor kurzem hat P. Hadot Porphyre et Victorinus, thèse Paris 1968, ihn für Porphyrios in Anspruch genommen und ihn in seiner thèse compl. 61–120 neu ediert. Wenn dort wirklich Porphyrios vorliegt, dann hat P. in der Tat (wie von K. Praechter vermutet) eine wesentliche Rolle in der Überlieferung und Differenzierung der seit Plotinos zentralen Eins-Lehre gespielt. H. D.

K. Praechter Richtungen und Schulen im Neuplatonismus, Genethliakon für C. Robert, 1910, 100–156. *R. Beutler* Art. P. in RE XXI 962–975.

Wichtigste antike Quellen: Marinos, vita Procli, ed. *Boissonnade*. Damaskios, vita Isidori, ed. *Cl. Zintzen*, Suda s. *Δομνῖνος*, *Ἡγίας*, *Νικόλαος*, *Ὀδαίναθος*, *Πρόκλος*.

Pluteus, pluteum. Die Grundbedeutung, aus Brettern oder Geflecht hergestellte Umzäunung, Schirm oder Schutzdach, fächert sich in ganz verschiedene Gegenstände auf. **1.** Als mil. t. t. ist P. eine bes. Brustwehr der *testudo*, Vitr. 10, 15,1. Bei der *testudo* des Hegetor von Byzanz war die P. türmchenähnlich und bot zwei Soldaten Schutz bei Beobachtung, Vitr. 10,15,5. Caes. Gall. 7,25,1. Die schlichteren *p. militares* aus mit Häuten (Leder) überzogenem Weidengeflecht waren auf Rollen beweglich, Paul. Fest. 231 M. Isid. orig. 18,11,3. Veg. mil. 4,15. Caes. civ. 2,9,2ff. 2, 14,3. 15,2. Liv. 21,61,10. 34,17,12. Lucan. 3,488. Amm. 19,5,1. 20,6,3. **2.** P. kann ein Holzgitter, Liv. 10,38,5, sogar ein Holztempelchen meinen, Anth. Lat. 139. 158. **3.** Als architekt. t. t. bezeichnet P. Schranken bzw. Brüstungen aus Holz oder Stein, Vitr. 4,4,1. 5,1,5. 10. 5,6,6–7. 5,10,4. **4.** Regale für Bücher und Büsten Iuv. 1,2,7. Dig. 19,1,17,4 Sidon. epist. 2,9,4. Der Übergang zu → *armarium* ist gleitend. Vgl. E. G. Budde Armarium und kibotos, 1940 Abb. 9 (= H. I. Marrou Mousikos Anér, 1938, 63 Abb. 8 = G. M. A. Richter The Furniture of the Greeks Etruscans and Romans, 1966 Abb. 587/88). 13. 14. **5.** P. hieß die Seiten- bzw. Rückenlehne des röm. *lectus*, Martial. 3,91,10. Pers. 1,106 = Quint. inst. 10,3,21. Isid. orig. 20,11,5. P. kann dann auch das ganze

Bett meinen, Prop. 4,8,68. Martial. 8,44,13. Der Hersteller heißt *plutiarius*, CIL VI 9819. W. H. G.

Pluto (*Πλουτώ*). **1.** Okeanide mit redendem Namen, Epitheton *βοῶπις*, Hes. theog. 355, Gespielin der Persephone Hom. h. 5,422. **2.** Berekynt. Nymphe (= Tochter der Kybele, K. KERÉNYI Die Heroen der Griechen 69), Nonn. Dion. 48,730, Tochter des Kronos Sch. Pind. O. 3,41. Mutter des → Tantalos von Zeus, Anton. Lib. 36. Hyg. fab. 82. Paus. 2,22,3; von Tmolos Sch. Eur. Or. 5. – *Plutone* (sonst orph. Name für Persephone) heißt sie Hyg. fab. 155, *Plute* Clem. Rom. (Rufin.) recogn. 10,22. H. v. G.

Pluton (*Πλούτων*). Unterweltsgott, aus → Plutos mit steigernder Wirkung differenziert. Er repräsentierte die mildere Seite der → chthon. Mächte und verdrängte Hades in diesem Aspekt. Die im Art. → Hades skizzierte Entwicklung beider Gestalten wird hier ergänzt.

Neben der schon im Alt. gewöhnl. Etymol. *ἀϝίδης* = unsichtbar (unsichtbar machend), zu der das Märchenmotiv der Tarnkappe *Ἄιδος κυνῆ*, gut paßt, seien mit NILSSON GgrR 1^2,455f. noch 2 ältere Hypothesen erwähnt: H. gehöre zu *αἶα* (*αιϝα*) im Sinne von »Erdgöttin« (WACKERNAGEL) und *Ἄις* als Nomin. zu den hom. Formen *Ἄιδος* und *Ἄιδι* sei urspr. ein Kollektiv »Totenwelt« (ØSTERGAARD). → Aidoneus (Il. 20, 61 u. s.) ist stets persönlich geblieben, während H. schließlich zur bloßen Ortsbezeichnung absank (schon Od. 11,635). Rhea als Mutter des H. (Il. 15,187ff. Hes. theog. 453) ist wohl aus dem kret. Zeuskult übertragen. Die Zuteilung der Unterwelt an H., schon Il. a. O. erwähnt, geht nach Hes. theog. 881 von Zeus aus. Richter der Toten ist H. nicht bei Hom., sondern erst bei Aischyl. Eum. 274 *μέγας εὔθυνος βροτῶν*, Hik. 230 *ἄλλος Ζεύς* genannt, während Pind. O. 2,65 sich mit einem unbestimmten *τις* begnügt. NILSSON a. O. 1,693, 2. 823. Die eigentl. Herrschaft über die Toten liegt, vor allem in der Nekyia der Od., bei → Persephone. WILAM. GldH^3 2,160. Aus der Fülle der Beinamen (E. WÜST, RE XXI 1005ff.), sind nur wenige kultisch. Viele sind hypostasiert (→ Klymenos [1], Eubuleus s. u.), manche zu Helden des Mythos geworden, z. B. → Admetos, → Dexamenos, → Neleus (WILAM. a. O. 1,107. 312. 332), → Polydektes, → Periklymenos, → Polyxenos. Das Beiwort *κλυτόπωλος* ist nach L. MALTEN Das Pferd im Totenglauben, JDAI 29, 1914, 186 auf die Vorstellung zurückzuführen, daß H. mit seinem Gespann die Seelen abholt. Das könnte der Ausgangspunkt für den Mythos vom Raub der Kore gewesen sein (nicht umgekehrt). Vgl. das Totenmahlrelief in Triest für → Zeuxippos (und Basile).

Wichtig ist die Vorstellung von Toren der Unterwelt (Il. 9,312. Od. 14,156); als *πυλάρτης* schließt H. das Tor fest hinter seinem Opfer (Il. 8, 367. Od. 11,277). Im weiteren Sinne werden auch Höhlen, Erdschlünde, Orte mit Feuerphänomenen, die man als Eingänge in die Unterwelt betrachtete, als Tore oder Schwellen des H. bezeichnet (Hes. theog. 749f. 811. Soph. Oid. K. 1590). Zum Tor gehören die Schlüssel (Paus. 5,20,3. Apollod. 3,160: Aiakos), der Wachthund → Kerberos. Um das Tor des H. geht auch der Kampf des Herakles Il. 5,395ff. (*ἐν πύλῳ*, aber 11,689 *ἐν Πύλῳ*), wobei der Zusatz *ἐν νεκύεσσιν* zeigt, daß »Pylos« das ganze Totenreich meint; daß der verwundete H. sich im Olymp verbinden läßt, ist eine der Situation nicht angemessene Augenblickserfindung, Pind. O. 9,33f. u. Sch. H. gehört nicht zum → Zwölfgötterkreis, wie er auch in die Menschenwelt nicht handelnd eingreift. Sogar der Raub Kores geschah auf Befehl des Zeus, Hes. theog. 912, Hom. h. 5,3. – Bekannter sind die Zusammenstöße zwischen H. und Herakles anläßlich der Heraufholung des → Kerberos, der → Alkestis. Einen Kampf in der Unterwelt setzt auch die Sage vom Abstieg des Theseus und → Peirithoos (1) voraus. S. ferner → Protesilaos und → Orpheus und Eurydike. J. KROLL Gott und Hölle, 1932, 373f. J. FONTENROSE Python, 1959, 327f. – H.-Tempel sind nur für Elis bezeugt (Paus. 6,25,2f., Strab. 8,344).

Zu den euphemist. Benennungen des H. gehört nach Plat. Kratyl. 403 auch Pluton. In Wirklichkeit ist dieser ein Repräsentant des wohltätigen Aspekts chthon. Bereiche, von Haus aus gleichbedeutend mit → Plutos, auch wohl so alt wie dieser, wenn er auch lit. erst bei den Tragikern belegt ist: Soph. Ant. 1199f. (mit Enodia = Hekate zusammen). Aischyl. Prom. 806 (P.s sagenhafter Goldstrom bei den Arimaspen). Eur. Alk. 360 (P.s Hund). frg. 20. Wie schon Hes. erg. 465 den »chthon. Zeus« der Demeter zuordnete, so hat seine Verbindung mit den beiden Göttinnen in Eleusis die düsteren Unterweltsvorstellungen zurückgedrängt. Der unerbittliche H. muß als P. das geraubte »Kornmädchen« 8 Monate jährl. freigeben. Zwar deutet man P. gelegentlich noch als »reich an Toten« (Soph. Oid. T. 29f. spielt darauf an), aber sein bezeichnendes Attribut ist das Füllhorn (WILAM. a. O. 2,158). In Eleusis hatte er innerhalb der kleinen Propyläen eine Höhle (P. FAURE Ploutonia, BCH 82, 1958, 800ff.) und einen Tempel mit einer Priesterin; Theoxenien *(lectisternium)* IG 2^3, 1933 = Syll.^{3} 1022ff. Im Gegensatz zu H. war sein Kult, meist in Verbindung mit eleusin. u. a. Gottheiten, ziemlich verbreitet, E. WÜST a. O. 1009ff. Wie H. wurde auch P. als Zeus mit passenden Beinamen angesprochen (*χθόνιος, μειλίχιος, εὔβουλος*). Eubulos, Eubuleus, »der es mit den Menschen gut meint«, wurde zum selbständigen eleusin. Heros. Als Aition für seine Einfügung in den Kult und für den Brauch, dem P. lebende Ferkel zu opfern, wurde erzählt; E. war ein Schweinehirt und wurde, als P. die Persephone durch einen Erdspalt entführte, mit seiner Herde mit hinabgerissen. Clem. Al. Protr. 2,1,17. Orph.

frg. 50. Nilsson a.O. 1,119. 402. 463f. (Vgl. → Kyane). Seine und Demeters Tochter → Karme. Berühmt war der Eubuleus des Praxiteles. G. Lippold Die griech. Plastik (Hb. für Alt.-Wiss. III 1, 1950) 241. – Über Berührungen P.s mit Wirkungskreisen anderer Götter E. Wüst a.O. 1001ff. K. Schauenburg Pluton und Dionysos, JDAI 68, 1953, 38ff. → Zagreus = P. oder Sohn des P., Etym. m. 406,47. Aischyl. frg. 228. – Nebenform *Pluteus* Orph. Arg. und Grabinschr. – Versetzung des P. in die Sternenwelt: Ps. Plat. Axioch. 371aff. Nilsson a.O. 2,240f. – P. als Komponente der Gestalt des → Serapis (Sarapis) hinsichtlich des Wesens wie des Äußeren. In Italien drang P. als *Dis(= dives) Pater* i.J. 249 ein, als ihm und Proserpina die ludi Terentini (Tarentini) gefeiert wurden, Cens. 17,8ff. F. Altheim Röm. Rel.gesch.2, 114f. → Spiele. Vgl. auch → Orcus; → Veiovis. H. v. G.

Prell.-Rob. 1, 756ff. 798–806. *Nilsson*, GgrR^2 1, 452ff. 470ff. 817f. 826. *E. Wüst*, RE XXI 990ff.; bildende Kunst 1018ff.; S. auch Lit. zu → Hades.

Plutos (*Πλοῦτος*). Gestalt der Fülle, des Reichtums, zwischen den Bereichen der Allegorie und des Götterkults sich bewegend. Urspr. der unterird. aufbewahrte Getreidevorrat, später, vermutl. in Eleusis, zum Herrn der Toten geworden, in dieser Funktion meist → Pluton genannt. Daneben lebte aber P., nach Hom. Od. 5,125ff. Hes. theog. 969ff. Sohn der → Demeter und des → Iasion, gezeugt auf dreifach gewendeter Flur auf Kreta, in Eleusis, wo er einen *ναΐσκος* hatte, weiter als »göttliches Kind« (Erbe minoischer Vorstellungen, Nilsson GgrR 1^2,295f. 442). Der Hierophant rief seine Geburt aus mit der Formel: *ἱερὸν ἔτεκε Πότνια κοῦρον, Βριμώ* (= Demeter, o. Bd. I 1463, 15. Wilam. GldH 1^3,171. 172,1) *Βριμόν* (= P.), Hippol. elench. 5,8,40 p. 96,16 Wendl. Clem. Alex. Protr. 2,15,1, und zeigte dabei eine Ähre vor (L. Deubner Att. Feste 86f.). Nach Kern Die griech. Rel. 1,143f. war die Geburt des P. eins der eleusin. *δρώμενα*; vgl. die rhod. Hydria und die Kertscher Pelike, J. Zwicker, RE XXI 1049f. Nilsson a.O. 317f. Taf. 44,1. 46,2. P. ist auf diesen Vasen Kind der Ge, da in Eleusis neben Pluton und Demeters Tochter → Persephone (Kore) für P. als Sohn Demeters kein Platz war. Nilsson a.O. 662.

Inzwischen führte P. ein mehr allegor. Dasein in folklorist. Bräuchen (→ Eiresionelied; *Βουλίμου ἐξέλασις* Plut. qu. conv. 6,8,1 693 F), in Dichtung (Eur. frg. 20) und Kunst. Seit mit dem Aufkommen von Handel und Gewerbe ein müheloserer, auch unehrlicher Gewinn möglich wurde, schrieb man P. gern Ungerechtigkeit und Blindheit (zuerst Hipponax) zu; → Philomelos. Nach Epicharmos und Kratinos brachte Aristoph. den P. auf die Bühne (408; erhalten die Fassung von 388): Der greise Blinde wird durch eine Kur im Asklepieion geheilt und zum Hüter der athen. Schatzkammer bestellt; nun opfert aber niemand mehr, die Priester hungern. S. → Penia. Die Plastik stellte P. gern als Kind dar: mit Athena Ergane in Thespiai, Paus. 9,26,8; als Kind der Tyche in Theben, ebd. 1,8,2. 9,16,1 f. (*Fortunae filius* Phaedr. 4,12,5). Bekannt ist die → Eirene (4) mit dem P.knaben von → Kephisodotos (4); vgl. Bakchyl. frg. 4 *τίκτει .. εἰρήνα πλοῦτον*. Sonstige Darstellungen: Eisele, Myth. Lex. 3,2572ff. H. v. G.

Zwicker, RE XXI 1046ff. *Hübner*, De Pluto. Diss. Halle 1914. *L. Deubner*, ARW 20, 1920/21, 153. *Nilsson*, ebd. 32, 1935, 79ff. 97ff.; GgrR^2 1, 469ff. *Wilam* GldH ^{3}2, 158. G. *Hertel* Die Allegorie von Reichtum u. Armut: Erlanger Beitr. 33. Aus derselben Begriffssphäre → Consus, → Ops, → Copia, → Abundantia, Ubertas.

Pluvialis – nicht das nur literar. *Pluvius* (Tib. 1,7,26 u.a.), das vielleicht Übers. von *Ζεὺς Ὑέτιος* ist – ist der echte, d.h. kultische Beiname des → Iuppiter als Wettergott (CIL IX 324). K. Z.

Latte, RRel 78f.

Plygonion, westlokr. Ortschaft w. von Delphi, literar. unbekannt, *Πλυγονεῖς* vor 190 v. Chr. sehr häufig in delph. Inschr., 190 v. Chr. in Delphi einverleibt, nicht ident. mit dem phok. → Phlygonion. E. M.

1. Kirsten, RE XX 306ff. 2. *G. Daux* Delphes au IIe et au Ier siècle 234ff. 3. *L. Lerat* Les Locriens de l'ouest 1,59ff. 2,64. 74. 87. 4. *E. Meyer*, RE Suppl. XII.

Plynos, Hafenplatz an der nordafrikan. Küste zwischen der Cyrenaica und dem Nildelta, h. Sidi Barrani. Hdt. 4,168. Lykophr. 149. Strab. 17,838 *Πλυνός*. Skyl. 108 (GGM I 82 Müll.) *Πλῦνοι*. Sehr alte griech. Kolonie, zuerst von Hdt. erwähnt: im 5. Jh. gehörten P. und die Küste der Marmarica dem libyschen Stamm der *Γιλιγάμαι* (S. Gsell Hérodote, 120ff.). Dieser besetzte das Gebiet vom Golf von Soleum bis jenseits Derna, wo es an das Gebiet von Kyrene grenzt. P. scheint zugleich den Golf von Soleum und die Hafenstadt P. bezeichnet zu haben. M. L.

H. Treidler, RE XXI 1053ff.

Plynteria (*Πλυντήρια*). Athen. Fest, an dem das Bild der Athene Polias seines Gewandes und Schmuckes entkleidet, eingehüllt und am Gestade von Phaleron (IG I^2 80. II^2 1006. 11. Xen. hell. 1,4,12. Plut. Alk. 34. Hesych s.v., aber auch Kall., *Λουτρά*) zum Bade gebracht wurde. In der *πομπή* wurde die sog. *ἡγητηρία*, eine Art Feigenmarmelade (vgl. Theophr. *π. εὐσ.* frg. 2, Philos. Ant. 11, 1964) mitgetragen; Opfer auch an Moirai, Zeus Moiragetes und Ge(?). Abends Rückkehr des Bildes auf die Burg. Zu den → Praxiergidai vgl. IG II^2 1011,11. Der Termin fällt auf Unglückstage, wahrscheinlich auf den 25. Thargelion. – Ob die P. ein Sühnefest (J. Harrison, Proleg. 116 u.a.) waren und kathart. Charakter hatten (L. Deubner Att. Feste 21), oder ob es sich um einen *ἱερὸς γάμος* (E. Fehrle, RVV 6, 1910, 171ff.) handelte, ist nicht sicher zu entscheiden; zu anderen Zusammenhängen vgl. W. Burkert, H 94, 1966, 12,2.

Ein gemeinsamer Nenner der dort vorhandenen Vorstellung wäre wohl in der gefährdeten Situation vor der Hochzeit bzw. der Geschlechtsreife (Athene in Elis *Μήτηρ* genannt, vgl. W. PÖTSCHER, G 70, 1963, 394ff., dort Lit.) zu finden. – P. auch für Chios, Paros, Thasos bezeugt. W. P.

Pneumatische Schule, vorletzte große Ärzteschule der Ant., gegründet im 1. Jh. v. Chr. von → Athenaios von Attaleia, einem Schüler des stoischen Philosophen → Poseidonios. Charakteristisch für diese Schule ist nicht so sehr die Rolle des Pneumas, sondern der enge (wenn auch nicht sklavische) Anschluß an die Stoa (vor allem die mittlere). Im übrigen können die Pneumatiker einerseits zum Eklektizismus neigen (→ Agathinos, → Archigenes), andererseits sind sie teilweise reine Hippokratiker (→ Aretaios). Bes. interessant ist der Einfluß des Poseidonios, der sich noch in charakteristischen Einzelheiten greifen läßt (dies sollte in einer neuen Frgm. Slg. des Pos. nicht vergessen werden), sowie die geistige Nähe einiger Pneumatiker zum Christentum. Die Schule scheint bis mindestens ins 4. Jh. n. Chr. lebendig gewesen zu sein. F. K.

F. Kudlien, RE Suppl. XI S. 1097–1108.

Pneumatomachoi, Name einer altkirchl. Bewegung des 4. Jh., für die sich seit 383 die Bezeichnung → Makedonianer allg. durchsetzt. Offenbar hat sich eine Verbindung zwischen P. und Makedonianern erst seit diesem Zeitpunkt ergeben, da weder Athan. noch Epiphan. noch die 3 Kappadokier Makedonios als Begründer dieser Häresie kennen und sich umgekehrt ein Synodalschreiben von 376/77 nur gegen die P., nicht aber gegen die Makedonianer wendet und die röm. Synode von 378 noch deutlich zwischen beiden Gruppen unterscheidet. Erst 383 bringt ein Staatsgesetz beide in Beziehung zueinander, das den *Macedoniani Pneumatomachi* die Ausübung des Gottesdienstes verbietet (Cod. Theod. 16,5,11). Ab 423 werden sie nur noch als Makedonianer bezeichnet (Cod. Theod. 16,5,59. 60. 65). 392 hat Didymos in de trinitate 2,10, möglicherweise auf Belehrung durch Hier., Makedonios als Begründer der p. Häresie ausgegeben. Bei dieser Bezeichnung ist es fortan auch im theol. Schrifttum geblieben.

Die P. gehören zur sog. homoiusian. Partei, die das Bekenntnis Lukians vertritt und die Makedonios seit 358 gesammelt hat. Diese Gemeinsamkeit erklärt, warum die Bezeichnung Makedonianer ab 383 auch auf die P. übertragen wurde.

Die P. sind eine eigene kirchl. Gruppe, die die nic. Homousie jedoch nicht auf den Geist übertragen. Die Gründung der jungnic. Partei um 360 führt zur Entfremdung und 373 unter Eustathios von Sebasteia zur Abtrennung der p. Gruppe. Mit Eleusios von Kyzikos hat Eustath. fortan für den Zusammenschluß der P. gewirkt und auf den Synoden von Kyzikos 376 und Antiocheia in Karien 378 eine eigene Kirchengemeinschaft begründet. Die Synode von Antiocheia 379, ein kaiserl. Edikt von 380 (Cod. Theod. 16,1,2) und das Konzil von Konstantinopel 381 verurteilen die P. als Häretiker und drängen sie in die Illegitimität. Originalquellen der P. sind nicht erhalten; ihre Anschauungen müssen aus den Werken kirchl. Theologen eruiert werden.

Die Theologie der P. erscheint bis auf die Beschreibung der Gottheit des Hl. Geistes orthodox. Sie verstehen den Geist als *κτίσμα* des Sohnes, allerdings als *γενητόν*, nicht als *κτιστόν* wie die anderen Geschöpfe; er gilt als oberster Engel, später als Mittler zwischen Gott und den Engeln, Gott und der übrigen Kreatur. Da er sowohl hinsichtlich der *φύσις* wie der *ἀξία* vom Vater und Sohn unterschieden ist, gilt er nicht als Gott. Seine göttl. Verehrung aufgrund der Taufe wird abgelehnt. Gleichwohl wird die Wirksamkeit des Geistes bei ihnen nicht recht deutlich und zwingt die Kirche zur Klärung ihrer Lehre vom Hl. Geist. Aufgrund ihrer strengen Ethik hatten die P. eine größere Anhängerschaft im Hellespontos und in der n. Asia, wohl auch ein eigenes Kloster in Konstantinopel. Durch Verfolgungen der Großkirche ständig dezimiert, verlieren sich ihre Spuren seit ca. 500. G. Ru.

P. Meinhold, RE XXI 1066ff. *F. Loofs*, Enc. Rel. and Eth. 8, 225ff. *G. Bardy*, DThC 9, 2, 1464ff. *H. Dörries* De spiritu sancto, 1956.

Pnytagoras (*Πνυταγόρας*). **1.** Sohn des → Euagoras (1) von Salamis auf Kypros, half ihm im Kampf gegen die Perser, verteidigte nach der Seeschlacht bei Kition 381 das belagerte Salamis, Isokr. 9,62. Diod. 15,4. P. und Euagoras sollen mit der Tochter Nikokreons Umgang gehabt haben. Beide wurden von dem Eunuchen Thrasydaios ermordet, Theop. FGrH 115 F 103,12. Aristot. pol. 5,1311b 4ff. **2.** * spätestens 375, vielleicht Sohn von Nr. 1, König von Salamis, wurde 351 von → Phokion und → Euagoras (2) längere Zeit belagert. 344 unterwarf sich P. den Persern und wurde als König anerkannt, Diod. 16,40,5. 42,6ff. 46,2. Nach Issos trat P. mit den kypr. Fürsten zu Alexander in Sidon über, Arr. an. 2,20,3. Sein Flaggschiff wurde 332 vor Tyros versenkt, Arr. 2, 20,6. 22,2. Nach der Eroberung von Tyros erhielt er einen Landstrich bei Kition, Duris FGrH 76 F 4. Seine Söhne waren Nikokreon und Nitaphon, Arr. an. 2,22,2; Ind. 18,8. IG XI 161 B, 88 (Weihgeschenk in Delos). HEAD HN[2] 744. BERVE Alex. 2, 1926, n. 642. H. V.

Pnyx (*ἡ Πνύξ*, gen. usw. *Πυκνός*, *Πύκνα*), die mittlere breite Felskuppe w. der Akropolis, 109,5 m. Name vorgriech. in der Bedeutung »Fels«. Der flache Abhang nach N. wurde vermutlich in kleisthen. Z. für die Volksversammlung hergerichtet mit gerader Stützmauer und kleiner Terrasse für die Rednertribüne und Beamtensitze am Fuß des Abhangs, Breite etwa 70 m, Tiefe hangaufwärts etwa 40 m. Um 400 v. Chr. völlig umgestaltet und um 180° hangaufwärts umorientiert, Rednertribüne nun oben und der Versammlungsplatz unten durch eine hohe Halbrundstützmauer mit zwei Treppen von N. abgeschlossen und gehalten. Grund dafür wohl der bessere Schutz gegen N.-Wind und die bessere Möglichkeit des Abschlusses und der Kontrolle. Wohl in die lykurg. Z. in der 2. Hälfte 4. Jh. v. Chr. gehört die Errichtung der gewaltigen, h. noch stehenden, 119 m langen Halbrundstützmauer aus riesigen Blöcken nebst der senkrechten Abarbeitung der oberen Felswand und der neuen Rednertribüne aus dem Fels, dazu auf der oberen Fläche Bau von zwei großen, aber anscheinend nie fertig gewordenen, nach S. offenen Hallen. Über diese obere Fläche lief auch die Abkürzung der Stadtmauer, das »Diateichisma« des 4. Jh. v. Chr. E. M.

1. *K. Kourouniotes – H. A. Thompson* The Pnyx in Athens, Hesp. 1, 1932, 90ff. 2. *H. A. Thompson – R. L. Scranton* Stoas and city walls on the Pnyx, Hesp. 12, 1943, 269ff. 3. *Gl. R. Davidson – D. Burr Thompson* Small objects from the Pnyx I, Hesp. Suppl. 7, 1943. 4. *L. Talcott* u. a. Small objects II, Hesp. Suppl. 10, 1956. 5. *E. Meyer*, RE XXI 1106ff. 6. *Ida Thallon Hill* The anc. city of Athens 196ff. 7. *W. A. McDonald* The political meeting places of the Greeks 67ff. 8. *J. Turney Allen* Aristophanes and the Pnyx, Univ. of California Publ. in Class. Philology 12, 1944–44, 27ff.

Poblicola s. Gellius (I 7. 8). Valerius

Podaleirios (*Ποδαλείριος*). Sohn des → Asklepios, des »untadeligen Arztes« (Il. 4,194) aus Trikka, Bruder des → Machaon, in der Il. außer im Schiffskatalog (2,731) nur 11,833, wo er nicht konsultiert werden kann, weil er sich im Kampfe befindet. Freier Helenes Apollod. 3,131. In der Kl. Il. heilt P. → Philoktetes, Apollod. epit. 5,8, bei Soph. Phil. 1333 mit Machaon gemeinsam. Die Iliupersis nennt die Brüder Söhne Poseidons und kennzeichnet Machaon als Chirurgen, P. als Diagnostiker; er erkennt zuerst den Wahnsinn des Aias. In den Nosten wird P. nach Karien verschlagen, wo er Syrnos gründet, Apollod. ep. 6,2. 18. Paus. 3,26,10. Sch. Lykophr. Wilam. Isyllos 51f.; GldH 2,226 betrachtet ihn als Karer, W. Kullmann H(ES 14) 114f. 336ff. als dem Il.-Dichter vorgegeben. Im späteren Epos (Quint. Smyrn.) spielt P. eine größere Rolle. Seine Mutter ist Epione (o. I 644,51) oder → Arsinoe (1). Im Rahmen des Asklepiosdienstes genoß er Kult in vielen Gegenden Griechenlands, vor allem in SW.-Kleinasien, auch in Unteritalien, am Monte Gargano (Lykophr. 1047ff. Strab. 6,284. Nissen It. Ldk. 2,838). Auf Weihreliefs ist er meist mit andern Gottheiten aus dem Kreise des Asklepios verbunden, wie → Aigle (4), → Akeso, Iaso, Panakeia, → Hygieia, zum Beispiel: K. Kerényi Der göttl. Arzt ²1956, Abb. 47. H. v. G.

Podarge (*Ποδάργη* »fußschnell«). Harpyie, Mutter myth. Rosse, der des Achilleus (→ Balios) von Zephyros, der Dioskuren (Phlogeos und Harpagos, Stesich. frg. 1 D). Auch → Areions Mutter ist eine Harpyie, Quint. Smyrn. 4,569ff. P., die Stute des Erechtheus, ist eine Frucht des Boreas und einer Harpyie, Nonn. Dion. 37,157. – Die Kunst bevorzugte wie Hes. theog. 267ff., die Darstellung der → Harpyien als Vogelwesen. H. v. G.

Prell.-Rob. 1, 473. *L. Malten* Das Pferd im Totenglauben, JDAI 29, 1914, 179ff.

Podargos (*Πόδαργος*). Name myth. Pferde, des Hektor Hom. Il. 8,185, des Menelaos 23,295, des Thrakerkönigs → Diomedes, Hyg. fab. 30. H. v. G.

Podarkes (*Ποδάρκης* »gut zu Fuß«, vgl. Hes. frg. 117), **1.** Held aus Phylake am Othrys, Sohn des → Iphiklos (1), jüngerer Bruder des → Protesilaos, dem er als Führer der Mannen nachfolgte, Il. 2,695ff. 13,693. 698. Er fiel im Kampf mit Penthesileia, Quint. Smyrn. 1,233ff. 811ff. (nach der Kl. Il. ?). Bei Hes. frg. 94,35 ist P. ein Neffe 2. Grades des Protesilaos, der hier ein Sohn → Aktors (2) ist. **2.** Angebl. urspr. Name des → Priamos, Apollod. 2,136. 3,146. Hyg. 89 (*ἀπὸ του πρίασθαι*). Er war der einzige der Söhne des → Laomedon (1), den Herakles bei der 1. Zerstörung Ilions verschonte, »erkauft« durch den kostbaren Schleier der → Hesione (4). Soph. Ai. 1299ff. Lykophr. 337 mit Sch. H. v. G.

Poediculi s. Peucetii

Poena, die Buße, die Strafe. Das Wort wurde wie *carcer* und *lautumiae* in früher Z. aus dem Griech. entlehnt (*ποινή*, dor. *ποινά*). Es bezeichnete urspr., in den XII-Tafeln (8,3–4), das Loskaufgeld, mit dem der Verletzte oder seine Verwandten zum Verzicht auf die Rache bestimmt wurden; es hatte also zunächst dieselbe enge Bedeutung, die der griech. *ποινή* stets geblieben ist. Offenbar galt den XII-Tafeln nur die von Gesetzes wegen fest bezifferte Buße als *p.* (anders D. Liebs, ZRG 85, 1968, 184f. 198). In den folgenden Jh.en hat sich der Bedeutungsumfang von *p.* beträchtl. erweitert; spätestens seit ciceron. Z. diente das Wort als Strafbegriff schlechthin, der sinnverwandte Ausdrücke wie *multa* und *supplicium* einschloß. Während somit das röm. Recht eine allg. Kategorie der unerlaubten Handlung nicht gekannt hat, sondern in der Regel zwischen dem öffentl. *crimen* und dem privaten *delictum* unterschied, bezeichnete *p.* jedes Übel, mit dem die Rechtsordnung ein von ihr mißbilligtes Verhalten ahndete, bes. auch jede Art von öffentl. Strafe.

Die Juristen verwendeten den Begriff einmal für die privatdelikt. Bußen, die bei der *actio iniuriarum* (Beleidigung, Körperverletzung) jeweils nach den Umständen vom Richter abgeschätzt und im übrigen nach dem ein- (z. B. Sachbeschädigung) oder mehrfachen Betrag (z. B. Diebstahl) des betroffenen Sachwertes oder Interesses berechnet wurden. *P.* diente außerdem als Terminus für einen nichtdelikt. Sonderfall: für die in der röm. Geschäftspraxis überaus beliebte Vertrags-(Konventional-)strafe. Einen weiteren Anwendungsbereich machten die mannigfachen prozessualen Bußen aus, die leichtfertigem oder schikanösem Prozessieren entgegenwirken sollten. Hierher gehören die Fälle der sog. Litiskreszenz: Bestimmte Klagen führten, wenn der Beklagte das Bestehen des Anspruchs erfolglos bestritt, zur Verurteilung auf den doppelten Streitwert (z.B. die *actio iudicati;* → *iudicatum*). Hierher gehören ferner die Sponsionen des Interdict-Prozesses (→ *interdictum*), das *iudicium calumniae* u.a. Das öffentl. Strafrecht der Römer kannte zunächst nur zwei Arten der *p.*: die → Todesstrafe und die → *multa;* seit spätrep. Z. kamen die Verbannungsstrafen, in der späteren Kaiserz. die Zwangsarbeit hinzu (→ *aquae et ignis interdictio, deportatio, relegatio, opus metalli, opus publicum)*. Wenn man einen Begriff der Kriminaljustiz durch *caput* oder *capitalis* spezifizierte, so meinte man nicht immer nur die Todesstrafe; zumal die Verbindung *p. capitalis* bezog sämtl. Strafen ein, die den Verlust der Freiheit oder des Bürgerrechts mit sich brachten. M. F.

1. *Mommsen* RStrR 12ff. 907ff. 2. *E.Levy* Die röm. Kapitalstrafe, SHAW 1930/31, 5. 3. *Kaser* AJ. 4. *Ders.* Das röm. Privatrecht (Hb. d. Altwiss. 3,3) 1, 1955, 130f. 416ff. 509ff.

Poeni s. Karthago

Poeninus mons *(Alpes Poeninae*, und mehrere Namensvarianten*)*, der Paß des Großen St. Bernhard und die anschließenden Gebirgszüge. Der Name ist kelt. in der Bedeutung ›Gebirge‹ und entspricht dem Namen Apennin (bei Strab. 4,6,9 p. 207 auch der Brenner, How.-Meyer 54 A.1). Auf dem schon vorrömisch stark begangenen Paß lag ein Heiligtum eines einheimischen mit Iuppiter gleichgesetzten Gottes an dem Felsklotz, auf dem h. die Statue des Hl. Bernhard steht, in röm. Z. mit Tempel und Rasthaus. Zahlreiche Weihungen, bes. Münzen und viele Bronzetafeln mit z.T. metrischen Inschr. Herbst 57 v.Chr. vergeblicher Versuch Caesars, das Wallis zu erobern, Gall. 3,1–6. Wann die Unterwerfung unter Augustus, vom Genfer See her, erfolgte, ist nicht genau bekannt. Die Paßhöhe gehörte in röm. Z. zum Stadtgebiet von Augusta Praetoria (Aosta). Ausbau der Straße im J.47 n.Chr. unter Claudius als Fahrstraße, im Zusammenhang damit Zusammenfassung der bisherigen 4 *civitates vallis Poeninae* (Wallis) zu einer *civitas Vallensium* mit latin. Recht und Erhebung des neuen Hauptorts → *Octodurus*-Martigny zum *Forum Claudii Vallensium*, und Bildung der neuen prokurator. Provinz *Alpes Graiae et Poeninae* zusammen mit dem Gebiet der Keutronen mit Hauptort Axima (Aime en Tarentaise). Frühe Romanisierung; erster Bischof schon um 380–390 Theodorus von Octodurus, der »Heilige Theodul«. Strab. 4,6f. p. 204f. 6,11 p. 208. Plin. nat. 3,135. 137. Itin. Anton. 351,3ff. Tab. Peut. Inschr. CIL XII 131–164. V 6863–6895. Inscr. Italiae 11,1,48–105. How.-Meyer 195ff. Nr.34–89. Ztschr. f. Schweiz. Archaeol. und Kunstgesch. 1941,1ff. E. M.

1. *Fel. Stähelin* Schweiz in röm. Zeit³, bes. 33f. 84ff. 110ff. 126ff. 158ff. 254f. 344ff. 586ff. 2. *How.-Meyer*, 195ff. 3. *v.Petrikovits-Goessler*, RE XXI 1155ff. Nr.1. 2. 4. *M. R. Sauter* Préhistoire du Valais des origines aux temps mérovingiens, Vallesia 5, 1950, 1ff. 10, 1955, 1ff. 15, 1960, 241ff. 5. *E. Meyer* Zur Geschichte des Wallis in röm. Z., Basler Ztschr. f. Gesch. 42, 1943, 59ff. 6. *L.Lathion* Essai sur Théodore d'Octodure, Annales Valaisannes 9, 1956, 509ff. 7. *Ders.* Au temps de Saint Ambroise: Théodore d'Octodure et les origines chrétiennes du Valais, Lausanne 1961. 8. *Ders.* Le Valais et le Rhône dans les lettres anciennes, Annales Valaisannes 11, 1962, 307ff.

Poenius Postumus. Unter Nero *praef. castrorum* der *leg. II Augusta* in Britannien, in → Isca oder → Glevum. Dem Befehl des Statthalters C. → Suetonius Paulinus, wegen des Aufstandes der → Boudicca nach S. zu ziehen, gehorchte er nicht; nach dessen Sieg bei Deva nahm sich P. das Leben, Tac. ann. 14,37,3. R. H.

Poetelius. Röm. pleb. Gentilname, dessen Träger bes. im 4.Jh. v.Chr. hervorgetreten sind, Münzer Adelsp. 181. Stammbaum RE XXI 1163f. **1.** P., Volkstribun ca. 442 und 441, Liv. 4, 12,3–5 (Volkstüml. Anträge). Broughton Mag. 1,54f. **2.** P.P., 210 Gesandter an → Syphax, Liv. 27,4,7ff., der letzte Gentile. **3.** Q.P. gehörte 450 zu den *Decemviri legibus scribundis*, zog gegen die Sabiner; hist. nicht ganz gesichert. Galt als Stammvater. **4.** M.P.Libo (M.f.M.n.), cos. 314 mit C. → Sulpicius Longus (Kämpfe gegen Samniten); nur nach Fast. Cap. war er 313 *mag. equ.* von Nr.6. **5.** C.P.Libo Visolus. Als führender Mann der Plebs dreimaliger Consul: 360 (mit M. → Fabius Ambustus [I 17], Triumph über Gallier und Tiburtiner), 346 (mit M. → Valerius Corvus) und 326 (mit L. → Papirius Cursor). Zuvor (364) war er curul. Aedil (vgl. Münzer Adelsp. 28f.). Als tr. pl. 358 war er Urheber des ersten Gesetzes gegen *ambitus*, Liv. 7,15,12f., und vielleicht ist auch die *lex Poetelia* über die Aufhebung des → Nexum (Liv. 8,28,1ff. Varro l. l. 7,105) ihm zuzuschreiben. Er war C. f. Q. n. (Nr.3). **6.** C.P.Libo Visolus, C. f. (Nr.5) C. n., 313 *dictator rei gerundae causa.* Die Überlieferung nennt als *mag. equ.* sowohl den M. → Folius (3) als auch den M.P.Libo Nr.4 und bietet als Variationen des Auftrags: Kriegführung (unwahrscheinlich), Schuldrechtsreform, Nageleinschlagung. Degr. I 13,36f. 418f. H. G. G.

Poetovio, pannon. Stadt, h. Ptuj (Pettau) an der Drau. Erwähnt wurde der Name P. (Tac. hist. 3,1. Itin. Anton. 261,4. 262,2. 3. 265. CIL II 4147. III 260. 4071. 5427. XVI 141,155), *Petavio* (CIL III p. 2278. VI 2579. 32515. Tab. Peut.), *Petovio* (CIL

V 4371, VI 2552. 32561), *Poetavio* (CIL XI 1016), *Petobio* (CIL XVI 155), *Patavio* (Cod. Theod. 12, 1,78), *Petaviona* (Rav. 216,6), *ἀπὸ Παταβίωνος* (Priscus frg. 8), *Potobio* (Amm. 14,11,20), *Ποτόβιον* (Zos. 2,46. Ptol. 2,14,4). Der Name, der mit der venet. Form *Patavium* ident. ist, kann für illyr. gelten (KRAHE Balkanillyr. geogr. Namen 75). P. lag an der uralten Straße, die über die Drau führte. Die vorröm. Siedlung und der Kern der röm. Stadt lagen am l. Flußufer, w. von der h. Stadt. Das aus der august. Z. stammende Militärlager lag am r. Drauufer. Daran schlossen sich die *canabae* an, die mit der Siedlung am s. Brückenkopf der Drau zusammengewachsen waren. Der gegen Noricum zu gelegene Stadtteil – *vicus Fortunae* (CIL III 10815) – war unter Hadrian die Zollstation des *publicum portorii Illyrici*. Längs der Straßen nach Savaria-Carnuntum, Mursa und Celeia waren Gräberfelder entstanden. Seit der kelt. Eroberung wurde P. zum Grenzgebiet zwischen Illyrern und Kelten. Die in der Umgegend wohnenden nor.-pannon. Volksstämme waren die Serretes und Serapilli. P. gehörte urspr. zu Noricum. Im J. 16 v. Chr. wurden Stadt und Provinz von Rom annektiert. Im J. 11 (Cass. Dio 54,54,4) wurde P. Illyrien angeschlossen, und am r. Drauufer ein Militärlager gebaut. Die erste, uns bekannte Besatzung war die *legio VIII Augusta* (Tac. ann. 1,16), die auch inschriftl. bezeugt ist (CIL III 4060, 10878. 10879. AIJ 262). Geraume Z. war P. der Sitz der kaiserl. Statthalterschaft. Unter Claudius wurde an der Jahreswende 45/46 die *leg. VIII Aug.* von der *legio XIII gemina* abgelöst, die dann anstelle des Pfahllagers ein Steinlager erbaute (Tac. hist. 3,1). 69 stand die Legion an der Seite Vespasians. Als unter Traian die *leg. XIII gemina* abkommandiert wurde, wurde P. der Rang einer *colonia* verliehen *(Colonia Ulpia Traiana)*. Unter Hadrian wurde die Draubrücke erbaut (oder erneuert). Unter Gallienus lagen die Einheiten der *legio V Macedonica* und der *legio XIII gemina* in P. Anläßlich der Reformen Diocletians wurde P. an Noricum mediterraneum angeschlossen (Itin. Hieros. 561,4. Amm. 14,11,20. Priscus frg. 8). 354 wurde Gallus Caesar im *palatium ... extra muros* gefangengenommen Amm. 14,11,20). Nach der Schlacht bei Hadrianapolis bemächtigen sich die Goten der Stadt. Nach dem Abzug der Goten im 5. Jh. gelangte P. wieder in den Besitz der Römer. Hier wurde als Tochter des *comes Romulus* die Mutter von Romulus Augustulus geboren. Nach 448 wird P. in der Lit. nicht mehr erwähnt. Nach der Regierungszeit Traians gehörte die *colonia* zur *Papiria tribus*. Von Munizipalbeamten sind *IIviri i. d.*, *IIIIviri i.d.*, *praef. pro IIvir(is) i.d.*, *aediles*, *quaestores*, *decuriones*, ferner *collegium iuventutis*, *collegium Dianae et Nymphis*, *collegium fabrum tignuariorum*, *schola calciolariorum* erwähnt. Beamte des *publicum portorii Illyrici* und des *tabularium provinciae Pannoniae superioris* sind auf Inschr. genannt. Neben den eingeborenen *Nutrices* Aug. und *Marmogius* ist vor allem die Verehrung des Mithras zu erwähnen, der in P. mindestens vier Heiligtümer hatte. Der altchr. Bischof Victorinus starb dort unter Diocletian den Märtyrertod. J. F.

Poias (*Ποίας*). Vater des → Philoktetes, seit Hom. Od. 3,190 oft belegt, Gatte der → Demonassa (2). Er ist Sohn des Thaumakos, Apollod. 1,112; der Schiffskatalog Il. 2,716ff. gibt Thaumakie, Meliboia, Methone und Olizon, alle auf der Halbinsel Magnesia, als Herrschaftsbereich des Philoktetes an. Apollod. epit. 3,14. Als Argonaut tötete er den Kreter → Talos durch Pfeilschuß, Apollod. 1,112. 141. Nicht Philoktetes, sondern P. entzündete, als er auf der Suche nach Herdenvieh an den Oite kam, den Scheiterhaufen des Herakles, bekam dafür dessen Bogen und vererbte ihn an seinen Sohn, Apollod. 2,160. H. v. G.

Poieessa (*Ποιάσσα, Ποιῆσσα*), Stadt im SW. der Insel Keos beim h. Pisses. Akropolis mit schlecht erhaltener Mauer auf steilem Kap zwischen zwei Buchten und sehr geringe sonstige Reste. Zur Gesch. → Keos (1). Schon hellenist. ist P. in Karthaia aufgegangen, aber bewohnt geblieben, nicht Arsinoe, [1], 1274,27ff. L. ROBERT, Hellenica 11/12, 146ff. Strab. 10,5,6 p. 486f. Kall. frg. 75,73 Pf. Plin. nat. 4,62. Prob. Verg. georg. 1, 14. Steph. Byz. Suda s. *Βακχυλίδης*. Inschr. IG XII 5,568–592. S. 331f. Nr. 1100. 1101. Suppl. p. 113f. SEG 14,547f. E. M.

1. *Kirsten*, RE XXI 1270ff. Nr. 2. 2. *Philipps.-Kirst.* 4,66. 69. 3. *F. G. Maier*, MDAI(A) 73, 1958, 11ff. (mit Plan).

Poimandres, der »Männerhirt« oder »Menschenhirt«. Erster und wichtigster Traktat des corpus Hermeticum (früher auch als Sammelbezeichnung für dieses gebraucht), bedeutsamste erhaltene Schrift der heidnischen → Gnosis. P. tritt im Text als die offenbarende Person auf und bezeichnet sich (6) in der Identität mit Nus als »Gott«, was jedoch – entgegen früherer Ansicht (REITZENSTEIN) – lediglich als Hypostase der Gottheit Nus aufgefaßt werden kann (Ed. MEYER Urspr. und Anf. d. Christentums 2,374) oder sogar nur als eine durch den Charakter des Traktats als Lesemysterium erklärliche Exemplifizierung des jeweils persönlichen Nus des Hermetikers bzw. Lesers (K. PRÜMM, Religionsgesch. Hdb. 557). Im Namen P. sind alte religiöse (und politische) Vorstellungen aufgegriffen (Material bei C. F. G. HEINRICI Die Hermes-Mystik u. d. N. T., 1918, 16f. F. TAEGER Charisma 1, 1957, 94), die Formel, mit der sich P. (2) zu erkennen gibt, geht auf oriental. Vorbilder zurück (Ed. NORDEN Agnostos Theos 190. F. ALTHEIM Lit. u. Ges. im ausgeh. Altert. 1,243.2,45).

Inhalt. Es handelt sich um den Bericht des (unbekannten, s. u.) Vf.s über einen Dialog, den er als Offenbarungsempfänger mit dem ihm in

Ekstase erschienenen P. hatte; Einleitung (1–3) und Hauptteil (4–26) haben diese Dialogform. Nach dem Entschwinden des P. (27), d.h. nach dem Bericht über die Vision erzählt der Vf., wie er dem ihm von P. erteilten Auftrag durch Predigt und Hinführung zur Gnosis bzw. Ekstase gerecht geworden ist (27–30). Der Schluß (31. 32) bringt eine Lobpreisung Gottes, ein Gebet und eine Art Glaubensbekenntnis. Der Hauptteil enthält die Offenbarung des P., eine religiös-myth. Schöpfungsgeschichte von Welt und Mensch, die man mit Nock-Festugière 2–6 in 3 Teile gliedern darf: Kosmogonie (4–11), Anthropologie (12–24) und Eschatologie (24–26). Aus der Beantwortung ergab sich für den Adepten eine Erlösungslehre, in der sich die Grundlehren der Hermetik spiegeln, W. Kroll, RE VII 804ff. Jos. Kroll Hermes Trismegistos (1914). A. J. Festugière La révélation d'Hermès Trismégiste 1, 1944, 314f. M. P. Nilsson, GgrR 2^2,582ff. (vgl. auch o. Bd. II 1075). Der Redaktor des corpus Hermeticum hat Hermes Trismegistos als Vf. des P. bezeichnet. Kompliziert und z.T. umstritten sind die Fragen nach der Herkunft der einzelnen Vorstellungen. Der P. ist in seiner Einkleidung in die myst.-philos. Form des späten Hellenismus und als wichtigstes Denkmal der synkretist. Hermetik verklammert mit der gesamten Vorstellungswelt seiner Zeit; er dürfte frühestens ins 2. Jh. n. Chr. zu datieren und im ö. Mittelmeerraum entstanden sein. H. G. G.

Ta.: *R. Reitzenstein*, P. (1904) 328–338. *R. Reitzenstein-H. H. Schaeder* Stud. z. ant. Synkretismus (Warburg-Stud. 7, 1926), 154–161. *W. Scott* Hermetica 1, 1924, 11–133. *A. D. Nock* Hermès Trismégiste 1, 1945, 1–28. Übers.: *W. Schultz* Dokum. d. Gnosis, 1910, 62–69. *K. Latte* Rel.gesch. Lesebuch 5, 1927, 71–74 (nur § 1–26). *A. J. Festugière* Herm. Trism. (Coll. Budé).

Poimandros (*Ποίμανδρος*), Sohn des Chairesileos und der Stratonike (Paus. 9,20,1), gilt als Oikist von Poimandria in Boiotien (Plut. qu. Gr. 37 p. 299c), das auch → Tanagra heißt (Steph. Byz. s.v. Sch. Lykophr. 326. Strab. 9,404). Plut. a.O. begründet die Errichtung des dortigen Achilleions: Als Polykrithos die von P. erbauten Mauern Poimandrias verspottete und übersprang, schleuderte dieser einen Stein gegen ihn, traf und tötete aber seinen Sohn Leukippos (Pferdekopf auf Mz. von Tanagra: Head HN^2 348; Leukippos als Städtegründer: Radke, ARW 34, 1937, 384); da Achilleus seine Reinigung von der Blutschuld ermöglichte, stiftete P. zum Dank das Achilleion. Mytholog. vergleichbar sind Oineus und Toxeus, Romulus und Remus; zum Namen vgl. Fick-B. PN 195. 236.: Man wird von *Poi-* (zu *Poias*)*mandros* auszugehen haben. G. R.

Höfer, Myth. Lex. 3,2601.

Poine (*ποινή*). 1. Bei Homer a) im weiteren Sinne die Vergeltung ([1]). b) Im engeren Sinne das Wergeld, die Buße (→ Time) bei der willentlichen und unwillentlichen Tötung (→ Mord I.). Über die Annahme und Höhe des Blutgeldes konnten die zur Blutrache berufenen Verwandten frei befinden, → *αἴδεσις*. Es gab noch keine der Höhe nach gesetzlich festgelegten Wergelder ([2]. [3]). 2. Auch den ältesten griech. Gesetzen wird der t. t. P. nicht fremd gewesen sein, obwohl er hier nicht überliefert ist (RE XXI 1215). 3. Bußen für andere Vergehen kamen erst in späterer Z. auf (IG IV^2 122,98: *π. ὕβρεως*). 4. Gesetzliche Strafe, jedoch nur in der Rückübers. des lat. t. t. *poena*, der aber nicht als griech. Lehnwort auf P. zurückgeht (Kaser Röm. Privatrecht 1,18). 5. In den Pap. der byz. Z. durchwegs Vertragsbuße (Preisigke Pap. WB. s.v.). E. B.

1. *J. H. Lipsius* Das att. Recht und Rechtsverf., 1905–1915, 7. 2. *H. J. Treston* Poine, 1923. 3. *H. J. Wolff* Beitr. zur R.-Gesch. Altgriechenlands, 1961, 10. 14, 32. 32. 35. 113.

Pola (ὁ: Kall. frg. 11 Pf. Lykophr. 1022; griech. *Πόλαι*), an der S.-Spitze Istriens (Ptol. 3,1, 27. Strab. 5,216. 7,314), soll von Kolchern gegründet sein, die nach der vergeblichen Verfolgung → Iasons nicht in die Heimat zurückzukehren wagten (Kall. a.O. Lykophr. a.O. m. Sch. Strab. 1,46. 5,216. Plin. nat. 3,129. Mela 2,57. Hyg. fab. 23); der Name soll *φυγάδες* bedeuten (Kall.). Die auf uralter Siedlung (Duhn 2,136ff.) angelegte röm. Kolonie *Pietas Iulia* liegt in der 10. Region (Plin. a.O.; vgl. CIL V 8139 *colonia Iulia Pola Pollentia Herculanea*) Italiens (Strab. 5, 216. 7,314), stimmt in der *tribus Velina* (CIL V 47. 52. 58. 60) und ist Endpunkt der 78/79 n. Chr. angelegten *via Flavia* (CIL V 7986ff.). → Belisar baute P. als Operationsbasis gegen → Ravenna aus (Prok. Goth. 3,10,1ff.). Der gute Hafen ist durch vorgelagerte Inseln geschützt (Strab. 5,216). Umfangreiche Ausgrabungen. H. Pola. G. R.

Nissen It. Ldk. 2,241f. *Forbiger* HB. d. alt. Geogr. 3,418. *Forlati-Tamaro* Museo dell'Istria in Pola, 1930, 29f. *Mirabella-Roberti*, Atti e mem. soc. Istriana di arch. e stor. patr. 47, 1931, 296. 53, 1937, 263f. *Degrassi*, Aevum 7, 1933, 291f.; *Ders.*, Ist Veneto 102, 1942, 670.

Polemaios (*Πολεμαῖος*). Mit diesem Namen wird in der att. Inschr. Sylloge^3 328 der Neffe des Diadochen → Antigonos (1) erwähnt und meist in der neueren Lit. mit dieser att. Form genannt, um ihn von den zahlreichen Ptolemaioi dieser Epoche zu unterscheiden. Seinen richtigen Namen Ptolemaios, dessen maked. Form bei einem Makedonen zu erwarten ist, bezeugen die hsl. Überlieferung Diod. Plut., Memnon und OGIS 5,9. Er wird daher unter → Ptolemaios (22) geführt. H.V.

Polemarchoi (*πολέμαρχοι*), »Führer im Kriege«, sind anscheinend als königliche Adjutanten ins Leben getreten (vgl. den → Ion-Mythos: Aristot. Ath. pol. 3,2 und die Zeltgenossenschaft der P. mit den spartan. Königen: Xen. Lak. pol. 13,1). Bei der Entmachtung des Königtums (nicht in Sparta) übernehmen sie im Rahmen eines obersten Beamtenkollegiums das Heereskommando. Für Männer wie → Kypselos in Korinth (É. WILL, Korinthiaka, 1955, 298ff.) und → Peisistratos in Athen (Hdt. 1,59) ist die Polemarchie das Sprungbrett zur → Tyrannis. In Theben ermöglicht das Amt noch zu Anf. des 4. Jh. → Leontiades und seinen Anhängern die Herrschaft (Xen. hell. 5,2, 31. 36). Für Athen bringt die Schlacht von Marathon das letzte Hervortreten eines Polemarchen (→ Kallimachos 1) als Heerführer. Fortan rücken die → Strategen in diese Stellung ein; der Polemarch behält nur die Gefallenenehrung (Aristot. Ath. pol. 58,1). Seine Tätigkeit verlagert sich auf den Schutz der → Metoikoi, → Isoteleis und → Proxenoi, für die er Gerichtsstand ist (Aristot. a. O. 58,2, A. R. W. HARRISON The Law of Athens, 1968, 193–196). P. gibt es auch in Bundesstaaten, wie SEG XVII 1959, 243 für Thessalien zeigt, wo etwa im 2. Viertel des 5. Jh. vier P. an die Stelle der Tetrarchen getreten sind (J. A. O. LARSEN, CPh 55, 1960, 241ff. P. R. FRANKE, AA 1970, 92f.). H. B.

H. Schaefer, RE Suppl VIII (1956) 1097–1134.

Polemarchos. 1. Sohn des reichen athen. Metoiken → Kephalos (2) aus Syrakus († ca. 430). In Kephalos' Haus spielen die Dialoge der Politeia Platons, an denen P. wie sein jüngerer Bruder → Lysias (6) teilnimmt. 403 fiel P. der Tyrannis der 30 zum Opfer. Gegen den an P.' Tod unmittelbar schuldigen → Eratosthenes (1) hielt Lys. or. 12. Vgl. POxy 1606, 8f. (?). 161 (Lys. gegen Hippotherses). RE XXI 1255f. K. K.

2. P. von Kyzikos, zw. 380 u. 370 v. Chr., Schüler des → Eudoxos, Lehrer des → Kallippos. Setzt sich mit der Frage auseinander, wie sich Änderungen der scheinbaren Planeten-Größen mit der eudoxisch-aristotel. Theorie von den homozentrischen Sphären vertragen. Zeugnisse: Simpl. In Aristot. de caelo 493,5 u. 505,21–23. J. M.

Rehm, RE XXI 1256.

Polemius Silvius verfaßte im J. 448/49 den nur in 1 Hs. (Brüssel 10615–10729 saec. XII) erhaltenen *laterculus* und widmete ihn dem Bischof → Eucherius (3) von Lyon. Es ist eine Umarbeitung des überlieferten Kalenders mit Weglassung überflüssig erscheinender (bes. heidnischer) und Einfügung chr. Elemente. Beigegeben (bzw. zwischengeschoben) sind: eine Liste der röm. Kaiser von Iulius Caesar bis Theodosius II. und Valentinian III., der Provinzen des röm. Reiches, aller Tiere, der Teile der Stadt Rom, der Maße und Gewichte, ein Abriß der Geschichte von der Sintflut ab u. a. Ein für den Kulturverfall der Zeit bezeichnendes Machwerk. K. Z.

Ta.: *Th. Mommsen*, MGAA IX 511–551; *Ders.* Ges. Schr. VII 633ff. *K. Ziegler*, RE XXI 1260ff.

Polemokrates (*Πολεμοκράτης*), **1.** Makedone, erhielt von König Philipp II. ein Gut (*κλῆρος*) im Gebiet von Sinos und Trapezunt in Erbpacht. Sein Sohn → Koinos (Arr. an. 1,14,2. 5,27, 1) bekam um 347 ein Landstück dazu. Dieser Besitz wurde Perdikkas, dem Sohn des Koinos, vom König Kassandros steuer- und zollfrei für Ein- und Ausfuhr zum Gebrauch bestätigt, Sylloge^3 332. M. ROSTOWTZEW Gesch. des röm. Kolonats 1910, 251. H. V.

2. s. Alexanor. Machaon

Polemon (*Πολέμων*). **1.** P. I. *Εὐσεβής* (IPE 704. HEAD HN^2 502), König von Pontos 37–8 v. Chr., von 14 ab des Bospor. Reiches. Sohn des Rhetors Zenon, verteidigte 40 Laodikeia gegen die Parther, wurde 39 durch → Antonius (9) Dynast über einen Teil Kilikiens, 37 König des Pontos, Strab. 12,568. App. civ. 5,319. Cass. Dio 49,25,4. Im Partherkrieg 36 gefangen, vermittelte P. ein Bündnis des Antonius und → Artavasdes (2) und erhielt 34 bis 30 Kleinarmenien, Cass. Dio 49,33,2. 44,3. Plut. Ant. 52,1ff. Mit Zustimmung des Augustus vereinte P. 14 mit Pontos das Bospor. Reich, dessen Herrin Dynamis er heiratete. Nach ihrer Flucht zu rebellischen Stämmen heiratete P. → Pythodoris, Tochter des → Pythodoros aus Tralles und der → Antonia (16), einer Tochter des → Antonius (9). Im Kampf gegen Anhänger des → Aspurgos zerstörte P. Tanais, wurde 8 gefangen und getötet, Strab. 11,493. 495. 12,556. IG Rom 4,144. 1407. IPE 419. H. BUCHHEIM Die Orientpolitik des Triumvirn M. Antonius 1960, 51ff.

2. P. II. König von Pontos 38–63 n. Chr., des Bospor. Reiches bis 41, von Kilikien 41–68, Sohn des Thrakerkönigs → Kotys und der → Antonia Tryphaina (II 18), Enkel von Nr. 1, Nachkomme des → Antonius (9), *σύντροφος* und *ἑταῖρος* des Caligula, von ihm 38 zum König von Pontos und des Bospor. Reiches eingesetzt, Cass. Dio 59, 12,2. Sylloge^3 798. Claudius nahm P. 41 das Bospor. Reich und gab ihm Teile Kilikiens. P. heiratete Berenike, Tochter des → Herodes (8) Agrippa, Cass. Dio 60,8,2. Ios. ant. 20,145. Nero vereinigte 63 Pontos mit der Provinz Galatien, Suet. Nero 18. P. behielt Kilikien, Mz. noch 68. Sein Todesjahr ist unbekannt, IGRom 147. HEAD HN^2 503 (Mz. mit Köpfen des P. und der Mutter). 727. H. V.

3. Sohn des Philostratos aus Athen, Schulhaupt der → Akademie 315/14–266/65. Der Bericht von P.s »Bekehrung« vom reichen, prassenden Jüngling zum entsagenden Philosophen (Diog. Laert. 4,16/17 nach Antigonos von Karystos) muß als legendär angesehen werden: Eine Vorlesung des → Xenokrates *περὶ σωφροσύνης* soll auf P. die Wirkung völliger *μετάνοια* ausgeübt haben. Die Gesch. kennzeichnet die enge Bindung des P. an Xenokrates. Ohne Zweifel setzte P. dessen konservative Richtung fort; vermutlich hat er die bereits bei Xenokrates angelegte Systematisierung der Güterlehre vorangetrieben; hierauf beziehen sich Cic. ac. 1,2,131; fin. 2,33 und 4,14. Sicher wurde dabei das Dogma ausgesprochen, Handlungen *κατ' ἀρετήν* müßten zugleich *κατὰ φύσιν* sein. Die nachmalige stoische Behauptung, das Postulat, es gelte naturgemäß zu leben, gehe auf P. zurück (dessen Schüler → Zenon war), ist mithin nicht abwegig; nur hat P. die Konsequenzen, die sich für die stoische Lehre von der → *φύσις* ergaben, weder vorausgesehen noch gezogen.

Ähnlich seinem Lehrer Xenokrates verfaßte P. viele Monographien – *ἱκανὰ συγγράμματα*, so Diog. Laert. 4,20, sorgte aber nicht für deren Verbreitung durch eine *ἔκδοσις*. So gibt es viele verstreute Notizen über Lehr-Entscheidungen des P., aber keine kohärente Überlieferung; das in der Akademie verwahrte wiss. Material dürfte im März 86 v. Chr. vernichtet worden sein. Eine Fragmentslg. fehlt. Schüler des P. waren → Krantor, der vor P. starb, und → Krates (2), der sein Nachfolger wurde. H. D.

4. P. von Ilion, der Perieget. Literar. Tätigkeit in Alexandrien 202–181 (Sud.). 177/76 erhielt P. Proxenie in Delphoi (Sylloge³ 585[114]). Sein Werk besteht in Beschreibungen (Perihegesen) der berühmtesten Landschaften Griechenlands in einzelnen Büchern, deren Titel, Spannweite und Gruppierung noch nicht recht bekannt sind. Die Akropolis von Athen war in 4 B. dargestellt, deren Frg. Statuen und Inschr. betreffen; dazu trat eine Abhandlung über die Bilder der Propyläen. Die *Ἀναγραφὴ τῶν ἐπωνύμων τῶν δήμων καὶ τῶν φυλῶν* dürfte noch als Exkurs demselben Werk angehört haben, während *Π. ἱερᾶς ὁδοῦ* (vgl. Paus. 1,36–37) eine Monobiblos ist. Für Sikyon sind zwei Titel, die sich auf die Stoa Poikile und auf die Pinakes beziehen, erhalten mit Frg. anekdot. Charakters; zwei Titel gleichermaßen für Lakedaimon, wo P. die *Ἀναθήματα* studiert hatte. Außerdem sind für Griechenland noch Boiotika, Thebaika, Phokika, Delphika und Epeirotika bezeugt, alles wohl auf Autopsie begründet. Außerhalb Griechenlands werden Iliaka, Ktiseis um den Pontos Euxeinos, Karika, *Π. Σαμοθράκης*, Ktiseis in Italien (dazu Exkurs *Π. τῶν ἐν Καρχηδόνι πέπλων*) und Sizilien zitiert. An die periheget. Schriften schließen sich indirekt die 6. B. *Πρὸς Ἀδαῖον καὶ Ἀντίγονον* an, eine kritische und polemische Prüfung der Schriften dieser Autoren über die Maler und die Bildhauer, deren Frg. Anekdoten und gelehrte Erkundungen und Beschreibungen von Kunstwerken bringen, also Kunstgeschichtliches in »perihegetischem« Sinne. Dieselben Merkmale finden sich in der zweiten polemischen Schrift, *Πρὸς Τίμαιον* (12 B.), die den berühmten Historiker angriff. Das lange Frg. 45 enthält eine Abhandlung über Hipponax als Erfinder der Parodie, die einen Begriff von der Buntscheckigkeit des Werkes gibt. Von einer Schrift gegen Eratosthenes sind einige Frg. hist. und grammat. Inhalts erhalten, von anderen polem. Traktaten gegen Neanthes v. Kyzikos und Anaxandrides nur die Titel. Vier Briefe, an die nicht bekannten Diophilos und Akanthios, an Attalos I., an einen Unbekannten *Π. τῶν ἀδόξων ὀνομάτων* bezeugen gelehrte Kenntnis verschiedener antiquar. Fragen. Die übrigen Werke verteilen sich auf solche histor. (*Ἐπιγράμματα κατὰ πόλεις*), lexikal.-antiquar. (über Xenophons *κάνθαρον*, über Zeus' *κῴδιον*, über Brot) und paradoxograph. (Sizilian. Gewässer) Inhalts. Der *Ἑλλαδικός*, eine myth. Gesch. Griechenlands, ist wahrscheinlich unecht. In P.s ganzem Werk herrscht das anekdot. Interesse, typisch alexandrin., mit einer Vorliebe für das Ungewöhnliche und für die Mythologie. Die Darstellungsform ist schmucklos und soll nur durch Sachlichkeit wirken. Hiatvermeidung allein verrät den rhetor. Einfluß. F. L.

Frg.: *L. Preller* Polemonis Periegetae Frg, 1838 (Neudr. 1964); FHG 3,108.

5. Antonius P. (IGRom 4,1431; Anth. Pal. 11, 181. PIR 1 Nr. 862) aus Laodikeia am Lykos, Nachkomme der pontischen Könige (Nr. 1.2.), berühmter Sophist, ca. 90–145 n. Chr. Quellen: eigene Werke; Philostr. v. soph. 1,25. Suda s. *Π.*

P. studierte bei → Skopelianos und → Timokrates in Smyrna, wo er später eine eigene Schule leitete. Zu seinen Schülern rechnet Ailios → Aristeides (3). Mit → Herodes (16) Attikos und → Dion (3) von Prusa war er befreundet, während er → Favorinus als Konkurrenten gehässig bekämpfte (vgl. das boshafte Porträt physiogn. p. 160ff. F.). P. genoß das Wohlwollen der Kaiser Traianus (Recht der *libera legatio*) bis hin zu Antoninus Pius, bes. aber das Hadrians, den er gelegentlich auf Reisen begleitete (z. B. i. J. 123: physiogn. p. 138f.; zur Route vgl. jetzt [4], 120ff.) und der ihn mit der Einweihungsrede für das Olympieion in Athen betraute (i. J. 131). Private Reisen führten P. nach → Perge und → Samos (physiogn. p. 282. 286), Rom und Neapel (i. J. 143: Fronto epist. 2,5). Später litt P. an Gicht; da keine Besserung eintrat (Kuraufenthalt in → Pergamon; Inschr. eines von ihm geweihten Demosth.-Bildes: Inschrift von Pergamon Nr. 33, schied er 56jährig in → Laodikeia freiwillig aus dem Leben. Eine große Zahl von Anekdoten und Bonmots, seinen Lebensstil, seine Überheblichkeit (vgl. seinen Zusammenstoß mit dem Thronfolger, Philostr. 1,25,3) und seine Schlagfertigkeit betreffend, sind überliefert. Sämtl. Prozeß- und Gesandtschaftsreden sowie seine Briefe (Philostr. a. O.) und ein Geschichtswerk (Phryn. 339 R.) sind verloren. Erhalten blieben lediglich zwei Deklamationen (Streit der Väter des → Kallimachos (1) und des → Kynaigeiros um die Ehre, die Gefallenenrede halten zu dürfen); die Titel weiterer Übungsreden nennt Philostr. a. O. Durch eine arab. und eine (gekürzte) lat. Übers. sowie durch Vermittlung des → Adamantios ist die Physiognomik des P. bekannt. Material und Anlage dieser wohl in den 30er Jahren verfaßten

Schrift gehen auf die ps.-aristot. Physiognomik zurück; P. hat diese aber, bes. durch Einfügung anschaulicher und lesenswerter Schilderungen eigener Erlebnisse, stark erweitert. P.s Sprache ist nicht rein att. (Kritik des Phryn. a.O.); purist. Einwänden zum Trotz galt er aber wie schon bei Lebzeiten, so auch den Späteren als unerreichter Könner (vgl. Philostr. 1,25,10. Men. *π. ἐπιδ.* p. 81 Burs. Walz Rhet. 6,94. Suda s. *Γρηγ. Ναζ.* Anna Komn. Alex. 10,2,1. 14,7,4).

Die Porträt-Büste eines bärtigen Mannes im Nat.-Mus. zu Athen (Abb. z.B. bei K. Schefold Bildnisse 180 Nr. 4) stellt möglicherweise P. dar (vgl. A. Hekler, A 16, 1940, 125). H. Gä.

Ta: Decl.: *H.Hinck*, Lpz. 1873 (Nachtr. z. Überl.: *F.Lenz* Unt. z. d. Aristeides-Sch., Bln. 1934, 113,1).
Physiogn.: *G.Hoffmann* in: Script. Physiogn. Gr. et Lat.; ed. *R.Förster*, 1, Lpz. 1893, 93ff.
Lit.-Ber.: BursJb 272, 1941, 236ff.
Lit.: 1. *W.Stegemann*, RE XXI 1320ff. 2. *Christ-Schmid* 2,2,692f. 3. *H. Jüttner* De P.is rhet. vita operibus arte, Bresl. phil. Abh. 8,1 (1898; Nachdr. Hildesh., 1968). 4. *G. W.Bowersock* Greek Sophists in the Roman Empire, Oxf. 1969. 5. *J.Mesk*, WS 50, 1932, 51ff. 6. *E.C.Evans*, Cl. Journ. 45, 1950, 277ff. 7. *A.MacC.Armstrong*, Greece and Rome 2. S.5, 1958, 52ff.

6. P., nur von Lyd. mag. 3,46 zit. Grammatiker unbest. (aber gewiß spätant.) Z., Vf. eines Komm. zu Lucans Pharsalia. Das Zitat aus dem 5.B. bezieht sich auf die epeirot. Stadt Palaiste (zu Luc. 5,460), aus deren Namen P. auf syr. Gründung schließen wollte. H. Gä.

C.Wittig Quaest. Lydianae, Diss. Königsberg 1910, 100ff.

Polemos (*Πόλεμος*), der personifizierte Krieg. Ansätze zur Auffassung als Dämon Hom., z.B. Il. 10,8 *πτολέμοιο μέγα στόμα*, durchgeführt in Aristoph. Pax (→ Eirene). Hier ist *κυδοιμός* sein Sohn, Pind. frg. 78 *ἀλαλά* seine Tochter. *Π. πατὴρ πάντων*: Herakl. frg. 53 D. – Enn. ann. 266f. sprach von den Toren des → *Bellum* (Hor. s. 1,4,61). Danach Verg. Aen. 1,293ff. 7, 607ff. 622. Ov. met. 1,142f. Vgl. → Ianus II u. → Bellona. H. v. G.

Polenta. Das urspr. griech. Gericht entspricht dem röm. → Puls. Zerstampfte Gerstenkörner, mit Wasser übergossen, dann getrocknet, geröstet, geschrotet (die Römer geben sie unzerstampft in die Mühle), ergeben bei 20 Teilen Gerste, 3 Teilen Leinsamen, dazu Koriander und Salz, die P., einen eß- und trinkbaren Gerstenbrei. Plin. nat. 18,72–74. 80. W. H. G.

J.André L'alimentation et la cuisine à Rome (1961) Reg. v. polenta.

Poletai (*πωληταί*), Verkäufer, hieß eine schon zu Solons Z. bestehende Finanzbehörde in Athen mit eigenem Amtslokal, *πωλητήριον*, aber ohne eigene Kasse. Sie setzte sich aus 10 durchs Los gewählten Männern, je einem aus jeder Phyle, unter einem aus ihrer Mitte bestimmten Obmann, *πρύτανις*, zusammen ([1]). Ihr Geschäftskreis wechselte. Zur Z. des Aristoteles wurden sie in einem streng geregelten Verfahren auf zwei großen Kompetenzfeldern tätig, nämlich bei der Verpachtung der staatlichen Grundstücke, Zölle, Steuern und sonstigem Gefälle sowie beim Verkauf des vom Staat beschlagnahmten Vermögens, → *δημιόπρατα*. In beiden Fällen festigten sie das Vollrecht des Käufers durch *κύρωσις* oder → *βεβαίωσις* ([2]). Auch in anderen griech. Poleis sind P. bezeugt ([1], 483,5). E. B.

1. *Busolt* GStk. 1141ff. 2. *F.Pringsheim* Gesammelte Abhandlungen 2, 1961, 305.

Poliarchos (*πολίαρχος*, im Thessalischen *πτ* > *ττ* anlautend). **1.** In 3 thessal. Inschr. des 3. Jh. v. Chr. (IG IX 2,1233 aus Phalanna, REA 66, 1964, 313 und 314 = IG IX 2,429 aus Krannon) begegnet der P. in einem Kollegium von insgesamt fünf Trägern dieses Titels, das neben einem solchen von → Tagoi in den betr. Städten das Regiment führt. Ein *ἀρχιττολίαρχος* erscheint in IG IX 2,1233 als Vorsitzender. **2.** Cassius Dio gebraucht öfters P. als Übers. des röm. Titels → *praefectus urbi* (W. Nawijn Ind. Graecitatis zu Cass. Dio ed. Boissevain s.v.). H. B.

F.Gschnitzer, RE Suppl. XI 1108–1112.

Polichna. Wohl nicht nur *φρούριον*, sondern Vorort von → Syrakusai, gelegen um das → Olympieion am Anapos (Thuk. 7,4,6. Diod. 13,7, 6). Die Siedlung ist offenbar schon in die Z. der frühen syrakus. Expansion (seit 7. Jh.) zu datieren. H.-P. Dr.

H.-P.Drögemüller, Syrakus. Gymn.-Beih. 6 (1969), 41 m. Anm. 10.

Polichne. Stadt im n.w. Kreta, wahrscheinlich die ant. Ortslage beim h. Meskla etwa 15 km s.w. von Chania. Hdt. 7,170,1. Thuk. 2,85,5f. Steph. Byz. BCH 45, 1921, 19 III 111 (?). Inschr. [1] Nr. 1–8. SEG 23,575–577. E. M.

1. *M.Guarducci* Inscr. Cret. 2,233ff. 2. *E.Kirsten*, RE XXI 1368ff. Nr. 3.

Poliorketik. Die P., die Belagerungskunst und der Festungskrieg, die schon im 3. Jt. v. Chr. in Äg. und im Vorderen Orient eine beachtliche Entwicklungsstufe erreicht hatten ([1], 3ff.), war in Griechenland noch im 5. Jh. v. Chr. wenig ausgebildet. Die griech. Befestigungen bestanden meistens aus Lehmziegeln und Holzkonstruktionen, nur der Unterbau aus Bruchsteinen. Belagerungen konnten oft Jahre dauern, da wegen des Fehlens von Geschützen und anderen Belagerungsgeräten in der Regel nur Einschließung und Aushungerung zur Übergabe führten. Um die Belagerung zu verkürzen oder zu vermeiden, wurden List und Überfall angewendet. Half dies nicht, so wurde zum Angriff übergegangen, d.h. zur Berennung oder zur völligen Einschließung, manchmal durch Wall und Graben oder Palisaden und Mauern. Darauf folgte die Herstellung eines Zuganges (*προσαγωγὴ μηχανήμασιν*). Dazu wurde die Mauer mit dem Widder (*κριός*) (RE Suppl. XI

871ff.) und mit dem Mauerbohrer (*τρύπανον*) durchstoßen, durch Brandlegung durchbohrt, durch Minen untergraben oder mit Helepolen (→ Helepolis), Fallbrücken (→ Korax) und Leitern aller Art überwunden. Ob bereits Miltiades vor Paros und Perikles bei Samos Sturmböcke verwendeten (RE Suppl. XI 872), ist fraglich. Im pelop. Krieg sind bereits technische Truppen bezeugt (Thuk. 2,18, Xen. hell. 2,4,27). Die Verteidiger schützten sich gegen Überhöhungen durch Ausspannen von Segeln, starke Rauchentwicklung und durch Anlage von Türmen. Geschosse wurden durch geflochtene Hürden, Tücher usw. aufgefangen. Die Wirkung des Widders und Mauerbohrers schwächten bes. mit Spreu gefüllte Säcke oder Ochsenhäute ab. Alle Belagerungsmaschinen suchten die Verteidiger aktionsunfähig zu machen, z.B. durch Herabwerfen von großen Steinen oder Feuerbränden. Mit der Erfindung der Torsionsgeschütze (→ Geschütze, Lithobolos) um 400 v.Chr. wurde eine neue Entwicklung eingeleitet, bes. als Geschütze und Widder an Größe und Wirkung zunahmen. Jetzt genügten die Befestigungen aus Lehmziegeln und Bruchsteinen nicht mehr, sondern mußten mit Bossenquadern verstärkt werden. Auch die Wandeltürme (→ Helepolis) wurden immer größer und stärker. Der förmliche Angriff unter Anwendung von Minen, Widder, Geschützen und Belagerungstürmen war in der Z. Philipps II. und Alexanders d. Gr. die Regel. Die Belagerungskunst erreichte unter den Diadochen ihre höchste Entwicklungsstufe in der Kunstfertigkeit, Geschütze, Türme, Schildkröten usw. zu bauen, in der Führung des Minenkrieges und in der Zahl der verwendeten Maschinen und Geschosse. Die feindlichen Artillerien standen der beschränkten Treffsicherheit wegen nie weit voneinander. Der Schutz der lebenden und toten Verteidigungsmittel, für den früher Flechtwerk, Felle, Segel, Kleidungsstücke und schwache hölzerne Deckungen genügten, wurde nun bedeutend verstärkt. Doppelte Rutengeflechte, nasse mit Spreu gefüllte Häute, starke, mit Nägeln festgepflockte Lehmschichten und Bleiplattenpanzer wurden dafür verwendet. Dazu kamen steinerne Brustwehren, Mauern und Türme mit zahlreichen, z.T. nach außen abgeschrägten Sohlen. Die Tore wurden gegen die Geschützwirkung durch Vorwerke oder Epikampien geschützt. Auch wurden die Festungen mit zahlreichen Geschützen ausgestattet. Die unter dem Einfluß der griech. entwickelte röm. Poliorketik ging ihren eigenen Weg. Ihr Hauptmittel bildete im Belagerungskrieg die Einschließung, wie sie z.B. bei Carthago (146 v.Chr.) und Numantia (133 v.Chr.) angewendet wurde und bei Alesia (52 v.Chr.) ihren Höhepunkt erreichte. Angriff und Verteidigung vollzogen sich nach griech. Art. Nur im belagerungsmäßigen Angriff, in der Annäherung an die Verteidigungsfront, ist eine Weiterentwicklung festzustellen. Die Planierung des Angriffsfeldes wurde nicht mehr durch eine primitive Erdaufschüttung vorgenommen, sondern durch eine große Holzterrasse, die mit Rasenziegeln, Schutt, Flechtwerk u.a. verkleidet war und bis an die Stadtmauer vorgetrieben wurde. Auf der ebenen, sanft ansteigenden Fläche des *agger* wurden die Sturmtruppen und die anderen Angriffsmittel bereitgestellt. Die röm. Belagerungsmaschinen entsprachen den griech. Die Annäherungsdeckungen waren der → *pluteus* (*λαίσα*), eine auf Rollen bewegliche, gewölbte Hurde, die → *vinea* (*ἄμπελος*), eine bewegliche Laufhalle und die → *testudo* als Schüttschildkröte (*χελώνη χωστρίς*), die Angriffsmaschinen der → *musculus* (*χελώνη ὀρυκτίς*), die Breschhütte, die *turris ambulatoria* (*φορητός πύργος*), der bewegliche Angriffsturm. Als Mauerbrechwerkzeuge dienten der *aries* (*κριός*), der Sturmbock, die *terebra* (*τρύπανος*), der Mauerbrecher, die → *falx* (*ἁρπάγη*), die Mauersichel und die *vectis*, die einfache Brechstange. Schließlich kamen noch → Geschütze hinzu. Die förmliche Belagerung begann mit dem Schlagen eines oder mehrerer Lager gegenüber den gewählten Angriffspunkten. Dann folgte die Planierung des Angriffsterrains durch den *agger* und der Angriff mittels Maschinen mit dem Ziel, eine Bresche zu schlagen. Durch diese erfolgte der Sturm. Außer dem belagerungsmäßigen Angriff konnte *ex itinere* zur *oppugnatio repentina* geschritten werden, wie z.B. bei Gomphi (Caes. civ. 3,80) oder zum Handstreich wie bei Avaricum (Caes. Gall. 7,27f.), bei dem das Überraschungsmoment eine Rolle spielte. Die Verteidigung vollzog sich im wesentlichen nach griech. Muster. In der frühen Kaiserzeit änderte sich im allg. daran nichts. Beispiele des belagerungsmäßigen Angriffs sind bes. Jerusalem im J. 70 (Ios. bell. Iud. V, VI) und Masada (ebd. Iud. 7,8f.), des gewaltsamen Angriffs der Sturm auf Cremona 69 durch die Truppen Vespasians (Tac. hist. 3,26–33), des Handstreiches die Eroberungen Corbulos in Armenien (Tac. ann. 13,39).

Zu Poliorketiker s. die Einzelartikel → Aineias (2), → Athenaios (5), → Heron von Alexandreia, → Philon v. Byzantion, → Vitruvius, → Apollodoros (9). Endlich ist der Anon. Byz. (10. Jh. n. Chr.) zu erwähnen. A. N.

1. *H. Th. Horwitz*, Ztschr. f. hist. Kostüm- u. Waffenkunde 13 (1932–1934) 3ff. 7ff. 31ff. 42. 2. *Krom.-Veith* 209ff. 244. 373ff. 442ff. 564ff. 600f. 3. *Ders.* Burs. Jb. 274 (1944) 54ff. 94ff. 145f. 4. *A. Neumann*, CPh XLI (1946) 218f. 5. *A. Bruhn-Hoffmeyer* Antik. Artilleri, Kobenhavn 1958.

Poliporthes, Sohn des Odysseus, → Telegonie

Polis (*πόλις, πτόλις*, Boisacq³ 802, vgl. *po – to – ri – jo* [A. Morpurgo Mycenaeae Graecitatis Lex., 1963, 262]). In myken. Z. bedeutet P. »Burg« samt der damit verbundenen Siedlung ([3], 43). Bei Homer wird letztere als P. = »Stadt« von der *ἀκρὴ πόλις* unterschieden (Troia: Il. 7,88 u.ö.,

[12], 123). In der Folge entwickelt sich die P. mit Hilfe der → Kolonisationsbewegung zur vorherrschenden Siedlungsgemeinschaft, deren Mitglieder sich nach der gewählten Örtlichkeit benennen (z.B. οἱ Ἀθηναῖοι nach Ἀθῆναι, [13], 272–276. 294f.). Das Aufkommen der Alternativbezeichnung P. für diesen Personalverband (Dreros: [11]. Kyzikos: Syll.⁴ 4) ist ein Kriterium für die Ausbildung des »Stadtstaates« ([10], 12f. [11], 27) als Selbstverwaltung eines überschaubaren Gebiets oder als Vorherrschaft einer Megapolis wie Athen (Pind. P. 7,1) unter degradierten Poleis einer Landschaft ([3], 90f. 106ff.). Dem Stadtstaat gegenüber erscheint der Stammstaat mit seinen → Komai als rückständig, doch ist er als Gegebenheit des griech. Staatslebens gebührend in Rechnung zu stellen ([13], 276–286), zumal er nach Transformation zum Bundesstaat (→ Koinon) seit dem 4.Jh. v.Chr. die P. an geschichtl. Bedeutung zu überflügeln beginnt ([5], 147–160. [6]). Die hellenist. Z. bringt für die P. einerseits die Fortifikation, andererseits das Vordringen in neue Räume ([3], 54ff. 120ff. [9]). Äußere Kennzeichen der P. als Staat sind Buleuterion und Prytaneion (Thuk. 2,15,2) sowie die (seit → Hippodamos zentral angelegte) → Agora. Leben verleiht der P. die → Politeia (Aristot. pol. 1295a 40. Isokr. 7,14), die die Zugehörigkeit zu den Politai festlegt (Aristot. pol. 1275a 1ff.) und den Anteil des einzelnen Polites an den Dingen der Polis (τὰ πολιτικά) bestimmt. Den Zusammenhalt der P. garantiert die → Homonoia (Aristot. eth. Nic. 1155a 22ff.). Die Selbständigkeit der P. manifestiert sich in den oft vertraglich geregelten Beziehungen mit anderen Poleis ([2]. Die Staatsverträge des Alt. II/III, 1962/9). Es gibt jedoch mannigfache Abstufungen der Selbständigkeit, von der an die Metropolis gebundenen → Apoikie ([8]) über die »Poleis ohne Territorium« ([14]. [4]) zu den von der Herrschaft hellenist. Könige oder des Imperium Romanum erfaßten Poleis ([1]. [7]). H. B.

1. *A.Heuß* Stadt und Herrscher des Hellenismus (1937). 2. *I.Calabi* Ricerche sui rapporti tra le poleis (1953). 3. *E.Kirsten* Die griech. P. als histor.-geograph. Problem des Mittelmeerraumes (1956). 4. *F.Gschnitzer* Abhängige Orte im griech. Alt. (1958). 5. *V.Ehrenberg* Der Staat der Griechen (²1965) 32ff. 107ff. 6. *J.A.O.Larsen* Greek Federal States (1968). 7. *D.Nörr* Imperium und Polis (²1969). 8. *R. Werner*, Probleme der Rechtsbeziehungen zwischen Metropolis und Apoikie, Chiron 1, 1971, 19–74. 9. *A.H.M.Jones* The Cities of the Eastern Roman Provinces (²1971). – Folgende Beiträge aus dem Sammelband: Zur griech. Staatskunde (hg. von F.Gschnitzer), 1969: 10. *V.Ehrenberg* Wann entstand die P.?, 3–25. 11. *Ders.*, Eine frühe Quelle der P.verfassung, 26–35. 12. *W.Hoffmann* Die P. bei Homer, 123–138. 13. *F.Gschnitzer* Stammes- und Ortsgemeinden, 271–297. 14. *F.Hampl* Poleis ohne Territorium 403–473.

Politeia (πολιτεία) bezeichnet die Teilhabe des Einzelnen an der → Polis (»Bürgerrecht«, Hdt. 9,34), sodann die Gemeinschaft der Bürger (»Staat«), schließlich die Ordnung, in der sie zur Erreichung eines bestimmten Zieles leben und die Form, unter der die Herrschaft bei ihnen ausgeübt wird (»Verfassung«, Aristot. pol. 3,1,1274b. 4,1,1289a, dazu W.SIEGFRIED Unters. z. Staatslehre des Aristot., 1942, 3ff.). Die Bedeutungsunterschiede beeinträchtigen nicht die Einheit des Begriffs (H.SCHAEFER Staatsform und Politik, 1932, 127). Diese geht erst unter dem Einfluß des röm. *civitas*-Begriffs verloren, der das Aufkommen der Bedeutung »Verwaltungsbezirk einer Polis« bewirkt (F.PAPAZOGLOU, REG 72, 1959, 100–105). Die griech. Staatsdenker diskutieren die Frage nach dem besten bzw. möglichen Staat (vgl. Aristot. pol. 4,1,1288b) sowie nach den Verfassungstypen und ihrem Wandel (H.RYFFEL Μεταβολὴ πολιτειῶν, 1949). Im Vordergrund steht dabei die Demokratie (CHR.MEIER Entstehung des Begriffs »Demokratie«, 1970. R.MAURER Platons »Staat« und die Demokratie, 1970). In Publizistik und Geschichtsschreibung des 5./4.Jh. spielt die Rückführung einer bestehenden oder gewünschten Verfassung als πάτριος πολιτεία in die Vorzeit eine besondere Rolle (A.FUKS The Ancestral Constitution, 1953. E.RUSCHENBUSCH, Hist. 7, 1958, 398–424). Das Erbe des griech. Staatsdenkens (Platon, Polybios) geht auf Cicero über (V.PÖSCHL Röm. Staat und griech. Staatsdenken bei Cicero, ²1962). Durch Thomas von Aquin u.a. gelangt es in den modernen Verfassungsbegriff (vgl. C.SCHMITT Verfassungslehre, ⁴1965, 3ff.). H. B.

Polites (Πολίτης). **1.** Troer, Sohn des Priamos und der Hekabe, führt Il. 13,533 den verwundeten Bruder Deiphobos aus dem Kampf, tötet 15,339 Echios, wird von Neoptolemos getötet, Verg. Aen. 2,526ff. Iris nimmt seine Gestalt an, Il. 2, 786ff. – P. (Cato orig. 2 frg. 26) oder sein Sohn Priamos (Aen. 5,564ff.) gründet → Politorium.

C.Robert Bild u. Lied, 1881, 17,11. *F.Jacoby*, SPrAW 1932, 609. *G.Jachmann* Der hom. Schiffskatalog u. die Il., 1958, 109ff. *W.Kullmann*, H(ES 14) 1960, 272 mit Anm.3.

2. Ein böser Geist in Temesa (Lukanien), meist einfach »Heros« genannt, der die Bewohner erwürgte, bis sie ihm auf Weisung des Orakels jährl. das schönste Mädchen opferten. Der berühmte Faustkämpfer Euthymos aus Lokroi verliebte sich in das Opfer, rang den Dämon nieder, der im Meere verschwand, und wurde dadurch selbst zum Heros erhöht. Der alte Heros wurde vielfach mit P., dem Gefährten des Odysseus (Od. 10,224ff.), identifiziert, der auf der Rückfahrt von Troia in Temesa ein Mädchen verführt haben und dafür gesteinigt worden sein sollte. Die Gesch. kam in Kall.' Aitia vor. Strab. 6,255. Paus. 6,6,7ff. Ail. var. 8,18. H. v. G.

Wilam. GldH 2,14 mit Anm.4. *H.Herter*, RE XXI 1399ff.

3. s. Polis

Politeuma (*πολίτευμα*). Hellenist. t. t. für landsmannschaftl. Zusammenschlüsse z. B. der Makedonen, Griechen, Perser und Juden inmitten einer zahlenmäßig überlegenen fremden Bevölkerung, bes. in Äg. und im Seleukidenreich, mit teilweiser Selbstverwaltung, eigener Rechtsprechung und sonstigen Privilegien, → Fremdenrecht. Nachdem der ethnische Charakter der P. schon bald durch Vermischung seinen Sinn verloren hatte, verwandelten sie sich in Standesgruppen der bevorrechtigten Bevölkerungsschichten. E. B.

V. Ehrenberg Der Staat der Griechen, 1965², 182f. 242f.

Politorium, Stadt Latiums, nach Cato frg. 54 P. von Polites gegründet (vgl. Serv. auct. Aen. 1,2), von Ancus Marcius erobert; ihre Bewohner auf den Aventin umgesiedelt (Liv. 1,33,1. 3. Dion. Hal. ant. 3,38. 43. Steph. Byz. s.v.; BELOCH, RG 166). P. wurde bald verlassen (Plin. nat. 3,68); beim Albaneropfer jedoch Aufruf der *Poletaurini* (Plin. nat. 3,69. R. WERNER, Der Beginn der röm. Rep. 438). G. R.

Nissen It. Ldk. 2,562.

Pollentia. 1. *Municipium* der *tribus Pollia* (CIL V p. 866) in der 9. Region (Plin. nat. 3,49), nahe der Mündung der Stura in den Tanaro (h. Pollenzo) an der via von Aquae Statiellae nach Augusta Taurinorum (Tab. Peut. 3,5), wird früh erwähnt (Cic. fam. 11,13a,3; Phil. 11,14), bes. die dortige Schafzucht (Colum. 7,2,4). Tiberius straft die erpresserische *plebs Pollentina* (Suet. Tib. 37, 3). In der Nähe gewann → Stilicho 402 den Sieg über die Goten (Claud. VI cons. Hon. 127ff. bell. Poll. 635. Iord. Get. 154). Vergleichbar die Namen von *Urbesalvia Pollentini* (Plin. nat. 3,111) in der 5. Region, so daß Strab. 5,241 P. wiederhergestellt werden darf, und *colonia Iulia Pola Pollentia Herculanea* (CIL V 8139). G. R.

Nissen It. Ldk. 2,155. 422.

2. P., römische Stadt an der NO.-Küste von Mallorca, h. Pollenza, zugleich mit Palma von Q. Caecilius → Metellus (10) Balearicus nach Eroberung der Insel 123 v. Chr. gegründet, tribus Velina (CIL II 3669). P. wurde *πόλις* (Strab. 3, 5,1, p. 167. Ptol. 2,6,73) und später *municipium civ. Romanorum* (Plin. nat. 3,77) und *colonia* (Mela 2,124). Ausgrabungen seit 1952 haben Stadtteile, Nekropolis und ein Theater freigelegt, das früher als griech. betrachtet wurde. M. E. A.

A. Schulten, RE XXI 1410 Nr. 4. *L. Bernabo Brea,* Riv. Stud. Liguri 17, 1951, 18ff. *M. Almagro,* Ampurias 15/16, 1953–54, 237ff. *L. Amorós,* AEA 27, 1954, 281ff. *M. Tarradell,* VII. Cong. Arq. Nac. (1960), 1962, 469ff. *A. Balil,* IX. Cong. Arq. Nac. (1965), 1966, 310ff.

Pollinctor. Der Leichenbesorger (Non. 157, 21 M. *pollinctores sunt qui mortuos curant*) hatte die Leiche zu waschen (Serv. Aen. 9,485) und, sollte sie einige Tage ausgestellt werden, die *unctura* vorzunehmen, das Einreiben mit verwesungshemmenden Substanzen (Salz, Plin. nat. 31,98. Zedernöl, a. O. 24,17. *aromata,* Apul. flor. 19,33), sowie Einkleidung (Arnob. 1,46) und Schmuck der Leiche. Der P. war Sklave (Dig. 14,3,5,8) oder freier Angestellter eines → *libitinarius,* der Beruf entsprechend gering geachtet. In frühchr. Z. wird P. mit *funerarius* und *funerator* gleichgesetzt, d. h. er ist Begräbnisunternehmer. Damals bestand die alte heidnische Leichenbesorgung nicht mehr. W. H. G.

Pollio. Cognomen, vgl. I. KAJANTO The Lat. Cognomina, Soc. Sc. Fenn. 1965, 37. 164 (von *Pollius,* während J. REICHMUTH D. lat. Gentilicia, Diss. Zürich 1956, 69 die Herleitung von *Paullus/Pollus* vertreten hatte). In den Fasten der republikan. Z. nur bei den → Asinii (I 5), in denen der Kaiserzeit außerdem bei Aelius, Albius, Antius, Aponius, Atilius, vgl. DEGRASSI FCons. 262. H. G. G.

Pollis (*Πόλλις*), bewährter spartan. Flottenführer, Nauarch 396/95 in der Ägäis gegen Konon, FGrH 66 F 4,2,393 Epistoleus der Flotte im Korinth. Krieg, Xen. hell. 4,8,11. 389 Gesandter bei Dionysios in Syrakus, um sein Eingreifen gegen Athen zu erwirken; auf der Rückreise soll er 388 Platon mitgenommen und in Aigina in die Sklaverei gebracht haben, Plut. Dio 5. Diog. Laert. 3,14,19. K. F. STROHEKER Dionysios I. 1958, 22. 101. 139. Als Nauarch wurde P. 376 bei Naxos von Chabrias besiegt, Xen. hell. 5,4,61. Diod. 15, 34. † bei dem Erdbeben 373 im achaiischen Helike, Diog. Laert. 3,20. Ail. nat. 11,19. H. V.

Pollius Felix, Freund des → Statius, der ihm silv. III widmete. * ca. 30/40 in → Puteoli, silv. 2, 2,96, wo er später Ehrenämter bekleidete, ebd. 2,2, 133ff. Er hatte eine Villa in → Surrentum, ebd. 2,2; 3,1, doch auch in → Tibur, bei Puteoli (DESSILS. 5798), und bei → Tarent. Er gab sich philos. und literar. Neigungen hin, silv. 2,2. Er dürfte Sohn (CIL III 18440) und Tochter (silv. 4,8) gehabt haben. R. H.

Pollux. 1. s. Dioskuroi

2. P., (Polydeukes) aus Naukratis / Ägypten. griech. Sophist. antonin. Zeit in Athen, Schüler und (wohl 178) Nachfolger des → Hadrianos (Widmungsbrief B. 8. Philostr. v. soph. 2,12. Suda s. *Πολυδεύκης*), da er seinem Konkurrenten → Phrynichos durch beharrliche Aufdringlichkeit (vgl. Widmungsbrief 4 und 7) in der Gunst des Commodus den Rang ablaufen konnte. Wenige wörtliche Zit. aus seinen Reden (Philostr. a. O.) machen die unfreundlichen Urteile der Ant. über P. verständlich. Als eitlen Ignoranten stellt ihn Lukianos (*Ῥητόρων διδάσκαλος*) hin. P. starb im Alter von 58 J. Erhalten ist von ihm die epit. Fassung seines Onomastikon (10 B. mit je einem Widmungsbrief an Commodus), das nach Sachgebieten geordnete Bezeichnungen nebst Synonyma aus allen Bereichen umfaßt. Eine Fülle wertvoller Zit. aus älterer Lit. (vgl. Ind. auct. in BETHES Ausgabe) sowie Angaben über Realien (Theatermasken B. 4; dazu zuletzt T. B. L. WEBSTER, Festschr. Rumpf, Krefeld 1952, 141ff. G. Krien, JOEAI 42, 1955, 84ff.), att. Gerichtswesen (B. 8) und Privatleben (z.B. Kinderspiele B. 9) verleihen dem unselbständigen Werk großen Wert. Das meiste Material (vgl. [2],1ff.) verdankt P. älteren Lex. (→ Aristophanes Nr. 4, → Eratosthenes, wohl auch → Pamphilos und → Epaphroditos), daneben benutzte er → Rufus von Ephesos (für B. 2, Körperteile) und Xenophon (für B. 5, Jagdwesen) direkt. Die ausführlicheren Belege und Wiederholungen im 10.B. (Geräte aller Art) sind als Erwiderung auf die Polemik des Phrynichos zu verstehen, der dem großzügigen Klassizismus des P. (Einbeziehung des Epos und der Dialekte) seinen rigorosen sprachlichen Attizismus entgegengestellt hatte. Die 4 Hss.-Klassen mit sehr unterschiedlichem Textbestand gehen alle auf eine Majuskel-Hs. aus Arethas' Besitz zurück (vgl. [4]). Exc. im Cod. Paris. 1630 (ed. E. Miller, RA N.S. 27, 1874, 260ff.) entstammen einer vollständigeren Fassung des Onomastikon. H. Gä.

Ta.: Ed. princ. Aldina 1502. Maßgeblich: *E.Bethe*, Lpz. 1900/37.

Lit.: 1. *Christ-Schmid* 2,2,877f. 2. *M.Nächster* De P. et Phryn. controversiis, Diss. Lpz. 1908. 3. *V.Gordziejew* Quaest. de I. Poll. fontibus caput, Warszawa 1936. 4. *E. Bethe*, NGG 1895, 322ff. 5. *A.Crugnola*, RIL 96, 1962, 101ff.

Polos. 1. Von Akragas, Sophist, Schüler des → Gorgias u. des → Likymnios (2); P. ist bekannt durch Platons Zeugnis im Phaidr. 267c (danach hat P. eine τέχνη verfaßt) und durch den Gorgias Platons, wo P. die Thesen des → Gorgias bis ins Extrem vertritt. Spätere Notizen über P. müssen als recht unzuverlässig gelten. H. D.

2. P., trag. Schauspieler E. 4.Jh. v.Chr. Ehreninschr. aus Samos: M. Schede, AM 44,1919, 16f. Schüler des → Archias (5). Er soll 70jährig kurz vor seinem Tode 8 Tragödien in 4 Tagen gespielt haben (Plut. mor. 785bc). Zahlreiche Legenden über ihn liefen um. F. St.

J.B.O'Connor Chapters in the History of Actors ..., Chicago, 1908, 128ff. *A. Pichard-Cambridge* The Dram. Fest. of Athens², 1968, 100. 169. 176.

Polyainos. 1. Von → Lampsakos, Sohn des Athenodoros, Freund u. Schüler des → Epikuros; vgl. Diog. Laert. 10,24 und Plut. non posse suaviter vivi sec. Epic. 22p. 1103a. Epikuros scheint P. sehr geschätzt zu haben und hat in seinem Testament den hinterlassenen Sohn des P. der Fürsorge seiner Erben anempfohlen. H. D.

2. P. war Rechtsanwalt in Rom zur Zeit der Kaiser Marc Aurel und Lucius Verus. Beiden widmete er, als der Partherkrieg 162 ausbrach (3,4. 60,3), sein Werk Στρατηγικά. In B. 1–3 behandelte P. die Griechen, im 4. Makedonen und Diadochen, im 5. die griech. Kolonien, im 6. Ereignisse bei den verschiedensten Völkern, im 7. Meder, Perser, Ägypter, Thraker, Skythen und Kelten und im 8. Römer und Frauen. Nach 6, 18–21 und 60,5f. hat P. sein Werk aus (fast ausschließlich griech.) Geschichtsschreibern ausgeschrieben. Nachweislich benützte er im 1. und 2. B. vorwiegend Ephoros; öfters Plutarch. Die erste griech. Ausg. von Casaubonus erschien 1589 in Leiden, die erste krit. gab Ed. Woelfflin in der Bibl. Teubn. heraus, die J. Melber neu bearbeitete (1887). Eine lat. Übers. von Justus Vultejus erschien 1549 in Basel, die letzte dt. von Blume und Hase in Stuttgart 1834. A. N.

F.Lammert, RE IV A 174ff. RE XXI 1432ff. *Ders.*, CPh XLI, 1946, 221.

3. a) aus Sardeis, Vf. von Anth. Pal. 9,1, wohl ident. mit dem Sophisten P. aus Sardeis unter Gaius, der Gerichtsreden und Redeentwürfe und in 3 B. einen Θρίαμβος Παρθικός (Partherkrieg des P. Ventidius 38 n.Chr.) und anderes schrieb (Suda). b) Iulius (Ἰούλιος) P., Epigrammatiker wohl des → Philippos(22)-Kranzes, Vf. von Anth. Pal. 9,7–9. Nach diesen Epigrammen, die persönl. Empfindung verraten, lebte er zeitweise als Verbannter auf Kerkyra. R. K.

A.S.F.Gow, D.L.Page Garland of Philip, 1968.

Polyanthes (Πολυάνθης), Korinther, kämpfte mit der Flotte 413 gegen die Athener bei Erineon, Thuk. 7,34,2ff. Er ließ sich 395 als Haupt der Demokraten durch den Rhodier Timokrates mit pers. Gold bestechen, um eine antispartan. Festlandsliga zustande zu bringen, Xen. hell. 3,5,1. FGrH 66 F 2,3. Paus. 3,9,8. H. V.

Polyaratos (Πολυάρατος). **1.** Ein reicher Athener aus dem Demos Cholargos, 410/09 Beisitzer eines → Hellenotamias, verheiratet mit einer Schwester des Dikaiogenes. Nach dessen Tod kam es 411 und nochmals 399 zu Erbstreitigkeiten, in denen ein Adoptivsohn des Dikaiogenes mit falschen Zeugen vorging. P. führte den Prozeß ψευδομαρτυρίων, nach seinem Tode sein Sohn Menexenos, für den Is. 5 die Anklagerede schrieb, Sylloge³ 109. Zur Familie des P. Demosth. 40,6. 24. Blass Att. Bereds. 2², 543ff. PA 11907. **2.** Rhodier, Führer der romfeindlichen Partei im 3. maked. Kriege, brachte Rhodos 168 zur Einmischung, die Rom abwies, Pol. 27,7,4ff. 30,8. Liv. 44,14f. 23. P. floh nach Äg., auf röm. Verlangen von Ptolemaios VI. nach Rhodos gesandt, entkam er, fand nirgends aus Furcht vor Rom Aufnahme, wurde nach Rom gebracht und wohl hingerichtet, Pol. 29,27,9. 30,9. Liv. 44,22. H.H. Schmitt Rom u. Rhodos 1957, 139ff. 152. H. V.

Polybios. 1. C. Iulius P. Freigelassener (CIL XIV 3539) des Augustus. Er fertigte mit Hilarion ein Duplikat des Testamentes des Augustus an, Suet. Aug. 10,11; nach dessen Tod las er es am 14. Sept. 14 n.Chr. im Senat vor, Cass. Dio 56,32,1. Suet. Tib. 23. **2.** C. Iulius Sabbio [?] P. Nach CIL VI 20252. 19795. 33838 Freigelassener des → Caligula, der unter Claudius großen Einfluß gewann (Sen. apocol. 13. Epit. Caes. 4,8), und nach Suet. Claud. 28 das Amt *a studiis* bekleidete, um 43 *a libellis*, Sen. Consol. ad Polyb. 6,5; in den Ritterstand erhoben (Consol. 6,2), hatte er Beziehungen zu → Messalina, die ihn 47 oder 48 töten ließ, Cass. Dio 60,31,2. P. hat Paraphrasen zu Homer und Vergils Aeneis verfaßt, Consol. 8,2. 11,5. Die Trostschrift erhielt er nach dem Tod eines seiner Brüder; er hatte einen Sohn, Consol. 12,1. R. H.

3. P., der einzige hellenistische Historiker, von dessen Werk erhebliche Teile erhalten sind, entstammte einer der ersten Familien von → Megalopolis. Sein Vater → Lykortas war wiederholt Stratege des → achaiischen Bundes und Führer der Partei, die – in Fortführung der Politik → Philopoimens – dem Bund im Konflikt der Großmächte Rom und Makedonien eine unabhängige Stellung zu wahren suchte. P. wurde schon in jungen Jahren von dem Vater zu polit. Aktionen herangezogen und war 169/68 Hipparch des Bundes, also wohl 30jährig, woraus sich das Geburtsjahr um 200 ergibt. Obwohl der Bund in dem diplomatischen Spiel der J. 170/69 schon eine gefügigere Haltung gegen Rom eingenommen hatte, setzte die nach dem Sieg bei → Pydna zur Macht gekommene entschieden romfreundliche Partei es durch, daß 1000 der bedeutendsten Vertreter der Gegenpartei unter der Anklage der Makedonenfreundschaft zur Aburteilung nach Italien deportiert wurden, unter ihnen P. (167). Aber während die anderen in etrur. Städten interniert wurden und erst 150 den noch Überlebenden 300 die Heimkehr gestattet wurde, konnte P., vielleicht als der Vornehmste und schon durch literar. Leistungen bekannt, in Rom bleiben und wurde zum Freund und Mentor des fast 20 J. jüngeren, ihn bewundernden → Scipio Aemilianus (P. 31,23f.), verkehrte in den ersten röm. Familien, ging mit den jungen Herren auf die Jagd und gehörte sogar zu denen, die an dem heimlichen Entweichen des als Geisel in Rom weilenden Seleukidenprinzen → Demetrios (6) als Helfer beteiligt waren (162, P. 31,11ff.). Mit den anderen endlich Freigelassenen kehrte P. 150 in die Heimat zurück, wurde schon 149, wohl als militär. Berater für den bevorstehenden pun. Krieg, nach → Lilybaion gerufen, erhielt auf der Reise dorthin in → Kerkyra Gegenorder, worauf er umkehrte, dann aber von 148 ab bis zur Zerstörung Karthagos in Afrika Scipios Stab angehört, auch den alten → Masinissa noch gesprochen hat. In diese Zeit fällt wahrscheinlich die Forschungsreise, die ihn an der Spitze einer ihm von Scipio gestellten Flotte längs der N.-, dann der W.-Küste Afrikas bis zu dem (nicht identifizierbaren) Fluß Anatis führte (Plin. nat. 5,9). Gleich nach dem Fall Karthagos eilte P. nach Achaia, um in dem sinnlosen Aufstand gegen die Römer seinen Landsleuten beizustehen. Erst während oder nach der Belagerung und Zerstörung von → Korinth kam er an, und so groß war schon sein Ansehen bei den Römern, daß er bei der mit der Neuordnung der Verhältnisse beauftragten Zehnerkommission manche Milderungen durchsetzen konnte und bei ihrer Abreise im Frühjahr 145 mit der Durchführung der Neuordnung betraut wurde. Nach Beendigung dieser Tätigkeit – für die er in vielen Städten der Peloponnes mit Ehrenstatuen belohnt worden ist – hat er in Rom die Bestätigung seiner Anordnungen erreichen können und dann wahrscheinlich den Rest seines Lebens – bis zum Tod mit 82 J. infolge eines Sturzes vom Pferde, also nach 120 – in der Heimat verlebt.

Nach Cic. fam. 5,12,2 hat P. – außerhalb des bis etwa 144 reichenden Hauptwerkes – eine Monographie über das *bellum Numantinum* verfaßt. Daß er auch dahin seinen Freund Scipio begleitet hat, ist nicht bezeugt. Da er aber 3,48,12 in dem Bericht über Hannibals Alpenübergang sagt, er habe selbst die Gegend besucht und studiert, so liegt die Vermutung nahe, daß das auf der Reise zum span. Kriegsschauplatz (oder auf der Rückreise von da) geschehen ist.

Über eine Ehe und Nachkommen P.' ist nichts überliefert. Die inschriftl. bezeugten Flavii Polybii des 3. Jh. n. Chr. haben sich sicher auf den berühmten Ahnen zurückgeführt, ungewiß, ob mit Recht (Ziegler 1462). Das 1880 auf dem Boden des alten → Kleitor aufgefundene Porträtrelief des P. ist abgebildet bei Schefold Die Bildnisse der ant. Dichter, Redner und Denker, Basel 1943, 147. 213. Leider ist das Gesicht sehr verrieben. »Die Studien des P.« ist das Buch von R. v. Scala, I Stuttg. 1890 (II nicht erschienen) betitelt, in dem er die umfassende, aber meist doch nicht in die Tiefe dringende Bildung des P. etwas überschätzend darstellt, vgl. Ziegler 1464–1471.

Die Schriftstellerei des P. Sein Erstling war sicher die Biographie des Philopoimen (in 3 B.), dessen Urne er als Jüngling in dem Trauerzuge von → Messene nach Megalopolis getragen hat, so Plut. Philop. 21,5, der auf P. fußt. Er selbst erwähnt das Werk 10,21, etwas von ihm als dem *τόπος ἐγκωμιαστικός* zugehörig abrückend. Ebenfalls in die jungen Jahre P.' fiel wohl eine militärwissenschaftl. Arbeit, die er 9,20 als *περὶ τὰς τάξεις ὑπομνήματα* zitiert und worin u. a. die Notwendigkeit betont wurde, daß ein Offizier ein gewisses Maß mathemat. Kenntnisse besitze. Auch die Taktika → Arrians (2) und die des → Ailianos (2) erwähnen die Schrift des P. Wahrscheinlich war sie es, die ihm gleich nach der Deportierung die bevorzugte Stellung bei den Römern verschaffte. – Nur durch ein Zitat des → Geminos 16,12 wissen wir von einer Schrift des P. über die Bewohnbarkeit der Äquatorialzone (*περὶ τῆς περὶ τὸν ἰσημερινὸν οἰκήσεως*), die sich mit dem Inhalt des geograph. Buches des Hauptwerkes (34) berührt.

Die Universalgeschichte. Inhalt und Ziel des Werkes ist die ausführl. Darstellung, wie in noch nicht ganz 53 J. (vom Beginn des 2. pun. Krieges, 220 gerechnet, bis zum Zusammenbruch des maked. Reiches durch die Schlacht bei Pydna, 168) Rom zur Beherrscherin der Welt geworden ist, und die Darlegung der Ursachen dieses weltgeschichtl. Prozesses. Erst als dieses Werk ganz oder doch im wesentl. abgeschlossen war, hat das Erlebnis des 3. pun. Krieges mit der Zerstörung Karthagos und des gleichzeitigen Krieges in Griechenland mit der Zerstörung Korinths (146), verbunden wohl mit einer inzwischen eingetretenen Wandlung seiner Auffassungen über die Grundkräfte histor. Geschehens sowie über die Akteure, den Autor veranlaßt, das Werk bis zu dem genannten Zeitpunkt (für Hellas noch etwas darüber hinaus) fortzusetzen, so daß es von 29 auf 40 B. anwuchs. Es ist klar, daß P. diesen Plan nicht schon vor seiner Verschleppung nach Italien, aber auch dort nicht sogleich gefaßt haben kann, sondern erst, nachdem er Gelegenheit gehabt hatte, im Verkehr mit den Männern, die die Gesch. der damaligen Oikumene machten und in deren Kreis er durch seine Verbindung mit dem Haus des Aemilius Paulus gelangt war, sich ein klareres Bild von der Wesensart der Römer, von den Quellen ihrer Kraft und dem Gefüge ihres Staates zu machen, als es ihm vorher, aus der Ferne und in der traditionellen Überzeugung von der selbstverständlichen Überlegenheit der Griechen über alle Barbaren befangen, möglich gewesen war.

Sehr nahe liegt der Gedanke, daß P., sobald er begriffen hatte, daß seine polit. Rolle für absehbare Z. ausgespielt war, alsbald in angespannter theoret. Beschäftigung Trost und Lebenserfüllung gesucht und sich nun ganz den Studien gewidmet hat, die vorher nur ein Parergon neben seinem eigentl. Beruf gewesen waren. Überzeugend ist die These von M. Gelzer Die Achaica im Gesch.werk des P., APrAW 1940 Nr. 2, daß die in dem Werk vorliegende recht ausführl. Gesch. der Achaier nicht erst in Rom für das dort konzipierte universalhist. Werk, sondern lange vorher in der Freiheit entworfen, mindestens z. T. schon geschrieben und dann in Rom ohne durchgreifende Überarbeitung in die Universalgesch. eingefügt worden ist. Daher erklärt sich auch die monograph. Breite dieser Partien und ihr verhältnismäßig zu großer Umfang. P. blieb offenbar auch nach erfolgter Erweiterung seines Horizontes im Herzen zu sehr Achaier, als daß er sich hätte entschließen können, die Spezialgesch. seines Volkes auf einen im Rahmen des Ganzen angemesseneren Umfang zusammenzustreichen.

Wann P. die das Werk tragende Konzeption aufgegangen ist, wissen wir nicht; schwerlich schon in den ersten Monaten seines Exils, aber wohl nicht später als um die Mitte der 60er Jahre. Dann mag die Arbeit in den anderthalb Jahrzehnten bis zur Entlassung der internierten Achaier und der eigenen Rückkehr in die Heimat dem gesetzten Endpunkt 168 nahegerückt gewesen sein. Durch die praktische Tätigkeit dort, dann auf dem afrikan. und wieder auf dem griech. Kriegsschauplatz dürfte die literar. Arbeit unterbrochen und erst nach 144 wieder aufgenommen worden sein, nun mit Hinausschiebung des Endpunktes auf 146–44. Dann hat das Werk den Autor bis zum Tode beschäftigt (unterbrochen durch die Abfassung des bellum Numantinum), ist unvollendet geblieben und aus dem Nachlaß mit anscheinend geringfügigen Zusätzen herausgegeben worden. Doch sind ohne Zweifel Teile des Werkes schon zu Lebzeiten des Vf. in engeren oder weiteren Kreisen bekanntgemacht und später, jeweils mehr oder weniger verändert oder erweitert, in das Ganze eingearbeitet worden. Die dadurch notwendig entstandenen Unstimmigkeiten oder auch Widersprüche durch eine planmäßige Überarbeitung auszugleichen, hat weder P. noch der posthume Herausgeber unternommen. Die Phasen der Entstehung des Werkes im einzelnen aufzuzeigen, worum viele Gelehrte sich bemüht haben (Laqueur, Polybios 1913, glaubte 5 Auflagen aus dem Erhaltenen herausdestillieren zu können), scheint mir ein aussichtsloses Unternehmen. Bestimmt verfehlt aber ist der auch in neuerer Z. wiederholte Versuch, die Abfassung des ganzen Werkes in einem Zuge erst nach 144 zu erweisen.

Erhalten ist von dem umfänglichen Werk, von dem man schon früh Auswahlausgaben machte (Brutus befaßte sich 48 im Feldlager in Thessalien mit einer Epitome, Plut. Brut. 4,8), ungefähr ein Drittel, nämlich so gut wie vollständig nur die B. 1–5, von allen übrigen nur Auszüge verschiedener Herkunft und sehr verschiedenen Umfangs.

B. 1–2 enthalten, anschließend an → Timaios, die allg. Gesch. von 264–220, B. 3 den 2. pun. Krieg bis Cannae, B. 4–5 die Ereignisse in Griechenland und dem Osten 219–216.

Das 6. B., reichlich zur Hälfte erhalten, gibt die berühmte ausführl. Darstellung des röm. Staates im Rahmen einer allg. vergleichenden Behandlung der Staatsformen. Mit B. 7 beginnt die annalist. Behandlung nach Olympiaden derart, daß, je nach der Menge des Stoffes, die Ereignisse einer ganzen oder einer halben Ol. in je 1 B. zusammengefaßt, den bes. ereignisreichen J. 203, 202, 169, 168, 147, 146 aber je ein ganzes B. gewidmet wird (14, 15, 28, 29, 37, 38). Da die B. 6 und 12 den Fluß der Erzählung durch lange allg. Betrachtungen unterbrechen (6 Staatstheorien, 12 Methoden der Geschichtsschreibung), scheint P. eine Zeitlang an Bildung von Hexaden gedacht, dann aber den Gedanken fallengelassen zu haben, doch bleibt bei der ganz ungleichmäßigen Erhaltung (von den B. 13, 19, 20, 22, 24, 26, 32, 33, 35, 37, 39 nur ganz wenig, von 17 nichts) vieles dunkel. B. 40 enthielt den Generalindex zu dem ganzen Werk.

P. ist nicht nur bedeutend als der Historiker, der eine Fülle geschichtl. Stoffes übermittelt, sondern vielleicht noch mehr als Geschichtsphilosoph. Voran steht als eine der wichtigsten Quellen unserer Kenntnis der antiken Staatstheorien das B. 6, in dem er, der Lehre folgend, daß die beste Verfassung die aus den 3 Grundformen Monarchie–Aristokratie–Demokratie gemischte sei, die röm. Verfassung als eine solche Mischform zu erweisen sucht. Eine reiche ältere Lit. hierzu gipfelt in dem Buch von K. v. Fritz The Theory of the Mixed Constitution in Antiquity, New York 1954; dazu noch E. Graeber Die Lehre von der Mischverfassung bei P., Bonn 1968.

Darüber hinaus ist das ganze Werk durchsetzt mit z. T. recht umfangreichen Betrachtungen über Sinn und Aufgabe der Geschichtsschreibung und damit zusammenhängende Fragen. Wie Thukydides und wohl die meisten (uns verlorenen) Historiker nach ihm sieht auch P. den Hauptzweck der Geschichtsschreibung darin, daß sie Lehrmeisterin sei, daß der Leser aus der Kenntnis des Geschehenen Maßstäbe für die richtige Beurteilung des Kommenden gewinne, daß sie also durch Belehrung Nutzen bringe. Und zwar handelt es sich weniger um moralische Belehrung und Förderung (obschon es auch an darauf zielenden Betrachtungen nicht mangelt) als um die Herausarbeitung polit. und militär., aus dem Studium der Geschichte zu gewinnender Erkenntnisse und Grundsätze, so daß P.' Werk sich schließlich nicht nur als Geschichtserzählung, sondern zugleich als eine Art Handbuch der polit. und militär. Wissenschaften darstellt.

Mit diesem *χρήσιμον* soll sich, im Sinne der seit dem 5. Jh. für alle redende Kunst geltenden Ästhetik, gewiß auch das *τερπνόν* verbinden, aber nicht in der Sucht nach dem Sensationellen, Pathetisch-Theatralischen, das P. bes. an → Phylarchos rügt; grundverschieden von der Tragödie sei eben die Historie, die ihr Ziel, die Belehrung, nur erreichen könne, wenn sie die Begebenheiten der Vergangenheit streng nach der Wahrheit wiedergebe. Zwar sei kein Mensch gegen Irrtümer aus Unkenntnis gefeit, aber ein vorsätzl. Verstoß gegen die Wahrheit sei unverzeihlich. – Von 2 Seiten sei sie in der Geschichte gefährdet: von der Sucht, den Leser durch die Erzählung erstaunlicher Dinge zu fesseln (wozu P. auch religiöse Wundergeschichten rechnet), sowie durch Unfähigkeit zur Objektivität und durch Parteilichkeit, entweder aus Liebedienerei gegen Mächtige oder aus an sich löblichem, dem Historiker aber unerlaubtem Patriotismus. Meiden müsse er auch, bei aller nötigen Kritik, kleinliche Schmähsucht (die er bes. Timaios vorwirft) und literar. Eifersucht.

Aber das wahrheitsgetreue Erzählen des Geschehenen allein schafft noch nicht den erstrebten Nutzen für den Leser; hinzukommen muß das Aufspüren und Darlegen der ursächlichen Zusammenhänge, vermöge deren die Geschichte diesen und keinen andern Verlauf genommen hat. Über das Was (nebst Wann und Wo) hinaus hat der Historiker das Wie, Woher und Warum zu erforschen sowohl im Sinne der äußeren Gegebenheiten, der Machtverhältnisse usw. wie vor allem der psycholog. Grundlagen, der Beweggründe und Zielsetzungen der handelnden Personen oder Gemeinschaften. Zu erkennen, wie und durch welche Art von *πολιτεία* (= Staatsform und politisches Handeln) die Römer in noch nicht ganz 53 J. die Weltherrschaft gewonnen haben, hat P. gleich im Anfang des Werkes als sein Thema bezeichnet. Weiter hat er sich bemüht, den Begriff der *αἰτία* näher zu definieren, ihn gegen *πρόφασις* und *ἀρχή* abzugrenzen (anders als Thuk.); auch an das Problem der *αἰτία αἰτίας*, die Unendlichkeit der Kausalreihe, hat er gerührt, ohne (wenigstens in den uns erhaltenen Teilen) zu einer klaren Stellungnahme zu gelangen.

Das Ziel, die Erkenntnis der *αἰτίαι* anzuvisieren, ist erst der Universalgeschichte möglich, von der man erst reden kann, seit die Ereignisse in den verschiedenen Teilen der Oikumene, in Italien und Afrika, Griechenland und Asien, sich miteinander verflochten haben, die Geschichte gleichsam zu einem Organismus (*σωματοειδής*) geworden ist. Darum habe er die 140. Olympiade (220–217) zum Ausgangspunkt der ausführl. Darstellung genommen und ihr für die vorangegangene Zeit (als *αἰτία αἰτίας* hätte er sagen können) nur eine kurze Skizze vorangestellt (*προκατασκευή*). Ein zweiter Vorzug der Universalgeschichte vor der Monographie ist, daß sie nicht in der Gefahr ist, das Augenmaß für Wichtiges und Unwichtiges zu verlieren. Vorgänger auf dem Gebiet der Universalgesch. erklärt P. 5,33 so gut wie keine gehabt zu haben. Allein Ephoros nimmt er aus; alle anderen, die einen solchen Anspruch stellten, hält er nicht einmal der Namensnennung für würdig.

P. unterscheidet 3 Gattungen der Geschichtsschreibung. Die von ihm gepflegte nennt er die *πραγματική ἱστορία*, die spröde Tatsachengeschichte für ernste Leser, die lesen, um zu lernen. Ihr gibt er wieder 3 Teile (*μέρη*, wie er sagt), gemeint die Forderungen, die der pragmatische Historiker zu erfüllen hat: Studium der Quellen, der Schauplätze der Geschichte und polit.-militär. Erfahrung. Dies wird vorgetragen im 12. Buch, in dem er Timaios und andere Schreibtischhistoriker abkanzelt.

Für die Darstellung der geistigen Grundlagen des histor. Geschehens war seit Thuk. die kanonische Form die den führenden Männern in den Mund gelegten Reden. Diesem Stilgesetz hat sich auch P. nicht entziehen können, wenn auch mit halbem Herzen und mit Betonung der Wahrheitsforderung und der Beschränkung auf das

Wichtigste. Im ganzen spielen aber die Reden bei P. wohl deshalb keine so große Rolle, weil er seine Überlegungen am liebsten selbst vorträgt.

Wenn die Ursachen des Geschehens z.T. in den Berechnungen und Planungen der führenden Männer liegen, so bedürfen diese der Aufmerksamkeit des Historikers. So kommt ein biographisches Element in die Geschichte, wobei dem Historiker wieder strenges Bleiben bei der Wahrheit zur Pflicht gemacht wird. P.' Lieblingshelden, auf die er mehrfach zu sprechen kommt, sind → Philopoimen, die beiden Scipionen, → Hannibal und, im negativen Sinn, König → Philipp V. von Makedonien.

Aber neben den in den Zielsetzungen der führenden Männer liegenden *αἰτίαι* des histor. Geschehens gibt es noch eine andere gewaltige verursachende Macht, das Unberechenbare, das Irrationale, das P. gelegentlich mit Ausdrücken um *αὐτόματον* umschreibt, meist aber Tyche nennt. Sie ist die einzige Gottheit, an die der (wie Thuk.) im Herzen durchaus skeptische und irreligiöse P. glaubt. Wenn er 6,56 die Götterfurcht und die Strenge der Kultübung eine der wesentlichsten Ursachen der röm. Weltmacht nennt, so ist diese »Religion« der Sache nach eigentlich als »Opium für das Volk« definiert, um die haltlose Masse in der Ordnung und im Gehorsam der Regierenden zu erhalten. Auch gelegentliche anders klingende Äußerungen ergeben kein anderes Bild als das des entschiedenen Rationalisten und Agnostikers, der sich in sein Nichtwissen ergibt. – Doch warnt P. davor, durch Überschätzung der Macht Tyches das Verdienst der wahrhaft großen Männer wider Gebühr herabzusetzen.

Über das Problem, wie der gewaltige Stoff zu gliedern und aufzubauen sei, hat P. sich oft geäußert. Von der 14. Ol. an hat er Jahr für Jahr die Ereignisse des Westens und des Ostens nebeneinander dargestellt, zuweilen aber sich Abweichungen von dem rein annalist. Verfahren gestattet, um die Schilderung geschichtl. Abläufe, die sich über mehr als 1 J. erstreckten, nicht zu zerstückeln; doch hat er das jedesmal angemerkt und entschuldigt.

Auch über das Problem der angemessenen Unterbringung längerer allgemeiner Betrachtungen innerhalb des annalist. angelegten Werkes hat P. sich Gedanken gemacht und sein Verfahren jeweils gerechtfertigt. Hauptbeispiel 6,2 über die Behandlung des röm. Staates an dieser Stelle. Wie er die Einfügung der Geographie der Oikumene (B. 34) zwischen den Ereignissen der 156. und 157. Ol. (152) begründet hat, wissen wir nicht, weil wir ja nur Exzerpte haben. Außer den polit.-militär. Betrachtungen hat der leidgeprüfte, philosoph. veranlagte Historiker auch häufig allgemein-moralische Reflexionen in sein Werk eingestreut, darunter manche sehr feine Bemerkung.

Wie verhält sich die Praxis P.' zu seinen Theorien? Sein Bemühen um Objektivität und Unparteilichkeit ist unbestreitbar, zumal im Hinblick auf den Konflikt Karthago–Rom, an welch letzterem er trotz seiner prinzipiellen Bewunderung sich nicht gescheut hat, öfters herbe Kritik zu üben. Seinen achaiischen Partikularpatriotismus hat er nicht ablegen können, und in der Kritik an seinen Historiker-Kollegen hat er öfters übers Ziel hinausgeschossen und sich der Fehler, die er an ihnen rügt, selbst schuldig gemacht. Bei der Quellenbenützung verfährt P. sorgfältig und kritisch (bis auf die Überschätzung seines Landsmannes → Aratos). Weniger Lob verdienen, trotz der Betonung der Wichtigkeit dieses *μέρος* der Historie, P.' Leistungen auf dem topograph. und geograph. Gebiet. Seine Topographie von Carthago nova (10,9–11), für die er seine Autopsie hervorhebt, ist evident fehlerhaft, und in der Geographie hat er, der Betonung der Notwendigkeit mathemat.-astronom. Kenntnisse für den Offizier und den Historiker zum Trotz, alle über das praktische Bedürfnis hinausführenden Studien vernachlässigt und → Eratosthenes und → Pytheas banausisch herabgewürdigt. Er ist auf diesem Gebiet nicht besser als andere Historiker, die er tadelt.

Sprache und Stil. P.' Sprache ist typische Koine. Durch das Streben, alles gedanklich Zusammengehörige in eine Periode zusammenzupressen, kommt eine schwerfällig-überkorrekte, künstlich durchgeformte Schreibweise zustande, der man aber die Fähigkeit, die Sache doch schließlich genau auszudrücken, und eine gewisse Einheit des Stiles nicht absprechen kann. Sie ist verwandt mit der uns durch zahlreiche Inschr. und Papyri der Zeit bekannten hellenist. Kanzleisprache, ganz natürlich bei einem Manne, dem, aus dem militär. und diplomat. Dienst kommend, die umständliche, korrekte, wohl abgewogene Sprache seines Berufes zur zweiten Natur geworden ist. Zu diesem Stil gehört auch die, von P. genau beobachtete Hiatmeidung mit ihrem Einfluß auf Wortwahl, Wortstellung und Satzgestaltung.

Nachleben und Textgeschichte. P.' Werk hat auf die ganze spätere Geschichtsschreibung – griech. wie röm. – stärkste Wirkung geübt (→ Poseidonios und → Strabon haben es fortgesetzt) und ist bis zum Ausgang des Alt. ganz erhalten gewesen. Im 10. Jh. jedoch besaß man nur noch die B. 1–5 vollständig – dazu J. M. Moore The Ms. Tradition of P., Cambr. 1965 –, von dem übrigen die auch uns überkommenen umfangreichen Exzerpte. Die wertvollste solcher Slg.en ist die im cod. Vatic. Urbinas Gr. 102 des 10./11. Jh., enthaltend Stücke aus den B. 1–16 und 18 mit fortlaufender B.-Zahl. Die Masse der übrigen erhaltenen Stücke entstammt der großen, im Auftr. des Kaisers Konstantinos VII. Porphyrogennetos (912–950) geschaffenen, nach inhaltl. Kategorien geordneten Exzerpten-Slg. In ihr stehen zahlreiche, z.T. umfängliche Exzerpte aus P. in den Abteilungen De legatis, De sententiis, De virtutibus et vitiis, De insidiis und De strategematis; sie geben nur z.T. die Buchzahl an, was bei vielen die Zuteilung und Anordnung sehr problematisch macht. Hinzu treten viele Zitate bei griech. und lat. Autoren, bes. Athenaios. K. Z.

Gedruckt wurde P. zuerst in lat. Übers. durch *Nic. Perotti* 1473, griech. durch *Obsopoeus*, Hagenau 1530, doch nur B. 1–5. Das andere trat allmählich hinzu. Grundlegend wurde die Ausg. von *Schweighäuser* 1789–1795 mit Lex. Polyb., das nun durch das von *A. Mauersberger* im Auftr. der Berl. Akad. bearbeitete, 1956ff., ersetzt wird. Die erst von *Mai* entdeckten excerpta Vaticana stehen in den jetzt maßgebenden krit. Ausg. von *Hultsch*, ²Bln. 1888ff. und *Büttner-Wobst*, ²Lpz. 1905ff. *F.W. Walbank* A histor. Comm. on P., Oxford 1957ff. Griech.-engl. Ausg. *Paton* in Loeb cl. L. 1922–1927. Franz. Übers. *Waltz* 1921, deutsche *Drexler*, Zür.-Stuttg. 1961–1963.

Ältere Lit. bei *K. Ziegler*, RE XXI (1952), 1440–1578, und *E. Mioni* Polibio, Padova 1949, 155–164. – *M. Gelzer* Zur Arbeitsweise des P., SHAW 1956, 3. *P. Koerner* P. als Kritiker früherer Historiker, Diss. Jena 1957. *P. Pédech* La méthode histor. de P., Paris 1964. *Fr. Eisen* P.-Interpretationen, Heidelb. 1966. *G. A. Lehmann* Unters. zur histor. Glaubwürdigkeit des P., Münster 1967. *K.E. Petzold* Studien zur Methode des P. und ihrer histor. Auswertung, München 1969.

Polybolon s. Geschütze

Polybos (*Πόλυβος*). **1.** Der Name »rinderreich« eignete sich für ep. Dichtung und wurde von Hom. für Nebenfiguren gebraucht, ohne daß zwischen ihnen ein Zusammenhang bestünde: a) Ein Troer, Sohn Antenors, Il. 11,59; von Neoptolemos getötet, Quint. Smyrn. 8,86. b) Ein Freier Penelopes, von Eumaios getötet, Od. 22, 243. 284. c) Der Vater des Freiers → Eurymachos, 1,399 u.ö. d) Ein Phaiake, 8,373. e) König im äg. Theben, Gemahl der Alkandre. Von beiden wurden Menelaos und Helene reich beschenkt, 4,125ff. **2.** Dagegen scheinen die in den Sagen von Sekyon, Korinth und Anthedon auftretenden P. von Haus aus ident. zu sein: a) P., Sohn des Hermes und der Chthonophyle, König von Sekyon, der keinen männlichen Erben hat, vermacht seine Herrschaft → Adrastos, dem Gatten (Hdt. 5,67) oder Sohn (Paus. 2,6,6) seiner Tochter, der aus Argos flüchtig geworden ist. Darin mag sich die hist. Unterwerfung Sekyons unter Argos spiegeln. – b) P., König von Korinth, und seine Gattin → Merope (4) ziehen den auf dem Kithairon ausgesetzten Sohn des Laios, → Oidipus, den ein Hirte ihnen brachte, als eigenen Sohn auf. Während der Pest in Theben stirbt P., und der Hirt führt die Entdeckung der wahren Abkunft des Oidipus herbei. So Soph. Oid. T. Anders ist vermutlich die Handlung in Eur.' Oidipus: Hirten übergeben den Ausgesetzten der kinderlosen Merope oder → Periboia (4), die ihn ihrem Gatten P. unterschiebt. Auch hier erschlägt Oidipus den Laios, bringt aber dessen Gespann als Geschenk für P. mit nach Korinth. Mit diesem Gespann fährt später Periboia nach Theben, um Oidipus den Tod des P. zu melden (vgl. Hyg. fab. 67). Diener der Iokaste erkennen das Gespann als das des Laios. So wird Oidipus als dessen Mörder erwiesen und auf Kreons Befehl geblendet. – Von den vielen sonstigen Varianten seien 2, vermutlich ältere, angeführt; Oidipus wird von seinen Eltern in einem Kasten ins Meer geworfen, bei Sekyon oder bei Korinth ans Land gespült und von P. aufgenommen, Sch. Eur. Phoin. 26,28. – Periboia, die am Strande wäscht, findet den angeschwemmten Oidipus und nimmt ihn mit Wissen des P. auf (Hyg. fab. 66. Bild eines hom. Bechers). – c) P., Sohn des Hermes, wie unter a), herrscht im boiot. Anthedon, seine Gattin ist Euboia (vgl. Periboia), ihr Sohn der Meerdämon → Glaukos (1). Auch an ihn wird die Oidipusgesch. angeknüpft, Athen. 7,296b. Sch. Apoll. Rhod. 1,1310. Sch. Eur. Phoin. 28. **3.** Von Alkinoe, der Tochter des Korinthers P., erzählt Parthen. 27 eine unglückliche Liebesgeschichte. H. v. G.

Prell.-Rob. 2, 884ff. 898f. *H. Kenner*, RE XXI 1583ff. *C. Kirchhoff* Der Kampf der Sieben vor Theben und König Oidipus, Diss. Münster, 1917, 104ff.

Polybotes (*Πολυβώτης*). **1.** → Gigant der koischen Sage. Als er in der Gigantenschlacht nach Kos floh, riß Poseidon ein Stück der Insel ab und schleuderte es auf ihn; so entstand die vulkanische Insel Nisyros. Strab. 10,489. Apollod. 1,38. Paus. 1,2,4 (Statuengruppe in Athen). Steph. Byz. s. Nisyros. Schale des Aristoph. (5. Jh.): K. Kerényi Die Myth. der Griechen, Abb. 3. H. v. G.

Polydamas (*Πολυδάμας*, *Πουλυδάμας*). **1.** Sohn des → Panthus, nach Hektor der »zweite Mann« der Troer, Er tritt in der Il. zuerst 11,57 auf, ohne exponiert zu sein [W. Kullmann, H(ES 14) 180f.]. Er ist ein erfolgreicher Kämpfer: 14,425. 449ff. 15,339. 17,597 (Apollon schützt ihn 15,520ff.), noch mehr aber ein besonnener Ratgeber und Zeichendeuter, der sich freilich Hektor gegenüber nicht immer durchsetzen kann: 12, 60ff. 210ff. 13,725ff. 18,249ff. Aus Scheu vor seinem Tadel stellt sich Hektor Achilleus 22,100 (zitiert von Cic. Att. 2,5,1, der mit P. Cato meint). In späterer Epik rät P. zur Auslieferung Helenes und wird sogar zum Landesverräter, Q. Smyrn. 2,41ff. Dares 39ff. Von dem Lokrer Aias getötet, Diktys 4,7. **2.** Berühmter Athlet aus Skotussa (Thessalien), Pankrationsieger in Olympia im J. 408 (Euseb.). Von seinen Kraftleistungen erzählt Paus. 6,5,4ff.; z.B. erlegte er unbewaffnet am Olymp einen Löwen, erledigte am Hof Dareios' II. in Susa 3 der »Unsterblichen« auf einmal. In Olympia stand nach Paus. a.O. eine Statue des Lysippos, auf deren Basis seine Taten dargestellt waren. Erhalten sind Stücke mit den beiden o. erwähnten Taten. Er starb in einer Berghöhle, deren einstürzende Decke er mit seinen Armen aufhalten wollte, Lukian. hist. 35; conc. deor. 12. Diod. 9,14f. Dion Chrys. 78,20. H. v. G.

2. P., reicher Bürger in → Pharsalos, das ihm Burg und Finanzverwaltung anvertraute. Da Sparta ihm nicht half, schloß sich P. 374 → Iason (2) von Pherai an, wurde 370 von → Polyphron ermordet, Xen. hell. 6,1,2ff. 4,34. H. BERVE Die Tyrannis bei den Griechen 1, 1967, 285. **3.** P., Makedone, Hetairos Alexanders d. Gr., Freund des → Parmenion, der ihn bei Gaugamela zum König um Hilfe sandte. 330 brachte er Alexanders Befehl, Parmenion zu töten, nach Ekbatana. 324 wurde er nach Makedonien entlassen, Arr. an. 3,26,3. Curt. 4,15,6. 7,2,11ff. Iust. 12,2,6. H. V.

Polydektes (*Πολυδέκτης*). Myth. König auf Seriphos, Bruder (Halbbruder) des → Diktys. Er heiratete → Danae und schickte ihren Sohn → Perseus aus, um das Haupt der Medusa zu holen; mit dessen Hilfe versteinerte Perseus ihn. Hyg. fab. 63. Da P. ein Epitheton des Hades (→ Pluton) ist, hält K. KERÉNYI Die Heroen der Griechen 39 ihn für einen urspr. Totengott. H. v. G.

Polydeukes. 1. Sklave am Hof des Caligula, der angestiftet war, den späteren Kaiser Claudius wegen Hochverrates anzuklagen; die Sache mißlang, Ios. ant. 19,13. R. H.

2. P. s. Dioskuroi.

Polydora (*Πολυδώρα*). **1.** Okeanide, Hes. theog. 354. **2.** Tochter des Danaos, durch den Flußgott → Peneios oder → Spercheios Mutter des → Dryops. Anton. Lib. 32. **3.** Tochter des Peleus, Halbschwester des Achilleus; ihre Mutter wird u.a. → Polymele genannt. Sie wurde Gattin des Boros bzw. des Spercheios und Mutter des → Menesthios (2), Il. 16,173ff. Apollod. 3,163. **4.** Tochter des Meleagros und der → Kleopatra (2), Gemahlin des → Protesilaos, nach dessen frühem Tode sie sich selbst den Tod gab, Paus. 4,2,7 (aus den Kyprien). Gewöhnlich heißt Protesilaos' Gattin → Laodameia (2). H. v. G.

Polydoros (*Πολύδωρος*). **1.** König von Theben, Sohn des Kadmos und der Harmonia, Hes. theog. 978, Gatte einer Tochter des → Nykteus, Apollod. 3,40, Nachfolger des Kadmos, Paus. 9,5,3; in Eur.' Bakch. ist der Kadmosenkel → Pentheus der Nachfolger. Der Stammbaum Kadmos – P. – → Labdakos – → Laios – → Oidipus, zuerst Soph. Oid. T. 267 und Hdt. 5,59 belegt, ist zwar alt, aber P. ist nur Füllfigur, um das Geschlecht des Oidipus mit Kadmos zu verbinden. WILAM. GldH 1³,401. **2.** Jüngster Sohn des Priamos und der → Laothoe (3), der durch Achilleus fällt. Il. 20,407ff. 22,46ff. In Eur.' Hekabe – diese ist hier seine Mutter – spricht der Geist des P. den Prolog. Die Zerstörung Troias überlebte P. nicht lange. Priamos hatte ihn vorher mit viel Geld zu seinem Gastfreund und Schwiegersohn, dem thrak. König Polymestor, geschickt (Ov. met. 13, 429ff.). Der ermordete ihn nach dem Kriege aus

Habsucht und warf die Leiche ins Meer. Sie wurde von Hekabes Dienerin Periboia (nach Ov. met. 13,533ff. von Hekabe selbst) gefunden und mit Agamemnons Erlaubnis bestattet. → Hekabes Rache Eur. Hek. 1168ff. Ov. met. 13,545ff. – Bei Verg. Aen. 3,19ff. erlebt Aeneas an der thrak. Küste das schauerliche Prodigium der bluttropfenden Zweige und der Geisterstimme des P. – Die abweichenden Berichte Diktys 18. 20ff., Serv. Aen. 3,6; Lykophr. 330ff. schreiben den Griechen eine perfide Handlungsweise zu. – Ganz anders ein nacheur. Drama, dem → Pacuvius in seiner → Iliona gefolgt ist. **3.** Argiver, einer der → Epigonen, die Theben zerstörten, Sohn des → Hippomedon (1), Paus. 2,20,5. PRELL.-ROB. 2,951. H. v. G.

4. P., Spartanerkönig, Agiade, Sohn des Alkamenes, Enkel des → Teleklos, dessen Ermordung durch Messenier den 1. messen. Krieg ausgelöst haben soll. Während P.' Regierung sandte Sparta Kolonisten nach → Kroton (Gründungsj. nach Eus. 708) und → Lokroi, Paus. 3,3,1. Unter P. und → Theopompos (1), dem Sieger des 1. messen. Krieges (P. Teilnehmer am Krieg Paus. a.O. Plut. mor. 231 D), wurde der Zusatz zur Großen Rhetra (→ Lykurgos [4]) angebracht, der den Dāmos zu Zuhörern der Gerusia degradierte (Tyrtaios frg. 3 D). P. wurde ermordet, wohl von einem Adligen, daher die, dem Rhetra-Zusatz widersprechende angebl. Dāmos-Freundlichkeit des P. (Paus. 3,3, 2f.) Hdt. 7,204. Plut. Lyk. 6,7–10. 8,6; mor. a.O. Polyain. 1,15. Paus. 3,3,1–4. 11,10. 12,3. 4,7,7. 8. 8,10. 15,3. 8,52,1. Ein Enkel dieses P. wohl der im Alkmankommentar POxy 2390 genannte P. (HARVEY, JHS 87, 1967, 62–73). K. K.

Kiechle Lakonien und Sparta, 1963; *ders.* Messen. Studien, 1959. *Huxley* Early Sparta, 1962, *Forrest* A history of Sparta, 1968.

5. Bruder des → Iason (2) von Pherai, vielleicht dessen Mörder; 370 Tagos Thessaliens, 369 von seinem Bruder Polyphron ermordet, Xen. hell. 6,4,33f. Diod. 15,60,5. H. BERVE Die Tyrannis bei den Griechen 1, 1967, 289. **6.** Bürger von Syrakus, erneuerte zeitgemäß unter → Hieron (2) II. das 412 erlassene Gesetzwerk des → Diokles (3), Diod. 13,35,1ff. H. BERVE König Hieron II. 1959, 43. H. V.

Polyeuktos (*Πολύευκτος*). **1.** Sohn des → Themistokles und der Archippe, Tochter des Lysandros von Alopeke, Plut. Them. 32,1. **2.** Sohn des Sostratos aus dem att. Demos Sphettos, antimaked. Redner, 343/42 Gesandter mit → Demosthenes (2) in der Peloponnes, Demosth. 9, 72. Plut. mor. 841e. Alexander verzichtete 335 auf die zuerst verlangte Auslieferung des P., Arr. an. 1,10,4. Plut. Demosth. 23,4. P. beantragte 331/30 Ehren für → Dionysios (3) von Herakleia, SEG 21,281, bekämpfte Ehrung des → Demades, Dein. 1,101. Apsines SPENGEL Rhet. 1,387. Im Harpalosprozeß hielt P. zu Demosthenes, Dein. 1,100.

323 Gesandter in Arkadien, Plut. mor. 846c. 318/317 beantragte P. das athen. Bürgerrecht für Einwohner von Epidamnos und Apollonia, SEG 21, 320. Redefrg. OA 2,273f. Blass Att. Bereds. 3,2, 151f. **3.** Antimaked konservativer Politiker aus dem Demos Kydantidai, Freund des → Lykurgos (10, Hyp. 3,12), beantragte 330 Ehren für Priester und Kultbeamte und kurz vor 326 ein Flottenkommando für Thrasybulos, Sylloge^3 289. IG II^2 1628a 38f. 325 klagte P. in einem Prozeß um Landrückgabe an das Heiligtum des Amphiaraos Euxenippos an, Hyp. 3,15ff. Wegen Beziehungen zu att. Emigranten in Megara 324 angeklagt, wurde P. freigesprochen, Dein. 1,58ff. P. war polit. umstritten. Unter den *δημόσιοι λόγοι γνήσιοι* des Dein. werden 5 gegen P. angeführt, die wohl auf ihn, nicht auf Nr. 2 zu beziehen sind; es ging um die Zugehörigkeit des P. zum Archontat und Rat, Blass Att. Bereds. 3,2,298. Nach Hyp. frg. 146–159 (Jensen) war P. an einem Streit um die Symmorien beteiligt und Stratege, H. Schaefer RE XXI 1616ff. **4.** Athen. Archont, IG II^2 679 u. 584 (SEG 3,92). 680. 681. 683. SEG 2, 9. Da unter P. die neuorganisierte Feier der aitol. Soteria von Athen angenommen wurde (IG II^2 680), ist der Zeitansatz seines Amtsjahres für die att. und delph. Chronologie wichtig, aber seit langem sehr umstritten. Frühere Versuche, P. in die lückenhaft bekannte Archontenliste des 3. Jh. einzufügen, behandelt G. Klaffenbach, RE XXI 1623ff. Vgl. noch C. Pélékidis, BCH 85, 1961, 53ff. und B. D. Meritt, The class. tradition, liter. and hist. stud. in honor of H. Caplan 1966, 35f. H. V.

5. P., Erzgießer. Nur Ps. Plut. mor. 847 a.d nennt P. als Künstler der Bronzestatue des → Demosthenes (aufgestellt 280/79 auf der Agora, Athen). Die Angabe ist ohne ausreichenden Grund mehrfach angezweifelt worden. Kopien der Statue und des Porträts gesammelt bei G. M. A. Richter The Portraits of the Greeks, 1965, 215ff.

W. H. G.

Polygnotos. **1.** P. von Thasos, Sohn und Schüler des → Aglaophon, Maler (und Erzgießer, Plin. nat. 34,85). P. war zwischen 480 und 440 tätig, erhielt das att. Bürgerrecht (Harpokr. s.v.) und die delph. Proxenie (Plin. nat. 35,59). Er malte vornehmlich in Athen mytholog. Szenen in der Stoa Poikile (Plut. Kim. 4,6ff. Paus. 1,15,2) → Elpinike, im Heiligtum der Dioskuren (Paus. 1,18,1. Hesych. s. *Π.-ου ὄνος*. Phot. s. *Π.-ου λαγώς*. Paroem. II 768,66 L.), ein Bild im »Thesauros« (Theseion?), Harpokr. Phot. Suda s.v. P., in der Pinakothek der Propyläen Achilleus auf Skyros und Odysseus mit den Mädchen und Nausikaa, offenbar Gegenstücke (Paus. 1,22,6), in Plataiai im Pronaos des Tempels der Athena Areia, Paus. 9,4, 2), Thespiai (Bilder uns unbekannten Themas, später von → Pausias restauriert, Plin. nat. 35, 123) und Delphi. Die Bilder dort in der Lesche der Knidier galten dem Alt. als Hauptwerk des P. (Themist. 34,11 p. 40. Plut. mor. 436 B. Sch. Plat. Gorg. 448 B. Philostr. Ap. Tyan. 6,11 [p. 114 K]. Plin. nat. 35,59). Paus. 10,25–31 gibt eine ausführliche Beschreibung davon. Erhalten hat sich davon ebensowenig wie von dem Bild des P., das man in Rom zeigte, Plin. nat. 35,59, und seinem Salmoneus (Anth. Plan. app. 3,30). P. soll auch die Technik der Enkaustik verwandt haben, Plin. nat. 35,122. Er galt schon den Zeitgenossen als bedeutend, Melanthios (5) bei Plut. Kim. 4,7. Plat. Ion 532e/33; Gorg. 448b setzt seinen Ruhm voraus. Aristot. poet. 2 (1448a). 6 (1450a); pol. 8,5 (1340a) preist ihn für die Darstellung großer Charaktere. P. ist im Vermeiden heftiger Aktionen, in der Vorliebe für ruhige »Seinsbilder« nacharchaisch, frühklass.; so stufen ihn Dion. Hal. Demosth. 50 (1108). Dion Chrys. 12,45 ein. Quint. inst. 12,10,3 nennt seinen *simplex color*, Cic. Brut. 18,70 rechnet P. zu den Vierfarben-Malern, was Plin. nat. 33, 160. 35,42 und Plut. mor. 436 B näher differenzieren. Die Erfindungen, die Plin. nat. 35,58 (von B. Schweitzer, SGK IX/1, 1932, 50 = Zur Kunst der Ant. I [1963] 162 auf Xenokrates von Athen zurückgeführt) P. zuschreibt, hat es teils vor P., teils unabhängig von ihm gegeben. Aus der Beschreibung der Bilder in Delphi läßt sich als typisch für die Kompositionen des P. Höhenstaffelung und teilweise Verdeckung von Figuren durch Geländelinien sowie sorgfältige Gruppenbildung erschließen, wovon einige zeitgenössische Vasenbilder eine gewisse Vorstellung vermitteln. Eine konkrete Vorstellung vom Stil des P. haben wir nicht.

W. H. G.

E. Loewy P., 1929. *C. Weickert*, ADAW 1947/48 (1950). *G. Lippold*, ABAW 33, 1951, 10ff. und RE XXI 1630ff. *A. Rumpf*, HBArch III/1 (1953) 91ff. und Enc. Arte Ant. VI (1965) 292ff.

2. Mindestens drei att. Vasenmaler dieses Namens sind durch signierte Gefäße zu scheiden: 1. Ein Maler – auch → Lewis-Maler genannt – von dem (Beazley ARV^2 972) 36 Gefäße, ausschließlich Skyphoi, zuschreibt; dazu noch E. Simon, Ant. Kunst 6, 1963, 6ff. T. 2–7. Schaffensz. ca. 470–440 v. Chr. Seine Stärke liegt in der Komposition und Figurenzeichnung kleinerer Szenen. Bes. schöne Ornamentdekorationen. 2. Sechs signierte Gefäße dieses Malers bei Beazley ARV^2 1027. Schaffensz. nach Mitte 5. Jh. v. Chr. Die Qualität seiner Bilder ist unterschiedlich, doch ist er durch sein bekanntes Gesamtwerk (68 Gefäße) in der Idealisierung des menschl. Antlitzes und der Feinheit der Gewanddarstellung zu den Größen der klass. Gefäßmaler zu rechnen. 3. Von ihm ist nur eine Amphora in London signiert. Sein Oeuvre geht unter dem Namen des → Nausikaa-Malers (Beazley ARV^2 1106). Er gehört zu den Manieristen der Mitte und des 3. Viertels des 5. Jh. v. Chr. Es ist nicht erwiesen, ob diese drei Maler wirklich P. hießen, oder ob sie den Namen von ihrem berühmten Zeitgenossen entliehen. S. O.

R. Lullies, RE XXI 1639. *H. R. W. Smith* Der Lewismaler 1939. *Arias-Hirmer* 1000 Jahre griech. Vasenkunst 1960, T. 190. 191. *E. Paribeni*, Encicl. Arte Class. Or. 6,296.

Polygonon (*πολύγωνον*), Gattung Knöterich (Übers. von P.). Mehrere Arten sind nach den Beschreibungen bei Plinius, Ärzten und Tierärzten kenntlich, die den Saft gegen vielerlei Krankheiten verordnen. Vgl. Gossen, RE XXI 1647f. K. Z.

Polyhymnia (*Πολύμνια*). Tochter des Zeus und der → Mnemosyne, eine der → Musai (Hes. theog. 78). Ihr Name weist auf den *ὕμνος* (Diod. 4,7,2ff.), was aber vorerst noch keine (gegen andere) absetzende Spezifikation darstellt; dann Muse des Gesangs, der Leier, des Pantomimus u.a. Was das Epitheton *παντερπής* (Poet. Mel. Gr., Adesp. 942 P.) ausdrücken soll, ist fraglich. – Bildl. Darstellung schon auf der Françoisvase. W. P.

Polyidos (*Πολύϊδος* aus *ΠολύϜιδϜος* »vielwissend«, unrichtig *Πολύειδος*). **1.** Berühmter Seher und Thaumaturg aus dem Geschlecht des → Melampus. Die Genealogie ist verworren und wird noch verworrener, wenn man wie Hoefer Myth. Lex. 3,2696ff., E. Bernert, RE XXI 1647ff. K. Scherling ebd. 1808 den hom. → Polypheides mit P. gleichsetzt. Seher mit dem Namen P. konnte es spontan vielerorts geben; die Mythologen verknüpften diese zu einer Person, die dann in verschiedener Weise andern berühmten Sehern genealogisch zugeordnet wurde. Der Anschluß an Melampus ist vielleicht durch die Melampodie vermittelt, Friedländer Argolica, Diss. Berlin 1905, 56ff. Nach Pherekyd. FGrH I 3,115 geht P. über → Koiranos (1) – → Kleitos (1) – → Mantios auf Melampus zurück. Ein kürzeres Stemma hat Paus. 1,43,5 (vgl. 6,17,6): P.-Koiranos -Abas - Melampus. Nach Pherekyd. war seine Gattin Eurydameia, die Tochter des → Phyleus (1), und seine Söhne Kleitos und Euchenor zogen mit den → Epigonen gegen Theben und dann gegen Troia, wo Euchenor durch Paris fiel; den Schlachtentod hatte P., der als Korinther bezeichnet wird, ihm vorausgesagt, falls er nach Troia ziehe, Il. 13,663ff. W. Kullmann H(ES 14) 15. 125,2. 309. In Korinth auch deutet P., als einheimischer Seher bezeichnet, dem Bellerophon seinen Traum, verhilft ihm zur Bändigung des → Pegasos und errichtet ein Athenaheiligtum, Pind. O. 13,74 mit Sch. R. Peppermüller Die Bellerophonsage, ihre Herkunft u. Geschichte, Diss. Tüb. 1961. In Megara entsühnt P. → Alkathoos (1) von dem Mord an seinem Sohn Kallipolis und veranlaßt die Errichtung eines Dionysosheiligtums mit einem Xoanon, Paus. 1,43,5.

Die bekannteste Sage handelt von der Auffindung und Wiederbelebung des Minossohnes Glaukos auf Kreta. Prell.-Rob. 2,201 verlegt die Geschichte mit Unrecht nach Korinth; sie weist typ. minoische Elemente auf (→ Glaukos 3). Von der Darstellung Apollod. 3,17ff., in der wahrscheinl. Aischyl. *'Κρῆσσαι* und Soph.' *Μάντεις ἢ Π.* nachwirken, weicht die bei Hyg. fab. 136, die sich auf Eur. stützt, in manchen Punkten ab. Das Thema wird auch auf Vasen und Gemmen dargestellt, RE XXI 1656. Hyg. fab. 49; astr. 2,14 u.a. schreiben die Wiederbelebung Asklepios zu, s.o. I 645,35ff. Zum Ritus des Spuckens in den Mund eines andern, wodurch man eine bestimmte Kraft verliert, verweist H. J. Rose Griech. Myth. 180,1 auf einen heutigen Brauch in Marokko, zur Entdeckung des Schlangenkrauts durch P. ders. S. 301 auf das Grimm-Märchen 16 (Die 3 Schlangenblätter). – Kultisch verehrt wurden P.' Töchter Astykrateia und Manto in Megara, P. mit seinen Töchtern in Byzanz, Paus. a.O.

K. Kerényi Stunden in Griechenland, 1952, 26f.

2. Troer, Sohn des Wahrsagers und Traumdeuters → Eurydamas (1), mit seinem Bruder Abas von Diomedes getötet, Il. 5,148ff. E. Bernerts Gleichsetzung mit Nr. 1 ist nicht überzeugend. **3.** Einer der 7 Landesheroen von Plataiai, denen vor der Schlacht geopfert wurde, Plut. Aristid. 11. H. v. G.

4. Thessaler, Konstrukteur von Kriegsmaschinen im Dienst von → Philippos II. bei der Belagerung von → Byzantion 340/39. Seine Schüler waren Diades und Charias, die Ingenieure Alexanders, Vitr. 10,13,3; nach 7 prooem. schrieb er *de machinationibus*. Vgl. Athen. *περὶ μηχανημάτων* bei Wescher Poliortétique des Grecs 10. Ziegler, RE XXI 1658f. **5.** Aus → Selymbria, einer der Hauptvertreter des jungatt. → Dithyrambos, und zwar der radikalen, sich noch weiter von den klass. Formen entfernenden Richtung. Eine klare Vorstellung von seiner Kunstform gestatten die uns erhaltenen undeutlichen Berichte nicht. Nach dem 2. Jh. v. Chr. war er wohl verschollen. Vgl. Riemschneider, RE XXI 1659ff. K. Z.

Polykarpos, der schon durch Ignatios von → Antiocheia († um 110) ausgezeichnete Bischof der Smyrnäer (Ad Polyc. 1,1), ist zwischen Paulus und Iustinus die am besten faßbare Persönlichkeit der frühen Kirche. Nach → Eirenaios ein getreuer Apostelschüler (Adv. haer. 3,3,4), tut sich P. im Kampfe gegen Irrlehrer (Markion) hervor und wird bald zur führenden Gestalt der kleinasiat. Christenheit. Ein reicher Schriftwechsel (Eus. h. e. 5,20,8) verbindet den angesehenen *διδάσκαλος ἀποστολικός* (Mart. Polyc. 16,2) mit ratsuchenden Gemeinden und einzelnen Christen. Als Sprecher der Asia weilt P. später (um 155) in Rom und verteidigt dort gegen Bischof Aniketos den Ostertermin der Quartodezimaner, zwar ohne Erfolg, aber hochgeehrt und unter Wahrung der kirchlichen Einheit (Eus. h.e. 5,24,16f.). Im höchsten Alter (Mart. Polyc. 9,3) ist P. den Märtyrertod gestorben (ob 155? 167/168? [4],230ff.). Hierüber berichtet das (überarbeitete, jedoch im Kern echte) Martyrium Polycarpi, eine der ältesten chr. Märtyrerakten [3]. Von dem liter. Werk P.' ist nur der Brief (die

Briefe? [2]) an die Philipper erhalten. Die Vita Polycarpi (auctore Pseudo-Pionio), um 400 verfaßt, ist hist. ohne Wert. J. Wi.

1. *Altaner*[7] 50ff. (Lit.). 2. *P.N.Harrison* Polycarp's two Epistles to the Philippians, Cambr. 1936. 3. *H.Frhr. v. Campenhausen* Bearbeitungen und Interpolationen des P.'martyriums, SHAW 1957, 3 (Lit.). 4. *J.A.Fischer* Die Apostol.Väter, Darmstadt 1956, 229ff. (Brief, mit Übers.).

Polykaste (*Πολυκάστη*; *κάσσασθαι* sich auszeichnen). **1.** Tochter des Lygaios in Akarnanien, Gemahlin des → Ikarios (2), Mutter der → Penelope, des Alyzeus und des Leukadios, Eponymen von → Alyzeia und Leukas, Strab. 10, 452. 461 (nach der Alkmaionis?). **2.** Jüngste Tochter Nestors und der Eurydike (Anaxibia). Nach Hom. Od. 3,464f. badete sie → Telemachos. Schon Hes. frg. 17 weiß von einem Sohn der beiden, Persep(t)olis. Nach Späteren ist sogar Homer ihr Sohn, Cert. Hom. et Hes. 3 p. 35 Wilam. Anth. Pal. 14,102. H. v. G.

Polykleia (*Πολύκλεια*). Heldin aus dem Geschlecht der Herakleiden in einer Anekdote Polyain. 8,44. Orakel: »Wer zuerst den Acheloos überschreitet, wird Herrscher der Boioter« (die damals in Thessalien wohnten). P. läßt sich von ihrem Bruder Aiatos durch den Fluß tragen, macht sich kurz vor dem Ufer von ihm los und erreicht es vor ihm. Um den Herrschaftsanspruch nicht zu verlieren, heiratet er sie; ihr Sohn heißt Thessalos. Märchenmotiv (Adler und Zaunkönig). Mythol. Kombinationen G. Radke, RE XXI 1696ff. H. v. G.

Polykleitos (*Πολύκλειτος*). **1.** Admiral Ptolemaios' I., erhielt 315 in Kypros den Befehl, mit 50 Schiffen nach der Peloponnes zu fahren, um Kassandros gegen → Antigonos' (1) Parteigänger zu helfen. Bei der Rückfahrt überfiel er bei Aphrodisias in Kilikien Landheer und Flotte des Theodotos, Admirals des Antigonos, mit vollem Erfolg. P. ging über Kypros nach Pelusion und wurde von Ptolemaios sehr geehrt, Diod. 19,62, 4ff. 64,4ff. **2.** P. von Kyrene, im Dienst des → Hieronymos (4) von Syrakus, 215 mit Bündnisverträgen zu Hannibal gesandt, Pol. 7,2,2. Nach Hieronymos' Ermordung wurde P. von der erregten Volksmenge, die eine Verständigung mit Marcellus wollte, getötet. Liv. 25,28,5. H. V.

3. Aus Larissa, griech. Historiker des 4. Jh. v. Chr. Wenn er mit dem Admiral → Ptolemaios' I. (Diod. 19,62,4. 64,4) ident. ist, kann er kaum Großvater mütterlicherseits des → Antigonos (3) Doson gewesen sein, wohl aber ein früherer Vorfahre. P. schrieb *Ἱστορίαι* (mind. 8 B.), die nach Ausweis der wenigen Frg.e vorwiegend Alexander d. Gr. behandelten. Genauigkeit und Anschaulichkeit der (hauptsächlich geogr. und naturkundl.) Angaben sprechen für Autopsie, also für P.' Teilnahme am Zuge Alexanders. Das Werk wurde allem Anschein nach von → Kleitarchos (2) benutzt. FGrH 128 m. Komm. H. Gä.

L.Pearson The Lost Histories of Alexander, Oxf. 1960, 70ff.

4. Ti. Claudius P. Freigelassener Neros, im J. 61 nach Britannien geschickt, um im Konflikt zwischen → Suetonius Paulinus und → Iulius (II 29) Classicus zu vermitteln, Tac. ann. 14,39,1f. Im J. 67 mordete und raubte er in Rom, Cass. Dio 63,3,12. Tac. hist. 1,37,5. 2,95,2. Plin. epist. 6,13,9. Im Jahr 68 von Galba getötet, Plut. Galb. 17. R. H.

5. P. von Argos, Erzgießer, einer der bedeutendsten Bildhauer der Ant., tätig etwa 450 bis 410 v. Chr. Plat. Prot. 311c (und Signaturen?) sichern P. als Argiver; Plin. nat. 34,55 nennt P. Sikyonier, wohl nach einer von ihm mehrfach benützten sikyon. Kunstgeschichte (doch kaum nach Xenokrates [7]). P. war Haupt einer lange wirkenden Schule, zu der auch P. Nr. 6 u. 7, wohl seine Nachkommen, gehört haben. Die ant. Lit. erwähnt als Werke das Goldelfenbeinbild der Hera (Sitzbild im argiv. Heraion, nach dem Brand des Tempels (423, Thuk. 4,133), doch wie lange danach? geschaffen. Paus. 2,17,4. 6,6,2. Tert. cor. 7,4), einen Hermes, der früher in → Lysimacheia (2 oder 1) war, wie alle weiteren Arbeiten aus Bronze (Plin. nat. 34,56. Sicher von diesem P.?), einen Herakles, *qui Romae* Plin. nat. 34,56 (dazu Cic. de or. 2,16,70?), die Amazone für Ephesos, Plin. nat. 34,53 (→ Phradmon, Pheidias, Kresilas), den Diadumenos, d.h. Statue eines sich die Tainia Umlegenden, Plin. nat. 34,55, den Doryphoros, Plin. a.O., Cic. Brut. 86,296. Gal. de semine 2, 1 p. 606 K. Cic. or. 2,5. Quint. inst. 5,12,21. Plut. mor. 820 B), zu beiden s.u. Vom Doryphoros unterscheidet Plin. nat. 34,55 *quem canona vocant* (dazu s.u.), weiter einen Apoxyomenos *(destringentem se)*, einen *nudum talo incessentem*, was auch immer das heißen mag, und, im Besitz des Kaisers Titus, zwei mit Knöcheln spielende Knaben (eine Gruppe?). Plin. nat. 34,56 nennt ferner einen Feldherrn, der zu den Waffen greift, und eine Statue des Artemon *περιφόρητος*, kaum der Rivale des Anakreon (→ Artemon 3), sondern der Ingenieur des Perikles mit dem gleichen Spitznamen (Plut. Pericl. 27,3). Eine Reihe von Statuen olymp. Sieger ([9]) nennt Paus. 6,4,11. 9,2 (vom jüngeren P.?), 7,11 (von diesem P.?). Die zugehörigen Basen sind z.T. erhalten, die Zuschreibung an den älteren oder einen jüngeren P. ist umstritten, mit Ausnahme der nicht signierten Basis des Kyniskos (Paus. 6,4,11. Inschr. v. Olympia Nr. 149. [9], 75. L. Moretti, MemAccLincei VIII/8, 1959, 97 Nr. 265). Die Hekate in ihrem Tempel in Argos muß einem jüngeren P. gehören, Paus. 2, 22,7. Th. Kraus Hekate (1960) 112. D. Arnold Die Polykletnachfolge (1969) 8f. Unklar ist, worauf die Zuschreibung zweier unterlebensgroßer Kanephoren an P. beruhte, die Verres dem C. Heius (1) in Messana weggenommen hatte, Cic. Verr. 2, 4,3,5, danach Symm. epist. 1,23.

Originale des P. haben sich nicht erhalten, die Nachbildungen (Münzen mit Kopf und Gesamtbild der Hera ([2], T. 84. [1], Abb. 68. 72. 73. [5], Abb. 22) sind unergiebig; Zuschreibung der Hera an den jüngeren P. ([9], 79ff., danach A. Linfert Von P. zu Lysipp, Diss. Freiburg 1965 (Gießen 1966), 8ff. [5], 37ff. Ablehnend mit Recht Arnold a. O.) erweckt Mißtrauen gegen die These von den Nachbildungen, denn dem ganzen Alt. galt die Hera als Werk des älteren, des großen P. Besser steht es mit röm. Kopien, meist in Marmor, nach anderen Werken des P. Doryphoros, Diadumenos, wohl auch ein Herakles, ein Hermes, eine Knabenstatue, in geringer Auswahlbreite die Amazone können als Kopien nach P. betrachtet werden. Das Überwiegen der männlichen Gestalten zeigt das gleiche Bild wie die lit. Überlieferung. Trotz des Goldelfenbeinbildes der Hera, des Hermes (und des Apollon, s. u.) galt P. der Ant. vor allem als *ἀνδριαντοποιός*, Menschenbildner (Laterculi Alexandrini ed. H. Diels, APrW 1904, 7. Nur Aristot. eth. Nic. 6,7,1 (1141 a) bedeutet a. Erzgießer), im Gegensatz zum *ἀγαλματοποιός*, Götterbildner, → Pheidias, → Praxiteles oder → Skopas (Plat. Prot. 311 c sind P. und Pheidias *ἀγαλματοποιοί* »Bildhauer« im Gegensatz zu »Arzt«).

Der Doryphoros, von dem eine ganze Reihe Kopien erhalten sind ([1], Abb. 32–42. [2], T. VII bis X. 30–45. 48. Rekonstruktion: T. 46–47) stellte wohl Achilleus dar, vgl. Plin. nat. 34,18, war schon der Größe wegen kein Wettkampfsieger. Der Diadumenos (Repliken: [1], Abb. 57–67. [2], T. XVII–XVIII. 66–82. E. Berger u. a. Kunstwerke der Ant. (Ausst.-Kat. Luzern 1963) Nr. A 3. Als Umbildung gehört dazu der fälschlich für pheidiasisch gehaltene Diadumenos Farnese in London, H. Schrader Phidias (1924) 71 Abb. 54. Zum Problem: [10]) meint vielleicht Apollon. Umstritten ist, ob der Plin. nat. 34,55 vom Doryphoros unterschiedene »Kanon«, die Musterfigur des Schulhauptes P., nicht doch mit dem Doryphoros ident. ist, wie meist angenommen wird. Kanon ist auch der Titel einer von P. verfaßten, uns nur in minimalen Resten erkennbaren Lehrschrift ([6]). Die Vermessung und Festlegung der Körperproportionen, wie sie dort offenbar gegeben war, machte den organ. Körper im klass. Sinn verständlich und handhabbar, und half, des lebendigen Körpers formal Herr zu werden; dabei mußten die funktionellen Verhältnisse klargelegt und die Erscheinung von einem *μέσον* aus, also nicht naturalist. konzipiert sein ([6], 11 f.). Für die Amazone des P. wird meist der Typus Kapitol ([1], Abb. 77. [2], T. 61) in Anspruch genommen, doch treten andere immer wieder für den Typus Berlin ein ([2], 27ff. T. 62–65. [1], Abb. 74–76. [5], Abb. 6. V. Poulsen Die Amazone des Kresilas 1957). Der Herakles ([1], Abb. 45–54. [2], T. XII. XVI. 50 bis 55. [11]) steht zeitlich zwischen Doryphoros (um 440) und Diadumenos (um 420), der Amazone (um 430) nahe. Zwischen Amazone und Doryphoros, bald nach 440, mag der Hermes entstanden sein ([1], Abb. 18–21; die Statuette aus Annecy in Paris, Abb. 22, ist Umbildung. [2], T. IV. 11–15. [5], Abb. 15–18), dessen Überlieferung schlecht ist. Unter den Knabenstatuen ist der Athlet Westmacott ([1], Abb. 24–30. [2], T. V. VI. XI. 16–28; Rekonstruktionsvorschlag: 29. [8]) wohl sicher polyklet. und früh (vor dem Doryphoros. Die Datierung von [8], um 460, ist unmöglich); die Kombination mit dem Kyniskos (Inschr. v. Olympia Nr. 149) ist unbeweisbar ([9], 75). Andere Zuschreibungen an P. sind ganz unsicher, einige in diesem Zusammenhang genannte Werke sind, wie der Florentiner Idolino ([2], T. XIX–XXIV. 91 bis 92) ant., röm. Pasticci, andere Schulwerke ([2] T. 86–89). Zahlreich sind klassizist. Um- und Neubildungen im polyklet. Typus ([12]).

Schon die ant. Lit. hat die Besonderheiten des Stiles P.' gut erfaßt. Ein wohl richtig auf → Xenokrates von Athen zurückgeführtes ([7], 48) Urteil bei Plin. nat. 34,56 besagt, seine Figuren stünden auf einem Beine *(uno crure insistere)*, sie seien *quadrata* und *paene ad (unum?) exemplum*. P. hat in seinen gesicherten Werken das Spielbein wie im Schritt zurückgezogen, die Last ganz mit dem Standbein abgefangen; der Kopf ist in der Regel zur Standbeinseite gedreht und oft ein wenig gesenkt, nur der Athlet Westmacott hat Kopfwendung zur Spielbeinseite. Der »Typus« ist konsequente Weiterbildung der im frühen 5. Jh. entdeckten, seitdem weiterentwickelten Funktionalität des lebendigen menschlichen Körpers, das ist mit *uno crure insistere* kurz und genau ausgedrückt. *Quadratum*, *τετράγωνον*, bezeichnet wohl weniger den bei P. allerdings bes. ausgeprägten Aufbau nach senkrecht sich schneidenden Achsen in Höhe, Breite und Tiefe als die später von → Lysippos veränderten Proportionen. Daß die Figuren fast *ad (unum) exemplum*, *κατὰ τὸ παράδειγμα*, gearbeitet sind, unterscheidet P. etwa von Myron oder Lysippos; noch den h. Betrachter trifft die ausgeprägte Ruhe, Ausgewogenheit, fast Stille der Schöpfungen P.' Eine klassizist. Kunsttheorie ([7], 32ff.; anders Lippold, RE XXI 1715) bei Quint. inst. 12,10,7–9 und, abgekürzt, bei Cic. Brut. 18,70 hat auch bei Plin. nat. 34,53ff. Spuren hinterlassen. Hier wird von P. gesagt, er habe (ganz jugendliche und) alte Menschen nicht dargestellt, in *diligentia* und *decor* überrage er die anderen Bildhauer, ja er habe der *humana forma decorem supra verum* »hinzugegeben«, aber ihm fehle *pondus* und er habe die *auctoritas* der Götter nicht »ausgefüllt«. (Hier freilich wahrt Cicero eigenes Urteil, stellt P. über alle anderen Künstler). Diese Theorie fand also bei P. eine reife, aber nicht einseitig betonte Naturwahrheit, Gestaltung des inneren Adels in der äußeren Erscheinung ([7], 35). Wir werden hinzufügen, daß P. innerhalb der so bezeichneten Grenzen eine große Variationsbreite zeigt; in der Abstufung der Lebensalter vom Knaben bis zum jungen Mann ist er nur selten erreicht worden. Wenn die Kopien nicht täuschen, hat P. den Eindruck des Räumlichen, der »Stimmigkeit« des Körperlichen einerseits durch Staffelung (Rücksetzen des entlasteten Beines; Überschneidung der Vorderseite durch einen davorgesetzten Arm), andererseits durch Verkürzung einzelner Teile erreicht. Sicher Eigentum der Kopien ist die Fassadenhaftigkeit mancher seiner Figuren. Von der Arbeit im einzelnen wissen wir nichts, insoweit ist Würdigung seiner künstler. Qualität unmöglich. Trotzdem gehört er zu den uns am besten bekannten Künstlern (Bildhauern) der klass. griech. Kunst.

1. *R.Bianchi Bandinelli* Policleto 1938. 2. *P.E.Arias* Policleto 1964. 3. *L.Beschi*, Enc. Arte Ant. VI (1965) 266ff. 4. *E.Berger* Lex. der A. W. 2397ff. 5. *C.Vermeule* P. 1969. 6. Zum Kanon: *F.Hiller* Marburger Winckelmann-Pr. 1965, 1ff. 7. Zur lit. Überlieferung: *B.Schweitzer*, SGK IX/1, 1932, 1ff. = Zur Kunst des Alt. I (1963) 105ff. Zu Einzelnem: 8. *G.Hafner*, SHAW 1955,7ff. 9. *P.Amandry*, in: Charites (Festschr. E.Langlotz 1957) 63ff. 10. *N.Himmelmann* Marburger Winckelmann-Pr. 1967, 27ff. 11. *H.v.Steuben*, in: Ant. Plastik hsg. v. W.-H. Schuchhardt 7, 1967, 95ff. 12. *P.Zanker*, Ant. Kunst 12, 1969, 35ff.

6. P. von Argos, Bildhauer und Erzgießer, E. 5.Jh. bis frühes 4.Jh. v.Chr. Paus. 2,22,7 nennt als Künstler einer Hekate in deren Tempel in Argos P. den Bruder des → Naukydes »Mothonos«. Man kann damit verbinden Paus. 6,6,2, wo eine Siegerstatue des Agenor von Theben von P.', nicht dem Verfertiger der Hera, sondern dem Schüler des Naukydes«, genannt wird. Ist die Statue bald nach 371 oder gar vorher entstanden, gehört sie P. Nr. 6, wenn nach 346, wohl P. Nr. 7. P. ist wohl Enkel von Nr. 5. Zugeschrieben werden ihm die Hekate (Bronze), Zeus Meilichios (Marmor (in Argos); das Sitzbild schuf P. »nach« dem Bürgerkrieg von 417 (aber wie lange danach?) (Paus. 2, 20,1f. [1], 85. [2], 6. [3], 13f.), Zeus Philios in → Megalopolis, nach 369 (Paus. 8,31,4. [1], 85. [3], 13f.), anderes mehr. Erhalten ist nichts davon. Auch die Rückführung der Aphrodite von Epidauros auf die Aphrodite des P. in Amyklai (Paus. 3,18,7) ist alles andere als sicher (zuletzt [3], 151ff. T. 20, a). Ist schon Lebens- und Schaffenszeit dieses P. unsicher, so wissen wir von seinem persönlichen Stil noch weniger. **7.** P. von Argos, Erzgießer. Je nach dem Ansatz von Beginn und Ende der Schaffenszeit von P. Nr. 6 muß ein P. Nr. 7 angenommen werden, der im 2. und 3. Viertel des 4.Jh. tätig gewesen wäre. Ihm könnten dann der Agenor und der Zeus Philios in Megalopolis gehören, dazu eine Reihe weiterer Siegerstatuen. Sicherheit ist nicht zu gewinnen, doch bleibt wahrscheinlich, daß es einen P. Nr. 7 in der angegebenen Z. gegeben haben muß (so [1], 86f. [2]. Anders [3]). Vom persönlichen Stil dieses P., der möglicherweise ein Enkel von P. Nr. 5, vielleicht auch sein Neffe war, jedenfalls in den Zusammenhang der P.-Nachfolge gehört, wissen wir nichts.

1. *P.Amandry*, in: Charites (Festschr. E.Langlotz 1957) 63ff. 2. *A.Linfert* Von P. zu Lysipp (Diss. Freiburg 1965) 1966. 3. *D.Arnold* Die Polykletnachfolge (JDAI Erg.-H. 25) 1969.

8. P., Architekt? Paus. 2,27,5 nennt P. als Architekten der Tholos und des Theaters in Epidauros; er meinte damit sichtlich den großen P., Nr. 5. Er nennt den Rundbau Tholos (»sog. Tholos«), der Bau heißt jedoch in den Inschr. immer Thymele. In jedem Fall ist P. Nr. 5 als Irrtum des Pausanias anzusehen; als Schöpfer der beiden genannten Bauten scheidet er aus. Der Bau der Tholos, um 360 begonnen, dauerte etwa eine Generation lang. Welchen Anteil P. daran hatte, ist ungeklärt. Sollte er den Plan entworfen haben (vor 360), könnte er mit P. Nr. 6 oder besser 7 ident. sein, doch ist eine solche Annahme nicht zwingend. Das Theater von Epidauros wird neuerdings gegen 300 v.Chr. datiert, eher etwas später ([2]. Vgl. [1], 186). Nur wenn man, wozu kein deutlicher Anlaß vorliegt, annimmt, P. habe an der Tholos zum Schluß mitgewirkt, könnte er auch das Theater errichtet haben. Andernfalls muß man entweder zwei Architekten namens P. annehmen oder, nach dem Vorschlag von G. Roux ([2], 186f.), auf P. als Architekten überhaupt verzichten. Das würde bedeuten, daß Pausanias oder seine Quelle die beiden bedeutendsten Bauten von Epidauros einfach mit dem bedeutendsten Meisternamen der Peloponnes im 4.Jh. verband. Eine Entscheidung ist h. unmöglich. W. H. G.

1. *G.Roux* L'architecture de l'Argolide aux IVe et IIIe siècles av. J.C. 1961. 2. *A.v.Gerkan–W.Müller–Wiener* Das Theater von Epidauros 1961.

Polykles (*Πολυκλῆς*). **1.** Athener, für 361/60 zum Trierarchen bestimmt, übernahm erst 5 Monate und 6 Tage nach dem Termin die Triere des Apollodoros. Wegen der durch die Versäumnis entstandenen Kosten verklagte ihn Apollodoros 359 mit der Rede Ps.-Demosth. 50. Vielleicht ident. mit dem P. von Anagyrus in IG II² 1611, 371. 1622,238. 1630. Lipsius Att. Recht 755,4f. 908. H. V.

2. P., Erzgießer des 4.Jh. v.Chr. Plin. nat. 34, 50, vielleicht auch [Dion Chrys]. 37,40. IG XIV 1202. Plin. nat. 34,80. Erhalten ist nichts. **3.** P. aus Athen, Erzgießer des 2.Jh. v.Chr. Plin. nat. 34, 52 nennt ihn unter den »Erneuerern« der Kunst nach 156. Dieser P. auch Plin. nat. 34,80 und Paus. 6,4,5? **4.** P. aus Athen, Sohn des Timarchidas, Bildhauer. IG IX 1,141. Plin. nat. 36,35. Auch Varro bei Non. 69,21 und Cic. Att. 6,1,17? 2.Jh. v.Chr., kann Enkel von Nr. 3 sein. Erhalten ist nichts, der Stil so unbekannt wie bei Nr. 2–3. W. H. G.

Polykrateia (*Πολυκράτεια*), Gattin des jüngeren → Aratos (3) von Sikyon. Sie wurde von → Philippos V. von Makedonien verführt und mit dem Versprechen, sie zu ehelichen, nach Makedonien gebracht. Die Vermutung von BELOCH GG 4,2. 140, daß dies tatsächlich geschehen und → Perseus (2) ihr Sohn sei, ist ganz unsicher. K. Z.

K. Ziegler, RE XXI 1726.

Polykrates (*Πολυκράτης*). **1.** Tyrann von Samos, Sohn des → Aiakes (1). Nach Entwaffnung der Bürger (Polyain. 1,23,2) und Besetzung der Burg regierte P. 538 mit seinen Brüdern Pantagnostos und Syloson, von 532 ab allein. Gestützt auf Söldner und eine starke Flotte mit neuem Schiffstyp Samaina (Plut. Per. 26), besaß er durch Seeraub die Herrschaft über viele Inseln und Küstenstädte Kleinasiens. Seine Mz. wurden nach dem Schiffsbild Samaina genannt, HEAD HN^2 133. 601ff. Seinen Reichtum und sein Glück spiegelt die Gesch. vom Ring des P., mit dessen freiwilligem Opfer er vergebens dem Neid der Götter zu entgehen suchte, Hdt. 3,42. Plat. Men. 90a. P. fand Unterstützung bei → Lygdamis (1), dem Tyrannen von Naxos, half dem vertriebenen → Arkesilaos III. (3) von Kyrene und war Gastfreund des → Amasis (1) in Äg., Hdt. 4,162ff. Polyain. a.O. Mit vielen praktischen Neuerungen brachte er der Bevölkerung Beschäftigung und Gewinn. Durch Einfuhr von Ziegen aus Naxos und Schafen aus Milet förderte er die Wollmanufaktur in Samos. Eine Hafenmole, Schiffshäuser, der Riesentempel im Heraheiligtum und die durch einen mehr als 1 km langen Bergstollen berühmte Wasserleitung des Eupalinos wurden erbaut. Seinen prächtigen Palast wollte Kaiser Caligula wiederherstellen, Suet. Cal. 21. An den luxuriösen Hof des P. kamen → Demokedes, → Anakreon und → Ibykos. Dagegen wanderten manche reiche Samier, so → Pythagoras, nach Unteritalien aus und gründeten dort 526 die Stadt → Dikaiarcheia. Als Kambyses gegen Äg. zog, ließ P. Amasis im Stich und sandte dem Perser 40 Trièren. Ihre Mannschaft rebellierte und suchte P. zu stürzen. Auf ihre Bitte belagerten Spartaner und Korinther 524 die Stadt Samos 40 Tage vergebens, Hdt. 3,45ff.; 54ff. Im J. 522 lockte der Satrap → Oroites P. nach Magnesia am Mäander, nahm ihn gefangen, ließ ihn hinrichten und die Leiche ans Kreuz schlagen. Das jähe, furchtbare Ende des sonst so glücklichen Tyrannen beeindruckte die Griechenwelt sehr, Hdt. 3,120ff. H. BERVE Die Tyrannis bei den Griechen 1, 1967, 107ff. 2,582ff. **2.** Athener, Lochage im Heer der Zehntausend, eroberte ein Dorf, besorgte Schiffe von → Trapezunt, befehligte einen Dreißigruderer, half seinem Freund Xenophon bei einer Gesandtschaft zu → Seuthes, Xen. an. 4,5,24. 5,1,16. 7,2,16. 29. 41. **3.** Att. Politiker, beantragte, die Kleruchen von Chersones zum Widerstand gegen Philipp II. aufzufordern, Demosth. 12,16. Wohl ident. mit P., dem Sohn des Epiphron und Gesandten an Philipp, und P. *Ἀφιδναῖος*, Schatzmeister der Schiffsbaukasse, Demosth. 12,16. IG II^2 1628, 13. 1632,15. **4.** Sohn des Mnasiadas, Argiver, seit 220 Ausbilder des äg. Heeres des Ptolemaios IV. nach griech. Muster, befehligte 217 bei Rapheia auf dem 1. Flügel die einheimische Reiterei, Pol. 5,64, 4ff. 65,4. 82,3. 84,8. Bewährter Stratege und Archiereus von Kypros 202 bis 197, Pol. 18,55,4. H. BENGTSON Die Strategie 3, 1952, 232,136. P. beseitigte in Alexandreia den einflußreichen aitol. Söldnerführer → Skopas, richtete die *ἀνακλητήρια* des 13 J. alten Ptolemaios V. aus, trat an die Spitze der Regierung und beendete 184 den Eingeborenenaufstand im Delta, Pol. 22,17. P. und seine Familie siegten mehrfach im Wettrennen der Panathenaeen in Athen zwischen 190 und 178, IG II^2 2313f. **5.** P. von Sikyon. Plutarch widmete ihm die Biographie seines Ahnherrn → Aratos von Sikyon. P. ist bei Plut. mor. 667f. Dialogpartner in → Aidepsos und wird mor. 409c als Förderer des delph. Orakels erwähnt. H. V.

6. P., athen. Redner und Rhetor, der etwa 440 bis 370 v. Chr. lebte (ab 390 auf Kypros). Einen Namen machte er sich durch seine *κατηγορία Σωκράτους* von 393/92, eine fingierte Anklagerede gegen → Sokrates, in der → Anytos der Ankläger ist, was später in der Ant. einige zu der Annahme führte, diese Rede sei von Anytos 399 während des Prozesses gehalten worden. Sokrates wird als Staatsfeind angeprangert. Der Widerspruch gegen diese Rede fand seinen Ausdruck in der Verteidigung des Sokr. bei Plat., Lys., Isokr., Xen. (mem. 1,2) und noch bei → Libanios, der P.' Rede noch ganz kannte. Aus diesen Gegenreden läßt sich P.' Rede noch einigermaßen rekonstruieren. Auch nur durch Gegenschriften anderer oder bloße Erwähnung der Titel sind uns einige von P.' anderen, zumeist scherzhaften Reden (*παίγνια*) bekannt: Lob des → Busiris (Entgegnung bei Isokr.), → Helena (Erwiderung auf Isokr.), Lobreden auf → Klytaimestra, → Alexandros (Paris), aber auch auf Töpfe, Steine, Mäuse und Salz. Wegen der häufigen Wahl kurioser Themen, die er wohl nicht immer geistreich behandelte, galt er in der Ant. einigen als *παιπάλημα λόγων*, als plump, überladen und salzlos. Auch ein B. *περὶ ἀφροδισίων* wird ihm zugeschrieben. Quint. erwähnt eine rhetor. Techne von ihm. Frg.: C. MÜLLER Orat. Att. 2,312–15. L. RADERMACHER Artium scriptores, 128–32. O. Dr.

1. *P. Treves*, RE XXI 1736–1752. 2. *Blass* Att. Bereds. 2, 365–72. 3. *R. C. Jebb* The Attic Orators from Antipho to Isaeos, New York 1962, Bd. 2,94ff. 4. *A. Chroust* Xen. and P., Class. et Med. 16, 1955, 1–77. 5. *E. Gebhardt* P.' Anklage gegen Sokr. und Xen.' Erwiderung, Diss. Frankf. 1957 (Rez.: *J. H. Kühn*, Gn 32, 1960, 97–107). 6. *H. Erbse*, H 89, 1961, 257–87.

Polykrite (*Πολυκρίτη*). Naxierin, die durch List ihre von Milesiern und Erythraiern belagerte

Vaterstadt rettete, Polyain. 8,36. Parthen. 9 (nach Andriskos' *Ναξιακά* und Theophrast). Plut. mul. virt. 17 p. 294. Von Diognetos, dem Führer der Erythraier, gefangen, verspricht sie ihm ihre Liebe, wenn er ihr die Erfüllung jeglichen Wunsches zuschwöre; was geschieht. Nun verlangt sie von ihm Verrat an seinen Bundesgenossen. So können die Naxier in das Bollwerk der Milesier eindringen; Diognetos fällt. Zum Dank wird P. von den Naxiern so mit Kränzen und Gürteln überschüttet, daß sie erstickt, mit Diognetos zusammen bestattet (*Βασκάνου τάφος*) und erhält als Heroine jährl. Totenopfer. – Das Ursprüngliche war vielleicht das Umgekehrte: daß sie die Stadt verriet und dafür getötet wurde, vgl. → Komaitho (1), die von Amphiaraos getötet wurde, → Peisidike (2), → Skylla (→ Nisos, 1) → Tarpeja; oder es war ein sakrales Jungfrauenopfer zum Schutz einer bedrohten Stadt, → Erechtheus, → Leokorion, → Menippe (3). H. v. G.
A.H.Krappe RhM 78,1929, 253 ff. *G.Radke* RE XXI 1753 ff.

Polyktor (*Πολύκτωρ*). **1.** Heros von Ithake, der mit Ithakos und Neritos den schönen Stadtbrunnen erbaute, Od. 17,205ff. Nach Sch. z. St. (Akusilaos) waren sie Söhne des Kephalleniers Pterelaos. **2.** Vater des → Peisandros (4). **3.** Angeblicher Myrmidone, als dessen 7. Sohn sich Hermes im Gespräch mit Priamos ausgibt, Il. 24, 397ff. H. v. G.

Polymele (*Πολυμήλη*). **1.** Tochter des → Autolykos (1), Gemahlin des Aison, Mutter des → Iason, Hes. frg. 18. Sonst Polymede, Alkimede, Polypheme. **2.** Tochter des Königs → Phylas zu Ephyra, Geliebte des Hermes, dem sie → Eudoros (1) gebar, später Gattin des Echekles, Hom. Il. 16, 179ff. PRELL.-ROB. 1,398. **3.** Tochter des Aktor, Gemahlin des → Peleus vor Thetis, Mutter der → Polydora (2). Auch Tochter des Peleus, Gattin des → Menoitios (2), Mutter des Patroklos, Apollod. 3,176. H. v. G.

Polymestor s. Polydoros (2). Hekabe. Ilione

Polymnestos (*Πολύμνηστος* oder nach seinem Aufenthalt in Sparta auch *Πολύμναστος*) aus Kolophon, griech. Musiker und Dichter des 7.Jh., über dessen Tätigkeit neben bloßen Nennungen zwei verschiedene Überlieferungszweige berichten. Als Musiker begegnet er vor allem bei Ps.-Plut. de mus. 3–10 u.ö. Hiernach trat er im Kreis der in Sparta tätigen Komponisten wie → Thaletas, → Xenodamos, → Xenokritos u.a. als Schöpfer von aulod. → Nomoi auf, die trotz einzelner Neuerungen noch ganz zum »Alten Stil« gehörten. Mit dem Inhalt seiner Dichtungen, der sog. *Πολυμνήστεια*, befassen sich dagegen verschiedene, von Aristoph. Equ. 1287 ausgehende Scholien- und Lexikonbemerkungen, die jedoch wohl eine Mißdeutung bieten. Jedenfalls scheint die Einordnung eines Musikers des 7.Jh. als *ἀρρητοποιός* recht unglaubwürdig (vgl. auch SCHMID-STÄHLIN 1,1 [1929] 429f.). U. K.

Polyneikes (*Πολυνείκης*). Ein Thebanischer Held, Sohn des → Oidipus und dessen Gattin und Mutter → Epikaste bzw. → Iokaste bzw. → Euryganeia. P. und sein Bruder → Eteokles tragen redende Namen und verraten sich dadurch als Dichter-Erfindung, WILAM. GldH [3]1,402,1. Außer in Soph. Oid. K. gilt Eteokles als der ältere, PRELL.-ROB. 2,903. Der mit tadelndem Namen behaftete P. tritt erst in Eur. Phoin. in günstigeres Licht. Während Hom. Od. 11,276 der blinde Oidipus die Herrschaft behält, halten in der Thebais und bei den Trag. die Söhne ihn gefangen. Über ihnen waltet ein doppelter Vaterfluch: Bruderkampf um das Erbe und Doppeltod im Zweikampf, weil sie, bes. P., dem Vater Ehrenrechte vorenthielten: Thebais (Athen. 11,465ef). Aischyl. Hept. 785ff. Eur. Phoin. 66f. Sch. Soph. Oid. K. 1375. In dem letzteren Stück bezieht sich der Doppelfluch auf die Gleichgültigkeit der Söhne bei dem Verbannungsbeschluß der Stadt, V. 440ff.; bes. den P. haßt Oidipus, 1173. 1177. Der Anlaß des Bruderzwistes wird verschieden dargestellt: Et. vertreibt P. mit Gewalt (Pherekyd.); er läßt ihm die Wahl zwischen Königsthron und Kronschatz (dazu gehört das Halsband der Harmonia), P. nimmt diesen und geht (Hellanik.); jährl. Turnus im Regiment (Thebais, Hyg. fab. 67 a.E.); P. regiert 1 J. und übergibt E. die Herrschaft, oder E. regiert 1 J. und weigert sich dann, die Herrschaft abzugeben (Apollod. 3,57f.). In Argos bekommt P. → Argeia zur Frau und gewinnt seinen Schwiegervater → Adrastos zum Zuge der → Sieben gegen Theben. Nachdem der Sturm des → Kapaneus gescheitert ist, kommt es auf Beschluß der beiden Heere zu einem Zweikampf zwischen E. und P., der mit beider Tode endet, Aischyl. Hept. 805ff. Eur. Phoin. 1359ff.; hier ist Iokaste Augenzeugin des Kampfes, Apollod. 3,73ff. Es folgt der verlustreiche Kampf der Argiver an den Toren und der Sieg Thebens. Von einem Verbot der Bestattung wußte das alte Epos nichts. ROBERT Oid. 1, 251. – Pind., Hdt., Paus. kennen P.' Sohn → Thersandros. Spartan. Geschlechter leiteten sich von ihm ab. H. v. G.

Polypen. Offenbar wegen der Form schon von althipp. Ärzten so genannte Schleimhautwucherungen (bes. in der Nase), die operativ entfernt wurden (vgl. z.B. Hipp. Morb. 2. 33). F.K.

Polyperchon (*Πολυπέρχων*, in den Hss. z.T. *Πολυσπέρχων*, s. dazu DITTENBERGER OGIS I 423). **1.** Makedone, Sohn des Simmias. Er zeichnete sich seit 333 als Führer der tymphaischen Taxis unter Alexander d.Gr. mehrfach aus, wurde aber 324 (aus Altersgründen, Iust. 12,12,8; möglicherweise wegen Opposition gegen Alexanders Perserpolitik) als Stellvertreter des → Krateros (1) nach Hause gesandt. Als solcher blieb er bei → Antipatros und wurde von diesem vor 319 zum *ἐπιμελετὴς τῶν βασιλέων* (Diod. 18, 48) sowie zum *στρατηγὸς τῆς Εὐρώπης* (vgl.

dazu BENGTSON Strategie 1,81 ff.) ernannt, was hin in Gegensatz zu → Kassandros (2) bringen mußte. Gegen die nach dessen Flucht zu → Antigonos (1) zustande gekommene Koalition zwischen diesem, Ptolemaios und Lysimachos operierte P. mit Wiedereinführung der Demokratie in den seit Antipatros oligarch. regierten griech. Städten sowie in Verbindung mit → Olympias und → Eumenes (1). Indes verlor er in den Kämpfen der folgenden J. außer der Peloponnes alle Positionen und scheint auch dort zeitweilig hinter seinen Sohn → Alexandros (9) und dessen Gattin → Kratesipolis zurückzutreten. Zweifelsohne aber Partner des Friedensvertrages von 311 (vgl. dazu C. B. WELLES, Royal Corresp. in the Hellen. Period Nr. 1, H. H. SCHMITT Die Staatsverträge d. Altertums 3, 1969, 41 ff.), verlor er nach einem Versuch, einen Sohn Alexanders von → Barsine, (vgl. dazu TARN Alexander the Great 2,331 ff.) gegen Kassandros auszuspielen, in den folgenden J. die Peloponnes an Ptolemaios (Diod. 20,37) und Demetrios Poliorketes (Diod. 20,100); ob und wie lange er sich noch hielt (vgl. BELOCH GG 4^2, 2,445) ist unbekannt.

Berve Alexanderreich 2, Nr. 654. *Lenschau*, RE XXI 1798 bis 1806. *M. Fortina* Cassandro Re di Macedonia, Rom 1965, pass. *C. Wehrli*, Antigone et Demetrios, 1969, passim.

2. Söldner im Dienst des → Kallippos (1), den er ermordete (Plut. Dion 58,6; J. 351); wohl kaum ident. mit Nr. 1. G. W.

Polypheides (*Πολυφείδης*). »Der bedeutendste Seher seit dem Tode des Amphiaraos« Hom. Od. 15,252 f. Wegen eines Zwistes mit seinem Vater → Mantios war er von Argos nach dem achaiischen Hyperesia (später Aigeira) übergesiedelt. Nach Pherekyd. FGrH I 91,116 wohnte er als Gatte der Aichme in Eleusis. Seine Gleichsetzung mit → Polyidos (1) ist zweifelhaft. Vgl. das Stemma Od. 15,225 ff. 242 ff. H. v. G.

Polyphemos (*Πολύφημος*). **1.** Lapithe aus Larisa, Sohn des → Elatos, Bruder des → Kaineus, Gatte der → Laonome (2), einer Schwester des Herakles, mit dem er befreundet war. In der Jugend Kentaurenbekämpfer (Hom. Il. 1,264), im Alter Argonaut. Mit Herakles in Mysien auf der Suche nach → Hylas zurückgelassen, gründet er → Kios und fällt im Kampf gegen die → Chalyber, Apoll. Rhod. 1,40 ff. 1140 ff. und Sch. 4,1470 ff. Apollod. 1,113. 117. Bei Euphorion ist P. Sohn Poseidons und Liebhaber des Hylas; vgl. Anton. Lib. 26 (Nikandros), **2.** Der Kyklop der Od., 9, 106 ff. 166 ff., Sohn des Poseidon und der Phorkystochter Thoosa, 1,70. Riese und Menschenfresser, lebt er abseits der andern → Kyklopen in einer Höhle mit Herden von Schafen und Ziegen; den Tieren gegenüber zeigt er auch menschliches Gefühl, 9,446 ff. – → Odysseus dringt mit 12 Gefährten in die Höhle ein, von denen P. 6 verzehrt, macht ihn trunken, brennt ihm das einzige Auge

aus und rettet sich mit dem Rest seiner Leute unter den Bäuchen der Schafe. Vom Schiff aus höhnt er P., der seinerseits seinen Vater Poseidon um Rache anfleht. Eine besondere Rolle spielt das Niemandsmotiv (*Οὖτις*).

Die bildnerische Darstellung und lit. Auswertung der P.-Gestalt folgte zunächst Hom.: ältere Komödie (Epicharmos, Kratinos), Satyrdrama (Aristias, Eur., s. Art. → Kyklopen), Dithyrambos (Timotheos). Eine Wendung begann mit dem Dithyrambos des Philoxenos, in dem P. als tölpelhafter Liebhaber der → Galateia auftrat (Anth. lyr. II^2 5). Er tanzt und singt und tröstet sich dadurch über Enttäuschung hinweg. Odysseus nutzt die Liebe P.' für seine List aus. Solche burleske Auffassung des P. herrscht nun auch in der mittl. Komödie und bei den alexandr. Dichtern (Hermesianax, Kall. Theokr.). Verg. folgt der hom. Art in den Erzählungen des → Achaemenides, Aen. 3,588 ff., Ov. steigert sie zu äußerster Derbheit in dem Gespräch zwischen Achaemenides und → Makareus (3), met. 14,158 ff., daneben stellt er 13,749 ff. in der Weise der Alexandriner das Liebeswerben P.' um Galateia dar, wendet aber durch Erfindung des Nebenbuhlers → Akis die Erzählung ins Tragische. – Die Blendung des P. wurde schon im 7. Jh. auf Vasen dargestellt. Später ergriff die Kunst auch alle übrigen Szenen und Situationen der hom. und der alexandr. Erzählung. Myth. Lex. 3,2702. RE XI 2336 ff. XVII 1958 ff. XXI 1815 ff.

Zur Deutung: W. GRIMM sah in dem runden, brennenden Auge P.' ein Bild der Sonne. A. B. COOK Zeus 1, 1914, 323 ff. hielt den Mythos für eine Veranschaulichung der Erfindung des Drillbohrers. S. EITREM, RE XI Art. Kyklopen, führte ihn auf einen Ritus zurück, der die Wirkung des »bösen Blicks« durch ein »Notfeuer« aufhob. Näher liegt die Auffassung als ein schwankhaftes Schiffermärchen. Es wurde im Alt. meist in Sizilien lokalisiert. H. v. G.

Hackmann Die P.sage in der Volksüberlieferung. Hels. 1904. *L. Radermacher* Sage u. Mythos bei den Griechen 76 f. *J. Mewaldt* Ant. P.gedichte, AAWW 83, 1946, 269 ff.

Polyphonte (*Πολυφόντη*). Bei Anton. Lib. 21 (nach → Boios Ornithogonia) eine Enkelin des Ares, Gefährtin der Artemis, Verächterin der Aphrodite. Diese schlug sie mit einer Leidenschaft für einen Bären, mit dem sie Zwillinge zeugte, die Menschenfresser wurden. Zeus wollte ihnen Arme und Beine abhauen lassen, auf Verwendung des Ares wurden sie samt ihrer Mutter in Vögel verwandelt. H. v. G.

Polyphontes (*Πολυφόντης*). **1.** Thebaner, Führer eines dem → Tydeus gelegten Hinterhalts, Il. 4,395; → Maion (3). **2.** Thebaner, Gegner des → Kapaneus beim Sturm der → Sieben, Aischyl. Hept. 447 ff. **3.** Herold des → Laios (1), zusammen mit ihm von Oidipus erschlagen, Apollod. 3,51; → Polypoites (3) **4.** Herakleide, gewinnt durch Ermordung des → Kresphontes und zweier seiner Söhne und durch die Heirat mit dessen Witwe → Merope (3) Messenien, wird aber von dem 3. Sohn → Aipytos (3) gestürzt, Apollod. 2, 180. Hyg. fab. 137 erzählt nach Eur.: Kresphontes (= Aipytos), herangewachsen, beansprucht unter dem Namen Telephontes den von P. auf seinen Kopf ausgesetzten Preis, weil er Kresphontes getötet habe. Daraufhin hätte Merope ihn beinahe erschlagen. Nach der Erkennung versöhnt sie sich zum Schein mit P., und bei dem nun stattfindenden Dankopfer wird P. von Kresphontes mit Hilfe der Mutter umgebracht. H. v. G.

Polyphrasmon (*Πολυφράσμων*), Sohn des Tragikers → Phrynichos, Tragiker (Suda s. *Φρύνιχος* 762). Sieg an den großen Dionysien 471 (IG II² 2318, Col. I. 2325, 5.666, Col. I). Mit einer Tetralogie Lykurgeia im J. 467 dritter nach Aischylos und Aristias (Hyp. Aisch. Sept. ~ POxy 20,2256, Frg. 2). Nichts erhalten. Lieblingsinschr. auf der Schale des Duris in München, BEAZLEY AV 2. 438,132 auf ihn zu beziehen? F. St.

Polyphron (*Πολύφρων*), Bruder → Iasons (2) von Pherai, beseitigte 369 seinen Bruder → Polydoros (1), führte die Tageia von Thessalien und die Tyrannis von Pherai, vertrieb den Adel aus Larissa und ließ in → Pharsalos u.a. → Polydamas (1) hinrichten. P. wurde 368 von seinem Neffen Alexander ermordet, Xen. hell. 6,4. 33ff. Plut. Pelop. 29. H. BERVE Die Tyrannis bei den Griechen 1, 1967, 289f. H. V.

Polypoites (*Πολυποίτης*). **1.** Sohn des → Peirithoos (1) und der → Hippodameia (2), führte seine Landsleute aus dem späteren Perrhaibien (Argissa u.a. Orten) auf 40 Schiffen nach Troia mit → Leonteus (1), mit dem er auch in der Il. meist zusammen auftritt, 2,740ff. 12,182ff. (kleine Aristie). 23,836ff. (Sieger mit der Wurfscheibe bei den Leichenspielen). Apollod. 3,130. epit. 3,14. Insasse des hölzernen Pferdes, Quint. Smyrn. 12, 318. Nach dem Kriege wandert er mit → Kalchas u.a. zu Fuß nach Kolophon (Apollod. epit. 6,2), gründet mit Leonteus → Aspendos (Eustath. zu Il. 2,740) oder kehrt mit ihm nach Hellas zurück (Tzetz. Lykophr. 980). Polygnotos stellte ihn in der knid. Lesche in Delphoi zusammen mit → Akamas dar, Paus. 10,26,2. Vorhomer. Gestalt, W. KULLMANN H(ES 14), 117. 355. **2.** Sohn des Odysseus und der thesprot. Königin → Kallidike (2). **3.** Wagenlenker des → Laios (1) Pherekyd. (Sch. Eur. Phoin. 39, codd. *Πολυπήτης*, *Πολυφήτης*; em. SCHWARTZ). → Polyphontes (3). H. v. G.

Polyrrhenia (*Πολυρρήν*, *Πολύρρηνα*, *Πολυρρηνία*, *Πολύρρηνον* u.ä., Ethnikon *Πολυρρήνιος*), Stadt im NW. von Kreta beim h. Ano Palaeokastro (amtl. P.) 5 km s. der Bucht von Kisamos. Erhalten große Teile der Stadtmauer und einzelnes andere, mittelalterl. Kastell. Der Name ist wohl vorgriech., die Stadt in gesch. Z. dor., Hesych, s. *ἄμαλλος*, *κάρα*, *κόμβα*, *λάττας*, *σέρτης*, *σύας* nennt mehrere Tiernamen als Besonderheiten des Dialekts. Einzelheiten aus der Gesch. fast nur aus den Inschr. bekannt. Die Bedeutung der Stadt ergibt sich aus dem häufigen Vorkommen von Polyrrheniern in der griech. Welt. Spätant. verdrängte der Hafen Kisamos die alte Bergstadt im Inneren und wird allein noch bei Hierokl. synekd. 650,13 und in den Bischofslisten genannt. Skyl. 47. Strab. 10,4,13 p. 479. Plin. nat. 4,59. Ptol. 3,15,7. Zenob. 5,50. Steph. Byz. BCH 45, 1921, 19 III 103. Inschr. [2] Nr. 1–66. SGDI 5115–5119. SEG 15,571. 16,532. Mz. HEAD HN² 474. [2] 241. [3] 2547,44ff. E. M.

1. *L. Savignoni*, Mon. ant. 11, 1901, 314ff. (mit Plan). 2. *M. Guarducci* Inscr. Cret. 2,237ff. 3. *E. Kirsten*, RE XXI 2530ff.

Polystratos (*Πολύστρατος*). **1.** Begüterter Athener, war 411 unter der Herrschaft der 400 gegen seinen Willen Ratsherr und an der Auswahl der 5000 polit. berechtigten Bürger beteiligt (Lys. 20,1. 13. 14). Nach tapferer Teilnahme an den Kämpfen bei Eretria (a.O. 14. 16f.) wurde er in Athen nach dem Sturz der 400 zu einer Geldbuße verurteilt (a.O. 14. 18) und hierauf 70jährig um 410/09 nochmals angeklagt, wohl wegen Beteiligung an der Oligarchie (Harpokr. s.v.); zu seiner Verteidigung hielt sein zweitältester Sohn die 20. Rede des lysian. Corpus. G. Do.

2. Epikureischer Philosoph, Nachfolger des → Hermarchos in der Leitung der Schule; vgl. Diog. Laert. 10,26. In Herculaneum sind auf Papyrus größere Reste einer gegen die → Kyniker gerichteten Schrift entdeckt worden, in der P. für eine objektive Begründung eintritt; hg. von K. WILKE, 1905, dazu R. PHILIPPSON P.s Schrift über die grundlose Verachtung der Volksmeinung, NJbPhPäd 23, 1909, 487–509. H. D.

Polytechnos (*Πολύτεχνος*). Kunstfertiger Zimmermann in Kolophon, der mit seiner Frau → Aedon, Tochter des Ephesiers → Pandareos, einen Sohn → Itys hatte. In einem Wettstreit, wer am schnellsten einen Wagen bzw. ein Gewebe fertigstellen könne, unterliegt P. Er rächt sich, indem er sich an seiner Schwägerin Chelidonis vergreift. Dafür rächen sich die Schwestern, indem sie Itys töten, kochen und dem P. vorsetzen. Zum Schluß werden alle Beteiligten in Vögel verwandelt, P. in einen Specht (*πελεκάν*). Anton. Lib. 11 (nach → Boios' Ornithogonie). Eine ion.-kleinbürgerliche Variante des bekannten Tieraitions von → Prokne und → Philomele. NILSSON GgrR 1²,30f. H. v. G.

Polytimetos (*Πολυτίμητος*, Aristob. FGrH 139 F 28a = Strab. 11,518. Ptol. 6,14,2. Arr. an. 4,5,6. 6,7. Curt. 7,10,1–3), allem Anschein nach (aber doch wohl im Gegensatz zu Curt. a.O.) von den mit Alexander d. Gr. ins Land gezogenen Makedonen so benannter Fluß in der → Sogdiana, der h. etwa 640 km lange Serafschan in der Usbekischen Sowjetrepublik, der im Alai-Gebirge entspringt und in der Wüste Kyzyl-Kum zwischen dem Syr-Darya und dem Amu-Darya in Salzseen mündet bzw. versickert. E. O.

H. Treidler, RE XXI 1836–1838.

Polytropos (*Πολύτροπος*), Söldnerführer, besetzte 370/69 gegen die panarkad. Bewegung das mit Sparta gehende arkad. → Orchomenos. In einem Gefecht gegen → Lykomedes (4), den arkad. Bundesfeldherrn, fiel P. Er war wohl Spartaner, da die Spartaner im 4. Jh. Söldner meist Spartanern unterstellten, Xen. hell. 6,5,11ff. Diod. 15,62. H. W. PARKE GREEK mercenary soldiers 1933, 86f. H. V.

Polyxene (*Πολυξένη*). Tochter des Priamos und der Hekabe, Apollod. 3,151, wurde nach dem Fall Troias auf Verlangen des toten Achilleus, der seinem Sohne Neoptolemos erschien, von diesem über dem Grabe des Vaters geopfert; in edler Haltung bot sie sich dem Todesstoße dar. Das wird schon die Kykl. Epik erzählt haben (R. BETHE Der hom. Epenkreis. Sonderausg. Darmst. 1966, 96. Unsere Quellen: Simonid. frg. 207 Bgk. Ibykos frg. 36. Eur. Tro. 502.680. Hek. 37ff. 107ff. 218ff. 521ff. (Soph.' Drama P. ist nicht erhalten.) Apollod. epit. 5,23. Achills Forderung wird verschieden begründet: Der beste Held will nicht leer ausgehen bei der Verteilung der Beute. In hellenist. Z. wurde ein Liebesverhältnis zwischen Achilleus und P. ersonnen. Er soll sie bei dem Brunnen, an dem er ihrem Bruder → Troilos auflauerte, oder bei dem Loskauf von Hektors Leiche oder bei Gelegenheit eines Festes erblickt und begehrt haben. Zur Vorbereitung der Hochzeit – das späte Epos spricht sogar von geplantem Landesverrat – kommt Achill in das Heiligtum des Thymbräischen Apollon, wird von Paris überfallen und getötet. So konnte man P. die Schuld am Tode des Helden zuschreiben. Hyg. fab. 110 Sch. Eur. Tro. 16. Sch. Lykophr. 269. 323. Serv. Verg. Aen. 3,321ff. Ov. met. 13,439ff.

Nach E. WÜST ist der Name aus der chthon. Sphäre zu deuten, als Fem. zu der → Hadesepiklese → Polyxenos (1), vgl. → Polyxo (3), als eine Art »Walküre«, deren sich der Todesgott Apollon bedient, um Achill zu töten; erst später sei sie zur Fürstentochter und Geliebten geworden. Doch wirkt der infernale Zug noch in dem »Leonorenmotiv« nach, daß der tote Bräutigam die Braut zu sich ins Grab nachzieht. Sen. Tro. 195 *desponsa nostris cineribus*. – Zahlreiche sf. und rf. Vasen, geschnittene Sterne, Wandgemälde, etr. Aschenkisten und Spiegel bezeugen die Beliebtheit der P.sage, bes. in der eur. Fassung. H. v. G.

E. Wüst Wer war P.? G 56, 1949, 205ff. RE XXI 1840ff. Myth. Lex. 3,2723 ff. (mit Abbild.). *W. Kullmann*, H(ES 14) 214 m. Anm. 4. *Wilam.* GldH 1^3, 302, 1. *Nilsson*, GgrR 1^2, 178.

Polyxenidas (*Πολυξενίδας*). Verbannter Rhodier, führte unter → Antiochos III. (4) 209 gegen Arsakes ein kret. Hilfskorps. Als Admiral 191 von den Römern bei → Korykos (1) geschlagen, vernichtete er 190 die rhod. Flotte des Pausistratos bei Panormos auf Samos. Bei → Myonnesos verlor er gegen die Römer die halbe Flotte, Pol. 10,29,6. Liv. 36,41ff. 37,8ff. 28ff. App. Syr. 17. 21ff. 27. H. V.

Polyxenos (*Πολύξενος*, ep. *-ξεινος* »gästereich«). **1.** Epiklese des → Hades- → Pluton. Aischyl. Hik. 144f. Soph. Oid. K. 1570 (*πύλαι πολύξενοι*). Kall. frg. 478 Schn. Ov. met. 4, 439ff. *(apertas undique portas ... omnes animas locus accipit ille)*. Eine Hypostase des Hades ist demgemäß der König P. von Eleusis, Hom. h. 5, 154. 477. Wieweit Nr. 2–4 urspr. eine unterweltliche Funktion hatten, ist fraglich. PRELL.-ROB. 2,489. 1447. **2.** König von Elis. Ihm gaben die Taphier (Teleboer) die dem → Elektryon von Mykenai geraubten Herden in Verwahrung. → Amphitryon löste sie aus, um dafür die Herrschaft in Mykenai und die Hand von Elektryons Tochter → Alkmene zu erhalten, Apollod. 2,55ff. Sch. Lykophr. 932. **3.** Auch König von Elis, Sohn des Agasthenes, Enkel des → Augeias. Er führte mit → Amphimachos (2), → Diores (1) und Thalpios auf 40 Schiffen die Epeier von Elis nach Troia, Il. 2,615ff. Freier der Helene, Apollod. 3,130. Er spielte schon in vorhom. ep. Tradition eine Rolle, W. KULLMANN H(ES 14) 98. Hesych nennt ihn unklar *εἷς τῶν ἡρώων*, WILAM. Hom. Unt. 185, 28. In der Telegonie (Proklos bei E. BETHE Der tro. Epenkreis, Darmst. 1966,40. 136f.) reist Odysseus nach dem Freiermord zur Besichtigung seiner Rinderzucht (vgl. Od. 14,100. 20,209. 23, 355) nach Elis und bekommt dort von P. einen mit Reliefs aus der Gesch. des Augeias und des → Trophonios und Agamedes – diese spitzbübischen Schatzbaumeister wurden von Charax FGrH 103 F 5 in Elis angesetzt – verzierten Krater geschenkt. P. hatte einen Sohn, den er nach dem gefallenen Kriegskameraden Amphimachos nannte, Paus. 5,3,4, und starb in Elis, Ps. Aristot. pepl. 36. **4.** Sohn von Iason und Medeia, Paus. 2,3,8 (nach Hellanik.). Nach Hes. theog. 1000f. und nach Kinaithon (Paus. 2,3,9) hieß er Medeios, bei Apollod. 1,147. Hyg. fab. 27 Medos (Vater Aigeus). → Medeia a. E. → Hippotes (3). H. v. G.

5. P., Syrakusaner, heiratete 406 Theste, Tochter des → Dionysios (1), riet 404 dem Tyrannen zur Flucht zu den kampan. Söldnern in der Epikratie, Diod. 13,96,3. 14,8. Plut. Dion 21,7. 396 nach Unteritalien und der Peloponnes um Hilfe gesandt, brachte P. 30 Schiffe unter dem Spartaner Pharakidas mit, Diod. 14,63,4. In Athen wurde P. 394/93 neben der Familie des Dionysios geehrt, IG II^2 18. Im J. 387 mit 20 Schiffen in die Ägäis geschickt, trug er mit Antialkidas durch die Sperrung des Hellespont zur Annahme des Königsfriedens durch Athen bei, Xen. hell. 5,1,26. Im J. 386/85 wurde P. aus Sizilien verbannt, Plut. Dion 20. K. F. STROHEKER Dionysios I. 1958. H.V.

6. Sophist, Zeitgenosse → Platons, hielt sich um 365 am Hofe Dionysios' II. zu Syrakus auf. Daß er dort gegen Platon wirkte, spiegelt sich in den ps.-platon. Briefen 2,310C (vgl. auch 314 CD) und 13,360 C wider. Eine für P. recht ungünstige Anekdote erzählt Diog. Laert. 2,76. – Möglicherweise geht eines der wichtigsten Argumente gegen Platons Ideenlehre, das als *τρίτος ἄνθρωπος* bezeichnet wird, auf P. zurück; → Phainias von Eresos frg. 9 WEHRLI bezeugte das in seiner Schrift »gegen → Diodoros« (9). Ob diese Notiz zutrifft, oder ob dem Platon-Gegner P. jenes Argument ohne sachlichen Grund zugeschrieben wurde, bedarf der Prüfung. H. D.

Polyxo (*Πολυξώ*). **1.** Eine der → Hyaden. **2.** Gemahlin des → Nykteus, Mutter der → Antiope (1). **3.** Argiverin, Verwandte und Freundin der Helene. Sie begleitete ihren Gatten → Tlepolemos auf der Flucht von Argos nach Rhodos, von wo er in den Tro. Krieg zog. Nachdem er dort gefallen, veranstaltete sie Leichenspiele für ihn. Als Helene zu ihr floh, ließ sie sie als Schuldige an dem Krieg, dem ihr Gatte zum Opfer gefallen, durch ihre als Erinyen verkleideten Dienerinnen an einem Baum aufhängen. Paus. 9,19,9f. Aition für den Kult der → Helene *δενδρῖτις*. NILSSON GgrR 1²,315. 487. DERS. Griech. Feste 426. WILAM. GldH. 1³,122. P. selbst könnte durch die Erinyen als urspr. Hadesherrscherin ausgewiesen werden; ihr Name ist eine Kurzform für → Polyxene. Vgl. → Polyxenos (1). MAASS Aratea 367. Bei Polyain. 1,13 entgeht Helene P.s Rache, indem Menelaos eine in deren Gewänder gehüllte Sklavin ausliefert. **4.** Amme und Vertraute der → Hypsipyle, die die Lemnierinnen veranlaßt, die Argonauten freundlich aufzunehmen, Apoll.Rhod. 1,668ff. Hyg. fab. 15. Val. Fl. 2,316ff. macht sie zu einer Prophetin, die ihre Sprüche aus den Tiefen des Meeres holt. H. v. G.

Polyzelos. 1. Dichter der Alten Komödie, 4 Lenäensiege (IG II² 2325,130). Eine politische Komödie *Δημοτυνδάρεως* datiert P. GEISSLER Chronol. d. altatt. Komödie, 1925 auf 410. Von den übrigen 4 Titeln (Suda) sind 3 *Γοναί* von Göttern. W. K.

Körte, RE XXI 1864.

2. Lokalhistoriker von Rhodos, Anfang 3. Jh. v. Chr. oder etwas früher. Die Frg.e aus seinen *Ῥοδιακά* lassen einen weiten Interessenkreis vermuten. Neben → Zenon von Rhodos wahrscheinlich der am meisten für die rhod. Lokalgeschichte benutzte Autor. FGrH 521. O. Dr.

Pomerium (ō, ē: Lucan. 1,594; vgl. griech. *πωμήριον*), Grenze (Gell. 13,14,1 *facit finem.* Varro 1. 1. 5,143 *auspicia urbana finiuntur.* Gran. Licin. p. 9 Fl. *p. finis urbanorum auspiciorum*) zwischen *urbs* (Liv. 5,52,15 *intra p.;* vgl. MOMMSEN RStR 1³,63,2) und *ager effatus* (Gell. a. O. *intra agrum effatum.* Serv. Aen. 6,197 *ager post pomeria ... dicebatur effatus.* Macr. Sat. 1,24,12 *pomeria et effata.* Gai. inst. 4,104 *in urbe vel intra primum miliarium*), unterscheidet sich vom *sulcus primigenius* (Varro a. O. Tac. ann. 12,24,1. Plut. Rom. 11,4) dadurch, daß es 1. nicht wie dieser durch die Tore unterbrochen wird, 2. keine sichtbare, sondern eine nur an Wendepunkten durch *cippi* mit Aufschrift *p.* (zu den acht erhaltenen kaiserzeitl. Steinen RICHTER Top. 64f. DESSILS Nr. 213. 248. 311) markierte gedachte Linie (ältestes p.: Tac. ann. 12,24,1. Gell. 13,14,2) ist, die unter bestimmten Voraussetzungen (Gell. 13,14,3 *habebat ius proferendi pomerii qui populum Romanum agro de hostibus capto auxerat.* Liv. 1,44,5. Tac. ann. 12,23,2. Sen. brev. vit. 13,8. HA v. Aurel. 21,10. Dion. Hal. ant. 4,13,2f. BRUNS-GRAD. Nr. 56) vorverlegt werden kann (T. Tatius: Tac. ann. 12,24,2; Servius Tullius: Liv. 1,44,3. Dion. a. O.; Sulla: Gell. 13,14,4. Sen. a. O. Cass. Dio 53, 50,1; Caesar: Gell. a. O. Cass. Dio 43,50,1. 44,49,2; Augustus: 55,6,6; Claudius: Gell. 13,14,7. Tac. ann. 12,23,2. CIL VI 31537a *auctis populi Romani finibus pomerium ampliavit terminavitque; Nero:* HA a. O.; Vespasian: CIL VI 31538a–c; Erneuerung durch Hadrian: CIL VI 31539a–c). In übertragenem Sinn bezeichnet p. (meist *pomeria*) den so umschlossenen Raum (Sch. Iuv. 9,9 *pomeria loca intra muros.* Gell. a. O. Papinian. Dig. 18,7,5). Innerhalb des p. finden keine *comitia centuriata* statt (Gell. 15,27,5), d. h. unterbleibt militär. Kommando, das mit Überschreiten des p. einsetzt (Cass. Dio 53,17,4), weshalb Inhaber des *imperium* (jeweils Ausnahmebeschlüsse beim Triumph; vgl. Liv. 45,35,4) außerhalb des p. bleiben (Pompeius: Cass. Dio 39,63,4. 65,1. 40,50,2. 41,3,3; Caesar: 41,15,2. 16,1; Augustus: 49,15,3; Tiberius: 55,8,1); Ausnahmeregelung für Augustus beim *imp. procons.* (53,32,5) und der *trib. pot.* (51,19,6). Daß nichtröm. Gottheiten keine Aufnahme innerhalb des p. (Strab. 5,232. Serv. Aen. 1,292. Vitr. 1,7,1 nennen nicht p.) fanden (DEUBNER b. CHANTEPIE 2,428; vgl. jedoch Hercules, Castor, Venus Erucina, Mater magna), trifft erst gegenüber äg. Kulten zu (40,47,4. 53,2,4). Zur Erklärung des Wortes p. gehen die *augures* bei Gell. 13,14,1 von *pone muros* (Sch. Iuv. 9,9), Varro l. l. a. O. von *postmoerium* (Liv. 1,44,4. Plut. Rom. a. O. Prisc. KeilGrL III 475,9), Verrius Flaccus (Paul. Fest. 295,4ff. L.) von *promurium* (Sch. Lucan. 1,594 *promoenia*) aus; Liv. a. O. deutet p. als *circummoerium.* Beziehung zum *murus* wird von heutigen Erklärern anerkannt, ist jedoch wegen völligen Fehlens jeglicher Übereinstimmung von p. und Mauer abzulehnen. Analog zu *postliminium* < **pŏ-stlīmĭn-i̯ŏm* (RADKE, Glotta 44, 1966, 37ff.) empfiehlt sich Herleitung (RADKE, Glotta a. O.; Götter Altitaliens 200) aus **pŏ-smēr-i̯ŏm* (vgl. Paul. Fest. a. O. *pos[i]mirium; -*smēr-*, Dehnstufe zu *smĕr-* »abteilen« wie *tēgulum, *sēdula* zu *tĕgo, sĕdeo*, heißt »Teiler, Grenze«) »Abgrenzung«. Das wird der sakralen (zu den o. genannten *auspicia* vgl. Cic. div. 1,33. 2,75; nat. 2,11. Qu. fr. 1,2,1.

Val. Max. 1,1,3. Vir. ill. 44. Plut. Marc. 5. Gran. Licin. a. O.) und polit. Rolle des p. gerecht. G. R.
Mommsen RStR 1^3,63ff. 103,4; RF 2,23ff. *Detlefsen*, H 21, 1886, 497ff. *Hülsen*, H 22, 1887, 615ff. *Wissowa* Rel.[2] 528f. *Norden* Altröm. Priesterb. 166. *v. Lübtow* Röm. Volk 319ff. *Meyer* Röm. Staat u. Staatsged. 119ff. *Leumann-Hofmann* Lat. Gr. 1^5,161. 210. *Sommer*, HB 231. *Muller* Ait. Wb. 270.

Pomerius Iulianus, † nach 498, ehemaliger Rhetor und Lehrer des → Caesarius von Arles, verfaßte in Anlehnung an Augustinus und Hieronymus in gepflegtem Latein ein Werk De vita contemplativa in 3 B. B. R. V.
Ta.: *Migne* PL 59, 415–520.
Lit.: *H. Hagendahl* Latin Fathers and the Classics, 1958, 345/46 und 372/77. *Altaner*[7] 475.

Pometia s. Pomptinus ager

Pōmōna (*ō:* Ov. met. 14,623), alte, in männlicher Gestalt auch bei Umbrern (Iguv. Taf. 3. 4 *puemune*) und Sabinern (Vetter HB Nr. 227 *poimunien*) sowie in Kampanien (CIL X 531 *Pōmōnis*) verehrte Gottheit mit eigenem *flamen* (Varro l. l. 7,45. Fest. 144,13 L.) und Kultplatz *pomonal* im *ager Solonius* (Fest. 296,15ff. L.). P. wird mit den *poma* in Verbindung gebracht (Varro frg. 171 Fun. Fest. 144,14 L. Serv. Aen. 7,190. Aug. civ. 4,34). Sie schildert ihre Gaben Plin. nat. 23,2. Die Sage kennt sie als Gemahlin des Picus (Serv. a. O.) oder ihre Liebesverbindung mit Vertumnus (Ov. met. 14,623ff.). G. R.
Prell.-Rob. 1,453f. *Wissowa* Myth. Lex. 3,2747ff.; *Ders.*, Rel. [2]198f. *Latte*, RRel 74. *Radke* Götter Altitaliens 257f. *Dumézil* Rel. Rom. arch. 269f.

Pompa (πομπή). 1. Griechenland. Urspr. kein sakrales Wort, sondern weitere Bedeutung: bei Homer bezeichnet es das Geleit, das ein Stärkerer, bes. die Götter gewähren (z. B. Od. 5,33 Geleit der Phaiaken für Odysseus; Il. 24,153 Hermes' Geleit für Priamos u. a. m.), ganz ohne sakrale oder kultische Bedeutung. Daraus entwickelte sich der sakrale Zug (vgl. Il. 1,184 Geleit der Chryseis, aber noch nicht als P. bezeichnet) und das profane Ehrengeleit, für das Voraussetzung ist, daß kein *sacrum* geleitet wird (Ehrengeleite und Gelegenheits-P. [z. B. Hdt. 7,124,3 Geleit der Spartaner für Themistokles], Leichen- und Hochzeitszüge). In klass. Z. ist das Wort fast ausschließlich auf den Kult eingeengt und bezeichnet den an den Festen von der Polis oder einer Kultgemeinde ausgerichteten Zug mit oder zur Gottheit, bei der man diese oder ein Opfer geleitet. Diese Handlung wird geordnet und regelmäßig wiederholt. Die P. ist keine selbständige kultische Handlung, sondern als Zug zu einer solchen ein unveräußerlicher Bestandteil der Feste. Im größeren Rahmen ist die P. Teil einer ἑορτή oder πανήγυρις, oft geht eine Pannychis (»Ganznachtfeier«) voraus und bildet ein Agon den Ausklang (häufig Dreiklang P.-Opfer-Agon). Eine bes. Art von P. ist mit Theorien (Festgesandtschaften) verbunden, die an sich keine P. sind, aber dazu werden können (Liste bei Bömer 1888/89). → Lustrationen, Phallophorien (→ Phallos), Bukoliastenumzüge (→ Bukoloi), Zauberprozessionen, Umkreisungen gehören nicht zu den P., können aber zum Teil einer echten P. werden (so immer beim Phallos im Dionysoskult).

Die P. hat ihre Vorbilder wohl in der Urbevölkerung (darauf verweisen z. B. der Opferzug auf dem Sarkophag von Hagia Triada und Didymos bei Lact. inst. 1,22,19; dagegen leitet Hdt. 2,58 P. von den Ägyptern her). Durchsetzt mit Elementen der mediterranen Schicht ist die P. als Schöpfung der freien Bürgerschaft zu einem der wichtigsten, mit größter Pracht ausgestalteten Bestandteile des öffentlichen Lebens geworden, durch die die Polis ihre Macht demonstrierte (so bes. bei den Panathenaien als der großen polit., bei den Eleusinien als der großen religiösen und bei den Dionysien als der beim Volk beliebtesten P.) und die der echt griech. Freude am Schauen diente.

Im Hellenismus fand die P. große Ausbreitung, auch für barbarische Gottheiten; vor allem aber erhielt sie ihren Platz im Herrscherkult. Als Demonstration bes. religiöser Übungen außergriech. Kulte erhielt sie einen fremden Charakter und wurde zur bloßen Feierlichkeit und zum Pomp, unter Einfluß und Kritik von Rhetorik und Popularphilosophie wird sie als Gegensatz zur Wirklichkeit und in ihrer Scheinhaftigkeit als Sinnbild des menschlichen Lebens erfaßt.

Unter den P. sind zu unterscheiden die öffentlichen, genau festgelegten Züge an den Festen des Staates und der Kultgemeinschaften (Opferzüge, Züge der Gottheit und der Götterbilder oder auch diese gemeinsam) und private Züge, für die das tägliche Leben den Anlaß bot (darunter als spezielle Art die Hochzeitszüge). Teilnehmer einer P. (πομπευταί, πομπεῖς) können sein: Herolde, Axtträger, Kanephoren (Korbträgerinnen), Skiadephoren (Schirmträgerinnen), die Person, der die Ehre der P. gilt, Priester und Priesterinnen, Behörden, fremde Theorien, bestimmte Personenkreise, sakrales Personal, Träger heiliger Waffen, Musikanten, militär. Gruppen, Silene und Satyrn, am Schluß das Volk. Die Ausrichtung einer P. obliegt dem Träger der Handlung am Schluß der P. (meist die Bürgerschaft), die Kosten werden von der Staatskasse, durch → Leiturgie oder Stiftungen aufgebracht. Die Reihenfolge des Zuges ist nicht bestimmt, der bedeutendste Platz ist die Mitte, öfters auch vorne oder hinten. Die Art des Schrittes kann von Bedeutung sein, eigene heilige Straßen werden benützt (z. B. nach Eleusis), ebenso Wagen und eigenes Gerät. Das Tragen von Festgewändern und kultische Reinheitsvorschriften sind selbstverständlich. Musikbegleitung ist nicht allgemein, diese gehört wie das → Prosodion zum Opfer. Maskeraden schließlich gibt es nur bei neueren griech. (Dionysos) und fremden Gottheiten.

2. Rom. Das Wort P. findet sich seit Plaut., Ter. und Cato (nachklass. siud Ableitungen wie *pompatus* u.ä.), die Sache ist natürlich älter. Die rein profane Verwendung als »Zug«, »Gefolge«, »Geleit« zieht sich durch die ganze Latinität; davon geht eine Reihe anderer Bedeutungen aus: Aufzug der Speisen, Hochzeitsgefolge, Gefolge der Klienten oder der Gladiatoren (die »Pompa« des → Afranius (1) ist vielleicht hier einzureihen). Seit Plautus bedeutet P. auch schon »zum Prunk veranstaltete Schaustellung«, »Prunk«, »Pracht«.

Als P. galten in Rom nur Umzüge, die einer griech. P. ähnlich waren, also vor allem die drei großen: *P. triumphalis*, *funebris* und *circensis*, nicht aber Flurumgänge u.ä. Wesentlicher Unterschied zur griech. P. ist, daß sie nie Angelegenheit des ganzen Volkes war; vielmehr waren die *P.-ae triumphales* und *circenses* Sache des triumphierenden Feldherrn, die *P. funebris* die der großen Familien. Die drei alten röm. P. sind occasionell und in gewissem Betracht religiös (bei der *P. triumphalis* zog der Triumphator als Gott mit, bei der *P. funebris* sind die Träger der Ahnenmasken im Augenblick der P. die göttlichen Ahnen selbst). Der Prozessionsweg führte bei der *P. triumphalis* vom Marsfeld über die Via Sacra zum Capitol, bei der *P. circensis* vom Capitol durch das Forum Romanum und Boarium zum Circus Maximus.

Die Ursprünge der röm. P. reichen über die Etrusker und die ital. Vorbevölkerung in den mediterranen Raum zurück, ihre Ausgestaltung wird griech. Einfluß verdankt. Die Kaiserzeit machte die *P. triumphalis* und *circensis* zu Prunk- und Propagandamitteln, die in ihrer Prachtentfaltung zur üblichen Geschmacklosigkeit entarteten; die *P. funebris* verlor ihre Bedeutung völlig.

Andere kleinere röm. Züge stehen in stärkerem Maße unter griech. Einfluß, ihre Voraussetzung ist die Anthropomorphisierung der Göttervorstellungen und das → Pulvinar. Dazu zählen → Supplicationes (mit der bes. Form der Bittprozession mit einem Jungfrauenchor), → Lectisternium (?), → Decursiones, Züge mit komischen Figuren. In der Spätzeit werden auch feierliche, paradenmäßige Umzüge von Truppen und Neujahrsumzüge mit Masken, Göttertravestien u.ä. als P. bezeichnet. Das Christentum nahm die von der griech. Popularphilosophie und Rhetorik ausgehende Kritik auf, seine Ablehnung findet in der *P. diaboli*, den Fragen und Antworten in der *abrenuntiatio diaboli* im altchr. Taufritual einen bes. Ausdruck. Dem »Triumphgefolge« Satanas steht der Triumph Christi gegenüber. Das Wort P. wird deshalb tabu, chr. Umzüge heißen nur πρόσοδοι und *processiones*. H. Gu.

F. Bömer, RE XXI 1878–1994 (weitere Lit. 1878f.; Liste der P. 1913–1974).

Pompaelo. Röm. Stadt, h. Pamplona in Navarra, von Pompeius (Strab. 3,4,10 p. 161: Πομπελών = Πομπηιόπολις, (Suffix - *lo* iberisch), Winter 75–74 v. Chr. im Vasconen-Gebiet gegründet. P. lag an den Straßen Tarraco-Oiasso (Strab. a.O.) und Astorga-Roncevalles (Itin. Ant. 455,5). Röm. Reste unter der Kathedrale. Inschr. CIL III 2958–2960. M. E. A.

Lit. *A. Schulten*, RE XXI 1994. *M. A. Mezquíriz* La excavación estratigrafica de Pompaelo, Pamplona, 1958.

Pompeianus. 1. Gabinius Barbarus P., *procos. Africae* 400/01 (Cod. Theod. 9,26,2. 11,1, 28. 16,2,36), wahrsch. der *praef. urbi*, der beim Nahen Alarichs 408 die Gefahr durch heidnische Opfer zu bannen suchte und 409 bei einem Volksaufstand umkam (Zos. 5,41. vita Melaniae 34). An ihn: Symm. epist. 9,8. **2.** Vornehmer Antiochener, 353 (Begegnung mit Iulianus) und 355 Gesandter seiner Heimatstadt an den Hof, lebte noch 364 (Liban. epist. 35,7. 441. 1324). A. L.

3. 4. s. Claudius II 43. 44.

Pompēii (ē: Stat. silv. 1,2,265 *Pompēiānī .. Sārnī*. CIL I^2 1365 *Pompei*. Sommer, HB 103. 155. Osk. Form b. Vetter, HB Nr. 8. 11 *púmpaiianeís. púmpaiians*; zu *ai* vgl. App. civ. 1,50 Πομπαΐα ὄρη), Stadt Kampaniens (Mela 2,70) mit Flußhafen für → Nola, → Nuceria, → Acerrae (liegt jedoch näher an Neapel) am → Sarnus (Strab. 5, 247. Plin. nat. 3,62), nacheinander von Oskern (d.h. Opikern bzw. Ausonern), Etruskern, Samniten bewohnt (Strab. a.O.); griech. Einfluß nur in arch. Zeit (z.B. dor. Tempel auf dreieckigem Markt, *kúíniks* = χοῖνιξ am Meßtisch Vetter, HB Nr. 22). Antiker Herleitung des Namens von *pompa boum* des Herakles (Solin. 2,5. Isid. orig. 15,1,51. Mart. Cap. 6,642; vgl. Serv. Aen. 7,667) wird h. unsichere (Muller Altit. Wb. 331) Beziehung zu Zahlwort 5 (osk. *pompe*) im Gentilnamen Pompeius (<* *pompteius* neben *Ponteius* wie Πομπτιες neben *púntiis*?) vorgezogen (vgl. messap. *penkaheh*, *penkeos* PID Nr. 378. 484); diese Namensform wäre dann erst um 400, d.h. mit der samnit. Besetzung, aufgekommen; älterer Name unbekannt. Die pompej. Familie der Epidii führt Stammbaum auf Epidius zurück, der sich in den Sarnus stürzte und zum Gott wurde (Suet. rhet. 4). Auf osk. Inschr. (Vetter, HB Nr. 8–27) Beamte *(medikeís, med. túv., aídilis, kvaísstur)* und Gottheiten *(iúveís meeilíkiieís, fluusaí, mener[va])* sowie ein Alphabet (Vetter, HB Nr. 69) mit *f*, *u* und *v* nebeneinander; HB Nr. 23ff. werden die Sammelplätze der *eítuns (= evocati)* bezeichnet.

Plünderzug röm. Flottensoldaten 310 wird abgewehrt (Liv. 9,38,2). Im Sozialkrieg unter den Aufständischen (App. civ. 1,39. Vell. 2,16,2) eine ansehnliche (jedoch nie eigene Mz.-Prägung) Stadt (Cic. leg. agr. 2,86), die durch → Sulla zur *colonia Veneria Cornelia* (CIL X 787) wurde; sonst auch *urbs* (Sen. nat. 6,1,1), *oppidum* (Tac. ann. 15, 22,2), *municipium* (Plin. nat. 2,137. 3,62) der *tribus Menenia* (CIL X 89ff.) genannt. Erzeugnisse: Ölpressen (Cato rust. 22,4. 135,2), Bimsstein (Vitr. 2,6,2), Wein (Colum. 3,2,27. Plin. nat. 14,35. 38),

Fischextrakt (Plin. nat. 31,94). Alte Regionsnamen: CAMPANIENSES (CIL IV 470. DESSILS Nr. 6438 a), SALINIENSES (CIL IV 4160. DESSILS Nr. 6441 b), URBULANENSES (NSA 1916, 153. 1936, 313) an der *veru urubla[nu]* (VETTER, HB Nr. 28), FORENSES; außerhalb *pagus (Augustus) Felix Suburbanus* (DESSILS Nr. 6377. 6381). Parteikämpfe (Cic. Sull. 60) und polit. Selbstbewußtsein (Macr. sat. 2,3,11). Cicero besitzt in P. eine Villa (Cic. Att. 1,20,1. 2,1,11 u.a.). Graffito *Lucius Annaeus Seneca* (CIL IV 4418).

Nach einem Erdbeben, das am 5. Februar 62 (Tac. ann. 15,22,2; so VAN BUREN, RE XXII 2001) oder 63 (Sen. nat. 6,1,2) n. Chr. nicht nur den Isistempel (CIL X 846), sondern große Teile der Stadt (Tac. Sen. a.O.) zerstörte, wurde P. am 24. Aug. (Plin. ep. 6,16,4) 79 n. Chr. (Cass. Dio 66, 21,1 ff.) durch den Ausbruch des Vesuvs verschüttet. Wiederaufbauversuche (Suet. Tit. 8,4) wurden aufgegeben. Der Name P. verblieb jedoch einer Station der Straße Neapel–Surrentum (Tab. Peut. 6,5. Geogr. Rav. 4,32. 5,2. Guido 33. 74). Beim Bau des Sarnokanals 1594–1600 wurden erste Spuren, 1748 neue Reste gefunden; 1860 begannen ernsthafte Grabungen unter Leitung Fiorellis. Zur Übersicht wurde das Stadtgebiet in 9 Regionen, diese wieder in *insulae* unterteilt. Den ältesten Stadtkern bilden die Regionen 7 und 8 mit dem dreieckigen Forum, einem dor. Tempel des 6. Jh., dem Forum und zwei jüngeren Theatern. Am Forum liegen eine Basilika, ein Apollotempel, das *macellum*, das sog. Gebäude der Eumachia, das sog. Larenheiligtum, der sog. Vespasianstempel, das *comitium*, Amtsräume und das Capitolium. P. hat drei Thermenanlagen und ein Amphitheater. Außer den Gottheiten der capitolin. Trias und den schon genannten Apollo, Laren, Isis, Zeus Meilichios, Flora *(= fluusai)*, Minerva sind Kulte der Venus Pompeiana, der Fortuna, der Mater magna, der Ceres, des Mars, des Mercurius, der Maia, des Dionysos und des Aesculapius nachzuweisen. Kunstgeschichtlich fällt der sog. 1. Stil mit der späteren samnit. Epoche, der 2. Stil mit der sullan. Zeit zusammen; zum 3. Stil rechnet die jul.-claud. Z., während die letzten Jahre als 4. Stil gelten. Die Unterscheidungsmerkmale werden durch das unterschiedliche Baumaterial geboten, zeigen sich jedoch bes. in den Wandmalereien (K. SCHEFOLD Die Wände P.s, 1957 mit Lit.). Die Grabungen haben eine genaue Kenntnis des pompeian. Hauses sowie der Lebensgewohnheiten der Bewohner ermöglicht (zur Wasserversorgung vgl. A. MAIURI, NSA 1931, 546ff.); sie werden fortgesetzt. Auswahl aus den zahlreichen Inschr. und Graffiti b. DESSILS Nr. 6354ff. G. R.

Nissen It. Ldk. 2,762ff.; *Ders.* Pompej. Studien, 1877. *Forbiger* HB. d. alt. Geogr. 3,489. *Duhn* P., eine hellenist. Stadt, ^{3}1918. *Mau* Pompeji ^{6}1925. *Warscher* Pompeji 1925. *Maiuri* Pompei^5 1956. *Ders.* Introduzione allo studio di Pompei, 1949. *Van Buren* A Companion to the study of P. and Herculaneum, 1933. *Carrington* Pompeii, 1936. *Sogliano* Pompei nel suo sviluppo storico, 1937. *Grimal* Auf der Suche nach dem ant. Italien 158ff. *Della Corte* Case ed abitanti di Pompei 1954. *Leppmann* Pompeji 1966.

Pompeion, Gebäude in Athen, in dem der Panathenäenfestzug und andere Festzüge zusammengestellt wurden. Es war ein an die Stadtmauer zwischen Dipylon und Heiligem Tor angebautes Gymnasion. Ausbau im 4. Jh. v. Chr. mit großem Innenhof mit umgebender Säulenhalle, Torbau und 5 angebauten Räumen. Älteste Zeugnisse IG II^2 1673,20 (327/26 v. Chr.) und Demosth. 34,29, Verkauf von Getreide im J. 336 v. Chr. Zahlreiche Ephebengraffiti auf Boden und Wänden, Statuen und Gemälde literar. bezeugt. Bei der sullan. Belagerung 86 v. Chr. wurde das Gebäude größtenteils zerstört und erst in hadrian. Z. mit gänzlich verändertem Grundriß als Hallenbau mit zwei Innenreihen von 11 Pfeilern neu gebaut. Paus. 1,2,4. E. M.

1. *K. Kübler*, MDAI(A) 53, 1928, 169ff. 2. *A. Brückner* u.a., a.O. 56, 1931, 1ff. 3. *Judeich* Topographie Athens^2 360ff. 137 Abb. 10. 4. *E. Meyer*, RE XXI 2038ff. 5. *I. Th. Hill* The anc. city of Athens 34f.

Pompeiopolis 1. s. Soloi

2. Paphlagon. Binnenstadt, die Cn. → Pompeius Magnus anläßlich der Konstituierung der röm. Provinz *Pontus et Bithynia* im Winter 65/64 v. Chr. an der von → Bithynien nach Armenien führenden Handelsstraße im Tal des Amnias (h. Gök Irmak), eines Nebenflusses des Halys (h. Kizil Irmak), an der Stelle einer namentlich unbekannten Siedlung anlegen ließ. Hauptsächlich ihrer handelspolit. günstigen Lage hatte es P. zu verdanken, daß sie, nach einer von 37/36 bis 6/5 v. Chr. dauernden Unterstellung unter das galat. Clientelfürstentum des → Kastor (4) und des → Deiotaros III. durch M. → Antonius (I 9), als Teil der Provinz Galatia Sitz des κοινὸν τῆς Παφλαγονίας wurde. E. O.

A. M. Schneider, RE XXI 2044f. Nr. 2. *D. Magie* Roman Rule in Asia Min., Princeton 1950, 1232, 35.

Pompeius. Name eines plebeischen Geschlechts, dessen Beziehung zu der campan. Stadt nicht überliefert ist. Die beiden Hauptlinien des Geschlechts, die P. Bithynici und Rufi und die P. Magni treten erst verhältnismäßig spät in der Politik hervor (1. Consulat 141), erlangen mit der Familie des Cn. P. Magnus jedoch für kurze Z. große polit. Bedeutung.

A. Politische Persönlichkeiten:

I. Republikanische Zeit.

1. Cn. P. Magnus (106–48) erhielt die herkömmliche Erziehung eines jungen Adligen und kämpfte bis 87 unter seinem Vater (Nr. 7) gegen die ital. Bundesgenossen. Nach Distanzierung von → Cinna (3) gelang es ihm 83, gestützt auf die großen Clientelen seines Vaters, im → Picenum 3 Legionen aufzustellen, die er → Sulla zuführte, womit er wesentlich zu dessen Sieg beitrug. Sulla vermählte ihn daraufhin mit seiner Stieftochter → Aemilia (I 31, † 82, darauf Heirat mit → Mucia [16]). 82 gewann P. in seinem 1. ordentlichen Imperium Sizilien für Sulla zurück, das er, von der grausamen Hinrichtung → Carbos (6) abgesehen, milde behandelte. Nach dem Sieg über Cn. → Domitius Ahenobarbus (I 9) und → Hiarbas (2) in Africa mußte Sulla dem Druck des Heeres und P.' Drohungen nachgeben und ihm für 79 den Triumph bewilligen, obwohl P. zu jung war und noch kein Amt bekleidet hatte. Nach Sullas Tod schlug P. im Auftrag des Senats den Lepidusanhänger M. → Brutus (8) und setzte gegen senator. Widerstand durch, daß ihm der Oberbefehl gegen → Sertorius übertragen wurde, der ihm jedoch 76 und 75 in Spanien schwere Niederlagen beibrachte. Auf dringende Hilfegesuche P.' reagierte der Senat erst 74, als die Gefahr eines Überganges des Sertorius nach Italien bestand. Nach Sertorius' Ermordung 72 gelang es P., Spanien völlig zu unterwerfen (Siegesdenkmal auf den Pyrenaeen, Plin. nat. 3,18. 7,96). Bei seiner Rückkehr nach Italien schlug P. die Reste des → Spartacusheeres. Gestützt auf die Volksgunst und sein Heer, konnte P. dem Senat seinen 2. Triumph und die Genehmigung seiner Candidatur für den Consulat des J. 70 (mit → Crassus 2) abringen. Obwohl ihn die Maßnahmen desselben (Änderung der sullan. Gerichtsordnung, Rückgabe der früheren Rechte an den Volkstribunat) den Optimaten weiter entfremdeten, sah sich der Senat durch die auch schon die ital. Küsten bedrohende Seeräuberei gezwungen, P. auf Antrag des Volkstribunen A. → Gabinius (I 6) für 3 J. den Oberbefehl über das gesamte Mittelmeer und seine Küsten zu übertragen, ein Auftrag, der ihn mit einer bis dahin unerhörten Machtfülle ausstattete. In 3 Monaten war zunächst das w., dann das ö. Mittelmeer von den Seeräubern befreit, die sich in → Kilikien nach den ersten Kämpfen (App. Mithr. 96: 10000 Gefallene) P. ergaben, der sie im ö. Kilikien (→ Soloi, → Mallos, → Adana, → Epiphaneia [1]), aber auch im achäischen → Dyme und in → Calabrien ansiedelte. 66 setzte der Volkstribun → Manilius (I 2) gegen den Senat ein Gesetz durch, das P. den Oberbefehl gegen → Mithridates und → Tigranes übertrug (Ablösung des bisherigen Befehlshabers → Lucullus [5]). Nachdem P. die Parther für sich gewonnen hatte, gelang es ihm, mit hervorragender Taktik Mithridates völlig zu schlagen. Vergeblich suchte dieser bei seinem Schwiegersohn Tigranes Hilfe, der auch vor P. kapitulieren mußte. Er wurde nach Zahlung eines Tributes und Abtretung von Syrien, Phoinikien, Kilikien, Galatien und Kappadokien zum Freund und Bundesgenossen Roms erklärt. Im folgenden Winter und Anf. 65 hinderten P. die Kämpfe mit → Albanern und → Iberern (1) daran, seinen Zug bis an das Kasp. Meer und von da nach Indien auszudehnen (Plin. nat. 6,52). Nach der Organisation der Provinz Pontus-Bithynia (11 Politien, Städtegründungen mit griech. Siedlern und Veteranen) erklärte P. auch Syrien zur Provinz. Die umliegenden Fürsten und Könige verpflichtete er sich durch Landzuweisungen und schuf sich so auch im O. des röm. Reichs Clientelen, die neben den in Spanien, Africa und Gallien erworbenen und neben seiner Heeresclientel die Grundlagen seiner persönlichen Macht bildeten (E. Badian Foreign Clientelae, 1958, 290). 63 nahm P. Judaea ein (Konflikt zwischen → Hyrkanos [3] u. → Aristobulos [2]) und setzte nach der Eroberung → Jerusalems (Betreten des Allerheiligsten im Tempel) Hyrkanos zum Hohen Priester und Regenten ein. Nach dem Selbstmord des Mithridates, den P. in → Sinope ehrenvoll bestatten ließ, und nach Vollendung der vorbildlichen Organisation der neuen Provinzen (M. Gelzer P., 1959², 106f.) besuchte P. auf der Rückreise nach Rom in → Rhodos den Philosophen → Poseidonios, der die Menschlichkeit P.' gegenüber den unterworfenen Völkern pries (H. Strasburger, JRS 55, 1965, 49ff.). Zur Überraschung des Senats und unter dem Jubel Italiens entließ P. 62 nach seiner Landung (vorher Scheidung von Mucia) sein Heer und erwartete in der Nähe Roms seinen Triumph, den er am 28. u. 29. Sept. 61 mit ungeheurem Prunk feierte (Plin. nat. 12,20. 33,151. 37,11 bis 14. 16), nicht ohne Anspielung auf Alexander d. Gr. (App. Mithr. 117. Beinamen *Magnus:* Liv. per. 103). Jedoch scheiterte ein Agrargesetz des Volkstribunen L. → Flavius (I 5), das die Landversorgung der Veteranen P.' sichern sollte, am Widerstand des Senats, der eine neue Stärkung der Macht P.' fürchtete, ihn dadurch jedoch veranlaßte, mit Caesar, der sich 60 um den Consulat bewerben wollte, und Crassus ein Bündnis (fälschlich »1. Triumvirat« genannt) zu schließen. Auf die Volksversammlung gestützt, gelang es Caesar in seinem Consulat 59, die Bestätigung der Maßnahmen P.' im O. und zwei Agrargesetze, die auch P.' Veteranen zugute kamen, durchzubringen. P.' Vermählung mit Caesars Tochter Iulia 59 trug zur Festigung des polit. Bündnisses bei, dessen Schwächen sich jedoch 58 unter → Clodius' (I 8) Tribunat zeigten, als P. sich unfähig erwies, Cicero vor der Verbannung zu retten, ja auch sich selbst nach Caesars Abreise in seine Provinzen gegen Clodius' scharfe Angriffe zur Wehr zu setzen, da dieser sich mit den Optimaten gegen die verhaßten Dreibundpartner verbündete. Trotzdem gelang es P. 57, durch die Rückberufung Ciceros seine polit. Position wieder zu stärken. Gegen optimat. Widerstand erhielt er 57 auf Wunsch des Volkes für 5 J. umfassende Vollmachten für die Getreideversorgung. Das Ansehen, das er damit beim Volk gewann, trat jedoch hinter dem Kriegsruhm Caesars zurück, außerdem scheiterte sein Versuch, mit der Rückführung des vertriebenen → Ptolemaios XII. beauftragt zu werden. Daraufhin lag auch P. an einer Erneuerung des Dreibundes, die 56 in den Vereinbarungen von → Luca erfolgte: Danach sollten Crassus und P. 55 den Consulat, Caesar auf weitere 5 J. seine Provinzen erhalten. Cic. sah sich durch seine polit. Bindung an P. gezwungen, im Senat für diese polit. Ziele einzutreten. Anf. 55 wurden P. und Crassus nach Vertreibung des einzigen Gegenkandidaten L. → Domitius Ahenobarbus (I 12) gewählt. Nach blutigen Straßenkämpfen konnte der Volkstribun C. → Trebonius im April 55 das Gesetz durchbringen, das den beiden Consuln für 5 J. die Provinzen Spanien (P.) und Syrien (Crassus) zuwies. Die l. Pompeia Licinia de provinciis C. Caesaris verlängerte Caesars gall. Statthalterschaft um weitere 5 (?) J. P. feierte in diesem J. die Vollendung seines Theaters mit dem Tempel der Venus Victrix (Gell. 10,1,7. St. Weinstock, Harv. Theol. Rev. 50, 1957, 228f.). Unter dem Vorwand der *cura annonae* blieb er in der Nähe Roms und ließ seine Provinzen durch Legaten verwalten. Da alle Candidaten für den Consulat 53 wegen *ambitus* angeklagt wurden, fanden 54 keine Consulwahlen statt, und angesichts der anarchischen Zustände forderten 2 designierte Volkstribunen eine Diktatur P.'. In dieser Z. starb Iulia (Begräbnis auf dem Marsfeld. Liv. per. 106). Endlich führten 53 die mit dauernden Straßenschlachten verbundenen Wahlkämpfe dazu, daß der Senat zuließ, daß P. 52 *consul sine collega* wurde, um die innere Ordnung wiederherzustellen. In der Furcht vor Abnahme seines polit. Einflusses handelte sich Caesar daraufhin von P. die Zustimmung zu einem Plebiszit aus, das ihm die Candidatur in Abwesenheit für den Consulat von 48 gestattete. Der cos. P. brachte sofort 2 Gesetze über Gewaltverbrechen und *ambitus* ein, an die sich unter dem Schutz seiner Truppen unzählige Prozesse anschlossen. Es folgten die *l. Pompeia de iure magistratuum* (persönl. Candidatur obligator.) und die *l. Pompeia de provinciis* (Intervall von 5 J. zwischen städt. Amt und Provinzialstatthalterschaft). Ein Plebiszit verlängerte P.' span. Statthalterschaft um weitere 5 J. Für die 2. Hälfte 52 ernannte P. seinen neuen Schwiegervater Q. → Metellus (I 23) Pius Scipio zum Mitconsul, Zeichen seiner nunmehr guten Beziehungen zum Senat. 51 weigerte er sich jedoch, einem Antrag des Consuls M. → Claudius Marcellus (I 19) entsprechend vor dem 1. März 50 über eine Ablösung Caesars in Gallien und die Entlassung seines Heeres mitzubeschließen. Dann aber bestand er auf dieser Forderung, und auf den Senatsbeschluß hin, daß Caesar und P. eine Legion für den Partherkrieg stellen sollten, forderte P. von Caesar eine ihm geliehene Legion zurück und entzog ihm dadurch praktisch 2 Legionen, die in Italien stationiert blieben. Als P. 50 von einer schweren Krankheit genas, jubelte Italien. Er hielt nun auf dem Höhepunkt seiner polit. Laufbahn die Auseinandersetzung mit Caesar für unvermeidlich. Letzte Vermittlungsversuche Caesars (Rücktritt beider Feldherren) und Ciceros scheiterten jedoch weniger an P. als am Widerstand der Senatoren um den Cos. → Lentulus (2) und → Cato (10). Am 7. Jan. 49 erteilte der Senat allen Imperiumsträgern und Volkstribunen diktator. Vollmacht zum Schutze des Staates. P. organisierte in ganz Italien Aushebungen, doch zwang ihn Caesars Übergang über den → Rubico und sein rasches Vordringen nach S., Rom zu räumen und von → Brundisium aus nach Griechenland überzusetzen, nachdem letzte Verhandlungen fruchtlos verlaufen waren. Mit Unterstützung der Clientelfürsten und der ö. Provinzen rüstete P. Heer und Flotte zur Wiedereroberung Italiens. Erst E. 49 erhielt er von den in seinem Lager weilenden Consuln und Senatoren den Oberbefehl in diesem Krieg *(imperium maius)*. Inzwischen hatte Caesar in Spanien P.' Legaten besiegt, hielt als Diktator in Rom Neuwahlen ab (er selbst *cos.* 48) und hatte damit die Legitimität auf seiner Seite. Nach seiner Landung in Epirus schloß er P. durch riesige Befestigungen bei → Dyrrhachion ein, doch gelang P. der Ausbruch. Seiner wohl richtigen Strategie, einer Schlacht auszuweichen und Caesar durch Versorgungsschwierigkeiten zu schwächen, widersetzten sich die Optimaten, so daß P. sich schließlich am 9. Aug. 48 bei → Pharsalos Caesar stellte, der ihn völlig schlug. Als P. auf seiner Flucht in Äg. landete, ließen ihn die Ratgeber des jungen → Ptolemaios XIII. ermorden.

P.' Größe lag auf dem Gebiet der polit. und mil. Organisation und in dem Verantwortungsgefühl für die Gesamtheit des Reichs. Seine Schwäche lag in der Verkennung seiner Möglichkeiten und der Fähigkeiten seiner polit. Gegenspieler bei seinem Anspruch auf eine Sonderstellung innerhalb der oligarchisch strukturierten Republik.

Die wichtigsten literar. Quellen für P.' Leben sind neben der Korrespondenz Cic.s die Vita des Plut. (ergänzend Plut. Caes., Cic., Cat. min.), App. civ. B. 1–4, Cass. Dio B. 33–42 und Caes. civ.

M. Gelzer, Pompeius, 1959^2. *J. van Ooteghem*, Pompée le Grand, bâtisseur d'empire, 1954. *Ed. Meyer* Caesars Monarchie und das Principat des Pompeius, 1922 (Nachdr. 1963). *Chr. Meier* Res publica amissa, 1966.

2. Cn. P. Magnus, ältester Sohn des P. Magnus (Nr. 1) und der Mucia, unterstützte seinen Vater im Bürgerkrieg an der Spitze syr. und alexandrin. Flotteneinheiten. Nach seines Vaters Tod, von dem er in Africa erfuhr (46), ging er nach Spanien, wo er mit beträchtlichem Erfolg den Widerstand gegen Caes. organisierte, ehe er von diesem 45 bei → Munda vernichtend geschlagen wurde und auf der Flucht einem Mord zum Opfer fiel. Bekannt wegen seiner Grausamkeit (Cic. fam. 11,19,4).

3. Sex. P. Magnus, Sohn des P. Magnus (1) und der Mucia, wahrscheinlich erst zwischen 68 und 66 geb., da er zu Beginn des Bürgerkriegs 49 noch nicht in mil. Dienste trat (RE XXI 2214). Er genoß wohl die in den röm. Adelsfamilien herkömmliche sorgfältige Erziehung. Nach der Ermordung seines Vaters, die er 48 vor → Pelusion miterlebte, floh er nach Africa und nach der Niederlage der Pompeianer bei → Thapsus nach Spanien, wo er mit zunächst geringem Erfolg seinen Bruder Cn. (2) gegen Caes. unterstützte, nach seines Bruders Tod und nach Caes.s Abzug jedoch aus den Soldaten seines Vaters und seines Bruders ein Heer zusammenstellte und sich in der Baetica sowohl dem Praetor → Carrinas als auch dessen Nachfolger C. → Asinius Pollio (I 5) überlegen zeigte. Nach Caes.s Tod bemühte sich P. um freie Rückkehr nach Rom und um Entschädigung für das väterliche Vermögen und schloß einen später auch vom Senat angenommenen Vergleich mit → Antonius (I 9), wonach er 50 Millionen Drachmen (Cic. Phil. 13,12: 700 Mill. Sesterzen) aus dem Staatsschatz erhalten sollte. Durch Antonius' Einfluß *praefectus classis et orae maritimae* (Vell. 2,73,1), wurde P. jedoch 43 nach der → lex Pedia (22) geächtet und im Herbst 43 von den Triumvirn proscribiert. Mit Hilfe der Flotte, deren Kommando P. widerrechtlich behielt, und mit Unterstützung der von den Triumvirn Verfolgten, denen er Asyl bot, eroberte er 43 Sizilien und begann eine Blockade Italiens, die in Rom zu einer Hungersnot führte. Den von Octavian beauftragten Q. → Salvidienus Rufus schlug P. n. oder s. der Straße von Messana, wodurch sein Ansehen weiter stieg. Nach der Schlacht bei → → Philippi 42 erhielt er weitere Unterstützung durch Flüchtlinge (C. → Staius Murcus mit 2 Legionen und 80 Schiffen: App. civ. 5,100). Trotzdem lehnte P. einen Angriff auf Italien ab, um den Weg zu einer Verständigung mit den Triumvirn offenzuhalten. Zwar nötigte ihn ein Abkommen, das er in Athen mit Antonius geschlossen hatte (App. civ. 5,218), 40 in die Auseinandersetzungen zwischen Antonius und Octavian einzugreifen (Eroberung Sardiniens), doch zwang er durch die Verwüstung der ital. Küsten und die Verhinderung der Kornzufuhr Octavian 39 zu dem Vertrag von → Misenum, wonach P. gegen Aufgabe der Blockade Italiens die Statthalterschaft in Corsica, Sardinien und Sizilien (dazu auf 5 J. Achaia), außerdem den Augurat und die Zusage auf Bekleidung des Consulats 35 und auf Entschädigung für seine Erbschaft erhielt. Die zu ihm Geflohenen wurden in den Vertrag eingeschlossen, dem die Verlobung von P.' Tochter mit dem Neffen Octavians, M. → Claudius Marcellus (II 32), folgte. 38 kam es jedoch zu Streitigkeiten zwischen Octavian und P., in deren Verlauf P.' Flottenkommandant → Menedoros (1) bewogen werden konnte, Sardinien und Corsica an Octavian auszuliefern. P. begann daraufhin wieder mit der Blockade Italiens. Trotz bedeutender Verluste Octavians in den Seegefechten der folgenden Z. wurde durch die Vereinbarungen zwischen Antonius und Octavian 37 in Tarent und durch den Anschluß des Lepidus an Octavian die Lage für P. bedrohlich, obwohl Menedoros zurückkehrte. Nach der verlustreichen Seeschlacht bei Mylae 36 (gegen Agrippa) wurde P. allmählich auf den NO. Siziliens zurückgedrängt (schwierige Versorgungslage). Auf P.' Vorschlag wurde eine Entscheidungsschlacht vereinbart, die im Aug. 36 in der Bucht von → Naulochos stattfand und mit einer völligen Niederlage P.' endete, der, sein Heer verlassend, mit seiner Tochter und 17 Schiffen nach → Mytilene floh. Während er offiziell mit Antonius über ein Bündnis verhandelte, rüstete er Flotte und Heer, um sich in Kleinasien eine neue Machtbasis zu schaffen. Im Frühjahr 35 griff P. die Truppen des Antonius an. Obwohl er – auch dank der Unterstützung durch die Provinzialen – zunächst Erfolg hatte, versuchte er, vor der überlegenen feindlichen Flotte nach Armenien auszuweichen (Übertritt zu den Parthern?), fiel jedoch in Bithynien in die Hand des M. → Titius, der ihn in Milet hinrichten ließ (App. civ. 5,598 ff. Cass. Dio 39,18,5). Im Äußeren seinem Vater ähnlich, besaß er dessen organisator. und strateg. Begabung, aber auch sein Zögern bei polit. Entscheidungen. Sein Handeln wurde von dem Wunsch bestimmt, seinen Vater rehabilitiert zu sehen (Annahme des Cognomens *Pius:* BMCRomRep. 2, 370 ff.). Damit folgte er dem Beispiel Octavians (Rache für den Tod des Adoptivvaters), ebenso mit der Annahme des durch Erfolge erworbenen Cognomens *Magnus* als Praenomen (Octavian: *Imperator*). Auch das Auftreten P.' als Sohn eines Gottes (Neptunus) geschah wohl in Nachahmung Octavians, der sich nach 41 (Caesar Staatsgott) *Divi filius* nannte (A. v. Premerstein Vom Werden und Wesen des Prinzipats, 1937, 249 f. vgl. R. Syme The Rom. Rep., 1951^2, 228).

M. Hadas Sextus Pompey, Diss. New York 1930. *J. Schnaiter* Sextus P., ungedr. Diss. Innsbruck 1938.

4. Q. P. Rufus, 99 Volkstribun, 91 *praetor urbanus*, *Xvir sacr. fac.*, kämpfte 88 als Cos. (Kollege → Sullas) gegen → P. Sulpicius Rufus, dessen Anhänger seinen Sohn Nr. 5 erschlugen. Nach der Einnahme Roms durch Sulla wurde P. von Soldaten des Cn. → P. Strabo (7), den er im Oberbefehl ablösen sollte, ermordet (Liv. per. 77). **5.** Q. P. Rufus, Sohn von Nr. 4, Schwiegersohn Sullas und Schwiegervater Caesars, wurde 88 ermordet (vgl. Nr. 4). **6.** Q. P. Rufus, Münzmeister um 59 (Sydenham The Coinage of the Rom. Rep., 1952, 150) unterstützte 52 in seinem Volkstribunat Pompeius (Nr. 1), der jedoch zuließ, daß P. Ende 52 nach der → *lex Pompeia de vi* verurteilt wurde und in die Verbannung gehen mußte (Cass. Dio 40,55,1). **7.** Cn. P. Strabo, Vater des Pompeius Magnus (Nr. 1), Quaestor ca. 104, Praetor 92 (?), zwischen 104 und 90 Propraetor in Makedonien (IG III ed. min. 4101). Im Bundesgenossenkrieg kämpfte er 90 zusammen mit Ser. → Sulpicius Galba

(BROUGHTON 2,31,18) erfolgreich im → Picenum, wo er großen Grundbesitz hatte, und erhielt 89 als Cos. den Oberbefehl im N. Italiens (Liv. per. 74. App. civ. 2,207ff.). Nach langen Kämpfen und nach dem Scheitern der Verhandlungen mit dem mars. Führer P. → Vettius Scato (Cic. Phil. 12,27) eroberte P. → Asculum und triumphierte E. 89. In dieses J. fällt die *l. Pompeia de Transpadanis*, nach der P. transpadan. Gemeinden das latin. Bürgerrecht verlieh und einige Alpenstämme an bestehende Gemeinden attribuierte (ROTONDI Leges, 1912 Nachdr. 1962, 342). Nach einem vergeblichen Versuch, für 88 seine Wiederwahl zu erreichen, wurde P. nach der *l. Varia de maiestate* angeklagt, jedoch freigesprochen. Als nach weiteren Erfolgen P.' im Picenum, wo er sich als wichtigster Patron des Landes eine große Hausmacht aufbaute, der über seine wachsende Macht beunruhigte Senat P. E. 88 durch Q. → P. Rufus (4) ablösen lassen wollte, wurde dieser von P.' Soldaten erschlagen. 87 marschierte P. zwar zur Verteidigung Roms gegen → Cinna heran, verhandelte jedoch gleichzeitig mit diesem (Gran. Lic. 35, p. 18 u. 19) und griff nur zögernd in die Kämpfe ein, ehe er plötzlich an einer in seinem Heer ausgebrochenen Seuche starb. Seine undurchsichtige Haltung, die von senator. Zeitgenossen scharf verurteilt wurde, geht möglicherweise auch auf größeres Verständnis gegenüber den Wünschen der Neubürger zurück.

M. Gelzer, Kl. Schr. 2, 1963, 106ff.

8. P. Varus, Freund des Horaz (c. 2,7). **9.** Pompeia, 2. Gemahlin Caes.s, der sich 62 von ihr trennte (→ Bona-Dea-Skandal: Suet. Caes. 6 u.a.). **10.** Pompeia, Tochter von (Nr. 1), vermählt mit → Sullas Sohn Faustus, nach dessen Tod mit Caes.s Schwager L. Cornelius → Cinna (4), den sie überlebte. 54 dachte Caes. an eine Heirat mit ihr.

M. D.-M.

II. Kaiserzeit. **1.** Röm. Ritter, E. 32 n. Chr. wegen Teilnahme an der Verschwörung → Seians getötet, Tac. ann. 6,14,1. **2.** Kohortentribun der Praetorianergarde, 65 n. Chr. wegen Verdachtes der Teilnahme an der pison. Verschwörung des Amtes enthoben, Tac. ann. 15,71,2. **3.** Sex. P., Sohn des gleichnamigen cos. 5 v. Chr. Als *praetor* Statthalter von Makedonien 8/9 n. Chr., gab er Ovid sicheres Geleit nach Tomi, Pont. 4,5,34. *cos. ord.* 14 n. Chr., Cass. Dio ind. 56. Mon. Ancyr. lat. 2,9. DESS. 4055; als solchen richtete Ovid an ihn Pont. 4,5. Nach dem Tod des Augustus leisteten er und Sex. Appuleius als erste den Eid auf Tiberius, Tac. ann. 1,7,2, und sorgten für den Übergang zum neuen Princeps, Cass. Dio 56,45,2f. Mit Germanicus befreundet (Ov. Pont. 4,5,25f.), übernahm er im J. 21 die Verteidigung Pisos nicht, Tac. ann. 3,11,2. Mit Tiberius befreundete er sich nicht, Tac. ann. 3,32. 35,1. Nach 27 n. Chr. *procos. prov. Asiae* IG III² 1,4171. Val. Max. 2,6,8. Bald hernach starb er, ebd. 4,7,2. **4.** Sex. P. Collega, *Cos. ord.* 93, AE 1949, 23, Z. 28, Konsular im J. 100 beim Prozeß des → Marius (II 11) Priscus, Plin. epist. 2,11,20. 22, wo er vergeblich einen mildernden Antrag stellte. **5.** Cn. P. Collega. Im J. 70 Legionslegat in Syrien und kurz als Stellvertreter des Statthalters in → Antiocheia, wo er einen Judenaufstand unterdrückte, Ios. bell. Iud. 7,59. Im J. 76/77 Statthalter von → Galatien, DESSILS 8904; er war Patron von Antiocheia in Pisidien, CIL III 6817. **6.** Q. P. Falco. Schwiegersohn des Q. → Sosius Senecio. Nach CIL X 6321 war er ein Polyonymos. Von pleb. Stand, begann er nach CIL III 12117 als *Xvir stlit. iud.*, war Legat der *leg. X Fretensis* in Iudaea, *Quaestor* unter Nerva, *trib. pl.* 97 (Plin. epist. 1,27. 9,13,19), *praetor* um 100, im 1. Dakerkrieg ausgezeichneter Legat der *leg. V Macedonica*. Ca. 103–107 Statthalter von → Lykien-Pamphylien, 107/08 von Iudaea; *cos. suff.* 108, CIL VIII 7066. X 6321. AE 1935, 26. VIDMAN Fast. Ostiens. 19. 60. J. H. OLIVER, Hesp. 10, 1941, 255–258. Im J. 116/17 *leg. Aug. pr. pr. prov. Moesiae inf.* (s. STEIN p. 65), CIL II 12470. 7537, ca. 118/122 Statthalter von Britannien, AE 1957, 336. ATKINSON, JRS 12, 1922, 65, und 122–124 Statthalter von Asia, AE 1957, 17. s. D. MAGIE Roman Rule As. Min. II 1475. 1583. Noch 141 war er am Leben, Fronto ad Marc. 2,11 (p. 29,6 van den Hout). **7.** P. Lenaeus. Freigelassener des P. Magnus, den er auf allen Reisen begleitete. In Athen zum Grammatiker ausgebildet, Suet. gramm. 2. Er bearbeitete die botan. Schriften des Königs → Mithradates (5). Nach 35 v. Chr. eröffnete er eine Grammatikerschule in Rom, Suet. gramm. 15. **8.** Cn. Pinarius Aemilius Cicatricula P. Longinus. *Legat. Aug. pr. pr.* von Iudaea im J. 86, CIL XVI 33; *cos. suff.* im J. 90, AE 1949, 23,18 (Fast. Potentia). Statthalter von Moesia sup. 93, CIL XVI 39 (STEIN p. 39), von Pannonien im J. 98, CIL XVI 42, führte ein Kommando im 2. Dakerkrieg im J. 105, Cass. Dio 68,12,1; geriet in dak. Gefangenschaft, Fronto p. 206,17f. van den Hout. **9.** C. P. Longinus Gallus. *Cos. ord.* 49 n. Chr., CIL II 1438. X 6638. Tac. ann. 12,5,1. JACOBY, FGrH II 257 (p. 1184), s. GORDON Q. Veranius p. 241. **10.** Cn. P. Macer. Sohn des Historikers → Theophanes v. Mytilene, * um 60 v. Chr. Nach Ov. Pont. 2,10, 21 und Strab. 13,618 war er Procurator in Sizilien und Asia, ca. 21–17, Münzen aus → Priene bei M. GRANT From Imperium to Auctoritas, 388, pl. IX 34. Augustus übertrug ihm die Leitung der palatin. Bibliothek, Suet. Caes. 56,7. Er war mit Ovid befreundet, Ov. Pont. 2,10,21ff. Nach Ov. am. 2,18 hat P. ein Epos über die Ereignisse, die dem Zorn des Achilleus vorausgingen, verfaßt, sowie Tetrasticha, Quint. inst. 6,3,96 und eine Tragödie »Medea«, Stob. 4,24,52 (p. 617 Hense). Sein Sohn P. Macer Iunior, † 33 n. Chr., Tac. ann. 6,18,7, schrieb Epigramme, Anth. Pal. 7,219. 9,28. H. G. PFLAUM Carrières proc. équ. I 11–13. **11.** Q. P. Macer. Enkel von Nr. 10. Im J. 15 n. Chr. *praet.*

urb., CIL VI 37836. Tac. ann. 1,72,3. Als seine Schwester P. Macrina im J. 33 von Tiberius verbannt wurde, töteten sich P. und sein Vater, Tac. ann. 6,18,2. **12.** M. P. Macrinus Neos Theophanes. Er dürfte von Pompeia Macrina abstammen. Nach IG XII 2,235 bei PREMERSTEIN, ÖJ 15, 1912, 207ff. (Tegea) und AE 1960, 177 vornehmer Grieche, der die röm. Ämterlaufbahn unter → Domitian als *IVvir viarum curandarum* begann; er war *quaestor pr. pr.* in → Bithynien und → Pontus, *trib. pl.*, *praetor*, *curator viae Latinae*, Legat der *leg. VI victrix* in Germania inf., praetor. Statthalter in Kilikien, *procos. Siciliae*, *cos. suff.* ca. 101, *procos. Africae* 116/17 (THOMASSON Statth. Nordafr. 2,60f.), ferner *sodalis Augustalis* und *XVvir sacris faciundis*. **13.** P. Paulinus, *cos. suff.* wohl 54 n. Chr., da er nach Tac. ann. 13,53,1f. schon im J. 55 Statthalter von Germania inf. war, ein Amt, das er bis zum Frühjahr 57 bekleidete, ebd. 13,54,2. Er war anscheinend mit dem älteren Plinius befreundet, nat. 33,143, und seine Tochter dürfte die 2. Gattin → Senecas gewesen sein. Im J. 62 wurde ihm mit zwei anderen Konsularen die Aufsicht über die *vectigalia publica* übertragen, Tac. ann. 15,8,3. **14.** P. Pedo. Konsular, mit Claudius befreundet, der ihn trotzdem umbringen ließ. Bei Sen. apocol. 13,5. 14,2 tritt er als Ankläger gegen Claudius auf. **15.** P. Planta. Er nahm als Offizier am Krieg zwischen → Otho und → Vitellius teil und verfaßte ein hist. Werk über ihn, Sch. Iuv. sat. 2,99 (HRR II p. 116). Er war kaiserl. Prokurator in → Lykien-Pamphylien unter Vespasian, IGR III 466, PFLAUM Carrières proc. équ. I p. 140f. Nr. 58. Statthalter von Äg. 98–100 (STEIN Aeg. p. 47f.), Plin. ad Tr. 7. IGR I 1154. BGU 226,9 (25. Febr. 99). Wiener Pap. bei STEIN Aeg. 48. Vibius Maximus hat P. in einer Schrift angegriffen, Plin. ep. 9,1,1 (s. SHERWIN-WHITE Letters 482). **16.** P. Propinquus. Procurator der prov. Belgica; ein Schreiben aus Trier, das er anf. Jan. 68 an Galba schickte, veranlaßte diesen, die Adoption eines Nachfolgers zu vollziehen, Tac. hist. 1,12,2. Im J. 69 wurde er von den Vitellianern ermordet, ebd. 58,2. **17.** Cn. P. Rufus. *Cos. suff.* 31 v. Chr., CIL IX 422. 4191, *frater Arvalis* 20 v. Chr., CIL VI 32338, *XVvir sacris faciundis* bei der Saekularfeier 17 v. Chr., CIL VI 32323,167; er dürfte erst 14 n. Chr. gestorben sein, CIL VI 2023,13. **18.** L. P. Vopiscus, aus Vienna. Freund → Othos, vom 1. März bis Mitte April 69 *cos. suff.* mit L. Verginius Rufus, Tac. hist. 1,77,2. CIL VI 2051. R. H.

B. Literarische Persönlichkeiten;

1. P. Trogus. Röm. Geschichtsschreiber der august. Z. aus dem narbonens. Gallien, dessen Großvater von Pompeius das Bürgerrecht empfangen hatte; auch des P. Vater und Onkel hatten – als Offiziere – im röm. Heer gedient (Iust. 43,5, 11f.).

Von einer zoolog. Schrift (*De animalibus*, mindestens 10 B.), die zumal die Tiergeschichte des Aristoteles verwendete, sind einige Frg.e vornehmlich durch den ält. → Plinius überliefert. Ebenfalls verloren ist des P. Hauptwerk, die *Historiae Philippicae* (44 B.), wohl in den letzten Jahrzehnten vor der Zeitenwende entstanden. Ein ungefähres Bild vermitteln a) der Auszug des → Iustinus (5; wohl 3. Jh. n. Chr.), der etwa 1/6 des Originals umfaßt, und b) die sog. Prologi, ein Inhaltsverzeichnis, das als Einzelrolle neben den 44 Rollen des Werkes selbst umlief und in der Spätant. einem Exemplar des Iustin-Textes vorangestellt und so überliefert worden ist.

Die *Historiae Philippicae* stellen eine umfassende, bis auf die Gegenwart des Autors geführte Gesch. des Mittelmeerraums in teils chronol., teils geograph. Anordnung dar. Von den vier vorröm. Weltreichen (Assyrer B. 1, 1–3; Meder c. 4–6; Perser c. 7 bis B. 6; Makedonen und Diadochen B. 7–40) steht das von Philipp und Alexander gegründete Imperium – vgl. auch den Titel – im Vordergrund. Die vier letzten B. umgreifen ergänzend die Gebiete des äußersten Ostens (B. 41/42: die Parther als Mitregenten der Welt) und Westens (B. 43/44: Italien, S.-Frankreich, Spanien), nachdem Geographie und Gesch. der anderen Regionen bei hist. passender Gelegenheit erzählt bzw. in Exkursen eingeschoben worden waren (z. B. Kleinasien und Äg. in B. 1, Karthago in B. 18, Palaestina in B. 36 etc.). Die Gesch. Roms ist indirekt bei der Eroberung der einzelnen Provinzen, direkt jedoch nur in ihren Anfängen (B. 43) bis → Tarquinius Priscus im Blick. So ergibt sich in einer Reihe von lokal oder hist.-biogr. (vgl. etwa B. 3–6: Gesch. Griechenlands vom Pelop. Krieg bis vor Philipp; B. 7–9 Philipp; B. 10–12 Alexander) motivierten Unterabschnitten eine übersichtliche, an dem Prinzip der Translatio imperii (vgl. Iust. 1,3,6) orientierte Struktur.

In seiner Praefatio (vgl. [1]) hat P. sein Programm des geogr.-hist. Universalismus gegenüber den röm. Annalisten und seinen griech. Quellen (→ Herodotos, → Theopompos, → Timaios, → Polybios, im einzelnen nicht sicher bestimmt) begründet. Mit der Hervorhebung von Einzelschicksalen und prägnanten Einzelszenen steht die Darstellung in der Tradition der hellenist. Historiographie, wenn auch P. die übliche Praxis von im Stil des Autors fingierten Reden als unhist. kritisiert (Iust. 38,3,11). Großstruktur und Teleologie weisen P.' Werk, das als Ergänzung von → Livius' (B 2) Annalen konzipiert ist, als charakteristisch augusteisch aus.

In der Folgezeit ist P. vornehmlich indirekt, vermittelt durch die Exempla-Tradition (→ Valerius Max.; Frontinus; Polyainos, vgl. O. SEEL, RhM 1960, 230ff.), rezipiert worden, die Historiker (→ Velleius, vgl. L. FERRERO, Studi ... Castiglioni 1, 1960, 273ff.; → Curtius Rufus, vgl. J. THERASSE, AC 1968, 551ff.; → Florus) wie Antiquare

(→ Solinus; → Ampelius) beeinflußt hat. Der Spätantike (vgl. die Testimonien in der Ausg. von SEEL) ist er zumeist nur noch als großer Name bekannt; man begnügte sich mit dem handlichen Auszug Iustins, ohne daß, wie im Falle des Livius, nationalröm. Interesse die Überlieferung garantiert hätte. P. L. Sch.

Ta.: *O. Seel*, 1935 (Iustin.) 1956 (Frg.).

Lit.: 1. *O. Seel* Die Praefatio des Pompeius T., 1955. 2. *G. Forni* Valore storico e fonti di P. T., 1958. 3. *J. S. Pendergast* The Philosophy of History of Pompeius T., Diss. Univ. Illinois 1961 (micr.).

2. P. Silo, einer der bedeutenderen Rhetoren der augusteischen Z., von dem wir nur durch den älteren Seneca etwas wissen, der an mehr als 60 Stellen *sententiae, divisiones* und *colores* von ihm anführt; diese lassen ihn als geistreichen, spitzfindigen Rhetor erkennen. Senecas Urteil ist nicht ganz eindeutig, jedoch überwiegen die Stellen, an denen er P.' Beredsamkeit hohes Lob zollt. O. Dr.

3. Afrikanischer Grammatiker des 5./6. Jh. n. Chr., Vf. eines weitschweifigen und elementaren Kommentars zu des → Donatus Ars maior für Schulzwecke, der bes. auf den Erklärungen des → Servius aufbaut und daneben u. a. noch Ps.- → Probus, *Instituta* und die *Dubii sermonis libri* des älteren → Plinius heranzieht. Die Wirkung des seit dem 6./7. Jh. vielfach benützten, exzerpierten und abgeschriebenen Werkes ist bisher nur unvollständig bekannt. P. L. Sch.

Ed. princeps: *F. Lindemann*, 1820.

Ta.: *Keil*, GrL 5,95 ff.

Lit.: *Keil*, GrL 5,83 ff. *Schanz-Hos.* 4,2,208 ff.

4. Sex. Pompeius Festus s. Festus (6).

Pompilius. Röm. Gentilname, auf etr. *pumple* zurückführbar (SCHULZE Eigenn. 183). Als Ahnherr galt → Numa Pompilius. Namensträger traten hist. kaum hervor. **1.** Sex. P., Volkstribun 420, Liv. 6,44,2. **2.** P., röm. Ritter, Anhänger → Catilinas, Cic. pet. cons. 3,10. H. G. G.

3. M. P. Andronicus. Nach Suet. gramm. 8 Grammatiker des 1. Jh. v. Chr., Freigelassener aus Syrien, der sich wegen seiner Konzentration auf die epikureische Philos. in Rom nicht durchsetzte und nach Cumae übersiedelte. Sein Hauptwerk, eine krit. Auseinandersetzung mit den Annalen des → Ennius (*Annalium Enni elenchi*, 16 B.) wurde von L. → Orbilius Pupillus herausgegeben. Frg.e sind nicht erhalten. P. L. Sch.

Schanz-Hos. 1,579 f. *K.-E. Henriksson* Griech. Büchertitel, 1956, 118 ff.

Numa Pompilius s. Numa

Pompilos s. Okyrrhoe (3)

Pomponius. Name einer pleb. gens (etr. Wortstamm *pumpu*, SCHULZE Eigenn. 212), die wie die Aemilii, Calpurnii und Picarii ihren Ursprung auf einen der Söhne des Numa Pompilius zurückführt (Plut. Num. 21,2). Der Stolz auf diese wohl erst später konstruierte Abstammung drückt sich noch in von den Nachfahren geprägten Münzen aus (SYDENHAM The Coinage of the Rom. Rep., 1952, 86, Nr. 607). Erst vom 3. Jh. an treten Cognomina wie Bassus, Flaccus, Labeo, Molo und Rufus auf; der polit. bedeutendste Zweig sind die P. Mathones. Unter den P. befinden sich bemerkenswert viele Dichter und Schriftsteller.

A. Politische Persönlichkeiten:

I. Republ. Zeit: **1.** Cn. P. war 90 Volkstribun (BROUGHTON 2,31,9) und kam 82 nach Sullas Sieg in Rom um. Cic. hörte ihn 90 wohl recht häufig reden (Brut. 305. 311) und kritisiert in de or. 3,50 P.' rhet. Leistungen, während sein Urteil später günstiger lautet (Brut. 221). **2.** M. P. erhob 167 gegen die Pläne des Praetors M'. → Iuventius Thalna (I 8), den Rhodiern den Krieg zu erklären, Einspruch (Liv. 45,21,3) und erreichte 161 in seiner Praetur, daß der Senat Philosophen und Rhetoren aus Rom auswies (Gell. 15,11,1). **3.** Q. P., 395 und 394 Volkstribun, setzte sich 395 dagegen ein, daß ein Teil des Volkes und des Senates nach Veji auswanderte, und wurde deshalb 393 vom Volk vor Gericht gezogen und verurteilt (Liv. 5, 29,6 f. Plut. Cam. 7,2 ff.). **4.** T. P. Atticus (110 bis 32), Sohn eines vermögenden und gebildeten Ritters, genoß eine sorgfältige Erziehung (Cic. leg. 3,49) und entschloß sich, anders als sein Altersgenosse und Freund Cic., als Anhänger Epikurs nicht für die polit. Laufbahn, sondern für ein neben seinen Geschäften der Pflege zahlreicher Freundschaften, der Kunst und den Wissenschaften gewidmetes Leben, als distanzierter, aber stets interessierter und wohlinformierter Beobachter der Politik. Obwohl P. während der sullan. Herrschaft nicht unmittelbar gefährdet gewesen zu sein scheint, zog er es vor, 86 Rom zu verlassen und in Athen zu leben (großzügiger Förderer der Stadt, daher Beiname *Atticus*). Von 65 ab weilte er wieder zeitweise in Rom und unterstützte 63 als Anführer der Ritter den Senat im Kampf gegen Catilina, griff dann jedoch nicht mehr unmittelbar in die Politik ein. Dagegen setzte er den Einfluß, den er aufgrund zahlreicher freundschaftlicher Beziehungen besaß (Beispiele: Hortensius, Lucullus, Cato und vor allem M. Brutus, aber auch P. Clodius und Vertrauensleute Caesars und Pompeius'), hinter den Kulissen für seinen Freund Cic. ein, vor allem für dessen Rückberufung aus dem Exil (Cic. Att. 4,1,1 ff. u. ö.), wenn sich auch seine Hilfe hier zunächst Exils auf großzügige materielle Unterstützung beschränkt hatte. 58 wurde P. von seinem Oheim Q. → Caecilius (I 8) adoptiert, der ihm ein beträchtliches Vermögen und die *domus Tamphiliana* (JORD. Top. 1,3,405 f.) auf dem Quirinal hinterließ. Während des Bürgerkriegs (49–45) schloß sich P. keiner der beiden Parteien an, sondern wartete in Rom ab und riet dies auch Cic. Nach 48 betrieb er die Versöhnung des Freundes mit Caes. und verhielt sich während dessen Diktatur und bis zu seinem Tode neutral, obwohl er republikanisch gesinnt war. Bemerkenswert ist, daß er auch zu Antonius und Octavian trotz der Proscribierung und Ermordung Cic.s gute Beziehungen hatte (Ehe seiner Tochter mit → Agrippa, Verlobung seiner Enkelin mit Ti. Claudius Nero).

Wie die meisten Ritter widmete sich P. mit viel Geschäftssinn der Verwaltung seines Vermögens. Er lebte zwar einfach, sammelte jedoch mit großem Verständnis Kunstwerke und erweiterte kenntnisreich seine bedeutende Bibliothek. Durch ihn gelangten Cic.s Werke in Abschriften in die Öffentlichkeit (Cic. Att. 4,11,2. 13,21,4). Während Cic.s Briefe an ihn später (um 55 n. Chr.?, Cic.'s Letters to Atticus, ed. D. R. Shackleton-Bailey, 1, 1965, 59ff.) veröffentlicht wurden, sind seine eigenen Briefe wie auch seine übrigen Schriften verloren: 1. *liber annalis*, eine kurze Gesch. Roms; 2. Slg. von Familiengesch.en einzelner Geschlechter; 3. *Imagines*, Unterschriften zu Bildern berühmter Männer; 4. *Commentarius* über Cic.s Consulat. Während die menschl. Lauterkeit P.' in der modernen Forschung nicht immer günstig beurteilt wird, weil seine facettenreiche Erscheinung nicht leicht einzuordnen ist, tritt uns aus den Briefen Cic.s, aus Academ. 1 und De leg., wo er Dialogperson ist, und aus Nepos' Biographie des P. das Bild eines geistreichen und liebenswürdigen Mannes mit Geschmack und weitgespannten Interessen entgegen, der seinen Freunden mit steter Anteilnahme zur Seite stand.

Ausg.: T. P. A-i epistularum ad Cic. rell. coll. *S. Consoli*, 1913.

Lit.: *H. Ziegler* T. P. Atticus als Politiker, 1936. *R. Feger*, RE Suppl. VIII 503–26. Cic.' Letters to Atticus, ed. *D. R. Shackleton-Bailey* 1, 1965, 3ff.

5. Q. M. P. (zu Ehren Ciceros so ben.) Dionysius Thrax war ein Freigelassener des T. P. Atticus (Nr. 4), der Ciceros Sohn und seinen Neffen unterrichtete, seine Bibliothek ordnete und ihm bei der Abfassung seiner philos. und rhet. Schriften als wissenschaftlicher Berater zur Seite stand. Zu Beginn des Bürgerkriegs im J. 49 trennte sich P. von Cic., kehrte jedoch 45 in dessen Haus zurück. Cic. schätzte ihn menschlich und wissenschaftlich ungemein hoch (Cic. Att. 5,9,3. 7,1,4. 8,1 u. ö. M. GELZER Cicero, 1969, 221f.). **6.** M. P. Matho kämpfte 231 in seinem Consulat in Sardinien. 217 *mag. equitum* und 216 wahrscheinlich Praetor (BROUGHTON 1,246,4), war er 215 und 214 Propraetor in Gallien. Vielleicht ist er der 204 gestorbene Augur und *Xvir sacr. fac.* bei Liv. 29,38,7. **7.** M. P. Matho, 207 pleb. Aedil, 204 Praetor in Sizilien, leitete die Untersuchung gegen Scipio Africanus und dessen Legaten → Pleminius in beispielhafter Weise (Liv. 29,20,4ff. 31,12,3). P. stand Scipio bei dessen Überfahrt nach Africa zur Seite und überwachte auch 203 und 202 nach Verlängerung seines Kommandos Truppentransporte nach Africa (Liv. 30,2,3). **8.** M. P. Matho mußte als *praetor peregrinus* 217 dem röm. Volk die Niederlage am Trasimen. See mitteilen (Liv. 22,7, 7f.). Ob P. mit Nr. 6 ident. ist, ist nicht mehr festzustellen (BROUGHTON 1,246,4. 256). **9.** M. P. (Rufus?), röm. Ritter und Freund des C. → Gracchus, den er 121 in den Kämpfen in Rom tapfer verteidigte, ehe er sich selbst das Leben nahm (Vell. 2,6,6. Val. Max. 4,7,2.). Vielleicht ident. mit dem bei Cic. div. 2,62 und Val. Max. 4,4,1 erwähnten Autor. **10.** M. P. (Rufus?) war 82 pleb. Aedil und ist wahrscheinlich ident. mit dem bei Plin. nat. 7,158 als Förderer der Tänzerin Galeria Copiola genannten P., möglicherweise auch mit dem P., der sich in den blutigen Unruhen um Sulpicius 88 für C. Iulius Caesar Strabo einsetzte (Quint. inst. 6,3,75). **11.** T. P. Veientanus, wohl kein Angehöriger der gens Pomponia, betrog als *publicanus* vor 213 den Staat bei der Versorgung der röm. Heere in Spanien durch fingierte Seetransport-Verluste (Liv. 25,1,4). Nach 213 geriet P. als *praefectus socium* in pun. Gefangenschaft (Liv. 25,1,3f.). **12.** Pomponia, Mutter des Scipio Africanus (Sil. 13,615). Über die Empfängnis durch eine Schlange berichten u. a. Liv. 26,19,6f. und Gell. 6,1,1ff. Durch P. kam die enge polit. Bindung zwischen den Pomponiern und den Aemiliern in der 2. Hälfte 3. Jh. zustande. Offenbar war P. sehr bigott (Pol. 10,4,4).

M. D.-M.

II. Kaiserzeit. **1.** C. P. Alcastus. Angesehener Spartiate, der das röm. Bürgerrecht erhielt, aus der Z. des Hadrian und Antoninus Pius, IG V 97, 17. Im J. 137 wurde er als Gesandter Spartas zu L. Ceionius Commodus Verus nach Pannonien geschickt, IG V 37. Inhaber hoher Ämter in Sparta, IG V 65,2ff. (J. 137/38). Stammbaum bei KOLBE, IG V p. 131. **2.** P. Bassus, *cos. ord.* 211 n. Chr., CIL XIII 6665. 8201. Zwischen 212/217 Statth. von Moesien, Cass. Dio 78,21,2, s. STEIN Moes. 55. Im J. 219/220 von → Elagabal, der seine Gattin Annia Faustina begehrte, hingerichtet, Cass. Dio 79,5. **3.** Ti. P. Bassus. *Cos. ord.* 259, *cos. II ord.* 271, CIL VI 3836–31747, zugleich *praef. urbi*. Nach Epit. Caes. 34,3 schon unter Claudius Gothicus (268–270) *princeps senatus*. **4.** T. P. Bassus. Im J. 79/80 Legat des *procos. Asiae* M. Ulpius Traianus, des Vaters des Kaisers, DESSILS 8797. *Cos. suff.* vom 1. Sept. bis E. 94, Inscr. It. XIII 1, p. 194f. CIL XVI 39. *Legat. Aug. pr. pr. Galatiae et Cappadociae* 95–100, CIL III 309 (J. 98). 6896. 6897 (J. 100). AE 1955, 7. 1962, 167. E. A. SYDENHAM Coins of Caesarea in Cappadocia 53f. CBM Galatia p. 5ff. Nr. 1–15. Im J. 101 war er Mitglied der Alimentationskommission in der reg. I und VII, CIL XI 1147 XVI. CIL VI 1492. Er ist Adressat von Plin. epist. 4,23. **5.** P. Labeo. Unterstatthalter praetor. Ranges des Poppaeus Sabinus in Moesien von 25–33 n. Chr., Cass. Dio 58,24,3. Er kam Sabinus im J. 25 zu Hilfe, Tac. ann. 4,47,1. Im J. 34 wegen Repetunden angeklagt, beging er mit seiner Gattin Praxea Selbstmord, Tac. ann. 6,29,1. **6.** P. Pennus. Senator, der im J. 40 wegen Schmähungen auf → Caligula angeklagt, jedoch freigesprochen wurde, Ios. ant. Iud. 19,32. 33–36. Cass. Dio 59,26,4. Sen. ben. 2,12,1. **7.** T. P. Proculus Vitrasius Pollio. Nach CIL VI 415 begann dieser Abkömmling einer Patrizierfamilie als *IIIvir monetalis* unter Hadrian, war als Kandidat des Kaisers *quaestor* und *praet.*, dann *praefectus alimentorum*, *cos. suff.* um 150, Statth. von Hispania cit. (CIL II 5679), von Moesia inf. im J. 157 (AE 1937, 247. 1961, 292. CIL III 762. 6125, s. Stein Moes. 72–75). Nach CIL VI 415 war er um 165/66 *procos. Asiae* (s. Aristid. II p. 448 Keil) und nahm 172–175 an den Feldzügen des Marc Aurel gegen Germanen und Sarmaten teil, wofür er hohe Auszeichnungen erhielt; eine Ehrenstatue in militär. Kleidung wurde ihm auf dem Traiansforum errichtet, in Zivilkleidung im Pronaos des Tempels des Antoninus Pius. Im J. 176 war er *cos. II ord.*, CIL II 5679. XII 361. P. bekleidete die Priesterämter eines *sodalis Antoninianus* und *pontifex*, er war *patr(onus) sac(erdotii) dom(us) Augustae*, CIL VI 2010,1. 19. Seine Tochter Vitrasia Faustina ließ Commodus schon im J. 183 töten, seine Gattin Annia Fundania Faustina, die Base Marc Aurels, im J. 190. **8.** Q. P. Secundus. Bruder des P. Calvisius Sabinus P. Secundus, den er im J. 31 in häuslichen Gewahrsam nahm, als er im Zuge der Affäre → Seians angeklagt wurde, Tac. ann. 5,8,2; den Ankläger brachte P. im J. 33 vor Gericht, ebd. 6,18,1. *Cos. suff.* 41 (ab 1. Juni), CIL VI 2014, 1. X 2792. Noch am 24. Jan. küßte er → Caligula die Füße, Cass. Dio 59,29,5; am 25. Jan. wollte er die Republik wieder herstellen, Ios. bell. Iud. 19,160ff. Ioh. Antioch. frg. 84 (FHG IV 527), was mißglückte, Ios. ant. 19,263. P. wurde im Amt belassen bis 1. Juli 41, CIL VI 2015. Von P. → Suillius angeklagt, floh er zu dem revoltierenden Statthalter von Dalmatien L. → Arruntius (II 7) Camillus Scribonianus; beim Zusammenbruch von dessen Aufstand wird P. den Tod gefunden haben, Tac. ann. 13,43,2. **9.** P. (?) Caecilia Attica, Tochter des T. P. Atticus, * 51 v. Chr., Cic. Att. 5,19. 6,1,22. Cicero zeigt in vielen Briefen Sorge um die Gesundheit des Kindes, Att. 12,1. 3,33, u. a. Im J. 37 wurde sie dem M. Vipsanius → Agrippa vermählt, Nep. Att. 12,1 f. Sen. ep. 21,4. Suet. Tib. 7,2. Ihr Lehrer Q. → Caecilius (III 3) Epirota kam in den Verdacht, mit ihr Beziehungen zu unterhalten, Suet. gramm. 16. Ihre Tochter Vipsania → Agrippina (1) wurde dem → Tiberius vermählt. P. selbst dürfte vor 28 v. Chr. gestorben sein. **10.** P. Graecina. Tochter des P. P. Graecinus *cos. suff.* 16 n. Chr., Gattin des A. Plautius, cos. 29 n. Chr. Im J. 57 wurde sie verdächtigt, einer *superstitio externa* anzugehören; 40 J. lang trauerte sie um Iulia († 43 → A I 97), die Tochter des Drusus und der Livilla, Tac. ann. 13,32. R. H.

B. Literarische Persönlichkeiten:

1. P., lat. Lustspieldichter aus → Bononia, dessen Blüte nach Hier. chron. p. 150 H. in das J. 89 v. Chr. fällt. Bezeugt sind Reste von etwa 190 Versen aus 70 Stücken, die wir dem Interesse der Grammatiker, bes. des Nonius, an morpholog. und lexikal. Raritäten verdanken. Darunter finden sich Togatentitel wie *Augur*, *Fullones* (vgl. Ps.-Acro Hor. ars 288) und Mythenparodien (*Agamemno suppositus*, *Armorum iudicium*), die wie Satyrspiele nach Tragödien aufgeführt worden zu sein scheinen (vgl. Porph. Hor. ars 221). Der Nachwelt (vgl. Vell. 2,9,6. Macr. Sat. 6,9,4) galt P. mit → Novius als Schöpfer der literar. → Atellana fabula, wohin die meisten Titel aus dem ital. Volksleben bzw. mit den typ. Atellanenfiguren (*Maccus*, *Bucco* usw.) gehören. Sprache und Inhalt waren entsprechend volkstümlich und derb (vgl. bes. das *Prostibulum*).

Frg.: CRF ^{2}1873, 225ff. ^{3}1898, 269ff. *P. Frassinetti* Fab. At. Frg., 1955, 1ff. ^{2}1967, 23ff.

Lit.: *Schanz-Hos.* 1,249ff. *Frassinetti* ^{2}1967, 8ff. 101ff.

2. P. P. Secundus. Politiker und Literat des 1. Jh. n. Chr., Schwager → Caligulas und Freund des älteren → Plinius, der seine Vita in 2 B. verfaßte (Plin. nat. 7,39. 14,56. Plin. epist. 3,5,3). * um die Zeitenwende, wurde er 31 im Zusammenhang mit dem Sturz → Seians angeklagt und bis zum Regierungsantritt Caligulas (37) inhaftiert (vgl. Tac. ann. 5,8. 6,18,1. Cass. Dio 59,6,2). Förderung erfuhr P. dann durch → Claudius (II 39): Ab Mai 44 ist er Suffektkonsul, in den J. 50/51 inschriftlich als kaiserlicher Legat von Obergermanien bezeugt, wo der ältere Plinius unter ihm gedient haben wird; von einer Vertreibung plündernder Chatten berichtet Tac. ann. 12,27 f. Nicht viel später dürfte P., wohl noch in Germanien, gestorben sein.

Quint. inst. 10,1,98 nennt P. als führenden zeitgen. Tragödienschreiber (vgl. Tac. ann. 12,28,2; dial. 13,3). Von Vertretern der vorhergehenden Generation wurde seinen Stücken sprachliche Ausgefeiltheit konzediert, aber Mangel an tragischem Pathos vorgeworfen. Auch gegenüber → Seneca (Quint. inst. 8,3,31) und Freunden (Plin. epist. 7,17,11) mußte sich P. wegen sprachlicher Manierismen verteidigen; sprachlich-gramm. Interesse verrät zudem eine bei Charis. 1 (174, 18ff. B.) berichtete Äußerung. Andererseits versuchte Claudius im J. 47 mit einem Edikt gegen den Spott des Publikums vorzugehen (Tac. ann. 11,13, 1). Die Nachwelt hat sich dieser Ablehnung angeschlossen: Nach der Generation von Tacitus und Plinius min. ist P. nicht mehr gelesen worden. Die wenigen Frg.e der gramm. Tradition (einziger sicherer Titel ist der einer Praetexta: *Aeneas*; vgl. noch Quint. 8,3,31. Sen. epist. 3,6) gehen auf die *Dubii sermonis libri* des älteren Plinius (hierher auch zwei morpholog. Besonderheiten aus einem Brief P.' an Thrasea) bzw. auf die Metrik des → Caesius (8) Bassus zurück.

Frg.: TRF[2] 1871, 231 f. [3] 1897, 267 ff. [4] 1953, 312 ff. Gramm. Rom. Frg. aet. Caes. 1, coll. *A. Mazzarino*, 1955, 210 ff. Lit.: *Schanz-Hos.* 2,475 ff. *H. Bardon* Litt. Lat. Inc. 2, 1956, 129 ff. *A. della Casa*, P. S., Dioniso 35, 1961, 2, 58 ff.

3. P. M. Marcellus. Röm. Grammatiklehrer der frühen Kaiserzeit, den die Nachwelt nicht in veröffentlichten Werken, sondern in einigen Anekdoten (2 bei Suet. gramm. 22, davon die 2. auch bei Cass. Dio 57,17,2; eine weitere bei Sen. suas. 2,13 nach der überzeugenden Konjektur von MAZZARINO), die für seinen pedant. Sprachpurismus kennzeichnend sind, und in einem Spottepigramm des Asinius Gallus im Gedächtnis behielt. P. L. Sch.

Gramm. Rom. Frg. aet. Caes. 1, coll. *A. Mazzarino*, 1955, 23 ff.

4. Sex. P. röm. Jurist z. Z. des Antoninus Pius bis zu den Divi fratres (Mitte 2. Jh. n. Chr.). Über seine Herkunft, seinen Stand und seine nähere Tätigkeit gibt es nur wenige indirekte Hinweise. So müssen wir annehmen, daß er keine öffentl. Ämter bekleidete und daß ihm das *ius respondendi* versagt war. Seine Werke haben eher lehrhaften Charakter und stellen ihn so in eine gewisse geistige Verwandtschaft zu → Gaius. Durch seinen *liber singularis enchiridii* (Enchiridium) genießt er in der Rechtslit. eine Monopolstellung. Die aus diesem Werk in Dig. 1,2,2 überlieferte Darstellung der alten röm. Rechtsgesch., die in 3 Abschnitten den Ursprung des Rechts, die Magistrate und die bedeutenden Juristen behandelt, ist von größter Bedeutung. Die formalen Änderungen dürften die Substanz kaum berührt haben, da kein Grund bestand, eine hist. Darstellung den geänderten Rechtsverhältnissen anzupassen. Daneben schuf er 3 Abh. zum *ius civile* als Komm. zu Sabinus, Q. Mucius und Plautius. Ein umfangreicher Ediktskommentar ist uns nur durch Zitierungen bei anderen Juristen bekannt. *Fideicommissum*, *stipulatio* und *senatusconsulta* bilden den Gegenstand von drei Monographien. Zwei Fallsammlungen *(epistulae* und *lectiones)*, die in nachklass. Z. wahrscheinlich zu einem Werk kompiliert wurden, runden das über 300 B. umfassende Werk von P. ab. Z. V.

W. Kunkel Herkunft und soziale Stellung d. röm. Juristen, 1967[2]. *G. Wesenberg*, RE XXI 2416. *O. Lenel* Palingenesia iuris civilis 2, 1889, 14–160. *M. Bretone*, Labeo 11, 1965, 7 ff.

5. P. Mela. Röm. Geograph, Vf. von *De Chorographia* in 3 B. Dieser Schrift sind die einzigen Angaben über sein Leben zu entnehmen: * in Tingentera (Algeciras? 2,96), Abfassungszeit des Werkes unter Claudius um 43/44 (3,49 über Britannien *tamdiu clausam aperit ecce principum maximus*; vgl. J. STROUX, Philol. 84, 1929, 242), Aufenthaltsort wahrscheinlich Rom (2,121 f.). Das Fehlen von eigener Beobachtung bedeutet nicht, daß P. nicht gereist ist, wo er doch auch nichts Persönliches über Spanien und S.-Gallien sagt, das er ja bei seiner Reise nach Rom doch besucht hat (2,78 *credas pluvisse, adeo multi passim et late iacent* – Steinfeld der Crau – ist liter. Reminiszenz: vgl. Strab. 4,182), aber man weiß nichts über seine Reisen. *De chorographia* ist wie ein Periplus abgefaßt, aber der Titel drückt die Absicht aus, die Erde nach einer Karte zu beschreiben (ein Kommentar *de chorographia* wird schon → Agrippas Weltkarte erklärt haben: vgl. Strab. 6,266 und A. KLOTZ, Klio 24, 1931, 38–58 und 386–486). Nach einer Übersicht über die Lage der Erde im Weltall und der Oikumene auf der Erdkugel, über die Zonen, die Kontinente und die Meere, die Maße Asiens, Europas und Afrikas (1,1–24) setzt die eigentliche Beschreibung ein: Mauretanien und die afrikanische Küste, Äg. einbegriffen (1,25–60), Arabien und die asiatische Küste des Mittelmeeres bis zum Bosporos (1,61–101), der Pontos Eux. (1,102–2,24: Europa von B. 2 an), die europäische Küste des Ägäischen Meeres, der Adria und des Mittelmeeres bis Gades, die zugehörigen Inseln (2,25–112); dann die Küsten des Ozeans bis zur Ostsee und die Völker des n. und ö. Europa, die wahrscheinlich als Uferbewohner aufgefaßt wurden bis zu den *confinia Asiae* (3,1–36), das Kasp. Meer und die angrenzenden Völker mit außerordentlich unbestimmter Lokalisierung (3,37–45), die Inseln dieses Abschnitts (3,46–66); endlich die Küsten des Mare Rubrum vom Indus bis zum Ganges (3,67–71) u. des Pers. Golfes bis Mauretanien entlang dem S. Libyens (3,72–107). Der verwickelte Plan und die Mischung von märchenhafter und wissenschaftlicher Erdbeschreibung deuten auf Kompilierung sehr verschiedenartiger Quellen, aber entsprechen auch einer bestimmten Auswahl, die sich sonst in der sprachlich-stilist. auffallenden Mannigfaltigkeit der Darstellung äußert (Knappheit neben rhetor. Schwulst, bloße Namenaufzählungen neben pathet. Erwähnungen geschichtlicher oder geograph. Einzelheiten). Die Verschmelzung der ausgewählten Elemente ist so stark, daß die Quellenanalyse nicht mehr die aus erster Hand benützten unter den zahlreichen Quellenautoren unterscheiden kann. Eine verlorene Chorographie (Periplus?) von → Cornelius Nepos hat vielleicht die Hauptrolle gespielt. Berichte jüngeren Datums, bes. 3,54 über Scandinavia (erst nach 5 n. Chr.) und 1,30 über Iol (*Iubae regia fuit*: erst nach 23) sind sehr selten. Die Schrift ist überhaupt nicht nur wegen der Erhaltung von Notizen aus älteren Geographen wertvoll, sondern auch als früheste erhaltene röm. Geographie und stete Auseinandersetzung mit Ergebnissen griech. Himmels-, Erd- und Völkerkunde. F. L.

Ta. Teubn. *K. Frick* 1880 (Neudruck 1935). *F. Gisinger*, RE XXI 2360–2411.

Pomptina tribus s. Pomptinus ager

Pomptinae paludes s. Pomptinus ager

Pomptinus. Ital. Gentilname, gebildet vom Stamm *Pomp-*, auch inschr. bezeugt (SCHULZE

Eigenn. 533). Hervorgetreten ist nur: C.P., Zeitgenosse Ciceros. Er zeichnete sich 71 im Sklavenkrieg als Legat des → Crassus (2) aus. Als Praetor 63 (BROUGHTON Mag. 2,167) brachte er zusammen mit L. → Valerius Flaccus am 3. Dez. am *pons Mulvius* beim Überfall auf die Gesandten der → Allobroger die für die weiteren Maßnahmen gegen → Catilina entscheidenden Briefe in die Hand Ciceros (Cic. Cat. 3,5f. Sall. Cat. 45,1–4. DRUMANN² 5,505f.). 61 war er Propraetor in der Gallia Narbonensis und führte einen erfolgreichen Feldzug gegen die Allobroger durch (Sieg über → Catugnatus), wofür er nach seiner wohl erst 59/58 erfolgten Rückkehr nach Rom den Triumph beantragte, der ihm zunächst wegen sakralrechtlicher Bedenken verweigert, schließlich aber doch 54 mit Unterstützung vor allem des Praetors Ser. → Sulpicius Galba und gegen den Widerspruch → Catos bewilligt wurde; dabei kam es zu Störungen, Cass. Dio 39,65,2. 51 war er Legat Ciceros in Kilikien, wo er sich am Amanus nochmals als umsichtiger und erfolgreicher Taktiker erwies, Cic. fam. 15,4,9 u.a. DRUMANN² 6,113. GELZER Cicero, 1969, 230. H. G. G.

Pomptinus ager heißt nach einer schwer lokalisierbaren (NISSEN It. Ldk. 2,634: s. Velletri) Stadt Pometia (Cic. rep. 2,44. Liv. 2,16,8. 17,5f. 25,6. Dion. Hal. ant. 4,50. 6,29), deren offenbar urspr. latin. Bewohner im 5. Jh. v. Chr. an der Weihung des *lucus Dianius* b. Aricia teilnahmen (Cato frg. 58 P.). Pometia (Liv. 1,53,2. 2,22,2) und der P. a. (Strab. 5,231) gingen jedoch bald an die Volsker verloren; von der Stadt blieb keine Spur (Plin. nat. 3,68). Da die Römer 507 (Dion. Hal. 5,26), 492 (7,1f. Liv. 2,34,4), 433 (Liv. 4,25,4) Getreide im P. a. aufkaufen, muß er damals fruchtbar (Dion. Hal. 10,37) gewesen sein. Im 4. Jh. denkt man an Adsignation des P. a. (Liv. 6,5,2. 6,1. 4); 383 werden *quinqueviri Pomptino agro dividundo* eingesetzt (6,21,4) und 358 die *tribus Pomptina* (Cic. Att. 4,15,9. fam. 8,8,5) eingerichtet (Liv. 7, 15,11), die nach der Stadt *Pomptia* (< *Pōmĕtia*; vgl. Verg. Aen. 6,775 *Pōmĕtĭōs*) heißt (Paul. Fest. 263, 6 L.). Das spricht für reiche Besiedlung (Plin. nat. 3,59: 24 Orte) des P. a., durch nicht latein. sprechende Bevölkerung, als dessen *arx* → Norba genannt wird (Liv. 2,34,6) und in dem → Ulubrae (Cic. fam. 7,18,3) liegt. Da auch → Circei (Dion. Hal. ant. 4,63. Strab. 5,232. Plin. a.O.) und das → Feroniaheiligtum (Dion. 2,49) im P. liegen und Circei zur *tribus P.* gehört (CIL X 6426. 6428), scheint der Name (Strab. 5,231) später nach S. ausgedehnt worden zu sein. Die *P. paludes* wurden durch die Stauung der Flüsse Nymphaeus, → Ufens, → Amasenus gebildet (Vitr. 1,4,12) und begannen am 40. Meilenstein (Porph. Hor. ars 65); → Setia »blickt« auf die *campi P.* hinunter (Martial. 10,74,10. 13,112), wo Strab. 5,231 einen Sumpf kennt (ebenso bei Circei und → Tarracina; kaum richtig zwischen → Antium und → Lanuvium). Das faulige Wasser der Sümpfe gilt als Krankheitsträger (Vitr. a.O. Strab. a.O. Sil. 8, 381ff.). Vermutlich gab es schon vor Anlage der *via Appia* einen Abflußkanal vom Nymphaeus bei → Tripontium bis zur Ufensmündung (→ Decennovius). Er wurde 160 durch Cornelius Cethegus erneuert, um Ackerland trockenzulegen (Liv. epit. 46); dieser Kanal (Lucan. 3,85 *Pomptinas via dividit uda paludes*) wurde 37 v. Chr. von Maecenas und Horaz benutzt (Hor. s. 1,5,11ff.). Cic. de or. 2,290 nennt die Gegend *neque amoenum neque salubrem* und beschwert sich über die Frösche (fam. 7,18,3). Caesar hat die Trockenlegung der *P. paludes* geplant (Suet. Caes. 44,3. Plut. Caes. 58. Cass. Dio 44,5,1. 45,9,1. Ps.-Acro Hor. s. 1,5,14. Cic. Phil. 5,7 *paludes siccare voluit*), Augustus angeblich ausgeführt (Ps.-Acro Hor. ars. 66. Porph. Hor. ars. 65), was jedoch wenig zu Vitruv. a.O. paßt; vgl. Plin. nat. 26,19. Auch die Architekten Neros hatten solchen Plan (Tac. ann. 15,42,2). Wiedergangbarmachen der *via Appia* durch Traian (Cass. Dio 68,15,3) und Theoderich (CIL X 6850ff.). Im P. gedeihen Caecuber-Trauben (Plin. nat. 17,31. Strab. 5,231). Sumpfwaldgebiet des P. als Räuberversteck berüchtigt (Iuv. 3,307 m. Sch.). G. R.

Nissen It. Ldk. 2,634. *Beloch* RG 356. *Werner* Beginn der röm. Republik 333,3. *M. Hofmann*, RE Suppl. VIII 1135 bis 1241.

Pompusius. L. P. Mettius, auch Mettius Pompusianus genannt. Trotz Warnung machte ihn Vespasian zwischen 70/75 zum *cos. suff.*, Suet. Vesp. 14, s. Epit. Caes. 9,14. Ca. 76–80 *praefectus aerarii Saturni*, CIL VI 1495. Domitian mißtraute ihm, verbannte ihn nach Korsika und ließ ihn ca. 90/91 töten, Suet. Dom. 10,3. Cass. Dio 67, 12,3. R. H.

Ponderarium, meist am Rande des Marktes gelegenes Gebäude, in dem sich geeichte Waagen, Gewichte und Hohlmaße befanden. Für letztere wurden in der Regel – oft auch im Freien aufgestellte – Eichtische verwendet (modern gleichfalls p. genannt). In ihnen waren entsprechend dimensionierte und häufig mit herausnehmbaren Metalleinsätzen ausgestattete Vertiefungen angebracht. P. wurden vielfach von Privaten für die Gemeinde errichtet und von einem *ponderarius* betreut. H. Ch.

K. Schneider, RE XXI 2425f.

Pondo, von verschollenem *pondus, -i,* »an Gewicht«, speziell = → *libra*, röm. Pfund, da die *libra* die Gewichtseinheit schlechthin war. In diesem Sinn ist p. schon für das Zwölftafelgesetz belegt und lebt noch heute in »Pfund«, »pound« und verwandten Gewichtsnamen weiter. H. Ch.

Ponos (*Πόνος* »Mühsal«) wird gelegentlich bildhaft, persönlich, ja myth. aufgefaßt. Der *Π. ἀλγινόεις* ist Sohn der bösen Eris, Hes. theog. 226, der Nyx (und des Erebos) Soph. Trach. 29f. Cic. nat. 3,44. Hyg. praef. *Π. πόνῳ πόνον φέρει*

Soph. Ai. 866. Mit *Letum* haust *Labos primis in faucibus Orci* Verg. Aen. 6,277, vgl. Sen. Oed. 650. Günstige Wertung des P. z.B. Eur. frg. 474 (*Εὐκλείας πατήρ*), Theokr. 21,20 (*φίλος π.*), auch Verg. georg. 1,145f., wo *labor improbus* und *urgens egestas* Schöpfer der *artes* sind, die etwas vom Frieden und der Fülle des Goldenen Zeitalters in die Welt des Landmanns retten (2,514ff.). ALTEVOGT Labor improbus. Vergilstud. Münster 1952. → Penia. → Arbeit. – In der → *Κόρη κόσμου* geht aus der Verbindung der *Φύσις* mit *Π.* die *Εὕρεσις* hervor, mit der der Gott sich vermählt. H. v. G.

Pons (*γέφυρα*). **1.** Im allg. ist P. eine Straßenbrücke (nicht die einer Wasserleitung!), doch heißt gelegentlich auch ein erhöhter, streckenweise auf Bögen geführter Damm P., genauer *pons longus*, Catull. 17. Caes. Gall. 8,14,4. Stat. silv. 4,3,127. Tac. ann. 1,61,1. 63,3. Stein-P. (spitzbogig, »falsches Gewölbe«) begegnen schon in Kreta und Hellas im 2.Jt. ([4]), doch bleiben Holz-P. noch lange die Regel (*pons sublicius* »Pfahlbrücke« Liv. 1,33,6. 2,10,2. Plin. nat. 36,100. Tac. hist. 1,86. Varro l. l. 5,83), nicht nur für kurzlebige P. (→ Mandrokles. Hdt. 4,89. 97f. 136ff. 7,33ff.). Stein-P. klass. Z. haben Stützen in Flußrichtung, darüber horizontale Platten ([4]), seit dem 4.Jh. auch Kraggewölbe. Rom kennt seit 179 v.Chr. Stein-P.; zu den stadtröm. P. NASH 2,178ff. Auch in den Landstraßen haben röm. P. meist in der Mitte die Fahrbahn (*iter*), seitlich je einen Bürgersteig (*decursorium*) mit äußerem Geländer (→ *pluteus* 3). Zahlreiche röm. P. von z.T. erstaunlicher Spannweite und Höhe sind erhalten ([2]. [3]), bes. Ruhm genoß die von Traian erbaute, 1,1 km lange Steinbrücke über die Donau (→ Apollodoros 6). Bau, Unterhalt und Aufsicht oblag den Censoren bzw. später den Kaisern, die diese Aufgabe den *curatores viarum* delegierten. W. H. G.

1. *van Buren*, RE XXI 2428ff. 2. *P. Gazzola* Ponti romani (2 Bde.) 1963. 3. *J. Briegleb*, Gn 43, 1971, 66ff. 4. *J. Briegleb* EAA VI (1965) 370ff. und Die vorröm. Steinbrücken des Alt. 1971.

2. Die Überquerung der wenigen ständig fließenden Flüsse im Mittelmeergebiet erfolgte in Furten, die auch vom röm. Heer bevorzugt wurden. War die Strömung zu stark, wurden Reiter oder Lasttiere als Strombrecher eingesetzt (Caes. Gall. 7,56,4; civ. 1,64,5–6) oder der Fluß wurde in künstliche Seitenarme (Caes. civ. 1,61) geleitet. Der Einsatz von Schiffen war zeitraubend; meistens benützte man Flöße (→ *linter*). Flüsse mit starker Strömung erforderten einen Brückenschlag, und zwar in Form der schwimmenden Schiffs- oder der festen Jochbrücke. Bei der Schiffsbrücke wurden die Schiffe entweder unmittelbar nebeneinander oder auch in größeren Abständen verankert. Von den Jochbrücken sind die beiden auf Veranlassung von Caesar über den Rhein geschlagenen (Caes. Gall. 4,17–18) und die Donaubrücke Traians bei Turn-Severin (KROM.-VEITH 568) die bekanntesten. Dazu kommen die häufig benutzten, festen Brücken. Ferner sind die *p.-es longi*, die Moorbrücken (Knüppeldämme), zu erwähnen.

Im Belagerungskrieg gab es Klappbrücken (→ Korax 2), die von Belagerungstürmen auf die Mauern heruntergelassen wurden, Wurfbrücken, um Gräben zu überwinden und Verbindungsbrücken von Turm zu Turm. Über Enterbrücken s. o. Art. corvus, Korax. A. N.

Fr. Lammert, Pons, RE XXI 2437ff. *Jüngst–Thielscher*, Caesars Rheinbrücke BJ 143/44, 1938 und Bln. 1939.

P. Aeni (*ad pontem Aeni* oder *ad Aenum*), im 4.Jh. n.Chr. Kastell am Schnittpunkt des Aenus (Inn) mit der Straße Augusta Vindelicum (Augsburg) – Iuvavum (Salzburg) am l. Ufer des Aenus in der Gegend von Pfaffenhofen. Im Art. Aenus o. I 96 ist (Innsbruck) zu streichen.

P. Goessler, RE XXI 2452ff. *R. Egger – H. Vetters* Topographie der Römerzeit, Österreich-Atlas, hg. v. d. Österr. Akad. d. Wiss., 2, 1963.

3. P. Agrippae wurde vermutlich gleichzeitig mit der Aqua Virgo im J. 19 n.Chr. erbaut. Die Brücke, deren Pfeilerreste im J. 1887 L. Borsari 137 m oberhalb des Ponte Sisto im Flußbett entdeckte, verband die Regio IX (*Campus Martius*) mit der Regio XIV (*Pagus Ianiculensis*). Antoninus Pius ließ sie wiederherstellen und weihte sie im J. 149 n.Chr. neu ein. Im Zusammenhang mit der Erbauung des *pons Aurelii Antonini* (→ *pons Valentinianus*) wurde die Brücke abgetragen, vermutlich, weil sie baufällig war und der Lauf des Tiber sich verändert hatte.

H. Riemann RE XXI 2455–2461. *Nash* 2, 184.

4. P. Valentinianus (auch Valentiniani) hieß urspr. *pons Aurelii Antonini* und wurde wahrscheinlich von Caracalla erbaut; die Brücke verband den Ianiculus mit dem Marsfeld, eine Straße führte in gerader Linie vom ö. Brückenkopf zum *theatrum Pompei*. L. Aurelius Symmachus, 364/65 n.Chr. *praefectus urbi*, ließ die Brücke auf Befehl der Kaiser Valentinianus I. und Valens erneuern; 791 n.Chr. zerstörte sie ein Hochwasser; Papst Sixtus IV. ließ sie 1473–1479 als Ponte Sisto wiederherstellen. Rud. G.

H. Riemann, RE XXI 2469–2482. *Nash* 2,185.

Pontarches (*Ποντάρχης*, Herr des Pontos [Euxeinos]). Epiklese des Gottes → Achilleus als Schützers der Seefahrer im Schwarzen Meer, nur inschr. in → Olbia und dessen weiterer Umgebung im 2. und 3.Jh. n.Chr. bezeugt: IPE I[1] 77ff. I[2] 130ff. IV 17ff. CIG II 2076f. 2080. Achilleus, doch wohl ein vorgriech. Wassergott (gegen A. LESKY Thalatta 145 und o. I 46,32ff.), behielt neben seiner Existenz als hom. Held und Heros seine alte göttl. Potenz bei. Ion. Kolonisten brachten ihn früh an die Küsten des Schw. Meeres (vgl. o. I 46,56), wo sich seit dem 4.Jh. an verschiedenen Orten Weihinschr. an ihn fanden. Die Insel der Seligen, Leuke, wohin Thetis ihren Sohn entrückte (nach der

Aithiopis, PRELL.-ROB. 1,816,1), suchte man bald in der Insel vor den Donaumündungen (Pind. N. 4,49. Eur. I. T. 435), später in einer Insel vor der Dnjepr- und Bugmündung, »Borysthen(it)is«, h. Berezań (Strab. 7,307) die als heilige Insel von Olbia galt. Ein → Achilleion gab es nicht nur in der Troas, sondern auch ö. des kimmer. Bosporos (o. I 50,2). Der Name → Ἀχιλλέως δρόμος haftete an 3 verschiedenen Stellen: E. DIEHL, RE XXII 5. Schon Alk. frg. 14 D. hatte Achilleus als Herrn Skythiens bezeichnet. Dion Chrys. (98 n. Chr.) spricht von seiner großen Popularität in Olbia, Arr. per. p. E. 34 und Max. Tyr. 1,15,7 von seinen eindrucksvollen Epiphanien. Ein bes. Ereignis, in dem man sein präsentes Wirken sah, Anf. 2. Jh. n. Chr., muß es gewesen sein, das die Epiklese P. schuf. Achilleus P. erhielt in Olbia Staatskult mit einem Agon. Priester, Archonten, Strategen, auch Privatleute setzten ihm Votivsteine. Die Vermutung, Achilleus P. sei das Äquivalent eines epichor. Gottes, ist irrig. Wie Achilleus, war auch Achilleus P. im Pontosgebiet ein rein griech. Gott, wenn er auch von Fremden mitverehrt wurde. H. v. G.

Minns Scythians and Greeks, 1913. *O. Tolstoi* Ostrov Belyi, Petrograd, 1918. *M. Ebert* Südrußland im Alt., 1922. *E. Diehl*, Gn 3, 1927, 633 ff. *Ders.*, RE XXII 1 ff. *K. Kerényi* Die Heroen der Griechen 378.

Pontia (*Ποντία νῆσος* **1.** Ptol. 4,3,12. Anon. stad. m. m. 74f. = GGM I 454), unbewohnte Felseninsel in der Großen Syrte, die der von ihr zusammen mit den Inseln *Σκοπελίτης* (bzw. *Σκόπελος*: Anon. a. O. 73f.; entspricht nach C. MÜLLER im Komm. ad l. vermutlich der Insel *Μίσυνος* bei Ptol. 4,3,12) und *Γαία* (Ptol. 4,3,12. Anon. a. O. 75f.: *Μαία*; von C. MÜLLER im Komm. ad l. mit dem h. Gara identifiziert) gebildeten Gruppe den Namen gegeben hat: *νῆσοι Πόντιαι τρεῖς* (Skyl. Kar. 109 = GGM I 84). Diese Inselgruppe trug offenbar auch die Bezeichnung *Λευκαὶ νῆσοι* wegen ihrer den Seeleuten vertrauten leuchtend weißen Farbe, die sie dem Guano der dort massenweise nistenden Seevögel verdankte (Skyl. Kar. a. O.). E. O.

H. Treidler, RE XXII 20f. Nr. 2. *Ders.*, RE IV A 1812.

2. Von griechischen Siedlern gegebener Name einer kleinen, aber gut bewohnten (Strab. 2,123. 5,233) Insel (Ptol. 3,1,79) vor → Formiae (Plin. nat. 3,81) bzw. → Tarracina (It. mar. 515,4), auf der Rom 313 eine latin. Kolonie *Pontiae* gründet (Liv. 9,28,7. Diod. 19,101,3), die im pun. Kriege treu blieb (Liv. 27,10,8). Tiberius verbannt dorthin den Germanicussohn Nero (Suet. Tib. 54,2; Cal. 15,1. Cass. Dio 59,22,8). Der Name wird auf die benachbarten Inseln *(Pontiae insulae)* ausgedehnt (Varro rust. 3,5,7. Mela 2,121). Auch eine der Oinotriden (Strab. 6,252 ohne Nennung von P.) heißt P. (Plin. nat. 3,85). H. Ponza. G. R.

Nissen It. Ldk. 2,667. 897. *Forbiger* HB. d. alt. Geogr. 3,495. *Beloch*, RG 409. 587.

Pontianus. P., legitimer Bischof von Rom 230/35 z. Z. des sog. Schismas des → Hippolytos, wurde von → Maximinus Thrax nach Sardinien verbannt. P. starb in der Verbannung, hatte aber noch zu Lebzeiten auf sein Amt verzichtet. B. R. V.

W. Enßlin, RE XXII 25.

Pontica, Titel eines Lehrgedichts über die Bewohner des Meeres, dessen Einleitung mit 22 formgewandten Hexametern, die Kenntnis des → Lucretius verraten, in einigen Hss. des → Solinus erhalten sind, s. MOMMSENS Ausgabe[1] p. XL, [2]p. 233. Versuche, den Vf. zu benennen, sind bloßes Raten. Abgedruckt auch in Poet. Lat. min. 3,112. Vgl. ZIEGLER, RE XXII 26. K. Z.

Ponticus, epischer Dichter der Z. des Augustus, Freund Ovids (trist. 4,10,47) und des Propertius, der ihm 1,7 und 9 gewidmet hat, aus denen sich ergibt, daß P. eine Thebais gedichtet hat. K. Z.

K. Ziegler, RE XXII 26f.

Pontifex ist etym. ohne Zweifel eine Komposition von *pons* und Stamm *fac-*, doch *pons* nicht = Brücke, sondern »Pfad«, also »Pfadbahner«; die Bedeutungsentwicklung zu »Priester« ist jedoch nicht überzeugend geklärt (falsch Varro l. l. 5,83). In Rom war das *collegium* der *p.es* in der hist. Z. die oberste Sakralbehörde. Die urspr. Zahl seiner Mitglieder ist ungewiß; im J. 300 waren es 9 (→ Ogulnius), Sulla erhöhte die Zahl auf 15, Caesar auf 16. Seit 300 mußten mehr als die Hälfte Plebeier sein. Die *p.es* hatten die strikte Einhaltung aller rituellen Vorschriften im öffentlichen wie privaten Gottesdienst mit pedantischer Genauigkeit zu überwachen und dienten in allen neu auftauchenden relig. Fragen als kompetente Gutachter. Der den Römern eigene starr-konservative Formalismus schuf diesen Sachverständigen einen großen Aufgabenkreis. Bei Dedikationen, Gebeten, Gelübden und Opfern war die Wahl des richtigen Wortes und des richtigen Verhaltens von entscheidender Bedeutung. Der geringste Formfehler in Wort, Handgriff oder Geste machte die Handlung ungültig und erforderte Wiederholung oft bis zu zehnmal. Im privaten Bereich gehörte bes. die Überwachung des Grabdienstes zu ihren Obliegenheiten: die Einhaltung der Riten bei der Bestattung, bei der Überführung einer schon begrabenen Leiche in ein anderes Grab, bei der Bemessung der Trauerzeit und vor allem der Sicherung des regelmäßigen Totenkultes. Über die Frage, wem diese Pflicht obliege, hat es eine ganze Lit. gegeben, an der bes. *p.es* als Kenner des Sakralrechtes mitgewirkt haben. Noch größer war ihre Bedeutung für das ganze öffentliche Leben. Ihr Werk war die Scheidung der *dies fasti*, *nefasti* und *comitiales* (→ Fasti) und, bis zur Einführung des festen → Kalenders durch den p. max. Caesar, dessen laufende Gestaltung, d. h. die Einlegung von Schalttagen bzw. -Monaten, was Einfluß auf die Bestimmung der Antrittstage und der Amtsdauer der Beamten, also polit. Einfluß bedeutete. Noch mehr gilt das für das Gebiet der → *prodigia* und deren Sühnung. Der Mißbrauch der Religion zu polit. Zwecken im Kampf der Adelsparteien untereinander (Rückberufung oder Absetzung von Beamten wegen nachträglich entdeckter religiöser Verfehlungen, Ungültigerklärung von Versammlungen oder ihrer Beschlüsse wegen angeblicher *prodigia*) datiert bestimmt vom 3.Jh. an, vielleicht noch früher. Hierbei war die Stellungnahme der *p.es* (ob das *prodigium* als solches anerkannt wurde oder nicht, sowie über die Art seiner Sühnung) von entscheidender Bedeutung. Die kaum übersehbare Fülle der Einzelvorschriften für alle Gebiete des Kultes, bes. die Opfer an die verschiedenen Gottheiten bei den verschiedensten Gelegenheiten waren in den Akten der p. verzeichnet. Manches davon ist veröffentlicht worden. (Wohl im 2.Jh. hat ein → Fabius Pictor ([I 47], kaum ident. mit dem Historiker Q. F. P. [III 1], ein B.de *iure pontificio* geschrieben), doch sind von den *libri pontificii* nur geringe Reste erhalten. Einmal ernannt, übten die *p.es* ihr Amt lebenslänglich. Das Kollegium ergänzte sich durch Kooptation, seit der lex → Domitia (I 8) von 103 durch Wahl nach demselben Modus wie bisher schon der p.max. (s.u.).

Dem Kollegium gehörten an: 1. der *rex sacrorum*. Träger der priesterl. Funktionen, die der König in eigener Person ausgeübt hatte und deren Vollziehung an den Königsnamen gebunden schien, 2–4. die 3 → *flamines maiores (Dialis, Martialis, Quirinales)*, 5. der *p. maximus* als Vertreter der 6 *virgines* → *Vestales*, 6–16. 12 *flamines minores*, Einzelpriester der minderen Gottheiten, von denen nur 10 namhaft zu machen sind. Obschon in dieser offenbar histor. begründeten Rangordnung der Priestertümer an 5. Stelle stehend, war der

Pontifex maximus (d.h. der ranghöchste, nicht der an Jahren älteste) der Vorsteher, nicht als *primus inter pares*, sondern als Vorgesetzter und Vertreter des Kollegiums gegenüber Senat und Volk, das ihn seit dem 3.Jh. (erstes Zeugnis Liv. 25,5,2 für 212) durch Abstimmung von nur 17 Tribus (also nicht in gewöhnlichen Tributkomitien) wählte. Die hohe, auch polit. Bedeutung dieser höchsten sakralen Würde wird vor allem darin deutlich, daß sich stets die vornehmsten Männer um sie bewarben und es ein Ausnahmefall war, wenn noch-nicht-Konsulare zu ihr aufstiegen, so 212 P. Licinius Crassus (s.o.) und im J. 63 Caesar in einem äußerst heftigen Wahlkampf (Plut. Caes. 7,1–4). Neben der allg. Oberaufsicht über das gesamte Sakralwesen hatte der p.m. die Spezialaufgabe der Aufsicht über den Vestadienst (weshalb er später gelegentlich auch als *pontifex Vestae* bezeichnet wurde). Er züchtigte die Vestalin, durch deren Verschulden das Feuer auf dem Staatsherd im Vestatempel ausging, und tötete sie bei Verletzung des Keuschheitsgebotes. Das Disciplinarrecht hatte er über das ganze Kollegium.

Nach dem Tode des letzten republikan. P. m. → Lepidus (I 6) im J. 12 v.Chr. ließ sich Augustus zum p.m. wählen, und der Titel blieb dann dauernd mit dem Kaisertum verbunden. Für die laufenden Geschäfte wurde der Vorsitz des Kollegiums an einen *pontifex pro magistro* delegiert. Auch die ersten christ. Kaiser führten noch den Titel. Erst → Gratianus (2,367–383) legte ihn 382 unter dem Einfluß des Papstes → Damasus und des → Ambrosius, zugleich mit der Entfernung der Statue der Victoria aus dem Senat ab und dokumentierte so in symbolhafter Weise den Untergang des heidnischen alten Romgeistes. Der so herrenlos gewordene, doch seine uralte Würde bewahrende sakrale Titel ging zunächst faktisch, im Laufe des 5.Jh. formell an die Päpste über.

Das Amtslokal des p.m. (und des Kollegiums) war die → *Regia (domus)* an der O.-Seite des Forum Romanum. Es war, wie der Name sagt, urspr. das Haus der Könige, danach sicherlich der Amtssitz ihres Nachfolgers auf dem Gebiet des Sakralen, des *rex sacrorum*. Wann es an den p.m. überging, gewiß nicht ohne schwere Machtkämpfe, ist uns nicht bekannt. K. Z.

Wissowa Rel. u. Kultus der Römer [2]1912,501–523. *Latte* RRel 195ff. 400ff.

Pontius. Osk. Praenomen und Familienname, vgl. SCHULZE Eigenn. 212.

I. Republikan. Zeit. **1.** C.P., Feldherr der Samniten, der 321 mit den Römern den Vertrag von → Caudium schloß. Dieser, Sohn eines Herennius oder C. war damals wohl der höchste Jahresbeamte, Liv. 9,1,2. Unhistor. ist die Version, P. sei 320 von den Römern unters Joch geschickt worden (bei Liv. 9,55,8), und unsicher die Nachricht über sein Ende nach Aufführung im Triumph 292 (Liv. epit. 9. Oros. 3,22,8ff. **2.** L.P., Sklave eines L.P., weissagte 83 dem Sulla die weiteren Erfolge, Plut. Sulla 27,12. **3.** L.P., Gastfreund Ciceros in → Trebula, bei dem er 51 und 50 einkehrte. **4.** T. P. aus einem Municipium im Grenzraum Campaniens, Centurio unter Scipio (Aemilianus), bekannt durch Lucil. u. Cic. (z.B. Cato 33). **5.** P. Aquila, vielleicht aus → Sutrium, tr. pl. 45, erhob sich als überzeugter Republikaner beim Triumph Caesars nicht von seiner Tribunenbank, Suet. Caes. 76. GELZER Caesar[6] 286. Er gehörte zu den Caesarmördern, war 43 im bellum Mutinense Legat des Dec. → Brutus (11), operierte zeitweise zusammen mit → Hirtius, schlug den T. → Munatius Plancus Bursa (I 11) bei Pollentia, stieß wieder zur Entsatzarmee vor Mutina und fiel am 21.April 43, womit er »das ehrenvollste Ende« der namentlich bekannten Caesarmörder fand; Cic. ad Brut. 1,15,8. DRUMANN[2] 3,638f. **6.** P.Telesinus, Feldherr der Samniten im Bundesgenossenkrieg 90, der Nr.1 als seinen Ahnherrn ansah; Vell. 2,16,1. Mit M. → Lamponius wollte er 82 Marius in Praeneste entsetzen, wandte sich aber gegen Rom und fiel in der Schlacht an der Porta

Collina. Vell. 2,27,1ff. Plut. Sulla 29,3. App. civ. 1,431. – Sein jüngerer Bruder P. und Marius gaben sich in Praeneste gegenseitig den Tod.

H. G. G.

II. Kaiserzeit: **1.** P. Pilatus. Röm. Ritter, *praefectus* von Iudaea 26–36 n. Chr. Nach jüd. Aussagen unbeugsam, starrsinnig, grausam und bestechlich (Phil. leg. 38), daher in mehrere Konflikte mit den Juden verwickelt. Bald nach Amtsantritt ließ er die röm. Truppen mit den das Kaiserbild tragenden Feldzeichen in Jerusalem einmarschieren und ordnete erst nach fünftätigen Demonstrationen ihre Entfernung an (Ios. ant. Iud. 18,3,1; bell. Iud. 2,9,2f.). Zum Bau einer Wasserleitung verwendete er Gelder aus dem Tempelschatz; den deshalb entstandenen Aufruhr schlug er blutig nieder (Ios. ant. Iud. 18,3,2; bell. Iud. 2,9,4). Als er im ehemaligen Herodespalast vergoldete Schilde mit dem Namen des Kaisers aufstellte, kam es zu Protesten von vier Herodessöhnen bei Tiberius, der die Schilde in den Augustustempel von → Caesarea bringen ließ (Phil. leg. 38). P. scheint deshalb, um weiteren Konflikten zu entgehen, einen Tempel für Tiberius in Caesarea erbaut zu haben; vgl. die 1961 entdeckte Inschr. AE 1963, 104. Als sich im J. 36 Samaritaner traditionsgemäß am Berg → Garizim versammelten, ließ sie P. überfallen, gefangennehmen und später hinrichten (Ios. ant. Iud. 18,4,1). Er wurde darauf im Winter 36/37 von → Vitellius, dem Legaten von Syrien, abgesetzt und zur Verantwortung nach Rom geschickt (Ios. ant. Iud. 18,4,2), wo er im J. 39 Selbstmord begangen haben dürfte (Eus. hist. ecl. 2,7).

Im Prozeß gegen → Jesus fällte P. nach röm. Recht das Todesurteil (Tac. ann. 15,44) wegen eines polit. Verbrechens, in dem er das Urteil des Synhedrions bestätigte und vollstrecken ließ. Sein Verhalten wurde in der chr. Überlieferung rechtfertigend und unter heilsgeschichtl. Aspekten dargestellt (Traum und Warnung seiner Frau Mt. 27, 19; Barabbasszene Mk. 15,15; Händewaschung Mt. 27,26; apokryphe Briefe des P. an Tiberius und Claudius u. a.), so daß er bald zum Christen (Tert. apol. 21,24) und in der äthiop. Kirche sogar zum Heiligen (25. Juni) werden konnte.

Darstellungen in der frühchr. Kunst seit dem 4. Jh. (Händewaschung), erst im Mittelalter textl. und bildl. Ausgestaltung der Verhörszenen.

J. Blinzler Der Prozeß Jesu 1960³. *P. Winter* On the Trial of Jesus 1961. Zur Legende: *A. Ehrhardt*, ChQR 137, 1944, 157ff. Zur Caesarea-Inschr.: *A. Frova*, RIL 95, 1961, 419ff. *B. Lifshitz*, Latomus 22, 1963, 783ff. *A. Degrassi*, Atti della Accad. naz. dei Lincei 19, 1964, 61ff. *H. Volkmann*, G 75, 1968, 124ff.

2. M. P. Laelianus Larcius Sabinus. Seine Laufbahn CIL VI 1497. 1549 = DESSILS 1094. 1100 (Teile einer Inschrift). Erlebt als junger Tribun die Verlegung der *legio VI Victrix* von Niedergermanien nach Britannien (BIRLEY Rom. Brit. 27f.), *quaestor*, *tribunus plebis*, *praetor*, *legatus legionis I Minerviae* (ALFÖLDY Legionsleg. 28f.), Statthalter von Unterpannonien 141/42–143/44 (FITZ Act. ant. 11, 1963, 261ff.), *cos.* 144 (DEGRASSI Fast. cons. 41), Statthalter von Oberpannonien 145/46–149 (CIL XVI 96. 97. 178. REIDINGER Statth. 76ff. DOBÓ Pann. 55ff.) und Syrien 150 bis 153 (AE 1939, 179). Begleiter des L. Verus im Parther- und Markomannenkrieg, wegen seiner Strenge gefürchtet (Front. ad Verum imp. 2,1,22).

G. Wi.

Ponto. Caes. civ. 3,29,3. 40,5 nennt ein Lastschiff gallischen Ursprungs p., während auf dem Mosaik Monuments Piot 12, 1905, 139 Abb. 22 T. 9/10 ein großes Seeschiff mit Rammbug und zwei Masten p. heißt. Endlich nennen Auson. opusc. 12,152. Dig. 8,3,38 das Brücken- und Fährschiff p., wofür Isid. orig. 19,1,24 *pontonium* sagt.

W. H. G.

Pontos (*Πόντος*), das pontische → Kappadokien an der N.-Küste Kleinasiens, grenzt im W. mit dem → Partheniosfluß an → Bithynien, im S. mit Bergzügen des Olgassys an → Galatien und Kappadokien, im O. mit dem Waldgebirge Paryadres an Kleinarmenien. E. MEYER Die Grenzen der hellenist. Staaten in Kleinasien 1925, 116ff. Im Perserreich gehörte es zur Satrapie → Daskyleion, später zu Kappadokien. Im 6. Jh. v. Chr. gründeten Griechen an der Küste Amisos, Sinope, Kotyora, Kerasus und Trapezus. Im Hinterland beherrschten Feudalherren iran. Herkunft mit ihren Burgen die Dörfer, Priester große Tempelterritorien wie → Komana und → Zela. Strab. 12,557. 559f. Das fruchtbare, mit den Flüssen Halys, Iris und Lykos wasserreiche Land lieferte bei mildem Klima Korn, Wein, Oel, Nüsse, Kirschen, Schafe, Pferde und barg Eisen, Kupfer und Silber. 301 v. Chr. schuf → Mithradates I. (1) das Reich P. Die Nachfolger erweiterten es, → Mithradates II. (2) gewann Phrygien, → Mithradates V. (4) verlegte die Königsresidenz von Amaseia (später Geburtsort Strabons) nach → Sinope, das → Pharnakes 183 erobert hatte. Den größten Umfang und weltgeschichtliche Bedeutung erhielt P. unter → Mithradates VI. (5) im Kampf gegen Rom. Verwaltet wurde P. in Eparchien unter Satrapen, die Städte unterstanden Statthaltern des Königs. H. BENGTSON Die Strategie in der hell. Zeit 2, 1944, 262ff. Nach Pompeius' Sieg über Mithradates wurde 63 der O.-Teil mit der Gadilonitis Klientelstaat unter → Deiotaros, der W.-Teil mit Bithynien röm. Provinz Bithynia et Pontus. Strab. 12, 547. Liv. per. 102. Karte CAH 9,396. Pompeius förderte die Urbanisierung, gründete an der Handelsstraße von Bithynien nach Armenien Neapolis, Pompeiopolis, Magnopolis, Diospolis, Nikopolis und wohl den Provinziallandtag, das *κοινὸν Πόντου* mit dem *ἀρχιερεὺς τοῦ Πόντου*, bzw. *Ποντάρχης* in Neokaisareia. M. GELZER Pompeius 1949, 106. D. MAGIE Roman rule in Asia min. 1950, 370. 433f. J. DEININGER Die Provinziallandtage der röm. Kaiserzeit 1965, 64ff. Pharnakes, Sohn des Mithradates VI., gewann 48 das Reich des Vaters wieder, verlor es 47 bei Zela an Caesar. M. Antonius gab 39 P. an Dareios, Enkel des Mithradates VI., als Königreich zurück, setzte nach dessen Tode → Polemon I. (37–8/7) ein. App. b. c. 5,319. Ihm folgte seine Frau → Pythodoris. Polemon II. beherrschte 37–63 n. Chr. den P. Polemoniakos. Suet. Nero 18. Dann wurde P. mit der Provinz Galatien vereinigt, unter Traian mit Bithynien, wo Plinius d. J. 111 Statthalter war. Diokletian richtete in der Diözese Pontica die Provinzen Diospontos und Polemoniakos ein. 335 wurde Hannibalianus König von P. Anon. Vales. 35. Epit. 41,20. Von den Bischöfen im P. sind → Gregorios (1), → Eusthathios (6) und → Euagrios (3) berühmt. Christenverfolgungen fanden unter Galerius und Licinius statt. Eus. K. G. 8,12,6. H. BUCHHEIM Die Orientpolitik des Triumvirn M. Antonius 1960, 49ff. M. ROSTOVTZEFF, CAH 9, 1932, 211ff. H. V.

Pontos Euxeinos (*Πόντος Εὔξεινος*), das h. Schwarze Meer. In früheren Zeiten (vor 700) war der P. E. wegen seiner Stürme, der Kälte und der ungastlichen Küstenbevölkerung auch *Ἄξεινος* genannt. In dieser Benennung kommt jedoch dreierlei zum Ausdruck: a) das volksetym. Anpassen des urspr. iran.- (skyth.) Namens des Meeres Akśaéna, der soviel wie »Dunkel« (»Schwarz«) bedeutet, b) der Wunsch der ersten griech. Befahrer des Meeres, die Reichtümer seiner Gewässer und seiner Küstenländer möglichst lange allein für sich zu bewahren und c) die einheim. Küstenbevölkerung und ihre im N. liegenden Länder als unheimlich, ungastlich und »barbarisch« im Gegensatz zur klimatisch »mäßigen« und kulturell hochstehenden Griechenwelt hinzustellen, war ein beliebtes Thema der ion. Ethnographie. P. Euxeinos, das gastliche, ist euphemistische Umbildung des älteren Unheil bedeutenden Namens.

Geolog. betrachtet bildet der P. E. ein n. ö. Seitenbecken des Mittelmeeres. Er liegt zwischen Thrakien, Kleinasien, Skythien und der Kolchis. Mit der Ägäis war der P. E. durch den Thrak. Bosporos und den Hellespontos (die Dardanellen) verbunden. In N. kommunizierte er mit der → Maiotis durch den Kimmer. Bosporos (d. Meerenge von Kerč). Seine maximale Länge beträgt 980 km, seine maximale Breite (von N. nach S.) erreicht er zwischen Očakov (in der UdSSR) und Eregli (Herakleia Pontike) mit 530 km.

In den Vorstellungen der Griechen war d. P. E. ein tiefes und kaltes Meer, dessen Gewässer oft von eisigen Stürmen (vgl. den thrak. Boreas) durchfurcht wurden. Er hatte fast keine Inseln und seine Küstenlinie, bes. die der ö. Küste, war für die ant. Navigation nicht günstig. Ein wesentliches Hindernis für die Schiffahrt, bes. für die Überwindung der pont. Meerengen waren die Oberflächen- und die Tiefenströmungen (vgl. die Legende von den → Symplegaden bzw. Kyaneai am Eingang des P. E.). Ein *θαυμάσιον* für die Griechen waren die riesigen, für griechische Verhältnisse ungewöhnlichen Zuflüsse: Istros (Donau), Hypanis (Bug), Borysthenes (Dnjepr), Tanais (Don), Tyras (Dnjestr) u. a. Trotzdem wurde der P. E. verhältnismäßig früh bekannt und befahren. Die ersten Eindringlinge waren wahrscheinl. die Karer, d. h. die ungriech. Bewohner der n. und w. Küstengebiete Kleinasiens, dann die Phoiniker und fast gleichzeitig mit ihnen die Griechen (vgl. die → Argonautensage).

Die Küstengebiete des P. E., bes. das n. und w., waren durch ihre Fruchtbarkeit (Getreide, Holz, Hanf, Leinen, Viehbestände), die pont. Gewässer durch ihren Fischreichtum (bes. die n. und die s. Küste) von entscheidender Bedeutung für das Wirtschaftsleben der griech. Welt vom E. des 7. bis zum E. des 3. Jh. Eine führende Rolle spielte bei der Gründung von Kolonien Milet; etwas später setzte die megar. Kolonisation ein. Wichtigste Kolonien an den Küsten des P. E. waren Sinope, Trapezus, Olbia, Histria, Apollonia, Chersonesos Taur., Mesambria, Herakleia Pontika. Chr. D.

Danoff Art. Pontos Euxeinos, RE Suppl. IX 866–1175.

Popanon. 1. *πόπανον*. Backwerk, Kuchen aus Mehl mit Zutaten (→ Kuchen) wurde für den Nachtisch und im Kult viel gebraucht. Die Form des P. mit Buckeln war so charakteristisch, daß Pol. 6,25,7 danach die Form der älteren Reiterschilde der Römer definierte. **2.** *Ποπάνων* ist die griech. Bezeichnung des röm. → Ianus, so Lyd. mens. 4,2, entsprechend heißen bei ihm die *ianualia πόπανα*. W. H. G.

Popillius (oft *Popilius*), Name einer plebeischen Gens mit Grabgemeinschaft, Cic. leg. 2,55. MOMMSEN GSchr. 1,414. Ableitung von *pop(pūp)* über *Poppus (pupus)* und *Popillus* SCHULZE Eigenn. 17. 443. 449, von osk. * *popus (coquus)* J. JOHNSON Excavations at Minturnae 2,1,68,85. Beiname Laenas nicht vom Mantel *(laena)* der Flamines, sondern wohl früher etr. Gentilname, Cic. Brut. 56. SCHULZE 83. 186. 530.

I. Republikanische Zeit:

1. P. Laenas, Senator, Berater der Verschwörer, verratsverdächtig, sprach vor dem Anschlag mit Caesar; App. civ. 2,115f. Plut. Brut. 15,4. 16. Cic. Att. 12,13,2. 14,1,17. **2.** C. P. Laenas aus Picenum, von Cicero im Prozeß mit Erfolg verteidigt, tötete ihn 43. Sein Bild stand neben Ciceros Kopf auf den *rostra*; App. civ. 4,77. Plut. Cic. 48. Cass. Dio 47,11,12. H. HOMEYER Die ant. Berichte über den Tod Ciceros 1964, 13. **3.** C. P. Laenas, Praetor 175, sabotierte, cos. 172, einen Senatsbeschluß über Restitution der von seinem Bruder (Nr. 7) verkauften Ligurer. H. VOLKMANN, AAMz 3, 1961, 212ff. Gesandter 169 in Griechenland gegen Perseus, zwang 168 → Antiochos (5), Äg. zu räumen, befreite → Menalkidas. Zweites Konsulat 158.

W. Otto, ABAW 11, 1934, 74f. **4.** C.P. Laenas, Legat des L. → Cassius (16) 107 v. Chr., von C. → Coelius (I 7) wegen *perduellio* im Tigurinerfeldzug angeklagt, verurteilt, später rehabilitiert; Oros. 5,15. Cic. leg. 3,36; dom. 87. Auct. ad Herenn. 1, 25. Ch. Brecht Perduellio 1938, 291,19. **5.** M.P. Laenas, *flamen Carmentalis*, Cic. Brut. 56,364, curul. Aedil, schlug, cos. 359, die Tiburtiner, besänftigte die Plebs, verurteilte, 357 *aed. plebis*, C. → Licinius (I 51), 356 cos. II gegen die Tiburtiner, 354 cos. III, cos. IV 350 Sieg über Gallier und Triumph (? Beloch RG 137ff. 354). Cos. V 348. Liv. 7,2. 7. 17f. 23ff. **6.** M.P. Laenas, Sohn von Nr. 7, Gesandter in Ligurien 154 und in Korinth 146. Pol. 33,7. 38,10,1. 11,9. Kern Inschr. v. Magnesia 123, cos. 139, Prokonsul in Hispania citerior, von den Numantinern geschlagen, von Lucil. 26,621 angegriffen; Liv. per. 55. Cass. Dio fr. 75. Diod. 33,19. Porta Popillia in Neukarthago. DessILS 5333f. C. Cichorius Unters. zu Lucil. 1908, 30ff. **7.** M.P. Laenas, 176 Praetor, cos. 173, sabotierte mit seinem Bruder (3) Senatsbeschluß und Plebiszite zur Freilassung der von ihm verkauften 10000 Ligurer; Liv. 40,43. 41,14,5. 28. 42, 9. 21f. Legat des Q. → Marcius (I 25) im Perseuskrieg. 159 Zensor, Gell. 4,20,11. Plin. nat. 34,30. **8.** P. (P.) Laenas, Volkstribun 86, stürzte Sex. → Lucilius (I 2) vom tarpeischen Felsen, Liv. ep. 80. Plut. Mar. 45,3. Vell. 2,24,2. **9.** P.P. Laenas, Sohn von Nr. 3, 135 Praetor, fing 917 flüchtige Sklaven in Sizilien, baute Straßen Rhegion–Capua und Rubico–Adria. → Forum 1. DessILS 23 (zur Datierung Degrassi Inscr. Lat. lib. rei p. 1, 1957, S. 254, 1. J. Vogt, Hist. E 8, 1965, 56,1). 5807. G. Radke, G 71, 1964, 206. 232; Latomus 24, 1965, 815ff. cos. 132, verurteilte er Anhänger des Ti. Gracchus, teilte als »erster Weideland des *ager publicus* an *aratores* auf«, Dess. 23,123, durch C. Gracchus verbannt, E. Malcovati Orat. Rom. frg. 2,134ff., 121 durch L. → Calpurnius (I 5) zurückgerufen. H. V.

II. Kaiserzeit:

1. C.P. Carus Pedo, Patrizier, * um 112 n. Chr. Nach CIL XIV 3610 *Xvir stlit. iud.*, *trib. laticl. leg. III Cyren.* im jüd. Krieg Hadrians 132–134, dann Quaestor, Volkstribun, Praetor, *curator viarum Aureliae, Corneliae, triumphalis;* wohl um 146 *praef. aer. Sat.* Zu Jahresende 147 *cos. suff.*, Inscr. It. XIII 1, p. 206f.; im J. 150 *curator aedium sacrarum locorumque publicorum*, CIL VI 855. Statth. von Germania sup. ca. 152–159, HA. vit. Pii 5,3, Statth. der Gallia Lugdunensis 160/61, *procos. Asiae* wahrscheinlich 163/64, Forsch. Ephes. III 116 Nr. 28. Hicks, IBM III 482. Nach CIL XIV 3610 *VIIvir epulonum, sodalis Hadrianalis.* **2.** P. Laenas. Nach Quintil. or. inst. 3,1,21 10,7,32. 11,3,183 Vf. einer *ars rhetorica*, wohl im 1. Jh. n. Chr., an der Quint. Ausstellungen macht. R. H.

Popina s. Wirtshaus

Poplifugia. Röm. Fest am 5. Juli, Iuppiter geweiht (CIL I² 244. [2], 116,1. [4], 92ff. [1], 74). Das Ritual enthielt die angedeutete Darstellung einer »Flucht des Volkes« (Varro l.l. 6,18): eiliger Auszug zu einem Opfer am Ziegensumpf und das Panik nachahmende Rufen von Namen (Plut. Rom. 29. Cam. 33. [1], 75f.; anders [5], 128). Wem die Flucht galt, ist unklar, da die P. in die Ätiologie (und die Riten? Aug. civ. 2,6) der Nonae → Caprotinae am 7. Juli gerieten (Plut. a.O.), also mit einem Angriff verbunden wurden (Varro a.O. Piso bei Macr. Sat. 3,2,14). Wahrscheinlicher ist die Erinnerung an die Flucht des verstörten Volkes bei der Entrückung des → Romulus an der *caprae palus* (Dion. Hal. ant. 2,56,5. Plut. a.O. Ov. fast. 2,496): also eine Gedenkfeier für dessen Tod. A. S.

1. *W. Kraus*, RE XXII 74ff. 2. *G. Wissowa* Rel.² 116. 3. *W. Otto*, Philol. 64, 1905, 185ff. 4. *C. Koch* Der röm. Juppiter, Frankf. 1937, 92ff. 5. *Latte* RRel. 128f. (mit weiteren Deutungen).

Poppaedius. Ital. Familienname, vielleicht etr. Herkunft, inschr. auch *Popaedius*, Schulze Eigenn. 367. Hervorgetreten ist nur der Marser Q.P. Silo als Feldherr und treibende Kraft der Italiker im → Bundesgenossenkrieg 91–88. Er stand in Verbindung mit M. Livius → Drusus (4) und führte im Krieg mit C. → Papius Mutilus gemeinsam den Oberbefehl, Diod. 37,2,6. u.a. 90 besiegte er den Q. → Servilius Caepio, 89 vermutlich den cos. L. Porcius → Cato (3), wurde aber E. des J. am → Aternus besiegt. 88 erhielt er den alleinigen Oberbefehl der noch kämpfenden Aufständischen im Raum → Aesernia und fiel schließlich in Apulien gegen den Legaten Mamercus Aemilius Lepidus. – Ein Nachkomme war wohl (Q.) P. Silo, 39 Legat unter → Ventidius, vgl. Broughton Mag. 2,389. RE VIII A 808f. H. G. G.

Poppaeus. Röm. Gentilname, ältere Form *Popaius* (Schulze Eigenn. 366f.). In republ. Z. nur im adriat. Küstengebiet Mittelitaliens verbreitet (CIL I² 375. 2195 = DessILS 2977. 3900). Die bekannte Familie der frühen Kaiserz. stammt aus Interamna Praetuttianorum (CIL I² 1903. 1904 = DessILS 5671. 6562).

1. C.P. Sabinus. *Cos. ord.* 9 n. Chr. Degrassi FImp. 7. 11/12 – 35 Statthalter von → Moesien (Tac. ann. 1,80. 6,39. Cass. Dio 58,25,4), das seit 15 mit → Achaia und → Macedonia vereinigt war (Tac. ann. 5,10 A. Stein Moesien 18f. Groag Achaia 23f.). Im J. 25 unterwarf er thrak. Stämme und erhielt die *ornamenta triumphalia* (Tac. ann. 4,46ff.). Er starb Anf. 35 in seiner Provinz (Tac. ann. 6,39. Cass. Dio. 58,25,4). **2.** Q.P. Secundus, Bruder von 1, *cos. suff.* 9. n. Chr. Degrassi FImp. 7. *procos.* von Asia Magie Asia 1581. **3.** P. Sabina, Tochter von 1, die schönste Frau ihrer Zeit (Tac. ann. 13,45,2). Hauptperson zahlreicher Skandale, vermählt mit T. Ollius und P. → Cornelius (33) Lentulus Scipio. Sie beging 47

Selbstmord (Tac. ann. 14,2,2). **4.** P. Sabina. Tochter von 3 aus erster Ehe, nach dem Großvater P. genannt. * zwischen 30 und 32. Eine schöne, jedoch berechnende Frau, die die Männer zu reizen verstand. Sie war rotblond (Plin. nat. 37,50) und pflegte ihre Schönheit durch Bäder in Eselsmilch (Plin. nat. 11,238. 28, 183) und eigene Salben, die *pinguia Poppaiana* (Iuv. sat. 6,465). Sie war mit dem Ritter Rufrius Crispinus vermählt (Tac. ann. 15,71,3), wurde aber von → Otho verführt (Tac. ann. 13,45,4) und geheiratet, entweder aus Liebe (Tac. ann. 13,16) oder auf Anstiften → Neros (Tac. hist. 1,13. Cass. Dio 61,11,2 Suet. Otho 3. Plut. Galba 19. Schönberger, Hist. 12, 1963, 500ff.). Als Mätresse Neros war sie an der Ermordung der → Agrippina (3; Tac. ann. 14, 3–8. Suet. Nero 34,2f. Cass. Dio 61,12f.) und an der Verstoßung und Beseitigung der Octavia beteiligt (Tac. ann. 14,63,1–64,3. Suet. 35,1–3). Bald nach der Heirat gebar sie Anf. 63 eine Tochter, die aber nach vier Monaten starb (Tac. ann. 15,23). Sie führte einen aufwendigen Lebenswandel (Plin. nat. 11,238. 28,183. 33,140). Sie setzte sich wiederholt für die Juden ein (Ios. vit. 16 und ant. Iud. 20, 195). Im J. 65 wurde sie, zum 2. Male schwanger, durch einen Roheitsakt ihres Gatten getötet (Tac. ann. 16,6). Bernoulli Röm. Ikon. II, 1,415ff. bezweifelte die Möglichkeit, Bildnisse der P. aufzufinden, doch dürfte sie auf einer Marmorstatue aus Olympia (Ol. III Taf. LXIII 6) und auf einer Statue aus Pompeii (j. Neapel Mus. naz. Curtius MDAI(R) 54, 1939, 134f.) an der für sie charakteristischen → Haartracht zu erkennen sein. G. Wi.

Populares (Volksmänner) heißen in der röm. Republik die Politiker, die ihre Pläne *populariter* mit Hilfe der → Comitien, deren Recht zur Gesetzgebung anerkannt war, gegen die Senatsmehrheit durchzusetzen suchten. Sie sind Anhänger einer bes. Methode des polit. Handelns, nicht einer Partei, und keine Demokraten in modernem Sinn. Ihre Gegner nannten sich als Verteidiger der überlieferten Senatsherrschaft → *optimates. Popularis*, urspr. »einheimisch, Landsmann«, begegnet in positiver und negativer Bedeutung (»dem Volke angenehm, für das Volk sorgend, um das Volk werbend, demagogisch, aufrührerisch«) seit Cic. Verr. 2,1,151ff. 2,3,48f.; div. in Caec. 8. In Senatskreisen galt die Benennung p. als beleidigend. Cic. Lael. 95 *quid intersit inter popularem, id est adsentatorem et levem civem, et inter constantem, severum et gravem.* Dagegen rühmten sich Volkstribunen gern vor dem Volk, p. zu sein. Cic. leg. agr. 2,7: *qui cum populi non solum commoda, verum etiam salutem oppugnant et impediunt, oratione adsequi volunt, ut populares esse videantur.* Die meisten p., Caesar und Clodius ausgenommen, trieben ihre Politik gegen den Senat nur für kurze Zeit, um persönliche Macht zu gewinnen. Kein p. dachte daran, die polit., wirtschaftliche und soziale Grundordnung Roms zu ändern. Doch gab es gelegentlich Anträge, die, ihrem Inhalt nach popular, bestimmte Mißstände ändern wollten. So behauptete die populare Agitation, für das Volk, seine Freiheitsrechte, seine Macht im Staate, sein Wohlergehen zu sorgen, indem sie geheime Abstimmung, Bestellung der Priester durch Volkswahl (Cic. leg. agr. 2,18) verlangte und sich gegen Willkürakte des Senats oder der Magistrate wandte. Die Mittel popularer Politik werden als *popularis via* (Cic. Cat. 4,9), *popularis ratio* (Cic. Sest. 114), *populares artes* (Liv. 22,34,2) u.ä. bezeichnet. Je nach der polit. Lage und den Plänen, für die sie die Volksversammlung brauchten, griffen die P. zu Gefälligkeiten, die sich bis zu Getreidegesetzen und Koloniegründungsgesetzen steigerten, zu Schmeichelreden über Rechte und Weisheit des Volkes (Sall. Iug. 31,20), zu Angriffen auf Senat, *principes* und Magistrate und zur technischen Manipulation der *contiones* und *comitia*. Cic. Sest. 139. Sall. Cat. 38,1. Um Gegner einzuschüchtern oder zu verjagen, waren in nachsullan. Zeit »spontane« Volksaufläufe *(concursus populi*, Gell. 18,7, 7), Lärm- und Sprechchöre in den *contiones* (Cic. Att. 4,1,6), Gewalttätigkeiten wie Steinwürfe und Drohung mit Waffen durch Banden, die käuflich waren (Sall. Cat. 50,1 *qui pretio rem publicam vexare soliti erant)*, Mißachtung der → Intercession und der → Obnuntiation beliebt. Bei wichtigen Vorhaben holten P. ihre Klienten vom Lande nach Rom oder schalteten die in der *plebs urbana* vorhandenen Vereine *(collegia, sodalitates)* ein, die schließlich 56 durch Senatsbeschluß verboten wurden. Cic. Q. fr. 2,3,5. Seit den Ständekämpfen konnten Volkstribunen populare Politik betreiben, zumal die → lex Hortensia die Beschlüsse der Plebs den Volksgesetzen gleichstellte. Trotzdem bestimmte der Senat bis zur Mitte des 2. Jh. die Politik. Mit den Volkstribunen C. Licinius Crassus 145 (Cic. Lael. 96) und L. Cassius Longinus 137 (Cic. leg. 3,35) beginnt die Reihe der ausdrücklich als solche bezeugten P. Andere Politiker wie P. Cornelius Scipio Aemilianus wandten gelegentlich Popularmethoden an, ohne eigentlich P. zu sein. App. b. c. 1,78ff. Plut. Aem. 38,3ff. A. E. Astin Scipio Aemilianus 1967, 30. Einige wurden von späteren Politikern nachträglich zu P. erklärt, um für ihre Propaganda Präzedenzfälle zu haben und Sympathien des Volkes für bestimmte Gestalten der Vergangenheit auf sich selbst zu übertragen. Cic. ac. 1,2,13 *cum (seditiosi cives) aliquos ex antiquis claros viros proferunt, quos dicant fuisse populares, ut eorum ipsi similes esse videantur.* Liste aller dieser P. bei C. Meier, RE Supple X 73ff. Drei verschiedene Typen finden sich unter den P., zuerst der Reformtribun, dann fast gleichzeitig der Demagoge und der nach persönlicher Macht strebende Feldherr und Politiker. Die vier großen klass. p., die als Volkstribunen mit gewaltsam durchgesetzten Plebisziten staatsnotwendige Reformen anstrebten, zählt Cic. har. 41. 43 auf: Ti.

Sempronius Gracchus 133, C. Sempronius Gracchus 123, Ti. Appuleius Saturninus 103 und P. Sulpicius Rufus 88. Cicero gab sich mehrfach als p. aus, um die Volksgunst zu gewinnen, bezeichnete sich als *consul veritate, non ostentatione popularis* (leg. agr. 1,23. 2,6; 7; 9; 15; 102), glaubte beide Möglichkeiten der Politik, die populare und die senatsgetreue zu beherrschen (Att. 1,12,1. M. GELZER Cicero 1969, 67), hielt aber grundsätzlich an der Senatsherrschaft fest. Cic. fam. 12,4,1. Popularer Tribunen bedienten sich die großen Politiker des 1. Jh., C. Marius, Cn. Pompeius, der 70 den Volkstribunen volle Handlungsfreiheit wiedergab, M. Licinius Crassus und mit großem taktischen Geschick C. Iulius Caesar. M. GELZER Caesar^6 18. 48. 51. P. → Clodius (8) verstand es, mit Hilfe der Plebs bald Pompeius, bald Caesar zu bekämpfen. Cic. dom. 49 *scortum populare.* Mit der Alleinherrschaft Caesars wurde der Gegensatz optimatisch – popular wesenlos. Nach seinem Tode lebte das Schlagwort p. noch einmal auf. Um als Vorkämpfer des Volkes zu erscheinen, beantragte Antonius ein Provokationsgesetz. Cic. Phil. 1,21 *(at res popularis!)*. Cicero, der als popular nur bezeichnen wollte, was alle Bürger zum Nutzen der *salus rei publicae* erstrebten, nannte sich selbst p. Cic. ad Brut. 1,3,2. Daß schließlich die populare Politik zur Destruktion der polit. und sozialen Ordnung der späten Republik führte, zeigt eingehend J. MARTIN Die Popularen in der Gesch. der späten Republik, Diss. Freiburg/Br. 1965. H. V.

Populonia (Verg. Aen. 10,172. Rutil. 2,401. Mela 2,72; *Populonium, Ποπλώνιον*: Liv. 30,39,2. Plin. nat. 3,50. Strab. 5,223. Steph. Byz. s. v. Ptol. 3,1,4; etr. *pupluna, pufluna* auf Mz.), hochgelegene (Strab.) etr. (Plin. Mela) Stadt mit sicherem Hafen (Rutil. Strab. It. mar. 513,5) zur Überfahrt nach Elba (Liv.). Angebliche Gründung von → Corsica oder → Volaterrae aus (Serv. auct. Aen. 10,172) wird vom archäolog. Befund widerlegt, nach dem P. früh Basis der etr. Expansion war. Seit 5. Jh. Eisenverhüttung (Aristot. mir. 93. Diod. 5,31,1) und Eisenausfuhr (Liv. 28,45,15). Iuppiterkult (Plin. nat. 14,9), Münzen (HEAD HN^2 15) mit Hephaistos, Hermes, Herakles, Athena, kein Hinweis auf etr. *fufluns* (SCHULZE Eigenn. 489). Straßenstation (It. Ant. 292,5) abseits der Stadt. G. R.

Nissen It. Ldk. 2,304ff. *Forbiger* HB. d. alt. Geogr. 3,428. *Müller–Deecke–Pfiffig* Etrusker 1,280. *Lehmann–Hartleben* Ant. Hafenanlagen 277. *Schachermeyr* Etr. Frühgesch. 122ff. *Banti* Welt d. Etrusker 88f. *Pallottino–Pfiffig* Etrusker 70ff. 105. 174ff. *Minto* Populonia, la necropoli arcaica 1922; *Ders.* Populonia, 1943; *Ders.*, StE 33, 1954, 295ff. *Devoto* Scritti min. 159ff.

Porcius. Name einer aus Tusculum stammenden pleb. gens (etr. Form: *purce*). In dem Glauben, die Familie habe sich mit Schweinezucht beschäftigt, leitete man im Alt. ihren Namen von *porcus* ab (Varro r. r. 2,1,10 u.a.). Von der Mitte des 3. Jh. an traten die P. im polit. Leben Roms hervor und gehörten mit den Familien der Licini, Laecae und Catones zur führenden Schicht der Republik. 195 stellten die P. Catones, 184 die P. Licini ihren ersten Consul. Offenbar existierte eine Familiengesch. (Gell. 13,20,17).

A. Politische Persönlichkeiten:

I. Republikanische Zeit.

1.–11. s. Cato.

12. M. P. Laeca, Angehöriger des Senatorenstandes und Mitglied der catilinar. Verschwörung (Cic. Cat. 1,8. 2,13. Sall. Cat. 17,3. 27,3f.). **13.** P. P. Laeca, Volkstribun 199, wurde 196 Mitglied des damals neugeschaffenen Collegiums der → Septemviri epulones (LATTE RRel 251). 195 wurde er als Praetor gegen Gallier und Ligurer eingesetzt (Liv. 33,43,5) und brachte während seiner Amtszeit vielleicht die *l. Porcia de provocatione* ein (ROTONDI Leges publ. pop. Rom., ^{2}1922, Nachdr. 268f.), worauf eine von seinem Nachfahren, dem Consul von 104, geschlagene Münze hindeutet (SYDENHAM The Coinage of the Rom. Rep., 1952, 78, No. 571. J. MARTIN, H 98, 1970, 88). **14.** L. P. Licinus nahm als Legat 211 an der Belagerung von → Capua teil (Liv. 26,6,1) und erhielt in seiner Praetur 207 den Befehl über die zwei Legionen der Gallia Cisalpina. Er vermied eine offene Schlacht gegen den ihm weit überlegenen → Hasdrubal auch dann noch, als er zu dem Consul M. → Livius (A I 18) Salinator gestoßen war. Erst nach der Vereinigung mit dem Heer des zweiten Consuls C. → Claudius (I 21) Nero griffen die Römer an und schlugen Hasdrubal in der Schlacht am → Metaurus (KROMAYER-VEITH Ant. Schlachtfelder, 3,424ff.), in der P. das schwach besetzte Zentrum führte (Liv. 27,45,12–51,13. Pol. 11,1, 1–3,6). **15.** L. P. Licinus, Sohn von Nr. 14, verwaltete in seiner Praetur 193 Sardinien und wurde nach einigen vergeblichen Bewerbungen (Liv. 39, 32,8) zum Consul von 184 gewählt. Mit seinem Collegen P. Claudius Pulcher kämpfte er ohne nennenswerten Erfolg gegen die Ligurer (Liv. 39, 44,11). **16.** Porcia, Schwester des → Cato (10) Uticensis, war die Gemahlin des L. → Domitius (I 12) Ahenobarbus, den sie, nachdem er 48 bei Pharsalos umgekommen war, um drei J. überlebte. Offenbar war sie hochgeachtet, denn Cic. und vielleicht auch Varro und ein sonst nicht bekannter Ollius schrieben *laudationes* auf die Tote (Cic. Att. 13,37,3 u. 48,2). M. D.-M.

II. Kaiserzeit: **1.** M. P. Cato. Praetor vor 27 n. Chr., inszenierte zusammen mit → Latinius Latiaris (1), → Petilius Rufus und M. → Opsius das Komplott gegen → Titius Sabinus (Tac. ann. 4,68ff. Cass. Dio 58,1,1), *cos. suff.* 36 (CIL XIV 4535. DEGRASSI FImp. 10), 38 *curator aquarum* (Frontin 102). Sein gewaltsamer Tod im selben J. ist wahrscheinlich (Tac. ann. 4,71,1). **2.** T. P. Cornelianus. Ritter aus Massilia, nach mehreren Offizierstellen E. 3. Jh. *procurator rationis privatae per Flaminiam Aemiliam Liguriam* und Statthalter der Seealpen (CIG III 6771 = IGR I 10. IG XIV 2433 = DESSILS 8852). PFLAUM Carr. éq. 310.

3. Q. P. Vetustinus. Ritter aus Iuliobriga in Cantabrien, als Statthalter der Mauretania Caesariensis im J. 150 (CIL XVI 99 = DESSILS 9056) am Bau des Aquädukts von Saldae beteiligt (CIL VIII 2728 = 18122 = DESSILS 5795). THOMASSON Statth. Nordafr. 2,256. G. Wi.

4. P. Festus, Procurator von Iudaea unter Nero, Nachfolger von (M). → Antonius (II 3) Felix. Nach der armen. erhaltenen Chronik des Eusebios (J. KARST, GCS 20,215) waren Beginn und Ende seiner Statthalterschaft die J. 54 und 60, nach der Version des Hieronymus (R. HELM, GCS 24,182) die J. 56 und 60 n. Chr. Da Hieronymus den euseb. Text treuer wiedergibt als der Armenier, ist das J. 56 als urspr. Angabe der Chronik zu vermuten. Durch E. SCHWARTZ ([1], 284ff.) und J. JEREMIAS ([2], 102f.) ist diese Chronologie gesichert worden. Die Zeitangabe Apg. 24,27 (*διετίας δὲ πληρωθείσης*) bezieht sich wahrscheinlich auf die Dauer der Statthalterschaft des Felix und nicht der Gefangenschaft des → Paulus ([1], 288ff.). Demnach wurde Paulus Pfingsten 55 verhaftet. P. hatte während seiner Amtszeit mit den Sikariern (G. BAUMBACH, ThLZ 90 [1965] 727–740) zu kämpfen (Ios. ant. Iud. 20,185ff.), führte mit den jüd. Priestern einen Streit wegen einer im Tempel errichteten Mauer (20,189ff.) und führte den von Felix begonnenen Paulus-Prozeß fort (Apg. 25f.). Er starb im Amt (Ios. ant. Iud. 20,197). Sein Tod leitete eine Vakanz im Statthalterposten ein (spätestens 62 beendet: Ios. bell. Iud. 6,300–305), in der der Herrenbruder Jakobus gesteinigt wurde (Hier. a. O.). H. G. K.

1. *E. Schwartz*, NAG 1907, 263–299. 2. *J. Jeremias*, ZNW 27, 1928, 98–103. 3. *Lambertz*, RE XXII 220–27. 4. *E. Haenchen* Die Apostelgeschichte. *Meyer* Komm. 3. Abt. 13. A., 1961.

B. Literarische Persönlichkeiten:

1. M. P. Latro. Führender Deklamator und Redelehrer der august. Z. (Sen. contr. 10, pr. 13. Quint. inst. 10,5,18) aus Spanien, * etwa 55 v. Chr., † nach Hier. chron. p. 168 H. im J. 4 v. Chr., Landsmann und Jugendfreund des älteren Seneca, der contr. 1, pr. 13ff. ein lebendiges Charakterbild gibt und ihn reichlich zitiert, vgl. bes. contr. 2,7. P. fand in Rom viel Anerkennung; zu seinen Bewunderern gehörte u. a. Ovid (contr. 2,2,8, vgl. K. BÜCHNER, MH 1956, 180ff.), der viele P.-Sentenzen in seine Dichtung übernommen haben soll. Andererseits wird P.' Stil von → Messalla (II 4) Corvinus, gegen den er dann in einem Prozeß auftrat (contr. 2,4,8; vgl. 3, pr. 14), von → Asinius (I 5) Pollio der Abstand zur Gerichtspraxis kritisiert (contr. 2,3,13; vgl. 9, pr. 3). P. L. Sch.

H. Bornecque Les déclamations, 1902, 188ff. *H. Bardon* Litt. Lat. Inc. 2, 1956, 88ff.

2. P. Licinus, röm. Dichter aus der 2. Hälfte 2. Jh., vielleicht Anhänger des → Marius, verfaßte ein Gedicht in trochäischen Tetrametern, in dem er die Gesch. der römischen Dichtung behandelte, die für ihn mit → Livius (B 1) Andronicus begann. Frg.e (bei Gell. 17,21,45 aus Varro) behandeln → Ennius, Atilius und → Terentius (BÄHRENS FPR 277. SCHANZ-HOS. 162f. 167). Gell. (19,9,10) überliefert und lobt ein griech. Epigrammen nachgebildetes erotisches Epigramm des P. (zum Motiv vgl. Anth. Pal. 9,15). M. D.-M.

Pordoselene (*Πορδοσιλ[ήνη]*: BMC Troas 219 Nr. 1, oder *Πορδοσελήνη*: Strab. 13,618f.; spät- und nachhellenist. *Πορoσελήνη*: Strab. a. O. Paus. 3,25,7. Der Einwohner *Πορδοσεληνίτης*: Steph. Byz. s. *Π.*, bzw. *Πωροσ[ελη]νεῖται*: BMC Troas 219 Nr. 4), den → Hekatonnesoi benachbarte oder zugehörige, von den Aiolern besiedelte Insel mit einer Stadt gleichen Namens (Ps. Skyl. 97 = GGM 1,70. Strab. a. O. Steph. Byz. a. O.), die nach Aussage der Tributquotenlisten (Ath. Trib. Lists I 385, vgl. 541) 425/24 und 421/20 Mitglied des Del.-Att. Seebundes war. Die Identifikation von P. mit dem h. Moschonisi (vgl. zu IG XII 2,647) konnte noch nicht gesichert werden. E. O.

E. Kirsten, RE XXII 240–247.

Poristai (*πορισταί*), »Beschaffer«, hieß in Athen eine außerordentliche Finanzkommission mit beruflich angestellten Schreibern, die im Peloponnes. Krieg jahrelang bestanden hat und die Aufgabe hatte, beim Volk die Minderung der Ausgaben und die Erschließung neuer Einnahmen für den öffentlichen Haushalt zu beantragen. E. B.

U. Kahrstedt Unt. z. Magistratur in Athen, 1936, 188, 1. 316.

Porkis und **Chariboia** hießen die Schlangen, die → Laokoons Sohn (oder Söhne) umstrickten, nach Tzetz. Lykophr. 344. 347 und Sch. Marc. zu 347. Vgl. Serv. auct. Verg. Aen. 2,211 *hos dracones* → *Lysimachus* (4) † *curifin et periboeam dicit* und zu V. 204 *horum sane draconum nomina Sophocles in Laocoonte dicit.* Diese Behauptung ist unglaubwürdig, aber auch Lysimachos ist für die Schlangennamen nicht verantwortlich. G. RADKE, RE XXII 254ff. sucht nachzuweisen, daß Lysimachos nur von Schlangenarten gesprochen habe, und erklärt die obigen Namen aus dem Versuch, einen verstümmelten Text von Kommentatoren einigermaßen sinnvoll zu machen. H. v. G.

Pornographie. Das Wort *πορνογράφος* kommt nur bei Polemon FHG 3,120 = Athen. 13, 567b vor, *πορνοδιδάσκαλος* bei Aristain. 1,14. Die Grenzen zwischen der P. und der übrigen Lit. sind fließend, wie aus dem Katalog bei Ov. trist. 2,363ff. erhellt (vgl. Martial. epigr. 1 prooem. Gell. 19,9), der Homer, Anakreon, Sappho, Kallimachos ebenso nennt wie → Aristeides (2), Eubios (416), der über Fruchtabtreibung schrieb, einen Unbekannten mit dem Gedicht »Sybaritis« und die Römer. Aristeides' reizvolle (Lukian. Amor. 1) »Milesiaka« waren wohl eine erot. Novellenslg., aus der Petronius (c. 111f.), Apuleius mit dem *sermo Milesius* (met. 1,1) Kurzgeschichten (met.

9,5–7. 17–31; 10,19–22) schöpften und auf Boccaccio wirkten. Ähnlich waren wohl die höchst unzüchtigen (Suda 2,2 p. 1471,11ff.) ʽΡοδιακά eines Philippos aus Amphipolis. Der geistvoll-witzige Historiker Sisenna übersetzte die »Milesischen Geschichten«, die so beliebt wurden, daß sie ein Offizier in seinem Gepäck mitführte (Plut. Crass. 32; vgl. Plut. Pomp. 37. Diog. Laert. 10,3. Sen. suas. 1,7. Auson. p. 218,13 P.). P. im engsten Sinne boten die wohl spätalexandrin. Elephantis (Athen. 3,73a. 4,149f. Plin. nat. 10,173) mit ihrem illustrierten Buch über *figurae Veneris* (Priap. 4,4. Suet. Tib. 43. Martial. 12,43,4; vgl. Ov. ars 3, 769ff. PLM 4,73), die Philainis (Priap. 63,17. Athen. 5,220f. 8,335b–e. 10,457e. Lukian. Amor. 28) und Botrys aus Messana (Timaios bei Polyb. 12,13), der als Erfinder der *paignia* (Athen. 7,322a) galt. Dagegen waren wohl Ovids ars oder die Corinna-Gedichte des Properz maßvoll. P. bietet auch die Komödie, deren Ursprung auf die Sänger der Phallos-Lieder zurückgeführt wurde (Aristot. poet. 4), weshalb die Schauspieler mit umgebundenen Lederphallen auftraten (Sch. Aristoph. Nub. 538; Lys. 681f. 863. 928. 982ff.; Thesm. 62. 643ff. 1114) und »die Taten von Privatleuten zur Darstellung brachten, und zwar in Worten oder Gesten, und Schändungen von Jungfrauen und Liebesverhältnisse mit Huren« (Isid. orig. 18,46), wie denn Plautus den Koitus mit Mädchen hat (Persa 764ff.; wohl auch Asin. 646ff.), homosexuellen Verkehr (Persa 700ff. 847ff.; Asin. 699ff.; Pseud. 1318–1327, vgl. Lucil. 69. 1285 K.), Masturbation (Rud. 1299ff.) und Afranius wegen seiner → Paederastie berüchtigt war (Cic. Cael. 30,71. Quint. inst. 10,1,100. Auson. 79,2 p. 341 P. Macr. Sat. 6,5,6. vgl. Lucil. 1096 K.). Ähnliches galt von der Satire (Cic. Att. 16,11,1 = Lucil. 1267 K.), deren Name auf die geilen Satyrn zurückgeführt wurde (Diom. GL 1,485,34ff. Euanth. de com. p. 16 Wessn.); so hat Lucilius neben allerlei Erotica (69f. 209f. 280ff. 302–08. 338f. 887f. 952ff. 1019. 1041f. 1339 [1397] K.) eine Satire *Fornix* = Das Bordell geschrieben, das wie das Sittengemälde des Pomponius von der Gegend der Marsyas-Statue in Rom in diokletian. Z. eifrig gelernt wurde (Arnob. 2,6 p. 51,20 Reiff.; vgl. H.A. 2,5,9. Amm. 28,4) und gewiß ähnlich derb-realistisch war wie die Epigramme des Philodemos von Gadara, die er dem Piso widmete (Cic. Pis. 29,70f.; vgl. Anthol. Pal. 11,14) oder einiger Nicht-Dichter (Valentinus: Val. Max. 8, 1,8; Augustus: Suet. Aug. 85,2. Martial. 11,20. Plin. epist. 5,3; vgl. Ov. trist. 2,418). Die Priapea können wie der *Cento nuptialis* des Ausonius (p. 206ff. P.) zur P. gerechnet werden, deren Literatur von Ärzten zur Behebung der Impotenz ebenso empfohlen wurde (Aët. 11,35. Philostr. epist. 17. Theod. Prisc. med. 2,11 p. 133 Rose; vgl. Sch. Pers. 1,19f. Prop. 1,16,9f.) wie der Gruppensex dazu dienen sollte (Suet. Tib. 43. Martial. 12,86). P. war teuer (Sen. dial. 9,9,6), aber in Bibliotheken zugänglich (Ov. trist. 2,419f. 3,1,60ff.). An Warnungen vor der P. hat es weder in Sparta (Val. Max. 6 ext. 1; vgl. Cato ad Marc. fil. 1) noch in Rom (Sen. dial. 10,16,5. Quint. inst. 1,8,6f.) oder bei den Christen (Basil. Hom. 22,2. Hieron. ad Laetam 12) gefehlt – obgleich die sprachliche Prüderie weitgetrieben wurde (Formen wie *cum me* = *cunne:* Cic. fam. 9,22. Quint. inst. 8,3,44–47. Prisc. p. 594,24ff. Serv. Aen. 1,193. Diomed. p. 450,32) – weshalb die Literaten ihre Unschuld beteuerten (Ov. trist. 3,2,5. Martial. 1,4,8. Plin. epist. 4,14,4ff. 5,3. Auson. p. 218 P.). In der Kunst gab es p. Darstellungen auf Vasen (Vorberg, Licht), Gemälden (Plin. nat. 35,17. 35. 58. 64. 72. 86. 140. Plut. de audiendo poet. 4; vgl. Suet. Tib. 43. Prop. 2,6, 27–34), Trinkgefäßen (Plin. nat. 14,140. H.A. 17, 19,3), Sarkophagen (PLM 4 p. 401 Nr. 473 Baehr.) und bei Statuen (Theodoret. cur. 7,8). W. Kr.

Lit.: *G. Vorberg* Glossarium Eroticum, Stuttgart 1932, Nachdr. Hanau 1965. *H. Licht* Sittengesch. Griechenlands, Ergänzungsbd., Dresden–Zürich 1927. S. Art. Paederastie.

Poroi (πόροι). In der → Finanzwirtschaft bezeichnen πόροι τῶν προσόδων, χρημάτων die Mittel und Wege zu Einkünften. Xen. Hell. 1,6,12; Kyr. 1,6,10 (μηχανᾶσθαι προσόδου πόρον). IG XII 5,1001,1 (Ios, 4. Jh. v. Chr.). P. wird ferner absolut für die Einkünfte selbst gebraucht und in inschr. Beschlüssen bei Finanzfragen öfter erwähnt. Aristoph. Ran. 1465. Aristot. Pol. 1,11, 1259a21ff. Sylloge³ 284,23 (Erythrai, 4. Jh. v. Chr.). IG VII, 4263,2 (Oropos, 3. Jh. v. Chr.). OGIS 509, 12,14 (Aphrodisias, 2. Jh. n. Chr.). 544,24 (Ankyra, 2. Jh. n. Chr.). In Athen sollten die → Poristai während des peloponnes. Krieges neue Einnahmen erschließen. Um Athens Einkünfte zu vermehren, schlägt Xen. in seiner Schrift P. vor, die Zahl der Metoiken zu vermehren, den Handel durch Ausbau der Häfen zu fördern und aus dem Ertrag der Silberbergwerke im → Laureion eine Staatsrente für jeden athen. Bürger zu gewinnen. K. von der Lieck Die xenoph. Schrift von den Einkünften, Diss. Köln 1933. H. V.

Porolissum (Πορόλισσον), starkes röm. Lager im n.w. Dakien unweit der Provinzgrenze mit einer Zivilsiedlung, die später *municipium P.* wurde. Die zweite Hälfte des Namens *-lissum* ist sicher dakoget. Herkunft.

P. liegt auf einem Hochplateau auf dem Gebiet der h. Dorfgemeinden Jac und Moigrad in strateg. sehr günstiger Lage. P. reicht noch in traian. Z. zurück und wurde frühzeitig befestigt. Das Lager konnte 2–3 Auxiliarkohorten aufnehmen. Die Erhebung des *vicus* und der *canabae* des Lagers zum *municipium* erfolgte durch Sept. Severus. Besuch Caracallas im J. 213; 251 Befestigungsmaßnahmen. Mittelpunkt v. *Dacia Porolissensis.*

Durch Grabungen wurde das Praetorium (?) aufgedeckt; ebenso das Amphitheater. Das Gräberfeld liegt s.ö. des Lagers.

Ptol. 3,8,6. Tab. Peut. CIL III p. 167. 836. 1014. 1377. 2109. Chr. D.

Daicoviciu, RE XXII 265–270; Istoria Romîniei I, 1960, Indices. s. v. »Porolissum«.

Poros (*Πῶρος*). **1.** Mächtiger König im Punjab (Curt. 8,12,13), dessen Sanskritäquivalent *Puru* lautet, wovon sich der in der ai. Lit. gerühmte Geschlechtername der Pauravas [4] ableitet. Das Hauptgebiet seiner Herrschaft lag zwischen → Hydaspes und → Akesines (Strab. 15,699), von wo aus er die Vergrößerung seines Reiches unternahm (Arr. an. 5,22,2). Im Frühj. 326 stieß er in der Schlacht am Hydaspes [3. 7] mit Alexander zusammen und wurde besiegt. Seine große Tapferkeit – er war selbst im Kampfe verwundet worden (a. O. 5,18,5) – wurde auch von seinen Gegnern anerkannt (a. O. 5,17 f.). Alexander erreichte durch Meroes (a. O. 5,18,7), hinter dem man den → Maurya Candragupta vermutet [4], 131–34, die Versöhnung mit P. Er setzte ihn wieder in die Herrschaft ein und erweiterte sein Reich (a. O. 5, 19,3. 20,4f. 6,2). P. unterstützte den Makedonen und wurde dafür zum König über das eroberte Indien erhoben. 317 tötete ihn der Satrap → Eudamos. Von diesem P. ist jener zu unterscheiden, der ebenfalls den Pauvaras angehörte und wohl deshalb bei Strab. 15,699 der *ἀνεψιός* des großen P. genannt wird. Da er vor Alexander floh, hieß er *ὁ κακός* (Arr. an. 5,21,2 f.). Sein Reich fiel dann dem großen P. zu. F. F. S.

1. *H. Schaefer*, RE XXII 1225–29. 2. *B. Breloer* Alexanders Bund mit P., Lpz. 1941. 3. *B. K. Majumdar* The Military System in Anc. Ind.², Calcutta 1960, 47–54. 4. *B. Prakash* Stud. in Indian Hist. and Civiliz., Agra 1962, 28–69. 5. *A. K. Narain* Alex. and India, Greece a. Rome, Oxf. 12, 1965, 155–65. 6. Age of the Nandas and Mauryas², ed. K. A. Nilakanta Sastri, Delhi 1967, 55–68. 7. *W. W. Tarn* Alex. d. Gr., Darmstadt 1968, 97–101, 437–49.

2. P. (*Πόρος*). »Ausweg«. Personifikation der Fähigkeit, einen Weg für alles zu finden, und daher auch des Reichtums. P., Sohn der → Metis, zeugt mit → Penia den → Eros (Plat. 203 B, vgl. Porph. antr. 16. Lyd. mens. 4,154 W.). Zu P. im Alkman-Frg. vgl. G. Herzog-Hauser, RE XXII 270f. Allegor. Verwendung von P. in chr. Lit. z. B. Eus. praep. Ev. 12,11. W. P.

Porphyrio, Pomponius. Horazkommentator des 2./3. Jh. n. Chr. (nach → Sueton und vor → Iulius [B 16] Romanus, vgl. Charis. 285,12 ff. B.), vielleicht aus Afrika. Seine Erklärung, für die Schule bestimmt, ist wesentlich sprachl.-stilist. orientiert. Dabei verrät die Bevorzugung von Zitaten aus vorklass. (→ Ennius. → Plautus. → Terentius. → Titinius. → Pacuvius. → Lucilius) Dichtern gegenüber nachklass. Autoren (→ Persius. → Lucanus) einen Vertreter des archaistischen Stilideals. Der Kommentar, urspr. wohl eine marginale Glossierung eines Horaztextes, lag Iulius Romanus und spätant. Scholiasten (Ps.-Acro zu Horaz; Comm. Bern. zu Lucanus 1,214) noch vollständiger als im erhaltenen Bestand vor; die Kürzung könnte mit der Übertragung in einen selbständigen Lemma-Kommentar zusammenhängen. Die Überlieferung basiert auf zwei Lorscher Codices des 9. Jh. (Vat. Lat. 3314; Mon. Lat. 181) und den humanist. Kopien eines weiteren deutschen Exemplares, das Enoch von Ascoli im 15. Jh. nach Italien gebracht hatte. P. L. Sch.

Ta.: *A. Holder*, 1894.

Lit.: *Schanz-Hos.* 3, 1922, 167 f. 2, 1935, 155.

Porphyrion (*Πορφυρίων*, *Purpureus* Naev. frg. 10 Diehl). Seit 5. Jh. König der Giganten (bei Hom. → Eurymedon (1)), Hauptgegner des Zeus, auch Apollons, Pind. P. 8,12 ff. Aristoph. Av. 1251. Schale des Erginos. Hor. c. 3,4,54. Apollod. 1,34 ff. Wahrscheinlich gehört er urspr. nach dem att. Demos Athmonon, als dessen König ihn Paus. 1,14,7 nennt. H. v. G.

Prell.-Rob. 1,69 f. *M. Mayer* Giganten und Titanen in der ant. Sage, 1887, 149. 182. 184.

Porphyrios. A. Leben, B. Schriften, C. Lehre.

A. Leben:. * 234 n. Chr. in Tyros (vita Plot. 4 ff.); er hieß Malkos od. Malchos (*Βασιλεύς* Eun. v. Soph. 7. Plot. 20); Namensänderung (v. Plot. 17). P. war trotz Sokr. 3,23 kaum je Christ. Sein Lebensweg führte ihn nach Athen, wo er neben anderen auch → Longinos traf (Eus. praep. ev. 10,3,1. Eun. v. soph. 7. u. a.) und nach Rom. Dort lernte er → Amelios kennen. Anf. in Gegensatz zur Lehre Plotins über die Ideen als im Nus beschlossene Wesenheiten, schloß sich P. nach einer lit. Auseinandersetzung Plotin an (v. Plot. 5,1 ff. 6,1 ff. 15,18 ff. 20,14 ff.); in den J. 263–268 war P. bei Plot. Im J. 268 bekam P. schwere Depressionszustände; eine ihm von Plotin angeratene Reise nach Lilybaion in Sizilien (vgl. F. Cumont, REG 32, 1919, 113 ff.) brachte ihm Ablenkung. P. und Plot. blieben, solange dieser lebte, in Verbindung. Der Aufforderung des Longinos, nach Phoinikien zurückzukehren (v. Plot. 19,1 f.), leistete P. nicht Folge, sondern blieb in Sizilien (Eus. hist. eccl. 4,19,2), begab sich aber später nach Rom, um das Scholarchat zu übernehmen (v. Plot. 2,12). Er edierte auch, von Plot. dazu autorisiert (v. Plot. 24,2 ff. 7,49 ff.), dessen Schriften in den J. 301 bis 304 oder 305. Im Greisenalter (*εἰς τὸ γῆρας ἀποκλίναντι* Porph. ad Marc. cap. 1,9 f. Philos. Ant. 15, 1969, 40. 59 ff.) hat er die Witwe eines Freundes, Mutter von sieben Kindern, geheiratet. Die Motive dafür legt er in der Schrift *πρὸς Μαρκέλλαν* (cap. 1 ff.) dar; über die Problematik vgl. Philos. Ant. 15,59 ff. Das Todesjahr liegt zwischen 301 und 304 bzw. 305 (vgl. Suda s. *Π.*).

B. Schriften: Die wichtigsten erhaltenen Schriften sind: **1.** *Περὶ ἀποχῆς ἐμψύχων* 4 B. (E. 4. B. verstümmelt, aber durch Hieron. adv. Iovin. bekannt; vgl. E. Bickel Diatribe 1,417 ff.). P. vertritt einen betont asket. Standpunkt, wobei die Enthaltung von Fleischspeisen im Mittelpunkt steht. Zur Argumentation sind verschiedene ant. Autoren, bes. Theophr. *περὶ εὐσ.* (Philos. Ant. 11, 1964), Ioseph. (vgl. J. BERNAYS, Theophrastos' Schrift über Frömmigkeit, 1866) und Plutarchos (vgl. PÖTSCHER, Philos. Ant. 11,5 ff., betr. Numenios vgl. 134 f.) verwendet (vgl. zu anderem M. BOYD, CQ. 30, 1936, 188 ff. H. DIELS, Philod. und die Götter 1917, 50 u. a.). Edit. (ebenso wie Nr. 2. 4. 27) A. NAUCK, op. sel. 1886; textkr. PÖTSCHER, Emerita 35, 1968, 1 ff. **2.** *περὶ τοῦ ἐν Ὀδυσσείᾳ τῶν Νυμφῶν ἄντρου.* Eine allegor. Auslegung der Grotte (vgl. Od. 13,102 ff.) im Zusammenhang mit Vorstellungen von Praeexistenz der Seele, mit *κόσμος αἰσθητός* und *νοητός* usw. **3.** *Πρὸς Μαρκέλλαν.* Protrept. Schrift in Briefform, zur Veröffentlichung bestimmt. An seine im Greisenalter geheiratete Gattin anläßlich einer Reise (um 300) gerichtet. Die Schrift enthält viele Gnomen, zeigt aber eine latente Struktur. Bes. wichtig cap. 24 mit der Erörterung der 4 *στοιχεῖα: πίστις, ἀλήθεια, ἔρως, ἐλπίς.* Über das Verhältnis zu Paulus 1. Kor. 13,13 vgl. p. 89 ff. der Edition P. *Πρὸς Μ.*, Philos. Ant. 15, 1969 (mit Lit.). **4.** *Πυθαγόρου βίος* ist ein Teil des 1. B. von *φιλόσοφος ἱστορία* (vgl. Kyrill. c. Iul. 1,19. 9,300) und stellt eine legendär ausgeschmückte Lebensgesch. mit hist. Elementen dar. Zu den Quellen E. ROHDE Kl. Schr. 2,102 ff. A. ROSTAGNI Il verbo di Pitagora, 1924. BERTERMANN De Jambl. vit. Pyth. font., 1913. L. BIELER, WS. 48, 1931, 201 u. a. **5.** *Εἰσαγωγὴ εἰς τὰς Ἀριστοτέλους κατηγορίας* (= *περὶ τῶν πέντε φωνῶν*) handelt über *γένος, εἶδος, διαφορά, ἴδιον* und *συμβεβηκός* und weist auf damit zusammenhängende Probleme hin. Sie ist auf Bitten des römischen Senators Chrysaorius, der seinem Kreis angehörte, während P.'s Sizilienaufenthalt geschrieben. Die Art, wie man im späten Alt. und z. T. im MA. solche Fragen behandelte, wird durch den Gang der weiteren Entwicklung in der Logikforschung, die sich von P.'s Schrift abhängig erweist, und weiters durch die Tatsache, daß zahlreiche Komm. zu dieser (z. B. von → Boethius) verfaßt wurden, klar. Die Schrift wurde ins Syr., Arab., Armen. und Lat. übersetzt. **6.** *Εἰς τὰς Ἀριστοτέλους κατηγορίας κατὰ πεῦσιν καὶ ἀπόκρισιν.* Kurze, propädeutische Erklärung der aristot. Kategorien in Form von Frage und Antwort. Die bes. starke Abhängigkeit des Boethius von dieser Schrift, so wie von Introductio in categoricos syllogismos, ist bekannt.

Der eigenen Schultradition im engeren Sinne dienten einige andere Schriften: **7.** *Περὶ Πλωτίνου βίου καὶ τῆς τάξεως τῶν βιβλίων αὐτοῦ,* welche als Einl. zur Ausg. der Enneaden gedacht war; daraus sind alle ant. biograph. Nachrichten über Plot. abgeleitet. **8.** *ὑπομνήματα* (vgl. P. vita Plot. 26,29 ff.) sind wohl als gelegentl. Erläuterungen zum Plot.-Text zu verstehen. Schwierig ist die Frage nach den *κεφάλαια* und *ἐπιχειρήματα.* Sie werden wohl z. T. in den Text Eingang gefunden haben (vgl. O. SCHISSEL, ByzZ. 37, 1937, 116); direkt erhaltene *κεφάλαια* und *ἐπιχειρήματα* in der sog. Theologie des Aristot. (Ausg. Lpz. 1883, 170–178; vgl. auch W. THEILER, ByzZ. 41, 1941, 170. H. R. SCHWYZER, RhM 90, 1941, 216 ff. **9.** *Ἀφορμαὶ πρὸς τὰ νοητά* Das Thema ist für P. zentral; die Schrift entlehnt z. T. wörtl. z. T. in Paraphrase Sätze des Plot., die P. allerdings in seinem Sinne (vgl. ähnliches in 4!) verwendet; P. stellt eines seiner Grundanliegen, die Sicherung des Menschen, der ihm sittl. schwer gefährdet erscheint, durch die willentliche Hinwendung zu den *νοητά* in den Vordergrund der Betrachtung; auch die Betonung der Kluft zwischen *αἰσθητά* und *νοητά* unterscheidet P. klar von Plot. – Zum Erhaltungszustand vgl. [1], 286 f.

Verloren oder größtenteils verloren sind erklärende Schriften zu Plat.: 10. Komm. Kratyl. 11. Parm., 12. Phaid., 13. Phileb., 14. Politeia, 15. Soph., 16. Tim. und Aristot. 17. Kategorien *ἐν ἑπτὰ βιβλίοις ... τοῖς Γεδαλίῳ προσφωνηθεῖσι,* 18. *π. ἑρμηνείας,* 19. Phys., z. Met. *Λ*, 20. Eth., 21. Analyt. pr.?, 22. *π. ψυχῆς*?, sowie vielleicht 23. Theophr. *π. καταφάσεως καὶ ἀποφάσεως*; ebenso die beiden Schriften des P. 24. *π. τοῦ μίαν εἶναι τὴν Πλάτωνος καὶ Ἀριστοτέλους αἵρεσιν ζ'* und 25. *π. διαστάσεως Πλάτωνος καὶ Ἀριστοτέλους.*

Ebenfalls fragmentar. erhalten sind hist. Abh.en: 26. Eine Chronik, von der Eus. (vgl. JACOBY FGrH 2 B 1197 ff.) Stücke überliefert; sie betrifft die Z. vom Fall Troias bis 270 n. Chr. – 27. *Φιλόσοφος ἱστορία ἐν βιβλίοις δ'*, eine Phil.-Gesch. bis auf Plat.; die Vita des Pyth. stammt aus dem 1. B. dieses Werkes. Für unsere Kenntnis ist Kyrill. und Theodoret. von größter Bedeutung. – 28. Eine wahrscheinl. frühe Schrift ist *Φιλόλογος ἀκρόασις* (vgl. Eus. praep. ev. 10,3), offenbar mit *Φιλολόγου ἱστορίας βιβλία ε'* (Suda) ident.

Stark unter Plot.'s Einfluß stehen die ebenfalls nur aus Titeln und Zitaten bekannten Schriften zum neuplat., bzw. rel. System: 29. *Πρὸς τοὺς ἀπὸ τοῦ νοῦ χωρίζοντας τὸ νοητόν.* 30. *Π. ἀρχῶν β'* (vgl. Prokl. theol. Plat. 1,11). 31. *Π. ὕλης ς'* (vgl. Simpl. phys. 230,34 ff.). 32. *Π. ἀσωμάτων* (vgl. Suda, s. P.). 33. *Π. ψυχῆς πρὸς Βόηθον ε'* (vgl. Eus., praep. ev. 11,28. 14,10,2. 15,11,16. Macr. somn. Scip. 2,15,6 u. a.) gegen den Aristoteliker Boethos, die Eigenständigkeit der Seele betreffend. 34. *Π. τῶν τῆς ψυχῆς δυνάμεων* (vgl. Stob. ecl. 1,49,24 ff. p. 347 W., Stob. 3,25,1 p. 605 W., W. JÄGER, Nemesios 61 ff.) über die Seelenlehre bei Platon und Aristot. mit dem Versuch einer Harmonisierung beider Standpunkte. 35. *Π. αἰσθήσεως* (vgl. Nem. nat. hom. 7, p. 182 Matth., W. JÄGER, a. O. 30 ff.). – Ähnlich erklärende Absicht wie 34) scheint auch 36) *Π. ὕπνου καὶ ἐγρηγόρσεως*, wenn es eine eigene Schrift war, gehabt zu haben. 37. *Π. τοῦ ἐφ᾽ ἡμῖν* (vgl. Stob. 2,8,39–42, 2,149,8ff. 2,168,24ff. W., Chrysaorios gewidmete) Interpretation des plat. Er-Mythos und der Wahl der Lebenslose. Die Wahl erscheint in zwei Gänge aufgeteilt. 38. *Π. τοῦ γνῶθι σαυτόν δ'* (vgl. Stob. ecl. 3,21,26–28 p. 579 W.). An Iambl. gerichtete Schrift über die Selbsterkenntnis als Voraussetzung für die Wendung zu den *νοητά* und somit zur *σωτηρία* der Seele (vgl. 3. und 9.); zur Beziehung zu Aug. (de Trin. 10,4–16) vgl. W. THEILER P. und Aug., 1933, 48ff. 39. *Πρὸς Νημέρτιον* (vgl. Kyrill. c. Iul. 621 A, 629 D. 645 B. 753 C) über das Böse. 40. De regressu animae (vgl. BIDEZ Vie de P. 24–41 und [1], 293), von Marius Vict. übersetzt; die Schrift handelt über den Trinitätsgedanken, über die Seele und ihre Aufgabe, das Körperliche zu fliehen, weiters von den Dämonen (vgl. BIDEZ Vie de P. p. 88ff. P. COURCELLE Les Lettres Grecques en Occident, 1948, 226ff. u.a.). 41. *Π. τῆς ἐκ λογίων φιλοσοφίας*. Vorplot. Schrift über Orakel und rel. Praktiken (vgl. G. WOLFF P. de philos. ex or. haur. 1866. J. BERNAYS Ges. Abh. 286ff.). 42. *Π. ἀγαλμάτων* (vgl. BIDEZ, Vie de P., 1–23. 143ff.). Interpr. der Götterattribute als Symbole (J. GEFFCKEN ARW 19,306ff.). 43. *Π. θείων ὀνομάτων α'* (vgl. [1], 295f.) will dartun, daß sich alle Götternamen auf Helios bezögen. 44. *Πρὸς Ἀνεβὼ ἐπιστολή* (vgl. PARTHEY Iambl. de myst. lib., 1857, 29ff.). Der Brief hat die Form einer Anfrage an diesen äg. Priester über das Wesen der Götter, den Unterschied zwischen Göttern und Dämonen, zwischen Seelen und Dämonen, über die Offenbarung, die Theurgie u.ä. Vgl. Aug. civ. Dei 10,9,27. 10,28. 45. *Εἰς τὰ Ἰουλιανοῦ τοῦ Χαλδαίου*, wahrscheinl. ident. mit *Τῶν Χαλδαίων τὰ λόγια*, wo die Trinitätsproblematik eine wichtige Rolle spielte (vgl. W. THEILER, Schr. Königsb. Gel. Ges. 18,1, 1942). – Von 46. *Π. τῆς Ὁμήρου φιλοσοφίας* und 47. *Π. τῆς ἐξ Ὁμήρου ὠφελείας τῶν βασιλέων βιβλία ι'* besitzen wir nichts. 48. *Π. Στυγός* (vgl. Stob. ecl. 1,8,56. 1,41,60. 1,49,50–54. 2,1, 32. 4,36,23) über die Entstehung der Seele und ihren Fall in den Körper. 49. *Κατὰ Χριστιανῶν λόγοι ιε'*. In Sizilien entstanden. Polemik gegen das A.T. und N.T., bes. gegen den Apostel Paulus und gegen die Lehre von Schöpfung und Untergang der Welt, hypostat. Union, Auferstehung des Fleisches (vgl. Hieronym., Komm. z. Daniel). Gegenschriften mehrerer Kirchenschriftsteller. Verbrennung der P.-Schrift im J. 448 im Auftrage der Kaiser Theodosius II. und Valentian. III. (vgl. zu allem A. HARNACK, ADAW. 1916. L. VAGANAY, Dict. Theol. Cath. 12,2,2555ff. D. HAGEDORN – R. MERKELBACH, Vigiliae Christ. 20, 1966, 86ff. W. PÖTSCHER, Philos. Ant. 15, 1969, 89ff.). 50. Gegen Zoroaster. 51. *Ὁμηρικὰ ζητήματα* (vgl. H. SCHRADER P. quaest. Hom. 1882 u. 1890. K. REINHARDT De Graec. theol. 1910, 83ff. u.a.);

in der Athener Z. verfaßt. 52. *Π. τῶν παραλελειμμένων τῷ ποιητῇ ὀνομάτων*. 53. *Γραμματικαὶ ἀπορίαι*. 54. *Π. τῶν κατὰ Πίνδαρον τοῦ Νείλου πηγῶν*. 55. *Εἰς τὸ Θουκυδίδου προοίμιον*. 56. *Πρὸς Ἀριστείδην ζ'*. 57. *Εἰς τὴν Μινουκιανοῦ τέχνην*. 58. *Ἡ περὶ τῶν στάσεων τέχνη*. 59. *Συναγωγὴ τῶν ῥητορικῶν ζητημάτων*. 60. *Εἰς τὰ Ἁρμονικὰ Πτολεμαίου ὑπόμνημα*, vgl. J. DÜRING, Göteb. Årsskr. 38,2, 1932. C. HÖEG, Gn. 1930, 652ff.; 1934, 318ff. 61. *Εἰσαγωγὴ εἰς τὴν ἀποτελεσματικὴν τοῦ Πτολεμαίου*, vgl. F. CUMONT, Mél. Bidez, 1933, 135ff. 62. *Εἰσαγωγὴ ἀστρονομουμένων ἐν βιβλίοις τρισί*, vielleicht identisch mit *Στοιχεῖα*, vgl. [1], 300. 63. Mathem.? (vgl. [1], 300). 64. *Συμμίκτων ζητημάτων ζ'*. 65. *Πρὸς Γαῦρον περὶ τοῦ πῶς ἐμψυχοῦται τὰ ἔμβρυα*, unter dem Namen des → Galen überliefert, aber von K. KALBFLEISCH, ADAW. 1895, dem P. zugewiesen. Sicher enthält sie porph. Gedanken. 66. *Π. ἁγνοῦ βίου*? (vgl. E. BICKEL, Diatribe 1, 1915, 211ff. W. THEILER, P. u. Aug. 48).

C. Lehre: Zentrales Thema im Denken des P. ist die durch Denken und vor allem durch den Willen (vgl. J. H. WASZINK, Gn. 10, 1934, 493ff.) zu erstrebende *σωτηρία* der Seele, welche durch schlechte Willensentscheidungen, durch das Körperlich-Materielle und durch die Dämonen gefährdet erscheint (vgl. Philos. Ant. 15, bes. 75f. 79f. 95ff.). Damit verlagert sich die Fragestellung gegenüber der Plot.s noch mehr in das Innere der menschl. Existenz. An der plot. Emanationslehre (aus dem göttl. *ἕν*) hält P. fest; zuerst entwickelt sich die Triade (vgl. Macr. somn. 2,14,6. Prokl. Tim. 3,45,5ff.), am unteren Ende der Kette aber steht nach dem Erlöschen des Lichts der Einheit die Materie, die ohne Form nicht existieren kann und daher einen zeitl. Anf. der Welt erfordert (z.B. Prokl. Tim. 1,439,29ff. 1,277,11ff. u.v.a.). Die jeweils höhere Seinsstufe der *ὄντα* ist der folgenden überlegen, so daß sich in der Stufenfolge ein Gesamtsinn ergibt. Die Seele ist mit dem Leib und durch die willentl. *ἐπιστροφή* mit *θεός* verbunden; durch *ἐπιστροφή* zum *σῶμα* verstrickt sie sich in *πλῆθος* und *πάθη*, in *κακία* und *ἁμαρτία* (z.B. ad Marc. 9 usw.), statt sich durch *πίστις*, *ἀλήθεια*, *ἔρως* und *ἐλπίς* Gott zu nähern (ad Marc. 24) und *θεῖος* zu werden (ad. Marc. 15). Selbst (= *νοῦς*)erkenntnis ist immer zugleich auch z.T. Gotteserkenntnis, weil der *νοῦς* ein Abbild Gottes ist (ad Marc. 11ff. Stob. 3,581, 3ff.).

Die Seele hat in diesem Leben 3 Erkenntniskräfte, *νοῦς*, *φαντασία*, *αἴσθησις*, wobei *φαντασία* im zeitlichen Dasein für *νόησις* nötig ist (sent. 5,10). Träger der *φαντασία* ist das (wohl vom stoischen, hermet. oder philon. zu unterscheidende) *πνεῦμα*, eine zwischen Materiellem und Geistigem liegende Wesenheit (Synes. 137 A), mit der sich die Seele nach ihrem Aufenthalt im

Fixsternhimmel auf der Durchreise durch die Planetensphären umgibt (abst. 1,31, Prokl. Tim. 3,234,9ff. Stob. 2,171,1ff.). Die Einzelseelen sind mit der überweltl. Seele wesensgleich, aber von ihr unterschieden (sent. 37). Der Weg der *σωτηρία* führt vom *ἐκτὸς ἄνθρωπος* zum *ἐντὸς ἄνθρ.* (Stob. 3,581,17ff.) und zur *ὁμοίωσις θεοῦ* durch *ἀρετή* (ad Marc. 16); 4 Tugendklassen stellen die Grade der Vollkommenheit dar (sent. 32): polit., kathart., die der zum *νοῦς* gewendeten Seele, die des *νοῦς*. 4 *στοιχεῖα* (ad Marc. 24) ermöglichen dem Menschen den Aufstieg und 3 *νόμοι* (*ὁ τοῦ θεοῦ, ὁ τῆς θνητῆς φύσεως, ὁ θετὸς κατ' ἔθνη καὶ πόλεις* ad Marc. 25ff.) dienen dem Leben, das sich als Reifungsprozeß und Ablösung der Seele vom Leib darstellt (Ad Marc. 32ff.).

P. versuchte die Lehre Plot.s zu interpretieren und fügte doch eigene Aspekte hinzu; er selbst verstand sich nur als Erklärer der bereits im System vorhandenen Meinungen, wie dies der »plat.« Tradition entsprach. »Die Gabe der griech. Zusammenschau fehlte ihm« (THEILER [4], 115), er ersetzte sie durch Anhäufung von Material. W. P.

1. *R. Beutler*, RE XXII 275ff. – 2. *H. Dörrie* Die Schultradition im Mittelplatonismus u. P., 1ff. 3. *J. H. Waszink* P. u. Numenios, 33ff. 4. *W. Theiler* Ammonios u. P., 85ff. 5. *P. Hadot* La métaphysique de P., 125ff. 6. *H. Dörrie* Die Lehre von der Seele, 165ff. 7. *A. R. Sodano* P. commentatore di Plat., 193ff. 8. *J. Pépin* P., exégète d' Hom., 229ff. 9. *R. Walzer* P. and the Arabic Tradition 273ff. in: Entretiens sur l'Ant. Class. 12, Fond. Hardt, Porphyre.

Porphyrius s. Publilius Optatianus

Porrima, eine der beiden Begleiterinnen der → Carmentis, deren Name von *porro* erklärt wurde (Ov. fast. 1,635: *quod porro fuerat, cecinisse putatur;* vgl. Serv. auct. Aen. 8,336); eher Superlativ zu → Perna wie *maximus: magnus, plisimus: plenus* u.a.: versorgt letzten Akt des Keimdurchbruchs. G. R.

Prell.-Rob. 1,406. 2,209. *Peter* Myth. Lex. 2,216. *Bömer* Ovids Fasten 2 S. 52. *Radke* Götter Altitaliens 258. *Dumézil* Rel. Rom. arch. 385.

Porsenna (*Porsēna* Hor. epod. 16,4. Serv. Aen. 8,646. Macr. sat. 2,4,12. *Porsina* CIL VI 32919. *Πορσίνας* Dion. Hal. ant. 5,21,1. SCHULZE Eigenn. 90. Zur Deutung als Königstitulatur F. LEIFER, Klio Bh. 23, 1931, 300), König von Clusium, Vorname LARS. Dion. Hal. a.O. Liv. 2, 9,1. Seine Kriegsgeschichte mit Rom ist Musterbeispiel national-röm. Fälschung. Tatsächlich eroberte P. 507 v. Chr. Rom und verbot Eisengebrauch außer für Pflüge; Tac. hist. 3,72,1. Plin. nat. 34,139. Die Befreiung Roms mit Hilfe von Kyme (Plut. mor. 261e) verrät der bei Subhastationen übliche Ruf *bona Porsinae regis*; Liv. 2,14, 1ff. Plut. Popl. 19,9f. Die röm. Demütigung milderten die Legenden von → Horatius (I 5), → Mucius (4) und Cloelia (→ Cloelius 11), *illa tria Romani nominis prodigia atque miracula*, Flor. 1,10,3. Angeblich wollte P. die vertriebenen Tarquinier zurückführen; Liv. 2,9,1. Dion. Hal. a.O. Nach A. ALFÖLDI Early Rome and the Latins 1965, 72ff. befreite P. Rom 505 von den Tarquiniern. Statue des P. in Rom, Plut. Popl. 19,10. Sein Grabmal in Clusium, Plin. nat. 36,91ff., Rekonstruktion F. MESSERSCHMIDT, Das neue Bild der Ant. 2, 1942, 53ff. Sein Sohn → Arruns (2). H. V.

Portae Caspiae (gr. *Κάσπιαι Πύλαι*, früheste Erwähnung bei Hekat. FGrH 1 F 286, genaueste Beschreibung aus ant. Z. bei Eusth. Comm. Dion. Per. 1034 = GGM 2,393. Plin. nat. 6,43), wichtige, ca. 12 km lange, außerordentlich schmale Paßstraße im Elbruz-Gebirge, wo es der S.-Küste des Kasp. Meeres vorgelagert ist. Die P. C. verbinden nicht etwa die n. Gebiete von Media mit der Kasp. See, sondern durchbrechen einen nach S. in die Salzwüste Dasht-i-Kavir auslaufenden Seitenarm des Elbruz in w.-ö. Richtung. Seine s. Umgehung durch die Wüste war äußerst beschwerlich, woraus sich die Bedeutung der P. C. als des einzig gangbaren Verbindungstores zwischen den w. und den ö. Provinzen des Perserreiches, durch das auch die sog. Seidenstraße führte [3], erklärt. Ihre Identifikation mit dem Paß, über den h. die n. Verbindungsstraße zwischen Teheran und Semnan über Firuzkuh führt, ist gesichert. E. O.

1. *H. Treidler*, RE XXII 322–333. 2. *J. O. Thomson* History of Anc. Geography, Cambridge 1948, 206f. 3. *J. I. Miller* The Spice Trade of the Rom. Empire, Oxford 1969, 119ff.

Portentum s. Ostentum. Prodigium

Porthaon (*Πορθάων*; *Πορθεύς* Il. 14,115; *Parthaon* Ov. met. 8,542. Hyg.). Sohn des Agenor und der Epikaste, König von → Pleuron und → Kalydon, von Euryte Vater bekannter Heroen, → Oineus (1), → Agrios (3), → Alkathoos (2), → Melas (1) u.a., Apollod. 1,59. 63. Paus. 4,35,1 u.s. P.s Töchter durchstreifen den Parnaß, P. Oxy. 2481. H. v. G.

Porthmos (*Πορθμός*). **1.** Nur in der Inschr. Hesp. 7, 1938, 3 Z. 10f. 16. 94f. genannte Örtlichkeit im Gebiet des Demos → Sunion mit einem Herakleion. Durch die Auffindung eines Denkmals des 4. Jh. v. Chr. mit der Darstellung von Heraklestaten an der Bucht n. des Kaps Punta Zeza 5 km n. von Kap Sunion der Insel Helena (Makronisi) gegenüber lokalisiert, YOUNG Hesp. 10, 1941, 165ff. mit Kartenskizze. KIRSTEN RE XXII 336ff. Nr. 1 (mit Kartenskizze). **2.** Küstenplatz auf Euboia ö. von → Eretria, Überfahrtsort nach Attika beim h. Aliveri, bei Demosthenes in den Kämpfen mit Philipp II. von Maked., der es 342 v. Chr. zerstören ließ, oft genannt, 9,33 m. Sch. 58. 10,8 u.ö. Strab. 10,1,10 p. 447. Plin. nat. 4,64. P. ist später Bischofssitz, Hierokl. synekd. 645,7. Nea taktika ed. H. Gelzer Georg. Cyprius 1590. Not. episcop. 3,427. 10,540. 13,390. LE QUIEN 2,203f. Inschr. IG XII 9,96–121. Suppl. 540–543. E. M.

1. *S.Lauffer – E.Kirsten*, RE XXII 340ff. Nr.2. 2. *L.H. Sackett* u.a., ABSA·61, 1966, 68f.

Porticus. 1. Die röm. Säulenhalle ist nur selten ein autonomer Hallenbau wie die griech. → Stoa, doch vgl. etwa die P. Aemilia, die Rom als Großmarkthalle diente, NASH 2,238. Gelegentlich ist P. nur ein architektonisch aufwendig gestalteter Durchgang, wie die P. Gai et Luci auf dem Forum Romanum, NASH 2,244ff. Meist ist die P. ein → Peristylium, eine vierseitig von Hallen umgebene Hof- oder Platzanlage, *quadriporticus*. Wenn die P. den Platz nur von drei Seiten, hufeisenartig, umgab (Beispiel: das letzte Delphinion, Milet: G.KLEINER Die Ruinen von Milet 1968, 33ff.), sprach man von *P.triplex*. P. umgaben im Haus Gartenanlagen, dienten, annexartig an das Bühnenhaus des Theaters angebaut, als Foyer (Vitr. 5,9. Erhaltenes Beispiel, etwas umgebaut: Pompei, sog. Gladiatorenkaserne), nahmen Bibliotheken und Sammlungen auf wie die P. Octaviae in Rom, NASH 2,254ff. Eine unregelmäßige Form hatte die P. *deorum consentium* am Fuße des Kapitols in Rom, NASH 2,241ff. Im Haus heißt eine P., bei der eine Seite höhergeführt ist als die drei anderen, *peristylium rhodiacum*, Vitr. 6,7,3. Auch der gedeckte Gang, der oben um den Sitzraum des Theaters umläuft, heißt P., Vitr. 5,6,4. Gewölbte Gänge unter einer P., bes. im Hause, heißen *cryptoporticus*, Plin. epist. 2,17,16. 5,27,6. **2.** P. heißt bei Caes. civ. 2,2,3 eine lange Schutzwehr für Soldaten bei Belagerungen. W. H. G.

Portitor, Zöllner. Etym. WALDE-HOF.[3] s. porta. Plaut. Men. 117; Trin. 794; bes. der Hafenzöllner Plaut. Stich. 366; Trin. 1107. Der P. steht im Dienst einer Pachtgesellschaft *(societas publicanorum)* als gesellschaftseigener Sklave oder Freigelassener. CIL I[2] 2193. 2215. XI 4175. In der Kaiserzeit werden die Zöllner nur in jurist. Lit. P. genannt, sonst nach ihrer Sondertätigkeit *arcarius, dispensator, actor, contrascriptor* usw. Cod. Theod. 2,27,1,2. 7,16,2. S.J.DE LAET Portorium 1949, 78. 106. H. V.

Portorium, der röm. Zoll. Etym. WALDE-HOF.[3] s. porta; synonyme Begriffe: 1. *portus in quadragesima portuum Asiae, lex portus*, CIL VIII 4508; 2. *vectigal*, Tac. ann. 13,50; hist. 4,65; 3. *publicum in sex publica Siciliae*, Cic. Verr. 2,3,167. Zum p. gehören alle Zollarten: Einfuhr-, Ausfuhr-, Durchfuhr-, Passier- und Marktzölle, Land- und Seezölle, DESS. 38. Verpachtung der Zölle von Capua, Puteoli und Castrum bezeugt für 199 v.Chr. Liv. 32,7. Alle ital. Zölle wurden 60 v.Chr. durch die *lex Caecilia* abgeschafft. Cass.Dio 37, 51. Cic. Att. 2,16,1. Caesar führte wieder Importzölle für *peregrinae merces* ein. Suet. Iul. 43,1. Umfassendere Zölle erhoben in Italien die Triumvirn 42 v.Chr. Cass. Dio 47,16,3. In Sizilien nennt Cic. Verr. 2,2,158 acht Zollstationen, die 5% des Warenwertes *(vicensima)* forderten, für Gallien einen Weinzoll nach dem Absatzort, Font. 9,19f. In der Kaiserzeit war das Reich in Zollgebiete eingeteilt, einige waren nach der Abgabenhöhe benannt: die *quadragesima (XXXX) Galliarum* (2½%), *qu. Bithyniae, qu. Hispaniarum* (CIL XIV 4708), *qu. portuum Asiae* (CIL III 7149). Ob unter den *quattuor (IIII) publica Africae* 4 verschiedene, zusammen verpachtete Steuern mit Einschluß des p. oder urspr. einzeln verpachtete Zolldistrikte zu verstehen sind, ist noch offen, VITTINGHOFF, RE XXII 368f. Im 2.Jh. n.Chr. zeigt sich die Tendenz, durch zusammengelegte Zollbezirke weiträumige Wirtschaftsgebiete zu bilden. Der Zolldistrikt *p. Illyrici*, der Stationen aus dem N. Italiens mit solchen der O.-Küste der Adria umfaßte, wurde um 10 n.Chr. nach Spaltung der Provinz in *Illyricum superius* und *inferius* zum *publicum portorii Illyrici utriusque*. In der Mitte 2.Jh. mit dem *p. ripae Thraciae* verschmolzen umfaßte dann das *publicum p. Illyrici* die Länder von der »Quelle der Donau bis zum Pontischen Meer« (App. Ill. 6): Dalmatien, Raetien, Noricum, Pannonien, Moesien, Dacien, Adriahäfen und Ostalpen; seine Zollstationen bei VITTINGHOFF 361ff. D.M.PIPPIDI Dacia 2, 1958, 239. 243. Die Orientzölle bei Zeugma, Dura, Palmyra und Leuke Kome am Roten Meer betrugen 25% *(quarta mercium)*. Die Erhebung der p. war zunächst an Publicanengesellschaften in Rom verpachtet, Bezirksleitungen der *XXXX Galliarum* saßen in Lugdunum, des *publ. p. Illyrici* in Poetovio, der *IIII publica* in Karthago, der *XXXX portuum* in Ephesos, ihr Personal waren die → *portitores*. Anstelle der Gesellschaften traten vom E. 1.Jh. n.Chr. ein einzelner oder mehrere Unternehmerpächter *(conductor)*, kontrolliert von kaiserlichen Prokuratoren. Seit der Mitte 2.Jh. übernahm der Staat durch Finanzprokuratoren und Angestellte die Zollerhebung in eigene Regie. DESS. 9019. Zollpflichtig waren alle mitgeführten Gegenstände außer dem Reisebedarf und -gerät (Wagen, Gespann). Quint. decl. 359. Cod. Iust. 4, 61,5. S.J.DE LAET Portorium 1949. R.KNAPOWSKI Die Staatsrechnungen der röm. Republik 1967, 72. 77f. H. V.

Porträt. In der älteren griech. Kunst sind Typus und Individual-P. noch identisch; Beifügung des Namens, oft im Genetiv, macht das Bildwerk zum P. Im Lauf des 5.Jh. werden Dichter, Weise, Staatsmänner dem Typus nach getrennt, erste individuelle Züge gestaltet. Aus 4.Jh. und Hellenismus besitzen wir (meist in röm. Kopien) Herrscher-P. und P. literar. berühmter Persönlichkeiten; noch im hohen Hellenismus herrscht Gleichgewicht zwischen Typus und individuellen Zügen. Mit Ausnahme der Münz-P. kennt die griech. Kunst nur die ganze Gestalt des Menschen; auch der Körper ist Träger typischer wie individueller Züge (z.B. Statue des Demosthenes). Im späten Hellenismus dringt, in Auseinandersetzung mit röm. P., das Individuelle stärker in den Vordergrund. In Rom ist der Kopf allein individuell, während die Darstellung des Körpers bzw. seiner Abkürzung (P.büste, vielleicht aus dem Masken-P. der röm. *nobiles* erwachsen. P.herme, seltener verwandt, wohl schon späthellenist.) vornehmlich dem deutlichen Hinweis auf die soziale Stellung des Porträtierten dient (*toga* ohne und mit *clavus*, *calcei*, Ritterring, *paludamentum*, Panzer, griech. Gewandung, Heroenbild, Götterbild). In den Gesichtszügen wechseln perioden- und klassenweise stärker idealisierende, repräsentative P. mit mehr individualisierenden, Alter und Schicksal betonenden Bildnissen. Nun gibt es auch »Zeitgesichter«, die vom P. des Kaisers bzw. der Kaiserin geprägt oder beeinflußt sind. Das Herrscher-P. (Kaiser und Angehörige der Dynastie) nimmt eine Sonderstellung ein: Büsten und Statuen in allen Formaten und Materialien werden im ganzen Reichsgebiet verbreitet, dabei scheinen Büsten und Schildbüsten (*imagines clipeatae*) in bes. Maße »offiziell« gewesen zu sein. Die Herrscher, in geringerem Umfang auch andere röm. Bürger benützen vorgeprägte griech. Statuentypen zur Darstellung des (somit aller Individualität entkleideten) Körpers, lenken zugleich die Interpretation in eine bestimmte Richtung: Kaiser-P. in Malerei, Plastik und kostbarem Stein (Gemmen, Kameen) sind ein Ausfluß staatlicher Propaganda. Röm. Dichterbildnisse kennen wir erst aus der späteren Kaiserz. – Da meist Originale, sind die Privat-P. oft den Herrscherbildnissen, die wir nur in Kopien kennen, qualitativ überlegen. W. H. G.

J.J.Bernoulli Röm. Ikonographie 1881/1894. *Ders.* Griech. Ikonographie 1901. *Arndt-Bruckmann* Griech. u. röm. P. 1891ff. *G.Lippold* Griech. P.statuen 1912. *A.Hekler* Die Bildniskunst d. Griechen u. Römer 1912. *B.Schweitzer* Studien z. Entstehung d. P., BerAkLeipzig 1939 = Zur Kunst d. Ant. II (1963) 115ff. *Ders.* Die Bildniskunst der röm. Republik 1948. Das röm. Herrscherbild hsg. v. *M.Wegner* 1940ff. *L.Laurenzi* Ritratti Greci 1941. *K.Schefold* Die Bildnisse der ant. Dichter, Redner u. Denker 1943. *E.Buschor* Bildnisstufen 1947. *Ders.*, Das P. 1960. *G.M.A.Richter* The Portraits of the Greeks 1965. *W. Gauer*, JDAI 83, 1968, 118ff. *R. Bianchi Bandinelli*, EAA VI (1965) 695ff.

Portunus ist ein röm. Gott, dem schon z.Z. des ältesten Kalenders, d.h. im 6.Jh. v.Chr., die *Portunalia* (CIL I^2 1109) am 17.Aug. (CIL I^2 p. 248. 325. Varro l. l. 6,19) gefeiert wurden; ein *flamen* ist nach ihm benannt (Fest. 238,9 L.). P. hat seinen Tempel *in portu Tiberino* (Varro) *ad pontem Aemilium* (CIL I^2 p. 217. 244. 325). Das Tempelbild zeigt P. mit einem Schlüssel in der Hand (Paul. Fest. 48,26 L. brev. expos. Verg. georg. 1,437); Schlüssel spielen auch am Festtag eine sakrale Rolle, weshalb ihn Varro *deus por⟨tuum porta⟩ rumque praeses* nennt (Sch. Veron. Aen. 5,241); in den leg. XII tab. 2,3 bedeutet *portus* noch »Haustür« (Fest. 262,19ff. L.). Die Herleitung *a portu* (Cic. nat. 2,66) ist sekundär. Später wird P. mit Palaimon-Melikertes gleichgesetzt: Verg. Aen. 5,241. 823. Ov. fast. 6,481ff. Paul. Fest. 279,2 L. G. R.

Prell.-Rob. 1,323ff. *Wissowa* Myth. Lex. 3,2785ff.; *Ders.*, Rel.^{2} 111f. *Latte*, RRel. 132. *Radke* Götter Altitaliens 258f. *Dumézil* Rel. Rom. arch. 262.

Portus. 1. (h. Pforzheim), Ortsnamen, erschlossen aus der Entfernungsangabe auf einem Leugenstein des J. 245 n.Chr.: *A PORT L. V* (gef. 1934). Auf Grund von Funden ist für das Altstadtgebiet eine Benefiziarierstation anzunehmen, die, an einem Übergang über die Enz gelegen, mit einer Zollstelle verbunden war (*ad Portum*, die Bewohner sind als *vicani Portenses* zu benennen). H. C.

P.Goessler, RE XXII 402. *Ders.* Saalburg Jahrb. 9, 1939, 23.

2. P. Magnus, Stadt an der Küste der Mauretania Caesariensis, ö. von Portus divinus (h.Oran), h. Vieil-Arzeu-Saint-Leu. Mela 1,5,29 *portus cui Magno cognomen est ob spatium.* Plin. nat. 5,19 P.M. *a spatio appellatus, civium Romanorum oppidum.* Ptol. 4,2,2 *Πόρτος Μάγνος*. Itin. Ant. 13. Geogr. Rav. 3,8. 5,4. Die Stadt liegt auf einer die Küstenebene beherrschenden Hohe (Forum, Tempel, Häuser): S. Gsell Atl. Arch. Alg. f. 21, nr. 6. J. Lassus, CRAI 1956, 285. Inschr. CIL VIII 9753, 10455. M. L.

3. P. Veneris, Stadt an der Küste sw. der Gallia Narbonensis, am Fuß der O. Pyrenäen (monts Albères), h. Port-Vendres, *insignis fano* nach Mela 2,84. Strab. 4,178 rechnet 63 mp von Narbo *μέχρι τοῦ ἱεροῦ τῆς Πυρηναίας Ἀφροδίτης*. Plin. nat. 3,22 *Pyrenaea Venus.* Nach Ptol. 2, 10 stand das Heiligtum auf einem Kap, mit dem das Gebirge ins Meer abfällt (h. wahrscheinlich Cap Béar, nicht Cap Creus). Für dieses Heiligtum einer mit Aphrodite-Venus gleichgesetzten einheim. Göttin liegen nur unterseeische Grabungen vor: Gallia 12, 1954, 410. 17, 1959, 450. 20, 1962, 612. 22, 1964, 475. 24, 1966, 450. **4.** P. V., in der Gegend von Narbonne, an der Küste des Languedoc Auson. ep. 9,27 *ostrea ... portum quae Narbo ad Veneris nutrit*, h. Vendres an der gleichnamigen Lagune, hier Thermen und Skulpturen: RE XXII 418. M. L.

Poseidion, Name vieler Örtlichkeiten, bes. Kaps. **1.** Heiligtum des Poseidon Samios mit viel benutztem Hafen an der Küste Triphyliens im Küstenpaß Klidi am Fuß des Kaiaphagebirges, genaue Lage nicht gefunden, wohl schon bei Hom. Od. 3,4ff. gemeint. Das Heiligtum war einst Zentralheiligtum von Triphylien mit einem Fest, Strab. 8,3,13 p. 343. 3,16f p. 344f. 3,20 p. 347. Die Kultstatue befand sich zu Pausanias' Z. in Elis, 6,25,5.

1. *E. Meyer*, RE XXII 423ff. Nr. 15. Suppl. XII. 2. *Ders.* Neue peloponnes. Wanderungen 74ff. mit Plan V.

2. W.-Kap der Halbinsel Pallene der Chalkidike, h. Kap Kassandra, Liv. 44,11,3. **3.** Kap an der O.-Seite der Chalkidike, h. Kap Elefthero, Hdt.

7,115,2. Bei Plin. nat. 4,38 wird das Kap fälschlich als Stadt bezeichnet.

E. Meyer, RE Suppl. XII Nr. 11 a.

4. Kap an der Küste von Epeiros bei Buthroton, h. Kap Skala, Strab. 7,7,5 p. 324. Ptol. 3,13,3. E. M.

E. Meyer, RE Suppl. XII Nr. 16.

Poseidippos. 1. Aus Kassandreia, unter den bedeutendsten Dichtern der Neuen Komödie genannt (CGF 9), auch von Römern nachgebildet (Gell. 2,23,1; vgl. Caecil. *'Επίσταϑμος*, Turpil. *Φιλοπάτωρ?*). Erste Aufführung 2 J. nach Menanders Tod, 4 Dionysiensiege (IG II² 2325,71). Zum Gedächtnis seiner Erfolge weihte P. ein Monument (IG II² 1320). Man hatte 30 Stücke von ihm, wir kennen 18 Titel, 45 Frg.e. Ohne Begründung hat EDMONDS Pap. Didot b P. gegeben, dafür Pap. Heidelb. 183 mit den formelhaften Schlußversen von P. *'Αποκλειομένη* übersehen. Dieses Stück wurde 181 v. Chr. wiederaufgeführt (IG II² 2323, 163). Einen Brief des → Lynkeus (4) von Samos an P. zitiert Athen. 652c, eine Statue des P. befindet sich im Vatikan (SCHEFOLD Bildnisse 111). W. K.

Körte, RE XXII 426. *E. Siegmann* Lit. gr. Texte d. Heidelb. Pap.-Sammlung, 1956, 6.

2. Aus → Pella, bedeutender Epigrammatiker des → Meleagros (8)- Kranzes (Anth. Pal. 4,1, 45). Daten für seine Lebenszeit: Epigramm (GOW-PAGE 11) auf den Pharos, der wohl um 280 v. Chr. vollendet wurde; wenn auf P. bezüglich, Proxeniedekret von Delphi 276/75 (Trypanis, CR N. S. 2, 1952, 67); Epigramme (G.-P. 12. 13) auf das Heiligtum der Arsinoe Zephyritis, wohl zwischen 276 und 270; Frg. 3 Schott (1. *πομπή* in Alexandreia, 271/70?); Proxeniedekret des aitolischen Bundes 264/63 oder kurz vorher (IG IX² 1,17,24 *Π. τῶι ἐπιγραμματοποιῶι Πελλαίωι*). Auf Aufenthalt in Äg. (Naukratis) weist auch G.-P. 17. Dagegen ist mit Theben in der auf 2 Wachstafeln schlecht erhaltenen Elegie auf das Alter (LLOYD-JONES, JHS 83, 1963, 75–99. BARIGAZZI, H 96, 1968, 190–216) wohl das boiotische gemeint. Aufenthalt in Athen nach G.-P. 1 und 16 wahrscheinlich. Auf persönliche Beziehungen zu → Asklepiades (1) deuten Entsprechungen in mehreren Epigr. P. erscheint unter den »Telchinen« Sch. Flor. zu Kall. Frg. 1,7 Pf.; vgl. die Hochschätzung der Lyde Anth. Pal. 12,168,1 und die Parodie 5,202 nach Kall. h. 5,2. Epigramme des P. standen im *Σωρός* (Sch. Hom. Il. 11,101), nach REITZENSTEIN Epigr. und Skol. 90ff. einer von Asklepiades, P. und → Hedylos veranstalteten Sammlung. Die erhaltenen Epigr. – außer in der Anth. bei Athen. und auf Pap., dazu einige Frg. – sind z. T. echte Aufschriften. Unter den epideiktischen finden sich Spott- und ekphrastische Epigr., lebhafte Sympotika, zahlreiche Erotika. Die Sprache ist schlicht, die Metrik kallimacheisch. Ferner von P.: Elegie auf das Alter (s. o.), *'Ασωπία* (Athen. 11,491 c), *Αἰϑιοπία* (Athen. 13,596 c, Schott beide Male *Αἰσωπεία*). Ob das zuletzt

von LASSERRE, RhM 102, 1959, 222ff. behandelte Gedicht (wohl Epithalamion für Arsinoe I.) P. gehört, ist unsicher. R. K.

P. Schott Posidippi epigrammata, Diss. Berlin 1905. *Gow and Page* Hellenistic Epigrams, 1965.

Poseidon (*Ποσειδῶν*). Gott des Meeres, Sohn des Kronos und der Rhea. Der Kosmos wurde unter Zeus, P. und Hades geteilt (Hom. Il. 15, 185ff.). Die Namensform wechselt stark (neben *Ποσειδῶν* auch *Ποσειδάων*, *Ποσειδέων*, *Ποτειδάν*, *Ποτιδᾶς*, *Ποσειδάν*, *Ποσοιδᾶν* u. ä.; im myk. Linear B als *po-se-da-o*, M. VENTRIS, JHS 73, 1953, 84ff. Die ant. Etym. (etwa Plat. Kratyl. 402 E. Etym. m. s. v.) sind, wie zu erwarten, unbrauchbar. Unter den modernen Etym. verdient die von P. KRETSCHMER, Glotta 1, 1901, 27f. (im Gefolge von FICK, Curtius' Stud. z. griech. u. lat. Grammatik 8, 1875, 307) vorgebrachte, die P. mit *πόσει* (von *πόσις*) und *Δᾶ* (zu *Γᾶ*, *Γαῖα*) zusammenbringt (vgl. [1], 212. KERN 1,44. [4], 445) die meiste Beachtung. Wenn P. »der Herr = Gatte der Erde« (im Sinne des *ἱερὸς γάμος*) genannt wurde, muß er wegen der Unfruchtbarkeit des Salzwassers urspr. ein Süßwassergott gewesen sein. Seine Funktion, die Mutter Erde zu befruchten, paßt gut zu seiner typolog. Verwandtschaft mit dem Himmelsgott Zeus (vgl. W. PÖTSCHER, G 66, 1959, 359); das Beben der Erde durch P. *ἐνοσίχϑων* bzw. *ἐνοσίγαιος*, *γαιήοχος* ist dem Erzittern des Olymps durch die Willenskundgabe des Zeus (Hom. Il. 1,530) vergleichbar. Dazu fügt sich das Blitzmal auf der Akropolis von Athen (Erechtheion), das von P. stammen soll (Hdt. 8,55 *ϑάλασσα*) und nicht überdacht werden durfte; der Dreizack scheint erst den Blitz als Waffe des P. abgelöst zu haben, vgl. [1], 216. [2], 144. 164f.). In → Thelpusa gab es den Mythos, daß sich P. in Pferdegestalt mit der in eine Stute verwandelten → Demeter gepaart habe; in → Phigalia heißt die Frucht der Verbindung Despoina, ebenso in → Lykosura (vgl. [4], 448). Dazu hat P. noch enge Beziehung zu Quellen und fließenden Gewässern (Aischyl. Hept. 307. Apollod. 2,1,4. → Amymone, → Dirke, → Hippukrene); zu P. *'Ελικώνιος* vgl. Sch. B. Hom. Il. 5,422 und zu Demeter (Apollod. 3,6,8); er ist auch Erderschütterer (vgl. [4], 450). Seine enge Beziehung zur Fruchtbarkeit darf aber nicht dazu führen, ihn als Totengott anzusehen, auch wenn der örtl. Nähe (Erde-Hades) wegen eine äußere Assoziation eintreten konnte (vgl. Hes. theog. 732f., Kult am Tainaron). Die enge Beziehung des P. zum Pferd, das er geschaffen haben soll, wurde dahin gedeutet, daß dem anthropomorphen Gott P. ein theriomorpher vorangegangen sei ([1], 212). Nach unserer Kenntnis der min., myk. und frühgriech. Rel. scheint aber die tierische Form nur e i n e der möglichen Erscheinungsformen eines Gottes gewesen zu sein; Mischwesen und theriomorph. Merkmale von anthropomorph. Göttern (*βοῶπις*, *γλαυκῶπις*) zeigen das

Streben der Griechen, die göttl. Vollkommenheit durch Addition von imponierenden Erlebnissen an Tieren zur anthropomorphen Gestalt in einem Quasi-Näherungswert einigermaßen auszudrükken (vgl. dazu W. PÖTSCHER, Rh. Mus. 104, 1961, 317). Ohne eine gewisse Parallelität mit → Acheloos oder die mit dem nordeur. Volksglauben (vgl. [4], 450) zu leugnen, scheint doch gerade auch dadurch ein starres Schema hist. Entwicklung diesem Gegenstand inadäquat. – Auch in der epischen Form finden wir P. als Erderschütterer (z. B. Hom. Il. 13,34. 20,318. Od. 1,74) und als Meeresgott (Il. 13,21 ff. Od. 9,528); das Verhältnis zwischen Zeus und P. ist zwiespältig (Hom. Il. 1, 400. 13,58. 353 ff. Od. 13,142); im Kampf um Troja steht er gewöhnlich auf seiten der Griechen. Zur Beziehung zu den → Meergottheiten s. dort und [3], 458 f. P. hat sich älteren Meergöttern gegenüber durchgesetzt und diese zu seinen Dienern gemacht. Dem Streben entsprechend, die Abkunft vieler eponymen Heroen auf einen großen Gott zurückzuführen, hat man P. (so wie Zeus) viele Geliebte (z. B. → Aithra u. a.) und viele Söhne (z. B. → Agenor, → Aigeus, → Aiolos, → Boiotos, → Doros, → Eumolpos, → Neleus, → Pelias, → Phokos u. a.) und Töchter zugeschrieben. Andere Verbindungen (Demeter, Amphitrite) sind auf seine Beziehungen zur Erde bzw. zum Meer zurückzuführen oder (die Werbung um → Thetis oder → Hestia etwa) als Weiterspinnen eines Gedankens zu verstehen. Er ist als chthon. Wesen auch Vater von Riesen (→ Polyphemos, → Antaios u. a.) und Ungeheuern. Der Streit mit Apollon um Delphi (zu *Γῆ* – *Θέμις* vgl. W. PÖTSCHER, WS 73, 1960, 33) scheint alte chthon. Bez. des P. zu zeigen; der Streit mit Athene auf der Akropolis ist schwieriger zu erklären, da er dort offenbar als Blitzgott die Erde befruchtet und in weiterer Brechung die *θάλασσα* gegeben hat (dazu W. PÖTSCHER, G 70, 1963, 394 ff., Mnem. s. 4,19, 1966, 113 ff.); da Athene (obwohl in anderer Weise als Gaia) auch das Land unter ihren Schutz nimmt, kann sie mit P. verbunden werden; ein anderer Assoziationspunkt ist das Pferd, das bei Athene freilich das adelige Tier ist (vgl. W. PÖTSCHER, RhM 104, 1961, 306,20. ROBERT 1,591,4). Der Dreizack muß aber auch wegen Aristoph. Nub. 567. Kall. h. 4, 31 u. a. mit [1], 213 und O. KERN D. Rel. d. Griech. 1,197 f. gegen [4], 446,1 als Blitzwaffe gedeutet werden. Dazu fügt sich gut die Funktion des P. als *φυτάλμιος* (vgl. die Haloen in Athen und die → Protrygaia). – Aus der Ambivalenz der Vorstellungen ergab sich als Korrelat zum Erderschüttern die Fähigkeit, Halt und Sicherheit zu geben, was P. zum *ἀσφάλειος* und *θεμελιοῦχος* machte; deshalb wurde P. der Bau von Mauern (bes. d. troi.) zugeschrieben (z. B. Il. 7,452. 21,446). Zum Pferd hat P. als *ἵππιος* enge Beziehung (vgl. Pind. O. 5,21), worauf viele Epitheta weisen; vgl. auch → Areion, → Pegasos, die er zeugte. Vor dem

Wagenrennen schwor man bei P. einen fairen Kampf (Hom. Il. 23,584) und rief ihn an (Pind. O. 1,70 ff.). Die isthm. Spiele mit Wagenrennen wurden P. zu Ehren gefeiert. Auch der Stier spielt eine gewisse Rolle; hat P. zwar das Stieropfer (Hom. Il. 20,404. Fest der → Tauria CIG 3657 usw.) mit Zeus gemein, so besagt doch die »Liebe« der → Pasiphae zu einem Stier (Apollod. 2,94. 3,9. Paus. 1,27,9) und der aus dem Meer kommende Stier in der Theseus-Hippolytos-Sage bes. wegen der Person → Phaidras (vgl. Eur. Hipp. 1196. Paus. 1, 22,1 f. 2,32,1–4) viel mehr; auch die Bezeichnung *ταῦροι* für die Knaben am P.-Fest in Ephesos (Athen. 425 c) gehört hieher. Zum Widder vgl. die → Theophane-Episode (Ov. met. 6,117). – Seine Macht zeigt P. nicht nur durch seine Hilfe im Gigantenkampf (Val. Fl. 2,24 u. a.), sondern auch als Arzt (Od. 9,520. IG XII 5,1,1314) und Wundertäter (Apollod. Rhod. 1,182. Hyg. fab. 14; vgl. [1], 338). In der hist. Z. ist P. vor allem Meeresgott (*ἄναξ θαλάσσης*, *πόντιος* usw.) und der Gott der Stürme (Sch. Hes. theog. 982); er weilt häufig im Meer (Hom. Il. 13,19 ff.), wo ihn Tritonen usw. umgeben, aber auch auf dem Olymp (Hom. Il. 15, 161. 184 ff. 20,20). Zur engen Verbundenheit des P. mit dem Element → Meergottheiten. Als Schützer auf dem Meere ist er *σωσίνεως*, *σωτὴρ νεῶν* usw. (vgl. Hom. Il. 9,362. Od. 9,518. Pind. I. 7,37). Er bestraft aber auch die frevelhaften Perser (Hdt. 7,129) und verleiht den Siegern Ehre (Paus. 10,9,7). – Als Meergott hat er auch Beziehungen zu den Fischen (vgl. auch Epich. frg. 54 K.), bes. zum Thunfisch erhalten ([4], 451). P. wurde bes. in Hafenstädten verehrt. Spuren von Menschenopfern dürften sich in der Erzählung von der Opferung der Chthonie (Hyg. fab. 46) und einer Smintheus-Tochter (Plut. 163 B) widerspiegeln. Pferdeopfer (Paus. 8,7,2. Cass. Dio 48,48) und Stieropfer (Eur. Hel. 1584. Paus. 10,9,2. CIG 3657) häufig; auch Widder, Eber (Od. 11,131), Schweine (IG XII 1,905) usw. Die **Kultorte** des P. sind über ganz Hellas verstreut [4], 394, (vgl. die Liste der Kultorte bei [3], 511 ff.); dicht ist der Kult auf der Peloponnes (Diod. 15,49), bes. in Arkadien (Pheneos, Orchomenos, Mantinea, Tegea usw.) und auch in Boiotien (Etym. m. 547,16) gewesen. – Zu den Beinamen vgl. [3], 493 ff. –

Bildl. Darstellungen: Diese sind oft schwer von denen des Zeus zu unterscheiden: wo Epitheta wie Dreizack vorhanden sind, ist von vornherein Eindeutigkeit gegeben. P. wurde stehend, gehend, sitzend, reitend, fahrend, allein und mit anderen Göttern, in Verbindung mit der Herakles- und Theseus-Sage oder dem Kampf gegen die Giganten dargestellt. Bes. sei auf die P.-Darstellung in den Giebeln des → Parthenon verwiesen (sonst vgl. OVERBECK Kunstmythol. 3,209 ff., BULLE, Myth. Lex. 3,2854 ff. [3], 532 ff.). Über Verlorenes informiert vor allem Paus. W. P.

1. *Wilam.* GldH 1. 2. *F. Schachermeyr* Poseidon und die

Entstehung des griech. Götterglaubens, Salzburg 1950. 3. *E. Wüst*, RE XXII 446. 4. *Nilsson*, GgrR 1^2.

Poseidonia, griech. (Skyl. 12) Stadt inmitten des nach ihr benannten Golfs (Strab. 5,251) in »Italia« (Skymn. 247f. Dion. Hal. ant. 1,73,4. Strab. 5,209. Steph. Byz. s.v.), d.h. Lukanien (Skyl. Strab. 6,252. Mela 2,69) bzw. der 3. Reg. (Plin. nat. 3,71) s. der → Silarosmündung, 50 Stad. vom dortigen Heratempel entfernt (Strab.), im 7. Jh. (Hdt. 1,167: vor 530) von Sybariten (Skymn. 249. Strab.) oder Dorern (Solin. 2,10) gegründet, worunter man seit R. Rochette Hist. crit. de l'établ. des col. Grecques 3, 1838, 244f. aus Sybaris vertriebene (Aristot. pol. 5,2,10 p. 1303a 30) Troizenier (Strab. 8,373: Troizen hieß früher P.) versteht. Seit ca. 550 Poseidon auf Mz. von P. (Head HN² 80f.) und Bezugnahme auf den Gott im Stadtnamen (Strab. 9,397), der vielleicht aus einheimischem *Paistom* volksetymol. umgestaltet ist. Ende 5. Jh. wurde P. lukanisch (332 vorübergehende Besetzung durch Alex. von Epirus: Liv. 8,17,9). Bewohner gedachten E. 4. Jh. noch in einer Feier der griech. Z. (Aristox. b. Athen. 14 p. 632a). 273 wird P. – nun *Paestum* (Plin. a.O.) – latin. Kolonie (Vell. 1,14,7. Liv. epit. 14), die Rom im 2. pun. Krieg treu unterstützte (Liv. 22,16,9. 25,39,5. 27,10,8. Sil. 8,580) und als *municipium* zur *tribus Maecia* zählte (CIL X p. 52. X 483 *M. Tullius M. f. Maecia Cicero* 2. Jh. n. Chr.). Die von ca. 5 km langer Mauer umgebene Anlage stammt aus dem 6. Jh.; dieser Z. gehören die »Basilika«, h. als Heratempel erkannt, und der »Cerestempel«, h. als Athenatempel (inschr. [*m*]*enerva*) nachgewiesen, an; ein zweiter Heratempel (früher »Poseidontempel«) ist frühklassisch. Aus dem 7. Jh. stammt der angeblich von Iason gegründete, bei Foce del Sele ausgegrabene Tempel der Hera Ἀργονία (Strab. 6,252; umstrittene Konjektur Ἀργῴα) bzw. *Iuno Argiva* (Plin. nat. 3,70. Solin. 2, 7) mit archaisch. Schatzhaus. Außer mehreren kleineren Tempeln (Inschr. um 550 erweist Chironkult; Guarducci, NSA 1948, 185ff.) in P. »Capitolium« (Baubeginn 273) am »Forum«, Theater, Thermen, Amphitheater. Nw. der Stadt bronzezeitl. Nekropole mit archäol. wie anthropol. schwer vergleichbaren Funden; neben lukan. Gräbern die tomba del tuffatore (M. Napoli, Il museo di Paestum, 1969), griech. Grab mit Wandmalerei. G. R.

Nissen It. Ldk. 2,892ff. *Forbiger* HB. d. alt. Geogr. 3,508. *Bérard* La colonisation Grecque² 214ff. *Dunbabin* Western Greeks 25ff. *Schenk v. Stauffenberg* Trinakria 82ff. *Ciaceri* Stor. Magna Grecia 1^2, 1928, 282ff. *Zancani-Montuoro* u. *Zanotti-Bianco*, NSA 1937, 209. *Zanotti-Bianco* Heraion I, 1951. II, 1954. *Sestieri* Paestum, 1953; *Ders.* Archeol. class. 2, 1950, 180. *Krauss* Paestum. Die griech. Tempel, 1941. *Grimal* Auf der Suche nach dem ant. Italien, 1965, 248ff.

Poseidonios. 1. Alexandrin. Grammatiker des 2. Jh. v. Chr., ἀναγνώστης des → Aristarchos (6). Reste seiner Homer-Erkl.: Sch. AT (Eust. 659,16) Il. 6,511; Sch. A (Eust. 1096, 13) Il. 17,75; Sch. Apoll. Rhod. 2,105f. Eine Schrift Περὶ συνδέσμων zit. Apoll. Dysk. (Gramm. Gr. 2,1,214,4ff. 2,2,488,4). H. Gä.

Susemihl 2,160. *A. Blau* De Aristarchi discipulis, Diss. Jena 1883, 40f. *Jacoby*, FGrH Komm. zu 279.

2. P. von → Apameia (3), stoischer Philosoph, etwa 135 bis 51/50 v. Chr. P. war zu Athen Schüler des → Panaitios; er ließ sich dann in Rhodos nieder, von wo aus er mehrfach zu Rom in Beziehung trat, so bes. im J. 87, als er als Gesandter seiner neuen Heimat die Stadt aufsuchte. Im J. 78 besuchte Cicero zu Rhodos P.' Vorträge. Vor allem wurde P. Freund und Anhänger des → Pompeius, dessen Politik er nachdrücklich verteidigte. P. unternahm ausgedehnte Reisen durch die Provinzen Hispania und Lusitania und in N.-Afrika (vermutl. vor seiner endgültigen Niederlassung in Rhodos).

P. ist gleich bedeutend als Geograph, als Historiker und als Philosoph. Er strebte eine tiefgreifende Umgestaltung der stoischen Lehre an; doch scheinen seine Zeitgenossen und die ihm folgende Generation seine Reformen abgelehnt zu haben. Daran liegt es, daß P.' Philos. bes. schlecht bezeugt ist; vieles muß aus späten oder indirekten Nachklängen zurückgewonnen werden. Daher bestanden unter modernen Forschern (F. Heinemann, K. Reinhardt, M. Pohlenz) erhebliche Kontroversen über die gültige Rekonstruktion der P.schen Lehren.

1. Geographie und Geologie. Durch Strabon sind, teils als Referat, teils in der Polemik, wichtige Gedanken aus P.' Werk περὶ Ὠκεανοῦ erhalten. Dieses Werk war vermutlich ein Ergebnis seiner Reise, die bis an den Atlantik führte. P. versuchte, von einer Erdbeschreibung zu einer Erd-Geschichte vorzudringen; dabei wurde die Entstehung der Inseln und der Meeresarme dadurch erklärt, daß sich der Meeresboden hier gehoben, dort gesenkt habe. Das schloß eine Modifikation der stoischen Katastrophen-Theorie ein: Es war eine Reihe von partiellen katastrophenartigen Ereignissen anzunehmen.

2. Ethnographie. P. verband mit seinen geolog. Beobachtungen aufs engste die Beobachtung ihm fremder Völker – nicht nur der Bewohner der iber. Halbinsel, die er selbst besuchte, sondern auch der Germanen und Kelten; was Strab. über die Völker des Nordens berichtet, geht zum guten Teil auf die Materialien des P. zurück; es ist eine offene Frage, bis zu welchem Grade die Nachrichten → Caesars und → Tacitus' über die Germanen auf den Aufzeichnungen des P. beruhen. Für P. wurden die ethnolog. Beobachtungen vor allem wichtig, weil sie seine Theorie über die Kultur und Kultur-Geschichte der Menschen stützten.

3. P. als Historiker. Diesem Zweck wird auch das Geschichtswerk des P. gedient haben. Es

umfaßte 52 B.; P.' Darstellung setzte die des → Polybios fort und reichte bis in die Zeit des Sulla. Es ist fraglich, ob das Werk bis in P.' Gegenwart fortgesetzt werden sollte; die Kriege des → Pompeius wurden in einem Anhang behandelt. Zu → Ciceros Kummer lehnte es P. ab, die Gesch. der catilinar. Verschwörung und ihrer Niederwerfung zu schreiben. Aus dem umfangreichen Werk ist nur weniges, vor allem durch → Athenaios erhalten (hierzu M. LAFFRANQUE P. historien, Pallas 11, 1962, 103–113.) Das Werk hat in Einzelheiten, vor allem aber durch seine kulturkrit. Tendenz nachhaltig auf → Sallust gewirkt: Die Menschheit sinkt, ethisch gesehen, von einer Generation zur anderen tiefer herab; der gesamte Verlauf der Gesch. ist ein Beweis für die voranschreitende Entartung.

4. P. als Philosoph. P. scheint viel seltener, als man zeitweise annahm, das Dogma der stoischen Schule in seinen seit → Chrysippos überlieferten Formulierungen angetastet oder geändert zu haben, wenn er auch in Erklärungen oft genug eigene Wege ging. Indes ist mindestens eine entscheidende Neuerung festzustellen: Für P. ist die Natur – *φύσις* – nicht, wie für die alte Stoa, das schlechthin Gute, weil vom Logos Erfüllte. Weder für die Natur im ganzen, noch für den Menschen trifft es zu, daß der Logos unbestritten herrscht. Das alte Postulat, es gelte *τῇ φύσει ὁμολογουμένως ζῆν*, genügt mithin nicht, um die Zielsetzung des Menschen zu bezeichnen; P. präzisierte die *τέλος*-Formel in dem Sinne, es gelte, in allem dem Logos zu folgen und sich von der *ἀλογία* abzuwenden. Die Berichtigung der *τέλος*-Formel machte eine Revision der Lehre von den Affekten (die den Logos verdunkeln oder abschwächen) nötig. Dieser Teil von P.' Philosophie ist dank dem Referat → Galens in der Schrift *περὶ τῶν Ἱπποκράτους καὶ Πλάτωνος δογμάτων* (dort p. 448,15ff. MÜLLER die verbesserte Telos-Formel) verhältnismäßig gut zu überschauen.

5. Der Mensch im Kosmos. Die ältere Stoa war auf den Menschen als Einzelwesen gerichtet; ihr Ziel war, eine für den Einzelnen gültige Ethik zu entwickeln. P. spannte, wobei ihm → Panaitios voranging, den Rahmen viel weiter: P. sah den Menschen innerhalb der Gesetzmäßigkeit, die im Kosmos und somit auf alle Einzelwesen in diesem Kosmos wirkt. P. macht Ernst mit dem seit langem geäußerten Gedanken, daß der Kosmos ein lebendes Wesen, ein *ζῷον* sei, das durch Bindung – *σύνδεσμος* (ein von Platon eingeführter Begriff) – und durch Mit-Empfinden – *συμπάθεια* – jedes Teiles mit jedem Teil in einer Fülle von Wechselbeziehungen steht. Wenn P. neuert, dann vor allem dadurch, daß er in Bereiche ausgreift, welche die alte Stoa in ihr Philosophieren nicht einbezogen hatte. Die neue Axiomatik von *σύνδεσμος* und *συμπάθεια* machte es notwendig, einen neuen Begriff von der Kausalität zu gewinnen: Es ließ sich durch *συμπάθεια* erklären, daß einzelne

Naturerscheinungen auf andere, größere vorausweisen; mantische Praxis, die Einholung von Orakeln und deren Deutung gewannen von hier ihre Rechtfertigung. Die hierzu einschlägigen Erwägungen P.' hat Cicero in den Schriften de divinatione I und de fato benutzt.

Man hat sich den Logos als das Organ des geistigen Kontaktes zu denken. Solange die Seele durch den logoswidrigen Körper beschwert ist, fällt solcher Kontakt ihr schwer; im Traum oder nach dem Tode tritt sie in geistigen Austausch mit anderen Seelen, oder mit Wesen höherer Art – Dämonen oder Göttern; so Cicero, de div. 1,60 bis 66. Denn der Logos der Welt ist zugleich die *εἱμαρμένη*, die alle Ursachen umfaßt; Gemeinsamkeit mit dem Logos führt zur Kenntnis der Ursachen. Und wer die Ursachen weiß, weiß auch die Wirkungen. Im Bereich der Natur sonderte P. die drei »Reiche« der *ἕξις* (Unbelebtes), der *φύσις* (Pflanzliches) und der *ψυχή* (Wesen mit Eigenbewegung = Tier und Mensch); so übereinstimmend mit Alt-Stoischem Sextus Emp. adv. math. 9,81 bis 85. P. dürfte diesen Stufungsgedanken weiter entwickelt und ihn auf *λογικὰ ζῷα* oberhalb des Menschen angewendet haben.

6. Weltjahr und Kultur-Theorie. Beobachtungen an den Riten ferner Völker und an der Gesch. der Griechen und der Römer führen zu der Folgerung: Früher war der Logos den Menschen näher als jetzt. Die alten Dichtungen, die alten Rechtssatzungen zeugen von einer Intensität des Logos, die jetzt verloren ist. In den Riten ferner Völker lebt (zum Teil von den heutigen Menschen mißverstanden) alte Weisheit fort. In der Frühzeit gelangen die lebenerhaltenden Erfindungen – Kleidung, Behausung, Anbau des Getreides *(cultura!)*. Aber dem Notwendigen folgte das Wertwidrige: Erfindung der Waffen, der Schiffahrt und der Äckerteilung. Seither steigt die Menschheit in der Verfeinerung ihrer Lebensführung aufwärts, aber ethisch steigt sie abwärts. Mehr und mehr verliert sie den Kontakt mit dem Logos; nur die Philosophen vermögen ihn unter größten Schwierigkeiten zu wahren. Eines Tages wird der Logos gänzlich aus dieser Welt verdrängt sein – worauf die Mythen Hesiods und Arats im voraus verweisen. Die Welt wird durch den Logos, der sie überall durchdringt, zusammengehalten (der *σύνδεσμος* ist eine Funktion des Logos). Sobald sich der Logos zurückzieht, muß die Welt durch Selbst-Entzündung – *ἐκπύρωσις* – zugrunde gehen. Da aber alle Ursachen ewig und unveränderlich wirken, wird die Welt sogleich nach dem Brande wieder entstehen, nun wieder in vollkommener Weise vom Logos durchwaltet. Die alte Vorstellung vom Weltenjahr hat P. genutzt, um seine Kultur-Theorie in sie einzufügen und aus ihr zu begründen.

Alle Philosophen, vor allem die ältesten, haben den Logos erkannt und ihn verkündet; P. ist – im

Unterschiede zu den älteren Stoikern – weit davon entfernt, nur seine Schule gelten zu lassen; in reichem Maße hat er Bestätigungen für seine Ansichten aus Platon, aus Aristoteles und aus dem Lehrgut der Pythagoreer gesammelt. Oft folgt er diesen seinen Vorbildern so dicht, daß sich nicht entscheiden läßt, ob er unverändert übernimmt, oder ob er umbildet; diese Frage an P. zu richten, ist im Grunde illegitim. Für P. gibt es nur eine vom Logos her bestimmte Philos.; da diese stets sich selber gleich bleibt, sind Prioritätsfragen belanglos. Aufgabe des Philosophen ist es, nach den Gründen, den *αἴτια*, zu fragen, weil die Erkenntnis der *αἴτια* auf die Erkenntnis des Logos führt, der alle Ursachen umfaßt. Von hier aus gewinnt die Charakteristik des P. (bei Strab. 2,104) ihren vollen Sinn: *πολὺ γάρ ἐστι τὸ αἰτιολογικὸν παρ᾽ αὐτῷ καὶ τὸ ἀριστοτελίζον – ὅπερ ἐκκλίνουσιν οἱ ἡμέτεροι διὰ τὴν ἐπίκρυψιν τῶν αἰτιῶν.*

Von P. sind 25 Buchtitel verläßlich bezeugt, aber kein philosoph. Text ist im Zusammenhang erhalten (ein längeres Textstück nur aus dem Historienwerk FGrH 87 F 36 aus Athenaios über den zum Tyrannen entartenden Athenion, und drei kürzere ebd. 87; F 15–17 über Bräuche der Kelten); es gibt keine Slg. der nichthist. Fragmente.

Um die ungemeine Vielseitigkeit des P., aber auch die Vielseitigkeit der an P. zu richtenden Fragen recht deutlich hervortreten zu lassen, wurde das nachstehende Lit.-Verzeichnis umfänglicher als sonst üblich angelegt. H. D.

J.F.Dobson The P. Myth, CQ 12, 1918, 197ff. *L.Edelstein* The Philos. System of P., AJPh 57, 1936, 286–335. *Karl Gronau* P. und die jüd.-christl. Genesis-Exegese, 1914. *I.Heinemann* P.' metaphys. Schr., 2 Bde. 1921. 1928; rez. *M.Pohlenz*, GGA 184, 1922, 176ff. = Kl. Schr. I 186ff. (zu Bd.I), und GGA 192, 1930, 137–156 = Kl. Schr. I 233ff. *W. Jaeger* Nemesios von Emesa, 1914. *Marie Laffranque* P. d'Apamée; essai de mise au point, 1965. *Philipp Merlan* Beitr. z. Gesch. des ant. Platonismus II; P. über die Weltseele in Platons Timaios. *A. Modrze* Zur Ethik und Psychol. des P.; P. bei Seneca im 92. Brief, Philol. 87, 1932, 300–331. *H. R. Neuenschwander* Mark Aurels Beziehungen zu Seneca und P., 1951. *A.D.Nock* P., JHS 77, 1957, 1–15. *Ed. Norden* Die german. Urgeschichte in Tacitus' Germania, 1921. *G. Pfligersdorffer* Stud. zu P., SAWW, 1959. *M. Pohlenz* P.' Affektenlehre und Psychologie, NGG 1922, 163–194 = Kl. Schr. I 140ff. *Ders.* Cicero, de officiis III; NGG I 1, 1934, 1–40 = Kl. Schr. I 253ff. *Ders.* Tierische und menschl. Intelligenz bei P. H 76, 1941, 117–123 = Kl. Schr. I 292ff. *K. Reinhardt* P., 1921; rez. *M.Pohlenz* GGA 184, 1922, 161–187 = Kl. Schr. I 172ff. *Ders.* Kosmos und Sympathie; neue Unters. zu P., 1926, rez. *M.Pohlenz*, GGA 188, 1926, 273–306 = Kl. Schr. I 199ff. *Ders.* P. über Ursprung und Entartung, Orient und Antike 6, 1928. *Ders.* Art. P. RE XXII, 1954, 560–826. *G. Rudberg* Forschungen zu P., 1918. *Ders.* P., 1924. *Ed. Schwartz* Charakterköpfe aus der ant. Literatur I^3, 1910, 91ff. *H. Strasburger* P. on Problems of Rom. Empire, JRS 55, 1965, 40–53. *W. Theiler* Die Vorbereitung des Neuplatonismus 1930, repr. 1964; rez. *E. R. Dodds*, Gn. 7, 1931, 309f. *Mario Untersteiner* P. nei placita di Platone secondo Diogene Laerzio III, Antichità classica e cristiana 7, 1970. *G. Verbeke* L'éducation morale selon le stoicisme postérieur ... (niederländ. mit franz. résumé), Tijdschr. voor Philosophie 27, 1965, 3–53. *R.E. Witt* Plotinus and P., CQ 24, 1930, 198ff.

Posideon (*Ποσιδεών*), Monatsname, bes. des ion. Kalenders = Dezember/Januar; in Athen und Euboia der 6. der Monatsreihe (s. Sylloge^3 204,10. 310* 386 u. ö.), hier auch der regelmäßige Schaltmonat als zweiter P. (*Π. ὕστερος* oder *δεύτερος*; Sylloge^3 474 *ἐμβόλιμος*). In dor. Kalendern, so in Epidauros als *Ποσίδαιος*, in aiol. Kal. Kleinasiens (z. B. Lesbos) als *Ποσίδειος*. W. S.

W. Sontheimer, RE XXII 825f.

Posides. Freigelassener des Claudius, Eunuch, nach dem brit. Triumph mit der *hasta pura* ausgezeichnet (Suet. Claud. 28,1. Aur. Vict. 4,7). Er war sehr reich, besaß in Rom einen Palast (Iuv. sat. 14,91) und stiftete in Baiae die *thermae Posidianae* (Plin. nat. 31,5. Sen. epist. 86,7). G. Wi.

Possessio bedeutet im klass. röm. Recht bestimmte qualifizierte Formen der tatsächlichen Sachherrschaft. Daher steht die p. im Gegensatz einerseits zum Eigentum *(dominium, proprietas)* und andererseits zur nicht qualifizierten tatsächlichen Innehabung *(detentio)*.

I. Entwicklung. Entstanden ist die p. als privates Nutzungsrecht an Grundstücken: p. bezeichnet die Rechtsstellung an dem durch → *precarium* überlassenen *ager publicus*. Der Berechtigte wird hier gegen Dritte – anders als der Eigentümer – nicht mit der *rei vindicatio* geschützt, sondern durch → *interdicta*. Später ist dieser Schutz auf den *ager privatus* ausgedehnt und also die p. neben dem Eigentum angenommen worden. Auf der letzten Stufe endlich (wohl im 3. Jh. v. Chr.) hat man p. auch an beweglichen Sachen angenommen.

II. Klass. Recht. Hier erscheint die p. hauptsächlich in zwei Funktionen: Erstens als der schon erwähnte Interdiktenbesitz. Er steht zu jedem Eigenbesitzer (das ist, wer die Sache als ihm gehörend besitzt, also selbst der Dieb) und vier Arten von Fremdbesitzern: Prekarist, Erbpächter, Pfandgläubiger und Sequester. Dieser Interdiktenschutz wird bald auf einige weitere Fälle erstreckt (z. B. auf den Nießbraucher); man spricht dann von *quasi p*. Der Interdiktenbesitz bestimmt auch die Beklagtenrolle für die *rei vindicatio*. Zweitens erscheint die p. als Voraussetzung der Ersitzung (→ *usucapio*) und des Eigentumserwerbs an *res nec mancipi* durch → *traditio*. Für diese *p. civilis* ist mehr erforderlich als für die einfache p.: Es muß sich stets um Eigenbesitz handeln, und er muß rechtmäßig (durch *iusta causa*) erworben sein. Für beide Arten der p. erfordert der Grundtatbestand des Erwerbs tatsächliche Ergreifung der Sache mit Beherrschungswillen (Erwerb *corpore et animo*). Verloren geht die p. entweder gleichfalls *corpore et animo* (willentliche Aufgabe der Sachherrschaft) oder *corpore* allein (dauernder unfreiwilliger Verlust der Sachherrschaft). Beim Tod des Besitzers geht seine p. auf die → *sui heredes* über.

III. Nachklass. Recht. Hier werden im Vulgarrecht bes. seit Konstantin die Grenzen zwischen p., dem Eigentum und den beschränkten Sachenrechten verwischt: Alle diese Fälle werden als p. bezeichnet. Zum Ausdruck der Unterschiede bedarf es daher qualifizierender Zusätze, so für den berechtigten *possessor iure*, *perpetuus*, *securus* oder ähnliches. Umgekehrt wird auch eine *p. solo animo* nach unfreiwilligem Verlust der Sachherrschaft angenommen. Der Interdiktenschutz wird durch Verwirkungs- und Strafvorschriften gegen eigenmächtige Eingriffe in die p. verschärft. Iustinian ist demgegenüber weithin zum klass. Begriff der p. zurückgekehrt. Doch verschiebt er das Schwergewicht auf den Besitzwillen *(animus)*, dessen Bedeutung sich ändert: der *animus domini* wird zum Glauben an das Eigentum. Dem tritt der nicht von solchem Glauben getragene Besitz als bloße *corporalis p.* gegenüber. Zugleich wird die Erhaltung der *p. solo animo* erweitert, und die p. wird in Ausnützung klass. Ansätze von körperlichen Sachen auch auf Rechte erstreckt. So erhält eine *p. iuris*, wer einen Nießbrauch oder eine Prädialservitut tatsächlich ausübt, auch wenn ihm diese Rechte nicht zustehen. D. M.

Lit. kaum übersehbar; umfassende Nachweise bei *M. Kaser* Röm. Privatrecht 1, 1955, 122ff. 325ff.; 2, 1959, 177ff.

Possidius, von 397 bis mindestens 437 Bischof von Calama in N.-Afrika, verfaßte um 432 eine Vita [1] und in deren Anhang, dem sog. *indiculus* [2], ein Verzeichnis der Schriften seines Lehrers und Freundes Augustinus. B. R. V.

Ta.: 1. *M. Pellegrino*, 1955. 2. *A. Wilmart*, in: Miscellanea Agostiniana 2, 1931, 149–208.

Lit.: *P. Courcelle*, Rech. sc. rel. 39, 1951, 428/42. *G. Luck*, JbAC Erg.-Bd. 1, 1964, 239/40.

Postliminium »Rückkehr über die Schwelle«. Das *ius postliminii* ist das Recht, kraft dessen der heimgekehrte Kriegsgefangene alle seine Rechte, die während der erzwungenen Abwesenheit notwendig geruht hatten, zurückgewinnt. In erster Linie ist das der *status libertatis*, nachdem er in der Gefangenschaft *servus hostium* gewesen war, sodann die Herrschaft über sein Vermögen, bes. die *patria potestas* über seine *familia*. Die röm. Juristen haben sich bemüht, die einzelnen Gruppen von Objekten, auf die das P. Anwendung fand, genauer abzugrenzen und die Rechtsmittel zu präzisieren, die dem Heimgekehrten zustanden, um im Hinblick auf die während seiner Abwesenheit eingetretenen Veränderungen seines Vermögens die → *restitutio in integrum* zu erlangen. Auch die Bestimmung des betroffenen Personenkreises (Überläufer, Soldaten, die sich ergeben haben, von Räubern oder Piraten Gefangene, freiwillig ins Exil Gegangene usw.) war ein mehrfach erörtertes Problem. K. Z.

H. Kreller, RE XXII 863–873.

Postulatio, bedeutet allg. das Fordern, wird aber im röm. Recht in doppeltem Sinn als Fachausdruck verwendet:

1. Im Zivilprozeß ist p. die Antragstellung beim Magistrat, bes. beim Praetor (insoweit teilweise synonym *petitio*). Ulp. Dig. 3,1,1,2 *Postulare autem est desiderium suum vel amici sui in iure apud eum, qui iurisdictioni praeest, exponere: vel alterius desiderio contradicere*. Das Legisaktionenverfahren konnte auf verschiedene Weise eröffnet werden; p. kommt hier technisch vor bei der *legis actio per iudicis arbitrive postulationem*. Der Formularprozeß wird eröffnet durch den Antrag auf Erteilung einer *actio (p. actionis)*. Im weiteren Verlauf konnte dann auch der Beklagte postulieren (eine *exceptio* oder die *denegatio actionis*). Jedoch fehlt manchen Personengruppen die volle Postulationsfähigkeit: Einige können überhaupt nicht postulieren (etwa noch nicht 17jährige), andere nur für sich selbst (etwa Frauen), wieder andere können postulieren nur für sich selbst und bestimmte weitere Personen (so in den Fällen der praetor. Infamie). Soweit die Postulationsfähigkeit fehlt, erhält die Partei einen Beistand *(advocatus)*. Vgl. Dig. 3,1. Cod. Iust. 2,6. M. Kaser Röm. Zivilprozeßrecht 1966, 150f.

2. Im Strafprozeß ist p. die Anklage *(→ accusatio)*, vgl. → *quaestio* und Mommsen RStR 188f. 382f. D. M.

Postumianus. 1. *Praef. praet. per Orientem* 383 (Cod. Theod. 9,42,10. 16,5,12 Christ (Greg. Naz. epist. 173) vielleicht der Liban. epist. 1036,8 genannte Onkel von Nr. 2. **2.** Aus vornehmer, sich auf die Götter zurückleitender stadtröm. Familie, 395 Senatsgesandter an den Hof (P. in Liban. epist. 1036 und Symm. epist. 3,48. 6,22. 26 wohl ident. – vielleicht auch der bei Macr. Sat. 1,7 genannte). A. L.

Postumius. Name eines angesehenen patriz. Geschlechts. Ein P. Albus soll als Dictator 499 oder 496 die Latiner am See → Regillus besiegt haben. Seine Nachfahren haben daher häufig neben dem Cognomen *Albus* (später: *Albinus*) auch den Beinamen *Regillensis*. Z. Z. der gall. Katastrophe gehörten die Postumier zu den angesehensten röm. Adelsgeschlechtern; ihre höchste Bedeutung erlangten sie in den Jahren vor dem Perseuskrieg.

I. Republikanische Zeit:

1. P. (zu Prae- und Cognomen vergleiche Broughton 1,75) eroberte 414 als Consulartribun die aequische Stadt Bolae. Bei einer Meuterei nach dem Sieg wurde er gesteinigt (Liv. 4,49,9–50,6).

Obwohl seinem Nachkommen Nr. 13 das gleiche geschah, ist die Episode wohl hist. **2.** P., etr. Seeräuber, 339 von Timoleon in Syrakus hingerichtet (Diod. 16,82,3). **3.** C. P. war 168 als trib. mil. bei der Gefangennahme des Perseus zugegen (Liv. 45,6,9). **4.** C. P., *haruspex*, wohl etr. Herkunft, prophezeite Sulla 89 und 83 seine Siege. **5.** L. P. (Albinus ?) hatte wohl schon 91 und sicherlich 90 als Praetor das Kommando in Nola und wurde nach der Einnahme der Stadt durch die Samniten getötet (Liv. per. 73). **6.** M. P. war 426 Consulartribun und wurde nach einer Niederlage vor Veii vor Gericht gestellt und verurteilt (Liv. 4,41,10). **7.** M. P., wohl etr. Abstammung, gehörte zum Publicanenstand und steckte im 2. pun. Krieg auf unrechtmäßigem Wege große Gewinne ein. Erst als ihm ein Kapitalprozeß drohte, ging er in die Verbannung (Liv. 25,3,8–5,1).

Postumii Albini. **8.** Sp. P. (Albinus), Altersgenosse des Ti. Gracchus und guter Redner (Plut. Ti. Gr. 8,8). Vielleicht Cic. Brut. 94 gemeint. **9.** A. P. Albinus, 242 Consul und in diesem J. als *flam. Mart.* erwähnt, erhielt wegen seines Priesteramts vom *pont. max.* das Verbot, am Entscheidungskampf gegen Karthago teilzunehmen (Liv. per. 19 u. a.). Censor 234, † vor 218. **10.** A. P. Albinus nahm wahrscheinlich 168 als Legat und 167 als *trib. mil.* am Perseuskrieg teil (Liv. 45,28,8–29,1). Wahrscheinlich 159 Aedil, empfing P. 155 als Praetor die berühmte Philosophengesandtschaft (Gell. 6,6,9. Plut. Cat. 22,5). Pol. gibt ihm die Schuld an dem Senatsbeschluß, die achaiischen Internierten nicht zu entlassen (33,1,3–8). Nachdem P. als Mitglied einer Gesandtschaft 154 daran mitgewirkt hatte, → Prusias II. und → Attalos II. (5) zu versöhnen, wurde er 151 Consul (Liv. per. 48. Pol. 35,3,7). 146–145 Gesandter in Griechenland (von Pol. 39,1,10ff. ungünstig beurteilt), stand er wahrscheinlich an der Spitze der Kommission, die die Provinz Achaia einrichten sollte (Cic. Att. 13,32,3). Die hohen Ehren, die P. in Griechenland empfing (Inschr. v. Olympia 322. SEG I 152. Cic. Att. 13,32,3), modifizieren das ungünstige Bild, das Pol. von P. gibt (39,1,2ff.). P. verfaßte ein Gedicht und ein Geschichtswerk in griech. Sprache (Pol. 39,1,4. HRR I² CXXV), doch sind beide früh verschollen. **11.** A. P. Albinus, Bruder von Nr. 18, wurde als dessen Legat 110 von Iugurtha vernichtend geschlagen und zu einem demütigenden Vertrag gezwungen (Sall. Iug. 38,1–10 u. a.). Seine hierauf wahrscheinlich erfolgte Verurteilung in Rom beendete seine polit. Laufbahn (vgl. BROUGHTON 2,607, nach dem P. mit Nr. 12 und 13 ident. ist). **12.** A. P. Albinus war 99 Consul. **13.** A. P. Albinus wurde als Sullas Legat 89 von seinen Soldaten als Verräter angeklagt und gesteinigt (Liv. per. 75. Val. Max. 9,8,3). **14.** L. P. Albinus, Sohn von Nr. 9, Consul 234 und 229, unterwarf 228/27 die Königin → Teuta, feierte aber keinen Triumph (Pol. 2,11,1–12,8). 216 wurde er in seiner 2. Praetur zum Consul designiert. Doch fand er vor Antritt seines Consulats 216 mit seinem gesamten Heer in einem Hinterhalt der Boier seinen Untergang (Liv. 23,24,3ff.). **15.** L. P. Albinus, Enkel von Nr. 9, Praetor 180, kämpfte 180–178 (Triumph) im jenseitigen Spanien (Liv. 41,6,4. 7,1–3). Die Stadt Castra Postumiana (Bell. Hisp. 8,6) erinnerte an ihn; seine Siege wurden auf Denaren der sullan. Z. von einem Nachkommen verherrlicht (SYDENHAM The Coinage of the Rom. Rep., 1952, 120 Nr. 746). 173 war P. Consul, fiel 169 bei der Censorwahl jedoch durch. 168 nahm er als *trib. mil.* am Perseuskrieg teil (Liv. 44,41,2f. 6). **16.** L. P. Albinus, Sohn von Nr. 17, wurde 168 *flam. Mart.* (Liv. 45,15,10) und 158 oder 157 Praetor. 154 starb er in seinem Consulat (Obseq. 17 gegen Liv. per. 48). **17.** Sp. P. Albinus, 189 Praetor, ging 186 als Consul mit seinem Collegen Q. Marcius Philippus gegen die Bacchanalien vor (CIL I² 581. Liv. 39,8,1. 3–20, 1. 23,1 u. a.). Liv. hat aus den Ereignissen einen zusammenhängenden Bericht konstruiert, dessen Glaubwürdigkeit strittig ist (vgl. M. GELZER, Kl. Schr. 3, 1964, 256ff.). 184 wurde P. Augur. Er starb 180 verhältnismäßig jung an der Pest, so daß sein Auftreten in Cic. Cato 7, wo er über die Lasten des Alters klagt, als Fiktion gelten muß, **18.** Sp. P. Albinus, Consul 110, Herkunft und vorherige Laufbahn sind unbekannt. In dem von ihm aus Ehrgeiz (Sall. Iug. 35,3) neuentfachten Krieg gegen Iugurtha erlitt sein Bruder Nr. 11, während er selbst zu den Wahlen in Rom weilte, eine vernichtende Niederlage. Seinem Nachfolger Q. Metellus mußte P. ein völlig demoralisiertes Heer übergeben (Sall. Iug. 44,1). In dem folgenden Gerichtsverfahren wurde P. verurteilt und ging wohl in die Verbannung (Cic. Brut. 128). **19.** A. P. Albinus Luscus (Beiname nur bei Liv.: Verlust eines Auges ?), Enkel von Nr. 9 und Bruder von Nr. 15 und 21, Legat im Krieg gegen → Antiochos III. (4), 187 Aedil, 185 Praetor und 180 Consul (Feldzug gegen die Ligurer [Liv. 40,41,2. 5f.]). 176 führte P. eine Senatskommission auf die n. Balkanhalbinsel. 2 röm. Weihinschr. weisen ihn als *IIvir aed. ded.* aus (A. DEGRASSI, Scritti vari di antichità 1, 1962, 336f.). 174 war P. mit Q. → Fulvius Flaccus (19) Censor (Liv. 42,10,1), 173 *Xvir sacr. fac.* Nach Pydna leitete er die Kommission, die die Verhältnisse im O. regelte (Liv. 45,17,1). **20.** Sp. P. Albinus Magnus, Praetor 151 (?), legte 148 als Consul die Via Postumia von Genua zum Adriat. Meer an (CIL I² 624). Vielleicht gehörte er mit Nr. 10 zu der Kommission, die die Provinz Achaia einrichtete (Cic. Att. 13,30,2). **21.** Sp. P. Albinus Paullulus, Bruder von Nr. 19 (Fast. Cap.) war wahrscheinlich 185 Aedil und ident. mit dem Plin. nat. 18,41–43 (aus Piso HRR F 33) genannten Aedil Sp. Albinus. Nach der Praetur 183 wurde er erst 174 Consul. Zu Beginn des Perseuskrieges gehörte er einer Gesandtschaft an die Rhodier und andere

Bundesgenossen im O. an (Liv. 42,45,1–8). **22.** M. P. Albinus Regillensis war 403 mit M. Furius Camillus Censor (Fast. Cap.).

23. Sp. P. Albus, vielleicht Sohn von Nr. 24, 432 Consulartribun, fiel wahrscheinlich als Legat 431 im Kampf gegen die Aequer (Liv. 4,28,8). **24.** Sp. P. Albus Regillensis, wohl Sohn des Siegers am See Regillus, 466 Consul und nach einem Aufenthalt in Griechenland 451 *Xvir leg. scr.* (Liv. 3,33,3–6). In seinem Consulat weihte Sp. den Tempel des Dius Fidius. 462 wurde er Augur. **25.** L. P. Megellus besiegte 305 in seinem 1. Consulat die Samniten und erhielt nach Liv. 9,44,14 (gegen Act. Tr.) den Triumph. 294 weihte er in seinem 2. Consulat den Tempel der Victoria auf dem Palatium (Liv. 10,33,9) und kämpfte mit seinem Collegen M. Atilius → Regulus in Etrurien und Samnium (Triumph beider: Act. Tr.). 291 wurde Sp. in einer Wahlversammlung, die er selbst als Interrex leitete, zum Consul gewählt (Mommsen StR 1,500f.). Aus den lückenhaften Berichten über seinen 3. Consulat geht hervor, daß er Streitigkeiten mit Collegen, Senat und Volk hatte (Liv. per. 11. Dion. Hal. ant. 19,4,2–5,4) und daß sein selbstbewußtes und übermütiges Handeln ihm allg. Haß und eine Anklage nach dem Consulat einbrachte. 282 gehörte er der Gesandtschaft an, die nach dem Angriff auf die röm. Flotte nach Tarent ging und dort höchst unwürdig behandelt wurde (Dion. Hal. ant. 19,5,1–6,1 u. a.). **26.** A. P. Tubertus wird Liv. 4,23,6 als *magister equitum* in der 2. Dictatur des Mamercus → Aemilius (I 11) genannt, jedoch wohl nur, weil seine Ernennung zum Dictator 432 oder 431, ohne daß er ein Oberamt innegehabt hätte, unglaubwürdig schien. Er besiegte die Aequer und triumphierte über sie. Wegen milit. Ungehorsams ließ er seinen Sohn hinrichten (Liv. 4,29,5f. u. a., Ed. Meyer Kl. Schr. 2,272. Nilsson, JRS 19, 1929, 4). **27.** Postumia war mit Ser. Sulpicius Rufus (105–43) vermählt und die letzte aus dem Geschlecht der P. Albini. Da sie offenbar sehr anziehend war, dichtete man ihr ein Verhältnis mit Caesar an (Suet. Iul. 50,1). Cicero spricht verehrungsvoll von ihr (Att. 10,7, 2. 9,3; Phil. 9,5 u. ö.). M. D.-M.

II. Kaiserzeit: **1.** M. P. Festus. Afrikaner aus Cirta, angesehener Redner (Front. epist. 2,10. Gell. 19,13,1. CIL VI 1416 = DessILS 2929 *orator utraque facundia maximus*). Etwa 143 cos. suff. Degrassi FImp. 40, *procos. Africae destinatus* CIL VI 1416. **2.** P. Terentianus. Vornehmer und gebildeter röm. Jüngling, dem die anon. Schrift περὶ ὕψους gewidmet ist. **3.** T. Flavius P. Titianus. Urenkel von 1 (*pronepos et sectator M. Postumi Festi oratoris* CIL VI 1418 = DessILS 2941), cos. suff. 285, cos. ord. 301 (Degrassi FImp. 75. 79). procos. von Africa 295 (CIL VIII 26566) und 305 Stadtpräfekt von Rom. G. Wi.

Postumus. Ein Abkömmling, der (a) nach dem Tode des → *pater familias* oder (b) zu dessen Lebzeiten, aber nach Testamentserrichtung geboren ist. Das altröm. Intestaterbrecht beruht nicht auf Blutsverwandtschaft, sondern auf der → *patria potestas*. P. ist daher auch die Person, die nach Test. Err. durch Rechtsgeschäft (z. B. → Adoption, *conventio in* → *manum*) der *patria potestas* des Erblassers unterstellt worden ist. Da der Erbe z. Z. des Erbfalls leben muß, ist ein Nachgeborener urspr. nicht erbfähig. Schon die XII Taf. geben ihm jedoch ein gesetzl. Erbrecht (Ulp. Dig. 38,16, 3,9). Die Juristen zählen den p., der, hätte der Erblasser seine Geburt erlebt, unter dessen *patria potestas* gestanden hätte, zu den → *sui heredes* (Ulp. 22,14–15). Er gilt als zu Lebzeiten des Erblassers geboren (Gai. 1,147), wenn er lebend zur Welt kommt (Paul. Dig. 50,16,129) und z. Z. des Erbfalls in einem *iustum* → *matrimonium* erzeugt war (Paul. Dig. 28,2,9,3. Gai. 2,241).

Der Erblasser darf den p. wie die übrigen *sui heredes* im Testament nicht stillschweigend übergehen. Das Testament wird *ruptum*, sobald der darin nicht erwähnte p. lebend zur Welt kommt (Ulp. 23,2). Um dies zu vermeiden, muß der Erblasser den bereits erzeugten p. als Erben einsetzen oder ausdrücklich enterben (Gai. 2,130). Tritt jedoch eine Person durch Rechtsgeschäft nach Test. Err. in die Familie ein, so wird das Testament unvermeidbar unwirksam, da Erbeinsetzung eines solchen *postumi loco* im voraus nicht möglich ist (Gai. 2,138–143). Vom nachgeborenen Kind und dem nachgeborenen Enkel, dessen Vater schon vor Test. Err. verstorben ist *(p. legitimus)* ausgehend wurden nach und nach weitere Personenklassen in die Möglichkeit einbezogen, als p. eingesetzt zu werden: der nachgeborene Enkel oder Urenkel, dessen Vater nach Test. Err., aber vor dem Erbfall verstorben ist *(p. Aquilianus*, nach → *Aquilius Gallus*, Scaev. Dig. 28,2,29, pr [itp]; 7); das zwischen Test. Err. und Erbfall geborene Kind und der Enkel, der durch Ausscheiden seines Vaters aus der *patria potestas suus* geworden ist *(p. Vellaeanus*, nach der *lex Iunia Vellaea*, 26 n. Chr., Scaev. Dig. 28,2,29,11–14); der nach Test. Err. geborene Enkel, der durch Gewaltfreiwerden seines Vaters *suus* geworden ist *(p. Iulianus*, nach Salvius → Iulianus, Scaev. Dig. 28,2,29,15). Iustinian läßt auch die Einsetzung des *p. alienus* zu, d. h. eines Nachgeborenen, der, hätte der Erblasser bei seiner Geburt gelebt, nicht unter dessen *patria potestas* gestanden hätte. Erbfähig ist nunmehr jeder vor dem Erbfall erzeugte Blutsverwandte (Cod. 6,48,1 [528 n. Chr.], Inst. 3,2,1). E. Bu.

U. Robbe I postumi nella successione testamentaria romana, 1937. *E. Sachers*, RE XXII 956ff. *M. Meinhart*, ZRG 82, 1965, 188ff. *P. Voci*, Diritto ereditario rom.^{2} 1, 1967, 401ff. ^{2}2, 1963, 641ff.

Postverta wird in röm. Überlieferung als Gegenstück zu → Porrima (Ov. fast. 1,633. Serv. auct. Aen. 8,336), Antevorta (Hyg. b. Macr. Sat. 1,7,20), Prorsa (Gell. 16,16,4. Tert. nat. 2,11) gedeutet; als *Venus Postvorta* (Serv. auct. Aen. 1, 720) ist sie die Göttin, die sich »nachher (d.h. nach dem Gelübde) freundlich erwiesen hat«. Das gilt auch für *Prorsa Postverta* »die nach der Vorwärtswendung des Kindes zu gutem Ausgang geführt hat«. G. R.

Peter Myth. Lex. 2,216. *Wissowa* Rel. ^{2}220f. *Latte*, RRG 136. *Radke* Götter Altitaliens 259f.

Postwesen s. Cursus publicus I 1346f.

Potaissa, Ort in Dacia Porolissensis, bei dem h. Ort Turda (Torda) s.ö. von → Napoca (h. Cluj, Klausenburg). Hier war das Lager der *leg. V. Macedonica*, die zu Beginn der Markomannenkriege dorthin verlegt wurde (167 n.Chr.). Der urspr. *vicus Patavissensium* wurde unter Sept. Severus zum *municipium* erhoben. Durch die *canabae* der Legion wurde P. wesentlich vergrößert. Die Bevölkerung wuchs durch hinzukommende Siedler, die die dortigen Salzgruben ausbeuteten.

Außer zahlreichen Legionssoldaten, Unteroffizieren und einigen Offizieren kommen auf Inschr. aus P. auch Zivilbeamte vor. Unter der gemischten Bevölkerung befindet sich auch ein starkes dakoget. Element. Ptol. 3,8,7. CIL III 172–2328, 94. Chr. D.

Daicoviciu, RE XXII 1014–1020; Istoria Romîniei, I, 1960, s. »Potaissa«.

Potamiaina. Alexandrinische Märtyrerin. Eus. KG 6,5 läßt ihren Prozeß vor dem Richter Aquila z.Z. des Septimius Severus stattfinden, Pallad. Hist. Lausiaca 3 unter Maximianus, 1 Jh. später. In der Todesart durch siedendes Pech stimmen die 2 Ber. überein. Eus. erscheint in Einzelheiten geschichtlich zuverlässig. O. H.

T.D.Barnes, Journ. of Theol. Stud., N.S. 19, 1968, 525 bis 527.

Potamon, Sohn des → Lesbonax (3) aus → Mytilene (Suda s. *Λεσβῶναξ*), gefeierter griech. Rhetor (vgl. Sen. suas. 2,15f.) und Politiker, † wohl zu Anf. der Regierung des Tiberius (Schutzbrief des Kaisers: Suda s. *Π.*). Mehrfach leitete P. Gesandtschaften seiner Heimatstadt; so erreichte er z.B. im J. 47 v.Chr. von Caesar die Erneuerung des Bündnisses mit Rom (dazu [4]), obwohl Mytilene für Pompeius eingetreten war. Seine Verdienste trugen ihm überschwengliche Ehrungen ein (Ehreninschr.: IG XII 2,35 [= Sylloge^3 764]. 159ff. 272. 154 [Priester des Augustuskultes]). Zeitweilig lebte P. in Rom. Unter seinen (restlos verlorenen) Werken waren eine Alexander-Gesch., Enkomien auf Brutus und Caesar und eine Schrift über den idealen Redner (*Περὶ τελείου ῥήτορος*). FGrH 147. PIR 3 Nr.675. H. Gä.

1. *C.Cichorius* Rom und Mytilene, Lpz. 1888, 62ff. 2. *Susemihl* 2,512ff. 3. *H.Bornecque* Les déclamations et les déclamateurs d'après Sén. le père, Lille 1902, 192. 4. *R.K.Sherk*, Gr. Rom. and Byz. St. 4, 1963, 145ff.

Potamophylax, Wasserschutzpolizei im ptol. Äg., auch zuständig für Zoll und Steuereintreibung auf dem Nil, belegt ab 2.Jh. v.Chr. Dieses Amt war eine Leiturgie; zur Bezahlung wurde eine bes. Steuer erhoben. W. H.

Potamos, Name dreier att. Demen, der »unteren« (*ὑπένερθεν*), »oberen« (*καθύπερθεν*) und deiradiot. Potamier (*Δειραδιῶται*). alle drei zur Phyle Leontis gehörend. Bei der Errichtung der makedon. Phylen kamen die Deiradiotai P. zur Antigonis, einer der beiden anderen Demen zur Demetrias, dann wieder alle bei der Leontis. Sicher bekannt ist die Lage der P. Deiradiotai an der O.-Küste Attikas zwischen Thorikos und Prasiai im Tal des h. Potami, Strab. 9,1,22 p. 398. Plin. nat. 4,24. Der zweigeteilte andere Demos lag wahrscheinlich am Oberlauf des Ilissos. Die P. wurden verspottet, da sie leicht Fremde ins Bürgerrecht aufnahmen und es gab eine Komödie *Ποτάμιοι* des → Strattis, CAF I 721f. Harpokr. Suda. Phot. s.v. IG II^2 1742. 1752. Hesp. 30, 1961, 33 Z. 203ff. E. M.

E.Meyer, RE XXII 1030ff.

Poteidaia (*Ποτείδαια*, liter. *Ποτίδαια*, Ethnikon *Ποτ(ε)ιδαιάτης*), Stadt auf dem schmalen Isthmos der w. Halbinsel Pallene der Chalkidike, beiderseits ans Meer reichend, korinth. Kolonie, angeblich durch einen Sohn → Perianders, Euagoras, gegründet, danach zu Anf. des 6.Jh. v.Chr., Nikol. Damask. FGrH 90 F 59. Korinth sandte noch im 5.Jh. jährlich Epidamiurgen nach P., Thuk. 1,56,2. Inschr. im korinth. Alphabet u.a. P. hatte in Delphi ein eigenes Schatzhaus neben dem Athenerschatzhaus, Paus. 10,11,5. 480 v.Chr. zum Anschluß an Persien gezwungen, Hdt. 7,123,1, aber sofort nach Salamis Abfall und vergebliche pers. Belagerung, Hdt. 8,126–129. Auch bei Plataiai beteiligt, Hdt. 9,28,3. 31,3. Syll. I^3 31 IX 28. Paus. 5,23,2. Dann im att. Seebund, zuerst wohl mit Schiffen, dann mit dem hohen Tribut von 6, nachher sogar 15 Talenten, Meritt The Athenian tribute lists 1,386f. 3,58. 267. 321 u.ö. Wohl z.T. deswegen und wegen der Spannungen zwischen Athen und → Perdikkas von Makedonien und mit Korinth im März/April 432 v.Chr. der Abfall, der zu der langen Belagerung durch Athen und zur Kapitulation im Winter 430/29 v.Chr. führte, Thuk. 1,56–65. 2,29,6. 31.2. 58. 67. 70. IG I^2 296 = SEG 10,223. Die Bewohner erhielten freien Abzug, P. wurde mit 1000 att. Siedlern neu besetzt, Thuk. 2,70,4. IG I^2 397 (Syll. I^3 74). I^2 57,27f. (Syll. I^{3}75).

Nach dem Pelop. Krieg wurde P. selbständig und schloß sich zunächst dem chalkid. Bund an, bei der Belagerung von → Olynth aber Abfall zu Sparta, Xen. hell. 5,2,24. 2,39. 3,6. 364 v.Chr. Eroberung durch → Timotheos und Entsendung von att. Kleruchen, Diod. 15,81,6 u.a.o. IG II^2 114 (Syll. I^3 180). 356 v.Chr. Eroberung durch Philipp II. von Makedonien, der die Stadt vertragsgemäß an Olynth überließ, die Einwohner in die Sklaverei verkaufte, die Athener aber nach Athen zurückschickte, Diod. 16,8,3. 5. Demosth. u.a. o. Zerstört wurde P. aber nicht.

316 v. Chr. gründete → Kassandros (2) an der Stelle von P. die neue Stadt Kassandreia, wohl als Hauptstadt gedacht, die die ganze Halbinsel Pallene und das Gebiet des zerstörten Olynth als Territorium erhielt, Diod. 19,51,2f. u.a. o. Aus der Folgezeit ist die Tyrannis des Apollodoros bemerkenswert, die in den blutrünstigsten Farben geschildert und geradezu sprichwörtlich wird, nach 279 v. Chr., Diod. 22,10f. Polyain. 6,7 u. a. o. Sie endete mit der Eroberung von K. durch → Antigonos Gonatas (2) 276 v. Chr. K. wurde eine der wichtigsten Städte Makedoniens und starke Festung, mehrfach vergeblich belagert, Liv. 28,8, 14. 31,45,14f. 44,10,11ff. Noch in der Triumviratszeit, verstärkt durch Augustus wurde K. röm. Kolonie als *Colonia Iulia Augusta Cassandrensis*. 269 n. Chr. abgewehrte Belagerung durch die Goten, Zos. 1,43,1, 539/40 Eroberung und endgültige Zerstörung durch die Slaven, Prok. b. Pers. 2,4,5; aed. 4,3,21ff., der Name ging in der Form Kassandra auf die Halbinsel Pallene über. Bekannte Persönlichkeiten aus K. sind vor allem der Historiker → Aristobulos (7) und der Komödiendichter → Poseidippos. Die ant. Reste beim h. Dorf Pinaka oder Porta (amtl. Nea P.) sind sehr gering und zumeist spät. Skyl. 66. Skymn. 628ff. Strab. 7 p. 330 frg. 25. 27. Inschr. [3], 639,3ff. SEG XIV 478. Mz. HEAD HN^2 212f. [3], 639,14ff. E. M.

1. *Oberhummer*, RE Suppl. IV 877f. 2. *John A. Alexander* Potidaea, its history and remains, 1963. 3. *E. Meyer*, RE Suppl. X 616ff.

Poteidania (Ethnikon inschr. Ποτειδανιεύς). Stadt in Aitolien auf einem Ausläufer der Vigla beim h. Dorf Kambos s. des mittleren Mornos. 426 v. Chr. für das Gebiet der aitol. Apodoten bezeugt, Thuk. 3,96,2, ebenso 208 v. Chr., Liv. 28,8,9. Sonst Steph. Byz. s. v. BCH 45, 1921, 23 IV 58. Inschr. SPrAW 1936, 370ff. IG IX 1^2 Ind. S. 108. Syll. II^3 603,4. E. M.

G. Klaffenbach, RE XXII 1037ff.

Potestas. Die Befugnis zu rechtswirksamen Handlungen, bes. Befehlen und Zwangsmaßnahmen. Die → patria p. des Privatrechts und die öffentlich-rechtliche p. des röm. → *magistratus* sind nicht von einem höheren Amtsträger verliehen und grundsätzlich unbegrenzt. Die öffentlich-rechtliche p. im weiteren Sinn ist synonym mit → *imperium*. Keiner der Versuche, p. im Sinne der Amtsgewalt jedes Magistrats vom *imperium* abzugrenzen, hat allg. Zustimmung gefunden. In einem engeren Sinne wird p. als Amtsgewalt der niederen Magistrate, des Censors und des Volkstribunen dem *imperium* der Höchstmagistrate gegenübergestellt. Ein Magistrat mit *imperium* hat *maior potestas* gegenüber einem Beamten ohne *imperium*, d. h. er kann ihm jede Amtshandlung kraft höheren Ranges verbieten, während das Recht zur → *intercessio* zwischen Beamten mit *par p.* auf Kollegialität beruht. Auf einen Eid der Plebeier geht die sakrosankte, im Verhältnis zu

anderen Beamten nicht als *par* bezeichnete p. der Volkstribunen zurück. Seit Augustus ist die *tribunicia p.* ein bes. wichtiges Element der Rechtsstellung des → *princeps*. Im Völkerrecht bedeutet *in potestatem se dedere* Souveränitätsverlust eines Staates durch Unterwerfung unter die Hoheit eines anderen. E. Bu.

U. v. Lübtow, RE XXII 1040ff. *P. De Francisci* Primordia civitatis, 1959, 361ff. 392ff. *L. Capogrossi Colognesi*, Nov. Dig. It. 13, 1966, 507ff.

Potheinos (Ποθεινός), Eunuch, Erzieher und Vormund des minderjährigen Königs → Ptolemaios XIII., Sohnes des Ptol. XII. Auletes und nach dessen Tode im J. 51 tatsächlicher Regent Äg.s, vertrieb einige Z. vor der Schlacht bei Pharsalos → Kleopatra (10), die Schwester und Mitregentin seines Mündels, aus → Alexandreia und veranlaßte nach der Ankunft des besiegten → Pompeius dessen Ermordung. Nach Caesars Ankunft rief er das unter → Achillas bei → Pelusion stehende starke äg. Heer nach Alexandreia und verwickelte die schwachen Truppen Caesars in gefährliche Kämpfe, während deren Caesar ihn hinrichten ließ. Gegenüber der abfälligen Beurteilung des P. in unseren vom röm. Standpunkt aus schreibenden Quellen ist zu betonen, daß P. natürlich äg. Politik getrieben hat. K. Z.

Adcock CAH 9, 670. *Ziegler*, RE XXII 1176f.

Pothos (Πόθος), → Personifikation der »Sehnsucht«. Zum Verhältnis zu ἔρως, ἵμερος [1] mit Stellen (etwa Plat. 420 A); seit → Meleagros (8) wird bei den Alexandrinern und später der Unterschied zwischen P. und Eros vernachlässigt. P. gilt als Sohn des → Zephyros, bzw. → Eros und der → Iris bzw. Kypris und steht dem aphrodis. und dionys. Kreis nahe, was auch die bildl. Darstellungen und inschr. Zeugnisse beweisen (vgl. Paus. 1,43,6. Plin. nat. 36,25, CIG IV 8380. 8439 u. ä.). Die Assoziation des Begriffes mit dem Tod ist durch die Verwendung von π. als Bezeichnung für eine blasse (ἄχρως, ἔκλευκος) Blume, die man auf Gräbern pflanzte (Theophr. h. plant. 6,8,3. Athen. 15,679 C. D. Eustath. z. Od. p. 1679), sichergestellt. W. P.

G. Herzog-Hauser, RE XXII 1178ff.

Potitii, röm. patriz. gens, versah mit den → Pinarii den von → Euandros (1) oder Hercules gestifteten Herculeskult an der Ara maxima auf dem Forum boarium. Verg. Aen. 8,268ff., dazu Serv., Serv. auct. 270. Liv. 1,7,12f. Dion. Hal. ant. 1,40,3. Macr. sat. 1,12,28. 3,6,12ff. DESSAU ILS 3402. Der Gentilkult wurde 312 von dem Zensor Appius → Claudius (I 4), angeblich nach Bestechung der P., als Staatskult Staatssklaven übertragen; Cic. Cael. 34f. Macr. 3,6,13. Fest. 237 M. Zur Strafe starb das Geschlecht, das aus 12 Familien bestand, in 30 Tagen oder mit 30 Erwachsenen in einem Jahr aus; Liv. 9,29,10. Val. Max. 1,1,17. Potitius galt als erster Urheber (*auctor primus*, Verg. 268), als Vorstand des Kultes (*antistes sacri*, Liv. 1,17,

4), während die Pinarii untergeordnet waren. G. Wissowa Rel.^{2} 274f. und J. Bayet Les origines de l'Hercule romain 1926 nehmen griech. Herkunft des Kultes an, K. Latte RRel. 1960, 213f. hält nichtröm. Herkunft für unbewiesen, D. van Berchem, Rendiconti dell'Acad. pontif. rom. d'arch. 32, 1959/60, 63ff. und A. Piganiol, Hommages à A. Grenier 1962, 1261 vermuten phoinik. Ursprung und sehen in den P. *κάτοχοι* des Hercules – Melkart. H. V.

Potitus s. Valerius

Praecia. Eigenname (»Ausrufer«, zur Problematik s. Walde-Hof.^{3} 2,352). – P., polit. einflußreiche Frau in Rom um 75 v. Chr., »zwar um nichts besser als eine gewöhnliche Dirne« (Plut. Luc. 6,2ff.), aber Mittelpunkt eines »polit. Salons«; sie wirkte bes. auf P. Cornelius → Cethegus (5, dazu Chr. Meier Res p. amissa 180) und dessen *factio* ein und verschaffte so z. B. dem → Lucullus (5) – natürlich gegen Geschenke usw. – die Provinz Cilicia 74 v. Chr. Vgl. auch J. P. V. D. Balsdon Roman Women, 1962, 53. H. G. G.

Praeco, berufsmäßiger Ausrufer (Zusammenhang mit *praedico:* Plaut. Bacch. 815. Cic. Quinct. 50 u. a.). Galt als *sordidus quaestus*, doch waren die p. keine Sklaven; meist Freigelassene oder deren Söhne, auch Freigeborene (ausdrücklich gefordert in Sullas Quaestorengesetz CIL I^2 587); p. stand auf der niedersten Stufe der Amtsdiener (Lex Iulia Ursonensis CIL I^2 594), durfte in der Gemeindeversammlung nicht das Wort ergreifen, keine Anträge stellen und war zu städt. Ehrenämtern nicht wählbar (Lex Iulia Municipalis CIL I^2 593. Cic. fam. 6,18,1), kam selten zu Ansehen (Mommsen St.-R. 1^3,365f.). P.-es als Amtspersonen waren in Decurien geteilt: 3 für Konsuln, Zensoren und Praetoren, mehr als eine für die curul. Aedilen, 3 für die Quaestoren; ebenso hatten die tribuni pl., außerordentl. Magistrate und Kommissionen (z. B. *decemviri agris dividundis*), der *rex sacrorum* und die *flamines* sowie einzelne Landstädte eigene p. Ihre Aufgaben bestanden in der Bekanntmachung von Befehlen und Mitteilungen der Magistrate (Einladung der Bürger zur Zensur, zu den Wahlversammlungen und *contiones*, Ausrufung der Wahlergebnisse u. a.); daneben erstreckte sich ihre Tätigkeit auf die öff. Theatervorstellungen, das Kriminalgericht, Staatsbegräbnisse u. a. m. Außerdem gab es auch private p. (Friedländer-Wiss. 1,172f. 219), die als Ausrufer bei Versteigerungen tätig waren. H. Gu.

K. Schneider, RE XXII 1193ff.

Praeconius s. Aelius II 14

Praeda. Bedeutet das im Krieg erbeutete Vermögen des Feindes. Für die Verteilung sind nach röm. Recht folgende drei Gruppen zu unterscheiden:

1. Die feindlichen Grundstücke mit aufstehenden Gebäuden werden Staatseigentum (Pomp. Dig. 49,15,20,1).

2. Von dem beweglichen Vermögen des Feindes haben die Soldaten regelmäßig an den Feldherrn abzuliefern den Staatsschatz, Kriegsgerät und Schiffe. Diese Sachen unterliegen wohl zunächst der Verfügungsgewalt des Feldherrn. Doch ist es Sitte, daß dieser einen Teil davon an die Staatskasse abliefert. Die Verwendung erfolgt dann meist im öffentlichen Interesse zu Opfern, Spielen oder auch zur Verteilung an die Soldaten. Bisweilen haben die Feldherrn ihren Anteil auch selbst den Soldaten abgetreten.

3. Das übrige bewegliche Feindvermögen pflegte vom Feldherrn zur Plünderung durch die Soldaten freigegeben zu werden. Doch waren die Soldaten verpflichtet, die so erworbene p. an die Offiziere abzuliefern. Diese verkauften die p. dann und verteilten den Erlös. D. M.

K. H. Vogel, ZRG 66, 1948, 394ff. und (teilweise berichtigend) RE XXII 1200ff.

Praedestinationslehre (= Determinismus) geht von der Überzeugung aus, daß jede Ursache notwendig und unabänderlich bestimmte Wirkungen hervorruft, daß aber jede Ursache ihrerseits Produkt aus vor ihr liegenden Ursachen ist. Wenn der Kausal-Nexus weder zerrissen noch durchbrochen werden kann, dann sind alle Folgen von Anf. an vorausbestimmt. Auch die vermeintlich freien Handlungen des Menschen müssen als durch Ursachen vorausbestimmt angesehen werden, die außerhalb des Menschen liegen.

Für die hom. Dichter ist *Moira* eine nicht weiter definierbare Macht, die selbst das Wollen und Handeln der Götter lenkt. Früh wurde die Frage nach der Freiheit des Menschen gestellt; man vermutete, jedem Menschen sei ein Daimon beigesellt, der ihn zum Guten wie zum Bösen anleite. Dazu → Herakleitos B 119: *ἦθος ἀνθρώπῳ δαίμων*.

Eine systemat. und rational begründete P.-Lehre ist erst von der Stoa ausgearbeitet worden; sie wird dort zum Zentrum von Physik und Ethik: Alle physikal. Abläufe sind von Anf. an vorausbestimmt; ja, sie wiederholen sich zyklisch (Weltjahr), da die Welt sich nach dem ihr inne wohnenden Gesetz immer wieder erneuert. Mithin ist der Mensch für das faktische Ergebnis seiner Handlungen nicht verantwortlich; ein jeder führt die Rolle durch, die ihm die Heimarmene, der Logos der Welt, übertrug (Schauspieler-Vergleich). In scharfem Unterschied dazu steht die Verantwortlichkeit des Menschen, was die eth. Intention seiner Handlungen anlangt. Die stoische P.-Lehre ist nur auf physikal. Abläufe bezogen; die Freiheit der eth. Entscheidung – der Zustimmung zum Guten, der Ablehnung des Bösen – ist gerade nach stoischer Lehre vollauf gewahrt.

Im Unterschied dazu ist von der → Astrologie die Überzeugung von einer völligen Prädestination jedes Menschen, gerade im Ethischen, nicht zu trennen. Die Sterne bestimmen nicht nur den äußeren Ablauf des Lebens, sondern bei ihrer Herabkunft hat sich die Seele verschieden lange in den Sphären der Planeten aufgehalten; dadurch wird sie gerade im Ethischen als martialisch, als venerisch, als jovial prädestiniert. Ein Seitentrieb der astrolog. motivierten P.-Lehre ist in der Gnosis erkennbar: Danach sind die Seelen aller Menschen als sogleich vergänglich – χοϊκοί – als nach einiger Zeit vergänglich – ψυχικοί – oder als unvergänglich – πνευματικοί – prädestiniert. Von derartigen Überlegungen ist kaum etwas in rationalen und nachvollziehbaren Erörterungen ausgesprochen worden; dennoch ist ant. Denken seit dem Hellenismus, und bes. stark in den ersten nachchristl. Jh.en von einer astrolog.-gnost. P.-Lehre beeinflußt. H. D.

W.Ch.Greene Moira. Fate, Good and Evil in Greek Thought, 1944. *E. R.Dodds* Pagan and Christian in an Age of Anxiety, 1966.

Praedium. Grundstück, Landgut, oft Synonym für *fundus, ager* u. a., gelegentlich nach einem Ort benannt (wie Arpinum, Nomentanum; *fundus* dagegen meist nach dem ersten Besitzer). In Italien können p. in quiritischem Eigentum sein, die *p. provincialia* nennt man je nach kaiserlichen oder senatorischen Provinzen *tributaria* bzw. *stipendiaria*. Der größte Teil des Bodens der Provinzen ist öffentliches Staatseigentum, der Gutsherr hat nur Besitz- und Nutzungsrecht, und ist zu Abgaben verpflichtet. Die Einteilung in *p. urbana* und *rustica* ist nicht eindeutig: Juristen halten erstere entweder für Grundstücke, die in der Stadt liegen, oder für solche, deren Servituten städt. Zwecken dienen (M. Kaser Das röm. Privatrecht, 1955, 370). Die Quellen erwähnen außerdem *p. suburbana, dotale, pupillare*. Große Teile des Bodens in Italien und in den Provinzen (der *ager publicus*, die Kolonien) waren vermessen, wie aus den Schriften der röm. Feldmesser hervorgeht (wo das Wort p. allerdings als t. t. nicht vorkommt: Beschränkt sich p. auf den nicht vermessenen Boden?) und wie archäolog. Forschungen, bes. Luftaufnahmen, zeigen. Große Partien einer Katasterkarte wurden in Orange (→ Arausio) gefunden. Der Verkauf der *p. decurionum, naviculariorum* und *pistorum* ist in der Spätantike stark eingeschränkt. Das p. entwickelt sich in der mittleren und späteren Republik, dann wieder bes. in der Spätantike zum Latifundium. T. P.

1. *Ch.Lécrivain*, Dar.-Sagl. III 956. 2. *G.Humbert*, Dar.-Sagl. IV 611. 3. *A.Hug*, RE XXII 1213. 4. *F.Heichelheim*, RACh IV 49. 5. *A.Piganiol* Les documents cadastraux de la colonie Rom. d'Orange (Gallia, Suppl. XVI) 1962 (mit reicher Lit.).

Praefectiani, Dienstpersonal im Officium des *praefectus praetorio* (Cod. Iust. 1,10,8. 12,52, 2). A. L.

Praefectus, praefectura von (*praeficere* abgeleitet). Der Vorgesetzte, der an die Spitze eines Amtes gesetzte, bzw. das von ihm verwaltete Amt oder Gebiet. Zu praefectura als Gerichtssprengel s. → p. iure dicundo. Der p. wurde von → Magistraten und später vom → Princeps als Amtsvertreter mit einem bestimmten Mandat eingesetzt. Die bevorzugte Verwendung von p. ist charakteristisch für die kaiserl. Verwaltung. Ferner erhielten Inhaber wichtiger niedriger Kommandostellen des Heeres den Titel p. Namenliste der militär. p. von 509 v. Chr. bis 14 n. Chr. bei J. Suolahti The junior officers of the Roman army in the Republican period 1955, 198ff. C. Nicolet Mélanges d'archéologie ... à Carcopino 1966, 703ff. Sklaven, die Aufseher und Vorarbeiter in der Landwirtschaft waren, nennt Varro rust. 1,17,5 p. N. Brockmeyer Arbeitsorganisation und ökonom. Denken in der Gutswirtschaft des röm. Reiches, Diss. Bochum 1968, 113f. Vollständige Liste der p. aller Sparten bei W. Ensslin, RE XXII 1257ff.; hier die wichtigsten:

1. *p. aerarii militaris*, seit 6 n. Chr. 3 Praetorier, Verwalter der Kasse für die Veteranenversorgung, durchs Los, später vom Kaiser bestellt, zuletzt unter Alexander Severus. Cass. Dio 55,25,2f. Tac. ann. 5,8. CIL VIII 2392. 7094. Amtsdauer 3 J., im cursus honorum nach der Stelle des *legatus legionis* oder anderer praetor. Ämter. DessILS 1041. 1076.

2. *p. aerarii Saturni*, 2 vom Senat gewählte Praetorier, Verwalter des Staatsschatzes 28 v. Chr., 23 abgeschafft, 56 n. Chr. von Nero wieder eingeführt, zuletzt unter Diokletian. Stelle im cursus honorum und Amtsdauer wie Nr. 1. Tac. ann. 13, 28f. Dess. 1233.

3. *p. alimentorum*. ein Praetorier für die Versorgung armer freigeborener Kinder aus Staatsmitteln, zuerst unter Hadrian bis zur 2. Hälfte 3. Jh., oft verbunden mit der *cura viarum*. Dess. 1061.

4. *p. annonae*, für die Getreideversorgung, ob schon 440 v. Chr., fraglich. Liv. 4,12,8. Dion. Hal. ant. 12,1,5. Mommsen RStR 2,671ff. Augustus setzte nach 7 n. Chr. einen ständigen *p. a.* aus dem Ritterstand ein. Der erste bekannte C. Turranius, vorher *p. Aegypti* von 7–4 v. Chr., war bis 48 im Amt. Tac. ann. 1,7. Im cursus honorum ging dem p. a. eine Prokuratorenstelle oder der *p. vigilum* voraus, es folgte ihm der *p. Aegypti* und der *p. praetorio*. Dess. 5049. 1347. Rangtitel unter Commodus *vir egregius*, seit Septimius Severus *perfectissimus*, nach Konstantin I. *clarissimus*, im 6. Jh. *spectabilis*. Dess. 1455. 1346. ILCV 242. Zu der Aufsicht des p. über Quantität und Qualität der Lebensmittel, Transport, Einlagerung und mitunter (s. → *p. frumenti dandi*) Verteilung Sen. de brev. vitae (gewidmet dem *p. a.* Pomponius Paulinus) 18,3. 19,1. Der p. hatte zahlreiches Personal in Rom, Ostia, anderen Häfen Italiens und in den Provinzen, ein *officium* (Dess. 8727), einen *subpraefectus annonae*, ritterliche procuratores (*procurator ad annonam provinciae Narbonensis et Liguriae* Dess. 1432) und militär. Hilfspersonal. Dess. 2083.

Der p. war nicht Magistrat, sondern *extra ordinem utilitatis causa constitutus* mit vom Kaiser delegierter richterlicher Gewalt (zeitweise mit *ius gladii*) und Appellation an den Kaiser. Dig. 1,2,33. 48,2,13. Cass. Dio 52,33,1. DESS. 707. MOMMSEN RStrR 852. Liste der p. RUGGIERO Diz. epigr. 1, 479ff. Vom 4. Jh. an wurde er in manchen Kompetenzen und rangmäßig dem *p. urbi* unterstellt. Cod. Theod. 11,14,1. 14,4,9. Not. dign. occ. 4,3. Letzter p. Cassiod. var. 12,9; *formula p. a.* var. 6, 18.

5. *p. annonae* für Konstantinopel. Cod. Iust. 1, 44.

6. *p. annonae Africae* für die Getreidelieferung nach Rom. Cod. Theod. 11,30,4.

7. *p. annonae Alexandriae*, seit Konstantin I. für die Getreidelieferung aus Alexandreia nach Konstantinopel. Cod. Theod. 12,6,3. P. Flor. 75,20. Oxy 2408.

8. *p. annonae* in Municipien. DESS. 7049.

9. *p. civitatis*, vom Kaiser oder Statthalter ernannter Militärgouverneur wenig zivilisierter Stämme, die, meist an der Reichsgrenze, ihre Gauverfassung beibehielten. Strab. 4,203. In den Alpes Cottiae M. Iulius Cottius, Sohn des Königs Donnus, DESS. 94, in Sardinien und Korsika, DESS. 2684. CIL XII 2455, auf den Balearen CIL XI 1331, in Iudaea (Pontius Pilatus, H. VOLKMANN, G 75, 1968, 128ff.), in Afrika *p. gentium* oder *nationum* DESS. 1418. 2721. G. TIBILETTI, Rendic. Istituto Lombardo, Classe di lettere, 86, 1953, 64ff.

10. *p.* der *Auxiliartruppen*, in der Kaiserzeit meist Ritter als *p. cohortis quingenariae* und *p. alae*. Die Ordnung der *militia equestris* verlief aufsteigend *p. cohortis, tribunus legionis, p. alae*. DESS. 1374. Anders unter Claudius, Suet. Claud. 25,1. Bisweilen befehligte ein Landsmann national aufgestellte Truppen. DESS. 847. Arminius, Tac. ann. 2,10, H. v. PETRIKOVITS, BJ 166, 1966, 177. Briganticus, Tac. hist. 5,21. Größere Aufgebote führt der *p. auxiliorum omnium adversus Germanos*. DESS. 990f. KROM.-VEITH 510.

11. *p. castrorum*, seit Augustus Kommandant eines Lagers mehrerer Legionen, seit Domitian hatte jede Legion ihr eigenes Lager mit dem *p. castrorum legionis*. Tac. ann. 14,37. DESS. 2633. Suet. Dom. 7. KROM.-VEITH 512f. Seit 201 n. Chr. mit dem Titel *p. legionis*. Der p. überwacht neben gelegentlichen taktischen Aufgaben (Tac. ann. 12,38. 13,39) den Dienstbetrieb, Wachtdienst (Tac. 1,20. 32), Anlage und Instandhaltung des Lagers, den Train, das Sanitätswesen und das Arsenal. Veg. 2,10. Als Angehöriger des Ritterstandes konnte er zum *p. classis* oder *p. fabrum* aufsteigen; unter Claudius schlossen primipili niederen Ranges ihre Laufbahn als *p. c.* ab. Ranghöher war der *p. castrorum Aegypti*, der unmittelbar hinter dem *p. Aegypti* genannt wird. DESS. 2615.

12. *p. classis*, Flottenbefehlshaber, in der Republik u. a. C. Laelius und C. Livius Salinator (191). Liv. 26,48,7. 29,5. 36,42,1. In der ital. Flotte der Kaiserzeit war der *p. c. praetoriae* (Beiname erst seit Vespasian, SANDER 348,8) *Misenatium* ranghöher als der *p. c. praetoriae Ravennatium*. DESS. 1327. 2736. 9002. Zu *p. c.* wurden anfänglich auch Freigelassene, später nur Ritter befördert. Plinius d. Ä. starb 79 als *p. c. Misenatium*. Plin. ep. 3,5,17. Rangtitel *vir egregius*, später *vir perfectissimus*, gehaltsmäßig *ducenarius*. DESS. 3756. Gehilfe des *p. c.* war ein *subpraefectus classis*. CIL X 3334. Der *p. c.* beaufsichtigte auch die Hafenanlagen und war zugleich *curator rei publicae Misenatium*. DESS. 5902. Die Provinzflotten befehligten die *p. c. Alexandrinae, Britannicae, Germanicae, Mauretaniae, Moesicae, Pannonicae, Ponticae, Syriacae*. E. SANDER, Hist. 6, 1957, 347ff. Liste der *p. c.* G. STARR The Roman imperial navy² 1960, 209ff.

13. *p. collegii*, an der Spitze von Berufsvereinen (→ collegium) z. B. der *tignuarii, centonarii* und *dendrofori*, wohl von diesen selbst gewählt. DESS. 6210. 7188. *p. iuventutis, p. iuvenum*. DESS. 7304. 6457. ROSTOVTZEFF GuW 2,310,71. 349,55. J. P. WALTZING Étude hist. sur les corporations professionelles chez les Romaines 2,352ff.

14. *p. fabrum*, urspr. Befehlshaber der Heereshandwerker, erhält nach ihrer Beseitigung als bes. Heerestruppe im 1. Jh. v. Chr. eine Art Adjutantenstellung und wird deshalb oft mit dem Namen des Oberbeamten genannt. *Mamurra eques Romanus, p. f. C. Caesaris in Gallia*, Plin. n. h. 36,48. C. *Cornelius Gallus, p. f. Caesaris Divi f.*, H. VOLKMANN, G 72, 1965, 328. Die *p. f.* werden von Konsuln, Praetoren oder Prokonsuln ernannt und helfen bei der Rechtspflege und Verwertung der Beute. CIL III 6687. X 5393. XI 1934. MOMMSEN RStR 2,98,1. In der Kaiserzeit gibt es 2 Arten des *p. f.* Einmal erscheint er inschr. innerhalb municipaler Ämter, mitunter wurde der Titel Söhnen bedeutender Municipalfamilien verliehen, so einem 8jährigen Knaben und 16jähr. Jünglingen. CIL IX 223. 2646. VI 3512. Ferner begegnet er als Ingenieurpräfekt und Leiter der Legionsfabriken, die aus den Lagern in die *canabae* und *vici* verlegt worden waren, Veg. 2,11. Das Amt ist ein ritterliches, erscheint eingangs oder inmitten oder am Schluß der *militia equestris*. Der *p. f.* ist dem *p. castrorum* ranggleich, seine Besoldung, seit Augustus *sexagenarius*, steigt in der Folge. Unter Septimius Severus wird er durch den *tribunus militum* ersetzt. E. SANDER, BJ 162, 1962, 139ff.; Liste 152ff.

15. *p. feriarum Latinarum causa*, Vertreter der Magistrate während ihrer Abwesenheit anläßlich des Latinerfestes, s. → *p. urbi*.

16. *p. frumenti dandi* für die Getreideausgabe an die Gratisempfänger, 2 Praetorier vom Senat auf Geheiß des Augustus 22 v. Chr. gewählt, seit 18 v. Chr. 4. Cass. Dio 54,1,4. 17,1. Suet. Aug. 37. Frontin. de aqu. 100f.; inschr. oft mit *ex s(enatus) c(onsulto)*. DESS. 3 Ind. 338. IG XIV 719. Unter Claudius abgeschafft, seit Traian wieder bezeugt,

zuletzt Gordian III. Dess. 1188. Liste bei Cardinali in Ruggiero Diz. epigr. 3,249 ff.

17. *p. legionis*, Sondertitel statt des senator. *legatus Augusti legionis* für die ritterlichen Kommandeure der in Äg. stationierten Legionen, seit Septimius Severus für den → *p. castrorum*, seit Gallienus allg. für den Legionskommandeur. Dess. 2687. Krom.-Veith 509f.

18. p. werden inschr. in Municipien als Polizei- und Sakralbeamte genannt, u.a. ein *p. vigilum et armorum*, Dess. 5082; *p. arcendis latrociniis*, Dess. 7007; *p. rebus divinis*, Dess. 6298; *p. templi deae Segetae*, CIL XIII 1646.

19. *p. vehiculorum*, Leiter des → cursus publicus, aus dem Ritterstand, seit Hadrian bekannt, Dess. 1434. H.A. vita Hadr. 7,5, in Italien für die einzelnen Straßenzüge mit Seitenstraßen, so *p. v. per Flam(iniam)*, Cass. Dio 78,11,3. Dess. 1360, der via Appia, Traiana und Annia, Dess. 452. Im Reich unterstand das Straßennetz mehrerer Provinzen einem *p. v.*, in Gallien dem *p. v. trium provinc(iarum) Gall(iarum) Lugdunen(sis), Narbonens(is) et Aquitanic(ae)* 247 n.Chr., Dess. 1433. IGR 3,181, am Rhein dem *p. v. per Belgicam et duas German(ias)*, Dess. 1411, in den Donauländern dem *p.* [*vehic*]*ulationis Pannoniae utriusq(ue) et Moesiae sup*[*erioris et N*]*orici*, Dess. 1366. Die Stelle wurde als erste prokurat. nach Abschluß der militär. Laufbahn, zumeist aber nach vorangegangenen Prokuraturen übertragen, Dess. 1363. 1358; je nach Bezirk oder Aufgabe war der *p. v. sexagenarius, centenarius* oder *ducenarius*, Dess. 1433. 1360. 1358. 1455, im Rang *vir egregius*, Dess. 1433. Sie beaufsichtigten die Pächter der Posthalterstellen *(mancipes)* mit den Fuhrknechten *(iunctores, iumentarii)*. Dess. 452. Unter Konstantin I. wurden sie durch die *agentes in rebus et praepositi cursus publici* ersetzt. CIL X 7200. K.J. Holmberg Zur Gesch. des cursus publicus, Diss. Upsala 1933, 92f. 96f.

20. *p. vigilum*, Kommandant der ständigen Feuerwehr und Sicherheitspolizei Roms, aus dem Ritterstand, von Augustus 6 n.Chr. *extra ordinem utilitatis causa* eingesetzt, im Rang nach dem *p. Aegypti*, *p. praetorio* und *p. annonae*, im 3. Jh. mit dem Titel *vir perfectissimus*, sogar *eminentissimus*, später *clarissimus*, Amtsdauer nach kaiserlichem Belieben. Amtspflichten im *liber de officio p. v.* des Paulus und Ulpianus. Cass. Dio 52,33,1. Dig. 1,2, 2,33. 1,15. Bei beschränkter Jurisdiktion verhängte er über Brandstifter, Einbrecher, Diebe, Räuber, Hehler und bei Mietstreitigkeiten Prügelstrafe und Bergwerksarbeit, bei Sklaven Todesstrafe. Dig. 1,15,3,1. 15,4. 12,4. Dagegen war Appellation an den Kaiser oder *p. praetorio* möglich. Als Gehilfe erscheint seit 113 n.Chr. der *subpraefectus v.*, Dess. 21600 In Konstantinopel wurde vor Theodosius I ein *p. v.* eingesetzt. Cod. Iust. 1,43,1. Unter der Ostgotenherrschaft erwähnt Cassiod. var. 7,7,1; 7,8 die *formula praefecturae v. urbis Romae* und *urbis Ravennatis*, Hirschfeld VB² 255ff. P.K.B. Reynolds The vigiles of the imperial Rome 1926, 122ff. F. De Visscher Mél. A. Piganiol 1966, 761ff. H. V.

Praefectus Aegypti, Statthalter u. Vertreter des → princeps in Ägypten, sein offizieller Titel war *praefectus Alexandreae et Aegypti*, DessILS 8995; in Edikten bis 88 n.Chr. erscheint der P. titellos, dann als *ἔπαρχος Αἰγύπτου*, P. Oxy 237, bei Cass. Dio 54,51 als *ὁ τῆς Αἰγύπτου ἄρχων*, oft mit dem allg. Ausdruck für Statthalter als *ἐπίτροπος (procurator)* oder *ἡγεμών*, Cass. Dio 53,29, Philo in Flacc. 1,2 p. 120 R. (*τῆς Ἀλεξανδρείας καὶ τῆς χώρας ἐπίτροπος*), P. Oxy 72. Der Titel *p. Aeg.* wurde auch als reiner Ehrentitel verliehen. Hübner 17. Rangtitel des P. war seit Nero *κράτιστος (vir egregius)*, seit Antoninus Pius auch *λαμπρότατος (vir clarissimus)*, seit 185, bes. im 3. und 4. Jh. *διασημότατος (perfectissimus)*. Stein 177ff. In der Reichsordnung Diokletians behielt der *p. Aeg.* nur die Provinz Aegyptus Iovia, Aeg. Herculia und die Thebais wurden *praesides* unterstellt. 382 wurde der P. Vorsteher der Diözese Äg. und zum *p. augustalis* erhoben, der Titel *p. Aeg.* verschwand. M. Gelzer Stud. zur byzantin. Verwaltung Ägyptens 1909, 5. 7. J. Lallemand L'administration civile de l'Égypte de l'avènement de Dioclétien à la création du diocèse (284–382 n.Chr.), Memoires Acad. Belg. 57,2, Bruxelles 1964.

Als Octavian 30 v.Chr. Äg. zur röm. Provinz machte, schloß er den Senat von der Verwaltung des Landes wegen dessen wirtschaftlicher und strateg. Bedeutung aus. An ihre Spitze stellte er als P. einen Mann aus dem Ritterstand. Seine Amtsdauer bestimmte jeweils der Kaiser. Da er Männer seines Vertrauens zu P. ernannte, behielt ein P. selten unter dem Nachfolgekaiser das Amt. C. → Galerius (1) war 16 J. (16–31 n.Chr.) P. in Äg. In der Regel bekleidete der P. zuvor die *praefectura annonae* oder seltener die *praefectura vigilum*. Stein 181. Eine wiederholte Bekleidung des Amtes durch denselben P. ist bisher nur für Flavius Philagrius (334–337) bezeugt. J. Rea Chronique d'Égypte 43, 1968, 365ff. Als *trecenarius* gehörte er zur höchsten Gehaltsgruppe der ritterlichen Beamten, das Amt stand an der Spitze des ritterlichen Kursus. Hirschfeld VB 347. Später wurde er dem *p. praetorio* untergeordnet. Für die Amtsführung erhielt der P. Richtlinien in Briefen, Reskripten und Mandaten des Kaisers. P. Jand. 68. Giss. 40 col. II 16ff. U. Wilcken, H 55, 1920, 1ff. BGU 5 prooem. Er blieb im Amt, bis sein Nachfolger in Alexandreia eingetroffen war. Ulp. Dig. 1,17,1. Bei Abruf vor Ernennung des Nachfolgers oder beim Tode des P. fungierte der *iuridicus* als Stellvertreter des P. Stein 170. H. Kupiszewski The juristic papyrology 7/8, 1954, 190f. Unterstellt waren ferner dem P. der Idioslogos, der *procurator Neaspoleos et mausolei Alexandriae*, der *ἀρχιερεὺς Ἀλεξανδρείας καὶ Αἰγύπτου πάσης* und der *ἀρχιδικαστής*. In der Lokalverwaltung ernannte der P. die Strategen der Bezirke, während der Kaiser die Epistrategen bestellte. OGIS 669,35. WILCKEN Grundz. 37. An Kanzleipersonal verfügte der P. über Hypomnematographen, den *ἀρχιστάτωρ* und den *εἰσαγωγεύς*. A. STEIN Untersuchg. zur Gesch. und Verwaltung Aegyptens unter röm. Herrschaft 1915, 187. Zu Lukian (Apolog. 12) als *ἀρχιστάτωρ* H.G. PFLAUM Mél. d'archéologie et d'histoire 71,59, 281 ff.

In Äg. sah man in dem P. den Nachfolger der Ptolemaier. Tac. hist. 1,11,1 *(loco regum)*. Strab. 17,797 (*τὴν τοῦ βασιλέως ἔχει τάξιν*). Bei einem Tempelbesuch wurde er als König empfangen, warf jährl. E. Mai vor Beginn der Nilschwelle bei der Insel Philae goldene Geschenke in die Fluten des göttlichen Nils und hütete sich, nach Einsetzen der Nilschwelle den Fluß zu befahren. P. Lond. III S. 112f. Sen. nat. 2,7. Plin. nat. 5,57. K. HANNESTED Solemne sacrum praefecti Aegypti and its historical background, Classica et mediaevalia 6, 1944, 41f. Kraft des von Octavian erlassenen Provinzialstatuts für Äg. besaß der P. ein *imperium quod ad similitudinem proconsulis lege sub Augusto ei datum est*. Dig. 1,17,1. Tac. ann. 12, 60,3 *divus Augustus apud equestris, qui Aegypto praesiderent, lege agi decretaque eorum proinde iusserat ac si magistratus Romani constituissent*. Modestin. Dig. 40,2,21 *apud p. Aeg. possum servum manumittere ex constitutione divi Augusti*. H. LAST The p. Aeg. and his powers, JEA 40, 1954, 68 ff. Der P. gab wie ein Magistrat Edikte heraus, *ἐκθέματα* oder *διατάγματα*. OGIS 664,2. 665, 9. WILCKEN, ZRG 42, 1921, 128 ff. In griech. Sprache brachte das Edikt Namen und Titel des P., den in erster Person gegebenen Erlaß und die Datierung. Neben Edikten mit bes. Anlaß wie das des L. Aemilius Rectus 42 n. Chr. gegen widerrechtliche Requisitionen (P. Lond. III 1171) gab es solche periodischer Natur. Das Edikt, das alle 14 J. den Zensus anordnete, ist von 33/34 bis 257/258 bezeugt. M. HOMBERT – C. PRÉAUX Recherches sur le recensement dans l'Égypte rom. 1952, 49 ff. Mitunter befahl ein Erlaß vor dem Zensusedikt oder während des Zensus die Rückkehr der Bevölkerung in den urspr. Wohnort (*εἰς τὴν ἰδίαν*) WILCKEN Chrest. 202. H. BRAUNERT Die Binnenwanderung 1964, 168f. Das erhaltene längste und wichtigste Edikt des Ti. Iulius Alexander versprach, viele Mißstände und Beschwerden in der Steuererhebung und Finanzverwaltung zu beheben. G. CHALON L'édit de Tiberius Iulius Alexander 1964. Hauptaufgabe des P. war die Überwachung des Steuersystems. Er verteilte die vom Kaiser bestimmte Gesamtsumme der Steuern auf die Gaue (Nomoi), paßte die einzelnen Beiträge den Veränderungen in der Bevölkerung oder in der Fruchtbarkeit des Bodens an, gab die Abgabenhöhe an Zöllen usw. bekannt und erledigte Bittschriften um teilweise oder völlige Steuerbefreiung. BGU 903. 908. P. Oxy 1662. IGR 1,1183. Unterlagen dafür waren die mit Edikt angeforderten Berichte über Eigentum und unbewässertes Land. P. Oxy 72. 247. Er überprüfte in der Epikrisis die Veteranen und übrigen Klassen der Bevölkerung auf ihren personalen Status und in der Eiskrisis den Zugang zu den Epheben. WILCKEN, APF 4, 1908, 441. H. BRAUNERT Antidoron M. David oblatum 1968, 21. In einem sog. Provinzialedikt regelte er Erbschaftsfragen, die Ernennung von Vormündern, die Erteilung der *bonorum possessio* u. a. mehr. SB 1010. CHALON 73,26. Edikte des P. galten wie Gesetze über dessen Amtszeit hinaus. 200 n. Chr. wurde ein Rechtsfall nach Edikten des Iulius Alexander (69 n. Chr.) und Eudaimon (142 n. Chr.) entschieden. P. Oxy 899, 27 ff. Die Edikte wurden durch den Strategen zusammen mit einem Brief des P., der den Aushang anordnete, durch Anschlag in einer Z. von 30 Tagen bis zu 3 Monaten veröffentlicht. CHALON 91 ff. Liste der bekannten Edikte bei P. BURETH Documents papyrologiques relatifs aux préfets d'Égypte, Rev. hist. de droit français et étranger 46, 1968, 246 ff.

Die richterliche Macht lag konzentriert in der Hand des P. Er konnte Einzelfälle völlig oder begrenzt an andere Beamte wie den Iuridicus, den Idioslogos usw. delegieren, hielt aber persönlich zur Revision der Verwaltung und Erledigung der Prozesse den Konventus (*διαλογισμὸς καὶ δικαιοδοσία*) regelmäßig in Städten der 3 Epistrategien ab, im Januar in Pelusion für das Delta, im Februar/April in Memphis für die Heptanomia und Thebais, im Juni/August in Alexandreia für das W.-Delta. M. HUMBERT La juridiction du préfet d'Égypte d'Auguste à Dioclétien in F. BURDEAU, N. CHARBONNEL, M. HUMBERT Aspects de l'empire Rom. 1964, 95 ff. Seine Entscheidungen galten als Präzedenzfälle und führten zum fallweisen Eindringen röm. Grundsätze, um unbillige Ergebnisse des Lokalrechts auszuschalten. H. J. WOLFF, ZRG 82, 1965, 376 ff. So entstand das röm. Provinzialrecht in Äg., wie H. KUPISZEWSKI Stud. z. Papyrologie und ant. Wirtschaftsgesch. F. Oertel zum 80. Geburtstag gew. 1964, 68 ff. an der *longi temporis praescriptio* und der Protopraxie zeigt. HUMBERT 118f. E. SEIDL Die Jurisprudenz der Statthalter Ägyptens in der Prinzipatszeit, Studi in onore di U. E. Paoli 1956, 659 ff. Der P. besaß das *ius gladii* und konnte Geldstrafen, Verbannung, Geißelung, Arbeit in den Steinbrüchen und Todesstrafe verhängen. Dig. 1,17,1. Er führte zunächst die Aufsicht über Priester und Tempel, bis diese wohl unter Hadrian von dem Idioslogos übernommen wurde. C. Turranius befahl 5/4 v. Chr. die Registrierung der Priester, Pastophoroi und aller mit den Tempeln verbundenen Personen, die später jährlich wiederholt wurde. BGU 1199.

WILCKEN Grundz. 128. O. MONTEVECCHI Aegyptus 12, 1932, 317f. Bes. seit dem 3. Jh. überwachte der P. die Verteilung der Liturgien, konnte ihre Bürden verringern oder Liturgienfreiheit gewähren. BGU 15. 648. OGIS 664,10. WILCKEN Chrest. 395f.

Obwohl ritterlichen Ranges, hatte der P. den Oberbefehl über die röm. Besatzung Ägyptens, deren Legionen unter *praefecti legionis*, nicht unter senator. Legaten standen. Er prüfte die *tirones*, ernannte die *decuriones* der Hilfstruppen und gewährte *honesta missio*. P. Oxy 1022. BGU 696. WILCKEN Chrest. 457. J. LESQUIER L'armée rom. d'Égypte d'Auguste à Dioclétien 1918, 115. In der Epikrisis kontrollierte er die Beglaubigungsscheine der Veteranen, die sich in Äg. niederlassen wollten. PSI 1026, 30ff. *sacramento vos a me iussu imperatoris nostri solutos notum fieri praefecto Aegypti desideratis; sportulam et instrumentum dabo.* Die Ergebnisse wurden in dem *τόμος ἐπικρίσεων* des P. festgehalten. WILCKEN Chrest. 458ff. P. M. MEYER Das Heerwesen der Ptolemaeer und Römer in Äg. 1900, 122ff. Obwohl größtenteils mit der Zivilverwaltung beschäftigt, unternahmen die ersten drei P. Feldzüge. C. → Cornelius Gallus (II 20) warf einen Aufstand in der Thebais nieder und setzte als s. Grenze Ägyptens den ersten Katarakt fest. Cass. Dio 53,23. OGIS 654. DESSILS 8995. Der Nachfolger → Aelius Gallus (II 9) scheiterte 27–25 mit seinem Zug nach Arabia Felix. C. Petronius trieb 25–22 die Aethioper, die Syene, Elephantine und Philae besetzt hatten, aus Äg. hinaus. Strab. 17,820. Plin. nat. 6,181. Cass. Dio 54,5, 4f. S. JAMESON, JRS 58, 1968, 71ff. L. Mussius Aemilianus ließ sich 260/61 in Äg. zum Kaiser ausrufen, wurde aber von Aurelius Theodotus besiegt und getötet, der im Amt als P. folgte. H. A. Gall. 4,1f. 5,6. 9,1; tyr. trig. 22. 26,4. Epit. de Caes. 32,4. STEIN 143ff. Über weitere bes. Schicksale der P. im einzelnen, z. B. über Todesfälle im Amt, ihre Ämterlaufbahn, ihren Herkunftsort unterrichtet STEIN 167ff. Hier sei nur auf A. Avillius Flaccus (32–38) verwiesen, der in Streitigkeiten mit den Juden Alexandreias verwickelt und von Philon in seiner Schrift *εἰς Φλάκκον* angegriffen wurde. Als einziger hellenisierter Jude aus Alexandreia erhielt Ti. Iulius Alexander den hohen Posten des *p. Aeg.*, er rief am 1. Juli 69 Vespasian in Alexandreia zum Kaiser aus. V. BURR Tiberius Iulius Alexander 1955, 59. Mit L. Volusius Maecianus 160/61 und M. Aurelius Papirius Dionysius 189 wurden bedeutende Juristen zu p. Aeg. ernannt. STEIN 88ff. 102f. H. V.

A. Stein Die Praefekten in der röm. Kaiserzeit 1950. *H. Hübner* Der praefectus Aegypti von Diokletian bis zum E. der röm. Kaiserzeit 1952. *A. Bataille* Traité d'études Byz., 2, 1955, 70ff. (Liste der P. von 297–641). *H. G. Pflaum* Annales Univ. Saraviensis 8, 1959, 105ff. (für jeden p. Aeg. epigr. und papyrol. Dokumentation). *C. Vandersleyen* Chronologie des préfets d'Égypte de 284 à 395, 1962. *O. W. Reinmuth* A working list of the prefects of Egypt 30 B. C. to 299 A. D., The bulletin of the American society of Papyrologists 4, 1967, 75ff. *J. Rea* The date of the prefecture of Claudius Iulianus, La parola del passato 112, 1967, 1ff. *J. Modrzejewski* Les préfets d'Égypte au début du règne d'Alexandre Sévère, Antidoron M. David oblatum 1968, 59ff.

P. iure dicundo, Titel für diejenigen Beamten, die den Prätor in Italien außerhalb Roms vertreten. Sie üben dort als *iurisdictio mandata* die dem Prätor zustehende höhere Gerichtsbarkeit aus (die niedere liegt bei den Munizipalmagistraten). Der zeitliche Ursprung des Amtes ist ungewiß, liegt aber spätestens 210 v. Chr. In der Kaiserzeit begegnet als *p. i. d.* der Stellvertreter des Kaisers oder anderer Honoratioren in der Gemeindeverwaltung; er hat die gleiche Kompetenz wie ein gewählter Oberbeamter. D. M.

P. praetorio. Im Jahre 2 v. Chr. wurden von Augustus zwei Ritter zu Befehlshabern der Praetorianer (Cass. Dio 55,10) mit dem Titel praef. pr. (vgl. DESSILS 1321ff.) ernannt. Kollegialität und Zugehörigkeit zum Ritterstand (Cass. Dio 52,24. Vell. 2,127. Tac. ann. 4,40) blieben Regel bei Besetzung des Amtes. Die p., seit Hadrian *eminentissimi*, wurden vielfach durch die *ornamenta consularia*, gelegentlich durch Consulat und Erhebung in den Senatorenstand ausgezeichnet. Die wohl von Anf. an zum *consilium* des Kaisers gehörenden p. erhielten im Lauf der Zeit neben militär. auch zivile Aufgaben. Weitgehend war die zunächst als vom Kaiser delegiert, seit dem 3. Jh. als an Kaisers Statt geltende Gerichtsbarkeit. Wie wichtig die jurist. Fähigkeiten für die Qualifikation wurde, zeigt der Aufstieg hervorragender Iuristen wie → Papinianus und → Ulpianus zum p. Seit Tiberius kam die umfassende Macht der p. oft zur Geltung (z. B. → Afranius 3. → Furius 5, → Macrinus 3; → Nymphidius 3, → Seianus). Umgestaltet wurde das Amt des p. unter Constantin. Die p., nur noch mit zivilen Funktionen ausgestattet, waren jetzt oberste Verwaltungsbeamte der wiederum in Diözesen (→ Dioikesis 2) unterteilten Präfekturen (um 400 waren es 4: Oriens, Illyricum, Italia, Galliae). Die p., nun senator. Ranges, bald nach 360 → *illustres*, rangierten an der Spitze aller Würdenträger (Not. dign. or. 2f. occ. 2f.). Sie wurden häufig mit dem Consulat, seit dem 5. Jh. öfters mit dem Patriziat ausgezeichnet. Mit der Gerichtsbarkeit der p. konkurrierte zwar die ihrer Vertreter, der *vicarii*, doch spiegeln die an die p. gerichteten Gesetze eindrucksvoll ihre umfassenden Kompetenzen in Verwaltung, Verkehr, Wirtschaft und Finanzen. Von der Bedeutung der p. zeugen auch ihre *officia*, deren Organisation erst aus dem 6. Jh., als die Bedeutung der p. zurückging, näher bekannt ist (vgl. z. B. Lyd. mag. 3. Cassiod. var. 11. Cod. Iust. 1,27, 21ff.). Bes. Macht erreichte der p. Orientis (z. B. → Anthemius 1, → Kynegios).

Enßlin, RE XXII 2391/2502.

P. urbi. In der Frühzeit Roms leitete ein vom Höchstmagistrat (vielleicht schon vom König) bestellter p.u. in dessen Abwesenheit die Staatsgeschäfte (Liv. 1,59. 3,6. Tac. ann. 6,11. Dion. Hal. 5,75). Das seit 367 v. Chr. nicht mehr sicher bezeugte Amt wurde von Augustus wieder eingeführt, von Tiberius zur ständigen Einrichtung erhoben. Der p.u., meist ein →*consularis*, war in Rom, bes. auch in der Gerichtsbarkeit, Vertreter des Kaisers. Der p.u., dem die Polizei (dazu H. Freis Die cohortes urbanae, 1967) unterstellt war, hatte für Ruhe und Ordnung zu sorgen (Tac. a.O. Cass. Dio 59,13. Dig. 1,12. 4,4,16. 5,1,12. 48,19). Auch in der Spätantike blieb der mit dem → praef. praet. ranggleiche p.u. (Cod. Theod. 6,7,1) unmittelbar dem Kaiser unterstellt. Sein sich auch auf den Umkreis von 100 Meilen erstreckender Aufgabenbereich (vgl. Cod. Theod. 1,6. Cassiod. var. 1,32. 6,4. Not. dign. occ. 4) blieb im Kern unverändert, doch in manchen Bereichen wuchs die Macht des jetzt auch als Senatspräsident fungierenden p.u. Ständiger Vertreter war ein → *vicarius*. Seit Constantius II. gab es auch für Constantinopel einen p.u. Die Kompetenzen waren weitgehend gleich, freilich auf das Stadtgebiet beschränkt. A. L.

A. Chastagnol La préfecture urbaine à Rome sous le Bas-Empire, 1960. *Ders.* Les fastes de la préfecture de Rome, 1962. *Sachers*, RE XXII 2502/34.

Praefurnium. Zur Anlage der Feuerstelle für Kalköfen s. Cato agr. 38. Da das Feuer nicht ausgehen soll, sind zwei P. besser als eines, in das dann eine Vertiefung zur Aufnahme der Asche gemacht werden muß. Die P. der Heizanlagen der Bäder liegen an einem Bedienungsgang; vom P. aus wird die Hitze in die Hypokaustenanlage geleitet. In Rom hat meist jeder zu beheizende Raum ein eigenes P. (v. Gerkan, BJ 151, 1951, 133); anders ist es in Griechenland: R. Ginouvès L'établissement thermal de Gortys d'Arcadie 1959, 58 ff. → Hypocaustum. W. H. G.

Praegustator. Vorkoster, die vor Vergiftung schützen sollten, hatte schon Antonius, Plin. nat. 12,21. Die P. am röm. Kaiserhof (Suet. Claud. 44, 2. Tac. ann. 12,66,2. 13,16,1. CIL VI 9003–9005. X 6324. XI 3612) waren in einem collegium *praegustatorum* mit eigenem *procurator* organisiert. Die P. waren meist Freigelassene; unter Domitianus stieg ein ehemaliger P. zum *procurator aquarum* auf. W. H. G.

Prähistorische Kulturen Griechenlands.

Im Nachfolgenden verzichten wir für die älteren Perioden auf Datierungen, so wie sie mit Hilfe der C 14-Methode gewonnen werden, da uns dieses Verfahren nicht hinreichend verläßlich zu sein scheint.

Daß im Bereich der Ägäis schon z.Z. des *Neandertalers* Menschen aufgetreten sind, zeigt jetzt der Schädelfund von Petralona (auf der Halbinsel Chalkidike). – Im nachfolgenden Paläolithikum scheint nach den Untersuchungen in Epeiros die Besiedlung von Hellas bereits eine ziemlich dichte gewesen zu sein. Weitere Funde hat man am Ufer des Peneios in Thessalien, in Boiotien (Seidi-Höhle) und auf der Peloponnes gemacht. – Wie weit die Besiedlung des nachfolgenden älteren Neolithikums mit der des Paläoliths ein Kontinuum bildete, läßt sich noch nicht erkennen. Sicher ist jedoch, daß nun Einflüsse aus Anatolien den Landbau und wohl auch die Viehzucht nach Hellas brachten. Damit begann dasjenige Jahrhunderte währende Abströmen anatol. Kulturerrungenschaften, das wir als die Vorderasiatische Kulturtrift bezeichnen. Nun begann man, vor allem in Thessalien, Freilandsiedlungen dauernder Art anzulegen (so zu Argissa, Sesklo usw.). An Artefakten fanden sich u.a. Mikrolithen, Löffel aus Bein und allerhand Schmuck (so z.B. »Ohrenpflöcke«), wie wir derartiges schon aus Anatolien kennen. Wahrscheinlich sind damals auch Zuwanderer aus Anatolien nach Makedonien und Hellas gekommen und haben vor allem gute Getreideböden aufgesucht. – Ebenfalls aus Anatolien, wo sich ja bereits eine weit höhere Kultur entwickelt hatte (Funde zu Hacilar und Chatalhüjük), kam nachher die Anregung zur Herstellung von Stein- und Tongefäßen, wobei auch in den Formen und in der Bemalung kleinasiat. Vorbilder nachgeahmt wurden. Gleiches gilt vom Hausbau (meist quadratische Häuser mit »Innenzungen«), von den Stempelsiegeln, vor allem aber vom Kult der Muttergottheit und von den zierlichen Statuetten aus Ton. Dagegen haben sich in Hellas noch keine Wandmalereien anatol. Art gefunden. Wir können diese Kultur des Älteren Neolithikums in ihrer Gesamtheit als die von »Sesklo« bezeichnen. Sie gehörte zu den Tochterkulturen, die sich durch die Vorderasiat. Kulturtrift über den gesamten Balkan, den Adriat. Bereich und in den Donauländern bis zur Bandkeramik ausgebreitet hatten. Die Sesklo-Kultur war dabei den weiter nach NW. zu liegenden Tochterkulturen überlegen, vermochte aber an die so hochstehende anatol. Mutterkultur weder im Phantasiereichtum der Plastik noch in dem der Dekoration heranzureichen. Immerhin zeichnete sie sich künstlerisch in den Gefäßformen wie der Dekoration und den Statuetten durch eine edle Ausgewogenheit aus. – Im Mittleren Neolithikum blieben in Hellas anatol. Einflüsse maßgeblich. Dann griffen von N. her Störungen Platz, die von zuwandernden Bandkeramikern verursacht wurden, da sich diese inzwischen ja über die unteren Donauländer und den Balkan ausgebreitet hatten. Wir sprechen in Thessalien jetzt von der sog. Dimini-Kultur, die sich aber nur in engeren Bereichen durchsetzte. Hier gab es Gefäße mit Mäandern und Spiralen, auch Megaronbauten, die sich auf einen zentralen Hof öffnen und gelegentlich von Ringmauern umgeben sind. Im Jüngeren Neolithikum änderte sich in Hellas die Bauweise (keine soliden Fundamente mehr, viele Gruben zur Aufbewahrung von Lebensmitteln (auch zu milchsaurer Gärung?). Erneuter anatol. Einfluß (auch Zuwanderung?) bringt die Metallurgie nach Hellas, dazu neue Metallformen, die auch die Keramik übernimmt (mit metallisch glänzender Schwarzpolitur). Die Kontinuität der Siedlungen blieb aber vom Mittleren Neolithikum her aufrecht. – Gegen Ende des Spätneolithikums erreichen neuerliche bandkeramische Störungen Thessalien und auch die Kykladen (Einführung der Laufspirale und der Spiralwirbel). Auf den Inseln entsteht nun neben der bodenständigen »Pelos-Kultur« die durch Spiralgefäße ausgezeichnete »Syros-Kultur«. – Der Übergang vom Spätneolithikum zum Beginn der Frühbronzezeit (d.h. zu Frühhelladikum I; → Helladische Perioden) erfolgt zumeist mit Siedlungskontinuität, nur vermehren sich die Wohnplätze beträchtlich (anatol. Zuwanderung?). Die Wohnbauten werden wieder solider. Leitkeramik: rotpolierte Ware. – Im Frühhelladikum II (F. Hell. II) erreichte die frühbronzezeitliche Kultur ihren Höhepunkt. Zahlreiche Siedlungen nahmen den Charakter kleiner Städte an, von denen die an der O.-Küste gelegenen stark befestigt waren und ihre Blüte der Erzverhüttung wie dem metallurgischen Gewerbe verdankten. Die Tongefäße (Kannen, Saucieren) wurden nach Metallvorbildern hergestellt und bevorzugten wieder einen schwarzglänzenden Überzug (Urfirnis). Schöne Herrenhäuser wurden auf der Peloponnes zu → Lerna (Argolis) und Akowitika (bei → Kalamai) festgestellt, ein nuragenartiger Rundbau (als Grab dienend?) zu → Tiryns. Im übrigen herrschen Megaronbauten vor. Die Besiedlung war nun sehr dicht. In engster Verbindung stand man mit den Kykladen und mit Anatolien. Die Kykladen spielten nun als Zwischenhändler eine bes. Rolle. Als Seefahrer gelangten ihre Bewohner nicht nur nach Malta und Sicilien, sondern sogar nach Südfrankreich, Spanien und Portugal (hier nach Kykladenart befestigte Siedlungen). In Anatolien blühte damals → Troia II. – Am Ende von F.Hell. II begannen die Brand- und Zerstörungskatastrophen, die sich bis in den zum Wandel von F. Hell. III zu Mittelhelladisch (M. Hell.) I/II und M. Hell. II hinzogen (ca. 2200–1800 v. Chr.). Damals scheinen in verschiedenen Stößen die ältesten griech. Elemente eingewandert zu sein. Auch in Troia II zeigt sich eine solche Katastrophe (ebenfalls von einer Einwanderung bedingt). Durch Vermischung von Frühhelladikern und zuwandernden Griechen entstand die Mittelhelladische Kultur. Einige Schwärme dieser Voreltern der Griechen brachten aus ihrer eurasischen Heimat nun den Typus des Kurgangrabes, d.h. Tumuli mit meist mehreren Beisetzungen, nach Albanien und (von dort weiter?) nach Mittelgriechenland und der Peloponnes mit. Im übrigen wurden die Toten als liegende Hocker ohne Beigaben in Plattengräbern (teils in der Siedlung, teils in eigenen Nekropolen) beigesetzt. In der m. hell. Kultur wurden die f. hell. Siedlungen wieder aufgebaut. Die Keramik (minysche bzw. mattbemalte Ware) stand anfangs unter anatol., nachher unter minoischem Einfluß. Megaronbauten herrschen vor. Einige Plätze waren befestigt. Da aus der m. hell. Kultur um 1600 v. Chr. sich die mykenische entwickelte, wurde das M.Hell. bereits unter → Mykenischer Kultur eingehender behandelt. F. Sch.

F. Schachermeyr, RE XXII 1350ff. *Ders.* Die ältesten Kulturen Griechenlands, 1955. *Ders.* Das ägäische Neolithikum (Stud. in Medit. Archaeol. VI) 1964. *S. S. Weinberg* The Stone Age in the Aegean (CAH I Kap. 10 H. 36) 1965. *J.L. Caskey* Greece, Crete and the Aegean Islands in the Early Bronze Age (CAH I Kap. 26a H. 24) 1964. *Ders.* Greece and the Aegean Islands in the Middle Bronze Age (CAH II Kap. 4a H. 45) 1966. *N.G.L. Hammond*, ABSA 62, 1967, 77ff. *M. Gimbutas*, American Anthropologist 65, 1963, 815ff. *F. Schachermeyr*, Atti e memorie del I. congr. intern. di micenologia 1 (1967) 297ff.
Zu den neuesten Funden: *F. Schachermeyr* Forschungsber. über die Ausgrabungen und Neufunde 1957 bis 1960 (Arch. Anz. 1962) 105ff. *Ders.* Griech. Gesch., [2]1969, 458ff. Ein weiterer Forschungsber. über die J. 1961 bis 1965 hg. von *F. Schachermeyr* und *H. G. Buchholz* erscheint demnächst.

Praemia s. Dona militaria

Praeneste (Cass. Dio 48,10,3. *altum* Verg. Aen. 7,682. *frigidum* Hor. c. 3,4,23. *ipsa* Verg. Aen. 8,561. *gelida* Iuv. 3,190. *Πραίνεστον* Diod. 38, 18. *Πραίνεστος* App. civ. 1,94. Strab. 5,238), hoch (Verg. Strab.) und frisch (Hor. Iuv.; Sommeraufenthalt: Hor. epist. 1,2,2. Flor. 1,5. Suet. Aug. 72,2) 23 mp (It. Ant. 302,4) von Rom an Völkerstraße (Radke b. Altheim-Stiehl Die Araber i.d. alt. Welt 4,535) gelegene latin. (Ptol. 3,1,61) Stadt (Kolonie → Albas Diod. 7,4), als deren Gründer Caeculus (Cato frg. 59 P.), Praenestes, Sohn d. → Latinus, Enkel des Odysseus (Zenodot. FGrH 821 F 1), oder → Telegonos, Sohn des Odysseus (Aristokl. FGrH 831 F 2), gelten; Name (illyr.: Krake Ortsnamen als Geschichtsquelle 14) wegen der Lage »vor« den Bergen (Cato frg. 60 P.) oder wegen der Eichen dort (Serv. Aen. 7,678 *ἀπὸ τῶν πρινῶν*; Aristokl. a.O. *Πρίνιστον*). P., Mitglied des latin. Bundes (Dion. Hal. 5,61), schloß sich bald Rom an (Liv. 2,19,2), fiel aber 381 wieder ab (6,21,9) und wurde 338 unterworfen (8,14); P. wird sullanische *colonia* (Dessau CIL XIV p. 289) und durch Tiberius *municipium* (Gell. 16,13,5) in der *tribus Menenia* (CIL XIV 2888. 2972. 2974) der 1. Region (Plin. nat. 3,64: *Stephane;* vgl. Strab. a.O.). Durch die feste Lage Zufluchtsort (Liv. 32,26,11. 43,2,10. App. a.O. Cass. Dio a.O.). Sprache seit 6. Jh.

latein. (CIL I^2 3). Griech. (Strab.), sabin. (Fest. 158,1. 488,8 L. CIL I^2 166), phoinik. und etr. (Besig RE Suppl. VIII 1257ff.) Einfluß. Die Soldaten von P. kämpfen im röm. Heer unter eigenen Praetoren, von denen sich → M. Anicius (I 2) im 2. pun. Krieg auszeichnet (Liv. 23,19,17f.). Kulte: Hercules (Sch. Iuv. 14,90), Iuppiter Imperator (Liv. 6,29,8), Mars (Ov. fast. 3,92) und Iuno (Ov. fast. 6,62) in Monatsnamen, bes. → Fortuna Primigenia (CIL I^2 60. 1446ff.) mit Orakeln (Cic. div. 2,85ff.). Während der Senat Mitte 3. Jh. Befragung noch verbietet (Val. Max. 1,3,2), wird ihr 204 ein Tempel in Rom gelobt (Liv. 29,36,8. 34,53,5). Das untere Heiligtum (Orakelgrotte, Hof, *aedes*, *aerarium*) reicht in 4 Terrassen von Piazza del Duomo (= Forum) bis Via della Fontana (Inschr. CIL I^2 613 J. 192 v. Chr.); Renovierung durch Sulla (Plin. nat. 36,189; CIL I^2 742 J. 73 v. Chr.). Unterschiedliche Bauweise im oberen Heiligtum mit 5 Terrassen von Via del Borgo bis Piazza della Cortina (Zerstörung der eingebauten Häuser durch Bombenwürfe 1944). Entstehungszeit 2. Jh. v. Chr. Nekropolen des 7./6. Jh. und der Zeit von 338 bis 2. Jh. Der h. Name Palestrina vorbereitet in handschr. *Πενεστρίνα* (Prok. Goth. 1,18,35. 19,2. 15. 22,10). Zu Verrius Flaccus vgl. Suet. gramm. 17. CIL I^2 p. 285 (Fast. Praenest.). G. R.

Nissen It. Ldk. 2,620ff. *Forbiger* HB. d. alt. Geogr. 3,473. *Vaglieri*, Bull. com. 1909, 252ff.; NSA 1907, 293f. *Delbrück* Hellenist. Bauten in Latium 1,49ff. *Bradshaw*, Brit. Sch. Rome 9, 1920, 236ff. *Fasolo–Gullini* Il Santuario della Foruna Primigenia a Palestrina, 1953. *Duhn*, 1,490ff.

Praepes, t. t. der → Auguralsprache (Gell. 7, 6), wahrscheinl. von *praepetere* (Paul. Fest. 244 M. Walde-Hof.^{3} s. v.) »in den Vordergrund, in das augurale Blickfeld stürmend« (Koch 1560): von den → *alites*, und zwar den »günstigen« (Serv. auct. Aen. 3,246), deren Erscheinungsweise aber schon im Alt. unklar wird (Gell. a. O.); dann auch von den auguralen *loca prospera*, d. h. wo sie sich niederließen (Gell. a. O.). Seit Enn., der das Wort aus der Sakralsprache übernimmt *(pulcherruma praepes laeva volavit avis* ann. 91f.; *praepetes loci* 94; *p. portus* 488), bei verblassender sakraler Bedeutung *(felix faustum)* gelegentlich in der Lit., doch allg. als zum Bild des Vogels gehörig, z. B. *p. pinna* (Verg. Aen. 3,361), *p. cursus* (Sen. Phaedr. 1061) u. gar als Subst. = *avis* (Ov. fast. 6,196). A. S.

C. Koch, RE XXII 1556ff. *G. Wissowa* Rel.^{2} 530.

Praepositus sacri cubiculi, seit Constantin d. Gr. (spätestens seit Constantius II.) Oberstkämmerer am röm. Hof. Im 5. Jh. bekam auch die Kaiserin einen p. Der durch ständigen Umgang mit dem Kaiser oft sehr mächtige p. (z. B. → Eusebios 3. → Eutropius 4. → Narses 3.) erscheint in der Not. dign. (or. 1,9; occ. 1,8) zwischen *magistri militum* und *mag. off.* Seine Funktionen sind nirgends konkret beschrieben (einiges Const. Porph. de caerem. 1,86f. 91ff.). Unterstellt waren dem p. die zahlreichen *cubicularii*, wie etwa der u. a. die kaiserl. Privatschatulle verwaltende → *primicerius s. c.*, ebenso z. B. der *comes sacrae vestis*, der die kaiserl. Garderobe, die Insignien und den Zeremonialapparat zu betreuen hatte. Im 7. und 8. Jh. wurden dem p. unterstehende Ämter selbständig und p. zu einem Rangtitel im Hofdienst. A. L.

Enßlin, RE Suppl. VIII 556ff. *A. H. M. Jones* Later Roman Empire, 1964, 567f.

Praerogativa centuria. Name der einen, durch das Los aus der 1. Klasse gewählten Centurie, die seit dem 3. Jh. v. Chr. in den *comitia centuriata* bei Beginn jeder Wahlhandlung das Vorstimmrecht übte (für legislator. und judiziar. Abstimmungen nicht bezeugt, aber nicht auszuschließen). P. c. stimmte für sich ab, das Ergebnis wurde vor Fortsetzung der Wahl verkündet (Liv. 24,7,12. Cic. Phil. 2,82). Urspr. besaßen die patriz. *sex suffragia* allein das Erststimmrecht, das später auf die 12 Rittercenturien ausgedehnt wurde. Zeit und Akt der Einrichtung der p. c. ist nirgends erwähnt, sie wurde jedoch sehr wahrscheinlich als Teil dieser in der Z. der sog. Centurienreform (zw. 241 und 218 v. Chr.) durch Senatsbeschluß oder von einem Wahlleiter eingesetzt. Die Einrichtung erfolgte sicherlich aus wahltaktischen Überlegungen, da sie dem Herrschaftsinteresse der Nobilität diente und nicht bestimmte Schichten bevorzugte; sie vereinheitlichte durch die suggestive Wirkung der Erststimme die Stimmen, verhinderte größere Differenzen innerhalb der Wahlversammlung, schränkte auch durch die große Möglichkeit der Beeinflussung der p. c. durch den Wahlleiter die Entscheidungsfreiheit des Volkes ein. Ihr Einfluß war groß (Cic. Planc. 49), da ihr Votum als *omen* aufgefaßt wurde (Cic. Mur. 38; div. 1,103). Die weitere Geschichte der p. c. ist ungewiß, zum letztenmal erwähnt wird sie bei Cicero Phil. 2,82. H. Gu.

1. *Mommsen* St.-R. 3,290ff. 2. *Chr. Meyer*, RE Suppl. VIII 567ff. 3. *E. Meyer* Röm. Staat, ^{3}1964, 90. 197f. 492ff. (mit ausführl. Bibl.).

Praes(a)epe *(-pis, -pium. φάτνη = patena. κάπη).* Die Krippe, der Trog zum Füttern von Pferden, Eseln, Maultieren, Rindern, seltener Schafen, schon für Homer eine Selbstverständlichkeit, war meist aus Holz; das eherne P. des Mardonios Hdt. 9,70,3 war bestaunte Ausnahme. Das P. hatte vielfach eine gitterartige Futterraufe (*κραστήριον*, *praesepis falisca clatrata*, *cratis*, *iacca* Poll. 7,142. 10,166. Cato agr. 4. Veg. mul. 1, 56,5). Der Platz vor dem P. sollte so angelegt sein, daß die Tiere sich nicht ins Gehege kommen und ihren Nachbarn das Futter nicht wegfressen konnten. Das P. bei NT., Luc. 2,6. 12. 16 wird schon in frühchr. Z. nicht als Krippe, sondern als korbartige Wiege dargestellt. W. H. G.

Praeses wird im Lauf des 2. Jh. n. Chr. immer mehr zur allg. Bezeichnung der Provinzialstatthalter (H. G. Pflaum Les procurateurs équestres,

1950, 111 ff.). Im 3. Jh. erscheint p. dann auch als amtlicher Titel. Im Rahmen der dioklet.-konstant. Neuordnung wird p. zum Titel für die unterste Gruppe der Statthalter, nach den → consulares und → correctores (Cod. Theod. 8,4,8. 9,1,13). Um 400 gab es im O. 40 und im W. 31 p. (Not. dign. or. 1,79 ff. 44; occ. 1,84 ff. 45). Nur in → Isauria und → Mauretania Caes. hatten die p. neben zivilen auch militär. Aufgaben. Vom Kaiser konnte auch die Würde eines p. – stets auch noch für Statthalter allg. – ehrenhalber verliehen werden. A. L.

Enßlin, RE Suppl. VIII 598 ff.

Praestigiator. Unter der allg. Bezeichnung werden alle Arten von Gauklern, Taschenspielern, kleinen Zauberkünstlern verstanden, also auch Jongleure *(ventilator)* Purzelbaumschläger, *cernu(l)us*, Schlangenbändiger und Schwertschlucker *(circulator)*, Bauchredner, Seiltänzer, Akrobaten usw. Ant. Darstellungen z. B. bei Zschietzschmann Hellas und Rom 1936, 149. – A. Gaheis Gaukler im Alt. 1927. W. H. G.

Praesul (zu *salire*), kultischer Vortänzer, bes. der → Salii (*p. ὁ τῶν ἱερέων τῶν Ἄρεως ἡγούμενος* Charis. 44,5 f. B.), bei deren Kriegstänzen er die Bewegungen vorführt *(amptruat)*, welche die anderen wiederholen *(redamptruant* Fest. 270 M. Lucil. 320). Als erster p. der Salier galt ihr Stifter → Numa (Vir. ill. 3,1); *praesules* in hist. Z. s. [2], 115,3. – P. bei Spielen s. [1]. Zu »Vorsteher« verblaßt ist *p.* spätlat. ein Titel (Alex. 12,5 f). A. S.

1. *W. Ehlers*, RE XXII 1568 f. 2. *Latte* RRel. 115.

Praeteritio. Die Hauserben (→ *sui heredes)* mußten nach röm. Zivilrecht im Testament durch Erbeinsetzung oder Enterbung erwähnt werden; Nichterwähnung ist die *p.* Sie führte bei Söhnen, die *nominatim* enterbt werden mußten, zur Nichtigkeit des ganzen Testaments. Dagegen führte die *p.* anderer *sui heredes* (sie konnten *inter ceteros* enterbt werden) nur dazu, daß sie neben den testamentar. Bedachten erbten. Doch wurde ein *postumus* (nach der Testamentserrichtung geborener Abkömmling) stets wie ein Sohn behandelt: Enterbung war *nominatim* nötig; *p.* bewirkte Testamentsnichtigkeit. Praetor. und nachklass. Recht haben das modifiziert; eine Neuregelung brachte Iustinian mit seiner Nov. 115, 1–3 von 542. D. M.

Praetexta (urspr. wohl *Praetextata*). Ant. Bezeichnung (vgl. Diom. 3, KeilGrL 1,489,14 ff. und Schanz-Hos. 1,140 f.) des röm. hist. Dramas, das wie auch das hist. Epos von → Naevius in Rom eingeführt worden ist. Ein Typ – vgl. Naevius' *Lupus (vel Romulus?)* – stellte Themen der myth. Vorgeschichte Roms dar, während die Mehrzahl der bezeugten Stücke (Naevius *Clastidium*, → Ennius *Ambracia*, → Pacuvius *Paulus*) der postumen Ehrung der verschiedenen Gönner und somit der Zeitgeschichte gewidmet war; diesen Typ meint auch der Begriff p. (von der *toga p.* der röm. Beamten, vgl. *fabula togata* für die Komödie in röm. Gewande). Mit → Accius, der in der nur indirekten Panegyrik seines berühmten (zu einer Wiederaufführung vgl. Cic. Sest. 123) *Brutus* (für D. Iunius Brutus, cos. 138) und der Glorifizierung der röm. Gesch. (*Aeneadae vel Decius*, der sich in der Schlacht von Sentinum 295 opferte) eigene Wege geht, erreicht die Form Höhepunkt und Ende. Während im *Aeneas* des → Pomponius Secundus jener erste Typ des Mythendramas nachklingt, bilden die Stücke des Curiatius Maternus (*Cato* und *Domitius*, die beiden Helden der sterbenden Republik) und die im Corpus der Seneca-Tragödien überlieferte *Octavia* insofern eine selbständige Gruppe, als die Gesch. hier nicht panegyrisch oder exemplarisch, sondern in krit. Distanz, und zwar in Tragödien, dargestellt wird, so daß ihre Bezeichnung als p. kaum gerechtfertigt erscheint. Das einzige nicht nur in Frg. erhaltene hist. Drama, die *Octavia*, ist jedenfalls ganz nach dem Vorbild griech. Tragödien gearbeitet. P. L. Sch.

Frg.: TRF ^{2}1871, 277 ff. ^{3}1897, 321 ff. ^{4}1953 (ed. *A. Klotz*), 358 ff. *L. Pedroli*, 1954 (mit Octavia). *G. de Durante*, 1966. Lit.: *T. Herrmann* La tragédie nationale chez les Romains, Class. Med. 1947, 141 ff. *W. Beare* The Roman Stage, ^{3}1964, 39 f. 41 ff.

Praetextatus. 1. Cognomen (I. Kajanto Lat. Cognomina, 1965, 300), in den Fasten der rep. Zeit bei den Papirii und Sulpicii, in der Kaiserzeit bei Asinii, Flavii, Rufii, Vettii, vgl. Degrassi FCap. 147; FImp 263. H. G. G.

2. P. Vettius Agorius (CIL VI 1777/1781. 2145), etwa 320–384, wurde um 350 *corrector Tusciae et Umbriae*, dann *consularis Lusitaniae*, 362/64 *proconsul Achaiae* (Iulian, ep. 35. Zos. 4,3), 365/67 Stadtpräfekt von Rom (Amm. 27,9), 384 *praef. praet. Illyr.*, *Italiae et Africae*. P., führender Exponent der heidn. Senatsaristokratie, tätig in verschiedenen Priestertümern und eingeweiht in Mysterien (CIL VI 1779), bemühte sich um die Erhaltung der hergebrachten Kulte. Der hochgebildete P. war mit → Symmachus eng befreundet (Symm. epist. 1,44 ff.; rel. 10–12. Macr. Sat. pass. Hier. ep. 23). A. L.

R. Bloch bei *A. Momigliano* Paganisme and Christianity, 1963, 193 ff. *A. Chastagnol* Les fastes de la préfecture urbaine à Rome, 1962, 171 ff.

3. s. Ateius I 5. Vettius

Praetor (*στρατηγός*, *πραίτωρ*), *praitor* (CIL I^{2} 1513), der »Vorangehende«, Heerführer. Varro l. l. 5,80. 87 *(qui praeiret exercitui)*. Non. s. v. consulum 23 M. Cic. leg. 3,3,8. C. Gioffredi, Jura 9, 1958, 42 ff. widerlegt die von L. Bieler, RhM 85, 1936, 252 f. und G. I. Luzzato, Eos 48,1, 1956, 439 ff. gegebene Deutung *qui verbis praeit*. P. war urspr. bis 450 die Bezeichnung der später Konsuln genannten Oberbeamten der Republik. Liv. 3,55, 12. Fest. 249,16 ff. L. F. Wieacker Entretiens sur l'antiquité class. 13, 1967, 303 f. Ob in der Königszeit 2 P. ein 2 Legionenheer führten und dann

Oberbeamte der Republik wurden oder ob es in der frühen Republik ein Kollegium von 3 P. mit dem p. maximus an der Spitze gab, ist umstritten. Liv. 7,5,3. Fest. 152,28 ff.L. J. HEURGON Entretiens 106 ff. A. MOMIGLIANO Studi in onore di G. Grosso 1, 1968, 161 ff. Zur Entlastung der Konsuln wurde seit 367 jährl. der *p. urbanus* gewählt, der bes. die Gerichtsbarkeit ausübte und die Stadt nur bis zu 10 Tagen verlassen durfte. Cic. Phil. 2,13,31. Als erster Plebejer war Q. Publilius Philo 337 *p. u.* Für Prozesse mit Ausländern wurde 242 der *p. peregrinus (qui inter cives et peregrinos ius dicit)* eingesetzt. Liv. ep. 19. Dig. 1,2,2,28. D. DAUBE, JRS 41, 1951, 66 ff. F. SERRAO La iurisdictio del pretore peregrino 1954. Für die Provinzen Sizilien und Sardinien wurden 227 die 3. und 4., für Spanien 197 die 5. und 6. Praetorenstelle geschaffen. Liv. ep. 20. 32,27,6. Solin. 5,1. Nach vorübergehendem Wechsel zwischen 6 und 4 P. blieb es bei 6 P. jährl. Liv. 40,44,2. MOMMSEN StR 2,198. Sulla erhöhte die Zahl auf 8, Vell. 2,89,3; MOMMSEN StR 2,200,2, Caesar auf 10,14 und 16. Cass. Dio 42,51,3. 43,47, 2. 49,1. 51,4. Unter Augustus schwankte die Zahl zwischen 10 und 16, später zwischen 12 und 18. Vell. 2,89,3. Tac. ann. 1,14,4. Cass. Dio 53,32,2. 56,25,4. 58,20,5. 59,20,5. 60,10,4. Als Mindestalter der P. bestimmte die → *lex Villia annalis* 40, die Kaiserzeit 30 J. Die P. hatten das gleiche *imperium* wie die Konsuln, das *ius agendi cum patribus et populo*, wurden gelegentlich mit militär. Aufgaben betraut. Liv. 10,31,3. 23,32,2. 27,7,8 f. Sie hatten die *toga praetexta* und *sella curulis*, in Rom 2 Liktoren, in der Provinz 6. Pol. 3,40,9. 106,6 στρατηγὸς ἑξαπέλεκυς. Liv. 7,1,5. Nach der Wahl wurden die Zuständigkeiten durch *sortitio inter collegas* verteilt. Der *p. urb.* leitete im ältesten Prozeßrecht den Legisactionenprozeß, dann konnte er im Formularprozeß, beraten durch sein *consilium*, mit der *aequitas* und *bona fides* neues Recht *(ius honorarium, praetorium)* schaffen. Dig. 2,7,1. Die Grundsätze und Formeln seiner Rechtsprechung verkündete er bei Amtsbeginn in dem *edictum praetorium*. Es wurde, von den Nachfolgern übernommen und aus der Praxis in Jahrhunderten vervollkommnet, als *edictum perpetuum* unter Hadrian ca. 130 n. Chr. abgeschlossen. Im Strafprozeß stellte der P. die Richterliste auf und leitete seit dem 2. Jh. v. Chr. die *quaestiones*. W. KUNKEL, ABAW 56, 1962, 45,171. 92. Unter Sulla hatten die 8 P. den Vorsitz der Schwurgerichte und wurden nach dem Amtsjahr als Propraetoren Provinzstatthalter. Durch die kaiserl. Rechtsprechung verloren die P. an Bedeutung. Nun wurden Spezialpraeturen eingerichtet: 2 p. aerarii, Vell. 2,89,3. Suet. Aug. 36,2 *p. fideicommissarii*, Dig. 1,2,2,32,1 *p. tutelaris*, H. A. Vit. Marc. 10,11,1 *p. de liberalibus causis*, Cod. Iust. 4,56,1, 1 *p. hastarius*, Plin. epist. 5,9,5. Zu der neuen Vorwahl *(destinatio)* der P. V. EHRENBERG und A. H. M. JONES Documents illustr. the reigns of Augustus and Tiberius[2] 1955, n. 94a. Für die Besetzung hoher Offiziers- und Statthalterstellen war bis Diokletian die Praetur Voraussetzung. Ihre Hauptaufgabe wurde die kostspielige *cura ludorum*, u. a. der *ludi Apollinares, Ceriales* und *plebei*. Durch Konstantin wurde das Amt von einem *honos* zum *munus*, nach Boeth. de consol. 3,4 *inane nomen* et *senatorii ordinis gravis sarcina*. Die Senatoren mußten es übernehmen, doch gab es ein ausgedehntes System von Befreiungsgründen. Cod. Theod. 6,4,10,1. 23,4,1a. Iustinian ersetzte archaisierend den *praefectus vigilum* durch einen *p. populi* und bestellte Provinzpraetoren, *p. Pisidiae* u. a. Nov. 13. 24 f. Als Obermagistrate gab es P. auch in Municipien und im lat. Bund, in Ostia den *p. sacris Volcani faciundis*. CIL IV p. 4 f. G. WESENBERG – C. KOCH, RE XXII A 1581 ff. H. V.

Praetoriae cohortes. Die p. c. bildeten einen festen Bestandteil des von Augustus geschaffenen homogenen Heeres der röm. Kaiserz. Ihre Anfänge finden sich wie die des stehenden Heeres bereits in der Republik (→ *cohors, extraordinarii*). Die p. waren Elitetruppen, die unter Augustus 9 Kohorten von insgesamt je 1000 Mann – nach M. DURRY 500 – zählten und in Quartieren in und um Rom untergebracht waren (Suet. Aug. 49). Die p. c. bestanden zum größeren Teil aus Infanterie, zum kleineren aus Kavallerie. Ferner gehörten zu ihnen → *speculatores*, die ebenfalls beritten waren und die Elite der p. c. darstellten. Der Kaiser, der die p. c. zunächst allein kommandierte, unterstellte sie im J. 2 v. Chr. 2 *praefecti praetorio* (Cass. Dio 55, 10), und seither wurde diese Zahl meist beibehalten. Beide *praefecti* waren in der Regel gleichgestellt und gehörten dem Ritterstande an. Den p. c. war der Schutz des Kaisers anvertraut, täglich stellten sie eine Wachkohorte im Kaiserpalast. Doch wurden sie bei Feldzügen auch im Kampf eingesetzt. Die bevorzugte Stellung, die die p. c. als Elitetruppe innehatten, kam auch in verschiedenen anderen Belangen zum Ausdruck. So war z. B. die Dienstzeit den Legionen gegenüber um 4 J. kürzer, d. h. ab 13 v. Chr. betrug sie 12, ab 6 n. Chr. (5 n. Chr.) 16 J. Der Sold wiederum belief sich unter Augustus auf 500 Denare und seit 6 n. Chr. auf 750 für den *miles*, während der → *centurio* das Zehnfache erhielt und der → *tribunus*, der Kohortenkommandant, das Vierzigfache. Schließlich bildeten die p. c. eine Kriegs- und Verwaltungsschule, deren Absolvierung auch für die hohen Posten im Heer und in der Verwaltung erforderlich war. Die polit. Rolle der p. c. eröffnete der Aufstand der Legionen 14 n. Chr. (Cass. Dio 57,4) und einen weiteren verhängisvollen Schritt in dieser Beziehung bedeutete 23 n. Chr. ihre Zusammenziehung in einer Kaserne *(castra praetoria)* auf dem Viminal (Tac. ann. 4,2) in Rom. Die p. c. wurden so ein Machtfaktor im polit. Leben, der bes. bei der Einsetzung eines Kaisers oft eine entscheidende Rolle spielte. → Caligula erhöhte die

Zahl der Kohorten auf 12. Nach der Schlacht von → Betriacum (69) bildete → Vitellius aus verschiedenen Truppen eine neue Garde von 16 Kohorten, bis → Vespasian bei der Neuaufstellung die p.c. wieder auf 9 beschränkte (CIL XVI 21). → Domitian erhöhte die Zahl der Kohorten auf 10 und den Sold des *miles* auf 1000 Denare. Einen Tiefpunkt des polit. Lebens bildete der Kauf des Kaiserthrones von den p.c. durch den Konsular → Didius Iulianus (II 5) i.J. 193 um ein Geschenk von 6250 Denaren pro Mann (Cass. Dio 70,11,3). → Septimius Severus entließ die p.c. (Cass. Dio 74, 1f.), bildete eine neue Garde aus Provinzialen (hauptsächlich Illyriern), erhöhte die Stärke der einzelnen Kohorte auf 1500 – nach DURRY auf 1000 – und machte den Dienst in den Legionen zur Voraussetzung für den in den p.c. Caracalla erhöhte den Sold für den *miles* auf 2500 Denare. Nach der Schlacht an der Milvischen Brücke (Paneg. 12, 17,1) im J. 312 löste Konstantin die p.c. auf und machte die *praefecti praetorio*, die schon unter Hadrian als Beisitzer im Staatsrat fungierten, zum obersten Zivilamt.

DURRY, RE XXII 1607ff. Bh.e der BJ 14 (1967) 328, NEUMANN, RE VIII A, 2450f. Suppl. VIII 357 und → legio, 542f. → stellatura. A. N.

Praetoriani s. Praetoriae coh.

Praetorium hieß im Marschlager des röm. Heeres oder in dem für kürzere Zeit errichteten ([1], 85f.) das Zelt oder der sonst geartete Wohnsitz des Feldherrn oder der Platz, auf dem es oder er stand ([1], 36ff. 56ff. [2], 75). Eine Kombination von Wohnhaus und Verwaltungsbau ist das P. in den Zernierungslagern von Pena Redonda, Castillejo vor Numantia und B vor Masada ([2], 93ff. 97). Im Standlager der röm. Kaiserzeit war das P. nur die Wohnung des Kommandanten, während die Kommandantur → *principia* ([2], 75ff. u.ö.) hieß. Auch das kaiserl. Hauptquartier und die Garde wurde so bezeichnet (RE XXII 1607ff. 2391ff.). P. heißt aber auch die Großvilla der Latifundien oder Sitz oder (und) Quartier hoher staatl. Funktionäre (dazu s. an [4] anschließend [5]). Schließlich war P. auch das dem Reiseverkehr dienende Unterkunftshaus (z.B. CIL III 6123). A. N.

1. *W. Fischer* Das röm. Lager. Lpz. 1914. 2. *R. Fellmann* Die Principia des Legionslagers Vindonissa und das Zentralgebäude der röm. Lager und Kastelle, Brugg 1958. 3. *W. Schleiermacher*, RE Suppl. IX 1180f. 4. *Th. Mommsen*, H 35,457ff. 5. *R. Egger*, SAWW 1966, 250, Bd. 4.

Praetuttiana regio (Steph. Byz. s. Πρατεττία Pol. 3, 88,3) wird nach Norden vom Helvinusfluß begrenzt (Plin. nat. 3,110), den NISSEN It. Ldk. 2,430 mit dem Salinello, BELOCH RG 554f. besser mit der Vibrata gleichsetzt. Als S.-Grenze des *ager P.*, den man nicht mit M. HOFMANN, RE XXII 1640 von *der P. regio* unterscheiden darf, gilt der Vomanus (Plin. a.O.). Als älteste Bewohner dieses adriat. Küstenstreifens nennt Plin. 3,112 *Siculi et Liburni*. Die P. r. wurde 290 von Rom erobert, erhielt Bürgerrecht in der *tribus Velina* (CIL IX p. 485), wurde 217 (Sil. 15,571) von Hannibal verwüstet (Pol. a.O. Liv. 22,9,5), 207 von den Legionen des C. → Claudius (I 21) Nero durchzogen (Liv. 27,43,10); sie gehört zur 5. Region (Plin.). Ihr Hauptort ist *Interamnia Praetuttianorum* (Frontin. Feldm. p. 18. Ptol. 3,1, 58), dessen Name im frühen MA. zu *Abrutium* bzw. *Brut[i]um* (Geogr. Rav. 4,31. Guido 22) verstümmelt wurde; daraus entstand »Abruzzen«. G. R.

Nissen It. Ldk. 1,512. 2,428f. *Beloch* RG 554f. 598. 603. *Duhn*, 1,383ff. 2,183. *Devoto* Gli ant. Italici ^{2}295f.

Praevaricatio. So heißt in der Nachklassik vereinzelt der Abfall vom rechten Glauben. Dagegen bezeichnet *p.* im klass. röm. Recht technisch den Parteiverrat; Ulp. Dig. 47,15,1 pr. *Praevaricator est quasi varicator, qui diversam partem adiuvat prodita causa sua.* Der urspr. Fall ist wohl die pflichtwidrige Begünstigung des Angeklagten durch den öffentlichen Ankläger (Marci. Dig. 48, 16,1,1 *Calumniari est falsa crimina intendere, praevaricari vera crimina abscondere*). Zunächst führt die *p.* nur zur Infamie und zum Verlust der Befugnis, öffentliche Anklage zu erheben. Später kommt *poena extraordinaria* hinzu (Ulp. Dig. 47, 15,2). Nach Severus und Caracalla soll bei *extra ordinem* zu verfolgenden Verbrechen der *praevaricator* derselben Strafe verfallen, in die der Angeklagte ohne seine Hilfe zu verurteilen gewesen wäre (Paul. Dig. 47,15,6). D. M.

Praisos (*Πραισός*, Ethnik. *Πραίσιος*), tatsächlich wohl Prasos (*Πρασός*), schon im Alt. mitunter mit → Priansos verwechselt. Stadt im ö. Kreta in etwa 500 m Höhe 1 km n. des h. Vaveli (amtl. Nea Praisos). Ausgedehnte Stadtanlage mit drei Akropolen, auf deren südlichster außerhalb des Stadtmauerrings ein im 8. Jh. v.Chr. beginnendes offenes Heiligtum mit Massen von Weihgeschenken, bes. Terrakotten, ausgegraben ist. Große Teile der Stadtmauer, mehrere Tempel und Häuser in und außerhalb der Stadt, große Nekropolen seit myken. Z. In einer Schlucht am NW.-Rand der Stadt Höhle, die seit neolith. Z. als Kult- oder Begräbnisplatz diente. 1 km s.ö. an einer Quelle Tempel mit vielen Terrakotten und an dritter Stelle noch größerer Massenfund von Terrakotten von archaischer bis hellenist. Z. Das Gebiet reichte im N. und S. bis an die Küste und umfaßte im O. das Heiligtum des Zeus Diktaios in Paläkastro (ABSA 10, 1903/04, 246. 11, 1904/05, 298ff 40, 1939/40, 66ff.). In gesch. Z. Hauptsitz der vorgriech. → Eteokreter (»eteokret.« Inschr. in dem genannten Heiligtum), ist aber im übrigen dor. mit der üblichen Verfassung der dor. Städte Kretas. Andere Einzelheiten der Gesch. nur aus den Inschr. bekannt, 140 v.Chr. von → Hierapytna zerstört und einverleibt und seitdem verlassen, Skyl. 47. Strab. 10,4,6 p. 475. 4,12 p. 478f. Steph. Byz. Inschr.: [2], Nr. 1–34. SEG 23,583f. Mz. HEAD HN^{2} 475f. [2],137. [4]. E. M.

1. Ausgrabungen und Funde bes. AJA 5, 1901, 371ff. ABSA 8, 1901/02, 231ff. (mit Plan). 40, 1939/40, 64ff. BCH 26, 1902, 571ff. 2. *M. Guarducci* Inscr. Cret. 3,134ff. 3. *L. Guerrini*, Enc. arte ant. 6,422 (mit Lit.). 4. *E. Meyer*, RE Suppl. XII.

Praktor (*πράκτωρ, πρακτήρ* Poll. 8,114), Beamter, der auf Weisung des Rates oder der Beamten staatliche Forderungen, bes. Geldstrafen, eintrieb. In Athen führten 10 ausgeloste P. die Listen der Staatsschuldner. And. 1,77ff. Dem. 43, 71. Anecd. Bekk. 190,26. IG II^2 45. P. gab es auf Amorgos, Imbros, Ios, Keos, Rhodos, Tenos, Thera, in Delphi, Kyme, Medeon, Milet, Mylasa, Pergamon, Sikinos. BUSOLT GStk. 488,2. H. SCHAEFER, RE XXII A 2538ff. In der Monarchie des ptolem. Äg. erhielten die P. größere Exekutivrechte für fiskal. (*π. τῶν βασιλικῶν*, UPZ 153ff.) und Privatprozesse (*π. ξενικῶν*, C. PRÉAUX Chronique d'Égypte 30, 1955, 107ff., *π. τῶν ἰδιωτικῶν*). Im kaiserzeitl. Äg. waren P. Steuererheber. Ihre Titel (*π. ἀργυρικῶν, λαογραφίας* usw.) verraten die Steuerarten. H. V.

Prandium. Seit die → Cena abends eingenommen wurde, aßen die Römer gegen Mittag das P. Wer sich mit zwei Mahlzeiten am Tag begnügte, nahm das P. schon um die fünfte Stunde. Nach dem meist einfachen P. wurde öfter eine Mittagsruhe, *meridiatio*, gehalten. Zur Z. des P. vgl. den Witz bei Cic. fam. 7,30,1, *Caninio* (→ *Caninius* 5) *consule* (das Amt dauerte nur wenige Stunden) *scito neminem prandisse*. W. H. G.

Prasiai. 1. (*Πρασιαί*, Ethnik. *Πρασιεύς*, bei Paus. a.O. und danach Steph. Byz. *Βρασιαί*), spartan. Perioikenstadt an der O.-Küste Lakoniens mit geringen Resten beim h. Plaka am S.-Rand der Ebene von Leonidi. Nach Strabo 8,6,14 p. 374 gehörte P. zur alten Amphiktyonie von Kalaureia. Die ganze Küste war urspr. argiv., Hdt. 1,82, seit Mitte 6. Jh. spartan. P. daher im peloponnes. Krieg mehrfach von der att. Flotte verwüstet, Thuk. 2,56,6. 6,105,2. 7,18,3. Aristoph. Pax 242f. Am E. 3. Jh. v. Chr. wieder argiv., Pol. 4,36,4f. Strab. 8,6,2 p. 368. Wohl seit Augustus gehörte P. zu den → Eleutherolakonen, Paus. a. O. und 3,21,7. Skyl. 46. Paus. 3,24,3–5. Ptol. 3,14,32. Steph. Byz.

1. *F. Bölte – E. Meyer*, RE XXII 1690ff. Nr. 1. 2. ABSA 56, 1961, 131.

2. Kleinerer att. Demos der Phyle Pandionis, Demot. *Πρασιεύς*, an der O.-Küste Attikas an der Bucht von Porto Raphti, urspr. wichtiger Hafen mit eigenen Beziehungen zu Delos. Thuk. 8,95,1. Strab. 9,1,22 p. 399. Sch. Aristoph. Pax 242. 245. Paus. 1,31,2. Liv. 31,45,10. Steph. Byz. Die Festung auf dem dabei liegenden Kap Koroni (*Κορώνεια* Steph. Byz.) ist jetzt als ptolemaeischer Stützpunkt im chremonid. Krieg erwiesen, Hesp. 31, 1962, 26ff. 31, 1963, 109ff. 33, 1964, 69ff. E. M.

E. Meyer, RE XXII 1695f. Nr. 2.

Prasias limne (*Πρασιὰς λίμνη*), See im Gebiete der → Paiones. Die um den Pr.-See wohnenden paion. Stämme hat E. 6. Jh. v. Chr. → Megabazos (1) vergebens für Persien zu unterwerfen versucht. Ausführliche Schilderung der Pfahlbausiedlungen am Pr.-S. bei Hdt. 5,15ff.: Zunächst gemeinsame Arbeit der gesamten Dorfgemeinde; in der Folge mußte jeder, der heiratete und einen Hausstand gründete, drei neue Pfähle vom Orbelosgebirge holen; Pferde und Lasttiere wurden mit Fischen gefüttert; bes. »zärtliche« Fürsorge für die Kinder. h. Butkowosee, nach anderen Doiransee in der Volksrep. Makedonien (Jugoslavien). Chr. D.

Saria, RE XXII 1698ff.

Prasii (*Πράσιοι*), eig. die »Östlichen« (skt. *prācyāḥ*), ein auch in der ai. Lit. (Mahābhārata 6, 10,57. 12,102,4) wegen seiner Ausbreitung und Kriegstüchtigkeit häufig erwähntes Volk, das im h. Bihar und vielleicht N.-Bengalen zu lokalisieren ist. Alexander erfuhr von der Heeresmacht des Königs der P., Aggrammes (Curt. 9,2,3, Diod. 17, 93 [*Ξανδράμης*]). Bei Strab. 15,102 (Megasthenes) werden die P. das bedeutendste Volk der Inder und ihre Hauptstadt → Palibothra genannt. Die Landschaft *Πρασιακή* (Ail. nat. 17,39) wird bei Ptol. 7,1,53 bereits der India intra Gangem, d. i. dem w. und s. Ufer des Ganges, zugewiesen. F. F. S.

H. Treidler, RE XXII 2548–59. Age of the Nandas and Mauryas^2, ed. K. A. Nilakanta Sastri, Delhi 1967, 9f., 16f., 21–24, 96f., 141–50, 315.

Prasis epi lysei (*πρᾶσις ἐπὶ λύσει*). Nur der verbale t. t. *πιπράσκειν ἐ. λ.*, »auf Lösung verkaufen«, ist – vornehmlich durch Inschr. auf → Horoi – überliefert. Das in der Form eines auflösend bedingten, registrierten (→ Grundbuch) Kaufes vorgenommene, einheitliche Rechtsgeschäft, das regelmäßig auch Stücke aus dem → Darlehen und der → Misthosis enthielt, diente Sicherungszwecken ([1]). Der Verkäufer behielt sich – meist zeitlich beschränkt – den Rückkauf vor. Im Gegensatz zur → Hypotheke erwarb der Gläubiger sofort ein vorläufiges Eigentum, das ihn sogar zum Verkauf an einen Dritten, jedoch nur unter gleichen Bedingungen, berechtigte ([2]). Die Vertragsurkunden wurden bei einer privaten oder öffentlichen Stelle hinterlegt und der Lösungskauf auf dem verkauften Grundstück auf Warnsteinen kurz angezeigt. E. B.

1. *E. Berneker*, RE Suppl. X 652ff. 2. *C. Vatin*, BCH 86, 1962, 524ff.

Prasodes thalassa (*Πρασώδης θάλασσα*), von der grünen Färbung (*πράσον, πράσσον* »Lauch, Porree«) seines Seemooses herrührende Bezeichnung eines Gewässers, das sich von der o.-afrik. Küste n. von Madagaskar in den Ind. Ozean erstreckte. Es hatte annähernd die Form eines Rechtecks, dessen w. Begrenzung die o.-afrik. Küste vom Kap Rhapton (jetzt Kansi) im

N. bis zum Kap → Prason im S. bildete, während die ö. Grenze etwa mit dem 10. Merid. zusammenfiel. Nach N. wurde es etwa durch 6°, nach S. durch 10° s. Breite abgeschlossen. Ptol. 7,2,1; GGM II 502. Mit der von Ptol. 4,8,1 genannten *Βραχεῖα θάλασσα* ist wohl der westliche, nach Osten durch die Insel Menuthias (Ptol. 7,2,1; Pemba oder Mafia?) begrenzte Teil der *Π. θ.* gemeint. A. D.

H. Treidler, RE XXII 1699ff.

Prason (*Πράσον ἀκρωτήριον*), das sehr wahrscheinlich dem h. Kap Delgado entsprechende Vorgebirge an der o.-afrik. Küste, von Ptol. 4, 8,1 mit 80° ö. Länge und 15° s. Breite angegeben, außerdem erwähnt ebd. 1,7,2. 8,1. 9,3. 17,5. GGM I 522 und 523. Steph. Byz. s. *Πράσον*. P. galt als der südlichste von der griech. Schiffahrt erreichte Punkt Afrikas und überhaupt der *οἰκουμένη*, an der Stelle gelegen, wo nach der auf Ptol. beruhenden geogr. Vorstellung die afrik. Küste nach O. umbog, um sich mit dem o.-asiat. Kontinent zu verbinden und dadurch den Ind. Ozean zu einem riesigen Binnenmeer zu machen. P. wurde wohl bei den Entdeckungsfahrten des Diogenes, Theophilos und Dioskoros (1. Jh. n. Chr.) erstmals aufgesucht. A. D.

H. Treidler, RE XXII 1705ff.

Prasutagus. König der → Icener, Gatte der → Boudicca, römerfreundlich und am Aufstand seines Stammes gegen den Statthalter P. → Ostorius Scapula (3) im J. 48 unbeteiligt; daher wieder als König bestätigt; stirbt hochbetagt etwa 60 und setzt neben seinen beiden Töchtern auch den Kaiser Nero zum Erben ein, um Reich und Familie vor Übergriffen der Besatzung zu bewahren (Tac. ann. 14,31). G. Wi.

Pratinas aus → Phleius, Lyriker, Satyrspiel-Dichter, Tragiker.

Leben: Hauptquelle Suda s.v., dort nur *τραγικός* genannt. Zeit: Wettkampf mit → Choirilos und → Aischylos in der 70. Ol. (500–497); 467 wahrsch. tot (sein Sohn → Aristias nimmt mit Stücken des Vaters am Wettkampf teil: Hyp. Aisch. Sept. POxy 2256, Fr. 2). Vater: *Πυρρωνίδης* oder *Ἐγκώμιος* (Suda). Bei einer seiner Aufführungen in Athen soll die Zuschauertribüne eingestürzt sein.

P. als Dramatiker: Er führte 50 Dramen auf, davon 32 Satyrspiele und errang einen Sieg (Suda). 467 führt Aristias anscheinend eine trag. Trilogie und ein Satyrspiel von ihm auf. Titel: Perseus, Tantalos (ein Titel fehlt), Palaistai Satyrspiel (Hyp. Aisch. Sept., dazu POxy 2256 Fr. 2). P. soll als erster Satyrspiele aufgeführt haben (Suda), d.h. wohl als erster in der im 5. Jh. bekannten Form. Mit seiner Bevorzugung des Satyrspiels scheint er für eine Rückkehr der Tragödie zu ihrer urspr., satyrhaften Form, für eine Wiederherstellung des Dionysischen gewirkt zu haben; er drang nicht ganz durch, doch geht wohl auf seine Bemühung die Festordnung des 5. Jh. – je 3 Tragödien plus 1 Satyrspiel – zurück, die dem Satyrspiel seinen festen Platz sicherte. Außer der Tetralogie von 467 ist ein Titel *Δύσμαιναι ἢ Καρυάτιδες* mit einem Frg. bei Athen. 9,392 F erhalten (TGF², fr. 1, p. 726 = fr. 4 Page, p. 368).

P. als Lyriker: 4 Frg.e aus Athenaios bei Diehl, Anth. Lyr. II², 154ff. = Fr. 1–3, Fr. 5 Page, p. 367ff. Fr. 1 D² = Fr. 1 P. (16 Verse) problemat. u. umstritten: (ein Satyrchor wendet sich gegen die neuartige Manier, daß die Flöte die Vorherrschaft über den Gesang hat, und preist dagegen seine eigene dor. Tanzweise). Über die metr. Gestaltung, v. Wilamowitz Sappho und Simonides S. 135. Testimonia bei Stoessl, RE XXII 1721, 61ff. F. St.

J. Becker De Pr., Diss. Münster 1912. *v. Wilamowitz*, a. O. *M. Pohlenz* Das Satyrspiel u. P. von Phl., NGG 1926, 298–321. *J. Lammers* Die Doppel- u. Halbchöre in der ant. Tragödie, Diss. Münster 1931, 65ff. *E. Tièche* Thespis, 1933, 25ff. *K. Ziegler*, RE VI Art. Tragoedia, 1936ff. *A. M. Dale* Stasimon and Hyporcheme, Eranos 48, 1950, 14ff. *A. M. Webster* Words, Music and Dance, Lond. 1960. *A. Pickard Cambridge* Dithyramb, Tragedy and Comedy, 2. Aufl. 1962.

Praxagoras, Arzt in Kos in der 2. Hälfte 4. Jh. v. Chr., einer der berühmtesten und meistzitierten ant. Ärzte. Seine Schriften (keine erhalten) umfaßten theoret. und klin. Medizin. In der Anatomie war er traditionell rückständig (keine Menschenanatomie, die erst sein Schüler → Herophilos begründete). In der Physiologie dagegen markiert P. eine entscheidende Station auf dem Wege von der humoralen Konzeption (wenige »Säfte«) zur humidalen Konzeption (Körperflüssigkeiten vieler verschiedener Arten). Für die klin. Medizin sind seine Lehrbücher über Ätiologie, Symptomatik u. Therapie akuter u. chronischer Krkh. offenbar beispielhaft gewesen. Man darf P. als großen Lehrer bezeichnen, der zwischen Tradition (Hippokratismus koischer Prägung) und Aufbruch stand. Typisch für seine Wirkungsgeschichte sind (wie bei Hipp.) späte Fälschungen auf seinen Namen. F. K.

F. Steckerl The Fragments of P. and his School, Leiden 1958. *K. Schubring* Epistula Praxagorae, Sudh. Arch. 46, 1962, 295–310.

Praxeas, kleinasiat. Confessor, der am Anf. 2. Jh. n. Chr. den Modalismus nach Rom brachte, eine Christologie, die Jesus Christus als Erscheinungsform Gottes *(modus)* verstehen heißt und deshalb Gott als am Kreuze Leidenden (Patripassianer) kennt. Als sich der Modalismus auch in N.-Afrika verbreitete, verfaßte → Tertullianus um 213 eine Schrift gegen P. (adv. Prax.), in der er dem Modalismus seine Logoschristologie entgegenstellte und die Angriffe des P. auf den → Montanismus abwehrte. Kl. W.

P. Meinhold, RE XXII 1744ff. DThC 10,2196ff. RGG ³5, 510.

Praxias. Der Bildhauer P., Sohn des Lysimachos, Athener, schuf Bildwerke für Athen, Oropos und Delos, deren Motive wir nicht kennen (MARCADÉ Recueil des signatures de sculpteurs grecs 2, 1957, 110ff.). Er verstarb während der Arbeiten am Giebel des Apollontempels in Delphoi, Paus. 10,19,4. Da der Giebel erst gegen E. der Arbeiten, also wohl erst nach Eingang der Bußgelder der Phoker, nach 346 geschaffen sein wird, kann P. nicht der Schüler des großen → Kalamis sein. Vom Stil des P. wissen wir nichts. W. H. G.

Praxidike (»Rechtsvollstreckerin«), Eidgöttin, Schwester des (Zeus) Soter; ihre Kinder sind Ktesios, → Homonoia, Areta (FHG 2,152, Frg. 17), oder Tlos Xanthios, Pinaros, Kragos (FHG 3,236, Frg. 84 u.a.). Neben P. erscheinen auch P.-ai, welche wie manche andere Dreiervereine von Göttinnen wohl auf einen Sing. zurückgehen werden. Der Eid wurde in → Haliartos in Boiotien unter freiem Himmel geleistet (Paus. 9,33,3). Verbreitung der P. auch in Attika, Lakonien und Lykien. P. als Epiklese der → Persephone (Orph. hymn. 29,5). – P. wird durch eine *κεφαλή* (Suda, Phot. Hesych. vgl. dazu auch J. HARRISON Proleg. 188. O. KERN Die Rel. d. Griech. 2,163. NILSSON Griech. Feste 343ff. W. WREDE, MDAI[A] 53, 1928, 66ff. NILSSON GgrR 1^2 163) oder als *πρόσωπον* (Paus. 3,22,2) dargestellt. W. P.

Praxilla (*Πράξιλλα*) aus Sikyon, *μελοποιός* (so Polemon). Blütezeit nach Hier. chron. Ol. 82 (452–449). Durch die spärlichen Frg. werden bezeugt: Hymnos auf Adonis (in Hexam.), an den das Sprichwort *ἠλιθιώτερος τοῦ Πραξίλλης Ἀδώνιδος* anknüpfte. Dithyrambos *Ἀχιλλεύς* (ein Hexam. [!] zitiert). *Παροίνια* (Skolien, vgl. Athen. 15,694a). Wohl von P. 2 Verse über ein aus dem Fenster schauendes Mädchen im Metrum Praxilleum; der Anf. auf einer um 450 verfertigten boiot. Vase. Ein Erzbild der P. schuf ihr Landsmann → Lysippos (Tatian. ad Graec. 33). → Antipatros (8) nennt sie als 1. unter den 9 Dichterinnen (Anth. Pal. 9,26). Die Römer kennen sie nicht. Anth. lyr. 2, 1925, 129f. R. K.

D.L.Page Poetae melici Graeci, 1962, 386–390.

Praxiphanes (*Πραξιφάνης*), Sohn des Dionysiphanes aus Mytilene, Peripatetiker des 3. Jh. v. Chr., Schüler des → Theophrastos; vermutlich verlegte er seine Tätigkeit vor dessen Tod (288/87 oder 287/86) nach Rhodos. Epikureische Kritik an P.' Begriff der Freundschaft, den er in Anlehnung an → Dikaiarchos vertrat, wird erkennbar im Pap. Herc. 1027 (USENER Epicurea p. 93); im übrigen bekunden die erhaltenen Frg.e nicht philosoph., sondern vorwiegend philolog. Interessen des P. Mit Recht kam ihm der Beiname *γραμματικὸς πρῶτος* zu, so Klem. Al. Strom. 1,79,3. Seine dialog. Schrift *περὶ ποιητῶν*, in der → Platon und → Isokrates (2) als Gesprächspartner auftraten, rief die Kritik des → Kallimachos hervor, der eine Streitschrift *πρὸς Πραξιφάνη* verfaßte. Weitere

Titel: *περὶ ἱστορίας, περὶ φιλίας*. Außerdem sind krit. Notizen (sicher nicht durchlaufende Kommentare) zu Il., Hes. und zum Eingang des plat. Timaios bezeugt. Ein Dekret zu Delos, IG XI 4,613, ehrt ihn als *εὐεργέτης καὶ πρόξενος*. H. D.

Frg.e bei: 1. *C.O.Brink:* Callimachus and Aristotle, an Inquiry into Callimachus *πρὸς Πραξιφάνη*, CQ 40, 1946, 1ff. 2. *F. Wehrli* Die Schule des Aristoteles 9,93–115.

Praxiteles (*Πραξιτέλης*). Mehrere Bildhauer führten den Namen P. Hier ist nur vom »großen« P. des 4. Jh. v. Chr. die Rede; inwieweit andere P. mit ihm verwandt sind, bleibt unklar. P., Athener, Sohn oder Bruder des → Kephisodotos (4), Plastiker in Marmor und Erz, stammte wohl aus einer Bildhauerfamilie; auch seine Söhne wurden Bildhauer (→ Kephisodotos 5). Er gehörte schon für die Ant. zu den bedeutendsten Künstlern. Er war etwa zwischen 370 und 320 tätig, aus seiner Biographie ist nur Anekdotisches überliefert. Schon die Ant. schwankte öfter bei Zuschreibungen von Werken an P. (Plin. nat. 36, 28. Sicher irrtümlich: Plin. nat. 34,70. Vitr. 7 praef. 13. Ant. Fälschungen: Phaedr. 5 prol.); unter den mehr als 60 inschr. oder in der Lit. unter P.' Namen geführten Werken sind sicher auch solche, die einem anderen P. gehören. P. war in erster Linie Marmorbildhauer, schuf aber auch Erzwerke (Plin. nat. 34,69–71. Kallistr. stat. 3. 8. 11. Athen. 13,591 b = Paus. 10,15,1: Phryne in Delphoi, wohl aus vergoldeter Bronze. [7] Nr. 51 und 64). Bei den Marmorwerken legte er auf die Bemalung bes. Wert (→ Nikias 9). Neben einigen Porträtstatuen schuf P. vor allem Götterbilder (daher *ἀγαλματοποιός*, Laterculi Alexandrini ed. H. DIELS, APrAW 1904, 7). Bevorzugt scheinen Gottheiten des aphrodis. und dionys. Kreises und die Götter von Eleusis, sonst werden noch Göttergruppen und einzelne Götter genannt, darunter mehrfach Kultbilder. Den meisten Ruhm genossen im Alt. die Aphrodite in Knidos, der eidechsentötende Apollon (Plin. nat. 34,70. Martial. 14,172), ein Satyr in Athen (Paus. 1,20,1 f. Athen. 13,591 b), ein Eros in Thespiai ([7], Nr. 41), Phryne in Delphoi ([7], Nr. 54). Paus. 5,17,3 nennt im Heratempel zu Olympia, der zu seiner Z. viele Kunstwerke barg, einen Hermes mit Dionysosknaben. Ob der dort gefundene Hermes ein Original dieses P. ist, ist umstritten ([3]. [4]. [5]. [12], 217. 220. [14]. [16]); in jedem Fall ist er nicht ohne Beeinflussung durch den großen P. denkbar. Die Basis in Mantineia (Paus. 8,9,1. [1], 86ff. [6], IV 360ff.) ist Werkstattarbeit und spät, nicht vor 325 denkbar (Horn, MDAI[R] Erg.-H. 2, 1931, 16f. SCHUCHHARDT, A 12, 1936, 98ff. Anders [7], 1791. 1803). Aus röm. Kopien kennen wir den Apollon Sauroktonos ([1], 39ff. [6], III 530ff.) und die knid. Aphrodite sicher ([2]. [9]. [10]. [11]), wohl auch zwei Satyrstatuen ([15]) und einen Eros (Typus Palatin). An diese

Werke ist viel angeschlossen worden. Von P. ist wohl die Aphrodite Typus Arles ([1], T. 34ff.), kaum der bronzene Knabe in Athen (anders [12], 217ff.), schon aus Zeitgründen schwerlich die Artemis von Gabii (Encyclop. Photogr. TEL Louvre III 187). Relative und absolute Chronol. sind umstritten, doch müssen der einschenkende Satyr ([15], 1ff.) und die Aphrodite von Arles in die Frühz. gehören, 370/60, der Sauroktonos und der angelehnte Satyr ([15], 22ff.) in die mittlere Epoche, 360/45, die Knidia um oder nach 345/40, der Hermes ganz ans E. (nicht vor 330/20). Die Meisterschaft P.' in der Vollendung der Oberfläche und dem Ausdruck des Seelischen, die die Quellen rühmen, können wir nur ahnungsweise erfassen. Seine Proportionen sind schlanker als die des Polykleitos, schwerer als die des Lysippos. Die Götter leben in einem eigenen Raum, unabhängig vom Betrachter, »selig in sich selbst« ([3]). Außer im Formalen lag offenbar hier die bes. Leistung des P.; er gab der Auffassung der eigenen Z. vom Göttlichen vollendeten Ausdruck. Hier liegen die Gründe für die Mißverständnisse des 19. Jh., für die Verständnisschwierigkeiten des 20. Jh., die wir seit RODENWALDT ([3]) langsam zu überwinden lernen. W. H. G.

1. *G.E. Rizzo* Prassitele 1932. 1. *Chr. Blinkenberg* Knidia 1933. 3. *G. Rodenwaldt*, APrAW 1943/13, 1ff. 4. Die Lit. zur Datierung des Hermes bei *C. Blümel* Hermes eines Praxiteles 1948. 5. Bes. verfehlt: *O. Antonsson* The P. Marble Group in Olympia 1937. 6. *Ch. Picard* Manuel d'archéologie grecque. La sculpture III 406ff. IV 237ff. 7. *Lippold*, RE XXII 1787ff. 8. *J. Marcadé* Recueil des signatures des sculpteurs grecs II 1957, 115ff. 9. *Th. Kraus* Die Aphrodite von Knidos 1957. 10. *N. Himmelmann*, MarbWPr 1957, 11ff. 11. *K. Schefold* Ant. Kunst 7, 1964, 56f. 12. *Ders.* Klassisches Griechenland 1965, 217ff. 13. *G. Becatti*, EAA VI 1965, 423ff. 14. *E. Berger* LAW 2427f. 15. *P. Gercke* Satyrn des P., 1968. 16. *Zschietzschmann* in: Festschr. G. Wasmuth, 1968, 96f.

Praxithea (*Πραξιθέα*). Name att. Heroinen: **1.** Quellnymphe, Tochter (oder Enkelin) des Kephisos, Gemahlin des → Erechtheus. In ihr Ermessen stellte Eur. in seinem »Erechtheus« die Entscheidung über das vom Orakel geforderte Opfer einer Tochter; ihre patriot. Rede Eur. frg. 360. Apollod. 3,196. 203. PRELL.-ROB. 2,142. → Parthenoi (2). **2.** Gemahlin des → Erichthonios (1), Naiade (also auch wohl Tochter des Kephisos), Mutter des → Pandion (1 I). Apollod. 3,190. Tzetz. Chil. 1,174. Wie Erichthonios urspr. mit Erechtheus, ist sie mit Nr. 1 ident. **3.** Tochter des Königs Leos. Ail. var. 12,28. Leos gab sie und ihre Schwestern Theope und Eubule zur Abwendung von Hunger oder Pest dem Opfertode preis; → Parthenoi (3), → Leokorion. H. v. G.

Precarium. So heißt in Rom die unentgeltliche Überlassung von Grundstücken und später auch von beweglichen Sachen auf Zeit; Ulp. Dig. 43,26,1 pr. *P. est, quod precibus petenti utendum*

conceditur tamdiu, quamdiu is qui concessit patitur. Im Gegensatz zur Leihe *(commodatum)* begründet das p. kein Rechtsverhältnis, sondern bedeutet bloß eine jederzeit widerrufliche faktische Überlassung zur Nutzung. Sie kommt vor im öffentl. Recht am *ager publicus;* der Widerruf erfolgt dann durch Staatsakt. Dagegen begründet das privatrechtl. *p.* ein Lehensverhältnis des patriz. Grundherrn gegenüber dem Klienten. Dieses *p.* wird beendet zunächst durch eigenmächtige Wegnahme und später gerichtlich mit dem *interdictum de precario.* Der Prekarist erhält → *possessio* und genießt daher Dritten gegenüber Interdiktenschutz. Im nachklass. Recht entwickelt sich das *p.* verschieden: Im W. wird es zum entgeltlichen, den Geber bindenden Rechtsverhältnis, das die Pacht *(locatio conductio rei)* weitgehend ersetzt. Dagegen behält der O. im wesentlichen die klass. Regelung bei; freilich sinkt der Prekarist auch hier zum bloßen *detentor* herab. Vgl. Dig. 43,26. Cod. Iust. 8,9. D. M.

M. Kaser Röm. Privatrecht 1, 1955, 123. 329. 2, 1959, 294. 297.

Prediger (hebr. Qohelet = Versammler; griech. *Ἐκκλησιαστής*), Lehrbuch des AT, das neben den Spr. und Hiob zur Weisheitslit. zählt. Dies geht vor allem aus der Form der im P. gesammelten Sentenzen hervor. Das Buch ist in einem mit Aramaismen durchsetzten Hebr. verfaßt und wird in der Mitte 3. Jh. v. Chr. in Palästina entstanden sein. Sein Vf. ist ein unbekannter Weiser (1,1 wird Salomo als Vf. genannt). Über dem ganzen Werk liegt der Schleier tiefer Resignation (»Alles ist eitel« 7,14. 11,5). Der Sentenzenslg. sind zwei Epiloge angefügt, von denen der 2. Korrekturen an der Theologie des Vf. anbringt (12,12–14). Ähnliche Korrekturen finden sich auch im Text. Für manche Sentenzen gibt es Parallelen in Äg. und im Zweistromland. Für andere werden Affinitäten zu hellenist. Denken vermutet. Kl. W.

K. Galling, RE XXII 1827–1831. RGG ³5, 510ff.; *ders.*, HB z. AT I 18, 1940; *ders.* Das Rätsel der Zeit im B. Kohelet, ZThK 1961, 1–15; *W. Rudolph* Vom Buch Kohelet, 1959.

Preietos, Name einer Stadt in → Bithynien an der N.-Küste des Golfes von → Astakos und eines bithyn. Kriegsgottes, bekanntgeworden durch den Fund einiger Altäre auf der bithyn. Halbinsel (F. K. DÖRNER, Ist. Forsch. 14, 1940, 65ff.); nach P. heißt auch der 9. Monat des bithyn. Kalenders Preieteios. In der Überlieferung ist der Kalendername ebenso verderbt wie bei Lukianos, *περὶ ὀρχήσεως* 21, der P. als *δαίμων πολεμιστής* charakterisiert hat. Durch Verschreibung oder »Verbesserung« eines Kopisten trat dann »Priapos« an seine Stelle, was zu geistreichen Hypothesen in der modernen Forschung führte, die aber durch die neuen Denkmäler und Inschriften hinfällig geworden sind. Die Stadt P., ident. mit

Prainetos, ist wohl in Karamürsel oder in der Nähe anzusetzen, aber noch nicht endgültig lokalisiert. F. K. D.

F.K.Dörner Inschr. u. Denkm. in Bithynien (Ist. Forsch. 14, 1940, 37ff. u. 65ff.). *Ders.*, RE XXII 1837ff.

Prelius lacus war ein haffartiger Strandsee n. der → Umbromündung s. Vetulonia und w. Rusellae. Clodius wollte eine Insel in ihm kaufen (Cic. Mil. 74). *Ad lacum Aprilem* heißt eine Station der *via Aurelia* (It. Ant. 292,2) mit Hafen (It. mar. 500,6–8). G. R.

Prepelaos, Feldherr und Staatsmann im Dienst des → Kassandros (2). Er operiert 315 in Griechenland, 314 in Karien gegen → Antigonos (1), wirkt 311/10 an dem Friedensschluß zwischen Kassandros, → Lysimachos (1) und Antigonos mit, verliert 304 Korinth an → Demetrios (2) und ist an den Endkämpfen gegen Antigonos in Kleinasien 302/01 hervorragend beteiligt. In der Schlacht bei → Ipsos ist er wohl gefallen, es sei denn, daß er mit dem in dem delphischen Proxeniedekret Syll.³ 378/79 (von 287 oder 274/73) genannten P. ident. ist. K. Z.

Beloch, GG 4,1,121. 124. 162. *Tarn* CAH 3, 501–504. *Ziegler*, RE XX 1836ff.

Prexaspes (Πρηξάσπης). **1.** Vornehmer Perser, tötete im Auftrag des Kambyses dessen Bruder Smerdis (pers. *Bardija*), vor (Behistun 10; R. FRYE Persien 1963, 178) oder nach dem Ägyptenzug des Kambyses. Hdt. 3,30. 65. Obwohl Kambyses einen Sohn des P. tötete, blieb P. den Achaimeniden treu, leugnete nach Kambyses' Tod zunächst den Smerdismord, verriet dann die Usurpation der Magier und tötete sich selbst. Hdt. 3, 66f. 74ff. A.T. OLMSTEAD Hist. of the Persian empire² 1959, 109. **2.** Sohn des Aspathines, wohl Enkel von Nr. 1, Admiral des Xerxes 480 v. Chr. Hdt. 7,97. Sein Vater wird von Hdt. 3,70. 78 zu den 7 Magiermördern gezählt, während Dareios Ardomanes statt des Aspathines nennt. Behistun 68. OLMSTEAD 246. H. V.

Priamos (Πρίαμος, etr. *priumne*). Der letzte König von Troia. Volksetym.: seine Schwester → Hesione (4) kaufte dem Herakles, als er Troia zerstörte und ihren Vater → Laomedon (1 a.E.) und ihre meisten Brüder erschlug, ihren jüngsten Bruder P. (urspr. → Podarkes (2) geheißen) mit ihrem Schleier ab (πρίασθαι), Apollod. 2,136. 3,146. (nach Hellanik., etwas anders Diod. 4,32,5. 49,6). E. BETHE und K. KERÉNYI deuten den Namen aus der aiol. Glosse πέρ(ρ)αμος = βασιλεύς (Hesych.). Vermutlich ist P. kleinasiat. – Der dem → Aineias in den Mund gelegte Stammbaum Il. 20,215ff. (→ Dardanidai) erscheint ebenso wie Poseidons Prophezeiung Il. 20,306 als höfische Huldigung vor der in der Troas verbliebenen Aineadendynastie. G. JACHMANN Der hom. Schiffskatalog und die Il., 1958, 259ff. LESKY GgrL² 49. Der erweiterte Stammbaum Apollod. 3,138 geht auf Hellan. zurück. Daß er künstlich konstruiert ist, ergibt sich aus dem zehnmal in der Il. vorkommenden Patronymikon Δαρδανίδης, das sich normalerweise auf den Vater oder Großvater, nicht auf den Urgroßvater beziehen würde. – P.' Mutter heißt bei Späteren Strymo oder → Leukippe (4), Alkm. frg. 113 Zeuxippe. Als P.' Brüder nennt die Il. außer → Tithonos → Lampos (1), → Klytios (4) und Hiketaon, die 3,146ff. als δημογέροντες auftreten; als Schwestern werden anderwärts genannt → Hesione (s.o.), → Astyoche (4), → Killa (2).

P'. Polygamie, die ihn als oriental. Fürsten charakterisiert, wird nur gelegentlich erwähnt, Il. 21,88. R. v. SCHELIHA Patroklos 126. 367. 19 Söhne hat er von → Hekabe, thrak. oder phryg. Herkunft, mit der er in bestem Einvernehmen lebt; 31 von Nebenfrauen, von denen die Il. → Laothoe (3) und → Kastianeira nennt. Seine 1. Gattin Arisbe gab er an → Hyrtakos (1. 2.) ab, Apollod. 3,147. Kataloge der Söhne Apollod. 3,148ff. Hyg. fab. 90 (nach Hellan.). Die meisten Söhne sind gefallen oder als Gefangene verkauft, Il. 22,45. Die bekanntesten: → Hektor, → Paris-Alexandros, → Deipheibos, → Helenos, → Lykaon, → Trodos. Von den 12 Töchtern ist die mythol. bedeutsamste → Kassandra.

Il. 3,184ff. erzählt P., er habe in seiner Jugend mit den Phrygern → Otreus und → Mygdon (2) gegen die → Amazonen gekämpft. Verg. Aen. 8, 157ff. erwähnt seine Besuche auf Salamis und in Arkadien. Zu Beginn des Krieges ist P. ein mächtiger und reicher König. Sein Reich erstreckt sich von Lesbos über Phrygien an den Hellespont Il. 24,544 (noch weiter Strab. 13,584. Apollod. epit. 3,33). Phryg. und thrak. Nachbarn sind seine Bundesgenossen. Im Lauf des Krieges floß freilich ein großer Teil der Schätze nach Phrygien und Lydien ab, Il. 18,288ff. – Sein altes Beiwort ist ἐυμμελίης. R.V. SCHELIHA a.O., 63.349. Il. 7,366 wird P. θεόφιν μήστωρ ἀτάλαντος, 20,183 von Achilleus ἔμπεδος genannt. Im allg. erscheint er aber als lebensmüder Greis. In der ἀγορή 7, 345ff. führt er zwar den Vorsitz, wird aber dabei von seinen Söhnen beherrscht, die bei den Achaiern als hochmütig und unzuverlässig gelten (3,106); in einer Aufwallung des Zornes nennt P. selbst die überlebenden seiner Söhne Feiglinge, Lügner, Tänzer, Schlemmer, die dem Volk das Vieh rauben, 24,260ff. Der wirkliche Regent ist Hektor, dessen Sohn beim Volk Ἀστυάναξ heißt, 6,403. G. FINSLER Hom.² 1,210f. DORNSEIFF, H 70, 1935, 244. Zu Helene ist P. gütig wie ein Vater 24,770, die achaiischen Helden bewundert er (Mauerschau). Dem Kampf schaut er manchmal vom Turme aus zu: 21,526ff. will er die Tore für die flüchtenden Troer öffnen, 22,25ff. beschwört er Hektor, nicht mit Achilleus zu kämpfen, Verzweiflung packt ihn, als er Achilleus Hektors Leiche schleifen sieht, 22,408ff. Vgl. 24,160ff. Mit Hilfe der Götter kommt es dann zum Bittgang zu

→ Achilleus und zur Auslösung der Leiche. In Aischyl.' Phryges mußte sie mit Gold aufgewogen werden; vgl. Il. 22,349ff. Typisch für P. ist die Angst vor der Zukunft, die visionäre Ahnung seines und der Seinigen schmählichen Todes und des Untergangs von Troia (s. bes. 24,410).

Unselbständig ist P.' Rolle auch in den »Posthomerica«, der Aithiopis, der Kleinen Il., der *Ἰλίου πέρσις* (→ Penthesileia, → Memnon (1), → Polyxene, → Eurypylos (2), Einholung des hölzernen Pferdes). Bei Diktys wird er von den Söhnen noch stärker tyrannisiert, während Dares ihm mehr Initiative läßt. Seine Ermordung durch → Neoptolemos-Pyrrhos wurde wohl schon in den kykl. Epen drastisch dargestellt. In der Persis geschah sie auf dem Altar des Zeus Herkeios, auf den er mit Hekabe geflüchtet war (so auch Pind. pae. 6,113 und auf 25 Darstellungen der bildenden Kunst), in der Kl. Il. reißt Neoptolemos ihn vom Altar herunter und tötet ihn in der Tür des Palastes (so auf 19 Bildern). Bei Verg. Aen. 2,506ff. stürzt der Sohn → Polites (1), von Pyrrhos verfolgt und verwundet, vor den Augen der Eltern am Altar zusammen. P. wirft kraftlos einen Speer auf den Verfolger, der aber schleift ihn an den Altar und tötet ihn dort. Unausgeglichen damit ist der Abschluß der Szene; P.' Leichnam liegt enthauptet am Strande (Sigeion). Auf Polygnots Gemälde der Iliupersis liegt → Agenor (2) tot neben P.: Paus. 10,27,2. K. Ziegler, RE XVI 2446. Bei Q. Smyrn. 13,220ff. bittet P., auf dem Altar sitzend, verzweifelt Neoptolemos, ihn zu töten, worauf dieser ihm sofort das Haupt abschlägt. Auf vielen Bildern wird → Astyanax vor den Augen der Großeltern ermordet, ja seine Leiche auf P. geschleudert.

P. erscheint seit dem 6. Jh. als Nebenfigur auf vielen Darstellungen von Szenen aus dem tro. Sagenkreis, Hauptfigur ist er in den Bildern von seinem Bittgang zu Achilleus und von seinem eigenen Ende. Er trägt ein langes griech. Gewand, erst apul. Vasen und röm. Sarkophagreliefs stellen ihn gern als oriental. König dar. Umfassende Übersicht Höfer Myth. Lex. 3,2936ff. M. C. van der Kolf, RE XXII 1841ff. Der Versuch der letzteren, die Figur des P. und den Untergang Troias in hist., Zusammenhang mit den Kämpfen und Völkerbewegungen des 13. und 12. Jh. (Niedergang des hethit. Reiches) zu bringen, ist ebenso problematisch wie die Kombinationen von D. L. Page History and the Homeric Iliad, 1959. Lesky GgrL ²35f. H. v. G.

Priansos (*Πρίανσος*, in BCH 45, 1921, 21 IV 6 *ἐμ Πριάμψῳ*, Ethnik. *Πριάνσιος* und *Πριανσιεύς*), Stadt im s. Mittelkreta mit geringen Resten beim h. Ano Kastelliana, schon im Alt. mit → Praisos verwechselt, Strab. 10,4,12 p. 478. Steph. Byz. s. *Πρίαισος* (?), sonst nur weniges aus den Inschr. bekannt. Inschr. [1], Nr. 1–5. Mz. Head HN² 476. [1],280. [2]. E. M.

1. *M. Guarducci* Inscr. Cret. 1,279ff. 2. *E. Meyer*, RE Suppl. XII.

Priapos (*Πρίαπος*, ion. und poet. *Πρίηπος*), ithyphallischer Gott der animalischen und vegetabilischen Fruchtbarkeit und überhaupt Segenbringer und Übelwehrer, heimisch an der asiat. Küste des Hellesponts, bes. in → Lampsakos (dort seit 2. Jh. v. Chr. auf Mzn. und wie Aphrodite *Ἐπιφανής*, s. Tréheux, BCH 77,426ff. L. Robert, RPh 85,202,3). Sein Name weist ihn mit → Priene, → Priansos, wohl auch → Priamos, → Priasos und dem bithyn. Kriegsgott Prietos der autochthonen Sprachschicht zu; die Stadt Priapos ist nach ihm benannt wie auch ein Vasenmaler des 6. Jh. In frühhellenist. Zeit, vielleicht in direkter Auswirkung des Alexanderzuges, verbreitete er sich in der griech. Welt und sog vielerorts, bes. in Attika, epichor. Götter ähnlicher Art auf (→ Phallos). Viel tat dazu seine Affinität zu → Dionysos, der in → Alexandreia (1) eine große Rolle zu spielen begann. So wurde er bald auch in Rom bekannt, wo er den → Mutunus verdrängte, und setzte sich allmählich fast im gesamten Imperium fest. Originär sind für ihn die allerwegen aufgerichteten, meist rohen und von ungeübter oder nachlässiger Hand gefertigten Bilder aus Holz (bes. Feigenholz), das durch Menniganstrich konserviert werden konnte; doch wurden sie auch aus anderem Material hergestellt und sogar künstlerisch entwickelt. Neben dem Kopf durfte der meist große, nicht immer erigierte → Phallos kaum fehlen (daher *priapus = membrum virile;* Ableitungen wie *priapismus*), so daß immer wieder eine primitive, ganz zeitlose Hermenform entstand, die aber auch zur Vollfigur übergehen konnte, wobei die zurückgelehnte Haltung der *λόρδωσις* charakteristisch blieb (Salviat, BCH 88,486ff.). Oft erscheint P. auch bekleidet, gelegentlich in ländlicher *(Cucullus* s. Deonna De Télesphore au »moine bourru«, Berch.-Brux. 1955, 79f.), öfter in weichlich-orient., ins Feminine hinüberspielender Art mit den entsprechenden Schuhen und dem Kopftuch *mitra* (Brandenburg Studien zur Mitra, Münst. 1966, 145ff.). Der Phallos hebt sich dann unter dem Gewand oder wird von dem Gott im *ἀνάσυρμα* entblößt, wodurch sich ein Bausch bildet mit Früchten oder auch ohne solche; manchmal machen sich auch Eroten um P. zu schaffen (Parlasca, Germania 32,293ff.). Eine Sonderform zeigt ihn im Heraklesschema in der Weise, daß die Arme unter dem Gewand liegen, der eine gewinkelt, der andere gesenkt. Kopf und Büste sind selten bestimmbar (vgl. Curtius, *Ἀρχ. Ἐφ.* 1953/54, I 230ff. Brandenburg öfters).

In seiner Fruchtbarkeitsfunktion wirkt P. sowohl positiv fördernd wie negativ vor Schaden bewahrend und spielt so in röm. Z. vor allem in Gärten seine Rolle (Grimal Les jardins rom.², Par. 1970, 46ff. 317ff.). Er tritt auch als Wegweiser und

Schützer der Wanderer auf, in Griechenland zudem als Patron der Schiffer und Fischer. Seine Kultstätten, gewöhnlich sehr einfach und manchmal verfallen, gehören zur Landschaft. Als Grabhüter ist er der Erbe der sepulkralen → Phalloi bes. Kleinasiens: es mögen tiefere Motive dabei mitgespielt haben. Seine Sorge für die körperliche Liebe wie auch die allg. Segens- und Abwehrkraft seines Phallos verschaffen ihm auch in Städten und Häusern, bes. Läden und diversen Gaststätten seinen Platz, ja, er wird geradezu Allgott (CEpigr. 1504, parodisch nach Buchheit 69ff.). Sogar ein Gladiator stützt sich auf ihn (Gruppe im Antiquarium Pompei, s. Brion Pompeji und Herculaneum, Köln 1961, 117f.).

Die sakralen Handlungen halten sich im allg. im Rahmen des einfachen ländlichen Brauchs, oft natürlich mit erot. Einschlag. Das lampsakenische Eselsopfer hat sich nicht verpflanzen lassen, aber zu einigen myth. Aitiologien Anlaß gegeben (vgl. Deonna, RBPh 34,33f. 39f. 632ff.). Die Kultstätten regten zu Graffiti an, aus denen sich geradezu ein poetisches Genos entwickelt hat, die → Priapea, so schon bei → Leonidas (9) Tar. und bei → Euphronios, dem »Erfinder« des priapeischen Versmaßes, und erst recht bei den Lateinern, unter denen sich hervorragende Geister davon animiert zeigten. Natürlich reizte P. zum Spott, aber er hätte sich nicht so durchsetzen können, wenn nicht auch ernster oder lockerer Glaube an ihn dahintergestanden hätte, und so hat er auch in christl. Z. noch Resistenz bewiesen. Es gab Priester und Priesterinnen und ganze Genossenschaften, die sich ihm widmeten. Feste und gar Mysterien galten ihm, und einen bes. Rückhalt hatte er an Dionysos, der ihn von jeher an sich gezogen und auch im eigenen Bereich beeinflußt hat (Nilsson, Eranos 53,33ff.; The Dionysiac Mysteries, Lund 1957, 34ff. 99ff. u.s. Turcan, MEFR 72,167ff. Ders., Latomus 24,101ff. Matz *Διονυσιακὴ Τελετή*, AAMz 1963, 15; Dionys. Sark. bes. III 1969 Nr. 176). Sonst ist er der Aphrodite beigesellt (Gruppe im Antiquarium Pompei) sowie → Pan, den → Nymphen (Blümel, *Θεωρία*, Festschr. Schuchhardt, Bad.-Bad. 1960, 27f. Abb. 3), → Silvanus und auch → Herakles. So galt er als Sohn des Dionysos und der Aphrodite oder einer Nymphe. Mythenbildend hat er erst seit hellenist. Z. und nur wenig gewirkt. H. H.

Herter De dis Atticis Priapi similibus, Diss. Bonn 1926. *Ders.* De Priapo, Giess. 1932. *Ders.*, RE XXII 1914ff. *Buchheit* Stud. z. Corpus Priapeorum, Münch. 1962. *Paribeni*, Encicl. dell'arte ant. 6, 1965, 466f.

Priene (*Πριήνη*), Stadt in Karien am S.-Hang des Mykalegebirges, h. Gülübahce, von Karern, später von Griechen besiedelt (Paus. 7,2. 10). Lage der arch. Stadt ist unbekannt, (ihre Gesch. [5], 1185), Neugründung des 4. Jh. unterhalb des 371 m hohen Berges mit Akropolis, auf Terrassen im hippodam. System angelegt – O.-W. Straßen und

n.-s. Treppenwege bilden *insulae* –; mustergültige Ausgrabung 1894–1899 und Publikation durch Wiegand u. Schrader [1], neuerdings Nachgrabungen. Modell von H. Schleif Berlin. Der Mauerring umfaßt Burg und Stadt (Krischen, AA 1913, 475). Im Zentrum liegt der Markt: großer Rechteckhof mit Säulenhallen und Kammern, abgegrenzt der Bezirk des Zeus, mit Kult für Hera, Pan, Asklepios, ion. Prostylos Tetrastylos, Hallen, Altar und Propylon z.T. überbaut von byz. Kastell. Im N. hoch über dem Markt die Heilige Halle, erbaut von Orophernes v. Kappadokien 150–130 v. Chr. Der O.-Teil der Halle verdeckt die Front des Buleuterion: quadrat. Raum mit Altar, an drei Seiten ansteigende Stufen mit Sitzen für 640 Personen, ö. anschließend das Prytaneion, ein Hofhaus mit Herd. – Das Athenaheiligtum ist durch mächtige Stützmauern hoch herausgehoben. Der der Athena Polias, nach 27 v. Chr. auch dem Augustus geweihte Tempel ist 2. Hälfte 4. Jh. errichtet, Baumeister war → Pytheos (Vitr. 1,1,12. RE XXIV 459). Weihung durch Alexander d. Gr. 334 v. Chr., laut Inschr. auf Ante [4]; ion. Bau mit 6x11 Säulen, harmonisch durchgegliederter Plan in att. Fußmaß. W.-Teil 2. H. 2. Jh., hierzu: Ist. Mitt. 18, 1968, 212. Das in dieser Z. als Stiftung des → Orophernes (2) aufgestellte Kultbild (Münze in der Basis [4], Abb. 9) ist eine Kopie des Parthenos des → Pheidias (Reste in London), gleichzeitig mit dem ö. vorgelagerten Altar (Form wie Pergamon); die S.-Halle öffnet sich zum Tal. – Das Theater am N.-Rande wurde geschickt in den Stadtplan eingefügt; dank der Bearbeitung durch v. Gerkan [3] ist der Bau höchst bedeutsam geworden für die Gesch. des Theaterbaues im Alt.; entstanden wohl im 4. Jh. v. Chr. mit Umbauten in hell. u. röm. Z. (v. Gerkan Von ant. Architektur u. Topogr., 1959, 49). Der Zustand des Proskenions erlaubt Rückschlüsse auf die Verwendung von Pinakes. – Das Obere Gymnasion, unterhalb des Theaters, wurde in röm. Z. zu Thermen umgebaut, beim unteren Gymnasion, am S.-Rand dicht an der Stadtmauer, ist die Palaestra mit dem schräg angebauten Stadion ([6], 81. W. Zschietzschmann Wettkampf u. Übungsstätten I u. II) – Sitzstufen nur im N. – kombiniert. (Rek. [6], Abb. 101). – Am O.-Rande der Stadt liegt ein Heiligtum der äg. Götter (Isis, Sarapis, Anubis) als einfacher Hof mit großem Altar, wahrscheinlich 3. Jh. v. Chr. ([6], 68). N. außerhalb der Stadt, dicht unter dem Burgberg, fand sich ein Demeterbezirk: langgestreckter Hof, am W.-Ende breit angelegter Kultraum mit Opfergrube neben der Säulenfront; kunstgesch. wichtig die Statue der Priesterin Nikeso, h. in Berlin ([6], Abb. 104). – Die Wohnviertel veranschaulichen mit Bauten und zahlreichen Funden das einstige Leben einer hellenist. Kleinstadt. Meist nehmen 4 Häuser eine *insula* ein. Es sind einfache Hofhäuser ohne Fenster zur Straße, manche mit

Peristyl innen. Die Wasserversorgung war mit vielen Leitungen, Kanälen, Klärbecken und Brunnenanlagen wohl durchdacht, das System funktionierte bis in byz. Z. – Eine 3schiffige Basilika, die Bischofskirche, beim Theater war das größte byz. Gebäude. W. Z.

1. *Wiegand u. Schrader* Priene, 1904. 2. *Hiller v. Gaertringen* D. Inschr. von P., 1906, Neudr. 1968. 3. *v. Gerkan* D. Theater v. P., 1921. 4. *Regling* D. Münzen v. P., 1927. 5. *Kleiner*, RE Suppl. IX 1181 ff. 6. *M. Schede* Die Ruinen v. P. 2. Aufl. von *Kleiner u. Kliess*, 1964.

Priestercodex, die jüngste der literar. Quellen des → Pentateuch, entstanden im 5. oder 6. Jh. v. Chr. in Kreisen der babylon. Diaspora. P. ist, wie die älteren Pentateuchquellen, ein Erzählwerk: Es schildert den Ablauf der Ereignisse von der Schöpfung bis zum Beginn der israelit. Landnahme. Freilich ist die Erzählung zumeist auf das für die Kontinuität Notwendige reduziert. Es fehlen Ausführlichkeit, Anschaulichkeit und Farbe; statt dessen ist das Interesse an Zahlen und Namen, Chronologie und Periodisierung (Toledot »Zeugungen« als Überschrift in Gen. passim), kultischen Einrichtungen und Gesetzen charakteristisch und hat P. im 19. Jh. zu seinem Namen verholfen. Diese Eigenart hat das Hinzutreten gesetzlicher Abschnitte, die nicht urspr. Teil von P. waren, sehr begünstigt (z. B. das sog. Heiligkeitsgesetz Lev. 17–26 u. a. m.). Im Unterschied zu den älteren Quellen bildet für P. nicht der Bundesschluß am Sinai / Horeb den Höhepunkt der klass. Heilszeit Israels, sondern die Einrichtung des legitimen Kultes (sog. Stiftshütte) am Gottesberg in der Wüste (Ex. 25–31. 35–40; Lev. 8–9) und die Konstituierung der Gemeinde des Zwölfstämmebundes (Num. 1–9). Dabei setzt P. die Kultuszentralisationsforderung des Deuteronomiums (Deut. 12) in der Interpretation durch König Josia von Juda (622 v. Chr.) voraus: D. h. die Stiftshütte ist das einzige legitime Jahweheiligtum, konkret der zweite Tempel in Jerusalem, in die Wüstenzeit zurücktransponiert und dort bis in alle Details von Jahwe verordnet. Der kunstvolle Aufbau des Werkes und die Präzision der Darstellung haben P. viel Glaubwürdigkeit verschafft; noch nach dem Erwachen der Pentateuchkritik galt er lange Zeit als älteste und zuverlässigste Quelle. Über das Ende dieser Vorstellung in der neueren Urkundenhypothese → Pentateuch. Es ist möglich, wenn auch nicht beweisbar, daß P. eine Rolle in der von Esra vollzogenen Promulgation des »Gesetzes des Himmelsgottes« (Neh. 8–9) gespielt hat, vielleicht schon mit älteren Quellen vereinigt und durch heterogene Gesetzessammlungen erweitert. H. Do.

M. Noth Überlieferungsgeschichte des Pentateuch (1948; Nachdr. o. J.). *G. von Rad* Die Priesterschrift im Hexateuch (1934). *O. Eißfeldt* Einleitung in das A.T. (1964[3]) § 30.

Prifernius. Röm. Gentilname (vgl. Schulze Eigenn. 344). Senator. Träger desselben sind nur aus der Kaiserz. bezeugt und stammen vielleicht aus Ostia.

1. T. P. Paetus, *cos. suff.* 96. Inscr. Ital. XIII 1, p. 195. 244. Degrassi FImp. 29. **2.** T. P. Paetus Rosianus Geminus. Leiblicher Sohn des Sex. Rosius Geminus, von Nr. 1 adoptiert. Im J. 100 *quaestor (urbanus)* des jüng. Plin. (paneg. 26); in der weiteren Laufbahn durch Krankheit gehemmt (Plin. epist. 7,1). Legionslegat in Lugdunum (ebd. 9,11), *praetor urbanus* und am Anf. der Regierung Hadrians *proconsul* von Achaia (CIL VIII 7059 = DessILS 1067. Groag Reichsb. 59f.). *Cos. suff.* zwischen 120 und 126 (Degrassi FImp. 134). Unter Antoninus Pius *proconsul* von Africa (CIL VIII 7059 = DessILS 1067. VI 1499. Thomasson Statth. Afr. 2,70f. Syme, REA 1965, 317ff.). Noch im hohen Alter machte er seiner Heimatstadt (?) Ostia große Zuwendungen (CIL XIV 246. 250 = DessILS 6174). **3.** T. P. Paetus Rosianus Geminus. Sohn von Nr. 2, *cos. suff.* 146 (AE 1936, 98 = Inscr. Ital. XIII 1, p. 205); *patronus* von Ostia (CIL XIV 246). **4.** T. P. Paetus Memmius Apollinaris, aus Reate (CIL IX 4753 – DessILS 1350), von Nr. 1. adoptiert, ritterlicher *cursus honorum* der traian. Z., Teilnahme an den Dakerkriegen, *procurator* von Sicilia (Klein Siz. u. Sard. 184), Lusitania (Heuten, Latomus 1938, 261 f.), *XX hereditatium, Thracia* (letzter Präsidialprok., falsch Stein Thrakien 73ff.) und Noricum (Winkler Reichsb. 40ff. Pflaum Carr. éq. 71). G. Wi.

Prima Porta. Saxa Rubra, nachant. P., liegt am neunten Meilenstein der Via Flaminia. Dort hatte Livia ihre Villa *ad gallinas albas;* der Ort rechnete zum Gebiet von Veii (Plin. nat. 15,136f. Suet. Galba 1. Cass. Dio 48,12,52). Ausgrabungen (G. Lugli, Bullettino Commissione Archeol. Comunale di Roma 51, 1923, 26ff. mit Lit.) brachten vor allem einen unterirdischen Saal mit vorzüglich erhaltenen Wandbildern einer Gartenlandschaft (Sulze, MDAI[R] 47, 1932, 174ff. M. M. Gabriel Livia's Garden Room at P. 1955) und die Panzerstatue des Augustus (H. Kähler Die Augustusstatue von P. 1959) zutage. W. H. G.

Primianus. Donatistischer Bischof von Karthago seit 391/92. Als der 3. Nachfolger des → Donatus (2) setzte er sich gegen Widerstand in den eigenen Reihen gewaltsam durch. P. nahm an der Disputation von Donatisten und Katholiken im J. 411 teil (→ Marcellinus 16), auf der die Donatisten verurteilt wurden. O. H.

W. H. C. Frend The Donatist Church, 1952, 213ff.

Primicerius, der *primus* auf der *cera* (Wachstafel), einer Stammrolle, also Vorsteher eines *officium* oder einer Abteilung in militär. und zivilen Dienststellen. P. gab es z. B. bei den *domestici et protectores, duces, scholae* des *mag. officiorum* (Cod. Theod. 6,24,7ff. Iust. 1,27), den Ämtern am Hof und der Zentralverwaltung, der *schola notariorum* (Cod. Theod. 6,10. Not. dign. or. 13,22ff.; occ. 11,88ff.). Sehr angesehen war der dem →

praepositus sacri cubiculi unterstellte *p. notariorum.* Im Bereich der Kirche sind p. (bes. *p. notariorum*) seit dem 5. Jh. bezeugt (ACO 2,6,72. 76; MANSI 7,327. CIL XIII 2385). A. L.

Primipilus. In der röm. Legion z. Z. der Manipulartaktik hießen die beiden Zenturionen des 1. Triariermanipels *p.-i* oder *centuriones p.-i* ([1], 92). Der den r. Flügel kommandierende, hatte damit takt. als der ranghöchste centurio das Gesamtkommando inne *(→ centurio)*. Mit der Ausbildung der Kohortentaktik wurde er der takt. Kommandant der 1. Kohorte (KROM.-VEITH 400). Die für die frühe Kaiserzeit charakteristische Gliederung derselben in 5 Zenturien zu insgesamt 1000 Mann ([1], 91. [2], 20), führte dazu, daß bloß ein einziger *p.* in ihr notwendig war. Doch gab es einen zweiten, der kein Kommando innehatte und als Generalstabschef der Legion fungierte ([1], 114). Die gewesenen *p.* hießen *primipilares* oder *primipilarii.* A. N.

1. *A. v. Domaszewski*, Bh. der BJ 14 (1967), bes. 112ff. 116ff. 2. *D. Schenk*, Klio, Bh. 22 (1930). 3. *A. Mócsy*, Germania 44 (1966) 312ff.

Primis, Name zweier Orte in Nubien: 1. in der Nähe der Mündung des Astaboras (: Atbara) in den Nil; 2. wohl (trotz unpassender Angaben des Ptolemaios) mit Kasr Ibrim, 224 km s. Assuan auf dem O.-Ufer des Nil zu identifizieren (KEES, RE XXII 1993f. gegen TREIDLER, RE XXII 1976ff.), obgleich dort der Name (äg. *Prmt*) nicht gefunden wurde. In 18. Dyn. hieß der Platz wohl *Mjʿm;* erhalten aus dieser Z. außer verstreuten Bruchstükken Felsgrotten (CAMINOS, Shrines and Rock-Inscr. of Ibrim, 1968, mit ausführl. Lit. zum Ort) hoher Beamter. Petronius besetzte den Ort 23/22 v. Chr. im Kampf gegen die Meroiten. Von Mitte 6. Jh. n. Chr. war Kasr Ibrim Bischofssitz; die Kirche ist noch erhalten. Selim I. im 16. Jh. siedelte Bosniaken an; 1811 war K. I. letzter Stützpunkt der von Ibrahim Pascha aus Äg. vertriebenen Mameluken. W. H.

Primus s. Antonius II 14

Princeps. 1. Der Erste, Inhaber des höchsten sozialen Ranges in der röm. Welt. Um seine Regierungsform ideolog. an die Republik anzuschließen und von Königtum und Diktatur abzuheben, wählte Augustus diese der Republik vertraute Bezeichnung für seine überlegene Machtstellung; das *nomen principis* wurde von den Nachfolgern übernommen. Tac. ann. 1,1. 1,9,5. 3,28.

1. P. in der röm. Republik. Die Schriftsteller der Republik bezeichnen mit p. im Singular und Plural die führenden Männer in den Staaten und Völkern aller Welt. WICKERT 2004ff. In der Kaiserzeit umfaßt der Begriff p. 3 Bedeutungen: den Kaiser ,»private« röm. p., die nicht Kaiser sind, und Männer außerhalb Roms. Das Griech. hat keinen festen Ausdruck für p., nur sachgemäße Umschreibungen: Pol. 1,59,6 (οἱ προεστῶτες ἄνδρες = Liv. 26,36,3 *principes*), Plut. Luc. 37,3 (οἱ πρῶτοι καὶ δυνατώτατοι), Cass. Dio 45,16,1 (τοὺς...τῷ ἀξιώματι προήκοντας), Res g. c. 12 (οἱ τὰς μεγίστας ἀρχὰς ἄρξαντες). Der Kaiser als p. wurde im 1. Jh. amtlich ἡγεμών genannt (Res g. c. 13. 30. 32), im allg. Sprachgebrauch bald βασιλεύς. WICKERT 2015f. 2113. Die Liste der 93 p. der Republik und Kaiserzeit (ohne die Kaiser) reicht bei WICKERT 2016f. von Hostius Hostilius (Liv. 1,12,2) bis P. Licinius Valerianus 238 n. Chr. (H. A. tyr. trig. 12,1). Fast alle haben das Konsulat bekleidet und stammen aus vornehmen Familien. Cic. Phil. 8,22. 14,7. 17. Sie werden von der öffentlichen Meinung als p. anerkannt. Cic. fam. 4,8,2 *(iudicio hominum reque p.)*. Liv. 2, 16,7 *(ille omnium consensu p. belli pacisque artibus)*. Ihre hohe Stellung zeigt Varro (Serv. Aen. 1,740): *proceres autem ideo secundum Varronem p. civitatis dicuntur, quia eminent in ea, sicut in aedificiis mutuli quidam, hoc est capita trabium, quae proceres nominantur.* Mitunter ragt unter den p. seiner Z. einer hervor wie P. Scipio Africanus maior und Pompeius. Cic. Manil. 41 *(qui dignitate principibus excellit)*; dom. 66. Abstufungen innerhalb der p. verrät auch Caesars Erklärung, *difficilius se p. civitatis a primo ordine in secundum quam ex secundo in novissimum detrudi.* Suet. Caes. 29,1. Gegen jedes Streben eines p. nach übermäßiger Macht wehrte sich die röm. Gesellschaft, die freien Wettbewerb um Macht, Einfluß und Ruhm wollte. Die Pluralität des Principats bleibt gewahrt. Um die Krise der Republik zu überwinden, forderte freilich Cicero einen vollkommenen Staatsmann, der den Staat lenken und schützen sollte, doch ohne ihm eine monarchische Stellung einzuräumen. Ob er ihn als *p. civitatis* bezeichnete, ist bei der trümmerhaften Überlieferung der Schrift de re publica nicht eindeutig festzustellen. Zum Eintritt in den kleinen Kreis der p. sind Leistung für den Staat und altadlige Abkunft *(virtus* und *nobilitas)* Voraussetzung. Cic. Verr. 3,56 *(cum virtute et nobilitate domi suae, tum etiam pecunia p.*, von einem Mann aus Centuripa, aber nach röm. Maßstab gesagt). Die p. müssen Tapferkeit zeigen (Liv. 2,46,4ff.), *fides* üben (Cic. Sest. 98), in *leges, instituta, mores, iura* bewandert sein (Cic. Pis. 30), brauchen *eloquentia*, um sich durchzusetzen. Liv. 45,49,9. Cic. fin. 4,61. Sie wissen *qui sit optimus rei publicae status, quae leges, qui mores aut utiles aut inutiles* (Cic. div. 2,11). Die p. überzeugen durch ihre *gravitas* und *auctoritas.* A. GWOSDZ Der Begriff des röm. p., Diss. Breslau 1933, 19ff. F. FÜRST Die Bedeutung der auctoritas im privaten und öffentlichen Leben der röm. Republik, Diss. Marburg 1934, 23ff. A. MAGDELAIN Auctoritas principis 1947, 1–36. Die persönliche *dignitas* verbietet den p. den Tanz, läßt aber das Studium der griech. Lit. und Philos. zu. Nep. Epam. 1,2. Cic. Acad. pr. 2,5f.; Tusc. 4,5. Reichtum gehört zu den p., darf aber nicht zu *avaritia* verführen. Cic. off. 2,77. 3,74. Für ihre Eigenschaf-

ten genießen sie Ehrerbietung. Val. Max. 8,5,6 *(iudices ... eum, qui venerari principes nesciret, in quodlibet facinus procursurum crediderunt.)* Sie bilden das *consilium populo bene consulentium principum* (Cic. rep. 1,65). Im Senat sind sie, die *primores patrum*, tonangebend, reden, wenn die übrigen Senatoren nur murren (Cic. Verr. 5,41), sind *principes consilii publici* (Cic. Sest. 97. Wickert 2034) und setzen ihre Absichten durch (Liv. 10, 11,3 *ex sententia principum consulis subrogandi comitia*). Auswärtige Politiker, so die Rhodier nach dem Perseuskrieg, wenden sich an sie mit Bitten. Liv. 45,20,10. Mit Hilfe ihrer Klienten in Rom und den Provinzen und einem Netz von Freund- und Feindschaften *(amicitiae inimicitiaeque)* bestimmen die *concilia privata principum* oft die Politik. Liv. 4,48,4.

2. p. in der Kaiserzeit. Mit dieser Epoche erhält der Begriff p. einen neuen Sinn. Octavian war noch nur einer der principes, denen Nep. Att. 19,2 *ceteros principes civitatis dignitate pari, fortuna humiliores* gegenüberstellt.. Während p. bisher stets durch einen Genitiv wie *p. civium, populi Romani* (Cic .off. 3,105) u.a. oder durch ein Adjektiv näher bestimmt wird, steht der Kaiser über den *principes viri* (Res. g. c. 12), nennt sich daher p. ohne Zusatz, den Ersten schlechthin und wird so genannt. L. Wickert, Mél. Carcopino 1966, 979ff. Die überragende Stellung dieses p. gegenüber den übrigen p. zeigt sich in seinen Machtmitteln, seinen staatsrechtlichen Befugnissen und seiner Herrscherideologie. Als Imperator verfügt er allein über das Heer, spricht daher vom *exercitus meus* und von *classis mea*. Res g. c. 30. 26. Dank seines riesigen Privatvermögens, des *patrimonium*, und der Einnahmen aus den kaiserl. Provinzen, dem → *fiscus*, übernimmt er finanzielle Lasten, den Sold für Heer und Flotte, die Getreideversorgung Roms, Spiele usw. Im Sinn der altröm. Klientel verpflichtet der p. die Reichsbevölkerung durch Treueid zu seiner Gefolgschaft; auch die Soldaten sind durch Jahreseid an ihn gebunden. A. v. Premerstein, ABAW 15, 1937, 99ff. 73ff. Diese soziolog. Bindungen, die in dem Ehrentitel *pater patriae* gipfeln, sind wichtig, weil das Wort p. sich nicht im Staatsrecht findet. Magdelain 48ff. Es gehört nicht der festen kaiserl. Titulatur an. Wickert 2062. Der p. ist kein *magistratus*. E. Meyer Röm. Staat und Staatsgedanke[3] 1964, 454, 9. Deshalb läßt sich der p. staatsrechtliche Befugnisse übertragen. Tac. ann. 2,5,1 *cuncta legum et magistratuum munia in se trahens p.* So erhielt Augustus 27 v. Chr. ein *imperium proconsulare* über die kaiserl. Provinzen, dem 23 auch die Senatsprovinzen unterstellt wurden, und 23 die *tribunicia potestas*, nach der die Kaiser in der Titulatur die Regierungsjahre zählen. Als → *p. senatus* hat der Kaiser eine Sonderstellung im Senat, kann außerordentliche Sitzungen einberufen und schriftliche Anträge stellen. Er besitzt das Münzrecht für alle Metalle. Augustus hatte ferner in den Quaestionen Stimmrecht und begründete das bes. kaiserl. Gericht. Seit 12 v. Chr. leitete er als *pontifex maximus* das Sakralwesen. Diese Rechtsgrundlagen werden später den p. durch die vom Senat beantragte *lex de imperio* gegeben. DessILS 244. Ihr Zeitpunkt, der *dies imperii*, galt als der Antrittstag des jeweiligen Principats. Auch dieses Gesetz bestätigt, daß der p. zunächst wie jeder röm. Bürger den Gesetzen des Staates unterstand. Der bei Ulp. Dig. 1,3,31 ausgesprochene Grundsatz *p. legibus solutus est; Augusta autem licet legibus soluta non est, principes tamen eadem illi privilegia tribuunt, quae ipsi habent*, bezieht sich nur auf die Befreiung der Kaiser von den civilrechtlichen Vorschriften der → *lex Iulia et Papia* über das Erbrecht. Allmählich ändert sich das Verhältnis der Kaiser zu den Gesetzen, so daß Cass. Dio 53,28,2 den Rechtszustand seiner Zeit, eben die Entbindung des p. von den Gesetzen, irrig in die Zeit des Augustus setzt. Trotzdem lehnen es die Kaiser mit Rücksicht auf die öffentliche Meinung möglichst ab, gesetzwidrig zu handeln. So erklärten Theodosius II. und Valentinian III. 429, *digna vox maiestate regnantis legibus alligatum se principem profiteri: adeo de auctoritate iuris nostra pendet auctoritas. et re vera maius imperio est submittere legibus principatum.* Cod. Iust. 1,14,4. Wickert 2293ff. Moral. wird der Herrschaftsanspruch des p. durch die Herrscherideologie gerechtfertigt. Wie die p. der Republik (Cic. leg. 3,30ff.) ist der Kaiser ein Vorbild in seinen *virtutes*. Vell. 2,126,5. Die Inschr. des Augustus 27 verliehenen Ehrenschildes rühmt seine *virtus, clementia, iustitia* und *pietas*. Res g. c. 34. Diese und viele andere Tugenden des p. werden auf Mz., in Inschr. und in der Lit. immer wieder gepriesen. Wickert 2231ff. Auch die kaiserl. Titulatur übernimmt entsprechende schmückende Beinamen wie *pius* seit Antoninus und *felix* seit Commodus und feiert durch Siegerbeinamen wie *Germanicus* die Erfolge des p. So fügt sich unter dem Einfluß griech., bes. stoischer Theorie das ideale Herrscherbild zusammen, das die p. mehr oder weniger zu verkörpern sich bemühen. Verlangt wird ferner eine gute Bildung (*παιδεία*) der Kaiser, die sich in der Spätzeit nicht von selbst verstand. Cass. Dio 76,16,1. Der künftige p. soll vor der Übernahme der hohen Stellung zögern oder sie zunächst sogar verweigern. Zu dieser *cunctatio*, bzw. *recusatio* Wickert 2258. Infolge seiner Leistung und seiner ungewöhnlichen Eigenschaften überragt der p. alle Zeitgenossen an → *auctoritas*. Res g. c. 34. Sie spiegelt sich im Kaiserkult wider. In Rom wird zunächst nur der → Genius des p. kultisch verehrt, in den Provinzen er selbst als Gott mit der Göttin Roma. Die staatsrechtlich nicht festgelegte Vererbung des Principats wird durch das dynast. Denken erleichtert, wie die Reihe der p. in dem iul.-claud. Hause zeigt. Vell.

2,142,2 *(ut stationi paternae succederet)*. Fehlt ein Leibeserbe, greift der p. zur Adoption, die theoret. als Wahl des jeweils Besten erscheint. Tac. hist. 1, 16,1. War der Nachfolger nicht schon zu Lebzeiten des regierenden p. bestimmt, so brachte das Heer einen neuen p. zur Macht, den der Senat anerkennen mußte. Seit M. Aurelius Carus 282 n.Chr. wurde der Senat von der Kaisererhebung endgültig ausgeschaltet. Aur. Vict. 37,5. Beseitigt wird ein schlechter p. durch Rebellion, Nero wurde durch einen Senatsbeschluß zum *hostis* erklärt. Den toten p. kann der Senat mit der → *consecratio* (3) feiern wie Augustus oder mit der → *damnatio memoriae* strafen wie Domitian und Iulian. F. Vittinghoff Der Staatsfeind in der röm. Kaiserzeit 1936.

Die hier gegebene Vorstellung des Kaisers als p. lebt in der Idee durch Jahrhunderte bis in die Spätant. fort. In der Praxis wandelte sich freilich Auftreten und Herrschaft des p. Je mehr die Oberschicht der Gesellschaft, bes. der Senat, für den in erster Linie die Formen des Principats gedacht waren, an Bedeutung verlor, um so mehr wurde der p. zum »Herrn« (→ *dominus* 3). Augustus und Tiberius verbaten sich diese Anrede, aber sie wurde üblich, Domitian verlangte sie, Aurelian (270/75) erschien auf Mz. und Inschr. als *deus et dominus*, seit Diokletian wurde *dominus* fester Teil der Titulatur. Aur. Vict. 39,4. Nur selten erregte die Bezeichnung Anstoß, so tadelt Amm. 15,1,3 das Verhalten des Kaisers Constantius: *ut »Aeternitatem meam« aliquotiens subsereret ipse dictando scribendoque propria manu orbis totius se dominum appellaret, quod dicentibus aliis indignanter admodum ferre deberet, is qui ad aemulationem civilium principum formare vitam ... laborabat.* Trotz dieses Wortgebrauchs autokrat. p. ist es bedenklich, die Kaiserzeit in Principat und Dominat zu teilen, denn bis »in die Zeit des sog. Dominates hinein bleibt das Wort. p die häufigste Bezeichnung für den Kaiser«. Wickert 2135. Wieweit die Spätform des Principats sich von seinen Anfängen unterscheidet, zeigen das sich steigernde Zeremoniell und die Tracht des Kaisers. Seit Diokletian wurde die Proskynese vor dem Kaiser verlangt, Konstantin d. Gr. trug als erster das Diadem.

Mommsen, RStR 2,745ff. *A. Alföldi* Die Ausgestaltung des monarch. Zeremoniells am röm. Kaiserhofe, MDAI(R) 49, 1934, 1ff.; Insignien und Tracht der röm. Kaiser, ebd. 50, 1935, 1ff. *A. von Premerstein* Vom Werden und Wesen des Principats, ABAW 15, 1937. *J. Béranger* Recherches sur l'aspect idéologique du principat, 1953. *E. Lepore* Il princeps ciceroniano e gli ideali politici della tarda repubblica 1954. *L. Wickert*, RE XXII 1998ff. *P. Grenade* Essai sur les origines du principat, 1961. *S. Weinstock* Treueid und Kaiserkult, MDAI(A) 77, 1962, 7ff. *D. Timpe* Unt. z. Kontinuität des frühen Prinzipats, Hist. E. 5, 1962. *P. Parsi* Désignation et investiture de l'empereur rom., 1963. *J. Hellegouarc'h* Le vocabulaire lat. des relations et des partis politiques sous la république, 1963. *H. Volkmann* Zur Rechtsprechung im Principat des Augustus ^{2}1969. *Z. Yavetz* Plebs and princeps 1969.

2. P. iuventutis (πρόκριτος τῆς νεότητος Cass. Dio 58,77,1), Erster der adligen Jugend. In der Republik wurden die Adelsreiter als *principes iuventutis* bezeichnet. Liv. 2,12,15. 6,13,7. 9,14,16. 42,61,5 (als *seminarium senatus*). Auch führende junge Männer außerröm. Gemeinden wurden *p. i.* genannt. Liv. 9,25,4. 26,30,2. 34,27,8. Curt. 6,9,21. Cicero engt die Standesbezeichnung ein und gibt sie als Ruhmesprädikat hervorragenden, für die Zukunft vielversprechenden Einzelpersonen: fam. 3,11,3 *alterius* (sc. Pompei) *omnium saeculorum et gentium principis*, *alterius* (sc. Bruti) *iam pridem iuventutis, celeriter, ut spero, civitatis;* Verr. 1,139; Vatin. 24; Sull. 34. Durch Augustus wurde p. i. zum Titel, der in Abkehr von der republ. Tradition nur den kaiserl. Prinzen zukommt (daher Ov. ars 1,194 *nunc iuvenum p., deinde future senum*). Seine präsumtiven Nachfolger und Adoptivsöhne C. und L. Caesar wurden 5 bzw. 2 v.Chr. von dem Ritterstand zu *p. i.* ernannt und erhielten je einen silbernen Rundschild und eine silberne Lanze, RGDA 14. Cass. Dio 55,9,5ff. Tac. ann. 1,3. CIL II 3828. X 1622. Mz. mit dem Bild der Prinzen und ihren Waffen Mattingly RIC 1,48. 58,90,350f. T. 3,47. Liste der folgenden *p. i.* bei Beringer 2299ff. Der Titel ist zuletzt im 4. Jh. für die Kaiser Flavius Gratianus und Valentinianus II. bezeugt. RIC 9,16. CIL VIII 14290. Während die ersten *p. i.* noch in der *transvectio equitum* die ritterl. Jugend anführten, verschwindet seit Septimius Severus der Zusammenhang des Titels mit der Ritterschaft. Im 3. und 4. Jh. führt der zum Nachfolger ersehene Caesar wie der Kaiser selbst den Beinamen *p. i.*

W. Beringer, RE XXII 2296ff.

3. P. *castrorum peregrinorum* oder *p. peregrinorum* ist ein aus dem Provinzialheer nach Rom in die *castra peregrina* der *frumentarii* (CIL VI 345. 428) kommandierter Centurio. DessILS 2218. 1372. Er bewacht u.a. die nach Rom geschickten Angeklagten. Amm. 16,12,66. Mommsen GSchr. 6, 1910, 546ff. (zu Act. Apost. 28,16). Zur weiteren Laufbahn eines p. bis zum *praefectus praetorio* oder Statthalter in Numidien unter Diokletian Cass. Dio 78,14. CIL VIII 2529. A. v. Domaszewski Die Rangordnung des röm. Heeres^{2} 1967, Ind. 321.

H. V.

Princeps senatus s. senatus

Principales wurden im röm. Heer vermutlich schon von Anf. an allein die takt. Chargen bezeichnet, was sich am längsten bei der Kavallerie (Hyg. 16) erhielt, während bei den anderen Truppenteilen mit der Bildung der Stäbe der höheren Offiziere in der späten Republik auch die sog. Benefiziarchargen zu den P. zählten. Schließlich wurden noch die unter den takt. Chargen stehenden → *immunes* dazu gerechnet. Die P. hatten wie die *centuriones* ihre *scholae* in den *principia*, deren

Name im 4. Jh. n. Chr. nicht nur auf die *centuriones*, sondern wahrscheinlich auch auf die P. überging. A. N.

BJ 117 (1908) 1ff. Bh. d. BJ 14 (1967) 1ff. *R. Fellmann* Die Principia des Legionslagers Vindonissa und das Zentralgebäude der röm. Lager und Kastelle, Brugg 1958, 88f.

Prinkipo, mit 16 qkm die größte der romant. »Prinzeninseln« in der Propontis (Marmarameer) vor dem Eingang des → Bosporos, vielfach auch so benannt, offiziell jedoch h. Büyükada, d.h. Große Insel; als *Megale* bereits von Plin. nat. 5, 151 bezeichnet. Zahlreiche Reste erinnern an die von byz. Kaisern errichteten Palastanlagen und Klöster, die aber auch als gefürchtete Stätten der mit Haft und Verbannung bestraften Angehörigen des Kaiserhauses und von hohen Würdenträgern in die Gesch. eingegangen sind. F. K. D.

R. Janin Constantinople Byzantine. Développement urbain et répertoire topographique, [2]Paris 1964.

Prinos (*Πρῖνος* Paus. 8,6,4), Paßübergang zwischen Argos und Mantinea über das Artemisiongebirge n. des Hauptgipfels (Malevo), *διὰ Πρίνου*, 1210 m. E. M.

1. *E. Meyer*, RE XXII 2314f. 2. *Mitsos*, Hesp. 18, 1949, 74 mit A. 12.

Priolas (*Πριόλας*). Mariandyn. Lokalheros (Priola lag unweit → Herakleia 7), der im Kampf für die Heimat fiel. An seinen Leichenspielen nahm Herakles teil, und seitdem wurde er durch Trauergesänge verehrt, Apoll. Rhod. 2,782ff. nebst Sch. Nach Höfer Myth. Lex. 3,2993 ist er eine → Bormos-Figur, d.h. ein Vegetationsdämon. Poll. 4,55 nennt ihn einen Bruder von Bormos und → Mariandynos. H. v. G.

Prisca (*Πρῖσκα*, Apg. *Πρίσκιλλα*), Frau des jüd. *σκηνοποιός* Akylas aus Pontos. A. und Pr., unter Claudius (→ Jesus I 1a) von Rom nach Korinth ausgewichen (wohl als Christen, erster Beleg für beide Städte), gaben um 49 → Paulus Arbeit und Predigtraum (Apg. 18,2f.), gingen um 51 mit nach → Ephesos, wo ihr Haus erneut Gemeindezentrum wurde (18,18. 26; 1. Kor. 16,19; 2. Tim. 4,19), und später nach Rom zurück (Röm. 16,3, falls Röm. 16 nicht nach Ephesos gerichtet ist). Chr. B.

H. Conzelmann Die Apg., HNT 7, 1963, z. St.

Priscianus. Der letzte bedeutende lat. Grammatiker, * im mauretan. Caesarea, Schüler des Theoctistus, wirkte bis in die ersten Jahrz. des 6. Jh. n. Chr. als Professor der Grammatik in Konstantinopel. 1. Sein Hauptwerk, die *Institutio de arte grammatica*, umfaßt (neben einer Einleitungsepistel) 18 B. (1–7: *De nomine;* 8–10: *De verbo;* 11: *De participio;* 12–13: *De pronomine;* 14: *De praepositione;* 15: *De adverbio et interiectione;* 16: *De coniunctione;* 17–18: *De constructione* = Syntax), scheint aber in verschiedenen Etappen entstanden zu sein, vgl. die 2. Einleitungsepistel vor B. 6. Hauptquelle (vgl. Keil GrL 2,1,8ff. 195, 8f. 3,107,2f.) sind die griech. Grammatiker → Apollonios (7) Dyskolos und sein Sohn → Herodianos (1; vgl. [6], 23ff.), die z.T. wörtlich übersetzt sind; von den Römern wird zumal in B. 3–10 → Flavius (III 2) Caper (2. Jh. n. Chr.) herangezogen, von dem die Hauptmasse der älteren Grammatiker- und Literaturzitate stammen dürfte (vgl. aber [8]); zur Benutzung jüngerer Vorläufer vgl. [6], 7ff. P.' Schrift, die umfangreichste Zusammenfassung der lat. Grammatik, zeichnet sich durch Ansätze zu einem Sprachvergleich, durch Einbeziehung der Syntax und schließlich durch die Fülle von Belegen aus der älteren Literatur (kaum über Iuvenal hinaus, zur Genauigkeit der Zitate vgl. G. Perl, Philol. 1967, 283ff.) aus. Die allg. Verbreitung der Institutio im MA., das die ersten 16 B. als P. maior und die beiden letzten als P. minor benutzte, bezeugen mehr als 1000 Hss. (seit dem 8. Jh.) sowie zahlreiche Adaptationen und Kommentare (vgl. [5]; R. W. Hunt, Med. Ren. Stud. 1941–1943, 194ff. 1950, 1ff.). Pädagog. orientiert sind demgegenüber 2. die sog. *Institutio de nomine*, eine Kurzfassung von B. 6–13 der Institutio in Regelform und 3. die *Partitiones*, eine metr.-gramm. Analyse der je ersten Verse der 12 B. der Aeneis in Frage- und Antwortform (vgl. [7]). Mit Sonderproblemen befassen sich vier kleinere Werke, von denen die ersten drei (vor 525) – 4. *De figuris numerorum*, eine Behandlung der röm. Zahlzeichen, Münzen und Zahlwörter; 5. *De metris fabularum Terenti*, ein Nachweis des Vers-Charakters der röm. dramat. Iamben und Trochäen; 6. *Praeexercitamina*, eine Übers. der Progymnasmata des → Hermogenes (9) – durch eine Widmung an Symmachus (cos. 485) zusammengefaßt sind, während 7. *De accentibus*, wenn echt, nur in einer späteren Bearbeitung vorliegt. Ergänzend sind noch zwei Gedichte zu nennen, 8. ein Panegyricus auf den Kaiser Anastasius (vor 518) und 9. *Periegesis*, eine Adaptation des gleichnamigen, schon von → Avienus *(Ora maritima)* übersetzten geogr. Lehrgedichtes des → Dionysios (II 30) Periegetes (vgl. H. v. Looy, Hand. Zuidned. Matsch. Letterk. 1962, 343ff.). P. L. Sch.

Ta.: Nr. 1–7 bei *Keil* GrL 2/3, 1855–1860, Nr. 6 bei *K. Halm* Rhet. Lat. Min. 1863, 551ff., Nr. 8 bei *E. Baehrens* Poet. Lat. Min. 5, 1883, 264ff., Nr. 9: *P. v. d. Woestijne*, Brügge 1953.

Lit.: 1. *P. Drathschmidt* De P. carminibus, 1907. 2. *L. Jeep*, Philol. 1908, 12ff. 1909, 1ff. 1912, 491ff. 3. *A. Luscher* De P. studiis Graecis, 1912. 4. *Schanz-Hos.* 4,2, 1920, 221ff. 5. *O. Meyer* Frg. P. Swinfurtensia, 1954. 6. *S. Jannaccone* Due ricerche su P., 1957. 7. *M. Glück* P.s Partitiones, 1967. 8. *H. D. Jocelyn*, Antichthon 1967, 60ff.

Priscillianus, aus vornehmem spanischem Geschlecht stammend, * um 340, † 385 in Trier. Hauptquelle für sein Leben ist Sulp. Sev. (Chron. 2,46–51; vgl. auch Hier., Migne PL 23,495 A und 711). Offenbar umfassend gebildet, befaßte er sich vorwiegend mit apokryphen Schriften (Thomas –, Andreasakten etc.), sammelte einen asketisch gerichteten Kreis von Anhängern um sich, der in Spanien und S.-Frankreich bald größere Verbreitung fand, nach Vollkommenheit strebte, u.a. die Ehelosigkeit predigte und die Verweltlichung der Amtskirche bekämpfte. Obwohl es P. gelang, die Bischöfe Hyginus, Instantius und Salvianus sowie einen größeren Teil des Klerus auf seine Seite zu ziehen und sich 380 zum Bischof von Avila weihen zu lassen, verbot die Synode von Saragossa im selben J. auf Betreiben von → Hydatius von Emerita eine Reihe der asket. Praktiken der Priscillianer (MANSI 3,633ff.). 381 erwirkte Hydatius eine Verfügung vom Kaiser → Gratianus (2), welche die Wegnahme der priscill. Kirchen anordnete und ihre Bischöfe mit Verbannung bedrohte. Aufgrund einer Reise an den Kaiserhof gelang es P. zwar, die Aufhebung des Dekrets zu erreichen, aber so einflußreiche Theologen wie → Ambrosius und → Damasus vermochte er gleichwohl nicht für seine Bewegung zu gewinnen. 384 beriefen seine Gegner eine Synode nach Bordeaux, um P. und seine Konventikel wegen Häresie zu verurteilen. P. verteidigte sich zwar gegen sämtliche Anklagen, appellierte dann aber angesichts der ihm feindlich gesonnenen Majorität der Synode an das für Staatsverbrechen wie Häresie ohnehin zuständige kaiserl. Gericht. Der Usurpator → Maximus (8) ließ ihn wegen *maleficium* und *turpitudines* zum Tod verurteilen und im Januar 385 zusammen mit mehreren Anhängern in Trier hinrichten. Dieses erste Bluturteil im chr. gewordenen Staat rief überall Aufsehen hervor und erweckte den Protest zahlreicher Bischöfe, u.a. von Ambrosius und → Martinus von Tours (2). Zwar mußten P.s Gegner zurücktreten, aber seine Anhänger wandten sich nun immer deutlicher häret. Gedankengut zu. Die Synoden von Toledo 400 (MANSI 3, 1002) und endgültig von Braga 561 oder 563 (MANSI 11,841) verurteilten den Priscillianismus, der darauf verschwand und höchstens noch in Resten in der mittelalt. Ketzerbewegung weiterlebte.

Die Lehre des P. ist immer noch umstritten. Ob er wirklich häret. gedacht oder nur dem asketenfeindl. Klerus und den machtpolit. Auseinandersetzungen seiner Zeit zum Opfer gefallen ist, läßt sich nicht endgültig klären. In der Forschung stoßen gegenwärtig 2 Positionen aufeinander: die eine erblickt in P. einen der letzten Vertreter des freien pneumat. Lehrertums, der im Zusammenhang mit dem erwachenden w. Asketismus gegen die lax gewordene Großkirche Front machte und in den Kämpfen um das Recht des Mönchtums zum Märtyrer wurde (J. DIERICH, E. BABUT, J. RAMOS Y LOSCERTALES, W. SCHATZ u.a.); die andere findet in seinen Traktaten eine Reihe häret. Gedanken gnostisierender und manichäischer Provenienz (A. PUECH, F. LEZIUS, P. MONCEAUX, J. DAVIDS, B. VOLLMANN). Daß sich zahlreiche, auch wohlmeinende Theologen und Asketen des 4. Jh. P. gegenüber zurückgehalten haben und der Priscillianismus nach seinem Tod relativ bald offenkundig heterodoxe Meinungen vertrat, deutet freilich darauf hin, daß die Anklagen auch gegen P. nicht ohne Grund gewesen sein werden. Bis zur Klärung der Quellenfrage wird sich aber nichts Abschließendes sagen lassen. G. Ru.

Ausg.: *G. Schepß*, CSEL 18, 1899; zur Echtheitsfrage *E. Dekkers*, Clavis patr. lat., Sacr. Erud. 1961^2, Nr. 785ff. Lit.: *J. Dierich* Die Qu. z. Gesch. P., 1897. *F. Lezius*, PRE, 1905^3, S. 59ff. *E. Ch. Babut* Priscillien et Priscillianisme, 1909. *G. Bardy*, DThC 13, Sp. 391ff. *P. Monceaux* La question du Priscillianisme, Jour. de Savants NS 9, 1911, 70ff. 104ff. *A. Puech* Les origines du Priscillianisme et l'orthodoxie du Priscillien, Bull. d'anc. lit. et de l'archéol. chrét. 2, 1912, S. 81ff., S. 161ff. *J. A. Davids* De Orosio et S. Augustino Priscillianistarum adversariis commentatio, 1930. *J. M. Ramos y Loscertales* Prisciliano, 1952. *W. Schatz* Stud. z. Gesch. des frühen abendl. Mönchtums, Diss. Freiburg, 1957. *J. Madoz* Arianismo y Priscilianismo en Galicia, Baccara Augusta 8, 1957, S. 68ff. *V. C. de Clercq* Ossius of Cordova and the Origins of Priscillianism, Studia Patristica 1, 1957, 601ff. *J. Martin – A. Franzen*, LThK VIII, 1963^2, Sp. 768ff. *B. Vollmann* Stud. z. Priscillian, 1964.

Priscus. 1. Cognomen (I. KAJANTO Lat. Cognomina, 1965, 288; weitere Ableitungen, z.B. Priscianus, Priscillus, Priscinus), in rep. Zeit z.B. bei den Atilii, Numicii, Servilii, Tarquinii. DEGRASSI FCap. 147. H. G. G.

2. P. L., verteidigte im Jahre 250 Philippopolis gegen die Goten, konnte aber die Stadt trotz tapferster Gegenwehr nicht halten (Zos. 1,19. Aur. Vict. Caes. 29,2. Iord. Get. 18,101ff. Dexipp. Exc. de sent. 230ff. = FGrH 100 F 26). Von den Goten zum Kaiser ausgerufen (Aur. Vict. 29,3), wurde er bald darauf ermordet. A. STEIN Legaten v. Moesien 103f. identifiziert ihn mit T. Iulius Priscus, Statthalter von Thrakien im J. 249/50 (AE 1932, 28 = SEG VII 784; vgl. auch Serta Hoffilleriana 214). G. Wi.

3. P., neuplatonischer Philosoph, ca. 300 bis ca. 390, Schüler des → Aidesios; früh dem nachmaligen Kaiser → Iulianus empfohlen, spielte er an dessen Hof eine nicht unbedeutende Rolle, gehörte zu seiner Begleitung in Antiocheia und auf dem Perser-Feldzug und war zugegen, als der Kaiser seiner Verwundung erlag: Amm. 25,3,23. Mehrere Briefe Iulians und mehrere des → Libanios sind an P. gerichtet. Im übrigen ist die wichtigste Quelle über P. Eunapios, vitae Soph., bes. in den Biogr. des Maximos und des P. H. D.

4. P. Aus Panion/Thrak., griech. Sophist und Historiker des 5. Jh. n. Chr. Im Gefolge des *comes* → Maximinus (4) nahm er an Gesandtschaften zu → Attila (im J. 449), nach Rom (450?) und nach Äg. (452) teil, wo er sich auch nach dem Tode des Maximinus noch eine Weile aufhielt. Später war er → *adsessor* des mag. off. Euphemios. P. verfaßte außer Briefen und Deklamationen (Suda

s. *Π.*) eine Gesch. seiner eigenen Z. (Titel wahrscheinl. Ἱστορία Βυζαντιακή; behandelt war mind. der Zeitraum 433–471) in 8 B., an die → Malchos wohl direkt anknüpfte. Größere Abschnitte sind in den Exc. de legationibus erhalten. Benutzt wurde P. vor allem von Euagrios und → Cassiodorus (→ Iordanes 1). Die Frg.e sind die wichtigste Quelle für die Gesch. der Hunnen. P.' Darstellung erreicht bes. dort, wo Autopsie vorliegt, große Lebendigkeit. Seine Sprache weist jedoch bereits in Ansätzen die Künstlichkeit mancher hist. Werke des 6. Jh. auf (herodot. Wendungen, Rückgriffe auf ausgestorbenes Sprachgut u. a. m.). Exc. de leg. 1,121 ff. 2,575 ff. de Boor FHG 4,69 ff. 5,24 ff. Hist. Gr. min. 1,275 ff. Dind. H. Gä.

Übers.: *E. Doblhofer* in: Byz. Geschichtsschreiber 4, Darmstadt 1955.

Lit.: *Christ–Schmid* 2,2,1036. *M.E. Colonna* Gli storici bizantini dal IV al XV sec. 1, Napoli 1956, 102 ff.

Privernas, Cognomen (nach der Herkunft), in rep. Zeit bei L. → Aemilius (I 14) Mamercinus P. H. G. G.

Privernum (I: Verg. Aen. 11,540. Sil. 6,43) alte (Verg. a. O.), seit Vertreibung des Metabus (→ Camilla) volsk. (Cato frg. 62 P. Serv. Aen. 7, 803) Stadt Latiums (Strab. 5,237. Ptol. 3,1,63) auf Höhe (Sil. a. O.) oberhalb des → Amasenus, über deren selbstbewußte (Liv. 8,21,4. Dion. Hal. ant. 14,13. Val. Max. 6,2,1. Cass. Dio frg. 32,9 M.) Bewohner Rom 357 und 329 triumphierte (CIL I^2 p. 44 f. Liv. 7,16,6. 8,20,7 ff.). Die im Tal gelegene (Ruinen b. Madonna di mezzo Agosto) *praefectura* (Fest. 262,12 L.) gehört seit 329 mit röm. Bürgerrecht (Liv. 8,21,10) zur *tribus Oufentina* (Lucil. frg. 1260 M.) in der 1. Region (Plin. nat. 3, 64). P. zeigt latein., vestinisches Prifernum (Tab. Peut. 5,5) nichtlatein. Bildung. H. Priverno. G. R.

Nissen It. Ldk. 2,646. *Forbiger* HB. d. alt. Geogr. 3,479. *Beloch* RG 359. 390.

Privilegium. So heißt im röm. Recht zunächst das eine Einzelperson betreffende Ausnahmegesetz (von *privus* und *lex*). Nach XII Taf. 9,1 *(Privilegia ne irroganto)* ist ein solches p. unzulässig. Dieses Verbot hing wohl mit dem Ständekampf zusammen und sollte die Benachteiligung einzelner verhindern. Im klass. Recht meint p. dagegen eine Sondernorm zugunsten bestimmter Personen oder Personengruppen (etwa synonym mit → *beneficium*). Die wichtigsten Fälle eines solchen p. begünstigen die Soldaten und den → *fiscus*. So wird den Soldaten vor allem die Testamentserrichtung erleichtert. Der *fiscus* genießt Vorrechte im Prozeß und bei der Durchsetzung seiner Forderungen. Andere Vorrechte bestehen für Ansprüche der Frau wegen ihrer → *dos* und des Mündels. Privilegiert sind auch Forderungen aus einem Wiederaufbaudarlehen. In der Nachklassik sind solche Vorrechte noch vermehrt und erweitert worden. D. M.

Proagoros s. Proegoros

Proba, Frau des praef. urb. 351 n. Chr. Adelphius, führte nach verlorenen panegyr. Versuchen (vgl. v. 6 ff. zum term. p. qu. 353; daß P. zu dieser Zeit Heidin gewesen sei, ist unbeglaubigt) um 360 die Technik des → Cento in die chr.-lat. Poesie ein: ihr Cento Vergilianus hat die gesamte Bibel in ausgewählten Episoden zum Thema; P.s ausgebildete Kunst der themat. Vergilumdeutung ist noch kaum erforscht. R. He.

Ta.: *K. Schenkl*, CSEL 16,511 ff. 1. *F. Ermini* Il cento di P. e la poesia cent. lat., 1909. 2. *I. Opelt* D. zürnende Christus im Cento d. P., JbAC 7, 1964, 106 ff.

Probalinthos (Προβάλινθος, Demot. Προβαλίσιος), mittelgroßer att. Demos der Phyle Pandionis, seit 200 v. Chr. der Attalis, in der Ebene Hg. Andreas s. der Ebene von Marathon. P. bildete mit Marathon, Oinoe und Trikorynthos den Kultverband der Tetrapolis (Strab. 8,7,1 p. 383. IG II^2 2933).

Aus P. stammte der Politiker → Eubulos (1). Strab. 9,1,22 p. 399. Plin. nat. 4,24. Steph. Byz. Hesp. 30, 1961, 32 Z. 160 ff. E. M.

E. Meyer, RE XXIII 34 ff.

Probatio heißt bes. im röm. Zivilprozeß der Beweis oder auch das Beweismittel selbst. Dabei war nach klass. Recht der → *iudex* bei Verwendung und Würdigung der Beweismittel regelmäßig frei; erst die Nachklassik hat das Beweisrecht stellenweise formalisiert. Ausgeprägte Regeln über die Beweislast (d. h. darüber, zu wessen Ungunsten eine durch *p.* nicht behebbare Ungewißheit ausschlägt) hat es wohl nicht gegeben. D. M.

Probole (προβολή), Vorwurf, Vorschlag ([2]). **1.** Wahl für ein öffentliches Amt (so auch in den Pap.). **2.** Sofortige Anklage im kriegsgerichtlichen Verfahren (Pol. 9,17,8). **3.** Einleitung eines dem Strafverfahren vorausgehenden Feststellungsverfahrens vor der Volksversammlung bei den Tatbeständen der Sykophantie und der Verletzung der Heiligkeit eines Festes ([1]). **4.** Anklage vor einem Gerichtshof (Preisigke Pap. WB.). E. B.

1. *Bonner-Smith* The Administration of Justice from Homer to Aristotle 2, 1938, 3 f. 24 f. 63 ff. 2. *E. Berneker*, RE XXIII 43 ff.

Probuleuma s. Bule

Probulos (πρόβουλος). **1.** T. t. für das Mitglied einer in Oligarchien (z. B. Korinth: É. Will Korinthiaka, 1955, 609) dem Rat (→ Bule) übergeordneten »vorberatenden« Kommission (Aristot. pol. 1299 b 30–38). In Athen leitet 413 die Bestellung von 10 Probuloi (Thuk. 8,1,3. Aristot. Ath. pol. 29,2) die sog. oligarch. Revolution ein. **2.** P. heißt der von den einzelnen ion. Städten zum → Panionion entsandte Vertreter (Hdt. 6,7). Ebenfalls wird der Begriff auf die Abgesandten der griech. Staaten für die panhellen. Kongresse in Korinth (481) und Plataeae (479) angewandt (Hdt. 7,172. Plut. Aristid. 21,1). H. B.

Probus. 1. s. Aurelius II 28 (Kaiser)

2. P., Neffe des Kaisers → Anastasius, cos. 502, patricius (Anon. Vales. 74), 527/28 Gesandter → Iustinus' I. zu den Hunnen auf der Krim (Prok. 1,12,6). Unter → Iustinianus wurde P. wegen Majestätsbeleidigung verurteilt, jedoch vom Kaiser begnadigt (Ioh. Mal. 18,438). Beim Nikaaufstand wurde er zum Kaiser ausgerufen, war jedoch nicht anwesend und blieb so in der Gnade Iustinians (Chron.Pasch. 622,2ff. Ioh. Mal.18,478). A.L.

3. P., M. Valerius, Philologe der 2. H. 1. Jh. n. Chr., nach der Vita bei Suet. gramm. 24 (vgl. G. D'ANNA Le idee letterarie di Suetonio, 1954, 157ff.) aus der röm. Kolonie Berytus (h. Beirut). Zuerst Berufssoldat, wandte er sich nach vergeblichen Bemühungen um eine Offiziersstelle erst in reiferen J. wohl in Rom als vermöglicher Privatgelehrter der Beschäftigung mit Lit. zu (Gell. 13,21).

Die Grundschule seiner Heimat hatte P.' Interesse auf die in der Schule der Hauptstadt mißachteten republ. Autoren gelenkt; in Rom stellte er nun durch Kollation, Interpungierung (vgl. R. W. MÜLLER Rhet. u. synt. Interpunktion, Diss. Tübingen 1964, 55ff.) und krit. wie exeget. Annotierung seiner Handexemplare eine Reihe von Privatrezensionen her (Ter. Lucr. Hor. Verg., wahrscheinl. Plaut. Sall.). Seine Bedeutung liegt hier nicht auf dem Gebiet editorischer Technik (vgl. K. BÜCHNER Gesch. d. Textüberl. 1, 1961, 335ff.), sondern in der Vorbereitung eines neuen Interesses an den republ. Klassikern.

P. selbst hat nur einige Schriftchen zu Detailfragen veröffentlicht (1. eine Erklärung der in Dokumenten üblichen Abkürzungen, *De notis iuris*: erhalten, 2. *Epistula ad Marcellum* zur Prosodie, 3. *De genetivo Graeco* und 4. *De temporum conexione*: verloren). Sein Nachlaß enthielt reiches Material an Detailobservationen zum archaischen Stil, die sich bei der Exegese ergeben hatten (vgl. Gell. 15,30,5); ihre Zitierung als *De inaequalitate consuetudinis* (Charis. 274,22 B.) zeigt P.' Interesse an der unreglementierten Vielfalt der alten Sprache. Einen *commentarius* über die Geheimschrift Caesars zitiert Gell. 17,9,1ff.

P.' Ruhm dringt über den Zirkel seiner Anhänger (→ Annianus, → Favorinus, vgl. Gell. 1,15,18. 3,1,5f. 6,7. 9,9,12ff.) nach außen; schon 88 gilt er Martial (3,2,12) als gefürchteter Literaturkritiker, zum Einfluß auf Quintilian vgl. [1], 85ff. Im archaist. 2. Jh. wächst sein Ansehen weiter. Der Einfluß seiner annotierten Handexemplare läßt sich in den Terenz- und Vergilschol. noch nachweisen, wenngleich die Abhängigkeit einer der überlieferten Klassikerrezensionen von einem Probusexemplar kaum zu beweisen ist. Spätant. und MA., denen P. als einer der Klassiker der Grammatik gilt (vgl. [1], 29f. 32f. Iff. LIIff.), stellen eine Reihe gramm. Traktate und Kommentare unter seinen Namen, was seinen Ruhm vermehrt und neue Zuschreibungen provoziert: 1. *Catholica*, in Wirklichkeit das 2. B. der Grammatik des → Plotius (5) Sacerdos. 2. *De nomine*. 3. *Instituta artium*, eine Formenlehre des 4. Jh. wohl aus Afrika (zur Überlieferung vgl. W. M. LINDSAY, AJPh 1927, 231ff.). 4. Ein Kommentar zu Verg. ecl. georg. (vgl. H. WOMBLE, AJPh 1961, 379ff. und zur einleitenden Vita G. BRUGNOLI–R. SCARCIA, Stud. Urb. 1965, 18ff.) und 5. zu Persius, aus dem nur die – wohl sueton. – Vita erhalten ist. Im MA. kommen hinzu 6. ein spätes (7. Jh., vgl. C. A. ROBSON, Moyen-âge 1963, 37ff.), nach den *Instituta* überliefertes Konglomerat von gramm. Exzerpten, die sog. *Appendix Probi* (von K. BARWICK, H 1919, 409ff. kaum richtig als Reste einer verlorenen Fortsetzung der *Instituta* verstanden; zum berühmten *Antibarbarus* vgl. den Kommentar von S. DA SILVA NETO, ³1956), 7. *De ultimis syllabis* (mit metr. Widmung an einen Caelestinus) und 8. ein Zweig der Iuvenalschol. (vgl. W. S. ANDERSON, Traditio 1965, 383ff.).

P. L. Sch.

Ta.: *KeilGrL* 4, 1864 (*De notis iuris* u. Ps.-Probus). Serv. Bd. 3, 2, ed. *H. Hagen*, 1902, 321ff. (Vergilkomm., Vita auch bei *C. Hardie*, ed. Vit. Verg. Ant., 1954, 27ff.). Persius, ed. *D. Bo*, 1969, 1ff. (Vita). Iuvenal, ed. *G. Valla*, 1486 (Schol., Auszüge bei *P. Wessner*, ed. Schol. in Iuv. vet., 1931).

Frg.: [1], VIff. Lit.: 1. *J. Aistermann* De M. Valerio Probo Berytio, 1910. 2. *A. Rostagni* Scritti Min. 2,2, 1956, 351ff. 3. *Schanz-Hos.* 2,734ff. 4. *R. Hanslik*, RE VIII A 195ff. 5. *R. Helm*, RE XXIII 59ff. 6. *N. Scivoletto*, Giorn. It. Filol. 1959, 97ff. 7. *A. Grisart*, Helikon 1962, 379ff.

Procharisteria (*Προχαριστήρια*). Att. Fest zu Ehren der → Athene, urspr. aus Anlaß der Wiederkehr der Kore zur Förderung der jungen Saat im Frühling gefeiert (vgl. Suda s.v.). Die *Προσχαιρητήρια* (vgl. Harpokr. s.v.) scheinen mit P. ident. zu sein (vgl. NILSSON 1²,440. DEUBNER Att. Feste 17). Zum Verhältnis Athenes zur Fruchtbarkeit vgl. G 70, 1963, 394ff. 527ff. W. P.

Prochyta heißt eine kleine Insel zwischen Misenum und Aenaria, die ihre Entstehung dem Ausbruch des M. Epomeo verdanken soll (Strab. 2,123. 5,247. Plin. nat. 2,203. Serv. Aen. 9,712 *ab effusione*); ihr Name nach dem einer Verwandten (Serv. auct. Aen. 9,712. Dion. Hal. ant. 1,53), nicht Amme (Plin. nat. 3,82) des Aeneas. H. Procida. G.R.

Nissen It. Ldk. 2,729. *Forbiger* HB. d. alt. Geogr. 3,495. *Beloch* Campanien² 210.

Procilius. Seltener lat. Familienname (entstanden aus Proculius, vgl. SCHULZE Eigenn. 443. 459, mit inschr. Beispielen). **1.** L. P., Volkstribun 56 v. Chr., 54 wegen seiner Amtsführung verurteilt, Cic. Att. 4,15,4 u.a. BROUGHTON Mag. 2,209. Wohl nicht ident. mit dem gleichnamigen Münzmeister um 78 (BROUGHTON Mag. 2,450), nach M. GELZER Cicero 122,140 wohl aber mit dem Antiquar Nr. 2.

H. G. G.

2. P., Römischer Antiquar des 1. Jh. v. Chr., aus dessen Werk wenige Frg.e bei Varro und – wohl auch aus Varro – bei Plin. nat. zitiert sind, vgl. Cic. Att. 2,2,2. Ps.-Ascon. Verr. II 1,19,50. P. L. Sch.

HRR I, CCCLXXIVf. 313f.

Proconsul, röm. Bürger, der als Heerführer oder Provinzstatthalter consular. Gewalt ausübt, ohne Consul zu sein. Bestellung zum p. erfolgt durch Verlängerung der Amtsgewalt *(prorogatio)* im Anschluß an den Consulat oder durch bes. Verleihung durch Volks- oder Senatsbeschluß. Liv. 8,23,12. 26,7. Der erste Privatmann, zum p. durch die Comitien für den Krieg in Spanien gewählt, ist 211 Scipio, der spätere Africanus maior. Liv. 26,18. In der Republik wird ein p. nur bestellt, wenn bei Notständen die magistrat. Imperienträger nicht ausreichen. Sulla bestimmte, daß die Consuln nach dem Amtsjahr in Rom als p. eine Provinz übernahmen. 53 v. Chr. wurde zwischen dem Amt des Consuls und des P. eine Frist von 5 J. verlangt Cass. Dio 40,46,2. MOMMSEN RStR 2,248. Der p. besaß als Promagistrat das volle *imperium* mit 12 Fasces, verlor es aber beim Betreten Roms. Im Prinzipat sind die Statthalter der Senatsprovinzen p., gleich ob sie vorher Consuln waren oder nicht. Seit Diokletian gibt es nur in Asia und Africa p., im 4. Jh. einen dritten in Achaia. Prokonsular. Imperium besaß auch der → Princeps. Es ruhte in Rom, trat aber jedesmal in Kraft, sobald er das Pomerium überschritt. In der Titulatur nannte sich Traian p. außerhalb Italiens, seit Septimius Severus führten die Kaiser den Titel p. auch innerhalb Italiens mit Ausnahme Roms, seit Diokletian ohne jede Beschränkung. W. F. JASHEMSKI The origins and history of the proconsular and propraetorian imperium to 27 B.C., 1950. H. V.

Procubitores. Nach Cato bei Fest. p. 253 M *dicuntur fere velites, qui noctu custodiae causa ante castra excubant, cum castra hostium in propinquo sunt,* handelt es sich bei den p. um → *velites,* die nachts bei Feindberührung vorgeschoben wurden, um die regelmäßigen Wachen vor Überraschung zu sichern. A. N.

Lammert, RE XXIII 71. *W. Fischer* Das röm. Lager, Lpz. 1914, 180.

Proculeius, C., ein begüterter römischer Ritter und Freund Octavians (Plin. nat. 36,183), der ihn im Krieg gegen Sex. → Pompeius nach der Niederlage am Onobalas bat, ihn zu töten (Plin. nat. 7,148. GARDTHAUSEN Augustus 1,270), was er jedoch ablehnte. Bei → Aktion (Bd. I 1529) war er sicher dabei (Mz. mit seinem Namen auf der Insel Kephallenia, GRUEBER Coins Rom. Rep. 2,232ff.) und an der Gefangennahme der → Kleopatra (10) beteiligt (Plut. Ant. 77,7). Von Augustus als Schwiegersohn in Aussicht genommen (Tac. ann. 4,40), was aber Livia vereitelte. Er bekleidete kein Staatsamt und lebte zurückgezogen auf seinen Gütern (Hor. c. 2,2), bis er durch Trinken von Gips wegen eines Magenleidens Selbstmord beging (Plin. nat. 36,183). G. Wi.

Proculus. Lat. Gentilname, urspr. Individualname für den, dessen Vater bei der Geburt weit entfernt war (Fest. ep. 225 u.a., s. MÜNZER, RE XXIII 1234), nach Auct. de praen. 3 zuerst als Praenomen, später als Cognomen (vgl. I. KAJANTO, 1965, 39. 176 u.ö.) gebraucht, was durch je 2 Consuln bei den → Verginiern (486, 435 v. Chr., vgl. RE VIIIA 1527 Nr. 18a und 19) bzw. bei den pleb. → Plautiern (358. 328 v. Chr., RE XXI 19f. Nr. 27f.) bestätigt zu werden scheint. SCHULZE Eigenn. 460. Annalist. Erfindung ist P. → Iulius (I 6) als mögl. Nachfolger des Romulus, Plut. Numa 5,2 (6,1). H. G. G.

1. P., röm. Jurist, der zwischen 20 und 10 v. Chr. geboren worden und zwischen 50 und 70 n. Chr. gestorben ist. Wahrscheinlich gehörte er zum Senatorenstand und war Konsul. Verfaßt hat er *epistulae* in wohl 12 B., von denen in Iustinians Digesten 33 Frg.e überliefert sind. Sie behandeln ohne sachliche Ordnung Rechtsfragen des tägl. Lebens. Von den späteren Juristen ist P. viel zitiert worden. Seine bes. Bedeutung beruht darauf, daß er seit 33 n. Chr. als Nachfolger des älteren → Nerva der Rechtsschule vorstand, deren Anhänger später *Proculiani* genannt wurden (Pomp. Dig. 1,2, 2,52). Sie standen im Gegensatz zu den *Sabiniani (Cassiani)*, doch nimmt P. selbst eine von diesem Gegensatz recht unabhängige Stellung ein. D. M.

1. *W. Kunkel* Herkunft u. soz. Stellung der röm. Juristen, 1967², 123ff. 2. *Th. Mayer-Maly,* RE XXIII 1234ff.

2. P., Häuptling der → Ingauni, der im röm. Heere gedient hatte. Sein Leben s. SHA quadr. tyr. 12,5ff. Er wurde um 280 von den Einwohnern von → Lugudunum gegen die → Alamanni zu Hilfe gerufen (13,2). Nach erfolgreicher Abwehr der Eindringlinge auf Betreiben seiner Gattin Viturgia zum Kaiser proklamiert (13,3), jedoch von dem aus dem Orient herbeigeeilten → Probus zusammen mit → Bonosus bei Köln geschlagen (Eutr. 9,17,1. Aur. Vict. Caes. 37,2). P. floh zu den Franken, wurde aber an Probus ausgeliefert und 282 getötet (13,4). Mz. bei MATTINGLY RIC V 1,4. VITUCCI L'imperatore Probo, 1952, 66ff. G. Wi.

3. P., quaestor sacri palatii unter → Iustinus I. (Cod. Iust. 12,19,15,2. Nov. Iust. 35. Prokop. anecd. 6), wandte sich mit iurist. Gründen gegen den Vorschlag des Perserkönigs Kawad, Iustinus solle seinen Sohn Chosrau adoptieren, um so die Thronfolge zu sichern (Prok. 1,11,11ff.). **4.** Bischof von → Massalia, nahm 381 an der Synode von → Aquileia teil, erhielt in Turin (um 400) auf Lebenszeit die Metropolitanrechte über die Prov. Narbonensis (Acta Tur. = MANSI 4,353). P. kollaborierte mit dem Usurpator → Constantinus (3), geriet in Konflikt mit → Patroclus von Arles (MANSI 4,363ff.) und dem des Nestorianismus verdächtigten Mönch Leporius; † nach 426 (MANSI 4,518f. MIGNE PL 50. 439). A. L.

5. s. Calpurnius II 24. Licinius II 4. Pomponius. Scribonius. Verginius.

Procurator. **1.** Wie die reichen Leute der röm. Republik (Cic. Caec. 57) verwaltete Augustus durch Sklaven oder Freigelassene als p. sein Vermögen. Er beauftragte sie auch mit staatlichen Aufgaben. So war sein Freigelassener Licinus *p. fisci Galliae Lugdunensis*. Cass. Dio 54,21,3ff. Zugleich begründete Augustus mit Männern aus dem Ritterstand als p. einen Beamtenstand für die Staatsverwaltung. Allmählich wurden die freigelassenen p. durch ritterbürtige ersetzt. Während sie unter Claudius, Nero und Domitian viele Hofämter verwalteten, besetzte Hadrian diese mit Rittern. Die p., durch kaiserl. Kodizill ernannt, hießen nach dem Jahresgehalt *sexagenarii* (60000 Sest.), *centenarii* (100000), *ducenarii* (200000) und *trecenarii* (300000). Unter Augustus sind 23 p., unter Philippus Arabs 177 nachweisbar. Die Spezialkompetenzen der p. zeigen die Amtstitel. Der Biograph C. Suetonius war *p. a studiis, a bybliothecis*. P. der Silber-, Gold- und Eisenbergwerke *(argentariarum, auriarum, ferrariarum)* begegnen in Dalmatien, Pannonien, Dakien, Gallien, Noricum und Spanien. Es gab den *p. monetae, aquarum* u.a. Eine bes. Gruppe bildeten ritterliche p. als Statthalter kleinerer Grenzprovinzen wie in Noricum, den Alpes Cottiae, Iudaea u.a.

H.G.Pflaum Les procurateurs équestres sous le Haut-Empire Romain 1950. *Ders.* Les carrières procuratoriennes équestres sous le Haut-Emp. Rom. 1960. *Ders.* RE 23,1240ff. *C.Nicolet* Procurateurs et préfets à l'époque républicaine, Mél. Carcopino 1966, 691ff. *S.Mrozek* Die kaiserl. Bergwerksprokuratoren in der Z. des Prinzipats. Zeszyty Naukowe, Nauki humanistycznospoleczne, Zeszyt 32, Historia 4, Torun 1968, 45ff.

2. P. *fisci*, der p., der in kaiserl. und senator. Provinzen selbständig neben den Statthaltern die kaiserl. Kasse verwaltete. Unter Claudius erhielt er durch Senatsbeschluß die Jurisdiktion in Zivilprozessen. Suet. Claud. 12. Tac. ann. 12,60. H. V.

G.Ürögdi, RE Suppl. X 667ff. *F.Millar*, Hist. 14, 1965, 362ff.

Prodigium. Vorzeichen für gute und schlechte Ereignisse; oft synonym gebraucht mit *ostentum, portentum, monstrum, miraculum* (Serv. Aen. 3, 366). Etym. nicht sicher: Nach WALDE-HOF.[3] aus *prod-*aio* (vgl. Cic. div. 1,93 *quia ... praedicunt .. prodigia dicuntur*); Herleitung aus *prod-agere* vertritt dagegen [10],109f. Ebenso vielfältig wie das Lat. bezeichnet das Griech. solche vorherkündenden Zeichen: *σημεῖον, οἰωνός, φάσμα, τέρας, σύμβολον* (vgl. [3],15). Die Bedeutungsverengung von *τέρας* (»wunderbare Erscheinung« Hdt. 2,82 zu »Widernatürliches« Etym. m. u. Suda s.v.) zeigt eine ähnliche Entwicklung an, wie im Röm. p., das im staatlichen Bereich durchweg nur negativ gebraucht wurde.

Dem in der Ant. weit verbreiteten P.-glauben liegen bes. zwei Auffassungen zugrunde: a) alle erstaunlichen oder bemerkenswerten Phänomene in der Natur oder dem täglichen Leben sind als Willensäußerungen göttl. Mächte zu verstehen (Hom. Il. 4,398), die so Ereignisse andeuten; b) alle Phänomene stehen untereinander in sympathet. Zusammenhang (vgl. schon Plat. Men. 81 C 9); dadurch können P. analoges Geschehen anzeigen (Sonnen-Mondfinsternis bedeutet Tod vgl. Hdt. 9,10). Die Ant. selbst hat sich bemüht, Einteilungskriterien für die vielfältigen P. zu finden. Man teilt ein nach: a) natürlichen, sich selbst bietenden Zeichen *(signa oblativa)* und erbetenen oder herbeigeführten *(signa impetrativa)*; b) privaten oder Staatsprodigien (vgl. schon Pind. Paean 9,10 p. 46 Snell: *πάγκοινον τέρας*), denen bes. in Rom durch Entsühnung *(procuratio)* entgegengewirkt wird; c) Zeichen am Himmel und auf der Erde.

Bes. den in der Natur sich bietenden P. wurde Bedeutung zugemessen (→ *omen*). Sonnenfinsternis deutet Geburt oder Tod berühmter Männer an (Cic. rep. 1,25: Romulus; Verg. georg. 1,466: Caesar; NT Lukas 23,44f.: Christus). Blitze sind urspr. günstige Zeichen der Götter (Hom. Od. 21, 413): im Röm. unterliegen sie der Deutung der Auguren, deren Lehre in den *libri fulgurales* (Cic. div. 1,72) niedergelegt war: Blitze aus dem O. waren günstig, aus dem W. ungünstig. Erdbeben künden Unheil an (Hdt. 6,98. Cic. div. 1,35). Besonderheiten an Bäumen als P. (etr.): das *ostentarium arborarium* des → Tarquitius Priscus (Macr. Sat. 3,20,3) enthielt eine Aufstellung der *arbores felices et infelices*. An Tieren galt ihr Verhalten und ihr Laut als P. (vgl. EITREM, RE VI A 862f. L. HOPF Tierorakel und Orakeltiere. 1888): eine Schlange kann Leben wie Tod bedeuten (PEASE zu Cic. div. 1,36); bes. mant. Fähigkeiten wies man den Vögeln zu (Cic. div. 1,92; Porph. de abst. 3,4. 5); nach später chaldäischer Lehre waren Vogelstimmen sog. *voces mysticae*, die dem Theurgen die Verbindung zu den Göttern verschafften (Damask. Vita Isid. fr. 200 Zintzen); Vogeldeutungen im System einer festen Augurallehre zeigt Cic. div. 2,76. Mißgeburten, vor allem Hermaphroditen bringen Unheil (Liv. 22,1,3. 24,10,13). Die Zahl der zufälligen und künstlichen P. ist unübersehbar: Niesen, Stolpern, Zuckungen des Augenlides, zufällig vernommene Laute (vgl. PEASE zu Cic. div. 1,101) → Mantik IVc; → omen. → Losung.

Die Einstellung der Griechen zum P. war unterschiedlich: Distanz verrät z.T. schon Homer Il. 12,230. 24,221. Od. 1,415. Bei Soph. und bes. Hdt. zeigt sich reges Interesse, Kritik dagegen bei Eurip., Aristoph., Thuk. In Rom war das P.-Wesen enger an den staatlichen Bereich gebunden (Liste der Staatsprodigien bei [7], 86. Es bildete sich die Sitte der *procuratio* heraus: Aition war der Auftrag Numas an die Pontifices, die Entsühnung durchzuführen (Liv. 1,20,7). P. mußten nach der Meldung durch den Senat bestätigt und ihre Entsühnung angeordnet werden (Belege bei

[3], 120). Sie konnte erfolgen durch die → Pontifices, die Befragung der sibyllin. B.er oder durch → Haruspices. Die polit. Führer machten sich das P.-Wesen häufig zunutze (vgl. [3], 129f.; [13]). In der röm. Lit. spielen P. eine wesentl. Rolle, bes. bei Vergil (vgl. [14]. [15]) Lucan, Statius (Traumprodigien vgl. [8]. [9]) und Tacitus (vgl. [11]. [12]). Die spätant. Philos. verwendet das P. sogar als Mittel der Psychagogie. C. Z.

A. Allgemein: 1. *Bouché-Leclercq* Histoire de la divination dans l'antiquité. 4 Bde. Paris 1879–1882 (bes. I 112ff. IV 75ff.). 2. *W. R. Halliday* Greek divination, Lond. 1913. 3. *R. Bloch* Les prodiges dans l'antiquité class. Par. 1963 (mit Bibliogr. S. 158–163). Vgl. Lit. → Mantik A, C, E. B. Speziell: 4. *P. Stein* Τέρας, Diss. Marburg 1909. 5. *K. Steinhauser* Der Prodigienglaube bei den Griechen. Diss. Tüb. 1912. 6. *H. Popp* Die Einwirkung von Vorzeichen, Opfern und Festen auf die Kriegsführung der Griechen im 5. u. 4. Jh. v. Chr. Diss. Erlangen 1957. 7. *L. Wülker* Die gesch. Entwicklung des Prodigienwesens bei den Römern. Diss. Lpz. 1903. 8. *F. Fürbringer* De somniis in Romanorum carminibus narratis. Diss. Jena 1912. 9. *J. G. Wetzel* Quomodo poetae epici et Graeci et Latini somnia descripserint. Diss. Bln. 1931. 10. *H. Kleinknecht* Laokoon, H. 79, 1944, 69ff. 11. *H. Kröger* Die Prodigien bei Tacitus. Diss. Münster 1940. 12. *E. Aumüller* Das Prodigium bei Tacitus. Diss. Fkf. 1948. 13. *F. Taeger*, Charisma Bd. 1 (1957), Bd. 2 (1960). 14. *B. Grassmann-Fischer* Die Prodigien in Vergils Aeneis (Stud. et Test. 3) Münch. 1966. 15. *G. Binder* Aeneas u. Augustus. Meisenheim 1971, 21ff.

Prodigus. So heißt im röm. Recht der Verschwender, der sein *ab intestato* erworbenes Vermögen vergeudet. Schon die XII Taf. (5, 7c) schlossen ihn nach Entmündigung *(interdictio)* von der Verfügung über dieses Vermögen weitgehend aus und gaben ihm einen *curator*. Dieser stammte aus dem Kreis der Agnaten, hilfsweise der Gentilen. Nach klass. Recht war die Wirkung der Entmündigung wesentlich weiter: Dem *p.* wurde Geschäftsfähigkeit nur noch für Geschäfte zugestanden, die ihm allein rechtl. Vorteil brachten; auch war jetzt sein ganzes Vermögen betroffen. Zudem wurde die *cura prodigi* fremd- statt vorher eigennützig. Vgl. M. Kaser Röm. Privatrecht 1, 1955, 75f. 240f. 315. 2, 1959, 81. D. M.

Prodikos (Πρόδικος) von Keos, der Sophist, trat entweder 431 oder um 421 zu Athen als Rhetor auf. Vor allem wird er gekennzeichnet durch Plat. Prot. 315 Dff. (wo P. aus dem Bett heraus einen Vortrag hält); fast alle späteren Notizen, bes. die Nachricht, P. sei in Athen zum Schierlingsbecher verurteilt worden (Suda s. *Π.*), sind Legende. Die Wirkung des P. als Rhetor scheint sehr stark gewesen zu sein, obwohl (vielleicht: weil) er eine durchaus gemäßigte, ja konservative Richtung vertrat. Die Vermutung, P. sei Hedoniker gewesen, ist sicher irrig; in seiner Schrift Ὧραι war die Gesch. von Herakles, der sich für den steilen Weg zur ἀρετή entscheidet, offenbar eindrucksvoll gestaltet; Xen. mem. 2,1, 21–34 hat sie nachgebildet. Wie → Protagoras war P. um die richtige Wortwahl (ὀρθοέπεια) bemüht. H. D.

Slg. der Frg.: *Diels-Kranz* Vorsokr. II 308–318.

Proditio, der Kriegs- und Landesverrat. Das Wort hatte wohl niemals eine streng techn. Bedeutung; das röm. Strafrecht kannte keinen bes. Tatbestand der verräter. Verbindung mit dem Landesfeind. Die *p.* unterstand wie die spezifisch militär. Delikte *(transfugium, desertio)* der Gerichtsbarkeit des Feldherrn; Verfahren und Strafe (Auspeitschung und Hinrichtung mit dem Beil) glichen der bei diesen Delikten übl. Praxis (s. den exemplar. Fall der Brutussöhne bei Liv. 2,3–5). Vielleicht wurde dem des Verrats Bezichtigten gegen E. 2. Jh. v. Chr. das Provokationsrecht zugestanden; seit dem letzten Jh. der Rep. behandelte man die *p.* als Unterfall des Staatsverbrechens *(→ maiestas)*. M. F.

Mommsen RStrR 547ff. *Chr. H. Brecht* Perduellio, Münchener Beitr. z. Papyrusforschung u. ant. Rechtsgeschichte 29, 1938, 26ff.

Prodosia (προδοσία). Im Bereich des griech. Mutterlandes »Landesverrat«, d. h. Beeinträchtigung der äußeren Sicherheit des Staates ([1]). Der schon in hom. Z. vom Hochverrat unterschiedene Tatbestand (vgl. über die Unterarten RE XXIII 91ff.) wurde erst nach Solon in das Gesetzeswerk Athens aufgenommen ([2]) und durch ein späteres Gesetz (→ Εἰσαγγελία) neu gefaßt. Diese Gesetze haben das vorsolon. »negative Strafrecht« abgeschafft und für die P. die staatlich vollstreckte Todesstrafe eingeführt. Sie war mit Fronung, Wüstung, Versagung der Bestattung in heimischer Erde und → Ἀτιμία der Nachkommen verbunden. E. B.

1. *E. Berneker*, Symbolae Taubenschlag 1, 1956, 128ff. 2. *E. Ruschenbusch* Z. Gesch. des athen. Strafrechts, 1968, 14f.

Prodromoi (πρόδρομοι). **1.** Ist die Bezeichnung der siebentägigen, vor dem heliakischen Aufgang des Sirius wehenden n., gegenüber den späteren Etesien angeblich kühleren, Winde. Die gen. Windfrist ist rein schematisch (RE Suppl. IX 1701, 53ff. XXIII 97ff.). Die griech. Kalender geben eine Datenstreuung ihres Anf. vom 7. bis 23. Juli jul., d. i. die Zeit vom 4. bis 20. Juli greg. = 13. bis 29. Epiphi alexandrin. Vom Beginn der P. bis zu dem der Etesien rechnete man 9 Tage, aber tatsächlich sind diese Winde kaum feststellbar; ihre Beziehung zum Siriusaufgang war geophysikal.-astronom. genau so unbegründet wie die der Etesien: RE VI 714,33ff. VIII A 2212,58ff. R. B.

2. Vorausgeschickte Plänkler, besonders leichtbewaffnete Reiter. Als Spezialtruppe erwähnt sie zuerst Xen. hipp. 1, 25. Ihre Angehörigen waren athen. Bürger niederer Klasse als die echten ἱππεῖς. Sie zählten 200 Mann und waren mit je 2 Wurfspießen wie die ἱππεῖς (Xen. hipp. 1,6.

25). bewaffnet Je 100 geleiteten einen Hipparchen. Jeder der Truppe mußte sich vor dem Rate einer Musterung unterziehen (Aristot. Ath. pol. 49), und wer schlecht abschnitt, kam zur Infanterie. Die p. scheinen in Athen an die Stelle der zuletzt 395 v. Chr. erwähnten → Hippotoxotai getreten zu sein. Im makedon. Heer Alexanders waren p. leichtbewaffnete Reiter (σαρισσοφόροι: Arr. an. 1,14,1. 6, KROM.-VEITH 100f.). RE XXIII 102ff. A. N.

Proegoros (προήγορος, dor. προάγορος). Fürsprecher einer Gruppe, so Hermokrates für die syrakus. Strategen (Xen. hell. 1,1,27) und Hekatonymos für Gesandte aus Sinope (Xen. hell. 2,22; an. 5,5,7). Als rechtlich festgelegte Institution erscheint der P. in Akragas (IG XIV 592, 2. Jh. v. Chr.), in Katane und in Tyndaris (Cic. Verr. 4, 50 *proagorum, hoc est summum magistratum;* 4,85) und im Praeskript eines Volksbeschlusses von Sardes. L. ROBERT, Hellenica 9, 1950, 7ff. In der Kaiserzeit erhält P. oft die Bedeutung Advokat wie → ἔκδικος (2. 3). IGRom 3,63. 65. 778. SEG 1,366,20f. (Mitte 3. Jh. v. Chr.). BUSOLT GStk. 477,5. H. V.

Proeisphora (προεισφορά). Ein zinsloser Vorschuß, den die reichen Bürger Athens ([1]) und einiger Gemeinden des ö. Griechentums mit ausgeprägter demokrat. Tradition ([2]) seit dem 4. Jh. für die außerordentliche direkte Vermögenssteuer (→ Εἰσφορά) unter strafrechtl. Zwang zu leisten hatten. Nach Abzug ihres eigenen Steueranteils konnten sie die P. von den übrigen Bürgern auf ihr eigenes Risiko eintreiben. E. B.

1. *A.H.M. Jones* Athenian Democracy, 1957, 26ff. 2. *H. Schaefer*, RE Suppl. IX 1230ff.

Proerosia (Προηρόσια »Fest vor der Pflügung«). **1.** Eleusin. Opferfest, am 5. Pyanepsion gefeiert, nach dem Stand der Gestirne auch Προαρκτούρια genannt, Hesych. s. v. Sch. Aristoph. Eq. 729. Beteiligung der Epheben IG 2^2, 1028,28. Auf eine Vorstufe des Festes deutet Eur. Hik. 28ff. In den Rahmen des Festes fällt die heilige Pflügung auf dem rarischen Feld, zu der Kore selbst geladen wurde, carm. pop. 50 (2,207 Diehl). → Eleusinia. PRELL.-ROB. 1,773,3. DEUBNER Att. Feste 68f. WILAM. GldH ^{3}2,51,1. **2.** Athen. Fest zur Abwendung einer Pest im Zusammenhang mit → Abaris. Sch. Aristoph. a. O. Lykurg. frg. 86. NILSSON GgrR^2 1, 617. H. v. G.

Professor bezeichnet in der röm. Kaiserz. den Lehrer der → artes liberales sowie den Philosophen und Juristen (Quint. inst. 12,11,20. Dig. 50, 13,1 pr. 4f.). Außerdem scheint der am kaiserl. Hof tätige Arzt (→ archiatros) als P. tituliert worden zu sein (CTh 13,3,14). Der P. übt seine Lehrtätigkeit privat (mit → *honorarium*) oder in öffentl. Auftrag (Suet. Vesp. 18) aus. Sein Stand genießt Korporationsrecht (R. HERZOG, SPrAW 1935, 32, 37ff.) und viele Privilegien (Dig. 50,4,18,30. CTh 13,3,1ff.). H. B.

H. I. Marrou Gesch. der Erziehung im klass. Alt. 1957, 401–423. 438–448. *F. Schulz* Gesch. d. röm. Rechtswiss. 1961, 347–352. *H. Dahlmann* Florus Preis der »professio litterarum«: Kl. Schr., 1970, 253–265. *M.L. Clarke* Higher Education in the Ancient World 1971, 8ff.

Programma (πρόγραμμα) heißt **1.** in Athen die öffentl. Bekanntmachung, mit der die → Prytanen → Bule und → Ekklesia einberufen und die Tagesordnung festlegen (Poll. 8,95. Aristot. Ath. pol. 43,3. 44,2). BUSOLT GStk. 2,993. **2.** In äg. Papyri kann P. jede amtl. Verlautbarung, vom königl. Erlaß (z. B. BGU 1212 C) bis zum Steckbrief (P. Rend. Harr. 62), bezeichnen. C. B. WELLES, AJA 42, 1938, 257ff. **3.** Griech. Schriftsteller übersetzen mit P. das röm. *edictum* (z. B. Cass. Dio [s. den Ind. Graecitatis zur Ausg. von Boissevain p. 662]). H. B.

Progymnasma (προγύμνασμα), zuerst bei → Anaximenes (2) 28,4 (möglicherweise aber Interpolation) belegter Begriff aus dem rhet. Unterricht, bezeichnet Übungen im Paraphrasieren bzw. Ausarbeiten vorgegebener Themen zum Zwecke der Erweiterung der Ausdrucksfähigkeit (nach Theon, SPENGEL Rhet. 2,70 auch für angehende Literaten gedacht). Diese Praxis bestand seit dem 2. Jh. v. Chr. (vgl. K. BARWICK, H 63, 1928, 283); deutliche Hinweise (allerdings ohne den t. t.) liegen vor Rhet. Her. 1,12. 4, 54ff. Cic. de or. 1,154 (vgl. L. RADERMACHER Demetr. Phal. 91f.); spätere Zeugnisse: Quint. inst. 1,9. 2,14. 10, 5,11ff. In der Kaiserzeit werden system. Anleitungen mit Beispiel-Slg.en verfaßt (→ Theon, → Hermogenes (9) [übers. von → Priscianus, der P. mit *praeexercitamentum* wiedergibt], → Nikolaos (4), → Aphthonios). Sie beginnen mit einfachen Aufgaben (→ Fabel, → Chreia) und schreiten fort zu Ekphrasis, Ethopoiia, schließlich ἀνασκευή und κατασκευή. H. Gä.

W. Kroll, RE Suppl. VII 1118f. *G. Reichel* Quaest. p. ticae, Diss. Lpz. 1909. *J. Penndorf* P. ta, Progr. Plauen 1911. *D.L. Clark* Rhetoric in Greco-Rom. education, New York 1966, 177ff.

Prohairesios (Προαιρέσιος), chr. griech. Sophist, Sohn des Pankratios aus Kaisareia/Kappadokien (Suda s. Π.), armen. Herkunft (Eun. 10, 1,8. 3,3). Er studierte bei → Ulpianos in Antiocheia und bei → Iulianos (13), dessen Nachfolger er wurde. Die Intrigen seiner Konkurrenten führten zu vorübergehender Ausweisung aus Athen und zu mehrfachen Vorladungen vor hohe Reichsbeamte zum Zwecke der Rechtfertigung und des Nachweises seiner Fähigkeiten (u. a. Redewettkampf mit → Himerios vor → Anatolios [1] im J. 356). Durch eindrucksvolles Auftreten festigte er schließlich seine Stellung und gewann das Wohlwollen des Constans (Aufenthalt am kaiserl. Hof in Gallien in den 40er J.; Ehrenstatue in Rom: Eun. 10,7,4). Zu seinen Hörern zählten → Basileios (4) und → Gregorios (3) von Nazianz (Sokr. 4,26,6), ferner → Iulianus (5) als Prinz. Obwohl dieser → Libanios vorzog, forderte er doch später P. (vergeblich) auf, die Gesch. seiner Taten zu schreiben (Iul. epist. 2). Er wollte P. sogar von den Auswirkungen seines Gesetzes gegen die chr. Professoren ausnehmen (Hier. chron. z. J. 2378), aber P. verzichtete auf seine Lehrtätigkeit, die er erst nach 363 wieder aufnahm und bis zu seinem Tode (im J. 367/68) ausgeübt zu haben scheint. Die Ausstrahlung des P. muß sehr stark gewesen sein, wie der begeisterte Lebensabriß des Heiden → Eunapios (Cap. 10) beweist, der den 87jähr. in Athen kennenlernte. H. Gä.

Christ–Schmid 2,2,986.

Prohedria (προεδρία) heißt das Privileg des Ehrenplatzes bei den → Agones und im → Theater, wie es in Athen außer den Beamten und Priestern die Nachkommen des → Aristogeiton und → Harmodios (Isai. 5,47) sowie andere verdiente Bürger und auch Fremde besitzen (IG II^2 4,1 p. 56). Aus dem übrigen Griechenl. verdient die von der delph. → Amphiktyonie verliehene P. (SGDI II 2508ff.) Hervorhebung. In Rom genießen Senatoren und Ritter das z.B. von Cass. Dio (Ind. Graec. z. Ausg. von Boissevain p. 664) P. genannte Recht bes. Sitze im Theater und bei den Spielen (MOMMSEN RStR 3,519ff. 893f.). H. B.

Prohedros (πρόεδρος). **1.** In Athen formieren 411 fünf »Vorsitzende« den Rat der 400 (Thuk. 8,67,3). In der Verfassung der 5000 liegt die Leitung des Rates (der 500) bei ebensolchem Gremium (Aristot. Ath. pol. 30,4f. IG II^2 1,12). C. HIGNETT A History of the Athen. Constitution, 1952, 361. 376. Im 4. Jh. wird aus jeder Phylenabt. im Rat (außer der die → Prytanie wahrnehmenden) ein P. erlost. Diesen neun obliegt die Organisation der jeweiligen Rats- oder Volksversammlung (Aristot. Ath. pol. 44,2f.). A. H. M. JONES Athen. Democracy, 1957, 107. **2.** Im Hellenenbund des → Antigonos (1) hat ein Kollegium von fünf Prohedroi den Vorsitz im → Synhedrion. H. H. SCHMITT, Staatsvertr. des Alt. III, 1969, Nr. 446 Teil III mit Komm. S. 77. H. B.

Proitides (Προιτίδες), zwei (Pherekyd. FGrH 3 F 114: Lysippe, Iphianassa) oder drei (Hes. frg. 27 Rz.: Lysippe, Iphinoe, Iphianassa; Varianten b. Serv. auct. Philarg. Sch. Bern. ecl. 6, 48; Elege, Kelaine b. Ail. var. 3,42) Töchter (Paus. 2,25,9 bei Tiryns) des → Proitos und der → Stheneboia (Hes. a.O. Akusil. FGrH 2 F 28) oder Anteia (Hom. Il. 6,160. Lact. Plac. Theb. 4,589. Apollod. 2,2,1,3. Philarg. ecl. 6,48; Serv. auct. a.O.: *Antiopa*), geraten in Raserei, weil sie die Dionysosweihen verweigern (Hes. a.O.; vgl. Diod. 4,68) oder Hera wegen Einfachheit des Xoanon (Akusil.), größeren Reichtums ihres Vaterhauses (Pherekyd. a.O. Bakchyl. 10,50f.) oder ihrer größeren Schönheit (Serv. Philarg. a.O. Lact. Plac. Theb. 3,453) verspotten; sie bekommen Ausschlag (Hes. frg. 28f. Rz. Philod. π. εὐσεβ. 134 p. 54 Go.), halten sich für Kühe (Verg. ecl. 6,48 m. Sch. Lact.

Plac. a.O.) und werden von Melampus geheilt (Serv. georg. 3,550; er heilt von dionys. Wahn befallene Argiverinnen: Hdt. 9,34. Apollod. 1,9, 12,8. Diod. a.O.), der dafür eine P. zur Frau und einen Teil des Landes (Pherekyd. a.O. Serv. auct. a.O.) erhält bzw. nach Verweigerung und Übergreifen der Raserei auf andere Frauen (s.o.) einen Teil und eine P. auch für seinen Bruder Bias beansprucht (Apollod. 2,2,2,5. Paus. 2,18,4. Sch. Pind. N. 9,30); bei der Verfolgung stirbt Iphinoe (Apollod. a.O. 8), der die Agriania eingerichtet werden (Hesych. s. v. NILSSON Griech. Feste 271ff.). Verschiedene Namen für die Quelle, durch deren Wasser mit Artemis' Hilfe (Bakchyl. a.O. 98f. Kall. h. 233ff.) die P. gereinigt wurden (Bakchyl. a.O. 96. Paus. 5,510. 8,18,7f. Strab. 8,346. Ov. met. 15,326. Vitr. 8,3,21. Serv. auct. a.O. Eust. Dion. Per. 409. Eudox. b. Steph. Byz. s. Azania); Heilung durch → Asklepios (Sch. Eur. Alc. 1. Sch. Pind. P. 3,96). G. R.

Prell.-Rob. 2,246ff. *Rapp* Myth. Lex. 3,3001ff. *Grimal* Dictionnaire 395f. *Hunger* Lex. d. griech. u. röm. Mythol. 303. *W. F. Otto* Dionysos 160f. *Rose* Griech. Myth. 152.

Proitos (Προῖτος), Sohn des → Abas (Paus. 2,16,2. Lact. Plac. Theb. 2,220; Mutter Aglaia: Apollod. 2,2,1,1. Sch. Eur. Or. 965) oder → Thersandros (Pherekyd. FGrH 3 F 170b), König von Argos (Hom. Il. 6,159 m. Sch. Pind. N. 10,77 m. Sch. Pherekyd. Frg. 114. Lact. Plac. a.O. 3,453. Serv. auct. Aen. 5,118) oder → Tiryns (Sch. Eur. Or. a.O.). Berüchtigt ist sein Streit mit dem Bruder → Akrisios (Sch. Lykophr. 939), der schon im Mutterleib (Apollod. 2,2,1,2) oder nach Abas' Tode (Sch. Eur. Or. a.O.) oder, nachdem P. die Nichte → Danae verführte (Apollod. 2,4,1,2. Sch. ABHom. Il. 14,319), begann; an die Schlacht zwischen beiden (Bakchyl. 10,66) erinnert eine Pyramide (Paus. 2,25,7) und Feier (Hesych. s. Daulis. NILSSON Griech. Feste 416). Sie ging unentschieden aus (Paus. 2,16,2. Sch. Eur. Or. a.O.) oder P. unterlag und floh nach → Lykien (oder Theben: Sch. Eur. Phoin. 1109), wo er die Tochter des → Iobates heiratete, der ihn nach Argos zurückführte (Apollod. 2,2,1,2f. Ov. met. 5,238f.). Liebe und trügerische Beschuldigung seiner Gemahlin → Anteia (Hom. Il. 6,155ff. Asklepiad. i. Sch. z. St.) oder → Stheneboia (Sch. AHom. Il. 6, 160) gegenüber → Bellerophontes und dessen Aussendung durch P. wurden durch Eur. TGFp. 446f. Hyg. fab. 57. Lact. Plac. a.O. 4,589. Serv. auct. a.O. bekannt. Kinder des P.: → Proitides, → Megapenthes (Apollod. 2,2,2,8. Hyg. fab. 244. Sch. Pind. N. 9,30), → Maira (Pherekyd. a.O.), Nyktaia (Lact. Plac. a.O. 3,507). Verfehlte Namensdeutung b. Eust. p. 631,55. G. R.

Prell.-Rob. 2,245ff. *Rapp* Myth. Lex. 3,3010ff. *Grimal* Dictionnaire 396. *Hunger* Lex. d. griech. u. röm. Mythol. 303. *Rose* Griech. Myth. 274. *Ranke-Graves* Griech Myth. 1,211ff.

Proix (προίξ). 1. Bedeutung. Eigentlich »Hervorstreckung« (der Hand), Darbringung; in der Rechtssprache der klass. und hellenist. Z. »Mitgift«, im röm. Äg. und im Cod. Iust. archaisierender Ausdruck für → *Dos*. Die P. ist von der → Pherne zu unterscheiden ([3], 167). Über Vorläufer s. [3], 165f. [1], 45f. [2], 1ff. 2. Begriff. Eine regelmäßig dem Ehemann für die Frau gegebene Zuwendung in Geld oder Sachwerten, die aber nicht die der persönlichen Ausstattung der Frau dienenden Gegenstände, → Parapherna, mit einschloß. Die Sachgüter mußten geschätzt werden ([1], 47 gegen [3], 137). Nur dem Ehemann einer → Ἐπίκληρος konnte keine P. übertragen werden ([3], 166). 3. Bestellung. Besteller im jurist. Sinn war der Vormund (Vater oder Bruder) der Braut, mochten auch Dritte (Private oder die Polis) wirtschaftlich Beiträge gewährt haben ([2], 49ff.). Die Höhe der P. bestimmte der Vormund nach den Normalsätzen, die sich bei den wohlhabenderen Familien herausgebildet hatten. Das Rechtsgeschäft wurde regelmäßig bei der → ἐγγύη abgeschlossen ([3], 142), konnte ihr aber auch nachfolgen ([1], 50). An den Vertrag schlossen sich die Auszahlung des Geldbetrages sowie die Schätzung und Übertragung der Sachgüter an. Gewöhnlich wurden die P.-Abmachungen unter Zuziehung von Zeugen schriftlich festgelegt und in hellenist. Z. auch in Publizitätslisten aufgenommen. Die Erfüllung des stets unverzinslichen Mitgiftversprechens, das häufig durch → Ἀποτίμημα ([1], 298f.) dinglich gesichert war, konnte vom Ehemann mit der *δίκη προικός* erzwungen werden ([1], 51f. gegen [3], 144f.). 4. Rechtslage der P. Der Ehemann erhielt auf die Dauer der Ehe die allg. Sachherrschaft, *κράτησις* und *κυριεία*, über die P. ([4], 570ff.), mußte aber dafür den Unterhalt der Frau bestreiten, wenn er sich nicht einer *δίκη σίτου* ([2], 275ff.) aussetzen wollte. Eine Pflicht zur Rückgewähr der P. zuzüglich 18% Zinsen traf ihn nur, wenn die Frau ohne Nachkommen in seinem Haus verstorben oder – aus einem beliebigen Grund – in den *οἶκος* ihres Vaters oder ihres Bruders zurückgekehrt war ([3], 150ff. [2], 208ff.). E. B.

1. *A. R. W. Harrison* The Law of Athens. The Family and Property, 1968, 45ff. 2. *P. D. Demakis* Ὁ θεσμὸς τῆς προικὸς κατὰ τὸ ἀρχαῖον ἑλληνικὸν δίκαιον, Saloniki 1959. 3. *H. J. Wolff*, RE XXIII 133ff. 4. *G. S. Simonetos*, Festschr. Harmenopoulos, 1952, 551ff.

Prokles (Προκλῆς). **1.** Spart. König, Sohn des → Aristodemos (1), als Vater (nach Plut. Lyk. 1 als Großvater) des Eurypon Stammvater der → Eurypontiden, Hdt. 6,52. 8,131. Nach der Vormundschaftsregierung des Theras (Hdt. 4,147. Paus. 4,34) schufen P. und → Eurysthenes (1) die spart. Verfassung und Siedlungsgebiete. Hellanik. FGrH 4 F 116. Ephor. FGrH 70 F 117. P. Poralla Prosopographie der Lakedaimonier 1913, 110. **2.** Tyrann von Epidauros, vermählte die Tochter Melissa mit Periandros, dem Tyrannen von Korinth. Als dieser ihren Tod verschuldete, wiegelte P. deren Sohn Lykophron auf. Nun griff Periandros P. an, fing ihn und eroberte Epidauros, Hdt. 3,50. Herakleid. Pont. frg. 144 Wehrli. Ein anderes Ende des P. berichtet Plut. mor. 403 CD. H. Berve Die Tyrannis bei den Griechen, 1967, 22. **3.** Fürst von Pergamon, Teuthrania und Halisarna, Nachkomme des → Damaratos, Vasall Persiens, teilte den 10000 den Tod des Kyros mit, beteiligte sich an ihrem Beutezug bei Pergamon und schloß sich 399 Thibron an, Xen. an. 2,1,3. 7,8,17; hell. 3,1,6. **4.** Sohn des Hipponikos aus Phleius, Freund des Königs → Archidamos (2), half mit 2 Reden 369 in Athen zum Bündnis zwischen Athen und Sparta gegen Theben. Xen. hell. 6,5,38ff. 7,1,1ff. Die Staatsverträge des Alt. 2, 1962, 232. **5.** Sohn des Theodoros, Mitstratege des → Demosthenes (1) 427/26, fiel in Aitolien, Thuk. 3,91,1.98,5. H. V.

Proklos (Πρόκλος). **1.** Ὁ Λύκιος (Familie aus Lykien stammend), neuplatonischer Philosoph. Seine Lebenszeit ist auf den Tag genau gesichert: * 8. Febr. 412, † 17. April 485. Diese Daten beruhen auf dem Horoskop zu P.' Geburt und der Sonnenfinsternis vor seinem Tod, beide mitgeteilt von P.' Biographen und Nachfolger → Marinos; vgl. hierzu Et. Evrard: La date de la naissance de P. . ., AC 29, 1960, 137–141. P. erwähnt Umstände des eigenen Lebens in seinen Schriften nie; so ist, was wir von P.' Leben wissen, ausschließlich dem *βίος* zu entnehmen, den Marinos als P.' Nachfolger in der Leitung der Akademie verfaßte. Dieser *βίος* ist als enkomiast. Nachweis stilisiert, daß P. alle *ἀρεταί* und somit die vollkommene *εὐδαιμονία* besaß.

P. wurde in Konstantinopel als Sohn eines wohlhabenden Anwalts geboren; er bereitete sich anf. darauf vor, den gleichen Beruf zu ergreifen, studierte daher zu Alexandreia Rhetorik, Lat. und röm. Recht. Aber er wandte sich schon früh der Philos. zu; nach einem einführenden Studium in Alexandreia begab er sich nach Athen, wo er zunächst Schüler des → Syrianos wurde, bis dieser ihn bei → Plutarchos (3), dem damaligen Schulhaupt der Akademie, einführte; damals war P. noch nicht 20 J. alt. Er genoß, was offenbar ein Vorzug war, bis zum Tode des Plutarchos (432) dessen besonderen Unterricht; dann folgte ein Kursus bei Syrianos, der erst alle Schriften des Aristoteles, dann einige (wohl nicht alle) Platons umfaßte; bevor man zur »Theologie« des Orpheus und den Oracula Chaldaica gelangte, starb Syrianos (etwa 437). Wahrscheinlich folgte ihm P. unmittelbar in der Schulleitung, war also seither *διάδοχος*, wozu ihn Syrianos schon vor seinem Tode (vita Procli 12) bestimmt hatte. Die auf vita Procli 26 beruhende Vermutung, → Domninos sei dem P. als Scholarch voraufgegangen, kann nicht mehr gehalten werden. So lag die Leitung der

Akademie mehr als 45 J. lang in den Händen des P.; dank ihm ist die Lehre des Platonismus zur vollen systemat. Ausformung gelangt.

Die Schriften des P. stehen in unmittelbarer Beziehung zu dem Unterricht, den er erteilte (vita Procli 22); die in der Lehre erarbeiteten Ergebnisse wurden sogleich schriftlich festgehalten; der Tageslauf, den P. mit großer Regelmäßigkeit einhielt, wird in der vita Procli 22–25 geschildert. P. zog eine große Zahl von Schülern an; unter ihnen wurde noch zu P.' Lebzeiten Marinos (1), und in zweiter Linie → Isidoros als Nachfolger ausgewählt. Als P. starb, wurde er in das Grab des Syrianos (am O.-Hang des Lykabettos) gebettet; P. hatte ein Epigramm für dieses gemeinsame Grab verfaßt, erhalten in der Anth. Pal. 7,341 (vgl. dazu TH. GELZER Die Epigramme des Neuplatonikers P., MH 23, 1966, 1–36, bes. 7ff.). Die Schriften des P. (rund 50 Titel sind bekannt) sind zu einem erhebl. Teil Kommentare, denn der philos. Unterricht basierte auf der Erklärung des Aristoteles, Platons und der *θεολόγοι*, d.h. der Gedichte des → Orpheus und der Oracula Chaldaica. Der Komm. zum Timaios (ed. E. DIEHL, 1903–1906, 3 Bd.e, Nachdr. 1965) entstand unmittelbar nach dem Tode des Syrianos und fußt weitgehend auf dessen Auslegung. Nächst ihm ist von hoher Bedeutung der Kommentar zum Parmenides; das fehlende griechische Schluß-Stück wurde von R. KLIBANSKY in lat. Übersetzung aufgefunden, vgl. R. KLIBANSKY Ein P.-Fund und s. Bedeutung, AHAW 19, 1929, und seither Plato Latinus 3, 1953; zugleich wurde gesichert, daß dieser Komm. nur die erste Hypothesis umfaßte. Ferner sind von hoher Bedeutung der Komm. zum 1. Alkibiades, hg. von L. G. WESTERINK 1954 und zum Kratylos, hg. von G. PASQUALI, 1908. Der sog. Komm. zum Staat, hg. von W. KROLL, 1899ff., 2 Bd.e, besteht aus einer Reihe von einzelnen Abhandlungen zu Problemen der *πολιτεία*, stellt sich also als eine Folge von *ὑπομνήματα* im urspr. Sinne dar.

Mittelpunkt der Philos. ist die *θεολογία*, das heißt die Aussage über transzendente Wesenheiten, welche die Umsetzung und Übers. der höchsten Einheit in die Vielheit bewirken; anders ausgedrückt: Die von → Plotinos und → Porphyrios begründeten drei Haupt-Hypostasen erfahren eine reiche Unter-Gliederung. Hierzu liegt ein knapp gefaßtes Lehrbuch des P. vor, die *στοιχείωσις θεολογική*, hg. von E.R. DODDS, ^{1}1933, ^{2}1963. Das eig. Hauptwerk des P. hierzu ist aber *εἰς τὴν Πλάτωνος θεολογίαν*, hg. von AEM. PORTUS, Hamburg 1618, Nachdr. 1964. Die dringend notwendige Neu-, richtiger Erstausgabe wird von H. D. SAFFREY und L. G. WESTERINK unternommen; bisher liegt vor B. 1, 1968.

Freilich kann *θεολογία*, so wie P. sie versteht, nur zu einem kleinen Teil diskursiv mitgeteilt werden. Ein viel wichtigerer Zugang eröffnet sich durch das symbol. Verständnis z. T. der Schriften Platons, bes. aber der von P. hochgeschätzten Offenbarungs-Lit.; ein gleichfalls legitimer Weg führt über Mathematik und Astrologie. Das volle Verständnis P.' muß auf diesen (viel schwerer zugänglichen) Aspekt ebenso gestützt werden wie auf seine systemat. Schriften. Zugang zur neuplat. bestimmten Frömmigkeit des P. eröffnen seine Hymnen (an philos. verstandene Gottheiten), hg. von E. VOIGT, 1960.

Letzten Endes ist der Streit zwischen Nominalisten und Realisten durch den Verweis auf P. entschieden worden. Eines der bedeutendsten geistesgeschichtl. Fakten war die Rezeption des P. im hohen MA.; damals wurde seine Ontologie so angesehen, als ob sie der (richtig verstandenen) Ontologie des Aristoteles konform sei. Einen zweiten Höhepunkt erreichte die Nachwirkung des P. in der Renaissance: Nun schien es so, als ob die Ontologie des P. die des Aristoteles entscheidend korrigiere. Dagegen erreichte die Wertschätzung des P., wie des ganzen Neuplatonismus, in der 2. Hälfte des 19. Jh.s einen bis zur Verhöhnung reichenden Tiefstand, weil in der Tat eine hist.-krit. Würdigung Platons von P. nicht erwartet werden darf. In jüngster Zeit nimmt sich die Forschung des zu Unrecht verachteten P. mit schönen Erfolgen an. H. D.

Ausg. Alle wichtigen Ta. wurden vorstehend erwähnt. Lit.: *W. Beierwaltes* P., Grundzüge seiner Metaphysik, Philos. Abh. 24, 1965; dazu: *Ph. Merlan*, Philos. Rundschau 15, 1968, 94–97. *R. Beutler* Art. P. RE XXIII 186–247. *A. J. Festugière* P. et la religion traditionelle, Festschr. A. Piganiol, 1966. 1581–1590. *Ders.* Modes de composition des comment. de P., MH 20, 1963, 77–100. *J. M. Rist* Mysticism and Transcendence in Later Platonism, H 92, 1964, 213–225. *L. J. Rosán* The Philosophy of P. 1949. *H. D. Saffrey* et *L. G. Westerink* Introduction zur Ausg. der Théologie Platonicienne, 1968, IX–CLXV. *U. von Wilamowitz-Moellendorff* Die Hymnen des P. und Synesios, SPrAW 1907, 272–295. *C. Zintzen* Die Wertung von Mystik und Magie in der neuplat. Philos., RhM 108, 1965, 71–100.

2. P., 434–446 Bischof von Constantinopel, war nach Studium der Rhetorik und Tätigkeit als Sekretär des Bischofs Atticus (406–425) schon 426 aussichtsreicher Kandidat. Als Patriarch bemühte er sich um Durchsetzung der Beschlüsse des Konzils von Ephesos 431. Von seinen Schriften (Reden und Briefe bei MIGNE PG 65,679/886) ist der die Glaubensformel von Chalkedon vorbereitende, die Lehren des → Nestorius verurteilende *tomus ad Armenios* (ep. 2 – MIGNE PG 65,856ff. = Acta Conc. Oecum. 4,2,187ff.) hervorzuheben. Mit Energie bemühte sich der von → Theodosius II. hochgeschätzte und allg. angesehene P. um Einfluß Constantinopels in Illyricum und im Osten (Xystus, ep. 9. Sokr. 7,48. Theodoret. ep. 47). A. L.

Prokne (*Πρόκνη*, *Procne*, *Progne*, G 64, 1957, 126f.), Tochter des att. Königs → Pandion und der Zeuxippe, Schwester der → Philomele. Beider

Verwandlung in Vögel gehört in den Rahmen der → Aedonsage, Nilsson GgrR ^{2}1,30f. Die beiden Fassungen der P.sage gehen nach G. Radke, RE XXIII 247ff. auf die kurz nacheinander aufgeführten Tereustragödien des Sophokles (427) und des Philokles (426) zurück. Bei diesem wirbt Tereus nach dem vermeintl. Tode der P. rite um Philomele; erst später taucht P. wieder auf. Ovids grausige Darstellung fußt meist auf Soph.; Philokles hat Tereus nicht als Wüterich gezeichnet. Bei Soph. wird P. in eine Nachtigall, bei Philokles in eine Schwalbe verwandelt. → Philomele. – Standbild der P. mit Itys von Alkamenes, Paus. 1,24,3. Wilam. GldH ^{3}1,158,3. F. Brommer, G 59, 1957, 117f. Tafel VI 4. – Deutung des Namens P. bei G. Radke a. O. H. v. G.

G. Méautis P. in: Mythes inconnus de la Grèce antique, Paris 1949, 82ff. *J. Cazzaniga* La saga di Itys, Milano 1950/51.

Prokonnesos (*Προκόννησος*), Insel im w. T. des Marmara-Meeres, etwa 6 Seemeilen n.w. von der Kyzikos vorgelagerten Halbinsel Arktonnesos (h. Marmara adasi). Der Name wird gewöhnlich abgeleitet von *πρόξ* oder *προΐξ* (Hirschkalb) und die Insel gelegentlich als Elaphonnesos oder Neuris (Nebris) oder Nebria bezeichnet (Etym. m. s. *Προκόννησος*. Plin. nat. 5,44. Sch. Apoll. Rhod. 2,279. Theophan. Cont. 437B), was aber fraglich ist, da nach Skyl. 94 Elaphonnesos von Prokonnesos deutlich unterschieden wird. Nach Strab. 13,587 hieß sie auch Neu-Prokonnesos, in byz. Quellen *Προικόννησος* (Nikeph. Greg. 95,7. Sch. Chron. Pasch. 63,9). Die gleichnamige, im s.w. Teil der Insel gelegene Stadt wurde von den Milesiern im 7. Jh. v. Chr. gegründet; kam unter pers. Herrschaft (Hdt. 4,138); nach dem ion. Aufstand von der pers. Flotte zerstört (Hdt. 6,33); nach den Perserkriegen frei und Mitglied des Del.-Att. Seebundes mit einem Beitrag von 3 Tal. Um 360 v. Chr. von den Kyzikenern besetzt, die die Bevölkerung nach Kyzikos deportierten (Paus. 8,46). Von da ab teilt sie das Geschick von Kyzikos. Aus der röm. Kaiserzeit fast nichts bekannt. In byz. Z. Bischofssitz und Verbannungsort. Die Insel ist berühmt wegen der Marmorbrüche, die sich im N. befinden. Dieser weiße, gelegentlich mit blauen Adern versehene Marmor wurde schon im 4. Jh. v. Chr. im Palast des → Maussollos in Halikarnassos (Vitr. 2,8,10) und später an vielen Bauten und Sarkophagen im Marmara- u. Mittelmeergebiet verwendet (Strab. 13,589. Plin. nat. 5,44. 36,47. Memnon 25,1. Zos. 2,3. Theoph. Cont. 141,145ff. Euagr. h. e. 3,28. Paul. Silent. 2,159f. u. 250. Cod. Theod. 11,28). Vgl. noch J. B. Ward Perkins Archaeology 11, 1958, 98ff. Ders. The Smithonian Report for 1957 (Washington 1958), 455ff. Ders. EAA 4,869. M. Sayar – K. Erguvanli Türkiye mermerleri ve inşaat taşları^{2}, 1962, 10ff. Mz.: Head HN^{2} 537. A. M. M.

J. Marquardt Cyzicus u. sein Gebiet, 1836, 17ff. *Ch. Texier* Asie Min., 1862, 159ff. *A. Forbiger* Handb. d. alt. Geogr. 2, 1877, 161. *F. W. Hasluck* Cyzicus, 1910, 30ff. *D. Magie* Rom. Rule in Asia Min. 1,44 u. 2,805 (Anm. 32). *R. M. Ertüzün* Kapıdag yarımadası ve çevresindeki adalar, 1953, 229ff.

Prokopios. 1. P., Usurpator, Verwandter des Kaisers → Iulianus aus Kilikien. Unter → Constantius II. ging P. als Gesandter zum Perserkönig (Amm. 18, 6,17ff.), 361 wurde er *comes primi ordinis*, 363 Feldherr beim Perserfeldzug Iulians (Amm. 23,2. Liban. or. 18. Zos. 4,4). Am 28. Sept. 365 ließ er sich in Constantinopel zum Kaiser ausrufen. P. gewann zunächst Thrakien und Bithynien und schuf sich ein starkes Heer (Amm. 26,6f. Zos. 4, 5f. Themist. or. 7). Zu P.' Niederlage gegen Kaiser → Valens bei → Nakoleia am 27. Mai 366 trug entscheidend der Verrat seines Heermeisters → Agilo bei. P. wurde hingerichtet (Amm. 26,9. Sokr. 4,5, Philostorg. 9,5). Mz. Cohen emp. 7,9. RIC IX 189ff. pass. A. L.

2. P., bedeutender chr. Sophist und Exeget, Schuloberhaupt in → Gaza im 5./6. Jh. Quellen: eigene Briefe; Gedenkrede des → Chorikios (or. 8 F.-R.); Phot. bibl. 160. 206. 207.

P., * gegen 465, erhielt seine erste Ausbildung in Gaza, die weitere in Alexandreia, und wurde in ziemlich jungen Jahren auf die städt. Professur seiner Heimatstadt berufen, die er, trotz anderweitiger Angebote (Antiocheia, Tyros, Kaisareia, Berytos), zeitlebens behielt. Sein Ansehen war, nicht nur in Gaza, gewaltig. Sein berühmtester Schüler (u. Nachf.) war Chorikios. P. starb im Alter von 62/63 J., also wohl kurz vor 530, nachdem er zuvor seine Frau und mehrere Kinder verloren hatte (epist. 125 G.-L.). P.' rhet. Oeuvre umfaßte epideikt. Reden (erhalten einzig der sehr schulmäßig angelegte Panegyricus auf → Anastasios [1], gehalten anläßlich der Aufstellung einer Kaiserstatue in Gaza; bekannt lediglich die Titel von Monodien, Epitaphien und Epithalamien), Deklamationen und Ekphraseis (Gemälde, Kunstuhr), Metaphrasen hom. Verse (H. Rabe, RhM 63, 1908, 515,2. A. Brinkmann, ebd. 618f.) sowie 166 Briefe (an seine 3 Brüder, an Schüler und an berühmte Zeitgenossen), die als Slg. von Stilmustern wohl schon zu Lebzeiten ediert wurden. P.' Sprache verrät Bemühen um att. Reinheit und Eleganz (anerkennende Urteile bei Phot. a. O.; vgl. Walz Rhet. 3,521. 571f. Kritik ebd. 6,94) und zeigt gründliche Kenntnis der klass. Autoren (vgl. Chor. 8,16) sowie des → Aristeides (3) und → Libanios. Seine Prosa folgt bereits dem akzentuierenden Rhythmus. P. hinterließ außerdem umfängliche theol. Schriften (über seine chr. Bildung vgl. Chor. 8,21). Es handelt sich um Katenen-Komm. (*Ἐκλογαὶ ἐξηγητικαί*) zu den hist. B. des A.T., von denen P. später eine Kurzfassung (*Ἐπιτομὴ ἐκλογῶν*) herstellte (Frg.e und lat. Übers. erhalten), ferner um Komm. zu Jesaia, zum Hohenlied, zu den Proverbia und zum Prediger (letztere nur teilweise oder gar nicht ediert). P. benutzte u.a. Schriften des → Philon (10), → Origenes (2), → Kyrillos (1) und → Eusebios (7) und polemisiert gegen → Theodoretos. Umstritten ist die Existenz einer Streitschrift gegen → Proklos. H. Gä.

Ta.: *Migne*, PG 87,1–3 (mit mancherlei Unechtem). Epist.: *Hercher*, Epistologr. Gr. 533 ff. Epist. et declam.: *A. Garzya – R. J. Loennertz*, Ettal 1963 (dazu *Dies.*, Le Par. e le Id. 9, 1967, 71 f. *L. G. Westerink*, ByzZ 60, 1967, 1 f.). Einz. Deklam.: *H. Diels*, SPrAW 1917 Nr. 7. *P. Friedländer* Spätant. Gemäldezyklus in Gaza, Vaticano 1939. Panegyr.: *C. Kempen*, Diss. Bonn 1918. Lit.: *Christ-Schmid*, 2,2,1029 ff. *Krumbacher*, 125 ff. *H. G. Beck* Kirche und theol. Lit. 414 ff. *K. Seitz* Die Schule von Gaza, Diss. Heidelb. 1892, 9 ff. *L. Eisenhofer* P. von Gaza, Freiburg 1897.

3. Historiker. I. Leben. Nach eigenen Angaben (1,1,1; an. 11,25) geb. in → Caesarea (3), vermutlich zwischen 490 und 507. Die wenigen gesicherten Lebensdaten sind P.' Werken zu entnehmen. Über die Herkunft fehlen direkte Nachr., doch sprechen Standesbewußtsein und konservative Einstellung für hohe Geburt. Nach jurist. Ausbildung und Tätigkeit (P. bezeichnet sich als *ξύμβουλος* und *πάρεδρος*: 1,1,3. 12,24. 3,14,3; zur Deutung vgl. [1], 31) wurde P. im Frühj. 527 *consiliarius* des → Belisar und nahm als sein Vertrauter 530 an der Schlacht bei Dara und später an der afrikan. Expedition teil. Auch nach Belisars Abberufung verblieb P. in Afrika: Während des Soldatenaufstandes 536 befand er sich in Karthago (4,14,39–41). Im Verlauf von Belisars Italienfeldzug der J. 535–540, an dem P. beteiligt war (sein Bericht verrät Autopsie), führte ihn ein strateg. Sonderauftrag 537 nach Neapel (6,4 f.). Vermutlich hielt sich P. nach 540 überwiegend in Konstantinopel auf; jedenfalls erlebte er dort die Pest von 542 (2,22,9). In dieser Zeit dürfte P. zahlreiche Reisen unternommen haben. Die Ungnade, in die Belisar 542 fiel, hat vermutlich auch P.' äußeres Verhältnis zum Feldherrn beeinflußt, obwohl P. sich stets zu ihm bekannte. In den J. 540–555 entstanden P.' Schriften, für die er wohl in Konstantinopel Material sammelte. Über seine letzten Lebensjahre und das Datum seines Todes ist nichts bekannt.

II. Werke.

1. Bella (der Titel variiert in Hss. und Erwähnungen).

Die 8 B. sind nach Kriegsschauplätzen gegliedert (1–2 Osten, 3–4 Afrika, 5–7 Italien, 8,1–16 Osten, 8,17 Afrika, 8,18–35 Italien). Sie schildern die Kämpfe Ostroms bis zum J. 553.

B. 1–2: Nach der Darstellung der Auseinandersetzungen zwischen Persern (Kabades) und → Iustinians Vorgängern → Anastasios (1) und → Iustinus (1,4–12), die sich im wesentlichen auf

Lazika und Georgien beschränkten, setzt der eigentliche Bericht mit der Ernennung Belisars zum *magister militum Orientis* ein (April 529). 1,13–22 schildert seine Unternehmungen gegen Kabades' Heere 530–532 (Sieg bei → Dara, Niederlage bei Kallinikos, Abberufung des Belisar, Kabades' Tod und Abschluß des »Ewigen Friedens« 532). Ein Exkurs über die Innenpolitik (Nikaaufstand) unterbricht die Darstellung des ö. Kriegsschauplatzes (1,23–25). B. 2 ist dem 2. Perserkrieg (540–545) gewidmet (Vorgesch., Persereinfall in Syrien und Einnahme von → Antiocheia (1) 540, Auseinandersetzungen um Lazika 541, Belisars Kämpfe in Mesopotamien, Kämpfe in Armenien, Pest von 542, → Chosroes' (3) Vorstoß nach → Edessa (2) 544, Waffenstillstand 545). Die Darstellung des Perserkrieges endet mit dem Verlust der lazischen Festung Petra an die Perser (2,28–30).

B. 3–4: Nach einem Überblick über die Gesch. der Westgoten und Vandalen bis zur Thronbesteigung des → Gelimer 530 (3,1–9) schildert P. ausführlich Anlaß und Verlauf des oström. Feldzuges gegen die Vandalen, den Belisar leitete und der mit der Einnahme Karthagos 533 endete (3,9–25). B. 4 befaßt sich mit Gelimers Gefangennahme und dem Schicksal der Vandalen (4,1–9) sowie mit den weiteren Ereignissen in Afrika bis 548 (4,10–28).

B. 5–7: Als Ausgangspunkt für die Darstellung des Gotenkrieges wählt P. das Ende des weström. Reiches 476 (5,1). Die Ermordung der Ostgotenkönigin → Amalasuntha 535 führt zum Eingreifen Ostroms in Italien (5,5). 5,5–6,30; Schilderung von Belisars Italienfeldzug 535–540 (Eroberung von Neapel und Rom, Verteidigung Roms gegen die Goten, Kapitulation → Ravennas, Belisars Abberufung). In B. 7 werden die wechselnden Erfolge auf dem ital. Kriegsschauplatz in den J. 540 bis 550 dargestellt (Übergabe Neapels an → Totila 543, Belisars Wiedereinsetzung 544, Rom in den Händen Totilas und Belisars, Belisars endgültige Rückkehr 548).

Mit B. 8 will P. das geogr. Ordnungsprinzip verlassen und eine *ἱστορία ποικίλη* schreiben (8,1, 2), die aber ebenfalls nach geogr. Gesichtspunkten geordnet ist. Im Anschluß an 2,30,48 schildert P. zunächst die Ereignisse im → Kaukasus von 550 bis 552 (8,1–17) und stellt nach einem kurzen Bericht über die Lage in Afrika den weiteren Verlauf des Gotenkrieges von 550 bis zur Einnahme von → Kyme 553 dar (8,18–35).

Der größte Teil der Bella (B. 1–2,28,11. 3–7, 15) wurde in Konstantinopel vor 545 vollendet und 551 publ.; B. 8 folgte im Frühj. 553. In der Anordnung des Stoffes steht P. in der Tradition ant. Geschichtsschreibung: Zu Beginn eines geschlossenen Abschnittes (B. 1. 3. 5) bringt er einen kurzen Rückblick, dem die Ereignisse in chronolog. Darstellung folgen. Dabei zählt P. in B. 1–4 wie Hdt. nach Regierungsjahren (Iustinians), in

B. 5–8 aber mit der Formel des Thuk. nach Kriegsj., wobei P. auf exakte Zeitangaben keinen großen Wert legt. Der klare, sachliche Stil erinnert an die ὑπομνήματα, zeigt bisweilen aber eine bewußte Färbung nach den Regeln der Rhet. In Wortwahl, Formeln und Phrasen sind Anleihen an Hdt. und Thuk. allenthalben zu beobachten ([1], 37–50); auch Exkurse geogr., ethn. und myth. Inhalts kommen oft vor. Die zahlreichen Reden und Briefe in B. 1–2. 4–7 sind, ant. Brauch entsprechend, rhet. überzeichnet. Oft läßt P. in ihnen fremde Personen seine Meinung aussprechen; andere situationsgerechte Kurzreden dürften auf protokollartigen Aufzeichnungen beruhen. P.' Streben nach Objektivität (1,1; die ganze praef. in starker Anlehnung an Thuk.) ist wohl ehrlich gemeint, obwohl unter P.' Bemühen, die Leistungen seines Vorgesetzten Belisar herauszustellen, der Wahrheitsgehalt bisweilen leidet. Ungewiß ist, als wessen Fortsetzer sich P. fühlt. Zwar bestehen enge Beziehungen zu → Malchos (4) und insbesondere zu → Priscus (3), doch kann man nicht von einem Fortsetzungsverhältnis wie etwa zwischen Thuk. und Xen. reden. Die Einl. zu den drei Abschnitten der Bella sollen keine Verbindungen zu älteren Darstellungen schaffen, sondern die αἰτίαι der betr. Kriege verdeutlichen. Der eigentliche Beginn von P.' Werk ist Belisars erster Erfolg bei Dara 530. Da das letzte J. in P.' Darstellung (553) keine entscheidenden Ereignisse umfaßt, muß man annehmen, daß wichtige Beschäftigungen oder der Tod P. an einer Fortsetzung hinderten.

2. Anekdota (der Name ist nur von Suda überliefert).

Das Schriftchen wurde 550 verfaßt, aber vermutlich weder zu P.' Lebzeiten noch postum im 6. Jh. publiziert. Vielleicht wurde das Ms. erst im 10. Jh. bekannt: → Photios kannte die Anekdota nicht, Suda benutzte sie gründlich. Die ältesten Hss. stammen aus dem 14. Jh.

Inhalt: Kap. 1–5: Belisar und Antonina, 6–10: Herkunft und Jugend von Iustinianus und → Theodora, 11–14: Habgier und Mißwirtschaft des Kaisers, 15–17: Charakter der Theodora, 18–30: Iustinianus als Mörder und Unterdrücker der Untertanen. Die Schrift (ihre Echtheit ist h. gesichert) ist ein Pamphlet übelster Art gegen Belisar und Antonina, vor allem aber gegen Iustinianus und Theodora. P. fühlt sich als Sprecher einer Gruppe, die aus Haß gegen die Regierung alle Hoffnung auf Belisar gesetzt hatte und jetzt ihrer Enttäuschung über seinen Mißerfolg in wüsten Schmähungen Luft macht. Während die Gesamtleistung des Feldherrn anerkannt und nur sein Privatleben kritisiert wird, werden Antonina und das Kaiserpaar am Boden vernichtet. Es ist möglich, daß das Werk anon. in oppositionellen Kreisen des Militärs und des Senats kursierte. Die in der Ant. beispiellose Schrift ist nicht überall künstlerisch durchgeformt, zeigt aber ebenfalls P.' stilist.

Meisterschaft. Demgegenüber muß der tiefe Gegensatz zur Kaiserhuldigung in den Aedificia Zweifel an P.' Aufrichtigkeit wecken.

3. Aedificia (περὶ κτισμάτων).

Dieses Spätwerk P.', das zwischen 553 und 555 entstand, beschreibt geogr. geordnet die Baudenkmäler Iustinians (B. 1: Konstantinopel, 2: Asia, 3: Armenia, 4: Balkanhalbinsel, 5: übriges Asien, 6: Afrika). Die Schrift, die vom Kaiser in Auftrag gegeben wurde (Aed. 1,3,1) und deren Abfassung schon 545 geplant war (2,12,29; an. 18,38), ist entsprechend dem Anlaß ihrer Entstehung eine Lobschrift auf Iustinianus. Inmitten der propagandist. Verkündung des Herrscherideals finden sich aber bisweilen überlegene Ironie und versteckter Tadel. Wesentlich für die Bewertung von P.' Charakter ist jedoch nicht sein Urteil über den Kaiser, sondern über Belisar, der in den Aed. wie in den Bella mehrfach lobend erwähnt wird. Der rhet. verbrämte Stil des Bautenregisters trägt die Kennzeichen eines λόγος πανηγυρικός. Trotz des offiziellen Charakters erkennt man, daß die Welt der Kunst P. nicht verschlossen war und er die Verkörperung des chr. Reichsgedankens in den zahllosen Kirchenbauten akzeptierte, obwohl er die Mittel verwarf, die der Kaiser zur Verwirklichung seiner Pläne anwandte.

III. Weltanschauung. P. zeigt in seinen Werken eine zutiefst konservative Einstellung und hierarchisches Denken. Vor allem dem Stand der Senatoren und *patricii* fühlt er sich innerlich verbunden. Aus seinem Wunsch heraus, die innere Blüte und äußere Größe des Reiches z.Z. des Anastasios und Theoderich wiederherzustellen, begeistert er sich für den Feldherrn Belisar und bekämpft leidenschaftlich den sozialrevolutionären Caesaropapismus des Kaisers. Trotz heidnischer Stilelemente, die sich als klassizist. Floskeln deuten lassen, befindet sich P. fest auf dem Boden des Christentums. Der für P. zentrale τύχη-Begriff steht in der von Hdt. ausgehenden historiograph. Tradition und wird oft nur als klassizist. Phrase gebraucht; er umschließt die Bedeutungen Vorsehung, Zufall, Glück, Schicksal. Die τύχη und verwandte heidnische Begriffe konkurrieren bei P. aber nicht mit dem Gottesgedanken, sondern sie gehören lediglich zu den Eigenschaften des θεός (so etwa 8,12,34; an. 4,44. Zum Verhältnis τύχη – θεός vgl. [1], 57–59, und M. A. Elferink, Acta Classica 10, 1967, 111–134). Auch der Begriff τὸ δαιμόνιον, der vor allem auf Iustinianus angewandt wird, enthält chr. Elemente und wurzelt im jüd. Antichristgedanken. Die Aed., bei denen alles Christliche noch stärker betont wird, sind ein Zugeständnis an die offizielle Theologie.

IV. Nachwirkung. P. erntete mit seinem Werk höchste Anerkennung und wurde zum Vorbild der byz. Historiographie. Die Bella wurden fortgesetzt von → Agathias (Ereignisse von 552–558), Menander Protektor (vermutl. 558–582) und → Theophylaktos Simokattes (582–602). Euagrios, → Theophanes (2) und Photios stützen sich auf P. Im 10. Jh. wurde P.' Werk unter Konstantinos Porphyrogennetos ausgiebig ausgewertet; die von ihm überlieferten Auszüge sind für die Textgesch. von großer Bedeutung (Zur Überlieferung des Gotenkrieges ist heranzuziehen G. Wirth, Helikon 4, 1964, 153–210. 5, 1965, 411–462). In der Folgezeit wirkte P.' Darstellung als Stilmuster auf Kedrenos, → Zonaras und Kinnamos. Im Abendland wurden die Werke zu spät bekannt, um in das allg. Bewußtsein einzugehen, doch hat bes. der Belisarstoff Anregungen in Kunst und Lit. gegeben. M. Fo.

Ta.: *J. Haury*, Lpz. (Teubner) 1905–1913 (I–II: Bella, III: Anekdota, IV: Aedificia); Nachdr. mit Addenda v. *G. Wirth:* Lpz. 1962–1964. Griech.-dt.: *O. Veh*, München (Heimeran), 1961 Anekdota, 1966 Gotenkriege, 1970 Vandalenkriege, Forts. geplant. Griech.-engl.: *H. B. Dewing* London (Loeb) 1914–1940, 8 Bd.e.

Lit.: 1. *B. Rubin* P. v. K., Stuttg. 1954 = RE XXIII 273 bis 599. 2. *Ders.* Das Zeitalter Iustinians, I, Bln. 1960, 173–226. 3. *F. Dahn* P. v. C., Bln. 1865. 4. *J. Haury* Procopiana I/II, Progr. Augsburg 1891/München 1893. 5. *Ders.* Zur Beurteilung des Geschichtsschreibers P. v. C., Progr. München 1896. 6. *O. Veh* Zur Geschichtsschreibung und Weltauffassung des P. v. C., I–III, Bayreuth 1951–1953.

Prokris (*Πρόκρις*). Att. Sagengestalt, Tochter des Erechtheus und der → Praxithea (1), oder anderer att. Könige, oder des thessal. Iphiklos. Die Gesch. ihrer wechselvollen und unglücklich endenden Liebe zu ihrem Gemahl → Kephalos (1) wird erzählt von Pherekyd. (Sch. Od. 11,321), Ov. met. 7, 689 ff. Serv. Verg. Aen. 6,445; weitere Stellen → Kephalos. Diese Berichte gehen z. T. auf die Hypothesis der soph. P. zurück, sind aber durch hellenist. Zusätze erweitert. Zum Art. Kephalos (1) ist zu ergänzen: Der Ruf *Ὦ Νεφέλη, παραγενοῦ* wurde P. durch einen Diener überbracht. Hund und Speer werden auch als Geschenke der Artemis, deren Jagdgefährtin sie war, bezeichnet. Erechtheus bestattet seine Tochter und setzt eine Lanze auf ihr Grab (Andeutung der Blutrache). Der Areopag entscheidet: Kephalos muß das Land verlassen. – Prell.-Rob. 2,163,3 betont die Züge ihrer »Verbuhltheit« (Blutschande mit dem Vater, Neigung zum Ehebruch; sie heilt Minos von einer scheußlichen Krankheit, R. Muth, RE Suppl. XI 1302 f.). G. Radke, RE XXIII 601 ff. sucht dadurch eine obszöne Deutung ihres Namens zu rechtfertigen, der sonst mit *πρόκριτος* gleichgesetzt wird. K. Kerényi Die Mythol. der Griechen 196; Die Heroen der Gr. 308 ff. sieht in ihr mit Usener Kl. Schr. 4,32 f. eine alte Mondgöttin. – Seit Od. 11,321 gehört sie zu den berühmten Frauen im Hades: Polygnot (Paus. 10,29,6). Verg. Aen. 6,445. H. v. G.

V. Pöschl Kephalos und P. in Ov. met., H 87, 1959. Weitere Lit. s. Kephalos.

Prokrustes (*Προκρούστης*). Der letzte der Unholde, die Theseus auf seiner Wanderung nach Athen tötete. Er hauste unweit Athens, an der Enge von Salamis oder bei Eleusis, und marterte die Vorbeikommenden zu Tode, indem er ihre Glieder mit seinem Hammer dehnte und streckte (*προκρούειν*), bis sie in sein Riesenbett paßten. Bakchyl. 17 (18) 27 ff. nennt ihn *Προκόπτας*, mit demselben Sinn, und den Hammer den des Polypemon, offenbar seines Vaters. Apollod. epit. 1,4 heißt P. selbst Polypemon. P. kommt in der Lit. sechsmal als Name, viermal als Beiname vor, Gruppe, Griech. Mythol. 595,3 erinnert an den Hammer als Attribut des etr. Todesgottes, Radermacher Mythos und Sage der Griechen 273 ff. an *τανηλεγής* als Beiwort des Todes bei Hom. und an das »Bett des Todes« (Eur. El. 158. Soph. Oid. Kol. 1706). Die Darstellungen in der Kunst (van der Kolf, RE XXIII 611 ff.), zeigen, daß Theseus den Frevler mit dessen eigenem Hammer zerschmetterte. H. v. G.

Prell.-Rob. 2,723. *Höfer*, Myth. Lex. 3,2685.

Prokyon s. Sternbilder

Prolaqueum wird als Station an der *via* von → Nuceria nach → Ancona (It. Ant. 312,2 *Prolaque*) genannt. Es liegt am Ostende eines das obere Potenzatal füllenden, h. entwässerten Sees; danach hat P. seinen Namen (vgl. → Sublaqueum). Ehreninschrift an einer der beiden röm. Brücken d. J. 32 v. Chr. (CIL IX 5642); h. Pioraco. G. R.

Proletarii. Außer den 193 *centuriae* der servian. Zenturienordnung *(→ centuria, → comitia)* gab es noch Zusatzzenturien. Ob die *centuria* der *→ accensi (velati)* mit der der p. identifiziert werden kann, ist fraglich. Da letztere nur eine polit. Bedeutung hatte, ist ihre spätere Entstehung sehr wahrscheinlich. Nach Gell. 16,10,11 wurden die p. außerhalb der Zenturienordnung nur im Falle eines *tumultus maximus* zu Dienstleistungen herangezogen, bis mit der marian. Heeresreorganisation *(→ legio)* auch für sie das gemeine Recht galt. Die urspr. Bedeutung von p. ist nicht geklärt. RE XXIII 631 ff. A. N.

Prologos. Bezeichnung für einen Teil des Eingangs des Dramas. Für die Tragödie zuerst belegt Aristoph. Ran. 1119, für die Komödie Aristot. poet. 1449 b 4 ff.; *προλογίζειν* »die exponierenden Anfangsworte sprechen«. Ferner bedeutet P. den P.-Sprecher, gleich in welcher Maske oder Rolle er auftrat: Luk. Pseudol. 4. Ter. Heaut. 11; Hec. 9. Definition des P.: Aristoph. Ran. 1120 *τὸ πρῶτον τῆς τραγῳδίας μέρος* (vgl. Sch. z. St.), Aristot. poet. 12,1452 b 19 ff.: *ἔστιν δὲ πρόλογος μὲν μέρος ὅλον τραγῳδίας τὸ πρὸ χοροῦ παρόδου.* Der P. also Teil der Tragödie, nicht gesonderte Vorrede. Diese Definition wurde sinngemäß auch auf die Komödie angewandt (poet. 1449 b 4); der Anteil des P. an der Handlung ist in der altatt. Kom. noch größer als in der Trag.; für die jüng. Kom., die keinen in die Handlung eingreifenden Chor mehr hatte, ist sie nicht mehr anwendbar. Die uns aus der Praxis der röm. Komiker bekannten P.-formen hat die Definition bei Euanthius, 4,5 im Auge, die wohl auf griech. Theorie fußt: *est prologus velut praefatio quaedam fabulae, in quo solo licet praeter argumentum aliquid ad populum vel ex poetae vel ex ipsius fabulae vel actoris commodo loqui.* Einteilung der P.e nach ihrem Inhalt Don. De com. 7,2: *συστατικός, commendaticius, quo poeta vel fabula commendatur; ἐπιτιμητικός, relativus, quo aut adversario maledictum aut populo gratiae referuntur; δραματικός, argumentativus exponens fabulae argumentum, μικτός, mixtus, omnia haec in se continens.* Theorie des P.: Theoret. u. aesthet.-krit. Beschäftigung betrifft vor allem die Tragödie. Erste Zeugnisse: Aristoph. Ran. 910ff. 1119ff. Gefordert wird *σαφήνεια*, die angeblich bei Aischyl. fehlte, während Eurip. nicht das rechte Wort verwendet (1182ff.), also ebenfalls die *σαφήνεια* verfehlt habe, u. vor allem wegen Gleichförmigkeit seiner P.-Reden getadelt wird. (1200ff. Sch. Ran. 1219). Vielleicht auf Komödienanfänge beziehen sich die abfälligen Scherze Aristoph. Ran. 1ff.; Vesp. 57ff. Zur Theorie u. Kritik des Komödienp. etwa: Demetr. De eloc. 153; reiches Material in den Terenzkommentaren (vgl. u. Definition). Praxis des P. der Tragödie. Als Erfinder gilt Thespis; für uns zuerst kenntlich der P. der Phoinissen des Phrynichos (Hyp. Aischyl. Pers.). Rhesis einer einzigen Person steht also am Anf. der Entwicklung. Es gab aber auch Stücke ohne P.: Aischyl. Pers.; Hik. Ps. Eurip. Rhesos. Die Funktion der P. in der Tragödie ist vorwiegend die der Exposition; sie enthüllen die Grundzüge der Sagengestaltung, die der Dichter in seiner Tragödie durchführen will; da meist die gleichen Sagenstoffe wiederbehandelt wurden, betonten sie die Änderungen, die jeweils am allg. bekannten Gang der Ereignisse vorgenommen wurden und beleuchteten so den Gegensatz zu früherer, meist der letztvorhergegangenen, Darstellung des Stoffes; in ihnen treten meist diejenigen Personen auf, die neu in den Handlungsgang eingefügt oder in anderer Funktion als vorher verwendet wurden. Die P. konnten einen (z.B. Aischyl. Ag.) oder mehrere Auftritte (z.B. Aischyl. Eum.) umfassen, konnten von Personen gesprochen werden, die auch an der weiteren Handlung Teil hatten (z.B. Aischyl. Cho.) oder von ausschließlich für den P. geschaffenen Figuren (z.B. Aisch. Ag.; *πρόσωπον προτατικόν*); die Sprecher mochten Götter (z.B. Aischyl. Prom.) oder Menschen (z.B. Aischyl. Cho.), ja untergeordnete Personen (z.B. Aischyl. Ag.) sein; konnten monolog. beginnen (meist bei Euripides) oder dialog. (z.B. in fast allen erhaltenen Tragödien des Sophokles); sie mochten wie ein vom eigentlichen Drama getrennter Teil wirken (oft bei Euripides) oder mitten in die Handlung hinein führen (erhaltene Tragödien des Sophokles); die P. selbst mochten außer Rhesis auch Lyrik enthalten (z.B.: Jägerchor in Eur. Hippol., ein eigener Prologchor; Eur. El.: Einzugslied d. Elektra). Die P. der Komödie erwachsen aus anderen Voraussetzungen als die der Tragödie; während die Tragödie als Sagendichtung mit festen Grundtatsachen und Personen arbeitet, auf die der P. Bezug nimmt, muß jede Komödie nur sich selbst exponieren u. ihre spezielle Welt aufbauen (Vgl. Antiphanes Frg. 191 K). Die aristophan. P. lösen oft die Exposition in Handlung auf (z.B. Lysistr.), oft scheidet sich ein Monolog eines der Akteure mehr oder weniger scharf von der Handlung ab und erklärt die Situation in direkter Wendung ans Publikum (z.B.: Equ. 76–84). Der Beginn d. P. konnte – wie bei der Tragödie – monolog. (z.B.: Ach.) oder dialog. (z.B.: Equ.) sein, die folgenden Auftritte klar auseinandertreten oder die Übergänge verwischt sein. Als Sprechvers herrscht der jamb. Trimeter vor, aber es konnten auch andere Verse eingestreut sein, sogar Prosa. Der Chor kann sich, als Einzelpersonen der Reihe nach auftretend, schon im P. sammeln (z.B.: Av.), schließlich kann ein eigener Prologchor agieren, der später nicht mehr vorkommt (z.B.: Ran.). In den jüng. Kom., für uns repräsentiert durch Menander, lösen sich aus der Handlung des ersten Aktes sehr deutlich Expositionsmonologe aus, die den Zuschauer in die Zusammenhänge des Geschehens einweihen. Diese Monologe können das Stück einleiten (z.B. Dyskolos), stehen aber meist erst nach Akteurszenen (z.B. Aspis); oft hat eine Gottheit die Rolle des P. (z.B. Perikeiromene); in diesem Fall werden Zusammenhänge enthüllt, die den Akteuren selbst unbekannt sind; oder eine Person des Stückes hält einen Einleitungsmonolog (z.B. Samia). Frühes röm. Drama: Sowohl Tragödie wie Komödie der Frühzeit mußten erst bei einem ihrer ungewohnten Publikum eingeführt werden; daher konnte der P. außer den bisherigen die neue Aufgabe erhalten, um Gunst für Dichter u. Stück zu werben (eventuell Nennung des Originals u. des röm. Bearbeiters; z.B. Plaut. Asin.). Zeugnis für Götterprologe in röm. Tragödien: Plaut. Amphitr. 41ff. Plautus: a) P.-lose Stücke: z.B. Stichus. b) P., die nichts oder sehr wenig über die Handlung des Stückes aussagen, z.B. Asin. c) Expositionsp.: z.B. Aulul. Wie in der *νέα* können die P. das Stück einleiten (z.B. Amph.) oder auf eine zur Handlung gehörende Dialogszene folgen (z.B. Cistell.). Sprecher des P. können sein: a) Personen der Handlung (z.B. Merc.). b) Prologgötter (z.B. Aul.). c) Prologus (z.B. Capt.). Die mit dem Stück organisch zusammenhängenden P. sind wahrscheinlich von Plautus aus dem Original übertragen, die anderen unterliegen Zweifeln über Echtheit oder Interpolation (z.B. Casina). Terenz baut keine mit dem Stück zusammenhängenden und exponierenden P. mehr, sondern hat nur mehr P., die auf den Dichter bezogene literar. Fragen und Polemiken enthalten. Sprecher sind immer Prologi, die P. stehen immer vor Beginn des Stückes. Der Stil ist gepflegt, rhetor. (LEO Gesch. d. röm. Lit. 250). An der Verfasserschaft des Terenz wurde vielfach gezweifelt, wahrscheinlich zu Unrecht ([20], 42ff.). Seneca: Für S. bedeutet Tragik Grauen, das alles menschliche Maß überragt. In diese Atmosphäre versetzen seine P. Nicht verständige Exposition ist ihr Ziel, sondern Aufpeitschung von Leidenschaften; alles Tatsächliche – Namen, Ort, Zeit, Umstände der Handlung – wird nur nebenher mitgegeben. In der Akteinteilung zählt der P. als 1. Akt (vgl. [2], 230f.). In ihnen treten entweder die Hauptthelden auf (z.B. Troad.) oder unheimliche, jenseitige, grauenhafte Unterweltswesen (z.B. Thyestes), einmal die Göttin Iuno als Vernichterin des Hercules (Herc. fur.). Eine einzige monolog. Szene des P.-Sprechers liegt vor dem Einzug des Chores (z.B. Herc. f.), 2 Szenen (z.B. Phaedra). Für Herc. Oet. wird man wohl am besten 2 P. annehmen: 1. 1–103, 2. 23.3–582 Metr. herrscht der Trimeter vor, in Phaedra geht dem trimetr. Dialog Phaedra-Nutrix ein anapaest. Monolog des Hippolytos voraus. Die Praetexta Octavia fügt sich nur schwer in das Schema P. u. Akte. F. St.

1. *Fr.Leo* Der Monolog im Drama, Abh. Gött. Ges. Wiss. 10, 1908, 5. 2. *Ders.* Plautin. Forsch[2]., Bln. 1912, 188ff. 3. *W.Schadewaldt* Monolog u. Selbstgespräch, Bln. 1926. 4. *W.Nestle* Die Struktur des Eingangs in der att. Trag. Tüb. Beitr. 10, Stuttg. 1930. 5. *J.Gollwitzer* Die P.- u. Expositionstechnik der griech. Trag. Diss. Münch. 1937. 6. *M.Imhof* Bemerkungen zu den P. der sophokl. u. euripid. Trag., Diss. Bern 1957. 7. *Th.Zielinski* Die Gliederung der altatt. Komödie Lpz. 1885. 8. *W.Frantz* De Comoediae Atticae prologis, Straßburg 1891. 9. *P.Mazon* Essai sur la composition des Comédies d'Aristophane, Par. 1904. 10. *W.Süss* Zur Komposition der att. Kom., RhM 63, 1908, 12–38. 11. *A.Pickard-Cambridge* Dithyramb, Tragedy, Comedy, 2. Aufl. von *T.B.L.Webster*, Oxf. 1962, 212ff. 12. *Ph.E.Legrand*, Daos. Lyon. Par. 1910. 13. *T.B.L.Webster* Stud. in Menander, Manch. 1949. 14. *Ders.* Stud. in later Greek Comedy, Manch. 1950. 15. *K.Dziatzko* Über die plautin. P. Beil. z. Jahresber. d. Luzerner Kantonsschule 1866/67. 16. *G.E.Duckworth* The Nature of Rom. Comedy, Princ. 1952, 211 bis 218. 17. *H.Abel* Die Plautusp. Diss. Frankf. 1955. 18. *H. Haffter* Terenz u. seine künstler. Eigenart. MH 10, 1953, 1–20. 73–102. 19. *M.Pohlenz* Der P. des Terenz, Studi Ital. 27/28, 1956, 434–443. 20. *D.Klose* Die Didaskalien u. P. d. Terenz. Diss. Freib. i.Br., 1966. 21. *Fr.Frenzel* Die P. der Tragödien Senecas. Diss. Lpz. 1914. 22. *K.Anliker* P. und Akteinteilung in Senecas Tragödien, Bern/Stuttg. 1960.

Promachos und **Echephron** (*Πρόμαχος, Ἐχέφρων*), Zwillingssöhne des Herakles und der → Psophis, Tochter des sikan. Königs → Eryx (2). Er ließ sie schwanger bei einem Gastfreund in der arkad. Stadt Phegia (→ Phegeus) zurück, die P. und E. nach ihrer Mutter in Psophis umbenannten. Sie galten als Erbauer des dortigen Tempels der Aphrodite Erykine und besaßen eigene *ἡρῷα*. Paus. 8,24,1f. 6f. distanziert sich von der anderen Überlieferung, daß Psophis ein Sproß des arkad. Königshauses sei. Er erwähnt eine Statue des Herakles P. in Theben, 9,11,4. H. v. G.

Promanteia (*προμαντεία*). Das Recht, vor allen anderen (Städten oder Einzelpersonen) einen Orakelspruch erteilt zu bekommen, das auch an ganze Völker (vgl. Hdt. 1,54) verliehen wurde. Vgl. auch Phot. lex. s.v. *πρὸ τῶν ἄλλων ἁπάντων χρῆσθαι τῷ ἐν Δελφοῖς μαντείῳ ἦν δὲ ἡ προεδρία τὸ αὐτό*. – J. POUILLOUX Promanties collectives et protocole delphique, BCH 76, 1952, 484ff. W. P.

Promantis (*πρόμαντις*). Bezeichnung der weissagenden Priesterin in Delphoi (vgl. Hdt. 6, 66. 7,141. Thuk. 5,16), der Dionysos-Priesterin (Hdt. 7,111, mit Vergleich mit Delphoi *κατά περ ἐν Δελφοῖσι*) und des in barbar. Sprache weissagenden Priesters in → Ptoion (Hdt. 8,135). Auch eine Göttin, → Dike, wird bei Soph. El. 475 P. genannt; das Sch. zu El. 475 erklärt *ἡ προμαντευομένη τὰ μέλλοντα ἢ τοῖς συνετοῖς προγινωσκομένη*. Vgl. G. RADKE, RE XXIII 647. W. P.

Promathidas (*Προμαθίδας*), griech. Lokalhistoriker aus Herakleia/Pontos (?). Nach Sch. Apoll. Rhod. 2,911/14 hat er vor ca. 250 v.Chr. geschrieben; demnach wäre (mit JACOBY) ein jüngerer P. (Athen. 7,296aff. 11,489ab), Hemiambendichter des 1. Jh. v.Chr., von ihm zu trennen. Aus seinem Werk *Περὶ Ἡρακλείας* sind einige, die myth. Z. betreffende Notizen erhalten. Benutzung durch → Nymphis und → Memnon (5) ist sehr wahrscheinlich. FGrH 430. H. Gä.

P.Desideri, St. Class. e Or. 16, 1967, 366ff.

Promea, h. die Prüm, nach Auson. Mosella 5, 354 ein Flüßchen, das mit der Nims unterhalb von Echternach in die Sauer mündet. Seit dem 8. Jh. urkundlich *Pruma, Prumma, Promia*. Die P. durchfließt den z.Z. der Römer dicht besiedelten Raum des Caros- und Bidgaues *(pagus Carucum, pagus Bedensis)*. H. C.

P.Goessler, RE XXIII 650. *J.Steinhausen* Archäolog. Siedlungskunde des Trierer Landes (1936) 324.

Prometheus (*Προμηθεύς*, Etym. zu *προ* und *μηθ-* als Dehnstufe von *μαθ-*, zu *μανθάνειν*), »Vorbedacht«. Sohn des → Iapetos (bzw. Uranos) und der → Klymene oder → Gaia-Themis oder → Asia; seine Brüder sind → Atlas, → Menoitios und → Epimetheus (über weitere Genealogie vgl. [5], 690ff.). P. wurde in Athen mit Athene zusammen in der Akademie verehrt (vgl. FGrH 224 F 147); bei ihrer Geburt soll er Beistand geleistet haben (Eur. Ion 454ff. Apollod. 1,3,6); auch hier teilt P. seine Rolle mit → Hephaistos. Das Motiv von Athenes Unterstützung beim Besteigen des Himmels (vgl. Serv. Verg. ecl. 6,42) dürfte jünger sein. Ebenso scheint die Verbindung mit den →

Kabiren (zumindest in dieser Form) nicht urspr. zu sein ([5], 962f.). P. war auch »Götterbote« der → Titanen. Er bringt in einem Narthex-Stengel den Menschen wieder das Feuer vom Himmel (vgl. Hes. erg. 51), d.h. vom Blitz des Zeus oder aber auch aus der Werkstatt des Hephaistos (Aisch. Prom. 7. Plat. Prot. 321. Cic. Tusc. 2,23); dieses Feuer wurde später (z.B. Theophr. Frg. 50) allegor. als Philos. usw. gedeutet; auch andere Kulturgüter, die Schrift, die Heilkunst, Baukunst, Gewinnung von Metallen, Schiffahrt, Reiten, ja *πᾶσαι τέχναι* wurden den Menschen von P. gebracht (vgl. Aischyl. Prom. 442ff.). Aber P. ist auch aggressiv; beim Opfer in Mekone will er Zeus überlisten, indem er Fleisch und Innereien unter dem Magen des Tieres verbirgt und auf einen anderen Haufen die Knochen und das Fett gibt; Zeus erkennt den Trug, wählt aber dennoch die in Fett gehüllten Knochen (Hes. theog. 535ff.), und seither ist es üblich, nur die Knochen und unbedeutende Teile des Tieres zu opfern. Als Strafe für diese Tat des P. entzieht der erzürnte Zeus den Menschen das Feuer, das dann P. raubt, um es wieder zu den Menschen zu bringen. Nach Duris von Samos (FGrH 76 F 47) ist das Verbrechen des P. anderer Natur; er soll Athene nachgestellt haben. Sie habe ihn nicht erhört, sondern er sei für seine ungestüme Werbung bestraft worden. – Bezeichnend für die antinom. Auffassung des P. ist seine Funktion als Menschenbildner, die er nach Etym. m. p. 471 im Auftrage des Zeus ausführte (später mit Athene, vgl. L. ECKHART, RE XXIII 723). Schon Aristoph. Av. 686 scheint P. als Bildner der Menschen angesehen zu haben; später bei → Philemon bildet P. alle Lebewesen aus Ton (Frg. 89 K.), bei Menand. Frg. 718 die Frauen. Zur hes. Form, wo Hephaistos zur Strafe die Frau bildet, was vielleicht schon eine Umbildung darstellt, vgl. [4], 32. ED. SCHWARTZ, S.-Ber. Berl. 1915, 145f. – Götter und Menschen seien verwandt, weil P. die Menschen nach dem Bilde der Götter geschaffen habe (Ov. met. 1,83). P. habe zuerst zu viele Tiere gebildet und nun zu wenig Material für Menschen übrig gehabt. Deshalb habe er auf Befehl des Zeus Tiere in Menschen umbilden müssen; diese also hätten ein menschl. Äußeres, aber tierische Seelen (Aisop. 383 H). – Als Frevler wird P. gefesselt; dazu kann noch kommen, daß ihn ein Adler (zu diesem vgl. mit Vorsicht S. REINACH Cultes, mythes et religions 3,68ff.) peinigt (Hes. theog. 524f.). Zur Lokalisierung im Skythenland, am Kaukasus usw. vgl. [5], 699. Die Strafe galt urspr. für immer. Die Erlösung des P. erfolgt (wahrscheinl. unter athen. Einfluß) durch → Herakles (Hes. theog. 523. Diod. 4,15,2. Paus. 5,11,6. Apollod. 2,5,11) und durch das stellvertretende Leiden (Aisch. Prom. 1026ff.) des → Chiron (bei Aischyl. aufs engste mit der Abmachung mit Zeus verbunden). P. hatte ja von seiner Mutter → Themis erfahren, daß der Sohn aus einer Verbindung mit Thetis stärker als dessen Vater sein werde.

Kult: Athen (Soph. Oid. Kol. 54ff. FGrH 244 F 147. 366 F 4), wo er offenbar *Προμηθος* [5], 655 hieß; im Zusammenhang damit gab es Fackelstafetten an den → Promethien, Hephaistien und Großen → Panathenäen (Paus. 1,30,2. Harpokr. s. *λαμπάς*. Sch. Aristoph. Ran. 131. 1087. 1093); der Lauf zu Ehren des P. als Schützer der Töpfer, aber auch der Schmiede und anderer Handwerker ist von diesen der älteste (IG II² 84). P. dürfte bes. in Athen urspr. nicht als Frevler vorgestellt gewesen sein. – → Opus (vgl. Paus. 2,19,8. Pind. Ol. 9, 41ff.), Grab. – → Panopeus (Paus. 10,4,4). – Theben (Paus. 9,25,6).

Hom. nennt P. nicht. → Hes. befaßt sich in theog. und erga mit ihm (Trug von Mekone, Feuerraub und Strafe); auch in der späteren Dichtung und Prosa spielt P. eine Rolle. Eine bes. Gestaltung wurde dem Thema durch → Aischyl. zuteil. Der P. *δεσμώτης* ist erhalten. Die Sophistik interessierte sich für P. Auch Plat. läßt das Brüderpaar P. und Epimetheus im Protagoras auftreten (vgl. auch Gorg. 523 D; rep. 274 C). Im Hellenismus sind Kall. Iamb. 2, Frg. 192ff. Apoll. Rhod. 2,1247ff. Euphor. Frg. 99 u.a. zu nennen. P. war der Titel einer Tragödie des Accius; auch Varro handelt über P. in einer Satura Menipp. (vgl. E. NORDEN, JbPhPäd Suppl. 19, 1893, 428ff.). Hor. c. 1,3,25. 2,13,37. 18,35; epod. 17,67. Ov. met. 1,78ff. Val. Fl. 4,58ff. Sen. Med. 817ff.

P. hat einen sprechenden Namen wie sein Bruder Epimetheus, der wohl als Kontrastfigur zu ihm geschaffen worden ist; sie stellen im Sinne eines Märchenmotivs die ungleichen Brüder dar. Aber dieses Motiv ist auf ein religiös-kult. Faktum aufgesetzt. P. ist ein alter Gott, was die kult. Verehrung vor allem in Athen zeigt. Die Promethien hatten eine große Strahlungskraft. Die leidige Frage, ob die Schicksale des P. ein Reflex jener hist. Auseinandersetzung zwischen den Göttern einer älteren Substratschicht und denen einer jüngeren Schicht sind, oder ob es sich einfach um die aus dem hethit.-hurrit. Bereich bekannten Entthronungsmythen (zu diesen vgl. A. LESKY, AAWW 1950/9) handelt, die hier mit hineinspielen, ist h. dahin zu beantworten, daß diese eine myth. Aussageform auch für hist. Prozesse abgegeben hat. So scheint sich ein Stück jener Dynamik, welche sich aus dem Verhältnis des Handwerker-(bes. Töpfer-)Gottes P. und den adeligen Göttern ergab, in den Taten und Leiden des P. auszudrücken; man vgl. das Lachen der Götter über den (bei aller Verschiedenheit von P.) durch seinen Charakter als Handwerksgott doch ähnlichen Hephaistos (Hom. Il. 1,599f.). In diesem Sinne ist wohl auch die Geschichte von dem Liebeswerben um Athene zu verstehen: Beide, Hephaistos und P., waren ihr (zumindest in *einem* Entwicklungsstadium des Mythos) zu gering. Als

Handwerkergott steht P. den Menschen nahe und ist ihr Helfer, bes. in der Förderung ihrer materiellen Zivilisation (Feuerbringer usw.) und in den Nöten des bescheidenen Lebens (Opfer von dem für den Menschen weniger Wertvollen). Diese Eigenschaft konnte zum Feuerdiebstahl und Opfertrug umgedeutet und die Funktion, wertvolle Gegenstände zu verfertigen, antinomisch in gefährliche Geschenke verkehrt und anderen zur Bestrafung der Menschen (Weib!) zugeschrieben werden. Dies alles setzt die Verbindung der P.-Gestalt als Gott mit dem *ἥρως* (zu diesem vgl. W. Pötscher, RhM 104, 1961, 302ff. 108, 1965, 317ff.) voraus (vgl. das Heroengrab in Opus, Paus. 2,19,8). Einer wieder mehr positiven Betrachtungsweise verdankt sich wohl das »Gründungsopfer« (vgl. [2],25ff.), das aber zugleich die Funktion des Kultaition zu erfüllen hat (Ada Thomsen, ARW 12, 1909, 460ff. Nilsson GgrR 1, 27). – Worin der Anknüpfungspunkt zu den Kabiren und zu Hermes wirklich bestand, läßt sich nicht leicht sagen; ob es diesem gegenüber nur die Schlauheit (vgl. etwa den hom. Hermeshymn.!) war, erscheint sehr fraglich. Nimmt man die Nähe des P. zu Hephaistos, der ein verkrüppeltes Bein hat wie Oidipus (vgl. AAHG 15, 1962, 1/2, 22ff.; dort Bemerkungen zu erdhaften Beziehungen), und den phall. Charakter des Hermes (der übrigens auch die Kunst des Feuermachens gefunden hat, vgl. hom. Hermes-Hymn. 108ff.) und der Kabiren (Hdt. 2,51), die wieder der Vegetationsrel. nahezustehen scheinen (vgl. Nilsson GgrR 1, 670ff.), mit der Abstammung des P. von Gaia-Themis (und auch von *Κλυμένη* als Euphemismus für die Erdgöttin als Herrin des Totenreiches, vgl. [5], 690) zusammen, mag man die vorsichtige Vermutung äußern, daß P. (oder vielmehr *Προμηθος*) urspr. der Name für einen Handwerkergott war, der aber bei seiner Benennung bereits einen weiten Weg der Umbildung zurückgelegt hat. Daß der Weg der Ausgestaltung (bes. in der Lit.) weiterging, ist selbstverständlich. – Bildl. Darstellungen des P. mit Adler (mit und ohne Herakles); an einen Felsen geschmiedet; als Feuerbringer; als Menschenbildner (mit und ohne Athene) usw. Dazu vgl. L. Eckhart, RE XXIII 702ff. W. P.

1. *J. Fränkel* Wandlungen des P., Bern 1910. 2. *K. Kerényi* P. Das griech. Mythologem von der menschl. Existenz, Zürich 1946. 3. *L. Séchan* Le mythe de Prométhée, Paris 1951. 4. *M. Pohlenz* Die griech. Tragödie ^{2}1954, Erläut.-Bd., 30ff. 5. *W. Kraus*, RE XXIII 653–702.

Promethia (*Προμήθια*, besser als *Προμήθεια*, IG II^2 84.1138). Att. Fest mit Fackellauf vom Altar des → Prometheus (bzw. Promethos) in der Akademie über den Kerameikos zu einem uns unbekannten Ziel in der Stadt. Wann die P. gefeiert wurden, wissen wir nicht (H. J. Lipsius, NJb. 117, 301,3). Jede Phyle stellte eine Mannschaft und einen Gymnasiarchen (Isaios 7,36); mus. Agon (IG II^2 1138). Der Fackellauf wurde im J. 421/20 auf die Hephaistien übertragen; wir finden ihn auch an den → Panathenäen (Paus. 1,30,2). Der myth. Gründer der P. ist Prometheus (Hyg. Astr. 2,15); im Feste der P. wurde myth. die Kulteinsetzung erlebt und zugleich dem Bedürfnis Rechnung getragen, das alte Feuer durch ein neues, bes. kraftgeladenes (urspr. für die Töpfer- und Schmiedewerkstätten, dann für das Opfer) zu ersetzen. Der Lauf dient nicht nur dazu, daß das Feuer möglichst ohne Kraftverlust hinkomme, sondern auch der Verstärkung der Kraft. W. P.

Promona (App. civ. 3,12,25f. Strab. 7,315 *Πρώμωνα*. Tab. Peut. Rav. 4,16 p. 55 ed. Schnetz; CIL III 14969^2 *pagani Promonenses*), Stadt in Dalmatien, am Fuße des 1148 m hohen Gebirges Promonia, ö. von der h. Eisenbahnstation Teplju, wo röm. Siedlungsspuren aufgefunden wurden. Im J. 51 v. Chr. haben die Delmaten den Ort erobert, doch wurde er von Octavian später zurückerobert und niedergebrannt. Die vorröm. Borgsiedlung wurde in der Kaiserzeit in die Ebene verlegt. P. gehörte zum *conventus Scardonitanus*, später erhielt es städt. Organisation (CIL III 14969^2). An dem wichtigen Straßenknotenpunkt waren Truppeneinheiten stationiert (CIL III 9829. 9834. 13229). Inschr.: CIL III 6407–09. 9828–44. 10184^{44}. 13329. 14316$^{5-7}$. 14969$^{2-3}$. 15110. Name illyr. (H. Krahe Die alten balkanillyr. geogr. Namen 33). J. F.

Promotus besiegte als *mag. mil. per Thracias* (RE Suppl. XII 714) 386 die → Greuthungen an der unteren Donau (Zos. 4,38f.), führte 388 die Reiterei gegen Maximus (Zos. 4,45), wurde 389 Consul und rettete 391 Theodosius I. aus einer schwierigen Situation. Mit → Rufinus im Konflikt, fiel er angeblich durch einen von diesem veranlaßten Hinterhalt (Zos. 4,49/51). An P.: Symm. epist. 3,74–80. A. L.

Pronaos. Den Kern des griech. Tempels (*ναός*) bildet die rechteckige Cella (Naos im engeren Sinn). Die Längswände der Cella sind in der Regel über die Türwand vorgezogen; der so gebildete Raum heißt P. (ant. meist Pronaon, A. v. Gerkan, JOEAI 36, 1949, 46f. = Von ant. Architektur und Topographie, 1959, 372f.). W. H. G.

Pronnoi (*Πρῶννοι*), Stadt auf steiler Felshöhe im SO. der Insel → Kephallenia, 375 v. Chr. von Timotheos für den 2. att. Seebund gewonnen, Diod. 15,36,5. IG II^2 43 B 11f. = Sylloge^3 I 147,108, in hellenist. Z. wie die ganze Insel aitol., Pol. 5,3, 3f. (*Πρόννοι*). Thuk. 2,30,2. Strab. 10,2,13 p. 455 (*Πρώνησος*). BCH 45, 1921, 14 II 142. 30 V D 11. Inschr. IG IX 1,647f. 1023–1028. SPrAW 1935, 712. IG IX 1^2 8,3. 31,96. Mz. Head HN^2 428. E. M.

1. *J. Partsch* Kephallenia und Ithaka, Peterm. Mitt. Erg. H. 98, 1890, 75. 2. *Bürchner*, RE XI 209, 24ff. 3. *G. Klaffenbach*, RE XXIII 742f. 4. *Philipps.-Kirst.* 2,510f.

Pronoe (*Προνόη*). **1.** Nereide, Hes. theog. 261. Prell.-Rob. 1,556. **2.** Weissagende lyk. Naiade, die nach dem Selbstmord der → Byblis dem → Kaunos (1) ihre Hand und Herrschaft gab, Kon. narr. 2. H. v. G.

Pronomos (*Πρόνομος*) aus Theben, bekannter Aulet des 5./4. Jh., der erstmals auf ein und demselben Aulospaar alle Harmoniai gespielt haben soll. Auch als Lehrer des → Alkibiades wird er erwähnt. Seine Berühmtheit war sprichwörtlich; so begegnet sein Name auch auf einem Neapler Volutenkrater (sog. Pronomoskrater) des frühen 4. Jh. mit einer Satyrspielszene. U. K.

H.v.Geisau, RE XXIII 748. *M. Wegner* Das Musikleben der Griechen, 1949, 107. 190. T.25. *Ders.* Musikgesch. in Bildern 2,4 (Griechenland), 1963, 62f.

Pronuba s. Iuno (o. II 1563,43)

Pronuntiatio. So heißt in den röm. Rechtsquellen allg. die Kundmachung; ein Spezialfall ist die Anzeige von Mängeln des verkauften Sklaven nach dem Aedilenedikt (Ulp. Dig. 21,1,1,1). Bes. bedeutet p. die Verkündung eines Urteils oder dieses selbst. In einem engeren Sinn bezeichnet p. auch das bloß feststellende Zwischenurteil, das weder eine *condemnatio* noch eine *absolutio* enthält. Der wichtigste Anwendungsfall eines solchen Zwischenurteils findet sich bei den *actiones arbitrariae:* Dort gab der → *iudex* dem Beklagten zunächst durch p. die Befriedigung des Klägers auf und sprach das kondemnierende Endurteil erst nach Ausbleiben dieser Befriedigung. D. M.

Prooimion (*προοίμιον* < *οἶμος*), *exordium, initium* bzw. *prohoemium.* Im musikal. begleiteten Vortrag »Vorspiel« bzw. »Vortrag vor dem Hauptvortrag« (vgl. die hom. Hymnen), dann allg. »Einleitung«, die mit dem Hauptteil verbunden ist. Zum P. ep. Werke älterer Z. gehören z. B. Musenanruf, Sphragis, Titelangabe. Für Reden wird das P. bereits von Aristot. (rhet. 1354b 18) vorausgesetzt und definiert (a. O. 1414b 19ff.; spätere Defin.: Quint. inst. 4,1,1. Lukian. hist. conscr. 53). Eine bestimmte Topik (captatio benevolentiae, Rechtfertigung der eigenen Methode usw.) wird empfohlen und verwendet, wobei bes. gelungene P. anerkannter Autoren ihrerseits nachgeahmt werden. Manche Autoren besaßen Slg.en von P., denen sie bei Bedarf ein passendes Stück entnahmen (→ Demosthenes; dazu A. Rupprecht, Philol. 82, 1927, 365ff. Cicero verwendet versehentlich ein schon einmal benutztes P.: Att. 16,6,4). H. Gä.

H.Lausberg, HB der lit. Rhet. 1,150ff. *R.Böhme* Das P., Bühl 1937. *T.Janson* Latin Prose Prefaces, Stockholm 1964 (ausführl. Bibliogr. 169ff.).

Propemptikon. Gattungsungebundenes Gelegenheitsgedicht, das zum Thema das Abschiedsgeleit (*προπέμπειν*; vgl. Thuk. 6,30,2) beim Seereiseantritt einer befreundeten, verwandten oder bekannten Person hat, weshalb von Anf. an Gebetselemente zur Topik ([1]) gehören. Wiewohl schon seit Sappho (Frg. 5. 15 LP) und Alkaios (Frg. 286a LP. [2] 3–16) nachweisbar, entwickelt sich doch das P. erst in hellenist. und augusteisch-kaiserzeitl. Epoche in den Spielarten des bukol.-erot. (Theokr. id. 7,52–89), mel.-erot. (Kall. frg. 400 Pf. Hor. c. 3,27), eleg.-erot. (Prop. 1,8a. Ov. am. 2,11. [3] 239–73), epigrammat. (AP 12,171. Martial. 10,104), hexametr. (Ps. Erinna 2 D. Stat. silv. 3,2), iamb.-skopt. (Kall. frg. 196 Pf. Hor. epod. 10) und mel.-gnom. P. (Hor. c. 1,3) zu einem häufiger gepflegten *εἶδος*, ohne daß dabei, wie oft angenommen ([4]), der verwandte prosaische *προπεμπτικὸς λόγος* der Rhetorik (Spengel Rhet. 3,395–99) auf das poet. P. schemat. eingewirkt hätte. D. Wa.

1. *L. Winniczuk*, Meander 13, 1958, 406–419. 2. *W.Barner* Neuere Alkaios-Papyri, Spudasmata 14, 1967. 3. *K.Quinn* Latin Explorations, 1963, 239–73. *W. Görler*, H 93, 1965, 338–47. 4. *F.Jäger* Das ant. Propemptikon und das 17. Gedicht des Paulinus von Nola, Diss. Münch. 1913. *J.Schnayder* Zagadnienia Rodzajów Literackich 1, 1958, 216–218 s. P.

Propertius, Sextus (von Don. vit. Verg. 10 bezeugt, abwegig Verdière, Eos 54, 1964, 151ff.) P., etwa 47 v. Chr. im umbr. Assisi aus lokal angesehenem Geschlecht (nicht unbedingt Ritter: Enk I, 7) gebürtig, verlor früh den Vater, erlebte vor Anlegen der Männertoga das *bellum Perus.* (vgl. 1,21. 22) und – wie Vergil u. Tibull – die teilweise Konfiszierung seines Landbesitzes 41/40 v. Chr. (4,1, 121ff.). Auf die öffentl. Laufbahn verzichtete er bald und wandte sich ganz der eleg. Poesie zu, die, nach flüchtiger Bindung an Licynna, in der Kurtisane (anders [12] mit beachtenswerten Argumenten) *Cynthia* (= *Hostia:* Apul. apol. 10; der Name ist, wie bei Varros *Leucadia,* programmat.-poet. zu verstehen: [9], 173) ihren Gegenstand fand. Mit der Herausgabe einer ersten Slg. (*Monobiblos:* Martial. 14,189) 28 v. Chr. wurde P. berühmt und gewann Maecenas als Patron. Mit B. 2 (ca. 25) und B. 3 (ca. 22) tritt die erot. Dichtung allmählich in den Hintergrund, in B. 4 (nach 16) experimentiert P. mit röm.-ätiolog. Themen. Insgesamt liegt ein Werk von knapp 100 Eleg. vor. Spätestens vor 2 v. Chr. (Ov. rem. am. 764) ist P. gestorben.

P. wurde lange von dem Ausgangspunkt seiner Dichtung her als der »Mann der starken Affekte« (Heinze), als Vertreter einer leidenschaftlichen »subjektiven« Liebesdichtung gesehen; dementsprechend konzentrierte sich die ältere Forschung einerseits auf den »Liebesroman« mit Cynthia, dessen Chronologie man an der Gedichtfolge ablesen zu können glaubte (repräsentativ [1]) u. versuchte andererseits, den sprachlich anspruchsvollen, durch entlegene Mythologien schwierigen, kompositorisch sprunghaften, manchmal dunklen Charakter der Dichtung als dem *poeta doctus* tradierte Elemente der Berufung P.' auf → Kallimachos und → Philitas entsprechend in Relation zu möglichen griech. Vorbildern zu setzen: Vor allem an P. entzündete sich die Kontroverse über die Existenz einer bereits hellenist. subjektiven Liebeselegie (→ Elegie), die Themen und Motive

P.' katalogisierende Arbeiten (TH. GOLLNISCH Quaest. eleg., Diss. Bresl. 1905. R. MÜLLER Motivkatalog d. röm. Eleg. Diss. Zür. 1952) veranlaßte; hierbei stellte sich heraus, daß P. im Vorwurf einzelner Eleg. am stärksten der Tradition des griech. Epigr. verpflichtet ist (vgl. [7], 169 ff., zu B. 1 VAN BERCHEM, MH 5, 1948, 150 ff.). In dem Maße, in dem der Rückführung der Eleg. auf Griechisches seit [2] widersprochen wurde (zum Forschungsstand [9], [12], 161 ff.), lokalisierte man die Eigenart P.' in einem spezif. röm.-eleg. Lebensgefühl ([8]). Hiermit wurde etwas Wesentliches getroffen: P. bezeugt, daß seine poet. Berufung zugleich eine Abkehr von der verzweifelten polit. Lage (4,1,134) war, und die Schlußgedichte des 1. B. sprechen für sich: in bezeichnendem Unterschied zu → Ovid, der sich trist. 4,10 auf ein gebieterisches Talent beruft, hat P.' Poesie als Auseinandersetzung mit dem Bürgerkrieg begonnen und eine → Horaz parallele Entwicklung zum Ausgleich mit der august. Ordnung vollzogen; gerade die von den Neoterikern übernommene Bindung an die *domina* verdeutlicht den Unterschied zu Vorgängern: während → Catull seine Liebesdichtung in schroffem Desinteresse an der polit. Welt aufbaut, ist für P. die halbrelig. Verfallenheit an Cynthia wesentlich die heile Antithese zum polit. Chaos. Gegen Krieg, *avaritia*, Verlust der *fides* und Todesnähe geschieht bei P. die von [8] und [12], 13 ff. dargelegte Kontrastwertung der *inertia*, *nequitia*, des *nullo vivere consilio* (1,1,6) u. die »erot.« Umwertung von *pax*, *pudor*, *fides* und der röm. Familienbindungen (vgl. z.B. 1,1,21 ff.). Dieser eleg. Protest schloß zunächst zweifellos eine distanzierte Haltung gegenüber der Politik des *princeps* ein (vgl. 2,30b, kaum verhüllt 2,13); die Aufnahme in den Maecenaskreis beschleunigte eine deutlich ablesbare Wandlung (eingehend [12], 137 ff.), die sich in 1,6, 19 ff. ankündigt und – dem 3. Odenb. des Horaz sehr ähnlich – in B. 3 den Protest zur moral. Zeitkritik umgesetzt hat – ein Ausgleich, der für P. vor allem ein künstler. Problem bedeutete: die Daseinsberechtigung der Elegie trotz der Lösung aus der Liebesdichtung. Indiz ist die chronische Apologie gegenüber dem Epos (1,7. 9. 2,1. 10. 34. 3,1. 3. 5. 9. 4,1. 6); in ihr, nicht in einer eleg. Tradition, wurzelt die Berufung auf Philitas und Kallimachos, dessen Aitienprolog P. zu einer eigenen visionären, schon bei Ov. am. 3,1 rezipierten poetolog. Allegorie der *recusatio* ausgestaltet hat (vor allem 3,3; vgl. W. WIMMEL Kallimachos in Rom, 1960, u. A. KAMBYLIS D. Dichterweihe u. ihre Symbolik, 1965). P. hat ferner in zunehmendem Maße die Dichtung seiner Zeitgenossen, vor allem → Vergils, auf sich wirken lassen, das geht bis zur huldigenden Imitation (dazu u.a. E. PARATORE, Atene e Roma 10, 1942; F. SOLMSEN, Philol. 105, 1961, 273 ff.); eine zusammenfassende Unters. der properz. Imitationskunst fehlt; zur bis h. kontroversen Beziehung zu Horaz u. a. W. WILI, Festschr. Tièche, 1947, 179 ff. D. FLACH D. lit. Verhältnis v. Prop. u. Hor., Diss. Marb. 1967; an einem distanzierten Verhältnis zu dem sicher in ep. 2,2,91 ff. gemeinten P. ist wohl nicht zu zweifeln), und die Aeneis (bes. B. 8) hat P. beim Durchbruch zur röm. Kallimachosrezeption der aitiolog. Elegien des 4. B. geholfen. Allerdings hat P. bereits in 4,1 dieses neue Programm selbst (durch Horus) ironisiert, und B. 4 repräsentiert keineswegs eine einheitliche »röm. Eleg.« (vgl. P. GRIMAL L'intent. de P. et la composition du livre 4 des él., 1953). P. hat bis zur Umformung der *laudatio funebris* in 4,11 mit der eleg. Form experimentiert.

Das Wesen der Dichtung P.' ist in der Tat, daß sie sich nirgends wiederholt. Sehr im Unterschied zu Ovid, der Erfolgreiches immer wieder durchspielt, ist die prop. Elegie eine »prinzipiell offene Gattung« (BOYANCÉ). Daß P. bis zum E. nicht zu einer für ihn verbindlichen eleg. Form kam, liegt nicht etwa an einer gescheiterten Anpassung an die august. »Klassik«. Gerade in der Liebeselegie bilden die subjektiven (d.h. meist aus der griech. Epigrammatik übernommenen und konventionellen) Motive nur Auslöser für ständig variierte und im Mythos durchgespielte Reaktionen; vergleicht man z.B. die in 16 Elegien abgehandelte Situation »Untreue der C.«, erweist sich jeweils das Thema als täuschender Vordergrund, hinter dem die Individualität je eigener Stimmungen erscheint. Das schlägt sich in sorgfältiger, bes. mit aufeinander bezogenen, zuweilen verschränkten Gedichtpaaren operierender Buchkomposition nieder (z.B. in B. 1: 6. 8,7. 9; 10. 13 + 11. 12; vgl. zur Komposition von B. 1: O. SKUTSCH, CPh 58, 1963, 238 f. BROOKS OTIS, Harv. Stud. Cl. Ph. 70, 1965, 1 ff.; zu B. 3 A. WOOLEY, Bull. Inst. Cl. Stud. Lond. 14, 1967, 80 ff. (zu schematisch); zu B. 4 E. BURCK, WS 79, 1966, 405 ff.), vor allem aber in der Gedankenfolge der Elegien selbst, deren prinzipielle Offenheit und Sprunghaftigkeit erst die Interpretation der letzten Jahrzehnte, vor allem seit [3], herausgearbeitet hat (so ist z.B. für die wichtigen Elegien 2,13; 2,34 und 4,1 erst durch eindringliche Interpr. die Einheit des Gedichts vindiziert worden). P. erzählt nicht; er spiegelt erot. Momente (nicht nur reale, auch solche des Traums und des Wunsches) in der Reaktion des Mannes, der Frau, der Freunde, im dialog. Einwurf (vgl. [11]), im Gnomischen, im Myth.-Beispielhaften. Auch der Mythos wird nicht erzählt, selbst nicht in den fast rein mytholog. Elegien 1,20 und 3,15, andererseits erst selten als Exempelkette wie bei Ovid exegetisch ausgebeutet (so 2,22. 25; 3,19): vielmehr deutet umgekehrt, wie die jüngste Forschung ([12], 227 ff. [14]) erwiesen hat, der Mythos als die einzige Konstante des prop. Werks ständig die in sich inkonsistente Wirklichkeit aus, auch Cynthia, *mixtam varia saepe figura* (3,24,5).

Die Sprunghaftigkeit der Gedankenführung in vielen Elegien hat auf die Textbehandlung verheerend gewirkt; die Geschichte der P.-Edition ist beispielhaft für die Beziehung zwischen Hermeneutik und Textkritik. Die Einteilung in 4 B. (der Neapolitanus teilt keine B. ab) ist von LACHMANN (1816) aufgrund 2,13,25f. und einer konstruierten Chronologie der Beziehung zu Cynthia zu Unrecht bestritten worden (vgl. aber noch B. ULLMAN, CPh 4, 1909, 45ff. u. A. WOOLEY a.O.). Darüber hinaus ist die Trennung der Elegien im Neapol. und Voss. Leid. nur durch Majuskeln angedeutet, wobei sichere Fehler auftreten. Dies nötigte jeden Herausgeber, die Elegien nach seinem Verständnis abzugrenzen. Operiert wurde vor allem mit zahllosen Transpositionen, was bei SCALIGER (1577) zu einem P.-Cento führte, seit BAEHRENS (1880) vornehmlich mit dem Ansatz von Lücken (vgl. bes. RICHMOND, 1929). Gegenwärtig wird der Text relativ konservativ behandelt.

R. He.

Bibliogr.: Bis 1960 *Enk* I u. II, bis 1964 L' Inform. Litt. 1964, 67ff. *(Boucher)* Erstausg. Venedig 1472.

Ta.: *M. Schuster – F. Dornseiff*, 1958. *E. A. Barber*, 1960². Komm.: *H. E. Butler – E. A. Barber*, 1933 (Ndr. 1964). *P. J. Enk*, B. 1, 1946 *(= Enk I)*, B. 2, 1962 *(= Enk II)*. *W. A. Camps*, 1961/67.

Lit.: 1. *F. Plessis* P., 1884. 2. *F. Jacoby* Zur Entstehung d. röm. El., RhM 60, 1905, 138ff. 3. *E. Reitzenstein* Wirklichkeitsbild u. Gefühlsentwicklung bei P., Philol. Suppl. 29, 1936. 4. *A. A. Day* The origins of lat. Love-elegy, 1938. 5. *L. Alfonsi* L'elegia di P., 1945. 6. *R. Hanslik*, RE XXIII 758ff. 7. *A. La Penna* P., 1951. 8. *E. Burck* Röm. Wesenszüge d. august. Liebeselegie, H 80, 1952, 163ff. 9. *P. Boyancé* P., Entr. Fond. Hardt 2, 1956, 169ff. 10. *R. D. Shackleton Bailey* Propertiana, 1956. 11. *H. Tränkle* D. Sprachkunst des P. ..., H-Einzelschr. 15, 1960. 12. *P. Boucher* Études sur P., 1965 (grundlegend). 13. *E. Lefèvre* P. ludibundus, 1966. 14. *G. Lieberg* D. Mythologie des P. ..., RhM 112, 1969, 311ff.

Prophetes (προφήτης, fem. προφῆτις) »Künder«, »Verkünder« (eines höheren, des göttl. Willens); vgl. dazu J. WACKERNAGEL Vorles. üb. Syntax, 2. R., 239f. [2], 797ff. Grundsätzlich bedeutet P. in der heidn. Ant. nicht den Vorhersager, auch wenn der P. durch häufige Verbindung mit einem Orakel (vgl. Hdt. 8,36f.) sekundär in gewisse Beziehung zur Aussage über Zukünftiges tritt μάντις (→ Orakel). Er ist Vermittler zwischen den Göttern und Menschen (vgl. O. KERN Die Rel. d. Griech. 2,112ff.). Verkünder der Zukunft, die nicht mit Orakeln verbunden waren (→ Cheiron, → Teiresias, → Kalchas, → Sibyllen, → Bakis u.a.), hießen χρησμολόγος oder μάντις, kaum aber P. (vgl. [1], 8ff.). Daß eine solche Trennung nicht konsequent durchgehalten werden konnte, ist selbstverständlich (vgl. etwa Aischyl. Hepta 609ff.); der wahre μάντις kann laut Plat. Charm. 173 C durch σωφροσύνη zum P. werden; zum Verhältnis von πρόμαντις zu P. vgl. Hdt. 8,135. P. und ὑποφήτης bedeuten etwa dasselbe, wenn auch bei diesem urspr. eine

gewisse Abhängigkeit zum Ausdruck kommen konnte, vgl. [2], 799f. – Im jüd. Bereich ist der P. im allg. (vgl. aber auch [1], 123f.) mit keinem Orakel verbunden, sondern direkt von Gott inspirierter Verkünder des göttl. Willens (vgl. Philon Alex., vita Moys. 50 u.a.); als Übers. von hebr. *nabi* ist P. auch Künder der Zukunft (vgl. MICHEL, Dict. théol. cathol., 1936, s. Prophétie). Hier spielt die Schwierigkeit der Übers. mit herein. Die großen at. Propheten weisen auf den Menschensohn voraus. Auch im chr. Bereich ist der P. direkt von Gott inspiriert (Matth. 11,9; Luk. 1,76); Christus wird als Gottessohn auch als P. bezeichnet (Luk. 24,19. Zu allem vgl. Lex. f. Theol. u. Kirche 8², 794ff.).

Unter fremdem (vor allem äg.) Einfluß, näml. durch Verwendung des Wortes P. für fremde Priester, scheint sich die Bedeutung von P. bereits im 3. Jh. sehr ausgeweitet zu haben (vgl. [2], 800ff.). Das Wort P. neigte allerdings bereits von jeher zu einem weiteren Begriffsumfang; so etwa Pind. Paian 6,6 oder Bakchyl. 8,3, wo die Dichter P. der → Musen heißen; noch weiter geht Eur. Bakch. 210 oder Bakchyl. 9,28 (»Verkünder« im allg.). Die Bedeutung »Erklärer«, »Weissager«, »Fachmann« tritt allerdings fast ausschließl. spät auf (vgl. [2], 813f.).

P. erscheint mit Zeus (Dodona, Olympia, Ammon-Orakel in Libyen), Apollon (Tanagra, Ptoion, Korope, Kolophon u.a.), Dionysos (Amphikleia), Nereus (vgl. Eur. Or. 364), Amphiaraos (vgl. Aristeid. 19,2) u.a. verbunden. Als Titel äg. Priester wurde P. mit vielen Göttern in Verbindung gebracht (Liste [2], 809ff.). Zur Zeit des Kelsus (Orig. c. Cels. 7,8) gab es in Phoinikien und Palästina viele P., die sich als göttl. Geist bezeichneten und ihren Anhängern Heil in Aussicht stellten (dazu und zur Hermetik vgl. NILSSON GgrR 2, 1950, 583). IG XIV 1032 berichtet von einem P. in Rom. Auch röm. Kaiser (→ Hadrian, → Iulian) trugen den Titel P.

W. P.

1. *E. Fascher* Προφήτης. Eine sprach- und religionsgesch. Unters., 1927. 2. *M. C. van der Kolf*, RE XXIII 797ff.

Prophthasia (Προφθασία Strab. 11,514. 15, 723. Isid. Char. mans. Parth. 16 = GGM 1,253 [Φρά in Ἀναύων χώρα, die sonst nicht bekannt ist]. Charax v. Pergamon FGrH 103 F 20. Ptol. 6, 19,4. 8,25,8 N. Plin. nat. 6,61), allem Anschein nach die von Alexander d. Gr. wohl 330 derart umbenannte Stadt Φράδα (Charax v. Perg. a.O.) in der Landschaft Drangiane, allg. mit dem h. Farah in Afghanistan identifiziert.

E. O.

H. Treidler, RE XXIII 817–822 Nr. 2. *J. Schmidt*, RE XX 738f.

Propontis (ἡ Προποντίς), h. Marmarameer. Ein kleines Binnenmeer zwischen Thrakien u. Kleinasien. Fläche etwa 12000 km², größte Länge von Gallipoli bis Izmit (Kallipolis bis Nikomedeia) 252 km, größte Breite (N.–S.) 74 km (Hdt. 4,85 gibt 1400 bzw. 500 Stadien an). Form: ein unregelmäßiges Oval, mittlere Tiefe 289 m, doch auch über 1000 m tiefe Stellen. Zwei wichtige Meerengen, der Thrak. Bosporos u. der → Hellespontos (die Dardanellen) verbinden die P. mit dem Pontos Euxeinos und der Ägäis. Der Name (zuerst bei Aischyl. Pers. 876) weist darauf hin, daß die P. im Alt. als ein Vorbecken des Pontos Eux. betrachtet wurde. Bes. wichtig war die P. für die Schiffahrt der Griechen. Die Küstenlinie ist im Vergleich zum P. Eux. stärker gegliedert, zumal auf der asiat. Seite. Die Küstengebiete, bes. Thrakiens, reich an Getreide, Holz u.a. natürl. Erzeugnissen. Auch der Fischreichtum, bes. in den Meerengen, war beträchtlich. Daher das frühzeitige Interesse der Griechen (→ Argonautensage) und ihre Kolonisation. An den Küsten, in den Meerengen und auf den Inseln entstanden bedeutende Poleis: Perinthos, Byzantion, Kalchedon, Kyzikos, Astakos, Kios, Selymbria, Prokonnesos u.a.

Strab. 2,125. 13,581 ff. Plin. nat. 4,75 u.s. Ptol. 5,2,1 ff. usw. Chr.D.

Lechevalier Voyage de la Propontide et du Pont Euxin, 1800. *Hasluck* Cyzikus, 1910, 39ff. *J. Schmidt* Report on the Danish Oceanographical Expeditions 1908–1910, to the Mediterranean and adjacent Seas, Copenhagen 1912. *J.L. Myres* Geographical History in Greek Land, Oxf. 1953, s. Propontis.

Proquaestor *(pro quaestore, ἀντιταμίας)*, der anstelle eines Quaestors stehende Promagistrat des Provinzstatthalters in der republik. Z. Reichen die für die Provinzverwaltung gewählten Quaestoren nicht aus, bestellt der Senat durch Amtsverlängerung *(prorogatio)* einen gewesenen Quaestor zum P. Cic. Phil. 10,26. Bei Ausfall des Queastors z.B. durch Tod kann der Statthalter einen Gehilfen zum P. machen. Cn. → Dolabella (I 23) ernannte nach dem Tode des Quaestors Malleolus den Legaten Verres zum *legatus pro quaestore*. Cic. Verr. 2,1,90. Auf Mz. *pro q(aestore)* E. SYDENHAM The coinage of the Roman republic 1912, 123f. 172. Letzter P. L. → Aquilius Florus (II 2) DESSILS 928. MOMMSEN RStR 1,686, 2,563. H. V.

***Πρωρεύς*, proreta.** **1.** Navigationsoffizier der ant. Marine, der vom Vorschiff *(prora)* aus die Winde, Gestirne, Untiefen und den Kurs beobachtete (Aristoph. Equ. 542. Stat. Theb. 10, 184f. Rut. Nam. 1,455f.), daher in der äg. Marine auch »der, der die Augen hat« genannt (A. ERMAN, ÄZ 52, 1915, 107). Im röm. Seewesen sind Korporationen der P. (CIL X 3483) und Kult des *Genius proretarum* nachweisbar (A. BÜTTNER, Trier. Z. 27, 1964, 139–47).

E. de Saint-Denis, RPh 41, 1967, 205–211. *J. S. Morrison–R. T. Williams* Greek Oared Ships 900–322 B.C., 1968, T.15a. *Ch. Boreux* Étud. de nautique égypt., 1925, 404–414.

2. »Sprechender« Phäakenname (Hom. Od. 8, 113), wie *Πρυμνεύς* (Od. 8,112), *Ναυσίθοος* (Od. 7,56) u.a., die alle auf das Seewesen Bezug nehmen [1]. Auch Name eines tyrrhen. Seemannes im Mythos des Dionysos (Ov. met. 3,634). D.Wa.

1. *S. Eitrem*, SymbOsl 14, 1935, 53–65.

Prorogatio, Verlängerung der Amtsgewalt, zunächst um bei militär. Notwendigkeit dem Feldherrn das Kommando länger als ein Jahr zu überlassen (zum erstenmal 326 v. Chr.: Liv. 8,23,11). P. betraf jedoch nur das *imperium*, nicht das unverlängerbare Amt, daher p. für Ämter in Rom selbst unmöglich. Urspr. mußte der Senatsbeschluß vom Volk bestätigt werden, später fiel das weg. Die Betrauung eines *privatus* mit einem *imperium* (211 v. Chr. erhielt P. Scipio ein procons. Kommando; vgl. MOMMSEN St.-R. 2,651 ff.) führte zur völligen Trennung von Amt und amtsloser außerordentl. Gewalt. Damit wurde die p. zur gewöhnlichen Maßnahme in der Staatsverwaltung als Mittel zur Besetzung der durch die neuen Provinzen notwendigen Stellen. H. Gu.

1. *Mommsen* St.-R. 1, 636ff. 2. *E. Meyer* Röm. Staat, ³1961, 152ff. 3. *W. F. Jashenski* Origin and history of the procons. and the propraet. imperium to 27 b. C., 1950.

Prorresis (*πρόρρησις*), Fehdeankündigung des Blutrachers an den der Blutschuld Bezichtigten, verbunden mit der Aufforderung, sich ab sofort des Besuchs gehegter Stätten zu enthalten. Die Fehde war allerdings bis zu dem die Blutschuld feststellenden Urteil, das die Privatrache freigab und den Bann von neuem aussprach, ausgesetzt. E. B.

E. Ruschenbusch Unt. z. Gesch. des athen. Strafrechts, 1968, 18. 22ff. 67.

Prorsa (Varro b. Gell. 16,16,4; Tert. nat. 2,11: *Prosa*) heißt »Vorwärtswendung«; Göttin, die das Kind vor der Geburt in die richtige Lage bringt. G. R.

Prell.-Rob. 1,406. 2,209. *Peter* Myth. Lex. 2,218. *Radke* Götter Altitaliens 263. *Dumézil* Rel. Rom. arch. 385.

Prosagogeus (*προσαγωγεύς*, in Syrakus *προσαγωγίδης*?) »Zuträger« heißt der Spitzel im Dienst eines Gewaltherrn, der, so Aristot. pol. 5,11,3, p. 1313b 11ff., seine Macht nur sichern kann, wenn er nach bewährtem pers. Brauch Agenten einer geheimen Staatspolizei sich unauffällig unter die Menge mischen und sie aushorchen läßt. Genaueres über die allg. verhaßten »Horcher« des jüngeren Dionysios bei Plut. Dion. 28; vgl. mor. 522f. nach verlorenen hellenist. Quellen. K. Z.

K. Ziegler, RE XXIII 839f.

Proschion (*Πρόσχιον*, Ethnik. *Πρόσχειος*), Stadt im Küstengebiet von Aitolien w. von → Pleuron, Thuk. 3,102,5. 106,1. Nach Strab. 10,2,6 p. 451 Nachfolgerin des hom. Pylene, Il. 2,639. Lage nicht sicher, nach [2] beim h. Prof. Elias 10 km n. von Missolungi im Zygosgebirge, Aus der Gesch. ist nichts weiter bekannt, *Πρόσχειοι* nicht selten in den aitol. Inschr. Spätestens mit der Gründung von Nikopolis unter Augustus verlassen. E. M.

1. *Philipps.-Kirst.* 2,343 A. 4. 636 A. 16. 2. *Kirsten,* RE XXIII 840ff.

Proscriptio, die Bekanntmachung, das »Schreckenswort« der röm. Revolution (MOMMSEN RStrR 938,1). **1.** Nach der Schlacht am collin. Tore (Oktober 82) befahl Sulla, jeden zu töten, der nach seiner Landung in Italien (Frühj. 83) gegen ihn gekämpft habe. Die Exzesse, die nunmehr eintraten, erzwangen die *p.*: die Namen der Geächteten wurden auf Tafeln veröffentlicht. Eine *lex Cornelia de proscriptione* präzisierte die Folgen: die Proskribierten waren bis zum 1. Juni 81 vogelfrei; ihr Vermögen verfiel dem Staat; wer einen Proskribierten tötete, erhielt eine Prämie; die Söhne und Enkel der Proskribierten waren von den öffentl. Ämtern ausgeschlossen. Der Racheaktion Sullas fielen etwa 40 Senatoren, 1600 Ritter und zahlreiche weitere Bürger zum Opfer.

2. Die Triumvirn Antonius, Lepidus und Octavianus veröffentlichten zu Beginn ihrer Herrschaft (November 43) abermals Listen geächteter Gegner. Die Maßnahme hatte nicht nur polit., sondern auch finanzielle Gründe: die eingezogenen Vermögen sollten die Kassen zum Kriege gegen die Caesarmörder füllen. Etwa 300 Senatoren, unter ihnen Cicero, und 2000 Ritter fanden den Tod. M. F.

Proselyten (-machen) (*Προσήλυτοι*: Herzugekommene) heißen im hellenist. Judentum zur jüd. Kultgemeinschaft Übergetretene. LXX bezeugen zuerst diesen Begriff und setzen ihn für at. *gēr* ([4], 731 f.). Der at. *gēr* genoß im Unterschied zum *nokrî* den Rechtsschutz des Stammes und teilte das Bundesverhältnis mit Jahwe (Ex. 20,10). In der hellenist. Gesellschaft bildete das Diaspora-Judentum ein Subsystem (Synagoge, Schrift, rituelle Frömmigkeit), das einen formellen Übertritt ermöglichte (A. D. NOCK Conversion, 1933, 61 f.). Hellenist. Interpretation der jüd. Religion ([1], 259 ff.) und ökonomische Solidarität der Gemeinde zogen Nicht-Juden an ([3], 1,174 ff.). Im röm. Reich beendete das Verbot der Beschneidung durch Hadrian den Proselytismus (Spartian, Hadr. 14). Ein lockerer Anschluß von Gottesfürchtigen war den Rabbinen suspekt geworden ([4], 737 f.), da chr. Mission (z. B. Apg. 13,16) und Gnostizismus (C. H. DODD The Bible and the Greeks, 1954²) hier Einbrüche erzielt hatten. Im ö. Bereich gipfelte das P. m. in der Missionierung des Königshauses der Adiabene (Ios. ant. Iud. 20, 34–48) und setzte sich in Persien bis ins 4. Jh. n. Chr. fort ([3], 2,149 f.). Für die Aufnahme waren Tauchbad, Opfer und für Männer Beschneidung notwendig. Rechtlich wurde das frühere Leben als nicht existent betrachtet (bJeb 62a). H. G. K.

1. *A. Bertholet* Die Stellung der Israel. und Jud. zu den Fremden, 1896. 2. *W. G. Braude* Jewish Proselyting, 1940. 3. *S. W. Baron* A Social and Religious History of the Jews, 2 Bde. 1952. 4. *K. G. Kuhn,* ThWB VI 727–45. *K. G. Kuhn* und *H. Stegemann,* RE Suppl. IX 1248–83.

Prōserpĭna (ō: Verg. georg. 1,39. 4,487; Aen. 4,698. Hor. s. 2,5,110 u. a.) wird zusammen mit *Dis pater* in Rom seit 249 v. Chr. auf Geheiß der libri Sibyllini durch → *saeculares ludi* verehrt (V[al]er⟨r⟩ius Flaccus b. Ps.-Acro Hor. c. s. 8. Varro b. Cens. 17,8). Aus dem Namen der nach dem Kultplatz (RICHTER Top. 225) Tarentum (so in den Säkularakten CIL VI 32328,15; daneben Terentum; Paul. Fest. 479,6 L.) auch TARENTINI genannten Spiele schließt man auf Nachahmung des tarentin. (CICHORIUS Röm. Stud. 2. NILSSON, RE IA 1706. WISSOWA, Rel. ²311) Kultes von *Πλούτων* und *Περσεφόνα* (LATTE RRel 247 f. denkt an Herkunft aus Lokroi, was die dortige Namensform *Περεφόνα* ausschließt). Der vermutlich (LEO Gesch. röm. Lit. 1,55) aus Tarent stammende → Livius (B 1) Andronicus wird als Vf. des ersten *carmen* angesehen (CICHORIUS a. O. 3. ALTHEIM Terra mater 3 ff.); da von ihm die Latinisierung (CAMENA, MONETA, MORTA) griech. Namen stammt, wird vermutet (RADKE, RE Suppl. IX 1283 ff.; Götter Altitaliens 265), daß die in röm. Kult und lat. Lit. eingegangene Form P. von ihm eingeführt wurde. Der griech. (Cic. nat. 2,66 *Graecorum nomen*) Name führt nicht unmittelbar zu P., sondern zuerst zu im pälign. Pentima aus dem 1. Jh. v. Chr. noch erhaltenem *Persĕpŏna* (VETTER, HB Nr. 213). Eine solche Form muß den Römern im 5. Jh. bekannt gewesen sein, da allein aus ihr zu Beginn des 4. Jh. durch Vokalschwächung **persĭpĭna*, die notwendigerweise für etr. *φersipnai, φersipnei* (CIE 5091. Suppl. I 406; 4. Jh.) vorauszusetzende Vorstufe entstehen konnte: P. war also spätestens im 5. Jh. in Rom bekannt, wozu die Überlieferung über Opfer des Sabiners Valesius an P. zur Gesundung seiner Kinder und Nachahmung durch den Konsul Valerius Publicola anläßlich einer Pest *studio succurrendi civibus* paßt (Val. Max. 2,4,5. Zos. 2,3,1. 3), und kam von dort nach Etrurien. Im Latein. entstand bei progressiver Wiederholung des *r* (SOMMER, HB 215) und Vokalschwächung *Prŏserpĭna* (*ŏ*: Hor. c. 2, 13,21. Sen. Herc. fur. 549) und mit volksetymolog. Anlehnung an *prōserpere* (Varro l. l. 5,68. Aug. civ. 7,20. 24. Arnob. 3,33. Isid. orig. 8,11,60) P. (ältestes Zeugnis Naev. frg. 29 M.). Der irrigen Herleitung entspricht Gleichsetzung mit Libera (Cic. Verr. 4,106. Arnob. 5,21). Es ist kaum zu kultischer Verehrung P.s (Macr. sat. 1,16,17) außerhalb der Säkularspiele, deren Ziel *bellum prospere geri posse* (Ps.-Acro a. O.) war, gekommen. P.s häufige Erwähnung in der Dichtung (auch ihr Altar in Vibo CIL X 39) meint die griech. Persephone. G. R.

Prell.-Rob. 2,40ff. *Carter* Myth. Lex. 3,3141ff. *Wissowa* Rel.² 309ff. *Latte* RRel² 247f. *Le Bonniec* Cérès 295f. *Dumézil* Rél. Rom. arch. 372. 431f. *Devoto* Scritti min. 2,123ff. *Radke* Götter Altitaliens 263ff. *Ders.* RE Suppl. IX 1283ff. *Grimal* Dictionnaire 398.

Proskenion s. Theater

Prosklesis (πρόσκλησις). In Athen und in ptolem. Z. auch in Äg. das »Hinzurufen« zum Gericht, also die mündliche oder schriftliche, private oder amtliche Ladung des Beklagten oder des Zeugen (RE XXIII 849ff.). In gleicher Bedeutung ist auch κλῆσις überliefert (Liddell-Scott s.v.). E. B.

Proskynesis (προσκύνησις Aristot. rhet. 1361 a 36; von προσκυνεῖν »zuküssen« Aischyl. Prom. 936f. = lat. *adorare* Plin. nat. 28,2,25. Hieron. in Ruf. 1,19. [1], 157f. 171. 181f. [2], 44f. [4], 140f.). Ant. Gestus der Verehrung (O. Treitinger Die oström. Kaiser- und Reichsidee, 1956, 86f. F. Taeger Charisma 1, 1957, 95. 210f. → Gebet), eine Art Kußhand (B. M. Marti, Language 12, 1936, 272ff. 279f. Vgl. Lukian. Dem. enc. 49. Apul. apol. 56. Min. Fel. 2,4), meist mit bestimmten Körperhaltungen oder -bewegungen (Drehung, Verneigung usw.) verbunden (Plut. Marc. 6,11; Numa 14,4f. [4], 142f. C. Koch Gestirnverehrung im alten Italien, 1933, 19f.); zunächst nur Gottheiten erwiesen (Hippon. frg. 37 D. Aristoph. Plut. 771ff. Soph. Phil. 657; El. 1375), insbesondere Sonne und Mond (Plat. leg. 887e. Plut. Art. 29, 12. Lukian. salt. 17. Herodian. 4,15,1), Himmel und Erde (Aischyl. Pers. 499. Soph. Oid. K. 1655; Phil. 533. 1409) sowie chthon. Mächten (Plat. rep. 469 a. b); nach oriental. (Eur. Or. 1507f. Pol. 30, 18,5. Heliod. Aith. 9,27), vornehml. pers. Vorbild (Hdt. 3,86,2. 7,13,3. 8,118,4. Xen. Kyr. 8,3,12f. Plut. Art. 11,4; Them. 27. G. Widengren, Numen Suppl. 4, 1959, 242f.), obwohl von den Griechen prinzipiell abgelehnt (Hdt. 7,136. Xen. an. 3,2,13. Isokr. paneg. 151. Plut. Art. 22,8. [4], 138), seit Alexander (Plut. Alex. 74. P. Schnabel, Klio 19, 1925, 113ff. H. Berve, Klio 20, 1926, 179ff.; Das Alexanderreich 1, 1926, 340) im Rahmen des hellenist. Herrscherkults (L. Bréhier – P. Battifol Les Survivances du Culte Imperial Romain, 1920, 6ff.), meist mit Fußfall (προσπίπτειν) oder tiefer Verbeugung (ἐπικύπτειν) verbunden (vgl. Hdt. 1,134,1. [3], 436), auch vor dem gottgleichen Despoten ausgeführt (hist. Beispiele: Tigranes-Pompeius, Tiridates-Nero, Dekebalos-Traian: Cass. Dio 36,52,3. 63,2,4. 68,9,6); doch sind entgegen verbreiteter Auffassung (H. Bolkestein, RVV 21,2, 1929, 23f. A. Alföldi, MDAI(R) 49, 1934, 9f. F. Schachermeyr Alexander der Große, 1949, 302f.; G 63, 1956, 134. W. W. Tarn Alexander the Great 2, 1950, 359f.) P. und Fußfall bzw. Erdkuß nicht von vornherein identisch (F. Altheim, Paideia 5, 1950, 307ff.; Alexander und Asien, 1953, 83. E. Visser Atti 8. Congr. Int. Stor. Rel., 1955/57, 321f. [4], 148f.). – Zur P. im NT [2], 172ff. W. F.

1. *C. Sittl* Die Gebärden der Griechen und Römer, 1890, 157ff. 174ff. 2. *J. Horst* προσκυνεῖν, 1932. 3. *A. Delatte*, BAB 37, 1951, 423ff. 4. *F. von Sachsen-Meiningen* in: *F. Altheim* Gesch. der Hunnen 2, 1960, 125ff. 5. *W. Sundermann*, MIO 10, 1964, 275ff.

Prosodion (προσόδιον). Nach ant. Theorie ein kult. Prozessionslied, beim Hinschreiten (πρόσοδος) zu Tempel und Altar unter Flötenbegleitung durch tanzende junge Männer oder Mädchen als Bittgebet oder Danklied gesungen, auf keinen bestimmten Kult beschränkt, jedoch später bes. im del. und delph. Apollonkult gepflegt; daher gelegentlich auch als → Paian bezeichnet. Die Ansicht (Lit. bei S. L. Radt Pindars zweiter und sechster Paian, 1958, 27), das P. müsse monostroph. gewesen sein, weil ein triadisch gebautes Lied nur ein Standlied sein könne, ist unhaltbar: bei → Pindar z. B. werden auch triadisch gegliederte Epinikien als Festzüge bezeichnet. Auch sind die Möglichkeiten dichter. Fiktion hoch zu veranschlagen. Übrigens wird der triadisch gebaute 4. Paian des Pindar (s. auch Radt) vom Sch. zu Pind. I. 1 (inscr. b, p. 197, 1. Dr.) als προσοδιακὸς παιάν bezeichnet. Gleiches wie für Epinikion und Paian gilt für das P. – Hier sollen nur als P. bezeichnete Lieder erwähnt werden. Jedoch gab es im kult. Gebrauch oder in dichter. Fiktion auch andere Prozessionslieder. Z. B. Paiane: Für Pindars Paian 2 nahm U. v. Wilamowitz Sappho und Simonides, 1913, 247 u. 252 an, daß es sich um ein solches handle; daß Pindars Paian 4 vom Sch. als P. betrachtet wurde, wurde erwähnt. Auch manche Partheneia (von Mädchenchören gesungene Lieder) waren Prozessionsgesänge, so Alkman fr. 1 P. (die Interpretation der dafür maßgeblichen V. 60–63 ist jedoch strittig, s. D. L. Page Alcman, The Partheneion, 1951, 71 bis 82 u. H. Fränkel Dichtung u. Philos. des frühen Griechentums, 1962, 186), bes. solche, die bei den → Daphnephoria gesungen wurden, wie Pindar fr. 94b Sn. Das P. ist selten erwähnt, erstmals von Aristoph. Av. 853, dann von Demochares Frg. 2 J. Hier wie anderswo wird berichtet, daß P. zu Ehren des → Demetrios (2) Poliorketes gesungen wurden, wodurch dieser zu den Göttern erhoben werden sollte. Obwohl es viele P. gegeben haben muß, sind nur spärliche Reste erhalten. Der älteste P.-Dichter war → Eumelos (5) von Korinth, wohl 7. Jh. Er soll u. a. ein P. für ein Fest des del. Apollon gedichtet haben, das bei Paus. 4,4,1 allein als echt anerkannt wird und von dem Paus. 4,33,2 zwei Hexameter zitiert (Frg. 1 P.), vgl. Paus. 5,19,10. Es folgt Pindar. Während die alexandrin. Bibliothek von ihm noch 2 Bücher P. besaß, liegen h. nur wenige Reste vor: Frg. 89 a, 91, vielleicht 92 u. 93 Sn. Über die Eigenart dieser Dichtung ist wenig auszumachen. Pindar hat auch ein verlorenes P., und zwar ein Daphnephorikon, auf seinen Sohn Daiphontos als Daphnephoros gedichtet (s. Frg. 94c Sn. Vit. Pind. Ambros. p. 3,3 Dr.). Ebenso sind von den P. des → Bakchylides nur 2 Reste, Frg. 11 u. 12, 13 Sn., erhalten. Der Stoff, allg. Gnomik, zeigt keine Nähe zur Situation der Prozession. Aus dem 4. Jh. ist nur → Pronomos von Theben mit einem P. für das Fest des del. Apollon zu nennen, Paus. 9,12,6. Für Kleochares aus Athen, 3. Jh., u. Amphikles aus Rhenaia auf Delos, 2. Jh., sind Syll. 450 bzw. 662,9 P. bezeugt, ebenso wird Limenios aus Athen, 2. Jh., Syll. 698 C 1 (s. auch 698 A 22) als Dichter eines P. erwähnt: das fragmentar. erhaltene Lied (»Paian und Prosodion«!) in Anth. Lyr.[2] 6,175–178 D. Schließlich wissen wir aus IG VII 1773, 6, daß Eumaron aus Thespiai, 2. Jh. n. Chr., ein P. gedichtet habe. R. M.

R. Muth, RE XXIII 856ff. (mit Lit.).

Prosopis. Ort, der dem Prosopites genannten Gau der Spätzeit seinen Namen gegeben hat. Der Gau, oft als »Insel« bezeichnet, war s. Teilstück des alten 4./5. (sait.) Gaues, seine Metropole nach Hdt. 2,41 Atarbechis, d.h. wohl *Pr-Ḥt-ḥr-nb.t-mfkȝ.t* (assyr. *Piḫatiḫurnupiki*). Durch Hathor als Hauptgöttin der Stadt erklären sich die von Hdt. a. O. angeführten Rinderbestattungen. Eine Lokalisierung des Ortes ist noch nicht vorgenommen worden. Nach Hdt. 2,165 gehörte P. zu den von Hermotybiern besiedelten Gauen des W.-Deltas. Hier wurden 454 v. Chr. die Athener durch → Megabyzos vernichtet, nachdem sie auf seiten der aufständ. Äg. vergeblich Memphis belagert hatten. W. H.

Prospalta (*τὰ Πρόσπαλτα*, Demot. *Προσπάλτιος*) mittelgroßer Demos der att. Phyle Akamantis, später der Ptolemais. Lage bei Enneapyrgi bei den Kalyvia Kuvaras in der Mesogaia inschr. sicher. Paus. 1,31,1 nennt ein Heiligtum der Demeter und Kore. Die Prospaltier galten als prozeßsüchtig, Suda und Etym. m. s. *δρυαχαρνεῦ*, und es gab eine Komödie Prospaltioi des Eupolis, Athen. 7,326a. CAF 1,323ff. Harpokr. Steph. Byz. Suda. Phot. s.v. Hesp. 30, 1961, 33 Z. 318ff. E. M.

1. *E. Meyer*, RE XXIII 878ff. 2. *Philipps.-Kirst.* 1,828 A. 3. 3. *H. G. Buchholz*, AA 78, 1963, 492f.

Prosper Tiro, chr.-lat. Schriftsteller des 5. Jh., stammte aus Aquitanien (Gennad. 85). Um 415 zeigt ihn das *carmen ad coniugem* (CSEL 30,2, 344, hsl. als Werk P.' bezeugt) als verheirateten, sich der Askese zuwendenden Laien. Seit 426 hat P. als eifriger Augustinianer durch die Bekämpfung der südgall. Semipelagianer das Werk des Meisters propagiert: 1. ep. ad Rufinum (ca. 426 bis 430, vgl. [2],311), 2. ep. ad Augustinum (ca. 429; = CSEL 57,454ff.), 3. *περὶ ἀχαρίστων* (429/30; poet. Bearbeitung v. Nr. 1, daher der gr. Titel = *de ingratis*), 4., nach Erscheinen von Aug. de praedest. sanct., respons. ad excerpta Genuens., 5. contra collatorem (d.h. Cassian, bes. dessen 13. collatio), 6. u. 7. respons. ad capit. obiect. Gallorum und Vincentianorum. P. hat in dieser Polemik, die sich bis zu epigramm. Versuchen (epigr. in obtrect. August.; epitaphium Nestor. et Pelagian. haeres.) steigerte, die augustin. Prädest.-Lehre allmählich abgeschwächt; den Endpunkt dieses Prozesses spiegelt das Alterswerk *de vocatione omnium gentium* (z. Authent. CAPPUYNS, Rev. Ben. 1927, 198ff.). Seit 435 hielt sich P. bei der Kurie auf; es entstanden neben kirchenpol. Tätigkeit ein Sentenzenwerk aus Aug. und dessen Versifik. – mit ihm vornehmlich wirkte P. auf das MA. –, eine Bearbeitung des august. Ps.-Komm. und vor allem die erste Fortsetzung der hieron. Chronik, deren Abbrechen 455 auf P.s Ende deutet. R. He.

Ta. Chronicon: *Th. Mommsen* MGH AA 9,383ff.; *περὶ ἀχαρίστων*: *Ch. Huegelmeyer*, 1962; das Übrige noch in *Migne* PL 51 (= *Mangeant* 1711). 1. *L. Valentin* St. P. d'Aquitaine, 1900. 2. *M. Cappuyns* Le premier représ. de l'August. ... Rech. d. Théol. 1, 1929, 309–337. 3. *R. Helm*, RE XXIII 880ff.

Prostitution. 1. Sakrale P.: Sie ist an das Stadtleben gebunden und in Mesopotamien (Hdt. 1,199), Lydien (Ail. var. 4,1) und Numidien (Val. Max. 2,6,15) an die Heiligtümer, wo sich einheim. Frauen in Tempelbordellen den Fremden gegen Geld hingaben (Jerem. ep. 42f. Lukian. Syr. D. 6). Unter oriental. Einfluß (Iust. 21,3) fand die sakrale P. in griech. Kulten Eingang, wie in Komana Pontica (Strab. 12,559), Komana in Kappadokien (Strab. 12,535), im Aphrodite-Tempel in Korinth (Strab. 8,378. 12,559. Athen. 13,573), wo sie von Hierodulen, oder in Akilisene in Armenien, wo sie von Mädchen aus vornehmen Familien längere Zeit betrieben wurde (Strab. 11,532f.).

2. Profane P.: Bei Homer gibt es sie nicht (Eubul. frg. 120), doch drang sie wohl im 7. Jh. in Griechenland ein (Archil. frg. 142. 184B), wo Solon das erste Bordell eingerichtet haben soll (Athen. 13,569 D), um im 4. Jh. einen Höhepunkt zu erreichen (vgl. Quint. inst. 11,3,74. Plaut. Poen. 106f.). In öffentlichen Bordellen zeigten sich die Dirnen leicht bekleidet (Athen. 13,568 E) oder mit nacktem Oberkörper (Athen. 13,569 B), in den privaten waren sie geschmückt (Plaut. Pseud. 182; Poen. 283f.; Most. 157f. 254–72. Lukian. amor. 39) und trugen auffälligere (Aristoph. Eccl. 879. Clem. Alex. Paedag. 3,2), bisweilen durchsichtige Kleider (Aristoph. Lys. 48. Lukian. Hetaerengespr. 7,2). Einige Dirnen brachten es zu erheblichem Reichtum (Athen. 13,586 A ff.) und machten große Stiftungen (Athen. 13,577 C. Strab. 9,410. Athen. 13,591 B: Phryne; Paus. 1,20,2). Ihr gesellschaftliches Ansehen war im allg. nicht schlecht (Athen. 13,571 E–572 B), bisweilen sogar sehr hoch (Athen. 13,577 A. 591 A), obwohl sie meist Sklavinnen (vgl. Athen. 13,568 C. 587 C. Plaut. Poen. 896; Persa 662; Rud. 79) und daher verkäuflich (1–50 Minen: Plaut. Pseud. 51; Rud. 45; Mostell. 300; Epidic. 52; vgl. Demosth. 59,29. Plaut. Curc. 343; Persa 36; Bacch. 706. 882; Asin. 193), selten Bürgerkinder waren (Plaut. Cist. 133; Asin. 140; Ter. Andr. 69ff.; Lukian. Hetaerengespr. 3,3. 6. 7). Die Preise reichten von einem Obolos (Athen. 13,569 D. 596 F. Diog. Laert. 6,41; vgl. Plaut. Poen. 829) über Naturallieferungen (Plaut. Pseud. 172ff.) und täglich 12 Drachmen (Men. 142 v. 10f. Koerte) oder 20 Minen für ein ganzes J.

(Plaut. Asin. 229. 751) bis zu einer Mine pro concubitu (Athen. 13,570 D. 583 C) oder tausend (Athen. 13,581 B) und sogar zehntausend Drachmen (Gell. 1,8; Sch. Aristoph. Plut. 149). Die Kunden wurden durch Sprüche auf den Schuhsohlen, die sich auf der Straße abdrückten, geworben (Clem. Alex. Paedag. 9,1; vgl. DAREMBERG-SAGLIO B, Abb. 4968: *ΑΚΟΛΟΥΘΙ* Folge mir!). Trotz oder wegen zahlreicher Kunden gab es lesb. Verhältnisse unter den Dirnen (Herodas Mimiam. 6. Lukian. Hetaerengespr. 5. HARTWIG Meisterschalen Taf. 44, Text 345, Anm. 2, Nr. 10. 20).

Nach Rom kam die P. sowohl von Griechenland als auch durch die Etrusker, von deren Sitten man erstaunliche Dinge zu berichten wußte (Athen. 12, 517 D–518 B. Aristot. frg. 617 R. Tim. frg. 1 J.; Alcim. frg. 3 J.). Die Römer waren gegenüber der P. verhältnismäßig liberal (Val. Max. 6,7,1), was zu deren raschen Verbreitung beitrug (Plin. nat. 17,244. Cic. pro Cael. 48) und zum Abbau der Familienbindungen (Suet. Caes. 50).

Die Dirnen waren Fremde, Freigelassene oder Sklavinnen; eine freie Römerin, die der P. nachgehen wollte, mußte sich beim Ädilen melden (Tac. ann. 2,85), was unter Tiberius häufiger wurde (Suet. Tib. 35,2), so daß der Senat einschreiten mußte und es allen Frauen verbot, deren Großvater, Vater oder Gatte Ritter war (Tac. ann. 2, 85), doch fuhren andere mit Einverständnis ihrer Männer fort (Hor. c. 3,6,25. Cic. fam. 7,24,1. Plut. amat. 16 p. 760 A. Ov. am. 2,19,57. Iuv. 1,55. Apul. apol. 75. Dig. 48,5,2,2. 23,2,43,1. 2). Caligula führte eine Dirnensteuer ein, die den Preis für einen concubitus betrug (Suet. Cal. 40; vgl. Syll. or. 2,629 Z. 74. H. A. Alex. Sev. 24,3. Tert. fug. persec. 13). Zur Kaiserzeit gab es in Rom nach dem Curiosum 45 *lupanaria*, von denen viele beim Circus Maximus lagen (Iuv. 3,65. H. A. Eleg. 26,3. 32,9) oder in der Subura (Mart. 6,66); in Pompeji gab es wenigstens 7 (DELLA CORTE Case e abitanti Nr. 58. 207. 220. 285. 348. 399. 401). Die Zimmer waren dunkel und rußig (Carm. Priap. 14,10. Hor. s. 1,2,30. Iuv. 6,131. 11,172. Martial 12,61,8. Sen. controv. 1,2,21) und wurden mit Vorhängen verschlossen (Martial 1,34,5. 11,45,3. Iuv. 6,121. Petron. 7,2), über denen der Name der Dirne angebracht war. Diese war entweder nackt (Cass. Dio 79,13. Iuv. 11,172. Tac. ann. 15,37) oder trug durchsichtige Kleider (Petron. 55,6) oder war geschmückt (Cyprian. de habitu virg. 12. Iuv. 3, 135. Sen. contr. 1,2,70). Die Preise reichten von 1 As (Martial. 1,103,10), 3 (CIL IV 5105), 8 (CIL IX 2689), 9 (CIL IV 5127) bis zwei *aureoli* (Martial 9,4). Es gab Lehrbücher für *schemata Veneris* (z. B. der Philainis: Priap. 63,17; Lukian. amor. 28. LICHT, Erg. Bd. p. 42. 167). Als Contraconceptiva in der P. (Lucr. 4,1274. Aug. Contra Secundin. 21 CSEL 25,938 f.) waren wohl die Einreibungen mit Öl gedacht (Aristot. hist. anim. 4,583 A; vgl. Plin. nat. 24,18. Dioscur. de mat. med. 1,105; bes. Plaut. Poen. 702 ff. Gal. de san. tuenda 3,11 K. VI), wobei das Öl in der Vagina als Okklusivpessar wirken sollte, und das um so mehr, wenn ein mit Öl oder einer alkal. Flüssigkeit (oder Zitronensaft?) getränkter Wollbausch eingeführt wurde (Soran. 1,61 f. Aet. 16,16 f.; Tosephta Niddah 2,6, 642). Eine Benutzung des Condoms ist umstritten (Antonius Liberalis Metamorph. 41 Martin 1896 = Mythogr. Gr. 2, p. 124 f.: Blase einer Ziege); Coitus interruptus ist nicht sicher belegt, wurde in der P. aber wohl nicht angewandt. W. Kre.

W. Sorge Gesch. der P. Bln. 1919. *J. Rosenbaum* Gesch. d. Lustseuche im Alt., Bln. [8]1921. *V. Bullough* The history of P., New York 1964. *J. Servais* Histoire et dossier de la prostit., Paris 1967. *H. Herter* Die Soziologie d. ant. P., JbAC 3, 1960, 70–111. *E. Zinn* Erotik, Art. Lex. 867–73. *J. Leipold* Die Frau in der ant. Welt und im Urchristentum, Bln. [2]1955. *U. Paoli* Die Frau im alten Hellas, Bern 1955. *J. P. D. Balsdon* Roman Women. Their history and habits, Lond. 1962. *H. Licht* Sittengesch. Griechenlands, 2 Bde. u. Erg.-Bd. 1926–28. *G. Vorberg* Glossarium Eroticum [2]1965. *N. E. Himes* Medical history of contraception, New York [2]1963. *W. B. McDaniel* Conception, birth, and infancy in anc. Rome and modern Italy, Florida 1948. *K. Hopkins* Contraception in the Rom. Emp., Comparative Stud. in Society and History 8, 1965, 124–51.

Prostylos. Als P. bezeichnet man nach Vitr. 3,2,3 einen Antentempel (→ Anta) mit einer Säulenreihe vor dem → Pronaos, vgl. als Beispiel den Tempel des Zeus Sosipolis in → Magnesia (2), G. GRUBEN Die Tempel der Griechen 1966, 365. → Amphiprostylos. W. H. G.

Prosymnos (*Πρόσυμνος*). Nach Paus. 2,37,5 ist P. Führer des → Dionysos, dem er bei Lerna den Weg zur Unterwelt zeigte, um → Semele zurück aus dem Hades zu holen; eine obszöne Geschichte, die damit verbunden ist, berichtet Paus. 2,34 (vgl. Clem. Alex., Protr. 2,34). Dieser Mythos hat aitiolog. Charakter und ist mit dem von → Ikarios und → Pegasos zu vergleichen. Er soll einen Ritus der Phallosprozessionen im Dionysoskult erklären. Ob P. urspr. ein Beiname des Dionysos als Partner der Demeter *Προσύμνη* war, wie [1], 906 meint, läßt sich nicht ausmachen, auch wenn gerade in Lerna neben dem Bilde dieser Göttin das des Dionysos stand (Paus. 2,37,2). – Die Schreibung des P. bei Paus. 2,37,5 als Polymnos ist falsch (NILSSON GgrR 1[2],591,6. [1], 905 f.). W. P.

Marie C. v. d. Kolf, RE XXIII 905–907.

Protagoras. 1. P. von Abdera, einer der ersten Sophisten, * um 485 v. Chr., † um 415; er führte das Leben eines wandernden Lehrers der Redekunst und der Kunst des richtigen Lebens; längere Zeit hielt er sich in Athen auf, wo er eine starke Wirkung ausübte. Zwei Schriften von ihm waren bekannt: Die *καταβάλλοντες* (nämlich *λόγοι*), d. h. Untersuchungen, die bisherige Irrtümer umstürzen, und eine Schrift mit dem Titel *Ἀλήθεια*. Beide Werke begannen mit dem für P. typ. sog.

homo-mensura-Satz: »Der Mensch ist Maßstab aller Dinge: für die seienden, daß sie sind; für die nicht seienden, daß sie nicht sind.« Dieser viel erörterte Satz zieht die Summe aus der sog. sophist. Aufklärung: Dem Menschen ist nichts vor- oder übergeordnet, das ihn nötigt, »Sein« oder »Nicht-Sein« anzuerkenhen. Ohne Zweifel hat der Satz in erster Linie erkenntnistheoret. Bedeutung; die oft getadelte Relativierung des Ethischen ist von P. offenbar nicht mit-verstanden worden. P.' Wirken ist offenbar nicht als »zersetzend« oder niederreißend empfunden worden; im J. 444 erhielt P. den ehrenvollen Auftrag, der neu gegründeten Stadt → Thurioi Verfassung und Gesetze zu geben. Daß P. durch eine Anklage ἀσεβείας aus Athen vertrieben wurde, ist ungenügend beglaubigt (Diog. Laert. 9,54). Eine sehr lebendige, oft pointierte Charakterzeichnung liegt in Platons Dialog P. vor. Frg.: DIELS Vorsokr. 2,253–271. H. D.

2. P. verfaßte um 200 n. Chr. eine *Γεωμετρία τῆς οἰκουμένης*. Nach Phot. bibl. 188 enthielten B. 1–5 die Perihegese Asiens, Libyens und Europas, B. 6 herkömmliche und neue autoptische *παραδοξολογούμενα*. Jedem B. wurden Stadiasmen mit Minimal- u. Maximalwerten beigefügt, die z.T. auf Umrechnung der Breiten- u. Längenangaben des Cl. Ptolemaios beruhen (A. DILLER The Trad. of the Min. Greek Geographers, 1952, 45), und als einzige Spuren des Werks nur noch durch → Marcianus' *Περίπλους* und die anon. Hypotyposis Geographiae GGM II 494ff. einigermaßen greifbar sind (krit. Analyse steht noch aus). F. L.

Protarchos (*Πρώταρχος*), Kameenschneider des 2.–1. Jh. v. Chr. Von P. haben wir zwei signierte Kameen, Eros auf Löwe reitend (Florenz, Museo Archeologico) und Aphrodite mit Eros auf der Schulter (Boston). Zuschreibungen anderer Steine an P. überzeugen meist nicht. W. H. G.

M.-L. Vollenweider Die Steinschneidekunst und ihre Künstler, 1966, 22ff. T. 12,1. 13,1. 3 mit Lit. *Gross*, NGG 220, 1968, 51f. *Zazoff*, Gn 41, 1969, 198.

Prote (liter. *Πρωτή*), Insel w. der messen. Küste, Thuk. 4,13,3. Skyl. 45. Strab. 8,3,23 p. 348. Plin. nat. 4,55. Ptol. 3,14,44. Steph. Byz. Name bis in die Neuzeit erhalten (auch bei Idrisi, E. MEYER, MH 8, 1951, 132), italien. Prodano, h. unbewohnt. Strab. a.O. nennt ein *πολίχνιον*, ant. Wachtturm im N. und Festung im S. der Insel und zahlreiche Felsinschr. von Seefahrern mit der Bitte um gute Fahrt an einer Bucht im O. Inschr. IG V 1, 1533–1588. STRIJD, Mnem. 32, 1904, 361ff. [2] Nr. 25–44 = SEG 11,1005–1024a. 14,337 bis 345. E. M.

1. *N. Valmin* Étud. topograph. sur la Messénie anc. 141ff. 2. *Ders.*, Bull. de la Soc. R. de Lund 1928/29, 152ff. 3. *F. Bölte – E. Meyer*, RE XXIII 925ff. Nr. 3. 4. *Philipps.-Kirst.* 3,375f. 376f.

Protesilaos (*Πρωτεσίλαος*), Sohn des thessal. → Iphiklos (Hom. Il. 2,695ff. Hdt. 9,116. Apollod. 3,10,8,3. Paus. 4,36,3. Lukian. dial. mort. 23) oder des → Aktor (Hes. frg. 94,36 Rz.) und der → Astyoche (Eust. p. 323, 45) oder Diomedeia (Hyg. fab. 103), Freier der → Helena (Hes. a.O. Apollod. a.O.), führte die Männer von → Phylake auf 40 Schiffen nach Troia (Hom. a.O. Apollod. epit. 3,14), obwohl er gerade geheiratet hatte (Sch. Hom. Il. 2,700f. Eust. 325. Lukian. a.O. 19. 23. Catull. 68,74. Ov. her. 13,9). P. entwand → Telephos den Schild (Philostr. her. p. 299 K.) und sprang vor Ilion als erster an Land, was ihm seinen Namen (Hom. a.O. Eust. 323ff. Sch. Lykophr. 528. Paus. 4,2,7. Lukian. a.O. 19. Serv. Aen. 6, 447; Hyg. fab. 103: früher hieß er Iolaos) und nach einem Orakel (Hom. a.O. Eust. a.O. Sch. Lykophr. 530. Hyg. a.O.) den Tod durch Hektor (Kypr. p. 19 K. Soph. b. Sch. Lykophr. 530. Hyg. fab. 103. 113. Apollod. epit. 3,30; andere Troer: Sch. B. Hom. Il. 2,701. Eust. 326) brachte. Hades gab P. frei (Motiv des Wiederkehrers), um kurze Zeit bei → Laodameia (2; Kypr. frg. 14 K.: Polydora) zu sein (Eur. Sch. Aristid. p. 671. Hyg. fab. 104. 251. Serv. a.O. Lukian. a.O. Eust. 325), die sich selbst tötete (Eust. a.O. Hyg. fab. 243). Grab P.' auf der → Chersonesas (1; Sch. Lykophr. 532. Philostr. p. 289 K. Mela 2,26); Kult im dortigen → Elaius (Hdt. a.O. Thuk. 8,102. Strab. 7,331. 13, 595. Plin. nat. 4,49. Lukian. conc. deor. 12. Paus. 1,34,2) mit Orakel (Philostr. p. 289. 292) und in Phylake (Pind. I. 1,83. Philostr. p. 294) mit Agon (Sch. Pind. a.O.). Abweichend Konon FGrH 26 F 1,13. G. R.

Prell.-Rob. 2,60ff. *Türk* Myth. Lex. 3,3155ff. *Grimal* Dictionnaire 399. *Hunger* Lex. d. griech. u. röm. Mythol. 309. *Ranke-Graves* Griech. Myth. 2,286ff. *Rose* Griech. Myth. 232. *Radermacher* Stud. von Legende u. Kultus, 1916, 99ff. *Herzog-Hauser* in Mélanges Boisacq, 1937, 471ff.

Proteus (*Πρωτεύς*), seinem Namen nach, der mit den Alten wohl von *πρῶτος* abzuleiten ist, ein urzeitlicher Wassergott, der später dem Poseidon untergeordnet und sogar als dessen Sohn geführt worden ist. In der Telemachie (Od. 4,349ff.) wird er auf der Insel → Pharos (1) samt einer Tochter Eido(thea) gedacht, wo er dem → Menelaos (1) weissagt (SÉCHAN, Lettr. d'Hum. 14, 1955, 6ff.), und schon früh wird er als ägypt. König vermenschlicht, der rechtgesinnt → Helena (1) für ihren legitimen Gatten Menelaos verwahrt (Stesich. frg. 16 Page. Hdt. 2,112ff. Eur. Hel.). Daß der Gott dort heimisch gewesen wäre, ist ganz unwahrscheinlich und jedenfalls nicht durch die nachantike Legende gewährleistet, daß Pharaos Soldaten im Roten Meer in Robben verwandelt worden seien (so O'NOLAN, H 88,129ff.). Die Identifikation des Königs in der stark ägyptisierenden Sage ist problematisch (ERBSE, RhM 98, 113f. LÜDDECKENS, Gn 31,259f. v. FRITZ Griech. Geschichtsschr. 1, Bl. 1967, 162ff. KAISER bei MORENZ, SSAW 113,5, 1968, 229f.; Die Begegnung Europas mit Ägypten, Zür.-Stgt. 1969, 257). Urspr. gehörte P. vielmehr in die Gewässer bei → Chalkidike (bes. → Pallene 4), wo ihn Verg. georg. 4,387ff. nach dem hom. Muster (HÄNDEL, RhM 105,75ff.) dem → Aristaios (1) Kunde geben läßt. Als typ. Gott des Meeres beherrscht oder weidet er dessen Bewohner, bes. die Robben; er ist alt und weise und besitzt Seherkunst, aber auch Verwandlungsfähigkeit, die ihn leicht in ungünstigem Lichte erscheinen läßt, jedoch auch kosmogon. Ausdeutung ermöglicht (PFLIGERSDORFFER Stud. zu Poseidonios, Wien 1959, 120ff., vgl. SPOERRI, MH 18,64); s. auch W. SCHADEWALDT M. Heideggers Einfluß auf die Wissenschaften Bern 1949, 105ff. Von einem Kult gibt es keine sicheren Spuren mehr, und auf Bildwerken ist er nicht mit Gewißheit zu erkennen; fraglich bleibt selbst die Szene am Thron des Bathykles (Paus. 3,18,16, s. HERTER in: Ovidiana, hg. von HERESCU, Par. 1958, 60). H. H.

H. Herter, RE XXIII 940ff.

Prothoos (*Πρόϑοος*). Name myth. Gestalten, u.a.: **1.** Sohn des → Agrios (3), der mit seinen Brüdern zugunsten ihres Vaters den Oheim → Oineus (1) entthronte, dafür aber mit den meisten seiner Brüder von Diomedes und Alkmaion getötet wurde, Apollod. 1,77. **2.** Sohn des → Thestios. Mit seinem Bruder → Kometes (2) als Teilnehmer an der kalydon. Jagd von Skopas am Tempel der Athena Alea in Tegea dargestellt, Paus. 8,45,6. **3.** Sohn des Tenthredon, Anführer der Magneten mit 40 Schiffen vor Troia, Hom. Il. 2,756ff. Über seine Sonderstellung im Schiffskatalog W. KULLMANN, H(E14) 118. 151f. Auf der Heimfahrt erleidet er mit Meges Schiffbruch am Vorgebirge Kaphereus, Apollod. epit. 6,15a, wird aber nach Lykophr. 899 nach Libyen verschlagen. H. v. G.

Prothytes (*Προϑύτης*), Thebaner, einer der Führer der antimaked. Partei, dessen Auslieferung Alexander vor der Belagerung 335 forderte und der dann bei der Eroberung der Stadt sicher zu Tode gekommen ist, Arr. an. 1,7,10f. Diod. 17,9. Plut. Alex. 28,7. K. Z.

K. Ziegler, RE XXIII 978f.

Protogenes (*Πρωτογένης*) aus Kaunos, Maler und Erzgießer der 2. Hälfte 4. Jh. v. Chr. Plin. nat. 34,91. 35,101ff. nennt zahlreiche Werke des vor allem auf Rhodos tätigen P. Er galt als einer der bedeutendsten Maler seiner Z. Erhalten hat sich von seinen Schriften (Suda s. *Π.*), Gemälden, Plastiken nichts. Kopien sind nicht nachweisbar. W. H. G.

Overbeck Die ant. Schriftquellen z. Gesch. d. bild. Künste, 1868 Nr. 1907ff. *Rumpf*, RE XXIII 981ff.

Protogeom. und Protokorinth. Vasen s. Vasen

Protomachos. 1. Athen. Stratege, siegte bei den Arginusen 406 auf dem r. Flügel, entging dem folgenden Prozeß durch Selbstverbannung, Xen. hell. 1,5,16. 6,30. 33. 7,1. Diod. 13,74,1. **2.** Athen. Heerführer vor Amphipolis um 364/63, Sch. Aischin. 2,31. **3.** Athener, erster Gatte der Nikarete, Demosth. 57,40ff. **4.** Makedone, Reiterführer Alexanders bei Issos, Arr. an. 2,9,2. **5.** Maler aus Halikarnassos, um 225 v. Chr. C. BLINKENBERG Lindos 2, 1941, Nr. 126. H. V.

Protreptikos (*προτρεπτικός* sc. *λόγος*), eine seit der Sophistik bezeugte Gattung von Werbeschriften für Beschäftigung mit einer bestimmten Disziplin, namentlich der Philos. (vgl. Plat. Euthyd. 278c. Isokr. 1,3). Ein selbständiges Werk dieser Art verfaßte als erster → Antisthenes (1), danach → Aristippos (3), → Aristoteles (7), → Epikuros, die Stoiker → Ariston (6), → Persaios (2), → Kleanthes (1), → Chrysippos (2), wohl auch → Poseidonios. Ein spätes erhaltenes Beispiel ist der P. des → Iamblichos (2), der für die Rekonstruktion der aristotel. Schrift wichtig ist. Einen (teilw. erhaltenen) P. zum Studium der Medizin schrieb → Galenos. Cicero nahm sich für seinen im J. 45 verfaßten P. »Hortensius« Aristoteles zum Vorbild. Er selbst wirkte auf Augustus (*hortationes ad philosophiam*), vielleicht auch auf Seneca (*exhortationes*). Aus späterer Z. ist ein hexametr. P. des → Ausonius (2) an seinen kleinen Neffen erhalten. Vgl. Clemens (6). H. Gä.

P. Hartlich De exhortationum a Graecis Romanisque script. hist. et indole, Lpz. Stud. 11 (1889). *W. Gerhäußer* Der P. des Poseidonios, Diss. Heidelb. 1912. *K. Gaiser* Protreptik und Paränese bei Platon, Stuttg. 1959. *I. Düring* Aristotle's P., Göteborg 1961. *M. Ruch* L'Hortensius de Cic., Paris 1958.

Protrygeter s. Sternbilder

Providentia, die »vorausschauende Fürsorge« bes. des Staatsmanns (Cic. ad Q. fr. 1,1,31; rep. 6,1. 2,5) gehört als *numen* rel.gesch. zu den Qualitätsbegriffen, die wie → *concordia*, → *fides* u.a. wegen ihrer Bedeutung für das *genus humanum* (Cic. leg. 2,19. 28; nat. 2,61) als göttlich empfunden, → personifiziert und kultisch verehrt wurden; P. jedoch im Sinne des *clupeus aureus Augusti* (Mon. Anc. 34: → *virtus*, → *clementia*, → *iustitia*, → *pietas*) erst in Verbindung mit der Person des Kaisers (*sacrati provida cura ducis* Ov. fast. 2, 60) als »Kaisertugend« im → Herrscherkult (M. P. CHARLESWORTH Virtues 117ff. GRANT 61ff.), und zwar zunächst mit dynast. Akzent (WISSOWA Rel. 336. SUTHERLAND 59ff. 99ff.): *ara P. Augusti* auf Mz. des Tiberius (z.B. BMC Rom. Emp. I 141. Nr. 146ff. MATTINGLY RIC I 94ff. ÉTIENNE 331) u. Inschr. (z.B. Act. Arv. CIL VI 2044 d 2 *ob detecta nefariorum [sc. Pisonis] consilia*), dann im Sinne von Plin. paneg. 80 universal als Sorge für alle Nöte der Untertanen (z.B. Cass. Dio 69,6,3. OGIS 502) als monarch. Tugend schlechthin (»Monarchy, in fact, is Providence« CHARLESWORTH) und Abbild (Dion. Chrys. 1,42ff.) der die Ordnung des Universums erhaltenden stoischen *πρόνοια Θεῶν* (Cic. nat. 2,58; div. 2,1.117), weshalb *providentissimus* *princeps* (CIL IX 5894) zum Titel (Berlinger 20 ff.) und die *divina providentia Caesaris* (z. B. Paneg. 8, 6,2) fester Teil der imperialen Terminologie wird (Béranger 212 f.). Darst. der *P. Caesaris* als Göttin mit Szepter und zu Füßen den → *globus* seit Traian (Strack Reichspräg. I 228 f. BMC Rom. Emp. III 119 Nr. 607 ff.) sowie gleichzeitig der über dem »providentiellen« Kaiser wachenden *P. deorum* (Plin. paneg. 10,4) z. B. Hadrian empfängt Szepter von Adler (Strack a. O., II 44. BMC a. O. III 417 Nr. 1203). A. S.

M. P. Charlesworth Providentia and Aeternitas, Harv. Th. Rev. 29, 1936, 107 ff. *Ders.* The Virtues of a Roman Emperor, Proc. Brit. Acad. 23, 1937, 105 ff. *J. Béranger* Rech. sur l'aspect idiologique du Principat, Diss. Lausanne 1953, 211 ff. *W. Koehler* Personifikationen abstrakter Begriffe auf röm. Mz., Diss. Königsb. 1910. *L. Berlinger* Beiträge zur inoffiziellen Titulatur der röm. Kaiser, Breslau 1935, 5. *M. Grant* Rom. anniversary issues, Cambr. 1950. *C. H. V. Sutherland* Coinage in Rom. Imperial policy, Lond. 1951. *R. Étienne* Le culte impérial dans la peninsule ibérique, Paris 1958, 321 ff. 331 ff. 378 ff. *R. Peter*, Myth. Lex. III 3187 ff. *v. Schrötter* WBMzK s. v. *Stevenson-Smith-Madden* Dict of Rom. Coins, Lond. 1889, 659 ff. (ausführlichste Behdlg. der Mz.).

Provincia. Trotz Fest. 253 L. *provinciae appellantur, quod populus Romanus eas provicit, i. e. ante vicit* etym. noch nicht erklärt, Walde-Hof.[3] 2,377 f., bezeichnet p. sachlich und räumlich den Geschäftskreis eines Magistrates, die *p. urbana* die Kompetenz des *praetor urbanus* für die Rechtsprechung, die *p. Liguria* den dem Konsul übertragenen Krieg gegen die Ligurer und dessen Schauplatz. Der Senat wies die einzelnen p. den Amtsträgern zu, oder es kam zur Absprache unter den collegae. Nach der Eroberung Siziliens kam p. zu der speziellen Bedeutung eines abgegrenzten außerital. Untertanengebietes, das von einem Statthalter mit Imperium regiert wurde. Die durch Krieg oder Beerbung hellenist. Könige erworbene p. erhielt eine von dem Feldherrn und einer Senatskommission entworfene, vom Senat bestätigte *lex provincialis*, die Kultur des Landes und Art der Erwerbung berücksichtigte. Die lokale Verwaltung und niedere Gerichtsbarkeit blieb den Gemeinden. Der Statthalter beaufsichtigte sie nach den Grundsätzen seines Provinzialediktes. Cic. Att. 6,1,15. Er sah darauf, daß romtreue Aristokraten die Gemeindeämter besetzten und hielt Gerichtstage *(conventus)* in der p. ab. Cic. ad. Q. fr. 1,8,25. Dig. 1,16,4,3. Mit Rom verbündete Städte in der p. unterstanden ihm nicht. Die Provinzialen hatten als *peregrini* Naturalien oder Geld *(stipendium, tributum)*, Zölle und Requisitionen für den Statthalter zu leisten. Die Steuern wurden meist durch die → *publicani* eingezogen, deren Übergriffe der Statthalter selten verhindern konnte. Cic. Q. fr. 1,11. Da er keinen Kollegen und keinen Volkstribunen zu fürchten hatte, erpreßte er oft selbst wie Verres die Provinzialen, um seine Wahlkosten einzubringen. Seit 149 wandten sich wiederholt Gesetze *de repetundis* (→ Lex 1. 6. 17b) dagegen. Zu Statthaltern wurden Praetoren mit je einem Quaestor, mit wachsender Zahl der p. Prokonsuln und Propraetoren bestellt. Nach Sullas *lex de provinciis ordinandis* 81 sollten die Konsuln und die 8 Praetoren nach dem Amtsjahr eine p. als Prokonsuln bzw. Propraetoren für 1 J. übernehmen. Oft wurden Statthalterschaften verlängert. Die *lex Pompeia de provinciis* schob 52 eine Frist von 5 J. zwischen ein Amt in Rom und eine Statthalterschaft. Als Pompeius 55 die zugewiesenen span. P. durch Legaten verwalten ließ, gab er das Vorbild für die Verwaltung der kaiserl. P.

27 v. Chr. wurde das Reich in kaiserl. und senator. P. geteilt. Augustus übernahm als Prokonsul die P., deren Schutz Truppen erforderte, und verwaltete sie durch von ihm ernannte *legati Augusti pro praetore*, die oft mehrere J. in der P. blieben (C. Poppaeus Sabinus 24 J., Tac. ann. 6,39,3). Die Senatsp. wurden je 1 J. von Prokonsuln verwaltet, gleich ob sie Konsuln oder nur Praetoren gewesen waren. Die Zuordnung der P. zum Senat oder Kaiser wechselte ab und an. Kleinere kaiserl. P. unterstanden einem → *procurator* oder einem *praefectus*. In allen P. erhoben kaiserl. Procuratoren die Einnahmen des → *fiscus*. Eine Sonderstellung hatte Äg., das von einem Ritter, dem → *praefectus Aegypti*, regiert wurde. Der Kaiser beaufsichtigte durch sein *imperium proconsulare maius* auch die senator. P. Da die Statthalter ein festes Gehalt erhielten, Provinziallandtage sich beim Kaiser beschweren konnten, das Strafverfahren gegen Erpressungen verschärft wurde, der eingeführte Provinzialzensus und die Aufgabe der Steuerverpachtung die Ausbeutung minderte, wurde die Provinzialverwaltung der Kaiserzeit die »sauberste und anständigste, die bisher in der Regierung großer Gebiete verwirklicht worden war.« U. Kahrstedt Kulturgesch. d. röm. Kaiserzeit[2] 1958, 52. Kulturelles und religiöses Leben der P. blieb unangetastet. Die Verleihung des röm. Bürgerrechts an die Oberschicht und des Stadtrechts der Municipien und Kolonien an Provinzgemeinden, die Verschmelzung örtlicher Rechtssätze mit dem röm. Recht zu einem Reichsrecht förderten die Romanisierung. Caracalla verlieh 212 allen freien Reichseinwohnern außer den *dediticii* mit der *constitutio Antoniniana* das röm. Bürgerrecht. Diokletian beseitigte 297 den Unterschied kaiserl. und senator. P. und teilte das Reich einschließlich Italiens und Äg. in 101 verkleinerte P. Senatoren oder Ritter verwalteten sie als reine Zivilbeamte, in Achaia, Africa, Asia als *proconsules*, sonst als *correctores*, *consulares* oder *praesides*. Jede P. hatte einen Militärkommandanten *(dux)*. Konstantin d. Gr. erhöhte 330 die Zahl der P. auf 117. Die nun intensive, aber korrupte Bürokratie bedrückte die Untertanen von neuem. Iustinian stellte in einigen P. die Einheit der militär. und

zivilen Befehlsgewalt wieder her, ihre Träger erhielten alte Titel wie *praetor*, *proconsul* oder *moderator*. Nov. 24ff.

Liste der P.: Sizilien 242 v. Chr., Sardinien mit Korsika 227, Hispania citerior et ulterior 197, Makedonien 148, Achaia an Makedonien angeschlossen 146, Africa 146, Asia 129, Gallia Narbonensis 121, Kilikien 102, Gallia Cisalpina 81 (?), Kyrene 74, Kreta 64, Pontos 63, Syrien 63, Cyprus 58, Africa nova (Numidien) 46, Äg. 30, Galatien 25, Aquitania, Lugdunensis, Belgica 16, Noricum, Raetien 15; Pannonien 9/10 n. Chr., Kappadokien 17, Mauretanien 42, Britannia 43, Thrakien 46, Iudaea 72, Moesia superior et inferior 86, Germania sup. et inf. 90, Arabien 106, Dakien 107, Armenia 104, Mesopotamia, Assyria 115. H. V.

P.P. Spranger Unt. zu den Namen der röm. Provinzen, Diss. Tübingen 1955. *G. Wesenberg*, RE XXIII 995ff. *H. Volkmann* Die röm. Provinzialverwaltung d. Kaiserzeit, G 68, 1961, 395ff. *P.A. Brunt* Charges of provincial maladministration under the early principate, Hist. 10, 1961, 189ff. *B.E. Thomasson* Die Statthalter d. röm. P. von Augustus bis Diokletian, Opusc. Rom. 4, 1962, 125ff. *J. Deininger* Die Provinziallandtage der röm. Kaiserzeit von Augustus bis zum E. 3. Jh. n. Chr., 1965.

Provocatio. Die Magistrate der röm. Republik verfügten über eine polizeiliche Zuchtgewalt (→ *coercitio*). Kraft ihrer konnten sie auch Strafen bis hin zur Todesstrafe aussprechen. Dagegen entwickelte sich im Ständekampf die *p. ad populum:* Sie bedeutet das Recht des Betroffenen, die magistrat. verhängte Todesstrafe (und später auch die Prügelstrafe) durch die Comitien überprüfen zu lassen. Gesetzlich festgelegt worden ist das wohl erst durch eine *lex Valeria* von 300 v. Chr. Das Recht zur p. war zunächst beschränkt auf männliche röm. Bürger im Stadtgebiet; es war ausgeschlossen gegenüber einem → *dictator*. Bestritten ist, inwieweit die p. zu einem echten Prozeß geführt hat oder mehr polit. Bedeutung hatte. D. M.

Proxenia (προξενία). Diese völkerrechtliche, aus der privaten Gastfreundschaft entstandene Institution der griech. Poleis bedeutete, daß seit dem 5. Jh. jeder Stadtstaat sich in einem auswärtigen Staat eines Angehörigen dieses Staates als eines ihn dort vertretenden (πρό. Vgl. Frisk s.v. ξένος) Gastfreundes (ξένος) zwecks Wahrnehmung seiner und seiner Bürger Interessen auf Grund eines bes. Vertrages bedienen konnte ([1]). Gewöhnlich war die P. erblich. Wenn auch die vom Proxenos freiwillig übernommenen Pflichten ehrenamtlich waren, so gewährte der beauftragende Staat ihm doch innerhalb seines Staatsgebiets besondere durch Bürgen garantierte Vorrechte oder verlieh ihm – u. U. auch im voraus – das Bürgerrecht. Soweit von einigen Staaten eigene Bürger allg. mit der Aufnahme der Fremden betraut wurden, hießen auch sie πρόξενοι. Das große Ansehen, das die Wahlkonsuln genossen, führte häufig zu ihrer Berufung als Schiedsrichter in zwischenstaatl. Streitigkeiten und auch zur ehrenamtl. Verleihung der P. an verdiente, im Inland sich aufhaltende Fremde ([2]). E. B.

1. *A. Wilhelm*, SAWW 217,5, 1939, 21f. 220,5, 1942, 11ff.
2. *E. Berneker*, RE IX A 1459ff.

Proxenos (Πρόξενος). **1.** Athener aus der Familie des Harmodios (1), Hellenotamias 410/09 (Isaios 5,6f. 15. 46f. PA 12267). **2.** Athener aus der Familie des Harmodios (1), 346 v. Chr. Stratege bei Euboia, sollte die festen Plätze der Phoker übernehmen (Demosth. 19,50. 52. 73f. 154f. Aischin. 2,133f.). Vor 343 aus unbekannten Gründen verurteilt (Demosth. 19,280f. Deinarch. 1, 63), war er 342/41 Trierarch, starb vor 325/24 (PA 12270). **3.** Thebaner (Xen. an. 2,1,10), * um 431 v. Chr., Schüler des Gorgias (a. O. 2,6,16), einer der aus sophist. Schule stammenden griech. Condottieri um Kyros d. J., der durch ihn Söldner, angeblich gegen die Pisider, anwerben ließ (a. O. 1,1,11. Diod. 14,19,8). Beim Aufbruch von Sardes 401 war er einer der Kommandanten und veranlaßte seinen Freund Xenophon zur Teilnahme (Xen. an. 3,1,4. 8). Dieser zeichnet P. wohlwollend (a. O. 2,6,16–20) als gut ausgebildeten, rechtlichen und zielstrebigen Mann (vgl. seine Schlichtung eines Streites der Griechen, a. O. 1,5,14), der vom Kyroszug Ruhm, Macht und Vermögen erhoffte. Bei Kunaxa stand P. neben Klearchos, der ganz rechts kämpfte (a. O. 1,8,4), nahm an den Verhandlungen mit dem König teil (a. O. 2,1,10), wurde mit den andern vier Feldherren von Tissaphernes überlistet, zum König gebracht und hingerichtet (a. O. 2,5,31. 6,1). Sein Nachfolger als Befehlshaber wurde Xenophon (a. O. 3,1,15ff.). **4.** Wohl Thebaner, sperrte mit Chares Frühjahr 338 v. Chr. mit 10000 Söldnern die Pässe im oberen Kephisostal für Philipp II. Sie räumten diese, von ihm überlistet, und wurden bei Amphissa geschlagen (Polyain. 4,2,8. Deinarch. 1,74). **5.** Wohl Hofhistoriker des Pyrrhos (FGrH 703), schrieb Ἠπειρωτικά (Mythographisches; vielleicht auch über Pyrrhos), Τὰ περὶ Πύρρον Σικελικά u. a. G. Do.

Proximus, in der Spätantike der in den kaiserl. *scrinia* dem *magister* nächststehende Beamte (Cod. Theod. 6,26, Cod. Iust. 12,19). Seit ca. 380 waren die p. *viri spectabiles,* seit 400 erhielten sie beim Ausscheiden Senatorenrang. In der frühen Kaiserzeit gab es kaiserl. Freigelassene mit dem Titel p.; sie konnten zum *procurator* aufsteigen (Dessau ILS 1477. 1485. 1656. 1683. 1685). A. L.

Prudentius. Aurelius P. Clemens, chr. Dichter, * 348 in Spanien (→ Caesaraugusta? Weniger wahrscheinlich → Tarraco oder → Calagurris). In der Praef. der im J. 405 hg. Slg. seiner Gedichte deutet er seinen Werdegang an: Rhet. Stud., dann Anwalt, zweimal Statthalter, zuletzt hoher Beamter am Kaiserhof. Die Slg. umfaßt: 1. *Cathemerinon*, 12 Hymnen in lyr. Strophen, 6 davon zu einzelnen Tageszeiten, 2 zur Fastenzeit, ein Preislied auf Christus für alle Tage, ein Requiem,

2 Hymnen zu Weihnachten und Epiphanie. 2. *Apotheosis*, ein hexametr. Lehrgedicht über die Trinität und das Wesen Christi, eingel. von antihäret. Polemik in Epodenform. 3. *Hamartigenia*, ein hexametr. Lehrgedicht darüber, wie die Sünde in die Welt gekommen sei. Die Einl. in Trimetern bekämpft den Dualismus des → Markion. 4. *Psychomachia*, das erste allegor. Lehrgedicht der lat. Lit., stellt den Kampf um die Seele dar, indem paarweise die 7 Hauptlaster gegen die Haupttugenden streiten. 5. 2 B. ›Gegen Symmachus‹, der im J. 384 in einer Bittschrift des Senats an die Kaiser für das Heidentum plädiert hatte, ohne gegen den Widerspruch des → Ambrosius durchzudringen. P. wiederholt die chr. Gegenargumente. 6. *Peristephanon*, 14 Hymnen in lyr. Strophen zu Ehren von Märtyrern, vor allem aus Spanien und Rom. 7. *Epilogus*, als Gegenstück zur Praefatio. 8. Erst nachträglich zur Slg. hinzugefügt ist das *Dittochaeon*, 48 vierzeilige Epigramme zu je 24 Bildern aus dem AT. und NT. Der Titel bedeutet »zweifache Speisung«. Im gut überlieferten Text (älteste Hs. 6. Jh.) sind Doppelfassungen enthalten (Cath. 3,100. 10,9–16. c. Symm. 2,326f. u.a.), die z.T. dogmat. Korrekturen darstellen. Die Art der dabei auftretenden Unstimmigkeiten verbietet es, an Autorenvarianten (erst Einzelausg., dann 2. Aufl. in der Slg.) zu denken; die Überarbeitung hat aber vor dem 7. Jh. stattgefunden. P. kennt als *poeta doctus* die lat. Dichter von Lucr. bis Claud. Er imitiert in den lyr. Versen Horaz, im Ausdruck vor allem Vergil und Ovid. Doch gestattet ihm die spätant. rhet. Fülle nicht die Prägnanz der Vorbilder. P. wurde im MA. viel gelesen und oft kommentiert; bes. die Psychomachia regte eine reiche ma. allegor. Epik an. O. H.

Ta.: *J. Bergman*, 1926, CSEL 61. *M. Lavarenne*, 1–2, [2]1955 bis 1961. 3–4, 1948–1951. *M. P. Cunningham*, 1966, Corp. Chr. 126.

Lit.: *M. Lavarenne* Étude sur la langue du poète P., 1933. *J. Rodriguez-Herrera* Poeta Christianus, 1936. *Chr. Schwen* Vergil bei P., 1937. *W. Schmid*, Vigiliae chr. 7, 1953, 171 bis 186. *Chr. Gnilka* Stud. zur Psychomachie des P., 1963, Klass. phil. Stud. 27. *K. Thraede* Stud. zu Sprache und Stil des P., Hypomnemata 13, 1965. *R. Herzog* Die allegorische Dichtkunst des P., Zetemata 42, 1966.

Prusa ad Olympum, h. Bursa (früher Brussa), Stadt in → Bithynien, ein im Alt. ebenso wie h. beliebter Ort, malerisch auf den Südabhängen des Ulu Dağ (→ Olympos [14]) auf einer Terrasse aus Kalksinterablagerungen gelegen. Diese verdanken ihre Entstehung den schwefel- und eisenhaltigen heißen Quellen, den *Therma Basilica* der Ant., die noch h. als Heilbäder sehr geschätzt werden. Das ausgeglichene Klima in der fruchtbaren, zum Marmarameer hin offenen Ebene, geschützt durch das Massiv des Olympos, dazu die heilkräftigen Quellen müssen die Menschen schon früh zur Ansiedlung verlockt haben. Nach Strab. 12,564 wurde P. von einem gegen → Kroisos (bzw. → Kyros bei Steph. Byz.) kämpfenden König → Prusias (1) gegründet, nach Plin. nat. 5,148 von → Hannibal. Bis Ausgrabungen zu dieser Frage neues Material bieten, bietet sich folgende Kompromißlösung an: Nach Dion Chrys. or. 45 hatten viele Bürger seines Geburtsortes P. noch zu seiner Z. ihre Wohnsitze außerhalb der eigentl. Stadt, weshalb er sich für einen stärkeren Synoikismos einsetzte. Vielleicht hat Prusias I. unter Mitwirkung von Hannibal eine erste, städt. Organisation der Bewohner der Ebene durchgeführt und ihr in P. einen festen Mittelpunkt gegeben. In die Z. von Prusias I. gehört wohl ein Ehrendekret für einen königl. Epistates, der den Bürgern finanzielle Vergünstigungen gewährte (vgl. L. Robert Ét. anat. 228ff. § 4).

Mit der bithyn. Erbschaft fiel auch P. im J. 74 v. Chr. an Rom und bildete nach der lex Pompeia einen der 12 im Rahmen der von der röm. Provinzialregierung zugestandenen Grenzen autonomen Stadtbezirke, in die Bithynia-Pontus eingeteilt wurde. Für P. hatte das Wirken von Dion Chrys. bes. Bedeutung. Aus den sog. bithyn. Reden gewinnen wir tiefe Einblicke in die wirtschaftl. und sozialen Zustände von P. in der röm. Kaiserz., ein sehr anschauliches, wenn auch keineswegs immer erfreuliches Zeitgemälde. Heftige Streitigkeiten zwischen Volk und Rat machten schließlich am Anf. 2. Jh. sogar das Eingreifen des Proconsuls notwendig (vgl. or. 48). Über die Grenzen seiner Heimatstadt hinaus bekannt wurde auch der wegen seiner Bade- und Weinkuren beliebte Modearzt Asklepiades, ein Freund des L. → Crassus (1). Sein Landsmann C. Calpurnius Asclepiades hat es sogar zum Leibarzt (ἀρχιατρός) des Kaisers Traianus gebracht (Dessau ILS 7781).

Die bisherigen Inschriftenfunde ergeben nur wenig Rückschlüsse auf die Verwaltung und Organisation von P. Neben der agrar. Tätigkeit hat die Holzwirtschaft von der Ant. (vgl. Dion Chrys. or. 40,30) bis h. eine bedeutende Rolle gespielt.

Für kurze Z. rückte P. in den Brennpunkt polit. Geschehens, als es 1236 unter die Herrschaft des Sultans Orhan (Orkhan) fiel und bis zur Eroberung von Konstantinopel 1453 Residenzstadt der osman. Herrscher blieb. F. K. D.

F. K. Dörner, RE XXIII 1071–1086. Mz.: SNG Danish Nat. Mus. 18,583–604 (Kopenh. 1944) und SNG Deutschland, Slg. von Aulock 1,867–884 (Bln. 1957).

Prusias (*Προυσίας*). **1.** I. Der »Lahme« (*ὁ χωλός*, wegen einer Beinverletzung beim Sturm auf Herakleia, Memn. FGrH 434 F 19,3), Sohn des Ziaëlas, König von Bithynien ca. 230–182, suchte sein Reich auf Kosten der Nachbarn zu erweitern. Nach dem Erdbeben 227 half er Rhodos, kämpfte im Bunde mit ihm gegen Byzanz, mußte aber 220 seine Eroberungen zurückgeben, Pol. 4,52. 5,90,1. Dann vernichtete P. 216 die kelt. Aigosagen, Pol. 5,111. Freundschaft mit Makedonien, Feindschaft mit Pergamon bestimmten seine

Politik. Während des 1. röm.-maked. Krieges bekämpfte er im Einverständnis mit Philipp V. von Maked. → Attalos I. (4) und trat 205 dem Frieden von Phoinike bei. Liv. 29,12,14. Philipp überließ P. 202 das zerstörte Kios, das er als Prusias wieder aufbaute, und → Myrleia. 198 besetzte P. die pergamen. Phrygia Epiktetos und → Kieros und → Tieion am Pontos, konnte aber → Herakleia (7) nicht nehmen. In Roms Krieg gegen → Antiochos III. (4) blieb er neutral, da die Scipionen ihm 190 seinen Besitz versicherten, während Antiochos an sein Solidaritätsgefühl als König appellierte. Pol. 21,11. Liv. 37,25,4ff. H. Volkmann, G Bh. 4, 1964, 11ff. Trotzdem verlangte der Senat 189 die Rückgabe Phrygiens an → Eumenes II. (3). In dem deshalb folgenden Krieg mit Eumenes 188–183 führte → Hannibal die bithyn. Flotte erfolgreich, doch mußte P. schließlich Phrygia abtreten und Hannibal preisgeben. Strab. 12,563. P. gründete → Prusa am Olymp. C. Habicht, H 84, 1956, 90ff.; RE XXIII 1086ff. **2.** II. der Jäger (ὁ κυνηγός, App. Mithr. 3), Sohn von Nr. 1, König von Bithynien 182–149, half zunächst entgegen der traditionellen bithyn. Politik → Eumenes II. (3) im Krieg gegen Pharnakes I. 181–179. Pol. 25,2,1ff. P. wurde in Delphoi von den Aitolern und auf Kreta in → Aptara geehrt. Sylloge³ 632. OGIS 341. Er heiratete Apame, die Schwester des Perseus von Maked., blieb in Roms Krieg gegen Perseus zunächst neutral, wurde dann Freund und Bundesgenosse Roms. 167 trat er in Rom als Freigelassener gekleidet vor den Senatoren auf und redete sie als »rettende Götter« an. Pol. 30,18 tadelt diese servile Haltung (vgl. Liv. 45,44). P. verdächtigte Eumenes, griff → Attalos II. (5) 156–154 an, konnte Pergamon nicht nehmen, verwüstete sinnlos pergamen. Heiligtümer und mußte schließlich unter Roms Druck Entschädigungen zahlen. Pol. 33,13. Von seinen Untertanen gehaßt, wollte er seinen Sohn → Nikomedes beseitigen, um einem Sohn aus zweiter Ehe den Thron zu sichern. Nikomedes erhob sich mit Hilfe des Attalos II. gegen P., der nach Nikomedeia floh. Aber die Bürger lieferten ihn aus, und Nikomedes ließ ihn steinigen, App. Mithr. 9ff. Iust. 34,4,1. Vernichtende Charakteristik des P. bei Pol. 36,15. C. Habicht RE XXIII 1107ff. H. V.

3. P. ad Hypium, h. Üskübü bzw. Konuralp, Stadt im ö. → Bithynien auf einer dem *mons Hypius* s. vorgelagerten Hügelkette im N. einer kleinen, allseitig von Bergen umgebenen Ebene, h. nach dem in der Mitte gelegenen Ort Ebene von Düzce genannt. Über die frühe Gesch. der für menschliche Besiedlung idealen Akropolis ist noch nichts bekannt. Nach Memnon 19 (FGrH 434) hieß der Ort urspr. Kieros; auf eine Herkunft der Siedler aus dem mittelgriech. Raum weisen neben dem Stadtnamen noch die in der röm. Kaiserz. existierenden Phylennamen Μεγαρίς und Θηβαΐς. Die griech. Siedlung gehörte zunächst zu → Herakleia (7) Pontike; sie ist jedoch vom Schw. Meer noch durch den ca. 30 km breiten Waldgürtel des *mons Hypius* getrennt. Bereits durch → Zipoites kam das Gebiet an Bithynien (Memnon 9), dann von → Nikomedes I. wieder beim gemeinsamen Kampf gegen → Antiochos (2) an Herakleia zurückgegeben, wurde es durch → Prusias I. endgültig Bithynien angegliedert.

In röm. Z. bildete P. nach der lex Pompeia einen der 12 Stadtbezirke von Bithynien und blieb im Rahmen der Provinzialverwaltung autonom. Von regem städt. Leben zeugen noch h. das mit Teilen des Bühnenhauses und dem dritten Rang erhalten gebliebene ant. Theater sowie zahlreiche Ehreninschriften. Die meisten von ihnen sind dadurch erhalten geblieben, daß sie als Baumaterial der wohl beim Goteneinfall eilig aufgeführten Stadtmauer verwendet wurden. Wir lernen daraus die 12 Phylen von P. kennen, begegnen zahlreichen Bürgern in ihren offiziellen und bes. Dienstleistungen und erhalten eine Vorstellung vom Vereinswesen, den Gewerben und Berufen in P. Früh schon wurde P. christl. und Bischofssitz. F. K. D.

F. K. Dörner, RE XXIII 1128–1148. Mz.: SNG Danish Nat. Mus. 18,605–609 (Kopenhagen 1944) und SNG Deutschland, Slg. von Aulock 1,885–916 (Bln. 1957).

Prylis. **1.** (Πρύλις) Lesb. Seher, der, von Palamedes bestochen, schon früh Troias Fall prophezeite und zum Bau eines hölzernen Pferdes riet. So erklären die Sch. die rätselhaften Verse Lykophr. 219ff., der P. einen »ποδηγέτης der Feinde«, den »Vernichter der Blutsgenossen«, einen Sohn des Kadmos, den »Vierten aus Atlas' Samen« nennt und die Genealogie: Atlas – Maia – Hermes (= Kadmilos, s. o. Bd. III 37,7ff.) – P. aufstellt. **2.** (πρύλις). Ein Waffentanz, ähnlich der πυρρίχη. Aristot. frg. 519: der Name sei kypr., Achilleus habe ihn zuerst am Scheiterhaufen des Patroklos getanzt. Bei Kall. h. 1,52. 3,240 tanzen ihn Kureten und Amazonen. H. v. G.

M. Nilsson Griech. Feste 186. *F. Weege* Der Tanz in der Ant., 1926, 51.

Prytanen (πρυτάνεις, lesb. προτάνεις), »Vorsteher« (vgl. Plat. Prot. 338 A). **1.** Von Aristoteles als Inhaber umfassender Befugnisse gekennzeichnet (pol. 1305a 17f.) und in eine Reihe mit → ἄρχοντες und → βασιλεῖς gestellt (pol. 1322b 29), erscheinen P. als Höchstmagistrate vieler Städte an der W.-Küste Kleinasiens und der vorgelagerten Inseln (Busolt GStk. 1,505). In Milet geht aus diesem Amt die Tyrannis des → Thrasybulos hervor (H. Berve Die griech. Tyrannis I/II, 1967, 101. 578). In Griechenland hat Korinth unter den → Bakchiadai P. an der Spitze (É. Will Korinthiaka, 1955, 299–302). Die Kolonien folgen diesem Beispiel (W. Hüttl Verfassungsgesch. von Syrakus, 1929, 46ff.). Auch in Athen scheinen die Archonten urspr. P. genannt worden zu sein (Hdt. 5,71. F. R. Wüst, Hist. 6,

1957, 176–178). Das Amtsgebäude der P. heißt hier wie anderswo Prytaneion (πρυτανεῖον, Thuk. 2,15,2. Aristot. Ath. pol. 3,5). In ihm befindet sich der Staatsherd (→ Hestia), an den zur Speisung gerufen zu werden (Formeln: G. KLAFFENBACH Griech. Epigraphik, ^{2}1966, 78), eine hohe Ehre bedeutet. Eine Gerichtsstätte ἐπὶ πρυτανείῳ in Athen (Sch. Demosth. 23,76 [BCH 1, 1877, 139]) ist schon im Amnestiegesetz Solons (Plut. Sol. 19,4) erwähnt. Aristot. Ath. pol. 57,4 bezeugt ihre Existenz im 4. Jh. (D. M. MACDOWELL Athenian Homicide Law, 1963, 85–89). **2.** Als Gremium, das sich aus Ratsmitgliedern einer → Phyle zusammensetzt und für eine bestimmte Z. die Regierungsaufgaben der → Bule wahrnimmt, begegnen P. mancherorts im griech. Bereich, z. B. in → Erythrai (J. A. O. LARSEN Representative Government, 1955, 12); eingehend bekannt sind die diesbezügl. Verhältnisse in Athen. Hier bilden die 50 Buleuten einer jeden der 10 Phylen des → Kleisthenes (Aristot. Ath. pol. 21,3) eine Prytanie (πρυτανεία). Der t. t. erscheint urkundl. seit der Mitte des 5. Jh. (IG I^2 10. 16. U. KAHRSTEDT, Klio 33, 1940/41, 10f.); seit dem E. dieses Jh. gibt es inschr. erhaltene Listen der P. (IG I^2 398. II^2 1740ff. ST. DOW Prytaneis, 1937, 31ff. S. CHARITONIDES, Hesp. 30, 1961, 30ff.). Die Verteilung der Prytanien auf die Zehntel des P.jahres (E. J. BICKERMAN Chronology of the Ancient World, 1968, 34ff.) erfolgt durch → Losung (Aristot. Ath. pol. 43,2. Losmaschinen: Dow a. O. 198ff.). Das Los bestimmt auch den tägl. wechselnden → ἐπιστάτης, der Siegel- und Schlüsselgewalt hat (Aristot. Ath. pol. 44,1) und im 5. Jh. Rats- und Volksversammlung leitet. Im 4. Jh. geht letztere Funktion an den Obmann der → Prohedroi über (Aristot. Ath. pol. 44,2). Neben dem Epistates der P. amtieren ein → Tamias und ein → Grammateus (Dow a. O. 13ff.). Das System der Einteilung des Rates in Prytanien wird in den ephemeren Verfassungen von 411 modifiziert beibehalten (KAHRSTEDT a. O. 9). Eine automatische Veränderung der Anzahl der Prytanien und ihrer Amtszeit ergibt sich mit der Erhöhung der Phylen auf 12 bzw. 13. P. J. RHODES The Athenian Boule, 1971. **3.** Papyri aus → Oxyrhynchos (z. B. P. Oxy. 1419. 1662) zeigen P. als Präsidenten der von Septimius → Severus (MITT.-WILCKEN Grdz. 41. 45) genehmigten Bule (S. SINGALEVIČ Die Bule von Oxyrhynchos im 3. Jh. n. Chr. [russ.], 1913). H. B.

Prytanis (*Πρύτανις*). **1.** Halbmyth. König von Sparta, Sohn des Eurypon. Über seine Nachkommen bis zu den histor. → Eurypontiden (vom 6. Jh. ab) schwanken die (konstruierten) Stammbäume, s. BELOCH GG^3 1,2,179ff. **2.** Peripatetiker, der bei Wiederaufbau und polit. Neuordnung des im J. 223 von → Kleomenes III. (6) zerstörten → Megalopolis mitwirkte, Pol. 5,93,8. Nach Plut. quaest. conv. 1 pr. hat er Tischgespräche verfaßt. Nichts erhalten. K. Z.

Psalmen (*Ψαλμοί*) bezeichnet eigentlich zum Saiteninstrument gesungene Lieder, hat aber im chr. Bereich terminolog. Bedeutung angenommen (Überschrift im Cod. Vat.; Lk 24,44) und bezeichnet die 150 kanon. *t^{e}hillîm* (Loblieder) der jüd. Bibel. *Ψαλμός* übersetzt häufig hebr. *mizmôr* (Lied: zum Saitenspiel).

Der Text der Ps. ist in drei Strängen überliefert: dem masoret. Text, den Texten aus → Qumran und → Masada (4, weitere Frg.e verzeichnet Bibel-Lex. 1968^2, 1433f. 1438f.) und der alten, auf vormasoret. Text ruhenden LXX (und Peschitta). Die Qumran-Texte haben das Dilemma, zwischen korruptem hebr. Text und unkontrollierbarer Übersetzung entscheiden zu müssen, teilweise beseitigt (J. A. SANDERS The Dead Sea Psalms Scroll, 1967).

Der Psalter hat einen Redaktionsprozeß durchlaufen (at. Ps. außerhalb des Psalters z. B. Ex 15. 1. Sam 2; außerkanon. Ps. die Hôdajôt von Qumran, Oden und Ps. Salomos sowie fünf in Syr. erhaltene Ps., von denen drei in Qumran hebr. gefunden wurden ([4], 53–76), der sich in der künstlichen Gliederung in fünf Bücher sowie in den verarbeiteten Teilslg.en (z. B. dem elohist. Psalter, der »Jahwe« durch 'Elōhîm ersetzt [vgl. Ps. 53,2 mit 14,2], Ps. 42–83) zeigt. Der Prolog von JesSir (ca. 130 v. Chr.), der neben Gesetz und Propheten einen dritten Kanonteil kennt, setzt den Abschluß der Slg. voraus. Den Teilslg.en ging eine Zeit mündl. und schriftl. Überlieferung der einzelnen Ps. voraus. Ihre unterschiedlichen Formen wurden von H. GUNKEL analysiert und entsprechend den Funktionen der Ps. (Sitz im Leben) zu Gattungen zusammengefaßt: Hymnen, Thronbesteigungslieder, Klage- und Danklieder des Einzelnen wie des Volkes, Königspsalmen sowie kleinere Gattungen [2]. Über den Sitz im Leben der poetisch strukturierten Stücke (Parallelismus membrorum – Metrum [alternierend o. akzentuierend?]) herrscht Uneinigkeit, da die nachträglich beigegebenen Überschriften, die sich auf die musikal. Aufführung beziehen (L. DELEKAT, ZAW 76, 1964, 280 bis 297), nur ausnahmsweise (Tamîd-Ps.) den kult. Kontext angeben. Die vergleichbaren Hymnen und Gebete der israelit. Nachbarkulturen (bes. A. FALKENSTEIN – W. v. SODEN Sumer. und akkad. Hymnen und Gebete, 1953) haben skandinav. Forscher ein den Vorderen Orient überziehendes Neujahrsfest (Thronbesteigungsfest von König und Gott) postulieren lassen, das auch den Hintergrund der Ps. bilde (I. ENGNELL Stud. in Divine Kingship, 1943; Kritik: M. NOTH, ZThK 47, 1950, 157–191). Die Ps., in 73 Überschriften durch präpositionales 1^e David zugeschrieben, sind von Anonymoi verfaßt, stammen aus Leviten- wie Laienkreisen, vertreten Jerusalemer Zionstraditionen (außer Ps. 68 vgl. H. J. KRAUS, Festschrift. f. W. Freytag, Basileia, 1959, 177–184) und entstanden in vor- wie nachexilischer Zeit. H. G. K.

1. *S. Mowinckel* Ps.-Studien I–VI. 1921–24. 2. *H. Gunkel (-J. Begrich)* Einl. in die Ps., 1933. 3. *H. J. Kraus* Ps. Bibl. Komm. XV, 1960. 1966³. 4. *J. A. Sanders* The Psalms Scroll of Qumrân Cave 11 (11QPsª). Disc. in the Jud. Desert of Jord. IV, 1965.

Psamathe (*Ψαμάθη*), »Sand«, Nereide (Hes. theog. 260. Apollod. 1,2,7), von → Aiakos Mutter des → Phokos (Hes. theog. 1004. Apollod. 3,12,6, 8. Pind. N 5,13), sowie boiot. (Plin. nat. 4,25. Sch. Nikandr. ther. 887) und argiv. (Plin. nat. 4,17) Quelle. P. gilt als Tochter des argiv. Königs → Krotopos (Stat. Theb. 1,557ff.), die dem Apollon den → Linos gebiert (Paus. 1,43,7. 2,19,8. Serv. auct. ecl. 4,57. Phot. lex. s. *Λίνον*. Konon FGrH 26 F 1,19). P. setzt das Kind aus, das von Hunden zerrissen wird; Krotopos tötet P. (Sch. Ov. Ib. 573 P. lebendig begraben), worauf Apollon eine Seuche (Konon) oder ein Untier schickt, das von → Koroibos beseitigt wird (Paus.), und Krotopos tötet (Ov. Ib. 575). Grab der P. in Argos (Paus. 2,19,8). Argiv. Fest (Konon. Kall. frg. 26ff. Pf.), an dem Hunde getötet werden (Nilsson Griech. Feste 438), daraus erklärt. G. R.

Prell.-Rob. 1,463. 556. *Höfer* Myth. Lex. 3,3194ff. *Grimal* Dictionnaire 399. *Rose* Griech. Myth. 201. *Ranke-Graves* Griech. Myth. 2,204.

Psammetichos, Manethos Umschreibung des (lib.) Namens, (äg.) *Psmtk*, des 1. Königs der 26. (sait.) Dyn. Ps. I (663–609), Thronname *Wȝḥ-ib-Rᶜ*. Sohn des Fürsten von Sais Necho, mit ihm von den Assyrern eingesetzt (mit Namen *Nabu-šezibanni*, in Athribis). Trotz Aufstandes (667) von Assurbanipal zum Fürsten von Sais gemacht, einte er Äg. wieder (655 Thebais besetzt); Tochter → Nitokris als Gottesgemahlin eingesetzt). Ps. I unterstützte Šamaš-šum-ukin von Babylon gegen seinen Bruder und wehrte einen Skythenangriff ab (Hdt. 1,103; vgl. auch 2,157 Belagerung von Asdod). Zudem baute er die O.-Befestigungen aus (zu Daphnai vgl. Hdt. 2,30). Am E. der Regierung unterstützte Ps. I die sinkende Macht der Assyrer gegen Meder und Babylonier (Chronik Gadd zu 616 v. Chr.). Sein Grab in Sais (Hdt. 2,169) ist nicht aufgefunden. W. H.

Psammuthis. 1. Manethos Bezeichnung für Psammetich II. (594–588), Thronname *Nfr-ib-Rᶜ* (Hdt. 2,159/61 Psammis), Sohn Nechos (II).; seine Tochter *ᶜnḫ.š-nfr-ib-Rᶜ* wurde von ihrer Großtante → Nitokris 594 als Gottesgemahlin in Theben adoptiert und trat dort die Herrschaft 591 v. Chr. an. Ps. II. unternahm 592 einen nubischen Feldzug (Kêmi 8,39), bei dem griech. Söldner die bekannten Graffiti an den Kolossen von Abu Simbel hinterlassen haben (CIG III 5126; vgl. Hdt. 2,161). Eine »Fahrt« nach Syrien 591 v. Chr. galt wohl der Inspektion von dort gelegenen, gegen Babylon gerichteten Stützpunkten. **2.** Mit Ps. bezeichnet Manetho auch König *Pȝ-šrj-n-Mw.t* der 29. Dyn. (390 v. Chr.), wohl Nachfolger der Nepherites I.; ihm folgte (entgegen Manethos

Anordnung, aber nach Demot. Chronik) Hakoris (vgl. ASAE 18,37; Helck Manetho 49). W. H.

Psammis s. Psammuthis

Psaon (*Ψάων*) von Plataiai, Vf. einer Weltgesch. von 297/96 ab in 30 B., Diod. 21,5. Nichts erhalten. Jacoby FGrH 78 m. Komm. in Bd. 2c S. 131. K. Z.

Psaumis (*Ψαῦμις*) aus Kamarina, Sohn des Akron, Sieger im Wagenrennen mit Pferden und Maultieren in Olympia, gefeiert von Pindar O. 4 und 5; sonst nichts bekannt. K. Z.

Pselkis, h. Dakkeh, 107 km s. Assuan am W.-Ufer des Nil, mit Tempel des Thot von Pnubs, begonnen durch Ergamenes von Nubien am Ort eines Tempels des M. und N. R., trotz Weiterbau durch verschiedene Ptolemäer und Augustus unvollendet (Roeder Tempel von Dakke, 1930). Hier schlug 23 v. Chr. Petronius die Truppen der Kandake von Nubien. W. H.

Psellos (*Ψελλός*), Konstantinos (Mönchsname: Michael), bedeutender Polyhistor und Staatsmann (1018–1097? Zum Todesjahr zuletzt D. I. Polemis, ByzZ 58, 1965, 73ff. P. Gautier, REByz 24, 1966, 153ff.). * in Nikomedeia (anders P. Ioannou, ByzZ 44, 1951, 283ff.), erwarb sich der hochbegabte P. trotz materieller Not gründliche Kenntnisse auf allen Gebieten. Zu seinen Lehrern gehörte → Mauropus. Nach kurzer Advokatentätigkeit wurde er von Michael IV. zum Richter, von Michael V. zum kaiserl. Sekretär ernannt. Seine glänzende Karriere als kaiserl. Berater und Minister wußte er durch nicht eben charaktervolle Geschmeidigkeit bis hin zur Regierung Michaels VII., seines ehemaligen Schülers, auszudehnen. Sie wurde nur kurz (1054) durch ein Exil im Kloster unterbrochen. Daneben wirkte P. seit 1045 als gefeierter Professor (*ὕπατος τῶν φιλοσόφων*) an der Universität der Hauptstadt. Über seine letzten Lebensjahre nach dem Sturz Michaels VII. (1078) ist nichts bekannt.

P.' überragende Bildung dokumentiert sich in zahllosen Prosaschriften und Gedichten. Er hinterließ u. a. Werke der Theologie (Komm. zum Hohenlied, Heiligenleben), Jurisprudenz (Lex. röm. t. t., Synopsis der Gesetze, t. t. des att. Rechts), Philologie (Hom.-Allegorien, Ilias-Paraphrase, griech. Dialekte, Stil-Unt. u. a. zu Gregor von Nazianz, Achill. Tat. und Heliodor), Rhetorik (Walz Rhet. 3,687ff. 5,598ff.), Grammatik (Anecd. Boissonade 3,200ff.) und Medizin (Anecd. a. O. 1,175ff. = Ideler, Phys. et med. gr. min. 1,203ff.). Während es sich hierbei zumeist um unselbständige Kompilationen handelt, gehört sein Geschichtswerk (*Χρονογραφία*) für die Z. 976–1078 zu den originellsten Leistungen, bes. durch die auf Autopsie beruhenden großartigen Porträts der zahlreichen Herrscher. Gegenüber dem 1. Teil leidet freilich der (nachträglich verfaßte) 2. unter der Rücksichtnahme auf die Familie der Dukas. Die größte Wirkung hatte P. mit seinem Versuch, das Studium der Philos. über die neuplaton. Lit. und Aristot. hinaus auf Platon auszudehnen. Diese intensiven Bemühungen (u. a. Komm. zu Platons Timaios) trugen ihm sogar den Vorwurf der Häresie ein. Obwohl P. in seiner Prosa, bes. den Reden und vielen Briefen, eine betont attizist., zudem oft überladene, aber doch souverän gehandhabte und von Fall zu Fall variierte Sprache verwendet, interessierte er sich auch für Volkstümliches (Umgangssprache, Sprichwörter). Seiner gewaltigen Bedeutung für das 11. Jh. und seinem Ansehen gemäß wurden bald Sammel-Ausg. veranstaltet (vgl. Cod. Paris. gr. 1182, Matrit. gr. 51). H. Gä.

Ta. (in Auswahl; Gesamtausg. fehlt, manches noch nicht ediert, das Bekannte weit zerstreut): *Migne*, PG 122, 477ff.

Chronogr.: *K. Sathas*, Μεσ. Βιβλ. 4 (1874). *E. Renauld*, Paris 1926/28 (1967) m. frz. Übers. Engl. Übers.: *E. R. A. Sewter*, London 1953.

Scr. min.: *K. Sathas*, Μεσ. Βιβλ. 5 (1876). *E. Kurtz–F. Drexl*, Milano 1936/41.

Omnif. doctr.: *L. G. Westerink*, Nijmegen 1948.

Operat. daemon.: *J. F. Boissonade*, Nürnberg 1838 (Nachdr. Amsterdam 1964).

Sonstiges: *P. Würthle* Die Monodie des M. P., Paderborn 1917. *J. Bidez*, Bruxelles 1928. *P. Ioannou*, ByzZ 51, 1958, 1ff. *F. Lasserre*, AC 28, 1958, 32ff. *L. G. Westerink*, ByzZ 52, 1959, 1ff. *A. Garzya*, Napoli 1966.

Lit. (unzureichend *E. Kriaras*, RE Suppl. XI 1124ff.): *Krumbacher*, 79f. 433ff. *H. G. Beck* Kirche und theol. Lit. 538ff. *G. Misch* Gesch. d. Autobiogr. 3,2,760ff. *Chr. Zervos* M. P., Paris 1920. *G. Böhlig* Unt. zum rhet. Sprachgebrauch der Byzantiner ..., Bln. 1956. *M. E. Colonna* Gli storici biz. ... 113ff.

Dämonologie: *K. Svoboda* La démonol. de M. P., Brno 1927. *M. Wellnhofer*, ByzZ 30, 1929/30, 477ff.

Philos.: *L. Benakis*, Hellenika 16, 1958/59, 222ff. Arch. Gesch. Philos. 43, 1961, 215ff. 44, 1962, 33ff. ByzZ 56, 1963, 213ff. Festschr. *Vourveris*, Athen 1964, 345ff. *V. Cilento*, RFIC 92, 1964, 377ff. *M. Sicherl*, JbÖsterrByz.Ges. 15, 1966, 201ff. *E. Des Places*, CRAI 1966, 313ff.

Pseudodipteros. Nach Vitr. 3,2,6. 3,8f. 7 praef. 12 schuf → Hermogenes (13) aus dem → Dipteros durch Weglassen der inneren Säulenreihe den P. Der weite Umgang um die Cella bezeugt ein neues Verhältnis zum Raum. Beispiele die Artemistempel in → Magnesia (2) und Sardeis, G. Gruben Die Tempel der Griechen, 1966, 367ff. 372ff., und der Tempel der Venus und Roma in Rom, Nash 2,496f. W. H. G.

Pseudokleteias graphe (ψευδοκλητείας γραφή). Eine öffentl. Strafklage in Athen gegen Ladungszeugen, die in einem Prozeß über die Ladung des Beklagten falsch ausgesagt hatten. Die Tat wurde mit einer von den Richtern nach freiem Ermessen festzusetzenden Geldstrafe ohne Höchstgrenze bestraft. Die dritte Verurteilung wegen Ps. hatte → Ἀτιμία zur Folge. Gegen den Zeugensteller war nach Verurteilung der Zeugen die → Kakotechnion dike zulässig. Da eine strafbare Handlung auf das Versäumnisurteil eingewirkt hatte, konnte nach seiner Aufhebung im Anfechtungsprozeß die Wiederaufnahme des Verfahrens beantragt werden, → Palindikia. E. B.

Bonner-Smith The Administration of Justice from Homer to Aristotle 1, 1930, 292.

Pseudomartyrion dike (ψευδομαρτυρίων δίκη), Klage wegen falscher oder gesetzwidriger Zeugenaussage. 1. Vorkommen. Sie ist für das att. Recht, das zwischenstaatl. griech. Vertragsrecht und die griech. Stadtrechte im ptolem. Äg. überliefert. 2. Rechtlicher Charakter. Die P. d. war urspr. eine reine Strafklage, die sich nach dem Übergang vom formalen Beweis zur freien Beweiswürdigung entwickelt hat und allmählich die Züge einer Wiederaufnahmeklage, → Palindikia, annahm. 3. Verfahren. a) Parteien. Als Kläger konnte jede der beiden Parteien des Ursprungsprozesses auftreten, Beklagter war der Zeuge der Gegenpartei, dessen Zeugnis angefochten werden sollte. b) Gericht. Regelmäßig waren der Archon und die Geschworenen des Ursprungsprozesses zuständig. Nur die Klagen wegen falschen Zeugnisses vor dem → Ἄρειος πάγος gingen an die unter dem Vorsitz der Thesmothetai tagenden Geschworenen. c) Anfechtung. Sie vollzog sich in zwei Stufen. Die erste war eine formelle Anfechtungserklärung, ἐπίσκηψις, vor der Abstimmung der Richter im Ursprungsprozeß, die zweite die Einreichung der P. d. d) Urteil. Der für schuldig befundene Beklagte verfiel einer – wohl öffentlichen – Geldstrafe, deren Höhe durch Schätzung, → Timetai dikai, festgestellt wurde. Nach der zweiten Verurteilung entfiel als Nebenfolge der Zeugniszwang, die dritte hatte → Ἀτιμία zur Folge. Dem unterlegenen Kläger wurde eine geringe Geldstrafe zudiktiert, → Ἐπωβελία. Die erfolgreiche Anfechtung führte nur ausnahmsweise zu einer Wiederaufnahme des Ursprungsprozesses. 4. Besonderheiten. Verfahrensbedingte Abweichungen zeigen sich in Athen bei der P. d. gegen eine → Διαμαρτυρία sowie in den außeratt. Fällen. E. B.

E. Berneker, RE XXIII 1364ff.

Pseudoperipteros. Nach Vitr. 4,8,6 heißen P. die ital.-röm. Tempel, bei denen die seitlichen Säulen der Vorhalle sich in Halbsäulen an den Cella-Seiten fortzusetzen scheinen. Beispiele: der ionische Tempel des Forum Boarium, Rom (Nash 1,506), der Tempel des C. und L. Caesar in → Nemausus (2), vgl. J. Ch. Balty Etudes sur la Maison Carrée de Nimes 1960. W. H. G.

Psiax (Φσιαχς). Der att. Vasenmaler P., früher auch Menonmaler genannt, arbeitete im letzten Drittel des 6. Jh. v. Chr. in sf., rf. und Six-Technik für wenigstens drei Töpfer, → Andokides (2), → Hilinos und → Menon (9) vorwiegend kleinere Gefäße. Er gehört zu den »Pionieren« der rf. Technik. W. H. G.

Beazley ABV 292ff. ARVP² 6ff. 1617f. *Scheibler*, LAW 2467.

Psophis (*Ψωφίς*, Ethnik. *Ψωφίδιος*), nordwestlichste Stadt Arkadiens im Tal des → Erymanthos (2), h. Tripotamo, gut erhaltener Mauerring, Theater und anderes. Aus der Gesch. ist wenig bekannt, 219 v. Chr. durch Philipp V. erobert und an den achaiischen Bund gegeben, Münzen noch in der Severerzeit, Pol. 4,70,3ff. Paus. 8,24,1–14. Ptol. 3,14,40. Mela 2,43. Plin. nat. 4,20. Steph. Byz. BCH 45, 1921 14 II 124f. Aus P. stammte der für seine Einfachheit gerühmte Bauer Aglaos in der Z. des Gyges, Paus. 8,24,13f. Plin. nat. 7,151. Val. Max. 7,1,2. Mz. HEAD HN² 453. [1], 1426,28ff. Jahrb. f. Numismatik 8, 1957, 94 Nr. 48. E. M.

1. *E. Meyer*, RE XXIII 1421ff. Nr. 5. 2. *Philipps.-Kirst.* 3, 208.

Psyche. Gestalt aus dem Märchen, das von ihrer Liebe zu Amor, den Zwischenfällen und der von den Göttern beschlossenen Hochzeit der beiden handelt (Apul. 4,28–6,24). Zum griech. Ursprung der Erzählung vgl. R. HELM, NJb. 33, 1914, 170ff. Es hat, wiewohl urspr. offenbar mit rel.-spekulativen Elementen behaftet, bei Apul. weder philos. noch pädagog. oder relig. Charakter (L. C. PURSER The story of Cupid and Psyche, London 1910, 61). – Die Nachwirkung in Kunst und Lit. ist groß. Zu allem vgl. R. HELM, RE XXIII 1434ff. W. P.

Psychostasie (»Seelenwägung«). Während bei der äg. P., die nach dem Tod stattfindet, der sittl. Wert gewogen wird ([1], 1439/41), geht es bei der griech. P., die am Lebenden vollzogen wird, um die Feststellung des noch vorhandenen *μένος* (Lebenskraft). Die griech. P. ist durch die erlebnismäßige Nähe zu *κήρ* »Schaden« (weil eben in krit. Situationen gewogen wird) zu einer Kerostasie geworden; Näheres [2], 15ff. und → Kerostasie. Gewogen werden *κῆρες*, oder auch *εἴδωλα*, die (aus dem Streben nach Anschaulichkeit in einer ähnlichen Vorwegnahme wie bei *κήρ*) den noch Lebenden zu bedeuten haben, also keine Totenseelen; vgl. [1], 1442f. Hermes oder Zeus führen die P. durch. – Aischyl. hat eine P. (mit Zeus an der Waage, an den beiden Schalen Thetis und Eos) gedichtet. – Das Motiv der P. wird, komisch umgebogen, bei Aristoph. Ran. 1364ff. zur Wägung von Versen des Aisch. und des Eur. verwendet. Das Bild von der Wägung wird öfters metaphor. gebraucht (z. B. Aischyl. Hept. 21; Ag. 438. Kerkidas Frg. 1, 15 D². Q. Smyrn. 2,540); Verg. Aen. 12,725 ahmt Hom. nach. – Die *καρδιουλκίαι* der eleus. Mysterien (Clem. Alex. Protr. 2,15,1) können wohl durch sekundär. Einfluß aus dem ägäischen Bereich erklärt werden. – Das Motiv der P. (selbstverständl. im rel.-sittl. Sinne) wird bildlich bei Aug., Prudent., Ven. Fort. usw. verwendet. Ebenso etwa im Meteora-Kloster Barlaam (Kapelle) oder am Hauptportal von Notre Dame in Paris. W. P.

1. *E. Wüst*, RE XXIII 1439ff. 2. *W. Pötscher*, WS 73, 1960, 5ff.

Psykter (*ψυκτήρ*). Zum Kühlen (Kühlhalten) von Wein benützte die Ant. teils eine doppelwandige Amphora (selten erhalten), teils wahrscheinlich ein bauchiges Gefäß auf hohem, rundem Fuß, das im → Krater (1) schwamm. Unklar bleibt, ob in diesem P. der Wein oder die Kühlmasse Platz fand. W. H. G.

E. Diehl, in: Festschr. z. 400jähr. Jubiläum d. Herzog-Wolfgang-Gymn. Zweibrücken, 1959. *Beazley* ARVP² IL.

Psylloi (*Ψύλλοι*), libyscher Volksstamm, der – an der nordafrikanischen Großen Syrte (*ὁ Ψυλλικὸς κόλπος*: Hekat. FGrH 1 F 332) ansässig – im O. den → Nasamonen und im S. den → Garamanten benachbart war. Zu Beginn des 5. Jh. v. Chr. wurden die P. infolge einer Dürrekatastrophe zum Verlassen ihrer Heimat gezwungen und auf ihrer Wanderung von den Nasamonen vernichtet, die daraufhin deren ehemaligen Wohnsitze einnahmen (Hdt. 4,173 = Gell. 16,11,3–8 in fabulöser Ausgestaltung. Plin. nat. 7,14). Wenn unsere Quellen auch noch in späterer Z. von P. berichten, so sind in diesen die Nachfahren eines überlebenden Restes der erwähnten P. zu erblicken; als Volkseinheit haben sie jedoch keine Rolle mehr zu spielen vermocht. Dagegen galten sie – wovon Hdt. a. O. noch nichts vermerkte – als eine gegen tierische, bes. Schlangengifte gefeite Sippe, deren Hilfe bei entsprechenden Verwundungen als hochwirksam galt und allgemein geschätzt wurde. – Zu einem Stamm gleichen Namens in Indien s. einzig Ail. nat. 16,37. E. O.

Quellenbelege bei *H. Treidler*, RE XXIII 1464–1476.

Psyttaleia (*ἡ Ψυττάλεια*), langgestreckte Felseninsel (1½ km lang, 400 m breit, 51 m hoch) zwischen Salamis und dem Peiraieus, immer unbewohnt, h. Lipsokutala mit Leuchtturm. Aischyl. Pers. 447ff. Strab. 9,1,14 p. 395. Paus. 1,36,2. Aristodem. 1,4 (FGrH 104 F. 1). Plin. nat. 4,62. Steph. Byz.

Berühmt wurde P. dadurch, daß Xerxes vor der Schlacht von Salamis hier Truppen landete, die am Abend von den Griechen unter Führung des Aristeides vernichtet wurden, Aischyl. a. O. Hdt. 8,76,1. 95. Plut. Arist. 9. Aristodem. a. O. u. a. o. E. M.

E. Meyer, RE Suppl. XIII.

Ptah s. Phthas

Pteleon (*Πτελεόν*). **1.** Befestigter Ort an der W.-Küste Kleinasiens im Gebiet von Erythrai, wohl beim h. Denizgiren n. von Erythrai, Thuk. 8,24,2. 31,2. Plin. nat. 5,117 und in den att. Tributlisten, B. D. MERITT The Athen. trib. lists 1,390f. 486. 2,82.

J. Keil, RE XXIII 1481 Nr. 2.

2. Bei Plin. nat. 4,26 Küstenort in Boiotien, vielleicht das P. von Thuk. 5,18,7, das ADCOCK, CAH V 251 A. 1, A. W. GOMME A histor. commentary on Thucydides III 674 eher für → Nr. 3 halten.

3. Stadt in Achaia → Phthiotis, Ethnik. inschr. *Πτελεεύς* beim h. Ftelio an einer tiefen Bucht vor dem Eingang in den Golf von Volo mit Resten von neolith. Z. bis ins MA., genannt bei Hom. Il. 2,697. 192 v. Chr. Landung Antiochos' III., Liv. 35,43,4. 171 v. Chr. von den Römern zerstört und seitdem bis ins MA. verlassen, Liv. 42,67,9. Strab. 9,5,8 p. 433. 5,14 p. 435. Mela 2,44. Plin. nat. 4,29 (nur noch *nemus*). Steph. Byz. Inschr. IG IX 2, 97–99. E. M.

1. *Fr. Stählin* Das hellen. Thessalien 181. 2. *Philipps.-Kirst.* 1,207. 3. *Kirsten*, RE XXIII 1481 ff. Nr. 3.

Pterelaos (*Πτερέλαος*, *Πτερέλεως*). Myth. König der Taphier (Teleboer), durch Taphios (urspr. wohl direkt, Sch. Apoll. Rhod. 1,747 b = Herodor) von Poseidon und → Hippothoe (3) abstammend, Apollod. 2,50 f. 54. 60. Gegen ihn zog → Amphitryon, vereint mit → Kephalos (1), → Heleios, Panopeus und Kreon, zu Felde, um die durch die Taphier getöteten Söhne → Elektryons zu rächen. Erfolg hatte er aber erst, als → Komaitho (1) aus Liebe zu Amphitryon (oder Kephalos) ihrem Vater die goldene Locke abschnitt, durch die Poseidon ihn unsterblich gemacht hatte. Nun wurde P. getötet, Plaut. Amph. 252. Hdt. 5,59. Paus. 9,10,4, doch starb auch die Verräterin. Anknüpfend an eine Notiz Strab. 10,452, Kephalos sei der erste gewesen, der sich – aus unglücklicher Liebe zu P. – vom Leukad. Felsen gestürzt habe, sucht G. Radke, RE XXIII 1491 ff. nachzuweisen, daß der Mythos von P., dem »Geflügelten«, Komaitho und Kephalos in einem rituellen Sprung ins Wasser mit Vogelmaskerade wurzle. H. v. G.

Ptoiodoros (*Πτωιόδωρος*, in Hss. *Πτοιόδωρος* »Gabe des Ptoios«). **1.** Thebaner, 425/24 verbannt, der mit Hilfe Athens die lakonenfreundl. aristokrat. Regierungen in Theben und anderen boiot. Städten zu stürzen versucht, was zu der athen. Niederlage bei → Delion führt, Thuk. 4, 76,2. 89 f. **2.** Vornehmer und einflußreicher Megarer, der (um 360 v. Chr.) den verbannten Syrakusier → Dion nicht empfängt (Plut. Dion 17,9); später, kurz vor 343, eifriger Parteigänger → Philipps II. (Demosth. 18,295. 19,295). K. Z.

Ptoion (*Πτώιον*. *Πτῷον*, spät *Πτῶον*), Gebirge in Boiotien n. ö. des Kopaissees, Kalkgebirge mit Schiefereinlagen und Höhen bis 724 m. Im W.-Teil des Gebirges lagen über → Akraiphia in einer Talmulde nahe beieinander zwei Heiligtümer, mehr im W. das des Heros Ptoios mit kleinem Tempel etwa des späten 4. Jh. v. Chr. und Nebengebäuden und zahlreichen Dreifußbasen auf besonderer Terrasse darunter mit Kult seit dem 7. Jh. v. Chr. und 1 km weiter ö. bei der starken Quelle Perdikovrysis über einer neolith.-hellad. Siedlung mit myken. Burg auf dem Berggipfel s. darüber das große Heiligtum des Apollon Ptoios, das sich auf mehreren Terrassen etwa 250:40 m ausdehnte. Der Tempel auf der obersten Terrasse war ein dor. Peripteros von 11,65:24,72 m mit 8:13 Säulen wohl vom E. 4. Jh. v. Chr., mehrere Nebengebäude bei und unterhalb des Tempels. Unmittelbar ö. des Tempels lag die dem Orakel dienende ausgebaute Quellgrotte. Neben Apollon hatte vor allem Athena Pronaia eigenen Kult, und wie an anderen Orten hat Apollon eine ältere Gottheit, den Heros Ptoios verdrängt. Das Ptoion galt in klass. Z. als untrügliches Orakel, dessen Orakel durch einen Priester gegeben wurden. Beim Heiligtum fanden die penteter. Spiele der Ptoia statt, anscheinend erst durch Amphiktyonenbeschluß vom J. 228–226 v. Chr. eingerichtet mit nur mus. Agonen, an denen sich die boiot. Städte beteiligten. Sie wurden nach vorübergehendem Erlöschen in der Kaiserzeit als *Πτώια καὶ Καισάρεια* erneuert. Unter den Funden ragen eine größere Anzahl archaischer Kuroi und zahlreiche Dreifüße hervor. Schon in frühgesch. Z. besaß Theben die Herrschaft über das urspr. wohl zu Akraiphia gehörende Heiligtum. Nach einem gewissen Rückgang des Kultes und der Zerstörung Thebens im J. 335 wurden Heiligtum und Spiele durch den boiot. Bund neu belebt, nach dessen Niedergang Akraiphia die Leitung des Heiligtums und der Spiele übernahm, bei dem sie durch die ganze Kaiserz. blieb. Pind. frg. 51 b. pae. 7 f, 2 (Snell). Hdt. 8,135. Strab. 9,2,34 p. 413. Plut. Pelop. 16,4. Paus. 9,23,5–7. Inschr. IG VII 2723 bis 2724 e. 2729 f. 2732. 4130–4162. 4164. [6] 1540. 42 ff. BCH 70, 1946, 216 ff. SEG 1,143. 15,334. 22,428. 430 f. 23,283–285. E. M.

1. Ausgrabungsber. bes. BCH ab 8, 1884, 514–16, 1892. 31, 1907, 185 ff. 44, 1920–60, 1936. Zuletzt 88, 1964, 851 ff. – 90, 1966, 936 ff. 2. *P. Guillon* Les trépieds du Pt., 1943 (mit Plan pl. V) 3. *Ders.* Bases et colonnes de trépieds retrouvées au Pt., 1943. 4. *Ders.* Offrandes et dédicaces du Pt., BCH 86, 1962, 569 ff. 87, 1963, 24 ff. 5. *Ders.* Sur un fragment de Pindare et un faux sens de Strabon. La retraite aux trois cimes du Pt., BCH 77, 1953, 377 ff. 6. *S. Lauffer*, RE XXIII 1506 ff. (mit voller Lit., Karte des Gebirges und Plänen). 7. *Philipps.-Kirst.* 1,491 ff. 8. *L. Vlad Borrelli*, Enc. arte ant. 6,535 ff. (mit Lit.).

Ptolemaia (Sylloge[3] 1080, III. *Πτολεμαίεια* IG IX 4, 1038, 17. *Πτολεμάεα* IG XIIs. 139, 75 ff.), period. wiederkehrende Feste des Herrscherkultes für Ptolemaios I. und den jeweils regierenden Ptolemaier, wohl auch dort, wo nur ein → Ptolemaion genannt wird. Ptolemaios II. stiftete 279/78 P. als Penteteris in Alexandreia zu Ehren des 283 verstorbenen Vaters. Sylloge[3] 390. Die prunkvolle, wohl dritte Feier 271/70 schildert Kallixeinos, Athen. 5,196 ff.: Festzug mit über 6000 Teilnehmern, tausenden fremden Tieren und 80800 Soldaten, Opfer von 2000 Stieren, Agon und Bewirtung. Geehrt wurden Ptolemaios I. und → Berenike (1) als *θεοὶ σωτῆρες*, sowie Ptolemaios II. Weitere Wiederholungen sind von 259/258 bis 243/42 und von 223/22 bis 211/10 bezeugt. Außerhalb Äg. zeigen P. den Einfluß der Ptolemaier. In Athen gab es seit etwa 224 P. zu Ehren des Ptolemaios III., letzte Erwähnung 83

IG II^{2} 1039. Auf Delos feierte der Nesiotenbund P. bereits vor 279/78, später dreimal jährl., wozu die Ptolemaier goldene Schalen schenkten. P. wurden in Eresos und Methymna auf Lesbos, Kos, Nesos, in Erythrai, Milet und Rhodos begangen. H. V.

H. Volkmann, RE XXIII 1578ff. *P. M. Fraser* Journ. of egypt. archaeol. 46, 1960, 97. *Ders.* Harvard theolog. rev. 54, 1961, 141ff. *É. Will* Histoire politique du monde hellénist. 1, 1966, 179f.

Ptolemaion, Bau für den Herrscherkult der Ptolemaier. Das von Ptolemaios II. neben dem Grab Alexanders d. Gr. errichtete P. ersetzte Ptolemaios IV. durch ein Mausoleum für die Mumie Alexanders und die Urnen der Ptolemaier. Zenob. 3,94. Suet. Aug. 18. In Athen baute Ptolemaios III. oder VI. als P. ein Gymnasion mit Bibliothek. Paus. 1,17,2. IG II^{2} 1006, 19. In Rhodos war es ein Temenos, Diod. 20,100,4. Weitere P. RE XXIII 1591f. H. V.

É. Will Histoire politique du monde hellénist. 1, 1966, 329.

Ptolemaios (*Πτολεμαῖος*), maked. Name. O. Hoffmann Die Makedonen 1906, 173. Hsl. *Ptolomaeus, Ptolomeus,* K. Keil, RhM 18, 1863, 268. *Τολεμαῖος* thess., E. Schwyzer Dialectorum Graec. exempla 1923, 593.

A. Politische Persönlichkeiten:

I. Die Dynastie der P. oder Lagiden (nach Lagos, Vater des P. I.) in Äg. Die durchlaufende Bezifferung der Könige ist modern, in der Ant. unterschied man sie durch Beinamen, seit Strab. 17,796 vereinzelt durch Zahlen. Listen mit Regierungsjahren im Königskanon des Klaudios P. und in der Chronik des Eus. Chron. min. 3,361. FGrH 260,2. A. E. Samuel Ptolemaic chronology 1962. P. W. Pestman Chronologie égypt. d'après les textes démotiques 1967. T. C. Skeat The reigns of the Ptolemies^{2} 1969. Zu den Geschwisterheiraten der P. J. Seibert Hist. Bh. 10, 1967, 81ff. M. Th. Lenger Corpus des ordonnances des Ptolémées 1964. H. J. Wolff Das Justizwesen der P. 1962. Zum Herrscherkult J. Ijsewijn De sacerdotibus sacerdotiisque Alexandri Magni et Lagidarum eponymis 1961. Nachtrag dazu L. Koenen, Ztschr. f. Papyrologie und Epigraphik 5, 1965, 9. C. Schneider Kulturgesch. des Hellenismus 2, 1969. H. Volkmann, RE XXIII 1600ff. É. Will Histoire politique du monde hellénistique 1, 1966. 2, 1967.

1. P. I. Soter, Sohn des Maked. Lagos und der → Arsinoe (II 1), * 367/66, seit 336 Leibwächter und bewährter Feldherr Alexanders d. Gr. (Gefangennahme des → Bessos, Arr. an. 3,29,7ff.), durch die Reichsordnung 323 Satrap in Äg., wehrte 321 den Angriff des → Perdikkas auf Äg. ab, lehnte die Reichsverweserschaft ab (»der klügste Entschluß seines klugen Lebens«, Bengtson GG^{4} 373) und gewann zu Äg. durch → Magas (2) nach mehreren Aufständen 298 Kyrene und 294 Kypros. Zwischen 315 und 301 kämpfte er in den Koalitions-

kriegen gegen Polyperchon und → Antigonos (1), besiegte 312 → Demetrios (2) bei Gaza, verlor 306 die Seeschlacht bei Salamis auf Kypros, nahm 305 den Königstitel an und erhielt göttliche Ehren als Soter für die dem belagerten Rhodos gewährte Hilfe. Diod. 18–20. Daß P., am Sieg bei Ipsos 301 über Antigonos nicht beteiligt, Koilesyrien und Phoinikien behielt, führte 150 J. zum Streit mit den Seleukiden. Nach Verstoßung der → Eurydike (3) heiratete er → Berenike (1), nahm 285 ihren Sohn P. II. zum Mitregenten und schloß → P. (25) Keraunos von der Thronfolge aus. Die Heiraten seiner Töchter → Arsinoe II. (II 3), → Theoxene, → Ptolemais und Antigone mit → Lysimachos (1), → Agathokles (2), → Demetrios (2) und → Pyrrhos (1) halfen seiner Außenpolitik. P. begründete die zentralisierte Verwaltungs- und Heeresordnung, die wirtschaftliche Sonderstellung Äg.s mit eigenem Münzgeld, förderte durch das → Museion (3) und die alexandrin. → Bibliothek die Wissenschaft, stiftete für Griechen und Ägypter den → Sarapiskult und den Reichskult des in Memphis beigesetzten Alexandros. † 283/82. J. Seibert Unters. z. Gesch. des P. I., 1969. H. V.

Ptolemaios als Historiker. Ein wohl gegen E. seines Lebens verfaßtes Werk über die Kriege Alexanders d. Gr. (Titel s. Kornemann S. 39) ist Hauptquelle → Arrians, wird aber sonst kaum zitiert. Sicher scheint Benutzung offiziellen, möglicherweise mit der Leiche Alexanders nach Äg. gekommenen Materials. Im Gegensatz zu dem sonst allg. Lob läßt genaue Prüfung deutliche Beschränkung auf das rein Militärische und Vermeidung alles schon Zeitgenossen Problematischen erkennen. Daneben steht Hervorhebung eigener Leistungen (vgl. C. B. Welles Miscell. Rostagni, Turin 1963, 101ff.) wie Verächtlichmachung persönlicher und polit. Gegner (→ Perdikkas). Möglich wäre daher, daß das Werk nachträgliche Rechtfertigung seiner 323 gespielten, die Auflösung des Alexanderreiches einleitenden Rolle ist. G. W.

H. Strasburger Ptolemaios und Alexander Lpz. 1934. *E. Kornemann* Die Alexandergeschichte des Königs Ptolemaios I. von Äg., Lpz. 1935. *G. Wirth*, RE XXIII 2467–2484. *L. Pearson* The Lost Histories of Alexander the Great, New York 1960, 188ff. *Jacoby* FGrH 138 u. Komm.

2. P. II. Philadelphos (Beiname seit dem 2. Jh. v. Chr.), Sohn des P. I. und der Berenike, * auf Kos, Mitregent 285–83, dann Alleinherrscher, † 246. In den syr. Kriegen 280–79, 274–71 und 260–53 und im chremonideischen Krieg 267 bis 261 behauptete P. gegen → Antiochos I. (2), II. (3) und → Antigonos (2) trotz der Seeniederlage bei Kos die gewonnenen Besitzungen in Kleinasien und der Ägäis, den Einfluß auf den Nesiotenbund und unterstützte Sparta, Athen und → Aratos gegen Makedonien. 273 Gesandtenaustausch mit Rom. Liv. per. 14. Iust. 18,2,9. Will 1,173ff. Durch Feldzüge in Aithiopien und Arabien förderte er den Handel bes. mit Indien. Er organisierte Verwaltung und Justiz und pflegte Wissenschaft und Dichtung. Theokr. 17. → Kallimachos (3). B.J. MÜLLER P. II. als Gesetzgeber, Diss. Köln 1968. Durch die Verlobung des P. III. mit → Berenike (4) bahnte er die Rückkehr des abgefallenen Kyrene an. 252 vermählte er die Tochter Berenike (2) mit Antiochos II. Nach der Verbannung der → Arsinoe I. (II 2) heiratete P. um 278 seine Schwester → Arsinoe II. (II 3), überführte die Leiche Alexanders d. Gr. von Memphis nach Alexandreia, begründete den Kult seiner Eltern, der *θεοὶ Σωτῆρες*, den der Arsinoe II., der *θεὰ Φιλάδελφος*, und seinen mit ihr gemeinsamen der *θεοὶ ἀδελφοί* und stiftete die → Ptolemaia. **3.** P. III. Euergetes, Sohn des P. II. und der Arsinoe I., * um 284, König 246–221, vereinte durch Heirat mit → Berenike (4) Kyrene mit Äg., drang im *Λαοδίκειος πόλεμος* (Inschr. v. Priene 37,134) 246–241 zugunsten der Schwester → Berenike (2) über Syrien und den Euphrat vor, behielt nach einem Aufstand in Äg. und Gegenstoß Seleukos' II. S.-Syrien, Seleukeia in Pieria, Kilikien, Karien, kleinas. und thrak. Städte. OGIS 54. P. Gurob. FGrH 160. P. half → Antiochos Hierax gegen Seleukos II., als Hegemon dem achaischen Bund gegen → Antigonos (2), seit 226 Kleomenes III. und den Aitolern. Er straffte die Verwaltung durch Einrichtung der Gaustrategie, sorgte für Museion und Bibliothek, baute durch das Dekret von Kanopos (OGIS 56) den Herrscherkult aus und ersetzte die Kultstätte des Sarapis in Alexandreia durch einen Tempel. F. DAUMAS Les moyens d'expression du Grec et de l'Égyptien dans les décrets de Canope 1952. P. M. FRASER Opuscula Atheniensia 7, 1967, 35ff. **4.** P. IV. Philopator, Sohn des P. III. und der → Berenike (3), * nach 240, König 221–204. Zum Todestag 28. 11. 205 und der erst 204 erfolgten Proklamation des Thronwechsels K. ABEL, H 95, 1967, 72ff. Die Minister Sosibios und Agathokles ermordeten die Mutter, den Bruder → Magas (3) und den Oheim Lysimachos des P. Pol. 15,25. Von Antiochos III. 221 aus Syrien verdrängt, gewann P. mit Hilfe von 20000 Eingeborenen 217 bei Raphia S.-Syrien zurück. Pol. 5,79ff. H. J. THISSEN Stud. zum Raphiadekret, 1966. Ein Aufstand der nationalbewußten Ägypter unter Harmachis und die Inflation lähmten die Außenpolitik (Neutralität im 2. pun. Krieg). P. W. PESTMAN, Chronique d'Égypte 40, 1965, 157ff. C. PRÉAUX, ebd. 364ff. Beginn der Krise des Ptolemaierreiches, abfälliges Urteil des Pol. 5,34 über P. **5.** P. V. Epiphanes, Sohn des P. III. und der → Arsinoe (4), * 210, sofort Mitregent, 204–197 König unter Vormundschaft der Minister → Sosibios, → Agathokles (6), → Tlepolemos und Aristomenes, 197 (Epochenjahr?, Vgl. R. KOERNER, APF 18, 1966, 47ff.) Krönung in Memphis nach äg. Ritus, 180 vergiftet. Nach dem Geheimvertrag mit Philipp V. über die Aufteilung des Ptolemaierreiches eroberte → Antiochos III. (4) mit dem Sieg bei Paneion 200 S.-Syrien, Palästina und die kleinas. Besitzungen des P. Dieser behielt 195 mit Äg. nur Kypros und Kyrene und heiratete 194 → Kleopatra (4), Tochter des Antiochos. 184 beendete er den Eingeborenenaufstand des Harmachis und Anchmachis. Einrichtung des Amtes der Epistrategie. P. W. PESTMAN, Chronique d'Ég. 40, 1965, 157ff. **6.** P. VI. Philometor, Sohn des P. V. und der → Kleopatra (4), 180–176 König unter Vormundschaft der Mutter, ab 176 des Eulaios und Lenaios, heiratete 175 die Schwester → Kleopatra II. (5). 170 mündig erklärt, Samtregierung des P., P. VIII. und der Kleopatra II., neue Zählung der Regierungsjahre, Beginn des Krieges gegen Antiochos IV. Dieser besetzte 170 bis 168 Äg. bis auf Alexandreia und krönte sich als Vormund des Neffen P. zum König von Äg. Pol. 29,227. Liv. 44,19. 45,12f. WILL 2,262ff. Rom zwang 168 Antiochos durch C. → Popillius (I 3) zum Abzug. 165 Niederwerfung des aufständischen Dionysios Petosarapis und der Unruhen in der Thebais. Diod. 31,17b. F. UEBEL, APF 17, 1962, 147ff. T. C. SKEAT–E. G. TURNER Journ. of eg. archaeol. 54, 1968, 204. Durch P. VIII. 164 aus Äg. vertrieben, ging P. nach Rom, nach der Rückkehr 163 Reichsteilung: P. und Kleopatra II. erhielten Äg. und Kypros (von 152–150 unter Nr. 7), P. VIII. Kyrene. In Syrien half P. → Alexander Balas, (11), dann → Demetrios (6), die nacheinander seine Tochter → Kleopatra (14) heirateten. Zum König von Asien ausgerufen, starb P. 145 nach dem Sieg über Alexander. **7.** P. Eupator, ältester Sohn des P. VI. und der → Kleopatra (5), 158 Alexanderpriester, 153 Mitregent, 152–150 König von Kypros. OGIS 125ff. P. dem. Ryland 3,16. PESTMAN 50. **8.** P. VII. Neos Philopator, Sohn des P. VIII. und der → Kleopatra (5), * 162/61, König 145 unter Regentschaft der Mutter, bei deren Hochzeit mit P. VIII. getötet. Iust. 38,8,2ff. **9.** P. VIII. Euergetes II. (*Kakergetes*, Athen. 12,594d) Physkon, Sohn des P. V. und der → Kleopatra (4), * nach 182, ab 170 in der Samtregierung (s. Nr. 6), vertrieb 164 P. VI., ab 163 König von Kyrene, setzte als erster hellenist. König in geheimem Testament (SEG 9,7; z.T. 155 veröffentlicht), Rom als Erben ein, heiratete 145, nach Tod des P. VI. König des Gesamtreiches, die Schwester → Kleopatra II. (5), beseitigte P. VII., vertrieb griech. Gelehrte und Künstler aus Alexandreia. 144 Krönung in Memphis nach äg. Ritus, 142 Heirat mit der Stieftochter → Kleopatra III. (6). 139 Besuch röm. Gesandter in Äg., u.a. des Scipio Aemilianus. Infolge der Doppelehe Bürgerkrieg, Kleopatra II. und die Alexandriner vertrieben P. und Kleopatra III. 131–129 nach Kypros. Ermordung des → Memphites 131. Kleopatra II. suchte Hilfe in Syrien bei → Demetrios II. (6), P. bei → Alexander Zabinas (12), dann bei → Antiochos VIII. (9), mit dem er → Kleopatra (15) verheiratete. 126 Eroberung von Alexandreia, 124 Versöhnung mit Kleopatra II., Fortsetzung der Dreierregierung (P., Kleopatra II. und III.). Eingeborenenaufstände seit 131 in Theben unter Harsiesis. L. KOENEN, Chronique d'Ég. 34, 1959, 103ff. P. schrieb Hypomnemata. FGrH 234. † 116. **10.** P. Memphites s. → Memphites. **11.** P. Apion, illegit. Sohn des P. VIII., * nach 154, † 96, im Testament des Vaters zum König von Kyrene bestimmt, als solcher seit 100 nachweisbar, Iust. 39,5,2. SEG 3,378, setzte im Testament Rom zum Erben des Königslandes ein. App. Mithr. 600. WILL 2,372f. **12.** P. IX. Philometor Soter II. Lathyros Physkon, ältester Sohn des P. VIII. und der Kleopatra III., * 143/42, Alexanderpriester 135/34 und 116–107, Gouverneur von Kypros (OGIS 143), regierte mit der Mutter in Äg. 116–107, verstieß → Kleopatra IV. (7), heiratete → Kleopatra Selene (12), nach Flucht vor der Mutter 106–88 König in Kypros, half 103 → Antiochos IX. (10) gegen Antiochos VIII. (9), Kleopatra III. und P. X., erhob in Damaskos → Demetrios III. (7) zum König. Ios. ant. 13,370. Nach Alexandreia 88 zurückgekehrt, da P. X. verjagt war (s. Nr. 13), regierte P. in Äg. und Kypros, ordnete damnatio memoriae des Bruders P. X. an und schlug 87 → Lukullus (5) Hilfe gegen Mithradates (5) ab. Aufstände in Oberäg. † 80. E. OLSHAUSEN Rom und Äg. von 116–51 v. Chr., Diss. Erlangen 1963, 12ff. **13.** P. X. Alexandros I., Sohn des P. VIII. und der Kleopatra III., Stratege auf Kypros 114/13, dort König 110–107, Mitregent der Mutter in Äg. 107–101, Alexanderpriester 107 bis 105, kämpfte in Syrien gegen P. IX., beseitigte 101 die Mutter, heiratete als König → Kleopatra Berenike (11). Von den Alexandrinern 88 verjagt, fiel P. in einem Seegefecht bei Kypros. A. E. SAMUEL Chronique d'Ég. 40, 1965, 376ff. Nach E. BADIAN, RhM 110, 1967, 178f. verfaßte er zugunsten Roms das bei Nr. 14 erwähnte Testament. **14.** P. XI. Alexandros II., Sohn des P. X., * um 105, wegen der Thronkämpfe von Kleopatra III. 103 nach Kos gebracht, 88 von → Mithradates (5) nach Pontos entführt, floh 84 zu Sulla und nach Rom. Nach dem Tode des P. IX. 80 Mitregent und Gemahl der Stiefmutter Kleopatra Berenike III., die er nach 19 Tagen ermorden ließ, darauf von den Alexandrinern getötet. P. vererbte Rom im Testament Äg. und Kypros. Cic. leg. agr. 2,41f. OLSHAUSEN 22ff. E. BLOEDOW Beitr. z. Gesch. des P. XII., Diss. Würzburg 1963. WILL 2,436f. **15.** P. XII. Theos Philopator Philadelphos Neos Dionysos Auletes (Oboebläser, Athen. 5,206d, Förderer des Dionysoskultes), Sohn des P. IX., * 111/08 (?), von den Alexandrinern 80 zum König nur für Äg. gewählt, 76 in Alexandreia gekrönt. 69/68 Heirat mit → Kleopatra V. (8). Erst 59 als König und *socius atque amicus p. R.* durch Bestechung Caesars und Pompeius' anerkannt, floh P., der die Annexion von Kypros (s. Nr. 16) hinnahm, vor den Alexandrinern nach Rom. Um seine Rückführung stritten sich bes. Pompeius und Crassus. 55 brachte A. → Gabinius (6) P. nach Äg. P. beseitigte die Tochter Berenike, die inzwischen regiert hatte, und trieb durch → C. Rabirius Postumus als Dioiketes rücksichtslos die hohen Bestechungsgelder ein. Sein in Rom und Alexandreia hinterlegtes Testament forderte gemeinsame Thronfolge des P. XIII. und der → Kleopatra (10). † 51. OLSHAUSEN 45ff. BLOEDOW. **16.** P., Sohn des P. IX., von den Alexandrinern 80 als König von Kypros eingesetzt. Auf Antrag des → Clodius (8), dessen Loskauf von den Seeräubern P. wenig unterstützt hatte, zog M. Porcius → Cato (10) 58 Kypros für Rom ein. P. beging Selbstmord. Strab. 14,684. Trog. prol. 40. Liv. per. 104. Plut. Cat. 36,1. OLSHAUSEN 38ff. **17.** P. XIII. Philopator Philadelphos, ältester Sohn des P. XII., * 61, ab 51 Mitregent der Schwestergemahlin → Kleopatra (10), vertrieb sie 48, duldete die Ermordung des Pompeius, kämpfte, von Caesar zur Versöhnung mit Kleopatra gezwungen und freigelassen, gegen ihn und ertrank 47 im Nil. Caes. civ. 3,103. 107. 109. Bell. Alex. 30f. Cass. Dio 42,35. 42f. H. HEINEN Rom und Äg. 51–47 v. Chr., Diss. Tübingen 1966. **18.** P. XIV. Philopator, Sohn des P. XII, * 59, erhielt mit → Arsinoe (5) 48 von Caesar Kypros, ab 47 Gemahl und Mitregent der → Kleopatra (10), 46 *socius et amicus p. R.*, 44 von Kleopatra beseitigt. Cass. Dio 42,35,5. 44. 43,27,3. Ios. ant. 15,89. **19.** P. XV. Kaisar (Kaisarion) Theos Philopator Philometor, Sohn des Caesar und der → Kleopatra (10), * 47 (H. HEINEN, Hist. 18, 1969, 181ff.), ihr Mitregent 44–30, seit 34 als »König der Könige«, auf Befehl Octavians 30 getötet. Plut. Ant. 54. Cass. Dio 49, 41,1f. Suet. Aug. 17. WILL 2,451ff. **20.** P. Philadelphos, Sohn des → Antonius (9) und der → Kleopatra (10), * 36, zum Herrn über Syrien und das Land zwischen Euphrat und Hellespont 34 ernannt. Cass. Dio 49,41,3. Plut. Ant. 31. 54.

II. Andere Ptolemaier. Soweit P. in äg. Diensten hier nicht genannt sind, s. W. PEREMANS–E. VAN'T DACK Prosop. Ptolemaica 1950–1963. **21.** P. Alorites (nach → Aloros), Schwiegersohn des maked. Königs → Amyntas (3), ermordete 368 dessen Nachfolger → Alexandros (3), heiratete dessen Mutter → Eurydike (2), regierte mit Hilfe des Pelopidas als Vormund des Perdikkas III., der ihn 365 ermordete. Diod. 15,77,5. 16,2,4. **22.** P. (→ Polemaios), Feldherr seines Onkels → Antigonos (1), Statthalter Phrygiens, kämpfte gegen → Kassandros (1) in Kleinasien 315/14, befreite Mittelgriechenland 313–311, fiel 310/09 zu Kassandros ab, wurde von P. I. vergiftet. Diod. 19,57, 4. 60,3f. 68,5f. 87,3. 20,19,2. 5. 27,3. Sylloge³ 328. WILL 1,51f. 60f. **23.** P., Sohn des → Lysimachos (1) und der → Arsinoe (3), forderte vergebens gegen P. Keraunos 281 Makedonien, wurde Dynast bei → Telmessos in Lykien. OGIS 55. A. G. Roos, Mnem 3, 1950, 54ff. M. SEGRÈ, Ann. d. scuola archeol. di Atene 27/29, 1952, 329f. **24.** P., Sohn des Lysimachos, Enkel von Nr. 23, verlor 193 das Gebiet bei Telmessos an → Antiochos III. (4), erhielt vom röm. Senat den *ager Telmessius* zurück. Liv. 37,56,4. DURRBACH, Inscr. Del. 442 B, 94f. (179/78). Seine Tochter war 193 ἀρχιέρεια der Königin → Laodike (6). A. G. ROOS, Mnem 3, 1950, 63. **25.** P. Keraunos (Blitz), Sohn des P. I. und der → Eurydike (3), 287 von der Thronfolge in Äg. ausgeschlossen, ging zu Seleukos I., ermordete ihn 281 nach dessen Sieg über Lysimachos. Vom Heer zum König von Thrakien und Makedonien ausgerufen, besiegte P. 280 → Antigonos (2), schaltete → Pyrrhos (1) durch Hilfe für den Romzug aus, schloß mit → Antiochos I. (2) Frieden, heiratete → Arsinoe (3), Witwe des Lysimachos, fiel 280/79 im Kampf gegen die Kelten. App. Syr. 62. Memnon FGrH 434,12,2. Iust. 17,2,7. 24, 2,2. 24,3ff. **26.** P., Sohn des → Pyrrhos (1) und der Antigone, 280 für den Vater Verwalter von Epeiros, eroberte 274 Kerkyra, besiegte → Antigonos (2), fiel 272 beim Rückzug von Sparta. Plut. Pyrrh. 4. 6. 9. 28ff. Iust. 18,1,3. 25,4,8. N. G. L. HAMMOND Epirus 1967, 588. 594. **27.** P., Sohn des → Alexandros (6) und der Olympias, Nachfolger des → Pyrrhos (2) in Epeiros 234, bald gestorben. Iust. 28,1,1. 3,2. Polyain. 8,52. SGDI 1348. HAMMOND 591. **28.** P., Sohn des Thraseas, 219 Offizier des P. IV., Pol. 5,65,3, dann Stratege des → Antiochos III. (4) in Koilesyrien und Phoinikien, OGIS 230. W. PEREMANS–E. VAN'T DACK Prosop. Ptolemaica 2,2174. Brief des Antiochos an P. über die Privilegien der Juden. Ios. ant. 12,138ff. E. BICKERMANN Der Gott der Makkabaeer 1937, 51ff., 176f. H. BENGTSON Die Strategie 2,162. **29.** P., Sohn des Agesarchos von Megalopolis, Gesandter des P. V. 203/02, Stratege und Archiereus auf Kypros, Vf. einer Geschichte des P. IV. Pol. 15, 25,14f. 18,55,6ff. FGrH 161 F 1ff. T. B. MITFORD, APF 13, 1939, 25. H. BENGTSON Die Strategie 3, 142. **30.** P., Sohn des Dorymenes, Stratege des → Antiochos IV. (5) in Koilesyrien und Phoinikien, verurteilte 3 Gesandte der jüd. Gerusia zum Tode, sandte 164 ein Heer gegen die Juden. 1. Makk. 3,38. 2. Makk. 4,45ff. 6,8. 8,8. H. BENGTSON Die Strategie 2,168,2. **31.** P., Freund und Kanzler (διοικητής) des → Herodes I. (1), begünstigte dessen Sohn → Antipatros (5), verkündete das Testament des Herodes in Jericho Heer und Volk, brachte Staatsakten und Siegelring des Toten 4 v. Chr. nach Rom. Ios. ant. 16,191. 257. 17,195. 228; bell. Iud. 1,473. 2,24. **32.** P., Sohn des Abub, Stratege der Ebene von Jericho, ließ den Schwiegervater Simon (→ Hasmonaeer) und dessen Söhne Mattathias und Judas 135 ermorden. Der 3. Sohn Ioh. Hyrkanos, nach Jerusalem entkommen, belagerte P. in der Feste Dagon bei Jericho. Trotz Aufgabe der Belagerung ermordete P. die Mutter des Hyrkanos und floh zu Zenon Kothas, dem Tyrannen von Philadelphia. 1. Makk. 16,11ff. Ios. ant. 13,228ff. SCHÜRER 1,255ff. **33.** P., Sohn des Mennaios, Tetrarch von Chalkis, Strab. 16,753, bedrohte Damaskos, das der Nabataeer Aretas 85 und die jüd. Königin Alexandra 70 schützten, erkaufte 63 die Anerkennung seiner Herrschaft von Pompeius, heiratete 49 Alexandra, Tochter des ermordeten jüd. Königs Aristobulos, griff 42 vergebens Judaea an. † 40. Ios. ant. 13, 392. 14,126. 297ff. 16,418; bell. Iud. 1,103. 115. 186. 238f. HEAD HN² 783. H. SEYRIG Syria 27, 1950, 48. H. BUCHHEIM, AHAW 3, 1960, 16ff. **34.** P., Sohn König → Iubas (2) und der → Kleopatra Selene (13), Enkel des → Antonius (9), * 6/5, auf Mz. Iubas seit 5 n. Chr., seit 11 mit Titel *rex*, seit 21 Mitregent mit eigener Jahreszählung, 23 bis 40 Alleinherrscher in Mauretanien, besiegte mit → Cornelius Dolabella (II 14) den Numider Tacfarinas, erhielt ornamenta triumphalia, wurde wegen seines Reichtums 40 von Caligula nach Rom geladen, getötet, das Land eingezogen. Tac. ann. 4,23f. 26. Suet. Cal. 26,1. 35,1. 55,1. Cass. Dio 59,25,1. Plin. nat. 5,11. Sen. tranq. an. 11,12. OGIS 197f. J. MAZARD Corpus nummorum Numidiae Mauretaniaeque 1955, 127ff. F. CHAMOUX, Mél. A. Piganiol 1, 1966, 395ff. T. KOTULA, Archeologia (Warszawa) 15, 1964, 76ff. H. V.

B. Literarische Persönlichkeiten:

1. Klaudios Ptolemaios. Ein berühmter Mathematiker, Astronom, Astrologe, Geograph und Erkenntnistheoretiker, Autor einer Optik und einer Harmonik. Lebte in Alexandreia bis unter Marcus Aurelius (161–180). Die Beobachtungen, auf denen sein Hauptwerk *Μεγάλη σύνταξις* (»Almagest«) beruht, fanden zwischen März 127 und Februar 141 statt. Vor 147 wurde es vollendet. Im 10. J. des Antoninus (147/48) wurde die Kanobosinschrift aufgestellt, die gegenüber dem Almagest verbesserte Elemente der Planetenbahnen bietet. Weiter verbessert wurde das System in den »Handlichen Tafeln« und noch mehr in den »Hypothesen der Planeten«. Das astrolog. Werk »Tetrabiblos« wurde nach dem Almagest geschrieben, die Geographie sogar nach den »Handlichen Tafeln«. Wahrscheinlich war die Geographie, deren 2. Aufl. P. nicht mehr vollendet hat, sein letztes Werk.

a. Astronomische Werke. 1. Almagest. Der urspr. Titel ist *Μαθηματικὴ σύνταξις*. Später wurde das Werk *μεγίστη* oder *μεγάλη σύνταξις* genannt; aus *μεγίστη* wurde dann im Arab. Almagest. Ta. von J. L. HEIBERG (1898 und 1903). Deutsche Übers. und Kommentar von K. MANITIUS: Des Kl. P. Handbuch der Astronomie 1912 bis 1913; Neudruck mit Korrekturen und Bemerkungen von O. NEUGEBAUER, 1963.

Das Werk wurde viel benutzt und kommentiert. Die Kommentare von Pappos und Theon und ein anonymer Kommentar, ediert von RUELLE (Catalogus Cod. Astrol. Graec. VIII 2, S. 125) sind erhalten. Von den unter Hârun el-Raschîd angefertigten arab. Übersetzungen ist eine erhalten (Leiden, Ms. 1044). Die größte Verbreitung hat eine direkte Übers. aus dem Griech. gefunden, die unter dem Khalifen el-Mâmûn von Honein b. Ishâq gemacht und von Tâbit b. Qorra verbessert wurde. Zahlreich sind die arab. Kommentare. Das große Werk des el-Battânî und die meisten arab. Tafelwerke beruhen auf dem Almagest. Bis Kopernikus blieb der Almagest das Standardwerk und die Grundlage auch der abendländischen Astronomie.

Seit DELAMBRE's Histoire de l'astronomie ancienne (1817) ist die Meinung weit verbreitet, daß P. das meiste im Almagest von → Hipparchos (6) übernommen habe. Insbesondere behauptet Delambre, P. habe die Daten der Äquinoktien und Solstitien, die die Grundlage seiner Sonnentheorie bilden, nicht selbst beobachtet, sondern aus den Beobachtungen des Hipparchos berechnet, und er habe die Längen in seinem Sternkatalog einfach durch Addition von 2° 40' aus den Längen des Hipparchos erhalten. Die letztere Behauptung ist falsch (s. H. VOGT, Astron. Nachr. CCXXIV 5354) und die erstere sehr unwahrscheinlich (s. RE Art. Ptolemaios Nr. 66).

In der Sonnentheorie stimmt P. zwar mit Hipparchos überein, aber die Mondtheorie des P. ist viel besser als die des H., und seine Planetentheorie ist ganz neu: aus dem Almagest wissen wir, daß H. keine Planetentheorie aufgestellt hat. P. verwendet viele Beobachtungen des Hipparchos, aber in den theoret. Teilen stützt er sich hauptsächlich auf Lehrsätze, die → Apollonios (2) von Perge aufgestellt hat. Beim Monde hat P. eine hin- und hergehende Bewegung entdeckt, die seine Vorgänger nicht kannten: die Evektion.

In seinen Beobachtungen der Äquinoktien und Solstitien hat P. Fehler von 1 bis 1½ Tagen gemacht. Die Sonnentafeln des P. haben demzufolge einen systematischen Fehler von 1°. Da P. den Mond immer an die Sonne angeschlossen hat und die Sterne wiederum an den Mond, überträgt sich dieser Fehler auf die Mondtafeln, Sterntafeln und Planetentafeln. Erst die Araber haben diesen Fehler ausgemerzt.

Im System des P. steht die Erde unbeweglich im Mittelpunkt des Weltalls. Für diese Annahme hat P. gute Gründe, die er im ersten Buch erklärt. Um die Erde dreht sich die Sonne in einem exzentrischen Kreis. Der Mond und die Planeten bewegen sich je auf einem Epizykel, dessen Mittelpunkt jeweils einen exzentrischen Kreis um die Erde durchläuft. Die Reihenfolge der Planeten ist: (Erde) Mond Merkur Venus Sonne Mars Jupiter Saturn. Die Fixsternsphäre, die in ihrer täglichen Drehung um die Pole sämtliche Himmelskörper mitnimmt, umschließt das Ganze.

2. Phaseis (*φάσεις*). Dieses Buch enthält berechnete Daten für die »Phasen« von 30 Fixsternen, d.h. für ihren Morgenaufgang, Abendaufgang, Morgenuntergang und Abenduntergang, mit Wetterzeichen, die P. aus den Kalendern seiner Vorgänger (→ Euktemon, → Eudoxos 1 etc.) übernommen hat. Viele von diesen Wetterzeichen

stammen aus dem Kalender der Ägypter. Nach P. haben diese »bei uns«, d.h. in Ägypten beobachtet, aber zum heutigen Klima Ägyptens passen die Angaben der Ägypter gar nicht. Ob sich das Wetter so stark geändert hat?

3. Kanobosinschrift. Diese Stele hat P. im 10. J. des Antoninus in Kanobos aufgestellt. Die Inschr. besteht hauptsächlich aus Zahlen: Planetenpositionen, mittlere Bewegungen etc. Die meisten Zahlen stimmen mit dem Almagest überein; einige sind geringfügig verbessert. Der Schlußabschnitt ist der Sphärenharmonie gewidmet: den Planeten werden Saiten einer Lyra zugeordnet.

4. Handliche Tafeln (*πρόχειροι κανόνες*). Tafeln zur bequemen Berechnung von Planetenpositionen etc. Die Einleitung des P., in der die Einrichtung und der Gebrauch der Tafeln erklärt wird, ist erhalten. Die in dieser Einleitung erwähnten Einzeltafeln sind auch erhalten, aber nicht mehr in der Originalfassung: sie wurden vielfach umgestellt, Tafeln wurden miteinander vereinigt, neue Tafeln hinzugefügt, Königslisten bis in die byz. Z. fortgeführt. Die Tafeln wurden offenbar viel benützt. Fast alle Hss. stammen aus Byzanz. Die meisten Tafeln beruhen auf der Theorie des Almagest, aber die Breitenbewegung der Planeten ist nach einer anderen, verbesserten Theorie berechnet. S. VAN DER WAERDEN: Zu den handl. Tafeln des P. SBAW 1953.

5. Hypothesen der Planeten (*ὑποθέσεις τῶν πλανωμένων*). Von den zwei B. ist das 1. griech. und arab., das 2. nur arab. erhalten. Das Ziel des Werkes ist, eine anschauliche Vorstellung von der Bewegung der Planeten zu vermitteln. Die Theorie des Almagest wurde einerseits vereinfacht, »damit das Verfahren bei der Herstellung von Instrumenten leichter werde«, andererseits verbessert auf Grund von neuen Beobachtungen. Die Theorie der Breitenbewegung der Planeten ist besser als im Almagest und in den Handl. Tafeln.

Im 2. B. wird gezeigt, wie man die Bewegungen der Planeten durch drehende hohle und massive Kugeln oder noch besser Stücke von Kugeln veranschaulichen kann. Ein Stück einer massiven Kugel, von zwei parallelen Ebenen begrenzt, hat die Form eines Tamburins und wird zur Darstellung eines Epizykels verwendet. Nimmt man von einer hohlen Kugel ein Stück zwischen zwei parallelen Ebenen, so ist es einem Gürtel oder Armband ähnlich, »oder einem Wirbel, wie Platon sagt«. P. spielt hier auf den Mythos des Er im Staat (10, 616 D) an. P. nimmt an, daß jedes Gestirn eine Lebenskraft hat und sich selbst bewegt. Zu den »Hypothesen« siehe neuerdings W. HARTNER: Mediaeval views on cosmic dimensions and Ptolemy's Kitab al-manshurat, Mélanges Alexandre Koyré.

6. Analemma (*Ἀνάλημμα*). Diese kleine Schrift ist nur in einer lat. Übers. erhalten. Das Analemma ist eine ebene Figur, die zur Ermittlung

von gewissen Kreisbogen auf der Sphäre dient. Die Punkte der Sphäre werden zunächst senkrecht auf eine Meridianebene projiziert, sodann werden andere Ebenen in diese umgeklappt. So können Winkel und Bogen durch Konstruktionen in der Ebene ermittelt oder mittels ebener Trigonometrie berechnet werden.

7. Planisphaerium. Eine lat. Übers. einer arab. Übers. dieser Schrift ist erhalten. Die Kugelfläche wird durch Zentralprojektion vom Südpol aus auf die Ebene des Äquators abgebildet; man nennt das Verfahren heute »stereographische Projektion«. P. konstruiert zunächst die Bildkreise der Ekliptik und des Horizontes, sodann die Grenzpunkte der Tierkreiszeichen und die Aufgangszeiten dieser Zeichen.

Auf der Methode der stereograph. Projektion beruht auch ein astronomisches Instrument, der kleine → Astrolab (ἀστολάβος, meistens kurz Astrolab genannt), das Hipparchos schon gekannt hat. Eine Bemerkung des P. im »Planisphaerium« bezieht sich auf eben dieses Instrument. S. O. Neugebauer, Early History of the Astrolabe, Isis 40, 1949.

b. Astrologische Schriften: 8. Tetrabiblos (Τετράβιβλος). Ein Handbuch der Astrologie in 4 B., das zu allen Zeiten viel benutzt wurde: davon zeugen 34 griech. Hss. sowie arab., lat., deutsche und engl. Übers. Ta. in P. Opera omnia III 1, Teubner 1940, und in Loeb Class. Library 350.

Die Echtheit des Werkes wurde vielfach bezweifelt, aber von Boll überzeugend bewiesen: Studien über Cl. P., JbPhPaed Suppl. 21, 1894.

Das Centiloquium (Καρπός), das dem P. zugeschrieben wird, ist sicher unecht; siehe Boll, a.O. 280.

c. Weitere wissenschaftliche Werke: 9. Abhandlung über das Parallelenpostulat. Sie ist verloren, aber → Proklos gibt in seinem Euklidkommentar eine ausführliche Darstellung des Beweises, den P. für das Parallelenpostulat des Euklid geben wollte. Der Beweis ist auch bei Th. Heath Hist. of Greek Math. II 296 dargestellt. Heath weist auch auf den entscheidenden Fehlschluß im Beweis des P. hin.

10. Harmonik (Ἁρμονικά). Ta. von I. Düring, Göteborgs Högskolas Årsskrift 1930. Deutsche Übers. von I. Düring Göteb. Årss. 1934. Das 1. B. behandelt die musikal. Intervalle und Tonleitern. Bes. wertvoll ist das 5. Kapitel, in dem die Theorie der Pythagoreer über die symphonen Intervalle behandelt wird. Im 2. B. bildet P. aus 2 Oktaven das Systema teleion, in dem alle Oktavengattungen und alle Tonarten vertreten sind. Aus diesem System wird die Theorie der Tonarten entwickelt. Das 3. B. ist nur zum Teil erhalten. Es enthält allg. Betrachtungen über die harmonische Kraft, die in der Musik, in der Seele und in den Bewegungen der Gestirne erscheint, und einiges mehr.

11. Optik. Die lat. Übers. einer arab. Übers. dieses bedeutenden Werkes ist erhalten. Ta. A. Lejeune L'optique de Cl. P. (1956). B. 1 und der Schluß des B. 5 fehlen, aber Lejeune hat den Inhalt des B. 1 größtenteils rekonstruieren können. Siehe A. Lejeune Euclide et P., deux stades de l'optique grecque (1948).

Das Sehen geschieht nach Euklid und P. durch Sehstrahlen, die vom Auge ausgehen und das gesehene Objekt treffen. Wir empfinden nach P. nicht nur die Richtung der Sehstrahlen, sondern auch den Abstand zum Objekt. Im 2. B. werden 5 Experimente über das Sehen mit 2 Augen und die dabei auftretenden Sinnestäuschungen beschrieben. Z. B.: man sieht einen Zylinder doppelt, wenn man mit 2 Augen einen näher oder weiter stehenden Zylinder fixiert, usw. Das 3. und 4. B. behandeln die Reflexion der Sehstrahlen. An Hand von 5 weiteren Experimenten entwickelt P. eine Theorie der Lokalisation der mit beiden Augen gesehenen Bilder. S. dazu Lejeune Euclide et P. Im 5. B. der Optik beschreibt P. Messungen der Brechung von Luft in Wasser, von Luft in Glas und von Wasser in Glas, die er selbst mit einer kreisförmigen Bronzescheibe gemacht hat. In drei Refraktionstabellen faßt er die Ergebnisse seiner Messungen zusammen. Die Brechungswinkel verlaufen ganz regelmäßig: Sie bilden 3 arithmet. Reihen 2. Ordnung. Wahrscheinlich hat P. nicht seine direkten Messergebnisse in die Tabelle aufgenommen, sondern nur ausgeglichene Werte. In der Optik zeigt sich, daß P. nicht nur Theoretiker, sondern auch Experimentator war. Seine Methode ist von der der heutigen Naturwissenschaft nicht wesentlich verschieden.

V. d. Waerden, RE XXIII 1793–1853.

12. Kriterion. Wie der vollständige Titel Περὶ κριτηρίου καὶ ἡγεμονικοῦ besagt, besteht die Schrift aus 2 Teilen. Im 1. Teil (Kap. 1–12) behandelt P. die Erkenntnistheorie vom Begriffe des Kriterion aus. P. erläutert die Frage des Kriterions durch Vergleiche; z. B. ausführlich mit dem Gericht, das zu seiner Zeit in Äg. auch Kriterion hieß. In Kap. 4–6 untersucht er die etwaige Mitwirkung der Sprache. Sie trägt nach P. Entscheidendes nicht bei: für das Erkennen der Wahrheit genügt allein die Vernunft. In Kap. 9 werden Wahrnehmen und Denken gegeneinander abgewogen, wobei auch das Denken der Tiere gestreift wird.

Im 2. Teil (Kap. 13–18) stellt P. die Frage nach dem Sitz des ἡγεμονικόν, des Funktionszentrums. In Kap. 15 kommt er zu dem Schluß, daß das allgemeine Hegemonikon seinen Sitz im Kopf hat. Im Kap. 16 unterscheidet er etwas genauer: das Hegemonikon »zum Leben« hat seinen Sitz im Herzen, das »zum Leben und zum gut Leben« im Gehirn. v. d. W.

F. Lammert, RE XXIII 1854–1858.

d. Geographische Werke. 1. Κανὼν ἐπισήμων πόλεων. P. kommt zur Geographie von der

Astronomie her. Er hatte den Plan gefaßt, die jeder Stadt der Oikumene eigenen Himmelserscheinungen nach ihrer Breiten- und Längenposition zu berechnen (Math. synt. II 13). Dieser Plan wird zuerst in der Form eines Katalogs von Städten mit ihrer Position in Graden von 500 gleichartigen Stadien nach → Marinos v. Tyros (nicht 700 wie in Math.synt. nach dem Vorgang des Hipparchos) verwirklicht, der in mehreren Hss. erhalten ist, deren älteste eine unveröffentlichte lat. Übers. des 6. Jh. ist; dazu tritt P. Ryl. 3,522 des 3. Jh. (Pack² 1437). Diese Hss. stellen indessen nur eine umgearbeitete Übertragung des Originals dar, und sogar das Papyrusfragment weist Interpolationen gegenüber Geogr. VIII 3–28 auf, wo P. die Gradpositionen von rund 360 Städten des *Κανών* in Stundenangaben (längste Tageslänge, Stundenabstand von Alexandreia ab) umgerechnet, verzeichnet, unter dem Gesichtspunkt, die 26 Teilkarten der Oikumene nach der in Math. synt. II 3 dargelegten Methode zu entwerfen (Entsprechung von $\sin \frac{1}{2} \alpha = tg\, \varepsilon : cotg\, \beta$, wobei ε = Ekliptikschiefe nach Eratosthenes 23° 51′ 20″, β = gegebene Polhöhe oder geogr. Breite, α zeitlich umgewandelt [15° = 1 St.] = Differenz zwischen bezüglichem längstem Tag und 12 Stunden). Die Fehler, die sich in der Umrechnung und später in der Überlieferung von Geogr. VIII 3–28 ergeben haben, sind verantwortlich für beträchtliche Unterschiede zwischen diesem Buch und dem *Κανών*, so sehr, daß ihre gegenseitigen Verhältnisse dunkel geblieben sind bis zu der Analyse von [9] 681–692, die das Verhältnis befriedigend geklärt hat.

2. *Γεωγραφίας Ὑφήγησις*.

1. Das Werk. Das geogr. Hauptwerk des P. wurde erst nach der Math. synt. verfaßt, wie aus Geogr. VIII 2,3 hervorgeht, doch auf Grund der bereits Math. synt. II 13 ausgeführten Positionsrechnungen an den 7 Hauptparallelen. Kurz vor seinem Tod arbeitete er an einer 2. Aufl. (s. u. 2). Aus 8 B. bestehend, enthält es wie sein Titel besagt, eine »Anleitung zur Kartenzeichnung der Erde« und zerfällt in einen allg. theoret. Teil (B. I), einen länderkundlichen der drei Erdteile Europa, Libyen, Asien (B. II–VII) und die Kartenspiegel der 26 zu entwerfenden Teilkarten der Oikumene (B. VIII). Das einleitende B. I stellt zuerst den Zweck der *γεωγραφία* fest: die Erde im Abbild darzustellen, und zwar so, daß jeder Ort gemäß seinen astronom. Daten bestimmt sei. Diese Forderung erforderte methodische Beobachtungen der Länge des Sonnenwendtages in allen Gegenden der Oikumene und eine genaue Kenntnis der *ἀντικείμενα* (sich überm Meer im Meridian gegenüberliegende Punkte), dazu die Daten für die Landwege (Stadiasmen, Richtungen) und Seewege (Fahrtdauern, Windrichtungen und -stärken), die nur dem Zweck dienten, das Netz der astronomisch bestimmten Punkte zu ergänzen. Aber obgleich er die Forderung klar ausspricht, erfüllt er sie selbst nicht mangels einer ausreichenden Information und bekennt, daß Hipparchos als einziger Breitenangaben auf solcher Grundlage überliefert habe und daß die Berichte der Forschungsreisenden größtenteils in dieser Hinsicht unbrauchbar seien. Daher entschließt er sich, sein ganzes Werk auf die »Veröffentlichungen des Marinos zur Verbesserung der Erdkarte« (Geogr. I 6, 1) als die einzigen ernsthaften Arbeiten auf diesem Gebiet zu stützen. Er entfernt sich davon nur selten unter dem wahrscheinlichen, aber noch schlecht bestimmten Einfluß jüngerer Berichte oder um der Wahrscheinlichkeit willen (z. B. Reduzierung der entferntesten afrikan. und ind. Orte um einige Grade). Er übernimmt gleicherweise dessen Gleichung 1° = 500 Stadien zu 196,39 m und damit seine Schätzung des Erdumfangs auf 180000 Stadien (I 11,2: halber Rhodosparallel, also 72000 Stadien, zum halben Aequator wie 4:5). Er kritisiert dagegen streng die von Marinos um den Preis vielfacher Schwierigkeiten übernommene zylindrische Projektion und ersetzt sie in einem ersten Plan durch eine kegelförmige Projektion, die auf den Rhodosparallel als mittlerem Breitenkreis basiert und vom Äquator begrenzt ist (I 22–23: Überbleibsel einer älteren Fassung), dann durch eine Projektion mit gekrümmten Meridianen, die auf den Syeneparallel als mittlerem Breitenkreis basiert und eine südlich stark in die heiße Zone übergreifende Oikumene voraussetzt (I 23–24).

B. II–VII. Indem er zu Beginn des B. II die Gesamtheit der länderkundlichen Bücher einleitend aufführt, erklärt P. genau, daß er nur die Absicht gehabt habe, die nennenswerten geogr. Orte der Oikumene mit Angabe ihrer Längen- und Breitenposition aufzuzählen und daß er eine Liste davon in 3spaltigen Tabellen vorlegen werde, um die Arbeit der Kartographen zu erleichtern: Ort, Länge, Breite (Gradposition berechnet bis nahezu 5 Min.). So kommt er ausführlich auf die 6 B. der Länderkunde mit zusammen etwa 8100 Namen (auch Flußmündungen, Berge usw.). Am Anf. jedes B. unterrichtet eine Inhaltsangabe (*ἔκθεσις*) über die behandelten Gegenden und über die entsprechenden Teilkarten. Am Anf. jedes Abschnittes ermöglicht eine kurze Beschreibung der Ländergrenzen, sie auf der Karte festzulegen. Am Anf. jeder Unterabteilung der Abschnitte steht der Name der Gegend oder seiner Bewohner (bis zu 68 Völkernamen, z. B. in der Angabe über Germanien in II 11,6–11). Dann kommen die Städte, gegebenenfalls mit Erwähnung der dort stationierten röm. Legionen. Man findet so in B. III nacheinander: *ἔκθεσις* (nach Teilkarten gruppiert: Italien u. Korsika, Sardinien u. Sizilien, Sarmatia u. Taur. Chersonesos, Iazyger, Dacia, Moesia, Thrazien u. Chersonesos, Mazedonien, Epirus, Achaia u. Kreta; im ganzen 5 Karten), 1,1 *Ἰταλίας θέσις*, 1,2 *Μασσαλιωτῶν* (etwa ⟨*τόποι*⟩), 1,3 *Λιγουρίας*, 1,4 *Τούσκων*, *κατὰ δὲ Ἕλληνας*

Τυρρηνῶν, παρὰ τὸ Τυρρηνικὸν πέλαγος (1,43 *Τούσκων μεσόγειος*) usw., dann 2,1 *Σαρδοῦς νήσου θέσις* usf. Jedes B. enthält einen ganzen Kontinent oder einen Teil: B. II–III West- (bis Illyrien) und Osteuropa (von Italien an), B. IV Libyen, B. V Westasien bis zum Euphrat, B. VI Mittelasien und Arabien, B. VII Indien, China, Taprobane (Ceylon) und benachbarte Inseln.

Mit VII 4 schließt der länderkundliche Teil. VII 5 ist eine zusammengefaßte Beschreibung der Weltkarte, die die Grenzen der Oikumene mit der *ἄγνωστος γῆ* festlegt und die sie umgebenden Meere nennt. Dort betont P. gegen die Ozeantheorie des → Pytheas und → Poseidonios, daß die Kontinente sich um die Meere schließen, indem Skythien sich im N. bis zu den Polargegenden ausdehnt und Südasien, Libyen zugleich nördlich in Ägypten und südlich des Ind. Meeres mit der *ἄγνωστος γῆ* verbindet. VII 6 lehrt, eine Planprojektion der Oikumene gesehen durch die Armillärsphäre zu verwirklichen; die Konstruktion ergibt aber eine derartige Verzerrung des Kartenrahmens, daß man sie mit [9],730 gegen [5],117f. und [4], I 125f. als apokryphen Nachtrag verwerfen muß. VIII wiederholt nach einem Tadel der früheren Kartographen (ohne Namen) und kurzen Anweisungen für die Art der Kartenzeichnung den Inhalt jeder Teilkarte und setzt deren Grenzen in Breite und Länge fest (s.o.B.I).

2. Textgeschichte. Die Textabweichungen, die den Cod. Vat. gr. 191 (13. Jh.) von der Gesamtheit der anderen Hss. unterscheiden, und die Schwankungen, Doppellesungen und Emendationen ihrer Abschreiber – insbesondere in der Grenzbeschreibung II 7,1 von Aquitania gegen Narbonensis, 13,1 von Noricum am *Κέτιον ὄρος* (Karn. Alpen), 14,1 von Oberpannonien am Karawankengebirge und 14,4 gegen Illyrien, III 1,1 von Italien beim Zusammentreffen von N.- und O.-grenze (M. Gargano) – haben zu der Hypothese geführt [9], 711–721, die Erstvorlage der Hs. sei das alle Hss. beherrschende Handexemplar des Ptolemaios, mit welchem dieser eine neue Aufl. vorbereitete, doch nicht zu Ende führte. Nachweisbare Nachtragungen mehrerer Städtenamen stärken diese Hypothese. Schließlich zeugt der Schlußsatz für Codex-, nicht Rollencharakter dieses Exemplars, was gut zu dem Gedanken einer wirklichen Ausg. eher als zu einem Arbeitsexemplar paßt.

Die 2., unvollendete Ausg. wird durch alle anderen Hss. vertreten. Trotz wichtiger Unterschiede zwischen ihnen gehen sie sämtlich auf ein durch einen Atlas von 26 Teilkarten vervollständigtes Exemplar zurück ([4] und N. Livadaras *Πεπραγμ. τοῦ 2. Διεθνοῦς Κρητολογικοῦ Συνεδρίου*, Athen 1968, 120–125 über die Karte von Kreta in verschiedenen Hss. bieten Vergleichsmaterial), das einem gewissen *μηχανικός* (Ingenieur) Agathodaimon v. Alexandreia verdankt wird, den ein die Subskription begleitendes Epyllion auf die Periode der Quaden- und Markomannenkriege (175–180), also bald nach Ptolemaios' Tod datieren läßt: er ist sicher der Autor nicht nur der Karten, sondern auch der 2. Ausgabe.

3. Quellen. Wie P. selbst erklärt (Geogr. I 19), will er nur, was ihm bei Marinos unklar geblieben ist, aus Reiseberichten und richtigen Karten richtigstellen. Marinos ist also seine Hauptquelle. Die ergänzenden Quellen sind folgende: für Italien eine röm. Sonderkarte, für Afrikas Ostküste südwärts vom Vorgebirge *᾿Αρώματα* (K. Guardafui) arab. Händlerberichte, für den asiat. Binnenraum rekognoszierende Erkundigungen aus der Zeit Alexanders d. Großen und Seleukos' I. Nikator, für Asiens S.-Küste ostwärts von Indien Karten und Periploi. Spuren eines offiziellen Reichsitinerars lassen sich in mehreren Gegenden feststellen. Berührung mit Agrippas Weltkarte wurde öfters angenommen (s. bes. W. Kubitschek, AAWW 1934, 75ff.; SAWW 1934 Abh. 5; Klio 1935, 108ff. und P. Schnabel, Philol. 1935, 405ff.), ließ sich aber bisher nicht beweisen. F. L.

I. *Κανών*: Ta.: *J. Heiberg* Cl. P. opera omnia II 159–185, Lpz. 1907. – Lit.: 1. *E. Honigmann* Die sieben Klimata u. die *πόλεις ἐπίσημοι*, Heidelb. 1929. 2. *P. Schnabel* Die Entstehungsgesch. d. kartogr. Erdbildes des Kl. P., SPrAW 1930, 214–250. 3. *B. L. v. d. Waerden* Osiris 1958, 54–78. – II. *Γεωγρ. ῾Υφήγ.* Ta.: B. I–VIII *C. F. A. Nobbe*, Lpz. 1843–1845 (Nachdr. 1966 mit Einl. von *A. Diller*). B. I–III *K. Müller*, IV–V *C. Th. Fischer*, Paris 1883, 1901 (II 7 – III 1 krit. verb. von *O. Cuntz* Die Geographie des P., Bln. 1923). B. VII *L. Renou*, Paris 1925. – Karten: *V. Langlois* Géographie de Ptolémée, reproduction photolithogr. du ms. grec de Vatopedi, Paris 1867. *K. Müller* Tabulae XXXVI in Cl. P. Geogr., Paris 1901. – Textgesch.: 4. *J. P. Fischer* Geographiae cod. Urb. gr. 82, Leiden 1932. 5. *P. Schnabel* u. *A. Herrmann* Text und Karten des P., Leipzig 1938. – Zusammenfassende Behandl.: 6. *H. Berger* Erdk. 1903 (Nachdr. 1966) 616–648. 7. *J. P. Fischer* P. als Geograph, Gotha 1923 (Anh. zu *K. Cebrian* Gesch. d. Kartographie, I Alt.). 8. *W. Kubitschek* Art. Karten, RE IX 2058–2100. 9. *E. Polaschek*, RE Suppl. X 681–833 mit ausführl. Lit.

2. Aus Alexandreia, Grammatiker des 2. Jh. v. Chr., Schüler des → Hellanikos (2) und Gegner des → Aristarchos (6); daher sein Beiname *ὁ ᾿Επιθέτης*. Er schrieb u.a. Komm. zu Ilias und Odyssee (Suda s. *Π.*: Sch. Hom. Il. 2,196), über Verwundungen bei Homer und wohl auch über Stasimon-Dichtung (Sch. Pind. epim. cap. f). *Susemihl* 2,151.

3. Ein Sohn des Hephaistion aus Alexandreia, mit dem Beinamen *ὁ Χέννος*, griech. Schriftsteller des 1. Jh. n. Chr. Er verfaßte u.a. einen Roman *Σφίγξ* und ein *᾿Ανθόμηρος* betiteltes Epos in 24 B. (Suda s. *Π.*; vgl. s. *᾿Επαφρόδιτος*). Lediglich von seiner *Καινὴ ἱστορία* (7 B., einer Römerin namens Tertulla gewidmet) sind umfangreiche Exc. (Phot. bibl. 190; ergänzende Notizen bei

Homer-Erklärern) erhalten. Das Werk vereinigte seltene Aitia, Mythenversionen und Paradoxa; wie seriös es war, ist kontrovers (gegensätzliche Stellungnahmen zuletzt von [2] und [3]). Frg.e: A. CHATZIS Der Philosoph und Gramm. P. Chennos, Paderborn 1914.

1. *Christ–Schmid* 2,1,421 f. 2. *A. Dihle*, H 85, 1957, 314 ff. 3. *K.-H. Tomberg* Die Kaine Hist. des P. Chennos, Diss. Bonn 1968.

4. Von Askalon, griech. Grammatiker der frühen Kaiserzeit, der (mind. zeitweise) in Rom lehrte (Suda s. *Π.*). Seine wissenschaftl. Schriftstellerei umfaßte Gegenstände der Orthographie (*Προσῳδία Ὁμηρική* in 4 B., unterteilt in *Ἰλιακαί* und *Ὀδυσσειακαὶ προσῳδίαι*; *Περὶ ἑλληνισμοῦ ἢ ὀρθοεπείας* in 15 B.), der Metrik sowie der Philologie-Gesch. (Über Aristarchs Odyssee-Kritik; über die Schule der Krateteer). P. wurde bes. von → Herodianos (1) stark benutzt. Eine unter seinem Namen überlieferte Slg. *Περὶ διαφορᾶς λέξεων* (ed. G. HEYLBUT, H 22, 1887, 388 ff.) ist unecht. H. Gä.

Susemihl 2,156 ff. *M. Boege* De P. Ascalonita, Diss. Halle 1882.

5. P., Platoniker, vermutlich dem späten Mittelplatonismus (um 300 n. Chr.) zugehörig. Vielleicht geht auf diesen P. die Neufassung des Kataloges der aristotel. Schriften zurück.

P. Moraux Les listes anciennes des ouvrages d'Aristote, 1951, 289 ff. *I. Düring* Aristote in the anc. biographical tradition, 1957, 221 ff. *A. Dihle* Der Platoniker P., H. 85, 1957, 314–325.

6. P., peripatet. Philosoph, vermutlich des 2. Jh. n. Chr., zitiert von S. Emp. adv. math. 1,60/61 (zur Sonderung von *τέχνη* und *ἐμπειρία*) und von Porph. vita Plot. 20; vgl. A. DIHLE, H 85, 1957, 314–325. H. D.

Ptolemais (*Πτολεμαΐς*). **1.** Tochter des → Ptolemaios I. (1) und der → Eurydike (3), durch Vermittlung des → Seleukos I. 297 mit → Demetrios (2) verlobt, floh mit der Mutter und Ptolemaios Keraunos 287 aus Äg. nach Milet, wo Demetrios sich mit ihr vermählte. Ihr Sohn Demetrios der Schöne herrschte über Kyrene. Plut. Dem. 32, 6. 46,5. 53,8. J. SEIBERT, Hist. Bh. 10, 1967, 30 ff. H. V.

2. P., wahrscheinlich im Winter 224/23 v. Chr. zu Ehren Ptolemaios' III. neu geschaffene att. Phyle mit 24 z. T. neu geschaffenen Demen. In der offiziellen Reihenfolge an 7., nach Aufhebung der makedon. Phyle an 5. Stelle. E. M.

1. *W. Kendrick Pritchett* The tribe Ptolemais, AJPh 63, 1942, 413 ff. 2. *E. Meyer*, RE XXIII 1887 Nr. 11.

3. P. *ἡ Ἑρμαίου* (Ptol. 4,5,66), sonst *τῆς Θηβαΐδος*, h. el-Minshije, auf l. Nilufer zwischen Girgeh und Sohag, von Ptolemaios I. an der Stelle eines unbedeutenden Dorfes Psoi gegründet (GARDINER Onomastica 2,39*). P. wurde Hauptstadt des Thinit. Gaues, galt aber als autonome Stadt mit 6 Prytanen, Rat und Volksversammlung; jedoch besetzten Beamte der kgl. Landesverwaltung die Prytanenstellen. Münzen prägte P. nicht. Unter Probus eroberten die Blemmyer P. und mußten vertrieben werden. 450 n. Chr. wurde P. Sitz des dux der Thebais. P. blieb als Griechenstadt länger als das umliegende Land heidnisch, weshalb der Bischof der Gegend nicht in P., sondern in Thinis residierte. **4.** Name des Kanals vom Nil durch das Wadi Tumilat zum Roten Meer (Diod. 1,33. Plin. nat. 6,164). Dieser bei Bubastis vom pelus. Nilarm abzweigende Kanal wurde von Necho begonnen (Hdt. 2,158), aber erst von Dareius I. beendet, wie Stelenfr. zeigen. Ptolemaios II. baute ihn aus, woher der Name P. Er scheint, wie Meldungen über Restaurierungen unter den Antoninen, Traian und Amr ibn el-As zeigen, schnell verfallen bzw. versandet zu sein. **5.** P. Euergetis → Arsinoe o. Bd. I 612. **6.** P. Hormos wichtiger Hafen der ptol. Z. am Ausgang des Fajum, wohl am Ort des altäg. *Mr-wr*, am l. Ufer des Bahr Jussuf, der als Nilarm ins Fajum fließt, und zwar dort, wo dieser in die Wüstensenke einbiegt. Seit dem M. R. lag hier ein kgl. Harim (ÄZ 59,53; Königin Teje nach PETRIE Illahun pl. 24,7; Hethiterprinzessin *Mʾʾ-nfrw-Rʿ-Ḥr*, vgl. Akten von dort GARDINER Ram. Admin. Doc. 14–35). In altäg. Z. selbständig, war es in ptol. Z. ein Ort im arsinoit. Gau. **7.** P. therōn, h. Trinkitat am Roten Meer, von Ptolemaios II. als Stützpunkt für Elephantenjagden gegründet. W. H.

8. Phoin. Küstenstadt s. von Tyros an der Mündung des Baches Belos, der Glassand führt (Plin. nat. 5,19), ident. mit dem heutigen israelit. *ʿAkkô* (arab. *ʿAkkā*). Der Handelsplatz wird bereits in den Amarnabriefen (15./14. Jh. v. Chr.: *akka*), in äg. *(ʿa-ka)*, ugarit. und assyr. *(ak-ku-u)* Texten erwähnt. Nach Ri 1,31 vermochte der Stamm Asser *ʿAkkô* nicht einzunehmen. Während der Perserzeit gehörte es zum Staatsgebiet von Tyros (1,38). Unabhängigkeit und eigene Münzprägung beginnt erst mit Alexander (HEAD HN² 793 f.). → Ptolemaios II. (285–246) verlieh der von Griechen *Ἄκη* bzw. *Ἀκή* genannten Stadt seinen Namen, siedelte hellenist. Kolonisten in ihr an und machte sie zu einer Polis (→ Aristeas-Brief 115), die damals und später ein Handelszentrum war (Wein, Fisch, Glas – Ex. Rabbā 9,5. Strab. 16,2, 25). Unter seleukid. Herrschaft (ab 219 v. Chr.) gewann der Stadtstaat zunehmend Selbständigkeit, was sich in der Prägung von Münzen ohne Herrscherbild zeigt (E. BIKERMAN Institutions des Séleucides, 1938, 234 f.). Die röm. Besetzung Syriens stärkte die hellenist. Stadt, in der → Hadad und → Atargatis verehrt wurden (M. AVI-YONAH, Isr. Expl. Jour. 9, 1959, 1–12). In der Stadt lebten Veteranen (Plin. nat. 5,17), Christen (Apg. 21,7) und Juden (Mišna Giṭṭîn I 2. VII 2. Ios. bell. Iud. 2,477). H. G. K.

1. *U. Kahrstedt* Syr. Territorien in hellenist. Zeit. Abh. Gött. Ges. Wiss. Phil.-Hist. Kl. NF 19,2, 1926. 2. *B. Spuler*, RE XXIII 1883–1886. 3. *A. van den Born*, Bibel-Lex. 1968² 42.

Ptychia (*Πτυχία*), kleine Insel bei der Stadt Kerkyra zwischen Insel und Festland, wahrscheinlich das h. Vido mit venezian. Festung, Thuk. 4, 46,3. Ptol. 3,13,9. Plin. nat. 4,53. Steph. Byz. E. M.

1. *Kirsten*, RE XXIII 1893f. 2. *Philipps.-Kirst.* 2,439f.

Pubertas. Die körperliche Reife (rechtlich frühestens das vollendete 14. Jahr bei Knaben, 12. Jahr bei Mädchen. Meist vom Vater bzw. Vormund festgesetzt) wurde feierlich durch Ablegen der *toga praetexta*, Anlegen der *toga pura (virilis)* und Eintragung in die Tribuslisten begangen. Der *puber* steht unter der → patria potestas, ist aber rechtsfähig. W. H. G.

Marqu.-Mau 124ff. *Blümner* PrAlt. 335ff.

Publicani (*τελῶναι, δημοσιῶναι*) waren diejenigen Personen, die mit dem *publicum* (Staat, urspr. Stadt Rom) aufgrund des Rechtsgeschäftes *emptio-venditio*, später *locatio-conductio*, in geschäftliche Verbindung traten (vgl. Dig. 39,4,1,1). Da die Republik sich jeder Unternehmertätigkeit enthielt, geht die Tätigkeit der p. vermutlich in die Frühzeit des Freistaates zurück, obwohl sie die Historiographie zuerst z.Z. der pun. Kriege erwähnt (Liv. 23,48–49). Die Geschäftstätigkeit der p. erstreckte sich auf

1. öffentl. Lieferungen (Erfüllung verschiedener wirtschaftlicher Aufgaben, Heereslieferungen, Instandhaltung öffentl. Gebäude → *sarta tecta*, Errichtung von Neubauten),
2. Pacht staatl. Besitzes (Fischereien, Liegenschaften, z.B. öffentl. Baulichkeiten, Bauplätze, des → *ager publicus*, Bergwerke, Salinen usw.),
3. Pacht staatl. Einkünfte (→ *portoria*, → *tributa*, → *vectigalia*). Jedes Geschäft vergaben die Censoren (bes. die Pachten) – im → Auktionsverfahren – dem meistbietenden p. mittels einer *lex censoria* auf ein → *lustrum* (5 J.). Die p. mußten dem → *aerarium* Vorschuß zahlen, Sicherheiten stellen, jährl. eine Pauschalpachtsumme entrichten. Dieses System hatte manche Vorteile (z.B. der Staat konnte mit einem festen Einkommen rechnen, ersparte sich die Kosten der Steuerverwaltung usw.), aber auch seine Nachteile (die p. suchten größten Gewinn zu erzielen, trieben daher Raubbau, saugten die Provinzen aus, übten schädlichen Einfluß auf das öffentl. Leben aus usw.). Obwohl die p. in schweren Zeiten mit eigenen Mitteln dem Staat aushalfen (Liv. 23,49), konnten die Mißbräuche einzelner p. nicht verborgen bleiben (z.B. Liv. 25,1–4. 45,18. Cic. Verr. III passim). Mit der Zeit bildeten die p. eine Gruppe (*ordo publicanorum*), die mit dem Ritterstand identifiziert wurde, obwohl ihre Tätigkeit jeder röm. Bürger – bis auf den Senatorenstand – ausüben konnte. Die Expansion des Reiches brachte die allmähliche Vergrößerung des Tätigkeitsbereiches der p. mit sich. Alsbald konnte kein p. mehr eine große Staatspacht allein bewältigen. Daher bildeten sich mittels großer Kapitalzusammenballungen Publikanengesellschaften (*societates publicanorum*), deren Anteilscheine (*partes*) am röm. Finanzmarkt gehandelt wurden. Der Leiter eines Unternehmens, der Pächter, war der *manceps*, Geschäftsführer der *magister* (in der Provinz *promagister*), die Gesellschafter (*decumani*) standen ihnen mit Rat bei. Die Ausführung der unmittelbaren Tätigkeit übte das Personal (*familia publicanorum*, im NT die »Zöllner«) aus. Die p. erreichten ihre Blütezeit im letzten Jh. der Republik; während der Kaiserzeit nahm ihre Tätigkeit wesentlich ab, ihr Geschäftsbereich wurde verringert, ihre Funktion übernahmen hauptsächlich die *conductores*. G. Ü.

Rostowzew Die Geschichte der Staatspacht. *Ürögdi*, RE Suppl. XI 1184–1208 s. publicani; Suppl. XII. s. conductores.

Publicatio bonorum, die Vermögenseinziehung des röm. Strafrechts. Die *p.b.* löste die → *consecratio* der Frühz. (Weihung des Frevlers und seiner Habe an eine Gottheit) ab; das Strafrecht der Rep. kannte sie nur als Begleitstrafe eines Kapitalurteils und nur als Folge von Staatsverbrechen im Sinne Mommsens ([1], 537ff.). Sie ist sowohl bei den Verfahrensarten der ordentl. Strafgerichtsbarkeit (kriegsrechtl. Verfahren des Feldherrn, Verfahren vor den Perduellionsduovirn, tribuniz.-comitialer Kapitalprozeß) als auch bei den Ausnahmeprozeduren der Revolutionsz. (*hostis-iudicatio*, → Proskriptionen u.a.) hinlängl. zuverlässig bezeugt; einzig das von einer → *quaestio* abgeurteilte Majestätsdelikt scheint nicht zur *p.b.* geführt zu haben. Die Kaiserz. verknüpfte die *p.b.* nicht mehr primär mit bestimmten Verbrechen, sondern mit bestimmten Strafarten: jedes Urteil, das eine *capitis deminutio* herbeiführte, schloß die Konfiskation des Vermögens ein. Außerdem entwickelte sich damals ein postmortales Einziehungsverfahren; ihm unterlag im allg. nur das Vermögen des Selbstmörders *in reatu*, bei Staatsverbrechen auch das Vermögen dessen, der vor Beginn des Prozesses gestorben war oder Selbstmord begangen hatte. M. F.

1. *Mommsen* RStrR 1005ff. 2. *U. Brasiello* La repressione penale in diritto rom., 1937. 3. *H. Seidel* Die Konfiskation des röm. Rechts, Diss. Göttingen 1955 (masch.). 4. *W. Waldstein*, RE Suppl. X 96–119.

Publicius (*Poblicius*, *Poplicius*, *Populicius*). Name einer röm. gens, deren Herkunft nicht sicher ist. Frühester Vertreter ist Ancus P. aus Cora (Dion. Hal. ant. 3,34,3). Im 3. und 1. Jh. spielen die pleb. P. Bibuli und seit dem 3. Jh. die P. Malleoli eine gewisse polit. Rolle. In der späten Republik wird der Name oft von freigelassenen *servi publici* angenommen.

I. Republikanische Zeit:

1. P., Volkstribun 209, wohl ident. mit Nr. 3. **2.** Q. P. war 68 oder 67 Praetor und danach vielleicht Statthalter der Provinz Asia (Broughton 2, 142, 9.143. 150,3). **3.** C. P. Bibulus versuchte 209 in seinem Volkstribunat vergeblich, M. → Claudius Marcellus (I 15) das Kommando zu entziehen (Liv. 27,20,11–21,4. Plut. Marc. 27,2–7. J. Bleicken Das Volkstribunat der klass. Republik, 1968², 61 f.). In den Quellen erscheint P. als gefährlicher Demagoge. Wahrscheinlich ist er auch der Urheber des Plebiszits, das Saturnaliengeschenke der Clienten an ihre Patrone auf Kerzen beschränkte (Macr. Sat. 1,7,33. J. Bleicken a. O. 65). **4.** C. P. Bibulus, pleb. Aedil, dem Volk und Senat als Belohnung für seine Verdienste eine Grabanlage mit Grabmal für sich und seine Nachkommen zuwiesen (CIL I² 834). Zur Datierung der Inschr. und der Amtszeit des P. in die Z. von Nr. 3 s. Broughton 1,289,4 (vgl. A. Golfetti, Raggi 5,2. H., 1963, 9 ff.). **5.** L. P. Bibulus, wohl Bruder von Nr. 2, war 216 einer der 4 Kriegstribunen, die die Schlacht bei Cannae überlebten (Liv. 22,53,2). **6.** P. Malleolus wurde 101 als angeblich erster Muttermörder Roms zum Tode verurteilt und in einem Sack ins Meer versenkt (Liv. per. 68. Rhet. Her. 1,23). **7.** P. Malleolus war 92–91 zusammen mit L. Caecilius → Metellus (I 5) und A. → Postumius (I 11) Albinus Münzmeister (Sydenham The Coinage of the Roman Rep., 1952, 87, Nr. 611 [gemeinsame Prägung]. 88, Nr. 614 und 615. 89, Nr. 616 [eigene Prägungen]). Wahrscheinlich wurde P. 80 als Quaestor in Cilicien ermordet (Cic. Verr. 2,1,41–102). C. Verres, der sein Nachfolger und zugleich Vormund seines Sohnes wurde, eignete sich dessen gesamtes Erbe an (Cic. Verr. 2,1,91 ff. 3,177). **8.** M. P. Malleolus legte zusammen mit seinem Bruder in ihrer gemeinsamen Aedilität (241) den Clivus P. an (Jord. Top. 1,3,155 f.) und erbaute den Floratempel (Einrichtung der Floralia: Plin. nat. 18,286). 232 gelangte P. als einziger seines Geschlechts zum Consulat. M. D.-M.

II. Kaiserzeit: **1.** P. Certus. Praetorier, trat 93 als Angeber gegen → Helvidius Priscus (3) auf (Plin. epist. 9,13,16. Tac. Agr. 45.). *praefectus aerarii* im J. 96. Von Plinius im Senat scharf angegriffen (Plin. epist. 9,13,2), verlor er sein Amt und erreichte den erhofften Consulat nicht. Er erkrankte und starb bald darauf. **2.** C. Quinctius Certus P. Marcellus, *cos. suff.* 120 (CIL VI 2080. XVI 67. 68. Degrassi FImp. 36), Statthalter von Obergermanien (Brusin Scavi di Aquil. 1934, 76,2) und Syrien (IGR III 173–75. Dunant, Mus. Helv. 13 [1956] 216 ff.). Während seiner Amtsführung brach im J. 132 der große Judenaufstand aus (Schürer Gesch. d. jüd. Volkes 1,682 ff.). G. Wi.

Publicola (bei den griech. Autoren Ποπλικόλας). Röm. Cognomen, das nach den ant. Autoren als »Volksfreund« zu deuten ist. Die Deutung »Volksbauer« (Cornelius Unters. z. frühen Gesch. 123,6) und die Ableitung von *pōpulus* = Pappel (Skutsch Kl. Schr. 175 f.) sind abzulehnen. Gebräuchlich bei den Familien der Gellii, Valerii und Vipstani. G. Wi.

Publicus ager s. leges agr.

Publicus cursus s. Cursus publ.

Publilius (auch *Poublilius*, *Poblilius* und *Poplilius*, griech. Πόπλιος oder Πούπλιος). Wohl aus dem Vornamen *Publius* entstandener Name eines pleb. Adelsgeschlechts, dessen Mitglieder im 6., 5. und 4. Jh. bezeugt sind. Der bedeutendste P. lebte im 4. Jh. (Nr. 5). Neben seinem Cognomen Philo weist auch anderes darauf hin, daß er nicht direkt von den Publiliern des 6. und 5. Jh. abstammt (RE XXIII 1907 f.). Seit Anfang 3. Jh. wird der Name in der Reihe der höheren Magistrate und Priesterkollegien bis zum Ausgang der Republik nicht mehr erwähnt. Bisher unbeantwortet ist die Frage, welcher Zusammenhang zwischen der 358 eingerichteten tribus Publilia und dem Geschlecht der Publilier besteht (RE XXIII 1908 f.).

A. Politische Persönlichkeiten:

I. Republikanische Zeit.

1. P. war der Vater der zweiten Frau von M. T. Cicero und gehörte wahrscheinlich auf Grund seines Reichtums dem Ritterstand an (Plut. Cic. 41). **2.** P., naher Verwandter, vielleicht Bruder der 2. Frau Ciceros, wird in den Briefen an Atticus 45/44 häufig erwähnt (M. Gelzer Cicero, 1969, 293, 288). **3.** Q. P. wird Liv. 6,19,5 als Volkstribun des J. 384 genannt, doch ist seine Geschichtlichkeit fragwürdig (Broughton 1,102). **4.** Volero P. soll der Urheber des Gesetzes sein, das 471 die Wahl der pleb. Magistrate den Tributcomitien zuwies und die Zahl der Volkstribunen auf 5 erhöhte (Liv. 2,56,2–57,4. Dion. Hal. ant. 9,41–49 gegen Diod. 11,68: 4). Der hist. Kern dieser annalist. Berichte ist unumstritten (J. Bleicken Das Volkstribunat der klass. Republik, 1968², 11,3). **5.** Q. P. Philo, vielleicht Sohn von Nr. 3, gehörte 352 als *Vvir* der Kommission an, die sich mit der im Gefolge der licin.-sext. Gesetze aufgetretenen Verschuldung der Plebs befaßte, und trat wahrscheinlich hier in Verbindung zu den pleb. und patriz. Geschlechtern, die nach 343/42 in den polit. Vordergrund rückten. 339 war P. Consul und triumphierte über die Latiner (Act. Tr. Broughton 1,126,3). Nach Liv. 8,12,13–17 wurde P. in diesem J. von seinem Collegen zum Dictator ernannt mit dem Auftrag, gegen die Latiner zu kämpfen. Statt dessen brachte P. 3 Gesetzesanträge zugunsten der Plebs ein: das 1. verlieh Plebisziten Gesetzeskraft, das 2. verlangte die vorherige Zustimmung des Senats zu Gesetzen, die vor die Centuriatcomitien kamen, das 3. forderte die Wahl mindestens eines Plebeiers zum Censor (Liv. 8,12,15 f.). Vor allem das 1., aber auch das 3. Gesetz ist wohl annalist. Konstruktion (J. Bleicken Das Volkstribunat der klass. Rep., 1968², 12,1. 13 ff.). 336 war P. als 1. Plebeier Praetor, 332 Censor: Registrierung für die neuen tribus Maecia und Scaptia (L. Ross Taylor The Voting Districts of the Rom. Rep., 1960, 17 f.). Nach seinem 2. Consulat 327 wurde ihm während des Kampfes gegen Palaepolis als erstem das Kommando verlängert (Liv. 8,23,10). 320 und 315 war er wiederum Consul. Seine procampan. Politik brachte ihm einen Hochverratsprozeß ein (Liv. 9,26,5–22). Es ist umstritten, ob ihm auch die lex Publilia de sponsu (Gai. Inst. III 127. IV 22) zugeschrieben werden muß (KASER Röm. Privatrecht, 1966^{5}, 199, § 52 II 2: 4./3. Jh.). **6.** Volero P. Philo war 399 Consulartribun. Der Beiname Philo erscheint nur in den Fasten und ist vielleicht nachträglich erfunden worden. M. D.-M.

II. Kaiserzeit: P. L. Celsus, *cos. suff.* 102 (Inscr. Ital. XII 1,195), *cos. ord.* 113 (ebd. 203. CIL XI 3614. XIV 4089,6 = XV 2157 DEGRASSI FImp. 31. 33. VIDMAN Fast. Ost. 17. 20). Teilnehmer an den Dakerkriegen, Günstling Traians (Cass. Dio 68,16,2). Von Hadrian im Frühsommer 118 in Abwesenheit verurteilt und in Baiae ermordet (Cass. Dio 69,2,5. SHA Hadr. 7, 1–2). PREMERSTEIN, Klio Bh. 8, 1908, 1 ff. W. WEBER Hadrian 27 ff. 77 ff. G. Wi.

B. Literarische Persönlichkeiten:

1. P. Syrus kam als Sklave aus Antiocheia (?) nach Rom (Plin. nat. 35,58; dazu O. JAHN, Philol. 26, 1867, 11 f.). Nach seiner Freilassung Mimograph und Archimimus; Sieg über D. → Laberius an den Ludi Caesaris 46 v. Chr. (Gell. 17,14,1 ff. Macr. Sat. 2,7,2 ff.). Lebensdaten sind nicht überliefert, außer einer Zeitangabe bei Hier. chron. 1974: Noch 43 v. Chr., im Todesjahr des Laberius, behauptete sich P. auf der Bühne in Rom. Zur Namensform *Publilius* vgl. E. WÖLFFLIN, Philol. 22, 1865, 437 ff. Aus seinen Mimen sind drei kurze Fragmente erhalten (Prisc. 10,42. Non. 133,9. Isid. orig. 19,23,2), die wenig Aufschlüsse vermitteln. Das Frg. in Petrons Satyricon (55) ist wahrscheinlich unecht. Nachhaltige Wirkung erzielte P. durch seine Sentenzen, die später Pensum der Grundschulen wurden (so Hier. epist. ad Laetam 107,8). Das gnomolog.-lehrhafte Moment war im Mimus höchst bedeutsam (vgl. Sophron, Epicharm). Allg. wird angenommen, daß die Sentenzen-Slg. nach dem Tode des P. im 1. Jh. n. Chr. zusammengestellt wurde (vgl. ähnliche Spruch-Slg.en von Epicharm und Menander). Die beiden Seneca weisen mehrfach darauf hin, daß einzelne Verse ihrem moralischen Anspruch nach über das Niveau des Mimus erhaben seien, und zitieren daraus (contr. 7,3 (18) 8 f.; de tranq. an. 11,8; cons. ad Marc. 9,5; epist. 8,8. 9.108,8. 9. 11.94,28. 43), ebenso Gell. (17,14,3 f.) und von ihm abhängig Macr. (Sat. 2,7,11). Noch der patrist. Lit. sind einige Sprüche bekannt, der Name des Autors scheint vergessen. H. werden P. ca. 700 Sentenzen zugeschrieben (iamb. Senare und einige troch. Septenare). Einflüsse lassen sich vor allem aus griech. Bühnenliteratur (bes. Euripides, Menander und der lat. Menanderrezeption) erkennen: die gängigen Motive sind Freundschaft, Liebe, Geiz, Fortuna, und das Verhältnis zum Vater, zu jungen Mädchen, Matronen und Hetären. Darüber hinaus findet man sprichwörtl. Anklänge, Gedankengut der Popularphilosophie *(ira, beneficium, amicitia, avaritia, sapientia, mors, virtus, misericordia, conscientia)* und offenbar auch aus jüd. und oriental. Weisheitsliteratur. Seit Erasmus entstanden zahlreiche Ausg. und Übers. zu erbaulicher Lektüre und moralischer Belehrung; seit E. 19. Jh. überwiegt die philolog. Beschäftigung. E. Schr.

Neuere Ausg.en: *E. Wölfflin*, Lpz. 1869. *O. Friedrich*, Bln. 1880 (m. Komm; Nachdr. Hildesheim 1964). *W. Meyer*, Lpz. 1880 (bester Text). *J. W.* u. *A. M. Duff*, Minor Latin Poets, Lond. 1961 (m. engl. Übers.). *H. Beckby*, München 1969 (m. dt. Übers.) Zu den Hss.: *W. Meyer* Die Slg.en der Spruchverse des P. S., Lpz. 1877.

Lit.: *O. Skutsch*, RE XXIII 1920 ff. *Eveline Schweitzer* Stud. zu P. S., Diss. Wien 1967 (m. Bibliogr.).

2. P. Porfyrius (nicht Porphyrius: 21,7) Optatianus, Vf. lat. Figurengedichte z. Z. Konstantins, erreichte anläßlich der *vicennalia* des Kaisers (325) durch eine Gedichtslg. die Rückkehr aus einer Verbannung (vgl. Hier. chron. ad 329); der Begnadigungsbrief ist erhalten. P. hat daraufhin die Slg. erweitert, doch liegt nicht das Gesamtwerk vor. 332 (c. 18) dürfte dem E. P.' nahekommen. Hellenist. Vorbildern folgend hat P. das *carmen figuratum* virtuos ausgestaltet; unterschiedl. Versformen (anacyclici, rhopalici), betonte Umrandungen (Akro- u. Telesticha), bes. eingelegte Monogramme und Gegenstandsintarsien (Palme, Schiff) haben ihn zum Klassiker der Gattung gemacht: die stark zersplitterte Überlieferung geht der Nachwirkung bei Fortunatus, Hrabanus u. a. parallel. R. He.

Ta.: *E. Kluge*, 1926. Zu neuen Hss.-Frg. *H. Silvestre*, Script. 17, 1963, 127.

Lit.: 1. *E. Kluge* Münch. Mus. f. Philol. M. A. 4, 1924, 323 ff. 2. *B. Gladysz* Collect. Theolog. 18, 1937, 63 ff. 3. *R. Helm*, RE XXIII 1928 ff.

Pucinum, ein durch seinen Wein berühmter Ort im Gebiet der Carni in Istria (Plin. nat. 3,127. 14,60. 17,31: ***gignitur in sinu Hadriatici maris non procul Timavo fonte saxoso colle, maritimo adflatu paucas coquente amphoras.*** H. meistens mit Prosecco identifiziert (A. DEGRASSI Il confine nord-orient. dell' Italia rom. 75 f.). Name illyr. (A. KARG, Wörter u. Sachen NF 4, 1941/42, 180). J. F.

A. Pudens, Familienname unbekannt. Freund des → Martialis aus → Sarsina (A. STEIN Ritterstand 374). Er diente als *centurio* in Pannonien (Martial. 13,69) und nahm vielleicht an den Dakerkriegen Traians teil. Vermählt mit Claudia Peregrina (Martial. 4,13). Ob er zu höheren Ämtern aufgestiegen ist, wie es ihm Martial. 6,58,10 wünschte, ist unbekannt. G. Wi.

Pudicitia. Ihr sacellum am Forum Boarium in Rom (Fest. 282,18 f. L. Liv. 10,23,3; *signum:* Fest. a. O.; *effigies:* Iuv. 6,310) betraten nur *patriciae, pudicae, uni nuptae* (Liv. a. O. 5); deshalb mit Fortuna (Val. Max. 1,8,4. Dion. Hal. ant. 8,56,4. Serv. auct. Aen. 4,19. Tert. monog. 17) verwechselt

(Fest. a.O.). 296 hinderten patriz. Matronen Verginia wegen ihrer Ehe mit pleb. Konsul am Opfer; sie weihte der *P. Plebeia sacellum* und *ara* in ihrem Hause am *vicus longus* für Plebeierinnen *eodem ritu* (Liv. a.O. 6ff.); Kult am Forum Boarium als *P. Patricia* differenziert. 154 weist *prodigium* (Piso frg. 38 P.) auf Vergessen (Liv. a.O. 9. Prop. 2,6, 25): Das *sacellum* (welches von beiden?) wurde zum Versteck (Sch. Iuv. a.O. 309). P. als Anrede für Livia (Val. Max. 6,1 pr.) und Plotina (CIL VIII 993). *Pudor* (Hor. c. 1,24,6; c. s. 57) nur als Abstraktion (Serv. auct. Aen. 4,27). G. R.

Prell.-Jord. 2,264f. *Peter* Myth. Lex. 3,3273ff. *Deubner* Myth. Lex. 3,2160. *Wissowa* Rel. ²257f. 333. *Latte* RRel 239. *Radke* Götter Altitaliens 267.

Pudor. Abstraktion, als Unterweltswesen Sen. Herc. 692, → *Αἰδώς*. W. P.

Pudput, Stadt der Africa proconsularis; h. Souk el Abiod, 3 km n. von Bir bou Rekba, zwischen Karthago und Hadrumetum (Sousse), 48 Meilen von Hadrumetum (Itin. Ant. 52. 56. 58). Kolonie unter Commodus: *col. Aurelia Commoda p(ia) f(elix) Aug. Pupput* (CIL VIII 24092. 24093), *col. Puppit (anorum)* 24095. Vaterstadt des Juristen P. Salvius Iulianus, cos. 148 (CIL VIII 24094). Ein *episcopus Puppitanus* im J. 484 Inschr. CIL VIII 24091. M. L.

Tissot Géogr. comp. Afr. anc. 2,132. Atl. arch. Tun.

Pugilatus s. Pygme

Pugio als Waffe (Paul. Fest. p. 285 M) ist erst im röm. Heer der frühen Kaiserzeit ausreichend belegt (Ios. bell. Iud. 3,5,5). Bei der Infanterie waren damit *centuriones, optiones, aquiliferi, signiferi, legionarii* und *auxiliares* ausgerüstet. Nur die Kavallerie hatte keinen p. und wahrscheinlich auch die Offiziere und der Kaiser nicht. Die geschwungene, zweischneidige Eisenklinge war 20 bis 25 cm lang, 4 bis 7 cm breit und wenige Millimeter dick. Die Griffangel hatte eine starke, knopfartige Verdickung in der Mitte und am freien Ende den Griffknopf. Die Scheide war aus Holz, Bronze oder Holz und Bronze, und an den Metallzwingen befanden sich 2 oder 4 Eisenringe zur Befestigung an der Ausrüstung des Soldaten. Vom p. gab es verschiedene Typen, wie dies der Fund von 51 Auxiliardolchen aus dem 3. Jh. im Lager von Quintana (Künzing) zeigt. A. N.

Neumann, RE XXIII 1949ff. *J. Ypey* Ber. van de Rijksdienst voor het Oudheidkundig Bodemonderzoek 10/11 (1960/61) 347ff. *G. Ubert* Jh.-Ber. der Gesellsch. Pro Vindonissa 1961/62, 5ff. Aus Bayerns Frühzeit, Schr. z. bayr. Landesgesch. 62 (1962) 175ff. 2. *F. R. Herrmann,* Saalburg Jb. 26, 1969, 129ff. 133.

Pulcher. Cognomen (vgl. RE IV 228), in den Fasten der rep. Zeit bei den → Claudiern (I 24 bis 33), in denen der Kaiserzeit außerdem bei Clodius, Ovinius, Pupienus, Tineius. DEGRASSI FImp. 264. H. G. G.

Pulcheria. 1. Die Tochter des Kaisers → Theodosius I., * 377/78, † 385/86. Gregor v. Nyssa hielt ihr die Grabrede (MIGNE PG 46, 863ff.). **2.** P. Aelia Augusta, Tochter des Kaisers → Arcadius und der → Eudoxia, * 399. P. weihte sich und ihre Schwestern einem frommen jungfräulichen Leben, ließ sich 414 zur Augusta erheben, gewann großen Einfluß auf ihren Bruder → Theodosius II. (Soz. 9,1–3. Theophan. a. 5901. 5920f.). Als Gemahlin erkor sie ihm → Eudokia (1), mit der sie nach 423 immer wieder in Zwist geriet, wie z.B. auch im Streit um → Nestorius (Eudokia für, P. gegen ihn). Seit etwa 439 wurde ihr Einfluß zurückgedrängt durch den Eunuchen Chrysaphios (Theophan. a. 5939/40), doch war sie 450 wieder so stark, daß sie → Marcianus (6), mit dem sie eine Josephsehe einging, zum Nachfolger des Bruders erheben lassen konnte. P., hochangesehen bei Papst → Leo I. (vgl. Leo ep. 45. 70. 105. 112. 116), griff bis zu ihrem Tode im Juli 453 bes. aktiv in die Kirchenpolitik ein. P., die ihr Vermögen den Armen hinterlassen und neben anderen frommen Werken den Kirchenbau gefördert hatte (Theophan. a. 5943–5945. Theodorus Lect. 1,5), wurde später unter die Heiligen aufgenommen (Fest am 10. bzw. 11. Sept. vgl. TH. SCHNITZLER bei GRILLMEIER-BACHT, Chalkedon 2,737. 740). A. L.

Pullaria (Plin. nat. 3,151. Tab. Peut. Geogr. Rav. 5,24 = p. 101. 45 ed. Schnetz), Insel im Adriat. Meer, bei der s. Spitze von Istria, zwischen den Inseln Ursaria und Curica. Wahrscheinlich das heutige Lussin = Losinj. Der Name ist auf das lat. *pullus* zurückzuführen (A. KARG, Wörter u. Sachen NF 4, 1941/42, 168). J. F.

Pullius. Röm. Gentilname, inschr. seit republ. Zeit häufig bezeugt. **1.** P., Volkstribun 248, der gegen P. → Claudius Pulcher (I 33) ein Perduellionsverfahren anstrengte. Sch. Bob. Clod. et Cur. 90 St. BROUGHTON Mag. 1,215. **2.** Cn. P. Pollio, Ritter in Augusteischer Z., der nach DESSILS 916 u.a. Volkstribun, Praetor und Proconsul der Narbonensis (wohl nach 22 v. Chr.) war, anschließend in der Gallia Comata (16–13 v. Chr.? als *comes*?) und schließlich in Athen wirkte. H. G. G.

Pullus. Cognomen bei → Iunius Nr. I 20 u.a. vgl. I. KAJANTO Lat. Cognomina, 1965, 78. H. G. G.

Puls. Der Mehlbrei aus Spelt *(far)*, aber auch aus anderen Getreidearten, etwa Hirse (Plin. nat. 18,100), ist die einfache Kost der alten Z. (Iuv. 14, 170f. Varro 1. 1. 5,105. Plin. nat. 18,83), später der einfachen Leute (Martial. 5,78,9. 13,8). → Polenta. W. H. G.

J. André L'alimentation et la cuisine à Rome (1961) Reg. v. puls.

Pulvillus. Cognomen, z.B. bei → Horatius I 6f. H. G. G.

Pulvinar. Sowohl das Kissen oder Bett, auf dem die Götterbilder bzw. -Symbole beim → *lectisternium* lagen, wird unter P. verstanden als auch der Tempel selbst (Serv. georg. 3,533) und die Kaiserloge im Circus (Mon. Anc. IV 4. Suet. Aug. 45,1; Claud. 4,3. CIL VI 9822). → Lectisternium. W. H. G.

Pulvinus. Jedes Kissen beliebiger Form, Größe, Verzierung, Kostbarkeit für Bett, Stuhl, Sänfte usw. hieß P., *τύλη, τυλεῖον, κνέφαλ(λ)ον*. Die Füllung, *πλήρωμα, tomentum*, variierte von Stroh und Heu über Blätter bis zu Federn; Luftkissen erwähnt H. A. 17,25,2. Sonderformen sind *cervical, προσκεφάλαιον, κνέφαλλον*, meist Kopfkissen, und *culcita, τυλεῖον κνέφαλλον*, die Matratze. Abb. bei G. M. A. Richter The Furniture of the Greeks 1966. W. H. G.

Pupienus. Kaiser, s. M. → Clodius (7) Pupienus Maximus.

Pupius. Pleb. Gentilname, vielleicht mit etr. *pupu* zusammenhängend (vgl. Schulze Eigenn. 213, dort auch Hinweise auf Inschr.). Eine Lex Pupia (RE XII 2405) verbot Senatsverhandlungen an Comitialtagen. **1.** P., Tragödiendichter E. 1. Jh. v. Chr., nur bekannt aus Hor. epist. 1,1,67. Schanz-Hos. 2,1,292. **2.** C. P. war 217 (zusammen mit K. Quinctius Flamininus) Duumvir für den Bau des Concordia-Tempels in Rom, Liv. 22, 33,8. **3.** L. P., pleb. Aedil 185, als Praetor 183 beauftragt mit Untersuchungen *de Bacchanalibus* (vgl. o. Bd. I 799) in Apulien, Liv. 40,19,10. Vielleicht ident. mit dem Gesandten L. P. im J. 154, Broughton Mag. 1,451. **4.** P. P. (?), nach Liv. 4, 54,3 Quaestor 409, problematisch, nach Broughton Mag. 1,78 ein Papius. **5.** M. P. Frugi (Calpurnianus), also gebürtiger Calpurnius Piso, der von einem M. P. adoptiert wurde. Trat zunächst als Redner hervor (u. a. Lehrer des Cic.), war 83 Quaestor, ca. 72 Praetor (vielleicht Urheber der lex P., s. o.), stand dann in Spanien, triumphierte 69 und diente 67–62 als Legat unter Pompeius (67 Propontis, dann Samos, 63 Jerusalem). 61 cos., zusammen mit M. Valerius Messalla Niger (Degrassi 13,1,490f.). Als Anhänger des Pompeius (vgl. auch Chr. Meier Res p. amissa, 1966, 19) überwarf er sich – u. a. im Verlauf der Verhandlungen über den Religionsfrevel des P. → Clodius (6) – mit Cic. (Att. 1,16,1, vgl. Gelzer, RE VII A 897) und erhielt die erstrebte Provinz Syria nicht. Er trat dann nicht mehr hervor, ist vielleicht im J. 49 nochmals als Legat faßbar (Broughton Mag. 2, 269) und starb wohl vor 47. Drumann 2,69ff. R. Syme Rom. Rep. 33. M. Gelzer Cicero, 1969, 109ff. 421. H. G. G.

Purpur. Die Farbe wurde im Alt. vor allem in Syrien aus zwei Arten Schnecken gewonnen, der Trompeten-Schnecke (*κῆρυξ, bucinum, murex*) und der P.-Schnecke (*πορφύρα, purpura, pelagia*). Nach Öffnung der lebenden, zwischen Herbst und Frühjahr gefangenen Tiere wurde das farbhaltige Gefäß herausgeschnitten und drei Tage in Salz gelegt, dann die Masse gereinigt und durch Kochen eingedickt. Der endgültige Farbton war nach Mode, Ort und Z. verschieden, die Haltbarkeit wurde durch Zusatz von Honig vergrößert (Plut. Alex. 36. Vitr. 7,13,3). P.-Kleider für Frauen und Männer ([2]. [3]. → Amtstracht) waren im ganzen Alt. als Kostbarkeit beliebt, kein Erlaß hat je den privaten Luxus mit P.-Stoffen eindämmen können; Handel und Färben mit P. waren weit verbreitete, einträgliche Gewerbe. In Spätant. und Byzanz ist eine bestimmte P.-Farbe kaiserl. Vorrecht und Abzeichen, vgl. J. A. Straub Vom Herrscherideal in der Spätant. 1939 (Nachdr. 1964) 21ff. W. H. G.

1. *E. Wunderlich* Die Bedeutung der roten Farbe im Kult der Griechen u. Römer, 1925. 2. *K. Schneider*, RE XXIII 2000ff. 3. *M. Reinhold* History of Purple as a Status Symbol in Antiquity (Coll. Latomus 116), 1970.

Purpureo. Cognomen (Übernahme aus dem Griechischen, I. Kajanto, Lat. Cognomina, 1965, 64, vgl. 407), in republ. Zeit in den Fasten bei → Furius (I 34f.). H. G. G.

Purpurissum. Purpursaft mit der gleichen Menge Silberton *(creta argentaria)* in einem Erzkessel erhitzt ergibt P., das je heller ausfiel, je öfter man, nach Herausnehmen des P. das Verfahren mit dem Rest Saft fortsetzte. P. wurde zum Malen und von Frauen als Schminke benützt. Plin. nat. 35,30. 44–45. 49. Apul. apol. 76. Hier. epist. 127,3,3. W. H. G.

Pus (*πούς*), »Fuß«, neben und später vor der Elle (→ *πῆχυς*) gebräuchliche Einheit des → Längenmaßes bei den Griechen. Nach Ort und Zeit verschieden normiert, schwankt seine Größe zw. ca. 27 und 35 cm. Er gliedert sich in 16 → Daktyloi und 4 → Palaistai, 6 p. bilden eine → Orgyia, 10 eine Akaina, 100 ein → Plethron, 600 ein → Stadion. H. Ch.

F. Hultsch Metrologie^{2} 27ff. 567. 572.

Puteal (von *puteus* Brunnen; griech. *περιστόμιον*), Einfassung eines Ziehbrunnens, z. T. mit Deckel. In Rom und Pompeii und anderwärts sind solche erhalten. Auch die Orte, wo ein Blitz eingeschlagen hatte und die man als heilig und unbetretbar mit einer viereckigen oder runden Einfassung versah und mit der Inschr. *fulgur conditum* kennzeichnete, nannte man p. Solche Blitzmale sind zahlreich erhalten. Liste bei Maiuri, Atti Accad. Nap. 21, 1941, 68,1. K. Z.

K. Schneider, RE XXIII 2034ff. *Viedebandt*, RE Suppl. IV 511. *Latte* RRel 81.

Pŭtĕoli (vgl. griech. *Ποτίολοι*; Verg. Aet. 431 umschreibt den metrisch unbrauchbaren Namen), »Brunnen« *a pŭteis* (Varro l. l. 5,25. Paul. Fest. 241,11f. L. Strab. 5,245. Steph. Byz. s. *Δικαιάρχεια*. Plin. nat. 31,4; daneben Herleitung von *pūtor, pūtidus ὀλῆρε*!), am Platz der von Samiern (Steph. Byz. s. *Ποτίολοι*) 531 v. Chr. (Hier. p. 104 Helm) an der N.-Küste des Golfs zwischen → Misenum und → Pausilypon gegründeten, später von → Kyme als Hafenplatz (Diod. 5,13) benutzten (Strab. a. O.) Stadt (Paul. Fest. 63,15f. L.) Dikaiarcheia (Steph. Byz. s. v. Plin. nat. 3,61) nach enger Bindung an Rom *(praefectura:* Fest. 262, 10 L.) während des 2. pun. Krieges (Liv. 24,12,4. 13,6. 25,22,5. 26,17,2. 30,21,11) 194 als Bürgerkolonie (Liv. 32,29,3. 34,45,1. CIL I² 698; ungenau Vell. 1,15,3) der *tribus (Falerna* oder*) Palatina* (CIL X p. 182) eingerichtet. Vielleicht august. Kolonie (Frontin. Feldm. 236), *colonia Claudia Neronensis* (CIL X 5369. Tac. ann. 14,27), *colonia Flavia Augusta* (CIL VI 3884). P. war unter röm. Herrschaft wichtiger Hafen (Pol. 3,91,4. Cic. Att. 5,2,2; Verr. 5,154. Paul. Fest. 109,17ff. L. Diod. 5, 13), den man Ostia vorzog (Cic. Cael. 23; Planc. 65. Suet. Tit. 5,3. Act. apost. 28,13), zumal er durch künstliche Anlagen verbessert wurde (Strab. a.O. Sen. ep. 77,1. Suet. Cal. 19. 32,1. CIL X 1641). Alexandreia gehört zu den Handelspartnern (CIL X 1797. Sen. a.O. Cic. Cael. 23). Umschlagplatz für Eisen (Diod. a.O.) und Farben (Plin. nat. 33, 106. 161f.), bes. Puzzolanerde (Sen. nat. 3,20,3. Plin. nat. 16,202). Viele Villen (Cic. fat. 2; fam. 5, 15,2. HA Hadr. 25. Apoll. Tyan. 7,11); Tempel des Serapis 105 v.Chr. (CIL I² 698), Tempel des Augustus (CIL X 1613, h. Kathedrale). P. liegt an der Kreuzung der *via Domitiana* (Cass. Dio 67,14, 1. It. Ant. 123,1) mit der Straße nach Capua (Plin. nat. 18,111. Tab. Peut. 6,4) nahe dem Tunnel nach Neapel (Strab. a.O.). Einteilung von P. in *regiones* (CIL X 521. 1631. 1695. 1700); es gab ein Forum (1698), ein *forum transitorium* (1738), ein *macellum* (1450), ein großes Amphitheater (LUGLI Tecnica edilizia rom. 1,627), Bäder (Plin. nat. 31, 4). Im gesellschaftl. Leben war P. eine *urbs Graeca* (Petron. 81). Nahe bei P. die Solfatara, das Forum Volcani (Strab. 5,246). An den Säulen des *macellum* läßt sich der Wechsel des Bodenniveaus in den verschiedenen Zeiten erkennen. Darstellung der Hafenfront von P. auf der Vase von Odemira (CIL II 6251). H. Pozzuoli. G. R.

Nissen It. Ldk. 2,737ff. *Forbiger* HB. d. alt. Geogr. 3,487f. *Bérard* Colonis. Grecque² 54ff. *Beloch* Campanien ²88ff. 123ff.; *Ders.*, RG 386. *Maiuri* Campi Flegrei ²19ff. *Lehmann-Hartleben* Klio Beih. 14,224ff. *Schenk von Stauffenberg* Trinakria 164.

Pyanopsion (*Πυανοψιών, Πυανεψιών*), Monatsname des ion. Kalenders, in Athen der 4. der Monatsreihe, in Milet, Kyzikos, Olbia, Priene an zweiter Stelle der Reihe, gleich Okt./Nov. Der Monatsname ist inschr. belegt vom 5. Jh. v. bis zum 3. Jh. n. Chr. (in dem Kal. von Samos in der Form *Κυανεψιών*, wobei das sam. *κύανος* zu ion. *πύανος* sich verhält wie z.B. ion. *κοῦ* zu att. *ποῦ*). Es ist der Monat, an dessen 7. Tag das dem Apollon gewidmete Fest der *Πυανόψια* gefeiert wurde, wobei ein Bohnenbrei gekocht und dem Apollon dargebracht wurde sowie eine Knabenprozession stattfand, die mit Früchten behangene und mit bunten Wollbinden geschmückte Oliven- und Lorbeerzweige von Haus zu Haus bis zu dem Tempel des Apollon trugen (→ Eiresione), Plut. Thes. 22. W. S.

W. Sontheimer, RE XXIII 2063. *M.P. Nilsson* Griech. Feste 1,122ff. *L. Deubner* Att. Feste 198ff.

Pydna (*Πύδνα*), Stadt in Süd-Makedonien, urspr. am Golf von Therme und s.ö. von Methone angelegt. Frühzeitig Anziehungspunkt für die makedon. Herrscher. Von König Archelaos (1) eingenommen (411), wobei die urspr. Siedlung ins Innere des Landes verlegt und neuaufgebaut wurde. Später von Athen besetzt, aber 356 durch Verrat an Philipp II. gekommen. Entscheidungsschlacht zwischen König Perseus und den Römern unter Aemil. Paulus (168 v.Chr.), die das Schicksal Makedoniens besiegelte. Thuk. 1,61. 2,137. Demosth. 1,5 u.s. Liv. 44,32ff. Diod. 13,49 u.s. Strab. 7,330. Plin. nat. 4,34. CIG Nr. 1957. CIL III p. 116. HEAD HN² 218. Chr. D.

Danoff, RE Suppl. X 833ff.

Pygmalion (*Πυγμαλίων*, aus phoinik. *Pumaj 'eljon?* Myth. Lex. 3,3318,60ff.). **1.** König von Tyros, Bruder → Didos, deren Gatten er aus Habsucht tötete. **2.** König von Kypros, durch seine Tochter Metharme und → Kinyras Großvater des → Adonis, Apollod. 3,182. Auf → Philostephanos v. Kyrene berufen sich Clem. Alex. protr. 17,31ff. S. und Arnob. adv. gent. 6,22 bei ihrer Notiz, daß P. sich in eine nackte Elfenbeinstatue der Aphrodite oder in eine alte hochverehrte Statue der Göttin so verliebte, daß er sie durch eine Art ehelichen Umgangs schändete. **3.** Bei Ov. met. 10,243ff. ist P. ein Künstler, der, Weiberfeind geworden, sich selbst ein ideales Frauenbild aus Elfenbein schnitzt. In dieses verliebt, bittet er an einem Aphroditefest die Göttin, ihm eine seinem Kunstwerk ähnliche Gattin zu schenken. Indem er zu Hause nochmals liebkosend an seinem Werke formt, wird es belebt und beseelt. Meisterhaft schildert Ov. die bangende Wonne, das zweifelnde Glücksgefühl des Meisters und das verschämte Erwachen der Statue. Wir sehen in dieser Erfindung einen Preis des schaffenden Künstlers, der, indem er seine Seele in sein Werk legt, der schöpferischen Gottheit oder Natur nahe kommt. Rel. gesch. gesehen, ist P. (Pygmaion, Hesych.) wohl die kypr. Form des → Adonis, in dem sich der belebende Frühling verkörpert. PRELL.-ROB. 1,364. Aus der Heirat des P. mit dem selbstgeschaffenen Weibe ging eine Tochter oder ein Sohn Paphos hervor (Ov. a.O. 297). Die Neueren nannten P.s Frau → Galatea (3) oder Elise (so Goethe in der Italien. Reise) infolge einer Verwechslung mit Elissa = Dido. An G.B. Shaw's P. sei noch erinnert. H. v. G.

O. Willmann Aus der Werkstatt der Philosophia perennis, Freiburg 1912, 187ff. *H. Fränkel* Ov., a Poet between 2 Worlds, The Suther Class. Lect. Vol. 18, 1945, 77f. *K. Kerényi* Mythol. der Griechen 74f. *E. Wüst*, RE XXIII 2075f. *H. Hunger* Lex. der griech. u. röm. Myth. ⁵1959, 312f.

Pygmé (*πυγμή, pugilatus*). Faustkampf unter Verwendung von Kampfriemen war ein gebräuchliches Kampfspiel in homer. Z. neben Wettlauf, Ringen, Diskus- und Speerwurf (Il. 23; Od. 8, 120–130). Es wurde in Olympia eingeführt im J. 668 v. Chr. Spartaner und Römer mißbilligten die persönliche Beteiligung an einem solchen Kampfspiel (Plut. Lyk. 19. Tac. ann. 14,20), schätzten es aber als Mittel körperlicher Ertüchtigung und als sportliche Schaustellung (Xen. Lak. pol. 4,6. Plut. Cat. 20. Hor. epist. 2,1,185). Plato (leg. 8,2, 830 B) spricht von *σφαῖραι* (gefütterte Handschuhe?) statt Riemen (*ἱμάντες*), um die Kampfhiebe vorzutäuschen. In der römischen Zeit spricht Philostr. (Gym. 10) vom *ἱμὰς πυκτικὸς ὀξύς*, einem um 4 Finger gewickelten, den Daumen freilassenden Riemen, der die Wirkung hatte, den Schlag zu verschärfen. Die Gleichsetzung von *σφαῖραι* mit *μύρμηκες* (Pollux 3,150) (so MEHL RE Suppl. IX 1324) ist wohl weniger wahrscheinlich als die mit gefütterten Handschuhen, *ἐπίσφαιρα* (Plut. reip. ger. praec. 825 E). Der *μύρμηξ* war offenbar wie der römische *caestus*, ein Handschuh mit Metallbeschlägen. Der Hergang eines Boxkampfes ist auf vielen Vasenbildern dargestellt: Auslage, Angriff und Abwehr, Nahkampf und Ende des Kampfes durch knockout, Kampfunfähigkeit oder Sichergeben des Gegners. Ein Kämpfer kann als Sieger *ἀκονιτί*, ohne Staub, oder *ἀνίδρωτι*, ohne Schweiß, erklärt werden, wenn sein Gegner nicht erschienen war. Gebräuchliche Hiebe waren wie im modernen Boxen der uppercut, der Schwinger, die Finte. Fußarbeit galt als wichtig, und ein Fußtritt gegen das Schienbein war zulässig (Philostr. Gymn. 34. Verg. Aen. 5, 430). Beschreibung von Boxkämpfen bei Theokr. 22,60–134 (lebendig, Augenzeugenbericht), Apoll. Rhod. 2,1–98. Verg. Aen. 5,425–467. Stat. Theb. 6,704ff. Die beiden letzteren beschreiben im wesentlichen einen altgriech. oder hellenist. Kampf, führen aber den metallbeschlagenen Handschuh der röm. Z. ein. Der Kampf wurde nicht in Runden mit Ruhepausen ausgefochten, sondern ununterbrochen bis zum Schluß. Um das Ziel zu erreichen, den Gegner kampfunfähig zu machen, wurden Stöße gegen den Hals vor solchen gegen den Körper bevorzugt. Die Partner wurden durch das Los bestimmt. Wenig wird berichtet über das Training auf den Sportplätzen unter Leitung der Sportlehrer (Paus. 7,23,4), obwohl Bilder dieser Trainer auf Vasenbildern erscheinen. Entgegen der Behauptung, daß Boxen den Körper ebenso wie den Mut entwickle (Plut. de profect. in virt. 8,79 E), kritisierte Sokrates die unverhältnismäßig starken Schultern und dünnen Beine der Boxer (Xen. symp. 2,14). Plato (a. O.) erwähnt das Schattenboxen und den Gebrauch des Sandsacks beim Training, und Beispiele für Schattenboxen bringen Apoll. Rhod. 2,45 und Verg. Aen. 5,376f. Das Boxen wurde bei den Römern von Etrurien her eingeführt (Liv. 1,35,9) und etruskische Darstellungen stimmen zu hellenistischen. Unter den berühmten griech. Boxern des 5. Jh. v. Chr. sind Theagenes von Thasos, Pythagoras von Magnesia und Diagoras von Rhodes. O. W. R.

Julius Jüthner – Erwin Mehl, RE Suppl. IX 1306–52.

Pylades (*Πυλάδης*). **1.** Phoker, Sohn des → Strophios. Er wuchs zusammen mit → Orestes auf. Sie wurden das klass. Freundespaar, Cic. Lael. 24 u. a. Seine Rolle als Held und Freund geht wohl auf → Stesichoros' Oresteia zurück. In der Tragödie ist er zunächst ziemlich passiv. In Aischyl. Cho. spricht er nur einmal ein ermutigendes Wort zu dem zaudernden Orestes. In den beiden Elektren ist er stumme Person. Erst bei Eur. tritt er in Iph. T. als Gesprächspartner, im Or. als Berater hervor. Kinder aus seiner Ehe mit → Elektra: Strophios und → Medon (4). Hyg. fab. 119f. Apollod. epist. 6,28. – Beziehung zur pyläischen → Amphiktyonie Sch. Soph. Trach. 638. H. v. G.

2. P., Hofschauspieler der august. Z., Zos. 1,6,1. Gestaltete den röm. → Pantomimus um, indem er das Orchester stärker zur Begleitung heranzog (Suda s. v. Macr. sat. 2,7,18). Er pflegte bes. den trag. Pantomimus und ging auch auf Gastspiele in größere Städte Italiens, CIL X 1074 = DESSILS 5053 aus Pompeii. Er erreichte ein hohes Alter und veranstaltete im J. 2 v. Chr. auf eigene Kosten Pantomimen in Rom (Cass. Dio 55,10,11). **3.** Pantomime aus hadrian. Z., Liebling des Kaisers (Cass. Dio 68,10,2). Als *hieronica* bezog er als erster den Pantomimus in kultische Handlungen ein. **4.** Pantomime aus der Zeit Marc Aurels, Schüler von Nr. 3, änderte seinen urspr. Namen Theokritos in P. Nach DESSILS 5186 *pantomimus temporis sui primus*, großer Frauenheld (Gal. 14, 632ff.). Als *hieronica* wurde er viermal mit dem Lorbeer gekrönt und war *patronus* der *parasiti Apollinis*, einer Schauspielergenossenschaft (MÜLLER, Philol. 63, 1904, 342ff.). G. Wi.

Pylagoras (*πυλάγορος* Hdt. 7,214. *πυλαγόρας* Aischin. 3,114. Strab. 9,420.), Gesandter einer der zur delph. → Amphiktyonie gehörenden Gemeinden zu den → Pylaia (3). Harpokr. s. v. Die P. bildeten mit den *ἱερομνήμονες* das Synedrion der Amphiktyonie. Die Kompetenzen beider Gruppen sind unklar, die P. vertraten wohl die polit. Interessen ihrer Gemeinden gegen die übrigen Mitglieder der Amphiktyonie. Aischin. 3, 116. H. SCHAEFER, RE XXIII 2086. Sie ächteten → Ephialtes (4). Athen sandte 3 gewählte P., u. a. → Themistokles, → Demosthenes (2), → Aischines (2), Meidias und Thrasykles. Plut. Them. 20. Aischin. 3,113ff. Demosth. 18,149. 154f. Der Name P., seit dem 3. Jh. v. Chr. durch *ἀγορατρός* ersetzt, begegnet wieder in der Kaiserzeit. Sylloge[3] 795 B 5. FDelph 3,2,161. 165. H. V.

Pylai. 1. P. Gadeirides (*Πύλαι Γαδειρίδες*, vgl. etwa Strab. 3,170. 172), der h. als Meerenge von Gibraltar bekannte, an seiner engsten Stelle 13 km breite Sund zwischen der S.-Spitze Spaniens und dem mauretan. Festland, in ant. Z. auch als »Säulen des Herakles« bekannt. Die Ableitung beider ant. Bezeichnungen ist problematisch.

A. Schulten Die Straße von Gibraltar (ed. *O. Jessen*), Berlin 1927, 176–190.

2. P. Persides (*Πύλαι Περσίδες*, Pol. 7,17,6. Arr. an. 3,18,2. *Pylae Susidae*, Curt. 5,3,17), noch nicht eindeutig lokalisierter Engpaß im Zagros-Gebirge w. von Persepolis. E. O.

H. Treidler, RE XXIII 2094–2097 Nr. 10.

Pylaia (*Πυλαία*). **1.** Beiname der Demeter in Anthela, der die → Pylagoren an den Sitzungen der Amphiktyonie opferten. Strab. 9,420. 429. **2.** Bezeichnung des Opfers von Nr. 1. **3.** (*Πύλαια*), Name der Frühjahrs- und Herbsttagung der delph. Amphiktyonie. Busolt GStk. 1303ff. Zur zeitlichen Numerierung der P. 364–342 Sylloge^3 239 Bff. J. Bousquet, BCH 66/67, 1942/43, 84ff. M. Sordi, BCH 81, 1957, 59ff. H.V.

Pylaimenes (*Πυλαιμένης*). **1.** Verbündeter der Troer, Führer der Paphlagonen aus dem Lande der Eneter, Il. 2,851ff., von Menelaos erlegt, Il. 5, 576ff.; nach Diktys 3 von Achilleus, nach Corn. Nep. Datam. 2,2 von Patroklos. Grabschr. im aristot. *πέπλος* 54 D. Doch Il. 13,643ff. lebt er noch und begleitet die Leiche seines Sohnes Harpalion nach Troia. Die ant. Homerphilologie gab für dieses Problem verschiedene Erklärungen, u. a. Homonymie. Die Mannschaft des P. landete später in Venetien, Liv. 1,1,2. **2.** Von diesem P. leiteten sich die späteren paphlagon. Dynasten her, z.B. Thuys (4. Jh.), Corn.-Nep. a.O. Vgl. auch Strab. 12,541. H. v. G.

Pylos (*ἡ* und *ὁ Πύλος*), Name mehrerer Orte an der W.-Küste der Peloponnes. **1.** P. in Messenien, Stadt auf dem isolierten, bis 137 m hohen Felsenkap n.w. der Bucht von Navarino an der W.-Küste Messeniens, das in spartan. Z. Koryphasion hieß. An ant. Resten fast nur Teile der Stadt- und Akropolismauer erhalten. Im N.-Abhang die große h. sog. »Nestorhöhle«, Stalaktitenhöhle mit Kult seit neolith. Z. Berühmt wurde P. durch die Ereignisse von 425 v. Chr., die Festsetzung der Athener auf dem damals unbewohnten Kap (ältere Wohnspuren submyken.-protogeom. Z. [3], 17f.), die Belagerung durch die Spartaner und die Gefangennahme der Spartaner auf der gegenüberliegenden Insel Sphakteria, Thuk. 4,3–40 u.a.O. Erst 409 v. Chr. konnte Sparta P. zurückerobern, Diod. 13,64,4ff. Xen. hell. 1,2,18. 365 kam P. zum befreiten Messenien, Diod. 15,77,4. Im 2. Jh. an den achaiischen Bund angeschlossen. In der Kaiserz. sehr bescheidener Ort, der aber beanspruchte, das P. Nestors zu sein, und sein Haus und Grab zu zeigen wußte. Verlassen wohl beim Slaveneinfall. 1287/89 Bau der Burg auf dem Gipfel mit Unterstadt, seit der Anlage des türk. Kastells Neokastro an der S.-Seite der Bucht im J. 1572 als Palaeokastro oder Palaeo-Avarino mit slav. Namen bezeichnet. Neu-Navarino heißt h. Pylos. Neu ist die Feststellung, daß die Lagune von Osman Aga durch Ansteigen des Meeresspiegels im Alt. kleiner und die Nehrung zwischen Lagune und Bucht von Navarino in hellenist. Z. bewohnt war [3]. Strab. 8,3,29 p. 353. 3,23 p. 348. 4,2 p. 359. Paus. 4,36,1–5. Mela 2,52. Plin. nat. 4,55. Ptol. 3,14,31. Tab. peut. 7,5.

1. *E. Meyer* Pylos und Navarino, MH 8, 1951, 127ff. 340. 2. *Ders.*, RE XXIII 2114ff. Nr. 1. 2517ff. 3. *W. Kendrick Pritchett* Stud. in anc. Greek topography 1, 1965, 6ff. 4. *Marinatos* Parola del passato 16, 1961, 225f. 5. Plan: JHS 16, 1896, T. III.

2. P. in → Triphylien, Dorf nicht genau bekannter Lage beim h. Zacharo, Strab. 8,3,1 p. 336. 3,14ff. p. 343f. 3,26 p. 350 u.ö., in gesch. Z. zu → Lepreon gehörend, Strab. 8,3,30 p. 355 und daher von Strabo »lepreatisch« genannt.

E. Meyer, RE XXIII 2128ff. Nr. 2. 2. *Ders.* Neue peloponnes. Wanderungen 74ff. 78f. 3. AJA 65, 1961, 231 Nr. 20. 68, 1964, 231 Nr. 19 A.

3. P. in Elis, am Bergweg von Elis nach Olympia, Paus. 6,22,5f. Diod. 14,17,9, zu Pausanias' Z. in Ruinen, beim h. Agrapidochori an der Einmündung des elischen → Ladon in den Peneios.

1. *E. Meyer*, RE XXIII 2133f. Nr. 4. 2. *Sperling*, AJA 46, 1942, 79. 3. Neue Unt.en *Ἀρχ. Δελτ.* 20 B, 1965, 214ff. BCH 92, 1968, 832ff.

4. Bei Homer in Il. 5,397. [2], 2135ff. der Eingang in die Unterwelt. Auf Erden ist P. bei Homer vor allem Landschaftsname, das Reich Nestors, bes. Il. 9,153. 295. 11,682f. 712., Stadt erst in der Odyssee 3,4. 485. 15,193. Schon im Alt. wie h. ist die Frage, welches das hom. P. ist, endlos umstritten (volle Lit. [2], 2151, 25–2158, 39. 2518,64ff.). Im Alt. behaupteten natürlich die beiden bestehenden Orte P., das hom. zu sein, sowohl das messen. → Nr. 1, wie das elische → Nr. 3 (Paus. a.O.). Die hellenist. Homererklärer entdeckten das triphyl. Dorf → Nr. 2 und setzten ausführlich auseinander, daß nur dieses das hom. P. Nestors sein könne. Ihre ausführliche Begründung steht bei Strabo, bes. 8,3,7. 14–20 und bes. 26–29.

H. stehen dafür die zwei myken. Paläste zur Verfügung. Geringe Reste eines solchen Palastes, aber mit drei reichen Kuppelgräbern und ziemlich ausgedehnter Unterstadt fand Dörpfeld 1907 beim h. Kakovatos in Triphylien etwa 2 km von der Küste entfernt. MDAI(A) 33, 1908, 295ff. 34, 1909, 269ff. 38, 1913, 97ff. mit Plan T.V. AJA 46, 1942, 81f. Nr. 8. 65, 1961, 230f. Nr. 20. 73, 1969, 130 Nr. 20. Seit 1939 ist der Palast von Ano Englianos bekannt und ausgegraben, h. mit Schutzdach konserviert. Er liegt auf einem Geländevorsprung mit weiter Aussicht in etwa 185 m Höhe 9 km n.n.ö. der Bucht von Navarino und 4 km s.w. von Chora. Die Stelle war seit mittelhellad. Z. besiedelt, der Palast stammt aus spätmyken. Z. (Übergang SH III A/B), Anf. 13. Jh. v. Chr., und ist um 1200 v. Chr. durch Brand zerstört. Dadurch wurden die Tontafeln des Archivs gebrannt und blieben so erhalten. Unterhalb des Palastes Unterstadt und viele Gräber, auch Kuppelgräber. Berichte jährlich seit 1939 und wieder seit 1953 bes. in AJA und BCH, aber auch sonst an vielen Stellen. Hauptbericht C. W. Blegen – M. Rawson The palace of Nestor at P. in Western Messenia I, 1966. II, M. Lang The frescoes, 1969. C. W. Blegen – M. Rawson A guide to the palace of Nestor 1962. Kirsten-Kraiker Griechenlandkunde [5]1967, 430ff. 885f. (Lit.). L. Guerrini Enc. arte ant. 6, 566ff. (mit Lit.). AJA 65, 1961, 237ff. Nr. 42. 73, 1969, 147f. Nr. 42. Der Name P. ist für den Palast durch die Tontafeln bezeugt.

Gewiß ist der Palast von Ano Englianos sehr viel glanzvoller als der bescheidene von Kakovatos und war W.-Messenien in myken. Z. eine reiche und sehr dicht besiedelte Landschaft. Wenn man das P. Nestors bestimmen will, dürfen dafür aber nur die Angaben bei Homer benutzt werden. Sie passen, wie schon die ant. Homererklärer sahen, nur für Triphylien, also Kakovatos. Das ständige Beiwort *ἠμαθόεις* »sandig« paßt nur hier für den in ganz Griechenland einzigartigen breiten Dünensaum der Küste Triphyliens, ebenso daß der Alpheios durch P. fließe (Hom. Il. 5,545). Von bester Lokalkenntnis und durchaus nur hierher passend sind die sehr genauen Einzelangaben über die Kriege Nestors mit Arkadern (Il. 7,133ff.) und Eleern (Il. 23,630ff.), bes. in der »Nestorerzählung«, Il. 11,670–762. Dazu bes. F. Bölte Ein pylisches Epos, RhM 83, 1934, 319ff. Ebenso sind die Zeit- und sonstigen Angaben über die Fahrt des Telemachos nur für Kakovatos richtig, Od. 2,388ff. 434. 3,1ff. 15,205ff. 282ff. 495ff., und endlich setzt auch der Schiffskatalog das Reich Nestors eindeutig nach Triphylien, Il. 2,591ff. Die Ortsangaben der Tontafeln von Ano Englianos geben ganz andere Namen, dazu bes. A. Heubeck Aus der Welt der frühgriech. Lineartafeln 31ff. Daß das viel bedeutendere messen. Reich der myken. Z. in der epischen Tradition vergessen ist, liegt an der Auslöschung aller gesch. Tradition in Messenien unter der jahrhundertelangen spartan. Herrschaft. E. M.

1. *E. Meyer* P. und Navarino, MH 8, 1951, 119ff. 2. *Ders.*, RE XXIII 2135ff. Nr. 5. 2517ff.

Pyraichmes (*Πυραίχμης*). Verbündeter der Troer, denen er Paionen vom Axios zuführte, Hom. Il. 2,848, von Patroklos erlegt, Il. 16,287. Grabepigramm Aristot. Peplos 47. → Eudoros (1). Der Umstand, daß der Paionenführer → Asteropaios, der sich göttlicher Abkunft rühmen kann und eine ungleich größere Rolle in der Il. spielt, im Troerkatalog nicht genannt wird, hat schon im Alt. verschiedene Erklärungen, auch die Interpolation von V. 848a, veranlaßt. H. v. G.

G. Scheibner Der Aufbau des 20. u. 21. Buches der Il., Lpz. 1939, 118,1. *G. Jachmann* Der hom. Schiffskatalog u. die Il. Köln 1958, 130ff. *W. Kullmann*, H(E 14, 1960) 174,3.

Pyrakmon s. Akmon 1. 2

Pyramiden. Mit *πυραμίς* bezeichneten die Griechen monumentale Königsgräber der Äg. einer bestimmten dreieckigen Form; die Bezeichnung ist aus ägypt. *pꜣ-mr* »die Pyramide« abzuleiten. Ausgangspunkt der Entstehung der P. war das abyden. Hügelgrab der Könige der Frühzeit, das im O. eine Opferstelle mit 2 Stelen besaß und zu dem in einiger Entfernung ein Scheinpalast als Wohnstätte des königl. Geistes gehörte. Zoser (ca. 2635 v. Chr.) fügte Grab und Palast in seiner Totenanlage bei Saqqara zum ersten Mal ineinander und ließ sie aus Stein errichten; dadurch erhielt der Grabhügel monumentale Ausmaße (60 m Höhe, Grundfläche 110 zu 121 m) und war in 6 Stufen abgetreppt (sog. »Stufenpyramide«). Die unregelmäßige Länge der Seiten war durch mehrmalige Umbauten entstanden; alle späteren P. haben quadrat. Grundfläche. Sein Nachfolger *Śḥm-ẖ.t* kopierte den Bau Zosers in seinem eigenen, etwas s. gelegenen Grabbau, der jedoch nicht fertiggestellt werden konnte (Seitenlänge der P. 120 m). In den wie immer vom N. her betretbaren Innenanlagen zeigt sich eine Vereinfachung, die die Nebenräume auf Magazine beschränkt. Die zeitlich folgende P. des → Horus *Ḫꜥ-bꜣ* bei Zawyet el-Aryan scheint die aufwendige Palastanlage bereits aufgegeben zu haben, die in der Folgezeit zu einem eigenen kleinen Statuentempel wird. Diese P. von Zawyet-el-Aryan war mit einer Seitenlänge von 84 m auffallend klein. Demgegenüber dürfte sie die erste echte P. ohne Stufen gewesen sein. Die vielleicht dem letzten König der 3. Dyn. *Hwj* zuzuweisende P. von Medum von 144 m Seitenlänge und 92 m Höhe vereinfacht das Innere durch Weglassen auch der Magazinräume weitgehend, so daß nur noch die Sargkammer übrigbleibt. Die alte Opferstelle ist in ihrer Kleinheit noch gut erhalten; der Statuentempel liegt wohl unter dem Fruchtland. Dieser ist hingegen bei der 1. P. des Snofru in Dahshur mit seinen 6 Kultnischen, am Aufweg zur P. gelegen, gut erhalten. Diese P. selbst ist dadurch charakterisiert, daß sie zunächst mit einem Kantenwinkel von 54° 31′ angelegt, wohl auf Grund von Befürchtungen wegen der Stabilität eilig mit einem Winkel von 43° beendet wurde (»Knickpyramide«). Als einzige der P. hat sie zwei Innensysteme: eins mit üblichem Eingang von N., eins zusätzlich von W. Die Seitenlänge beträgt 188,6 m, die Höhe 101 m. Wenige km n. ließ sich Snofru eine neue Anlage bauen, in der er wohl auch beigesetzt wurde und die den sichereren Seitenwinkel von 43° zeigt. Die Seitenlänge beträgt 213 m, die Höhe 99 m. Die Tempelanlagen sind nicht ausgegraben. Snofrus Sohn Cheops suchte sich bei Giza einen unberührten Platz für sein Grabmal, das im Äußeren die Entwicklung der P. als Königsgrabmal zum Abschluß brachte: Der Seitenwinkel schwankt nur noch wenig um 52°, der Statuentempel wird mit der Opferstelle vor der O.-Seite der P. verbunden.

Die Grabkammer allerdings wanderte während des Baues von der üblichen Lage im Fels in die Mitte der Pyramide, so daß die Cheopspyramide 3 Grabkammern hat, von der allein die oberste benutzt wurde. Diese Lage erforderte auch komplizierte Anlagen für die Lagerung der Verschlußsteine, so daß man später wieder von der Mittelpunktlage der Sargkammer abgekommen ist. Die P. des Cheops ist die größte je erbaute mit einer Höhe von 146,6 m und einer Seitenlänge von 230,4 m. Herodot spricht 2,124. 127 von den Innenkammern dieser P., wobei er jedoch nicht die Wirklichkeit, sondern das Bild des Osirisgrabes (wie in Abydos im »Osireion« Sethos' I. erhalten) schildert. – Der Sohn des Cheops, *Rʿ-dd.f*, errichtete seine jetzt stark zerstörte Anlage wiederum n. von der seines Vaters bei Abu Roasch mit einer ungefähren Seitenlänge von 100 m; die untersten Lagen der Verkleidung bestanden aus Granit, wie dann auch bei der Anlage seines Nachfolgers Chefren (vgl. Hdt. 2,127), der sicher aus polit. Gründen seine P. neben die seines Vaters Cheops nach Giza legte. Ihre Höhe war 143,5 m, die Seitenlänge 215,25 m. – Einer der ephemeren Nachfolger des Chefren (ihm folgten 2 seiner Brüder) scheint sein großangelegtes Grab (Seitenlänge ca. 200 m) wieder in Zawyet el-Aryan begonnen zu haben, doch wurde die Arbeit nach Ausschachtung und teilweiser Verkleidung der Sargkammer abgebrochen. – Der Sohn des Chefren, Mykerinos, legte seine P. wieder neben die seines Vaters bei Giza; sie ist bedeutend kleiner (Seitenlänge 108,4 m, Höhe 66,5 m), jedoch waren die 16 untersten Lagen mit Granit verkleidet. Umbauten im Inneren weisen auf Veränderungen im Totenglauben hin, wie auch sein Nachfolger Schepseskaef bewußt auf die P.-Form für das Königsgrab verzichtet hat, wohl weil mit ihr die Vorstellung vom Gottkönigtum verbunden war, die am E. der 4. Dyn. durch die Anerkennung des Sonnengottes → Re als Weltherrscher abgelöst worden war. – Trotzdem kehrt man mit der neuen (5.) Dyn. wieder zur P. zurück, jedoch ist von nun an die Bauausführung bedeutend schlechter, und das Interesse richtet sich mehr auf die Ausführung und Ausschmückung des Pyramidentempels. Dieser hat jetzt seine kanon. Form gefunden: Unmittelbar an der O.-Seite der P. schließt die Opferstelle an, in der jetzt eine Scheintür die früheren 2 Stelen vertritt. In sie gelangt man auf einem gewundenen Korridor aus dem Raum mit den Statuennischen, in denen der Statuenkult durchgeführt wurde. Davor ist ein großer Säulenhof, in dem dem Sonnengott geopfert wurde. Den w. Abschluß bildet ein Vorraum, in den der Aufweg mündet, an dessen unterem E. der sog. Taltempel liegt, in dem vielleicht die göttliche Geburt des Königs angesprochen war. S. des oberen Tempels lag eine Nebenpyramide, die wir seit Zosers Stufenpyramide (sog. »Südgrab«) immer wieder antreffen, charakterisiert durch einen T-förmigen Innenraum, ohne daß wir aber ihre Bestimmung kennen. Sicher diente sie nicht für Beisetzungen, denn die P. der Königinnen etwa in Giza haben andersgestaltete Innenräume. – Der erste König der 5. Dyn. Userkaef legte seine P. neben die Stufenpyramide des Zoser, um damit auch als Dynastiegründer die Kontinuität des Königtums zu manifestieren. Dabei nahm er eine Verzerrung des Grundrisses seines Totentempels in Kauf, hervorgerufen durch Bodenunebenheiten, wodurch Statuentempel und Opferstelle wieder auseinandergerissen wurden. Die P. selbst hatte eine Seitenlänge von 83,3 m, eine Höhe von 49 m. – Die folgenden Könige der 5. Dyn. errichteten ihre P. n. von Saqqara bei Abusir; davon sind erhalten die Anlagen des Sahure (Seitenlänge 78 m, Höhe 48 m) mit verhältnismäßig gut erhaltenen Tempelanlagen, deren Reliefs nicht nur den König bei gottesdienstlichen Handlungen zeigten, sondern auch auf der Jagd oder bei der Begrüßung einer von Syrien zurückkehrenden Handelsexpedition; ferner die P. des Neferirkare (Seitenlänge 106 m, Höhe 73,5 m), dessen Tempel nachträglich mit Ziegelwerk fertiggestellt wurde. Aus der Wirtschaftsverwaltung dieser Anlage besitzen wir die ältesten Akten von Äg. Ferner befinden sich in Abusir noch die Reste des angefangenen Grabbaus des Neferefre und die P. des Neuserre (Seitenlänge 78,7 m, Höhe 50,1 m), der sich Aufweg und Taltempel des Neferirkare aneignete. Die Regierung des Neuserre bedeutet einen starken Bruch bes. auf dem Gebiet des Totenglaubens, da damals → Osiris als Totenherrscher konzipiert wurde anstelle des Königs bzw. des Sonnengottes. Damit hängt wohl zusammen, daß Abusir als Begräbnisplatz aufgegeben wird und sich Asosi in das Gebiet zwischen Saqqara und Dahshur verlegte (ca. 80 m Seitenlänge). → Onnos hingegen mag sich als Dynastiegründer gefühlt haben, weshalb er mit seiner Pyramide wieder an die Stufenpyramide des Zoser rückte (SW.-Ecke). Seine Innenanlagen sind zum ersten Mal mit den sog. »Pyramidentexten« beschrieben, Sprüchen, die als Begleitworte zum kgl. Begräbnis gesprochen wurden. Diese Sitte wurde bis in die 8. Dyn. beibehalten. Die P. des Onnos hatte eine Seitenlänge von 67 m und eine Höhe von 44 m; bemerkenswert ist der monumentale, mit Reliefs geschmückte Aufweg. Der eigentliche Gründer der 6. Dyn., Teti, setzte seine P. an die NO.-Ecke der Stufenpyramide (65 m Seitenlänge). Alle diese P. sind wie auch die der folgenden Z. in ihren Oberbauten sehr schlecht gebaut, so daß sie jetzt Erdhügeln ähneln und ihre Maße schwer feststellbar sind; zudem sind einige noch kaum untersucht. Das gilt schon für die Anlage des → Phiops I., die in Südsaqqara in der Nähe der des Asosi liegt (Seitenlänge ca. 76 m), sowie für die des Sohnes Merienre nicht weit von der seines Vaters (Seitenlänge ca. 95 m). Die ebenfalls in der Nähe der genannten liegende P. des Phiops II. hingegen ist ausgegraben und hat zahlreiche Reliefs der Tempelausschmückung erhalten (Seitenlänge 78,6 m, Höhe 52,1 m). Mit Phiops II. endet man gewöhnlich das Alte Reich und es folgt eine Zwischenzeit, aus der uns nur die P. eines Königs Ibj in Südsaqqara belegt ist. Die Seitenlänge von 31,5 m weist wohl in ihrer Kürze auf die wirtschaftliche Schwäche des damaligen Königtums hin. – Während wir von den P. der 9. und 10. »herakleopolitanischen« Dyn. nur schriftl. Hinweise besitzen, haben die Könige der theban. 11. Dyn. sich nicht in P., sondern in Felsgräbern begraben lassen. Erst die Könige der 12. Dyn. übernahmen mit der Theorie des göttlichen Königtums auch die P. als adäquate Grabform aus dem Alten Reich. Allerdings errichteten sie die Oberbauten aus ungebrannten Ziegeln, so daß die Anlagen jetzt stark zerfallen sind. Neben ihrer Residenz *Jṯ-tꜣ.wj* (beim h. Lisht) errichteten Amenemhet I. und → Sesostris I. ihre Anlagen (90 bzw. 105 m Seitenlänge, die Sesostris' I. ca. 61 m hoch); beider Grabkammern sind durch Grundwasser unbetretbar. Die Tempelanlagen entsprechen dem kanon. Schema des Alten Reichs. Amenemhet II. verlegte seine P. nach Dahshur (ca. 50 m Seitenlänge), Sesostris II. nach Illahun an den Eingang zum Fajum (107 m Seitenlänge, 48 m Höhe). Mit dieser P. ändert sich die Gestaltung der Innenanlagen: War bisher immer der Eingang im N. der P. und waren die Kammern auf das kultisch Notwendigste beschränkt, so verlegt man jetzt den Eingang an die verschiedensten Stellen, baut Fallgruben, blinde Gänge, versteckte Türen (beliebt sind Schiebesteine im Gangdach) und sichert die Mumie durch monolithe Grabkammern – alles Zeichen, daß man die Zerstörung der Leiche fürchtete. Da sich aus zeitgenössischen Angaben erkennen läßt, daß damals eine starke Unruhe in der Bevölkerung herrschte, hervorgerufen durch die zunehmenden Machtansprüche des Staates, dürften diese Sicherungsanlagen sich weniger gegen Grabräuber als gegen den befürchteten Zorn des Volkes richten (ähnliches bei Diodor 1,64). Diese Anlagen kehren bei der P. Sesostris' III. bei Dahshur (Seitenlänge 104,7 m, Höhe 77,7 m) und den beiden P. Amenemhets III. bei Dahshur (Seitenlänge 105 m, Höhe 81,3 m) und in Hawara (Seitenlänge 105 m, Höhe 58 m) wieder. Letzterer errichtete sich mit dem sog. »Labyrinth« einen Totentempel, der, wenn wir den Schilderungen bei Hdt. 2,148 und Strab. 17, 810f. glauben dürfen, aus dem gewohnten Schema herausfiel. Auch die 2 P. von Mazguneh s. Dahshur (vielleicht Amenemhet IV. und der Sobeknofru zuzuschreiben) sowie des *H̱ndr* (13. Dyn.) in Südsaqqara enthielten stark gesicherte Innenanlagen. – Im Neuen Reich gibt es keine P. als Königsgräber mehr; man setzte nur kleine Ziegelpyramiden auf die Privatgräber. Die Äthiopenkönige übernahmen die Pyramidenform, allerdings mit sehr steilem Winkel (68°), für ihre Grabanlagen bei Meroe, Napata, Kuru und Nuri; seit Augustus scheint es dann in Rom beliebt zu werden, eine P. als Grabmal aufzurichten (Cestius-P.). W. H.

Edwards The P. of Egypt, rev. ed. 1961. *A. Fakhri* The P. 1961. *J.-P. Lauer* Le Problème des P. d'Égypte 1952. *Helck* RE XXIII Art. P. 2167–2282.

Pyramos (*Πύραμος*, früheste Erwähnung bei Skyl. Kar. 102 = GGM 1,77), h. Ceyhan Nehri, der östlichste der drei Hauptströme Kilikiens (→ Kydnos, → Saros), der in → Kataonia entspringt und im Golf von Issos (h. von Iskenderun) ins Mittelmeer mündet. Infolge starker Sedimentablagerung hat der P. sein Bett bes. in seinem zeitweise schiffbaren Unterlauf häufig verändert, so daß z.B. die Stätte der in ant. Z. links des Flusses liegenden Stadt → Mallos (Curt. 3,7,5) h. auf seinem rechten Ufer zu finden ist, und die Küstenlinie stetig ins Meer hinausgeschoben. Da das Kernland von Kilikien Hauptdurchgangsgebiet für den Verkehr zwischen Kleinasien und Syrien war, haben die kilik. Flüsse und mit ihnen auch der P. im Laufe der Gesch. mehrfach als Wasserbarriere auf diesem Wege gewirkt und in dieser Funktion bei den ant. Schriftstellern häufig Erwähnung gefunden. E. O.

H. Treidler, RE XXIV 1–10 Nr. 1.

Pyramos und **Thisbe** (*Πύραμος*, *Θίσβη*). Ein babylon. Liebespaar, von den Eltern an der Heirat gehindert, verabredet ein nächtliches Stelldichein unter einem Maulbeerbaum am Grabmal des Ninos. T. kommt zu früh, flüchtet vor einer Löwin in eine Höhle, P. findet den Schleier, den sie verlor, blutbefleckt und entdeckt die Spuren des Raubtieres. Er wähnt, daß T. von diesem zerrissen sei, und ersticht sich. T. findet ihn sterbend und folgt ihm in den Tod. Die blutbespritzten weißen Früchte des Maulbeerbaums sind seitdem rot gefärbt. Aus einer Reihe babylon. Geschichten, die sie kennt, wählt eine Minyastochter (→ Alkathoe) diese Novelle – *non vulgaris fabula*, im Kern wohl hellenist. Ursprungs – aus, um sie ihren Schwestern beim Weben zu erzählen. Ov. met. 4, 55ff. Serv. Verg. ecl. 6,22. Hyg. fab. 242f. Andere Fassung bei dem Rhetor Nikolaos v. Myra. H.v.G.

Pyrasos (*ἡ Πύρασος*), Stadt in der Landschaft Achaia → Phthiotis am NO.-Rand der Ebene von Halmyros, h. Nea Anchialos, von prähist. Z. bis h. dauernd besiedelt, genannt bei Hom. Il. 2,695, in gesch. Z. zum Phthiot. → Theben gehörend, Strab. 9,5,14 p. 435. Große chr. Basilika und andere Gebäude, Grabungsberichte bes. in *Πρακτ*, zuletzt 1960, 60ff. – 1966, 8ff. E. M.

1. *F. Stählin* Das hellen. Thessalien 173. 2. *K. Ziegler*, RE XXIV 11f. Nr. 3.

Pyrenaei. 1. P. portus nur von Liv. 34,8,5 erwähnt: Auf dem Marsch nach Spanien im J. 195 v. Chr. rastet → Cato (4) am P. p., bevor er nach Rhoda und Emporiae weiterzieht. P. p. entspricht

→ Portus Veneris = Port Vendres bei Cap Béar. M. E. A.

2. P. promunturium. Name der beiden äußersten Kaps der Pyrenäen. Das O.-Kap so genannt von Plin. nat. 3,30. 4,110.118. Liv. 26,19, 11. Mela 2,84. Bei Avien. *P. iugum* (or. m. 472. 565), *P. verticem* (533); h. Cap Béar, wo ein Venustempel stand (Strab. 4,1,3. 6 p. 178. 182. Plin. nat. 3,22). Das W.-Kap so genannt von Plin. nat. 3,30. 37,37. Bei Avien. *Veneris iugum* (V. 158); Ptol. 2,6, 10. 2,7,1: *Οἰασσώ ἄκρον Πυρήνης*; h. Cabo Higuer bei Oyarzun, am Ozean, wo ebenfalls ein Venustempel stand. M. E. A.

R. Grosse, RE. XXIV 11 f. *A. Schulten* Iberische Landeskunde I, Strasbourg-Kehl 1955, 178ff.

Pyrene. 1. Alte iberische Stadt oder phokäische Faktorei, erwähnt nur im Periplus des 6. Jh. v. Chr. bei Avien. or. m. 559 als zwischen den Stämmen der Sordi und der Ceretes gelegen, d. h am äußersten O.-Ende der Pyrenäen bei Rhode, und von Hdt. 2,33, der den *Istros* (Donau) dort entspringen läßt. Nach beiden Autoren war P. eine reiche Stadt, von Gibraltar 7 Tagereisen entfernt (Avien. 562–65) und oft von Kaufleuten aus Massalia besucht, vielleicht vor Gründung von Emporiae. Nach SCHULTEN Font. Hisp. ant. 1955, 139 wäre das Suffix -*ήνη* etr. oder kleinasiatisch. G. BELLIDO Hist. Esp. 1,2, 1960, 538 meint, daß das Fehlen von Nachrichten über P. seit dem 5. Jh. v. Chr. darauf weise, daß P. einer der nach der Schlacht bei Alalia (im J. 535 v. Chr.) verlassenen phokäischen Märkte war. **2.** Das Pyrenäengebirge, dessen Namen von der Stadt P. stammt; auch *Πυρηναῖα ὄρη*, *Πυρηναῖον ὄρος*, *Πυρηναῖον*, *Pyr. montes*, *P. saltus*, *P. iugum*, *Pyrenaei*, *Pyrenaeus*. Die auf Timaios und Poseidonios zurückgehende Volksetymologie meinte, P. komme von *πῦρ* = Feuer, weil infolge der Brände der Wälder Silber zutage getreten sei (Strab. 3,2,9 p. 147. Diod. 5,35), oder von P., der Geliebten des Herakles (Sil. 3,420–41). Das älteste Namenszeugnis ist der alte Periplus bei Avien. or. m., wo die P. als Gebirge der Stadt P. genannt werden: *P. prominens* (533), *P. vertices* (555), *P. iugum* (472. 565). Spätere Autoren (Aristot. Strab. Pol. Ptol.) geben die Namen *Πυρήνη* oder *Πυρηναῖα ὄρη*. Für seine Gipfel kennen wir nur allg. Namen: *Summo P.-Ad P.* (Itin. Ant. 397. 390) = Col Perthus; *Summo P.* (Itin. Ant. 455) = Somport; *iuga Vasconum* (Plin. nat. 4,110) im Gebiet der Vasconen, wo sich die Inschr. CIL XIII 38 fand: *Montibus Numidis*, vielleicht Entstellung von kelt. *nemet* = Wald; *Ἐδούλιον ὄρος* (Ptol. 2,6,20) = Sobrarbe Gebirge, von baskisch *edurr* = Schnee. Auch hießen die P. *Alpis* oder *P. Alpes* (Anon. Rav. 299,15. Auson. 280,87) und Alpen und P. sind die *geminae* oder *binae Alpes* genannt bei Sil. 2,333. *Appenino deo* erscheint in einer Inschr. aus den w. P. (CIL XIII 167). Über die Orientierung der P. äußern sich Plin. nat. 4,110 und Ptol. 2,6,11 unklar. Strab. 3,4,6

p. 159 und Mela 2,85 lassen die P. von N. nach S. laufen. Von der Höhe der P. hatte man übertriebene Begriffe: man hielt sie für das höchste Gebirge Europas (App. Ib. 1). Am geringsten gibt Poseidonios bei Diod. 5,35 die Länge der P. an (weniger als 3000 Stadien), Pompeius Trogus (Iust. 44,1,9) 600 mp = 4800 Stadien. Auch Bäume und Täler erwähnen Avien. 555. Plin. nat. 16,71, Gold-, Silber-, Kupferminen und Marmorbrüche Auson. 280,87.

Bekannt waren die wichtigsten P.-Pässe von Gallia nach Hispania: 1. An der Küste, Cerbère-Port Bou. 2. Der wichtigste und älteste Paß war die sog. *Via Heraclea* (Sil. 3,357) 20 km vom Meer entfernt (Perpignan-Col Perthus-Figueras), schon von den Massalioten, dann von Hannibal im J. 218 v. Chr. benützt (Liv. 21,23–24), seit 121 v. Chr. als *via Domitiana* ausgebaut (Pol. 3,39), nachher in *Via Augusta* umbenannt (Itin. Ant. 390. 399). An dieser Straße errichtete wahrscheinlich Pompeius im J. 72 das berühmte *Tropaeum* (Plin. nat. 3,18. 7,96. Strab. 3,4,9, p. 160). 3. Straße Perpignan-valle del Tet-Col de Perche-valle del Segre-Ilerda, im Alt. nicht erwähnt, aber sicher von Caesar 49 v. Chr. benützt. 4. Straße Oloron-Summo P.-valle del Gállego Jaca (Itin. Ant. 452), die vom *Benearnum* = Béarn nach *Caesaraugusta* (Zaragoza) führte. 5. Straße Bordeaux-*Imo P.* (Roncevalles)-*Pompaelo*-*Caesaraugusta* (Itin. Ant. 455). 6. Straße Bayona-S. Sebastián, im Alt. nicht nachweisbar, wohl von Kelten und Vasconen im 7.–6. Jh. v. Chr. benutzt. M. E. A.

R. Grosse, RE XXI 14–18. *A. Schulten* Iberische Landeskunde 1, 1955, 172ff.

Pyreneus, myth. König von Daulis, der die Musen bei einem Unwetter in seinem Hause aufnimmt, dann aber sie zu vergewaltigen versucht und, als sie in Vögel verwandelt davonfliegen, auf der Verfolgung von der Zinne des Turmes zu Tode stürzt. Nur bei Ov. met. 5,274, wohl nach hellenist. Vorbild. K. Z.

Pyretos (*Πυρετός*, einzige ant. Erwähnung bei Hdt. 4,48), der östlichste, von N. einmündende Nebenfluß der Donau, in dessen mod. Bezeichnung Pruth der ant. Name noch faßbar ist. Der rund 830 km lange Fluß entspringt in den Karpaten und durchzog in ant. Z. das Siedlungsgebiet der Skythen, die ihn *Πόρατα* nannten (Hdt. a. O.). E. O.

H. Treidler, RE XXIV 19 22 Nr. 3.

Pyrgo (*Πυργώ*). Troerin, langjährige Amme im Hause des Priamos. Als Iris in Iunos Auftrag in der Gestalt der Beroe auf Sizilien die Verbrennung der tro. Schiffe anstiftet, erkennt P. die Göttin und veranlaßt die Troerinnen, Iris' Aufforderung zu folgen, Verg. Aen. 5,644ff. Die Szene ist Vergils Erfindung, doch Name und Gestalt der P. mag aus älterer Dichtung stammen. H. v. G.

Pyrgoi. 1. Altes (Verg. Aen. 10,184), dem Namen nach von Griechen gegründetes, tyrrhen. (Ptol.

3,1,4. Mela 2,72) Fischer- (Athen. 6 p. 224c) und Piratennest (Serv. Aen. a.O.), diente → Caere als Hafen (Diod. 15,14,3. Strab. 5,226; außer *Pyrgi* gibt Plin. nat. 3,51 noch einen Ankerplatz am *Caeretanus amnis* 4mp von Caere entfernt an); zum Hafenleben gehören die *scorta Purgensia* (Lucil. b. Serv. auct. a.O.). In P. gab es Kult des *pater Pyrgensis* (CIL XI 3710) und der → Eileithyia bzw. → Leukothea, deren reiches Heiligtum → Dionysios I. von Syrakus 384 überfiel und ausplünderte (Aristot. oec. 2,2 p. 1349b 34. Diod. a.O. Strab. a.O. Ail. var. 1,20. Polyain. 5,2,20. Serv. auct. a.O.). Nach P. kommt mit dem Bau (nach TOYNBEE Hannibal's Legacy 2, 1965, 660f. i.J. 200 v.Chr.) der *via Aurelia* (It. Ant. 290,3. 301, 3. Tab. Peut. 5,4) eine Bürgerkolonie, die Liv. 36, 3,6 zum J. 191 v.Chr. erwähnt; sie rechnet später zur 7. Region (Plin. a.O.). Noch Rutil. 1,223f. beschreibt die Villen an der Küste von P., h. Sa. Severa. S.ö. von Sa. Severa haben 1956 begonnene Grabungen zwei archaische Tempel mit Terrakotten als Antefix und Giebelschmuck sowie verschiedene Inschr. freigelegt, in denen die Namen des *tina* und der *uni* mehrfach erscheinen. Das größte Aufsehen erregte der Fund von drei Goldplättchen, deren eines eine punische Inschr. trägt, in der der Name des aus den beiden etr. Texten bekannten *ϑefarie Velianas* wiederkehrt und der etr. Name der *Cisraei*, der Bewohner von → Caere *(mlk 'l kjšrj'* entspricht dem Elogium aus Tarquinii, NSA 1948, 266 und Fest. 212,20 L. *Caeritum regem;* vgl. RADKE b. ALTHEIM-STIEHL Araber i.d. alt. Welt 4,241), belegt ist. Der Schrift nach stammen die Inschr. vom E. 5.Jh., können also zu den vor dem Überfall des Dionysios versteckten Wertgegenständen gehören. Durch diese Funde werden polit. und kulturelle Beziehungen zu Karthago erschlossen. G. R.

Nissen It. Ldk. 2,346f. *Forbiger* HB. d. alt. Geogr. 3,429. *Pallottino* Arch. Class. 9, 1957, 206ff. 10, 1958, 315ff. 16, 1964, 49ff. 18, 1966, 251ff.; *Ders.* Stud. Rom. 13, 1965, 3ff. u.a. *Pfiffig* Uni-Hera-Astarte, 1965. *Olzscha* Festschr. Altheim 1,210ff.

2. Südlichste Stadt von → Triphylien, Strab. 8,3,22 p. 348. Plin. nat. 4,22 (?). Steph. Byz., wahrscheinlich die Ortslage auf dem Hügel Hg. Elias s. des Bachs von Strovitsi, nicht ident. mit dem triphyl. → Pyrgos. E. M.

1. *E. Meyer*, RE XXIV 23 Nr. 1. 2. *Philipps.-Kirst.* 3, 363f.

Pyrgos (*Πύργος*), Stadt im n. Triphylien, Hdt. 4,148. Pol. 4,77,9. 80,13, nicht ident. mit → Pyrgoi (2), vielleicht beim h. Bambes s. von Olympia mit Tempel klass. Z., vielleicht Plin. nat. 4,22 (?). E. M.

1. *E. Meyer* Neue peloponnes. Wanderungen 46f. 69f. 2. *Ders.*, RE XXIV 1403.

Pyrgos Lithinos (*Πύργος Λίθινος*: Ptol. 1,12,8 M. 6,13,2 N.), eine wichtige Station an der vom W. über → Seleukeia am Tigris (s.ö. von Bagdad), → Ekbatana (beim h. Hamadân), → Hekatompylos (beim h. Shahrūd), → Antiocheia (2) Margiane (beim h. Merw) und Baktra (beim h. Balch) nach China führenden Seidenstraße im Hochland von Pamir; trotz guter Quellenlage – Ptol. basiert auf dem Itinerar des → Marinos (2) von Tyros, dieser seinerseits auf den Aufzeichnungen des Seidenhändlers Maës Titianus – ist es bislang nicht gelungen, diese Karawanserei mit Sicherheit zu lokalisieren. E. O.

H. Treidler, RE XXIV 33–46 Nr. 5. *A. Herrmann*, RE Suppl.-Bd. IV 976–978. *J. I. Miller* The Spice Trade of the Rom. Empire, Oxford 1969, 126ff.

Pyrgoteles (*Πυργοτέλης*), Steinschneider der 2. Hälfte des 4. Jh. v.Chr. Nach Plin. nat. 7,125. 37,8 und, mit Irrtümern durchsetzt, Apul. flor. 7 wollte Alexander d. Gr. sein Bildnis nur von P. in kostbarem Stein (Smaragd: Plin. nat. 37,8) ausgeführt wissen (als Gemme oder Kamee?). Von P. hat sich nichts erhalten; nachant. Fälschungen sind nicht selten. W. H. G.

R. Bianchi Bandinelli Archeologia e cultura, 1961, 261. *Rumpf*, RE XXIV, 49f.

Pyrilampes (*Πυριλάμπης*), Sohn des Antiphon, Athener des 5. Jh. v.Chr., in 2. Ehe mit seiner Nichte → Periktione verheiratet und somit Stiefvater Platons (Plat. Charm. 158a. Parm. 126bff.). Als Freund des Perikles (Plut. Per. 13,15) trat P. auch polit. hervor (Gesandtschaften nach Kleinasien und Persien: Plat. Charm. a.O.; vgl. Lys. 19,25). Sein Reichtum, den im wesentlichen Demos, sein Sohn aus 1. Ehe, erbte, war beträchtlich (berühmte Pfauenzucht: Antiph. frg. 57ff. Plut. a.O. Athen. 9,397c. Ail. nat. 5,21). 424 wurde er bei Delion verwundet und geriet in boiot. Gefangenschaft. Sein Todesjahr ist nicht bekannt. H. Gä.

Pyrilampos (*Πυρίλαμπος*), Erzgießer aus Messene. P. signierte um oder nach 200 v.Chr. auf einer Basis in Olympia (Inschr. v. Olympia Nr. 400). Er ist vielleicht ident. mit dem Paus. 6,3,13. 15,1. 16,5 genannten Messenier P. (Hss. jedoch immer: *Pyrilampes*), der Siegerstatuen schuf. Erhalten hat sich nichts, der Stil des P. ist uns unkenntlich. W. H. G.

Pyriphlegethon s. Phlegethon. Unterwelt

Pyrrha (*Πύρρα* »rot, rotblond«). **1.** Tochter von → Epimetheus u. → Pandora, Gemahlin → Deukalions. Zu ihren Kindern gehörte → Melantho (1). In Hes. Katalogen erschien sie als Tochter Deukalions und Geliebte des Zeus, auch als Gattin des → Prometheus, PRELL.-ROB. 1,80. 86,2. 97,4. Von Epicharmos gab es ein Drama *Π. καὶ Προμαθεύς*, WILAM. GldH. ³1,64. **2.** Name des als Mädchen getarnten → Achilleus auf Skyros (Hyg. fab. 96. Sidon. c. 9,138), von seinem Sohne → Pyrrhos (= Neoptolemos) herzuleiten. H. v. G.

3. P. (Ethnik. *Πυρραῖος*), Stadt auf der Insel Lesbos im inneren s.ö. Winkel der tiefen, nach ihr benannten Bucht der W.-Seite (h. Bucht von Kalloni). Reste der Stadtmauer auf steiler, oben plateauförmiger Felskuppe. In der Umgebung sehr viele Reste seit prähist. Z., freistehender Tempel und chr. Kirchen. Aus der Gesch. von P. ist wenig bekannt. Aus P. stammte der epische Dichter → Lesches, → Alkaios flüchtete bei der ersten Verbannung nach P., Sch. P. Berol. 9569 BerlKlT 5,2 S. 6. Vor dem Abfall von Athen sicherte → Mytilene seine Stellung in P., Thuk. 3,18,1. 25,1. Rückeroberung durch Athen, Thuk. 3,35,1, dann auf spartan. Seite, Thuk. 8,23,2. Diod. 13,100,5. Mit den anderen lesb. Städten unter den ersten Mitgliedern des 2. att. Seebundes, IG II^2 107. Sylloge^3 164,29. 333 von Memnon erobert, Diod. 17,29,2. Sprichwörtlich als Verwünschung Zenob. 4,2, Plut. prov. 109. Strab. a. O. nennt P. selbst als zerstört, nur die Unterstadt noch bewohnt. Plinius' Angabe über die Überflutung durch das Meer ist wohl Irrtum oder Verwechslung, dazu Plin. nat. 2,206 (an der Maeotis!). Skyl. 97. Strab. 13,2,2 p. 617f. 2,4 p. 618. Ptol. 5,2,19. Mela 2,101. Plin. nat. 5,139. Harpokr. Steph. Byz. Mz. HEAD HN^2 563. E. M.

1. *R. Koldewey* Die ant. Baureste der Insel Lesbos 27ff. 2. *M. Paraskevaidis*, RE XXIV 1403ff. Nr. 17. 3. *Philipps.-Kirst.* 4,235.

4. Kleine, am S.-Ufer des Latmischen Golfes in Karien gelegene ant. Stadt, etwa 4 km s. ö. von Milet (Strab. 14,636. Plin. nat. 5,109) E. O.

K. Ziegler, RE XXIV 80f. Nr. 19.

Pyrrhandros (*Πύρρανδρος*), Athener des 5./4. Jh. v. Chr. aus dem Demos Anaphlystos, bei der Vorbereitung des 2. att. Seebundes mehrfach mit diplomat. Missionen betraut (IG^2 II/III 41. 43. 44 = Sylloge^3 146–148). Nach Aischin. 3,139 war er im J. 330 noch am Leben. H. Gä.

Pyrrhias (*Πυρρίας*). **1.** Phoker, Unterführer des Lysandros bei Aigospotamoi, durch Bronzestatue (nicht erhalten) in Delphoi ausgezeichnet. Paus. 10,9,10. **2.** Arkader, Offizier. Xen. an. 6,5, 11. **3.** Aitoler, Heerführer im aitol. Bund, verwüstete 217 Achaia, scheiterte gegen Messenien vor Kyparissia und wurde abgelöst. Pol. 5,30,2ff. 92, 2ff. 94,2. Von Philipp V. 209 trotz der von → Attalos I. (4) und Sulpicius Galba gesandten Hilfstruppen bei → Lamia geschlagen, zog er sich dorthin zurück. Liv. 27,30,1ff. Führer der aitol. Gesandtschaft in Herakleia 200 zur Beratung mit Attalos und L. Apustius gegen Philipp V. Liv. 31, 46,1ff. H. V.

Pyrrhiche s. Tanzkunst

Pyrrhichos (*ἡ Πύρριχος*), lakon. Ort auf der Taygetoshalbinsel in kleiner fruchtbarer Ebene beim h. Kavalos, Name im Flurnamen Purchos bis h. unverändert erhalten, Paus. 3,25,3. Später zu den → Eleutherolakonen gehörend, Paus. 3,21,7. Einzelne ant. Reste. Inschr. IG V 1,1281–1289. 1524. E. M.

1. *Forster*, ABSA 10, 1903/04, 160. 2. *F. Bölte – E. Meyer*, RE XXIV 83ff. Nr. 1. 3. BCH 89, 1965, 378ff.

Pyrrhon von Elis, Sohn des Pleistarchos, Begründer des Skeptizismus, lebte etwa 360–271 v. Chr. Er soll sich, einer armen Familie entstammend, seinen Lebensunterhalt als Maler verdient haben – so Antigonos von Karystos bei Diog. Laert. 9,61. Biograph. Tradition ordnet ihn als Lehrern dem → Bryson und dem → Anaxarchos aus der Nachfolge des → Demokritos zu. Hohes Interesse kommt der Nachricht zu, P. habe am Zuge Alexanders teilgenommen, so Suda s. *Π.* und Diog. Laert. 9,61.

P.s Skepsis setzte bei der Frage nach den Werten an: Jedes Werturteil sei zugleich berechtigt und nicht berechtigt. Alle derartigen Urteile beruhen auf menschlicher Konvention – *ἔθει καὶ νόμῳ*. P. verzichtet also darauf, aus einem *φύσις*-Begriff, der als Gegensatz zum *νόμος*-Begriff angesetzt wird, ein absolut gültiges Kriterium abzuleiten. Hierauf tat P. den zweiten Schritt, nicht nur die Wertung der Dinge, sondern auch ihre Erkennbarkeit in Frage zu stellen. Mit anderen Worten: Ein Urteil, das die Existenz eines Dinges feststellt, ist ebensowenig berechtigt wie ein wertendes Urteil. Es gilt, sich beider zu enthalten – *ἐποχή, ἐπέχειν*. Jeder Satz ist ebenso wohl begründet wie sein kontradiktorisches Gegenteil; die Gründe für beide sind gleich kräftig – *ἰσοσθένεια τῶν λόγων*. Folgerichtig ist alles, was dem Menschen zustößt, gleichgültig; es kommt dem Weisen zu, sich durch äußerliche Wechselfälle, die notwendig *ἀδιάφορα* sind, nicht aus der Ruhe bringen zu lassen – *ἀταραξία*. P. hinterließ nichts Geschriebenes; er wirkte vor allem durch seinen Schüler → Timon. H. D.

L. Robin P. et le scepticisme Grec, 1944.

Pyrrhos. 1. I., * 319/18, Sohn des → Aiakides (2) und der Phthia, Tochter des Thessalers Menon (BELOCH GG 4,2,147ff.), König der Molosser in Epeiros 306–302, 297–272 und Hegemon des epeirot. Bundes. SGDI 1336. P. R. FRANKE Altepirus und das Königtum der Molosser 1955, 75ff. Nach Sturz des Vaters 317 von dem illyr. König → Glaukias (2) erzogen und 306 unter Vormundschaftsregierung als König eingesetzt, floh P. 302 vor Kassandros zu seinem Schwager → Demetrios (2), kämpfte für ihn 301 bei Ipsos und verteidigte die Demetrios treuen Städte Griechenlands als *στρατηγὸς ἐπὶ τῆς Ἑλλάδος*. Diod. 19,88f. Paus. 1,11,5. Plut. Pyrrh. 4,4f. H. BENGTSON Die Strategie 1,165f. Als Geisel für den Frieden in Alexandreia heiratete P. Antigone, Tochter des Ptolemaios I., gewann mit dessen Hilfe 297 Epeiros zurück und beseitigte den Mitregenten → Neoptolemos (3). Plut. 5. Nach dem Tode der Antigone heiratete P. 295 → Lanassa (2), Tochter des → Agathokles (2), erhielt Korkyra und Leukas und in den makedon. Thronwirren Grenzgebiete von Epeiros, wo er → Ambrakia zur Residenz mit prächtigen Bauten machte. Infolge seiner Heiraten mit illyr. und paion. Häuptlingstöchtern aus polit.

Gründen (J. Seibert, Hist. Bh. 10, 1967, 101f.) ging Lanassa 291 zu Demetrios, der Korkyra besetzte und in Epeiros einfiel. Zu P., der sich als »neuer Alexander« gab, da er von Alexander d. Gr. abstamme, liefen die Makedonen des Demetrios über und riefen ihn 288 zum König der Makedonen aus, doch mußte er einen Teil des Landes an → Lysimachos abtreten. Plut. 11,4f. Er befreite 287 das von Demetrios belagerte Athen, besetzte Teile Thessaliens, verlor aber 284 die seit 288 erworbenen Gebiete an Lysimachos. Plut. 12,9f. Nach Befragung des Zeusorakels in Dodona fuhr er auf Hilferuf → Tarents gegen die Römer 280 mit 25000 Mann und 20 Elefanten dorthin. Cass. Dio frg. 40,6. Plut. 15,2. Er stellte das Unternehmen als Rachezug für den Tod des Onkels → Alexandros (5) und als panhellen. Krieg gegen die Barbaren im Sinne Alexanders d. Gr. dar. Cass. Dio frg. 40,4. Iust. 18,1,2. Mz. mit Athena Promachos. Franke Die Mz. 271. Bei → Herakleia (10) schlug P. den Konsul P. Valerius Laevinus mit dem in Italien ungewohnten Einsatz der Elefanten, doch soll er erklärt haben »Noch ein solcher Sieg und wir sind geschlagen«. Plut. mor. 184c. Diod. 22,6,2. Das geflügelte Wort »Pyrrhossieg« ist ant. nicht belegbar. Beutegeschenke für den Zeus in Dodona und die Athena in Lindos. Sylloge³ 392. Blinkenberg, Chron. Lind. XL. Lukaner, Bruttier, Samniten und griech. Städte wie → Lokroi schlossen sich P. an. Er kam bis Anagnia, 60 km vor Rom. Verhandlungen, bei denen P. durch → Kineas Autonomie der verbündeten Italiker und Griechenstädte forderte, scheiterten am Widerstand des Ap. → Claudius (4). Liv. per. 13. Eutr. 2,12f. Flor. 1,13,14ff. Bei Ausculum siegte P. 279 unter schweren Verlusten. Ein röm.-karthag. Bündnis zerschlug erneute Verhandlungen. Pol. 3,25,3ff. Von den Griechen 278 gegen die Karthager zu Hilfe gerufen, in Syrakus zum Hegemon und Basileus gewählt (Pol. 7,4,5. Iust. 23,3,2), eroberte P. Sizilien, sogar die Festungen → Eryx und → Heirkte, nur die Eroberung von Lilybaion mißlang. Der Rückschlag und die strenge Herrschaft des P. führten zum Abfall der sizil. Griechen, daher kehrte er 275 nach Italien zurück. Bei Beneventum von den Römern geschlagen (Plut. 25,2), ließ er, da seine Hilfsquellen erschöpft waren, eine Besatzung unter → Milon in Tarent und ging 275 nach Epeiros zurück. Um neue Mittel zu gewinnen, vertrieb er mit Hilfe seines Sohnes Ptolemaios → Antigonos (2) aus Makedonien. Die Plünderung der maked. Königsgräber in Aigai durch seine kelt. Söldner verärgerte die Makedonen. Plut. 26,11ff. In der Absicht, ganz Griechenland zu unterwerfen, zog P. 273 auf die Peloponnes mit 27000 Mann und 24 Elefanten, schlug ein spartan.-argivisch.-messenisches Heer, drang als erster in das rasch verschanzte Sparta ein, wurde aber zurückgeworfen. Plut. 26,19. Bei dem Versuch, Argos zu besetzen, vor dem → Antigonos (2) lag, fiel P. 272 im Straßenkampf. Plut. 31ff. Sein Sohn Helenos setzte die Gebeine des P. in Ambrakia bei, wohl in dem dortigen Pyrrheion. Iust. 25, 5,2. Pol. 21,27,2. Er hinterließ 3 Söhne, Ptolemaios, Helenos, → Alexandros (6) und eine Tochter Olympias (vgl. Pyrrhos II.). P. galt als bester Feldherr nach Alexander d. Gr., wie Hannibal und Antigonos erklärten, der Karthager Prokles stellte ihn über Alexander. Liv. 35,14,5ff. Plut. 8,5. Paus. 4,35,4. Er schrieb Hypomnemata. FGrH 229. Bengtson GG³ 380. P. verstand auch die Kunst der Diplomatie. In seiner Schrift über Taktik riet er, vor Ausbruch eines Krieges alle Möglichkeiten der Diplomatie auszuschöpfen. Polyain. 6,6,3. Man solle dem Gegner immer den Weg zur Flucht lassen, um ihn nicht zum Verzweiflungskampf zu treiben. Frontin. Strat. 2,6,9f. Er traf in Rom und Karthago auf Gegner, die innerlich gefestigter waren als das Perserreich, das P.' Vorbild Alexander d. Gr. zerbrach. D. Kienast, RE XXIV 164. Die Erinnerung an ihn bestimmte noch im 2. Jh. die röm. Ostpolitik. Liv. 31,7,8ff. Zu seiner Bautätigkeit im Zeusheiligtum in Dodona H. P. Drögemüller, G 68, 1961, 222ff. P. R. Franke Die ant. Mz. von Epirus 1961 (Mz.propaganda!). Zu den Porträts des P. G. M. A. Richter The portraits of the Greeks 1965, 258, Abb. 1762ff. Zu seiner charismat. Heilkraft Plut. 3,7ff. G. Nenci Miscellanea A. Rostagni 1963, 152ff. P. Lévêque Pyrrhos 1957. **2.** II., Enkel von Nr. 1, Sohn des → Alexandros (6) und dessen Halbschwester Olympias, König der Molosser ca. 255–230. Iust. 28,1,1. 3,1. Beloch GG 4,2,148. 153. Seine Mutter führte für P. die Vormundschaftsregierung und vergiftete seine Geliebte Tigris. Iust. a. O. Athen. 13,589f. Von seinen Töchtern Deidameia und Nereis heiratete letztere 233 → Gelon (2), seine Schwester Phthia 239 → Demetrios II. (3). Pol. 7,4,5. Iust. 28,1f. Paus. 6,12,3. J. Seibert, Hist. Bh. 10, 1967, 110. H. V.

2. s. Neoptolemos 1

3. P. von Athen, Erzgießer der 2. Hälfte des 5. Jh. v. Chr. Die Basis einer überlebensgroßen Bronzefigur in »polykletischer« Schrittstellung mit Signatur des P. datiert A. Raubitschek Dedications from the Athenian Acropolis, 1949 Nr. 166 auf 430/20. Nach Plin. nat. 34,80 schuf P. eine *Hygia [et] Minerva*, vgl. ohne Namensnennung Paus. 1,23,4. Plut. Pericl. 13,12 (anders Plin. nat. 22,44). Rumpf, RE XXIV 169f. W. H. G.

Pythagoras (*Πυθαγόρας*). **1.** Von Samos, E. 6. Jh., Sohn des Mnesarchos von Samos, verließ die Heimat im 5. J. der Herrschaft des → Polykrates, 532/31, so Cicero, rep. 2,28; dieses Jahr sah Apollodor (F. Jacoby Apollodors Chronik 218) als die *ἀκμή* des P. an. Einzig dieses Datum darf als gesichert gelten. P. ließ sich in → Kroton nieder und begründete hier die religiös fundierte Lebensgemeinschaft, deren eth. und polit. Aktivität bewaffneten Widerstand der anders Denkenden hervorrief. Hierin liegt der Grund, warum P. in hohem Alter nach → Metapontion übersiedelte, wo er etwa 497/96 starb.

P.' Wirkung auf den Kreis der Schüler muß sehr tief gereicht haben; er wurde als der vollkommene Weise angesehen, dessen Lebensführung und Aussprüche von tiefster Erkenntnis erfüllt waren und darum als richtungweisende Norm gelten mußten.

Diese rückhaltlose Verehrung ist der Grund dafür, daß die Überlieferung über P. getrübt und vernebelt ist; darum kann – und auch das nur im Ungefähren – lediglich nachgezeichnet werden, wie die Jünger der 2. oder 3. Generation P. sahen; was von den nachstehend skizzierten Lehren den hist. P. zum Urheber hat, ist ganz ungewiß. P. legte keine seiner Lehren schriftlich fest, vermutlich um damit die Weitergabe seines Wissens an Unbefugte auszuschließen; der Mangel an Fixierung führte alsbald zur Entstellung. Als gut gesicherte Zeugnisse dürfen lediglich die Spottworte von Zeitgenossen gelten: Xenophanes B 7. Empedokles B 129. Heraklit B 129.

Aus diesem Grunde wird im Folgenden über das gemeinsame Lehrgut des Pythagoras (P.) und der Pythagoreer (P.eer) referiert, wobei als zeitliche Grenze die Mitte des 4. Jh. (d. h. Platons Begegnung mit den P.eern seiner Zeit) eingehalten ist.

Als Leitgedanken des P. dürfen hervorgehoben werden: 1. Κάθαρσις – Lebensführung in Reinheit als Vorbedingung der Erkenntnis: Nur im Zustand der »Reinheit« ist die Seele zur Erkenntnis fähig; das muß in engem Zusammenhang mit dem kultischen Gebot gesehen werden, daß nur der Reine Zugang zu den Göttern, und damit zum delph. Orakel hat; die Wurzel dieses Axioms ist ebenso in der → Orphik wie in der von → Delphi aus propagierten Ethik zu sehen. Die Reinheits-Vorschriften des P.-eertums halten zum Teil archaische Gebote fest (bei teilweiser Umdeutung), teils formulieren sie Regeln, die beim Zusammenleben vieler nützlich sind (Bohnenverbot bes. sinnvoll bei gemeinsamer Nachtruhe in Schlafsälen); vor allem tendieren sie zur Sublimierung ins Ethische: Verunreinigung der Seele durch Unrechttun ist viel schlimmer als Nicht-Erfüllung eines auf den Körper bezogenen Reinheitsgebotes.

Bes. gilt das Reinheitsgebot bei der Wahl der Speisen: Körper und Seele stehen in Wechselwirkung. Was den Körper belastet, hindert die Seele an der Erkenntnis; *plenus venter non studet libenter;* der Körper ist der Widersacher der Seele, er versucht sie mit Schwere zu füllen. Darum hat neben die κάθαρσις die ἄσκησις zu treten, womit der Denker zum Sportler in Analogie rückt. Beide müssen der Beschwernis durch den Körper durch sinnvolles Training entgegenwirken.

2. Erkenntnis und σωτηρία. Der Mensch wird von dem geformt, was er tut; seine Lebensführung verschlechtert oder veredelt ihn; Erkenntnis – σοφία – macht ihn göttergleich. Darum dienen ἄσκησις und σοφία dem eigentlichen Wohl der Menschen; sie sind Voraussetzung für seinen Aufstieg zum Werthaften.

Die Seele des Menschen ist in dem Sinne unsterblich, daß sie nach dem Tode in ein anderes Wesen eingeht; dabei sorgt ein gerechtes Gericht dafür, daß die Seele in ein Wesen eingeht, dessen Wert dem der Seele entspricht: Wo sich ein Mensch dem ἦθος eines Wolfes, Schweines, Esels überließ, muß seine Seele hernach in den Körper eines Wolfes, Schweines, Esels eingehen; hierzu der doppelte Spott des Xenophanes B 7: P. erkennt die Stimme eines Freundes im Gewinsel eines Hundes, den einer schlägt. Neben der Ironisierung im ganzen trifft das die Jünger des P.: Gerade P. muß feststellen, daß ein bes. lieber Freund, weil zuvor hündisch, nun zum Hund geworden ist. Mit dem Glauben an Seelenwanderung und Wiedereinkörperung – → παλιγγενεσία – konkurriert die Vorstellung, die Seele befinde sich im Gefängnis – ἐν φρουρᾷ – oder gar im Grabe, wenn sie sich im Körper befindet (Kurzformel: σῶμα-σῆμα). Es ist zweifelhaft, ob diese im späteren P.eertum dominierende Vorstellung von Anf. an konstitutiv war. Denn der Gewinn an σοφία soll ja eben für das nächste Leben bessere Voraussetzungen schaffen; von der (im Buddhismus wichtigen) Tendenz, es gelte, die Kette der Wiedergeburten zu unterbrechen, ist bei P. und im älteren P.eertum nichts zu erkennen.

Das, was als σοφία gesucht wird, ist wesentlich anderes als diskursiv mitteilbare Wissensvermehrung; da die Existenz der Seele, die σοφία gewinnt, sich über den Tod des Körpers hinaus fortsetzt, gewinnt σοφία einen eschatolog. Sinn – dies in tiefgreifendem Unterschied zum sonstigen Wortgebrauch (→ Sophistik): Erwerb von σοφία ist Voraussetzung dafür, daß die Seele im nächsten Leben aufsteigen darf; wenn sie zum Tier herabsinkt, ist sie vom Erwerb der σοφία ausgeschlossen. Das Wort φιλόσοφος ist in der Schule P.' gebildet worden: Hier bedeutet es den, der um σοφία in solchem Sinne bemüht ist.

3. Mathematik und Harmonie. Längst war die Regelhaftigkeit arithmet. und geometr. Verhältnismäßigkeit beobachtet worden; dazu trat P.' Entdeckung des nach ihm benannten Lehrsatzes (im rechtwinkligen Dreieck gilt: $c^2 = a^2 + b^2$); mit Hilfe des rechtwinklig-gleichschenkligen Dreiecks (diagonal geteiltes Quadrat) in dem $a = b$, kann $\sqrt{2}$ konstruiert werden. Außerdem nahm P. Untersuchungen am Monochord vor; dabei fand er, daß die Länge der Saite zur Höhe des Tones bei Oktave, Quinte und Terz (nicht Quart!) im Verhältnis kleiner ganzer Zahlen steht (z.B. Oktave 1:2). Aus diesen Beobachtungen, zu denen Spekulationen über die Regelhaftigkeit der Planeten-

Bewegungen traten, war zu folgern: Es herrscht in der Welt eine Gesetzlichkeit, die als Harmonie = ἁρμονία bezeichnet wurde. Diese Gesetzlichkeit drückt sich entweder in einfachen Zahlenverhältnissen aus (pythagoreischer Lehrsatz), oder sie steht zu solchen Zahlenverhältnissen in sinnvoller Analogie. Aufgabe des *φιλόσοφος* ist es, nach gründlichem Studium der Mathematik in die Erforschung der gesicherten und der vermuteten *ἀναλογίαι* einzudringen. Derjenige, dem das gelang, vollzog in sich die auf Harmonie begründete Gesetzlichkeit der Welt nach; mithin mußte er sich (nach dem oben formulierten Axiom) dieser Harmonie angleichen, womit er die für künftige *παλιγγενεσία* entscheidende Vorbedingung erfüllte. Die Postulate der 1. *κάθαρσις μετ' ἀσκήσεως*, 2. *ὄρεξις τῆς σοφίας*, 3. *σωτηρία*, 4. *ἁρμονία* sind auf das engste mit einander verbunden und stehen in Analogie zu einander: Wer z. B. die *ἁρμονία* des Himmels oder der Zahlenverhältnisse erforscht, vollzieht sie in sich nach und wird dadurch die eth. *ἁρμονία* gewinnen. In allen diesen Richtungen ist der Gott Vorbild des Menschen (auch als Mathematiker ist er Vorbild; er läßt ja den Himmel nach mathemat. Gesetzen kreisen), so daß die pythagoreische Telos-Formel alles dieses zusammenfaßt: *ἕπου θεῷ* (folge dem Gott). Wahrscheinlich hatte dieser auf den einzelnen Menschen gerichtete, im Grunde praktische Aspekt im Bewußtsein der Pythagoreer den Vorrang – nicht so sehr die dualist. Theorie, die in jüngeren Doxographien voran steht.

4. Spekulationen. Im P.eertum sind nie klare Kriterien erarbeitet worden, welche Analogien mathemat. gesichert sind (*ἀναλογία* wurde zum Terminus für die Verhältnisgleichung) und welche auf unbewiesener Spekulation beruhen. Vor allem wurde in jeder Analogie, zugl. *ἁρμονία* also, ein Wert gesehen: Das gleichseitige Dreieck ist vollkommen, da jede Seite jeder Seite und jeder Winkel jedem Winkel gleich ist. Analoges gilt für die »regelmäßigen Körper«, da sich in ihnen die Zahlenverhältnisse entsprechend der Zahl der Ecken und Flächen wiederholen. »Vollkommen« schien auch der sog. Goldene Schnitt (= die harmonische Teilung) zu sein ($e:1 = 1:1-e$); vermutlich war es eine Entdeckung der P.eer, daß die Diagonale im Fünfeck durch die Seite in diesem Verhältnis, d.h. harmonisch, geteilt wird. Darum ist der Dodekaeder, aus 12 Fünfecken bestehend, überreich an »harmonischen« Verhältnissen, die zwischen den Kanten, den Flächen- und den Raum-Diagonalen bestehen (vgl. A. Dürer Melancolia I). Rein spekulativ war darüber hinaus der Ansatz, bestimmten Zahlen nicht nur numerische, sondern ethische Wertigkeiten zuzuweisen: so der sog. *τετρακτύς*, der Vierergruppe $1 + 2 + 3 + 4$; und da deren Summe 10 ergibt, schienen in der 10 die vier Grundwerte enthalten zu sein. Die hier obwaltende Unschärfe, die Aristoteles bereits rügte, hat die Nachwirkung des P. nicht beeinträchtigt, sondern sie hat derartige Ansätze für viele attraktiv gemacht.

5. Der Dualismus des P. Mit allem bisher Gesagten ist die positive Seite des P.schen Weltbildes bezeichnet; sie allein – nicht ihr Gegenteil – ist würdig, erforscht zu werden. Die Philos. des P. ist durchaus eine Philos. der Werte. Der Umstand, daß das Werthafte nirgendwo unbestritten herrscht, nötigt zu dem Schluß, daß ein ebenso machtvolles Wertwidriges das Gute verdunkelt und die Harmonie stört. Spätere Schematik hat hierzu die Tabelle der Gegensätze aufgestellt, auf welcher jedem Wertbegriff – etwa: hell, geordnet, begrenzt – ein Unwertbegriff – also dunkel, ungeordnet, grenzenlos – entspricht; dabei wurde das dualist. Prinzip fast bis zum Absurden ausgeweitet. Denn zu den Wertbegriffen gehören auch: rechts, ungerade Zahlen, männlich; wertwidrig sind mithin links, gerade Zahlen, weiblich. In der Tat ist die »Eins« an die Spitze der Werte, die »Zwei« als Ursprung der Vielheit an die Spitze der Wertwidrigkeit getreten.

6. Politische Wirksamkeit. P. und seine Schüler mußten kämpferisch sein: Wenn in der ganzen Welt das Gute mit dem Bösen kämpft, dann muß der gute Mensch – um seiner *σωτηρία* willen – Partei ergreifen. Insbesondere muß er solchen Menschen entgegentreten, die infolge ihrer »bösen« Lebensführung das Gewicht des Bösen vermehren. Erst später – vermutlich nach tief reichenden Mißerfolgen – haben sich P.eer in ihre Lebensgemeinschaften zurückgezogen und sich in ihnen, klösterliches Leben vorwegnehmend, von der bösen Welt abgekapselt; dagegen muß im ersten Jh. ihrer Wirksamkeit – es ist recht genau das 5. Jh. v. Chr. – ihre polit. Aktivität groß gewesen sein. Hierzu werden zwei große Ereignisse berichtet: 1. die P.eer hätten von Kroton aus, angebl. i. J. 510, das benachbarte Sybaris wegen der *ἀκαθαρσία* der dort geübten Lebensführung überwältigt und zerstört; 2. die P.eer seien in Kroton in ihrem Versammlungshaus verbrannt worden, wobei sich nur Archippos und → Lysis hätten retten können. Das ist in seinen Einzelheiten spät und unglaubwürdig bezeugt, weist aber doch deutlich darauf hin, daß die Schüler des P. eine bedeutende polit. Aktivität entfalteten, dabei aber schwere Rückschläge erlitten. Zu Beginn des 4. Jh. gewann → Archytas bedeutenden Einfluß in seiner Heimatstadt Tarent.

7. Geheimlehre und Überlieferung. P.' Lehre durfte nicht jedem zugänglich sein. Gerade wenn sich P.' Schüler als einen Bund der Guten verstanden, die von ihrem Wissen aus das Böse bekämpften, dann durfte den Gegnern (jeder *ἀμαθής* war ein Gegner) das Wissen der P.eer niemals zugänglich sein, weil es Grundlage jeder Entscheidung war. So ist für das P.eertum die geheime Überlieferung der Lehre bezeichnend;

damit gehen Unkontrollierbarkeit und Deformation Hand in Hand. Bereits in der Generation nach P. sonderten sich zwei Richtungen: Die ἀκουσματικοί wollten das von P. Gehörte, und nur dieses, als offenbarte Weisheit tradieren, denn über das von P. Offenbarte hinaus sei keine Vermehrung der σοφία möglich (Slg. der ἀκούσματα bei DIELS-KRANZ Vorsokr. I 462–466). Dagegen strebten die μαθηματικοί danach, durch eigene, vor allem mathemat. Forschungen das überkommene Wissen zu mehren. H. D.

W. Burkert Weisheit und Wissenschaft, Stud. zu P., Philolaos und Platon, 1962; vgl. unten *C. J. de Vogel*. *Ders.* Platon oder P.? Zum Ursprung des Wortes Philos., H 88, 1960, 159–178. *V. Capparelli* La sapienza di P., 1941. *Armand Delatte* Études sur la littérature P.icienne, 1915. *Ders.* Essai sur la politique P.icienne, 1922. *E. Frank* Plato und die sog. P.eer, 1923. Nachdr. 1967. *K. von Fritz* P.ean Politics in Southern Italy, 1940. *J. Haußleiter* Der Vegetarismus in der Ant., RGV 24, 1935. *W. A. Heidel* The P.eans and Greek Mathematics, AJPhil 51, 1940, 1–33. *K. Kerényi* P. und Orpheus, 1938. *O. Kern* Die Religion der Griechen II, 1935, Nachdr. 1963, 143–147. *G. Méautis* Recherches sur le P.isme, 1922. *P. H. Michel* De P. à Euclide; contribution à l'étude des mathématiques préeuclidiennes, 1950. *M. P. Nilsson* Gesch. der griech. Religion 1, 1955, 699–708. *J. A. Philip* P. and Early P.eanism, 1966; vgl. unten *C. J. de Vogel*. *W. Rathmann* Quaestiones P.eae, Diss. Halle 1933 (grundlegend). *J. E. Raven* P.eans and Eleatics, 1948. *C. J. de Vogel* P. and Early P.eanism, 1966. *Dies.* Philosophia I, 1970; darin 78–91 zu W. Burkert, 92–106 zu J. A. Philipp. *B. A. van der Waerden* Die Harmonie-Lehre der P.eer, H 78, 1943, 163–199.

2. Seher im Gefolge Alexanders d. Gr. Plut. Alex. 73,3 ff. (bei Arr. an. 7,18,1 ff. u. App. civ. 2,152 *Peithagoras*). BERVE Alex. 2,618. **3.** Argiver, Schwager und Schwiegersohn des Königs → Nabis von Sparta. Im Krieg gegen Flamininus 195 schlug P. den Aufstand des Damokles in Argos nieder, eilte dem in Sparta belagerten Nabis zu Hilfe und zwang die Römer zum Rückzug, indem er einen Stadtteil anzündete. Schließlich erreichte er von Flamininus Waffenstillstand und Frieden. Liv. 34, 25–40. **4.** Freigelassener des Kaisers Nero, mit dem er sich in feierlicher Form vermählte. Cass. Dio 62,28. 63,13. Tac. ann. 15,37,4. H. V.

5. P., Seefahrer und Geograph, erforschte in amtlichem Auftrag unter Ptolemaios II. nach 277 v. Chr. die Küsten des Roten Meeres und schrieb darüber ein B. *Περὶ τῆς Ἐρυθρᾶς θαλάσσης*. Frg. bei Athen. 183f., 633f. Ail. nat. 17,8, Iuba FGrH 275 F 73–76 (78 ?) berichten über kostbare in Arabien und auf der Insel Topazos gefundene Steine, über Musikinstrumente der Trogodyten und über den sog. κῆπος (Meerkatze). Bereits von Euphorion v. Chalkis Frg. 33 Meineke benützt, ist diese Schrift eine der ersten ihrer Art und übte als solche einen großen Einfluß auf das gleichbetitelte Werk des → Agatharchides aus. F. L.

6. P. aus durchsichtigen Gründen fingierte Person: Soll aus Sparta stammen, soll bei der 16. Ol. = 716 Sieger geworden sein und sich danach nach Italien begeben haben: Hier wurde er Berater des Königs → Numa. Mithin ist eine Begründung geschaffen, wieso das röm. Sakralwesen von P. inspiriert sei. Hauptbeleg: Plut. Numa 1,2–3.

F. Ollier Pythagore de Sparta, REG 59/60, 1946/47, 139 bis 149.

7. P. von Ephesos, wurde im Werk des Baton von Sinope *περὶ τῶν ἐν Ἐφέσῳ τυράννων* erwähnt (FGrH 268 F 3, vermittelt durch die Suda s. v. *Π.*); P. war vor der Z. des → Kyros (2) Tyrann von → Ephesos; vgl. Hdt. 1,26. H. D.

8. Aus Rhegion, Erzgießer. Nach Paus. 6,4,4 galt P., der im 5. Jh. v. Chr. arbeitete (das Akmedatum 420 bei Plin. nat. 34,49 scheint sehr spät), als Schüler des → Klearchos (8), was nur möglich ist, wenn Klearchos bis nach 500 tätig war, und als einer der bedeutendsten Bildhauer. Seine bes. Fähigkeiten galten dem Rhythmos und der Symmetria (Diog. Laert. 8,47), der Bildung von Muskeln, Adern und Haaren (Plin. nat. 34,59). P. schuf Siegerstatuen für Olympia und Delphi, einen Apollon, der die Pythonschlange tötet, die Statue des Kitharoden Kleon in Theben (Plin. nat. 34,59. Athen. 1,19 B–C) und einen von Plin. in Epigramm-Manier beschriebenen »Hinkenden, dessen Wundschmerz auch die Betrachter zu spüren meinen« in Syrakus. Einige Werke sind strittig zwischen diesem P. und → P. aus Samos (9), der nicht dieselbe Person sein kann (RUMPF, RE XXIV 305 ff. Anders BERGER, LAW 2489). Kopien sind bisher nicht sicher nachgewiesen (anders BERGER a. O. mit Lit.), der Stil P.' bleibt uns somit unbekannt. **9.** Aus Samos, Maler und Bildhauer. Plin. nat. 34,60 und Diog. Laert. 8,47 unterscheiden diesen P. ausdrücklich von P. aus Rhegion. P. soll zuerst Maler, dann Erzgießer gewesen sein. Er schuf Siegerstatuen für Olympia (Inschr. v. Olympia Nr. 144, dazu Paus. 6,6,4 ff. Plin. nat. 7,152. Kall. Frg. 99 Pf.) und Lokroi, sieben nackte Statuen und einen Greis (später in Rom). Von diesen und den zwischen den beiden P. strittigen Werken haben wir nichts. Der Stil auch dieses P. ist uns unkenntlich. W. H. G.

Pythagoreer (vgl. auch → Neupythagoreer). Auf Grund des Zeugnisses von Cicero Tim. 1 wurde bisher angenommen, die *disciplina* der P.eer sei im 4. Jh. erloschen; Cicero möchte a. O. den Ruhm, sie erneuert zu haben, dem → Nigidius Figulus zuwenden. Sicher ging im 4. Jh. die polit. Wirksamkeit der P.eer in Unteritalien zu Ende; von nun an bestand kein Zentrum des P.eertums mehr, was sicher einen neuen Bruch in den Überlieferungen bedeutet. → Aristoxenos von Tarent, vielleicht auch andere P.eer, wandten sich nach Athen, wo sie Verbindung nicht nur zur stets P.-freundlichen Akademie, sondern auch zu → Aristoteles und seiner Schule, bes. zu → Dikaiarchos herstellten. Aristoteles sammelte Fakten über das P.eertum in seiner Schrift περὶ τῶν Πυθαγορείων. Sowohl die ps. aristotel. Schrift περὶ κόσμου wie die Schrift des sog. Ocellus Lucanus περὶ φύσεως (→ Okellos) weisen ein Amalgam von peripatet. und p.eischem Lehrgut auf.

Die Diskussion, ob es – gegen Ciceros Zeugnis – eine Kontinuität der P.eer bis ins 3. Jh. n. Chr. gegeben hat, ist durch die Arbeiten von W. Burkert und H. Thesleff (für beide vgl. u.) neu entfacht. Nach wie vor ist kein Zeugnis für religiöse oder kultische Wirkung der P.eer während des Hellenismus nachzuweisen. Andererseits sprechen gute Argumente dafür, daß ein Teil der (meist durch → Stobaios erhaltenen) p.eischen Texte, die man bisher dem 1. oder 2. Jh. n. Chr. zuwies, ihren Ursprung in hellenist. Z. haben. Zumindest muß mit der Möglichkeit gerechnet werden, daß es eine kontinuierende p.eische Lit. gab, wenn auch p.eische Lebensführung nicht durchgehend praktiziert wurde: Die Wiederbelebung solcher *disciplina*, d.h. des βίος Πυθαγόρειος, erfolgte zu Ciceros Zeiten. Das P.eertum verdankt seine weitgehende Ausbreitung in Rom u.a. der Fiktion, der König → Numa Pompilius sei ein Schüler des P. gewesen (was Cicero, rep. 2,28 als chronol. unmöglich ablehnt), und darum habe er das röm. Kultwesen nach den Vorschriften des P. geordnet: Wenn das zutraf, dann war nicht nur die röm. Verfassung, sondern ebenso sehr das röm. Sakralwesen von idealer Vollkommenheit. Im Bereich des Kultischen hat das P.eertum in Rom vor allem während des 1. Jh. n. Chr. großen Einfluß ausgeübt. Freilich muß als sehr zweifelhaft gelten, ob die mit Stuck-Reliefs ausgeschmückte Basilika an der Porta Maggiore Roms für einen p.eischen θίασος in Anspruch genommen werden darf. Ohne Zweifel ist → Poseidonios mit dem P.eertum in fruchtbare Berührung gekommen; das liegt bei Poseidonios' Rechtfertigung der Mantik und in seiner Vorstellung von frei im Raume schweifenden Seelen deutlich zutage.

Dagegen scheint die Verbindung zwischen P.eertum und Platonismus bis tief ins 1. Jh. v. Chr. abgerissen zu sein. Vermutlich wurde sie zu Alexandreia um 35 v. Chr. (→ Eudoros 2) wieder hergestellt. Sie hat den Platonismus mehrmals erheblich bereichert; bald freilich vermochten die P.eer neben dem Platonismus nur noch eine Nebenrolle zu spielen (→ Neupythagoreer). Erhebliche Einflüsse von P.eern (deren Namen unbekannt sind) auf → Plutarchos (2), → Numenios und → Ammonios Sakkas sind unverkennbar. H. D.

Ausg.: I Pitagorici, a cura di *A. Maddalena*, 1954. Pitagorici Testimonianze i frammenti, a cura di *Maria Timpanaro Cardini*, 1958–1964, 3 Bd.e. The Pythagorean Writings of the Hellenistic Period, collected and edited by *Holger Thesleff*, 1965. Carmen aureum: Anth. lyr. Gr. ed. *E. Diehl*, 2,82 ff. Les vers d'or phythagoriciens, éd. avec comment. par *C. P. van der Horst*, 1932. Iamblichus De vita Pythagorica, ed. *L. Deubner* 1937. Ocellus Lucanus, Text und Komm. von *R. Harder*, 1926. Porphyrios De vita Pythagorae, in: Opuscula selecta ed. *A. Nauck*, 1886, 17–52. Diogenes Laertios Vitae philosophorum, ed. *H. S. Long*, 1964. B. 8. La vie de P. de Diogène Laerce, éd. critique avec introd. et comm. par *Armand Delatte*, 1922. Lit.: *W. Burkert* Hellenistische Pseudo-P.ica, Philol. 105, 1961, 16–43 und 226–240. *J. Carcopino* La basilique P.icienne de la Porte Majeure, 1926. *Ders.* De P. aux apôtres, 1956. *Armand Delatte* Les doctrines P.iciennes des livres de Numa, Bull. de l'Acad. Belge (Lettres) 1936, 19–40. *Lucien Delatte* Les traités de la Royauté d'Ecphante, Diotogène et Sthénidas, 1942. *K. von Fritz* Art. Pythagoreer, RE XXIV 209–268. *I. Lévy* Recherches sur les sources de la légende de P., 1926. *Ders.* La légende de P. de Grèce en Palestine, 1927. *H. Thesleff* An Introduction to the Pythagorean Writings of the Hellenistic Period, 1961. *W. Wiersma* Das Referat des Alexander Polyhistor über die p.eische Philos., Mnemos. 19, 1942, 97–112.

Pytheas (Πυθέας). **1.** Aiginete, Vater jenes Lampon, der nach dem Sieg von Plataiai vorschlug, die Leiche des Mardonios zu schänden, was Pausanias ablehnte (Hdt. 9,78 f.). Wohl nicht ident. mit 2. **2.** Aiginete, wurde im Xerxeskrieg von den Persern bei Skiathos gefangen, wegen seiner Tapferkeit ehrenvoll behandelt und gewann bei Salamis wieder die Freiheit (Hdt. 7,181. 8,92). G. Do.

3. P., athen. Redner und Politiker des 4. Jh. v. Chr., Parteigänger des Demosthenes im J. 333 oder 332 (Demosth. ep. 3,29. Plut. Phok. 21,2), ähnlich auch noch 324 (Plut. mor. 804 b). Dann wechselte er, angeblich durch Bestechung veranlaßt (Demosth. a. O.), zur makedon. Partei über. Im Harpalos-Prozeß gehörte er zu den Klägern. Nach Alexanders Tod entzog er sich den Folgen eines verlorenen Prozesses durch Flucht nach Makedonien und bereiste anschließend im Dienste des → Antipatros (1) die Peloponnes, um die Bildung einer antimakedon. Liga zu verhindern. P. war mehrfach in Prozesse verwickelt (Deinarch. frg. V 1 ff. VI 1 ff. Hypereid. frg. 162). Von seinen eigenen Reden sind nur wenige Titel und Frg.e, daneben einige boshafte Aussprüche, überliefert (OA 2,311 f.). Blass Att. Bereds. 3,2,283 ff. H. Gä.

4. P. v. Massalia. Alles, was das Alt. über diesen berühmten Seefahrer und Geographen gewußt hat, stammt aus seiner Schrift τὰ περὶ τοῦ ὠκεανοῦ (Frg. 9a, echter Titel eher Περὶ Ὠκεανοῦ; Frg. 15 Περίοδος γῆς bisher unerklärt). Ihre Abfassung ist zwischen folgenden Zeitgrenzen anzusetzen: nach 347, term. p. q. der von ihm berücksichtigten Γῆς περίοδος des → Eudoxos, vor → Dikaiarchos' Γῆς περίοδος, die zwischen 309 und etwa 300 erschien und sich kritisch gegen P. wendete (Frg. 111 Wehrli, Daten nach Frg. 105 und 108 mit Komm.). Die Auffindung eines kyrenaischen Staters d. J. 322–313, der zwischen der Insel Ouessant und der Bretagne verloren wurde, gestattet vielleicht, die Reise zwischen diese engeren

Grenzen anzusetzen (J. Bousquet, CRAI 1960 317–323).

Wenn der Zweck der Reise des P. unbestimmt bleibt (geogr. Forschung, Handel, Abenteuer? Darüber ausführlich [2], 317–319 mit Lit.), die hauptsächlichen Etappen sind bekannt: Gadeira, N.-Küste Iberiens (Frg. 8), Ostimnierland, Vorgebirge Kabaion (Pointe du Raz), Ouessant (Frg. 6a. 7c), S.-Küste Britanniens etwa bis zur Insel Wight (Frg. 6a *Πρεττανική*. 6b *νοτιώτερα τῆς Βρεττανικῆς*. 11b *Victim* und Strab. 3,175f.), Kap North Foreland in Kent (Frg. 6a *Κάντιον*), *Guiones* an der Mündung des Rheins oder, wie allgemeiner angenommen wird, der Elbe, die er allerdings als die des Tanais am Ozean betrachtete (Frg. 11a *Guionibus Germaniae genti accoli aestuarium Oceani Metuonidis nomine*. 7a *πᾶσαν ἐπέλθοι τὴν παρωκεανῖτιν τῆς Εὐρώπης ἀπὸ Γαδείρων ἕως Ταναΐδος* 6a *τὰ πέραν τοῦ Ῥήνου τὰ μέχρι Σκυθῶν*, vielleicht auch Frg. 6g über die Völker unmittelbar vor Thule). Es ist nicht möglich, zu sagen, ob er im Verlauf einer anderen Reise die → Lipar. Inseln gesehen hat, bei denen er vulkanische Erscheinungen beschreibt (Frg. 15). Was die Erwähnung des fabelhaften Gebirges der → Rhipäen betrifft (F 13b), so betrifft sie die allg. Theorie des P. über die Gestalt der Erde und bezeugt nicht Autopsie etwa der N.-Küste des Schwarzen Meeres.

Außer den von ihm besuchten Gegenden wußte P. noch über entferntere Gegenden zu berichten, über die er Auskünfte bei seinen Hafenlandungen erhalten hatte. So kennt er Irland und beschreibt die Sitten seiner Bewohner, ausgehend von der S.-Küste Britanniens, indem er es folgerichtig im N. der Insel ansetzt (Frg. 6b). Auch hört er in Britannien von der Insel Thule sprechen als der letzten britann. Insel im N., die man in 6 Tagen zu Schiff erreichen könne, das sind 1000–1200 km, die man entweder von dem Kap Kabaion (Frg. 13a, also Shetlands, Jütland, höchstens Norwegen) aus rechnen muß oder von der nicht identifizierten Insel *Berrice*, der letzten Landung vor Thule (Frg. 11b, also Fär Oer, Island, sogar Lofoten theoret. möglich). Gewisse moderne Autoren halten es außerdem für möglich, daß er Thule besucht hat, wofür die Zeugnisse widerspruchsvoll sind (so z.B. B. W. Aly Strabon von Amaseia, 1957, 387–390). Die Schilderung, die er davon gibt, enthält eine korrekte Beschreibung des Tages der Sonnenwende unter dem Polarkreis (Frg. 14) sowie des *Mare concretum* (Frg. 6a, *πεπηγυῖα θάλαττα* Frg. 11a), dessen Aussehen das einer Meerlunge sei wegen der Vermischung von Erde, Luft und Wasser, aus der sie besteht (Frg. 7a bestätigt Autopsie). Durch die *Guiones* wird P. über die Insel *Abalus* (*Baunonia* oder *Basilia* nach → Timaios FGrH 566 F 75) unterrichtet, 6 Tage Schiffahrt vom Ausgangspunkt des Bernsteinhandels (Frg. 11ab).

Auf der Grundlage seiner Beobachtungen und Erkundungen aus zweiter Hand schlägt P. eine neue allg. Lösung der geograph. Probleme vor. Unter Verwendung der Methoden des Eudoxos, die Breiten zu bestimmen, und seiner Einteilung der Erdsphäre in Zonen bestimmt er die Breiten von Massalia, Britannien, Ouessant, der Keltischen Parokeanitis, Irland und Thule (Frg. 1,6ab, 9a,14). Unter Verbindung dieser Angaben mit den herkömmlichen Theorien über die ö. u. s. Grenzen der Oikumene (darüber F. Lasserre Eudoxos v. Knidos, 1966, 240) und mit der archaischen Vorstellung des Tanais als Trennungslinie zwischen Asien und Europa, ist er überzeugt, Skythien im N. bei den *Guiones* (s. bes. Mette zu Frg. 11a) erreicht zu haben, und schließt daraus, daß der Ozean den ganzen N. der bewohnten Erde umgebe, wie man es schon von ihrem S. seit → Thales und → Euthymenes v. Massalia (O. Gigon Der Ursprung der gr. Philosophie, 1968², 48–51) annahm. Er konnte also behaupten, gezeigt zu haben, daß die Oikumene eine Insel im Ozean sei. Die Beschreibung der im »Gefrorenen Meer« gemischten und schaukelnden Elemente, die auf Plat. Phaid. 111e zurückgreift, inspiriert ihn ferner zu der phys.-geograph. Vorstellung des Okeanos als »Fessel des Kosmos«, was anscheinend der Kernpunkt der ganzen Theorie ist. Seine Beobachtungen von Ebbe und Flut des Ozeans am Cabo San Vincente (Frg. 8) und über die Sterne des astronom. Pols (Frg. 1 gegen Eudoxos) können in dieser Sicht als zugehörige Elemente betrachtet werden. Als glaubwürdiger Zeuge angenommen von Timaios, Eratosthenes, Krates, Hipparchos und zuletzt Poseidonios, der seine Theorie von den Ozeanen als Fessel der Welt wieder aufnimmt, wird er dagegen von Dikaiarchos, Polybios, Artemidoros und Strabon als Schwindler verworfen. Er beherrscht nichtsdestoweniger das geograph. Bild W.- und N.-Europas während mehrerer Jahrhunderte. Die moderne Kritik teilt sich gleicherweise in Bewunderer und Skeptiker; ihr wesentliches Problem ist es, zu erfahren, ob P. die Naturerscheinungen interpretiert hat, um eine vorgefaßte Theorie zu beweisen, oder ob er seine Theorie an Hand der Tatsachen erarbeitet hat. F. L.

Frg. 1. *H. J. Mette* Pytheas v. Massalia, Bln. 1952. – Lit.: 2. *F. Gisinger*, RE XXIV 314–366.

Pytheos. Der bedeutende Architekt und Bildhauer der mittleren Jahrzehnte des 4. Jh. v. Chr. schuf das → Maussolleion (1), allein (Pap. ed. H. Diels, APrAW 1904, 7f.) oder zusammen mit → Satyros, mit dem er über den Bau schrieb (Vitr. 7 praef. 12), ferner die Quadriga auf dem Bau (Plin. nat. 36,31. Die Hss.: *Pythis*) und den Athenatempel in → Priene, über den er ebenfalls schrieb (Vitr. 1,1,12. 7 praef. 12). Er lehnte die dor. Ordnung für Tempel ab (Vitr. 4,3,1) und stellte allg. hohe Forderungen an die Bildung der Architekten (Vitr. 1,1,12. 15). G. Kleiner vermutet in P. den Stadtbaumeister von → Halikarnassos u. → Priene (RE Suppl. IX 1193), W. Persson den Architekten des Zeustempels in Labranda (Labranda 12: Westholm The Architecture of the Hieron, 1963). H. Riemann, RE XXIV 371 ff. W. H. G.

Pythia (*Πυθία*). Die prophet. Priesterin des → Apollon *Πύθιος* in → Delphoi (Hdt. 1,13). Gott und Seherin leiten ihre kult. Bezeichnung offenbar von dem alten Sondernamen *Πυθώ* für Delphoi (Hom. Il. 2,519. Od. 8,80. Hes. theog. 499. Theogn. 807. Vgl. C. M. Bowra, Phil. 103, 1959, 157 ff.) her, dessen Bedeutung unsicher, am ehesten vielleicht wie *Δελφοί* als »Erdschlund« zu verstehen ist (vgl. zu den Etymologien S. Lauffer, RE XXIV 569 ff.). Im übrigen erscheinen für die P. die Titel *προφῆτις* (Eur. Ion 42), *μάντις* (Aischyl. Eum. 29) und *πρόμαντις* (Hdt. 6,66). Das Nomen proprium der jeweiligen P. wird selten erwähnt; myth. Prototypen sind Phemonoe (Paus. 10,5,7) und Xenokleia (Paus. 10,13,8. J. Defradas Les Thèmes de la Propagande Delphique, 1954, 129 ff. F. Willemsen, JDAI 70, 1955, 97 f.); durch hist. Episoden wurden bekannt Aristonike (Hdt. 7,140) und Periallos (Hdt. 6,66 f. M. Delcourt L'Oracle de Delphes, 1955, 55, 125 f. 128 f.). In der delph. Hierarchie spielte die P. nur eine sekundäre Rolle; andererseits kam ihr als dem Organ der Verkündung eine gewisse Schlüsselposition zu, so daß es an Versuchen der Beeinflussung aus polit. Gründen nicht gefehlt hat (Hdt. 6,66. Paus. 3,4,4 f. Diod. 14,13. Plut. Lys. 5 f. M. P. Nilsson Cults, Myths Oracles and Politics in Anc. Greece, 1951, 128 ff.). Dabei ist zu bedenken, daß die Berichte über die mant. Praktiken der P. lückenhaft und z.T. auch widersprüchlich sind (H. W. Parke – D. E. W. Wormell The Delphic Oracle 1, 1956, 17 ff.): bestimmte präliminar. Handlungen (Plut. def. or. 46), bei denen der Lorbeer als Symbol des Apollon eine besondere Rolle spielte (Aristoph. Plut. 213 m. Sch. Plut. Pyth. or. 6. Lukian. bis acc. 1. P. Amandry La Mantique Apollinienne à Delphes, 1950, 126 ff.), gingen dem eigentlichen Akt der divinator. Verkündung voraus; sie dienten z.T. möglicherweise der Vorbereitung des mant. Enthusiasmus der P. (H. Bacht, Biblica 32, 1951, 247). Ursachen und Eigenart der seherischen Verzückung sind uns letztlich unzugänglich (G. Nebel Pindar und die Delphik, 1961, 37 f.). Eine toxische Beeinflussung durch die Dünste des delph. Chasmas scheidet jedenfalls aus (S. Marinatos, Epistem. Epeter. Ath. 1959, 346 ff.). Aber auch psycholog. Erklärungsversuche brachten keine befriedigenden Ergebnisse (E. R. Dodds, Essays G. Murray, 1936, 365 ff.; The Greeks and the Irrational, 1951, 70 ff.). Rel. hist. ist zu beachten, daß der kleinasiat. Apollon Berührung mit dem weibl. Sehertyp der → Sibylle aufweist (K. Latte, Harv. Theol. Rev. 38, 1940, 9 ff.) und daß andererseits → Gaia und → Themis als Vorläuferinnen des pyth. Gottes am delph. → Orakel einer prähellen.-mediterranen Schicht anzugehören scheinen, auf die auch das Prinzip der Dreifuß-Mantik zurückweisen könnte (vgl. Ch. Picard Studies D. M. Robinson 1, 1951, 655 ff.). → Mantik. → Orakel. W. F.

1. *E. Fascher* *Προφήτης*, 1927. 2. *L. B. Holland*, AJA 37, 1933, 208 ff. 3. *R. Flacelière* Le Fonctionnement de l'Oracle de Delphes au Temps de Plutarque, 1938. 4. *Ders.*, REG 56, 1943, 72 ff. 5. *R. Crahay* La Litterature Oraculaire chez Herodote, 1956. 6. *M. P. Nilsson*, Hist. 7, 1958, 240 ff. 7. *W. Fauth*, RE XXIV 515 ff.

Pythias. **1.** Erste Frau des Philosophen Aristoteles, der sie am Hof ihres Onkels, des Tyrannen → Hermias (1) von Atarneus, kennenlernte (348/47–345/44). Sie gebar ihm eine Tochter (u. Nr. 2), wohl nicht den Sohn Nikomachos (so Düring 263 ff.). P. starb vor Aristoteles. **2.** Tochter des Aristoteles und der P. 1, geb. wohl um oder kurz vor 335; verheiratet (nach 322) mit ihrem Adoptivbruder → Nikanor (5), dann mit Prokleus (2 Söhne Prokleus und Demaratos, Schüler des Theophrast); dritte Ehe mit dem Arzt Metrodoros (daraus der Sohn Aristoteles) ist zweifelhaft. H. H. Sch.

I. Düring Aristotle in the ancient biographical tradition (Göteborg 1957).

Pythioi (*Πύθιοι*), je 2 von den beiden spart. Königen gewählte Zelt- und Tafelgenossen (*σύσκηνοι, σύσσιτοι*), die für sie die Orakelsprüche des Apollon aus Delphoi einholten. Als »Mitwisser« waren sie wohl für die Verwahrung der Sprüche verantwortlich. Hdt. 6,57. Xen. Lak. pol. 15,5. Suda s. v. Cic. div. 1,95. U. Kahrstedt Griech. Staatsrecht 1, 1922, 226. 249 f. K. Ziegler, RE XXIV 550 ff. H. V.

Pythion, Name vieler Apollonheiligtümer und danach auch von Ortschaften. **1.** Altes Heiligtum im SO. Athens am r. Ilissosufer s. unter dem Olympieion wohl außerhalb der Stadtmauer, Thuk. 2,15,4. Strab. 9,2,11 p. 404. Paus. 1,19,1. IG I^2 188 Z. 64. Suda. Phot. lex. s. *Π.* Das Heiligtum besaß keinen Tempel, war Schauplatz der Thargelien und Ausgangspunkt der Festgesandtschaft, Pythais, nach Delphi, an der seit hellenist. Z. der Priester des Apollon Pythios teilnahm. Lage durch Inschriftenfunde gesichert, vor allem IG I^2 761 = Thuk. 6,54,6 f. und Dreifußbasen der siegreichen Choregen der Thargelien, IG II^2 3065–3067, dazu Hesp. 16, 1947, 262 Nr. 1.

1. *G. Colin* Le culte d'Apollon Pythien à Athènes 10 ff. 2. *Judeich* Topographie von Athen^2 386 f. 3. *E. Meyer*, RE XXIV 552 ff. Nr. 1. 2.

2. Philostrat. v. soph. 2,1,5 p. 58 Kayser nennt das Heiligtum in der großen offenen Felsnische an der W.-Ecke der N.-Seite der Akropolis P., wohl nur volkstümliche Bezeichnung oder Irrtum, da der Kultname Apollon Hypakraios u. ä. war. Allerdings ist der Mythos der Zeugung Ions durch den pyth. Apollon hier ebenfalls lokalisiert, Eurip. Ion 8 ff. 283 ff. 492 ff. 936 ff. Paus. 1,28,4.

1. *Judeich* Topographie von Athen[2] 210ff. 2. *E. Meyer*, RE XXIV 554ff. Nr. 2.

3. Heiligtum an der Hlg. Straße nach Eleusis beim Kloster Daphni, Paus. 1,37,6f. Strab. 9,1,6 p. 392 = Philoch. FGrH 328 F 107. Suda s. *παράλων*. Genaue Lage nicht gefunden, nicht unter dem Kloster selber, in das aber viele ant. Architekturstücke einschließlich von Säulen und Kapitellen eines ion. Tempels der Kaiserzeit, wohl des Apollontempels, verbaut sind.

E. Meyer, RE XXIV 558ff. Nr. 3.

4. Apollonheiligtum in → Oinoe in der Ebene von Marathon, von der eine besondere Pythais der marathon. Tetrapolis nach Delphi ging. Philoch. FGrH 328 F 75. IG I[2] 190,13ff. 325,12ff. (Sylloge[3] 100).

E. Meyer, RE XXIV 561 Nr. 4.

5. Apollonheiligtum im att. Demos → Ikaria (2) am NO.-Abhang des Pentelikon, IG II[2] 4976. 2816, kleiner säulenloser Tempel, Buck Papers of the Amer. school 5, 1892, 63ff.

E. Meyer, RE XXIV 561f. Nr. 5.

6. Stadt der thessal. Landschaft → Perrhaibien beim h. Selos (amtl. P.) am W.-Abhang des Olymp, im 3. Jh. v. Chr. makedon., BCH 21, 1897, 112. Steph. Byz. 171 v. Chr. von Perseus zum Anschluß genötigt, Liv. 42,53,6f. 44,32,9. 168 v. Chr. Station des Umgehungsmarsches Scipio Nasicas vor der Schlacht von Pydna, Plut. Aemil. 15f. Liv. 44,35, 15ff. Ptol. 3,12,39. Inschr. IG IX 2, 1281–1291. AE 1913, 163ff. BCH 88, 1964, 396f. = SEG 32, 463–466. E. M.

1. *Fr. Stählin* Das hellen. Thessalien 21f. 2. *Philipps.-Kirst.* 1,78. 3. *E. Meyer*, RE XXIV 562 Nr. 6.

Pythionikai (*Πυθιονῖκαι*), die Sieger bei den pyth. Spielen in Delphoi, den gymn. wie den musischen. Ihre Namen sind früh aufgezeichnet worden, und Aristoteles hat im Auftrag der → Amphiktyonen unter Hinzuziehung seines Schülers → Kallisthenes die Liste mit Beifügung von hist. Notizen veröffentlicht (*Πυθιονικῶν ἀναγραφή* Plut. Sol. 11,1). Beide sind dafür durch die Inschr. Sylloge[3] 275 geehrt worden, die uns erhalten ist, obwohl die Ehrung laut dem Brief-Frg. des Aristoteles bei Ail. var. 14,1, offenbar bei der gemeingriech. Erhebung gegen die Makedonen, aufgehoben worden war. Sie ist also wohl nach dem makedonischen Siege wieder in Kraft gesetzt worden. K. Z.

Jacoby, RE XXIV 563f.

Pythionike (*Πυθιονίκη*, var. *Πυθονίκη*), berühmte Hetäre, Geliebte des → Harpalos, der sie nach dem Aufbruch Alexanders d. Gr. von Babylon dorthin zu sich kommen ließ und ein ausschweifendes Leben mit ihr führte, worüber → Theopompos dem König in einem Brief berichtete. Als sie unter Hinterlassung eines Töchterchens von ihm starb, errichtete er ihr in Babylon ein kostbares Grabmal und – als er 324 mit dem Kinde nach Athen geflohen war – dort an der Straße nach → Eleusis ein zweites, dessen Größe und Pracht auch noch von späteren Betrachtern hoch gepriesen wurde. Die zeitgenössischen Komiker haben sich viel mit ihr beschäftigt. K. Z.

Berve Alexanderreich 2,338. *Ziegler*, RE XXIV 564ff.

Pythios. 1. Reicher Lyder, Sohn des Atys, der → Xerxes und sein Heer auf dem Zuge gegen Griechenland gastlich aufnimmt und ihm den größten Teil seines Vermögens anbietet, wenn sein ältester Sohn vom Kriegsdienst befreit werde. Xerxes nimmt das Geld nicht an, ergänzt vielmehr das Vermögen des P. noch und läßt den Sohn töten, Hdt. 7,27. 29. 38f. Ins Märchenhafte erweitert (analog der → Midassage) ist die Geschichte bei Plut. mor. 263b (daraus Polyain. 8,42). K. Z.

Kübler–Ziegler, RE XXIV 567f.

2. P., Bankier in Syrakus im 1. Jh. v. Chr., der den röm. Ritter C. Canius bei einem Grundstücksverkauf durch leere Vorspiegelungen übertölpelte; Cic. off. 3,60. H. G. G.

Pythodoris. 1. P. Philometor, Königin von → Pontos (PIR[1] III 111 Nr. 834), Tochter des Asiarchen → Pythodoros v. → Tralleis und der → Antonia (16), einer Tochter des Triumvirn, * um oder kurz vor 30 v. Chr., heiratete um 13/12 → Polemon I. von Pontos und regierte nach dessen Tod (um 8/7 v. Chr.) allein als röm. Vasallenkönigin (Residenz → Kabeira-Diospolis). Ihr ältester Sohn diente ihr als Minister; der jüngere, Zenon, wurde 18 n. Chr. König von Großarmenien (→ Artaxias 3); ihre Tochter → Antonia (II 18) Tryphaina heiratete den Thrakerkönig → Kotys (9) VIII. (Strab. 12,3,29 p. 556). P.' zweite, auf Wunsch des Augustus geschlossene Ehe (um 8 n. Chr. ?) mit → Archelaos (6) v. Kappadokien († 17 n. Chr.) blieb kinderlos. P. lebte noch um 19 n. Chr.; ihr Todesdatum ist unbekannt (ungesicherte Daten nach Th. Reinach L'hist. par les monnaies 143ff. und D. Magie Roman Rule in Asia Minor 513: 22/23 bzw. 34/35 n. Chr.). Nach P.' Tod stand Pontos wohl unter Sequester, bis Caligula P.' Enkel in die »ihnen zukommenden Reiche« einsetzte (Sylloge[3] 798,6ff. Cass. Dio 59,12,2). **2.** P. thrak. Dynastin, Enkelin von 1, Tochter Kotys' VIII. und der Antonia Tryphaina, Gemahlin ihres Vetters → Roimetalkes II., mit dem sie ohne Königstitel die *ripa Thraciae* beherrschte, die um 38 n. Chr. wieder mit dem übrigen Thrakien vereinigt wurde. Vgl. OGIS 378. Inscr. Gr. Bulg. I 399. Tac. ann. 3,38. H. H. Sch.

G. H. Macurdy Vassal-Queens and some contemporary women in the Roman Empire (1937) 33ff. 47–49. *W. Hoben* Unters. zur Stellung kleinasiat. Dynasten in den Machtkämpfen der ausgehenden röm. Republik (Diss. Mainz 1969) 43. 51–53. 187f. 192.

Pythodoros (*Πυθόδωρος*). **1.** Athen. Archon im J. 404/03 v. Chr., vielleicht ident. mit Nr. 2. Seine Amtszeit wurde nach Wiederherstellung der Demokratie als Jahr der Anarchie betrachtet (Xen. hell. 2,3,1). **2.** P., Sohn des Polyzelos aus Anaphlystos (?), im J. 411 v. Chr. einer der 400 Oligarchen, nach Aristot. Ath. pol. 29,1 f. vielleicht sogar Initiator der Bildung dieses Gremiums. Diog. Laert. 9,54 (= Diels Vorsokr. 80 A 1) nennt ihn als Ankläger des → Protagoras; die Angabe ist jedoch problematisch.

S. Morrison, CQ 35, 1941, 3 f. *J. A. Davison*, CQ 47, 1953, 33 ff.

3. P., Sohn des Isolochos, Schüler des → Zenon von Elea (Plat. Alk. 1,119 a; vgl. Parm. 126 a ff., wo ihm Platon die Rolle des Gewährsmannes für die Unterredung zwischen Zenon und Sokrates zuweist). 426/25 war P. als Nachfolger des → Laches (1) Stratege in Sizilien; nach seinem Rückzug wurde er 424 der Bestechung bezichtigt und verbannt (Thuk. 3,115,2. 4,2,2. 4,65,3). Es ist unklar, ob und wann er zurückkehren durfte. H. Gä.

4. Sohn des Chairemon aus Nysa, des Mitglieds im *consilium* des Praetors C. → Cassius (I 2), Freund der Römer. Flüchtete bei Ausbruch des 1. mithrad. Krieges mit seinem Bruder Pythion nach Rhodos, wobei → Mithradates (5) ein Kopfgeld von 40 bzw. 20 Talenten für seine Ergreifung oder Tötung aussetzte (Sylloge^3 741,3. Welles Royal Corresp. in the hellenistic period 1934, 73). Er lebte nach dem Krieg in → Tralleis. **5.** P., Sohn oder Neffe von 1 (Hanslik, RE XXIV 590 ff.), kaum mit ihm ident. (Fiehn, RE Suppl. V 57 f. Welles a. O. Magie Rom. Rule in Asia min., 1950, 1130). Stammte aus Nysa, lebte aber in der Handelsstadt Tralleis. Er fungierte als Asiarch und besaß ein Vermögen von 2000 Talenten, das ihm als Anhänger des Pompeius von Caesar genommen wurde. P. gelang es aber, alles zurückzuerwerben und seinen Kindern ungeschmälert zu hinterlassen (Strab. 14,649). Seine Gattin → Antonia (I 16) war vielleicht eine Tochter des Triumvirn (so u. a. Mommsen, EE 1, 270 ff. Hanslik a. O. 591 mit Hinweis auf Sen. contr. 2,4,8) oder nur eine vornehme Griechin aus Kleinasien (Dessau, EE 9, 691. Magie a. O.), von der er die Tochter → Pythodoris hatte, die später durch Heirat Königin von Pontos und Kappadokien wurde (Strab. 12,555 f.). G. Wi.

Pythokles (*Πυθοκλῆς*). **1.** Athener aus dem Demos Kedoi, * um 380 v. Chr.; er war zunächst Freund des → Demosthenes. Nach seiner Beteiligung an der Friedensgesandtschaft von 347 zusammen mit → Aischines wandte er sich mehr diesem zu. Zusammen mit ihm bekämpfte er 338 den Vorschlag, daß Demosthenes die Rede auf die Gefallenen von Chaironeia halten solle, jedoch ohne Erfolg. In der makedon. Partei, zu der er übergetreten war, spielte er keine besondere Rolle. 318 ist das Todesjahr des P.; wahrscheinlich wurde er zusammen mit Phokion hingerichtet. **2.** P., Schüler des Epikuros, evtl. aus → Lampsakos, Adressat von Epikurs Brief *περὶ τῶν μετεώρων*. Epikur schätzte P. sehr, was allerdings zur Folge hatte, wie Plutarch mor. 1124 c berichtet, daß P. arrogant und unverschämt wurde. **3.** P., von Samos, Schriftsteller, der nach Ps.-Plut. par. a min. 14. 41 einige Bücher *Ἰταλικά* und *Γεωργικά* geschrieben haben soll. Die *Ἰταλικά* erwähnt – außer einer Schrift *περὶ ὁμονίας* – auch Clem. Alex. Der Inhalt der Frg. läßt darauf schließen, daß P. genauso wie Ps.-Plut. ein »Schwindelautor« gewesen ist. FGrH 833. O. Dr.

H. Gärtner–K. Ziegler, RE XXIV 599 ff.

Python (*Πύθων*). **1.** Der in Pytho (Delphoi) hausende Drache, den → Apollon tötete. Die ersten Erwähnungen geben keinen Namen; Hom. h. 2, 300 ff. ist es ein weibl., Eur. I. T. 1245 ff. ein männl. Ungetüm, hier ein Sohn der Ge, Hüter ihres Orakels (selbst Prophet Hyg. fab. 140). Der Name P. zuerst bei Ephoros (Strab. 9,422 f.), → Drakon (1). Bei Apoll. Rhod., Kall. und Späteren begegnet der aus der → Typhonsage bekannte Name Delphyne (Delphynes), den Wilam. GldH^3 2,28 für den urspr. hält. Die Legende vom Drachenkampf spiegelt die Besitzergreifung eines chthon. Orakels durch Apollon wider. Noch als *βρέφος* auf den Armen → Letos (Eur. a. O.) erschießt er den Drachen, der, um seine Geburt zu verhindern, Leto verfolgt hat (Hyg. a. O.). Später wurde die Erlegung des Drachen weniger als eine Großtat denn als eine sühneheischende Gewalttat empfunden: Reinigung Apollons in Sekyon, in Tempetal oder auf Kreta. Die Reste des P. sollen im Dreifuß aufbewahrt oder unter demselben begraben worden sein (Hyg. a. O. Serv. Verg. Aen. 3,92. 360). Auf ihr Verfaulen (*πύθεσθαι*) wurde der Ortsname zurückgeführt (Hom. h. 2,363 ff.); richtig ist wohl das umgekehrte Verhältnis: Pytho mag »Faulschlucht« bedeuten (A. Mommsen Delphica 1880, 13,2), wenn es nicht vorgriech. ist. Bildl. Darstellungen der Drachentötung J. Fontenrose, P., 1959, 17 ff.; solche des von P. umringelten delph. Omphalos lassen eher auf ein friedliches Verhältnis zwischen P. und Apollon schließen. K. Kerényi Niobe, 1949, 177 ff. H. v. G.

O. Kern Die Rel. der Griechen 2,96 f. 102 ff. *Nilsson*, GgrR 1,550. Zur Frage der Identität von P. und → Typhon: *O. Gruppe* Griech. Myth. 1255 ff. *Fontenrose* (s. o.). *H. v. Geisau*, RE XXIV 609 f. *K. Kerényi* Die griech. Mythol. 133 ff. *Bouché-Leclercq* Hist. de la divination 3,63,5.

2. P. *Καταναῖος ἢ Βυζάντιος*, möglicher Autor des Satyrspiels »Agen« (Athen. 2,50 F. 13,586 D. 595 D ff.), wahrscheinlich ident. mit P. 3. Autorschaft an dem Stück zwischen P. und Alexander d. Gr. strittig (Athen. a. O.). Aufführungsdatum: Dionysien in Ekbatana 324. 2 Frg.e und eine Glosse (Athen. a. O. = TGF^2 p. 810., V. Steffen Satyrographorum Graec. Reliquiae, 1952^2, 200 f.). Gegenwartsgeschichte und Gegenwartspolitik sind in aggressiver Form behandelt; Züge des Satyrspiels und der alten Komödie. F. St.

F. Stoessl, RE XXIV 613 ff. (wo frühere Lit. angegeben). Dazu *W. Steffen* Zum Satyrdrama Agen, Aus der altertumswiss. Arbeit Polens, Schriften d. Sektion für Altertumswiss. d. Dt. Ak. d. Wiss. Bln. 1959, 36–43.

3. P. aus Ainos (Thrakien), Platon-Schüler, und sein Bruder → Herakleides (2) rächten 360/59 ihren Vater am Odrysenkönig → Kotys I. und flohen nach Athen, wo sie, als Tyrannenmörder gefeiert, das Bürgerrecht erhielten. Spätestens 352 trat P. in den Dienst Philipps II. von Makedonien (vgl. bes. Demosth. 23,119. 127. 163).

A. Schaefer Demosthenes u. seine Zeit I² 157. II² 375f. *A. Hoeck* Klio 4, 1904, 269.

4. P. aus Byzantion, Isokrates-Schüler, bedeutender Redner, seit Frühj. 346 im Dienst Philipps II. nachweisbar, dessen Politik er Herbst 346 (fraglich), Frühj. 343 (Ps. Demosth. 7 v. J. 342) und um 340 (Demosth. 18,136; ep. 2,10) in Athen vertrat.

A. Schaefer Demosthenes I² 157. II² 296,2. 332. 375–80. 342. 549,4. *Ed. Meyer* Kl. Schr. 2,124–28. *M. Pohlenz* H 64, 1929, 52–54. *F. R. Wüst* Philipp II. v. Mak. u. Griechenland (1938) 64f. 69–77.

5. P., Vorsteher der kgl. Bank des Gaues Arsinoites (Sitz: → Krokodeilonpolis), sicher bezeugt für 257–240/39 v. Chr.; durch die engen Geschäftsverbindungen seiner Bank mit dem Gut des Dioiketes Apollonios einer der am besten bekannten → Trapeziten. H. H. Sch.

M. Rostovtzeff Die hellenist. Welt I 317. III 1178. *W. Peremans, E. van't Dack* Prosopogr. Ptolem. I Nr. 1271, vgl. 1295f. 1299. 1309–11.

Q

Quadi, germ. Volk, das zuerst von Caesar als »Suebi« erwähnt wird. Diese bewohnten um 58 v. Chr. die Gebiete n. des unteren und mittleren Mains bis zu den Siedlungen der Cherusci, von denen sie durch einen Teil des Hercynischen Waldes, die *silva Bacenis*, getrennt waren. In Richtung auf den Rhein waren ihre Nachbarn die Ubii im unteren Lahngebiet. Diese Identifizierung wird allerdings durch archäolog. Funde nicht bestätigt. Die frühesten Funde der im Donaugebiet erscheinenden Q. stehen mit denen der germ. Völker an der Elbe, namentlich mit der der Langobarden, in naher Verwandtschaft. Im J. 58 bezeichnete Caesar die gegen den Rhein vorstoßenden Q. als *Sueborum gens longe maxima et bellicosissima omnium* (Gall. 4,1,3). In Caesars Feldzügen, in den J. 55 und 53, sowie bei den späteren Ereignissen im Rheinland hören wir wieder von ihnen. Im J. 9 errang Drusus einen großen Sieg über die Marcomannen und vermutlich auch über die Q., womit er der sueb. Herrschaft in Hessen und im Mainland ein Ende bereitete. Die zwei Völker waren gezwungen, ihre Siedlungen zu verlassen; sie zogen ostwärts, wobei die Marcomannen das böhmische Becken und die Q. Mähren besetzten. Das große Bündnis des Marobod, aus dem die Langobarden und Semnonen bereits z. Z. des Krieges gegen Arminius ausgetreten waren, ist beim Sturz des Marcomannenkönigs endgültig zerfallen. Um dieselbe Zeit – gleichzeitig mit der Gründung des Klientelstaates unter → Vannius – dürften die Q. im Karpatenbecken erschienen sein. Bis Mitte 2. Jh. erstreckten sich ihre Gebiete bis zur Eipel. Den Staat des Vannius bevölkerten die Römer mit den Anhängern des verjagten → Marobod und → Catualda – d. h. mit Marcomannen – beim Mündungsgebiet der March, eher w. als ö. vom Fluß. An die Spitze des Pufferstaates stellten sie in der Person des Vannius ein Mitglied der quad. Königsfamilie; unter seinen Nachfolgern ist sein Land wahrscheinlich im Staat der Q. aufgegangen. Das seit Vannius bestehende Klientelverhältnis wurde zum erstenmal unter Domitian von jahrelangen Feindseligkeiten unterbrochen (89–97). Der Krieg endete unter Nerva, und zwar anhand der zweiten imperator. Akklamation des Kaisers mit dem Sieg der Römer. Die früheren Klientelverhältnisse wurden wiederhergestellt. Tacitus (Germania 42) weist auf den Charakter dieser Abhängigkeit hin – *vis et potentia regibus ex auctoritate Romana* –: die gewählten Könige wurden von Rom bestätigt. Dasselbe wird auch unter Antoninus Pius von den Münzen mit *rex Quadis datus* ausgedrückt. Die Abhängigkeit kam auch durch die zahlreichen röm. Straßen zum Ausdruck, die das Land der Q. durchquerten: seit dem 2. Jh. wurden entlang der Straßen röm. Stationen errichtet. Zum zweitenmal wurden die Klientelkontakte während der Marcomannenkriege unterbrochen. Bereits am Einfall der Langobarden und Obii im J. 166/167 nahmen Q. teil. Sie spielten eine wichtigere Rolle im J. 169, als sie mit den Marcomannen ein großes röm. Heer vernichteten und bis Aquileia vordrangen. Ihr Widerstand wurde durch die röm. Offensive im J. 172 gebrochen und im J. 173 waren sie gezwungen, Frieden zu schließen. In der 2. Phase des Krieges wollte Marc Aurel aus dem Land der Marcomannen und Q. unter dem Namen *Marcomannia* eine neue Provinz organisieren, doch wurde er an der Durchführung dieses Vorhabens durch den Tod (Anf. 180) gehindert. Commodus schloß mit ihnen Frieden, wobei das Klientelverhältnis wiederhergestellt wurde. Geringe Bewegungen wurden im J. 188 und um 211 verzeichnet. Wegen der letzteren Aktion bestellte Caracalla anläßlich seines

Besuches in Pannonien den Quadenkönig Gaiobomarus zu sich und ließ ihn nach Prüfung der Angelegenheit hinrichten. Mitte 3. Jh. hörte das Klientelverhältnis praktisch auf. Im J. 260 und in den folgenden Jahrzehnten griffen die Q. wiederholt, gemeinsam mit den Sarmaten, Illyricum an. Im J. 283 führte Carinus einen Feldzug gegen sie, auf den die Umschrift *triumfu Quadoru* seiner Goldmünzen hindeuten. Trotz dieses Sieges wird ihr Name im J. 285 erneut unter den angreifenden germ. Völkern genannt. Im Laufe des 4. Jh. wurden sie in den J. 357 sowie 374/75 bekämpft. Im J. 375 ist Valentinian in → Brigetio während der Friedensverhandlungen mit den Abgesandten der Q. gestorben. Fortan spielten sie keine bedeutende Rolle mehr, weder im bezug auf das Imperium noch auf andere Völker. Im Laufe des 5. Jh., als die germ. Völker in Bewegung kamen, schloß sich ihre im Marchland lebende Mehrheit den Vandalen und Alanen an und gelangte bis Hispanien. Die zwischen der Waag und Gran zurückgebliebenen Q. kamen unter die Oberhoheit von Attila. Iordanes (Get. 16,89) erwähnt sie unter den Völkern, die sich den Ostgoten unterworfen haben. J. F.

E. Beninger – H. Freising Die germ. Bodenfunde in Mähren, 1933. *I. Bóna* Beitr. zur Arch. und Gesch. der Q., AArchHung 1963, 239–307.

Quadragesima, eine in der röm. Kaiserzeit, vor allem als Zoll (→ portorium) erhobene 2½%-Abgabe (auf die Häufigkeit verweist Quintil. decl. 359). Für die Z. des Prinzipates ist qu. auch als Benennung für ganze Zollbezirke bezeugt: die wahrsch. seit Augustus bestehende *qu. Galliarum* (CIL V 7852. XII 717.2348. AE 1945, 123. 1955, 205), die *qu. Hispaniarum* – gesichert nur für die Z. Caracallas – (CIL XIV 4708), die *qu. portuum Asiae* (CIL III 7149. 13677. AE 1920, 80. 1928, 97) und eine zeitweise mit der *qu. portuum Asiae* vereinigte *qu. Bithyniae* (DESSILS 1330, 9490). In der Spätant. wurden die großen Zollbezirke aufgelöst. Auch noch gegen E. 4. Jh. wurde in bes. Fällen ein als qu. bezeichneter Zoll erhoben (Symm. ep. 62. 65). Eine 2½% des Streitwertes betragende Abgabe (*qu. litium*) bezeugt Sueton (Cal. 40). A. L.

Quadrans, »Viertel« einer Einheit (→ As), 3 → unciae, griech. → *τετρᾶς, τριούγκιον*, → *κοδράντης*. Q. ist wohl als Übers. des griech.-sikul. *τετρᾶς* ins Latein. gelangt, → Terruncius.

Entsprechend der vielfältigen Verwendung der As-Unzen-Rechnung finden wir den Q. als Gewicht = 1/4 der → *libra* = 81,86 g, als Längenmaß = 1/4 des → *pes* = 1 → *palmus* = 7,4 cm, als Flächenmaß = 1/4 des → *iugerum* = 630,83 m², als Hohlmaß = 1/4 des → *sextarius* = 1 → *quartarius* = 0,136 l, in der Zinsrechnung als 1/4 der → *centesima* = 3% jährlich (*usurae quadrantes*), in der → Kleingeldrechnung, im Erbrecht u. s., vor allem aber im → Münzwesen. Als Viertel des → As erscheint der Q. in den mittel- und südital. → Aes-grave- und Prägeserien vollen und reduzierten Standards und ist fester Bestandteil der röm. Reihen. In der jüngsten und bis zum Ende der Republik dauernden Serie mit der Prora auf der Rs. ist er neben drei Wertpunkten (= 3 *unciae*) durch den Kopf des Hercules auf der Vs. markiert. Seit dem Semunzialstandard (90/89) bildet er mit Ausnahme der Jahre 37/36 das kleinste Nominal. Das gilt auch für die Kaiserz., in der er bis auf Antoninus Pius in Kupfer (unter Nero zeitweise auch in Messing) geprägt wurde. Die kaiserz. Emissionen waren jedoch selten und wenig umfangreich, so daß geviertelte Asse, provinziale Kleinbronzen (darunter einige ausdrücklich als Q. bezeichnete) sowie die stadtröm. → Tesserae als Ersatz dienten. H. Ch.

H. Chantraine, RE XXIV 649ff.

Quadrantal, »Kubus«, speziell Kubikfuß (= *pes quadratus*), das Hauptmaß der Römer für Flüssiges. Eine lex Silia (bei Fest. 246 M.) aus der Z. um 200 v. Chr. normierte das Q. zu 80 röm. Pfund oder 48 → *sextarii* = 26,2 l. Statt Q. wurde allerdings bald der Name → *amphora* üblich. Kleinere Einheiten bildeten die → *urna* (1/2), der → *congius* (1/8), der → *sextarius* (1/48), die → *hemina* (1/96), der → *quartarius* (1/192), das → *acetabulum* (1/384) und der → *cyathus* (1/576). Das »Urmaß« des Q. auf dem Kapitol und wohl auch versendete Eichgefäße hatten die Form des *pes quadratus*, während die übliche Eichmethode für → Hohlmaße die Wägung war. H. Ch.

H. Chantraine, RE XXIV 667ff.

Quadrantalfuß, Reduktionsstufe des → Aes grave, in der das Ganzstück, der → As, nur noch 1/4 des urspr. libralen Gewichtes, also ca. 83 g hatte. Ob es offiziell einen solchen Standard gegeben hat, ist unklar, sicher lediglich, daß das Asgewicht vom semilibralen Fuß (→ Semis) in kurzer Zeit auf sextantalen (→ Sextans) sank. H. Ch.

H. Chantraine, RE XXIV 672f.

Quadration (*Κοδρατίων*), Rhetor des 2. Jh. n. Chr., Schüler des → Favorinus, Lehrer des Sophisten → Varus aus Perge. Da er als Konsul bezeichnet wird, hat man ihn wohl mit Recht mit L. → Statius Quadratus, Konsul 142, gleichgesetzt, der Freund des P. Ailios → Aristeides (3) war und von diesem als Redner bezeichnet wird. O. Dr.

H. Gärtner, RE XXIV 674f.

Quadratum incusum s. Münzwesen

Quadratus. 1. Cognomen (vgl. I. KAJANTO Lat. Cognomina, 1965, 65. 232), sehr häufig in den Fasten der rep. Zeit bei → Ninnius, vgl. (2), Nachweise für die Kaiserzeit bei DEGRASSI FImp 264. H. G. G.

2. Q. (*Κοδρᾶτος*) verfaßte die älteste, an → Hadrian gerichtete, chr. → Apologie, von der nur ein Frg. wörtlich erhalten ist (Eus. hist. eccl. 4, 3,2). B. R. V.

*Altaner*⁷ 61f.

Quadriburgium. **1.** H. Schneppenbaum-Qualburg am l. Niederrhein. Eine Befestigung der 2. H. des 3. Jh. wird nach den Invasionen der Franken und Alamannen unter Caesar Iulianus um 355 n. Chr. wieder aufgebaut (Amm. 17,2,4) zur Sicherung der Rheinlinie und der Getreidezufuhr aus Britannien (Ziegel mit Stempel N(umerus) VRS(ariensium) CIL XIII 6 Nr. 12506). H. C.

P. Goessler, RE XXIV 678. Bonn. Jahrb. 142, 1937, 325. *H. von Petrikovits* Das Röm. Rheinland. Archäol. Forsch. seit 1945 (1960).

2. Spätantikes Kastell mit Garnison von → *equites sagittarii* (Not. dign. 34,6,17) in Pann. prima, h. Barátföldpuszta. **3.** Spätantikes Kastell als Sitz eines *tribunus cohortis* (Not. dign. 33,60), h. wohl Pilis-Marót, wo zahlreiche Ziegel gefunden wurden (CIL III 3769ff. 10691); vgl. A. GRAF Ant. Geogr. v. Pann 100,3, J. SZILÁGYI Inscr. teg. pann. 104 Taf. 29. G. Wi.

Quadriformis und **Quadrifrons,** »viergestaltig« und »viergestirnt«. Beinamen des → Ianus, dessen so gestaltetes Kultbild nach Macr. sat. 1,9,13 und Serv. Aen. 7,607 aus dem eroberten → Falerii nach Rom gebracht worden sein soll. Quadrifrons hieß auch der Doppeldurchgangsbogen vom → Velabrum zum Forum boarium. K. Z.

Gall, RE IX 698. *W. F. Otto*, RE Suppl. III 1187ff. *Latte* RRel 132ff.

Quadriga (*τετραορία, τέθριππος*), ein vierspänniger Wagen, den die homerischen Helden, neben zweispännigen, benützten; auf Vasen und Mz.n dargestellt; 2 Räder mit je 4 Speichen, eine Achse, auf der der Wagenkorb, *δίφρος*, ruhte, in dem der Wagenlenker und der Held standen (Il. 5, 160). Die Deichsel (*ῥυμός-temo*) war am Diphros oder an der Achse befestigt. Ein Geländer (*ἄντυξ*) umgab den Diphros (Il. 5,728). Die Deichsel war aufwärts gebogen; an ihrem Ende war ein Pflock, an dem das Joch für die beiden inneren Pferde befestigt war. Die beiden Außenpferde wurden nur mit den Zügeln gelenkt. In histor. Z. wurde die q. bei Kampfspielen benutzt, in Olympia im J. 680 v. Chr. eingeführt (vgl. Pind. O. 2,9; P. 1,60. 2. 4. 5). Die q. mit sechsspeichigen Rädern wurde von den Römern bei Rennen im Zirkus und bei Triumphen benutzt. O. W. R.

Quadrigatus (sc. nummus), »mit dem Bilde einer Quadriga versehene Münze«, Name der bei Liv. 22,52,3 u. s. erwähnten dem → Denar unmittelbar vorausgehenden röm. Silberdidrachmen reduzierten Standards von urspr. 6,54 g Durchschnittsgewicht, die später auf 4,89 g absinken und auch im Silbergehalt gemindert werden. Sie setzen um 235 v. Chr. ein – nach manchen Neueren parallel zur Ianus-Prora-Serie (→ As) – und zeigen auf der Vs. den Kopf des bartlosen Ianus, auf der Rs. Iuppiter mit Blitz und Zepter in von der Victoria gelenkter Quadriga. Die zugehörige Drachme, der sog. Halbq., hat gleichen Typ, dagegen tragen die Litra (?) und das der Q.-Gruppe zuzuordnende Schwurszenen-Gold (→ Aureus) ein anderes Rs.-Bild. Die im 2. Jh. v. Chr. häufig zu findenden Denare mit Darstellungen einer Gottheit in Quadriga (außer Iuppiter etwa Apollo, Mars, Saturn, Libertas) hießen bei röm. Antiquaren (Fest. 98 M. Plin. nat. 33,46) gleichfalls Q. (→ Bigati). Im Interesse begrifflicher Klarheit hat die heutige Terminologie diesen Sprachgebrauch nicht übernommen. H. Ch.

R. Thomsen, RE XXIV 686ff.

Quadrunx (oder Quatrunx) ist eine moderne Wortbildung zur Bezeichnung des Vierunzenstücks bei dezimaler (statt duodezimaler) Teilung des → Asses, wie sie etwa in Ariminum, Atella, Capua, Hatria, Luceria und Teate Apulum üblich war. H. Ch.

H. Chantraine, RE XXIV 708f.

Quadruplator. **1.** Als *q.* (Fest. 259 M. Ps.-Asc. in Cic. div. in Caec. 24) wird der Ankläger in einem öffentl. Strafverfahren bezeichnet, bes. derjenige, der aus Gewinnsucht Anklage erhebt. Der Ausdruck *q.* wird insoweit gleichbedeutend mit → *delator* und → *index* verwendet. Der Name ist wohl darauf zurückzuführen, daß die *q.* als Ankläger bei solchen Delikten auftraten, bei denen die Verurteilung auf das *quadruplum* des verletzten Interesses erfolgte. **2.** Der Zollpächter, der vom Zoll den vierten Teil erhält (Sidon. epist. 5,7,3). G. We.

G. Wesener, RE XXIV 710f. m. Lit. *J. S. A. Zijlstra* De delatores te Rome tot aan Tiberius' regering (1967) 33ff.

Quadrussis (Quatrussis), moderne Bezeichnung, antik *quattussis, quattus, quadtus, quadrassis*, »vier Asse, Vierasstück«. Ob es Geldstücke dieses Wertes gab, ist fraglich. Als Q. gedeutete leichtere Barren von → Aes signatum [I 1520f.] sind angesichts der allg. fehlenden Justierung keine Q. Allenfalls lassen sich die Sesterzen der Flottenpräfekten des Antonius so bezeichnen, da sie neben der Marke HS noch ein Δ (= 4 Asse) tragen. In der → Kleingeldrechnung dient Q. als t. t. für das Viertel des → Denars von 16 → Assen. H. Ch.

H. Chantraine, RE XXIV 711ff.

Quadruviae, Kreuzweg (ähnlich *Biviae, Triviae*), in vielen Kulturkreisen Zentralpunkte magischer Praxis. Für die Verehrung entsprechender *numina* (Weggötter) gibt ein Verzeichnis von inschriftl. Belegen HEICHELHEIM, RE XXIV 714–18, vorwiegend aus kelt.-german. Gebieten, auch Pannonien, Dacien, Moesien, Dalmatien. K. Z.

Quaesitor. **1.** Der *iudex quaestionis*, der ständige Vorsitzende eines Geschworenengerichts, einer → *quaestio*, im spätrepublikan. Kriminalverfahren, vor allem aber der speziell für den einzelnen Prozeß bestellte Vorsitzende. **2.** Beamter in Constantinopel, eingesetzt durch Iustinian mit Nov. 80 (a. 539); → *quaestor* am E. G. We.

Wesener, RE XXIV 720. *W. Kunkel*, ABAW, ph.-h. Kl. NF. 56, 1962, 11,12. 44f. 48f.

Quaestio. Bedeutet technisch in der Republik und im Prinzipat dasjenige Strafverfahren, in dem über die Schuld des Angeklagten von einer Geschworenenbank *(consilium iudicum)* unter magistrat. Leitung entschieden wird. Im engeren Sinn meint q. auch den Gerichtshof selbst. *Quaerere* mag zunächst die Frage des Vorsitzenden an die Geschworenen nach dem Spruch über die Schuld bezeichnet haben. Später wird das Wort auf die diesen Spruch vorbereitende Untersuchung bezogen (ähnlich *cognoscere*).

I. Ursprung. Er ist bisher überwiegend im Repetundenprozeß um die Mitte 2. Jh. v. Chr. gesucht worden. Davor soll die Strafverfolgung in der Hand der Magistrate mit *imperium* gelegen haben, die kraft der *coercitio* Strafen aussprechen konnten. Männlichen röm. Bürgern soll gegen eine solche Bestrafung die → *provocatio* zugestanden haben, die zu einer Überprüfung des magistrat. Spruchs durch die Volksversammlung führte (Komitialprozeß).

Dem ist vor allem W. Kunkel überzeugend entgegengetreten (Unt. zur Entw. des röm. Kriminalverfahrens in vorsull. Zeit, 1962; Art. Quaestio 1, RE XXIV 720ff.; vgl. auch ZRG 81, 1964, 360ff.). Denn die eben geschilderte Vorstellung scheitert schon an der Unmöglichkeit, einen erheblichen Teil der stadtröm. Kriminalität durch Volksversammlungen abzuurteilen. Gegenstand des Komitialprozesses sind vielmehr wohl nur polit. Delikte gewesen. Auch ist hier die Volksversammlung nicht als eine Berufungsinstanz zu denken, sondern als das einzige Entscheidungsgremium, vor dem der Magistrat nur als Ankläger auftrat. Die übrige Kriminalität dagegen unterlag der Gerichtsbarkeit von Geschworenen: Sie entschieden unter magistrat. Leitung über die Schuld; eine *provocatio* hiergegen gab es nicht.

Damit ändert sich auch die Auffassung von der Einleitung des Strafverfahrens: Nach der alten Ansicht erfolgte sie durch den Magistrat mit seinem Strafausspruch. Nach der Ansicht Kunkels dagegen übernahm der Magistrat die Initiative nur bei polit. Straftaten durch die Anklageerhebung im Komitialprozeß. Im übrigen aber war die Anklageerhebung Privatsache. Hierbei spielte der noch bis in die Kaiserzeit lebendige Gedanke mit, daß die Hinterbliebenen eines Ermordeten zur Verfolgung des Täters verpflichtet waren.

II. Weitere Entwicklung. Sie ist durch zwei Tendenzen gekennzeichnet: erstens durch den Abbau des Komitialprozesses, weil dieser als zu umständlich erscheinen mußte. Daher wurden seit dem späten 4. Jh. v. Chr. zunächst für Einzelfälle durch Senatsbeschluß oder Plebiszit Geschworenenbänke aus Senatoren eingesetzt *(quaestiones extraordinariae)*. An ihre Stelle sind dann die für bestimmte Deliktsarten zuständigen *quaestiones perpetuae* getreten (zunächst für den Repetundenprozeß). Das Monopol der Senatoren für die Besetzung dieser q. p. hat zeitweise (C. → Gracchus) nicht gegolten.

Zweitens wird die weitere Entwicklung gekennzeichnet durch den Rückgang der Privatanklage. Diese setzte ja voraus, daß der Privatmann den Täter ermitteln konnte, um ihn vor Gericht zu laden. Das wurde mit dem Aufkommen einer großstädt. Berufskriminalität weithin unmöglich. Daher bildete sich seit dem frühen 2. Jh. v. Chr. eine von Amts wegen ermittelnde Polizeigerichtsbarkeit. Sie lag zunächst bei den *tresviri capitales* und seit dem Prinzipat bei dem *praefectus urbi*. Doch gab es auch hier ein Konsilium, das in zweifelhaften Fällen über die Schuld entschied (W. Kunkel, ZRG 84, 1967, 218ff.). Diese zunächst wohl nur für Personen niederen Standes und Sklaven bestimmte Verfahrensart hat sich dann immer mehr ausgedehnt. Seit dem Prinzipat ist neben sie das Kaisergericht getreten (J. Bleicken Senatsgericht und Kaisergericht, 1962). Doch haben sich auch die Kaiser noch lange eines Konsilium bedient, in dem eine Abstimmung über die Schuldfrage stattfand (W. Kunkel, ZRG 85, 1968, 252ff.).

III. Ablauf des spätrepublik. Quaestionenverfahrens (nach W. Kunkel, RE XXIV 755ff.). Zur Anklage war regelmäßig jeder Bürger befugt. Eingeleitet wurde sie durch meist private Ladung vor den Magistrat. Dort wurde der Schuldvorwurf erhoben *(edere crimen)* und die Frage nach einem Schuldbekenntnis gestellt. Bejahte der Angeklagte, wurde ihm als *confessus* ohne weiteres die Strafe auferlegt. Verneinte er dagegen, so entschied der Magistrat durch *receptio nominis* über die Zulassung des Verfahrens vor der q. Der Ankläger erhielt dann eine Frist zum Beweis *(inquisitio)*. Danach wurde über die Zusammensetzung der q. durch *sortitio* und *reiectio iudicum* entschieden. Die Verhandlung vor der q. selbst war stark durch die Aktivität der Parteien bestimmt. Am Ende forderte der Magistrat die Geschworenen auf, ihren Spruch zu fällen *(mittere in consilium)*. Dabei entschied die einfache Mehrheit. Die Entscheidung wurde dann vom Magistrat verkündet: *(non) fecisse videri*. Über die Strafe selbst wurde nicht abgestimmt; sie ergab sich aus dem Strafgesetz. Doch wurde die Todesstrafe an angesehenen Bürgern selten vollstreckt; der Magistrat ließ sie vielmehr ins Exil entweichen. Erzwungen wurde die Exilierung durch die *aqua et igni interdictio*. Nur ausnahmsweise, nämlich im Repetunden- und Pekulatsprozeß, entschied die q. auch über die Sanktion. Denn weil für diese Delikte keine feste Strafe bestimmt war, mußte der einzuziehende Geldbetrag durch *litis aestimatio* festgelegt werden. Sprach die q. den Angeklagten frei, so konnte dieser den Ankläger anschließend wegen *calumnia* belangen. D. M.

Quaestio lance et licio bedeutet eine wohl sehr alte förmliche Haussuchung. Wer durch sie des Diebstahls überführt wird, gilt als *fur manifestus* und muß als Buße den vierfachen Sachwert zahlen (Gai. 3,192). Die Bedeutung von *lanx* und *licium* war schon Gai. 3,193 nicht mehr geläufig und ist h. streitig (vgl. M. KASER Röm. Privatrecht 1, 1955, 141). Gai. a. O. nennt die *q. l. e. l.* lächerlich; sie ist wohl im 2. Jh. n. Chr. außer Übung gekommen. D. M.

Quaestio per tormentum, die Befragung auf der Folter, war in Rom ein oft verwendetes Beweismittel. Das ergibt schon die umfangreiche Überlieferung in Dig. 48,18 und Cod. Iust. 9,41. Zulässig war sie regelmäßig nur gegen Sklaven und nur ausnahmsweise gegen Freie. Die Kaiser haben sich in vielen Reskripten um die Einschränkung der *q. p. t.* bemüht. So hat sie schon Augustus nicht als erstes Beweismittel zulassen wollen (Ulp. Dig. 48,18,1 pr.). Auch soll sie nur zur Aufklärung schwerer Verbrechen dienen (Paul. Dig. 48,18, 8 pr.). Hadrian will sie nur einsetzen, wenn der Verdacht mit anderen Mitteln so weit erhärtet ist, daß bloß noch das Geständnis des Sklaven fehlt (Ulp. a. O. 1,1). Absolute Beweiskraft hatte das Ergebnis einer *q. p. t.* nicht (Ulp. a. O. 1,23). D. M.

Quaestor leitet sich ab von *quaerere* (Fest. 258 M. s. *Quaestores.* 221 M. s. *Parricidii quaestores.* Vgl. Zon. 7,13. Varr. l. l. 5,81. Pomp. Dig. 1, 2,2,22. Ulp. Dig. 1,13,1,1). Das *quaerere* bezeichnet die älteste Tätigkeit der *q.* als *q. parricidii,* »Mordspürer« (so [9], 138. Vgl. *Karlowa* 1,57), die Untersuchung eines *parricidium* (dazu LEIFER, RE XVIII 1472ff. [12], 39f.). Umstritten ist die Frage, ob die Einrichtung der *q. parricidii* auf die Königszeit zurückgeht (Ulp. Dig. 1,31,1 pr. Tac. ann. 11,22) oder erst in der Republik geschaffen wurde (dafür MOMMSEN RStR 2,523ff.). Die *q. parricidii* besaßen Strafgerichtsbarkeit in gemeinen Kapitalsachen; sie bildeten eine Art von Geschworenenbank oder waren deren Leiter ([12], 43ff. 113. 132).

Das Verhältnis der *q. parricidii* zu den *q. aerarii* ist umstritten (für Identität MOMMSEN RStR 2, 538,2. KARLOWA 1,257. [8], 96. Gegen Zusammenhang [5], 24ff. 28. [12], 37ff. 44. Vgl. WESENER RE XXIV 811f.). Den *q. aerarii* oblag die Verwaltung der Staatskasse, des *aerarium populi Romani.* Das Dispositionsrecht stand dem Senat und den Consuln zu. Die *q. aerarii* haben die Aufgabe, die in den Listen des Aerars verzeichneten Forderungen gegen Private einzutreiben und in die *tabulae publicae* eingetragene Staatsschulden am Fälligkeitstag zu bezahlen.

Urspr. wurden die *q.* von den Consuln ernannt, waren Gehilfen der Consuln und hatten wie diese zunächst vielleicht einen generellen Wirkungsbereich (so MOMMSEN RStR 2,536f. [4], 262ff. Vgl. aber [12], 37). Als erste vom Volke im J. 447 v. Chr. gewählte *q.* erwähnt Tac. ann. 11,22 Valerius Potitus und Aemilius Mamercus (vgl. BROUGHTON 1,51). Seit der Wahl der *q.* durch das Volk ist die Quaestur ein selbständiges Amt, unabhängig vom Consulat.

Die *q.* sind ebenso wie die curul. Aedilen ordentliche Jahresmagistrate ohne *imperium.* Die Quaestur ist das unterste Amt im *cursus honorum.* Als *magistratus minores* werden die *q.* in den Tributcomitien gewählt; als *magistratus patricii* besitzen sie Auspicien. Wohl durch ein Gesetz Sullas, die *lex Cornelia de magistratibus* (82 v. Chr.), wurde als Mindestalter für die Quaestur das vollendete 30. Lebensjahr festgesetzt. Unter Augustus wurde die Altersgrenze auf das vollendete 25. Lebensjahr herabgesetzt.

Die Zahl der *q.* war urspr. der Zahl der Consuln gleich. Nach Einführung des Consulartribunats wurde im J. 421 v. Chr. die Zahl der *q.* auf 4 erhöht: 2 *q.*, die *q. urbani,* sind für die städt. Verwaltung bestimmt, 2 begleiten die Consuln ins Feld. Seit 267 v. Chr. wurden 4 weitere gewählt, die mit Verwaltungsaufgaben bei der Flotte (daher *q. classici*) und im Versorgungswesen betraut waren (ital. *q.*). Mit dem Erwerb von Provinzen wurde die Zahl der *q.* neuerlich erhöht, da jedem Statthalter ein *q.* als Gehilfe, vor allem bei der Finanzverwaltung, beigegeben wurde. Sulla hat im J. 81 v. Chr. in der *lex Cornelia de XX quaestoribus* die Zahl der *q.* auf 20 gebracht. Seit Augustus blieb diese Zahl konstant. Die Regelung der quaestor. Kompetenzen *(provinciae,* s. WESENBERG RE XXIII 998ff.) erfolgte jährlich durch Senatsbeschluß.

Die *q. urbani (aerarii)* wurden nach mehrfachen Reformen unter Nero durch 2 *praefecti aerarii Saturni* in der Kassenverwaltung abgelöst. Die sog. consular. Quaestur wird erst in der ciceron. Z. ausdrücklich erwähnt. Seit dem J. 38 v. Chr. stehen jedem Consul 2 *q.* zur Seite, welche der Consul selbst aus den gewählten *q.* aussucht. Sie sind dem Consul bes. bei der Leitung des Senats behilflich. In der Kaiserzeit finden sich 2 *q. Augusti (q. candidati principis),* welche die Anträge des Kaisers im Senat zu verlesen haben. Unter Constantin ist die Quaestur ebenso wie die Praetur endgültig zu einem *munus* geworden. Die Hauptverpflichtung der *q.* wie der *praetores* ist nun die Ausrichtung von Spielen (Cod. Theod. 6,4. Dazu WESENBERG, RE XXII 1603f.).

Das Amt des *q. sacri palatii* (Cod. Theod. 1,1,5 [a. 429]), auch *q. aulae* (DESSILS 2948), *q. intra palatium* (DESSILS 2947), ist nach Zos. 5,32 spätestens von Constantin geschaffen worden (MOMMSEN GSchr. 6,387f.). Der *q. sacri palatii,* der zunächst kaiserl. Hofbeamter war, erlangte die Funktionen eines Justizministers; er hatte auch gewisse richterliche Aufgaben (WESENER, RE XXIV 820ff.).

Iustinian schuf im J. 539 durch Nov. 80 das Amt des *quaesitor (q.)* für Constantinopel, dem er eine Reihe polizeil. und gerichtl. Funktionen in der Hauptstadt übertrug (vor allem die Fremdenpolizei). Durch die nicht erhaltene Nov. 41 *Lex ut bonus* vom J. 536 wurden 5 oström. Provinzen einem *q. exercitus* unterstellt (RE XXIV 823 ff.).

Gegen E. der Republik und in der Kaiserzeit finden sich *q.* als Kassenbeamte in den meisten Municipien und in Colonien (RE XXIV 825). G. We.

Lit.: *G. Wesener*, RE XXIV 801 ff. *Adele Nicoletti*, Noviss. Digesto Ital. 14, 1967, 615 ff. – 1. *Mommsen*, RStR 2,523 ff. 927 ff. 2. *Marqu.* RStV 1,167 f. 528 ff. 2,303 f. 3,487. 3. *Karlowa*, 1,255 ff. 4. *Fr. Leifer* Die Einheit des Gewaltgedankens im röm. Staatsrecht, 1914, 259 ff. 5. *Latte*, TAPhA 67, 1936, 24 ff. (nun in: Kl. Schr. 1968, 359 ff.). 6. *A. Heuß*, ZRG 64, 1944, 100 ff. 7. *Kaser* AJ 53 f. 8. *Siber* Röm. Verfassungsrecht in gesch. Entwicklung, 1952, 95 ff. 200. 344. 345 f. 9. *U. v. Lübtow* Das röm. Volk, 1955, 138 f. 253 ff. 304 f. 10. *Fr. De Martino* Storia della costituzione Romana 1, ^{2}1958, 231 ff. 2, ^{2}1960, 206 ff. 351 f. 4,1, 1962, 561 f. 5, 1967, 221 ff. 11. *De Francisci* Primordia civitatis, 1959, 618 f. 12. *W. Kunkel* Untersuchungen z. Entwicklung des röm. Kriminalverfahrens in vorsullan. Z. (ABAW, ph.-h. Kl. NF. 56), 1962, 37 ff. 13. *C. A. Maschi* Il diritto romano 1, ^{2}1966, 143 ff.

Qualle, gew. die Scheiben-Q. (Stamm: Hohltiere, Unterstamm: Nesseltiere, Knidarien); äußerst selten erwähnt und offenbar wenig bekannt; doch geben Aristot. hist. an. 4,6,531 a 32 ff. und Plin. nat. 9,146 f. (letzterer z. T. mehr, z. T. abweichend) nähere Angaben, die relativ sorgfältige Beobachtung durch griech. Zoologen verraten. Bezeichnungen: ἀκαλήφη »Brennessel« (z. T. mit Zusatz θαλασσία) und κνίδη (dass.); zur synon. Bedeutung s. Bekker Anecd. 370,18. Sch. Aristoph. Eq. 422. Phot. s. v. ἀκ. Suda s. v. ἀκ. Athen. 3,90 A; lat. *cnide* = *urtica marina* (Plin. nat. 32,146). Aristot. zählt die Q. zu den Weichtieren ohne Schale, die von Pflanzen schwer zu unterscheiden sind (vgl. 588 b 20), da viele von ihnen an Steinen festsitzen, während andere sich im Wasser bewegen (vgl. 548 a 23; etwas anders Plin. a. O. *noctu vagantur* [~ Aristot, a. O. 487 b 13] *locumque mutant*). Daß sie im Generationenwechsel ortsfest (»Polypen«) und beweglich (»Medusen«) sind und Polypen sich durch Knospung, Medusen durch Zeugung fortpflanzen, war den Alten unbekannt. Der fleischige Körper hat in der unteren Mitte seine Mundöffnung, in die durch Tentakeln Kleinfische und andere lebende Nahrung eingetriftet werden, u. a. Aale und Kammuscheln (über Fangmethoden der Q. ausführlich Plin. a. O. 9,147). Ausscheidung von Nahrungsrückständen wird von Aristot. an der Hauptstelle bezweifelt, p. 590 a 31 angenommen (vgl. Plin. a. O. *per summa tenui fistula*). Berührung mit den Tentakeln ist schmerzhaft. Von zwei Unterarten ist die kleinere eßbar (auch im h. Japan und China werden Scheiben-Q. eingemacht und gegessen); aber nur im Winter sind sie so fest, daß man sie fangen kann, während sie im Sommer bei Berührung zerplatzen. Die Pythagoreer verboten ihren Genuß (Plut. mor. 670 D). Verwendung zu einer Pökel erwähnt Plin. 31,96, Heilwirkung bei Steinleiden ders. 32,102. – Bei den in den Lexika aufgeführten voraristot. Belegen (Kom.) ist stets die Brennessel, nicht die Q. gemeint (für Aristoph. Lys. 549 durch Sch. bestätigt). W. R.

Quartana s. Febris

Quartarius, »Viertel«, hieß 1. ein röm. Hohlmaß für Flüssiges und Trockenes als Viertel des → *sextarius*. Gleich diesem ist der Q. von den Römern in das von den Griechen übernommene System der → Hohlmaße eingefügt worden. Griech. Autoren übersetzen Q. mit τέταρτον, lat. Quellen nennen ihn nach seinem Verhältnis zum als → As verstandenen Sextar auch → Quadrans. Der Q. maß 0,136 l und faßte 2 → *acetabula* und 3 → *cyathi*. In einer 2. Bedeutung, nämlich als Viertel des → Aureus, erwähnt den Q. eine dubiose Stelle der HA. (Alex. Sev. 39,7 f.). Danach wurden solche Stücke geprägt, aber nicht ausgegeben, und so besteht kein Grund, sie im erhaltenen Münzmaterial zu suchen. H. Ch.

H. Chantraine, RE XXIV 830 ff.

Quartuncia, moderne Wortbildung zur Bezeichnung der Viertelunze als Münzwert (antik und nicht auf das Münzwesen beschränkt → *sicilicus*). Q. begegnen im röm. → Aes grave der Semilibralstufe (Vs. Kopf der Bellona, Rs. Prora, kein Wertzeichen), in Brundisium und Graxa mit Marke C bzw. Ɔ. Fraglich sind Q. der Bruttier und Lukaner. H. Ch.

H. Chantraine, RE XXIV 836 f.

Quartunzialstandard, Reduktionsstufe der Erzmünzen röm. Norm, in der der → As, die Einheit, nur noch eine Viertelunze = 1/48 röm. Pfund = 6,8 g wiegt. Münzen dieses Fußes sind Kreditgeld und begegnen in rep. Z. in Paestum und Rhegion, viell. auch in Prägungen röm. Quästoren in Sizilien. In der Übergangszeit hatten zeitweise Q. die Münzen der Flottenpräfekten des Antonius und anderer Befehlshaber. Die bis ins 3. Jh. gültige august. Münzordnung gab den in Messing geprägten → Sesterzen und → Dupondien Q., während die kupfernen Asse und seine Teile schwerer ausgebracht wurden. Vorübergehend hat Nero auch diese in Messing auf Q. prägen lassen. H. Ch.

H. Chantraine, RE XXIV 837 f.

Quaternio, »Vierer, Vierzahl«. **1.** Speziell ist Q. neuzeitl. Terminus für den vierfachen → Aureus. Solche auch als → Medaillons bezeichnete und meist reicher ausgestattete Multipla sind infolge lückenhafter Bezeugung (Stücke verschollen oder nur in Abschlägen aus anderem Metall vorliegend) oder auf Grund des im 3. Jh. n. Chr. erheblich schwankenden Münzfußes oft nicht eindeutig auszumachen. So ist es auch nur selten möglich, den meist vorauszusetzenden besonderen Prägeanlaß zu ermitteln. Q. haben sicher oder wahrscheinlich geprägt: Augustus, Domitian (?), Commodus (?), Severus Alexander, Philippus Arabs, Valerianus, Gallienus, Postumus (?), Victorinus

(?), Tetricus I. (?), Claudius II. (?), Tacitus (?), Florianus (?), Probus (?), Carus und seine Söhne (?), die Herrscher der 1. und 2. Tetrarchie (?) und Licinius (?). Die einzige literar. Bezeugung von Q.: HA Alex. Sev. 39,9, der zufolge Elagabal Q. geprägt habe, stößt auf stärkste Bedenken. Der 307/24 eingeführte → Solidus scheint keine vierfachen Stücke zu kennen.

Eine Pseudosilbermünze des Valerianus und Gallienus mit der Rs.-Legende *QVATERNIO* (MATTINGLY RIC V 1,61 Nr. 2) legt die Möglichkeit nahe, daß die Römer den vierfachen → Denar Q. genannt haben und daß somit die moderne Terminologie in Widerspruch zur ant. steht. H.Ch.

H.Chantraine, RE XXIV 838ff.

2. Als buchtechnischer Ausdruck Bezeichnung einer »Lage« aus vier einfach gefalteten und ineinandergelegten Papyrus-, Pergament- oder Papierblättern, die so 16 Schreibseiten ergibt. Beliebig viele solche Lagen zusammengefaßt ergaben das »Buch« in der Kodexform (im heutigen Sinne). Neben Lagen aus mehr Doppelblättern (quinio, senio, septenio usw.) hat sich seit dem ausgehenden Alt. und durch das MA. der q. als die weitaus häufigste Form durchgesetzt, ohne aber – je nach Bedürfnis – die anderen Formen ganz zu verdrängen. Der Ausdruck q. begegnet zuerst im → edictum Diocletiani von 301, doch ist er sicherlich älter. Die Zeit des Aufkommens des Buches in der Kodexform ist genauer nicht bestimmbar; z. Z. Martials und des jüngeren Plinius ist es jedenfalls da. Seit Erfindung des Buchdrukkes verwendet man statt der einzeln beschriebenen und dann ineinandergelegten Blätter große Bogen, die, beidseitig bedruckt und dann dreimal gefaltet, unsere Druckbogen von je 16 Seiten ergeben.

Ehe man zur Numerierung von Blättern (1 recto und 1 verso usw.), später Seiten, überging, numerierte man, als Anhalt für den Leser und dann den Buchbinder, die einzelnen q., gewöhnlich in der rechten unteren Ecke der letzten Seite, zuweilen auch an anderer Stelle (man nannte diese Nummern »Kustoden«; jetzt setzt man die Druckbogenzahl ja unten auf die erste Seite des Bogens). K. Z.

Wattenbach Schriftwesen im MA., [3]1896. *K.Löffler* Einführung in die Handschriftenkunde, 1929. *K.Preisendanz*, RE XXIV 845–49.

Quattuorviri. I. Die stadtröm. *q.* sind ordentliche Magistrate ohne *imperium (magistratus minores)* mit verschiedenen Funktionen. Sie zählen ebenso wie die *q. praefecti Capuam Cumas* (u. II) zu den *vigintisexviri* bzw. *vigintiviri.* MOMMSEN RStR 2,592ff. SIBER Röm. Verfassungsrecht, 1952, 201ff. H. SCHAEFER, RE VIII A 2570ff. F. DE MARTINO Storia della costituzione rom. 2, [2]1960, 220ff. 4,1, 1962, 562. KÜBLER, RE XIV 401.

1. Den *q. viis in urbe purgandis (q. viarum curandarum)*, erstmals erwähnt in der Tab. Heracl. Z. 50ff., oblag die Straßenreinigung innerhalb der Stadtmauern; sie sind Unterbeamte der Aedilen. Sie blieben bis ins 3. Jh. n. Chr. im Amt. **2.** *Q. capitales.* Das Collegium der *tresviri capitales* (vgl. KUNKEL, ABAW NF. 56, 1962, 71ff.) wurde durch Caesar auf 4 Mitglieder erweitert. Augustus hat die Dreizahl wiederhergestellt. **3.** *Q. auro argento aere flando feriundo (q. monetales).* Für sie gilt dasselbe wie für die *q. capitales.* H. SCHAEFER, RE VIII A, 2576. F. DE MARTINO Storia della costituzione rom. 3, 1958, 291f.

II. Die *q. praefecti Capuam Cumas (→ praefecti. Capua)* gehörten zu den vom Stadtpraetor als seine Stellvertreter im Gerichtswesen für verschiedene Plätze Italiens bestellten *praefecti iure dicundo.* Später wurden sie vom Volke gewählt. W. ENSSLIN, RE XXII 1284f. E. SACHERS, RE XXII 2387ff.

III. *Q.* in Municipien und Colonien. Das Q.-virat ist die wichtigste Form der vorcaesar. Municipalverfassungen: sein röm. Ursprung ist unzweifelhaft. Umstritten ist das Verhältnis des Q. virats zum Duovirat (dazu BELOCH RG 488ff. 520ff. RUDOLPH Stadt u. Staat im röm. Italien 87ff. WESENER, RE XXIV 851f.). Nach dem J. 49 v. Chr. wurde das Q. virat nicht mehr verliehen; es kam zur caesar. Neuordnung der Municipalverfassung, zur Einführung des Duovirats (→ duoviri II. *Municipium* 2.). Die *q.* gliedern sich in 2 *q. iure dicundo* und 2 *q. aedilicia potestate.* Die beiden Gruppen bilden selbständige Collegien mit verschiedenem Rang. Ob sich *q.* auch in Bürgercolonien finden, ist umstritten (dazu WESENER, RE XXIV 854f.). G. We.

G. Wesener, RE XXIV 849ff. *Adele Nicoletti*, Noviss. Digesto Ital. 14, 1967, 639ff.

Zu III: *Beloch* RG 488ff. 500ff. *H. Rudolph* a.O. 87ff. *A.N. Sherwin-White* The Roman citizenship, 1939, 135ff. 142ff. *E. Manni* Per la storia dei municipii fino allo guerra sociale, 1947, 171ff. *A.Degrassi*, Atti d. accad. Lincei, Memorie, Ser. 8, Vol. 2, 1950, 281ff. = Scritti vari di antichità 1, 1962, 99ff. *F. De Martino* Storia della costituzione rom. 3, 1958, 297ff. 301ff. 4,2, 1965, 627ff.

Quecksilber (*ἄργυρος χυτός, ὑδράργυρος, ἀργύριον ὕδωρ, argentum vivum*), erste ant. Erwähnung bei Aristot. de anima I 3, 406b 19; man gewann es damals meist künstlich. Anwendung: Die Ärzte lehnten es wegen der Giftigkeit ab; statt dessen benutzte man Q. in der Chemie zur Scheidung von Gold oder Silber (bes. wichtig für die Alchemie) oder in der Schmuckindustrie (Vergoldung). F. K.

Querela (Querella). *Q.* im jur. Sinne bezeichnet eine Beschwerde bzw. Klage vor Gericht. Dem Formularverfahren ist die *q.* fremd; sie findet sich im Centumviralverfahren, im Cognitionsprozeß, im Straf- u. Verwaltungsverfahren.

Wichtige Arten: **1.** Die *q. (accusatio) inofficiosi testamenti* (Dig. 5,2. Inst. Iust. 2,18. Cod. Iust. 3, 28. Nov. 115) entstand zu E. der Republik und wurde in der Kaiserzeit voll ausgebildet. Sie wird bei Verletzung des materiellen Noterbrechts, des Pflichtteilsrechts (→ Erbrecht II.), gewährt, geht gegen den Testamentserben und ist auf Aufhebung des Testaments gerichtet. Grundlage ist die Verletzung des *officium pietatis* durch den Erblasser. Die *q.* kann vor dem Centumviralgerichtshof (→ *centumviri)* oder in der → *cognitio extra ordinem* angestellt werden. Iustinian schränkte den Anwendungsbereich der *q.* auf jene Fälle ein, wo der Pflichtteilsberechtigte überhaupt keine letztwillige Zuwendung erhalten hatte; sonst wurde ihm nur die Klage auf Ergänzung des Pflichtteils, die *actio ad supplendam legitimam* gewährt (Cod. Iust. 3,28,30 pr./1 [a. 528]). Eine umfassende Neuregelung des formellen und materiellen Noterbrechts erfolgte durch die Nov. 115 (a. 542). **2.** Die *q. inofficiosae donationis* (Cod. Iust. 3,29) dient dem Pflichtteilsberechtigten zur Anfechtung von unmäßigen Schenkungen unter Lebenden, durch die der Erblasser den Pflichtteil beeinträchtigt hat. Eine entsprechende Funktion hat die *q. inofficiosae dotis* (Cod. Iust. 3,30,1 [a. 358]). **3.** *Q. non numeratae pecuniae.* Wenn jemand ein Darlehen aufnehmen wollte und bereits vor Empfang der Darlehenssumme sich durch Stipulation zur Rückzahlung der Summe verpflichtet hatte, so wurde er urspr. gegen die *actio ex stipulatu* durch eine *exceptio doli,* seit Caracalla durch eine *exceptio non numeratae pecuniae* geschützt (→ *exceptio).* Der *promissor* konnte aber auch aus eigener Initiative mit der *q. non numeratae pecuniae* vorgehen, einer Klage auf Feststellung der Nichtzahlung der Darlehensvaluta durch den *stipulator* (so H. Krüger, ZRG 58, 1938, 1 ff. Kaser, Röm. Privatrecht 1,453). G. We.

G. Wesener, RE XXIV 857ff. *Kaser,* a.O. 1,591ff. 594. 453; 2,43f. 365ff. 370. 278. *P. Voci* Diritto ereditario rom. 2, ²1963, 670ff. 727ff. 730ff. *M. Marrone* Q. inofficiosi testamenti (Lezioni di dir. rom.) 1962. *Ders.,* Noviss. Digesto Ital. 14, 1967, 670ff. *G. Cervenca,* ebd. 668ff. *G. Ferrari,* ebd., 673.

Querflöte s. Plagiaulos

Querolus sive Aulularia. Lat. Komödie eines anon., wohl aus Gallien stammenden Vf. vom Beginn des 5. Jh. n. Chr., wenn, wie wahrscheinlich, der Adressat Rutilius mit → R. Namatianus ident. ist, wozu auch die latent antichristl. Tendenz des Stückes paßt. Nicht für eine Aufführung, sondern für Rezitation beim Gelage bestimmt, setzt der in Prosa abgefaßte Q. ein Verständnis von → Plautus und → Terenz als Prosaautoren voraus. Der verborgene Schatz, das Thema der plautin. *Aulularia,* auf die sich der Prolog beruft, steht bis zu gleichen Personen und Namen im Hintergrund, wird aber in Gesamtstruktur und Detail ganz verschieden gestaltet, wobei zumal eine stärkere Prävalenz des diatrib.-satir. Elements und eine weniger auf direkte Komik bedachte Personengestaltung auffällt. Das MA. hat das Stück unter dem Namen des Plautus rezipiert und geschätzt, wofür eine Reihe von zumeist karoling. Hss., hochmittelalterl. Florilegien und eine Bearbeitung durch Vitalis von Blois (wohl 12. Jh.) zeugen. P. L. Sch.

Ta.: *G. Ranstrand,* 1951. *F. Corsaro,* 1964. *W. Emrich,* 1965 (mit dt. Übers.).
Lit.: *G. Ranstrand* Querolusstudien, 1951. *F. Corsaro* Q., 1965.

Querquetulanae virae als Nymphen des grünenden Eichenhains *(querquetum virescens)* innerhalb der Stadt Rom, wonach auch die *Querquetularia porta* benannt sei, werden nur von Fest. 261 M. und Paul. Festi ebd. bezeugt. Da nach Tac. ann. 4,65 der *mons Caelius* ehedem *Querquetulanus* hieß, *quod talis silvae frequens fecundusque erat,* befanden sich Hain und Tor am Südhang des Caelius, ohne daß aber eine genaue Lokalisierung möglich ist. Varro l. l. 5,49 hingegen bezeugt einen *locus Facutalis et Larum Querquetulanum sacellum* in der *regio Esquilina.* Offenbar hat auch dort einst ein Eichenhain gestanden, dessen *numina* aber nicht als *virae,* sondern als *Lares* bezeichnet und verehrt wurden. Die Beziehung der 3 weibl. Gestalten der spätrepublik. Mz. Syd. 187 Nr. 1148 auf die *Q. v.* ist höchst fraglich. K. Z.

Eisenhut, RE XXIV 872–76.

Quies, Personifikation der Ruhe als Wertbegriff. Ein *fanum Quietis* – ungewiß, ob öffentlich oder privat – außerhalb Roms an der *via Labicana* bezeugt Liv. 4,41,8. Spekulationen über seine Bedeutung bei Latte RRel 234 und Eisenhut, RE XXIV 877–79. Die Kaiser → Diocletianus und → Maximianus prägten nach ihrer Abdankung Mz.n mit der Legende *Quies Augustorum* (Cohen² 6, 462f.). K. Z.

Quinarius (sc. nummus), röm. Silbermünze im Wert von 5, später (ab ca. 130 v. Chr.) 8 → Assen, die Hälfte des → Denars. Er wurde gleichzeitig mit diesem um 210 (187 ?) v. Chr. eingeführt, hatte auch dasselbe Prägebild: auf der Vs. den Romakopf, doch mit Wertmarke V, auf der Rs. die Dioskuren. Q. wurden, wie auch später stets, nur in kleiner Menge emittiert, gegen 200 (172 ?) versiegte die Prägung ganz und lebte erst gegen 100 v. Chr. wieder auf. Damals erhielt der Q. den Rs.-Typ des inzwischen abgeschafften → Victoriatus, die ein Tropaion bekränzende Victoria. Dieses Bild trug er zunächst konstant, später in Abwandlungen vorwiegend bis weit in die Kaiserz. Daher hieß er inoffiziell auch Victoriatus und griech. τροπαϊκόν. Die kaiserz. Q. sind meist datiert, von Caligula bis Decius wohl alle in Rom geprägt und weiterhin nur sporadisch ausgegeben. Vielfach scheinen sie bei Festen als Streumünzen gedient zu haben. Der Q. unterlag denselben Gewichtsreduktionen und Minderungen des Feingehalts wie der Denar, bis er gegen E. des 3. Jh. verschwand.

Neben dem silbernen Q. steht seit 45 v. Chr. ein Goldstück, die Hälfte des → Aureus, das viell. *q.*

aureus hieß und modern Goldq. oder Halbaureus genannt wird. Er galt 12½ Denare und hatte typolog. und münzgeschichtl. weithin das gleiche Schicksal. Er wog urspr. 4,09 g, unter Nero 3,63 g und ist im 3. Jh. drastisch reduziert worden, so daß man vielfach glaubte, er sei durch → Trienten und Doppeltrienten ersetzt worden. Dagegen blieb ihm gleich dem Aureus sein Feingehalt. Mit Einführung des → Solidus ist die Geschichte des Goldq. zu Ende. H. Ch.

H. Chantraine, RE XXIV 879ff.

Quinctilius (Quintilius). Name eines patriz. Geschlechts (Ableitung von dem Praenomen *Quinctius - Quintus* analog der Bildung *Sextilius* von *Sextus*. SCHULZE Eigenn. 454f.), das zu den ältesten Roms gehört, jedoch jünger ist als das der Quinctii, und unter dem König Tullus Hostilius von Alba nach Rom gekommen sein soll (Dion. Hal. ant. 3,29,7. Liv. 1,30,2 hat fälschlich *Quinctii*). Während das Geschlecht im 5. Jh. zum ersten und einzigen Mal 453 einen Consul stellte, tritt es im 4. Jh. völlig zurück, wird im 3. Jh. mit dem Praetor von 203 (Nr. 3) wieder faßbar, erlangt jedoch erst im 1. Jh. eine einigermaßen kontinuierliche polit. Bedeutung, die ihren Höhepunkt in dem berühmtesten Vertreter des Geschlechts, dem cos. ord. von 13 v. Chr., P. Q. Varus, findet, um von da an bis zum endgültigen Untergang des Geschlechts unter Commodus (H. A. Lampr. Comm. 4,9) wieder abzusinken. Bis auf wenige Ausnahmen besitzen die Q. in republ. Z. das Cognomen *Varus;* die am häufigsten vorkommenden Praenomina sind *Sex.* und *P.*

I. Republik. Zeit. **1.** Q. Varus Cremonensis (etwa 70–24/23), römischer Ritter, Altersgenosse und Freund Vergils, den er wahrscheinlich in seiner Jugend in → Cremona kennenlernte. Als Schüler des epikur. Philosophen Siron, wahrscheinlicher aber über den Philosophen → Philodemos, knüpfte Q. auch mit Horaz freundschaftliche Beziehungen an; dieser schrieb nach Q.' Tod c. 1,24 als *consolatio* für Vergil. In seiner ars poet. preist Hor. die Fähigkeit des Q. zu konstruktiver Kritik (438 bis 444) und widmete ihm wohl auch c. 1,18, denn das dort erwähnte Gut bei Tibur ist wahrscheinlich der Q. gehörende *fundus Quintiolus* bei Tivoli (M. HOFMANN, HVS 30, 1935, 193ff.). In den Werken Vergils wird Q. nicht erwähnt, denn ebenso wie ecl. 6,7, 10. 12 und 9,26–29 ist nach Serv. ecl. 6,13 und Sch. Bern. Verg. ecl. 8,6 wahrscheinlich Q. Alfenus Varus gemeint (BÜCHNER, RE VIII A 1053). **2.** M. Q. Varus, Sohn von Nr. 3, kämpfte unter seinem Vater 203 in N.-Italien gegen → Mago (Liv. 30,18,5). **3.** P. Q. Varus, der bedeutendste Vertreter seines Geschlechts an der Wende zum 2. Jh., erhielt 203 in seiner Praetur (Wahl: Liv. 29,38,4) die Provinz Gallia Cisalpina, wo er zwei Legionen kommandierte und in dem Kampf, den er gemeinsam mit dem Proconsul M. Cornelius → Cethegus gegen Mago führte, als Befehlshaber der Reiterei mit Umsicht und Tatkraft entscheidend zur Niederlage Magos im Gebiet der Insubrer beitrug (Liv. 30,18,3ff.). Auch wenn Einzelheiten des livian. Berichtes umstritten sind, ist an der Geschichtlichkeit der Schlacht nicht zu zweifeln (SANCTIS StR 3,2, 1968^2, 525f. u. A. 150). Etwa 179 bis 169 war Q. *flamen Mart.* (BROUGHTON 1,394). **4.** Sex. Q. Varus, dessen Identität mit dem Catull. carm. 10,1 erwähnten Varus (zu dem Streit um dessen Identität s. RE XXIV 905) nicht sicher ist, geriet als Quaestor des L. → Domitius (12) Ahenobarbus 49 bei der Kapitulation → Corfiniums in Caesars Hand, der ihn jedoch sofort wieder entließ (Caes. civ. 1,23,2). Noch in demselben J. kämpfte Q. in Afrika unter P. → Attius (7) Varus gegen → Curio (2), dessen Soldaten er zunächst in einer Rede auf die pompeian. Seite zu ziehen versucht hatte (Caes. civ. 2,28,1 ff.). Wahrscheinlich ist er der bei Vell. 2,71,3 erwähnte Varus Quintilius, der sich 42 nach der Schlacht bei Philippi von seinem Freigelassenen töten ließ. **5.** T. Q. Varus kämpfte als Legat 185 unter C. Calpurnius Piso in Spanien (Liv. 39,31,4) und brachte 184 die Siegesnachricht nach Rom (Liv. 39,38,4–6). M. D.-M.

II. Kaiserzeit. **1.** P. Q. Varus, Sohn des Quaestoriers Sex. Q. Varus († 42 v. Chr.). *Quaestor Augusti* um 22 in Achaia, DESSILS 8812. IG XII 5 Nr. 940. Wahrscheinlich begleitete er Augustus auf seiner Orientreise 22/19, CIA III 584a (Athen). Inschr. v. Pergamon II 424. *Cos. ord.* 13, Cass. Dio 54,25,1 ff.; mit Tiberius veranstaltete er die Spiele, die zum Dank für die Rückkehr des Augustus aus Gallien gegeben wurden, CIL VI 386. Ca. 7/6 v. Chr. *procos. prov. Africae* (THOMASSON Statth. Nordafr. 13f.; DERS., Eranos 67, 1969, 175f.), Mz.n bei M. GRANT From Imperium to Auctoritas 228. *leg. Aug. pr. pr. prov. Syriae* 6–4 v. Chr., GRANT 396ff. G. MAC DONALD, Num. Chron. 4, 1904, 185ff. Als solcher hatte er auf Bitten des Judenkönigs → Herodes in Jerusalem den Vorsitz im Prozeß gegen dessen Sohn Antipatros zu führen, der des geplanten Vatermordes beschuldigt wurde, Nik. Dam. FGrH 90 F 136,5–7. Ios. ant. 17,89–133; bell. 1,617–639, s. W. OTTO, RE Suppl. II 138ff. SCHÜRER 2^3 412ff. A. SCHALIT Herodes d. Gr., 1969, 636f. Antipatros wurde hingerichtet, 5 Tage nachher starb Herodes. Unruhen, die in Palaestina durch Thronstreitigkeiten und nicht zuletzt durch das Vorgehen des Finanzprocurators Sabinus gegen die Juden ausbrachen, mußte V. mit Waffengewalt unterdrücken, die Städte → Sepphoris und → Emmaus wurden niedergebrannt, Jerusalem besetzt, Nik. Dam. FGrH 90 F 136,8–11. Ios. ant. 17,206ff.; bell. 2,1ff. Von den Söhnen des Herodes wurde Archelaos, den V. begünstigte, als ἐϑνάρχης über die Hälfte des Reiches eingesetzt, Antipas und Philippos als τετράρχαι über je ein Viertel. Im J. 7 n. Chr. wurde V. als *leg. Aug. pr. pr.* nach Germanien geschickt. Er begann, überhastet die Zivilverwaltung, das Steuerwesen und die Rechtssprechung im rechtsrhein. Gebiet zu regeln, Tac. ann. 1,59, 4f. Cass. Dio 56,18,3. Das führte zur schlau getarnten Verschwörung der Germanen (Cherusker, Brukterer, Chatten, Marser) gegen V. unter Führung des → Arminius und des → Segimer, oft Tischgäste des V. (Tac. ann. 1,55,2), denen er trotz Warnung nicht mißtraute. Sie lockten ihn im Sommer 9 n. Chr. unter dem Vorwand, ein Aufstand müsse niedergeschlagen werden, aus dem Sommerlager an der Weser tiefer in das rechtsrhein. Gebiet, Cass. Dio 66,18–22, in den Teutoburger Wald, Tac. ann. 1,60f. Von allen Seiten angegriffen, ließ V. ein Lager schlagen, das bald verkleinert werden mußte, aus dem es aber kein Entrinnen gab. V. verübte Selbstmord (Vell. 2,119,3), die Legionen XVII, XVIII, XIX, drei Reiterschwadronen und sechs Auxiliarkohorten wurden Ende September 9 n. Chr. vernichtet, die Adler (und vielleicht auch der Hildesheimer Silberfund) erbeutet. Die Örtlichkeit der Niederlage zu fixieren, ist bis jetzt nicht gelungen, s. W. JOHN, RE XXIV 922–984 (Clades Variana). W. MÜLLER, FF 36, 1962, 375ff., wahrscheinlich zwischen den Oberläufen von Ems und Lippe. – V. war verheiratet mit Claudia Pulchra, der Enkelin der Octavia, und hatte einen Sohn Nr. 8. **2.** Sex. Q. Condianus, Sohn von Nr. 5, Vater von Nr. 3, Bruder von Nr. 7, mit dem er 151 n. Chr. *cos. ord.* war, CIL XIV 246. Um 169 dürfte er *corrector Achaiae* gewesen sein (GROAG Reichsbeamte 1, 128ff.), bei der Einmütigkeit dieses Brüderpaares (Cass. Dio 72,6,1) war der andere als sein *comes* tätig; damals kamen sie mit Herodes Atticus in Konflikt. Amm. 28,4,21. Cass. Dio 72,5,3f. Philostr. vit. soph. 2,1,10f. Sex. Q. machte den Orientfeldzug des Marcus mit und befand sich im J. 176 in Smyrna, Philostr. vit. soph. 2,9,2. Er nahm 183 an der Verschwörung des Gardepräfekten → Tarrutenus Paternus teil und wurde mit allen männlichen Mitgliedern der *gens* umgebracht, vit. Comm. 4,9. Er hat in griech. Sprache ein Werk über Ackerbau geschrieben, SCHANZ-HOS., 3,224. **3.** Sex. Q. Condianus, Sohn von Nr. 7, Enkel von Nr. 5, Vetter von Nr. 6. Im J. 177/78 nahm er als *comes* seines Vetters Sex. Q. Maximus Nr. 7, der Statthalter in Oberpannonien war, an den Kämpfen gegen die → Iazygen teil, Cass. Dio 71,33,1, s. REIDINGER Statth. Oberpann. 88. Er war *cos. ord.* 180, AE 1953, 79. Act. mart. Scillit. 1,2 (ROBINSON Texts and studies 1,2 p. 112). Ob er der Katastrophe der Familie im J. 183 entging, ist ungewiß. Sein Name ist CIL XIV 2393 = VI 1991 eradiert. **4.** Sex. Q. Valerius Maximus, Vater von Nr. 5. Aus Alexandreia Troas, wo er hohe Munizipalämter innehatte, CIL III 384. Er erhielt von → Nerva den *latus clavus*, war 98 oder 99 als Quaestor in Bithynien (SYME Tac. 1,84), um 103 Praetor, um 108 als *leg. Aug. ad corrigendum statum liberarum civitatium* in Achaia (GROAG, JOEAI 21/22 [1924] Beibl. 435ff.), Arr. diss. Epictet. 3,7 tit.; damals sandte Plinius an ihn epist. 8,24 (s. SHERWIN-WHITE Letters of Pliny 477). **5.** Sex. Q. Valerius Maximus, Sohn von Nr. 4, Vater von Nr. 2 und 7, Großvater von Nr. 3 und 6. Nach CIL XIV 2609 (Tusculum) *IIIIvir viarum curandarum, tr(ibunus) mil. leg. I Italicae* (wohl in Niedermoesien), *quaestor prov. Achaiae*, Volkstribun, Praetor; als *propraet. leg. Aug.* stand auch er als *corrector* in hadrian. Z. in Achaia, s. M. N. TOD The corrector Maximus, Anatol. Stud. presented to W. H. Buckler, 339. **6.** (Sex. ?) Q. Maximus, Sohn von Nr. 2, Enkel von Nr. 5, Vetter von Nr. 3, *cos. ord.* 172, CIL XIV 3643. AE 1958, 233. Nach Cass. Dio 71,33,1 177/78 *leg. Aug. pr. pr. Pannoniae sup.*, wo er gegen die → Iazygen zu kämpfen hatte, s. Nr. 2. Er fiel 183 dem Wüten des → Commodus zum Opfer, vit. Comm. 4,9. **7.** Sex. Q. Valerius Maximus, Sohn von Nr. 5, Bruder von Nr. 2, Vater von Nr. 3, *cos. ord.* 151 n. Chr., CIL XIV 246; um 165 *procos. Asiae*, CIG III 3831 a 8. IGR IV 580; 169 als *comes* seines Bruders in Achaia, 176 mit diesem im Gefolge des Marcus in Smyrna, Philostr. vit. soph. 2,9,2; 183 durch Commodus getötet, Cass. Dio 72,5,4. vit. Comm. 4,9. **8.** Q. Varus, Sohn von Nr. 1 und der Claudia Pulchra. Ausgebildet in der Rhetorenschule des L. → Cestius (5) Pius, Sen contr. 1,3,10. Zur Verehelichung mit → Iulia (II 105) Livilla, der jüngsten Tochter des Germanicus in Aussicht genommen; im J. 27 wurde er wie vorher seine Mutter wegen *maiestas* beklagt und anscheinend gegen den Willen des Senates verurteilt, Tac. ann. 4,66. – SYME Rom. Revolution 496. R. H.

Quinctius. Name eines patriz. Geschlechts, dessen hohes Alter durch seine Verbindung zu den → Lupercalien feststeht (MÜNZER Adelsp. 114) und das auch wohl älter und vornehmer ist als das Geschlecht der Quinctilier. Seine Herkunft ist unsicher. Die große Zahl der Quinctier – meist aus den Familien der Q. Capitolini und Cincinnati – in den Consularfasten des 5. und 4. Jh. weist auf ihren Einfluß hin, wenn auch wohl die meisten Einzelberichte nicht als hist. gelten können. In der Geschichtsschreibung wird den Quinctiern übereinstimmend *prudentia*, *moderatio*, *simplicitas*, *frugalitas* und *animi constantia* zugeschrieben (ED. LÜBBERT De gentis Quinctiae commentariis domesticis, 1876, 8ff., vgl. Plin. nat. 33,21). Eine zweite Blüte erlebte das Geschlecht im 3. und 2. Jh. in den Familien der Q. Crispini und vor allem der Q. Flaminini, dann jedoch spielte es keine Rolle mehr in der Politik. Die Existenz einer Familiengeschichte der Quinctier ist nicht sicher zu belegen (RE XXIV 994,25ff.). Bezeugt ist eine Via Quinctia, die wahrscheinlich → Reate und → Interamna verband (Dion. Hal. ant. 1,14,2).

I. Republikanische Zeit.

1. D. Q., wahrsch. röm. Ritter, kein Mitglied der

patriz. gens der Quinctier, fiel 210 in einer Seeschlacht gegen die Tarentiner und wird seiner Tapferkeit wegen gerühmt (Liv. 26,39,2–19. J. SUOLAHTI The Junior Officers of the Roman Army in the Republican Period, 1955, 231). **2.** Kaeso Q., Sohn von Nr. 10, wurde 461 in einem Prozeß, dessen Geschichtlichkeit fragwürdig ist, von dem Volkstribun A. → Verginius wegen seiner hochmütigen Haltung der Plebs gegenüber angeklagt und gezwungen, in die Verbannung zu gehen (Liv. 3,11,6–13,9. Dion. Hal. ant. 10,6,1–8,5 u. a., vgl. RE XXIV 1000f.). **3.** L. Q., aus einem pleb. Zweig der Quinctier, verteidigte 74 als Volkstribun ohne Erfolg Statius → Albius Oppianicus (4) in dem von A. → Cluentius (4) gegen diesen angestrengten Prozeß (Cic. Cluent. 74. 127). Daraufhin klagte Q. die Geschworenen und den Gerichtsvorsitzenden C. Iunius wegen Bestechung an und erreichte die Verurteilung des → Iunius (I 3; *iudicium Iunianum*). Dieses Vorgehen stand in Zusammenhang mit seiner ausgeprägt popularen Politik (Cic. Cluent. 77 u. ö. Plut. Luc. 5,5, vgl. J. MARTIN Die Popularen der späten Republik, 1965, 8f. RE Suppl. IX 573). Nach der Teilnahme am Kampf gegen → Spartacus wurde Q. 68 Praetor. Seinen Gegnern galt er als Demagoge (Cic. Cluent. 94. 103. 109 u. ö.). **4.** P. Q., kein Mitglied des Adels, wurde 81 von Cicero in einem Zivilprozeß verteidigt, den sein Verwandter P. → Naevius wegen angeblicher Schulden gegen ihn angestrengt hatte. Wahrscheinlich gewann er den Prozeß (Cic. Quinct. pass.). **5.** T. Q. (Claudus ?) soll 342 von Meuterern gezwungen worden sein, ihre Führung zu übernehmen, doch gelang es ihm, zusammen mit dem gegen sie ausgesandten Dictator M. → Valerius Corvus, sie zur Vernunft zu bringen (Liv. 7,39,1–41,3). Der Bericht ist wohl unhistorisch. **6.** Q. Capitolinus wird Liv. 4,17,10. 18,5 als Legat im J. 437 genannt und ist wahrscheinlich mit Nr. 7 ident. **7.** T. Q. Capitolinus Barbatus, sechsmaliger Consul, wirkte in seinem 1. Consulat 471, in dem die l. Publilia über den Wahlmodus und die Zahl der Volkstribunen durchkam, als Vermittler zwischen *plebs* und *patres* (Liv. 2,56,15–57,3). Er kämpfte in diesem J. gegen die → Aequer, und ebenso wie er in der Überlieferung von seinem 1. Consulat an als Politiker des Ausgleichs erscheint, wird von diesem Zeitpunkt an auch seine Beliebtheit bei den Soldaten hervorgehoben. In seinem 2. Consulat 468 triumphierte Q. über die Volsker und Antiaten (Act. Tr.) und war im folgenden J. bei der Gründung der Kolonien im antiat. Gebiet *IIIvir agr. ass.* (Liv. 3,1,6). 465 kämpfte er wiederum als Consul gegen die Aequer und hat auch im folgenden J. als Proconsul am Kampf teilgenommen (Liv. 3,4,10, vgl. BROUGHTON 1,34). Nach seiner Quaestur 458 war Q. 446 zum 4. Mal Consul und kämpfte gegen die Aequer (Liv. 3,66,1–70,15). Auch in seinem 5. Consulat 443 erscheint Q. als Mann des Ausgleichs (Liv. 4,10,8f.). Sein 6. Consulat fiel ins J. 439. **8.** T. Q. Capitolinus Barbatus, Sohn von Nr. 7, war 421 Consul und 405 Consulartribun.

Quinctii Cincinnati (9–14). **9.** C. Q. Cincinnatus war 377 Consulartribun. **10.** L. Quinctius Cincinnatus, Dictator 458, = → Cincinnatus (1). **11.** L. Quinctius Cincinnatus, Sohn von Nr. 10, Consulartribun, s. = → Cincinnatus (2). **12.** L. Q. Cincinnatus war 386, 385 und 377 Consulartribun. **13.** T. Q. Cincinnatus Capitolinus war 388,385 (?) und 384 Consulartribun, unterwarf 380 als Dictator → Praeneste und weihte auf dem Capitol nach seinem Triumph einen goldenen Kranz (Fest. 363 M. gegen Liv. 6,29,8f.: Iuppiterstatue) mit Inschr. (vgl. SANCTIS StR 2, 1960², 237,31). Die Geschichtlichkeit seiner Dictatur ist umstritten, doch gehörte Q. zweifellos zu den einflußreichsten Politikern seiner Z. **14.** T. Q. Cincinnatus Pennus (auch Poenus), Sohn von Nr. 10 und Bruder von Nr. 11, errang in seinem 1. Consulat 431 mit dem Dictator A. → Postumius (25) Tubertus den Sieg über die Aequer und Volsker am → Algidus (Liv. 4,26,1–29,4). 428 war Q. zum 2. Male Consul und 426 Consulartribun (BROUGHTON 1,65). Nachdem er unter dem Dictator Mam. → Aemilius (11) Mamercinus am Kampf gegen Veii teilgenommen hatte, wurde er 423 wegen Landesverrats angeklagt, jedoch freigesprochen (Liv. 4,40,4–41,12). 420 war Q. zum 2. Mal Consulartribun (Fast. Cap. gegen Liv. 4,44,1, der in diesem Jahr Q.' Bruder [11] als Consulartribun anführt).

15. T. Q. Poenus Capitolinus Crispinus, vielleicht Sohn von Nr. 13, wurde 361 wegen eines drohenden Galliereinfalls zum Dictator ernannt (Liv. 7,9,6–10,14). Während nach Liv. keine Schlacht stattfand, verzeichnen die Act. Tr. (CIL I² p. 44) einen Triumph des Q. In seinem 1. Consulat 354 nahm Q. zwar an den Kriegszügen seines Collegen M. → Fabius (17) Ambustus teil, feierte aber nicht wie dieser einen Triumph (BROUGHTON 1,124). Ähnlich trat er wohl auch in seinem 2. Consulat 351 hinter seinem Collegen C. → Sulpicius Peticus zurück (BROUGHTON 1,127). **16.** L. Q. Crispinus, wohl Sohn von Nr. 17, war 186 Praetor im diesseitigen Spanien und kämpfte dort bis 184 so erfolgreich gegen → Lusitaner und → Celtiberer, daß er den Triumph erhielt (Liv. 39,30,1–11. 42,2ff. CIL I² p. 175). 183 gehörte Q. der Kommission an, die die Kolonien → Parma und → Mutina einrichtete. **17.** T. Q. Crispinus kämpfte 213 als Legat unter → Claudius Marcellus (I 15) vor Syrakus. Da er sich auch 212 noch dort befand (Liv. 25, 26,4ff.), kann man ihn nur dann mit dem Liv. 25, 18,4ff. erwähnten T. Q. Crispinus, der 212 unter Ap. → Claudius (I 24) Pulcher vor → Capua stand, identifizieren, wenn man seine Versetzung während dieses J. annimmt (BROUGHTON 1,272,9. SANCTIS StR 3,2, 1968², 256,107. 293,150. 369f.). 209 erhielt Q. als Praetor das Kommando über Capua und wurde in demselben J. zum Consul gewählt. Während der Kämpfe in Italien geriet Q. 208 mit seinem Collegen M. → Claudius Marcellus (I 15) in einen Hinterhalt und folgte ihm nach einer schweren Verwundung in den Tod (Liv. 27,25,6. 25,11–29,6. 33,6f.).

Quinctii Flaminini (18–22). Das Cognomen ist wohl in dieser Form für den Sohn und die weiteren Nachkommen eines Flamen entstanden (MÜNZER Adelsp. 115ff.). Die Familie ist nur im 3. und 2. Jh. bezeugt. **18.** C. Q. Flamininus war 177 Praetor peregrinus (Liv. 41,8,2–3). Die verwandtschaftliche Beziehung zu Nr. 19 und Nr. 20 ist ungeklärt. **19.** L. Q. Flamininus (ca. 230–170), Bruder des Siegers von → Kynoskephalai (Nr. 20. MÜNZER Adelsp. 119). Seit 213 Augur, wurde Q. 201 curul. Aedil, 199 Praetor urbanus und zugleich peregrinus (BROUGHTON 1,327). 198–194 begleitete er seinen Bruder als Legat und Oberbefehlshaber der Flotte in den O. (Liv. 32,16,2). 198 belagerte er zusammen mit → Attalos I. (4) und den Rhodiern → Eretria, wobei er nach dem Fall der Stadt zahlreiche Kunstwerke erbeutete (Liv. 32,16,15ff.). Obwohl auch die Achaier für Rom gewonnen werden konnten (Liv. 32,19,6–23,3), mußten die Verbündeten auf die Belagerung Korinths verzichten (Liv. 32,23,12f.). 197 nahm Q. an den Unterredungen seines Bruders mit → Nabis (Liv. 32,39,7) und → Philokles (nicht ausdrücklich bezeugt) teil. Q.' Versuch, die → Akarnanen für Rom zu gewinnen, scheiterte, woraufhin er unter großen Verlusten → Leukas einnahm (Liv. 33,17,14f.). Im Krieg gegen Nabis griff Q. 195 zusammen mit den Rhodiern und → Eumenes II. (3) von der See her in die Kämpfe ein (Liv. 34,29, 2ff.). 194 leitete Q. den Rücktransport des Heeres seines Bruders aus Griechenland. 193 wurde er zum Consul gewählt (Liv. 35,10,10. Pol. 21,32,13), kämpfte in seiner Amtszeit in Oberitalien und leitete E. des J. die Aushebungen für den Krieg gegen → Antiochos III. (4), an dem er als Legat teilnahm (Liv. 36,1,8). 184 stieß ihn M. Porcius → Cato (4), der Censor dieses J., wegen sittenlosen Verhaltens aus dem Senat (Plut. Cat. 17. Tit. 18,5–19,4). Mit seinem Bruder Nr. 20 verband Q. ein enges Verhältnis (Liv. 40,8,15. 12,17). **20.** T. Q. Flamininus (229–174) → Flamininus (1). **21.** T. Q. Flamininus, wahrscheinlich Sohn von Nr. 19 oder Nr. 20, wurde 167 Augur und führte in demselben J. eine Gesandtschaft an den thrak. König → Kotys (Nr. 3, Liv. 45,42,11). Nach seiner Praetur 153 war er 150 Consul und starb wohl bald darauf. **22.** T. Q. Flamininus, Sohn von Nr. 21, war ca. 126 als Praetor Statthalter von Sicilien (BROUGHTON 1,508) und 123 Consul. Über seine polit. Tätigkeit ist wenig bekannt. **23.** T. Q. Scapula war 46 einer der Führer der Pompeianer in Spanien (Cass. Dio 43, 29,3). Er überlebte die Schlacht bei Munda und beging kurz darauf Selbstmord (Bell. Hisp. 33). M. D.-M.

II. Kaiserzeit: **1.** C. Q. Atticus, *cos. suff.* Nov. bis Dez. 69, Cass. Dio 64,17,1. Tac. hist. 3,37,2. Als Anhänger Vespasians von Vitellianern gefangen (Tac. hist. 3,74,2); da er aber die Schuld am Brand des Kapitols auf sich nahm, wurde er am Leben gelassen, ebd. 75,3. **2.** T. Q. Crispinus Sulpicianus, *IIIvir a.a.a.f.f.* 21/20 v. Chr., MATTINGLY, RIC I p. 68, Nr. 87–92, *cos. ord.* 9 v. Chr., CIL VI 457. 31702. Am 30. Jan. wurde die *ara Pacis* geweiht, CIL I^2 p. 232. Als Liebhaber der → Iulia (II 96) 2 v. Chr. von Augustus bestraft, Vell. 2,100,5. **3.** T. Q. Crispinus Valerianus, Praetor 2 v. Chr., Cass. Dio 55,10,11, *cos. suff.* 2 n. Chr., Inscr. It. XIII 1, p. 258. AE 1947, 52. CIL VI 1385. Seit ca. 14 *frater Arvalis*, CIL VI 2023,7, bis mindest 27 n. Chr., PASOLI Act. frat. Arv. 108 Nr. 5. Vor 24 Vorsitzender von fünf *curatores locor. publicor. iudicandor.*, CIL VI 1266. R. H.

III. Literarische Persönlichkeiten.

1. T. Q. Atta, einer der Hauptvertreter der röm. Nationalkomödie, der *togata* (vgl. etwa Hor. epist. 2,1,79ff.), † nach Hier. chron. p. 152 H. 77 v. Chr. Bei den Grammatikern sind Frg.e von etwa 10 Stücken, daneben von Epigrammen und einer *satura* überliefert; seine Charakterdarstellung wurde von Varro der des → Terenz an die Seite gestellt.

Frg.e: CRF ^{2}1873, 160ff. ^{3}1898, 188ff.

2. Q. Hirpinus. Adressat von Hor. c. 2,11, vielleicht ident. mit Quinctius, dem Adressaten von epist. 1,16, sonst nicht bekannt. P. L. Sch.

Quincunx (griech. πεντόγκιον), »fünf Unzen«, 5/12 (gelegentlich 5/10) eines größeren Ganzen (→ As), als Gewicht = 5/12 → *libra* = 136,5 g, als Längenmaß = 5/12 → *iugerum* = 1051 m^2, als Hohlmaß = 5/12 → *sextarius* = 0,23 l, in der Zinsrechnung *(usurae quincunces)* = 5% usw. Im Münzwesen finden sich Q. in Sizilien, vereinzelt als Ausgleichsmünzen in der röm. Prägung, in Italien vor allem als Halbstücke der dezimal teilenden Assysteme von Ariminum, Capua, Hatria, Luceria, Rhegion, Venusia u.a. H. Ch.

H. Chantraine, RE XXIV 1107ff.

Quincussis, moderne Bildung, ant. *quinquessis* oder *quinques*, »fünf Asse«, ist moderner t.t. für bronzene Fünfasstücke im Gegensatz zu den silbernen, den → Quinaren. Q. gibt es nur in der etr. → Aes-grave-Serie vom Typ Rad-Anker (ein Q. der röm. Ianus-Prora-Serie ist unecht). Unzulässig ist es, die schwereren Barren des → Aes signatum [I 1520f.] als Q. zu betrachten (→ Quadrussis). In der → Kleingeldrechnung diente der Q. in der Form *quinques* zur Bezeichnung von 5/16 → Denar. H. Ch.

H. Chantraine, RE XXIV 1113f.

Quindecimviri sacris faciundis waren eins der drei (Varro bei Aug. civ. 6,3. Cic. har. resp. 18; nat. 3,5; leg. 2,20) bzw. vier (Suet. Aug. 100. Cass. Dio 53,1,5) großen Priestertümer in Rom. Urspr. soll → Tarquinius zwei angesehene Männer eingesetzt und ihnen Dolmetscher beigegeben haben (Val. Max. 1,1,13. Zon. 7,11,3. Dion. Hal. ant. 4,62), um im Bedarfsfalle die *libri Sibyllini* (Cic. nat. 3,5; div. 1,4; leg. 2,20. Serv. auct. Aen. 3,332) einzusehen und deren Anweisungen auszulegen (ἐξηγεῖσθαι). Diese *libri* waren keine Orakel, sondern Ritualvorschriften griech. Herkunft, die unter dem Stichwort eines → Prodigiums (Liv. 10,47,7. 22,9,8. Varro rust. 1,1,3. Gell. 1,19,11) die möglichen Folgen und die Maßnahmen zu deren Prokuration *(fata et remedia* Plin. nat. 11,105. Serv. Aen. 6,12), Opfer nach *Graecus ritus* (Varro l. l. 7,99), angaben (RADKE G 66, 1959, 217ff.). Sie waren geheim (Cic. div. 2,112; leg. 2,30) und wurden nur auf Senatsbeschluß allein von den Q. eingesehen (Cic. div. 1,97. 2, 112. Lact. inst. 1,6,13). Sie lagen im Keller des Kapitolin. Iuppitertempels (Dion. Hal. 4,62,5f. Plut. Sull. 27) und wurden erst 12 v. Chr. von Augustus in den palatin. Apollotempel überführt (Suet. Aug. 31,1). Nach Serv. Aen. 6,73 gab es zuerst *IIviri s.f.* (Formulierung der Benennung wie bei anderen Einrichtungen des 5. Jh.), dann *Xviri s.f.* (nach Liv. 6,37,12 seit 367 fünf Patrizier, fünf Plebejer) *usque ad tempora Sullana* (letzter Beleg 98 v. Chr. Obsequ. 47), dann *XVviri s.f.* (erstes Zeugnis 51 v. Chr. Cic. fam. 8,4,1) und seit Caesar (Cass. Dio 42,51,4. 43,51,9) sechzehn ohne Veränderung des Namens (Serv. a. O.) oder auch mehr (i. J. 17 v. Chr. einundzwanzig). Geschäftsbereich beschreibt Liv. 10,8,2: Neben Abhaltung von Opfern *(sacris faciundis)* für nichtröm. Gottheiten und Auslegung der Sibyllinen *(carminum Sibyllae ... interpretes)* heißen die Q. *antistites Apollinaris sacri*, eine sicherlich junge Verbindung, die bei der ersten Erwähnung des Opfers 449 (Liv. 3,63,7) noch nicht bestand. Älteste nachweisliche Beziehung zum Apollokult 98 v. Chr. (Obsequ. 47); das *prodigium* von Cumae (Aug. civ. 3,11. Obsequ. 28) besagt nichts über Herkunft. Delphin und Dreifuß (Serv. auct. Aen. 3,332) erst später Zeichen der Q. (auf Mz. erstmalig 69 v. Chr., ohne daß Münzmeister als Q. bekannt wären). In august. Z. – Einfluß der Verlegung in den Apollotempel – heißt ein Q. *sacerdos* des Apollo (Tib. 2,5,1; vgl. Plut. Cato min. 4). Die Q. erstellen auf Senatsbeschluß ein schriftl. Gutachten (Liv. 36,37,4f. 37,3,5. 42,2,7. Obsequ. 21), einer spricht vor dem Senat *pro collegio* (Frontin. aqu. 7), ohne daß die Empfehlung befolgt werden muß (Frontin. a. O.). Eingreifen der Q. in Notlage: Liv. 27,37,11ff. Ihre Wahl erfolgt seit 103 durch 17 Tribus (Cic. leg. agr. 2,18. Suet. Nero 2. Vell. 2,12,3). Seit Augustus gibt es 5 *magistri;* Domitian fungiert 88 allein als *magister*. Bes. Interesse der Q. am Kult der Mater magna (Lucan. 1,599f. Stat. silv. 1,2,176f.), deren Priester *sacerdotes quindecimvirales* heißen (CIL IX 981 u. a.). Bezeugte Maßnahmen: 436 eine *obsecratio;* 387 *IIvir s.f.* T. Quinctius dediziert unabhängig von Eigenschaft als Q. Marstempel; 212 Hinzuziehung bei *carmina Marciana*; 143 Opfer auf gall. Boden sowie Einspruch gegen Führung der *aqua Marcia;* 140 Wiederaufnahme; 139 Vertreibung der Chaldäer; 133 Opfer in Enna; 108 Opfer auf Cimolia. Amtswechsel (Patrizier folgt Patrizier, Plebejer folgt Plebejer) bekannt aus den Jahren 213, 211, 210, 209, 204, 200, 180, 174, 173, 172. Einzelne Q.: 67 M. Porcius Cato (Plut. a. O.), 51 P. Cornelius Dolabella (Cic. fam. 8,4,1), 44 L. Aurelius Cotta, 38 M. Vipsanius Agrippa, 37 C. Iulius Divi f. Caesar (Mon. Anc. 7), 24 Valerius Messala (CIL VI 37075 = DESSILS 8964). Bei den *ludi saeculares* 17 v. Chr. (Auslegung des Sibyllinum durch Ateius Capito Zosim. 4,2) gab es 5 *magistri* (Augustus, Sentius Saturninus, Claudius Marcellus, M. Fufius, D. Laelius: CIL I² p. 29) und 16 andere Mitglieder (CIL VI 32323 = DESSILS 5050), darunter Agrippa. Von späteren Q. sind Cornelius Tacitus (Tac. ann. 11,11,1) und Vettius Agorius Praetextatus (CIL VI 1779) hervorzuheben. Das Priestertum der Q. bestand also bis ins späte Alt. G. R.

Mommsen RF 1, 1864, 84f. *Hülsen*, CIL VI p. 3244. *Bardt* Die Priester der vier großen Collegien aus röm.-republik. Zeit, 1871. *Wissowa*, Rel.² 534ff. *Diels* Sibyll. Blätter, 1890. *Howe* Fasti Sacerdotum p. R. aetatis imperatoriae, 1904. *Hoffman Lewis* The membership of the four major colleges of priests, 1951. *Ders.* The official priests of Rome under the Iulio-Claudians, 1955. *Gagé* Apollo Romain 695ff. *Radke*, G 66, 1959, 217ff. *Latte*, RRel. 397ff.

Quinquātrūs (später auch *Quinquatria*), Name zweier altröm. Feste. **1.** Q. (*maiores* nur zur Unterscheidung von 2.) nach den Steinkalendern röm. Staatsfest am 19. März, so benannt, weil am 5. Tag nach den Iden gefeiert, zuerst eintägig, später fünftägig, 19.–23. März. Erste literar. Erwähnung Plaut. Mil. glor. 692. Herkunft und Bedeutung des *-atrus* (nach dem deutlichen *quinq* = 5) ist stark umstritten und ungeklärt. Dasselbe gilt für die Frage, welcher Gottheit das Fest galt. Sicher hatte in älterer Z. → Mars an ihm Anteil, dem ja der ganze Monat geweiht war. In hist. Z. war es ein Fest der → Minerva, dessen sakralen Kern die Feier des Geburtstages der Göttin und des Stiftungstages ihres Heiligtumes auf dem Aventin (und des der *Capta Minerva* auf dem Abhang des Caelius, Ov. fast. 3,835ff.) bildete. Dieser Widerspruch ist auch ungeklärt. Der Aventintempel war das Haus und das kultische Zentrum der Handwerkerzünfte, die an den Q. ihr Hauptfest feierten, unter ihnen auch die Schullehrer *(turba fere censu fraudata, magistri,* Ov. fast. 3,829), die Künstler, Literaten u. die *histriones*. Über den Verlauf des Festes sind wir näher nicht unterrichtet. **2.** Die *quinquatrus minusculae* am 13.–15. Juni waren ein Fest der *tibicines*, die maskiert in langen Gewändern unter Flötenmusik die Stadt durchzogen und beim Tempel der Minerva zusammenkamen. Von einem Fest der Minerva in diesen Tagen wissen aber die Kalender nichts, die für sie vielmehr – wie für alle

Iden – Iuppiter notieren, zu dem die *tibicines* ja auch in näherer Beziehung standen, so daß die Übertragung des Namens *q.* von dem Minervafest im März auf diese Junitage ein Rätsel aufgibt, das viele Hypothesen hervorgerufen hat. Zur Erklärung des Mummenschanzes der *tibicines* ist im Alt. das aetiolog. Märchen erfunden worden, das bei Liv. 9,30,5ff. und Val. Max. 2,5,4 steht und von Ov. fast. 6,652ff. der Minerva selbst in den Mund gelegt wird. K. Z.

Eisenhut, RE XXIV 1149–62.

Quinquegentiani, erst im 3. Jh. bes. z.Z. Diokletians hervortretender Volksstamm bzw. Gemeinschaft mehrerer Stämme N.-Afrikas, im Atlasgebirge in der Mauretania Sitif. Ein entscheidender Erfolg gegen die mehrfach aufsässigen Q. gelang Rom im J. 305 (Aurel. Victor Caes. 39, 22. Eutr. 9, 22. Oros. 7,25,4). A. L.

Quinquevirale iudicium (iudicium qu.), ein durch Los bestimmtes Kollegium von Senatoren, das der als Vorsitzender fungierende *praefectus urbi* seit 376 bei Entscheidung von Kapitalklagen gegen Senatoren einberufen mußte (Cod. Theod. 9,1,13). Spätere Bezeugungen für das wahrsch. nur im W. existierende, dort z. B. auch von den Westgoten übernommene (brev. Alar. 34 Hänel) qu.i. sind spärlich (neben Cod. 2,1,12 von 423 vgl. Cassiod. var. 4,22,3 zu einem Prozeß 510/511). Bei Prozessen von 469 und 525/26 (dazu Sidon. ep. 1,7. Anon. Vales. 82ff. u.a.) ist nicht zu klären, ob sie vor dem qu.i. stattfanden. A. L.

Ch.H.Coster The Iudicium Quinquevirale, 1935. *A.Chastagnol* La préfecture urbaine, 1960, 123ff. *Stein* II 71f.

Quinqueviri. I. Stadtröm. *q.* **1.** *Die q. cis Tiberim (Cistiberes)* bildeten ein Collegium in Rom, dem die nächtliche Sicherheits- und Feuerpolizei oblag (Pomp. Dig. 1,2,2,31); sie fungierten *pro magistratibus*. Sie waren den *tresviri capitales* als Gehilfen beigegeben, später den Aedilen. **2.** Die *q. agris dandis assignandis (iudicandis)* (Cic. leg. agr. 2,7,17) waren eine Kommission zur Landanweisung (→ *adsignatio*). Vgl. *duoviri* I. 5. **3.** *Q. muris turribus reficiendis*, eine Kommission zur Ausbesserung der Stadtmauern und Türme (Liv. 25,7,5). **4.** *Q. mensarii.* Im J. 351 v. Chr. wurde eine außerordentl. Kommission eingesetzt (Liv. 7,21, 5), die wegen der herrschenden Geldknappheit Schuldnern, die für die Rückzahlung Sicherheit leisten konnten, das Geld aus öffentlichen Mitteln zur Befriedigung ihrer Gläubiger vorstrecken sollte. **5.** *Q. monetales.* Collegium der Münzmeister (MOMMSEN RMW 368). Vgl. *triumviri.* **6.** *Q. publicis sumptibus minuendis* (Plin. epist. 2, 1,9), Kommission zur Regelung und Beschränkung der öffentl. Ausgaben. **7.** *Q. legibus de imperio consulari scribendis.* Im J. 462 v. Chr. wollte der Volkstribun C. Terentilius Harsa einen Gesetzesantrag einbringen, *ut quinque viri creentur legibus de imperio consulari scribendis* (Liv. 3,9,5). Die consular. Gewalt sollte beschränkt werden. Die Durchführung dieses Planes scheiterte am Widerstand des Patriciats.

II. *Q. qui de finibus cognoscerent statuerentque.* Im J. 168 v. Chr. wurden sie vom Senat eingesetzt, Grenzstreitigkeiten zwischen Pisa und der Colonie Luna zu untersuchen und zu entscheiden (Liv. 45,13,10–11).

III. Fünfmännercollegium nach dem *SC. Calvisianum* vom J. 4 v. Chr. (STEINWENTER, RE Suppl. V 353. 354f.) zur Aburteilung einer von Provincialen erhobenen Repetundenklage; es handelt sich wohl um ein *iudicium recuperatorium* (zuletzt B. SCHMIDLIN Das Rekuperatorenverfahren, 1963, 23ff.).

IV. *Q.* in Municipien. In mehreren ital. Municipien gab es *q.*: städtische Unterbeamte nach dem Vorbild der *q. cis Tiberim* (o. I. 1). G. We.

Lécrivain, Dar.-Sagl. 4,807. *Samter*, ALex 15,462ff. *v. Premerstein* Stadtröm. u. municipale Q., Festschr. Hirschfeld, 1903, 234ff. *Wesener*, RE XXIV 1166ff.

Quintianus (Quinctianus). Cognomen, sehr häufig in kaiserzeitl. Fasten, vgl. die Nachweise bei DEGRASSI FImp. 265. H. G. G.

Quintilianus (Quinctilianus). Cognomen, bes. häufig in kaiserzeitl. Fasten, vgl. DEGR. FImp. 264. H. G. G.

1. M. Fabius, bedeutender römischer Lehrer der Beredsamkeit (ca. 35–100), stammte aus → Calagurris. Er wurde in Rom von → Remmius Palaemon (Sch. Iuv. 6,452) und dem Redner Cn. → Domitius (III 26) Afer (inst. 5,7,7 u. ö.) ausgebildet. Er scheint dann in seiner Heimat gewirkt zu haben; er begleitete den zum Kaiser ernannten span. Statthalter → Galba auf seinem Zuge in die Hauptstadt (Hier. chron. z. J. 68). Dort übte er den Beruf eines Anwalts und Rhetoriklehrers aus. → Vespasian richtete in Rom öffentl. Rhetorikschulen mit staatl. besoldeten Lehrstellen ein; Q. war der erste Inhaber eines der neuen Ämter (Suet. Vesp. 18. Hier. chron. z. J. 88 [die chronolog. Einordnung ist unrichtig]). Er brachte es zu großem Ansehen (vgl. Martial. 2,90); → Plinius d. J. war sein Schüler (Plin. epist. 2,14,9. 6,6,3). Q. trat nach zwanzigjähr. Lehrtätigkeit in den Ruhestand (inst. 1, pr. 1; nach 90) und verfaßte in etwa zweieinhalbjähr. Arbeit sein Hauptwerk, die *Institutio oratoria* (inst. epist. ad Tryph.). Er wurde unterdessen zum Erzieher der Großneffen und Adoptivsöhne Domitians berufen (inst. 4, pr. 2); deren Vater T. Flavius Clemens verschaffte ihm die hohe Ehre der *ornamenta consularia* (Auson. grat. act. 7).

Von Q.' Verteidigungsreden ist nichts erhalten; Q. hatte ein Plädoyer selbst publiziert (inst. 7,2, 24), während andere von Nachschreibern verbreitet wurden (ebd. 4,1,19. 9,2,73). Auch der theoret. Erstling, die Monographie *De causis corruptae eloquentiae*, ist verloren (desgl. zwei rhetor. Traktate, die Schüler nach Vorträgen Q.' herausgebracht hatten: inst. 1, pr. 7. 3,6,68); immerhin lassen der Titel (ebd. 6, pr. 3. 8,6,76) und sonst. Hinweise (ebd. 2,4,41f. 2,10,3. 5,12,17–23. 8,3, 56–58. 8,6,76. 10,1,125) den Inhalt erkennen. Q. hatte dort versucht, die Dekadenz der Beredsamkeit aus technisch-stilist. Ursachen abzuleiten; er hatte vor allem über die Scheinwelt der → *declamationes* sowie über den gesuchten und überladenen Stil des Seneca-Z.alters geklagt. Der Schluß des tacit. Dialogus (Cap. 36–41) erwies diesen Aspekt als vordergründig. Unter Q.' Namen sind zwei Slg.en von Deklamationen überliefert. Die eine besteht aus 19 vollständig ausgearbeiteten Schulreden *(declamationes maiores)*. Die andere umfaßte urspr. 388 Skizzen; hiervon sind nur die letzten 145 Stücke erhalten *(declamationes minores)*. Die beiden Corpora stammen schwerlich von Q.; die decl. min. gehen offensichtlich auf die Kladde eines Schülers (des Q. ?) zurück.

Das aus 12 B. bestehende Hauptwerk ist die ausführlichste erhaltene Darstellung der ant. Theorie der Redekunst. Q. hat es nicht als gewöhnl. Rhetorik-Handbuch, sondern als Entwurf der gesamten Redner-Ausbildung konzipiert; der Elementarunterricht wurde einbezogen; Adressat ist zuallererst der Rhetoriklehrer. B. 1: Grammatik, ferner Musik und Geometrie. B. 2: erste rhetor. Übungen; Grundlagen und Grenzen der rhetor. Theorie. B. 3: Einführung in das rhetor. System. B. 4–6: die *partes orationis (prooemium* usw.*)*, in B. 6 Anhänge über das Pathos, das Ethos und den Witz. B. 7: die Statuslehre. B. 8–11: der Stil, in B. 11 außerdem Gedächtnisschulung und Vortrag. B. 12: der Redner, sein Charakter und sein Allgemeinwissen, ferner die Stilarten. Q. gibt hiermit die Summe seiner Kenntnisse und Erfahrungen. Originalität ist nicht angestrebt; das Werk sollte hauptsächlich eine krit. Darstellung des Vorhandenen bringen (inst. 1, pr. 1–2. 2,3,17. 3,1, 22). Q. beherrschte die umfängliche theoret. Lit. beider Sprachen; er ließ die vielfältigen Lehrmeinungen, die dort propagiert wurden, ausgiebig zu Wort kommen.

Q. ist ein wichtiger Repräsentant des ant. Klassizismus. Er übt intensiv Stilkritik (bes. in dem berühmten Lit.kapitel 10,1); er etabliert Stilmuster und wirbt für deren Nachahmung. Er hat sich zwar auf dem Wege zum Theoretiker der Kunstprosa nicht so weit vorgewagt wie etwa → Dionysios (II 20) von Halikarnaß; er hielt am Grundriß der rhetor. Techne fest. Sein Werk unterscheidet sich jedoch erheblich von den älteren rhetor. Schriften der Römer: Es verwendet allenthalben konkrete, der literar. Tradition entstammende Maßstäbe. Kronzeuge ist Cicero; seine Werke werden am häufigsten zitiert; er genießt als Praktiker wie als Theoretiker der Rede eine schier unumschränkte Autorität (Hauptstellen: inst. 3,1, 20. 10,1,105–112. 12,1,14–22).

Der Ciceronianismus hat vor allem das Stilurteil und die Kritik am rhetor. Schulbetriebe geprägt. Wie andere Autoren des 1. Jh. n. Chr. (Petron, Tacitus, Auctor de sublim.), so bewertete auch Q. die Entwicklung der nachaugust. Z. als Dekadenz. Sein Hauptgegner, der Inbegriff modernen Unmaßes, war Seneca; Q. verwarf die Manier, den Schwulst und den zerhackten Satzbau; er empfahl eine schlichte und kraftvolle Natürlichkeit (inst. 10,1,125–131; hierzu bes. 8,3, 56f. und 12,10,73). Bei alledem war er jedoch bereit, dem gewandelten Geschmack Zugeständnisse zu machen (inst. 12,10,45–48). Den Schulbetrieb suchte er maßvoll zu reformieren; hier setzten indes die Tendenzen der Epoche seinen Bemühungen ziemlich enge Grenzen (inst. 2,5,2. 7,1. Vgl. 2,10,5f.). Er rügte die Wirklichkeitsferne der übl. Deklamationsthemen; er suchte auch auf diesem Felde ein Kompromiß mit der Z.mode zu schließen (inst. 2,10).

Q. war stärker als Cicero bestrebt, der Beredsamkeit ein sittl. Fundament zu geben. Er berief sich gern auf das Cato-Wort vom *vir bonus dicendi peritus* (inst. 1, pr. 9. 2,15,1 u.ö. 12,1,1) und verwahrte sich gegen die Auffassung, daß die Rhetorik ein bloßes Mittel der Überredung sei (ebd. 2, 15). Andererseits war er klug genug, sich der gängigen Praxis anzubequemen; die Schwierigkeiten freilich, die seinem Moralismus hieraus erwuchsen, vermochte er nicht befriedigend zu lösen (inst. 12,1,36ff.). Er übernahm von Cicero das mit platon. Emphase verkündete Ideal des vollkommenen Redners (z.B. inst. 1,10,4f.). Doch der Kanon der Bildungsstoffe, den sein Vorgänger hierfür aufgestellt hatte, kehrt nur verkürzt bei ihm wieder: Die Geschichtsschreibung muß sich im wesentl. – wie alle andere Lit. – mit der Rolle des Stilmusters begnügen (inst. 2,5,1 u.ö. Anders 10,1,34 und 12,4); das Recht erscheint als notwendiges, aber leicht erlernbares Beiwerk (ebd. 12,3). Vor allem das Urteil über die Philosophie bekundet eine sophistisch-isokrat. Haltung: Q. fordert zwar philosoph. Wissen (inst. 12,2), spricht jedoch der Philosophie jedes Eigenrecht ab, da ihre Gegenstände von Hause aus Sache der Rhetorik seien (ebd. 1, pr. 11–17 u.ö.), und bedenkt die Philosophen mit scharfer Kritik (ebd. 11,1, 35. 12,2,7 u.ö.).

Q. stand wie → Plinius d. Ä. und → Frontinus loyal zur flav. Dynastie. Sein gemäßigter, auch am Stil seines Werkes ablesbarer Klassizismus fügte sich gut in eine Z., die allenthalben die neron. Exzesse zu beseitigen suchte. Verehrung für Cicero war damals en vogue; sie setzte sich vor allem beim Schüler Plinius d.J. fort. Von der Politik hielt Q.' Theorie sich fern; sie ignorierte geradezu die durch die Monarchie bedingten Veränderungen (inst. 11,1,45. 12,1,26 u.ö. Anders 3,8,70).

Q.' Rückwendung zu Cicero wurde alsbald durch den Archaismus der Adoptivkaiserz. überboten, und sein Werk fiel der Vergessenheit anheim. In der Spätantike benutzten ihn Verfasser von Rhetorik-Kompendien (→ Chirius Fortunatianus, → Iulius [B 20] Victor); außerdem machten sich einige der bedeutendsten Gelehrten (→ Hieronymus, → Cassiodorus) mit ihm bekannt. Auch das MA., zumal das frühe, verwendete ihn nur sporadisch. In Frankreich mußte man sich damals mit Vertretern einer stark verstümmelten Hss.-Klasse begnügen (z.B. Bernensis 351, s. IX); der vollständige Text blieb nur in wenigen Exemplaren einer zweiten, vornehmlich auf deutsches Gebiet beschränkten Familie bewahrt (z.B. Ambrosianus E 153 sup., s. IX). Q.' große Z. begann mit Poggios Fund einer vollständigen Hs. in St. Gallen (1415/16); die *Institutio* war – im Original oder in Auszügen – vom 16.–18. Jh. Grundlage des durch die Schulen vermittelten Rhetorikunterrichts. M. F.

Erstausg. der Inst.: Rom 1470 *(Campano)*. Ta.: Inst.: *Spalding-Zumpt*, 5 Bde. (m. Komm.), 1798–1829. *Radermacher-Buchheit*, 2 Bde., 1959. *Winterbottom*, 2 Bde., 1970. *Colson* (B. 1 m. Komm.), 1924. *Adamietz* (B. 3 m. Komm.), 1966. *Peterson* (B. 10 m. Komm.), 1903[2]. *Austin* (B. 12 m. Komm.), 1953[2]. Decl. mai.: *Lehnert*, 1905. Decl. min.: *Ritter*, 1884. Ind.: *Bonnell*, 1834. Lit.-Bericht: *J.Cousin*, Lustrum 7, 1962, 289–331 (1935–1959).

1. *C. Ritter* D. quintilian. Declamationen, 1881 2. *R. Reitzenstein* Stud. zu Q.' größeren Deklamationen, 1909. 3. *W.Kroll*, RhM 73, 1920, 243–273. 4. *P.Lehmann*, Philol. 89, 1934, 349–383 = Erforschung des MA., 2, 1959, 1–28 (Wirkung im MA.). 5. *J.Cousin* Études sur Q., 2 Bde., 1935/36. 6. *K. von Fritz*, AJPh 70, 1949, 337 bis 366 (Grammatik-Kapitel des Q.). 7. *R.Güngerich*, CPh 46, 1951, 159–164 (Q. – Tac. dial.). 8. *M.L.Clarke* Rhetoric at Rome, 1953, 109ff. 9. *U.E.Paoli*, Rev. hist. du droit franç. et étr., Ser. 4,31, 1953, 175–199 (Recht). 10. *E.Bolaffi* La critica filosofica e letteraria in Q., 1958 (Coll. Latomus 30). 11. *G.Kennedy*, AJPh 83, 1962, 130 bis 146. 12. *G.G.Bianca* La pedagogia di Q., 1963. 13. *A.D.Leeman* Orationis ratio, 1, 1963, 287ff. 14. *C.J. Classen*, MH 22, 1965, 181–190 (B.12).

2. Q. Empfänger von Plin. epist. 6,32, sonst unbekannt, wenn nicht ident. mit dem berühmten Rhetor. A.N. SHERWIN-WHITE The Letters of Pliny, 1966, 398. P. L. Sch.

Quintinus, wahrsch. *mag. equ. per Gallias* unter → Maximus (8), fiel 388 bei einem gegen den Rat des → Nannienus unternommenen Vorstoß auf rechtsrheinisches Gebiet (gegen Greg. Tur. 2,9 verfügte Q. kaum über mehrere Legionen). A. L.

Quintipor Clodius. Vf. von Palliaten aus spätrepubl. Z., von denen wir nur aus der Polemik Varros wissen. P. L. Sch.

M.Brożek De Q. C. meliori famae restituendo, Eos 1966, 115ff.

Quintus. 1. (*Κόιντος*) von Smyrna, Vf. des Epos *Τὰ μεθ' Ὅμηρον* (Posthomerica) in 14 B. Smyrna als Heimat bezeugt er selbst 12,310. Er lebte später als → Oppianos, dessen Halieutica er kennt (VIAN, RPh Sér. 3,28 [1954], 41. 50f.). VIANS Ansatz in das 3. Jh. (Ausg. Bd. 1, XIXff.) wird durch einen unpublizierten Triphiodor-Pap. aus dem 3. oder 4. Jh. bestätigt; denn → Triphiodoros hat die Posthom. benutzt. Diese füllen die Lücke zwischen Ilias und Odyssee aus. In aneinandergereihten Episoden werden erzählt: → Penthesileias Ankunft in Troia und ihr Tod von → Achilleus' Hand (B. 1), → Memnons Ankunft und Tod und Entführung seines Leichnams an den → Aisepos (B. 2), Achilleus' Tod durch Pfeilschuß Apollons (B. 3), Leichenspiele für Achilleus, bei deren Schilderung auch die agonistische Praxis der Zeit des Q. einwirkt (B. 4), Streit um die Waffen des Achilleus, → Aias' Wahnsinn und Tod (B. 5), Beschluß, → Neoptolemos aus → Skyros zu holen, und → Eurypylos' (2) Ankunft in Troia (B. 6), Neoptolemos' Ankunft und Eingreifen in den Kampf um die von Eurypylos bestürmte Lagermauer (B. 7), Eurypylos' Tod von Neoptolemos' Hand (B. 8), Einholung des → Philoktetes aus → Lemnos (B. 9), → Paris' Verwundung durch Pfeile Philoktets, Paris und → Oinone, Paris' Tod (B. 10), Belagerung Troias, bei der eine *testudo* verwendet wird (B. 11), Bau des hölzernen Pferdes, → Sinon und → Laokoon (B. 12), Zerstörung Troias (B. 13), Rückfahrt der Griechen, Seesturm und Untergang des Lokrers → Aias am → Kaphereus (B. 14). → Deiphobos' Vermählung mit → Helena, Helenos' Groll und Gefangennahme, Raub des → Palladions durch → Diomedes und → Odysseus werden nicht erzählt, sondern nur in einer Unterhaltung → Heras und der → Horen 10,343–362 vorausgesagt.

Als Quellen benutzte Q. nicht die kykl. Epen, sondern wahrscheinlich ein mythograph. Handbuch nach Art des → Apollodoros (5; anders VIAN, der verlorene hellenist. Gedichte, vor allem eine epische Iliupersis, als Quellen annimmt). In Einzelheiten berührt sich Q. mit → Diktys. Zur Auffüllung hat er Dichter herangezogen: Homer mit Scholien (ständig), Sophokles (Ai., Phil.), Euripides (Tro., Suppl., Phoen., Andr., Hec.), → Apoll. (1) Rhod. Die Oinone-Episode beruht nach ROHDE Griech. Roman[3] 118 auf einem hellenist. Gedicht; sie weicht von → Parthenios' (1) Narrat. amat. 4 in wesentlichen Punkten ab. Auch lat. Quellen sind benutzt (bestritten von VIAN): Vergil (*testudo* 11,358–408 nach Aen. 9,503–520, Sinon- und Laokoonszene und Einzelheiten der Iliupersis in B. 12 und 13 nach Aen. B. 2, solche der Sturmschilderung 14,466–529 nach Aen. 1, 34–123), Ovid (Rede des Aias 5,180–236 nach met. 13,1–122), Seneca (Seesturm 14,370–628 nach Ag. 421–578). In Nebendingen eigene Erfindungen. Die sehr an den Quellen hängende, wenig Phantasie verratende Darstellung erstrebt nur in B. 6–8 dramatische Wirkung durch Teilung der Neoptolemos-Episode; hier wird die Ankunft des Neoptolemos in den Augenblick verlegt, in dem Eurypylos die Lagermauer zu erstürmen droht. Aber auch hier liegt Anregung durch Aen. B. 10 vor. Die Charaktere der Helden werden auch gegen die Überlieferung idealisiert, Verstöße gegen Moral und Ordnung beseitigt oder implicite getadelt. Dem offensichtlich recht nüchternen Naturell des Q. entspricht die Dürre des Stils, der nur durch zahlreiche Gleichnisse belebt wird, die z.T. auf eigener Beobachtung beruhen. Die Sprache will homerisch sein, doch sind auch spätere Dichter gelegentlich für den Ausdruck benutzt (bes. Apoll. Rhod., auch Arat., Kall., Dion. Per.). Die Syntax weist einige Merkmale des Spätgriechischen auf. Spuren der Lektüre des Q. finden sich bei späteren Dichtern mehrfach. → Tzetzes hat ihn in den Posthomerica ausgebeutet. Die Verse auf die Arbeiten des Herakles (App. Plan. 92; VIAN Ausg. des Q. 2,61) werden von Tzetz. chil. 2,491 fälschlich Q. zugeschrieben. R. K.

Ta.: *Fr. Vian* T. 1–3, Paris 1963–69. – *Fr. Vian* Recherches sur les Posthom. de Q. de Sm., 1959. *Erbse*, ByzZ 54, 1961, 368ff. *Keydell*, Gn 33, 1961, 278ff. *Phanis Kakridis* *Κόϊντος Σμυρναιος*, Athen 1962. *L. Ferrari* Osservazioni su Q. Sm., Palermo 1963.

2. Q, ein griechisch schreibender Arzt im 1. Jh. n. Chr., Lehrer des → Marinos und → Satyros, des Lehrers des → Galenos. Q. soll nichts veröffentlicht haben (s. Galen. 15,68 K.); nach Galen. (19,22. 12,15. 14,71 K.) war er bes. als Anatom und Pharmakologe tätig. Er soll unter der Beschuldigung, Kranke getötet zu haben, verbannt worden sein (Gal. 14,602 K.). F. K.

Quirinalis. Cognomen (nach dem Herkunfts- bzw. Wohnort in Rom), vgl. I. KAJANTO Lat. Cognomina, 1965, 184, in den Fasten der republ. Zeit bei den → Sestii, in denen der Kaiserzeit bei weiteren Familien, DEGRASSI FImp. 265. H. G. G.

Quirinalis collis (*Agonus* Fest. 304,11. Paul. Fest. 9,20 L.) erstreckt sich von der *porta Collina*, wo er zusammen mit *Viminalis* eine Hochfläche (dort der *campus sceleratus* Fest. 448,31. Paul. Fest. 449,11 L. Liv. 8,15,8) bildet, in s.w. Richtung (Straße *Alta semita*) bis zum Kapitol ca. 2 km. Nur der n. Teil heißt Q.; daran schließen sich die *colles* (Varro l. l. 5,52) *Salutaris* mit der am 5. Sextilis (CIL I^2 p. 324. Cic. Att. 4,1,4) 302 geweihten (Liv. 9,43,25. 10,1,9) *aedes Salutis* und der *porta Salutaris* (Paul. Fest. 437,10 L.), *Mucialis* mit dem uralten (Reliquien aus der Königszeit Fest. 276, 7ff. L. Dion. Hal. ant. 4,68. Plin. nat. 8,194. Plut. qu. Rom. 30) Tempel des *Dius Fidius* (Varro a. O. Fest. 276,1 L. Dion. Hal. 9,60) und der *porta Sanqualis* (Paul. Fest. 465,6 L.) und *Latiaris* (dort *auraculum* Varro l. l. 5,52), von dem ein Sattel (Lagerplatz des T. Tatius: Varro l. l. 5,51. Dion. Hal. 2,39,1) zum Kapitol hinüberführt; Traian trug ihn ab, um dort sein Forum zu bauen (Cass. Dio 68,16. CIL VI 960). Auf dem Q. selbst liegen nahe der *porta Quirinalis* (Paul. Fest. 303,5f. L.) ein *fanum Quirini* (Varro l. l. 5,51) und die *aedes Quirini* (ebd. 52), am 17. Febr. (CIL I^2 p. 310) 293 (Liv. 10,46,7) geweiht (Sonnenuhr Plin. nat. 7, 213. Neubau des Augustus 29. Juni 16 v. Chr. Cass. Dio 54,19), ein *pulvinar Solis* (Varro a. O. Quint. inst. 1,7,12), ein Floraheiligtum (Varro l. l. 5,158. Vitr. 7,9,5. Martial. 5,22,3f.) und das *Capitolium vetus* (Varro a. O.) sowie Häuser des Numa (Plut. Numa 14,1), Atticus (Cic. Att. 4,1,4 u. a.), Martial (Martial. 1,107. 117 u. a.), Vespasian (Suet. Dom. 1). Q. wurde früh besiedelt (PITTIONI, RE Suppl. IX 288), Nekropole am Südhang. Dort noch später Gräber des Romulus, Faustulus Hostus Hostilius (Fest. 184,19ff. L. Dion. Hal. 1,87. Porph. Horat. ep. 16,13), Orestes (Serv. Aen. 2, 116. Hyg. 261), Hermodorus (Plin. nat. 34, 21). Name wird von *Cures* oder *Quirinus* hergeleitet (Varro l. l. 5,51. Fest. 304,13 L.); wegen des Suffixes ist die letztgenannte Ableitung wahrscheinlicher. G. R.

Richter Topogr.^{2}, 1901, 283ff. *Nissen* It. Ldk.^{2}, 492. *Jordan-Huelsen* Topogr. 1,3,394ff. *Platner-Ashby* Topograph. Dict. 436f. *Lugli* Roma Antica 5. Frutes ad topogr. vet. urb. Romae pertin. 4,179ff. *Paoli* Das Leben im alten Rom^2 175f.

Quirinius. Cognomen, bes. bei P. → Sulpicius Q., cos. 12 v. Chr. Häufiger die Form *Quirinus*, vgl. I. KAJANTO Lat. Cognomina, 1965, 53. 216. H. G. G.

Quirinus. 1. Altital. Gott der ältesten Besiedler des Hügels Roms, der nach ihm *collis Quirinalis* benannt ist und auf dem der Konsul L. → Papirius (27) Cursor im J. 293 den von seinem Vater gelobten Tempel des Q. weihte und mit der den Samniten abgenommenen Kriegsbeute ausstattete (Liv. 30,46,7f. Plin. nat. 7,213). Er wurde 206 vom Blitz getroffen (Liv. 28,11,4) und brannte 49 ab (Cass. Dio 41,14,3), doch nicht so vollständig, daß nicht 46 der Senat in ihm eine Statue Caesars mit der Inschrift ϑεῷ ἀνικήτῳ aufstellen lassen konnte (Cass. Dio 43,45,2. Cic. Att. 12,45,3. 13,28, 3). Dann errichtete Augustus 16 v. Chr. den prachtvollen Neubau, der bis zum Ausgang des Alt. bestanden hat (Mon. Anc. 4,5.6,32. Cass. Dio 44,19, 4. Vitr. 3,17). Vor dem Tempelbau des Papirius bestand seit ältester Z. das von Fest. p. 302 und Paul. Fest. 303 L. erwähnte *sacellum Q.i* zunächst der *Quirinalis porta* (= *porta Collina*?), vielleicht ident. mit der von Titus → Tatius dem Q. gestifteten *ara* (Varro l. l. 5,74); *in aede Q.i* soll nach Liv. 4,21,9 im J. 435 eine Senatssitzung stattgefunden haben. Welches Heiligtum Varro l. l. 5,51 *(fanum)*, 52 *(aedes)* und Plin. nat. 15,120 *(vetustissima delubra)* meinen, ist nicht ganz deutlich. Das hohe Alter des Kultes bezeugt der Umstand, daß er einen öffentlichen Sonderpriester hatte, den *flamen Quirinalis*, wie sonst nur Iuppiter *(fl. Dialis)* und Mars *(fl. Martialis)*. Offenbar war dies die höchste Götterdreiheit Roms, deren → *flamines* (*maiores*) in der Priester-Rangordnung als erste hinter dem *rex sacrorum* erscheinen (→ Pontifex) und die dann von der kapitolinischen Dreiheit Iuppiter-Iuno-Minerva abgelöst wurde. Das Fest des Q., die *Quirinalia*, fielen nach den Steinkalendern und Ov. fast. 2,475 ff. auf den 17. Febr. Eine bes. Rolle spielte außerdem der Flamen des Q. bei der Prozession am 25. April zum Hain des *Robigus* (→ Robigalia) und bei den → *Consualia* am 21. Aug.; gewisse Beziehungen bestanden auch zu → Acca Larentia, → Vesta, → Ianus und → Portunus.

Q. war der kriegerische Stammesgott der Besiedler des Quirinals, die nach alter – doch von manchen Modernen angefochtener – Überlieferung die sabinischen → Quirites waren. Nach dem Zusammenschluß von → Palatium und Quirinal (→ Romulus und Titus → Tatius) trat Q. allmählich hinter dem ihm wesensverwandten → Mars zurück, so daß er schließlich nur als andere Erscheinungsform desselben gelten mochte, obschon er auch noch in hist. Z. neben ihm an den Feiern der → Salier und an den → ancilia Anteil hatte. Gleichsam folgerichtig entwickelte sich so die Legende, die Q. mit Romulus (dem Sohne des Mars!) identifizierte. Romulus sei bei einem Unwetter plötzlich verschwunden, und die hiernach entstandene Unruhe sei durch die eidliche Erklärung des Iulius → Proculus beigelegt worden, ihm sei Romulus erschienen, habe sich als Gott Q. zu erkennen gegeben und die Errichtung eines Heiligtums auf dem Quirinal gefordert (Cic. rep. 2, 20; leg. 1,3; off. 3,41; nat. 2. 62. Plut. Rom. 28 f.) Die Z. der Entstehung der Legende (Enn.?) ist umstritten; seit august. Z. ist die Identität Q. = Romulus Allgemeingut in Dichtung (s. bes. Verg. Aen. 1,292. Ov. met. 14,805 ff.; fast. 2,475 ff.) und Geschichtsschreibung. K. Z.

Wissowa, Myth. Lex. IV 10–17. *C. Koch*, RE XXIV 1306–21. *Latte*, RRel 114. *G. Radke* Die Götter Altitaliens. *G. Dumézil* Jupiter, Mars, Q., 1941.

2. Q. (*Κυρῖνος*), Rhetor des 2./3. Jh. n. Chr. aus Nikomedeia, Schüler des → Hadrianos (2), unter den Severern *advocatus fisci Asiae*. Gerühmt werden von Philostratos (v. soph. 2,29) seine glänzende Bildung und sein Lehrtalent, seine Fähigkeit zu improvisieren und sein temperamentvoller Vortrag (einige Apophthegmen bei Philostr. a. O.). Q. starb 70jährig und wurde in Nikomedeia bestattet. **3.** Q., Rhetor des 4. Jh. n. Chr. aus Antiocheia, Freund des → Libanios, der auch seinen Sohn Honoratus ausbildete, und zeitweise Statthalter asiat. Provinzen (Liban. ep. 366). Ein Amt in Gallien lehnte er 355 ab. Seit 363 lebte er in Kilikien und starb wohl dort im J. 364 (Liban. ep. 1243 u. ö.) Seeck Briefe d. Liban. 250 f. H. Gä.

Quirites sind in hist. Z. identisch mit *(cives) Romani*. Der offizielle Ausdruck *populus Romanus Quiritium* faßt beide zusammen, *ius Quiritium* ist altertümlich-feierliches Synonymum von *ius Romanum*. Urspr. aber waren die Q. – sprachlich von ihrem Gott *Quirinus* nicht zu trennen – offenbar

die Bewohner des *collis Quirinalis*, die Sabiner, die sich nach dem vielbehandelten Konflikt mit den Bewohnern des → Palatium, den Römern (→ Romulus, T. → Tatius) zu einer Gemeinde, der Stadt Rom, zusammenschlossen. Den Namen Q. brachte man mit der sabin. Stadt → *Cūres* und mit *cūris* zusammen, dem sabin. Wort für Lanze (Varro l.l. 5,51. 6,68. Ov. fast. 2,477. Macr. sat. 1,9, 16. Serv. Aen. 1,292. Fest. und Paul. p. 43 L.). Neuere ziehen die Ableitung aus *covirites* = Gesamtmännerschaft, Bürgerschaft vor (Kretschmer, Glotta 10,147 ff. 13,136,1). – Eine lanzenbewehrte *Iuno Quiris (Quiritis, Curis, Curitis)* gab es in → Falerii, → Tibur und Rom, s. o. Bd. II 1565, 52 ff. K. Z.

Eisenhut, RE XXIV 1324–33.

Quitte. Die von Alkman und Stesichoros ab oft bezeugten »kydonischen Äpfel« (→ Kydonia) werden wegen des italien. Namens cotognata (franz. cotignac) aus *mala cotonea* seit alters als Quitten erklärt. Aber die angeführten Merkmale, der Wohlgeruch, die Verwendung zur Bereitung von Marmeladen und der Vergleich der prallen Rundung mit schwellenden Brüsten, treffen auch auf andere Apfel- und Birnenarten zu, und das *μῆλον κυδώνιον*, das nach einer Verordnung Solons die Braut verzehren soll, ehe sie das Brautgemach betritt, damit gleich die erste Begrüßung anziehend sei (Plut. coniug. praec. 1; quaest. Rom. 65), dürfte keine harte Q. gewesen sein. Daher ist die Frage, was die kydonischen für Äpfel waren, besser offenzulassen. K. Z.

Hehn-Schrader Kulturpflanzen[8] 248 ff.

Quiza, Stadt der Mauretania Caesar. am r. Ufer des oued Chelif, h. El-Benian. Plin. nat. 5,19 *Q. Cenitana, peregrinorum oppidum* (nach J. Desanges Cah. de Tunisie 1967, 103 *Cen* oder *Cena* = ein Gebiet der Maur. Caes.). Ptol. 4,2,2 *Κούιζα κολ.* Itin. Ant. *Q. municipium.* Seit 128 n. Chr. waren dort *duumviri* (CIL VIII 9697). Ein *disp(unctor) reip(ublicae) Q(uizensium)* erwähnt CIL VIII 9699. Wichtige Ruinen. M. L.

S. Gsell Atl. Arch. Alg. f. 11, Nr. 2. *P. Cadenat* Libyca 2, 1954, 243.

Qumran. **1.** *Ḫirbet* (arab. »Ruine von«) *Qumrān* (Etym.? Alter? ant. Namen → 2. 3b), 13 km s. → Jericho auf einer Mergelterrasse n. des Wadi Q., 1 km w. und 60 m oberhalb des Toten Meeres, ca. 350 m u. M. (Jordanien). 1. In einer Höhle 1 km n. im ö. Steilabfall des judäischen Berglands entdeckte 1947 ein Beduinenjunge ant. Schriftrollen. Der sensationelle Fund (»Dead Sea Scrolls«) führte Beduinen und Archäol. zu weiteren: a) 1949 Ausgrabung der Höhle (h. 1Q, Reste von ca. 70 Hss.); 1951–58 Ausgrabung von Q. und Umgebung, weil so viele Hss. kaum von weither stammen konnten; Entdeckung und Ausgrabung von 10 weiteren Höhlen mit Hss. bei Q., bes. 1952 4Q in der Wand der Terrasse (Reste von über 400 Hss.) und 1956 11Q 500 m n. 1Q (u. a. ganze

Rollen). b) 1951–52 Entdeckung und Ausgrabung von Höhlen im *Wadi Murabbaʿāt* 20 km s.w. Q., später in s. in Israel gelegenen *Wadis*, bes. *Seijal*, *Mahras*, *el-Ḫabra* (isr. *Naḥal Ṣeelim*, *Mishmar*, *Ḥever*), mit dem Nachlaß von Partisanen des 2. jüd. Krieges über vorgesch. Resten. c) 1952–53 Hss.funde und Grabungen in *Ḫirbet Mird* (Kloster Kastellion, gegr. 492), 10 km w. Q. Hist. verschieden, werden a–c hier wie oft gemeinsam behandelt.

2. Baugesch. von Q. (DE VAUX). Periode I: Ab Mitte 2. Jh. v. Chr. entstand über den Ruinen einer Anlage des 9.–6. Jh., wohl *ʿîr hămmælăḥ* »Salz(meer)stadt« (Jos. 15,62), eine klosterartige Gemeinschaftssiedlung, zunächst bescheiden (Ia), nach einigen Jahr(zehnt?)en ausgebaut und befestigt (Ib). Hauptgebäude 37,5x37,5 m mit Turm, Scriptorium im Obergeschoß u.a., separat s. Versammlungs- und Eßsaal 22x4,5 m, s.ö. Töpferei, w. und s. Zisternen, unter sich und durch Aquädukt mit einem Damm im Wadi Q. verbunden, usw. Ö. ca. 1200 Gräber, meist Männer. 3 km s. bei *ʿAin* (»Quelle«) *Fešḫa* Wirtschaftsgebäude. Die meisten der durchschnittlich 150–200 Insassen müssen außerhalb gewohnt haben, u.a. in Höhlen. Unter → Herodes I. wurde Q. nach Erdbeben (Ios. bell. 1,370: 31 v. Chr.) und Brand verlassen (ganz?). II: Um die Z.wende restauriert, wurde die Siedlung im 1. jüd. Krieg vernichtet, wohl Frühsommer 68 durch Truppen Vespasians. Wichtigste Funde aus I und II die Hss. (in 1Q und 4Q wohl die kurz vor dem Ende ausgelagerte Bibliothek von Q., sonst von Höhlenbewohnern ausgeliehene Expl.); in Q. selber: an 1100 Stück Tongeschirr in einem Anbau neben dem Saal; Versteck von 561 Silbermz., meist tyr. Tetradrachmen des 1. Jh.s v. Chr.; Tierknochen-Gräber. III: Nach 68 wurden Räume des Haupthauses wieder instand gesetzt, wohl durch einen röm. Posten, der bis Ende des Jh. blieb. Im 2. jüd. Krieg war Q. Widerstandsnest (→ 3b), seitdem wüst.

3. Texte. a) Bibliothek von Q.: Reste von über 500 hebr.. aram. und einigen griech. Hss., meist Lederrollen, vorwiegend 1. Jh. v. und n. Chr., ein knappes Dutzend ziemlich intakt (Sigel: Fundort, Inhalt oder Nr. der offiziellen Ta., bei mehreren Expl. eines Werkes Hochbuchstaben). Vor allem *α*) Hebr. AT. Alle Bücher außer Esther, einige in althebr. Schrift; Phylakterien, Mesusoth. Am häufigsten Dt., Jes. (gut erhalten $1QJes^{a.b}$), Ps. (gut 11QPs, unkanonisch geordnet); älteste Expl. 3. Jh. v. Chr. (z. B. $4QSam^{b}$). Die Texte verteilen sich auf die Traditionsstränge, die vom masoretischen Text, der LXX (z. B. $4QSam^{a}$, $4QJer^{b}$) und dem samarit. Pentateuch (z. B. $4QEx^{m}$) repräsentiert werden. *β*) Einige Targumhss. (gut 11QTgHiob) und LXX-Frg. (→ Bibelübers.). *γ*) Bisher fast nur in Übers. bekannte → Apokryphen u.ä. (→ Jüd.-hell. Lit.), so hebr. und aram. Tobit, hebr. Sirach, hebr. Jubiläen, aram. Henoch (ohne

Bilderreden). *δ*) Lit. der Q.gemeinschaft, bisher fast unbekannt. Mehrfach belegt (gut erhaltene Expl. in Klammern) u.a. die Regel (1QS), die schon aus der Kairoer Karäersynagoge bekannte Damaskusschrift (CD, → Damaskos), die psalmähnlichen Hodajoth (1QH), der (apokalyptische) Krieg der Söhne des Lichts gegen die der Finsternis (1QM). Dazu viele andere haggadische (z. B. aram. 1QGenesis Apocryphon), exegetische, juristische, liturgische, kalendarische, astrologische, apokalyptische u.a. Werke. Hist. Anspielungen enthalten die Pescharim (nach der Formel *pišrô ʿăl* »seine Deutung [geht] auf«) zu prophetischen Partien des AT., in denen ab Mitte 1. Jh. v. Chr. exegetische Tradition niedergeschrieben wurde (wichtig 1QpHab, 4QpNah, 4QpPs 37). Kurios zwei Kupferrollen, Liste vergrabener Schätze (3Q15, Folklore?). b) Wadis s. Q.: Vor allem *α*) einige at. Frg. (masoretisch), eine griech. Rezension des Dodekaprophetons (8ḤevXII) und *β*) hebr., aram., griech., seltener nabat. und lat. Privaturkunden (u.a. »Archiv der Babatha« aus 5/6 Ḥev »Cave of the Letters«) und Briefe (u.a. des Bar Kochba, meist 5/6 Ḥev), 1.–2. Jh. n. Chr., meist Pap. Einzigartig Mur 17, Palimpsest, 8. Jh. v. Chr. Mur 45,6 erwähnt 134/35 n. Chr. *mṣd ḥsdjn* »die Festung der Ḥasidim« (→ 2,1), wohl Q. c) Mird: Griech. und chr.-pal. Bibelfrg., arab. und chr.-pal. Briefe, Eur.-Frg. (Andr.) u.a., 5.–8. Jh.

2. Q. wird h. auch die Gemeinschaft genannt, die dort saß. Sie ist insofern keine Unbekannte, als sie wahrscheinlich für die → Essener Modell gestanden hat. Die Essenerber. ergänzen also die Q. lit. Andere Quellen gibt es kaum. 1. Hist. Angaben sind rar und meist verschlüsselt. a) Die Anfänge der Gemeinschaft (CD 1,3ff., Pescharim; Makk., Ios.) liegen im Jerusalem der Makkabäerz. Wahrscheinlich ging sie wie die → Pharisäer aus den 1. Makk. 2,42. 7,13; 2. Makk. 14,6 erwähnten *Ἀσιδαῖοι* (*ḥasîdîm* »Fromme«, indirekt > »Essener«) hervor, die gesetzestreu, am verdrängten zadokidischen Hohenpriestertum (→ Oniaden) festhaltend, apokalyptisch gestimmt, außenpolitisch indifferent gegen die prosyrische illegitime Hierokratie (→ Menelaos 5) opponierten, ohne sich mit den nationalpartikularistischen → Hasmonäern zu identifizieren (→ Judentum). Ein Flügel fand »nach 20 Jahren des Tappens« (CD 1,9f.) einen Führer im *môrē (hăṣ)ṣædæq* »Lehrer der Gerechtigkeit« (d.h. »Rechter Lehrer«?). Hochgestellter Priester zadokidischer Gesinnung (auch Herkunft?), Schriftausleger von prophetisch-apokalyptischem Selbstbewußtsein, rivalisierte er mit dem jetzt hasmonäischen, ebenfalls illegitimen Hohenpriester (»Frevelpriester«, → Jonathan 152–143 oder → Simon 143–134). Es kam zum Bruch (weil der Lehrer den in Q. bezeugten solaren Kalender propagierte, nach dem kein Kultfest mehr auf den Sabbat fiel?). Er ging »in die Wüste, um den Weg des Herrn zu bereiten« (1QS 8,13f. nach Jes. 40,3, vgl. Mk. 1,2ff.), und gründete Q. Grundzüge der Regel, der Schriftauslegung, ein Teil der Hodajoth stammen wohl von ihm. Für Q. blieb der bedeutende Mann auch nach seinem Tod (wann, wie?) als d e r Interpret des AT. und eschatologische Vorläufer-(nicht Erlöser)-Gestalt lebendig. Falls auch als hist. Person, dann nur mündlich; die Texte überliefern nicht einmal seinen Namen. b) Die weitere Gesch. der Gemeinschaft muß an ihrer Lit. abgelesen werden, deren Unt. noch im Fluß ist (Milik: Strict Essenism ≈ Bauperiode Ia; E. with Pharisaic nuances ≈ Ib; E. during Herod's reign; E. with Zealot tendencies ≈ II). Anhänger gab es auch außerhalb Q., z.T. mit abweichenden Lebensformen (CD?; heiratende Essener Ios. bell. 2,160f.). Von ihnen vor allem reden Philon und Ios. Auch Philons → Therapeuten sind verwandt. Q. war also Zentrum einer verbreiteten Bewegung (Philon, Quod omnis probus liber sit 75. Ios. ant. 18,20: über 4000 Essener). Sie engagierte sich mindestens z.T. im 1.jüd. Krieg (Ios. bell. 2,152f.; Q. verteidigt; in → Masada ein Q.frg. gefunden). Danach verliert sich ihre Spur in den Sekten am Rand der → pharisäischen Orthodoxie. Lebendig blieb ihr Andenken in der lit. Gestalt der Essener.

2. Q. ist eine der Gruppen, die in ihrer Vielfalt seit der apokalyptisch bewegten antihellenist. Reaktion des 2. Jh. bis 70 n. Chr. das → Judentum bestimmten (→ Pharisäer, Sadduzäer), alle trotz Abwehr der hellenist.-orient. Umwelt für vieles verpflichtet (Hengel). Also weder »Sekte« noch »Orden«, schon gar nicht in eigener Sicht. Q. wollte das wahre Israel anstelle der abtrünnigen Jerusalemer Kultgemeinde sein, und zwar als »die Gemeinde des neuen (Gottes)bundes«, wie sie Gottes Gesch.plan für die letzten Tage vorsah (Jer. 31,31ff.), »bis der Prophet (Dt. 18,18) und die Messiasse Aarons und Israels (d.h. ein priesterlicher und ein politischer) kommen« (1QS 9,11 u.ö.). Daß das Ende nahe und der Neue Bund die Forderung der Stunde sei, fand man wie überhaupt die gesch. Einzelheiten der Gegenwart dank der vom Lehrer entwickelten Methode bei den at. Propheten geweissagt (Pescharim). Bundescharta blieb das at. Gesetz, aber im authentischen Sinn, den allein Q. kannte. Diese »Erkenntnis« von Gottes Willen und Plan wurde auf geistgewirkte Offenbarung zurückgeführt und diese auf Erwählung, die ihren theoret. Ausdruck in einem gesch.-anthropol. Dualismus fand (Lehrstück von den zwei Geistern des Lichts und der Finsternis bzw. der Wahrheit und des Frevels 1QS 3,13ff.; iran. Einfluß?). »In den Bund eintreten« konnte darum nur, wer sich als »Sohn des Lichts« erwies, und zwar, indem er sich durch Buße und Erneuerung hindurch die »Erkenntnis« schenken ließ und sie peinlich in die Tat umsetzte (also Heil sola gratia, aber nicht sola fide). Keine andere jüd. Gruppe war geistig so anspruchsvoll, keine so streng gegen sich und andere. Jahrelanges Noviziat mit mehreren Prüfungen von Erkenntnis und Leben; Abgabe des Vermögens an die Gemeinde (Verwalter der *m^e^bâqqer*). Detaillierte Lebensordnung, gesichert durch abgestufte Strafen bis zum Ausschluß (Parallelen im hellenist. Vereinsrecht). Beim Bundeserneuerungsfest (wohl Pfingsten) Überprüfung der ganzen Gemeinde (1QS 1f.). Konkret bestimmen zwei Motive Lehre und Leben. Q. versteht sich als Tempel, in dem dauernd Gottesdienst stattfindet (1QS 8,5f.; umstritten, ob auch Opfer), und als Armee, die für den endzeitlichen heiligen Krieg (1QM) übt, beides unter Führung von Priestern gemeinsam mit den Engeln, streng getrennt von den »Söhnen der Finsternis« einschließlich Jerusalem und seinem Tempel (Haß geboten, 1QS 1, 10f.). Zölibat (nur in Q.?), Reinheit (tägliche Bäder), weiße Kleidung, rituelles Mahl (1QS 6,4–6. Ios. bell. 2,129–133; daher die Tierknochen?), vielleicht auch die Gütergemeinschaft u.a. Institutionen (→ Essener) erklären sich aus Priesterdisziplin und/oder den at. Vorschriften für den heiligen Krieg.

3. Ähnlichkeiten zwischen Q. und dem frühen Christentum (kaum anscheinend bei → Jesus) beruhen nur z.T. auf Einfluß, sonst auf gemeinsamem jüd. Erbe und Parallelentwicklung. Q. war nicht Mutterboden des Christentums, hilft aber, vieles besser zu verstehen. Später zeigen die Karäer verwandte Züge (CD), vielleicht auf Grund von Hss.funden bei Q. um 800 (Milik 19,2).

Chr. B.

1. Die endlose Lit. bei *Chr. Burchard* Bibliogr. zu den Hss. vom Toten Meer, 1957; II, 1965; seit 1958 laufend in Revue de Qumrân.

2. Grabungsber. und Ta.: offiziell Discoveries in the Judaean Desert of Jordan, 1955ff. (bisher 1–3Q, 5–10Q, Mur, Teile 4Q, 11Q); außerdem *M. Burrows – J.C. Trever – W.H. Brownlee* The Dead Sea Scrolls of St. Mark's Monastery I, 1950 (1QJes[a], 1QpHab); II 2, 1951 (1QS). *E.L. Sukenik* The Dead Sea Scrolls of the Hebrew University, 1955 (1QJes[b], 1QM, 1QH). *N. Avigad – Y. Yadin* A Genesis Apocryphon, 1956 (1QGenAp). *C. Rabin* The Zadokite Documents, [2]1958 (CD). *D. Barthélemy* Les devanciers d'Aquila, 1963 (8ḤevXII). *Y. Yadin* The Finds from the Bar Kokhba Period in the Cave of Letters, 1963 (nichtlit. Funde). Daneben viele Vor- und Einzelveröffentlichungen; zu den Wadis s. vorläufig Murabbaʿat The Expedition to the Judean Desert, 1960, Israel Exploration Journal 11, 1961, H. 1–2; The Expedition to the Judean Desert, 1961, ebd. 12, 1962, H. 3–4. Übersicht über Ta., Übers.: *Burchard* Bibliogr. II, 313–356, Forts. *H. Stegemann* ZDPV 83, 1967, 95–101. Dt.: *E. Lohse* Die Texte aus Q., 1964 (auch hebr.). *J. Maier* Die Texte vom Toten Meer, 1960. Hilfsmittel: *K.G. Kuhn u.a.* Rückläufiges hebr. Wörterbuch, 1958. *Ders. u.a.* Konkordanz zu den Q.texten, 1960; Nachträge, Rev. de Q. 4, 1963–1964, 163 bis 234. *A. Grohmann* Arabic Papyri from Hirbet El-Mird, 1963.

3. Gesamtdarstellungen: *H.Bardtke* Die Hss.funde am Toten Meer, 1952; II, 1958. *Ders.* Die Hss.funde in der Wüste Juda, 1962 (alle mit Übers.). *J.M.Allegro* Die Botschaft vom Toten Meer, 1957. *Ders.* The People of the Dead Sea Scrolls in Text and Pictures, 1958 (Abb.). *J.T.Milik* Ten Years of Discovery in the Wilderness of Judaea, 1959. *I.D.Amusin* Rukopisi mertvogo morja, 1960. *A.Dupont-Sommer* Die essenischen Schriften vom Toten Meer, 1960 (mit Übers.). *G.R.Driver* The Judaean Scrolls, 1965 (Q. zelotisch). *F.M.Cross* Die ant. Bibliothek von Q. und die mod. biblische Wissenschaft, 1967.
4. Einzelnes: *H.Braun* Q. und das NT., 1966. *F.M. Cross* The Development of the Jewish Scripts, in: *G.E. Wright ed.* The Bible and the Ancient Near East. Essays in honor of W.F. Albright, 1961, 133–202. *M.Hengel* Judentum und Hellenismus, 1969, bes. 319ff. *A.Jaubert* La date de la Cène, 1957. *G.Jeremias* Der Lehrer der Gerechtigkeit, 1963 (auch Vergleich mit → Jesus). *P.Kahle* Die Kairoer Genisa, 1962 (Bibeltext). *E.Koffmahn* Die Doppelurkunden aus der Wüste Juda, 1968 (mit Text und Übers.). *P.W.Lapp* Palestinian Ceramic Chronology 200 B.C. – A.D. 70, 1961. *P.Frhr. von der Osten-Sacken* Gott und Belial, 1969 (Dualismus, Eschatologie). *J.C.Trever* The Untold Story of Qumran, 1965. *R. de Vaux*, L'archéologie et les manuscrits de la Mer Morte, 1961. *N.Wieder* The Judean Scrolls and Karaism, 1962. *A.Paul* Recherches sur l'origine du Quraïsme, 1970. Weiter → Essener.

Quodvultdeus, * um 400, Schüler Augustins (vgl. Aug. ep. 221/24), 437–39 Bischof von Karthago; 439 von Geiserich verbannt (Vict. Vit. hist. pers. 1,15), † vor 455 in Kampanien. Als Diakon gab er Augustin Anregung zur Schrift adv. haereses. Die Zuweisung ps.-augustin. Sermone aus den J. 437–439 und der Schrift *de promissionibus et praedicationibus dei* an Qu. (G. Morin, Rev. Benedict. 31, 1914, 156ff.) bleibt umstritten (P. Courcelle Hist. lit. des grandes invasions germaniques[3], 1964, 102ff. Chr. Courtois Les Vandales et l'Afrique, 1955, 127,5. 223. 226,6 u.a.). Qu. und andere mit ihm vertriebene Afrikaner wurden später in Italien als Heilige verehrt (F. Lanzoni Le diocesi d'Italia, 1927, 1093ff.). A. L.

R

R. Die Griechen spürten, daß der durch Vibrieren der Zunge zustandekommende postdentale Reibelaut (vgl. Plat. Krat. 426de) im Anlaut und bei Verdoppelung auch im Inlaut zwischen Vokalen notwendig auch von einem Hauch begleitet wird, setzten daher vor anlautendes *P* (nach Einführung der Minuskelschrift im 8./9. Jh. n. Chr. über es) das Hauchzeichen (spiritus asper) und schrieben im Inlaut -ῤῥ- (nicht durchgehend). Die Römer transkribierten das Ῥ als Rh (im Inlaut -rrh-). Wir bringen im folgenden (abweichend von dem inkonsequenten Verfahren in Bd. I A der RE) alle griechischen Namen und Wörter mit Rh (Rhodos, Rhetorik), so auch einige nichtgriech. Namen, bei denen sich die Rh-Schreibung seit alters durchgesetzt hat (Rhenos-Rhein, Rhodanos-Rhône), alle übrigen Stichwörter mit R. K. Z.

Ra (Ῥᾶ), Name finn. Ursprungs, die Wolga. Skyth. und griech. hieß im 6. Jh. v. Chr. der Fluß Oaros (Ὄαρος Hdt. 4,123f.). Die griech. Geographen hatten schon früh eine vage Kunde vom R. (Sie ließen ihn in die → Maiotis münden). Um die Wende des 1. Jh. n. Chr. wurde R. der röm. Geographie bekannt. Marinos (und Ptolemaios) entwerfen ein überraschend treues kartograph. Bild des Stromes. Das ausgedehnte Wolgadelta mit seinen vielen Armen blieb jedoch der Ant. unbekannt. Chr. D.

Ptol. 5,8,6ff. 6,14,1. 4. Amm. 22,8,27ff.
Kiessling, RE I A 1–8.

Rabbi, hebr. »(mein) Großer« oder »Herr« im Sinne von »Meister, Lehrer«, im ant. → Judentum Titel der Tannaiten (Vf. der Mischna) und der palästin. Amoräer (Vf. der dazugehörigen Gemara). Dafür steht auch Rabban, während die babylon. Amoräer den Titel Rab führten. Im modernen Sprachgebrauch benutzt man R. jedoch auch für diese Gruppe von Lehrern sowie, hier wieder übereinstimmend mit der Selbstbezeichnung, für die Vf. der Schriftauslegungen (Midraschim) sowie der nachtalmud. Lit. einschl. der philos. und myst. bis zum Ende des 18. Jh. (Plur.: Rabbinen). Danach lebt die Bezeichnung z.B. im angelsächsischen, jüdischen und jiddischen (Rebbe) Bereich weiter, während sich im Deutschen »Rabbiner« (Sing. u. Plur.) eingebürgert hat. – Der R. ist seit dem 1. Jh. v. Chr. die Autorität schlechthin, mündlicher und dann von seinen Schülern zitierter oder selbst schriftlicher Autor der jüd. Lehre. Diese ist als normatives Judentum gleichbedeutend mit dem rabbinischen; es hält mit den Diskussionen bei der Synagoge und im Lehrhaus die verschiedensten, jedoch immer durch exeget. Regeln gesicherten Positionen von R.nen fest und hat deshalb offene Grenzen zur Häresie, für deren Bestimmung feste Kriterien fehlen. Indem die R.nen durch die Jh.e hindurch die inhaltl. Einheit von schriftl. und mündl. Gesetz voraussetzen, führen sie eine bestimmte Theologie der → Pharisäer weiter, zu denen sie bis zur Tempelzerstörung neben Laien und Priestern überwiegend als Schriftgelehrte gehörten. Danach konnte ein R. oft auch polit. anerkanntes Gemeindehaupt, Heiliger oder Wundertäter sein. Aber immer überwog seine weisheitl. nuancierte Orientierung an praktischer Vernunft im Dienste des Gotteswillens, so daß schließlich die messian. Erlösung als der Zustand definiert werden konnte, der eintreten würde, wenn jeder Jude ein R. geworden sei. C. C.

J.Neusner The Phenomenon of the Rabbi in Late Antiquity, Numen 16, 1969, 1–20.

Rabbinische Literatur. Der Begriff hat sich eingebürgert für eine Gruppe hebr. bzw. aram. verfaßter Schriften, in denen sich Gedanken und Welt des in Palästina und Babylonien heimischen, → pharisäisch geprägten schriftgelehrten → Judentums der späthellen. röm. und byzant. Z. spiegeln. Es handelt sich nicht um Werke einzelner Rabbinen, sondern um Traditions-Slgn., die aus dem Lehrbetrieb der rabbin. Akademien hervorgegangen sind und den dort vorgetragenen und diskutierten Lehrstoff – Midrasch (Schriftauslegung), Halacha (normative Rechtssätze), Haggada (theolog. und sonstiges Bildungsgut) – wiedergeben. Die h. vorliegenden Textfassungen sind das Ergebnis eines vielschichtigen, von mündl. Lehre ausgehenden und von ihr immer wieder beeinflußten Entwicklungsprozesses, der von den Tannaiten (rabbin. Tradenten 20 bis 220 n.Chr.) über die Amoräer (bis 500 n.Chr.) bis hin zu den Saboräern (bis 600 n.Chr.) und Geonen (bis 11.Jh. n.Chr.) reicht. – Es liegt im Wesen dieser Schriften, daß sie sich hist. wie literarische Einordnung weithin entziehen, was ihre hist. Auswertung behindert, aber nicht prinzipiell in Frage stellt (s. [10]), und nur behelfsmäßige literar. Einteilungen zuläßt.

I Talmudische Literatur.

1. Mischna (von hebr. *šnh* »wiederholen«: Lernen, Lehre; griech: δευτέρωσις). Slg. religions-, zivil- und strafrechtl. Erörterungen und Entscheidungen tannait. Rabbinen, von Jehuda ha-Naśi (150–220 n.Chr.) unter Verwendung älterer Vorbilder redigiert und vermutl. bereits schriftl. fixiert, später vielfach noch erweitert, verdrängte alle ähnl. Lehrslg.n und wurde die Grundlage weiterer rabbin. Lehre (s. Talmud). In der Form äußerst knapp gehalten, setzt sie genaue Kenntnis des behandelten Gegenstandes voraus und ist daher für sich z.T. nur schwer verständlich. Umfaßt 63 thematisch benannte (z.B. Sabbat) Traktate *(massekhtot)*, die nach Sachgebieten in 6 Ordnungen *(s^{e}darim)* gegliedert sind: 1. *Seraim* (Saaten = Ackerbaugesetze), 2. *Moed* (Fest = Festtagsgesetze), 3. *Našim* (Frauen = Ehe- und Familienrecht), 4. *N^{e}zikin* (Schäden = Zivil- und Strafrecht), 5. *Kodašim* (Heiliges = Kultgesetze), 6. *T^{o}harot* (Reinigkeiten = Reinheitsvorschriften).

Ta.: *A. Sammter–E. Baneth* u.a., 6 Bde., 1887–1933 = 1968 (mit dt. Übers.). *G.Beer–O.Holtzmann* u.a., 1912ff. mit dt. Übers.). *Ph.Blackman*, 7 Bde., 1951–56 (mit engl. Übers.). *Ch.Albeck–Ch.Jalon*, 6 Bde., 1953–59. Konkordanz: *Ch.J.Kasowski*, 4 Bde., 1956–60².

2. Tosephta (aram. »Ergänzung« [zur Mischna]) unzutreffende Bezeichnung eines in Inhalt und Aufbau der Mischna parallelen, aber eigenständigen Werkes. Nach rabbin. Angaben von Chijja bar Abba, einem Schüler des Mischnaredaktors Jehuda ha-Naśi, zusammengestellt. Das Verhältnis zur Mischna ist umstritten (s. [13]. [14]. [15]): am wahrscheinlichsten ist eine gemeinsame vorliterar. Grundlage sowie gegenseitige Beeinflussung in der späteren Textüberl. Obgleich nicht zu allgemeiner Geltung gelangt wie die Mischna, ist die T. ebenso bedeutsam, da sie zahlreiche sonst gar nicht oder nur in späteren Quellen überlieferte Sätze enthält sowie Ansatz und Verlauf der rabbin. Erörterungen oft besser widergibt als die Mischna.

Ta.: *M.S.Zuckermandel*, 1880–82 = 1963. *S.Lieberman*, 1955ff.

Übers.: dt.: *K.H.Rengstorf–W.Windfuhr* u.a., 1933ff. Konkordanz: *Ch.J.Kasowski*, 6 Bde., 1932–64.

3. Palästinischer (»Jerusalemer«) Talmud. Slg. von Lehrdebatten *(G^{e}mara)* palästin. Amoräer über die Mischna und weitere tannait. Lehrüberl. *(Baraitha)*. Zu Beginn des 5.Jh.s niedergeschrieben, vermutl. durch die antijüd. Politik der oström. Kaiser des 4.Jh.s und die dadurch erfolgte Bedrohung der rabbin. Schulen Palästinas veranlaßt. Folgt im Aufriß der Mischna, läßt aber zahlreiche Traktate aus. Seine Wirkung ist im Unterschied zu 4. gering geblieben.

Ta.: krit. Ausg. fehlt. Grundlegend ed. princeps Venedig 1523/24, danach ed. *Krotoschin* 1866 u.a. – Genizahfragmente: *L.Ginzberg*, 1909.

Übers.: frz.: *M.Schwab*, 11 Bde., 1878–90 = 1960. dt.: *Ch.Horowitz*, 1957 (N^{e}darim); 1963 Sukkah).

4. Babylonischer Talmud, aus den rabbin. Akademien Babyloniens hervorgegangenes Parallelwerk zum p. T. Bildet die umfassendste Slg. rabbin. Gelehrsamkeit. Seine Entstehung ist bis h. strittig (s. [18]. [19]): die Anfänge der literar. Redaktion dürften auf die Judenverfolgungen im sassanid. Reich gegen E. des 5.Jh.s zurückgehen, wesentl. Teile haben jedoch wohl erst im 6.Jh. unter den Saboräern Gestalt gewonnen. – Dank seines kanonischen Ansehens hat er das Denken u. Leben des Judentums bis in die Neuzeit geprägt.

Ta.: *L. Goldschmidt*, 9 Bde., 1897–1935.

Übers.: dt.: *L.Goldschmidt*, 12 Bde., 1929–36; engl.: *I.Epstein*, 34 Bde. und 1 Indexbd., 1935–48 = 17 Bde. und 1 Indexbd., 1961.

Konkordanz: *Ch.J.Kasowski*, 1954ff.

II Auslegungsliteratur.

Zu den außerkanonischen Talmudtraktaten: Aboth de Rabbi Nathan, Sopherim, Ebel Rabbati (Ś^{e}machot), Kuthim, Gerim u.a. s. [1], 72ff.

A) Halachische Midraschim: Kommentare vorwiegend zu gesetzl. Texten des Pentateuch, enthalten tannait. bzw. als tannait. ausgegebene

Überl. (s. [21]), in der Forschung vielfach mit den konkurrierenden Schulen des R. Akiba und R. Jišmael in Zusammenhang gebracht, wahrscheinl. erst in nachtalmud. Z. redigiert ([20]).

5. M^{e}khilta (de Rabbi Iišmael), Kommentar zu Exodus (erhalten zu 12,1–23,19; 31,12–17; 35, 1–3) mit zahlreichen haggad. Abschnitten. Nicht ident. mit dem ebenfalls als M. bezeichneten, R. Simon b. Jochai zugeschriebenen, seit dem MA. verschollenen und in der Neuz. auf Grund ma. Quellen und Kairoer Genizah Hss. rekonstruierten (ed. J. N. Epstein – E. Z. Melamed, 1955) Exoduskommentar.

Ta.: *J. Z. Lauterbach*, 3 Bde., 1933 = 1949. *H. S. Horovitz – I. A. Rabin*, 1960^{2}.

Übers.: dt.: *J. Winter – A. Wünsche*, 1909.

Konkordanz: *B. Kasowski*, 4 Bde., 1965–66.

6. Sifra, Kommentar zu Leviticus (daher auch Torat Kohanim genannt).

Ta.: Codex Assemani 66 Vatikan. Bibl. (Faksimile Ed. *L. Finkelstein* 1956). *J. H. Weiß*, 1862.

Übers.: dt.: *J. Winter*, 1938.

Konkordanz: *B. Kasowski*, 4 Bde., 1967–69.

7. Sifre B^{e}midbar, Kommentar zu Numeri (5, 1–35,34). Zu unterscheiden von einem S. Zutta benannten, nur bruchstückhaft aus ma. Quellen erhaltenen Numerikommentar.

Ta.: *H. S. Horovitz*, 1917 = 1966.

Übers.: dt.: *K. G. Kuhn*, 1959.

Konkordanz (zusammen mit 8): *B. Kasowski*, 1970ff.

8. Sifre D^{e}barim, Kommentar zu Deuteronomium, in den Hss. stets zusammen mit 7. überliefert, umfaßt haggadische Erläuterungen zu Dt. 1,1–30; 3,23–29; 6,4–9; 11, 10–32 sowie 30, 14; 32,1–34,12 und halachische zu Dt. 12,1–26,15.

Ta.: *L. Finkelstein*, 1939 = 1969.

Übers.: dt.: *H. Ljungman*, 1964ff.

B) Haggadische Midraschim: Kommentare überwiegend erbaulichen Inhalts zum Pentateuch und zu sonstigen im synagogischen Gottesdienst behandelten Bibeltexten, beruhen häufig auf Predigten (»Homilienmidraschim«) und folgen im Aufbau z.T. gottesdienstl. Perikopenordnung (3 bzw. 1 Jahreszyklus).

9. Midrasch Rabba (großer Midrasch), Slg. urspr. selbständiger Midr. verschiedenen Alters und Charakters zu Genesis, Exodus, Leviticus, Numeri, Deuteronomium sowie den 5 M^{e}gilloth (Hoheslied, Ruth, Klagelieder, Kohelet, Ester), meist erst ma. Herkunft; Ausnahmen: Genesis R. und Klagelieder R. (5./6. Jh.), Leviticus R. (7. Jh.).

Ta.: zahlr. Gesamtausg., zuletzt: *E. E. Hallevy*, 8 Bde., 1956–63; krit. Einzelausg. zu Gen. R.: *J. Theodor – Ch. Albeck*, 3 Bde., 1903–36 = 1965; Lev. R.: *M. Margulies*, 3 Bde., 1953–60; Dt. R.: *S. Lieberman*, 1964^{2}; Klagel. R.: *S. Buber*, 1899 = 1967.

Übers.: dt.: *A. Wünsche*, 1880–85 = 1967; engl.: *H. Freedman – M. Simon*, 9 Bde. und 1 Indexbd., 1939–51.

10. P^{e}sikta (de Rab Kahana), Homilienmidrasch über die Lektionen der großen jüd. Feste (beginnend mit Neujahr). In Palästina im 5. oder 6. Jh. redigiert.

Ta.: *S. Buber*, 1868. *B. Mandelbaum*, 2 Bde., 1962.

Übers.: dt.: *A. Wünsche*, 1885.

11. P^{e}sikta Rabbati, Homilienmidrasch zu den festtägl. Sabbatlektionen, streckenweise parallel zu 10.; Abfassungsz. und -ort stark umstritten (5.–9. Jh.; Palästina – Italien). Zeugnis antichr. Polemik.

Ta.: *M. Friedmann*, 1880.

Übers.: engl.: *W. G. Braude*, 2 Bde., 1968.

12. Tanchuma (oder J^{e}lam^{e}denu), Sammlung von Homilien zum gesamten Pentateuch mit jeweils messianischen Ausblicken, erst in geonischer Z. entstanden; in stark abweichenden Fassungen überliefert (s. Ta.).

Ta.: a) Wien 1863 u.a. nach Mantua 1563; b) *S. Buber*, 1885 = 1946 (zit.: Tanch. B).

13. Midrasch T^{e}hillim (oder Schocher Tob), homiletischer Psalmenmidrasch, im h. Text wenigstens aus zwei spätgdonischen Slg.en (Ps. 1–118; 119-150) zusammengesetzt.

Ta.: *S. Buber*, 1892.

Übers.: dt.: *A. Wünsche*, 2 Bde., 1892/93; engl.: *W. G. Braude*, 2 Bde., 1959.

Zu weiteren spätrabbin. Midraschwerken und -slg.n s. [1], 215ff.

III Chronistische Literatur.

14. Megillat Taanit (Fastenrolle), Verzeichnis jüd. Sieges- und Freudentage, an denen nicht gefastet werden durfte; aram. Grundbestand bereits vor 70 n. Chr. redigiert, in hadrian. Z. abgeschlossen; hebr. Kommentar aus nachtalmud. Z.

Ta.: *H. Lichtenstein*. 1931/32 (Anhang zu [24]).

15. Seder Olam (im MA. zur Unterscheidung von einem gleichnamigen Werk mit dem Zusatz Rabba versehen), Zusammenstellung bibl. und nachbibl. Ereignisse, beginnt mit Adam und schließt mit dem Bar-Kochba-Krieg; stammt aus frühamoräischer Z., Grundlage aller weiteren jüd. Chronistik.

Ta.: *B. Ratner*, 1897. *A. Marx*, 1903 (nur Kap. 1–10).

IV Targum-Literatur.

S. aram. → Bibelübersetzungen.

Beziehung zur hellenist.-röm. Welt.

Die rabbin. Lit. ist, abgesehen von einigen chr. Autoren im zeitgenöss. außerjüd. Bereich, ohne erkennbaren Nachhall geblieben; sie selbst zeigt aber deutlich Kenntnisse und Einflüsse der hellenist. röm. Umwelt, deren Sprache (s. S. Krauss Griech.-latein. Lehrwörter in Talmud, Midrasch und Targum, 2 Bde., 1889–99 = 1964; S. Lieberman Greek in Jewish Palestine, 1965^{2}), Kultur und Philosophie (s. D. Daube Rabbinic Methods of Interpretation and Hellenistic Rhethoric, Hebrew Union College Annual 22, 1949, 239–64; S. Lieberman Hellenism in Jewish Palestine, 1962^{2}), sowie Rechtswesens (s. H. Gulak Das Urkundenwesen im Talmud, 1935) und spielt verschiedentl. auch auf histor. Ereignisse der spätant. Z. an (s. J. SONNE Jew. Quart. Rev. 36, 1945/1946, 147–169; 37, 1946/47, 307–28; S. LIEBERMAN, ebd. 36,239–253). B. Sch.

Zum ganzen: 1. *H.L. Strack* Einleitung in Talmud und Midraš, 1920^5 = 1961 (noch immer grundlegend). 2. *M. Mielziner*, Introduction to the Talmud 1925^3 = 1968^4 (with a new bibliography 1925–1967 by *A. Guttmann*). 3. *J. Bowker* Targums and Rabbinic Literature, 1969. 4. *W. Bacher* Die Agada der Tannaiten, 2 Bde., 1884 bis 1890 = 1965–66. 5. *Ders.* Die Agada der palästin. Amoräer, 3 Bde., 1892–99 = 1965. 6. *Ders.* Die Agada der babylon. Amoräer, 1913^2 = 1967. 7. *Ders.* Die exeget. Terminologie der jüd. Traditionslit., 2 Bde., 1899–1905 = 1965. 8. *S. Krauss* Talmud. Archäologie, 3 Bde., 1910 bis 1912 = 1966. 9. *F. Maass* Von den Ursprüngen der rabbin. Schriftauslegung, Ztschr. f. Theol. u. Kirche, 52, 1955, 129–161. 10. *R. Bloch* Note méthodol. pour l'étude de la littérature rabbinique, Rev. Sc. Rel. 43, 1955, 194–227. 11. *A. Guttmann* Rabbinic Judaism in the making, 1970.
Zu 1 u. 2: 12. *Ch. Albeck* Untersuchungen über die Redaktion der Mischna, 1923. 13. *Ders.* Einführung in die Mischna, 1971. 14. *A. Spanier* Die Toseftaperiode in der tannait. Lit., 1922. 15. *A. Guttmann* Das redakt. und sachl. Verhältnis zwischen Mischna und Tosephta, 1928. 16. *B. Cohen* Mishna and Tosefta, 1935. 17. *M. Schachter*, The Babylonian and Jerusalem Mishnah textually compared, 1959.
Zu 3 u. 4: 18. *Ch. Albeck*, Mabo l^{e}talmudim, 1969. 19. *J. Neusner*, hg., The Formation of the Babylonian Talmud, 1970 (Forschungsgesch.). 20. *L. Jacobs* Studies in Talmudic Logic and Methodology 1961 (dazu s. *E. Wiesenberg*, Journ. of Jew. Stud. 11, 1966, 16–36).
Zu 5–8: 21. *Ch. Albeck* Untersuchungen über die halak. Midraschim, 1927. 22. *K. G. Eckart*, Untersuchungen zur Traditionsgesch. der Mechilta, 1959. 23. *B. Z. Wacholder* The Date of the Mekilta de-Rabbi Ishmael, Hebrew Union College Annual 39, 1968, 117–144.
Zu 9–13: 24. *B. Heller* Agadische Literatur, Encyclopaedia Judaica 1, 1928, 979–1036.
Zu 14: 25. *H. Lichtenstein* Die Fastenrolle, Hebrew Union College Annual 8/9, 1931/32, 257–317 (351).
Zu 15: 26. *S. Gandz*, The Calendar of the Seder Olam, Jew. Quart. Rev. 43, 1952/53, 179–192; 249–270.

Rabe (*ὁ κόραξ*; Jungtier: *κορακῖνος*; *corvus*). Nach Ail. hist. an. 2,48 drei Unterarten: eine griech.-ital., eine äg., eine libysche; die beiden letzteren kleiner als die in nördlicheren Gegenden lebenden (Aristot. hist. an. 8,28,606a 24). Bei Hom. nur einmal erwähnt (Od. 13,408), spielt er später als Wetterprophet (Aristot. frg. 241,7. Lucr. 5, 1085. Verg. georg. 1,382. 410 u.a.), als Zukunftsweiser (Aisop. 162. 236 Perry. Ail. a.O. 1,48. Hor. carm. 3,27,9ff. Cic. div. 1,12. 85. 2,16 u.a.) und Prodigienvogel (Liv. 21,62,4. 24,10,6 u.ö., vgl. Ps. Aristot. hist. an. 9,31,618b 19. Plin. nat. 10,33) eine wichtige Rolle, vornehmlich bei den Römern. Anekdoten über seine Klugheit, Hilfeleistungen u. dgl. bei Hdt. 4,15. Liv. 7,26. Plin. 7,174. 10,121ff. Curt. 4,7,15; ähnliches bei Eustath. Od. 13,408 und Phot. s. *ἐς κ.* zur Erklärung der volkstüml. Verwünschung *ἐς κόρακας* »zum Teufel!«, bes. bei Kom. und spät. Erzählern. Sprichwörtlich ist auch seine Schwärze (Aisop. 338 P. Petron. 43. Martial. 1,53,8 u.a.); daher das *ἀδύνατον* »weißer R.« (Anth. Pal. 11,436. Athen. 8,359 C; vgl. aber Aristot. hist. an. 3,12,519a 6; de color. 6, 799b 1 über Verfärbung des R.). Seine Schwärze gilt als Strafe für seine Geschwätzigkeit (Ov. met. 2,531; vgl. Pind. Ol. 2,156); daneben wird er gefräßig (Aisop. 124 P. Aisch. Suppl. 751. Hor. epist. 1,16,48), unverschämt und geil genannt (Aristot. physiogn. 6,811a 35. 812b 12). – Zahlreiche biolog. Angaben bei Aristot. (s. BONITZ, Ind. s.v. *κόραξ*) und Plin. (bes. 10,31ff. 121ff., z.T. recht fabelhaft). Alt ist die Vorstellung seiner ungeheueren Lebensdauer (3600 J. nach Hes. frg. 171 Rz., danach Plin. 7,153. Sen. benef. 2,29,1. Macr. Sat. 7,5,11). Feinde des R. sind mehrere Weihenarten sowie Grünspecht und Wolf; er selbst greift Stier, Esel, schwarzflügel. Adler und einige Fischarten an, angebl. auch das Chamäleon (Plin. 8,101). – Seine Rolle in der Volksmedizin ist bescheiden (z.B. R.-Losung gegen Zahngeschwüre und Keuchhusten: Plin. 30,26. 137; R.-Eier als Schwärzmittel für die Haare: ebd. 29,109. Cels. 2,12. Ail. hist. an. 1,48). Auch in der Fabel tritt er relativ selten auf (s. Ind. bei PERRY und HAUSRATH). W. R.

O. Keller Ant. Tierwelt 2,92ff. *D'Arcy W. Thompson* A Glossary of Greek Birds 159f. *H. B. Jessen* Kirkos und R., Ant. und Ab. 1955, 301ff. *J. Wiesner*, Lex. der A. W. 2505.

Rabirius. Lat. Eigenname (vgl. SCHULZE Eigenn. 86,5). **1.** R., nach Cic. Acad. 1,5 ein philosoph. Schriftsteller, sonst unbekannt. TEUFFEL-Kr.-Sk. 1, § 173, 2. **2.** C. R., Ritter, begütert in Campanien und Apulien, beteiligte sich 100 bei der Niederwerfung des tr. pl. L. → Appuleius (6) Saturninus, wurde Senator und gehörte 90 zu den Offizieren des Cn. Pompeius vor Asculum. Als Gefolgsmann der Nobilität wurde er später zunächst von C. Licinius → Macer (1) angeklagt, aber freigesprochen, und dann 63 vor allem wegen seiner Beteiligung bei der Ermordung des Saturninus in ein Perduellionsverfahren hochpolit. Art verwickelt, bei dem er durch Cic. (Rab. perd.) erfolgreich verteidigt wurde. DRUMANN 3,150ff. SCHANZ-HOS. 1,419f. M. GELZER Cicero, 1969, 76. J. UNGERN-STERNBERG v. PÜRKEL Unters. z. spätrepubl. Notstandsrecht (Vestigia 11, 1970) 81ff. **3.** C. R. Postumus, Sohn des C. → Curtius (I 2) und der Rabiria, Adoptivsohn seines Onkels R. Nr. 2 und dessen Erbe. Ritter und Großbankier, der vor allem den König → Ptolemaios Auletes unterstützte. Mit A. → Gabinius (I 6) kam er nach Alexandreia und wurde dort Finanzminister (Dioiketes) des Auletes, ohne diese Stellung halten zu können. Nach seiner Flucht wurde er in Rom 54/53 von C. → Memmius (I 6) angeklagt, von Cic. (Rab. Post.) verteidigt und wahrscheinlich freigesprochen, vgl. SCHANZ-HOS. 1,435f. Als Anhänger Caesars stand er nicht nur 46 in Africa

(Bell. Afr. 8,1. 26,3), sondern wohl auch in Asia. BROUGHTON Mag. 2,273. M. GELZER Caesar^6 319. H. G. G.

4. R., berühmter Epiker der august. Z. (Ov. pont. 4,16, 5. Vell. 2,36,3. Quint. inst. 10,1,90), dessen Gedicht u. a. den Tod des → Antonius (I 9) nach → Aktion (I 1529) in pathet. Manier behandelt hat; seine Wirkung hat, wie die 5 erhaltenen Frg.e erschließen lassen, das 1. Jh. n. Chr. nicht überdauert. Die verbreitete Zuschreibung von Papyrusfragmenten *De bello Actiaco* (ed. I. GARUTI, 1958) – wohl aus neron. Z. (vgl. L. HERRMANN, Latomus 1966, 769ff.) – ist ohne Gewähr. MOREL FPL 120f. P. L. Sch.

H. Bardon Lit. Lat. Inc. 2, 1956, 73f.

5. R., Architekt. Martial. 7,56 nennt R. als Architekten des Domitians-Palastes in Rom, *domus Parrhasia* (Anspielung auf → Euander (1), vgl. → Parrhasia). Ob R. den ganzen Palast oder einen Teil schuf, ist unbekannt. Zum Bau → Palatium. Martial. 10,71 zur Trauer des R. über den Tod seiner Eltern ergibt nicht sicher, daß R. ein »Freund« des Martialis war. W. H. G.

Rabuleius. Gentilname (inschr. Beispiele bei SCHULZE Eigenn. 91). **1.** C. R., nach Dion. Hal. ant. 8,72,1ff. Volkstribun 486, auch als hist. Gestalt zumindest suspekt. BROUGHTON Mag. 1,21. **2.** M'. R. gehörte 450 zum Collegium der → Decemviri (1) *legibus scribundis* (Liv. 3,35,11 u. a.) und wurde in gleicher Eigenschaft 449 gegen die Sabiner geschickt. Nach Dion. Hal. ant. 10,58,4 war er Patrizier. H. G. G.

Rachiarius s. Rechiarius

Racilius. Ital. Personenname (vgl. SCHULZE Eigenn. 443). L. R. war 73–71 unter Verres in Sizilien beschäftigt, Cic. Verr. 2,31, und dürfte ident. sein mit dem gleichnamigen tr. pl. von 56, einem überzeugten Anhänger des Senatsregimes, vor allem gegen Clodius und die Triumvirn, Cic. Q. fr. 2,1,2 u. a. BROUGHTON Mag. 2,209. Ident. wohl auch mit dem Begleiter des Q. → Cassius Longinus (I 21), der nach einer Verschwörung gegen diesen 48 hingerichtet wurde, Bell. Alex. 52, 3. 55,2. H. G. G.

Rad s. Rota. Wagen

Radagaisus, Ostgote, brach gegen E. 405 als Wanderkönig mit starken Barbarenhaufen (übertreibende Zahlen bei Oros. 7,37. Zos. 5,26), meist Ostgoten, aus Pannonien auf und fiel Anf. 406 in Italien ein (vgl. Zos. Oros. a. O. Aug. civ. 5,23. Paul. Nol. c. 21). Mit dem Gros seiner Scharen belagerte R. Florenz (Paul. v. Mailand v. Ambros. 50). Vor Stilicho mußte er sich jedoch in das Bergland von Fiesole zurückziehen, wo er eingeschlossen wurde. Bei einem Fluchtversuch fand R. den Tod (nach Chr. min. 1,299 am 23. Aug. 406). Seine Leute kapitulierten bald darauf (neben Oros. Zos. und Aug. a. O. vgl. Olympiod. frg. 9). A. L.

L. Varady Das letzte Jhdt. Pannoniens 1969. *A. Lippold,* Bonner HA Colloquim 1971.

Radamistus, Sohn des Ibererkönigs → Pharasmanes, stiftet am Hofe seines Oheims → Mithradates (21) von Armenien Aufruhr und führt schließlich offenen Krieg (Tac. ann. 12,44), schließt Mithradates in Gorneae ein, dessen röm. Besatzung sich ergibt (Tac. ann. 12,45f. Cass. Dio 61,6,6). Beim Vertragsabschluß wird Mithradates mit seiner Familie getötet (Tac. ann. 12,47). Die Römer intervenieren aus Angst vor den Parthern kaum und dulden R. als König von Armenien (Tac. ann. 12,48). Ihre Schwäche nützt der Partherkönig →Vologases, der R. vertreibt und seinen Bruder → Tiridates als König von Armenien einsetzt (Tac. ann. 12,50). Als sich Vologases wegen des strengen Winters zurückzieht, kehrt R. im J. 51 zurück und hält ein grausames Strafgericht. Erneut vertrieben, rettet ihn nur waghalsige Flucht, auf der er sich seiner schwangeren Frau → Zenobia (1) gewaltsam zu entledigen sucht (Tac. ann. 12,51). Sein Vater Pharasmanes läßt R. als angeblichen Verräter hinrichten (Tac. ann. 13,37). G. Wi.

Radius. 1. = κερκίς. Das Gerät, mit dem beim Weben der Einschlagfaden in das geöffnete »Fach« eingeführt wurde, die Fäden der Kette also getrennt wurden, war urspr. wohl ein länglicher Stab, um den der Einschlagfaden gewickelt war. Später wird dazu das Webschiffchen benützt, das den Namen übernimmt. Die im Schiffchen befindliche Spule hieß πηνίον, πήνη, *panus (cula), panuvellium,* BLÜMNER Techn. I^2 151ff. FORBES Studies in Ancient Technology IV 192ff. **2.** Das Stäbchen, mit dem Mathematiker und Astronomen auf dem → Abacus (1) zeichneten, diente auch zum Messen und Demonstrieren. Cic. Tusc. 5,64. Verg. ecl. 3,41; Aen. 6,850. **3.** Am häufigsten bezeichnet R. die Speiche des Rades. W. H. G.

4. R., eine der drei von Verg. georg. 2,85f. genannten Olivenarten, beschrieben auch von Cato agr. 6,1f. Varro r. r. 1,24,1. Plin. nat. 15,4. 13. 20. Colum. 5,3,3. Vgl. HEHN-SCHRADER Kulturpflanzen^8 103ff. K. Z.

Raecius. Ital. Gentilname, vgl. SCHULZE Eigenn. 44. 217. **1.** R., Ritter, der 72 geschäftlich in Panormus war, Cic. Verr. 5,161. 168. **2.** M. R. war 208 Kundschafter gegen den vorrückenden → Hasdrubal in Südgallien, Liv. 27,36,3f. **3.** M. R., Praetor 170, leitete Aushebungen an der adriat. Küste, Liv. 43,9,6. 11,4f. BROUGHTON Mag. 1,420. H. G. G.

Raeda s. Wagen

Raeti, Raetia. I. Geographie und Geschichte. Raeter, aus zahlreichen Einzelstämmen bestehende Völkergruppe in den Zentralalpen, vor allem den S.-Alpentälern vom Piavetal bis zum Comer See, S.-Tirol, Graubünden und Rheintal bis zum Bodensee, in letzterem Gebiet aber anscheinend erst am E. der Bronzezeit eingewandert (»Melaunerkultur«, s. PITTIONI RE Suppl. IX 321ff.). Vielleicht können auch die Stämme

N.-Tirols, die in den ant. Quellen von ihnen getrennt werden, den R. zugerechnet werden. Die aus Inschr. in drei nordetr. Alphabeten bekannte Sprache scheint mediterran-vorindogerman. zu sein. Im Sommerfeldzug des J. 15 v.Chr. wurde das Land von Rom unterworfen, wobei Drusus über den Brenner mit einer Seitenunternehmung über den Reschen-Scheideck, Tiberius über Julier/Septimer – Lenzerheide – Rheintal an den Bodensee vordrang. Verwaltet wurde das Land zusammen mit Vindelicien, der oberbayr.-schwäb. Hochebene und bis Claudius einschließlich des Wallis zunächst durch einen *centurio* als *praefectus* der Stämme, wurde durch Claudius zu einer prokurator. Provinz *Raetia et Vindelicia* gemacht und seit 179 n.Chr. einem kaiserlichen Legaten senator. Standes mit Verlegung der *legio III Italica* nach Regensburg unterstellt. In der Frühzeit der Besetzung wurde R. durch eine Kastellkette von Bregenz dem Alpenfuß folgend bis in die Gegend von München gesichert, die unter Claudius an die Donau, seit flav. Zeit über die Donau vorgeschoben wurde. Im 3.Jh. n.Chr. deckte die Steinmauer des raet. Limes (→ Limes III) die N.-Grenze. Im O. grenzte jenseits des Inn → Norcium an, im W. begann die Grenze gegen *Gallia Belgica* und später *Germania superior* am Ausfluß des Rheins aus dem Bodensee und zog dann in s. Richtung zu den Alpen und dann über den Furkapaß. Im S. gehörten das obere Tessintal (Livinental) und das Veltlin wahrscheinlich zur Provinz R. Hauptstadt und Statthaltersitz war → *Augusta Vindelicum*. Raeter wurden stark zum Heeresdienst herangezogen, bekannt sind etwa 10 *cohortes Raetorum*. Zwischen 233 und 260 n.Chr. ging das Gebiet n. der Donau an die → Alamannen verloren. In der spätröm. Z. war die Provinz geteilt in die w. *Raetia prima* mit der Hauptstadt *Curia* (Chur) und die ö. *Raetia secunda* mit der Hauptstadt *Augusta Vindelicum*. Die Alamanneneinfälle des 3.Jh.s hatten vielfach zu einer Aufgabe der bisherigen Siedlungen und Rückzug auf neue befestigte Plätze und zum Neubau von Kastellen geführt. Im 5.Jh. n.Chr. besetzten die Alamannen die Reste der Provinz, denen später ö. des Lechs die Bayern folgten. Strab. 4,6,6 p. 204. 6,8f. p. 206f. 7,1,5 p. 292. 5,1 p. 313. Plin. nat. 3,133ff. Ptol. 2,12,1ff. Inschr.: CIL III 2 p. 705ff. 1050f. Nr. 5768–6006. 6529–6537. 37./38. BRGK 1956/1957, 215ff. E. M.

1. *Haug*, RE IA 42ff. 2. *R.Heuberger* Rätien im Altertum und Frühmittelalter 1932. 3. *Fr. Wagner* Die Römer in Bayern[4], 1928. 4. *G.C.Susini*, Enc. arte ant. 6, 1965, 596ff. (mit Lit.). 5. *F.Stähelin* Schweiz in röm. Zeit[3] 11ff. 106ff. 158. 165. 271. 329ff. 6. *How.-Meyer* 316ff. 357ff. u.ö. 7. *L.Voit* Raetia Latina 1959 (Auswahl von Texten). 8. Jahrb. d. Schw. Gesellsch. f. Urgesch. 55, 1970 (im Druck): *E.Meyer* Die geschichtl. Nachrichten über die Räter und ihre Wohnsitze, *E.Risch* Die Räter als sprachliches Problem, *B.Frei* Urgeschichtl. Räter im Engadin und Rheintal. 9. *A.Bruckner–H.Erb–E.Meyer* Röm. Votivaltäre aus dem Engadin und neue Inschr. aus Chur, Helvetia antiqua, Festschr. Em. Vogt 1966, 223ff. 10. *W. Schleiermacher* Flavische Okkupationslinien in Raetien, JRGM 2, 1955, 245ff. 1. *Fr. Wagner* Das Ende der röm. Herrschaft in R., Bayer. Vorgeschichtsblätter 18/19, 1951, 26ff. 12. *R.Pittioni* Urgeschichtliches zum Volkstum der R., Schlern Schriften 206, 1960, 111ff. 13. *R.S. Conway–J. Whatmough* The Pre-Italic dialects of Italy II 1ff. 14. *V.Pisani* Le lingue dell'Italia antica oltre il Latino 303ff. *G. Winkler* Die Statthalter der röm. Provinz R., Bayer. Vorgeschichtsbl. 36 (1971) 50ff.

II. Sprache. Die ant. Ber.e (Liv. 5,33. Plin. nat. 3,24. Iust. 30,5, wohl aus Trogus) verknüpfen die in den mittleren Alpen wohnenden Räter mit den Etruskern *(Tusci)*, betonen aber auch erkennbare Verschiedenheiten. Viele rät. Stammesnamen nennt die Inschr. des → *Tropaeum Alpium*, die Plin. nat. 3,136f. zitiert: *Trumpilini*, *Camuni*, *Venostes*, *Vennonetes*, *Isarci*, *Breuni*. Die Bronzetafel von Cles (CIL V 5050) erwähnt noch die *Bergalli*, *Anauni*, *Tuliassi*, *Sinduni*, *Sabini*. Bisher ist es üblich gewesen, eine Anzahl von Inschr. aus dem Raum zwischen Verona und Padua im S. bis Matrei am Brenner und Sondrio im Veltlin im W. als »rätisch« zusammenzufassen. Sie sind in drei »nordetr.« Alphabeten von Bozen, Magrè und Sondrio geschrieben.

Die über 60, vor allem Pers.-namen enthaltenden Inschr. sind bis 1930 gebucht bei Herbig [2]; einige Neufunde bei Mayr [11]. Erkennbar sind Nominalstämme auf *-u*: GN *velχanu*, PN *φutiχinu* (Nachname); auf *-e*: *klevie*, *laste* (Vornamen), auf *-i*: *aχvili*, Fem. auf *-a*: *telrakinua*. Gen. auf *-s*. – Verbformen: *tinaχe*, *trinaχe*, *siupiku*, *mlapet*. – Untermann [10], 151 hält einen Zusammenhang dieser Namen mit denen in lat. Inschr. um Brescia für möglich. Zu dieser »Namenlandschaft« scheinen auch die PN der mittleren und unteren Val Camonica zu gehören. – Die Dürftigkeit des Sprachmaterials erlaubt die verschiedensten Auffassungen von der zugrundeliegenden Sprache. Die ant. Auffassung, daß das Rät. dem Etrusk. nahestehe, teilen Thurneysen, Cortsen, Herbig, Battisti, Hubschmied. – Pisani [9] hält die Räter für ein zweites »tyrrhenisches«, also mit den Etr. und dem voridg. Substrat im Ligur. und Venet. urverwandtes Alpenvolk. Dagegen bestimmte Whatmough [4] das Rät. als idg. Sprache mit nur sekundärem etr. Einschlag. Er betont, daß es in den ON des rät. Gebiets keine etr. Spuren gibt und archäolog. Funde etr. Herkunft in Rätien jung und selten seien. So auch Vetter. Dagegen hielt Kretschmer [6] die Räter für Abkömmlinge der »Protindogermanen«, die aus dem Donauraum eingewandert seien. Zu ihnen gehörten auch die Etrusker. (Sein Ansatz der »Protidg.« ist aber h. überholt.) – Eine endgültige Entscheidung hindern zwei Schwierigkeiten: a) die bisher unter der Sammelbezeichnung »Rätisch« zusammengefaßten Inschr. müssen nicht alle dieselbe Sprache wiedergeben. Vetter [7] trennt deshalb in »Materät.«: Val Camonica, Veltlin, Misoxer Tal – und »Osträt.«: Nonsberg, Etschtal, Magré. b) im Namenschatz (vielleicht auch sonst) ist mit Entlehnungen aus den Nachbarsprachen Venet., Etr., Kelt., Lat. zu rechnen. G. N.

1. *Haug*, RE IA 42ff. 2. *G. Herbig* Räter. Sprache, RLV [überholt]. 3. *J. Whatmough* Prae-Ital. Dial. of Italy I 2. II 3, Cambr. 1933 (Nachdr. 1968). 4. *Ders.*, Glotta 22, 27ff. 5. *Ders.*, Harv. Stud. 48, 1937, 184–186. 6. *P. Kretschmer*, Glotta 30, 168–192. 7. *E. Vetter*, ebd., 66–81 und 33, 65–87. 8. *F. Altheim* Gesch. der lat. Sprache, 1951, 92ff. 9. *V. Pisani* Le lingue dell'Italia ant. oltre il lat., ²1964, 317ff. 10. *J. Untermann*, BzN 10, 1959, 83ff. 11. *K. M. Mayr* Der Schlern, Bd. 27 (1953) bis 35 (1961). 12. *J. Hubschmied* Mediterrane Substrate, Bern 1960. 13. *Ernst Risch* Die Räter als sprachliches Problem, in: Jahrbuch der Schweizerischen Gesellschaft für Ur- und Frühgeschichte, Bd. 55 (1970), 127ff. *Osmund Menghin* Zum Räterproblem, in: Stud. z. Namenkunde und Sprachgeographie, Festschr. für Karl Finsterwalder Innsbruck 1971, 9–14 u. *Aldo L. Prosdocimi* Note di epigrafia retica, ebd. 15–46.

Rätsel. Früh zeigt sich in der Lit. aller Völker die Neigung, die einfache Aussage durch nur andeutenden oder absichtlich verhüllenden Ausdruck zu ersetzen, poetisch spielend, oder um nur einem bestimmten Kreis verständlich zu sein, oder um vieldeutig zu bleiben, oder um die Geisteskraft des Gesprächspartners auf die Probe zu stellen. Über den Zweck der Unterhaltung hinaus kann solches Rätsel- oder Frage- und Antwortspiel zum Kampf mit geistigen Waffen werden, bei dem es um Sieg oder Niederlage, unter Umständen um Tod und Leben geht. Das R. war eine frühe Literaturform, im Mythos wurzelnd, der Fabel, dem Märchen, bes. auch dem Lügenmärchen, verwandt, in verschiedenen Formen auftretend. Über das große Thema »das R. in der Weltliteratur« gibt es eine unendliche Lit. Hier ist nur eine Skizze über das R. bei Griechen und Römern zu geben.

Griech. heißt das R. *αἶνος* (wie auch die Fabel), *αἴνιγμα*, *γρῖφος* (das »Netz«, in dem der schwächere Gegner gefangen wird), auch *ζητήματα*, *ἀπορίαι*, *προβλήματα*, *ὁμοιώματα*, *ἄπορα ἐρωτήματα*; das Gegenteil ist der *ἁπλοῦς λόγος*.

Gewiß sind viele mehr oder weniger übereinstimmende R. spontan an vielen Orten und zu vielen Zeiten aus denselben Grundgegebenheiten erwachsen; wohl noch mehr aber sind, wenn auch oft sich wandelnd, von Volk zu Volk gewandert, d.h. vorwiegend vom Orient nach Europa.

Am Anfang steht im griech. Mythos das R. der → Sphinx, die den tötet, der es nicht löst, aber als → Oidipus es löst, sich in den Abgrund stürzt. Ähnlich stirbt der Seher → Kalchas vor Ärger, als er im R.-Wettstreit dem → Mopsos unterliegt, ähnlich Homer, als er die Lösung eines R. nicht findet. Seit Homer und Hesiod sind R. in der Lit. beliebt, in der Lyrik, bei → Theognis, in Tragödie und Komödie. Man besaß R.-Slgn. unter dem Namen des Kleobulos, eines der → Sieben Weisen, und seiner Tochter Kleobuline. In die Historie, mit Herodot beginnend, gelangt das R. durch den Bericht über →Orakel. Im Anschluß an Orakel-Slgn. entstand in hellenist. Z. die R.-Dichtung, die in den (noch lange weiterwuchernden) → Sibyllinen und in der Alexandra des → Lykophron gipfelt.

Aristoteles definiert in der Poetik 22, p. 1458a 26: *αἰνίγματος ἰδέα αὕτη ἐστί· τὸ λέγοντα ὑπάρχοντα ἀδύνατα συνάψαι*. Sein Schüler → Klearchos (5) schrieb *περὶ γρίφων* (woraus Athen. 10 c. 69–89 reiche Auszüge mit vielen Beispielen gibt). Er definierte: *γρῖφος πρόβλημά ἐστι παιστικόν, προστακτικὸν τοῦ διὰ ζητήσεως εὑρεῖν διανοίᾳ τὸ προβλητόν* und unterschied 7 Arten von R. In seinen *'Απορίαι* hat er das R.-Raten als der Philosophie nicht fremd bezeichnet (es habe bei den Alten als *παιδείας ἀπόδειξις* gegolten) und den Gebrauch geschildert, beim Gastmahl R.-Fragen aufzugeben, nach dem dann → Plutarch in seinem Gastmahl der 7 Weisen und in seinen 9 B. Tischunterhaltungen und → Athenaios in seinen *Δειπνοσοφισταί* selbst ausgiebig verfahren ist, der auch eine R.-Sammlung bietet. Mit der Theorie des R. hat sich die Rhetorik später noch gelegentlich beschäftigt. Tryphon *περὶ τρόπων* (Rhet. Gr. 3,193 Sp.) unterscheidet 6 Arten von R., späte Synonymiker (bei Poll. 6,107) bemühen sich um den Unterschied von *αἴνιγμα* und *γρῖφος*, so auch Sch. Aristid. 3,509 Dind.

Daß es auch bei den alten Italikern R. und R.-Spiele gegeben hat, wird man für sicher halten dürfen, doch gibt es merkwürdigerweise in der älteren lat. Lit. – bes. auch in der uns so reichlich überlieferten Komödie, in der man es am ehesten erwarten würde, nur sehr spärliche Belege, bis zum Gastmahl des→Trimalchio von→Petronius (vgl. 36. 40f. 56. 58), das aber natürlich schon in der Tradition der griech. Symposienliteratur steht. Vgl. noch Quint. inst. or. 7,9,8. – Die erhaltenen R.-Gedichte des späten → Symphosius lassen vermuten, daß es mehr solcher nicht zur höheren Lit. gehörigen Produkte gegeben hat, um deren Konservierung sich im späten Alt. niemand bemüht hat. K. Z.

K. Ohlert, R. und Gesellschaftsspiele der alten Griechen ²1912. *W. Schultz* R. aus dem hellen. Kulturkreise, 2 Bde. 1909/12; *Ders.* RE I A 62–125. *L. van Luyten* Het latinsche aenigma, Thèse lit. Louvain 1938; *Ders.* het klass. aenigma, Phil. Stud. (Louvain) 8, 1936, 174ff. *A. Jolles* Einfache Formen ²1956. *J. Huizinga* Homo ludens, Basel 1944, 171ff. *W. Porzig* Lexis 3, 1955, 236ff.

Raga (ἡ) *'Ράγα* Strab. 11,514. 524f., *ἡ 'Ράγη* Tobit 6,10, *'Ράγοι* Tobit 1,14 u.ö., (*αἱ*) *'Ράγαι* Arrian 3,20,2 usw., Stadt des ö. Medien, h. Ruinenfeld bei Teheran. In der Behistun-Inschr. des

Dareios wird R. als Gegend bezeichnet. Dort wurde im Herbst 521 der med. Empörer Fravartiš gefangengenommen und gönnte Alexander im Sommer 330 auf der Verfolgung des fliehenden Dareios III. seinen Truppen eine fünftägige Rast. Von Seleukos Nikator als *Εὔρωπος* wieder gegründet und zur Partherzeit Arsakia umgenannt, scheint R. wieder seinen alten Namen erhalten zu haben. Nach Athen. 12,8,513f. pflegten die Partherkönige den Winter in Babylon, den Frühling ἐν *῾Ράγοις* zu verbringen. Aus der Erzählung des Buches Tobit ergibt sich als glaubwürdig, daß in R. auch Juden wohnten, wenn auch kaum z.Z. Sanheribs von Assyrien, aber wohl seit Kyros. In der Sasanidenzeit wird Rai mehrfach als Bischofssitz genannt. Eine Stadt und Gegend Raγa wird im Avesta dreimal erwähnt: sie ist die zarathustr., die (nur) vier Richter hat, und wurde als zwölftbester der Orte und Stätten von Ahura Mazda geschaffen. Die Identität dieser Stadt mit der altpers. *Raga* in Medien wurde früher ohne Kritik angenommen, wird aber jetzt mit Recht bezweifelt. Einmal sind die Namen nicht ident. (im Ablativ ap. *Ragāyā*, av. *rajōit*); vor allem wird das av. *Raγa* immer in einem nur ostiran. Kontext erwähnt und erscheint Medien im Avesta überhaupt nicht. J. D.-G.

Gershevitch, JNES 1964, 12ff. *Gh. Gnoli*, Ricerche storiche sul Sistan ant., 1967, 66ff. *G. Miles*, Numismatic Stud. 2, 1938,1.

Ragonius. Röm. Gentilname etr. Herkunft (SCHULZE Eigenn. 367). Ein senator. Zweig der Familie stammte aus → Opitergium und war in Rom begütert (CIL VI 25352ff. XV 7519). **1.** L. R. Urinatius Larcius Quintianus. Seine Laufbahn CIL V 2112. VI 1502 = DESSILS 1124. 1503. Er war *sevir turm. eq. Rom.*, *quaestor prov. Africae*, *aedilis plebis*, *praetor*, *praefectus frum. dandi*, *iuridicus per Apuliam*, *procos. prov. Sardiniae* vor dem J. 180 (MELONI Sardegna 200f., Nr. 20), *leg. leg. XIV Geminae* (FITZ, Act. Ant. 9, 1961, 184f.). Von → Commodus *donis militaribus donatus*. *Cos. suff.* vor 193 (CIL V 1969. VI 1505, DEGRASSI FImp. 54). **2.** L. R. Urinatius Tuscenius Quintianus, Sohn von Nr. 1, anläßlich der Verleihung der *toga virilis* von Sklaven geehrt (CIL V 2089. VI 1504. 1505). Laufbahn unbekannt, *cos. suff.* (CIL VI 1506. DEGRASSI FImp. 134). Vermählt mit Flavia Venusta. **3.** L. R. Quintianus, Nachkomme von Nr. 1 und 2, *cos. ord.* 289 (CIL X 3698. 4631, DEGRASSI FImp. 76). G. Wi.

Q. Rammius Martialis. Ritter, *praef. vigilum* 111–113 (CIL VI 222 = 30719 = DESSILS 2161. 221 = DESSILS 2160) und unter Hadrian 117–119 *praef. Aegypti* (CIG 4713f. 4713 = IGR I 1255. 1256. CIL III 14137,1 = DESSILS 8997). G. Wi.

A. Stein Präf. v. Ägypten 61ff.

Ramnes. 1. Eine der 3 patriz. Urtribus neben den → Tities und → Luceres, nach etr. Geschlechtern benannt (MOMMSEN RG 1,41 nach Varro 1. 1. 5,55 noch R. = *Romanus;* dagegen richtig SCHULZE Eigenn. 218 Ableitung vom etr. Gentilnamen * *ramne* [Volnius bei Varro a. O., außerdem Varro 1. 1. 5,81. 89. 91; Liv. 1,36,2 u.a.], daneben auch *Ramnenses:* Cic. rep. 2,36; Varro 1. 1. 5,55). **2.** Nach der sog. »servian. Centurienordnung« trugen die *sex suffragia* der Ritter die Namen Tities, R., Luceres, unterteilt in *priores* und *posteriores* (Liv. 1,13,8. 36,2 u.a.). H. Gu.

1. *Rosenberg*, RE I A 137ff. 2. *Mommsen* RStR 3,87ff. 3. *U. v. Lübtow* Röm. Volk 39ff. 4. *G. Devoto*, Ath 31, 1953, 335ff. 5. *E. Meyer* Röm. Staat, [3]1964, 27. 48. 53. 6. *L. R. Taylor* The Voting Districts of the Roman Republic, 1960.

Rampsinitos. Von Hdt. 2,121/23 erwähnt als äg. König nach »Proteus«, d.h. nach dem E. der 19. Dyn., sicher mit Ramses III. gleichzusetzen. Die Namensform ist nicht sicher (sꜣ-njt »Sohn der Neith?«). Die von seinem Schatzhaus durch Hdt. 2,121ff. erzählte Geschichte hängt an der Schatzkammer seines Totentempels in Medinet Habu (Theben-West), deren Geheimtüren noch erkennbar sind. Die Erzählung selbst hat jedoch zahlreiche unägyptische Züge. Der Besuch in der Unterwelt mit dem Würfelspiel mit Demeter könnte an die Darstellungen R.' III. im »Hohen Tor« von Medinet Habu angeknüpft worden sein, wo der König mit seinen Harimsmädchen am Brettspiel sitzt. Das damit verbundene Fest jedoch ist wohl eine am Todestag des Königs unternommene Prozession zur Hathor des Wüstentals (Deir el-Bahari), die als Totengöttin galt. Hdt. mag von diesem Vorgang aus die Gestalt der Demeter in die Brettspielszene herübergenommen haben. – Das angeblich von R. gebaute W.-Tor des Ptah-Tempels von Memphis ist bisher nicht ausgegraben, so daß die Erbauung durch R. III. nicht nachgeprüft werden kann. W. H.

Ramses, äg. Rʿ-mś-św »Re hat ihn geboren«, Name äg. Könige der 19. und 20. Dynastie. – R. I. Thronname Mn-pḥ.tj-Rʿ, 1306–1305 v.Chr., zunächst General seines Vorgängers Haremheb, der ihn zum Nachfolger einsetzte. Ihm folgte sein Sohn Mn-mꜣʿ.t-Rʿ Sethos I. (1315 bis 1290 v.Chr.). – R. II., Sohn Sethos' I. und der Tuja, regierte 66 J., 2 Monate (1290–Juli 1224 v. Chr.), Thronname Wśr-mꜣʿ.t-Rʿ-śtp-n-Rʿ. Als nach einem Feldzug im 4.J. Bentesina von Amurru von Hatti zu Äg. abfiel, versuchte R. II. im 6.J. durch einen weitgeplanten Vorstoß die Hethiter unter Muwatallis aus Syrien zu vertreiben, wurde aber von ihnen bei Kadesch durch Überfall zum Rückzug gezwungen. Amurru fiel wieder an Hatti und konnte trotz mehrjähriger Feldzüge im 8.-10.J. nicht zurückgewonnen werden. Ein Waffenstillstand zwischen Muwatallis und R. II. folgte; später floh Mursilis III. (Urḫitešup) v. Hatti vor seinem Onkel Hattusil III. nach Äg. Dadurch entstandene Spannungen wurden im Friedensvertrag des 21.J. beendet. Im 34.J. heiratete R. II. eine Tochter Hattusils III., später eine weitere. Zu seiner Z. begannen bereits Angriffe der Seevölker (Scherden); auch wurde die Verteidigung gegen die Libyer verstärkt. Eine große Bautätigkeit läßt die wirtschaftliche Blüte zu seiner Z. erkennen; noch jetzt erhalten sein Totentempel in W.-Theben (Ramesseum) sowie die hypostyle Halle in Karnak, ferner zahlreiche nub. Tempel (u.a. Abu Simbel, Bet el-Wali, Derr, Wadi es-Sabua). R. II gründete eine neue Residenz im O.-Delta bei Kantir (»Ramses-Stadt«, vgl. Ex. 1,11). Hauptgattinnen Nfr.t-irj (keilschriftl. *Naptera*), Isis-nfr.t Mutter des Nachfolgers Mernephtah (1224–1204). Todestag R. II war der 19./I. – Ramses III., Sohn des Sethnacht, des Gründers der 20. äg. Dynastie, Thronname Wśr-mꜣʿ.t-Rʿ-mrj-Imn, 1183–1152 v. Chr.: Thronbesteigungstag 26./IX., Todestag 15./XI. des 32. J. Er schlug im 8. J. die Seevölker an der äg. O.-Grenze, konnte aber den Verlust Palästinas nicht verhindern, wo die Philister und Zeker sich ansiedelten, und warf im 11. J. die ins Delta bis Xois eingebrochenen Libyer unter Meschascher, Sohn des Kaper, zurück. Unter R. III. zeigen sich Auflösungserscheinungen durch Versorgungsschwierigkeiten für die Arbeiter, Verfall der Beamtenethik, Inflation; dadurch Hinwendung zu Jenseitshoffnungen und Ersatz der Rechtsprechung durch Götterorakel. Machtzuwachs der Tempel durch große Schenkungen; Bildung von Priesterfamilien, die auch staatliche Stellen in ihre Hand bekommen, bes. in Theben. Der Totentempel R. III. bei Medinet Habu (W.-Theben) wurde bald zum Mittelpunkt der Stadt: Den Namen eines Nebentempels tꜣ-mwt, kopt. *XHME* hörten die Griechen als Theben. – Ramses IV., Sohn R. III. und der Isis (nach Namen ihrer Mutter Habaṣilatu »Safran« sicher Asiatin), Thronname Wśr-mꜣʿ. t-Rʿ-śtp-n-Rʿ, später Ḥqꜣ-mꜣʿ.t-Rʿ-śtp-n-Imn, 1152–1146 v. Chr., Thronbesteigung am 15./XI. Er war anscheinend krank und stiftete daher den Göttern große Reichtümer für seine Gesundung, wodurch er die Macht des Königtums untergrub. – Ramses V., Sohn Ramses' IV., Thronname Wśr-mꜣʿ.t-Rʿ-śḫpr-n-Rʿ, Prinzenname Imn-ḥr-ḫpš.f, etwa 1145–1140 v. Chr., starb an den Blattern, wie seine Mumie zeigt. – Ramses VI., wohl Sohn des unglücklichen Prätendenten Pn-tꜣ-wr.t unter R. III. und der Habaṣilatu II., Tochter R. III., Thronname Mn-mꜣʿ.t-Rʿ-mrj-Imn, etwa 1139–1132, Thronbesteigungstag E. des V. Monats; seine Gemahlin hieß Nwb-ḫśbd. – R. VI. verfolgte das Andenken R. IV. und V. und annektierte auch das Grab R. V. Er ist der letzte König, der auf dem Sinai arbeiten ließ. Papyri erwähnen bürgerkriegsähnliche Zustände im Lande, bes. in Theben, wo der Hohepriester Ramsesnacht zeitweise vertrieben wurde. – Ramses VII., Thronname Wśr-mꜣʿ.t-Rʿ-mrj-Imn-śtp-n-Rʿ, Prinzenname Imn-itf, etwa 1132–1125. Zu seiner Z. beginnen die durch wachsende Inflation hervorgerufenen Grabräubereien in der kgl. Nekropole von Theben. – Ramses VIII., Thronname Wśr-mꜣʿ.t-Rʿ-ꜣḫ-n-Imn, Prinzenname Stẖj-ḥr-ḫpš.f, regierte nach Ausweis der sehr wenigen von ihm erhaltenen Denkmäler nur wenige Monate des J. 1125 v. Chr. Seine Einordnung ist nicht ganz sicher; er könnte auch vor Imn-itf anzusetzen sein. – Ramses IX., Thronname Nfr-kꜣ-Rʿ-śtp-n-Rʿ, etwa 1125–1105. Aus seiner Zeit liegen aus Theben die ersten Akten der großen Grabräuberprozesse vor. – Ramses X., Thronname Ḫpr-mꜣʿ.t-Rʿ-śtp-n-Rʿ, regierte vielleicht 9 J., etwa 1105–1195. – Ramses XI., Thronname Mn-mꜣʿ.t-R-śtp-n-Ptḥ, regierte etwa 27 J. 1095–1068 v. Chr. In seinem 12. J. erhob sich der Vizekönig von Kusch Pꜣ-nḥśj gegen den theban. Hohenpriester Imn-ḥtp, erstürmte Medinet Habu (wobei Imn-ḥtp wohl umkam) und vertrieb die Parteigänger des Hohenpriesters bis Mitteläg. (Hardai). Im 19. J. Gegenschlag durch den Schwiegersohn des Imn-ḥtp, Herihor, der Pꜣ-nḥśj vertrieb und die alte Priesterherrschaft in Theben wieder einführte: Ausrufung einer neuen Ära der »Renaissance« (wḥm-mśw.t), in der Amun als König von Äg. erklärt wurde, Herihor und der in Tanis residierende u.ä. Vezir Smendes (Nśj-bꜣ-nb-ḏd) zu dessen Vertretern auf Erden. – R. XI. ist völlig entmachtet, wenn auch noch ab und zu nach ihm datiert wird (27. J. in Abydos). Bei seinem Tod übernimmt Smendes die Königswürde, während Pianchi, Sohn des Herihor, als Hoherpriester des Amun den theban. »Gottesstaat« verwaltet. – רַעְמְסֵס Gen. 47,11; Ex. 1,11, 12,37; Num. 33,3,5. Bezeichnung im A.T. der Residenz Ramses' II. Pr-Rʿ-mś-św-ʿꜣ-nḫtw (»groß an Siegen« – später ersetzt durch »der große Ka des P-Re-Harachte«), wahrscheinlich beim h. Kantir im O.-Delta gelegen (nicht beim nördlicheren Tanis). W. H.

Ranius. 1. L. R. Optatus Novatus Acontius. Seine Laufbahn CIL VI 1507. XII 3170: *Xvir stlit. iudic., quaestor prov. Siciliae, trib. pleb., praetor,* Legat des Proconsuls von Asia, *curator viae Salariae, leg. (leg. VII Geminae) et iurid. Asturiae et Callaeciae* etwa um 205–214 (Alföldy Fast. Hisp. 95ff.), *cos. suff.* (Degrassi FImp. 134), *procos. prov. Narbonensis.* **2.** Q. R. Terentius Honoratianus Festus. Seine Laufbahn in der Z. des → Septimius Severus CIL XI 6164: *quaestor, aedilis curulis, praetor tutelaris, praefectus aerarii militaris, leg. prov. Lyciae et Pamphyliae* (Magie Rom. Rule 1600), *leg. leg. II adiutricis* und *procos. prov. Lyciae et Pamphyliae* (Magie 1600). G. Wi.

Ranunculus (*βατράχιον*), Hahnenfuß. Die weitverbreitete Familie der Ranunculaceae war in Griechenland und Italien durch mehr als 100 Arten vertreten. Die Benennung nach den Fröschen (*βάτραχος, rana*) rührt offenbar daher, daß die Pflanze feuchte Böden bevorzugt. Hauptbelegstellen Plin. nat. 25,172ff. und Dioskur. mat. med.

2,175, nach dem das βατρ. von manchen auch σέλινον ἄγριον genannt wurde. Abbildungen des letzteren bieten die Wiener Hss. C 107/08 und N 162, des βατρ. der Parisinus gr. 2179. In beiden Fällen sind Hahnenfußarten zu erkennen. Blätter, Blüten, zarte Stengel und Wurzeln fanden nach Plin. a.O. medizinisch vielfältige Verwendung. Vgl. STADLER, RE I A 230ff. K. Z.

Raphia (Ῥαφ[ε]ία), Stadt(staat) im äußersten SW. Palästinas, h. Tell Rafaḥ, 30 km s.w. → Gaza. Zuerst um 1300 äg. *(R-p-ḥ)* als Station der uralten Via maris erwähnt; nicht im AT. Sargon II. (→ Assyria) schlug hier *(Rapiḫu)* 720 die Äg. und Ḫanun von Gaza, → Ptolemaios IV. 217 → Antiochos (4) III. (Pol. 5,80–86. Dan. 11,11f. 3. Makk. 1,1ff.). Von → Alexandros (14) Iannaios annektiert (Ios. bell. 1,87), von Pompeius befreit, unter → Gabinius (6) neu erbaut (a. O. 1,166). Bischofssitz der Palaestina prima, aber noch um 400 n. Chr. stark heidnisch (Soz. 7,15). Chr. B.

Abel Géogr. 2, ³1967, 431f. *Y. Aharoni* The Land of the Bible, 1967 (vorhellenist. Quellen).

Rapidum, Stadt der Mauretania Caesar., am limes, h. Sour Djouab. Itin. Ant. *Rapidi* und *Rapida castra*. Ein *castrum* wurde von Hadrian im J. 122 gegründet (CIL VIII 20833). Im J. 167 bauten die *veterani et pagani consistentes aput R.* die Mauer der an das *castrum* grenzenden Stadt (CIL VIII 20834. 20835). Wiederaufbau der Stadt, damals *municipium*, durch Diocletian (CIL VIII 20836). Bedeutende Ruinen im Lager und in der Stadt. Inschr. CIL VIII 9195. 20829. M. L.

S. Gsell Atl. Arch. Alg. f. 14, Nr. 90. *W. Seston*, MEFR 1928, 150. *M. Leglay*, MEFR 1951, 53.

Rapina bedeutet die rechtswidrige und vorsätzliche Wegnahme fremder beweglicher Sachen (im Gegensatz zum heimlichen Diebstahl, → *furtum*). Ausgegangen ist die Sonderstellung der r. wohl von dem Fall der Vermögensschädigung durch bewaffnete oder zusammengerottete Banden *(homines armati coactive)*. Hiergegen gibt es seit dem Praetor Lucullus (um 76 v. Chr.) eine Strafklage auf den vierfachen Wert des geraubten Gutes. Das Verhältnis zwischen dem einfachen Raub und dem Bandendelikt ist nach den Quellen dunkel und daher streitig (vgl. zuletzt H. H. SEILER, ZRG 86, 1969, 527ff. mit weiteren Angaben). D. M.

Raptus bedeutet den Menschenraub, bes. die Entführung einer weiblichen Person zur Unzucht oder zur Ehe. Nach klass. röm. Recht dürfte der r. unter die *lex Iulia de vi publica* gefallen sein. Seit Constantin wird er zum eigenständigen, mit der Todesstrafe bedrohten Verbrechen. Dieselbe Strafe trifft zunächst auch die Entführte, die freiwillig gefolgt ist (Schutzgut des r. ist also das Sorgerecht der Eltern). Iustinianus Cod. 9,13,1 (J. 533) richtet die Strafdrohung nur noch gegen den Entführer. D. M.

Rasiermesser (ξυρόν. *novacula. cultellus. culter tonsorius*). Das R. zum Rasieren des Bart- und (bei Trauer) des Haupthaares ist seit vorgriech. Z. bekannt. Bis in röm. Z. waren halbmondförmige R. aus Bronze oder Eisen beliebt (Außenseite als Schneide, Innenseite, oft mit Ring, zum Anfassen), so am → Kairos des → Lysippos, der (A 11, 1935, 68 Abb. 2) die Waage »auf R.s Schneide«, ἐπὶ ξυροῦ ἀκμῇ (Sprichwort) balanciert. Daneben sind andere Formen, gradlinige, auch zweischneidige R., aus Funden belegt, DAR.-SAGL. IV 108f. Das R. konnte in einem Etui, ξυροδόκη, ξυροθήκη, *(curva)theca* (Petron. 94, 14. Martial. 11,58,9) aufbewahrt werden. W. H. G.

Hermann-Blümner Lehrb. griech. Priv. Altert. (1882) 208f. *Blümner*, PrAlt. 267f. *Hug*, RE I A 254f.

Raster, *rastrum, rastellus*. Die schwere eiserne vielzinkige Harke diente zum Aufbrechen des Bodens, wo ein Pflug nicht einsetzbar war (Wein- und Ölpflanzungen, Gärten), Cato agr. 10,3. 11,4. Verg. georg. 1,94. 155. Nach dem Pflügen wurden verbliebene Schollen damit zerkleinert, Plin. nat. 18,180. Mit dem (z.T. hölzernen) Rechen wird Samen mit Erde bedeckt, Colum. 2,11,13, und die Wiese geharkt, Varro rust. 1,49. W. H. G.

Ratiaria *(Ratiaris, Raetiaria, Retaria, Rateria)*, Stadt am r. Donauufer (h. Arčer, Arcsar in Bulgarien). Wichtig als Umschlagplatz, Endpunkt der von Dalmatien nach Dakien führenden Straße, Hauptstadt der Prov. Dacia ripensis, mit einer Waffenfabrik, Standort einer Flotille bzw. der *legio XIII gemina*. J. Sz.

N. Vulić RE I A 261. *A. Mócsy*, Acta Arch. ASH 11 (1959) 288ff.

Rationalis. Im 3. Jh. übliche Bezeichnung für den *procurator → a rationibus*. G. Wi.

A rationibus. Von → Tiberius geschaffenes, urspr. privates Hofamt zur Verwaltung des → *fiscus Caesaris*, unter → Claudius und → Nero von kaiserl. Freigelassenen verwaltet, die großen Einfluß erlangten. Erst → Hadrianus übertrug die Finanzverwaltung einem eigenen *procurator a.r.*, der dem Ritterstand entstammte und erst *ducenarius*, seit → Marc Aurel *trecenarius* war. Er wurde von mehreren Unterbeamten unterstützt. Schon im 2. Jh. bürgerte sich die Bezeichnung → *rationalis* ein, die im 3. Jh. vorherrscht. G. Wi.

Ratomagus, Hauptort der → Veliocasses, in Gallia Lugd.; h. Rouen. Ptol. 2,8,8 Ῥατόμαγος, Tab. Peut. *Ratumagus*. CIL XIII 3475 *vicus Ratum[agus]*. Aber Itin. Ant. 384. Amm. 15,11,12. Not. Gall. 2,1. Not. dign. occ. 37,10. 21 *Rotomagus*. Nach Caes. Gall. 2,4 gehören die Veliocasses zu Belgien, doch seit Augustus zur Gallia Lugd. (Plin. nat. 4,107). Nach der dioclet. Provinzialeinteilung war R. Hauptort der *prov. Lugd. secunda*. Spärliche arch. Reste. DESJARDINS Géogr. Gaule 2,462. 3,492. Neue Funde: Gallia 1949, 123. 236. 1959, 336. 1962, 429. M. L.

Ratte. In den ant. Mittelmeerländern unbekannt. Einzige sichere Erwähnung unter der Ersatzbezeichnung μῦς bei Ail. hist. an. 17,17 nach dem Alexander-Bematisten Amyntas, der sie in Kaspia erlebt und ihr Verhalten (Überqueren von Flüssen, Abfressen der Saat, Abbeißen von Zweigen auf Bäumen) beschrieben hat. Bezeichnend ist ihr Auftreten in Massen, wie noch h. im Iran (KELLER 204). W. R.

O. Keller Ant. Tierwelt 1,203 ff.

Rauchopfer s. Opfer

Raudii Campi s. Vercellae

Rauke (*eruca, εὔζωμον*) bei Griechen wie Römern beliebte Nahrungs-, Gewürz- und Heilpflanze. Nach Plin. nat. 19,117 zählt sie zu den Gewächsen, deren Samen am schnellsten (nach 3 Tagen) aufgeht; ebd. 20,126: *in condiendis opsoniis tanta est suavitas, ut Graeci euzomon appellaverint;* roh und mit Zwiebeln genossen wirkte sie sinnlich erregend (weshalb Ov. rem. am. 799 vor ihr warnt: *nec minus erucas aptum vitare salaces, et quicquid veneri corpora nostra negat*), doch wird diese Wirkung gemildert, wenn man sie mit dem anders gearteten Lattich genießt (Plin. nat. 19,127. 154). Die Samen dienten zum Würzen und als Heilmittel bei allerlei Leiden (Plin. nat. 20,125 f. u. a.). Mit Essig und Milch verknetet formte man aus ihnen Pastillen zum Aufbewahren. Vgl. ORTH, RE I A 287. K. Z.

Raurici, wahrscheinlich urspr., obwohl erst spät belegt, *Rauraci*, kelt. Volksstamm um das h. Basel, wahrscheinlich erst nach 58 v. Chr. durch Caesar auf urspr. sequan. Gebiet hier angesiedelt und vorher rechtsrheinisch. Im ö. Teil ihres Gebiets gründete → Munatius Plancus (II 4) im J. 44 v. Chr. die röm. Kolonie *(Augusta) Raurica* (→ Augusta Nr. 4). Das Gebiet der R. umfaßte die Gegend um Basel mit Teilen des n. Jura und wahrscheinlich das s. Elsaß bis Kolmar. Über die Organisation der peregrinen *civitas* der R. ist nichts bekannt. Spätantik ging der Name auf das diokletian. Kastell, h. Kaiseraugst über. Caes. Gall. 1,5,4. 29,2. 6,25,2. 7,75,3. Plin. nat. 4,79. 106. Ptol. 2,9,9. Solin. 13,1. Amm. Marc. 14,10,6. 15,11,11 u. ö. Itin. Ant. 251,7. 353,3. Tab. Peut. 3,3–5. Not. Gall. 9. E. M.

1. *Haug*, RE IA 289 ff. 2. *F. Stähelin* Röm. Schweiz^3 30 ff. 244 ff. 249 f. u. ö. 3. *How.-Meyer* 38 ff. Anm. 4. 100. 305 f. u. ö. 4. *F. Mentz*, Zeitschr. f. d. Gesch. d. Oberrheins 39, 1924, 120 f.

Raute (*ruta, ῥυτή, πήγανον*), weitverbreiteter aromatischer Halbstrauch, dessen Blätter, Früchte und Wurzeln vielfach verwendet wurden, zum Würzen von Speisen und vor allem zu medizin. Zwecken. Von den hippokratischen Schriften und → Theophrast an finden sich bei landwirtschaftl. Schriftstellern und Ärzten viele Angaben und Anweisungen für Anbau und Zucht, über das Verfahren beim Einsammeln der Früchte (in Handschuhen, weil sie die Haut angreifen, Juckreiz und Entzündungen hervorrufen) und die vielfältigen Arten der medizin. Verwendung, innerlich wie äußerlich, gegen unzählige Übel, vor allem

Frauenleiden, aber auch Augenleiden, Kopfschmerzen, Ohrenschmerzen, Schlafsucht, Epilepsie, Magen- und Darmleiden, Dysenterie usw., bes. auch als Antidoton gegen Schlangen- und Skorpionbisse, Bienen- und Wespenstiche. Auch in der Tierarznei wurde die R. viel gebraucht. Das meiste steht bei Plin. nat. 20,131–143. STADLER, RE I A 296–300. K. Z.

Ravenna (Hermipp. Beryt. bei Steph. Byz. s. *Ῥούεννα*) am Bedesis (Plin. nat. 3,115) liegt im Bereich der gall. → Boier (Ptol. 3,1,23) in der 8. Region (Plin. a. O.), ist aber der Sage nach von Thessalern (Strab. 5,214. Zos. 5,27; alter Name *Ῥήνη*), nach glaubwürdigen Angaben der Historiker von → Umbrern (Strab. 5,214. 217. 219. 227; vielleicht wird mit *Sabinorum oppidum* bei Plin. a. O. der umbr. Gau der *Sapinates* gemeint) oder → Venetern (Iordan. Get. 29 *Αἰνετοί?*) gegründet, auf Pfahlrost erbaut (Vitr. 2,9,11), eine Stadt in sicherer und durch klare Luft gesunder Lage (Strab. 5,213. Vitr. 1,4,11. Iordan. Get. 29), aber ohne ausreichende Trinkwasserversorgung (Martial. 3,56. 57; erst → Traian baut eine Wasserleitung, die → Theoderich wiederherstellt Exc. Vales. 71 MOREAU-VELKOV). Holztransporte auf dem Po kommen nach Ravenna (Vitr. 2,9,16). Etr. Handelsware und andere Erzeugnisse, aber kaum etr. Bevölkerung, ebensowenig keltische. Seit 132 liegt R. an der Straße zwischen → Atria und → Forum Popili und steht seit august. Z. in direkter Verbindung mit → Ariminum (Mela 2,64. It. Ant. 126,5. Tab. Peut. 5,1. Geogr. Rav. 1,17. 4,31. 5,1. Guido 20. 67. 69). R. war 56 v. Chr. noch *civitas foederata* (Cic. Balb. 50) und wohl seit 49 *municipium* (CIL XI 19. 125. 132. 683) in der *tribus Camilia* (Lily ROSS TAYLOR The Voting Districts in the Roman Republic 271). Caesar beginnt in R. seinen Marsch nach Italien (Suet. Iul. 31) und legt eine Gladiatorenschule an (ebd.). Augustus läßt seit 38 R. zum Kriegshafen ausbauen (App. civ. 5,80. Suet. Aug. 20. 49,1. Tac. ann. 4,5,1. Veget. 4,31 f.); der Hafen ist 4 mp von R. entfernt (RADKE, Latomus 24, 1965, 815 ff.) an der Mündung der *fossa Augusta* und wird *Classis* genannt (Prok. Goth. 2, 29,31), h. S. Apollinare in Classe. Zum Leuchtturm vgl. Plin. nat. 36,83. Zwischen R. und Classis liegt *Caesarea* (Iordan.), h. La Crocetta, letzter Rest von S. Lorenzo in Cesarea. Der Handelshafen ist im N. von R. an der *fossa Asconis* zu suchen bei h. S. Maria in Porto fuori. An der Spitze der Verwaltung stand ein *magister* (CIL XI 863), wohl der Flottenkommandant (Not. dign. Occ. 42,7). Internierung wichtiger Gefangener wie → Marbods und des Sohnes des → Arminius in R. (Tac. ann. 1,58. 2,63). Nach Austrocknung der auf der Landseite R. schützenden Sümpfe Mauerbau unter Claudius. Vor 399 *Piceni caput provinciae*, seither zur *Aemilia* gehörig (CIL VI 1715). Seit 404 Residenz des → Honorius (Grabmal seiner Schwester Galla → Placidia) und *urbs regia* (Iordan.) seit → Odoaker. Seine große Zeit erlebt R. unter der mit Theoderich (Meliorisierung des Landes CIL XI 10) beginnenden Gotenherrschaft (Wasserleitung, Grabmal des Königs, Palast auf dem Mosaik in S. Apollinare Nuovo dargestellt). Eroberung durch die Byzantiner und ca. 200jährige Herrschaft der Exarchen von Byzanz (Kirchenbauten im 6. Jh.; S. Vitale CIL XI 289. 295) bis zur Eroberung durch die → Langobarden 761. H. Ravenna. G. R.

Forbiger Handb. d. alt. Geogr. 3,409. *Nissen* It. Ldk. 2, 251 ff. *Schulze* Eigenn. 568. *G. Bovini* Monumenti antichi die R., Milano 1952. *G. Galassi* Roma e Bisanzio, Roma 1955. *V. Guberti* Il Mausoleo di Teodorico ecc., Roma 1952. *E. Hutton* The story of R., London 1926. *G. Devoto* Scritti minori 2, 1967, 54 ff.

Ravennas Geographus. Man bezeichnet so den anonymen Autor einer im 7. Jh. in Ravenna verfaßten *Cosmographia* (spätere Interpolationen allerdings nachweisbar), nach der tief religiösen Gesinnung des Werkes zu urteilen einen Geistlichen. Im 1. B. zeichnet er ein biblisch und patristisch beeinflußtes Weltbild, nach dem die Erde eine flache, vom Ozean umflossene, rundliche Scheibe ist. In der Auffassung, daß die Sonne während des Lichttages in ihrem S.-Teil am Rande des Ozeans entlang wandle (in der Nacht umgekehrt in ihrem N.-Teil: → Ῥιπαῖα ὄρη), teilt er die Erde in 12 Abschnitte, *horae diei*, die er mit → Timosthenes' 12teiliger Windrose kombiniert ([2], 16). Danach zeichnet er eine ganz originale, leider verlorene Weltkarte. Die B. 2–5 enthalten eine Liste von rund 5000 Namen von Städten und von 200 Flüssen, die nach Landschaften und z. T. nach den röm. Provinzen geordnet sind, in der Reihenfolge Asien, Afrika, Europa, Periplus des Mittelmeeres und Aufzählung der Inseln in den verschiedenen Meerbusen und im Ozean. Aus zahlreichen Übereinstimmungen ergibt sich das Original der Tab. Peut. als die Hauptquelle (vgl. die Untersuchung der Straßen Britanniens I. A. Richmond, Archaeologia 1949, 1) und der oft zitierte Castorius als deren Verfasser. Daneben benutzte er griech., afrikan. und german. Werke. F. L.

Ta.: *J. Schnetz* Itineraria rom. II, 1940.

Lit.: *Ders.*, SBAW 1942, 6 (Quellen), Ravennas Anonymus, 1951. *B. H. Stolte* De Cosmographie van den Anon. Rav., 1951.

Ravilla. Cognomen (I. Kajanto Lat. Cognomina, 1965, 105. 228), in republ. Zeit bei den → Cassii (I 22). H. G. G.

Re, Name des äg. Sonnengottes (alt Riʿa), der Falkengestalt bzw. Menschenkörper und Falkenkopf zeigt; auf dem Kopf kann er die Sonnenscheibe tragen. Urspr. verehrte man ihn als den »Horizontischen« (ꜣḫ.tj) am Morgen; daher war schon früh sein Hauptkultort das ö. der Residenz Memphis gelegene Heliopolis (Iwnw). Dort verband man ihn mit einem frühverehrten Urhügel, dessen auf dem höchsten Punkt errichtetes Steinkennzeichen, das als erstes Ding aus dem Urwasser aufgetaucht (wbn) sein sollte, nun als Obelisk (bnbn) zum Sonnensymbol wurde. Auch sah man in dem Mistkäfer (Skarabäus), der im heliopolitan. Urhügel wohnte, eine Erscheinungsform des Re. Später, als spekulative Überlegungen einen Gott »Nichts« (Atum) als Gestalt des Urchaos schufen, wurde auch diese mit Re vereinigt, indem nun die Morgensonne Re, die Abendsonne Atum hieß. In alter Weise fuhr die Sonne in der Morgenbarke (mʿnḏ.t) und der Abendbarke (mśkt.t) über den Himmel, begleitet von seinem Vezir Thot, von Hu (Ausspruch) und Sia (Erkenntnis), d. h. den beiden Schöpfungsmächten, von Maat (die Weltordnung) und Seth, der jeden Abend die die Weiterfahrt hindernde Apophisschlange bezwang. Daneben hielten sich auch andere lokale Mythen, die in Re etwa einen jungen Gott sahen, der am Morgen auf der Lotosblume sitzend aus dem Urgewässer auftaucht oder der auf der großen Himmelskuh Mḥ.t-wr.t reitet, die aus dem Urgewässer sich erhebt und dabei Re mit hinaufhebt. Auch kann man sich Re als Gestirn vorstellen, das die menschliche Himmelsgöttin Nwt morgens gebiert und abends verschluckt. – Seit der 3. Dynastie verdrängt der Sonnengott den König aus seiner zentralen Stellung als Weltgott, bis seit Dedefre (4. Dyn.) die Könige sich als Sohn des Re bezeichnen und damit die »Vater«schaft und somit größere Macht des Re anerkennen. In der 5. Dyn. löst Re auch den König als Totenherrscher ab, indem man sich ihn nachts durch die Bereiche der Unterwelt fahrend vorstellte. Jedoch wurde er vom E. der 5. Dyn. ab durch Osiris als Totenherrscher verdrängt, da dieser Tag und Nacht für seine Toten sorgen konnte. – Eine große Rolle spielt das Auge des Re als Symbol der sichtbaren Sonnenscheibe. Es wird mit dem kgl. Uräus als feuerspeiende, die Feinde niederwerfende Macht verbunden, aber auch mit dem Horusauge, das Seth dem Horus raubte und das man ihm im Kult in verschiedensten Formen wiedergibt. – Sobald in späteren Zeiten andere Götter an Macht gewannen, pflegten sie dies durch Verknüpfung ihres Wesens und ihres Namens mit dem des Re auszudrücken, wie etwa Amon-Re, Chnum-Re, Suchos-Re. W. H.

H. Bonnet, Reallex. äg. Rel. Gesch. s. »Re«.

Rĕa (Ov. fast. 4,201, wo jedoch die Göttermutter gleichen Namens gemeint ist) Silvia (Ῥέα Σιλβία oder Σιλουία) heißt die Mutter des Romulus. Ihr Name alterniert in den Zeugnissen mit dem der → Ilia (Dion. Hal. ant. 1,76,3. Cass. Dio frg. 3,11 M. Plut. Rom. 3; parall. 36. Solin. 1,17. Serv. Aen. 7,659. Lyd. mag. 1,21), den die röm. Dichter ausschließlich benutzen. Älteste Belege des Namens R.: Kastor FGrH 250 F 5. Varro 1. 1. 5,144. Vennonius b. orig. g. R. 20,1 f. Fabius Pictor frg. 5 a P. So gut sich Ilia, die »Trojanerin«, innerhalb des Mythos erklären läßt, bleibt R. schwer verständlich, wenn man nicht einen dichterischen Willkürakt annehmen will, wobei der Name Silvia sekundär aus der Reihe der alban. → Silvii oder primär als Ῥέα Ἰδαῖα verstanden wird. Wenig befriedigend. Zur Gesch. der R. vgl. Ilia und Romulus. G. R.

Höfer Myth. Lex. 4,70f. *Diels* Sib. Blätter 94f.

Rebhuhn *(perdix)*. Offenbar selten und nur in Italien vorkommend; als unscheinbar, klein und mit nicht-rotem Schnabel geschildert bei Athen. 9,390 B (ohne Quellenangabe), der es ἕτερον γένος (πέρδικος) nennt. In allen anderen Fällen, soweit überhaupt Merkmale genannt werden, ist πέρδιξ *(perdix)* das → Steinhuhn. W.R.

Rebilus. Cognomen bei den → Caninii (3–6), auch in der Kaiserzeit, vgl. DEGRASSI FImp. 265. H. G. G.

M. Rebilus Apronianus. Gentile wahrscheinlich → Caninius. *Cos. ord.* 117 (CIL VI 1884. 2076. XIV 3577, DEGRASSI FImp. 34). G.Wi.

Receptio nominis ist im röm. Strafprozeß (Quaestionenverfahren) die endgültige Annahme einer Anklage (→ *delatio nominis)* durch den Vorsitzenden der zuständigen *quaestio*, die Eintragung in die Liste der bei dem Gerichtshof anhängigen Verfahren. Ist der Beschuldigte bei der ersten Befragung durch den zuständ. Magistrat geständig, so kann dieser sofort die Strafe aussprechen, die *r.n.* wird dadurch überflüssig. Nur wenn der Beschuldigte bestreitet, erfolgt die *r.n.* und damit die Vorbereitung der Verhandlung, die nur in Anwesenheit des Beschuldigten erfolgen kann. Im weiteren Sinn ist daher *r.n.* auch die Anordnung der öffentl. Ladung des Beschuldigten zur Vernehmung. Z. V.

Kunkel, Art. quaestio, RE XXIV 755ff. *Ders.* Unters. z. Entwicklung des röm. Kriminalverf. in vorsullan. Z. (1962). *Bianchini* Le formalità costitutive del rapporto processuale nel sistema accusatorio rom. (1964).

Receptum. Substantivisches p. p. von *recipere* in der Bedeutung »auf sich nehmen«, »übernehmen«, ist der gemeinsame Ausdruck für drei voneinander verschiedene formlose Verpflichtungsgeschäfte, die zu den sog. *pacta praetoria* gezählt werden und nach praetor. Recht durchsetzbar sind: **1.** Beim *r. arbitri* »übernimmt« ein Schiedsrichter, auf den sich die Parteien im Schiedsvertrag *(compromissum)* geeinigt hatten, den Schiedsspruch. Der Praetor zwingt ihn im Rahmen seiner → *coercitio*, sein Versprechen zu erfüllen (Ulp. Dig. 4,8,3,2. 4,8,15). **2.** Das r. *argentarii* (unter Iust. mit dem *constitutum debiti* verschmolzen) war ein bürgschaftsähnliches, vielleicht aus dem hellenist. Bankwesen stammendes abstraktes Garantiegeschäft, mit dem sich ein Bankier (→ *argentarius)* dazu verpflichtet, daß er oder ein Dritter dem Versprechensempfänger eine Summe Geldes (seit Iust. jede stipulierbare Leistung, Cod. Iust. 4, 18,2,1) zahlt (Ulp. Dig. 2,13,6,3). Hatte der Versprechensempfänger keinen sonstigen Anspruch auf die Leistung, so gewann dieses r. Darlehensfunktion. Dem Gläubiger stand gegen den Bankier eine praetor. *actio recepticia* zu. **3.** Aus dem *r. nautarum, cauponum, stabulariorum* haftete das als unzuverlässig geltende *genus hominum* (Ulp. Dig. 4,9,3,1) der Reeder *(nautae)*, Gast- *(caupones)* und Stallwirte *(stabularii)* über die Ansprüche aus den jeweiligen Real- und Konsensualkontrakten hinaus nach einem strengen Maßstab (→ *custodia)* für die Unversehrtheit *(salvum fore)* der von ihnen übernommenen Sachen. F. R.

Chr.H.Brecht Zur Haftung der Schiffer im ant. Recht, 1962. *De Robertis*, Labeo 11, 1965, 380ff.; *Ders.*, Stud. doc. hist. iur. 31, 1965, 92ff.

Rechenkunst. Das von den großen griech. Mathematikern benutzte Zahlensystem ist ein merkwürdiges Gemisch aus dem dezimalen, duodezimalen und sexagesimalen System mit einigen binären Spuren. Die erstmalig bei Claudius Ptolemaeus überlieferten (Tab. 3) Sehnen- (Sinus-), terrestrischen und astronomischen Koordinaten-Tabellen sind dezimal, insofern die Zeichen für ganze Zahlen mehrfache von 1, 10, 100, 1000 usw. repräsentieren. Werte zwischen Null und Eins dagegen sind nicht entsprechend Mehrfache von 1/10, 1/100 usw., sondern bei präzisen Berechnungen nach babylon. Muster Mehrfache von 1/60, $1/60^2$ usw. Ptolemaeus' Anomalieberechnungen gehen z. B. bis 60^{-6}, das entspricht einer Genauig-

Tab. 1: Ausschnitt aus *Cod. Vat. Gr. 180 Ptol. Almag. 1,11 p. 48 H.*

keit von ± 0,00000000002143347 ... Wo eine große Genauigkeit nicht erforderlich oder wegen der Ungenauigkeit der Eingangsdaten nicht möglich ist, begnügt man sich gewöhnlich mit der Angabe von Zwölfteln, nach Art der röm. Unzen-(1/12-)Rechnung; Beispiel: Die geograph. Koordinaten in Ptolemaios' Geographie, die Fixstern-Koordinaten in Syntaxis 7,5. Die dort vorkommenden Brüche sind in Tab. 2 den röm. Unzialwerten, ihren sexagesimalen Aequivalenten, den Zwölfteln und den aus ihnen errechneten Stammbruch-Summen gegenübergestellt. Daß zu den eigentlichen Stamm-Brüchen ⅔ hinzukommt, geht auf den Einfluß der Ägypter zurück, die – wie Zeugnisse aus drei Jahrtausenden zeigen – bis in die röm. Kaiserzeit an dieser Art der Bruch-Darstellung festhielten. Trotz dieser und anderer Beispiele für hochentwickelte Rechentechnik bei den Griechen stand die R. seit Platon in geringem Ansehen, man war stolz auf die großen Fortschritte in der reinen Mathematik, die R. (griech.: *λογιστικὴ τέχνη*) übernahm man unverändert von den Ägyptern und Babyloniern. Von Platon (leg. 7,819) wird der äg. Rechenunterricht geschildert und den Griechen als Vorbild hingestellt. Definitionen für *λογιστικὴ τέχνη*: Sch. Charm. 165 E. Heron 4,98. Procl. In Eucl. S. 38–40 Friedlein. Diese Definitionen setzen die R. gegen die Mathematik klar ab. Rechenhilfsmittel waren die Finger (Aristoph. Vesp. 656–65, Aristot., probl. 15,3), der Abacus und Tabellen. Das h. gebräuchl. schriftl. Rechnen kam kaum in Frage, einerseits, weil das Schreibmaterial entweder teuer oder unhandlich war, andererseits weil die alten herodian. und röm. Zeichen schlecht, die späteren griech. alphabet. Zahlenzeichen überhaupt nicht dazu geeignet waren.

/12	Stammbruch-Zerleg.	Lat. Name	/60	gr. Zahlen-Darst.
1	$^1/_{12}$	uncia	5	ιβ′
2	$^1/_6$	sextans	10	ϛ′
3	$^1/_4$	quadrans	15	δ′
4	$^1/_3$	triens	20	γ′
5	$^1/_3 + ^1/_{12}$	quincunx	25	γ′ ιβ′
6	$^1/_2$	semis	30	∠′
7	$^1/_2 + ^1/_{12}$	septunx	35	∠′ ιβ′
8	$^2/_3$	bes	40	ϒ
9	$^1/_2 + ^1/_4$	dodrans	45	∠′ δ′
10	$^1/_2 + ^1/_3$	dextans	50	∠′ γ′
11	$^1/_2 + ^1/_3 + ^1/_{12}$	deunx	55	∠′ γ′ ιβ′
12	1	as	60	ᾱ

Uncial-Brüche nach Priscian und Varro (Metrologic. reliquiae ed. F. Hultsch, Lips. 1846, 2,50. 83 (Tab. 2)

Die großen Klassiker teilen uns auch da, wo es sich um numerische Berechnungen handelt, stets nur die Ergebnisse mit; Zwischenergebnisse von Berechnungen finden wir nur bei Kommentatoren, z. B. Eutokios in Archimedis dimensionem circuli. Dort werden uns Multiplikationen, vor allem Quadrierungen vierstelliger gemischter Zahlen vorgeführt. Sie setzen auswendig gewußte oder konkret vorhandene Multiplikationstabellen voraus, wegen der verschiedenen Schreibung für Einer, Zehner, Hunderter und Tausender müssen es zehn Tabellen gewesen sein, nämlich: Einer mal Einer, Einer mal Zehner, Einer mal Hunderter, Einer mal Tausender, Zehner mal Zehner, Zehner mal Hunderter, Zehner mal Tausender, Hunderter mal Hunderter, Hunderter mal Tausender, Tausender mal Tausender (z. B. Nikom. Inst. arith. p. 51 H.). Die bei Eutokios aufgelisteten Einzelprodukte werden nicht, wie vielfach angenommen, nach unserer Methode schriftl. aufaddiert worden sein, sondern man wird sie mit dem Abacus oder im Kopf zusammengezählt haben. Das Ziehen von Quadrat- und Kubik-Wurzeln wird man sich so vorzustellen haben, daß man mit einer Analog-Rechenmaschine (→ Neusis und → Eratosthenes) den Näherungswert bestimmte, diesen durch Multiplizieren auf seine Genauigkeit hin prüfte und evtl. modifizierte. Ein Beispiel für eine systemat. durchgeführte Division dreistelliger Sexagesimalstellen: Theon von Alexandreia, Komm. zu Ptol. Syntaxis 118 Halma. Die schon erwähnte Darstellung von gebrochenen Zahlen durch Unzialbrüche geht auf das Rechnen mit verschieden großen Maßeinheiten zurück (Gewichte, Münzen), das Zurückführen eines Bruches auf eine Summe verschiedener Stamm-Brüche (mit Einschluß des Bruches 2/3 s.o.) auf die Ägypter, von denen wir im Papyrus Rhind Tabellen besitzen, mit denen ein Bruch der Form m/n verwandelt werden konnte in einen Bruch der Form 1 : a + 1 : b + 1 : c usw. Das Wort *πεμπάζειν ἀναπεμπάζεσθαι* für »Fingerrechnen« (Hom. Od. 4,412. Plat. Lys. 222e) und *λογίζειν ἀπὸ χειρός* (Aristoph. Vesp. 656, Multiplizieren und Dividieren vierstelliger Zahlen) zusammen mit der Struktur des herodian. und röm. Zahlensystems läßt auf die Darstellungsform in Tab. 3 schließen. Bes. interessant ist die den Griechen bekannte (s. o. Charm.-Sch.), aber griech. nicht überlieferte Multiplikations- und Divisionsmethode der Ägypter deshalb, weil sie jetzt in der elektron. Rechenmaschine wieder so viel verwandt wird. Beispiel (Chace-Manning, The Rhind math. pap., Berlin 1927, 1,4):

a . b = c
19 . 6 = 114

1	19
/ 2	38
/ 4	76
	114

Verfahren: Man schreibt untereinander eine Folge

		Einer			Zehner			Hunderter			Tausender		
		H	A	R	H	A	R	H	A	R	H	A	R
1	[illegible]	I	α'	I	Δ	ι'	X	H	ρ'	C	X	,α	M
2	[illegible]	II	β'	II	ΔΔ	κ'	XX	HH	σ'	CC	XX	,β	MM
3	[illegible]	III	γ'	III	ΔΔΔ	λ'	XXX	HHH	τ'	CCC	XXX	,γ	MMM
4	[illegible]	IIII	δ'	IIII	ΔΔΔΔ	μ'	XXXX	HHHH	υ'	CCCC	XXXX	,δ	MMMM
5	[illegible]	Γ	ε'	V	𐅄	ν'	L	𐅅	φ'	D	𐅆	,ε	D
6	[illegible]	ΓI	ϛ'	VI	𐅄Δ	ξ'	LX	𐅅H	χ'	DC	𐅆X	,ϛ	DM
7	[illegible]	ΓII	ζ'	VII	𐅄ΔΔ	ο'	LXX	𐅅HH	ψ'	DCC	𐅆XX	,ζ	DMM
8	[illegible]	ΓIII	η'	VIII	𐅄ΔΔΔ	π'	LXXX	𐅅HHH	ω'	DCCC	𐅆XXX	,η	DMMM
9	[illegible]	ΓIIII	θ'	VIIII	𐅄ΔΔΔΔ	ϙ'	LXXXX	𐅅HHHH	ϡ	DCCCC	𐅆XXXX	,θ	DMMMM

Tab. 3

von Verdoppelungen, d.h. a, 2a, 4a, 8a usw. für alle Zweierpotenzen kleiner als b. Von unten her werden die Zweierpotenzen aufaddiert unter Weglassen derer, bei denen der Faktor b überschritten würde. Die nicht übersprungenen werden gekennzeichnet. Die Summe der neben den gekennzeichneten Zahlen stehenden Vielfachen von b ergibt c. Die Division läuft entsprechend in umgekehrter Richtung.

Die grundlegende Arbeit über R. ist die von VOGEL (s.u.), wo auch die ma. Quellen (Barlaam, Rhabdas) gebührend berücksichtigt werden. J. M.

Lit.: S. Abacus, Arithmetik, Domninos, Heron, Nikomachos. *F. Hultsch*, RE III 1066 (Arithmetica). *K. Vogel* Beitr. z. griech. Logistik, SBAW 1936, 357. Barlaami monachi Logistica, ed. *J. Chamber*, Paris 1600. Mathematici Graeci minores, ed. *Heiberg*, Abh. Kopenhagen 1927. *C. Henry*, Opusculum de multiplicatione etc., Halle 1879. *F. Hultsch* Metrologicorum reliquiae, Lpz. 1864. *A. Nagl* Die Rechentafel der Alten, SAWW 1914. *E. J. Goodspeed* The Ayer Papyrus, Am. Journ. Pap. 19, 1898, 25–39. Verzeichnis griech. math. Papyri: *R. A. Pack* The greek and latin literary texts from Greco Roman Egypt, Ann Harbor 1965. Planudes: *C. J. Gerhardt* Das Rechenbuch des Maximus Planudes (Hrsg.), Halle 1865. Rhabdas: *M. Tannery*, Mémoires scientifiques, Toulouse 1912–1920, Bd. 4, 61. Comm. de Théon d'Alex. sur le I. l. de la comp. math. de Ptolemée, ed. *Halma*, Paris 1821. Comm. de Pappus et de Théon d'Alex. sur l'Almageste, ed. *A. Rome*, Rom 1931. 43 (Studi e Testi).

Rechiarius, 448–456 König der Sueben in Spanien, Sohn des Heiden Rechila (König 441/48), selbst Katholik; 455/56 suchte er die Herrschaft über ganz Spanien zu gewinnen. Sein im Einvernehmen mit Rom in Spanien eingefallener Schwager, der Westgotenkönig Theoderich II., besiegte R. im Oktober 456 und ließ ihn im Dez. 456 hinrichten (Hydatius = Chr. min. 2,25 ff. Iord. Get. 44). A. L.

St. Hamann Vorgesch. und Gesch. der Sueben in Spanien, 1971, 107ff.

Rechimundus (Remismundus? – K. SCHAEFERDICK Die Kirche in den Reichen der Westgoten und Suewen 1967, 109f.), Sohn des Maldras, wurde nach 4jähr. Thronwirren im J. 464 König der Sueben, nahm 465 mit seinem Volk den arian. Glauben an. Verbündet war R. mit den Westgoten, doch kam es 467 zu Spannungen. Nach 468 (E. der Chronik des Hydatius, Chr. min. 2, 31f.) ist nichts mehr über R. bekannt. A. L.

St. Hamann Vorgesch. u. Gesch. der Sueben 1971, 128ff.

Recht. A. Griechisch (Gesamtdarstellungen [11]. [12]. [14]. Querschnitte [22]. [26]. Beitragsslg. [1]. [2]. [4]).

I. Griech. R.-Gesch. im Rahmen der Rechtswissenschaft. Nachdem sich Philologen, Historiker und Juristen bereits seit dem Beginn des 19. Jh. mit dem g. R. als einer sittlich und geistig hochstehenden Kulturerscheinung befaßt hatten (GERNET [1], 4ff.), gelang es erst Josef

Partsch (vgl. [13]) u. a., die gräzist. Forschung aus den Fesseln der romanist. Betrachtungsweise des 19. Jh. zu befreien. Die Erkenntnis der Eigenständigkeit der verschiedenen Rechtsordnungen der griech. und hellenist. Welt führte zwangsläufig zu dem Ergebnis, daß das g. R., das seinen feinsten Ausdruck und seine höchste Vollendung im att. Recht gefunden hat (Paoli [1], 39 ff. [19]; vgl. seine Entwicklungsgesch. vor allem auf dem Gebiet des → Strafrechts und des → Strafprozesses [30]), nicht mehr als unmittelbar wirkender Faktor in der europäischen R.-Gesch. anerkannt wird ([3]). Nur über die Kautelarpraxis hat der griech. Einfallsreichtum die europäische Rechtsentwicklung beeinflußt ([5]). Die griech.-hellenist. Wissenschaftstheorie hat zwar die röm. Jurisprudenz vielfach und nachhaltig angeregt, aber in ihren Grundlagen offensichtlich nicht verändert ([31]). Wenn auch das g. R. nicht – wie in Rom – durch einen berufsmäßigen Juristenstand, sondern nur durch Gesetzestechniker und Prozeßpraktiker geprägt wurde (Paoli [1], 40 f.), so läßt es doch eine auf feste Grundvorstellungen zurückführbare jurist. Dogmatik ([18]. [23]) nicht vermissen. Insbes. die att. Redner ([7]. [8]) entwickelten in ihren Argumenten scharfsinnige, kreative, typisch jurist. Betrachtungen und Begriffsbildungen ([9]). Die in den griech. Rechtssystemen entfalteten, an der Rechtsidee ausgerichteten Grundgedanken, aber auch die Formen und die Formulare der Rechtsgeschäfte (vgl. über diese Pringsheim [1], 66) genügten durchaus einem hochentwickelten Verkehr, der teilweise Muster ausbildete, die den Keim eines bedeutungsvollen Fortschritts in sich trugen, wie z. B. in hellenist. Z. die Blanketterklärungen auf Pap.-Urkunden ([33]). Die offenkundige Freiheit von doktrinärer Denkweise darf aber nicht zu dem unausgewogenen Urteil verleiten, daß dem griech. Rechtsdenken – seine geschichtl. rechtsphilos. Seite wird in dem Werk von Erik Wolf ([21]) umfassend dargestellt – in der Praxis eine Weichheit und unjurist. Schärfe anhafte. Vielmehr waren seine Begriffe und Formen hinreichend klar und differenziert. Darüber hinaus bestiсht die griech. Rechtskultur durch eine praktische Geschmeidigkeit ([3], 155. Vgl. auch [20], 501 ff.), die in einem System nicht denkbar ist, das auf Grundlagen beruht, die von professionellen Juristen erarbeitet worden sind. Aber gerade dieser Umstand hat in Verbindung mit der fehlenden Festlegung in einem Gesetzbuch dazu geführt, daß das g. R. im Kampf um die Vorherrschaft dem röm. Recht unterlegen ist (Pringsheim [1], 76).

II. Die Einheit des g. R.

1. Obwohl sich die Rechte der Poleis (s. über diese Ehrenberg [2], 3 ff. 26 ff. Hoffmann [2], 123 ff. Gschnitzer [2], 271 ff. [24]) der vorhellenist. Z. mehr oder weniger voneinander unterscheiden, gibt es doch eine Reihe von Gründen, die dafür sprechen, sie als Gesamtheit zu behandeln, nämlich die gemeinsame Kultur, die offensichtliche Ähnlichkeit der Sozialstruktur, der griech. Warenverkehr, der Inhalt der Staatsverträge (Bickermann [2], 99 ff. [29]), die Einholung von auswärtigen Richtern, der Austausch von Gesetzen oder Gesetzgebern und die Parallelität oder Identität von jurist. Auffassungen (vgl. z. B. [27]) und Einrichtungen (vgl. z. B. → Ἐπίκληρος, → Erbrecht). Zwar sprechen die Griechen gern von den »den Griechen gemeinsamen Gesetzen«, von νόμιμα τῶν Ἑλλήνων, aber dabei handelt es sich um sehr weit gefaßte Vorschriften, darunter auch solche der Religion oder Moral (Gernet [1], 25). Im übrigen bestehen aber in den rechtlichen Institutionen schwerwiegende Unterschiede. So war z. B. die Stellung der → Frau (Wolff [1], 620 ff. [32]) im allg. in den dor. Staaten merklich anders als in den übrigen Poleis. Während die matrimoniale Form der → Ἐγγύη als panhellenisch anzusehen ist, gilt nicht das gleiche für die Praxis der Hypotheken- → Horoi, die sich nur im att.-insularen Bereich durchgesetzt hat. Manche Einrichtungen wurden allmählich von anderen griech. Staaten übernommen, andere blieben dagegen nur für eine bestimmte Polis kennzeichnend. Aber daneben begegnet man auch gewissen Institutionen, die – auch ohne Rechtsbewidmung – dieselben grundlegenden Merkmale in der gesamten griech. Welt aufweisen, also unzweifelhaft eine gemeinsame Denkweise bezeugen, z. B. auf dem Gebiet des Bürgschaftsrechts ([13]) oder des Prozeßrechts, wo z. B. bei der Wahl der vom Richter anzuwendenden Rechtsregel gemeingriech. das Sicherheitsventil der γνώμη δικαιοτάτη in das System der Rechtsquellen eingebaut war ([27]. Vgl. auch Wolff [1], 113. 492. 510 f. u. ö. Ruschenbusch [1], 362 ff. Gernet [1], 385 f. Simonetos [1], 478. Biscardi [1], 607. Lewald [1], 684). Man kann also in Anlehnung an die nach dem 4. Jh. in Griechenland herrschende sprachliche Koine auch insoweit, ja schon lange vorher, von einer jurist. Koine sprechen ([10]. Pringsheim [1], 60).

2. Das g. R. Ägyptens ([17]. [28]). a) Das ptolem. Recht ist nicht die einfache Fortsetzung eines griech. Rechtssystems. Nur der Ursprung dieses Rechts ist griech. ([25]). Die unmittelbare Rechtstradition der Einwanderer (→ Politeuma) wurde durch entgegenstehendes Recht des Königs begrenzt. Zudem ist eine völlige Rezeption nur auf einigen wenigen Gebieten erfolgt ([16]). Im übrigen kam es zu einer Synthese von griech. und einheimischem Recht. Übernommene Elemente konnten dann aber auch lange beibehalten werden, was z. B. die → Pherne beweist. Das rezipierte griech. Rechtsgut wurde unter den veränderten Bedingungen weiterentwickelt. b) Das Volksrecht der Kaiserz. ([10]) ist ebenfalls kein spezifisch g. R., wenn auch viele Beispiele auf Übernahmen aus den hellenist. Rechten hindeuten ([15]). Selbst ohne einen direkten Einfluß auf die

europäischen Rechte und die europäische Rechtswissenschaft kann das Recht der griech. Poleis und hellenist. Monarchien ein selbständiges Interesse beanspruchen, ja das griech. Vertragsrecht vermag sogar, wie der Gedanke der Haftung bei der Inanspruchnahme fremden Gutes zeigt, noch für neue Richtungen der modernen Dogmatik fruchtbar zu sein ([6]). E. B.

1. Zur griech. R.-Gesch. hg. von *E. Berneker*, 1968. 2. Zur griech. Staatskunde hg. von *F. Gschnitzer*, 1969. 3. *H. J. Wolff*, Ἑλληνικὴ Ἀνθρωπιστικὴ Ἑταιρεία 20, 1970, 152–161. 4. *Ders.* Beiträge zur R.-Geschichte Altgriechenlands und des hellenist.-röm. Äg., 1961. 5. *Ders.*, Festschr. für den 45. Dt. Juristentag, 1964, 1–22. 6. *Ders.*, Festschr. für F. von Hippel, 1967, 687–710. 7. *Ders.* Demosth. als Advokat, 1968. 8. *Ders.*, Atti del II Congr. intern. della Società Italiana di storia del dir. Venezia 1967, 1969, 1–13. 9. *Ders.* »Normenkontrolle« und Gesetzesbegriff in der att. Demokratie, 1970. 10. *L. Mitteis* Reichsrecht und Volksrecht in den ö. Provinzen des röm. Kaiserreichs, 1891. 11. *L. Beauchet* Hist. du droit privé de la républ. athén., 4 Bde., 1897. 12. *J. H. Lipsius* Das att. Recht und Rechtsverf., 3 Bde., 1905–1915. 13. *J. Partsch* Griech. Bürgschaftsrecht, 1909. 14. *E. Weiß* Griech. Privatrecht auf rechtsvergl. Grundlage, 1923. 15. *Ders.*, Atti del Congr. intern. di dir. rom. Bologna-Roma 1933, Roma 1, 1934, 245–53. 16. *R. Taubenschlag*, Atti del IV Congr. intern. di pap. Firenze 1935, 1936, 259–81. 17. *Ders.* The Law of Greco-Roman Egypt, 1955². 18. *G. M. Calhoun* Introduction to Greek Legal Science, 1944. 19. *U. E. Paoli*, Scritti in onore di C. Ferrini, 1946, 571–93. 20. *F. Pringsheim* The Greek Law of Sale, 1950. 21. *Erik Wolf* Griech. Rechtsdenken, 4 Bde., 1950 bis 1970. 22. *J. Imbert, Monier-Cardascia-Imbert* Hist. des inst. et des faits sociaux, 1955, 98–158. 23. *W. Jones* The Law and Legal Theory of the Greeks, 1956. 24. *E. Kirsten* Die griech. Polis als hist.-geographisches Problem des Mittelmeerraumes, 1956. 25. *L. Amundsen*, Acta Congr. Madvigiani Hafniae 1954, 1, 1958, 251–66. 26. *A. Biscardi* Profilo di dir. greco antico, 1961. 27. *Ders.*, Rev. intern. des droits de l'antiquité, 3ᵉ sér. 17, 1970, 219–34. 28. *E. Seidl* Ptolem. R.-Gesch., 1962². 29. Die Staatsverträge des Alt. 2, hg. von *H. Bengtson* und 3, hg. von *H. H. Schmitt*, 1962/1969. 30. *R. Ruschenbusch* Unt. zur Gesch. des athen. Strafrechts, 1968. 31. *F. Wieacker*, IURA 20, 1969, 448–77. 32. *C. Vatin* Recherches sur le mariage et la condition de la femme mariée à l'époque hellénist., 1970. 33. *E. Berneker*, Festschr. für F. Laufke, 1971, 11–32.

B. Römisches Recht.

I. Die Einzigartigkeit des r. R. In jeder organisierten Gesellschaft gilt Recht. Das Recht der Römer aber *(ius Romanorum, iura populi Romani, ius Quiritium, lex Romana)* wird seit der Ant. als eine Ordnung von besonderer, ja einzigartiger Bedeutung angesehen. Die Gründe für diese Sonderstellung sind komplex. Kein anderes Recht hat so starken Einfluß auf spätere Rechtsordnungen erlangt und ist so oft rezipiert worden wie das röm. Recht. Dieser Umstand ist jedoch mehr Folge als Grund der Einzigartigkeit des röm. Rechts. Den eigentlichen Ursachen kommt man näher, wenn man sich vor Augen hält, daß das röm. Recht die erste Rechtsordnung darstellt, die wissenschaftlich durchdrungen wurde. Zwar setzte sich das Systemstreben der hellenist. Wissenschaft, dessen Anwendung aufs Recht Cicero mit der verlorenen Schrift *de iure civili in artem redigendo* (vgl. de or. 1,87; dazu *La Pira*, Bull. Inst. dir. rom. 42, 1934, 338 ff. Mette Ius civile in artem redactum, 1954) postuliert haben dürfte, erst mit dem elementaren Systemwerk des Gaius durch (vgl. *Mette*). Aber die *scientia* (vgl. Pomp. Dig. 1,2,2,35 *Iuris civilis scientiam plurimi et maximi viri professi sunt*) der *iuris periti* war schon viel früher zur Wissenschaft geworden. Damit hatten die Römer eine Art der Durchdringung ihres Rechts erreicht, zu der weder die Hethiter noch die Ägypter noch die Griechen – trotz jeweils beachtlicher Rechtskultur – gelangt waren. Viel stärker als die Geltung des röm. Rechts im Raum des Imperiums (in dem lange Zeit andere Rechte ihre Geltung zu behaupten vermochten, vgl. Schönbauer, Iura 14, 1963, 71 ff.) hat die wissenschaftliche Durchdringung des röm. Rechts diesem jene Sonderstellung verschafft, die es in der Rezeptionszeit dort *imperio rationis* gelten ließ, wo es nicht *ratione imperii* galt (vgl. Wesenberg-Wesener Neuere deutsche Privatrechtsgeschichte², 1969, 54). Es wurde zum Paradigma des Rechts, zur *ratio scripta* (Wieacker Privatrechtsgeschichte der Neuzeit², 1967, 55 f.).

II. Der Rechtsbegriff der Römer. 1. Die Etymologie von *ius* ist nicht geklärt (vgl. Kaser Das altröm. ius 1949, 27 f.). Erwogen werden Zusammenhänge mit Bezeichnungen gehegter Stätten *(iug-, iungo, iugum)* und mit Bezeichnungen des Eides und seiner Reinheit *(*ieu, iurare, Iupiter* als Schwurgott*)*. Unverkennbar ist die Relevanz des Geschehens vor Gericht. Die Gerichtsstätte selbst heißt *ius;* zu ihr wird mit *in ius vocatio* geladen (tab. I 1), an ihr werden Rechte mit *in iure cessio* abgetreten.

2. Nur eine Definition des *ius* durch einen röm. Juristen ist auf uns gekommen, die von Ulp. Dig. 1,1,1, pr. überlieferte Begriffsbestimmung des Hochklassikers Celsus; *ius est ars boni et aequi.* Mit *ars* dürfte dabei weniger die τέχνη der Griechen als das wirklich künstlerische Geschick der guten und gerechten Ordnung der Lebensverhältnisse – bes. durch Streitentscheidung – gemeint sein (Mayer-Maly, Öst. Ztschr. f. öffentl. Recht 9, 1958, 157). Es ist unwahrscheinlich, daß es weitere Definitionen des *ius* durch Juristen gab. Offenbar fand die Begriffsbestimmung des Celsus allg. Beifall. Sie verwendete mit *bonum et aequum* Kategorien, die nicht als rhetor. Leerformeln abgetan werden dürfen, wenngleich sie auch beim auctor ad Herennium (2,12,20 *ex bono et aequo ius constat*) begegnen. Viele Prozeßformeln – z. B. die der *actio fiduciae* und die der *actio rei uxoriae* – erwei-

sen eine konkrete, jurist. Sonderbedeutung von *bonum et aequum* (PRINGSHEIM, ZRG 52, 1932, 91 ff.).

3. Recht und Gerechtigkeit: Im Zusammenhang mit der Überlieferung der Definition des Celsus sagte der Spätklassiker Ulpian, das Recht habe seinen Namen von der Gerechtigkeit *(est autem a iustitia appellatum:* Dig. 1,1,1 pr.). Darin bekundet sich die feste Überzeugung aller röm. Juristen von der Determination des *ius* durch die *iustitia*. Das Konzept eines jurist. Positivismus blieb der gesamten Ant. fremd. Dagegen kehrt das Definitionsmaterial des Celsus im Naturrechtsbegriff des Spätklassikers Paulus wieder (Dig. 1,1, 11 *ius pluribus modis dicitur: uno modo, cum id, quod semper aequum ac bonum est, ius dicitur, ut est ius naturale*). Andere Naturrechtskonzepte röm. Juristen schlossen sich an die stoische Lehre von der Gemeinschaft des Lebendigen (Ulp. Dig. 1,1,1,3 *ius naturale est, quod natura omnia animalia docuit*) und an die Manifestation der natürlichen Vernunft in den gemeinsamen Grundsätzen aller Völker (Gai. Dig. 1,1,9) an. Iustinian brachte noch die *divina providentia* ins Spiel (Inst. Iust. I, 2,11).

III. Das Verhältnis des Rechtes zu anderen sozialen Ordnungen Roms. Seit der Frühzeit – und in dieser bes. deutlich – steht neben dem *ius* das *fas* (vgl. ORESTANO, Bull. Inst. dir. rom. 46, 1940, 194 ff.; zu phantasievoll VAN DEN BRINK Ius fasque, 1968). Es besagt, ob ein Verhalten gegenüber den Göttern erlaubt ist. Erst spät wird es als göttliches Recht dem menschlichen konfrontiert (Isid. Etym. 5,2,2). Die Rechtssprache sieht *ius* und *fas* aber öfter als konvergent denn als different.

Auch das Verhältnis zwischen Recht und Sitte sowie das zwischen Recht und Moral wird mehr im Zeichen der Konvergenz als der Konfrontation begriffen. Den Klassikern ist freilich bewußt, daß nicht alles Erlaubte auch anständig ist. *Non omne quod licet honestum est* (Paulus Dig. 50,17,144 pr. vgl. auch Modest. Dig. 50,17,197). Doch orientieren sie ihre Entscheidungen und Maximen noch öfter als der moderne Jurist an den guten Sitten *(boni mores)*. Gegen diese verstößt nicht nur das auch in unserer Zeit Anstößige (z. B. die Bedingung der Geschwisterehe, Dig. 45,1,35,1). sondern auch der Erbvertrag (Dig. 45,1,61). Die moderne Schärfe der Trennung von Recht und Sitte entspricht röm. Denken nicht. Das gute, alte Herkommen gehört als *mos maiorum* zu den wichtigsten Elementen des *ius civile* (vgl. KASER, ZRG 59, 1939, 94 ff.).

IV. Die Rechtsquellenkataloge der Klassiker. Nach Gaius (inst. 1,2) setzen sich die *iura populi Romani* aus Gesetzen *(leges)*, Plebisziten, Senatskonsulten, Kaiserkonstitutionen, Edikten und aus den Responsen der Juristen zusammen. Ähnlich bezeichnet Papinian Dig. 1,1,7 die Bestandteile des *ius civile;* die Edikte allerdings schaffen nicht *ius civile*, sondern *ius honorarium*. Im Vergleich zur Gegenwart fällt der bescheidene Anteil der Gesetze an der Rechtsentstehung und die Anerkennung des Juristenrechts als Rechtsquelle auf. Ob die Klassiker auch eine Lehre vom Gewohnheitsrecht entwickelt haben, ist umstritten. Trotz der Untersuchung von SCHMIEDEL (Consuetudo im klass. und nachklass. röm. Recht, 1966) machen jedoch Texte wie Dig. 1,3,40 und Dig. 1,3,33 eine Anerkennung der *consuetudo* als Rechtsquelle wahrscheinlich.

V. Die Gliederung des r. R. Als *positio studii* (Dig. 1,1,1,2) kannte schon die Spätklassik die Unterscheidung zwischen *ius publicum* und *ius privatum*. Das erstere – Verfassungs-, Sakral- und Strafrecht – sollte im Zeichen des Staatsinteresses, das letztere im Zeichen der *utilitas singulorum* stehen (vgl. STEINWENTER, Festschr. Koschaker, 1939, 84 ff. NOCERA Ius publicum, 1946). Einer Modifikation durch private Abreden war das *ius publicum* nicht zugänglich (Dig. 2,14,38).

Das r. R. war weniger das im Bereich röm. Herrschaft als vielmehr das für röm. Bürger geltende Recht. An vielen Instituten des Rechtslebens (bes. den Libralakten, d. h. den Geschäften mit Erz und Waage) konnte der Nichtbürger überhaupt nicht teilnehmen. Doch bestand in Rom neben der Bürgerordnung *(ius Quiritium, ius civile)* ein Fremdenrecht *(ius gentium)*, für das es seit 242 v. Chr. mit dem *praetor peregrinus* einen eigenen Jurisdiktionsmagistrat gab. Dieses *ius gentium* machte ein internationales Privatrecht überflüssig: Waren an einem Rechtsstreit Ausländer beteiligt, griffen nicht verweisende Kollisionsnormen, sondern spezielle Sachnormen für Fälle mit ausländischem Einschlag ein. Aus dem *ius gentium* als der Ordnung für den Rechtsverkehr mit Peregrinen und zwischen Peregrinen sind bes. zwischen 300 und 200 v. Chr. modernisierende Elemente in die Bürgerordnung eingedrungen, etwa im Recht der Konsensualkontrakte. Zur Eigenart und Bedeutung des *ius gentium* vgl. G. LOMBARDI Ricerche in torno di ius gentium, 1946; Il concetto di ius gentium, 1947.

Die Tendenz des röm. Rechts zur Schichtenbildung manifestierte sich noch deutlicher in einer Differenzierung innerhalb der Bürgerordnung: in der Unterscheidung zwischen *ius civile* (in diesem Sinne, nicht als Gegensatz zum *ius gentium*) und *ius honorarium;* dazu Papinian. Dig. 1,1,7. Das Amtsrecht der Praetoren wurde jährlich in ihren Rechtsschutzverheißungen *(edicta)* erneuert. Schon dadurch wirkte es gegenüber dem von *leges* und *mores maiorum* konstituierten *ius civile* als dynamischer Faktor, als *viva vox iuris civilis* (Marcian. Dig. 1,1,8). Für die Eigentums- und für die Erbordnung führte der Dualismus von Amtsrecht und *ius civile* zu einer verblüffenden Zweispurigkeit: Dem *dominium ex iure Quiritium* stand das prätor. *in bonis esse* (zu ihm KASER, ZRG 78, 1961, 173 ff.) gegenüber, der zivilen *hereditas* die praetor. *bonorum possessio* (Gai. inst. 3,32). Im justinian. Recht wurden die Unterschiede zwischen *ius civile* und *ius honorarium* bewußt eingeebnet.

VI. Die Perioden der röm. Rechtsentwicklung. Für die Entwicklung des Verfassungsrechts unterscheidet man zwischen Königszeit, älterer und jüngerer Republik, Prinzipatszeit (bis Diokletian) und Dominatszeit. Die Entwicklung des Privat- und Prozeßrechts zerfällt in eine frühröm., eine vorklass., eine klass., eine nachklass. und in die justinian. Phase. Das frühröm. Recht ähnelt dem altgriech., aber auch dem Recht vorkaroling. Germanenstaaten. Es wird durch das spruchformelhafte Legisaktionenverfahren und durch die sehr archaisch wirkende, aber doch von griech. Rechtskultur beeinflußte Rechtsaufzeichnung der XII Tafeln (um 450 v. Chr.) gekennzeichnet (über seine Eigenart vgl. KASER Das altröm. ius, 1949: CORNIL Ancien droit rom., 1930. LEVY-BRUHL Nouvelles études sur le très ancien droit rom., 1947). Zu Beginn der vorklass. Phase kommen nicht nur die Schriftformeln, sondern auch die Konsensualkontrakte auf; die Jurisprudenz wird von Laien übernommen, an die Stelle der Arkandisziplin von *pontifices* tritt die Publizität des Respondierens von *iuris periti*. Die Entwicklung der Jurisprudenz kennzeichnet den Weg des Rechts bis z. E. der Prinzipatszeit. Wenn man die Jurisprudenz dieser Zeit die klassische nennt, meint man die formale Qualität der Juristenschriften ebenso wie die Überzeugungskraft der Rechtsgedanken (über das Klassische in der röm. Jurisprudenz vgl. WIEACKER Vom röm. Recht[2], 1961, § 161 ff.). Innerhalb der klass. Jurisprudenz unterscheidet man zwischen Frühklassikern wie M. → Antistius (II 12) Labeo und C. → Ateius (II 1) Capito (z. Z. des Augustus), Hochklassikern (wie → Iulianus (11) und P. → Iuventius (III 2) Celsus unter Hadrian) und den umfangreiche Kommentarwerke schaffenden Spätklassikern der Severerzeit. Das E. des Prinzipats ist auch das E. der Klassik. Die Kanzlei Diokletians hält in der Sache noch an der klass. Ordnung fest, ihre Juristen aber teilen schon die Anonymität der Spätzeit. Konstantins Konstitutionen verlassen sowohl stilistisch wie inhaltlich die klass. Tradition. Viele Texte der Spätzeit tragen Spuren einer »Vulgarisierung«, um deren Nachweis und Kennzeichnung sich vor allem Forschungen von Ernst LEVY (West Roman Vulgar Law, 1951; Weström. Vulgarrecht, 1956) bemüht haben. An den Schulen des Ostens – vor allem in → Berytos – entwickelte sich dagegen eine klassizist. Tendenz, die von Iustinians Kompilatoren z. T. übernommen wurde (vgl. aber SCHINDLER Iustinians Haltung zur Klassik, 1966). Die Kompilation, die zur prakt. Handhabung nur bedingt geeignet war, sollte Ausdruck eines Kontinuitätsanspruchs von Iustinian sein und muß im Zusammenhang mit seiner Italienpolitik gesehen werden.

VII. Denkweise und Methode. So wichtig das röm. Rechtsdenken für das moderne wurde, so verschieden ist es von diesem. Der moderne Jurist kontinentaler Schulung gewinnt die Fallösung durch Deduktion aus einer Norm, der er den Sachverhalt subsumiert. Seine Aussagen dienen primär der Beschreibung der Normen und gebrauchen die Fallentscheidung oft nur als Exempel. Der röm. Jurist dagegen ist primär an der Fallentscheidung orientiert. Sein Denken ist insofern mehr induktiver Art (vgl. KASER Zur Methode der röm. Rechtsfindung, NGG, phil. hist. kl., 1962, Nr. 2). Eine große Zahl von Juristenschriften *(epistulae, quaestiones, responsa)* beschäftigt sich überhaupt nur mit Fallproblemen. Bes. zum Sachen- und Schuldrecht bezeichnet man das Denken der röm. Juristen als aktionenrechtlich (SCHULZ Prinzipien d. röm. Rechts 1934, 28 f.): Die Aussage, eine Klage könne eingebracht werden, war mehr Grund als Konsequenz der Aussage, ein Recht stehe zu.

Der induktive Charakter des röm. Rechtsdenkens führte dazu, daß die Formulierung konkreter Rechtsgedanken lange Zeit viel wichtiger blieb als die Ausbildung eines jurist. Systems. Die Juristen bemühten sich zwar schon immer um rationale Begründung ihrer Entscheidungen (vgl. HORAK Rationes decidendi, 1969), beriefen sich dazu aber erst in der Spätklassik auch auf Systemargumente. Ein System, an das solche Argumente anknüpfen konnten, wurde erst von der Elementarliteratur des 2. Jh.s n. Chr. – vor allem von Gaius – entwickelt. Bis dahin dominierte in den Schriften zum *ius civile* eine assoziative Stoffgliederung, in den Kommentaren zum Edikt die ihrerseits auch wieder nur assoziative Gruppierung der Materien durch den *praetor*. Wer mit VIEHWEG (Topik und Jurisprudenz[3], 1965) dem jurist. Systemdenken eine nur an der Überzeugungskraft von Argumenten orientierte Topik entgegensetzt (vgl. HORN Neue Jurist. Wochenschr. 1967, 601 ff.), wird so dazu verlockt, die Methode der früh- und hochklass. Jurisprudenz als Beispiel jurist. Topik anzusprechen. Ciceros Topik allerdings, auf die sich VIEHWEG und die übrigen Protagonisten einer jurist. Topik berufen, war gerade als Lehre vom Ort der Argumente streng systematisch angelegt (vgl. BLÜHDORN, Tijdschrift voor rechtsgeschiedenis 38, 1970, 269 ff.). Th. M.-M.

Darstellungen des gesamten röm. Rechts: *Biondi* Il diritto romano, 1957. *Schwind* Röm. Recht, 1950. Darstellungen des röm. Verfassungsrechts: *Mommsen* Röm. Staatsrecht, 1887 f. *Siber* Röm. Verfassungsrecht, 1952 *De Martino* Storia della costituzione rom., 1951. Zur Quellengesch.: *Wenger* Die Quellen des röm. Rechts, 1953. Über die Rechtswissenschaft: *Kunkel* Herkunft und soziale Stellung der röm. Juristen[2], 1967. *Schulz* Geschichte der röm. Rechtswissenschaft, 1961. Über Gerichtsverfassung und Zivilprozeß: *Kaser* Das röm. Zivilprozeßrecht, 1966. Aus der sehr großen Zahl von Gesamtdarstellungen des Privatrechts seien genannt: *Arangio-Ruiz* Istituzioni di diritto rom.[14], 1960. *Jörs-Kunkel* Röm. Privatrecht[3], 1949. *Kaser* Das röm. Privatrecht I[2], 1971; II[1], 1969. *Rabel* Grundzüge des röm. Privatrechts[2], 1955. Den Geist des röm. Rechts erschließen: *Schulz* Prinzipien des röm. Rechts, 1934. *Wieacker* Vom röm. Recht[2], 1961. Seine Einwirkung auf die europäische Privatrechtsentwicklung des M.A. und der Neuzeit behandeln: *Koschaker* Europa und das röm. Recht[4], 1966. *Wesenberg-Wesener* Neuere deutsche Privatrechtsgesch.[2], 1969. *Wieacker* Privatrechtsgesch. der Neuzeit[2], 1967.

Rechtsschulen, -unterricht. Das Recht der röm. Republik wurde nicht schulmäßig gelehrt. Parallelen zum sicher bezeugten Unterricht in Grammatik, Rhetorik u. Philosophie lassen sich nicht ziehen, da die vorklass. Jurisprudenz die für jene Fächer kennzeichnende freie Spekulation, systematische Lehrgebäude und Tätigkeit hellenist. Ausländer nicht kennt. Sie ist eine Angelegenheit der Oberschicht, für die *dignitatem docere non habet* (Cic. or. 144; vgl. Brut. 306). Unterweisung im Recht fand nur durch Zuhören beim Respondieren und in privatem Gespräch mit dem Respondenten statt. Eine gewisse Verschulung trat in der Kaiserzeit ein. Sichere Zeugnisse hierfür sind die von klass. Juristen (Gaius, Florentinus, Paulus, Ulpianus, Marcianus) verfaßten Lehrbücher (*institutiones*). Die Institutionen des → Gaius (1) lesen sich wie ein Vorlesungsmanuskript. Sie weisen auf Frontalunterricht mit zusammenhängendem Lehrvortrag hin, der freilich wohl kaum von den großen Klassikern selbst gehalten wurde. Er fand auch außerhalb der Wohnung des Lehrers in besonderen Hörsälen (*stationes*, Gell. 13,13. Sch. Iuv. 1,128) statt. Jedoch erreichte der Organisationsgrad des Unterrichts immer noch nicht den anderer Disziplinen (Medizin, Rhetorik, Grammatik): Hörgelder wurden ausnahmsweise genommen (Pomponius über Sabinus, Dig. 1,2,2,50), waren aber nicht, auch nicht *extra ordinem*, klagbar (Ulp. Dig. 50,13,1,5). Für Medizin- u. Rhetorikschulen sind Anerkennung als Korporationen und staatliche Besoldung der Lehrer überliefert (Hieron. ab Abr. 2104. Suet. Vesp. 18. H. A. 3,11,3. 18,44,4), für Rechtsschulen nicht. Rechtslehrer genossen im Gegensatz zu ihren Kollegen anderer Disziplinen keine Privilegien (Ulp. Fr. Vat. 150, anders Dig. 27,1,6,12 [unecht]).

Im 1. u. 2. Jh. bestanden in Rom zwei rivalisierende Rechtsschulen unter der Leitung berühmter Juristen. Pomponius zählt in Dig. 1,1,2,47–53 die Schulhäupter auf (Proculianer: Labeo, Nerva pater, Proculus, Pegasus, Celsus pater u. filius, Neratius Priscus. Sabinianer oder Cassianer: Capito, Massurius Sabinus, Cassius, Caelius Sabinus, Iavolenus Priscus, Alburnius Valens, Tuscianus, Salvius Iulianus). Die Zurückführung der sabinian. Schule auf den im Privatrecht unbedeutenden, von Sabinianern nie zitierten Capito scheint eine irrige, aus dem bekannten Gegensatz zwischen Labeo und Capito gespeiste Kombination des Pomponius oder seiner Quelle zu sein. Der jüngere Plinius (ep. 7,24,8) berichtet von der Schulgründung durch seinen Zeitgenossen Cassius. Vielleicht war Sabinus Mitgründer. Aus der Terminologie der Quellen (*schola*, *secta; successio* = Nachfolge eines Schulhaupts, vgl. CIL III Suppl. 12283 u. 14203 für die *schola Epicurea* in Athen) darf man schließen, daß die beiden Rechtsschulen nicht nur wissenschaftl. Richtungen, sondern Unterrichtsanstalten waren (so [8], bestr.). Alle Versuche, grundsätzliche dogmat., rechtspolit. oder methodolog. Unterschiede zwischen den Schulen nachzuweisen, sind gescheitert. Gegen E. 2. Jh. erlischt der Schulgegensatz, wahrscheinlich infolge der überragenden Autorität Iulians.

Die nachklass. Rechtsschulen liegen, soweit wir gut über sie unterrichtet sind, in der ö. Reichshälfte. Führend wurde im 5. Jh. die Schule von → Berytos. Im 6. Jh. konkurrierte mit ihr die seit 425 nachweisbare (Cod. Theod. 14,9,4) von Konstantinopel. Die Beryter Professoren des 5. (Patricius, Cyrillus, Domninus, Demosthenes, Eudoxius) u. 6. Jh. (Dorotheus, Anatolius) sammelten und interpretierten die Klassikertexte, verfaßten Anmerkungen und Übersetzungen ins Griechische. In ihrer Arbeitsweise den Glossatoren vergleichbar [4], stehen sie diesen an jurist. Einfallsreichtum erheblich nach. Von ihnen ging der Plan zur Kompilation der → Digesta aus [6], deren Gestalt durch ihre Unterrichtsmaterialien mitbestimmt ist [3]. Die Rechtsschule von Berytos war eine öffentliche Anstalt. Die Professoren, wohl nie mehr als vier, bezogen staatliches Gehalt (Cod. Theod. 14,9,3). Über das Leben der Studenten und die von Iustinian reformierte Studienordnung sind wir gut unterrichtet (Zacharias, Vita Severi S. 46 Kugener. const. Omnem). Die Studenten hörten in den ersten drei Studienjahren Vorlesungen. Im 4. und 5. J. vertieften sie ihr Wissen durch Privatstudium und Gespräche mit den Lehrern. Bis zum 25. Lebensjahr waren sie von *munera* befreit (Cod. 10, 50,1). Der durch ein Zeugnis der Professoren nachzuweisende Studienabschluß war Voraussetzung der Zulassung zur Advokatur (Cod. 2,7, 11,2).

In den spätant. Schulen der w. Provinzen wurde ein elementarer Rechtsunterricht im Rahmen der grammat.-rhetor. Ausbildung erteilt [9]. Ob der Rechtsunterricht jener Zeit in Rom höheres Niveau hatte (so [7]), ist sehr zu bezweifeln [9]. Außer Hinweisen auf seine Existenz (Cod. Theod. 13,3,10. Ulp. Fr. Vat. 204. Cassiod. var. 9,21) wissen wir nichts von ihm. Wir kennen weder die Namen der Lehrer noch literar. Leistungen des W., die mit denen aus Berytos vergleichbar wären.

E. Bu.

1. *B. Kübler*, RE IA 380ff. 2. *P. Krüger* Gesch. d. Quellen u. Lit. d. röm. Rechts[2], 1912, 138ff., 392ff. 3. *H. Peters*, SB Akad. Lpz. 65, 1913. 4. *F. Pringsheim*, Festschr. Lenel,

1921, 204ff. 5. *P. Collinet* Étud. histor. sur le droit de Justinien 2, 1925. 6. *F. Pringsheim*, Atti Roma 1, 1934, 449ff. 7. *E. Volterra*, Annali di storia di dir. 1, 1957, 56ff. 8. *F. Schulz* Gesch. d. röm. Rechtswiss., 1961, 26ff. 140ff. 347ff. 9. *F. Wieacker* Ius Romanum medii aevi I 2a, 1963, 36ff. 10. *D. Simon*, ZRG 86, 1969, 334ff.

Reciperatio *(recuperatio)* ist zunächst ein völkerrechtl. Vertrag über gegenseitigen Rechtsschutz: *r. est ..., cum inter populum et reges nationesque et civitates peregrinas lex convenit, quomodo per reciperatores reddantur res reciperenturque, resque privatas inter se persequantur* (Fest. 274). Die in diesem Verfahren tätigen Richter sind also die *reciperatores (recuperatores)*. Dem Wortsinn nach sind sie »Wiederverschaffer«: Sie sollen den durch kriegerische Ereignisse geschädigten Privatleuten ihr verlorenes Gut zurückverschaffen. Ins innerstaatliche Recht übergegangen sind die *r.es* über die Repetundenprozesse, in denen es um die Rückgabe von durch Amtsmißbrauch erpreßten Gütern ging.

Diese *r.es* des innerstaatl. Verfahrens bilden Richterbänke mit wenigen Mitgliedern. Zuständig werden sie durch bes. gesetzl. Zuweisungen. Diese Gesetze regeln zugleich die Einzelheiten des Verfahrens. Gemeinsame Gesichtspunkte für die *r.es*-Prozesse dürften sein: Sie finden dort statt, wo bes. öffentl. Interesse am Streitgegenstand besteht, und ihre prozessualen Eigenheiten dienen der Straffung und Beschleunigung des Verfahrens.

Zuständig sind die *r.es* für die Repetunden- und einige Multprozesse, für Freiheitsprozesse, für Klagen der Publikanen und aus Gewaltdelikten, zeitweise auch aus *iniuria*. Dazu kommen noch einige praetor. Klagen im Zusammenhang mit der Ladung und wohl auch Provinzialprozesse. Dabei war die Zuständigkeit der *r.es* zwingend, so daß kein Einzelrichter gewährt werden durfte.

Ermittelt wurden die *r.es* für einen bestimmten Prozeß regelmäßig durch magistrat. Auslosung aus der Richterliste. Die Parteien konnten jedoch abwechselnd ablehnen (→ *reiectio*), bis noch drei Richter übrig waren. Dabei haben wenigstens in manchen Fällen verkürzte Fristen für die Richtereinsetzung gegolten. Zeugen konnten öffentl. geladen werden. Auch das Urteil war in kürzerer Frist zu fällen. Dafür genügte einfache Stimmenmehrheit, doch mußten alle Richter anwesend sein.

Verschwunden sind die *r.es* mit dem Übergang zum Beamtenprozeß. D. M.

B. Schmidlin Das Rekuperatorenverfahren, eine Studie zum röm. Prozeß, 1963 (grundlegend). *M. Kaser* Röm. Zivilprozeßrecht, 1966, 142ff. 285 (mit weiterer Lit.; ihm folgt die vorstehende Darstellung).

Recipere bedeutet im röm. Recht speziell die Übernahme der Garantie für einen bestimmten Erfolg. Das praetorische Edikt (vgl. O. Lenel Edictum Perpetuum³, 1927, 130ff.) enthielt unter dem Titel *de receptis* drei ganz verschiedene Fälle: Erstens die Übernahme des Schiedsrichteramtes durch Vertrag; der Praetor zwingt dann den *arbiter* zur Erfüllung seines Versprechens. Zweitens das *receptum* der *nautae, caupones, stabularii:* Schiffsunternehmer, Herbergs- und Stallwirte haften auf Rückgabe der ihnen von den Gästen anvertrauten Sachen. Diese Haftung wird zunächst auf einer bes. Gewährsübernahme beruht haben und reine Erfolgshaftung gewesen sein. Spätestens seit der Frühklassik jedoch ist keine Erklärung mehr nötig. Auch ist jetzt höhere Gewalt *(vis maior)* ausgenommen; der Haftungsmaßstab entspricht damit dem der *custodia*. Dritter Anwendungsfall des *r.* endlich ist das → *receptum argentarii:* Der Bankier haftet auf Einhaltung seiner formlosen (→ *stipulatio* ist also unnötig!) Zusagen; der Gläubiger erhält eine *actio recepticia*. In der Nachklassik geht das *receptum argentarii* im *constitutum debiti* auf. D. M.

M. Kaser Röm. Privatrecht 1, 1955, 487ff. 2, 1959, 280.

Recitatio. Vorlesungen literar. Werke vor einem kleineren oder größeren Kreis (Bekannte oder gemischtes Publikum) gab es schon in Griechenland in klass. Z. Herodotos soll aus seinen Gesch. in Athen, Olympia und sonst vorgetragen haben (Eus. chron. ol. 83,4. Lukian. Herod. 1), → Antimachos (2) vor *convocatis auditoribus* (Cic. Brut. 191), auch → Antiphanes (Athen. 13,555a) und andere. In hellenist. Z. mögen R. in Hörsälen der großen Bibliotheken stattgefunden haben; allg. vgl. Vitr. 7 praef. 4ff. In Rom knüpfen die R. in privatem Kreis wohl an diese Tradition an (Suet. gramm. 2). Die Zuhörer konnten Literaturkritik üben, die die Autoren dann u. U. für die veröffentlichte Fassung berücksichtigten, vgl. Cic. Att. 16,2,6. Hor. ars 438ff. s. 1,4,73; epist. 1,19, 35ff. Ov. trist. 4,9,42ff.; Pont. 2,4,13ff. 4,12,25. Don. vit. Verg. 27. 32f. Serv. Aen. 4,324. 6,861; ecl. 6,11. Gell. 7,20,1. Asinius Pollio lud zu R. eigener Werke ein (Sen. contr. 4 praef. 2). Kaiser wie Augustus (Suet. Aug. 85. 89,3), Claudius (Suet. Claud. 41), auch spätere, rezitierten selbst oder hörten zu. Derartige R. konnten entarten (Hor. epist. 1,19,35ff. 2,1,208ff.), die Satiriker nahmen sich des dankbaren Stoffes an (Martial. 3,44. 8,76), aber sie boten auch die beste Gelegenheit, sich bekannt zu machen, auf die eigenen Werke aufmerksam zu machen. Noch Ammianus hat seine Gesch. öffentl. vorgetragen (Liban. epist. 1063). Die R. fanden zunächst in Privaträumen, öffentl. Hörsälen und Thermen statt, erst Hadrian schuf dafür das Athenaeum in Rom (Aur. Vict. Caes. 14. H. A. Pert. 11,3), dessen Lage wir bisher nicht kennen. W. H. G.

Funaioli, RE I A 435ff.

Recta. Beim erstmaligen Anlegen der *toga virilis* trug der Römer die *(tunica) recta*, die gegebenenfalls mit den Standesabzeichen (→ Toga) versehen war. Außerdem hieß R., auch *regilla*, die lange, weiße, stolaartige *tunica*, die die röm. Braut am Abend vor der Hochzeit anlegte, mit der sie dann die Nacht schlief und die sie auch am Hochzeitstag trug. Man zog die R. *ominis causa* an (Fest. 277. 286/89 M.), angeblich, weil die R. im Stehen, d.h. aufwärts gewebt wurde, vielleicht aber auch, weil sie ohne Überfall getragen wurde. *Regilla* wurde natürlich auch auf das Kleid der altröm. Königinnen zurückgeführt. Plin. nat. 8, 194. Fest. a.O. Suet. Aug. 94,10. Isid. orig. 19,22, 18. 25,1. W. H. G.

Blümner, PrAlt. 336. 350f.

Redemptor. Sammelbegriff für Käufer, Mieter, Pächter (auch Staatspächter); vereinzelt sogar für den, der etwas durch Bestechung erwirbt. Speziell *r. ab hostibus* heißt, wer einen Mitbürger aus der Kriegsgefangenschaft freikauft. Hierdurch erlangt der *captivus redemptus* kraft des *ius postliminii* seine alte Rechtsstellung wieder. Jedoch scheint ihn ein Kaisererlaß vom E. 2.Jh. bis zur Erstattung des Lösegeldes zum Sklaven des r. gemacht zu haben. D. M.

Rednerbühne *(rostra, ἔμβολοι, suggestus, βῆμα)*. Öffentl. Rede vor einem größeren Zuhörerkreis setzt spätestens seit der klass. Z. eine R. voraus. Diese kann aus Holz und/oder Stein, ad hoc oder als Bau auf Dauer errichtet sein, ganz einfach oder aufwendiger. Perikles hielt die Rede für die Gefallenen von einer hohen, zu diesem Zweck errichteten R., Thuk. 2,34,8. In der Volksversammlung spricht man wie im Rathaus (Antiph. 6,40) von einer R. aus. Vor Gericht hatte in Athen jede Partei ihre eigene R. [Demosth.] 48,31. Aischin. 3,207. »Das Bema besteigen« ist geradezu ident. mit »öffentl. politisch wirken«, Demosth. 18,66. Von der R. der athen. → Pnyx, dem Ort der Volksversammlung des 5. und 4.Jh., ist noch der aus dem Felsen geschnittene Stufenunterbau erhalten, Hesp. 12, 1943, 269ff. Die R. war so groß, daß man auf ihr herumlaufen konnte. In nachklass. Z. war in vielen Städten das Theater Stätte der Volksversammlung; hier mag die Bühne als R. gedient haben.

In Rom lag die alte R. am Comitium, einem urspr. vom Forum gesonderten, 90x90 m großen Platz vor der Curia, dem Sitzungslokal des Senats. Hier fanden die → Comitia curiata statt, hier wurde auch die → *laudatio funebris* vorgetragen. Die R., an der Grenze zum Forum gelegen, hieß *rostra* nach den Schnäbeln erbeuteter antiatischer Schiffe (→ Maenius 5); außerdem waren hier die Bronzeplatten der Zwölftafelgesetze und einige Porträtstatuen aufgestellt, nach der Erneuerung der R. durch Sulla u.a. ein Reiterbild Sullas und eine Statue des Pompeius. Die alten R. waren rechteckig, der Neubau Sullas hatte bogenförmige Front und Stufen (Nash 2,272ff.). Als erste sollen der Tribun → Licinius (I 15) Crassus und C. → Gracchus (1) nicht mehr zum Comitium (und damit zum Senat) hin, sondern zum Volk auf dem Forum von der R. aus gesprochen haben (Cic. Lael. 96. Plut. C.Gracch. 5). Bei der alten R. lag

die → Graecostasis, von der aus die Gesandten auswärtiger Staaten sprachen, die also ebenfalls eine R. besessen haben muß. Die alte R. fiel der Neugestaltung des Forum durch Caesar zum Opfer. Die neue R., auch sie mit vielen Statuen geschmückt (Nash 2,276ff.), lag an der W.-Seite des Forum, mit Blickrichtung auf den Tempel des Divus Iulius. Vor diesem, also der traditionellen R. gegenüber, ließ Augustus die *rostra aedis Divi Iuli* errichten (Suet. Aug. 100,3), die mit den Schnäbeln der bei Actium erbeuteten Schiffe versehen waren. Bei den Leichenfeiern für Augustus wurden von beiden R. aus *laudationes* gesprochen, so jedoch, daß die von Tiberius vorgetragene *laudatio* von den *rostra aedis divi Iuli* erklang, deren Vorrang damit betont wurde. Zur baulichen Anlage s. Nash 1,512ff.

Zu den R. der röm. Gerichte → Tribunal.

W. H. G.

Redones, gall. Stamm in der Bretagne. Caes. Gall. 2,34. 7,75 nennt sie unter den *civitates maritimae* oder *Aremoricae*. Plin. nat. 4,107 *Rhiedones*. Ptol. 2,8,9 *Ῥήδονες*. CIL XIII 3151 *[civi]tas Ried(onum)*. Not. dign. occ. 42,36. Not. Gall. 3,3. Hauptstadt: Condate, später *c(ivitas) R(edonum)*, am Zusammenfluß von Ille und Vilaine; h. Rennes. In der Spätzeit gehörten die R. zu der *prov. Lugdunensis*. CIL XIII 492. 667. M. L.

Desjardins Géogr. Gaule 2,487. S. Ann. Bret. 1963, 65. 1970.

Regalianus. Statthalter von Dakien, Moesien und Oberpannonien (Fitz Stud. z.d. Militärgrenzen 113ff.), nach der Besiegung des → Ingenuus im J. 260 in → Sirmium zum Gegenkaiser des → Gallienus ausgerufen (SHA trig. tyr. 10,1. Aurel. Vict. Caes. 32,3. Polem. Silv. Chron. min. 1. 521, 45. A. Stein Moesien 105f. Reidinger Statth. Pann. 116f.). Als Kaiser *Imp. Caes. P. C(ornelius?) R.*, bezeugt durch zahlreiche Mz.en, die R. und seine Gattin → Sulpicia Dryantilla durch Überprägungen älterer Denare in Carnuntum (?) herstellen ließen, vgl. die Übersicht Göbl 12ff. R. feierte einen Sieg über die → Sarmaten (SHA trig. tyr. 10,1), wurde aber von Gallienus besiegt.

G. Wi.

G.Barbieri Alb. senat. 307 Nr. 1712. *G.Walser–Th.Pekáry* Krise d. röm. Reiches 43f. Cambr. Anc. Hist. 12,182ff. *R.Göbl* R. und Dryantilla. Denkschr. Akad. Wien 1970.

Regendarius (Lyd. mag. 3,4. 21. Cassiod. var. 11,29) oder *regerendarius* (Not. dign. or. 2,68. 3,29; occ. 2,52. 3,47. 4,28. 5,280 u.ö.), spätant. Beamtentitel. In den Präfekturen hatte der r. die *evectiones* für den *cursus publicus* auszustellen. Im W. gab es nach der Not. dign. auch in milit. Dienststellen einen r., dessen Funktion aber unbekannt ist. Neue Hypothesen zu r. bei W. Blum (Curiosi und Regendarii, 1969, 62ff.), dem es u.a. nicht gelungen scheint, *regendarius* und *regerendarius* als zwei verschiedene Beamte zu erweisen (bes. S. 88ff.). A. L.

Regia. Nach der röm. Überlieferung war das an der Via sacra hinter dem Cäsartempel liegende Gebäude urspr. die *domus regia* und wurde in der Republik Amtssitz des → Pontifex maximus, der aber dort, als in einem *fanum*, nicht wohnen durfte. Der trapezförmige Grundriß der R. erklärt sich aus der Vereinigung zweier verschiedener Bauwerke: das ältere, aus Tuffquadern erbaute, gegenüber dem Vestatempel, war ein längliches Rechteck in Form eines Megaron; es enthielt u.a. ein *sacrarium* des Mars mit den → *ancilia* und den *hastae;* hier hielt das Pontifikalkollegium seine Sitzungen ab, hier befand sich wahrscheinlich auch dessen Archiv. Dieses Haus brannte 148 v.Chr. und dann ein J. später noch einmal nieder. Cn. → Domitius (I 14) Calvinus ließ im J. 36 v.Chr. die R. wiederherstellen und durch einen dem Gelände angepaßten prachtvollen Marmorbau mit dreieckigem Grundriß nach der Via sacra zu erweitern. Als Augustus den Sitz des Pontifex maximus auf das Palatium verlegte, verlor die alte R. ihre Bedeutung. Sie wird zuletzt gegen E. 3.Jh. n.Chr. (Solin. 1,21) und im 4.Jh. (377 n.Chr.) erwähnt (CIL VI 311). R. G.

RE IA, 1,465ff. *Lugli* Centro, p. 212ff.

Rēgīfūgium (Auson. fer. Roman. 13), röm. Staatsfest (Fast. Maff. CIL I^2 p. 223) am 24. Febr. (Fest. 346,22 L. Ov. fast. 2,686), das als Flucht des Tarquinius (Auson. a.O. Ov. fast. 2,685. 5,278. Paul. Fest. 347,10f. L. Polem. Silv. CIL I^2 p. 259) gedeutet wurde. Da die Tagessigle *QRCF* bei Auflösung des *F* als *fugit* (Fast. Praen. zum 24. März) als Flucht des *rex* (Ov. fast. 5,728) scil. *sacrorum* nach einem Opfer auf dem *comitium* ausgelegt wurde (Plut. qu. Rom. 63), vergleicht man h. Riten (Deubner Att. Feste 158ff.) der attischen Dipolieia. Unklar bleiben: 1. Herleitung von *fugere* oder *fugare*? 2. Quantität des ī (statt *rēgĭficus, lūcĭfer;* aber *tībīcen*). 3. Datum am geraden Monatstag (nicht Abgang des verflossenen Jahres). G. R.

Wissowa Rel. ^{2}436. *Latte* RRel. 128. *Dumézil* Rel. Rom. arch. 537. *Altheim*, WaG 1, 1935, 425ff. *Ders.* RG 2, 1953, 58. *Rohde* Kultsatzungen d. röm. Pontifices 103.

Regillensis. Cognomen (I. Kajanto Lat. Cognomina, 1965, 52. 183) bei den → Postumiern. H. G. G.

Regillus. Cognomen, in republik. Z. bei den → Aemiliern (I 26f.), in der Kaiserzeit auch bei anderen Gentes, Degrassi FImp. 265. H. G. G.

Regillus lacus liegt *in agro Tusculano* (Liv. 2,19,3) und ist Schauplatz der Entscheidungsschlacht zwischen Rom und Latinern in Roms Frühzeit (Liv. 2,19ff. Dion. Hal. ant. 6,3. Cic. nat. 2,6. 3,11. Plin. nat. 33,38). Lokalisierung nicht möglich; keine Zugehörigkeit zur sabin. Stadt Regillum, aus der Attus Clausus nach Rom kam (Liv. 2,16,4. Dion. Hal. 5,40. Suet. Tib. 1,1). G. R.

Forbiger HB d. alt. Geogr. 3,379. 457. *Nissen* It. Ldk. 2, 600.

Regina. Epitheton der Iuno im Tempel der kapitolin. Trias (Cic. Verr. 5,184; dom. 144; Scaur. 47. Act. Arv. p. 91. 94ff. Henzen. Act. lud. saec. 119), der Iuno, die aus Veii evoziert wurde (Liv. 5,21,3) und auf dem → Aventin einen Tempel erhielt (5,22,7. 23,7. 31,3), dessen Kult bes. die Matronen versahen (21,62,8. 27,37,7ff.), und der Iuno, der in Rom von M. Aemilius → Lepidus (I 4) 187/179 (Liv. 39,2,11. 40,52,1f. Obsequ. 16) und von Q. Caecilius → Metellus (I 18) 146 (CIL I^2 p. 252) Tempel gelobt und geweiht wurden; auch die Iuno → Moneta heißt CIL VI 362 R. (vgl. Val. Max. 1,8,3). Kult einer Iuno R. auch in → Ardea (Plin. nat. 35,115) und → Lanuvium (CIL I^2 1430 = Degrassi ILLRP Nr. 170). Vorbild war die griech. Ἥρα Βασίλεα oder Βασιλίς. G. R.

Wissowa Rel. ^{2}187ff. *Latte* RRel. 168. *Dumézil* Rel. Rom. arch. 447f.

Regina castra, h. Regensburg a.d. Donau, Name des späteren von Marcus (2) Aurelius 179 n.Chr. angelegten Lagers, gegenüber der Regenmündung (Not. dign. occ. XXXV 17 *castra Regina*, sonst *Regino* Itin. Ant. 250 und Tab. Peut.). Seit dem 8.Jh. Radaspona-Ratisbona, nach Steinmetz (Verhandl. histor. Vereins von Oberpfalz 71, 1926, 16) ursprünglich Name eines in der Nähe von Kumpfmühl gelegenen keltischen oppidum, der von den Römern auf das neue Lager übertragen, nach dessen Auflassung auf die Zivilsiedlung und das Lager an der Donau selbst überging.

Seit der Hallstatt- und La Tène-Z. sind die fruchtbaren Ackerniederungen besetzt, doch wurde nach der Einverleibung Raetiens in das röm. Reich unter Augustus erst 74 n.Chr. (Anlage der Rhein-Donau-Straße unter → Vespasian) ein Holz-Erde-Lager bei Kumpfmühl gebaut, das den Schutz des Donau-Überganges zu gewährleisten hatte. Wahrscheinlich in hadrian. Z. wurde diese Anlage durch einen Steinbau ersetzt (Kastell der *cohors II Aquitanorum equitata, legio* oder *castra* auf Meilensteinen). Bei den Markomanneneinfällen 166–180 n.Chr. zerstört, blieb die zivile Ansiedlung bestehen. 179 n.Chr. wurde ein festes Steinlager *(legio III Italica)* gegenüber der Regenmündung errichtet (Bauinschrift von 179 *vallum cum portis et turribus...*), das 540 m zu 450 m groß bis z. E. der röm. Herrschaft bestand. Die *canabae legionis* und die Friedhöfe, an der Straße nach Kumpfmühl gelegen, sind von der 2. H. 2.Jh. bis zum 4.Jh. und wieder vom 6. bis 7.Jh. n.Chr. belegt. H. C.

A. Franke, RE Suppl. VI 1427.

Regina sacrorum (CIL VI 2123f.) ist dem → *rex sacrorum* durch *confarreatio* angetraut (Gai. inst. 1,112). Als Kopfschmuck trägt sie ein *arculum* (Serv. auct. Aen. 4,137) oder *inarculum* (Paul. Fest. 101,5f. L.), einen eingebogenen Granatapfelzweig. Sie opfert an allen Kalenden in der *regia* der Iuno ein Schwein oder ein Schaf (Macr. sat. 1,15,19 *porcam vel agnam*). G. R.

Wissowa Rel. ²506. *Dumézil* Rel. Rom. arch. 158,1. 177.

Regiones. Servius → Tullius teilte Rom in vier r. (Varro 1. 1. 5,45. 49. 51. 53. Paul. Fest. 506,5 ff. L. Liv. 1,43,13. Plin. nat. 18,13. Dion. Hal. ant. 1,14,1 zählen unterschiedlich) *Suburana* (1. r. auch Cic. leg. agr. 2,79), *Esquilina*, *Collina*, *Palatina* (1. r. CIL VI 10211), nach denen die *tribus* heißen (Varro l. l. 5,56. Liv. per. 20); Lage durch Argeerkapellen (→ Argei) (Varro) annähernd bekannt. Neuaufteilung (12–7 v. Chr. CIL VI 452. 449. 343. 2222) durch Augustus (Suet. Aug. 30,1. Cass. Dio 55,8,7) in vierzehn r. (Plin. nat. 3,66) namenlos durchgezählt (Frontin. aqu. 79. Suet. Dom. 1,1); später (nach 136 n. Chr. CIL VI 975) volkstümliche Namen: *Porta Capena* (1. r.), *Alta Semita* (6. r.), *Trans Tiberim* (14. r.) u. a. Leitung durch republ. Magistrate (Suet. Cass.), später *curatores* bzw. *praefecti* über *magistri vicorum;* organisatorische Verbindung mit *cohortes vigilum.* Topograph. Einordnung aus konstantin. Regionsbeschreibung (RICHTER Top. 371 ff.) bekannt. Etwa gleichzeitig (anders NISSEN It. Ldk. 1,81) gliedert Augustus Italien in elf r. (Plin. nat. 3,46; deren *discriptio* ebd. 47–138). G. R.

R. Thomsen The Italic Regions, Kopenhagen 1947. *L. Ross Taylor* Rend. Pont. Acc. 17, 1952/54, 225 ff.; The Voting Districts etc. 69 ff.

Regium (Strab. 5,216 Ῥήγιον Λέπιδον) wurde vermutlich von Aemilius → Lepidus (I 4) 187 v. Chr. als *Forum Lepidi* (Fest. 332,25 L.) am Ort des kelt. R. (*R. Lepidi* Cic. fam. 12,5,3) gegründet und heißt meist *R. Lepidum* (Tac. hist. 2, 50. Ptol. 3,1,46; R. nur Cic. fam. 11,9); die Bewohner *Regienses a Lepido* (Plin. nat. 3,116) in der 8. Region stimmen in der *tribus Pollia* (KUBITSCHEK Imp. Rom. trib. discr. 99. L. ROSS TAYLOR Voting Districts 274). Zur Straßenlage vgl. Itin. Ant. 99,3. 283,5. 287,7. Burd. 616,11. Tab. Peut. 4,4. Geogr. Rav. 4,33. H. Reggio Emilia. Vgl. Rhegion. G. R.

Forbiger HB d. alt. Geogr. 3,410. *Nissen* It. Ldk. 2,267.

Regium atrium brannte 210 v. Chr. zusammen mit dem *forum piscatorium* ab (Liv. 26,27,3. 27,11,16). Man hielt es früher für ident. mit dem Atrium Vestae (WISSOWA Rel.² 502,7), glaubt h. aber, daß damit der ummauerte Hof auf der N.-Seite der *regia* bezeichnet wird (BROWN New Soundings in the Regia, Entretiens sur l'antiquité classique 13, 1966, 57. SCHOLZ Studien zum altital. und altröm. Marskult und Marsmythos 26). G. R.

Rēgula. Jede Leiste, Latte, jeder Stab aus Holz, Metall, Stein kann R. heißen. Bes. nennt Vitr. 4,3,4 die schmale Leiste in Triglyphenbreite mit je sechs zylindrischen Stiften *(guttae,* »Tropfen«*)* so, die unter der → Taenia des dor. Architravs hängt (G. GRUBEN Die Tempel d. Griechen [1966] Abb. 28. 140). Auch das Richtscheit der Bauleute, Schreiner hieß R., κανών, πῆχυς. Wurde es als Maßstab gebraucht, so war es mit Meßstrichen versehen (NSA 1906, 114). Das Lineal der Schreiber, R., κανών, diente zum Vorziehen der Linien mit Hilfe von Linierblei, Anth. Pal. 6,62–68. W. H. G.

R. Martin Manuel d'architecture grecque 1, 1965, 184 bis 186.

Regulus. Cognomen, in republ. Z. bei den → Atilii (vgl. I 20), in der Kaiserzeit auch bei weiteren Gentes, vgl. DEGRASSI FImp. 265. H. G. G.

Republikanische Zeit. **1.** C. Atilius Regulus kämpfte als Consul 257 in der Seeschlacht bei → Tyndaris gegen die Karthager (Pol. 1,25,1–4). Obwohl auch die Karthager behaupteten, gesiegt zu haben, triumphierte R. (Act. Tr.). In seinem 2. Consulat 250 belagerte er zusammen mit seinem Kollegen L. Manlius Vulso erfolglos → Lilybaeum (Pol. 1,41–48. Diod. 24,1,1–4). **2.** C. Atilius R. schlug als Consul 225 einen Aufstand in Sardinien nieder (Pol. 2,23,6), ehe er bei seiner Rückkehr in der für die Römer siegreichen Schlacht bei → Telamon gegen die Gallier fiel (Pol. 2,27 f.). **3.** M. Atilius R. erhielt als Consul 335 den Auftrag, gegen die → Sidiciner zu ziehen (Liv. 8,16). **4.** M. Atilius R., wohl Sohn von Nr. 3, bekämpfte als Consul 294 die Samniten. Während die Act. Tr. seinen Triumph verzeichnen, wurde ihm dieser nach Liv. 10,36,10 u. a. wegen der großen Zahl röm. Gefallener verweigert. 293 war R. Praetor. **5.** M. Atilius R. besiegte als Consul 267 die → Sallentiner (Eroberung von → Brundisium) und erhielt den Triumph (Act. Tr.). Als *cos. suff.* 256 schlug er mit seinem Kollegen L. Manlius Vulso Longus die Karthager unter Hanno und Hamilcar in der Seeschlacht bei → Eknomos (Pol. 1,255 bis 228), und beide setzten nach Africa über, wo die Karthager sich auf Verteidigung ihrer Hauptstadt beschränkten und die Römer das offene Land ungehindert plündern ließen. Nachdem Manlius nach Rom zurückgekehrt war und triumphiert hatte, errang R. zunächst bei Adys einen Sieg, stellte jedoch den friedenswilligen Karthagern zu harte Bedingungen, woraufhin sie ihm unter Führung des Spartaners → Xanthippos eine vernichtende Niederlage beibrachten. R. geriet in karthagische Gefangenschaft (Pol. 1,31–34 u. a.). Über sein weiteres Schicksal geht die Überlieferung auseinander: Nach Cic. (off. 3,99 f.; fin. 5,82; Pis. 43 u. ö. Liv. per. 18; 28,43,1. 30,30,23) Cass. Dio (Zon. 8,15) und App. (Lib. 3) wurde R. 250 nach Rom entsandt, um über den Austausch von Gefangenen und – nach einigen Autoren – einen Friedensschluß zu verhandeln. Obwohl R. sich verpflichtet hatte, für den Fall eines Scheiterns seiner Mission nach Karthago zurückzukehren, sprach er im Senat gegen die karthagischen Vorschläge und wurde nach seiner Rückkehr in Karthago unter Martern getötet. Während Pol. R. nach seiner Gefangennahme nicht mehr erwähnt, berichtet Diod. (24,12), daß nach seinem Tod in der Gefangenschaft seine Witwe sich an zwei Karthagern, die in Rom für sein Wohlergehen bürgen sollten, auf schreckliche Weise gerächt habe. Ähnliches berichtet Gell. 7,4,1 aus C. Sempronius Tuditanus (HRR 1,143f. F. 5 mit Anm.). Es spricht vieles dafür, daß diese Version durch die beschönigende Fassung bei Cic., der R. die Ansicht vertreten läßt, ein Austausch widerspreche seines hohen Alters wegen dem Staatsinteresse (off. 3,99f.), und bei Liv., der R. die konzessionslose Standhaftigkeit Roms gegenüber dem karthagischen Feind vertreten läßt, verdrängt werden sollte. Die späteren Autoren folgten darin Cic. und Liv. **6.** M. Atilius R., Sohn von Nr. 5, wurde nach seinem ersten Consulat 227 im J. 217 *cos. suff.* für C. Flaminius und kämpfte mit seinem Kollegen Cn. → Servilius Geminus auch 216 noch in Apulien (Liv. 22,32–34,1). 216 gehörte er zu den auf Grund der angespannten Finanzlage des Staates gewählten *IIIviri mensarii* (Liv. 23,21,6). 214 griff R. als Censor mit seinem Kollegen P. → Furius Philus (I 32) u.a. streng gegen Defaitisten durch (Liv. 24,18,1–9). **7.** M. Atilius R. erhielt in seiner Praetur 213 den Auftrag, gegen den um sich greifenden Aberglauben und die Wahrsagerei in Rom vorzugehen (Liv. 26,1,6ff.), und deckte den Betrug einiger Publicanen bei Heereslieferungen über See auf (Liv. 26,6,3). 211 war R. als Legat bei der Eroberung Capuas zugegen (Liv. 26,6,1) und gehörte 210 einer Gesandtschaft zu → Ptolemaios IV. Philopator an (Liv. 27,4,10). M. D.-M.

8. s. Aquilius (II 5). Livineius (II 1). Memmius (II 3).

Reh, Cervus capreolus bzw. Capreolus capreolus. Das in Mitteleuropa heimische, anmutige, bewegliche (Hor. carm. 3,15,12. Opp. cyn. 1,165 al.), standsichere (Martial. 13,99) und scheue (Ail. hist. an. 7,19. Agath. Anth. Pal. 5,292. Ov. met. 1,442) Tier bleibt trotz seiner weiten Verbreitung (im S. bis Kreta: Val. Max. 1,8 ext. 18; vereinzelt in Kl.-Asien: Strab. 12,546f.; nicht in N.-Afrika: Plin. 8,228) stark im Hintergrund. Die älteste gr. Bezeichnung *πρόξ* (Hom. Od. 17,295; *προκάς* h. Ven. 71), von Schol. Nik. Th. 578 als »Rehkitz« erklärt, steht bei Aristot. hist. an. 506 a 22. 515 b 34. part. an. 676 b 27 neben *ἔλαφος*, ist aber bei ihm nicht eindeutig zu bestimmen. *Δορκάς* könnte bei Eur. Bacch. 699. Xen. Cyr. 1,4,7 das R. sein, sonst wohl meist die Gazelle. Vom Leben des Tieres wußte man wenig, obwohl man es jagte (Hom. a.O. Iuv. 14,81. Sil. 10,19. Apul. met. 8,4 u.a.), z.T. in Tiergärten hielt (Varro rust. 3,3,3. Colum. 11 pr. HA Aurel. 10,2), sogar in die Arena brachte (Ov. fast. 5,273). Sein Fleisch war geschätzt (Iuv. 11,142. Auson. 352,2; vgl. aber Hor. sat. 2,4,43; med. Urteil: Cels. 2,18. 30; Suppen: Apic. 8,343ff.); es diente ebenso wie die inneren Organe und der Kot zu med. Zwecken (Plac. med. 4. Scrib. Larg. 127. Cael. chron. 1,1,23. 4,3,70), die Decke zur Zauberei (Plin. 29,67). – Vergleichung Christi mit dem R.: Ambros. in Ps. 118. serm. 6,12. W. R.

O. Keller Ant. Tierwelt 1, 278. *H. Krieg* Das R. in biolog. Betrachtung (1936). *G. Jennison* Animals for Show and Pleasure in Anc. Rome (1937) 131ff. 145f.

Reiectio bedeutet allg. die Aufgabe eines Rechts, etwa des Eigentums (= *derelictio*) oder des Bürgerrechts. Speziell die *r. iudicis* ist die Ablehnung von ausgelosten Richtern durch eine Partei. Diese r. war teils wegen Befangenheit zulässig, teils bis zu bestimmten Höchstzahlen. D.M.

M. Kaser Röm. Zivilprozeßrecht, 1966, 44. 141. 143f.

Reiher (*ἐρῳδιός*, selten *ἀρωδιός*, *ῥωδιός*, *ἐρωγάς*, *ἐδωλιός*, *ardea*, *ardeola*), Fam. der Ardeidae in der Ordn. der Schreitvögel. Man unterschied mehrere Arten: *ὁ πέλλος ἐ.*, Ardea cinerea L., Fisch-R.; *ὁ λευκὸς ἐ.*, Ardea alba, Silber-R.; *ὁ ἀστερίας*, Ardea stellaris, Rohrdommel (?); Ps. Aristot. hist. an. 9,609 b 21ff. Kall. frg. 427 Pf. Plin. nat. 10,146), daneben den *πύγαργος*, der bei der Paarung leicht eingehe, den *ἀφροδίσιος*, den *μελάγχρους* (Sch. B Il. 10,274 nach Porphyr.) u.a. Den Mittelmeervölkern wohlbekannt als eleganter und geschickter (Ps. Aristot. a.O. 616 b 33. Plut. soll. an. 10. Ail. nat. 5,35) Wasservogel (Aristot. hist. an. 8,593 b 1; vgl. Semon. frg. 9 B. Aristoph. Av. 886 al.); bei Epich. frg. 49 (Athen. 398 D) heißt er treffend *μακροκαμπυλαύχην* »Langkrummnacken«: Er lauert seiner Beute auf und stößt blitzschnell zu. Flugsteuerung durch die Beine beobachtet Aristot. de incessu an. 10,710 a 13. Viele Feindschaften wurden ihm nachgesagt: mit dem Baumhacker *πιπώ* (Ps. Aristot. h.a. 609 a 30), dem Adler und der Lerche (ebd. 609 b 22), der Möwe (Ail. 4,3), der Spitzmaus (Plin. 10, 204); auch Freundschaften, so mit der Krähe (Ail. 5,48) und den Griechen auf den diomed. Inseln (Antig. Car. 188). Sein Erscheinen galt als Sturm- und Winter-Wetterzeichen (Aristot. frg. 253,2. Theophr. sign. 18,28. Arat. 913. 972. Verg. georg. 1,364. Plin. nat. 18,363). Er ist dem Poseidon heilig (Alex. Mynd. frg. 15), seine mantische Bedeutung war meist vorteilhaft (Kall. Ait. 2 frg. 43,62 Pf.; Weiteres bei W. Ehlers Die Gründung von Zankle ... [Diss. Bln. 1933] 37ff.). Eine Verwandlungssage: Ant. Lib. 7,7; Schuld des R. am Tod des Odysseus: Aischyl. frg. 478 Mette; Fabel von Wolf und R.: Aisop. 156 Perry. – Die älteste Nennung des *ἐρῳδιός* (Hom. Il. 10,274) wird von der neueren Forschung auf das Wasserhuhn bezogen. W. R.

A. Lindenmayer Die Vögel Griechenlands (1843) 148ff. *O. Keller* Ant. Tierwelt 2, 1913, 202ff. *D'Arcy W. Thompson* A Glossary of Greek Birds ([2]1966) 102ff.

Reii, Stadt der Gallia Narbonensis, zwischen Forum Iulii (h. Fréjus) u. Aquae Sextiae (h. Aix); h. Riez. Alter einheim. Name *Alebece* Plin. nat. 3,36. Hauptort der *Ἀλβίοικοι* Strab. 4,203 oder

Albici Caes. civ. 1,34. 56. 2,2. Seit Augustus *col. Apollinaris Reiorum*, mit *quatuorviri, aediles, flamen Romae et Aug., pontifex* CIL XII 351 ff. Später *Reii* (Sid. Apoll. ep. 9,9) oder *Reii Apollinarium* (Tab. Peut.). Ruinen: Tempel, Stelen; R. COLLIER, Archaeologia 5, 1965, 85. M. L.

Desjardins Géogr. Gaule 2,432.

Reis (*ὄρυζα, ὄρυζον, orўza, orīza*, nicht-griech.). Die erste Erwähnung bietet Soph. frg. 609 N^2 aus dem Triptolemos (*ὀρίνδου δ' ἄρτον*). Gut auf R. trifft zu die Beschreibung des von den Indern genossenen *κέγχρος* bei Hdt. 3,100. Den Griechen bekannt wurde er erst durch die Alexanderzüge bis Indien. Gut beschreibt ihn und seinen Anbau – nach → Aristobulos (bei Strab. 15,692) und → Megasthenes (bei Athen. 4,153 d) – Theophr. h. pl. 4,4,16. Vgl. Diod. 19,13. Von Indien breitete sich der R. auch in die Nachbarländer bis Syrien aus, doch nicht nach Griechenland und Italien. Dort wurde er wenig (bekanntestes Zeugnis Hor. s. 2,3,155), bes. medizin., verwendet. Sehr unzulänglich Plin. nat. 18, 75 und 171. In Südeuropa (zuerst Spanien) eingebürgert wurde der R. erst durch die Araber vom 8. Jh. ab. K. Z.

Hehn–Schrader Kulturpflanzen^8 502–11. *Stadler*, RE I A 517–19.

Reiterei ist zuerst bei den Hethitern nachweisbar. Denkmäler aus der Z. → Ramses' II. zeigen sie als Bogenschützen im Kampf gegen Ägypter. Auch die Assyrer verfügten über R. Die R. der Griechen, deren allgemeine Entwicklung unter → Hippeis skizziert wurde, geht mit ihren Anfängen vermutlich an das E. der myken. Z. zurück. Nach bildl. und literar. Zeugnissen zu schließen, war jeder Reiter stets mit 2 Pferden, einem Reit- und einem Reservepferd, ausgerüstet. Seit dem 6. Jh. v. Chr. dagegen hatte er nur e i n Pferd. Im 5. Jh. v. Chr., als die R. nach den Perserkriegen bei Athenern und Spartanern neu aufgestellt wurde, zählte sie bei letzteren 400 Mann (Thuk. 4,55, 2); im 4. Jh. waren es 600 (Xen. hell. 4,5,11). Damals wurden je 100 Mann, die sich in 2 Züge (*οὐλαμοί*) zu je 50 gliederten (Plut. Lyk. 23), einer → Mora zugeteilt. Die Bewaffnung ist unbekannt. Die seit Mitte 5. Jh. bis z. Z. des → Demosthenes 1000 Mann starke R. der Athener (→ Heerwesen) wurde teils ausgehoben, teils aus Freiwilligen ergänzt. Die Ausbildung oblag 2 Hipparchen, von denen jeder 5 → Phylen, in die auch die R. gegliedert war, kommandierte (Aristot. Ath. pol. 61,6). Jede Phyle bestand wieder aus Dekaden und Pentaden mit Dekadarchen und Pempadarchen (Xen. hipp. 2,2 f. 4,9). Angriffswaffen waren die zum Wurf und Stoß geeignete Lanze oder 2 kürzere Wurfspeere (*ἀκοντισταί*) und das kurze Schwert, Schutzwaffen der schwere Metallharnisch und Armstulpen (*χεῖρες*). Die griech. R. war mit Ausnahme der makedon. und sizil. bis z. Z. Alexanders d. Gr. von geringem Wert. Das kam allein schon in der ihr eigentümlichen Kampfart des Scharmützelns (Xen. hipp. 8,23–25; hell. 7,1,21) zum Ausdruck. Die makedon. R., die schon sehr früh. erwähnt wird (Hdt 8,138), umfaßte → Hetairoi, schwere und leichte Sarissophoroi (→ Sarissa). Seit Philipp II. und Alexander d. Gr. fiel ihr in der Schlacht nunmehr die wichtigste Rolle zu. In geschlossener Masse, gestaffelt nach → Ilai (Arr. an. 1,15,8. 5,15,2), eröffneten Hetairoi den Angriff, der die feindliche Front durchbrechen und im Verein mit dem schweren Fußvolk aufrollen sollte. Die Bedeutung der R. stieg auch deshalb, weil sie die Hauptwaffe der Perser war. Mit der Neuordnung des makedon. Heeres nach der Schlacht von Gaugamela wurde die schwere thessal. R. entlassen und durch eine griech. Söldnerkavallerie ersetzt. Den großen Bedarf an leichter R. deckte Alexander durch Aufnahme asiat. Kontingente. Diese Zusammensetzung war auch für die R. der Diadochen kennzeichnend. Zur Bewaffnung gehörte außer dem massiven Panzer und der Stoßlanze (*ξυστός*) ein kleiner, mit Metall verkleideter Holzschild (Pol. 6,25).

Über röm. R. → Equites militares – singulares, Clibanarii, Dromedarii, Kataphraktoi, ferner A. NEUMANN Equites extraordinarii, RE Suppl. XI 652. A. N.

F. Lammert, RE I A 519 ff. *Krom.-Veith*, 631 (Reiterei); BursJb 274 (1941) 68,70 und Art. → Hippotoxotai, → Prodromoi.

Reitkunst. Wohl im 8. Jh. v. Chr. löst im Kriegsbrauch die R. den Streitwagen ab (→ Pferd o. S. 682 f.). Von Reiten spricht Hom. Il. 10,513 f. 15,679. Od. 5,371 nur beiläufig, Hes. überhaupt nicht. Wir kennen die griech. R. vor allem aus Xen. equ. und Darstellungen der bildenden Kunst (Vasen. Parthenonfries. Alexandersarkophag usw.), für die militär. R. zudem noch aus Xen. hipp. Da spätere Schriften zum Thema (vgl. z. B. Plin. nat. 8,162) verloren sind, ist uns eine Entwicklung der ant. R. kaum kenntlich. Auch Xen. hat fast nur militär. Reiten und Geländeritt im Auge, von der speziellen R. für Rennreiten wissen wir daher zu wenig. Zieht man in Betracht, daß Steigbügel im Alt. unbekannt waren, der Sattel *(sella)* erst im 3. Jh. n. Chr. aufkam, die Pferdedecke (→ Ephippion, o. II 297 f.) als Sattelersatz kaum vor Xen. nachweisbar ist, so bleibt erstaunlich, wieviel von den Anweisungen bei Xen. noch h. Gültigkeit hat. Das Aufsitzen, ohne Steigbügel schwieriger als h., soll von beiden Seiten geübt werden, aber möglichst nicht zwischen Pferden, in der Nähe einer Menschenmenge oder überhaupt außerhalb der Reitbahn (equ. 7). Xen. lehrt Spaltsitz, doch zeigen fast alle Denkmäler Stuhlsitz, wenn auch nicht mit hochgezogenen Knien. Schritt, Trab und Galopp wurden geübt, Ansprengen zum Galopp, anders als h., auf der linken Hand. In der Reitschule gibt Xen. der elliptischen Form den Vorzug vor dem Kreis. Wendungen und alle Arten des Sprungs sollen eifrig geübt werden, vor allem für das Geländereiten. Weigert das Pferd den Sprung, soll der Reiter absitzen, den Graben selbst überschreiten und das Pferd mit dem Leitriemen heranziehen; hilft das nicht, soll ein anderer dem Pferd von hinten einen Hieb mit der Gerte versetzen. Beim Berganreiten darf man sich an der Mähne festhalten, Bergabreiten soll zuerst auf weichem Boden geübt werden. Jagdreiten und Kriegreitspiel (Fliehen und Verfolgen) sind oft zu üben. Der Umgang mit heftigen und mit trägen Pferden wird gelehrt, auch das Erzielen einer stolzen Paradehaltung, wozu zwei verschiedene Gebisse heranzuziehen sind (→ Lupatum). An Pferderennen kennt Olympia neben den Rennen ausgewachsener Tiere auch Fohlenrennen. Nach Tac. Germ. 6 ritten die Germanen beim Üben geradeaus oder im Kreis rechtsherum, ohne Changieren, im Gegensatz zum ant. Brauch. Libysche und numidische Stämme wußten Pferde ohne Zaum und Zügel, nur mit der Gerte, zu lenken (Bell. Afr. 48. 61,2. Lucan. 4,682ff. Nemes. ven. 259ff.). W. H. G.

K. Widdra Xenophons R. griech. u. dt., 1965. *Diehl* Die Reiterschöpfungen der phidias. Kunst 1921. *J. K. Anderson* Ancient Greek Horsemanship 1961.

Rei vindicatio wird oft schlagwortartig als Klage des nichtbesitzenden quirit. Eigentümers gegen den besitzenden Nichteigentümer bezeichnet. Diese Definition trifft für die altröm. Periode noch nicht zu. Denn im altröm. Recht wurde in einem Spruchformelverfahren mittels subjektiv stilisierter → *legis actio (sacramento in rem)* nicht absolutes Eigentum festgestellt, sondern nach *vindicatio* des Klägers und *contravindicatio* des Beklagten zugunsten des relativ besseren Eigentümers entschieden (Gai. inst. 4,16). Erst bei der *formula petitoria* des klass. Schriftformelverfahrens genügte es, daß der Beklagte das Eigentum des Klägers bestritt, ohne sein eigenes zu behaupten. Dem Kläger oblag für seine Eigentumsbehauptung wohl die Last des Beweises, der ihm beim originären Erwerb der Sache leichter gefallen sein wird, als beim abgeleiteten, bei dem er den Nachweis des rechtmäßigen Eigentumserwerbes auch für alle Vormänner zurück bis zum urspr. Erwerber zu erbringen hatte. Wegen seiner Schwierigkeit wurde dieser Beweis in der ma. Jurisprudenz (Schule von Orléans?) und später »Teufelsbeweis«, *probatio diabolica*, genannt.

Bereits in klass. Z. ist die Passivlegitimation zur r. v. über den durch *interdicta* geschützten Nichteigentümer hinaus auch für den Detentor, der nicht im Namen des Klägers detiniert, anzunehmen (Ulp. Dig. 6,1,9 i. f.). Für Iustinianus war dann jeder Detentor passiv legitimiert; der Eigentümer konnte daher – auch begünstigt durch Iustinians Vorschriften zur Prozeßeinlassung, durch die die klass. Einlassungsfreiheit bei *actiones in rem* abgeschwächt wurde – etwa gegen seinen eigenen Pächter oder Mieter mit der dinglichen r. v. vorgehen. Die sog. *ficti possessores* des iustinian. Rechts *(qui dolo desiit possidere; qui liti se obstulit)*, gegen die die r. v. primär nur auf Schadenersatz ging, mögen in Einzelfällen auch im klass. Recht richtige Beklagte gewesen sein (vgl. Paul. Dig. 6,1,27 pr.; 6,1,27,3. Gai. Dig. 6,1, 36 pr. Ulp. Dig. 6,1,25. Iul. Dig. 6,1,52).

Ziel der r. v. ist neben der Feststellung des Eigentums des Klägers die Wiederherstellung des Zustandes *(restituere)*, der im Zeitpunkt der *litis contestatio* bestanden hätte, wenn dem Eigentümer die Streitsache herausgegeben worden wäre. Je nach Redlichkeit oder Unredlichkeit des Beklagten bestimmte sich der Umfang der Rückgabepflicht oder die Möglichkeit, dem Kläger wegen Aufwendungen *(impensae)* auf die Sache eine Gegenrechnung zu präsentieren. Machte der gutgläubige Beklagte vor der *litis contestatio* notwendige Aufwendungen *(impensae necessariae;* zur Dreiteilung der Impensen vgl. Paul. Dig. 50,16,79*)* oder solche, die den Wert der Sache vermehrten, so konnte er sie durch eine → *exceptio doli*, die in die r. v. eingeschaltet wurde, geltend machen. F. R.

Kaser D. röm. Privatrecht 1,110ff. 363ff. 2,210ff. *Ders.* D. röm. Zivilprozeßrecht, 1966, 66ff. 253ff. *Kiefner*, ZRG 81, 1964, 224ff.

Reklame. Neben dem immer und überall gebräuchlichen Anpreisen der Waren, Dienstleistungen usw. durch Ausrufen auf Markt und Straße kennt die röm. Ant. auch R. durch auf Wände von Häusern usw. gemalte Anzeigen (z. B. in → Pompei CIL IV 1187. 3881. 3882: Spiele in Nola und Nuceria) mit und ohne zugehörige Bilddarstellungen. Diese R. ist bes. gut in Pompei zu beobachten. Bei Wahl-R. für die städt. Magistrate wird eine Fülle allg. verständl. Abkürzungen verwendet, wie *OVF = oro vos faciatis*, oder es werden spez. Hinweise gegeben, wie *hic aerarium conservabit* (CIL IV 3702), vgl. E. Diehl Pompeian. Wandinschr. (1910) 9ff. R. Etienne La vie quotidienne à Pompéi (1966) 132ff. Auf der »Piazza delle Corporazioni« in → Ostia weisen Bilder und Texte im Fußboden vor den Lokalen auf die hier tätigen Schiffsagenturen und Handelsvertretungen hin, R. Calza–E. Nash Ostia (1959) 51f. 67ff. Abb. 91–93. Eine bedeutende Rolle spielten auch die → Aushängeschilder (o. I S. 773f.). W. H. G.

Relegatio ist eine milde Form der Verbannung, in der Republik vom *pater fam.* gegen Hausangehörige sowie vom Senat und von Magistraten allg. verhängt, in der Kaiserzeit eine Standesstrafe ohne Ehrverlust für *honestiores*. Es gab verschiedene Grade: *r.* von ½–10 J. und *r. perpetua; r.* auf dem Festland und *r. in insulam.* Daneben konnte auch der Aufenthalt an bestimmten Orten untersagt werden. Der Bannbruch wurde mit der jeweils strengeren Form geahndet. Das Vermögen der Relegierten wurde seit Hadrian nicht, bei einigen Delikten teilweise eingezogen (z. B. Ehebruch). Die *r.* wurde u. a. bei Unzucht, Verleumdung und Zauberei verhängt. Zuständig dafür waren der Kaiser, der Senat, der *praef. urbi* und der *praef. praet.* allg., die Provinzstatthalter für ihre Provinzen. Z. V.

Mommsen RStrR (1899) 964ff. *Kleinfeller*, RE I A 564ff.

Relief. Von der Rundplastik unterscheidet sich das R. durch feste Bindung an die Fläche. Zum Bedeutungsunterschied → Plastik. Der Form nach scheiden wir Flach-R., Hoch-R. (stärkeres Volumen der Figuren) und versenktes R. (Eintiefung des R. in den Grund; bes. in äg. Kunst belegt). Technisch wird das ant. Stein-R. anders als h. von der urspr. planen Blockfläche in die Tiefe gestaltet ([1], 17ff.); der Grund ist daher oft in sich bewegt. Anders steht es mit Metall- und Stuck-R. und bei von Schildflächen und Ähnl. ausgehendem R. ([3]), das sich wie Relief h. vom gleichmäßigen Grund aus nach vorn entfaltet. R. findet sich in der dor. Ordnung im Metopenbild ([4]), in der ion. Ordnung (und seit der att. Klassik in Sonderfällen auch an dor. Bauten) als Fries ([5]), in beiden als Giebel-R. ([1], Abb. 52–55. [6] T. 6. 25). Für ant. Auffassung standen rundplast. Giebelfiguren dem R. näher als der Freiplastik. R. wird auch an Statuenbasen, monumentalen Altären (Pergamon!) sowie selten an Säulen ([6], T. 89, 2. [12]), in röm. Z. in den verschiedensten Zusammenhängen (an Triumph- und Ehrenbögen, Säulen, Forumbegrenzungen usw.) auch als histor. R. verwandt ([13]). In Griechenland ist der Übergang von Heroen-R. zu Totenmahl-R. und Grab-R. fließend ([7]. [8]. [9]); auch die Bekrönung von Urkunden mit R. ([10]) ist wie die große Gruppe der Weih-R.s ([11]) sakral bedingt und gebunden. Zur Typik des Münz-R.s → Münzwesen. Im O. entwickelt sich das R. an Grabbauten ([6], T. 76) und → Sarkophagen; diese haben ihre Blüte in der Kaiser-Z., ebenso das in hellenist. Z. entstandene, selbständige R.bild, das zu ganzen Zyklen kombiniert werden kann ([14]). Das schon früh bekannte r.-verzierte Metallgerät und -geschirr erlebt seine Blüte in hellenist. und röm. Z. ([15]). Auf r.-verzierte Keramik und das in Rom bes. beliebte dekorative R. an fast allen denkbaren Flächen kann nur hingewiesen werden. Eine Gesamtdarstellung des ant. R. fehlt bisher. W. H. G.

1. *Rodenwaldt* Das R. bei d. Griechen 1923. 2. *Berger*, LAW 2753ff. 3. *Kunze* Kret. Bronze-R.s 1932. *Winkes* Clipeata Imago 1969. 4. *Kähler* Das griech. Metopenbild 1949. 5. *Demangel* La frise ionique 1933. 6. *Lippold* Griech. Plastik (HBArch. III/1, 1950). 7. *Andronikos* Πελοποννησιακά 1, 1956, 253ff. 8. *R.N. Thönges-Stringaris*, MDAI(A) 80, 1965, 1ff. 9. *K.F. Johansen* The Attic Grave-R. 1951. *Himmelmann-Wildschütz* Studien z. Ilisos-R. 1956. 10. *Binneboessel* Studien z.d. att. Urkunden-R.s, Diss. Leipzig 1935; Hesp. 21, 1952, 355ff. 11. *Hausmann* Kunst u. Heiltum 1949. *Ders.*, Griech. Weih-R.s 1960. *Will* Le r. cultuel gréco-romain 1955. 12. *Bammer*, JÖAI 47, 1964/65, 133ff. *Wiegartz* MarbWPr. 1968, 41ff. 13. *Vacková* Les r.s romains aux représentations historiques. Prag 1929. 1936. *Becatti* La colonna coclide istoriata 1960. 14. *Schreiber* Die hellenist. R.bilder 1894ff. *Strocka*, in: Ant. Plastik IV (1965) 87ff. 15. Gesch. d. Kunstgewerbes hsg. v. *H. Th. Bossert* IV (1930) 202ff. 245ff. *D.E. Strong* Roman Gold and Silver Plate 1966.

Religio *(rĕlĭgĭo*, poet. aus metr. Gründen auch *rellĭgĭo)*. Mit dem Substantivum r. mußte der Lateiner sowohl den Stamm *rĕlĭ-gare* wie *rĕlĭgere* hören. So heißt r. sowohl passiv »Bindung« = Gebundenheit des Menschen durch eine außer ihm stehende Macht als zugleich aktiv das Gefühl des Respektierens, der Verpflichtung der ihn bindenden Macht gegenüber. Der Gebrauch des Wortes in dieser zweiten Bedeutung ist der bei weitem überwiegende. Die sozusagen objektive Bedeutung liegt vor in Ausdrücken wie Gell. 10,15,3 *equo Dialem flaminem vehi religio est;* mehr Belege bei Kobbert, RE I A 566. Die »Tabu«-Bedeutung steht auch im Vordergrunde bei dem Adjektivum *religiosus* »mit *religio* behaftet« in Verbindung mit Substantiven wie *locus, dies, liber:* Orte, Tage, Bücher, die eine (im negativen oder positiven Sinne) bindende, verpflichtende Kraft haben. Ihr korrespondiert auf der Seite des »religiösen« Menschen das sich bis zur *superstitio* steigernde religiöse Angstgefühl. – Diesem magischen Zustand ist die spezifisch röm. R. eigentlich kaum je entwachsen. Sie erschöpft sich in strengster, ängstlichster Einhaltung aller Vorschriften des → Kultus. Die geringste Abweichung von dem überkommenen Ritus galt als Herausforderung des göttlichen Zornes und erforderte Wiederholung der mißglückten kultischen Begehung gemäß den Weisungen der sachverständigen priesterlichen Funktionäre. Der Mißbrauch dieser ihrer Macht zu politischen Zwecken hat schon sehr früh begonnen, ohne daß man dies wohl als bewußten Zynismus zu betrachten berechtigt ist. – Durch anfänglich gemeinital., dann etrusk., griech., endlich vielfältige oriental. Einwirkungen hat das röm. Pantheon sich ständig erweitert, der Kultus sich gewandelt, ohne daß man sagen kann, daß die innere Einstellung des Normalrömers zu den von ihm geglaubten Mächten, seine »Religion«, sich entscheidend geändert hätte. Der Einfluß der griech. Philosophie auf die gebildeten Kreise steht auf einem andern Blatt. – Neben die privaten Kulte, die der einzelne Hausvater den Laren und Penaten seines Hauses und seinen Ahnengeistern widmete, traten schon sehr früh die öffentlichen Kulte, deren Organe die öffentlichen Priester waren (→ Flamen, Pontifex, Sacerdotes), die zugleich die Aufsicht über die privaten Kulte hatten, bes. die strenge Durchführung der Totenkulte durch die zu diesen Verpflichteten. Hierüber und über die damit zusammenhängenden erbrechtlichen Fragen hat es eine große juristische Lit. gegeben.

Daß das strenge Festhalten an der überlieferten R. eine der Haupteigentümlichkeiten des röm. Volkes und Staates und eine der Hauptursachen seines Aufstieges zur Weltmacht war, hat der Rationalist → Polybios im 2. Jh. v. Chr. erkannt und hervorgehoben (6,56); daß ihr Untergang auch den Untergang der röm. Weltmacht bedeutete, war die Überzeugung ihrer letzten Vertreter; daß wesentliche ihrer Elemente in der röm. Kirche weiterleben, spricht sich symbolisch darin aus, daß der Titel ihres obersten Priesters auf den Bischof von Rom übergegangen ist. K. Z.

W. Warde-Fowler The latin history of the word Religio, Transact. of the III. congress for the history of religions Bd. II, Oxf. 1908. *W. Otto* Religio und Superstitio, ARW 12,533 ff. 14,406 ff. *Kobbert* De verborum religio atque religiosus usu apud Romanos, Königsberg 1910; *ders.*, RE I A 565–75. *Wissowa*, RuK². *Latte*, RRG. *Radke* Die Götter Altitaliens.

Remancipatio heißt im röm. Recht die Rückübertragung von *res mancipi* oder von Personen aus der Gewalt des Veräußerers. Sie erfolgt in Form der → *mancipatio*. Große Bedeutung hatte die r. im alten Familienrecht: Nach Scheidung der *manus*-Ehe blieb die Frau zunächst in der Gewalt des Mannes. Zur Beendigung dieses Gewaltverhältnisses mußte der Mann die Frau ihrem früheren *pater familias* oder einem Treuhänder zurückübertragen (M. Kaser Röm. Privatrecht 1, 1955, 73. 280). Eine ähnliche Rolle spielte die r. auch bei der → *adoptio* zur Beendigung der → *patria potestas* des leiblichen Vaters und im Zusammenhang mit der Freilassung eines Hauskindes (→ *emancipatio*). D. M.

Remi (Rhemi, Ῥῆμοι, Ῥημοί), belgische Völkerschaft in Gallien. Ihr Gebiet: nach Caes. Gall. 2,3,1. 5,3,4 *proximi Galliae ex Belgis;* ö. Nachbarn Treveri, Mediomatrici, Leuci, s. Lingones, Tricassi, Senones, Meldi, Parisii; w. Silvanectes, Suessiones, Viromandui; h. ungefähr dépt. der Marne und der Ardennen. Selbständiger kelt. Stamm mit eigener Mz.-Prägung. Seit 57 v. Chr. waren sie mit den Römern verbündet. Caesar rühmt ihre treue Anhänglichkeit, z. B. Gall. 5,54,4. Im Winter 54–53 schlug Labienus sein Lager bei ihnen auf (Gall. 5,24,2). M. Rambaud La déformation histor. chez César, Paris, 1966, 63. Für die Ereignisse der J. 57 u. 53 vgl. Cass. Dio 39,1,1. 40,11,2. Unter den gall. Stämmen hatten die R. den zweiten Rang nach den Aeduern (Caes. Gall. 6,12,9. Strab. 4,194). Sie wurden *foederati* durch Caesar oder Augustus. Mit der Eroberung Galliens wurde ihr Gebiet in eine *civitas* verwandelt und gehörte zu der prov. Belgica der Tres Galliae.

Hauptort: 4 km ö. von Mauchamp Le Vieux-Reims, dann Durocortorum, h. Reims. In ihrem Gebiet lag auch Bibrax (Caes. Gall. 2,6,1), h. Vieux-Laon nach E. Will, Gallia 19, 1961, 269. Die *Durocatelauni* (*Catalauni*, um Chalons-sur-Marne) bildeten in der Spätzeit eine eigene Gemeinde (CIL XIII p. 542).

Seit der diocletian. Provinzialeinteilung in eine *Belg. prima* und eine *Belg. secunda* war Trier Hauptort von Belgica I und Reims von Belgica II (Not. Gall. 6,1). Für die Ereignisse der J. 356–365 vgl. Amm. 26,5–14. Bischöfe in Konzilien zu Arles im J. 314 und zu Köln im J. 346. M. L.

Espérandieu Rec. gén. bas-rel. Gaule.

Remigius, aus → Moguntiacum, verschwägert mit → Romanus (2), ca. 365–73 *mag. officiorum* → Valentinians I. (Amm. 15,5,36. 27,9. 28,6. 29,5. 30,2. Cod. Theod. 7,8,2). A. L.

Remismundus s. Rechimundus

Remmius. 1. Kommandant der Wache für den in Pompeiopolis, Kilikien, internierten Partherkönig → Vonones, den er im J. 19 auf der Flucht tötete (Tac. ann. 2,68). G. Wi.

2. Q. R. Palaemon, berühmter (Iuv. 6,452. 7, 215 ff.) röm. Grammatiklehrer des 1. Jh. n. Chr., aus Vicenza (zur Vita vgl. Suet. gramm. 23); zu seinen Schülern zählten u. a. → Persius und → Quintilianus. Verloren sind seine Gedichte in alexandrin. Manier (vgl. Martial. 2,86,11) wie auch sein Hauptwerk, eine an → Dionysios (26) Thrax orientierte Schulgrammatik, die der spätant. lat. Grammatik als Grundlage diente. Seinen Ruhm noch im MA. bezeugen Zuschreibungen mehrerer Artes und Synonyma-Slg.en (G. Fantelli, Aevum 1950, 434 ff.); zu einem ähnlichen modernen Versuch vgl. [3], 503 ff. P. L. Sch.

Frg.: *A. Mazzarino* Gramm. Rom. Frg. Aet. Caes., 1955, 68 ff.

Lit.: 1. *K. Barwick* R. P., 1922. 2. *Schanz-Hos.* 2,728 ff. 3. *G. Pennisi*, Helikon 1961, 496 ff.

Remus s. Romulus

Reno (rheno). Das etym. unklare (kelt.?) Wort bezeichnet ein Kleidungsstück, Fell eines nicht sicher bestimmbaren Tieres, das Germanen (Caes. Gall. 6,21,5. Isid. orig. 19,23,4. Serv. georg. 3,383) und Gallier (Varro l. l. 5,167) als Mantel bzw. Wetterschutz tragen. Vgl. noch Sidon. epist. 4,20. W. H. G.

Rentier, Rangifer (Cervus) tarandus, ὁ τάρανδος, *tarand(r)us (parandrus* Solin. 25,30). In n. Ländern heimisch, hat das R. die mittelmeernahen Gebiete Europas nur in der Eiszeit erreicht (Knochenfunde und Felsbilder in S.-Frankreich und N.-Italien). Für die Griechen war es ein seltenes Tier des Skythenlandes, doch gehen seine Beschreibungen bei Theophr. frg. 172,2 f. Ps. Aristot. mir. ausc. 832 b 8; frg. 317 (Antig. Car. 25); Philo II 203,20 ff. C.-W. Plin. nat. 8,123 f. auf autoptische Berichte zurück. Dazu tritt stets das Märchen von der farblichen Anpassung des Haarkleides an die Umwelt wie beim Chamäleon. Ein lebendes Exemplar ist wohl nie nach dem S. gebracht worden; dagegen sah man das R.-Fell *(reno)* als Kleidung der Germanen (Caes. Gall. 6,21. Sall. hist. 3 frg. 104. 105) und Gallier (Varro l. l. 5,167), sowie

Brustpanzer, die aus der sehr starken Haut gefertigt waren (Theophr. a. O. Plin. a. O.). Angebl. älteste Darstellung einer R.-Herde auf Ödenburger Urne der Hallstadtzeit (KELLER 280) wird heute richtiger als Hirschrudel gedeutet (HILZHEIMER 204). W. R.

Keller Ant. Tierwelt 1, 279ff. *Sarauw* Das R. in Europa zu den Zeiten Alexanders und Caesars (1913). *Hilzheimer* Art. R., *Eberts* Reallex. 11. 122.

Renuntiatio. **1.** Im röm. Privatrecht ist *r.* die Aufkündigung eines bestehenden Rechtsverhältnisses, so die vorzeitige Beendigung eines Gesellschafts- oder Auftragsverhältnisses, analog auch die einseitige Lösung eines Verlöbnisses und die Entlassung der Gattin, weiters der Verzicht auf ein Recht (Privileg, Erbschaft, begünstigende Vertragsklausel). **2.** Im öffentl. Recht ist *r.* a) die Kundmachung der Namen der in den Komitien gewählten Magistrate für das nächste Amtsjahr *(mag. designati)*, b) die gehörige Kundmachung der Volksbeschlüsse. Nach der *r.* war die tribunizische → Intercessio nicht mehr möglich. c) der Verrat von militär. Geheimnissen an den Feind durch Soldaten oder Privatpersonen. Dieser war mit der Todesstrafe bedroht. KLINGMÜLLER, RE I A 600. Z. V.

Reparatus. **1.** Senator, Bruder des Papstes → Vigilius, um 530 *praefectus urbi*, 538 *praef. praet.*, 539 von den siegreichen Goten in Mailand getötet (Cassiod. var. 9,7. Prok. 5,26. 6,12,34ff.). **2.** R., seit 535 Bischof von Carthago, streng orthodox, 551 von Iustinianus abgesetzt und nach Euchais verbannt, wo er 563 starb (Vict. Tonn. = Chr. min. 2,198. 202. 205). A. L.

Repetundarum crimen ist das Delikt der Erpressung von Untertanen und Bundesgenossen durch röm. Amtspersonen und leitet seinen Namen von den erpreßten und wiederzuerstattenden Geldern und Gütern her (vgl. *lex de pecuniis r.*, Cic. Brut. 106). Das früheste Zeugnis (Liv. 43,2) zeigt ein zivilprozessuales R.verfahren vor → *recuperatores*, das der Senat im J. 171 v. Chr. zugunsten span. *socii* gegen mehrere ehemalige Statthalter zugelassen hatte. Eine gesetzliche Grundlage erhielt das R.verfahren durch die *lex Calpurnia* (149 v. Chr.) und eine jüngere *lex Iunia*, die ein bes. ständiges Geschworenenkollegium für R.prozesse einführten *(quaestio perpetua)*. Ziel des Verfahrens war die Erstattung der erpreßten Beträge. Zu einem Strafverfahren wurde der R.prozeß mit der *lex Acilia* (123–22 v. Chr.), die u. a. eine pönale Klage auf das *duplum* der erpreßten Summe zuließ und die bisherige Prozeßeinleitung durch → *sacramentum* beseitigte. An dessen Stelle traten die Anzeige des Verletzten beim zuständigen Prätor *(nominis delatio)* und der Antrag, als Ankläger zugelassen zu werden. Die *lex Acilia* beschreibt die vom *r. cr.* erfaßten Tatbestände als Wegnahme, Beschlagnahme, Erpressung, Unterschlagung und Veruntreuung. Ein sullan. R.gesetz erhöhte die

Buße vermutlich auf das Zweieinhalbfache. Eine *lex Iulia* Caesars (59 v. Chr.) brachte eine grundlegende Neuordnung und führte für schwere Erpressungsfälle die kapitale Anklage ein. Bei einfachen R.sachen konnten sich die Provinzialen nach einem SC Calvisianum (Augustusinschr. von Kyrene Z. 97ff.) statt an die *quaestio r.* an den Senat wenden. D. V. S.

1. *Kunkel* Unters. z. Entwicklung des röm. Kriminalverfahrens in vorsull. Z., 1962. *Ders.* Art. quaestio, RE XXIV 720ff. *Ders.* Über die Entstehung des Senatsgerichts, 1969. *F. Pontenay de Fontette* Leges Repetundarum, 1954. *W. Eder* D. vorsull. Repetundenverfahren, Diss. München 1969. *Kleinfeller*, RE I A 603ff.

Replicatio ist die Gegeneinrede des Klägers gegen eine → *exceptio* des Beklagten im röm. Zivilprozeß. Dabei werden die gegnerischen Behauptungen grundsätzl. anerkannt, aber durch eine Einwendung entkräftet. Bringt z. B. der Bekl. gegen eine Darlehensklage die *exc. pacti (de non petendo)* vor, so repliziert der Kl. mit der *r. pacti (de petendo)*. *Exc.* und *r.* werden als neg. Konditionalsätze in die Formel aufgenommen. Z. V.

Leonhard, RE I A 610f. *Kaser* Röm. Zivilprozeß (1966) 197f.

Reposianus, spätlat. Dichter unbekannter Zeit, verfaßte das im codex Salmasianus überlieferte Gedicht *de concubitu Martis et Veneris*, die Erzählung Homers und Ovids (direkte griech. Vorlagen wenig wahrscheinlich) abwandelnd. R. beherrscht noch voll die metr. Quantitäten. R. He.

Ta.: Anth. Lat. (Buecheler-Riese) I 1^2 (1894), 202ff.

Repositorium. Urspr. ein Tablett, dann ein Gestell bzw. Tafelaufsatz, z. T. kostbar mit plastischem Figurenschmuck, u. U. mehrstöckig, diente zum Auftragen aller Schüsseln und Speisen eines Ganges. Waren die Gäste bedient, wurde das R. wieder weggetragen (ungünstiges *omen*, solange jemand trinkt). Plin. nat. 9,39. 18,365. 28,26. Petron. 33. 35. 36. 39. 40. 49. Iuv. 7,184. Dig. 34,2, 19,10. W. H. G.

Repudium in der Bedeutung »Verstoßung«, »Zurückweisung« war im klass. röm. Recht die meist einseitige formlose Willenserklärung, durch die eine gewaltfreie Ehe oder ein Verlöbnis aufgelöst werden konnte (vgl. Paul. Dig. 50,16,191. Modestin. Dig. 50,16,101,1). Das Verhalten des den Scheidungswillen erklärenden Ehepartners mußte seiner Erklärung gemäß sein, d. h. die Lebensgemeinschaft mußte tatsächlich aufgehoben werden (vgl. Gai. Dig. 48,5,44. Paul. Dig. 24, 2,3). Über die gebräuchlichsten Formen des r. vgl. → *divortium*. F. R.

Levy D. Hergang d. röm. Ehescheidung, 1925. *Yaron* Tijdschrift voor Rechtsgeschiedenis 32, 1964, 533ff. *Percy Ellwood Corbett* The Roman Law of Marriage. (1930/1969) 234ff.

Reskriptprozeß. Der R. ist eine bes. Verfahrensart im nachklass. Zivilprozeß. Der Rechtssuchende ersucht vor Einleitung eines ordentl. Verfahrens mit einer Bittschrift *(libellus, preces,* *supplicatio)* den Kaiser um ein Gutachten über den vorgelegten Sachverhalt. Dieses Gutachten in Form eines Reskriptes ergeht unter der Bedingung, daß die Sachverhaltsdarstellung richtig ist *(si preces veritate nituntur)*. Bei der Einleitung eines Verfahrens ist der Richter der ersten Instanz an die kaiserl. Rechtsmeinung gebunden, sofern die Beweisaufnahme die Richtigkeit der Sachverhaltsdarstellung erweist. Die rechtliche Beurteilung ist inappellabel, jedoch sind gegen Verfahrensmängel (Beweisaufnahme, -würdigung) Rechtsmittel zulässig. Der (sehr kostspielige) R. diente zur Umgehung der Unfähigkeit und Bestechlichkeit der zuständigen Richter. Z. V.

Kaser Röm. Zivilprozeß (1966) 520ff. *Ders.* Röm. Rechtsgesch.[2] 1967. *E. Andt* La procédure par rescrit (1920). *Wesener*, RE Suppl. X 865ff.

Res mancipi (Gegensatz *nec mancipi*) sind seit alters bestimmte für die bäuerl. Wirtschaft bes. wichtige Gegenstände: Sklaven, Rinder, Pferde, Esel, Maultiere, Felddienstbarkeiten, Grundstücke in röm. Privateigentum und später auch Provinzialgrundstücke im *ius Italicum*. Ihre Veräußerung war zunächst nur durch → *mancipatio* oder → *in iure cessio* möglich. Später konnten sie mit Wirkung nach Honorarrecht auch durch → *traditio (ex iusta causa)* übertragen werden. In der Nachklassik ist durch das Absterben von *mancipatio* und *in iure cessio* die Sonderstellung der *r. m.* erloschen. D. M.

Res privata s. Patrimonium

Res publica. Weder die lat. noch die griech. Sprache besitzt ein Wort, das unseren Begriff »Staat« völlig deckt. Da der Staat für den Römer ein Personalverband ist, gleich, ob er in einem Stadt- oder Gaustaat siedelt, spricht er vom *populus*, in offiziellen Dokumenten von *senatus populusque Romanus*. Er unterscheidet den *populus* von der r. p., wie die Devotionsformel Liv. 8,9 und die Worte des Zensor Varro l. l. 6,86 *quod bonum fortunatum felix salutareque siet p. Romano Quiritium rei publicaeque populi Romani Quiritium ...* zeigen. R. p. wird wie ihr Gegenstück, die *r. privata*, in verschiedener konkreter und abstrakter Bedeutung nebeneinander gebraucht. Sie bezeichnet eine öffentliche Angelegenheit, ein *negotium* (Plaut. Mil. 103), in der Verbindung *r. p. gerere* ein militär. Einzelunternehmen (Plaut. Amph. 523), den öffentlichen Besitz (Tac. hist. 1,1,7), in der Geschäftssprache des Senats das öffentliche Interesse *(contra r. p. facere*, Cic. har. 15) und die polit. Gesamtlage in der Wendung *referre de tota r. p.* (Cic. Phil. 3,13). Durch die kollektive Funktion des Wortes *res* wird r. p. zu der Sache oder dem Eigentum des Volkes und nähert sich unserem Begriff »Staat«. In diesem Sinn fragt Naevius praet. 7 *cedo qui vestram rem publicam tantam amisisti tam cito?* Eine Definition der r. p. gibt Cic. rep. 1,39: *est igitur r. p. res populi, populus autem non omnis hominum coetus quoquo modo congregatus, sed coetus multitudinis iuris consensu et utilitatis communione* (auf Grund einer Rechtsvereinbarung und einer Interessengemeinschaft) *sociatus*. Diese philos. Sinnbestimmung, die von peripatet. Gedankengut beeinflußt ist (PHILIPP 119), kritisiert Aug. civ. 19,21 ff., da in einem heidnischen Staat von Recht und Gerechtigkeit nicht die Rede sein könne. Verbessern möchte er sie 19, 24,2 durch seine neue Definition des Volkes als einer Menge vernünftiger Wesen, die Verwirklichung bestimmter Interessen und Ziele gemeinsam anstrebt *(populus est coetus multitudinis rationalis rerum quas diligit concordi communione sociatus)*. SUERBAUM 176ff. Theoret. ist für Cicero die Staatsform für den r. p.-Begriff unerheblich, daher spricht er ebenso von einer *regalis res publica* (rep. 3,47f.) wie von einer *popularis res p.* (SUERBAUM 15ff.).

Obwohl die röm. r.p. allmählich als konkrete Persönlichkeit empfunden wird (STARK Diss. 32f. DREXLER 3f. 280f.), ist sie niemals Trägerin staatsrechtlicher Funktionen. Verträge schließen nur Vertreter des *senatus populusque Romanus* ab. Sie ist für den Römer eng mit den Begriffen *ius*, *lex* und *libertas* verbunden (Cato frg. 19 Jordan), setzt Senat oder Gemeinderat, Magistraturen und Volksversammlung voraus, die Gesetze gibt und Beamte wählt (Cic. rep. 1,48). Unter solchen Bedingungen sprechen röm. Staatsrechtlehrer auch ital. Landgemeinden eine eigene r. p. zu. Fest. 142: *Servius filius aiebat initio fuisse qui ea condicione cives fuissent, ut semper rem publicam separatim a populo Romano haberent* und einschränkend 233 *praefecturae eae appellabantur in Italia, in quibus et ius dicebatur et nundinae agebantur et erat quaedam earum res publica neque tamen magistratus habebant*. Bes. Bedeutung gewinnt das Wort r. p. im Kampf gegen die große Einzelpersönlichkeit. Caesar (Suet. Caes. 77) erklärte: *nihil esse rem publicam, appellationem modo sine corpore ac specie*. Wenn sie in die Gewalt eines einzelnen oder einer *factio* kommt, kann sie nicht mehr so genannt werden. Cic. rep. 3,43ff.: *ubi tyrannus est, ibi non vitiosam ..., sed, ut nunc ratio cogit, dicendum est plane nullam esse rem publicam.* Augustus verkündete die *r. p. restituta*, und die Ermessensfreiheit des Princeps wird in der sog. diskretionären Klausel durch den *usus rei publicae*, die Rücksicht auf das Staatsinteresse, begrenzt. DESSILS 244. Der Prinzipat wird aber weitgehend nicht als r. p. empfunden, mit diesem Wort verbindet sich vielmehr die Erinnerung an den vergangenen Freistaat. In dieser engen Sicht fragt Tac. ann. 1,3 *quotusquisque reliquus, qui rem publicam vidisset?* und stellt hist. 1,50 fest: *mansisse Caesare Augusto victore imperium; mansuram fuisse sub Pompeio Brutoque rem publicam.* Er benutzt die Bezeichnung *imperium*, die unter dem Prinzipat für den röm. Staat beliebt ist und an das *imperium proconsulare* seines Schöpfers erinnert.

So wünscht das *SC. de mense Augusto* 8 v.Chr. (Macr. Sat. 1,12,35): *hic mensis huic imperio* (nicht *rei publicae*!) *felicissimus sit*. Val. Max. 3,7,8 ersetzt r.p. durch *imperium: Varius Severus Sucronensis Aemilium Scaurum regis mercede corruptum imperium populi Romani prodidisse ait*, dagegen bietet Quint. inst. 5,12,10 in dem gleichen Bericht das urspr. *rem publicam*. Tert. resurr. 24, 18 erweitert den neutralen Terminus *status*, der letztlich zu unserem Lehnwort »Staat« führt: *Quis, nisi Romanus status, cuius abscessio in decem reges dispersa antichristum superducet*? SUERBAUM 62. Die nachant. Bedeutungsveränderungen von r.p. verfolgt PHILIPP 3ff. Im MA. findet sich r.p. in Urkunden Karls d. Gr., Heinrichs II., im Archipoeta 9,31,2 für die Zeit Friedrichs I. wahllos neben *regnum* und *r. Romana* zur Bezeichnung des röm. Reiches deutscher Nation wie der Republik von Salerno. Im franz., engl., poln. und deutschen Sprachgebrauch des 16./17. Jh. hat Republik die Bedeutung »Staat«. Erst unter dem Eindruck der franz. Revolution erhält das Wort im scharfen Gegensatz zur Monarchie die Bedeutung »Republik«.

Für den Römer ist r.p. ein Wertbegriff. Sie ist der Güter höchstes: Cic. Sest. 147 *r.p., qua nihil sanctius est*. DREXLER 25. Sie verpflichtet den Bürger zu Tugenden wie dem Verzicht auf private Feindschaften und zum Opfer seines Lebens: Cic. prov. 20; Planc. 90. Gell. 3,7. DREXLER 20ff. Cic. fam. 1,9 rechtfertigt sein Verhalten im J. 54 im Hinblick auf die r.p., die für ihn der höchste Lebenssinn ist. K. BÜCHNER, Cic. an den Imperator Lentulus de r.p. in Palingenesia 4, 1969, 215ff.

Der r.p. entsprechende griech. Terminus, der ebenso von der *πόλις* ausgeht wie r.p. vom *populus*, ist *πολιτεία*. Urspr. bezeichnet *πολιτεία* die Zugehörigkeit zur *πόλις*, das Bürgerrecht, wird aber früh zum Inhalt oder zur Ausübung dieses Rechtes. Nach Isokr. 7,142 verhält sich die *πολιτεία* zur *πόλις* wie die Seele zum Menschen: *ἔστι γὰρ ψυχὴ πόλεως οὐδὲν ἕτερον ἢ πολιτεία*. Die Athener haben eine *πολιτεία*: *πολιτείαν γὰρ τὴν ὀρθῶς ἂν τοῖς πράγμασι χρησαμένην οὔτ' ἔχομεν οὔτε καλῶς ζητοῦμεν*. Der Unterschied zwischen r.p. und *πολιτεία* zeigt sich darin, daß die *πόλις* als Ganzes, aber auch jeder einzelne *πολίτης* die *πολιτεία* besitzt, während nur der *populus* im ganzen die r.p. besitzt. Nach dem hellenist. Brauch, den Staat als *τὰ πράγματα* zu bezeichnen, hat schließlich die röm. Kanzlei r.p. wörtlich mit *τὰ δημόσια πράγματα* übersetzt. Schon 170 v.Chr. gibt das *SC. de Thisbensibus* die Formel *qui ei e re publica fideque sua videbantur* mit *οἳ ἂν αὐτῶν ἐκ τῶν δημοσίων πραγμάτων καὶ τῆς ἰδίας πίστεως φαίνωνται* wieder. STARK Diss. 43. Sylloge^2 646,7. H. V.

Stark Res publica, Diss. Göttingen 1937 = Römische Wertbegriffe, hg. *H. Oppermann* 1967, 42ff. (mit Nachträgen 99ff.); *ders.* Ciceros Staatsdefinition, La nouv. Clio 6, 1954, 56ff. = Das Staatsdenken der Römer, hg. *R. Klein* 1966, 332ff. *H. Drexler* Res publica, Maia 9, 1957, 247ff. 10, 1958, 3ff. (ausführl. Stellensammlung). *G. B. Philipp* Polit. Wortstudien, G 66, 1959, 116ff. 68, 1961, 1ff. *W. Suerbaum* Vom ant. zum frühmittelalterl. Staatsbegriff. Über Verwendung und Bedeutung von res publica, regnum, imperium und status von Cicero bis Jordanis, 1961. *E. Pahnke* Studien über Ciceros Kenntnis und Benutzung des Aristoteles und die Herkunft der Staatsdefinition Rep. 1,39, Diss. Freiburg 1962.

Restitutio. 1. *Restituere* bedeutet in der röm. Rechtssprache die Wiederherstellung eines früheren Zustandes. Das Ziel vieler, vor allem der dinglichen Klagen (→ *actio*) im Formularprozeß ist *restituere*, d.h. die Herausgabe des Streitgegenstandes und der aus ihm gezogenen Früchte sowie Ersatz für Zerstörung und Verschlechterung (Dig. 50,17,173,1). Der Zeitpunkt, der den wiederherzustellenden Zustand definiert, ist regelmäßig die → *litis contestatio*. Auch in den → *interdicta restitutoria* wird dem Antragsgegner ein *restituere* befohlen.

E. Levy, ZRG 36, 1915, 30ff. *M. Kaser* Restituere als Prozeßgegenstand, 1932.

2. *Natalium r.* ist die Verleihung der Stellung eines → *ingenuus* an einen → *libertus*. In der Republik konnten einem Freigelassenen einzelne rechtliche und gesellschaftliche Positionen eines Freigeborenen gewährt werden. So konnte der Feldherr einer durch Geburt zum Ritterstand (→ *equites Romani*) nicht qualifizierten Person durch Schenkung eines goldenen → Ringes die gesellschaftliche (nicht die wehrrechtliche) Stellung eines Ritters vermitteln (Cic. Verr. 2,3,176. 185). Hieraus entwickelte sich in der Kaiserzeit die rückwirkende Verleihung der Ingenuität durch kaiserl. Gnadenakt (Tac. hist. 1,13. 4,39. Suet. Aug. 27. Cass. Dio 48,45. Dig. 40,11. Cod. 6,8).

Mommsen RStR^3 2,892ff. *M. Kaser*, ZRG 58, 1938, 125f. *A. M. Duff* Freedmen in the Rom. Empire^2, 1958.

3. *In integrum r.* ist im Formularprozeß die vom Praetor gewährte Rückgängigmachung von Rechtswirkungen, die auf Rechtsgeschäft, Prozeßhandlung oder Fristablauf beruhen. Als Restitutionsgründe nennt das Edikt u.a. *metus* (Drohung), → *dolus, minor aetas* (→ *minores*) und → *capitis deminutio*. Bevor der Praetor die *i.i.r.* in einem → *decretum* ausspricht, prüft er durch *causae cognitio*, ob ein Restitutionsgrund vorliegt. Zur Durchführung der *i.i.r.* gewährt er erforderlichenfalls ein *iudicium rescissorium;* in der Formel wird der *iudex* angewiesen, die Sachlage so zu beurteilen, als ob der vom Restitutionsgrund betroffene Vorgang nicht stattgefunden hätte. U.U. überträgt der Praetor dem *iudex* auch die Feststellung des Restitutionsgrundes. In nachklass. Z. fällt die schon in der klass. → *cognitio extra ordinem* verwischte Grenze zwischen Zulassung und Durchführung der *i.i.r.* (Dig. 4,1. Cod. 2,21–41. 46. 47. 49. 52. 53).

F. Klingmüller, RE IA 676ff. *E. Levy,* ZRG 68, 1951, 360ff. *L. Raggi* La r. i. i. nella cognitio extra ordinem, 1965. *M. Kaser* Das röm. Zivilprozeßrecht, 1966, 330ff. 390f. 471f.

4. Im Strafrecht ist *i. i. r.* die Aufhebung einer rechtskräftigen Verurteilung und aller oder einiger Nebenfolgen, in der Kaiserz. durch den Senat (H. A. 3,6,3) oder den Kaiser (Suet. Otho 2,2. Cod. 9,51). E. Bu.

Mommsen RStrR 478ff. *W. Waldstein* Unters. zum röm. Begnadigungsrecht, 1964, 133ff. 217f.

Restitutus s. Claudius II 46

Retentio bedeutet das Zurückbehaltungsrecht gegenüber einem fälligen Anspruch: Dessen Gläubiger soll dadurch zu einer Gegenleistung veranlaßt werden, die oft nicht selbständig verlangt werden kann. Dabei führt die r. anders als die → *compensatio* nicht zur Befriedigung; anders als beim Pfandrecht hat der Retentionsberechtigte auch kein Verwertungsrecht. Freilich ersetzt die Nachklassik die derart schwache r. bisweilen durch ein Abzugsrecht. Durchgesetzt wird die r. mittels → *exceptio doli;* bei den *bonae fidei iudicia* ist die *exceptio* unnötig. Wichtige Einzelfälle sind die *r.* bei der → *dos* und der → *rei vindicatio* wegen Verwendungen des Beklagten auf die dem Kläger gebührenden Sachen. D. M.

Retia (*δίκτυα*). Geknüpfte, oft von Jägern und Fischern selbst hergestellte Netze dienten schon in hom. Z. zu → Jagd und Fischfang. Anweisungen zum Herstellen von R. bei Gratt. 25ff. und Nemes. cyn. 299ff. Als Material dienten Flachs, Hanf, für Fisch-R. auch Binsen und Bast. Xen. kyn. 2 unterscheidet drei Typen von R. für die Jagd, *ἄρκυες* (zur Hasenjagd), *ἐνόδια* (Wegnetze), *δίκτυα* (Stellnetze), = lat. *casses-plagae-r.* Letztere konnten zu mehreren aneinandergereiht große Strecken einhegen. Ant. Darstellungen bei Aymard T. 3. 5–6. 12. 21–23. 30. 32. Im Amphitheater werden die Tiere zum Schutz der Zuschauer mit R. eingeschlossen, Plin. nat. 37,45, wie die Vögel im Vogelhaus Varro rust. 3,5,1. Zum Vogelfang bestimmte R. hießen *r.*, *δίκτυα*, *λίνα*, *βρόχοι*, *βόλοι*, *νεφέλαι*. Die Fischnetze, allg. *r.*, *lina (piscatoria)*, seltener *casses*, *plagae*, (*ἁλιευτικά*) *δίκτυα*, *λίνα*, wurden vielfach spezialisiert (Poll. 1,97 .Opp. hal. 3,80ff.), vor allem in Wurf-R., *iacula*, *fundae*, *ἀμφίβληστρα*, und Schlepp-R., *sagenae*, *(e) verricula*, *traga*, *tragulae*, *σαγῆναι*. Zum Austernfang diente die *γαγγήμη* (*γάγγαμον*). Bei anderen R.-Namen können wir die Verwendung nicht mehr sicher feststellen. Fischereibilder: Cloché Les classes les métiers le trafic (1931) T. 17,7. Zschietzschmann Hellas u. Rom (1936) T. 224 unten links. W. H. G.

Hug, RE I A S. 688ff. *J. Aymard* Essai sur les chasses romaines (1951) 207ff. *Clouzot* La chasse au filet au temps des Romains 1933. Weiteres: → Jagd. *Höppener* Halieutica 1931 (holländ., mit engl. Résumé). → Plaga 1.

Retiarius. Unter den Gladiatoren war der R. ohne Helm und Schutzrüstung bis auf einen Leibgurt und die Panzerung des linken Armes, die oft oben einen breiten, fast senkrechten Kopfschutz hatte. Als Waffen führten die R. Netz *(rete, iaculum)*, Harpune oder Dreizack *(tridens, fuscina)* und Dolch *(pugio)*. Gegner waren meist der → *Murmillo* oder der *secutor*. → Gladiatores. W. H. G.

Reticulatum opus, *reticulatus*. Bei dieser röm. Mauertechnik werden die prismenförmigen Steine der Außenschale so verlegt, daß ein regelmäßiges Rautenmuster entsteht. Das R. (Vitr. 2, 8,1) ist erstmals am Pompeiustheater in Rom (um 55 v. Chr.) rein belegt. Die Vorstufe, nicht so regelmäßiges *opus quasi reticulatum* kommt im früheren 1. Jh. v. Chr. auf. G. Lugli La tecnica edilizia romana, 1957. W. H. G.

Rettich (*ῥαφανίς, -ίδος*, *ῥάφανος*, verwandt mit *ῥάπυς*, *ῥάφυς* »Rübe«, *raphanus*, *radix*, woraus »Rettich«), in Äg. nach Ausweis der Denkmäler schon früh angebaut, in Griechenland (älteste Belege bei den att. Komikern) als einfaches Nahrungsmittel geschätzt, auch zur Ölgewinnung benützt. Theophr. h. pl. 7,4,2 unterscheidet vier Arten. Den Anbau behandeln Cato agr. 35. Colum. 11,3. Pallad. 9,5; ausführliche Darlegung bei Plin. nat. 19,78–89 und 20,22–29 über medizin. Verwertung, so auch Dioskurid. mat. med. 1, 45. 2,137. Vgl. Orth, RE I A 698f. K. Z.

Reudigni, nach Tac. Germ. 40 den Langobarden benachbarter Volksstamm an der Unterelbe, der zum Kultverband der Nerthusvölker gehörte. H. C.

Rappaport, RE I A 700.

Revocare bedeutet in der Rechtssprache die Rückgängigmachung, meist durch eine Erklärung (Widerruf) oder durch Prozeß. Sonderfälle sind das *r. in servitutem* (Widerruf der Freilassung) und das *r. in duplum:* Der unterlegene Beklagte kann nach Zahlung der Urteilssumme das Verfahren wieder aufnehmen; unterliegt er erneut, so wird er freilich in das Doppelte verurteilt (M. Kaser Röm. Zivilprozeßrecht, 1966, 290. 395). D. M.

Rex. 1. »König« bei Völkern ital. Sprache (zu sicul. *ῥῆσος* Devoto Hist. mundi 3,385). Myth. Urkönige: → Acro von Caecina, Attius Tullius (Ahnherr Ciceros Plut. Cic. 1. Vir. ill. 81,1), Auson (Eust. Dion. Per. 78. Suda s. *αὔσονες· οἱ βασιλεῖς*), Erulus, Euander, Italos (Aristot. pol. 7,9,2 p. 1329 b 8f.), → Messapus (Fest. 112,12 L. Ahnherr des Ennius Serv. Aen. 7,691), → Mezentius (Fest. 212,19f. L.), Morges (Antioch. FGrH 555 F 6), Oenotrus (Serv. auct. Aen. 1,532 Sabiner), Olus (Chron. min. 1,144 M.), in Latium → Picus, → Faunus, → Latinus, in Alba Longa spät erfundene alban. r. von Silvius bis → Numitor und → Amulius (Liv. 1,3,6ff. Dion. Hal. ant. 1,69ff.). Am Anf. hist. Überlieferung: → Porsenna von → Clusium (die 12 etr. r. heißen *lucumones* Serv. Aen. 2,278.

8,65. 475; zu r. in Veii Liv. 5,1,3), Lamiskos (Herakl. Pont. pol. 20) von Lukanien (Strab. 6, 254); hist. sind → Aristodemos (5) von → Kyme (Beiname μαλακός volksetym. aus aram. *malku* »König«), Artos aus Messapien (Thuk. 7,33,4. Polemon bei Athen. 3,109 A. Demetr. frg. 1 CAF 1,795. Anecd. Bekk. 1,448,9), → Anaxilaos von Rhegion (Epicharm. frg. 98 K.Sch. Pind. Pyth. 1, 99 βασιλεύς), *Thefarie Velianas* aus Caere (Lamin. Pyrg. 1,3f. *mlk ʿl kjšrjʾ* = *rex Cisraeorum*), der ebenso wie Aristodemos *tyrannus* (Liv. 2,21,5. 34, 5; τυραννῶν Dion. Hal. 6,21,3. 7,2,4. 21,1) im etr. Text Lamin. Pyrg. 2,7f. *tameresca* »Vorsteher, Tyrann« (Pfiffig, Wiss. Denkschr. Akad. Wien 88, 1965, 30. 44) heißt; vergleiche *Caeritum r.* in den Elog. Tarqu. (NSA 1948, 266. SE 21, 1950/51, 166. Fest. 212,20 L.). In diesen Rahmen gehören die sieben (mit T. Tatius acht) r. Roms mit einer Regierungszeit von 240 (Cic. rep. 2,52), 241 (Solin. 1,31), 243 (Aug. civ. 3,15. Eutr. 1,8. Lyd. mag. 1, 29), 244 (Liv. 1,60,3. Cens. 17,12. Dion. Hal. 5,1,1) J. Ihre Vertreibung vor Karthagervertrag (Pol. 3, 22,2) und Weihung des kapitolin. Tempels (Plin. nat. 33,19) jeweils 508 v. Chr. Aus etwa dieser Zeit die ältesten inschr. Belege (CIL I^2 1 *recei*. Happ Glotta 46, 1968, 121 ff. Solin, ebd. 47, 1969, 248 ff. *rex*) vom Boden Roms und die Kalendernotizen QRCF (→ r. sacrorum) und REGIF (→ Regifugium). Den Namen r. bewahren der → *rex sacrorum*, die → *regina sacrorum*, die → *regia*, die *Iuno* → *Regina*. Der kapitol. Iuppiter O. M. (Cic. rep. 3, 23. Cass. Dio 44,11,3) trägt das Gewand des alten röm. r., im Triumphalkleid erhalten (Deubner, H 69, 1934, 316 ff. Radke bei Altheim–Stiehl Araber i. d. alten Welt 3,463). Für ältere Einrichtung des r. zeugen der → *interrex*, die *leges regiae* (Bruns–Grad. 1,1 ff.), die *sacratio* bei *affectatio regni* (Liv. 2,8,2. Radke Festschr. v. Lübtow 234 f.), angebliche Urkunden (Dion. Hal. 4,26. 58), *regalia exta* (Fest. 360,14 ff. L.), *regalia fulmina* (Caecina bei Sen. nat. 2,49,2). Die r. wurden auf dem Marsfeld bestattet (App. civ. 1,106). Umstritten ist die Gestalt des *r. Nemorensis* (Serv. Aen. 6,136. Suet. Cal. 35. Paus. 2,27,4. Strab. 5,239. Ov. a. a. 1,259 f. Stat. silv. 3,1,55 f.). R., Cognomen der → Marcii (I 8 ff.) Reges, nach M. Marcius, dem ersten plebej. *r. sacrorum* (Liv. 27,6,16. Münzer, RE XIV 1545). G. R.

Altheim Altröm. Königtum WG 1, 1935, 413 ff. *Accame* I re di Roma etc. 1959. *De Franciscis* Arcana imperii 3 ff.; Primordia civitatis 581 ff. *Mazzarino* Dalla monarchia allo stato reppublicano 27 ff. *Kunkel* Festgabe f. Gutzwiller, Basel 1959, 3 ff. *v. Lübtow* Das röm. Volk 31 ff. *Heurgon* Entretiens Hardt 13, 1969, 102.

2. R., Cognomen (vgl. I. Kajanto Lat. Cognomina, 1965, 21. 82. 316), bei den republikan. → Marcii (I 31 ff.), nach dem Priesteramt eines Gentilen. H. G. G.

Rex Sacrorum (CIL I^2 593,62. Cic. dom. 38; resp. har. 12 u. a.) oder *rex sacrificulus* (Fest. 372, 14. 422,11 L. u. a.) oder auch nur *rex* (Varro l. l. 6,12. 13. 28. Fest. 198,30 u. a.), bei den Griechen βασιλεὺς τῶν ἱερῶν (Dion. Hal. ant. 4,74,4. 5, 1,4. Cass. Dio 54,27,3. Plut. Qu. Rom. 63 u. a.), röm. Priester des Pontifikalkollegiums, der im *ordo sacerdotum* an erster Stelle – noch vor dem *flamen Dialis* – steht (Fest. 198,30 ff. L. Serv. auct. Aen. 2,2. Gell. 10,15,21). Nach Vertreibung der Könige wurde der R. S. – wie der att. Archon Βασιλεύς – unter Beibehaltung des Namens, aber ohne militär. (vgl. Liv. 40,42,8) oder polit. Funktion (Dion. Hal. 4,74,4. 5,1,4) eingesetzt (als erster R. S. wird M.' Papirius genannt Dion. Hal. 5,1,4), um die *sacra* zu vollziehen, die von den *reges* vollzogen zu werden pflegten (Fest. 422,11 L. Liv. 2,2,1). Davon kennen wird das Widderopfer an → Ianus in der → *regia* an den Agonalia des 9. Jan. (Ov. fast. 1,318. 333. Varro l. l. 6,12), die Ausgabe von *februa* zusammen mit den → *flamines* an die → *pontifices* (Ov. fast. 2,21), *res divinae* an den Tagen mit der Sigle *QRCF*, d. h. am 24. März und 24. Mai (Paul. Fest. 311,2 L. Varro l. l. 6,31), von Plut. a. O. auf den 24. Febr. (Regifugium) ausgedehnt, ein Opfer zusammen mit dem *pontifex minor* an den Kalenden (Macr. sat. 1,15,9 f.), das Ausrufen der Festtage nach einem Opfer auf der *arx* an den Nonen (Varro l. l. 6,13. 28) und eine gemeinsame Kulthandlung mit den → Vestalen, die den R. S. zu wecken haben (Serv. Aen. 10,228). Anläßlich solcher Opfer darf der R. S. wie *Vestales* und *flamines* auf einem Wagen durch die Stadt fahren (CIL I^2 593,62). Der R. S. wird auf *comitia calata* (Labeo bei Gell. 15,27,1) von den *pontifices* inauguriert (Dion. Hal. 5,1,4. Liv. 27,36,5). Er muß Patrizier sein (Cic. dom. 38. Liv. 6,41,9), aus konfarreierter Ehe stammen und selbst in einer solchen mit der → *regina sacrorum* leben (Gai. inst. 1,112); er darf keiner Arbeit zusehen (Macr. sat. 1,16,9). Er wird auf Lebenszeit eingesetzt (Dion. Hal. 4,74,4) und ist unverletzlich (Serv. Aen. 8,646), untersteht jedoch dem *pontifex maximus* (Liv. 2,2,2), der ihn mit einer → *multa* strafen kann (Liv. 40,42,9). Wenn gelegentlich auch behauptet wird, der R. S. wohne in der *regia* (Paul. Fest. 347,12 L. Serv. auct. Aen. 2,57. 8,363), widerlegt das jedoch Fest. 372,14 L. Einmal bezeugte (Plin. nat. 11,186) Datierung nach der Amtszeit eines R. S. rechtfertigt keine Schlüsse auf älteres Verfahren (Latte RRel 196). Das Amt eines R. S. läßt sich inschr. auch für → Alba Longa (CIL XIV 2413), → Tusculum (CIL XIV 2634), → Lanuvium (CIL XIV 2089), → Velitrae (CIL X 8417), → Florentiae (CIL XI 1610) wahrscheinlich machen. Aus chronolog. Gründen wird *recei* auf der Forumsinschrift (CIL I^2 1) auf den R. S. bezogen; das gilt vermutlich auch für die nahe der *regia* gefundene Inschr. *REX* (Happ, Glotta 46, 1968, 121 ff. Solin ebd. 47, 1969, 248 ff. 48, 1970, 217 f.). G. R.

Wissowa Rel. ^{2}504. *Latte* RRel. 110. 117. 196. *Dumézil*

Rel. Rom. Arch. 31f. 116ff. 148f. *Deubner* bei *Chantepie* 2,448. 450. *L. Adams Holland* Janus and the Bridge 265f.

Rhabarber (*rheubarbarum sive reuponticum* Isid. or. 17,9,40, sonst *ῥᾶ, ῥῆον, rhecoma; rhabarber* erst ma.) wichtige Arzneipflanze aus der Familie der Polygonaceen, in ganz Asien verbreitet, wohl über Pontos in die griech.-röm. Welt gelangt, wo sie in der Human- wie in der Tierarzneikunde sehr vielfältig verwendet wurde. Wichtigste Quelle (neben vielen Belegen in der mediz. Lit.) Plin. nat. 27,128ff. STADLER, RE I A 726ff. K. Z.

Rhabdophoroi (*ῥαβδοφόροι*), Rhabduchoi (*ῥαβδοῦχοι*). Beamte, welche bei religiösen Feiern und Spielen, bes. bei Festzügen, auf die Einhaltung der *εὐταξία* zu achten hatten (IG V 1,1390,41f. IX 2,1109,23. IX 2,735). Sie erteilen mitunter Stockhiebe (Aristoph. Pax 733. Thuk. 5,50,4). Pol. 5,26,10. 10,32,2 nennt die röm. Liktoren R. Urspr. ist der Stab Zeichen der Richterwürde (Pind. Ol. 9,33; vgl. auch Plat. Prot. 339 A 8); → Aiakos in der Unterwelt hält einen solchen Stab, Plat. Gorg. 526 C 6: *ῥάβδον ἔχων δικάζει*. Olympiodor im 6. Jh. n. Chr. allegorisiert den Stab zum Zeichen des Rechtes: *διὰ τῆς ῥάβδου σημαίνεται τὸ εὐθὺ καὶ ἴσον τῆς δίκης* (in Gorg. p. 267,24 Westerink). C. Z.

Rhadamanthys (*Ῥαδάμανθυς*, vorgriech., *Radamanthus*), Sohn von Zeus (Asterios) und → Europe, Bruder von → Minos und → Sarpedon, Il. 14,321f. Hes. frg. 30. Apollod. 3,3. Tzetz. Lykophr. 1301. Myth. Gesetzgeber auf Kreta (in Unterordnung unter Minos) und Beherrscher ägä. Inseln, Apollod. 3,6. Diod. 4,60. 5,79. Herakles beruft sich auf R.' Gesetz der Notwehr, Apollod. 2,64. Eid des R. Zenob. 5,81. R. HIRZEL Der Eid, 1902, 90f. Da Minos ihm den Ruhm der Gerechtigkeit neidet, flieht R. nach Okaleai am Kopaissee, Diod. 5,84. Apollod. 2, 70. In Mittelgriechenland muß R. einst große Bedeutung gehabt haben. Od. 7,321f. bringen ihn die Phaiaken nach Euboia hin und zurück, zum Besuch bei → Tityos (bei Lebadeia befand sich die Höhle von dessen Mutter Elara, Strab. 9,423). In Haliartos zeigte man das Grab des R. und das der → Alkmene, die ihm, als er ins Elysium entrückt wurde, als Gemahlin nachfolgte, Apollod. 2,70. 3,6. Plut. Lys. 28. Anton. Lib. 33 (nach Pherekyd.). Anth. Pal. 3,13. Hier war R. *πάρεδρος Κρόνου*, Pind. O. 2,83. P. 2,73. Als Totenrichter im Hades ist R. erst bei Plat. (apol. Gorg. rep. u. s.) bezeugt; s. o. Bd. III 1334, 59ff. WILAM. GldH 2,181f.; bei Verg. Aen. 6,566 erpreßt er Geständnisse. – Vgl. → Oinopion. H. v. G.

Jessen, Myth. Lex. 4,78ff. *G. Herzog-Hauser* Tityos u. R., WS 48, 1930, 108ff.; *Malten*, JDAI 28, 1913, 35ff.

Rhadine (*Ῥαδίνη*; *ῥαδινός* schlank, auch Lucr. 4,1167) und Leontichos (*Λεόντιχος*), ein unglückliches Liebespaar griech. Volkssage aus Samos, in einer »Ballade« von → Stesichoros (wohl dem jüngeren, 4. Jh., LESKY GGrL^2 177) besungen. Die asklepiad. Anfangsverse zitiert Strab. 8,347, der die Gesch. in das Triphyl. Samos verlegt. R., einem Tyrannen von Korinth angetraut, wird auf dem Schiffswege zu ihm gebracht. Ihr Vetter und Liebhaber fährt ihr im Wagen nach, sie will nicht von ihm lassen. Der Tyrann erschlägt beide und schickt die Leichen nach Samos zurück. Später bereut er seine Tat, preist das Paar und bestattet es, nicht in Korinth, wie MAAS RE I A 37 annimmt. Ihr Grabmal war eine Sehenswürdigkeit auf der Insel Samos, Paus. 7,5,13. H. v. G.

E. Schwartz GGA 1904, 287.

Rhamnus (*Ῥαμνοῦς*, Demot. *Ῥαμνούσιος*), Ortschaft an der N.-Küste Attikas, 5 km n. der Ebene von Marathon, und Demos der Aiantis mit Heiligtum der → Nemesis; auf der Tempelterrasse zwei Tempel der Nemesis und → Themis, kleiner Tempel in antis des 6 Jh.s und dor. Tempel aus Marmor um 430 v. Chr. Das bes. berühmte Kultbild stammte von → Agorakritos. 1 km unterhalb an der Küste die stark befestigte Ortschaft mit Theater und anderen Resten. Aus Rh. stammte der Redner → Antiphon (5). Paus. 1,33,2–8. Strab. 9,1,17 p. 396. 1,22 p. 399. Mela 2,46. Plin. nat. 4,24. 36,17. Ptol. 3,14,21. Steph. Byz. Suda. Hesych. Anth. Pal. 16,221–224. Inschr.: IG II^2 1217. Hesp. 10, 1941, 342ff. RAUBITSCHEK Charites Festschr. Langlotz 237ff. SEG 3,122. 15,111 bis 113. 22,128–130. 24,154. E. M.

1. *Philipps.-Kirst.* 1,786f. 2. *Kahrstedt*, RE IA 139f. 3. *Kirsten-Kraiker* Griechenlandkunde^5 1967, 174ff. 872 (Literatur). 4. *L. Vlad Borrelli*, Enc. arte ant. 6,600ff. (mit voller Bibliogr.). 5. *J. Pouilloux* La forteresse de Rhamnonte 1954. 6. *Zschietzschmann*, AA 44, 1929, 441ff. 7. *W. H. Plommer*, ABSA 45, 1950, 94ff. 8. *W. B. Dinsmoor*, Hesp. 30, 1961, 179ff. 9. *A. Trevor Hodge – R. A. Tomlinson*, AJA 73, 1969, 185ff.

Rhamphias (*Ῥαμφίας*), Spartiate, vielleicht Vater des → Klearchos (1; Thuk. 8,8,2). Angehöriger der letzten spartan. Gesandtschaft nach Athen vor Ausbruch des archidam. Krieges 431, Thuk. 1,139,3. Wohl ident. mit Rh., der E. Sommer 422 Truppenverstärkungen nach Thrakien führen sollte, nach dem Tod des → Brasidas aber bereits in Thessalien wieder umkehrte, Thuk. 5, 12,1–14,1. K. K.

Rhapsoden (*ῥαψῳδοί*). In der Od. treten berufsmäßige, fahrende Sänger (*ἀοιδοί*) auf, die an Fürstenhöfen seßhaft werden konnten, → Demodokos (1. 2.), → Phemios (2). Sie spielten mit der Phorminx zum Tanze auf oder begleiteten den eigenen Gesang. Aus der Kenntnis von Sagenkomplexen und der Beherrschung der typ. Formelemente vermochten sie zu improvisieren und zu variieren, Dichter und Vortragende in einem. Über »oral poetry« C. M. BOWRA Heroic Poetry, 1952. LESKY GGrL ^{2}30ff. – Seit etwa 500, zuerst inschr. bezeugt, finden wir R. als Rezitatoren fremder, bes. hom. Dichtung, die sie auswendig vortragen, zu Gilden auf echter oder fiktiver Familiengrundlage zusammengeschlossen (→ Homeriden auf Chios). Sie traten bei Festen, Leichenspielen, gern in Agonen auf; → Ἀγὼν Ὁμ. κ. Ἡσ. Sie machten sich verdient um die Verbreitung Homers; an den → Panathenaia trug ein Team von R. die ganze Il. und Od. vor. Viele entgingen nicht der Gefahr des Virtuosentums oder der Eitelkeit (Plat. Ion). Der Name R. stammt nicht von dem Stabe (ῥᾶβδος), den sie in der Hand trugen, sondern von ἀοιδὴν ῥάπτειν »reihen« (Hes. frg. 265,1. Pind. N. 2,17). H. v. G.

H. Patzer ῬΑΨΩΙΔΟΣ H 80, 1952, 314ff. *R. Sealey* From Phemios to Jon, REG 70, 1957, 312ff. *W. Schadewaldt* Von Homers Welt u. Werk, ^{3}1959, 54ff.

Rhapton. Ein Hafen τὰ Ῥάπτα wird zuerst im 1. Jh. n. Chr. vom anon. Peripl. mar. rubr. 16 als s.w. E. der Azania, d.h. der Somalia, genannt. Ptol. geogr. 1,9,1. 4,7,12. 28, der auf diese Küste den urspr. mit dem Küstenstrich zwischen Djibuti und Kap Gardafui verbundenen Namen Βαρβαρία παράλιος ausdehnt, gibt ihm als Hauptort Ῥάπτα (71°, 7° S), nennt den Fluß Ῥάπτος (Mündung 72° 30′, 7° S) und setzt das Vorgebirge Ῥάπτον weiter im S. an (73° 50′, 8° 25′ S). Demnach wird die Stadt bei Pangani, 80 km n.n.w. Zanzibar, am Fluß Rufu (Ῥάπτος!)-Pangani lokalisiert und das Vorgebirge mit dem Rās Utondwe gegenüber Zanzibar gleichgesetzt. F. L.

Rhaskuporis, thrak. Name (Ῥασκούπορις IG III 552. Ῥαισκούπορις ebd. 553. Head HN^{2} 286. Ῥασκούπολις App. civ. 4,87. Ῥασκύπορις Cass. Dio 47,25,2. *Rhascypolis* Suet. Tib. 37. *Rhascipolis* Caes. civ. 3,4,4. *Rheskuporis* Tac. ann. 2, 64ff.). **1.** R. I., Sohn des → Kotys (I 7), König der thrak. Sapäer, half 48 Pompeius bei Pharsalos, 42 den Caesarmördern bei Philippi, trat zu Octavian über. App. a. O. Caes. a. O. IG III 552. J. Wiesner Die Thraker 1963, 160f. G. W. Bowersock Augustus and the Greek world 1965, 152ff. (Stammtaf.). **2.** R. II., erhielt mit seinem Vormund und Onkel → Rhoimetalkes I. (1) 16 v. Chr. von Augustus auch die Herrschaft über die → Besser, fiel 11 v. Chr. im Kampf mit ihnen um ihr Dionysosheiligtum. Cass. Dio 54,20,3. 34,5. Wiesner 163f. **3.** R. III., Bruder des → Rhoimetalkes I. (1), half Rom 6 n. Chr. im pannon. Feldzug, erhielt 12 von Augustus die *Ripa Thraciae* zwischen Balkan und Donau, ermordete 19 → Kotys (8), den Odrysenherrscher s. des Balkans, wurde von Rom abgesetzt, verurteilt, verbannt und in Alexandreia auf der Flucht getötet. Tac. ann. 2,64ff. 3,38. Suet. a. O. Strab. 12,556. Cass. Dio 55,30,6. SEG XVI 426. Wiesner 165f. H. V.

Rhaukos (Ῥαῦκος), Stadt in Mittelkreta mit geringen Resten beim h. Hg. Myron 17 km s.w. von Iraklion, seit spätmyken. Z. besiedelt, 166/65 v. Chr. von Gortyn und Knossos erobert und zerstört mit Aufteilung des Gebiets, Pol. 31,1,1, aber später wiedererstanden. Skyl. 47. Lykophr. 1304 (Δραύκη) mit Tzetz. z. St. Steph. Byz. Inschr.: [2] Nr. 1–4. Mz.: Head HN^{2} 477. [2] 291. E. M.

1. *Maiuri*, Mon. ant. 6, 1895, 228ff. 2. *M. Guarducci* Inscr. Cret. 1,290ff. 3. *Bürchner*, RE IA 288. 4. *Kirsten*, RE Suppl. VII 1037ff.

Rhebas (Ῥήβας), kleiner, in der ant. Lit. über den Pont. Eux. öfter genannter Fluß. Da die Argonauten bald nach ihrer Ausfahrt aus dem Bosporos in den Pont. Eux. den Fluß passieren (Apoll. Rhod. 2,343; vgl. 650), ist die Identifikation des R. mit dem noch h. Riva genannten Fluß gesichert. Die Eintragung: *ad herbas* in der Tab. Peut. IX 2 bei dem der Lage des R. entsprechenden Fluß wohl nur ein Schreibfehler statt *ad Rhebas* (vgl. K. Miller It. Rom. 839). F. K. D.

Rhegion *(Regium)*, Stadt an der Meerenge zwischen Italien und Sizilien in beherrschender Lage (Diod. 14,100,1. Strab. 6,258). Ant. Namensdeutung von Eponymos (Aristot. frg. 611,55 R. Dion. Hal. ant. 19,2) oder ῥηγνύναι (a. »abschüssig« Dion. a. O. Iust. 4,1,7. b. »Bruch« Siziliens von Italien Aischyl. bei Strab. a. O. Diod. 4, 85,3. Phlegon mir. 14. Aristot. mir. 130. Eust. Dion. Per. 440. 476. Sall. hist. 4,26 M. Plin. nat. 3,86. Solin. 5,5. c. »Losreißen« Apollod. 2,5,10,9) oder lat. *rēg-* (Strab. a. O. Eust. Dion. Per. 440); vielleicht übersetzt Erythra (Sch. Dion. Per. 461) einheim. Namen eines vorgriech. R. Myth. Gründer Iokastos (Tim. FGrH 566 F 164. Kall. frg. 618 Pf.). Die chalkid. Kolonie (Skymn. 311 f. Diod. 14,40. Solin. 2,10) geht auf Rat Apollons (Tim. F 43 ab. Diod. 8,29. Strab. 6,257) unter Führung des Artimedes (Dion. Hal. a. O.) oder auf Einladung von → Zankle (Antigon. FGrH 555 F 9) unter Führung des Antimnestos zuerst nach Pallantion (Dion. Hal.) an Iokastos-Grab (Herakl.) am Apsia-Fluß (Diod.), wo die Weinrebe den Feigenbaum umschlingt (Orakel). Teilnahme von → Messeniern und Einladung von Zankle datieren in letztes Viertel des 8. Jh. v. Chr. Aristokrat. Verfassung unter Gesetzen des → Charondas (Herakl.); 540 Aufnahme der Phokaier, die von R. aus → Velia gründen (Hdt. 1,166f.). 494 (Diod. 11,48,2) beseitigt der aus Messenien stammende (Macr. sat. 1,11,29. Paus. 4,23,6; weitere Angaben bei Paus. a. O. chronolog. unbrauchbar) → Anaxilaos die Oligarchie (Aristot. pol. 5,12,4 p. 1316a 38. Herakl. a. O.) und errichtet eine Tyrannis (aber Sch. Pind. Pyth. 1,99 βασιλεύς. Iust. 4,2,4 *iustitia*), macht sich mit neuen Siedlern zum Herrn auch von Zankle, das er Messenion nennt (Hdt. 6,23,2. Thuk. 6,4,6. Macr. a. O. Head HN^{2} 153) und befestigt → Skyllaion gegen → Tyrrhener (Strab. 6,257). → Hieron (Tim. F 97) vereitelt den Krieg R.s gegen → Lokroi (Epicharm. frg. 98 K), worauf sich Anaxilaos Karthago anschließt (Hdt. 7,165,2). Nach seinem Tode 476 (Diod. 11,48,2) Regentschaft des → Mikythos bis 465 (Diod. 11,66,3) mit Niederlage durch →

Iapyger (Diod. 11,52) und Kolonisation von → Pyxus (Diod. 11,59. Strab. 6,253). Söhne des Anaxilaos (Sch. Pind. Pyth. 2,38 Kleophron, Iust. 21,3,2 Leophron) werden 461 vertrieben (Diod. 11,76). Die Verwandtschaft mit → Leontinoi (Thuk. 3,86,2. 6,79,1. Diod. 12,54) und die alte Fehde mit Lokroi (Thuk. 4,1,2. 24,2) bestimmen die folgende Zeit. Von 404–387 aussichtsloser Kampf gegen Lokroi und den beleidigten (Diod. 14,44,5. 107,3) → Dionysios (Diod. 14,8. 40. 87ff. 100ff. Front. strat. 3,4,3); dessen Haus in R. mit Platanen (Theophr. h. plant. 4,5,6. Plin. nat. 12,7); Neuanlage von R. 358 als Phoibia (Strab. 6,258). Befreiung 351 (Diod. 16,48) und Anschluß an → Timoleon (Diod. 16,66ff.). 280 Schreckensherrschaft einer kampan. Besatzung (Diod. 22,2f. Pol. 1,7,7ff. Liv. 31,31,6. per. 12. Strab. 6,258); 276 Angriff des → Pyrrhos abgewehrt (Plut. Pyrrh. 24); 270 von Römern erobert (Pol. 1,7,9. Liv. per. 15) und dann als *civitas foederata* (Liv. 35,16,8. 36,42, 2) Rom stets treu (Diod. 26,21. Liv. 23,30,9. 26,12, 2) auch bei griech. Gesicht (Strab. 6,253. Cic. Verr. 4,135; Arch. 5; Phil. 1,7). Seit Marserkrieg (Diod. 37,2) *municipium* (CIL X p. 4) in der *tribus Cornificia* (L. Ross Taylor The Voting Districts 208) der 3. Region (Plin. nat. 3,73); nach Ansiedlung röm. Seesoldaten 36 (App. civ. 4,86. Strab. 6,259. Suet. Aug. 16) *Regium Iulium* (CIL X 5. 6. 228. Ptol. 3,1,9). Das Gebiet (Plut. Crass. 10,4 ἡ Ῥηγίνων χερρόνησος) vom → Metauros (Cato frg. 71 P. *Pecolus*; Entsühnung des Orestes) bis zum → Halex (Tim. F 43. Konon 5. Strab. 6,260. Eust. Dion. Per. 364; allein Paus. 6,6,4 Kaikinos). R. seit ca. 132 v. Chr. durch die via des Popilius mit Rom verbunden (CIL I² 638). *Columna Regia* (Plin. nat. 3,73) 6mp (CIL X 6956 in Sa. Domenica bei Catona n. von R.; ἀκρωτήριον Ῥήγιον (Thuk. 6,44,3) = *Leucopetra* (Plin. nat. 3,74) bei Cap Pellaro 5mp (Tab. Peut. 7,2) s. von R. Berühmte Söhne der Stadt: Historiker → Hippys und → Lykos, Dichter → Ibykos. H. Reggio di Calabria. G. R.

Forbiger HB d. alt. Geogr. 3,513. *Nissen* It. Ldk. 2,963. *Beloch* RG 502. 546. *J. Bérard* La colonisation Grecque 1957, 99ff. *v. Stauffenberg* Trinakria 106ff. 168ff. 287ff. Beilage II S. 355f. *P. Larizza* Rhegion Chalcidense, Rom 1926. *G. Vallet* Rhégion et Zancle, Paris 1958. *Head*, HN² 107ff.

Rheneia (Ῥήνεια, Ῥήναια, Ῥήνη u. ä.), w. Nachbarinsel von → Delos, in der Nz. Megali Dilos, etwa 5 : 7½ km und 16 qkm groß, bis 150 m hoch, aus Gneis und Granit bestehend, im Alt. mit gleichnamiger Stadt, hauptsächlich Landwirtschaftsgebiet und Begräbnisplatz für Stadt und Heiligtum von Delos, Thuk. 1,8,1. 3,104,1f. Hdt. 1,64. Diod. 12,58,6f., daher in del. Inschr. oft genannt, nach Strab. unbewohnt, nach Thuk. 1,13,6. 3,104,2 von Polykrates dem Heiligtum von Delos geweiht, im 1. att. Seebund selbständiges Mitglied, B. D. Meritt The Athen. tribute lists 1,392f. u. ö. Ausgegraben sind ein Heiligtum, Siedlungsreste, viele Gräber, bes. hellenist. Z., darunter das große Massengrab der athen. »Säuberung« von Delos von 426 v. Chr. Hom. h. 1,44. Skyl. 58. 113. Strab. 10,5,3 p. 486. Ptol. 3,14,24. Plin. nat. 4,67. Mela 2,111. Steph. Byz. Sch. Theokr. 17,70. E. M.

1. *Philipps.-Kirst.* 4,114. 2. *Bürchner*, RE IA 598f. 3. *Ph. Bruneau–J. Ducat* Guide de Délos, Paris 1965, 168f. (mit Lit.). 4. *J. H. Kent* The temple estates of Delos, Rheneia and Mykonos, Hesp. 17, 1948, 243ff. 5. *G. Bermond Montanari*, Enc. arte ant. 6, 1965, 666. 6. Neue Ausgrabung: BCH 92, 1968, 416ff.

Rhēnus. 1. Fluß, der aus dem Apennin an Bononia vorüber (Plin. nat. 3,118. 16, 161. Sil. a. O.) in den Po fließt (Sil. 8,601). Mit ihm verbindet man die Lokalisierung des Triumviratsabschlusses 43 v. Chr., obwohl ohne Namensangabe (bei App. civ. 4,2 jedoch Lavinius bei Mutina!) lediglich ein Fluß bei Bononia genannt wird (Cass. Dio 46,55,1. Flor. 2,16); h. Reno G. R.

Forbiger HB d. alt. Geogr. 3,367. *Nissen* It. Ldk. 2 260.

2. R., der Rhein (kelt. *Rēnos*, air. *rian*, ahd. *Rîn*, später *Rhîn*, Bedeutung Fluß, Gang, Weg Holder). Römern und Griechen wurde der R. erst mit den Germaneneinfällen unter → Ariovistus bekannt, genauere Kunde vermittelte Caesar (Riese Das rhein. Germanien). Nicht weit von der Rhône entspringt der R. in den unwegsamen raet. Alpen, dem Siedlungsgebiet der → Lepontier, → Helvetier und → Raeter (Caes. Gall. 4,10. Strab. 4,192. Plin. nat. 3,135. Tac. Germ. 1) und ergießt sich dann in den Bodensee (nach Pomp. Mela 3,24 aus *lacus Venetum* und *lacus Acronum* bestehend), der nicht weit von den Donauquellen entfernt ist (Strab. 7,292). Tacitus (Germ. 1) gibt den weiteren Lauf treffend an *modico flexu in occidentem versus Oceano miscetur*. Die Höhenlage der Quellen und das Gefälle bedingen die große Schnelligkeit des Flusses; Wasserreichtum und Tiefe, Eisgang und Strudel werden erwähnt. Nach Tac. ann. 2,6 fließt der R. *uno alveo continuus aut modicas insulas circumveniens* bis zum Bataverland, mäßig große Inseln (Auen und Werthe) umspülend, während im Flachlandgebiet des Oberlaufes wie auch im Mündungsgebiet Flußschlingen als Altrheinarme durch Verlagerung noch in hist. Z. gebildet wurden. Seit der Regulierung nach Entwürfen des badischen Ing. Tulla (1817–1872) sind diese Veränderungen verhindert und der Lauf um 85 km auf 1320 km verkürzt worden.

Von den Mündungen (Verg. Aen. 8,727 *Rhenus bicornis*) nennt Mela 3,24 (Tac. ann. 2,6) den r. Arm *Flevo*, den auf der gall. Seite gelegenen Arm *Vahalis*, der dann auch *Mosa* heiße. Entsprechend erwähnt Plinius (nat. 4,99) als n. Arm *Flevus, effusus in lacus*, in der Mitte den R. und im W. *Helinius, in amnem Mosam se spargit*. Als Kanäle sind die *fossae Drusinae* Verbindungen vom Rhein zur Yssel und Flevosee, nach anderen von Vechten zur Flevosee und der 27 Meilen lange Rhein-

Maas-Kanal, der unter → Claudius (II 39) von dem Legaten Cn → Domitius (II 8) Corbulo erbaut wurde und z.T. in der heutigen Vliet erhalten ist. Eine Verbindung von Rhein und Rhône durch einen Kanalbau von der Mosel zum Arar um 58 n. Chr. scheiterte am Widerstand des Legaten der Belgica (Tac. ann. 13,53); Nebenflüsse sind l. Aare, Nahe und Mosel, rechtsrhein. Neckar, Main. Lahn, Sieg und Lippe, die als natürl. Einfallwege durch Militärlager abgesichert wurden. Eine Rheinflotte mit festen Standorten in Mainz, Köln-Alteburg und Arentsburg kontrollierte und sicherte den Flußverkehr, während Grenz- und Flußpolizei die Flußübergänge mit Anlegestellen für Nachen, Kähne, Einbäume und Flöße überwachte. Neben den caesar. Pionierbrücken und den bei kriegerischen Anlässen errichteten Schiffs- und Pontonbrücken bestanden feste Brückenbauten bei → Augusta (4) Raurica, Tasgaetium (Burg b. Eschenz), Tenedo (Zurzach), Mainz, Koblenz und Köln. H. C.

Haug, RE I A 731.

Rheskuporis (zum Namen s. → Rhaskuporis). Folgende nur durch Inschr. (Corp. inscr. regni Bosporani = CIRB 1965) und Mz. (HEAD HN² 504) bekannte Könige des Bosporan. Reiches heißen Ti. Iulius R. *φιλόκαισαρ φιλορώμαιος εὐσεβής* und waren *ἀρχιερεὺς τῶν Σεβαστῶν διὰ βίου*. R. WERNER in Abriß d. Gesch. ant. Randkulturen 1961, 149f. **1.** R. I. 67/68–91/92. CIRB 70. 1126. SEG 19,504. PIR² 4,3,512. **2.** R. II. *φιλέλλην*, Sohn des Ti. Iulius Sauromates II., 211/12–228/29. CIRB 53. 55. 897. 1047. M. ROSTOWZEW Skythien und der Bosporus 1931, 223. PIR² 4,3,513. **3.** R. III., 234/35–235/36. Mz. **4.** R. IV., 239/40–261/62, unterbrochen 253/54 bis 255/56 durch den Usurpator Pharsanzes. CIRB 58f. PIR² 4,3,514. **5.** R. V., 311/12–334/35. Ende der Mz. prägung. CIRB 1112. H. V.

Rhesos (*Ῥῆσος*). Heldengestalt des thrak. Wagenrittertums in der → Dolonie (Il. 10). Kaum ist er mit seinen Mannen und erlesenen Rossen zu den Troern gestoßen und hat seinen Lagerplatz etwas abseits gewählt, da wird er von → Diomedes (2), auf einem Spähergang mit Odysseus, schlafend erschlagen; beide entführen seine Rosse, ehe sein Neffe → Hippokoon (2) erwacht; vgl. Ov. met. 13,248ff. Bei Hom. ist R. Sohn des Eioneus (Eponym von → Eion 1), in dem ps.-eur. Drama »Rhesos« des thrak. Flußgottes Strymon. – Spätere Überlieferungen, die aber z.T. in ältere Zeiten zurückweisen und für die Erkenntnis von R.' urspr. Wesen wichtig sind: (a) Seine Rosse sind für Troias Sieg schicksalhaft notwendig, Verg. Aen. 1,469ff. mit Serv. z. St. (b) Auf einem Eroberungszug kam er nach → Kios und vermählte sich dort mit der schönen Jägerin Arganthone. Er nahm sie mit an den Strymon, zog aber trotz ihres Widerstrebens bald in den Krieg und fiel am Flusse Rhesos (Nebenfluß des → Granikos). (c) Nach Philostr. her. 62 haust R. als Jäger mit seinen Rossen auf dem Rhodopegebirge, die wilden Tiere drängen sich an seinen Altar, die Umwohner verehren ihn als Nothelfer. – So war R. gewiß von Haus aus ein thrak. Dämon (*ἀνθρωποδαίμων* in thrak. Höhlen, Ps.-Eur. Rhes. 971) oder gar Gott. Dazu stimmt, daß die Athener bei der Gründung von Amphipolis 438 seine Gebeine von Troia an den Strymon übertrugen, Polyain. 6,53. H.v.G.

B. Fenik Il. X and the R. Myth., Latomus 73, 1964. *E. Fraenkel*, Gn 37, 1965, 28ff. *J. Wiesner* Die Thraker, 1963, 25.

Rhesus, nach Plin. nat. 6,4 ein weiterer Name für den in den Pont. Eux. einmündenden → Rhebas. F. K. D.

Rhetorik*. A. Name. Definition. Wesen. – B. Geschichte der griech. Rh.: [1] Vorformen – [2] Sophistik – [3]–[5] Klassik – [6]–[10] Hellenismus und Kaiserzeit. – C. Geschichte der röm. Rh.: [1]–[2] Zeit der Republik – [3]–[4] Kaiserzeit. – D. Tropen und Figuren. – E. Rh.-Unterricht: [1] Griechisch – [2] Römisch. – F. Überlieferung. Fortwirken – Tabelle zum System der Rhetorik S. 1411–1414. – Vgl. auch die Art. über einzelne Redner und Rhetoren.

A. Name, Definition, Wesen der Rh. (*τέχνη ῥητορική*, *ars oratoria*, *eloquentia*, »Redekunst«). *ῥήτωρ* wie *orator* (Redner) weisen auf Ausdrücke der gehobenen Sprache (*εἴρω*, *oro*, »ich künde«), erhalten dann aber bald handwerkl.-techn. Bedeutung (*ῥήτωρ* in diesem Sinn seit Aristoph., *ῥητορική* seit Plat. belegt). → Gorgias definiert die Rh. als *πειθοῦς δημιουργός*, »Meisterin der Überredung« (Plat. Gorg. 453 A), → Aristot. (rhet. 1,2, 1355b 25, vgl. 1,1 fin.) als *δύναμις περὶ ἕκαστον τοῦ θεωρῆσαι τὸ ἐνδεχόμενον πιθανόν*, »Fähigkeit für jeden Einzelfall das, was glaubhaft gemacht werden kann, ins Auge zu fassen«, was → Quint. (inst. 2,15,16) wiedergibt mit: *vim esse dicendi* (!), *quid in quaque re possit esse persuasibile*, um die Rh., nach einem krit. Bericht über die bisherigen Definitionen, dann selber kurz und bündig als *bene dicendi scientia* zu erklären, also als »Wissenschaft vom schönen Ausdruck«, während der alte → Cato (Fr. 14) den Redner spezifisch röm. als *vir bonus dicendi peritus* gekennzeichnet hatte (vgl. aber schon das Lob des Logos als Funktion des *ἀγαθός* und *εὖ φρονῶν* bei Isokr. 3,7 = 15,255 und 15, 187, wo wie bei Cato das *πεφυκέναι καλῶς* mit *ἐπιστήμη περὶ τῶν λόγων* und *ἐμπειρία* verbunden erscheint. – Das Überreden, die schöne Form der Rede und die auf Handwerkskunst gegründete Erfahrung sind also die 3 Hauptkennzeichen der Rh. Sie bestimmen ihre Vorzüge und ihre Gefahren: 1. Die Kunst der Überredung (*πειθώ*, persuasio) ist von eminenter forens. und

* Der obige Art. ist ein mit Genehmigung des Vf. gefertigter Auszug des ausgezeichneten Art. Rhetorik von Hildebrecht Hommel im Lex. d. A.W. 2611–2627. K.Z.

polit. Bedeutung, gefährdet jedoch die Wahrheit. – 2. Der sorgfältige Schmuck der Rede hat der gesamten ant. Lit. Anspruch und Rang verliehen, trägt aber die Gefahr in sich, die Form über den Inhalt zu stellen und in Wortgeklingel auszuarten (daher Catos Mahnung: *rem tene, verba sequentur;* vgl. Cic. De or. 1,20). – 3. Das solide Handwerk und seine Einübung hat der ant. Rh. starke Wirkung auf die abendländ. Kultur und ein Fortleben bis in unsre Zeit gesichert, droht jedoch je und je in Routine und Traditionalismus zu erstarren.

B. Geschichte der griechischen Rh. [1] *Vorformen.* Den Erfordernissen der Gerichtspraxis in der Demokratie, bes. der zunehmenden Bedeutung des Volksgerichts, scheint die Rh. ihre Ausbildung zur Techne zu verdanken. Die Hauptelemente der Rh. waren jedoch, längst vor ihrer Festlegung im theoret. System, in der lebendigen Praxis – etwa in der Feldherrnrede und der Leichenrede – ausgebildet und bewährt, auch darf der unmittelbare Einfluß der ausgebildeten Theorie der Rh. auf alle künftige rednerische Praxis nicht überschätzt werden. Doch war die sozusagen katalysatorische Wirkung der Rh. unübersehbar, heute etwa vergleichbar der des Lateinunterrichts auf den Gebildeten. Spuren einer »vortechnischen« Redekunst finden sich in der älteren griech. Poesie allenthalben, so bei → Homer, im sog. homerischen Hermeshymnos, bei → Hesiod, → Kallinos, → Solon, → Sappho, ganz bes. in der att. → Tragödie (Aischyl. Eum.; Soph. Ant.; OT; Eur. Hipp.). Sie erstrecken sich gleichermaßen auf die Beweistechnik (*πίστις, εἰκός*) wie die Disposition (*τάξις*) und den Stil (*λέξις*), hier bes. auf die dem Griechen eingeborene Vorliebe für Antithesen der Worte und Gedanken. Kein Zweifel, daß von da her die rhetor. Technik ihrerseits stärkste Befruchtung erfahren hat. Aber auch die literar. Prosa, deren eigentliches Feld die Rh. werden sollte, hat sich bald solch spontan angewandter Kunstmittel bedient, bes. die Reflexion des → Heraklit und die → Geschichtsschreibung des → Herodot, während → Thukydides bereits von der jungen rhetor. Techne beeinflußt erscheint. Gefördert sah sich diese auch von der zunehmenden Schriftlichkeit der Literatur. – Als erster Anreger einer *τέχνη ῥητορική* galt dem Aristot. → Empedokles, der Lehrer des → Gorgias. Zwei andere Sizilianer, Korax und → Teisias, werden als ihre eigentlichen Erfinder genannt; die Dreiteilung der Rede in Prooimion, Agon und Epilogos, vielleicht auch schon die Vierteilung durch Untergliederung des Mittelteils in Dihēgēsis, »Erzählung«, und Pistis, »Beweis« (vgl. Plat. Phaidr. 266 D 5ff.), dürfte ihr Werk sein. Vor allem jedoch geht eine offenbar bereits differenzierte Lehre vom *εἰκός* der »Wahrscheinlichkeit«, als Grundlage der Überredungskunst auf sie zurück, vielleicht auch schon die Unterscheidung bestimmter jurist. Problemstellungen (→ Stasislehre) in den der Rede jeweils zugrunde liegenden Rechtsfällen. Neben der Begründung der gerichtlichen (Teisias) mag auch die der politischen Beredsamkeit in der jungen Demokratie (Korax) ihnen zuzuschreiben sein.

[2] *Sophistik.* Der dritten Gattung, der Gelegenheitsrede, dagegen scheint erstmals → Gorgias, der sie auch selber praktisch geübt hat (Helene, Palamedes, Leichenrede), theoretische Beachtung geschenkt zu haben. Sein Auftreten als Gesandter seiner Heimatstadt in Athen 427 v. Chr. leitet die Verpflanzung der sizil. Rh. ins griech. Mutterland ein. Die Neuerungen dieses Redelehrers von stärkster räumlicher und zeitlicher Wirkung betreffen die bewußte Erregung von Affekten (*πάθη*), worin ihm andere Sophisten zur Seite stehen, überhaupt das irrationale Element; er hat dazu einen faszinierenden Stil ausgebildet, dessen kräftiger Einfluß uns aus der → »Rhetorik an Alexander« deutlich wird. So wird er zum Begründer der Figurenlehre (*Γοργίεια σχήματα*: Dion. Hal. Dem. 5. 25; vgl. schon Plat. symp. 198 C): straffe Antithesen der Worte und Gedanken, parallel gebaute, kurze Sätze (Isokola) mit reimähnlichem Effekt (Homoioteleuta) und oft annähernd gleicher Silbenzahl (Parisa) sind die dafür eingesetzten Mittel, die – von der Poesie vorgebildet – der Empfänglichkeit des griech. Ohrs für Klangwirkungen entgegenkamen. Daneben und davor hat Gorgias zur Lehre vom → Kairos, der Berücksichtigung der Zeit, des Ortes und der Umstände, und zu der stark nachwirkenden Theorie des → Prepon, der Anpassung an den Charakter des Sprechenden, den Grund gelegt. Sein Zeitgenosse, → Thrasymachos v. Chalkedon, ist der Vater der Lehre vom Prosarhythmus; dessen Landsmann → Theodoros (7) v. Byzanz hat bes. die Disposition der Rede differenziert, während Gorgias' Schüler → Alkidamas sich für die Kunst des Extemporierens einsetzte, indes der att. Redner → Antiphon die Beweistechnik förderte und in seinen sog. »Tetralogien« Modellreden für und wider den Angeklagten in drei verschiedenen, fingierten Mordfällen schuf. – Sie alle waren *Sophisten,* und die enge Verflechtung dieser geistigen Bewegung des 5. Jh.s mit der Rh. war von größter Bedeutung. Dem ganz auf den Menschen konzentrierten Interesse und seiner Charakterisierung als das Maß aller Dinge (→ Protagoras) mit dem daraus resultierenden Relativismus sowie der These von der Lehrbarkeit alles praktisch Wissenswerten wie vom Recht des Stärkeren entsprechen auf seiten der Rh. vergleichbare Grundanliegen und ein ähnlich gerichtetes Streben. Vor allem die Überantwortung von Werten wie Wahrheit und Gerechtigkeit an die menschlichen Instanzen der politischen Versammlungen und Gerichte, ihre Relativierung durch die Kunst des Überredens, womit sich die schwächere Sache zur stärkeren machen läßt und umgekehrt (wiederum Protagoras, vgl.

Plat. Phaidr. 267 A), und das Überzeugtsein von der Macht und Bedeutung der Unterweisung, nicht zuletzt auch der hier wie dort bezweckte Zuwachs an Einfluß und materiellem Gewinn – all dies verrät deutlich sophistischen Geist.

[3] *Klassik.* Eine mächtige Gegenbewegung setzt ein mit → *Sokrates*, der in vieler Hinsicht mit der Sophistik verbunden und aus ihr hervorgewachsen (Betonung des Individuums, Lehrbarkeit der Tugend), doch auf Wahrheit statt Wahrscheinlichkeit, auf Überzeugung des Partners im dialektischen Prozeß statt auf Überredung von Fall zu Fall, kurz auf Philosophie statt Rh. ausging. Sein Schüler → *Platon* hat den Kampf der Philosophie gegen die Rh. bes. im »Gorgias« und später, wenn auch feiner und differenzierter, im »Phaidros« literarisch für alle Zeiten fixiert. Als ein ernst zu nehmender Rivale trat ihm der Gorgiasschüler → *Isokrates* von seiner Sophistenrede (13,1 ff.) an in lebenslanger Auseinandersetzung gegenüber (auch gegenseitige Anerkennung; vgl. bes. Plat. Phaidr. 278f. Isokr. 15,261. 12,26). Er benennt sogar kühnlich sein eigenes praktisches, stark politisch-panhellenisch bestimmtes und am gesunden Menschenverstand ausgerichtetes Erziehungsideal, wie seine Gegner ihr Programm einer theoretischen Einsicht, ebenfalls mit dem Namen *φιλοσοφία* (15,186ff. 270ff.) und beansprucht damit für die Rh. gleichen Rang wie für die Dialektik. Daß Isokrates in seiner Frühzeit ein rhetor. Lehrbuch verfaßt hat, ist unwahrscheinlich. Seine Beiträge zur Fortentwicklung der Techne betreffen die Vermehrung der Redeteile um die Prothesis (Übersicht 7) die Rückführung gorgianischer Übertreibungen auf ein geschmackvoll ausgewogenes, in der eigenen Praxis vorbildlich bewährtes Stilideal, u.a. mit Vermeidung des Hiatus, sowie die Hervorhebung und Formulierung der drei für den guten Redner entscheidenden Voraussetzungen: Naturanlage (*φύσις*), Ausbildung (*παιδεία*) sowie praktische Übung und Erfahrung (*χρεία* und *ἐμπειρία*), wovon noch Catos Definition des Redners zu zehren scheint (s.o. A).

[4] Auch aus dem eigenen Lager erfolgte eine Auseinandersetzung mit Platons Kampf gegen die Rh. *Aristoteles* hatte in seiner Jugend in einem (verlorenen) Dialog »Gryllos« noch den Standpunkt des platon. »Gorgias« vertreten. Aber in seiner eigenen reifen, 3 Bücher umfassenden »Rhetorik« geht er, auf der sophistischen Tradition fußend, eigene Wege, durchdringt den Stoff von seinem logischen und ethischen System her und versöhnt in gewissem Sinne die Rh. mit der Dialektik. Das Endergebnis des Bemühens ist seine eigene Rh., das bedeutendste aller existierenden Lehrbücher über den Gegenstand, von unübersehbarer Wirkung bis heute. Aristoteles übernimmt, vertieft und kanonisiert die herkömmliche Einteilung der Beredsamkeit in die 3 Gattungen (Übersicht 3), die er seinerseits auf die 3 Zeitstufen der Vergangenheit (Gerichtsrede), Zukunft (politische Rede) und Gegenwart (Gelegenheitsrede) bezieht, ferner mit den Bereichen der Gerechtigkeit, des Nutzens und der Ehre verbindet und schließlich je in eine positive und negative Komponente zerlegt (Anklage oder Verteidigung, Mahnung oder Warnung, Preis oder Tadel). Das Einteilungsprinzip des Werkes bilden die wichtigsten der rednerischen Arbeitsstadien (*ἔργα, officia*): die ersten beiden Bücher handeln von der Auffindung der Hauptgesichtspunkte für die Argumentation (*εὕρεσις, inventio*), das dritte von der sprachlichen Formulierung (*λέξις, elocutio* = »Stil«) und von der Stoffgliederung (*τάξις, dispositio*). Aus der Heuresis ergeben sich die beiden schon vom Redner → Antiphon ins Auge gefaßten *Möglichkeiten des Argumentierens:* die untechnischen und die technischen Beweise (*ἄτεχνοι* und *ἔντεχνοι πίστεις*); die erste, althergebrachte Art umfaßt Dokumente wie Gesetze, Verträge, Zeugenaussagen, geleistete Eide und dgl., die zweite, erst von der modernen Techne erschlossene, den ganzen Komplex der vom Redner so überzeugend wie möglich zu entwickelnden Wahrscheinlichkeitsargumente. Dabei spielt das schon zu Beginn der Rede einsetzende *Ethos* eine hilfreiche Rolle, dessen umstrittene Einteilung sich auf die meist psychologischen Wirkungen bezieht, die vom Redner ausstrahlen oder auf die Eigenart des Hörers Rücksicht nehmen. Dem Ethos tritt das affekterregende, emotionelle *Pathos* zur Seite, dessen Einsatz besonders für den Ausklang der Rede empfohlen wird. Noch entscheidender ist natürlich die eigentliche, logisch-rationale *Beweisführung* (*συλλογισμός, ratiocinatio*), als deren weniger strenge Form die »Überlegung«, das Enthymema, erscheint. »Beispiel« (*παράδειγμα, exemplum*) und »Indiz« (*σημεῖον, signum*) treten hinzu. All diese »künstlichen« Beweismittel werden durch praktische Anweisungen erschlossen, die als eine Art von Gedankenreservoir in Form von Sammlungen ausgewählter und übersichtlich angeordneter Topoi (*τόποι, loci*), Schubfächern vergleichbar, zur Verfügung gestellt werden. – In der aristotelischen *Stillehre* nimmt die Behandlung der Metapher sowie der übrigen Figuren (s.u. D), ferner des Prosarhythmus, und die Periodenlehre breiten Raum ein (»aneinanderreihender« Stil, *λέξις εἰρομένη, oratio perpetua*, und »verschlungene« Periode, *λέξις κατεστραμμένη* oder *περίοδος, oratio vincta atque contexta*, bzw. *verborum ambitus* oder *orationis conversiones*, Cic. de or. 3,186). In der rednerischen *Disposition* (*τάξις*) unterscheidet Aristoteles theoretisch 4 Teile: Prooimion, Prothesis (s.o. B 3), Pistis und Epilogos, nimmt aber praktisch die sonst auch in der Theorie selten fehlende, von den Rednern gelegentlich allerdings auch über die ganze Rede verteilte Dihegesis *(narratio)* hinzu (Übersicht 7).

[5] Die ebenfalls aus der 2. H. des 4. Jh.s stammende, unter Aristoteles' Namen überlieferte sog. *Rhetorik an Alexander* (1 Buch), die sich in vielem mit der echten aristotelischen Rh. berührt, wurde vielfach dem zeitgenössischen Rhetor → Anaximenes (2) v. Lampsakos zugeschrieben, was heute wieder umstritten ist. Sie verkörpert für uns am besten die Tradition der sophistischen Schulrhetorik und steht der Praxis näher als Aristoteles. Der Aufbau des Werks ist ähnlich wie bei diesem, doch verwendet der Verfasser vielfach eine andere »voraristotelische« Terminologie, so daß man seine Rh. für älter als die des Aristoteles hat halten wollen. Bes. lebendig ist der letzte größere Abschnitt (c. 28–37) über die Taxis *(dispositio)*. – Der Einfluß der als Stilmuster so stark nachwirkenden großen *att. Redner* des 4. Jh.s wie z. B. des → Lysias und → Demosthenes auf die weitere Entwicklung der Schul-Rh. war gering, wie sich umgekehrt die Redner niemals sklavisch an die Theorie gehalten haben. Diese, im Kampf der Geister bewährt und durch Aristoteles zur Höhe geführt, wurde fortan durch die Jahrhunderte, trotz beachtlicher Zufügungen im einzelnen, mehr tradiert, verfeinert und ausgebaut als schöpferisch weitergebildet, so daß sich die folgende Skizze kürzer fassen kann. In allem Wesentlichen des Systems war gegen Ende des 4. Jh.s v. Chr. der Grund gelegt.

[6] Kennzeichen der anschließenden Epoche, des *Hellenismus* und der *Kaiserzeit*, ist das Zurücktreten ethischer Wertungen in einem profilierten, aber gleichsam entseelten Rednerideal, das Ausgreifen der Rh. auf die gesamte Literatur (z. B. auch die Geschichtsschreibung, und Hand in Hand damit ihre Pflege im allgemeinen Schulbetrieb (s. u. E). Führend blieben die Peripatetiker. In der Stillehre entwickelte → *Theophrast* eine Theorie seines großen Lehrers von den Stilqualitäten (*ἀρεταὶ τῆς λέξεως*, → *virtutes dicendi*) zu den 4 Forderungen der Sprachrichtigkeit (*ἑλληνισμός*, *latinitas*), der Deutlichkeit (*σαφήνεια*, *perspicuitas*), der Angemessenheit (*πρέπον*, *aptum*) und des Redeschmucks (*κόσμος*, *ornatus*); im letzten Bereich hat sich bes. die Lehre von den rhetorischen Figuren (s. u. D) in der Folge immer stärker differenziert. Auch zu der Lehre von den 3 Stilarten (*χαρακτῆρες λέξεως*, *genera elocutionis*) scheint Theophrast – in Anlehnung an die 3 rhet. Genera (*γένη*), mit denen sie korrespondieren – von Aristoteles angeregt worden zu sein: schlichter Stil, *χαρακτὴρ ἰσχνός*, *genus subtile* (zum *genus iudiciale*), Beispiel Lysias; mittlerer oder gemischter Stil, *μέσος*, *genus medium* (zum *genus deliberativum*), Beispiele Thrasymachos, Isokrates, Demosthenes; erhabener Stil, *μεγαλοπρεπής*, *genus grande* (zum *genus demonstrativum*), Beispiel Gorgias – ebenfalls mit erheblichen Variationen und Differenzierungen in der Folgezeit. Den 3 rednerischen Arbeitsstadien fügte Theophrast den Vortrag (*ὑπόκρισις*, *actio* oder *pronuntiatio*) hinzu; weiterhin gewann davor auch noch das Memorieren der Rede *(μνήμη, memoria*, verselbständigt als *μνημονικὸν τέχνημα*, *ars memoriae)* erhebliche Bedeutung. Eine entsprechende Technik scheint bereits zu Aristoteles' Zeit → Theodektes entwickelt zu haben. – Der einzige uns erhaltene rhetor. Traktat aus hellenist. Zeit ist die unter dem Namen des Peripatetikers → *Demetrios* (25) v. Phaleron laufende Schrift Über den Stil (*περὶ ἑρμηνείας*) von mehr ästhetischem und literar-kritischem als eigentlich rhetor. Charakter (wohl vor die Mitte des 3. Jh.s v. Chr. zu datieren). Hier wird mit 4 teilweise neu benannten Stilarten operiert; dabei ist als vierte neu hinzugekommen der das pathetische Element der Rede betonende *χαρακτὴρ* der *δεινότης*, die später jedoch von → Dionysios (20) v. Halikarnaß den 3 klassischen Stilarten übergeordnet wird und als deren Repräsentant dann in der Regel Demosthenes erscheint. Im übrigen hat »Demetrios« der Periodisierung der Rede, dem Rhythmus wie den Figuren, aber auch dem Briefstil (→ Epistolographie) bes. Beachtung geschenkt

[7] Mehr als man lange Zeit annahm, hat auch die Schule der → *Stoiker* zur Rh. beigetragen und ihr durch Betonung des Wahrheitsmoments wieder stärkeren ethischen Akzent verliehen. Von den 4 Aretai, die sie um eine fünfte, die Stilqualität der Kürze (*συντομία*, *brevitas*), vermehrten, pflegten sie bes. die Sprachkorrektheit (*ἑλληνισμός*). → *Chrysippos* redete der Herrschaft der freien Anomalie in Sprache und Stil gegenüber der strengen alexandrin. → Analogie das Wort. Die Lehre von den Tropen verdankt der Grammatik der Stoiker ihren Ursprung, die überhaupt dem Schmuck der Rede, bes. den Figuren, ihr besonderes Interesse zuwandten. Gering ist der Beitrag der nachplaton. *Akademiker* (aber s. u. C 1), ebenso der des rhetorikfeindlichen → *Epikuros* und seiner Schule; doch bietet die auf Papyrus z. T. erhaltene Rh. des Epikureers → Philodemos, die aus dem 1. Jh. v. Chr. stammt, gerade in ihrer Polemik gegen die herrschende Lehre manches sonst verschollene Material.

[8] Mit dem wirtschaftlichen verlagerte sich im Hellenismus auch das kulturelle Schwergewicht vom griech. Mutterland nach Kleinasien, wo sich auf Rhodos eine konservativere, auf dem Festland eine freiere Richtung der Rh. entwickelte, deren Manieriertheit (zerhackter Satzbau, übertriebene Rhythmisierung, Schwulst) als Asianismus verschrien und später vom Attizismus wieder überwunden wurde (Quint. inst. 12,10,16ff.); Hauptvertreter jener Richtung im 3. Jh. war → *Hegesias* (2) v. Magnesia am Sipylos. Ein Jh. später trat in Kleinasien bereits wieder ein nach strenger Systematik tendierender Geist von starker Nachwirkung auf, → *Hermagoras* (1) von Temnos, der Begründer der Thesis- und der Stasislehre. Sein Einfluß

vor allem auf die bald danach einsetzende röm. Rh. (mehr auf die Schulen als auf die Praxis) war ungeheuer.

[9] Möglicherweise schon vorher hatte ein erneuter Streit der Philosophen gegen die Rh. begonnen, der mit dem Eintreffen griech. Philosophen i.J. 155 anläßlich einer Gesandtschaft (Cic. De or. 2,155) auch auf Rom übergriff. Er bediente sich weithin der alten Argumente Platons (s.o. B 3) und fand seinen Ausgleich eigentlich auch nur in Rom in Ciceros Ideal vom philosophisch gebildeten Redner (Cic. De or. 2,45ff.). Für die griech. Rh. wichtiger war die am Betrieb der Grammatik ansetzende Reaktion des *Attizismus* (Cic. Brut. 284ff.; orat. 23ff.) gegen asianische Sprachverwilderung und Regellosigkeit. Die im 1. Jh. v. Chr. um sich greifende Bewegung forderte und praktizierte Nachahmung (*μίμησις*, *imitatio*) der bewährten Muster att. Sprach- und Stilreinheit, bes. des → Lysias und → Demosthenes (Quint. inst. 10,2,24ff.). Der Kanon der 10 att. → Redner, vielleicht aufgestellt von dem Pergamener → Apollodoros (6), einem starren Theoretiker, verdankt dem Attizismus seine Entstehung, wurde jedenfalls von dem Schüler des Apollodoros, → Caecilius (III 2) v. Kalakte, dem Verfasser einer stark nachwirkenden Figurenlehre, vertreten und verbreitet. Der war ein kleiner, pedantischer Geist, gegen den der geniale Verfasser (→ Ps. Longinos) der Schrift »Über das Erhabene« souverän zu Felde zog. Dessen und des Kaisers Tiberius nicht durch ein strenges System gebundener Lehrer → Theodoros v. Gadara darf ebenfalls den Attizisten zugerechnet werden. Hauptrepräsentant der Bewegung ist für uns jedoch, schon weil seine Schriften z.T. erhalten sind, der romfreundliche → Dionysios (20) v. Halikarnaß, bes. durch seine stilkritischen Würdigungen att. Redner und seine bedeutendste Schrift »Über die Wortfügung« (*Περὶ ὀνομάτων συνθέσεως*).

[10] Asianische wie attizistische Elemente enthielt die vom griechenfreundlichen Kaiser Hadrian wesentlich geförderte, vielschichtige sog. *Zweite Sophistik* (s. RE Suppl. VIII 719ff.) des 2. Jh.s, der die Inhaber eines der vom Kaiser neuerrichteten Lehrstühle für Rh. in Athen, → Lollianus (7) v. Ephesos und → Minukianos (1), zugehören, die beide ebenso wie → Zenon v. Athen auch Lehrbücher der Rh. geschrieben haben, ohne der überlieferten Techne Wesentliches hinzuzufügen. Dasselbe gilt von → Hermogenes (9) v. Tarsos.

C. Geschichte der römischen Rh. [1] *Zeit der Republik.* Der Römer, von Hause aus rednerisch begabt und im politischen Leben wie vor Gericht auf geformte Rede angewiesen, war mehr für die praktische Anwendung der Redekunst als für ihre theoretische Fixierung interessiert. Aber mit dem Einströmen griech. Bildung fand nach anfänglichen Widerständen vom 2. Jh. v. Chr. an auch die Rh. Eingang und wurde gehört, studiert und gepflegt, ohne daß sie in allen folgenden Jahrhunderten in Rom eine schöpferische Weiterbildung erfuhr. Die verlorenen lat. Lehrschriften → Catos (4), des älteren M. → Antonius (I 7), wohl auch des → Hortensius (7) u.a. kokettieren mit Nichtachtung griech. Bildung und nähren sich doch ganz aus ihr. Dabei läßt gerade der Prozeß der Einschmelzung des Fremden, bes. durch → Cicero, eine eigene reizvolle Problematik entstehen. Kennzeichnend dafür ist die stärkere Betonung des Redners und die höhere Wertschätzung des Lehrers gegenüber dem systematischen Lehrgebäude der Techne (vgl. schon die Titel bei Cicero, Tacitus u.a.). Repräsentativ für den Einfluß der griech. Unterweisung (von der bereits die beiden Gracchen und → Licinius Crassus (1) profitiert hatten) sind vor allem Ciceros Lehrer, der »Rhetor« Apollonios → Molon (2), den er in Rom und Rhodos hörte (Brut. 307ff.), und die »Philosophen«, der Stoiker → Poseidonios wie die Schulhäupter der athen. Akademie → Philon von Larisa (8) und → Antiochos (16) v. Askalon, denen allen Cicero auch auf rhetor. Gebiet, d.h. für das von ihm entwickelte Ideal des *orator sapiens* (De or. 1,83), Entscheidendes verdankt (off. 1,1). Seine bedeutende Leistung ist auch hier die beispielgebende Umformung der griech. Terminologie ins Lateinische. Vorangegangen war die uns erhaltene, unter Ciceros Namen überlieferte, umfassende *Rhetorica ad Herennium*, s.o. Bd. I 728,48 (Auctor ad. H.) Kurz danach (ca. 84 v. Chr.) basiert Ciceros Jugendschrift *De inventione* in 2 Büchern auf den gleichen griech. Quellen, die der Verfasser aber in selbständigerer Weise auswählt, verarbeitet und philosophisch durchdringt. Das wird zumal an der (bes. im 2. Buch) getrennt und im Vergleich zum »Auctor« unverhältnismäßig ausführlich behandelten → Stasislehre deutlich. Wer von beiden sich dabei weiter von Hermagoras (s.o.) entfernt hat, ist umstritten.

[2] Cicero hat in der Folge nur einmal noch – in starker Selbstdistanzierung von dem Jugendwerk – dem System der Rh. eine eigene Schrift gewidmet, mit den wohl um 54 anzusetzenden »*partitiones oratoriae*«, wo in katechetischer Form die rhetorische Theorie der Akademie (Antiochos v. Askalon?) abgehandelt wird: *officia oratoris* – hier *vis* (*δύναμις*) *oratoris* genannt –, *partes orationis* und *quaestiones*. Die angeblich 44 auf einer Seereise entstandenen *Topica* behandeln – ebenfalls auf akademischer Tradition fußend – in der Art der stoischen Logik die *loci communes* (s.o. B 4; vgl. inv. 1,34ff.; de or. 2,166ff.). Die anderen, weit bedeutenderen rhetor. Schriften Ciceros sind unsystematisch angelegt und begründen in gelockerter Form mit zunehmend antiattizistischer Tendenz sein Ideal des philosophischen Redners. *De oratore* aus d.J. 55, ein Dialog in 3 Büchern: Buch 1: Voraussetzungen zum Rednerberuf (107ff.: *φύσις*, *τέχνη*, *μελέτη*) bei starker Be-

tonung der juristischen Ausbildung des Redners; Buch 2: Wesen der Rh. mit einer bemerkenswerten Einlage (216–89) über den Witz (vgl. Quint. inst. 6,3); Buch 3: Stil und Vortrag. Das Grundthema dieses als röm. Gegenstück zu Plat. Phaidr. gedachten Dialoges ist die Frage nach dem Sachwissen des Redners. Ebenfalls dialogisch der *Brutus* (i.J. 46), ein Überblick über die röm. Beredsamkeit von den Anfängen her mit bitteren Bemerkungen über ihren Verfall in der Zeit der Diktatur; aus dem gleichen Jahr das Sendschreiben an Brutus, der *Orator*, wo in diskursiver Form *de oratore perfecto* gehandelt wird, was auch das Thema *de optimo genere dicendi* einschließt (vgl. das als Vorwort entworfene Schriftchen gleicher Zeit, *De optimo genere oratorum*, dessen Echtheit jedoch neuerdings bestritten wird).

[3] *Römische Kaiserzeit.* Der Wechsel der Staatsform von der Republik zur *Monarchie* minderte die Bedeutung der Rh. für das öffentliche Leben und verlagerte ihren Schwerpunkt in den Schulbetrieb, wo sie als Element der Bildung, wenn auch nach und nach zur Routine erstarrt, noch bis in spätantike Zeit eine erhebliche Rolle spielte. An die Stelle der Staats- und Gerichtsrede trat ein neues Genos, die bald auch öffentliche *Deklamation*, die das genus demonstrativum mehr und mehr in sich aufsog, aber zu ihren Themen auch historische Situationen oder fingierte Rechtsfälle wählte und zu einem internationalen Virtuosentum von »Konzertrednern« ausartete. Die Gattung wird für uns repräsentiert durch die Suasorien (etwa dem genus deliberativum entsprechend) und durch die Controversien (genus iudiciale) → *Senecas* (1) aus dem Beginn der Kaiserzeit wie durch die ps.-quintilianischen Deklamationen aus der Zeit des 1./2. Jh.s. Die Rücksicht auf diesen neuen Zweig der Beredsamkeit wie auf den Schulbetrieb überhaupt bestimmte auch weithin das letzte große Lehrbuch der Rh., das wir aus der Antike besitzen, die Institutio oratoria des Spaniers → *Quintilianus*.

[4] Das *2. Jh.* hat auf röm. Seite einen einzigen Redelehrer von Rang hervorgebracht, den Erzieher der nachmaligen Kaiser Marcus Aurelius und Lucius Verus, M. Cornelius → *Fronto* (1). Die Deklamation, die immer mehr die Fühlung mit den lebendigen Fragen der Zeit verlor, fand etwa gleichzeitig ihren Vertreter in → *Calpurnius* (III 2) *Flaccus* und in den jüngeren der ps.-quintilianischen Übungsstücke (s.o.). – Die zahlreichen röm. Rhetoren niederen Ranges (vgl. »Rhetores Latini Minores«) des *ausgehenden Altertums* bemühen sich um das Ganze oder um Teile des Lehrgebäudes und suchen ihre bescheidene Originalität in der leicht variierenden Auswahl, Anordnung und Terminologie des überkommenen griech. Systems, auf dessen Manual sie unter Beherrschung der bekannten Register wie *genera*, *officia*, *partes*, *constitutiones* usw. trefflich zu spielen wissen.

Einige Namen können für alle gelten: Aquila Romanus, sein Fortsetzer → Iulius (III 18) Rufinianus (3./4. Jh.), ein anonymes metrisches → »Carmen de figuris« (ca. 400), die Verfasser kompletter »Artes« wie C. → Chirius Fortunatianus, → Sulpicius (14) Victor, → Iulius (21) Victor, → Martianus Capella (4./5. Jh.), der schwer datierbare, wohl noch spätere → Emporius und der mehr praktisch interessierte Iulius Severianus. Charakterisiert ist die Epoche durch die längst angebahnte Verlagerung des Schwerpunkts von Rom nach den Provinzen wie Gallien (→ Massilia, → Burdigala, → Augustodunum usw.), Spanien (→ Ilerda), Africa (→ Karthago). Eine, freilich in der Echtheit umstrittene, erhaltene Schrift De rhetorica des → *Augustinus*, die für die Wiedergewinnung der Lehre des ständig in ihr zitierten Hermagoras (s.o. B 8) wichtig ist, mag für das ungebrochene Weiterwirken der antiken Rh. unter den Christen zeugen. Allerdings vernehmen wir nur wenige Jahre später von christl. Seite ganz andere Töne: die radikale Absage des → Paulinus (5) v. Nola an Sophistik, Rhetorik und heidnische Poesie (10,29–42).

D. Tropen und Figuren. [1] Der zur Stilqualität des Redeschmucks (ornatus, Übersicht, 8 d) gehörige und dem Arbeitsgang der stilistischen Ausgestaltung der Rede (elocutio, Übersicht, 4c) einzuordnende Gebrauch der Tropen (τρόποι, *tropi*, »Wendungen«) und Figuren (σχήματα, *figurae*) dient letzten Endes dem Vergnügen (ἡδονή, *delectatio*) des Hörers oder Lesers bzw. wehrt dem Gegenteil, dem Überdruß (ἀηδία, *taedium*), und erfüllt als eine Art Verfremdung (ξενικὴ λέξις) einen psychagogischen Zweck. Ein System ist im Anschluß an die Beobachtung von Besonderheiten des gorgianischen Stils (s.o. B 2) ganz allmählich seit dem 4. Jh. entwickelt worden. Bes. der Ausdruck σχῆμα (»Gestaltung«, früh auch schon »Verstellung«) hat sich erst in hellenist. Zeit zum t.t. verengt. Aristoteles (rhet. 3), die »Rh. an Alexander« (s.o. B 5), Theophrast, Ps.-Demetrios, die stoische Grammatik mit ihrer Lehre von den Tropen (s.o. B 7) und bei den Römern die »Rh. an Herennius«, Cicero (C 1 f.) und Quintilian (C 3) haben der Ausbildung des immer komplizierter werdenden Systems besondere Beachtung geschenkt und es für die Nachwelt konserviert. Hier können vom Ergebnis ausgehend nur die Grundlinien angedeutet werden. – Der *Tropus* – definiert als *verborum immutatio* (Cic. Brut. 69) oder als ein *verbum translatum* (Cic. de or. 3,152. Quint. inst. 8,3,24) bzw. als ein *verbum alienum* (Cic. or. 80) – setzt stets am Einzelwort (*verbum simplex* Cic. or. 80) an, das er vom ursprünglichen Wortinhalt weg zu einem anderen, neuen führt (z.B. Hase für Feigling, Löwe für Held). Dabei können – nach neuerer Unterscheidung – die beiden Inhaltsbereiche (1) unmittelbar benachbart sein (»Grenzverschiebungstropen«)

oder (2) voneinander entfernt (»Sprungtropen«). Zu (1) zählen dann folgende Tropen: Periphrase, Synekdoche, Antonomasie, Emphase, Litotes, Hyperbel, Metonymie; zu (2): Metapher und Ironie. Eine Sonderstellung nehmen dabei ein Metalepse und Katachrese.

[2] Die *Figur* dagegen – zu definieren etwa als *arte aliqua novata forma dicendi* (Quint. inst. 9,1, 14) – bezeichnet jedwede kunstvolle Veränderung gegenüber der schmucklosen Rede, also den Redeschmuck schlechthin, und sie hat es stets mit Wortgruppen oder -kombinationen zu tun (*verba collocata* Cic. or. 80). Bereits die Antike unterscheidet die beiden Kategorien der Wortfiguren (*σχήματα λέξεως, figurae verborum* oder *elocutionis*) und der Sinn- oder Gedankenfiguren (*σχήματα διανοίας, figurae sententiae*). – Die *Wortfiguren* betreffen Verschönerungen der sprachlichen Ausdrucksweise mit Hilfe der 3 Änderungskategorien (vgl. Quint. inst. 9,3,27); (1) der Wiederholung des Gleichen wie der Häufung des Verschiedenen (*adiectio;* Beispiel: Polysyndeton), (2) der Einsparung normalerweise notwendiger Satzbestandteile (*detractio;* Beispiel: Ellipse) und (3) der Veränderung der Reihenfolge (*transmutatio;* Beispiel: Hyperbaton). – Die *Sinnfiguren* stellen oft Sinnbezüge zwischen verschiedenen Satzteilen her, wie etwa Antithesen, oder kleiden sich in die Form der rhetor. Frage, der Apostrophe u. dgl. Sie gelten als besondere Domäne des → Demosthenes.

E. Rhetorikunterricht. [1] Seit dem ausgehenden *5. Jh.*, v. Chr., der Zeit der Sophisten, spielte die Rh. in der höheren Bildung und Erziehung eine entscheidende Rolle und behielt hier in ihrem wechselvollen Kampf mit der Philosophie aufs Ganze gesehen die Oberhand, nicht zuletzt dank dem maßvoll ausgewogenen Erziehungsideal des → Isokrates. Dieser unterhielt, wie andere vor ihm, seit 380 eine eigene Schule, wo in mehrjährigem Unterricht gegen Entgelt die Vorbereitung für das öffentliche Auftreten in den 3 Bereichen der Redekunst erfolgte. Schon → Gorgias, → Antiphon (B 2) und → Antisthenes hatten reine Muster- und Übungsreden für den Schulbetrieb verfaßt; → Theodektes und → Anaximenes setzten die Tradition fort. Es entstanden zahlreiche Lehrbücher (*τέχναι*, s.o. B 1ff.); mit dem Schwinden der politischen Selbständigkeit gewann die reine Theorie übermäßige Bedeutung: mehr und mehr verstand man es, »Anatomie am toten Körper zu lehren« und zu lernen. Erst in hellenist. Zeit auch beginnen unsere Quellen reichlicher zu fließen, so daß wir uns ein Bild von den Einzelheiten des Schulbetriebs und Lehrgangs machen können. Durch private Stiftungen, Zuwendungen von Herrschern und öffentliche Finanzierung entstehen staatliche Schulen bes. in den Städten des Ostens (Pergamon, Milet, Alexandreia, Rhodos, Antiocheia). Den auf dem Unterricht von Elementarlehrer (Grammatistēs) und Mittelschullehrer (Grammatikos) aufbauenden, sich mit diesem gelegentlich überschneidenden Rh.-Unterricht genoß man etwa vom 15. Lebensjahr an. Er erfolgte in zwei Stufen, den Vorübungen (→ Progymnasmata) und den eigentlichen Übungen (Gymnasmata). Die *Progymnasmata* umfaßten, vom Leichteren zum Schwereren aufsteigend, eine Art von Schulaufsatz, die → Chrie (*χρεία*), die detaillierte Beschreibung (Ekphrasis, *descriptio*), die schon in Beziehung zur praktischen Rede stehende Erschließung künstlicher Beweismittel, die sog. Topik (s.o. B 4), und weitere auf die einzelnen Genera orationis abzielende Exerzitien. Einige Lehrbücher solcher Progymnasmata sind uns erhalten, von → Theon, → Hermogenes, → Aphthonios und → Nikolaos (4) v. Myra, entsprechende Anweisungen auch bei → Quintilianus. Der *höhere Rh.-Unterricht*, wie er uns aus dem kaiserzeitl. Lehrbuch des → Apsines greifbar wird, zielte auf Abfassung von Schul- und Übungsreden (*ζητήματα, μελέται*), die stark am Beispiel und Muster des Demosthenes orientiert waren.

[2] In *Rom* galt von Anfang an neben der systemat. Unterweisung das persönliche Vorbild im Getriebe des öffentlichen Lebens, wo sich der angehende Redner und Politiker durch Zuhören (*studiosus audiendi*) auf dem Forum und im Senat an praktischen Mustern und Vorbildern ausbildete (Cic. Brut. 306). Dieses wichtige Moment fand dann auch Eingang in die Theorie von den 3 Methoden des Erwerbs der Beredsamkeit (Übersicht 2), deren zweite, die *Imitatio* zwar die griech. Mimesis mehr theoretischer Art widerspiegelt, aber zugleich auf die spezifisch röm. Praxis anspielt (das Schema bietet die Rhet. ad Her. 1,3; vgl. Cic. De or. 1,156 *imitemur quorum similes velimus esse*). Aber davor und daneben hatte man seit dem 3./2. Jh. seine hellenischen Lehrer der Rh.; und die in zunehmendem Maße gepflegte und den eigenen Bedürfnissen assimilierte Theorie war griechisch durch und durch – die röm. Rh. war sozusagen zweisprachig bis ins 4. Jh. der Kaiserzeit. Emanzipationsversuche beginnen freilich bereits früh, wie u.a. die gern gegen die Griechen polemisierende »Rhet. an Her.« zeigt. Der Verf. dieses Lehrbuchs stand offensichtlich den Kreisen um Marius nah, denen auch der Versuch des L. → Plotius (3) Gallus zugehört, schon in den 90er Jahren des 1. Jh.s v. Chr. eine röm. Rh.-Schule zu gründen, die auch den des Griechischen Unkundigen in abgekürztem Verfahren die Elemente der Ars vermitteln sollte. Ein gegen sie gerichtetes censorisches Edikt (92 v. Chr.) hatte vorwiegend politische Gründe, hat aber dann der durch Cicero repräsentierten vertieften rhetor. Bildung den Weg geöffnet. Fortan vollzog sich deren Vermittlung mehr und mehr nach dem griech. Modell (Cic. De or. 1,14). Griech. Rhetoren kamen in immer größerer Zahl nach Rom; nicht nur die Angehörigen der höheren Schichten

schickten aber auch ihre Söhne nach Griechenland und Kleinasien, wo ebenso wie in Rom der rhetor. Lehrbetrieb in der Kaiserzeit auch finanziell vom Staat gefördert wurde (s. o. C 3). – Insbesondere waren die den höheren Schulbetrieb beherrschenden → Deklamationen mit ihren fingierten Beispielen nach → Quintilians ausdrücklichem Bericht (2,4,41 f.) ganz nach griech. Mustern entworfen, wie denn auch dessen eigene Lehre weithin auf sie eingestellt war. Ein Bild von ihnen vermitteln uns die unter seinem Namen gehenden »Declamationes maiores« und »D.minores« wie die »Suasoriae« und »Controversiae« *Senecas* d. Ä. (s. o. C 3). Von dem weitverzweigten, sich nur noch des Lateinischen bedienenden und sich immer mehr vom praktischen Leben entfernenden Schulbetrieb der späteren Kaiserzeit in Rom und in den Provinzen zeugen die zahlreichen römischen Lehrbücher der Rhetores Latini Minores (s. o. C 4).

F. Überlieferung. Fortwirken. Die das ganze Bildungssystem umfassenden Disciplinae, schon von → Varro entworfen, haben ihre kanonische Form etwa um 400 n. Chr. in den 7 Artes liberales des → Martianus Capella erhalten und lieferten das Modell für ein Programm des höheren Unterrichts im europäischen MA. In ihrem Unterbau, dem Trivium, war zwischen Grammatik und Dialektik die Rh. eingefügt und sicherte sich so ihr Fortleben durch die Jhh. Nicht nur daß sie auf den Lateinschulen und in den Universitäten als zentrale Disziplin betrieben wurde, eigene Fachvertreter und Lehrstühle erhielt und den ganzen Unterricht durchdrang, vielmehr wurden die antiken Lehrbücher und Progymnasmata-Beispiele bis ins 18. Jh. und weiterhin verwendet. Die noch heute als Aufsatzschema da und dort dem Unterricht zugrunde gelegten Anleitungen für den Aufsatz in der Muttersprache zeugen von diesem Fortleben ebenso wie die Verwendung der antiken Fachausdrücke in unserer Stilistik. Wichtiger jedoch ist die Bedeutung, die der Rh. als Ferment der Bildung und der Literatur, vor allem in den roman. und angelsächs. Ländern, zukommt und der sich auch diejenigen nicht entziehen können, die in ihr nur den je und je gefährlichen, weil auf Veräußerlichung und Schematisierung tendierenden Widerpart eines mehr philosophisch bestimmten Bildungsziels erkennen. Denn die von der Rh. geforderte und vermittelte Ordnung der Gedanken, Klarheit und Sauberkeit des Ausdrucks und seine künstlerische Vervollkommnung sind und bleiben ein wertvolles Überlieferungserbe der antik-abendländischen Kultur. Und das Recht und die Mittel, sich mit Worten zu verteidigen, wie die Chance und die Fähigkeit, den anderen zu überzeugen, verbinden und befrieden die Menschen und sind ein Unterpfand der Freiheit (vgl. Isokr. 3,6 ff. = 15,254 ff.). H. Ho. – K. Z.

Q.: *L. Radermacher*, Artium scriptores. Reste der voraristotel. Rh., 1951. *Chr. Walz*, Rhetores Graeci, 9 Bde., 1832–36. *L. Spengel* (u. *C. Hammer*), Rhetores Graeci I, 1885/94; II. 1854; III, 1856. *A. Mayer*, Theophrasti περὶ λέξεως libri fragmenta, 1910. *S. Sudhaus*, Philodemi volumina rhetorica, 2 Bde. u. Suppl., 1892–96 (Nachdr. 1964). *C. Halm*, Rhet. Lat. Min., 1863 (Nachdr. 1964).

Lit.: Allgemein: *J. C. T. Ernesti* Lexicon technologiae Graecorum rhetoricae, 1795 (Nachdr. 1962). *Ders.*, Lex. technol. Latinorum rhet., 1797 (Nachdr. 1962). *R. Volkmann* Die Rh. der Griechen u. Römer in systematischer Übersicht 1885^{2} (Nachdr. 1963); 3. Aufl. (verkürzt) v. *C. Hammer*, 1890. *E. Norden* Die antike Kunstprosa, 2 Bde. (1898), 1923^{4} (Nachdruck 1958). *W. Kroll*, RE Suppl. VII (1940) 1039–1138.

Zu A: *W. Schadewaldt* Der Umfang des Begriffs der Literatur in der Antike, Jb. 1963 d. dtn. Ak. f. Sprache u. Dichtg., 1964, 98–115.

Zu B: *O. Navarre* Essai sur la rhetorique grecque avant Aristote, 1900. *G. L. Hendrickson* The origin and meaning of the ancient characters of style, AJPh 26, 1905, 249–90. *M. Delaunois* Le plan rhétorique dans l'éloquence grecque d'Homère à Démosthène, 1959. *Ders.* Le plan rhétorique dans les discours dits apocryphes de Démosthène, AC 31, 1962, 35–81. *V. Buchheit* Unters. zur Theorie des Genos epideiktikon von Gorgias bis Aristoteles, 1960. *W. Rhys Roberts* Greek rhetoric and literary criticism (1928), 1963^{2}. *G. Kennedy* The art of persuasion in Greece, 1963 (grundlegend).

Zu Aristoteles: *Fr. Solmsen* Die Entwicklung der aristotel. Logik und Rh., 1959.

Zu Philodem: *H. M. Hubbell* The Rhetorica of Ph., Transactions of the Connecticut Acad. of Arts and Sciences 23, 1920, 246 ff.

Zu C: *H. K. Schulte* Orator. Unters. über das ciceronian. Bildungsideal, 1935. *B. Riposati* Studi sui »Topica« di Cicerone, 1947. *A. Steinwenter* Rh. u. röm. Zivilprozeß, ZRG 65, 1947, 69–120. *J. Stroux* Röm. Rechtswissenschaft u. Rh., 1949. *E. Meyer* Die Quaestionen der Rh. u. die Anfänge der jurist. Methodenlehre, ZRG 68, 1951, 30–73. *A. Michel* Rhétorique et philosophie chez Cicéron, 1960. *M. L. Clarke* Rhetoric at Rome (1953), 1962^{2}. *Fr. Sbordone* L'eloquenza in Roma durante l'età repubblicana, 1962. *K. Barwick* Das rednerische Bildungsideal Ciceros, Abh. Leipzig 54,3, 1963. *A. D. Leeman* Orationis ratio. The stilistic theories and practice of the Roman orators, historians, and philosophers, 2 Bde., 1963. *L. P. Wilkinson* Golden latin artistry, 1963.

Zur Tabelle und D: *H. Lausberg* Elemente d. literar. Rh. (1949), 1963^{2}. *Ders.* Hb. d. literar. Rh., 2 Bde., 1960. *K. Barwick* Die Gliederung der rhetor. TEXNH, Hermes 57, 1922, 1–43. *O. Seel* Cicero Orator (Ausg.), 1952, 148 bis 156. *O. Jahn-W. Kroll-B. Kytzler* Cic. Brutus, 1962^{6} (Ausg. m. Komm.).

Zu E: *H. J. Martou* Gesch. der Erziehung im klass. Altertum (franz. 1948, 1960^{5}), 1957 (nach franz. 1955^{3}). *D. J. Clark* Rhetoric in Greco-Roman education (1954), 1957^{2}

Zu F: *J. C. Gottsched* Ausführliche Redekunst ... (1728), 1739^{2}. *M. Dessoir* Die Rede als Kunst (1939), 1948^{2}. *F. Quadlbauer* Die antike Theorie der genera dicendi im lat. MA, 1962. *E. R. Curtius* Europ. Lit. und lat. MA (1948), 1963^{4}.

SCHEMATISCHE ÜBERSICHT ÜBER DAS SYSTEM DER ANTIKEN RHETORIK

Die wichtigsten Gliederungen des rhetorischen Systems

1. Voraussetzungen (B 3 C 2)	1. ὑποσχέσεις	(praesuppositiones)	Voraussetzungen
a) Naturanlage	a) φύσις	natura	Naturanlage
b) Ausbildung	b) παιδεία (ἐπιστήμη, τέχνη)	doctrina (scientia, ars)	Ausbildung (Wissen, Kunstlehre)
c) Erfahrung	c) ἐμπειρία (μελέτη)	usus (exercitatio)	Erfahrung (Übung)
2. Methode des Erwerbs (E 2)	2. μέθοδοι	res (rationes)	(Arbeits-) Methoden
a) Unterricht	a) τέχνη	ars	Kunstlehre (»Technik«)
b) Nachahmung	b) μίμησις	imitatio	Nachahmung
c) Übung	c) ἄσκησις	exercitatio	Übung
3. Arten (B 1f. 4. 8. C 1.3)	3. γένη τῶν λόγων	genera causarum	Arten der Rede
a) Gerichtsrede	a) γένος δικανικόν	genus iudiciale	Gerichtsrede
b) Staatsrede	b) γένος δημηγορικόν (συμβουλευτικόν)	genus deliberativum	Staatsrede
c) Gelegenheitsrede	c) γένος ἐπιδεικτικόν (πανηγυρικόν)	genus demonstrativum	Gelegenheitsrede (Festrede)
4. Arbeitsstadien des Redners (B 4. 5 C 1–4)	4. ἔργα τοῦ ῥήτορος (στοιχεῖα)	officia oratoris (res, partes, opera, elementa)	Arbeitsgänge des Redners (Arbeitsstadien, Aufgaben)
a) Auffindung der Hauptgesichtspunkte Umfaßt auch (s.u.): (5) Pisteis, (6) Staseis, (7) Redeteile	a) εὕρεσις	inventio	Auffindung (der Hauptgesichtspunkte)
b) Stoffgliederung (Disposition: B 1.2.4.5) Umfaßt auch (s.u.): (7) Redeteile	b) τάξις	dispositio	Stoffgliederung (Disposition)
c) Darstellung (Stilisierung: B 1–10 C 1–4) Umfaßt auch (s.u.): (8) Stilqualitäten, (9) Stilarten, (10) Wortfügungsarten	c) λέξις (ἑρμηνεία)	elocutio	Darstellung (Formulierung, Ausdruck, Stilisierung)
d) Memorieren (B 6. C 1.3)	d) μνήμη	memoria	Memorieren
e) Vortrag (B 6 C 3)	e) ὑπόκρισις	pronuntiatio (actio)	Vortrag
5. Pisteis (B 1.2.4)	5. πίστεις	probationes	Beweise
	a) πίστεις ἄτεχνοι	pr. inartificiales	»kunstlose« (unmittelbare) Beweise
	b) πίστεις ἔντνχνοι	pr. artificiales	»künstliche« Beweise
6. Staseis (B 1.8.10 C 1.4)	6. στάσεις	constitutiones (status)	Juristische Fragestellungen
	a) στοχασμός	const. coniecturalis	Frage nach der begangenen Tat

	b) ὅρος	const. definitiva	Definition des Tatbestands
	c) ποιότης	const. generalis	Beurteilung der Tat
	d) μετάληψις	const. translativa	Klärung der Zuständigkeit des Gerichtshofs
7. Redeteile (B 1.3.4.8 C 1.2) (5)–(7) auch berücksichtigt in 4a, (7) auch in 4b	7. μέρη τοῦ λόγου	partes orationis	Teile der Rede
	a) προοίμιον	exordium	Einleitung
	b) διήγησις	narratio	Erzählung (des Hergangs)
	c) πρόθεσις (προκατασκευή)	(propositio) divisio (partitio)	Präzisierung des Sachverhalts
	d) πίστωσις (ἀποδειξις, κατασκευή) } πίστις (d–e)	confirmatio (probatio) } argumentatio (confirmatio–confutatio)	positiver } Beweis (positiver–negativer)
	e) ἔλεγχος (λύσις, ἀνασκευή)	confutatio (refutatio)	negativer
	f) ἐπίλογος	peroratio (conclusio)	Schluß
8. Stilqualitäten (B 6.7.10)	8. ἀρεταὶ τῆς λέξεως	virtutes dicendi	Stilqualitäten
	a) ἑλληνισμός	latinitas (puritas)	Sprachrichtigkeit
	b) σαφήνεια	perspicuitas	Deutlichkeit
	c) πρέπον	aptum	Angemessenheit
	d) κόσμος	ornatus	Redeschmuck
	e) συντομία	brevitas	Kürze
9. Stilarten (B 6.9.10)	9. χαρακτῆρες τῆς λέξεως	genera elocutionis	Stilarten
	a) χαρ. ἰσχνός	genus subtile	schlichter Stil
	b) χαρ. μέσος (μικτός)	genus medium (mixtum)	mittlerer Stil (gemischter Stil)
	c) χαρ. μεγαλοπρεπής (ὑψηλός)	genus grande (sublime)	erhabener Stil
10. Wortfügungsarten (B 9)	10. (ἁρμονίαι) συνθέσεις	structurae (compositiones)	Wortfügungsarten
[(8) und (9), die »Ideen« (B 10), sowie (10) sind auch berücksichtigt in 4c.]	a) συνθ. γλαφυρά	structura polita	glatte Fügung
	b) συνθ. μέση	structura media	mittlere Fügung
	c) συνθ. αὐστηρά	structura aspera	rauhe Fügung

System der Rhetorik

Zu obenstehenden Tabellen. Wie der geschichtliche Überblick zeigt, sind die Grundlinien des Systems der Rh. mindestens im Ansatz allesamt bereits in der Frühzeit entwickelt worden (s.o. B 1–5), haben jedoch in der Folge eine außerordentlich feine und komplizierte Differenzierung erfahren, wobei einzelne Schulrichtungen und Autoren auch da und dort, bes. in der oft recht großzügig gehandhabten Terminologie, ihre eigenen Wege gingen. Um diese verwirrende Systematik überschaubar zu machen, bedarf es einer notwendig vergröbernden Vereinfachung, der sich die obenstehende tabellar. Übersicht bedient. Vorausgestellt wird eine sich im allgemeinen nur deutscher Termini bedienende schematische Übersicht, durch die der im historischen Teil (B. C) bereits dargestellte logische Zusammenhang der hauptsächlichen Gliederungen (1–10) noch einmal vor Augen geführt wird. Die weiteren Kolumnen enthalten in der gleichen Reihenfolge und zu denselben Ziffern die Hauptschemata mit ihren griech., lat. und deutschen Benennungen. Ausgangspunkt dafür ist im allgemeinen das Vokabular des Aristoteles (s.o. B 4) und der »Rh. an Herennius« 1,2ff. (vgl. o. C 1), jedoch wo nötig ergänzt aus anderen antiken Lehrbüchern wie Hermagoras und Quintilian. Für den Quellennachweis im einzelnen muß auf die modernen Handbücher verwiesen werden. Über weitere hier nicht tabellarisch erfaßte Gliederungen der Rh. s. die (jeweils in Klammern beigefügten) Abschnitte dieses Artikels: Allgemeine (d. i. literarische) und spezielle Rh. (A. B 9). – Ethos und Pathos (B 4). – Elemente der Beweistechnik wie Syllogismos, Enthymema, Paradeigma, Semeion (B 4), Theseis (B 8. C 2), Topoi (B 4. C 2). – Arten bzw. Grade der Periodisierung (B 4. 6. 8). – Tropen und Figuren (B 2. 4. 6. 7. 9. D) sowie Einzelartikel.

Rhetorik ad Herennium. Lat. rhet. Lehrbuch der spätrepubl. Z. (zur Datierung in die 50er J. des 1. Jh. v. Chr. überzeugend A. E. DOUGLAS, CQ 1960, 65 ff.), das in 4 B. die 5 *officia oratoris* behandelt; Quelle war ein auch von Cic. inv. benutztes lat. Handbuch (J. ADAMIETZ Cic. inv. u. Rhet. Her., 1960). Seit der Spätant. Cicero zugeschrieben, wird das Werk h. vielfach, wenn auch unzureichend begründet, mit einem bei Quint. inst. 3,1,21 nach Cicero genannten → Cornificius (5) in Verbindung gebracht. Zahlreiche Hss. (A. STÜCKELBERGER, MH 1965, 217 ff.) und Kommentare (M. DICKEY, Med. Ren. Stud. 1968, 1 ff.) bezeugen breiteste Wirkung der Rhet. Her. im MA. P. L. Sch.

Ta.: *F. Marx*, 1894. ²1923. *G. Calboli*, 1969.

Lit.: *J. Brzoska*, RE IV 1605 ff. *D. Matthes*, Lustrum 3, 1958, 58 ff. *G. Calboli* Stud. Gramm., 1962, 139 ff. *Ders.* Cornificiana 2, 1965.

Rhetra (*ῥήτρα*). **1.** Privater oder völkerrechtl. Vertrag (Hom. Od. 14,393. SGDI I 60. II 28–29). **2.** Gesetz, sofern es als unabänderliche, im Wege des Orakels eingeholte Entscheidung der Götter angesehen wurde (Plut. Lykurg. 13. → Lykurgos 4.). E. B.

A. H. M. Jones, Festschr. Ehrenberg, 1966, 165 ff.

Rhexenor (*Ῥηξήνωρ*, ep. Epitheton des Achilleus). **1.** In att. Sage Vater der → Chalkiope, der 2. Gemahlin des → Aigeus, Apollod. 3,207 (3,130: → Chalkodon 1). **2.** Sohn des Phaiakenkönigs → Nausithoos (1), Bruder des → Alkinoos (1), Vater der → Arete (1). Hom. Od. 7,63. 146. H. v. G.

Rhianos (*Ῥιανός*), Epiker und Epigrammdichter, Kreter aus Bene oder → Keraia, Zeitgenosse des → Eratosthenes, urspr. Sklave und Turnplatzwächter (Suda). Gedichtet hat er, wie Titel und Inhalt seiner Epen sowie die Nennung → Troizens Anth. Pal. 12,58 vermuten lassen, im griech. Mutterland. Epen: *Ἀχαϊκά* in wenigstens 4. B. *Ἠλιακά* in wenigstens 3 B. *Θεσσαλικά* in wenigstens 16 B.; Frg. 30 Jacoby aus der Urgesch.; in B. 4 Frg. eines Völkerkataloges, wohl vor einem Krieg. Von diesen »ethnograph.« Epen spärliche Frg., fast nur aus Steph. Byz.; mehr wissen wir von den *Μεσσηνιακά* in wenigstens 6 B. Die Kenntnis des Inhalts beruht auf Paus. 4,17,10 bis 24,4 (für Einzelheiten vielleicht auch 4,14,6–17, 9); jedoch hat die Quelle des Paus. Rh. mit einer anderen Darstellung kombiniert (JACOBYS Analyse). Den Inhalt bildete die Erhebung der → Messenier unter → Aristomenes, die Belagerung und Eroberung Hiras durch die Spartaner, Auswanderung der Messenier unter Aristomenes' Sohn Gorgos nach Sizilien, Tod des Aristomenes auf Rhodos. Da Rh. → Leotychidas (II.) und → Anaxilaos nannte, muß er seine Erzählung in den Anf. des 5. Jh. verlegt haben (anders WADE-GERY in: Ancient Society and Institutions, Stud. pres. to V. Ehrenberg, 1966, 289 ff., der Leotychidas I. versteht, Anaxilaos der andern Darstellung zuschreibt u. den Krieg um 600 ansetzt). Zugehörigkeit zu den *Μεσσ.* vermutet LOBEL für POxy 2522. *Ἡράκλεια* in 14 B. Inhalt kaum kenntlich; laut POxy 2463 wurde die Familie des → Poimandros erwähnt. *Φήμη* (1 Hexam.), literar. Genus und Inhalt unbekannt. Frg. 60 (Zugehörigkeit unbekannt) scheint eine Spitze gegen hellenist. Königshöfe zu enthalten (dagegen M. KOKOLAKIS *Ῥιανὸς ὁ Κρής*, Athen 1968). Rh.' elegante Epigramme standen im Meleagerkranz (Anth. Pal. 4,1,11). Unter den erhaltenen mehrere päderastische; 6,34 ahmt → Leonidas nach. Eine Homerrezension des Rh. bezeugen Homerscholien. Rh. Lieblingsdichter des Tiberius: Suet. Tib. 70,2. R. K.

Frg. und Epigramme: *Joh. U. Powell* Collectanea Alexandrina, 1925, 9 ff.

Frg.: FGrH 265.

Epigramme: *A. S. F. Gow*, *D. L. Page* Hellenistic Epigrams, 1965. Lit. s. Art. Aristomenes.

Rhinoceros s. Nashorn

Rhinon (*Ῥίνων*) aus Paiania, att. Politiker, verdienter Führer der → Hoi Deka, die 403 die Versöhnung mit der Demokratie im → Peiraieus erreichten. 403/02 war R. Stratege, 402/01 Schatzmeister der Göttin und der anderen Götter. Aristot. Ath. pol. 38,3 f.; frg. 611 R³. IG II² 1371. Isokr. 18,6. 8 erwähnt R. um 399. Aischin. benannte einen Dialog, Archippos eine Kömodie nach R. Diog. Laert. 2,61. Athen. 15,678 e. Poll. 2,183. 10,177. H. V.

A. Fuks, Mnem 4,6, 1953, 199. *I. M. Edmonds* The fragments of Attic comedy 1, 1957, 804 ff. *U. Hackl* Die oligarch. Bewegung in Athen am Ausgang des 5. Jh.s v. Chr., Diss. München 1960, 126 f.

Rhinthon (*Ῥίνθων*), bekanntester Dichter von → Phlyakes oder Hilarotragödien, aus Syrakus (Nossis Anth. Pal. 7,414; Tarentiner, wohl wegen seiner Wirkungsstätte, nach Steph. Byz. s. *Τάρας* und der Suda), lebte unter Ptolemaios I. und schrieb 38 Stücke. Genannt werden *Ἀμφιτρύων*, *Εὐνοβάται*, *Ἡρακλῆς*, *Ἰφιγένεια ἡ ἐν Αὐλίδι*, *Ἰφιγένεια ἡ ἐν Ταύροις*, *Δοῦλος Μελέαγρος*, *Μήδεια*, *Ὀρέστας*, *Τήλεφος*. Vom Inhalt geben die spärlichen Frg. keine Vorstellung. Die Phlyakenvasen (4. Jh.) können dafür nicht herangezogen werden, da sie älter als R. sind. Steph. Byz. kennzeichnet mit *τὰ τραγικὰ μεταρρυθμίζων ἐς τὸ γελοῖον* seine Dichtungsweise. Das Versmaß ist der iamb. Trimeter, Frg. 10 K. scherzhaft durch das 'Hipponaktische Metrum' unterbrochen (CGF 183–189). R. K.

Al. Olivieri Framm. d. Commedia gr. 2²,7–24. *Gigante*, Annali Ist. ital. studi stor. 1, 1967, 35–87.

Rhion (*Τὸ Ῥίον*), flacher Vorsprung der achaischen Küstenebene 8 km n. n. ö. v. → Patras, durch eine 1,9 km breite Enge von dem gegenüberliegenden Antirrhion, das ebenfalls Rh. oder zum Unterschied das »molykrische Rh.« hieß, getrennt, im Alt. mit Poseidonheiligtum, h. mit großem türk.-venezian. Kastell, Kastro tis Moreas, als kürzeste Überfahrtstelle über den Golf häufiger genannt, bei röm. Schriftstellern auch Bezeichnung der Meerenge. Skyl. 35. 42. Skymn. 478. Thuk. 2,86,2ff. Strab. 8,2,3 p. 335f. Plin. nat. 4,6. 13. Ptol. 3,14,29. Agathem. 5,24 (GGM II 485). Paus. 7,22,10. E. M.

1. *Philipps.-Kirst.* 3,66ff. 189f. 2. *Bölte*, RE IA 844f. 3. *K. Andrews* Castles of the Morea 130ff.

Rhipaia orē (Ῥιπαῖα ὄρη). Die älteste Erwähnung eines Gebirges dieses Namens findet sich bei Alkman, frg. 90 Page *Ῥίπας ὄρος ἀνθέον ὕλᾳ, νυκτὸς μελαίνας στέρνον* (Mehrzahl Soph. Oid. K. 1248 *ἐννύχιαι Ῥίπαι*). Sie entspricht schon der später beständig verkündeten Theorie, nach der die Sonne bei Nacht von Westen nach Osten wieder kommt, indem sie die Erde im N. umkreist und hinter den R. entlanggeht (so z. B. Anaximen. A 7,6 u. A 14 Diels, wozu Aristot. meteor. 350b 5 u. [2], 42, dann → Damastes von Sigeion FGrH 5 F 1 *Ῥιπαῖα ὄρη*). Aber Alkman selbst hat seine Wissenschaft aus den *Arimaspeia* des → Aristeas von Prokonnesos (1), von dem wir wissen, daß er dieses Gebirge unmittelbar n. der → Hyperboreer ansetzte (Frg. 1 Bolton, vgl. [2], 39f.; diese erscheinen zum erstenmal in den *Epigonoi*, p. 13 Kinkel), und von da ließ man den Boreas kommen (Rückschluß aus Damastes). Vielleicht hatte er es *Ῥιπῶν ὄρος*, also »Berg der Windstöße« genannt (vgl. [2], 42 – so schon Serv. georg. 3,382 u. Isid. orig. 14,8,8 – gegen [1], 855 »Schwung der Sonne«), nach Hom. Il. 15,171 *ῥιπῇ Βορέαο*. Vielleicht war es so schon in der epischen *Titanomachie* genannt, wo zum erstenmal der Mythos von der Sonne auftaucht, die um die Erdscheibe fährt, um wieder nach O. zu gelangen (Frg. 8 Kinkel u. Aischyl. Frg. 102f. Mette; vgl. J. Dörig Der Kampf der Götter u. Titanen, 1961, 51–62). Jedenfalls treten seit Aristeas oder später und wahrscheinlich seit der Titanomachie Hyperboreer und R. das ganze Alt. hindurch innigst verbunden miteinander auf. Die gerühmte Seligkeit der Hyperboreer beruht auf der Vorstellung, daß die Sonne sie erwärmt, während die Nacht über der übrigen Erde diesseits der R., bes. im Winter, herrscht. Wieder zu Ehren gebracht von den Kirchenvätern in Reaktion gegen das Erdkugelbild der griech. Philosophen, Astronomen und Geographen, und zwar zuerst von Lact. div. inst. 3,24 (obwohl sie Joh. Philopon. de opif. mundi 3,10,138 den syr. Bibelexegeten zuschreibt und Theodoros von Mopsuhestia ausdrücklich nennt), beherrscht diese Vorstellung seitdem das chr. Erdbild und erreicht ihre höchste Entwicklung in der Einleitung der Cosmographia des Geogr. → Ravennas 1,9–10.

Wie alt dieser Mythos auch sein mag, er erscheint sekundär im Vergleich mit einer anderen mit den R. verbundenen Vorstellung, nach der diese das Ursprungsgebiet der großen Flüsse seien, die von Norden herunter kommen. Diese ist für das 9./8. Jh. bezeugt als ein wesentlicher Bestandteil der babylon. Kosmographie, durch Vermittlung einer auf das assyr. Reich beschränkten tönernen Erdkarte des 6. Jh. (Bengtson-Milojčić, Großer hist. Weltatlas I, 8b): der Euphrat, der die Erde von N. nach S. durchströmt, entspringt aus einem »Gebirge« (so genannt), das an der Grenze der Erde liegt und von dem »Bitterfluß« genannten Ozeanfluß bespült wird. Ind. (Götterberg Mērū in der Mahābhārata 11, 871f.) und pers. (Mithras-Palast auf der Hara) Parallelen erwähnt auch überzeugend [1], 874f. Spezifisch griech. sind also nur der Name und die Hypothese, daß die Flüsse Skythiens (anstatt des Euphrat) daher kommen (vgl. Aristot. meteor. 350b 9 *ῥέουσι δ' οὖν οἱ μέγιστοι μετὰ τὸν Ἴστρον τῶν ἄλλων ποταμῶν, ὥς φασιν*), wahrscheinlich auch der vermutete Zusammenhang der R. mit der Beobachtung, daß die n. Gestirne vom N.-Teil der Erde periodisch verborgen werden (deshalb sind die R. für Aristot. ebd. 6 genau unterhalb des Bären).

In der Geographie im engeren Sinn erscheint der erste Zweifel an den R. bei Hdt. 4,32–36. Ohne irgendwo Namen zu nennen, stützt er sich auf eine genauere Vorstellung von der Laufbahn der Sonne, um zu zeigen, daß der Norden der Erde zu kalt ist, als daß Menschen wie die Hyperboreer dort wohnen könnten. Seine Kritik zielt auf Hekataios, von dem man übrigens weiß, daß er die R. in seiner *Γῆς περίοδος* genannt und sie auf seine Karte gesetzt hatte (FGrH 1 F 194). Nach ihm stellen sie die ion. Geographen seit dem 5. Jh. als eine gerade, von W. nach O. über die ganze Erde laufende Kette dar. Ephoros hat wahrscheinlich sklavisch denselben Ansatz übernommen (vgl. Jacoby zu FGrH 70 F 158), und Pytheas Frg. 13b Mette ließ ihn ebenfalls gelten. Nach diesem reichte die Gebirgskette bis in die Gegend der Donauquellen, was erklärt, daß Aischylos Frg. 107 u. 330 Mette von dort diesen Fluß und seine linke Abzweigung, die mit dem → Eridanos verwechselte Rhône, kommen läßt. Obgleich Eratosthenes erneut Frg. I A 6 Berger auf den vermeintlichen Charakter der R. hinweist, schlägt Poseidonios FGrH 169 F 48 vor, sie mit den Alpen zu identifizieren (so auch Protarchos bei Steph. Byz. *Ὑπερβόρεοι*), und ihr Name erscheint wieder auf der Agrippa-Karte, die ihr äußerstes ö. Ende am vermutlichen Eingang des Kasp. Meeres in den Ozean ansetzte (Plin. nat. 6,33ff. Mela 3, 36–38. Solin. 17,1; vgl. den allerdings kühnen Rekonstruktionsversuch [1], 890–909). Marinos nennt sie auf seiner Karte *Ὑπερβόρεια ὄρη* und setzt sie etwa zwischen Wolgaquelle und Ural (Ptol. 5,9,13), während er *τὰ Ῥιπαῖα* im N. von Preußen ansetzt (ebd. 3,5,15. 22). → Iulius Honorius (B 8) läßt den Borysthenes und den Tanais von den *Hyperboraei Ripaei* kommen (GLM 43). Seit dem neigen auch unter dem Einfluß der Agrippa-Karte die lat. Schriftsteller dazu, sie als den Ausgangspunkt der meisten großen Flüsse des n. Europa zu betrachten, Chronius (Niemen?) und Weichsel (Amm. 22,8,38), Donau und Rhein (Isid. orig. 14,8,8 u. 13,21,24), Strymon (Sil. 11,462) F. L.

1. *Kiessling*, RE I A 846–916. 2. *J.D.P.Bolton* Aristeas of Proconnesus, 1962.

Rhithymna (Ῥίθυμνα), Hafenstadt der w. N.-Küste Kretas, h. Rhethymnon, ant. Reste äußerst gering. Unter Ptolemaios IV. vorübergehend in Arsinoe umbenannt [4]. Ptol. 3,15,5. Plin. nat. 4,59. Steph. Byz. Lykophr. 76. Ail. nat. 14,20. BCH 45, 1921, 19 III 116. Inschr. [2] Nr. 1–25. Mz.: HEAD HN[2] 477. [2] 269. E. M.

1. *Bürchner*, RE IA 923 f. 2. *M. Guarducci* Inscr. Cret. 2, 268 ff. 3. *J.Bowman–H.Guanella* Kreta, 1965, 246 ff. 4. *G. de Rider* Les Arsinoéens de Crète, Essays in Greek coinage ... to St. Robinson 1967, 229 ff.

Rhizon s. Risinium.

Rhodanus. Die älteste Beschreibung der Rhône bietet Avien. or. mar. 622–688 nach einer etwa in den J. 540/30 verfaßten ion. Küstenbeschreibung: Der Fluß ergießt sich aus einem *hians antrum* u. durchfließt darauf die Gebiete der *Tylangii, Daliterni, Clahilci* und den *Temenicus ager*. Diese Namen werden seinem schweizerischen Oberlauf von den meisten Historikern beigelegt (zuletzt F. STÄHELIN Die Schweiz in röm. Zeit[3], 1948, 6), richtiger ihrem Mittellauf vom Jura an (R. HEUBERGER). Von dieser Auffassung rührt die alte Vorstellung her, die Rh. sei ein Arm der Donau (so noch Timagenes in Sch. Apoll. Rhod. 4,257, der indessen vielleicht schon den Genfer See als Κελτῶν λίμνη erwähnt), während Aischylos Frg. 107 Mette sie nach Hekataios mit dem → Eridanos identifiziert. Polybios (3,47,2) ist der erste, der richtig ihre Quelle im N. der Alpen, n. vom Ende des Adriat. Meerbusens ansetzt, auf Grund von in Norditalien gesammelten Berichten, das damals schon längst in Verbindung mit Wallis war. Erst durch Caesars Eroberung von Wallis im J. 57 aber wurde den Geographen eine ziemlich genaue Kenntnis des ganzen Laufs der R. ermöglicht, wie sie uns zum erstenmal bei Strabon (B. 4) begegnet, welcher jedoch Polybios' und Poseidonios' Irrtümer nicht völlig beseitigt. F. L.

W. Aly, H 1927, 312. *E. Meyer*. Festschr. H. Nabholz, 1934. *R. Heuberger*, Zs. f. schweizer. Geschichte 1950, 337.

Rhodaspes, Sohn des Partherkönigs → Phraates IV., wurde von diesem 10/9 v. Chr. mit anderen Söhnen und Enkeln dem Statthalter von Syrien M. → Titius als Geisel übergeben, nach Rom geschickt und starb dort. Grabschrift DESSILS 842. Strab. 6,288. 16,748. Aug. res gestae 32. Vell. 2,94,4. Tac. ann. 2,1. Suet. Aug. 21,3. 43,4. H. ZIEGLER Die Beziehungen zwischen Rom und dem Partherreich, 1964, 51 f. H. V.

Rhode (Ῥόδη, zuerst Pind. O. 7,14) oder *Rhodos* (Ῥόδος, zuerst Hellanik.). Eponymin der Insel, Tochter Poseidons und Aphrodites (Pind. O. 7,71; διὰ τὸ κάλλος τῆς νήσου Sch. ebd. 24) oder Amphitrites (Apollod. 1,28) oder Tochter des Flußgottes → Asopos (Sch. Od. 17,208). Sie hat von → Helios 7 Söhne (Pind. a.O. Diod. 5,56. → Heliadai) oder 4 Kinder: → Phaethon, → Lampetie, → Aigle (3), → Phaethusa (Sch. Od. a.O.), die sonst als Kinder von Helios und → Klymene (1) gelten. Kultische Verehrung genoß R. seit dem Synoikismos der Insel 408. H. v. G.

Rhodios (Ῥόδιος), kleiner Fluß in der Landschaft Troas, entspringt auf dem quellenreichen → Ida (Homer Il. 12,19 f.) und mündet zwischen → Abydos und → Dardanos in den Hellespontos (Strab. 13,595), mit dem Koca Çay identifiziert. Darstellungen mit dem Flußgott Rhodios auf Münzen der röm. Kz. (vgl. SNG Danish Nat. Mus., Troas Taf. 7 Nr. 310: mit Iulia Domna). Zur Lage vgl. A. PHILIPPSON Topogr. Karte des w. Kleinasien Bl. 1 und Bl. Ç I Canakkale der türk. Karte 1:200000. F. K. D.

Rhododendron (ῥοδόδενδρον, ῥοδοδάφνη, νήριον, *nerium*), Lorbeerrosenbaum, Oleander, Alpenrose, wird merkwürdigerweise in der griech.-röm. Lit. nicht vor Plinius und Dioskurides erwähnt, obwohl anzunehmen ist, daß diese Pflanze von jeher im Mittelmeergebiet und dem Nahen Osten verbreitet war. Plin. nat. 16,79 *rhododendron, ut nomine apparet, a Graecis venit; alii nerium vocarunt, alii rhododaphnen*; sie sei immergrün, rosenähnlich, buschig und giftig für Maulesel, Ziegen und Schafe, zugleich aber für Menschen ein wirksames Heilmittel gegen Schlangenbisse. Dasselbe sagt Dioskur. mat. med. 4,82. Plin. 21,77 gibt an, in Pontus seien die Wälder voll von R. und daher der dort gewonnene Honig *insania* bewirkend. (Die Nennung der *rhododaphne* unter den Blumen, mit denen im Culex 402 der Hirt das Grab der erschlagenen Mücke schmückt, zählt zu den Argumenten gegen den vergilischen Ursprung des Gedichtes). K. Z.

Hehn–Schrader Kulturpflanzen[8] 416–20.

Rhodope (Ῥοδόπη), h. bulg. Rodopi, Name wohl thrak. Gewaltiges Gebirgsmassiv in Thrakien. Es beginnt im Quellgebiet der Flüsse → Oescus → Nestos u. → Hebros und erstreckt sich mit seinen letzten Ausläufern bis zum unteren Lauf des Hebros. Die ant. Benennungen der einzelnen Gebirgsstöcke im Rhodopegeb. sind fast unbekannt.

Hdt. 4,49. 8,116. Thuk. 2,96,1,88. Strab. 4,208 f. (Pol.) 7,313. Ptol. 3,11,5. Plin. nat. 3,149. Chr. D.

Danoff Altthrakien, Sofia, 1968, pass. (bulg.). *Detschew* Die thrak. Sprachreste, 398 ff.

Rhodopis (Ῥοδῶπις). Nach Hdt. 2,134 f. thrak. Sklavin eines Samiers Iadmon, später von dem Samier Xanthos nach Äg. mitgenommen, dort von Charaxos, dem Bruder der Dichterin Sappho, freigekauft, lebte dann als Hetäre in Naukratis z. Z. des Königs → Amasis. Ihr schrieben wohl scherzhaft Griechen in Äg. die 3. Pyramide des Mykerinos bei Giza zu, was Herodot jedoch ernsthaft aufgenommen und widerlegt hat. Es steckt kaum eine alte Erinnerung an die Grabanlage der Königin Ḫntj-kȝw.ś aus dem E. der 4. Dyn. dahinter, die ö. der Mykerinospyramide liegt (so V. D. WALLE, AC 3, 1934, 303 ff.). W. H.

Rhodos (ἡ Ῥόδος), Ethnikon Ῥόδιος, die größte und südlichste Insel vor der SW.-Küste Kleinasiens, 78 km lang, 35 km breit, 1404 qkm groß. Die Insel ist zur Hauptsache niedriges Bergland aus Flysch und jungtertiären Ablagerungen mit einzelnen Kalkmassen, höchste Erhebung im Atabyrion 1215 m; breite Küstenebenen, die mit dem verhältnismäßig regenreichen, milden Klima eine üppige Vegetation tragen, in den Berggebieten noch h. größere Wälder. Der Name ist wie die meisten Einzelortsnamen vorgriech. (nicht »Roseninsel«!). Griech. Besiedelung sicher seit myken. Z., bes. in → Ialysos, aber auch sonst. In gesch. Z. ist die Insel dor., mit den drei Städten → Ialysos, → Kamiros, → Lindos, deren Gebiet in viele Demen eingeteilt war. Diese und andere Orte sind im 1. att. Seebund selbständige Mitglieder, B. D. MERITT The Athen. tribute lists 1,248 f. 262 f. 290 f. 296 f. 360 f. 370 f. u. ö. 411 v. Chr. Abfall von Athen. 408/07 Gründung der neuen Stadt Rhodos an der N.-Spitze der Insel, die seitdem bis h. Hauptort geblieben ist mit drei künstlich geschaffenen Häfen, Diod. 13,75,1. Abfall von Sparta mit Hilfe der Flotte → Konons 396/95, Diod. 14,79,4 ff. Hell. Oxyrh. 15 (10). 20 (15),6. Dann Mitglied des 2. att. Seebundes, IG II² 43 = Syll. I³ 147,82 bis zum Abfall im Bundesgenossenkrieg. Vorübergehend unter Herrschaft des → Maussollos, Demosth. 15. 332 Anschluß an Alexander, Arr. an. 2,20,2. Curt. 4,5,9. 8,12 f. Diod. 18,8,1. In den Diadochenkämpfen konnte R. seine Freiheit bewahren vor allem durch die Abwehr der Belagerung durch → Demetrios (2) Poliorketes im J. 307/06, Diod. 20,81–88. 91–100,5. Als Denkmal des Sieges wurde der »Koloß« aufgestellt, die 70 Ellen hohe Bronzestatue des Stadtgottes Helios. Auch weiterhin konnte sich R. als selbständige polit. Macht in den Kämpfen der Großmächte, an denen R. mehrfach teilnahm, behaupten und widmete sich bes. der Bekämpfung des Seeraubs. 227/26 heftiges Erdbeben, bei dem der Koloß umstürzte, der wegen eines Orakels nicht wieder aufgestellt wurde, Pol. 5,88 ff. Strab. 14,2,5 p. 652. Die gewalttätige Politik Philipps V. drängte R. auf die Seite Roms, mit dem es nach Pol. 30,5,6 schon seit 306 in losen Beziehungen gewesen sein soll. Im Frieden von Apameia 188 v. Chr. erhielt R. ganz Karien und Lykien zu seinem bereits alten ausgedehnten Festlandsbesitz (→ Peraia) hinzu, verlor diese neuen Gebiete aber 167 v. Chr. wieder. Einen drohenden Krieg mit Rom verhinderte → Cato (4), R. blieb mit Rom verbündet. Im J. 88 v. Chr. siegreiche Abwehr einer Belagerung durch die Flotte Mithridates' VI., 42 v. Chr. Überrumpelung, schwere Bestrafung und Plünderung durch → Cassius (I 15). In der Kaiserzeit blieb R. mit kurzen Unterbrechungen freie Stadt und besaß auch noch einen Teil der umliegenden Inseln und des alten Festlandbesitzes. Bischöfe LE QUIEN 1,923 ff.

Der großen polit. und Handelsbedeutung von R. entsprach seine Rolle im kulturellen Bereich. Aus R. stammte eine große Anzahl bildender Künstler [2], 827 ff. Berühmteste Kunstwerke sind der Koloß des Chares von Lindos und die → Laokoongruppe. Auf liter. Gebiet sind bes. zu nennen → Apollonios von R. (1), → Panaitios, und → Poseidonios von Apameia, der auf R. lebte und Bürger von R. wurde. Auch viele Römer der späteren Republik und der Kaiserzeit besuchten R. deswegen, so Lukrez, Pompeius, Cicero, Caesar und Tiberius. Rhod. Lokalhistoriker FGrH III B Nr. 508–533. Das »Rhodische Seerecht« [19] blieb bis in byz. Z. maßgebend.

Die ant. Reste der Stadt R. sind nicht sehr umfangreich, bes. Teile der Stadtmauern, Fundament eines Aphroditetempels auf dem Arsenalplatz (3. Jh. v. Chr.) und auf dem Plateau über der Stadt (»Akropolis«) Reste des Zeus- und des Apollontempels, Stadion und »Odeion«. Das rechtwinklige Straßensystem noch sehr gut erkennbar und vielfach in ma. und h. Straßen weiterlebend. Umfangreiche Nekropolen. Hom. Il. 2,653 ff. Skyl. 99. Strab. 14,2,5–13 p. 652 ff. Diod. 19,45. Ptol. 5,2,19. Aristeid. 43 (25 K) Rhodiakos. Inschr.: IG XII 1. A. MAIURI Nuova silloge epigrafica di Rodi e Cos 1925. G. PUGLIESE CARRATELLI, Suppl. epigr. rodio, ASAA 30/32, 1952/53, 247 ff. 33/34, 1955/56, 157 ff. (mit voller Bibliogr.). SGDI 3 Nr. 3749–4351. 4 S. 579–675 (Grammatik und Register). SCHWYZER Nr. 272–294. SEG in fast allen Bänden. Mz.: HEAD HN² 635 ff. E. M.

1. *Philipps.-Kirst.* 4,329 ff. 2. *Hiller von Gärtringen*, RE Suppl. V 731 ff. 3. *H. van Gelder* Gesch. der alten Rhodier 1900. 4. *L. Morricone–L. Laurenzi–P. Bocci*, Enc. arte ant. 6, 1965, 743 ff. (mit großer Bibliogr.). 5. *Kirsten-Kraiker* Griechenlandkunde⁵ 1967, 570 ff. 892 f. (Lit.). 6. Guida d'Italia del Touring Club Italiano, Possedimenti e colonie 1919, 60 ff. 7. *R. U. Inglieri* Carta archeologica dell'isola di Rodi (1:50000) 1936. 8. *Sk. Zervos* Rhodes 1920. 9. *A. Maiuri* Rodi 1921. 10. *R. Matton* Rhodes³ 1959. 11. *J. Kondis* Συμβολὴ εἰς τὴν μελέτην τῆς ῥυμοτομίας τῆς Ῥόδου, Rhodos 1954. 12. *Ders.* Zum ant. Stadtbauplan von Rhodos, MDAI(A) 73, 1958, 146 ff. 13. *J. Bradford*, Antiquaries Journal 36, 1956, 57 ff. 14. *Ders.* Ancient landscapes 277 ff. 15. *A. Gabriel* La construction, l'attitude et l'emplacement du colosse de Rhodes, BCH 56, 1932, 331 ff. 16. *H. Maryon* The colossus of Rhodes, JHS 76, 1956, 68 ff. 17. *A. Gabriel* La cité de Rhodes, 2 Bde. 1921/23 (MA. und Neuzeit). 18. *G. Gerola* I monumenti medioevali delle tredici Sporadi, ASAA 1, 1914, 169 ff. 192 ff. 19. *W. Ashburne* The Rhodian sea-law 1909. 20. Zeitschrift Clara Rhodos Bd. 1–10, 1928–1941.

21. Neuere Grabungsberichte besonders *Πρακτικά* seit 1951.

Rhoikos (*Ῥοῖκος*). **1.** Kentaur, der → Atalante nachstellte und von ihr erlegt wurde. Kall. h. 3,21 ff. mit Sch. Apollod. 3,106. Ail. var. 13,1. Ident. mit dem bei lat. Dichtern genannten Kentauren Rhoetus? **2.** Knidier, Von einer Nymphe geliebt und zur Strafe für sein Verhalten geblendet, Sch. Theokr. 3, 13 und Sch. Apoll. Rhod. 2,477 (Charon v. Lampsakos frg. 12). R. ließ in Ninive eine stürzende Eiche abstützen und rettete dadurch der in ihr wohnenden → Hamadryade das Leben. Als sie ihm dafür einen Wunsch freistellte, begehrte er den Genuß ihrer Liebe. Sie versprach, ihn durch eine Biene einladen zu lassen, wenn er sich jeder andern Liebe enthalte. Als die Biene kam, war er gerade beim Brettspiel und gab ihr eine ungute Antwort. Da stach sie ihn ins Auge. Die Erzählung erinnert an das Undinen- oder Melusinenmotiv des Märchens, vgl. Echenais und → Daphnis (1) und Pind. frg. 252. H. v. G.

Höfer, Myth. Lex. 4,119ff. *P. Friedländer*, RE IA 1002f. *Prell.-Rob.* 1,719,1. *Nilsson* GgrR I^2, 343.

3. R., Sohn des Phileas, Samier. Der Erzgießer und Architekt R. wird meist zusammen mit Theodoros genannt. Von R. allein nennt Paus. 10,38,6 eine Bronzestatue im Artemision in Ephesos, die dort (wohl irrtümlich) Nyx hieß. Weiteres → Theodoros. W. H. G.

Rhoimetalkes (*Ῥοιμητάλκης*). Stammtaf. PIR^2 4,3,264. **1.** R. I. von Thrakien, Vormund des → Rhaskuporis (2), seit 16 v. Chr. auch Herrscher über die → Besser, floh 11 v. Chr. vor ihnen. Nach Beendigung des Aufstandes durch L. → Calpurnius Piso (II 16) half R. mit → Rhaskuporis III. (3) Rom im pannon. Krieg. † vor 14 n. Chr. Tac. ann. 2,64. Cass. Dio 54,20,3. 55,3. 6. HEAD HN^2 286. **2.** C. Iulius R. II. von Thrakien 18–37/38, Sohn des → Rhaskuporis III. (3), beherrschte die *Ripa Thraciae*, wurde 21 von den → Odrysen in → Philippopolis belagert, von den Römern befreit, half 26 einen thrak. Aufstand niederzuwerfen. Tac. ann. 2,67. 4,5. 47. SEG 16,426. AE 1933, 84. DESSILS 849. EE 2,256. IG III 1284. HEAD HN^2 286. PIR^2 4,3,517. **3.** R. III., Enkel von Nr. 1, mit Kaiser Caligula über → Antonia Tryphaina (II 18) verwandt, in Rom erzogen, seit 19 n. Chr. unter Vormundschaft des → Trebellenus Rufus, wurde 38 von Caligula zum König von Thrakien eingesetzt, 46 von Aufständischen oder seiner Frau → Pythodoris ermordet. Thrakien wurde röm. Provinz. Tac. ann. 2,67. 3,38. Strab. 12,556. Cass. Dio 59,12,2. EE 2,257. IG III 1077. 1284 (Archont in Athen 37/38). **4.** Ti. Iulius R. *φιλόκαισαρ φιλορώμαιος εὐσεβής*, König von Bosporos 131/32–153/54, HEAD HN^2 504, von → Hadrianus (1) eingesetzt, nach einem Streit mit Ti. → Iulius Eupator (A II 36) von → Antoninus Pius (1) bestätigt. HA v. Pii 9,8. Er schloß ein Bündnis mit der taurischen → Chersonesos. IPE^2 1,423. CIRBosp. 1965, 47. 966. 976. 1052. 1261. PIR^2 4,3,516. H.V.

Rhoio (*Ῥοιώ*). Geliebte Apollons, Tochter des → Staphylos und der → Chrysothemis (1), Schwester von → Molpadia und Parthenos. Staphylos setzt die Schwangere in einem Kasten ins Meer, der in Delos (nach Sch. Lykophr. 750 in Euboia) landet, wo sie → Anios gebiert, Diod. 5,62. In der Gesch. von dem Argeier Lyrkos, dem Sohn des → Phoroneus, der in Bubastos bei Staphylos zu Besuch ist, zieht R. den kürzeren gegenüber ihrer Schwester Hemithea (→ Molpadia), die dem Fremden zugesellt wird und ihm den Basilos gebiert. Parthen. 1. – Die Abstammung der R. von Staphylos versinnbildlicht die kultische Zusammengehörigkeit von Granatapfel (*ῥοιά*) und Weintraube (*σταφυλος*), Clem. Alex. protr. 2,19. – A. B. COOK Zeus 2,1,670. H. v. G.

Rhoiteion (*Ῥοίτειον*), kleine Stadt in der Landschaft Troas, Mitglied des del.-att. Seebundes (B. D. MERITT Ath. Trib. Lists 1,393. 544. 2,82. 4,108). Auf dem gleichnamigen Vorgebirge befand sich das Grabmal des → Aias mit einer Statue des Helden, von Antonius nach Äg. abtransportiert, aber auf Befehl des Augustus wieder zurückgebracht (Strab. 13,595). Nach den Angaben in der ant. Lit. hat man den Ort n. ö. von Troia angesetzt, und zwar auf dem h. noch Eski Kale (d. h. Alte Burg, früher Palaeokastro) genannten Gelände, etwa 3 km w. von Erenköy. Zur Lage vgl. Bl. D I Edremit der türk. Karte 1:200000. F. K. D.

Rhombus. 1. Ebenes gleichseitiges Viereck mit spitzen und stumpfen Winkeln (Gromat. vett. 1,378,22 Blume-Lachmann. Censorin. de die nat. 84,14 Jahn) oder Rotationskörper, wenn die gen. Figur um ihre Diagonale rotiert (Archimed. 1^2,6, 25 H.). Als Ornament: Athen. 12,525c. J. M.

Hug, RE I A 1069.

2. Der Kreisel als Kinderspielzeug → Turbo. **3.** Zauberer verwandten gern unter geeigneten Sprüchen einen Zauberkreisel bzw. ein Zauberrad aus Erz oder Holz, das durch eine aufgewickelte Schnur in Bewegung gesetzt wurde (Theokr. 2,30 m. Sch. Prop. 2,28,35. Ov. am. 1,8,7; fast. 2,575. Lukian. dial. mer. 4,5). Oft wurde an den R. der → Wendehals gebunden, dem man auch Zauberkraft zuschrieb. W. H. G.

4. Als Musikinstrument bezeichnet der etwa 10 mal genannte R. vor allem in magisch-orgiastischem Bereich eine den Aerophonen zuzurechnende Art Waldteufel oder Schwirrholz, wie sie auch aus der ozeanischen Musik bekannt sind. Die gelegentliche Gleichsetzung mit Fellklingern, wie z. B. dem → Tympanon, beruht dagegen ähnlich wie beim → Rhoptron auf einer falschen Identifikation der häufig zusammen genannten Instrumente. U. K.

A. S. F. Gow, JHS 54, 1934, 1–13. *Ders.* Theocritus, ^{2}1952, 2,44 mit T. V. *R. Kannicht* Euripides. Helena, 1969, 2,357.

Rhomphaia (ʽΡωμφαία) war die Bezeichnung für das thrak. Schwert mit gerader, langer, zweischneidiger Klinge aus schwerem Eisen (Liv. 31, 39,11. Plut. Aem. Paul. 18,3. Gell. 10,25,4) und langem, hölzernem Griff (Val. Fl. 6,98). A. N.

Fiebiger, RE I A 1070f. *Chr. Danoff* Zum Kriegswesen der alten Thraker, Studii Classice 3, 1961, 43.

Rhoptron (ῥόπτρον), griech., nur selten erwähntes, bes. in kultisch-orgiastischem Bereich verwendetes Lärminstrument, das eine Lärmklapper darstellt. Allerdings scheint auch eine Verbindung mit geschwungenen Aerophonen, wie z.B. dem → Rhombus (4), erwägenswert. U. K.

1. *E. W. Bushala*, Greek-Roman and Byzant. Stud. 10, 1969, 169–172.

Rhus (ʽΡοῦς), Örtlichkeit am Rande der megar. Ebene in der Nähe von Megara, Paus. 1,41,2. Plut. Thes. 27,6. E. M.

1. *Bölte*, RE IA 1233. 2. *E. Meyer*, RE XV 163,49ff.

Rhyndakos (ʽΡύνδακος), wichtiger Grenzfluß zwischen dem röm. Kleinasien und → Bithynien, zwischen → Phrygien und der kaiserl. Provinz Hellespontos; gilt oft als Fluß Mysiens, obwohl mehrere kleinasiat. Landschaften durchquerend. Entspringt in der Abbaïtis; mündet in die Propontis gegenüber der Insel Besbikos; Länge ca. 200 km. 73 v.Chr. an seinen Ufern Sieg des → Lucullus (5) über → Mithradates (Plut. Luc. 11). H. Adirnas tschai. K. A.

Rhypes (ʽΡύπες), Stadt in Achaia, 7 km w. von → Aigion mit sehr geringen Resten auf dem Plateau Trapeza bei Kumari, früh verschwunden und Aigion einverleibt, einzige inschr. Erwähnung im 4. Jh. v.Chr., SEG 14,375. Hdt. 1,145. Skymn. 42. Thuk. 7,34,1. Strab. 8,7,4f. p. 386f. (zum Text W. ALY, SHAW 1931, 1,13; de Strabonis codice rescripto 21). Paus. 7,6,1. 18,7. 23,4. Steph. Byz. s. ʽΡύπαι. E. M.

1. *Lebègue*, Bull. de l'école franc. d'Athènes 1871, 233ff. 2. *Bölte*, RE IA 1288ff. 3. *E. Meyer* Peloponn. Wanderungen 123f. (mit Planskizze Taf. VIII). 4. *E. Meyer*, RE Suppl. IX 1367.

Rhythmik. In vorklass. und vorsokr. Terminologie bedeutet der Begriff Rhythmus (ῥυθμός), der wohl nicht von ῥέω abzuleiten ist, zunächst »Gestalt, Anordnung« (vgl. z.B. Archil. 67,7; Demokr. 5¹ mit Aristot. metaph. 985b 15 und 1042b 14). Etwa seit Platon ist er als kunsttheoret. t. t. in die → Musik integriert und bezeichnet als τάξις τῆς κινήσεως (leg. 665 A 1, 672 E 8) die unmittelbar aus der Sprache entnommene zeitl. Ordnung des Musikalischen.

Die grundlegende theoret. Darstellung in Form einer wissenschaftl. Rhythmik, in die frühere Behandlungen (z.B. von → Damon 2) eingegangen sind und durch die alle späteren beeinflußt wurden, stammt von → Aristoxenos. Ausgangspunkt seiner nur fragmentar. erhaltenen ῥυθμικὰ στοιχεῖα ist die Unterscheidung zwischen dem ῥυθμός als ideellem, abstraktem Prinzip und dem dadurch geformten ῥυθμιζόμενον, das in die drei Erscheinungsformen der λέξις (Sprache), des μέλος (Musik) und der κίνησις σωματική bzw. ὄρχησις (Tanz) zerfällt. Das einzelne ῥυθμιζόμενον kann verschieden geformt werden, doch richten sich die übrigen gleichmäßig danach aus. Zuerst steht dabei entsprechend dem Vorrang des sprachl. Rhythmus in der griech. Theorie die λέξις. Grundlage aller rhythm. Maße ist der χρόνος πρῶτος als absolute, nicht weiter teilbare kleinste Zeiteinheit, dem vergleichsweise in der Harmonik der Viertelton entspricht. Der Rhythmus ist damit eine additive Vereinigung (τάξις χρόνων) dieser kleinsten Werte. Der Umfang der so zusammengefaßten Zeitmomente richtet sich nach der Wahrnehmung leicht faßlichen Größen, ihre Gliederung nach ihrer verschiedenartigen Betonungsintensität, die sich nach θέσις (Senkung) und ἄρσις (Hebung) unterscheidet. Die dadurch gewonnenen πόδες (Füße) teilen sich in die drei Hauptgeschlechter des γένος ἴσον (2+2), γ. διπλάσιον (1+2) und γ. ἡμιόλιον (2+3), die zu größeren, eine Höchstzahl von χρόνοι πρῶτοι umfassenden Gebilden anwachsen können. Dazu entwickeln dann die nacharistoxen. Theoretiker bis hin zu → Aristeid. (7) Quintilian. weitere Spezifizierungen. Außerdem löst sich in nachklass. Z. entsprechend der Trennung von Musik und Dichtung und der allmähl. Verschiebung von quantitierender und akzentuierender Messung die enge Verbindung zwischen allgemeiner Rhythmik und der Metrik als ihrer konkreten Erscheinungsform auf dem Gebiet der Sprache. Die Rhythmik verschwindet hinter der Metrik, die nur noch Längen und Kürzen zählt. U. K.

Allg.: *R. Westphal* Die Fragmente und die Lehrsätze der griech. Rhythmiker, 1861. *G. Seydel*, RE I A 770–81. *Th. Georgiades* Musik und Rhythmus bei den Griechen, 1958. *W. Dürr–W. Gerstenberg* s. Rhythmus, Metrum, Takt in MGG 11, 1963, 383–419, bes. 396–98. Zu Aristoxenos: *R. Westphal* Aristoxenos von Tarent. Melik und Rhythmik des class. Hellenentums, 2 Bde., 1883–93 (Nachdr. 1965). *G. B. Pighi* Aristoxeni Rhythmica, 1959.

Rhytion (ʽΡύτιον, Ethnikon inschr. ʽΡυτιάσιος [4], Nr. 1, aus ʽΡυτιασσός [Steph. Byz.]), unbedeutende Ortschaft im s. Mittelkreta beim h. Rotasi etwa 22 km o. s. ö. von Gortyn, in dem der ant. Name weiterlebt, genannt schon bei Hom. Il. 2,648, in hist. Z. kaum bekannt, Siedlungsreste von spätminoischer bis venezian. Z., nach Strab. zu Gortyn gehörend, in der Kaiserzeit ([4] Nr. 1) κώμη. Strab. 10,4,14 p. 479. Plin. nat. 4,59. Inschr.: [4] Nr. 1. 2. E. M.

1. *Bürchner*, RE IA 1292. 2. *Kirsten*, RE Suppl. VII 1153ff. 3. *M. Guarducci* Riv. del R. Istituto d'arch. 2, 1930, 62ff. mit Plan. 4. *Dies.* Inscr. Cret. 1,303f.

Rhyton (ῥυτόν). Das Spendegefäß ähnlich einem Trinkhorn (→ Keras 2), oft unten mit Kopf oder Protome eines Tieres versehen (selten ein ganzes Tier), hat zwei Öffnungen. Die weite, obere

Öffnung ist zum Einfüllen, der im Regelfall nur mit dem Finger verschließbare Ausguß ist eng und sitzt oft in der Tierschnauze. Im Alt. heißen die R. oft nach dem Tierkopf, also *ὄνος* usw. Ant. Quellen: Athen. 11,496e (*ῥέοντα*). 496f–497e. Sch. Demosth. 21,158. Martial. 2,35. Unklar bisher die Interpretation des R. *δίκρουνον* Athen. 11,469a. Im archäol. Sprachgebrauch sind R. Spende- und Trinkgefäße in Horn- oder Tierprotomengestalt, wobei der gesonderte Ausguß nicht mehr wichtig ist. Solche R. gab es einerseits im Orient und in der kret.-myken. Kultur ([1]. [3]), dann wieder, erneut aus dem Orient übernommen, in Attika im 5. Jh. ([2]), in Boiotien, Ionien, Etrurien ([3], Abb. 786. 783. 784), schließlich in Unteritalien, vor allem wohl Tarent, von etwa 370 bis E. 4. Jh. ([5]). Als Material kommen vor Metall, Stein und Ton. R. kommen noch in röm. Z. vor ([3], Abb. 792). Ausgesprochen selten sind R. mit verdoppeltem Kopf ([3], Abb. 789). W. H. G.

1. *Tuchelt* Tiergefäße in Kopf- u. Protomengestalt 1962, 2. *H. Hoffmann* Attic Red-Figured Rhyta 1962. 3. *Tuchelt*, EAA VI (1965) 675ff. 4. *Erlenmeyer*, Archiv f. Orientforschung 20, 1963, 125ff. 5. *H. Hoffmann* Tarentine Rhyta 1966. 6. *K. Schauenburg*, G 74, 1967, 561ff.

Richomeres, heidnischer Franke, Onkel des → Arbogast, 377 *comes domesticorum* → Gratians (Amm. 31,7f. 12). Nach 378 blieb er im O., wurde *mag. mil.* des → Theodosius, 384 *cos.*, 387/88 Befehlshaber im Krieg gegen → Maximus (8). R., der kurz vor dem Aufbruch zum Kampf gegen → Eugenius (2) starb (Zos. 4,55. Ioh. Antioch. frg. 187), hatte enge Beziehungen zu → Libanios (or. 1,219f.; epist. 866. 972. 1007. 1024) und → Symmachus (epist. 3,54ff.). A. L.

M. Waas Germanen im Röm. Dienst 1971², 119ff.

Ricimer, Flavius, Sohn eines Suebenfürsten und einer westgot. Königstochter, wehrte 456 einen Vandaleneinfall auf Sizilien ab, wurde *mag. mil.* und veranlaßte → Avitus (1) zur Abdankung (Sidon. c. 2,352ff. Prisc. frg. 25. Ioh. Antioch. frg. 202. Chr. min. 1,304). 457 wurde R. durch Kaiser → Leo (2) *patricius*, 459 *cos.* 461 beseitigte R. Kaiser → Maiorianus (1) und erhob Libius Severus zum Kaiser (Chr. min. 1,305. 2,32. Ioh. Antioch. frg. 203). Nach dem Tod des Libius nahm R. die Erhebung des → Anthemius (2) zum Kaiser durch Leo hin. R., mit einer Tochter des Anthemius verheiratet, blieb auch jetzt mächtigster Mann am Hof. Nach dem Tod des Anthemius (wofür wohl R. verantwortlich) erhob R. 472 → Olybrius, starb dann bereits im August 472 (Chr. min. 1,305f. 2,33. Theophanes 5957. Ioh. Antioch. frg. 209). A. L.

Demandt, RE Suppl. Bd. XII 673f. *P. M. Papini* Ricimero 1959.

Ricinus (*σιλλικύπριον, κίκι, κρότων*; *ricinus*), der Wunderbaum, Christuspalme, Nutzpflanze aus der Familie der Euphorbiaceen, urspr. in Afrika heimisch, doch überallhin verbreitet, in Äg. nach Ausweis der Denkmäler in mehreren Sorten kultiviert. Hdt. 2,94 schildert die Art, wie die Äg. aus der Frucht des *σιλλ.*, die sie *κίκι* nennen und an den Ufern der Flüsse und Seen kultivieren (während sie in Hellas wild wachsen), Öl gewinnen, das sehr brauchbar, aber übelriechend sei. Beschreibung der Pflanze bei Theophr. h. pl. 1,10,1. 3,18,7; c. pl. 2,16,4 und Dioskurid. mat. med. 4,161 (das *κίκι* heißt auch *κρότων* = Zecke wegen der Ähnlichkeit der Samen mit diesem Tier, ebenso Plin. nat. 15,25) und 1,31 (Gewinnung des Öles). Erwähnung des *κίκι* auch Plat. Tim. 60a und Diod. 1,34,11. Über die vielfältige medizin. Verwertung Dioskurid. 4,161 und Plin. 23,83. Vgl. Stadler, RE I A 800f. K. Z.

Rider (Danilo Kraljice), ein Municipium in der röm. Provinz → Dalmatia zwischen Scardona und Salona, nicht weit von der Adriaküste. Die Siedlung wurde am Anf. der Kaiserzeit als Vicus von *magistri* verwaltet. Sie erhielt die städt. Autonomie wahrscheinlich unter den flav. Kaisern oder unter Hadrian, in der Form eines Municipium wohl latin. Rechtes; bis zur Constitutio Antoniniana scheinen nur die Bürgermeister der Stadt röm. Bürgerrecht gehabt zu haben. Die Bevölkerung bestand hauptsächlich aus Einheimischen, die zum Stamm der Delmatae gehörten. G. A.

G. Alföldy Bevölkerung und Gesellschaft der röm. Provinz Dalmatien (Budapest 1965) 97f. *Ders.*, RE Suppl. XI 1208ff. *J. J. Wilkes* Dalmatia (Lond. 1969) 240f.

Rigodulum (kelt. *Rigo-dulo* = Königssache, Gut), h. Riol im Landkreis Trier, am r. Moselufer. Am Abstieg der Römerstraße Mainz–Trier (Ausoniusstraße) von den Höhen des Hunsrücks und am Eintritt in die Trierer Talweite war die Örtlichkeit im Bataveraufstand Schauplatz einer Schlacht zwischen den verschanzten Treverern unter Iulius Valentinus und den zum Entsatz aus Mainz herangeführten Römern unter → Petilius Cerialis (Tac. hist. 4,71). H. C.

J. B. Keune, RE I A 803.

Rigomagus, kelt. Benennung mehrerer Ortschaften (*Rīgomăgos* = Königsfeld, Holder 2, 1187–89). **1.** R., h. Remagen, zwischen Koblenz und Bonn (Tab. Peut. 8, Meilenstein von Tongern; Geogr. Rav. 4,24 *Rigomagus;* Amm. 16,3,1) in Germania inferior. Das seit der Zeit des Tiberius belegte Truppenlager war zunächst ein Erdkastell, das in Stein umgebaut, im 3. Jh. erneut befestigt wurde und bis in die Spätzeit bestehen blieb (Kohorteninschr. CIL XIII 7787–7804). **2.** R., Ortschaft in den Seealpen, Gemeinde der *Provincia Alpium Maritimarum* nach Not. Gall. 18,4 *(civitas Rigomagensium)*. **3.** R., Ortschaft in Gallia transpadana zwischen Turin und Pavia (Becher von Vicarello – CIL XI 3281–84; Itin. Ant. 340,5 und 356,10; Itin. Hieros. 557,3. Geogr. Rav. 4,30). H. C.

J. B. Keune, RE I A 805.

Rind (Bos taurus L., zur Fam. der Bovidae [Horntiere] gehörig; ὁ, ἡ βοῦς; *bos* [dial. *bovis*]; f. »Kuh«, m. gewöhnl. »Ochse«; ὁ ταῦρος *taurus* »Stier« [Hom. Il. 20,495 βοῦς ἄρσην]; ὁ δαμάλης *iuvencus* »Jungstier«; *vacca* »Kuh«, *forda* »trächtige Kuh«; ἡ πόρτις, δάμαλις »Jungrind, Jungkuh«; ὁ μόσχος, δάμαλος, *vitulus, vitellus* [Stier-] Kalb, ἡ δαμάλη, *vitula* »Kuhkalb«; *iumentum* »Zugrind«, *armentum* »Pflug-R.«). Das wichtigste Wirtschaftstier der alten Welt, im Raum um das Mittelmeer zugleich das größte; bedeutendste Existenzgrundlage für nomadische und seßhafte Völker. Das Haus-R. ist, wie alle Haustiere, aus Wildformen hervorgegangen, unter denen der Ur (Bos primigenius) die Hauptrolle spielt, neben ihm eine in Asien heimische mächtige Wild-R.-Art mit ausladenden Hörnern, sowie eine kleine (nubische?) Art. Sie haben sich bes. in stark bewaldeten Ländern bis in hist. Z. erhalten, so Kl.-Asien und Syrien (Varro rust. 2,1,5. Strab. 11,502), Phoinikien (Goldbecher von Vaphio?), Iran, Indien (Diod. 3,31,2), Äthiopien (Strab. 16, 771), Kreta (Funde von Ur und Wisent), nördl. Balkanhalbinsel (Hdt. 7,126), N.-Griechenland, Mittel- und W.-Europa (Funde; Caes. Gall. 6,28), aber auch in den waldarmen Ländern Libyen und Skythien (Hdt. 4,61; 69); in Schweden, Polen, Litauen bis in die Neuzeit (Keller 341 f.). Daß sie überall gejagt wurden, geht aus Nachrichten und Funden hervor.

Die Domestikation geht auf sehr frühe Z. zurück, ähnlich der von Schaf und Ziege; älteste Belege aus Zentralasien zw. 10000 und 8000 v. Chr., aus Indien, Persien, Mesopotamien um 7000–6000. Überall handelt es sich um große, langhornige Rassen; eine kurzhornige zuerst um 4000 in Mesopotamien. In hist. Z. ist das Haus.-R. im Besitz aller Völker der bekannten Welt (Aufzählung bei Keller 329 ff.).

Die Rassengeschichte ist verwickelt und umstritten. In den meisten Kulturländern muß mit Kreuzungen gerechnet werden. Hauptrassen sind unterscheidbar: Äg.: großes Langhorn-R. neben kleinerem R. mit Halbmondhörnern, später vom Büffel verdrängt; Vord. Orient: Langhornrasse, daneben das hornlose Buckel-R. (Zebu), ebenso in Äthiopien. Balkan und Griechenland: Große, langhornige Rasse, bes. in Makedonien und Epirus (Hdt. 7,126), neben einer gedrungeneren mit mittellangem Horn; Italien: meist Kurzhornrasse aus dem N.; Ligurien, Gallien, Germanien: überwiegend kleine, unscheinbare Rassen (Varro rust. 2,5,10. Colum. 3,8,3. Caes. Gall. 6,22,1. Plin. nat. 8,179. Tac. Germ. 5,1). Gegenden, in denen es keine R. gab, scheint die Ant. nicht gekannt zu haben.

Die zahlreichen zool. Beobachtungen, die bes. Aristot. und Plin. bieten, scheinen sämtlich am zahmen R. gewonnen zu sein. Hier eine Auswahl: Erscheinungsbild: neben Erwähnung der Größe und Mächtigkeit nur wenige Einzelzüge, wie breite Stirn, schleppender Gang (Il. 6,424. Od. 1,92 u. ö.; dazu Richter 47 A. 304), Farbe (außer Weiß und Schwarz bes. οἴνοψ »rötlich«?; vgl. Richter a. O.), die großen, etwas tief liegenden Augen, vor allem die Hörner, beim Stier stärker als bei der Kuh, nirgends als Rassenkennzeichen verwendet; gelegentl. die schönen Ohren und die Form des Schwanzes (Plin. nat. 11,265; sein allmähl. Auswachsen ebd. 8,183); in der Mehrzahl dienen diese Notizen zur Verdeutlichung entsprechender Züge bei exotischen Tieren.

Organe: Mehrere Mägen; Herz von Sehnen umschlossen, enthält zuweilen Knochen; Blut enthält viele Fleischfasern, was den Charakter beeinflußt; Niere aus vielen Körpern zusammengesetzt; Gebärmutter direkt unter dem Zwerchfell; vier Euter an den Oberschenkeln; vier Blutadern in der Nabelschnur; Zahnwechsel im Alter von 2 J.; keine oberen Schneidezähne; Stimme der Kuh tiefer als die des Stieres.

Lebensdauer: Stiere 20 J., Kühe und Ochsen 14 oder etwas mehr; volle Entwicklung mit 5 J.

Ernährung: Früchte und Pflanzen, auch Baumlaub, Erven, Eicheln, Gerstenstroh und lebende Fische; es ist *omnivora in herbis* (Plin. nat. 25,94) und Wiederkäuer. Unreines Wasser verschmäht es; trinkt durch Einziehen der Flüssigkeit.

Paarung, Fortplanzung: Geschlechtsfähigkeit beginnt mit 1–2 J., selten früher. Die Kuh gilt als extrem geil (Verhalten in der Brunst, im Gegensatz zum Stier Arist. hist. an. 7,21,572 a 33 ff.); Rivalitätskämpfe der Stiere. Einmaliger Sprung genügt zur Zeugung; bei Fehlsprung Wiederholung erst nach 20 Tagen möglich. Tragzeit der Kuh 9–10 Monate nach manchen genau 10 Monate; gewöhnlich 1 Kalb, selten Zwillingswürfe. Plin. nat. 11,210 behauptet, die Kuh trage nur in der rechten Tasche der Gebärmutter, auch wenn sie 2 Kälber hat. Zeugungsfähigkeit des Stiers unmittelbar nach Kastration behauptet Aristot. hist. an. 3,1,510 b 3; gen. an. 1,4,717 b 3.

Krankheiten, Schädigungen: Aristot. hist. an. 8,21,604 a 13 kennt nur 2 R.-Krankheiten: Podagra und κραῦρος (»Sprödigkeit«, wohl = *scabies*); die erstere ist schmerzhaft, aber heilbar (Einreiben der Hörner mit heißem Pech), die letztere tödlich. Die Kataloge der späteren Veterinärschriftsteller sind beträchtlich differenzierter (K. Hoppe, RE XVI 503 ff.; poetische Kombination mehrerer Krankheiten bei Verg. georg. 3,440 ff. [dazu Richter, Komm. 318 ff.]) und behandeln neben Fieber, Entzündungen, Geschwüren auch Erkrankungen von Lunge, Magen, Darm, Augen sowie äußere Verletzungen. Den Tod bringt das Verschlucken des Käfers βούπρηστις, auch der Pflanze βούπρηστις u. der schwarzen Nieswurz. Als Feinde des R. galten Bär, Wolf und Rabe.

Der Charakter der Kuh ist außerhalb der Brunstzeit sanft, träge und passiv. Der Stier ist mutig, selbstbewußt (Hom. Il. 2,480ff.), ausgelassen und rabiat; daher eignen sich kastrierte (Ochsen) besser als Leittiere der Herde.

Wirtschaftliches: Planmäßige R.-Zucht ist in allen uns bekannten Hochkulturen, bes. in den Stromkulturen, seit dem Mesolithikum gesichert, nicht viel später auch für O.-Afrika, Sudan, N.- und O.-Europa u.a. (F. Heichelheim An Ancient Econ. History I^2 [1958] 36 mit Bibliogr. 346. Richter, Landw. 45; für die Mittelmeerwelt im einzelnen s. Kraemer, RE Suppl. VII 1163ff.). Die Übergänge vom Einfangen wilder R. zur Zucht sind undeutlich; sehr früh ist das Bestreben nach Bildung großer Herden erkennbar (neolith. Herdenbilder aus NW.-Afrika bei L. Frobenius Kulturgesch. Afrikas T. 13. 16); die Dongola-Stele des Berl. Museums nennt eine Kriegsbeute von 673471 Stieren und 1255232 Kühen (wohl Besitz eines ganzen Stammes), wogegen die hom. Herden (Richter 46) bescheiden wirken (»unzählig« Od. 20,211). Wie Schaf und Ziege ernährt sich die R.-Herde selbst, folgt dem wandernden Stamm und bedarf nur des Schutzes durch Hirten, Hunde und Götter (z.B. Zeus, Apollon, Hermes, Mars, Faunus, Pales). Bei seßhaften Völkern ist sie ein gediegener, sich selbst vermehrender Besitz, bei Nomaden wichtigster Teil der einzigen ständigen Vermögenskategorie. In archaischen Verhältnissen ist das R. »Währungseinheit« (z.B. Hom. Il. 6,236. 22,703. 23. 705; Od. 1,431). Dagegen ist bewußte Zuchtwahl eine relativ späte Errungenschaft; den hom. Bauern war sie unbekannt (Richter 48), wohl auch denen der klass. Z.; erst die Römer haben Anleitungen für sie, wahrsch. durch Mago aus N.-Afrika vermittelt. Im allg. bevorzugte man schwere, massige, langhornige, dichtbehaarte Tiere mit starkem Nacken, bedingt durch den Verwendungszweck als Mast- und Zugtier (Dohr 98f. Vincke 65); von der Milchleistung wird nicht gesprochen. Eine Besonderheit war die königl. Zucht in Epirus, bei der durch vierjährige Paarungshinderung die Züchtung einer bes. großen Rasse gelungen sein soll.

Der Nutzwert des R. lag primär in der Versorgung seiner Besitzer mit Fleisch und Häuten. Das Fleisch zu essen war in keinem der Mittelmeerländer verpönt; die hom. Helden essen es (z.B. Il. 7,466. 23,30; eine Schlachtung Od. 3,421ff.) wie die Figuren der att. Komödie und die Menschen im Alltag; es ist Ehrenspeise äg. Priester und Hofchargen (Hdt. 2,37. 168) und Kraftnahrung griech. Athleten (Plat. rep. 1,338c). Das Schlachtbeil heißt *βουπλήξ*. In Rom begegnet R.-Fleisch von Plautus an; R.- bzw. Kalb-Fleisch gehört ans E. der *cena* (Cic. fam. 9,20,1). Über Zubereitung beider Fleischarten s. Apic. 8,353 bis 356. Galen. 15,879 K. Höchstpreise im Ed. Diocl. 4,2. 14. 16. Ärztlich nur bedingt empfohlen: Galen. 1,665 u.a. Fleisch und Fleischsaft wurden aber medizinisch verwendet. Die Haut wurde z.T. als Fell, meist als gegerbtes Leder genutzt, namentl. für derbe Lederwaren, wie Schilde, Helme, Sättel, Zeltdächer, Schuhe, Riemen u. dgl. (Marquardt–Mau Privatleben der Römer 587ff. K. Schneider, RE XIX 369ff. Blümner Techn. I^2 273). – Milch: Die M. der alten Welt war die der Schafe und Ziegen; Kuhmilch war im allg. unbeliebt (G. Herzog-Hauser, RE XV 1570, vgl. o. III 1293); sie galt als zu dick; immerhin wurde sie getrunken, wenn auch meist zu Heilzwecken, gewöhnl. mit Zusätzen. Bei milchtrinkenden Völkern soll die Nachzucht so gesteuert worden sein, daß Milch in jeder Jahreszeit verfügbar war (Plin. nat. 8,177). Ihre Verwendung scheint exotische oder auch komische Assoziationen geweckt zu haben (ind. Schamanen: Porph. abstin. 4,17; der Kyklop: Eur. Cycl. 218).

Butter, Käse (s. a. o. I 976. II 44f.): Für beides ist Kuhmilch wegen ihres Fettgehaltes sehr geeignet; *βούτυρον* (selten *-ος*) bezeichnet im allg. Kuhbutter, aber Diosc. 2,72 spricht nur von Schaf- und Ziegen-B.; so ist sichere Spezifizierung nicht immer möglich. Auch die B. gehört zur Nahrung der Barbaren; die Griechen empfinden sie als schwer verdaulich, meist wurde sie nur medizinisch verwendet, innerlich und äußerlich, bes. gegen Entzündungen, toxische Erkrankungen u. dgl., aber auch zur Hautpflege. Höchstpreisangabe im Ed. Diocl. 4,50. Näheres bei Olck, RE III 1089ff. – Auch bei der Käseproduktion tritt die Kuh stark hinter Schaf und Ziege zurück, und wo nur »Käse« (*τυρός*, *caseus*) genannt wird, ist in der Regel Schaf- oder Ziegen-K. zu verstehen. Doch beweisen Rangordnungen der K.-Arten die Verwendung von Kuhkäse im ganzen Alt.; ebenso dürfte der bes. fette K. aus Gades (Strab. 3,169) und der gallische Import-K. (Plin. nat. 11,240) aus Kuhmilch gewonnen worden sein; vgl. W. Kroll, RE X 1489ff.

Mist: Sonderbezeichnung für R.-M.: *ὄνθος*, *βόλιτον*, *βόλβιτος* (*-ον*). Er gehörte zum sorgfältig gesammelten (schon Hom. Od. 17,297f.) und kalkulierten Ertrag der R. (10 *vehes* je Tier und Monat) wie aller Haustiere. Seine Qualität als Dünger rangiert meist hinter der von Vogel- und Menschendung und vor der des Dungs der Einhufer; bes. empfohlen wird er für Birnbäume und auf salzhaltigen Böden. Die mediz. Bedeutung des M. ist gering; Verwendung des R.-Urins in Landwirtschaft und Medizin scheint zu fehlen. Olck, RE V 1756ff.

Größte wirtschaftl. Bedeutung hatte die Arbeitsleistung des R. als Zugtier, bes. vor dem Pflug, wobei aus praktischen Gründen das kastrierte männl. Tier in allen Ländern, soweit wir sehen, den Vorzug genoß (Keller 347f. E. Hahn, Eberts Reallex. X 121f. Orth, RE III A 2504. Sinclair, Hes. Opp. S. XXIII 1. Richter 51f. 103); Rinder zogen alle Wagen für schwerere Transporte (Marquardt-Mau a.O. 732f.), oft auch für Personen und Kähne an Wasserwegen. Daneben dienten sie bei allen ackerbautreibenden Völkern zum Austreten der Körnerfrucht auf der Tenne. Zum Antreiben diente in älterer Z. der Stachel (κέντρον), in jüngerer die Lederpeitsche. Der Arbeitsochse war gegen Tötung und Mißhandlung rechtlich geschützt, außer bei Verletzung eines Grenzzeichens.

Religionsgeschichtliches: Das R., bes. der Stier, galt seit ältester Z. als Träger göttlicher Kräfte; schon steinzeitliche Felsbilder weisen auf seine magische oder symbolische Bedeutung hin (Frobenius a.O. [Ausg. Phaidon 1934] 99ff.). Ausdrucksformen dafür sind in der ganzen Mittelmeerwelt verbreitet, vor allem in der R.-Verehrung der Ägypter (Hdt. 2,34. 38. Diod. 1,11,4 u.a.) und im Kult stiergestaltiger Götter, so in Äg. Apis, Mneuris, Buchis, Oserapis – daneben die Kuh-Göttinnen Hathor und Hesis-Isis (vgl. H.J. Bell, Cults and Creeds in Graeco-roman Egypt 10. 19), bei den Griechen (s. O. Gruppe Gr. Mythol. und Rel.-Gesch., Ind. S. 1914) Dionysos (Waser, Myth. Lex. V 145. Nilsson GgrR I² 215. O. Weinreich Gebet und Wunder [1929] 124f., 129f. W.F. Otto Dionysos 175), Poseidon (Ταύριος: Hes. sc. 104, vgl. Russo z. St. Waser a.O. 147f. Wilamowitz GldH I 150. Nilsson a.O. 571ff.) und viele Fluß- und Wassergottheiten (Gruppe 1059. 1148. Nilsson a.O. 238 A. 4; Aufzählung bei Ail. var. 2,33), vor allem Acheloos, aber auch Okeanos, ferner Zeus Ταῦρος (u.a. auf kret. Mz.n; Waser a.O. 148. Gruppe 71. 183; minoische Stier-Götter von Nilsson a.O. 297 mit Recht bestritten); angebl. auch Hekate-Selene (Porph. abst. 3,17. 4,16. Waser 149), nicht dagegen Hera (nur βοῶπις, nicht βοῦς: Nilsson 350 A. 4; anders Gruppe 1127 A. 3 u.a.); den Römern ist diese Vorstellung fremd. Dagegen ist R.-Opfer (zum Vorgang s. Hom. Od. 3,448. IG II 467. 471. P. Stengel Opferbräuche der Gr. 110f.) überall verbreitet, doch für bestimmte Gottheiten typisch, bes. für Hera, Poseidon (Fest → Tauria), Zeus, Athene (Stengel, Gr. Kultusaltert. 122f.), bei den Römern für Apollo, Neptunus, Mars (→ Suovetaurilia!), Iuppiter, auch Volcanus (Wissowa, RuK² 414f. Latte RRel 381), vor allem bei großen staatl. Opfern; Ackerstiere sind ausgenommen (über Ausnahmen s. Stengel a.O. 123). Das R. als Totenopfertier kennt noch Hom. Il. 23,166; von Solon wird es verboten (Plut. Sol. 21). Opferung von Kuhmilch ist nur aus Indien bekannt (K. Wyss Die Milch im Kultus der Gr. und R., Diss. Gießen 1914, 6). – Als heiliges Tier galt das R. zuweilen als Ortsweiser für Siedler (I. Sam. 6, 7ff. Gruppe 404), in Rom bes. als kultisches Tier zum Ziehen von Siedlungsgrenzen (Verg. Aen. 3, 755. Ov. fast. 4,826 [F. Bömer z.St.]; Plut. Rom. 11 u.a.).

In Fabeln erscheint das R. (bes. der Stier und Pflugochse) meist als Gegner von Löwen (Aisop. 143. 217. 372. 414. 469 Perry) oder Insekten (137. 273. 353) und zeigt oft überlegene Klugheit (137. 143. 273. 292. 300). Im Sprichwort ist seine Rolle bescheiden; z.T. wird auf seine Kraft (Lucil. 247 M. Petr. 25. 63), z.T. auf seine Trägheit oder Plumpheit (Petr. 62 Hier. ep. 57,12. 102,2 u.a.), z.T. auf seine geringe Vornehmheit gegenüber dem Pferd angespielt (Cic. Att. 5,15,3 Quintil. inst. 5,11,21. Diogen. 7,9, u.a. Hor. epist. 1,14,43; vgl. Otto, Sprichwörter 57f. 341. Orth, RE III A 2519). – Zur Bedeutung des R. in der Prognostik s. Ail. nat. an. 6,16. 7,8. – Ein äg. Aberglaube, nach dem in getöteten R. Urzeugung von Bienen (»Bugonie«) stattfinde (Olck, RE III 434f.), hat sich im ganzen MA. erhalten. W. R.

E. Hahn Die Haustiere und ihre Beziehung zur Wirtschaft des Menschen, 1896. *O. Keller* Ant. Tierwelt I (1909) 329ff. *A. Hauger* Zur röm. Landwirtschaft und Haustierzucht, 1921. *O. Antonius* Grundzüge der Stammesgesch. der Haustiere, 1922. *H. Kraemer* Allg. Tierzucht I, 1924. *F. Stegmann v. Pritzwald* Die Rassengesch. der Wirtschaftstiere, 1924. *P. Thomsen* Art. »Rind«, *Eberts* Reallex. XI (1927/28) 137ff. *Orth* Art. »Stier«, RE III A 2495ff. *I. U. Duerst* Grundlagen der R.-Zucht, 1931. *F. Vincke* Die R.-Zucht im alten Italien, Diss. Gießen 1931. *K. Zeißig* Die R.-Zucht im alten Griechenland, Diss. Gießen 1934. *K. F. Vickery* Food in Early Greece (Illinois Stud. in Social Sc. 20. 3) 1936. *A. Demircoglu* Der Gott auf dem Stier. Gesch. eines rel. Bildtypus. Diss. Berlin 1938. *B. W. Buchanan* The Cow and the Calf, AJA 58, 1944, 144ff. *W. Schmid* Zu den Anfängen der Herdentierzucht, Ztschr. f. Ethnol. 76, 1951, 1ff. *F. E. Zeuner* Domestication of Animals (in: *Singer-Holmyard*, H.T. I, 1955/56, 327ff.). *H. Dohr* Die ital. Gutshöfe nach den Schriften Catos und Varros, Diss. Köln 1965, 98ff. *W. Richter* Die Landwirtsch. im hom. Zeitalter (Archaeol. Hom. Tl. H) 1968. *K. D. White* Roman Farming, 1970.

Ringe. Hierunter ist im folgenden ausschließlich der Finger-R. (*anulus*, δακτύλιος) verstanden. Siegel-R. in Form von Skarabäen, an einem Draht befestigt, seit der 18. Dyn. auch flache Metall-R. mit fester Siegelfläche gibt es bereits in Äg. aus Metall und Ton (Nachahmungen auf Kypros). In der kret.-myken. Z. ist die meist ovale Siegelfläche im r. Winkel auf den meist kleinen Reif gesetzt; seit der späteren Blüte-Z. kommen auch R. mit eingesetzten Steinen vor. Reine Gold-R. tragen auf der Platte gravierte oder, selten, Reliefverzierung. Diese Typen laufen am E. der myken. Z. aus. Danach begegnen als R. zunächst Spiralen mit offenen Enden. Erst mit dem 7. Jh. kommen wieder R. mit eingravierten Bildern vor, auch mit Relief; die Bildfläche ist länglich mit abgerundeten Ecken (bes. häufig in Etr.). Griech. R. dieser Z. haben weniger längliche, tiefere Bildfelder, die Reifen werden (6. Jh.) an den Enden sehr dünn. Beliebt sind Silber-R. mit einer Goldzwecke in der Bildfläche, was wohl religiös-magischen Sinn hatte. Eingesetzte Steine kommen noch nicht wieder vor. R.-Formen können reicher sein, die Reifen in Tierköpfe auslaufen usw. Daneben begegnen R., die einen Skarabäus drehbar in den »Reifen« eingelassen haben, eine Form, die in klass. Z. in Griechenland und Etr. weiterlebt, oft mit Skarabäoid statt Skarabäus. An den klass. Metall-R. ändert sich die Form des Bildträgers (stärker augenförmig) und des Reifens (Tendenz zur Bügelform mit dünnen Enden). Der allg. Gebrauch erhellt aus dem Gesetz Solons bei Diog. Laert. 1,57, dem Spott Aristoph. Nub. 332 und dem angebl. Tadel Platons Ail. var. 3,19. In hellenist. Z. treten neben R. mit Metallplatten R. mit eingesetzten Steinen stärker hervor, doch sind die Steine jetzt meist fest; die Dreh-Steine werden selten. Außer echten Halbedelsteinen benützt man auch einfache Steinarten und Glas. Bronze-R. tragen manchmal ein Porträt in Relief. Im frühen Hellenismus begegnen die ersten R. mit eingesetzten Kameen. Zu den etr. R. [9]. [11]. [13]. Im späteren Hellenismus setzen sich als Bildfelder kurze Ovale und Kreisformen durch.

In Rom spielen R. vor allem als Abzeichen eine Rolle. Gold-R. sollen in der Republik nur Gesandten in der Öffentlichkeit (Plin. nat. 33,11), den → Nobiles (Liv. 9,7,8; 46,12. Plin. nat. 33,18), später auch den Rittern (Liv. 23,12,2) verstattet gewesen sein. Sonst habe man Eisen-R. getragen, wie sie zu Plinius' Z. noch als Verlobungs-R. üblich waren (Plin. nat. 33,12); Marius soll bei seinem 3. Triumph erstmals einen Gold-R. getragen haben. Neben den reinen Metall-R. sind in Rom auch R. mit eingesetzten Steinen und Glaspasten sehr beliebt gewesen. Die Formen der R.-Fassungen, die Breite der Reifen usw. sind beträchtlichen Schwankungen unterworfen ([4]). Im 3. und 4. Jh. setzen sich R. mit scharfwinkligen Schultern, oft auch mit durchbrochener Dekoration durch. Das Einsetzen von Münzen mit Kaiserporträt in den R. erreicht damals seinen Höhepunkt. Trugen die Etr. häufig mehrere R. an einer Hand, so galt das in der röm. Republik als ungehörig (Isid. orig. 19,32,4). In der Kaiser-Z. war das Tragen vieler R. jedoch so häufig, daß Klagen darüber oft begegnen (Sen. nat. 7,31. Petron. 32. Martial. 11,59. Lukian. gall. 12. Quint. inst. 11,3, 142 u.a.). Röm. R. mit Darstellung zweier sich gegenseitig fassender Hände hat man als Verlobungs- ([1] xxi) oder Ehe-R. ([4], 337 ff.) erklärt. Inschr. auf R. können den Besitzer (oder Künstler) angeben, sei es im Genetiv oder als Bezeichnung eines Geschenkempfängers im Dativ ([3], 827 ff.), doch sind solche Inschr. auf R. viel seltener als auf eingesetzten Steinen. Über magische Praktiken und Volksbräuche mit R. vgl. [3] 833 ff. W. H. G.

1. *F.H. Marshall* Catalogue of the Finger Rings, Greek, Etruscan and Roman, British Museum, 1907. 2. *O.M. Dalton* Catal. of the Finger Rings of Post-Classical Times, British Museum. 1912. 3. *Marshall* u. *Ganschinietz*, RE I A S. 807 ff. 4. *F. Henkel* Die röm. Finger-R. der Rheinlande 1913, 5. *G. Becatti* Oreficerie antiche dalle minoiche alle barbariche 1955. 6. *R. Pulinas–L. Rocchetti*, EAA I (1958) 365 ff. 7. *R. A. Higgins* Greek and Roman Jewellery 1961. 8. *H. Hoffmann–P. F. Davidson* Greek Gold 1965. 9. *J. Boardman*, Papers Brit. School Rome 34, 1966, 1 ff. 10. *Ders.*, Ant. Kunst 10, 1967, 3 ff. 11. *P. Zazoff* Etr. Skarabäen 1968. 12. *H. Hoffmann–V. v. Claer* Gold- u. Silberschmuck, Hamburg, 1968. 13. *W. Martini* Die etr. Ringsteinglyptik (MDAI(R) Erg.-H. 18) 1971.

Ringkampf (*πάλη*, *luctatio*). eines der ältesten griech. Kampfspiele (Plut. quaest. conv. 2,4, 638 b ff.), das Rückgrat der gymnastischen Erziehung in den → Palaistrai, die von ihm ihren Namen bekamen. Er wurde von Platon (leg. 7,796 a) bei der Ausbildung junger Männer empfohlen. Ärzte befaßten sich mit seiner gesundheitlichen Bedeutung (Philostr. gymn. 35. Pind. O. 9,92). Trainer waren die paidotribai (Plat. Alk. 1,107 e), die für ihren Unterricht später Handbücher benützten (frg. eines solchen in P. Oxy. 3,466, 2. Jh. n. Chr.), die die Griffe, Gegengriffe, Stellungen und Bewegungen erklärten. Bekannte Ringer der Sage waren u.a. Antaios, Herakles (sein Sieg über Antaios Apollod. 2,115) und Peleus. Ringen war einer der Kämpfe bei den Leichenspielen zu Ehren des Patroklos (Hom. Il. 23,700–739). Der R. wurde bei den olympischen Spielen in der 18. 01., 708 v. Chr., für Knaben in der 37. Ol., 632 v. Chr. eingeführt. Er war sowohl ein für sich stehender wie ein Teilkampf der fünf Kämpfe im Pentathlon; in beiden Fällen wurde er in aufrechter Stellung geführt, *ὀρθὴ πάλη*, (Lukian. Lexiph. 5. Philostr. vit. soph. 38,20); als Teil des → Pankrations konnte er im Wälzen auf dem Boden, *ἀλίνδησις*, fortgesetzt werden, bis eine Entscheidung erreicht war. Zwei nackte Kämpfer (in der heroischen Z. war ein Lendenschurz üblich) durchs Los bestimmt, begannen, nachdem sie den Körper mit Öl eingerieben und mit Staub bestreut hatten, den Kampf, indem sie sich mit der Stirn berührten und einander an Händen oder Armen packten. Dann suchten sie durch Kraft oder Geschicklichkeit den Gegner zu werfen unter Anwendung verschiedener Griffe und Bewegungen (Lukian. Anach. 1. Ov. met. 9,45). Pressen, Würgen, Hochheben und Hinwerfen des Gegners war nach den Spielregeln erlaubt (Plat. leg. 833 e. Ailian. var. 11,1). Das Ringen galt als einer der schwierigsten Kämpfe (Philostr. gymn. 3). Homer (Il. 23,701) nennt es *παλαισμοσύνη ἀλεγεινή*. Drei Würfe *διαπτώματα*, entschieden den Sieg (Philostr. gymn. 11. Sen. de ben. 5,3; vgl. Aischyl. Eum. 589). Obwohl es nicht völlig klar ist, scheint es doch, daß Berührung des Bodens mit der Rückseite des Körpers einen Wurf bedeutete (Anth. Pal. 11,316 nennt die Hüften, 9,583 Schultern, Anth. Plan. 3, 25 den Rücken; vgl. Aischyl. Suppl. 90); aber ein Fall aufs Knie wurde nicht als Wurf gezählt (Simon. 153 D). Abbildungen der vielen Darstellungen des R. in Statuen, auf Vasenbildern und Münzen findet man noch am besten bei B. SCHRÖ-

DERS. Der Sport im Altertum, 1927, 121ff. E. N. GARDINER Greek Athletic Sports and Festivals, 1910, 372ff.; DERS. Athletics of the Ancient World, 1930, 181ff. O. W. R.

J. Jüthner, RE XVIII, 2. H. 82–89.

Riparienses milites (Cod. Theod. VII 4,14) ist nur eine der urspr. Bezeichnungen für das spätröm. Grenzheer des 4. Jh. Bezeugt sind auch *ripenses* (Cod. Theod. VII 20,4) oder *in ripa constituti* (Cod. Theod. VII 13,7, 3). Diese Benennungen bezogen sich anf. auf Truppen an der Donau, gingen später auf alle an Grenzflüssen stehenden über und wurden schließlich die Gesamtbezeichnung für das röm. Grenzheer, das im 5. und 6. Jh. n. Chr. → *limitanei* hieß. RE Suppl. XI 876ff. A. N.

Risinium (Risan) an der Adria in der Bucht von Kotor (Cattaro) war unter dem Namen Rhizon um 230 v. Chr. ein Stützpunkt des Piratenstaates der illyr. → Ardiaioi. 167 v. Chr. nahm es eine röm. Garnison auf und erhielt von den Römern Steuerfreiheit. Unter Augustus wurde den Einwohnern der Siedlung städt. Autonomie gewährt *(Iulium Risinium)*; zumindest eine spätere Inschr. belegt für die Stadt den Rang einer Colonia. Die Siedlung war seit der späten Republik ein bedeutendes Handelszentrum, in dem sich viele ital. Kolonisten niederließen. Aus der städt. Gesellschaft entstammten in der Kaiserzeit auch Ritter und Senatoren. G. A.

G. Alföldy Bevölkerung und Gesellschaft der röm. Provinz Dalmatien (Budapest 1965) 141f. *Ders.*, RE Suppl. XI 1214ff. *J. J. Wilkes* Dalmatia (Lond. 1969) 254ff.

Ritterstand (equester ordo, zuerst bei → Iunius Gracchanus [I 14], FUN GrRF fr. 1,122,2, stets in dieser Wortfolge mit Ausnahme von Nep. Att. 19,2. Thes. L. L. 5,2,719) ist seit der Gracchenzeit die umfassende Bezeichnung der → *equites Romani*. Zum R. gehören die *equites equo publico*, die Reiter der 18 Centurien mit dem Staatsroß, und die *equites equo privato*, die Reiter, die Pferd und Ausrüstung selbst stellen konnten, mithin alle Besitzer des Rittercensus von 400000 Sesterzen, der schon für 214 v. Chr. bezeugt ist. Liv. 24,11,7. MOMMSEN RStR³ 3,480. 482ff. NICOLET 63ff. Entgegen dieser üblichen Terminologie behauptet NICOLET 68, da der Ausdruck *equis privatis* nur bei Liv. 27,11,14 und die volle Bezeichnung *equites equo publico* nur bei Cic. Phil. 6,13 vorkommen, daß der republik. Ritterstand nur mit den *equites equo publico* ident. sei. Diese Gleichung läßt sich zwingend nicht beweisen, im einzelnen dazu J. MARTIN, Gn 39, 1967, 797f. Die Geschichte des R., unter → *equites Romani* schon behandelt, ist hier nur in zwei Punkten zu ergänzen. Die stark differenzierte Sozialstruktur des R., der sich durch den außerordentlichen Aufschwung Roms seit 200 vergrößerte, ist von BRUNT, SCHAEFER, NICOLET, der eine Prosopographie der Ritter ankündigt, und MEIER weiter aufgedeckt worden. Unter den Rittern fanden sich Offiziere, Großgrundbesitzer, *publicani*, *negotiatores* aller Art, Nobiles der Municipien, Prokuratoren, Juristen, Redner und Grammatiker. Wie MEIER betont, waren die Interessen dieser Berufe sehr verschieden, zumeist wirtschaftl., weniger polit. Art und gerieten kaum in Gegensatz zum Senat. Nur die *publicani*, die Pächter der Staatsgefälle, bildeten in Rom eine geschlossene Gruppe, während die übrigen Ritter meist außerhalb Roms in Italien lebten. Der R. spielte seit C. → Gracchus (1), der ihm die Richterstellen der *quaestiones de repet.* zuwies, polit. eine Rolle, bes. unter → Cinna (Ascon. in toga candida p. 90, SCHAEFER 349), bis Sulla den R. polit. entmachtete und physisch dezimierte. Neue Bedeutung gewann der R. durch Augustus, der ihm in den Res gestae 35 in der Formel *senatus et equester ordo populusque Romanus* einen Platz einräumte. Augustus brauchte die Ritter, bei denen er keine Opposition fürchtete, für die → Prokuratoren der Finanzverwaltung, für die neue Bürokratie und für die Posten des *praefectus praetorio* und des *praefectus Aegypti*, die nicht in senator. Hände kommen sollten. Die bes. Bindung des R. an die Dynastie zeigt sich darin, daß die Ritter die designierten Nachfolger des Augustus als *principes iuventutis* betrachteten und mit silbernen Ehrenwaffen beschenkten. Res gestae 14. Mz. Neros: *equester ordo principi iuvent(utis)*. MATTINGLY RIC 1,134 n. 91. 135 n. 95ff. T. V 93. Der weitere Aufstieg des R. in der Kaiserzeit ist schon unter → *equites Romani* skizziert worden. H. V.

A. Stein Der röm. Ritterstand 1927. *C. W. Keyes* The rise of the equites in the third cent. of the Rom. Empire 1915. *H. G. Pflaum* Les carrières procuratoriennes équestres sous le haut empire rom. 1960/61; *ders.* La part prise par les chevaliers rom. originaires d'Espagne à l'administration impériale, in Les empereurs rom. d'Espagne, hg. *A. Piganiol* 1965, 87ff. *H. Schaefer* Probleme der alten Gesch. 1963, 337ff. *P. A. Brunt* The equites in the late republic, in Deuxième conférence d'histoire économique 1962. 1, 1965, 117ff. *Ch. Meier* Res publica amissa 1966, 64ff. *M. J. Henderson* The establishement of the equester ordo, JRS 53, 1963, 61ff. *C. Nicolet* L'ordre équestre à l'époque républ. (312–43 av. J. Chr.) 1, 1966.

Ro, äg. Hohlmaß von 1/32 → Hin = 0,1425 l (das Hin zu 0,455 l angesetzt). Spätere Gleichsetzungen mit griech.-röm. Maß sind umstritten. H. Ch.

F. Hultsch Metrologie² 370f. 641f. *O. Viedebantt*, RE IA 942f.

Robbe, φώκη, *vitulus marinus;* im Mittelmeer nur die heute noch dort heimische Mönchs-R. (Monachus albiventer Gray), ein bis 4 m langer Flossenfüßler der Phocidae-Fam. Erwähnungen bei Hom. (Od. 4,404ff. vgl. h. Apoll. 77), Aristoph. (Vesp. 1035; Pax 758), Theokr. (id. 8,52) zeigen Vertrautheit der Griechen mit dem harmlosen (Diod. 3,41) Tier, das man jagte (Netzfang: Opp. hal. 5,380ff. Manil. 5,661ff.), dessen Lab man u. a.

medizinisch verwendete (s. Ind. zu Galen. und Plin. nat.), bes. gegen Epilepsie (Theophr. h. pl. 9, 11,3. Plin. nat. 8,111. 28,113. 32,112), und deren Fell (als Kleidung nur bei Exoten: Hdt. 1,202. 4, 109) gegen Blitz, Hagelschlag und Meltau schützen sollte (Plin. nat. 2,146. Geop. 1,14.5,33,7. Pallad. 1,35,14; auch Augustus glaubte daran: Suet. Aug. 90); nur sein Fleisch war wenig geschätzt (Gal. 6,728. 8,183). Das Tier lebt in geogr. Namen (Phokis, Phokaia), Münzbildern (Phokaia, Teos), Sagen (u.a. → Proteus: Hom. a.O. Verg. georg. 4,394ff. Ichthyophagen: Agatharch. 1,136. Diod. 3,17) und Anekdoten (Eudem. bei Ail. nat. 4,56). Zool. Mitteilungen sind reich und gut (s. bes. Indices zu Aristot. und Plin. nat.), nur wenige widersprechen der Wirklichkeit (Fehlen der Gallenblase [Aristot. hist. an. 2,15,506 a 23; part. 4,2, 676 b 28]; abgezogenes Fell sträube die Haare bei Eintritt der Ebbe [Plin. nat. 9,42]). Besonderes Interesse galt dem Säugetier (Aristot. hist. an. 7,12, 566 b. Plin. nat. 9,41. 11,235) und seiner amphib. Lebensweise (Aristot. a.O. 566 b 27. 8,2,589 a 28. Theophr. frg. 171,1. Plin. nat. 8,111, Ail. 9,50; vgl. auch Aristot. de respir. 10,475 b 30). – Feindschaft zwischen R. und Bär (Opp. hal. 5,39) wird gelegentlich im röm. Zirkus genutzt (Calp. ecl. 7,65). Über Zähmung und Abrichtung Plin. 9,41. Eine fossile R. in den Steinbrüchen von Syrakus: Xenophan. A 33 Diels. – Vereinzelt werden andere Arten erwähnt, so der Seehund, Phoca vitulina, bei Tac. Germ. 17; eine kaspische Art (Ringel-R. ?) bei Hdt. 1,202; eine bes. große Art (wohl die Rüssel-R.) im ind. Ozean bei Agatharch. GGM 1,31. W. R.

O. Keller Thiere des class. Alt. 196ff. *Ders.* Ant. Tierwelt 1,407f. *Heck-Hilzheimer* in Brehms Tierleben 11^4, 599ff. *Greve* Die geogr. Verbreitung der Pinnipedia, (1896).

Rōbigalia (Serv. auct. georg. 1,151 *Robiginalia*), röm. Staatsfest im ältesten Kalender am 25. April (Paul. Fest. 325,7f. L. Plin. nat. 18,285) mit Opfer eines Schafs und einer Hündin durch den *flamen Quirinalis* (Ov. fast. 4,935ff.) am 5. Meilenstein (Grenze der Feldmark: NORDEN Priesterbücher 164) der *via Claudia* (Fast. Praen. CIL I^2 p. 236. 316f.) für *Rōbigus* (Varro l. l. 6,16; rust. 1,1,6) oder *Rōbīgō* (Ov. fast. 4,911; danach Colum. 10,342. Lact. inst. 1,20,17. Tert. spect. 5. Aug. civ. 4,21), den Getreiderost fernzuhalten (Paul. Fest. a.O.). G. R.

Wissowa Rel. ^{2}196. *Latte* RRel. 67. *Radke* Götter Altitaliens 273. *Deubner*, ARW 13, 1910, 504ff. *Ders.*, NJbb. 27, 1911, 328. *Usener* Weihnachtsfest ^{2}306ff. *Ders.* Religionsgesch. Unters. 1,298ff. *Prell.-Jord.* 1,341. *Bömer* Ovids Fasten 2,387. *Dumézil* Rel. Rom. arch. 163f.

Rochen s. Zitterrochen

Rodulfus, um 500 König der Heruler; der Bericht über seinen Kampf gegen die Langobarden u. seinen Tod bei Prok. 6,14 ist legendär. A. L.

Rogatio. 1. Frage des zuständigen Magistrats an die Volksversammlung vor der Wahl oder bei Gesetzesanträgen und sonstigen Beschlüssen. Formel: *rogo, Quirites, velitis iubeatis;* Bejahung: *uti rogas* (Liv. 33,25,7 u.a.), Verneinung: *antiquo* (Cic. leg. 3,38). R. kann auch von der angenommenen *lex* gebraucht werden (Fest. 266 M. Cic. Sulla 23 u.a.; anders [3], 502, A. 161). **2.** Strafantrag der Quaestoren oder Duumvirn vor den Zenturiatskomitien bei Provokation des Angeklagten, diesen für schuldig zu erklären. **3.** Redefigur (Cic. de or. 3,203. Quint. 9,1,29). H. Gu.

1. *Liebenam,* RE I A 999f. 2. *Mommsen* RStR 3,304. 3. *U. v. Lübtow* Röm. Volk, 1955. 4. *E. Meyer* Röm. Staat, 1961, 193. 200.

Rogator. 1. Befrager der Bürger bei der Abstimmung, vom wahlleitenden Magistrat je nach Wahlart meist aus den Führern der Centurie (*r. centuriae:* Cic. div. 2,75) oder Tribusvorstehern gewählt. Bei mündl. Stimmabgabe zeichnet der r. die einzelnen Stimmen auf, bei schriftl. war er Aufseher neben den Wahlurnen (Cic. p. red. in sen. 28). **2.** Der Magistrat, der das Volk über einen Gesetzesvorschlag befragte (Cic. Phil. 1,26). H. Gu.

Liebenam, RE I A 1000. *Mommsen* RStR 3,403ff.

Roggen (*βρίζα, sicale* [*secale*], *centenum*). Der R. (secale cereale L.) ist zwar sehr nahe mit dem → Weizen verwandt und eignet sich, wie dieser, zur Herstellung von gesäuertem Brot, kann aber, weil das R.-Brot dunkler, schwerer und weniger wohlschmeckend ist, mit dem Weizen im ganzen nur in den Gegenden konkurrieren, wo ihm seine größere Winterhärte einen entscheidenden Vorteil im Anbau verleiht. Dies trifft bes. auf den durch die Karpaten, Alpen und Vogesen und durch die Küsten der Ost- und Nordsee begrenzten Landgürtel zu, wo der R. mindestens seit der röm. Kaiserzeit als Hauptbrotgetreide (»Korn«) gebraucht wird. Im Alt. wird er als nördl. Getreide vom 1. Jh. n. Chr. an ein paarmal erwähnt (s. bes. Plin. nat. 18,140. Gal. 6,514 K.); aber im Mittelmeerraum selbst scheint er damals noch keine Rolle gespielt zu haben. Im MA. jedoch dehnte sich seine Anbaufläche auch s. der Alpen aus, wohin er wahrscheinlich von nördl. Völkerstämmen mitgebracht wurde. Der Beginn dieser Ausdehnung kann durch seine prominente Stelle im diokletian. Maximaltarif belegt werden, wo ihm nur Weizen und Gerste voranstehen. Im ma. Europa war er schließlich so bedeutend, daß der Name *sicale* (vgl. frz. seigle), nur weil er ein Hauptbrotgetreide bezeichnete, mit *siligo*, der besten Brotweizenart (→ Weizen), verwechselt werden konnte. In der Neuzeit hat seit dem 18. Jh. der von jeher bevorzugte Weizen durch Fortschritte im Anbau und im Handel den R. wieder in seine altertümlichen Gebiete zurückgedrängt. L. A. M.

RE Suppl. VIII 648–659.

Rogus (*πυρά*). Urspr. der in Altarform geschichtete Holzstoß zur Leichenverbrennung (Cic. leg. 2,59: das Holz dazu durfte nicht mit der Axt geglättet werden laut Lex XII tab.), wurde der R.

mit der Z. immer luxuriöser *(pro qualitate fortunarum* Serv. Aen. 4,685*)*. Schmuck: Malereien, Teppiche usw. Den Prunkbau eines kaiserl. R. beschreibt Herodian. 4,2,6ff. Gegensatz: Ov. Ib. 152. BLÜMNER PrAlt. 499f. W. H. G.

Roma. I. Geschichte. Legendär sind das von Varro errechnete Gründungsdatum (21. April 753), der Stadtgründer → Romulus und die übrigen 6 Könige, von denen → Numa Priesterkollegien, → Servius Tullius die *centuriae* und *tribus* geschaffen haben sollen. Aus der seit dem 10. Jh. erfolgten Besiedlung des → Palatium und Siedlungen des → Quirinalis, → Esquilinus und der Colles entstand um 650, nach etr. Ritus mit dem → *pomerium* umzogen und nach dem etr. Geschlecht *Rumlna* benannt, die Stadt R., bevölkert von Latinern und Sabinern, an die die Doppelkollegien der Salii *(Palatini, Collini)*, der *Luperci (Fabii, Quinctiales)* und die Bezeichnung *populus Romanus Quiritium* erinnern. Um 550 kam R. unter die etr. Herrschaft der → Tarquinier, blieb aber in Sprache und in der *familia (→ patria potestas)* latinisch. Von den Etr. übernahm es Amtszeichen und -ehren (Purpurtoga, Lictorenfasces, Sella curulis, Triumph), Eingeweideschau (→ *haruspices)*, Blitzbeachtung *(disciplina fulguralis)*, Vogelschau (→ *auspicia)*, den Steinbau (Tempel des Iuppiter Capitolinus mit der Trias → Iuppiter, → Iuno, → Minerva, die → Regia, das → Tullianum) und das Alphabet. Im Besitz des latin. Bundesheiligtums auf dem Albanerberg beherrschte R. Latium.

Nach der Vertreibung des Tarquinius 508/07 hatte der patriz. Geschlechterstaat 3 Aufgaben, die Verwaltung der *res publica*, die Befriedigung der → *Plebs* und die Abwehr äußerer Feinde. Senat, Magistrate *(→ consul*, später → Praetoren, → Censoren, → Quaestoren, in Notzeiten ein → Diktator) und das weitgehend durch Klientelen gebundene Volk (→ *comitia)* regelten das Staatsleben. Die Plebs setzte mit Volkstribunen das Zwölftafelgesetz *(→ lex 39)* 451, *conubium* mit den Patriziern (→ l. 7), Zulassung zu den Ämtern (→ l. 19) 367 und Priesterkollegien (→ l. 21) 300 durch. Die → *l.* (33) *Valeria de provocatione* 340 hemmte Willkür der Magistrate, die *l. Hortensia* 287 beendete den Ständekampf. Aus den führenden patriz. und pleb. Geschlechtern entstand allmählich die Nobilität, deren Angehörige fast ausschließlich die hohen Ämter bekleideten. Die Außenpolitik, die ein steigendes Aufgebot plebejischer Soldaten erforderte, erklärt die Zugeständnisse der Patrizier. Römer und Latiner schlugen ihre Nachbarn (Aequer, Volsker, Aurunker, Veji 396). Trotz der Niederlage an der → Allia 387 drang R. in Mittelitalien vor (2. Vertrag mit → Karthago 348. Friede mit → Caere 300). Nach dem Aufstand der Latiner gründete R. 338 die ital. Wehrgemeinschaft *(→ socii)*. Die Samnitenkriege (326–304; 298–290), der Keltenkrieg (285–282) und der Pyrrhoskrieg (280

bis 276) brachten R. die Herrschaft vom → Arnus bis S.-Italien, die pun. Kriege (264–241; 218–201), die Kriege gegen → Philipp V. (200–197) und → Perseus von Makedonien (171–168), gegen → Antiochos III. (192–188) und die Vernichtung Karthagos 146 die Mittelmeerherrschaft. Diese Expansion zerrüttete das Kleinbauerntum und die Kollektivmoral *(mos maiorum)*; die Kapitalwirtschaft *(→ ordo equester)*, die Klagen der Bundesgenossen und die Ausbeutung der Provinzen wuchsen. In dem Jh. der Revolution (133–30) suchten → Optimaten wie → Popularen die Agrar- und Sozialkrise zu lösen, aber auch über das Volkstribunat oder ein außerordentliches Heereskommando persönliche Macht zu erlangen. Ti. und C. Sempronius → Gracchus, L. → Appuleius (6) Saturninus, M. Livius → Drusus (4) scheiterten. Nur die Bundesgenossen erkämpften sich 91–89 das röm. Bürgerrecht. Gegen → Marius (2) erzwang → Sulla durch Einsatz der Berufssoldaten im innenpolit. Machtkampf die Restauration der Senatsherrschaft. Die ungelösten sozialen und außenpolit. Probleme förderten den Aufstieg der Außenseiter → Pompeius und → Crassus. Sie verbanden sich mit → Caesar (sog. Triumvirat 60. 56) gegen die Senatsopposition. Nach dem Sieg über Pompeius (49–44) begann der Diktator Caesar seine Sozialpolitik (Landversorgung. Koloniengründungen). Seine Ermordung entfesselte den Kampf zwischen den Caesarmördern und dem → Triumvirat (43) des M. Aemilius → Lepidus (6), M. → Antonius (9) und → Octavianus. Nach Beseitigung der Caesarmörder bei → Philippi (42) beendete der Sieg Octavians über Antonius bei → Actium 31 die *libera res publica* (Cic. fam. 11,3,4). Sie umfaßte mit den neugewonnenen Provinzen (Asia 129, Gallia Narbonensis 121, Kilikien 102, Kyrene 74, Bithynien, Pontos, Syrien 64, Cypern 58, Gallien 56, Africa nova 46, Ägypt. 30) fast den ganzen Mittelmeerraum.

Die neue Form für die Reichsverwaltung fand → Augustus mit dem Principat (→ princeps), der mit der *pax Augusta* die großen Leistungen der Kaiserzeit ermöglichte. Er ging je nach Anlage der Herrscher in das autokratische Kaisertum, den Dominat *(→ dominus)*, über, der seit → Diocletianus in Hoftracht und -Zeremoniell erstarrte. Das Nebeneinander des republikan. Beamtenapparats und der neuen kaiserlichen Bürokratie wie der Staatskasse *(aerarium)* und der kaiserlichen Kasse *(fiscus)* sind typisch für den Principat. Durch Eintritt von Italikern und Provinzialen in den Senat entstand eine neue Reichsaristokratie. Kunst und Kultur, röm. Tradition und Religion wurden gepflegt. Unter den jul.-claud. (27 v. Chr. bis 68 n. Chr.) und flav. (69–96) Kaisern gesundete das Reich, erlebte unter den Adoptivkaisern (96–193) die größte Macht und Blüte, drohte unter den Soldatenkaisern (193–284) zu zerfallen. Durch die seit Augustus meist befolgte Defensivpolitik gewann es bis → Traianus den größten Umfang (Galatien 25 v. Chr., Noricum, Raetien 15 v. Chr., Pannonien 9/10 n. Chr., Kappadokien 17, Mauretania 42, Britannien 43, Thrakien 46, Iudaea 72, Moesia 86, Germania 90, Arabia 106, Dacia 107, Armenia 114, Mesopotamia, Assyria 115). Mit der → *constitutio Antoniniana* 212 wurde es eine Rechtseinheit. Im 3. Jh. gefährdeten Germanen (Zerstörung des obergerm.-rät. Limes 285. Niederlage des → Decius [II 1] durch die Goten 251) und Perser (→Valerian 260 in pers. Gefangenschaft) die Reichseinheit (Sonderreich des Postumus 259–268, der → Zenobia 266–271). Die Vielzahl der Kaiser (22 von 235–285), häufiges Auftreten der Pest (168. 231. 251. 270), Geldentwertung, Kostenlast für Heer und Bürokratie und Steuererhöhungen zerrütteten die Wirtschaft. Kurzzeitig bannten die neue Reichsgliederung und Verwaltung, die Stabilisierung der Wirtschaft und Regelung der Herrschaftsfolge durch → Diocletianus das Chaos. Der straff organisierte Zwangsstaat löschte die polit., soziale (Berufszwang der Untertanen) und religiöse (12jährige Christenverfolgung) Freiheit aus. Doch lebte die Romidee in der Lit. des 4. Jh.s weiter (Panegyriker, Libanios, Themistios, Amm. Marcellinus, Kirchenschriftsteller). Konstantin d. Gr. erkannte 313 das Christentum als gleichberechtigt mit den alten Kulten an und erhob 330 Konstantinopel zu seiner Residenz. Der Kampf des → Iulianus (5) gegen die Christen blieb erfolglos. → Theodosius I. erhob 391 das Christentum zur Staatsreligion. Unter Iulianus und → Valentinianus I. wurde die Rhein- und Donaugrenze mit Hilfe angesiedelter Germanen gehalten, im O. schloß Theodosius, der 382 die W.-Goten in Moesien und Thrakien aufnahm, 384 Frieden mit den Persern. Seit der Reichsteilung 395 unter → Honorius und → Arcadius verfiel das W.-Reich. In ihm gründeten die german. Verbündeten eigene Reiche (W.-Goten in Südgallien und Spanien 418, Vandalen in Afrika 429, Burgunder an der Rhône 443), beherrschten Heermeister (→ *magister* 2) oft german. Abkunft (Vandale Stilicho, Suebe Ricimer, Sieg des → Aetius (3) über die Hunnen 451) die Schattenkaiser. R. wurde 410 durch → Alarich, 455 durch → Geiserich geplündert. Als letzter w.-röm. Kaiser wurde → Romulus Augustulus 476 durch → Odoaker abgesetzt. → Iustinianus (1) stellte die Reichseinheit weitgehend wieder her (Vernichtung der Vandalen in Afrika 533, O.-Goten in Italien 555 durch → Belisarios und → Narses). Der Einfall der → Langobarden 568 in Italien und der Druck der Slawen auf Ost-Rom vereitelten endgültig die Einheit des Imperium Romanum. Nur der o.-röm. Teil hielt sich als byzantin. Staat bis zur Eroberung Konstantinopels 1453 durch die Türken. Dies verschiedene Schicksal erklärt A. Heuss mit geograph. und polit. Unterschieden. In Konstantinopel als Residenz, Regierungszentrum und Mittelpunkt der höheren

Gesellschaft des griech. O. ballte sich die polit. Energie, im W. fehlte eine solche, die Kaiserresidenz wanderte, zuletzt nach → Ravenna, Rom blieb Sitz der Aristokratie, der gallische Adel führte ein Sonderleben. Der O. hatte in den nahen maked. und thrak. Silberbergwerken (518 Staatsschatz von 23040000 → Solidi) und in Kleinasien, das die tüchtigen Isauriertruppen stellte, ein Kräftereservoir, das dem W. fehlte. Der W. bot mit der langen Donau–Rheingrenze zu viele Angriffspunkte, nach 395 wurden entscheidende Kämpfe im Kernland Italien ausgetragen. Der O., in den O.-provinzen durch das Schwarze Meer und das Perserreich geschützt, konnte sich auf die Verteidigung der Donaufront konzentrieren und nach deren Durchbrechung Konstantinopel durch lange Mauern sichern. H. V.

H. Strasburger Zur Sage von der Gründung Roms, 1968. *H. Bengtson* Grundriß der röm. Gesch. 1, 1967. *E. Stein* Hist. du Bas-Empire 1, 1959. 2, 1949. *H. Volkmann* Grundzüge der röm. Gesch.[3] 1969. *A. Heuß* Röm. Gesch.[2], 1964. *E. Meyer* Röm. Staat und Staatsgedanke[3], 1964. Propyl. Weltgesch. 4, 1963. *M. Rostovtzeff* Social and economic history of the Roman empire, 1957. *D. Kagan* Decline and fall of the Roman empire, 1966.

II. Topographie: Die Anfänge Roms sind im 10. und 9. Jh. v. Chr., also in voretr. Z., zu suchen; damals wohnten schon auf dem → Palatium Latiner, auf den gegenüberliegenden Höhen, dem → Capitol, dem → Quirinal und dem → Esquilin, Sabiner. Wahrscheinlich um 650 v. Chr., als Rom unter etr. Herrschaft stand, erfolgte ein συνοικισμός, durch den die *urbs Roma* für uns zum erstenmal greifbare Gestalt gewinnt; aus jener Z. stammt das → Pomerium, dessen Verlauf bis auf → Claudius (I 39) unverändert blieb. Die neue Stadt war in vier Regionen eingeteilt, Mauerreste aus feinkörnigem Tuff, dem sog. cappellaccio, haben sich erhalten; dagegen wissen wir h., daß die noch vorhandenen Reste der sog. Servianischen Mauer aus der Z. nach dem Galliereinfall (387 v. Chr.) stammen. Diese Mauer führte von der Porta → Trigemina um den Aventin, der aber außerhalb des Pomeriums blieb, und umschloß dann, über die Porta → Capena verlaufend, die w. Teile des → Caelius und des Esquilin (dort die Porta Esquilina und die Porta → Collina), den Quirinal (dort die P. → Salaria und die Porta → Sanqualis) und das Capitol. Von dessen SW.-Abhang führte sie über die Porta → Carmentalis und die P. Flumentalis zum → Tiber, der bis P. Trigemina eine natürliche Schutzwehr bildete. Der Stadtteil in der Ebene zwischen Capitol, Aventin und Tiberufer, das → Velabrum und das Forum → boarium, dort, wo h. die Kirche S. Giorgio in Velabro steht, lag innerhalb, dagegen das F. → holitorium außerhalb der Mauer.

Von dem Bild Roms in der Königszeit und den ersten Jh.en der Republik können wir uns nur schwer eine Vorstellung machen. Noch aus der

PLAN VON ROM

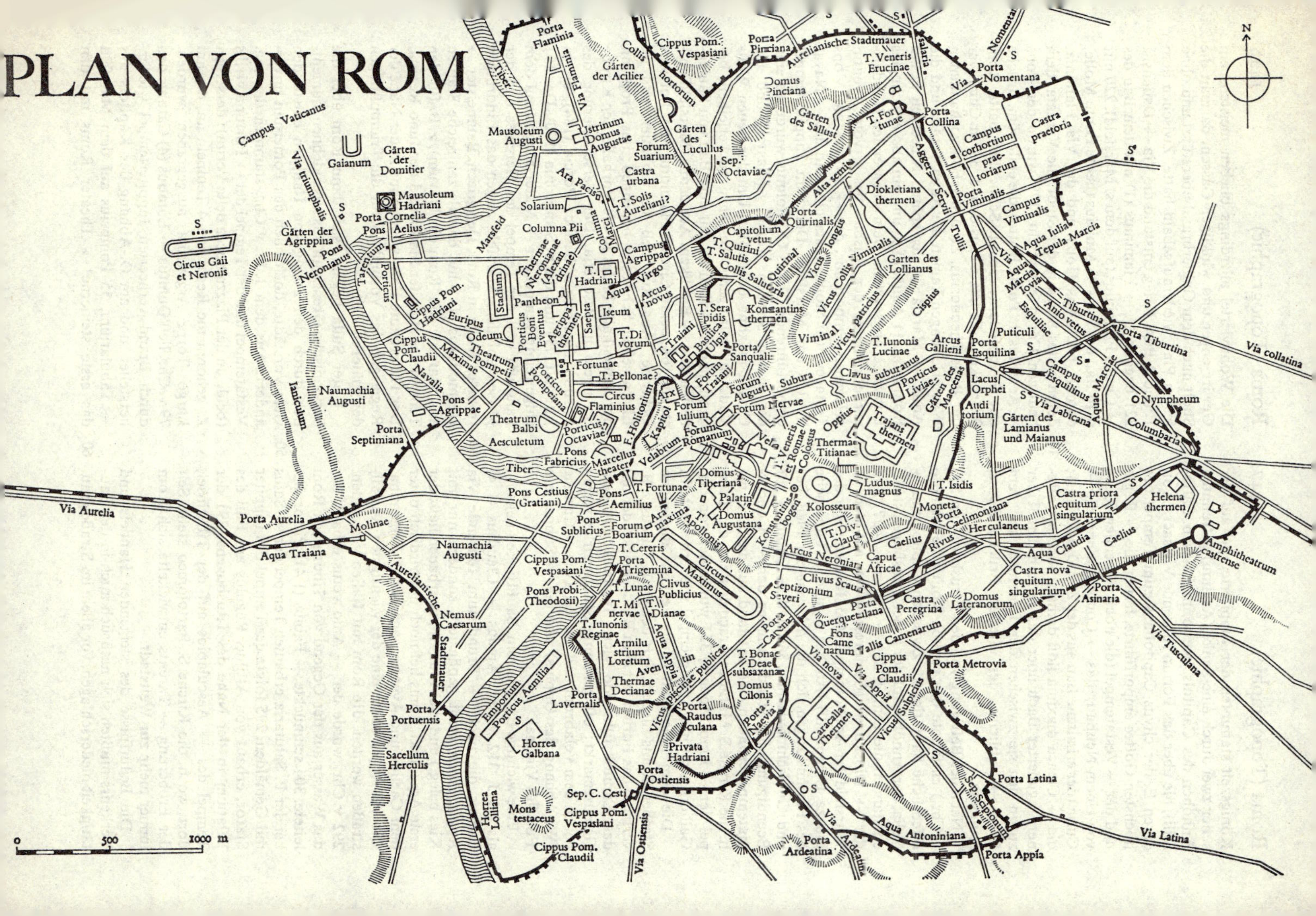

Porta Flaminia
Via Flaminia
Tiber
Campus Vaticanus
Gaianum
Gärten der Domitier
Mausoleum Augusti
Ustrinum Domus Augustae
Gärten der Acilier
Collis hortorum
Cippus Pom. Vespasiani
Porta Pinciana
Aurelianische Stadtmauer
T. Veneris Erucinae
Domus Pinciana
Gärten des Sallust
Gärten des Lucullus
Porta Collina
Porta Nomentana
Via Nomentana
Castra praetoria
Campus cohortium praetoriarum
Via triumphalis
Mausoleum Hadriani
Porta Cornelia
Pons Aelius
Gärten der Agrippina
Pons Neronianus
Circus Gaii et Neronis
Tarentum
Porticus
Marsfeld
Solarium
Ara Pacis
Columna Pii
Forum Suarium
Castra urbana
T. Solis Aureliani?
Campus Agrippae
Aqua Virgo
Arcus novus
Thermae Neronianae (Alexandrinae)
Stadium
Pantheon
Agrippa thermen
Saepta
Iseum
T. Hadriani
Porticus Boni Eventus
Euripus
Odeum
Cippus Pom. Hadriani
Theatrum Pompeii
Porticus Pompeiana
Cippus Pom. Claudii
Navalia
Janiculum
Naumachia Augusti
Pons Agrippae
Porta Septimiana
Theatrum Balbi
Aesculetum
T. Fortunae
T. Bellonae?
Circus Flaminius
Porticus Octaviae
Marcellus theater
Pons Fabricius
Pons Cestius (Gratiani)
Via Aurelia
Porta Aurelia
Aqua Traiana
Molinae
Aurelianische Stadtmauer
Nemus Caesarum
Pons Sublicius
Pons Aemilius
Cippus Pom. Vespasiani
Pons Probi (Theodosii)
Porta Portuensis
Sacellum Herculis
Emporium
Porticus Aemilia
Horrea Galbana
Horrea Lolliana
Mons testaceus
Cippus Pom. Vespasiani
Cippus Pom. Claudii
Sep. C. Cesti
Porta Ostiensis
Via Ostiensis
Porta Lavernalis
Capitolium vetus
T. Quirini
T. Salutis
Collis Salutaris
Porta Quirinalis
Quirinal
Alta semita
Diokletians thermen
Agger Servii Tullii
Porta Viminalis
Campus Viminalis
Sep. Octaviae
Konstantins thermen
Vicus longus
Vicus Collis Viminalis
Garten des Lollianus
Viminal
Vicus patricius
Cispius
T. Sera pidis
T. Traiani
Basilica Ulpia
Forum Traiani
Porta Sanqualis
Forum Augusti
Subura
Forum Iulium
Forum Nervae
Arx
Kapitol
F. Holitorium
Velabrum
Forum Romanum
Velia
T. Veneris et Romae
Colossus
Oppius
Trajans thermen
Thermae Titianae
T. Iunonis Lucinae
Arcus Gallieni
Porta Esquilina
Clivus suburanus
Porticus Liviae
Gärten des Maecenas
Lacus Orphei
Auditorium
Gärten des Lamianus und Maianus
Puticuli
Esquiliae
Campus Esquilinus
Via Labicana
Aqua Iulia
Tepula Marcia
Aqua Marcia
Tiburtina
Anio vetus
Porta Tiburtina
Via collatina
Nympheum
Aquae Marciae
Columbaria
Domus Tiberiana
Palatin
Domus Augustana
T. Apollonis
Ara maxima
Forum Boarium
Konstantinsbogen
Kolosseum
Ludus magnus
T. Isidis
T. Div. Claudii
Caelius
Moneta
Porta Caelimontana
Porta Herculaneus
Castra priora equitum singularium
Helena thermen
Amphitheatrum castrense
T. Cereris
Porta Trigemina
Circus Maximus
T. Lunae
Clivus Publicius
T. Minervae
T. Dianae
T. Iunonis Reginae
Armilustrium Loretum
Aven tin
Thermae Decianae
Aqua Appia
Vicus piscinae publicae
Arcus Neroniani
Caput Africae
Clivus Scaurus
Septizonium Severi
Rivus
Aqua Claudia
Castra nova equitum singularium
Porta Asinaria
Via Tusculana
Castra Peregrina
Domus Lateranorum
Porta Querquetulana
Fons Camenarum
Vallis Camenarum
Porta Capena
T. Bonae Deae subsaxanae
Via nova
Via Appia
Cippus Pom. Claudii
Porta Metrovia
Domus Cilonis
Porta Naevia
Porta Raudusculana
Privata Hadriani
Caracalla-Thermen
Vicus Sulpicius
Porta Latina
Sep. Scipionum
Via Latina
Aqua Antoniniana
Porta Appia
Porta Ardeatina
Via Ardeatina
0
500
1000 m
N

Königszeit stammten der Iuppitertempel auf der s. der zwei durch eine Senke (Asylum) getrennten Anhöhen des Capitols (Reste im Palazzo Caffarelli), die über das Forum führende Via sacra, von deren E. der clivus Capitolinus zum Tempel des höchsten Gottes emporführte, ferner die → Regia und der → Vestatempel (die noch stehenden Reste von einem Neubau), das → Comitium und die → Curia (der erhaltene Bau aus der Zeit Diocletians); die → Cloaca maxima floß damals noch als offener, regulierter Bach über das Forum dem Tiber zu, in den sie zwischen der Tiberinsel und dem Pons → sublicius, der ältesten Brücke Roms, mündete.

Nach der Befreiung von den Etruskern (um 500 v. Chr.) entfaltete das republ. Rom eine lebhafte öffentliche Bautätigkeit. Zwischen Capitol und → Velia, der Anhöhe, auf der h. der Titusbogen steht, entstanden die Tempel des → Saturnus (497) und der → Dioskuren (Castores) (484), auf dem s. Marsfeld der Apollotempel (433, Ruinen unter der Piazza Campitelli). An der n. und s. Längsseite des Forums zogen sich die *tabernae* der Fleischer und Goldschmiede hin. 366 ließ → Camillus zur Beendigung des Ständekampfes den → Concordiatempel erbauen, 344 entstand auf der Arx, wo h. die Kirche S. Maria in Aracoeli steht, der Tempel der → Iuno Moneta, 353 wurde der von den Galliern zerstörte Apollotempel wiederhergestellt.

Die dem innerstädtischen Verkehr dienenden Straßen Roms hießen *vici*; der vicus Tuscus z. B. verband das Forum mit dem Rindermarkt, der um das Capitol führende vicus Iugarius mit dem Gemüsemarkt; oft genannte Stadtbezirke waren neben dem Velabrum und der Velia die → Carinae (W.-Abhang des Oppius) und die → Subura am Fuß des Viminal.

Eine wichtige Epoche röm. Bautätigkeit begann, als im J. 312 v. Chr. Appius → Claudius (I 4) Caecus die nach → Brundisium führende Via Appia (noch nicht gepflastert, sondern nur mit Kies belegt) und die Aqua Appia erbauen ließ; der erste Aquädukt Roms lief noch unterirdisch unter dem Caelius und Aventin nach der P. Trigemina. Die Via Appia sollte eine der wichtigsten Ausfallstraßen werden, die Rom mit Italien verbanden. 292 v. Chr. wurde der → Anio vetus erbaut, der das Wasser aus der Gegend von Tibur nach Rom leitete. 304 schmückte → Fabius (I 41) Pictor den bei der P. Salutaria erbauten Tempel der → Salus mit Gemälden. 295 folgte der Tempel des Iuppiter Stator, erbaut von Attilius Regulus am Fuß des Palatium in der Nähe des Titusbogens, 291 der Tempel des → Aesculapius auf der Tiberinsel, dort, wo h. die Kirche S. Bartolomeo steht. Seit der Eroberung → Tarents entwickelte sich Rom immer mehr zur Weltstadt.

Die Bedürfnisse des steigenden Handels und Verkehrs mußten sich natürlich auch in der Bautätigkeit niederschlagen, vor allem im Straßenbau.

Die Wohnviertel allerdings blieben meistens ein Gewirr enger und winkliger Gassen, da man die Stadt nach dem Gallierbrand überstürzt und ohne festen Plan wiederaufgebaut hatte. Zwischen dem 1. und 2. Pun. Krieg entstand die Via → Ostiensis. 221 begann C. → Flaminius (1) mit dem Bau des → Circus Flaminius (auf dem s. Marsfeld), 220 mit dem Bau des Pons → Mulvius (heute Ponte Molle, damals noch aus Holz) und der Via Flaminia, deren erstes Stück in der Stadt, die Via lata, dem heutigen Corso entspricht. 179 wurde der Pons → Aemilius (h. Ponte Rotto), die erste röm. Brücke mit Steinpfeilern, erbaut. Schließlich hatte Rom 9 Brücken; die letzte (aus dem J. 387 n. Chr.) war der Pons Theodosius. Zu den schon vorhandenen Wasserleitungen kamen die Aqua Tepula und die Aqua → Marcia; in der späten Kaiserzeit besaß Rom dann 11 Aquädukte und ein ausgezeichnetes Entwässerungssystem. Dem wachsenden Handelsverkehr diente der Ausbau des s. vom Aventin gelegenen Emporiums, der → Horrea am Mons Testaceus (h. Monte Testaccio) und der → Navalia (2) am Marsfeld. Der zum Iuppitertempel emporführende Clivus Capitolinus wurde als eine der ersten Straßen Roms gepflastert und die Cloaca maxima überwölbt. Um der neuen Weltstadt ein würdigeres Aussehen zu verleihen, begann man im selben Jh. mit dem Bau von Säulenhallen und → Basiliken. Auf dem s. Marsfeld entstand 168 beim Circus Flaminius die Porticus Octaviae; Augustus ließ sie umbauen und zu Ehren seiner Schwester benennen; das Propylon der Säulenhalle bildet h. die Vorhalle der Kirche S. Angelo in Pescheria. Der Verschönerung des Forums dienten die basilica Porcia (184), die b. Fulvia (179) und die b. Sempronia (170). Der 191 eingeweihte Tempel der → Mater Magna auf dem Palatium und der Tempel des Hercules und der Musen auf dem Marsfeld zeigen das Eindringen fremder Kulte in Rom. Der griech. Baumeister → Hermodoros (4) schuf damals zahlreiche Statuen aus Marmor (für Rom ein Novum), z. B. für den Tempel des Iuppiter Stator und der Iuno Regina. Der 121 erbaute Fornix Fabianus in der Nähe der Regia gab das Vorbild ab für die Triumphbögen der späteren Zeit.

Unter Sulla begann sich dann Rom über die Servianische Grenze hinaus auszudehnen, namentlich durch den Zuzug von Italikern entstanden viele Vorstädte, doch blieb das Pomerium unverändert. Aus dem 1. Jh. v. Chr. stammen der sog. Vestatempel und der Tempel der → Fortuna virilis (beide an der Piazza bocca della Verità); derselben Z. gehören die Reste von 4 Tempeln an, die am Largo Torre Argentina ausgegraben wurden. 79 v. Chr. ließ Quintus → Lutatius (4) Catulus den durch Brand verheerten Iuppitertempel wiederherstellen und am O.-Abhang des Kapitols das → Tabularium, 55 Pompeius auf dem Marsfeld das erste steinerne → Theater Roms mit den

Porticus Pompeianae erbauen. Immer mehr wurde in der folgenden Z. das Marsfeld, das in dem ersten Jh. der Republik nur militär. Übungen und Volksversammlungen gedient hatte, einer großzügigen Bautätigkeit erschlossen. Unter Caesar veränderte das Forum sein Aussehen; die *tabernae* mußten der Basilica Iulia und einem Neubau der B. Aemilia weichen, die Rednerbühne wurde verlegt, das Forum Iulium hinter der Curia wurde ein Vorläufer der späteren Kaiserfora.

Unter Augustus traten entscheidende Veränderungen ein. Der Kaiser teilte die Stadt in 14 Regionen auf, ohne jedoch das Pomerium zu verändern, das allerdings allmählich seine alte Bedeutung völlig einbüßte. Für die Tempelbauten verwendeten die Architekten von nun an Travertin und Marmor statt wie bisher Tuff und Peperin. 28 in den Bürgerkriegen zerstörte oder verfallene Tempel ließ der Kaiser wiederherstellen. Auf dem Kapitol erbaute er den Tempel des Iuppiter Tonans, auf dem Palatium den Tempel des Apollo aus karrar. und numid. Marmor. Ein Novum, das Schule machte, war die dem Tempel angeschlossene → Bibliothek (Vorsteher Hyginus); bis auf Konstantin bekam Rom deren 28. Vom Tempel des → Mars Ultor auf dem Forum Augusti, dem ersten Kaiserforum, stehen noch drei Säulen. Im n. Teil des Marsfeldes sehen wir an der Via di Ripetta noch die Überreste des Augustus- → Mausoleums (2), daneben die restaurierte → Ara Pacis, die urspr. an der Via lata stand. N. der Piazza di Montecitorio ließ der Kaiser einen aus Äg. herbeigeschafften → Obelisken aufstellen; auch dieses Beispiel fand zahlreiche Nachahmer. Agrippa ließ auf dem Marsfeld das → Pantheon (h. la Rotonda, von Hadrian erneuert) und die nach ihm benannten ersten Thermen erbauen, denen die 19 v. Chr. angelegte Aqua Virgo das Wasser zuführte.

Zum Ausgleich gegen die hohen Mietskasernen und die engen Gassen entstanden zahlreiche Gärten und Parkanlagen. Caesar war mit seinen jenseits des Tiber (im h. Trastevere) und vor der Porta Collina gelegenen *horti*, → Sallust mit den *horti Sallustiani* auf dem → Pincius mons vorangegangen. → Maecenas legte seine Gärten auf dem Esquilin an. Schließlich gab es in Rom 28 derartige Anlagen.

An den Bauten, welche die Nachfolger des Augustus erstellen ließen, zeigt sich immer mehr das Bestreben, die griech. Vorbilder, an die sich die Z. des Augustus noch gehalten hatte, durch überladenen Prunk und riesige Dimensionen zu ersetzen, was immer ein Zeichen sinkender künstlerischer Kraft ist. Tiberius legte im NO. der Stadt auf dem Gelände zwischen P. Collina und P. Viminalis das Praetorianerlager an, Claudius vollendete die von Caligula begonnenen Wasserleitungen Anio novus und Aqua Claudia und bezog einen Teil des Marsfeldes und den Aventin in das Pomerium ein. Nero ließ auf dem Caelius das Macellum magnum und den Tempel des Divus Claudius erbauen; von seiner *domus aurea*, die sich vom Palatium bis zum Esquilin hinzog, sind Reste, darunter ein Kuppelsaal, noch auf dem SW.-Abhang des Esquilin erhalten. Vespasian erbaute an der Stelle des Neron. *stagnum*, in der Senke zwischen Palatium und Esquilin, das Amphitheatrum Flavium (das Colosseum), als zweites der Kaiserfora das Forum Pacis, Auf dem Esquilin entstanden die Titusthermen, auf der Höhe der Velia der Titusbogen, an dem zum erstenmal das sog. Kompositkapitell auftritt. Die Umrisse des Stadiums, das Domitian auf dem Marsfeld erbauen ließ, sind h. noch an der Form der Piazza Navona zu erkennen. Den Hang zur Großräumigkeit und zum Prunk verraten die noch vorhandenen Reste der Palastbauten Domitians auf dem Palatium, das von ihm begonnene F. transitorium (zur Verbindung des F. R. mit dem Stadtteil Argiletum) ließ Nerva vollenden. Im Anschluß an die schon vorhandenen Kaiserfora entstand unter Traian das nach ihm benannte vierte Kaiserforum mit der Traianssäule, deren Reliefs seine Dakerkriege darstellen; dadurch war die Verbindung des F. R. mit dem Marsfeld hergestellt. An die Bautätigkeit Hadrians erinnern h. noch die auf der Velia stehenden Reste des Doppeltempels der Roma und der Venus und jenseits des Tiber sein Mausoleum (Engelsburg), zu dem der Pons Aelius (h. Ponte S. Angelo) führte. Die Apotheose der Kaiser und Kaiserinnen war unterdessen zur Regel geworden. 141 ließ Antoninus Pius an der Via sacra einen Tempel zu Ehren seiner Gattin Faustina errichten (h. S. Lorenzo in Miranda), 145 auf dem Marsfeld das Hadrianeum (früher fälschlich für einen Neptuntempel gehalten); in seine Reste ist h. die Börse Roms eingebaut. Aus der 2. Hälfte 2. Jh. stammen die Columna Marci Aurelii (am Corso) und das Reiterstandbild des Kaisers (h. auf dem Kapitol). Im 3. Jh. erbaute Septimius Severus seinen Triumphbogen auf dem Forum, das → Septizonium an der SO.-Ecke des Palatium und das *templum Sacrae Urbis* (an der Stelle der Kirche SS. Cosma e Damiano), Caracalla die riesigen Thermen zwischen dem Aventin und der Via Appia. Den wachsenden Einfluß fremder Gottheiten zeigten der Tempel des *Sol invictus* auf dem Marsfeld und der des Elagabal auf dem Palatium.

271 n. Chr. begann Aurelianus mit dem Bau der nach ihm benannten Mauer; sie umschloß die 14 Regionen der Stadt, hatte 14 Tore und 380 Türme und ist h. noch auf weite Strecken hin erhalten. So, wie wir sie h. sehen, stammt sie allerdings aus der Zeit des Honorius und Arcadius.

Die letzten Bauten von Bedeutung stammen aus dem 4. Jh. Es sind die Diokletiansthermen (in ihnen h. das Röm. Nationalmuseum); ihre nach SW. orientierte Exedra ist h. noch an der Form der Piazza del'Essedra zu erkennen. Der Tempel, den Maxentius für seinen Sohn Romulus am Forum errichten ließ, bildet h. die Vorhalle der Kirche SS. Cosma e Damiano. Die von Maxentius begonnene, 6000 qm umfassende Basilika ließ Constantin vollenden; die Reste ihres n. Seitenschiffs stehen noch. Als Constantin die Residenz des Imperiums nach Byzanz (Constantinopel) verlegte, hörte die große öffentliche Bautätigkeit in Rom auf. Das letzte Denkmal eines Kaisers auf dem Forum ist die Säule des Phokas aus dem J. 609 n. Chr. Rud. G.

S. auch die Einzelartikel

Nash Bildlex. (mit Lit.). *Curtius-Nawrath-Nash* Das Antike Rom. *Lugli* Monumenti, Centro. *Graffunder* RE I A 1008–1061 (mit Lit.).

Romaia (*Ῥωμαῖα*). werden seit vermutlich 189 v. Chr. in Delphi (Sylloge³ 611,7) und seit 170 v. Chr. in → Alabanda (Liv. 43,6,5) sowie in vielen anderen Städten Griechenlands und Kleinasiens gefeiert; in Rom treten sie seit hadrian. Z. an die Stelle der → Parilia (Athen. 8 p. 361 F). Festliche Begehung bis ins 5. Jh. hinein (CIL I² p. 316). G. R.

Wissowa Rel. ²201. 339,3. *Latte* RRel. 224,2.,

Roman. Die Ant. kennt für die Gruppe von Werken, die wir als R.e bezeichnen, keinen t. t. Man verwendete unspezifische Begriffe wie *ἱστορία* (Long. 1,1,1), *μῦθος* (Ach. Tat. 1,2,3), *δρᾶμα* (a. O. 1,9,1; danach die byz. Bezeichnung *δραματικόν*), *πλάσμα* (Iul. 301 B) u. ä., lat. *fabula* (Apul. met. 1,1,1; Macr. somn. 1,2,7), in Verbindung mit einem den Inhalt näher bestimmenden Adjektiv (*ἐρωτικός*, *Milesius* o. ä.).

Im literarkrit. Schrifttum wurde der R. ignoriert. Daher gibt es keine ant. Überlieferung über die Anfänge dieser Lit., deren Entwicklung wir erst von späthellenist. Z. an verfolgen können. Es wurden viele verschiedene Hypothesen über die Herkunft des R.s vorgetragen. In neuester Z. gewinnt die einleuchtende Ansicht an Boden, daß erst die gesellschaftlichen Verhältnisse und weltanschaulichen Strömungen des späten Hellenismus und der frühen Kaiserzeit die Voraussetzungen für die Ausbildung und beachtliche Verbreitung dieser Prosaform geschaffen haben dürften ([13], [14]; vgl. [8]), die als stark vom Geschmack ihres Publikums beeinflußt gedacht werden muß.

Es erscheint ratsam, den R. nicht von den sentimentalen Erzählungen zu trennen, die wir in älterer hist. Lit. antreffen, wo bereits eine Reihe wichtiger Motive vorgebildet sind: so z. B. in der Erzählung von Pantheia und Abradatas in Xenophons Kyropaideia (Zweifel an der Macht des Eros; trotz Trennung der Gatten Bewahrung ehelicher Treue bis in den Tod [der hier noch nicht durch den später obligaten banalen Ausgang ersetzt ist]); in der von Zarinaia und Stryangaios in Ktesias' Persika (rekonstruierbar aus FGrH 90 F 5 und 688 F 6ff. sowie POxy 2330; dort bereits ausführliche Schilderung der Seelenqualen eines hoffnungslos Verliebten, Brief an die Geliebte, Eingreifen des treuen Dieners usw.); oder in der von Odatis und Zariadres (bei Chares von Mitylene FGrH 125 F 5: Motiv der Traumliebe, Entführung, Nachforschung von seiten der Verwandten). Darüber hinaus bestehen, wie [2] überzeugend dargestellt hat, enge Beziehungen zwischen R. und hellenist. Historiographie: die Rolle der Tyche im R., → Charitons unüberhörbarer Anspruch, als »Historiker« ernstgenommen zu werden, ferner die Tatsache, daß die älteren R.e (→ Ninos-R., Chariton; vgl. die Reste des Sesonchosis-R.s und den → Alexander-R.) vor einem ziemlich exakt umrissenen hist. Hintergrund spielen (in Einzelheiten nachwirkend bis hin zu → Achilleus Tatios 1 und → Heliodoros 5), stützen diese Auffassung. Zusätzliche Anregungen gingen, hinsichtlich der Motive (z. B. exot. Schauplätze) wie der Erzähltechnik, von oriental. Erzählungen (vgl. [4]) und vielen anderen ant. Gattungen aus (Epos, Elegie, Komödie, Tragödie, Reiseerzählung, Prosimetren, Utopien) und wurden von den Autoren in unterschiedlichem Ausmaß in diese prinzipiell mannigfachen Einflüssen gegenüber offene Form einbezogen, ohne daß man deshalb den R. auf eine einzige bestimmte Gattung ausschließlich zurückführen sollte. Dieser Einwand gilt auch gegenüber dem Versuch, Aretalogien als Ausgangsform des R.s zu erweisen und diesen als verschlüsselten Mysterientext zu verstehen ([9]). Hierbei wird zwar der Tatsache Rechnung getragen, daß die meisten R.e mit Äußerungen einer volkstümlichen Religiosität durchsetzt sind, die Auffassung erweckt aber schwere Bedenken, weil die trotz Übereinstimmung in einzelnen Motiven z. T. recht erheblichen Unterschiede zwischen den uns bekannten R.en zu wenig berücksichtigt werden und überdies eine einschneidende Änderung der relativen Chronol. zu ihren Voraussetzungen gehören würde (vgl. [14] und [16]).

Obwohl durch Pap.-Funde mittlerweile gesichert ist, daß der R. nicht erst aus der 2. Sophistik hervorging (so [1] mit verfehlter Chronol.), lassen sich die einzelnen Werke doch nicht genau datieren (über die Reihenfolge [6]). Am Anf. (1. Jh. v. Chr.?) steht wohl der Ninos-R., ihm sollte (im 1. Jh. n. Chr.?) Chariton folgen. Die Existenz des Liebesromans zumindest in der frühen Kaiserzeit wird durch den parodistischen R. des → Petronius (vgl. R. Heinze, H 34, 1899, 494ff.) erwiesen. Charitons mit bemerkenswertem Talent erzählte Geschichte von Liebe, Heirat, Trennung, Not und Wiedervereinigung der schönen Kallirhoe und des Chaireas hat für die meisten späteren R.-Autoren Vorbild oder wenigstens Fundgrube für einzelne Motive abgegeben. Das gilt für Romanciers des 2. Jh.s wie → Achilleus Tatios 1, → Iamblichos 3, dessen Werk zwischen 165 und 180 entstand (vgl. Phot. bibl. 75b 27ff.), für das verlorene Original der Geschichte des Apollonios von Tyros, selbst für Antonios →

Diogenes (17), dessen R. in → Lukianos' Ἀληθὴς ἱστορία bereits parodiert wird, und ganz bes. für den wenig begabten → Xenophon von Ephesos. Noch Heliodoros, der frühestens im 3., möglicherweise erst im 4. Jh. lebte, ist dieser Tradition verpflichtet. Nur → Longos ging gänzlich eigene Wege, als er sich auf die stimmungsvolle Darstellung der erwachenden Liebe zwischen Daphnis und Chloe vor dem Hintergrund wechselnder Jahreszeiten beschränkte. Sein Roman fand neben dem des Heliodoros in der Neuzeit die meiste Bewunderung und übte große Wirkung aus. Die Byzantiner schätzten (und imitierten) hingegen vor allem → Heliodoros (4), in geringerem Maße auch Achilleus Tatios (die beide als chr. Bischöfe galten).

In der röm. Lit. ist der R. namentlich durch die geistreiche Parodie des → Petronius und durch → Apuleius' (II 8) Metamorphosen, eine Bearbeitung des griech. Λούκιος ἢ Ὄνος (→ Lukios 6), vertreten. Beide Werke sind nicht von der durch → Sisenna in Rom eingebürgerten miles.-Novelle zu trennen. Apuleius hat seiner burlesken Vorlage, die durch eine unter Lukians Namen überlieferte Epit. einigermaßen genau bekannt ist, einen (schwerlich geschickt vorbereiteten) erbaulichen Schluß angefügt, außerdem wohl zusätzliche Novellen, z.T. derb erot. Inhalts, eingefügt. Alles weitere betrifft Übersetzungen griech. myth. (→ Diktys 6, → Dares 3) oder hist. R.e (→ Iulius B 19).

Auch im chr. Bereich lebt das Interesse an R.en fort. Abgesehen von der in chr. Sinne durchgeführten Bearbeitung des Apollonios-R.s liegen Zeugnisse hierfür in einer Reihe von apokryphen Apostelgeschichten vor, bes. deutlich orientiert am Schema des heidn. Liebes- und Abenteuer-R.s in den Ps.-Clementinen (→ Clemens 7, → Rufinus). Selbst die Hagiographie (→ Neilos) ist gelegentlich mit romanhaften Zügen ausgestattet. H. Gä.

Ta.: *R. Hercher* Erotici Script. Graeci, Lpz. 1858/59. *B. Lavagnini* Eroticorum Frg. a pap., Lpz. 1922. *F. Zimmermann* Griech. R.-Pap. und verwandte Texte, Heidelberg 1936.

Übers.: *F. Stoessl* Ant. Erzähler von Herodot bis Longos, Zürich 1947. *P. Grimal* Romans grecs et latins, Paris 1958. *Q. Cataudella* Il romanzo classico, Roma-Firenze 1958.

Lit. (nur allg.): 1. *E. Rohde* Der griech. R. und seine Vorläufer, Darmstadt [4]1960. 2. *E. Schwartz* Fünf Vortr. über den griech. R., Bln. [2]1943. 3. *O. Schissel von Fleschenberg* Entwicklungsgesch. des griech. R.es im Altertum, Halle 1913. 4. *J. W. B. Barns* Akten d. 8 Kongr. f. Papyrol., Wien 1956, 29ff. 5. *K. Kerényi* Die griech.-oriental. R.-Lit. in religionsgeschichtl. Beleuchtung, Darmstadt [2]1962. 6. *T. Sinko*, Eos 41,1 (1940/46), 23ff. 7. *B. Lavagnini* Studi sul romanzo greco, Messina-Firenze 1950. 8. *F. Altheim* R. und Dekadenz, Tübingen 1951. 9. *R. Merkelbach* R. und Mysterium in der Ant., München-Bln. 1962. 10. *O. Weinreich* Der griech. Liebes-R., Zürich 1962. 11. *G. Giangrande*, Eranos 60, 1962, 132ff. 12. *F. Wehrli*, MH 22, 1965, 133ff. 13. *B. E. Perry* The Ancient Romances, Berkeley-Los Angeles 1967. 14. *B. P. Reardon*, Phoenix 23, 1969, 291ff. 15. *T. Hägg* Narrative Technique in Anc. Greek Romances, Stockholm 1971. 16. *K. Kerényi* Der ant. R., Darmstadt 1971.

Romanius Hispo. Aus niedrigen Verhältnissen (Tac. ann. 1,74), aber geistreich und schlagfertig (Quint. inst. 6,3,100), daher am Hofe des Tiberius sehr geschätzt. Er war rhetorisch tätig (Sen. contr. 7,17,13. 9,26,11), als Delator berüchtigt und allg. gefürchtet (Tac. 1,74. Quint. 6,3, 100). Im Majestätsprozeß des Quaestors → Caepio (2) Crispinus gegen den Praetor → Granius (II 1) Marcellus trat er als Nebenkläger auf (Tac. a. O.). Vielleicht mit → Romanus (1) identisch. G. Wi.

Romanus. 1. Versuchte im J. 62 den Philosophen → Seneca der Teilnahme an der pison. Verschwörung zu bezichtigen, was aber zu seiner eigenen Verurteilung (wegen Verleumdung) führte (Tac. ann. 14,65). G. Wi.

2. R., *comes Africae* 364–73 (Amm. 27,9. 28,6. 29,5. 30,2. Cod. Theod. 8,7,13), besaß mit Hilfe des → Remigius großen Einfluß bei → Valentinian I. R. erscheint bei Ammianus (a. O., vgl. Zos. 4,16) als ein bes. grausamer und räuberischer Beamter (eine dem R. feindliche Tendenz Ammians sucht aufzuzeigen DEMANDT, Byzantion 38, 1968, 333ff.). R. trieb vermutlich → Firmus (3) zur Usurpation, war Gegner der → Donatisten (2). Der nach Africa entsandte Heermeister → Theodosius ließ R. 373 gefangensetzen. Der alsbald eingeleitete Prozeß endete 376 mit Freispruch, vermutlich durch Intervention des → Merobaudes (Amm. 28,6). A. L.

Warmington, Byz. Ztschr. 49, 1956, 55ff. *Demandt*, Hist. 18, 1969, 618ff.

3. R., s. Iulius B 16. Vergilius. Voconius

Romilius. Sehr alter patriz. Gentilname, vgl. SCHULZE Eigenn. 362 u.ö., nach dem auch eine Tribus benannt wurde. Hervorgetreten sind Gentilen nur um 450. **1.** Denter R., nach Tac. ann. 6, 11,1 vorübergehend Vertreter des → Romulus in Rom, aber als erster Praefectus urbi wohl erfunden. **2.** T. R. Rocus Vaticanus (T. f. T. n.), cos. 455 zusammen mit C. Veturius Cicurinus (Fast. Capit. BROUGHTON Mag. 1,42); beide wurden 454 wegen ihrer Amtsführung zu Geldstrafen verurteilt, Liv. 3,31,6 (Motivierung später erfunden). 451 war er *decemvir legibus scribundis* (u. a. Dion. Hal. ant. 10,56,2, der 10,50,3ff. dazu eine hist. wertlose Begründung aufführt). H. G. G.

Romula. Mutter des Kaisers Galerius → Maximianus (2). Eine Barbarin, die sich, von den → Carpi vertrieben, in Dakien angesiedelt hatte; angeblich von Mars in Gestalt einer Schlange geschwängert (Lact. de mort. pers. 9,9. Aur. Vict. Caes. 40,16f.). Als eifrige Verehrerin der heidnischen Götter soll sie den Sohn zur → Christenverfolgung aufgestachelt haben (Lact. 11,1f.). G. Wi.

Romulea, 296 v. Chr. von Decius Mus eroberte, volkreiche (Liv. 10,17,6ff.) samnit. Stadt (Steph. Byz. s. v.) bei La Toppa (988 m) an der Strada stat. Nr. 91 oberhalb der späteren Station der via Appia *Subromula* (Tab. Peut. 6,5. It. Ant. 120,3. Geogr. Rav. 4,20. 35. Guido 48) 21 mp hinter → Aeclanum, 11 mp vor → Aquilonia nahe Kreuzung nach Andretta (Radke bei Altheim, Unters. z. röm. Gesch. 1,197). G. R.

Forbiger HB d. alt. Geogr. 3,459. *Nissen* It. Ldk. 2,820. *Miller* Itin. Rom. 341.

Romulia (Paul. Fest. 331,1 L.) oder Romilia (Varro l. l. 5,56), eine der ältesten ländlichen (Cic. leg. agr. 2,79) Tribus, in der Gesamtliste die fünfte (Varro a. O. CIL VI 10211 = DessILS 6046); das Land soll Romulus den Veientern abgenommen haben (Paul. Fest. a. O.). Der *ager Vaticanus* gehörte dazu (Beloch RG 169). In der R. stimmen → Sora (CIL X p. 560) und → Ateste (CIL V p. 240). G. R.

W. Kubitschek Imp. Rom. trib. discr. 31. 107. *L. Ross Taylor* The Voting Districts of the Roman Republic 38. 44. 274. *A. Alföldi* Early Rome and the Latins 310.

Rōmulus. 1. Der Gründer und erste König von Rom. In älterer Überlieferung Sohn (Alkim. FGrH 840 F 12. Hegesian. 840 F 21. Apollod. 840 F 40b. Plut. Rom. 2,2. Dion. Hal. ant. 1, 73,3) oder Enkel (Naev. frg. 25 M. Enn. bei Serv. Aen. 6,777. Dion. 1,76,6. Eratosthen. FGrH 840 F 20. Plut. Rom. 2,3) des → Aeneas oder als Sohn des → Latinus (Kallias FGrH 840 F 14ab. Galitas 818 F 1) Bruder des Romus und → Aboriginer (Iust. 38,6,7). Kanonische Fassung seit Fab. Pictor (frg. 5ab P.; Verhältnis zu Diokles von Peparethos FGrH 820 F 1 ungeklärt): → Amulius vertreibt → Numitor, macht → Rea Silvia bzw. → Ilia zur Vestalin, sich selbst zum König von Alba Longa. Mit Ilia zeugt Mars (Liv. 1,4,2 *Martem incertae stirpis patrem*) die Zwillinge R. und Remus (*῾Ρέμος* zuerst Inschr. von Chios bei Kontoleon, Prakt. Arch. Het. 1953, 271 Z. 24ff.; meist *῾Ρῶμος*). Die Kinder werden ausgesetzt, Ilia in den Tiber gestürzt (schon für Enn. bezeugt durch Serv. Aen. 1,273. Porph. Horat. c. 1,2,18). Rettung durch Wölfin, Erziehung durch Faustulus und → Acca Larentia. Remus gerät in die Hand des Königs; R. befreit ihn. Nach Wiedererkennung durch Numitor töten sie Amulius. Zeugungs- und Geburtslegende mit ital. Motiven (ohne Namen R. und Remus!) bei Promathion FGrH 817 F 1. Zur Stadtgründung suchen die Brüder Vogelzeichen; dem R. erscheint *augurium maximum* (12 Geier). Remus überspringt *sulcus primigenius* und wird von R. oder von anderen im Kampf getötet. Nach Gründung Roms Raub der Sabinerinnen, Kriege mit Nachbarn, Frieden durch Eingreifen der Frauen, Doppelkönigtum mit T. → Tatius, der bald stirbt. Einrichtungen des R.: Kulte des Iuppiter Stator, Hercules, Lucōris (Asyl); Lemuria (für Remus), Matronalia, Consualia; *fratres Arvales;* Senat, 3 *tribus* (Ramnes, Tities, Luceres), 30 *curiae* (nach Sabinerinnen benannt), Kalender mit 10 Monaten. Bei Unwetter verschwindet R. (nach späterem Gerücht von Senatoren ermordet und zerstückelt). Iulius → Proculus bezeugt Himmelfahrt; später Grab des R. unter *niger lapis.* Haus auf Palatium oder Kapitol; Identifikation mit → Quirinus (Cic. rep. 2,20 u. a.). Kanonische Legende vereinigt bekannte Motive: Zeugung durch Gott, Zwillinge (Boiotos und Aiolos), Sturz ins Wasser (Danae), Aussetzung und Rettung durch Tiere (Miletos, Telephos), Brudermord wegen Mißachtung der Mauer (Oineus und Toxeus). Bild der Wölfin seit 6. Jh. in Rom. Aus chronolog. Rücksicht trennt kanonische Fassung (Diod. 7,3) R. und Aeneas durch alban. Könige; ältere troische Fassung (Aeneasbilder seit 6. Jh.) verdrängte einheimische (Dion. Hal. 1,79,10) mit ital. Genealogie (analog zu Auson) für den der Stadt nachbenannten Gründer, während Abkunft von Latinus und Troianerin Kombinationsversuch des 3. Jh. ist. Ant. Namenserklärung von *ῥώμη* (Fest. 328,13 L. u. a.) oder *ruma* (ebd. 326,25 L. u. a.) ebenso unbefriedigend wie W. Schulzes (Eigenn. 579ff.) freilich meist anerkannte Zuordnung zu etr. *rumle, rumlna,* Formen, die erst lat. R., Romilius nachgebildet sind. Namensdeutung unter Hinweis auf venet. Vokalisation bei Radke Götter Altitaliens 273f., wonach R., *Rōma, Rāmnes* ihre Zugehörigkeit zu *Rĕmus* im Namen bekunden; Nebeneinander ital. – für die *tribus* – und venet.- »aboriginischer« – für R. und *Rōma* – Namen entspricht der ethnischen Schichtung.

G. R.

S. Accame I Re di Roma nella leggenda e nella storia, Napoli 1959. *A. Alföldi* Early Rome and the Latins, 1963, 278ff. *Ders.* Die trojan. Urahnen d. Römer, Basel 1957, 14ff. *R. Bloch* Les origines de Rome, Paris 1959. *Ders.* Tite Live et les premiers siècles de Rome, Paris 1965. *F. Bömer* Rom und Troja, 1951, 41ff. *W. Burkert,* Hist. 11, 1962, 356ff. *J. B. Carter,* Myth. Lex. 4,173ff. *C. J. Classen,* Philol. 106, 1962, 174ff. *Ders.,* Hist. 12, 1963, 447ff. 14, 1965, 386ff. *M. Delcourt* Hommages à Dumézil, Bruxelles 1960, 77ff. *G. Dumézil* La Rel. Rom. arch., Paris 1966, 248ff. *G. Fuchs,* Gesch. in Wissensch. u. Unterr. 17, 1966, 106ff. *P. de Francisci* Primordia civitatis, Rom 1959. *J. Gagé,* MEFR 47, 1930, 138ff. *E. Gjerstad* Legends and Facts of Early Roman History, 1962. *P. Grimal,* Dictionnaire 410f. *W. Hoffmann,* Philol. Suppl. 27, 1934, 104ff. *J. Hubaux* Les grands Mythes de Rome, 1945. *H. J. Krämer,* Synusia f. W. Schadewaldt, Pfullingen 1965, 380ff. *Th. Mommsen,* H 16, 1881, 1ff. *Ders.* Röm. Forschungen 2, 1879, 1ff. *M. Pallottino,* RE 32, 1963, 3ff. *J. Perret* Les origines de la légende Troyenne de Rome, Paris 1942, 367ff. *G. Radke* Die Götter Altitaliens, 1965, 273f. *Ders.,* Neue Einsichten 6, 1971 im Satz. *P. Romanelli* Certezze e ipotesi nelle origini di Roma, 1965. *H. J. Rose* Griech. Myth. 1955, 318ff. *A. Rosenberg,* RE IA 597f. 1074f. *G. de Sanctis* StR 1, 1956, 356f. *R. Schilling,* REL 38, 1960, 182ff. *W. Schur,* Klio 17, 1921, 137ff. *H. Strasburger,* SHAW 1968.

H. Wagenvoort Studies in Roman Lit., Cult. and Rel., 1956, 169ff.

2. R., Flavius Pisidius, *consularis Aemiliae et Liguriae* 385 (Cod. Theod. 2,4,4), *comes sacr. larg.* in Constantinopel 392 (Cod. Theod. 9,45,1), *praefectus urbi Romae* 405/06 (403?; DESSILS 798/99). R. besaß große Güter in Africa; an R. gerichtet: Aug. epist. 247. Symm. epist. 8,38. 62. 9,62. **3.** R. Valerius, Sohn des → Maxentius, * 292 (?), *cos.* 308 und 309, nach seinem Tode (309 ?) zum *divus* erhoben (DESSILS 666/67; 672/73). Mz. COHEN 7,182f. **4.** R. Augustus (»Augustulus«), am 31. Okt. 475 als Kind durch seinen Vater → Orestes (4) in → Ravenna zum Kaiser erhoben. R., von Constantinopel nie anerkannt, wurde im September 476 durch → Odoacer abgesetzt und erhielt als Wohnsitz das *castellum Lucullanum* bei Neapel (Anon. Vales. 37f. Prok. 5,1. Candidus = FHG 4,136. Chr. min. 1,308f. 2,91).

M. A. Wes Das Ende des Kaisertums 1967 pass. A. L.

Rōrarii waren in der Frühzeit des röm. Milizheeres Plänkler, die das Gefecht mit Wurfspießen und Steinschleudern einleiteten. Ihre Ausgangsstellung befand sich hinter der Schlachtordnung. Obwohl sie bald durch die → velites ersetzt wurden, war R. noch E. 2. Jh. v. Chr. eine Bezeichnung für das leichte Fußvolk. A. N.

E. Meyer, APrAW 1923, 3,36f. *Krom.-Veith*, 263. 268. 279.

Rosalia (*Rosaria* CIL X 3792), Rosenfest im Totenkult, das erst seit dem 1. Jh. n. Chr. bezeugt ist (CIL X 444. Plin. nat. 21,11). Der Termin der R. (auch *dies rosae, dies rosationis* u. a.) liegt örtlich nach Blütezeit der Rosen unterschiedlich: 11. Mai (CIL VI 10234,15), 13. Mai (CIL X 3792), 21. Mai (CIL VI 10239), 23. Mai (Kal. des Philocalus CIL I^2 p. 264), 20. Juni (CIL X 444), 15. Juli (CIL XI 132). Die R. haben sich vielerorts bis in chr. Z. erhalten; ein Beispiel für dieses Weiterleben ist die domenica rosata (Pfingstsonntag) in Italien. G. R.

Wissowa Rel. ^{2}434,3. *Latte* RRel. 363.

Rōscius. Röm. Gentilname. Dieser häufige Name (z. B. CIL XI 4507–4516. XIV 3225–3227) taucht in Rom erst seit der späten Republik auf (außer Nr. 2). Seine Vertreter kommen meist aus Ameria (Nr. 3. 4. 5. 8) oder Lanuvium (Nr. 7).

I. Republikanische Zeit.

1. R. Zwei Brüder, vermutlich Offiziere (im Gepäck des einen fanden sich die »Milesiaka« des → Aristeides [2], Plut. Crass. 32,3), wurden 53 beim Feldzug des Crassus gegen die Parther von → Surenas gefangen, Plut. 31,2. **2.** L. R. Röm. Legat, 438 mit drei weiteren von Fidenaten auf Befehl des Lars → Tolumnius von Veii getötet und darum durch Statuen auf den Rostra geehrt, Cic. Phil. 9,4. Liv. 4,17,2–6. **3.** Sex. R. Gutsbesitzer aus Ameria (Cic. S. Rosc. passim) mit guten Verbindungen zu bekannten röm. Familien, wie Scipionen und Metellern, Cic. a. O. 15. Sympathisierte daher im Sullan. Bürgerkrieg mit der Nobilität. 81 in Rom ermordet vom Freigelassenen Sullas, →

Chrysogonus, nachträglich auf die Proskriptionsliste gesetzt, Cic. a. O. 32. Seine Güter wurden weit unter Wert von Chrysogonus ersteigert, Cic. a. O. 6. **4.** Sex. R. Der gesellschaftlich etwas plumpe (Cic. S. Rosc. 74) Sohn von Nr. 3 verwaltete die Güter des Vaters. Nach deren Konfiskation mittellos, suchte er bei Caecilia → Metella (I 26) Unterstützung, Cic. a. O. 27. Von → Erucius, wohl auf Geheiß des Chrysogonus, 80 wegen Vatermord und Unterschlagung konfiszierter Güter angeklagt (Cic. a. O. 82), wurde er von Cic. verteidigt und wohl freigesprochen, Plut. Cic. 3,4; Sch. Gronov. p. 301 St. Zum Prozeß siehe E. GABBA, Ann. sc. norm. sup. Pisa, Ser. 2, Vol. 33, 1964, 1ff. J. HUMBERT Les Plaidoyers écrits de Ciceron, 1925, 100. **5.** T. R. Capito. Angesehener Verwandter von Nr. 3. Vermutlich von Chrysogonus bestochen, verhinderte er die Rückgabe der konfiszierten Güter von Nr. 3 und erhielt dafür 3 Landgüter aus dessen früheren Vermögen, Cic. S. Rosc. 115. **6.** L. R. Fabatus. Münzmeister 69 (so M. CRAWFORD Rom. Republ. Coin Hoards, 1969, T. XIII). Wohl als Volkstribun 55 einer der Rogatoren der Lex Mamilia Roscia Peducaea Alliena Fabia (BROUGHTON 2,217. 220,2; zur Dat. in das J. 45 s. F. T. HINRICHS Ansiedlungsgesetze, Diss. 1957, 195ff.). 54 vermutlich als Legat in Gallien, BROUGHTON 2, 227,5. Als Praetor 49 auf eigenes Anerbieten zusammen mit L. Iulius Caesar zu Caesar geschickt, um ihm den Beschluß vom 1. Jan. 49 zu überbringen, Caes. civ. 1,3,6. 8,4. Das Gegenangebot Caesars wurde von Pompeius und dem Senat mit erheblichen Modifikationen angenommen. Caesar wies diese Zusätze, von denen er durch R. und L. Iulius in einer zweiten Mission in Kenntnis gesetzt wurde, zurück, civ. 1,11,4; zur Verhandlungsführung s. K. v. FRITZ, TAPhA 72, 1941, 125ff. und M. GELZER Caesar, 1960, 173–183. R. trat kurz darauf wohl zu Caesar über, wofür die Rogation einer Lex R., betreffend das Bürgerrecht der Transpadaner, spräche (G. ROTONDI Leges publ., 1912, 416. BROUGHTON 2,258). Er fiel, anscheinend wieder in den Reihen des Senats, 43 vor Mutina, Cic. fam. 10,33,4. **7.** Q. R. Gallus. Freigeborener, sehr vermögender Schauspieler aus Solonium. Wegen seiner sprichwörtlichen Meisterschaft, vor allem in der Komödie, und seines edlen Charakters von Sulla in den Ritterstand erhoben, Macr. Sat. 3,14,13. Trat – jetzt ohne Honorar – weiter auf. R. errichtete eine Schauspielschule (Cic. de or. 1,129. Q. Rosc. 29) und verfaßte eine Schrift über Schauspielerei und Redekunst. Cicero, zu dem R. wie zu allen geistig interessierten Kreisen Roms engen Kontakt hatte, vertrat ihn in einem Privatprozeß, Cic. Q. Rosc. Er starb kurz vor 62, Cic. Arch. 17. **8.** T. R. Magnus. Nach Cic. S. Rosc. 86ff. übelbeleumdeter Verwandter von Nr. 3, angeblich Teilnehmer an dessen Ermordung und im Auftrag des Chrysogonus Verwalter der ersteigerten Güter, Cic. a. O. 23. Subscriptor im Prozeß gegen Nr. 4, Cic. a. O. 17. **9.** L. R. Otho. Wendet sich als Volkstribun 67 gegen die Lex Gabinia, nimmt aber nicht offen Stellung, Cass. Dio 36,24,4. Seine Lex R. setzte den Ritterzensus auf 400000 HS fest und reservierte die ersten 14 Reihen im Theater den Rittern, BROUGHTON 2, 145. Deswegen 63, vermutlich als Praetor (BROUGHTON 2,167), im Theater ausgepfiffen, wurde er von den Rittern und bes. Cicero in einer *contio* verteidigt, Plut. Cic. 13. W. Ed.

II. Kaiserzeit. **1.** L. R. Aelianus Maecius Celer. Seine Laufbahn CIL XIV 3612 = DESSILS 1025. Er war *Xvir stlitib. iudic., trib. mil. leg. IX Hispan.* und als solcher mit den *donis militaribus* ausgezeichneter Kommandant einer *vexillatio* seiner Truppe im Chattenkrieg → Domitians (RITTERLING, JOEAI 7 [1904] Beibl. 27ff. SAXER Vexillationen 24,41), *quaest. Aug(usti)* noch unter Domitian, Volkstribun, *praetor, cos. suff.* 100 (CIL VI 451 = 30769 = DESSILS 3619, DEGRASSI FImp. 30), *procos. provinc. Africae* (THOMASSON Statth. Afr. 2,61 f.). **2.** L. R. Aelianus Paculus. *Cos. ord.* 187 (CIL X 1784. DEGRASSI FImp. 52). Vermählt mit Vibia Salvia Varia, einer Verwandten des Juristen → Salvius Iulianus. **3.** L. R. Aelianus Paculus Salvius Iulianus, Sohn von Nr. 2 (CIL V 4353). *Cos. ord.* 223 (CIL VI 2835. 30960. 32542. IX 338. X 6764. DEGRASSI FImp. 62). **4.** M. R. Coelius. Legat der *legio XX Valeria Victrix* in Britannien. Er war mit dem Statthalter → Trebellius Maximus verfeindet und zwang ihn im J. 69 zur Flucht (Tac. hist. 1,59 f. 2,65). Von Iulius → Agricola im Kommando abgelöst (Tac. Agr. 7, 3). Cos. suff. 81 (CIL VI 2059. DEGRASSI FImp. 34). **5.** M. R. Lupus Murena. Seine Laufbahn IGR I 969 (= DESSILS 8834a = GUARDUCCI Inscr. Cret. IV 296), Ehreninschrift gesetzt von Volumnia Caleda, der Großmutter seiner Gattin. Er war demnach *VIIvir epulonum*, Militärtribun *leg. VII Claudiae*, Prolegat *leg. IV Flaviae* und *quaestor pro praetore* von Kreta und Kyrene. G. Wi.

Rōsea rura (Verg. Aen. 7,712), *ager Rosulanus* (Serv. Aen. a. O.; georg. 2,201) oder *Rosia* (Cic. Att. 4,15,5), durch Austrocknung des *lacus Velinus* 272 entstandenes (Cic.) durch seine Fruchtbarkeit berühmtes Gebiet nahe → Reate (Varro rust. 1,7, 10. Plin. nat. 17,32. 19,174). Der Name wird volksetym. aus den *arva rore humida* (Paul. Fest. 355,5 f. L.) erklärt (fehlender Rhotazismus erweist ihn als sabinisch); h. Le Roscie. G. R.

Forbiger HB d. alt. Geogr. 3,453. *Nissen* It. Ldk. 2,473.

Rosette-Stein. Ein 1799 bei Schanzarbeiten am Fort Julien, 3 km n. des Ortes Rosette (arab. ar-Raschid) nahe der Mündung des w. Nilarmes von französischen Soldaten der Expedition Napoleons gefundenes dreisprachiges (äg. Hieroglyphen, Demot., Griech.) Edikt aus der Zeit Ptolemaios' V., das die Entzifferung der Hieroglyphen durch Champollion möglich machte. Der Stein kam als Kriegsbeute über Paris ins British Museum. W. H.

Rosmarin (*rōs marinus, rosmarinum*, wohl aus *ῥὼψ μύριος; λιβανωτίς*), bei Griechen und Römern hochgeschätzte Arzneipflanze, deren Wurzel, Saft, Blätter und Samen als heilsam gegen viele Leiden galten. Auch als Kranzpflanze diente sie, bes. bei Leichenfeiern. Wegen des weihrauchähnlichen Duftes des Harzes und der Wurzel wurde sie als Ersatz für den kostbaren Weihrauch zum Räuchern benützt. Theophr. h. pl. 9,11 unterscheidet eine fruchttragende (*κάρπιμος*) und eine unfruchtbare (*ἄκαρπος*) Art; ebenso Plin. nat. 24, 99 f. (mit vielen medizin. Indikationen). Vgl. ORTH, RE I A 1128 f. K. Z.

Rosmerta, kelt. Segensgöttin, die regelmäßig mit dem (kelt.) → Mercurius (II) gepaart auftritt. Eine Liste von 51 inschr.-bildl. Belegen, durchweg aus urspr. kelt. Gebiet (einschließl. Germania superior) gibt KEUNE, RE I A 1128–46. K. Z.

Rostra s. Rednerbühne

Rota. 1. R. aquaria. Das Schöpfrad sollte Wasser heben. Die Außenfelgen der R. oder eine an der Achse befestigte Kette trugen viereckige Kästen (*modioli*), die beim Passieren des oberen Drehpunktes das Wasser in einen Behälter abgaben. Vitr. 10,4. Die R. wurden in Bergwerken durch Treten, sonst auch durch Wasserschaufeln bewegt. **2.** Die R. an der Wassermühle (Plin. nat. 18,97. Vitr. 10,5,2) ist meist ein Zahnrad, *tympanum dentatum*. **3.** R. oder *tympanum* heißt die radförmige Seilscheibe in der Mitte eines Wellbaums beim Flaschenzug, Vitr. 10,2,5. **4.** Das Tretrad an einem Hebekran ist gut dargestellt am Hateriergrab in Rom, TH. KRAUS Das röm. Weltreich (Propyläen Kunstgesch. 2, 1968) T. 200. **5.** R. dienten zum Bewegen der Kriegsmaschinen, Vitr. 10,13,2. Tac. hist. 4,23, und zum Landtransport von Kriegsschiffen, Frontin. 1,5,7. **6.** Zum Heben von Architravblöcken verwandte → Metagenes (2) R., Vitr. 10,2,12. **7.** Das Folterrad, *τροχός*, übernahmen die Römer von den Griechen, bei denen das Rädern, *τροχίζειν*, als Strafe (→ Ixion. Darstellungen: E. SIMON, JÖAI 42, 1955, 5ff.) und zum Erpressen von Geständnissen namentlich gegen Sklaven angewandt wurde. Zum technischen Vorgang des Räderns vgl. Roos Opuscula Archaeologica Inst. Romani Regni Sueciae 7, 1952, 87ff. W. H. G.

Rotes Meer s. *Ἐρυθρὰ θάλαττα*

Roxane (*Ῥωξάνη*), Tochter des → Oxyartes, nach Einnahme der väterlichen Burg 327 von dem von Liebe zu ihr ergriffenen Alexander nach einheim. Ritus geehelicht (Material s. BERVE). Sie begleitete Alexander bis zu dessen Tode, ließ danach die von diesem 324 ebenfalls geheiratete → Stateira töten u. wurde 321 gleichsam als Verkörperung des Gedankens der Reichseinheit mit Alexanders posthum geborenen Sohn Al. IV. (Iust. 13,2,5. Curt. 10,6,9; über ein früheres Kind s. Ep. Mett. 70) durch → Antipatros (1) nach Makedonien verbracht. Von dort bei dessen Tod nach

Epeiros geflohen, suchte sie zusammen mit → Olympias in die Politik einzugreifen (Diod. 18, 57), wurde durch → Polyperchon nach Makedonien zurückgeführt und geriet in die Hände des → Kassandros (2), (316), der sie nach erneutem Ausbruch der Diadochenkämpfe 310 mit Al. IV in Amphipolis ermorden ließ (vgl. FGrH 239 B, dazu U. Wilcken Äg. Ztschr. 35, 1897, 86). G. W.

Berve Alexanderreich II Nr. 688. *Stähelin*, RE I A 1155. *Niese* St. 1. 2 pass. *M. Fontana*, Cassandro Re di Macedonia, Rom 1955 pass.

Roxolani (Ῥωξολανοί), großer sarmatischer Stammesverband iran. Sprache, der aus dem südruss. Raum allmählich in das Donaubecken eindrang. Im 1. Jh. v. Chr. rückten die R., obwohl von → Diophantos (2), dem Feldherrn des Mithradates VI. geschlagen, vom Dnjepr weiter vor, und ein Teil von ihnen ließ sich im Raum zwischen dem Dnjepr und der Donaumündung nieder, der bisher von den → Jazygen besiedelt worden war. Ein Teil der R. erreichte das h. Süd-Rumänien.

Ein leichtbewaffnetes, berittenes Volk, das für seine Herden neue Weideplätze suchte. Für die Landwirtschaft hatten meistens die Bauern der besetzten Länder zu sorgen. Rüstung: Schwerter, Säbel, Bogen und Wurfschlingen. Die Häuptlinge trugen Panzerhemden aus Eisenplättchen oder aus zäher Haut. Als Nachbarn des röm. Reiches griffen sie ständig die Provinz Dacia an. Während der Dakerkriege standen sie auf deren Seite und vernichteten 85/86 n. Chr. die 3. Gall. Legion. Gegen 118 n. Chr. wurde ihr König röm. Vasall. Z. Z. Aurelians werden sie wiederholt erwähnt. 337 verließen sie unter dem Druck der O.-Goten die rumän. Gebiete; ein Teil von ihnen zog sich in das röm. Moesien zurück, während der größere Teil schubweise westwärts vorrückte und sich mit den Jazygen im h. Ungarn vereinigte.

Strab. 2,214. 7,294. 306 ff. Plin. nat. 4,80, Tac. hist. 1,79. Ptol. 3,15,19. 24 ff. Amm. 22,8. CIL XIV 3608. Chr. D.

A. Alföldi D. Roxolanen in der Walachei, Ber. intern. arch. Kongr. Bln. 1939 (1940). *E. Diehl*, RE Suppl. VII 1195 ff. Istoria Romîniei, 1, 1960, 291 ff., 297 ff., u. ö.

Rubellius. 1. C. R. Blandus. Aus Tibur. *Quaestor divi Augusti* (CIL XIV 3576 = DessILS 196), Volkstribun und Praetor (CIL XIV 3555. 3576), *cos. suff.* 18 n. Chr. (CIL VI 14221. Degrassi FImp. 8). Er stellte im J. 20 den Antrag auf Verbannung der Aemilia Lepida, der Gattin von → Drusus (II 3) (Tac. ann. 3,23) und stimmte im J. 21 als einziger Konsular gegen die Verbannung des → Clutorius Priscus (Tac. 3,51). Seine Gattin war → Iulia (II 97), die Tochter des → Drusus (II 1) und der → Livilla (3), mit der er sich im J. 33 vermählte (Tac. 6,27) und von der er zwei Söhne (Nr. 2. 3) und eine Tochter (Nr. 4) hatte. 35/36 *procos. prov. Africae* (AE 1948, 1 = IRT 330 ab. 331. 1951, 84 = IRT 269), Thomasson Statth. Afr. 2,27 f. und Ende 35 als *progener Tiberii* Mitglied der Schätzungskommission für die Einlösung der durch Brand zerstörten Gebäude auf dem Aventin (Tac. 6,45). Seit 38 *pontifex maximus* CIL XIV 3576 **2.** R. Plautus, Sohn von Nr. 1, geb. nach 33, Anhänger der stoischen Philos. Tac. ann. 14,22. 57. Durch seine Mutter *pari ac Nero gradu a divo Augusto* und daher schon früh als möglicher Thronanwärter angegeben (Tac. 13,19 ff.). Vermählt mit Antistia Pollita, der Tochter des → Antistius Vetus (II 11). Von Nero im J. 60 nach Kleinasien verbannt (Tac. 14,22) und im J. 62 auf Betreiben des → Tigellinus ermordet (Tac. 14,59). Sein nach Rom gebrachtes Haupt wurde von Nero verhöhnt (Cass. Dio 62,14,1), seine Güter wurden eingezogen und der → Octavia (3) übergeben (Tac. 14,60). **3.** R. Blandus, Sohn von 1. Von Iuv. 8,39 ff. als Beispiel hohlen Adelsstolzes angeführt, sonst aber unbekannt. **4.** R. Bassa, Tochter von Nr. 1, Gemahlin des Octavius Laenas und Großmutter des Sergius Octavius Laenas Pontianus, *cos. suff.* 131, der sie durch CIL XIV 2610 aus Tusculum ehrte. G. Wi.

Rubi (Horat. s. 1,5,94) ist eine Stadt der 2. Region (Plin. nat. 3,105) zwischen Canusium und Butunti (It. Ant. 116,4. Burd. 610,1. Tab. Peut. 6,5. Geogr. Rav. 4,35), die seit dem 3. Jh. v. Chr. Münzen prägt (Head HN^2 48); Einwohner: *Rubustini* (Plin. a. O. Feldm. p. 210. 260). H. Ruvo, berühmt durch Vasenfunde. G. R.

Forbiger HB d. alt. Geogr. 3,501. *Nissen* It. Ldk. 2,857. *Schulze* Eigenn. 46. *Beloch* RG 502. 589. *Altheim* Gesch. d. lat. Sprache 56.

Rŭbĭcō, Rŭbĭcōn (Lucan. 1,214). Von Caesar 49 überschrittener (Suet. Iul. 31,2. 81,2. Vell. 2,49, 4. Plut. Pomp. 60,2) Grenzfluß zwischen Gallia Cisalpina und Italia (Cic. Phil. 6,5. Plin. nat. 3, 115. App. civ. 2,35. 3,61. 88. Plut. Caes. 20,1. 32,4. Lucan. 1,213 ff. Vib. p. 150 R. Sidon. ep. 1,5,7), seit ca. 132 (Meilenstein CIL I^2 637 an Straße des Popilius zählt vom R.) und bis zur august. Regioneneinteilung (»einst« bei Plin. Vib. Sidon.) mit → Ariminum als Grenze (Plin. 3,115). Name R. angeblich nach Farbe (Sidon. a. O. Comm. Adnot. Lucan. 1,185). Gleichsetzung mit Fiumicino nach den Zahlen des o. g. Meilensteins und der Tab. Peut. 5,2 sowie der Lage von Forum Gallorum zwischen → Placentia und R. (Radke, Klio 42, 1964, 307). G. R.

Forbiger HB d. alt. Geogr. 3,372. *Nissen* It. Ldk. 2,246 f. *Miller* ITR. 389. *Radke* Latomus 24, 1965, 819 f.

Rubra Saxa s. Saxa Rubra

Rubrica. Urspr. die rote Erde bzw. Farbe, Vitr. 2,3. Colum. 3,11. Plin. nat. 18,36,3. 35,14,1 u. a. Metonym. dann »Titel, Überschrift, Rubrik«; denn Titel waren in Gesetzen rot hervorgehoben, Paul. Dig. 43,1,2,3. Martial. 2,3 u. a. In der Lex Malacitana z. B. findet sich vor den Kapitelüberschriften jeweils ein *R* (= Rubrica), CIL II 1963 = DessILS 6088. Mit R. wird auch gelegentlich das Gesetz selbst gemeint, Quintil. 12,3,11. H. G. G.

Rubricatum flumen, der w. von Barcelona ins tyrrh. Meer mündende Küstenfluß (Mela 2,90. Plin. nat. 3,21), h. Llobregad; Ptol. 2,6,74 notiert ʿΡουβρίκατα als Λαιητάνων μεσόγειος πόλις. K. Z.

Rubrius. In der späten Republik häufiger Name, der auch in Umbrien *(Rufrius)* und Etrurien vorkommt (SCHULZE Eigenn. 221. 462). Träger sind schwer zu identifizieren. I. Republikanische Zeit. **1.** R., 133 zusammen mit Ti. → Gracchus (8) Volkstribun. **2.** R. brachte 122 als Volkstribun den Gesetzesantrag über die Gründung der Colonie Carthago ein (Plut. C. Gracch. 10,1). Wahrscheinlich hat R. zusammen mit dem Urheber der *l. repetundarum* u. zugleich mit seinem Collegen M'. Acilius Glabrio auch eine *l. Rubria Acilia* durchgebracht, die in dem *SC de Astypalaeensibus* von 105 (IG XII 3,173) zitiert wird. **3.** R. unterstützte C. Verres bei seinen Schandtaten in Asien (Cic. Verr. 1,64–69. 80). **4.** R. war vielleicht 68 Praetor (BROUGHTON 2,138) und verwaltete danach als Propraetor Makedonien (67?). Dort diente → Cato (10) Uticensis unter ihm als Kriegstribun (Plut. Cato min. 9,1). Es ist unwahrscheinlich, daß der Adressat von Cic. fam. 13,41 u. 42, der Statthalter von Makedonien oder Illyricum L. Culleolus, mit R. gleichzusetzen ist (BROUGHTON 2,150,12, vgl. GÄBLER, RE XIV 765), eher etwa der Münzmeister zwischen 87 und 81 *L. R. Dossen(n)us* (BROUGHTON 2,451. MÜNZER RE I A 1169). **5.** R. hat vermutlich als Volkstribun zwischen 49 und 42 die *l. Rubria de civitate Galliae Cisalpinae* durchgebracht (KARLOWA 1, 441 ff. H. RUDOLPH Stadt u. Staat im röm. Italien, 1935, 237) und ist vielleicht ident. mit Nr. 6 (CIL I² 205. MOMMSEN GSchr. 1,192 f.). **6.** L. R. aus → Casinum hinterließ M. Antonius 46 seinen Grundbesitz, ohne seinen Neffen zu berücksichtigen (Cic. Phil. 2,40 f. 62. 74. 103; Att. 16,11,2). Vielleicht war er verwandt mit M. R. Proculus aus Casinum (CIL X 5419) und dem Municipalmagistrat M. R. Proculus (CIL X 5926. DESSILS 6259: *Porculus*) aus Anagnia. **7.** Q. R., von Cic. Verr. 3,185 gerühmter Soldat, den C. → Verres mit hohen mil. Auszeichnungen bedachte. **8.** P. R. Barbarus (CIL X 5169: aus Casinum) war 13/12 *praefectus Aegypti.* Amt und Datum werden auf der Epistylinschr. des Augustustempels in Philai, auf der Basis eines noch erhaltenen und der eines verlorengegangenen Obelisken, die R. beide in Alexandreia aufstellen ließ, angegeben (Plin. nat. 36,69. OGIS 2,657 = IGRom 1,1294 [Epistylinschr.]. OGIS 2,656 = IGRom 1,1072. CIL III 6588 [Obeliskinschr.]). Mitglieder der Familie R.' erscheinen in der Inschr. CIL VI 9245. Vielleicht war er verwandt mit Nr. 6. **9.** R. Fabatus wurde in Zusammenhang mit der Verfolgung der Anhänger Seians 32 n. Chr. verdächtigt, zu den Parthern übergehen zu wollen. Ein Prozeß fand jedoch nie statt (Tac. ann. 6,14). **10.** T. R. Nepos erscheint als *curator aquarum* auf 3 das Gebiet einer Quelle abgrenzenden Säulen (CIL VI 1248 = 31559) und ist vielleicht ident. mit T. R. Nepos CIL VI 9245 (vgl. Nr. 8). M. D.-M.

II. Kaiserzeit. **1.** R. Gallus, *cos. suff.* unter Nero (DEGRASSI FImp. 19). Von Nero 68 als *dux* gegen → Galba und → Verginius Rufus gesandt (Cass. Dio 63,21,1). R. fiel aber ab (Tac. hist. 1,89) und befand sich 69 im Heere → Othos bei → Brixellum (Tac. 2,33). Nach Othos Niederlage ging er auf Betreiben des → Flavius Sabinus (II 14) zu → Vitellius über (Tac. 2,51) und gewann den Vitellianer → Caecina Alienus (II 1) für Vespasian (Tac. 2,99). Im J. 70 schickte ihn dieser als Legaten nach Moesien, wo er siegreich gegen die → Sarmaten kämpfte (Ios. bell. Iud. 7,89 ff., A. STEIN Moesien 33). **2.** R. Gallus, wahrsch. Sohn von Nr. 1., *cos. suff.* um 101 (DEGRASSI FImp. 30) und Veranlasser des *senatus consultum Rubrianum.* G. Wi.

Rŭdiae (Sil. 12,396 f.), sallentin. Ort (Ptol. 3,1, 76) in Calabria, Heimat des → Ennius (Strab. 6,281. Ps. Acro Horat. c. 4,8,20), wird von Plin. nat. 3, 102. Mela 2,66 mit *Rudae* im *Poediculorum ager* verwechselt, das als Straßenstation (Tab. Peut. 6,4. Geogr. Rav. 4,35. Guido 47) und Stadt (Steph. Byz. s. ʿΡοδαί) bekannt ist. R. liegt nahe bei Lecce-*Lupiae* (Strab. 6,282. Guido 28. 71), wo die Porta a Rugge den Namen von R. bewahrt. G. R.

Forbiger HB d. alt. Geogr. 3,503. *Nissen* It. Ldk. 2,857,2. 881. *Beloch* RG 502. *Miller* ITR. 222 f. 375.

Rudiarius. Der ausgediente Gladiator erhielt bei ehrenvoller Entlassung aus dem aktiven Dienst die → *rudis*, die auch der → *lanista* führt, nicht zugleich die Freiheit. Der R. wurde meist erster bzw. zweiter Aufseher *(summa, secunda rudis)* bei einer Fechtabteilung. Die Befreiung von der Fechterschule fand durch Verleihung des → *pilleus* statt. W. H. G.

Rudis. 1. Jeder Stab zum Umrühren, Kelle, Rührlöffel, aus Holz, seltener aus Eisen, heißt r., κύκηθρον. **2.** Der Stab, das Rapier aus Holz diente Soldaten und Gladiatoren als Übungswaffe, ξυλίνη μάχαιρα, ξίφος ξύλινον, νάρθηξ, wie die *clava*, die Keule. → *Lanista* und → *rudiarius* brauchten die r., um den Kampf zu ordnen, streitende Gladiatoren zu trennen, unbotmäßige zum Gehorsam zu zwingen. W. H. G.

Rübe (γογγυλίς, ῥάπυς, ῥάφυς, βουνιάς; *rāpum, nāpus*), die weiße R. sowohl wie die Steckr., war in Griechenland wie in Italien, bes. dem n. It., früh heimisch und hat sich von dort weithin, bes. nach N., verbreitet. Sie diente als einfaches Nahrungsmittel für Mensch und Vieh. Anweisungen für Anbau und Verwendung bei Plin. nat. 18,131. Colum. 2,60,22. 11,3. 12,56. Vgl. ORTH, RE I A 1180–82. K. Z.

Rufillus. Koseform des Namens Rufus oder Rufinus. Bei Hor. s. 1,2,26 f., vgl. 4,92 dürfte in R. also kaum der wirkliche Name eines damaligen

Stutzers vorliegen. – Bei Rufilla kann jedoch Koseform oder auch wirklicher Name (z. B. Suet. Aug. 69,2) gemeint sein. H. G. G.

Rufinianus s. Caesonius

Rufinus. Cognomen, hergeleitet von Rufus oder Rufius, vgl. I. KAJANTO Lat. Cognomina, 1965, 27 f. 229. Häufig, in den Fasten der republ. Zeit bei → Cornelius (I 58), in denen der Kaiserzeit zahlreicher, DEGRASSI FImp. 265. H. G. G.

I. Politische Persönlichkeiten.

1. R. schloß sich 68 der Erhebung des → Iulius Vindex (II 92) an und wurde im nächsten Jahr auf Betreiben der Soldaten in Rom getötet (Tac. hist. 2,94). G. Wi.

2. R. Vettius, *cos.* 323 (CIL X 407), wahrsch. ident. mit dem 318–20 nachweisbaren ersten *praefectus praet. Gall.* (Cod. Theod. 5,2,1. 6,35,3. RE XXII 2428). **3.** R. Vulcacius, Onkel des → Constantius (5), *pontifex maior, consularis Numidiae, comes Orientis* 342 (Cod. Theod. 12,1,33. DESSILS 1237. 6122). R., *cos.* 347, war von 346 bis 354 (mit Unterbrechung) als *praef. praet.* in Pannonien, Italien und Gallien tätig (Amm. 14,10. Petr. Patr. frg. 16 = FHG 4,290. Cod. Theod. 9, 23,1. 11,1,6. DESSILS 727). 365 bis zum Tode im J. 367 war R. nochmals *praef. praet. Italiae* (Amm. 27,7. 11. Cod. Theod. 9,30,3. 10,15,4). **4.** R., Flavius aus → Elusa, trat um 379 in den Dienst → Theodosius' I. und erlangte bald bedeutenden Einfluß (Symm. epist. 3,81 ff.). 388/92 war *R. mag. officiorum*, 392 *cos.*, 392/95 *praef. praet. Or.* (Theodor. 5,18. Philostorg. 11,30. Zos. 4,51 f. Cod. Theod. 7,3,1. 8,6,2. 10,22,3. 16,5,23 ff. u. ö.). Beim Aufbruch gegen → Eugenius vertraute Theodosius dem R. die Obhut über → Arcadius und damit die Leitung der Regierungsgeschäfte im O. an. R., der 395 in schärfsten Gegensatz zu → Stilicho geriet (einseitig gegen R. ist Claud. in Ruf. 1/2, aber auch Zos. 5,1 ff.), wurde am 27. Nov. 395 in Constantinopel ermordet. R. galt als eifriger Christ. Die ihm ungünstige Überl. prangert bes. die Habgier des sehr reich gewordenen R. an.

S. Mazzarino Stilicone 1942. *A. Cameron* Claudian 1970.

5. R., 514/15 *mag. mil. per Thracias*, mit dem Kampf gegen → Vitalianus betraut. (Ioh. Antioch. frg. 214e = FHG 5,34). Wahrsch. ident. mit dem *patricius* R., der wiederholt mit diplomat. Aufgaben betraut wurde und z. B. 532 den Frieden mit den Sassaniden vermittelte (Prok. 1,10. 13. 16. 22. Chr. min. 2,91). A. L.

II. Sonstige Persönlichkeiten.

1. R. (Ῥουφῖνος) Epigrammatiker, nach → Straton (KEYDELL, H 80, 1952, 498 ff.) und vor → Ausonius, der Epigr. von R. nachbildete (ep. 12 p. 199 Schenkl – Anth. Pal. 5,21; ep. 83 p. 218 Sch. – 5,88). → Martialis hat er vielleicht benutzt (ORS. AUTORE Marziale e l'epigr. greco, p. 57–60) und vielleicht um 100 n. Chr. gelebt. Aufenthalt in Ephesos bezeugt 9,5 (L. ROBERT, RPh Sér. 3,41, 1967, 75 f.). Die erhaltenen Epigr., etwas mehr als 30, z. T. grob erotischen Inhalts, finden sich in der Anth. Pal. nur in B. 5 vor 104. 71. 72. 77. 284 gehören ihm nicht; fragliche Aberkennungen und Zuweisungen bei BOAS, Philol. 73, 1914–16, 1–18. 70 ahmt → Kallimachos 146 nach, 44 → Hedylos 161, 21 Straton 12,229. R. K.

2. R., Tyrannius, * um 345 bei → Aquileia, Jugendfreund des → Hieronymus, ging 371 mit → Melania nach Äg., besuchte die dortigen Mönche und wurde Schüler des → Didymos (5). Seit ca. 378 lebte er als Mönch in Jerusalem, wo er zum Presbyter geweiht wurde. Im Streit um → Origenes hielt er zu seinem Bischof → Iohannes (42); die Freundschaft mit Hieronymus zerbrach. Mit einer modifizierenden, das Unorthodoxe abschwächenden Übers. der Schrift περὶ ἀρχῶν des Origenes begann er eine umfangreiche Übersetzertätigkeit, die vor allem Origenes zugute kam. Wichtig wurden sodann die Übers. der KG des → Eusebios (7) und des → Gelasios (1). Außerdem vermittelte er Werke von → Basileios, → Gregorios (3) v. Nazianz, die ps.-clement. Recognitiones (→ Clemens 7), die → Historia monachorum sowie Spruchsammlungen (→ Euagrios (3) Pontikos, → Sextos) an das Abendland. An Sprachkenntnis ist er Hieronymus unterlegen, seine Wirkung war für das MA. beträchtlich. Seine eigenen Schriften (Commentarius in Symbolum apostolorum, De benedictionibus patriarcharum, Apologia ad Anastasium, Apologia [invectiva] in Hieronymum) sind vergleichsweise unbedeutend. B. R. V.

Ta.: *M. Simonetti* (CC 20), 1961. Für die Übers. s. die Original-Autoren und Lit. Außerdem: *V. Buchheit* Tyrannii Rufini librorum Adamantii ... interpretatio, 1966.

Lit.: *Schanz*, 4,1,412–427. *R. Murphy* R. of Aquileia, 1945. *Altaner*[7], 392/94. Ta. (s. o.), XII–XIX (Bibl.).

3. s. auch Antius, Aradius. Caecilius. Clodius. Cornelius. Cuspius. Fadius. Vibius.

Rufius s. Avienus. Festus. Ceionius. Proculus

Rufrae (Verg. Aen. 7,39) gehört nach Serv. a. O. zu den *castella Campaniae*, nach Sil. 8,568 nach Samnium; s. Rufrium. G. R.

Rufrium, samnit. Ortschaft, wurde 326 von den Römern erobert (Liv. 8,25,4). Einwohner, *Rufrani pagani* (CIL X 4830 f. 4833), stimmen in der *tribus Teretina* (CIL X 4836. KUBITSCHEK Imp. Rom. trib. discr. 35); ob die Ölpressen *ad Rufri maceriam* (Cato agr. 22,4. 135,2) aus R. stammen, ist fraglich. H. Kirche S. Felice a Ruvo bei Presenzano s. Venafro. G. R.

Forbiger HB d. alt. Geogr. 3,460. *Nissen* It. Ldk. 2,797. *Beloch* Campanien [2]409. *Ders.* RG 539 f.

Rufrius. 1. R. Crispinus, Ritter, erster Gatte der → Poppaea Sabina (4), von ihr aber verlassen, damit sie → Otho und später → Nero heiraten konnte (Tac. ann. 13,45. 15,71. Plut. Galba 19). Der dieser Ehe entsprossene Sohn starb als Knabe, wohl von Nero beseitigt (Suet. Nero 35). Im J. 47

zusammen mit → Lusius Geta (II 2) zum *praefectus praetorio* ernannt und mit der Gefangennahme des → Valerius Asiaticus betraut (Tac. 11,1). Nach Erfüllung des Auftrages mit 15000 Sest. und den *insignia praeturae* belohnt (Tac. 11,4). Im J. 65 der Teilnahme an der pison. Verschwörung beschuldigt und nach Sardinien verbannt (Tac. 15,71), wo er 66 durch Selbstmord endete (Tac. 16,17). **2.** R., von Claudius im J. 41 zum *praefectus praetorio* erhoben (Ios. ant. Iud. 19,267). Als Begleiter des Kaisers auf dem Feldzug nach Britannien reich ausgezeichnet und mit dem Recht eines Senatssitzes belohnt (Cass. Dio 60,23,2). Trotzdem bald darauf auf Betreiben der → Messalina (2) beseitigt (Sen. apocol. 13,5). G. Wi.

Rufuli war die Bezeichnung der → *tribuni militum* nach dem roten Purpurstreifen (→ *clavus)* ihrer Kleidung. In augusteischer Z. hießen so die vom Feldherrn ernannten und im Dienst befindlichen (Liv. 7,5,9), dagegen wurden die titularen, vom Volke gewählten als *comitiati* bezeichnet. RE I A 1,1202f. A. N.

Rufus. Cognomen (rothaarig bzw. rotköpfig, vgl. I. Kajanto Lat. Cognomina, 1965, 26f. u. ö.), sehr häufig, auch in den Fasten; Nachweise bei Degrassi FCapit. 148; FImp. 265f. H. G. G.

1. Oheim der 3. Frau des → Ovidius, besaß ein Landgut in → Fundi (Ov. pont. 2,11). **2.** Römerfreundlich gesinnter Reiteroffizier → Herodes' d. Gr., der nach dessen Tod im J. 4 v. Chr. zusammen mit → Gratus verschiedene Prätendenten besiegte (Ios. bell. Iud. 2,3,4ff.; ant. Iud. 17,10,3ff.). **3.** Senator, von → Domitianus (1) im J. 93 gleichzeitig mit dem späteren Kaiser → Nerva und Ser. → Cornelius (II 47) Scipio Salvidienus Orfitus der Verschwörung bezichtigt und auf eine Insel verbannt (Philostr. v. Apoll. 7,8). **4.** Sophist aus vornehmer Familie aus → Perinthos, Schüler des → Herodes Atticus und des → Aristokles (Philostr. vit. soph. 2,17). Vf. eines kurzgefaßten Lehrbuches der Rhetorik (Rhet. Graec. 1,399ff.).

Christ-Schmid 7,2,2⁶,697. *O. Schissel*, RhM 75,369ff.

5. Griech. Literat unbek. Zeit, Vf. einer *Δραματικὴ ἱστορία* (8 B.), einer *Μουσικὴ ἱστορία* (5 B.) und einer *Ῥωμαϊκὴ ἱστορία* (4 B.; s. Christ-Schmid 7,2,2⁶,801). **6.** M. Helvius R., rettete als einfacher Soldat in der Schlacht von → Thala im Kriege gegen → Tacfarinas einem röm. Bürger das Leben, vom Statth. L. → Apronius (II 1) mit *torques* und *hasta*, von Tiberius mit der *corona civica* ausgezeichnet (Tac. ann. 3,21. Suet. Tib. 32, 1). In seiner Vaterstadt → Tibur stiftete er eine Badeanlage (CIL XIV 3472 = DessILS 2637). G. Wi.

7. R. aus Ephesos, Arzt um 100 n. Chr. R. ist nicht nur ein Zeitgenosse und Landsmann, sondern in der Fruchtbarkeit und dem Rang seiner Produktion auch ein Geistesverwandter des → Soranos. Er gehörte allerdings keiner bes. Schule an. Am bekanntesten wurde R. als Anatom (2 kl. Schriften über Körperteile und ihre Namen erhalten). Aber als Kliniker war er ebenso bedeutend. Erhalten sind nur kl. Schriften über bestimmte Krankheiten (urologische, Gelenkkrkh. u. a.), über Pulslehre, sowie (bes. interessant) über Anamnese. Leider verloren ist eine Schrift über Melancholie, die offenbar bedeutend war. R. schrieb auch über Themen, die sonst wenig behandelt wurden, z. B. über die Rolle des Arztes beim Sklavenkauf. Anscheinend hat er sich, anders als Soranos, nicht über außer-med. Themen (philos. o. ä.) geäußert. Man wird summarisch sagen dürfen, daß R. ein selbständiger Hippokratiker von hohem Rang und einer der bedeutendsten Ärzte unmittelbar vor → Galenos war. Als solchen haben ihn z. B. auch die arab. Ärzte des MA. geschätzt. F. K.

Ta.: *Daremberg-Ruelle*, Nachdr. Amsterdam 1963; *H. Gärtner* R. v. E., Die Fragen des Arztes an den Kranken, CMG Suppl. IV, 1962.

Lit.: *J. Ilberg* R. v. E., Ein griech. Arzt in trajan. Zeit, Abh. Sächs. Ak. d. Wiss. 1930.

Ruga »Runzel«, Beiname s. Carvilius

Rugi (Rogi, Rugii), den Goten verwandter Stamm der Ostgerm., urspr. im Weichseldelta, siedeln in hist. Z. an der s. Ostsee in Westpreußen und Hinterpommern (Tac. Germ. 44). Im 5. Jh. n. Chr. an der Donau, sind die R. in Abhängigkeit der → Hunnen an Einfällen in das oström. Reich und am Zuge → Attilas 451 nach W. beteiligt. Mit → Gepiden und anderen germ. Stämmen erlangen sie nach Attilas Tod ihre Freiheit zurück. Eine Spaltung des Stammes führt zur Abwanderung einer kleineren Gruppe nach Ostrom (Zuweisung von Wohnsitzen bei → Bizye, Arcadiopolis im s. ö. Thrakien, Übernahme von Söldnerdiensten). Die an der mittleren Donau gegenüber der röm. Provinz → *Noricum ripense* verbliebenen R. stellen als Foederaten Soldtruppen, beteiligen sich aber auch im Heere → Odoakers am Sturz des weström. Reiches. Weitere Angriffe der R. werden durch die Ostgoten, die Pannonien und z. T. Noricum besetzt halten, verhindert. Ein Bündnis mit → Sueben und anderen Germanen gegen die Ostgoten wird 486 am Fluß Bolia (Bollia, Iordan. Get. 54) niedergeschlagen, doch gelingt es den R. sich nach dem Abzug der Ostgoten gebietsmäßig auszudehnen und das Land zwischen Enns und Wien zu kontrollieren.

Nach Severinus' Tod 482 versuchen die R. nach S. vorzustoßen, doch tritt Odoaker ihnen entgegen und besiegt sie. 488 unternimmt → Theoderich (Goten) mit dem Rest der R. unter ihrem König → Fridericus (2) seinen Zug nach Oberitalien, wo die R. in der Folgezeit eine gewisse Selbständigkeit bis zum gemeinsamen Untergang mit den Goten bewahren können. H. C.

Zeuss Die Deutschen und ihre Nachbarstämme (1837) 154. 484. *L. Schmidt* Gesch. der deutschen Stämme (1904/1910) 146. 325. *Rappaport*, RE I A 1213.

Rullianus s. Fabius I 38

Rullus s. Servilius I 35

Rūmīna (Ov. Fast. 2,412) erhält bei ihrem *sacellum* an der *ficus Ruminalis* Milch statt Weinspenden (Varro rust. 2,11,5. Non. p. 167 M.), weil sie als Amme gilt (Plut. Rom. 4,1; quaest. Rom. 57); vgl. Namensherleitung von *ruma* (Fest. 326, 25 L. Plut. Rom. 4,1. Aug. civ. 4,11) oder *rumis* (Fest. 332,11. Paul. Fest. 333,5 L. Plin. nat. 15, 77) = *mamma;* neben R. kennt Aug. civ. 7,11 einen Iuppiter Ruminus. G. R.

Prell.-Jord. 2,210. *Peter* Myth. Lex. 2,219f. *Wissowa* Rel. ²242. *Latte* RRel. 111. 148. *Pestalozza,* Stud. e mat. 9, 1933, 67. *Radke* Götter Altitaliens 274.

Runcina wird angerufen, *cum (frumenta) runcantur id est a terra auferuntur* (Aug. civ. 4,8); sprachlich zugehörig ist der *Subruncinator* (Serv. auct. geogr. 1,21). Die Erklärung bei Aug. a. O. deckt sich nicht mit *runcare* »jäten«. G. R.

Prell.-Jord. 2,225. *Peter* Myth. Lex. 2,220. *Wissowa* Rel. ²242,8. *Radke* Götter Altitaliens 275.

Rupilius. Ital. Personenname, vgl. Schulze Eigenn. 220. 443. **1.** Trag. Schauspieler um 100 v. Chr., Cic. off. 1,114. **2.** L. R., jüngerer Bruder von Nr. 3, Praetor ca. 133 (vgl. Broughton Mag. 1,493), bewarb sich zwischen 132–129 erfolglos um den Consulat. Cic. Lael. 73 u. a. **3.** P. R. (P. f. P. n.), Praetor um 135. Als Anhänger des Scipio Aemilianus war er 132 Consul, zusammen mit P. Popillius Laenas (Quellen u. a. bei Degri 13, 125f. 470f.); durch Erfolge bei Tauromenion und Henna beendete er den Sizil. Sklavenkrieg und ordnete mit einer Senatskommission die Verhältnisse der Insel *(lex Rupilia)* grundlegend, vgl. Holm Gesch. Sic. 3,72ff. Er starb vor Aemilianus (129) aus Kummer über den Mißerfolg seines Bruders Nr. 2. Fannius Frg. 6 Peter u. a. H. G. G.

Ruricius, 485 episcopus Lemoricensis (Limoges), † bald nach 507. Einzelheiten aus dem Leben sind durch seine Briefe bekannt (MGAA 8). R. korrespondierte mit Apoll. → Sidonius (epist. 8, 10. 4,16. 5,15). Einen Epithaphius auf R. schrieb Venantius Fortunatus (carm. 4,5). A. L.

Rusaddir, Stadt an der Küste der Mauretania Tingit., h. Melilla in Marokko. Plin. nat. 5,18 *Rhysaddir.* Ptol. 4,1,3 ῾Ρυσσάδειρον. Itin. Ant. *Rusadder.* Mela 1,29 irrtümlich *Rusigada.* Der Name ist phoinik. = Das gewaltige Vorgebirge. R. liegt auf einem Felsen im SO. einer Halbinsel, die mit dem Kap des Trois-Fourches endigt. M. L.

R. Fernandez de Castro Melilla Prehispanica, Madrid 1945, 221. *M. Tarradell* Marruecos púnico, Tetuán 1960, 63.

Rusazus, pun. Ort an der Küste der Mauretania Caesar., zwischen Rusuccuru und Saldae, h. Azeffoun. S. Gsell Atl. Arch. Alg. f. 6, Nr. 71. 87. Dann röm. Hafenstadt: Plin. nat. 5,20 *colonia Augusti.* Ruinen: Dämme, Tempel, Thermen, Nekropole. Inschr. CIL VIII 8985. Grabstele im Museum von Algier: G. Doublet, Musée d'Alger, 1890, 66. Ein Bischof *(Rusaditanus)* wird im J. 484 erwähnt: Vict. Vit. 69. M. L.

Ruscino. 1. Fluß, der auf den Pyrenäen entspringt und ins Mittelmeer mündet neben dem → Illiberis (2) Strab. 4,182 ὁ ῾Ρουσκίνων. Pol. bei Athen. 8,332a ῾Ρόσκυνος. Ptol. 2,10,2 ῾Ρουσκίων. Avien. ora marit. 567 *Roschinus.* **2.** Oppidum der Gallia Narb., nach dem Fluß genannt; h. Perpignan. Liv. 21,24. Stadt lat. Rechts nach Plin., (3,32), Kolonie nach Mela (2,5,84), im Gebiet der → Volcae Tectosages nach Ptol. 2,10,6, Straßenstation auf den Bechern von Vicarello. Itin. Ant. 397. Tab. Peut. *Ruscione.* Neue Ausgrab. Gallia, Chron. Arch. 1950–1970. M. L.

Rusellae, etr. Stadt (Ptol. 3,1,48) in 184 m Höhe nahe der Umbromündung (umbr. Name ῾Ρέσαλα Steph. Byz. s. v.), soll die Latiner gegen Rom unterstützt haben (Dion. Hal. ant. 3,51). R. wurde nach langen Kämpfen 294 erstürmt (Liv. 10,4,5. 37,3). R. lieferte den Römern 205 Getreide und Schiffsholz (28,45,14). Unter Augustus *colonia* der 7. Region (Plin. nat. 3,51). Ausgedehnte ertragreiche Grabungen. G. R.

Forbiger HB d. alt. Geogr. 3,433. *Nissen* It. Ldk. 2,308. *Beloch* RG 457. *Schulze* Eigenn. 450,3.

Rusguniae, Hafenstadt an der Küste der Mauretania Caesar.; h. Tametfoust. Plin. nat. 5, 20 *col. Augusti R.* Ptol. 4,2,2 ῾Ρουσγόνιον. Itin. Ant. u. Geogr. Rav. *Rusguniae.* Vor 27 n. Chr. durch *deductio* der *leg. IX Gemella* gegründete Kolonie (P. Salama, Rev. Afr. 1955, 5). Wichtige Ruinen, Münzschatz. Inschr. CIL VIII 9246. AE 1956, 160. M. L.

S. Gsell Atl. Arch. Alg. f. 5, Nr. 36. *P. Salama,* Rev. Afr. 1957, 205. *R. Guéry,* Bull. Arch. Alg. 1962–1965, 21.

Rusicade, Hafenstadt in Numidien, ö. von Chullu; h. Skikda, nahe oued Safsaf (Thapsus, nach Vib. Seq. GLM 151). Mela 1,7,33. Plin. nat. 5,22 *Rusiccade.* Ptol. 4,3,2 ῾Ρουσικάδα. Itin. Ant. Tab. Peut. *colonia.* Geogr. Rav. Iul. Honor. GLM 47. Pun. Ort, dann *col. Veneria* in der Statthalterschaft des P. → Sittius (3), dann im Bund mit Cirta. Bedeutende Ruinen: Theater, Mithraeum usw. Inschr. ILAlg. II 1–418. M. L.

S. Gsell Atl. Arch. Alg. f. 8, Nr. 196. *A. Grenier,* Rec. Const. 68, 1953, 87. *S. Gsell, L. Bertrand* Musée de Philippeville, 1898.

Ruso s. Abudius. Calvisius (II 3)

Ruspīna, Stadt der Africa proconsul., dann der Byzacena, zwischen → Hadrumetum und → Leptis minor (Lemta); h. Monastir oder Henchir Tenis. Strab. 17,831 ῾Ρουσπῖνον. Ptol. 4,3,2 ῾Ρουσπίνα. Cass. Dio 42,58. Vorhist. Haouanet. Der Name ist phoinik. Die Stadt liegt auf einem Felsen, am E. eines Vorgebirges vor drei Inseln. Erste Erwähnung in Caes. bell. Afr. 3,2. 6,6; bes. 20. 35,5: Im J. 46 v. Chr. schlug Caesar dort ein Lager und verschanzte sich; in den Hafen (3 km im S.) legte er die Flotte. Ruinen: Thermen. M. L.

Atl. Arch. Tun. f. 48, Sousse, Nr. 94. *Tissot* Géogr. comp. prov. rom. Afr. 2,165. 727. *S. Gsell* Hist. Anc. Af. du N. 8,65. 73. *Krom.-Veith* Ant. Schlachtfelder, 3², 777. *P. Cintas* Protohist. Tunisie, 1961, 32. 142. CIL VIII, S. 11.

Rusticus. **1.** R., Sextius Iulianus (CIL VIII 995. 16400), Gallier niedriger Herkunft, 367 *mag. memoriae*, 371/73 *procos. Africae*, 387 *praefectus urbi Romae* (Amm. 27,6. Symm. or. 7; epist. 3,1–9. Cod. Theod. 15,7,2. 16,6,1.
RE IA 1241 Nr. 10 und X 95 Nr. 46.
2. R., Decimius, *mag. officiorum* des → Constantinus III. (3), 409 *praefectus praet.*, 413 hingerichtet (Greg. Tur. 2,9. Zos. 6,13. Sidon. epist. 5,9). **3.** R., diaconus, kam 547 mit seinem Onkel dem Papst → Vigilius nach Constantinopel, revidierte den lat. Text der Beschlüsse von Chalcedon, schrieb gegen die Beschlüsse des Konzils von Constantinopel (553), wurde noch 553 vom Papst abgesetzt und von Kaiser → Iustinianus verbannt (Chr. min. 2,203. Acta conc. oec. IV 1,189. MANSI 7,79,118. 203ff.). A. L.
4. s. auch Antistius (II 3). Arulenus (2) Fabius. (III 2) Iunius (II 9ff.).

Rusuccuru, Hafenstadt der Mauretania Caesar., w. von Iomnium; h. Dellys, wenn Iomnium bei Tigzirt zu lokalisieren ist. Ptol. 4,2,2 ῾Ρουσουκκόρου. Plin. nat. 5,2 *R. civitate honoratum a Claudio. Municipium* unter Septimius Severus (CIL VIII 8995). Kolonie in Itin. Ant. und Tab. Peut.; Inschr. CIL VIII 9002. 20729. Ruinen: Wall, Thermen, Stelen. M. L.
S. Gsell Atl. Arch. Alg. f. 6, Nr. 24. 87. *E. Frézouls, A. Hus,* MEFR 1954, 147. *M. Euzennat*, ebd. 1955, 127.

Rutēni, kelt. Stamm in Aquitanien, von Q. Fabius Maximus besiegt (Caes. Gall. 1,45); griff in den Aufstand des Vercingetorix (Gall. 7,75) und in den Bürgerkrieg ein (Caes. civ. 1,51). Hauptort: Segodunum, später *Ruthena civitas;* h. Rodez (Aveyron). In ihrem Gebiet waren Silbergruben (ἀργυρεῖα Strab. 4,191. CIL XII 1550), Flachswebereien (Plin. nat. 19,8); Keramikwerkstätten von Montans, Banassac, La Graufesenque. M. L.
Desjardins Géogr. Gaule 2,281. *A. Albenque* Les Ruthénes, Etud. d'hist., d'arch. et de toponymie gallo-rom., Rodez 1948.

Rutilius. Gentilname eines für die pleb. Nobilität typischen Geschlechts, das im 2. Jh. v. Chr. hervortrat. Verschiedene Beinamen (Lupus, Rufus, Calvus u.a.), anscheinend fast alle miteinander verwandt (weite Verbreitung des Vornamens P.). Vgl. MÜNZER Adelsp., 323f.

I. Republikanische Zeit. **1.** C. R., ein Verwandter oder Klient von Nr. 8 und somit wohl Verbindung mit dem Pontifex Q. → Mucius (12) Scaevola, Cic. Brut. 147. **2.** M. R. Ältester bekannter Vertreter der *gens.* Weil ihm ein Patrizier die Braut genommen hatte, entstand zwischen 241 und 219 eine ernste Auseinandersetzung der Plebeier mit den Patriziern, Liv. frg. 20 Weissenborn. **3.** P. R. Volkstribun 169. Klagt verärgert über zensor. Maßnahmen gegen seinen Freigelassenen die Censoren wegen *perduellio* an. Diese nahmen ihm das Ritterpferd, stießen ihn aus der Tribus und machten ihn zum Ärarier, Liv. 44,16,8. MÜNZER, RE IA 1248 hält diesen R. (Rufus?) für den Vater von Nr. 8. Zur Klage wegen *perduellio* vgl. J. BLEICKEN Das Volkstribunat, [2]1968, 62. 80. 102. **4.** P. R. Volkstribun 136, wies C. → Hostilius (11) Mancinus, der durch seine Auslieferung an die Numantiner angeblich sein Bürgerrecht verloren hatte, aus dem Senat, Cic. de or. 1,181. H. SIMON Roms Kriege in Spanien, 1962, 156. **5.** Sp. R. Crassus. Nach Liv. 4,47,8 Consulartribun 417, jedoch zweifelhaft: Obwohl vor 400 Consulartr. pleb. Herkunft nachzuweisen sind (MÜNZER, RE IA 1254f.; anders Liv. 5,12,9), erscheinen R. erst 250 J. später in den Fasten und heißen dann weder Sp. noch Crassus. Richtig wohl Diod. 13,7,1 Σπούριος Οὐεττούριος (Cod. P: ῾Ρουίλιος), vgl. BROUGHTON 1,73,2. R. WERNER Der Beginn der röm. Republik, 1963, 288,6. **6.** P. R. Lupus. Praetor ca. 93, Consul 90. Der Parvenu übernahm im Bundesgenossenkrieg den Oberbefehl über N.-Italien mit bekannten Feldherrn (z.B. → Marius [2]) als Legaten, geriet bei der ersten Unternehmung in einen Hinterhalt der Marser am Tolenus und fiel, bevor Marius helfen konnte, App. civ. 1,43,191ff. Oros. 5,18,11ff. **7.** P. R. Lupus. Wohl Sohn von Nr. 6. Griff als Volkstribun 56 Caesars Ackergesetz an, Cic. ad Q. fr. 2,1,1, und unterstützte die Bestrebungen des Pompeius, den Ptol. Auletes wieder in Äg. einzusetzen, Cic. fam. 1,1,3. Als Praetor bei Unternehmungen in Italien 49 im Auftrag des Pompeius glücklos, versuchte er dann als Propraetor 48 den Isthmos von Korinth gegen den vordringenden → Fufius (5) Calenus zu befestigen, Caes. civ. 3,56, 3. **8.** P. R. Rufus. Vermutlich Sohn von Nr. 3. Consul 105. Trib. mil. 134–132 in Spanien, Praetor ca. 118 (zur Dat. BROUGHTON 1,527), Legat in Kreta 113 (BROUGHTON 1,536), in Afrika 109–107 und in Asien 94 (zur Dat. s. E. BADIAN, Ath. 34, 1956, 104ff.). Schloß sich an C. → Laelius (2), Scipio Aemilianus, → Lucilius (I 10), den Redner Ser. → Sulpicius Galba und den Juristen P. → Mucius (7) Scaevola an, verfeinerte seine Bildung durch Studium beim Stoiker → Panaitios, Cic. Brut. 85ff. 114. Hohe militär. Fähigkeiten: er trug 109 als Legat des Q. → Metellus (I 21) wesentlich zum Siege am Flusse → Muthul bei (Sall. Iug. 52, 5ff.) und zeigte nach der Niederlage bei → Arausio als Consul größte Umsicht bei den Abwehrmaßnahmen und der Aufstellung eines neuen Heeres. Der Versuch, als Legat des Proconsuls Q. → Mucius (I 12) Scaevola 94 in Asien die Provinzialen gerecht zu behandeln, brachte R. im J. 92 eine Anklage der Steuerpächter wegen Erpressung der Provinzialen ein, Liv. ep. 70. Von parteiischen Richtern aus dem Ritterstand verurteilt (Vell. 2, 13,2), zog er sich demonstrativ nach Asien zurück, Val. Max. 2,10,5. Das Fehlurteil war vielleicht auch durch das Verhalten des R. vor Gericht mitverursacht, da er in stoischer Manier auf eine wirkungsvolle Verteidigung verzichtete und die

Richter seine Nichtachtung spüren ließ. Vgl. CHR. MEIER Res publica amissa, 1966, 77. 213. Cic. Brut. 114 schildert die Beredsamkeit des R. als typisch stoisch, auf Sachlichkeit und Logik gerichtet (s. H. MALCOVATI, ORF, ^{3}1966, 168 f.). Als Praetor durch Rechtsbescheide bekannt, Dig. 38,2,1,1. Seine im Exil entstandene in Fragmenten erhaltene Geschichtsschreibung (HRR 187 ff.) hat stark autobiograph. Züge. Nach H. NISSEN, Krit. Untersuch., 1863, 41 f. haben sich Autobiographie und Geschichtswerk des R. in ihrem Inhalt wohl entsprochen. W. Ed.

II. Kaiserzeit. **1.** Q. Iulius Cordinus C. R. Gallicus, * um 26 n. Chr. in Augusta Taurinorum. Seine Laufbahn CIL V 6988–6990 = DESSILS 1008. 7089 und Stat. silv. 1,4: Militärtribun bei der *legio XIII Gemina* in Pannonien, *quaestor*, *aedilis* und *legatus divi Claudi leg. XV Apollinaris* (CIL III 4591). Nach der Praetur unter Nero *legatus provinciae Galaticae* (AE 1920, 55 = DESSILS 9499. SHERK Leg. of Galatia 35 f.), wo er im Heere des Cn. → Domitius (II 9) Corbulo (RITTERLING, JOEAI 10, 1907, 299 ff.) an der Annexion von Armenia minor teilnahm (MAGIE 1412). Anschließend Legat des procos. von Asia (MAGIE 1596) und 71 oder 72 *cos. suff.* (DEGRASSI FImp. 21). Von Vespasian 73 und 74 in außerordentlicher Mission als *legatus Augusti pro praetore* nach Africa geschickt, um die wesentlich erhöhten Steuern einzutreiben und die Grenze zwischen Africa vetus und nova zu regulieren (SYME, REA 1956, 238); 78 Statthalter von Germania inf. (CIL XVI 23), führte einen Krieg gegen die → Bructeri, bei dem er die Seherin → Veleda gefangennahm (Tac. Germ. 8. RITTERLING Fasti 58). Unter Domitian während des Dakerkrieges 84–89 *praefectus urbi* und um 87 *cos. suff. II* (DEGRASSI FImp. 26). † nach längerer Krankheit etwa 92. An Priesterämtern bekleidete er die Stellungen eines *sodalis Augustalis* seit 68 und eines *pontifex* seit etwa 70. Vermählt mit Minicia Paetina (CIL V 6990). Von Stat. silv. 1,4 als hervorragender Gerichtsredner und Dichter gerühmt (SCHANZ-HOSIUS 2,2^3,219). **2.** M. R. Lupus, unter Traian 113 bis 117 *praefectus Aegypti* (A. STEIN Präf. Aeg. 55 ff.). **3.** M. R. Lupus, Besitzer der *figlinae Brutianae* 110–123 (CIL XV 18–32), der *figlinae Naevianae* 121/22 (CIL XV 344. 345) und der *figlinae Narnienses* 123 (CIL XV 348). Nach DESSILS 8658 abc mit Nr. 2 identisch. **4.** M. R. Lupus. Tribun der *legio XXII*, dann *quaestor* und *tribunus plebis*, schließlich Legat der *legio XIII Gemina* während ihres Aufenthalts in → Poetovio (CIL III 10898). G. Wi.

5. R. Claudius Namatianus, lat. Dichter der Spätantike, verfaßte eine Reisebeschreibung in eleg. Dist.; erhalten sind 2 B., der Anfang verstümmelt, von B. 2 nur 68 V. R., hoher Staatsbeamter aus gall. Adel, *praef. urbi* 414, reist von Rom zurück auf seine von Germanen verwüsteten gall. Güter (daher der nicht authent. Titel *de reditu*). Als Zeitpunkt ist nach [1], 135 ff. u. [4] – anders (415) [2], 14 ff. – der Herbst 417 wahrscheinlich. Der Tradition des poet. Itinerarium folgend, geben die Stationen der Seereise Anlaß zu Exkursen: mythol. Aitiologie, Ekphrasis, moral. Betrachtung und Elogen an Freunde wechseln mit Anspielungen, die R. als Anhänger einer pagan-nationalist. Romideologie ausweisen (gegen das Mönchtum 1,439 ff. 519 ff.; gegen → Stilicho 2,41 ff.); ihre Krönung ist der Rompreis 1,47 ff., mit dem R. → Prudentius und → Claudianus respondiert (vgl. [5], 553 f.). Das Itinerarium ist Zeugnis sowohl einer raffinierten Imitationstechnik (vgl. W. SCHMID, Studi Castiglioni, 1960, 879 ff. u. A. BARTALUCCI, Stud. Class. Or. 14, 1965, 30 ff.) wie der paganen Reaktion (z. T. Replik auf Aug. civ.: [3], 104 f. u. [4]). R. He.

Ta.: *J. Vessereau*, 1904. *R. Helm*, 1933. *E. Castorina*, 1967. Lit.: 1. *F. Vollmer*, RE IA 1249 ff. 2. *I. Lana* R. N., 1961. 3. *P. Courcelle* Hist. litt. des grandes invas. germ., 1964^3. 4. *A. Cameron* R. N., St. Aug. and the date of de reditu, JRS 57, 1967, 31 ff. 5. *M. Fuhrmann* Die Romidee d. Spätantike, HZ 207, 1968, 529 ff.

Rutilus. Cognomen nach der Haarfarbe, vgl. I. KAJANTO Lat. Cognomina, 1965, 64. 230, in den Fasten der republ. Z. bei Corneliern, Marciern, Nautiern, Verginiern; in denen der Kaiserzeit ist die Weiterbildung *Rutilianus* sehr häufig, DEGRASSI FImp. 266. H. G. G.

Rŭtŭli (Sil. 8,359), Volk Latiums, das durch Widerstand gegen Aeneas (Dion. Hal. ant. 1,43. 57. 59. 64. Ail. nat. 11,16. Serv. Aen. 10,8. 11,318) unter seinem König → Turnus (Liv. 1,2,3. Serv. Aen. 12,120. Serv. auct. Aen. 1,259) bekannt ist. Mittelpunkt der R.: → Ardea (Strab. 5,228 f. 231 f. Serv. Aen. 3,500). *Populus Ardeatis Rutulus* (Cato frg. 58 P.) gehört zu einem Bunde latin. Gemeinden und gilt als blutsverwandt mit ihnen (Verg. Aen. 12,40). Angebliches Etruskertum der R. aus App. reg. 1 erschlossen, wo jedoch der Name der R. den ihres Königs Turnus-Tyrsenos irrig verdrängt hat; dort ist herzustellen: *τῷ Τυρρηνῷ προμνηστευθεῖσαν αὐτῶν τῷ βασιλεῖ.* Ähnlich unsicher identifiziert sie Vib. p. 158 R. mit den → *Dauni* (Daunus ist König von Ardea!). Das Gebiet der R. ist Ziel röm. Expansion (Cic. rep. 2,5. Liv. 4,11,4). Der Name aus **r(ĕ)udh-ḷlṓ-* mit »ausonischem« (DEVOTO Storia della lingua di Roma^2 58) $t < dh$. G. R.

Beloch RG 147. *Schulze* Eigenn. 574,6. *Altheim* Griech. Götter i. alt. Rom 31. *Werner* Der Beginn d. röm. Rep. 331 f. *Devoto* Gli ant. Italici ^{2}92. *Radke*, Neue Einsichten 6, 1971 im Satz.

Rutupiae, h. Richborough bei Sandwich, Kent, in der Kaiserz. vielbenützter Landungsplatz. Reste der Mauer eines Kastells und eines Amphitheaters sowie der Gebrauch von *Rutupinus* für *Britannicus* weisen auf die Bedeutung des Platzes hin. Der Hafen ist jetzt ganz versandet. Vgl. HAVERFIELD, RE I A 1284. K. Z.

S

Saalburg, Kastell n. von Bad Homburg am Taunuslimes (220 m hinter dem Pfahlgraben an einem Paßweg zwischen Fröhlichemannskopf und Weißenstein). Zur Flankendeckung der röm. Truppen im Chattenkriege wurden in Taunus und Wetterau bald nach 83 n. Chr. Wachtürme und Schanzen errichtet, zu denen im Bereich der S. zwei Erdschanzen zu rechnen sind, die als vorläufige Paß-Sperre dienten. Ihnen folgt, etwas nach W. verlegt, ein Erdkastell (Achslängen 84 m zu 80 m), das um 90 n. Chr. erbaut, vielleicht zur Aufnahme eines Baukommandos bestimmt war. Zwischen 125 und 128 n. Chr. wird die *cohors II Raetorum civium Romanorum* nach der S. verlegt und das Kastell auf 221 m zu 147 m vergrößert. Das Erdkastell wurde spätestens 139 n. Chr. mit einer Umwehrung in festem Stein-Holz-Verband ausgestattet. Unter dem Eindruck einer ersten Zerstörung um 185/187 n. Chr. und dem zunehmenden Druck der → Alamannen wurde der Limes hinter der Holzpalisade mit Graben und Wall verstärkt und das Lager S. zwischen 209 und 213 n. Chr. mit massiven Mörtelmauern (Zinnenmauern) und festen Innenbauten aus Stein versehen (vier Tore, Magazin-*horreum* h. Museum, Mittelbauten mit Halle – *principia* und Fahnenheiligtum *sacellum*, Mannschaftsbaracken). Nach einer Zerstörung um 232/33 und verringerter Wiederbelegung wird das Lager mit der Rücknahme des Limes zwischen 251 und 260 n. Chr. aufgegeben.

Außerhalb des Lagers Badegebäude und großer Rechteckbau *(mansio?)*, Keller und Fachwerkbauten des Lagerdorfes *(canabae)* an der Straße nach Nidda-Heddernheim, sowie Mithraeum, Metroon, Brandgräberfeld, gall. Heiligtum des → Sucellus und der Nantosvelta, → Dolichenusheiligtum und ein kleineres Brandgräberfeld.

Kastellbefestigung und einige Innenbauten im Auftrag Kaiser Wilhelms II. durch L. Jacobi z. T. wiederhergestellt. H. C.

L. Jacobi Das Römerkastell Saalburg (1897). D. obergerm.-rät. Limes Abt. B Bd. II (1937) 1 Nr. 11 und ebd. Abt. A Bd. II (1936) Strecke 3. – Saalburg-Jahrb. (Ber. seit 1910). *H. Schönberger* Neuere Grabungen am obergerm. und rät. Limes. Limesforsch. 2, 1962.

Saale (Σάλας bei Strab. 7,291), die thüring. Saale, Nebenfluß der Elbe, benannt nach dem Salzgehalt der vom Fluß durchströmten Landstriche. Zwischen S. und Rhein soll der ältere → Drusus (II 1) auf dem Rückzug gestorben sein. Die fränk. S., die über Solbad Kissingen in den Main fließt, hat man im Bericht Tac. ann. 13,57 erkennen wollen, doch handelt es sich hier um die Werra.

J. B. Keune, RE I A 1297. H. C.

Saba, das Land der → Sabaioi. A. D.

Sabaioi (Σαβαῖοι), das größte und hist. bedeutendste der 4 Hauptvölker Alt-S.-Arabiens. Sie erscheinen bereits in einer Inschr. → Tiglatpilesers III., in → Sargons Feldzugsbericht von 715, in einer → Sanherib-Inschr. von 685 und im A. T. (1. Reg. 10, Besuch der Königin von Saba bei Salomo). In der griech.-röm. Lit. finden sich die wichtigsten Nachrichten bei Theophr. h. plant. 9, 4,2 (ältester Beleg). Strab. 16,768 (nach Eratosth.). 769f. (Artemid.). 780–83. Agatharch. περὶ τῆς Ἐρυθρᾶς θαλάττης (FGrH 86 F 5 B.). Mon. Anc. 5,22. Plin. nat. 6,140. 160. 12,57 und sonst; peripl. m. Erythr. 23. Mon. Adulit. (CIG III 5127). Ptol. 6,7 pass. Wichtigste Quelle sind aber h. einige tausend sab. Inschr., die freilich noch sprachl., sachl. und chronolog. Schwierigkeiten bereiten.

Der sab. Staat stand zunächst, seit dem 8. Jh. v. Chr., unter *mukarribs*, d. h. Priesterfürsten, welche die als Staatsoberhaupt gedachte Gottheit auf Erden vertreten und nicht nur den Staat, sondern auch das Eigentum des Gottes, d. h. den zum Tempel gehörigen Grund und Boden, zu verwalten hatten. Sie residierten anfangs in Sirwāḥ, dann in → Mariaba. Mit der allmählichen formalistischen Erstarrung dieses theokrat. Prinzips nahm unter Karib'il Watar II. (um 420 v. Chr.) das Herrschertum einen weltl. Zug an, was fortan durch den Titel *malik* (»König«) zum Ausdruck kam. In dieser Periode konnte sich der sab. Staat machtvoll ausdehnen: Qatabān (→ Kattabaneis), Ḥaḍramaut und Ma'īn (→ Minaioi) wurden unterworfen, Ausān vernichtet, es begann die Kolonisierung Abessiniens (→ Aithiopia). Gestürzt wurde diese Dynastie 115 (109 ?) v. Chr. durch die Sippe der Hamdāniden. Über die Kriege mit den Ḥimyariten → Homeritae. Unter den »Königen von Saba' und Ḏū Raidān (= Ḥimyar)« beherrschten die S. über die Häfen Mauza' (→ Muza) und Aden auch O.-Afrika. Der von den Ptolemaiern ins Leben gerufene direkte Schiffsverkehr mit Indien bedeutete für den Seehandel der S. einen schweren Schlag; doch blieben sie an dem Transithandel noch in einem Umfange beteiligt, der es den Römern wünschenswert erscheinen ließ, die Reichtümer S.-Arabiens, von denen man sich ganz übertriebene Vorstellungen machte, in ihre Hand zu bekommen. Ein von Augustus zu diesem Zweck in Marsch gesetztes Heer gelangte 24 v. Chr. unter → Aelius (II 9) Gallus bis → Mariaba, mußte aber unverrichteter Dinge umkehren (Strab. 16, 780–82).

Die Kultur der S. und überhaupt Alt-S.-Arabiens war zutiefst religiös durchtränkt, die Funktion jeder Gottheit und ihre Beziehung zum Menschen bis ins einzelne festgelegt. Neben dem sab. Hauptgott Almaqah standen die Sonnengöttin Šams und der Gestirngott ʿAṯtar, dazu kamen etliche Götter niederen Ranges. Um 300 n. Chr. nahm Šamir Yuharʿiš den Titel »König von Saba', Ḏū Raidān, Ḥaḍramaut und Yamanat« an. Diese Expansionspolitik veranlaßte die Äthiopen, um 335 Saba zu besetzen und dort das Christentum zu verbreiten, worauf der Perserkönig das Judentum im Lande unterstützte. Einer der sab. Könige, Ḏū Nuwās, trat zum Judentum über; die alsbald einsetzenden Christenverfolgungen bewogen den Äthiopenkönig Ella Aṣbeḥa (Elesboas), erneut ins Land einzufallen und das Christentum in alle seine Rechte wieder einzusetzen. Ab 598 wurde Saba von pers. Satrapen regiert, deren letzter 628 zum Islam übertrat.

Die Ursachen für den ziemlich abrupten Niedergang dieser Kultur liegen in dem Zusammenbruch seiner Existenzgrundlagen: des Handels (Weihrauch und Myrrhe) und der Bodenwirtschaft (künstl. Bewässerung). Der Prophet Mohammed konnte an keine lebendige s. arab. Kultur mehr anknüpfen: sie wird sich um die Mitte 6. Jh. überlebt haben (letzte datierte Inschr. 554 n. Chr.). A. D.

1. *D. Nielsen* HB. der altarab. Altertumskde. I, Kopenhagen 1927. 2. *J. H. Mordtmann* und *E. Mittwoch* Sab. Inschriften, Hamb. 1931. 3. *J. Ryckmans* L'institution monarchique en Arabie méridionale avant l'islam (Maʿîn et Saba), Louvain 1951. 4. *H. v. Wissmann* und *M. Höfner* Beitr. zur hist. Geogr. des vorislam. S.-Arabien, AAMz, Geistes- und Sozialw. Kl. 1952, 4, Ind. 5. *A. Grohmann* Arabien (HB. der Altertumswissensch., 3. Abt., I. Teil, 3. Bd., 3. Abschn., 4. Unterabschn.), München 1963, 91 bis 252. 6. *H. v. Wissmann* Zur Gesch. und Landeskde. von Alt-S.-Arabien, SAWW, ph.-h. Kl., 246, 1964, Ind. 7. *H. v. Wissmann* Zur Archäologie und ant. Geogr. von S.-Arabien, Istanbul 1968.

Sabakon (*Σαβάκων*, Diod. 1,65, *Σαβακῶς* Hdt. 2,137. 152, äg. Šabiku), König der 25. (nub.) Dynastie von Äg., Bruder des Pianchi, 715–701. S. schlug und verbrannte (nach Manetho) im 2. Regierungsjahr den König von Sais, → Bokchoris, und fügte Mittel- und Unteräg. dem nub. Reiche ein. S. verhielt sich zunächst gegenüber den Assyrern unter Sargon II. zurückhaltend und lieferte diesem den geflohenen König von Asdod Jamani aus, unterstützte aber 701 die palästinens. Staaten (darunter Hiskia v. Juda) gegen Sanherib. In der Schlacht von Altaqu geschlagen, starb S. kurz darauf; sein Sohn Schabitku konnte durch erneuten Vorstoß im gleichen J. Sanherib zur Aufhebung der Belagerung Jerusalems zwingen (2. Kg 18. Hdt. 2,141, der den Sohn des *Σαβακῶς* aber *Σεθῶν* nennt, d. h. als Hohenpriester von Memphis bezeichnet). W. H.

Sabanum. Leinentuch, *linteum*, seit der Kaiser-Z. auch s., dient als Badetuch zum Abtrocknen, kleinere s. zum Auspressen der Honigwaben, als Umhüllung von Speisen beim Kochen usw. In der spätesten Ant. ist s. ein Gewand (Ven. Fort. vita S. Rad. 9) bzw. eine Art Mantel (Hier. in reg. Pachom. 81 = p. 32 Albers im Apparat). W. H. G.

Sabarcae, als kriegstüchtig (Curt. 9,8,4. Diod. 17,102,2: *Σαμβασταί*) gefeiertes, demokrat. ([2], 110, [3], 158. [4], 103.176ff.) regiertes und in der Sanskrit- und Pāli-Lit. (skt. *Ambaṣṭha*) gerühmtes Volk, s. der → Malloi an der Mündung des → Akesines in den → Indos siedelnd, von → Perdikkas (Arr. an. 6,15,1 *Ἀβασταvοί*) unterworfen. F. F. S.

1. *Berve* Alex. 1,271. 2. *A. S. Altekar* State and Government in Anc. India[3], Delhi 1958. 3. *R. C. Majumdar* Anc. India[2], Delhi 1964. 4. *B. Prakash* Polit. and Soc. Movements in Anc. Panjab, Delhi 1964.

Sabate (Tab. Peut. 5,3), See in Südetrurien (Strab. 5,226. Paul. Fest. 465,2 L.), nach dem die *tribus Sabatina* ihren Namen hat; andere Namensformen: *Sābātia* scil. *stagna* Sil. 8,492. *λίμνη Σάβατος* Sotion frg. 41 Westermann. *lucus Sabatinus* Frontin. Aqu. 71. Colum. 7,16; h. Lago di Bracciano. Geogr. Rav. 4,36. Guido 50 kennen einen Ort *Sabbatis*. G. R.

Forbiger HB d. alt. Geogr. 3,379. 432. *Nissen* It. Ldk. 2, 351f. *L. Ross Taylor* The Voting Districts of the Roman Republic 274.

Sabazios (*Σαβάζιος*, *Σαουάδ/ζιος*, *Σάβος*). Phryg.-thrak. Gott der vegetat. Fruchtbarkeit, von seinen im Rausch sich mit ihm eins fühlenden Verehrern (*Σαβοί* Phot. s. *σαβούς*. ROHDE Psyche 2,14f.) in orgiast. Umzügen (*θίασοι*) mit dem Ruf *εὐοῖ σαβοῖ* gefeiert (Demosth. or. 18, 259f. Strab. 10,470f. [5], 329. 330). Sein Name (*Saw/b-ad/zi-os [6], 543; vgl. Apul. met. 8,25) daher zu illyr. *sabaium* »Gerstenbier« (Amm. 26, 8,2. Hier. in Is. 7,19. A. MAYER Die Sprache der alten Illyrier, 1957, 287f. Vgl. A. CARNOY, Orbis 8,1959, 435), seit P. KRETSCHMER Einl. 195f. zu *σαυάδαι· τοὺς σειληνοὺς ὑπὸ Μακεδόνων* (Hesych. O. HOFFMANN Die Makedonen, 1906, 6. 94. 97f. D. DETSCHEW Thrak. Sprachreste, 1957, 427) gestellt. Als »Herr der (trunkenen) Silene« ist S. also dem → Dionysos (o. II 81: illyr. *Δευάδαι*, paion. *Δύαλος* MAYER 120) wesensverwandt; doch ist eine urspr. Identität (S. = der thrak. Dionysos: Diod. 4,4,1. Sch. Aristoph. Vesp. 9. Macr. sat. 1,18,11. A. FICK Hattiden und Danubier, 1909, 46f. ROHDE 7) ungeachtet der (überholten) Etymologie von G. BONFANTE, AI PhO 7, 1939/44, 41ff. und H. GREGOIRE, BAB 35, 1949, 243ff. (S. zu slaw. *svoboda* »Freiheit« = Dionysos *Ἐλεύθερος*; vgl. A. VAILLANT, NClio 7, 1955/57, 485f. M. G. DELFINO Serta Eusebiana, 1958, 32) und der darauf gründenden Herleitung des S. aus phryg.-slaw. Milieu bei G. VERNADSKY The Origin of Russia, 1959, 9 (s. aber E. LOZOVAN Oikumene. Studi Paleocristiani in on. del Concilio Vatic. II, 1964, 181ff.) abzulehnen zugunsten eines sekundären Ausgleichs infolge Vordringens des seit dem 5. Jh. v. auch den Griechen bekannten phryg. Gottes (Aristoph. fr. 566 K. Vesp. 9f. Lys. 388. Vgl. Cic. leg. 2,37) nach Thrakien und Makedonien (G. Kazarow Antidoron M. Abramič 1, 1954/57, 45ff. G. Capovilla, RIL 92, 1958, 971f.), wo Berührung mit der → Orphik denkbar ist (R. Pettazzoni, Rel. de la Grèce Ant., 1953, 201; synkretist. S.-Mythos: Clem. Al. protr. 2,14f. Cook Zeus 1, 392ff. [4], 210. [6], 545). In Kleinasien starke Kultexpansion von Phrygien (Blaundos) über Lydien (Kula, Santal, Synnada), Karien (Mylasa, Yaikin) und Bithynien (Gebze), Syzygie mit → Artemis Anaitis und Meter → Hipta (J. Keil Anatol. Studies Ramsay, 1923, 239ff.), Fusion mit → Men, Attis, Helios, Mithras (*nama Sebesio*): [4], 210f. [6], 543; Aufnahme oriental. Züge (*rex Asiae* Cic. nat. 3,23. L. Curtius, JDAI 43, 1928, 281ff. 285ff. Abb. 6), Aufhöhung vom Gott der Sklaven (P. Mariello, Ann. Fac. Lett. Bari 11, 1966, 179ff.) und Protektor der phryg. Landleute (zum Nachleben des Namens in armen. *astvac* »Gott« H. A. Winkler, ARW 27, 1929, 361ff.) zum leben- und seelenbeherrschenden himml. Kosmokrator (F. Benoit, Latomus 10, 1951, 450 u. T. XV. B. Segal in: R. Bowen–F. P. Albright Archaeol. Discoveries in South Arabia, 1958, 160f. – *Κύριος Σαβάζιος* [Inschr. von Dragomanski Tepnik] E. Kalinka Ant. Denkmäler in Bulgarien, 1906, Nr. 184. [5], 332f.). Von den Diadochendynastien Pergamons ([6], 542) und Syriens wurde die Theokrasie Zeus S. (Edikt Attalos' III. [135 v. Chr.]: M. Fraenkel Inschr. von Pergamon, 1890, Nr. 248) und S.-Sabaoth (Tempelweihung Antiochos' IV. in Jerusalem: M. Avi-Yonah Gesch. der Juden im Zeitalter des Talmud, 1962, 4. J. Campbell The Masks of God 3, 1965, 273f. [4], 211) im 2. Jh. v. Chr. offiziell sanktioniert. In eben dieser Form gelangte S. damals auch nach Rom (Edikt des Cn. Cornelius Hispalus 139 v. Chr. gegen jüd. Anhänger des Iuppiter S.: Val. Max. 1,3,3. H. J. Leon The Jews of Anc. Rome, 1960, 2ff. M. Hengel Judentum und Hellenismus, 1969, 478f.), so daß die früher behaupteten genuinen Verbindungen des S. mit → Saturnus (G. Herbig, Phil. 74, 1917, 458) oder → Sabinus (H. Nissen Templum, 1869, 130. Usener Götternamen 43ff.) entfallen: J. Poucet Études Etrusco-Italiques, 1963, 220f. Der durch gewisse rituelle Parallelen (Plut. quaest. conv. 4, 6,2. Tac. hist. 5,5. H. Riesenfeld Jesus Transfiguré, 1947, 29f.) begünstigte Kontakt heterodoxer jüd. Zirkel mit dem hellenist. S.-Kult (R. McL. Wilson The Gnostic Problem, 1958, 11f.) des Pontos und Kleinasiens förderte die Ausbildung mysterienhafter Züge (Cumont[4] 59ff. [5], 329. – *Σαββατισταί* von Elaiussai [Kilikien] OGIS 573; *θίασος Σαβαζιανός* für den Theos Hypsistos von Serdica, Arch.-Epigr. Mitt. Öst. 10, 1886, 239 Nr. 2. C. Roberts – Th. C. Skeat – A. D. Nock, HThR 29, 1936, 63. [5], 338f. [6], 547; Sekte der Hypsistarier B. Wyss Phyllobolia P. von der Mühll, 1946, 174ff. → Hypsistos. Mysterien). Inschr. Zeugnisse und Denkmäler des S.-Kultes, insbesondere die charakteristischen Silber- bzw. Bronzeplaketten und Votivhände ([1], 66ff. E. Will Le Relief Cultuel, 1955, 41. 43. 136. 301. D. K. Hill, Marsyas Suppl. 1, 1964, 132ff.) mit den rel. Symbolen Schlange, Widder, Adler, Pinienzapfen usw. sind weit verbreitet ([5], 328. 331. 333f.). W. F.

1. *Ch. Blinkenberg* Archaeol. Studien, 1904. 2. *F. Cumont*, CRAI 1906, 63ff. 3. *G. Kazarow*, RE VI A 477ff. 4. *J.B. McMinn*, JNES 15, 1956, 210f. 5. *M. Macrea*, Dacia NS. 3, 1959, 325ff. 6. *S.E. Johnson*, Numen Suppl. 14, 1968, 542ff. 7. *A. Th. Kraabel* Judaism in Western Asia Minor, 1968.

Sabbatha. Wie → Maipha die s., war S. die n. Hauptstadt von Ḥaḍramaut in S.-Arabien. Der Name erscheint in dieser Form peripl. m. Erythr. 27 und Ptol. 8,14,22. Plin. nat. 6,155. 12,52 *Sabota*. Strab. 16,768 korrupt *Χαβάτανον* u. var.; inschr. *Šabwat;* bei den arab. Geographen (Hamdānī, Ǧazīra ed. Müller 87. 98; Yāqūt, Muʿǧam ed. Wüstenfeld 3,257) schon in der h. Form Šabwa. S., wichtiger Ausgangspunkt für den Weihrauchhandel, war um 29 n. Chr. Sitz des Īlʿazz II. Yaliṭ (= *'Ελέαζος* peripl.), wurde um 200 von Yadaʿʾīl Bayyin von Ḥaḍramaut wahrsch. zerstört und wieder aufgebaut, um nach 300 durch die Eroberung des Šamir Yuharʿiš, König von Saba und Ḏū Raidan (→ Homeritae, Sabaioi), endgültig zu veröden. A. D.

H. v. Wissmann und *M. Höfner* Beitr. zur hist. Geogr. des vorislam. S.-Arabien, AAMz, Geistes- und Sozialw. Kl. 1952, 4, 106–124.

Sabbatius, bäuerlicher Herkunft aus der Prov. Dardania, verheiratet mit der Schwester des Kaisers → Iustinus (1), Vater des Kaisers → Iustinianus, ansässig in Tauresium bei Bederiana (Prok. anecd. 18. Theophanes 6024). A. L.

Sabe (*Σάβη*). **1.** Von Ptol. 6,7,38 (8,22,15) unter den binnenländ. Städten von Arabia felix angeführt, Lage nach wie vor unbestimmt. **2.** S., Stadt im innern Arabia felix (*Σάβη βασίλειον* Ptol. 6,7,42. *Σαύη* peripl. m. Erythr. 22. *Save* Plin. nat. 6,104. *Śawwā, Śawwā^m* inschr. Corp. inscr. Sem. IV 240,7. 314,14). Sie lag mittwegs auf der Route von → Saphar nach → Muza, war Hauptstadt der → Mapharitis und z. Z. des Peripl. Residenz eines Fürsten (*τύραννος*) namens *Χόλαιβος*. A. D.

H. v. Wissmann Zur Gesch. und Landeskde. von Alt-S.-Arabien, SAWW, ph.-h. Kl. 246, 1964, 68, 291, 399.

Săbelli (ă Verg. Aen. 7,665. 8,510) heißen die Samniten (Strab. 5,250. Serv. auct. georg. 2,168. Plin. nat. 3, 107) bei Liv. 8,1,7. 10,19,20, was die sprachl. Herleitung *(<*Săbhn̥lŏ-: Samnium <*Săbhniŏ-* gegenüber → *Săbīni, Safīnim)* bestätigt. Bei den Dichtern (Hor. c. 3,6,38 mit Ps. Acro. Verg. georg. 3,255 mit Serv.) jedoch S. = *Sabinus*. Im mod. Sprachgebrauch heißen S. die mittelital. Stämme. G. R.

Sabellius, um 215 n. Chr. in Rom lebender Vertreter einer konsequent modalistischen Theologie (Vater, Sohn und Heiliger Geist sind Bezeichnungen von personal nicht selbständigen Offenbarungsstufen des einen Gottes). Von Zephyrinos (198–217) angeblich zu lax bekämpft (Hipp. Ref. 9,11,3), wird er von Calixt exkommuniziert und spielt dann noch einmal in den arian. Streitigkeiten des 4. Jh. eine Rolle. Seit Mitte 3. Jh. dringt die Lehre des S. in die Pentapolis ein und hat da bis ins 5. Jh. hinein Anhänger. Vom Geschick und von den Schriften des S. wissen wir nichts. Kl. W.

A. v. Harnack Dogmengeschichte I^4, 760ff. *C. Andresen* Zur Entstehung und Gesch. des trinitar. Personbegriffs, ZNW 52, 1961, 1ff.

Săbīni (*ă* Verg. Aen. 7,706. Sil. 8,425; *Savini* Varro 1. 1. 5,32 u. a.), mittelital. Volk. Name (<**săbh-īnŏ-;* Vetter HB Nr. 149,2; 200 G 2 *Safinim* <**săbhīniom* heißt **Sabīnium*, »Land der S.«) bei betonungsbedingtem Ablaut *ā:ă* (s. o. Bd. 3,506) von Stammvater *Sābus* (*ā* Sil. 8,424) herzuleiten (Cato frg. 50. 51 P. Gell. frg. 10 P. Hyg. frg. 9 P.). Adjekt. Namensform *pater Sabinus* (Verg. Aen. 7,178) ist gleichbedeutend (nach Vergils Vorbild Dion. Hal. ant. 2,49,2. Lyd. mens. 1,5. Isid. or. 9,2,85). Die antike Namensdeutung von *σέβεσθαι* (Fest. 464, 18 ff. L.) muß abgelehnt werden. Die Sabini wurden für Ureinwohner gehalten. (Strab. 5,228), für Zuwanderer aus Testruna bei → Amiternum (Cato frg. 50 P.), für Lakonen (Gell. frg. 10 P. FGrH 840 F 35. Plut. Rom. 16. Num. 1. Strab. 5,250. Iust. 20,1,14), für → Umbrer (Zenodot. FGrH 821 F 3); nach Vertreibung der → Aboriginer (Cato a. O.) oder → Siculer (Hyg. a. O.; vgl. Serv. auct. Aen. 8,638) besiedeln S. den Raum von → Reate. Von den S. stammen → *Paeligni*, → *Picentes, Samnites* ab (Isoglosse mit Marsern Vetter HB S. 368). Die S., denen die Römer an den *Consualia* die Töchter rauben, sind Nachbarn. Bei Bildung des Doppelkönigtums → Romulus und T. → Tatius wohnen die *S. Curibus venientes* auf dem Quirinal (Fest. 304,13 L.). Auch → Numa Pompilius ist S. aus → Cures (Liv. 1,18,1. Plut. Num. 1. Serv. Aen. 6,808). Vermutlich ist der jüngere Name S. auf Vorgänge des 8. Jh. und ein älteres Volk übertragen, das sonst *Sacrani* (Fest. 424,31 ff. L. Serv. auct. Aen. 11,316) oder Umbrer (Zenodot. a. O.) heißt. Anders die Spannungen zwischen S. und Rom, die seit ca. 505 (Dion. Hal. 5,37) bis in die Mitte des 5. Jh. dauern und zu häufigen Triumphen (Fast. triumph.) führen; sie stehen im Zusammenhang mit dem Vordringen der Samniten in Kampanien und Süditalien. Fast gleichzeitig kommt Attus Clausus vielleicht auf Flucht vor Neuankömmlingen mit seiner Klientel nach Rom; vgl. auch den Handstreich des → Herdonius. Daß Rom noch im 4. Jh. vor Angriffen der S. nicht sicher war, lehrt Kall. frg. 107 Pf. Der Angriff Roms auf die S. beginnt ca. 304 (Beloch RG 424): 299 Triumph *de Samnitibus* (namentliche Verwechslung von S. und Samniten häufig) *Nequinatibusque*, Einnahme von → Narnia Unterwerfung der S. durch M.' → Curius Dentatus 290 (Liv. ep. 11). Die S. erhalten 268 *civitas sine suffragio* (Vell. 1,14,6) und 241 volles Bürgerrecht (ebd. 7) in der *tribus Quirina (a Curensibus Sabinis* Fest. 304,16 f. L.). Das hinzugewonnene Gebiet *(Nar, Anio, fontes Velini, Hadriano tenus mari* Flor. 1,10), ἡ Σαβίνη (Strab. 5,219. 228. 237. 240), bildet später den n. Teil der 4. Region (Plin. nat. 3, 108 f.); seine Längsausdehnung reicht von der Allia bis ca. 10 mp w. → Asculum (Radke Viae publ. Rom. 234) in einer von Cato frg. 50 P. nach der *via Caecilia* gemessenen Länge von ca. 1000 Stadien (Strab. 5,228) = 124 mp (Radke. Philol. 103, 1959, 311 ff.). Wichtigste Orte: Reate, Nursia *praefecturae* (Fest. 262,15 L.), Amiternum, Cures, Eretum, Cutiliae, Interocrium, Trebula. Zum Truppenaufgebot der S. vgl. Pol. 2,24,5. Als Gottheiten der S. nennt von anderen Zeugnissen bestätigt Varro 1. 1. 5,74 (Radke, Romanitas 7, 1965, 290ff.) *Feronia, Minerva, Novensides* (Arnob. 3,38); nur im Namen seien verschieden röm. *Hercules* (= *Sancus* Varro 1. 1. 5,66. Fest. 254,13 L. Paul. Fest. 133,2 L.), *Vesta, Salus* (= *Strenia* Fest. 372, 15 L. Lyd. mens. 4,4), *Fortuna, Fortis* (= *Nerio* Ov. fast. 3,850), *Fides*. Bei Varro a. O. (Dion. Hal. 2,50. Aug. civ. 4,23) ferner *Ops, Flora* (sabin. Monat *Flusaris* Vetter HB Nr. 227), *Vediovis, Saturnus, Sol* (Varro 1. 1. 5,68 *au⟨s⟩el.* Paul. Fest. 22,5 ff. L.), *Luna, Volcanus, Summanus, Larunda* (vgl. *Larentia*), *Terminus, Quirinus, Vortumnus, Lares, Diana* (Anspruch der S. auf aventin. Kult Liv. 1,45,3 ff. Val. Max. 7,3,1. Plut. qu. Rom. 4), *Lucina;* zu ergänzen *Ceres* (= *Panis* Serv. auct. georg. 1,7), *Mamers* (Varro 1. 1. 5,73), *Vacuna* (Porph. Hor. epist. 1,10,49). Sabin. Herkunft der *ludi Taurei* (Serv. auct. Aen. 2,140). Die S. gelten als *fortissimi* (Cic. Vat. 36), *severissimi* (Cic. rep. 3,40), *a duris parentibus orti* (Serv. auct. Aen. 8,638); sie besitzen eine *disciplina tetrica et tristis* (Liv. 1,18,4). Ihre schlichte Lebensart preisen die Dichter (Verg. Aen. 8,638. Hor. c. 3,6,39. ep. 2,41. Prop. 2,30,48. Ov. am. 2,4,15. Iuv. 3,85. 169. 6,164. 10,299. Stat. silv. 5,1,123). Verwaltung der Munizipien durch altertümlichen Magistrat der → *octoviri*. Abgesehen von den fruchtbaren → *Rosia rura* ist das Land meist gebirgig, so daß Baumzucht eher als Getreidebau gedeiht; Eichelausfuhr (Strab. 5, 228) weist auf Waldungen; Heilkräuter (Cato agr. 70. Plin. nat. 16,79. 24,102). Die Sprache der S. ähnelt der oskischen, kennt jedoch keine Spur von Rhotazismus; *lupus, popina, bos, brutus* sabin. Lehnwörter im Lat. G. R.

Forbiger HB d. alt. Geogr. 3,447. *Nissen* It. Ldk. 2,463 ff. *Beloch* RG 424 ff. *Rosenberg* Staat d. alt. Ital. 40. *Rudolph* Stadt u. Staat im röm. Italien 67 f. *Salmon* Samnium and the Samnites 28 ff. *L. Ross Taylor* Voting Districts in the Roman Republic 59 ff. 63 ff. *Devoto* Gli ant. Italici ^{2}125 ff.

Schulze, EN 478ff. *Altheim* Gesch. d. lat. Sprache 151ff. *Poucet* Les Origines myth. des Sabins 1963. *Ders.* Rech. sur la lég. sab. des orig. de Rome 1967. *Bruno-Tibiletti* I Sabini e la loro lingua 1962. *Rix*, BN 8, 1957, 127ff. *Evans* Cults of the Sabine Territory 1939.

Sabinianus. 1. Im J. 240 in Karthago zum Kaiser ausgerufen, aber besiegt und von den eigenen Anhängern ausgeliefert (SHA Gord. 23,4. Zos. 1,17,1). G. Wi.

2. S. s. C. → Vettius Sabinianus Iulius Hospes.

3. S., niedriger Herkunft, sehr vermögend, in hohem Alter 359 mag. mil. per Orientem, versäumte den Entsatz des von den Persern belagerten Amida (Amm. 18,5,5. 6,1. 7,7; 19,3; 20,2). – Demandt, RE Suppl. XII 572. – **4.** S. (Magnus), stand mit seinen Truppen in Edessa (Makedonien), als er 479 durch den patricius Adamantius die Ernennung zum mag. mil. von Illyricum erhielt. Während Adamantius mit Theoderich dem Amaler verhandelte, griff S. die Nachhut und den Troß der Goten mit großem Erfolg an. Dennoch fiel S. offenbar bald in Ungnade des Kaisers Zeno, der ihn 481 töten ließ (Malchus frg. 18. Ioh. Antioch. frg. 213. Chr. min. 2,91f.). **5.** S., Sohn von Nr. 5, Consul 505, führte als mag. mil. von Illyricum das 505 durch den Barbaren → Mundo bei Margum geschlagene Heer (Iord. Get. 200f.; Rom. 356. Chr. min. 2,96, Ennod. Paneg. 68). **6.** S., Offizier (*δορυφόρος*) Belisars, brachte 544/45 zusammen mit Thorimut und Recila dem von Totila belagerten Auximum Hilfe und bewährte sich dann bei der Verteidigung von Pisaurum (Prok. 7,11,19ff.). A. L.

T. Sabinius Barbarus. Unter Traian Statthalter von Numidien (DessILS 9381), Thomasson Statth. Afr. 2,166, und im J. 118 *cos. suff.* (CIL VI 2078 = 32374, Degrassi FImp. 35). G. Wi.

Sabinos. 1. Arzt im frühen 2. Jh. n. Chr., Hippokr.-Kommentator. Als solcher von → Galenos berücksichtigt, ohne daß man sagen kann, dieser habe den S. als Quelle für seine eigenen Kommentare benutzt. Über die Schulzugehörigkeit des S. ist nichts auszumachen. F. K.

K. Deichgräber Die griech. Empirikerschule, Bln. – Zürich 1965, 25–29.

2. S., Sophist und Rhetor, wirkte im 2. Viertel des 2. Jh.; nach einer in der Suda erhaltenen Notiz verfaßte er einen Leitfaden zu Rede-Übungen (in 4 B.) und Kommentare – *ὑπομνήματα* – zu → Akusilaos und zu Thukydides. H. D.

Sabinum (sc. *rus* Suet. v. Hor.), Landgut des Horaz im Sabinerland, von ihm selbst *Sabini* (c. 2,18,14. 3,4,22) oder *ager Sabinus* (s, 2,7,118) genannt. Die Lage wird durch Erwähnung von → Mandela (epist. 1,18,105), → Varia (1,14,3), der → Digentia (1,18,104) und des → Vacunaheiligtums (1,10,49) bestimmt. Die Schenkung durch → Maecenas (Suet.) wird in die J. 33/32 v. Chr. (s. 2,3,305ff.) gesetzt. Die Lokalisierung am Westhang des Licenzatales wurde schon von Capmartin de Chaupy 1767 gefunden. Hor. beschreibt das S. (epist. 1,16,1ff.) und spricht von fünf Gehöften (epist. 1,14,2), acht Sklaven (s. 2,7,118), einem *vilicus* (epist. 1,14,1); er zog einfachen Wein (*vile Sabinum* c. 1,20,1). G. R.

Lugli La villa d'Orazio nella valle del Licenza 1930. *Ders.* La villa sabina di Orazio, Mon. ant. 31, 1926/27, 458ff. *Th. D. Price* A restoration of Horace's Sabine villa, Mem. Am. Ac. 10, 1932, 135ff. *W. Wili* Horaz 38ff. *H. Hommel* Horaz 124. *Büchner* Horaz 144ff.

Sabinus. Cognomen, nach der Herkunft (I. Kajanto Lat. Cognomina, 1965, 20 u.ö.), was bei frühen → Claudiern (I 35f.) sachlich evident war. Später erblich z.B. bei den Calvisii, Minatii, Sextii, Titurii, Vettii. Jüngste Nachweise aus den Fasten bei Degrassi FCapit. 148; FImp. 266. Offensichtlich auch als Nomen gebraucht.

I. Republikan. Zeit. **1.** Der von Cic. fam. 15,20,1 genannte und im pseudovergil. Catal. 10 als ehem. *mulio* und Emporkömmling verspottete, ist wohl ident. mit P. → Ventidius, cos. suff. 43 v. Chr., vgl. Stein, RE IA 1593ff. H. Gundel, RE VIII A 798. 803. R. Syme, Latomus 1963, 73–80 (hält den S. des Catal. 10 nicht für ident. mit Ventidius). **2.** 36 v. Chr. Beauftragter zur Behebung des Räuberunwesens in Italien, App. civ. 5,547. Vielleicht ident. (so auch Broughton Mag. 2,401) mit C. → Calvisius S. (II 5). H. G. G.

II. Kaiserzeit. **1.** Finanzprokurator von Syrien im J. 4 v. Chr. Nach dem Tode des → Herodes (1) versuchte er, den königl. Besitz einzuziehen und → Herodes (3) Archelaos an der Erbfolge zu hindern (Ios. b. Iud. 2,16ff.; ant. 17,221f.). Er verleumdete Archelaos bei Augustus und trat für dessen Bruder → Herodes (4) Antipas (Antipatros) ein (Ios. b. Iud. 2,18ff.; ant. 17,222ff.). Die aufgebrachten Juden belagerten S. während des Pfingstfestes 4 v. Chr. in der Königsburg von Jerusalem; erst das Heranrücken des syr. Statthalters P. → Quinctilius Varus befreite S. aus seiner Lage (Ios. b. Iud. 2,41ff.; ant. 17,252ff.). S. wagte es aber nicht, Varus unter die Augen zu kommen (Ios. b. Iud. 2,74; ant. 17,294. Zon. 6,1). **2.** Ein Gladiator, wegen seiner Körperkraft von Caligula zum Befehlshaber der *Germani corporis custodes* ernannt (Ios. ant. Iud. 19,122. Suet. Cal. 55,2). Nach Caligulas Tod richtete S. mit seinen Leuten ein grauenvolles Blutbad an (Ios. ant. Iud. 19,122. Suet. 58,3. Unter Claudius wieder unter die Gladiatoren zurückversetzt, machte sich S. als Liebhaber der → Messalina (2) verdächtig, wurde jedoch durch die Geliebte vor allen Nachstellungen geschützt (Cass. Dio 60,28,2). **3.** Soldat einer Auxiliarabteilung, zeichnete sich während der Belagerung Jerusalems durch → Titus bei der Erstürmung der Burg → Antonia aus (Ios. b. Iud. 6,54ff.). G. Wi.

4. Röm. Elegiker und Epiker der august. Z. († vor 16 n. Chr.), Freund Ovids (vgl. am. 2,18,27 bis 34. Pont. 4,16,13–16), Vf. von Antwortbriefen zu Ovids Heroides, eines hist. Epos und eines

Werks in der Art von Ovids Fasten, das nicht zur Vollendung gelangte. P. L. Sch.

Schanz-Hos. 2,271.

5. S. Massurius, ein röm. Jurist aus der 1. Hälfte 1. Jh. n. Chr. Sein Hauptwerk sind die *libri tres iuris civilis*, eine kurzgefaßte Darstellung des Zivilrechts, wohl noch ohne ein bestimmtes System. Das Werk ist von → Pomponius, → Ulpianus und → Paulus kommentiert worden. S. gilt noch vor C. Cassius Longinus als Haupt einer der beiden Rechtsschulen (»Sabinianer« oder »Cassianer« im Gegensatz zu den »Proculianern«). Worauf dieser in der Mitte 2. Jh. n. Chr. verschwindende Schulenstreit zurückgeht, ist zweifelhaft. Vielleicht hat die ungewöhnl. Herkunft des S. eine Rolle gespielt: Er wurde erst mit etwa 50 J. von Tiberius in den Ritterstand erhoben und erhielt das *ius publice respondendi* als erster Ritter (Pomp. Dig. 1,2,2,50). D. M.

Sabis, Fluß in N.-Gallien (Caes. Gall. 2,16,1 18; in den späteren Quellen, bes. den Acta Sanctor. wird er *Sambra* [h. Sambre] genannt), der bei Namur in die *Mosa* (h. Maas = Meuse) mündet. Am Flusse S. fand der schwere Kampf statt, den Caesar im J. 57 v. Chr. gegen die → Nervii und deren Verbündete, die Atrebates (um Arras) und → Viromandui (um Saint-Quentin), zu führen hatte (Caes. Gall. 2,16–27). C. Jullian Hist. Gaule 3, 1909, 260–68. M. Rambaud L'art de la déformation hist. dans les commentaires de César, 1966, 165ff. 420ff. Für einige ist S. nicht die Sambre, sondern die Selle, Nebenfluß des Scaldis (h. Schelde = Escaut): A. Arnould, RBPh 1941, 29. R. Verdière, RBPh 1954, 302. P. Turquin, Les ét. class. 1955, 113. M. Rambaud a. O. 420. M. L.

Sabratha, eine der drei Städte der afrik. Tripolis (Ptol. 4,3 *Σάβραθα*. Nach Ptol. 4,3,12. Stad. m. m. 100 (GGM, 1882). Plin. nat. 5,25 lag die Stadt w. an der Küste; nach Tab. Peut. 49. Itin. Ant. 61: 55 m. p. w. von → Oea (h. Tripoli).

Phoenik. Ursprung (Sil. Ital. 3,256); der Platz war im 5.–4. Jh. besiedelt: A. Di Vita, Homm. M. Renard, Latomus 3, 1969, 196. Noch unter Augustus prägt S. mit phoenik. Legende. Im 2. Jh. wird es röm. Kol. (Itin. Ant. 61); ein *duumvir* wird zwischen 175–180 genannt (IRT 23). Schon vor Mitte des 1. Jh. lebten in S. röm. Ritter (Suet. Vesp. 3). In → Ostia bezeugt die *stat(io) Sabratensium* den Handelsverkehr mit Italien (NSA 1912, 435). Wichtige Denkmäler: Tempel (Capitolium, Hercules, Liber pater, Isis), Theater, Basilika, chr. Kirche. Ein Bischof wird im J. 253 genannt. Seit Diokletian gehörte S. zur *prov. Tripolitana*. Von Iustinian datieren neue Mauern und eine Kirche (Prokop. De aed. 6,4. Inschr. IRT 1–228). M. L.

D.E.L. Haynes The Antiq. of Tripolitania 107. *R. Bartoccini* Quaderni di archeologia della Libia I, 1950. *G. Pesce* Il tempio d'Iside in Sabratha, Roma 1953. *G. Caputo* Il teatro di Sabratha, Roma 1959.

Sabrina, zweitgrößter Fluß im s. Britannien, h. Severn; 330 km lang. Um 50 n. Chr. röm. Grenze gegen Wales (Tac. ann. 12,31). Überreste aus der Römerzeit z. B. Viroconium Cornoviorum (Wroxeter), Colonia Glevum (Gloucester). Zeitweilig lebhafter Schiffshandel auf dem Fluß (Gild. Brit. 3). K. A.

Saburra (Saborra), Feldherr → Iubas (1) von Mauretanien, am Sieg über Caesars Statthalter von Africa C. Scribonius → Curio (2) 49 beteiligt, 46 von dem Caesarianer P. → Sittius geschlagen und getötet. Caes. civ. 2,38–42,5 *(praefectus)*. bell. Afr. 48,1. 93,3. 95,1. App. civ. 2,181ff. 4,232 (*στρατηγός*). Frontin. strat. 2,5,40. Als *διώνυμος* (App.) hatte S. wohl das röm. Bürgerrecht und noch einen lat. Namen. Lucan. 4,722 schreibt der Metrik wegen *Sabbura*. H. V.

Saccarius. 1. = *σακκο-πλόκος, -ὑφάντης, σακχυφάντης*, der Verfertiger des → *saccus*, auch der Händler damit. **2.** Der Sack- oder Lastträger gehörte zur Gruppe der *baiuli*, → *geruli, sarcinarii*. Die s. bildeten Korporationen, sie arbeiteten in Häfen, Magazinen u. andernorts. → Saccus. W.H.G.

Saccus. 1. = *σάκκος*. Das aus Haaren, bes. Ziegenhaaren verfertigte grobe, dicke Tuch (lat. auch *cilicium*) wurde vor allem zu Kleidern und Säcken verarbeitet. Kleider (Plut. mor. 239 C) aus S. trug man im Orient anläßlich von Trauer und Buße (LXX Gen. 37,34. Ev. Luc. 10,13. Ios. bell. Iud. 2,12,5. Vgl. auch Ev. Matth. 3,4. Marc. 1,6). Die Vorrats- und Transport-Säcke etwa gleicher Form wie h. wurden im Haus, im Handel und auf Reisen verwandt. Im S. bewahrte man z. B. größere Mengen Bargeld auf, kleinere im → *marsupium* oder *sacculus*, wonach die Taschendiebe *saccularius* hießen. **2.** Das vor allem im 5. Jh. v. Chr. gebräuchliche Kopftuch der Frauen wurde so umgelegt, daß der breitere Mittelteil die Haare am Hinterkopf umfaßte, die schmalen E. wurden oberhalb der Stirn geknüpft oder überkreuzt, hinten verknüpft und unter das Hauptteil gesteckt. (= *σφενδόνη, ὀπισθοσφενδόνη*. Vgl. A. Krug Binden in d. griech. Kunst. Diss. Mainz (1967) 1968, 31ff. 134f. 140). **3.** S. diente zum Durchseihen und Filtrieren, *saccare, sacco frangere, σακκίζειν* vor allem von Wein. **4.** Aristoph. Eccl. 502 bezeichnet mit s. einen entsprechenden groben, dicken Bart. W. H. G.

Sacellum, Diminutiv zu *sacrum*. Nach Fest. 318 M = 422 L *loca dis sacrata sine tecto*; vgl. Trebatius bei Gell. 7,12,5,2. Alle Arten von Privatheiligtümern, bes. die Kapellen, wo die *Lares compitales* von den Bewohnern der angrenzenden Viertel verehrt wurden. Die *sacra publica pro s.* sind nach Wissowa die → Compitalia (Fest. 245 M = 284 L). K. A.

Wissowa Rel.² ind. *Dar.-Sagl.* IV 933f. RE I A 1625f.

Sacer, der Gottheit gehörig oder verfallen; dem profanen Gebrauch entzogen. Das begriffl. Moment der Kraft, das den entsprechenden Bezeichnungen im Germ. und Griech. eignet, geht s. beinahe vollständig ab (vereinzelt: CIL I^2 2520). Die Fluchformel *sacer esto* (z.B. XII tab. 8,21) wird entweder ohne Zusatz eines bestimmten Gottesnamens oder mit einem solchen gebraucht, das letztere namentl. in späterer Zeit. Mit der Sacertätsklausel (vgl. Cic. Balb. 33) wird der Schuldige an die göttlichen Mächte ausgeliefert. Das hat seinen Ausschluß aus der menschl. Gemeinschaft zur Folge. Der s. ist friedlos und darf straflos getötet werden (Fest. 318 M = 424 L). K. A.

Wissowa Rel.^{2} 388. *Latte* RRel. 38. RE I A 1626. *Bayet* Hist. Rel. Rom. ind. *Dumézil* Rel. Rom. Arch. ind. *H. Fugier* Recherches sur l'expression du sacré dans la langue latine, 1963.

Sacerdos s. Plotius (5)

Sacerdotes. Der 2. Bestandteil des Worts leitet sich von der Wurzel **dhē* her, die dem griech. *τίθημι*, dem lat. *facio* zugrunde liegt; Grundbedeutung also Veranstalter der heiligen Handlung. Die röm. Staatspriester, *s. publici p. R. Quiritium*, sind die öffentlich anerkannten Organe, die den Verkehr der röm. Gemeinde mit den überirdischen Mächten sachkundig regeln a) als Leiter von Kultus und Opferdienst b) als Deuter von Offenbarungen des göttlichen Willens (vgl. Cic. leg. 2, 20). Sie zerfallen in 3 Gruppen: a) solche, die *collegia* b) solche, die *sodalitates* bilden und c) Einzelpriester. Die *s. tum IV amplissima collegia* umfassen die → *pontifices* mit dem *pontifex maximus* an der Spitze (anfänglich 3 [vgl. Neratius: *tres faciunt collegium*], später über Vielfache von 3 auf 15, schließlich von Caesar auf 16 erhöht); die → *augures* (urspr. 3, im Lauf der Z. analog auf 16 verstärkt), die den Götterwillen bei irgendwelchen Vorhaben erkundeten oder einen von selbst sich darbietenden Götterwink deuteten; die im J. 196 v.Chr. eingesetzten *IIIviri* (später *VIIviri*) *epulones*, die anläßlich der *ludi Romani* und *plebei* die Festmahlzeiten auf dem Kapitol ausrichteten, schließlich die *IIviri* (später *X*, bzw. *XVviri*) *sacr. fac.*, die, wenn erforderlich, die → sibyllin. Bücher einsahen und zudem die Oberaufsicht über den Apollonkultus und andere fremde Gottesdienste ausübten. Bei den Sodalitäten treten hervor die 20 → Fetialen, in deren Kompetenz der internationale Rechtsverkehr fiel (Bündnis, Kriegserklärung usw.), die 24 → Salii, die mit ihrer feierlichen Springprozession die kriegerische Jahreszeit eröffneten und beschlossen, die → Luperci, die im Febr. durch ihren Umlauf um das Palatium die Stadt reinigten, die 12 → *arvales fratres*, deren rituelle Veranstaltungen im Mai die Fruchtbarkeit von Feld und Flur sicherten, die *sodales* → *Titii*, über die die Nachrichten äußerst spärlich fließen. In der Kaiserzeit werden die *sodales Augustales*, *Flaviales* usw. eingesetzt, denen die kultische Verehrung der Divi obliegt. Die 15 Einzelpriester *(flamines)*, die dem Pontificalcollegium angeschlossen waren wie der → Rex sacrorum und die 6 → Vestalinnen, besorgten bestimmte Kulte von Einzelgottheiten, z.B. die *tres flamines maiores (flamen Dialis, Martialis* und *Quirinalis)* den des Iuppiter, Mars bzw. Quirinus. Urspr. scheint der Vollzug bestimmter sakraler Akte einzelnen Geschlechtern übertragen gewesen zu sein; ein survival dieses Zustands sind die *Luperci Fabiani* und *Quinctiales*. Auf einer 2. Entwicklungsstufe bilden sich die Sodalitäten. In der Königszeit sind die s. vermutlich vom König ernannt worden. Während des Freisstaats herrschte anfänglich die Kooptation. Dann wurde zunächst (E. 3. Jh. v. Chr.) für den *pontifex maximus* ein beschränktes Wahlverfahren (durch 17 Tribus) eingeführt. Die lex Domitia (103) dehnt diesen Wahlmodus auf alle großen Kollegien aus. Nach der Vereinigung des Kaisertums mit dem Oberpontifikat (12 v.Chr.) verliert die Wahl ihr Gewicht, mag man sie auch formal beibehalten haben. Die Priestertümer standen urspr. nur den Patriziern offen. Die lex Ogulnia (300) öffnete Pontificat und Augurat auch für die Plebejer. Seit Augustus sind die Priestertümer den beiden oberen Ständen vorbehalten. Das Priesteramt wird grundsätzlich auf Lebenszeit bekleidet. Die Amtseinführung erfolgt vielfach in der Form der *inauguratio* in den *comitia calata*, die Amtsniederlegung in der Form der *exauguratio*. Die Priester waren durch besondere Ehren- und Vorrechte ausgezeichnet (namentlich *vacatio militiae iurisque publici*). Ihre Tracht wies vielfach ein hochaltertümliches Gepräge auf. Z.B. tragen die Flamines beim Opfer eine doppelt gelegte Toga mit einer Bronzespange, dazu den Apex (Filzkappe mit Ölzweig). Anders als in Hellas besteht in Rom ein scharfer Gegensatz zwischen Magistratur und Priestertum. Das *sacerdotium* bleibt aus dem *cursus honorum* stets ausgegliedert. In der allg. Wertschätzung genießt während der Republik die Magistratur Vorrang vor dem Priestertum; unter dem Prinzipat entwickelt sich das umgekehrte Verhältnis. K. A.

Dar.-Sagl. IV 942 ff. *P. Riewald*, RE I A 1631 ff. *Mommsen* RStR II 18 ff. *Wissowa* Rel.^{2} 479 ff. *Latte* RRel. 394 ff. *Bayet* Hist. Rel. Rom. 98 ff. *Dumézil* Rel. Rom. Arch. 550 ff.

Sacer mons, ein auf dem n. Ufer des Anio in einer Flußschleife liegender Hügel, h. namenlos, der sich 20 m über der Talsohle erhebt und für die Gründung einer Stadt sehr geeignet war. Im Jahre 494 v.Chr. wanderte die Plebs dorthin aus, um eine neue Stadt zu gründen; der Sage nach stellte → Menenius (6) Agrippa den Frieden zwischen Patriziern und Plebejern wieder her; die Plebs erhielt durch eine *lex sacrata* → Tribunat und plebeische Ädilität (→ Aediles); der Hügel am Anio, wurde dem Iuppiter geweiht (Liv. 2,32. 3, 52). Rud. G.

Philipp, I A 1653 f.

Sachalites (*Σαχαλίτης κόλπος* peripl. m. Erythr. 29. Ptol. 1,17,2. 6,7,46), Bucht des Ind.

Ozeans an der S.-Küste Arabiens. Ihre Ausdehnung wird verschieden bestimmt, dürfte aber im ganzen dem Wohngebiet der *Σαχαλῖται* im ö. Mahra-Land entsprechen, das sich vom Kap *Σύαγρος* (h. Rās Fartak) im W. bis zum Kap *Κορόδαμον* (Rās Ǧumǧuma) im O. erstreckte. A. D.

H. v. Wissmann Zur Gesch. und Landeskde. von Alt-S.-Arabien, SAWW, ph.-h. Kl., 246, 1964, 415f.

Sackpfeife s. Askaules

Sacra. Als Neutr. Plur. meint das Wort im religiösen Sprachgebrauch vielfach die Gesamtheit der Beziehungen zwischen Mensch und Gottheit, bes. die Opferhandlungen, in denen sich der Verkehr zwischen den beiden Partnern abspielt. S. zerfallen in 2 scharf voneinander geschiedene Gruppen, *s. publica* und *s. privata*. Die 1. Gruppe umfaßt alle die Darbringungen, die im Namen der Gesamtgemeinde von den dazu befugten Magistraten aus Staatsmitteln vollzogen oder durch die sakralen Unterabteilungen der *civitas* vorgenommen werden; den *s. privata* werden nicht nur die Opfer der Einzelpersonen, sondern auch die der Familien, Geschlechter und Korporationen zugerechnet (Fest. 245 M = 284 L). Für den einzelnen Bürger bestand kein Zwang, sich an den *s. publica* zu beteiligen, wenn auch bei den Begehungen nach dem ritus Graecus *(supplicationes* u. ä.*)* weitgehende Beteiligung erwartet wurde (Ausnahme das Opfergebot des Kaisers → Decius (II 1) 249 n. Chr.). Die Vernachlässigung der *s. privata* trägt den Ruf eines *impius* ein und wird mit der *nota censoria* gerügt. Die Priester können bei *s. privata* als Ratgeber fungieren. Akte, die eine Veränderung des sakralen Rechtsstands zur Folge haben *(→ confarreatio, arrogatio, testamenti factio)* unterliegen der pontificalen Mitwirkung und Oberaufsicht, damit die Aufrechterhaltung von bestimmten *s. privata* verbürgt ist. K. A.

Dar.-Sagl. IV 948ff., RE I A 1656ff. *Wissowa* Rel.[2] 398ff. *Bayet* Hist. Rel. Rom. ind. *Dumézil*, Rel. Rom. Arch. 529ff.

Sacramentum. 1. Als jurist. t. t. ist s. der Eid im Zivilprozeß, durch den jede Partei ihr Recht beweisen mußte. Als die Profanierung des Rechts das religiöse Prinzip überwand, wurde s. die Summe, die beide hinterlegen mußten; anf. in einem Tempel, später genügte eine Versicherung vor dem Praetor. Der Unterlegene verlor sie. Sie betrug 500 Asse bei einem Streitwert von 1000 Assen, 50 bei einem geringeren. Das Verfahren war so, daß sich beide zur Einsetzung des s. herausfordern mußten (Gai. 4,13. 14). Über die Entstehung des s. sind nur Vermutungen möglich. **2.** Als milit. t. t. ist s. der Fahneneid. Durch ihn erhielt der Kriegsdienst die gesetzliche Basis (Cic. off. 1,11,36). Anf. nur eine Verpflichtung zum Gehorsam, bekam er erst im J. 216 v. Chr. durch den Zusatz »aus Feigheit nicht zu fliehen« den milit. Charakter (Liv. 22,38,3). Er galt nur für die Dauer des Feldzuges. Trat irgend eine Änderung ein, mußte er erneuert werden (Cic. off. 1,11, 36), geschah dies nicht, mußte der Dienst verweigert werden (Cic. off. 1,11,37). In der Republik wurde der Fahneneid dem Feldherrn geleistet (Liv. 28,29,12), im Prinzipat dem Princeps; hier ist er mit einem *donativum* verbunden. Im Dominat schwur der Mann dem Kaiser bei Gott, Christus und dem Heil. Geist, bekam ein Zeichen auf die Hand tätowiert und 6 *solidi* (Veg. 2,5). Zu Neujahr oder am Jahrestage des Regierungsantrittes wurde er wiederholt (Tac. hist. 1,55. Plin. ep. 10,60). Die Zeremonie spielte sich vor den *signa* ab (Tac. ann. 15,29): zuerst die Offiziere (Caes. civ. 3,13,4), dann sprach ein Mann den Eid vor, die anderen folgten mit der Formel *idem in me* (Pol. 6,21,1–3). Der Bruch des Fahneneids war eine Sünde (Sen. ep. 95,35), der Täter war vogelfrei (Cod. Iust. 3,27,2); das Strafrecht ahndete aber nur das Verbrechen, durch das der Eid gebrochen worden war, am einzelnen wie an der Truppe (Tac. ann. 3,21). **3.** Als theolog. t. t. ist s. die Übers. des griech. Mysterion, so noch in der Vulg. Aber schon Tert. sieht in s. die »wichtigste Zeremonie geheimnisvollen Inhaltes«. Wahrscheinlich in Nachahmung des Fahneneides verengte sich s. dann zum Begriff »Sakrament« (Aug. civ. 10,23). E. S.

Klingmüller, RE I A 1667ff. *R. E. Smith* Service in the Post-Marian Rom. Army, Manch. 1958. *M. Kaser* Das Röm. Zivilprozeßrecht, Münch. 1966.

Sacra via war eine Straße in Rom, die von der Höhe der → Velia zum Tempel der → Vesta führte und den Verkehr zwischen den ö. Stadtteilen und dem Forum vermittelte. Die Annahme *Luglis*, daß die Straße sich von der Niederung zwischen → Palatium und → Esquilin bis zum *clivus Capitolinus* erstreckt habe, ist umstritten. Ihren Namen verdankte sie verschiedenen an ihr liegenden, ehrwürdigen Gebäuden: dem Tempel der Vesta, dem der → Laren, der → Regia, dem Atrium Vestae und der *domus → regis sacrorum* auf der Höhe der Velia. In der Kaiserz. standen n. der S. v. der Tempel des Antoninus und der → Faustina und das Heiligtum des Divus → Romulus, s. davon der Titusbogen; s. von ihm ist der Tempel des → Iuppiter Stator anzunehmen. Rud. G.

Rosenberg, RE I A 1674–1677. *Lugli* Centro, p. 75–77.

Sacrilegium bedeutet im klass. röm. Recht die widerrechtl. Wegnahme einer *res sacra* aus einem Tempel, also Tempeldiebstahl und Tempelraub. Darauf steht die Todesstrafe in verschiedenen Formen (Ulp., Iul. Dig. 48,13,7; 11 pr.). Später verändert sich die Bedeutung von s. zur Abtrünnigkeit vom chr. Glauben und zum Ungehorsam gegen den Kaiser (Cod. Iust. 9,29). Dabei gehen wohl die klare rechtstechn. Begrenzung und einheitl. Rechtsfolgen verloren. D. M.

Sacriportus (App. civ. 1,87 *Ἱερὸς λιμήν*. Lucan. 2,134 *apud Sacri cecidere cadavera Por-*

tum), Ortschaft Latiums am Oberlauf des Tolerus, wo der jüngere → Marius im Frühj. 82 v. Chr. von Sulla vernichtend geschlagen wurde (Liv. ep. 87. Vell. 2,26,1 f. Flor. 2,9,24. Vir. ill. 68,1. Plut. Sulla 28,4). G. R.

Forbiger HB d. alt. Geogr. 3,479. *Nissen* It. Ldk. 2,651. *Bengtson* RG 187.

Sacrosanctum heißt rechtstechn. die Unverletzlichkeit der plebejischen Amtsträger (*tribuni* und *aediles plebis*): *sacrosancta potestas*. Diese Unverletzlichkeit wird seit alters von der *plebs* garantiert: Sie bedroht jede Störung der Amtsführung, ja schon bloßes Inswortfallen bei öffentl. Rede, mit der Todesstrafe. Formal hat sich das bis in die Kaiserzeit gehalten. So haben sich noch Caesar und Augustus die *tribunicia potestas* erteilen lassen, um in den Genuß der Unverletzlichkeit zu kommen. Später erhält s. den Sinn von »hochheilig« und wird mit Bezug auf die Kirche verwendet. D. M.

Sadalas. 1. I., König der Odrysen 87/86–80/79, Vater des → Kotys (5), sandte Truppen zu Sulla nach → Chaironeia. Cic. Verr. 2,1,63. M. HOLLEAUX Études d'épigr. 1, 1938, 156f. **2.** II., thrak. König 45/44–42, Sohn des → Kotys (5), Gemahl der Polemokrateia, half Pompeius 48 bei → Pharsalos, von Caesar begnadigt, 42 ermordet. Caes. civ. 3,4,3. Cass. Dio 41,51,3. 63,1. 47,25, 1. App. civ. 4,75. EE 9,698. G. W. BOWERSOCK Augustus and the Greek world, 1965, 152ff. **3.** III., Anhänger des Antonius 31 bei → Aktion (I 1529), Plut. Ant. 61,2. H. V.

Sadduzäer (*Σαδδουκαῖοι* aus hebr. *ṣâddûqîm*, aram. *-qâjjā* von Ṣadôq, wohl dem 2. Sam. 15 u. ö. genannten Oberpriester unter David), polit.-relig. Gruppierung im palästin. Judentum. Quellen: N.T., Ioseph., rabbin. Lit. und Notizen der Kirchenväter seit Iustin., meist gegnerisch und daher verfremdet. Der Name bezeichnet die Jerusalemer Priesteraristokratie samt Anhang in der jüd. Oberschicht. Sie waren zwischen der Makkabäerz. im 2. Jh. v. Chr. und 70 n. Chr. ein polit.-relig. Faktor, primär eine kleine, exklusive Schicht, in die man hineingeboren wurde, sekundär auch eine Richtung (mit Organisation?), die aber die Massen kaum erreichte. Die S. wollten Israel in seiner vormakkabäischen Form als national-partikulare Kultgemeinde mit dem von ihnen verwalteten Tempel als Zentrum und dem von ihnen interpretierten → Pentateuch als Grundgesetz restaurieren. Sie standen damit im Gegensatz zur Wiedererrichtung der Monarchie durch die Hasmonäer und zu den Bestrebungen auf eine Umbildung des Judentums, wie sie die → Pharisäer, anders auch → Qumran, vertraten. Im röm. Judäa beherrschten sie das Synedrion. Politisch bemühten sie sich um so viel Unabhängigkeit, wie gewaltlos möglich war, und lehnten den Zelotismus ab, konnten aber den 1. jüd. Krieg von 66–70 nicht verhindern. Den Untergang Jerusalems und des Tempels, der ihre materielle und ideelle Basis war, haben sie als Gruppe und die meisten von ihnen wohl auch physisch nicht überlebt. Chr. B.

J. Wellhausen Die Pharisäer und die Sadducäer, [3]1967. *Schürer*, 2^4, 1907 = 1964, 447–456. 475–489 (Lit., Quellen). *H. L. Strack – P. Bitterback* Komm. z. N.T. ars Talmud und Midrasch 4, 1928, 339–352 (rabbin. Quellen). *R. Meyer* Σαδδουκαιος ThWB 7, 1964, 35–54 (Lit.). *G. Baumbach* Jesus von Nazareth im Lichte der jüd. Gruppenbildung, 1971, 49–71. *G. Maier* Mensch und freier Wille, 1971, 116–164 u. ö.

Sadyattes, kleinas. Name. A. GÖTZE Kleinasien 1957, 193. **1.** I., Sohn des → Myrsos (1), daher auch Myrsilos genannt, bei Hdt. 1,7ff., Plut. mor. 302 und Chronogr. → Kandaules (vielleicht sakraler Beiname), letzter König der Heraklidendynastie in Lydien, um 680 v. Chr. von → Gyges ermordet. Nik. Dam. FGrH 90 F 47. H. KALETSCH, Hist. 7, 1958, 31. **2.** II., Sohn des → Ardys (2), der 3. lyd. König der → Mermnadendynastie, 629–618, führte 6 J. Krieg gegen → Miletos, den sein Sohn und Nachfolger → Alyattes fortsetzte. Hdt. 1,16. 18. Seine Geschwisterheiraten schildert Nik. Dam. FGrH 90 F 63. **3.** Kaufmann in Lydien, borgte → Kroisos nicht das erbetene Geld. Als König weihte Kroisos das Vermögen des S. der Artemis von Ephesos. Nik. Dam. 90 F 65. Sud. s. *Κροῖσος*. **4.** Sohn des Ardys, angeblich Mörder des Daskylos. Nik. Dam. FGrH 90 F 44 11. 46. **5.** Sohn des Kadys aus der Tyloniden-, d. h. Heraklidendynastie, G. M. A. HANFMANN Sardis und Lydien, 1960, 16; regierte 3 J. für den König Meles (716–704), der wegen der Blutschuld durch die Ermordung des Daskylos das Land verlassen mußte. Nik. Dam. FGrH 90 F 45. H. V.

Saeculares ludi s. Saeculum

Saeculum (zuerst Ter. Eun. 246 *saeclum*) bezeichnet als *s. naturale* (Cens. 17,1) im Unterschied zur *γενεά* (ca. 30 Jahre) *spatium vitae humanae longissimum partu et morte definitum* (Cens. 17,2), weshalb die Einladung zu den *ludi s.* »*ad ludos, quos nec spectasset quisquam nec spectaturus esset*« lautet (Suet. Claud. 21,2. Herodian. 3,8,10). Die etr. s. sind jeweils von unterschiedlicher Dauer; man glaubt, den unwissenden Menschen würden beim Wechsel der s. *divinitus* Zeichen geschickt (Cens. 17,5); so endete das 8. s. durch einen Trompetenstoß aus heiterem Himmel (Plut. Sulla 7), das 9. s. durch das *sidus Iulium* (Serv. auct. ecl. 9,46). Die ersten 4 etr. s. dauern je 100, das fünfte 123, das 6. und 7. je 119 Jahre (Varro bei Cens. 17,6 aus im 8. s. verfaßten *Tuscae historiae*); ein 10. s. erwähnt Serv. ecl. 4,4. Hiervon sind die *s. civilia* (Cens. 17,1. 15) verschieden, die *pro certo et constituto numero annorum* (Acro Hor. c. s. 1) gewöhnlich 100 J. dauern (Antias frg. 18 P. Varro l. l. 6,11. Paul. Fest. 441,4f. L. Cens. 17,8f. Aug. civ. 3,18). Auch bei den *ludi s.* des J. 249 v. Chr. (Varro bei Cens. 17,8. Verr. Flacc. bei Acro Hor. c. s. 8 mit Angabe der Konsuln) wird bestimmt, *uti ludi centesimo quoque anno fierent* (Varro a.O. Liv. ep. 49. Verr. Flacc. a.O. *annos centum [et decem]*). Den Beginn des 7. Jh. der Stadt datiert erstmalig Piso frg. 36 P.; Feiern zum Abschluß des 8. Jh. finden 47 n. Chr. (Cens. 17,11. Tac. ann. 11,11,1. Aur. Vict. 4,14), des 9. (Aur. Vict. 15,4) 147 n. Chr., des 10. (H. A. Gord. 33,2. Aur. Vict. 28,1. Eutr. 9.3) 248 n. Chr. statt; seither unterblieb das (Zos. 2,7). *Ludi s.* wurden auf Veranlassung der *libri Sibyllini* vermutlich aus Tarent 249 in Rom mit Opfern für *Dis pater* und *Proserpina* eingeführt (Cens. 17,11. Antias frg. 22 P. mit Konsuln 505 a.u.c.; Zos. 2,4,1. Liv. ep. 49 ohne Konsuln 502 a.u.c. mit Gründungsdatum 751 v. Chr. nach Cic. rep. 1,18 und Nep., Lutat. bei Solin. 1,27). Danach angebliche *ludi s.* für 348 (Cens. 17,10 †*octavo*† ⟨*sexto*⟩ *et quadringentensimo*. Fest. 440,22 f. L. Zos. 2,4,1) und 449 (Eus. Abr. 1565) angenommen, obwohl Befragung der *libri Sibyllini* aufgrund des Blitz-Prodigiums (Verr. Flacc. a.O.) auf erstmalige Einrichtung jedoch (Aug. civ. 3,18 *instaurati ... ludi s.*) weist; ob 149 (Varro u. Liv. bei Cens. 17,11. Liv. frg. Ox. 49. Antias frg. 55 P.) oder 146 (Cens. a.O. Cass. Hem. frg. 39 P. Piso frg. 39 P. Cn. Gell. frg. 28 P.) *ludi s.* stattfanden, wissen wir nicht. Die *ludi s.* 509 (Cens. 17,10. Val. Max. 2,4,5. Zos. 2,3,3) oder 504 (Plut. Popl. 21,3) sind erfunden. Warum Augustus den 100jährigen Zyklus verließ (Kritik des Liv. bei Cens. 17,9) und für seine Feier 17 v. Chr. (CIL I[2] p. 29. Cens. 17,11. Mon. Anc. 22. Cass. Dio 54, 18,2) ein angebliches Intervall von 110 J. (Or. saec. 2 bei Zos. 2,6. Phlegon FGrH 257 F 37,4. Cens. 17,9. Hor. c. s. 21. Acro Hor. c. s. 1. 21; Mon. Anc. 22 im griech. Text jedoch 100 J.: *τὰς διὰ ἑκατὸν ἐτῶν γεινομένας ὀν[ομαζομένα]ς σαικλάρεις*) wählte, danach Feiern der J. 126 (Cens. 17, 11), 236 (CIL I[2] p. 29), 346 (Cens. 17,10 *anno CCCC et +decimo+* ⟨*octavo*⟩), 456 (Cens. 17,10) voraussetzte und in die fast. Capitol. (CIL I[2] p. 29) einfälschen ließ, ist unbekannt. Als Mittel der Täuschung ist jedoch der Sprung von der kapitolin. Zählung auf die inzwischen eingeführte varron., d.h. von 126 (= 627 a.u.c. kapitolin.) auf 17 (= 737 a.u.c. varron.; vgl. Cens. a.O.), nachweisbar (Radke, RE XXIV 1130. Ders., G 71, 1964, 78). Kaiser Claudius hat zwar ausführlich zum august. Termin Stellung genommen (Suet. Claud. 21,2), die august. Reihe jedoch nicht fortgesetzt (Zos. 2,4,3), sondern 47 n. Chr., schon nach Ablauf von 63 J. (Plin. nat. 7,159. Tac. ann. 11,11, 1) eine 800-Jahr-Feier abgehalten (Tac. a.O.). Unter Nichtachtung des Claudius veranstaltete Domitian *ludi s.* 88 n. Chr., was trotz angeblicher Einhaltung der Zeit (Suet. Dom. 4,3. Zos. 2,4,3) um 6 J. zu früh war. Erst Septimius Severus erfüllt 204 n. Chr. die august. Berechnung wieder (Cens. 17,11. Zos. 2,4,3. Herodian. 3,8,10). Der Ablauf der august. Feier vom 1.–3. Juni bei Zos. 2,5. Suet. Aug. 31,4. Acro Hor. c. s. 1. 8. Act. saec. CIL VI 877 b. 32323 (vgl. die Acta der sever. Feier CIL VI 32326 ff.); sie finden statt der bisher üblichen 3 Nächte (Varro bei Cens. 17,8) *triduo id est tribus diebus et tribus noctibus* (Acro Hor. c. s. 8) statt.

Die nächtlichen Opfer an die Moiren, die Ilithyien und *Terra mater* vollzog Augustus allein, die Tagesopfer an Iuppiter Optimus Maximus, Iuno Regina, Apollo und Diana zusammen mit Agrippa. Das von Horaz verfaßte *carmen s.* trugen 27 Knaben und 27 Mädchen vor; es galt als *pro perpetuitate imperii Romani ... constitutum* (Acro a.O. 25). In den Erklärungen findet sich (bis zurück in die Sage von Valesius bei Val. Max. a.O.) daneben die Absicht *pro sedanda et vertenda pestilentia* (Acro a.O. 1. 8), was an die pestbindende Nageleinschlagung erinnert (Liv. 7,3,3; nach den fast. Cap. liegen 100 J. zwischen den Nagelungen 363 und 263). Platz der *ludi s.* ist das Tarentum auf dem Marsfeld, wo schon der Sabiner Valesius zur Gesundung seiner Kinder dem Dis und der Proserpina opferte (Val. Max. a.O. Zos. 2,1 f.); Deutung als *Manius Valerius Terentinus* (Val. Max. a.O.). In der august. Zeit war die der S.-Vorstellung ähnliche Weltalterlehre geläufig (Cic. nat. 2,159. Calvus, Nigidius Figulus, Catull, Hor. ep. 16, Ovid, German. Arat., Asin. Pollio, Hyg. fab. 143; Radke, G 66, 1959, 240 ff.); diese Erwartungen vereinigt in Verg. ecl. 4. G. R.

Th. Mommsen Röm. Chron. [2]172 ff. *H. Diels* Sibyll. Blätter 1890. *G. Wissowa* Ges. Abh. 192 ff. *Ders.*, Rel. [2]308 f. 430 ff. *Latte*, RRel 246 f. 298. *Usener* Kl. Schr. 4,117 ff. *Carter* Myth. Lex. 3,3141 ff. *Wagenvoort* Stud. in Roman Lit., Cult. and Rel. 193 ff. *I. B. Pighi* De ludis saecularibus pop. Rom. Quiritium[2] 1941, Nachdr. 1965. *Radke* Neue Einsichten 5, 1970, 40. *Gagé* Apollon Romain 583 ff.

Saena (Tab. Peut. 4,3 *Sena Iulia*. Ptol. 3,1,49 *Σαίνα*), augusteische *colonia Iulia* (CIL IX p. 332) in der 7. Region (Plin. nat. 3,51), an deren Platz keine Spuren älterer Siedlung kenntlich sind. Bewohner stimmen in der *tribus Oufentina* (L. Ross Taylor Voting Districts etc. 273); ihr Selbstbewußtsein schildert Tac. hist. 4,45. H. Siena. G. R.

Forbiger HB d. alt. Geogr. 3,425. *Nissen* It. Ldk. 2,312. *Beloch*, RG 569. *M. Kirchstein* Siena 1923, 7.

Saenianus. Röm. Rhetor der frühen Kaiserzeit. Seine Herkunft und Lebensumstände sind unbekannt, der ältere → Seneca nennt ihn nur mit entschiedenem Tadel (contr. exc. 5,2. 9,2,28. 7,5, 10). Die genannten Stellen und suas. 2,18 bieten Proben seiner Geschmacklosigkeit (vielleicht auch Ausspruch suas. 7,11 von ihm [so Wilamowitz H 35, 1900, 28]). Wie alle Deklamatoren scheint er eine Vorliebe für das Einflechten malerischer Schilderungen gehabt zu haben, die zu zitieren nicht einmal Sen. contr. 9,2,28 der Mühe wert findet (Norden AKpr 276. 284 ff.). H. Gu.

Gerth, RE IA 1720 ff.

Saenius. Ital. Gentilname etr. Herkunft (Schulze Eigenn. 93. 567). **1.** L. S., Senator 63, der Verbindungen mit Faesulae hatte, Sall. Cat.

30,1. Broughton Mag. 2,496. **2.** L. S., cos. suff. 30 zusammen mit dem jungen Caesar; wohl Sohn von Nr. 1. Er beantragte die 29 verabschiedete *lex Saenia* über die Ergänzung des Patriziats, Mon. Anc. 2,1. Cass. Dio 52,42,5. H. G. G.

Saepinum (Tab. Peut. 6,4 *Sepinum*), Samniterstadt (Ptol. 3,1,67), 293 v. Chr. von Rom erobert (Liv. 10,44f.); 89 wurde S. *municipium* (CIL IX 2451f. 2457. 2565) in der *tribus Voltinia* (Kubitschek Imp. Rom. trib. discr. 59. L. Ross Taylor Voting Districts etc. 276) der 4. Region (Plin. nat. 3,107); S. ist bei Terravecchia nahe Sepino (Salmon) zu suchen und zu unterscheiden von der zwischen 2 v. Chr. und 4 n. Chr. (CIL IX 2443) ummauerten röm. Stadt, deren Ruinen h. Altilia heißen. G. R.

Forbiger HB d. alt. Geogr. 3,459. *Nissen* It. Ldk. 2,794. *Beloch*, RG 600. *Salmon* Samnium and the Samnites 44f. 51f. *G. Ambrosetti* Arch. Class. 10, 1958, 14ff. *G. Colonna*, ebd. 14, 1962, 80ff.

Saepta bezeichnete urspr. den für Volksabstimmungen umzäunten Raum; in Rom hieß der in der späteren Republik dafür errichtete Holzbau wegen der Ähnlichkeit mit einem Viehstall auch *ovile*. Den Plan Cäsars, dieses *ovile* durch einen Prachtbau aus Marmor zu ersetzen, führten → Lepidus (I 6) und → Agrippa aus; dieser gab der im J. 26 v. Chr. vollendeten Halle den Namen Saepta Iulia. Es handelte sich um ein an der Via lata, dem h. Corso, liegendes Gebäude von 400 m Länge und 60 m Breite mit einer Grundfläche von 24000 qm, das sich von der Piazza S. Ignazio bis zur Piazza Venezia erstreckte. Reste sind noch sichtbar in der Unterkirche von S. Maria in Via lata und in den Kellern des Palazzo Doria. 6 Reihen mächtiger Pfeiler aus Travertin (etwa 1,70 m im Quadrat) teilten die Halle in 7 Längsschiffe; für die Abstimmung der Curien gab es, ebenfalls durch Pfeilerreihen, eine Quereinteilung in etwa 80 Räume. Aus der Massigkeit der Pfeiler schloß Hülsen auf ein weites Obergeschoß und vermutete dort das sog. Diribitorium (→ Diribitores), den Raum für die Auszählung der abgegebenen Stimmtäfelchen; Lugli bestreitet jedoch diese Annahme. Da seit Tiberius keine Volksabstimmungen mehr stattfanden, wurden die Saepta als Festhalle verwendet: von Augustus bis Nero gab man hier u. a. Gladiatorenspiele; nach dem Bau des Colosseums verwandelte man sie in ein Warenhaus. Rud. G.

Rosenberg, RE I A 1724–1727. *Lugli* Monumenti III p. 96ff.

Saetabis (h. Jativa), Stadt der → Contestani, in der Nähe der span. O.-Küste, an der großen Küstenstraße (Geogr. Rav. 304,4), auf einem hohen Berge (Sil. 3,373 *celsa arce*), in fruchtbarer Gegend gelegen, bei Plin. nat. 3,25 als *municipium Augustum* genannt, in der Kaiserz. berühmt durch Leinenindustrie (*sudaria Saetaba* Catull. 12,14. Plin. nat. 19,9. Sil. a. O.). W. S.

Schulten, RE I A 1727.

Säule (*κίων, στῦλος, columna*). Schon Äg. kennt die Pflanzens. und die Zeltstangens. als Architekturglieder. Die minoische und myken. Baukunst kennt die hölzerne S. mit Basisplatte, Kapitell und sich nach oben verbreiterndem S.-schaft. In Griechenland begegnet die S. von früh an als tragendes Architekturglied, als Grabs. und als Votivs. Die beiden letzteren Typen stehen entweder allein (die S. ist selbst das Monument) oder die S. dient als Träger. In späterer Z. können zwei S., mit gemeinsamem Gebälk, als Träger eines Monuments dienen. Als tragendes Architekturglied gehört die S. in Griechenland vor allem zur Tempelringhalle, wohl von Anfang an mit einer erhöhenden Bedeutung ([2]). Die S. dor. Ordnung, wohl von der myken. S. herzuleiten, zunächst in Holz, dann auch in Stein hergestellt, steht ohne Basis auf dem Stylobat, verjüngt sich im unteren Drittel wenig, danach stärker (Entasis), trägt in der Regel durch spitze Grate getrennte Kanneluren und geht ohne Bruch in das Kapitell über. Die S. ion. Ordnung steht auf einer Basis, die sehr verschieden gebildet sein kann, verjüngt sich von unten nach oben regelmäßig, hat zahlreichere, durch bandartige Streifen getrennte Kanneluren und stößt in scharfem Winkel gegen das Kapitell. Am E. des 5. Jh. v. Chr. entsteht das korinth. Kapitell, zu dem ein S.schaft ion. Ordnung gehört. Im Lauf der Jh. wandeln sich vor allem in der dor. Ordnung die Proportionen stark, der S.-schaft wird länger bzw. der S.durchmesser relativ geringer ([1], 87 Abb. 76). Außer am Tempel kommt die S. in Griechenland vor allem in der S.halle vor (→ Stoa), in Rom auch in der S.straße. Seit dem frühen 5. Jh. v. Chr. entwickelt sich die Halbs. ([3]), in der monumentalen Architektur in gleicher Funktion wie die S., an kleineren Bauten, Altären, Reliefs, Stelen und Sarkophagen auch als Schmuckglied ohne tragende Funktion.

Der etr. und röm. Tempel kennen zusätzlich das Kapitell tuskan. Ordnung. Die Halbs. gewinnt in Rom vor allem optisch, weniger funktionell eine viel größere Bedeutung als in Griechenland; vor einen tragenden Bogen vorgeblendet bilden die Halbs. in der Arkade ein neues, weit verbreitetes Bauelement an Fassaden (Triumph- und Ehrenbögen, Tore, Theater, Amphitheater usw.). Ein Band mit darstellenden Reliefs kann die S. umziehen, die eine Kaiserstatue trägt ([5]), vgl. vor allem die Traians- und Marcus-S. In der Spätant. ziehen sich einzelne Asketen (S.-heilige) auf den → Abacus (6) freistehender S. zurück. Seit der Ausbildung der S. in der griech. Baukunst ist die S. ein nicht mehr wegzudenkendes Element der abendländischen Architektur. W. H. G.

1. *G. Gruben* Die Tempel der Griechen, 1966. 2. *H. Drerup*, MDAI 5, 1952, 7ff. Festschr. Fr. Matz (1962) 32ff. 3. *H. H. Büsing* Die griech. Halbs., 1970. 4. *W. Haftmann* Das italische S.monument, 1939. 5. *G. Becatti* La colonna coclide istoriata, 1960.

Safran (*κρόκος, crocus;* der mod. Name aus dem Arabischen). Das im Mittelmeergebiet und im Nahen Osten von jeher in vielen Arten verbreitete, seit dem MA. auch über die Alpen vorgedrungene perennierende Zwiebelgewächs mit den schmalen Blättern und den duftenden Blüten wird seit Hom. (Il. 14,348) und Hes. (theog. 358) oft erwähnt und beschrieben. Es wurde als Zierpflanze für Gärten geschätzt und kultiviert, vor allem aber als Färbmittel für Prunkgewänder von Göttinnen, Fürstinnen und auch allg. Es diente ferner zur Herstellung beliebter Salben und Essenzen, von Würzwein und auch zu medizinischen Zwekken. In der Kaiserzeit war es ein wertvoller Handelsartikel. K. Z.

Orth, RE I A 1728ff. *Hehn-Schrader* Kulturpflanzen^{8}.

Sagala (*Σάγαλα* Ptol. 7,1,46), Beiname *Εὐθυμέδεια* ([5], 486f. 541. [4], 80f.) oder *Εὐθυδημία* ([1], 1. 324,2. 80. [9], 51), Stadt in India intra Gangem ö. des → Hydaspes, Lokalisierung (h. Siālkot [2], 132,171f. [3], 205f. 244. [6], 96ff. 108f.) ebenso wie die Gleichsetzung der Hauptstadt des → Menandros (6) Sāgala mit Sākala im Gebiet der Madras umstritten ([7], 68, [4], 172f.). Davon zu unterscheiden ist S. bei Ptol. 7,1,53, die Stadt in der Prasiake, das ai. Sāketa oder Ayodhyā ([3], 64. 82. 185. [8], 72. 104ff.). F. F. S.

1. *F. Altheim* Weltgesch. Asiens im griech. Zeitalter, 1947 bis 1948. 2. *K. A. Nilakanta Sastri* (ed.) A Comprehensive Hist. of India 2, Bombay 1957. 3. *R. S. Tripathi* Hist. of Anc. India^{2}, Delhi 1960. 4. *A. K. Narain* The Indo-Greeks^{2}, 1962. 5. *W. W. Tarn* The Greeks in Bactria and India^{2}, 1966. 6. *G. Woodcock* The Greeks in India, 1966. 7. *D. C. Sircar* Stud. in the Society and Administration of Anc. and Med. India 1, Calcutta 1967. 8. *Ders.* Cosmogr. and Geogr. in Early Indian Lit., Calcutta 1967. 9. *F. Altheim-J. Rehork* (ed.) Der Hellenismus in Mittelasien, 1969. 10. *B. Ch. Law* *Sākala:* an Anc. Indian City, East und West 19, 1969. 401–09.

Sagalassos (*Σαγαλασσός*, vgl. etwa Strab. 12,569f. *Σελγησσός* bei Strab. a. O. und Steph. Byz. s. *Σ*. Weitere Belege s. [1]), verkehrstechnisch günstig gelegene Stadt in Pisidien an einer der wenigen Verbindungsstraßen zwischen Pamphylien und dem N. bzw. NW. (vgl. [4], 265f.). Bereits z. Z. Alexanders d. Gr. war S. von beachtlicher Bedeutung (vgl. Arr. an. 1,28,2; dazu [6]) – über ihre frühere Entwicklung sind wir hingegen nicht unterrichtet; denn der auf einigen Münzen der Stadt (2./3. Jh.) erhaltene Hinweis auf ihren spartan. Ursprung (Head HN^{2} 710) ist wenig vertrauenswürdig. Auch in der Kaiserz. konnte sie ihren Wohlstand bewahren, von dem noch h. ansehnliche Reste ant. Baulichkeiten (beim h. Ağlasun; u. a. 2 Theater, 2 Tempel, 2 Basiliken) zeugen (s. [2]. [3]. [5]. [7]). Seit dem 5. Jh. als Bischofssitz nachweisbar. E. O.

1. *W. Ruge*, RE I A 1732f. 2. *K. Graf Lanckoroński* Städte Pamphyliens und Pisidiens 2, 1892, 127–160 (Inschr. S. 224–32, vgl. IGRom III 342ff.). 3. *T. R. S. Broughton* Rom. Asia Min.: An Econ. Surv. of Anc. Rome (ed. *T. Frank*) 4, 1938, 787f. 4. *D. Magie* Rom. Rule in Asia Min., Princeton 1950, 1139,17. 5. *N. Bonacasa*, Enc. Art. Ant. 6,1063. 6. *F. Stark* Auf den Spuren Alexanders, Stuttg. ^{2}1968, 106–110. 7. *G. E. Bean*, Belleten 18, 1954, 469–88.

Sagaritis (*Σαγαρῖτις*). → Hamadryade, mit der → Attis sein der → Kybele gegebenes Keuschheitsversprechen brach. Sie stirbt an der Wunde, die die Göttin ihrem Baum beibringt, während Attis von ihr in Wahnsinn und zur Selbstentmannung getrieben wird. Ov. fast. 4,229: eine der vielen Versionen über die Begründung dieses Brauches im Dienst der Kybele. S. steht in Beziehung zu dem Fluß(gott) Sagaris (Ov. Pont. 4,10,46) = *Σαγγάριος* (Hom. Il. 3,187. Hes. theog. 344), der s. w. von → Pessinus entspringt. *Σάγαρις* heißt auch die Axt, mit der die *Γάλλοι* sich entmannen, Anth. Pal. 6,94,5. H. v. G.

Sagartioi (*Σαγάρτιοι*), altpers. *Asagarta*, nach Hdt. 1,125. 3,93 einer der nomadischen Stämme der Persis, der die Oasenlandschaft Yazd, vor allem aber das ö. angrenzende Kuhistan innehatte. Ptol. 6,26 setzt sie an die O.-Seite des Zagros; Steph. Byz. a. O. läßt sie in *Σαγαρτία*, einer Halbinsel am Kasp. Meer, wohnen. Nach Angabe der Behistun-Inschr. gaben sich der med. Fravartiš und der Sagartier Čitrantaxma beide für Nachkommen des Uvaxštra aus; es hat also eine Z. gegeben, wo die S. und die Meder polit. geeint waren. Ihre Trennung fiel wahrscheinlich mit der Begründung des Mederreiches im J. 677 zusammen. Dann unterstellten sie sich Kyros, um am Sturz des med. Reiches mitzuwirken. J. D.-G.

Sagena (*σαγήνη*). Das Schleppnetz beim Fischfang (→ Retia) war rechteckig und sehr lang. Unten mit Steinen oder Blei beschwert, oben mit Holz oder Korkstücken, *φελλοί*, versehen, bildete es eine Art breite Tasche, in der die Fische sich sammelten, während die Fischer die s. mit Tauen vom Boot aus nachzogen. Schleppnetze dienten hauptsächlich zum Fang großer Fische. W. H. G.

Sagitta, -arius., der Pfeil, war auch bei den Römern verschiedenförmig. Es gab vierkantige Pfeilspitzen mit oder ohne Tülle, dreikantige, die in einen Dorn ausliefen, ferner blatt-, lanzett- und kegelförmige. Die einfachste Pfeilspitze war ein dornartig ausgeschlagener Eisenblechstreifen, dessen anderes, ringförmiges Ende zum Aufsetzen auf den Schaft bestimmt war. Die Länge der Spitzen schwankte zwischen 60 und 100 mm. Über Länge und Beschaffenheit des Schaftes ist nichts bekannt. Eine zusammenfassende Behandlung aller Funde steht noch aus. Sagittarii, Bogenschützen finden sich im röm. Heer nicht vor dem 2. pun. Krieg und waren ausschließlich fremde Söldner. Mit der zunehmenden Bedeutung der Fernkampfwaffen wurde auch in der Legion das Pfeilschießen durch → Marius eingeführt (RE Suppl. X 155). Damit in Einklang steht, daß z. B.

die 4 Legionen des Pompeius bei → Dyrrhachion (Suet. Caes. 68) mit dem Bogen schossen. Bogen und Pfeil blieben aber stets eine Waffe der → *auxilia*. Und so gab es in der Kaiserzeit *alae*, *cohortes* und *numeri* s. Der linke Arm des S. war durch eine → *manica* geschützt (Veg. mil. 1, 20) und außer dem Pfeil verfügten sie auch über Schwerter, Helme und Schuppenpanzer (Veg. mil. 2,20). In byzant. Z. waren die S. beritten und völlig gewappnet (Prok. b. Pers. 1,1,8–15). A. N.

Fiebiger, RE I A 1741ff. 1748ff. *Fr. Lammert*, Philol. Suppl. Bd. XXIII, Heft II, 1ff. 18. 36. 61f. *Grosse* Röm. Militärgesch. Bln. 1920, 16 A. 9. 49. 53. 94f. BursJb 200, 1924, 56. 218, 1928, 97. 248, 1935, 187f. Über Wurfpfeile → Mattiobarbuli.

Sagma (*σάγμα*). Der Saum- oder Packsattel der Lasttiere, *sagmarii* (Gegensatz *sella*, Reitsattel) aus Haarstoff von Ziegen, Kamelen usw. verhinderte, daß die darauf angebrachten Holzgestelle den Rücken der Tiere wundrieben. Darstellungen z.B. auf der Traians- und Theodosiussäule. S. wurden vom *sagmarius*, *σαγματοποιός* hergestellt. W. H. G.

Sagmen (bzw. *sagmina*) heißen die Kräuter, die auf der *arx* gepflückt werden und die der → Fetial erhält, um auf dem Wege zu dem zukünftigen Feinde geschützt zu sein (Liv. 1,24,4. 30,43, 9. Plin. nat. 22,5. Fest. 424,34ff. L. Marcian. Dig. 1,8,8,1. Naev. frg. 31 M. Inc. trag. frg. 219 p. 268 R. Non. p. 528 M.). Plin. nat. 25,105 sieht darin das Eisenkraut, Serv. auct. Aen. 12,120 den Rosmarin. G. R.

Samter, RE VI 2261. *Wissowa*, Rel. ²551f. *Latte*, RRel. 121. *Wagenvoort* Rom. Dynamism 19.

Sagra (Name feminin. Strab. 6,261), Flüßchen → Bruttiums s. → Kaulonia, das durch den Sieg der → Lokrer über zahlenmäßig überlegene Truppen → Krotons mit Hilfe der Dioskuren (Stellen bei Oldfather, RE XIII 1326ff.) bekannt wurde (Plin. nat. 3,95. Cic. nat. 2,6. 3,11. Strab. a. O. Plut. Aem. Paul. 25,1); das wunderbare Ereignis begründete das Sprichwort *ἀληθέστερα τῶν ἐπὶ Σάγρᾳ* (seit Kratinos und Sophron Paroem. 1, 36). H. Sagriano (Forbiger) oder Turbolo (Nissen. Bérard La colonisation Grecque ecc. 158). G. R.

Forbiger HB d. alt. Geogr. 3,375. *Nissen* It. Ldk. 2,951.

Sagros (Strab. 5,242), Fluß, der zwischen Ortona und → Histonium ins adriat. Meer mündet (Ptol. 3,1,19 *Σάρος*); danach ist der durch ein Glossem verderbte Text bei Strab. a. O. zu berichtigen, wo S. zwischen Ortona und → Aternus als frentan.-paelign. Grenze gilt. Name vielleicht in *Annum* (Tab. Peut. 6,2. Geogr. Rav. 4,31. 5,1. Guido 22. 70) verstümmelt. H. Sangro. G. R.

Forbiger HB d. alt. Geogr. 3,373. *Nissen* It. Ldk. 2,778. *Miller* Itin. Rom. 216. 390.

Sagum (*sagulum*, *σάγος*). Das kelt. Lehnwort (Holder 2,1289) bezeichnet ein Männergewand in Pelerinenform mit dreieckigem oder rundem

Ausschnitt für den Kopf und manchmal einer Kapuze (*cucullus*) aus langhaarigem, grobem Stoff (Loden oder Filz). Das s. wurde über den Kopf geworfen oder, als Umhang getragen, auf der rechten Schulter von Schnalle oder Fibel zusammengehalten. So angelegt ließ das s. die rechte Körperseite frei. Zwar tragen auch Arbeiter, Sklaven usw. das s., doch ist es das spezifische Kriegskleid der Römer. Vom *s. gregale* (Liv. 7,34,15) des Soldaten unterschied sich das s. des Feldherrn (später: → *paludamentum*) durch die Farbe (purpur oder weiß; bei Trauer schwarz). W. H. G.

Saguntia, Stadt im W. der Hispania Baetica s. vom Baetis; h. Gigonza (Xigonza). Liv. 34,19,10. Plin. nat. 3,15 u.ö. K. A.

Saguntum (*Ζάκανθα*, Bewohner Saguntini, Saguntii, *Ζακανθαῖοι*), iberische Stadt im Gebiet der → Edetaner. Wegen der Ähnlichkeit des Namens mit Zakynthos erfand man griech. Ursprung (Liv. 21,7,2. Strab. 3,159. Plin. nat. 16,216 u.a.). Sie lag auf dem letzten Ausläufer des n.ö. Randgebirges 170 m über NN. Die Entfernung vom Meer beträgt h. 5 km; die ant. Angaben schwanken: 1,3 km (Pol. 3,17,2), 4,5 km (Plin. nat. 3,20). Der Unterschied wird von manchen wenig plausibel auf alluviale Anschwemmungen des Uvida (Palancia) zurückgeführt. Die Umgebung S.s war durch Fruchtbarkeit ausgezeichnet; die saguntin. Feigen hatten einen Namen: der ältere Cato empfahl ihre Anpflanzung in fettem, gedüngtem Boden (agr. 8,1). In der Vorgeschichte des 2. pun. Kriegs spielte S. eine gewisse Rolle. Schon vor Hannibals Wahl zum Strategen (221) stand S. zu Rom in einem Freundschaftsverhältnis, vielleicht seit 231. 220 mahnte eine röm. Gesandtschaft Hannibal, sich nicht in die inneren Verhältnisse der Stadt einzumischen und einigen Verbannten durch militär. Druck zur Rückkehr zu verhelfen. Trotzdem belagerte Hannibal im folgenden Frühjahr die Stadt und eroberte sie Okt./Nov. 219. Rom war trotz dem Bündnisvertrag der bedrängten Stadt nicht zu Hilfe geeilt. Es stellte sein Ultimatum erst, als Hannibal im Mai 218 mit einer gewaltigen Streitmacht den Ebro überschritt. 212 wurde S. von dem Brüderpaar P. und Cn. Scipio zurückerobert (CAH 8,70; abweichende Datierung [214] bei H. Bengtson Röm. Gesch. 100) und der Wiederaufbau der zerstörten Stadt in Angriff genommen (CIL II 3836). Nach Augustus wurde es zum *municipium civ. Rom.* erhoben (CIL II 3827. 3855. Plin. nat. 3,20). Die Stadt war ein bekannter Mittelpunkt des Töpfereigewerbes (*vasa Saguntina*: Plin. nat. 35,160. Iuv. 5,29. Martial. 4,46,15 u.a.). Nach Ausweis der Überreste hat sie eine Periode bedeutender wirtschaftlicher Prosperität erlebt: Theater, Zirkus, Tempel, Aquaedukt. Die röm. Stadt lag in der Ebene an den Ufern des Palancia und am Abhang. Sie wurde von der großen Küstenstraße berührt. Im MA. verödete sie; sie hieß damals Muro viedro. Die Festung bestand fort. Marschall Suchet hat sie Sept./Okt. 1811 erobert. Seit 1877 wurde der Name Sagunto neu belebt. K. A.

Enc. Art. Ant. VI 1064 (Balil).

Saii. **1.** Thrak., aus Archil. u.a. bekannter Volksstamm (*Σάϊοι*; Frg. 6 Diehl). **2.** Gall. Volksstamm; Name später auf dessen Hauptort übertragen: Sées, Dép. Orne. Bezeugt durch Not. Gall. 2,6 (Zeit Diokletians) u. Not. Tiron. 87,63 ed. Schmitz (vielleicht frühe Kaiserz.). Im 6. Jh. Bischofssitz. K. A.

Sais, h. Sa el-Hagar, Ort im NW. des Nildeltas, alte Hauptstadt des 5. u. ä. Gaues mit Heiligtum der Pfeilgöttin Neith, war spätvorgesch. wichtiger Handelsort und Kulturzentrum, weshalb S. im frühgesch. sog. »butischen Begräbnis«, dem kgl. Bestattungsritual, eine wichtige Rolle spielt. In gesch. Z. tritt S. zurück, um erst um 730 v. Chr. mit Tefnachte Bedeutung zu erlangen, wobei der auflebende Handel mit Griechenland eine Rolle gespielt hat. Tefnachte unterlag dem Nubier Pianchi, sein Sohn → Bokchoris verlor sein Leben 714 v. Chr. gegen Šabiku. Dessen Urenkel(?) Niku fiel auf assyr. Seite gegen Taltamanu 664 v. Chr. Niku's Sohn Psammetich gründete dann die 26. sait. Dynastie, die bis zum Einbruch der Perser 525 v. Chr. regierte. Hdt. 2,169 schildert die noch unausgegrabenen kgl. Grabmäler neben dem Neith-Tempel, sowie 2,131 den Königspalast mit dem Kultbild der Hesat-Kuh des »Mykerinos« (d.i. Bokchoris), 2,171 Osirisgrab mit Kultspiel und Lampenfest (2,62). W. H.

Sakadas (*Σακάδας*) aus Argos, berühmter Aulet des 7. und frühen 6. Jh. Seine Bedeutung liegt nach Berichten bei Strab., Ps.-Plut. De mus. und Paus. bes. in der Ausgestaltung eines lange normgebenden aulet. → Nomos (2), mit dem ihm der wesentl. Schritt von der Aulodik etwa eines → Klonas zu einer in musikal. Form und fünfteiliger Struktur selbständigen Komposition gelang. So soll er, der im Anschluß an → Thaletas mit weiteren Musikern wie → Polymnestos, → Xenodamos und → Xenokritos in Sparta wirkte, bei den Pythien 586 mit einer *ψιλὴ αὔλησις* gesiegt haben, die als eine Art Programm-Musik ohne Gesangsbegleitung den Kampf Apollons mit dem Drachen darstellte. U. K.

H. Abert, RE IA 1768f. *M. Wegner* Das Musikleben der Griechen, 1949, 146. 224.

Sakai, Iran. Nomadenvolk (griech. bald *Σάκαι, Σάκκαι*, bald *Σκύθαι*), beide zusammen bei Hdt., Isid. v. Charax, usw. Die Griechen nennen alle Saken Skythen; umgekehrt sagen sie, daß *οἱ Πέρσαι πάντας τοὺς Σκύθας καλέουσι Σάκας* (Hdt. 7,64). Faktisch kennen die altpers. Inschr. nur *Sakā*, und zwar S. *haumavargā* (= *Σκύθαι Ἀμύργιοι*), viell. »die haumaverehrenden S.« im Pamir, die S. *tigraxaudā* (= *Σκ. Ὀρθοκορυβάντιοι* »die spitzhelmigen S.«, die nach Hdt. 3,92 mit Agbatana usw. einen Teil der 10. Satrapie bildeten, und mit den Massageten eng verwandt, ja sogar viell. ident. waren: *τοὺς δὲ προσεῴους τούτων μᾶλλον Μασσαγέτας καὶ Σάκας ὀνομάζουσι, τοὺς δ' ἄλλους κοινῶς μὲν Σκύθας ὀνομάζουσιν, ἰδίᾳ δ' ὡς ἑκάστους* ... (Strab. 11,511); die S. *para Sugdā* jenseits des Iaxartes, und die S. *paradrayā*, wohl die Thraker und die ihnen benachbarten Skythen. Die S. bildeten einen bedeutenden Teil der pers. Streitmacht gegen Griechenland. In der Schlacht bei Gaugamela standen dem r. feindlichen Flügel sak. Truppen gegenüber. Nach chines. Quellen verließen die Sê (= Saka) zusammen mit den Ta Yüe-chih (Tocharern) zwischen 170 und 160 v. Chr. T'ien-shan, brachen in Transoxanien ein und bereiteten der griech. Herrschaft zwischen 133 und 129 den Untergang. Daß sie dann bis Chipin (Kāpiśa, Gandhāra u. W. Panǰāb) vordrangen, wie eine chines. Quelle behauptet, beruht vermutlich auf Verwechslung mit den Sakarauken. Nach Strab. 11,511 waren es die *Σακαραῦκαι* (wohl iran. **Sakā ravakā* »die schnellen S.«), die, im unteren Becken des Oxos und des Iaxartes beheimatet, zusammen mit den *Ἄσιοι, Πασιανοί κ. Τόχαροι* Bactriana und Margiana eroberten, dann Areia und Drangiana besetzten. Letztere wurde nach ihnen in Sakastan umbenannt. Im J. 130 griffen sie die Parther des → Phraates II. an und wurden erst zwischen 87 und 80 unter → Orodes den Parthern gewissermaßen unterworfen, halfen jedoch im J. 77, den Sinatruk auf seinen Thron zurückzubringen. S. brachen in Indien ein, wo um das J. 60 v. Chr. ein sak. Fürst ein Reich eroberte und sich mehrere Saka-Dynastien bis zum E. 4. Jh. behaupteten: Das untere Indusland wird deshalb im Peripl. m. Erythr. *Σκυθία*, von Ptol. *Ἰνδοσκυθία* genannt.

Die Sprache der S. ist für die älteste Periode nur aus Wörtern auf Münzen und in griech., lat. u. ind. B.n zu ermitteln. Für die Periode zwischen dem 7. u. 10. Jh. ist die Sprache der Khotan-Saken (N. von Tibet) reichlich bezeugt. Der Name der S. scheint in dem der Yidɣa Sprache im Pamir fortzuleben. J. D.-G.

P. Daffinà L'Immigrazione dei Saka nella Drangiana, 1967. *J. Van Lohuizen-De Leeuw* The Scythian Period, 1949. *H. W. Bailey* Languages of the Saka, Hdb. der Oriental., 1958. *J. Duchesne-Guillemin* in Hommages Dumézil, 1960, 98f.

Sakastane (*Σακαστανή* bei Isid. Char.), das Land am mittleren Etymandros (Hilmend), zwischen Arachosien und Drangiana, seit dem 2. Jh. v. Chr. von Sakai besetzt, auch *Παραιτακηνή* bei Isid. genannt. Als der indo-parth. König Gondophares sich nach und nach des ind. Sakenlands bemächtigte, scheint er seinen Einfluß auch über Arachosien und S. ausgedehnt zu haben. Ardašir, der erste Sassanidenkönig (224–241), bemächtigte sich des Landes S., das inzwischen das ganze Seegebiet umfaßte. Erst unter Ohrmazd II.

(302–309) wurde es zu einer einfachen Provinz des Reiches. In der von Sapor I. verfaßten dreisprachigen Inschr. auf der Ka'ba-i Zardušt zu Naqš-i Rustam wird das Land *skstn (Sagastān* zu lesen) erwähnt, griech. heißt es Σεγισταvή, christl.-soghdisch *sgst'n*, arab. *Sagistān*, h. Seistān oder Sīstān. J. D.-G.

C.E.Bosworth Sistan under the Arabs, 1968. S. auch Sakai.

Sakcharon (*σάκχαρον, σάκχαρ, σάκχαρι; saccharon, saccarum*) wird von Dioskurid. mat. med. 2,104. Galen 12,71 K. und Plin. nat. 12,32 als das honigartige Exsudat einer im glücklichen Arabien und in Indien beheimateten Rohrart beschrieben, das zu offizinellen Zwecken diene; von allg. Verwendung als Süßmittel für Speisen und Getränke ist nirgends die Rede. Ps. Arr. per. m. Erythr. 14 erwähnt es als Ausfuhrartikel einiger Häfen der indischen Westküste. Ohne Nennung des Wortes s. handeln von ihm Sen. epist. 84,4. Lucan. 3,237. Solin. 52,48. Isid. or. 17,7. 58. Obwohl Unstimmigkeiten unter den Quellenangaben eine sichere Bestimmung erschweren, scheint gewiß, daß s. das Sekret einer Bambusart war, das die Araber Tubaschir nennen. Das Zuckerrohr ist durch sie erst im frühen MA. aus Indien in den Mittelmeerraum gebracht worden. Eine Zuckerrohrkultur hat das Alt. nicht gekannt. K. Z.

E.O.v. Lippmann Gesch. des Zuckers, 1890, 59ff. *Blümner*, RE I A 1812ff.

Sala. 1. In Mauretania Tingitana. *S. flumen* (h. Bou-Regreb) Plin. nat. 5,5. 9. 13 *(Salat)*. Ptol. 4,1,2 (*Σαλάτα*). **2.** Stadt an der Mündung des S. *flumen* (h. Chella), nahe bei Rabat (Marokko). Vorröm. Anlage mit Spuren aus dem 2. Jh. v. Chr. (M. Euzennat Bull. Arch. Mar. 4, 1960, 550). Mela 3,10,6. Plin. nat. 5,5 *(oppidum)*. Ptol. 4,1,2 (*Σάλα πόλις*). AE 1931, 36 *(municipium)*. Itin. Ant. *(colonia)*. In Not. dign. occ. 26 ein *tribunus cohortis* in S. Inschr. ILM 32. Bevölkerung: J. Marion, Hesp. 37, 1950, 157. Romanisierung: J. Carcopino Maroc antique, Paris 1943, 200. M.L.

3. (*τὰ Σάλα*: Ptol. 5,2,17 M. Zum thrakisch-phryg. Ursprung des Namens s. [4], 101,5), ant. Stadt im lyd.-phryg. Grenzbereich, allgemein (vgl. [2]. [3]) auf einem Ruinenfeld ö. von Güney an der Straße nach Çal lokalisiert. Unter Domitian führte die Stadt offensichtlich auch die Bezeichnung *Δομιτιανόπολις*: Head HN^{2} 656. E.O.

1. *L.Bürchner*, RE I A 1817f. Nr.4; vgl. *Ders.*, RE V 1311 s. Domitianopolis und RE II A 58 s. Satala Nr. 1, aber mit [4], 93,1. 2. *J.Keil, A.v.Premerstein*, Denkschr. AWW, phil. hist. Kl., 57,1, 1914, 53f. 3. *D.Magie* Rom. Rule in Asia Min., Princeton 1950, 1429,11. 4. *L.Robert* Villes d'Asie Min., Paris ^{2}1962, 93, 1.

Sălăcia (*ă* Pacuv. frg. 418 R.), röm. Göttin, die nach Gell. 13,23,2 im Bereich des → Neptunus wirkt. Ant. Herleitungen des Namens von *salax* »geil« (Serv. auct. Aen. 1,720), *salax* »springig« (Paul. Fest. 437,7f. L. *nymphae salaces*) oder *salum* »Meer« (Varro 1. 1. 5,72. Fest. 436,14 L. Serv. Aen. 10,76. Aug. civ. 4,10. 7,22); deshalb als Tethys (Cic. Tim. 11. Serv. auct. georg. 1,31) oder Mutter → Tritons (Serv. Aen. 1,144) angesehen. G. R.

Prell.-Jord. 2,121. *Ilberg* Myth. Lex. 4,278f. *Wissowa* Rel. ^{2}226. *Latte*, RRel. 55,3. *Grimal* Dictionnaire 414. *Radke* Götter Altitaliens 277.

Salakia (*Σαλακία*). Die aitiol. Legende der lyk. Stadt → Patara und ihres Apollonkultes, bes. einer Mädchenprozession mit Backwerk in Form von Leier, Bogen und Pfeilen, erzählt, daß S. einen Kasten (lyk. *patara* = *κίστη*) mit solchen Kuchen Apollon darbringen wollte, ein Windstoß ihn ihr entriß und »Flüchtlinge aus S.« ihn fanden und statt ihrer opferten. Steph. Byz. s.v. H. v. G.

Salambo (*Σαλαμβώ*). Erscheinungsform der syrophoinik. → Aphrodite-Astarte (Hesych. s.v.) vom Libanon (Macr. sat. 1,21,5. S. Ronzevalle, Mél. Univ. Beyr. 15,4, 1930, 144ff. 146,4), wesensgleich mit der Balti (Baalat) von Gebal und Harran ([1], 74ff. 111ff. → Baal), die um → Adonis (Tammuz) klagt (Etym. m. 707,48 *Σαλαμβάς· ὅτι περιέρχεται θρηνοῦσα τὸν Ἄδωνιν*. Cumont^{4} 27. 101. Ph. W. Lehmann Roman Wall Paintings from Boscoreale, 1953, 46ff. 54f.); bezeugt für → Emesa (Lampr. Heliog. 7. [1], 86f.) und Sephala/Sevilla (F. Cumont, Syria 8, 1927, 330ff. A. Garcia y Bellido, Zephyrus 13, 1961, 72ff.), indirekt wohl auch für → Dura und → Gaza (weibl. PN *Σαλαμβούα* Tarn-Griffith Kultur der hellenist. Welt, 1966, 192). Die Verknüpfung der S. mit dem Ṣdm Bʿl (< *Ṣalam-Baʿal ›Abbild Baals‹ ? L. Blau, ZDMG 14, 1860, 649ff.) der pun. Inschr. von Gaulos (CIS I 132) bzw. dem Ṣlm (zu akk. ṣalmu »schwarz«?) der aram. Inschr. von Tēmā (CIS II 113. Donner-Röllig Kanaan. und aram. Inschr. 1, 1966, 14 [Nr. 62]. 45f. [Nr. 228]. 2, 1968, 78. 278ff.) bleibt problematisch (Ed. Meyer, ZAW 49, 1931, 8,3. [2], 36 u. A. 28. A. van den Branden Histoire de Thamoud, 1960, 110f.), aber auch andere etym. Versuche (H. Lewy Die semit. Fremdwörter im Griechischen, 1895, 96. F. Solmsen, IF 30, 1912, 42) befriedigen nicht (vgl. Frisk 2,673). W. F.

1. *W.W.Graf Baudissin* Adonis und Esmun, 1911. 2. *H. Stocks*, Berytus 3, 1936, 31ff.

Salaminia (*Σαλαμινία*), Name einer der beiden »heiligen Trieren« (Suda s. *Πάραλος* [→ Paralos 2]), die in Athen, auf Staatskosten unterhalten und von einem → Tamias geführt, die Beförderung der → Theoroi (bes. nach Delos [→ Delios]) und die Übermittlung eiliger Nachrichten (z. B. die Abberufung des → Alkibiades, Thuk. 6,53,1. Plut. Alc. 21,7) besorgten. In der 2. Hälfte des 4. Jh. scheint die S. durch die Ammonis ersetzt worden zu sein (Aristot. Ath. pol. 61,7). Gegen E. dieses Jh. traten die Demetrias und die Antigonis hinzu (Philochoros, FGrH 328 F 48). H. B.

Busolt, GStk. 2,1208. *F. Miltner*, RE XVIII 2.H. 1209 bis 1211.

Salamis (ἡ Σαλαμίς). **1.** Die Insel vor der s.w. att. Küste mit stark gegliedertem Umriß, vielen Buchten und vorspringenden Landzungen, Ebenen und einzelnen Bergketten mit höchster Erhebung von 405 m, etwa 15–17 km und 93 qkm groß. Die ant. Stadt S. lag im O. auf und an der breiten Halbinsel Punta beim h. Ambelaki, Strabons Angabe über eine ältere Stadt im S. ist wohl irrig. Die Seeschlacht von 480 v.Chr. fand im Sund vor der Stadt statt, die Denkmäler davon, Tropaion und Polyandrion auf der langgestreckten Halbinsel Kynosura s. der Stadt. Siedlungsfunde ab neolith. Z. [3], 869 A. 1. R. Hope Simpson A gazetteer and atlas of Mycenaean sites 111. C. G. Styrenius Submycenaean studies passim. S., bei Homer Heimat des → Aias (1), war in der Frühzeit zwischen Athen und Megara umkämpft und soll von → Solon für Athen erobert worden sein, wahrscheinlicher von → Peisistratos, und war seitdem von Athen verwaltetes abhängiges Gebiet mit att. Siedlern [4]. Das Salamisdekret IG I^2 1 zuletzt SEG 23,1. Es gab in Athen ein Genos der Salaminier, IG II^2 1232. Hesp. 7, 1938, 1ff. Nr. 1 und 2. SEG 21,527. Nilsson, AJPh 59, 1938, 385ff. 318 v.Chr. vergebliche Belagerung durch → Kassandros, Diod. 18,69,1f. 305/04 von ihm erobert, von → Demetrios Poliorketes für Athen zurückgewonnen, Vertreibung der Bewohner und Ansiedlung von Athenern, Beloch GG IV 1^2, 159f. Makedon. Besatzung bis 229 v.Chr., Plut. Arat. 34,4. Paus. 2,8,6. Hom. Il. 2,557. Strab. 9,1, 9–11 p. 393ff. Paus. 1,35,2–36,1. Demenbeschlüsse: IG II^2 1225–1228. Hesp. 7, 1938, 100ff. Nr. 18 Z. 45.

1. *Milchhöfer* in *Curtius-Kaupert* Karten von Attika Text 7/8,26ff. 2. *Bürchner*, RE IA 1826ff. 3. *Philipps.-Kirst.* 1, 866ff. 4. *U.Kahrstedt* Staatsgebiet und Staatsangehörige in Athen 355ff. 5. Lit. zur Seeschlacht [2], 1828ff. *Kromayer* Ant. Schlachtfelder 4,64f. *C.Hignett* Xerxes' invasion of Greece 193ff. 468ff. *W.Kendrick Pritchett* Studies in anc. Greek topography 1,94ff.

2. Die bedeutendste griech. Stadt von → Kypros, an der O.-Küste 6 km n. v. Famagusta unmittelbar am Meer, ausgedehnte Reste z.T. wieder aufgebaut, bes. Theater, großes Gymnasium mit reichen Skulpturfunden und Nebengebäuden, röm.-byzantin. Aquädukte, große Basilika angeblich des Bischofs → Epiphanios (367–403 n.Chr., RACh 5,909ff.) u.a. Mehrere große gebaute fürstliche Dromosgräber des 8./7.Jh., AA 78, 1963, 126ff. 81, 1966, 222ff. [6], 172ff. [5. 6. 8. 11]. Zur Gesch. → Kypros. Die Funde beginnen im 11.Jh. v.Chr., also mit der griech. Einwanderung [6], 70f. 171. Als Gründer galt → Teukros, Sohn des → Telamon. Namen mehrerer Könige der klass. Zeit aus Mz. und liter. Quellen bekannt. Am bedeutendsten → Euagoras I. (410–374/73 v.Chr.), der ganz Kypros seiner Herrschaft unterwarf. S. im ion. Aufstand, Hdt. 5,104–115. Sieg der Athener über Heer und Flotte der Perser bei S. 450 v.Chr., Thuk. 1,112,2ff. Diod. 12,4. Belagerung und Unterwerfung unter → Artaxerxes III., Diod. 16,42, 8ff. 46,1ff. Vergebliche Belagerung durch Demetrios Poliorketes, Diod. 20,47,3–48,8. Plut. Dem. 15,2. 35,3. Seesieg des Demetrios über Ptolemaios I. mit Kapitulation von S., Diod. 20,49–52. Plut. Dem. 16. Letzter selbständiger König von S. war → Nikokreon, der als Anhänger des Ptolemaios Statthalter der ganzen Insel wurde, aber wegen Abfallsgelüsten 311/10 zum Selbstmord gezwungen wurde. Das große Tumulusgrab bei Enkomi wahrscheinlich mit seinem identifiziert, AA 1966, 242ff. [6], 209ff. In der Z. der ptolemaiischen Herrschaft war S. Hauptort u. Statthaltersitz. In röm. Z. blieb S. eine der bedeutendsten Städte, obwohl nun → Paphos Statthaltersitz wurde. Aus S. stammte → Barnabas, RACh 1,1207ff. Schwere Verwüstungen im jüd. Aufstand 116/17 n.Chr., Hieron. u. Eus. chron. Armen. Ol. 224,1. Oros. 7,12,8. u.a. 332 und 342 n.Chr. Erdbeben, Theoph. chron. 1,43 Z. 7ff. 56 Z. 1f. Bonn. Georg. Kedren. 296 CD. Wiederaufbau unter Constantius II. unter dem Namen Constantia, das nun wieder Metropolis der Insel wurde, RE IV 953ff. Nr. 5. [10], 250. Bischöfe Le Quien 2,1037ff. 647 n.Chr. durch Emir Muawija zerstört. – Hom. h. 10,4. Aischyl. Pers. 895. Skyl. 103. Mela 2,102. Ptol. 5,13,3. Stadiasm. m. m. 305. Amm. 14,8,14. Tab. Peut. 10,3. Geogr. Rav. 393,9. BCH 45, 1921, 4 I 1. Inschr.: Le Bas-Waddington III, 1 Nr. 2754–2766. SEG 6,802–804. 13, 551–555. 16,785. 18,575–577. 20,123–125. 23, 609–616. O. Masson Les inscript. chypriotes syllabiques 312ff. Nr. 311–318. Mz.: Head HN^2 742ff. Masson 318ff. Nr. 319–326. E. M.

1. *A.Palma di Cesnola* Salaminia^2 1884. 2. *Oberhummer*, RE IA 1831ff. 3. Enciclop. arte ant. 6,1072. 4. Salamis, a guide, Nicosia 1967. 5. *V.Karageorghis* Salamis in Cyprus, Homeric, hellenistic and Roman, 1969. 6. *V.Karageorghis – H.G.Buchholz* Zypern (Archaeologia mundi 29) 171f. 234f. 7. *R.Gunnis* Historic Cyprus 419ff. (mit Plan). 8. *Salamis*, vol. 2, *V. Karageorghis – C.Vermeule* Sculptures from S. 1966. Vol. 3, Excav. in the necropolis of S., 1967. 9. *J.Pouilloux* Salamine de Chypre, le site et ses problèmes, CRAI 1966, 232ff. 10. *G.Hill* A history of Cyprus passim. 11. Neuere Ausgrabungen bes. AA 78, 1963, 580ff. 81, 1966, 210ff. BCH ab 1959.

Salampsio (aram. šᵉlamṣījōn »Friede Zions«), Tochter → Herodes' (1) d.Gr. und der → Mariamme (1), wurde von ihrem Onkel → Pheroras als Gattin verschmäht und von ihrem Vater mit ihrem direkten Vetter Phasael (Sohn von → Phasael 1) vermählt (Ios. ant. 16,7,3. 17,1,3. 18,5,4). C. C.

C.Clermont-Ganneau, Archeological Researches in Palestine during the Years 1873–1874, London 1899, 386ff.

Salaria via heißt so, *quia per eam Sabini sal a mari deferebant* (Paul. Fest. 437,4f. L.; vgl. Plin. nat. 31,89); Verträge aus der Königszeit: Hor. epist. 2,1,24f. Dion. Hal. ant. 3,33. Beginn der urspr. nur kurzen (Strab. 5,228) S. v. von *porta*

→ *Collina* (Fest. 436,9 L. Strab. a.O.). Zeugnisse des Namens für Teilstück Rom-Reate: Varro rust. 1,14,3. 3,2,14. Cic. nat. 3,11. Val. Max. 1,8,1. Liv. 7,9,6. Mart. 4,64,18. Suet. Nero 48,1. Ausbau durch Augustus 16–11 v.Chr. (Meilensteine CIL IX 5943. 5950. 5954. NSA 1891, 41) entsprechend It. Ant. 306,3ff. Tab. Peut. 5,4f. über Reate-Interocrium-Falacrinum-Vicus Badies-Asculum-Castrum Truentinum (frühestes Zeugnis des Namens in dieser Ausdehnung erst 72 n.Chr. CIL IX p. 650); *curatores S. v.:* CIL VI 1509. VIII 22721. XIV 2405. Zur *v. Caecilia* s.o. Bd. 1,984. G. R.

Forbiger HB d. alt. Geogr. 3,469. *P.Castelli* La via consolare Salaria, Ascoli 1886. *Nissen* It. Ldk. 2,463ff. *Chr. Hülsen*, NSA 1896, 87ff. *N.Persichetti*, MDAI(R) 13, 1898, 194ff. 17, 1902, 277ff. 18, 1903, 274ff. 23, 1908, 275ff. 24, 1909, 121ff. *E.Martinori* Via Salaria, Rom 1931. *K.Miller* Itin. Rom. 315ff. *Th.Pekáry* Untersuchungen z. d. röm. Reichsstraßen 1968, 102. *G.Radke* Viae publicae Romanae 1971, 14. 228ff.

Salarium, »Salzgeld« (Plin. nat. 31,89), das Personen von Stand, höheren Lehrern oder Ärzten vom Staat oder Gemeinden gezahlte Honorar oder Gehalt, einklagbar durch *cognitio* bei dem zuständigen Oberbeamten. Dig. 50,9,4,2. 13,1. Mommsen RStR 1^3 300ff. Statt der den Beamten der Republik bewilligten Spesen (*vasarium*) führte Augustus für Beamte senator. und ritterl. Ranges außerhalb Roms ein festes S. ein, für den Prokonsul jährlich 1 Million Sesterzen. Cass. Dio 52,23,1. 53,15,5. 78,22,5. Tac. Agr. 42,3. Zu den Offizierss. A. v. Domaszewski Rangordnung des röm. Heeres^2, 1967, XXXVIff. 140ff. Die → *comites* und *assessores* der Statthalter bezogen s. Dig. 50,13,1,8. 13,4. Zu den Gehaltsklassen *sexagenarius* usw. s. → *ducenarius* (2). Die → *evocati* des Heeres erhielten s. CIL VI 2495. 2589. III 10501 *hydraularius salariarius*. Domaszewski 77. H. V.

Salassi, Volk im n.w. Italien im oberen Tal der → Duria maior. Nach Cato (bei Plin. nat. 3, 134) sollen *Lepontii et S. Tauriscae gentis* gewesen sein. Pol. 2,15. 28. 30 nennt die Tauriner *Ταυρίσκοι*, App. Hann. 5 ihre Stadt *Ταυρασία* (h. Turin), Pol. 3,60 das Volk *Ταυρῖνοι*. Plin. nat. 3,123. Strab. 4,204.

Sie waren Kelten, wie die Salyes oder → Salluvii (Liv. per. 60), oder Keltoligyer (Strab. 4,180. 184), vielleicht unter dem Einfluß der Kelten keltisierte Ligurer. Herren der Alpenpässe; sie beherrschten ein goldreiches Gebiet (Liv. 21,38. Strab. 4,205). Die Römer besiegten sie im J. 143 v.Chr. und gründeten im J. 100 v.Chr. die *col.* → *Eporedia* (h. Ivrea) (Vell. 1,15. Plin. nat. 3,123. Ptol. 3,1,34). Nach einem Aufstand im J. 35 v.Chr. wurden sie im J.25 v.Chr. von Augustus vernichtet (Strab. 4,205. Cass. Dio 53,25). Zur Sicherung wurde *Augusta Praetoria* (h. Aosta) angelegt. M. L.

A.Zanotto Histoire de la vallée d'Aoste, Aoste 1968.

Salben. Da die Ant. Parfum in unserem Sinn, d.h. auf Alkoholbasis hergestellte Duftstoffe, nicht kennt, sind im Folgenden unter S. (*unguentum, μύρον, ἄλειμμα, χρῖ(σ)μα), μύρωμα*) sowohl die flüssigen Duftöle (*μύρα στακτά* Sch. Aristoph. Plut. 529) wie die festen S. verstanden. Bereitung und Gebrauch der S. in Körperpflege, Kult und Medizin waren schon in Äg. gut bekannt ([6], 1ff.). Von dort kommen die S. nach Mesopotamien, zu den Minoern, Persern (gegen Plin. nat. 13,3) und Juden (LXX Exod. 30,24ff. Cant. 1,3. 4,10. 14. Ev. Luc. 7,37f. Matth. 26,7ff. Marc. 14,3ff. Joh. 12,3ff.). In Griechenland, bei den Etruskern und Römern werden S. in großem Umfang verwandt. Einreiben mit reinem Olivenöl (*ἔλαιον*) galt allg. als gesund (Athen. 1,24d. 15,687dff. Plin. nat. 14, 150. 22,114). Nur Barbaren benutzten dazu statt S. feste Fette (Athen. 10,447d. Sidon. 12,7). Verwendung parfumierten Öls wird zwar vielfach als unmännlich getadelt und verboten (Athen. 13, 612a. 15,686f/687a. Xen. symp. 2,3. Plut. Alex. 40), doch sind S. schon früh für Körperpflege, Totenbestattung (Hom. Il. 14,171f. 23,186. Athen. 15,687 d. e. 688c) und Medizin belegt. Seit dem frühen Hellenismus nimmt der Gebrauch von S. in Körperpflege und bei Festen überhand, zu Einzelheiten vgl. Athen. 4,129aff. 5,195b–d. 12,542c. d. 553c. 15,689e. 692c. Man salbte sich nach dem Bad, vor und nach jeglichem Sport, vor dem Essen. Öl bzw. S. wurden im → Aryballos in die Palaistra gebracht; das Einsalben ist auf Vasenbildern dargestellt (Pfuhl Abb. 286. 396), das S.-Fläschchen geradezu Attribut der Palaistriten. Von der Verwendung der S. in der Medizin kann hier nicht die Rede sein. Im Grabkult dienen S. zum Salben der Toten, zum Begießen der Grabsteine; die S.-Gefäße (→ Lekythos) werden ins Grab mitgegeben, auf den Stufen des Grabes aufgestellt, auch in monumentaler Gestalt, in Marmor ausgeführt, als Grabmal verwandt (E. Buschor Grab eines att. Mädchens, 1939. D.C. Kurtz–J. Boardman Greek Burial Customs, 1971).

Über Etrurien und/oder Großgriechenland kommt die Verwendung von S. nach Rom. Plin. nat. 13,24 kennt kein Datum für die Einführung der S., nennt aber, irrig in das J. 189/88 datiert, als früheste Erwähnung ein Verbot der *unguenta exotica* durch die Censoren des J. 89 v.Chr.; damals müssen sie also schon weit verbreitet gewesen sein. Für uns ist der älteste Beleg Plaut. Rud. 630f. Jedenfalls ist für spätere Republik und Kaiser-Z. reichlicher Gebrauch von S. in Rom und dem röm. Reich vielfältig bezeugt. Capua war durch seine S. berühmt (Rosenöl: Athen. 15,688e. Vgl. allg. Plin. nat. 18,111). Man rechnete S. zur *luxuriae materies*, Dig. 15,3,3,6, und benützte sie *voluptatis causa et valetudinis*, Dig. 34,2,21,1. S. gehörten in den wohlhabenderen Kreisen Roms zum guten Ton, Plin. nat. 13,3; manche gebrauchten sie mehrmals am Tage, Sen. epist. 86,13. Weiteres vgl. Plin. nat. 13,20. 22. Petron. 60. 70,8f. Iuv. 2,41.

Martial. 3,63,4. 14,59. Plut. mor. 990 B; Galba 19. Suet. Calig. 37,1. Lukian. amor. 40. Natürlich fand die Verwendung von S. zur Körperpflege auch Tadel, Cic. Catil. 2,5. Sen. epist. 86,11; 13. 108,16. 122,3; dial. 7,7,3. Gell. 6,12,5. Verwendung fanden S. in der Medizin und bei der → *comissatio*, hier vor allem zum Parfumieren der Kränze. Auch die Römer mischen, wie die Griechen (Theophr. od. 9. 67. Athen. 15,689c), S. dem Wein bei, Plin. nat. 13,25. Petron. 70,9. Plut. mor. 149 B. Iuv. 6,303. Bei anderen Speisen freilich verdarben S. den Geschmack, Theophr. od. 10. Plut. Caes. 17,9f. Auch im Totenkult fanden S. Verwendung; die Leiche wurde gesalbt, der Scheiterhaufen mit S. besprengt, die S.-fläschchen wurden ins Grab gegeben (J. M. C. Toynbee Death and Burial in the Roman World, 1971). Im Kult dienten S. zum Salben der Kultbilder und, im Fahnenheiligtum der Lager, der Adler und Feldzeichen (Plin. nat. 13,23, vgl. 33,111f.).

Zur Herstellung der S. werden selten tierische Fette benützt, meist Pflanzenöle und -fette sowie Färbemittel. Vorschriften geben Theophr. od. 7ff. und Plin. nat. 13,4ff., vgl. auch Dioskur. 1,4–68 Wellmann. Überblick über die verwandten Materien bei [6], 32. Über S. schrieben u.a. Apollonios (Athen. 15,688eff.), Hikesios (a.O. 689c), → Kriton (3), Philonides (Athen. 15,675aff.) und Apollodoros (a.O. 675e). W. H. G.

1. *Hug*, RE I A 1851ff. 2. *A. Schmidt* Drogen u. Drogenhandel im Alt.², 1927. 3. *R. Steuer* Myrrhe u. Stakte, 1933. 4. *Ders.* Über d. wohlriechende Natron, 1937. 5. *H.J. Loane*, CPh 39, 1944, 10ff. 6. *R.J. Forbes* Studies in anc. Technology III (1955) 1ff.

Saldae, Stadt an der Küste von Mauretania Caesariensis, h. Bougie = Bejaia (Algerien). Strab. 17,831 erwähnt sie als Hafen und Grenzpunkt des Königreiches Iubas II. und der röm. Provinz (fälschlich nach S. Gsell Atl. Arch. Alg. f^e 7, nr 12). Octavian gründete dort mit Veteranen die *col. Iulia Augusta Salditana legionis VII immunis* (CIL VIII 8931. 8933. 20683). L. Teutsch Das röm. Städtewesen in N.-Afrika, 1962, 195. Seit 40 n. Chr. gehörte sie zur prov. Mauret. Caes. und später zur Sitifensis. Inschr. CIL VIII 8923. 20680. L. Leschi Et. d'épigr., d'arch. et d'hist. afr. 1957, 349. M. L.

Sale (Σάλη), kleine Stadt in der ägäischen Zone Thrakiens, von Samothrake gegründet, an der Straße von Doriskos (später Traianopolis) nach Amphipolis. Urspr. von Samothrake abhängig, gehörte S. um 188 v. Chr. zum Gebiet von Maroneia. Damals wurde es als *vicus Maronitarum* bezeichnet, Hdt. 7,59. Liv. 38,1,8. Chr. D.

Kiepert FOA XVII. *Gschnitzer* Abhängige Orte im griech. Alt., Zetemata 17, 1958, 32–34. *Danoff* Altthrakien, Sofia 1968 (bulg.) 242ff.

Saleius Bassus. Renommierter Epiker (Quint. inst. 10,1,90) der flavischen Z. (Tac. dial. 9,2–5. 10,2; Iuv. 7,80f.), Freund des Iulius (B 17) Secundus (ebd. 5,2f.). Werke sind nicht erhalten; die Zuschreibung der → Laus Pisonis an ihn ist unbegründet. P. L. Sch.

Schanz-Hos. 2,545.

Sălernum (ă Hor. epist. 1,15,1. Lucan. 2,425. Sil. 8,825) am Platze eines älteren *Castrum Salerni* (Liv. 32,29,3) am *sinus Paestanus* 194 gegründete Bürgerkolonie (Liv. 34,45,2. Vell. 1,15,3. Strab. 5, 251) inmitten der 268 umgesiedelten (o. Bd. 4, 845) *Picentini* (Ptol. 3,1,7) der 1. Region (Plin. nat. 3,70). S. wurde 89 von → Papius (I 6) Mutilus zerstört (App. civ. 1,42). Tribus ungewiß (Kubitschek Imp. Rom. trib. discr. 30. L. Ross Taylor Voting Districts etc. 273). Straßenverbindungen: Tab. Peut. 6,5. It. Ant. 109,4. H. Salerno. G. R.

Forbiger HB d. alt. Geogr. 3,490. *Nissen* It. Ldk. 2,825.

Saletio, h. Selz bei Weissenburg, Rastort an der Straße Straßburg–Mainz (Itin. Ant. 354,6. Tab. Peut. III 3. Amm. 16,2,12 zum J. 356 *Saliso*). Nach Not. dign. occ. XLI (*Saletio*) und ebd. 15 Standort eines *praefectus militum Pacen(s)ium Saletione*, gegenüber der Murgmündung, im Grenzgebiet der → Triboci und → Nemetes gelegen. H. C.

J.B. Keune, RE I A 1869.

Salgamum (meist pl. *salgama*). Die in Salzlake (ἅλμη, → *muria* 1) und Essig eingemachten Früchte (Birnen, Äpfel, Oliven), Gemüse, Kräuter (Colum. 10,117. 12,4,4. 9,2) waren bei den Römern sehr beliebt, bes. zum Appetitanregen. In der Spätant. bezeichnet s. zusätzliche Leistungen des Quartiergebers, z. B. Holz, Öl. Bettzeug (Cod. Theod. 7,9 = Cod. Iust. 12,42). W. H. G.

Salii. 1. Die sog. Niederfranken, wohl urspr. n. des Rheindeltas ansässiger Stamm der seit der 2. H. 3. Jh. literar. bezeugten → Franken. Als sie 358 von Iulianus besiegt wurden, siedelten die damals zuerst ausdrücklich genannten S. (Amm. 17,8,3. Zos. 3,6,1) schon einige Zeit in → Toxandria. Die S., nun längere Zeit friedlich, drangen im frühen 5. Jh. nach S. vor. Sie gelangten unter Chlojo (Chlodio), dem ersten (faßbaren) Merowinger, nach 420 bis zur Somme, wurden aber dann von Aetius um 445 geschlagen und zu einem *foedus* gezwungen (Sidon. 5,211ff. Greg. Tur. 2,9). Die S., deren Wohnsitze sich von denen der übrigen Franken nicht genau abgrenzen lassen, erreichten unter Clodowech (Chlodwig 482–511) die Vormacht im fränk. Völkerverband (Greg. Tur. 2,27ff.). Siege über → Syagrius (486/87) und die Alamannen (496/97) waren die wichtigsten Etappen auf Chlodowechs Weg vom Gaufürsten zum mächtigen König (508 durch Kaiser Anastasius Honorarkonsul). Die Taufe Chlodowechs (498?) wurde für die bis dahin meist arian. oder noch heidn. S., ebenso wie für viele andere german. Stämme, entscheidende Voraussetzung für den Übertritt zum kathol. Glauben. A. L.

H. Löwe in Gebhardt Hb. d. dtsch. Gesch. I 1960⁸. *E. Zöllner* Gesch. d. Franken, 1970.

2. S., *a saliendo* Fest. 326 M. = 438 L u. ö. Tanzpriester im Dienst einer Kriegsgottheit in Latium und bes. in Rom. Die röm. s. gliedern sich in die beiden aus je 12 Mitgliedern bestehenden Sodalitäten der *s. Palatini* (im Dienst des Mars) und *Collini (Agonenses, Agonales)* (im Dienst des Quirinus). Die aus der Zeit vor dem Synoikismos herrührende Selbständigkeit der beiden Kultgenossenschaften blieb bis zum Ende der röm. Religion gewahrt (eigene *curia* auf dem Palatium bzw. Quirinalis, eigene Protokolle und Mitgliederlisten). Der Sage nach soll Numa die palatin., Tullus Hostilius die collin. s. gestiftet haben. An der Spitze einer jeden *sodalitas* stand wahrscheinlich ein jährlich von den Mitgliedern neugewählter *magister. praesul* und *vates* (Vortänzer bzw. Vorsänger bei den Umzügen) hingegen waren den beiden *sodalitates* gemein. Der Aufgabenkreis der sog. *saliae virgines (conducticiae)* ist nicht ganz klar. Wie die anderen Sodalitäten ergänzen sich die s. durch Kooptation; in der Kaiserz. kommt vereinzelt Empfehlung durch den Princeps vor. Hauptbedingung der Wählbarkeit ist (neben leiblicher Wohlgestalt, bürgerlicher Unbescholtenheit, freier Geburt, röm. Bürgerrecht) patriz. Abkunft von Eltern, die z.Z. der *adlectio* beide am Leben sein müssen. Im Prinzip währt die Mitgliedschaft lebenslänglich, doch ist es öfters vorgekommen, daß ein s. ausschied, entweder um ein Amt anzutreten (das durch den *saliatus* stark behindert worden wäre) oder ein anderes *sacerdotium* zu übernehmen (das mit dem *saliatus* nicht kumuliert werden durfte). Als Träger des Marskults genießen die s. in der röm. Öffentlichkeit sehr hohes Ansehen. Sie stehen darin nur hinter den 4 *amplissima collegia* zurück. Unter den Vorrechten der s. seien hervorgehoben die *vacatio militiae munerisque publici* und die (wegen ihrer Üppigkeit sprichwörtlichen) *cenae Saliares*. Eigentümlich ist die aus ferner Vergangenheit stammende Tracht der S.: rote *tunica*, eherner Brustschutz, die auf der Schulter mit einer Agraffe befestigte *trabea*, der *apex* (ein hoher in eine Spitze auslaufender eherner Helm), die heiligen Schilde des Mars (→ *ancilia)*, die beim Tanz der s. mit einem lanzenartigen Stab geschlagen wurden. Der Umzug der s. wurde vor Beginn der krieger. Jahreszeit im März und nach deren Abschluß im Oktober abgehalten. Der genaue Weg ist unbekannt; jedoch wurden *Forum* und Kapitol berührt. An den Haltepunkten wurde der feierliche Waffenreigen *(tripudium, amtruare)* aufgeführt; dazu erklang das (von → Aelius [II 14] Stilo und dem zeitl. unbestimmbaren Sabidius kommentierte) *carmen Saliare* (FPL p. 1 Morel). Hauptfeste: → *quinquatrus* 19. 3; *armilustrium* 19. 10. K. A.

Dar.-Sagl., IV 1014ff., RE I A 1874ff. *Wissowa* Rel.[2] 555ff. *Latte* RRel. 114ff. *Bayet* Hist. Rel. Rom. 86f. *Radke* Gött. Altit. 195. 203. 270. *Dumézil* Rel. Rom. Achr. ind. *R.Cirilli* Les prêtres danseurs de Rome, 1913. *K. Groß* Die Unterpfänder der röm. Herrschaft, 1935. *L. Gerschel*, RHR 138,145ff. *R. Bloch*, Ann. Econ. Soc. Civ. 13, 706ff.

Salinae. Name von Plätzen mit Salzgewinnung oder Salztransport: S. in Rom am Tiberufer (Front. aqu. 5), an der adriat. Küste an der → Aternusmündung (Tab. Peut. 5,1) und an der → Aufidusmündung (Tab. Peut. 6,3. It. Ant. 314,7), in den *Alpes maritimae* (CIL V 7907) und in *Gallia Narbonensis* (Ptol. 3,1,42. CIL XII 66; h. Saillon bei Castellane). G. R.

Salinator. Cognomen bei den → Livii (I 14ff.), in der Kaiserzeit bei einem Pedanius, DEGRASSI FImp. 267. H. G. G.

Salinum (demin. *salillum*). Das Salzfaß fehlte aus religiösen Gründen auf keinem röm. Speisetisch, Fest. 329a M. Liv. 26,36,6. Sch. Pers. 3,25. Plin. nat. 33,153. Val. Max. 4,4,3. Arnob. 2,67. Salz daraus wurde zur → *mola salsa* verwandt, Stat. silv. 1,4,131. Ps.-Acro c. 2,16,13. Das s. war auch bei einfachen Leuten meist aus Silber, es gilt als Inbegriff der Reinheit, Catull. 23,19. Pers. 3,25. W. H. G.

Sal(l)entini. Einheimischer Name der → Messapier (Strab. 6,277; aber CIL I[2] p. 172 *de Sallentineis Messapieisque*) im südlichsten Teil der 2. Region (Plin. nat. 3,99) mit den Städten Kallipolis (Mela 2,66), Brundisium (Flor. 1,15), Thuriae (Liv. 10,2,1), Neretum, Aletium, Bausta, Uxentum, Veretum (Plin. nat. 3,105. Ptol. 3,1,76), Uria, Castrum Minervae (Prob. ecl. 6,31). S. Feinde Roms (Liv. 9,42,4), 267/66 besiegt (Flor. a.O. Eutr. 2,17. Fast. tr. CIL I[2] p. 172). Der Sage nach kamen S. unter → Idomeneus (Verg. Aen. 3, 400) aus → Lyktos (Solin. 2,10) mit Illyriern und Lokrern (Fest. 440,11f. L. Prob. a. O.) nach Italien, wo das »iapyg.« Kap nach ihnen *promunturium S.* heißt (Dion. Hal. ant. 1,51. Serv. Aen. 3,400. Tab. Peut. 7,2). Herleitung des Namens *a salo* (Fest. 440,10 L.). Kampfgebiet im 2. pun. Krieg (Liv. 23, 48,3. 24,20,16. 25,1,1. G. R.

Forbiger HB d. alt. Geogr. 3,498. *Nissen* It. Ldk. 2,883f.

Sallienus. Gentilname (inschr. auch *Salienus*. SCHULZE Eigenn. 430). T. S., Centurio in Caesars 5. Legion, nahm an der Meuterei in Sizilien 47 teil, wurde 46 hingerichtet, Bell. Afr. 28,2ff. H. G. G.

Sallius. C. Sallius Aristaenetus. Seine Laufbahn aus dem Anfang 3. Jh. CIL VI 1511 = DESSILS 2934. 1512, vgl. 31668: *Xvir stlit. iud., quaest. des., aed., praet. cand. tutelar., curat. viae Aureliae Corneliae triumph., iuridicus per Picenum et Apuliam*. S. stammte aus Byzantium, wo er das Amt eines ἀρχ(ιερεύς) bekleidete, DESSAU, H 25, 1890, 158ff., und war als Redner bekannt (Philostr. vit. soph. 2,11). G. Wi.

Sallustius. Ital. Gentilname, vgl. SCHULZE Eigenn. 404a. 429.

I. Republik. Zeit: **1.** Cn. S., treuer Freund Ciceros, der in der Korrespondenz zwischen 67 und 45 nachweisbar ist und 47 zusammen mit Cicero von Caesar begnadigt wurde, Att. 11,20,1 f.

H. G. G.

II. Kaiserzeit. **1.** C. S. Crispus, Großneffe und Adoptivsohn des Historikers (Tac. ann. 3,30), entstammte dem Ritterstande und bekleidete ähnlich wie → Maecenas keine Ämter. Freund des → Augustus (Plin. nat. 34,3. Porph. Hor. 2,2) und des → Tiberius, dem er bei der Beseitigung des → Agrippa Postumus behilflich war (Tac. ann. 1,6. 3,30. Suet. Tib. 22. Cass. Dio 57,3,5. 6. Zon. 11,1). Er starb hochbetagt im J. 20 (Tac. ann. 3,30) und hinterließ sein großes Vermögen seinem Adoptivsohn C. S. Crispus → Passienus (1). **2.** S. Macrinus, Schwiegervater des Alexander → Severus, der mit seiner Tochter Gnaea → Seia (II 4) Herennia Sallustia Orba Barbia Orbiana vermählt war. Auf Betreiben der Kaisermutter → Iulia (II 98) Mamaea getötet (Herodian. 6,1,9. 10. Zon. 12,15. SHA Alex. 49,3,4). **3.** Flavius S., *cos. ord.* 363 (CIL VI 1729 – DessILS 1254. DEGRASSI FImp. 82), bekleidete zahlreiche Ämter (*vicarius quinque provinciarum, vicarius Hispaniarum, vicarius urbis Romae, comes consistorii*), ehe er von → Iulianus (5) Apostata im J. 361 zum *praefectus praetorio Galliarum* ernannt wurde (Amm. 21,8,1). Seine Amtsführung war stets korrekt (Liban. or. 18, 182), er warnte Iulianus brieflich vor dem Perserkrieg (Amm. 23,5,4. 5). Der Rhetor Latinus → Alcimus Alethius feierte ihn in mehreren Schriften (Auson. prof. Burd. 3,23). G. Wi.

4. C. S. Crispus, röm. Politiker und Geschichtsschreiber (1. Okt. 86 bis 13. Mai 34 v. Chr., zu den Daten vgl. G. PERL, Klio 1967, 97 ff.).

Leben (vgl. [11], 5 ff. [12], 473 ff., die Testimonien unvollst. bei KURFESS XXII ff., vgl. auch PALADINI 15 ff.): Die Viten von Asconius und Sueton sind nur in vereinzelten Zitaten faßbar; hingegen bietet die auf den Namen Ciceros gefälschte Antwortinvektive (s. u.) eine geschlossene Reihe von Angaben, die häufig verifizierbar sind und deshalb insgesamt wie die in der Historiographie verstreut auftauchenden Testimonien behandelt werden dürfen.

S. stammte aus einer Familie des Munizipaladels der Sabinerstadt → Amiternum mit Ritterzensus; daß er in Rom, wo die Familie ein Haus besaß, eine qualifizierte Ausbildung erhielt, läßt sich den Schriften entnehmen. Seinen Militärdienst wird er in den 60er Jahren abgeleistet haben (vgl. D. C. EARL, Hist. 1966, 302 ff., anders K. PETZOLD, Chiron 1971, 219 ff.). Später von der allg. *luxuria* angesteckt, die er in seinen Werken so beklagt, mußte er das Haus seines Vaters verkaufen; anrüchig war auch seine Zugehörigkeit zum Kreis des → Nigidius Figulus. Als *homo novus* nicht ohne polit. Ehrgeiz (Cat. 3,3 ff.), scheint er 55 oder 54 die Quaestur bekleidet zu haben; jedenfalls setzt die spätestens 54 als Senatsrede gehaltene oder fingierte Invektive gegen Cicero (s. u.) die Mitgliedschaft in diesem Gremium voraus. In dieser Z. wurde er von T. → Annius (I 16) Milo beim Ehebruch mit seiner Frau Fausta, der Tochter Sullas, ertappt und gezüchtigt; so mögen es nicht nur polit. Motive gewesen sein, die S. in seinem Tribunat 52 nach → Clodius' (I 8) Ermordung zum Auftreten gegen Milo und seinen Verteidiger Cicero bewogen. Ein Gegensatz zu Pompeius, der hinter dem Verfahren gegen Milo stand, war damit nicht gegeben; so blieb S. bei der folgenden Prozeßwelle gegen die Clodianer ungeschoren. Immerhin stieß ihn das pauschale Vorgehen der mit Pompeius verbündeten Aristokraten derart ab, daß er sich nunmehr Caesar anschloß; der 2. Brief, mit dem er sich vorstellt, stammt von 51 oder 50 (s. u.). Diese Parteinahme war wohl auch der Grund, weshalb er 50 aus dem Senat ausgestoßen wurde, Vorwand jener Ehebruch. Nach dem Ausbruch des Bürgerkriegs befehligte S. auf der Seite Caesars 49 eine Legion in Illyricum, allerdings ohne Erfolg, gelangte als Quaestor für 48 wieder in den Senat, kam 47 bei einer Meuterei der für Afrika bestimmten Truppen in Campanien fast ums Leben und nahm 46 als Praetor mit Caesar am Afrikafeldzug teil. Seine Anhänglichkeit wird mit der Statthalterschaft der Provinz Africa Nova belohnt. Daß sich nun auch seine finanziellen Erwartungen erfüllten, deutet der Prozeß *repetundarum* an, der 45 nach seiner Rückkehr gegen ihn angestrengt und nur infolge Caesars Eingreifen eingestellt wurde. Die Chance einer weiteren polit. Karriere schwand endgültig mit dem Tode Caesars; S. zog sich zurück, stellte sich auch den Triumvirn nicht zur Verfügung und widmete den Rest seines Lebens der Historiographie.

Werke: 1. *Invectiva in Ciceronem*, ein Pamphlet, das sich in der Form einer Senatsrede als Antwort auf Ciceros Angriffe gibt; t. p. ist Ciceros Verteidigung des Vatinius (August 54, vgl. § 7). Die Authentizität der Invektive ist umstritten, doch haben sich vor dem Hintergrund der eindeutigen Überlieferung und der Bezeugung Quintilians (inst. 4,1,68. 9,3,89) allg. überzeugende Gegenargumente bisher nicht finden lassen. 2. *Epistulae ad Caesarem*, vgl. M. CHOUET Les lettres de S. a César, 1950. O. SEEL S.s Briefe, 1966. E. PASOLI Problemi delle Epistulae ad Caesarem Sallustiane, 1970. Auch hier ergeben sich aus Überlieferung, Inhalt (vgl. E. WISTRAND S. on Judicial Murders in Rome, 1968), Sprache (W. FUCKS Math. Analyse von Sprachelem., 1955, 94 ff.) und Stil (vgl. aber [13], 340 ff.) keine hinreichenden Gründe für die Unechtheit. Der 2. Brief (von 51 oder 50) erwartet angesichts der Tyrannei der Optimaten das Heil allein von Caesar und macht konkrete Vorschläge zur Neuordnung der res publica, der 1. (von 48 oder 46) rät zur Mäßigung im Sieg. 3. *Bellum Catilinarium* (von ca. 42/41), eine Darstellung des Aufstandes des L. Sergius Catilina aus den J. 64–62. Diese Episode ist für S. Symbol der korrupten nachsullan. Gesellschaft; die Charakteristik Catilinas (c. 5,1–8) wird also ergänzt durch eine Analyse seiner Epoche (c. 5,9–13,5). Die monographische, auf Einheitlichkeit und Geschlossenheit angelegte Struktur des Werkes manifestiert sich in einer Reihe von anachronist. Antizipationen (W. Wimmel, H 1967, 192ff.), die Catilina von vornherein als potentiellen Rebellen erscheinen lassen. 4. *Bellum Iugurthinum* (ca. 40), der Krieg mit dem Numiderfürsten Iugurtha einschließlich der Vorgeschichte (c. 5,4–16,5) bis etwa 116 und einer Übergangsphase (c. 20–26) bis 112. Thema ist hier neben der Darstellung eines großen Verbrechers der Beginn des Widerstandes gegen die Nobilität, die Vorbereitung des Bürgerkrieges Marius-Sulla: In den J. 111–110 wird die Kriegführung von der Unfähigkeit und Korruption der optimatischen Feldherren bestimmt (c. 27 bis 40), auch 109 kämpft Metellus ohne entscheidende Erfolge (c. 43–62); 108 macht sich die Rivalität Metellus-Marius bemerkbar (c. 63–83), und 107–105 bringt Marius den Krieg zum erfolgreichen Ende (107: c. 84–94; 106–105, Marius-Sulla: c. 95–115). 5. *Historiae*, 5 Bücher Zeitgeschichte (nur in Frg.en erhalten; eine neue Ausgabe bereitet G. Perl vor, vgl. etwa Bull. Inst. Rech. d. Textes 1967/68, 29ff.) von 78 bis 67, an denen S. wohl von 39 bis zu seinem Tode arbeitete; der geplante Umfang und Abschluß kann nur vermutet werden. Mit 78, dem Beginn der nachsullan. Epoche, setzt für S. nicht nur die Periode eigener Erfahrung, sondern in seiner Periodisierung der röm. Geschichte eine neue Phase überhaupt ein; indes wird auch hier die Vorgeschichte in einem mindestens bis zu den Gracchen ausholenden Exkurs über den Bundesgenossenkrieg bis zum Bürgerkrieg Marius-Sulla eingeholt (Frg. 8–53). In B. 1 (78–77) steht die Rebellion des Lepidus, in B. 2 (76–75) der spanische Aufstand des Sertorius im Vordergrund, während in den B. 3–5 (3:74 bis 72; 4:72–68; 5: 68–67) der Krieg im O. (Mithridates) und die Sklavenrevolte (Spartacus) hinzukommen. 6. *Reden* (vgl. [13], 147ff.), die wie die Historien und die Briefe an Caesar postum ediert worden sein dürften, aber bald in Vergessenheit gerieten.

Die Proömien von Cat. und Iug., in denen Sallust ähnlich wie Cicero eine theoretische Betätigung mit dem Argument einer ehrenhaften Ausfüllung des erzwungenen *otium* rechtfertigt, lassen die Reihe der hist. Werke als eine sinnvolle Abfolge verstehen: S. entscheidet sich (Cat. 4,2ff.) gegen die Annalistik und für polit. Historiographie in der Auswahl des Bedeutsamen. Der *Catilina* an erster Stelle kann als direkte, wenn auch punktuelle Auseinandersetzung mit der eigenen Gegenwart, ja der persönlichen Vergangenheit gedeutet werden, während der *Iugurtha* ähnlich zentral eine Entwicklung erhellt, die von der Zerstörung Karthagos bis zu den Bürgerkriegen geführt hat. 7. Die *Historien* als eine nun kontinuierliche Darstellung der Zeitgeschichte schließen sich an. Dabei stellt sich die Gesch. für S. als ein rein innerweltliches Geschehen dar, in dem sich der Einzelne gegen die Tyrannei der *fortuna*, der Verhältnisse sowie der geschichtsspezifischen Voraussetzungen behaupten muß. Im Bereich der röm. Gesch. gilt sein Interesse den Epochen nach 146, dem in seinem Dekadenzschema entscheidenden Datum, wobei die Phase bis zu Sulla durch *mala ambitio* und die eigene Zeit durch die Macht des Geldes *(avaritia, luxuria)* gekennzeichnet erscheint. Verantwortlich für diesen Verfall ist die Nobilität, die *potentia paucorum*. Insofern ist S. parteiisch, ohne damit zum Parteimann zu werden – die These, die in ihm einen popularen Tendenzschriftsteller sah, darf als widerlegt gelten. Unter diesen Voraussetzungen geht es ihm um eine polit. Analyse und Interpretation der Gesch., die ihm als *verum* gilt.

Mögen sich in dieser Geschichtsauffassung auch traditionelle, ja klischeeartige Elemente zusammenfinden, so gebührt S. unbestreitbar das Verdienst, als erster lat. Historiker Probleme der Darbietung gleich ernst wie die der Stoffwahl genommen zu haben. Die monograph. Struktur, die auch in den Historien bestimmend gewesen zu sein scheint (Sertorius!), wirkt sich im Bericht in der Reduktion auf das relevant Erscheinende, in Selektion und Emphase aus, wobei zeitliche und lokale Inkonsistenzen in Kauf genommen werden. Eine doppelte Funktion haben die Exkurse, einmal strukturell, insofern sie Zäsuren schaffen, und zum anderen inhaltlich, insofern sie dem Historiker die Möglichkeit geben, entscheidende Situationen kommentierend zu beleuchten (vgl. Cat. 36,4 bis 39,4. 53,2–54,6); daneben kommt auch das Interesse an exotischen Details nicht zu kurz (Afrika: Iug. 17–19; Sardinien: hist. 2, frg. 1–11; Pontus: hist. 3, frg. 61–80). Die eingelegten Reden und Briefe, nach ant. Praxis fingiert, tragen an den Brennpunkten des Geschehens zur Analyse bei, charakterisieren aber indirekt auch den Sprechenden.

Der Stil, den S. als solcher Struktur angemessen entwickelt hat, steht mit seinen knappen, abrupten, inkonzinnen, zur Sentenz tendierenden Sätzen in bewußtem Gegensatz zur Glätte der ciceron. Periodik; seine *gravitas* wird von S. als erstem durch Archaismen noch erhöht (vgl. [13], 194ff. 291ff.). Als stilist. Vorbild ist vor allem der ältere → Cato zu nennen (vgl. E. Skard S. und seine Vorgänger, 1956), während der Einfluß des → Thukydides darüber hinaus auch für Weltsicht und Geschichtsauffassung entscheidend war (vgl. P. Perrochat Les modèles grecs de Salluste, 1949. W. Avenarius, Symb. Osl. 1957, 48ff.).

Wirkung: (Ant.: A. La Penna, Studia A. Ronconi, 1970, 195ff. [13], 153ff. 316ff. 336ff. MA.: J. Schneider Die Vita Heinrici IV. u. S., 1965, 34ff. Neuzeit: F. Schindler Unters. z. Gesch. d. S.bildes, 1939). Die Eigenart von S.s Werken hat, beginnend schon zu seinen Lebzeiten, eine breite Reaktion in Ablehnung und Zustimmung provoziert: Einmal polemisierte man gegen seine polit. Positionen; → Lenaeus, ein Freigelassener des Pompeius, verteidigte seinen Patron in einer Invektive gegen S., und ein gewisser Didius verfaßte gegen die *Invectiva* eine Antwort im Namen Ciceros; der Vorwurf einer Diskrepanz von Leben zu moralistischer Haltung wirkte bis in die Spätant. nach. Stilkritiker, etwa → Asinius (I 4) Pollio, tadelten Kürze als Dunkelheit, Archaisieren als manieristisch und warfen S. Plagiat am alten Cato vor. Andererseits haben S.s Schriften in seiner Generation eine, wenn auch kurzlebige, Stilmode ausgelöst. Dauerhafter ist sein Einfluß auf die Historiographie von Livius und Pompeius Trogus über Velleius Paterculus (A. J. WOODMAN, Homm. Renard 1, 1969, 785ff.), Tacitus (K. SCHNEIDER Tac. u. Sallust, 1964) und Granius Licinianus bis zu Iulius Exuperantius. Spätestens zur Zeit Quintilians und Martials (14,191) gilt S. als Klassiker, wird neben Thukydides gestellt und erhält, zumal durch den Einfluß der Archaisten des 2. Jh. n. Chr., einen festen Platz im Kanon der Schulschriftsteller (neben Terenz, Cicero und Vergil). Während von den Historien nur Reden und Briefe in einer Anthologie, die auch die Briefe an Caesar erhalten hat, und die Invektive zusammen mit Cicero-Reden ins MA. gelangten, knüpft die breite Rezeption in MA., Renaissance und Neuzeit an Cat. und Iug. an, die in einer großen Anzahl von Codices mutili (vom 9. Jh. an) und integri (vom 11. Jh. an) erhalten sind. Eine wissenschaftlich befriedigende Bearbeitung des hsl. Materials unter überlieferungsgesch. Aspekten steht noch aus. P.L.Sch.

Bibliogr.: *A.D.Leeman* A Systematical Bibliography of S. (1879–1964), ²1965. *N.Criniti*, Aevum 1967, 370ff. (Cat.).

Forschungsber.: *A.H.McDonald*, in: Fifty Years (and Twelve) of Class. Schol., 1968, 472ff. *H.Dieterich*, G 1957, 533ff. (1945–1956).

Ta.: *A.Ernout*, ³1958, dazu *ders.*, Ps. Sall., 1962. *A.Kurfess*, ³1957, dazu *ders.*, Appendix Sallustiana 1 (ep.), ⁶1962. 2 (in Tull.), ⁴1962. *W.Schöne*– *W.Eisenhut*, ³1965 (mit dt. Übers.). *K.Vretska*, Inv. und Epist. 1/2, 1961. *P.Cugusi*, Ep., Cagliari 1968. Cat.: *Jacobs-Wirz-Kurfess*, ¹¹1922. Iug.: *E.Köstermann*, 1971. Hist.: *B.Maurenbrecher*, 1/2, 1891/93. *V.Paladini*, ²1967 (Briefe u. Reden).

Lit.: 1. Das Staatsdenken der Römer, ed. *R.Klein*, 1966, 427ff. 2. Sallust, ed. *V.Pöschl*, 1970. 3. *E.Lepore* u.a., Sallustiana, 1969. 4. *W. Schur*, S., 1934. 5. *K. Latte*, S., 1935. 6. *V.Pöschl* Grundwerte röm. Staatsgesinn. i.d. Geschichtsw. d. S., 1940. 7. *E.Bolaffi* S.e la sua fortuna, 1949. 8. *W.Steidle* S.s hist. Monographien, 1958. 9. *K. Büchner*, S., 1960. 10. *D.C.Earl* The Polit. Thought of S., 1961. 11. *R.Syme*, S., 1964 (dazu *K.Büchner* Sallustinterpretationen, 1967). 12. *A. La Penna* S.e la »rivoluzione« romana, 1968. 13. *W.D.Lebek* Verba Prisca, 1970. 14. *S.Mazzarino* Il pens. stor. class. 2,1, 1966, 364ff. 2,2, 1966, 3ff. *V. Paladini*, 1968.

Salluvii, große Völkerschaft im s.ö. Gallien im Hinterland von → Massalia, zwischen Rhône und Seealpen (Lubéron und Gorges du Verdon), Strab. 4,178. 203. *Σάλυες* oder *Σάλλυες* Ptol. 2, 10,8. App. Celt. 12. *Salyes* Avien. 691. 701. *Sallyes* Obseq. 90. 92. *Sallui* Plin. nat. 3,47. 124. *Salluvii* Liv. 35,2; epit. 60. 61. Plin. nat. 3,36. Flor. 1, 19,5. Amm. 15,11,15.

Ligur.-kelt. Volk, welches einen wichtigen Straßenknotenpunkt besetzte; sein Hauptort war auf der Höhe Entremont in der Nähe von Aix. Im Gebiet der S. war die Kolonie der Phokaier Massalia angelegt (Strab. a. O. Liv. 5,34,7–8. Ptol. 2, 10,8). Die S. waren die mächtigsten der transalpin. Gallier und bildeten einen Bund mit den benachbarten Völkerschaften: Libui, Nearchi, Avatici, Oxybii, Dexuviates, Segobrigii, Comani, Tricores, Tritolli, Ligauni, Deciates, Reii.

Im J. 122 v. Chr. besiegte sie C. Sextius Calvinus entscheidend, zerstörte Entremont und gründete in ihrem Gebiet die *col. Aquae Sextiae* (h. Aix) Strab. 4,203. Liv. per. 60. 61. Vell. 1,15,4. Plin. nat. 3,36.

Zwei Aufstände der S. gegen die Römerherrschaft sind bezeugt: im J. 90 v. Chr. Liv. per. 73 und z. Z. Caesars Caes. civ. 1,35,4. Dann verschwand das Volk, nur der Name lebte fort in → *Aquae Sextiae Salluviorum.* M. L.

Desjardins Géogr. Gaule 2,65f. *C.Jullian* Hist. Gaule 3,11f. *G.Barruol* Les peuples préromains du Sud-Est de la Gaule. Etude de géogr. hist., Paris 1969, 187f. *F.Benoît* Entremont, capitale celto-ligure des Salyens de Provence, Aix 1957.

Salmakis (*Σαλμακίς*). Naiade der gleichnam. Quelle bei → Halikarnassos; auch ein Bezirk dieser Stadt mit dem Tempel des → Hermaphroditos. Dessen Legende erzählt Ov. met. 4,285ff. S. verliebt sich in den Sohn von Hermes und Aphrodite und bettelt vergeblich um Gegenliebe. Beim Baden umklammert sie ihn fest und erfleht von den Göttern unauflösliche Vereinigung mit ihm. Auf Bitten des so entstandenen doppelgeschlechtl. Wesens erhält die Quelle die Kraft, in ihr badende Männer zu verweichlichen und zu Halbmännern zu machen; *obscenae S. undae* Ov. met. 15,319. Nach Strab. 14,656 und Vitr. 2,8,11 ist das Wasser der S. gesund und wohlschmeckend. H. v. G.

Prell.-Rob. 1,510f. *A.B.Cook* Zeus, 2,872. *H.Hunger* Lex. der griech. u. röm. Myth., ⁵1959, 147f.

Salmanassar, akkad. *Šulmānu-ašared*, Name von fünf assyr. Königen, drei davon bedeutsam: **1.** S. I. (1265–35 v. Chr.), tatkräftiger Herrscher des mittelassyr. Reiches, der vor allem in seinen ersten Regierungsjahren Eroberungskriege führte: Gegen die Uruatri-Länder (Urartu) im N., Muzri im NW., dann vor allem im W. gegen Hanigalbat, das er trotz des Eingreifens der Hethiter besiegte und König Šattuara II. deportierte. Er machte Ḫ. zur assyr. Provinz und hatte damit eine direkte Grenze zum Hethiterreich. Im NO. besiegte er eine Rebellion der räuberischen Guti durch Streitwagentruppen. Neben Bautätigkeit in Assur (Tempel des Stadtgottes) Gründung der neuen Residenz Kalḫu (Nimrud). **2.** S. III. (858–24 v. Chr.), Sohn Assurnasirpals II., der vor allem nach W. hin das Reichsgebiet gegen den Widerstand der Aramäer auszudehnen versuchte. 853 kämpfte er bei Qarqar unentschieden gegen eine Koalition syr. Fürsten unter Bir-idri (Benhadad) von → Damaskus, konnte später auch dessen Sohn Hazael nicht besiegen, erhielt aber den Tribut von → Tyros und → Sidon sowie Jehu von Israel (Schwarzer Obelisk). In Kämpfen gegen Urartu erreichte er die Tigrisquellen, stand als erster Persern (Parsua) und Medern (Madai) gegenüber. In Assur baute er starke Befestigungen und Tempel für Ištar, Anu und Adad (Doppeltempel). **3.** S. V. (726–22 v. Chr.), Sohn → Tiglatpilesers III., führte Krieg gegen Hosea von Israel, der seiner Pflicht als Tributär nicht nachgekommen war, und belagerte ihn in Samaria erfolgreich. S. war unter dem Thronnamen Ululai auch König von Babylon. W. Rö.

Salmantica (*Salmatica*, Ἑλμαντική, *Hermandica*), große Stadt der Vaccäer (Pol. 3,14,1. Liv. 21,5,6), von Hannibal 220 v. Chr. belagert, später *municipium*, an der Heerstraße von Emerita Aug. nach Asturica Aug. gelegen; h. Salamanca. K. A.

Salmona, l. Nebenfluß der Mosel, h. die Salm (bei Auson. Mosella 366 mit *Lesura*-Lieser und *Drahonus*-Dhron genannt). H. C.

Holder, 2,858. 1317.

Salmone (Σαλμώνη). **1.** Ort im s. Elis etwa beim h. Bruma, 8 km n. w. v. Olympia, Strab. 8,3, 31 p. 356. Diod. 4,68,1. Inschr. v. Olympia 18 = SCHWYZER 419. E. M.

1. *Partsch* Olympia 1,5f. 2. *Bürchner*, RE IA 1986 Nr. 1.

2. → Sam(m)onion.

Salmoneus (Σαλμωνεύς). Myth. thessal. Held, Sohn des → Aiolos (1), Vater der → Tyro, Od. 11,235f. als ἀμύμων bezeichnet. Gründer von Salmone in Elis, Strab. 8,356. Diod. 4,68,1. Seit Hes. gilt er als Frevler und Gotteslästerer, Pind. P. 4,143. Soph. frg. 494ff. Eur. frg. 14. Er läßt sich wie Zeus opfern und ahmt künstlich dessen Donner und Blitze nach, bis Zeus ihn erst fesselt (Vasenbild: RE IA 1990) und dann durch seinen Blitz mit seiner Stadt vernichtet. Apollod. 1,89f. Hyg. fab. 61. 250. In diesem Mythos wird ein uralter Gewitterzauber deutlich, der später als Blasphemie aufgefaßt wurde. L. RADERMACHER Mythos und Sage der Griechen 40. Verg. Aen. 6,585ff. (s. Serv. und E. NORDEN zur St.) macht S. zum ewigen Büßer im Tartaros, vielleicht schon Polygnot (Anth. Pal. 16,30). O. WEINREICH Menekrates Zeus und S., 1933, 86ff. deutet S. als vorgriech. Gottkönig, der sich dem idg. Zeuskult widersetzt. A. B. COOK Zeus 1,12. 138. 2,24. 3,141.966. K. KERÉNYI Die Heroen der Griechen 85. H. v. G.

Salmydessos (Σαλμυδησσός). **1.** Name wohl thrak. Herkunft, Küstenstrich (αἰγιαλός oder κόλπος) im s. Abschnitt der w. (thrak.) Pontosküste, als menschenarm, steinig und schwer zugänglich bekannt. Das Küstenwasser war seicht (τέναγος). Die thrak. Astai pflegten hier die Schiffbrüchigen auszurauben. Ps. Skymn. 723ff. Strab. 1,50ff. 7,319. Ptol. 3,11,3. Hdt. 4,93. Xen. an. 7,5,8. **2.** Ort oder »Stadt« in Thrakien am gleichnamigen Küstenstrich des Pontos, als Sitz des → Phineus bezeichnet, in Wirklichkeit eine Siedlung (χωρίον bzw. κωμόπολις) »barbarischen Typus' beim h. Midia«. Apollod. 1,9,21. Strab. 12,541. Mela 2,2,5. Plin. nat. 4,45. Chr. D.

Bürchner, RE I A 1992. *Danoff* Altthrakien, 1968 Sofia (bulg.) 146. 308. 330. 346; *ders.* Pontos Eux., RE Suppl. IX 1044. *Detschew* Thrak. Sprachreste, 414ff.

Salo, l. Nebenfluß des Ebro in Keltiberien, entspringt am kastil. Scheidegebirge, h. Jalón; berührt auf seinem Lauf Ocilis und → Bilbilis. Sein kaltes Wasser sollte bes. geeignet sein, Eisen zu härten. Während des keltiber. Kriegs (153/52 v. Chr.) hatten die Römer im S.-Tal ihre Operationsbasis (App. Ib. 188ff. CAH 8,318f.). Birbilis (Iust. 44,3,8) wohl verschieden. SCHULTEN Iberische Landeskunde (1955/7) 314. K. A.

Salodurum (h. Solothurn, frz. Soleure), *vicus* der Helvetier, spätröm. befestigt mit erhaltenen Stücken der Stadtmauer. Itin. Anton. 353,2. Tab. Peut. 3,3/4. Inschr.: CIL XIII Nr. 5169–5189. 11499. [3], Nr. 245–253. BRGK 40, 1959, 141f. Nr. 53. E. M.

1. *Keune*, RE IA 1993f. 2. *Stähelin* Röm. Schweiz^3 307 Abb. 67 (Plan). 309. 621 u. ö. 3. *How.-Meyer* 101 A. 3. 158f. 168. 271ff. 4. *W. Herzog* Lage und Bedeutung des röm. Castrums von S., Jurablätter 25, 1963, 17ff. 5. *O. Keller* Der Stadtname S., Zeitschr. f. Namenforschung 16, 1940, 58ff. 6. *K. Glutz von Blotzheim* Das Lapidarium im Kreuzgang zu Jesuitern in S. 1954. 7. Einzelfunde: Jahrb. f. solothurnische Geschichte.

Salome (aram. š^{e}lamṣāh, hypochor. f. š^{e}lamṣījōn, → Salampsio). **1.** Schwester → Herodes' (1) d. Gr. Nach → Iosephos (2; bell. 1,8,9 bzw. 1,22, 4–2,9,1; ant. 14,7,3 bzw. 15,3,9–18,2,2), der hier aber vielleicht z. T. mit Motivdubletten arbeitet, ließ sie ihre ersten beiden Gatten → Iosephos (1 a) und Kostobaros (Statthalter von → Idumaea und → Gaza), ihre Schwägerin → Mariamme (1) sowie deren Söhne Alexandros und → Aristobulos (4) hinrichten. Zu ihrer dritten Ehe mit Alexas redete ihr → Livia (2) zu, welcher S. († um 10 n. Chr.) testamentarisch Iamnia, Azotos, → Phasaelis und Archelais vermachte. Diese Gebiete waren ihr von ihrem Bruder geschenkt und von → Augustus bestätigt worden (Strabo 16,2,46). A. SCHALIT König Herodes, 1969. **2.** Tochter des → Herodes (2) und der Herodias, * 15 n. Chr., Gattin des Philippos (→ Herodes 5), dann des → Aristobulos (6). † vor 61, da Münzen ihren Gatten dann allein zeigen. Vor ihrer ersten Ehe, um 29 n. Chr., zog sie mit ihrer Mutter zu deren zweitem Mann → Herodes (4) Antipas (Ios. ant. 18,5,4), von dem sie, kaum nur als Lohn für ihre Tanzkunst, das Haupt des Täufers Johannes erbat und erhielt. Dies (novellistische Anekdote?), legendarische Strafen dafür und verwandte Geschichten bei → Valerius Antias, → Seneca d.J., Albucius Silus, → Porcius Latro, Votienus Montanus, Valerius Maximus, → Plutarch und Aurelius Victor ([3], 6–11) sind seither einer der meistbehandelten Themenkreise in Dichtung, bildender Kunst und Musik. C. C.

1. Komm. zu Mc. 6,22ff. u. Par. 2. *G. Vitaletti* S. nella leggenda e nell'arte, Rom 1908. 3. *H. Daffner* S. Ihre Gestalt in Geschichte und Kunst, München 1912.

Salona, bedeutende Stadt Dalmatiens, nach → Aquileia der wichtigste adriat. Hafen, Sitz des *conventus Salonitanus*, des Statthalters, des *procurator provinciae* und des *praepositus thesaurorum*. Die ältesten bekannten Einwohner waren die thrak. Manioi. Die → Delmaten besetzten die Stadt im 4. Jh. v. Chr., etwas später entstand hier eine griech. Kolonie. Diese wurde Mitte 2. Jh. von den Delmaten und in den J. 78/77 von Prokonsul C. → Cosconius (I 2) erobert, der die griech. Kolonie wiederherstellte. Infolge des erstarkenden röm. Einflusses wurde unter Caesar ein *conventus civium Romanorum* ins Leben gerufen. Zwischen 47 und 44 v. Chr. wurde die Stadt zum Rang einer *colonia* erhoben und der *tribus Tromentina* zugeteilt. Neben der *urbs vetus*, die unter Caesar bereits mit einer Mauer umgeben war, gründete Augustus die *urbs nova* um 33 v. Chr., die ebenfalls zum Rang einer *colonia* erhoben und der *tribus Sergia* zugeteilt wurde. In der 2. Hälfte 2. Jh. n. Chr. wurde sie mit einer Mauer umgeben, die E. 4. Jh. erneuert wurde. Unter → Diocletian erlebte die Stadt infolge des in ihrer Nähe errichteten Palastes eine neue Blütezeit. Sie spielte auch im Christentum eine bedeutende Rolle, seit dem 2/3. Jh. hatte hatte sie berühmte Bischöfe und Märtyrer. J. F.

Saloninus. 1. Freund des → Terentius Priscus, des Gönners des → Martialis (Martial. 6,18, 1), stammte wie dieser wohl aus Spanien, wo er im J. 90 starb. **2.** Iulia Cornelia Salonina, Gemahlin des Kaisers → Gallienus. G. Wi.

Salonius. Ital. Gentilname (Inschr. bei SCHULZE Eigenn. 224. 302 – auch *Sallonius*).

I. Republik. Zeit: **1.** C. S. trat hervor als *IIIvir col. deduc.* 194 und als *Xvir agr. dand. assig.* 173. **2.** P. S., Militärtribun 342 (und früher). **3.** Q. S. Sarra, Praetor in Sardinien 192. Quellen bei BROUGHTON Mag. 1, 350. H. G. G.

Salpe. Eine Hebamme, die ein Buch über Frauenkrankheiten schrieb, das voller Kurpfuschereien steckte (Plin. nat. 28,38. 66. 82; 32,135. 140). G. Wi.

Salpensa (Salpesa), iberische Stadt, später *munic. Flavium Salpensanum;* bekannt durch ihr bei Malaga gefundenes Stadtrecht (CIL II 1963). Lag beim h. Utrera (Prov. Sevilla). K. A.

Salpia (Vitr. 1,4,12. Guido 71; Σαλαπία Strab. 6,283f. Plin. nat. 3,103), von → Diomedes (Vitr. a.O.) oder Rhodiern (Vitr. a.O. Strab. 14, 654. Steph. Byz. s. Ἐλπία) bei den → Dauniern gegründete Stadt in sumpfiger Lage (Cic. leg. agr. 2,71) an der *Salapina palus* (Lucan. 5,377. Vib. p. 154 R.; Σάλπη Lykophr. 1129); deshalb mit röm. Erlaubnis an die Küste (Strab. 6,283f.) nach Posta di Salpi 4 mp von der alten Stadt verlegt (Vitr. a.O.); gehört als *municipium* (Vitr. a.O.) der 2. Region an (Plin. a.O.). S. wird im 2. pun. Kriege erwähnt (Plin. a.O. Liv. 24,20,15 u.a.); Mz.n HEAD HN[2] 49. Erneute Umsiedlung nach Torre delle Saline aus den Angaben der Itinerare zu erkennen (It. Ant. 314,7. Tab. Peut. 6,3. Geogr. Rav. 5,1. Guido 22). G. R.

Forbiger HB d. alt. Geogr. 3,499. *Nissen* It. Ldk. 2,849.

Salpinates, Gemeinde unbekannter Lage in Etrurien, mit der Rom 392/91 v. Chr. kämpfte (Liv. 5,31,5. 32,2). G. R.

Salpinx (σάλπιγξ), trompetenartiges griech. Blechblasinstrument mit länglichem geradem Rohr, aufgesetztem glockenförmigem Schalltrichter und Mundstück aus Horn. Die Verwendung der S., die urspr. wohl außergriech. Ursprungs ist und der im etr. Bereich der → *Lituus*, im röm. die *Tuba* entsprechen, beschränkt sich in erster Linie auf die Zeichengebung im Kriegswesen, bei Opfern, Festen und Umzügen, ohne bes. musikal. Bedeutung. Beim Spiel scheint zumindest teilweise ähnlich wie bei den Auloi eine → Phorbeia verwendet worden zu sein. U. K.

M. Wegner Das Musikleben der Griechen, 1949, 60f. 224f. Taf. 26. *Ders.* Musikgesch. in Bildern 2,4 (Griechenland), 1963, 79.

Salsamenta. Die in Salz konservierten Seefische waren bei den Römern als (Vor)speise und Medizin beliebt. S. wurden in Salzlake, *salsamentum*, → *muria* (1) in Fässern (Tongefäßen) aufbewahrt. Ter. Ad. 380. Cic. div. 2,57,117. Varro rust. 3,17,7. Colum. 2,10,16. 8,17,12. 12,53,4. Cels. 1,2. 2,21. 27–29. 7,27. Plin. nat. 9,92. 10,194. 18, 308. 28,140. 31,83. 32,19. 45. 80. 89. 106. 108. 119. 127. Gell. 2,24,7. W. H. G.

Saltus, »Waldgebirge, Bergweide, Domäne«, bezeichnet nach Varro rust. 1,10 *in agris divisis viritim publice* ein quadratisches → Flächenmaß von 4 → Centurien = 800 → iugera. Einen S. von 25 Centurien nennt der Gromatiker → Siculus Flaccus (p. 158,20 Lachmann). H. Ch.

F. Hultsch Metrologie[2] 85ff.

Salus, sog. Begriffspersonifikation der öffentl. Wohlfahrt. In Griechenland konnten seit dem 5. Jh. v. Chr. Eigenschaften, die als bes. wirkungsstark empfunden wurden, zum Rang einer göttl. Person gesteigert werden (Pindar, Tragödie); im röm. religiösen Bewußtsein fand diese Denkart einen günstigen Nährboden in der althergebrachten Neigung, das sichtbare In-Erscheinung-Treten geheimnisvoller Mächte (z.B. → Aius Locutius oder S. Semonia, göttl. Inkarnation des kräftigen Saatwuchses) zu vergotten. So hatte S. als Göttin des allg. Gedeihens in Rom einen Kult (der im übrigen Italien vielfältige Parallelen hat). In Erfüllung eines in den Samnitenkriegen abgelegten Gelübdes weihte ihr C. Iunius Bubulcus 302 v. Chr. einen Tempel auf dem Quirinal. Der göttl. Obhut dieser S. ist der glückliche Fortbestand des röm. Staatswesens anvertraut; mit der Heilgöttin S.-Hygieia (früheste offizielle Bezeugung 180 v. Chr.), die in enger Verbindung mit → Aesculapius steht (293 v. Chr.: Übertragung des → Asklepioskults nach Rom) hat sie nichts zu tun. Unter dem Prinzipat wird der Kult der S. Bestandteil der Loyalitätsreligion. Noch Augustus hatte der *S. populi Romani* zusammen mit *Pax* und *Concordia* 10 v. Chr. einen Altar errichtet (an dem jährl. ein Opfer dargebracht wurde); später bürgerte sich die Verehrung der S. Augusta ein. Das *augurium salutis* ist vom Kult der S. zu trennen. Es ist als ein Akt des auguralen Brauchtums anzusehen. K. A.

Wissowa Rel.^{2} 131ff. 306ff. *Latte* RRel. ind. *Dumézil* Rel. Rom. Arch. ind., RE I A 2057ff. Myth. Lex. IV 295ff. *Dar.-Sagl.* IV 1056ff. *Bayet* Hist. Rel. Rom. ind. *Radke* Götter Altit. 277f.

Salustios. 1. Griech. Gramm. unbestimmter, aber gewiß später Z., Vf. eines Komm. zu → Kallimachos' (3) Hekale (vgl. Frg. 235. 240. 741 Pf., allesamt aus Etym. gen.), vielleicht auch zu den Hymnen (vgl. Sch. h. 2,89). Ob der Komm. in Zusammenhang mit einer Edition stand (so WILAM. Einl. in die griech. Trag. ^{4}199f.; Callim. Hymni et epigramm. ^{3}6f.), ist ungesichert. S. wird auch für gewöhnlich mit dem Vf. der Hypotheseis zu Soph. Ant. und Oid. K. gleichgesetzt. H. Gä.

R. Pfeiffer Callimachus 2, XXVIIIff. *T. Ciresola*, RIL 92, 1958, 289ff.

2. S., Vf. einer kurz gefaßten Lehrschr., die die Hauptlehren des → Neuplatonismus leicht faßlich zusammenfaßt. Sie ist ohne Titel überliefert; der Vorschlag von Leo Allatius, der sie als erster herausgab (1638), ihr den Titel περὶ θεῶν καὶ κόσμου voranzustellen, ist einhellig angenommen worden. Die Schrift ist zwischen 363 und 394 verfaßt. – Dieser S. kann mit Serenos S., Sekundos, einem Freunde des Kaisers → Iulianus, ident. sein; auf diesen ist die 8. Rede Iulians bezogen. Die Frage der Identität ist oftmals umstritten, aber noch nicht gelöst. H. D.

Ta.: *G. Rochefort* (mit frz. Übers.), Paris 1960. Komm.: *A. D. Nock* S.-Concerning the Gods and the Universe, Cambridge 1926.

3. S., – nur genannt von Marcell. Com. z. J. 423 = chron. min. ed. TH. MOMMSEN 2,76 *Philippus et Sallustius philosophi morbo perierunt.* Dieser S. kann weder mit dem Platoniker noch mit dem Kyniker ident. sein. **4.** S. aus Emesa, lebte im 5. Jh., galt als Kyniker, war indes vor allem Sophist und Redner. Seine Schulung empfing er zunächst in seiner Heimat Emesa, dann in Alexandreia. Zeitweise übte er Askese – vielleicht in einem Nachvollzug kyn. Anspruchslosigkeit, aber er war auch als Magier tätig. Sein »Kynismos« äußerte sich vor allem darin, daß er Gegner einer an Traditionen gebundenen, also »etablierten« Philosophie war, wodurch es zu einem Zerwürfnis mit → Proklos kam; vgl. Suda s. Ζήνων Ἀλεξανδρεύς. Durch sein vermutlich publikumswirksames Auftreten gegen die zum System gewordene Philos. machte er Athenodoros, einen Schüler des Proklos, der Philos. abspenstig. H. D.

Salutatio. 1. Griechen grüßten bei Begegnung mit χαῖρε bzw. χαίρειν, auch mit ὑγίαινε und εὖ πράττειν. χαῖρε ist auch Abschiedsgruß und kann nach Lukian. pro lapsu 2 geradezu zum Ausdruck der Feindschaft werden. Die → Gebärden bei der s. waren sparsamer als h., Händedruck ein Ausdruck bes. herzlicher Gefühle, ebenso der → Kuß; wer die Hand eines anderen ohne wichtigen Grund ergriff, galt als Schmeichler oder zudringlich, Plaut. Aul. 115f. Hor. s. 1,9,4. Man beantwortete den Gruß mit καὶ σὺ χαῖρε (ὑγίαινε), oft mit beigefügtem Namen, in der Kaiser-Z. auch mit Titel. Am Briefanf. stand der gleiche Gruß wie mündlich, bei Kondolenz auch εὐψυχεῖν, am E. ἔρρωσο, bei Kondolenz wohl auch εὖ πράττετε. Im chr. Brief kann zu Anf. χάρις καὶ εἰρήνη, χάρις τοῦ κυρίου, ἐν κυρίῳ χαίρειν stehen, am E. entsprechende Formeln mit ἐρρῶσθαι. Die Römer grüßten beim Begegnen mit *salve* oder *have*, beim Abschied mit *vale*, dazu der Name bzw. später der Titel *(ave imperator)* oder *domine*. Am Briefanf. stand *s(alutem)* mit oder ohne *d(ico)* vor oder nach dem Namen des Empfängers. Nur vor oder nach langer Trennung fand Umarmung oder Kuß statt. Erst in der Kaiser-Z. gehört der Kuß zum Zeremoniell der tägl. s., die Kaiser forderten später den Fußkuß. Die chr. Sitte erlaubte den Kuß als Sinnbild der Liebe bzw. als Friedenskuß. Während es üblich war, daß Jüngere vor Älteren, Niedrigere vor Höherstehenden sich erhoben (grundsätzl. vor Consuln, Kaisern, Triumphatoren; alle, einschließl. der Senatoren, vor dem Träger der *corona civica*, Plin. nat. 16,13), auch wohl das bedeckte Haupt entblößten, galt Verneigung noch in der hohen Kaiser-Z. als demütigend; erst die chr. Diakone sollten sich vor dem Presbyter verneigen (Comm. instr. 2,27,8). Niedere Beamte lassen in Rom vor höheren die *fasces* senken, ebenso vor den Vestalinnen. Reiter und Wagenfahrer steigen vor Consul und Praetor ab. Im Circus grüßten die Wagenlenker mit gesenkter Peitsche, begegnende Schiffe (Flotten) grüßten mit dem Ruder.

2. Bei den Römern bezeichnet s. bes. die *salutatio m(atutina)*. Diese s., urspr. Pflicht des Klienten beim *patronus*, wofür der Klient die → *sportula* erhält, wird gegen E. der Republik stark ausgeweitet. Man fand sich zur s. m. bei Freunden, Gönnern, politisch Einflußreichen ein, so daß schließl.

die Menge der Morgenbesucher Ansehen und Einfluß einer Persönlichkeit kundtat. Die s.m. wurde allen Beteiligten zur Last, die Hohlheit des Vorgangs war allg. deutlich, aber abgeschafft wurde die s.m. nicht. Die *salutatores*, nach dem vorgeschriebenen Gewand auch *togati* genannt (*togata opera* »Klientendienst« Martial. 3,46), wurden nach Bedeutung in Klassen geteilt und zu abgestuft persönlicher s. zugelassen; bei den Kaisern regelten das die *admissionales*. Bei Hof erfolgte Zulassung zu Brust-, Fuß- oder Handkuß streng nach (Gunst und) Rang. Die Kaiser empfingen ganze Körperschaften, nicht so die Kaiserinnen. Die Sitte dauerte bis zum E. der röm. Z. W. H.G.

Salutius, Saturninus Secundus, gebildeter Heide griech. Herkunft (Liban. epist. 1185. 1224. 1298. Iulian. or. 8. Greg. Naz. or. 4,91. Rufin. h.e. 10,37). S., früher praeses prov. Aquitanicae, magister memoriae und proconsul Africae, erwarb sich als comes et quaestor (cursus bei DESSILS 1255) das Vertrauen Iulians, der ihn 361 zum praef. praetorio Orientis erhob, ein Amt, das er bis 365, dann nochmals 366/67 (?) bekleidete (Amm. 22,3. 25,3. 5. Zos. 4,1. 10. Cod. Theod. 4,12,5f. 8,1,7. 12,6,8). Nach Iulians Tod wurde ihm die Kaiserwürde angeboten, 364 unterstützte er die Kandidatur Valentinians (Amm. 25. 5. Zos. 3,31). Vielleicht wurde der vor 377 in hohem Alter gest. S. noch *patricius* (Malal. 340). A. L.

Salvianus. 1. Cognomen, Weiterbildung von Salvius, I. KAJANTO Lat. Cognomina, 1965, 177, bei Antonius, Aurelius, Caecilius, Calpurnius (Nachweise RE I A 2017), in den Fasten aber nur kaiserz. bei Salvidienus, DEGRASSI FImp. 267. H. G. G.

2. Chr. Schriftsteller (ca. 400–468/70) aus Gallien (Trier? De gub. 6,13,72) – Gennadius kennt ihn als Presbyter in Marseille – lebte nach seiner Heirat im Einverständnis mit seiner Frau als strenger Asket (Epist. 4). Erhalten 9 Briefe, 4 Bücher *ad ecclesiam* (um 440) mit Ermahnungen, jeglichen Besitz der Kirche zu übereignen, und 8 Bücher *de gubernatione dei* (unvollendet). Grundthema dieses Werkes ist das Theodiceeproblem angesichts der Barbarensiege über Rom. S. löst es mit dem Hinweis darauf, daß die Römer nur dem Namen nach Christen seien. Weitere verlorene Schriften nennt Gennadius (vir. ill. 68). Das kulturgesch. Material sammelte STERNBERG (Theol. Stud. u. Krit. 82, 1909, 29ff. 163ff.). Kl. W.

Ta.: *Migne* PL 53. CSEL 8, 1883 (*E.Pauly*). CChr (*G.Vecchi* Ad ecclesiam und Epistulae / *M.Pellegrino* De gub. dei). *M.Pellegrino* S. di M., Rom 1940.

Salvidienus. Lat. Personenname, Weiterbildung von Salvidius, vgl. SCHULZE Eigenn. 427,5. Q.S. Rufus Salvius. Röm. Ritter, Jugendfreund des Octavian, dessen Begleiter in Apollonia 45/44. 42 schlug er als legatus (BROUGHTON Mag. 2,366) bei Rhegium den Sex. Pompeius zurück (Schleuderbleie CIL X 8337), wurde zum Imperator akklamiert, aber dann beim Versuch des Übergangs über die Meerenge zurückgeschlagen. Schon auf dem Wege nach Spanien wurde er 41 zurückgerufen und im Perusin. Krieg eingesetzt (weitere Schleuderbleie, App. civ. 5,121–125). 40 wurde er Statthalter von ganz Gallien und für 39 – ohne vorher Ämter bekleidet zu haben – *cos. designatus*. Seine Verhandlungen mit → Antonius (9) vor dem Vertrag von Brundisium wurden ihm von Octavian als Hochverrat ausgelegt; auf dessen Befehl nahm er sich das Leben. Liv. epit. 127 u.a. Vgl. R. SYME Rom. Rev. 217. 561. H. G. G.

Salvius begegnet früh als Individualname, in der Republik häufig als Sklavenname und erst spät als Gentilnomen.

I. Republikanische Zeit.

1. Wird wegen seiner Tapferkeit in der Schlacht bei Pydna 168 gerühmt, in der er die Paeligner führte (Plut. Aem. 20,1–3). **2.** (Tryphon) nahm als einer der Anführer des sizil. Sklavenkriege 104 den Königstitel an (Diod. 36,4,4ff.). **3.** War einer der Mörder des Pompeius 48 (Plut. Pomp. 78,1. 79,2). **4.** Freigelassener Caesars, der als dessen Agent in Rom fungierte (Cic. Att. 9,7,1. 10,18,1). Auf seinen Reisen zu Caesar nach Gallien 54 und Spanien 46 nahm er Briefe Ciceros an seinen Bruder (54) und an Dolabella (46) mit. Wahrscheinlich ist er ident. mit C. Iulius Salvius, der auf einer Inschr. in Ocriculum als *viator tribunicius* und *magister lupercorum* erscheint (CIL XI 7804. LATTE RRel 85,1). **5.** Literar. gebildeter Freigelassener des T. Pomponius Atticus, in dessen Auftrag er Abschriften von Ciceros Werken anfertigte und sie bei Gastmählern vortrug (Cic. Att. 13,44,3. 16,2,6). **6.** Verhinderte in seinem Volkstribunat 43 am 2. Jan. durch eine von ihm herbeigeführte Vertagung der Abstimmung, daß der Senat Antonius zum *hostis* erklärte (App. civ. 3,206ff.). Da S. später auf Ciceros Seite wechselte, wurde er in demselben J. auf die Proscriptionslisten gesetzt und ermordet. M. D.-M.

II. Kaiserzeit. **1.** M.S. Otho, stammte aus vornehmer etr. Familie aus Ferentum (Suet. Otho 1. Tac. hist. 2,50). *Per gratiam Liviae Augustae* in den Senatorenstand aufgestiegen, bekleidete er im J. 8 n. Chr. das Amt eines *IIIvir monetalis* und gelangte bis zur Praetur (Suet. Otho 1. Tac. hist. 2, 50). **2.** L.S. Otho, Sohn von Nr. 1, nach senator. Laufbahn *cos. suff.* im J. 33 (DEGRASSI FImp. 10), *proconsul* von Africa 40/41 (THOMASSON Afr. 2,33) und von Dalmatien 42–43 (JAGENTEUFEL Dalm. 25ff.). Weitere *imperia extraordinaria* (Suet. Otho 1,2) sind unbekannt. *Flamen* und *promagister* der Arvalbrüder (CIL VI 2029 = 32346), vermählt mit Albia Terentia. **3.** L.S. Otho Titianus, Sohn von Nr. 2, älterer Bruder des Kaisers. *Cos. ord.* 52 (CIL IV 5512. DEGRASSI FImp. 14), *proconsul* von Asia 63–64 (Tac. Agr. 6, MAGIE Asia min. 1422. 1582), *cos. suff. II* 69 zusammen mit dem Bruder (CIL X 7852 = DESSILS 5947. Tac. hist. 1,77 DEGRASSI

FImp. 19). Vom Bruder Anf. April 69 mit dem Oberbefehl der Truppen betraut (Tac. hist. 2,23. Plut. Otho 7). Nach der Niederlage bei → Betriacum führte er die Friedensverhandlungen mit den Vitellianern (Plut. Otho 13) und rettete so sein Leben (Tac. hist. 2,60). *Promagister* der Arvalbrüder (CIL VI 2045. 2046). **4.** M. S. Otho, Sohn von Nr. 2, röm. Kaiser → Otho. **5.** L. S. Otho Cocceianus, Sohn von Nr. 3, nahm als Knabe an den Kämpfen des J. 69 teil (Tac. hist. 2,48. Plut. Otho 16). Mitglied eines Priesterkollegiums (CIL VI 2002). Von Vitellius wie sein Vater geschont, von Domitian aus geringfügigem Anlaß getötet (Suet. Dom. 10). G. Wi.

6. C. S. Liberalis Nonius Bassus (nach der wohl richtigen Namensform CIL IX 5533). Senator und Redner der flav.-traian. Z. aus der Urbs Salvia in Picenum, verheiratet mit Vitellia C. f. Rufialla, einer *flaminica* der Salus Augusta. Von Vespasianus und Titus (73/74?) unter die Tribunicier, dann Praetorier aufgenommen; erregte als Verteidiger wegen seines Freimuts das Lob des Vespasianus (Suet. Vesp. 13); im J. 78 wurde er unter die *fratres Arvales* aufgenommen (CIL VI 2056), bald danach erhielt er das Kommando über die legio V. Macedonica, war *legatus Augustorum* [*iuridi*]*c(us) Britann(iae)* unter → Agricola, Proconsul von Makedonien und unter Domitianus *consul suffectus*. Noch unter diesem wurde er angeklagt (Plin. epist. 3,9,33; Anlaß unbekannt, vielleicht sein Freimut) und wahrscheinl. verurteilt (die Strafe war wohl die *relegatio*). Unter Nerva zurückgekehrt (Cass. Dio 68,1,2), verteidigte er im J. 100 Marius Priscus, unterlag aber Tacitus (Plin. epist. 2,11,17). Auf den erlosten Prokonsulat der Provinz Asia verzichtete er; † vor 105, da nicht mehr unter den *fr. Arv.* (CIL VI 2075). S. war Patron seiner Heimatstadt und viermal *IIvir quinquennalis*. S. gehörte zu den hervorragendsten Rednern des Senats, Plinius zollt ihm höchstes Lob (epist. 2,11,17. 3,9,36). H. Gu.

1. *Groag*, RE IA 2026ff. 2. *Schanz-Hos.* 2,840. 3. *R. Syme* Tacitus, 1958, App. 26 und 27. 4. *A. N. Sherwin-White* The letters of Pliny, 1966, 171. 237.

7. S. Iulianus, mit vollem Namen wahrscheinlich L. Octavius Cornelius S. Iulianus Aemilianus. Als sein Geburtsort wird oft die nordafrikan. Stadt Hadrumentum angegeben, doch ist das zweifelhaft (W. Kunkel Herkunft u. soz. Stellung der röm. Juristen[2] 1967, 158f.). S. durchlief viele hohe Ämter (cos. 148 n. Chr.) und wirkte als jur. Schriftsteller und Respondent. Hinterlassen hat er 90 *libri digesta*, dazu Bearbeitungen von Urseius Ferox und Minicius. Sein Schüler Sext. Caec. Africanus hat zudem noch eine Sammlung der Entscheidungen des S. herausgegeben (*quaestiones*). Freilich sind uns alle diese Schriften nur auszugsweise und teils verändert in den Digesten Iustinians überliefert. Trotzdem ist die hervorragende Treffsicherheit der Entscheidungen des S. noch erkennbar; viele von ihm gefundenen Lösungen gelten noch heute. S. ist wohl der bedeutendste röm. Jurist (noch vor Celsus und Papinianus); er ist auch einer der bedeutendsten Juristen aller Zeiten. D. M.

1. *A. Guarino* Salvius Iulianus, 1946. 2. *E. Bund* Unters. zur Methode Iulians, 1965.

Salynthios (Σαλύνθιος). König der Agraioi (in → Aitolien), nahm 426/25 Peloponnesier und Ambrakioten auf, die dem → Demosthenes (1) entronnen waren (Thuk. 3,111,4. 114,2), von dem S. 424 auf die athen. Seite zu treten gezwungen wurde, Thuk. 4,77,2. K. K.

Salz (sal. ἅλς, oft pl. ἅλες). Die Ant. kennt von frühester Z. an Meer-S. und Gruben-S. (Stein-S. und anderes nicht an der Oberfläche abgebautes S.). Nur vom Meer entfernt Wohnende kannten angebl. S. nicht (Hom. Od. 11,123. Sall. Iug. 89,7). Meer-S. wurde durch Austrocknen am Ufer gewonnen oder aus in künstl. angelegte Bassins abgeleitetem Meerwasser. Beschreibung der *salinae* (so heißen auch die S.-Bergwerke) = ἁλοπήγια bei Rutil. 1,475ff., vgl. Nik. Alex. 518ff. m. Sch. und Plin. nat. 31,73–92. Wo weder Meer-S. noch Stein-S. zur Verfügung stand, wurde S. aus S.-haltigen Seen oder Quellen gewonnen, Vitr. 8, 3,7. Plin. nat. 31,83. Wüsten-S. erwähnt Plin. nat. 31,78f., S.-Ersatz Varro rust. 1,7,8. Aristot. meteor. 2,959a 35ff. Plin. nat. 31,82.

Die große Bedeutung des S. als unentbehrliches Würzmittel wird in der Ant. oft hervorgehoben; es gab eigene Lobschriften auf das S. (Plat. symp. 177 b. Isokr. 10,12). S. wird den Speisen vor oder nach dem Kochen, Backen usw. beigefügt, rein oder als gewürztes S., *sal conditum*, ἅλες ἡδυσμένοι (Aristoph. Ach. 772. 1099 m. Sch. Athen. 9, 366b. Plin. nat. 31,87. Apic. 1,29). Zu zahlreichen Würzsaucen wird S. gebraucht, etwa zum → *garum* (C. Jardin, Riv. Studi Liguri 27, 1961, 70ff. Th. H. Corcoran Class. Journ. 58, 1962/63, 204ff. *M. Ponsich-M. Tarradel* Garum et industries ant. de salaison 1965). Sehr allg. war die Verwendung von S. zum Konservieren und Einpökeln, vgl. *Ponsich-Tarradel* und → *muria* 1, *salgamum*, *salsamenta*, ferner bei der Herstellung von → Salben, schließl. in der Medizin. Von der allg. Verbreitung rührt auch die Häufigkeit des S. im Sprichwort her (Paroem. I 7. 8. 24. 37. 356. II 273. Otto Sprichwörter d. Römer 305f.), von der scharfen Würze die bei den Römern übl. Gleichung *sal* »Witz, Humor, Ironie«, entsprechend *salsus* »witzig, ironisch«, vgl. Plut. mor. 854 C. Im Kult wird S. bei Reinigungsopfern verwandt, bei den Römern ist es wichtiger Bestandteil der → *mola salsa*, vgl. auch den *sal februus* Cens. 22,19, die Bedeutung des S.-Fasses (→ *salinum*) und die Verwendung von S. bei Mysterien Clem. Al. protr. 1,14,2.

S.-Handel hat schon früh weite Strecken überwunden ([3]), S.-Verkauf nicht selten Steuern abgeworfen (Indien: Plin. nat. 31,77. Versuch des

Lysimachos: Athen. 3,73 D. Weiteres: [1], 2096). In Rom waren die meisten Salinen und S.-Bergwerke Staatsbesitz. Der Betrieb war im allg. verpachtet an die *conductores salinarum* oder die *salarii;* an deren Stelle treten in der späteren Kaiser-Z. die *mancipes salinarum.* W. H. G.

1. *Blümner*, RE I A 2075ff. 2. *R.J.Forbes* Studies in anc. Technology III (1955) 157ff. 3. *J.Nenquin* Salt. A. Study in Economic Prehistory, 1961.

Samara, älterer Name des späteren *Somena (Sumena, Sumna, Summana)* genannten Flusses im n.w. Gallien (h. Somme), → Samarobriva. Der Name Sambra (= Sabis) scheint mit Samara vermischt zu sein: in Not. dign. occ. 38,8 ein *praefectus classis Sambricae;* A. GRENIER, REA 1938, 411. Vielleicht ein dritter Name bei Ptol. 2,9,1 *Φρούδιος ποταμοῦ ἐκβολαί* zwischen Seine-Mündung und Boulogne-sur-mer. M. L.

Desjardins Géogr. Gaule 1,137f.

Samaria – Samarites (*Σαμάρεια*, von aram. šāmᵉrayin hbr. šōmrôn) von Omri (878/77 bis 871/70) gegründete Hauptstadt Israels (1 Kön. 16,24) mit kanaanäischer Kultur [1] wurde nach der Niederlage Israels gegen die Assyrer Vorort der nach ihr benannten, auf das Gebirge Ephraim beschränkten Provinz, deren Oberschicht teilweise deportiert und durch Fremde ersetzt worden war ([2], 236f.). Die Stadt S. wurde E. 4. Jh. v. Chr. mit Makedonen besiedelt (Eus. Chron. GSC 20, 197. 199), war als hellenist. Polis z. Z. des Niedergangs des Seleukidenreiches den Hasmonaern ausgesetzt (1 Makk. 11,34. Ios. ant. Iud. 13,254 bis 258. 267–87), bis Herodes d. Gr. sie mit Namen → Sebaste (1) ausbaute, wie Ausgrabungen zeigen. Im J. 6 n. Chr. wurden Judaea und die Provinz S. in eine gemeinsame röm. Prokuratur verwandelt. Die von Vespasian nahe dem alten Sichem gegründete Stadt → Neapolis (12) überflügelte S. *Σαμαρίτης* oder *Σαμαρείτης* (von aram. šāmᵉray [hbr. sōmrōnî]) ist seit Ios. und N. T. polemische, aus 2 Kön. 17,29 LXX abgeleitete Bezeichnung einer den → Garizim für den erwählten Ort haltenden (s. Dtn. 12,5 samar. Version) Kultgemeinschaft [3]. Die ältesten Nachrichten stammen aus dem 2. Jh. v. Chr. und sprechen von dem Volk zu Sichem o. ä. (z. B. Sir. 50,26). Die Kultgemeinschaft entstand E. 4. Jh., als Priester und Israeliten wegen unterschiedlicher Beurteilung der at. Nordreichtraditionen Dtn. 11. 27 Jerusalem verließen, Sichem unter dem Statthalter S. Sanballat III. neu besiedelten und auf dem Garizim einen Tempel erbauten. Die von einer Sidonier-Kolonie in Sichem sowie von Pseudo- → Eupolemos u. a. intendierte Hellenisierung des Garizim-Kultes hatte hasmonäische Strafaktionen zur Folge (Vernichtung des Garizim-Tempels 129/28 und Sichems 109 v. Chr.) und veranlaßte die antizadokid., aaronid. Priesterschaft zur Redaktion des Pentateuchs palästinensischer Textform unter Ausschluß von »Propheten« und »Schriften«. Synagogen innerhalb und außerhalb Palästinas, deren Lit. z. T. erhalten ist, wurden Träger des Gottesdienstes. Nach mißglückten Aufständen des 4. bis 5. Jh. n. Chr. ordnete Cod. Iust. 1,5,17 die Zerstörung der samar. Synagogen an. H. G. K.

1. *A. Alt* Der Stadtstaat Samaria. Ber. d. Verh. d. Sächs. Ak. Wiss, Lpz., phil.-hist. Kl. 1954, 101,5. 2. *M. Noth* Gesch. Israels, 1959⁴. 3. *H. G. Kippenberg* Garizim u. Synagoge, 1970.

Samarobriva, Stadt des gall. Volksstammes der → Ambiani, am Fluß → Samara (*briva* = Brücke), später Hauptort der *civitas Ambianorum* (h. Amiens, dépt. Somme). *Samarobriva* Cic. fam. 7,11,2. 12,1. 16,3. Caes. Gall. 5,24,1. 47,2. 53,3. Tab. Peut. 2,3. *Σαμαροβρίουα* Ptol. 2,9,4. *Samarabriva* Itin. Ant. 379. 380. CIL XIII 9158.

Wichtiges *oppidum* an einer für die Verteidigung N.-Galliens wichtigen Stelle: P. M. DUVAL, Gallia 17, 1959, 50. 59. In S. wollte Caesar über den Fluß gegen die → Morini und → Menapier im J. 56 gehen: C. JULLIAN Hist. Gaule 3,312. M. RAMBAUD César, la guerre des Gaules II–III, éd. Erasme, 1965, 202. Dort versammelte sich im J. 54 das *concilium* der Gallier: Caes. Gall. 5,24,1. Caesar legte dort eine Legion in die Winterquartiere unter dem Befehl des Crassus (Gall. 5,47,2) und bezog selbst mit drei Legionen ein Winterlager in der Umgebung (Gall. 5,53,3. 6,3,1–2). Von dort führte er seinen Feldzug gegen die → Nervii und Menapii (Gall. 6,3,1–2. L. RICHARD, Les Et. Class. 36, 1968, 223.

Wichtiger Straßenknotenpunkt, an der Straße von Lugdunum nach Britannia. S. gehörte zur *prov. Belgica* und seit Diocletianus zur *Belgica secunda:* Not. Gall. 6. Ammian. 15,11,10. 27,8,1. In S. wurde Gratianus im J. 367 zum Augustus erhoben (Amm. 27,6).

Die Stadt (Areal 120 ha) war ummauert, hatte ein Theater und Thermen. Ihre Tuchindustrie war berühmt, auch eine staatl. Fabrik von Schwertern und Schilden bestand dort. Eine Münzstätte wurde 350 von Magnentius geschaffen (P. BASTIEN, Bull. Soc. Antiq. Picardie 1963, 65). Das Christentum faßte schon früh Fuß. Die Mantelteilung des hl. Martin von Tours erfolgte an einem Tor von Amiens. M. L.

Desjardins Géogr. Gaule 4,181. *Espérandieu* Rec. gén. bas-rel. 5,160f. *J. Heurgon*, CRAI 1949, 125; JRS 1951, 22; AC 1952, 139. *F. Vasselle*, Celticum 9, 1964, 257.

Samas, babylon. Sonnengott, sumer. Utu, genannt bei Hesych: *σαώς: ἥλιος · Βαβυλώνιοι* und als *σαμασ* in einem Zauberpapyrus (WESSELY, Denkschr. Akad. Wien 36/2, 128,46f.). Er galt als Sohn des Mondgottes Sîn und der Ningal, war Bruder der Ištar. Seine Gemahlin war Aja (gemeinsam oft in Siegeln angerufen), als seine Kinder werden Kittum (Recht), Mašir und Sisik genannt, seine heilige Zahl war 20. Seinem Wesen nach war Š. der Gott der wohltätigen Sonne, die Wärme und Fruchtbarkeit spendet, nicht der versengenden Sonnenglut. Sein Weg am Himmel ließ ihn alles Geschehen auf Erden verfolgen, deshalb war er Richtergott und Wahrer des Rechts. Er kannte das Verborgene und galt deshalb auch als Gott des Orakelwesens, wurde bei der Opferschau regelmäßig angerufen (J. A. KNUDTZON Assyr. Gebete an den Sonnengott (1893), E. KLAUBER Polit.-rel. Texte aus der Sargonidenzeit (1913)). Des Nachts ging er durch die Unterwelt und trat morgens wieder aus dem Mašum-Gebirge im O. hervor, wobei ihm große Türflügel geöffnet wurden bzw. er sich mit seinem Symbolgerät, der Säge, hindurcharbeitete. So wird er mehrfach auf Siegelzylindern dargestellt, sonst entspricht sein Abbild dem der übrigen Hochgötter (Hammurapi-Stele; Steinplatte des Nabû-apla-iddina im Brit. Museum). Sein Kult war naturgemäß weit verbreitet, bes. Kultorte waren Larsa und Sippar, wo dem Tempel ein »Kloster« der Priesterinnen angeschlossen war. W. Rö.

Sambethe (Σαμβήθη), die jüd. → Sibylle. Sie meldet sich namenlos erstmals im Grundstock der or. Sib. (im 3. B., um 140? um 42 [3] v. Chr.?, zur Person 808 ff.). Den Namen nennen erst Paus. 10, 12,9 (Kurzform Σάββη) und die Sibyllenliste (Umbildung der varronischen) einer anon. Theosophie (E. 5. Jh.), von ihr abhängig der Prolog der or. Sib. und alle späteren Stellen; unsichere ältere Belege (S. als Göttin betrachtet?) bei [4], 47. Daß schon die babyl. Sibylle S. hieß, bleibt unbewiesen; das σαμβαθεῖον in → Thyatira (CIG 2,3509, Z. Hadrians) ist kaum Heiligtum einer (ad hoc postulierten) lyd. Göttin S. oder unserer S., sondern Synagoge (vgl. Ios. ant. 16,164). S. kommt wohl wie der Eigenname Sambathaios o. ä. von Sabbat und kennzeichnet die Jüdin. Chr. B.

1. *Schürer* 3^4, 1909 = 1964, 559–65. 2. *A. Kurfess* Sib. Weissagungen, 1951. 3. *V. Nikiprowetzky* La Troisième Sibylle, 1970 (Vorwort 1962). 4. *V. A. Tcherikover u. a.*, Corpus Papyrorum Judaicarum 3, 1964, 43–87 (The Sambathions).

Sambos (Σάμβος). **1.** Nebenfluß des Ganges (Arr. Ind. 4,4: Megasthenes), vielleicht ident. mit dem Sarabos (Ptol. 7,1,29. 2,13), der der Sarayū (Agoranis) entspricht.

M. S. Pandy Hist. Georg. and Topogr. of Bihar, Delhi 1963, 55 ff.

2. S. (ai. *Śambhu*), Fürst der Berglandinder (Arr. an. 6,16,3), der auch Σάβος (Strab. 15,709), *Sambus* (Curt. 9,8,13. 17), Σάββας (Plut. Alex. 64), *Ambus* (Iust. 12,10,2) oder *Ambira* (Oros. 3,19, 11) heißt, Gegner des → Musikanos. Obwohl von Alexander in seiner Herrschaft bestätigt, flieht er, von den Brahmanen aufgewiegelt, über den Indos (Diod. 17,102,6). Seine Hauptstadt Σινδίμανα (Arr. an. 6,16,4), vielleicht das h. Sihwan, ergibt sich. F. F. S.

Berve Alex. 2,693 f. *E. J. Rapson* (ed.) The Cambr. Hist. of India 1^2, Delhi 1962, 338 f. *W. W. Tarn* The Greeks in Bactria and India^2, 1966, 429 ff. *K. A. Nilakanta Sastri* (ed.) Age of the Nandas and Mauryas^2, Delhi 1967, 41,74 f. *W. W. Tarn* Alexander d. Gr., 1968, 223 u. ö. *J. R. Hamilton* Plutarch. Alexander, a Commentary, 1969, 178 f.

Sambyke (σαμβύκη). **1.** Vielsaitiges, harfenartiges griech.-röm. Musikinstrument, das nicht eindeutig mit einer bestimmten Form in Einklang gebracht werden kann (vgl. auch Art. Pektis). U. K.

M. Wegner Das Musikleben der Griechen, 1949, 68. 225. *G. Wille* Musica Romana, 1967, 215 f. u. ö.

2. Eine im Belagerungswesen verwendete Fallbrücke, die, hochgezogen, eine dem Musikinstrument ähnliche Form aufwies. U. K.

Same (Σάμη, bei Homer Σάμος, Il. 2,634. Od. 4,671. 15,29, jünger Σάμη Od. 1,246. 9. 24; h. 2,251, danach Plin. nat. 4,54), Name der Insel → Kephallenia, in gesch. Z. Stadt an der O.-Küste der Insel (s. Bd. III 187 Z. 25 ff.). 189 v. Chr. durch → Fulvius Nobilior (I 25) belagert und zerstört, Liv. 37,50,5. 38,28,5–30,1, aber wieder aufgebaut. Strab. 10,2, 10 p. 452 f. 2,13 p. 455. Sch. Thuk. 1,27,2. BCH 45, 1921, 14 II 136. 140. 15 II 146. Inschr.: IG IX 1 Nr. 617–644. Mz. HEAD HN^2 428. E. M.

J. Partsch Kephallenia und Ithaka, Peterm. Mitt. Erg. H. 98, 1890, 68 ff. 2. *Philipps.-Kirst.* 2,508 ff. 639. 3. *N. Bonacasa* Enciclop. arte ant. 6,1091. 4. *M. Holleaux* Le consul M. Fulvius Nobilior et le siège de Samé, BCH 54, 1930, 1 ff. = Étud. d'épigraphie 5,248 ff. 5. *R. Hope Simpson* A gazetteer and atlas of Mycenaean sites, Inst. of class. stud. Bull. Suppl. 16, 1965, 96. 6. Neue Grabung: EA 1964, 15 ff.

Samia vasa. Die nur aus der röm. Lit. bekannten Tongefäße waren hart gebrannt, hatten scharfe Bruchränder und wurden im sakralen Bereich und bei Gelagen verwandt. Die Form ist unbekannt. Isid. orig. 20,3,4. 6. Tib. 2,3,47. Plaut. Bacch. 202; Capt. 291. Cic. rep. 6,2,2. W. H. G.

Samikon (τὸ Σαμικόν), Ortschaft mit sehr gut erhaltenem Mauerring auf dem W.-Ende des Kaiaphagebirges in der Landschaft → Triphylien, wohl erst im späteren 3. Jh. v. Chr. durch die Eleer erbaut und früh verlassen. In der Ebene darunter Heiligtum des »samischen« Poseidon mit Hafen. Paus. 5,6,1 ff. Pol. 4,77,9. 80,12. Strab. 8,3,13 p. 343. 3,19 f. p. 346 f. 3,27 p. 351 u. ö. BCH 45, 1921, 13 II 88 f. S. hieß auch die zugehörige Ebene, Strab. 8,3,20 p. 347. Paus. 5,5,3. 7. 11. Die angebliche Stadt S. ist erst aus diesen Namen herausgesponnen. E. M.

1. *v. Geisau*, RE IA 2218 ff. (Samos 5). 2. *Bölte*, RE XIV 776,40 ff. VIIA 193,38 ff. 3. *H. L. Bisbee*, Hesp. 6,525 ff. 4. *E. Meyer* Neue peloponnes. Wanderungen 34 f. 76 f.

Sammonicus s. Serenus

Sam(m)onion (Σαλμώνη NT ap. 27,7, sonst Σαλμώνιον oder Σαμ(μ)ώνιον, ö. Vorgebirge der Insel Kreta, h. Kap Sidero, mit Athenaheiligtum, von dem Blöcke und Inschr. erhalten sind. Strab. 2,43 p. 106. 10,3,20 p. 472. 4,2 f. p. 474 f. 4,5 p. 475. 4,12 p. 478, 5,18 p. 489. Dion. Per. 110 m. Eustath. u. Sch. z. St. Mela 2,112. Plin. nat. 4,58. 60 f. 71. Ptol. 3,15,4. Stadiasm. m. m. 318 f. 355.

Apoll. Rhod. 4,1690ff. m. Sch. Inschr.: [2] Nr. 1 bis 27. S. 49ff. Nr. 5 = SCHWYZER 198,13. [2], 2, 279 Nr. 2. E. M.

1. *Bürchner*, RE IA 1986ff. Nr. 3. 2. *M. Guarducci* Inscript. Cret. 3,156ff.

Samnitai, gall. Völkerschaft an der Mündung des → Liger. *Σαμνῖται* Strab. 4,198. Ptol. 2,8,6. 8. Wahrscheinlich handelt es sich um die → Namnetes (*Ναμνῆται* oder *Ναμνῖται*) und um eine Vermengung mit dem ital. Namen der → Samnites. M. L.

Desjardins Géogr. Gaule 1,143f. 270f.

Samnites (*Samnis* Liv. 24,20,4, *Samnitium* wie *Quiris, Quiritium*, jedoch *Caeritum* Fest. 212, 20 L. *Interamnitum* CIL IX 5144) heißen nach dem von ihnen bewohnten Land (Berg Paul. Fest. 437,2f. L.; Ort Paul. Diac. hist. Lang. 2,20) Samnium *(⟨*săbh-n-iŏ-)*, dessen Name wie der der → Sabelli *(⟨*săbh-n̥-lŏ-)* nach *Sābus* (→ Săbīni) mit n-Suffix (wie → *Paeligni* nach *P⟨a⟩elicus*) entstand. Zu Samnium (ältestes lat. Zeugnis CIL I^2 7 nach 290 v. Chr.) haben die Griechen, einheim. Aussprache (o. Bd. 1.1399) folgend, *Σαυνῖται* (zuerst Philist. FGrH 556 F 41.42), *Σαυνῖτις* (Skyl. 15), *Σαύνιον* (Zon. 8,6) gebildet (ant. Namensdeutung von *σαύνιον* = *hasta* Paul. Fest. 437, 1 L. Sil. 4,221). Die Sprache der S. (Gell. 11,1,5) heißt oskisch (Fest. 128,1 L. Varro l.l. 7,28).

Erstes bezeugtes Auftreten der S.: Einnahme Capuas 424 (Liv. 4,37,1. 52,6. Strab. 5,242; vgl. Diod. 12,31,1) und Kymes 420 (Liv. 4,44,12. Diod. 12,76,4). Gleichzeitig S. in Bruttium am Traeis (Diod. 12,22,1 nennt sie Bruttier); das brutt. (Plin. nat. 3,95. Mela 2,68) Mystia heißt bei Philist. FGrH 556 F 41 noch Stadt der S., → Petelia, die lukan. Hauptstadt (Strab. 6,254) in Großgriechenland (Ptol. 3,1,75), Anlage der S. gegen → Thurioi (Strab. a. O.). Neue Bewegung im 4. Jh. (Diod. 14, 101f. 16,15); S. (Skyl. 15 *Πευκετιεῖς*) vor Roms Mauern (Kall. frg. 107 Pf. *Πευκετιῶν*). Als S. gelten → *Hirpini* (Strab. 5,250; jedoch Liv. 22,13, 1. Ptol. 3,1,77), *Pentri* (Liv. 9,31,4. 22,61,11), → *Caudini* (Liv. 23,41,13. 24,20,4), → *Frentani* (Strab. 5,242), nicht *Καρακηνοί* (Ptol. 3,1,66). Erster Vertrag Roms mit Bund der S. 354/53 (Liv. 7,19,4. Diod. 16,45,8), der von der tyrrhen. (Strab. 5,251) bis zur adriat. Küste reicht (nach BELOCH, RG 366. Skyl. 11f. 15f. polit., nicht ethnograph. orientiert). Übergriff der S. gegen → *Sidicini* löst 1. Krieg mit Rom aus (Liv. 7,29,4; angebliche *deditio Capuas* 7,31,4); Siege 343 am → Gaurus, bei → Saticula und → Suessula (Liv. 7,32ff.). 2. Krieg beginnt 326 in Neapel (Liv. 8,25,2); Roms krisenhafte Niederlagen bei → Caudium 321 (Liv. 9,1,1ff. App. Samn. 5,5) und → Lautulae (Liv. 9, 23,4. Diod. 19,72,7f.). Kolonien → Interamna, → Fregellae, Saticula, Suessa; Bau der *via Appia*. Einnahme von → Bovianum und Gefangennahme des Statius Gellius (Diod. 20,90,4f.) beenden 306 den Krieg. Im sog. 3. Kriege S. und Sabiner häufig verwechselt; Teilnahme der S. bei → Sentinum 295 (Liv. 10,30,4ff.) bezweifelt. 293 siegen die Römer über die *legio linteata* der S. (Liv. 10,38,12) bei → Aquilonia (10,42,5). Triumphe über S. im Pyrrhuskrieg. Kolonien → Beneventum (268) und → Aesernia (263); planmäßige Verwüstung des Landes (Diod. 20,80). 225 (Pol. 2,24,10) und im 2. pun. Krieg (Liv. 22,24,11f.) stellen die S. Truppen für Rom. Verlustreiche Kämpfe im *bellum sociale;* Ausrottung durch Sulla 82 (Plut. Sulla 30. Strab. 5,240). Römer sollen in der Bewaffnung (Liv. 9, 40,2) von den S. (ihre Kriegsmoral Liv. 10,28,3) gelernt haben (Ined. Vat. FGrH 839 F 1,3); Vorbild für Gladiatoren (Hor. epist. 2,2,98). Wohnweise der S. dörflich (Liv. 9,13,7. 10,17,2. Strab. 5, 249. 6,254); höchste Gemeindebeamten sind *medices* (o. Bd. 3,1125). Die august. *discriptio Italiae* teilt S. auf 2. (Plin. nat. 3,99) und 4. (3,106) Region auf; die spätere *provincia Samnium* umfaßt *Hirpini* und *Marsi* (Guido 68). G. R.

Forbiger HB d. alt. Geogr. 3,447ff. *Nissen* It. Ldk. 2,774ff. *F. Altheim* Gesch. d. lat. Sprache 260ff. *V. D'Amico* La Religione e Lingua dei Sanniti ecc., Campobasso 1952. *K. J. Beloch*, RG 369ff. *A. v. Blumenthal*, WG 2, 1936, 12ff. *M. G. Bruno-Tibiletti* I Sabini e la loro lingua 1961. *G. Devoto* Gli ant. Italici ²136ff. 143ff. 147ff. 158ff. 303ff. *B. Kaiser* Unters. z. Gesch. d. Samniten, Progr. Pforta 1907. *E. T. Salmon* Samnium and the Samnites 1967. *A. Sogliano* Sanniti e Oschi, Rend. dei Linc. 5,21, 1912, 206ff. *E. Wikén* Die Kunde der Hellenen usw. 163ff.

Samnium s. Samnites

Samos. 1. Sohn des Chrysogonos, *σύντροφος* → Philipps V., parodierte 218 in Aitolien den Euripidesvers Suppl. 860, dichtete ein Epigramm auf Philipp. Pol. 5,9,4f. Anth. Pal. 6,116. Kurz vor 182 wurde S. auf Befehl Philipps getötet, seine Angehörigen eingesperrt. Plut. mor. 53 E. Pol. 23,10,9. F. W. WALBANK Philipp V. of Macedon, 1967, 54. 215. 263. 266. 335. H. V.

2. S. (*ἡ Σάμος*, vorgriech. »Höhe«, Strab. 8,3, 19. p. 346. 10,2,17 p. 457). Ionische Insel vor der kleinasiat. W.-Küste, 45 km lang. 4–10 km, in der Mitte 19 km breit und 491 qkm groß, mit mehreren Buchten im N. und S. und zwei größeren Ebenen im S. Geolog. besteht S. aus drei Bergmassiven aus Marmor und Schiefern mit dazwischenliegendem jungtertiärem Hügelland, höchste Erhebung der Kerketeus im W. mit 1437 m. Von der → Mykalehalbinsel ist S. nur durch eine schmale Meeresstraße von 1,8 km Breite getrennt. An Kaps sind bekannt Kap → Poseidion ö. der ant. Stadt, h. Merdjiki, im W. Kap → Ampelos, h. Domeniko und Kantharion, h. Katavasis, und das NO.-Kap Palinuros, h. Prason, Liv. 37,11,6. BÜRCHNER, Philol. 65, 1906, 481ff. Das Gebirge des Inneren heißt bei Strabon Ampelos. Der h. Hauptort Vathy liegt an der großen Bucht im NO., die ant. Stadt, h. Tigani, an der SO.-Küste. Unter den Bodenschätzen wird bes. die zum Walken, Malen und für medizin. Zwecke gebrauchte »samische

Erde« genannt, Theophr. lap. 9,62f. Plin. nat., 35 191. 194. Hesych. s. *Σαμία γῆ*. Galen. 10,298. 12, 178f. Kühn. Blümner Techn. 1,164. 4,468f. Einfaches Tongeschirr hieß in Rom »samisch«, Blümner Techn. 2,69. Pottier, Dar.-Sagl. 4,1062.

Befestigte neolith. Siedlungen sind auf dem Kastro von Tigani und an der Stelle des späteren Heraion z.T. ausgegraben, [9. 19]. In gesch. Z. ist S. ion. mit ion. Kulten und Staatseinrichtungen und gehört zu den bedeutendsten ion. Städten. An der Kolonisation in → Perinthos, → Amorgos und in → Naukratis beteiligt, Fahrt des → Kolaios nach Tartessos, Hdt. 4,152. Trieren um 700 v.Chr., Thuk. 1,13,3. Eine bes. Schiffsart, Samaina, nach S. genannt, Plut. Per. 26. Hesych. s.v. u.s. *Σαμιακὸς τρόπος*. Plin. nat. 7,209. Für den Wohlstand der Stadt zeugt der Ausbau des Heraion vom 8.–6. Jh. (s.u.). Erwerb eines größeren Landgebiets an der Mykalehalbinsel, RE IA 2127,17ff., 2201,48ff. E. Meyer Grenzen der hellenist. Staaten 80f. Beloch GG I 1^2,211. In der Frühzeit Könige, dann Adelsherrschaft, im 7. und 6. Jh. v.Chr. mehrere Tyrannen, Glanzzeit unter → Polykrates. Beteiligung am → lelant. Krieg auf seiten von → Chalkis, Hdt. 5,99. Nach Polykrates' Tod von Persien abhängig, dann am ion. Aufstand und an der Schlacht bei → Lade mit 60 Trieren beteiligt, Hdt. 6,8. Mitglied des att. Seebundes bis zuletzt mit eigenen Schiffen. Wegen innerer und äußerer Zwistigkeiten Krieg mit Athen, Belagerung und Eroberung durch Perikles, Einführung der Demokratie, 441–439 v.Chr., Thuk. 1,115,2–117, 3. Plut. Per. 25–28. Diod. 12,27f. Auch beim Zusammenbruch des Seebundes blieb S. nach weiteren demokrat. Umwälzungen bis zuletzt bei Athen und erhielt dafür insgesamt athenisches Bürgerrecht mit voller Autonomie, IG II^2 1 = Sylloge^3 116. S. mußte von → Lysander mit Gewalt erobert werden. Dem Eintritt in den 2. Seebund widersetzte sich S. heftig und wurde erst 365 v.Chr. durch → Timotheos erobert mit Vertreibung der Bewohner und Ansiedlung von 2000 att. Siedlern, Nep. Timoth. 1,1. Isokr. 15,111. Diod. 18,8,7. Strab. 14,1,18 p. 638. IG II^2 1225–1228. 3207,20ff. Judeich Kleinasiat. Studien 200f. 270ff. Beloch GG III 1^2,194. 321 v.Chr. im Namen der Könige durch → Perdikkas zurückgegeben, Diod. 18,18,3. Sylloge^3 312. MDAI(A) 72, 1957, 152ff. Nr. 1 u. 2. In der hellenist. Z. nacheinander unter der Herrschaft des → Antigonos Monophthalmos, → Lysimachos und der Ptolemaier, wichtiger ptolem. Flottenstützpunkt, dann seleukidisch, wieder ptolemaiisch und nach 198 v.Chr. unter rhod. »Schutz«, E. Meyer Die Grenzen der hellenist. Staaten passim. MDAI(A) 72, 1957, 152ff. Im Antiochoskrieg sofort Anschluß an Rom und daher auch nach dem Frieden von Apameia frei, Liv. 37,13,6. 11. 42,56,6 u.ö. MDAI(A) 1957, 152ff. Nr. 65. In dieser Z. gewann S. die Nachbarinsel → Ikaria und behielt seine Kolonie auf

Amorgos. Augustus hielt sich im Winter 31/30 in S. auf, Suet. Aug. 17,3. App. civ. 4,176ff. und erklärte die Stadt bei seinem zweiten Aufenthalt 21/20 als »frei«, Cass. Dio 54,9,7. Hieron. zu Ol. 190,4. Plin. a.O. Vespasian entzog S. die Freiheit, Suet. Vesp. 8. Eus. zu Abrah. 2090. Eutr. 7,19,4. Eigene Münzen bis → Gallienus. In der diokletian. Provinzordnung gehörte S. zur *Provincia insularum*, Hierokl. synekd. 686,3. Bischöfe: Georg. Cypr. ed. Gelzer 475. 1688. Not. episc. passim. Le Quien 1,929ff. Berühmte Samier außer Pythagoras die Architekten des ersten Riesentempels des Heraion (s.u.) und Erzgießer Rhoikos und Theodoros, der Architekt → Mandrokles, der Historiker → Duris (1), der Astronom → Konon (3). Sonstige Lokalhistoriker FGrH IIIB Nr. 534–545.

Von der ant. Stadt sind viele Reste von Häusern erhalten und vor allem die beiden Hafenmolen, die z.T. sehr gut erhaltene Stadtmauer von 6,7 km Länge, ein kleines Theater und die berühmte Wasserleitung des Eupalinos, die in einem etwa 1 km langen Tunnel durch den Stadtberg geführt ist, Hdt. 3,60. [15. 16]. 6 km w. der Stadt lag am W.-Ende der Ebene am Flüßchen Imbrasos das große Heiligtum des Heraion. Befestigte Siedlung auf flachem Hügel neolith. Z. [9]. Kultspuren ab Mitte 2. Jt. v.Chr. Mittelpunkt des Kults war der stets erhaltene Keuschlammbaum, von dem sogar bei der Ausgrabung noch der Stamm gefunden ist, unter dem Hera geboren sein sollte. Hier wurde jährlich das Frühlingsfest mit der Heiligen Hochzeit und Agonen gefeiert. Neben dem steinernen Altar der Hera entstand schon im frühen 8. Jh. v.Chr. ein »hundertfüßiger« Tempel von 33: 6.50 m mit noch im 8. Jh. zugefügter Ringhalle von 7:17 Holzstützen. 100 J. später folgte ein gleichlanger Peripteros an derselben Stelle. Schon dieser Tempel besaß Nebenbauten, Altäre, große Hallen, Badegebäude und Hunderte von Weihgeschenken, bes. große Bronzekessel und Statuen aus Marmor. Um die Mitte 6. Jh. entstand statt dessen der erste Riesentempel aus Poros von 51:102 m mit einer doppelten Ringhalle von 8:20 Säulen. Dazu neuer großer Altar vor der O.-Front und andere Nebenbauten. Dieser Tempel wurde schon bald durch Brand zerstört und 40 m weiter w. ersetzt durch den neuen Riesentempel wohl unter Polykrates mit neuer Bauperiode nach 321 v.Chr., aber nie fertig geworden, zur Z. Strabons wie andere Gebäude als Pinakothek benutzt. Es war ebenfalls ein Dipteros von 52,40:108,70 m und galt als eines der 7 Weltwunder. Eine der Säulen der S.-Front stand als einsames Zeichen des Heiligtums stets aufrecht. Dazu gehörten weitere Nebenbauten wie Tempel für Hermes und Aphrodite. Kleinere Bauten als Ersatz für den unfertigen Riesentempel entstanden in röm. Z., jetzt auch Kult des Asklepios und der Kaiserfamilie. Zerstört wurde das Heraion wohl durch die → Heruler in den 60er J. des 3. Jh. n.Chr. Darüber neue Siedlung mit Basilika des 5.Jh. n.Chr. von 18:30 m. Deutsche Grabungen, die auch eine riesige Menge von Kunstdenkmälern erbrachten, 1910–1914, 1925–1939 und seit 1952. Hom. h. 1,41. Hdt. 3,60. Skyl. 98. 114. Strab. 14,1,14–18 p. 636ff. Plin. nat. 5,135. Ptol. 5,2,19. Stadiasm. m. m. 267f. 272. 279. 296. Paus. 7,4,4. Apul. flor. 15. Inschr.: CIG 2246 bis 2260. SGDI III 5698–5721. SCHWYZER Nr. 713 bis 717. M. SCHEDE Aus dem Heraion von S., MDAI(A) 44, 1919, 1ff. = SEG 1,349–406. KLAFFENBACH Sam. Inschriften, MDAI(A) 51, 1926, 26ff. CH. HABICHT Sam. Volksbeschlüsse der hellenist. Z., MDAI(A) 72, 1957, 152ff. P. HERMANN Die Inschr. röm. Z. aus dem Heraion von S., MDAI(A) 75, 1960, 68ff. G. DUNST Die Siegerliste der sam. Heraia, Ztschr. f. Pap. u. Epigr. 1, 1967, 225ff. SEG 12,391–393. 14,556–559. 15, 525–529. 18,332. 19,567f. L. H. JEFFERY The local scripts of archaic Greece 328ff. Mz.: HEAD HN[2] 602ff. P. GARDNER S. and Samian coins, NC 3,2, 1882, 201ff. J. P. BARRON The silver coins of S., 1966. Jahrb. f. Numismatik 12, 1962, 177ff.

E. M.

1. *E. Stamatiades* Σαμιακά, 5 Bde. 1890. 2. *L. Bürchner* Die ion. Insel S., 1892. 3. *Ders.*, RE IA 2162ff. Nr. 4. 4. *Philipps.-Kirst.* 4,261ff. 5. *E. Buschor*, S. 1952–57, Neue dt. Ausgrab. im Mittelmeergebiet und im Vorderen Orient 1959, 197ff. 6. *Kirsten-Kraiker* Griechenlandkunde[5] 540ff. 836f. 891f. (Lit.). 7. *L. Vlad* Borrelli Enciclop. arte ant. 6, 1091ff. (mit großer Bibliogr.). 8. *R. Tölle* Die ant. Stadt S. (Führer) 1969. 9. Samos I: *Vl. Milojčić* Die prähist. Siedlung 1961. 10. S. V: *H. Walter* Frühe sam. Gefäße. 1968. 11. S. VII: *G. Schmidt* Kypr. Bildwerke aus dem Heraion von S. 1968. 12. *Br. Freyer – Schauenburg* Elfenbein aus dem sam. Heraion 1966. 13. *O. Reuther* Der Heratempel von S., 1957. 14. *H. Walter* Das griech. Heiligtum Heraion von S., 1965. 15. *E. Fabricius* Alterthümer der Insel S., MDAI(A) 9, 1884, 165ff. 16. *W. Kastenbein* Untersuchungen am Stollen des Eupalinos auf S., AA 75, 1960, 178ff. 17. *W. Wrede* Vom Misokampos auf S., MDAI(A) 54, 1929, 67ff. (ant. Heroon u. byzant. Kloster). 18. *E. Buschor* Altsamische Standbilder, 5 Hefte, 1935–1961. 19. *W. Wrede* und *W. Buttler* Vorgeschichtliches in der Stadt S., MDAI(A) 60/61, 1935/36, 112ff. 184ff. 20. *J. P. Barron* The sixth century tyranny at S., CQ 14, 1964, 210ff. 21. *A. M. Schneider* S. in frühchristl. und byzant. Z., MDAI(A) 54, 1929, 97ff. 22. Neue Grabungsberichte bes. MDAI(A) seit 55, 1930. Zusammenfassungen 55, 1930, 1ff. 74, 1959, 1ff.

3. → Samikon

Samosata (*τὰ Σαμόσατα*, vgl. Strab. 14,664. 16,749), die auf dem rechten Euphrat-Ufer am Übergang einer alten Karawanenstraße gelegene Residenzstadt des späthellenist. Reiches der Könige von → Kommagene. Systematische Grabungen auf der Stätte von S. beim h. Samsat sind noch nicht vorgenommen worden.

E. O.

F. H. Weißbach, RE I A 2220–2224. *K. Humann-O. Puchstein* Reisen in Kleinasien und Nordsyrien, Bln. 1890, 181ff. *N. Bonacasa*, Enc. Art. Ant. 6,1102.

Samothrake (*Σαμοθράκη*), Insel vor der thrak. Küste, 180 qkm, 1600 m hoch, mit schmalem Flachstrand, aber hafenlos, noch h. waldbedeckt. Die ant. Stadt lag am W.-Ende der N.-Küste mit sehr gut erhaltener Stadtmauer. Etwa 100 m w. außerhalb in einem von einem Bach durchzogenen Waldtal 400 m von der Küste das berühmte Heiligtum. Der urspr. thrak. Mysterienkult der »Großen Götter« (Kabiren), thrak. Sprache noch im 1. Jh. v. Chr. im Kult gebraucht, war seit dem 4. Jh. und bes. in hellenist. und röm. Zeit berühmt, und die Einweihung in die Mysterien in zwei Graden galt bes. als Schutz gegen Seenot. Spuren des Kults beginnen im 8. Jh. v. Chr., der großartige Ausbau ist aber erst hellenist. und bes. von den Ptolemaiern gefördert. Hauptbauten: Propylon von der Stadt her, Hofbau des älteren Anaktorion, großer Rundbau der Arsinoe, ummauerter Hof des »Temenos« mit Propylon und Relieffries tanzender Mädchen, langgestrecktes apsidales Mysterienhaus (Hieron) mit Vorhalle, Theater, mehrere Hallen u.a. Nebengebäude, Nischenbau mit Wasserbecken für die »Nike von S.«. Siedlungsspuren ab neolith. Z., frühgesch. thrak., dann von aiol. Griechen besetzt, im 1. und 2. att. Seebund, später makedonisch, in hellenist. Z. mit stark wechselnden Herrschaftsverhältnissen, in röm. Z. frei. S. besaß auf dem Festland ein größeres Landgebiet. Paulus auf S. NT ap. 16,11. Ende des Kults wohl im 4. Jh. n. Chr. Hom. Il. 13, 12ff. 24,78. 753. Hdt. 2,51. Aristoph. Pax 277ff. m. Sch. Skyl. 67. Skymn. 679ff. Dion. Per. 524 m. Eustath. z. St. Strab. 10,2,17 p. 457. Ptol. 3,11,8. Plin. nat. 4,73f. Diod. 5,47ff. Aristot. frg. 579 (*Σαμοθρᾴκης πολιτεία*). Steph. Byz. Inschr.: IG XII 8 Nr. 150–260. Suppl. p. 148ff. Nr. 344–346. AJPh 60, 1939, 452ff. 61, 1940, 207f. SEG 2,504. 3,753–755. 12,394–397. 14,572. 15,551. 19,593f. Mz.: HEAD HN[2] 263.

E. M.

1. *Philipps.-Kirst.* 4,213ff. 2. *Fredrich*, RE IA 2224ff. 3. *Kirsten-Kraiker* Griechenlandkunde[5], 1967, 645ff. 840 (Lit.). 4. *K. Lehmann*, Enciclop. arte ant. 6,1102ff. (mit großer Bibliogr.). 5. *A. Conze* u.a. Archaeol. Unt. auf S., 1875. Neue Archaeol. Unt. auf S., 1880. 6. *K. Lehmann* S., bis jetzt 4 Bde. in mehreren Teilbänden, seit 1958. 7. *Ders.* S., a guide to the excavations and the Museum, [3]1966. 8. Stadtmauer: *Seyrig*, BCH 51, 1927/28, 353ff. 9. *F. Chapouthier* Le théâtre de S., BCH 80, 1956, 118ff. 10. *F. Thiersch* Die Nike von S., NGG 1931, 337ff. 11. Laufende Berichte bes. in AJA ab 43, 1939, Hesp. ab 19, 1950, Archaeology ab 1, 1948. BCH.

Sampsigeramos (*Σαμψιγέραμος*, *Σαμσιγέραμος*, *Samsigeramus*, aram. *šmšgrm*), Name zweier Dynasten von → Emesa (Homs) und Arethusa in Syrien. Der ältere von ihnen nimmt Antiochos XIII., der sich um Hilfe an ihn gewandt hatte, gefangen und bringt ihn 64 v. Chr. schließlich um. Er bleibt auch unter → Pompeius (1) im Besitz seiner Herrschaft, weshalb Cicero S. als Spitznamen für Pompeius gebraucht (Att. 2,

14,1. 16,2. 17,1,2. 23,2,3). Strab. 16,753 nennt ihn im Zusammenhang mit dem Aufruhr des → Caecilius (I 10) Bassus (46–42 v. Chr.). – Der jüngere S. nimmt 44 n. Chr. am Treffen syr. Fürsten in → Tiberias teil; seine Tochter Iotape wird Frau des → Aristobulos (5), Bruders des Agrippa I. von Juda. W. Rö.

Sanates s. Manates. Nachträge zu Band III 1583 f.

Sanbulos, Berg mit berühmtem Schloß in der Nähe von Ninive (Tac. ann. 12,13,3). Hier soll der letzte Kampf zwischen Alexander d. Gr. und → Dareios III. (3) stattgefunden und im J. 50 n. Chr. → Gotarzes seinen von Rom entsandten Gegenkönig → Meherdates besiegt haben. Der S. war dem Herakles heilig, der hier als Jagdgott verehrt wurde. Der S. ist bisher nicht identifiziert. W. Rö.

Sanchuniathon, Phoiniker, der vor dem trojan. Krieg in Berut (nach Suda und Athen. 3, 100 in Tyros oder Sidon) gelebt haben und Lehren über die phoinik. Religion von einem Priester des Jeuo namens Hierombalos (nach Porphyr.) erhalten und nach in Heiligtümern vorhandenen Aufzeichnungen niedergeschrieben haben soll. Eine gräzisierte Übersetzung davon war in der *φοινικὴ ἱστορία* (Euseb.) bzw. *τὰ φοινικικά* (Ioh. Lydus und Steph. Byz.) des → Philon (Bd. II 1059) von Byblos enthalten, von der nur geringe Reste bei Euseb. von Caesarea (Praep. ev. 1,9, 20 ff. 10,1 ff. 4,16,11. 10,9,12) erhalten sind; vgl. auch Theodoretos, Graec. aff. cur. 2,44 ff. 3,25. Ioh. Lyd. De mens. 4,154; auch Porph. kannte das acht- oder neunbändige Werk (De abst. 2,56). – Daß es sich bei S. (der Name ist phoinik.) um eine hist. Persönlichkeit etwa des 9. Jh. v. Chr. handelt, scheint sicher. Sein Werk kann aufgrund der geringen und stark gräzisierten Reste nur unvollkommen gewürdigt werden. Es enthält vor allem eine Kosmo- und Zoogonie, Berichte über sich ablösende Göttergenerationen, die Vergöttlichung der Schlangen und das Menschenopfer. Die relig. kanaanäische Lit., die die Ugarit-Texte überliefern, läßt teilweise Übereinstimmung mit der Tradition des S. erkennen. W. Rö.

C. Clemen Die phön. Religion nach Philo von Byblos, Mitteilungen der Vorderasiatisch-Aegyptischen Gesellschaft 42/3 (1939). *O. Eissfeldt* Sanch. von Berut und Ilumilku von Ugarit (1952).

Sanctio bedeutet allg. die Weihe und bes. rechtstechn. die einer Gesetzesvorschrift beigefügte Rechtsfolge, speziell die Strafbestimmung: *legum eas partes, quibus poenas constituimus adversus eos qui contra leges fecerint, sanctiones vocamus* (Inst. Iust. 2,1,10). Gesetze ohne s., die in der Frühzeit häufig waren, heißen in der Rechtsschule *leges imperfectae* (Ulp. 1,1 f.). Daneben stehen außer den *leges perfectae* noch *leges minus quam perfectae*, die für die Vornahme eines verbotenen Geschäfts nur Strafe androhen, aber das Geschäft nicht unwirksam sein lassen. Doch hat der Praetor das Fehlen einer auf Nichtigkeit gerichteten s. meist durch die Gewährung von *exceptiones* gemildert. D. M.

Sanctus, sanctitas, ursprünglich Part. perf. pass. zu *sancio*, das sich nach Ernout-Meillet u. a. zu *sacer* stellt (bestritten von Kretschmer). Etwaige Urverwandtschaft mit hethit. *šaklai* = Ritus, Brauch verdient Erwägung. S. begegnet zumeist in religiösen und jurist. Zusammenhängen. Urspr. meint s. vermutlich eine Eigenschaft, die durch *sanctio* erlangt wird, und wird von Örtlichkeiten ausgesagt, die durch einen religiösen Akt gegen Versehrung abgesichert sind, z. B. *murus s.*, *porta s.* (vgl. Dig. 1,8,1). Aus der Bedeutung der Unverletzlichkeit, Unantastbarkeit entwickelt sich die der Verehrungswürdigkeit. Dies ist die Wurzel der häufigen Verwendung als Attribut bei Götternamen (vgl. Myth. Lex. IV 308 ff.; griech. Äquivalent *ἅγιος*), die freilich in vorchr. Z. spärlich nachweisbar ist. Nahe steht der Gebrauch bei den erhöhten und verklärten Seelen der Toten *(manes s.)*. Auf Menschen angewandt, zielt s. auf die Verehrungswürdigkeit, die auszeichnende Begabtheit mit Kräften göttlichen Ursprungs (König, Priester, Dichter, Denker) oder sittenstrenger Lebenswandel (bes. in sexueller Hinsicht) verleiht. Ob die Ersetzung des Komparativs von *sacer* durch *sanctior* auf semantisches Zusammenfließen deutet (vgl. Neue-Wagner 2,262), stehe dahin. *Sacrosanctus* seit Cic. belegt; Unverletzlichkeit, die auf einem Eidschwur beruht: vgl. Fest. 422 L. Die Quantität der Antepaenultima (und damit die Bildungsweise) ist umstritten. K. A.

W. Lick De vocis sanctus usu pagano, Diss. Königsberg 1910; RE I A 2247 ff. *H. Fugier* Recherches sur l'expression du sacré dans la langue latine, 1963. *Dumézil*, Rel. Rom. Arch. 137 f.

Sancus (zum Namen Vetter HB 373 f.), volsk. (Liv. 32,1,10; vgl. 8,20,8), umbr. (Tab. Iguv. I a 15. II a 4 u. a., bes. VI b 3 ff.) und sabin. (Cato frg. 50 P. Varro 1. 1. 5,66; Volksbegründer Sil. 8,422. Lact. inst. 1,15,8. Aug. civ. 18,19) Gott, der seit T. Tatius verehrt wird (Tert. nat. 2,19. Ov. fast. 6,217 f.) und Tempel (466 geweiht Dion. Hal. ant. 9,60,8) mit offener Decke (Varro a. O. als Dius Fidius (5. Juni *Dio Fidio* CIL I^2 p. 221. Gleichsetzung des S. mit Dius Fidius Varro a. O. Fest. 276,11. Ov. a. O. Dion. Hal. 2,49,2. 4,58,4 als *Ζεὺς πίστιος*) nahe der *porta Sanqualis* (Paul. Fest. 465,6 L.) besitzt. Im Namen stehen nebeneinander ein *o*-Stamm (Liv. 8,20,8 *Semoni Sango*. Ov. a. O. *Sanco Fidione*), ein *u*-Stamm (*Sancus*, *Sangus* als Gen. sg. Liv. 8,20,8. u. a. Fest. 276, 11 L. Plin. nat. 8,194), Erweiterung mit Suffix *-ĭŏ-* (Tab. Iguv. a. O.) oder *-tŏ-* (Prop. 4,9,70 ff. Dion. Hal. 4,58,4. Plut. qu. Rom. 30. Aug. a. O. *Sancum sive... Sanctum*). Voller Kultname im Dat. sg. *Semoni Sanco Sancto deo Fidio* (CIL VI 30994; mit jeweils leichten Variationen in anderen Inschr.), worin das 3. Namensglied *Sanctus deus* attrib. das

2. Namensglied fortführt. S. mit Hercules gleichgesetzt (Fest. 254,13f. L. Varro a.O. Prop. a.O.; vgl. Phaedr. 5,4,1); runde Scheiben im Kult (Liv. 8,20,8. Tab. Ig. IIb 23. ALTHEIM Gesch. d. lat. Sprache 103); *Sanqualis avis* (Fest. 420,16 L.). Nach Lyd. mens. 4,90 heißt *σάγκος* »Himmel« (Varro 1. 1. 5,66). G. R.

Prell.-Jord. 2,271. *Wissowa* Rel. ^{2}129ff. 473. *Fowler* Rom. Fest. 136ff. *Norden* Aus altröm. Priesterbüchern 209f. *Evans* The Cults of the Sabine Territory 69ff. *Grimal* Dictionnaire 414. *Bruno-Tibiletti* I Sabini e la loro lingua 1962, 416 Nr.114. *Dumézil* Rel. Rom. Arch. 185. *Radke* Götter Altitaliens 279ff.

Sandalen (*sandalia, soleae, σανδάλια, πέδιλα*). Wie in Äg. und Mesopotamien sind die S. in Griechenland die urspr. Fußbekleidung. S. bestehen aus einer Sohle (aus Leder, Kork, Holz, mit oder ohne Beschlag aus Nägeln usw.) mit einem oder mehreren Riemen zur Befestigung. Nach Vermögen und Mode variierten Material (Goldriemen!) und kompliziertes Riemenwerk, nach Erfindung und Herkunft die Namen. Römern verbot der Anstand, zur → toga statt des → calceus S. zu tragen; zu Haus wurden S. viel benützt. S. dienten auch als Züchtigungsmittel (Hesych. s. v. *βλαυτοῦν*. Plaut. Cas. 495. Pers. 5,169. WOLTERS, MDAI(A) 30, 1905, 404ff.). W. H. G.

Hug, RE I A 2257ff. *Erbacher* Griech. Schuhwerk (Diss. Würzburg 1914) 25ff. → *βλαυτη* → Karbatine → Krepis 2.

Sandon (*Σάνδων* Lyd. mag. 3,64. *Σάνδας* Basil. v. Thecl. 2,15. *Σάνδης* Steph. Byz. s. *Ἄδανα*. *Sandan* Amm. Marc. 14,8,3). Luw.-kilik. Gott (Sand/ta[š] O. CARRUBA, MIO 8, 1961, 403), in Lydien Konsorte der → Kybele-Kupapa, als Vegetationsnumen mit myst. Zügen gedeutet Dion Chrys. or. 33,47; de virt. 34. [2], 42ff.), doch auch als Äquivalent des anatol. Wettergottes (^{d}IM, ḫurr. Tešub, luw. Dattas): G. FURLANI Rel. degli Hittiti, 1936, 45. Vgl. [2], 37f. J. SCHAEFER, Diss. Hal. 20,4, 1912, 384,3. ED. MEYER Reich und Kultur der Chetiter, 1914, 157ff. S. erscheint häufig in theoph. kleinasiat. Personennamen ([2], 24. J. SUNDWALL, Klio Bh. 11, 1913, 247ff. A. GOETZE, Journ. Cun. Stud. 8, 1954, 78); in heth. Texten wird er mit dem Ideogramm AMAR. UD (= ^{d}MARDUK) geschrieben (H. OTTEN Zur gramm. Bestimmung des Luwischen, 1953, 45), z.B. im heth.-luw. Ritual des Zarpiya von Kizzuwatna, wo S. das Appellativ »König« (^{d}ša-an-ta-aš LUGAL-uš) führt (B. SCHWARZ, Journ. Am. Or. Soc. 58, 1938, 336. 341. 349. A. KAMMENHUBER, Alt. 4, 1958, 141). Im kilik. → Tarsos verehrt (H. GOLDMAN, Journ. Am. Or. Soc. 60, 1940, 544ff.; über das Verhältnis zum Baʿal Tars [2], 19ff. 22ff. 57), wurde S. von den Griechen mit Herakles identifiziert (Nonn. 34,192. Agath. 2,24. A. ERZEN Kilikien bis zum E. der Perserherrschaft, 1940, 107. [3], 174). W. F.

1. *Ed. Meyer*, ZDMG 31, 1877, 736ff. 2. *H. Böhlig* Die Geisteskultur von Tarsos im august. Zeitalter, 1913 (Belege). 3. *H. Goldman*, Hesp. Suppl. 8, 1949, 164ff. → Kybele.

Sandrakottos (*Σανδράκοττος* Arr. an. 5,6, 2, *Ἀνδρόκοττος* Plut. Alex. 62, *Σανδρόκοττος* Strab. 15,702, *Sandrocottus* Iust. 15,4). Begründer (320 bis ca. 298 v. Chr.) der → Maurya-Dynastie, von dem (ai. *Candragupta*) die ind. Lit. ausführlich berichtet, soll als Jüngling Alexander gesehen haben und stellte sich nach der Entthronung der → Nandas → Seleukos I. entgegen. In einem Vertrag (App. Syr. 55. Strab. 15,724) trat der Grieche die w. Gebiete des Indos ab und erhielt dafür 500 Kriegselefanten zum Geschenk (L. SKURZAK, Eos 54, 1964, 225ff.). Am Hofe des S. in Palibothra war → Megasthenes Gesandter. F. F. S.

R. K. Mookerji Chandragupta Maurya and His Times^{4}, Delhi 1966. *F. F. Schwarz*, Mauryas und Seleukiden, Innsbr. Beitr. z. Kulturwissensch. 14, 1968, 223ff. *Ders.* Die Griechen und die Maurya-Dynastie, in: *F. Altheim–R. Stiehl* Gesch. Mittelasiens im Alt., Bln. 1970. *Ders.* Aus d. Herrschergesch. Alt.-Ind. Übers. aus dem Sanskr., Griech. u. Lat., 97. Jahresber. d. Realgymn. Graz, 1970.

Sane (*Σάνη*). **1.** Stadt am Beginn der Halbinsel → Athos, Kolonie von → Andros, Mitglied des ersten att. Seebundes [4], 398f. Geringe Reste am W.-Ende des Xerxeskanals, Hdt. 7,22. Thuk. 4, 109,3. 5. Plut. mor. 298a. Steph. Byz.

1. *W. M. Leake* Travels in Northern Greece 3,144f. 2. *E. Oberhummer*, RE IA 2229, Nr. 2. 3. *West*, AJPh 58, 1937, 166ff. 171f. 4. *B. D. Meritt* The Athen. tribute lists 1,545 u.ö.

2. Stadt der Halbinsel → Pallene der → Chalkidike nach Hdt. 7,123. Strab. 7 p. 330 frg. 27, vielleicht nur Irrtum. E. M.

1. *Ad. Struck* Makedon. Fahrten 1,54. 2. *Oberhummer*, RE IA 2229 Nr. 1. 3. *Harrison*, CQ 6, 1912, 175f. 4. *A. W. Gomme* A hist. comm. on Thucydides 3,588. 673.

Sangala (*Σάβγαλα*; wohl von skr. *Sâmkale*), Hauptstadt des Stammes der Kathaier ö. des → Hydraotes (h. Irâvati) im Pandschab, 326 von Alexander d. Gr. nach erbittertem Widerstand gestürmt und vernichtet (Arr. an. 5. 22,4ff. Polyain. 4. 3,30). G. W.

W. W. Tarn The Greeks in Bactria and India 247 (zu Ptol. 7,1,46). *V. H. Smith* The Early History of India, Oxf. 1907, 86.

Sangarios (*Σαγγάριος*: Hom. Il. 3,187. 16, 719. Hes. theog. 344), rund 520 km langer Strom im NW. Kleinasiens, h. Sakarya, der nahe bei → Pessinus (laut Strab. 12,543 150 Stadien entfernt beim Dorfe *Σαγγία*, nach Liv. 38,18,8 *ex Adoreo monte* – weder Ort noch Berg lassen sich eindeutig identifizieren) in der Phrygia Epiktetos entspringt (mehrere Quellflüsse aus den Bergen n.ö. von Afyon); er beschreibt in seinem Oberlauf einen nach W. geöffneten Bogen, dessen ö.ster Punkt in → Gordion (beim h. Yassihüyük) erreicht ist; in seinem nach W. gewandten Mittellauf beschreibt er dagegen einen nach O. geöffneten Bogen, dessen

Wendepunkt ca. 25 km ö. der *'Ασκανία λίμνη* (h. Izmit Gölü) liegt; in seinem Unterlauf durchbricht er nach NO. das nordanatol. Randgebirge, um ca. 80 km w. von → Herakleia (7) Pontika (beim h. Ereğli) ins Schwarze Meer zu münden. Der in ant. Z. als fischreich geltende S. (Liv. a. O.) besaß als strategische Barriere zeitweise erhebliche Bedeutung (vgl. etwa Pol. 21,37,4). E. O.

W. Ruge, RE I A 2269f. Nr. 1.

Sanherib, akkad. *Sîn-aḫḫē-eriba*, assyr. König 705–681 v. Chr., Sohn Sargons II., ausgezeichnet durch Tatkraft und technische Intelligenz, aber auch besondere Grausamkeit. Um das Reich seines Vaters zu erhalten, führten ihn Feldzüge nach Medien, Urartu (Armenien) und Kilikien. 701 trat er in Palästina bei Elteke einer Koalition phoinik.-philistäischer Fürsten entgegen, unter denen sich auch Hiskia von Juda befand. S. besiegte sie, konnte aber → Jerusalem nicht einnehmen, nach bibl. Bericht (2. Reg. 18,13–19,36) wegen einer Seuche, nach Hdt. 2,141 infolge einer Mäuseplage. 694 unternahm er einen ersten Vorstoß gegen Elam, teilweise zu Schiff. Die Elamier wichen aus, besetzten in S.s Rücken → Babylon und nahmen seinen Sohn Aššurnādin-šumi gefangen. Im Verlauf eines weiteren Elam-Feldzuges wurde deshalb 689 Babylon erobert und abgebrannt, die Statue des → Marduk weggeführt, dieser Kultfrevel durch polit. Gedichte und Umdeutung des Weltschöpfungsliedes gerechtfertigt. S. wurde durch ein Komplott seiner Söhne in einem Tempel ermordet. – S.s techn. Interesse zeigte sich bei der Anlage der neuen Residenz Ninive (→ Ninos; Doppelmauer bis zu 25 m hoch, 15 Tore; gewaltiger Aquädukt), in Assur (unterird. Bewässerung eines Baumgartens im Felsboden) und beim Transport von Schiffen und Stierkolossen über Land. W. Rö.

D. D. Luckenbill The Annals of Sennacherib (1924).

Sannyrion aus Athen, Dichter der Alten Komödie, von Aristoph. im Gerytades (ca. 408 v. Chr.) als Vertreter der Komödie in den Hades entsandt (wegen seiner schwindsüchtigen Konstitution, vgl. Strattis frg. 20. 54). Aristoph. wird von S. frg. 5 geneckt. Die Titel *Δανάη* und *'Ιώ* weisen auf Tragödienparodie im Stil der *μέση*, auch im *Γέλως* trat ein Gott auf, frg. 2 verhöhnt den Tragiker → Meletos (vermutlich 3.). W. K.

Sanquinius. 1. S., einer der Ankläger des L. → Arruntius (II 6) (Tac. ann. 6,7). **2.** Q. S. Maximus *cos. suff.* 21 oder 22 (CIL X 905. Degrassi FImp. 8); trat als Konsular 32 entschieden gegen die Angriffe des Haterius Nepos gegen die Konsuln des Vorjahres L. → Fulcinius Trio (II 2) und P. → Memmius Regulus (II 3) auf (Tac. ann. 6,4), 39 *cos. suff. II* (Degrassi FImp. 11) und *praefectus urbi* (Cass. Dio 59,13,2), von Claudius zum Statthalter von Untergermanien ernannt (Ritterling Fasti 48, wo er vor 47 starb (Tac. ann. 11,18). G. Wi.

Santoni, kelt. Volksstamm des s. w. Galliens, in der h. Saintonge. *Santoni* oder *Santones* bei den lat. Schriftstellern, *Σάντονοι* Strab. 4,190; *Σάντονες* Ptol. 2,7,6, mehrmals erwähnt von Caesar Gall., bes. 1,10,1 (Auswanderung der → Helvetier in das Gebiet der S. 58 v. Chr.); 3,11,5 (Lieferung von Schiffen gegen die → Veneter 56); 7,75,3 (Teilnahme am Aufstand des → Vercingetorix 52).

Unter röm. Herrschaft bildeten die S. eine *civitas* in der Provinz Aquitania, als freies Volk (*Santoni liberi* Plin. nat. 4,108). Ihr Hauptort: *Mediolanum Santonum* (h. Saintes, dépt. Charente-Maritime). Nach der Neueinteilung der röm. Prov. durch Diocletianus wurden sie der *prov. Aquitanica secunda* zugeteilt (Not. Gall. 13,4). Die röm. Bürger waren der *Voltinia tribus* zugeteilt (CIL XIII 1037–48). Mehrere S. erscheinen als Soldaten (CIL 1041), als Priester am Altar der Roma und des Augustus bei Lugdunum (CIL 1036. 1042–1045. 1049) oder Priester für den Kaiserkult (CIL 1048); der Stifter des Amphitheaters der Tres Galliae in Lyon, z. Z. des Tiberius, war ein S. (AE 1959, 81).

Von Erzeugnissen des Landes werden genannt: die als Arzneimittel dienende Wermutpflanze *absinthium, Santonica herba* (Colum. 6,25); der Kapuzenmantel *Santonicus cucullus* (Iuv. 8,145. Martial. 14,128); ferner Schiffe und Austern (Auson. 5,31).

Mediolanum Santonum, wahrscheinlich auch erster Hauptort der *prov. Aquitaniae* (vor Poitiers und Bordeaux?), war eine blühende Stadt, bis E. 4. Jh. wichtiger Straßenknotenpunkt von Lugdunum, Burdigala und dem Portus Santonum. Baureste: Ehrenbogen mit Inschr. (CIL XIII 1036), Amphitheater aus der Z. des Claudius (CIL XIII 1038), Zirkus, Thermen, Wasserleitung, Mauerring der Spätzeit. Inschr. CIL XIII 1033 ff. Bildwerke: Espérandieu, Rec. bas-rel. 2,258–93. Suppl. 13. M. L.

Ch. Dangibeaud Saintes. Mediolanum Santonum, 1933. *A. Grenier*, Man. arch. gallo-rom. 1, 1931, 568. 3, 1958, 650, mit Plan S. 656, 994. 4, 1960, 143. 755. *A. Triou*, Gallia, 26, 1968, 119. Neue Funde: Gallia 17, 1959, 477. 23, 1965, 359. 25, 1967, 251. 27, 1969, 268.

Santra, röm. Philologe der letzten Z. der Rep., vielleicht etr. Abstammung (Schulze Eigenn. 342f. 369). Er schrieb: 1. *De antiquitate verborum.* 2. *De viris illustribus* (Dichter und Redner). 3. Tragödie *Nuntii Bacchi.* Frg. von 1 und 2 bei FunGrRF 1,384, von 3 bei Klotz ScaenRom Frg. 1,305f. (Dort *Nuptiae Bacchiae;* dagegen Wilamowitz H 34, 1899, 229.) H. Gu.

Wessner, RE IA 2301f. *Schanz-Hos.* 1,358. 584. *F. Leo* Griech.-röm. Biographie, 1901, 137f.

Sao (*Σαώ*, »Retterin«). Nereide, Hes. theog. 243. Apollod. 1,11. A. Lesky Thalatta 115. H. v. G.

Saosduchinos (*Σαοσδούχινος*) nach dem ptolem. Kanon *Sammuges* (armen.) nach Berossos (bei Alex. Polyh. nach Euseb. FGrH 3 A 112, 79), akkad. *Šamaš-šum-ukīn*, älterer Bruder

Assurbanipals (→ Sardanapal) und König von Babylon in den J. 668–48 v. Chr. Er war nicht selbständig, sondern vom assyr. Großkönig abhängig, auch war sein Reichsgebiet trotz des Titels »König von Sumer und Akkad« beschnitten. 652 zettelte er deshalb einen Aufstand gegen Assurbanipal im ganzen Reich an, der aber trotz der tatkräftigen Hilfe von Elamiern und Arabern nach 4 J. niedergezwungen wurde. S. stürzte sich bei der Eroberung Babylons in die Flammen seines Palastes (Sardanapal-Legende). W. Rö.

Saoteros, Günstling und Kämmerer des → Commodus. Er hielt beim Triumph des J. 180 den Goldkranz über das Haupt des Kaisers (SHA Comm. 3,6) und erlangte großen Reichtum (ebd. 4,5). Seine Vaterstadt → Nikomedeia wurde von ihm sehr gefördert (Cass. Dio 72,12,2). Auf Betreiben des Gardepräfekten → Tarrutenius Paternus und des Freigelassenen M. → Aurelius Cleander (II 10), der sein Nachfolger als Kämmerer wurde, getötet (SHA 4,5. Cass. Dio 72,12,2). G. Wi.

Sapaudia, keltisch »Tannenland«, spätröm. Bezeichnung für das Gebiet s. des Genfer Sees, h. Savoyen, Amm. Marc. 15,11,17. Not. dign. occ. 42,15 (How. Meyer 138). 17, zur Gallia Riparensis gehörend. Die hier genannten Orte Calaro und Ebrudunum sind nicht sicher zu lokalisieren, letzteres wohl am S.-Ufer des Genfer Sees. MG AA. 6, 2 p. 93,26. 7 p. 106,172. 9 (Chron. min. 1) 660,128. E. M.

1. *Keune*, RE IA 2309ff. 2. *F. Stähelin* Schweiz in röm. Zeit^3 313ff. mit A. 7. 319f. 3. *How.-Meyer*, 108f. A. 1. 235.

Saphar (peripl. m. Erythr. 23. Plin. nat. 6,26. 104. *Σάπφαϱ* Ptol. 6,7,41), die inschr. (Corp. inscr. Sem. IV 312,6) ẒFR genannte, nahe dem h. Yerīm gelegene Stadt Ẓafār, welche → Mariaba als Hauptstadt der → Homeritae ablöste. A. D.

Saphir (*σάπφειϱος*, semit. Lehnwort ?), Edelstein, nicht mit unserem S., sondern mit Lapislazuli identisch. Vielgebraucht als Schmuck, aber auch (wie die meisten Edelsteine) medizinisch. F. K.

Sapo. Das germ. Lehnwort bezeichnet ein aus einer Mischung von Fett und Pflanzenasche hergestelltes Mittel zum Färben der Haare, das auch als Heilmittel bei Römern und Germanen benützt wurde. S. gab es flüssig und fester, es hieß auch *spuma Batava, Chattica, pilae Mattiacae*. Plin. nat. 28,191. Martial. 8,33,20. 14,26/27. S. ist wohl ident. mit den germ. Kräutern Ov. ars 3,163. W. H. G.

Sapor, pers. *Šāhpuhr*. **1.** Sapor I., zweiter König aus der Sassanid. Dynastie, Sohn des Ardašir, (243–273). Dem herkömmlichen Titel »König der Könige« fügte er »König von Iran und Nicht-Iran« hinzu. Seinen Sieg über die drei röm. Kaiser Gordianus III., Philippus Arabs und Valerianus ließ er in einer Inschr. auf der sog. Ka'ba-i Zardušt in Naqš-i Rustam pers., parth. und griech. beschreiben und auf der Felswand darstellen. Er ließ in den zurückeroberten Gegenden des früheren Achaimenidenreiches die mazdaist. Religion wiederherstellen und blieb als Förderer dieser Religion im Gedächtnis. Jedoch gewährte er Mani-Anhängern Religionsfreiheit, war gegen die Christen tolerant und trachtete sich die Juden gegen die Römer zu verbinden. **2.** Sapor II., König der Perser von 309–379, Enkel des Narses, nannte sich in einem Brief an Constantius *particeps siderum, frater Solis et Lunae* (Amm. 17,5,3). Als Constantin das Christentum offiziell anerkannte, wurden nunmehr die Christen des Iran als mit Rom verbündet und dem Iran feindlich betrachtet. Römerkrieg und Christenverfolgung erfüllten S.s lange Regierung. Constantin war im Begriff, einen Feldzug anzutreten, als er 337 starb. In den Kämpfen des folgenden Krieges, der die ganze Regierung des Constantius hindurch dauerte, blieben zwar die Perser in der Regel Sieger (außer bei Singara im J. 348), aber eine wirkliche Entscheidung gelang nie. → Nisibis wurde dreimal von S. ohne Erfolg belagert. Wiederholt wurde S. durch Kämpfe gegen die wilden Naturvölker seines Reiches in Anspruch genommen. Die Eroberung von → Amida im J. 359 gelang erst nach 73 Tagen unter Verlust von 30000 Mann. Als Constantius 361 starb, gelangte Iulianus zur Alleinherrschaft. Zwei J. später wollte er einen großen Kriegsplan durchführen, mußte aber auf → Ktesiphon verzichten, die Flotte verbrennen lassen und den Tigris entlang ohne Vorräte zurückmarschieren. Nach seinem Tode schloß S. mit Iovianus einen 30jähr. Frieden. Die zwei Großmächte kämpften nunmehr um die Herrschaft über Armenien. S. ließ König Arsakes hinrichten, dessen Sohn später auf Befehl des → Valens ermordet wurde. **3.** Sapor III., pers. König von 383–388, Sohn S.s II., erneuerte den Friedensvertrag mit Rom und scheint die von seinem Vater begonnene Christenverfolgung beendet zu haben. J. D.-G.

A. Maricq Res Gestae Divi Saporis, Syria, 1958, *V. Lukonin* Kultura Sasanidskogo Irana, 1969.

Sappho (sie nennt sich selbst *Ψάπφω*, daraus dissimiliert *Σάπφω* Alk. 384, *Σαπφώ*), * spätestens um 630 v. Chr. vermutlich in → Eresos, lebte wie ihr Zeit- und Kunstgenosse → Alkaios als Angehörige des Adels in Mytilene, abgesehen von einer politisch bedingten Emigration nach Sizilien, die in die J. 603–595 fiel (Marm. Par. Ep. 36). Voraussetzung ihres dichterischen Schaffens war einerseits die lesb. Kunsttradition von Terpander her, anderseits eine eigentümliche Kultur der Frau in dieser unter Einwirkung der überlegenen städtischen Zivilisation im nahen Lydien stehenden Gesellschaft. Zwischen Kindheit und Hochzeit wurden die Mädchen der Obhut einzelner hervorragender Frauen anvertraut und im Zusammenleben mit ihnen auf ihre häuslichen und gesellschaftlichen Aufgaben vorbereitet. Das ist zwar nur eine Annahme, aber eine notwendige; in welchem Sinne sollte S. wie die von ihr genannten Rivalinnen sonst *leader of a company of young women* sein (so PAGE 133, der den pädagogischen Aspekt heftig bestreitet)? Daß sich zwischen der reifen Frau und den Heranwachsenden leidenschaftliche Beziehungen nicht ohne sinnliche Komponente ergaben, ist nicht nur unter Griechen normal, dem frühen Hellas eigentümlich nur die Aufnahme dieses Empfindungsbereiches in feste Sitte, wodurch er einen Einschlag des Konventionellen erhielt.

Die musische Erziehung der Mädchen, ihre Teilnahme an Götterfesten und Hochzeitsfeiern boten Raum und Anlaß für poet.-musikal. Produktion, Lieder, die teils für Chöre, wie die Hochzeitslieder, von denen Catull 62 eine Vorstellung gibt (vgl. S. frg. 104. 105), bestimmt waren, teils für Einzelgesang, vornehmlich die eigene Stimme der Dichterin, manche aber auch für mimische Darstellung durch andere, auch im Wechselgesang wie 140 beim Adonisfest, bei Hochzeiten »Mädchen und Jungfrauschaft« (114), das verliebte Mädchen und die Mutter (102), schüchterne Werbung und schnippische Antwort (137, später gedeutet als Alk. und S.), ähnlich 121. Auch die Lieder, in denen S. im eigenen Namen spricht, waren zunächst zum Vortrag bei festlichem Anlaß oder sonst in geselligem Kreis bestimmt: so bei Götterfesten (2. 17. 35. 53. 103. 128), bei den Hochzeiten ihrer Mädchen (27. 30. 43. 112. 116). Harmloser Scherz steht da neben dem myth. Paradeigma (23. 141; das große frg. 44 – kaum ein Hochzeitslied – ist nach SCHADEWALDT u.a. zwar altlesb., aber nicht von S.), neben der Huldigung (112. 113. 115) auch ernste Mahnung (158). In dem einzigen vollständig erhaltenen Lied (1) betet S. zu Aphrodite so persönlich, daß man sich fragt, ob hier das Gebet nicht schon bloße Form für eine poet. Aussage geworden ist, ebenso bei dem berühmten Frg. 31 (das Catull 51 nachbildet), ob diese schonungslose Anamnese der Symptome des erotischen Pathos noch als Huldigung für die Schönheit einer Braut verstanden werden kann. In anderen Frg. spricht S. unzweifelhaft aus ganz persönlichen Bezügen: sie erinnert sich eines Abschieds (94), gedenkt in Gegenwart einer Freundin einer Dritten, Entfernten (96), betet um glückliche Heimkehr ihres Bruders und um seine Lösung aus leidenschaftlicher Verstrickung (5, vgl. 15. 202; Hdt. 2,135), sie spricht von ihrer Tochter, ja zu ihr, von einem Kopfputz, den sie ihr nicht kaufen kann, und macht dabei eine Anspielung auf polit. Verhältnisse (98), sie beklagt sich bei der geliebten Atthis über deren Abwendung (131) und stichelt gegen Konkurrentinnen (55. 57. 133). Diese Dichtung S.s hat schon Aristoxenos frg. 71 b Wehrli als Konfession verstanden. Auch Reflexion fehlt nicht: »Reichtum ohne *ἀρετή* ist ein nicht unschädlicher Hausgenosse« (148), Schönheit ist nichts Objektives, sondern für jeden durch sein Verlangen bestimmt (16), und, erstaunlich: »Der Schöne ist nur für das Auge schön, der Gute aber eo ipso auch schön« (50). Ein Bekenntnis über die Schönheit enthielt auch der leider nicht sicher zu deutende Schluß eines Altersgedichtes (58): »Eros hat mir diesen Glanz der Sonne und das Schöne zuteil werden lassen.«

S.s Sprache, ihr heimisches Aiolisch mit epischem Einschlag, weiß das Innere wie das Äußere gleich sicher zu treffen, Eros den »süßbitteren« (130) wie den Zauber der Mondnacht (96. 34) und Apfelgarten und Roßweide beim Heiligtum der Aphrodite (2). Wenn S. auch ihre Lieder zunächst für den Vortrag in ihrem Kreise schuf, so war sie sich doch ihres Wertes bewußt und sorgte, in sicherer Erwartung fortdauernden Ruhmes (32. 55. 147), für ihre schriftliche Bewahrung. Die zunächst wohl einzeln verbreiteten, gewiß schon früh gesammelten Gedichte wurden in der alexandrin. Ausgabe, die uns durch Zitate und Papyri kenntlich ist, nach den Versmaßen (über diese s. PAGE 318ff.) in 8 B. geordnet, ein 9. wird als *Ἐπιθαλάμια* zitiert, doch waren auch in den andern Hochzeitslieder enthalten (PAGE 112ff.).

Die einzigartige Erscheinung der Dichterin und Liebenden (Strab. 13,617) reizte früh Neugier und Fabulierlust. Alkaios hatte sie in einem Gedicht apostrophiert (384), so deutete man eines der S. (137) als Dialog zwischen ihr und ihm (Vasenbild in München, Aristot. rhet. 1367a). Man erzählte von ihrer unglücklichen Liebe zu → Phaon, einer myth. Gestalt, und ihrem Todessprung vom leukadischen Felsen. Ihre Liebe zu den Mädchen wurde, in Unkenntnis der Voraussetzungen, als Perversion verstanden. So bemächtigte sich die Komödie der Gestalt; ihre Erfindungen gingen durch Chamaileon in die Biographie ein. Auf dieser Tradition beruht wie Ovids 15. Heroide so Grillparzers Trauerspiel. W. K.

Aly, RE I A 2357ff. *Wilamowitz* S. und Simonides, Bln. 1913. *W. Schadewaldt* S., Bln. 1950 (Anhang nicht erschienen). *D. Page* S. and Alcaeus, Oxf. 1955. Zitiert ist nach Poetarum Lesbiorum frg. edd. *Lobel-Page*, Oxf. 1955. Vgl. Anthol. Lyr. ed. *E. Diehl*², Lpz. 1936. S., Gr. u. deutsch von *M. Treu*⁴, München 1968. *Ders.*, RE Suppl. XI 1222–1240.

Saraka. 1. (*Σάρακα* Ptol. 6,7,41), Stadt in Arabia felix zwischen → Maipha und → Saphar, also etwas n.w. von Aden. **2.** S. (*Σάρακα* Steph. Byz., *Σαρακηνή* Ptol. 5,17,3), der von den *Σαρακηνοί* bewohnte n., als Wüste at-Tīh bekannte Teil der Sinai-Halbinsel. Die von Ptol. 6,7,21 als Bewohner von Arabia felix genannten *Σαρακηνοί* sind mit jenen trotz scheinbarer räumlicher Trennung identisch: das Wort ist ein Appellativum (»die Östlichen«), mit dem spätestens seit Amm. (22,15,2) die früheren *Σκηνῖται* (arab. Beduinen), seit dem 6. Jh. in Byzanz alle arab. sprechenden Völker, später alle Mohammedaner bezeichnet werden. A. D.

Sarangai (Σαράγγαι Hdt. 3,93. 117. 7,67, Ζαραγγαῖοι Arr. an. 3,25,8. *Zarangae* Plin. nat. 6,94 neben den *Drangae* genannt. Bei Isid. Char. steht im Argumentum die Form Ζαραγγιανή, dagegen cap. 17 in den Hss. Δραγγιανή), Volk im → Etymandros (Hilmend)-Gebiet. Die Formen mit S oder Z geben die lokale Aussprache wieder, die mit D die altpers. J. D.-G.

Sarapio(n) galt den Römern als typisch äg. Name der hellenist. Z. (vgl. Cass. Dio 50,27,1) und war auch bei Italikern verbreitet (Inschr. auf Delos).

Republik. Zeit: **1.** Sarapio, Sklave und Doppelgänger des P. → Scipio Nasica, dem man daher den Spottnamen S. gab, der auch dessen Sohn verblieb, Val. Max. 9,14,3. Plin. nat. 7,54. **2.** Sarapion, ein Syrer, der 132 im Siz. Sklavenkrieg die Burg von Tauromenion verriet, Diod. 34,2,21. **3.** Ratgeber des → Ptolemaios XIII., mit → Dioskurides (2) Gesandter in Rom, von Caesar 48 als Vermittler herangezogen (Caes. civ. 3,109,4f.), dann im Dienst der Kleopatra und schließlich 43 Statthalter auf Kypros, App. civ. 4,262. H. G. G.

Sarapis, aus äg. Osiris-Apis entstanden, Bezeichnung der vergottlichten Apisstiere von Memphis, die im sog. Serapeum in Saqqara seit dem N.R. beigesetzt wurden, nachdem sie durch ihren Tod zu → Osiris geworden waren. Ptolemaios I. entwickelte daraus unter Heranziehung eines aus → Sinope auf Grund eines Traumes herangeholten Kultbildes (Tac. hist. 4,83f.) eine Göttergestalt, die für Ägypter wie Griechen zum Reichsgott werden sollte. Dabei werden von griech. Seite Züge des Pluton und des Zeus eingefügt. Auch im Äußeren verbindet Serapis nach der Statue aus dem Serapeum von Alexandreia in seiner sitzenden Haltung und seinem bärtigen Kopf Züge des Zeus, er trägt aber auf dem Kopf ein Getreidemaß (Modius), das Unterweltgottheiten zukommt; außerdem begleitet ihn der Kerberos. Der Kult breitete sich schnell zusammen mit dem der → Isis über die damalige Welt aus: Athen (ein Kultverein seit 215 v. Chr.), Korinth, Sparta u. a. Orte erwähnt Paus. 3 Serapeen hatte ab 220 v. Chr. → Delos; auch in → Lindos (Rhodos) war ein berühmter Tempel des S. In Rom ist ein S. seit Mitte 1. Jh. v. Chr. auf dem Marsfeld belegt. → Caracalla baute einen Tempel auf dem Quirinal. In Alexandreia war die Zerstörung des Serapeums 391 n. Chr. durch den Bischof Theophilos ein Höhepunkt im Kampf gegen die alte Religion. Aus dem memphit. Serapeum sind wichtig die aus den J. 13–29 Ptolemaios' VI. stammenden Papyri mit Tempelakten. W. H.

Saravus, vorröm., urspr. vielleicht vorkelt. Flußname (Holder; ligurisch), h. die Saar. Mit den Quellflüssen rote und weiße Saar am Donon im Gebiet der → Mediomatrici entspringend, tritt der Fluß unterhalb Saarbrücken ins Gebiet der → Treverer ein und mündet bei Contionacum-Conz (kaiserl. Palastanlage) in die Mosel (Auson. Mosella 91). Hier befand sich eine sechsbogige Brücke der Straße Metz–Trier. Bis Saarburg in Lothringen war der Fluß schiffbar. Am S. liegt der *vicus S.*, bezeugt auf einem Leugenstein mit Weihinschrift an einer Prozessionsstraße, die zum heiligen Berg Donon führt (CIL XIII 1,2 p. 690 bis 691). Die Örtlichkeit wird in der Nähe von Lörchingen vermutet.

Pons Saravi *(ad Pontem Saravi)*, Rastort an der Straße Metz–Straßburg (Tab. Peut. Itin. Ant. 372,1), wird mit dem h. Saarburg in Lothringen identifiziert, wo eine größere Siedlung und ein Flußübergang nachgewiesen sind. Ein weiterer Übergang über den S. bestand im Zuge der Abzweigung der Metzer Straße nach Worms bei Saarbrücken. Der Übergang war durch ein Lager am Halberg gedeckt. In der Spätzeit ist ein Übergang beim Kastell Pachten angelegt worden (hier inschr. *coloni crutisiones* erwähnt). Eine weitere Colonia im Gebiet der Mediomatrici ist durch eine Weiheinschrift erschlossen, die *coloni Aperienses* nennt (Keune, Lothring. Jahrb. 26, 1914, 461). H. C.

J.B.Keune, RE I A 2427.

Sarcina. Das Marschgepäck des röm. Soldaten (Gegensatz: → Impedimenta) umfaßte seit Marius Rüstung und Waffen, die Gegenstände zum persönl. Gebrauch, Schanz- und Fouragegerät, dazu Verpflegung *(cibaria)* für drei Tage, im Kriegsfall auch für längere Z. Die Last betrug ohne Rüstung und Waffen bis zu 60 röm. Pfund = etwa 20 kilo (Veg. mil. 1,19) und wurde an gabelförmigen Stangen (scherzhaft *muli Mariani*) über der Schulter getragen (Darstellung auf der Traianssäule). So konnte die s. jederzeit schnell abgelegt werden. Häufige Übungsmärsche dienten dazu, die Rekruten an die s. zu gewöhnen (Veg. mil. 1, 19. 2,23), die Ungeübte zu tragen nicht schafften (Caes. civ. 1,78,1). W. H. G.

Sardanapal (Σαρδανάπαλ(λ)ος), legendärer assyr. König, erstmals bei Hdt. 2,150 als König von → Ninos erwähnt. Die voll ausgebildete Legende findet sich erst bei → Ktesias Überlieferung: Diodor, Athenaios, Eusebios, Georg. Synkellos, Nik. Damask.). Danach führte S. ein zurückgezogenes Leben voller Wollust und Ausschweifungen, kleidete sich nach Weiberart, übte sich im Spinnen von Purpur und feiner Wolle und wurde zum Sinnbild verweichlichten Wesens zusammen mit großem Reichtum und sexueller Exzentrik. Er starb von eigener Hand auf einem aus all seinen Reichtümern geschichteten Scheiterhaufen, nachdem er von dem Meder Arbakes und dem Babylonier Belesys nach wechselvollem Kampf besiegt und in Ninive eingeschlossen worden war. Sein Grabmal soll bei Anchiale in Kilikien von Soldaten Alexanders gesehen worden sein. Darstellung und Inschrift, in ant. Quellen oft zitiert (Pol. 8,12,3. Dion. Chrys. 4,135. Clem. Al.

strom. 2,20 u.ö.), weisen auf ein assyr. Relief mit Keilinschr. – In die Legende von S. sind Züge mehrerer assyr. Herrscher (Sanherib, Šamaš-šum-ukīn u.a.) neben rein märchenhaften Motiven eingeflossen. Sie charakterisiert am wenigsten den letzten großen assyr. Herrscher: Assurbanipal (668–29), akkad. *Aššur-ban-apli*, war eine energische, kluge und sehr gebildete Persönlichkeit. Urspr. nicht für den Thron bestimmt, vielmehr zum Gelehrten erzogen (Bibliothek in Ninive), wurde er doch, vermutlich mit Hilfe seiner Großmutter Naqi'a/Zakūtu, Nachfolger Asarhaddons und versuchte, dessen Reich zu erhalten. Der bereits von Asarhaddon bekämpfte Aufstand in Äg. breitete sich aus; nach versch. Rückschlägen kann 655 v. Chr. Pharao → Psammetich I. die Assyrer aus Äg. vertreiben. Die phoin.-syr. Küstenstädte werden dadurch unabhängiger und lösen sich aus dem Reich. 660 v. Chr. bittet → Gyges von → Lydien A. um Hilfe gegen die → Kimmerier. Sie wird verweigert, Gyges stellt die Tributabgabe ein und kommt – nach A. zur Strafe – 652 im Kampfe um. In der Folge ist das Verhältnis zu Lydien (König → Ardys) und Urartu (König Rusa II.) gut. – Gefährlich wird → Elam, zu dem zunächst gute Beziehungen bestehen; nach einem Regierungswechsel (Te-Umman) seit 668 gibt es ständig Spannungen. 652–48 beteiligt sich Elam aktiv auf seiten Šamaš-šum-ukīns (→ Saosduchinos) am Bruderkampf in → Babylonien. Durch überlegene Heeresmacht und infolge von Thronwirren in Elam kann A. diesen Erbfeind 646 in der Schlacht bei Dūr-Untaš (Tschoga-Zambil) entscheidend schlagen; 639 ist Elam mit der Zerstörung → Susas vernichtet, dafür ist den Persern der Weg in die → Elymais offen. Das Ende A.s liegt im Dunklen; zwei Söhne haben ihn vermutlich abgesetzt und ins Exil geschickt, als sie sich um den Thron stritten. W. Rö.

M. Streck Assurbanipal, 3 Bde. (1916). *F. Weissbach* Art. Sardanapal, RE I A 2436–2475. *S. S. Ahmed* Southern Mesopot. in the Time of A. (1968).

Sardeis (*Σάρδεις*: Aischyl. Pers. 45, auch *Σάρδιες*: Hdt. 1,7,4), lyd. Stadt am W.-Rand der → Katakekaumene im Tal des → Hermos (h. Gediz Çay), durchfl. von 2 in diesen Strom s. einmündenden Gebirgsbächen (Sart Çay: ant. → Paktolos, Dabbağ Çay), die auf dem ca. 2000 m. hohen → Tmolos (h. Boz Dağ) entspringen u. in vorchr. Z. Elektronstaub aus dem Erdreich des Gebirges herabführten. Die umfangreichen Metallvorkommen des Tmolos, die Fruchtbarkeit des Hermostales, die für die Anlage einer Burg vorzüglich geeignete Lage einer aus dem Tmolos n.-wärts hervorspringenden Hügelkette und die verkehrstechnisch günstige Situation, dank derer S. im Überland- wie im Seehandel – an ihn war S. auf dem Flußwege angeschlossen – eine beachtliche Rolle spielte, kennzeichnen diese Siedlung. Ihre Entwicklung läßt sich seit der späten Bronzezeit archäol. fassen und anhand ant. Lit. (Xanthos FGrH 765, Hdt., Strab.) verfolgen. Residenz der halbmyth. Tyloniden (ca. 1200 bis ca. 700), der Mermnaden (von Gyges bis Kroisos), der pers. Satrapen (547–334) und der seleukid. Generalstatthalter der W.-Provinzen, wurde S. im Frieden v. Apameia 188 dem Königreich von Pergamon einverleibt und geriet mit diesem 129 unter röm. Verwaltung, unter der die Stadt einen zeitweise beträchtlichen Wohlstand erreichte. Erst in spätbyz. Z. allmählich verödet. E. O.

Grabungsergebnisse: Sardis. Publ. of the Amer. Soc. for the Excav. of S., 1922ff. (ed. *H. C. Butler* u.a.) und im BASOR ab 154, 1959 fortlaufend.

Zum Artemis-Tempel: *G. Gruben*, *P. R. Franke*, MDAIA 76, 1961, 155–208. Der Kybele-Tempel (von den Ioniern 498 verbrannt: Hdt. 5,102) und der Königspalast (unterhalb der Akropolis: Vitr. 2,8,9) noch nicht nachgewiesen.

Inschr.: Sardis VII (ed. *W. H. Buckler*, *D. M. Robinson*), Leiden 1932. *L. Robert*, Nouvelles inscr. de S. I, Paris 1964. *G. M. A. Hanfmann*, *O. Masson*, Kadmos 6, 1967, 123–134. Münzen: *B. V. Head* HN^2 656f. BMC Lydia 236–277. SNG Copenh. Lydia. Sardis XI (ed. *H. W. Bell*), Leiden 1916. *E. T. Newell* The Coinage of the Western Seleucid Mints, New York 1941.

Allgemein: *D. Magie* Rom. Rule in As. Min., Princeton 1950, 121f. 974ff. *G. M. A. Hanfmann* Sardis und Lydien (Ak. d. Wiss. u. d. Lit., Abh. d. geisteswiss. Kl. 1960) Nr. 6, 499–536. *Ders.* A Short Guide to the Excavations at S., New York 1962. *G. E. Bean* Kleinasien I, Stgt. 1969, 263 bis 276. *E. Akurgal* Anc. Civilizations and Ruins of Turkey, Istambul 1970, 124–132. *G. M. A. Hanfmann*, *D. G. Mitten*, *A. Gallina*, Enc. Art. Ant. 7, 1966, 44–47.

Sardelle (Anchovis), Engraulis encrasicholus L., *ἡ ἀφύη* (*ἀφύα*), nach Ail. nat. 8,18 ident. mit *ὁ ἐγκρασίχολος*, *ἡ ἐγγραυλις* und *ὁ λυκόστομος* (wahrscheinl. *λευκόστ.* »Weißmaul«); *apua* (selten *sarda*, *sardina* [auch »Sardine«?]). Sie belebte wie noch heute das Mittelmeer in riesigen Schwärmen und wurde als geschätzter, z.T. sehr billiger Speisefisch gefangen (Schilderung: Ail. a.O. Opp. hal. 4,468ff.). Bes. beliebt waren S. von Rhodos und Phaleron. Sie wurde in Öl kurz gebraten oder in Salzlake zubereitet (Apic. 4,2,11. 20. ZAHN, RE VII 841ff.). Zierliche Gestalt, silberweiße Farbe und große Augen bestimmten den äußeren Eindruck (Opp. hal. 1,775ff.; zwei Hetären daher *ἀφύαι* genannt: Athen. 13,586 B; das Verb *ἀφύειν* = *ἀπολευκαίνεσθαι*: Hesych.). Entstehung aus Meerschaum oder Regen behauptet Plin. nat. 9,160. 31,95. – Gute Darstellung auf pompejan. Fischmosaik bei KELLER Fig. 124. W. R.

O. Keller Antike Tierwelt 2 (1913) 336ff. *D'Arcy W. Thompson* A Glossary of Greek Fishes, ^{2}1947, 58.

Sardiane (*ἡ Σαρδιανή*, vgl. Strab. 13,626; weitere Belege bei L. BÜRCHNER, RE I A 2479f. Nr. 1), das Stadtgebiet von → Sardeis im Tal des → Hermos; seine genaue Abgrenzung ist noch nicht möglich. E. O.

Sardīnia (*ĭ* Hor. c. 1,31,4. Mart. 4,60,6; griech. *Σαρδώ*), Insel des nach S. benannten (Hdt. 1,166. Theokr. 16,86. Dion. Per. 82) w. Mittelmeeres, hieß früher angeblich *Sandaliotis* (Timaios FGrH 566 F 63 *ab effigie soleae* Plin. nat. 3,85) oder *Ichnusa* (Myrsil. FGrH 477 F 11. Sall. hist. frg. 2,2 *ab similitudine vestigii* Plin. a.O. Aristot. mir. 100; bildliche Darstellung der *S. insulae forma* Liv. 41,28,10). S. galt für größer als Sizilien (Hdt. 1,170. 5,106. 6,2. Skyl. 114. Dion. Per. 82. Paus. 4,23,5. Sch. Aristoph. Ach. 112), für fast gleichgroß (Diod. 5,15,1) oder als zweitgrößte Insel (Alexis frg. 268 K. Skymn. 223. Eust. Dion. Per. 458. Hyg. fab. 276) im Umfang von 500 mp (Strab. 5,224 = 4000 Stad.), 555 mp (Anon. GGM 2,509 = 4440 Stad.), 565 mp (Plin. nat. 3, 84). Myth. Einwanderer: Sardus (Eust. a.O. *Σαρδών*), Sohn des Herakles (Sil. 12,359. Solin. 4,1. Isid. or. 14,6,39. Mart. Cap. 6,645) oder Makeris (Paus. 10,17,2) mit Libyern (Isid. a.O.), als *Sardus pater* noch auf Mz. des 1. Jh.s (HEAD HN² 191; vgl. Ptol. 3,3,2 *Σαρδοπάτορος ἱερόν*); Norax (Paus. 10,17,5), Sohn des Hermes (Solin. 4,1) mit Iberern (Paus. 10,17,5. Eust. a.O.); Iolaos und die Thespiaden (Diod. 4,29f. 5,15. Aristot. a.O. Apollod. 2,7,6,1. Eust. a.O. Sil. 12,364. Solin. 4,2) mit Daidalos (Diod. 4,30,1. Paus. 10, 17,4); Aristaios (Diod. 4,82,4. Aristot. a.O. Paus. 10,17,3. Sil. 12,368) aus Libyen; Troianer nach Troias Fall (Paus. 10,17,6. Sil. 12,362), was vielleicht nach dem Namen der → Ilienses erfunden ist. Neben Phoinikern (Mela 2,123 nennt *Caralis* und *Sulci*) mögen auch Etr. (Strab. 5,225) früh nach S. gekommen sein (Fest. 430,6ff. L. *reges ... Etruscorum, qui Sardi appellantur* gehört nicht hierher). Im 6. Jh. v. Chr. beginnt das Interesse Karthagos an S. (Iust. 18,7,1. Pol. 3,22,9), bevor noch Ioner (Hdt. 1,170. 5,106. 124f. 6,2) und Messenier (Paus. 4,23,5) Kolonien nach S. planen (der Name Olbia und Paus. 10,17,2. Sch. Aristoph. vesp. 710 bezeugen griech. Siedler). Röm. Niederlassung 378 (Diod. 15,27) wird durch Vertrag 348 (Pol. 3,24,11) untersagt; 264 beherrscht Karthago S. (Pol. 1,10,5). Erste erfolgreiche röm. Expeditionen nach S. 259 und 258 v. Chr. (Pol. 1,24,5ff. Liv. ep. 17). Rom nimmt den Karthagern S. entweder 241 (Oros. 4,11,2. Vir. ill. 41,2. Eutr. 3,2) oder erst in einem Zusatzvertrag 238/37 (Pol. 1, 88,8ff. 3,27,7ff. Liv. 21,1,5. Fest. 430,15ff. L.); 235 Triumph *de Sardis* (Eutr. 3,3). 227 kam S. unter die Verwaltung eines Praetors (Zon. 8,19. Solin. 5,1), jedoch ist die Unterwerfung formal erst 177 beendet (Liv. 41,8ff. Vir. ill. 57,2). 27 kommt S. zuerst unter senator. (Cass. Dio 53,12,4), 6 n. Chr. jedoch unter kaiserliche Verwaltung (Cass. Dio 55,28,1); Besatzungstruppen noch 19 n. Chr. (Tac. ann. 2,85,4) benötigt.

S. ist gebirgig und rauh, aber reich (App. civ. 7,72. Plin. nat. 18,66) an Getreideanbauflächen (Strab. 5,224; Hor. c. 1,31,4 *opima*); das Klima bes. im Sommer ungesund (Cic. Qu. fr. 2,3. Strab. 5,225). Honig (Hor. ars 375 mit Sch.) und Käse (Nov. frg. 45 R.) aus S. galten als wertlos; vgl. Mart. a.O. *cum mors venit in medio Tibure Sardinia est.* Hierher gehört das Sprichwort *Sardos venales, alium alio nequiorem* (Cic. fam. 7,24,2. Fest. 428,30ff. L. Vir. ill. 57,2). In ihren aus Mufflonfellen gefertigten (Strab. 5,225) Kleidern, den → *mastrucae* (Cic. Scaur. 45; prov. cons. 15. Isid. or. 19,23,1), dienten im 2. Jh. die *Sardana* gegen Ägypten (SCHACHERMEYR Etr. Frühgesch. 82f. 226f.) und später in der Schlacht bei Himera (Hdt. 7,165) im karthag. Heer als Söldner. Auf der Flucht vor den Karthagern zogen sie sich in Höhlen (Strab. 5,225) und unterirdische Wohnungen (Diod. 5,15) zurück, die wohl den *θόλοι περισσοῖς τοῖς ῥυθμοῖς κατεξεσμέναι* (Aristot. a.O.) entsprechen. Das sind die Nuragen genannten steinernen Rundbauten (das vermutlich einheimische Wort dürfte den Namen des Norax veranlaßt haben), deren es Tausende h. noch auf S. gibt; die Blütezeit lag zwischen 800 und 500 v. Chr.; der Turm des Nuragen von Losa stammt aus dem 1. Jh. v. Chr. Zeitgenössisch sind bildliche Darstellungen von Kriegern und Steinidole (sogen. Venus von Macomer). Der Brunnentempel von Sardara erinnert an das bei Diebstahl übliche Gottesurteil (Solin. 4,7). Das sog. sardon. Lachen (Cic. fam. 7, 25,1) wird entweder den alten Leuten zugeschrieben, die sich freiwillig von ihren Angehörigen töten lassen (Timaios FGrH 566 F 64), oder aus der einem Grinsen ähnelnden Verzerrung des Gesichts beim Tode durch das Gift der *herba Sardonia* (Paus. 10,17,13. Solin. 4,4. Isid. or. 14,6,40. Sall. bei Serv. ecl. 7,41) erklärt. G. R.

Forbiger HB d. alt. Geogr. 3,543ff. *Nissen* It. Ldk. 1, 353ff. 550. *Schulze* Eigenn. 574,6. *Müller-Deecke-Pfiffig* Die Etrusker 1, 174. *R. Pettazoni* La religione primitiva in Sardegna, 1912. *M. Pallottino* Sardegna Nuragica, 1950. *C. Zervos* La civilisation de la Sardaigne, 1954. *S. von Cles-Reden* Die Spur der Zyklopen, 1960, 124ff. *E. Meyer* Kl. Schriften 2, 383ff.

Sardonyx, Edelmetall aus dem nach ihm benannten S.-Gebirge in Indien. F. K.

Sargon, akkad. *Šarru-kīn*, Name von drei altoriental. Herrschern: **1.** Sargon von Akkade, ca. 2330–2280 v. Chr., Begründer der ersten semit. Dynastie in Babylonien. Nach der Legende war er Sohn einer Priesterin, wurde ausgesetzt und vom Wasserschöpfer Akki aufgezogen, ehe er am Hofe des Ur-Zababa von Kiš Mundschenk wurde und schließlich die Herrschaft antrat. Er dürfte ein hoher Beamter am Hofe dieses sumer. Herrschers gewesen sein, bevor er sich mit Hilfe einer semit. Hausmacht empörte, den Thron okkupierte und nach dem Sieg über Lugalsagesi von Uruk ganz S.-Babylonien unterwarf. In seinem 3. J. zog er über Tuttul (Hit am Euphrat) bis zum Mittelmeer und in den Zedernwald (Libanon), dann bis Kleinasien (nach dem Epos »König der Schlacht«), wo er mit Monstren kämpfte. Er regierte sein Großreich von der neuen Hauptstadt Akkade (Lage unbekannt) aus, hatte jedoch bis in sein letztes J. gegen Aufstände zu kämpfen. In seiner Z. wird die semit. akkad. Sprache im Schriftverkehr eingeführt; eine Belebung der Kunst setzt sein. **2.** Sargon I. von Assyrien, ca. 1810–1785 v. Chr., regierte z. Z. der assyr. Handelskolonien in Kleinasien. **3.** Sargon II. von Assyrien (721–05 v. Chr.), vielleicht ein Usurpator (deshalb wie S. von Akkade programmatisch Name »rechter König«), dessen kriegerische Aktivität sich zunächst nach Syrien richtete, wo er 720 bei Qarqar eine Koalition syr. Fürsten besiegte. Das Land fiel bis an die Grenzen von Äg. in seine Hand, die Einwohner von → Samaria, der Hauptstadt Israels, wurden deportiert. 717 machte er Karkemiš, das mit Mita (→ Midas) von Muški (Phryger) verbündet war, zur Provinz, unterwarf darauf ganz Südostanatolien; Mita entrichtete Tribut. 714 fand der in einem langen »Gottesbrief« beschriebene 8. Feldzug gegen Rusa I. von Urartu statt, der mit dem Selbstmord dieses Königs und Plünderung seiner Hauptstadt endete. Nach Sicherung der O.-Grenze durch Kämpfe mit Medern und Mannäern griff S. Babylonien an, vertrieb den König Marduk-apla-iddina, setzte sich selbst auf den Thron und bekämpfte die Aramäer S.-Babyloniens. Auf einem Feldzug gegen Tabal fand S. im Feindesland den Tod und blieb unbestattet. – S. baute zwar in Assur und Ninive, errichtete sich aber nach einheitlichem Plan in großzügiger Anlage die neue Residenz Dūr-Šarrukīn »Sargonsburg«, h. Chorsabad. Sie wurde gleich nach seinem Tode wieder verlassen. Hier fanden sich viele seiner Inschriften, die sich durch eine gewählte, literar. Sprache auszeichnen. W. Rö.

H. Winckler Die Keilschrifttexte Sargons, 2 Bd.e (1889). *H. Tadmor*, Journ. Cun. Stud. 12, 1958, 22ff. 77ff.

Sarissa ($\sigma\alpha\varrho i\sigma[\sigma]\alpha$). Nach Diod. XVI 3 geht die Einführung der S. eines langen Speeres, im makedon. Heer auf → Philipp II. zurück. Mit ihr war die schwere Infanterie bewaffnet, auch in der Zeit Alexanders d. Gr. und der Diadochen. Halbleichte Peltasten und Sarissophoren ($\sigma\alpha\varrho\iota\sigma\sigma o\varphi\acute{o}\varrho o\iota$), eine leichte Reitertruppe, führten sie ebenfalls. Über das Aussehen der S., die Dicke des Schaftes, die Eisenteile, die Art des Holzes und das Gewicht ist nichts überliefert. Nach Theophr. h. plant. 3,12,2 gab es unter Alexander d. Gr. 12 Ellen lange S. Polyain. strat. 2,29,2 berichtet über S. von 16 Ellen Länge. Ihre Handhabung behandelt Pol. 18,29,2. Zum Fällen wurde sie mit beiden Händen gefaßt, in die Hüftgegend eingesetzt und waagrecht oder schräg nach oben gehalten. LAMMERT (RE I A 2515ff.) vermutet, daß die gewöhnliche S. aus Eschenholz gefertigt war, sich von unten nach oben konisch verjüngte und über 6 m lang und 6 kg schwer war. A. N.

H. Delbrück, Gesch. d. Kriegskunst. 13, 429ff. *Krom.-Veith* 108. 134f. *A. M. Snodgrass* Arms and Armour of the Greeks. Lond. 1967.

Sarkophage. Aus Holz, Metall und Stein sind S. schon in Äg. und Mesopotamien bekannt, aus Ton und Stein auch in Kreta und Mykene ([15]. [22]). Einfache, seit archaischer Z. auch verzierte S. sind überall anzutreffen, wo Körper- → Bestattung geübt wird. Holz-S. ([2]. [17]) und Blei-S. ([3]) sind seltener erhalten; verzierte Ton- und Stein-S. begegnen seit dem 6. Jh. v. Chr., haben ihre erste Blüte im 5.–4. Jh. in Lykien und Ostgriechenland ([5]. [18]. [19]), kommen auch im Hellenismus vor. In Etrurien folgen auf wenige Ton-S. des 6. Jh.s seit dem 5. Jh. Stein- und Ton-S. mit Verzierung. Die Reliefs, seltener rein dekorativ, zeigen etr. Jenseitsmythen und solche griech. Mythen (z. T. in etr. Umformung), die Bezug auf Jenseitsvorstellungen ermöglichen. Die Deckelfiguren stellen den heroisierten Toten, z. T. mit Ehegatten, dar.

In der röm. Republik sind S. selten, doch haben z. B. die Cornelier bis auf Sulla Körperbestattung geübt (Cic. leg. 2,56. Plin. nat. 7,187. BLANCK MDAI(R) 73/74, 1966/67, 72ff. [18]). Vereinzelt im 1. Jh., zunehmend seit Traian, später allg. bevorzugen wohlhabende Familien reliefgeschmückte Stein-S. In fast allen Teilen des Reichs hergestellt, unterscheiden sich S. des W. von denen des O. durch an nur drei Seiten umlaufende Reliefs und geringere Rücksicht auf die tektonische Form. Neben rein dekorativem Schmuck sind Themen der Mythologie ([1]. [7]. [16]. [20]) mit symbolischem Bezug auf *virtutes*, Jenseitsvorstellungen usw. beliebt; frühchr. S. greifen chr. Themen auf ([14]). Für die röm. Kunstgeschichte sind die örtl. und zeitl. Unterschiede der S. von wesentl. Bedeutung ([10]. [11]. [12]. [13]). W. H. G.

1. *C. Robert* u. a. Die ant. S.reliefs 1890ff. 2. *C. Watzinger* Griech. Holz-S. 1905. 3. *E. v. Mercklin*, Berytus 3, 1936, 51ff. 5, 1938, 27ff. 6, 1939/40, 27ff. 11, 1955, 67ff. 4. *G. Rodenwaldt*, MDAI(R) 58, 1943, 1ff. 5. *E. Kukahn* Anthropoide S. in Beirut 1955. 6. *G. Kleiner*, MDAI(Istanb.) 7, 1956, 1ff. 7. *F. Matz* Ein röm. Meisterwerk 1958. 8. *I. Kleemann* Der Satrapen-S. aus Sidon 1958. 9. *Dies.*, in: Festschr. F. Matz (1962) 44ff. 10. *B. G. Kallipolitis*, Chronologike katataxis .. attikon sarkofagon 1958. *A. Giuliano* Il commercio dei sarcogafi attici 1962. 11. *B. Andreae* Studien z. röm. Grabkunst 1963. 12. *H. Wiegartz* Kleinasiat. Säulen-S. 1965. 13. *G. Ferrari* Il commercio dei sarcogafi asiatici 1966. 14. *Th. Klauser* Frühchr. S. in Bild u. Wort 1966. *H. Brandenburg* u. a. Repertorium chr.-ant. S. 1967ff. 15. *I. Pini* Beiträge z. minoischen Gräberkunde 1968. 16. *M. Schmidt* Der Basler Medea-S. (o. J.). 17. *N. I. Sokolskij* Antichnie derevyannie sarkophagi 1969. 18. *V. Saladino* Der S. des L. Cornelius Scipio Barbatus 1970. 19. *V. v. Graeve* Der Alexander-S. 1970. 20. AA 1971, 86ff. 21. *J. M. C. Toynbee* Death and Burial in the Roman World 1971. 22. *D. C. Kurtz – J. Boardman* Greek Burial Customs 1971. 23. *N. Himmelmann*, AAMz 1970/1.

Sarmatae, Volk iran. Abstammung, sprach nach Hdt. 4,117 und Ov. Pont. 3,2,40. 4,13,17. 5,12,57 die skyth. Sprache. Der Name wird in den griech. Quellen als *Σαρμάται*, und, bes. in den älteren Quellen, als *Σαυρομάται* angeführt. Hdt. betrachtete die S. als einen Stamm, der der Vermischung der Skythen und Amazonen entstammte und in dem die Bräuche des Matriarchats weiter bestanden. Zu seiner Z. lag ihr Wohnort noch ö. des Tanais, in späteren Quellen werden sie bereits w. des Tanais erwähnt. Um das J. 130 v. Chr. wichen sie einem Druck aus S.-Asien in Richtung S.-Rußland aus. Seitdem traten sie mit den griech. Städten an der N.-Küste des Schwarzen Meeres in Verbindung. Strab. erwähnt 4 Stämme: die → Iazyges, die königl. S. und die → Urgi wohnten zwischen Dnjepr und Donau – im S. die Iazyges, im N. die Urgi und in der Mitte die königl. S., während die → Roxolani sich weiter ostwärts, zwischen dem Dnjepr und dem Don niedergelassen hatten. Unter der Führung der königl. S. bildeten die w. S. einen Stammesbund. Unter dem Druck von O. zogen sie sich allmählich in w. Richtung zurück. Um 50 n. Chr. oder vielleicht etwas früher zogen die Iazyges in die große ungarische Tiefebene. Die Roxolani werden bei Tac. hist. (1,79) im J. 69 an der unteren Donau erwähnt; bis Mitte 3. Jh. lebten sie in der Walachei. Mit ihren Einfällen und Plünderungszügen bereiteten beide Völker den benachbarten röm. Provinzen viel Sorgen. Während der Markomannenkriege konnten die Iazyges erst nach zähen Kämpfen besiegt und gezwungen werden, die verschleppten 100000 Pannonier zu entlassen. Um 260 zogen die Roxolani in die große ungarische Tiefebene. Damals verheerten sie einen großen Teil Pannoniens, und wahrscheinlich ist auch der Gegenkaiser → Regalianus ihren Angriffen zum Opfer gefallen. Im 4. Jh. empörten sich ihre Sklaven – in den Quellen S. *Limigantes* genannt – und verjagten ihre Herren. Constantinus nahm ihrer 300000 in das Imperium auf und siedelte sie in Italien und auf dem Balkan an. Im Theißgebiet dauerte der Kampf zwischen *S. Liberi* und *S. Limigantes* noch in der 2. H. des Jh. an. Auch nach den Hunnen hört man noch von ihnen. Die letzte Erwähnung stammt von Paulus Diac. (2,26), der sie unter jenen Truppen erwähnt, die Alboin nach Italien führte und dort in verschiedenen Städten ansiedelte. Ihre Bräuche waren in der nomad. Lebensform verwurzelt. Sie verbrachten ihr Leben zu Pferd oder im Wagen (Tac. Germ. 46), hatten weder Städte noch ständige Siedlungen und folgten nach Nomadenbrauch ihren weidenden Herden. Erst im Donaubecken erfuhr diese Lebensweise eine gewisse Änderung. Die griech. Autoren behaupten, auch die Frauen hätten sich an ihren Kämpfen und Jagden beteiligt. Im Fußgefecht konnten sie sich nicht behaupten, aber ihre Reiterattacken waren oft unwiderstehlich. J. F.

Sarmatia (*Σαρματία*). Seit Mela (3,33) Bezeichnung des von den S. bewohnten Gebiets, bei Hdt. noch *Σκυθικὴ χώρα*. Ptol. verallgemeinert den Namen auf ganz O.-Europa; bei ihm bedeutet Skythien das n. Asien jenseits der Wolga. Da Europas Grenzen damals entlang des Tanais gezogen wurden, spricht Ptol. von *Σαρματία ἐν Εὐρώπῃ* (3,5) und *Σαρματία ἐν Ἀσίᾳ* (5,9). Die W.-Grenze von S. reichte bis zu den Germanen, an der Weichsel, im O. war ihr Siedlungsgebiet vom Kasp. Meer und der Wolga begrenzt. Im N. reichte S. bis zum Ozean, während die S.-Grenze vom Sarmata-Gebirge bis Carpates und parallel weiter bis zum Schwarzen Meer lief. Das ganze umfangreiche Gebiet war niemals unter sarmat. Herrschaft; es war auch von zahlreichen anderen Völkern bewohnt. Während der Markomannenkriege wollte Kaiser Marcus aus dem Lande der Iazygen die Provinz S. machen: *voluit Marcomanniam provinciam, voluit etiam Sarmatiam facere* (H. A. v. Marci 25,5). J. F.

Sarmaticus. Siegerbeiname des Kaisers → Marcus (2) Aurelius und seines Sohnes und Mitregenten → Commodus seit 175, des Kaisers → Maximinus (2) Thrax und seines Sohnes → Iulius (II 90) Maximus, die sich seit 236 *S. maximus* nannten. Nach seinem Sieg über die → Sarmaten nahm auch Kaiser → Aurelianus den Titel *S. m.* an (SHA Aurel. 30,5). Im 4. Jh. führten fast alle Kaiser den Beinamen *S. m.* mit Iterationszahlen nach der Zahl der errungenen Siege: → Diocletianus IV, → Maximianus V, → Galerius V, → Constantius Chlorus III, → Licinius, → Constantinus d. Gr., der schon unter Galerius gegen die → Sarmaten gekämpft hatte, feierte 322 einen Sieg (Zos. 2,21) und schickte 334 seinen Sohn → Constantinus (2) ins Feld, auch die beiden anderen Söhne → Constantius II (2) und → Constans (1) nahmen den Titel S. an (CIL III 12483 = DESSILS 724). Constantius II. besiegte die → Sarmaten auch 358 (Amm. 17,12. Aur. Vict. Caes. 42,21) und wurde von den Soldaten als *S. iterum* begrüßt (Amm. 17,13. 25. 33). Auch Kaiser → Iulianus (5) Apostata trug den Beinamen (DESSILS 8945), obwohl wir über seinen Sarmatenkrieg nichts wissen. Kaiser → Theodosius verschmähte es, nach seinen Siegen 374 und 378, den Beinamen *S.* anzunehmen (Pacat. paneg. 2,5,10). G. Wi.

Zusammenstellung aller epigr. Zeugnisse bei *R. Kneissl* Die Kaisertitulatur d. röm. Kaiser. Hypomnemata 23 (1969).

Sarmentus, Sklave aus Etrurien, der aus dem Besitz des M. → Favonius (1) 42 in den des Maecenas kam, von dem er die Freiheit erhielt. Als Spaßmacher bei Maecenas und Augustus machte er seinen Weg, erkaufte sich sogar den Ritterstand, endete aber als typischer Parasit (Iuv. 5,3f.) in Armut. H. G. G.

Sarmizegetusa, *Zarmizegetusa*, *Ζαρμιζεγέθουσα*, *Sarmategte* (Tab. Peut.) u. a. Eine der bedeutendsten Städte Dakiens, h. Várhely in Siebenbürgen. Scheint schon vor der röm. Herrschaft Hauptstadt Dakiens gewesen zu sein. Dort residierten die dakischen Könige (Ptol. 3,8,7). Beim Friedensschluß von 102 n.Chr. ließ Traian dort eine röm. Besatzung zurück (Cass. Dio 68,9,7). Nach dem 2. dak. Krieg wurde S. zur röm. Kolonie erhoben (CIL III 1443). Der Name lautete vollständig *colonia Ulpia Traiana Augusta Dacica S.* S. wurde der *tribus Papiria* zugerechnet. Im 3. Jh. erhielt es den Beinamen *Metropolis*. Im Markomannenkrieg war es ernstlich gefährdet (167–175 n.Chr., vgl. CIL III 7969). Im 3. Jh. war es Hauptstadt Dakiens (vgl. CIL III 1454). Es war die Residenz des Legaten, sooft er sich nicht im Lager aufhielt.

Das religiöse Leben der Provinz hatte hier sein Zentrum; die zahlreichen Mithräen z. B. künden davon. Für die hohe Blüte der Stadt zeugt, daß die Kaiser verschiedentlich das Amt eines Duumvirn übernahmen. S. wurde nach der Teilung *Dacia superior* zugerechnet. Später war es Sitz des Procurators der *Dacia Apulensis*. Die Überreste der Legionscastra finden sich am O.-Ende von Várhely. Die Stadt verfügte über ein Amphitheater. Überhaupt hat die röm. Zeit zahlreiche Spuren hinterlassen. K. A.

C. und *H. Daicoviciu* Ulpia Traiana, 1962. *Dies.* Sarmizegetusa, 1963.

Sarnus, bei Pompei (Strab. 5,247) mündender kampan. Fluß (Vib. p. 151 R.). Zu S. (⟨**sarsnō-* gehören *sarasneis* auf Mz. von Nuceria (Vetter HB Nr. 200 A 9b), *Sarrastres* (Verg. Aen. 7,738. Sil. 8,538f. Konon FGrH 26 F 3. Pfiffig Etr. Sprache 168 Suffix *-tra*), *Sārĭna* (Vetter HB Nr. 23. 24 Tor in Pompei), *Surrentum*, *Σωρεντός* (⟨**sr̥sn̥to-*), umbr. → *Sarsina*. Apotheose des Epidius in S.-Quelle (Suet. gramm. 28,1); h. Sarno. G. R.

Forbiger HB d. alt. Geogr. 3,376. *Nissen* It. Ldk. 2,760f. *Beloch* Campanien ^{2}212f.

Saron (*Σάρων*). Der 3. myth. König von Troizen, Stifter des Heiligtums der Artemis Saronia. Bei der Jagd auf einen Hirsch (oder ein Wildschwein) ertrank er im Meere, wurde am Strande begraben und dort und am Bosporos als Meeresdämon verehrt. Nach ihm als Eponym einer verschollenen Ortschaft ist der saron. Meerbusen benannt. Paus. 2,30,7. 32,10. Aristeid. 2, 274 Dind. GGM 2,53. H. v. G.

A. Lesky Thalatta 143f. *Nilsson* Griech. Feste 227. *Wilam.* GldH 1,380ff.

Saros (*ὁ Σάρος*, vgl. etwa Strab. 12,535), Strom im SO. der kleinasiat. Halbinsel, h. Seyhan Nehri. Er entspringt im Tauros in → Kataonien, wo an seinen Ufern → Komana (1) lag (Strab. a. O.), und mündet an der kilik. Küste s. ö. von → Tarsos ins Mittelmeer. E. O.

W. Ruge, RE II A 34 Nr. 2.

Sarpedon (*Σαρπηδών*). Kret.-lyk. Held, Sohn des Zeus. Als Kreter hat er wie → Minos und → Rhadamanthys → Europe zur Mutter (Hes.). Nach einem Streit mit Minos (o. III 1333,25ff.) ging er nach Kleinasien und wurde König der Lykier. Die Il. reiht ihn in die Genealogie des lyk. Fürstenhauses ein: Seine Mutter ist → Bellerophons Tochter → Laodameia (1). Mit seinem Vetter → Glaukos (4) befehligt er das lyk. Kontingent im Dienste Troias (2,876). Er kämpft siegreich mit dem Rhodier → Tlepolemos, wird dabei aber selbst schwer verwundet (5,628ff.; nach Robert u. a. ist der urspr. Schauplatz dieser Kämpfe Lykien); er schlägt eine Bresche in den achaiischen Wall (12,290ff. 397ff.). Sein letzter Kampf gilt → Patroklos (16,419ff.), dem er erliegt (o. III 1394, 50). → Hypnos und Thanatos bringen ihn zur Bestattung nach Lykien; vgl. → Memnon (1); W. Kullmann, H(ES 14) 34f. 319f. Wilam. Il. u. Hom. 135ff. 214ff. v. Scheliha Patroklos 261). Seine Rüstung dient als Preis bei den Leichenspielen B. 23.

Die Identität des kret. und des lyk. S. wird durch die o. III 809,34 vertretene These unterstützt. Chronol. Schwierigkeiten suchte man im Alt. durch eine Spaltung in Großvater und Enkel (Diod. 5,79,3) oder durch die Gabe bes. Langlebigkeit (Apollod. 3,5) zu lösen; seine Erbfolge wurde durch das lyk. Matriarchat oder durch die interessante Erzählung bei Eustath. 894,38 erklärt; L. Radermacher Hippolytus und Thekla, SAWW 182, 1916, 64ff. – Über Darstellungen in der Kunst und zugehörige Geographica: Zwicker, RE IIA 35ff. H. v. G.

A. B. Cook Zeus 1,464. 545ff. *E. Howald*, MH 8, 1951, 111ff.

2. (auch *Σαρπηδονία ἄκρα*), Vorgebirge an der südthrak. Küste s. von der Mündung des Hebros, gegenüber Samothrake, am Beginn des Melas Kolpos, h. Kap Gremea oder Paxi. Die Flotte des Xerxes fuhr zur S. a., um dort den Vormarsch des Landheeres abzuwarten. Der Kult des Heros S. war auch in Thrakien heimisch.

Hdt. 7,58. Strab. 7,331, frg. 52. Hesych. s. v.; Apoll. Rhod. 1,216 mit Sch. Chr. D.

Oberhummer, RE II A 47.

Sarsina (*Sassina* Plin. nat. 3,114. Martial. 9, 58. Sil. 8,463), Stadt (Strab. 5,227) der umbr. *Sarsinates* (Pol. 2,24,7) am Sapisfluß, Heimat des Plautus (Most. 770. Fest. 274,13 L.). S. wird zu Mantua und Perusia in Beziehung gesetzt (Serv. auct. Aen. 10,201). Milch- und Käsewirtschaft (Plin. nat. 11,241. Martial. a. O. Sil. a. O.). *Municipium* der 6. Region (Plin. nat. 3,114) in der *tribus Pupinia* (L. Ross Taylor Voting Districts ecc. 274); zum Namen → Sarnus. H. Sarsina. G. R.

Forbiger HB d. alt. geogr. 3,440. *Nissen* It. Ldk. 2,378f.

Sarte (*Σάρτη*), Stadt im Osteck der chalkid. Halbinsel Sithonia, z. Z. des Xerxeszuges erwähnt, dann Mitglied des att. Seebundes. Bedeutende Überreste über der Bucht Sykia. Hdt. 7,122. CIA I 243–266. B. D. Meritt Ath. Trib. Lists 396 bis 397. Chr. D.

Oberhummer, RE II A 53. *Detschew* Thrak. Sprachreste 425.

Sarus, tapferer got. Föderatenführer, Bruder des Sigerich (Westgotenkönig 415), verfeindet mit Athaulf (o. 1,1544) und → Alarich (Olympiod. frg. 3. 17. 26). 406 kämpfte S. gegen → Radagais, 408 gegen den Usurpator → Constantinus (Nr. 3), 410 störte er Verhandlungen des Kaisers Honorius mit Alarich, 412 wurde er in Gallien erschlagen (Oros. 7,37,12. Zos. 5,30. 36. 6,2. 13. Soz. 9,9). A.L.

L. Varady Das letzte Jh. Pannoniens, 1969, 201 ff. (teilw. hypothetisch).

Sasernae (Hostilii?), Vater und Sohn, Vf. eines Lehrbuches *De agricultura*, 1. Jh. v. Chr. (Varro rust. 1,2,22. Plin. nat. 17,199), das sich inhaltlich wie stilistisch eng an das Vorbild des älteren Cato anschloß. Von Varro meist polemisch zitiert, genießt es noch bei Columella und Plin. nat. einiges Ansehen, ging aber dann verloren. P. L. Sch.

R. Reitzenstein De scipt. r. r. lib. dep., 1884, 3 ff. 52 f. RE VIII 2513. *Schanz-Hos.* 1,241 f. *H. Bardon* Lit. Lat. Inc. 1, 1952, 83 ff.

Saspeires (*Σάσπειρες* Hdt. 1,104. 3,94 u. ö., *Σάπειρες* Apoll. Rhod. 2,395, *Sapires* Amm. 22, 8,21, *Ἑσπερῖται* Xen. an. 7,8,14), iber. Volk, das wahrscheinlich mit den → Kimmeriern südwärts in Armenien eingebrochen ist. Erst von Dareios unterworfen, wurden die S. Teil der 18. Satrapie. Die von Alexander gegen sie ausgesandte Expedition schlug gänzlich fehl, Strab. 11,529. J. D.-G.

Sassaniden, Dynastie, die über Iran von 227 bis 651 herrschte. Pâpak, ein Abkömmling des Sassan, war Priester des Feuertempels in Staxr, Persis. Es gelang ihm, den pers. Fürsten Gočihr zu stürzen. Sein Sohn Ardašir besiegte den letzten parth. Großkönig Ardavan V. und nahm die Titel »König der Könige« und »Verehrer des Ohrmazd« an. Unter den S. war das polit. Zentrum Irans wieder in Persis wie unter den Achaimeniden. Auch strebten Ardašir und seine Nachfolger, die lockere, feudale Struktur des arsakid. Reiches in eine stärkere Einheit umzuwandeln, wie sie unter den Achaimeniden bestanden hatte. Wie früher die Auseinandersetzung mit den Griechen und Römern, bedingte das Verhältnis zu Rom bzw. Byzanz die Gesch. des Sassanidenreiches. Die beiden Teile schlossen oft Frieden, betrachteten einander aber immer als Gegner, und zwar als ebenbürtige Gegner. → Sapor, Ardašir's Sohn, besiegte drei röm. Kaiser. Narseh (→ Narses [1],293–302) schlug in Mesopotamien → Galerius, mußte aber bald danach auf Mesopotamien und Armenien verzichten. Der Kampf um jene Gegenden dauerte (namentlich unter → Sapor II., 309–379) beinahe die ganze sassanid. Periode hindurch. Chosrau II. (→ Chosroes (4); 590–628) gewann mit Hilfe von Kaiser Mauricius seinen Thron zurück. Er eroberte Syrien und nahm Jerusalem, mußte jedoch vor Heraclius weichen und wurde von ihm geschlagen. Nunmehr ging das Perserreich rasch seinem Ende entgegen. J. D.-G.

Sasura, Ortschaft in Africa, h. Henchir el-Ksour in Tunesien, 12 Meilen n. von → Thysdrus nach Tab. Peut., 4 km s. w. von Bou Merdès (Atl. Arch. Tun. f^{e} Kerker, nr 12). *Σάσουρα* Ptol. 4,3, 36. *Sassura vicus* Tab. Peut. *oppidum Sarsura, Numidarum praesidium* Caes. Afr. 75,3. 76,1. Caesar griff dort Scipio und die Numider im J. 46 v. Chr. an und nahm das *oppidum*. M. L.

Tissot Géogr. Afr. 2,185. 749. *G. Veith* bei *Kromayer* Ant. Schlachtfelder 3, 823. 874. *S. Gsell* Hist. Anc. Af. N. 8,41. 109. 117.

Satala (*τὰ* oder *ἡ Σάταλα*, vgl. etwa Cass. Dio 68,19,2 bzw. Prok. b. P. 1,15,9 f.), wichtiger kaiserz. Verkehrsknotenpunkt in Kleinarmenien und daher langjährige röm. Garnisonstadt, in chr. Z. Bischofssitz (Reste beim h. Sadağ). E. O.

W. Ruge, RE II A 59 Nr. 2. *F.* und *E. Cumont*, Studia Pontica 2, 1906, 343–51. *C. F. Lehmann-Haupt* Armenien einst und jetzt II 2, Bln. 1931, 700 ff.

Sataspes (*Σατάσπης*), mütterlicherseits Neffe des Dareios (Hdt. 4,43), hatte eine Tochter des Zopyros vergewaltigt und sollte deswegen gepfählt werden; auf Bitte seiner Mutter wurde ihm die Strafe erlassen und zur Sühne die Umschiffung Libyens aufgetragen. Er fuhr von Äg. aus durch die Säulen des Herakles, kehrte aber zurück, ohne seine Aufgabe vollendet zu haben; darauf ließ Xerxes die verhängte Strafe an ihm vollstrecken. J. D.-G.

Satibarzanes (pers. Name, F. Justi Iran. Namenbuch, 1895, 291), pers. Satrap von Areia, bei Gaugamela auf dem l. Flügel, Anhänger des → Bessos, einer der Mörder des → Dareios (3), unterwarf sich 330 Alexander, empörte sich bei dessen Weitermarsch und fiel 329 im Zweikampf gegen → Erigyios. Arr. an. 3,8,4. 21,9 f. 25. 28,2. Diod. 17,78 ff. Berve Alex. 2,697. H. V.

Saticula ist eine feste Stadt n. des → Caudin. Jochs (Serv. Aen. 7,729 zu Kampanien), die erst nach schweren Kämpfen (Liv. 7,34 ff. 9,21 f. Diod. 19,72) erobert werden konnte; sie erhält 313 eine Latinerkolonie (Fest. 458,26 ff. L. Vell. 1,14,4. Liv. 27,10,7). Letzte Erwähnung Liv. 23,14,13. H. S. Agata de'Goti. G. R.

Forbiger HB d. alt. Geogr. 3,460. *Nissen* It. Ldk. 2,809. *Salmon* Samnium and the Samnites 225 ff.

Satis, Göttin von → Elephantine, trägt an ihrer hohen Krone Antilopenhörner, woraus ihr urspr. tierisches Wesen zu erschließen ist, oft mit der Göttin Anukis und dem Gott Chnum verbunden. Als Herrin der Nilquellen am 1. Katarakt gilt sie als Bringerin des reinigenden Wassers. S. ist auch Herrin der Insel Bigeh (bei → Philae), und tritt als Beigöttin in nub. Tempeln des N. R. auf. In sait. Z. (Mitte 1. Jt. v. Chr.) zeigt sich eine Vermischung von S. mit der → Sothis (Sirius-Stern als Bringerin der Überschwemmung). W. H.

Satisdatio ist die durch Beiziehung von Bürgen *(sponsores* bzw. *fidepromissores,* später *fideiussores)* qualifizierte → *cautio.* Wegen ihrer vielseitigen Verwendbarkeit sind die *s.nes* des Privat- und Prozeßrechts beliebte Vorkehrungen zum Schutz gegen Schäden, deren Ursachen im Bereich des Gegners liegen. Soweit eine Garantieübernahme vom Praetor auferlegt (erzwungen) wird, spricht man von *stipulationes praetoriae.* Zumeist verlangt er *s.;* eine *nuda cautio (repromissio)* oder eine pfandbestärkte Stipulation reicht nur in wenigen Fällen aus, vgl. Dig. 46,5,1,5ff. Dem Zwang zur Sicherheitsleistung dient des öfteren die Androhung einer *missio in possessionem* gegen den Kautionsunwilligen. Beispiele für *s.nes* → *cautio.* H. St.

V.Colacino s.v. Satisdatio, Noviss. Digesto Ital. 16, 1969, 661f. *M. Kaser* Das röm. Zivilprozeßrecht, 1966, 209ff. 333. 335ff. 470. *Ders.* Das römische Privatrecht 1, ²1971, 539.

Satnioeis (ὁ Σατνιόεις, vgl. Hom. Il. 6,34 u.ö.), Fluß in der s. Troas, h. Tuzla Çay, der in einem w. Zug des Ida-Gebirges (→ Gargara, h. Kaz Daği) entspringt, bei → Assos (beim h. Behram Kale) ca. 2 km an den Golf von → Adramyttion (h. Edremit) herantritt, um aber mit w.-wärts gewandtem Lauf erst n. von Gülpinar ins Ägäische Meer zu münden. E. O.

L.Bürchner, RE II A 79f. *W.Leaf* Troy, London 1912, 199f.

Saton (σάτον, σάτα, σάτος, σάτων, hebr. *seah*), syr.-palästin. Hohlmaß für Getreide, später auch für Flüssigkeiten, 1/30 → Chomer und seinerseits 24 → Log haltend, von Ios. ant. Iud. 9,85 u.a. zu 1½ ital. (= röm.) → Modius (ca. 13 l) bestimmt, bei Epiphanios (metrol. script. 1,261,14ff. u.s.) mit 1¼ Modius (ca. 11 l) angegeben. Es gab wohl verschiedene Normen. H. Ch.

A. Segrè, Journ. Bibl. Lit. 64, 1945, 357ff.

Satornil, frühchristl. Gnostiker, der um 100 n.Chr. in Syrien wirkte. Irenäus und das verschollene Syntagma des Hippolytos bringen S. mit → Basilides zusammen. Wie andere frühchr. Gnostiker arbeitet auch S. weithin mit jüd. Material, das er stark modifiziert. Auch der bei S. begegnende Anthroposmythos mag auf jüd. Adamspekulationen zurückgehen (Quispel): Von Engelmächten unvollkommen geschaffen, wird der Urmensch erst durch den göttl. Funken echter Mensch. Die von S. vertretene Christologie ist doketisch, seine Ethik asketisch. Kl. W.

G.Quispel Der gnost. Anthropos und die jüd. Tradition, EranJb 22, 1954, 195–234.

Satrai (Σάτραι), starker Thrakerstamm in dem Waldgebirge zwischen dem Unterlauf des Strymon und des Nestos. Sie hatten an den Gold- und Silbergruben des → Pangaion Anteil. Auf einem hohen Berg lag das Dionysosheiligtum der S., das von den ihnen stammverwandten → Bessoi verwaltet wurde. Sie waren sehr kriegerisch und konnten ihre Unabhängigkeit wahren. Hdt. 7, 110–112. Chr. D.

Oberhummer, RE II A 81. *Detschew* Thrak. Sprachreste 426. *Danoff* Altthrakien, Sofia 1968 (bulg.) 114 u.ö.

Satrap (und Satrapie), altpers. *xšaçapāvan,* eigentl. »Landesbeschützer«. Alle fremden Transskriptionen, akkad. *ahšadarapannu,* griech. σατράπης, ἐξατράπης, σαδράπας, beruhen auf einer nichtpers., vermutlich med. Form. Die Einrichtung war also schon med., vielleicht aus dem assyr. *bel pihat* »Statthalter« übernommen. Eine völlige Neuschöpfung des → Kyros liegt bestimmt nicht vor. Nach seinen Anordnungen war der Hof des S. dem des Großkönigs nachgebildet, daraus erklärt sich die Deutung und Übers. des Wortes σατράπης als βασιλεύς. Die Liste der Satrapien des → Dareios (1), Hdt. 3,89–96, beruht auf einer von → Hekataios (3) herrührenden Aufzählung der von Dareios beherrschten Völker in ihrer Gruppierung nach Steuerbezirken. Sie berücksichtigte lediglich die Steuerkraft der Perser, soweit sie dem König zufloß, die δύναμις des Königs. Herodot wurde sie von Dionysios von Milet übermittelt. Nur teilweise stimmt sie mit der Liste der unterworfenen Völker in den achaimen. Inschr. überein: I Ionier (Yauna); II Myser, Lyder (Sparda = Sardes) usw.; III Kappadokier (Katpatuka) usw.; IV Kilikien; V das Gebiet von der Stadt Poseidon bis nach Äg.; VI Äg. (Mudraya); VII Sattagyden (Θataguš); VIII Susa; IX Babylon (Babiruš) und Assyrien (Aϑura); X Ekbatana usw.; XI Kaspier usw.; XII Baktrien (Baxtriš); XIII Armenien (Armina) usw.; XIV Saranger (Zaranka) usw.; XV Saken (Saka) usw.; XVI Parther (Parϑava), Chorasmier (Uvārazmiya), Sogdier (Suguda) und Areier (Haraiva); XVII Parikanier, usw.; XVIII Matiener, Saspeiren und Alarodier; XIX Moscher usw.; XX Inder. Einige äußere und innere Veränderungen fanden nach Dareios statt. Xenophons Liste lehrt uns, daß bereits unter Artaxerxes II. die Trennung Babyloniens von Assyrien und die Vereinigung Assyriens mit Syrien bestand. Vermutlich wurde sie von Xerxes nach Babylons Auflehnung vorgenommen. Einige Satrapien waren erblich, z.B. Kilikien, das in den Händen des angestammten Fürstenhauses blieb.

Die S. befehligten die Kontingente der Untertanen, aber die hauptsächlichen Garnisonen (φρουραί) blieben von pers. Truppen unter pers. Offizieren besetzt. Zu den zivilen und militär. Befugnissen des S. trat als höchster Ausdruck der ersteren das Münzrecht. Das Recht der Goldprägung freilich behielt Dareios dem König als Reichsregal vor; die Silberprägung blieb dagegen frei und wurde wie von Städten so auch von S. und Generalen ausgeübt. Die große Machtfülle, die in die Hände der S. gelegt war, machte eine ernstliche und unausgesetzte Kontrolle durch den Großkönig notwendig. Sie erfolgte zum Teil durch die Phrurarchen, zum andern Teil durch die Besichtigungen, die der König selbst und seine Sendboten jährlich vornahmen. Wie unzureichend alle diese Maßnahmen gegenüber den durch die Übermacht der Satrapen bedingten zentrifugalen Kräften waren, zeigten die S.-Aufstände. Das Perserreich ging schließlich an dem System der Satrapien zugrunde.

Alexander ließ die Satrapien als solche bestehen, war sich aber von vornherein darüber klar, daß für eine Festigung seines Reiches eine Beschränkung der Macht der S. unerläßlich sei, um die Wiederkehr der Zustände auszuschließen, die vornehmlich die Zerrüttung des Perserreiches bedingt hatten. Er sah mit Recht das Heil in einer Scheidung der militär. Befugnisse von denen der Zivilverwaltung, und von dieser trennte er – ein ganz neuer Gedanke – wieder die Finanzverwaltung ab. Er hat sich hier einen Hauptgrundsatz der pers. Verwaltung, wie sie Kyros eingeführt hatte, zu eigen gemacht. In der Satrapie Äg. erfolgte eine durchgreifende Teilung der Gewalten. 1. Zivilverwaltung, 2. Militärverwaltung und Flottenkommando, 3. die Besatzung der Festungen und 4. die Besteuerung wurden in verschiedene Hände gelegt.

Für die Z., da die Reichseinheit nach Alexanders Tode – mehr und mehr nur dem Scheine nach – aufrechterhalten wurde, sind uns drei Teilungen der Satrapien bekannt, die von Babylon, von Triparadeisos und von Persepolis.

Antigonos löste, um seine Herrschaft gegen Empörungen sicherzustellen, die einzelnen Satrapien in Strategien auf, deren Inhaber in ihren beschränkten Gebieten die Militärgewalt sowohl wie die Zivilgewalt handhaben sollten. Die Verwalter der auswärtigen Besitzungen der Ptolemaier wurden stets als Strategen bezeichnet. Im Seleukidenreiche waren Obersatrapien als Satrapien bezeichnet, Untersatrapien sowohl als Hyparchien wie als Satrapien und von Hyparchen geleitet, die auch als S. bezeichnet wurden wie im Perserreich. Eine Teilung der Gewalt scheint also im Seleukidenreiche die Regel gewesen zu sein: der Ober-S. als Zivilverwalter, neben ihm der Stratege als Inhaber der Militärgewalt, unter jenem die Zivilverwalter der Teilprovinzen, Hyparchen oder auch S. genannt.

Was Alexander und die Seleukiden teils durchgeführt, teils erstrebt hatten, ging im Partherreich verloren: die Zustände der Achaimenidenzeit kehrten in verstärktem Maße wieder. Durch das Dazwischentreten der Makedonen und Griechen wurde, außer in Atropatene, der Zusammenhang mit der Vergangenheit zerrissen, und so kam auch der Titel S. in Wegfall. Aber die Sache selbst blühte wieder auf, wie es der Titel des → Gotarzes in der Inschr. am Felsen von Behistun beweist: *σατράπης τῶν σατραπῶν* ist volles Äquivalent von *βασιλεὺς τῶν βασιλέων*. J. D.-G.

Satrapes (*Σαδ/τράπης*). Gräzisierter Name des kanaan. Gottes Šadrapa (J. Hoftijzer Religio Aramaica, 1968, 47f.) auf der kilik. Stele von Devirigui und 2 griech. Inschr. von Maʿad bei Byblos (E. Renan Mission de Phénicie, 1864, 240ff. [1], 140. 141f. [2], 67ff.). In → Elis fand S. Anschluß an den lokalen Poseidonkult; man sah in ihm Korybas, den Führer der phryg. Korybanten (Paus. 6,25,5f. Ch. Clermont-Ganneau, Journ. As. 10, 1877, 157ff. [1], 141. [3], 82f. P. Kretschmer, Sprache 2, 1950/52, 67f. → Kronos). Inschr. Zeugnisse für die semit. Form שדרפא sind die Stele von Amrit (Clermont-Ganneau, Rec. Arch. Or. 4, 1901, 325ff. [6],199 Abb. 22), palmyren. Tesserae (Mesnil du Buisson Tessères et Monnaies de Palmyre, 1962, 343ff.) sowie pun. Votive von Karthago (Donner-Röllig Kanaan. und Aram. Inschr. 1, 1966, 17 (Nr. 77). 2, 1968, 94f.), Antas/Sardinien (M. H. Fantar Ricerche Punice ad Antas, 1969, 80f.) und Grotta Regina bei Mondello/Sizilien (M. G. G. Amadasi, Studi Semit. 33, 1969, 43. 47. 48f.). Der Name des S. bedeutet vermutlich »Šad (ist) kriegerisch« oder »Šad (ist) heilend« (J. Guttmann, Tarbiz 20, 1949, 68ff. 70ff. Donner-Röllig 2,95. [2], 73. [3], 78ff.). Der Gott führt auf einer Stele des Bel-Tempels von Palmyra die Attribute Schild, Skorpion und Schlangenstab (P. Collart, MH 13, 1956, 209ff. H. Seyrig, Berytus 3, 1936, 137ff. Syria 47, 1970, 83ff. Abb. 6), auf Mz. von Mabug und Alep als betyl. Idol das Pflanzenbüschel mit Adler und Schlangenszepter ([5], 143f. Abb. 1). Die daraus ersichtl. Eigenschaften eines jugendl.-kriegerischen, heilenden und wachstumfördernden Gottes (→ Ešmun-Asklepios [1], 144f. [6], 200f. Vgl. die S.-Asklepios-Skulpturen auf den Altären von Kefr el Mâ und Mukes/Gadara Baudissin Adonis und Esmun, 1911, T. IX) haben zur Vergesellschaftung mit dem äg. Horus (Ḥor-Šed) geführt (G. Loukianoff, Bull. Inst. Eg. 13, 1930/31, 67ff. 21, 1938/39, 259ff. C. Picard, Karthago 13, 1967, 96f. [3], 74ff.). Angenähert wurde S. ferner dem karthag. Baal Hamman ([4], 96. M. Leglay Hommages W. Deonna, 1957, 352), in Zaubertexten auch dem äg. Kneph (*Σατραπερκμηφ* P. J. Sijpestein, Ztschr. f. Pap. u. Epigr. 4, 1969, 187ff.); gekoppelt mit dem palmyren. Du ʿAnat (Dedikation des Maliko: [2], 43ff.) und dem pun. Milk ʿAštart (Donner-Röllig 1,22 (Nr. 119). 2,124ff. A. Di Vita, Orientalia 37, 1968, 201ff.). Die Gleichsetzung mit *Liber Pater* (Dionysos) in einer lat.-neupun. Bilingue von → Leptis Magna (G. Levi della Vida, BASOR 87, 1942, 29ff. Donner-Röllig 1,24 (Nr. 127). 2,132) wird durch afr. Mosaiken unterstrichen ([4], 94f. L. Foucher Hadrumetum, 1964, 287ff.). R. Dussaud, Syria 26, 1949, 219ff. betrachtete S. als semit. Adaptation des → Mithra; S. Ronzevalle, Arethuse 7, 1930, 6ff. 15 verglich ihn mit Helioseiros und Phanebalos auf den Mz. von Askalon u. Rabatmoba. W. F.

1. *J.G.Fevrier* La Rel. des Palmyréniens, 1931. 2. *J. Starcky*, Syria 26, 1949, 43ff. 3. *A.Caquot*, Syria 29, 1952, 74ff. 4. *G. Charles-Picard* Les Rel. de l'Afrique Ant., 1954. 5. *C. du Mesnil du Buisson*, Mél. Un. St. Joseph 38, 1962, 141ff. 6. *H.Gese* Die Religionen Altsyriens, 1970, 198ff.

Satricum. Volskerstadt in der Nähe von → Antium, um die im 4. Jh. v. Chr. (Liv. 2,39,3 schon früher) heiß gekämpft wurde (Liv. 6,71. 8,9. 27,7. 32,4f. 8,1,1). Nach Liv. 6,16,6 wurde 385 eine röm. Bürgerkolonie in S. eingerichtet (Dion. Hal. ant. 5,61,3. Diod. 7,4 S. latinisch), die die Volsker 383 vertrieben. Bei zweimaliger Zerstörung 377 (Liv. 6,33,4) und 346 (7,27,7f.) bleibt Tempel der → Mater Matuta erhalten; 348 volsk. Kolonie (7, 27,2). Der Tempel 206 vom Blitz getroffen (28, 11,2). Plin. nat. 3,68 nennt S. unter den untergegangenen Städten; Inschriftenfund sichert Lokalisierung bei Casale di Conca (NSA 1896, 102. 195). Es gab ein anderes ebenfalls volsk. S. nahe → Fregellae (Liv. 9,12,5. 16,2. Cic. Qu. fr. 3,1,4). G. R.

Forbiger HB d. alt. Geogr. 3,477. *Nissen* It. Ldk. 2,631. *Beloch*, RG 317. 360. *Alföldi* Early Rome and the Latins 374f. 404ff. *Robert* Beginn d. röm. Republik 422f.

Satrius. Ital. Gentilname, SCHULZE Eigenn. 80. 225.

I. Republikan. Zeit: M. S., Patron der Picenter und Sabiner, wurde ca. 74 durch ein gefälschtes Testament seines Onkels mütterlicherseits, L. → Minucius Basilus (I 21), adoptiert, Cic. off. 3,73f. Viell. ident. mit dem Legaten des Caesarmörders C. Trebonius 43 im Osten, Cic. ad Brut. 1,6,3. H. G. G.

II. Kaiserzeit. **1.** S. Rufus, Zeitgenosse des jüng. Plinius, mit dem zusammen er eine Rechtssache führte, die von M. → Aquilius Regulus (II 5) vertreten wurde (Plin. epist. 1,5,11). Er war Anhänger der neuen Richtung der Beredsamkeit, die sich in bewußten Gegensatz zu Cicero stellte (Plin. ebd.). In der Senatsverhandlung, in der Plin. gegen → Publicius Certus, den Ankläger des → Helvidius Priscus (3) vorgehen wollte, nahm er *medio ambiguoque sermone* zur Angelegenheit Stellung. Dabei wurde es deutlich, daß er nicht zu den Parteifreunden des Plin. gehörte (Plin. epist. 9,13,17). **2.** S. Secundus, Klient des → Seianus, klagte gemeinsam mit → Pinarius Natta (II 1) 25 den Historiker A. → Cremutius Cordus der Majestätsbeleidigung an (Tac. ann. 4,34. 6,8. Sen. dial. 6). Nach Seians Sturz rettete er sich dadurch, daß er als Angeber gegen seinen Patron auftrat. Seine Gemahlin war die berüchtigte → Albucilla (Tac. ann. 6,47. Cass. Dio 57,27,4). G. Wi.

Sattia. Eine vornehme Dame, die unter Claudius im Alter von 99 J. starb, was nach ihrem Wunsch auf dem Grabstein vermerkt wurde (Sen. epist. 77,20, Plin. nat. 7,158: wo S. zu lesen ist). Ihren Arzt nennt CIL VI 9590 = DESSILS 9434 (HÜLSEN, RhM 1908, 633ff.). Auf sie bezieht sich wohl auch d. verderbte Stelle Martial. 3,93,20. G. Wi.

Satura. Röm. literar. Gattung, deren Name (zu ant. Deutungsversuchen vgl. die Testimonien in den Lucilius-Editionen von F. MARX, Bd. 1, 1904, CXXff. u. W. KRENKEL, Bd. 1, 1970, 46ff.) und Ursprung (zur ant. Konstruktion einer vorlit. dramat. s. vgl. zuletzt E. PASOLI, Vichiana 1964, 2,1ff. W. HERING, in [2], 419ff.) umstritten sind, und deren vielfältige hist. Entwicklung eine umfassende Definition erschwert. Fernzuhalten ist die moderne Bedeutung von Satire (von der Orthographie *satyra*, die eine kaiserzeitl. Herleitung aus dem griech. Satyrspiel voraussetzt) als persönlich-polit. Invektive. Der Titel s. = Mischung, Gemisch scheint zuerst von Ennius in der Tradition ähnlicher hellenist. Titel für eine metrisch wie inhaltlich uneinheitliche Gedichtsammlung verwendet worden zu sein, die auch die sog. *Varia* umfaßt haben dürfte (vgl. aber [5], 18f.). Einen ersten Schritt auf eine Vereinheitlichung hin bedeuten die Satiren (30 B.), des → Lucilius, der den Hexameter bevorzugt und als Ritter seiner persönlichen Meinung auch in polit. Polemik Ausdruck geben kann; er gilt als der *inventor* der Gattung (vgl. Hor. s. 1,10), und auf ihn beruft sich → Quintilians berühmtes *s. quidem tota nostra est* (inst. 10,1,93). Horaz, der sich nun ganz auf den Hexameter beschränkt, richtet in der veränderten polit. Situation seine Kritik nicht so sehr gegen Einzelpersonen wie gegen typische Laster, womit er Anregungen aus der griech. Popularphilosophie, zumal der kynisch-stoischen Moraldiatribe (Bion, Menippos von Gadara, vgl. N. TERZAGHI Per la stor. della s., ²1944), aufnimmt. Seit Horaz ist die röm. Verssatire (→ Persius, → Iuvenalis) formal auf den Hexameter und inhaltlich auf die Tendenz zum philos. Lehrgedicht festgelegt. Die Autonomie traditioneller Motivketten in impliziter oder expliziter Auseinandersetzung mit den Vorgängern und die damit gegebene Notwendigkeit stilist. Überbietung führt in einer urspr. auf die Gesellschaft angelegten Form zu einer Entfremdung von der Realität und damit zum E. der s. Eine Sonderentwicklung stellt die sog. Menippeische Satire seit Varro dar, der → Menippos nicht nur inhaltlich folgt, sondern die urspr. metrische Vielfalt des Genus durch Einbeziehung der Prosa bereichert, während → Seneca mit seiner Invektive gegen Claudius auf Lucilius zurückgreift. Nur als Einkleidung wirkt diese Mischung von Prosa und Vers in anderen Gattungen nach, so dem Roman des → Petronius, der Enzyklopädie des → Martianus Capella oder dem philosoph. Dialog des → Boethius. P. L. Sch.

Bibliogr.: [6], 432ff. [5], 123ff. (W. Ehlers). *G. Maggiulli*, Maia 1971, 81ff.

Forschungsber.: *W.S.Anderson*, CW 1956/57, 33ff. 1963/64, 293ff. 343ff. 1969/70, 181ff. 217ff. (1937–1968). *E.Burck*, in: Hor. s., erkl. von *Kiessling-Heinze*, ⁸1961, 367ff. *D.Korzeniewski*, in: [3], VIIff.

Lit.: 1. Crit. Essays on Rom. Lit. Satire, ed. *J.P. Sullivan*,

1963 (Hor. Pers. Petron. Iuv.). 2. Röm. Sat., 1966 (Wiss. Ztschr. Rostock, 403ff.). 3. Die röm. Sat., hg. v. *D. Korzeniewski*, 1970 (ohne Ennius, Varro u. Seneca). 4. *J.W. Duff* Roman Sat., 1936 (mit Phaedrus, Petron u. Martial). 5. *U. Knoche* Die röm. Sat., ^{3}1971. 6. Röm. Satiren, übers. v. *O. Weinreich*, ^{2}1962. 7. *U. Schoenheim* A Study of the Major Themes of Rom. Sat., Diss. Cornell Univ. 1958 (micr.). 8. *C.A.v. Rooy* Stud. in Class. Sat., 1965. 9. *C. Witke* Lat. Sat., 1970.

Satureius, Nebenform von → Saturius. – Volkstribun 133, traf als Erster im Kampf gegen Ti. → Gracchus (8) diesen mit einem Stuhlbein am Kopf, Plut. Ti. Gracch. 19,4. H. G. G.

Saturius. Ital. Gentilname, SCHULZE Eigenn. 225. – P. S., 74 v. Chr. Richter im Prozeß des Statius → Albius Oppianicus (4) und Vertreter des C. → Fannius Chaerea (7) gegen Q. → Roscius Gallus Cic. Cluent. 107. 182. Rosc. com. 3. 18f. u. ö. H. G. G.

Saturnalia. Sehr altes Hauptfest des röm. Kalender, 17. Dez.: *Feriae Saturno* CIL I^2,1,226 (Fast. Maff.) und Jahresfest der Gründung des Saturnustempels, *Saturno ad Forum* CIL I^2,1,245 (Fast. Amit.). Macr. Sat. 1,8,1, auch NSA 1921, 73 (Fast. Ant. vet.). CIL I^2 1,252 (Fast. Guidiz.). 280. 281 (Bauernkal.). Varro l. l. 6,22. Hermeneumata. Feriale Duranum. Auson. fer. 15. Prud. c. Symm. 2,858; c. Pag. 68. Paul. Nol. 68. CIL I^2 3, 278 (Fast. Philoc.: H. STERN Le calendr. de 354, 1953, 116). I^2 1,269 (Fast. Silv.: A. DEGRASSI Inscr. Ital. 13,1,2, mit Lit.).

Die S. fielen mit dem Getreidezyklus (vom 13. bis 21. Dez.) zusammen und fügten sich in die chthon. Feste dieses Monats ein: → Faunalia, → Consualia, Opalia (→ Ops), → Larentalia. Sie sind mit *N*^{P} notiert = vielleicht *dies nefastus* (J. PAOLI, REL 28, 1950, 252) *nefastus prior* (A. K. MICHELS The Calendar of the Rom. Rep. 1967). Die 2. Reihe der *munera gladiatoria* beginnt während der S., und diese eröffnen das Dienstjahr der → *Arvales fratres*, das *a Saturnalibus primis ad Saturnalia secunda* dauert (CIL VI 2065^b,68. 2066, 68. 2067,54. AE 1920, 95. 1947, 59). Die S. sind also das größte Bauernfest der röm. Frühzeit: Reinigungs- und Wiedererstarkungsfest der Natur.

Im 3. Jh. abnehmend, nur von einigen *gentes* gefeiert, wurde es im J. 217 v. Chr. erneuert und das größte röm. Volksfest. Nach Liv. 22,1,19 traf der Senat drei Maßnahmen: ein → *lectisternium*, ein *convivium publicum*, ein Karneval *diem ac noctem* (mit dem Ruf *Io Saturnalia*) für alle, auch die Sklaven (*Feriae servorum* CIL I^2 1,269. Macr. Sat. 1,7,26. 11,1. 24,23. Auson. fer. 15). Die S. wurden im ganzen röm. Reich noch im 4. und 5. Jh. gefeiert. Vgl. Asterios sermo contra S. (um 400) MIGNE PG 40,221 A. M. L.

J.A. Hild (*Dar. Sagl.* 4,1080). *M.P. Nilsson*, RE II A 201. *G. Wissowa*, Rel.^{2} 169. *W. Fowler* The rom. festivals of the period of the Republic, 1899. *M. Leglay* Saturne africain. Histoire, Paris 1966, 457. 468.

Saturninus. Cognomen (»unter den Schutz des Saturnus stehend« vgl. I. KAJANTO Lat. Cognomina, 1965, 55 u. ö.), sehr häufig (Nachweise RE II A 211), in den Fasten der republ. Zeit bei den Sentii und Volusii, in denen der Kaiserzeit bei zahlreichen weiteren Gentes, vgl. DEGRASSI FImp. 267. H. G. G.

1. Ein Offizier der kaiserlichen Leibwache, durch die Vermittlung des Euodus 204 am Sturz des → Fulvius (II 8) Plautianus beteiligt (Cass. Dio 77,3,4. Herodian. 3,11. 12. Amm. 29, 1,17). Von Caracalla 211 getötet (Cass. Dio 76,6, 1. 77,1,1). **2.** Iulius S. = Imp. Caes. Iul. S. Aug., Gegenkaiser des → Probus. Seine vita SHA quadr. tyr. 7–11. Aus Gallien (7,1) oder eher aus Africa (Zos. 1,66,1. Zon. 12,29). Als Statthalter von Syrien mit dem Wiederaufbau der durch ein Erdbeben zerstörten Hauptstadt → Antiocheia beschäftigt (Eus. chron. 1,723) und dort zum Kaiser erhoben (9. 10). Sein Herrschaftsgebiet umfaßte den ganzen Orient (SHA Prob. 18,4). In Apamea von den Truppen des Probus belagert und von den eigenen Soldaten erschlagen (11,1. Eutr. 9,17,1. Oros. 7,24,3. Aur. Vict. Caes. 37,3. Mz. bei MATTINGLY, RIC V 2,574. 591).

G. Vitucci L'imperatore Probo (1952) 66ff. *G. Barbieri* L'albo senatorio (1952) Nr. 1613.

3. C. Caelius S., praefectus praet. Galliarum ca. 335 (DESSILS 1215), begann seine Laufbahn (DESSILS 1214) als fisci advocatus per Italiam, bekleidete eine Reihe von Hofämtern (z. B. magister studiorum), war dann u. a. rationalis vicarius per Gallias und praefectus annonae urbis, wurde nach 324 comes und consularis. A. CHASTAGNOL La préfecture urbaine à Rome 1960, 32 u. ö. **4.** Christ (Greg. Naz. epist. 132. 181. Acta SS Mai 6,603), diente sich als Soldat hoch, führte um 350 Themistius am Hof ein, kämpfte 377/78 als mag. equitum gegen die Westgoten (Amm. 31,8, 13). 382 bewog er (als mag. mil. per Thracias) die Westgoten zum Abschluß eines *foedus* (3. 10.) und wurde dafür von Theodosius mit dem Consulat für 383 ausgezeichnet (Themist. or. 16; DESSILS 4149f.). 396 verurteilte er in Constantinopel Timasius, 400 wurde er durch Gainas verbannt; † vor 404 (Zos. 5,9,18. Ioh. Chrysost. MIGNE, PG 52, 419. Palladius MIGNE, PG 47,16). **5.** Fl. Peregrinus., wahrscheinlich zwischen 403 und 407 zweimal Stadtpräfekt von Rom (DESSILS 1275. CHASTAGNOL 443ff.). A. L.

Saturnus, alter röm. Gott, dessen Herkunft schon im Alt. sehr unsicher war; mittelmeerisch? oder idg.?, aus Phrygien, wo ein Gott *Satra* verehrt wurde (M. MAYER Myth. Lex. 2,1501, Art. Kronos)?; durch Vermittlung des etr. *Satre* (P. KRETSCHMER, Miscell. Acad. Berolin. 1950, 2, 177; DERS., Die Sprache 2, 1950, 65)?, aus Kreta (A. PIGANIOL Essai sur les orig. de Rome, 1917, 114. A. GRENIER Relig. étr. et rom. 88)?, aus Illyrien (v. SCALA Umrisse der ältest. Gesch. Europas

54)?, oder nur italisch: (sabin. Varro l. l. 5,74. Dion. Hal. ant. 2,50,3; lat. J. A. HILD in *Dar. Sagl.* s. Saturnus)?; sicul. J. BÉRARD (Colon. gr. Italie mérid. et Sicile 92. 125. F. ALTHEIM Röm. Rel. gesch. 1, 1931, 92)?; griech. (G. HERBIG, Philol. 74, 1917, 446 u. E. MANNI, Ath. 16, 1938, 223 etr. Import)?

Zur Etymologie des Namens: *ab satu est dictus S.* Varro l.l. 5,64; vgl. Fest. 432,18 L. Arnob. 4,9. Lact. div. inst. 1,23,5. Aug. civ. 7,13. Macr. Sat. 1, 10,20; von *sāturare*, also Zeitgott Cic. nat. 2,25,64. 3,24,62; vgl. Gell. 5,12,1. Lact. 1,12. Aug. 4,10; aber *Sāturnus* oder *Saeturnus* CIL I^2 449.

Wir besitzen zusammenhängende, leider nur bruchstückhaft erhaltene Erzählungen der S.sage, in denen sich Griech. u. Röm. vermischt: J. ALBRECHT S. seine Gestalt in Sage u. Kult, Diss. Halle 1943.

Zunächst ist S. numen des Ackerbaus, mit → Lua vereinigt (Gell. 13,23,1–2). S. herrscht über das Capitolium, ehemals *mons Saturnius* genannt (Varro 5,42. Dion. Hal. 1,34. 2,1. Iust. 43,1,5. Macr. 1,7,27. Fest. 430,30 L.). Es gab ein *Saturni fanum in faucibus = ara Saturni*, die in der Nähe am Fuß des Hügels erhalten war (Varro a. O.). Der sabin. Ackerbaugott hat vielleicht vom etr. *Satre* seinen Namen und den blutigen Charakter des Gottes der *munera*, sicher seine chthon. Herrschaft entliehen: während seines Monats, des Dez. (Plut. quaest. R. 11,34. Macr. 1,7,28) finden viele Feste der unterird. Gottheiten statt; → *mundus patet* Macr. 1,16,18 (aus Varro). Fest. 145, 28 L; Consualia, Saturnalia, Opalia.

Von dem griech. Kronos entlieh S. Aussehen u. Tracht: das *velatum caput*, die Sichel in der Hand, den *ritus graecus*. Seine Verbundenheit mit Kronos wurde immer enger auf Grund der wirtschaftlichen Beziehungen mit dem Ackerbauland Sizilien und unter dem Einfluß der orph. und pythagor. Spekulationen (*Κρόνος-Χρόνος*). S. wurde der Herrscher der *Saturnia regna*, der Gott des goldenen Zeitalters, und bald ein literar. *τόπος*: Verg. ecl. 4.

Unter dem Prinzipat, in Italien (N.-Italien ausgenommen) und in den Provinzen (Afrika ausgenommen) ist S. fast unbekannt. In den röm. Prov. N.-Afrikas war S. der Hauptgott. Aber dieser lat. Name verbirgt einen berber. »Ammon«, über den sich der pun. Baal-Hammon gelagert hat. Die Kinderopfer (Molk) wurden unter röm. Einfluß durch Tieropfer als Substitut (Molchomor) ersetzt. Doch nach Tert. apol. 9,2 *nunc in occulto perseverat hoc sacrum facinus*. E. 2. und Anf. 3. Jh. hatte der Kult des S. seine größte Verbreitung; bis jetzt sind etwa 3000 Votivstelen gefunden; die jüngste stammt aus dem J. 323 (Bull. Comité 1968, 253); aber noch z. Z. des Augustinus blühte der S.-Kult. M. L.

G. Sippel De cultu S., Diss. Marb. 1848. *J. Albrecht* (s. o.). *J. A. Hild, Dar. Sagl.* 4,1083. *G. Wissowa*, Myth. Lex. 4,427. *Thulin*, RE II A 218. *E. Gjerstad* The temple of S. in Rome, Homm. A. Grenier, coll. Latomus, 1962, 2,757. *M. Leglay* S. africain. Histoire, Paris 1966. *Ders.* S. africain. Monum. 2 Bde. Paris 1961. 1966.

Satyros. 1. Einflußreicher athen. Oligarch, nahm als Ratsmitglied führend teil am Sturz Kleophons (Lys. 30,10. 12. 14), gehörte unter den 30 Tyrannen zu den Elfmännern und tat sich bei der Hinrichtung des Theramenes hervor (Xen. hell. 2,3,54ff.); anscheinend wurde er dann selbst unter die 30 aufgenommen (Lys. 30,12). G. Do.

2. S. I., ab 433/32 Archon des → Bosporanum regnum zusammen mit seinem Bruder Seleukos, Sohn des → Spartokos (1), von 393/92–389/88 Alleinherrscher, führte den vertriebenen → Sinderkönig Hekataios zurück, zwang ihn, seine Frau Tirgatao zu verstoßen und eine seiner Töchter zu heiraten. Tirgatao hetzte den Ixomatenkönig zum Krieg gegen S., der bei der Belagerung von → Theodosia starb. Polyain. 8,55. Harp. s. v. *Θευδοσία*. R. WERNER, Hist. 4, 1955, 437ff. **3.** II., Sohn des → Pairisades I. (1), 9 Monate König 311/10–310/09, † im Kampf gegen → Eumelos (4). Sein Sohn war → Pairisades (6). Diod. 20, 22ff. **4.** Schauspieler aus → Olynthos, von → Philipp II. bewundert, Lehrer des Demosth. Diod. 16,55,3. Athen. 13,591 E. Plut. Demosth. 7,1ff., vielleicht ident. mit dem komisch. Schauspieler Plut. mor. 545 E. Demosth. 19, 193ff. H. V.

5. Peripatet. Gramm. aus Kallatis am Pontos, der später nach Oxyrhynchos übersiedelte und bisweilen auch in Alexandreia lebte (2. Hälfte 3. Jh. v. Chr., vielleicht noch zu Beginn des 2. Jh.s). Er schrieb Biographien berühmter Könige, Politiker, Redner, Philosophen und Dichter. Der Epitomator seiner Biogr., Herakleides Lembos, lebte ebenfalls in Oxyrhynchos. Die meisten kleineren Frg. der Biogr. sind bei Athen. und Diog. Laert. erhalten; durch Athen. wissen wir auch von einer Schrift *περὶ χαρακτήρων*. Ein genaueres Bild von der Eigenart der Biogr. erhielten wir durch den Pap. Oxy. 1176, ein umfangreicheres Frg. aus S.' Euripidesbiographie. Diese ist als Dialog gestaltet, eine Form der Biogr., die wir sonst nur noch in der Hagiographie finden. S. hatte wohl die Hauptrolle im Dialog. Der Stil ist gefällig und dabei anspruchsvoll (z. B. fast völlige Vermeidung des Hiats). Aus Armut an echten histor. Quellen und bes. aus Freude am Anekdotischen und Klatsch schrieb S. – wie auch viele andere Biographen der Ant. – Biogr., die dem Maßstab moderner histor. Methode kaum standhalten können. Die Gewährsmänner sind nicht angegeben, außer wenn diese Dichter sind. Bes. gern hat S. die Anspielungen und Anfeindungen der Komödie verarbeitet, aber auch Verse von Dichtern für deren Vita »interpretiert«. Diese Art der Quellenbenutzung läßt eine Vita entstehen, »die den Geist peripatet. Tatsachenforschung in äußerster Entartung zeigt« (LESKY, $GGrL^2$ 742). O. Dr.

Ta.: FHG III 159–66. *Hunt*, POxy IX, 1912, 1176. *H.v.Arnim*, Suppl. Eurip., Bonn 1913. *G.Arrighetti* Satiro, Vita di Euripide (Einl., Text, Übers., Anm.), Pisa 1964 (Rez.: *S.R.West*, Gn 38, 1966, 546–50).
Lit.: *F.Leo* Die griech.-röm. Biogr., Lpz. 1901, 118–24; *Ders.*, NGG 1912, 273–90 (= Kl. Schr. Bd.2,365–83). *A.Dihle* Stud. z. griech. Biogr., Gött. 1956, 104–07. *J.Davison*, Atti dell' XI Congr. internaz. di Papirologia, Mailand 1965, 99–106 (POxy 2506).

6. Epigrammatiker. Zeit vermutlich 1. Jh. v. Chr. oder Anfang 1. Jh. n. Chr. Von → Leonidas (9) hängen ab Anth. Pal. 10,6 (vgl. 10,1), 11 (vgl. 9, 337). 16,195 behandelt das Thema des gefesselten Eros ziemlich selbständig. Sonst noch 10,13 (nach → Anyte 9,313). 16,153 (Echo; vollständig?). R. K.

7. S., Sohn des Isotimos von Paros, Bildhauer und Architekt. S. schuf die Bronzestatuen des → Idrieus und der → Ada in Delphi um 345 v. Chr. (J. MARCADÉ Recueil des signatures de sculpteurs grecs I 93), arbeitete (Vitr. 7 praef. 12) zusammen mit → Pytheos am → Maussolleion (dort auch Plastik?), schrieb darüber (und *de gemmis?* Plin. nat. 37,31. 91. 94) und transportierte einen bes. großen Obelisken, Plin. nat. 36,67f. Sein Stil ist uns nicht kenntlich. W. H. G.

8. Arzt um 150 n. Chr. in Pergamon, erster med. Lehrer des → Galenos. S. hat auch den berühmten Sophisten → Aristeides ärztlich behandelt und galt selbst als »Iatrosophist«. F. K.
G.Bowersock Greek Sophists in the Roman Empire, Oxf. 1969, 61f. 67.

9. s. Seilenos

Satyrspiel. Im dorischen Korinth scheint der Schritt von rituellen Tänzen von Fruchtbarkeitsdämonen zum S. als Kunstform durch → Arion erfolgt zu sein: Ἅ λέγεται . . καὶ σατύρους εἰσενεγκεῖν ἔμμετρα λέγοντας (Suda s. v.). [5], 114ff. [9], 18. Ant. Literaturtheorie ließ die → Tragödie aus dem S., ebenfalls auf dor. Gebiet, hervorgegangen sein: Aristot. poet. 4,1449a 9ff., schon im Hellenismus bestritten. Zeugnisse bei [13], 298ff. [12], 1924ff. Entwicklung der Tragödie im Sinne der peripatet. Theorie skizziert [12], 1899ff., was Annahme von Satyrn gesungener → Dithyramben nötig macht; gerade das neuerdings bestritten von [5], 52ff. → Pratinas aus dem dorischen → Phleius wird – wohl wegen seines Wirkens in Athen – »Erfinder« des S. genannt (Suda), führte Ol. 70 in Athen auf. Wahrscheinlich seit damals galt die Regelung im Agon an den großen Dionysien, jeweils nach 3 Tragödien ein S. aufzuführen (→ Tetralogie). Das S. blieb mit der Tragödie verbunden und Domäne der trag. Dichter; alle Tragiker dichteten S., nicht aber die Komödiendichter. Nicht bei allen Tragikertiteln läßt sich entscheiden, ob es sich um Tragödie oder S. handelt; zahlreiche S.-Titel sind – trotz der Genosverschiedenheit – S. und Komödien gemeinsam ([9], 36ff.); oft tritt zum Titel ein Zusatz hinzu (σατυρικός, σατυρικὸν δρᾶμα, σατυρικὸν δραμάτιον, σάτυροι). Inschr. Zeugnisse aus verschiedenen griech. Gebieten erweisen Aufführungen von S. bis ins 1. Jh. v. Chr., ja ein vereinzeltes (aus → Thespiai) führt sogar ins 2. Jh. n. Chr. Nach Rom aber wurde die Kunstform nicht übertragen.

Die Gattung heißt nach ihrem ständigen Personal, dem Chor von → Satyrn unter Führung des alten → Seilenos (vielfach als Vater des Chors bezeichnet). Das Kostüm (zahlreiche Vasenbilder, z. B. Neapler Satyrspielvase, Mus. Naz. HEYDEMANN 3240, BEAZLEY² S. 1336 Nr. 1, S. 1704; vgl. [6]. [7], Hor. ars p. 221, Dion. Hal. ant. Rom. 7, 72,10. Eur. Kykl. 80, Poll. 4,118. 142): die Satyrn nackt mit Schurz (meist Bocksfell), Phallos und Pferdeschweif (selten Bocksschwanz), Maske mit Glatze, Bart, Stumpfnase, lange spitze Ohren (gelegentlich Bockshörner); der Silen alt, weißbärtig, stumpfnasig, ganz behaart (mit Pantherfell und Epheukranz).

Dieses Personal wird meist mit heroischen Stoffen in Verbindung gebracht, so daß die Tragödienfiguren und die heroischen Handlungen ins Komische und Burleske, der Schauplatz ins Ländlich-Idyllische gezogen wird (z. B. Aischyl. Amymone). Vielfach Märchenmotive. Oft weisen die Titel auf eine bestimmte Tätigkeit hin, in der die Satyrn gezeigt werden (z. B. Aischyl. Diktyulkoi). Nur ein Fall ist bekannt, in dem statt des S. eine Tragödie mit burlesken Zügen aufgeführt wurde (Eur. Alc.). Der Tanz des S. war die Sikinnis.

Ganz erhalten ist nur der Kyklops des Euripides; zu den Zitatfragmenten sind durch Papyrusfunde hinzugekommen Reste von den Ichneutai des Sophokles und den Diktyulkoi des Aischyl. u. v. a. F. St.

1. *Qu.Cataudella* Saggi sulla tragedia Greca, 1969, 9ff. = Σατυρικόν, Dioniso 39, 1965, 158ff. 2. *A. Lesky* Die griech. Tragödie, ⁴1968, 49ff. 3. *T.B.L.Webster* Monument illustrating Tragedy and Satyr Play, 2nd ed. Univ. of London, Inst. of Class. Stud. Bull. Suppl. 20, 1967. 4. *A.Pickard-Cambridge* – *T.B.L.Webster* Dithyramb, Tragedy, Comedy, ²1962, 60ff. 5. *H.Patzer* Die Anfänge der griech. Trag., 1962. 6. *M.Bieber* The History of the Greek and Roman Theater, 1961. 7. *F.Brommer* Satyrspiele, 1959. 8. *V.Steffen* Satyrographorum Graecorum Reliquiae, ²1956. 9. *P.Guggisberg* Das Satyrspiel, Diss. Zürich 1947. 10. *E.Buschor* Satyrtänze u. frühes Drama, SBAW 1943, 5. 11. *F.Brommer* Satyroi, Würzburg 1937. 12. *K.Ziegler*, Art. Tragoedia, RE VI A 1899ff. 13. *M.Pohlenz* Das Satyrspiel und Pratinas von Phlius, GGN 1926, 298ff. 14. *W.Aly*, Art. Satyrspiel, RE II A 235ff.

Sauconna, Name des gewöhnlich → Arar genannten Flusses, erst seit dem 4. Jh. n. Chr. Amm. 15,11,17: *Ararim quem Sauconnam appellant*, Avitus, epist. 83 (MGSS 6,2) und Schriftstellern der Merowingerzeit. Doch ist der Name schon früher bezeugt: *dea Souconna* in Châlon-sur-Saône DESSAU 9516. Doppelnamen sind nicht selten für Grenzflüsse, und die Saône trennte Lingones und Sequani, Sequani und Aedui. M. L.

Saufeius. Ital. Gentilname (auch *Sofeius*, SCHULZE Eigenn. 239), bes. für ein altes Geschlecht in Praeneste (CIL I² 279–290. 1467–70, z.T. Municipalbeamte), in Rom seit einem Münzmeister L. Sauff(eius) ca. 145–138 (vgl. BROUGHTON Mag. 2,451), bes. im Geschäftsleben, wie auch ital. Namensträger auf Delos E. 2. Jh. v. Chr.

I. Republikanische Zeit.

1. Volkstribun 91, der eine *lex Saufeia* auf Landanweisung durchbrachte, Elogium des M. Livius Drusus, DEGR. I 13, 3. 74. BROUGHTON Mag. 2,22. **2.** C. S., Quaestor 100, fand mit seinen Gesinnungsgenossen L. → Appuleius Saturninus (6) und Servilius Glaucia im Dez. 100 den Tod, App. civ. 1,143–45. **3.** L. S., Altersgenosse des T. Pomponius Atticus, Ritter, Geschäftsmann, praktischer Epikureer, in Cic.s Korrespondenz zwischen 67–44 erwähnt. Obwohl er sich polit. ganz zurückhielt, wurde er 43 als reicher Mann auf die Proskriptionslisten gesetzt, aber auf Fürsprache des Atticus begnadigt, Nep. Att. 12,3. Er trat auch literarisch hervor (Serv. Aen. 1,6), SCHANZ-HOS. 1,491. **4.** M. S. (M. f.), wurde 52 zusammen mit T. → Annius Milo (I 16) wegen der Ermordung des → Clodius (9) angeklagt, aber nach Verteidigung durch Cicero und M. Caelius Rufus trotz der vorliegenden Belastungen in 2 Verfahren freigesprochen. M. GELZER Cicero, 1969, 210. H. G. G.

II. Kaiserzeit. S. Trogus wurde als Mitschuldiger am Ehebruch der → Messalina (2) mit C. → Silius (II) 48 hingerichtet (Tac. ann. 11,31. 35. Sen. apocol. 13,4). G. Wi.

Sauromates, Sauromatae (*Σαυρομάται*), gelegentliche Bezeichnung der → Sarmatae. Auson. Mos. 9 erwähnt an der Heerstraße Mainz-Trier zwischen Bingen und Neumagen im Hunsrück *arva Sauromatum nuper metata colonis*. Wegen des Nachklangs im Namen der Dörfer Sohren, Niedersohren und Sohrschied und Resten von Gehöften röm. Z. vermutet man die Ansiedlung der S. zwischen Kirchberg-Denzen (Dumnissus) und dem »Stumpfen Turm« (Belginum) bei Hinzerath. Konstantin siedelte 334 an 300000 Sarmaten in Italien, Thrakien, Moesien und Makedonien an. Anonym. Vales. 32. Von S. spricht ferner Auson. epigr. 26,9 und 5,36 P. Den in der 2. Rezension der Kosmographie des Iulius Honorius genannten Ort *Sauromatae* identifiziert RIESE GLM 36 mit obigen *arva*. C. HOSIUS Auson. Mosella³, 1926, 27. H. V.

Sauroter (*σαυρωτήρ* ep., ion., spätgriech., = att. *στύραξ*). Der Speerschuh, eine kurze, in eine scharfe Spitze auslaufende Metallröhre, diente, an das rückseitige E. des Speerschafts angeschoben, zum Aufstellen des Speers im Lager und als Notbehelf, wenn die Spitze abgebrochen war, außerdem wohl als Gegengewicht bei Wurf und Stoß. Hom. Il. 10,153. Hdt. 7,41. Pol. 6,25,6. 9. 11.18,4. Xen. hell. 6,2,19. W. H. G.

Savaria, Stadt in Pannonien, h. Szombathely (Steinamanger). Knotenpunkt der Straßen Aquileia–Carnuntum (Bernsteinstraße), Savaria–Arrabona, Savaria–Aquincum und Savaria–Sopianae–Sirmium. Von Claudius zur *colonia* erhoben, gehörte die Stadt zur *Claudia tribus*. Bis 106 Sitz des Statthalters von Pannonia, nach der Reform des Diokletian Sitz des Praeses von Pannonia Prima. Hier stand die *ara Augusti provinciae Pannoniae* und sodann *Pannoniae Superioris*. Benefiziar-Station, *statio* des *publicum portorium Illyrici*. Die Stadt spielte eine bedeutende Rolle auch im Christentum. Zu Ehren des hier hingerichteten Quirinus ließ Constantinus eine Basilika erbauen, die noch nicht einwandfrei festgestellt ist. Neuerdings wurde ein umfangreicher Isis-Tempel freigelegt. J. F.

T. P. Buocz Die Topographie von S. (1967).

Savincates werden neben anderen von Cottius beherrschten Alpenstämmen auf dem Augustusbogen in Susa genannt (CIL V 7231 = DESSAU ILS 94); vgl. CIL XII 80. G. R.

Nissen It. Ldk. 1,148. *Holder* 2,1388.

Savus, Fluß in → Pannonien, h. Save (Plin. nat. 3,128. 147. 148. Tab. Peut., Strab. 4,207. 7,314. Ptol. 2,16,4. 3,9,1. Nebenflüsse: Hemona, Korkaras, Colapis, Valdasus, Urpanus, Bacuntius, Bathinus, Besante, Drinus. An dem S. lagen die Städte → Neviodunum, → Audantonia, → Siscia, → Sirmium, → Singidunum. Nicht nur der Unter- und Mittellauf, sondern auch die Nebenflüsse waren schiffbar. S. wird als Flußgott auf Steindenkmälern dargestellt (CIL III 4009). In → Emona betätigte sich ein *collegium naviculariorum*. J. F.

Saxanus (Saxsetanus), gewöhnlich Beiname des → Hercules, einmal des → Silvanus (CIL III 5093; Fundort Choralpe oberhalb St. Georgen am Stein/Kärnten), vereinzelt selbständig gebraucht. Welche Gottheit sich hinter S. verbirgt, ist nicht geklärt. GRIMM u.a. dachten an den germ. Donar (wozu sich die Fundorte, die zum überwiegenden Teil dem kelt. Sprach- und Kulturraum angehören, schlecht fügen). Eher kommt in Betracht eine kelt. lokale Gottheit, da die Inschr., auf denen S. erwähnt wird, zur Hauptsache in Steinbrüchen des Brohltals n. von Andernach und beim Dorf Norroy in der Nähe von Pont-à-Mousson gefunden worden sind. K. A.

Peter, Myth. Lex. I 3014ff. *Keune*, RE II A 266ff. *Wissowa* Rel.² 284. *Latte* RRel. 220,2.

Saxa rubra, eine vom Ianiculus sichtbare (Martial. 4,64,15), auffällig rote Felsgruppe 9 mp (H. A. Sev. 8,9) von Rom auf der *via Flaminia* (It. Burd. 612,11. Tab. Peut. 5,5 *Ad rubras*) bei h. Prima porta mit *cauponula* (Cic. Phil. 2,77); bekannt durch die Fabier 478 v. Chr. (Liv. 2,49, 12), M. → Antonius (II 11) Primus 69 n. Chr. (Tac. hist. 3,79), → Maxentius 312 (Aur. Vict. 40,23). G. R.

Forbiger HB d. alt. Geogr. 3,433. *Nissen* It. Ldk. 2,372. *Radke* Viae publicae Romanae 134.

Saxones (Sachsen), german. Stamm bzw. Stammesverband, zuerst erwähnt bei Ptol. 2,11, siedelten im 2. Jh. n. Chr. (oder schon um Christi Geburt?) in Holstein. Im Laufe des 2. und 3. Jh.s dehnten sich die S. im Gebiet der Nordseeküste bis zum Niederrhein aus (vgl. Zos. 3,6f.). Es bleibt dabei unklar, wie weit Teile anderer Stämme (z. B. → Ampsivarii → Angrivarii → Chauci) unterjocht wurden oder freiwillig mit den S. verschmolzen bzw. den Namen S. annahmen. Seit E. 3. Jh. beunruhigten die bald als tollkühne Seefahrer berühmten, meist in kleinen Gruppen operierenden S. die Küsten Nordgalliens und Britanniens. In Gallien und Britannien gewannen die zur schweren Belastung für Rom werdenden (nur selten in röm. Dienste tretenden) S. vor allem nach 350 feste Stützpunkte (Amm. 26,4. 27,8. 28,2f. 5. 30,7. Claudian. c. 8,31. 22,253; Eutr. 9,21. Paneg. lat. 3,7; 12,5. Sidon. ep. 8,6; c. 7,362ff. Zos. 3,6f. Not. Dign. occ. 37f.). Erfolgte in Gallien während des 5. Jh.s teilweise Verdrängung der S. durch die Franken (Greg. Tur. 2,18f.), verstärkte sich der Zuzug der S. vom Festland nach Britannien wesentlich. Im nordwestdeutschen Raum dehnten sich die S. ständig weiter aus. Vermutlich waren sie 531 an der Zerstörung des Thüringerreiches durch die Franken – mit welchen sie häufig in Konflikt gerieten – beteiligt. Aus späten Quellen ist zu erschließen, daß es ungeachtet der Machtausweitung bei den S. keine Zentralgewalt gab. A. L.

Sh. Frere Britannia, 1967. *E. Kirsten*, RAChr. 2,593ff. *W. Lammers* (Herausg.) Entstehung und Verfassung des Sachsenstammes, 1967.

Scabellum (κρούπεζα, κρουπέζιον). Das aus zwei spitzwinklig zusammengesetzten Holz- oder Metallplatten bestehende Instrument, das mit dem Fuß getreten wurde, diente im Orchester zur Bezeichnung des Spielbeginns und des Taktes, in Rom auch, um das Aufziehen bzw. Herablassen des Vorhangs anzuzeigen. Abb.: HBArch III/1 T. 113,3. W. H. G.

Scadinavia. Der Name erscheint zuerst in der lat. Lit. (Mela 3,54 *Codannovia.* Plin. nat. 4,96 *Scadinavia*, var. *Scati-*, *Scandi-*, danach Skandinavien) als der einer Insel von ungeheurer Größe anläßlich der Fahrt, die die röm. Flotte im J. 5 n. Chr. um Jütland machte (Plin. nat. 2,167). Plin. nat. 4,104 erwähnt andererseits n. von Britannien die Inseln *Scandiae* nach → Isidoros (5) v. Charax (daher auch Ptol. geogr. 2,11,16 *Σκανδίαι*). Beide Namen führt SVENNUNG auf **Scadnia* (Germ. **skaðan*) zurück: »Schadeninseln«. Nach Beowulf 19 *Scedelandum* und 1686 *Scedenigge* würde es sich um die Dänemark von Schweden trennenden Inseln handeln. Skandinavien ist also moderne Übertragung. F. L.

J. Svennung Scadinavia und Scandia, Lund 1963.

Scaeva. Röm. Personenname (SCHULZE Eigenn. 419) – so hieß auch der Sklave, der den L. → Appuleius Saturninus (6) im J. 100 ermordete (Cic. Rab. perd. 31). Cognomen (vgl. I. KAJANTO Lat. Cognomina, 1965, 17. 105. 243) bei den Iunii → Bruti (17f.). H. G. G.

Scaevola. Cognomen (»Linkshänder«, vgl. I. KAJANTO Lat. Cognomina, 1965, 105. 243) bei Cervidius und Septimius, vor allem aber bei → Mucius (4 – dort noch Weiteres –, 6–13). H. G. G.

Scala (meist scalae [Varro l. l. 9,69], κλῖμαξ). Treppen als architekton. Mittel, um Höhenunterschiede in Gebäuden und im Gelände zu überbrücken, sind seit minoischer Z. belegt. In Knossos sind z. T. doppelläufige, mit T.-Absätzen versehene oder um einen Lichthof angelegte T. erhalten ([2], Abb. 65). In myk. Palästen wird diese Tradition fortgesetzt ([3], Abb. 57. 58 u. a.). Stein-T. können beim griech. Tempel (meist innerhalb der Türwand) auf eine Balustrade oder unter das Gebälk führen (Hera-Tempel II von → Paestum, Zeus-Tempel von → Olympia) oder finden sich z. B. bei mehrstöckigen Säulenhallen (Attalos-Stoa in Athen) und Theateranlagen; hier werden auch kleinere T. und Leitern (meist aus Holz) für den Bühnenaufgang oder als Requisiten verwendet ([5], Abb. 484. 485. 491. 501 u. a.). Schmale Stein- oder Holz-T. verbinden, von innen oder vom Hof ausgehend, im griech. Privathaus die Stockwerke (Explor. de Delos Fasc. 8,2 S. 305). Für die röm. Z. sind solche T. z. B. in Pompei erhalten, die vom Atrium oder von außerhalb liegenden Läden in das wenig geschätzte Oberstockwerk (→ *cenaculum*) führen. Die vielgeschossigen Wohnblöcke von Ostia (R. MEIGGS Roman Ostia 1960, 235) und Rom ([6], Abb. 735. 741. 1198) haben meist mehrläufige Stein-T. Breite Schau- und Frei-T. (Theateranlagen verwandt) für Kult- und Mysterienhandlungen sind aus Knossos ([4], T. 28. 29) sowie z. B. von dem Despoina-Heiligtum in → Lykosura bekannt. Auf optische Wirkung angelegte Frei-T. gehören in nachklass. Z. (Asklepieion von → Kos, Akropolis von → Lindos). T. zur Heraushebung von Tempelfronten finden sich in Sizilien seit dem 6. Jh., in röm. Z. gehören sie zum festen architekton. Bestandteil des Podiumtempels. ([6], Abb. 493. 506). S. O.

1. *Hug*, RE II A 344. 2. *S. Alexiou*, *N. Platon*, *H. Guanella* Das antike Kreta 1967. 3. *W. Blegen*, *M. Rawson* The Palace of Nestor at Pylos 1966 Bd. 1,2. 4. *S. Marinatos* Kreta und das myk. Hellas 1959. 5. *M. Bieber* The History of the Greek and Roman Theater 1961. 6. *E. Nash* Bildlexikon zur Top. des ant. Rom 1962.

Scaldis, Fluß der Gallia Belgica (h. Schelde = Escaut). Zuerst von Caes. Gall. 6,33 genannt, aber irrig als Nebenfluß der Maas betrachtet. Richtiger Plin. nat. 4,98. 105a *Scalde ad Sequanam Belgica.* Paneg. Constant. 8,1. Ven. Fort. 7,4,15. Ortsnamen: *Ponte Scaldis* in Belgica (h. Escaupont, dépt. Nord) Tab. Peut. 2,3. Itin. Ant. 376,8. Er fließt durch das Gebiet der → Atrebates, → Morini und → Nervii und mündet in den *Oceanus Germanicus*, s. der *Mosa.* M. L.

Scalprum *(scalper, γλύφανος, σμίλη, σμιλίον)*. Das scharfe Instrument zum *scalpere* diente je nach Form als Messer, Grabstichel, Spitz- oder Breitmeißel. **1.** *s. fabrile*, der Zimmermannsmeißel (Oros. 4,18,2), vielleicht auch der Bildhauermeißel (Sen. epist. 65,13). **2.** Das Schustermesser zum Lederschneiden, sowohl mit gerader Schneide, *σμίλη, σμιλίον*, wie halbmondförmig, *περιτομεύς*: **3.** *s. librarium*, das Federmesser der Schreiber zum Zuschneiden der Blätter und Spitzen der Rohrfeder. **4.** Das Winzermesser, Plin. nat. 17, 119, bzw. dessen vorderster Teil ab der Krümmung, Colum. 4,25,1. **5.** = *scalpellum, excisorius scalper, σμίλη, φλεβοτόμον*, sowohl die Lanzette wie das Skalpell der Chirurgen. W. H. G.

Hug, RE Suppl. V 845f.

Scantia silva, Wald in Kampanien (Cic. leg. agr. 1,3. 3,15); dort wohl auch die *aquae Scantiae* (Plin. nat. 2,240). G. R.

Scantinius. Seltener Personenname, vgl. SCHULZE Eigenn. 226. Eine *lex Scantinia* gegen *stuprum cum masculo* (RE XII 2413) ist im J. 50 v. Chr. bezeugt, aber bestimmt älter. **1.** P. S., Pontifex, † 216, Liv. 23,21,7. **2.** C. S. Capitolinus, ca. 226 pleb. Aedil (? BROUGHTON Mag. 1,230), wurde wegen Päderastie angeklagt, Val. Max. 6,1, 7. Plut. Marc. 2,2ff. H. G. G.

Scaptius. Seltener lat. Personenname, SCHULZE Eigenn. 559f. Die Tribus Scaptia ist 332 wohl nach einer Wüstung benannt worden. **1.** M. S., Vertrauter des → Brutus (9), dessen Interessen gegen die Stadt Salamis auf Cypern er als Reiterpräfect des Ap. → Claudius Pulcher (I 28) 53–51 skrupellos wahrte. **2.** M. S., vielleicht Sohn von Nr. 1, Beauftragter des → Brutus (9) in Kappadokien, nahm eine ihm von Cicero (Att. 6,1,4. 3,5) 50 angebotene militär. Stelle nicht an. **3.** P. S., Plebeier, wohl annalist. Erfindung; er soll 446 in einem Grenzstreit zwischen Ardea und Aricia eine entscheidende Aussage zugunsten des römischen Volkes gemacht haben, Liv. 3,71,3–72, 7. H. G. G.

Scardona, Hauptstadt der → Liburni. Bedeutendes polit. und wirtschaftl. Zentrum schon vor der röm. Besetzung. Als *Municipium Flavium* wurde S. dann der *tribus Sergia* zugeteilt. Sitz des *conventus Scardonitanus*. Hier stand die *ara Augusti* der liburn. Städte. Das für den Statthalter erbaute Amtsgebäude wurde unter Marc Aurel wiederhergestellt (CIL III 2809), um 28 n. Chr. ein Denkmal für Nero Caesar (CIL III 2808) errichtet. Zu Beginn der Kaiserzeit war hier die *legio XI* stationiert. Während des pannon.-dalmatin. Krieges wurden n. der Stadt Veteranen angesiedelt, neben der *legio* von → Burnum auch solche aus der *IV Macedonica*. 548 von den Slawen erobert. J. F.

Scarponna, *vicus* der *civitas Mediomatricorum*, in Gallia Belgica (h. Scarponne, dépt. Meurthe et Moselle). Itin. Ant. 365,5. Tab. Peut. Geogr. Rav. 4,26 *(Scarbona)*. Neuer Fund des *castellum* auf der Insel Scarponne, wo die Straße → Andematunnum Lingonum → Divodurum Mediomatricorum → Augusta Treverorum (Trier) die → Mosella übersetzte. Meilensteine des Hadrianus, der J. 213/17 und 267/68 (CIL XIII 9050. Gallia 28, 1970, 283ff.). Die Siedlung bestand vom 1. bis E. 4. Jh.s. Im J. 366 besiegte dort → Iovinus die Alamannen (Amm. 27,2). Inschr. CIL XIII 4569. Bildwerke: ESPÉRANDIEU Rec. bas-rel. 6, 1915, 4604 bis 4627 (die meisten im Museum zu Metz). Neue Funde: Gallia 15, 1957, 149. 24, 1966, 275. 26, 1968, 373. 28, 1970, 283. M. L.

Scaurus. Cognomen (»mit hervorstehenden Knöcheln«, vgl. I. KAJANTO Lat. Cognomina, 1965, 242; Weiterbildungen *Scaurianus* und *Scaurinus*), bes. bei den → Aemilii (I 28f., II 10), aber auch bei Atiliern, → Aureliern (I 25ff.), → Terentiern und dem Sigillatafabrikanten L. Umbricius S. (1. Jh. n. Chr.). H. G. G.

ENDE DES VIERTEN BANDES

NACHTRÄGE

Nektar. Für die Nahrung der Götter gab es neben Ambrosia noch die bes. Bezeichnung N., die in der Ilias allein als Götternahrung genannt wird (s. o. I Art. Ambrosia). Doch diese Götternahrung konnte man sich nur in Vereinigung von Speise und Trank vorstellen, weshalb N. mit dem allgemeineren Begriff Ambrosia verbunden wurde. Bei der Differenzierung in Speise und Trank liefen dann wieder verschiedene Auffassungen nebeneinander her: nach der einen war N. der Göttertrank, Ambrosia die Götterspeise (so bei Od. 5,93. 9,359. Ov. met. 10,731), nach der anderen war umgekehrt Ambrosia der Trank und N. die Speise (so bei Alkm. Frg. 100 Bgk. Sappho Frg. 51. Eur. Hipp. 741 ff. Verg. Aen. 12,418), wobei auch beide Götterspeisen als flüssig gedacht werden können (so Il. 19,347 f. Pind. P. 9,59 ff.). W. S.

Wernicke, RE I 1811 (Art. Ambrosia). *Schwenn*, RE XVI 2240 (Art. Nektar).

Obstbau. Der O. muß in der ganzen Ant. überall im Mittelmeerraum schon aus klimat. Gründen eine erhebliche Rolle gespielt haben, und manche seiner Produkte waren in der menschlichen Nahrung noch wichtiger als heute. Obgleich aber, z. B. im Zusammenhang mit Tantalos und Alkinoos wie in der späteren Hirtendichtung und auch sonst, Obstbäume und deren Früchte vielfach erwähnt werden, und obgleich Varro (rust. 1,2,6) ganz Italien als ein großes *pomarium* bezeichnen kann, finden sich in der ant. Lit. keinerlei ausführliche Behandlungen, sondern nur gelegentliche Bemerkungen, die sich namentlich (manchmal falsch) mit der Veredelung der Bäume durch Pfropfen befassen. Dies beruht wohl teilweise darauf, daß Transportschwierigkeiten den Großbetrieb sehr beschränkten, so daß der O. (abgesehen vom Anbau des → Weinstocks und des → Ölbaums, deren Produkte haltbar und transportabel waren) eher zum Gartenbau, worunter sich auch Columella (10,400 ff.) kurz mit ihm befaßt, als zur eigentlichen Landwirtschaft gehörte, was aber den Obsthandel in Rom und anderswo keineswegs ausschloß (vgl. RE XXI 1866). Noch im röm. Kaiserreich gehörte der O. gewöhnlich zur *villa* selbst. Während er auf den kaiserl. Domänen in Afrika gefördert wurde, wurde er anderswo (z. B. in Sizilien) der Kornproduktion wegen auf die Städte beschränkt.

Wirtschaftlich am wichtigsten war zweifellos die von Hipponax (frg. 24 Bergk) als »Schwester des Weinstocks« bezeichnete → Feige, die, schon deshalb, weil sie sowohl getrocknet wie frisch gegessen werden konnte, ein Hauptnahrungsmittel war, welches in vielerlei Spielarten angebaut wurde und auch im internationalen Handel nicht unbedeutend war, wovon die bekannten Feigen aus Caunus und die Feststellung (Plin. nat. 15,82), daß im röm. Afrika die Feige den Platz von Brot und Fleisch einnehme, Beispiele liefern. Die »phoinikische« Dattel hingegen, obwohl ähnlich haltbar, wurde viel weniger aus ihren subtropischen Heimatgebieten exportiert. Andere Baumfrüchte, teils einheimisch, wie → Äpfel, → Birnen, → Quitten, → Pflaumen, → Maulbeeren, teils früher oder später in Europa naturalisiert, wie → Granatäpfel, → Pfirsiche (»persische Äpfel«), → Aprikosen und → Kirschen –, sowie Strauchbeeren und → Pistazien, → Kastanien und andere Nüsse, scheinen weit verbreitet, aber meist auf den Lokalhandel beschränkt gewesen zu sein, wobei aber Reisende, bes. im röm. Reich, dauernd versuchten, neue Arten oder Spielarten heimzubringen, von denen jedoch manche – bes. Apfelsinen und sonstige → Citrusfrüchte nur geringe Erfolge erzielten. Erst in der neuesten Zeit konnte Obst auch in Gegenden, die sich nicht zu seinem Anbau eignen, wohlfeil werden. L. A. M.

Blümner, PrAlt, 169 ff. 572. *V. Hehn – O. Schrader* Kulturpflanzen und Haustiere, 1911[8], pass.; *P. Grimal* Les Jardins rom., 1943, *D.* und *P. Brothwell* Food in Antiquity, 1969.

Octavia. 4. Tochter des → Claudius (II 39) und der → Messalina (2), * um 40 n. Chr., ältere Schwester des → Britannicus. Als 2jähriges Kind mit L. → Iunius Silanus (II 19; Tac. ann. 12,3. Suet. Claud. 27,2. Cass. Dio 60,5,7. 31,7. Zonar. 11,10), dann aber auf Betreiben der → Agrippina (3) im J. 49 mit → Nero (2) verlobt (Tac. 12,9,1. Cass. Dio 60,31), der sie nach Beseitigung des Ehehindernisses der Adoptivverwandtschaft (Cass. Dio 60,30. Zon. 11,10) im J. 53 heiratet (Tac. 12, 58,1. Suet. Nero 7). Nero vernachlässigt die Gattin und wendet sich zuerst der Freigelassenen → Claudia Acte (II 57; Tac. 13,12 ff. Suet. Nero 28), später der → Poppaea Sabina (4) zu (Tac. 13,45,1 ff.; hist. 1,13. Plut. Galba 19 f. Cass. Dio 61,11). O. wird unter dem Vorwand der Unfruchtbarkeit aus dem Palast verstoßen (Tac. 14,60. Suet. Nero 35) und dann unter militär. Bewachung nach Kampanien verbannt (Tac. 14,61). Als das Volk Kundgebungen zu ihren Gunsten veranstaltet (Tac. 14,

61 f. Suet. Nero 35), läßt sie Nero unter der fingierten Anklage des Ehebruches mit → Anicetus (2) auf die Insel → Pandateria bringen (Tac. 14,63), wo er sie am 9. Juni 62 töten läßt (Tac. 14,64. Suet. Nero 35. Zon. 11,12. Ios. ant. Iud. 20,153. Eutr. 7, 14). Ihr Schicksal behandelt die fälschlich Seneca zugeschriebene Tragödie s. Nr. 3. G. Wi.

E. Meise Unters. z. Gesch. d. Iul.-Claud. Dynastie, München 1969, 171 ff.

Paederastie (Knabenliebe) als Phänomen des Alt. (Cael. Aurel. 4,9) ist in den Quellen (Plut. Lyc. 18) wie in den Darstellungen ein typ. Auswuchs einer von Männern beherrschten Gesellschaft. In ihren Ursprüngen (Kreta – Sparta – Griechenland – Rom: Athen. 13,602. Cic. rep. 4,3, 3) war die P. wohl vorwiegend an frauenlose Gruppen gebunden; dem Frauenraub entspricht der erst echte (IG XII 3,1417. Aristot. frg. 611,15 p. 374 Rose), später fingierte Knabenraub (Strab. 10,483 f.). Da die dor. Staaten (Sparta) des 4. Jh. die archaische Form der Kriegergesellschaft (Dion Chrys. 22,2 f.) zu konservieren suchten, legalisierten sie die P. (FGrH 70 F 149. Plat. leg. 1,636 C. 8,836 B. Aristot. pol. 2,10,1772 a), die sich auch in den Sitten Athens hielt, wo lediglich die käufliche P. bestraft wurde (Aischin. 1,13. 40. 74. Ail. var. 3,10; Bordelle: Diog. Laert. 2,105. Martial. 11,45). Der ausschließlich sexuelle Aspekt (IG XII 3, 596–601. 1410–1493) konnte zeitweilig verdrängt und sublimiert werden und führte zu dem Wunsch des Liebhabers, durch eigenes Vorbild den Jüngeren zu formen, während dieser dem Älteren ähnlich zu werden trachtete (Xen. Lak. pol. 2,13; hell. 4,8,39), doch ist hier vieles idealisierend verbrämt worden (Ail. var. 3,12. Plut. inst. Lak. 7. Cic. rep. 4,4,4). Platon verbietet nicht das Vorspiel (Phaidr. 36 p. 255). Die Römer etikettierten den p. Verkehr als ion., d.h. griech., Sitte (Plaut. Stich. 769) und den p. Analkoitus als »griech. Vereinigung« (Plaut. Stich. 226), doch hätten sie die P. auch schon von den Etruskern (Athen. 12, 517 F–518 A) oder den Galliern (Diod. 5,32. Athen. 13,603 A. Caes. Gall. 3,22. Aristot. pol. 2,9. Eus. praep. ev. 6,10,27) lernen können, wenn das nötig gewesen wäre (or. Sib. 3,596 ff. Rz. Ptol. 2,3). P. mit zu jungen *pueri* war verboten (Plaut. Curc. 38), 12 Jahre bildete wohl die untere Grenze (Anth. Pal. 12,251. Solon bei Plut. amat. 5. Novius CRF 20 f.), 16 galt als bestes Alter (Anth. Pal. 12,4. 22,22; 18 Jahre: 12,125), 28 als oberste Grenze Athen. 13 p. 563 E). Die älteren passiven und aktiven Partner (PLM 4 p. 158 Nr. 162. Iuv. 2,50) hießen *exoleti*. Um jünger zu scheinen, ließen sich die *pathici* enthaaren (Pers. 4,35. Aristoph. Ach. 119. Martial. 2,62. 6,56. Iuv. 8,114), sie waren weich (Catull. 25), hatten einen wiegenden Gang (Sen. nat. 7,31,2; epist. 52,12. Iuv. 2,17) mit offen sichtbaren Schenkeln (CIL IV 1825. 4862) und *nates* (Varro Men. 301). Die Paederasten legten dagegen auf starke Behaarung Wert (Aristoph. Lys. 800–04. Lucil. 994 K: *barbati moechocinaedi*). Auf das Vorspiel (Petron. 85,4 ff.) des Kusses (Anth. Pal. 12,16. 5,77) folgte das Betasten der Schenkel (Anakr. frg. 66. Aischyl. frg. 135 N), Brust (Anth. Pal. 12,95,3), Genitalien (Anth. Pal. 10,20), *nates* (Anth. Pal. 12,257. Martial. 1,92), die Masturbation (Clem. Al. paedagog. 3 c. 4,26,2. Anth. Pal. 12,3,13; Vorberg Gloss. p. 335) und der Analkoitus (Plaut. Asin. 699 ff.; Pseud. 1318 bis 1327. Lucil. 69. 1285 K. Serv. ecl. 3,8); *puerile officium;* Plaut. Cist. 657. Hyg. fab. 189. Martial. 2,60,2. 4,9. 9,67,3. Apul. met. 3,20,3. Die Folgen waren oft Entzündungen und Geschwüre (Cels. 6,18,7. Oreib. loc. aff. 4,93 ff.) und die berüchtigten Feigwarzen (Martial. 1,65. 12,33. Priap. 41). Bei der *irrumatio* bzw. *fellatio* (Catull. 80,6. CIL IV 1931. Varro Men. 282. Manetho 4,311: *γονοπόται*; Martial. 2,89. 9,27), die auch kommerziell betrieben wurde (CIL IV 5408), konnte es gleichfalls zu Affektionen kommen (Martial. 1,78.11,91). W. Kr.

G. Vorberg Ars Erotica Veterum. Ein Beitrag zum Geschlechtsleben des Alt., Stuttgart 1926; *Ders.* Glossarium Eroticum, Stuttgart 1932, Nachdr. Hanau 1965. *H. Licht* Sittengeschichte Griechenlands, 3 Bde., Dresden–Zürich 1925–1927. *J. Marcadé* Eros Kalos. Essay on Erotic Elements in Greek Art, Geneva 1962; *Ders.* Roma Amor. Essai sur les représentations érotiques dans l'art étrusque et romain, Geneva 1964. *E. Vermeule* Some Erotica in Boston, Ant. Kunst 12, 1969, 9 ff. *O. Brendel* The Scope and Temperament of Erotic Art in the Graeco-Roman World, in: Stud. in Erotic Art, New York 1970.

Paludamentum. Ein rechteckig geschnittener, meist purpurner Mantel aus schwerem Material (Leinen, Wolle), der, entsprechend der griech. Chlamys über die l. Schulter gelegt und auf der r. Schulter geknöpft oder mit einer Nadel zusammengehalten, den oberen Teil der Brust bedeckt und im Rücken herabfällt. Er ist zunächst Offizieren und Feldherrn vorbehalten und wird in der Kaiserz. zum Abzeichen der kaiserl. Herrschaftswürde überhaupt (vgl. A. Alföldi Insignien und Tracht der röm. Kaiser, MDAI(R) 50, 1935, 50 ff.). Für den entsprechenden Mantel einfacher Soldaten vgl. → sagum. P. gehört zur Kriegstracht der Kaiser und durfte nicht innerhalb Roms getragen werden (z. B. wird Gallienus getadelt, weil er mit einer purpurnen Chlamys = P. in Rom gesehen wurde. H. A. Gallien. 16,4). Aus diesem Grund ist auch der Kriegsgott die einzige männliche Gottheit, die mit P. dargestellt werden kann (vgl. F. J. Hassel Der Traiansbogen in Benevent 1966 T. 9,1). Gesicherte Kaiserdarstellungen mit P. gibt es in genügender Zahl bis hin zur Spätantike: F. B. Florescu Die Traianssäule 1969 T. 13. 52 (= Szene 18. 66). H. G. Niemeyer Stud. zur statuarischen Darstellung der röm. Kaiser, Monumenta artis Rom. VII 1968 z. B. T. 19. 42. 45. R. Delbrueck Ant. Porphyrwerke 1932 z. B. T. 32. 35. S. O.

Paphlagonia, kleinasiatische Landschaft an der mittleren S.-Küste des Pontos Euxeinos. Ein fest umrissener Komplex von P. hat sich in ant. Z. nicht herausgebildet. Daher ist bei den zahlreichen Erwähnungen von P. und seinen Bewohnern in der ant. Lit. stets zu beachten, ob es sich um geograph., ethnograph. oder polit. Angaben handelt. Im W. bildeten die Flüsse → Parthenios bzw. Billaios die Grenze gegen → Bithynien. Sehr wechselnd und zeitlich fließend ist die Begrenzung nach S., in das Innere Kleinasiens gewesen, zumal nachdem galat. Stämme vom kleinasiat. Hochplateau Besitz ergriffen und dabei offensichtlich auch die Paphlagonen nach N. zurückgedrängt hatten. Im O. bildete die Mündungsebene des → Halys die Grenze; nach Strab. 12,533 (vgl. 12,304) wurde an den Ufern des Flusses im Inneren des Landes paphlagon. und kappadok. gesprochen. Im allg. wird man P. den Bereich zuweisen können, wie er bei H. Kiepert, FOA VIII (mit Komm.) dargestellt ist.

Da sich das reich bewaldete Randgebirge im Küstenbereich von P. überall bis in Meeresnähe erstreckt, ist die Landschaft arm an guten Häfen; eine Ausnahme bildet nur → Sinope (h. Sinop). In der Randzone fallen reichliche Niederschläge im Gegensatz zum Hinterland mit seinem baumlosen Steppenklima und jahreszeitlich sehr schwankenden Temperaturen.

In der griech. Sagenwelt hören wir von Königen und Heroen als Herrscher über P. im Zusammenhang mit dem troian. Krieg, dem Zug der Argonauten nach Kolchis und den Taten des Herakles. Nach den erhaltenen, leider nur geringen sprachl. Überresten, vor allem den Eigennamen zu schließen, gehören die Paphlagonen zu der Gruppe der sog. kleinasiat. Völker. Die Bewohner haben sich niemals zu einer bedeutenden, polit. Einheit konstituieren können; sie behaupteten sich jedoch als ethnische Gruppen unter einheimischen Dynasten in mehr oder weniger starker Abhängigkeit unter den verschiedenen Herrschaftsbereichen, die sich in Kleinasien ablösten. So umfaßte die lydische Großmacht z.Z. der größten Ausdehnung auch P.; die Landschaft bildete die O.-Grenze im n. Bereich des inneranatol. Hochlandes. Nach der Niederlage des → Kroisos gegen → Kyros (547/46 v.Chr.) ging die Oberhoheit auf Persien über. P. wird bei Hdt. 3,90 in der Satrapienliste im 3. Nomos aufgeführt. Die Paphlagoner stellten (nach Hdt. 7,72) ein eigenes Kontingent beim Zug des Xerxes gegen Griechenland; als Besonderheit ihrer Bekleidung werden die bei ihnen landesüblichen halbhohen Stiefel erwähnt (Hdt. 3,72).

Formell ging P. mit den übrigen Teilen des Perserreiches an Alexander d.Gr. über. In den Wirren der Diadochenkriege blieb die Zugehörigkeit von P. umstritten. Von großer Bedeutung für die Zukunft war es, daß P. zur Keimzelle des Königreichs → Pontos wurde, als → Mithradates Ktistes von Kimiata am Olgassysgebirge aus seinen neuen Herrschaftsbereich aufbaute. Die erste Hauptstadt des Pont. Reiches → Amaseia lag zwar außerhalb des eigentlichen paphlag. Raumes, bis → Sinope die Residenzstadt der pont. Könige wurde (183 v.Chr.). Über Kämpfe der einheimischen Stammesfürsten in P. mit den Königen von Pontos sowie von Bithynien und den galatischen Fürsten vgl. RE XVIII, 2. H., 2523ff.

In starke Mitleidenschaft wurde P. durch die Mithradat. Kriege gezogen, da die militär. Auseinandersetzungen sich zeitweise in dieser Landschaft abspielten. Nach Beendigung des 3. Mithr. Krieges wurde der Küstenbereich von P. durch die von Pompeius Magnus vollzogene und durch die *lex Pompeia* sanktionierte Neuordnung nach Aufteilung des Pont. Königreichs Teil der neuen Doppelprovinz *Pontus et Bithynia.* Das Binnenland verblieb zunächst noch unter der Herrschaft des einheimischen Fürstengeschlechts der Pylaimeniden, bis dieser Teil der Provinz Galatia zugeschlagen wurde.

P. existierte auch in der Folgezeit als lebendiger ethnograph. Begriff weiter, wie sich aus vielfachen Erwähnungen in der Lit., aus Münzprägungen der Städte und Inschr. entnehmen läßt. Eine Provinz mit dem Namen P. scheint bei der Neuordnung des Raumes durch Diocletianus konstituiert worden zu sein. F. K. D.

W. Ruge und *K. Bittel*, RE XVIII, 2.H., 2486–2550 (mit topograph. Liste und Verzeichnis der Denkmäler). *H. von Gall* Die paphlag. Felsgräber. Ist. Mitt., 1. Bh. 1966.

Paranoias graphe (*παρανοίας γραφή*), Klage gegen einen Verschwender auf Entziehung der Vermögensverwaltung ([4]). Sie ist nur für Athen belegt. Zu einer ähnlichen Einrichtung in Korinth vgl. [1], 388f.

1. Art der Klage. Sie gehörte zu den öffentl. Klagen (Aristot. Ath. pol. 56,6. [2], 340f. [5]) und wurde in der Form der Schriftklage, → Graphe, erhoben.

2. Die Parteien. Wenn auch jedermann zur Erhebung der Klage berechtigt war, so wird sie doch in erster Linie von dem Sohn, was in diesem Fall nicht gegen die Pietät verstieß ([4]), oder den sonstigen Erbberechtigten des Verschwenders angestrengt worden sein. Ein Zwang zur Erhebung der Klage bestand nicht (Rabel, ZRG 53,295). Beklagter war, wer wegen Wahnsinns Familienvermögen verschwendete.

3. Klagegrund: Die Verschwendung des vom Vater ererbten (im Gegensatz zu dem durch eigene Arbeit erworbenen) Vermögens ([1]). Wenn auch die Verschwendung für sich allein die Klage stützen konnte, da sie im Alt. als eine Art Wahnsinn in bezug auf das Vermögen angesehen wurde ([1], 388), so mußte doch in der Regel ein körperlicher oder geistiger Mangel, nämlich Krankheit jeder Art, Greisenalter oder Heftigkeit des Charakters (Plat. leg. 11,929 D. [2], 355ff. [3]) hinzutreten.

4. Zweck der Klage: Entziehung der Verwaltung und Verfügung über die *πατρῷα* im Interesse der in ihrer Existenz gefährdeten Familie.

5. Zuständigkeit und Verfahren. Die Klage wurde bei dem ersten Archon (→ Archontes) eingereicht, der auch die Voruntersuchung (→ *Δικαστήριον* I 1 d) bis zur Abgabe des Prozesses an das Geschworenengericht führte ([2], 340 ff. 353 f. (3]). E. B.

1. *L.Beauchet* Histoire du droit privé de la républ. athén. 2, 1897, 382 ff. 2. *J.H.Lipsius* Das att. Recht und Rechtsverf., 1905–1915. 3. *W.G.Becker* Platons Gesetze und das griech. Familienrecht, 1932, 211 f. 4. *E.Berneker*, RE XVIII 2.H., 1275–1278. 5. *A.R.W.Harrison* The Law of Athens, 1968, 78 ff.

Paropamisos, -adai, ant. Bez. für das h. Hindukush gen., über 7000 m ansteigende Gebirge in Zentralasien (Afghanistan; von Aristot. meteor. 1,13 [350 a] als *Παρνασσός* erwähnt, von den Alexander-Literaten fälschlich als Kaukasos angesprochen [2]) bzw. für die Vielzahl der darin in ant. Z. ansässigen, auf tiefer Kulturstufe lebenden Volksstämme. E. O.

Pharasmanes, König der Iberer. Erobert mit seinem Bruder → Mithradates (21) im Auftrag des Tiberius Armenien, indem er den parth. Königssohn → Orodes (2) besiegt (Tac. ann. 6,31 ff.). Von seinem Sohn → Radamistus aufgehetzt, erklärt er dem Bruder den Krieg (Tac. 12,44). Ph. läßt → Mithradates gefangennehmen und beim Vertragsabschluß töten (Tac. 12,47). → Radamistus, von den Römern als König von Armenien geduldet (Tac. 12,50), wird von den Parthern vertrieben und nach abenteuerlicher Flucht vom eigenen Vater hingerichtet (Tac. 13,37). G. Wi.

D.Magie Roman Rule in Asia min. 2, 1950, 1409 f.

1. *A.Herrmann*, RE XVIII, 2.H., 1778 f. 2. *J.O.Thomson* History of Anc. Geography, Cambridge 1948, 126 mit A. 1.

Postumus. 2. P. (Imp. Caes. M. Cassianius Latinius P. Aug.), Gegenkaiser des → Gallienus 259–268. P., Truppenführer, mit der Verwaltung Galliens und dem Rheingrenzschutz betraut, eroberte, nach einem Sieg über Franken 259 vom Heer zum Kaiser ausgerufen, 260 Köln, tötete den Gallienussohn Saloninus, bildete aus den germ. und gallischen Provinzen, Spanien und Britannien ein Sonderreich in röm. Art mit Senat, Konsuln, Praetorianern, mit P. als pontifex max. und Inhaber der trib. pot., warb mit eindrucksvollen Mz.-bildern (Goldmz.!) für sich und sicherte die Rheingrenze, Handel, Verkehr und die röm. Kultur im W. Nach 263 von Gallienus mehrmals besiegt, durch → Aureolus gerettet, plante P. 268 einen Italienzug, unterdrückte die Revolte seines Statthalters Laelianus bei Mainz, wurde aber von dem unzufriedenen Heer ermordet. Eutr. 9,9. 11. Aur. Vict. 33,8; ep. 32,3. SHA tyr. trig. 3. Zon. 12,24. Zos. 1,38,2. 40,1. H. J. Willger Stud. zur Chronol. des Gallienus und Postumus Diss. Saarbrücken 1966. H. Volkmann, G 74, 1967, 119 ff. P. Bastien Le monnayage de Bronze de Postume 1967. H. V.

Rhodogune (*Ῥοδογούνη*). Persischer Frauenname, s. Justi Iran. Namenbuch 261. **1.** Gattin des → Hystaspes (2), Mutter des → Dareios (1), Großmutter des → Xerxes (Suda und Harp. s. v.). **2.** Tochter des → Artaxerxes II. (2) Mnemon, Gattin des → Orontes (2). Plut. Artax. 27,7. **3.** Tochter des → Mithradates I. (1), Schwester des → Phraates II. (2), Gattin des → Demetrios II. Nikator (6) von Syrien (App. Syr. 356. 360), Heldin der nach ihr betitelten Tragödie Corneilles. K. Z.

CORRIGENDA ET ADDENDA

Spalte 41, 33	lies statt	Ambrosia	Nachträge am Schluß des Bandes
Spalte 38, 55	lies statt	n^{e}*hemjah*	n^{e}*ḥemjah*
Spalte 47, 26	lies statt	Hypsile	Hypsipyle
Spalte 47, 34f.	lies statt	11, 15, 2	2, 15, 2
Spalte 53, 53	lies statt	Phazonitis	Phyzimonitis
Spalte 65, 24	streiche		und
Spalte 66, 19	lies statt	K. S.	K. Sch. (= Klaus Schickert)
Spalte 66, 22	lies statt	Domaszhewski	Domaszewski
Spalte 68, 53	lies statt	1,871, 198ff.	1871, 1,98ff.
Spalte 116, 14	lies statt	Memmon	Memnon
Spalte 118, 17	lies statt	17, 1941	A 17, 1941
Spalte 126, 13	lies statt	*E. Honigmann*, RE XVII 535f. Nr. 7	*J. Sturm*, RE XVII 536ff. Nr. 8
Spalte 230, 41	setze die Verfassersigle		R. H. (= Rudolf Hanslik)
Spalte 264, 39	streiche		(mit Sch.)
Spalte 307, 26	lies statt	Macrinu (2)	Macrinus (3)
Spalte 394, 45			s. auch den Artikel Ara Pacis Augustae von Rumpf (I, 482)
Spalte 523, 9	ergänze		*P. Masqueray* Théorie des formes lyriques de la tragédie grecque. Paris 1895, 22–72. *T. B. L. Webster* The Greek Chorus. Lond. 1970. *Ders.* Greek Theater Production. Lond. ^{2}1970, 5,20.
Spalte 561, 27	setze die Verfassersigle		O. H. (= Otto Hiltbrunner)
Spalte 691, 21	ergänze		*A. Raubitschek* TAphA 79. 1948, 191ff.
Spalte 762, 20	lies statt	*Migante*	*Gigante*
Spalte 763, 15–22	lies statt	29. 30. 31. 33. 34.	30. 31. 33. 34. 35
Spalte 777, 6	füge hinzu		**16.** Philon von Byblos, s. o. Bd. II S. 1059, 44 (Herennios Philon)
Spalte 832, 44	streiche		den Verweisungspfeil vor *invidia*
Spalte 958, 52	streiche		den Verweisungspfeil vor Praxiergidai
Spalte 1059, 40	muß heißen		den Literarische Persönlichkeiten
Spalte 1127, 25	lies statt	XX	XXII
Spalte 1216, 43	lies statt	IG IX	IG XI

VERZEICHNIS DER MITARBEITER

Abel, Prof. Dr. Karlhans, Marburg	K. A.
Alföldy, Prof. Dr. G., Bochum	G. A.
Aubet, Dr. Maria Eugenia, Barcelona	M. E. A.
Bellen, Prof. Dr. Heinz, Düsseldorf-Köln	H. B.
Berneker, Prof. Dr. Erich, Würzburg	E. B.
Böker, Dr. Robert, Bad Homburg v. d. H.	R. B.
Boer, Dr. Emilie, Berlin	E. Bo.
Breitenbach, Prof. Dr. H. R., Aetingen-Bern	H. R. B.
Bund, Prof. Dr. Elmar, Freiburg i. Brsg.	E. Bu.
Burchard, Prof. Dr. Christoph, Heidelberg	Chr. B.
Chantraine, Prof. Dr. H., Mannheim	H. Ch.
Colpe, Prof. Dr. Dr., Carsten, Berlin	C. C.
Cüppers, Dr. Heinz, Trier	H. C.
Danoff, Prof. Dr. Christo M., Sofia	Chr. D.
Deißmann-Merten, Dr. Marieluise, Freiburg i. Brsg.	M. D.-M.
Dietrich, Prof. Dr. Albert, Göttingen	A. D.
Dobesch, Univ.-Doz. Dr. Gerhard, Wien	G. Do.
Dörner, Prof. Dr. F. K., Münster	F. K. D.
Dörrie, Prof. Dr. Heinrich, Münster	H. D.
Donner, Prof. Dr. Dr. Herbert, Tübingen	H. Do.
Dreyer, Dr. Oskar, Ostercappeln	O. Dr.
Drögemüller, Dr. Hans-Peter, Hamburg	H.-P. D.
Duchesne-Guillemin, Prof. Dr. J., Liège	J. D.-G.
Eder, Dr. Walter, Berlin	W. Ed.
Edzard, Prof. Dr. Dietz Otto, München	D. O. E.
Fauth, Dr. Wolfgang, Göttingen	W. F.
Fitz, Dr. Jenö, Székesfehérvár, Ungarn	J. F.

Verzeichnis der Mitarbeiter

Fliedner, Heinrich, Kiel	H. Fl.
Folkerts, Dr. Menso, Berlin	M. Fo.
Fuhrmann, Prof. Dr. Manfred, Konstanz	M. F.
Gärtner, Prof. Dr. Hans, Regensburg	H. Gä.
von Geisau †, Oberst.-Dir. Dr. Hans, Warburg/Westf.	H. v. G.
von Gladiß, Dr. Almut, Köln-Lindenthal	A. v. Gl.
Groß, Studiendirektor, Rudolf, Stuttgart	Rud. G.
Groß, Prof. Dr. Walter Hatto, Hamburg	W. H. G.
Grosse †, Prof. Dr. Robert, Hamburg	R. G.
Gugel, Univ.-Doz. Prof. Dr. Helmut, Graz	H. Gu.
Gundel, Prof. Dr. Hans Georg, Gießen	H. G. G.
Hanslik, Univ.-Prof. Dr. Rudolf, Wien	R. H.
Helck, Prof. Dr. Hans Wolfgang, Hamburg	W. H.
Herter, Prof. Dr. Dr. h. c. Hans, Bonn a. Rh.	H. H.
Herzog, Dr. Reinhart, Konstanz	R. He.
Hiltbrunner, Prof. Dr. Otto, Münster	O. H.
Hinz, Prof. Dr. W., Göttingen	W. Hi.
Hommel, Prof. D. Dr. H., Tübingen	H. Ho.
Johann, Dr. H.-Th., Münster	H.-Th. J.
Keydell, Prof. Dr. Rudolf, Berlin	R. K.
Kinzl, Prof. Dr. Konrad, Ottawa (Kanada)	K. K.
Kippenberg, Dr. Hans G., Berlin	H. G. K.
Klein, Ulrich, Tübingen	U. K.
Kraus, Univ.-Prof. Dr. Walther, Wien	W. K.
Krenkel, Doz. Dr. Werner, Rostock	W. Kre.
Kudlien, Prof. Dr. Fridolf, Kiel	F. K.
Lasserre, Prof. Dr. F., Lausanne	F. L.
Leglay, Prof. Dr. M., Nanterre – Paris	M. L.
Lesky, Univ.-Prof. Dr. Albin, Wien	A. Le.
Lippold, Prof. Dr. Adolf, Regensburg	A. L.
Mansel, Prof. Dr. Arif Müfid, Istanbul	A. M. M.
Marwitz, Dr. Herbert, München	H. Ma.

Mau, Prof. Dr. Jürgen, Göttingen	J. M.
Mayer-Maly, Univ.-Prof. Dr. Theo, Salzburg	Th. M.-M.
Medicus, Prof. Dr. Dieter, Regensburg	D. M.
Meister, Dr. Klaus, Saarbrücken	Kl. M.
Mette, Prof. Dr. H., Hamburg	H. M.
Meyer, Prof. Dr. Ernst, Zürich	E. M.
Mócsy, Dr. Andreas, Budapest	A. Mo.
Moritz, Prof. Dr. L. A., Cardiff	L. A. M.
Muth, Univ.-Prof. Dr. Robert, Innsbruck	R. M.
Neumann, Prof. Dr. Alfred Richard, Wien	A. N.
Neumann, Prof. Dr. Günter, Bonn	G. N.
Nörr, Prof. Dr. Dieter, Münster	D. N.
Olshausen, Dr. Eckart, Stuttgart-Tübingen	E. O.
Oppermann, Dr. Siemer, Gießen	S. O.
Pekáry, Prof. Dr. Thomas, Münster	Th. P.
Pötscher, Univ.-Doz. Dr. Walter, Wien – Salzburg	W. P.
Raber, Univ.-Prof. Dr. Fritz, Innsbruck	F. R.
Radke, Prof. Dr. Gerhard, Berlin	G. R.
Reinmuth, Prof. Dr. Oscar W., Austin-Texas	O. W. R.
Richter, Prof. Dr. Will, Göttingen	W. R.
Rix, Prof. Dr. H., Regensburg	H. R.
Röllig, Prof. Dr. W., Tübingen	W. Rö.
Ruhbach, Prof. Dr. Gerhard, Bethel	G. Ru.
Sallmann, Prof. Dr. Klaus, Mainz	K. S.
Sander, Studienrat, Erich, Berlin	E. S.
Schachermeyr, Univ.-Prof. Dr. Fritz, Wien	F. Sch.
Schaller, Priv.-Doz. Dr. Berndt, Göttingen	B. Sch.
Schmidt, Dozent Dr. Ernst Günther, Jena – DDR	G. Schm.
Schmidt, Univ.-Doz. Dr. Peter L., Konstanz	P. L. Sch.
Schmitt, Prof. Dr. Hatto H., Bonn	H. H. Sch.
Schmitt, Dr. Wolfgang O., Berlin	W. O. Sch.
Schrader, Dr. Eveline, Göttingen	E. Schr.

Schwarz, Prof. Dr. Franz F., Graz	F. F. S.
Simon, Dr. Dietrich V., Freiburg i. Br.	D. V. S.
Sontheimer, Prof. Dr. Walther, Stuttgart	W. S.
Spira, Prof. Dr. Andreas, Mainz	A. S.
Spoerri, Prof. Dr. W., Neuchâtel	W. Sp.
Stiegler, Univ.-Doz. Dr. Herwig, Graz	H. St.
Stoessl, Univ.-Prof. Dr. Franz, Graz	F. St.
Szilágyi, Dr. János, Budapest	J. Sz.
Thummer, Univ.-Doz. Dr. Erich, Innsbruck	E.Th.
Ürögdi, Dozent Dr. Georg, Budapest	G. Ü.
Végh, Dr. Zoltán, Salzburg	Z. V.
Volkmann, Prof. Dr. Hans, Köln	H. V.
Voss, Prof. Dr. B. R., Münster	B. R. V.
Vretska, Univ.-Prof. Dr. Karl, Graz	K. V.
Wachsmuth, Prof. Dr. Dietrich, Berlin	D. Wa.
van der Waerden, Prof. Dr. B. L., Zürich	v. d. W.
Wegenast, Prof. Dr. Klaus, Lüneburg	Kl. W.
Wesener, Univ.-Prof. Dr. jur. Gunter, Graz	G. We.
Wickert, Dr. Konrad, Erlangen	K. W.
Winkler, Prof. Dr. Gerhard, Linz	G. Wi.
Wirsching, Dr. theol. Johannes, Freiburg i. Brsg.	J. Wi.
Wirth, Prof. Dr. Gerhard, Nürnberg	G. W.
Wlosok, Prof. Dr. Antonie, Kiel	A. W.
Ziegler, Prof. Dr. Dr. h. c. Konrat, Göttingen	K. Z.
Zintzen, Prof. Dr. Clemens, Saarbrücken	C. Z.
Zschietzschmann, Prof. Dr. Willy, Gießen	W. Z.